Principles, Definitions and
Model Rules of
European Private Law:
Draft Common Frame
of Reference (DCFR)

full edition

Principles, Definitions and Model Rules of European Private Law Draft Common Frame of Reference (DCFR). Full Edition
Authored by Christian Von Bar, Eric Clive

This Chinese edition is published by Law Press China in 2014, Beijing through the arrangement with Sellier European Law Publishers.

著作权合同登记号
图字：01-2010-1406

欧洲私法的原则、定义与示范规则：

欧洲示范民法典草案

（全译本）

第五卷

无因管理他人事务

第六卷

造成他人损害的非合同责任

第七卷

不当得利

欧洲民法典研究组
欧盟现行私法研究组 编著

克里斯蒂安·冯·巴尔
埃里克·克莱夫 主编

梁慧星 翻译顾问

王文胜 李 昊 李 敏
黄泷一 唐 超 译

法律出版社
LAW PRESS · CHINA

出版说明

集二百余位欧洲优秀学者历时四年起草完成的《欧洲私法的原则、定义与示范规则:欧洲示范民法典草案》(也就是学界所谓的“欧洲民法典草案”),展现了欧洲各国当下最为认可与适用的私法规则,可称世界上最为先进的民法典草案之一。不论该草案最终是否能够通过,或以何种形式通过,其中所蕴藏的学术意义与价值都不容忽视。随着我国社会主义法律体系的逐步完善,制定一部较为成熟的民法典既是建设社会主义法律体系发展的必然要求与历史选择,也是学界多年的期盼与梦想。将该草案迻译出版,对当下我国民法典的建构具有深远的影响,也有着重要的理论与现实意义。

欧洲示范民法典草案共分十卷,分别是:一般条款、合同和其他法律行为、债及相关权利、有名合同及其产生的权利义务、无因管理他人事务、造成他人损害的非合同责任、不当得利、物的所有权的取得与丧失、动产担保物权、信托,共计示范规则1023条。同时,几乎每条示范规则之后都附有起草小组的评论或注释,大部分示范规则附带示例。为了方便读者阅读,中译本共分五册出版,第一册为第一卷、第二卷、第三卷,第二册为第四卷,第三册为第五卷、第六卷、第七卷,第四册为第八卷,第五册为第九卷、第十卷、附录。

中译本的出版于2012年获得国家出版基金资助。中国社会科学院学部委员、法学研究所研究员梁慧星先生任本书的翻译顾问,中国社会科学院法学研究所谢鸿飞研究员、北京理工大学付俊伟博士领衔二十余位国内外学者,历时三年时间完成本书的全部翻译工作。法律出版社黄闽社长任项目组总负责人,法学学术出版分社社长朱宁和分社长助理高山分别担任该出版项目组组长、副组长,高级策划编辑刘文科负责全面统筹、协调、执行该项目。参加本项目编辑工作的有刘文科、易明群、韩满春、吕丽丽、董飞、黄琳佳、李峰沄。此外,刘彦沣博士为本项目的出版工作做出了重要的贡献。

如此卷帙浩繁的翻译作品的出版实为一项艰难的工作,难免出现一些错误和不完善之处,希望学界不吝批评指正,以便改进我们的工作。

法律出版社

序　言

受邀对共同参照框架草案完整版，这一欧洲私法共同参照框架学术起草稿的中文翻译作此序言，我深感荣幸！在欧洲和中国私法的核心领域进行观点的广泛交流，我们草案的起草人感到受益匪浅并且也为之鼓舞！我们对由中国社会科学院的梁慧星教授担任主编之下的翻译团队的成果感到振奋人心！再一次强调，欧盟成员国与东亚主要国家私法间的密切联系是显著的。与欧洲现在的发展相吻合，新的法典也已经在亚洲诞生或正在诞生，而过去的法典又面临着现代化的发展。在此过程中，对于我们双方维持一个密切的关系从而不至于会错过相互学习和分享对方成就的机会显得尤为重要。

共同参照框架草案是一个学术文本。它是在欧洲法律科学中心区域自主创造出的产物。它部分建立在过去欧洲委员会合同法，即在丹麦主席领导下享誉盛名的兰德委员会的成果基础之上，并且还融入了有名合同、非合同法律责任以及物权法特殊领域的规则。另外，共同参照框架草案包含了与欧盟私法相关的合同和侵权规则，即所谓的“共同法”。共同参照框架草案的文本最初来源于“欧洲民法典起草小组”工作的指示，并且其余的由另一个欧洲法律学者的团体，即阿奎那小组而起草。由来自双方团体的成员组成的编译团体负责共同参照框架草案最后文本的形成。紧接着致力于引起诸多论争的临时性版本的出版，共同参照框架一共出版了两种形式：包含了共同参照框架草案一般性原则的临时性版本呈现出了定义和规则；同时，完整性版本还包括了示范规则扩展的注释、包括了欧盟成员各国详细法律的评论以及界定和验证收集而来的巨大材料的系统记载。

在出版后的短时间内，共同参照框架草案引发了广泛的论争；同时，它也引起了世界范围内的共鸣。一些重要的翻译（原稿翻译为日语、韩语和俄语）更是促进和激发了它的传播。欧盟委员会也给予了将它翻译为德文、法文、意大利语、波兰语和西班牙语的政策。比较来说，译为中文明显地更具挑战性并且更加耗费时间。我对在该译文中所体现出的能力、技巧和智慧表示赞赏！它是世界范围内首次对共同参照框架草案完整版的翻译;其他所有的翻译目前为止都仅限于临时性版本。

起草共同参照草案的学术团体希望创造一个参照框架,以此来浇灌欧盟和成员国司法体系成长的源泉。更进一步的目标是从国内法律中获得法律论争,以及从外国司法体系中获得解决方案,同时还提供一种新的法律平台来促进学者在比较欧盟标准时,更加准确地记述和评估国内法律体系。共同参照框架草案在这些阶段的各个层次上都将受到实质性的认可。我们草案的起草人希望与中国的同事和朋友共同来探讨草案中所包含的路径与想法!

克里斯蒂安·冯·巴尔
2013年9月于奥斯纳布吕克

目　录

第五卷

无因管理他人事务

第一章　范　　围

第V－1:101条　为维护他人利益而管理

(1)本编所适用的情形是，管理人在行为时主要的目的系使他人(本人)受益，且：

(a)管理人具有实施该行为的合理原因；或

(b)本人对该行为予以追认，且追认并无不当的、会对管理人造成不利影响的迟延。

(2)有以下情形之一的，管理人不具有实施该行为的合理原因：

(a)管理人具有探知本人意思的适当机会，却并未探知本人的意思；或

(b)管理人知道或可合理期待其知道，其管理违反本人的意思。

评　论

A. 概述

术语。本章所包含的规则规范的是两方之间的法律关系，其中的一方为了维护另一方的利益而管理了该另一方的事务，并且其管理或是出于合理的原因，或是获得了另一方的追认。因而，有关无因管理他人事务(或曰 *negotiorum gestio*)的法律所规范的是管理人(目前各成员国的各个法律中所使用的术语有 *dioikitis allotrion*，*forretningsfører*，*gérant*，*Geschäftsführer*，*gestor*，*gestore*，*megbízás nélküli ügyvivoö*，*zaakwaarnemer* 等)与受益人(*the belanghebbende*，*dominus*，*dono do negócio*，*dueño*，*forretningsherre*，*géré*，*Geschäftsherr*，*huvudman*，*interesado*，*interessato*，*kyrios*，*maître de l' affaire*，*ügy ura*)之间的权利义务。在本章条文的英文版中，受益人(*dominus*)被称为“本人”(principal)，行为人则用“管理人”来加以指代。

无因管理的要件。根据本条第(1)款及第V－1:103条(被排除在适用范围以外的行为)，无因管理具有两项积极的要件以及三项消极的要件。必须存在(i)一项行为，行为人实施该行为时的主要目的是使他人(本人)受益；以及(ii)行为人具有实施这种管理的合理原因。同时，行为人(iii)必须没有实施该行为的义务，也(iv)并非基于其他法律规定(即无因管理法以外的其他规则)的授权而实施与受益人有关的行为,也(v)并非基于对第三人所负的作为义务。此外,本条第(1)款第(b)项明确,若管理人在管理本人的事务时缺乏合理的原因,但本人对该行为予以了追认,且这种追认的作出并无不当的、会给管理人造成不利影响的迟延,则同样适用本章的规则。此时,本人的追认取代了为本人利益进行管理的合理原因这一要件。这里,并不进一步要求管理人所管理的事务必须从客观角度来说是他人的事务(即管理人的外部事务);唯一的决定性要素是,管理人在实施该行为时的主要目的是维护他人利益。之所以将行为归由本人承受,是因为行为人具有使本人受益的目的,且实施该行为系基于合理的原因。

示例1

G是一个工厂主,其厂房非常的丑陋。为了使其邻居看不到这个丑陋的厂房,G主动沿着厂区的边缘栽了一排树。G在行为时的主要目的可能是使其邻居受益,但G并非无因管理的管理人,因为G在以维护他人利益的目的实施该行为时并非基于合理的原因。G是将利益强加给了其邻居。

示例2

路人G使用衣物来给一个严重受伤的行人(P)紧急包扎伤口。不论G是使用了自己的衣物,还是打碎了第三人的汽车的车窗以取出放在汽车后座上的衣物,在G与P的关系中都应当将G界定为管理人。在与第三人的关系上,上述行为属于第Ⅵ-5:202条(正当防卫、无因管理与紧急避险)第(2)款意义上的紧急情况下的合法行为,就此G负有进行适当赔偿的义务。

保护本人免受多管闲事的好事者的侵害。为了保护本人免受多管闲事的好事者的侵害,第(2)款明确要求,在管理人可得探知本人意思的范围内,管理人必须尽可能地遵循本人的意思。第(2)款是一项辅助性的规范,对第(1)款第(a)项的规定作了具体化。

特殊形式的无因管理不在本章的规范范围之内。本章的规范所针对的仅是对他人事务的所谓适法的管理,以及管理人与本人之间由此所产生的权利与义务。若某人缺乏合理的原因就对他人的事务进行管理,而该他人也没有追认这种管理,那么双方当事人之间的权利和义务受其他领域的法律的规范——特别是有关造成他人损害的非合同责任的法律,以及不当得利法——但不受无因管理法的规范。若行为人为了实现其自己的利益而去干预别人的事务,同样如此,对此行为人的行为系出于故意或是错误都无关紧要(例如,行为人意在谋取自己的利益,但事实上也维护了他人的利益)。与之相对,本章的规范适用于构成适法管理,但管理人违反因适法管理所负义务的情形。更多的细节,参见第二章(管理人的义务)。

在有关造成他人损害的非合同责任的法律的框架内,无因管理属于抗辩事由。为了维护他人的利益而进行的适法无因管理,构成造成他人损害的非合同责任的抗辩事由。行为人若缺乏此种抗辩事由,则可能需要承担责任。第Ⅵ－5:202 条(正当防卫、无因管理与紧急避险)第(2)款对此作了明确规定。

示例 3

在一场交通事故中,P 陷入昏迷,被困在一辆小汽车中。G 打碎了汽车的车窗,以便从里面将车门打开,再将 P 从汽车中拽出来。在关于造成他人损害的非合同责任的法律下,就给汽车造成的损害,G 无须向 P 承担责任。

证明责任。本示范法认为证明责任的问题属于实体法的范畴。当无法清晰地确定案件事实时,要适用有关证明责任的规则。在无因管理法中适用的是一般原则,即当事人必须就对其有利的事实加以请求,并在有争论时对之加以证明。若当事人无法加以证明,则案件应当作出对该当事人不利的判决。

示例 4

案件的事实与示例 3 相同,不过 G 在打碎车窗时受伤。双方当事人都要求损害赔偿——P 是因为遭受财产损害而依据有关非合同责任的法律,G 则是因为在作为管理人实施管理行为时遭受人身伤害而依据无因管理法(第Ⅴ－3:103 条(赔偿请求权))。若关于 G 实施该行为是否真的是为了救助 P 存在争论,且无法加以证实,则 P 的赔偿请求权成立,G 的请求则不成立。

证明。与之不同,是否可认为当事人所请求的事实已被证实的问题,都属于程序法的部分。因而,这些问题不是本章所规范的对象。

示例 5

案件的事实仍然与示例 3 相同。然而,事后 P 请求,G 之所以打碎车窗,完全是(或者至少主要是)为了趁机捞取好处,即为了盗取 P 的汽车的乘员座位上所放的相机。在何种条件下以及在多大程度上构成仅需初步证明的案件,从而推定事实成立、G 的请求得到支持,是由(国内的)程序法来判断的问题(例如,G 可以证明,事后 P 确实被 G 从汽车中救了出来,由此可以初步认定,在打碎车窗时,G 的目的主要就是救 P)。在何种情形下 P 应当提供证据以推翻上述初步证明的问题,同样如此(例如,P 可以试着证明,之后 G 拿着那个相机,G 也无法对此给出有说服力的解释,并且 G 也没有认真地努力去救 P)。

B. 所涉及的行为

"行为"是为了他人。本条第(1)款规定,本编的规范适用于行为人为了他人而"实施行为"的情形。对这种行为的类型没有作进一步的要求。因而,所有类型的行为都可以被认为构成无因管理——使他人能够利用某物(或金钱),或者代人偿还债务,或者为之提供服务,都是如此。其适用范围非常广泛,既包括具有法律效力的行为,也包括仅仅改变事物的物理状态的行为。无因管理可能表现为与他人订立合同,或者作出解除法律关系的通知,也可能表现为进行修理、打一个电话、对财物进行保管、发出警示、移走机动车、修剪伸到了公共道路上方的树枝、喂养(或在紧急情况下杀死)动物,如此等等。所有的这些,都属于本条文义所指的"行为"。这当然并不排除,本编中后面的某些特定的条文完全或者主要是针对其中的某一种形式的行为,可能是具有法律效力的行为,或者是仅具有事实意义的行为。针对具有法律效力的行为的,如第Ⅴ-3:106条(管理人作为本人的代理人的权限),从而这一条文仅涉及法律行为。与之相反,涉及赔偿的第Ⅴ-3:103条(赔偿请求权)原则上仅适用于只具有事实意义的行为。

包括保护他人人身的行为。并且,本章所理解的无因管理他人事务的概念显然并不限于维护他人财产利益的行为。相反,这一概念也包括保护他人人身的行为,因而,比如给伤者进行包扎,将伤者送往医院,以及(如上文示例3所述)将某人从危险处境中拯救出来之类的行为,都包括在内。

一时的行为与长期的行为。"行为"可以是一项孤立的、一时的行为,也可以是一系列持续行为的集合,例如管理某笔银行存款或者管理他人的农场或生意。第Ⅴ-2:101条(管理过程中的义务)[第(1)款]第(c)项(涉及的是管理人的提供信息的持续性义务)即专为此种长期行为而设,该条并不适用于瞬间开始并立刻结束的行为。

不作为。理论上可以认为,无因管理也可以表现为不作为。不过,从实践来说这非常罕见,特别是因为,行为人的不作为外在表现上似乎构成无因管理的最常见的情形,通常都可以适用合同法的规范,此时,根据第Ⅴ-1:103条(被排除在适用范围以外的行为)第(a)项,合同法的规则在适用上要优先于有关无因管理他人事务的规则。

示例6

某个公证人违背客户的指示,没有将客户的资金划转给税务部门,因为当时该公证人已经获悉税务法规发生了变化、不再需要缴纳该笔税款。某个修车厂为了客户的利益,没有对客户开来进行修理的汽车进行修复,以使该车不被占领军所控制。通常来说这类行为会被解释为是履行合同义务,因而从一开始就处于无因管理法的适用范围之外。

违反法律或公共政策的行为。违反法律或公共政策的管理行为,并未被明确排除在本条的适用范围之外。这样一项规则似乎没有存在的必要,并且,引入这样一项规则是危险的,因为在某些特定的情形下它将产生误解。当然,在通常的情形下,管理人的行为既不能是法律所禁止的,也不能是违反公共政策的。不过,这一结论从这里就可以推导出来:在这两种情形中,通常都缺乏实施管理的合理原因。

示例 7

P 是一个盗窃团伙的成员,他生病了。P 的朋友 G 不顾盗本无道的说法,以 P 的名义承接了 P 的"工作"。根据无因管理法,P 不能请求 G 支付 G 以 P 的名义从第三人那偷来的钱财(相应地,G 也不能向 P 请求什么)。

紧急情况。不过可以设想,在紧急情况下,即使是通常来说违反法律的行为,在某些特殊情形中也可能是合理的。紧急情况可能使得管理人不得不实施法律所禁止的行为,或者是在通常情形下会被认为违反公共政策的行为。

示例 8

在国外旅行时,行为人的同伴被错误地关进了某个腐败国家的监狱;行为人唯有通过行贿,才能使同伴获释。虽然行贿是被禁止的,并且即使是在管理人与本人所属的本国法中通常也不允许对外国官员行贿,但在此种极端的情形下,行贿的行为在行为人与本人的关系中可能仍然是合理的。因此,管理人可以请求偿还因行贿所支出的费用,参见第Ⅴ－3:101 条(债务清偿请求权或费用偿还请求权)。

禁止的行为。然而,也有可能,即使是在考虑到了紧急情况之后,出于其他更为重要的考虑,法律仍然要禁止某种特定的行为。在这种场合,对于无因管理法来说,无视这种禁止并不合理。

示例 9

在某个成员国的法律下,根据特定的成文法规范,禁止向绑匪支付赎金。被绑架者的儿子向绑架其父亲的那伙绑匪支付了赎金并赎回了他的父亲,他无权以无因管理为由要求其父亲偿还费用。这个儿子在以这种方式管理事务时,缺乏合理的原因。

具有内在人身属性的行为被排除在外。具有内在人身属性,从而只能由某人亲自实施的行为,因为其本身的性质,也被排除在适用范围之外。本条虽然没有明确规定这一点,但可以从行为本身来对此加以理解,并且也可以从第Ⅴ－3:106 条(管理人作为本人的代理人的权限)中推导出来,该条在特定的条件下授予管理人以代理权,在与第三人的关系中其行为直接约束本人并使本人直接受益(即作为本人的代理人实施行为)。不得成为代理关系的对象的行为,也不得成为无因管理的对象。继承法不允许代他人订立遗嘱,行为人也就不得以无因管理人的身份来代替遗嘱人订立遗嘱。在所涉的法律行为意在改变他人的婚姻地位或作为父母的责任或改变他人的姓名时,也是如此。同样,也禁止以他人的名义去表达特定的哲学立场或政治立场——例如,作为无因管理人替某个政党进行竞选宣传。

作为无因管理人从事诉讼活动。无因管理法意义上的行为,也可以表现为从事诉讼活动。不过,对此必须区分两种根本不同的情形,即以自己的名义从事诉讼活动和以本人的名义从事诉讼活动。在第一种情形中，管理人为了维护本人的利益而对第三人提起诉讼，但是是以管理人自己的名义，(例如，在紧急情况下管理人将本人的财物卖出，然后通过向法院起诉来追讨价款)这种情形不存在什么特殊的问题。(在实施了先前行为之后)管理人甚至可能负有采取此种措施以维护本人利益的义务，这是第Ⅴ-2:101条(管理过程中的义务)第(2)款所规定的继续管理义务的一部分。相比之下，更为麻烦的问题在于，当本人无法亲自从事诉讼活动时，管理人是否以及在何种条件下能以本人的名义进行诉讼。与此有关的例如，本人对他人欠款的请求权即将罹于诉讼时效，为了防止出现对请求权的这种法定限制，管理人试图提出起诉。对他人的事务进行这种形式的管理是否可能，或者这种事务是否属于只能由本人亲自处理的类型，本章未予规定。相反，与欧盟大多数国家的法律相一致，本章假定，这涉及程序法的问题，必须适用程序法来加以处理。多数国家的程序法所采取的立场似乎是，在法院所确定的必须提交委托书或授权书的时间点之前，法院可以允许管理人暂时从事诉讼活动，如果届时无法提交，则将驳回起诉。

C. 主要目的系维护他人利益(第(1)款)

"使人受益"的含义。如上文所述，无因管理的积极方面的构成要件包括主观要件(使人受益的目的)与客观要件(合理原因)。作为第一项基本要件，管理人在实施行为时的目的必须是维护他人利益。这里的"使人受益"一词应作广义的理解；特别是，其所涉及的并不仅限于财产法中的在经济收益的意义上所说的利益。从对"行为"这一概念的解释中就已经可以推知这一点。并参见上述示例3。

冒险实施的行为在结果上成功与否并不重要。并且，重要的是维护他人利益的目的，而不是实际产生的利益，这一点非常重要。只要在行为当时可以期待会发生效用，就存在维护他人利益的目的；至于行为完成或停止以后所可能出现的也可能不出现的结果意义上的效用，则并不重要。因此，管理人必须是实施了管理他人事务的行为，在管理人实施该行为时其目的必须是为了维护他人的利益，但是，从根本上说，善良的目的就够了。其行为是否最终成功(结果意义上的利益)不是判断标准，并不重要。无因管理法由此与不当得利法相区别。

示例10

P在驾驶汽车的过程中突然丧失意识。她的汽车停到了悬崖边上，她被人救出并被送往医院。P的汽车有可能会滑下悬崖。G的营业就是对抛锚的汽车进行修理，第三人将P的情况告诉了G，G决定用吊车将汽车拖回到马路上并将之拖往P的住所。因为隐蔽的质量缺陷，钢缆断裂，汽车坠毁。G行为时的目的在于维护P的利益。其管理行为最终所导致的损失高于收益，并不改变G是在进行无因管理的事实。

维护他人利益，而不是谋取自己的利益。管理人在行为时必须是以维护他人利益为目的。若行为人所谋取的是其自己的利益，则不属于无因管理人。并且，如果行为系出于偶然或无意，仅仅存在管理他人事务的事实，尚不足以构成无因管理。误以为是在履行自己所负的义务而实施相应的行为，事实上却是在代他人履行义务，也不构成无因管理。典型的例子是，某已婚男子误以为自己是其妻子所生子女的父亲而对之进行抚养，事实上孩子的亲生父亲却另有其人。如果不存在特殊的法律制度（在上述情形中即指家庭法）的话，应当适用不当得利法来处理这类案件。

示例11

根据孩子们的模糊说辞，似乎是G的儿子在打球时打碎了邻居家的窗户玻璃。于是，G赔偿了损失。其后发现，应当负责的是另外一个孩子。不论是对于这个孩子还是其父母（在父母应对其孩子所造成的财产损害承担替代责任的范围内）来说，G都不属于无因管理人。G只能是根据不当得利法要求偿还其所支付的费用。至于G是对这个孩子享有请求权，还是对其父母享有请求权，或者只能是要求其邻居返还，则要按照不当得利法来判断。

示例12

某作曲家的版权仅授权给某音乐出版公司在一段有限的时间内进行利用，在该作曲家去世后，该公司误以为其版权已经进入公共领域，从而继续利用其版权。在作曲家的继承人要求返还所获利润时，该公司不得就其推广音乐作品的商业活动以无因管理为由请求报酬，因为这家公司本来就没有使作曲家的继承人受益的意思。

对于为了谋取自身利益而实施的行为，不存在追认的可能。与合理原因的要素（第（1）款第（a）项及第（2）款）不同，即使以追认的方式对行为人的行为及时加以承认，也不能代替维护他人利益的主观要件。之所以能够对好事者的行为加以追认，其正当性是基于这样的假设：该好事者的行为是为了他人的利益，后者事后对其行为予以了追认，因而从事后的角度来看当事人之间似乎存在了合意。因而，根据有关无因管理他人事务的规则，若管理人在行为时主要是为了谋取自己的利益，只是碰巧具有顺带地使本人受益的意思，则本人不得予以追认。不过，这并不排除适用代理规则的可能。根据第Ⅱ－6:111条（追认）第（1）款与第（2）款，行为人没有代理权却声称自己是本人的代理人进而与第三人订立合同时，本人可以对这种行为予以追认。在这种情形下，该假冒的代理人行为时的目的是使本人受益还是谋取私利，并不重要。

主要目的是维护他人的利益。为了避免管理人在行为时既意在谋取自身利益也意在维护他人利益时所产生的问题——任何人在实施任何行为时都很难完全是为了维护他人利益的问题——第（1）款要求管理人的主要目的必须是使本人受益。在行为人既维护他人利益也谋取自身利益时，只要前者比后者稍微重要一点就够了。行为人实质上是为了谋取自己的利益，只是小部分的目的是使本人受益时，根据上述规定，管理人也就没有理由享有费用偿还请求权。

示例13

G是一个系谱学家,其谋生的职业之一是,对似乎无人继承的遗产的公告作出响应。某人去世时留有遗产,对该遗产的无遗嘱继承具有管辖权的法院根据提交给法院的证据材料必须推定,死者没有什么亲属具有该遗产的继承权,此时,法院就要发布相应的公告。具有继承权的亲属在规定的期限内不作申报的话,财产将被归入国库。G成功地寻找到了这样的亲属。G向他们提出,以财产价值的20%作为报酬,G向他们提供必要的细节并为之实施遗产处理的活动。为了展示他的诚意,G向他们提供了初步的、基本的信息。不过,后来发现,对于那些亲属来说,这些信息已经足够让他们确定对该继承具有管辖权的法院,并且提出继承的请求。G只是在附带地维护这些亲属的利益。G主要关心的是订立合同,但这些亲属事实上没有与他订立合同。G对这些亲属不享有请求权,特别是不享有第Ⅴ-3:102条(报酬请求权)所规定的请求权。否认这种报酬请求权的另一个原因在于,根据有关远程消费场合消费者保护的Directive 97/7第9条,对于不请自来的服务,不能强制要求消费者支付报酬。这一条文并不意味着欧洲共同体的法律完全废除了不请自来的服务场合对费用的请求权(参见第Ⅱ-3:401条(无承诺则无债务)第(2)款),但这确实意味着,这一价值判断结论必须在无因管理法中得到反映。

示例14

F是一个农场主,他注意到一场暴风雨过后高速公路旁的一棵树倒下并横卧在道路上。这是周末,无法联系到负责树木与道路安全的地方政府部门中能及时处理此事的工作人员。若F用拖拉机将树干拖离马路,则F的行为构成对地方政府的无因管理(第Ⅴ-1:102条(替他人履行义务的管理))。F在实施该行为时,附带地也维护了自己的利益,即他自己因此能够抵达他的某部分农场,而不用另行绕道,但这一事实无关紧要。

示例15

已成年的子女付清了其父亲所欠的税款,以避免税务部门查扣父亲的某些价值高昂的绘画。没人反对这里应当承认其构成无因管理,虽然这些子女在支付税款时内心也在想着,其父亲去世以后他们将要继承这些绘画。

示例16

某块工业用地上多数的土地所有权人要求地方政府相关部门建设一条支线道路,以连接邻近的双线公路。地方政府部门同意了这一要求,前提是这些土地所有权人承担大部分的建设费用。土地所有权人A与B对此表示同意;C原则上也同意,但从一开始就说得很清楚,他能支付的费用无论如何也不能超过100,000欧元。其后,A、B(但C没有参与)和地方政府部门订立了一个关于支付建设费用的合同;地方政府部门则承诺建设这一支线道路。最终的费用高达770,000欧元。A和B无法根据无因管理制度向C请求权利,因为他们的行为的"主要"目的并非使C受益。至于C明确表示拒绝支付更多建设费用,则完全与此无关。

根据无效的合同所实施的行为。主要目的并非维护他人利益的一种特殊类型的案件(并无明确的规则对之加以规定)是,行为人误以为其对本人负有合同义务,在行为时误以为其是在履行合同义务。最典型的是基于因违法、欠缺形式要件或双方当事人事实上未达成合意而无效的合同所进行的给付。本章的规则是基于这样的前提：由此种给付而产生的请求权，属于不当得利法的范畴，不属于无因管理法的范畴。能够说明这一点的案件包括，根据无效的服务合同来修理他人的汽车，或是在委托无效的场合误以为是在从事委托事务从而以自己的名义购买物品。目前，欧洲的某些高等法院确实对后一种类型的案件作出了不同的判决，不过在这些国家之中对此也并非没有争论。支持上述立场的理由在于，在严格的意义上，根据无效的合同所实施的行为当然“不具有授权”（参见第Ⅴ-1:103条（被排除在适用范围以外的行为）第(a)项），但是其行为的主要目的也并非维护他人利益，而是为了通过履行一个已经达成的协议来谋取自己的利益。

类似的情形。行为人因对法律关系认识错误从而履行了“义务”的情形，也是如此——例如，行为人误以为存在不当得利或者是负有造成他人损害的非合同责任，从而误以为应当支付金钱。此时，同样因为其主要目的并非维护他人利益，从而不构成无因管理。不过，履行刑法所规定的救助义务（详情参见第Ⅴ-1:103条（被排除在适用范围以外的行为）的评论中的B部分）的情形，则与之不同。进一步来说，行为人误以为处于危难之中的某人享有获得救助的权利并由此给予救助，此时，其行为的主要目的系维护他人利益。行为人担心其如果不给予救助的话要承担损害赔偿责任，这种没有依据的担心只是现实生活的背景之一。

附带地谋取自己的利益，会影响管理人请求权的金额。常见的情形是，管理人行为时的主要目的是维护本人的利益，但与此同时其内心也在想着追求自身的目标。如上所述，这并不排除无因管理法的适用。不过，在判断其管理的法律效果时——特别是在计算管理人有权获得的损害赔偿或费用偿还的数额时，可以对行为人附带地追求自身目标的事实加以考虑。这种情形主要发生于管理人与本人共同面临危险的场合（参见第Ⅴ-3:104条（管理人请求权金额的减少或请求权的排除））。

示例17

G和P分别所有的两块土地相邻，坐落于一个山坡之上，G的土地比P的土地地势稍低一点。在暴雨过后，特别是又有积雪融化，从山上流下并流经这两块土地的溪流水位上涨，漫进了边上的土地。根据以往的经验，G知道，当洪水到达P的房屋时，如果不采取措施，也将淹进P的厨房。P的房屋上游的水位不幸再次继续上涨，G于是找了一个承揽人来处理这个问题。P当时不在现场，也没法通过电话与其取得联系。对于将问题交由承揽人处理而产生的费用，G有权要求P偿还。不过，如果G没有找承揽人来阻止洪水漫向P的房屋，G自己的房屋也将同样被淹的话，在这一限度内，G的费用偿还请求权的金额必须根据第Ⅴ-3:104条（管理人请求权金额的减少或请求权的排除）加以减少。

管理人与本人：基本观察。原则上说每个人都可以成为管理人或者本人。这既适用于自然人，也适用于法人。在许多案件中，无因管理人可能是以法人形式存在的非营利性组织(虽然这并不排除,在案件的具体情形中,就第Ⅴ-3:104条(管理人请求权金额的减少或请求权的排除)第(1)款的目的而言,可能认为这种非营利组织在进行无因管理时表现出了不行使管理人权利的意向)。同样地,未成年人也可以成为管理人或者本人(不过亦参见有关未成年人保护的第Ⅴ-2:102条(对违反义务所致损害的赔偿)第(3)款、第Ⅴ-2:103条(管理结束之后的债务)第(2)款以及第Ⅴ-3:104条(管理人请求权金额的减少或请求权的排除))。精神病人是否具有实施无因管理的能力,原则上取决于其是否有足够的理解能力,以便能够以维护他人利益为主要目的决定进行管理。甚至可以设想,无因管理人也可以为某个尚不存在的人(如胎儿)进行管理,虽然此处仍须遵守一般规则:只有人才能够承担法律义务。

多个管理人。当多个管理人实施了管理行为时,他们是否成为连带债务人,取决于个案的具体情况。根据一般的规则,当(且仅当)多个管理人系在实施同一个行为时,才成为连带债务人。相反,若他们所实施的是不同的行为,则他们分别属于相互独立的债务人。

示例18

因为不具备专业技能,A无法修复其邻居N家中水管的破损之处。A叫来了一个水暖工,并且(并非作为N的代理人)委托这个水暖工进行修理。如果这个水暖工修理得很是差劲,A不需要就此向N承担替代责任。不过,根据第Ⅴ-2:103条(管理结束之后的债务)第(1)款,A有义务将其根据与该水暖工间的合同所享有的损害赔偿请求权移转给N,从而N可以向该水暖工请求损害赔偿。

示例19

案件的事实与示例18中基本相同,只是A没有委托这个水暖工来修理,他只不过是通知这个水暖工说管道裂了,由这个水暖工自己来决定是否予以处理。如果这个水暖工进行了处理,则A(因其通知了该水暖工)与该水暖工都构成无因管理。不过,就修理失败而言,他们不构成连带债务人;就该修理行为而言,A根本就不属于无因管理人。

第三卷第四章。若多个管理人之间构成连带债务人,则他们向作为债权人的本人所负的债务,应类推适用第三卷第四章。

本人的识别。管理人即为他人实施管理行为之人;本人通常即管理人试图维护其利益之人。可能仅存在一个本人,也可能存在多个本人的集合——无因管理人的主要目的在于维护一群人的利益。因而,在识别本人时,采用的是主观的标准。基本的规则是,其取决于管理人的目的。不过,在第Ⅴ-1:102条(替他人履行义务的管理)所规定的情形中,存在例外的案型,其中要以"客观"的标准来对核心的"主观"标准加以补充。

示例20

在一起造成大量人员伤亡的铁路事故发生之后,事发地点周围的许多人立即跑去开展救援。这些救援者中有两个人认为某节翻倒的车厢中仍有幸存者,他们在打碎这节车厢的窗户时自己受了伤。事实上车厢里可以救出五个幸存者。对于这些救援者而言,这五个幸存者以及铁路公司(参见第Ⅴ-1:102条(替他人履行义务的管理))都属于本人。不过,若铁路公司应对乘客承担责任,则在铁路公司与被救出的幸存者之中,仅铁路公司应当对管理人承担责任:第Ⅴ-3:105条(第三人对本人的清偿或偿还义务)。

管理行为发生时本人的可识别性。管理人的维护他人利益的目的必须与本人相联系。这并不意味着当时管理人必须已经认识了本人或者是知道了本人的名字;这甚至也并不意味着,管理人内心必须存在一个具体的受益人。不过,这确实意味着,在实施管理行为时,本人必须至少是可以识别的。除非满足这一要件,否则无法构成"为他人"进行的无因管理。

示例21

某个从事旅客运输服务的公司在车库中常备有一到两辆汽车,以便在发生事故后投入使用。对于后来引发事故并造成其车辆损坏的某个责任人来说,该公司保有这些汽车作为备用,并不是为了维护责任人的利益。因此,该公司不得根据无因管理法要求肇事者承担因保有这些备用汽车而产生的部分费用。在该公司决定置办备用汽车时,尚无法识别具体的受益人。(此外,该公司行为时主要的目的也是为了维护自己的利益。这是因为,之所以常备这些汽车,主要并不是因为预计到了事故的发生。相反,之所以常备这些汽车,主要是为了在某辆汽车因抛锚而退出运营时,能够为客户提供不间断的服务。)

示例22

某个煤矿发生了透水事故。政府主管部门禁止矿主将水抽出,因为担心这将影响到夏天的地下水水位。之后,再将煤矿抽干所需的费用远高于立即采取措施所需的费用;此外,因为这一推迟,矿主还要遭受生产利润上的损失。然而,在推迟抽干煤矿的事情上,矿主的行为并不构成无因管理,因为这一不作为的受益人的数量是不确定的:温泉浴场、旅店业者、零售商、镇上的其他居民,甚至是镇上的商人:如果矿主不推迟抽干煤矿的话,这个养生度假胜地的旅客可能不得不跑到别的地方去了。

管理人不知道本人的场合。如前所述,并不要求无因管理人认识本人。极有可能管理人在实施管理行为时是使某个未知的人受益。在抢救某个陌生人的财物时,行为人要想以管理人的身份对该财物的物权人进行无因管理,无须知道谁是该物的所有权人,或者谁就该物享有财产性权利。只要行为人具有为那些对该物享有某种财产利益的人提供帮助的抽象的目的,就够了。在识别本人的"主观"标准之中,也掺入了某些"客观"的因素。并且,在需要立即作出反应的紧急情况中,要求管理人还去考虑到底谁将受益这一具体的问题,也是极不现实的。若管理人在空闲之时能够进行充分考虑的话,他本可合理探知的其帮助所指向的那个对象,就是上述紧急情况中的本人。在此,也可以将通常会发生的情况纳入考察的焦点。比如,某人在即将发生道路交通事故时对某个小孩施以援手,在有疑问时,可以认为他也意在帮助这个小孩的父母。

误认受益人。相应地,若对于谁将实际从管理行为中受益的问题,管理人存在错误的认识,也并不影响无因管理的构成。在对受益人的认识发生变化的场合,法律关系中当事人的确定取决于管理人的实质上的目的,而不是其个人的私下目的。

示例23

某人将一辆汽车从路沟中拖了出来,当时他误以为汽车是X的,其后又得知汽车实际上是Y的。该行为人的目的在于维护Y的利益:管理人在实施管理行为时的目的是使汽车的所有权人受益,尽管与此同时他错误地认识了所有权人的身份。即使事后发现这辆汽车实际上属于行为人自己所有,这一点同样成立。不过在这种场合,行为人与受益人混同,导致案件不属于无因管理法的适用范围。

间接受益人不是本条意义上的本人。另一方面,若管理人明显地意在使某个特定的人受益,事后却发现第三人也从其管理行为中获得了利益(或者若其管理取得成功的话本应能够受益),则与前述情形完全不同。一般来说,这种类型的第三人并不属于管理人所设想的受益人的范围。最多是在第Ⅴ-1:102条(替他人履行义务的管理)所规定的特殊情形中,才考虑将这种类型的第三人作为本人(具体参见该条的评论)。

示例24

某个人保护了其邻居家的房子免受火灾;其邻居投保了火灾保险,若行为人没有进行管理的话,保险人需要进行理赔;一般而言,行为人的目的并非维护该保险人的利益。某人在从事职务行为时,一个玻璃窗从其头顶上方落下,另一个人在对其进行施救时受伤;根据本条与第Ⅴ-3:103条(赔偿请求权),施救者不得请求承保雇员工伤事故的保险人进行赔偿。某人在试图挽救他人生命时,其行为的目的并不在于使其人寿保险人或雇主受益,等等。

示例25

凌晨一点的时候,G听到从一处废弃的房屋中传来一个女子的呼救声。他匆忙跑去施救,但在他还没走到那个受伤的女子边上的时候,他就被一个疯子用一个锤子击伤了后脑。醒来之后,G自己爬到了街上并且把这个受伤女子的情况(这个女子也同样是被那个疯子用锤子打伤的)告诉了过路的行人;其后,这个受伤的女子马上被送到了医院。当根据第Ⅴ-1:102条(替他人履行义务的管理)认为承保该女子的健康保险的保险人构成本人时,G才有权就其所遭受的收入损失向该保险人请求赔偿(第Ⅴ-3:103条(赔偿请求权))。根据本条,该保险人不是本人。

多个本人。不过,行为人也可能同时为多个本人进行管理。某人在照顾他人的孩子时(如开车将之送到医院),其可能是为了父母的利益;某栋房子属于多个共有人共同所有,某人在对该房屋进行照管时,其行为是为了这多个共有人的利益,等等。在其与管理人的关系中,多个本人根据有关连带债务的一般规则承担责任。

D. 合理原因（第(1)款第(a)项）

概述。本人未作追认（参见第(1)款第(b)项）的话，只有当管理人具有管理本人事务的合理原因时（第(1)款第(a)项），才能适用无因管理法的规定。管理人在实施行为时是否具有合理原因，必须客观地进行判断——从一个理性的管理人的角度；合理地相信存在进行管理的正当理由，本身就构成合理原因。关键在于，在管理人所处的实际情况下，一个理性人是否会认为，存在以其所采取的那种措施进行管理的原因。因此，行为人采取措施以抢救本人的财物时，若一个和管理人一样处在相同情形中的理性人会认为该财物处于危险之中、有必要进行管理来对之加以保护，则管理人的行为就具有合理原因，即使（由于管理人所无法知道的原因）该财物事实上并未处于危险之中。

有瑕疵的和有缺陷的管理。无论如何，当管理人对是否存在合理原因的问题作了不合理的判断时，就不构成对他人事务的适法管理。另一方面，若管理人确实具有进行管理的合理原因，只是在采取管理措施时犯了一些错误，则仍然属于（适法的）无因管理。在此种场合，管理人只是违反了注意义务，并根据第Ⅴ－2:102 条（因违反义务导致的损害赔偿）的规则承担责任，但这并不使其丧失管理人的地位。

示例 26

某人注意到邻居家房子中的水管爆裂了，并请了一个水暖工来进行临时修理（但并没有使该行为直接约束本人）。若其错误地选择了水暖工，可能构成注意义务的违反，但这并不改变此处存在进行管理的合理原因这一事实。若行为人将修理的工作交给了某个水暖工，可对这个水暖工，其邻居是宁愿房屋被淹也无论如何都不会让他修理的，并且行为人已经知道或应已知道这一点，只有在这种不大可能发生的情形中，才可能不存在进行管理所需的合理原因，这是因为，在行为人知道的场合，将工作交给本人所厌恶的这个水暖工，违反了本人的意思（第(2)款第(b)项）。若漏水造成的损失会殃及其他房屋时，情况又有所不同。在这种情形，违反本人的意思并不妨碍行为构成适法的无因管理（第Ⅴ－1:102 条（替他人履行义务的管理））。

不要求先前存在法律关系。无因管理法的目的之一在于鼓励社会所需要的管理，因此，没有理由给特定的管理人为何要进行管理（而不是将事情留给别人）的问题设置严格的标准。在管理人与本人之间，不必存在任何密切的法律关系或个人关系。事实上，如果双方间存在密切的个人关系，则管理人可能会具有赠与服务的意图，从而要适用第Ⅴ－3:104 条（管理人请求权金额的减少或请求权的排除）第(1)款。同样可以设想另一种情形，对于管理人所试图解决的问题，根本就不存在合理的解决方案，在这种情形中，自始不存在进行管理的合理原因。在这种情形，涉及的不单是管理行为存在瑕疵，而是根本不存在进行管理的合理原因。两者的区别在于，对于管理人所实施的那类管理行为而言，一个理性人是否会认为存在进行管理的原因。（这种区别有时是很困难的，最终可能必须由法院根据案件的具体情形来判断。）

示例27

一个陌生人在他不熟悉的一个小镇上看到某个建筑物上的窗户被强风刮坏了。这个建筑物似乎是空的，并且看上去可以很轻易地强行从其前门进入、临时封好窗户。这个陌生人没有进行管理的合理原因，但这必须特别考虑到如下的事实：房主并不希望一个完全陌生的人仅仅是因为出现了这样一个比较细微的问题就进入他的房屋并且打坏大门。

示例28

一个化工厂起火。若某个人拨打火警电话，则其行为有合理的原因。另一方面，若消防队到达了现场之后，这个人还试图去独自灭火，其行为就没有合理的原因。如果在消防队到达之前他试图去灭火，则是否存在合理原因取决于案件的具体情形。如果大火已经烧了起来，则独自一人去试图灭火是完全没有意义的。不过，如果还只是烧着小火，则独自处理可能是合理的。

“合理的”原因。对于“合理的”这一概念的界定，可以在定义清单中看到。何为“何理的”，需要客观地判断，并且需要考虑行为的性质与目的、案件的具体情况以及相关的习惯与惯例。

后续条文中提供的某种指引。除了这一一般规则以外，对于何种情况下管理人的行为具有合理原因的问题，后续的条文也提供了一些特别的指引来加以补充，并且这些指引不受本条第(2)款的影响。特别是(原则上)在紧急情况下提供帮助被认为构成适法管理。这当然源于第Ⅴ－3:103条(赔偿请求权)，该条的规定仅直接适用于赔偿请求权，但其也可服务于其他的目的，即对“合理原因”进行具体的说明。该条规定，管理人的行为可以是“保护本人或本人的财产权利或利益不受损害”。与之相同的又如，只有当行为人已经调查得知本人虽负有维护某种至关重要的公共利益而进行作为的义务，但本人不愿履行这种作为义务时，才产生进行管理的合理原因，参见第Ⅴ－1:102条(替他人履行义务的管理)。

E. 应当尊重本人的意思(第(2)款)

不存在进行管理的合理原因。将本条第(1)款第(b)项所规定的例外情形(本人对行为的追认)以及第Ⅴ－1:102条(替他人履行义务的管理)先放在一边，行为人随随便便地就干预他人事务时，其行为不能构成适法管理。在管理人知道或可合理期待其知道其干预行为违反被帮助者的意思时，就是如此。若管理人本可以去询问本人是否同意管理，却没有进行询问，就属于可合理期待其知道的情形。在此种场合，根据第(2)款第(a)项，管理人的行为不存在合理原因。若管理人因其管理行为而给另一方造成了法律上相关的损害，则可能根据第六编的规定构成造成他人损害的非合同责任。在管理人无法询问本人，但出于其他原因而知道或应当知道本人不会允许他人干预其事务时，同样如此(第(2)款第(b)项)。

本人的意思不具拘束力的情形。不过，存在一些例外的情形，虽然本人已经明确不同意他人的干预，但管理人的行为仍然具有合理原因。撇开本人存在恶意、出尔反尔(因而后面的表述并未真实代表本人的意思)的情形不谈,此处所涉及的情形通常是,管理人的行为是为了维护本人的利益,并且一个负责任的、尽到适当注意的管理人不可能去听从本人的意思。不应将此种情形认为是漠视他人的意思自治的权利。相反,罹患精神疾病、受药物或酒精作用或者尚未成年的人,所表达的意思无法对一个理性的管理人产生影响,这些人的意思本质上并非反对别人对其事务进行正当的管理。这一点不论是对第(2)款第(a)项还是第(b)项都是如此。原则上,某个想要自杀的人的意思也对管理人不具有拘束力——无论如何,当自杀的意图是出于心理疾病、精神失常或者妨碍其自主能力的其他原因时,其意思不具有拘束力。当某个特定宗教团体的信徒出于宗教的原因而根本反对输血时,原则上其意思应当得到尊重。然而,当父母宁愿其子女死掉也不愿意进行医学上认为有必要的输血时,情况又有不同。如果具体情况是,已经没有足够的时间从其子女身上抽血并供事后需要时使用,则不需要遵从其父母的意思。这是因为,父母出于宗教的原因而拒绝对其子女进行健康风险相对较小的医学治疗,对这种意思他人不负有尊重的义务。

至关重要的公共利益。本人的意思并非反对适法管理的另一种特殊情形,是第Ⅴ-1:102条(替他人履行义务的管理)所规范的对象。在这种情形(从法律的角度来说)第三人被视为本人,不论受领人是否也是本人。就这种特殊情形,参见第Ⅴ-1:102条的评论以及第Ⅴ-2:101条(管理过程中的义务)第(1)款第(b)项。

本人意思自治优先。在欧盟所有国家的法律体系中,管理人都负有将所管理的事务通知本人的(被认为是不言自明的)义务(其后本人可以接管这一事务)。这同样也是本部分各条文(第Ⅴ-2:101条(管理过程中的义务)第(1)款第(c)项)所采纳的基本立场。与第Ⅴ-2:101条(该条关注的是管理人持续采取措施的义务)不同,也与第Ⅴ-2:103条(管理结束之后的债务)第(1)款(该款涉及的是管理结束时管理人应提供信息)不同,第Ⅴ-1:101条第(2)款第(a)项所表述的规则是,若行为人在案件的具体情形中有适当的机会去询问本人是否需要帮助,却没有利用这一机会,则只有当本人事后对其管理行为作了追认(第(1)款第(b)项)时,才构成适法管理。对这些目的来说,一个与本人取得联系的适当机会就够了。可以设想这样一类情形:本人本来愿意接受某个管理人提供的帮助,但是就因为管理人本来可以与其取得联系却并未与其取得联系,本人(完全正当地)十分愤慨。在这种情形,独立自主与意思自治的权利应当优先于法律对那个心怀好意却随随便便干预别人事务的家伙的保护。本编将事后追认规定为要件之一以及本人可以在事后选择是否追认,就已经适当地表达上述这些基本价值。在这种情形,只有当本人对已经实施的行为给予了追认时,才构成无因管理关系;在无因管理关系中,法律对管理人给予了优待,其中本人的法律地位也与不当得利法下得利人的法律地位明显不同。

示例29

星期六的下午,G在修剪自家花园的树篱。纯粹是出于对邻居的友谊,她又继续修剪了其隔壁邻居家的树篱。这个邻居当时并不在场,G也没有去征得他的同意。G的行为不构成无因管理。

管理人无法与本人取得联系。然而,如果对第(a)项进行反面解释,认为管理人无法与本人取得联系时就总是存在进行管理的合理原因,则是错误的。在这种场合,当然同样要求,管理人必须具有进行管理的合理原因,就此必须考虑案件的其他所有情况。

示例30

A从其朋友B处得知,B一直都渴望获得一枚特别稀有的(同时也相应昂贵的)邮票,以充实其收藏。在度假时,A突然获知这枚邮票正在出售,他一时冲动,就当场买下。即使A在决定是否购买之前没有机会通过电话与B取得联系,A完成这笔交易也要自行承担风险。这是因为,这种行为本是可以推迟的,或者换句话说,没有授权就为之是不合理的。若与此同时B改变了主意,相应地选择对这一买卖不予追认(第Ⅴ-1:101条第(1)款第(b)项),则B既不负有从A手中收下这枚邮票的义务,也不负有对A购买所花金钱予以偿还的义务。

示例31

A的邻居N没有及时地支付电话费账单。这本身并不构成A替N付清账单的合理原因。然而,若电信公司威胁切断电话,而A知道N需要保持电话畅通,则情况又不同。只有在后一场合,才涉及第(2)款第(a)项所规定的额外要件。

要求采取积极行动。根据本条的文义,当存在"探知本人意思的适当机会"时,无因管理人必须采取积极行动以探知本人的意思是什么或会是什么。由于现代通讯方式的发展(至少现在,手机通讯与电子邮件的利用率仍在不断增长),无因管理法的适用范围在逐渐萎缩。越是容易与本人取得联系,在没有试图取得联系时成立适法无因管理的可能性就越低。

探知本人意思的适当机会。管理人为探知本人的真实意思应当付出什么样的努力,取决于个案的具体情况。在采取管理措施的重要性与紧迫性和找到本人所需的时间与费用之间,必须进行合理的平衡。凡事皆要有度。在某些案件中,情况紧迫,要求立即采取措施,从而根本来不及去询问本人的意见;在某些案件中,要求花一个小时的时间去给世界另一端的人打电话以获得进行临时修补的许可,是不合理的;同时,也存在一些相反的案子,管理人完全可以等着。

与本人进行联系本身可以构成适法的无因管理。原则上,试图与本人取得联系、试图了解本人意思(在某些情况下这种努力本身可能就花费不少)的行为,本身就可能构成无因管理。如果在具体的情形中寻找本人是合理的,并且因试图寻找本人而产生的费用在第Ⅴ-3:101条(债务清偿请求权或费用偿还请求权)的意义上也是合理的,那么就会产生费用偿还请求权,不论最终是能够还是不能够与本人取得联系(或者,如果取得了联系，是否能够获得允许）。另一方面，这也说明，原则上，除存在特殊情况外，如果在所处具体情形下努力获得本人指示是合情合理的，在努力获得本人的指示之前，行为人不得进一步采取实质性的管理行为。当然，如果经合理评价后发现，努力去获得本人的消息自始就是没有意义的，则无须去进行这种尝试（或者在某些案件中，无须反复尝试）。这是因为，此种尝试所花的费用在第Ⅴ－3:101条的意义上可能是不合理的，从而本人对此不负有偿还的义务。

无因管理还是合同？若本人对管理人的询问给出答复、要求管理人开始（或继续）进行管理，此时在管理人与本人之间是否成立合同的问题，要根据第二编来进行判断；此处不需要对此给出回答。如果成立了合同，则在合同成立以后当然不再适用无因管理法的规定，因为管理人根据合同负有提供服务的义务（第Ⅴ－1:103条（被排除在适用范围以外的行为）第（a）项）。也有可能合同条款的适用溯及合同成立以前（作为无因管理）所完成的行为——因而，就合同成立以前所作的管理而言，合同权利如费用偿还请求权就取代了第Ⅴ－3:101条（债务清偿请求权或费用偿还请求权）所规定的权利。为了让合同约定具有此种溯及的效力，除能够从具体情形中推断出存在相应的约定外，仅有继续进行管理的简单要求是不够的。

第（2）款第（b）项。即使在所处情形中管理人不具有与本人取得联系的适当机会，管理人也必须尽可能地按照本人的意思或可能的意思来进行管理。这是第（2）款第（b）项中所规定的规则。

知道本人的相反意思。作为一项根本性的原则，若行为人漠视其已经知道了的本人的相反意思，则不构成适法的无因管理。至于本人的这种意思是否合理，则无关紧要。在可允许的范围内，每个人都有权按照其自己的选择来生活。即使某个人自己的观点非常古怪，他也没有义务去屈从于别人的评判。

示例32

就某起事故所导致的损害，到底谁应当承担保险责任，工伤保险机构与责任保险人之间产生了争执。更多的证据表明该案中受害人应当根据责任保险来进行求偿。因而，工伤保险机构要求由责任保险人进行赔付。责任保险人出具了一个书面文件，拒绝进行赔偿，坚持认为必须对案件事实作进一步核查。（虽然说，从中立的角度来观察，这种坚持有些强词夺理。）于是，工伤保险机构向受害人进行了赔付。工伤保险机构不得以其为责任保险人的事务进行了无因管理为由，向责任保险人进行追偿。此处的责任承担问题，应当按照不当得利法来进行处理，而不是按照无因管理法。

因过失而未理解本人的意思。并不仅是在管理人知道其行为违背本人意思的情况下才不能成立适法的管理。无因管理人也必须认真思考（“可合理期待管理人知道”），本人的意思可能会是什么。与第（a）项（即采取积极行动探知本人意思的义务）进行对照的话，这一规则的意义可能并不很大，但是从整体上来看的话，其意义也不容忽视。当无法与本人取得联系时，为了尽可能地符合本人的意思，管理人（仍然）必须考虑,在该种情况下一个理性的人会如何去做。

注意的标准。对于注意所采取的是一个客观的标准(就如第六编关于造成他人损害的非合同责任中所规定的那样)。当然,肯定会存在某些情形,在其中要对所面临的问题作安静的思考绝对是很困难的。假定确实构成了无因管理,接下来处理管理人的管理行为是否违反了义务的问题时,在判断管理人实施管理行为时是否尽到了注意(第Ⅴ-2:101条(管理过程中的义务)第(a)项)的时候,同样存在这个问题。所要求的注意的程度取决于案件的具体情形;特别是,在情况紧急的案件中,必须考虑到这样的事实:管理人在作出决定之前几乎没有丝毫时间进行思考。另一方面,行为人若是自己忽略了某些常识性的东西(对此可以合理地期待管理人知道),则不能以此为由进行抗辩。

示例33

在某家银行的营业大厅内发生了一起持枪抢劫。某个客户突然跳出来试图去夺下劫匪手中的武器。在争抢的过程中枪响了,子弹射入了这个客户的膝盖。这个客户的行为不构成维护银行利益的无因管理,因为可以合理地期待其知道,银行会要求其雇员不要冒着生命危险来保护银行里面的现金。

不知道本人的意思而进行管理,但对其不知不存在过失。并不仅仅因为事实上没有本人的同意,无因管理人的行为就不具有合理原因。第(1)款基本上是基于这样的前提:没有本人的实际同意,并不妨碍管理人的管理行为具有合理的原因;实际上,正是当不存在本人的同意时,要对是否具有合理原因进行判断。第(2)款则是规定,若管理人漠视本人的意思,没有适当考虑本人的意思或者在明知的情况下违背本人的意思,则不具有合理的原因。关键在于,管理人是否知道、是否应当知道或者在所处的具体情形下是否本应去探知本人是否有相反的意思。但是,若管理人并不具有探知本人意思的适当机会,并且管理人既不知道也不应当知道本人确实不愿意他人来进行管理,那么,若根据第(1)款的标准存在进行管理的合理原因,则管理人的行为是合法的。在这种(并不常见的)场合,本人的意思虽然事实上与已经作出的管理行为相反,但并不妨碍构成适法的无因管理。若本人事后反对管理人的管理,但就管理人当时所能获得的信息而言这种管理是适当的、合理的,那么,这种事后的反对并不改变管理人的行为构成适法无因管理这一事实。如果不承认这一点的话,几乎每一个本人都可以逃避已经产生的偿还义务。

F. 本人的追认(第(1)款第(b)项)

本人追认的意义与效果。第(1)款第(b)项的效果是,在本人追认之后,原本不合理的(因而不适法的)管理转化成为适法的无因管理。追认可以以本人的明示或默示的单方意思表示为之,其意思表示的内容是,本人与管理人间与管理行为有关的法律关系,由无因管理法进行调整——换句话说,当事人间的法律权利与义务应与管理行为自始存在合理原因时的权利义务相同。因而,所需要的就是,本人有关愿意受管理行为拘束的意思表示。不过,管理人行为的主要目的系维护他人利益这一要件仍然存在。若不具备这一要件,当事人之间的权利与义务应根据第六卷有关造成他人损害的非合同责任的法律以及不当得利法来认定。

追认的法律性质。本人的追认属于意思表示,这一意思表示相应地适用第二编的规则,在涉及第Ⅰ－1:109条(通知)时尤为如此。

一种重要的案型。有关追认的规则所适用的一种重要案型,甚至可能最为常见的案型是,在进行管理之前,管理人本来可以询问本人的意见从而也本应当询问的情形。在这种情形中,若管理人的管理行为事实上也符合了本人的意思,也只有当管理人行为的主要目的系使本人受益时,本人才可以根据第(1)款第(b)项来选择予以追认。管理人意在为本人的利益进行管理的事实,必须具有一些可予证明的外在表现。

追认的作出并无不合理的、会给管理人造成不利影响的迟延。原则上,追认的作出并无固定的期限限制。唯一重要的一点是,本人对管理行为的追认,必须没有不合理的、会给管理人造成不利影响的迟延。本人有机会来判断,管理人是否具有进行管理的正当原因。不过,这种选择权仅存在于一段不确定的期限内,在这一期限内,一方面,本人要对管理行为感到满意;另一方面,追认的话,追认要仍然符合管理人的利益。如果追认不再符合管理人的利益,则本人的追认权消灭。追认权的行使(如果行使的话)必须及时,也就是说,并无不合理的迟延,是否构成不合理迟延要根据案件的具体情形来定。换句话说,这一规则背后的考量是,要保护管理人免受法律状态不安定的损害。管理人有权知道,其所处的法律状态如何。

示例34

案件事实与示例30相同。若A将邮票给B,但B拒绝偿还购买所花的价金,则A可以选择将该邮票卖给第三人。同样,如果A自己也集邮的话,他也可以自己收藏。B不再享有要求A交付邮票的权利(这一权利尚未产生)。这之后,若B改变想法,则B只能按照与其他任何第三人一样的方式来取得该邮票——与A进行协商,按照双方商定的合同价格来买下这枚邮票。

追认与合同。本编中的条文不涉及追认是否在管理人与本人之间发生合同效力的问题。也许可以将管理人的行为解释为向本人发出的一项(以提供给付的方式作出的)要约,本人则以追认的方式予以承诺。这种分析是否合适,必须根据具体的事实情况来判断。在第(2)款第(a)项中,管理人向本人询问其意思时,也存在相同的问题。一直要适用的基本规则是,若在当事人之间成立了合同,则在合同所涉及的范围内,不再适用无因管理法的规则。参见第Ⅴ－1:103条(被排除在适用范围以外的行为)第(a)项。

追认通常不导致合同产生。清楚的是,至少是在许多案件中,追认并不导致产生有效的合同。这可能是因为,管理人虽然意在使本人受益,但在实施管理行为时欠缺必要的受法律拘束的意思,而本人在给予追认时虽然具有受法律拘束的意思,但欠缺受合同拘束的意思(参见第Ⅱ－4:102条(意思的判断))。同样,管理人可能欠缺缔结有拘束力的合同所必要的行为能力。出于这些原因,无因管理法中的某些条文有必要作为一般性规则加以适用。这并不排除当事人之间以合同来规范其法律关系的可能,此时,就不再适用“追认导致在管理人与本人之间溯及地产生无因管理关系”这一默认的规则。

第(1)款规定的其他要件不受影响。追认要使当事人之间产生无因管理关系的话,当然还必须满足第(1)款规定的其他要件(参见上述第F项评论)。为谋取自身利益而实施的行为,仅有可能根据代理法来加以追认,不能根据无因管理法来加以追认。另一方面,管理人在为他人的利益进行管理时,也必须要承担受其管理意思拘束的风险。因而,若本人对管理行为予以了追认,则管理人因无因管理所获得的全部利益,都需移转给本人。若本人选择了追认,本人当然也必须承受相应的负担。

注 释

Ⅰ.无因管理(*negotiorum gestio*)法的普遍性与概念之概述

1.英格兰与爱尔兰的普通法中,从来没有发展出一个独立的概念,来指代无因管理他人事务而产生的法律关系。(其详情以及对此种状况的有力批评,参见 Birks, 24 (1971) CurrLegProbl 110－132。)欧洲大陆的法典中通过无因管理(*negotiorum gestio*)的概念来规范的可能发生的社会纠纷,在普通法中是通过许多完全不同的法律制度来加以处理的。这归因于两大法系的一般原则存在根本不同:在欧洲大陆的法律体系中,原则上承认,即使本不存在给付义务,为维护他人利益而支出的费用也是应予偿还的,同时法律也试图将这一一般规则的适用限制在合理的范围之内;普通法的出发点则与之相反,原则上,若本不存在给付义务,为维护他人利益而支出费用,并不导致偿还请求权的产生。(*Falcke v. Scottish Imperial Insurance Co.* (1886) 34 Ch. D 234; *In re Cleadon Trust Ltd.*, *Re* [1939] Ch 286;这一立场在 *Crantrave Ltd. v. Lloyds Bank plc.* [2000] QB 917 中得到了确认。详情参见 *v. Bar*, FS Werner Lorenz (2001), 441－461。)相应地,普通法所关注的是对这一规则的例外。在普通法中,独立的、自成一体的无因管理(*negotiorum gestio*)法或紧急管理(necessitous intervention)法的缺乏,一直受人批评(参见如 Diamond, Contract and Tort, 70);对于法律在何种程度内能够为管理人提供类似的法律救济的问题,也尚未存在清晰的共识,虽说发展的趋势似乎是与目前的判例法相比承认更为广泛的偿还义务。(参见 Allen, 40 (1931) Yale LJ 331, 374 (不存在对应的制度); Williston, 22 (1944) Can. BarRev. 492, 508 (英格兰法尚未整体采用无因管理(negotiorum gestio)的概念,但原则上也并不反对); Marasinghe, 8 (1976) Ottawa L Rev 573, 574 and 587(英格兰法通常以这个或那个概念来承认这一原则;当民事主体可被赋予“对待管理行为之诉”(actio negotiorum gestorum contraria)时,其享有恢复原状请求权); McCamus, 11 (1979) Ottawa L Rev 297, 297 (“若行为人对他人面临的紧急情况作出反应,为之提供(或自付费用使他人为之提供)必要的物品、服务或金钱,且行为人正处在作出此种反应的适当位置,且行为人并无赠与的意思,则行为人有权要求对方偿还其所提供的这些东西的价值。这似乎已经被接受为一项一般性的原则。”); Goff and Jones, Restitution[6], para. 17－026(关于必要管理尚未发展出一般性的原则,作者对此感到遗憾)。)此外,虽然在普通法中并不承认偿还请求权或报酬请求权,但行为存在合理原因(通常奇怪地使用“必要性”(necessity)的概念来加以表述)的话,至少会使所实施的行为对于受影响的当事人来说是合法的:参见 Sorrell v. Paget [1950] 1 KB 252(隔壁农场主家的小奶牛走失,站在附近的一条铁路线上,于是农场主将之赶到自己的农场里。其行为系为了维护所有权人的利益以及铁路公司的利益,因而不构成剥夺他人占有的侵权行为),以及 Children Act 1989, s. 3(5),该条规定,虽不负有对未成年人的监护义务但却关心该未成年人之人,可以采取合理的措施来保护或增进该未成年人的利益。

2. 在另外的一些法域中,则认为在合法地管理他人事务时产生某种截然不同的法律关系;这些法域对其构成要件的规定大体相似。最新的界定出现在爱沙尼亚 LOA 第 1018 条(无因管理的界定)。该条规定:“(1)若行为人(管理人)的行为系为了维护他人(本人)的利益,且其行为并非基于本人的授权或对本人负有义务,当存在以下情形之一时,管理人根据本法第 1019 ~ 1023 条的规定享有权利、承担义务:(ⅰ)本人对其行为给予了追认;(ⅱ)其行为符合本人的利益,且符合本人实际的或可推知的意思;(ⅲ)若不作出此种行为,则本人依法对第三人所负的扶养义务将得不到及时履行,或因为其他原因,其行为对于公共利益而言至关重要。(2)行为人不具有为他人的利益而进行管理的意思时,其行为不构成无因管理。”(这一界定不同寻常地要求管理行为事实上使本人受益。)荷兰民法典第 6:198 条将无因管理(zaakwaarneming)界定为“在明知的情况下、基于合理原因、不具有合同或法律规定的其他法律关系所产生的授权、为维护他人利益而故意实施的行为”。(Haanappel 等译, Netherlands Business Legislation 出版。)葡萄牙民法典第 464 条规定:“行为人未获授权,却为维护本人的利益而对本人的事务进行管理的,成立无因管理。”这里,无因管理也被规定为法律关系产生的一种原因(债务产生的原因)。

3. 与葡萄牙法密切相关的是意大利法。根据意大利民法典第 1173 条(债务产生的原因),债务可以产生于合同、不法行为或者是根据法律能够产生债务的其他任何行为或事实。这其中就包括了无因管理(意大利民法典第 2028 条及以下)。这些条文的适用有两个构成要件:(i)事先不存在债务(所谓的 *spontaneità*),以及(ii)涉及他人的利益范围(所谓的 *alienità dell' affare*)。更进一步的要件有本人不在场且不知道(*absentia et inscientia domini*),有益地开始(*utiliter coeptum*)以及管理他人事务的意思(*animus aliena negotia gerendi*)(Breccia, La gestione d' affari[2], 857-860)。

4. 希腊法将无因管理界定为是管理人一方不存在授权或不负有义务时对他人事务进行的管理。原则上,此种行为构成对他人权利与利益的不当干预(Georgiades and Stathopoulos [-Papanikolaou] Pref. to art. 730-740, no. 1)。但在例外的情况下,这种行为可能体现了行善助人的奉献精神。此时就应适用希腊民法典关于无因管理的第 730 ~ 740 条。这是一种法定的法律关系:其产生于法律的适用,而不是来自于合同。试图将无因管理法解释为一种“准合同”法的思路(参见如 Filios, Enochiko Dikaio I/2, 192)总体上没被采纳,被认为没有必要,因为管理人欠缺行为能力或行为能力受到限制时,仍然受到希腊民法典第 735 条的保护。从体系上则将无因管理法置于合同法之中,其合理性在于,无因管理法与委托法在本质上具有相似性,特别是在法律后果方面(Georgiades and Stathopoulos [-Papanikolaou], Pref. to arts. 730-740, no. 12)。

5. 德国民法典将无因管理法规定在第二编的第 677 ~ 687 条。德国民法典第 677 条规定,若行为人(管理人)对他人(本人)的事务进行照管,且这种行为欠缺本人的授权或源自其他方面的权利,则行为构成对他人事务的无因管理。原则上,若行为人未经他人请求就维护了他人的利益,且管理人支出了费用,本人获得了利益,则构成对他人事务的无因管理。对利益的平衡一方面要保护本人免受恶意的干涉以及好事者谋取自身利益的行为的干扰(德国民法典第677~681条),同时也在管理人的行为表现出了互助精神时为管理人提供法律保护(德国民法典第683~686条)。

6. 几乎同时诞生的西班牙民法典中,相关的规则在第1888条。在纳瓦拉省 Foral Community of Navarra(Fuero Nuevo de Navarra, Ley 560 和 561 [1973 年 3 月的 Act 1/1973 已经批准了 Compilación del Derecho Civil Foral de Navarra])这一省级法律中,也有对无因管理法进行补充的规定。其中,并不存在如爱沙尼亚法、荷兰法与葡萄牙法中那样具体的定义。西班牙民法典第1888条中规定:"行为人未经他人授权,自愿管理或执行他人事务的,负有……的义务。"纳瓦拉省 Fuero Nuevo de Navarra 的 Ley 560 规定:"若行为人未经授权,为了维护他人的利益,对他人事务进行管理,则负有……的义务。"最高法院在其判例法中采纳的是一个狭义的无因管理的概念,认为无因管理要求"对他人所忽略的事务进行管理的行为,必须是自愿的;本人既未授权也不知道,从而本人既未明示也未默示同意,也未予反对的;行为的目的不在于谋取报酬,但也不是进行单纯的赠与,也不是谋取自己的利益。"(TS 2 February 1954, RAJ 1954 no. 322 p. 198)西班牙的法学学者对此批评认为,判例法很不愿意适用无因管理法(Pasquau Liaño, La gestión de negocios ajenos, 297)。因而,无因管理法在实践中的重要性大为受限。最高法院更喜欢适用其他的法律(Pasquau Liaño, loc. cit. 301)。在此必须说明的是,对未经授权的无因管理予以追认的话,会导致适用委托法(西班牙民法典第1892条)。法院更倾向于认为管理已被追认,因而委托法才是集中关注的问题。

7. 比利时、法国与卢森堡的民法典对无因管理的规定在第1372~1375条。拿破仑法典并未给无因管理(gestion d'affaires)规定一个全面的定义。在法律评注书中则可以找到大量类似的定义。例如,比利时法中,人们认为,无因管理(zaakwaarnemin)是一种自愿实施的行为——行为人并非意在赠与,也并非谋取自身的利益——行为人不负有法律明确规定的义务,也不负有因适用法律而产生的义务,也不负有合同义务,但对他人的利益进行照管;若管理人可以合理地认为其他人也同样会从事类似的行为,则本人是否明知在所不问(Van Gerven, Verbintenissenrecht II^7, 214)。根据 de Page, Droit Civil Belge II^3, no. 1069 p. 1129,若行为人不负有合同义务、法定义务或其他义务,对他人的事务进行事实管理或者以他人的名义实施法律行为,且行为系为维护该人的利益、以使其获益,则构成无因管理。无因管理开始之时,须本人事先并未明知。法国法中也提出了相似的定义:行为人为了维护他人的利益,自愿地、合理地对他人的事务进行管理,则构成无因管理(JClCiv [-Bout], art. 1372-1375, V° Quasi-Contrats. Gestion d'affaires - Conditions d'existence, fasc. 10 no. 1)。马耳他民法典采纳的是法国模式(马耳他民法典第1013条)。

8. 与欧洲其他所有的早期法典一下,奥地利民法典中并不包含任何法定的定义。根据 Klang (-Stanzl), ABGB $IV/1^2$, 890,无因管理的要件如下:(i)所涉及的必须是他人的事务;(ii)必须不具有进行管理的授权;(iii)必须具有维护他人利益的目的。在较新的著作中,提出了如下的定义:无因管理是管理人为了维护他人的利益而自愿实施的对他人事务进行管理的行为(Schwimann [-Apathy] ABGB V^2, § 1035 no. 1; Koziol and Welser, Grundriss II^{12}, 364)。匈牙利民法典第484条所表述的是相同的概念:"未获委托授权或其他方式的授权,为了维护他人的利益而管理他人事务之人,负有根据其行为所为维护利益之人的利益或其可能的意思进行管理的义务。”斯洛文尼亚LOA第199条规定，未经委托的对他人事务的管理，只有当其迟延必将导致该他人遭受严重损失或丧失显著利益时，才被允许。因而，紧迫需要或有益性属于适法无因管理的要件之一。

9. 这又与苏格兰法对于无因管理（negotiorum gestio）的传统定义相近：“本人不在现场或无法对其事务进行管理时，他人在其未知的情况下自愿进行管理，且本人知悉相关情形的话肯定会授权他人进行此种管理。”（Bell, Rule 540）在1816年，Erskine 323写道：“无因管理所规范的债务，产生于某人不在现场时他人未经委托就对其事务进行管理的情形。”1693年Stair（Book I Title 8 § 3）写道：“同样，管理人与其管理行为所维护利益的本人之间的债务关系，与管理人（在未获本人指示、本人不知晓或本人不在场的情况下）已经为本人事务实施的必要的或有益的管理所带来的回报有关。”［D. 3. 5. 2］

10. 在斯堪的纳维亚各国，对于无因管理法不但不存在一般的法律制度，无因管理的概念在其当前的法院实践中也基本没有什么意义。对于瑞典和芬兰来说，起点是商法典第18章第10条。在丹麦法中甚至连这样的条文也没有。因而，丹麦旧有的（主要的）著作一般都以罗马法的无因管理（negotiorum gestio）的概念为基础（Lassen, Handlinger paa fremmed formueretsomraade i romersk og dansk ret, 1880, 279－319; idem, Haandbog i obligationsretten, Speciel del, 1897, 851－872; idem, Lærebog i obligationsrettens specielle del, 1912, 422－439; cf. Håstad, Tjänster utan uppdrag, 36 et seq.）。同样，在瑞典的旧有著作中，多处存在这样的观点：独立的无因管理的概念，是对于前已述及的商法典中的特殊规范的补充（参考文献见Håstad, loc. cit. 40 et seq.）。在当代的学说中，Håstad的著作最为重要。他认为，无因管理法可以通过类推的方式从法律的一般原则中引申出来。应当对本人自己无法对其事务进行处理的三种重要案型进行区分，Håstad将之分别称为“共同利益型”（joint interest cases）、“信任型”（trust cases）与“占有型”（possession cases）。

Ⅱ. 涉及的行为

11. 在欧陆各国的法律体系中，再三强调的是，无因管理法涉及多种多样的行为。基本上，只有具有严格人身属性的行为才被排除在外。葡萄牙法中无因管理的标的可以是法律行为，也可以是事实行为。并不要求管理行为保护的是本人的财产；所涉及的利益也可以是“道德性质的或精神性质的”（如其所述），例如健康、名誉、生命、肢体（Antunes Varela, Obrigações[10], 452）。法律行为则包括严格意义上的法律行为（negócios jurídicos em sentido estrito）与并不属于法律交易的单方法律行为（actos jurídicos não negociais），例如支付的受领或者债务的收受与清偿（Almeida Costa, Obrigações[9], 433; Antunes Varela, loc. cit. 451）。

12. 德国法中无因管理法的适用范围同样很广泛。（德国民法典第677条中）“事务处理”（Geschäftsbesorgung）的概念涉及所有的行为，不论其性质是法律行为还是事实行为，也不论其是经济性的还是非经济性的（Staudinger [－Wittmann], BGB[13], Pref. to § § 677 ff, no. 20），也不仅仅包括不作为。管理人无须亲自进行管理，其也可以指示其雇员或第三人为之（BGH 25 November 1976, BGHZ 67, 368; Palandt [－Sprau], BGB[63], § 677, no. 2）。持续时间很短的行为也可以考虑构成无因管理（Kropholler, Studienkommentar BGB[6], § 677, no. 4）。例如，转动方向盘以使汽车紧急转弯（BGH 27 November 1962, BGHZ 38, 270, 275），对事故中陷入昏迷的伤员进行医疗急救或是努力使伤员获得必要的医疗救助（BGH 7 November 1960, BGHZ 33, 251），拦停某辆机动车以使司机注意到机动车的危险情况（BGH 16 March 1965, BGHZ 43,

188),阻止对他人财产的不法干预(BGH 22 March 1966, NJW 1966, 1360)。根据德国联邦最高普通法院的判例法,甚至是"当某个法律行为因违反法律的禁止性规定或因为违反善良风俗而无效时,可以援用无因管理法"(BGH 20 October 1996, NJW 1997, 47,诸多进一步的参考文献详见该处)。不过,在该案中,管理人无权要求费用的偿还(BGH loc. cit.)。

13. 同样,在希腊法中,一般认为管理(他人)事务的概念应当从广义上进行理解(Georgiades and Stathopoulos [-Papanikolaou], art. 730, no. 2; ErmAK [-Sakketas], art. 730, no. 14)。其涉及所有类型的行为,因而,在法律行为以外,也包括提供服务或其他行为(Papanikolaou and Sakketas loc. cit.),例如将伤者送往医院(Kavkas and Kavkas, Enochikon Dikaion Ⅱ/2, 7)。管理(他人事务)的方式也可以是管理人(并无过错地)站到道路中间,将自己置于危险之中,以此来阻止一起迫在眉睫的事故发生(Papanikolaou loc. cit. art. 736 nos. 2 and 11)。另一方面,被排除在外的有单纯的不作为(Papanikolaou loc. cit. no. 3; Sakketas loc. cit. no. 15)、与法律或善良风俗相悖的行为(Papanikolaou loc. cit. no. 12; Bosdas, NoB 18/1970, 769, 772; Sakketas loc. cit. no. 24; Kavkas and Kavkas loc. cit. 8)以及具有严格人身属性的行为,例如不允许以代理的方式实施的行为(Kavkas and Kavkas loc. cit.)。后者包括涉及诉讼的行为(以他人的名义提起诉讼或进行答辩)(CA Thessaloniki 2823/1990 EllDik 33/1992, p. 1226; CA Athens 1210/1987 EllDik 29/1988, p. 1606; CA Athens 202/1975 NoB 23/1975, p. 504; CAThessaloniki 258/1977 Arm 31/1977, p. 385; 但持相反观点的有 Areopag 28/1977, NoB 25/1977, p. 959,相同的处理结果见 Areopag 981/1973 NoB 22/1974, p. 509)。

14. 至于奥地利法,毫无争议的是,法律行为和事实行为都可以成为无因管理的标的(Schwimann [-Apathy], ABGB V^2, § 1035 no. 4; Rummel [-Rummel], ABGB I^3, § 1035 no. 2, Meissel, GoA, 58)。对此判例法给出了多种类型的范例(订立买卖合同:OGH 17 May 1950, SZ 23/159;提供保证:OGH 5 March 1963, EvBl 1963/309; OGH 19 October 1976, SZ 49/121;连带债务人从事诉讼活动:OGH 24 November 1997, SZ 70/241 [对此问题详见 Pochmarski/Strauss, JBl 2002, 353-374];将易腐化的物卖掉从而自力救济:OGH 12 April 1950, SZ 23/95;清除积雪:OGH 9 December 1971, JBl 1972, 324;杀死一条已经受伤的狗:OGH 4 November 1981, EvBl 1982/83)。不过,根据 Klang (-Stanzl), ABGB $IV/1^2$, 890,行为必须是合法的。代本人清偿债务也可以构成无因管理。若管理人以其自己的名义进行清偿,则有关无因管理的规定对有关法定债务移转(民法典第1358条)及代他人清偿债务(民法典第1422条)的规则进行补充(Rummel [-Rummel], ABGB I^3 § 1035 no. 3)。奥地利民法典的起草者认为,对本人的人身进行保护的行为当然属于无因管理的范畴(v. Zeiller III § 1036 no. 2 p. 318)。

15. 法国、比利时和卢森堡接受了相似的基本原则。管理行为可以表现为法律行为(actes juridiques),也可以表现为事实行为(actes matériels)(Flour/Aubert/Savaux, Le fait juridique[10], no. 8 p. 10-11; de Page, Droit Civil Belge $Ⅱ^3$, no. 1076 p. 1143)。不过,单纯的不作为(abstentions)(le Tourneau, RépDrCiv, VI, v° Gestion d'affaires [2002], no. 50)以及要求本人亲自实施或进行权衡的行为(分别参见 Marty and Raynaud, Obligations I^2, no. 381 p. 394-395 以及 Paulus, Zaakwaarneming, no. 34 p. 33-34 [通常的例子是结婚])被排除在外。代他人清偿债务也属于法律行为的类型(法国法参见 Cass. civ. 11 February 1986, Bull. civ. 1986, I, no. 23,比利时法参见 Cass. 2 July 1948, Pas. 1948, I, p. 422)。事实行为则包括对本人的人身进行保护的行为(Flour/Aubert/Savaux, loc. cit. no. 8 p. 11; CA Liège 26 October 1992, JLMB 1993,

798)。

16. 西班牙民法典并没有明确地对无因管理法所涉及的行为作出规定。虽然通常类推适用于无因管理的有关委托的民法典第 1713 条将之限定为管理性的行为,但最高法院并未将这一限定适用于无因管理法。无因管理法被认为具有广泛的适用范围(TS 16 October 1978, RAJ 1978 (2) no. 3076 p. 2606),因为其不但涉及法律行为(如债务的收受),也涉及纯粹经济性的行为甚至是纯粹事实性的行为(TS 2 February 1954, RAJ 1954 no. 322 p. 198)。民法典第 1158 条及以下对代他人清偿债务的问题作了详细规定。第 1158 条规定:"某人代他人清偿债务时,若其清偿不违反债务人明示的意思,则就其所为的给付可以请求债务人予以偿还。若其清偿违反债务人明示的意思,则仅在其给付使债务人受益的范围内,可以请求债务人予以偿还。"以清偿之意思(animus solvendi)代他人清偿债务之人,必须与债务人之间既不存在合同关系,也不存在人身方面的密切关系(TS 8 May 1992, RAJ 1992 (2) no. 3892 p. 5113)。因此,这一规则与无因管理法之间可能存在重叠,但判例法很少对此作清楚的分析(对比 TS 8 May 1992 loc. cit. [该案仅适用了民法典第 1158 条]与 TS 25 June 1992, RAJ 1992 (3) no. 5474 p. 7160 [该案的判决明确表示,第三人以其自己的名义和自己的金钱清偿他人债务时,其属于无因管理人,但不负有继续进行管理的义务])。虽然民法典仅仅规定了本人的"交易"与"财产",学说(Sánchez Jordán, Gestión de negocios, 106; Paz – Ares/Diez – Picazo/Bercovitz/Salvador [– Lasarte], Código Civil I², 1953; Paz – Ares/Díez – Picazo/Bercovitz/Salvador [– Díez – Picazo], Código Civil Ⅱ, 1944)与判例(TS 2 February 1954, RAJ 1954 no. 322 p. 198)都一致认为,无因管理所涉及的行为也包括对本人的人身进行保护的行为。关于这种行为的判例法十分罕见。不过,具有严格人身属性的行为(即不得代理的行为)在西班牙法中被排除在无因管理法的适用范围之外(Lacruz Berdejo, Rev. Crít. Der. Inm. 1975, 249; Puig Brutau, Compendio Ⅱ, 599; Lete del Río, Obligaciones Ⅱ³, 160; Pasquau Liaño, La gestión de negocios ajenos, 117)。

17. 在意大利法中,无因管理可以表现为从事法律行为,对此不存在争议。例如,代他人履行扶养义务(Cass. 9 August 1988, no. 4883, Rep. Giur. it. 1988, voce Alimenti, no. 2),代为订购专业服务(Cass. 13 March 1964, no. 550, Foro it. 1965, I, 866),订立不动产租赁合同(Cass. 23 May 1984, no. 3143, Rep. Giur. it. 1984, voce Gestione d' affari, no. 1),律师在未受委托的情况下提供服务(Cass. 13 February 1996, no. 1085, Rep. Giur. it. 1996, voce Avv. e proc., no. 131)以及替他人付清其所应承担责任的份额(Cass. 9 August 1988, no. 4883, in Rep. Giur. it. 1988, voce Alimenti no. 2)。这种行为必须是法律所允许的、财产性的(Cass. 29 May 1952, no. 1555, Foro it. 1953, I, 33)。其包括处分行为以及临时的管理措施(Breccia, La gestione d' affari², 876 – 877; Cass. 23 July 1960, no. 2122, Giur. it. 1962, I, 1, 92; Cass. 3 March 1954, no. 607, Giur. it. 1954, I, 1, 596; CA Firenze 16 August 1955, Foro it. 1956, I, 93)。以他人的名义从事诉讼活动(Cass. 30 July 1973, no. 2229, Giur. it. 1974, I, 1, 1212)以及其他具有严格人身属性的行为(例如拿本人的财产来慷慨地赠与他人[Breccia, loc. cit. 874] 或接受继承[Cass. 10 June 1954, no. 1933, Rep. Giur. it. 1954, voce Successione no. 25])则被排除在外。根据判例法,无因管理也可以是事实行为,如管理人用自己的汽车来追赶某辆被盗的汽车,以帮助所有权人恢复对该车的占有(Cass. 23 October 1956, no. 3843, Rep. Giur. it. 1956, voce Gestione d' affari no. 1)。判例法还认为,某个女人为与其同居之男性支付医疗费与丧葬费时,构成对其继承人的无因管理(Cass. 28 June 1975, no. 2557, Rep. Giur. it. 1975, voce Gestione d'

affari no. 2)。不过,对于救助他人摆脱迫在眉睫的人身伤害危险的情形,似乎还没有什么案例将之界定为无因管理。

18. 至于荷兰法中无因管理的适用范围的判断,法律行为与事实行为的区分似乎没有什么意义。荷兰判例法中事实行为的例子如阻止某艘轮船沉没(CFI Rotterdam 7 March 1939, NedJur 1940 no. 1017 p. 1515),将某辆汽车拖开(CA s' - Hertogenbosch 8 November 1966, NedJur 1967 no. 368 p. 974 以及 President Rechtbank Amsterdam 19 December 1991, KG 1992, 50),喂养他人的动物(HR 20 November 1924, NedJur 1925 p. 153)以及对熟人的孩子进行抚养(HR 27 March 1924, NedJur 1924 p. 656)。代他人清偿债务时所享有的权利,则在民法典第 6:30 条这一单独的条文中作了规定。与其他国家一样,荷兰法的原则也是:带有严格人身属性的行为不属于无因管理法规范的内容。这一规则的依据在于,在这种场合不存在进行管理的合理原因。民法典的立法理由书给出的例子是订立雇佣合同,这是常见的具有严格人身属性的行为。只有在例外的场合,当管理人事实上知道了本人的意思时,才可能存在进行管理的合理原因(T. M. Parlementaire Geschiedenis Book 6, p. 791)。HR 20 September 2002, RvdW 2002 no. 142 涉及的问题是,在何种条件下,死者就其所受精神痛苦的损害赔偿请求权移转给其继承人。根据荷兰民法典第 6:106 条第(2)款,其要件是,死者在生前已经通知另一方,其将行使其损害赔偿请求权。与低级法院及佐审员(Advocate - General)不同,荷兰最高法院没有对这样的问题加以讨论:此种通知是否也可以(由死者的亲属)以无因管理的方式来进行。与之相反,最高法院认为,从案件的具体情形来看,"推定"死者在生前具有就其所受非财产损害请求赔偿的意图,因为这一原因,该请求权移转给其继承人。至于重伤后死亡的死者在生前就已经丧失意识,这一事实被认为无关紧要。

19. 同样,苏格兰法中,也认为无因管理法既涉及法律行为,也涉及事实行为(Stair [- Whitty], Vol. 15, para 96)。不过,苏格兰法尚未将无因管理的规则扩张至本人的生命或人身安全受到威胁的案型。他们认为,施救者一般并无要求支付费用的意图。将无因管理法扩张至这种案型的话,将使被救者承担严格责任,这将削弱侵权法的如下一般规则:只有当被告过失地引发了危险时,施救者才能就救助他人时所遭受的人身伤害请求损害赔偿。最后,他们也认为,通过其他的方式对施救者所受的伤害进行补偿更为合理,例如社会保险或者是由公共基金支付适当的费用(Whitty loc. cit., para 102; Stoljar, IECL X 17, 141, 149, 150)。

20. 因为出发点不同,很难对斯堪的纳维亚各国的情形予以概括。根据瑞典和芬兰商法典第 18 章第 10 条,管理人可以替本人"说话与回答"。对于"说话与回答"一词应如何理解的问题,过去有三种不同的答案:有的认为这是授权为他人从事诉讼活动,有的认为其还包括所有类型的法律行为,第三种观点则认为在授权为他人从事诉讼活动之外仅包括约束表意受领人的(单方)法律行为(如解除合同或中断诉讼时效)(Håstad, Tjänster utan uppdrag, 34 with fn 2 - 4)。适用范围的问题同样尚未得到妥当的解决。可以认为,授权以他人名义从事诉讼活动的问题,是由其他法律的特殊条款来处理的(瑞典的司法程序法典[rättegångsbalk (1942:740)]第 12 章第 9 条、20 条和第 23 条,以及芬兰 1734 年 12 月 31 日的司法程序法典[rättegångsbalk]第 15 章第 4 条),因而,根据当前的理解,商法典第 18 章第 10 条主要涉及的是上述的单方法律行为,至于以他人的名义订立合同或者是更为特殊的维护他人利益的纯事实行为则被排除在外。后者属于一般法所规范的问题(参见下文注释 22)。至于丹麦法,HD 19 January 1912, UfR 1912 p. 239 认为,在被保险人可能是自杀身亡时,人寿保险人与被保险人的被扶养人之间达成和解协议,可以构成对再保险人的适法无因管理。

21. 对于许多特殊问题的处理，存在特殊的法律制度。有的法律规定，银行可以在没有受赠人授权的情况下代受赠人接受赠与（瑞典赠与法［lag（1936:83）angående vissa utfästelser om gåva］§ 4；详情参见 Walin, Lagen om skuldebrev m. m.[2], 241；Håstad loc. cit. 225）。这一规定仅适用于受到特殊监管，因而似乎适于作为管理人来维护受赠人利益的银行（Walin, loc. cit. 242）。尽管有这种理解，Håstad loc. cit. 225－226 认为可以通过类推的方式来扩张这一规定的适用范围。不过，判例法对此问题基本上保持沉默。瑞典 HD 28 December 1961, NJA 1961 p. 673 and HD 2 July 1962, NJA 1962 p. 428 认为，原则上私法主体可以代他人接受赠与，虽然在这两个案例中，前一案例中不存在维护他人（某个未成年人）利益的目的。芬兰法在 1947 年 7 月 31 日的 Act no. 625（第 4 条）中，就赠与的承诺规定了与瑞典法律相似的规则。与之不同，在丹麦法中并没有相应的规则。

22. 丹麦和瑞典的判例法中，都存在以事实行为对他人进行无因管理的例子（特别是参见丹麦 HD 28 November 1976, UfR 1977, 183）［消防队根据无因管理法的规则要求费用的偿还；某工厂中存在故障的泵机将油料抽入了土壤与河流之中；因为被告既不具备自行处理的足够专业能力，也不具备足够数量的雇员，因此需要立即介入处理］以及瑞典 HD 9 March 1972, NJA 1972, 88［强风几乎要将屋顶的铁皮掀走，消防队消除了由此所带来的危险；然而，消防员并未与当时在家的房主取得联系；因为这一原因，同时也因为拆得不够专业，房主被判不负偿还义务］；另参见瑞典 Hovrätten 24 June 1991, RH 1991:56［对他人财物进行保管，按照"无因管理"来处理；不过，HD 8 February 1993, NJA 1993, 13 似乎更倾向于适用不当得利法来处理，HD 6 October 1999, NJA 1999, 617 甚至适用了有关房屋所有权人与承租人的法律］。在以事实行为进行管理的场合费用的偿还问题，也是某些特别法所规范的内容，如瑞典的 Act on Proceeding with Abandoned Property and Lost Property etc［Lag（1974:1066）om förfarande med förverkad egendom och hittegods m. m.］。The Act on Certain Stolen Goods etc［Lag（1974:1065）om visst stöldgods m. m.］（第 7 条）规定，所有权人在要求保管人返还原物时，对于因对物进行改良与修缮而产生的费用负有偿还义务：详见 Lennander, Återvinning i konkurs[2], 356；Hellner, Om obehörig vinst, 374；Håstad, loc. cit. 80。此外，丹麦的法学文献将无因管理放在了侵权法中来处理（作为抗辩事由）（von Eyben and Isager, Lærebog i erstatningsret[5], 51；Jørgensen, Kontraktsret, Bind 2, 152；Vinding Kruse, Erstatningsretten[5], 48）。瑞典与芬兰法中也可以得出相似的分析结论。同时，人们坚持认为，原则上，未经授权的管理人不能比法院指定的管理人享有更多的权利（Håstad, loc. cit. 53）。

23. 代本人清偿债务时，原则上只有在本人事先同意时，才对本人享有请求权（Håstad loc. cit. 109；Hellner loc. cit. 378；瑞典 HD 23 November 1910, NJA 1910 p. 622［该案中债务的清偿有悖于债务人的意思］；HD 28 April 1920, NJA 1920 p. 234；HD 29 December 1945, NJA 1945 p. 728；HD 21 May 1973, NJA 1973 p. 286；关于界限的划分，参见 HD 12 January 1979, NJA 1979 p. 51［货物运输的承运人在为其他经营者进口货物时，依法在该种情形下负有为该经营者支付海关关税及其他税款的义务，并且该承运人已经履行了这一义务］）。换句话说，除特别法另有规定外，行为人在明知其既无授权也无义务的情况下代他人清偿债务时，不享有费用偿还请求权（Håstad loc. cit. 133）。

24. 在普通法中，有关紧急代理（agency of necessity）的规则与无因管理（negotiorum gestio）

的理念非常相近。(关于必要性(necessity)这一要件(并不一定是紧急情况(emergency))及其与无因管理法之间的相似之处,参见Lord Goff在*In re F.*(Mental Patient: Sterilisation)[1990]2 AC 1, 74-75)中所发表的令人瞩目的意见。紧急代理并不要求有合同基础(Petrinovic & Co. Ltd. v. Mission Francaise des Transports des Maritimes (1941) 71 Lloyd's L. Rep 208, 223 (Atkinson J))。原则上,行为合理的紧急代理人享有费用偿还请求权,并且,作为对其费用偿还请求权的担保,紧急代理人就其所占有的被代理人的财产享有占有留置权(Loc. cit. 222 (Atkinson J))。紧急代理的第一个基本要件是,代理人确实无法与被代理人取得联系、确实无法同被代理人进行沟通(Australasian Steam Navigation Co. v. Morse (1871-73) LR 4 PC 222; Gwilliam v. Twist [1895] 2 QB 84, 87 (Lord Esher MR); Prager v. Blatspiel, Stamp & Heacock Ltd. [1924] 1 KB 566, 571 (McCardie J). 详情参见Springer v. Great Western Railway Co. [1921] 1 KB 257:被告将原告的西红柿从泽西运往伦敦,因为恶劣的天气以及港口罢工,运输被延误。西红柿很快就要腐烂,于是被告直接在港口把西红柿卖掉了。法院认为这构成违反义务,因为被告本来可以从原告处获得指示,因而被告负有与原告进行联系以获得其指示的义务)。正是因为这个原因,在现代信息社会中,紧急代理的制度很少能用得到。若代理人在所处情形下无法指望能够及时得到被代理人的回应,则其甚至无须尝试(Australasian Steam Navigation Co. v. Morse loc. cit. 232 (Sir Montague Smith); Tetley & Co. v. British Trade Corp. (1922) 10 Lloyd's L. Rep. 678; Petrinovic & Co. Ltd. v. Mission Francaise des Transports des Maritimes (1941) 71 Lloyd's L. Rep 208);相反,若代理人只是暂时无法与联络人取得联系,则其应当再次尝试,或者,若被代理人是一家公司,则代理人必须尝试去联络其他的人(John Koch Ltd. v. C. & H. Products Ltd. [1956] 2 Lloyd's Rep 59)。另一个要件是,管理必须从理性的标准来看是必要的、符合被代理人利益的。例如,先将受损的船只停靠在某个避难港,其后将船只开往某个能以合理价格对之进行修理的港口(Phelps, James & Co. v. Hill [1891] 1 QB 605(该案中,行为人无法与船东取得联系))。将易于腐化的货物卖掉(参见Springer v. Great Western Railway Co. loc. cit.)或者是将可能被盗的货物卖掉(Sachs v. Miklos [1948] 2 KB 23, 34-36 (Goddard LJ))是必要的,但将易于贮藏的货物卖掉原则上是不必要的(Prager v. Blatspiel, Stamp & Heacock Ltd. loc. cit.(该案涉及的是可以在冷库中贮藏的皮货))。若在当时的情形下通知相关的政府部门并由它们来决定采取何种措施更为合适,则行为人也没有介入的必要(Flannery v. Dean [1995] 2 ILRM 393 (Castello P)(被告收留了原告所丢失的一匹种马并对之进行照管;被告本可以将之通知地方政府部门,由它们来照料这匹马))。一切都取决于代理人是否"采取了,从一个明知且谨慎的人的角度来看,在该特定的紧急情况下看起来最符合被代理人利益的措施"。当且仅当"所采取的措施称得上是合理时,在商业的意义上,才有必要采取这一措施"。(Australasian Steam Navigation Co. v. Morse (1871-73) LR 4 PC 222, 230 (Sir Montague Smith))。若满足了这些要件,则应由被代理人而不是代理人来承担管理行为在经济上失败的风险(Tetley & Co. v. British Trade Corporation loc. cit.)。更不用说的是,代理人的行为必须是为了被代理人的利益(Sachs v. Miklos [1948] 2 KB 23, 29 (Goddard LJ));例如,若行为人所实施的或想要实施的行为系履行合同义务,则不论这种义务是真实存在还是只是行为人误以为其存在,都不符合这一要件(Jebara v. Ottoman Bank [1927] 2 KB 254, 264 (Bankes LJ))。与其他的法域一样,对于法律行为似乎没有什么一般性的限制,例如,紧急代理也可以表现为不作为,参见如The San Roman (1869-72) LR 3 A & E 583, 593(Sir Robert Phillimore认为:船长有权为了船舶所有权人及货物所有权人的利益中断行程、暂缓运输并停在港内,直到危险[此处是被外国海军扣押的危险]消除)。不过,紧急代理制度的适用范围大概被限定于几种特定类型的案件。根据传统的学说,紧急代理的前提是当事人之间事先已经存在代理关系:Hanbury, Agency[2], 42。较新的司法案例(虽然仅是郡县级法院的)并没有采纳这一限制:参见 Palmer v. Stear (1963) 113 LJ 420; White J. D. v. Troups Transport [1976] CLY 33。并且,更早一些的案例甚至认为,在紧急情况下,陌生人也具有法律所默示的为他人利益而实施行为的权限,参见如 Beard v. London General Omnibus Co. [1900] 2 QB 530, 532 (Smith LJ)一案中法官所发表的附带意见。其余的案件则一般需要适用有关寄托(bailment)的法律规范。虽然诸多的问题尚存在争论,根据一般规则,受寄人自愿地对他人(寄托人)的物进行保管时,就产生了寄托关系(产生于交付之时,"交付"在法语中称为bailler,英语中则称为 hand over)。这种合意的占有移转在寄托人与受寄人之间产生一系列的权利与义务,其可以是基于合同,也可以不是基于合同(Morris v. C. W. Martin & Sons Ltd. [1966] 1 QB 716, 731 E-G (Diplock LJ))。在例外的场合,甚至不需要寄托人同意移转占有。例如,寄托人认为寄托关系对其有利,于是事后对保管加以授权,从而溯及地使受寄人成为保管人——其结果是,即使是受寄人此时已经改变了主意,仍不妨碍寄托关系的产生和存续(Bell, Personal Property, 90; Johnson Matthey & Co. Ltd. v. Constantine Terminals Ltd. [1976] 2 Lloyd's Rep 215, 222 (Donaldson J))。另一方面,在许多的场合,法律授权行为人去占有他人的财产。此时,占有人也因法律的规定而成为受寄人——法律后果与寄托完全相同。(对于无偿受寄人所负注意义务是否低于有偿受寄人的注意义务的问题(请求应当降低标准的有 Morris v. C. W. Martin & Sons Ltd. [1966] 1 QB 716, 725 E-F [Lord Denning MR] and 737 B-C [Diplock LJ]),或者注意义务是否应根据侵权法的一般标准来判断(Houghland v. R. R. Low (Luxury Coaches) Ltd. [1962] 1 QB 694 一案中多数法官认为应当如此,可进一步参见 Salmon LJ in Morris, loc. cit., p. 738 A-B),存在争论。这一问题是否具有实践意义,很难判断,特别是因为注意标准的判断取决于每个个案的具体情况,判断时可以将行为的无偿性以及维护他人利益的因素考虑在内。)遗失物的拾得就属于这种类型(v. Bar [-Middleton], Sachenrecht in Europa, England, 111);此外,最值得注意的是,(按照欧陆法的表述)在以适法无因管理的方式使他人财物免予损毁之后对之进行保管的人,也属于这种类型(Bell, Personal Property, 91 所提供的示例是:行为人将某物从某醉酒者身边拿开,以保护该物的安全;基于类似的考虑,医院将昏迷者或精神病患者的珠宝锁好;邻居家的房子着火,行为人将邻居家的物品从其房子中救出并保存在自己家中)。在所有重要的方面,(无偿的)受寄人的法律地位与管理人相对于本人的法律地位都存在相似之处。(在涉及第三人时,管理人的法律地位与受寄人是否同样相似,属于财产法的问题,在此处无须予以处理。其并不取决于管理人在债法中的性质,而是取决于受寄人在财产法上是否被认为是占有人。)受寄人所负的主要义务是妥善保管标的物,并且在寄托人要求返还时将之交付给寄托人(Mitchell v. Ealing London Borough Council [1979] QB 1, 6C (O'Connor J)(该案涉及的是无偿寄托))。因而,受寄人不负有保证实现某一结果的义务(Houghland v. R. R. Low (Luxury Coaches) Ltd. [1962] 1 QB 694, 699 (Omerod LJ))(标的物被第三人盗走,受寄人一方不存在过失时,受寄人不承担责任);并且,注意义务的违反必须与标的物灭失或损毁存在因果关系(除 Houghland et al 外另参见 Lilley v. Doubleday (1880-81) 7 QBD 510 以及 Mitchell v. Ealing LBC loc. cit. (该案中,受寄人在到期后未将标的物交付给寄托人,因为这一原因,受寄人应就标的物被盗承担责任;在通常情况下,受寄人本不需要就标的物被盗承担责任,因为其本身的行为并无过失))。与这些义务相对应的是,受寄人享有对寄托人的费用偿还请求权。对于寄托人履行其义务的过程中所产生的费用,寄托人应予偿还(China Pacific SA v. Food Corp. of India (The Winson) [1982] AC 939, 960 F-G (Lord Diplock)(该案涉及的是海难救助人所支付的仓储费))。从紧急代理人的角度来看,紧急代理人同时是受寄人的话,受寄人的地位对其可能更为有利。如前所述,紧急代理人需要提出(若情况需要的话还须证明),其不能或无法要求其事先与被代理人取得联系。与之相对,在寄托中并不存在这样的要件(China Pacific SA v. Food Corp. of India (The Winson) [1979] 2 All ER 35(行为人对某艘搁浅的船只中搬出的大宗小麦加以照管。上议院认为成立费用偿还请求权,因为显然无法查明该宗货物的所有权人从而无法与所有权人取得联系));只要行为构成防止损害发生的紧急措施,就够了(Tettenborn, Restitution[2], 182 (§9-07))。

25. 当然,代理人不能实施具有严格人身属性的行为。不过,什么样的行为属于具有严格人身属性的行为,其界限在民法法系与普通法系之间可能存在重大差别。最重要的例子可能是代立遗嘱。在英格兰法(遗嘱法1837, s. 9)与爱尔兰法(继承法1965, s. 78 rule 1)中,根据遗嘱人的指示且遗嘱人在场的情况下,遗嘱人以外的其他人可以代遗嘱人签署遗嘱文书。若进行签名的并非是遗嘱人所指定的、对其负有合同义务的人(如遗嘱人的法律顾问),则签名的行为仍然属于本编规范的范围。仅有行为的授权(但既无合同义务与无非合同义务),并不被第Ⅴ-1:103第a项排除在外。

Ⅲ.“维护他人利益”的行为以及使他人受益的目的

26. 欧洲许多法域中的无因管理都有两个构成要件,即管理人(i)所管理的是“他人”的事务,并且其管理(ii)系为了“维护他人利益”。对于第二个要件(系为了维护他人利益而进行管理)普遍不存在争论,但是,第一个要件(管理行为涉及的必须是他人的事务——外部事务)是否必要以及是否有益的问题,则在许多法域中饱受争议。看不出来在哪些场合中确实是管理“他人事务”的要件使得某些明确的案件类型被排除在无因管理法的适用范围之外。因而,如评论A中所述,第Ⅴ-1:101条的前提是,原则上,只要管理人有进行管理的目的,就将其所管理的事务转化成了“外部事务”。

27. 这也与德国民法典第677条的表述相一致。该条的表述同样没有规定一个额外的要件,要求为了“维护他人利益”而管理的事务也必须属于管理人的外部事务——从客观的角度来说可被认为是属于本人的事务。然而,在德国,人们经常认为,“为他人”而进行的管理也必须是客观的外部事务,并且管理人必须知道其属于外部事务。例如,租赁物的承租人将租赁物非法转租给他人时,所涉及的就不属于客观的外部事务(BGH 13 December 1995, BGHZ 131, 297)。管理人必须既具有管理他人事务的意思,也明知是在(或者至少是同时在)对他人事务进行管理。因而,管理人必须认识到,其所管理的事务不属于管理人自己的事务(明知事务的外部性,这属于认识方面的要件),并且行为的目的必须是维护他人的利益(狭义的管理他人事务的意思,这属于目的导向的意志方面的要件)(就这一结论,参见Soergel [-Mühl], BGB[11], §677, no. 3; MünchKomm [-Seiler], BGB[3], §677, no. 5; Larenz/Canaris, Schuldrecht BT II/1[13], p. 438; 更进一步的参考文献,并参见Staudinger [-Wittmann], BGB[13], Introduction §§677 ff, no. 21)。不过,学术界越来越多的人认为,“外部性”这一单独的构成要件是可有可无的(如本条所规定的那样);只要行为人的行为目的是维护他人利益,就肯定也具备“外部”事务的要件(Soergel [-Beuthien], BGB[12], §677 no. 3; Gursky, AcP 185 [1985] 13-45; Wittmann,

Begriff und Funktionen der Geschäftsführung ohne Auftrag [1981], passim)。并且,为他人进行管理的目的这一要件,不但来自于民法典第677条("为他人"),也来自于民法典第687条第(1)款与第(2)款:若行为人将他人事务误认为是自己的事务而进行管理(第(1)款:误认为自己的事务而进行管理[vermeintliche Eigengeschäftsführung]),则不适用无因管理的法律后果;若行为人将他人事务作为自己的事务来进行管理,但明知其并非自己的事务(第(2)款:冒称为自己的事务而管理[angemaβte Eigengeschäftsführung]),除满足其他的构成要件外,也不适用无因管理的规定。坚持"外部事务"这一要件的通说将"客观的"外部事务界定为,一个中立的观察者会很容易地将之认定为属于管理人以外的其他人的法律领域内的事务。根据判例法,只要存在管理客观的外部事务的事实,就推定(这种推定可加以推翻)行为人具有维护他人利益的目的;并不需要具备这种目的的外在表现。与之相反,只有当管理人的为他人进行管理的目的能够为第三人所识别时,"模棱两可的"事务(一个中立的观察者无法认定对这种事务的管理是否属于"为他人")才能被界定为外部事务(BGH 20 June 1963, BGHZ 40, 28, 31; MünchKomm [-Seiler], BGB^3, § 677, no. 5)。教科书中为"模棱两可的"事务举的例子是,以管理人自己的名义但为了本人的利益而取得财产或者订立服务合同。与之不同,某个健康保险人为伤者提供保险金时,其目的并非是管理对伤者负有赔偿义务之侵权行为人的事务(BGH 8 July 2003, NJW 2003, 3193)。爱沙尼亚ESTONIAN LOA第1018条第(1)款同样没有规定外部事务这一构成要件。维护他人利益的目的才是关键。第1018条第(2)款因此明确规定,"行为人不具有维护他人利益的目的时,不构成无因管理"。

28. 希腊法既要求管理人明知其是在管理外部事务,也要求管理人具有管理他人事务的意思。这一结论来自于民法典第730、736条(这两条没有明确提到维护他人利益的目的这一要件)与民法典第739、740条(这两条将目的并非维护他人利益的行为排除在无因管理法的适用范围之外)的结合(Georgiades and Stathopoulos [-Papanikolaou], art. 730, no. 13)。管理他人事务的意思并不以行为能力为前提;事实上,若这一意思相当明显,则无须将之明确地表达出来(Papanikolaou loc. cit. no. 14-15)。在这之外,民法典第730条明确要求,所管理的事务必须是"外部事务"。通说认为,若某事务所涉及的是他人的利益范围,则该事务属于外部事务。客观的外部事务与主观的外部事务不同。若某事务的外在内容属于他人的法律领域之内,则属于客观的外部事务,因为这是在行使他人的权利或者履行他人的义务。与之相反,主观的外部事务从客观的角度来看似乎模棱两可,但由于管理人的目的在于管理他人事务,该事务也就具有了外部性。在希腊这种事务的主要示例也是为了他人的利益而取得财产(Georgiades and Stathopoulos [-Papanikolaou], art. 730, no. 4)。

29. 同样,葡萄牙法中也将管理他人事务的意思(animus aliena negotia gerendi)作为适用无因管理法的要件之一:只有当行为人的行为具有"管理他人事务的意思"(intenção de gerir para outrem)时,即行为人的行为意在维护他人的利益、替他人考虑时(Vaz Serra, BolMinJus 66 [1957] 95),行为人的行为才构成无因管理(民法典第464条)。葡萄牙法同时也坚持管理他人事务(negotium alienum)这一传统要件。Vaz Serra(民法典的表述借鉴了他所提出的草案(参见其草案第1条第(4)项))没有进一步地对这一要件展开详细讨论;他认为,若将无因管理法的适用范围限于对外部事务的管理,则与无因管理法的理论基础不符(loc. cit. 69)。

30. 同样,奥地利法也要求管理人具有Fremdgeschäftsführungswillen(即维护他人利益的目的)(Schwimann [-Apathy], ABGB V^2, § 1035 no. 6; Koziol and Welser, Grundriss II^{12}, 364;

Meissel, GoA, 79 et seq.; OGH 19 November 1974, SZ 47/130; OGH 11 July 2001, RIS - Justiz RS 0085741[若遗产的争夺者对某个售货亭的经营与真正的继承人明示的意思相悖,则不构成无因管理]; 对该案的批评意见参见 Fötschl, ERPL 2002, 550, 570)。奥地利民法典第1036条(为防止迫在眉睫的损害发生而进行管理)没有明确地规定维护他人利益的目的这一要件,但此类案件中管理人通常都具有这一目的(Meissel, GoA, 79)。在共同面临危险时采取的紧急措施,由不当得利法来处理(民法典第1043条)。紧急情况以外所采取的管理措施必须有利于本人(民法典第1037条)。除了维护他人利益的目的这一要件以外,民法典第1036条与第1037条明确要求管理人所管理的是"外部事务"。例如,在 OGH 11 November 1987, SZ 60/235 一案中,行为人自己土地中的地下水被石油公司所污染,行为人采取措施消除了这一污染,其所提出的诉讼请求被驳回,因为这并非他人的事务。奥地利民法典原则上认为"干预他人事务"(第1035条)构成侵害他人权利。不过,如何对"外部"事务与管理人"自己"的事务进行区分,深受许多临界问题的困扰;同时,奥地利法也承认,可以仅因为管理人具有管理他人事务的目的,就使得其所管理的事务具有"外部"性(Meissel, GoA, 65)。斯洛文尼亚法的适用在结果上也与此相同(Cigoj, Teorija obligacij, 245)。

31. 在法国和比利时,学说一致认为,无因管理以维护他人利益为要件(关于法国,参见 Mazeaud and Chabas, Leçons de droit civil II, 1[9], no. 675 p. 808 - 809;关于比利时,参见 Stijns/Van Gerven/Wéry, JT 1996, no. 17 p. 696)。若行为人在管理他人事务时坚信所管理的是自己的事务,则行为不构成无因管理(French Cass. civ. 25 June 1919, D. 1923, I, 223; S. 1921, I, 12)。(并参见马耳他民法典第1019条:"代理人误认为是在管理其自己的事务的,所能请求偿还的内容不得超出受益人由此实际获得的利益。")比利时和法国的民法典第1372条("自愿管理他人事务"("lorsque volontairement on gère l' affaire d' autrui"))以一种有点无法分割的方式将外部事务的要件与维护他人利益的目的的要件结合在了一起。在学说上,这两个要件也同样被合并起来加以处理(例如,关于比利时法,参见 Paulus, Zaakwaarneming, no. 33 p. 33 以及 B. H. Verb. [-Roodhooft] Hdst. V, De quasi - contracten, no. 2239;关于法国法,参见 Mazeaud and Chabas, Obligations[9], no. 675 p. 808)。法国某些学者甚至将管理他人事务的意思(intention de gérer les affaires d' autrui)和管理行为的效用(utilité)表述为无因管理的全部要件(如 JClCiv [-Bout], art. 1372 - 1375, V° Quasi - Contrats. Gestion d' affaires - Conditions d' existence (1996), fasc. 10, no. 19 et seq.)。例如,某两个人为借款人提供了可转让票据作为借贷的担保,并在借款人陷入破产后还清了余下的贷款,从而从贷款人处取回了该票据,清偿剩余贷款的行为被认为纯粹是为了这两个人自己的利益,虽然该行为也可能会导致其他的担保人取回他们提供的用于担保的票据;在这种场合,不存在维护他人利益的目的(CFI Hasselt 25 June 1990, RW 1991 - 92, 925)。缺乏维护他人利益的目的的另一个例子是,女婿对岳父的房屋中的某套房间进行装修和布置(CA Rouen 15 January 1992, Juris Data 1992 - 040373)。最近的法国学说引入了另外一种区分,即无私的无因管理(所谓 gestion d' affaires désintéressée)与具有私利的无因管理(所谓的 gestion d' affaires intéressée);在后者中,管理行为"维护他人利益"的客观方面的属性,融入了效用(utilité)这一要件之中,对效用则是从客观的角度来加以判断。至于无私的无因管理(gestion d' affaires désintéressée),则似乎仅仅要求管理人具有无私目的,并不对所管理的事务是否属于客观的外部事务进行考察(特别是参见 Cass. civ. 16 November 1955, J. C. P. 1956 II no. 9087, note Esmein; RTD civ 1956, p. 356, obs. Mazeaud:某个乘客对陷入昏迷的司机进行抢救,在抢救过程中这个乘客自己也受了伤,发生事故的汽车被投保了保险,抢救行为被认为构成维护保险人利益的无因管理,虽然司机自己并非被保险人,其只是保单持有人的家人)。

32. 相比之下,西班牙民法典第1888条仅针对外部行为(alieneidad),即介入到本人的法律领域之中(Pasquau Liaño, La gestión de negocios ajenos, 110)是无因管理法适用的要件之一。然而,西班牙法中,管理他人事务的意思(animus aliena negotia gerendi)是无因管理的必不可少的要件之一,对此不存在争论。只有当行为人在行为时具有无私目的时,才构成无因管理(Pasquau Liaño, loc. cit. 61);或者,如最高法院所述,"具有舍己为人的目的,但不具有进行赠与的意思,也不具有谋取自身利益的意图"(TS 2 February 1954, RAJ 1954 no. 322 p. 198)。根本的要件在于,管理人事实上明知其所维护的是他人的利益,且管理人具有维护该他人利益的舍己为人的意思(Puig Brutau, Compendio II, 599; Sánchez Jordán, Gestión de negocios, 151)。最后,将他人事务误认为自己的事务而进行管理,完全由不当得利法或有关造成他人损害的非合同责任的法律(取决于具体的事实)来规范(Lacruz Berdejo, Rev. Crít. Der. Inm. 1975, 253)。

33. 同样,意大利法也存在所管理的事务应为外部事务的要件("alienitá" dell' affare)。这一点可由民法典第2028条(gestione di un affare "altrui")推导出来。通说认为,行为所涉及的是否是他人的事务,应当按照客观标准来判断(Aru, Gestione d' affari, 8; Pane, Solidarietá sociale e gestione di affari altrui, 78; Cass. 5 April 1971, no. 976, Rep. Giur. it. 1971, voce Gestione d' affari, c. 1537)。人们认为,前提之一是管理涉及的是他人的法律领域(Breccia, La gestione di affari[2], 858-859)或财产(Cercone, Codice civile a cura di Rescigno, sub. art. 2028 CC)。不过,人们普遍认为,若与他人的领域间不存在内在的、客观的联系,则取决于管理人的目的;因而,意大利法也承认仅仅在主观上具有外部性的行为类型(negozi soggettivamente altrui)。至于其细节,则存在争论。对此,学说的处理思路则是完全不同的方式。现在越来越多的观点将"外部事务"与维护他人利益等同起来(Pane, loc. cit. 77-80),这实际上是调和了客观标准与主观标准(Sirena, Gestione di affari, 236-237)。不存在争论的是,在开始实施行为时,管理人必须具有维护本人利益的目的(Aru loc. cit. 13)。这一目的并不需要明确地表示出来;也可以从所处的情形中推导出来(Cass. 13 March 1964, no. 550, Foro it. 1965, I, 866)。例如,某个继承人管理死者遗产时支出了费用,这种管理使全部的共同继承人受益,此时就具有维护他人利益的目的(Cass. 30 January 2002, Foro it. Mass. 1222)。与此相反,某不动产的出卖人在以书面合同将该不动产出卖给他人之后,又将之出卖给了另外的买受人,这种情形被认定为缺乏维护他人利益的目的(Cass. 4 November 1995, no. 11519, Giur. it. 1996, I, 1, 902)。

34. 荷兰民法典第6:198条下的无因管理(zaakwaarneming),要求行为人自愿地、明知地并且具有合理原因地维护他人的利益(eens anders belang)。无因管理所涉及的行为可以是意在保护、维持或增进他人法益(rechtsgoederen)的行为(Asser [-Hartkamp], Verbintenissenrecht Ⅲ[10], no. 291)。奇怪的是,对于什么情况下才能认为行为人是在维护他人利益(eens anders belang)的问题,不论是在判例法中,还是在学术著作中,都无法发现什么细节。相反,所关注的都是"是否具有维护他人利益的目的"的问题,这被认为是无因管理的至关重要的要件(参见如 HR 10 April 1953, NedJur 1953, 630; CFI Almelo 24 November 1954, NedJur 1955, 753 and CFI Maastricht 7 April 2004, LJN-number AP4483, www. rechtspraak. nl)。

35. 同样,苏格兰法也以"外部事务"作为无因管理的构成要件之一:参见上述注释9。

36. 在斯堪的纳维亚各国的法律中,对于"外部"事务的概念或者维护他人利益的目的的概念,似乎没有什么详细的讨论。不过,从 HD 28 December 1961, NJA 1961 p. 673 中仍然可以推断出,根据瑞典的法律,只有当管理人的行为以介入他人的法律领域为目的时,才构成无因管理。至于丹麦的判例法,可以看看 HD 18 May 1995, UfR 1995 p. 691,该案中,管理人的行为是否具有维护他人利益的目的,似乎存在疑问。该案涉及的是一个表面上似乎已经订立了的土地买卖合同。所谓的买受人向不动产居间人多付了价款,但因为居间人陷入破产,买受人无法从该居间人手中追回多付的这部分价款。根据交易习惯,居间人的佣金应当由出卖人来支付。于是,法院认为买受人享有对出卖人的偿还请求权,因为其(出卖人)"更适于"承担偿还的风险。不过,所谓的买受人同样依据无因管理法进一步地请求偿还强制执行所花的费用,这一请求则被驳回。

37. 对于紧急代理,普通法要求代理人的行为系为了被代理人的利益。这将那些以恶意串通或其他方式明显地维护第三人利益而非被代理人利益的行为排除在紧急代理之外。因而,例如,若船长之所以在其被代理人的财产(船舶)上设立担保权,目的仅在于使某个已经存在的债权人受益,则船长当然不具有设立担保权的权限(Empire of Peace, The (1869) 39 LJ Adm (N. S.) 12 (Sir R. J. Phillimore)(船舶抵押的目的仅仅在于为被代理人所已负的债务增加担保,但被代理人并未因此而获得利益,这一担保是无效的,因为这一债务已经有了担保))。船长订立海上救助合同的目的在于使救助人受益,而非忠实地维护被代理人(被救助财产的所有权人)的利益,也是如此:The Theodore (1858) Swab 351, 166 ER 1163 (Dr Lushington)。(另参见 Prager v. Blatspiel, Stamp & Heacock Ltd. [1924] 1 KB 566, 572-573,该案中,McCardie J 表示,代理人的行为必须符合诚实信用,这是其判决的理由之一(但没有对此进行阐释)。)自称其行为的目的系维护他人利益时,行为人属于自封的代理人(self-appointed agent),负有返还其所得利益的义务:参见第Ⅴ-2:103条,注释Ⅰ,22。不过,行为人给所谓的被代理人造成了损失时,若行为人的行为完全或主要是为了谋取其自己的利益,则不构成代理:参见 Sachs v. Miklos [1948] 2 KB 23, 29 (Lord Goddard CJ),该案中,被告将原告的家具卖掉,完全是为了使用其家具所占的房间;Anderson & Anderson v. Earlanger [1980] CLY 133 (Fay J)遵循了这一立场(不得以紧急代理为由为某一买卖进行辩护);并参见 Beaman v. A. R. T. S. Ltd. [1948] 2 All ER 89, 94E (Denning J),该案中,行为人为某个不在现场的朋友提供货物的仓储,行为人无法与之取得联系,然后,因为这些货物已经腐化或者价值已经减少,并且这些货物也占据仓储空间或者产生仓储费用,于是行为人将这些货物卖掉,这一行为被认为构成侵害动产的侵权行为——但现在,Torts (Interference with Goods) Act 1977, s. 12 中规定了法定的变卖权,对被迫从事寄托的受寄人进行保护。同样,普通法不愿意承认遗失物的拾得人享有报酬请求权的原因之一也是,拾得人对遗失物的保管被认为是为了其(拾得人)自己的利益——拾得人是为了自己的利益而非为了"真实"所有权人的利益来进行保管——因为,在所有权人没有要求或不能要求返还遗失物的场合,所有权就成了相对权,拾得人就成了所有权人,只有那些享有更强的权利的人才能对拾得人请求权利(即当真实所有权人所享有的侵权法上的请求权罹于诉讼时效之后,拾得人的所有权就变得坚不可摧):参见 Sutton v. Buck (1810) 2 Taunt 302, 129 ER 1094 at 1098(该案 Lord Mansfield CJ 认为:打捞不但不是一项维护所有权人利益的义务,反而是在所有权人不行使权利时使他人有权获得沉没物的一种方式),不过该案仅确立了这样的一项原则:陌生人并不负有在可通航的河流中对沉船进行打捞的管理义务。

Ⅳ. 主要目的为维护他人利益;同时附带地维护自己的利益

38. 欧洲没有哪个国家的无因管理法要求管理人完全是为了维护他人的利益。大家普遍承认,这是不现实的,因为管理人通常也会同时维护其自己的利益。因此,只有当维护他人利益的目的与维护自己利益的目的之间的关系倒转过来,管理人主要是维护自己的利益、只是附带地维护他人的利益时,才不能构成无因管理。不过,没有哪个国家的法律有明确的条文清楚地规定说管理人的管理行为的"主要"目的必须是维护他人利益(如本条第(1)款那样)。

39. 德国判例法一直强调,并不因为管理人的行为同时也维护自己利益就否认管理人具有维护他人利益的目的(BGH 24 October 1974, BGHZ 63, 167; BGH 8 March 1990, BGHZ 110, 313)。这种案件被称为涉及"亦属他人事务"(auch fremde Geschäfte)的案件。对于这些案件,同样推定存在维护他人利益的目的(该推定可予推翻)(BGH 18 September 1986, BGHZ 98, 235, 240; Palandt [-Sprau], BGB[63] [译注:原文为"[632]",应为笔误], § 677, no. 6; 不过另参见Medicus, Schuldrecht II BT[12], nos. 620, 630)。

40. 希腊法中,同样普遍承认,管理人在维护他人利益的同时也维护自己的利益,并不妨碍构成无因管理。不过,同时存在两种利益的话,要满足维护他人利益的目的这一要件会变得更为困难(Georgiades and Stathopoulos [-Papanikolaou], art. 730, no. 10; CA Athens 2896/1977, NoB 26/1978 p. 223 [该案中,行为人清偿他人债务,法院认为不存在管理他人事务的意思(animus aliena negotia gerendi)] 以及 ErmAK [-Sakketas], art. 730, no. 22 [若某事务部分地属于他人的利益、部分地属于自己的利益,则可以适用无因管理;但是,若行为人的行为完全是为了其自己的利益,则不能适用无因管理,即使这一行为也有利于他人])。

41. 葡萄牙法的立场与此相同。当管理人的行为既维护他人的利益,同时也维护管理人自己的利益时,只要管理人的目的是维护他人的利益、涉及的是外部事务,则仍然可以适用有关无因管理的规则(Vaz Serra, BolMinJus 66 [1957], 97)。同时存在两种利益的典型案例,涉及的是管理人在从事职业或营业的过程中所实施的行为(参见如 STJ 22 April 1986, BolMinJus 356 [1986], 352)。

42. 同样,在奥地利法中,即使管理行为在维护他人利益的同时也维护管理人自己的利益,原则上仍然可以适用无因管理法。不论是判例法(OGH 7 December 1972, SZ 45/137; OGH 8 November 1984, JBl 1985, 421, 423; OGH 3 October 1996 RdW 1997, 275)还是学说著作(Rummel [-Rummel], ABGB I[3], § 1035 no. 5, Schwimann [-Apathy], ABGB V[2], § 1035 no. 5, Meissel, GoA, 66 et seq.) 都承认"亦属他人事务"的概念(奥地利所使用的概念也是"auch fremde Geschäfte")。早期的判例法曾要求为他人进行的管理并非维护行为人自己的利益(参考文献参见 Rummel 以及 Meissel loc. cit),并且在最近的某些判决中又出现了表达这一意思的词句(如 OGH 28 January 1997, WBl 1997, 214 [全文在 RIS-Justiz RS 0085741]以及 OGH 27 November 2001, RIS-Justiz RS 0023484)。不过,这似乎并不意味着在 OGH 7 December 1972, SZ 45/137 这一首要判例中所阐述的、法院已经形成了的惯例发生了整体上的变化。第Ⅴ-1:101条的表述与奥地利法当前的状态似乎是一致的。

43. 在比利时法中,管理人是否可以以及若可以的话在何种范围内能够同时维护其自己的利益,而又不妨碍其行为构成无因管理,这一问题仍然存在争论(详见 Stijns/Van Gerven/Wéry, JT 1996, no. 17 p. 697)。法国法则认为,虽然管理人的行为并非完全为了维护他人的利益,而是部分地为了维护其自己的利益,也仍然可以适用无因管理法(Mazeaud and Chabas, Leçons de droit civil II, 1[9] no. 675 p. 808-809)。某些学者甚至认为,在最近的判例法中存在这样的趋势,即使是在管理人不具有任何维护他人利益的目的时,仍然可以构成无因管理。所发展出来的有关"传统的"无因管理(行为人具有无私的目的:gestion d' affaires désintéressée)与具有私利的无因管理(所谓的 gestion d' affaires intéressée)的区分,就说明了这一点。其结果就是,无因管理法出现了一个二元的体系。无私的无因管理(gestion d' affaires désintéressée)仅要求从管理人主观的角度来看其行为在开始时似乎是有利于他人的,而具有私利的无因管理(gestion d' affaires intéressée)则是要求从客观的角度来看行为必须最终被证实是有利于他人的(JClCiv [-Bout], art. 1372-1375, V° Quasi-Contrats. Gestion d' affaires - Conditions d' existence, fasc. 10, no. 19 et seq.)。至少在一个判例中,法国的判例法已经采纳了这种术语上的区分(CA Orléons 14 September 1993, Juris Data 1993-045124)。

44. 西班牙的法学学说一致认为,只有当管理人将自己的利益置于本人的利益之上时,才不构成无因管理(Lacruz Berdejo, Rev. Crít. Der. Inm. 1975, 257; Sánchez Jordán, La gestión de negocios ajenos, 151; Díez-Picazo and Gullón, Sistema II, 567)。虽然关于"亦属他人事务"的问题没有什么详细的学术理论,但所采纳的进路实质上与德国法非常相似(Sánchez Jordán, loc. cit. 156)。其理由之一是对民法典第1891条进行反面解释,根据该条,若管理人将自己的利益置于本人的利益之上,则应当承担发生意外事故的风险。在判例法中,某公寓楼的一个共同共有人以其自己的名义在公寓楼中增设了第二部电梯,这一行为(同时也)谋取其自己的利益,法院认为该行为可能具有管理他人事务的意思(animus aliena negotia gerendi)(CA Las Palmas 6 November 1985, La Ley 86 [1] no. 6091 p. 540);与之相似,共同继承人中的某人在遗产分割之前对遗产中的动物进行喂养,该行为同样被认为具有管理他人事务的意思(TS 3 January 1962, RAJ 1962 [1] no. 265 p. 165;详见 Pasquau Liaño, La gestión de negocios ajenos, 237)。

45. 第Ⅴ-1:101条中所规定的规则也表达了意大利法的立场。管理人的行为不需要完全是为了本人的利益,但其行为(从客观的角度来看)必须主要是为了本人的利益(Cass. 13 March 1964, no. 550, Foro it. 1965, I, 866)。若某一部分的行为涉及的是管理人自己的利益,这一部分行为可以很清楚地同维护他人利益的那部分行为区分开来,则有关无因管理的规则仅仅适用于维护他人利益的那部分行为(Aru, Gestione d' affari, 8)。若父母一方提供抚养时同时也为了父母另一方的利益(Cass. 5 December 1996, no. 10849, Rep. Giur. it. 1997, voce Filiazione, no. 38);或者管理人的行为维护多个共有人或者共同继承人的利益,而管理人本人也属于其中之一(Cass. 11 July 1978, no. 3479, Giur. it. 1979, I, 1, 820; Cass. 4 May 1985, no. 2795, Rep. Giur. it. 1985, voce Responsabilità no. 154),也都构成无因管理。

46. 荷兰法承认这样的原则:管理人可以在维护本人利益的同时也维护其自己的利益。在父亲死后儿子暂时对父亲的财产进行管理,虽然儿子的行为同时也是维护自己的利益,其行为也构成对其兄弟姐妹的无因管理。管理人可以在维护他人利益的同时也谋取自己的利益。因而,荷兰法承认"亦属他人"事务的概念(T. M. Parlementaire Geschiedenis VI, 790; Asser [-Hartkamp], Verbintenissenrecht Ⅲ[10], no. 293, p. 308; Verbintenissenrecht [-Heisterkamp], art. 6:198 BW, note 11;亦参见 HR 24 January 1902, W 7714 及 HR 26 June 1959, NedJur 1959 no. 586, p. 1284)。

47. 在苏格兰法下,同样,在维护他人利益的同时谋取自己的利益,原则上并不妨碍构成无因管理(Kolbin & Sons v. Kinnear &Co. 1931 SC (HL) 128; SMT Sales & Services Co. Ltd. v. Motor and General Finance Co. Ltd. 1954 SLT (Sh. Ct.) 107)。不过,如何平衡本人利益与他人利益的问题,尚未完全解决。边界似乎在于行为人的行为自私自利的场合,即其行为的主要目的是维护其自己的利益的场合。在这种场合，应当适用的是不当得利法或侵权法（Stair［－Whitty］，vol. 15，no. 138；不过，也参见 Gretton，SLT 1978，145）。原则上，只有那些并非在维护自己利益时所产生的费用，才可能根据无因管理法获得赔偿（Leslie，SLT 1981，259，260；idem，Jur. Rev. 1983，32，33）。

48. 同样，在斯堪的纳维亚各国的判例法中，某些案件中管理人在维护他人利益的同时也在谋取自己的利益。在丹麦的 HD 3 December 1936，UfR 1937，357 一案中，某些丹麦籍的船员在哥伦比亚的某个港口错过了离港的船舶，但又因为签证的问题而无法继续逗留在哥伦比亚，于是丹麦外交部安排，由丹麦的某家船舶承租人支付费用，将这些船员接回了丹麦。这一情况事先已经通知了船员所在的航运公司，虽然该航运公司负有对船员提供帮助的义务，但仍然拒绝提供帮助。法院认为该船舶承租人对该航运公司享有费用偿还请求权，虽然在进行返航时该船舶承租人的行为同时也是谋取其自己的利益。丹麦 HD 19 January 1912，UfR 1912，239 一案所涉及的则是，多家再保险公司中的某一家，为维护全体再保险人的利益而与他人达成了和解协议，其后要求其他的再保险公司偿还相应的费用。瑞典 HD 28 December 1961，NJA 1961，673 一案中，系争的赠与物要么是赠给被告的要么是赠给原告（被告的孩子）的，被告没有接受这一赠与，原告根据无因管理的规定要求赔偿，被法院驳回。

49. 在这一问题上，普通法一心要确保本人得到充分的保护。若代理人的行为（客观上）显然是在维护被代理人的利益，则即使代理人的行为（主观上）同时也是谋取其自己的利益，也并不妨碍其构成“经追认的代理（agency by ratification）”（Re Tiedemann & Ledermann Frères Arbitration［1899］2 QB 66）。并且，代理人的行为只不过是表面上在维护被代理人的利益时，被代理人仍然可以从代理人处获得其未经授权的投资行为所获的收益（从而防止代理人从其违反义务的行为中获益）。另一方面，若代理人的行为完全是为了谋取自己的利益，即使是以被代理人的名义，在其行为对被代理人有害时（即对代理人与第三人之间达成的义务过重的交易予以追认，而使该交易对被代理人产生约束力；或者，“代理”将损害被代理人的利益的场合），不构成紧急代理：参见 The Alexander（1842）1 W Rob 346 at 355－356，166 ER 602 at 606（Dr Lushington）。尽管如此，在较新的判例法中似乎出现了一些变化，即，当某“义务”的履行仅仅影响自己的利益时（即该“义务”的不履行并不使他人享有获得救济的权利，而仅仅是排除或者限制“义务”人可能享有的某种权利），并不妨碍履行这种“义务”的行为人同时构成为他人进行紧急代理的代理人。买受人想购买草莓自己吃，出卖人向其交付的部分草莓不适于食用，（但买受人似乎无法或者没有拒绝受领并且退货，而是要求减价，）买受人将这些草莓转售给了果酱制造商，法院（虽然只是郡县级的法院）认为这一转售的行为构成紧急代理：参见（1932）76 SJ 663。（1995年，货物买卖与供应法1994第3（1）节给货物买卖法1979（该法取代了货物买卖法1893）增加了一个新的第35A条。在1995年以前，在不可分的买卖合同下买受人无权仅仅拒绝受领部分的标的物，因为部分受领的话，原告就无法再对被告的违约行为给予否定性的评价：参见货物买卖法1979第11（4）条及第53（1）条；第11（4）条已被新的第35A条所取代，从而第53（1）条也已间接地被取代。）不过，这一立场似乎是值得怀疑的，因为在这种情形中，除了维护行为人自己的利益以外，很难看出行为人也在维护别的什么人的利益。当违约行为涉及标的物质量时，买受人可就已受领的标的物以违反质量保证为由向出卖人［译注：原文为“买受人”（the purchaser），应为笔误］主张的减价，初步来说应当根据遵守了质量保证时标的物应有的价值同实际给付的标的物的市场价值之间的差额来确定：货物买卖法1979，第53（3）条。并且，买受人在受领之后很快又把标的物卖掉的话,如果是卖给了某个知道标的物质量(较差)的人,则转售的价格就给标的物的实际价值提供了有力的证明:参见 Benjamin (– Harris), Sale of Goods[6], § 17 – 052。因而,若价款尚未支付,当出卖人要求支付合同价款时,先计算“可食用的”草莓的市场价与将草莓转售给果酱制造商时可以得到的价款(本案中是已经得到的价款)间的差额,再以合同约定的价款减去这个差额,所得出的就是买受人所应支付的数额。假设(本案的法官也是这样假设的)合同所约定的价款反映了“可食用的”草莓的市场价格,根据货物买卖法,被告即买受人无论如何都应当支付所给付的草莓的已经实现的价值。将草莓转售给果酱制造商并不对出卖人的权利义务产生影响,而仅仅是确保买受人实现了这些质量较差的草莓的价值,对此买受人是无论如何都必须支付给出卖人的。在实现这一判决结果时,根本不需要适用“紧急代理”的制度。确实,如果认为买受人的行为是为了维护出卖人的利益,从而认为买受人应当将转售的价款支付给出卖人,这一制度的适用似乎非常容易引起误解。学说支持的观点是,行为人行为的主要目的在于维护其自己的利益时,不构成“紧急管理”,参见 McCamus, 11 (1979) Ottawa L Rev 297, 253 n 12,该处在解释 Falcke v. Scottish Imperial Insurance Co. (1886) 34 Ch. D 234 一案时给的理由是,该案中仅仅是在谋取自身利益时附带地使他人受益。并参见 Re Leslie (1883) 23 Ch D 552,该案中,丈夫对妻子所申领的保单支付保费,丈夫自己也在该保单中享有利益,其遗产管理人要求对该保单享有留置权的诉讼请求未获支持。为维护自身利益及维护他人利益所生的费用偿还请求权,还要适用其他的规则,比如有关共同分摊与代位求偿的规则。不过,代理人对其所管理的事务具有某些利益,本身并不使代理人丧失偿还请求权;对于其中具体的界限,判例法并未给予明确的说明:参见 Williams v. Wentworth (1842) 5 Beav 325, 49 ER 603 (Lord Langdale MR)(该案中,债权人为了维护债务人利益而提起诉讼,其诉讼费用可以要求债务人偿还)。

V. 特殊问题:依据无效的服务合同所为的给付

50. 在许多的法律体系中讨论很多的一个问题是,依据一个无效的服务合同所提供的服务,是否可以构成无因管理,或者是否因为不符合行为目的系维护他人利益这一要件而必须对这一问题给予否定回答。在这种案件中,德国法下适用了无因管理法(参见如 BGH 31 January 1963, BGHZ 39, 87, 90; BGH 24 September 1987, BGHZ 101, 393, 399; BGH 30 September 1993, NJW 1993, 3196; BGH 10 October 1996, NJW 1997, 47, 48; BGH 20 October 1996, NJW 1997, 47 and BGH 4 December 2003(该案中,合同因行政机关未予批准而无效), BGHZ 157, 168; see also BGH 4 November 2004, RIW 2005, 144(该案中,合同因欠缺必要的形式要件而无效))。所给出的理由是,误认为存在需履行的债务,并不妨碍其构成无因管理。不过,越来越多的意见认为这一思路是错误的,因为按照这一思路的话,处理此类问题的特殊规则就被规避了。这尤其是涉及民法典第812条及以下(不当得利法)中有关交易恢复原状的规则,特别是民法典第814条、第817条第2句以及第818条第(3)款(持此立场的,如 Medicus, Schuldrecht II BT[12], no. 622; MünchKomm [– Seiler], BGB[3], § 677, no. 41 等)。

51. 希腊判例法认为,无因管理法也适用于委托购买土地的合同无效的场合。(在作出这些判决的时候,法院认为委托合同——与主合同一样——也必须具备经公证的要件。不过,有关这一效果的权威观点在1975年被抛弃;从那时起,法院认为,委托不需要具备任何的形式要件:Areopag 104/1975 NoB 23/1975, p. 653;Areopag 1489/1982 NoB 31/1983, p. 1353 确认了这一立场)。若代理人明确地表达出为他人购买土地的目的,则根据某个无效的委托合同来购买土地,被认为属于主观的外部事务。由此,在这种场合法院适用了无因管理法(Areopag 161/1974

NoB 22/1974 p. 1048）。不过，在双务合同无效的场合，适用无因管理法似乎是有问题的。希腊的法学学说认为，若合同无效，则不存在民法典第730条意义上的委托（Georgiades and Stathopoulos［－Papanikolaou］, art. 730, no. 21; ErmAK［－Sakettas］, art. 730, no. 31），但是，并不具备维护他人利益的目的这一要件（Papanikolaou, loc. cit. no. 23）。

52. 葡萄牙的法学学说（关于这一问题似乎不存在判例法）同样也倾向于在依据无效合同提供服务的场合适用无因管理法——至少在行为人不知道合同无效时如此。相应的，“权限”的缺乏是从客观的角度来加以判断的（Vieira Gomes, Gestão de negócios, 66 and Vaz Serra, BolMinJus 66［1957］, 104－105）。

53. 奥地利的出发点则与之不同。对此所采纳的观点（与共同参照框架草案所采纳的方案相一致）是，根据无效合同（当事人不知道合同无效）所提供的服务，其给付不具有维护他人利益的目的（OGH 19 November 1974, SZ 47/130; OGH 17 January 1979, SZ 52/9；更多判例详见 RIS－Justiz RS 0019735）。学说赞同这一观点（Schwimann［－Apathy］, ABGB V^2, § 1035 no. 6; Meissel, GoA, 82 f; 215 ff; Rummel［－Rummel］, ABGB, I^3 § 1035 no. 6［虽然在涉及无偿委托时有所不同］）。在仅仅表面上授予代理权的案例中，偶尔也存在一些对此原则的例外（Meissel loc. cit. 216 and OGH 26 January 1995, SZ 68/21［涉及的是一个税务顾问］）。

54. 虽然法国的学术著作中（特别是 JClCiv［－Bout］, art. 1372－1375, V° Quasi－Contrats. Gestion d'affaires － Conditions d'existence, fasc. 10 no. 78）存在相反的观点，但似乎不存在这样的案例，即行为人根据无效的合同提供所约定的服务时，被法院按照为他方当事人进行的无因管理来处理。在比利时，法学学说尚未涉及这一问题；同样，也不存在相关的判例，按照无因管理法来处理无效合同的恢复原状问题。意大利也是如此。

55. 西班牙的法学学说明确承认，管理他人事务的意思（animus aliena negotia gerendi）是这种案件中最为棘手的问题（Sánchez Jordán, Gestión de negocios, 95, Lacruz Berdejo, Rev. Crít. Der. Inm. 1975, 253）。旧的判例法认为，若管理人在提供给付时认为其负有给付义务，则不具有管理他人事务的意思（TS 26 November 1926, reported by Pasquau Liaño, La gestión de negocios ajenos, 253 and Lacruz Berdejo, loc. cit.）。最高法院目前的立场则与之相反。最高法院第四庭（当时主管有关行政法的问题）反复地将无因管理法适用于个人与地方政府之间存在无效合同的场合（TS 11 October 1979, RAJ 1979［2］no. 3448 p. 2814; TS 29 October 1980, RAJ 1980［2］no. 3964 p. 3213; TS 8 March 1984, RAJ 1984［1］no. 1384 p. 1052［第三庭，主管有关存在争论的行政程序］; TS 22 January 1975, RAJ 1975［1］no. 8 p. 20）。但是，第一庭（主管私法）则拒绝将无因管理法适用于无效合同恢复原状的问题（TS 9 April 1980, RAJ 1980［1］no. 1373 p. 1045; TS 28 September 1960, RAJ 1960 no. 3149 p. 2031）。最新的学术观点似乎是倾向于行政庭的思路，这一思路与德国联邦最高普通法院所采纳的思路部分一致（Lacruz Berde jo, loc. cit.; idem, Elementos II［2］418）。

56. 在新的民法典生效以来，荷兰的判例法似乎还没有碰到这样的机会，来考虑依据无效合同提供给付的场合是否适用无因管理法的问题。在学说上，对这一问题存在争论（赞同适用无因管理法的观点，特别是参见 Verbintenissenrecht［－Heisterkamp］, art. 6:198 BW, no. 14，其引用了 Rb Dordrecht 30 December 1953, NedJur 1954 no 618 p. 1148；相反的观点参见 Schoordijk, Zaakwaarneming een onderbelichte bron van verbintenis, 12－13）。不过，原则上，无效或被撤销的合同（关于被撤销的合同并参见民法典第3:53条第(2)款）的恢复原状，当然适用有关未负债务却提供给付的规则(民法典第6:203条)。

57. 在苏格兰法中,对于无效合同的恢复原状适用无因管理法的问题,同样没有明确的权威观点。不过可以认为,对这一问题将会给予否定的回答。无因管理法仅仅适用于非常有限的场合(Schneiderhan, Der Quasi－Contract im schottischen und englischen Recht, 135－136; Stair [－Whitty], vol. 15, paras 106, 108; Leslie, Jur. Rev. 1983, 13, 16, 18)。并且,在按照误以为有效的债务提供给付的场合,并不具备维护他人利益的目的这一构成要件。此外,本人也知道管理人的行为。对于无效或被撤销的合同的恢复原状,学术上仅仅在不当得利法中予以讨论(例如McBryde, The Law of Contract in Scotland, 353; Laura J Macgregor, Edinburgh LRev 2000, 19; MacQueen, JuridRev 1994, 137; Gloag and Henderson, The Law of Scotland[12], ch. 25)。

58. 至于斯堪的纳维亚各国的法律,似乎认为在交易恢复原状的场合适用无因管理法是完全不可能的事情。这样的构造会被认为是极为反常的。不论是判例法还是学说,都不存在这方面的倾向。

59. 普通法中,代理并不以合同存在为前提,因此,一旦当事人之间达成了约定,即使因为某种原因这个约定并未(如当事人所愿的那样)成为一个有效的合同,也不能内在地妨碍在当事人之间适用代理规则。当不存在具有合同约束力的债务时,代理人并不负有践行其约定的义务,但是,如果该代理人践行了他们的约定,则其负有将所得的全部利益移交给被代理人的义务:参见Boston Deep Sea Fishing and Ice Co. v. Farnham [1957] 1 WLR 1051 (Harman J)(该案中,出于违法性的原因,代理未获追认,但是,行为人被认定为"自封的代理人"(self－appointed agent),其仍然负有义务,将其以被代理人名义所获的利益移交给被代理人)。不过,若被代理人欠缺行为能力,则不存在代理;在此种场合(与陌生人进行管理的其他场合一样),应当基于被代理人不当得利适用有关恢复原状的规则。行为人给欠缺缔约能力之人提供或者支付相应费用以提供食品、衣物、住处以及其他必需品,从而对其进行扶养和保护,长期以来人们都认为,行为人就其所提供的(必要的)物品或服务享有请求偿还费用的权利:参见Wentworth v. Tubb (1841) 1 Y & C CC 171, 62 ER 840 (Knight Bruce VC); Re Gibson (1871－72) LR 7 Ch. App. 52(行为人将其患精神疾病的姐妹安置在某家私营机构中,使之得到照料,其后请求从其遗产中抵扣相应的费用); Re Rhodes (1890) 44 Ch. D 94, 102 (Kay J), 105 (Cotton LJ), 107 (Lindley LJ) and 108 (Lopes LJ)(该案中,不具备请求权的构成要件); Re Clabdon [1904] 2 Ch 465 (Farwell J)(涉及未成年人); Re [1909] 1 Ch 574, 576 (Cozens－Hardy MR); Guardians of the Poor of St. Mary Islington v. Biggenden [1910] 1 KB 105, 111 (Bray J: 涉及未成年人)。在为保护无行为能力人而为其提供法律服务或者为法律服务支付费用的场合,只要相关的诉讼是必要的,不论其是否成功,也适用上述原则:参见Ex parte Price (1751) 2 Ves Sen 407, 28 ER 260 (Lord Hardwicke LC); Sherwood v. Sanderson (1815) 19 Ves Jun 280, 34 ER 521 (Lord Eldon LC); Williams v. Wentworth (1842) 5 Beav 325, 49 ER 603 (Lord Langdale MR); Wentworth v. Tubb (1843) 2 Y & C CC 537, 63 ER 241 (Knight Bruce VC); Nelson v. Duncombe (1846) 9 Beav 211, 50 ER 323 (Lord Langdale MR); Tayler v. Tayler (1851) 3 Mac & G 426, 42 ER 325 (Lord Truro LC); Chester v. Rolfe (1853) 4 De G. M. & G 798, 43 ER 720 (CA in Chancery); Re Meares (1878－79) 10 Ch. D 552。在所提供的是生活必需品时,必须亲自提出偿还费用的请求——过去曾经以法律所默示的合同作为其依据,现在则认为其是一种简单的恢复原状,这种做法更为合适:参见Wentworth v. Tubb loc. cit. at 173－174 (842) (Knight Bruce VC); Williams

v. Wentworth loc. cit. at 329 (605) (Lord Langdale MR); Re Gibson loc. cit., 53 (Mellish LJ); Re Rhodes loc. cit., 97 (Kay J); Re J loc. cit. 577 (Fletcher Moulton LJ)——虽然 Cozens-Hardy MR 认为这一问题需进一步讨论 (loc. cit., 576),并参见 Re Weaver (1882) 21 Ch. D 615, 619(Jessel MR 认为,对原告的请求可以根据衡平法酌情裁量)以及 620(Cotton LJ 认为,当根据普通法提出请求时,问题尚需进一步讨论;Brett LJ 认为,是否存在默示合同,尚需进一步讨论)。得利人无论如何也不可能订立明示合同时,默示合同的概念尤其不当:Re Rhodes loc. cit., 105(Cotton LJ 认为,因为这种原因,默示合同的概念是一个错误的、非常不幸的表述), 107 (Lindley LJ 指出,默示合同的概念是"我们的法律中一个不幸的术语,因为'默示合同'这一表述已经不单被用来指代一个推导出来的真实的合同,而且也被用来指代某种并非源自真实的合同,但却可以像源自合同那样(即准合同)来加以执行的债务关系")。这一原则已经被赋予了成文法的效力:参见心智能力法 2005 年第 7 条,该条在生效后取代货物买卖法 1979 年第 3 条(涉及向未成年人及醉酒者出售并交付标的物的除外)。恢复原状请求权并不在义务人的财产上产生担保物权:Re Marman's Trust (1878) 8 Ch. D 256, 259 (James LJ)。

Ⅵ. 本人

60. 在德国法中,根据通说,应将谁认定为本人的问题要根据管理所涉及的必须是"他人"的事务这一要件(对此法条中未予明确规定)来判断。若某个事务涉及他人的法律领域或利益范围,则该事务被认为属于他人的事务。不过,这一界定仅仅就"客观的外部事务"(根据事务的性质、内容及外在表现,属于他人利益范围的事务)而言;在主观外部事务的场合(从事务的外在表现上无法清楚地进行定性),本人存在与否及本人身份的判断要根据管理人的目的来定。相关的例子有 BGH 16 March 1965, BGHZ 43, 188(行为人在漆黑的道路上拦住一辆汽车,目的是让司机注意到其汽车尾灯存在故障,从而存在被人追尾的风险;这一行为被认为构成对有可能发生事故的该车司机及在该车后面驾驶的司机的无因管理)、BGH 7 November 1960, BGHZ 33, 251(行为人为伤者呼叫所必需的医疗救助,其行为维护了为伤者承保健康保险的保险人的利益)、BGH 20 June 1968, BB 1969, 194(代他人清偿债务之人,其行为原则上被认为维护了债务人的利益)、BGH 20 June 1963, BGHZ 40, 28(消防队扑灭火灾,其管理行为既维护了纵火犯的利益,也维护了起火财物的所有权人的利益)。所有的自然人和法人都可以成为本人;根据 BGH 25 June 2003, NJW 2003, 3268,本人也包括全体共同继承人。

61. 根据希腊法中的通说,本人是指其事务被管理之人。同样地,这也涉及客观外部事务与主观外部事务之间的区别(参见上文注释 28)。在主观外部事务的场合,事务的"外部性"要根据管理人维护他人利益的目的来判断。管理人的目的指向的是本人(Georgiades and Stathopoulos [-Papanikolaou], art. 730, no. 4)。并不要求管理人准确地知道谁是本人。当管理人对本人的身份存在错误认识时,实际上受到管理行为影响的人才是从无因管理中取得权利并承担义务的本人(Papanikolaou, loc. cit. no. 17; ErmAK [-Sakketas], art. 730, no. 12)。一个无因管理行为可以涉及多个本人。当直接受影响的本人以外的其他人也从该管理行为中获得(间接的)利益时,可能会产生问题。例如,当给陷入昏迷的事故受害人提供救助时,伤者的健康保险人将间接受益。对于仅从管理行为中间接受益之人是否也应被视为本人的问题,希腊的法学学说通常给予否定的回答。它们认为,否则,无因管理的适用范围就太宽泛了(Papanikolaou, loc. cit. no. 9; 不过,另参见 Filios, Enochiko Dikaio I/2, 194,其认为健康保险人也是本人)。自然人和法人都可以成为本人(ErmAK [-Sakketas], art. 730, no. 10);尚未出生的胎儿以及尚未成立的法人也是如此(Sakketas loc. cit.)。

62. 同样,葡萄牙的学说强调,自然人和法人以及尚不存在的人(如尚未出生的胎儿或者尚未成立的法人)可以成为本人。并不要求管理人与本人认识。如果管理人对于本人的真实身份存在错误的认识,也没什么关系;只有"真正的"本人才与之相关。重要的是管理人的行为是"为了"他人,至于这个"他人"到底是谁,则并不重要(Vaz Serra, BolMinJus 66 [1957] 99)。

63. 至于奥地利法,本人不需要具有行为能力(Schwimann [－Apathy], ABGB V², § 1035 no. 7),除非(就如在追认的场合)某种意思表示至关重要(Rummel [－Rummel], ABGB I³, § 1035 no. 7),对此不存在争议。管理人的行为可以是为了维护某个尚不在的(法)人的利益(Klang [－Stanzl], ABGB IV/1², 892; Ehrenzweig, System II/1², 715)。本人是指其法律领域受到管理行为影响的人、管理人的行为所意在维护其利益之人(Schwimann [－Apathy], ABGB V², § 1035 no. 7; Rummel [－Rummel], ABGB I³, § 1035 no. 3; Meissel, GoA, 59 ff)。本人身份的判断可能取决于管理人的目的(Meissel, loc. cit. 65)。不过,管理人对本人的身份存在错误认识的话也不会有什么影响(Ehrenzweig, System II/1², 715; Klang [－Stanzl], loc. cit. 892; Schwimann [－Apathy], loc. cit. no. 6)。与之相反,关键的在于,对所涉及的是谁的事务进行客观的判断(Meissel, GoA, 82)。若管理人相信存在一个本人,事实上并不存在,则可能不构成无因管理(Meissel, loc. cit. 109 所给的例子是,在雪崩之后展开搜救,但并不明确知道,是否有人被雪崩埋在了下面)。管理人不需要与本人认识(Koziol andWelser, Grundriss II¹², 364)。唯一的要求是,在管理开始时这一关键的时间点上能够识别本人是谁(Schwimann [－Apathy], ABGB V², § 1035 no. 6; Klang [－Stanzl], ABGB IV/1², 892)。判例法不时地采用了"可识别性"这一非常宽松的标准(例如 OGH 23 February 1995, ZVR 1995/129; OGH 27 June 1996, ecolex 1997, 81 以及 OGH 6 December 2001, RIS－Justiz RS 0019810,这些案件所涉及的都是,在第三人对运营中的机动车造成事故以后,营运人要求其对保有机动车备用所花的费用进行赔偿)。仅仅从管理行为中间接受益的人不被认为是本人(Meissel, GoA, 60)。不过,本人可以是不止一个人(OGH 8 November 1984, JBl 1985, 421:房屋的多个共有人被认定为本人)。

64. 同样,在法国法中,自然人和法人都可以成为本人(JClCiv [－Bout], art. 1372－1375, V° Quasi－Contrats. Gestion d'affaires－Conditions d'existence, fasc. 10, no. 27)。最高法院甚至曾经将公法下的法人认定为某件无因管理案件中的本人(Cass. civ. 8 July 1918, S. 1921, I, 5, note Achille Mestre),虽然从那以后最高法院从未再引用过这个案例。一个无因管理行为是否可以是维护某个正在组建过程中的法人的利益,很难说得清楚。最高法院曾经认为,(虽然没有很明确地提及无因管理法,)公司不可能因为在其成立之前所实施的行为而负担债务(Cass. civ. 1 July 1971, D. 1972, 436, note Larroumet)。不过,对此类案件的学说讨论通常认为可以适用无因管理(参考文献见 Bout loc. cit. no. 27)。并且,欠缺行为能力之人可以成为本人(le Tourneau, RépDrCiv, VI, v° Gestion d'affaires [2002] no. 30)。总体上说,比利时的情况也是如此。不过,在判例法和学术著作中都存在争议的是,一个私法上的人是否可以为维护某个公法机关的利益而进行无因管理(详见 Paulus, Zaakwaarneming, nos. 27－28 p. 29－30;CA Liège 2 March 1967, JT 1967, 632 以及 CFI Zinnik 10 June 1992, TAgrR 1993, 202 对此给予了肯定的回答;但 Cass. 13 October 1898, Pas. 1898, I, 301, concl. Mesdach de ter Kiele 则持反对的立场)。无论如何很清楚的是,某个依据公法组建的法人的行为维护另外一个依据公法组建的法人的利益时,可以适用无因管理法(CA Brussel 7 February 1964, Pas. 1965, II, 70:A 镇的消防队扑灭的火灾,位于相邻的地方政府B的辖区内)。

65. 相比之下,在法国法和比利时法中则很少考虑到如何确定本人的问题。本人是指管理人为维护其利益而自愿对其事务进行管理之人(JClCiv [-Bout], art. 1372-1375, V° Quasi-Contrats. Gestion d'affaires - Conditions d'existence, fasc. 10 no. 1)或者说其事务被照管之人(de Page, Droit Civil Belge II[3], no. 1069 p. 1130)。客观标准(所涉及的利益范围)似乎才是关键性的。不过,在涉及无私的无因管理(gestion d'affaires désintéressée)时,法国的某些判例认为,即使是从客观的角度来看根本没有涉及某人的事务,这个人也可以成为本人(Cass. civ. 16 November 1955, JCP 1956 II no. 9087, note Esmein; Rev. trim. dr. civ. 1956, 356, obs. Mazeaud:该案所涉及的无因管理是,救援者将陷入昏迷的司机从起火的汽车中拉出来;汽车所有权人的保险人被认为是本人,虽然所投保的保险并没有覆盖到该司机)。若管理人对于本人的身份认识错误,则完全取决于事实上所涉及的是谁的利益(Bout loc. cit. no. 24-25)。比利时所采取的也是这一思路(Paulus, Zaakwaarneming, no. 33 p. 33)。若多个人都被认定为是本人,则他们之间不构成连带债务——不论是在法国,还是在比利时,都是如此——虽然在委托法中则完全相反(民法典第2002条):JClCiv [-Bout], art. 1372-1375, V° Quasi-Contrats. Gestion d'affaires - effets, fasc. 20 no. 86以及Paulus loc. cit. no. 92 p. 53。

66. 西班牙法将本人称为"事务的所有权人"(dueño de los negocios)或者"所有权人"(dueño, propietario)。不过,本人并非只能是财产的所有权人;本人可以是对于所处理的事务具有利益的任何人(Pasquau Liaño, La gestión de negocios ajenos, 86)。本人可以是自然人,也可以是法人(可以是根据私法所组建的法人,也可以是根据公法所组建的法人)。总的来说,西班牙的法学学说认为,尚未出生的胎儿以及尚未成立的法人可以是无因管理中的本人(Pasquau Liaño, loc. cit. 87)。同样,无因管理也可以是为了维护某个未知的本人的利益(TS 18 January 1908, cited according to Pasquau Liaño, loc. cit. 225)。本人不需要具有行为能力(TS 2 February 1954, RAJ 1954 no. 322 p. 198);只有在涉及追认的时候,才需要行为能力(Lacruz Berdejo, Rev. Crít. Der. Inm. 1975, 262)。谁是本人的问题,通常要运用外部事务的概念来判断。不过,对于主观外部事务的概念,则存在很多的限制条件(Sánchez Jordán, La gestión de negocios ajenos, 80)。一个管理行为可以是维护多个本人的利益,但是,如果存在多个本人的话,多个本人之间并不适用民法典第1731条有关连带债务的规则,而仅仅适用一般的规则(Lacruz Berdejo, loc. cit. 268)。对于管理人对本人的身份认识错误的问题,没有明确的法律条文给予规定,也不存在相应的判例。

67. 在意大利法中,从管理行为中受益的任何人都可以成为本人。因而,在意大利法中,也不需要本人的财产利益受到管理行为的影响(Pane, Solidarietà sociale e gestione d'affari altrui, 84)。管理人对本人的身份认识错误也没有关系(Cass. 23 July 1960, no. 2122, Giur. it. 1962, I, 1, 92; Aru, Gestione d'affari, 15)。不过,本人的身份必须是可以识别的(Breccia, La gestione d'affari[2], 871)。相应地,行为是维护某个尚不存在的人的利益时,原则上不构成无因管理;一旦利益受到影响的人取得行为能力,则其可以对管理行为予以追认(Cass. 27 February 1971, no. 495, Foro it. 1971, I, 1945)。并不要求本人具有行为能力(Corte dei Conti, Sez. giur. Sardegna, 3 November 1986, no. 384, Inf. prev. 1987, 469; Bianca, Diritto civile, 3, Il contratto[2], 143);但是,在完全无行为能力的场合,可能认为其法定代理人是本人(Aru, loc. cit. 53)。有可能同时存在多个本人;他们相互之间构成连带债务人(民法典第1294条),但是作为债权人享有权利时则是依据各自不同的原因(Sirena, Gestione di affari, 296)。某一财产的多个共有人就是如此(Cass. 15 October 1963, no. 2757, Foro it. 1964, I, 580 and Cass. 11 July 1978, no. 3479, Giur. it. 1979, I, 1, 820)。

68.同样,在荷兰法中,也不要求管理人知道本人的身份;正是在行为人所采取的措施最符合他人利益的那些案件中,管理人不知道本人身份更是常见的事情(Asser [－Hartkamp], Verbintenissenrecht Ⅲ[10] no. 298 p. 312; Verburg, De vrijwillige zaakwaarneming, no. 39 p. 67－68)。行为人可以同时为多个本人的利益进行管理:例如,让孩子住进医院的管理行为,既是为孩子的利益也是为了其父母的利益(CA Amsterdam 16 November 1984, NedJur 1985 no. 778 p. 2542; Verbintenissenrecht [－Heisterkamp], no. 11. 1; Verburg, loc. cit. no. 40, p. 68－69)。为维护某个尚不存在的法律主体(如尚待成立的基金会[HR 20 November 1981, NedJur 1982 no. 568 p. 1974],尚待组建的社团[HR 8 January 1982, NedJur 1982 no. 333 p. 1227],或者胚胎)的利益而进行管理,也被认为是可能的。

69.在苏格兰法中,要根据管理人的目的来判断本人是谁。管理人对本人的身份认识错误的话没什么关系;只是在所谓的管理人误以为是在管理其自己的事务,或者误以为其是在管理别人的事务但实际上却是在管理自己的事务时,才不构成无因管理(Stair [－Whitty], vol. 15, paras 103, 110 and 140; Leslie, JuridRev 1983, 14)。

70.斯堪的纳维亚各国的法学学说没有对如何识别本人的问题给予详细的解释。瑞典的Parental Code [Föräldrabalk]第11章第3条中含有一个照顾陌生人的条款;芬兰1895年12月3日的Debt Enforcement Act [utsökningslag]第4章第25条涉及债务人的土地可能遭污染或者建筑物可能被破坏的情形。在这种场合,法院可以授权某个"代理人"对债务人的财产进行管理,相应的费用由债权人承担,"代理人"在进行管理时不必已经知道这个债权人具体是谁。当然,严格来说,这里的"代理人"并非无因管理人,因为其具有法院的授权。

71.在英格兰法中,构成"经追认的代理"的前提是,代理人维护被代理人利益的目的表现得很明显。若代理人的行为是以其自己的名义,则无法予以追认:代理人的行为必须是以被代理人的名义;对于未经授权的代理人所实施的行为,代理人未说明是为被代理人的利益的,被代理人无法予以追认:Brook v. Hook (1871) LR 6 Ex. 89, 91 (Kelly CB); Keighley, Maxsted & Co. v. Durant & Co. [1901] AC 240(代理人与第三人订立合同,该代理人的行为超出了授权范围,并且没有表露出为被代理人利益的意思,虽然其行为获得了追认,第三人仍然无法以违约为由向被代理人要求损害赔偿)。不过,虽然代理人必须表明其行为系为他人的利益,但并不需要明确被代理人具体是谁,只要在代理人实施代理行为时可以识别被代理人的身份即可。因而,代理人的行为可以是为了维护死者的继承人的利益,"不论这些继承人到底是谁",因为在死者死亡之时就可以按照法律来确定到底谁是继承人:Lyell v. Kennedy (No. 4) (1889) 14 App. Cas. 437, 456 per Lord Selborne。在船长出于紧急情况将船上的货物予以质押、处分或者以其他方式处理掉的场合,这一紧急代理行为是为了维护谁的利益,就存在争论。有力说(A Strong Line of Authority)认为,船长通常是其雇主即船东的代理人,在上述场合船长的行为构成对货物所有权人的紧急代理:The Gratitudine (1801) 3 C. Rob 240 at 257－258 and 260, 165 ER 450 at 456 and 457 (Sir W. Scott),这一立场得到了The James Seddon v. Jeffares (1865－67) LR 1 A & E 62, 65一案中的Dr Lushington以及The Lizzie (1867－69) LR 2 A & E 254, 258－259一案中的Sir Robert Phillimore的支持;Freeman v. East India Co. (1822) 5 B & Ald 617, 106 ER 1316 at 1318 (Bayley

J)（不过,该案中未能证明存在紧急情况）; The Hamburg（1863）2 Moore PC（N. S.）289, 321。(Lord Kingsdown 认为:“法律推定船长被授予了下达指示的权限,其理由是,所有权人无法表达他们的意愿。”)另参见 The Lizzie, loc. cit., 259(Sir Robert Phillimore 认为:“若所有权人有机会……就货物的处理表达他们的意愿,则作为紧急代理人且并非由货物所有权人选定的船长,无权剥夺他们表达意愿的机会,因而,船长必须与货物所有权人进行联系,如果这种联系属于船长的合理权限范围的话”);The Karnak（1867－69）LR 2 A & E 289, 299 and 309（Sir Robert Phillimore）; The Onward（1872－75）LR 4 A & E 38, 51（Sir Robert Phillimore）; Metcalfe v. Britannia Ironworks Co.（1876）1 QBD 613, 626（Cockburn CJ）; and Atlantic Mutual Insurance Co. v. Huth（1880－81）16 Ch. D 474, 481（Cotton LJ）. 不过,这种观点对法律关系的分析可能过于简单了。根据 Parke B 在 Vlierboom v. Chapman（1844）13 M & W 230 at 239－240, 153 ER 96 at 99－100 中的观点,船长在紧急情况下将货物卖掉,其行为是维护船东的利益,其所行使的是船东对于货物所有权人的权力,其行为不构成对货物所有权人的代理(虽然该案中 Parke B 也考虑到,即使承认构成直接的代理,也并不存在所主张的偿还请求权)。另参见 The Gaetano and Maria（1882）7 PD 1, 4（Brett LJ）,该案所适用的不是英格兰法,但法官在附带意见中质疑,船长是否是货物所有权人的代理人。

Ⅶ. 合理原因的概念及与之相当的概念

72. 至于合理原因的概念,第Ⅴ－1:101条在很大程度上受到了荷兰民法典第6:198条的启发。荷兰的立法者意在用合理原因的要件来将那些不适当地或不合法地干预他人事务的行为排除在外(Asser［－Hartkamp］, Verbintenissenrecht Ⅲ[10], no. 299 p. 313)。因而,这一标准将适法的无因管理与侵权法意义上的不法行为相区分。是否具有合理原因并不取决于管理的结果,而是取决于促使管理人对他人的法律领域进行干预的具体情况。从而,法院必须对各种各样的因素进行权衡。在这一框架下,尤为重要的问题在于,本人自己是否以及在何种程度上能够实施相应的行为,以及管理行为是否符合本人实际上的或可推知的意思(T. M. Parlementaire Geschiedenis VI, 791; Verbintenissenrecht［－Heisterkamp］, art. 6:198 BW no. 12－12. 3; Asser［－Hartkamp］, Verbintenissenrecht Ⅲ[10], no. 299－302 p. 312－315; T & C［－Hijma］, art. 6:198, no. 2)。若管理人本可以很轻易地与本人取得联系,但却没有事先征询本人的意见,就实施了管理行为,则不具有进行管理的合理原因(持此种论断的有 HR 31 October 1952, NedJur 1953 no 477 p. 756; CFI Zwolle 24 April 1957, NedJur 1957 no. 569 p. 1137)。例外的是,节约时间、精力和费用的目的可能会构成充分的理由(T. M. Parlementaire Geschiedenis loc. cit.; Asser［－Hartkamp］loc. cit. no. 300, p. 314; Verbintenissenrecht［－Heisterkamp］, art. 6:198 BW, no. 12. 1)。若管理人的行为违背本人的意愿,除非本人无法以对其具有约束力的方式来表达自己的意愿,否则管理人的行为不具有合理原因(Parlementaire Geschiedenis loc. cit.; HR 8 January 1982, NedJur 1982 no. 333 p. 1227)。此外,只有在极为特殊的情况下才能对本人的相反意思置之不理(HR 19 April 1996, NedJur 1997 no. 24 p. 101［Delta Lloyd/Interlloyd］)。就此最主要的例子是,阻止某个自称厌世的人自杀(Asser［－Hartkamp］loc. cit. no. 295 p. 310; Schoordijk, Zaakwaarneming een onderbelichte bron van verbintenis, 34; HR 23 February 1996, NedJur 1997 no. 276 p. 1465)。

73. 在欧盟其他法域中,很少见到“管理人必须具有进行管理的合理原因”这样的表述。但这里说的只是这样的表述方式不常见,而不是其所表达的实质内容不常见。在所有的法域当中都存在与此类似的考量。根据德国民法典第 677 条,所实施的管理行为必须符合本人的利益,并且考虑到本人的实际的或可推知的意思。第 677 条所规定的这两项标准(利益及意思)涉及的是进行管理的方式,第 683 条所规定的这两项要件则涉及进行管理这一事实本身。这样,就明确了适法无因管理与不法无因管理之间的区别。考虑到私法自治的原因,在对合法性的问题进行判断时,首先并且是最为重要的是考虑本人实际的意思——即使本人的意思可能和其客观上的利益相违背。在本人实际的意思不存在的情形,则应当考虑本人的可推知的意思。只有在这一阶段,才能对本人客观的利益予以考虑;在判断本人的可推知的意思时,本人的客观利益要起到重要的指向作用;关于细节则存在争论(详见 Medicus, Schuldrecht II BT[12], no. 624, 627; MünchKomm [－Seiler], BGB[3], § 677, no. 45; § 683, no. 13; Palandt [－Sprau], BGB[63], § 677, no. 13; § 683, no. 6)。根据第 679 条,若本人所负义务的履行涉及公共利益(如清除公共道路上的危险障碍物:BGH 4 December 1975, BGHZ 65, 354)或者本人所负的是扶养他人的义务,且行为人不进行管理的话本人所负的这种义务将无法及时履行,则不需要顾及本人的相反意思。爱沙尼亚 LOA 第 1018 条第(1)款使用了这样的经典表述来对合理原因的要件加以规定:"管理行为必须符合本人的利益以及本人实际的或可推知的意思"。

74. 在希腊法中,适法无因管理的要件之一是管理行为必须符合本人的利益与意思(民法典第 736 条)。只有具备这一要件,才产生相当于委托的法律关系。若可以识别本人的(明示的或暗示的)实际意思,则必须服从本人的实际意思。如果确定了本人实际的意思,则这一意思是判断管理行为是否正当的唯一标准。此时,并不进行合理性的判断;除非具备第 730 条第(2)款所规定的额外要件(本人的意思违反法律或道德),否则本人的实际意思要优先于其客观的利益,参见 Bosdas, NoB 18/1970, 769, 774 以及 CAThessaloniki 693/1993, EllDik 34/1993 p. 1507。若无法确定本人的实际意思,则本人的可推知的意思就具有决定性的意义。在判断何为本人可推知的意思时,必须将所有的情况考虑在内,包括本人的主观考虑。本人可推知的意思不一定要符合本人的客观利益(Papanikolaou, loc. cit. no. 34)。若管理行为是有益的,则其符合本人的客观利益;非金钱的利益也可以。

75. 同样,葡萄牙民法典第 464 条也坚持这样的原则:管理人的行为必须符合本人的利益,并且符合本人的意思。民法典第 340 条第(3)款确认了这一一般规则(Menezes Leitão, Responsabilidade do gestor, 189)。葡萄牙民法典并不区分有益的管理与紧急的管理,也并不要求完全有必要进行管理;进行管理时管理行为显然有益,就够了。

76. 在奥地利民法典第 1036 条中,可以找到与"合理原因"的概念相当的东西(为了防止迫在眉睫的损害发生而进行的管理、紧急情况下进行的无因管理)。若管理行为是为了消除所面临的某种共同危险,则必须考虑民法典第 1043 条(该条包括了不当得利法的要素)(Rummel [－Rummel], ABGB I[3], § 1043 no. 1 and no. 7)。若涉及的是紧急情况,根据民法典第 1037 条,只有从本人的主观角度来看管理行为最终确实对其有利时,管理人才享有请求权。因而,在这种场合,管理行为是否具有合理原因的问题,要根据管理行为的成败来判断。

77. 西班牙民法典第 1893 条采纳的是类似的思路。该条的文义要求,管理必须是成功的:本人必须已经享用到了管理的成果,即使并不要求经济意义上的效益(Díez－Picazo and Gullón, Sistema II, 569)。学术著作中有讨论到,应从事前的角度来对"有益性"这一要件进行判断;管理人在实施管理行为时必须是为了实现对本人有利的结果(Sánchez Jordán, Gestión de negocios, 197; Puig Brutau, Compendio II, 559－560; Lete del Río, Obligaciones II, 126)。最高法院的判例法对此问题意见不一（Pasquau Liaño, La gestión de negocios ajenos, 75）。例如，TS 27 April 1945, RAJ 1945 no. 685 p. 417 中认定，关键的在于对管理行为实施之时的“有益性”进行判断，而不是管理行为所实际产生的结果。但是，TS 3 February 1965, RAJ 1965（1）no. 525 p. 326 似乎是将管理行为最终成功了以后所进行的某种追认作为判断的基础。有的观点（TS 26 June 1946, RAJ 1946 no. 839 p. 549）认为，管理行为必须对本人来说具有某种益处，但这种益处可以在任何时间表现出来，因而，没有必要更加深入地去考察管理行为的结果。但这样的观点也没有将问题解释得更为清楚。民法典第1893条第（2）款规定，当管理行为是为了防止“迫在眉睫的、明显的危险”时，不要求具备结果上的有益性。换句话说，根据该条的文义，在这种场合，所实施的管理行为在行为实施之时看起来会是有益的，就够了；这是一种例外（Sánchez Jordán, loc. cit. 234）。与之相反，纳瓦拉省 Foral Community of Navarra 这一省级的法律原则上仅要求在实施管理行为之时该行为明显有益（Sánchez Jordán, loc. cit. p. 234, fn. 67; Pasquau Liaño, loc. cit. 75）。纳瓦拉省 Compilación Navarra 的 Ley 560 仅仅要求，管理行为的“实施与继续”是合理的（razonablemente asumida y realisada）。

78. 意大利的无因管理法建立在共同责任的理念之上。民法典第2031条因而要求所要实施的管理行为是有益的（qualora la gestione sia stata utilmente iniziata）。关键的时间点是管理行为开始之时（Cass. 4 July 1964, no. 1750, Giur. it. 1964, I, 1, 1129）。相比之下，管理行为的结果是否有利于本人，则并不相干（Aru, Gestione d' affari, 44－45）。管理行为的有益性要根据本人的可推知的意思来判断，本人的可推知的意思则要按照客观的因素来推断（Breccia, La gestione d' affari[2], 878; Cass. 13 October 1951, no. 2634, Foro it. 1952, I, 201）。同时还要考虑，在所处的具体情况下一个善良家父（bonus pater familias）会怎么做（Cass. 13 March 1964, no. 550, Foro it. 1965, I, 866）。若管理人所实施的管理行为是本人负有义务、应当实施的（Cass. 15 October 1963, no. 2757, Foro it. 1964, I, 580），或者，若本人相应的不作为将侵害到第三人的固有权利（民法典第2031条第（2）款；Cass. 17 July 1969, no. 2636, Foro it. 1971, I, 713），则推定管理人的管理行为具有有益性。并且，在这种场合，无须顾及本人的相反意思（民法典第2031条第（2）款；Cass. 17 July 1969, no. 2636, Foro it. 1971, I, 713）。

79. 虽然在法国旧的学术著作中某些学者主张管理行为应当是必要的（参见如 Vasseur, Urgence en droit civil, Rev. trim. dr. civ. 1954, no. 8－9 p. 415－420），新近的学说则倾向于采用管理行为有益性（utilité de la gestion）的判断标准，而不再采纳必要性的判断标准（Mazeaud and Chabas, Leçons de droit civil II（1）[9] no. 683 p. 811）。根据法国的判例法（至少是按照法国学术著作中对判例法的解释），有益性的判断取决于管理人在行为时是否具有维护他人利益的目的（JClCiv [－Bout], art. 1372－1375, v° Quasi－Contrats. Gestion d' affaires － Conditions d' existence, fasc. 10 nos. 98 et seq.）。在无私的无因管理（gestion d' affaires désintéressée）的场合，有益性的判断就变为，在该具体的情形下管理人是否能够认为管理行为将对本人有利。因而，在无私的无因管理（gestion d' affaires désintéressée）的场合，只要管理行为在开始之时具有成功的希望，就够了；本人是否最终获益，则并不重要。如果管理人在紧急情况下提供帮助，但没有起到什么作用，管理行为的有益性要根据所预期的结果而不是实际上的结果来判断。与之相反，在具有私利的无因管理（gestion d' affaires intéressée）的场合，管理行为的有益性的判断取决于本人是否最终实际上从中受益。不过，根据比利时的通说，只有当管理人确实有必要实施该管理行为时，才构成无因管理（de Page, Droit Civil Belge II[3], no. 1074 p. 1138－1139）。并且，管理行为必须有利于本人，虽然说管理行为在开始时具备有益性就够了（Cass. 12 November 1998, De Verz 1999, 208）。比利时法并没有采用无私的无因管理（gestion d' affaires désintéressée）与具有私利的无因管理（gestion d' affaires intéressée）这样的区分。

80. 和上文所述的奥地利法与西班牙法一样，苏格兰的“权威学者”（Institutional Writers）也区分紧急情况下的无因管理与有益的无因管理。Stair 表示，“管理人不能自行发起新的事务，他们只能去完成那些已经开始的事务，并且他们所采取的措施必须是必要的或者有益的，否则他们要自行承担相应的后果”。（The Institutions of the Law of Scotland, Book I / Title 8 § 3。）Erskine 主要是在有关管理人责任的语境下对“必要性”进行阐述（Institutes of the Law of Scotland Book Ⅲ § 53：“管理人在必要的情况下出于好心对他人的需要立即予以处理的事务进行管理时，仅对重大过失承担责任。”）同样，现代的法学学说也要求确实存在进行管理的紧迫性与必要性（Walker, Principles of Scottish Private Law, II[4], 513－514）。通说认为，关键在于，管理行为在开始之时要具有有益性——在涉及本人的可推知的意思时对此加以判断。并不要求存在严重的紧急情况（Leslie, Jur. Rev. 1983, 28, 29; Stair [－Whitty], vol. 15, paras 117, 120; Marshall, General Principles of Scots Law[5], para 12－11）。判例法所采纳的也是相同的思路：Fernie v. Robertson (1871) 9 M 437; Dunbar v. Wilson and Dunlop's Trustee (1887) 15 R 210。

81. 与之相似，在斯堪的纳维亚各国，所广泛接受的基本理念是，若管理人的行为具有“合理原因”，则管理人可以享有请求权，虽然在成文法条文中完全找不到这样的表述。因为基本上不存在“无因管理”这样的一般性的概念，故而必须尽可能地援引特定的成文法条文（例如 1736 年的 Commercial Code 1736 第 18 章第 10 条；瑞典 konsumenttjänstlagen 1985:716 (Consumer Services Act) 第 8 条；芬兰 1978 年 1 月 20 日（/38）的消费者保护法 [Konsumentskyddslag] 第 8 章第 6 条）。

82. 英格兰法将所采取措施的“合理的必要性”这样的概念作为紧急代理的基本要件之一：代理人在没有被代理人指示的情况下为了保护被代理人处于危险之中的财产或利益而实施的行为，必须具有必要性。关于必要性的判断，存在争议（参见 Gunn v. Roberts (1873－74) LR 9 CP 331, 332 (Brett J)），但是，必要性这一要件已经存在了很长的时间，似乎是根深蒂固了：参见 East India Co. v. Ekines (1718) 2 Bro PC 382, 1 ER 1011, affirming Ekines v. East India Co (1717) 1 P Wms 395, 24 ER 441 (Lord Cowper LC); The Alexander (1842) 1 W Rob 346, 166 ER 602 (Dr Lushington); Lindsay v. Leathley (1863) 3 F & F 902 at 937, 176 ER 410 at 427 (Cockburn CJ); The Pontida (1884) 9 PD 102, 104 (Butt J)。对必要性的判断，既要考虑行为所针对的情形，也要考虑到针对该情形而采取的补救措施。（对于后者，并参见第Ⅴ－3:106 条的注释 11。）若被代理人当时自己在场并且可以加以处理，则没有进行管理的必要：参见 Arthur v. Barton (1840) 6 M&W 138 at 142 (Alderson B) and 143 (Lord Abinger CB), 151 ER 355 Beldon v. Campbell (1851) 6 Exch 886, 890－891 (Parke B); Gunn v. Roberts loc. cit., 331, 332 and 337 (Brett J) and 338 (Denman J)——在这些案件中，船主以被代理人的名义在某个港口缔结借款合同，而被代理人或他们的代表自己就能够获得所需的资金，从而，行为人的行为都被认为不具有必要性；并参见 Nelson v. Duncombe (1846) 9 Beav 211 at 233, 50 ER 323 at 332 (Lord Langdale MR)（在为缺乏能力之人提供生活必需品时，偿还请求权以这些人无法自给自足为前提）；相同的情形，并参见 Pontypridd Union v. Drew [1927] 1 KB 214, 218（Bankes LJ 指出：“在给已经成年并且具有缔约能力的人提供援助时，无法适用紧急代理的原则或者规则。”）并且，行

为人不能仅仅因为其所实施的行为将有利于被代理人,就具有实施该行为(如将被代理人的财产卖掉)的权限:Cammell v. Sewell (1858) 3 H & N 617 at 635, 157 ER 615 at 623 (Martin B)。若所采取的措施并非明显必要,则即使代理人认为其所采取的措施将是有益的,也不足以使其具有相应的权限:Robertson v. Clarke (1824) 1 Bing 445, 450 (Lord Gifford CJ), 130 ER 179; Ewbank v. Nutting (1849) 7 CB 797, 137 ER 316; Tronson v. Dent (1853) 8 Moore PC 419, 452 (Sir John Patteson for the PC); The Segredo (1853) 1 Sp Ecc & Ad 36 at 48, 164 ER 22 at 28 (Dr Lushington); The Australia (1859) 13 Moore PC 132, 144 (Dr Lushington for the PC), 15 ER 50; Lindsay v. Leathley, loc. cit. 938 (427) (Cockburn CJ),并参见 Atlantic Mutual Insurance Co. v. Huth (1880-81) 16 Ch. D 474, 481 (Cotton LJ)。管理行为必须是应具体情形所需而作出的、可妥善解决问题的行为,参见 Wilson v. Millar (1816) 2 Stark 1 at 4, 171 ER 553 at 554(Lord Ellenborough CJ 指出:行为人无权将全部的货物卖掉,因为只要以之作为质押就够了)。判断的标准是,一个谨慎的、对案件的具体情况有着清楚了解的人,是否必定会采取这种措施:Somes v. Sugrue (1830) 4 Car & P 276 at 282, 172 ER 703 at 706 (Tindal CJ)。所采取的措施或所获得的利益应当是必要的,并且,在采取该措施或获得该利益之时确实有必要采取这样的措施或获得这样的利益:参见 Pocahontas Fuel Co. Inc. v. Ambatielos (1922) 10 Lloyd's L. Rep 188, 190 (McCardie J),不过,在该案中,双方当事人之间已经存在"交易过程",法院认为,行为人采取相应措施的权限,除必要性之外,还可以从双方当事人之间所存在的"交易过程"中推导出来;The Sophie (1842) 1 W Rob 368, 369, 166 ER 610 at 611 (Dr Lushington)一案也是如此。特别是,所面临的问题必须是如此的紧迫,以至于代理人在没有被代理人(新的)指示的情况下,就可以采取措施:参见 Freeman v. East India Co (1822) 5 B & Ald 617 at 624, 106 ER 1316 at 1319(Best 法官指出:货物并无变质的危险,因而船长本应等待货物所有权人的指示);Cammell v. Sewell, loc. cit., 635 (623) and 644 (626) (Martin B),该案中,货物并不容易腐烂,因而将货物卖掉是不必要的;并参考 Harris v. Fiat Motors Ltd (1906) 22 TLR 556(被告要求其雇员亲自驾驶原告的汽车,即使是为了检查汽车尾部的噪声,被告的雇员也无权委托另外某个并非雇员的乘客来驾驶汽车(这个乘客驾驶汽车导致了汽车受损)——没有必要让这辆汽车继续行驶,因此,被告对该乘客驾驶汽车时的过失承担替代责任)。对于是否存在必要性,应当根据一个理性的、谨慎的人在所处的具体情况下会如何打算,来进行客观的判断;管理人自己认为其管理是合理的,这还不够。例如,当某人的财产由于恶劣天气或有可能被盗从而有灭失或损毁的危险时,对其财产的管理就可能是合法的:Sachs v. Miklos [1948] 2 KB 23, 34-36 (Lord Goddard CJ)。虽然权威的观点认为合理的必要性必须是相当于存在真实的紧急情况(Sachs v. Miklos, loc. cit., 34-36 (Lord Goddard CJ);John Koch Ltd. v. C. & H. Products Ltd. [1956] 2 Lloyd's Rep 59 第 60 页及相似的第 65 页(Singleton LJ)也赞同这种观点),但对这一要件的其他论述则更加宽泛、更加灵活,仅仅要求行为人所采取的措施是形势所迫:Australasian Steam Navigation Co. v. Morse (1871-73) LR 4 PC 222, 230 per Sir Montague Smith("若因形势所迫,某人负有为他人采取某种措施的义务,并且他根据这种义务采取了相应的措施,并且,按照一个明知且谨慎的人的判断,其所采取的这种措施对该紧急情况下其行为所要维护的那个人的利益来说看似最为有利,则可以妥当地认为,从商业的角度来看,其所采取的措施是必要的")。正确的判断标准可能在于,行为人是一个陌生人,还是他本来就是被代理人的代理人、只不过其行为超出了被代理人授权的范围;仅在第一种场合,才要求存在"紧急情况":在 Palmer v. Stear (1963) 113 LJ 420 一案中,实施管理行为的是一个陌生人,其有关“在紧急情况下”行为人可以代他人履行义务的观点得到了支持;在 Langan v. GWR Co. (1873) 30 LT (N. S.) 173, 176 一案中,Cleasby B 认为,在铁路事故中,铁路公司的工作人员可以为伤者提供医疗急救或其他必要的帮助,但是(在没有被追认的情况下)陌生人不能这样做——这种区分大概是基于这样的假设:若铁路公司的工作人员在场,陌生人没有必要去代他们履行职责。不要求所采取的措施最终取得成功,但是,所采取的措施必须在当时是必要的、是有可能解决所面临的问题的:参见 The Lizzie (1867－69) LR2A & E 254, 256 (Sir Robert Phillimore)(船长向他人提供的附担保的贷款是有效的,因为该代理人的行为诚信并且已尽到应有的注意,虽然其在结果上并未给被代理人带来好处);Re Meares (1878－79) 10 Ch. D 552,该案中,行为人持续地为某个无完全意思能力的人挑选财产管理人,以保护其财产,虽然这个无完全意思能力的人在财产管理人任命之前就去世了,行为人被认为仍然享有费用偿还请求权;在另一个案件中,行为人提起合理的诉讼,虽然败诉,行为人同样享有费用偿还请求权,参见 Sherwood v. Sanderson (1815) 19 Ves Jun 280, 34 ER 521 (Lord Eldon LC), Nelson v. Duncombe, loc. cit. (Lord Langdale MR);以及 Phelps, James & Co v. Hill [1891] 1 QB 605 (CA),该案中,某艘船将货物从斯温席港运往纽约,途中因为天气恶劣,船舶受损,于是驶入了皇后镇并将在此避风,其后被告决定违反指示,将船驶往布里斯托尔港,在那里对这艘船进行修理的话最为经济,被告的决定被认为是“相当必要的”(ibid, 610－611 (Lindley LJ), 614 (Lopes LJ), 617 (Kay LJ)),虽然这艘船最终还是沉没了;Tetley & Co. v. British Trade Corp. (1922) 10 Lloyd's L. Rep. 678,该案中,行为人将被代理人的货物运走,以使之免予在可能发生的严重骚乱中受损,之后又将之卖掉,但运输的费用超出了卖得的价款。

Ⅷ. 特殊问题:探知本人意思的义务

83. 共同参照框架草案的规则是,若管理人本可以征询本人的意思但却没有这样做的话,管理行为就是不法的;这一规则与某些国家的法律中的规则有一些细微的差别。根据德国民法典第681条第1句,一旦可能,管理人有义务将其对本人事务的管理尽快地通知本人,并且,除迟延管理会导致损害发生外,应当等待本人作出决定。立法者想通过规定这些义务,使本人的实际意思更加明确(MünchKomm [－Seiler], BGB[3], § 681, no. 5; Prot Ⅱ, 727)。根据德国联邦最高普通法院的判例法(BGH 4 December 1975, BGHZ 65, 354, 356),第681条第1句所规定的义务仅仅是从属性的义务,这些义务原则上以已经存在无因管理为前提(RGRK [－Steffen], BGB[12], § 681, no. 3)。通知义务的违反仅仅导致管理人对因未通知或迟延通知而给本人造成的损害承担赔偿责任(RGRK [－Steffen], BGB[12], § 681, no. 11; Staudinger [－Wittmann], BGB[13], § 681, no. 8; Soergel [－Beuthien], BGB[12], § 681, no. 4 and Erman [－Ehmann], BGB I[10], § 681, no. 4)。管理人未通知本人的,本身并不必然导致管理人丧失管理费用的偿还请求权(民法典第683条)。通知义务首先并且最重要的是使管理人探知本人的实际意思,因而,在民法典第679条(代本人履行其涉及公共利益的义务)所涉及的情形,通知义务并不非常重要(Staudinger [－Wittmann], BGB[13], § 681, no. 3),虽然说管理人仍然负有通知义务,因为通知可能促使本人改变其想法(RGRK [－Steffen], BGB[12], § 681, no. 8)。并且,通知义务的违反并不意味着管理人的目的就是谋取其自己的利益而非维护他人的利益(BGH 4 December 1975, loc. cit.)。若客观地对所处的情形进行观察,就当事各方的利益而言进行通知是必要的,并且也可以期待管理人去通知,则通知就是“可行的”。对此要根据个案的具体情形来进行判断,在进行判断时,与本人取得联系的可能性以及管理行为的重要性都非常重要(RGRK [－Steffen],

BGB[12], § 681, no. 4; MünchKomm [– Seiler], BGB[3], § 681, no. 5; Staudinger [– Wittmann], BGB[13], § 681, no. 3; CFI Stuttgart 7 January 1972, VersR 1973, 517)。若可以很轻易地与本人取得联系,则管理人必须立即通知本人(MünchKomm [– Seiler], BGB[3], § 681, no. 5)。然后,管理人必须等待本人作出决定,除非丝毫迟延就会导致(进一步的)损害发生。

84. 在这个方面,希腊法与德国法在很大程度上相似,通过从委托法中引入各种从属性的义务,包括管理人将管理事实通知本人的义务(民法典第733条),来扩张管理人按照本人的利益与意思进行管理的主义务。管理人必须探知本人的意思(Georgiades and Stathopoulos [– Papanikolaou], art. 733 no. 1)。通知义务的违反会使管理人承担损害赔偿责任(Papanikolaou, loc. cit. no. 4);不过,管理的适法性不受此影响(CA Patras 92/1955, NoB 4/1956, 96)。

85. 波兰民法典第753条第(1)款规定,管理人负有尽快通知本人的义务。捷克和斯洛伐克的民法典第743条第(1)款规定,除管理行为意在阻止某种迫在眉睫的损害发生外,管理人应当将其进行管理的意思通知本人,并等待本人作出决定。与之相反,葡萄牙民法典并未明确地规定探知本人意思的义务。民法典第465条第(b)项只是规定管理人负有尽快通知本人的义务。

86. 奥地利最高法院(21 April 1982, JBl 1984, 256)认为,管理人的行为必须符合本人的利益,并且考虑到本人的实际的或可推知的意思。必须考虑到本人可能的意思——特别是在管理行为会产生费用,而本人并不一定会愿意承担这些费用的场合。管理人在紧急情况下进行管理时(民法典第1036条),若其行为悖于本人的可推知的意思,则管理人不但不享有费用偿还请求权,而且其行为还被认定为不法(Schwimann [– Apathy], ABGB V[2], § § 1036 – 1040 no. 11; Meissel, GoA, 118 et seq.)。若管理人没有抓住机会与本人取得联系,则其行为不构成民法典第1036条所规定的无因管理,(最多)可能构成民法典第1037条所规定的管理(OGH 22 November 1984, SZ 57/167; OGH 26 November 1981, SZ 54/176)。这是因为,若有充分的时间能够与本人取得联系、征得本人的同意,则不构成紧急情况(Schwimann [– Apathy], ABGB V[2], § § 1036 – 1040 no. 1, Meissel, GoA, 30)。在民法典第1037条所规范的场合,未与本人取得联系,还可能存在过错的因素,这会使得管理成为不法(Rummel [– Rummel], ABGB I[3], § 1037 no. 2)。若管理人的行为违反本人的明示的、具有法律约束力的意思,则根据民法典第1040条管理人不享有所生费用的偿还请求权(Schwimann [– Apathy], ABGB V[2], § § 1036 – 1040 no. 5)。民法典第1042条则规定了一个例外,允许违反债务人的意思、代其清偿债务;在这种场合,不要求存在至关重要的公共利益(Meissel, GoA, 47 et seq.)。

87. 在法国或荷兰,很少明确提及管理人探知本人意思的义务。关于比利时法,Paulus, Zaakwaarneming no. 48 p. 39指出,若管理人本可以与本人取得联系,但却没有这么做,则只有在诸多的限制条件之下,才可以承认其管理具有"必要性"。在法国,若受益人"在场",则表明管理行为是不必要的。越是本人能够自己处理,越应当推定认为管理人本不应当进行管理(JClCiv [– Bout], art. 1372 – 1375, V° Quasi – Contrats. Gestion d'affaires – Conditions d'existence, fasc. 10 no. 105;并参见le Tourneau, RépDrCiv, VI, v° Gestion d'affaires [2002], no. 60:若所采取的措施并非急需、所面临的事务存在疑问,则管理人未经与本人取得联系就进行管理,是不妥当的)。不过,在采取措施之前有机会与本人取得联系,并非在所有的场合都导致不构成合法的无因管理(参见CA Paris 3 May 1989, Juris Data 1989 – 022252)。一般来说,若本人不同意,则所进行的管理原则上应视为不法的(Flour/Aubert/Savaux, Le fait juridique[10], no. 5 p. 7)。唯一的例外在于本人的反对意见显然违法的场合(Cass. civ. 11 February 1986, Bull. civ. 1986 I, no. 23)。

88. 根据西班牙民法典第1888条,管理人“有义务继续进行管理,直至该管理措施或相应的辅助事务全部完成,或者,在本人可以自行处理时,请求本人从其手中接管该事务”。民法典第1888条所规定的与本人取得联系的义务,并非意在探知本人的意思;相反,其所涉及的是让本人来接管这一事务。这里并未规定管理人探知本人意思的义务。不过,管理人探知本人意思的义务是得到承认的,其可以从本人不在场(absentia domini)这一要件中引申出来(Pasquau Liaño, La gestión de negocios ajenos, 93),也可以从民法典第1889条[译注:原文为“第1189条”,应为笔误]中推导出来,第1889条所规定的是管理人的一般注意标准(Sánchez Jordán, Gestión de negocios, 498-501)。若管理人征询本人意见时,本人同意了管理人的管理,则可能成立委托合同(Sánchez Jordán, loc. cit. 502)。

89. 意大利法中也持类似的观点:对他人的法律领域进行干预之人,负有探知本人意思、等候本人指示的义务,至少是在所处情形下能够这样做的时候负有这种义务(Sirena, Gestione di affari, 320)。若本人表示同意,在意大利法下也同样将成立委托合同(Breccia, La gestione d'affari[2], 879-880; Aru, Gestione d'affari, 23则对此有所保留)。若本人拒绝同意,则不适用有关无因管理的规则(民法典第2031条第(2)款;Cass. 23 May 1984, no. 3143, Rep. Giur. it. 1984, voce Gestione d'affari, no. 1, c. 1299)。拒绝同意也可以从本人的相关行为中推导出来(Aru loc. cit. 47)。关键的是,管理人是否知道本人的相反意思,或者若尽到合理注意的话是否本应知道本人的相反意思(Breccia loc. cit. 878)。

90. 根据荷兰法,只有当行为人的行为符合本人的实际意思——特别是明示的意思——时,行为人的行为才具有合理原因(参见上文注释72)。若管理人已经尝试与本人取得联系但没有联系上,则其行为违反本人的可推知的(未明示的)意思时,仍可构成适法的无因管理(Verbintenissenrecht [-Heisterkamp], art. 6:198 BW, comment 12. 2; Asser [-Hartkamp], Verbintenissenrecht Ⅲ[10], no. 300 p. 314; HR 23 February 1996, NedJur 1997 no. 276 p. 1465)。原则上,禁止从事违反本人意愿的无因管理。不过,也可能存在例外——例如,阻止自杀,或者无视某个精神病患者的意愿(CA s'Gravenhage 28 November 1984, NedJur 1985 no. 863 p. 2831)。

91. 苏格兰法中的立场并不清楚。适法无因管理的管理人必须遵从本人的可推知的意思。无因管理法与委托和默示委托之间的主要区别,恰恰在于本人不知道管理人所采取的行为,从而也没有给予授权(Gloag and Henderson, The Law of Scotland[10], p. 373 no. 22. 31; Walker, Principles of Scottish Private Law, Volume II, Book 4: Obligations[4], 218)。“权威学者”(Institutional Writers)仅仅指出,管理行为违反本人的(明示的)意思时,原则上不能依据无因管理享有请求权;此时,最多可以考虑根据“不当得利”(recompense)享有请求权(例如Erskine § 53)。Stair (-Whitty), vol. 15 para 122认为,管理行为必须符合本人的“可推知的意思”这一要件,对于保护本人免受令人厌烦的干扰来说,是一种必要的、适当的救济办法。

92. 瑞典法非常强调管理人的探知本人意思的义务。这一义务的违反原则上会使行为人不能根据无因管理享有请求权(Bengtsson/Victorin, Hyra och annan nyttjanderätt till fast egendom[6], 198;并参见HD 9 March 1972, NJA 1972, 88,对该案的摘要见上文注释22)。这一一般规则的例外,成文法中规定了一部分。买卖法中所产生的保留标的物并对之进行妥善保管的义务,就是一个例子(货物买卖法第72~78条;详见Håstad, Tjänster utan uppdrag, 79; Hellner, Speciell

Avtalsrätt II (2)[3], ch. 29)。

93. 普通法在很大程度上将其有关无因管理的案件放在紧急代理的制度下处理,因而,普通法也强调管理人探知本人意思、服从本人指示的要件,这一要件对于普通的代理来说是基础性的。代理人的行为不得悖于被代理人明示的或默示的意思(若其指示预见到了当前所面临的情况):参见如 Johns v. Simons (1842) 2 QB 425, 114 ER 168,该案中,所有权人要求船长只能通过卖出货物的方式来获取所需的资金,船长却通过从原告处贷款的方式来获得资金;Acatos v. Burns (1878) 3 Ex D 282, 290 -291 (Brett LJ)。当本人的意思不明时,原则上不构成紧急代理,除非对于代理人来说不可能或者实际上无法与被代理人取得联系(从而取得其授权):Australasian Steam Navigation Co. v. Morse (1871 -73) LR 4 PC 222; Gwilliam v. Twist [1895] 2 QB 84, 87; Pontypridd Union v. Drew [1927] 1 KB 214, 220 (Scrutton LJ); Prager v. Blatspiel, Stamp & Heacock Ltd [1924] 1 KB 566, 571(并参见 Palmer v. Stear (1963) 113 LJ 420,该案中,兽医无法查明谁是小狗的主人)。船长的权力要由所有权人来决定,这清楚地表明,若可以与被代理人取得联系,则原则上没有构成紧急代理的余地;代理人必须取得被代理人的指示,并且遵守其指示:参见 Hayman v. Molton, loc. cit. at 68 (740) (Lord Ellenborough CJ; La Ysabel (1812) 1 Dods 273 at 274, 165 ER 1308 at 1309 (Sir W. Scott); Wilson v. Millar (1816) 2 Stark 1 at 4, 171 ER 553 at 554(Lord Ellenborough CJ 指出:在卖掉货物之前,船长本应尝试获得指示); Freeman v. East India Co (1822) 5 B & Ald 617 at 624, 106 ER 1316 at 1319 (Best J); Stonehouse v. Gent (1841) 2 QB 431n, 114 ER 170; Jones v. Simons, loc. cit. at 430 (170) (Lord Denman CJ); The Lochiel (1843) 2 W Rob 34 at 48, 166 ER 668 at 673、(Dr Lushington); Beldon v. Campbell (1851)6 Ex. 886, 889(Parke B 指出:船舶已经抵达了一个港口,在那里船长可以与所有权人取得联系,因而,船长没有必要在该船舶上设立担保权), 155 ER 805; The Segredo (1853) 1 Sp Ecc & Ad 36 at 62, 164 ER 22 at 36 (Dr Lushington); The Royal Arch (1857) Swab 269 at 282, 166 ER 1131 at 1139 (Dr Lushington); Cammell v. Sewell (1858) 3 H & N 617 at 635 and 644, 157 ER 615 at 623 and 626 (Martin B); The Olivier (1862) Lush 484 at 492, 167 ER 219 at 223 -224 (Dr Lushington); The Hamburg (1863) 2 Moore PC (N. S.) 289 at 299 (Dr Lushington) and 321 -322 (Lord Kingsdown, for the PC); The Karnak (1867 -69) LR 2 PC 505, 300 and 309 (Sir Robert Phillimore); The Onward (1873) LR 4 A & E 38, 51;(Robert Phillimore 先生认为:"若情况允许,则在采取任何将严重影响船舶或货物价值的行为之前,船长必须与所有权人取得联系。")Kleinwort, Cohen & Co. v. The Cassa Marittima of Genoa (1876 -77) 2 App. Cas. 156, 157 (Sir Montague Smith, for the PC); Acatos v. Burns loc. cit. at 286 and 290 (Brett LJ, implicitly) and 288 (Bramwell LJ); Atlantic Mutual Insurance Co. v. Huth (1880 -81) 16 Ch. D 474, 481 (Cotton LJ); The Gaetano and Maria (1881) 7 PD 1, 4 (Sir Robert Phillimore) 以及该案的上诉审(上诉审推翻了下级法院所作的判决,理由是不适用英格兰法), (1882) 7 PD 137 at 143 -144 (Brett LJ) and 148 (Cotton LJ)。如果代理人本可以与被代理人取得联系,仅有所涉财产的所有权人已经破产这一事实,并不能给代理人未与被代理人取得联系提供理由:The Panama (1869 -71) LR 3 PC 203。如果代理人本有合理的机会与被代理人取得联系,但却没有这样做,那么,即使代理人所实施的行为在别的方面合理,也不能使代理人获得保护:参见 Springer v. Great Western Railway Co. [1921] 1 KB 257(因为天气恶劣以及港口罢工,从圣赫利尔运往考文特园的西红柿被滞留在港,然后因为发生腐烂,代理人在抵达目的地之前就

将这些西红柿卖掉了,但法院认为,代理人本应取得所有权人的指示)。实际上能否与被代理人取得联系,只是时间与机会的问题,其取决于所处的具体情形:Australasian Steam Navigation Co. v. Morse, loc. cit., 231 (Sir Montague Smith)。如果存在许多要联系的被代理人,则可能实际上无法与他们取得联系:参见如 Phelps, James & Co. v. Hill [1891] 1 QB 605(该案中,货物所有权人有许多个,他们的货物都在这艘遇难的船舶上)。实际上无法取得联系的另一种情形是,所面临的问题如此紧迫,与及时成功取得联系的可能性相衡量,如果代理人一直等到弄明白了被代理人的意思以后才采取措施的话,被代理人的利益有可能受到损害:The Hamburg., loc. cit., 299-300 (Dr Lushington),更明确地适用这一原则的是 The Olivier, loc. cit., 478-488 (221) and 492-493 (224) (Dr Lushington),The Lizzie (1867-69) LR 2 A & E 254, 256 (Sir Robert Phillimore)一案进一步确认了这一原则。因而,即使是可以与被代理人取得联系,但如果取得联系要等很久,等待被代理人指示的话可能使被代理人的利益受到损害,那么,行为人仍然可以进行紧急代理:参见 Johns v. Simons, loc. cit., 430 (170) (Patteson J); Edwards v. Havill (1853) 14 CB 107, 139 ER 45(因为天气恶劣,船舶被滞留在港,船长没有与所有权人取得联系,就去借了一笔小钱,因为如果船长首先等待所有权人的信件答复的话,在答复到达之前该船舶还得在港口中多等两天,而与此同时天气可能已经好转);Cargo Ex "Sultan" (1859) Swab 504 at 511-512, 166 ER 1235 at 1239 (Dr Lushington); The Victor (1865) 13 L. T. (N. S.) 21 (Dr Lushington)(与被代理人取得联系的话,还得等上3个月的时间,在这段时间,船舶可能已经被债权人所控制,或者因为恶劣天气而完全损毁,因而,船长将该船卖掉的行为,属于紧急代理的范围);Acatos v. Burns (1878) 3 Ex D 282, 290 (Brett LJ)(在等待指示的同时对货物进行仓储,所需的仓储费用可能超过货物的价值,因而并不合算);以及爱尔兰的案件 The Staffordshire (1871) 25 LT (N. S.) 137, 140 (Townsend J),该案在后来的 Smith v. Bank of New SouthWales (1871-73) LR 4 PC 194, 203 (Mellish LJ for the PC)中得到了确认,该案中,可能要等上两个月或者三个月的时间,才能得到答复。因而,若代理人无法"及时"得到答复或者无法期待能"及时"得到答复,则可以不与被代理人进行联系:Australasian Steam Navigation Co. v. Morse, loc. cit., 232。

Ⅸ. 本人的追认

94. 对于行为人所实施的不具有充分原因的管理行为,存在四个不同的问题:(i)是否能予以追认;(ii)追认必须符合什么样的要件;(iii)本人必须在什么时候之前进行追认;(iv)追认具有何种效力?并非所有法域都同样彻底地解决这些问题。

95. 根据德国民法典第684条第2句,本人可以对不适法的无因管理给予追认,从而产生适法无因管理的法律效果。追认必须明示或者默示地向管理人作出。若本人根据民法典第681条第2句(并结合第667条)的规定向管理人要求移交所获得的收益,则可以推定存在默示的追认(Palandt [-Sprau], BGB[63], § 684 no. 2)。根据民法典第683条的规定,管理行为必须符合本人的利益,并且遵从本人实际的或可推知的意思,但本人追认的话无须再具备第683条所规定的这些要件(BGH 16 December 1994, BGHZ 128, 210, 213)。但是,即使予以追认,管理行为仍需具备民法典第677条所规定的要件,即管理行为的实施必须是为了他人的利益(MünchKomm [-Seiler], BGB[3], § 684 no. 14)。因而,在行为人将他人的事务误认为自己的事务而进行管理(民法典第687条第(1)款)或者将他人的事务冒称为自己的事务而进行管理(民法典第687条第(2)款)的场合,不能予以追认(Palandt [-Sprau], BGB[63], § 684 no. 2)。追认的效力在于,使当事人之间即本人与管理人之间溯及地成立适法的无因管理。不过,单单追认的话并不成立委托合同（民法典第 662 条）（Palandt［-Sprau］，BGB[63]，§ 684 no. 2）。民法典第 684 条所规定的追认要适用民法典第 182 条及以下的规定（BGH 14 February 1989，NJW 1989，1672），但是并没有规定特殊的期限（CA Stuttgart 25 June 1953，NJW 1954，36）。不过可以设想，也可以类推适用民法典第 108 条与第 177 条背后的理念，其结果是，若对方催告而本人在合理期限内未予追认，则视为拒绝追认。

96. 希腊法同样允许本人对不适法的无因管理予以追认。追认可以明示或默示地作出。例如，若本人清偿了管理人在与第三人的关系中所负担的债务，则可以推定其作出了默示的追认。与德国一样，追认的主要效力在于不适法的无因管理溯及地转化为适法的无因管理。其理由是类推适用民法典第 238 条的规定（Georgiades and Stathopoulos［-Papanikolaou］，art. 738，no. 7）。单单追认的话并不成立委托合同；希腊法并没有采纳罗马法的"追认相当于指示"（ratihabitio mandato aequiparatur）的原则（Kavkas and Kavkas，Enochikon Dikaion II/2，28）。行为人将他人的事务误认为自己的事务而进行管理时，不能予以追认（Papanikolaou，loc. cit. no. 5）。

97. 葡萄牙法区分同意（aprovação）与追认（ratificação）。同意（民法典第 469 条）是本人对未经授权的管理行为所作的一般性的认可。同意仅在当事人之间即本人与管理人之间发生效力；若本人予以了同意，则构成适法的无因管理。与之不同，追认（民法典第 268 条）涉及管理人在与第三人的关系上所实施的法律行为；追认的效果是，使这些法律行为溯及地有效（详见 CA Evora 1 June 1999，CJ XXIV［1999-3］270）。同意可以明示或默示地作出（民法典第 217 条）；同意不需要满足任何特殊的形式要件，也不受期限的限制（民法典第 219 条）。与之相对，追认所必须满足的形式要件与授权他人（民法典第 268 条第（2）款）从事相应法律行为（民法典第 262 条第（2）款）的形式要件相同；仅仅默示地追认是不够的（STJ 17 February 1998，CJ（ST）VI［1998-1］68）。并且，对于追认，民法典第 268 条第（3）款规定，与管理人订立合同的第三人可以为追认设置期限；若在相应期限内本人未予追认，则视为本人拒绝追认。民法典第 469 条（结合第 468 条）规定，同意的法律后果是：（i）对于管理人过失所致的损害，本人放弃全部请求权；（ii）本人接受，管理人对其享有所生费用的偿还请求权以及所受损害的赔偿请求权。符合民法典第 268 条第（2）款的追认具有溯及的效力，使管理人以本人的名义所订立的全部合同发生效力（eficácia retroactiva）。不过，诉讼时效则仅从追认时起向将来发生效力（CA Coimbra 2 March 1999，CJ XXIV［1999-2］11）。在律师未经授权对他人有关法律诉讼的事务进行管理时，适用有关追认的特殊规则：详见 CCP 第 41 条以及 CA Coimbra 4 January 1989，BolMinJus 383（1989）620 and STJ 15 February 1966，BolMinJus 154（1966）286。

98. 在奥地利法中，追认可以明示或默示地作出（v. Zeiller Ⅲ § 1039 no. 2 p. 324）。推定认为构成默示追认的典型例子是民法典第 1016 条（接受所获利益）所规定的情形（Klang［-Stanzl］，ABGB IV/1^2，895；Schwimann［-Apathy］，ABGB V^2，§§ 1035 no. 3）。似乎还未讨论到追认的期限问题。对于追认的后果则存在争论。此前的观点认为，追认使得本人与管理人之间的关系转化成为自始授予代理权（Bevollmächtigung）的关系（v. Zeiller Ⅲ § 1039 no. 2 p. 324；Ehrenzweig，System II/1^2，714；相似的参见 Gschnitzer Schuldrecht BT^2，283 and Klang［-Stanzl］，ABGB IV/1^2，895［在管理人所从事的是法律行为的场合，适用的是委托合同法；在管理人所实施的事实行为的场合，适用的则是服务合同］）。当前的观点则是，追认使得不适法的无因管理转化为适法的无因管理（Rummel［-Rummel］，ABGB I^3，§ 1037 no. 2）。追认具体涉及的是什么,是一个解释的问题(Rummel [-Rummel], ABGB Ⅰ[3], § 1037 no. 2; Schwimann [-Apathy] ABGB V[2] § 1035 no. 3)。不过,只能对管理行为全部予以追认;本人不能挑选出某一部分行为来加以追认(OGH 4 December 1968, JBl 1969, 272)。即使追认不符合管理人的意思,管理人也受追认的约束(Klang [-Stanzl], ABGB IV/1[2], 895)。在斯洛文尼亚法中,同样,本人可以对不适法的无因管理予以追认。追认的后果是,在管理人与本人之间溯及地成立合同(Cigoj, Komentar II, 878)。爱沙尼亚 LOA 第1018条第(1)款第(i)项给适法的无因管理规定了三项选择性的标准,并将本人的追认规定在第一项(其他的标准是,管理行为符合本人的可推知的及实际的意思,以及管理行为是某种至关重要的公共利益的要求)。

99. 法国和比利时的学者指出,只有本人具有行为能力时,才能对无因管理进行有效的追认(追认人)(JClCiv [-Bout], art. 1372-1375, V° Quasi-Contrats. Gestion d'affaires - Effets, fasc. 20 no. 76; Paulus, Zaakwaarneming no. 106 p. 60)。追认并不要求任何特殊的形式要件(Bout loc. cit. no. 72; de Page, Droit Civil Belge II[3], no. 1088bis p. 1153)。追认可以是明示的,如果能够准确无疑地表达本人的意思的话,也可以是默示的(tacite)(Cass. com. 13 May 1980, Bull. civ. 1980 IV, no. 199 p. 159; Paulus, loc. cit. no. 106 p. 60);特别是,本人必须已经了解了全部的相关情况(Bout loc. cit. no. 73)。对于追认似乎没有什么期限的限制(Flour/Aubert/Savaux, Le fait juridique[10], no. 13 p. 15)。追认的效果通常被表述为"追认相当于指示"(ratihabitio mandato aequiparatur):管理人与本人之间的关系溯及地转化为委托合同(Mazeaud and Chabas, Leçons de droit civil II, 1[9] no. 691 p. 815; Paulus, loc. cit. no. 103 p. 59)。

100. 波兰的相应规定是在民法典第756条("本人对管理行为予以追认的,产生委托的法律后果")。西班牙民法典第1892条的规定与之非常相似,该条规定:"本人对管理行为予以追认的,产生明示委托的效果。"除当事人另有约定外,对(已经开始的或已经完成的)管理行为的追认,导致溯及地适用委托法,不再适用无因管理法。由此,管理人无须就非因过失所造成的损害承担责任(Paz-Ares/Diez-Picazo/Bercovitz/Salvador [-Lasarte], Código Civil II, 1949)。追认可以明示地或默示地作出(Albaladejo, Derecho civil II (2) 497; Lasarte loc. cit. 1950; Puig Brutau, Compendio II, 602; Lete del Río, Obligaciones II, 127);所要求的形式要件与所要追认的法律行为的形式要件相同。例如,虽然管理人要求本人接管其所管理的事务,本人却没有予以接管,则可以推断本人默示地予以了追认(Sánchez Jordán, Gestión de negocios, 427; Lacruz Berdejo, Rev. Crít. Der. Inm. 1975, 265)。不过,对于民法典第1893条第(1)款的解释,则存在许多的问题,该条规定:"即使对管理行为没有明示地予以追认,从管理行为中获益的物之所有权人或事务的本人仍负有……的义务。"关于此处"没有明示地予以追认"的意思,存在争论,但其理解对于无因管理法适用范围的确定却非常重要。最高法院最近的一个判决仅仅将该条解释为,若本人接受了管理行为所产生的利益,则可以推断其默示地作出了追认。因此,民法典第1892条涉及的是明示的追认,而民法典第1893条涉及的是默示的追认,并且默示的追认并不导致发生民法典第1892条所规定的法律后果(TS 14 May 1991, RAJ 1991 [3] no. 3672 p. 4945)。TS 21 October 1958, RAJ 1958 (2) no. 3109 p. 2055 一案(该案涉及的是建筑师所提供的服务的报酬)则采纳了不同的思路,认为委托合同法和服务合同法同样适用于民法典第1893条所规定的情形。这一解释大大地限制了(或者曾经限制了)无因管理法的适用范围(Pasquau Liaño, La gestión de negocios ajenos, 208),因为其将无因管理限制于(或者曾经限制于)民法典第1893条第(2)款所规定的不需要追认的情形(阻止某种迫在眉睫的损害发生)。法学学说则对最高法院的这两种理解都给予了彻底的批判（如 Lasarte loc. cit. 1952; Puig Brutau, loc. cit. 602; Albaladejo, loc. cit. 497 以及 Lete del Río loc. cit. 127）。所引用到的这些学者认为，民法典第 1892 条既适用于明示的追认，也适用于默示的追认；这两种情形都导致订立委托合同。与最高法院不同，他们认为，本人仅仅接受管理行为所产生的利益，并不构成默示的追认。至于追认是否受特殊的期限限制，则没有被讨论到。最后还要提一下纳瓦拉省 Fuero Nuevo de Navarra 的 Ley 561。该条规定："若管理行为所维护其利益之人对管理行为予以了追认，则其所负义务与委托人所负义务相同。"

101. 意大利民法典第 2032 条规定，即使管理人的行为不具有管理他人事务的意思（animus aliena negotia gerendi），本人仍然可以对管理人的行为予以追认。追认所产生的后果与委托合同所产生的后果相同。意大利的判例法所采取的思路是，追认可以取代构成无因管理的所有的单个要件（Cass. 23 July 1960, no. 2122, Giur. it. 1962, I, 1, 92; Cass. 3 March 1954, no. 607, Giur. it. 1954, I, 1, 596）。不过，法学学说则是部分地采纳了一种较为狭猛的思路。最起码的要件是，所管理的事务是他人的事务，并且，行为人在进行管理时不负有任何的管理义务（Breccia, La gestione d'affari[2], 901-902；更为严格的是 Aru, Gestione d'affari, 56）。对于法律行为的追认，必须向所涉及的第三人作出（Cass. 24 January 1959, no. 193, Foro it. 1959, I, 979）。可以默示地进行追认。例如，行使管理人所订立的合同中的权利（Cass. 23 July 1960, no. 2122, Giur. it. 1962, I, 1, 92）。追认的形式要件取决于管理人所实施的法律行为的形式要件（Breccia, loc. cit. 903；相反的意见参见 Aru, loc. cit. 59）。法律并未对追认的期限作出特殊的规定。通说（但并非毫无争议）认为，追认适用一般的期限，即 10 年（Aru, loc. cit. 60）。不过，有的学者主张，应当适用民法典第 1712 条第(2)款（无迟延的追认）所规定的期限（详见 Breccia, loc. cit. 904）。第三人和本人都可以要求本人在合理的期限内予以追认。若没有予以追认，则视为拒绝追认（Cass. 3 March 1954, no. 607, Giur. it. 1954, I, 1, 596）。此时，管理人对其以本人名义所实施的所有法律行为自行承担责任（Cass. 18 March 1957, no. 931, Rep. Giur. it. 1957, voce Gestione d'affari, no. 1; 6）。追认具有溯及的效力（Cass. 23 November 1954, no. 4297, Rep. Giur. it. 1954, voce Gestione d'affari no. 5; 12），但是第三人所取得的权利都不受影响。若管理人所实施的行为是以本人的名义，则本人承受由此产生的权利和义务。若管理人所实施的行为系以自己的名义，则追认仅对本人与管理人间的内部关系产生影响（Cass. 11 July 1978, no. 3479, Giur. it. 1979, I, 1, 820; Cass. 25 January 1974, no. 199, Giur. it. 1975, I, 1, 1373, note Stolfi）。

102. 荷兰民法典第 6:202 条规定："行为人的行为意在维护他人利益，但缺乏合理原因或者行为不适当的，受益人可以对其行为予以追认，从而放弃对其过错追究责任的权利……"（Haanappel 等译, Netherlands Business Legislation 出版）。追认被认为属于一种法律行为。追认取代"实施管理行为的合理原因"这一要件，并使管理人不再就其在民法典第 6:200 条意义上的违反注意义务的行为承担责任。当既不存在合理原因，管理人又违反了注意义务时，本人可以自行选择，其想通过追认来弥补哪一欠缺。有疑问时，本人的追认将被认为是同时弥补了这两个欠缺（T. M. Parlementaire Geschiedenis VI, 801-802; Asser [-Hartkamp], Verbintenissenrecht Ⅲ[10], no. 306 p. 317-318; T & C Vermogensrecht [-Hijma], art. 6:202 BW, no. 1）。并且，民法典第 6:202 条规定，本人可以给出进行追认的合理期限（redelijke termijn）。这一期限过后，本人就不能再予以追认；此时，就只能根据不当得利法及侵权法中的有关规则享有请求权（T. M. Parlementaire Geschiedenis VI, 802; Hartkamp loc. cit. no. 306 p. 317-318; Hijma loc. cit. no.

3）。若管理人所实施的管理行为不具有合理原因，追认后就仍然能够适用无因管理法（Hartkamp, loc. cit. no. 306 p. 318）。仅对管理行为（注意义务的违反）进行追认的话，只是导致本人放弃其赔偿请求权。本人仍然对管理人负有民法典第6：200 条所规定的赔偿义务（T. M. Parlementaire Geschiedenis VI, 801；Hartkamp loc. cit. no. 306 p. 318；Hijma loc. cit. no. 2）。

103. 苏格兰法的立场又一次不甚明了。追认似乎被认为是对有关订立合同（如委托合同或代理合同）的要约所作的具有溯及力的承诺；默示的追认也是可以的（详见 Leslie, JuridRev 1983, 34 and Stair［－Whitty］, The Laws of Scotland XV, para 109）。

104. 根据斯堪的纳维亚各国的法律，有关合同法通则的法典中所规定关于追认的规则，似乎也可以适用于无因管理的场合。追认可以从行为中加以推断出来，例如，对无因管理所产生的利益加以利用。若在所处情形中本人应当已经意识到管理人是在为其利益进行管理且期望获得报酬（Håstad, Tjänster utan uppdrag, 57；并参见 Grönfors, Avtalslagen[3], 158），或者本人支付了管理人为维护本人利益而进行管理所导致的已经到期的罚款（HD 15 July 1941, NJA 1941, 459），则本人也同样要受到约束。追认导致委托法的适用（Håstad loc. cit. 57）。最后，在瑞典与芬兰的商法典第 18 章第 3 条所规定的情形（本人对超出授权范围所订合同产生的利益加以利用，从而本人受到约束）中，第三人是否对本人享有直接的合同请求权，是一个存在争论的问题。这一问题在芬兰给予了肯定的回答（Chydenius and Hakulinen。转引自 Zackariasson, Direktkrav, 100），但在瑞典则给予了否定的回答。在瑞典，只承认第三人根据不当得利（vinstanspråk）对本人享有请求权（Grönfors, Ställningsfullmakt och bulvanskap, 115；Hellner, Om obehörig vinst, 324, 336；Karlgren. TfR 1951, 180；Zackariasson, Direktkrav, 103）。

105. 普通法中"经追认的代理（agency by ratification）"要求（a）代理人所实施的行为显然是以被代理人的名义，或者显然是为了被代理人的利益，（b）代理人实施行为时本人具有追认的能力，并且（c）本人要么基于对事实的完全了解，要么基于完全的（即无条件的）同意，而对代理人的行为予以事后的有效的追认：参见 Marsh v. Joseph［1897］1 Ch 213, 246－247（Lord Russell CJ, for the CA）；Firth v. Staines［1897］2 QB 70, 75（Wright J），并在 Boston Deep Sea Fishing and Ice Co. v. Farnham［1957］1 WLR 1051, 1057（Harman J）一案中得到了确认。关于第 a 项，详见上文注释 71。关于第 b 项，必须是在管理行为实施之时以及追认之时，本人已经存在并且具有亲自实施该行为的能力。因而，对于行为人在公司成立之前实施的行为或者超出公司能力范围的行为（就此，成文法规定有例外），公司无法予以追认。若行为人表面上是以某个尚不存在的公司的代理人的身份、以该公司的名义订立合同，该公司不能通过对该代理人订立合同的行为予以追认，来承受该合同所产生的权利和义务：Kelner v. Baxter（1866－67）2 CP 174, 183（Erle CJ），184（Willes J），185－186（Byles J）。（在这些案件中，与合同的字面表述相反，该代理人自己被视为合同的当事人，并相应地根据该合同承担义务。）由于不当得利法的发展，对于公司的所谓代理人在公司成立之前为了公司的利益而完成的工作，公司原则上可以保有其利益，且不需要承担责任。公司仅是承诺向代理人支付报酬的话，并不导致合同责任的产生，因为代理人的行为仅仅是对公司承诺的"以往的对价"（past consideration）；此前公司并没有要求代理人提供服务，因此无法成立准合同的请求权：参见 Re English & Colonial Produce Co.［1906］2 Ch 435；Re Rotherham Alum & Chemical Co.（1883）25 Ch D 103。（同样地，对于公司解散以后他人为了维护该公司的利益而主动提供的服务，公司也不承担责任：参见 Re Banque des Marchands de Moscou［1952］1 All ER 1269（Vaisey J）。）并且，对于代理人实施行为时被代理人不可能予以授权的行为或者被代理人自己不可能实施的行为,被代理人也不能予以追认:参见 Boston Deep Sea Fishing and Ice Co. v. Farnham, loc. cit.(某法国公司不能对某英国公司在"二战"期间以该法国公司的名义所实施的关于渔业经营的行为予以追认,因为法国被德国所占领,这家法国公司在代理人实施该行为时与之处于敌对状态:这家法国公司当时自己不可能合法地实施该渔业经营,而这家英国公司如果接受这家法国公司的任何委托的话就会构成犯罪)。不过,尽管代理人自封的代理继续缺乏授权,代理人仍然负有将所获得的全部利益移交给被代理人的义务:参见第Ⅴ－2:102条注释 II,22。至于第(c)项,"追认是指对他人所做的事情予以认可并使之有效的行为":Brook v. Hook (1871) LR 6 Ex. 89, 95(Martin B 在该案中提出了反对的少数意见,但并不影响到这一点)。这要求被代理人认可并接受代理人的行为,或者以其他的某种方式将该行为当作已被授权来处理。追认可以是明示的或默示的。如果只要与代理人的行为进行对照,被代理人的默许就清晰明了、可以理解,则可以以默许的方式进行默示追认(即在这种场合,被代理人负有对不同的理解予以澄清的"义务"):Phillips v. Homfray (No. 1) (1870－71) LR 6 Ch. App. 770, 778 (Lord Hatherley LC) 就此并参见 Hunter v. Parker (1840) 7 M&W 322, 151 ER 789(通过受领价款来对未经授权的买卖予以追认)。若被代理人知道代理人所实施行为的基本细节,那么,为了对第三人提起诉讼或者在此种诉讼中进行抗辩,被代理人可以行使由代理人的行为所产生的权利,从而承认代理人的行为:Verschures Creameries Ltd. v. Hull & Netherlands Steamship Co. Ltd. [1921] 2 KB 608, 相似的并参见 The Australia (1859) 13 Moore PC 132, 158 (Dr Lushington), 15 ER 50。任何追认都有一个前提,即,在以作为或不作为的方式进行追认时,被代理人必须已经知道了代理人的行为的具体情况:Gunn v. Roberts (1873－74) LR 9 CP 331, 335 (Brett J)。关于爱尔兰法(涉及的是默示代理),参见如 O'Beirne v. Cornwall (1852) 3 Ir Ch Rep 130, 138 (Blackburne LC)。(iii)对代理人的行为没有及时提出异议,在适当的情形下也构成追认:The Australia, loc. cit., 158 (Dr Lushington)(不过,在该案中,所面临的紧急情况就足以使船长将船舶卖掉的行为合法化)。在期限方面对追认的一个限制是,要想使追认发生效力的话,被代理人必须在其可以亲自实施代理人所实施的行为(例如,对某个第三人行使权利,或者与第三人订立合同)时进行追认:参见 Dibbins v. Dibbins [1896] 2 Ch 348,该案中,被代理人可以选择购买某个合伙人的份额,行使该选择权的方式是,在该合伙人死后 3 个月内将购买的意思通知该合伙人的遗产管理人,某个未经授权的代理人在该期限内将被代理人的意思通知了遗产管理人,但被代理人未能有效地对这一行为予以追认(当时被代理人精神有问题、缺乏行为能力),所谓的追认发生在 3 个月之后,此时期限已过。追认具有溯及的效力,从而,被代理人的行为被认为自始具有授权:Boston Deep Sea Fishing and Ice Co. v. Farnham, loc. cit., 1057 (Harman J); Danish Mercantile Co. Ltd. v. Beaumont [1951] Ch 680, 686 (Jenkins LJ)。其结果是,如果代理人的行为未经授权,但是以被代理人的名义,其目的是在被代理人与第三人之间订立合同,在这种场合,第三人在被代理人对代理人的行为予以追认之前撤回该合同,这种撤回是无效的,虽然说在第三人撤回的时候尚未存在能够约束第三人的合同。被代理人与第三人间的合同在被代理人追认时生效,但是效力溯及至代理人订立该合同之时。参见 Bolton Partners v. Lambert (1888) 41 Ch. D 295, 301 (Kekewich J)以及该案的上诉审(在上诉审中原判决被予以维持),306 (Cotton LJ), 309 (Lindley LJ)以及 309－310 (Lopes LJ)。(不过,枢密院在 Fleming v. Bank of New Zealand [1900] AC 577, 587 (Lord Lindley) 一案中明确对 Bolton Partners 一案中的立场持保留态度。)另一方面,若追认是合同明确规定的条件,则在被代理人追认以前,第三人可以撤回合同:Watson

v. Davies [1931] 1 Ch 455。对于追认的溯及效力原则的另一个例外是,对于被代理人追认之前代理人与第三人所达成的解除合同的约定,被代理人的追认无法将之予以废除:Walter v. James (1870-71) LR 6 Ex. 124。追认溯及地改变代理人与被代理人在双方内部关系上的法律地位(权利与义务)。由于追认使代理人溯及地获得授权,原则上代理人不再就其行为向被代理人承担责任:Verschures Creameries Ltd. v. Hull & Netherlands Steamship Co. Ltd., loc. cit.(代理人错误地将被代理人的货物供应给第三人,被代理人就价款的支付对第三人提起诉讼,这一诉讼发生对代理人的供货行为予以追认的效果,从而,被代理人不得再就代理人错误供货造成货物损失向代理人要求损害赔偿);United Australia Ltd. v. Barclays Bank Ltd. [1941] AC 1, 31(Lord Atkin代表枢密院)。并且,代理人将就其所花的费用享有偿还请求权:参见 Bristow v. Whitmore (1861) 9 HLC 391, 11 ER 781,特别是 Lord Campbell LC 在 pp. 400-402 (784)的意见(不过,该案中,代理人主张享有留置权这样一种担保物权的请求被驳回)。同样,追认也可能使得代理人享有报酬请求权:若当事人之间以合同约定将代理人的行为追认为根据某合同所作的给付,则对合同约定以外的行为的追认,会使得这种行为也适用合同中的报酬条款。参见 Keay v. Fenwick (1876) 1 CPD 745; Hartas v. Ribbons (1889) 22 QBD 254。

X. 证明责任

106. 在德国法中,适用有关证明责任分配的一般规则:每一方都必须就对其有利的事实提出主张,并在存在争论时加以证明。因而,根据无因管理主张请求权的一方(无论是本人还是管理人),必须证明其请求权符合相应的要件。在证明行为具有维护他人利益的目的时,原则上必须要有客观的表象。否则,干预他人事务的人可以溯及地让自己成为民法典第 677 条意义上的管理人。不过,根据德国已经确定下来的判例法,在"客观外部事务"的场合,或者是在"客观亦为他人"的事务的场合,推定行为人具有维护他人利益的目的,这种推定可以推翻。无论是管理人还是本人主张请求权,都适用这一推定:参见上述注释 27 及注释 39。

107. 根据希腊法,管理人必须证明其管理了本人的事务并且这种管理符合本人的利益。本人要想对基于无因管理所主张的请求权进行抗辩的话,必须证明,存在民法典第 730 条意义上的委托,或者管理人的行为不具有使本人受益的目的,或者管理人的行为违背本人的意思(Georgiades and Stathopoulos [-Papanikolaou], art. 736, no. 15 and art. 730, no. 16)。与德国法一样,在客观外部事务的场合据说也是推定管理人的行为具有维护他人利益的目的,在纯主观外部事务的场合则管理人必须主张并证明其行为是为了维护他人利益(Papanikolaou loc. cit. art. 730, no. 5)。不过,主观外部事务这一概念目前受到了严厉的批评。

108. 在葡萄牙法中,有关证明责任的一般规则同样适用于无因管理法。有关权利成立的事实应由行使该权利的人来加以证明。与德国和希腊一样,若管理人知道其所管理的事务属于客观的外部事务,则推定管理人的行为具有维护他人利益的目的(但这一推定可以被推翻)(Vaz Serra, BolMinJus 66 [1957] 95-97)。关于民法典第466 条第(2)款所规定的过错应当由谁来承担证明责任的问题,则存在争论,第 466 条第(2)款规定的是,若管理人的管理不符合本人的利益,或者不符合本人的实际的或可推知的意思,则管理人具有过错。最高法院根据民法典第 487 条第(1)款要求遭受损害之人承担证明责任,从而类推适用了侵权法的规则(STJ 22 April 1986, RLJ 121 [1988] 59 以及 Baptista Machado 所给的批评性的注释;BolMinJus 356 [1986] 352)。不过,越来越多的学术观点支持适用民法典第 799 条第(1)款中的合同法规则,该款规定了证明责任的倒置(Menezes Leitão, Responsabilidade do gestor, 292-297)。

109. 在一起涉及超越授权范围的案例中,奥地利最高法院(12 December 1962, SZ 35/130)表示,其不赞同(通过类推适用民法典第1298条)将对管理人过错的证明(或反证)责任予以倒置。不过,这一判决到底有多大的影响,在奥地利的法学学说中尚有争论。有人怀疑,这一判决是否与无因管理法具有一般性的关联,以及,对奥地利法所确认的无因管理的各种不同类型加以区分是不是不太合适。进行区分的话意味着,在民法典第1036条所规定的情形中,有关过错的证明责任仍由本人承担,但在其他的所有场合,则转由管理人承担(关于详细情况,参见如Rummel [-Rummel], ABGB I[3], § 1036 no. 3 and § 1040 no. 4; Schwimann [-Apathy], ABGB V[2], § § 1036-1040, no. 18-19; Meissel, GoA, 147-148 and Klang [-Stanzl], ABGB IV/1[2], 896)。因为涉及多种不同解释模式的具体情形,这一争论尚未结束。与德国不同,管理人的维护他人利益的目的,是否要根据管理人所采取的具体措施来加以推定,这一问题在奥地利很少被讨论到。证明责任似乎仍由主张管理人意在管理他人事务的一方来承担(Meissel, loc. cit. 149)。

110. 在比利时法中,根据"谁主张,谁举证"(actori incumbit probatio)的原则,管理人在基于适法无因管理主张请求权时,需要对请求权的全部要件加以证明。这包括消极的要件(不负有作为的合同义务或其他法定债务;未违反本人的意思;行为不具有赠与的意思)。至于后一要件,法官可以进行自由裁量,并对证明责任予以重新分配(B. H. Verb. [-Roodhooft] Hdst. V, De quasi-contracten, no. 2260)。根据法国法,法律事实同样要由行使请求权的人,即依赖于事实、行为或其他未明确方式的一方,来加以证明(Malinvaud, Droit des obligations[7], no. 197 p. 135)。对于管理他人事务的意思这样的"心素"的证明,不存在更多特殊规则。

111. 西班牙的法学学说中,对于与无因管理法有关的证明责任的分配,没有发现什么特殊的规则。估计应当适用民事诉讼法第217条中规定的一般规则。当然,任何的抗辩都必须由被告来提出并加以证明。因而,例如,要由本人来证明管理人的行为具有赠与的意思(Sánchez Jordán, Gestión de negocios, 321; Pasquau Liaño, La gestión de negocios ajenos, 67)。不过,最高法院认为,若管理人与本人具有亲属关系,且管理人是在对本人进行扶养,则推定管理人具有赠与的意图(除非对此予以反证)(参见民法典第1894条)(TS 25 September 1968, RAJ 1968 [2] no. 3959 p. 2657)。

112. 意大利法同样适用(民法典第2697条所规定的)这样的原则:在法律诉讼中主张权利之人必须对其权利所依据的事实加以证明;否认这些事实或者认为这些事实不足以使之享有该权利或者主张该权利已被改变或消灭的人,必须对其抗辩所依据的事实加以证明。在无因管理的语境中似乎没有讨论到什么对这一一般规则的例外。

113. 荷兰法中认为,管理他人事务的意思——为了维护他人利益而对他人事务进行管理的目的——必须表露给第三人(Verbintenissenrecht [-Heisterkamp], art. 6:198 BW, no. 11. 2; Verburg, De vrijwillige zaakwaarneming, no. 35 p. 63-64)。判例法一般从管理行为的性质以及案件的具体情况来推断认为管理人的行为具有维护他人利益的目的(参见如CA Amsterdam 29 October 1936, NedJur 1937, no. 1035 p. 1455; CA Amsterdam 17 December 1947, NedJur 1948, no. 318 p. 545; CFI Almelo 24 November 1954, NedJur 1955, no. 753 p. 1347)。若维护他人利益的目的并不非常明显、不足以令人信服,则管理人仍然负有证明责任(HR 24 April 1992, NedJur 1992, no. 688 p. 2955)。

114. 苏格兰法的立场似乎与西班牙相同。不过,对此问题的明确讨论仅限于以管理人具有赠与意图来进行抗辩的情形:"推定不存在赠与,管理人可以以此说明其并非意在以所花费用来进行赠与。若管理人是本人的近亲属,则不再适用这一推定,而是推定利益的给予是出于履行家庭义务。"(Stair [- Whitty], The Laws of Scotland XV, para 116.)

115. 在斯堪的纳维亚各国的法律体系中,似乎没有人认为对无因管理法要适用特殊的证明责任承担规则。

116. 在普通法中,对于根据无因管理产生的请求权,适用关于私法请求权的一般证明规则,据此,试图对自己请求法律救济的权利或者抗辩所依据的内容加以证实之人,要承担法律上的证明责任。因而,若某个紧急代理人为维护被代理人的利益而与第三人订立合同,第三人根据合同效力向被代理人提出人身或财产的请求权,则要由第三人来证明,存在使代理人有权订立该合同的紧急情况:参见 The Alexander (1842) 1 W Rob 346, 166 ER 602,该案中原告未能完成证明义务。

示例 1 来自于 Advocaat - Generaal Hartkamp to HR 21 December 2001, no. R00/032HR (http:www. rechtspraak. nl)(部分内容亦刊载于 RvdW 2002 no. 5)的结论;示例 3 来自于 Cass. civ. 16 November 1955, JCP 1956 II no. 9087, note Esmein; RTD civ 1956, 356, obs. Mazeaud;示例 6(两个例子)来自于 CA Rome 3 May 1983, Temi rom. 1983, 327 以及 HR 10 December 1948, NedJur 1949 no. 122 p. 225;示例 9 来自于 CFI Torino 1 December 1986, Riv. Dir. Comm. 1987, 541;示例 10 来自于 STJ 22 April 1986, BolMinJus 356 (1986) 352; RLJ 121 (1988) 59;示例 12 来自于 Cass. civ. 25 June 1919, D. 1923, I, 223; S. 1921, I, 12;示例 13 来自于 OGH 3 October 1996, RdW 1997, 275; NZ 1997, 290; EFSlg. 81.427; RIS - Justiz RS 0019782;示例 14 来自于 CFI Zinnik 10 June 1992, TAgrR 1993, 202;示例 16 来自于 BGH 8 November 2001, MDR 2002, 270;示例 21 来自于 OGH 7 December 1972, SZ 45/137; JBl 1973, 476 note Koziol;示例 22 来自于 OGH 11 September 1885, GlU10. 689 以及 OGH 6 February 1894, GlU15. 008(同样的事实,两个不同的被告);示例 24(有关玻璃窗落下的问题)来自于 CA Liège 3 April 1979, Pas. belge 1979, II, 88; RGAR 1980 no. 10195, obs. Glansdorf;示例 25 来自于 BGH 7 November 1960, BGHZ 33, 251;示例 32 来自于 HR 19 April 1996, NedJur 1997 no. 24 p. 101;示例 33 来自于 Cass. civ. 26 January 1988, Bull. civ. 1988, I, no. 25, p. 16; JCP 1989 éd. G., no. 21217, obs. Dagorne - Labbe; RTD civ 1988, 539, obs. Mestre; D. 1989 Jur. 405, note Martin,以及 CA Karlsruhe 23 March 1977, VersR 1977, 936。

第Ⅴ-1:102条　替他人履行义务的管理

若管理人替他人履行某种已经到期的义务,这种义务的履行事关至为重要的公共利益、必须立即予以履行,且管理人行为的主要目的是使履行的受领人受益,则管理人所代其履行义务之人是一个应适用本编规定的本人。

评　论

A. 概述

范围与目的。第Ⅴ－1:102条处理的是无因管理法中的一种特殊情形。其涉及的是替他人履行义务,虽然这种义务的履行事关至为重要的公共利益、必须立即予以履行,义务人却未予履行。"义务"指的是某人必须做某事:义务可以指向也可以不指向某个特定的债权人(参见定义清单)。"义务"一词包括私法上的债务,但远不止于此。第Ⅴ－1:102条规定,在不对其他可能的本人(主要是受领履行的受益人)产生影响的同时,管理人所代其履行义务之人被认为是本人,对其适用本编的规定。若管理人在行为时主要意在维护义务人的利益,则义务人作为本人的地位可以适用第Ⅴ－1:101条(为维护他人利益而管理)而推导出来;在这种情形,第Ⅴ－1:102条既不能适用,也没有必要适用。这一问题取决于第Ⅴ－1:101条所规定的一般要件。与之相反,若管理人行为的主要目的是使金钱给付或服务提供的直接受领人受益,则根据第Ⅴ－1:101条的规定最初负有履行义务之人不能被认为是本人。第Ⅴ－1:102条的目的就在于防止这种结果的发生。这一条文使得第三人同时也"是一个应适用本编规定的本人",这就清楚地说明,无论是否符合第Ⅴ－1:101条的要件,都要适用后面的有关规则,即第Ⅴ－1:103条(被排除在适用范围以外的行为)以及第二章和第三章。因而,没有必要判断(第Ⅴ－1:101条第(1)款第(a)项并结合第(2)项所规定的)管理人的行为是否具有合理原因。换句话说,如果符合了第Ⅴ－1:102条的要件,本身就构成进行管理的合理原因。因而,不能仅仅因为本人(其过错导致了相关情况的发生)禁止他人进行管理,就认为不能对其构成适法的无因管理。

管理过程中的义务。并且,根据第Ⅴ－2:101条(管理过程中的义务)第(1)款第(b)项与第(c)项,在管理的过程中,仅在非常有限的范围内,管理人才必须考虑本人的意思。无因管理人不受本人的相反意思的限制——不论是对于无因管理人是否能够进行管理,还是对于管理人应当如何进行管理,都是如此。某种至关重要的公共利益取代了本人的意思,在取代的范围内,不考虑本人的意思。

需要一项无因管理的框架内的规则。有人可能会提出这样的问题:第Ⅴ－1:102条所针对的特殊情形,能不能放到无因管理法以外去、由不当得利法来处理?这个问题当然不仅仅涉及法典化的美感。此处所采的思路与民法法系的传统相一致,抛开这种考虑不谈,这一思路也符合以下的观念:在此种情形中,管理人也应当享受无因管理法所赋予的好处。(与不当得利法相比,)无因管理法赋予管理人的好处之一特别是,管理人的请求权仅仅取决于在开始进行管理时其行为是否将会有益;管理行为的结果实际上是否为本人节省了费用、本人是否因此得利,并不重要。并且,借助此处所采思路的帮助，从一开始就很明确，在有关给他人造成损害的非合同责任的法律中，管理人的行为是合法的。至于第Ⅴ-3:103条（赔偿请求权）所着重保护的那种管理行为，此处所说的情形并不会经常涉及。

B. 因为至关重要的公共利益的需要，必须立即进行管理

至关重要的公共利益。若本人未履行某一义务，且这种义务的履行已经到期，并且某种至关重要的公共利益要求立即履行该义务，则不必顾及本人的相反意思。这一规则并不仅仅要求管理人是在替本人履行义务，并且也要求该义务的履行事关至为重要的公共利益。这一规则涉及私法范畴内的义务，但同样重要的是，这些义务的履行必须也涉及公共利益。什么样的情形会产生出至关重要的公共利益，这一问题没法一次性地给出回答，或许其答案在欧洲的各个法域中也无法相同。（公众对于自杀的态度在各个国家中各不相同，这可能就是一个例子。）不过，对于公共利益的最低要求是，这种义务的履行并不仅仅涉及某一个人的利益。典型的情形涉及的是，以有关造成损害的非合同责任的法律为基础的保障公共安全的义务；而合同义务的履行则很难涉及公共利益。

履行他人所负的扶养义务。若某人没有得到相关扶养义务人的扶养，替他人履行对其的扶养，也属于第Ⅴ-1:102条的范围。为了实现本条的目的，无论如何，只要国家的社会政策遵循的是辅助性原则，并且在这一原则的范围内，这种扶养义务就不应被理解为仅仅是对个人利益的维护。这是因为，私人社会的发展本身就涉及基本的公共利益，为了这一发展的需要而从公共财政中不时地支出一些费用，也涉及基本的公共利益。自太古以来就存在的一个类似的例子是安排他人的葬礼。

义务的履行必须已经到期。未被履行的义务当然必须已经到期。若某项义务在将来某个时间到期时很有可能不会被履行，仍不足以构成进行无因管理的理由。在进行管理时，必须已经存在一种迫在眉睫的危险。不过，义务已经到期这一要件并不是非常重要，因为履行某项尚未到期的义务，很难涉及至关重要的公共利益。

义务的履行必须是迫切需要的。并非所有的符合了"其履行涉及至关重要的公共利益"这一要件的义务，都可以由第三人违背债务人的意思来加以履行。义务的履行必须是迫切需要的。必须有马上采取行动的必要，这原则上包括采取保障安全的临时措施。例如，为了其他的交通参与人的利益，对某个危险的地点采取安全措施；或者，扑灭某场即将烧入邻居家的火灾，或阻止洪水灌入邻居的家中。其他的例如，采取措施（这种措施不得推迟）阻止某种即将发生的环境污染。

示例 1

P将汽车停在某栋学生宿舍的消防通道的前面。I注意到这栋学生宿舍已经着火。如果消防队已经在赶来的路上，并且为了不延误消防队的救火而有必要将这辆汽车移开，那么，即使P反对，I仍然可以将之移开。反之，如果没有什么迹象表明这栋楼已经着火，从而P的汽车将消

防通道堵住只不过是给这栋楼及楼内的居民造成了一种抽象的危险,那么,将这辆汽车移开虽然符合公共利益,但这并不要求I自己来进行管理。此时,报警就够了。

示例2

一只受到虐待、已经受伤的宠物痛苦地躺在大街上,某个反对虐待动物的组织对这个宠物进行照顾。虽然宠物的主人已经通知这个组织说她不同意对这个宠物进行紧急救治,该组织仍然可以要求她偿还因救治所花的费用,她无法反驳。但这仅以虐待动物构成犯罪为限。

示例3

P从I那里租来的、用于存储大量奶粉的仓库着火。仓库被毁。某些奶粉也已被烧毁,其余的奶粉则与消防队喷洒的水相混合,可能对地下水造成污染。主管部门命令I清扫地面、清除余下的奶粉。P的租赁已被终止。I不必顾及P反对清除奶粉的意思。对于在普通终止租赁的场合P也无论如何都要承担的费用,I可以请求P予以偿还。将余下的奶粉予以清除,涉及至关重要的公共利益。偿还请求权的成立不受第Ⅴ-1:103条(被排除在适用范围以外的行为)第(c)项的妨碍,因为该条所指的"向第三人所负的作为义务"仅涉及源自私法关系的义务(而I所负的执行主管机关命令的义务属于公法下的义务)。

C. 第三人被认为是本人

对第Ⅴ-1:101条(为维护他人利益而管理)第(1)款的例外。第Ⅴ-1:102条明确规定,未履行义务的第三人被认为是本人。这一明确规定之所以必要,是因为第Ⅴ-1:101条第(1)款所关注的是管理人的主观愿望所指向的内容,通常来说(当然,虽说并不一定是)管理人脑海中所想的只是或者至少主要是使其所事实上保护的人身或财产脱离危险。不过,在法律上对危险情况的发生负有责任之人不应当免予承担责任。因而,在这种场合,对危险情况的发生负有责任之人也应当要被当作本人来看待,即使管理人主要是想使履行受领人受益,也应如此。换句话说,根据第Ⅴ-1:101条来判断是否也要将受益人视作本人时,要根据个案来具体判断。另一方面,第Ⅴ-1:102条规定了这样的基本规则:无论如何,负有作为义务的义务人是"一个"本人(a principal)(但并不必然是"那个"本人(the principal),即唯一的本人)。即使无因管理人从来没有想过要使这个人免于承担可能产生的责任,也是如此。另一方面,在这种类型的情形中,无因管理人仍然必须具有使"他人"(即履行的受领人)受益的目的。与第Ⅴ-1:101条所规定的基本情形一样,若管理人所履行的义务,是义务人向管理人所负的义务,从而管理人的目的是使其自己受益,则不能构成无因管理。

示例4

事实与第Ⅴ-1:101条(为维护他人利益而管理)中示例25的事实相同。根据公法组建的保险公司即该女子的健康保险人也被认为是本人。此种健康保险人所负的提供医疗费用的义务,涉及公共利益。

示例5

某个女子已与丈夫分居,但依靠其丈夫支付的扶养费生活。医生为该女子切除了背部的脂肪瘤。在手术之前该女子的丈夫声称其不愿意承担手术费用。若该女子无法根据所适用的家庭法中的相关规定从其丈夫处获得进行手术的资助,则她也无法根据有关无因管理的规则来从其丈夫处获得资助,因为所进行的手术并非紧急必要的。因而,医生仅对该女子享有请求权,该女子独自承担责任。

D.不适用第Ⅴ-1:101条(为维护他人利益而管理)第(2)款

公共利益高于本人的相反意思。对于符合第Ⅴ-1:102条的案件,不适用第Ⅴ-1:101条第(2)款。我们在此所考虑的情形是,某种至关重要的公共利益高于本人的意思,若不存在这种公共利益的话则应遵循本人的意思。通常来说这种情形正好与典型的无因管理相反;若无因管理人已经知道本人不想履行相应的义务,则无因管理人具有进行管理的合理原因。

示例6

某个初学走路的孩子在一起汽车事故中受伤,并在昏迷中被送往医院。主治医生可以通过电话与其父母取得联系,但其父母出于宗教的原因反对进行紧急手术。没有时间将这一问题提交给法院然后由法院来作决定。虽然父母表达了相反的意思,仍然可以进行紧急手术。

注　释

Ⅰ.违反本人意思地合法管理他人事务的一般要件

1.德国民法典第679条规定,若不对事务进行管理,则本人所负的涉及公共利益的义务或提供扶养的法定义务无法及时得到履行,那么就可以不用顾及本人的相反意思。第一种情形的例子是,将某个堵塞公共道路的障碍物移开,从而确保公共安全(BGH 4 December 1975, BGHZ 65, 354)。民法典第679条是否可以适用于行为人阻止他人自杀的情形,是一个存在争论的问题。某些学者对这一问题给予否定的回答,其理由是反对自杀仅仅是一个道德问题(Soergel [-Mühl], BGB[12], § 679 no. 5)。不过,多数的观点认为,对本人的想要自杀的意思可以不用顾及;只要是不道德的行为就够了,因为刑法中规定了提供救助的义务(对此详见第Ⅴ-1:103条(被排除在适用范围以外的行为)中的注释),根据判例法(BGH 10 March 1954, BGHSt 6, 147),这一义务也适用于坚决想要自杀的人(Staudinger [-Wittmann], BGB[13], § 679 no. 10)。其他的学者则主张,自杀的意图是无足轻重的,因为想要自杀之人不具有行为能力(MünchKomm [-Seiler], BGB[3], § 679 no. 13;侧重点不同的观点并参见 Erman [-Ehmann], BGB I[10], § 679 no. 4)。

2.根据希腊民法典第730条第(2)款,若本人的相反意思违反法律或违反道德原则,则无须顾及本人的相反意思。所违反的法律必须是违反民法典第 174 条范围内的条文,从而构成违反公共秩序。必须是民法典第 174 条意义上的条文,这种限制性的解释被认为对于保护本人免受干扰来说是必要的(Georgiades and Stathopoulos [- Papanikolaou], art. 730, no. 31)。例如,本人拒绝履行法定的扶养义务(违反民法典第 1476 条)或者拒绝履行对某栋快要倒塌的建筑的修理义务(违反民法典第 925 条)的话,管理人的行为可以构成无因管理(Papanikolaou, loc. cit.)。"道德原则"一词与民法典第 178 条中的表述一致。例如,某人试图自杀的话,构成违背善良风俗(Papanikolaou, loc. cit. no. 32)。波兰民法典第 754 条与希腊民法典第 730 条第(2)款相似。根据这一条文,若本人的相反意思"违反法律或者社会共存的基本原则",则可以不用顾及本人的相反意思。匈牙利民法典第 485 条第(2)款将这一问题表述为:"若管理是为了改变某种危及生命的情况,即使违反面临生命危险之人的意思;或者是为了防止或改变某种广泛的潜在的危险,即使违反所有权人或者其他正式获得授权之人的意思;或者是为了履行扶养义务,即使违反扶养义务人的意思,管理也是合适的、妥当的。"(Official Translation, Hungarian Legal Norms in Force in three Languages, CompLex CD HMJ, 2004)。爱沙尼亚 LOA 第 1018 条第(1)款第(iii)项则比第Ⅴ-1:102 条走得更远,该项规定,为他人所做的任何行为,如果是必要的且是合乎公共利益的,则都是合法的。

3. 在波兰的无因管理法中,若本人的意思违反法律、公共秩序或善良风俗,则违背本人意思而进行的管理是合法的(民法典第 465 条第(a)项)。管理人没有必要也不应当顾及这样的意思。例如,对自杀者的抢救,违背他的意思(Menezes Leitão, Responsabilidade do gestor, 194; Vieira Gomes, Gestão de negócios, 199);帮助某个被父母遗弃的孩子,也是如此(Almeida Costa, Obrigações[9], 438; Pires de Lima/Antunes Varela, Código Civil Anotado I[4], art. 465 no. 2)。

4. 根据奥地利民法典第 1040 条,若管理人明知其行为违反本人的依法有效的、明示的或暗示的意思,则管理人不享有民法典第 1037 条所规定的费用偿还请求权(Schwimann [- Apathy], ABGB V[2], § § 1036 - 1040 no. 5)。同样,民法典第 1040 条也排除了基于不当得利的费用偿还请求权(OGH 23 October 1973, RIS - Justiz RS 0019806; Rummel [- Rummel] ABGB I[3], § 1040 no. 1)。不过,根据民法典第 1040 条,管理人有权以相同的方式取回其所支付的费用(Meissel, GoA, 46)。所支付的金钱总是可以要回来的(OGH 30 August 2000, RIS - Justiz RS 0114088)。不过,若本人所表达的反对的意思违反民法典第 879 条意义上的法律或善良风俗(OGH 26 November 1963, ÖJZ 1964, 429),或者以一种不被允许的方式对第三人的权利造成不利影响,或者本人在作出表示时欠缺行为能力,则本人所表达的反对的意思是没有意义的(Meissel, GoA, 46)。旧的法学学说还认为,若本人所表达的反对的意思违反公共安全或公共秩序(Ehrenzweig, System II/1[2], 719 - 720[房屋的所有权人反对他人灭火;反对埋葬死者或者反对扶养孩子])或者违反本人对社会所负的义务(Klang [- Stanzl], ABGB IV/1[2], 907; v. Zeiller II § 549 p. 408),则这种反对的意思也是无效的。根据民法典第 1042 条,即使本人(债务人)有相反的意思,也可以代其清偿一项已经到期的有效的债务或者其他义务;在清偿债务时,并不进一步地要求涉及特定的公共利益(Meissel, GoA, 47)。不过,有人主张,若本人因管理人代为清偿而遭受任何的不利益(如丧失留置权或者抵销权:Meissel, loc. cit, 51),则作为本人的债务人应当有机会向管理人请求赔偿。

5. 法国判例法的基本出发点是:违反本人意思对本人的事务进行干预,则构成过错,在造成损害时成立侵权责任(Flour/Aubert/Savaux, Le fait juridique[10], no. 5 p. 7)。不过,判例法也表明,本人对管理的反对显然不合理(manifestement injustifiée)时,仍然可以成立无因管理。例如,若本人没有履行某项法定义务,而管理人不过是代其履行了这一义务,就是如此(Flour/Aubert/Savaux loc. cit.)。这一例外最具实际意义的案型在于,第三人替夫妻一方履行扶养和帮助另一方的义务(JClCiv [- Bout], art. 1372 - 1375, V° Quasi - Contrats. Gestion d'affaires - Conditions d'existence, fasc. 10 no. 112)。在比利时的法学学说中也有类似的观点:本人对管理的反对意见可能违反法律或者从社会的角度来看不合理,因而对这种反对意见可以不予顾及(Paulus, Zaakwaarneming no. 53 p. 41)。

6. 西班牙的民法典没有规定任何例外规则,说尽管本人明确地表达了反对的意思但仍然可以成立无因管理;相反,判例法强调,管理人必须尊重本人的意思(TS 2 February 1954, RAJ 1954 no. 322 p. 198)。要注意到民法典第1158条,根据该条,行为人"代第三人清偿债务时,可以就其所清偿的内容要求该债务人偿还,除非其行为违反[译注:原文为'未违反',应为笔误]该债务人明示的意思。在后一场合,清偿人仅能在其给付使债务人受益的范围内要求偿还"。不过,人们认为,民法典第1158条所确立的不是一项关于无因管理的规则,而是一项关于不当得利的规则(Díez - Picazo, Fundamentos II[4], 488)。虽然成文法规定了这样的一般规则,西班牙的法学学说认为,在某些情形,即使管理人的行为违反本人的意思,仍然可以适用有关无因管理的规则。这些情形是指,本人的意思违反法律或者违反某项事关公共利益或社会利益的义务(Sánchez Jordán, Gestión de negocios, 290; Pasquau Liaño, La gestión de negocios ajenos, 456)。根据Lacruz Berdejo, Rev. Crít. Der. Inm. 1975, 261,甚至在本人的意思违反善良风俗的场合,也可以不予理会。这一分析如何与民法典第1894条第(1)款相协调,尚不清楚;该款规定,若陌生人在"不知道"义务人时对他人进行扶养,该陌生人可以向义务人请求偿还其所支付的费用,除非证明其提供扶养时是"出于慈善的原因并且没有想要请求偿还"。因为这一不确定的概念("不知道"义务人),民法典第1894条是有问题的(Puig Brutau, Compendio II, 604)。这一用语已经受到了批评,因为该条为提供扶养之人规定的权利还不如根据民法典第1158条代偿他人债务的人所享有的权利。如果多想一想法律的逻辑,肯定就会得出相反的结论(Lacruz Berdejo loc. cit. 270; Sánchez Jordán loc. cit. 292)。最后,纳瓦拉省Collection of Civil Laws of the Assembly的Ley 561规定:"若其[本人]事先禁止他人进行管理,则其不负有偿还义务。"

7. 在意大利法中,违反本人的反对意见原则上同样不能构成无因管理。这种行为被认为不是"有益的"。不过,若本人的反对意见违反法律或法律体系的基本原则或善良风俗,则本人的反对意见是无效的(民法典第2031条第(2)款;CA Genova 10 April 1954, Foro Pad. 1955, I, 76)。在这种场合,不要求本人无法亲自管理其事务。例如,若不进行管理的话,第三人所享有的不可剥夺的权利会受到侵害或受到不利影响,则无须顾及本人反对管理的意思(Cass. 17 July 1969, no. 2636, Foro it. 1971, I, 713:丈夫未对其已分居的妻子进行扶养,第三人可以代其扶养)。代本人履行义务的行为被认为原则上是有益的(Cass. 15 October 1963, no. 2757, Foro it. 1964, I, 580)。

8. 荷兰法中同样也是原则上不能违反本人意思进行无因管理。在这种场合,不具有进行管理的合理原因。不过,需要考虑的只是本人的"完全具有效力的"意思。若管理行为违反精神病患者的意思,则其并不必然是不法的,甚至可能是必要的(T. M. Parlementaire Geschiedenis VI, 791; Asser [- Hartkamp], Verbintenissenrecht III[10], no. 301 p. 315; Verbintenissenrecht [- Heisterkamp], art. 6:198 BW, no. 12.2; Schrage, Verbintenissen uit andere bron, no. 16 p. 12 -

13)。此外,违反本人意思进行的管理,只有在特殊的情况下才能得到认可(T. M. Parlementaire Geschiedenis loc. cit. ; HR 19 April 1996, NedJur 1997 no. 24, p. 101)。例如,对试图自杀的人进行救治(Asser [- Hartkamp], Verbintenissenrecht Ⅲ[10], no. 301 pp. 314 - 315; Verburg, De vrijwillige zaakwaarneming, no. 55 p. 84 - 85)。荷兰法中不存在与德国民法典第679条相似的成文规定。不过,人们认为,为了维护公共利益,公权力机关可以违反义务人的意思,以管理人的身份对土地进行清理(Frenk/Messer, NJB 1993, 48 - 49; Verbintenissenrecht [- Heisterkamp], art. 6:198 BW, no. 12.5)。

9. 苏格兰法中的立场似乎尚未确定下来。在"权威学者"(institutional writers)中,只有Stair, Institutions, Book I, title 8, 3以及Erskine (1828), Book Ⅲ, Volume Ⅱ, 53讨论到了这一问题,并且认为管理人的费用偿还请求权以本人的实际得利为限。Stair (- Whitty) vol. 15 para. 139 (1996)在涉及这一问题时提出了这样的观点:在极端例外的情形中公共利益可以高于本人的相反意思——至少,在本人反对他人代其履行扶养义务时应当如此。这一例外情形中的偿还请求权是不当得利法的问题还是无因管理法的问题,则尚不清楚。

10. 在一起案件中,某人的房屋屋顶的铁皮松了,暴风雨可能会把这块铁皮掀到街道上去,于是消防队拆除了这块铁皮,瑞典最高法院认为,房屋所有权人原则上必须承受(消防队或者其他任何第三人所做的)这种管理(HD 9 March 1972, NJA 1972, 88)。HD 20 February 1952, NJA 1952, 63一案中,管理人对动物进行了照管,否则本人将要因虐待动物而承担刑事责任,法院也作出了同样的判决。

11. 在英格兰和威尔士,在面临紧急情况时——至少是在涉及人或动物的安危时——行为人可能作为紧急代理人享有违背本人意思进行管理的权限:参见Palmer v. Stear (1963) 113 LJ 420 (Kingsbridge County Court),该案中,原告的一只狗严重受伤,被告所聘请的兽医在考虑了这只狗的伤情后杀死了它,原告基于侵害财产(trespass)提出的损害赔偿之诉败诉,因为如果不这样做的话,这只处于半昏迷状态、濒临死亡的狗还要遭受更多痛苦,为了避免残忍,所有权人负有杀死或请他人杀死这只狗的义务,因而该兽医作为紧急代理人享有杀死这只狗的权限。根据心智能力法2005年第5条,对无能力之人进行照顾与救治的行为,不要求其符合该无能力人的意思,但是行为人在实施该行为时必须是合理地相信其行为符合该无能力人的最大利益;并且(根据第6条),若其行为意在限制该无能力人的自由,则无更多的条件限制。(心智能力法2005年在生效时,在第8条中也规定了偿还请求权、以该无能力人的存款提供担保的权利以及对他们手中的金钱进行处分的权利)。在极端的场合,还可能产生作为的义务。妻子身患重症,要求丈夫不要请医生来对其进行治疗,若丈夫默许了这一请求,妻子因此死亡,则丈夫犯有过失杀人罪,理由是,他没有履行夫妻一方对另一方的健康进行照料的义务,并造成了妻子死亡的后果;在判断是否构成"过失地未履行"作为义务时,该妻子是否具有作出理智决定的能力,是一个需要考虑的问题:R v. Smith [1979] Crim LR 251。不过,若本人有能力自己采取行动并让别人知道他作出了明智且自由的选择,则他人不得违背本人意思进行管理从而侵犯本人的自主权:参见Clerk and Lindsell (- Jones), Torts[18], para. 3 - 106。若管理人可以将事务转交给公权力机关,公权力机关具有进行干预的必要权力,则管理人也不得违背本人意思进行管理:参见爱尔兰的案例Flannery v. Dean [1995] 2 ILRM 393, 397 (Costello J)(虽然马的所有权人遗忘了她的马,被告也不得违背其意思继续占有其马,因为被告本可将这一事情通知地方政府,地方政府有权将动物留在当地的管理所中),相似的结果参见Carter v. Thomas [1893] 1 QB 673(因为有足够的消防队员在灭火,行为人无权强行提供帮助)。若原告根据公权力机关的要求进行管理,以代替被告履行其公共义务,且该义务必须立即予以履行,又无法与被告取得联系,则原告的行为构成紧急代理:参见 White J. D. v. Troups Transport [1976] CLY 33 (Stockton - on - Tees County Court),该案中,被告的汽车停在桥下,堵住了一条繁忙的马路,应警方的要求,某个提供设备租赁的经营者在交通高峰时段之前将被告的汽车移开,其行为构成对被告的紧急代理。

Ⅱ. 适用特殊规则的特殊案型(扶养、丧葬费用)

12. 爱沙尼亚、德国和西班牙对于因提供扶养和安排丧葬而享有的权利有明确的规定。爱沙尼亚 LOA 第1018条第(1)款第(iii)项规定,若本人不履行其已到期的支付扶养费的法定义务,则他人可以违背本人意思进行管理。同样,德国民法典在第679条规定,若本人的相反意思将使得本人的支付扶养费的义务在到期后得不到履行,则本人的相反意思无关紧要。西班牙民法典第1894条第(1)款规定,若第三人在"不知道"义务人的情况下代义务人履行义务,除非第三人在提供这种利益时没有想过要请求义务人偿还费用,否则可以请求偿还。民法典第1894条第(2)款规定,管理人可以请求以死者的遗产来偿还所发生的合理的丧葬费用,并且,除此之外,管理人还可以向在死者生前对死者负有扶养义务的人请求。丧葬费的概念应作广义的理解(Paz - Ares/Diez - Picazo/Bercovitz/Salvador [- Lasarte], Código Civil II, 1955)。奥地利民法典第549条所规定的偿还丧葬费用的义务最初也是被理解为无因管理法的一部分(v. Zeiller II, § 549 p. 409),但现在则被认为属于不当得利法(Rummel [- Welser], ABGB I^3, § 549 no. 5)。民法典第1042条(第三人提供扶养总是被作为适用该条的一个主要例子)现在同样被视为是不当得利法的规范。若第三人支付了(法定的)扶养费,且在支付时希望从扶养义务的义务人那里获得偿还(从而不具有赠与的意思),则该第三人根据民法典第1042条享有偿还请求权(OGH [strengthened Division] 9 June 1988, SZ 61/143)。

13. 在本人的意思违反法律或者善良风俗时,希腊民法典允许违背本人的意思进行管理(民法典第730条第(2)款)。未支付扶养费(参见上文注释2)就是这方面的一个例子。除此之外,民法典第728条第(2)款仅规定,行为人为其直系血亲或二代以内(根据民法来计算)旁系血亲(即兄弟姐妹)提供扶养时,在有疑问时,行为人的行为被认为具有赠与的意思。葡萄牙法没有对扶养费或丧葬费用作出明确的规定。这种案型属于葡萄牙民法典第465条第(a)项的适用范围,但该条的文义比(例如)德国民法典第679条更广,因为(除其他原因外)根据这一条,若本人的意思违反善良风俗,则允许行为人违背本人的意思进行管理(Menezes Leitão, Responsabilidade do gestor, 194 (fn. 3))。如上所述(见注释5),法国的学说认为,第三人替夫妻一方履行向另一方提供扶养和帮助的义务(obligation d'assistance et de sécours entre époux),在教科书中被作为违背扶养义务人的意思进行合法管理的例子。关于根据无因管理的规则请求偿还丧葬费用,并参见 CA Paris 3 May 1989, Juris Data 1989 - 022252。意大利判例法一再认为,除非扶养费的支付是出于赠与的意思,否则,虽然不履行义务的义务人有相反的意思,仍然可以构成无因管理(Cass. 20 May 1961, no. 1196, Foro it. 1962, I, 1, 756; Cass. 17 July 1969, no. 2636, Foro it. 1971, I, 713; Cass. 9 August 1988, no. 4883, Rep. Giur. it. 1988, voce Alimenti, no. 2)。为了维护继承人的利益而支付丧葬费用也是如此(Cass. 28 June 1975, no. 2557, Rep. Foro it. 1975, voce Gestione d'affari, no. 2; Trib. Milano, 13 July 1987, no. 6615 cited by Rescigno, Codice Civile, art. 2028 § 4)。在荷兰法中,为了维护被遗弃的孩子的利益而支付抚养费,即使其父母有相反的意思,同样被认为构成适法的无因管理(T. M. Parlementaire Geschiedenis VI, 791)。即使孩子的父母反对救治,医院对患病的孩子进行必要的医疗救治,也曾被认为构成适法的无因管理(CFI Rotterdam 20 August 1993, NedJur 1995 no. 18 p. 73)。

14. 在苏格兰,人们认为,行为人为了维护其家人的利益而代其家人处理事务时,应当假定行为人的行为只是出于对家庭的责任感,因而具有赠与的意思。从而,只有在例外的场合,才构成无因管理或成立"偿还"(recompense)请求权(Stair [-Whitty], Vol. 15, paras 98, 116)。

15. 关于违背义务人的意思替义务人对他人进行扶养时的偿还请求权,瑞典判例法中似乎尚没有相关的案例。已有的判例都是关于兄弟姐妹中的一人承担了赡养父母的唯一责任或过重责任时,要求其他兄弟姐妹分担(HD 19 November 1909, NJA 1909, 551; HD 13 November 1937, NJA 1937, 524; HD 16 September 1944, NJA 1944, 429);或者,正派的父亲相信其是孩子的亲生父亲,从而把孩子抚养大(HD 29 April 1968, NJA 1968, 183; HD 5 June 1975, NJA 1975, 330; HD 29 March 1978, NJA 1978, 144)。不过,对家庭法的修订使得这些判例法与无因管理不再相干。瑞典政府在替父母履行了对子女的抚养义务后向父母要求费用偿还的问题,由 Maintenance Support Act 的第21~31条予以特别规范。

16. 英格兰法承认,若某人为死者安排葬礼,虽然行为人本人可能不负有这样的义务,但其为了代他人履行已经到期的、涉及至关重要的公共利益的义务,可以进行管理,并由义务人承担费用。若相关费用的支出是合理的,即未发生"任何不必要的费用"(Rogers v. Price (1829) 3 Y & J 28 at 37, 148 ER 1080 at 1083 (Vaughan B)),则管理人(不论是具体实施者还是向实施者支付费用的第三人:Ambrose v. Kerrison (1851) 10 CB 776 at 779 138 ER 307 at 308 (Jervis CJ))对所支付的费用享有偿还请求权。(不过,大体上说,似乎还没有人质疑所支付费用的合理性:参见如 Tugwell v. Heyman (1812) 3 Camp 298, 170 ER 1389 and Ambrose v. Kerrison, loc. cit.)管理人进行管理,不必基于丧葬义务人的请求:Jenkins v. Tucker (1788) 1 H Bl 90 at 93, 126 ER 55 at 57 (Lord Loughborough CJ)("虽然被告既未请求也未同意",原告的诉讼请求仍可得到支持);Rees v. Hughes [1946] KB 517, 523 (Scott LJ), 527-528(Tucker LJ 援引的是当时非常普遍的法律拟制:法律默示地认为义务人提出了请求);相应的实例参见 Tugwell v. Heyman, loc. cit(遗产管理人虽未要求行为人办理丧事,但仍然负有偿还义务)。这类案件中管理人所享有的特殊权利(这种权利如果是来源于教会法院的判例法的话,可能是通过民法学说与教会法学说的转介而受到了古罗马的丧葬诉权(actio funeria)的影响)的基础在于丧葬义务的履行所涉及的公共利益:参见 Jenkins v. Tucker, loc. cit., 93 (57)(Lord Loughborough CJ 说:"被告的义务在法律上绝对有必要……加以履行,并且这也是一般礼数的要求");Shallcross v. Wright (1850) 12 Beav 558 at 561, 50 ER 1174 at 1175 per Lord Langdale MR("重要的原因是必须毫不迟延地埋葬死者"),相似的还有 Rogers v. Price, loc. cit., 34 (1082) (Garrow B)以及 Tugwell v. Heyman, loc. cit.(该案中, Lord Ellenborough CJ 强调陌生人进行管理的必要性)。传统上将这一请求权认为是"准合同的"(Shallcross v. Wright, loc. cit., 561 (1175)(Lord Langdale MR 说:"若是由陌生人完成了丧葬事务,则具备足够的对价,由此可以默示地成立支付费用的合同"),其理由是,在替被告履行其义务的过程中,原告"给被告提供了用益"(Jenkins v. Tucker, loc. cit., 93 (57) (Lord Loughborough CJ))。用现代的术语,可以将之阐述为是基于不当得利的恢复原状请求权,不当得利的成立源于代他人履行义务,行为的必要性则使得得利人的得利符合了"不当"的要件。谁或者更准确地说所涉及的人何时对死者负有丧葬义务的问题,法律并不明确,这使得上述的原则有些模糊;虽说从权威的资料当中可以抽象出如下的法律规则:(1)费用要由死者的遗产来支付

(参见 Administration of Estates Act 1925 第33条第(2)款以及第34条第(3)款),因此丧葬义务首先应由有法律上有权对遗产进行管理的人来承担。因而,丧葬义务人首先是遗产管理人:参见 Williams v. Williams (1881－82) 20 Ch. D 659, 664(Kay J 认为:遗嘱执行人应负责丧葬); Holtham v. Arnold (1986) 2 BMLR 123, 124－125 (Hoffman J)(法院指派的遗产管理人的法律地位与遗嘱执行人没有区别,同样具有安排丧葬的权利和义务):Grandison v. Nembhard (1989) 4 BMLR 140 (Vinelott J)(涉及的是遗嘱执行人),亦参见 Dobson v. North Tyneside Health Authority [1997] 1 WLR 596, 600 (Peter Gibson LJ)。(2)若不存在可以承担丧葬义务的遗产管理人(比如,死者没有遗嘱;或遗嘱中没有委任遗嘱执行人,法院也没有指派遗产管理人;或死者的遗产不足以支付丧葬费用),如果死者是未成年人,且父母具有安排丧葬的能力,则丧葬义务由父母承担:参见 R. v. Vann (1851) 2 Den 325 at 326 and 300, 169 ER 523 at 524 and 525－526 (Lord Campbell CJ)(不过,该案中,父母没有因为未安排丧葬而构成妨害罪(nuisance),因为父母陷入穷困,他们没有义务去贷款来安排丧葬),这一原则被 Bramwell B 在 Osborn v. Gillett (1872－73) LR 8 Ex. 88, 99 所认可,并被 Stephen J 适用于 R. v. Price (1883－84) 12 QBD 247, 254 一案中;Bedwell v. Golding & Sons (1902) 18 TLR 436 (Phillimore J)以及 Clark v. London General Omnibus Co. Ltd. [1906] 2 KB 648, 652, 655 and 659 (Lord Alverstone CJ)(但是参见第663页,Farwell LJ 在该处认可了这一点,但并未完全同意);认可并援用这一效果的有 Dobson v. N. Tyneside Health Authority loc. cit., 478 f (Peter Gibson LJ); R. v. Gwynedd County Council ex parte B [1992] 3 All ER 317, 319j (Balcombe LJ); Hume, 2 (1956) Sydney L Rev 109, 112。若死者已婚,则其在世的配偶同样可能负有安排死者丧葬的义务:参见 Clark v. London General Omnibus Co. Ltd. loc. cit., 663－664(该案中 Farwell LJ 持这一看法)以及下文所引的案例; Hume, 2 (1956) Sydney L Rev 109, 110－112。死者的子女若已成年,同样负有为其父母安排丧葬的义务,参见 Hume, loc. cit., 113。不过,似乎尚无权威的观点赞同将丧葬义务人扩大到其他近亲属:参见 Dobson v. N. Tyneside Health Authority loc. cit., 478 f (Peter Gibson LJ)。(3)若不存在上述两种类型的义务人,则丧葬义务要由死者死亡时所住房屋的管理人承担(除非房屋管理人没有足够的财力来安排丧葬):R. v. Stewart (1840) 12 Ad & E 773 at 778, 113 ER 1007 (Lord Denman CJ)(死者在医院去世;死者的丈夫正在领取社会救济,因为太穷,他无法安排丧葬)。(4)若似乎没人做适当的安排来进行埋葬或火化,则死者死亡地或尸体发现地的地方政府负有对尸体进行埋葬或火化的法定义务:Public Health (Control of Diseases) Act 1984 第46条第(1)款(取代了 National Assistance Act 1948 第50条)。(在普通法中,地方政府不负有这样的义务:R. v. Stewart, loc. cit.(为此种目的而支付费用,构成越权;也不能适用执行令);Woolwich Overseers v. Robertson (1880－81) 6 QBD 654, 658 (Lindley LJ)。)(关于地方政府在这一问题上的权利和义务,详见第V－1:103条的注释30。)上述这些规则确立了责任的先后次序,负有丧葬义务的人,对于其后面序列中的可能负有义务的人,不享有要求分担或偿还的权利:参见 Rees v. Hughes, loc. cit.,该案中,遗嘱执行人对死者的丈夫提出的诉讼请求被驳回,因为遗嘱执行人首先负有义务。(R. v. Stewart, loc. cit. 一案中,死者死亡时一无所有,为了维护死亡时所在医院的利益而申请由地方政府承担丧葬,该案现在也可以被认为达到了相同的结果。)在第一种情形中,管理人可以请求由死者的遗产来偿还费用,因为遗产管理人首先负有安排丧葬的义务(也享有以死者的遗产来安排丧葬的权利):Tugwell v. Heyman, loc. cit.; Arlot v. Churchland (1828) unreported (Court of Common Pleas) cited 3 Y&J 32－33, 148 ER 1081; Rogers v. Price, loc. cit.;

Ambrose v. Kerrison, loc. cit. , 777 and 779 (308)(Jervis CJ说:"毫无疑问的是,安排丧葬的行为人可以从(留有遗产的)死者的遗嘱执行人那里就丧葬的合理且必要的费用获得偿还,不需要任何特别的合同。")Sharp v. Lush (1878－79) 10 Ch D 468, 472(Jessel MR表示:遗嘱管理人即使没有安排丧葬,也负有义务);Rees v. Hughes, loc. cit. , 524－525 (Scott LJ), 528 (Tucker LJ)。或者,管理人也可以自行以死者的部分遗产来安排丧葬,并且并不因此而成为"自封的遗嘱执行人"(executor *de son tort*):Rees v. Hughes, loc. cit. , 524 (Scott LJ)。(在继承法改革之前,管理人对遗产管理人的请求权或者利用死者遗产的权利,只能针对死者的动产;接受死者不动产的继承人或受遗赠人则不受影响:Carter v. Beard (1839) 10 Sim 7, 59 ER 514。)只有当死者的遗产不足以支付所产生的费用时,管理人才对死者的亲属或者负有丧葬安排义务的第三人(在这种场合,因为他们可能承担的义务)享有请求权。这类案件中的法律立场,在Rees v. Hughes, loc. cit. , 527 (Morton LJ)一案中尚无定论,不过这一观点与早先的判例法相符,也为早先的判例法提供了解释。死者是已婚女性,她们因为当时(19世纪末的改革以前)的社会地位而大多没有独立的个人财产,此时,可以对死者的丈夫提出丧葬费用偿还之诉:Jenkins v. Tucker, loc. cit.(死者的父亲安排了丧葬,死者的丈夫在国外);Ambrose v. Kerrison, loc. cit. ,以及Bradshaw v. Beard (1862) 12 CB (N. S.) 344, 142 ER 1175(这两个案件中,死者都已与丈夫分居)。人们认为,管理人无须首先与负有丧葬安排义务并将负有费用偿还义务的人取得联系:对此参见Bradshaw v. Beard, loc. cit. , 348 (1177) (Erle CJ)。不过,有人主张,这仅仅限于这样的情形:管理人自己(可能)负有安排丧葬的义务,其只不过是向其前一序列的义务人请求偿还:在Bradshaw v. Beard一案中,死者死在其兄弟的家中,其兄弟根据普通法负有安排丧葬的义务(loc. cit. , 348 per Willes J)。没有明确的权威观点说,同样的规则也应适用于不负有任何义务的陌生人进行管理的场合;在许多的案件中,根据当时所处的具体情形,与义务人取得联系既不可能也不现实——参见Ambrose v. Kerrison, . loc. cit(原告当时不知道死者丈夫的住所);Jenkins v. Tucker, loc. cit.(丈夫在国外);Rogers v. Price, loc. cit.(遗嘱执行人住得太远,无法提前通知)。无论如何,若管理人(如通过隐瞒)阻止本来负有丧葬安排义务的人来安排丧葬,则管理人不享有偿还请求权:Bradshaw v. Beard, loc. cit. , 349 (Willes J)。并且,若(本来的)义务人(合法地)拒绝在当时立即将尸体埋葬,则管理人的行为不能违背义务人已经表达的意思:Rogers v. Price, loc. cit. , 36 (1083) (Hullock B)。成文法规定,提供社会救助或扶养的公权力机关可以请求被救助人的扶养义务人偿还所支出的费用:参见National Assistance Act 1948第43条;Children Act 1989第29条以及明细表2的第3部分;Child Support Act 1991(Child Support, Pensions and Social Security Act 2000的第一部分对之作了修改,Child Support Act 1995对之作了补充)。

示例2来自于CFI Groningen 2 September 1999, Prg. 2000, 5375;示例3来自于BGH 8 March 1990, BGHZ 110, 313;示例4来自于BGH 7 November 1960, BGHZ 33, 251;示例5来自于CFI Toulouse 26 October 1932, D. 1933, 2, 107;示例6来自于CFI Rotterdam 20 August 1993, NedJur 1995 no. 18p. 73。

第Ⅴ-1:103条 被排除在适用范围以外的行为

本编不适用于以下情形：

(a) 管理人基于其向本人所负的合同义务或其他义务，具有实施相应行为的权限；

(b)管理人基于本编以外的其他规则，不论本人同意与否，都具有实施相应行为的权限；或

(c)管理人向第三人负有作为义务。

评 论

A. 无因管理法适用的消极要件

基本内容。第Ⅴ-1:103条涉及的是，虽然已经满足了第Ⅴ-1:101条(为维护他人利益而管理)或者第Ⅴ-1:102条(替他人履行义务的管理)的要件，但仍然不能适用无因管理法的情形。因而，第Ⅴ-1:103条涉及的是无因管理的消极要件，即(a)不存在基于某种合同或其他法律依据而产生的管理权限(或义务)；(b)不存在不受本人意思影响的、进行管理的权限；(c)不存在向第三人所负的作为义务。

特别法中规定的制度优先适用。本条并没有明确规定，意在为所涉情形提供一套完整规则的特别法制度优先于无因管理法。这似乎并无必要，因为这只不过是适用了这样的一般原则：在相互冲突时，特别法的规范在适用上优先于一般的规范。因此，若法律提供了特殊的、详尽的规则来规范管理人与本人之间的关系，则那些特殊规则优先于此处的规则。例如有关医生提供紧急救治的法律。

B. 权限与义务(第(a)项)

原则。若行为人对本人负有实施系争行为的义务，则其行为不构成“未获得授权的管理”。这是无因管理法的定义性特征，其目的正在于弥补因为事先不存在私法义务——特别是不存在作为的合同义务——而产生的空缺。并且，若某人对受益人负有实施系争行为的义务，则其同时必然也具有实施该行为的权限。这是第(a)项中所规定的规则的出发点，对于合同义务以及法律给行为人规定的有利于受益人的义务，都是如此。实施相应行为的权限，就源于该特定的义务(对这一义务的履行正是所要考虑的问题)。某人对本人负有某种作为义务的话，通常也就具有实施该行为的权限(虽然反过来具有实施某一行为的权限的人并不一定就负有实施该行为的义务：参见第

(b)项)。

义务的准确认定。不过,重要的是,要在特定案件的具体情形中准确地认定相关的义务。

示例 1

某房屋的所有权人叫了一个水暖工去维修管道,但该所有权人在水暖工到达其房屋之后却没有开门迎接。该水暖工想办法完成了管道的修理。该水暖工负有进行维修的义务,但却没有被授权未经同意就进入该房屋(除非当事人已经对此作了约定)。如果承认该水暖工并不负有"以这种方式"履行其承诺的义务,则上述表面上的矛盾就解决掉了。这样考虑的话,仍然是,负有实施某一行为的义务的人通常也具有实施该行为的权限,而具有实施某一行为的权限的人则并不当然负有实施该行为的义务。

行为是基于对本人所负的合同义务。管理人对本人的事务进行管理时,只有当事人之间不存在赋予管理人以管理权利的某种法律关系时,才能构成无因管理。特别是,若行为人负有某种合同义务,这种合同义务赋予了当事人实施系争行为的权利,则行为人的行为因此不构成无因管理。当事人之间的合同是否已经成立,以及,如果合同成立的话在当事人之间产生何种权利与义务,这样的问题完全要根据合同法来判断。因而,在这一方面,合同法完全优先于无因管理法。只有当就相应行为的实施不具有必要的合同权利以及相应的合同义务时,才适用无因管理法。在这种情形,当事人之间才存在适用无因管理法的空间。

示例 2

某个长期合同的一方当事人在终止合同关系的商业谈判中突发心脏病,被另一方当事人送往医院,后者的行为构成无因管理。将合同对方当事人送往医院的行为,与当事人之间的合同关系不存在关联。

合同的存在。有关合同是否存在以及合同产生何种权利义务的问题,本条将之完全交由合同法来处理。管理人与本人之间是否成立合同以及在何种条件下成立合同,(根据双方之间的合同,管理人实施管理行为,或者根据相应的情况也可能是继续进行管理,获得了本人的同意,)这样的问题要根据合同法来判断。同样,本人对管理行为的追认(第Ⅴ－1:101 条(为维护他人利益而管理)第(1)款第(b)项)是否导致在某种特定的情形下成立合同(参见第Ⅴ－1:101 条下的评论 F)的问题,本条也将之交由合同法来判断。并且,根据有关无因管理的规则,当某人应他人的要求或呼救而进行管理时,是否以及在何种情况下成立合同,也要根据合同法来判断。相应地,提供帮助的合同义务如何才能成立以及对救援者的损害赔偿义务的承担(救助合同,*convention d'assistance*)需要具备什么样的条件,对于这一特殊问题,第Ⅴ－1:103 条第(a)项也不予涉及。根据第二编,原则上,在受伤者与救援者之间大概不成立提供帮助或者进行损害赔偿的合同,因为无论是救援者还是求救者通常都不会具有受法律拘束的意思。因此,在这种情形,就有了无因管理法适用的空间。对于不涉及法律义务的好意施惠或善举也是如此。不过,在作了此种约定的场合(如经允许搭乘他人的便车),通常要假定行为人的行为具有好意施惠的意思,参见第Ⅴ-3:104条(管理人请求权金额的减少或请求权的排除)第(1)款。但是,若某人许诺为他人所做的某种特定行为支付报酬,则成立合同关系;在受诺人开始实施这一行为时合同成立。最后,对于在何种条件下可以与不具备完全行为能力的人(如未成年人)订立(有效的且具有执行力的)合同的问题,若欧洲法没有加以规定的话,这一领域仍然完全适用合同法或者(根据情况也可能)适用人法。就此,可能是通过特殊的法律制度,使得医生或医院一方与陷入昏迷的患者之间的关系按照合同法来处理。

根据无效合同实施的行为。某人误以为负有义务,从而根据服务合同提供了给付,若该合同结果却是无效的话,其行为是否构成无因管理,对于这一问题,第Ⅴ-1:103条未予涉及。相反,这一问题应当根据第Ⅴ-1:101条(为维护他人利益而管理)来判断,并且必须给予否定的回答,因为行为不具有维护他人利益的意思(参见第Ⅴ-1:101条下的评论C)。

违反合同的行为。若合同的一方当事人以合同当事人的身份实施某一行为,但其行为不符合合同要求,则同样不是"未经授权的管理"。合同的一方当事人不完全履行合同义务,并不改变其行为具有授权这一事实。

具有相似功能的合同法规则优先适用。从功能的角度来看,合同法中的很多规则与无因管理法之间有相似之处。当然这些规则也应予优先适用,从而相应地排除无因管理法的适用。例如,债权人迟延受领给付时,债务人负有为债权人的利益(但费用也由债权人承担)保管并接收标的物(如买卖标的物)的义务(参见第Ⅲ-2:111条(未被受领的财产))。另一个例子可以在委托合同的延伸规则中找到,根据该规则,在发生无法预见的情况时,受托人可以偏离委托人已经作出的指示,并且在试图与委托人取得联系并未果后,作出符合委托人利益的决定。这种权力源自于规范当事人间关系的合同法规则,因而受托人的行为不构成无因管理。这一点,不论受托人是否负有偏离最初指示的义务(即按照一个理性的受托人维护委托人利益所该做的那样去做)(在此种场合适用第Ⅴ-1:103条第(a)项),都是如此;即使所适用的合同法制度仅仅是授权受托人偏离委托人的明示的意思,受托人仍然可以在未经委托人同意的情况下实施相应的行为(第Ⅴ-1:103条第(b)项)。另一方面,若根据所适用的合同法制度不具有这种基于合同法的权限,则完全相同的行为可能构成无因管理。可以想到的例子是,由于突发的意外事变,为了维护委托人的利益,受托人基于合理的原因感到有必要突破委托人所设的价格限制。若对此种情形所适用的合同法本身没有相应的规则,则适用无因管理法(反过来也是如此)。不过,不管是基于合同法还是基于无因管理法来处理这种案件,实质结果不会有什么区别。

行为是基于对本人所负的其他义务。履行合同义务只是不构成无因管理的多种情形中的一种(虽然是非常重要的一种);在这些情形中,因为行为人出于私法的规定而必须为委托人实施相应的行为,因此,行为人也就具有实施相应行为的权限,从而行为人不需要以无因管理法来作为其行为的合法性基础。本条没有采用罗马法系中行为的"自愿性"标准。不过,之所以这样,主要是出于技术性的原因,并非出于什么法律政策的考虑。"自愿性"的标准似乎一方面太不准确,另一方面又太过狭隘。相反,关键的应当是行为人是否对本人负有义务。不过,问题并不在于义务的来源(法定的还是合同的)。那些履行其对子女、配偶或父母的扶养义务的人,和那些根据不当得利法应返还所占有物或所有物的人一样,行为都同样不构成无因管理。履行其他债务,如履行缔约过程中所产生的义务("缔约过失",参见第Ⅱ-3:302条(保密义务的违反)),或者由此给他人造成的法律意义上的损害,同样不是无因管理的问题。

示例3

某人对其所应负责的损害进行补救时,行为不构成无因管理。这种损害如,想重新注满一个地下油罐,但这个油罐实际上已不存在,于是污染了地下水。

道德义务。此处所指的只是法律义务;履行道德义务的行为仍然可以适用无因管理法。

刑法中的救助义务。某人看到他人的生命或者身体面临严重的危险,虽然不需要牺牲任何重要利益就可以提供救助,却没有伸出援手,对于这种情形,欧洲许多国家的法律都规定其要承担刑事责任(未提供救助的不作为犯罪)。在某些场合,特定的职业人群(特别是医生,但在特定的场合还有如兽医)要承担广泛的救助义务,并且在未履行救助义务时可能要受到刑事处罚。那些不救助就会受处罚的人,其行为可能在相当程度上不是"出于自愿",但毫无疑问的是,这些人也应当获得无因管理人的法律地位(这种法律地位对于行为人而言是有利的)。威胁进行处罚不过是想给实施救助行为提供进一步的"动力";这不应当产生相反的效果,剥夺行为人受到私法保护的机会。因而,在这里,重要的只是,管理人是否对被帮助者负有私法上的义务,从而具有实施相应行为的权限。在刑事处罚的威胁给行为提供了动力的场合,事实上恰好不符合上述这一要件。这是因为,首先,是出于一般公共利益的考虑才规定了这种义务;这种义务并不给基于私法的请求权提供理论基础,并且,根据欧洲法学界占绝对优势地位的观点,违反这种义务并不能使未获帮助的人享有损害赔偿请求权。即使采纳一种相反的观点(即认为成立赔偿请求权),当行为人提供的帮助构成不受欢迎的干扰时,被帮助者(至少在理论上)可以随时拒绝帮助,这一情况也表明,提供帮助的人确实是无因管理人。刑法所规定的救助义务没有给救助者提供不顾本人意思影响而进行干预的权限。相应地,当本人不需要其帮助而予以拒绝时,行为人就不负有或不再负有作为义务。

C. 行为系基于其他的权限(第(b)项)

概述。适法无因管理的第二个“消极”要件是,在与受益人的关系中,不论受益人同意与否,行为人都不具有实施系争行为的权限。当行为的权限源自于无因管理法以外的其他法律时,就是如此。若存在此种使管理行为合法化的特殊原因,那么,原则上也存在对当事人的权利进行规范的、独立的法律制度(有疑问时也应当认为仅仅适用这一法律制度)。不过,这本身并不是决定性的考量因素;重要的是,行为人是否具有违反受其行为影响之人的意思而实施行为的权利,或者,根据情况也可能是,行为人是否使受其行为影响之人产生了受法律约束的意思。这两种情形都涉及行为人对他人的法律状态进行干预的权限;这使得他们之间不产生无因管理的关系。

私法中的例子。例子包括,监护人对被监护人,父母对其子女,或者是法人的执行机关对法人本身。这些人所实施的特定行为,通常也可以适用第(a)项;在他们履行对对方所负的现有的(法定)义务时,即是如此。不过,即使并非履行法定义务,通过第(b)项,其对对方的行为也不构成无因管理。此外,邻居根据财产法赋予的权限修剪邻地伸过来的越界树枝,或者违反共有人的意思而清理共用的下水道,也不构成无因管理。在发生合同所约定的特定的紧急情况时,虽然没有获得出租人的同意,承租人根据租赁合同所赋予的权利,可以进行必要的修理,且费用由出租人承担,这同样不构成无因管理。

公法所规定的实施相应行为的权限。当某人(消防队、警察等)根据公法的规定具有进行管理的权限时,情形与此相似。为维护公共安全与秩序而提供的服务,具有特殊的法律依据;这不构成无因管理。作为一项一般原则,并且为了避免误解,此处应当重申的是,共同参照框架草案仅仅涉及私法的问题,对按照公法行使权力而产生的费用偿还问题或者其他类似问题不予处理。政府机关进行干预的权力当然是政府权力或公共权力的基本特征。

示例 4

学校十字路口的执勤人员命令其他的司机停车时,这些司机负有停车的义务;执勤人员的行为并不对学校的孩子或其他司机构成无因管理。

示例 5

某个运牛的卡车在卸载的时候,一头公牛冲了出来,逃到了一条双向通行的马路上,并被某个警官击毙。这个警官被开枪时的冲击波所伤。该警官不能以此根据第Ⅴ-3:103 条(赔偿请求权)并结合第Ⅴ-1:102 条(替他人履行义务的管理)对该牛贩子享有赔偿请求权;不论牛贩子是否同意,该警官是基于公法的授权,为了保护交通参与人不受伤害而射杀了这一动物。

示例 6

另一方面,某人应税务部门的号召而检举揭发逃税者,并因此而获得“奖金”,但其不具有开展调查并将详细资料转交税务部门的特殊权力。检举人的行为不属于公法规范的范围,不构成无因管理(因而不能请求税务部门偿还费用),这只是因为,其行为的主要目的是谋取自己的利益,即为了获得所许诺的奖金。

“不论本人同意与否”。如前所述,若行为人对本人事务的管理不以本人的同意为条件,而是根据其自己所享有的权限来实施相应的行为,则不构成无因管理。另一方面,如果本人的明确同意导致管理人与本人之间成立合同,行为也因此不适用有关无因管理的规则(参见上述评论B)。当然,本人同意的,行为人并不因此获得进行管理的权限,因为在行为人实施系争行为之前,本人可以随时撤回其同意。此外,撤回同意的话也不可能产生其他的结果,因为无因管理法的整个理念都在于确保有权实施相应行为的行为人遵从另一方的可推知的意思。若行为人确实遵从了这些意思,则显然没有理由去否认构成无因管理。

示例7

因为在国外发生了一起交通事故,某个第三者责任险的保单持有人被拘留。应被保险人的一再要求,保险人支付了保释金,虽然双方都清楚,根据保险合同的规定该保险人并不负有此种义务。双方同样清楚,保险人提供这一额外服务是一项善意的举动。保险人的行为构成无因管理。以保险人的行为“已经获得授权”为由,试图去否认保险人的行为构成无因管理,是不对的。保险人的权限完全取决于本人的同意。

D. 履行对第三人所负的义务(第(c)项)

意义。若行为人通过实施管理行为来履行其根据私法对第三人所负的义务,即使具备第(1)款[译注:原文如此,疑为“第V－1:101条”的笔误]规定的其他要件,也不构成无因管理。不过,在实践中,管理行为单单因为这一原因而不能构成无因管理的,非常罕见。通常来说,管理行为是因为不具备第V－1:101条(为维护他人利益而管理)所规定的基本要件而被排除在无因管理法的适用范围之外,例如,因为行为人为履行某种(真实的或想象的)义务而进行给付时其主要目的通常不是为了维护他人利益。特别是,也正因为如此,行为人在行为时误以为其是在履行合同义务的,不适用无因管理制度的规范;相反,行为人应当根据不当得利法来寻求获得偿还。

适用范围。即使在行为人与受益人之间满足了第V－1:101条(为维护他人利益而管理)所规定的要件时,若行为人对第三人负有相应的作为义务(典型的如合同义务),对于受益人来说行为人的行为也不构成无因管理。在此种情形下,在受益人与行为人之间成立无因管理关系既无必要,也不存在充分的理由:行为人(所谓的“管理人”)只能是依据其与合同对方当事人之间的关系来享有权利。常见的情形是某人受他人的聘请来为受益人进行修理。(至于聘请行为人进行修理的人的行为是否对受益人构成无因管理,则并不相干。)在此种场合,有的时候被聘请的人在为受益人实施相应行为时具有维护受益人利益的目的——此时合同(以及其他的东西)不是行为人实施该行为的动机。第(c)项的目的就是明确规定在这些情况下也不构成无因管理。

示例8

房屋出租人L聘请R对其出租给承租人T的房屋进行修理,T完成了修理。对于T来说,L的行为不构成无因管理,因为L对T的行为是履行L作为房屋出租人的义务,从而其行为具有相应的权限。R的行为对于L来说不构成无因管理,因为优先适用合同法;R的行为对T来说也不构成无因管理,因为第(c)项的规定。若虽然R的行为是基于与L的合同,但即使未经L聘请,R也愿意实施该行为(如因为R与T是关系非常好的邻居),从而R的行为的主要目的也是使T受益,就需要适用第(c)项的规定。(若根据有关利益第三人的约定的规则(参见第Ⅱ-9:301(基本规则)第(1)款),L与R为T的利益订立合同,则因为第Ⅴ-1:103条第(b)项的规定,R的行为对T来说不构成无因管理。若R所作的修理水平很差,R根据合同向L承担责任(并且根据情况也可能向T承担责任);但是不论对L还是对T,R都不根据无因管理法承担责任。

示例9

某个慈善组织与政府部门订立合同,根据该合同,该慈善组织负有开展特定救援服务的义务,该政府部门则承担相应费用。该慈善组织在提供服务时,其行为对于被救助者不构成无因管理。

界限。不应将上述情形与管理人从事无因管理并作为本人的代理人从事行为、负担义务并履行这种义务的情形相混淆。

示例10

事实与示例8中的事实基本相同,不过L并非T的出租人,而是T的一个朋友,他聘请R来对T的房屋中某根破损的水管进行修理。在这种场合,L聘请R的行为构成对T的事务的无因管理。L向R支付账单的行为,仍然构成对T的无因管理,这不受L对R负有支付报酬的合同义务的影响:这种义务只不过是L所实施的管理行为的结果。L不仅对T享有费用偿还请求权,(以在该具体情形中合理为限,)他还必须将对R所负债务将要到期的事实通知T,并使得T可以直接向R付款。

对合同义务的准确分析。重要的是,行为人就其所实施的行为是否对第三人负有合同义务。这种场合可能需要对行为人与第三人之间的合同作细致的考察,以判断行为人是否确实负有该义务,从而维护他人的利益。

示例11

某艘船舶上的医生对陷入昏迷的乘客进行照顾。若该医生已向该航运公司承诺为乘客提供医疗服务(极有可能以酬金作为回报),那么不是该医生的行为构成对病人的无因管理,而是该航运公司的行为构成对病人的无因管理,该航运公司雇用了该医生或者与该医生之间达成了约定。(此处假设,不应将上述情形分析为该公司只是在履行其对乘客的合同义务——如果是这样的话,就根本不存在无因管理。)另一方面,若医生只是同意"随叫随到",(例如,航运公司只不过是想避免乘客生病后在船上无法获得任何医疗救助因而该公司要对乘客承担非合同责任,)该医生只要是呆在船上,需要医疗服务的乘客可以找得到他,他就已经履行了合同义务,这时,给任何特定的需要医生帮助的乘客实际提供医疗救助,就超出了该医生对航运公司所负合同义务的范围。

不限于合同义务。不过,第(c)项的规定并不限于履行对第三人所负的合同义务。它也包括履行对第三人所负的、法律明确规定的或因适用法律而产生的义务。不过,第Ⅴ-1:103条第(c)项不涉及履行公法义务的行为。

示例12

某个已婚人士履行其对配偶所负的共同抚养继子女(即该配偶的、与其共同生活的子女)的法定义务,其共同抚养的行为不构成对继子女的无因管理。

示例13

I与P是某堵可能倒塌的外墙的共有人。建筑管理部门出于公共安全的考虑命令I将这堵墙拆除。就所产生的费用,I可以请求P承担适当的份额:由于第Ⅴ-1:102条(替他人履行义务的管理)的规定,P无法反对拆除该墙;而I的行为不属于履行对第三人所负的私法义务。

注 释

Ⅰ.合同法的优先适用

1. 合同法的适用优先于无因管理法,欧盟所有成员国的法律都认可这一点。根据德国法,管理人必须是未获本人的授权,也不得是以其他的方式具有实施相应行为的权限(民法典第677条);从这一点来看,无因管理法是补充性的(Medicus, Schuldrecht II BT[12], no. 622)。对此唯一有争议的是,管理人的行为系根据无效的服务合同(就此参见第Ⅴ-1:101条(为维护他人利益而管理)下的注释Ⅴ)或者超出了合同授权范围的场合(除其他资料外,特别是详见MünchKomm [-Seiler], BGB[3], § 677 no. 42; Soergel [-Beuthien], BGB[12], § 677 no. 17; Palandt [-Sprau], BGB[63], § 677, no. 11 and § 713 no. 11)。最近的判例法完全基于违反合同义务来处理这类案件(参见如BGH 11 January 1988, DB 1988, 1377:公司执行董事超越其权限时,行为不具有授权;此时,没有适用无因管理法的余地;此前相反的立场,见RG 22 October 1938, RGZ 158, 302, 312以及BGH 7 January 1963, BGHZ 39, 1)。

2. 从希腊民法典第730条中规定的"不存在委托"的要件可以推出,对他人事务的管理系基于事先已经存在的某种法律关系的,不属于无因管理法的适用范围。与德国法一样,"委托"这一概念在此处不应作严格的理解。相反,其指的是,不存在管理他人事务的合法依据或义务(Georgiades and Stathopoulos [-Papanikolaou], art. 730, no. 20)。爱沙尼亚LOA第1018条第

(1)款("未经本人赋予权利或义务")、波兰民法典第752条("不存在委托")以及匈牙利民法典第484条("未经以委托或其他方式授权"),也是如此。因而,根据匈牙利的判例法,只有当管理人所提供的给付超出了其根据合同所应提供的内容或者其在履行完合同义务后又为了维护他人的利益而继续实施相应的行为时,才构成未经授权的管理(Legf. Bir. no. 564/1999, Bírósági Határozatok [Court Decisions] no. 12/1999)。在葡萄牙法中,合同法的优先性来自于民法典第464条:管理行为的实施必须是未经"授权"。若管理行为是基于合同,则完全要根据合同法来判断当事人的权利和义务(Vaz Serra, BolMinJus 66 [1957] 102 - 1030)。就如德国法一样,"救助合同"(*convention d' assistance*)的概念对于葡萄牙法来说也是完全陌生的。

3. 根据奥地利民法典第1035条,只有"不具有权限的行为"才可能产生无因管理。"权限"的授予可以是通过合同、法院或者法律(详见 Meissel, GoA, 72 et seq. 以及 Fötschl, ERPL 2002, 550, 562 (fn. 67))。因而,本人与管理人之间有合同约定的,不能适用无因管理法;合同法具有优先性。合同义务的范围要经由对合同约定的解释来判断(OGH 25 April 1963, SZ 36/68; Gschnitzer, Schuldrecht BT², 279)。例如,奥地利某家医院的经营者因为其自身不具备处理相应病例的条件,而将某个新生婴儿以飞机运往苏黎士的某家诊所接受救治,在这种情形,该医院不享有费用偿还请求权:根据奥地利的社会保险法,父母与医院之间成立合同,根据该合同的条款,父母不需要为医院的服务提供对待给付作为对价(OGH 29 March 2001, ZVR 2002/36 p. 154)。不过,在某些很罕见的场合,无因管理法的规则可能对合同法产生影响。例如,在某人以合同约定为他人保管财产的案件中,最高法院在认定赔偿数额时适用了有关无因管理的规则(OGH 12 November 1997, JBl 1998, 303)。若管理人的行为是对他人求救请求的反应,则可能成立合同,虽然对求救者所处的紧急情况需要给予特别注意(OGH 13 July 1994, SZ 67/123),在非专业救援的场合以及要价过高的专业救援的场合,当事人都可能不具有受法律拘束的意思(Rummel [- Krejci], ABGB I³, § 879 no. 218)。不过,在奥地利法中,不能构成无因管理不仅可能是因为存在合同,也可能是因为存在不具有法律拘束力的好意施惠的约定。这源自于民法典第1036条以及该条有关紧急情况的要件,若管理人具有事先征得本人同意的机会,则可能不具备这一要件(OGH 22 November 1984, SZ 57/167; Meissel, GoA, 31)。但这也涉及民法典第1037条的反面要件,即管理人未获本人同意。若管理人获得了同意,则存在一个界于合同与无因管理之间的"好意施惠关系"。不过其法律后果尚未确定,属于学术争议。

4. 在西班牙,无因管理法也被认为是一个补充性的制度。从民法典第1888条("未经委托,自愿")或者(也可能是)纳瓦拉省的 Fuero Nuevo de Navarra ley 560 中可以推出,管理人不能是因为某些特殊的法律依据而负有从事相应行为的义务或者具有从事相应行为的权利(Pasquau Liaño, La gestión de negocios ajenos, 101);否则,当事人的权利和义务要完全根据相应的特定法律关系来认定(Sánchez Jordán, Gestión de negocios, 93)。民法典第1888条的"委托"一词不应作严格的理解(Paz - Ares/Díez - Picazo/Bercovitz/Salvador [- Díez - Picazo], Código Civil II, 1944; Lacruz Berdejo, Rev. Crít. Der. Inm. 1975, 252)。合同权利义务与合同以外的权利义务之间的界限是很难划定的。根据民法典第1715条,若受托人能在遵守合同所能获得的利益之外为本人谋取到更多的利益,则受托人可以超越委托权限。不过,本人只有在追认之后,才受到这种超出合同义务的行为的拘束(民法典第1727条)。在这种场合,不适用有关无因管理的规则。并且,根据最高法院的判例法,若本人拒绝追认的话,仍然不适用无因管理法(TS 8 January 1980, RAJ 1980 (1) no. 79 p. 64; TS 19 October 1993, RAJ 1993 (4) no. 7744 p. 9863)。法国的"救助合同"(*convention d' assistance*)的概念在西班牙也是一个完全陌生的概念。

5. 意大利民法典第 2028 条仅仅将管理人不负有义务的、(按照常见的说法)"自愿"实施的行为作为无因管理法的对象(Cass. 30 November 1988, no. 6499, Rep. Foro it. 1988, voce "Gestione d' affari", no. 1; Breccia, La gestione di affari[2], 857)。若管理行为有合同上的或法律上的基础,则不能适用无因管理法。甚至是超越委托权限而实施的行为(参见民法典第 1711 条)也不构成无因管理(Cass. 23 January 1953, no. 202, Rep. Giur. it. 1953, voce Appelo civile, no. 128; Cass. 14 July 1954, no. 2471, Rep. Giur. it. 1954, voce Mandato, no. 48 - 56, voce Obbligazioni e contratti, no. 262)。只有当管理行为与当事人所订立的合同不存在任何关联时,才存在适用无因管理的空间。

6. 法国法、比利时法以及马耳他法(民法典第 1013 条)都要求管理人的行为是"自发的"或者(根据情况也可能是)"自愿的"。因此,若管理人根据合同或法律负有实施相应行为的义务,则不适用无因管理法(Cass. soc. 11 October 1984, Bull. civ. 1984, V, no. 369 p. 276; Van Gerven, Verbintenissenrecht II[7], 218 - 219)。不过,在给付超出了合同义务的场合,可以援用无因管理法(le Tourneau, RépDrCiv, VI, v° Gestion d' affaires (2002) no. 37; Paulus, Zaakwaarneming, no. 39 p. 35)。并且,法国的判例法还认为,即使管理人对第三人负有从事相应行为的合同义务,其行为对于管理人与本人之间的关系而言仍然可以被界定为"自发的"或者(根据情况也可能是)"自愿的"(Cass. civ. 24 May 1989, Bull. civ. 1989, I, no. 211 p. 141)。法国法的另一个独特之处在于关于所谓"紧急救助合同"的判例法。其涉及的情形是,某人虽然不负有救助的义务,但给他人提供了紧急救助,并在救助过程中受伤。法国法院赋予了施救者向被救者请求损害赔偿的合同权利,并且这种请求权不以过错为要件。法院认为,在施救者与被救者之间成立合同,其内容是被救者负有对施救者所受任何人身损害进行赔偿的义务(首要的判例为 Cass. civ. 27 May 1959, JCP 1959 no. 11187)。"救助合同"(*convention d' assistance*)的概念受到了评论者们的批评(Viney, JCP 1998 éd. G, I. 144, no. 7, p. 1096),但是判例法仍然坚持这一概念。比利时没有追随法国的这一立场,而卢森堡则接受了"救助合同"(*convention d' assistance*)的概念(CA Luxembourg 27 June 2001, Pas. lux. 2002, 154)。

7. 荷兰民法典第 6:198 条规定,若当事人之间已经存在合同关系或法定关系,从而行为人具有从事管理行为的权限,则不构成无因管理关系。典型的例子是雇佣合同、服务合同以及承揽合同。在紧急情况下为陷入昏迷的病人提供医疗救护,由民法典有关医疗救护合同的第 7:465 条与第 466 条来规范。若某人的行为是基于他人明示或默示的请求,则是否成立合同的问题要根据个案的具体情况来判断。多半情况下是属于自发地维护他人利益,如听到某个溺水者呼救后加以救助,应适用无因管理法(详见 Verbintenissenrecht [- Heisterkamp], art. 6:198 BW, note 12.3)。

8. 和其他地方一样,苏格兰也承认合同法相对于无因管理法具有优先适用性。一旦证明本人并非不知道管理人的管理,或者管理人的行为是基于本人事先明示的意思,则首先必须搞清楚这种关系是否应由委托来加以规范(或者根据情况也可能是默示的委托),或者(在行为是无偿的场合)是否成立代理关系(Walker, Principles of Scottish Private Law, II[4], Ch. 4. 14, p. 213 - 218; Marshall, Scots Mercantile Law[3], 31 - 41)。

9. 斯堪的纳维亚法中无因管理法缺乏一个清晰明确的概念,其原因之一在于许多情形由特殊的规则来规范,这反过来将一般性的概念挤到了一边。并且,对于此处所讨论的合同法与无因管理法的边界上的案件,合同法有着广泛的适用范围。这种情况一部分是由“默示承诺”(tacit promise)这一概念所导致的(关于丹麦法中的 stiltiende løfte,详见 HD 23 October 2000, UfR 2001, 100);同时,这也是因为,根据斯堪的纳维亚 Contracts Act 第4条第(2)款与第6条第(2)款,甚至单纯不作为也可以导致合同成立。瑞典的消费者服务合同法(Konsumenttjänstlagen)第8条以及芬兰1978年1月20日第38号的消费者保护法(Konsumentskyddslag)第8章第6条也将合同法置于优先适用的地位。这两个条文所涉及的都是行为人提供不请自来的额外服务,然后要求偿还因此所产生的费用,对此情形的处理与无因管理法的一般原则非常接近。甚至在仲裁裁决中也可以发现无因管理背后的价值:在这些案件中,服务合同中未对准备性的工作加以约定,但这种准备性的工作对于作为服务合同标的的喷漆工作来说是必要的,并且行为人已经向本人指出了这一点,但本人对此未作任何表示,之后行为人要求偿还因这种准备性工作所产生的费用(Andersson/Söderlund, JT 2002-03, 14)。

10. 在英格兰法中,与其他形式的代理一样,紧急代理可以是合同约定的,也可以不是合同约定的:Petrinovic & Co. Ltd. v. Mission Francaise des Transports des Maritimes (1941) 71 Lloyd's L. Rep 208, 223 (Atkinson J)。因而,对于有效的紧急代理而言,并不要求代理人的行为不具有被代理人的合同授权。事实上,尽管可能存在例外,适用紧急代理的一般情形都是,紧急情况使得不得不扩大或者无视本人事先所作(作为约定代理的基础的)的指示。出于这种原因,为了在紧急情况下保护本人的利益,紧急代理通常被视为已有授权的并且也是代理人有义务去做的:详见第Ⅴ-2:101条的注释41。不过,若行为人的行为所处理的事务涉及第三人,则紧急代理必须具备必要性的要件,而不是完全基于被代理人的(不再有效的)指示或者所声称的委托或者其他法律关系,这一要件使得存在某种相同的区别:参见 Jebara v. Ottoman Bank [1927] 2 KB 254, 264 (Bankes LJ),该案中,银行声称其行为是基于合同的约定,而不是基于合同未约定的紧急情况,这也是(除不具备必要性的要件之外)驳回诉讼请求的另一个原因。当行为人是基于恢复原状主张赔偿请求权时,若行为人为被告带来的利益基于某个已经存在的合同,则赔偿请求权不成立:参见 Wentworth v. Tubb (1841) 1 Y & C CC 171, 62 ER 840 at 841-842 (Knight Bruce VC)(该案的背景是,给某个不具有缔约能力的人提供生活必需品);The Solway Prince [1896] P 120, 128(Jeune P 指出,若行为人与所有权人之间存在合同,而不是与第三人之间存在合同,同样也不能基于海难救助而享有请求权,其原因同样是,这一问题应根据合同来判断)。

Ⅱ. 连带债务人之间的分担

11. 无因管理法对于连带债务人之间责任分担的影响(如根据合同或侵权法承担连带债务的债务人),是一个不容易回答的问题。在清偿共同债务的同时,该债务人也清偿了另一个连带债务人对债权人所负的债务。通说认为,连带债务人之间分担债务的规则(参见第Ⅲ-4:107条(连带债务人之间的追偿))是一个完全特殊的制度,在适用上优先于无因管理法。不过,支持这一观点的理由各不相同,并且这一作法的合理性也时不时地受到质疑。

12. 在德国法中,民法典第426条有关连带债务人之间分担的规则不但排除不当得利法的适用,也排除无因管理法的适用。其理由,要么是该条属于特别法因而优先适用(BGH 4 July 1963, NJW 1963, 2067; Erman [-Ehmann], BGB I[10], § 426, no. 15; Esser and Weyers, Schuldrecht II (2)[8], § 46 V),要么是认为连带债务人之一所清偿的债务超过了其根据连带债务人内部关系所应承担的数额时,其并非是在管理他人事务。从其他债务人的角度,其效果不过是债权人的代位(Medicus, Bürgerliches Recht[19], no. 415)。

13. 到目前为止,希腊的法学学说显然还没有讨论到连带债务人之间请求分担的权利(民法典第487条与第488条)和无因管理法的相互影响。不过,似乎不成立基于无因管理的请求权,因为在这种场合不具备管理他人事务的意思(animus aliena negotia gerendi)这一要件。判例法还认为,某人基于和解协议清偿他人债务时,不构成对他人事务的管理(CA Athens 2896/1977, NoB 26 [1978] 223)。

14. 葡萄牙民法典在第512条及以下中规定了有关连带债务人的规则(obrigações solidárias)。连带债务人之一清偿全部债务的,也为其他的所有债务人清偿了债务(民法典第523条)。连带债务人之一所清偿的债务超过了其根据连带债务人内部关系所应承担的数额时,因此取得对其他共同债务人的偿还请求权(direito de regresso)(民法典第524条)。这种追偿权并非基于无因管理法:进行清偿的该连带债务人在行为开始之时是否构成以维护他人利益的目的管理他人事务,是存在疑问的。无论如何,其具有清偿的权限(autorização)(民法典第464条),因此无法适用无因管理法(Pires de Lima and Antunes Varela, Código Civil Anotado I[4], 446)。因而,法学学说中唯一讨论的是,民法典第490条与第497条是否适用于多个管理人的责任这一特殊情形,这两个条文中规定的是共同侵权人内部分担的特殊规则(Menezes Leitão, Responsabilidade do gestor, 299)。

15. 早先,奥地利的部分判例和学说认为,连带债务人(民法典第896条)的分担请求权的法律依据在民法典第1041条或民法典第1042条及以下(Rummel [-Gamerith], ABGB I[3], § 896 no. 1a)。不过,最近的判例法和学说则改变了看法;通说认为,向债权人进行了清偿的连带债务人在要求内部分担时,其追偿权是一项独立的权利,完全由民法典第896条来予以规范(OGH 23 March 1987, SZ 60/55; Rummel [-Rummel], ABGB I[3], § 1042 no. 8)。不能适用无因管理法,因为不具备民法典第1042条所规定的"为他人而支出的费用"这一要件:清偿了债务的连带债务人本就应对全部的数额承担责任。不过,在一方当事人请求其他连带债务人作为共同被告参与诉讼但却未果后,该当事人作为被告的诉讼所产生的诉讼费用的偿还,可以考虑民法典第1037条(OGH 24 November 1997, SZ 70/241);关于多个连带债务人之间诉讼费用的可追偿性质,其他的许多法律问题尚待解决(OGH 26 February 2002, JBl 2002, 658; OGH 18 July 2002, RIS-Justiz RS 0109200 and more generally Pochmarski/Strauss, JBl 2002, 353 and Fötschl, ÖJZ 2004, 781)。

16. 法国法区分多个债务人的连带债务(*solidarité passive*)与他们的整体责任(liability *in solidum*)。根据民法典第1202条,原则上,多个合同债务人承担的连带债务必须是来自与债权人的约定;只有商事交易才涉及这一问题(Flour and Aubert, Le rapport d'obligation[3], no. 313 p. 195)。各个债务人内部则根据各自的份额承担责任。完成了清偿的债务人要么可以根据民法典第1251条第(3)项所规定的代位之诉(*action subrogatoire*),要么可以根据对人之诉(*action personnelle*)来进行追偿。后者的法律依据或者是委托(在合同连带债务的场合)或者是无因管理法(在根据法律所产生的连带债务的场合:Mazeaud and Chabas, Obligations[9], no. 1068 p. 1114-1115; Flour and Aubert, loc. cit. no. 325 p. 218-219)。无论如何,债务人仅能要求每个共同债务人支付相应的份额(民法典第1214条)。因为民法典第1202条的规定,也因为只有在法律规定的几种罕见情形下才适用连带责任,法学学说和判例法发展出了整体债务(*obligation in solidum*)的概念。这一概念主要是在侵权法中发挥重要的作用。承担整体债务的债务人对损害赔偿的全部数额也应承担责任(Flour and Aubert, loc. cit. nos. 327-328 p. 219-220)。某个债务人清偿了全部数额之后,可以向其他的债务人进行追偿,一般认为这种追偿权来自于民法典第1251条第(3)项(代位之诉),虽然判例法经常允许完成了清偿的债务人依据民法典第1214条提起对人之诉(Flour and Aubert, loc. cit. no 329 p. 221; Cass. civ. 7 June 1977, Bull. civ. 1977, I, no. 266 p. 210)。不过,在学说上,也出现了这样的观点:与连带债务一样,承担整体债务的债务人对其他共同债务人提起的对人之诉,法律依据在于无因管理(Terré/Simler/Lequette, Les obligations[8], no. 1263 p. 1173, with fn. 2)。比利时法的情况与法国相同。在比利时法中,对于追偿权的法律依据几乎没有作更为详细的阐述。De Page认为,向债权人完成了清偿的连带债务人可以援引委托之诉(*action de mandat*)、事务管理之诉(*action de gestion d' affaires*)以及民法典第1251条第(3)项所规定的法定代位(*subrogation légale*)所产生的请求权(de Page, Traité élémentaire de droit civil belge, Tome 3: Les obligations[3], no. 367 p. 350)。除连带债务(*passieve hoofdelijkheid*)以外,比利时也承认整体债务(*verbintenis in solidum*)。同样,连带债务人之间存在分担请求权,其法律依据被认为要么是民法典第1382~1383条(侵权法),要么是民法典第1251条第(3)项所规定的法定代位(*wettelijke subrogatie*)(Cornelis, Algemene theorie van de verbintenis, no. 135 p. 171-172)。

17. 在西班牙法中,民法典第1145条所规定的追偿权(derecho de regreso)与无因管理法中的追偿权之间的关系,似乎只有Díez-Picazo, Fundamentos II[4], 215讨论到了。他认为不能适用无因管理法,理由是清偿了整个债务的连带债务人的行为是为了维护其自己的利益,即使自己免予承担责任。因而,不具备管理他人事务的意思(animus aliena negotia gerendi)这一要件。分担请求权背后的正当性依据在于,其是与不当得利有关的原则的特殊表现,这一解释当然很有争议(详见Puig Brutau, Compendio II[2], 43; Albaladejo, Derecho Civil II (1)[10], 97; Lacruz Berdejo, Elementos II (1), 45)。至于连带债权人,与债权管理(gestión del crédito)一样,根据民法典第1141条,连带债权人可以从事对全体债权人有利的行为,但不得从事对其他债权人有害的行为。法律(被解释为)推定在连带债权人之间存在默示的委托(Lacruz Berdejo, loc. cit. 46)。

18. 在意大利法中,连带债务人清偿全部债务,也不构成为维护其他债务人的利益而进行的无因管理。其依据是,连带债务人的行为并非是自愿的(Rescigno, Codice civile, sub art. 2028)。同样,荷兰的判例法也不是依据无因管理法来处理连带债务人之一对其他债务人的分担请求权。分担的问题由偿还请求权来处理,根据民法典第6:8条,连带债务人之间的偿还请求权适用诚实信用原则。同样,在苏格兰,也不适用无因管理法;这甚至是无须讨论的问题。

19. 与比利时法和法国法的情况不同,在斯堪的纳维亚,多个债务人之间原则上连带并个别地(joint and several)承担责任。除其他依据以外,这一原则也源自本票法(在此问题上该法被认为是进行概括的适当依据)(对于瑞典,参见本票法第2条以及Mellqvist and Persson, Fordran och skuld[6], 51 and 60)。完成了清偿的连带债务人对其他每一个连带债务人都享有要求分担相应份额的权利(第(2)款,详见Håstad, Tjänster utan updrag, 110)。这里不适用无因管理法上的独立的偿还请求权;在涉及分担的特殊案件中,甚至也没有讨论到这一问题(如对比HD 29 December 2000, NJA 2000, 773)。

20. 至于普通法中共同债务人之间的分担,虽然是恢复原状法的组成部分,但并非紧急管理的问题。关于普通法、衡平法以及成文法规范的详情,参见Goff and Jones, Restitution[6], ch. 14。

Ⅲ. 提供救助的法定义务

21. 在欧盟的许多成员国中,当他人的生命或身体完整面临危险时,若进行救助不会给行为人带来严重不利的话,不进行救助是应予处罚的犯罪行为。行为人履行救助义务是否仍然适用无因管理法,就成了问题。本编原则上对此给予肯定的回答。这与德国(Palandt [-Sprau], BGB[63], § 677, no. 11)、希腊(Filios, Enochiko Dikaio I/2, 197)、葡萄牙(Menezes Leitão, Responsabilidade do gestor, 201; Vieira Gomes, Gestão de negócios, 82)、奥地利(OGH 24 August 1995, SZ 68/142;参见 OGH 18 June 1997, SZ 70/113,兽医基于职业行为规范负有提供救助的义务)以及荷兰(T. M. Parlementaire Geschiedenis VI, 792; Asser [-Hartkamp], Verbintenissenrecht III[10], no. 297, p. 311-312; Verbintenissenrecht [-Heisterkamp], art. 6:198 BW, no. 13; T & C Vermogensrecht [-Hijma], art. 6:198, no. 2)的立场一致。

22. 与之不同,在西班牙,为履行刑法所规定的救助义务(西班牙刑法典第 195 条)而实施的行为被认为不是"自愿的",从而不适用无因管理法。不过,人们承认,这一结果可能与无因管理制度的原理相悖,因为刑法典第 195 条的要件是"明显的、严重的危险"(peligro manifiesto y grave),而民法典第 1893 条则规定,存在"迫在眉睫的、明显的危险"(perjuicio inminente y manifiesto)时行为人提供救助的,对所产生的费用及遭受的损失享有赔偿请求权。即使所实施的行为在结果上没有给面临危险的人带来任何利益,行为人仍然享有这种赔偿请求权。要解决这一问题的话,应当这样理解:若救助者遭受了损害,则发生损害的事实正表明,若他不愿承担风险的话他就不会从事该行为(这又是刑法典第 195 条所规定的义务的构成要件);因而,救助者仍然受无因管理的规范(Sánchez Jordán, Gestión de negocios, 104)。同样,在意大利,通说似乎认为履行刑法所规定的救助义务(意大利刑法典第 593 条)不是出于"自愿",因而不构成未经授权的无因管理行为(Sirena, Gestione di affari, 162-163)。只有当行为人所做的努力超出了刑法所要求的程度时,才构成私法上的无因管理(Bianca, Diritto civile, V, La responsabilità, 669)。至今似乎尚无关于这一问题的判例法。

23. 在法国,也可以发现与西班牙相似的讨论。法国的学说指出,到目前为止,所提出的基于无因管理的诉讼请求,没有因为行为人的行为是履行刑法所规定的救助义务而败诉的。这一现象的原因可能在于,刑法所规定的救助义务从不要求谁将自己置于人身伤害的危险之中,而被诉诸法院的正是行为人因提供救助而遭受人身伤害的案件(JClCiv [-Bout], art. 1372-1375, V° Quasi-Contrats. Gestion d'affaires - Conditions d'existence, fasc. 10 no. 57)。与之不同,比利时的学说区分法定的一般义务(obligation générale)与法定的特殊义务(obligation spécifique)。刑法所规定的救助义务(比利时刑法典第 422 条)只不过是涉及所有国民的一般义务,其主要的特征正是不排除无因管理的适用(Van Gerven, Verbintenissenrecht II[7], 219-220)。特殊义务则排除无因管理的适用——例如消防队履行其法定的救火义务(CFI (commercial matters) Antwerp 30 June 1998, JPA 1998, 342)。

24. 在英格兰和威尔士,这一问题并不是很重要。这是因为,未救助处于危险之中的人,只有在例外的情况下才会受到刑法的制裁:Stone, Offences against the Person, p. 16(所引用的例子是,路人没有救助溺水者)。若不是旁观者本人造成了危险,只有当存在进行管理的特定义务时,不作为才能构成刑事犯罪;公民并不负有一般性的作为义务:参见 Ashworth, Principles of Criminal Law[3], 48。若既不存在合同约定的作为义务,也不存在法律默示的作为义务,则不作为不会产生刑事责任:参见 R. v. Smith (1826) 2 Car & P 449 at 457, 172 ER 203 at 207 (Burrough J)(该案中,被告人未给其智障的兄弟提供足够的取暖、食物及其他生活必需品,但公诉未获支持,因为兄弟姐妹并不负有照顾其兄弟的义务);R. v. Shepherd (1862) Le & Ca 147, 169 ER 1340

(该案中,被告人没有给其 18 岁大的女儿叫来助产士,其女儿因难产而死亡,关于其犯有过失杀人罪的有罪判决被推翻)——不过,这些案件放在现在的话可能要作出不同的判决,因为存在作为的默示义务。为了促进公法功能的实现,法律常常会规定进行管理的义务。例如,警察在履行平息骚乱的职责时合理地请求公民予以协助的话,公民负有刑法上的协助义务(R. v. Brown (1841) Car & M 314, 174 ER 522 (Alderson B); R. v. Sherlock (1865-72) LR 1 CCR 20),这一义务的履行将维护遭受人身攻击或面临此种危险的受害人的利益,但是这种"不确定"的普通法刑事义务的范围并不扩张到为救人于危难之中的警察提供协助(参见 Nicholdson, Crim LR 1992, 611, 612)。另一个例子是,根据 Water Industry Act 1991 第 57 条第(1)款,水务公司负有允许他人为消防灭火而取水的义务。刑法上的作为义务也产生于涉及未成年人的场合:父母负有照顾子女健康的义务,若因为父母未履行义务致使其子女受到伤害,父母可能要根据普通法承担刑事责任:R. v. Bubb (1850) 4 Cox CC 455, 460(该案中父亲被宣告无罪);R. v. Gibbins & Proctor (1918) 13 Cr App Rep 134(该案中的父亲因为不作为导致其女儿饿死,法院维持了有关其犯谋杀罪的有罪判决)。在普通法中,任何人不履行(合同约定的或其他形式的)义务,不给处于其监管之下并无法自己照顾自己的未成年人(如 16 周岁以下的:R. v. Sloane (1851) 15 JP 22)提供食品、衣物及住处等生活必需品,并导致该未成年人受伤害的,构成犯罪:参见 R. v. Ridley (1811) 2 Camp 650 at 652-653, 170 ER 1282 at 1283 (Lawrence J)(涉及的是一个未成年的雇员,但是公诉书存在缺陷);R. v. Friend (1802) Russ & Ry 20, 168 ER 662(未给学徒提供生活必需品);R. v. Bubb, loc. cit., 459(该案中,未成年人的父亲的同居者自愿承担了义务);并参见 R. v. Lee & Parkes (1917) 13 Cr App Rep 39(该案中,某个助产士被请来为婴儿进行护理,她疏于寻求医疗救助,法院维持了有关其构成过失杀人罪的有罪判决)。有关未成年人的普通法原则已被赋予了成文法的效力,相关的条文规定,若 16 周岁以下的未成年人未受照管或者被遗弃,则对该未成年人负有监护、照管或照顾职责的人构成犯罪:参见 Children and Young Person's Act 1933 第 1 条,并参见 Offences against the Person Act 1861 第 27 条(针对两周岁以下的婴幼儿)。只有当某个陌生人已经对某个无法自己照顾自己的人承担起了照顾其健康的责任时(不论是明示的还是默示的,合同约定的还是其他形式的),该陌生人才负有照顾其健康的一般性义务:参见 R. v. Marriott (1838) 8 Car & P 425 at 433, 173 ER 559 at 563 (Patteson J); R. v. Bubb, loc. cit., 459 (Williams J)(同居者疏于照顾其伴侣的孩子,被认定犯有过失杀人罪);R. v. Instan [1893] 1 QB 450(被告人疏于为与其同住的、因患坏疽而无法动弹的姑姑提供食物并呼叫医疗救治);R. v. Gibbins and Proctor, loc. cit., 139(Darling J 代表刑事上诉法院说明立场)(同居者故意不给其伴侣的女儿提供食品和医疗护理,法院维持了有关其构成谋杀罪的有罪判决);Stone, Offences against the Person, p. 18. 并参见国家救助法 1948 第 51 条(未对某人进行扶养,导致其由地方政府收留)。所有这些犯罪行为的前提条件都是,事先存在某种关系,或者行为人已与弱者产生了关联。在苏格兰,同样,未提供救助原则上不应当受到刑事处罚;只有当受害人与不作为之人之间存在某种特别紧密的关系(如家庭关系)时,才构成犯罪(参见 Stair [-Christie], Vol. 7, Criminal Law, para 40);因而,并不存在上文所讨论的问题。这也与瑞典法的立场相符(Håstad, Tjänster utan uppdrag, 60 and 138)。在丹麦(刑法典第 253 条,[Straffelov])和芬兰(刑法典第 21 章第 15 条,[Strafflag]),未提供救助可能会面临刑事处罚,但是目前尚未发现有关这种犯罪与无因管理法之间关系的讨论。

Ⅳ. 进行管理的其他权力

25. 对于欧盟的大多数法律体系来说,若其他的某种法律依据(即不是根据合同)赋予了行为人以干预他人事务的权力,则不属于无因管理的范畴。德国所承认的进行干预的法定权力包括如监护、保佐、亲权、破产管理、法人的执行机关、主权权力(MünchKomm [- Seiler][3], § 677 BGB no. 36)。同样,在希腊,排除无因管理法适用的其他合法性依据可能是成文法的规定。所提到的例子有监护、亲权以及破产管理(Georgiades and Stathopoulos [- Papanikolau], art. 730, no. 20; ErmAK [- Sakketas], art. 730, no. 25)。在葡萄牙,被提到的有代理权(民法典第262条及以下)、亲权(poder paternal——民法典第1877条及以下)以及监护(tutela——民法典第1927条及以下)。此外,根据STJ 8 July 1997, CJ(ST) V. (1997 -2) 144,事务被管理之人的明确同意也构成授权(autorização),从而不能适用无因管理法;在这种场合,能够适用的只有不当得利法。在荷兰,在对导致不能适用无因管理法的法定权力的典型例子也是亲权、监护以及破产管理(T. M. Parlementaire Geschiedenis VI, 791 - 792; Asser [- Hartkamp], Verbintenissenrecht III[10], no. 296 - 297, p. 310 - 312)。

26. 如前所述,在奥地利法中,不构成无因管理的、对他人事务进行干预的"权力"不但可能来自合同,也可能来自法律的规定或法院的裁判(民法典第1034条)。可作为例子的有法院所指定的保佐人(民法典第273条)或者法律规定的亲权(民法典第144条)(Schwimann [- Apathy], ABGB V[2], § § 1035 no. 4)。同样,若公权力机关在其权限范围内实施行为,也不适用无因管理法(OGH 11 February 1953, SZ 26/35);这当然并不排除在公法中采纳无因管理法中的某些基本理念(OGH 21 March 1999, SZ 72/47)。

27. 与之不同,法国法中关键的并非进行干预的权力,而是进行干预的义务。不过,这一细微的差别只是在罕见的情况下才会导致不同的结果。按照法律规定行使权力(fonction)并不排除构成无因管理。若行为人超出法律所规定的义务范围,即若其超出其法定义务(obligation légale)而进行给付,有可能构成无因管理(JClCiv [- Bout], art. 1372 - 1375, V° Quasi - Contrats. Gestion d' affaires - Conditions d' existence, fasc. 10 no. 58 - 60)。比利时也同样如此,在比利时,关键的同样并非是否存在权力,而是是否存在作为义务:参见如CFI (in commercial matters) Antwerp 30 June 1998, JPA 1998, 342以及CA Brussels 7 February 1964, Pas. belge 1965, II, 70。因而,对于这两个国家来说,若行为人享有进行干预的权力,只有在这种权力与进行干预的约定或法定的义务相一致时,才排除无因管理的适用。本人仅仅是在管理过程中在场并且同意行为人进行管理,并不必然排除无因管理的存在(CA Paris 14 October 1997, Juris Data 1997 -023144)。

28. 在西班牙法中,若行为人被赋予了代理的权限,则不适用有关无因管理的规则(TS 2 February 1954, RAJ 1954 no. 322 p. 198);"未经授权"这一表述也包括"未经授予代理权"(Albaladejo, Derecho civil II (2), 495)。任何类型的权利,不论其是源于本人的意思还是源于法律的规定,都排除无因管理法的适用(Lacruz Berdejo, Rev. Crít. Der. Inm. 1975, 252)。同样,在意大利法中,若在当事人之间已经存在(非合同的)法律关系,则不可能构成无因管理(Cass. 30 November 1988, no. 6499, Rep. Giur. it. 1988, voce Gestione d' affari, no. 1)。因此,例如,父亲对其儿子的财产进行管理并不构成未经授权的管理(Aru, Gestione d' affari, 4)。

29. 至于瑞典法,Håstad, Tjänster utan updrag, 53指出,管理人所能被赋予的权力原则上不可能超过法院所指定的监护人所能具有的权力。与以前的法律立场不同,最近的修正使得监护人能够被赋予涉及被监护人的人身(即非财产)利益的权限,参见 HD 4 November 1999, NJA 1999, 691。对于如法院为防止债务人的不动产被荒废而根据芬兰 Debt Enforcement Act [utsökningslag]第 4 章第 25 条所指定的管理人,同样如此。

30. 在英格兰法中,大量的成文法制度赋予公权力机关在必要情况下进行干预的权力或义务,以及就所产生的费用向受益人或有义务实施相应行为的义务人要求偿还的权利。因而,例如,死者死亡地或尸体发现地的地方政府负有对尸体进行处理的法定义务,如果对该地方政府来说似乎没人作出这种适当安排的话(参见第Ⅴ－1:102 条下的注释 16);在地方政府根据社会救助法予以安置的人死后,地方政府负有对死者进行安葬或火化的法定义务(公共健康(疾病控制)法 1984 第 46 条第(2)款);在地方政府所照料的未成年人死后,地方政府也负有对死者进行安葬或火化的法定义务(Children Act 1989, Schedule 2 第 20 条,该条取代了 Child Care Act 1980 第 25 条)。不过,不同的是,在最后这种场合,在可以合理地获得对该未成年人负有个人责任的人的同意时,只有获得同意,才能行使这一权力(第 20 条第(1)款第(c)项)。Public Health (Control of Disease) Act 1984 所规定的进行干预的义务或权力是对产生于普通法的义务或权力的补充(详见第Ⅴ－1:102 条下的注释 16):参见该法第 72 条。地方政府履行公共健康(疾病控制)法 1984 所规定的法定义务或行使该法所规定的法定权力时,所产生的费用作为民事债务可以向死者的遗产或相关法律所规定的对死者负有扶养义务的人要求偿还(第 46 条第(5)、第(6)款),即,死者的配偶或者(若死者年龄在 16 周岁以下的话)死者的父母(国家救助法 1948 第 42 条(结合第 64 条第(1)款))。同样,地方政府对 16 周岁以下的死者进行安葬或火化后,在行使权力过程中所产生的费用作为民事债务可以向死者的父母要求偿还:Children Act 1989, Schedule 2 第 20 条第(4)款。若某人拒绝或疏于照顾自己,并且因此需要由他人来照顾,若以其他的方式没法获得所必需的照顾的话,地方政府负有对其进行安置的法定义务(国家救助法 1948 第 21 条),并且可以要求偿还部分或全部的费用(第 22 条),但对此也存在例外。若因为某人患病、虚弱或类似情况,生活无法自理,也没法从其他地方获照顾,为了保护其自身的利益或者为了防止其给他人造成人身伤害或严重妨害,法院判令将其扣留在(国民健康服务(NHS)医院以外的)安置所,则地方政府(在此种情形地方政府首先负有对其进行安置的义务:第 47 条第(8)款)可以从他那里或根据社会救助法对其负有扶养义务的某个人那里要求费用偿还:第 47 条第(9)款。同样,在某人被安排住进医院或被送往地方政府的安置所(或者根据第 47 条的规定具有权力的其他安置所)时,地方议会采取合理措施以防止或减少因其无法保护或处理其动产而给其动产造成损害的,在履行这一义务的过程中所产生的合理费用,地方议会可以从他那里或根据社会救助法对其负有扶养义务的某个人那里要求费用偿还:第 48 条。为了防止传染病扩散,房屋的占有人未按要求采取措施的,地方政府有权对该房屋进行清理和消毒,由此所产生的合理费用作为"简单的合同债务"可以要求房屋占有人偿还:公共健康(疾病控制)法 1984 第 31 条。当存在作为的权限时,原则上不考虑恢复原状请求权——特别是因为,可以认为,在对干预的权力作出规定时,法律或法院也会对赔偿与费用的问题作出安排:参见 Wentworth v. Tubb (1841) 1 Y & C CC 171 at 173－174, 62 ER 840 at 841－842 (Knight Bruce VC)(行为人不一定要根据法院的命令才能给某个欠缺缔约能力的人提供生活必需品);Pontypridd Union v. Drew [1927] 1 KB 214, 219 (Scrutton LJ)(监护人的行为系履行法定的救助义务时,这一义务初步排除了赔偿请求权,监护人不享有法律默示的赔偿请求权)。相反,若不存在法定的权限,管理人是公共部门本身并不使其不享有普通法中的恢复原状请求权:参见 West Ham Union v. Pearson (1890) 62 LT (N. S.)

638(为某个患有震颤性谵妄症、无法保护自己、存在暴力倾向的、危险的酗酒者——虽然根据当时有效的精神疾病法其不被视为患有精神疾病,从而无法适用相应的成文法规范——提供安置与监管,并请求偿还由此产生的费用)。在某人因心智紊乱而丧失能力后,可以根据"持续代理权授权书"(lasting power of attorney)在心智弱化之前事先授予或由法院根据某项成文法制度判令授予对其财产与事务进行管理的权力,或者是安排为其进行治疗或护理的权力:参见心智能力法2005,该法在生效后将取代持久授权书法1985以及精神健康法1983第Ⅶ部分所规定的制度。根据动物法1971第7条第(2)款,家畜走失后所闯入土地的占有人享有将家畜扣留的有限权利。该法进一步规定:(i)在收留该家畜而又无法返还给其所有权人时,对所产生的合理费用享有偿还请求权(第4条第(1)款第(b)项);(ii)若14天内无人认领,则享有将之在市场上卖掉或者公开拍卖的权利(第7条第(4)款);(iii)若未以合理注意对该家畜进行照料,或者未给其提供足够的食物和水,应对由此产生的损害承担责任(第7条第(6)款)。同样,在苏格兰,成文法也规定了将走失在土地上的动物予以扣留的权利:参见动物(苏格兰)法1987第3条第(1)款。在此种场合(除涉及走失的狗外)适用市民(苏格兰)政府法1982第Ⅵ部分所规定的有关遗失物或抛弃物的报酬与处分的规则。根据道路(苏格兰)法1984,道路主管部门或警察可以扣留走失在道路上的动物:第98条第(1)款。偿还主管部门所支出的合理费用,是所有权人行使取回权的条件之一,除非所有权人已经尽到了合理的注意以确保动物不会走失到道路上:第98条第(2)款。若所支出的费用在三天内未获偿还,则主管部门可以将动物卖掉或进行处理,以补偿所支出的费用。

Ⅴ.履行对第三人所负义务的行为

31.进一步的问题是,行为人所实施的行为是履行其对第三人所负的合同义务或法定义务时,是否可以构成未经授权的无因管理。根据德国的通说,当可以确认管理人的行为同时也意在使本人受益时,仍然可以适用有关无因管理的规则(MünchKomm [– Seiler], BGB[3], § 677, no.9)。不过,最近的判例法特别地转向了本条所采纳的基本立场。根据这一立场,若在与第三人所订立的合同中完全规定报酬的问题,则行为人不享有以无因管理为依据的请求权(BGH 21 October 2003, NJW – RR 2004, 81)。BGH 15 April 2004, NJW – RR 2004, 956声称,"若'管理人'所履行的义务产生于有效成立的、对'管理人'的权利与义务作了规定的、特别是规定了报酬问题的合同,则针对'本人'的请求权……将不在考虑的范围"。

32.希腊法中强调,原则上,只有针对本人的权限或义务才导致不能适用有关无因管理的规则。管理人对第三人所负的义务并不构成民法典第730条意义上的委托(Georgiades and Stathopoulos [– Papanikolaou], art.730, no.24),虽然在这种场合原则上不会具备"行为具有维护他人利益的目的"这一基本要件(Papanikolaou, loc. cit.)。从而,希腊的立场也与本条的规定相符。

33.至于葡萄牙法,为履行对第三人所负义务而从事的行为同样不构成无因管理(Vieira Gomes, Gestão de negócios, 73 – 79)。当事人之间的法律关系要根据利益第三人合同的条款来处理(contrato a favor de terceiro;民法典第443 ~ 451条)。同样,在奥地利法中,管理人与第三人之间合同关系的存在会使得所实施的行为不构成无因管理。同一个行为不能既构成履行对第三人所负的合同义务,又构成维护本人利益的无因管理(Meissel, GoA, 75; OGH 15 December 1954, EvBl 1955/134, RIS – Justiz RS 0019765)。

34.与之不同,法国最高法院认为,虽然管理人对第三人负有实施相应行为的合同义务,该行为在管理人与本人的关系上仍然可以是"自发的"与"自愿的"(Cass. civ. 24 May 1989, Bull. civ.

1989, I, no. 211 p. 141)。相比之下,在比利时,学术评论家似乎倾向于认为,若行为人就相应的行为对第三人作了承诺,则不能适用无因管理。因而,例如,某家提供机动车抛锚处理服务的公司根据警察的命令将机动车拖走,其不能根据有关无因管理的规则向机动车的所有权人主张权利(B. H. Verb. [– Roodhooft] Hdst. V, De quasi – contracten, no. 2231)。不过,在法国法中,履行(对国家所负的)法定义务的行为不能构成无因管理(Cass. civ. 17 July 1996, Bull. Civ. 1996, I, no. 323 p. 225),而在比利时,如前述注释23所提到的,则区分法定的一般义务(obligation légale spécifique)与法定的特殊义务(obligation légale générale)。

35. 西班牙法中甚至没有讨论过这一问题。有个学者表示,行为人的行为是履行其对第三人所负的合同义务,与此同时其行为又是维护本人的利益时,适用无因管理是可能的(Sánchez Jordán, Gestión de negocios, 90)。TS 23 July 1999, RAJ 1999 (4) no. 6355 p. 9958 没有对这一问题展开进一步论述,因为该案中的本人并未从管理行为中获得任何利益。根据意大利法,若行为人对第三人负有从事相应行为的义务,原则上不构成无因管理。CA Rome 22 May 2002(转引自 Baralis, Riv. dir. comm. 2004, 211, 223, fn. 17)在学术著作中很可能被理解为是确认了这一传统的进路(关于这一进路的争论很少见到)。若管理人的行为是基于为"本人"利益的合同,则当然不构成无因管理(民法典第1411条第(2)款)(Sirena, Gestione di affari, 169 – 170)。与之不同,在荷兰法中,同样认为,不论所负的义务是源自合同还是法律规定,只有在管理人对本人负有义务时才不构成无因管理,并不仅仅因为其是履行对第三人所负的义务就不构成无因管理。例如,某人根据雇佣合同对其雇主负有维护第三人利益的义务,"在特定的条件下",对于本人来说其行为可以构成无因管理(T. M. Parlementaire Geschiedenis VI, 792; Verbintenissenrecht [– Heisterkamp], art. 6:198 BW, no. 13. 1)。

36. 在苏格兰,有人认为,当双方当事人以合同约定其中一人去处理第三人的事务时,义务人也基于无因管理对受益人享有直接的请求权。特别是若某人指示他人去处理第三人的事务时,更是如此。其理由是,行为人取代了最初的管理人(下达指示之人)的法律地位。通过这种方式,本人继续享有其在与最初的管理人或者说"真正的"管理人的关系上所应享有的抗辩(SMT Sales & Services Co. Ltd. v. Motor and General Finance Co. Ltd. 1954 SLT (Sh. Ct.) 107; Stair [– Whitty], vol. 15, para 142; Whitty, JuridRev 1994, 278, 279;不过另参见 Leslie, SLT 1981, 260, 261)。

37. 在斯堪的纳维亚的所有法域中,只能找到丹麦的两个案例,涉及管理人的行为系履行公法义务的情形。这一事先存在的义务并不导致行为人不享有就所发生的费用向受益人请求偿还的权利(HD 24 May 1937, UfR 1937, 697 以及 HD 3 December 1936, UfR 1937, 357)。

38. 在英格兰法倾向于承认实施管理的陌生人享有恢复原状请求权的那些例外案型中,若所发生的费用或所提供的服务是基于与第三人的合同,则行为人同样不享有偿还或赔偿请求权:参见 Barnesley v. Powell (1750) Amb 102, 27 ER 63 (Lord Hardwicke LC)(第三人聘请律师来为某个不具备完全能力的人提供服务,该律师只能向第三人请求报酬);Wentworth v. Tubb (1841) 1 Y & C CC 171 at 173 – 174, 62 ER 840 at 841 – 842 (Knight Bruce VC)(涉及的是为某个不具有缔约能力的人提供生活必需品)。因而,在义务人不作为时,行为人为死者安排葬礼,由此所花的费用其可以对死者的遗产享有偿还请求权,但是,为葬礼支付费用的人并不必然对遗产享有债权;若支付费用是基于他人的指示,则应由作出指示之人负责偿还。管理人的行为系基于第三人的要求的,单单这一事实并不足以排除其偿还请求权:Arlot v. Churchland (1828) unreported,

cited 3 Y &J 32 - 33, 148 ER 1081(行为人的行为系应死者的律师的要求);Rogers v. Price (1829) 3 Y &J 28, 148 ER 1080(行为人的行为系应遗嘱人的兄弟的要求);Ambrose v. Kerrison (1851) 10 CB 776, 138 ER 307(应死者的朋友的要求),并可参见 Palmer v. Stear (1963) 113 LJ 420(第三人叫来的兽医)。若接受他人的要求足以导致合同成立,则行为人似乎对死者遗产或亲属不享有恢复原状请求权:参见 Rogers v. Price, loc. cit. , 35 and 37,该案中 Hullock B 强调,原告实施行为时并不是作为死者的兄弟的代理人,死者的兄弟不过是让原告注意当时的情况;Vaughan B 则指出,如果不是这样的话,原告可能对遗嘱执行人不享有请求权。因而,是否能认为行为人对遗产享有债权并进而将遗产分配给行为人(涉及从死者遗产中进行支付的权利)将取决于他人是否对行为人授予了支出费用的权限;若其行为是基于他人的指示,则行为人仅仅对下达指示之人享有无担保的债权:参见 In the Goods of Fowler (1852) 16 Jur 894 (Sir J Dodson), 这一意见在 Newcombe v. Beloe (1865 - 69) LR 1 P &D 314, 315 (Sir J P Wilde)一案中得到了考虑。在 Re Leslie (1883) 23 Ch D 552 一案中,丈夫为其妻子所申领的保单支付保险费,能对该案判决进行解释的勉强理由是,丈夫的行为系基于对第三人所负的义务(虽然判决本身只是在结论中暗示了这一点,并且使用的多是很粗略的表述),因为丈夫已与财产信托的受托人达成约定,同意支付保险费。并参见 Castellain v. Thompson (1862) 13 CB (N. S.) 105, 143 ER 41(因为原告已与保险人订立合同,由原告在河床上打捞货物,从而原告对货物的所有权人不享有打捞方面的请求权),这一问题在相似的案件 The Solway Prince [1896] P 120, 128 (Jeune P)中也得到了解释,该案中,保险人破产,故原告试图从所有权人处获得偿还。不过,若指示他人进行管理的第三人被认为是受益人的代理人,则管理人可能对本人享有直接的请求权,其理由是这个中间人是在行使其代理权,从而直接约束本人和管理人:参见 Chester v. Rolfe (1853) 4 De G. M. &G 798, 43 ER 720(律师根据死者的妻子的指示为死者进行代理,该律师可以向死者的遗产行使请求权)——同样的理由可以解释 Brockwell v. Bullock (1889) 22 QBD 567 一案中的判决,该案中,律师请医生对其委托人的精神状况进行检查,医生要求支付报酬,初审判决错误地驳回了其诉讼请求。

示例 3 来自于 OGH 11 November 1987, SZ 60/235;示例 5 来自于 BGH 13 November 2003, BGHReport 2004, 305;示例 6 来自于 OGH 4 April 1906, GlUNF 3374;示例 7 来自于 STJ 8 July 1997, CJ(ST) v (1997 -2) 144;示例 8(案件事实作了轻微的改动)来自于 OGH 15 December 1954, EvBl 1955/134 以及 BGH 21 October 2003, NJW - RR 2004, 81;示例 9 来自于 OGH 10 May 1989, SZ 62/87;示例 13 来自于 BGH 15 December 1954, BGHZ 16, 12。

第二章　管理人的义务

第Ⅴ－2:101 条　管理过程中的义务

(1)在管理过程中,管理人必须:

(a)尽到合理的注意;

(b)除涉及第Ⅴ－1:102 条(替他人履行义务的管理)中所规定的本人外,以管理人知道或可合理期待其推知的符合本人意思的方式进行管理;

(c)在可能与合理的范围内,将事务管理通知本人并征求本人对进一步实施管理的同意。

(2)没有正当理由时,不得停止管理。

评　论

A. 管理人的义务概述

义务与债务。第二章中所规定的条文涉及的是管理人对本人的义务。后面的各条区分管理过程中(第Ⅴ－2:101 条以及第Ⅴ－2:102 条(对违反义务所致损害的赔偿))以及管理结束后(第Ⅴ－2:103 条(管理结束之后的债务))。本章标题所使用的“义务”(Duties)一词包括这两种类型的义务。不过,这两种义务之间存在区别。第一阶段中的义务(duties)只是义务(duties)而非债务(obligations)。第二阶段中的义务则不单包括义务,也包括债务。在当前的语境下,这一区别在于违反时的救济措施。除非产生了损害,否则,对于违反管理过程中的义务并不适用救济措施;这些问题由第Ⅴ－2:102 条来加以规范。其原因在于,例如,若规定无因管理人承担注意的债务(obligation),并在不履行该债务时适用全部的救济措施,例如强制特定履行的救济措施,将会过于苛刻。若某人已经足够善良地为维护他人利益而进行了管理,只不过是没有达到所要求的注意标准,或者没有达到本人所希望达到的程度,那么,不应当强行要求他,例如,将所做的事情再做一遍,并且在第二遍中做得更好。在这种情形,仅规定其负有注意义务以及根据本人的已知的或可推知的意思实施管理行为的义务,同时在其违反义务并导致损害发生后要求其承担适当的赔偿责任,就足够了。另一方面,在无因管理结束后,要求管理人承担提交账目并将所得全部利益移交给本人的债务(obligation),并规定这一债务可以强制执行,是完全合理的,特别是已经在考虑了管理行为的行善助人的性质之后对债务不履行的救济措施作了细微的调整(如第Ⅴ-2:103条第(3)款所规定的)。

管理过程中的义务。在管理过程中,无因管理人:(i)负有尽到合理注意的一般义务;(ii)必须根据本人的实际的或推知的意思进行管理;并(iii)负有将事务管理通知本人并征求本人对进一步实施管理的同意的义务(分别是第(1)款第a、b、c项)。最后一项义务意味着,一旦管理人成功地与本人取得了联系,则只有在本人同意时,才能继续进行管理。另一方面,管理人不能(iv)在没有正当理由时停止管理。换句话说,若已经开始进行管理,则管理人不得在不适当的时间停止管理(第(2)款)。若违反这些义务并造成了损害,则在特定的情况下,管理人要承担赔偿责任,但是在衡量责任大小时需要对管理行为的行善助人的性质加以考虑。管理人不应当对管理过程中的错误行为承担全部的风险(第Ⅴ-2:102条(对违反义务所致损害的赔偿))。

管理结束之后的债务。在管理结束之后,无因管理人负有(v)报告、(vi)提交账目(vii)并将全部收益移交给本人的债务(第Ⅴ-2:103条(管理结束之后的债务)第(1)款)。对此适用债务不履行的一般救济措施,但是必须考虑到管理人的行为是在行善助人(第Ⅴ-2:103条第(2)款与第(3)款)。

第二章的适用范围。第二章涉及的是行为人在实施管理行为过程中的义务。其规范的问题是,在未经授权对他人事务进行管理时应当"如何"管理以及这种管理应当如何继续下去直至结束,而不是"是否"应当进行管理,是否应当进行管理是第Ⅴ-1:101条(为维护他人利益而管理)以及第Ⅴ-1:102条(替他人履行义务的管理)所处理的问题。因而,第Ⅴ-2:101条至第Ⅴ-2:103条适用的前提条件是,已经满足了第Ⅴ-1:101条与第Ⅴ-1:102条所规定的构成要件,并且不存在第Ⅴ-1:103条(被排除在适用范围以外的行为)所规定的任何情形。若不具备所规定的要件之一或者属于所规定的除外情形,则当事人之间的权利义务完全要根据其他领域的法律来规范——特别是合同法、有关造成他人损害的非合同责任的法律以及不当得利法。

示例1

事实与第Ⅴ-1:103条(被排除在适用范围以外的行为)中示例9的事实相同。某个慈善组织的成员在紧急救助伤员时犯了一个医学上的错误。该组织所应承担的任何责任,都应当适用第六编有关造成他人损害的非合同责任的法律规则。就此不存在适用第Ⅴ-2:102条(对违反义务所致损害的赔偿)第(2)款的余地。

B. 行为尽到合理注意的一般义务(第(1)款第(a)项)

概述。原则上,只有在管理人的行为尽到了合理注意时,维护他人利益的管理才是有益的。某人指示木工对邻居的房屋进行紧急修理时,必须选择一个合格的木工;行为人在对交通事故中的伤者进行救助时,必须保护好事故现场,并且在将伤者送往医院时必须遵守交通规则,等等。合理注意的具体要求与生活本身一样丰富多彩,因而无法详尽地加以说明。至于对事务的管理侵害到有关造成他人损害的非合同责任的法律所保护的利益,则可以援用第Ⅵ-3:102条(过失)中有关过失的定义。根据这一定义,管理人疏于采取防范措施时可能构成违反注意义务。这可能发生于如管理人对价值不菲的物品进行保管却没有为之投保的场合。

专业人员的注意标准。无因管理人在从事职业或营业的过程中所实施的行为,要根据对于其所处专业群体中的人所能期待的注意标准来衡量。这只不过是第Ⅴ-3:102条(报酬请求权)的另一个方面,该条规定专业人员享有报酬请求权。就此亦对照第Ⅱ-9:108条(质量)中的评论,该条所规范的是合同未约定质量标准时在通常的合同中所能期待的质量;以及第Ⅳ.C-2:105条(有关技能与注意的债务)第(3)款,该款规范的是服务合同中专业人员所应达到的注意标准。

紧急措施。这些规则中没有规定适用于紧急措施的特殊注意标准。一方面,似乎并无作出这种规定的必要。根据有关过失的一般法律原则就能推导出,在判断管理人在行为过程中是否违反了尽到合理注意的义务时,必须考虑在对危险情况进行判断并且努力消除危险时所面临的困难。本条之所以没有规定这一原则,仅仅是因为,这一原则是不言自明的。并且,应当根据所涉及的情况区分不同的注意标准——例如,区分专业的救援人员与普通的个人。急救医生(或护理人员)、海上救助服务机构以及其他类似的职业群体与组织,即使是在严重的情况下,也应该能够在紧急事件的压力之下在作出决策时保持相当的冷静,就如对其职业所期待的以及通过训练所达到的那样。另一方面,从第Ⅴ-2:102条(对违反义务所致损害的赔偿)[译注:原文为"第Ⅴ-2:103条(管理结束之后的债务)",应为笔误]第(2)款所规定的责任减轻规则来看,为紧急情况制定特殊的注意标准似乎也是不必要的。根据该款,对管理人实施管理行为的原因以及其他情况进行考虑后,在公平与合理的范围内,免除或减轻管理人的责任。特别是对于在紧急情况中采取的措施,这一规则将具有重要的意义。

C. 遵从本人的意思(第(b)项)

一般注意义务的具体化。无因管理法一方面负有对维护他人利益而实施管理行为的行为人加以保护的使命,另一方面也必须对鲁莽的管理行为加以制约。行为人为了保护他人利益而自愿进行管理时,其行为必须尽到注意;若某人不愿意尽到注意,他就应当离别人的事务远一点。不过,第(1)款并非仅仅规定了一般的注意义务(第(a)项);第(1)款还从无因管理的角度对注意义务作了具体化。作为无因管理人注意义务的一部分,管理人在履行这些义务的过程中必须尽可能地遵从本人的意思(就如在根据第Ⅴ-1:101条(为维护他人利益而管理)第(2)款判断行为人在行为开始之时到底是否具有实施管理的合理原因那样)。只有当既不知道也无法知道本人的意思时,无因管理人才必须以客观所理解的、可以合理认为本人希望的内容来作为行动的指针。

管理人可获知的特殊信息。在这种场合，注意义务的判断标准是合理地关注自己的权利和利益的本人的意思。这是因为，只有在管理人知道了本人的意思时，或者，在管理人尽到了在其所处具体情况下合理的注意义务后其本应当知道本人的意思时，本人的意思才居于优先地位。若管理人所能够获知的特殊信息足以清楚地说明本人的意思，则管理人必须利用这些信息。

第Ⅴ-1:102 条（替他人履行义务的管理）中的例外。若本人对第三人所负的义务已经到期，且这种义务的履行事关至为重要的公共利益、必须立即予以履行，本人却反对履行这种义务，则并不强行要求遵从本人的相反意思。对于在判断是否实施管理行为时要考虑的因素，在判断应如何具体实施管理时也应加以考虑。第（b）项的第 1 句话明确地规定了这一点。不过，在这种场合其他的所有义务都仍然存在，特别是第（c）项所规定的通知义务。

示例 2

在某个秋季的雨天，B 的建筑施工车队将渣土和建筑材料洒落在了道路上。这很有可能会引发事故。A 是一个邻居，他让某家公司清扫了街道，但没有事先给 B 打电话，因为，由于天气情况 A 无法看清楚汽车上所写的 B 公司的名称。A 的管理具有合理原因。不过，这并不免除 A 所负担的与 B 进行联系的义务，如果与此同时 A 已经知道了 B 的身份以及电话号码的话——例如，A 从他请来清扫街道的公司的雇员那里得知了这些信息。若 A 没有与 B 取得联系，则对于 A 提出的费用偿还请求，B 可以提出这样的事实作为抗辩：B 本可以将这些材料运到其所能支配的某块土地上进行处理，费用比那家道路清扫公司（因为不存在相反的指示）将材料运到公权力机构所设置的地点进行处理所需的费用要低得多。A 所实际支出的费用与 B 本会支出的费用之间的差额，要由 A 承担。

D. 通知义务（第（c）项）

继续性的义务。第Ⅴ-1:101 条（为维护他人利益而管理）第（2）款规定的是，某人想要维护他人的利益时，首先必须弄清楚，本人是否真的愿意让他进行管理；第Ⅴ-2:101 条第（1）款第（c）项则明确，通知（并在本人不允许进一步干预时尊重本人的决定）的义务是一项继续性的义务：在可行与适当的范围内，管理人有义务将新的情况不断地通知本人。在管理人开始进行管理之前无法与本人取得联系的场合尤为如此，但也并不仅限于这种情形。在情况发生改变时，管理人可能有必要再向本人报告相应的进展，这种进展有可能会对本人的指示产生实质性的影响。

"管理过程中"。本条所具体规定的义务，都与无因管理的实施阶段有关。显然，通知的继续性义务的性质——或者更准确地说，在可行与适当的范围内，不断地尝试与本人取得联系的义务——就在于，其仅适用于无因管理持续进行一段时间的场合；其不适用于仅有瞬间行为的管理。

为他人进行管理的意思的表现。通知义务的履行并不仅仅用来维护本人的利益。对本人进行通知(或者,根据具体的情况也可能是,试图与本人取得联系)也有助于表现出管理人管理他人事务的意思(这是第Ⅴ-1:101条(为维护他人利益而管理)第(1)款所规定的要件)。并且,其也指向了管理人意在为其进行管理之人,从而有助于识别出本人的身份。

提供信息本身构成无因管理。如前所述,提供信息本身就构成无因管理,从而,若信息的提供需要支出费用,则在满足第Ⅴ-1:101条(为维护他人利益而管理)及第Ⅴ-3:101条(债务清偿请求权或费用偿还请求权)所规定的要件的情况下,管理人可能享有偿还请求权。

所要求的信息的内容。管理人何时必须尝试再次通知本人,以及一旦与本人取得联系时管理人必须告知本人什么内容,这两个问题要根据个案的具体情况来判断,在普遍适用的法律条文中无法给予回答。原则上,管理人必须通知本人的有:已产生的危险情况;为了试图消除危险而已经试图采取的措施;其间已发生的事情。总而言之,关键的是,管理人必须使本人能够有机会阻止任何的进一步干预。

同意与合同。不过,若在无因管理行为开始之后本人希望管理人继续管理,则管理人并不受本人这种意思的拘束。这是因为,当事人之间并不存在合同,从而本人不享有履行请求权。继续进行管理的义务仅能产生于本编的规定、存在于第(2)款所规定的情形。不过,若管理人接受了本人所提出的继续进行管理的要求,或者是实施了新的管理行为,则原则上在这一时间点之后相关的问题要根据当事人之间的合同来处理。此外,一般也可以认为,本人要求管理人继续进行管理,也就意味着其明确地追认了管理人所已经采取的措施。

E. 在开始管理之后无正当理由不得停止管理的义务(第(2)款)

概述。第(1)款规范的是对他人事务进行实际管理的过程,第(2)款处理的则是在开始管理之后管理人何时能够停止的问题。基本的规则是,每个人都能自由地决定是否管理他人的事务,但是一旦已经决定进行管理,原则上就必须将之进行到底。继续管理义务的目的在于,保护本人免受他人鲁莽干预的打扰。可能想管理他人事务的人应当明白,管理他人事务的话,自己也要承担责任。另一方面,继续管理的义务也不应当扩张得太大,以至于无法将对他人事务进行非合同管理所实施的行为与履行合同约定债务的可强制执行的义务相区分。无因管理法应当鼓励助人为乐的人去帮助他人。出于这一原因,必须使管理人勇于去试着帮助别人,同时也使其在之后具有正当理由时能够放弃管理。

停止管理的正当理由。第(2)款故意没有对停止无因管理行为的"正当理由"进行列举;日常生活中存在的可能性太过丰富了。不过,不求穷尽的话,可以整理出以下的四种类型:(i)所追求的目标已经实现;(ii)本人重新获得了独自实施相应行为的能力;(iii)本人的意思是要求管理人停止管理;以及(iv)源于管理人所处情形(如继续进行管理的话需要付出不合理的努力)或者一般情形(如进一步付出努力将是徒劳无益的)的原因。

所追求的目的已经实现。一旦管理行为已经实现了目标,即导致管理行为发生的问题已经被解决掉了,则管理人不止是可以停止管理,原则上其也不应当为了维护本人的利益而实施其他的行为。(其他的管理行为是否合法,要根据第Ⅴ－1:101 条(为维护他人利益而管理)来重新判断。)此时剩下的只有报告、提交账目并将管理行为所得全部利益移交给本人的债务。第Ⅴ－2:103 条(管理结束之后的债务)将这些规定为从事管理之后随之而来的独立的债务,其不是继续管理义务的一部分。

可以合理地期待本人予以接管。若可以合理地期待本人接管或者继续管理相应的事务,则管理人也具有停止管理的合理理由。在管理人让本人注意到了危险情况之后,常常就是如此。

本人实际的或者可推知的相反意思。当管理人知道本人不希望其继续进行管理并且本人的意思并非(作为对一般规则的例外)不具有约束力时,管理人必须停止进行管理。并且,管理人根据第(1)款第(b)项,还有义务根据本人的可合理推知的意思进行管理。从而,当在具体的情况下可合理地认为本人不会希望管理人采取进一步措施时,管理人也必须停止进行管理。在管理行为只不过暂时地"顶住"了本人的事务时,无因管理就已经结束,通常就是由于这一原因。至于长远性地维护本人利益的方法和时机,原则上都要由本人自己来判断。

不合理性。当按照管理行为开始时所采的方式继续进行管理已经变得不合理时,管理人也有正当理由结束对本人事务的管理。何者是合理的或不合理的,取决于所处的具体情况,很难以抽象的原则来加以表述。必须在管理人的个人情况(所面对的危险、履行其他法律义务或社会义务的时间压力、已经为管理行为所投入的以及在所处情形下仍须投入的精力和时间)以及停止无因管理将给本人带来的危险的程度之间进行衡量。在适当与合理的限度内,管理人享有自由裁量权。并且,在进行利益衡量时也必须判断,到当时为止管理人的管理行为是否以及(如果是的话)以何种方式给本人的利益造成了消极的影响,以及管理人是否有机会获得第三人的帮助。在这种场合要判断的问题是:一个谨慎的人处在管理人所处的境况,并且知道其已经自愿为本人的某些事务承担起了责任时,他是否会做得更好?

示例 3

某人对他人进行了救助,并因此使得其他本来也会提供救助的人没有再继续待在现场。行为人不得突然停止救助,因为停止救助的话伤者现在就完全无依无靠了,而伤者在最初本来可以指望别人来(持续地)救助的。这个施救者必须至少确保通知了急救部门或者警察。

无益性。最后,若在第一次尝试之后发现无法取得成功,则可以停止进行无因管理。不过,这里也可以设想,如果发现管理行为事实上使情况变得更糟的话,继续进行管理的义务可以采用另一种形式，即请求第三人帮助的义务。

示例4

A已经开始对其邻居B的房屋屋顶进行修理，并且，为了能够穿过受损的部分，他又进一步移掉了一些瓦片和屋顶木板。此时A已经很清楚，他不可能独立地完成修理，有必要去请专业的屋顶工人来。若从一开始A就应当认识到这一点，则A就已经违反了其根据第(1)款所负的注意义务，并且因此应就管理行为已给建筑物造成的额外损害承担责任。

没有正当理由时停止无因管理。但是，如果管理人只是没有兴趣再管下去，并不足以构成放弃手头事务的理由。并且，其间的管理行为是否已经以某种形式或方式增加了给本人造成损害的风险，与是否可以停止管理完全无关。

示例5

A的兄弟不省人事地躺在医院，A自愿地对其兄弟的农场进行照料。一年过后，A决定搬入城市。A没有为农场的管理做任何事情，也没有在应当耕作的农时耕种土地或者是安排耕种。A当然不负有永远照料该农场的义务。但是，A没有完成其管理，因为其没有根据所处情形为农场的将来作出合理的安排（这可能包括将农场出租出去，或者，若不存在其他亲属，将农场卖掉）。对于农场荒芜给B造成的损害，A应当承担责任。

注　释

Ⅰ.尽到合理注意的一般义务

1. 在管理他人事务的过程中，基本上普遍都要求管理人尽到合理注意的义务。虽然德国民法典中没有对此作出明确的规定，但是可以从要求管理人（在开始对事务进行管理之时，以及在管理过程中）根据本人的意思或本人的利益来进行管理这一事实中解释出来。没有谁会希望，他人在对其事务进行管理时缺乏必要的谨慎和注意。奥地利民法典第1036条规定，即使是管理人的"努力在其无过错的情况下没有产生效果"，紧急情况中的管理人仍然享有费用偿还请求权。比利时、法国和卢森堡的民法典第1372条规定在明示委托(mandat exprès)的场合所产生的全部义务都适用于未经授权的管理人。由此，规定受托人过错（比如故意或过失从事的过错行为）责任的民法典第1992条第(1)款也适用于无因管理法。民法典第1374条第(1)款确认，管理人必须达到善良家父(*bonus paterfamilias*)的注意标准。马耳他民法典第1015条规定"自愿的代理人"适用善良家父的严格注意标准。民法典第1016条还规定，若(a)管理人的行为违背本人的反对意见，(b)因为管理人进行管理，导致某个技术更为熟练的人没有管理同一事务，或者(c)"代理人本身并不具备必要的技能"，那么，应当"以最为严厉的标准"来适用这一条文。

2. 同样，希腊民法典第731条第1句明确规定，管理人要"对任何过错"承担责任。波兰民法典第752条以及爱沙尼亚LOA第1022条要求管理人的行为尽到必要的注意。葡萄牙民法典第466条规定的是，管理人要就"其在管理过程中因过错造成的损害"向本人承担责任。这两条规则都包括了一般的注意义务。葡萄牙民法典第 466 条第(2)款还规定,若管理人的行为不符合本人[译注:原文为“管理人”,为笔误]的利益及其实际的或可推知的意思,则管理人要就其管理行为承担责任。与侵权法(民法典第 487 条第(2)款)及合同法(民法典第 799 条第(2)款并结合第 487 条第(2)款)不同,无因管理法中并没有明确规定过错要根据“善良家父在个案的具体情况下所能达到的注意标准”来判断。结果,可称为多数说的观点似乎认为,在无因管理法中,抽象过失(culpa in abstracto)仍不足以导致责任的产生,而是要求具体过失(culpa in concreto)甚至是违反处理自己事务的勤谨注意标准(diligentia quam in suis)(Antunes Varela, Obrigações em Geral I[10], 460-462; STJ 22 April 1986, BolMin-Jus 356 (1986) 352-357; Ribeiro de Faria, Obrigações I, 355-356; Almeida Costa, Obrigações[9], 442;但不同的观点亦参见 Galvão Telles, Obrigações[7], 189-190; Vaz Serra, Gestão de negócios, 134 and 270,另参见 Menezes Leitão, Responsabilidade do gestor, 288 以及同一作者的 Direito das obrigações I, 439-440)。

3. 西班牙民法典第 1889 条要求管理人对事务的管理尽到善良家父所能达到的注意。这是“普通人的一般注意”的标准(Paz-Ares/Díez-Picazo/Bercovitz/Salvador [-Díez-Picazo], Código Civil II, 1946),从而,原则上,除非管理人是该领域的专业人员,否则无须达到该领域的专业人员所能达到的标准(Sánchez Jordán, Gestión de negocios, 448)。对这种标准进行判断时要对比善良家父管理其自己事务时所能尽到的注意标准。这种注意标准意在防止管理仅有最轻过失或轻微过失(culpa levissima 或 culpa leve)(即轻微的或较低程度的过失)时也要承担责任(Díez-Picazo, loc. cit.)。

4. 根据意大利民法典第 2030 条,管理人应当尽到的义务和其与本人订立了委托合同时所产生的义务相同。从而民法典第 2030 条指向了民法典第 1710 条第(1)款。在委托合同中所要求的期待善良家父达到的注意程度,同样也要求管理他人事务的管理人达到(Cass. 4 May 1985, no. 2795, Rep. Giur. it. 1985, voce Divisione, no. 12; voce Responsabilità civile, no. 154)。不过,民法典第 2030 条被认为没有援用民法典第 1710 条第(1)款第 2 句(该句规定的是,在无偿委托的场合,对过失责任的判断没那么严格)(Cass. 4 October 1956, no. 3336, Rep. Giur. it. 1956, voce Gestione d'affari, nos. 8, 9, 12 and 13; Cass. 20 May 1953, no. 1472, Rep. Giur. it. 1953, voce Gestione d'affari, no. 5)。

5. 斯洛文尼亚 LOA 第 210 条要求管理人的行为符合一个尽到平均注意程度的人的行为标准,并且遵从本人[译注:原文为“管理人”,为笔误]的实际的或可推知的要求。荷兰法也是如此。根据民法典第 6:199 条,管理人在管理他人事务时必须尽到合理的注意。管理人对本人利益的维护必须尽到在该情形中可期待一个理性且勤勉的管理人达到的同等注意。管理人是否符合了这一标准,要由法官根据个案的具体情形来判断(T. M. Parlementaire Geschiedenis VI, 793; Asser [-Hartkamp], Verbintenissenrecht III[11], no. 307 p. 318-319; Schrage, Mon. Nieuw BW, no. 21 p. 15; T & C Vermogensrecht [-Hijma], art. 6:199 BW, no. 2; Verbintenissenrecht [-Scheltema], art. 6:199 BW, no. 2)。

6. 至于苏格兰法,在 Kolbin & Sons v. Kinnear & Co. 1931 SC (HL) 128 一案中,法官认为,管理人负有按照一个理性人在管理自己事务时将尽到的注意标准进行管理的义务。个案的具体情况也应加以考量(Walker, Principles of Scottish Private Law[4], 513-514; Leslie, Jur. Rev. 1983, 27; Stair [-Whitty], vol. 15, para 136)。

7. 至于斯堪的纳维亚各国的法律,据说,或者至少是曾经有人认为,管理人应尽的注意标准也要求,管理人的行为不要超过必要措施的范畴,从而原则上限于临时的措施。原则上,除确有必要采取措施加以改善外,管理人应当仅仅采取措施防止事态恶化,而不是要试图加以改善(Håstad, Tjänster utan uppdrag, 36 援引了丹麦早先的著作以及 Vinding Kruse, En nordisk lovbog, 6 - 14 - 1, p. 272 and 599; idem, A Nordic Draft Code, ch. 57, sec. 1437, p. 379)。关于瑞典的判例法,要注意的是 HD 9 March 1972, NJA 1972, 88(该案中,强风可能会将屋顶的铁皮掀到街道上去,于是消防队拆除了这块铁皮。所提出的偿还请求被予以驳回,因为消防队本可以将这块铁皮钉紧,这样做更专业并且更有利于本人)。

8. 在普通法中,即使必要代理人的行为是无偿的,人们也一直认为,必要代理人至少负有尽到通常(即合理)注意的义务:参见 Grill v. General Iron Screw Colliery Co. Ltd. (1865 - 66) LR 1 CP 600, 612 (Willes J); Fridman, Agency[5], p. 140。在事先已经存在的有偿代理因紧急情况而被扩张时,所负的义务(除当事人另有约定外)是为保护被代理人的利益而采取一种所能采取的最佳措施:参见 The Onward (1873) LR4A & E 38, 57 (Sir Robert Phillimore)。例如,这包括,在货物因不可归责于船长的事故而受损后,船长负有保护货物免予进一步变质的义务,并且若船舶卸货时货物未被取走,则船长负有对货物进行保管的义务,而不是任其自生自灭:参见 Notara v. Henderson (1869 - 70) LR 5 QB 346, 353 (Cockburn CJ 代表王座法院发表意见),该案中,货物(豆子)因船舶碰撞而受潮,但在对船舶进行修理期间船长拒绝将货物卸下以使之能够被烘干,货物因而变质。紧急代理人并不承担严格责任(除非合同对此作了约定),并且,若紧急代理人诚实合理地履行了义务,则不需要就合法管理他人事务而造成的损害承担责任:参见 The Lizzie (1867 - 69) LR 2 A & E 254, 256 (Sir Robert Phillimore)(涉及以船舶作为贷款的担保,后来发现贷款的金额超出了财产的价值,从而给本人带来了净负债)。详见第V -3:106 条注释 11。

Ⅱ. 根据本人意思确立管理方向的义务

9. 与波兰民法典第 752 条以及匈牙利民法典第 484 条相似,德国民法典第 677 条也规定管理人负有按照本人的利益并考虑本人的实际的或可推知的意思对事务进行管理的义务。在对"利益"(与"意思"相对比)进行衡量时,关键的标准在于从客观的角度、根据一般所接受的观点来看,会认为怎么做对本人有利。不过,无论本人的实际意思是否合理,其实际意思都总是优先。因而,只有在无法确定本人的实际意思或者其实际意思违反法律或善良风俗时,本人的可推知的意思才是重要的。问题在于,根据对所有情况的客观衡量,来判断本人的意思会是什么。如果不存在其他的指针,则要根据本人的客观利益来确定可推知的意思(BGH 7 January 1971, NJW 1971, 609, 612)。若在例外的场合本人的利益与意思不相一致,就有了先后顺序的问题。某些评论坚持民法典第 677 条的文义("mit Rücksicht auf"——"考虑到"),认为本人的利益优先,从而采取的是客观标准(Jauernig [- Vollkommer], § 677, no. 9; MünchKomm [- Seiler], BGB[3], § 677, no. 45; Palandt [- Sprau], BGB[63], § 677, no. 12 et seq.)。其他人则持反对意见,认为这与无因管理法的原理不符,并且,允许甚至鼓励好意的、有益的但却并非本人所愿的未经授权的管理,与本人的自主权相冲突(Soergel [- Beuthien], BGB[12], § 677, no. 19; Staudinger [- Wittmann], BGB[13], § 677, no. 4; Esser and Weyers, Schuldrecht BT II/2[8], § 46 II 4 b)。

10. 希腊民法典第 730 条规定管理人最为重要的义务是:根据本人的利益以及本人的实际的或可推知的意思对事务进行管理。只有当具备了"未经授权的合法管理"这一要件时,才产生这一义务。若管理人在安排进行必要的修理时,例如,所聘请的承揽人的服务价格没有其竞争者那样合理,则管理人的行为违反了本人的利益(Kavkas and Kavkas, Enochikon Dikaion II/2, 25)。有过失地违反根据本人的利益或者(根据情况也可能是)本人的意思进行管理的义务,并不导致适法管理转化为不法管理,但是可能导致管理人对损害承担责任。至于这两个标准之间的关系(本人的利益与本人的意思),学术著作援用的是有关开始对他人事务进行管理的相应规则(例如Papanikolaou, art. 730, no. 40)。相应地,本人的意思优先于其客观的利益。只有在无法确定本人的实际的或可推知的意思时,才涉及本人的客观利益(ErmAK [-Saketas], art. 730, no. 55 f; Papanikolaou, loc. cit. no. 35;但是持部分不同观点的有 Filios, Enochiko Dikaio I/2, 200)。

11. 葡萄牙民法典第465条第(a)项规定,管理人负有考虑本人的利益以及实际的或可推知的意思的义务,除非其意思与法律或道德相悖。根据民法典第465条第(a)项的文义,(客观的)利益与(主观的)意思这两者具有同样的优先性。若(在例外的场合)这两者之间存在差别,多数说认为关键的是本人的(合法的)意思(Antunes Varela, Obrigações em Geral I[10], 462; Menezes Leitão, Responsabilidade do gestor, 218 ff)。其他人认为客观利益更为重要(Vaz Serra, Gestão de negócios, 122),还有人则认为在这种场合管理人应当完全放弃管理(Menezes Cordeiro, Obrigações II, 18)。

12. 奥地利民法典第1037条仅仅规定了管理人有义务努力获得本人的同意。不过,根据已经确定下来的判例法,管理人有义务根据本人的利益并考虑到本人的实际的或可推知的意思来管理其事务。应当对本人可能的意思加以考虑——特别是在管理需要费用的场合(OGH 21 April 1982, JBl 1984, 256)。遵守本人的可推知的意思非常重要,因为管理的合法性(民法典第1036条)以及偿还请求权都以此为条件(Schwimann [-Apathy], ABGB V[2], §§ 1036-1040 no. 11, Meissel, GoA, 118 et seq.)。紧急情况下的管理也是如此(Meissel, loc. cit. 119)。

13. 斯洛文尼亚LOA第201条要求,在管理过程中管理人的行为应符合本人[译注:原文为“管理人”,为笔误]的实际的或可推知的意思。LOA第204条还规定,若本人不允许管理人进行管理,则管理人不能进行管理。

14. 比利时、法国与卢森堡的民法典并未明确地将遵从本人的意思同注意义务联系起来。民法典第1374条第(1)款只是规定,管理人必须尽到善良家父(*bonus paterfamilias*)所能尽到的注意。因此,管理人的行为是否存在过失,要进行抽象的判断(Flour/Aubert/Savaux, Le fait juridique[10], no. 14 p. 16; De Page, Droit Civil Belge II[3], no. 1082 p. 1147)。从谨慎管理义务中可以得出,管理人必须遵从本人的意思,虽然很少有这样明确的表述(Paulus, Zaakwaarneming, no. 67 p. 45-46)。马耳他民法典的出发点与之非常相似(民法典第1015条)。不过,民法典第1016条规定,若管理人未遵守本人的禁止性要求,则注意标准更为严格。

15. 西班牙法的出发点是这样的基本原则:不能违反本人明示的意思而进行无因管理(TS 2 February 1954, RAJ 1954, no. 322 p. 198)。违反本人意思进行的管理不符合有益性的要件,即有益地开始(*utiliter coeptum*)(Paz-Ares/Díez-Picazo/Bercovitz/Salvador [-Díez-Picazo], Código Civil II, 1944)。纳瓦拉省Fuero Nuevo de Navarra的Ley 561规定:“若其(本人)已经事先禁止进行管理,则其不负赔偿义务。”此外,民法典第1891条还规定,在以下两种场合,管理人要对意外损失承担责任:管理人采取了本人通常不会采取的“危险措施”,或者,管理人将其自身的利益置于本人利益之上。“危险措施”包括,如参与证券交易的投机活动(Díez-Picazo, loc. cit. 1949)。

16. 在意大利,判断管理人是否遵守了所要求的注意标准时,同样与是否有益地开始(*utiliter*

coeptum)的判断紧密关联:措施的有益性要根据其是否符合本人的可推知的意思或者本人的利益来进行判断(Cass. 13 October 1951, no. 2634, Foro it. 1952, I, 201; Breccia, La gestione d'affari[2], 879)。此外,这种判断也遵循客观的标准,即应考虑管理人是否做到了一个善良家父在类似情况下所能做到的(Cass. 13 March 1964, no. 550, Foro it. 1965, I, 866)。

17. 根据荷兰法民法典第6:200条,管理人的请求权取决于其是否适当地维护了本人的利益。对本人事务的管理符合本人的实际的或可推知的意思,这不但是存在合理原因的前提条件,也是满足民法典第6:199条第(1)款所规定的注意标准的要求。因而,起初开始实施管理行为时的过错与管理行为开始以后的实施过程中的过错,适用相同的判断标准(T. M. Parlementaire Geschiedenis VI, 793; Asser [-Hartkamp], Verbintenissenrecht III[11], no. 307 p. 318-319; T & C Vermogensrecht [-Hijma], art. 6:199 BW, no. 2; Verbintenissenrecht [-Scheltema], art. 6:199 BW, no. 2)。

18. 虽然存在某些源于罗马法的问题,并且在"权威学者"(Institutional Writers)中对这一问题仅有少数有用的意见,苏格兰法似乎得出了相同的结论,即管理人有义务根据本人的可推知的意思来确定进行管理(Stair [-Whitty], The Laws of Scotland XV, para 122)。确定本人意思的义务至少可以从以下的理念中间接地推导出来:只有对处在该特定情形中的本人有利的措施,才能构成无因管理(详见 Leslie, Jur. Rev. 1983, 25)。普通法中的紧急代理要求代理人的行为合理并且符合被代理人的利益,也要求其所实施的行为是"必要的";若被代理人自己谨慎行事的话自己所会采取的措施和系争措施相同,那么,实际上就满足了这些要件:Gunn v. Roberts (1873-74) LR 9 CP 331, 337 (Brett J),并参见 Notara v. Henderson (1870) LR 5 QB 346, 353(Cockburn CJ 代表王座法院),该案中,法官指出,在船长(因紧急情况)对卸下的货物负有保管义务的场合,船长必须将货物储存在经谨慎考虑以后认为对货物所有权人最为便利的场所。同样,基于紧急代理(如对某个不具有完全行为能力的人进行扶养)产生的恢复原状请求权的前提条件是所给予的利益是必要的,并且其品质要参考受领人的合理需求与具体情况来判断:参见 Re Rhodes (1890) 44 Ch D 94, 105 (Cotton LJ) and 109 (Lopes LJ)。

19. 至于北欧各国,可以提及的是商法中的几个条文,这些条文都要求行为人的行为符合另一方的"利益"。根据丹麦与瑞典佣金代理人法第7条,行纪人必须考虑委托人的利益;根据瑞典海商法典第13章第12条,这也适用于货物承运人,其应考虑货物所有权人的利益。这些规则完全可以类推适用于管理人。

Ⅲ. 通知义务

20. 德国民法典第681条第2句指向了委托法(委托合同在德国法中是无偿合同),由此使管理人承担的义务和合同约定的受托人相同。根据民法典第666条,受托人的义务也包括通知并提交账目的义务。严格来说,民法典第666条包括三种独立的通知义务,即通知其已经实施管理行为这一事实的义务、提供信息的义务以及提交账目的义务。将已经进行了管理这一事实通知对方的义务必须由管理人自己主动遵守,即不需要本人事先要求;与之不同,提供信息并提交账目的义务仅在本人要求之后才产生。虽然在两者之间划出明确的界限既不可能也无必要,将已经进行了管理这一事实通知本人的义务主要是将有必要进行管理的情况通知本人,而提供信息的第二种义务则是将事务管理的全部状态通知本人。

21. 希腊法同样以来自于委托法的辅助性的义务对管理人的主要义务即根据本人的利益与意思进行管理的义务作了扩张。民法典第733条规定的是一种辅助义务,即管理人必须将开始进行管理的事实通知本人,并且征询本人的意见(Georgiades and Stathopoulos [-Papanikolaou], art. 733, no. 1)。当然必须是可以联系上本人,这又取决于个案的具体情况。在管理人与本人住在同一地方或者管理人认识本人的场合,要采用更为严格的标准(Papanikolaou, loc. cit. no. 2)。在通知本人之后,管理人必须等待进一步的指示。不过,根据所给的指示继续进行管理是否可以被定性为是履行合同,则是一个存在争论的问题。违反通知本人的义务将导致损害赔偿责任,但并不导致管理成为不法管理(CA Patras 92/1955, NoB 4/1956 p. 96)。

22. 葡萄牙民法典第 465 条第(b)项规定管理人负有尽快将开始进行管理的事实通知本人的义务。一般认为对这一义务的违反不仅导致损害赔偿责任,而且也使得对事务的管理从这一刻起不再合法(Almeida Costa, Obrigações[9], 438; Pires de Lima and Antunes Varela, Código Civil Anotado I[4], art. 465 no. 3)。若履行了通知本人的义务,则管理人可以继续进行管理,除非其收到了本人的相反指示。若本人给出了对管理进行追认的指示,则要判断这是否构成委托合同。并且,民法典第 465 条第(d)项明确规定管理人负有将有关管理的信息全部告知本人的义务。

23. 同样,斯洛文尼亚 LOA 第 200 条规定管理人负有尽快将开始进行管理的事实通知本人的义务。捷克与斯洛伐克的民法典第 743 条第(1)款规定了相应的义务。匈牙利民法典第 486 条第(1)款甚至规定:"临时代理人应当立即通知其所为之进行管理的人。"(Official Translation, Hungarian Legal Norms in Force in three Languages, CompLex CD HMJ, 2004)爱沙尼亚 LOA 在第 1020 条规定了通知义务。

24. 奥地利民法典没有明确规定通知义务。不过,法学学说中承认存在这一义务(Koziol andWelser, Grundriss II[12], 366 et seq.)。这一义务的违反将导致适用一般的损害赔偿规则(Rummel [-Rummel] ABGB I[3] § 1039 no. 5)。

25. 同样,拿破仑法典中也没有明确规定管理人尽快将开始进行管理的事实通知本人的义务。即使是法学学说中,也很少提到这一义务,只是偶尔指出通知义务是管理人所负主要义务之一。这一义务的主要目的在于,管理人可能会收到本人作为回应而给出的指示,并且使得本人可以接管其自己的事务(le Tourneau, Rép. Dr. Civ., Bd. VI, v° Gestion d'affaires (2002), no. 68)。

26. 同样,西班牙民法典并未明确规定通知义务,但是在法学学说和判例法中都承认这一义务(TS 16 October 1978, RAJ 1978 (2) no. 3076 p. 2606)。这一义务是从管理人义务的整体体系以及诚实信用原则中推导出来的。在可能的范围内,必须将有关管理行为的开始及其继续的事实都通知本人。

27. 与之不同,管理人是否负有尽快将开始进行管理的事实通知本人的义务,在意大利法中存在争论(例如,Aru, Gestione d'affari, 30-31 反对这种义务)。赞同存在这种义务的观点是基于正直行事的一般义务以及委托法中明确规定的义务(民法典第 1712 条;参见 Breccias, La gestione d'affari[2], 897)。

28. 在荷兰法中,管理人在开始进行管理之前必须尝试与本人取得联系(从"合理原因"的要件而来),在管理的实施阶段管理人也必须尽快与本人取得联系,以使本人能够自己来处理。法典中并没有对这一义务作出明确的规定,这只是因为,这一义务被认为已包含在了管理人的一般注意义务之中(民法典第 6:199 条第(1)款)(T. M. Parlementaire Geschiedenis VI, 793; Asser [-Hartkamp], Verbintenissenrecht III[11], no. 307 p. 319; Schrage, Mon. Nieuw BW, no. 22 p. 15-16)。

29. 在苏格兰法中,只有当本人因为不了解情况而无法处理已经产生的问题时,未经授权的无因管理才能是合法的。在此背景下,将开始进行管理的事实通知本人的义务或者将有关管理的事实通知本人的义务,被认为与无因管理的理念不符;一旦通知了本人,则有关委托的规则将优先于无因管理法而适用。不过,甚至是寻找本人的努力本身也可能被认为是无因管理。一般而言强调的是,随着通讯技术的发展,无因管理法已经变得没那么重要了(Marshall, General Principles of Scots Law[7], para 11－11)。

30. 至于斯堪的纳维亚各国,只是在邻近的法律部门中规定了通知义务。在可以类推适用的范围内,要认为管理人负有严格的忠诚义务,因为在不是基于合同的约定而对他人事务进行管理的场合,本人通常并非自愿将事务委托给他人处理。特别是比较瑞典海商法典第 13 章第 16 条第(3)款并结合第 12 条(货物已被损坏或承运人认为有必要采取特殊措施时承运人的通知义务)与丹麦及瑞典委托法第 7 条(行纪人通知本人的义务)。

31. 在这一问题上,英格兰法的立场可以与苏格兰法的立场进行对比:因为紧急代理以当时不可能或无法与被代理人取得联系为前提,在可以等待被代理人的指示(且等待不会损害被代理人的利益)时,所实施的行为可能是不必要的、超出了紧急情况所能产生的权限的范围。现在人们承认,尝试获得这种指示的行为本身可以使代理人有权要求偿还费用:参见 Pocahontas Fuel Co. Inc. v. Ambatielos (1922) 10 Lloyd' s L. Rep 188, 156 (McCardie J),但是对照 Sir Robert Phillimore 在 The St. Lawrence (1879－80) 5 PD 250, 253 所(暗示)表达的立场。

Ⅳ. 继续管理的义务

32. 在德国法中,管理人原则上不负有继续进行管理的义务,在这一点上德国法与第Ⅴ－2:101 条第(2)款不同(RG 10 May 1906, RGZ 63, 280, 283;不过,根据这一判决,管理人将自己的利益置于首位从而忽略本人利益的话,甚至对所失利益即"积极"(期待)利益也要承担责任,loc. cit. 287)。立法机关(Mot. II, 858)认为,管理人实施管理行为的方式必须符合善良家父的注意标准。管理人一旦开始进行管理之后是否能够放弃管理的问题,也要根据同样的标准来判断。若管理的停止将导致损害发生,而这种损害是如果管理人没有管理本人事务的话就不会发生的,那么管理人就负有继续管理的义务。除此之外,不承认继续管理的特殊义务。同样,受托人也可以随时终止委托(民法典第 671 条)。不过,在特殊的情形,可能例外地存在部分的继续管理义务。在特殊场合,这种义务源自于诚实信用原则,也是因为管理人通过开始进行管理而给自己揽到了维护本人利益的义务(RG 10 May 1906, loc. cit.;参见如 RGRK [－Steffen], BGB[12], § 677, no. 4; Erman [－Ehmann], BGB I[10], § 677, no. 5; Staudinger [－Wittmann], BGB[13], § 677, no. 5)。若可以继续管理并且继续管理对于管理人来说并不困难,但是放弃管理则将使本人的处境严重恶化的场合(RG 21 November 1921, WarnRspr. 1922 no. 12:某人收下了他人留下的物品,就必须安全地保管该物),管理人就负有这种继续管理的义务。此外,在以下场合,管理人也可能负有继续管理的义务:管理行为导致第三人没有为维护本人的利益而实施相应的行为;或者,本人将可能因为停止管理遭受损失,而这种损害是如果管理人根本就没有进行管理的话就不会发生的(Mot. II, 480;并参见 RG 5 December 1929, RGZ 126, 287, 292:继续进行借贷的义务)。违反此种义务将导致承担损害赔偿责任,但是不能通过请求履行来强制管理人履行(Soergel [－Beuthien], BGB[12], § 677, no. 20)。在管理人死后,其权利与义务转移给其继承人。

33. 希腊法中也没有明确规定开始管理之后的继续管理义务。因而,管理人被认为原则上不负有继续管理的义务。不过,和德国一样,在例外的场合也可能因为诚实信用原则而产生这一义务。特别是,若继续管理不会给管理人带来不合理的负担,但是停止管理却将给本人造成损害的场合,管理人负有继续管理的义务(Georgiades and Stathopoulos [-Papanikolaou], art. 730, no. 42)。Filios, Enochiko Dikaio I/2, 201 主张类推适用民法典第725条第(2)款。

34. 葡萄牙民法典第466条第(1)款在很大程度上与第Ⅴ-2:101条第(2)款相当。根据该条,管理人仅"对其不合理地停止(interrupção injustificada)管理而造成的损害承担责任"。就此与法国法及意大利法相比存在明显的区别(Menezes Cordeiro, Obrigações II, 20; Vaz Serra, Gestão de negócios, 114-115)。若管理人负有继续管理义务,在葡萄牙法中不能强制特定履行;在不履行场合唯一的救济方式是损害赔偿请求权(Menezes Cordeiro, loc. cit.)。若存在特别的正当理由,则可以停止管理。此种正当理由尤其可能源自于本人的行为。

35. 根据奥地利民法典第1039条,管理人也负有继续管理直至完成所承担事务的义务。继续管理义务源自民法典第1312条,不适用于民法典第1036条所规定的紧急情况下进行管理的场合(OGH 26 November 1981, SZ 54/176; Meissel, GoA, 154)。其仅产生于民法典第1037条所规定的"有益的"无因管理场合。其仅仅是一种注意的标准,而不是一项可以独立诉请强制履行的义务(Meissel, loc. cit. 162 et seq.; Rummel [-Rummel], ABGB I³, § 1039 no. 2; Schwimann [-Apathy], ABGB V², §§ 1036-1040 no. 16;不过在 OGH 20 January 1977, MietSlg. 29.128 = RIS-Justiz RS 0013779 一案中法院的观点可能不同)。在进一步采取措施似乎无益的场合,则不再承担继续管理义务(民法典第1038条;Rummel [-Rummel], ABGB I³, § 1039 no. 6)。

36. 比利时、法国和卢森堡的民法典第1372条第(1)款规定管理人有义务继续并完成管理,直到本人可以再度自行处理其事务。若本人可以自行处理,则管理人可以将不想再继续管理的意思通知本人,从而终止管理(JClCiv [-Bout], arts. 1372-1375, fasc. 20 no. 10)。民法典第1373条强化了继续管理义务,规定管理人在本人死后有义务继续进行管理,直至其继承人能够接管该事务。学者的观点超出了该条的文义范围,认为这一规则也应当适用于本人丧失行为能力或者被宣告破产的情形:在这种场合,在代理人或破产管理人能够处理该事务之前不得停止管理(Bout loc. cit. no. 12; Paulus, Zaakwaarneming, no. 62 p. 45)。若本人失踪,则管理人可以向法国民法典第112条及以下各条所规定的监护法院申请指定代理人以接管事务(Bout, loc. cit.)。这同样适用于需要对事务进行极为长期的管理的场合(Bout loc. cit. no. 14)。不可抗力也是合法终止的理由。此外,法国的法学学说建议类推适用民法典第2007条(该条位于委托法中),从而给管理人带来危险或者可能给管理人造成重大不利也构成终止的理由(le Tourneau, Rép. Dr. Civ., VI, v° Gestion d'affaires (2002), no. 70)。与之不同,比利时的观点是,民法典第1373条也适用于本人失踪的场合(de Page, Droit Civil Belge II³, no. 1082 p. 1147)。仅有学者概括性地提到,在对于管理人来说无法继续管理时,管理人可以终止管理(RPDB, v° Quasi-contrat, no. 58)。学者有时是这样解释这种继续管理的严格义务的:随随便便的管理或者是中途停止管理可能会使别的更能胜任的人不再为维护本人的利益而采取必要的措施(Carbonnier, Les obligations²¹, no. 301 p. 501)。马耳他民法典第1013条和第1014条中也详细规定了继续管理义务。

37. 按照西班牙一个学者的观点,根据民法典第1888条,继续管理义务是管理人的主要义务,因为没有继续管理的话就没有注意义务(Sánchez Jordán, loc. cit. 410)。其他学者则对于先后次序持完全不同的观点(Albaladejo [-Santos Briz], Código Civil y compilaciones forales,

XXIV, 445)。民法典第1888条禁止管理人随意停止管理,因为不然的话可能造成比管理行为所意在防止的损害还要严重得多的损害(Paz - Ares/Díez - Picazo/Bercovitz/Salvador [- Díez - Picazo], Código Civil II, 1945)。继续管理义务据说有两个目的:防止损害发生、防止轻率地干预他人的事务(Lacruz Berdejo, Rev. Crít. Der. Inm. 1975, 264)。根据民法典第1888条,在开始管理之后,继续管理义务既包括管理"该事务",也包括管理"辅助性的事务"。若管理人不再愿意或不再能够继续进行管理,则民法典第1888条允许管理人"通知本人来接替其进行管理,若本人可以自行管理的话"。与之不同,在委托法(民法典第1736条)中,受托人可以"以通知委托人的方式辞去委托。若委托人因其辞去委托而遭受损失,则受托人必须赔偿此种损失,除非受托人证明,已经不可能在不给其自身利益造成严重损害的前提下完成所委托的事项,从而停止委托是合理的"。因此,根据民法典的文义,合同约定的受托人放弃委托时的条件比未经授权的管理人放弃管理时的条件要松。这一点不断地促使学者提出将委托法的条文类推适用于无因管理(例如,Sánchez Jordán, loc. cit. 428)。若管理人根据民法典第1888条通知本人来接替其进行事务的管理,仅仅提出要求尚不足以消灭其继续管理义务。在本人自己管理事务之前,继续管理义务尚不消灭;若本人无法自行管理该事务(对此,有能力安排第三人来处理就够了),那么,管理人仍然负有继续管理义务。纳瓦拉省 Fuero Nuevo de Navarra 的 Ley 560 同样规定管理人有义务"完成所已经开始的管理"。

38. 根据斯洛文尼亚 LOA 第200条,若继续进行管理是合理的,并且本人无法自行管理该事务,则管理人必须继续进行管理。波兰民法典第753条第(1)款也规定管理人负有继续管理的义务,直至本人可以"自行处理其事务"。与之不同,捷克与斯洛伐克的民法典并未规定继续管理义务。爱沙尼亚 LOA 与匈牙利民法典也是如此。

39. 根据意大利民法典第2028条,管理人有义务继续进行管理,并且一直进行管理直到本人能够自行处理其事务。在管理人为本人完成事务管理之前本人死亡的,管理人也负有继续管理义务,直至继承人能够处理该事务时。若由于不可归责于管理人的原因而导致管理不再可能(Cass. 11 November 1958, no. 3692, Rep. Giur. it. 1958, voce Gestione d' affari, no. 6 - 8),或者是由于管理已经变得无益甚至危险,则管理人不再负有继续管理义务。

40. 根据荷兰民法典第6:199条第(1)款,管理人必须"在对管理人而言可以合理地要求其继续管理的范围内……继续管理其所已经开始管理的事务"。由此可知,管理人不能在不适当的时间点上停止管理。具体的细节取决于个案的具体情况——特别是本人是否能够自行处理其事务,以及在本人对于继续管理所具有的利益与继续管理将要求管理人付出的精力和费用之间进行衡量(T. M. Parlementaire Geschiedenis VI, 793; Asser [- Hartkamp], Verbintenissenrecht III[11], no. 308 p. 319 - 320)。

41. 在苏格兰,继续并完成管理的义务是管理人所负的主要义务之一。这一点为"权威学者"(Institutional Writers)所承认(Bell § 541; Stair, Institutions, Book I, 8, 5),并且至今仍然作为法律规则存在(Walker, Principles of Scottish Private Law, II[4], 513)。只有当继续管理将管理到新的事务时,继续管理义务才消灭;这一义务并不随着本人或管理人的死亡而自动消灭(Stair [- Whitty], The Laws of Scotland XV, para. 130; Stair, Institutions, Book I, 8, 3; Erskine, Book III, Volume II, 53)。北欧各国的法学学说尚未对继续管理义务加以阐述。在英格兰法中,继续管理义务的问题很少以这一形式出现。紧急代理大多适用于当事人之间已经存在代理关系的场合,并且代理人不仅具有进行管理的授权,而且实际上负有采取合理措施以维护本人利益的义务:有关认为船长在紧急情况下负有义务的权威案例,参见 The Gratitudine (1801) 3 C. Rob 240 at 259, 165 ER 450 at 457 (Sir W. Scott); Tronson v. Dent (1853) 8 Moore PC 419, 449 (Sir John Patteson); The Hamburg (1863) 2 Moore PC (N. S.) 289, 302 (Dr Lushington); Australasian Steam Navigation Co. v. Morse (1871-73) LR 4 PC 222, 228; Gaudet v. Brown (1873-74) LR 5 PC 134, 165 (Sir Montague Smith); Hingston v. Wendt (1875-76) 1 QBD 367, 372 (Blackburn J); Metcalfe v. Britannia Ironworks Co (1876) 1 QBD 613, 625 (Cockburn CJ)。代理人何时可以放弃管理的问题只是被归入了维护本人利益的作为义务的范围有多大这一更宽泛的问题之中:只要紧急情况要求对无法预见的问题进行处理,并且可以合理地期待代理人作出反应,代理人就应当进行管理。在无偿代理的场合,无偿常常意味着代理人不负有作为义务:参见 Fridman, Agency[5], 138。不过,无偿代理人或并非紧急代理人的管理人继续进行管理的义务可能产生于侵权法,原因是,他们的干预(如果之后不再进行管理以使事务好转的话)会导致损害的发生,他们要作为侵权人就其过失对这种损害承担责任:参见 Gomer v. Pitt & Scott (1922) 12 Lloyd's L. Rep 115, 116 (Warrington LJ)。

示例1来自于 BGH 4 December 1975, BGHZ 65, 354;示例5来自于 TS 2 February 1954, RAJ 1954 no. 322 p. 198.

第Ⅴ-2:102条　对违反义务所致损害的赔偿

(1)对于违反本章所规定的义务而导致的损害,若损害系源自管理人引发的、扩大的或者故意延续的危险,则管理人应向本人承担赔偿责任。

(2)在对管理人进行管理的原因以及其他情况加以考虑后,在公平与合理的范围内,减轻或免除管理人的责任。

(3)管理人在从事管理时欠缺完全行为能力的,只在其根据第六卷(造成他人损害的非合同责任)也应进行赔偿的范围内,才承担赔偿责任。

评　论

A. 对违反义务的赔偿责任

无因管理法中的赔偿义务。第(1)款规定的是管理人的损害赔偿责任,从而同时也是本人所享有的请求权的基础。这一条文似乎是必要的,这首先是因为,本人因有过失的无因管理而产生的损害赔偿请求权,就其性质而言是源自第六卷有关造成他人损害的非合同责任的法律,还是必须源自对合同法条文的类推适用,对此从一开始就不应当有任何争论。既不是前者,也不是后者。相反,损害赔偿请求权源自于无因管理法本身。其次,要给赔偿请求权的特殊限制规定出一项一般原则,也需要第(1)款。

赔偿。与第六卷有关造成他人损害的非合同责任的法律中所使用的法律术语相一致,此处的赔偿的概念包括对损失进行弥补的所有形式。通常所采用的形式是金钱赔偿,但也可能采取其他的损失弥补形式——特别是通过实物赔偿的方式恢复原状。

损害。与第六卷有关造成他人损害的非合同责任的法律("法律意义上的损害"的概念)以及合同法一样,"损害"在此也包括财产损失与非财产损失。有关造成他人损害的非合同责任的法律中关于近亲属所受损害的规定,也可以类推适用于此,如果案件的事实需要对此进行类推适用的话。至关重要的总是,损害必须是违反第Ⅴ－2:101 条(管理过程中的义务)及第Ⅴ－2:102 条给管理人所规定的义务的结果,并且管理人的管理必须在第Ⅴ－1:101 条(为维护他人利益而管理)以及第Ⅴ－1:102 条(替他人履行义务的管理)所规定的意义上是适法的。行为人没有合理原因而干预他人事务的,对所导致的损害应承担的责任不是根据无因管理法,而是根据其他规定——特别是第六编有关造成他人损害的非合同责任的法律中的规定。

B. 对有瑕疵地实施无因管理而产生的责任的一般限制(第(1)款)

因果关系。因违反管理人所负义务而产生的赔偿义务受到多个要件的限制,首先并且最为重要的是从因果关系的角度进行的限制。若所发生的损害归因于促使管理人进行管理的危险,则并不产生赔偿请求权;或者说,从正面对这同一要件进行表述的话,只有在损害系由管理行为所致时,才应对损害予以赔偿。管理人要么必须是引发了或扩大了相关的危险,要么必须是故意允许了危险继续存在。

三种情形。关于责任的必要限制,仅仅提及因果关系这一一般工具是不够的。相反,在管理人的义务违反与所发生的损害之间必须存在特殊的关联。这是因为,在许多的案件中,若管理人根据所规定的义务实施了管理,则不会发生损害,但是,若管理人根本就没有进行管理,则损害是无论如何都会发生的。在这种情形,必须对损害的可归因于管理行为的性质作精确的考察。只有在以下三种基本情形中,管理人才应当承担责任:(i)管理人通过其管理行为引发了造成损害的危险;(ii)管理人没有引发危险,但是扩大了危险;(iii)管理人没有合理原因就过早地停止了管理,并且明知造成损害的危险将会继续存在。

因管理人所引发的危险变成现实而承担责任。管理人应就其所引发的危险变成现实而承担责任。仅仅未进行管理以截断正在发展的因果链条,并不产生任何赔偿责任——即使一个理性的人本来会进行管理。

示例 1

因为一场持续很长时间的暴雨,整个地区被洪水淹没。房屋所有权人正在度假,并且没有留下联系地址,于是,其邻居决定进入其房屋抢救一套奇彭代尔式的椅子。邻居没有看到在隔壁的房间里还有其他的奇彭代尔式的椅子,对此邻居无须承担过失责任;邻居没有想到,从该房屋中抢救出一块价值高得多的波斯地毯会更为重要,对此邻居也无须承担过失责任。

因管理人所扩大的危险变成现实而承担责任。管理人不一定要引发了危险;他通过管理行为扩大了危险的话,也要承担责任。

示例2

某家超市的一些顾客发现了一个手提包,并交给了一个收银员。收银员在广播中宣布找到了这个手提包,并且请所有权人去认领,手提包中的身份证上就写有所有权人的名字并且收银员也看到。因为无人来认领,收银员将之交还给了找到这个手提包的顾客,因为这些顾客让其相信,他们认识这个所有权人并且会把包带给她。事实上这些顾客留下了这个手提包和里面的现金。超市要对损害承担责任,因为将手提包交还给那些顾客,扩大了最终损失该手提包及包中财物的危险;在占有该手提包这一无因管理行为之后,手提包在超市雇员的保管之下是安全的。若在解释1中,在将椅子抢救出来之后,邻居保管椅子的过程中很不小心从而损坏了椅子,则两个案件基本相同。这一损害可归因于管理人的行为违反了义务。

管理人故意地延续了危险。第三种基本情形是违反义务而过早地停止了管理(第Ⅴ-2:101条(管理过程中的义务)第(2)款)。违反这种义务同样不应导致管理人对所造成的全部损害承担责任。除了因果关系的要件之外,管理人还必须是故意地造成了危险的延续。

示例3

管理人I过失地以为已经完成了所有必要的修理,于是离开了现场。事实上,问题尚未解决:不久之后,水开始再次从受损的管道中溢出。I不对本人承担责任。

示例4

事实与示例1相同,只是,邻居已经将椅子从隔壁的房间搬到了门厅中,却突然对椅子的命运变得漠不关心起来,于是将椅子留在了门厅之中。管理人故意地延续了危险。

故意。故意一词的含义遵循第Ⅵ-3:101条(故意)中的定义。

C. 为他人承担责任;多个管理人

原则上不为其他管理人承担责任。本草案既不包含有关为他人违反义务的行为承担责任的特殊规则,也不包含有关多个无因管理人实施管理的特殊条文。管理人在选任辅助人时未尽注意的责任,第(1)款并结合第Ⅴ-2:101条(管理过程中的义务)第(1)款第(a)项已经作了规定。在管理人与本人之间没有合同规范所采取的管理措施,从而管理人对本人不负有进行管理的义务,因此,对他人违反义务的行为承担真正责任根本就是不合理的。当然,委任他人的行为本身可以构成无因管理,由此管理人有义务将其与所委任的第三人订立合同而取得的所有权利转移给本人。从而,第三人破产的风险将由本人承担,而不是由管理人承担。若管理人委任第三人来履行其已经负担的某项债务如移转利益和提交账目的义务,则情况又不同。在这种场合,若管理人将其债务的履行委托给了第三人,而第三人未代其履行这一义务,则管理人应当根据债务不履行的一般原则承担责任。

原则上多个管理人之间不承担连带责任。基于同样的原因,规定多个管理人之间承担连带责任似乎也是不合理的。原则上,只有在多个管理人负有实施同一行为的义务时,才能考虑这种连带责任——不过,这是很罕见的例外情况。

D. 责任的减轻(第(2)款)

概述。第(2)款的规定是保护那些出于非常令人钦佩的原因对他人或他人的利益进行照管的人的一个手段。第(2)款一般(但并不必然)用于维护紧急情况中施救者的利益。因而,第(2)款背后的政策考量与无因管理的一个非常特殊的方面有关,即维护他人利益的意思这一要件是否具备以及程度如何。出于行善助人的原因而给他人提供帮助的施救者应当在责任方面受到特别照顾,欧洲的所有法域都很熟悉这一基本理念。只是落实这一基本理念的手段有所不同。某些法域将所适用的注意标准降低至重大过失,并且只有紧急情况中的施救者才享有这种优待;其他的法域则在不改变注意标准的同时采用一种更为开放的合理性判断标准。第(2)款采用的是第二种模式。在紧急、急迫的情况中非专业的施救者很容易因为害怕或忙乱而做错点什么,这一因素已经被纳入了第Ⅴ-2:101条(管理过程中的义务)第(1)款第(a)项的衡量之中:参见该条下的评论。因而,第(2)款并不涉及责任的基础,而是仅仅涉及赔偿的范围。其适用范围并不仅限于在他人的人身或健康面临急迫危险的场合中进行无因管理的情形。

公平的判断。根据第(2)款,可以减轻或者完全免除责任。是否以及在多大的程度上减轻责任(在适当的案件中责任可以减轻至零)将取决于有关公平的一般判断("公平与合理")。这要根据个案的具体情况来进行判断,尤其取决于行为人的行善助人的动机。

示例5

在X先生去世后,A夫人对X先生的遗产进行照管。她根据遗嘱享有继承权,但是已经放弃了继承。就A夫人已经委托给第三人照料的一些动物,A夫人与X先生的亲属之间产生了争议。A夫人把大多数的动物照管得非常好,只是就一只山羊和一只绵羊的照管没有及时尽到通知义务。考虑到管理人的行善助人的动机,并且其疏漏很轻微,可以减轻赔偿责任。

示例6

某个农场主F用拖拉机将暴风雨连根拔起的一棵树拖到路边,将树拖走本来是地方政府的职责。4个月以后,地方政府还没有采取任何措施。有一个晚上,发生了事故。F没有将这棵树完全拖走,因而存在过错,应与地方政府一道作为连带债务人对这个道路使用人承担责任。不过,在当事人内部,F的责任份额应当被减轻至远低于50%。

E. 欠缺完全行为能力的管理人(第(3)款)

还要求在有关造成他人损害的非合同责任的法律中成立一般责任。不过,仅仅第(2)款的规则尚不足以充分地保护第(3)款所提到的人群。只有在根据无因管理法和有关造成他人损害的非合同责任的法律都要承担责任时,他们才应当承担责任。在实践中最为重要的是有关未成年人保护的法律以及有关承担此种责任的最低年龄的规则(参见第Ⅵ－3:103 条(未满 18 周岁的人))。相对没那么重要的(但也应当予以考虑的)情形是,由于其他的原因根据无因管理法应承担责任,但是根据有关造成他人损害的非合同责任的一般法律不承担责任。这可能是因为管理人违反了第Ⅴ－2:101 条(管理过程中的义务)第(1)款第(b)项所规定的遵从本人意思的义务;或者因为违反继续管理义务(第Ⅴ－2:101 条第(2)款)(这一义务原则上与有关造成他人损害的非合同责任的法律不相容);或者因为管理人造成了某种损害,而这种损害在有关造成他人损害的非合同责任的法律中是不具法律意义的。

注　释

Ⅰ. 损害赔偿请求权的基础

1. 德国民法典没有在无因管理法中规定独立的损害赔偿请求权。若管理人违反其根据民法典第 677 条与第 681 条所负的义务,本人可以根据民法典第 280 条所规定的一般要件请求损害赔偿,第 280 条适用于所有违反义务的行为。至于过错,民法典第 280 条第(1)款第 2 句规定证明责任作有利于债权人的倒置(在无因管理的场合是有利于本人)。若本人的追认包括了对管理事务的特定方式的追认,则不成立损害赔偿请求权(Palandt [－Sprau], BGB[63], § 677, no. 15; § 681, no. 4; § 684, no. 2)。管理行为未取得成功并不必然意味着管理行为存在不当(RGRK [－Steffen], BGB[12], § 677, no. 11)。违反民法典第 681 条所规定的义务,并不导致管理人丧失对所生费用的偿还请求权(BGH 4 December 1975, BGHZ 65, 354, 356),因为该无因管理仍然属于合法管理。虽然民法典第 280 条所规定的损害赔偿请求权包括了"积极"利益,从而包括了有害的行为所造成的所有直接和间接的不利益,但责任仅仅涉及因实施管理而导致的损害。因对事务的合理的但未成功的管理所导致的不利益,则不需要进行赔偿,因为未获授权的管理人并不负有实现成功的管理结果的义务(Soergel [－Beuthien], BGB[12], § 677, no. 20)。本人应被恢复至若管理人及时通知了本人、未进行管理或者是告知了本人时本人所将处的状态(BGH loc. cit. 357)。

2. 希腊法中的情况与此相似。唯一有争议的问题是损害赔偿请求权的法律依据应是义务不履行的一般规则(民法典第 335 条及以下各条;Filios, Enochiko Dikaio I/2, 201),还是直接源自民法典第 730 条与第 731 条(赞同这一方案的有 Kavkas and Kavkas, Enochikon Dikaion II/2, 25)。即使违反了义务,管理人仍然享有对本人的请求权(Georgiades and Stathopoulos [－Papanikolaou], art. 730, no. 40)。

3. 与之相对,葡萄牙民法典第466条第(1)款为管理人的损害赔偿责任规定了一个独立的基础:“就有瑕疵的管理或者不合理地停止管理所造成的损害,管理人对本人负损害赔偿责任。”民法典第466条第(2)款规定,若管理人的行为不符合本人的利益与意思,则管理人的行为存在过失。这与民法典第465条第(a)项相一致。并且,有关损害赔偿责任的一般规定也适用于无因管理(Menezes Leitão, Responsabilidade do gestor, 273 ff)。律师未经授权就从事诉讼活动时所应承担的责任,明确规定在民事诉讼法第41条第(2)款。

4. 奥地利法在管理人损害赔偿责任的问题上也区分无因管理的不同类型(Koziol, Haftpflichtrecht I[3], no. 4/96, p. 185)。在紧急情况下进行管理的场合(民法典第1036条),民法典第1312条对管理人的责任作了限制;管理人不需要对管理行为未取得成功的结果承担责任。根据民法典第1312条,只有当管理人“因其过错而使他人没有进行本会取得更好结果的管理”时,管理人才需要负责。民法典第1312条第2句赋予了管理人以所获收益来抵销所受损害的可能。这被认为是利益均衡的一种特殊情形(Rummel [-Reischauer], ABGB II[2], § 1312 no. 2)。在紧急情况的场合,管理人也负有注意义务;对于因其过失所致的损害,管理人应承担损害赔偿责任(Schwimann [-Apathy], ABGB V[2], §§ 1036-1040 no. 18),虽然应当考虑到管理的急迫性以及迫在眉睫的危险的程度(Meissel, GoA, 140)。至于“有益的无因管理”(民法典第1037条),则适用民法典第1311条(第2句,第3种情形)。根据这一规定,管理人“没有紧迫需要就去干预他人事务的”,应就若其没有进行管理则不会发生的所有不利益承担责任(v. Zeiller, Commentar III § 1311 no. 9 p. 739,所给的例子是,管理人为了维护所有权人的利益而收割果实并将之储存在某个地方,而所有权人是不可能将果实放在那里的,其后这些果实在那里被烧毁)。冒险进行管理时,只要求管理人具有过错,不要求损害是可预见的(Karollus, Schutzgesetzverletzung, 63; Schwimann [-Apathy], ABGB V[2], §§ 1036-1040 no. 19)。管理人可以以其自己对本人所享有的请求权来加以抵销。不过,不能适用民法典第1312条第2句(参见上文)。若管理人所造成的损害超出了其所带来的利益,则将适用民法典第1038条。与民法典第1324条不同,根据该条,管理人将有义务进行“全面赔偿”(即使仅存在轻微过失),从而也包括对所失利益的赔偿(Rummel [-Rummel], ABGB I[3], § 1038 no. 5; Meissel, GoA, 140 et seq.;不过细节则存在争论)。

5. 在比利时法及法国法中,关于违反义务的管理人应对其所致的损害承担责任的原则,不存在争论。不过,民法典第1372~1375条的文义(除民法典第1374条第(2)款所规定的责任减轻条款以外)并未进一步具体规定责任的法律性质和具体构成要件。多数法国学者认为,管理人的责任的性质是侵权责任(Viney, Introductioná la responsabilité[2], no. 191 p. 348-349),其他的学者则主张其具有合同责任的性质(Acquarone, D. 1986 chron. 21-26),还有的学者则认为管理人的责任是自成一体的(Starck/Roland/Boyer, Les Obligations[6], no. 2045 p. 713)。与之不同,比利时的法学学说几乎一致认为,管理人的责任是合同外的责任,因而性质是侵权责任(Dalcq, Traité de la responsabilité civile, I[2], no. 116 p. 131)。不过,从比利时诉讼时效法的起草工作来看,产生于准合同的请求权的时效限制适用有关合同请求权的时效限制的一般规定(Parl. St., Kamer, 1997-98, no. 1087/1, p. 8 and 11)。

6. 在西班牙法中,管理人因违反注意义务而承担的损害赔偿责任系基于民法典第1889条。不论损害的性质如何,赔偿的范围都包括有瑕疵的管理行为所造成的全部损害。所适用的是民法典第1106条(该条的文义事实上仅仅涉及违反合同的责任,规定所失利益也应予以赔偿)

(Paz－Ares/Díez－Picazo/Bercovitz/Salvador（－Díez－Picazo), Código Civil II, 1946; Sánchez Jordán, Gestión de negocios, 453; 并参见 Cavanillas Múgica and Tapia Fernández, Concurrencia de responsabilidad, 9)。民法典第1889条要求管理人的行为未尽到善良家父的注意。然而,管理人的责任不是侵权性质的,而是(准)合同性质的(Díez－Picazo, loc. cit., Pasquau Liaño, La gestión de negocios ajenos, 130; Sánchez Jordán, loc. cit.)。有争议的是,在轻微过失或最轻过失(culpa leve 以及 culpa levissima)的场合,管理人是否也要承担责任(对此给予否定回答的有 Albaladejo［－Santos Briz］, Código Civil y compilaciones forales, XXIV, 58; Lacruz Berdejo, Rev. Crít. Der. Inm. 1975, 266)。至于违反继续管理义务的责任,学者建议(就讨论到了这一问题的来说)适用侵权法的规则(Pasquau Liaño, La gestión de negocios ajenos, 129)。

7. 按照意大利法的思路,管理人不当履行义务时的责任应当适用合同法的原则(Franzoni, Dei fatti illeciti, in Commentario del c. c. Scialoja Branca, IV, Delle obbligazioni, arts. 2043－2059, p. 14)。原则上,本人无权请求管理人实际履行。只有消极利益才应赔偿(即不因他人对自己的法律利益范围进行干预而遭受任何损害的利益)。

8. 在荷兰民法典中,管理人违反注意义务(民法典第6:199条)的责任源自民法典第6:74条及以下,即有关债务不履行的责任的规定。从而责任范围要根据民法典第6:95条及以下中有关损害赔偿的一般规则来判断(Asser［－Hartkamp］, Verbintenissenrecht III[11], no. 299, p. 312－313 and nos. 310－312, p. 320－321; Schrage, Verbintenissen uit andere bron, no. 23, p. 16; Verbintenissenrecht［－Scheltema］, art. 6:199 BW, no. 3)。

9. 在苏格兰,管理人的(被普通承认的)损害赔偿责任似乎具有侵权责任的性质(Harloff, Tartan &Torts, 51; Stair［－Whitty］, The Laws of Scotland XV, para. 90)。在斯堪的纳维亚各国的法律中,无法找到违反告知义务或注意义务时所应承担责任的有关细节。这种责任的法律基础与责任范围似乎也是源自侵权法。

10. 在普通法中,管理人违反注意义务的责任是一个侵权法(过失侵权)的问题,虽然在基于合同的紧急代理的场合,紧急情况使得代理人在意外情形中负有作为的义务,也具有作为的权限,此时也可能产生合同法上的(竞合的)责任。管理人试图施救(并且因为存在紧急情况从而管理人的干预是合法的)时,管理人仅在使情况恶化时才承担侵权责任:East Suffolk Rivers Catchment Board v. Kent［1941］AC 74(在对海堤［译注:原文为"sea will",应为"sea wall"的笔误］进行修理时存在过失,管理人不需要承担责任,因为其并没有进行修理的义务,并且所导致的损害也不比其完全不修理时将受到的损害更糟),并对比 Capital & Counties plc. v. Hampshire County Council［1997］QB 1004(该案中,消防人员要承担责任,因为其过失地关闭了自动灭火系统,导致火势更快地漫延)。过失行为并未导致损害扩大的证明责任,由管理人承担:Capital & Counties plc. v. Hampshire County Council loc. cit. at 1034 (Stuart－Smith LJ)。不过,管理人一方负有职责的话,会被认为具有积极的作为义务,此时,管理人将因疏于履行救助义务而承担责任:参见 Kent v. Griffiths (No. 3)［2001］QB 36——不过,在该案中,管理人无论如何都负有公法上的作为义务。

Ⅱ. 为他人承担责任;多个管理人

11. 在德国法中,若多个管理人共同为本人管理同一事务,则多个管理人之间连带并个别地(joint and several)承担责任(从而适用民法典第427条)(Soergel［－Beuthien］, BGB[12], Pref. to § 677, no. 11; Staudinger［－Wittmann］, BGB[13], Pref. to §§ 677 et seq., no. 58)。另一方面,

若行为人仅仅是管理人的辅助人,则并不必然是连带债务人之一(RGRK [-Steffen], BGB[12], Pref. to § 677, no. 103)。独立实施管理行为的管理人要分别就各自的债务份额承担责任(民法典第420条;Wittmann, loc. cit.)。涉及不法管理(民法典第687条第(2)款)的管理人承担连带责任的例子有BGH 30 January 1959, MDR 1959, 635(在侵害著作权的场合,出版商与作者承担偿还利润的责任)。

12. 在希腊法中,若多个管理人为本人实施共同的行为,则这多个管理人承担连带责任(民法典第926条第(1)款;Kavkas and Kavkas, Enochiko Dikaio II, 14)。管理人独立从事管理时,如果(也仅当)不可能确定是谁的行为导致了损害发生,则管理人相互之间承担连带责任(民法典第926条第(2)款;Kavkas and Kavkas loc. cit.)。管理人根据民法典第330条与第334条就其辅助人的行为承担责任(Georgiades/Stathopoulos [-Papanikolaou], art. 731, no. 1)。

13. 与德国民法典和希腊民法典不同,葡萄牙民法典第467条对"两个或多个管理人共同实施行为"的情形作了明确规定。在这种情形,管理人对本人承担连带责任(民法典第512条及以下,第518条及以下;Pires de Lima and Antunes Varela, Código Civil Anotado I[4], 449, note 1 under art. 467)。民法典第512条第(1)款规定:"若每一个债务人都对整个给付承担责任,并且此种给付使所有债务人的债务都获得了清偿;或者,若每一个债权人都可以请求整个给付,并且此种给付向所有债权人都清偿了债务人的义务,则法律关系是连带的关系。"然后,民法典第524条对连带债务人场合的一般性的追偿权作了规定。

14. 在奥地利法中,首先必须确定,是否确实是多个管理人实施了管理,或者是否其中某个行为人在实施行为时只是作为真正管理人的辅助人。根据民法典第1313a条,管理人要为其辅助人承担责任(Meissel, GoA, 150 et seq.)。与之不同,在多个管理人的场合,学者认为应在作适当调整后适用民法典第1011条:Klang (-Stanzl), ABGB IV/1[2], 896 CC § 1011(集体代理)。因此,只有具有过错的特定管理人才承担责任。

15. 对于涉及多个管理人的场合,比利时与法国的法学学说原则上拒绝适用连带责任(*responsabilité solidaire*)。在法国,是通过类推适用民法典第1995条来得出这一结论的。不过,若多个管理人的行为无法加以区分,从而无法查明各自准确的参与程度,则可以考虑判决多个管理人承担整体责任(*in solidum*)(JClCiv [-Bout], art. 1372-1375, fasc. 20 no. 33; RPDB, v° Quasi-contrat, no. 114)。

16. 在西班牙法中(与委托法中的立场不同,参见民法典第1723条),多个未经授权的管理人原则上承担连带责任(民法典第1890条第(2)款)。不过,若存在数个不同的行为,这些行为相互之间不存在内在的关系,则不适用这一点(Paz-Ares/Díez-Picazo/Bercovitz/Salvador [-Díez-Picazo], Código Civil II, 1948; Puig Brutau, Compendio II, 602)。若管理人将某些任务分派给第三人去完成,管理人仍然要为第三人的适当履行负责——即使第三人也要如其自己是管理人那样对本人承担责任(民法典第1890条第(1)款;Díez-Picazo, loc. cit. 1946)。因而,本人可以依其所愿来选择向谁主张权利;真正的管理人及其代理人将作为连带债务人承担责任。

17. 意大利民法典没有对多个管理人的责任作出详细规定。位于委托法中的民法典第1716条在第(3)款对多个受托人规定了连带责任,但该款被认为不能适用于无因管理法中(Rescigno, Codice civile, sub art. 2030 CC)。

18. 在荷兰法中,管理人既可以以自己的名义也可以以本人的名义委任辅助人,尤其是在管理人对于所要采取的措施不具备必要的专业技能的场合。在负有继续管理义务(民法典第6:199

条第(1)款)的场合,管理人要为所委任的辅助人的过失行为承担的责任,这源于民法典第6:76条,虽然可以考虑根据民法典第6:109条减轻责任(Verburg, De vrijwillige zaakwaarneming, no. 66 p. 97; no. 73 p. 109; Schoordijk, Het algemeen gedeelte van het verbintenissenrecht naar het nieuw BW, 417-418)。不过,也有人主张,管理人出于合理的原因而将整个事务交由第三人管理时,不再负继续管理义务。此时,第三人继受了真正管理人的地位(Verbintenissenrecht [-Scheltema], art. 6:199 BW, note 2.1)。

19. 苏格兰法中对此没有明确的法律规定。斯堪的纳维亚各国中的法律立场同样不很清楚。根据不同的法典,多个侵权人以及多个合同债权人原则上承担连带责任。不过,对于这一一般原则是否以及(如果是的话)在何种场合能够适用于多个管理人,则没有相关的阐述。在普通法中,紧急管理的问题都是散见于代理法、寄托法以及恢复原状法之中,多个管理人的责任问题也是取决于所适用的责任制度,难以给出一个准确的概念。

Ⅲ. 减轻责任

20. 多数的法律体系都为管理人提供了许多免予承担责任的特殊保护规则。如果有这些规则的话,要么是在紧急情况中对轻微过失免除责任,要么是和第Ⅴ-2:103条(管理结束之后的债务)第(2)款差不多。并且,在赔偿请求权人一方存在与有过失时减轻责任的一般制度,当然也适用于无因管理法中。

21. 德国民法典第680条规定,管理人实施管理行为以避免某种给本人造成威胁的迫在眉睫的危险时,管理人仅对故意或重大过失所致的损害承担责任。这种责任的减轻仅适用于管理人与本人之间。这既涉及管理行为的开始,也涉及管理行为的具体实施(BGH 30 November 1971, NJW 1972, 475; BGH 16 March 1965, BGHZ 43, 188, 193; CA Hamburg 5 January 1984, VersR 1984, 758),并且这一规则对民法典第276条所规定的过失标准作了修正,第276条普遍地适用于根据民法典第280条产生的损害赔偿请求权(BGH 30 November 1971, NJW 1972, 475)。民法典第680条扩张适用于本人根据侵权法所享有的损害赔偿请求权(BGH 20 December 1966, BGHZ 46, 313, 316; BGH 23 March 1966, BGHZ 46, 140, 145)。除此之外,只有在与有过失的制度下才有减轻责任的问题(民法典第254条)。

22. 爱沙尼亚LOA第1022条第(2)款、波兰民法典第757条以及希腊民法典第732条中也有类似的规则。根据这些条文,管理人实施管理以避免某种迫在眉睫的危险的,同样仅对故意或重大过失所致的损害承担责任。其前提是存在某种危及本人或其某个亲属的人身或财产的迫在眉睫的危险(Georgiades and Stathopoulos [-Papanikolaou], Art. 732, no. 2; ErmAK [-Sakketas], art. 732, no. 2)。希腊民法典第732条被认为适用于管理人错误地但无重大过失地以为产生了紧迫危险的场合(Papanikolaou, loc. cit. no. 3; Sakketas, loc. cit. no. 4)。民法典第732条对基于侵权法的请求权也具有影响;但是,若管理人的行为违反了本人的意思,而管理人知道或者若其不具有重大过失的话本会知道本人的意思,则不适用第732条(Papanikolaou, loc. cit. nos. 4-5)。

23. 葡萄牙民法典的立法者决定采用与德国民法典第680条不同的模式(Vieira Gomes, Gestão de negócios, 184 et seq.)。他们认为法国和意大利的模式更为可取(Vaz Serra, Gestão de negócios, 135),但是并没有在无因管理法中作特殊规定,而是在民法典第294条中规定了一个减轻侵权责任的一般条款,该条对于所有的赔偿义务很重要(Menezes Leitão, Responsabilidade do gestor, 280-281, 290)。从而,在单纯过失(mera culpa)的场合,损害赔偿义务可以基于公平与合理的理由而加以减轻。这些理由包括当事人各方的经济处境以及紧迫危险情况的存在。此外,在本人一方存在与有过失的场合也可以减轻或免除责任(民法典第570条)。同样,在匈牙利法中,也可以在作适当调整后将侵权法中减轻责任的条款(民法典第339条第(2)款)适用于无因管理法。

24.奥地利法中并不存在有关减轻管理人对本人所负赔偿责任的条款。民法典第1312条只是明确,在紧急情况下为他人提供帮助之人,不能仅仅因为其没有成功地防止损害发生而承担责任。只有当行为人的行为导致其他更能胜任该事务的人无法进行管理时,情况才不同。最后,民法典第1299条规定,紧急情况中的管理人不适用严格的注意标准,即使这种注意对于该事务的管理来说实际上是必要的。

25.法国、比利时与卢森堡的民法典的第1374条第(2)款给法官赋予了根据促使管理人进行管理的具体情况来减轻赔偿数额的自由裁量权——这一规则在法国被称为是极为例外的(très exceptionnelle),因为其背离了完全赔偿的总体原则(Mazeaud and Chabas, Obligations[9], no. 687 p. 814)。不过,对于民法典第1374条第(2)款是涉及义务违反的所有类型,还是仅限于一般注意义务的违反,则没有明确的讨论。只是在比利时有人主张(Paulus, Zaakwaarneming, no. 69 p. 46)民法典第1374条第(2)款应当也适用于违反特定义务(比如提交账目的义务)而产生的损害赔偿请求权。在马耳他民法典第1017条中可以找到与法国法中这一条相类似的责任减轻条款。

26.西班牙民法典第1889条第(2)款允许法院根据个案的具体情况来减轻责任数额,或者甚至将责任减轻至零(Sánchez Jordán, Gestión de negocios, 455)。在西班牙,责任并不限于故意行为或重大过失(就像罗马法系的所有国家那样)。减轻责任的典型原因是:进行管理的紧迫需要,避免迫在眉睫的损害发生的意图,以及正确评估形势的难度(Sánchez Jordán, loc. cit. 456; Paz－Ares/Díez－Picazo/Bercovitz/Salvador [－Díez－Picazo], Código Civil II, 1947)。不过,与受到德国影响的国家不同,所有这些方面都对过错程度的判断没有影响;只是在计算损害赔偿的数额时将这些方面考虑在内(Pasquau Liaño, La gestión de negocios ajenos, 133;不过持不同观点的有Díez－Picazo, loc. cit.)。民法典第1889条第(2)款背后的法律理念也出现在了涉及所有合同责任类型的民法典第1103条之中(Pasquau Liaño, loc. cit.)。

27.根据意大利民法典第2030条第(2)款,法院同样可以将促使管理人管理他人事务的所有因素都纳入考量范围,并相应地减少损害赔偿数额。另一方面,民法典第1710条第(1)款不适用于无因管理法,根据第1710条第(1)款,在无偿委托的场合,"对过失责任的判断没那么严格"(Cass. 4 October 1956, no. 3336, Rep. Giur. It. 1956, voce Gestione d' affari, nos. 8, 9, 12 and 13; Cass. 20 May 1953, no. 1472, Rep. Giur. it. 1953, voce Gestione d' affari, no. 5)。不过,学者强调,若本人以不合理的方式疏于管理其自己的事务,则损害赔偿可以因为与有过失而减少(民法典第1227条第(1)款)(Bianca, Diritto civile III, Il contratto[2], 149－150)。

28.至于荷兰法,管理人不适当履行或不履行民法典第6:199条所规定的义务,将根据民法典第6:74条及以下所规定的一般规则产生损害赔偿责任。虽然说管理人的行为系为了维护他人的利益而非谋取其自己的利益这一事实,法院在计算损害赔偿的数额时会将之考虑在内,从而将基于公平原因而减少赔偿数额(民法典第6:109条)。例如,管理人试图拯救他人的生命,却因为某个不谨慎的措施而促成了其受伤或死亡,就是如此。若管理人系在民法典第6:200条第(2)款意义上的从事职业或营业的过程中进行管理,则情况又不同(MvA II, Parlementaire Geschiedenis VI, 449 and 793; Asser [－Hartkamp], Verbintenissenrecht I[12], no. 496, p. 458－

459; Schrage, Mon. Nieuw BW, no. 23 p. 16)。民法典并未给管理人规定特殊的注意标准以给其特殊的保护。民法典只是在第6:199条第(1)款的注意义务范围的判断上给法官留下了裁量的空间(Asser [-Hartkamp], Verbintenissenrecht III[11], no. 307 p. 318-319; Schrage, loc. cit.)。

29. 自Kolbin & Sons v. Kinnear & Co. 1931 SC (HL) 128一案的判决以来,在苏格兰,关键的是理性人处理其自己事务时的一般注意标准。要将个案的具体情况纳入考量范围,包括管理行为涉及紧急情况这一事实(Walker, Principles of Scottish Private Law, II[4], 513-514; Leslie, Jur. Rev. 1983, 27)。"权威学者"(Institutional Writers)主张这种场合管理人的责任要以重大过失为要件(Bell, § 541; Erskine, Book III, Volume II, 53);从实践结果来看,这一点与目前的情况几乎没有什么不同。

30. 瑞士的法学学说中对德国民法典第680条的思路作了讨论,并认为在其他办法之外,通过将存在紧急情况的事实纳入过失的判断之中,可以达到与之相当的结果(Håstad, Tjänster utan uppdrag, 142)。至于丹麦,Vinding Kruse在其给北欧国家起草的共同民法典的草案中写入了一个与德国民法典第680条相似的条文(Vinding Kruse, En nordisk lovbog, 6-14-2 p. 272 et. seq. and 599; idem. A Nordic Draft Code, § 1438 p. 379)。

31. 英格兰法并不以特殊的法律规则来处理管理人所造成的损害,这可能是因为,侵权法关于过失的一般规则已经对个案的具体情形以及施救者所面临的困难作了充分的考虑:参见Harrison v. British Railways Board [1981] 3 All ER 679, 686(认定施救者一方存在与有过失,一般都是不适当的)。信托法1925第61条使法院可以完全免除或减轻"行为正直合理,并且完全应当被原谅"的受托人的责任,但这一反常的规定(根据判例法,这一规定的要件很少得到满足)是可以说得通的,因为在受托人(非故意地)违反信托法中所规定的、导致承担严格责任的义务时,该条为受托人提供了保护。

Ⅳ. 欠缺完全行为能力的管理人

32. 德国民法典在第682条规定,管理人欠缺完全行为能力的,只根据有关侵权损害赔偿的规定承担责任。这一规定具有援引侵权法请求权基础的性质,特别是导致民法典第827~829条的适用(Palandt [-Sprau], BGB[63], § 682, no. 2)。不过,这一条文并不是说民法典第677条及以下仅适用于已经成年的管理人(Soergel [-Beuthien], BGB[12], § 682, no. 1)。爱沙尼亚LOA第1022条第(5)款也包含了类似的规定。

33. 希腊民法典第735条的情况几乎相同。这里也是法律规定援引侵权法的请求权基础(Georgiades/Stathopoulos [-Papanikolaou], art. 735, no. 7),指向的是民法典第915条及以下(Kavkas and Kavkas, Enochiko Dikaio II, 23)。同样,民法典第735条也只涉及管理人是否应承担责任的问题,不涉及未成年的管理人是否可以主张民法典第736条所规定的权利的问题(Papanikolaou, loc. cit. no. 6)。

34. 在葡萄牙,欠缺完全行为能力的管理人的责任要根据民法典第488、489条及第491条中所规定的侵权法的特殊规则来判断(Almeida Costa, Obrigações[9], 440; Pires de Lima and Antunes Varela, Código Civil Anotado I[4], 449, note 5 under art. 466)。根据民法典第489条第(1)款,欠缺完全行为能力的人可以基于公平的理由承担责任,但仅仅承担补充性的责任,即在本人[译注:原文为"管理人",疑为笔误]无法从未成年人的监护人那里获得赔偿的场合。民法典第489条第(2)款仅仅规定欠缺完全行为能力的人有义务支付其在经济上所能承受的、不会导致其自己无法维持合理生活条件的损害赔偿。民法典第491条规定监护人要就推定的监护不力承担责任。被监护人对监护人享有追偿权,这在监护人事后又重新具备偿债能力的场合是有意义的。民法典第488条第(1)款规定,行为人"在实施行为时不论出于何种原因而无法认识或控制其行为的",不应对行为的损害后果承担责任,"除非其有过错地使自己进入此种暂时的状态"。根据民法典第488条第(2)款,对于7周岁以下的未成年人以及因患精神疾病而完全丧失能力的人,推定其不具有可归责性。未成年人是指18周岁以下的人(民法典第122条);7周岁以上18周岁以下的未成年人具有限制行为能力(民法典第123条)。

35. 在奥地利法中,欠缺完全行为能力的管理人应承担的损害赔偿责任同样限于其就侵权行为所应承担的责任(民法典第1310条)(Klang [-Stanzl], ABGB IV/1^2, 893)。关于管理人欠缺完全行为能力时其是否具有维护他人利益的意思,是否应负提交账目的义务,以及其法定代理人是否可以予以追认的问题,则存在争议(详见 Rummel [-Rummel], ABGB I^3, § 1035 no.7)。

36. 在比利时法与法国法中,有关无因管理的规则可以无限制地适用于管理人与本人之间的法律关系,除非其中一方欠缺完全行为能力导致完全不能适用无因管理法(Marty and Raynaud, Les obligations I^2. Les sources, no. 384 p. 398-399, fn. 1; Paulus, Zaakwaarneming, no. 76 p. 48-49)。通说将欠缺完全行为能力的管理人违反义务导致的损害赔偿责任在性质上界定为侵权责任(Viney, Introduction á la responsabilité^2, no. 191 p. 348-349; Dalcq, Traité de la responsabilité civile I^2, no. 116 p. 131)。在法国,这导致欠缺完全行为能力的管理人无法利用缺乏识别能力(*absence de discernement*)这一抗辩事由来避免为已被证明的过失承担(侵权)责任(参考文献见 Flour/Aubert/Savaux, Le fait juridique^{10}, no. 101 p. 98-99)。与之不同,比利时法中,若行为人在行为时欠缺辨识善恶的能力,则不能主张欠缺完全行为能力之人的行为存在侵权法上的过错(Van Gerven, Verbintenissenrecht II^7, 302)。

37. 西班牙的法学学说(就这一问题不存在法律规定)僵持在争论之中。许多学者得出的结论是,应当适用有关从事法律行为的能力的一般规则(Albaladejo [-Santos Briz], Código Civil y compilaciones forales, XXIV, 57),其他的学者则认为欠缺完全行为能力之人无法进行无因管理(Lacruz Berdejo, Rev. Crít. -Der. Inm. 1975, 254)。

38. 根据意大利民法典第2029条,管理人必须具有从事法律行为的能力,而在单纯事实行为中具有归责能力就够了。若具有归责能力,责任都将是侵权责任的性质(民法典第2043条)(Aru, Gestione d'affari, 27)。

39. 管理人欠缺完全行为能力的问题在荷兰法中似乎并未被讨论到。处理方案要从一般规则中加以推导。最有可能的是仅仅考虑侵权责任的问题,因为,在作适当调整后将民法典第3:32条(该条规定,欠缺完全行为能力之人所从事的法律行为是可以撤销的)适用于无因管理法,适用的结果就是不承担债务不履行的责任(民法典第6:74条)。另一方面,根据民法典第6:174条,14周岁以下的未成年人所从事的行为不能被界定为侵权行为。未成年人对其自己行为不承担责任,仅由父母承担严格责任(民法典第6:169条)。

40. 在苏格兰,未成年人以及无行为能力人的责任似乎应当根据侵权法来进行判断。不过,当然不存在能说明这一点的判例法,因为未成年人原则上不承担个人责任,而是由父母承担监护责任(详见 Walker, The Law of Delict in Scotland, 86)。

41. 在瑞典法中,欠缺完全行为能力的管理人,包括未成年人,若其行为为责任保险所覆盖的话,可能需要承担侵权责任(损害赔偿法[skadeståndslag]第2章第4条)。此外(学术著作中未涉及这一问题),似乎可以适用一般的规则。因而,欠缺完全行为能力的人需要就事实行为(特别是就犯罪行为,参见 HD 22 March 1901, NJA 1901, 129)承担侵权责任,而法律行为则只有在其法定代理人对行为予以追认后才能加以考虑。原则上,18 周岁以下的人缺乏完全行为能力,从而不能处分其自己的财产或者使自己负担义务(Parental Code [föräldrabalk]第 9 章第 1 条)。至于芬兰法与丹麦法中的侵权责任,参见芬兰 SKL 第 2 章第 2 条以及丹麦 EAL 第 24a 条。在这些国家,通过保险来解决问题同样也是相当重要的(von Eyben/Isager, Lærebog i erstatningsret[5], Ch. 5)。

42. 在英格兰法中,未成年人可以成为代理人或受寄人,因为成为代理人或受寄人并不以存在合同为要件;未成年人的身份并不影响其(产生于寄托或无偿代理的)侵权法上的责任:参见 Clerk and Lindsell (-Jones), Torts[18], para. 4-58。在侵权法上,心智不健全的人同样可能承担责任(就此参见 Clerk and Lindsell [-Jones], Torts[18], paras. 4-67-4-68)。

示例 2 来自于 Cass. civ. 3 January 1985, Bull. civ. 1985 I, no. 5 p. 4; Gaz. Pal. 1985 pan. 90, obs. Piedelièvre; RTD civ. 1985, 575, obs. Mestre;示例 5 来自于 CA Mons 27 February 1995, Rev. not. b. 1996, 33;示例 6 来自于 CFI Zinnik 10 June 1992, TAgrR 1993, 202。

第Ⅴ-2:103 条　管理结束之后的债务

(1)管理结束之后管理人必须无不合理迟延地报告本人并提交账目,并向本人移交因管理行为所得的一切。

(2)管理人在实施管理时欠缺完全行为能力的,关于移交的义务可以援用根据第Ⅶ-6:101 条(利益不存在)所能主张的抗辩。

(3)适用第三卷第三章所规定的关于不履行的救济,但应作相应调整,即支付损害赔偿或利息的责任适用前条第(2)款与第(3)款的限定条件。

评　论

A. 概述

管理结束之后的三项债务。第Ⅴ-2:103 条(管理结束之后的债务)[译注:原文为"第Ⅴ-2:102 条(对违反义务所致损害的赔偿)",应为笔误]第(1)款规定了行为人在管理结束之后所负的债务:报告、提交账目并移交因管理行为所得的一切。在实际适用法律时,移交义务可能是这些债务中最为重要的一项。管理人的移交义务涉及在管理本人的事务时所得的一切。此外,管理人负有提供信息和提交账目的债务。这些债务的主要目的在于支持本人行使移交请求权。不过,报告的债务在不考虑移交请求权的场合也是有意义的。其目的在于保护本人不要因为不知道管理人进行了管理时而遭受损失,从而让本人避免再采取对于已经变化了的情况来说错误的或者无益的措施或行为。第(2)款将针对欠缺完全行为能力的管理人的移交请求权限于管理人仍然占有的利益(参见下文评论D)。

“管理结束之后”。对事务的管理在哪个时间点结束,取决于个案的具体情况。管理行为常常在管理人履行了第Ⅴ-2:101条(管理过程中的义务)所规定的通知义务从而本人可以接管该事务之后立即结束。这种场合,本条所规定的报告义务可能与第Ⅴ-2:101条所规定的义务相重合,从而可以用同一个行为来加以履行。在其他的场合,若促使管理人采取措施的危险情况至少是已经暂时不存在了,则管理结束。在管理人决定停止管理事务时,不论根据第Ⅴ-2:101条第(2)款管理人具有正当理由还是构成义务违反,管理都结束。

“无不合理迟延”。本条所规定的三项债务,管理人都必须无不合理迟延地加以履行。常见的情形是,管理人不知道本人的身份,并且已作了合理的调查却没有收获;在管理人知道本人的身份(姓名与地址)之前,是无法履行这些债务的。

债务与权利。本人根据本条所享有的权利可以独立地强制履行,因为管理人所负的相应债务不单是注意义务或者类似义务(如第Ⅴ-2:101条(管理过程中的义务)所规定的义务),而且是真正的债务。债务不履行的通常的救济措施,包括特定履行,都可以适用。不过,这受到第(2)款与第(3)款的限制。

B. 报告与提交账目的债务

报告的债务。管理人负有作出合理努力以与本人取得联系并且对事务的管理进行说明的债务——不论是在管理结束之后还是在管理过程中都是如此。从而,管理人有义务采取主动。若本人知道了所实施的管理,则管理人必须按照本人的要求提供信息。若管理人尚未从管理行为中获得任何利益,则管理结束之后的债务仅限于提供信息的债务。这一债务的范围与其目的相一致,其目的是使本人对情况有充分的了解,从而能够继续对事务进行管理。提供信息的债务并不必然使本人享有交付请求权;其可以是,例如,管理人必须对账簿与相关档案进行披露并允许对之进行查验,但并不负有将这些账簿与档案交付给本人的债务。

提交账目的债务。提交账目的债务的根本目的在于,使得本人能够获得必要的信息,以明确其要求移交因管理行为所得一切的请求权的具体内容。从程序的角度来说,本人可以分步骤地对管理人提起诉讼。管理人所负向本人提交账目的债务包括为所发生的每一项费用及所获得的每一项收益提供一个有序的、全面的总结,确保在需要核验时能够进行核验。这一账目要做到什么程度以及运用什么方式,取决于个案的具体情况。并且,本人对账目所提出的要求也适用诚实信用原则(第Ⅲ-1:103条(诚实信用与公平交易)第(1)款)的一般限制。在诸如居住在同一栋楼房的人之间或者是邻居之间的主动帮助的场合,对于账目的要求就要远低于对他人的重大财产或业务作未经授权的管理时的要求。在后一场合,根据具体的情况,提交账目的债务可能必须通过提交具备专业水平的账簿来履行。

示例 1

I 是某个患有精神疾病的老人的儿媳，这个老人已经因为患有精神疾病而住进了精神病医院。I 已经照顾其公公多年。他的保险人将其所应得的保险赔偿款汇到了 I 的账户上。在其婆婆去世之前，I 已经用这一笔钱为维护其公公的利益而支出了一些小的费用（床单被套的清洗、水果、巧克力、香烟、出租车费、他经常打坏的眼镜和闹钟的更换，等等），这些支出已经得到了其婆婆的同意。其公公去世后，继承人要求返还扣除开支之后所剩的保险赔偿款——要求各项开支逐笔非常精确。I 无法为这些五花八门的小额开支提供账目，虽然总额加在一起相当可观，这特别是因为，对于所购买的这些东西，大部分她都没有拿到收据。要求提供附有全部费用详细清单的账目是违反诚实信用原则的。大概的估计就够了。

C. 移交的债务

管理人所负的最为重要的经济上的债务。在实践中，向本人移交因管理行为所得一切的债务是管理人最为重要的债务。这一债务在欧盟的所有法域中都得到了认可，其产生是基于无因管理的以维护他人利益为目的管理他人事务的性质。管理人既不能因管理行为而获得利益，也不能因此而遭受不利益，这是无因管理的性质的一部分。管理人的行为是为了维护他人的利益；原则上，管理人自己的财产状况既不应当因此发生积极的变化，也不应当因此发生消极的变化。因而，移交因管理行为所得一切的债务，与第Ⅴ－3:101 条（债务清偿请求权或费用偿还请求权）所规定的费用偿还请求权相呼应。

示例 2

某人在房屋所有权人不在的时候为其收取房租，其必须将所收到的房租转交给房屋所有权人。

移交的债务的内容与范围。本人要求移交所得一切的权利（与管理人移交的债务相对应）通常涉及所收金钱的偿还。常见的情形是代为收取应收账款，或者是出卖他人之物（如被迫出卖易于腐烂之物）后收取价款，或收取其他财产（管理银行存款或出售股票）的收益。不过，管理人也可能负有移交特定标的物或文件的债务。前者例如，管理人为本人购买某物，但并非作为本人的代理人，其后本人对管理行为予以追认（参见第Ⅴ－1:101 条（为维护他人利益而管理）中的示例 30）；后者例如，管理人代债务人向债权人清偿债务，并从债权人那里取回了债权凭证。管理人可以用其偿还请求权与本人所享有的移交所得收益的请求权进行抵销；或者根据情况，在本人提出偿还其应偿还管理人的费用之前，管理人也可以拒绝移交其所得收益。

示例 3

在无因管理的过程中，I 为 P 从 X 处以优惠的价格购买了商品。对于这一交易，X 已经向 I 承诺给付赠品。若 P 向 I 支付了买卖价款，则 I 必须将其对 X 所享有的关于赠品的权利移转给

P,并将商品的所有权转移给P。

利息。管理人必须将因管理行为所得的“一切”移交给本人。从而,这也包括因金钱所得的利息。若在管理过程中管理人得到了金钱并将之存在某个支付利息的账户中,则移交请求权既包括本金,也包括利息,因为利息的获得也是源自于对本人事务的管理。不过,若管理人没有将金钱存进银行以收取利息,未将之存进银行是否构成对第Ⅴ-2:101条(管理过程中的义务)第(1)款第(a)项与第(b)项所规定的注意义务的违反,则是个问题。若不构成义务违反(因为,例如,管理人无法合理地冒险将金钱长时间地拴在某个储蓄账户之中,虽然事后发现管理人只有在大概6个月以后才能查明本人的身份),则本人对其所放弃的利息不享有请求权。另一方面,若管理人将这笔金钱用于自己的目的,则这样的使用构成挪用。从这时开始,管理人不再具有维护他人利益的目的,为获取利息而进行的储蓄不再属于无因管理。在这种场合,本人所享有的请求权不是基于违反注意义务的损害赔偿,而是基于不当得利法,或者也可能是,基于有关造成他人损害的非合同责任的法律。

D.对欠缺完全行为能力的管理人的保护

第(2)款。虽然欠缺完全行为能力人进行的无因管理很少见,但还是存在。未成年人以及患有精神病的成年人可能不具有使自己受合同约束的能力,但是,如果他们事实上有足够的能力来形成维护他人利益的意思,则仍然可以作为无因管理人进行管理。因而,他们受到无因管理法的全面保护;他们不但可以享有第Ⅴ-3:101条(债务清偿请求权或费用偿还请求权)所赋予的权利,而且也可以援用对其可能承担的责任进行限制的第(2)款所规定的保护机制。这些人仅在管理行为结束之后的现存利益的范围内承担责任:他们可以援用不当得利法中基于利益状态发生变化后所能主张的抗辩(第Ⅶ-6:101条(利益不存在))。不过,因为第(2)款通过援用的方式吸收了其他编中所规定的抗辩事由,在可以期待管理人在实施管理时知道其将负有移交所得全部利益的债务时,要适用诚实信用的理念,这一点可能要求一个修正的解释。

欠缺完全行为能力。一个人要符合什么样的条件才具有完全行为能力,在完全行为能力以下有哪些不同的层次,不是本模范法所涉及的问题。就此唯一能说明的是,第(2)款无论如何都适用于事实行为所构成的管理。至于何种条件下未成年人能够独立地或者在法定代理人同意后实施或完成法律行为,这里无法给出任何说明。目前,此处假定每一个未成年人都可以援用利益状态发生变化的抗辩事由。这包括在父母或法定代理人同意之后实施管理行为的未成年人。如果将来欧洲为未成年人及其他欠缺完全行为能力之人的责任制定模范法规则的话,很有可能需要重新考虑这一原则。

注　释

Ⅰ. 报告的债务与提交账目的债务

1. 在欧盟各个规定了独立的无因管理法的法域中,都认为管理人负有上述债务。如果在民法典的条文中还没有明确规定的话,也都通过判例法发展出了这些债务并得到了法学学说的支持。

2. 德国民法典第 681 条第 2 句指向了委托法,在委托法中同样的义务规定在民法典第 666 条。管理人有义务根据普遍认可的标准将管理行为的详情告知本人,并提交一份关于其所已经采取的管理措施的总结,即使这些行为并不导致其根据民法典第 681 条并结合第 667 条负有移交的义务(BGH 30 November 1989, BGHZ 109, 260, 266)。提交账目的义务原则上产生于管理结束之后;在管理未完成的场合,在停止管理之后立即产生提交账目的义务。除了单纯的提供信息之外,提交账目的义务包括提交一份有关收入与支出的有序的账目来对信息加以证实的义务。管理人应证明账目特别是所收款项的去向的准确性,也应证明其对财产的处理符合本人的指示或本人的利益(Palandt [-Sprau], BGB[63], § 666, nos. 2-4)。匈牙利民法典第 486 条第(1)款(详见 Ujlaki, Gazdaság és Jog 10/2001, 24-25)、波兰民法典第 753 条第(2)款以及捷克与斯洛伐克的民法典(第 746 条)都是基于非常类似的理念。

3. 同样,希腊民法典第 734 条给适法管理的管理人规定了源自委托法的辅助性义务。委托法规定了提交账目的义务,从而默示地指向了民法典第 303 条(Georgiades/Stathopoulos [-Papanikolaou], art. 718, no. 2)。根据这一条文,对他人事务的(已经结束的)管理必须是产生了收益或费用(Georgiades/Stathopoulos [-Papanikolaou], art. 719, no. 2)。否则不产生提交账目的义务。

4. 葡萄牙民法典在第 465 条第(d)项中规定了提供与管理有关的信息的义务,在第 465 条第(c)项中规定了提交账目的义务。

5. 奥地利民法典第 1039 条规定管理人如受托人(民法典第 1012 条)那样负有提交账目的义务。本人由此所享有的请求权使得本人可以对所实施的管理与所产生的费用进行查验(Rummel [-Rummel], ABGB I[3], § 1039 no. 3)。提交账目的义务适用于所有类型的无因管理(Schwimann [-Apathy], ABGB V[2], § § 1036-1040 no. 17; Meissel, GoA, 164 et seq., Rummel [-Rummel], ABGB I[3], § 1039 no. 7),包括仅仅出于过失而对他人事务的不适法管理(OGH 11 May 1976, SZ 49/63; OGH 14 October 1986, RdW 1987, 51; 不过亦参见 OGH 22 November 1994, SZ 67/207)。

6. 在比利时、法国以及卢森堡的法律中,提交账目的债务(*obligation de rendre compte*)被认为是管理人所负的主要义务之一(Carbonnier, Les obligations[21], no. 299 p. 498)。这一债务源自于民法典第 1372 条第(2)款以及委托合同相关规则(民法典第 1993 条)的相应适用(JClCiv [-Bout], art. 1372-1375, fasc. 20 no. 40; RPDB, v° Quasi-contrat, no. 61 p. 16)。管理人必须将有关事务管理的信息全面地告知本人(le Tourneau, Rép. Dr. Civ., Bd. VI, v° Gestion d'affaires [2002], no. 81; CA Mons 27 February 1995, Rev. not. b. 1996, 33)。并且,根据民法典第 1993 条,管理人负有将其在管理过程中所得到的一切移交给本人的债务(le Tourneau, loc. cit.)。

管理人对于提交账目的债务所享有的唯一例外是不可抗力;否则,在不履行的场合管理人将承担损害赔偿责任(Bout, loc. cit. nos. 41-42)。所提交的账目的形式要根据个案的具体情况来确定;在长期管理他人的私人事务的场合,口头报告所采取的个别措施,并让本人有机会了解更多细节,就够了(CA Mons 2 March 2004, JT 2004, 555)。

7. 西班牙民法典(与纳瓦拉省的 Nueva Compilación 的 Ley 560 相反)中也没有明文规定账目提交义务。这一义务同样是得到了判例法的反复确认(得到了 TS 13 June 1956, RAJ 1956 (1) no. 1948 p. 1312 等案的确认)。提交账目的义务适用于所有管理他人事务(不论是否基于合同)的人。管理人必须详细地叙述其所采取的措施,并在一份有序的账目中提供关于一切收入与支出的信息。在意大利法中,同样毫无争议的是,在事务管理结束之后管理人负有如委托法所规定的那样提交账目的义务(民法典第 1713 条第(1)款)(Breccia, La gestione d'affari[2], 897; Cass. 7 June 1993, no. 6358, Giust. Civ. Mass. 1993, 998)。

8. 荷兰民法典第 6:199 条第(2)款中既规定了提供信息的一般义务,也规定了提交账目的义务。管理人必须尽快地提供信息,并且,即使其既未收到金钱,也未支出费用,管理人也必须对所从事的行为给出说明(T. M. Parlementaire Geschiedenis VI, 793-794; Asser [-Hartkamp], Verbintenissenrecht III[10], no. 309 p. 320)。

9. 在苏格兰,管理人"对自己介入管理加以说明的义务"被认为是不言自明的(Bell § 541; Stair, Institutions, Book I, 8, 4; Erskine, Book III, Volume II, 52; Stair [-Whitty], The Laws of Scotland XV, para. 132)。这与管理人的费用偿还请求权相对应。在存在多个管理人的场合,每一个管理人只需要就其在管理中所参与的部分提交账目(Whitty, loc. cit.)。

10. 在瑞典法中,没有提交账目的义务。根据瑞典 Interest Act [räntelag]第 3 条第(2)款(就此参见 HD 16 September 1997, NJA 1997, 612),支付违约利息的义务开始于本应提交账目的那一天。法学学说主张将委托法相应地适用于对他人事务的未经授权的管理(Håstad, Tjänster utan uppdrag, 57)。这指向了商法典第 18 章第 9 条,该条涉及的是有关时效的法律,其本身是一个极具争议的规则(Lindskog, Preskription[2], 161 et seq.)。根据这一条文,本人的请求权适用一年的时效期间,该期间从完成委托并提交账目之日起算(详见 HD 14 September 1998, NJA 1998, 520; Lindskog, loc. cit. 163; Millqvist, JT 1998-99 p. 387-390 以及 Kleineman, FS Walin, 207-225)。

11. 在英格兰法中,衡平法院判令代理人向本人提交账目,这已经由来已久:参见 Snell (-Baker/Langan), Equity[29], pp. 637-638。即使是自封的代理人,也负有提交账目的义务:参见如 Brown v. Litton (1711) 1 P Wms 140, 24 ER 329; 10 Mod 20, 88 ER 606。

Ⅱ. 移交义务

12. 管理人的移交义务相当重要。德国民法典在第 681 条(第 2 句)及第 667 条中规定了这一义务。管理人必须将其在管理过程中所得的一切移交给本人,包括所实现的全部收益(MünchKomm [-Seiler], BGB[3], § 681, no. 7; Staudinger [-Wittmann], BGB[13], § 681, no. 3; Erman [-Ehmann], BGB I[10], § 681, no. 3)。通过民法典第 687 条第(2)款,移交义务的适用范围被扩张至将他人事务冒称为自己的事务而管理时从收益中支出费用的场合,这具有特殊的实践意义(详见 MünchKomm [-Seiler], BGB[3], § 687, nos. 10, 21)。波兰民法典第 753 条第(2)款同时规定了移交收益的义务与提交账目的义务。爱沙尼亚 LOA 第 1021 条第(1)款与第Ⅴ-2:103 条(管理结束之后的债务)[译注:原文为"第Ⅴ-2:102 条(对违反义务所致损害的赔偿)”,应为笔误]第(1)款所规定的规则相一致。

13. 在希腊,同样认为管理人的移交义务也包括移交管理人所实现的收益(Georgiades and Stathopoulos [－Papanikolaou], art. 734, no. 3)。不过,在不纯正的无因管理的场合,在进行利益衡量之后得出了不同的结论:学者建议,管理人可以保留其以其自己个人的专业技能所实现的收益(Papanikolaou loc. cit. art. 739, no. 10; Kallimopoulos, I mi gnisia dioikisi allotrion, 189)。

14. 根据葡萄牙民法典第465条第e项,管理人负有将其在管理过程中从第三人处所得的一切或者扣除费用后的余额移交给本人的义务。管理人也必须将其以自己的名义或以本人的名义所从事的法律行为所得的收益移交给本人。管理人不但要返还原物上所附着的利益(lucrum ex re),还必须返还因法律行为所获的利益[译注:原文为“lucum propter negotiationem perteptum”,应为“lucrum propter negotiationem perceptum”的笔误](Antunes Varela, Obrigações em Geral I[10], 464)。

15. 奥地利民法典并未明确地规定管理人的移交义务。不过,通过类推适用委托合同的有关规则(民法典第1009条),承认了这一义务(Rummel [－Rummel], ABGB I[3], § 1039 no. 4)。若管理人辩称其并非意在维护他人的利益,则本人的移交请求权基于,管理人的行为侵入了本人的法律领域,并使本人遭受了损害或权利受到了侵害。在这种场合,移交请求权产生于不当得利(Meissel, GoA, 168; Rummel [－Rummel], ABGB I[3], § 1039 nos. 4 and 7)。

16. 在法国法和比利时法中,移交义务被认为是账目提交义务(民法典第1372条第(2)款并结合第1993条)的一种类型。根据这一规定,管理人负有将其在管理过程中所得的一切移交给本人的义务(le Tourneau, Rép. Dr. Civ. VI, v° Gestion d'affaires (2002), no. 81; Paulus, Zaakwaarneming, no. 74 p. 47－48)。

17. 西班牙民法典只在委托法中规定了移交所得收益的义务,在无因管理法中则没有规定这一义务。根据民法典第1720条,受托人负有将作为委托的结果所得的一切移交给委托人的义务,不论所得的收益是否归属于委托人。法学学说认为移交义务当然也同样适用于无因管理,但目前只能依据有关委托的判例法(如 TS 19 December 1983, RAJ 1983 (3) no. 6967 p. 5355; TS 6 October 1994, RAJ 1994 (4) no. 7459 p. 9703)。收益移交义务被置于账目提交义务的语境之中,部分地甚至是从账目提交义务中推导而来(详见 Lacruz Berdejo, Rev. Crít. Der. Inm. 1975, 267; Sánchez Jordán, Gestión de negocios, 489; Pasquau Liaño, La gestión de negocios ajenos, 135)。学说区分了管理人将其从本人处所得之物返还给本人的义务,与管理人将其从第三人处所得或在管理过程中创造之物移交给本人的义务。有的学者认为,这两种义务都是意在防止管理人获得不当得利(Sánchez Jordán, loc. cit. 489)。不过,学者很少对细节进行解释;有关所有权人—占有人关系的法律规则是否可以类推适用于返还义务(持赞同立场的有 Sánchez Jordán, loc. cit. 492),则仍然是一个没有定论的问题。被认为可以类推适用的另一个条文是民法典第1730条。该条规定,在本人履行其偿还义务之前,受托人可以留置作为代理的标的物的财产,以之作为担保(Sánchez Jordán, loc. cit. 1730)。

18. 在意大利法中,管理人也负有将管理过程中所得的一切移交给本人的义务。若管理行为涉及动产的买卖,管理人应当移交由此所得的收益(收益并不一定要与财产的价值相当):参见 Cass. 16 February 1949, no. 255, Rep. Giur. it. 1949, voce Gestione d'affari, no. 2－11; voce Obbligazioni e contratti no. 110。这与民法典第1713条有关委托的规则相一致。

19. 根据荷兰法,移交义务源自民法典第6:199条第(1)款所规定的一般注意义务。若管理人支配着本人的财产,则管理人负有对这些财产加以照管并在管理结束时将之返还给本人的义务,包括返还所实现的全部收益。若管理是不合法的,管理人不得为确保费用的偿还而就其所应返还的财产主张留置权(Verbintenissenrecht [-Scheltema], art. 6:199, no. 2.2)。总的来说,立法者认为移交义务是不言自明的,从而没有对这一问题作更多的规定。移交义务的范围取决于个案的具体情况(MvA. II Parlementaire Geschiedenis VI, 794)。

20. 同样,在苏格兰法中,"管理人移交其通过管理所得的全部成果与收益的义务"是毫无疑问的(Bell, § 541; Stair, Institutions, Book I, 8, 4; Erskine, Book III, Volume II, 52)。这包括移交实际所得的利益,也包括移交根据商业习惯应已获得的利益(Erskine loc. cit.; Stair [-Whitty], The Laws of Scotland XV, para. 133)。

21. 在瑞典法中(如在西班牙一样),学者认为,提交账目的义务也包括了移交管理人为本人利益而占有的物的义务。在这一方面,学者支持类推适用委托法(Håstad, Tjänster utan uppdrag, 57)。至于受托人对委托人所享有的对立的请求权,受托人最多享有仅能针对委托人的留置权,不能(如在行纪人的场合根据丹麦[详情参见 CFI 4 March 1959, UfR 1959, 678 以及 CA 28 June 1973, UfR 1973, 696]以及瑞典 Commission Act 第32条)享有通过适用法律也能对第三人发生效力的留置权(HD 19 March 1985, NJA 1985, 205;参见 Håstad, Sakrätt avseende lös egendom[6], 350 等)。这同样必然适用于未经授权的管理人(Håstad, loc. cit.)。

22. 在英格兰法中,如果收益在法律上或衡平法中归属于被代理人,或者收益的取得系利用了被代理人的财产或者利用了行为人作为代理人的地位与机会(除非收益的保留得到了被代理人的授权),那么,不论代理人是获授权的还是只是自封的,代理人都负有移交所得全部收益的义务:参见如 De Bussche v. Alt (1878) 8 Ch. D 286, 304(Hall VC,并得到了上诉法院的认可);关于更多涉及紧急代理的早些时候的权威判例,参见 Brown v. Litton (1711) 1 P Wms 140, 24 ER 329; 10 Mod 20, 88 ER 606,该案中,在航行过程中船长去世,其后,某个副手自作主张地将船长所携带的本想用于投资的资金(船长已将其目的告诉了其配偶)用于投资,这个副手必须移交其所得的收益,扣除其管理财产过程中所付出的劳动与技能的津贴;其所负的义务并非如其主张的那样仅限于返还本金及利息。甚至在代理人从事了被代理人自己不会想要从事的交易时,也适用这一原则:Boston Deep Sea Fishing and Ice Co. v. Farnham [1957] 1 WLR 1051, 1058 (Harman J); Boardman v. Phipps [1967] 2 AC 46(信托的受托人超出受托人的职权范围进行投资)。这来自于(或者在某些场合可能扩张了)这样的原则:受托人无权从信托受益人所有的财产或其为信托受益人持有的财产中谋取未经授权的收益:受托人负有将这种收益移交给受益人的义务(为受托人以专业技能或劳动给收益作出的个人贡献扣除适当的数额)。参见 Hugh Stephenson & Sons Ltd. v. Carton Nagen Industrie AG [1918] AC 239, 250 (Lord Atkinson)(该案涉及的是合伙关系,但是参见第256页,该处明确地确认这一原则适用于代理人)。不过,在代理人对被代理人享有偿还请求权时,代理人可以享有留置权,可以留置其占有,以保护其请求权:Petrinovic & Co. Ltd. v. Mission Francaise des Transports des Maritimes (1941) 71 Lloyd's L. Rep 208, 222 (Atkinson J),并参见 Tetley & Co. v. British Trade Corp. (1922) 10 Lloyd's L. Rep. 678(该案中,代理人因运输被代理人的货物而享有费用偿还请求权,可与销售收入进行抵销;若不存在抵销权的话,代理人必须将这些销售收入转交给被代理人)。

Ⅲ. 特殊问题:就所收取的金钱支付利息的债务

23. 若管理人在管理的过程中为本人收取了金钱,在大多数法域中,当且仅当管理人实际获得了利息时,管理人才必须就这些金钱支付利息。不过,根据德国民法典第681条(第2句)并结合第668条,若管理人虽然负有将所收金钱转交给本人或为实现本人的目的而使用金钱的义务,却将所收金钱用于其自己的目的(特别是,自己花掉了),管理人同样负有支付利息的义务。管理人只不过是迟延转交这些金钱,或者迟延将这些金钱用于实现本人的目的时,仅此尚不能使管理人负有支付利息的义务。并且,支付利息的义务原则上既不以过错为要件,也不以迟延为要件,也不问是否给本人造成了任何损害。支付利息的义务产生于管理人将金钱用于其自己的目的之时;在将所收的金钱与管理人自己的金钱混在一起的场合,支付利息的义务产生于支出所混合的这些金钱之时。

24. 希腊法中的情况与之相似。管理人自己没有获得利息时,只有当其将本人的金钱用于实现自己的目的、谋取自己的利益时,管理人才负有支付利息的义务(Georgiades and Stathopoulos [-Papanikolaou], art. 734, no. 1; Filios, Enochiko Dikaio I/2, 201)。只是偶尔有人主张,若(基于通行的实践以及本人的实际的或可推知的意思)本应将金钱进行投资获利,但管理人却未进行这种投资,并且管理人就此具有过错,则管理人也负有支付利息的义务(持此种主张的有 ErmAK [-Saketas], art. 734 no. 4)。

25. 葡萄牙民法典第465条第e项明确规定了利息支付义务:"管理人必须转交作为管理的结果而从第三人处所得的一切,或者转交相应账目的余额;在所得为金钱的场合,同时必须转交自转交请求权到期之时起的法定利息。"因而,法定利息(民法典第559条第(1)款)系从应当转交之时起计算,而不是从法院对余额作出认定之时起计算(Antunes Varela, Obrigações em Geral I^{10}, 465)。波兰民法典第753条第(2)款规定了类似的规则,该款同样规定管理人负有支付法定利息的义务。

26. 根据奥地利法,移交义务(这一义务已经通过判例法的发展超出了奥地利民法典的文义范围)毫无争议地也包括实际上所获得的利息与资本收益(Schwimann [-Apathy], ABGB V^2, § 1009 no. 17,该处附有更多的参考文献)。虽然判例法主要涉及的是委托法(OGH 12 January 1926, SZ 8/18; OGH 11 March 1924 SZ 6/103; OGH 29 October 1952, SZ 25/286),从 OGH 26 November 1981, SZ 54/176 大概可以推出,无因管理法中移交收益的请求权限于实际产生的盈余。

27. 在法国法与比利时法中,民法典第1996条可以类推适用于无因管理法(JClCiv [-Bout], art. 1372-1375, fasc. 20 no. 30; Paulus, Zaakwaarneming, no. 75 p. 48)。根据这一条文,受托人必须就其用于谋取自己利益的金钱自使用之日起支付利息。至于其他的所有钱款,受托人仅负有自违约之日起支付利息的义务。因而,对于受托人用于维护委托人利益的金钱,仅从迟延履行之时起计算利息;而其用于谋取自己利益的金钱,则是立即起算利息(Bout, loc. cit.)。

28. 西班牙法的出发点是本人对管理过程中产生的全部利益享有权利这一一般原则(Pasquau Liaño, La gestión de negocios ajenos, 162)。因而,管理人同样应当转交因所收取的金钱而获得的全部利息。学说在解释这一原则时援引了有关所有人—占有人关系的规则(Sánchez Jordán, Gestión de negocios, 492)。根据民法典第455条,恶意的占有人必须移交其所获得的、权利人所能获得的全部收益与利益。这也包括利息。其他的学者则通过援用民法典第354条第(3)款得出了相同的结论,第354条第(3)款规定所有权人同样有权获得民法上的孳息(Pasquau Liaño, loc. cit. 163)。

29. 意大利法中的规则是,管理人必须移交实际获得的全部利息;即使其高于法定的利率,也同样如此;若管理人仅仅是妥善地保管了这些金钱,而没有将之用于投资获利,则管理人不负有支付利息的义务;相反,若管理人为了谋取自己的利益而使用了这些金钱,则从该时起开始计算法定利息(Aru, Gestione d'affari, 37)。

30. 在荷兰法中,管理人是否负有利息支付义务的问题未引起足够的注意。在议会档案(Parlementaire Geschiedenis)中仅仅明确地考虑了相反的情形,即管理人动用自己的财产或金钱的,也可以请求所损失的利息(T. M. Parlementaire Geschiedenis VI, 795)。这里所讨论的问题被认为是管理人就其所收金钱承担的一般注意义务的一个方面。根据具体情况,管理人可能负有将金钱用于投资获利的义务(Schoordijk, Het algemeen gedeelte van het verbintenissenrecht naar het nieuw BW, 417; Verbintenissenrecht [-Scheltema], art. 6:199 BW, no. 2.2)。

31. 在苏格兰,收益移交义务包括了事实上所得的利息,也包括根据商业惯例通常所能得到的利息(Erskine, Book III, Volume II, 52; Stair [-Whitty], The Laws of Scotland, vol. 15, para 133)。

32. 北欧各国的情形很难加以确定。在这些国家,不存在有关无因管理的明确的规则。适用有关账目提交义务的"委托法一般原则"的话,将得出这样的结论:管理人负有就所收取的金钱支付利息的义务(Lindskog, Lagen om handelsbolag och enkla bolag. 418)。例如,在瑞典 Floating of Timber Act 第 20 条第(3)款和瑞典证券市场法第 3 章第 5 条中,都规定了受托人支付利息的义务。账目提交义务包括:首先,所收取的金钱不能和受托人自己的财产混在一起;其次,对所收取的金钱进行的处置必须服务于委托人的利益(Hellner, Speciell Avtalsrätt II: Kontraktsrätt. 1. volume: Särskilda avtal[3], 209)。若受托人独立地保管了所收取的金钱并进行审慎的投资,则收益移交义务仅限于实际所得的利息。委托法的一般原则是否能够不加限制地适用于无因管理,判例法尚未给出答案。支持的观点可以在瑞典 Interest Act 第 3 条第(2)款中看到,该条规定利息的支付系基于"受托人或他人应当就其从委托人处或从第三人处所得的金钱提交账目"这一请求权,起算的时间是提交账目之日或本应提交账目之日。对此的一个例子是,行为人为他人卖出某物,并在卖出后为原所有权人收取了价款(HD 16 September 1997, NJA 1997, 612, 621,该案中明确提到,账目提交义务并不以存在合同为要件)。

33. 在英格兰法中,若代理人手中的金钱在法律上或衡平法中被认为归属于被代理人(除非已经约定了保留利息的权利),代理人必须将其实际上所得的利息转交给被代理人:参见 Bowstead (-Reynolds/Graziadei), Agency[1], Article 54。不过,若代理人不适当地持有金钱或者未进行投资,并且这构成违反衡平法上的义务,则代理人也必须对其在审慎投资下本可获得的利息承担责任:参见 Re Waterman's Will Trusts [1952] 2 All ER 1054 (Harman J)(信托的受托人违反义务);Wallersteiner v. Moir (No. 2) [1975] QB 373(公司董事不当利用公司的资金)。

Ⅳ. 欠缺完全行为能力的管理人

34. 德国民法典第 682 条规定了一个对欠缺完全行为能力的管理人进行保护的特殊条文。这也成为了第Ⅴ-2:102 条(对违反义务所致损害的赔偿)的原型。若管理人欠缺行为能力或者行为能力受到限制,则根据第 682 条其仅根据侵权赔偿的有关规定以及不当得利返还的有关规则承担责任。不过,在涉及不当得利法时,所作的援用是请求权基础的援用(Palandt [-Sprau], BGB[63], § 682, no. 2)。因而,这一条文并不是说民法典第 677 条及以下各条仅适用于已经成年的人(Soergel [-Beuthien], BGB[12], § 682, no. 1)。不过,在学说(就此不存在判例法)中存在争论的是,民法典第 682 条是否也能适用于未成年人所从事的、法定代理人已经同意的法律行为

（或者其是否应当仅适用于无因管理的事实行为，或者未获法定代理人同意的法律行为）参见 MünchKomm（－Seiler），BGB[3]，§ 682，no.2 et seq。

35. 在爱沙尼亚 LOA 第 1021 条第（2）款以及希腊民法典第 735 条中可以找到与德国民法典第 682 条相当的条文。根据这些条文，欠缺完全行为能力之人（根据前一条文）以及未成年人（根据后一条文）同样仅根据不当得利法中的有关规则承担责任。这里的法律援用同样限于援用其请求权基础（Georgiades and Stathopoulos［－Papanikolaou］，art.735，no.7）。其仅仅涉及管理人的责任，并不妨碍在行为人欠缺行为能力时首先成立无因管理关系（Papanikolaou loc. cit. no.1）。当所从事的行为表现为实施法律行为时，行为能力的欠缺意味着不能成立无因管理（Papanikolaou loc. cit. no.2）。因而，希腊民法典第 735 条的适用范围仅限于纯粹的事实行为。管理人是未成年人时，若其父母已经追认了其所从事的法律行为，则其不受到这一规则的保护（Papanikolaou loc. cit. no.5）。

36. 葡萄牙民法典中不存在与德国民法典第 682 条相似的条文。在奥地利法中，欠缺完全行为能力的管理人仅根据不当得利法的规则负有移交的义务（唯一的争论点在于同样的规则是否也适用于未成年人的费用偿还请求权：参见 Klang［－Stanzl］，ABGB Ⅳ/1[2]，893。欠缺完全行为能力之人在开始进行管理之后不负有继续管理的义务（Schwimann［－Apathy］，ABGB V[2]，§ 1035 no.4）。关于很多细节（为维护他人利益而进行管理的意思的判断、提交账目的义务、法定代理人追认的可能性），则存在争论（详见 Rummel［－Rummel］，ABGB I[3]，§ 1035 no.7）。

37. 根据比利时的学说，管理人欠缺完全行为能力的话无因管理无效（nullité）。不过这种无效性是相对的：只有欠缺完全行为能力之人可以援用这一瑕疵。若其援用这一瑕疵，则溯及地不能适用无因管理法；此时，换成适用民法典第 1310 条与第 1312 条。因而，欠缺完全行为能力之人将仅能根据侵权法与不当得利法承担责任。若欠缺完全行为能力之人不援用相对无效性，则其与本人之间的关系将适用有关无因管理的规则（Paulus，Zaakwaarneming，no.76 p.48－49）。在法国，学说中的多数意见认为，只有当管理人以其自己的名义从事法律行为时，管理人欠缺完全行为能力才是有意义的；在仅从事事实行为（acte matériel）或者以本人名义从事法律行为（acte juridique）的场合，管理人的行为能力（capacité juridique）是不重要的（在后一场合，唯一重要的是本人具有完全行为能力）。与之不同，管理人以自己的名义所从事的法律行为可以被撤销；在这种场合，不构成无因管理（Marty and Raynaud，Les obligations I[2]. Les sources，no.384 p.398－399）。在欠缺完全行为能力之人可以从事未经授权的管理的范围内，其不享有任何的特殊保护（Marty and Raynaud，loc. cit.，fn.1）。

38. 西班牙民法典也没有明确对未成年的管理人进行保护。法学学说选择的是类推适用有关订立合同的规则（Albaladejo［－Santos Briz］，Código Civil y compilaciones forales，XXIV，57）。某些学者甚至认为欠缺完全行为能力之人不可能从事无因管理；他们认为，欠缺完全行为能力之人无法使其自己受到合同或准合同行为的约束（Lacruz Berdejo，Rev. Crít. Der. Inm. 1975，254）。不过，民法典第 1304 条规定了一个类似于第Ⅴ－2:103 条（管理结束之后的债务）［译注：原文为"第Ⅴ－2:102 条（对违反义务所致损害的赔偿）"，为笔误］第（2）款的进路，第 1304 条规定："若（合同的）无效是管理人欠缺行为能力所致，则欠缺行为能力之人仅在得利范围内负有移交其所得财产或金钱的义务。"这被认为给欠缺完全行为能力之人提供了充分的保护（Lacruz Berdejo，loc. cit）。

39. 根据意大利民法典第 2029 条（在这一问题上马耳他民法典第 1013 条的规定与之相似），

管理人原则上必须具有缔结合同的能力;不过,关于纯粹的事实行为,行为人对其行为具有归责能力就够了。欠缺行为能力之人从事的法律行为对于本人而言是无效的,并且,行为人以自己的名义从事的法律行为在与第三人的关系上对本人不具有约束力(Bianca, Diritto civile, Il contratto[2], 142)。在管理行为使本人获利的场合,适用不当得利法;在管理行为造成损害的场合,适用侵权法(Aru, Gestione d'affari, 27)。

40. 荷兰法中也不存在对未成年人或欠缺完全行为能力的其他管理人进行保护的特殊规则。不过,荷兰法中承认,欠缺完全行为能力之人可以实施事实行为来进行无因管理,也可以以本人的名义从事法律行为来进行无因管理。根据民法典第3:32条第(2)款,欠缺行为能力之人以其自己的名义从事的法律行为是可撤销的(Asser [-Hartkamp], Verbintenissenrecht III[11], no. 304 p. 316; Verbintenissenrecht [-Heisterkamp], art. 6:198 BW, no. 15)。

41. 在苏格兰法中,未成年人与精神病人基于准合同的责任限于返还不当得利,从而无因管理所产生的责任也是如此(Stair [-Whitty], The Laws of Scotland XV, para. 141)。北欧各国并未为欠缺完全行为能力的管理人规定特殊的规则。在英格兰法中,未成年人以及其他不具备以自己的名义缔约的完全能力的人,除非欠缺足够的识别能力,否则仍然可以成为代理人(参见Bowstead [-Reynolds/Graziadei], Agency[17], article 5),并且原则上可以作为紧急代理人从事行为。即使在此种代理并非基于合同的场合,代理人原则上仍然有义务交还本人的金钱并移交未经授权而取得的全部收益。在不成立代理的场合,管理人的责任无论如何都适用回复原状法(不当得利法)。

示例1来自于CA Mons 2 March 2004, JT 2004, 555;示例3来自于RG 14 November 1919, Das Recht 1920 no. 628。

第三章　管理人的权利与权限

第Ⅴ-3:101条　债务清偿请求权或费用偿还请求权

对于因管理而合理发生的债务或费用(金钱或其他财产),管理人对本人享有请求清偿或偿还的权利。

评　论

A. 无因管理的两个核心元素

第三章概述。第三章针对的内容包括管理人的权利和以本人名义从事行为的权限(第Ⅴ-3:106条)。第Ⅴ-3:102条涉及的是在从事职业或营业过程中从事管理行为的管理人的报酬请求权,第Ⅴ-3:103条涉及的是在从事危险的管理行为的过程中遭受人身伤害的管理人所享有的赔偿请求权,第Ⅴ-3:104条涉及的是管理人赔偿请求权的减少或排除,第Ⅴ-3:105条涉及的是管理人所要避免的损害的发生可归责于第三人时本人对第三人所享有的追偿权。不过,在实践中管理人最为重要的权利似乎是债务清偿请求权与费用偿还请求权。因此,在本章的开头就对这两项权利作了规定。这两项权利对应着本人所负的债务。若本人未履行其所负的这些债务,则第三卷第三章(对不履行的救济)的一般规则中所规定的有关不履行的一般救济措施,在可适用于所涉债务不履行类型的范围内,可以加以适用。

费用偿还或清偿债务。第Ⅴ-3:101条包括无因管理法的两个核心元素——至少在欧洲大陆的法律体系中是这样理解的:管理人的费用偿还请求权,以及就所产生的债务请求本人清偿的权利。因而,第Ⅴ-3:101条区分请求偿还花费及其他支出的权利(费用偿还请求权)和债务清偿请求权。由此,费用偿还请求权与债务清偿请求权相互并列。管理人也可以根据一般的规则,通过行使履行抗辩权来对这些权利进行担保:在本人对已经到期的费用或负担进行偿还或清偿之前,管理人可以拒绝将其在管理过程中所得的东西移交给本人。参见第Ⅲ-1:102条(定义)第(4)款第(c)项、第Ⅲ-2:104条(履行顺序)以及第Ⅲ-3:401条(对待给付义务的履行抗辩权)。

B. 债务清偿请求权

清偿债务。债务清偿请求权是要使管理人免予承受合理产生的债务。若可能的话,管理人应免予以其自己的资金来清偿对第三人所负的债务。

示例1

若某个无因管理人A以其自己的名义聘请某个服务提供商来为C提供服务,那么,A有权期待C直接向该服务提供商清偿所负的债务,或者至少为A提供资金以在到期时支付给该服务提供商。

清偿的方式。本人可以选择以这两种方式中的一种来实现管理人所享有的债务清偿请求权:可以直接向第三人(管理人的债权人)进行支付,也可以为管理人提供足以转付给第三人的资金。在可能与合理的范围内,管理人必须在其清偿所负债务之前将债务的存在通知本人。若在所处的情形下给本人提供清偿债务的机会之前管理人就必须清偿债务,则管理人事后当然享有费用偿还请求权。即使是在本人选择是否直接清偿债务之前管理人虽然欠缺充分理由却仍然清偿了债务的场合,也可以承认管理人的费用偿还请求权。不过,若在这种场合本人因此遭受了损失,则本人可以以其请求相应损害赔偿的权利与管理人的请求权进行抵销。

C. 费用偿还请求权

费用偿还。第二种救济方式是费用偿还请求权。在针对负担的偿还请求权场合,负担的表现形式可以是支出了金钱或处理了有价值的财物("费用(金钱或其他财产)")。所产生的债务也属于"负担",但是在这种场合,在以支付金钱的方式清偿了债务之前,管理人对本人所享有的是债务清偿请求权。

D. 适用于两种请求权的一般要求

管理行为必须合理,但无须成功。无因管理法的主要目的在于保护管理人的行为。因而,管理人享有权利并不以本人"得利"为要件,从而,也不取决于管理行为最终是否成功。具有尝试进行管理的合理原因就够了。可以假定,本人若有机会自己选择的话,其也同样会冒险一试。

不限于紧急情况。第Ⅴ-3:101条并不区分紧急情况下的救助与其他形式的无因管理。只要管理人尝试去促进或维护本人的利益是合理的,就够了;在这一判断标准中,对合理性的程度进行划分是不可能的。

合理支出。对于管理人为了进行管理、并非以本人的代理人的身份向第三人所负的债务,就债务的金额,管理人有权要求本人清偿。这种清偿请求权当然仅仅涉及管理人与本人之间的内部关系。并且,这种请求权同样适用于费用偿还请求权所受到的限制:所发生的债务就其性质与范围而言必须是合理的。债务清偿请求权与费用偿还请求权限于行为人在所处的情形下可认为合理的支出。就此,问题同样取决于个案的全部具体情形——尤其是要考虑到,在紧急情况下,形成观点、作出决定是特别困难的。

示例 2

在暴风雨损坏了邻居 Y 的房屋屋顶后,无因管理人 X 聘请某个屋顶承包商来对破损处进行修理。在该屋顶承包商问到使用何种瓦片时,X 要求使用的瓦片比所需更换的瓦片贵出了不少。即使这种新的瓦片质量更好,所产生的费用也是不合理的。X 仅能主张与被替换瓦片差不多的瓦片的(观念上的)费用。当然,若旧的瓦片在市场上已经无法找到,从而 X 除了接受该承包商所提供的瓦片之外别无选择,则情况又有不同。但是,若根据当时的和预报的天气情况,本来可以进行临时的修理,并且管理人已经知道本人即将回来,那么,所发生的费用也是不合理的。在这种场合,作出什么样的长久性的安排,应当留待本人来决定。

示例 3

在一场交通事故中,一辆机动车被拖走。被叫来拖车的公司将该车拖到了该公司的某个地点进行停放,但这个地点太远了,由此产生了更多的费用。本来可以将该机动车拖至该车所有权人的居住地点。该公司通过询问警察就可以很轻易地查明其地址。将该车拖至所有权人的居住地点会发生的费用为合理费用,超过的部分无法得到偿还。

费用的利息。本草案没有给费用的利息规定独立的请求权。其原因在于,管理人应当仅就其在管理他人事务过程中所实际遭受到的不利益获得偿还,而此处的条文已经涵盖了这些不利益。本条的逻辑基础是,管理人可以就其实际已支付的债务利息请求偿还,数额为在具体情况下就所贷款项损失的利息,假如管理人能够证明其事实上损失了这些利息的话;但是管理人无权主张"抽象"损失的利息(即拟制的损失)。因而也就没有必要就利息的这种"抽象的"金额作出规定。对于费用发生以后所计算的利息,对利息的请求权属于费用偿还请求权。因而,很显然,只有那些支出合理、管理人因而享有偿还请求权的费用,管理人才有权主张利息;管理人的利息请求权不适用于那些事实上已经发生的,但是就费用偿还请求权的制度目的而言不予承认的费用。不过,若本人在费用偿还请求权或债务清偿请求权到期后迟延付款,对于未支付的金额,可以根据一般规则(第Ⅲ-3:708 条(迟延支付时的利息))要求支付利息。

示例 4

X 的古宅的屋顶在一场暴风雨中严重受损,当时 X 在大西洋某处的游艇上;Y 是一个乐于助人的邻居,他无法与 X 取得联系。对 X 的屋顶进行紧急修理时,必须对建筑物的遗存非常小心(该建筑物的某些东西,Y 知道在 X 看来非常重要)。在有安全隐患的上一楼层中,还有一些油画和家具必须搬走,以免因恶劣天气而受损。所有这些,超出了 Y 可怜的支付能力。于是,Y 以通行的利率从某个银行贷款。Y 不但对于其从银行贷来的、已用于必要修理与搬运的资金享有偿还请求权,Y给银行支付利息,系履行其为维护本人利益、从事管理行为而适当发生的债务,这种利息也是应获偿还的费用;对于Y支付给银行的利息,又自本人应当偿还之日起计算利息。同样的原则也适用于分期付款的情形。不过,若应付给承包商的金钱数额很小,从而Y可以以自己的现金来进行支付,并且这些现金是Y无论如何都不会存到储蓄账户中去的,则Y就费用的利息不享有任何请求权。

费用,不论是金钱还是其他财产。若管理人支出了金钱,则偿还请求权涉及的是这种形式的"费用"。与之相对,"表现为其他财产的费用"包括所有自愿承受的但没有表现为金钱支出的财产性不利益。"费用"的概念包括所发生的债务、支出与其他付出。因而,在第Ⅴ-3:101条中,出于管理人的偿还请求权的目的,"费用"所包括的不仅仅是已经支出的开销,其包括确实为维护本人利益而从管理人自己的财产中所作的任何形式的处分。因而包括,作为为维护本人利益而进行的管理的一部分,管理人故意舍弃或者主动损坏财物,从而给自己造成的财产损失。(对财产的非自愿损害要根据第Ⅴ-3:103条(赔偿请求权)进行赔偿。)

示例5

某个女人作为无因管理人使用自己的机动车用于维护他人的利益,其不但可以就所消耗的油料请求赔偿,并且也可以基于其若不进行无因管理的话就可以在这段时间内自己使用其汽车这一事实请求赔偿。

服务。不过,"费用"并不包括劳动力的投入;对于劳动力的投入,只有从事职业或营业的管理人,才可以在第Ⅴ-3:102条(报酬请求权)所规定的限定范围内享有请求权。这并不意味着非专业的管理人永远都不可能就劳动享有报酬请求权。若能够证明其劳动使本人获得了利益,并且这种得利导致产生了不当得利法上的请求权,则管理人可以加以主张。

收入的损失。同样,"费用"也不包括管理人因为忙于维护本人的利益而遭受的收入损失。这是损害的问题,而不是支出或付出的意义上的费用的问题。

注 释

Ⅰ.费用享有偿还请求权

1. 德国民法典第257条规定,就费用享有偿还请求权之人,也可以请求清偿所发生的债务。这一规则同样适用于无因管理法(MünchKomm [-Krüger], BGB[4], § 257, no.2)。原则上,负有清偿义务的债务人——在这里指的是本人——享有选择以何种方式履行其清偿义务的选择权(BGH 8 October 1964, NJW 1965, 249, 251; BGH 11 April 1984, BGHZ 91, 73, 77)。其可以作为第三人履行债务(民法典第267条),可以与债权人订立为债务人的利益而解除债务的合同,可以说服债权人放弃债权或者与债权人约定自己(本人)承担债务从而使管理人从债务中解脱出来(民法典第414、415条)。关键在于实现本人所应当实现的结果,即管理人从债务中获得解放。不过,并不仅仅因为清偿义务人将清偿债务所必需的金钱交由清偿请求权人——这里指的是管理人——处分,就发生这一结果。只要支付给管理人的金钱尚未被用于清偿管理人所负的债务,就应当认为本人尚未履行其债务清偿义务。其理由在于,不论债务未获(完全)清偿是因为其他债权人占用了这笔金钱,还是因为发生了其他的履行困难,债务未获(完全)清偿的风险都要由清偿义务人而不是清偿请求权人来承担。因而,债务清偿请求权所关注的完全是所产生的债务;适用有关恢复原状的原则(Staudinger [- Bittner], BGB[13], § 257, no. 7; Soergel [- M. Wolf], BGB[12], § 257, no. 5; Erman [- Kuckuk], BGB I[10], § 257, no. 2)。例外的是,若第三人确实即将行使请求权,则清偿请求权人可以要求支付给自己(RG 2 December 1911, RGZ 78, 26, 34; RG 12 January 1934, JW 1934, 685)。类似的例外还存在于以下的情形:清偿请求权人已经提出了最后期限(BGH 11 June 1986, NJW - RR 1987, 43),第三人将其请求权移转给了清偿请求权人(BGH 20 March 1978, BGHZ 71, 167, 170),应获清偿之人已被宣告破产(BGH 22 September 1971, BGHZ 57, 78, 81; BGH 16 September 1993, NJW 1994, 49)。根据通说,在这种场合,债务清偿请求权转化为支付请求权(Krüger, loc. cit. no. 4 ff; Bittner, loc. cit. no. 7 et seq.)。不过,BGH 8 October 1964, NJW 1965, 249, 251 认为,本人可以通过使"购货款能够被[行纪人]用于支付给出卖人"的方式来履行其对行纪人所负的债务清偿义务。根据 CA Karlsruhe 11 February 1993, NJW - RR 1994, 1157, 1159,只有当清偿请求权人已经同意时,清偿义务人才能以向清偿请求权人支付价款的方式来履行其义务。同样,波兰民法典第753条第(2)款与爱沙尼亚LOA第1023条第(1)款也明确规定了管理人的债务清偿请求权。

2. 在希腊法中,若管理人向第三人负担了债务,则管理人对本人的赔偿请求权可以表现为债务清偿请求权的形式(Georgiades and Stathopoulos [- Papanikolaou], art. 736, no. 9)。(与之不同,在委托法中,债务清偿请求权被认为是费用偿还请求权的具体形式:Georgiades and Stathopoulos [- Karassis], art. 722, no. 3。)债务清偿的实现方式可以由本人向第三人履行债务,也可以根据民法典第471条进行债务承担(Karassis, loc. cit.)。

3. 在葡萄牙法中,债务清偿请求权源自于民法典第471、1182条与第595条第(1)款的综合。管理人以其自己的名义为本人从事法律行为的,系"非代理人的管理人"(gestão não representative)。在这种场合,民法典第471条指向了民法典第1180条至第1184条。管理人负有将所得的权利移转给本人的义务(民法典第1181条第(1)款),本人可以主张管理人所获得的权利(民法典第1181条第(2)款)。另一方面,本人必须承担管理人所负担的债务(民法典第1182条)。债务承担,可以通过原债务人与新债务人之间订立合同并得到债权人的相应同意来实现(民法典第595条第(1)款第(a)项);或者通过新债务人与债权人订立合同来实现,这不要求原债务人的同意(民法典第595条第(1)款第(b)项)。若本人无法承担债务,则其必须为管理人提供必要的资金以提前履行债务,或者偿还相应的费用(民法典第1182条)。若债权人拒绝由本人承担债务,则管理人与本人对债权人承担连带责任(民法典第595条第(2)款)。

4. 同样,奥地利法中也有债务清偿请求权(Rummel [- Rummel] ABGB I[3] § 1035 no. 2)。民法典对这一问题未作明确规定,在评注书中,学者认为所负担的债务可以构成应获偿还的费用(Klang [- Stanzl], ABGB IV/1[2], 898)。这反过来意味着,管理人就其根据所负债务应当支付的但尚未支付的金额享有请求权。不过,判例法似乎不承认管理人在尚未支出时享有提前要求本人支付的权利(OGH 4 June 1987, SZ 60/100[不过该判决涉及的是适用民法典第1037条的案子];Schwimann[-Apathy], ABGB V[2], § 1036-1040 no. 10)。

5. 法国、比利时与卢森堡的民法典(第1375条)规定,对于管理人以其自己的名义而负担的、从而仅对管理人具有约束力的债务,本人负有"赔偿"的义务。因而,管理人已经履行了债务时,本人必须偿还由此所产生的费用(JClCiv[-Bout], art. 1372 à 1375, fasc. 20 no. 68)。若管理人尚未履行债务,那么,根据法国的学说,本人必须使管理人从其债务中解放出来。为实现这一目的,本人可以直接履行管理人所负的债务,或者向第三人提议进行能使管理人从其债务中解放出来的债务承担(这当然只有第三人同意时才发生效力)(Bout, loc. cit.)。比利时的学说仅仅提到,本人必须使管理人免予承担责任,就所承担的责任向管理人进行赔偿,并且使管理人从其所负的债务中解放出来。管理人可以要求本人出示由第三人出具的收据,或者证明第三人已经同意由其进行债务承担(De Page, Droit Civil Belge II[3], no. 1091 p. 1153)。马耳他民法典第1018条既规定了管理人的债务清偿请求权,也规定了管理人就所生费用的偿还请求权。

6. 根据西班牙民法典第1893条第(1)款,本人"对于为维护本人利益而负担的债务"向管理人承担责任。这是本人的损害赔偿义务的结果,损害赔偿义务包括使管理人免予向第三人承担所有责任的义务,不论这种责任具体的法律基础是什么(Pasquau Liaño, La gestión de negocios ajenos, 154)。若管理人系以自己的名义从事行为,那么本人当然只对管理人负有债务(Pasquau Liaño, loc. cit. 155)。在这种场合,第三人不能直接向本人主张权利(Sánchez Jordán, Gestión de negocios, 615; TS 9 February 1957, RAJ 1957 no. 701 p. 448)。

7. 意大利民法典第2031条规定,若管理行为在开始从事的时候是有益的,则本人对管理人以本人的名义所承担的债务负有履行的义务,并且对管理人自己承担的所有债务向管理人负有清偿的义务。在后一场合,本人必须为管理人提供足够的资金,以使其能够履行所有的债务(Bianca, Diritto civile, 3, Il contratto[2], 150)。

8. 在荷兰法中,管理人同样可以以其自己的名义或以本人的名义从事行为(民法典第6:198条及第6:201条)。据说,在小额支出的场合,或者若合同对方当事人坚持与管理人订立合同而不是与其所不认识的本人订立合同,则管理人极有可能选择以其自己的名义。(Asser[-Hartkamp], Verbintenissenrecht III[10], no. 305, p. 317)。新的民法典没有再明确规定债务清偿请求权。(相反,1991年年底之前施行的民法典第1393条规定了这样一个规则,虽然其细节存在争论。)当前的民法典第6:200条第(1)款规定本人负有对管理人所受"损害"进行赔偿的义务,此处的"损害"既包括已经支出的费用,也包括管理人已经负担的支出。负担一项债务本身是否能够被认为构成"损害",尚无定论。

9. 苏格兰法中,本人有义务使管理人从其在管理过程中负担的所有债务中解放出来(Bell, § 541; Erkine, Volume II, 52; Stair[-Whitty], The Laws of Scotland, XV, para 127)。在斯堪的纳维亚的法学学说中,在无因管理的语境中尚未讨论到债务清偿请求权的问题。委托法中的规则是,只有当已有合同约定或者根据具体情形应当推导出这一结论时,本人才负有提前支付的义务(Hellner, Speciell Avtalsrätt. II (1): Kontraktsrätt. Särskilda avtal[3], 211)。某些特殊的领域如破产法中,存在关于提前支付请求权的特殊规定。不过,在北欧的财产法中,似乎并不存在一项一般性的债务清偿请求权。

10. 同样,普通法承认,对于紧急代理人根据紧急情况下其所应享有的权限向第三人承担的债务,紧急代理人享有要求被代理人清偿债务的权利:参见 Stoljar, Agency, 155。在紧急代理人控制了本人财产的场合，紧急代理人可以对其财产享有留置权，或者享有从其财产中获得补偿的权利：参见 Selby v. Jackson（1843）6 Beav 192 at 202-203, 49 ER 799 at 803（Lord Langdale MR）。当然，在代理人以本人的名义订立合同的场合，合同直接地约束本人与第三人：参见如 Gunn v. Roberts（1873-74）LR 9 CP 331, 335（Brett J：对供货进行付款的义务，或者偿还所预付的金钱的义务）。即使管理人并非正式的受托人，当某人无法自己管理财产时，管理人出于正当理由自行决定对其财产进行管理的，管理人也享有衡平法上的债务清偿请求权：参见 Selby v. Jackson, loc. cit. at 202-203（803）（Lord Langdale MR），该判决在 1844 年得到维持（Lord Lyndhurst LC），但后面的判决没有公开发表。根据成文法（当该法生效时），若可以合理地相信某个人不具备能力，管理人对这个人进行照管，并合理地相信其行为符合这个人的最大利益，并由此承担了费用，则管理人根据英格兰法享有从这个人所占有的金钱中自行获得偿还或者通过其他方式获得补偿的权利：心智能力法 2005 第 8 条第（2）款。

Ⅱ. 费用偿还请求权

11. 在所有的法域中，费用偿还请求权的问题都要少一些。德国民法典在第 683、677、670 条中规定了这一请求权，根据这一请求权，适法的管理人可以如受托人那样要求偿还费用。民法典第 670 条意义上的费用包括自愿牺牲贵重物品（BGH 10 November 1988, NJW 1989, 1284, 1285; Soergel [-Beuthien], BGB[12], § 670, no. 2）。费用并不一定要表现为金钱的支出。费用也可以是法律性质的（如负担债务：BGH 23 February 1981, NJW 1981, 1502, 1503）或者物理性质的（如物品的过度使用）（Beuthien loc. cit. 2）。只有管理人认为是必要的费用，才可以获得偿还，但是这并不取决于费用的支出（最终）是否有益（BGH 12 July 1993, NJW-RR 1994, 87）。本人必须承担支出了费用但结果却失败的风险（Staudinger [-Wittmann], BGB[13], § 670, no. 2）。根据民法典第 256 条与第 246 条，本人有义务就管理人支出的费用自支出之日起支付 4% 的利息；利息的支付不以不履行为要件。

12. 根据爱沙尼亚 LOA 第 1023 条第（1）款以及希腊民法典第 736 条，管理人同样如委托法中的受托人那样就其合理认为必要的费用享有偿还请求权；这不取决于管理最终是否取得成功（Georgiades and Stathopoulos [-Papanikolaou], art. 736, no. 2）。因而，若从其所追求的目标来看管理人可以认为费用的支出是合理的，即使未取得成功，费用也应当获得偿还。偿还请求权包括费用支出之日起计算的法定利息（民法典第 301 条；详情亦可参见 CA Thessaloniki 1139/1992, Arm 46/1992, 712）。不论管理人投入了其自己的金钱，还是仅仅使用了别人的资金，都成立偿还请求权（A. P. 580/1953, NoB 2/1954, 168）。

13. 葡萄牙民法典第 468 条第（1）款规定，对于管理人在适法管理过程中所支出的必要费用，包括自支出之日起的利息，本人负有偿还的义务。根据该款的文义，"管理人认为必要的"费用都应当予以偿还。这并不要求费用是无可避免的（indispensáveis）；只要管理人出于合理的原因认为费用是必要的（necessárias）就够了。因而，对于从客观的角度来看本就无益的费用，本人也可能负有偿还的义务（Menezes Leitão, Obrigações I[3], 497）。在管理行为起初不合法但其后得到本人追认的场合，也产生费用偿还请求权（民法典第 469 条结合民法典第 468 条第（1）款）。

14. 在奥地利法中，在紧急管理的场合（民法典第 1036 条）以及民法典第 1037 条意义上的有益管理的场合，管理人享有费用偿还请求权，也享有利息的偿还请求权（OGH 5 March 1963 EvBl 1963/309）。在民法典第 1036 条的场合，即使管理行为最终未获成功，本人仍应偿还必要的、因管理而支出的费用。费用是否是必要的、因管理而支出的，要根据在管理行为从事之时假定处于管理人位置上的谨慎的第三人将会具有的看法,来进行客观的判断(Schwimann [- Apathy], ABGB V[2], § 1036 - 1040 no. 11; Rummel [- Rummel], ABGB I[3], § 1036 no. 3; Koziol andWelser, Grundriss II[12], 365; Meissel, GoA, 170)。在挽救财物的场合,管理人除可请求偿还费用之外,还可以根据民法典第403条,就所挽救的财物要求最高不超过其价值的10%的报酬,虽然这一请求权在实践中几乎不会涉及(Rummel, loc. cit. no. 5, Meissel, loc. cit. 39)。在适用民法典第1037条的场合,只有在本人获得了明确的、显著的利益时,管理人才享有费用偿还请求权。民法典第1037条所规定的请求权类似于不当得利请求权(Meissel, loc. cit. 14, 172)。管理人承担管理失败的风险;并且,管理人必须对本人所获的利益加以证明(Apathy loc. cit. no. 12)。与之相似,波兰民法典第754、755条及第757条对于费用偿还请求权的要件也区分不同类型的无因管理,特别是区分在紧急情况下防止损害发生的管理与并非基于"紧迫必要"的管理(民法典第755条)。

15. 比利时、法国与卢森堡的民法典(第1375条)规定本人负有将所有有益的或必要的费用偿还给管理人的义务;管理人不应承担其行善助人的管理行为所产生的不利(JClCiv [- Bout], art. 1372 á 1375, fasc. 20 no. 51)。若费用是用于"维持事务的现状",则属于必要费用;若用于事务的"改善",则属于有益费用(JClCiv [- Bout], art. 1372 á 1375, fasc. 20 no. 52);有益费用的类型包括必要费用在内(Bout, loc. cit.; Paulus, Zaakwaarneming no. 83 p. 51)。在法国,即使费用的支出最终被证明是无益的,也仍然可以获得偿还(Cass. req. 28 February 1910, D. 1911, I, 137, note Dupuich);而在比利时,这种费用则似乎无法获得偿还(Paulus, loc. cit.; RPDB, v° Quasi - contrat, no. 74)。在法国的学说中,学者认为只有实际发生的费用才可获得偿还。管理人通过移转可转让票据的方式来清偿债务时,若在移转时该票据的市场价值低于其票面价值,则管理人仅能就其市场价值请求偿还(Bout, loc. cit. no. 55)。在这两个国家中,法院都通过类推适用民法典第2001条而赋予管理人就所支出的资金请求利息的权利(Cass. civ. 12 June 1979, Bull. civ. 1979, I, no. 173 p. 140; D. 1979 IR 539; Defrénois 1980, art. 32421, p. 1215, obs. Aubert; CA Brussel 7 February 1964, Pas. belge 1965, II, 70)。利息适用的是法定利率(Malaurie/Aynès/Stoffel - Munck, Droit civil. Les obligations, no. 1033 p. 537)。

16. 根据西班牙民法典第1893条,本人负有向管理人偿还必要费用与有益费用的义务。但似乎没有判例法具体说明什么样的费用才是必要费用和有益费用。学说评注援用了关于占有法的民法典第453、454条中的相应概念(Paz - Ares/Diez - Picazo/Bercovitz/Salvador [- Lasarte], Código Civil II, 1951)。由此可知,可以获得偿还的是,为合理地维护与保管标的物而支出的费用,以及用于以适当方式提高或增加财产价值的费用(Paz - Ares/Diez - Picazo/Bercovitz/Salvador [- Miquel Gonzúlez], Código Civil I, 452 - 453)。

17. 意大利民法典第2031条中规定,本人应当向管理人偿还全部的必要费用或有益费用(以及自费用产生之日起的法定利息)。管理人的费用偿还请求权通过留置权来进行担保(Aru, Gestione d'affari, 54)。这一偿还请求权超出了民法典第2041条有关不当得利的请求权。费用的有益性与必要性,根据善良家父的标准来判断。本人所负的这一债务是"具有真正价值的"债务,因为其使本人负有赔偿的义务(Breccia, La gestione d'affari[2], 898)。

18. 根据荷兰民法典第6:200条第(1)款,若管理人妥当地维护了本人的利益,则本人应当对管理人在管理本人事务过程中所遭受的全部损害进行赔偿。"损害"的概念(必须作广义的解释)包括了成本、费用以及所消耗的物的价值、所损失的利息。与不当得利法不同,这里不要本人获得了任何利益。只要管理人妥当地从事了管理行为,即管理人可以认为费用的支出有助于维护本人的利益就够了。损害的范围要根据民法典第6:95条及以下各条来判断(T. M. Parlementaire Geschiedenis VI, 795; Asser [-Hartkamp], Verbintenissenrecht III[11], no. 311, p. 320-321)。

19. 同样,在苏格兰法中,适法管理的管理人也被赋予了向本人要求费用偿还的权利。这种权利涵盖了管理人在管理过程中所承担的所有必要的有益的费用。管理人就其依商业规则而支出的费用也享有获得利息的权利(Bell, § 541; Erskine, Book III, Vol. II, 52; Stair [-Whitty], The Laws of Scotland, XV, para 126)。

20. 在北欧各国,原则上也承认管理人的费用偿还请求权,虽然就此几乎没有什么判例法(一个特殊的案件,参见 Danish HD 24 May 1937, UfR 1937, 697:70克朗分的邮资的偿还)。至于偿还请求权是否包括利息请求权,无法给予确定的回答,因为在已经作出判决的案例中,当事人似乎仅仅请求了诉讼开始之后所应当支付的利息(自诉状送达之日起计算的利息)(Danish HD 3 December 1936, UfR 1937, 357; 26 October 1906, UfR 1907, 54)。瑞典 HD 29 March 1978, NJA 1978, 144涉及的是孩子母亲的丈夫与孩子的生父之间有关孩子抚养费的偿还请求权(适用的是家庭法的规则);利息被判从请求扶养费偿还的诉状送达之日起计算,而非从确认父亲身份(非婚生)的判决发生既判力之时起计算。不过,是否可以从这一案例中推导出一般原则,尚不清楚。

21. 在英格兰法中,紧急代理人的行为合理地发生了费用时,紧急代理人同样享有费用偿还请求权:Gaudet v. Brown (1873-74) LR 5 PC 134, 165(Sir Montague Smith代表枢密院); Petrinovic & Co. Ltd. v. Mission Francaise des Transports des Maritimes (1941) 71 Lloyd's L. Rep 208, 222 (Atkinson J); China Pacific SA v. Food Corp. of India (The Winson) [1982] AC 939, 965D-F (Lord Simon)。从而,因为动物在到达运输目的地之后未被取走,承运人不得不为该动物提供食物与容身之所,承运人享有费用偿还请求权:Great Northern Railway Co. v. Swaffield (1874) LR 9 Ex. 132。偿还请求权也包括为弄清本人的指示而与本人取得联系所花的费用:参见 Pocahontas Fuel Co. Inc. v. Ambatielos (1922) 10 Lloyd's L. Rep 188, 156 (McCardie J),并对比早先 Sir Robert Phillimore 在 The St. Lawrence (1879-80) 5 PD 250, 253 所暗示的立场。就合理支出的费用请求偿还的权利所表征的是一项原则,这一原则更广泛地适用于在权限范围内从事行为的所有代理人:Leigh v. Dickeson (1884-85) 15 QBD 60, 64(Brett MR认为:"若某人被雇来从事某项业务,该业务的开展需要支出费用……被代理人必须向代理人偿还其所支出的费用"),并参见 Fridman, Agency[5], 47,特别是有关信托受托人的衡平法上的权利:Wallersteiner v. Moir (No. 2) [1975] QB 373, 391G-H (Lord Denning MR), 403F (Buckley LJ) and 407B-C (Scarman LJ)。即使代理人的行为存在错误,其行为在结果上并未有利于被代理人,如果所采取的措施就所处的情形来看是合理且正当的,则代理人同样享有费用偿还请求权:Tetley & Co. v. British Trade Corp. (1922) 10 Lloyd's L. Rep. 678; John Koch Ltd. v. C. & H. Products Ltd. [1956] 2 Lloyd's Rep 59。在代理人也应向本人转交因代理所得利益的场合,代理人享有留置占有的留置权,以保护其偿还请求权:参见第V-2:102条[译注:原文如此,疑为"第V-2:103条"之笔误]下的注释22。不过,主要的困难在于,在已被承认的紧急代理的类型以外的紧急管理的场合,偿还或赔偿请求权并未得到现有判例法的完全承认。根据法官在判决中所表达的一项附带意见,即使是为某个昏迷不醒地躺在大街上的人提供医疗救助(如将其送往医院),就所发生的费用,行为人似乎也不享有普通法上的偿还请求权(Schneider v. Eisovitch [1960] 2 QB 430, 438

(Paull J)),虽然说在为某个不具有缔约能力的人提供生活必需品这样一种更为清楚的场合会如何处理,还很难估计。

示例2来自于 Paulus, Zaakwaarneming no. 83 p. 51;示例3来自于 OGH 21 April 1982, JBl 1984, 256;示例5来自于 BGH 15 December 1975, BGHZ 65, 384。

第Ⅴ－3:102条　报酬请求权

(1)管理行为合理且系在管理人从事职业或营业的过程中实施的,管理人享有报酬请求权。

(2)所应支付的报酬的数额,是从事管理行为时在管理行为发生地获得与管理行为相同类型的给付通常所应支付的、合理范围内的金额。若不存在此种金额,则应支付合理的报酬。

评　论

A. 专业人员的报酬(第(1)款)

应当存在报酬请求权吗? 第(1)款规定在从事职业或营业过程中实施管理行为的人享有报酬请求权。他们应当享有这种权利,绝非理所当然。在欧盟的许多法律体系中,但当然并非全部的法律体系中,可以找到这一规则;这一规则的实质正当性在法律政策方面确实存在争议。到底是不是能够说,某个人就其行为要求获得报酬,但其行为仍然主要是在维护他人的利益? 承认报酬请求权是否与无因管理法的"精神"相悖? 还有,为什么一个非专业人士就不能和某个在从事职业或营业过程中实施管理行为的人那样享有相同的权利?

规则背后的政策考量。第一个问题毫无疑问可以给予肯定的回答。管理人唯一需要证明的就是,其符合第Ⅴ－1:101条(为维护他人利益而管理)的要件。医生给某个昏迷不醒躺在地上的人提供帮助,或者,某个汽车急修服务机构对交通事故中的汽车进行抢救而该汽车的所有权人已经住进了医院,他们的行为都可能主要是为了维护被救者的利益。最终他们就所提供的服务递上了账单,这并不改变他们在行为时的主观状态。唯一成问题的是行为人内心上将行为的原因与结果加以倒置的场合——通过其行为,主要是为了获得报酬请求权。这种人的行为不属于无因管理,从而对他们应当适用不当得利法(包括不当得利法中有关被迫得利的限制性规则)。

示例1

X是一个系谱学家,其相当一部分的收入来自于专业地寻找继承人。他对有关死者遗产的公告作出响应;根据主管机关所掌握的情况,这些死者没有任何亲属,从而不存在继承人。在公告中所规定的时限经过之后,无遗嘱的遗产将被归入国库。X成功地寻找到了某个死者的亲属(Y),并向Y提出,以遗产的20%为对价为其提供必要的信息。为了表明其要约的可靠性,X先披露了一些模糊的信息。Y拒绝订立这一合同。不过,所披露的信息已足以使Y能够查清所涉的主管机关并接受继承。Y对X不负有债务。

因而,第(1)款所规定的报酬请求权是那些目的不在于获得对待给付的行为所产生的权利。无论如何,这种权利都不违背无因管理法的精神。

示例2

I是一个专业的船舶代理人,其通过适法的无因管理,在拍卖中为P拍到了三艘油轮。P有义务向I支付这种行为通常能获得的报酬。

报酬仅适用于专业人员。对普通人和在从事职业或营业的过程中实施管理行为的人进行区别对待,有法律政策上的合理原因。首先,与外行人士相比,专业人员很可能会投入更多,从而从受益人的角度来看专业人员的行为通常而言就是要比外行人士的行为更有价值。从这一角度,"报酬仅适用于专业人员"这样的规则支撑了无因管理的两项核心要素:对管理人的行为的保护,以及(虽然重要性要低一些)在开始进行管理时所预期的管理行为的有益性。进一步的依据是,从第Ⅴ-2:101条(管理过程中的义务)第(1)款第(a)项(参见该条下的注释B)可推知,专业人员从事管理行为时,应适用相对较高的注意标准,即所从事的行为应达到专业的水平,这也表明专业人员享有报酬请求权是正当的。此外,无因管理法意在鼓励行善助人的行为。与普通人相比,对专业的服务提供商的行为激励应当要更加显著。

主要的政策考量。要反对这一规则的话,当然可以提出如下的理由:管理行为是否处在管理人的职业或营业范围内,对于管理人的维护他人利益的意思并无影响,而维护他人利益的意思才是无因管理的根本要素。从这一观点推导下去就可以说,管理人的行为总是"私人性质的"。不过,这一反对意见并不具有说服力:管理人因为没有时间、专业技能或能力,从而不相信自己有能力从事管理行为的话,当然可以委托某个专业人士来做这件事情,然后让本人向该专业人士支付报酬。这样看来,管理人自己正好是专业人士时却无法就其所提供的服务请求支付报酬,是说不通的。这可能是支持这一规则的最有力的政策考量。并且,合理性的标准也保证了,管理人原则上仅有采取临时措施的权限。

"系在管理人从事职业或营业的过程中实施的"。并且,所提供的救助是否确实是"在管理人从事职业或营业的过程中实施的",要加以审查。符合这一条件的例如,医生在休假时在旅店内为一个在游泳池边陷入昏迷的游客提供救助;但是行为人在从事相应行为时已经不再从事这门职业或者已经停止这一营业的(如医生已经退休),则不算在内。

非营利组织。"职业或营业"这一用语包括了非营利组织。若这种组织构成法人,在从事管理行为时,鉴于其所采用的组织形式,不论其目标是否在于获取(可供分配的)利润,其通常都相当于是在从事“营业”。若根据所适用的国内法不能得出这一结论,当且仅当这种组织的组建目的是提供救助、其所提供的救助达到了专业的标准且系争的管理行为源自其在这一领域的活动时,这种组织属于“职业”范围之内。

合理性。与第Ⅴ-3:101条(债务清偿请求权或费用偿还请求权)所规定的请求权一样,报酬请求权要求所采取的措施就其性质与范围而言是合理的。在很多情况下,只有采取临时的措施才是合理的,从而超出这一范围的任何服务都最多只能使行为人根据不当得利法享有请求权。这种场合,无论如何都不产生无因管理法的报酬请求权。

B. 报酬的数额(第(2)款)

通常价格。至于报酬的数额,基本的原则是,本人必须支付报酬的,是本人若当时亲自管理的话也应当会交由他人完成的那部分给付。本条对这一原则作了具体化,将从事管理行为时在管理行为发生地的通常价格作为基本的参照。若(如针对自由职业者提供的服务)存在价目表的话,则应当采用这种价目表。在不存在通常价格的这种罕见场合,应当支付合理的报酬。

“合理范围内的”。不过,生活中的经济活动如此多种多样,因而,关于通常价格的规则应当受到合理性这一一般标准的限定。有可能管理人必须在大量的不同地点从事管理行为,但是针对每一个地点都确定一个单独的通常价格是不合理的。可以设想这样一种情形,对于其所进行的管理,管理人有点大材小用,但是除了他之外又没有谁还能够做这一事情。可以设想的情形还有,当地市场价格太高,本人无法承受。在这些场合,法官别无选择,只能是对个案的所有情形作一个综合的评价。对于第(2)款来说,被帮助的是欠缺完全行为能力人同样可能是一个相关的考虑因素。若本人本来能够就所提供的帮助订立一个合同,特别是如果在紧急情形下提供帮助,则不需要考虑其他问题。反之,若本人本就无法订立合同,这种特殊情形下请求权应当被定性为一种不当得利请求权,在计算报酬数额时也必须把这种性质考虑在内。

注　释

Ⅰ. 报酬请求权的基础

1. 几乎在所有地方,无因管理法的基本原则都是管理人不得就其行为请求报酬。不过,对这一基本原则存在许多的例外,这些例外所涉及的人群,正是第Ⅴ-3:102条所考虑的内容。这些例外中,有一些是通过判例法发展出来的,在法典上并无明文规定。关于德国法,这一原则(即不得请求报酬)是从民法典第683条所规定的对委托法的援用中推导而来,根据民法典第662条,委托合同是一种无偿的服务合同。与之相对,判例法(BGH 15 December 1975, BGHZ 65, 384, 390; BGH 7 March 1989, NJW-RR 1989, 970; BGH 21 October 1999, BGHZ 143, 9, 16)和学说(例如Medicus, Schuldrecht II BT[12], no. 626)都认为,若无因管理属于管理人的职业或营业的范畴,则报酬请求权是妥当的,例如医生对陷入昏迷的人提供救助,或者提供机动车抛锚处理服务的机构将汽车拖走以清理道路。这一结论是基于民法典第1835条第(3)款的类推适用,根据这一款,监护人可以请求偿还的费用也包括“属于其营业或职业范畴的”服务(参见Staudinger(－Wittmann)[13], § 683 no. 3 and以及Medicus loc. cit.)。

2. 希腊法也得出了同样的结论。若所从事的无因管理行为属于管理人的营业或职业范畴,则管理人享有报酬请求权(Georgiades and Stathopoulos [－Papanikolaou], art. 736, no. 11; Filios, Enochiko Dikaio I/2, 203;但采纳不同观点的有Kavkas and Kavkas, Enochiko Dikaio II, 25)。希腊民法典的立法资料(Schedion Astikou Kodikos, II: Enochikon Dikaion, 232:医生救助伤员)以及判例(CA Athens 6980/1987, EllDik 30/1989, 805)已经确认了这一思路。爱沙尼亚LOA第1023条第(2)款已经将这一观念予以法典化;这一条款实质上和第Ⅴ－3:102条相同。匈牙利民法典第486条第(2)款规定了对委托法的援用;在委托法中,民法典第478条第(2)款明确:“即使受托人的行为没有产生结果,受托人也有权请求报酬。若委托人能够证明,没有产生结果部分地或完全地归因于某个可归责于受托人的原因,则委托人可以减少或拒绝支付报酬。”(Official Translation, Hungarian Legal Regulations in Force in three Languages, CompLex CD HMJ, 2004)。

3. 葡萄牙民法典第470条第(1)款结合民法典第1158条第(2)款仅规定了在从事职业过程中进行管理时的报酬请求权。此种混合管理(gestão mista)的主要例子是律师(并参见民事诉讼法第41条第(1)款)以及医生(Almeida Costa, Obrigações[9], 441)提供的帮助。非专业的管理人员不享有报酬请求权。对这一规定的批评部分是基于政策考虑上的理由;这一规则被认为已经过时,因为现在应当假定,提供任何服务都是为了获得报酬。尽管无因管理具有主动性,但无因管理也属于提供服务(Menezes Leitão, Obrigações I[3], 497)。

4. 奥地利法中,在民法典的文义上同样没有赋予管理人以任何报酬请求权(v. Zeiller, Commentar III § 1039 no. 3 p. 324)。所规定的唯一例外在民法典第403条(在成功管理的场合对救助支付报酬),民法典第1036条援用了第403条。根据最近的判例法,当(且仅当)管理人系在从事职业或营业的过程中进行管理时,管理人享有就其时间损失请求赔偿的权利(OGH 26 November 1981, SZ 54/176;更多参考文献见RIS－Justiz RS 0019940)。这一立场的理论基础被认为是,虽然在提供专业服务的场合请求权也仅限于费用偿还,但专业的管理人就其收入损失享有赔偿请求权。假定其存在收入损失,结果就是管理人享有报酬请求权(Rummel [－Rummel], ABGB I[3], § 1036 no. 4; Schwimann [－Apathy], ABGB V[2], § 1036－1040 no. 10),至少是(如判例法所示)在收入损失的假定无法加以推翻的场合如此(OGH 3 October 1996, RdW 1997, 275;详见Fötschl, ERPL 2002, 550, 553)。

5. 法国对这一问题的立场似乎在不断地变化。直到最近,判例法都坚持了民法典第1375条所规定的原则,即管理人仅享有偿还请求权,无权请求支付报酬或服务费(CA Paris 7 July 1989, Juris Data 1989－023369; Cass. civ. 15 December 1992, Bull. civ. 1992, IV, no. 415 p. 293)。所产生的费用必须核对出准确的金额;判决支付一笔总数,将导致管理人获得报酬,从而是违法的(Cass. civ. 19 February 2002, Juris Data 2002－013264)。因此,Cass. req. 10 January 1910, D. 1911, I, 370(该判决确认了报酬请求权)长期以来都被认为是不合理的。另一方面,也要考虑到最近与“具有私利的无因管理”(gestion d' affaires intéressée)的概念有关的判例法。Cass. civ. 18 April 2000, Bull. civ. 2000, I, no. 113 p. 76可能是认为,在“具有私利的无因管理”这一无因管理的子类型中可以考虑让管理人获得报酬。法院判决的提要中说,某个企业作为无因管理人为维护其他企业的利益而提供服务的,原则上仅能请求偿还费用,"除非该企业的行为也是为了其自己的利益"。

6. 在比利时,通说认为,本人原则上负有向管理人支付报酬的义务。此种报酬不应被认为是真正的报酬,而应被认为是对管理人所付出的时间、知识与专业技能的金钱补偿。特别是,管理人在从事职业的过程中进行管理的,应当支付报酬(B. H. Verb. [- Roodhooft], December 2003, Hdst. V, De quasi - contracten, no. 2249)。

7. 西班牙民法典并未规定报酬请求权。判例法甚至曾经指出,要求获得报酬的人不能被界定为管理人,因为其不具有维护他人利益的目的(TS 15 June 1925,引用该案的文献有 Pasquau Liaño, La gestión de negocios ajenos, 158 等)。因而,任何权利都只能依据不当得利法;甚至在管理人在从事职业的过程中进行管理的场合,根据无因管理法管理人也不享有报酬请求权。不过,这一处理受到了几乎一致的批评(Lacruz Berdejo, Rev. Crít. Der. Inm. 1975, 269; Sánchez Jordán, Gestión de negocios, 550; Lete del Río, Obligaciones II[3], 128; Pasquau Liaño, loc. cit. 411; Lasarte, Principios II[5], 309);学者试图找到一个依据来对其加以修正,其中包括通过援用民法典第1711条,或者扩张民法典第1893条所规定的损害的概念(Paz - Ares/Diez - Picazo/Bercovitz/Salvador [- Lasarte], Código Civil II, 1952)。TS 23 July 1999, RAJ 1999 (4) no. 6355 p. 9958 可能说明判例法在慢慢发生变化。在最高法院所作的判决中,最高法院驳回了未经授权从事管理行为的建筑师所提出的报酬请求权,但其判决的理由是该案不符合民法典第1893条所规定的要件;判决理由并非无因管理法中不承认报酬请求权。(因为该案并不涉及紧急情况,前提条件应是管理人[译注:原文如此,疑为"本人"]已经使用了其设计图,而该案中并非如此。)CA Barcelona 12 February 2004, Aranzadi Civil 6/2004 no. 434 p. 832 也是这一倾向,在该案中,原告未经授权为某业主协会记录账目,对此可以获得报酬。

8. 同样,意大利的通说也认为管理人不享有向本人请求报酬的权利,因为民法典第1709条不适用于无因管理法(Breccia, La gestione d'affari[2], 899)。本人向管理人付钱的,只是报答性的赠与(民法典第770条;Aru, Gestione d'affari, 55)。不过,在一起本人对管理行为予以追认的案件中,管理人被判享有获得报酬的权利(CFI Firenze 31 May 1948, Mon. Trib. 1949, 90;Breccia, loc. cit. 899, fn. 12 引用了该案)。

9. 虽然荷兰民法典第6:95条及以下中所规定的损害赔偿请求权也包括所失利益与收入损失(民法典第6:96条),但是,在无因管理法中,只有在例外的情况下管理人才享有报酬请求权。民法典第6:200条第(2)款规定了这样一个例外,该款规定:"对他人事务进行管理的管理人系在从事营业或职业时进行管理的,并在合理的范围内就其行为享有根据管理行为发生时同类行为的通常价格获得报酬的权利。"另一个例外是在有关遗失物的法律中(民法典第5:10条第(2)款)。

10. 苏格兰法中已经接受的观点是,出于无私的原因而从事管理行为的管理人不能请求获得报酬(Stair [- Whitty], The Laws of Scotland, XV, para 126,该处援引了"权威学者"(Institutional Writers)的意见,其中仅有 Stair 赞同管理人就其服务获得报酬的权利)。

11. 北欧各国的立场不易查明。就丹麦的判例法而言,从 HD 24 May 1937, UfR 1937, 697 一案中大概可以推知,法院不承认报酬请求权(参见 Håstad, Tjänster utan uppdrag, 70,该处谨慎地讨论了这一问题)。不过,这一判决有可能是基于一些不同寻常的事实,学者对其的理解可能大大超出了其原意。就这一问题似乎没有其他的判例法了。在瑞典的学说中(在瑞典同样不存在这方面的判例法),学者主张,报酬请求权的条件是,所从事的管理行为并非一个纯粹的(事实)行为或者情谊行为。若管理人采取了大量的措施,或者若管理人在其职业或营业的过程中进行管理,则可以考虑报酬请求权(Håstad, loc. cit. 68 et seq.)。

12. 在普通法中,报酬请求权通常必须要么是基于合同的约定,要么是基于回复原状请求权,例如基于不当得利的服务报酬请求权(*quantum meruit*)。除当事人之间存在约定外,代理人仅仅是作为紧急代理人履行义务,原则上并不使代理人享有向被代理人主张报酬的权利。不过,无论如何,在管理行为最终有利于被代理人且代理人负有利益转交义务的场合,若代理人所从事的行为超出了履行其基本义务的范畴,则代理人可以就其所付出的劳务与技术根据衡平法获得报酬:参见如 Brown v. Litton (1711) 1 P Wms 140, 24 ER 329; 10 Mod 20, 88 ER 606(以遗嘱执行人的名义将死者的资金投资于商业)。虽然(与海难救助报酬不同)服务报酬请求权(*quantum meruit*)被认为并不以行为取得成功为前提,但是,在紧急管理的场合,相对多数的权威判例赞同支付报酬的恢复原状请求权(如对所提供的单纯服务支付报酬):参见 Aitchison v. Lohre (1878-79) 4 App. Cas. 755 at 766-767 (Lord Cairns LC) and at 765 (Lord Blackburn 含蓄地表达了这一立场)。对于陌生人不得强迫他人对不请自来的利益支付报酬这一原则,判例不愿承认其存在例外:China Pacific SA v. Food Corp. of India (The Winson) [1982] AC 939, 961E-F (Lord Diplock)。这一点可能部分地基于这样一种(虽然是错误的)根深蒂固的假设:陌生人未经请求就进行干预,只不过是一种失礼的行为(参见 Re Leslie (1883) 23 Ch. D 552, 561 (Fry LJ))——这不考虑必要性的问题(虽然在 Pontypridd Union v. Drew [1927] 1 KB 214 一案中 Atkin LJ 走得很远,甚至声称“没有哪项法律原则强迫一个人对为维护其利益而支出的必要费用予以偿还”)。此外有一种趋势,认为只有在为了鼓励管理人提供可能危及自己人身安全的危险服务(与仅仅是找到并保管他人财产的行为相对)而有必要设置例外时,例外才是合理的:参见 Nicholson v. Chapman (1793) 2 HBl 254 at 257, 126 ER 536 at 538 (Eyre LCJ)。进一步的理由是与海难救助报酬进行错误的类比:参见 Sorrell v. Paget [1950] 1 KB 252, 260(Bucknill LJ 认为:“在普通法中,不承认在陆地上进行救助时享有报酬请求权”), 265(Asquith LJ 说:“陆地上的救助报酬是一种法律上的妄想”)。不过,在这些首要判例中,管理人所提出的主张之所以没有获得法院的支持,可以这样来进行解释:原告所提的主张不单是报酬,也包括海难救助报酬性质的权利或者担保权(留置权或财产负担(charge)),虽然必须承认的是,总的来说,(a)判决的基调大体上来说是比较严格谨慎的,并且(b)判决的假设或结论似乎也是,行为人不具有基础性的权利,来支撑其财产权:特别是参见 Binstead v. Buck (1777) 2 BlackW 1117, 96 ER 660(被告对原告的狗进行照管,并在原告支付所产生的费用以前留置这条狗,原告提起动产侵占之诉(trover),被告不具有抗辩事由,因为这些费用并不使被告在普通法上享有特殊的留置权);Nicholson v. Chapman, loc. cit.(所遗失的木材被找回,行为人不享有留置权或救助报酬请求权,虽然法院认为可能成立(无担保的)对人的请求权);Re Leslie, loc. cit.(丈夫支付保费,以维持妻子的保单的效力,并不由此使丈夫的遗产管理人享有留置权,此处法院还认为,除非支付保费是应妻子的要求,否则也不成立对人的请求权);The Gas Float Whitton No. 2. [1896] P 42; sub nom. Wells v. Owners of the Gas Float Whitton No. 2 [1897] AC 337(海难救助报酬不涉及海上的任何建筑物)。不论这些权威判例所作的限制如何,它们一再地被认为是阐明了一项更为宽泛的一般规则,即对于所提供的服务,即使仅仅是一项对人的请求权也不成立:Aitchison v. Lohre, loc. cit., 760(Lord Blackburn 说:“对于那些在岸上为所有权人保管物品的人,普通法没有赋予他们向所有权人请求报酬的权利,除非他们是基于所有权人的要求而进行保管");The Gas Float Whitton No. 2, loc. cit. at 311 (Jeune P 说:"对于他人保管遗失物的行为,在法律上不负有报酬支付义务")。不过,有判例法承认为死者安排葬礼的人(参见第Ⅴ-1:102条注释16)、律师以及为欠缺完全行为能力人提供生活必需品的其他专业人员(参见第Ⅴ-1:101条注释59及第Ⅴ-1:103条注释38)享有报酬请求权。并且,在 White J. D. v. Troups Transport [1976] CLY 33 (Stockton-on-Tees County Court) 一案中,某个经营设备出租的企业应警察的要求,使用其设备将被告的机动车从机动车所堵塞的桥下道路上拖走,从而其行为构成对被告的紧急代理,此时,这家企业可以请求被告支付租赁费用——虽然,因为原告本可以使用更小从而更为便宜的设备,并且原告之所以使用了过大的从而更为昂贵的设备,是因为事先没有做具体的调查,从而减少了费用偿还的数额。在被救助者因为受伤而需要照料(管理人对其进行了照料),而第三人对其受伤应承担侵权责任的场合,如果伤者就这些照料向第三人主张了权利的话,管理人就所提供的照料有请求支付价值的权利:参见第Ⅴ-3:105条注释1。成文法(这也适用于苏格兰)给有资质的医疗从业人员或医院为道路交通事故中的伤者提供紧急医疗救助的场合规定了一项特殊的制度:参见 Road Traffic Act 1988 第158、159条。与第Ⅴ-3:102条T所规定的管理人报酬请求权相比,第158条所规定的权利存在不足,这尤其是因为(a)报酬被规定为一个固定的标准,不考虑所提供的服务的具体范围,以及(b)应支付报酬的人不是伤者(或者在伤者已经死亡的场合,伤者的遗产),而是驾驶机动车导致事故发生的人。在医院要求报酬的场合,进一步地将范围限定于私立非营利性机构:参见第161条第(1)款。该法第157条规定,应就交通事故承担保险责任的保险人应当就这类医院所产生的费用承担偿付责任(存在最高限额)。虽然此时所涉及的无疑是强制保险,这可能也反映了法院所明确表达的思路,即如果在这类案件中对于所提供的服务应当存在报酬请求权,最好由公法来处理或者由为维护公共利益而对这此种服务负有责任的公权力机关来安排:参见 Wells v. Owners of the Gas Float Whitton No. 2 [1897] AC 337, 349 (Lord Macnaghten)。

Ⅱ.报酬的数额

13. 有关报酬数额的法律规定或判例法当然只有在规定了报酬请求权(报酬请求权的条件如上文注释Ⅰ中所述)的法域中才能找到。在德国法中,报酬的数额要根据通常的报酬标准来计算(BGH 7 January 1971, NJW 1971, 609, 612; BGH 15 December 1975, BGHZ 65, 384, 390; BGH 7 March 1989, NJW-RR 1989, 970)。希腊的判例法所提到的是"通常应付的"报酬(CA Athens 6980/1987, EllDik 30/1989, 805)。在比利时(以及法国)的判例法中,似乎没有涉及报酬数额的公开判例。

14. 葡萄牙民法典第470条第(2)款援用的是民法典第1158条第(2)款有关委托法的规定。根据该款,除非当事人另有约定,报酬的数额要根据相关职业群体的收费标准或者习惯与惯例来确定,或者若不存在这种参照标准,则根据公平与合理的标准来确定。

15. 第Ⅴ-3:102条所规定的方案也与荷兰民法典第6:200条第(2)款相一致,荷兰民法典第6:200条第(2)款规定:"对他人事务进行管理的管理人系在从事营业或职业时进行管理的,并在合理的范围内就其行为享有根据管理行为发生时同类行为的通常价格获得报酬的权利"(Haanappel 等译,Legislation)。

示例1来自于 BGH 23 September 1999, NJW 2000, 72; OGH 3 October 1996, RdW 1997, 275 and from Cass. civ. 31 January 1995, Bull. civ. 1995, I, no. 59;示例2来自于 CA Athens 6980/1987, EllDik 30/1989, 805。

第Ⅴ-3:103 条　赔偿请求权

管理人的行为保护本人的人身、财产或利益免受危险的，且符合以下要件的，管理人就其在从事管理行为时所受人身伤害或财产损害导致的损失，有权要求本人予以赔偿：

(a)管理行为引发了或实质扩大了造成此种伤害或损害的危险；且

(b)在可预见的范围内，此种危险与本人所面临的危险之间具有合理的比例。

评　论

A. 对随之发生的损害的赔偿请求权

政策考量。本条是基于对公正的简单考虑。若某人为保护他人的人身或财产免受损害而从事管理行为，但在这一过程中自己遭受了损害，那么，必须判断由谁来承担这种损害：管理人或者本人。本条与欧洲绝大多数的法律体系一样，选择由本人来承担这种损害。只有这样，才符合无因管理法的一个主要目的：对适法的管理人进行保护。

规范的必要。本条是不可缺少的，因为第Ⅴ-3:101 条(债务清偿请求权或费用偿还请求权)仅仅确保本人清偿管理人所承担的债务和偿还所产生的费用。因而，第Ⅴ-3:101 条涉及的是管理人自愿承受的财产损失。非自愿的财产损失(“损害”)不属于第Ⅴ-3:101 条所规定的制度的适用范围。这一问题要由本条来处理。

对本人利益的考虑。对管理人进行保护这一一般原则在很多方面需要作进一步的具体化。第Ⅴ-3:103 条给损害赔偿请求权规定的条件是，系争的损害必须是管理行为所产生的风险按照一般规律变为现实。生活中一般的风险变为现实并不导致赔偿请求权产生。第Ⅴ-3:104 条(管理人请求权金额的减少或请求权的排除)与第Ⅴ-3:105 条(第三人对本人的清偿或偿还义务)进一步减轻了本人的负担。若公立保险机制或法定保险机制为管理人提供了赔偿，则在保险赔偿的范围内，根据具体的情况，保险有可能使本人根据第Ⅴ-3:104 条免于承担责任。参见该条下的评论。

与有关造成他人损害的非合同责任的法律之间的关系。第Ⅴ-3:103 条所规定的权利，是与有关造成他人损害的非合同责任的一般规则(第六卷)中所规定的权利相独立的、竞合的权利。若根据这些一般规则本人也应向管理人承担责任，则管理人可以选择其中一种对其更为有利的赔偿机制。

B. 这一权利的独特要件

在有关造成他人损害的非合同责任的一般法律以外的严格责任。第Ⅴ-3:103 条规定的是对管理人进行损害赔偿的严格责任(即不以本人一方存在故意或过失为要件的责任)。相比之下,若本人对损害所应承担的责任以本人的不法行为或过错为要件,则基本上不需要规定这一规则。因为,在这些场合,根据有关造成他人损害的非合同责任的一般法律(第六卷)中的规则,本人已经应当承担责任了。

示例1

某个汽车司机为了避免撞上一个突然间冲到汽车前面的人,而将汽车驶入了路边的农田,并因此严重受伤。根据第Ⅴ-3:103条所规定的规则,这个人应当承担责任,即使出于某些特殊的原因,这个人根据有关造成他人损害的非合同责任的一般法律可能不需要承担责任。例如,这个人可能是骑着自行车,突然被马蜂叮咬,从而瞬间失去了对自行车的控制,并因此突然闯入了对面来车的车道。

应予赔偿的损害。可能导致赔偿请求权产生的损害,包括人身伤害、财产损害以及随之发生的间接损害(包括财产性的以及非财产性的间接损失)。与之不同,所谓的纯粹经济损失(这里指的是,这种损失并非人身伤害或财产损害的结果)并不使管理人根据无因管理法享有赔偿请求权。这与此种经济损失的特殊性质有关,也因为,从根本上说,对于时间的花费不应当进行赔偿(即,在管理人从事无因管理行为所花费的时间中,管理人不进行管理的话本来可以获得的、为了从事管理行为而放弃的收入)。对人身伤害的定义在第Ⅵ-2:201条(人身伤害与间接损失),对财产损害的定义在第Ⅵ-2:206条(对所有权或合法占有的侵害所致的损失)第(2)款第(b)项。根据该项,"财产损害"仅仅包括对物的物理完整性造成的损害。

示例2

若A为了救B而冲入B的着了火的房子,被困在烟雾弥漫的卧室之中,由此严重烧伤,衣物也被烧毁,那么,对于A所受的人身伤害、长期伤痛与组织器官被烧伤导致的痛苦、治疗与康复期间的收入损失,以及对其财产的轻微损害,B都应当给予赔偿。不过,若A为了救B而不得不错过一个商业会谈,则对于A因错过这一会谈而遭受的间接经济损失,B不需要承担责任。为了避免有关"此种损害是否可归因于无因管理所带来的风险"的争论,从一开始就将纯粹经济损失排除在赔偿请求权所保护的范围之外。

第三人因管理人的死亡而遭受的损害。不过,关于人身伤害,本条所规定的责任范围与有关造成他人损害的非合同责任的法律中无过错责任场合的责任范围相同。因此,若管理人因试图保护本人而遭受致命的伤害,本人必须对管理人的继承人及被扶养人承担责任,具体方式上类推适用有关造成他人损害的非合同责任的法律中的相应条文(参见第Ⅵ-2:202条(第三人因他人的人身伤害或死亡而遭受的损失))。

对本人责任的一般限制。第Ⅴ-3:103条所规定的责任为严格责任,因此,对责任的范围作某些进一步的限制似乎是适当的,以确保在无过错的双方当事人的相互冲突的利益之间达到一种合理的平衡。

保护本人免受危险。根据这一规则，首先，只有涉及的是紧急情形时，才考虑是否存在损害赔偿请求权。管理人必须是在试图保护本人的人身、财产及其他利益“免受危险”时遭受到了损害。在情况很有可能恶化时，就认为存在“危险”。

示例 3

在毕业晚会之后，P 完全喝醉了，钻到了自己的汽车的轮子后面。I 将 P 的钥匙拿走，P 拒绝听他解释原因，自己钻到了轮子后面。I 从事这一行为是想保护 P 免受危险。P 的反对是没有意义的，因为 P 所处的状态使其无法形成具有法律约束力的意思。

因果关系的问题。第Ⅴ－3:103 条也明确，要使本人对危险转化为该特定类型的损害承担责任，在管理行为与管理人面临危险之间必须存在特别密切的因果关系。并非与管理人的行为存在因果关联的所有损害都属于本条所规范的范围。

在从事管理行为时遭受的损害。首先，损害必须是“在从事管理行为时”所遭受的，也就是在采取措施以对本人的人身、财产或其他利益进行保护的过程中所遭受的。只有在管理人开始从事保护本人的行为——也就是说，事实上保护了本人利益的行为，或者如果未受自然力的妨碍或第三人的干扰的话本会保护本人利益的行为——这一时间点之后，才有可能产生责任。

示例 4

在示例 2 中，即使 A 不幸被高温挡住、无法把 B 救出，A 也可以就其所受损害向 B 的遗产请求赔偿。赔偿请求权产生的时间点是管理人面对并处理 B 所面临的或 B 的利益所面临的危险之时，因为保护其利益的行为就是消除这一危险的过程。从而，若 A 在冲向 B 的着火的房子时，A 从其自己的商店内冲出，没来得及将商店锁好，从而在 A 不在店内时商店被人洗劫一空，或者，在 A 横过马路时被一辆路过的汽车撞倒，那么，抛开在 A 遭受损害的过程中 A 自己也未尽注意或者第三人存在不法行为不谈，A 不得根据本条向 B 请求赔偿，因为此种损失并非在为保护 B 的利益而“从事管理行为时”所遭受的。这种损失只不过是 A 在使自己到达能够提供或尝试提供帮助的位置时所遭受的。在冲向 B 的房子时 A 被一块松了的石板绊倒，由此骨折，从而没能走到着火的前门，也同样如此。在这种场合，A 只有基于有关造成他人损害的非合同责任的一般规则，才有可能向 B 主张某种救济措施。

示例 5

I 对其邻居 P 的动物照管了一个晚上、一个早晨，其邻居未婚，也是一个农场主，因突发心脏病突然被送入了医院。这时暴发了动物疫情。病毒被传染给了 I 自己的牛群，对此任何一方都不存在过错，因为当时无法知道 P 的动物已被感染。这种损害仅仅是间接损失，从而不构成 I “在从事管理行为时”所遭受的损害。

引发了或实质扩大了危险（第（a）项）。其次，将会导致此种损害发生的危险必须是在对本人利益进行保护时所“引发或实质扩大”的。与之不同，其他的所有危险（即使是在紧急情况的场合）都属于救助者所要自行面对的普通风险。

示例6

某家杂货店的店主目睹了杂货店边上所发生的一起事故，于是关上店门去进行救助。（收入损失不能得到赔偿。）若该店主驾驶汽车将受害人送往医院，在这一过程中又发生了一起事故，由此店主的汽车受损，同样，只有在该具体情形中有必要采用一种特别危险的方式驾驶汽车将受害人送往医院时，这一损害才与进行救助的行为之间存在足够紧密的关联。

管理人所引发的危险与本人所面临的危险之间具有合理的比例（第(b)项）。再次，只有当管理人没有引发不合理的危险时，管理人才享有赔偿请求权。从根本上说，这只不过是遵循了这样的一项一般原则：管理人承受不合理的风险，并不符合本人的利益。例如，通常来说，在明知的情况下为了抢救他人的财物而将自己的生命或健康置于危险之中，就是不合理的。比例原则也可以被归入因果关系的类型之中来考虑。若在所处具体情形中，一个理性人不会认为有必要按照管理人从事管理行为的方式来进行管理，那么，所引发的危险就不应被界定为是本人所面临的危险导致的结果。

示例7

管理人所引发的危险可以根据遭受损失的可能性乘以可能遭受损害的数额所得的乘积来界定。例如，若管理人因为从事管理行为将遭受相对较低的财产损害（一套价值1000欧元的西服被损毁）的可能性很高(50%)，管理行为的目的是保护他人的价值昂贵的财产（一幅贵重的油画或者一台重要数据未经备份的笔记本电脑），那么，即使油画或电脑（价值10,000欧元）被毁的可能性相对较低(10%)，管理人所引发的危险仍然是合理的。

“在可预见的范围内”。不过，所要防范的危险与管理行为所引发的危险之间在比例上不相称，必须是管理人在所处的具体情形中可以察觉到的。如果对所处情形作出合理的但不准确的估计，这样的风险同样要由本人承担。

示例8

管理人进入某栋建筑，本人在这栋建筑中堆放了可能危害肺部的危险物质，对此管理人不可能知道，这一例子就可以说明上述的规则。若管理人明知或者可合理地期待其明知这种危险的存在，则尝试去抢救贵重物品本来就是不合理的。

管理人的与有过失。管理人的与有过失（如A冲入邻居的着火了的房子，却穿着一件极易燃烧的塑料衣服）将导致根据一般原则适当减少赔偿数额。这原则上并不导致赔偿请求权消灭。只有在因为管理人行为的方式完全超出了合理行为的界限，从而损害确实完全归因于管理人时，与有过失才导致管理人完全不享有赔偿请求权。不过,在判断管理人是否存在与有过失时,应当将个案的全部情况都纳入考量范围,特别是在紧急情况下没有很多时间来考虑这一因素。在慌乱的场合中,对于未受过处理此种困境的特殊训练的行为人,不能期待其像在通常情况下那样尽到同样的注意,做到同样的深思熟虑。

注　释

1. 第Ⅴ-3:103条所规定的一般原则在欧洲得到了广泛的确立;不过,实现这一结果的思路在方法上却各不相同,所依据的法律条文在表述上也各不一样。根据德国民法典第670条的文义,只有“费用”才能获得偿还,因而没有包括“损害”。然而,判例法超出了文义的范围,将管理人在努力防止损害发生时给自身带来实质危险并由此遭受的损害按照相当于“费用”来处理(例如,BGH 7 November 1960, BGHZ 33, 251, 257; BGH 27 November 1962, BGHZ 38, 270, 277; 另参见MünchKomm [- Seiler], BGB[3], § 683, no. 18 et seq.)。为了对应予赔偿的损害作进一步的界定,需要运用到“继发性损害”(concomitant damage)的概念,这种损害是随着所涉风险按照一般规律变为现实而发生的损害。只有在损害是所从事行为的正常风险变为现实时,损害才能获得赔偿(Medicus, Bürgerliches Recht[19], no. 428; BGH 4 May 1993, NJW 1993, 2234)。在道路上“自我牺牲”的场合(机动车的驾驶人为了防止与其他的道路使用人(本人)相撞而紧急转弯,但自己却由此遭受损害),判例法认为管理人享有赔偿请求权,但是不能获得全额赔偿,而只能获得适当赔偿(BGH 27 November 1962 loc. cit.)。在管理人存在与有过失的场合,民法典第254条应类推适用于以民法典第670条为依据的损害赔偿请求权(Palandt [- Heinrichs], BGB[63], § 254, no. 6; BGH 27 November 1962, loc. cit.; Larenz, Schuldrecht BT II/1[13], 450)。在人身伤害的场合,损害赔偿请求权也包括非财产损失(民法典第253条)。在死亡的场合,要类推适用民法典第844条与第845条(Staudinger [- Wittmann], BGB[13], § 683, no. 5; RG 7 May 1941, RGZ 167, 85, 89; Soergel [- Beuthien], BGB[12], § 683, no. 8)。

2. 至于希腊法,其出发点更为明确,因为民法典第736条明确规定了费用偿还请求权(不以过错为要件)和损害赔偿请求权。在管理过程中遭受的、与管理行为存在因果关系的所有损害,都应予以赔偿(ErmAK [- Sakketas], art. 736 no. 12),虽然对于精神痛苦不予赔偿,因为委托法中也没有规定对此进行赔偿(Kavkas and Kavkas, Enochikon Dikaion, 26)。与之相对,通过相应适用民法典第928条与第929条,亲属所遭受的损害可以获得赔偿(Georgiades and Stathopoulos [- Karassis], note under art. 723)。在紧急管理的场合(民法典第732条),管理人一方的轻微过失不会导致赔偿额的减少(Papanikolaou, loc. cit. no. 7)。在道路交通事故中自我牺牲的场合,赔偿数额要根据公平与合理的要求来确定(民法典第300条和第918条)(Papanikolaou, loc. cit. no. 10 and art. 730 no. 11)。爱沙尼亚LOA第1025条第(1)款在所有实质方面也和第Ⅴ-3:103条的规定相一致。

3. 葡萄牙民法典为救助者的赔偿请求权规定了两个法律依据。关于侵权法的民法典第495条第(2)款规定,行为人对受伤或受致命伤害的人提供救助(不论其是否负有救助的法律义务),从而自身遭受人身伤害的,可以向应对前一受害人所受伤害承担责任的人请求损害赔偿(详见Vieira Gomes, Gestão de negócios, 210)。此外,源自一般公平原则的民法典第468条第(1)款规定,适法管理的管理人就其“所受损失”对本人(前一受害人)享有赔偿请求权,不论本人是否存在过错。在管理人存在与有过失的场合,请求权的数额应当根据民法典第570条予以减少(Antunes Varela, Obrigações em Geral I[10], p. 468, fn. 2)。本人对管理行为予以追认的,意味着本人同意承担损害赔偿责任(民法典第469条)。

4. 在奥地利法中,是否应当赋予管理人向本人请求损害赔偿的权利,一直以来都是一个有争论的问题(Meissel, GoA, 185 et seq.)。最近的判例法承认,在提供紧急救助的过程中遭受伤害的,管理人享有请求适当赔偿的权利。这种赔偿被认为是一种基于公平的责任,要根据个案的具体情况来判断(OGH 24 August 1995, SZ 68/142; OGH 18 June 1997, SZ 70/113; Rummel [-Rummel], ABGB I[3], § 1036 no. 4)。这既不是直接适用,也不是类推适用民法典第1014条,因为该条仅规定合同的受托人享有请求权。相反,这一规则所表达的是法律背后的适当赔偿的精神(民法典第1015、1043条以及第967条)。这反过来允许相应适用民法典第1306a条以及第1310条(不存在可归责性时基于公平原因的责任)。

5. 法国民法典同样没有对因管理行为遭受伤害的管理人是否可以向本人请求赔偿的问题作出规定,但是判例法通常承认管理人享有此种权利,这种权利不以本人的过错为要件,其既针对财产损害(dommages pécuniaires),也针对人身伤害(JClCiv [-Bout], art. 1372 à 1375, fasc. 20, nos. 63-64)。学说认为这种权利是基于民法典第2000条的类推适用(Flour/Aubert/Savaux, Le fait juridique[10], no. 15 p. 17)。管理人一方存在过错的,将减轻赔偿额或者甚至完全排除赔偿请求权,但是,如果管理人是在紧急情况中、没有多少时间深思熟虑的情况下作出了错误决定的话,应当对其予以宽松处理(Bout loc. cit. no. 65; le Tourneau, Rép. Dr. Civ., VI, v° Gestion d'affaires (2002), no. 91)。同样,比利时的判例法原则上也承认管理人就其在管理过程中所遭受的损害享有赔偿请求权(Paulus, Zaakwaarneming, no. 85 p. 51)。在管理人所遭受的财产损害与人身伤害之间不存在什么区别;所援用的同样是法国民法典第2000条(RPDB, v° Quasi-contrat, no. 77)。与法国法不同的一点是有关所谓救助合同的判例法。在行为人不负有救助义务,但应他人的请求提供救助的情形,法国的法院认为行为人享有请求损害赔偿的合同权利。施救者与被救者之间存在合同,这使得被救者负有对施救者所受任何人身伤害进行赔偿的义务(首要判例为Cass. civ. 27 May 1959, JCP 1959 no. 11187)。这种“救助合同”(*convention* (或 *contrat*) *d'assistance*)的概念遭到了学术界的反对(例如Viney, JCP 1998 éd. G, Ⅰ. 144, no. 7, p. 1096),但判例法仍然坚持采用这一概念。卢森堡的判例法采用了法国的这种方案(CA Luxembourg 27 June 2001, Pas. lux. 2002, 154)。比利时则没有采用法国的这种方案(Glansdorff and Legros, RCJB 28 [1974], 82-85),无因管理的规则(根据无因管理的规则几乎能够达到同样的结果)被认为已经够了。

6. 西班牙民法典第1893条第(1)款明确规定:“本人应赔偿管理人……在管理过程中所遭受的损害。”由此,对于管理人并非自己造成的、其在法律上不应负责的全部损害,管理人都可以请求赔偿(民法典第1729条)(Sánchez Jordán, Gestión de negocios, 517; Lacruz Berdejo, Rev. Crít. Der. Inm. 1975, 267)。本人的责任不以过错为要件,对于意外损失本人也应承担责任(Sánchez Jordán, loc. cit. 518)。所丧失的利息与收入都被界定为可以获得赔偿的损失(Paz-Ares/Diez-Picazo/Bercovitz/Salvador (-Lasarte), Código Civil II, 1952)。

7. 在意大利法中,管理人的损害赔偿请求权的法律依据仍然不明。根据旧的民法典,这种权利的存在是毫无争论的。目前主要运用的原理是,在紧急情况中提供帮助时所遭受的损害,可以被界定为必要的或有益的费用(Pane, Solidarietá sociale e gestione di affari altrui, 124－125;对于公司执行董事的权利,类推适用民法典第 1720 条第(2)款(委托法)的有 Cass. 14 December 1994, no. 10680, Rep. Foro it. 1994, voce Mandato, no. 27)。不过,这种赔偿请求权是否真的可以基于民法典第 1720 条第(2)款,仍然是一个存在争论的问题(Sirena, Gestione di affari, 35－37)。

8. 荷兰民法典第 6:200 条第(1)款规定本人不但对管理人负有费用偿还的义务,还负有损害赔偿义务。损害赔偿的数额要根据民法典第 6:95 条及以下来判断。根据这些条文可知,原则上本人对于管理人所遭受的人身伤害或者致命伤害也要承担责任(Asser [－Hartkamp], Verbintenissenrecht III[11], no. 311 p. 320－321)。在紧急情况下为维护本人利益而进行管理的场合,被认为也应当进行赔偿(Parlamentaire Geschiedenis VI, 796)。不过,在学说著作(Hartkamp, loc. cit. no. 312, p. 321－322)中,有学者指出,过于宽松地适用无因管理法,可能会导致侵权法的功能失常——例如,在本人(译注:原文为“管理人”,疑为笔误)系未成年人的场合,参见民法典第 6:164 条。根据民法典第 6:106 条,法官可以根据个案的具体情况判决遭受人身伤害的管理人就非财产损害获得赔偿。

9. 在苏格兰,管理人就其在管理过程中所受损害获得赔偿的权利是否不同于其费用偿还请求权的问题,还没有人讨论。

10. 关于瑞典法,有学者提出,应当区分对人的保护措施与对财产的保护措施(Håstad, Tjänster utan uppdrag, 215)。在保护财产的场合,只有当所牺牲的财产的价值远低于所保护的财产的价值时,管理人才能享有赔偿请求权。若管理人冒着损害自身利益的危险从事管理行为,在危险与损失之间具有合理的比利的场合,不论所采取的措施是否获得成功,管理人同样应当享有赔偿请求权(Håstad loc. cit. 164, 168 and 215)。但是,若管理人并未接受给其人身造成伤害或给其财产造成损害的风险,则法律后果如何并不确定。若管理人为了救助本人的人身而遭受损害,法律后果同样不确定。学者认为,无论如何,这些情形都应当导致不同的结果,因为其主要并不涉及本人偿债能力的维持或提高。处理方案可以是,对非自愿遭受的轻微损害进行赔偿,在严重损害的场合则在对赔偿数额予以公平减轻的基础上进行赔偿(Håstad, loc. cit. 216)。在丹麦法中,提供紧急救助的人似乎并不享有独立的损害赔偿请求权,也不存在“救助合同”(contrat d’assistance)之类的概念,参见 HD 2 May 1960, UfR 1960, 851:原告与被告一道将树干装到卡车上去,被告(译注:原文为“原告”,疑为笔误)没有正确地固定住起重机并因此受伤,在试图为被告提供帮助时原告又同样受伤。原告完全依据侵权法提出的诉讼请求被予以驳回,因为不存在因果关系。

11. 在英格兰法中,不存在独立的无因管理责任,对损失进行赔偿的严格责任通常仅能产生于合同(在代理关系是基于合同的场合)。侵权责任应当适用一般规则,即要赋予管理人以赔偿请求权的话,原则上要求对于管理人所处理的危险的产生本人具有过失:参见 Clerk and Lindsell (－Dugdale), Torts[18], paras. 7－27－7－29。不过,在合同之外对财产损失进行赔偿的严格责任可能产生于恢复原状法——至少,如果可以依据旧有的权威判例的话:参见如 Shallcross v. Wright (1850) 12 Beav 558, 50 ER 1174 (Lord Langdale MR),在该案中,某个病人搬入其朋友的家中,以便能够获得更好的医疗救治,但是之后很快就去世了;因为这种致命性疾病的传染性,朋友一家必须搬出他们的房子,房子必须经烟熏消毒并清理干净;法院判决认为,(基于“默示的合同”)房屋的所有权人就其与其家人的旅馆费用享有获得偿还的权利,就其不得不烧毁家具的损失享有获得赔偿的权利(从而死者的遗产管理人在进行此种偿付时,系合法地处分死者的遗产)。

示例 1 来自于 Carmarthenshire County Council v. Lewis [1955] AC 549 以及 BGH 27

November 1962, BGHZ 38, 270;示例3来自于BGH 30 November 1971, NJW 1972, 475.

第Ⅴ-3:104条　管理人请求权金额的减少或请求权的排除

(1) 管理人在从事管理行为时无意要求清偿债务、偿还费用、获得报酬或获得赔偿的,在相应范围内,管理人的请求权金额应予减少或请求权应予排除。

(2) 在公平与合理的范围内,也应减少这些请求权的金额或排除这些请求权;所应考虑的因素包括,管理人是否是在面临共同危险时进行管理以保护本人的利益,本人的责任是否过重,以及是否可以合理地期待管理人从他处获得适当的赔偿,等等。

评　论

A. 行为系出于赠与的意思(animus donandi),以及相关情形(第(1)款)

法律的安定性。第Ⅴ-3:104条第(1)款的规定是出于法律安定性的考虑。在无因管理法的法律规定与无因管理法以外的被普遍接受的原则中,可以找到与该款的规定相同或相似的内容。行为人以使他人无偿获得利益的意思从事行为,无意要求清偿债务、偿还费用、获得报酬或获得赔偿(或者使用旧有概念,即具有赠与的意思)的,不享有偿还请求权。在个别场合,行为人行为时所具有的赠与的意思当然也有可能仅仅针对特定的权利,而不是针对所有这些权利。特别适于判断管理人在从事管理时是否指望从管理人处获得费用偿还的例子是,对近亲属进行扶养。有疑问时可以假定,管理人当然想要从扶养义务人那里获得偿还,但对于扶养受领人而言管理人的行为则具有赠与的意思。

示例1

某个男子与某个女子在一起非婚同居三年。这期间,该女子以其高雅的品位与风格对房屋作了改良,从而使房屋增值。她所提供的这种服务是其情感的表达,就此她无权要求获得金钱偿还。其行为只不过是出于情意而已。

不构成放弃权利。在更为一般的层面上,还需要注意的是,此处所涉及的并非权利的放弃;相反,管理人自始就不享有权利(从而也就没有什么可放弃的)。第(1)款不容就此存在任何疑问,因为第(1)款所采的关键的时间点是管理人从事行为之时;之后改变主意并不重要。管理人在从事行为时是否具有从事管理但无意获得偿还的意思,并且,如果这样的话,其无意获得偿还的是哪些方面,这样的问题,在管理人未作明确表示的情况下,要通过运用第Ⅱ-8:101条(一般规则)与第Ⅱ-8:102(相关因素)第(1)款中所规定的相同标准对管理人的意思进行解释来加以判断。

无因管理法的其他规则仍然适用。第Ⅴ－3:104条特别是第(1)款并不改变这样的出发点:行为人具有赠与的意思的,仍然是本编意义上的(适法的)管理人。上文所述的规则只不过使本人享有抗辩事由,并不构成适用无因管理法的(消极的)前提条件。这一点从Ⅴ－1:103条(被排除在适用范围以外的行为)中就可以推断出来,该条没有提到"赠与的意思"。因而管理人仍然负有谨慎管理、提供信息的义务以及移交所得收益的债务。

第(1)款的适用范围。第(1)款并不限于费用偿还请求权与请求清偿债务的优先权。第(1)款的适用范围也包括报酬请求权与赔偿请求权。这从该款未作限制的用语中可以推断出来。

示例2

在几个朋友私下组织的一场足球比赛中,一个参赛者受了伤。另一个参赛者碰巧是一个医生,他当场就对伤者进行了急救。从所处情形中应当推定,这个医生不应当享有报酬请求权:进行急救主要是出于友谊和共同参与比赛。这与报酬请求权不能相容。

示例3

在P的住处,P与其儿子X在争吵之后动手打了起来。I是P的另一个儿子,他参与进来帮助P,但在这一过程中手腕被X扔过来的一个盘子砸伤。I(或者想基于权利代位向P主张权利的I的健康保险人)对P不享有赔偿请求权。I给P提供帮助,只是出于家庭内部的道义、基于父子之间的感情。

B. 基于公平减轻责任(第(2)款)

概述。第(2)款规定基于公平的原因减少管理人请求权的金额。在诉讼中这赋予了法官以裁量权。同时,第(2)款还以不完全列举的方式规定了可能导致请求权金额减少的最为重要的几项原因。

范围。第(2)款主要关注的是第Ⅴ－3:103条(赔偿请求权)所规定的赔偿请求权,但是并不限于这一权利。事实上第(2)款也涉及管理人的债务清偿请求权、费用偿还请求权、报酬请求权。

示例4

费用偿还请求权的金额减少的一个例子是面临共同危险的场合,这已在第Ⅴ－1:101条(为维护他人利益而管理)的示例17中谈到过了。

减轻或免除本人责任的原因。本人的责任受到一般原则的限制,即,必须在个案的具体情形中实现公平。第(2)款具体规定了导致应当减轻甚至免除责任的几个方面的因素。不过,该款所规定的可以减轻责任的原因并非完全列举式的。该款只是明确规定了最为重要的几种情形。

面临共同危险。明确提到的有面临共同危险的情形,这一因素源自平均分担的法则。在面临共同危险,且危险既不可归责于管理人也不可归责于本人的情形,原则上必须分担责任。

示例5

一个例子是,机动车司机避免撞上某个未成年的行人,这个行人突然出现在机动车的前面,但这一不幸不能归责于这个行人。在示例4中可以找到另一个例子。

本人的经济能力。不过,也需要对本人的经济能力加以考虑。进行无因管理时所采取的措施很有可能会导致费用与损害的发生,对这种费用的偿还与损害的赔偿可能会超出本人的经济能力之外(特别是如果本人是未成年人的话)。当然,制定一个普遍适用于所有案件的规则是不可能的;关键的问题最终都是,在具体的情形下减轻责任是否公平和合理。一般来说,与涉及费用偿还请求权的场合相比,在涉及损害赔偿请求权的场合更应当考虑减轻责任:费用一般会导致本人获得利益,而管理人遭受损害当然并不会给本人带来任何利益。从而,在所发生的费用促成了管理的成功时,只有在少数和例外的场合,才能减少费用偿还的数额;减少偿还数额的例外场合例如,如果征求本人意见的话,出于经济方面的原因,本人本会拒绝就所要采取的措施支出这些费用。

管理人可以合理地从他处获得补偿。一般来说,若管理人可以合理地从其他地方寻求赔偿,则本人仅应承担补充性的责任。这尤其适用于对第三人不法造成的损害进行赔偿的场合。如果这个第三人可以被确认为不法行为人,并且其显然有足够的财产来满足管理人的请求权,那么管理人必须向第三人要求赔偿。不过,第三人无支付能力的风险必须由本人承担,而不是由管理人承担(参见第Ⅴ-3:105条(第三人对本人的清偿或偿还义务))。

示例6

某个旅店老板请求某个旅客协助抓捕抢劫犯。这位旅客应其请求提供了协助,但在这一过程中因该抢劫犯开枪而受伤。原则上,旅店老板应当根据第Ⅴ-3:103条(赔偿请求权)承担责任。不过,在旅客可以从抢劫犯那里实际获得赔偿的范围内,应当减轻旅店老板的赔偿责任。

对保险人的权利。若管理人无法从本人处获得损害赔偿的话,管理人将要自行承担从事管理行为的风险,则让本人承担对管理人进行损害赔偿的义务是公平的。不过,若管理人向保险人享有切实可行的权利,则产生了这样的问题:保险人是否有权向本人进行追偿。特别是管理人在紧急情况下提供救助时遭受人身伤害的场合,会涉及这一问题。出于实际操作的考虑,管理人首先会要求获得保险赔偿,因此,最终的问题在于,是否应当通过法定债权移转的方式赋予保险人以追偿权(向本人进行追偿,而本人所投保的保险通常并不覆盖其根据无因管理法所承担的赔偿义务)。同样,这一问题也无法通过规定一项普适性的规则来加以解决。对于这一问题,应当考虑保险的产生原因、保障范围、资金来源等因素。例如,欧盟的许多成员国都成立了公共保险机构,对救助他人的过程中遭受伤害的人进行赔偿。只要保障紧急救助人利益的这种(公立)健康保险是由公共税收来提供资金,本人就不应当对管理人的人身伤害承担责任:因为人人支付费用,人人都应享受利益。在由于立法者对见死不救规定了制裁措施从而保险对紧急救助人进行保障时,更是如此。在保险的资金并非来自于税收,而是(例如)仅由雇员或雇主来支付保费时,则未缴纳任何保费的第三人(此处指的是本人)从中受益就没有任何理由。也就是说,管理人的保险人不能向本人进行追偿就没有任何理由。当然,本人应当承担责任是此种追偿权的前提条件之一;若本人不应向管理人承担责任,则没有什么权利可以移转给保险人的。

示例 7

A 在某个地铁车站内目睹有人对乘客进行的袭击。A 跑去救助这名乘客,但自己受了伤。在 A 从无须缴纳保费的法定保险中受益的范围内,其对该名乘客所享有的请求权的数额根据其从保险人处得到的赔偿数额相应减少。保险制度的运用以 A 对袭击者享有赔偿请求权为前提,但不要求 A 根据无因管理法对该乘客享有赔偿请求权。这是因为,A 没有什么权利可以移转给保险人的。

证明责任。证明责任由本人承担。本人必须提出并在有争议时证明其符合第(2)款所规定的要件。

注　释

Ⅰ. 行为系出于赠与的意思

1. 德国民法典第 685 条第(1)款规定,若在从事管理行为时管理人无意要求偿还,则管理人不享有请求权。这构成权利不存在的抗辩(CA Karlsruhe 18 May 2004, FamRZ 2004, 1870, 1871),管理人因此不享有费用偿还请求权(民法典第 683 条)和得利移交请求权(民法典第 684 条),对此法官必须依职权加以考虑。因为法律并未规定赔偿请求权与报酬请求权,民法典第 685 条第(1)款对此也未作明确规定。虽然放弃的意思不必明确地表示出来,但这一意思对于第三人而言必须是清楚的;证明责任由本人承担。管理人无意从其认为是本人的某个特定的人那里获得偿还的意思,并不自动排除事实上的本人的责任(Palandt [- Sprau], BGB[63], § 685, nos. 1 - 2, § 686, no. 2)。民法典第 685 条第(2)款规定了推定(BGH 5 November 1997, NJW 1998, 978, 979),即直系亲属之间不负有法定义务却支付扶养费用的,推定为具有赠与的意思(除非本人对相反的事实加以证明)。不过,这仅仅涉及与直接的收款人之间的关系(例如,爷爷对孙子进行抚养,因为其儿子不支付抚养费;其向儿子进行追偿的权利不受影响)。

2. 根据爱沙尼亚 LOA 第 1023 条第(3)款或者希腊民法典第 738 条,若管理人在从事管理行为时没有要求费用偿还或损害赔偿的意思,则管理人同样不享有请求权。这一规则被解释是适用了禁止行为自相矛盾的原则(venire contra factum proprium)(Georgiades and Stathopoulos [-Papanikolaou], art.738, no.1)。从具体情形推断出管理人(译注:原文为"本人",应为笔误)不具有要求偿还的意思,就够了——例如,儿子保护父亲免受第三人的袭击,并因此自己受伤(Papanikolaou, loc. cit. no.2)。民法典第738条第(2)款加入了一项解释性的规则,即这一规则也适用于兄弟姐妹之间,这比德国民法典第685条第(2)款的适用范围更广。除这一点之外,希腊民法典第738条第(2)款与德国民法典第685条第(2)款是相同的。根据希腊法,本人同样必须证明管理人的行为系出于赠与的意思;只有在民法典第738条第(2)款的范围内,才必须由管理人来证明其提供扶养时不具有赠与的意思(Papanikolaou, loc. cit. no.6-7)。

3. 葡萄牙民法典中并无与德国民法典第685条第(2)款、爱沙尼亚LOA第1023条第(3)款或者希腊民法典第738条相似的规定;葡萄牙民法典也没有对不负有义务但为亲属提供扶养的情形设置特殊的规则。有人建议对此加以规定(Vaz Serra, Gestão de negócios, 228, 278 et seq.),但没有获得法典的采纳。判例法似乎也没有接受"管理人行为的意图系以赠与的方式移转财产"这样的抗辩(STJ 29 February 2000, CJ(ST) Ⅷ[2000-1] 116)。

4. 奥地利民法典同样没有提及赠与的意思这样的抗辩事由。学说(与第Ⅴ-3:104条第(1)款相反)认为赠与的意思仅能涉及费用,从而不适用于其他请求权(Meissel, GoA, 82)。代他人履行扶养义务应适用民法典第1042条——该条属于不当得利法的一部分(Schwimann [-Apathy], ABGB V^2, § 1042 no.5)。行为人支付抚养费的,被推定为并非意在由此免除债务人的债务(Rummel [-Rummel], ABGB I^3, § 1042 no.6)。

5. 在法国,管理人具有赠与的意思是否一定就导致不构成无因管理,仍存在疑问;判例法尚未完全解决这一问题。Douchy, La notion de quasi-contrat en droit positif français, no.46 p.112-113认为行为人从事行为时具有赠与意思的,其行为不构成无因管理。不过,多数说倾向于认为这种慷慨的意思(intention libérale)仅仅是管理意思(intention de gérer)的一种特殊的行善助人的形式,从而与无因管理可以相容(JClCiv [-Bout], art.1372 à 1375, fasc.10, no.39)。不过,赠与的意思意味着管理人放弃了其对本人的(全部)请求权。赠与的意思产生免除债务(remise de dette)的要约,若本人接受这一要约的话,将导致完全不成立无因管理(Bout, loc. cit. fasc.20, no.48)。无论是事先同意还是事后接受(在后一场合以追认(ratification)的方式),都将导致成立合同(Bout, loc. cit., fasc.10 nos.40-41)。在这些情形以外,并不推定存在慷慨的意思,而是必须加以证明(CA Paris 14 October 1997, JurisData 1997-023144)。在比利时,管理人具有慷慨的意思(intention libérale)时原则上导致不构成无因管理关系(Stijns/Van Gerven/Wéry, JT 1996, 689 no.17)。相反,这种情形被认为是一种赠与。和法国一样,在比利时,慷慨的意思也必须加以证明(B. H. Verb. [-Roodhooft], Ⅱ.5, p.15 no.2236-2237)。

6. 在西班牙,不具有赠与的意思同样被认为是无因管理的一项(消极)要件。要根据这一因素来界定管理人:其行为既不具有谋利的意思,也不具有赠与的意思(Puig Brutau, Compendio II, 599)。具有赠与意思的话,将导致不成立费用偿还请求权,因为在这种场合其行为自始不构成无因管理(TS 15 June 1925,这一案例被Pasquau Liaño, La gestión de negocios ajenos, 158以及TS 2 February 1954, RAJ 1954 no.322 p.198所引用)。不过,有关无因管理的民法典第1894条规定,若"陌生人"在不知道扶养义务人时为他人提供扶养费,该陌生人享有费用偿还请求权,除非确认其在提供扶养时是"出于慈善的原因"并且不具有要求偿还的意思。若管理人与本人之间存在血亲关系,则证明责任倒置(TS 25 September 1968, RAJ 1968 (2) no. 3959 p. 2657)。最后,纳瓦拉省Foral law的Ley 560对赠与的意思这一抗辩事由作了详细的规定。根据该法,本人的责任原则上(即并不仅仅涉及扶养费的支付)以"管理人的行为并非出于慷慨"为要件。若管理人与本人之间存在亲属关系的话,推定管理人具有慷慨的意思(Sánchez Jordán, Gestión de negocios, 318)。

7. 在意大利法中,纯粹慷慨赠与的情形(判例认为在这种情形不具备管理他人事务的意思(animus negotia aliena gerendi)这一要件,参见Cass. 29 March 2001, no. 4623, Riv. Notariato 2001, 1423)与管理人从事行为时无意要求偿还费用从而行为具有赠与意思的情形之间存在细微的差别。要求获得费用偿还被认为并非无因管理的必要要件(Aru, Gestione d' affari, 14-15)。在这一背景下,在家庭成员之间支付扶养费的场合,是认定为纯粹赠与还是认定为无因管理存在困难,如何认定的问题仍有一部分未被解决;详见Cass. 17 July 1969, no. 2636, Foro it. 1970, I, 260 with note Pisu, Foro it. 1971, I, 713。

8. 在荷兰民法典的发展过程中,第Ⅴ-3:104条所涉及的问题完全没有被讨论到;从而民法典并未对这一问题作出规定。不过,在上诉法院的判例法中,慷慨的因素一再地导致基于无因管理提出的请求被驳回,驳回的理由有时是管理人的行为必须具有由本人承担责任与费用的意思(例如CFI Roermond 15 April 1915, NedJur 1915, p. 992; CFI Amsterdam 4 April 1939, NedJur 1939, no. 628 p. 978; CFI Haarlem 8 January 1954, NedJur 1954, no. 615 p. 1143)。这一说理遭到了评论家的批评,因为具有慷慨的意思并不必然导致管理人免负一般应负的义务,例如继续管理的义务。相反,这些情形事实上只是导致有必要防止管理人行为前后矛盾(*venire contra factum proprium*)(Verburg, De vrijwillige zaakwaarneming, nos. 60-62, p. 90-92)。最近的判例法认为,行为人为非婚同居的另一方的利益而从事的情谊行为不能构成无因管理(CFI s' Gravenhage 28 February 2001, LJN-number AB1265, www.rechtspraak.nl)。

9. 在苏格兰法中同样也是,"若管理人的行为具有赠与的意思,则不成立费用偿还请求权"(Leslie, Jur. Rev. 1983, 33)。若管理人是本人的近亲属,则推定其具有赠与的意思(Stair [-Whitty], The Laws of Scotland, XV, paras. 95 and 116)。

10. 与第Ⅴ-3:104条第(1)款相一致,瑞典的学说认为,管理人的行为具有赠与意思的,管理人既不享有报酬请求权,也不享有费用偿还请求权(Hellner, Om obehörig vinst, 362)。此种行为不过是情谊行为(Håstad, Tjänster utan uppdrag, 68)。

11. 当存在普通法所承认的代理关系(不论是基于协议、紧急情况或追认)或寄托关系时,管理人权利的范围将取决于法律关系的内容。此时,若管理人的慷慨意思形成得太晚,从而无助于事先确定法律关系的内容,则管理人针对本人所享有的权利将受到权利放弃原则与禁反言原则的限制。行为时具有赠与意思的其他的管理人,在免费提供服务与利益的范围内,都不享有任何权利。行为人对某个欠缺完全行为能力之人进行扶养时,如果无意获得偿还,则不享有偿还请求权,对此予以确认的权威判例参见Wentworth v. Tubb (1841) 1 Y & C CC 171 at 174, 62 ER 840 at 842 (Knight Bruce VC); Re Rhodes (1890) 44 Ch. D 94, 102(Kay J认为:支出费用之人既没有在受益人去世之前要求偿还费用,也没有花心思去记下所支出的各笔费用,从这种情形可以推断,行为人没有要求偿还费用的意思)以及该案的上诉审(维持原判)loc. cit. at 106 (Cotton LJ), 107 (Lindley LJ说:"要想产生费用偿还的债务关系,支出费用之人在支出这些费用时必须具有要求获得偿还的意思"), 103-104 and 108 (Lopes LJ);并参见Carter v. Beard (1839) 10 Sim 7 at 8, 59 ER 514 at 515 (Shadwell VC),这一判决如果正确的话(尽管Cotton und Lopes LJJ在Re

Rhodes loc. cit., 103提出了质疑),可以作这样的解释:这里存在一种"赠与行为",原告对此无意要求获得偿还。排除恢复原状请求权的原因在于:本人之所以就其所获得的利益对陌生人例外地承担恢复原状义务,是因为无因管理必然导致利益的失衡,正是这种利益失衡使得管理人享有恢复原状请求权;管理人自主地同意由本人获得利益,就导致管理人不再基于上述原因享有回复原状请求权。事实上法院所持的立场比这更为严格:若管理人因为意在通过其他途径获得费用偿还或利益返还,从而无意向受益人主张回复原状,则管理人不享有恢复原状请求权。参见如Wentworth v. Tubb, loc. cit.(若行为人本来是想向第三人要求偿还,则行为人就其向某个欠缺完全行为能力之人提供的生活必需品不享有偿还请求权);Shallcross v. Wright (1850) 12 Beav 558, 50 ER 1174 (Lord Langdale MR),该案中,法官认为,医生之所以为病人提供医疗救治,并非基于其与病人之间的合同,而是期望能够根据病人的遗赠获得其遗产,从而,医生不享有报酬请求权。不过,后一判例还有一些问题,这尤其是因为,其涉及医生与律师就其所提供的专业服务不享有法定的报酬请求权这一观点(Chorley v. Bolcott (1791) 4 T. R. 317, 100 ER 1040),这一观点曾经广泛存在,但现在已经过时了;并且,在不存在合同关系而自主提供服务但期待获得报酬的场合,基于推定信托与财产禁反言的原则,承认行为人享有报酬请求权。在根据Road Traffic Act 1988第157、158条就道路交通事故后所提供的医疗救治要求偿还费用时,必须在救治时提出,或者在7天之内以书面形式提出。行为人在救治时暂时无意要求偿还的,这一规则实际上可能产生排除其请求权的效果,但是这一规则的目的大概并非如此,其所涉及的是驾驶人或所有权人的保险人所应承担的责任及其清偿。

Ⅱ.基于公平减轻责任

12.德国民法典中没有与第Ⅴ－3:104条第(2)款相似的规则。不过,在一起案件中,某个汽车司机躲开一个骑着自行车突然出现在机动车车道上的人并因此严重受伤,但是这个骑自行车的人不应对这一事故承担责任,德国联邦最高普通法院将汽车司机的赔偿数额减少50%,其理由是类推适用海商法中有关共同海损的规则;该案被认为是双方面临共同危险的情形(BGH 27 November 1962, BGHZ 38, 270, 277)。许多细节问题则尚不清楚。大多数的学者强调,有关公平的考虑对损害赔偿有着重要影响。由此,在适当的范围内也应对社会保险机制为救助人提供的利益加以考虑(Palandt [－Sprau], BGB[63], § 683, no.9; RGRK [－Steffen], BGB[12], § 683, no. 11; MünchKomm [－Seiler], BGB[3], § 683, no.20)。在"自己事务亦为他人事务"(即,在为维护他人利益而管理事务的同时,也谋取自身利益)的场合,管理人原则上仅有权就其维护他人利益的管理行为的份额获得相应费用的偿还(Sprau, loc. cit. no.8)。若无法根据这种方式来确定份额,则起决定作用的是责任、利益与收益的比重(BGH 15 December 1954, BGHZ 16, 12, 16; BGH 18 September 1986, BGHZ 98, 235, 242; BGH 8 March 1990, BGHZ 110, 313)。

13.爱沙尼亚LOA第1025条第(1)款第(ii)项规定,管理人的雇主或委托人以及管理人的社会保障或健康保险的保险人对管理人所受损失负有赔偿义务的,管理人不得要求本人进行赔偿。

14.在葡萄牙法中,管理人对本人所能请求的损害赔偿的减少,似乎还没讨论到。学者似乎只是承认(针对相反的情形),若管理人以其过失助成了本人所受损害的扩大,则可以适用民法典第570条(侵权法所规定的责任减轻条款)(Antunes Varela, Obrigações em Geral I[10], p.468, fn.2)。

15.在奥地利,判例法(OGH 24 August 1995, SZ 68/142)和学说(Meissel, GoA, 190)都强调,根据民法典第967条第2句,应当进行"适当赔偿"。进行紧急救助的管理人是否以及在何种范围内有权获得此种适当赔偿,取决于个案的具体情况。应予考虑的因素包括:在本人所面临的危险与管理人所遭受的危险之间进行权衡；管理人所受损害的类型和范围；（若有的话）管理人对于危险情况的发生所起的作用；以及管理人的经济能力（参见 Fitz, Risikozurechnung, 100）。危险与损害之间的比例相当性，要从事后的角度去判断（Rummel [-Reischauer], ABGB II[2], § 1306a no. 12）。原则上也应考虑所存在的保险（Reischauer, loc. cit. § 1310 no. 9）。不过，给紧急救助人提供的社会保险并不使本人免除债务，因此，事故保险人对本人可能享有追偿权（OGH 24 August 1995, SZ 68/142）。其前提可能是，保险所需的资金完全来自于雇主缴纳的保费。

16. 比利时、法国与卢森堡的民法典并未规定基于公平减轻本人的责任。对于这一问题，学说也没有表达意见。马耳他也是如此。

17. 西班牙民法典第1890条第(2)款仅仅规定了一项涉及管理人损害赔偿责任的责任减轻规则——并不涉及本人的损害赔偿责任。考虑到合同法的一般规则可以适用于本人的责任，由此可以预计，民法典第1103条所规定的一般规则同样可以适用。因此，债权人有过失的场合，可以由法院根据个案的具体情形来减轻责任，从而债权人可请求赔偿的数额相应减少（例如 TS 18 July 1994, RAJ 1994 (4) no. 6446 p. 8274 以及 TS 29 November 1993, RAJ 1993 (5) no. 9145 p. 11800）。对于上述"本人的责任也同样可以减轻"的假设（以及可以减轻责任的具体情形），似乎并无判例法加以证实。

18. 意大利的情况和西班牙一样。民法典第2030条第(2)款仅仅涉及管理人的责任；法律没有对此处所涉及的这种相反的情形作出规定。

19. 荷兰民法典第6:200条第(1)款结合第6:109条不但允许减轻责任，而且也允许减少管理人所能请求的赔偿数额。一个典型的例子是，在努力救助他人的过程中管理人自己受到伤害（T. M. Parlementaire Geschiedenis VI, 795; MvA II, Parlementaire Geschiedenis VI, 449-450; Schoordijk, Het algemeen gedeelte van het verbintenissenrecht naar het nieuw BW, 279）。

20. 在苏格兰法中，并不存在以公平为由减轻责任。

21. 在丹麦（Lov om arbejdskadesikring § 4 Nr. 3 and 4 [Labour Insurance Employment Accidents Act of 20 May 1992 no. 390]；关于此前的法律参见 HD 8 February 1961, UfR 1961, 344）以及芬兰（Lag om skadestånd för olycksfall vid räddning av människoliv § 1 [Act on Damages for Accidents by Saving Another Person's Life of 12 April 1935]），在事故发生后提供救助的救助人受到法定保险的保障（详见 Karnov and Hansen [-Preben/RasmussenKolbjørn], Arbejdsskadesikringsloven § 2 no. 11）。与之相反，瑞典的 Employment Accidents Act [lag om arbetsskadeförsäkring] 仅仅适用于雇员。保险人（由公法加以规范）无权向侵权人进行追偿（General Insurance Act [lag om allmän försäkring] 第20章第7条第(2)款；详见 Wendel, Sweden, in Magnus (ed.), The Impact of Social Security Law on Tort Law, 183），这似乎意味着，保险人也不能向本人进行追偿。

22. 英格兰法并未在私法中对责任减轻的问题规定任何一般性的司法裁量权，虽然在原告寻求衡平法救济时，涉及裁量因素（包括对被告所面临的穷困进行考量）的原则可以用来减轻责任。

示例1来自于 CFI, s-Gravenhage 28 February 2001, LJN-number AB1265, www.rechtspraak.nl；示例3来自于 BGH 6 December 1962, BGHZ 38, 302；示例5来自于 Carmarthenshire County Council v. Lewis [1955] AC 549；示例6来自于 BGH 19 May 1969, BGHZ 52, 115。

第Ⅴ-3:105条 第三人对本人的清偿或偿还义务

管理人的行为保护本人免受损害的，本应根据第六卷就此种损害的发生向本人承担责任的人，有义务清偿本人对管理人所负的责任，或就本人向管理人所负的责任向本人进行偿还。

评 论

本规则的目的。第Ⅴ-3:105条涉及的情形是，管理人防止了损害的发生，如果发生这种损害的话，第三人将要根据有关造成他人损害的非合同责任的一般法（第六卷）向本人承担责任。换句话说，管理行为防止了给本人的人身或其他利益可能造成的损害。但是，管理行为给管理人造成了损失：例如，发生了费用，或者遭受了损害。若本人就此种损失应向管理人承担责任，在责任的范围内，本人有权向第三人进行追偿。第三人不能因为他人（即管理人）防止了损害事件的发生而免除责任。因而，本人无须证明，本人对管理人所承担的责任构成与第三人有关的"法律意义上的损害"；本人也无须证明，就此种损害（这事实上属于纯粹经济损失）而言，已经具备了第六卷所规定的其他的责任构成要件（因果关系与可归责性）。

示例1

一群恶棍将一艘拴在码头边的帆船解开，这艘帆船就要漂走。另一艘帆船的所有权人开足马力去追上它，但是在驶回码头时损坏了自己的发动机。在这一案件中，那艘正要漂走的帆船的所有权人可以被视为受益人（本人）。从而，第二艘帆船的所有权人就修复发动机所需的费用享有损害赔偿请求权。反过来，根据第Ⅴ-3:105条，本人对这群恶棍享有获得救济的权利，但是本人要承担查实这群恶棍的身份的风险，以及在胜诉后这群恶棍不具有支付能力的风险。不过，第Ⅴ-3:105条至少为本人排除了下面的麻烦：法院可能认为管理人的管理行为对于造成他人损害的非合同责任而言构成"新的介入行为"（*novus actus interveniens*），或者，基于有关造成他人损害的非合同责任的法律所提出的追偿之诉可能会由于其他原因而败诉。

示例2

不知出于什么原因，某个初学走路的孩子走出了托儿所，跑到了马路上。为了避免撞上这个突然出现在机动车前面的孩子，A紧急拐弯，于是发生了事故，A由此受伤。这个孩子并未受伤。A原则上根据第Ⅴ-3:103条（损害赔偿请求权）对这个孩子享有赔偿请求权。不过，若A对托儿所享有损害赔偿请求权的话，在这种赔偿的范围内，A对孩子所能请求的赔偿数额将根据第Ⅴ-3:104条（管理人请求权金额的减少或请求权的排除）第（2）款予以减少。A是否对托儿所享有损害赔偿请求权,要根据有关造成他人损害的非合同责任的一般法来判断。若A不享有这种损害赔偿请求权,那么,如果这个孩子被A的汽车撞伤则托儿所将要对这个孩子承担责任的话,这个孩子就将根据第Ⅴ-3:105条对托儿所享有追偿权。

根据无因管理法所享有的权利,以及在有关造成他人损害的非合同责任的法律中享有的权利。从而,本条是基于管理人对本人享有直接的救济,将查明真正侵权人的负担转移给了本人来承担。这给管理人提供了必要的保护,这种保护与管理人行善助人却遭受损害的事实是相适应的,因为,应就管理人所受损害最终承担责任的人没有能力承担赔偿责任的风险,应当由本人来承担,而不是由管理人来承担。

侵权人与管理人。应对危险承担责任的人,即潜在的侵权人,有可能就是救助人本人,而不是其他的人。如前所述,给他人造成了伤害然后又着手对所造成的损害进行补救的人,其行为对于受害人而言不构成无因管理,因为,根据有关造成他人损害的非合同责任的法律规则,造成损害发生的人就其不法造成的损害对受害人负有赔偿的义务。其对损害"进行补救"的行为,属于履行其在私法上对受害人所负的义务,从而被第Ⅴ-1:103条(被排除在适用范围以外的行为)第(a)项排除在无因管理的适用范围之外。

注　释

1. 在各个法律体系中很少讨论到本条所涉及的问题。即使讨论到了,通常也仅限于救助者是否对侵权人享有直接请求权的问题,答案通常是肯定的。参见西班牙民事诉讼法第113条;关于荷兰法参见Asser(-Hartkamp), Verbintenissenrecht III[11], no. 312 p. 321-322;关于丹麦和瑞典法参见Andersson, Skyddsändamål och adekvans, 437 et seq.(虽然就此问题也讨论到了保险的处理,有保险的话追偿的问题通常就变得无关紧要);关于英格兰法参见Carmarthenshire County Council v. Lewis [1955] AC 549,并参见道路交通法第158条第(4)款,根据该款,汽车驾驶人就道路交通事故中给伤者提供的医疗救治应承担责任的,是侵权行为中责任人所应赔偿的损害。关于英格兰法还应注意的是,伤者因第三人的侵权行为而受伤的,免费为伤者提供必要照顾的人可以(基于损害赔偿的信托)向伤者请求支付所提供服务的价值或者请求偿还差旅费用,如果伤者对侵权人提起诉讼并就这些费用获得了损害赔偿的话:参见Hunt v. Severs [1994] 2 AC 350(不过,在该案中,服务是由侵权行为人本人所提供的,因而这一原则并不适用于该案),该案确认了Cunningham v. Harrison [1973] QB 942, 952A-C (Lord Denning MR)。苏格兰法在司法行政令1982第8条中也作了类似的规定(明确限制于亲属之间)(伤者负有说明的义务)。

2. 奥地利法似乎是在侵权法中处理本人是否享有追偿权的问题。应予赔偿的损害也包括受害人为了避免损害扩大而支出的费用(Koziol, Haftpflichtrecht I[3], no. 2/66 p. 53)。此外,向第三人承担债务同样也可以被界定为损害(Koziol loc. cit.; OGH 10 October 1979, SZ 52/146)。关于救助人向引发危险的人所能主张的权利,详见Koziol loc. cit. no. 8/43, p. 261。

3. 法国和比利时的学术著作同样没有讨论第Ⅴ-3:105条所涉的问题。不过,就处理结果而言,本人根据侵权法对侵权行为人(如果实际发生了损害的话,将要承担责任的第三人)享有独立的请求权,似乎是不言自明的。就本人应向管理人所支付的损害赔偿,本人可以向侵权行为人主张。CAA Lyon 22 September 1993, RTD civ. 1994, 101, obs. Mestre 涉及的是在劫匪武装抢劫了商店之后某个顾客对劫匪进行追捕,其中一名劫匪扔掉了赃物,另外一名劫匪则向该顾客开枪并将之打伤。法国最高法院支持了顾客基于无因管理向商店老板提出的损害赔偿请求(Cass. civ. 26 January 1988, Bull. Civ. 1988, I, no. 25 p. 16; JCP 1989 éd. G, no. 21217, obs. Dagorne - Labbe; RTD civ. 1988, 539, obs. Mestre; D. 1989 Jur., 405, note Martin)。其后,里昂行政上诉法院(CAA Lyon)支持了商店老板的保险人对国家提出的追偿之诉。法院认为,该顾客属于"提供公共服务的义工"(*collaborateur bénévole d'un service public*),国家对其要承担严格责任。关于比利时法,Cass. 30 November 1977, Pas. belge 1978, I, 351 判决认为,受害人依靠第三人所提供的紧急救助来生存的,即使这种救助是免费提供的,提供这种救助所需的费用也属于受害人可以根据侵权法请求赔偿的损害。并且,(无偿进行无因管理的)管理人受伤的,可以对事故责任人直接提起诉讼(Cass. 6 November 2001, Pas. belge 2001, 1790, conclusions du Jardin; 详见 Lindenbergh, TPR 2002, no. 27 p. 1437 - 1438)。

4. 关于西班牙法,应当注意的是民法典第1729条。根据该条,委托人应向(有合同关系的)受托人赔偿其因从事委托行为所遭受的全部损害和损失。若第三人应对此种损害的发生承担责任,则委托人有权向第三人进行追偿(Paz - Ares/Diez - Picazo/Bercovitz/Salvador [- Górdillo Cañas], Código Civil II, 1575)。将该条相应地适用于无因管理的案件,确实是有可能的。

5. 至于意大利法,Sirena, Gestione di affari, 291 - 292 主张,救助人也可以被视为维护侵权行为人利益的管理人,这就使得案件涉及两个本人(受害人与侵权行为人),至少在救助人所提供的救助超出了其依法所负的义务时是如此。在内部关系上,获得救助的人有权对侵权行为人进行追偿。可以追偿的内容包括其(受害人)应偿付给管理人的一切。

示例2来自于 Carmarthenshire County Council v. Lewis [1955] AC 549。

第Ⅴ-3:106条　管理人作为本人的代理人的权限

(1)在可合理地期待将维护本人利益的范围内,管理人可以作为本人的代理人订立合同或从事其他法律行为。

(2)不过,管理人作为本人的代理人从事单方法律行为的,若单方法律行为所针对的人无不合理迟延地加以拒绝,则该行为不生效力。

评　论

A. 与第三人的关系

三种不同的情形。当涉及第三人时,需要在法律上区分三种情形,虽然在日常生活中这三种情形非常相似。首先,在第一种情形中,某人想进行无因管理,但是——例如因为欠缺必要的专业技能——将无因管理的实际工作交给了其他人来完成,例如某个雇员或者某个独立的承揽人。第二种基本情形是,某人(A)只不过是提醒另外一个人(B)说,本人(C)正处在危险之中或者正因为其他原因而需要帮助,A让B来决定是否为维护C的利益而进行管理。最后,在第三种基本情形中,A同样找到了B,但是与B订立了合同(或者对B作出了某种单方法律行为),不过是以C的代理人的身份(例如,以C的名义,或者以其他的某种方式表明其所要影响的是C的法律地位),但又缺乏C的授权。第Ⅴ-3:106条涉及的仅仅是这三种情形中的最后一种。

以管理人自己的名义而不是以本人的代理人的身份订立合同。在上述第一种情形中(A以其自己的名义与B订立合同,虽然其目的是维护C的利益),只有A才是无因管理人。接受委托之人(在所给的例子中,是A的雇员或者某个独立的承揽人)并不满足第Ⅴ-1:101条(为维护他人利益而管理)(详见第Ⅴ-1:103条(被排除在适用范围以外的行为)第(c)项)所规定的要件,从而不是无因管理人——在与受益人的关系中也是如此。就此而言,如果A与B之间的合同被订成一个真正的利益第三人的合同、赋予C以对B的请求权,结果也是如此。若合同被订成一个真正的利益第三人的合同,也只不过是为B不能适用无因管理法提供了进一步的理由,这正是第Ⅴ-1:103条第(a)项的规定。不过,尽管使用了他人来履行债务,管理人(对B进行委托之人)对本人当然仍负有债务。

不订立合同的情况下涉及第三人。对于第二种情形,也无须作进一步的规定;在这一情形中,某人知道本人正面临危险,将这一情况告知第三人(第三人同样原则上是一方独立的当事人),并且由第三人来决定是否进行管理。若第三人进行了无因管理,则我们所面临的是两种不同的管理措施(一种是提醒第三人进行管理,另一种是第三人实际采取危险防范措施),从而,存在相互间完全独立的两个管理人,以及相互独立的两个无因管理行为。

作为本人的代理人订立合同。最后,第三个问题是,管理人是否可以以本人的名义与第三人订立合同。这一问题由第Ⅴ-3:106条第(1)款来处理,并且给予了肯定的回答。若管理人是在适当地维护本人的利益,则管理人可以作为本人的代理人与第三人订立合同,此外,在这种情形下,只有订立合同的那个人(A)才是管理人,第三人(B)不是管理人,因为B将根据其与本人(C)之间的有效的合同来为本人(C)提供服务。

B. 管理人的代理权

法律政策的考量。关于是否应当赋予管理人以法定代理权的问题,欧洲的各个法域意见不一。在比利法、法国与卢森堡,民法典第1375条规定了这种权利。在意大利,如果无因管理是"有益的"的话,管理人也享有这种权利(民法典第2031条)。同样,在荷兰,管理人"在由此将适当地维护本人利益的范围内,被授予以本人的名义订立合同的权限"(荷兰民法典第6:201条)。与之不同,在欧洲大陆的所有其他法律体系中,若不存在约定的委托或代理权,且本人事后也不加以追认(*ratificação*),则适法管理的管理人以本人的名义从事行为的,其属于无权代理人,尽管只有葡萄牙的法典中(民法典第471条第1句结合民法典第268条)对此作了明确规定。第Ⅴ-3:106条第(1)款的基本思想是,此种法定授权并不会给本人带来不合理的负担,但与此同时适当地兼顾到了本人和第三人的利益。管理人与第三人订立合同,但不是以本人的代理人的身份的,管理人也有权要求本人清偿债务和偿还费用(第Ⅴ-3:101条(债务清偿请求权或费用偿还请求权))。因而,本人必须要承受由此产生的经济后果:也就是说,对于管理人要支付给第三人的金额,本人必须要偿还给管理人。从而,是否让本人负担直接向第三人履行的义务,从经济的角度来看并没有什么差别。本人的地位绝不会因此而受到削弱。另一方面,若管理人在法定的授权范围内从事行为的话,管理人将从其与第三人所订的合同中解放出来。由此,第三人必须对本人提起诉讼。这样就重新分配了破产的风险。而这种重新分配似乎既是妥当的,也是必要的,因为第三人知道管理人是作为本人的代理人在从事行为(参见第Ⅱ-6:105条(代理人的行为何时影响被代理人的法律地位)),从而可以自由决定是否接受与本人订立合同的要约。

与第二卷中有关代理的规则之间的关系。第二卷第六章中有关代理的规则并不仅限于代理权源于意定授权的场合。"代理权可由被代理人授予,或由法律授予"(第Ⅱ-6:103条(授权)第(1)款)。(与之不同,《欧洲合同法原则》第三章中,有关代理的规则并不适用于法定授权的代理人(《欧洲合同法原则》第3:101条第(2)款)。无因管理正是法定授予代理权的一种情形。第Ⅴ-3:106条本身授予管理人以代理权,弥补了约定授予代理权的欠缺。有关代理的规则中的一般要件(第Ⅱ-6:105条(代理人的行为何时影响被代理人的法律地位))仍然应当适用,即为了对本人的法律地位产生影响,管理人的行为必须是以本人的名义,或者以其他的某种方式向第三人表明其所要影响的是本人的法律地位。若法律行为系以管理人自己的名义,并且没有向第三人表明其意在使法律行为对本人产生约束力,则该法律行为在与第三人的关系中仅能对管理人产生约束力(第Ⅱ-6:106条(以自己的名义从事的代理))。若管理人是以本人的名义从事行为,但是超出了第Ⅴ-3:106条所规定的授权范围,则要适用第Ⅱ-6:107条(行为人声称系代理人但缺乏代理权)。

所涉及的法律行为。第Ⅴ-3:106条(管理人作为本人的代理人的权限)第(1)款涉及所有类型的法律行为。特别是,其并不限于以要约、承诺的方式订立合同;其也涉及本人意思的单方表示(如解除的通知)。不过,第Ⅴ-3:106条第(2)款为单方行为设置了特殊的规则。不言自明(从而未作明确规定)的是,具有严格人身属性的行为不得进行代理(参见第Ⅴ-1:101条(为维护他人利益而管理)下的评论B)。就如第Ⅴ-1:101条下评论B中已经强调的,管理人是否以及在何种范围内能够代为提起诉讼,是程序法的问题,此处不作判断。

"在可合理地期待将维护本人利益的范围内"。当然,只有在符合本卷第一章所规定的一般要件时,才有可能构成管理人对本人的有效代理。并且,第Ⅴ-3:106条第(1)款要求管理人所选择的行为,即作为本人的代理人提出一项要约或者作出其他的意思表示，必须可合理地期待将维护本人的利益。就如从一般规则中已经能够推断出来的那样，原则上，只有为了维持某种危险情况不再恶化，管理人所缔结的合同才是适当的。此外，第Ⅴ-3:106条要求，必须可合理地期待使本人向第三人负担义务将会维护本人的利益。在合同委托的代理人为维护本人利益而在具体情况下不得不超越合同所规定的授权范围时，也适用这一点。

示例

B（本人）是一位著名的公众人物，以虚构的身份访问另一座城市。A知道，B正患有一种脑部疾病，因为合理地担心影响到其事业，B一直向公众隐瞒其病情。并且，B也有合理的理由要向公众隐瞒其在这一城市的行踪。突然，B急需在一个旅馆房间内待几个小时。A为其预订了这个旅馆房间。无法合理地期待，以B的名义订立这一合同的话，会符合B的利益。

C. 单方行为（第(2)款）

对第三人的保护。关于管理人作为本人的代理人所从事的单方行为，需要补充规定一项规则，以保护第三人。这就是第Ⅴ-3:106条第(2)款。与为了订立合同而发出的普通要约不同，对于解除合同的通知，或者撤销合同的通知，或者中断时效期间的措施，或者行使选择权的通知，或者是与之相当的、管理人可以以本人名义实施的其他任何意思表示，第三人不能简单地置之不理。这些意思表示如果有效的话，本身就将使法律关系发生改变。从而，必须给予第三人某种确定性。因此，第(2)款规定，第三人可以拒绝管理人以本人的名义所实施的单方法律行为，如果第三人无不合理迟延地加以拒绝的话。第Ⅴ-1:101条（为维护他人利益而管理）就有效的无因管理所规定的构成要件是否已经具备，（从而管理人是否具备了第Ⅴ-3:106条第(1)款所规定的代理权，）在很短的时间内可能还弄不清楚，让第三人来承担这种风险是不公平的。

注　释

1. 如前所述，对于管理人的权限是否也包括以本人的名义即代理本人从事行为的问题，欧洲各法域分为两派。捷克、爱沙尼亚、德国、匈牙利和波兰的法律对这一问题给予了否定的回答。除非特殊的成文法规则作了相反的规定——在有关紧急救援的法律中偶尔能找到这种规则——否则，管理人既不能使其所从事的法律行为直接对本人产生约束力，也不能以本人的名义处分本人的财产。若管理人从事这样的行为，则构成无权代理（BGH 4 October 1977, BGHZ 69, 323, 327; BGH 4 May 1955, BGHZ 17, 181, 188; BGH 8 July 1953, LM § 683 no. 2）。不过，在例外的场合，若本人所负义务的履行涉及至关重要的公共利益，管理人代本人履行这一义务（德国民法典第679条），则本人可能负有追认的义务（BGH 9 February 1951, NJW 1951, 398, obiter）。除此之外，管理人只能依靠其对本人所享有的债务清偿请求权（Münch-Komm [-Seiler], BGB[3], Pref. to § 677, no. 6

and § 683, no. 27; Staudinger [- Wittmann], BGB[13], Pref. to § § 677 et seq., no. 60; RGRK [- Steffen], BGB[12], Pref. to § 677, no. 83;持相反见解的仅有 Baur, JZ 1952, 328)。

2. 同样,希腊法仅仅给管理人规定了在内部关系上即在与本人的关系中所承担的义务,没有规定其享有代理权。管理人以本人的名义所从事的法律行为,要适用有关无权代理的规则。因此,只有在本人根据民法典第229条及以下加以追认后,这种法律行为才能发生效力(Georgiades/Stathopoulos [- Papanikolaou], Pref. to arts. 730 - 740, no. 13; ErmAK [- Sakketas], art. 737, no. 13)。

3. 葡萄牙民法典第471条同样排除了管理人的代理权(详见 Menezes Leitão, Responsabilidade do gestor, 210)。尽管如此,在管理人以本人的名义与第三人订立合同(从而构成"从事代理行为的管理"(gestão representativa))的场合,民法典第471条指向了民法典第268条,根据该条,只有在本人加以追认之后,这种合同才具有约束力。第三人的法律地位相对较弱。根据民法典第260条第(1)款,第三人要保护其利益免受合同无效的损害,唯一可能的途径通常是要求缔约的对方当事人就其代理权提供证据(参见 CA Evora 1 June 1999, CJ XXIV [1993 - 3] 270)。并且,根据民法典第268条第(4)款,若第三人并不知道管理人的行为不具有代理权,则第三人只是享有撤销权。

4. 同样,奥地利法的基本出发点也是管理人并非本人的代理人(Schwimann [- Apathy], ABGB V[2], § 1035 no. 4; Rummel [- Rummel], ABGB I[3], § 1035 no. 2, Meissel, GoA, 73)。无因管理法仅仅规范管理人与本人之间的内部关系(OGH 17 May 1950, SZ 23/159)。

5. 相比之下,法国、比利时和卢森堡的情况完全不同。在这三个国家,代理权的产生被认为是无因管理的法定后果(JClCiv [- Bout], art. 1372 á 1375, fasc. 20 no. 90; De Page, Droit Civil Belge II[3], no. 1090 p. 1153)。要使法律行为对本人产生约束力,管理人只要表明自己是在进行无因管理,并且表明其行为是以本人的名义,就够了(Cass. civ. 14 January 1959, D. 1959 Jur. 106; RTD civ. 1959, 334, note Henri and Léon Mazeaud)。当然,第三人可以将管理人自己也同样受到约束作为缔结合同的条件(Cass. civ. 14 January 1959 loc. cit.)。在这种场合,第三人既对管理人也对本人享有权利(Starck/Roland/Boyer, Droit Civil. Les Obligations, II[6], no. 2172 p. 762)。并且,管理人也可能根据侵权法向第三人承担责任——例如,若管理人就本人的清偿能力作了错误陈述的话(Planiol/Ripert [- Esmein/Radouant/Gabolde], Droit civil français Ⅶ[2], no. 732 p. 19)。管理人的代理权限可能会超出受托人所能享有的代理权限,因为管理人还可以给欠缺完全行为能力的本人设立合同债务(Bout, loc. cit. no. 93; Paulus, Zaakwaarneming, no. 100 p. 57 - 58)。

6. 虽然西班牙民法典第1893条仅仅规定,"物的所有权人或事务的本人对为维护其利益而发生的债务承担义务",学说认为,管理人既可以以其自己的名义从事行为,也可以以本人的名义从事行为。在后一场合,本人将直接对第三人承担责任(Pasquau Liaño, La gestión de negocios ajenos, 198; Sánchez Jordán, Gestión de negocios, 603; Lacruz Berdejo, Rev. Crít. Der. Inm. 1975, 267; Albaladejo [- Santos Briz], Código Civil y compilaciones forales, XXIV, 67)。当然,必须具备合法无因管理的一般要件(民法典第1892、1893条)。若不具备一般要件(例如,因为管理行为不具备有益性,或者因为本人对管理行为未予追认),那么,按照某些学者所提出的观点,根据民法典第1259条,合同并非无效,而是对管理人产生约束力(Lacruz Berdejo loc. cit.; Sánchez Jordán, loc. cit. 606)。不过,在法典中很难找到支持这一观点的词句。最后,似乎有必要援引民法典第1259条,根据该条,行为人既未被授予代理权也不享有法定代理权时,以他人的名义所订立的合同将是无效的,除非缔约时所称的被代理人“在合同对方当事人撤销合同之前对合同予以追认”。Lacruz, Elementos II (1), 524 认为,之所以规定对方当事人可以撤销合同,正是针对管理人以他人名义订立合同的情形。在合同被追认之前,合同效力未定;若在合同被追认之前第三人撤销合同,则合同不生效力。在这种场合,管理人也不用承担责任。

7. 在意大利法中,管理人甚至可以订立需要具备形式要件的合同(Cass. 20 March 1995, no. 3225, Foro it. 1996, I, 203, note F. Loria)。几乎毫无争议的是,管理人被赋予了法定的代理权限,这使得管理人可以以本人的名义从事行为,相应的负担由本人承受(似乎只有 Biondo, Foro it. 1954, I, 98 提出了相反的意见)。法定代理权来自于民法典第 2031 条的规定,并且其内容既包括作出负担债务的约定,也包括从事权利处分的行为(Breccia, La gestione d' affari[2], 893)。

8. 在荷兰法中,管理人既可以以其自己的名义,也可以以本人的名义订立合同(T. M. Parlementaire Geschiedenis VI, 790; Asser [-Hartkamp], Verbintenissenrecht III[11], no. 295, p. 309; Schrage, Verbintenissen uit andere bron dan onrechtmatige daad of overeenkomst, no. 5, p. 5)。民法典第 6:201 条明确规定了以他人名义从事行为的权限。在管理人以本人的名义所从事的行为适当地维护了本人利益的范围内,其所订立的合同直接使本人享有权利、承担义务。民法典第 3:78 条规定适用委托法中的某些规定,具体的内容规定在民法典第 3:60 条及以下各条(T. M. Parlementaire Geschiedenis VI, 797 et seq.; Hartkamp loc. cit. no. 305, p. 316-317; Vriesendorp, Verbintenissen uit de wet en schadevergoeding, no. 283, p. 269-270)。并参见 CFI Arnhem 19 May 2004, LJN-number AP6938, www. rechtspraak. nl。

9. 苏格兰法是否赋予了管理人以代理权的问题,似乎仍不明确。虽然可以认为 SMT Sales & Services Co. Ltd. v. Motor and General Finance Co. Ltd. 1954 SLT (Sh. Ct.) 107(该案中,警察是管理人,委派了一家汽车抛锚修理机构来对本人的汽车进行修理,其后,该修理机构就所产生的费用直接对本人提起诉讼,并胜诉)表明苏格兰法承认了此种代理权,但终究还没有明确的表述。这种直接请求权的法律依据是什么,仍然有争议(详见 Stair [-Whitty], The Laws of Scotland, XV, paras. 101 and 143)。

10. 在瑞典法中,似乎承认管理人可以代理本人中断诉讼时效(Håstad, Tjänster utan uppdrag, 275; Lindskog, Preskription[2], 298; 并参见 HD 11 October 1966, NJA 1966, 489, 该案中,诉讼时效的中断未被承认,是基于事实的原因,而非基于法律规则的原因)。行为人以其自己的名义从事行为的,原则上也自行承担义务(在“稻草人”的场合存在例外)。Håstad, loc. cit. 230 et seq. 在对各方当事人的保护进行了详细讨论之后提出的观点是,若管理人以自己的名义从事行为将对本人享有追偿权的话,应当赋予管理人以代理权。不过,目前尚无判例法明确采纳这一思路。然而,(在原有的商法典第 18 章第 10 条以外,)最近通过的某些成文法规则已经允许行为人以他人的名义从事行为,例如合同法第 24 条(虽然破产宣告原则上将中止所有的代理权,但是,在委任破产管理人之前,为保护本人财产而进行紧急代理的权限仍然有效:Grönfors, Avtalslagen[3], 155);海商法典第 6 章第 8 条[sjölag](涉及船长为保护船舶、乘客及货物而订立合同的权限,所订立的合同对船舶所有权人具有约束力);1986 年 9 月 15 日第 636 号的代理法第 8 条[lag om kommission](在本人利益需要的情况下,行纪人超出其受托范围从事行为的权限);代理法第 48 条(在合同到期之前行纪人采取特定保护措施的权利与义务);婚姻法第 6 章第 4 条[äktenskapsbalk](配偶之间的紧急代理权)。关于丹麦法,并参见 HD 12 November 1917, UfR 1918, 42 以及 HD 12 November 1917, UfR 1918, 45 (航运公司对提单持有人的紧急代理权)。

11. 在这一领域,普通法所运用的主要是紧急代理制度,而严格意义上的代理制度以代理权为前提、以改变被代理人相对于第三人的法律地位为目标,因此,英格兰法承认在适当的场合(即交易是必要的且符合被代理人的最大利益的场合)紧急代理人有权订立直接约束被代理人的合同,就不足为奇。参见如 Wolff v. Horncastle (1798) 1 Bos & Pul 316 at 323, 126 ER 924 at 928 (被代理人将货物通过海上运输运往他处,并指令其代理人将提单送交给被告,以便被告能够为货物购买保险;被告拒绝接受提单;代理人购买了保险并通知了被代理人;所签订的保险合同是有效的,即使代理人的行为未获追认,被代理人也应支付保费)。实际上,英格兰法认为,当存在进行管理的必要时,代理人也负有从事交易行为的义务:参见如 Metcalfe v. Britannia Ironworks Co (1876) 1 QBD 613, 626(Cockburn CJ 认为,若货物已被损坏,且无法以合理的费用将加以修复,并且若继续运输的话货物将继续变质,则代理人负有将货物卖掉的义务)。可能变质的货物若未被取走的话,货物的占有人或承运人在必要的时候可以将货物卖掉:Sims v. Midland Railway Co. Ltd. [1913] 1 KB 103, 并对比 Springer v. Great Western Railway Co. [1921] 1 KB 257。在紧急情况下(例如,为了筹款对受损的船舶进行大修;要支付港口税费;要支付已经发生的修理费;要支付船员的工资;或者,船主尚未履行对其他债权人所负的债务,债权人有权将船舶滞留在港或者扣押船舶,于是,要向债权人进行清偿),为了确保接下来的航程的安全,船长可以以被代理人的名义进行贷款,并且若必要的话可以在被代理人享有所有权的船舶上就贷款为债权人设立担保,就此存在大量的权威判例不足为奇:Corset v. Husely (1689) Comb 135, 90 ER 389; Watkinson v. Bernadiston (1726) 2 P Wms 367, 367-368, 24 ER 769 (Jekyll MR); Hayman v. Molton (1803) 5 Esp. 65 at 67, 170 ER 739 at 739-740 (Lord Ellenborough CJ); Hussey v. Christie (1808) 9 East 426 at 432, 103 ER 636 (Lord Ellenborough CJ); Arthur v. Barton (1840) 6M&W138, 143-144, 151 ER 355 (Lord Abinger CB); The Lord Cochrane (1844) 2 W Rob 320, at 166 ER 775 (Dr Lushington); Beldon v. Campbell (1851) 6 Exch 886, 889-890, 155 ER 805 (Parke B)(不过,在该案中,法院不认为有进行代理的必要); The Royal Arch (1857) Swab 269 at 275, 166 ER 1131 at 1135 (Dr Lushington); The Karnak (1867-69) LR 2 A & E 289, 300 (Sir Robert Phillimore)。并参见爱尔兰的 The Staffordshire (1871) 25 LT (N. S.) 137, 140 (Townsend J)一案,Smith v. Bank of New South Wales (1871-73) LR 4 PC 194 对该案给予肯定。在其他的场合,若对被代理人所负的贷款提供担保,在个案的具体情况下最符合被代理人的利益,则也适用同样的规则:Robinson v. Lyall (1819) 7 Price 592, 146 ER 1071. Cf. Miller & Co. v. Potter, Wilson & Co. (1875) 3 R 105, 111 (Lord Gifford),该案对苏格兰法中的相应规则作了详细说明("船舶停留在国外的某个港口,船主没有能与其雇主或船舶的所有权人取得联系的通讯工具,但又不得不对船舶进行修理或者补给,此时,船主有权委托他人进行必要的修理或者补给,并且为由此给雇主或船舶所有权人设立的债务提供担保……")。在这一案件中,有法官指出(loc. cit., 111 (Lord Gifford) and 115 (Lord Justice-Clerk Moncrieff)),只有当无法获得无担保的贷款时,船主才具有设立担保物权的权限。就此并参见 The Gaetano and Maria (1882) 7 PD 137(不过,该案中,上诉法院认为不能适用英格兰法)。这种限制是否正当,可能存在疑问。这一限制是基于"无担保的贷款可能会更加合算"这样的假设,但这一假设可能与事实相左(附有担保的贷款降低了贷款人的潜在风险,这种贷款可能会享受更低的利率,虽说这种好处可能会被更高的交易费用所抵销)。更为妥当的观点应当是,对所处具体情形中是否确实有必要为贷款设定担保,进行更为灵活的判断。同样,在确实必要的场合,船主有权以被代理人的名义订立海难救助合同:The Renpor (1883) 8 PD 115; The Unique Mariner [1978] 1 Lloyd's Rep 438。在形势非常严峻时,船主甚至有权将船舶卖掉:参见如 The Victor (1865) 13 L. T. (N. S.) 21 (Dr Lushington),该案中,船长无法获得贷款,甚至无法对船舶进行临时的修理,而船舶又有可能被债权人扣押,并且无论如何情况都在一天天地恶化,此时,船长将船舶进行了公开拍卖;并参见 The Australia (1859) 13 Moore PC 132, 15 ER 50(该案中,船长无力支付对船舶进行修理的费用,又无法轻易地获得附担保的贷款,不进行修理的话又无法继续进行航行,并且船舶修理的费用可能已经超出了船舶本身的价值)。并参见 Read v. Bonham (1821) 3 Brod & B 147, 129 ER 1238,该案中,即使在获得附担保的贷款之后,船长也没有足够的资金来进行所必需的重大修理,虽然 Richardson J 提出的少数意见认为,没有必要将船舶卖掉,因为船长本可以用货物来作进一步的担保,从而尚未穷尽为修理获得贷款的全部机会;Idle v. Royal Exchange Assurance Co (1819) 8 Taunt 755 at 772, 129 ER 577 at 584 (Dallas CJ); Freeman v. East India Co. (1822) 5 B & Ald 617 at 621, 106 ER 1316 at 1318 (Bayley J); Robertson v. Clarke (1824) 1 Bing 445, 450, 130 ER 179 (Lord Gifford CJ)(该案中,所预估的修理费超出了船舶本身的价值); Hunter v. Parker (1840) 7 M & W 322 at 342, 151 ER 789, (Parke B)(不过,该案中,法官认为,被代理人已经进行了追认,所以,代理人是否因必要性而具有权限的问题,无须加以回答); The Segredo (1853) 1 Spinks Ecc & Ad 36 at 46 –47, 164 ER 22 at 28 (Dr Lushington)(不过,该案中没能证明存在紧急代理的必要性); The Glasgow (1856) Swab 145, 166 ER 1065 (Dr Lushington); The Victor, loc. cit. (Dr Lushington)。不过,如上述权威判例所表明的,法院对这一观点说得多,用得少,并且,似乎只有在极端的情况下,采取这种重大措施才是合法的:Hayman v. Molton (1803) 5 Esp. 65 at 67 –68, 170 ER 739 at 740(Lord Ellenborough CJ 指出,"极为必要"这一点并未得到证实);The Lord Cochrane, loc. cit., 334 –335 (781)(Dr Lushington 说:"非常极端")。否认代理人有权将船舶卖掉的判例实际上似乎无足轻重。在 Johnson v. Shippen (1703) 2 Ld Raym 982 at 984, 92 ER 154 at 155 一案中 Holt CJ 宣称,船长可以将船舶进行抵押,但不得将船舶卖掉,这一观点在 Idle v. Royal Exchange Assurance Co., loc. cit., 771 (584)一案中受到了 Dallas CJ 的反对,其理由是,在那个案件中,将船舶予以抵押就足够了,从而没有必要将船舶卖掉,因此船长也就没有将船舶卖掉的权力。同样,对于 Lord Ellenborough CJ 在 Reid v. Darby (1808) 10 East 143 at 157, 103 ER 730 at 735 所提出的主张也可予以批评,因为其是基于 Johnson v. Shippen, loc. cit. 中法官的意见,而在 Reid v. Darby 一案中,无论船长是否具有将船舶卖掉的权限,买卖都是无效的,因为所有权的转让不具备法定的形式要件。此外,Dallas CJ 在 Idle v. Royal Exchange Assurance Co. (1819) 8 Taunt 755 at 773, 129 ER 577 at 584 中认为,Reid v. Darby 一案中进行紧急管理的必要性并未得到证实——这也是对该案判决的一种解释,不过,法院的判决中并没有明确引用这种解释。同样,船长在紧急情况下有权将全部或部分货物用于设定担保,这对货物的所有权人具有约束力:The Gratitudine (1801) 3 C. Rob 240 at 263, 165 ER 450 at 458 (Sir W. Scott); Freeman v. East India Co., loc. cit. at 621 (1318) (Bayley J)。并参见 Miller & Co. v. Potter, Wilson & Co., loc. cit., 111 (Lord Gifford),该案阐述了苏格兰法的相应规则。同样,若在具体的情形中将货物卖掉是妥当的,则船长有权将货物卖掉:Australasian Steam Navigation Co. v. Morse (1871 –73) LR 4 PC 222, 228 (Sir Montague Smith)(因为船舶发生事故,船上装载的羊毛被弄湿,又无法在港口将之烘干并储藏,从而只能卖掉)。并参见 The Gratitudine, loc. cit., 259 (457)(Sir W. Scott 举的例子是,货物即将变质,无法继续运输); Freeman v. East India Co, loc. cit. at 621 (1318)

(Bayley J举的是同一个例子), at 622 – 623 (1318)(Holroyd J举了相同的例子,又另外举了一个例子,即,将货物卖掉一部分,以便获得继续运输剩余货物的费用); Atkinson v. Stephens (1852) 7 Ex 567, 155 ER 1074 at 574 (1077) per Martin B and 576 – 577 (1078) per Pollock CB (将货物卖掉一部分,是获得资金以对船舶进行必要修理的合法途径)。同样,在紧急情况下,船长有权委托他人对货物进行抢救(Hingston v. Wendt (1875 – 76) 1 QBD 367, 371 (Blackburn J); China Pacific SA v. Food Corp. of India (The Winson) [1982] AC 939),有权将货物寄存在他人处(在货物所有权人与寄托人之间设定寄托关系)(China Pacific SA v. Food Corp. of India, loc. cit.),或者委托其他代理人(例如,在与海难救助人之间发生纠纷时,委托律师)来维护货物所有权人的利益(The Soblomsten (1865 – 67) LR 1 A & E 293, 299 – 300 (Dr Lushington))。在所有这些案件中,管理人是否具有进行交易并使之对被代理人产生约束力的权限,取决于是否具备必要性这一基本要件。因此,所借入的资金或者所购入的物品必须是必要的(Gunn v. Roberts (1873 – 74) LR 9 CP 331, 335(Brett J指出,根据谨慎行为的一般进程来看确实是必要的)并且被运用于必要的目的或必要的支出项目(The Karnak, loc. cit., 300 (Sir Robert Phillimore))。若已经有了资金(如被代理人已经为这一目的提供了资金),或者可以从其他(更为有利的)途径获得资金,则不能通过(附担保的)贷款的方式来获得资金:参见Soares v. Rahn (1838) 3 Moore PC 1 at 9, 13 ER 1 at 4 (Dr Lushington代表枢密院); The Hebe (1843) 2 WRob 146 at 150 – 151, 166 ER 710 at 712(可以从被代理人的债务人那里获得清偿); Smith v. Bank of New South Wales (1872) LR 4 PC 194, 202(Mellish LJ代表枢密院,但说得很含蓄); Gunn v. Roberts loc. cit., 333 and 337 (Brett J),并参见The Lochiel (1843) 2WRob 34 at 48, 166 ER 668 at 673 (Dr Lushington)。同样,所从事的交易行为必须与所要处理的问题相称。除非已经作了合理的努力来安排后续的运输但未能成功,或者没有足够的财力来继续进行运输,或者所需的费用将超出货物本身的价值因而继续运输并不合算,或者在运输途中货物不断变质从而将丧失其剩余的价值,否则,船长无权将货物卖掉:参见Hunter v. Prinsep (1808) 10 East 378, 394 – 395 (Lord Ellenborough CJ), 103 ER 818; Atlantic Mutual Insurance Co. v. Huth (1880 – 81) 16 Ch. D 474, 481 (Cotton LJ),在该案中,船长没有想办法委托海难救助人来进行救援,也没有去为救援寻找资金。相应的,如果可以用合理的费用将船舶予以修复,并且也具有修理所需的资金或者可以以合适的条件获得资金,则船长不得将受损的船舶卖掉:Somes v. Sugrue (1830) 4 Car & P 276 at 283 – 284, 172 ER 703 at 706 (Tindal CJ); The Segredo, loc. cit., 48 (28 – 29) and 55 (32) (Dr Lushington)。若代理人在对其所面临的处境进行评估时行事谨慎、妥当,并且得出结论认为在该情形下从事相应的交易是有必要的,即使后来发现并非完全必要——例如因为,尽管所有的情况都表明船舶已经无法以合理的费用加以修复,实际上却并非如此,从而将船舶卖掉并不是必要的——也不能对其加以非难,由此造成的损失代理人也不用向被代理人承担责任:Robertson v. Caruthers (1819) 2 Stark 571 at 572, 171 ER 739 (Abbott LCJ); Lindsay v. Leathley (1863) 3 F & F 902 at 937, 176 ER 410 at 427 (Cockburn CJ)。根据成文法(在其生效之后),管理人从事管理行为、对某个人进行照顾和治疗的,若能合理地相信这个人欠缺行为能力,并且合理地相信这符合所照顾的这个人的最大利益,则可以用这个人的存款作担保或者将其所有并占有的资金用于支出相关的费用:心智能力法2005第8条第(1)款。

第六卷

造成他人损害的非合同责任

第一章　基本规定

第Ⅵ－1:101条　基本规则

(1)遭受具有法律相关性的损害的人,得要求故意或者过失造成该损害或者因其他事由对该损害之发生负有责任者赔偿。

(2)非因故意或者过失造成具有法律相关性的损害的,仅在第三章(归责)有规定的情况下方对损害之发生负责。

评　论

A. 一般方法

基本规则概览。第(1)款包括了对非合同责任的基本要素的总结。它赋予本卷所有其他示范规则以效力,这些规则没有一条自身是完整的。这在第Ⅵ－1:103条第(1)款(适用范围)中得到表述。本条和对已发生之损害的赔偿相关,而第Ⅵ－1:102条(预防)则涉及预防性法律保护以及对某人为了防止临近损害的发生而支付的费用的赔偿。本条第(2)款表述了第(1)款中基本规则的要素之一。它表达的情况是:造成损害之人(加害人)尽管行为非常正确,但仍要负责的情形。在这些情形中,经常只有一定类型的损失被视为是具有法律相关性的损害——特别是人身伤害和财产损害。通过这么规定,第(2)款指向了第三章第二节(没有故意或过失的归责)中的特殊规则。

术语:"tort" 和 "delict"。选择"总成他人损害的非合同责任"(在下文中常缩略为"非合同责任")这一表述而非"tort"或"delict"很容易解释。在示范规则的表述中,早期曾决定尝试使用一种描述性的语言而非来自特定法系的技术术语。这些技术术语经常带有特定历史发展所不期望的残留及非期待的概念上的预设,部分基于这些理由,这些术语非常难以翻译。例如,"Delict"带有不当行为的暗示,有时是故意的不当行为甚至是犯罪行为。"Tort"一词根据其起源也暗示不当行为。正如刚才已经解释的,本卷并不限于不当行为。而且"tort"和"tortious" 与英国法不可分地纠缠在一起,而"Delict"或其在其他语言中的相应词汇在不同的法系也有不同的含义。"Tort"一词很短,但可惜的是,这也是它唯一的长处。尽管有些不情愿,但为了妥适以及可译性(在其最可能宽泛的意义上)不得不牺牲简洁。其他被考虑的术语(如"民事责任")仅凭自身,以及在没有共同理解的背景下作为新的工具使用时,无法将法律的这一分支和私法的其他分支充分地区分开来。这些评述和示范规则本身是相关的。在评论和注释中,"tort"这一术语经常是出于方便而使用的,并且在提及现有制度时,它也是最适当的术语。

其他术语。本卷中经常使用的一些其他术语在定义目录中得到了界定。"损害"一词有着宽泛的意义。它意味着任何类型的不利影响,因而包括了损失和伤害。就本卷的目的而言,并非所有的损害都是具有法律相关性的损害。"具有法律相关性的损害"作为一个核心术语的含义下文将进行解释。"请求"是基于对权利的主张而要求某事。"请求人"(claimant)是提出请求或有利于提出请求的人。"请求"和"请求人"并不以法律诉讼为前提。本卷关注的是非合同的损害赔偿责任的实体法。大多数赔偿请求(reparation claims)都不是法律诉讼的主题。基于这一理由,并基于它们只是特定法律体系下的技术术语,诸如"原告"(plaintiff)、"起诉人"(苏格兰,pursuer)、"被告"这些术语在本卷的示范规则中不再使用。(不过,再次说明,在提及既有法律并且在适当的情形,评论和注释中仍经常使用这些术语。)其他核心术语("经济和非经济损失"、"赔偿(reparation)"、"金钱赔偿(compensation)"、"人(person)"),和"具有法律相关性的损害"一样,将在下文讨论。最后"受害人"这一术语经常是作为遭受任何类型损害的人的缩略方式在评论和注释中使用的,并不限于遭受人身伤害之人。类似地,"加害人"这一术语意指造成任何类型损害或对之负责之人,他也不限于造成人身伤害之人。

受害人的视角。第(1)款是按权利这一术语规定的,因而是从受害人的视角做出的规范。这一方法较大多数现行法所采用的更直接,后者是从加害人的视角来构造的。进而,在这里所选择的范式中,应对损害责任居于这一法律部门的核心这一观念给予更明确的表述。最后,这一范式强调了举证责任的分配,即原则上受害人必须提出并证明所有用于确立诉请的事实。

经济损失和非经济损失。"具有法律相关性的损害"包括经济损失和非经济损失,以及某些情形下的伤害自身。更详细的内容参见第Ⅵ-2:101条(具有法律相关性的损害)第(1)款。

损害和赔偿。基本规则在具有法律相关性的损害概念和对该损害的赔偿之间作出了区分。归责理由(故意、过失以及对危险源负责)在第三章中阐述。它们和具有法律相关性的损害相关(特别是参见第Ⅵ-3:101条(故意)和第Ⅵ-3:102条(过失)),具有法律相关性的损害就其自身而言可能采用了伤害或损失的形式(第Ⅵ-2:101条(具有法律相关性的损害的含义)中对之做了更详细的阐释)。有关这一点的细节可以在第二章中找到。赔偿的形式和数额以及(在侵害分配给多个当事人的利益的情形)应获得赔偿的人的问题由第六章调整。第Ⅵ-4:101条第(2)款([因果关系]一般规则)澄清了下述问题,即在人身伤亡的情形下,受害人的特殊体质应被忽略,即使加害人无法预见这一点。

赔偿和金钱赔偿。“赔偿”这一术语从属类上看包括了所有法律救济，这些救济服务于弥补已经发生的损害的功能。“金钱赔偿”用于指称采取金钱支付这一特殊形式的赔偿。因而“金钱赔偿”仅是“赔偿”的一种特殊情形。

归责事由。本条以一项规范将故意责任、过失责任和不以负责人的故意或过失为条件的责任归纳到一起。“归责事由”这一表述现在及之后是作为一项涵盖性术语来使用的，它既包括了对故意或过失造成损害的责任，也包括了对危险源负责的责任。采用不可反驳的过失推定的责任形式从体系上仍属于过失责任领域。当然，在该情形下，过失无须再证明，因而实际上即使负责的人无过错，但如果不能证明其无过错，仍会产生责任。不过，法律制度的规范如此构造责任，以致在这种情况下过失被视为是自明的，除非能证明相反情况。

归责事由和因果关系。该范式也明确了下面一点，即使没有过失存在，但是负责之人仍应承担责任时，通常不能认为负责之人造成了损害。相反，就损害的原因可归责于该人。一个事例就是，在雇主要对其一名雇员造成的损害承担替代责任，但他并未违反监督雇员的义务时，不能认为是该名雇主造成了损害；而是雇员造成了该损害。严格来说，因果关系要件会在两种不同的背景中出现：它连接了（1）故意或过失行为和具有法律相关性的损害，他也连接了（2）危险源——依据法律（也即没有故意或过失）可归责于某人和因该危险的实现而发生的损害。这就是第（1）款第（2）项之规定的原因（“或者因其他事由应对该损害的发生负责”）。在后一背景下，对造成损害的事件的责任特别源自某人（如已给出的例子、雇员）的行为或处于负责之人的（表面）控制之下的物或动物。在某人的行为或物内在的风险实现和遭受的损害之间必须存在因果联系这一点在第三章第二节和第四章的规定中会重复出现。

不作为。对积极行为的责任和不作为责任之间的明确区分并未被纳入进来，因为这是不必要的。这些情形在过失的层面或因果关系的层面基本都无法区分开来（详细阐述参见对第Ⅵ－3:102条（过失）和第4:101条（[因果关系]一般规则）的评论）。而且，不作为也会导致故意造成损害（关于这一点，参见对第Ⅵ－3:101条[故意]的评论）。此外，就无论行为是否尽到必要的注意标准仍施加的责任而言，以这种区分（即不作为和积极作为之间的区分）作为出发点也完全错失了这一责任形式的核心问题。它独立于负责之人的任何行为而适用。

举证责任。第Ⅵ－1:101条预设了一项基本规则，即由必需受害人提出，如果需要，还应证明存在赔偿权时必须满足的要件。这一关于举证责任的基本且不言自明的规则之例外在后面的条文中有特别提及。相较之下，应由加害人提出并证明存在抗辩事由。这一基本规则因而规定，任何一方必先提出，并在案件要求时，证明该方所发现的情况。这一基本规则并未在本条的明确表述中可以借由下述事实得到解释，即它不应限于非合同责任法；该原则具有一般适用性。

自然人和法人。在本文本谈及“某人”或“他人”或其同类词，或援引类似表述时，在没有明确指称其他内容(如第Ⅵ-2:201条(人身伤害及后继损失)、第Ⅵ-2:202条(因他人的人身伤害或死亡而第三人遭受的损失)和第Ⅵ-2:203条(对尊严、自由以及隐私的侵犯)所规定的那样)时,这些术语总是应被理解为意指自然人和法人。参见定义列表——"人"意指自然人和法人以及第Ⅵ-1:103条(适用范围)(b)项。

不包括公法下的责任。不过,因为履行公法职责而受到公法调整的自然人和法人的责任并未为本条所规范;参见第Ⅵ-7:103条(公法职责和法院诉讼)*。在第Ⅵ-5:201条(法律的授权)中,无论如何,若具有法律相关性的损害是由法律授权造成时,就会存在抗辩事由。

B. 基本规则如何操作

单一的诉因。根据本草案的观念,任何依据非合同责任法的赔偿诉请都必须满足第Ⅵ-1:101条(基本规则)第(1)款的要件,不存在任何例外。在每一案件中,都必须评估:(1)请求人遭受了具有法律相关性的损害;(2)存在一项和被提起诉请之人相关的归责事由;以及(3)损害是由一项作为或不作为引起的,对此被诉请之人基于过失、故意或对危险源的职责而应负责。

第Ⅵ-1:103条(a)项(适用范围)。此外,第Ⅵ-1:103条(a)项(适用范围)还澄清了这一点,即第Ⅵ-1:101条第(1)款必须总是和下面的条文结合起来读(这一规定未在第Ⅵ-1:101条中出现的理由纯粹是一项起草的问题:该规则也适用于第Ⅵ-1:102条(预防))。下面的条文特别提供了对下述概念的详细说明,包括"具有法律相关性的损害"(第2章)、"归责事由"(第3章)和"因果关系"(第4章)。第Ⅵ-1:103条(a)项也有助于在本卷下面的章节所建立的详尽的领域内巩固第Ⅵ-1:101条——特别是根据第Ⅴ-7章的规定。因而,下面条文中的每一条——首先是有关抗辩事由和责任后果的规定——仅在基本规则的框架内获得其效力。例如,某人恶意给他人造成损害的情况并不必然使该人因而承担赔偿的义务;该人总是可以不受限制地援引大量的抗辩事由之一,顺便提及,这些事由通常适用于所有三项归责事由(因而也适用于无故意或过失的责任)。

没有一般条款。第Ⅵ-1:101条第(1)款因而一方面清楚地成为了诉请的基础。另一方面,它并非是自足的,权利仅是借助于本规则范围之外的规定才源自于该条款,这一规则借助下面的条文才得以丰满并受到限制。换句话说,我们在这里规定的并非是严格意义上的一般条款,而是一项构成其要素之后应由更准确的内容来填充的条款。但这并未排除这样一种可能性,即和其他具有清晰边界的条款一起,下面的条文可能包含了有意使之开放并具有弹性的规则。第Ⅵ-2:101条(具有法律相关性的损害的含义)和第Ⅵ-4:101条([因果关系]一般规则)提供了这样的例子。

不存在超出下文规定之边界的责任。若责任在超出下面的条文所划定的边界之

---

* 原文误写为第7:202条。——译者注

外,就不可能基于第Ⅵ-1:101 条来支持这样的责任。

示例 1

H 在一停车场停放其友(F)的汽车时,损坏了 O 停放的汽车。为了确立基于第Ⅵ-1:101 条对 H 的诉请,O 必须证明:(1)他遭受了具有法律相关性的损害;(2)该损害可归责于 H;(3)H 故意或过失造成了该损害,或者可以以其他方式将损害的发生归责于他。这源自第Ⅵ-1:101 条第(1)款的表述。借助于第Ⅵ-1:103 条(a)项(适用范围),O 是否遭受具有法律相关性的损害应根据第Ⅵ-2:101 条第(1)款(a)项(具有法律相关性的损害的含义)并依据第Ⅵ-2:206 条(侵害财产造成的损失)予以评估(答案当然是肯定的)。有关归责问题(3088),第Ⅵ-1:103 条(a)项指向第Ⅵ-3:101 条(故意)或第Ⅵ-3:102 条(过失)。如果我们假设 H 并未意图造成损害,但如果他在停车时没有尽到必要的注意,仍可以证成可归责性。根据第Ⅵ-1:103 条(a)项,这一分析因而转向因果关系,也即第Ⅵ-4:101 条([因果关系]一般规则)。根据第Ⅵ-1:103 条(a)项,O 能够主张何种赔偿请求(以及赔偿额)的问题就由第六章,更准确地说,是由该章第二节的规定来回答的。

示例 2

如果假设(无论何种理由)H 的行为既无故意也无过失,解决方案仍基本遵循同样的方案。不过,在这一方案中,O 是否遭受了具有法律相关性的损害必须根据第Ⅵ-1:101 条第(2)款,并援引第Ⅵ-3:205 条*(机动车辆致害的归责)进行评估。答案是肯定的,因为这一情形和该规定(与第Ⅵ-2:206 条相比,第Ⅵ-3:206 条采用了更狭义的具有法律相关性的损害的概念)意义上的财产损害是相关的。最后,必须证明的是,损害以其他方式可归责于 H(基本规则的第(1)款)时,该问题必须根据第三章第二节(无故意或过失的归责)来检视。答案是否定的,因为 H 并非是汽车的"保有人"(第Ⅵ-3:208 条(控制与使用)**)。不过,如果诉请指向 F,因为对机动车造成的损害可归责于他,则该诉请可以成功。O 的请求额是否应予减少则是第 5:102 条第(4)款(与有过失与与有责任)的事情。

示例 3

事实同于示例 1,假如,H 停泊的仅是自己的车,但并非是办理她自己的事情,相反,旨在代表 F 的家庭进行购物,因为她是该家庭的保育员。争议的问题就是 F 先生和夫人的责任,二者在对 H 的监督上都无过失。对具有法律相关性的损害的检验和示例一一样。它遵循的是第Ⅵ-1:101 条第(2)款以及第Ⅵ-3:201 条(雇员和代表人造成损害的归责),因为后一条就具有法律相关性的损害的存在并未作出更细致的规定。F 先生和夫人并未造成损害(它是由 H 造成的),但是根据Ⅵ-1:101 条第(1)款(第 3 个选项:"因其他事由对该损害的发生负有责任的人")以及第Ⅵ-3:201 条,该事实并未排除责任。根据第Ⅵ-1:103 条(a)项以及第Ⅵ-6:105 条(连带责任),F 先生和夫人应共同承担责任。

---

* 原文误作了 3:206。——译者注

** 在正式文本中本条的标题是"抛弃"。——译者注

示例4

在一天外出狩猎时,J将其装有弹药的武器靠在了一棵树上,并在片刻时间内无人看护。A篡夺了对该武器的占有,并发射了一枪。X受到了致命伤,并当场死亡。对非合同责任的确认总是且无例外地从第1:101条第(1)款开始。X自身并未遭受具有法律相关性的损害(如果他是过了一段时间才死的,例如进入医院之后,情况就不同了:第Ⅵ-2:201条(人身伤害及后继损失))。X的遗属所遭受的具有法律相关性的损害由第Ⅵ-2:202条(因受害人的人身伤害或死亡而造成的第三人损失)来决定。至于可归责性,J违反了制定法在处理武器时所要求的注意义务,或者一般的注意义务(第Ⅵ-3:102条(过失))。在决定是否存在过失时,J的行为是被界定为是积极的作为(将装载有弹药的武器放置在无人看管的地方)还是不作为(没有监管装载有弹药的武器)并不是实质性的问题。不过,如果是A故意射杀X,而且J没有理由预想到该种不测事件会发生(第Ⅵ-1:103条(a)项以及第Ⅵ-4:101条([因果关系]一般规则),谋杀不能被视为是J的过失的结果),J就不对X的遗属就所遭受的损害承担责任。如果存在对武器的严格责任(参见第Ⅵ-3:207条(对具有法律相关性的损害的其他可归责性)),结果并无不同。在该情况下,因果关系的要素仍然是缺失的。

示例5

A在其土地上进行一项建筑工程,在一个特殊的场合,该工程产生了一小堆尘土,有一小撮落在了B的车上。B是A的邻居,B对于寻找一个带有洗车设施的车库所产生的费用并无赔偿请求权;因为该损害是微不足道的(第Ⅵ-1:103条(a)项以及第Ⅵ-6:102条(琐利不计规则))。如果这一事件重复发生并在长期之后可以预见有明显的尘土堆积,B就可以要求预防性的救济(第Ⅵ-1:102条(预防)以及第Ⅵ-6:301条(预防的一般规定)*)。根据情况,如果其他的停车位通常不可用时,甚至可以要求A支付一笔合理的费用,以防止汽车变得更脏(第Ⅵ-1:102条以及第Ⅵ-1:103条(a)项、第Ⅵ-2:206条(侵犯他人财产或合法占有所致的损失)和第Ⅵ-6:302条(对防止损害所致损失的责任))。

注 释

Ⅰ.概述

1.现在在表述上尚无能和第Ⅵ-1:101条准确对应的规定。第Ⅵ-1:101条的内容仍然是欧洲的共同财产。第Ⅵ-1:101条中所提出之范式的目的正式将这一共同内容纳入一个统一的概念和表述中。在法典以及北欧的损害赔偿法中,有关法律责任的基本规范大多数是从损害的责任人视角,而非受害人的视角进行规定的。它们努力在其表述中去基于过错的概念来运作。只有较新的立法在基本规范中包括了对严格责任的指引。在许多国家,这种责任是在法典外发展的,部分是基于判例法,部分是基于特殊立法。而且,普通法是基于大量的特殊侵权而非以基本规范为基础来发展的。

---

* 正式文本中本条的标题为"预防权"。——译者注

Ⅱ.既有基本规则的结构和表述

2.19 世纪的法典都普遍地使用了非常宽泛的原则。《拿破仑法典》(比利时、法国和卢森堡民法典)区分了*侵权*(délits,故意侵权)(民法典第 1382 条)和*准侵权*(过失实施的侵权)(民法典第 1383 条),但是这一区分在今天不再扮演主要角色。实质上,一项单一的法律规则,该规则由三个要素——*过错*、*损害*和*因果关系*——构成。马耳他亦同(民法典 1031~1033 条)。《西班牙民法典》(不过它仅适用于不构成犯罪的侵权行为:参见民法典第 1902 条)在单一条文中糅合了《拿破仑民法典》第 1382 条和第 1383 条(民法典第 1902 条)。《奥地利普通民法典》第 1295 条第(1)款的文本("任何人都有权要求过错造成损害的人予以赔偿;损害可以因违反合同义务引起,也可与合同无关系")在很大程度上也类似于《拿破仑民法典》。

3.中东欧国家的侵权法无例外地遵循了罗马法系的路径,因而原则上将自身限定于一般条款(捷克和斯洛伐克民法典第 420 条;《匈牙利民法典》第 339 条第(1)款;《波兰民法典》第 415 条;《斯洛文尼亚债法》第 131 条第(1)款)。

4.西欧国家在 20 世纪的法典更为限制地表述了它们的基本规范。《德国民法典》围绕着侵犯"绝对权"(民法典第 823 条第(1)款)、违反保护性制定法规定(民法典第 823 条第(2)款)以及故意背俗致损(第 826 条)来建构。《葡萄牙民法典》第 483 条第(1)款也采取类似的方式作为出发点。该规定集中于故意或过失侵犯权利的责任,以及相应的违反保护性制定法规定的规则。意大利的立法者以类似于法国或西班牙的宽泛方式制定了民法典第 2043 条,但是在民法典第 2043 条中,在"不法损害"这一概念中可以发现一项意大利的特质,它对判例法的发展有着强有力的影响。《荷兰民法典》第 6:162 条(根据 *Haanappel/Mackaay/Warendorf/Thomas*, Netherlands Business Legislation 一书的翻译)规定:"(1)对他人实施可归责于己的不法行为人,必须赔偿他人因此而遭受的损害。(2)除非存在正当事由,否则下述行为被视为不法:侵犯权利、违反与正当的社会行为相关的法律或不成文法规则施加之义务的作为或不作为。(3)如果不法行为可归因于不法行为人的过错或他依据法律或公认的原则应负责的原因,则该不法行为人要对实施该不法行为承担责任。"

5.波罗的海国家的立法方式有着显著的不同:《爱沙尼亚债法》第 1043 条这一基本规范("不法给他人(受害人)造成损害者(侵权人),如果侵权人对造成损害有过错,或者根据法律应对造成损害负责的,应赔偿该损害")明显受到德国法的影响。在《爱沙尼亚债法》第 1045 条第(1)款中,这一影响更为明显——该规定列举了最重要的造成损害的形式(造成死亡、人身伤害、健康损害、剥夺自由、侵犯人格权、侵犯所有权或类似权利或占有权、妨害人的经济或执业活动、违反法定义务的行为、故意违背善良风俗的行为)。和德国体系关键的区别在于,这一列举并非是穷尽的,它为进一步的发展留有了空间。立陶宛 2000 年 7 月 18 日的民法典在其第六卷的第 13 章规定了侵权法。出发点为该民法典第 6.246 条第(1)款,这一规定采用了不法性的概念,但是放弃了对侵权法保护的利益的明确列举。该民法典第 6.263 条第(1)款以一般条款的模式进行了规定。拉脱维亚 1938 年民法典(从 1992 年开始分阶段恢复效力)在第 1635 条中部分采用了罗曼法系一般条款的概念("每个侵权行为,也即每个不法行为自身,都赋予因此而遭受损害的人向侵害人请求赔偿的权利,如果后者被认为对该行为有过错"。)

6.在北欧法系中,"过错规则"承担了基本侵权法规范的功能。在丹麦,该规则构成普通法的一部分(*Vinding Kruse*, Erstatningsretten[5], 29)。相比之下,在芬兰和瑞典,该规则规定在了损害赔偿的制定法中(瑞典 1972 年 6 月 2 日的损害赔偿责任法第 2 章第 1 条规定:"故意或过失给人身或财产造成损害者,在本法没有其他规定的情况下,应当赔偿该损害"。)芬兰相应的文本(《损害赔偿责任法》第2章第1条第(1)款(*Skadeståndslag*)规定:"故意或过失给他人造成损害者,应当赔偿该损害,除非本法另有规定。")因而,可归责性要素(故意或过失)、损害及因果关系再次出现。这些限制部分与对纯粹经济损失的特殊处理相关,部分(更重要地)也与对可保风险的特殊处理相关。

7. 在现代普通法中,过失侵权属于责任法的核心,尽管它的起源较晚。它也由违反注意义务、损害和因果关系三个要素构成。若存在基于违反注意义务的责任,则在故意造成损害的情形,也必然存在责任。基于此,人们也可以进行诉讼。在和其他侵权的关系上,对过失侵权适用的实质领域的界分非常困难。不过英格兰和爱尔兰的侵权法迄至今日仍存在大量特殊的责任基础,而非基于单一的基本规则。爱尔兰法也区分了作为过错支柱的过失(或疏忽大意)和(独立的)过失侵权。根据最近的判例法,特别是根据最高法院的 *Glencar Explorations plc. v. Mayo County Council* (No. 2) [2002] 1 IR 84 和 *Fletcher v. Commissioners of Public Works* [2003] IESC 13, [2003] 1 IR 465 几则判例,爱尔兰法原则上也采用了与在英格兰法中居主导的相同的结构。

8. 过失概念也是苏格兰侵权法的核心特征。*Donoghue v. Stevenson* [1932] AC 562 这一裁决确立了它在(英格兰和苏格兰)现代法律中的意义,就是作为一则苏格兰的判例,它的影响对英格兰和苏格兰非合同损害责任的协调贡献良多。一般而言,以英格兰和爱尔兰的现代侵权法为一方,以苏格兰侵权法为另一方,二者间的差异已经趋于不重要(*von Bar*, Common European Law of Torts I, nos. 299-301 对此作了总结)。不过,二者间基本的体系性概念仍有不同。正如所有民法法系一样,苏格兰侵权法源自一项侵权责任的基本规范,而非源自多样并存的侵权行为,这些侵权行为基本独立于彼此。《塞浦路斯民事不法行为法》第51条第(1)款将过失定义为,在具体情境中一个理性的、谨慎的人不会做的行为或没有做具体情境中该人会做的行为而造成损害。

Ⅲ. 作为责任前提要件的不法性

9. 第Ⅵ-1:101条的表述并未使用不法性的概念,这在数个欧洲司法法域中都是施加侵权法上责任的必要条件。首先,《德国民法典》第823条第(1)款和以下条文中使用了这一概念,不法性是在过错或可归责性之间决定,而过错被视为是故意和过失的总括概念。不法性作为责任的具体要件,应当在检验过错之前予以考虑,它也在《葡萄牙民法典》第483条第(1)款("故意或过失违法侵害他人权利者")以及《荷兰民法典》第6:162条中得到明确要求。不过,《奥地利普通民法典》仅在一系列其他规定中提及"违法"(第1295条第(1)款);司法机关和主流法律观点因而赞同在奥地利的法律体系中,不法性是一项必要的独立的责任要素(*Koziol*, Haftpflichtrecht I^3, 138; 另参见 Rummel (-*Reischauer*), ABGB II^2, § 1294 nos. 6 ff)。《希腊民法典》第914条要求,如果要施加责任,行为必须构成"不法"行为。"不法性"在大多数情况下等同于更为宽泛的"不法性"的概念(*Stathopoulos*, Geniko Enochiko Dikaio A(1)^2, 257)。《匈牙利民法典》第339条第(1)款规定,如果某人不法对他人肇致损害,则应承担责任。这一表述并未导致该规定的适用范围限于侵害他人的"绝对权"或违反法律的情形。根据《爱沙尼亚债法》第1043条,责任的施加实际上取决于(也即在故意和过失责任的领域内)损害是否是"不法造成的"。关于这种存在的事态,债法典第1045条在细节上进行了澄清。《立陶宛民法典》第6.246条用一般术语将责任建立于"对法律或合同禁止的行为的履行(不法行为)"上。根据《拉脱维亚民法典》第1635条,"任何一个侵权行为,也即每个违法行为本身"都被视为足以确立责任,只要"侵害人……被认为对该行为负有过错”。

10. 根据意大利法的基本侵权规范(民法典第2043条),施加责任需要存在“不法损害”(*danno ingiusto*)。不法行为(*Fatti illeciti*)仅在民法典侵权法章节的开篇以及对他人(如对儿童[民法典第2048条]以及雇员[民法典第2049条])行为施加责任的条款中提及。如果能够提出抗辩,它就被称为“不法性的排除或不存在”(an *esclusione* or *assenza di antigiuridicità*)(对意大利和德国法的比较,参见 *Castronovo*, La nuova responsabilitá civile[3], 18-19, 21)。

11. 看起来不法性概念作为侵权责任的基本要素对普通法而言属于异类,尽管该概念可能被用于描述相当于侵权的行为(如在《1977年侵权(妨害动产)法》第1条中对“妨害[动产]”的定义)或侵犯权利的行为(也即和“不法性”可互换)(比较 *Mogul Steamship Co. Ltd. v. McGregor, Gow &Co.* (1889) 23 QBD 598, 612 (*Bowen* LJ))。不可否认的是,不法性的概念在早期判例法的附带意见中得到明确表达,将之等同于侵犯法定权利这一要件。考虑 Lushington 的附带意见,在 *Rogers v. Rajendro Dutt* (1860) 13 Moore PC 208, 15 ER 78(3093)一案中给出了枢密院的意见:“每个侵权之诉的基础[……]都是一项不法行为,而且在法律上适格作为伤害”;“对侵权之诉而言必要的是,受到诉请的行为根据具体情形对诉请人而言应当是法律上不法的;也即,它必须对诉请人的某项法定权利产生不利影响;它仅仅对某人的利益造成损害并不足够。”不过,这些陈述长期以来就为过失法的发展所赶超,后者取决于是否违反了注意义务并造成损害,而无须对被告的作为或不作为的性质作出特殊限定。妨害诉请人的财产(如侵入)的问题取决于财产权的边界或正当事由的存在(如合法授权),正如不法妨害他人的经济利益的侵权取决于所使用的手段的“不法性”一样,特殊的“不法”心态(如诽谤法中恶意的谎言或)是通过其自身与所涉及的侵权相关的特定术语来表达的。

12. 不法性概念对比利时、法国、卢森堡和马耳他法律而言也属陌生。同样地,《西班牙民法典》第1902条、《斯洛文尼亚债法典》第131条第(1)款和《斯洛伐克民法典》第420条以及北欧国家可适用的基本规范在施加责任时都没有采用这一要素(详尽的比较法分析,参见 *von Bar*, Common European Law of Torts II, nos. 211-219)。不过,在波兰,判例法和学理分析采用了下述观点,即如果某人不法地行为,才具有“过错”因而不法性要素或者被解读入民法典第415条中的过错的概念中,或者构成责任的一项独立要件(*Radwański and Olejniczak*, Zobowiözania - czę ś ć ogólna[5], 180-181)。

13. “不法性”的详细内容为何,如何确定以及在责任制度里它应具有何种意义都是未达成一致的问题,即使是在那些承认这一要件的法系里(*Koziol*, Unification of Tort Law: Wrongfulness, 129; *Weir*, [1999] CLJ 643-645)也是如此。唯一公认的就是,如果某人侵犯了强制性义务或法律体系上的禁令,就是为不法行为。不过,对该主张的进一步列举在相关的司法辖区也是变动的,并且是一项争议事项(例如,就波兰而言,以 *Radwański and Olejniczak*, Zobowiözania - czę ść ogólna[5], 184-185 为一方,以 *Wierciński*, Niemajötkowa ochrona czci, 145-149 为另一方),就像在这些司法辖区之间进行比较讨论一样。特别是,迄至今日,就不法性的裁判是应当主要源自造成消极“后果”这一事实仍未达成一致(这一观点偶尔还为德国[BGH 12 July 1996, NJW 1996, 3205, 3207]和希腊[A. P. 417/1974, NoB 22/1974, 1391; CA Athens 3114/1977, NoB 26/1978, 235]的法院所偏好;在匈牙利,不法性的问题涉及造成的损害,与侵犯绝对权倒不相关)。还是源自相关的行为没有满足应适用的法律体系中与注意义务相关的要件(后一观点主要在奥地利等的法律中居于主导[*Koziol*, Haftpflichtrecht I[3], 140])。根据在德国兴盛起来的“结果导向的”不法性观念，每个通过积极作为对《德国民法典》第823条第(1)款中列举的权利或受法律保护之利益的侵犯都自动引致不法性；实现了制定法规定之要素的行为"征引"了不法性(3094)(与企业的建立和运营相关的法律以及涉及对人格权的法律保护的一般法属于这一规则的例外)另一方面，根据相反的"行为导向的"理论，非故意地侵犯权利或受法律保护的利益，仅在行为人违反了相关的法律规定提出的特定的行为规范，或者行为人没有尽到避免损害发生所必需的合理注意(就学派而言，比较 Palandt (-*Thomas*), BGB[65], § 823 nos. 32 ff; 富有启发意义的是，*Larenz und Canaris*, Schuldrecht II(2)[13], § 75 II 3，它将其方法建立于区分直接和间接侵害他人权利或利益的基础上，尝试将两种相对的理论进行糅合；而且，在希腊采用了非常类似的方法，*Stathopoulos*, Geniko Enochiko Dikaio A (1)[2], 263; *Stathopoulos*, FS Larenz 1983, 631, 641; *Roussos*, EllDik 35/1994, 1492, 1494)时，才被视为违法。有关征引的或确定的不法性，援引正当事由旨在否定不法性。举证责任归属于被告，由其提出这一抗辩(Erman (-*Schiemann*), BGB I[10], § 823 no. 146)。

14. 类似地，在希腊，对落脚于其民法典中作为基本规范的第914条上的不法性要素的正确解释(深入的分析参见 *Eleftheriadou*, Die Haftung aus Verkehrspflichtverletzung im deutschen und griechischen Deliktsrecht, 60)也是个争议问题。依赖于《法国民法典》第1382条的示例，甚至对不法性是否确实是施加责任的一项前提条件产生争论(有关这一方面，主要参考 *Vavouskos*, I paraleipsis os simiogono gegonos eis ta adikimata tou Astikou Dikaiou, 61 ff, 83, 88 ff; *Vavouskos*, FS Michaelides-Nouaros I, 87 ff)。相比之下，学术文献中的主流观点将民法典第914条视为是一项"空白条款"(*Blankettnorm*)，这通过借助于法律体系中其他地方的概念和原则而得以具体化(*Deliyannis and Kornilakis*, Eidiko Enochiko Dikaio III, 131 ff; *Stathopoulos*, Geniko Enochiko Dikaio A(1)[2], 258 ff; *Deliyannis*, FS Michaelides-Nouaros I, 303, 310 ff)。行为违反法律体系的一般精神(*Deliyannis*, AID 15/1951-52, 153, 156 ff; A. P. 81/1991 EllDik 32/1991, 1215)或违反诚信义务(CA Athens 3114/1977, NoB 26/1978, 235)被认为足以(构成违法)。无须违反特定的制定法规定；简言之，如果某事物未被明确禁止，并不自动意味着它就得到允许(*Pouliadis*, Culpa in Contrahendo, 215; *Deliyannis*, AID 15/1951-52, 153, 165)。

15. 此外，在大量的法系里，不法性标准的意义尚待澄清。那些遵循不法性要件的司法辖区，明显也承认了相关的"正当事由"。在典型地侵犯绝对权或违反保护性法律而推断(征引)不法性的情形，这些事由有助于否定对不法性的发现。这些正当事由，就其大多数而言，都被解释为适用于所有类型的侵权性行为的抗辩事由(*Koziol*, Haftpflichtrecht I[3], 168)。典型的抗辩事由有自助(如《葡萄牙民法典》第336条、《德国民法典》第229条、《希腊民法典》第282条、《爱沙尼亚债法》第1045条第(2)款(iv))、自卫(《葡萄牙民法典》第337条、《德国民法典》第227条、《希腊民法典》第284条、《波兰民法典》第423条、《爱沙尼亚债法》第1045条第(2)款(iii)、《匈牙利民法典》第107条)以及受害人的同意(《葡萄牙民法典》第340条、《爱沙尼亚债法》第1045条第(2)款(ii)、《匈牙利民法典》第342条第(2)款)。这些司法辖区经常还会提出其他的正当事由，(3095)例如，造成损害的权利源自对权利的行使或对法定债务的履行(《爱沙尼亚债法》第1045条第(2)款(i); *Antunes Varela*, Obrigações em geral I[10], 552 ff and *Almeida Costa*, Obrigações[9], 519 ff)。

16. 将"不法性"标准提升至课予责任的独立要件地位的法律制度的显著特征就是，最终它们关注于侵权法对"绝对权"的保护(关于德国，参见民法典第823条第(1)款；关于奥地利法，参见

Koziol, Haftpflichtrecht I[3], 148,就对制定法表述的检验以及它对《法国民法典》第1382条的模仿,另参见Schwimann（－*Harrer*）, ABGB Ⅶ[2], § 1293 no.2;就葡萄牙而言,参见民法典第483条第(1)款;就爱沙尼亚而言,参见债法典第1045条第(1)款,就荷兰而言,参见民法典第6:162条第(2)款)。这些权利被称为绝对权,正是因为它们可以对抗所有人。因而,在不存在侵犯的“正当事由”的情况下,侵犯这些权利构成“不法”。就刚才提及的法律体系而言,第二种可能的不法性是侵犯旨在保护受害人的法律(《德国民法典》第823条第(2)款、《希腊民法典》第914条、《葡萄牙民法典》第483条第(1)款、《荷兰民法典》第6:162条第(2)款、《奥地利普通民法典》第1311条第2句、《爱沙尼亚债法》第1045条第(1)款(vii))。不法行为可以通过(故意)违背“善良风俗”(《德国民法典》第826条、《希腊民法典》第919条、《奥地利普通民法典》第1295条第(2)款、《爱沙尼亚债法》第1045条第(1)款(viii)、捷克和斯洛伐克民法典第424条)或者违反“有关正当社会行为的不成文法的规则”来构成(《荷兰民法典》第6:162条第(2)款)。

Ⅳ.过错、故意和过失

17.包含在民法法域的法典中的和北欧国家的侵权法的基本规范都由“过错”责任这一概念主导。同样,这一概念经常被法院确定为“基本概念”(例如,有关西班牙,参见TS 8 April 1992, RAJ 1992, no.3187 p.4202, 4th recital)。相反地,在普通法域,这一概念并未获得相应的重要性,典型地,反而是对“过错”概念使用的回避。英格兰和爱尔兰的立法机关仅在与有过失的范围内使用过错的概念(参见《1945年法律改革(与有过失)法》(Law Reform (Contributory Negligence) Act)第1条第(1)款)。

18.根据民法法域法典化的侵权法,在责任要件要求证明被告行为有“过失”或者他/她有“过错”时(例如,《荷兰民法典》第6:162条第(3)款;《德国民法典》第823条第(2)款;《奥地利普通民法典》第1295条第(1)款;《西班牙民法典》第1902条;《希腊民法典》第914条;《爱沙尼亚债法》第1043条和第1050条;《拉脱维亚民法典》第1635条;《斯洛文尼亚债法典》第131条第(1)款),其所使用词语的选择是作为故意和过失的统括术语来贯穿使用的(*特别是*参见《奥地利普通民法典》第1294条;《拉脱维亚民法典》第1640条;《立陶宛民法典》第6.248条第(2)款和《斯洛文尼亚债法典》第135条)。即使特定的基本规范没有明确提及故意(例如,参见《西班牙民法典》第1093条以及第1902条[尽管民法典第1902条没有提及*故意(dolo)*,但通常认为故意为过错(*culpa*)的概念所包含:*Lacruz Berdejo and Rivero Hernández*, Elementos II(2)[4], 471]),亦同;就波兰的相应法律立场,参见*Czachórski*, Zobowiaözania[9], 212。民法法域的法典的大多数(就和第Ⅵ－1:101条第(1)款一样)同时使用了故意和过失概念(3096)(例如,《德国民法典》第823条第(1)款;《意大利民法典》第2043条;《葡萄牙民法典》第483条第(1)款;比利时、法国和卢森堡民法典第1382条[过错(*faute*)]和第1383条[过失(*négligence*),轻率(*imprudence*)];瑞典和芬兰损害赔偿责任法第2章第1条)。此外,一项普遍的原则是过错的不同表现形式都产生同样的法律后果。最初,就侵权人的责任,侵权人的行为是基于轻过错还是重大过错抑或是基于故意,无足轻重。独特的是,在法国的文献中偶尔会提出一种观点,即在基于故意的责任和基于过失的责任之间存在根本差别,并主张这一区别源自制度*的不同(différences de régime)*,例如,参见*Mazeaud and Chabas*, Leçons de droit civil II(1)[9], no.444 p.451。相较之下,《匈牙利民法典》避开了“过错”一词。其基本规范从字面上看并未谈及“可责难性”,但是它被统一解释为在该条中包括了该要件。某人只是没有如期望那样行事仍构成以可责难的方式为行为;而且,可责难性可以是可推翻的推定形式呈现的(民法典第339条第(1)款第1句)。

19. 较之故意或过失造成损害的区别在于刑法中的实际重要性,(有关这些概念的实质要求,参见对第Ⅳ-3:101条(故意)和第Ⅵ-3:102条(过失)的注释)其在私法中显然不甚重要。不过,它在私法背景中的相关性不应低估。至少在救济的领域这一主张是成立的(就与诸多评论者不同的观点,参见Asser(-*Hartkamp*), Verbintenissenrecht III[10], no. 72 pp. 83-84)。在《葡萄牙民法典》第494条中可以找到一则典型例子,根据该条,在过失的情形中,已经产生的损害赔偿义务可以在范围上得到缩减(*negligência* respectively *mera culpa*)。法院减少损害赔偿额的裁量权是以衡平为基础来行使的。不过,当损害是故意造成的并且侵权人因此而有义务赔偿全部损害时,这一选择就无法适用(详尽论述参见*Pires de Lima and Antunes Varela*, Código Civil Anotado I[4], 475, note 9 to art. 483)。当损害是故意造成时,《匈牙利民法典》第360条第(4)款将时效期间延长至5年。

20. 而且,故意和过失造成损害之间的区别在于具体的伤害行为的关系上有着特殊的意义。这是基于下述事实,即存在一系列的特别制定法的规定,它们明确将故意作为了责任的前提条件。典型例子包括表达了违背诚信故意造成损害之诉因的构成(《德国民法典》第826条;《奥地利普通民法典》第1295条第(2)款;《希腊民法典》第919条;《爱沙尼亚债法》第1045条第(1)款(viii);捷克和斯洛伐克民法典第424条)(《荷兰民法典》第6:162条第(2)款并没有以故意作为要件:第6:162条第(3)款)。就西班牙法律而言,必须额外关注许多故意侵权也构成犯罪的这一事实,以及刑事责任为刑法典而非民法典所调整(民法典第1092条)。

21. 类似地,在北欧国家,故意和过失的区分很少有什么意义(*Hellner and Johansson*, Skadeståndsrätt6, 124; *Vinding Kruse*, Erstatningsretten[5], 52)。在涉及共同侵权人责任时,会赋予其重要性,但方式和其他国家一样(参见第4:102条(通谋)的注释)(*Hellner and Johansson* loc. cit. 247 ff),在请求人遭受人身损害的情形,在与有过失的领域内亦同(《瑞典损害赔偿责任法》第1章第1条(6))。这一划分界限并非根据讨论的是故意还是过失来描述,而是根据下述区分来解释,以故意和重大过失为一方,以通常所称的普通过失或轻过失为另一方。就《丹麦损害赔偿责任法》(*Erstatningsansvarslov*, EAL)第19条第(2)款中规定的规则亦同。根据这一规定,仅当损害是因故意或重大过失造成时,私主体才对他们给他人的被保险物造成的损害承担责任。而且,根据斯堪的纳维亚法,故意和过失之间的区分在和纯粹经济损失相关的法律(而且也会在别处)获得重要性。出发点就是,纯粹经济损失原则上仅在由犯罪行为所引起这一要件得到满足时才能获得赔偿。这一要件意味着在大多数情形下要求存在故意。不过这一原则存在大量例外。其中包括对欺诈的一般性禁令,这一行为就其自身而言,出现在诸如劳工行动中的封锁活动中(*Hellner and Johansson* loc. cit. 72 有进一步的细节)。在和滥用支配地位相关的法律中可以发现额外的例子(有关这一点,参见瑞典竞争法(*Konkurrenslagen*)第33条)。另参见丹麦关于禁止欺诈的判例(HD 8 May 1952, UfR 1953, 360)。一般性论述,参见*Vinding Kruse* loc. cit. 131,就进一步的细节,参见下文。

22. 普通法承认了一系列的"故意侵权"。在这些侵权的范围内,"故意"经常只是意味着侵权人渴望以该种方式行为,并不要求侵权人是在知悉其行为构成侵权的情况下行为,也无须总是证明被告意图造成实际损害。在这一意义上的故意侵权绝非总是要求民法法域使用的术语意义上的行为任一方的"过错"。它只是"恶意侵权"的一个要件。过失,即使是重大过失也不被视为相当于道德上的可责难性,后者和侵权责任并无直接关系:参见*Lang v. London Transport Executive* [1959] 1 WLR 1168, 1172 (*Havers* J)。

23. 故意侵权被划分为对人身的侵权和对财产的侵权。对人身的侵害意指被告对原告人身的直接的和故意的妨碍行为。这一类型的主要例子就是殴打、威胁、错误拘禁和故意造成精神痛苦。威胁(assault)是被告实施的一项将原告置于有理由担忧将会遭受立即殴打之境地的行为;它既不取决于被告对原告的意图,也不取决于被告是否实际上意图实施威胁。威胁也包括家庭暴力(Street(–*Brazier and Murphy*), Torts[10], 34–36)。殴打是未经他人同意而直接对他人人身实施身体接触(*McMahon and Binchy*, Torts[3], 618–621; *Wilson v. Pringle* [1987] QB 237, 252 [*Croom–Johnson* J.:"被告以一种或他种形式故意触碰原告。"])故意或轻率地造成精神痛苦也相当于侵权。爱尔兰法院仍适用 *Wilkinson v. Downton* [1897] 2 QB 57 这一判例中的原理,在该案中,基于被告恶意实施一项预计会给原告造成身体伤害的行为而施加了责任。在英格兰和威尔士,殴打现在由1997年的《骚扰防治法》第3条和第7条(3)来调整。另一方面,侵入土地被认为是在没有合法权限的情况下,故意或过失进入或停留于他人占有的土地(*McMahon and Binchy*, Torts[3], 653–673)。故意占有他人动产也会导致侵权,就英格兰和威尔士,参见1977年侵权(妨害动产)法。在侵占动产的情形下,也会产生侵权——任何对他人动产实施的持续地不正当地否认其所有权的行为,错误交付动产或占有动产之人不法地未将动产交付给有权直接占有之人(Street(–*Brazier and Murphy*), Torts[10], 46–67)。而且,普通法承认一系列"恶意侵权"。恶意侵权的主要要素是,被告故意事实必然造成损害的不法行为。被告必须知道损害或必须可以意识到这种行为会导致伤害并且在没有正当事由的情况下实施了相应的行为。恶意侵权通常出现于诽谤、口头诽谤、书面诽谤、侵犯隐私、披露和欺诈等情形,其他例子包括恶意滥用程序和恶意起诉(关于爱尔兰的一般论述参见 *McMahon and Binchy*, Torts[3], 981–990,关于英格兰和威尔士,参见 Street(–*Brazier and Murphy*), Torts[10], 491–500)。另一类恶意侵权是伤害性谎言(injurious falsehood),可以将之理解为是对产权或动产的口头诽谤,或者旨在伤害某人贸易的错误陈述(就英格兰和威尔士,参见 *Davey* 勋爵在 *Royal Baking Powder Co. v. Wright Crossley* (1901) 18 RPC 95, 99 这一判例中的意见;就爱尔兰,参见其《1961年诽谤法》,第20条)。最后,恶意在被告出于借助侵扰给原告造成伤害或损失而行为时也有相关性(*Christie v. Davey* [1893] 1 Ch 316, 327 per North J.; *Hollywood Silver Fox Farm Ltd. v. Emmett* [1936] 2 KB 468, 475 per Macnaghten J.; Winfield and Jolowicz(–*Rogers*), Tort[14], 412~414; *McMahon and Binchy*, Torts[3], 695)。

24. 和其他民法法系国家一样,苏格兰承认故意和过失侵权之间存在明确的区别。借助源自苏格兰的 *Donoghue v. Stevenson* [1932] AC 562 这一遗产,在苏格兰,过失要件和英伦三岛中的其他地区在大多数情况下是一样的。故意造成损害——*injuria* 或 *damnum injuria datum*——涉及对他人受法律保护之资产的侵犯,这有时也会暗示着刑事责任,一般论述参见 *Walker*, Delict[2], 164。在苏格兰对这一主题很少有讨论,主要是因为下述事实,即必须予以赔偿这一点通常是显而易见的:"在不存在特权的情形,某人要对他故意侵犯人格或名誉利益承担责任……"(*Seavey*, 56 [1942] Harv. LR 72, 84)。苏格兰的基本侵权法要求主观要素,一项伤害性的、欺诈的或犯罪目的。因而,主观要素必须是故意。其主要观点就是,一是某人意图引起某项结果——故意并不必然是造成损害的敌意意图;二是以法律不允许的方式造成妨害他们利益之结果的意图(*Gordon v. Stubbs Ltd.* (1895) 3 SLT 10)。无须证明存在伤害意图;故意是通过行为来判断的(*Walker* loc. cit. 165)。无意造成损害并不构成抗辩。重大过失*相当于*欺诈(*culpa lata dolo aequiparetur*)这一原则也会使用——放任或轻率有时相当于故意,比较 *Clark v. Syme* (*William*) 1957 JC 1, 5

per LJG *Clyde*(涉及刑法中的蓄意毁损财产罪)。损害远隔性的问题在故意不法行为的背景中很少被讨论——被告必须对其行为的后果承担责任,无论该行为是故意地还是被认为是其故意进行的(*Quinn v. Leathem* [1901] AC 495, 537 per Lord *Lindley*)。

Ⅴ.严格责任

25. 如前所述,大多数欧洲民法典的基本规范都将"过错原则"作为它们的出发点。所有的欧洲法系声称在不同程度上都存在长期发展而来的不取决于故意或过失的责任形式,这一观点肯定是准确的。不过(关于这一点,参见第3章),有关严格责任的条款或者完全属于民法典的范围之外,或者至少主要属于民法典的外围。《葡萄牙民法典》是第一个在其领域内将严格责任作为侵权法基本规范之一部的,尽管它采用了发育不全的形式(民法典第483条第(2)款:"客观责任仅在法律明确规定时才产生")。《荷兰民法典》第6:162条第(3)款似乎前进了一步("不法行为(侵权行为)可归咎于不法行为人,只要他做出行为时有过错,或者基于法律,或根据共识的规则,基于原因属于其风险范围这一事实,他对原因负有责任")。

26. 严格责任(对此,存在不同的概念;部分使用了"客观"责任,偶尔提及"基于风险的责任"或"对危险源的责任"),在不损害其日益增长的实际重要性的情况下,就其大部而言,仍被视为体系上的异类,也即构成责任要基于过错这一原则的例外。甚至比利时、法国和卢森堡民法典第1384条(2)之下的条款最初(在某种程度上,甚至是今日)也可追溯到过错原则(*Flour/Aubert/Savaux*, Le fait juridique[10] no. 67 p. 62)。这是因为这些规定曾被解释为(或继续被解释为)是可反驳的或不可反驳的过错推定(*Van Gerven*, Verbintenissenrecht II[7], 308; *Ravarani*, La responsabilité civile, no. 515 pp. 394-395)。对第1384条(1)的重新解释(*监管人*责任),实际上最初源自 *Jand'heur* 案这一判决——它是由法国最高法院裁决的(Cass. civ. 21 February 1927, D. 1927, 1, 97; Cass. ch. réun. 13 February 1930, D. 1930, 1, 57),并由 *Blieck* 案这一判决(Cass. ass. plén. 29 March 1991, D. 1991 Jur. 324)加以完善,它基本上重整了法国法规定的问题。最初根据法典的计划,从未意图让民法典第1384条第1句获得独立的意义,今天它则已和民法典第1382条及第1383条规定的基本责任制度处于了同等的地位。今天,仍可主张,法国法院在实践中赋予监管人责任的意义要比赋予对故意或过失的责任的意义重要得多。不过,比利时最高法院仅部分遵循法国最高法院采用的对民法典第1384条第1句的重新解释。特别是,它拒绝从民法典第1384条第1句中得出一项*对他人行为的责任的一般原则(un principe général de responsabilité du fait d'autrui)*:Cass. 19 June 1997, JT 1997, 582, concl. Avocat général Piret。《马耳他民法典》仅承认大量的特殊的严格责任的情形;并不存在相应于法国或意大利法的规定。波兰法采用了同样的立场。不过,严格责任的特殊情形(民法典第430、433~436、4491条)实际上为一般责任规范下的"匿名过错"(anonymous fault)原则所补充,这使得可以获得等同于严格责任的结果(参见 *Radwański and Olejniczak*, Zobowiözania - część ogólna[5], 190-191)。

27. 对事情做相当的简化,可以主张,可与前述勾勒的法国法所展现的相对应的发展也成功地在西班牙法下扎根。不过,由于西班牙法院直接求助于民法典第1902条——西班牙侵权法的基本规范,使过错责任接近于严格责任,这一发展采取了不同的路径。判例法和学理明确将之称为责任的"客观化"(TS 8 April 1992, RAJ 1992 (2) no. 3187 p. 4202; Albaladejo (-Santos Briz), Comentarios al Código Civil y compilaciones forales, XXIV, 433)。这不仅是通过倒置有关过错的举证责任(参见下文注释6、34),以及通过*事实上*放弃对民法典第1903条规定的*选任或教育过失(culpa in eligendo or educando)*来实现的(TS 26 January 1990, RAJ 1990 (1) no. 69, 2.

recital, p. 115）。现代的西班牙责任法可以被划分为三个小类：基于*一般过错*（*culpa clásica*）的责任、基于*准客观过错*（*culpa cuasi – objetiva*）的责任和“纯粹的”客观责任。前两类由民法典第1902条来调整；只有第三类是特殊规则的主题（民法典范围之内和之外的）（详见 *von Bar*, Common European Law of Torts II, nos. 360 – 363）。

28. 类似地，意大利判例法最初将民法典第2051条（对某人控制、监管之下的物造成的损害的责任）解释为构成一项被告有过错的可反驳的推定（*presumption juris tantum*）。Cass. 20 May 1998, no. 5031, Foro it. 1998, I, 2875之后澄清，根据本条产生严格责任（无过错责任）。《匈牙利民法典》第345条第（1）款引入一项宽泛的规定，隐含了有关对“危险活动”的严格责任的一般条款。根据这一规定，“从事具有高度风险活动之人对因此而产生的损害负有赔偿义务”。这也同样适用于对环境有危害的活动。不可抗力的证据可以用于免除被告的责任。

Ⅵ. 举证责任

29. 尽管如何提交和评估证据相关的问题是程序法问题这一点是确切的，有关举证责任提出的问题仍由实体法来调整。尽管大量的司法辖区是在其民事诉讼法的范围内调整举证责任（如荷兰（修订后的）《民事诉讼法典》第177条，《比利时司法法典》（*Gerechtelijk Wetboek*）第870条及新的《西班牙民事诉讼法典》第217条：根据所有这些规定，每个相关的当事人通常都必须主张对其有利的事实并在必要时加以证明），但在欧洲层面公认的是，有关举证责任的规则是实体法的一部分。

30. 接下来，和举证责任分配相关的规则的基本原则提出，每个当事人必须主张并证明他试图依赖的规则的每个构成要件。这一原则在所有欧洲司法辖区都获得承认并支持了这些规则，特别是第1:101条第（1）款和第五章的规定。这一原则明确为大量的国内民法典所规定。采用这一概念进路的司法辖区通常都避免将这一规则放入法典调整侵权法的章节中，而是将这一原则放入可以推断出该规则对整个民法具有一般意义的章节中（例如《希腊民法典》第338条、《葡萄牙民法典》第342条第（1）款；《意大利民法典》第2697条；《波兰民法典》第6条）。在多个地方，国内立法机关都将在责任法的范围内制定进一步确认这一规则的一般规定视为必要。（《奥地利普通民法典》第1296条：“除了适用过错推定的情形外，请求人有义务证明被告有过错。”）（就制定法上规定了过错举证责任倒置的国家而言，举证责任归于被告，比较注释32以下）。

31. 就侵权法而言，源自上述基本规则的原理就是，请求人必须诉请/确立并证明和请求相关的全部要件，特别是损害、责任基础和因果关系，除非明确的规定允许偏离这一规则，而被告有义务展示并证明某些导致抗辩事由的要件，因而驳斥请求人的主张（就后者，比较第五章）。

32. 不过，就举证责任分配的基本规则存在多种例外。这些例外典型地影响了被判定的过失或因果关系的事实基础。反之，这些制定法的基本规则的例外有部分是单独基于判例法。这些例外的结果是，它们总是使得被告的责任被加重。关于相关的国内法在这一过程中的发展阶段的细节仍须在相关实体法问题的范围内审视（也即有关对可归责性的处理和对因果关系的检验）。在需要决定是否已经遭受（具有法律相关性的）损害这一问题时，证明责任不会倒置。不过，就可获赔额损害的范围，证据要求可以被放宽。

33. 通过举证责任倒置这一设计来减轻责任是民法法域的典型特征。现今，在诸多中东欧国家，被告有义务使自己免责仍是一项源自制定法的一般原则。换句话说，证明报告过错的责任不属于原告，而是有被告负责证明他行为是正确的（《匈牙利民法典》第339条第（1）款第2句；《爱沙尼亚债法》第1050条第（1）款；《斯洛文尼亚债法》第131条第（1）款）。因为这些规则对侵权法整体有约束力,它们使得各个法律领域中的特殊规定成为具文——这些特殊规定对其他司法辖区来说是常见的(但是仅在例外情形),由此证明不存在过失的责任由被告来承担。

34. 实际上,上面考察过的三个法律体系的立场在很大程度上也反映了西班牙现有的法律立场。自20世纪50年代以来,最高法院的判例已经将有关过失的证明责任倒置提升到了一般规则的地位(TS 30 June 1959, RAJ 1959 no. 2944 p. 1809;就为这一发展进行辩护的意见,*特别*参见 *Lacruz Berdejo and Rivero Hernández*, Elementos II (2)[4], 476)。实际上,只有执业医师和自由职业者的责任才被排除出这一规则的适用范围;此时,由原告负担证明被告有过错的责任(*De Ángel Yágüez*, Tratado de responsabilidad civil[3], 203; TS 24 May 1990, RAJ 1990 [4] no. 3836 p. 5095);这一事态的例外仅在表明有重大过失的绝对不成比例的损害情形才会产生(TS 2 December 1996, RAJ 1996 [5] no. 8938 p. 12410)。

35. 在很大程度上,类似的判例的发展也体现在德国。不过,与西班牙不同,这一改进限于有限的情形。在产品责任领域,联邦最高法院在*鸡瘟案*这一判决(*Hühnerpest* judgment)中(BGH 26 November 1968, BGHZ 51, 91, 为 BGH 17 March 1981, BGHZ 80, 186, 196 修正)裁决认为,受害人应受益于有关证明责任的规则,只要能够证明损害是由产品中的缺陷造成的,制造人的过失就被推定。类似的发展也可以在环境责任法的领域看到(BGH 18 September 1984, BGHZ 92, 143)。在所谓的违反保护性法律的情形(民法典第823条第(2)款),过错得以推定直至被推翻,只要原告能证明存在对保护性法律的客观违反,并且该保护性法律用非常具体的条款规定了必要的行为,以致这些客观要素的实现接近于推断出存在主观过错(BGH 19 November 1991, BGHZ 116, 104, 114; BGH 17 January 1984, VersR 1984, 270, 271; 关于限制,比较 BGH 19 November 1991, BGHZ 116, 104, 115)。

36. 根据意大利法,证明过错的责任主要由受害人承担(民法典第2697条第(1)款)。不过,违反具体制定法上的注意义务本身必须相当于*特殊过错*(*colpa specifica*),*不证自明的过错*(*culpa in re ipsa*),这要求进一步的证明(Visintini, I fatti illeciti II2, 68)。唯一的先决条件就是被违反的规范旨在防止所讨论的损害发生(比较,源自判例法的,特别是 Cass. sez. un. 22 October 1984, no. 5361, Foro it. 1985, I, 2358; Cass. 9 June 1995, no. 6542, Giur. it. 1996, I, 1, 191; Cass. 13 May 1997, no. 4186, Giust. civ. Mass. 1997, 722 and Cass. 29 July 1995, no. 8300, Giur. it. 1996, I, 1, 328)。

37. 根据奥地利法,之前略为谈及的民法典第1296条的基本规则(根据该规则,请求人必须证明被告缺乏注意)为第1298条(该条规定,在被告没有履行合同或法定债务时,他必须证明该不履行并非是他这一方的过错造成的)所篡夺。而且,在奥地利,在待决违反保护性法律(民法典第1311条第2句)时,证明缺乏(主观)过错的责任也由被告承担(OGH 5 March 1970, ZVR 1970/232 (p. 296) 和 OGH 25 July 2000, SZ 73/118; 深入讨论请见 *Reischauer*, JBl 1998, 473-487, 560-570)。

38. 在希腊,在过错责任领域中,不法性和过错之间存在极微小差别这一事实可能也偶尔会在举证责任方面导致复杂问题(*Deliyannis*, FS Michaelides-Nouaros I, 303, 315,依据了 A. P. 854/1974 NoB 23/1975, 479 以及 CA Athens 2688/1969 Arm 24/1970, 313)。不过,法院只是在产品责任的范围内就与举证责任相关的要求明确做出了放宽(3103)(CA Thessaloniki 1259/1977 Arm 32/1978, 121)。这一方法在《消费者保护法》(Act 2251/1994)中被作为了一项明确的规则加以制定。该法第8条第(4)项在有关服务提供者的过错方面引入了一般性的举证责任倒置规则。不过,如何解释这一规定是有争议的问题。表面上,该规定涉及双重可推翻的推定:它使得下述规则成为必要,即服务提供者必须证明不但缺乏过错而且服务的履行也不存在瑕疵(*Georgiades*, FS Kiantou-Pampouki, 143, 149; *Karakostas*, Prostasia tou katanaloti, 138;深入分析请见 *Eleftheriadou*, Die Haftung aus Verkehrspflichtverletzung im deutschen und griechischen Deliktsrecht, 70)。《消费者保护法》第8条第(4)项为第3587/2002号法令第10条所修订,该条涉及服务提供者的责任,它规定后者应当证明既缺乏不法性也缺乏过错。

39. 在民法法域,有关过错证明或因果关系证明的举证责任转移通常是民法典范围内的特殊规定的主题。这些规定提出了可推翻的法律推定。这些规定的目的是,根据情况而定,被告应当承担证明他们没有过错,或者他这一方的过错并没有造成所发生的损害(例如,《葡萄牙》民法典第350条第(1)项和第487条第(1)项)。这一立法方式的例子可以在非合同的损害责任法的许多领域内找到,特别是父母对子女造成的损害承担的责任(《捷克和斯洛伐克民法典》第422条第(2)项;《德国民法典》第832条;《希腊民法典》第923条;《意大利民法典》第2048条[不过,这一规定实际上产生了一项严格责任];《马耳他民法典》第1034条;《波兰民法典》第427条;《葡萄牙民法典》第491条)以及对建筑物和构筑物的责任(例如,《奥地利普通民法典》第1219条[然而,民法典第1319a条下之道路责任却全然不同,它取决于对故意或重大过失的证明]和《德国民法典》第836-838条),以及对误导性的广告的责任(《荷兰民法典》第6:195条)、雇主对其雇员的责任(《荷兰民法典》第7:658条)或对第三人的责任(《德国民法典》第831条;《波兰民法典》第429条)。此外,在缺乏制定法确定的推定时,法院通过利用表见证据(根据行政法)这一纠正性机制来审判和照顾请求人的利益做出赔偿也并非罕见(例如,参见PORTUGAL STJ 26 February 1992, BolMinJus 414 [1992] 533)。

40. 在大量罗马法律传统的法系中,会碰到责任推定。此时,过失情形的举证责任倒置不再受到争议,相反,不可推翻的过失推定得以确立,因而适用了严格责任。例如,法国法院的判例即沿这一思路对基于民法典第1384条的有关父母替代责任的法律加以改动。最初,这一规定被视为仅包括了对过错的推定(Cass. civ. 12 October 1955, D. 1956 Jur. 301, note *Rodière*)。现今,它被解释为符合责任推定(Cass. civ. 19 February 1997, Bull. civ. 1997, II, no. 56 p. 32)。

(*Le Tourneau and Cadiet*, Droit de la responsabilité et des contrats, no. 2364)。类似地,西班牙法院没有基于单纯的过失规定对其民法典第1903条进行重新解释,而是利用了真正的责任推定(例如,参见TS 22 September 1984, RAJ 1984 (2) no. 4332 p. 3326)。

41. 与前面的描述相比,在普通法的侵权法中,举证责任倒置的规则并不常见。因而证明过失侵权的每个要件的责任由请求人承担:*Donoghue v. Stevenson* [1932] AC 562, 622 (Lord *Macmillan*)。即使涉及因果关系,举证责任也几乎总是落在请求人身上,也即请求人必须证明被告的不法行为更可能造成其所遭受的损害:Clerk and Lindsell (-*Jones*), Torts[16], para. 2-06。为何普通法能够在没有这些规则的情况下运行的主要理由是,从程序上来说,普通法有关证据评价的规则与大多数民法法域不同。在英格兰和爱尔兰,民事实务并不取决于提交的事实上的证据是否要求说服首席法官,请求人已经"超越合理怀疑"证明了案件(根据德国判例法下的标准检验,参见BGH 17 February 1970, BGHZ 53, 245, 256);相反,规定的证明标准与优势证据相关,也即,一方提交的证据是否比对方提交证据更令人信服("盖然性权衡"):就过失侵权,参见Charlesworth and Percy (-*Walton*), Negligence[11], para. 5~01。因而证明相较其他解释,已证事实与被告的过失更为吻合即已足够:Ellor v. Selfridge & Co. Ltd. (1930) 46 TLR 236。最后,盖然性权衡检验(balance of probability test)可以达成相当于举证责任倒置规定能达成的结果(相关的判例即 *Fairchild v. Glenhaven Funeral Services Ltd.* [2002] UKHL 22, [2003] 1 AC 32)。不过,例外地,法院可能获得准许推论出过失或者过失与所遭受的损害之间的因果联系。在这些情形,举证负担可能归于被告,他需要提交可以反驳从请求人自己的证据中得出的推论的证据,即使请求人全程承担了法定的举证责任:例如,参见 *Ward v. Tesco Stores Ltd.* [1976] 1 WLR 810(酸奶溅在了超市地板上造成事故;因为事故通常在无过失的情况不会发生,作为被告的超市应承担证明这一事故不可归因于缺乏注意这一举证责任)。推论过失的一种弱化形式在请求人提出的事实较其他原因更符合这一解释的情形,可为*事实自证*这一格言所概括,尽管严格地说,这一术语并非是法律推定,而仅仅是对*表见证据成立*的案件的确认:*Ratcliffe v. Plymouth & Torbay Health Authority* [1998] PIQR P170 (*Hobhouse* LJ),基于此,对这一术语的使用为法院所反对。在这些情形,请求人可能仅证明了导致损害或伤害的事故,那么根据具体情形,若事故的原因更可能是被告违反注意义务的作为或不作为,则除非被告可以提供指出可能的替代解释的证据,否则过失诉请将会得到支持:事例可参见 *Widdowson v. Newgate Meat Corp.* [1998] PIQR P138(一名具有精神病史的行人穿着黑色衣服但可感知道路的安全性,他在与一辆汽车相撞中受伤后又被另一辆在无灯光的双车道上行驶的汽车撞击;上诉法院推翻了下级法院的裁决,它认为,有关请求人自杀倾向的纯粹猜测并非是一种可信的解释,它与被告一方缺乏过失不相符,并且不足以推翻对被告具有过失的*初步*推论)。

42. 普通法采用的方法类似于斯堪的纳维亚法系,特别是瑞士法所赞成的方法。因而,在存在损害的多种原因时,证明一旦案件的所有情况都被纳入考虑,以请求人(而非被告)主张的方式产生损害更为可能,就已足够(Swedish HD 28 December 1993, NJA 1993, 764, 775; *Hellner and Johansson*, Skadeståndsrätt[6], 200 ff, 214 ff)。这一规则也适用于产品责任领域(HD 21 July 1982, NJA 1982, 421, 483)。根据《环境法典》,在环境责任法领域,证明基于对各种可能性的衡量,损害以这种方式引起,即已足够([*Miljöbalken*] 第 32 章第 3 条第(3)款,另参见 HD 29 April 1981, NJA 1981, 622, 633)。

43. 在丹麦,在本领域内,在过错和因果关系之间存在一种设想的相互关系:也即得到证明的过错程度越高,对因果关系证明的要求就不再那么严苛(*Vinding Kruse*, Erstatningsretten[5], 501)。对有关职业事故和医疗过错的法律也是如此(HD 27 October 1989, UfR 1989, 1108 respectively HD 10 September 1993, UfR 1993, 908)。就病人所遭受的伤害而言,在整个斯堪的纳维亚半岛,基于制定法的规定,证明标准是对概率衡量的证明(《瑞典病人伤害法》第 6 条;《芬兰病人伤害法》第 2 条和《丹麦病人保险法》第 2 条)。

示例 5 是基于 *Hunter v. Canary Wharf Ltd.* [1996] 2 WLR 348 (at 366 per *Pill*, LJ)。另比较 BGH 18 September 1984, BGHZ 92, 143(因附近工厂散布的排放物对汽车涂料的损害相当于财产损害)。

第Ⅵ-1:102 条　预防

具有法律相关性的损害迫近的,本卷赋予将会遭受损害的人防止损害发生的权利。该权利针对如果损害发生将为此负责的人行使。

评　论

A.对迫近的损害的预防

概述。本条明确了预防性的法律保护也属于本卷的关注对象。损害预防被认为要优于损害赔偿。同时,本条还详细规定对权利的预防性保护的基本要件之一,即存在损害的危险。第二句明确了负有尊重此权利之义务者。对权利预防性保护的所有其他要件以及该权利的时效和特殊形态则是第六章第三节(预防)的主题。

实体法。本条是作为一项基于实体法的权利而非程序法的工具来规定的。因而对法定权利的预防性保护权利并非司法裁量权的内容。本条提供的权利和第Ⅵ－1:101条(基本规则)规定得到权利没有质的区别。该权利如何作为一项程序法的事务得以执行,不由这些规则来决定(参见第一卷第Ⅵ－1:101条(意图的适用范围)第(2)款(h))。

损害的禁止及对防止损害所发生的损失的赔偿。对第Ⅵ－1:102条的规定方式与对第Ⅵ－1:101条的规定方式是一致的。但是第Ⅵ－1:101条规定的是赔偿请求权,第六章前两节已经对赔偿请求权的不同形式作出了规定,而第Ⅵ－1:102条规定的是预防权,该权利的特殊形态是第六章第三节的相关条款的主题。从这些条款可以得出,第Ⅵ－1:102条不仅涉及禁止损害的权利;它还涉及因人们自愿努力避免损害而产生的权利,如果没有受害人的介入,这种损害就会变为现实(或者加重),并且会赋予受害人以损害赔偿的权利(参见第Ⅵ－6:302条(对因防止损害所致损失的责任))。通过这种方式得以明确,根据本卷的规定,该类型的案件应被纳入非合同责任法而非无因管理法。

预防和非合同责任法。虽然第Ⅵ－1:102条被规定于阐述非合同责任法的卷章中,但这并不等于对下述问题做出明确声明,即预防性的法律保护作为整体是应被视为这一法律分支的一部分,还是法律的一个独立领域,抑或其他法律领域(如财产法或人法)的一部分。不过,本草案确实采用了下述立场,即如果损害发生,对损害的危险负有责任者将根据第Ⅵ－1:101条(基本规则)对该损害承担责任的,预防性法律保护构成非合同责任法的一部分。依其他法律依据进一步限制活动的请求权不受影响:参见第Ⅵ－1:103条(适用范围)(d)项。

B.请求人和责任人

请求人。第Ⅵ－1:102条所赋予的权利的受益人为,若有具法律相关性的损害的发生未能被防止即会遭受损害者。至于什么是具有法律相关性的损害则需根据第Ⅵ－1:102条的目的予以确定,此时需要使用与第Ⅵ－1:101条相关的应适用的规则的同样框架,也即根据第二章的规定。但本草案并未意图回答下述问题,即组织(无论其法律形式如何)是否(如果是的话,在何种情况下)也是为了促进集体利益而限制他人活动之权利的受益人,并且有权通过法院执行这些权利。这特别涉及到环保团体、消费者协会或者其他有关禁止不公平竞争或者不当行为的团体。第Ⅵ-1:102条规定的权利当然也可为那些即使造成损害自身也无须对此承担责任的人所享有,例如:被继父虐待的儿童可以主张停止虐待行为。

责任人。负有尊重请求权人之禁止权的责任人为,如果损害发生应对其发生承担责任者(这里称为"责任人")。根据事物的性质,这类案件以迫近的损害为前提,只有将可能成为损害原因的危险消除才能避免该损害的发生。该危险通常来自按照具体情形所要求的方式作为或不作为的人。

示例1

一辆机动车的主人O发现一个孩子正在用一块金属物体不停地划车上的油漆。很可能这个孩子完全未意识到自己在做不法的事情,因而无须根据非合同责任法的规定对造成的损害承担责任(参见第Ⅵ-3:103条(儿童)*)。但是,O可以主张,站在附近的该孩子的母亲应对起孩子施加影响来阻止孩子在汽车上制造刮痕的行为(比较第Ⅵ-6:301条(一般预防)**)。如果这个母亲对孩子的行为置之不理则存在过失行为。至于O是否可以直接向这个孩子主张权利(如果是,应该怎样主张),请参阅下面的示例3。

严格责任下的责任人。责任人可能是,在损害发生时,对其发生既不具有故意也不具有过失但仍应被归责者。当然,一项前提条件就是,从实用的观点看,相关的司法救济是有效的。基于该理由,如果某人仅仅是因为对某种风险负有职责而落入法律责任的领域,则对其提起的真正的预防请求权很少被讨论。当然,对为防止损害而遭受的损害的赔偿请求人并不受影响。

C. 赋予请求人以权利的必要条件

迫近的损害。任何一项预防请求权的前提条件都是因为存在对某种利益的迫近危险,对该种利益的侵害会构成具有法律相关性的损害。危险应该是特定的;必须存在造成具有法律相关性的损害的直接危险。抽象的潜在危险或对他人的危及都不足够。例如,没人能向机动车的生产者主张,该机动车的一个特殊部件应以特殊的方式来设计,或者应从市场上召回设计上有缺陷的机动车。当然,如果损害已经发生,而且没有出现进一步的损害的迹象时,损害就不再是迫近的。类似地,作为一项规则,如果

* 在2009年的最终版本中本条标题为"不满十八岁的人"。——译者注

** 在2009年的最终版本中,本条的标题为"预防权"。——译者注

即将停止的行为不再需要确切的藐视,则不在存在发生损害的威胁。至于预防权何时也包括了请求其他人采取某种积极措施的问题,请参看对第Ⅵ－6:301 条(一般预防)*的评论。

损害的加重。防止迫近侵害的权利不仅仅关涉对初次出现的损害的预防。它还包括阻止受害人已经开始遭受的损害的加重。本文本没有明确规定这一点仅仅是因为:(1)这是不言自明的;(2)一个更长的规定将会使得在本卷前两节的所有条款中重复这一规则成为必要。

示例 2

T 在未经允许的情况下将一个极其重的物品搬到 O 的货运车上,因为物品太重,当它被放到车上时,对机动车造成了损坏。物品继续放在车上将会造成进一步的损害。O 就该迫近的但可避免的进一步损害享有预防的权利。

对权利的保护。类似地,本条没有明确提及对"绝对"权或受法律保护的利益的迫近侵害(或可能发生的侵害的加重)。但这也没有必要,因为"具有法律相关性的损害"这一表述包括了值得法律保护的地位(positions):第Ⅵ－2:101 条(具有法律相关性的损害的含义)。

可归责性。本请求权指向若损害发生对损害的引起可归责之人。由此可以得出,第Ⅵ－1:102 条包含的权利以第Ⅵ－1:101 条中规定的三种归责基础之一(故意、过失或对危险源的责任)为前提。这同样适用于第Ⅵ－6:301 条(预防)和第Ⅵ－6:302 条(对防止损害所致损失的责任)。从单纯的事实的观点来看,作为一项规则,对无目的的行为或意外事件并不存在有效的预防权:在遭受损害时,这种情况下的危险几乎总是能够完全得以实现。一个可以想到的例外是仅因过失造成的损害的迫近的恶化。至于有关免于责任者的自卫权,请参看下面的评论。

对请求权的限制。预防权不是没有限制的;它需要特定化并在很多方面受到限制。第Ⅵ－6:301 条(预防权)和第Ⅵ－6:302 条(对防止损害所致损失的责任)规定了这些限制。第Ⅵ－1:103 条(适用范围)(a)项阐明,第六章中的条款以与它们在赔偿的背景下限定第Ⅵ－1:101 条(基本规则)的方式来限定第Ⅵ－1:102 条。

D. 第Ⅵ－5:202 条的关系(自卫、无因管理、紧急避险)

概述。避免迫近的损害也是第Ⅵ－5:202 条(自卫、无因管理、紧急避险)的关注点。不过,第Ⅵ－1:102 条与第Ⅵ－5:202 条在观点(outlook)和作用上都有所不同。第Ⅵ－5:202 条的效力是:对在保护自己或他人的财产、人身等其他利益的过程中造成的其他损害,行为人不必承担责任。相比之下,第Ⅵ－1:102 条赋予若为防止损害将会

* 在 2009 年的最终版本中,本条的标题为"预防权"。——译者注

招致该损害者以预防的权利,或者根据具体情况,就其因采取预防措施而支出的费用,赋予其偿还请求权。两种请求权都指向根据本卷的规定对损害的发生可归责之人。

对其造成的损害不可归责者。从这一路径可以得出,第Ⅵ－1:102 条仅在下述范围内才涉及对损害的发生不可归责之人,即面临这些人对向其采取措施以避免可能发生的损害者是否享有权利的问题时。

示例 3

除了关涉的是对孩子的权利而非对其父母的权利外,案情事实与示例 1 相同。O 对孩子既不享有第Ⅵ－1:101 条(基本规则)规定的权利也不享有第Ⅵ－1:102 条(预防)规定的权利。至于是否可以允许 O 直接控制孩子(通过口头命令,在必要时,采取身体上的限制),仅取决于这个孩子是否有权阻止 O 的行为。因为 O 享有第Ⅵ－5:202 条第(1)款(自卫、无因管理和紧急避险)规定的抗辩事由,并不存在这种情况。对此有着充分的回应:从非合同责任法的角度,没有必要将这一抗辩事由重申为是 O 的一般权利。此外,O 可能享有财产法规定的权利。根据第Ⅵ－1:103 条(适用范围)(d)项,后者不受影响。

注　释

Ⅰ. 预防迫近的具有法律相关性的损害之权利的基础

1. 通过对事物进行相当的简化,可以断言,当某人可能造成具有法律相关性的损害时,欧盟的所有法律体系都承认了要求其停止危险行为的权利。但是必要条件的具体细节、赔偿的障碍和该权利的实质内容可能表现各异(就这一点,比较第Ⅵ－6:301 条(一般预防)*);而且国内法提供的法律救济在程序法与实体法之间摇摆不定。

2. 就这一救济在有关禁令救济的法律制度中的定位及其实质范围,一个人会面临不同的路径。很明显,明确将这一通过禁令救济来防止迫近危险的权利置于制定法中,是中欧、东欧国家侵权法法典的典型特征(《捷克民法典》和《斯洛伐克债法》第 415～419 条(尤其是比较第 417 条第(2)款),《爱沙尼亚债法》第 1055 条,《匈牙利民法典》第 341 条第(1)款(根据该规定,“濒临危险”的人有权“要求法院制止造成该(即迫近的)危险的人继续其行为或命令该人采取有效的预防措施,必要时,令其提供担保),《立陶宛民法典》第 6.225 条,《波兰民法典》第 439 条,《斯洛文尼亚债法典》第 133 条)。在西欧的侵权法制度中,荷兰在这一方面上起到带头作用,基于依其民法典第 6:162 条成功提起的请求权,禁令救济的请求权(民法典第 3:296 条)可以同确认构成侵权行为的判决(a declaratory judgment,第 3:302 条)一并提出。(3110)禁令救济请求权背后的原理是强制被告停止采取特殊的行动过程。对这一救济的主张并不取决于侵权行为已经实行并且有再发生的危险。如果存在侵权行为第一次发生的危险,权利人也可以求助于该法律救济(Parlementaire Geschiedenis VI, 613; Asser (－*Hartkamp*) Verbintenissenrecht III[10], no. 118, pp. 125－126)。

---

* 在 2009 年的版本中,本条的标题为“预防权”。——译者注

3. 然而,在西欧国家最广为流传的法律编纂技术包括了提供给特定的绝对权以禁令救济请求权,该请求权不取决于被告的过错。在那种程度上,大多数法典只保护特定的绝对权,因而未超越本草案采用的方法,但是就这些条款在保护绝对权时通常无须过错要件,又超越了本草案采用的方法。这种立法技术的典型情况见于保护所有权和占有的法律(例如《德国民法典》第1004、862条和《希腊民法典》第1108条、第989条第(1)款)以及一般人法(the general law of persons)中。在后一种情况中,它们要么与特殊的人格权相关(姓名权:《德国民法典》第12条、《希腊民法典》第58条、《意大利民法典》第7、8条、《葡萄牙民法典》第72条;笔名权:《意大利民法典》第9条、《葡萄牙民法典》第74条;肖像权:《意大利民法典》第10条、《葡萄牙民法典》第79条),要么在与对人格权的一般保护有关的规则中起主要作用,例如,参见《法国民法典》第9条、《葡萄牙民法典》第80条(两条都涉及隐私权)、《希腊民法典》第57条(一般人格权法)、《葡萄牙民法典》第70条第(2)款(一般人格权法)和71条第(1)款(死者的人格权,post mortem rights of personality)以及《波兰民法典》第24条第(1)款第1句(对一般人格权的保护)。西班牙在《对荣誉权、私生活权和肖像权的民事保护法》(Civil Protection of the Rights to Honour, to Private Life and to one's own Image Act 1/1982 of 5 May 1982,第9条第(2)款)中规定了对禁令救济的请求权,保护个人隐私和名誉。

4. 除了之前提到的,在法典的框架内外还存在一系列的特别条款,它们在某些法律领域提供了禁令请求权,尤其是在关于限制竞争行为的法律(例如《意大利民法典》第2599条),知识产权和著作权法(例如《希腊民法典》第60条)以及集体劳动法的领域中。而且,大量指向保护绝对权的条文和前面附注中提到的禁令救济请求权同样经常地不为法典所直接调整,而是特别法的主题。实体法上的禁令救济权间或会民事程序法典中找到。例如,《葡萄牙民事诉讼法典》第1474条以下规定了对人格权、姓名权的临时法院保护和对私密通信的保护,它们补充了《葡萄牙民法典》第70条第(2)款中包含的实体法律规定。

5. 虽然经常没有固定的法律基础,但大量的欧洲法院为了加强防止迫近损害的法律保护,运用了侵权法的条款(严格来说,其表述被限于赔偿请求权)。这一改进纯粹来自于判例法,例如,在法国和比利时都可看到,公认的是,传统的侵权法都赞同终结不法妨害的可能性;据说有一种抑制不法的权利(a right of *suppression de l' illicite*)(关于法国,参见 *Le Tourneau and Cadiet*, Droit de laresponsabilité et des contrats, nos. 2441-2446,关于比利时,参见 Ronse (-*de Wilde/Claeys/Mallems*), Schade en schadeloosstelling I^2, nos. 302-303 pp. 223-224)。就像之前暗示的,一个棘手的问题是侵权法能否提供一种防止迫近损害的方式。换句话说,迫近损害是否意味着第1382条规定的损害(对有关这一问题的比利法的分析,缺乏对判例法的参照,参见 Ronse (-*de Wilde/Claeys/Mallems*) loc. cit. nos. 119-122 pp. 93-96)。

6. 其他法律体系已经通过类推适用现有的特别规定借助引进禁令救济而有效地达成了或提出了类似的解决办法。在德国,法院通过扩张支撑民法典第12条、第862条和第1004条的法律政策,已经将一般的禁令救济的范围延伸至民法典823条第(1)款调整之外的许多受侵权法保护的其他的权利和法律利益。过错不是可以提起该请求权的必要条件,但必须证明存在侵害之后会发生的危险。在中间禁令(an interlocutory injunction)的情形,明显的(初始)侵害危险与已经实施的侵害地位同样重要;因而,无须等待不法行为的实施(Erman(-*Schiemann*), BGB I^{10}, Pref. to § 823, no. 20)。在希腊,实际上类似的发展也已经展开。同样地,在今天得到进一步认同的是,在每一例侵害情形或存在权利或受法律保护的利益受到不法侵害(这并不必然要求该侵害相当于有过错的侵害)的直接危险时,受影响者都可以寻求实体法的法律救济(*Deliyannis and Kornilakis*, Eidiko Enochiko Dikaio III, 317; *Pipsou*, Anagastiki ektelesi gia paraleipsei i anochi praxis, 55 ff),要么消除危险来源,要么防止迫近的危险(Georgiades and Stathopoulos(-*Georgiades*), art. 281 no. 25 as well as in the Pref. to arts. 914-938, no. 56; *Deliyannis and Kornilakis*, Eidiko Enochiko Dikaio III, 315 ff; *Filios*, Enochiko Dikaio II(2), 135 ff)。在葡萄牙,主流情况也是一样的(*Vaz Serra*, RLJ 113[1980/1981]327)。

7. 此外,奥地利承认法院发出的中间禁令是实体法的问题(OGH 9 October 1991, JBl 1992, 176 = RS 0 010540)。尽管过错不是适用这种禁令救济的前提条件,但法律行为能力(legal capacity)却是(OGH 23 July 1997, ecolex 1998, 124 = RS 0 108220;*Hirsch*, JBl 1998, 541)。进一步的要件涉及请求人的出庭权(locus standi)以及侵害再次发生的风险(详见 OGH 22 April 1964, SZ 37/62;OGH 31 August 1983, SZ 56/124 和 OGH 27 September 2001, SZ 74/168)。单纯的侵害主观权利或违反保护性法律的危险(关于这一点,OGH 25 September 2001, ÖJZ 2002, 147)例外地足以导致禁令救济,只要寻求命令的当事人能证明,除非颁发禁制令,否则请求人将遭受无法弥补的损害。

8. 相比之下,意大利的法律立场像以前一样不确定。法院仍然拒绝接受对明确的制定法上允许的准则(canon)的一般扩展,这些准则关涉对禁止性禁令(a prohibitory injunction)的授予(Cass. 25 July1986, no. 4755, Rep. Giur. it. 1986, voce Concorrenza e pubblicitá no. 51;不过,这一裁决声明,将法律确定的有关授予禁止性禁令的情形类推适用于法律没有规定的情形并未被完全排除),然而法律学说在这个问题上产生了分歧(进一步的分析,*特别是*参见 *Bianca*, Diritto civile V, 785; *De Cupis*, Il danno II[3], 11 和 *Rapisarda*, Profili della tutela civile inibitoria, 241 ff; 持反对意见的,*Santini*, Riv. Dir. Civ. 1959, I, 136-138)。

9. 北欧国家的制定法不承认一般的实体法上对禁令救济的法定请求权。相反,(3112)在调整特定的个别的法律领域的特别规则中发现的整个特殊规则和程序法中发现的授权,允许法院在迫近危险的情形颁发中间禁令。比较《瑞典司法程序法典》[Rättegångsbalk]第15章第3条(这一条与竞争法与环境法有着特殊的关联:*Fitger and Mellqvist*, Domstolsprocessen[2], 101);《芬兰司法程序法典》[Rättegångsbalk]第7章第3条;《丹麦司法程序法典》[Retsplejelov]第57章第641~652条,特别是第641~643条。在大量允许私人(在一定程度上也包括行政机构)获得实体的禁令救济的制定法规定中,下面列举的是有代表性的条款,即瑞典法中的《环境法典》第32章第12条,《土地(不动产)法典》第3章第3、4条,《竞争法》第23~25条,《交易法》第14、20、21条,《著作权法》第53a条,《专利法》第57a条,《外观设计保护法》第35a条,《商标法》第37a条;丹麦法中的《交易法》第21条;芬兰法中的《消费者保护法》第2章第7~9条,《环境损害赔偿法》第6条(仅可以就与防止危险相关的费用请求赔偿;换句话说,不存在请求禁止性禁令的一般权利)和《相邻关系法》(Neighbour Relations Act)第10~23条(丹麦并没有将涉及相邻关系的法律置于制定法的基础上;对妨害的禁令救济源自判例的发展,例如 HD 21 August 2001, UfR 2001, 2406,另比较 *Vinding Kruse*, Erstatningsretten[5], chap. 18)。

10. 在普通法中,对以禁令形式出现的预防性法律救济的法律救济的授予仅属于法院的自由裁量范围。当损害赔偿是合适的救济手段时,就不应再授予禁令,一般论述参见 *Patterson v. Murphy* [1978] ILRM 85。爱尔兰的最高法院在这么做公正或方便时,可能会颁发禁令;参见《1961年法院(补充规定)法》(第39号)第8条和《1877年最高法院(爱尔兰)法》第28条第8

项。在大量的侵权行为中都可以获得禁令，例如妨害（nuisance）、侵害（trespass）、诽谤以及与劳资关系（industrial relations）有关的侵权行为（*McMahon and Binchy*, Torts[3], 1187～1202）。禁令是根据已经确立的原则来颁发的。这些原则包括损害赔偿不充分的观念、当事人的行为，以及怠于行使权利的原则（principles of laches）是否适用等。被授予的禁令一般是强制性的或者禁止性的。强制性禁令命令被告采取积极措施来终结其造成的不法事态。禁止性禁令则阻止被告为某行为或重复不法行为。禁令包括旨在保护原告权利并在审理案件之前颁发的中间禁令（interlocutory injunctions）。有一些仅仅是暂时的。也就是说，只在几小时或几天之内有效（*Delany*, Equity and the Law of Trusts in Ireland, 370）。英国在*American Cyanamid Co. v. Ethicon Ltd.* (*No.* 1)［1975］AC 396案中发展出的便利衡平的测试（balance of convenience test）也适用于爱尔兰，只要能够证明，基于便利平衡，当事人间的*现状*应该得到维持，禁令就应被颁发（(*Miss World Ltd. v. Miss Ireland Beauty Pageant Ltd.*［2004］IEHC 13，［2004］2IR 394，405）。当有迫近损害的危险时，应当颁发*预防性的*禁令（*quia timet* injunctions）。在这里，重要的是要考虑伤害事实上发生的可能性以及所担心的损害有多严重。证明责任（根据高度盖然性标准，a standard of strong probability）由申请人承担（*A－G*（*Boswell*）*v. Rathmines & Pembroke Joint Hospital Board*［1904］1 IR 161；*Radford v. Wexford Corporation*［1954］89 ILTR 184）。为了颁发禁令，法院也发展出了"便利衡平测试"（*Garrahy v. Bord na gCon*［2002］3 IR 566，583（*Geoghegan* J.））。原告必须证明存在重大的危险以及担忧的损害行为会发生的高度可能性。

11. 这确认了英格兰在*Cayne v. Global Natural Resources plc.*［1984］1 All ER 225，237（*May* LJ）案中提出的方法。在*Drury v. Secretary of State for the Environment, Food and Rural Affairs*［2004］EWCA Civ 200，1 WLR 1906，1062案中，*Wilson*法官认为，即使是一个预期的侵入行为，有时也会导致一项诉权。英格兰法院采用了一项门槛要件：必须存在令人信服的证据证明存在实际侵害的真实危险（*Food and Forestry v. Heyman*（1989）59 P & CR 48，50（Lord *Saville*））。同爱尔兰一样，英格兰的法学家长期支持预防性禁令（a *quia timet* injuction）的概念（*Baker/Langan/Turner*, Snell' s equity[29], 651；*Delan* y, Equity and the Law of Trusts in Ireland, 403）。

12. 苏格兰侵权法通过禁止实施可能发生的不法行为或禁止重复已完成的不法行为而承认了预防权。禁止令（interdict）是预防性的法院命令，它指向正在进行的不法行为，或者预期的对当事人权利的侵害行为（*Earl of Breadalbane v. Jamieson* 1877 4 R 667；*Hoyle v. ShawsWater Company* 1854 17 D 83；*Walker*, Delict, 452）。禁止令仅指向伤害，而非不法行为，在令人讨厌的行为没有造成伤害时，禁止令就不会适用。禁止令的条款必须特定且准确（*Shinwell v. The National Sailors' and Firemen's Union of GB and Ireland*（1913）2 SLT 83）。在涉及法律上的不法行为（legal wrong）的威胁或迫近的情形，也颁发了禁止令（*Martin v. Nisbett*（1893）1 SLT 293；see *Walker* loc. cit. 453；*Wilson v. Shepherd* 1913 SC 300）。必须有证据证明不法行为或担忧有合理的原因——因而允许颁发禁止令来避免诸如普通法上的妨害或者违反制定法的行为等。基于错误的不法行为不会导致禁止令的颁发（*Walker* loc. cit. 456）。因此，法院会从原告的角度看待事情，更多关注于不法行为的持续性（及影响），而非过错问题（*Watt v. Jamieson* 1954 SC 56；see *Stewart*, Delict, 22）。苏格兰的法律承认了一系列受到禁止令约束的不法行为，包括侵犯人格权、名誉权、侵犯对可继承财产的权利、对动产的权利、经济侵权和其他各种不法行为，例如背信/泄密（breaches of confidence）或违反程序（breaches of procedure）（*Walker* loc. cit. 457－460）。

1988年的《(苏格兰)最高民事法院法》(the Court of Session Act 1988)第47条第(1)款规定:"在任何包含了结论或请求禁止令或释放(liberation)的案件中,内庭……可以……颁布中间禁止令。"中间禁止令在实践中很常见。使用"可能"一词暗示了该救济的任意性。

Ⅱ.有关预防损害而支出的费用的损害赔偿请求权的基础

13.作为一项一般的规则,请求人试图防止迫近的损害而支出的合理费用,在欧盟的所有法律体系中都是可以获得赔偿的损害项目。一般来说,为了避免与有过失的指责,在与债务人处理事务的义务之间建立了一项关联。对于这项请求权的更进一步的细节——其在大多数情况下被视为是侵权法的一部分,尽管它偶尔以无因管理法(*negotiorum gestio*)的形式出现,参见对第Ⅳ－6:302条(对防止损害所致损失的责任)的评论与注释。

第Ⅵ－1:103条　适用范围

本卷第Ⅵ－1:101条(基本规则)及第Ⅵ－1:102条(预防):
(a)的适用仅需符合本卷后续条款的规定;
(b)同时适用于法人与自然人,除非另有规定;
(c)在与其他私法规范的目的相抵触的范围内不得适用;
(d)不影响基于其他法律理由可以获得的救济。

评　论

A.(a)项

第Ⅵ－1:101条(基本规则)和第Ⅵ－1:102条(预防)并非自足的规则。第Ⅵ－1:101条(a)项的意义和运作已经在对第Ⅵ－1:101条的评论中做了解释。本条致力于下述目的,即确保第Ⅵ－1:101条和第Ⅵ－1:102条都不被解读为是自足的规则。它们要求的特别要件的内容和意义(具有法律相关性的损害、可归责性、因果关系、赔偿和预防)应完全从之后的第二、三、四和第六章中的条文中得出。而且,第Ⅵ－1:103条(a)项澄清了下述问题,有关抗辩(第5章)的条文和不受本卷影响的事项在适用第Ⅵ－1:101条和第Ⅵ－1:102条时仍保留其意义。

B.对法人和自然人的适用((b)项)

法人作为请求人。在本卷的示范规则谈及"人"或"他人"或同类概念,或使用类似表述时,如果没有明确指称他者,则正如已经解释的,这些术语总是被理解为同时意指自然人和法人在内。就这一基本规则的少数例外,应根据法人是潜在的原告还是责任人进行区分。在第一种情形,存在有特殊规则,根据事物的性质,它们的适用被限定于自然人,这些可以在第Ⅵ－2:201 条(人身伤害及其后继损失)、第Ⅵ－2:202 条(因他人的人身伤害或死亡而由第三人遭受的损失)和第Ⅵ－2:203 条(对尊严、自由以及隐私的侵犯)中找到。法人可能享有的无形人格权的范围这一问题因而必须根据第Ⅵ－2:101 条(具有法律相关性的损害的含义)(参见对该条以及对第Ⅵ－2:203 条(对尊严、自由以及隐私的侵犯)的评论)。而且,进一步的问题就是法人能否遭受非经济损害,并基于此主张损害赔偿。本草案对该问题未留下质疑:对该问题应作出肯定回答(进一步的细节可参见对第Ⅵ－2:101 条的评论)。

法人作为责任人。从第Ⅵ－1:103 条(b)项中可以得出,法人基本应以和自然人同样的方式对招致的具有法律相关性的损害负责。对此仅需要做出几处澄清。首先,法人不仅应对其雇员造成的损害向第三人负责;它们也应对其代理人造成的损害负责。参见第Ⅵ－3:201 条(雇员和代理人致害的归责)第(2)款。第二处需要作出澄清是因为,法人可能负有特殊的注意义务——特别是以不使他人暴露于危险的方式来组织其活动。这些义务"位处"第Ⅵ－3:102 条(过失)中。换句话说,从第Ⅵ－1:103 条(b)项中可以得出,法人也可能为过失行为,或者根据具体情况,为第Ⅵ－3:101 条(故意)意义上的故意行为。因而,其责任可能基于(1)自己的故意、(2)自己违反义务、(3)自己的代理人违反义务、(4)其(其他)雇员违反义务以及(5)其对第 3 章第 2 节(无故意或过失的归责)规定的危险源负有职责。

不当组织。刚才提及的妥善组织的义务纯粹来自于事物的性质,主要和法人相关。不过,在特殊情形,它们也可能在个体商人的营业或类似组织的背景中发挥作用。

示例 1

一家医院中突发紧急情况,合适的医生因在医院另一个部门超负荷工作而无法脱身,未能尽早处理紧急情况。如果医院的活动能得到妥当的组织,另一名医生本可以出现在相关的病房。医院要对其组织的不当承担责任。即使(如果有这种情况,不可否认地说,也很少见)医院为个人而非法人运营,对案件的裁决仍不会有所不同。

公法法人。这些规则没有对私法调整的法人和公法调整的法人进行基本的区分。出发点是,后者和私法调整的法人受到同样规则的约束。不过,应当注意第Ⅵ－7:103 条(公法职能和法院程序):本卷并不调整法人(或个人)因履行公法职能而产生的责任。

法人的知悉归责(imputation of knowledge)和心理状态。法人自身并无自己的认识或意志。另一方面,事实上的和推定的知悉、恶意和其他方面的心理状态提供了诸多责任前提要件(如故意、过失和对保有人的界定)和抗辩事由(如与有过失)的要素。基于该理由,需要说明的是,法人所借助而行为之人的心理状态和知悉可归咎于该法人。只是因为(1)在非合同责任法的界限之外它也有意义,并且(2)也有很多人将之描述为是公司法的原则,这一规则并未为本卷明确采用。无其法人即不能从事法律关系者为法人的代理人(参见第Ⅵ－3:201 条(对雇员和代理人造成的损害的归责)第(2)

款中的定义）。为公司行为的自然人自身是否有责任无关紧要。而且,法人应被视为是其每个人代理人的个人知悉被合在一起并随时供用。因而,可以想象,尽管事实上采取了关键措施的董事会成员即使无过失,法人仍应给基于故意造成损害而承担责任。

示例 2

A 是一家股份公司董事会的成员,他将从供应商 L 购得的建筑材料安排用于为公司客户 K 的提供的建筑工程。董事会成员 B 负责采购,通过所有权保留的方式取得了这些建筑材料——这与公司的政策相悖。A 未意识到这一点,B 并不知道建筑工地缺乏材料,因而未预想到这些材料会及时在该地点使用。因为被用于建筑施工,L 丧失了对这些材料的所有权。该法人故意侵害了所有权而给 L 造成了损害。

C. 非合同责任法和其他司法领域的关系((c)项和(d)项);概述

诉讼自由竞合原则。第Ⅵ－1:103 条(c)和(d)以两项规定来调整非合同责任法和其他司法领域的关系。它们的出发点是基于受害人通常可以从数个纳入考虑的请求权基础中选择看来最有利的那个(根据应适用的程序法和管辖权,法院应承认请求人依赖的请求权基础时,亦同)。例如,在请求人享有源自不当得利和非合同责任法的请求权时,前者在特定案件中提供较后者更为广泛的救济,非合同责任并不能阻碍适用不当得利法((d)项)。不过,不当得利请求权并非附加于赔偿请求权;它是一项可供选择的请求权。(类似地,在非合同责任法中主张得利时(参见第Ⅵ－6:101 条第(4)款(赔偿的目标和形式)),这构成了赔偿的替代救济措施,而非附加措施)。不过,在相反的情形(非合同责任请求权比其他请求权更有利),竞争的制度——特别是提供赔偿的竞争制度——是排他性的。也就是说,其规则的目的仅能通过排除非合同责任法而得以满足。(c)项考虑了这点。

诉讼竞合情形的前提条件。诉讼竞合难题的重要性时不时地被高估,这一难题仅在作为请求权的必要要件的同一行为落入法律的两个或多个领域的条文范围,并且该行为为这些不同的条文做出不同的判断时才会出现。

示例 3

因而,在已知的不履行合同债务的行为根据本卷的规则事实上未导致非合同责任时,就不会产生诉讼竞合的难题。例如,单纯的未在正确的时间或按正确的质量履行合同交付货物的义务并不属于第Ⅵ－2:101 条(具有法律相关性的损害)的表述的范围。

示例 4

类似地,根据合同条款,在租赁物被承租人用坏时,诉讼竞合的难题也不发生。这是因为承租人的行为不仅不构成没有履行合同债务;它甚至不构成和非合同责任法相关的对财产权的侵害,因为出租人的同意使得毁损得以正当化。

不过,如果就过度毁损性使用租赁物相关的请求权,调整租赁合同的法律规定的时效期间较非合同责任法对故意或过失侵害财产权的请求权规定的时效期间为短的,情况就不同了。如果根据非合同责任法,毁损因(单纯的)过失造成即足以产生责任,而租赁法规定的请求权取决于对承租人方的更严格的过错标准时,诉讼竞合的难题同样会出现,在这种情形,租赁法条文的目的即为它们要比非合同责任法的条文优先适用((c)项),因为不这样它们就无法获得意图的效果,也即在为更严格制定的规则所排除的情形,保护承租人免遭责任。

D. (c)项

适用范围。本条主要关注但绝非仅仅关注合同法和非合同责任法的关系。在和无因管理法、财产法甚至家庭法的关系上,它也起着类似的作用。因而,它是自治的私法条文还是对那些根据其目的可以主张优先适用的规则的规定无关紧要。

示例5

例如,家庭法可能试图以排他的方式调整已婚者或已订婚者违反忠实义务的法律后果。在这种情形,如果在通奸行为被披露后,被戴绿帽子的配偶遭受严重的精神崩溃以及第Ⅵ－2:201条(人身伤害及后继损失)规定的那种身体症状,则非合同责任法可能不会适用。如果家庭法对配偶之间以及父母与子女之间的注意标准规定比非合同责任法中通常适用的标准为低时,情况并无不同。在这一情形,第Ⅵ－1:103条(c)项将使得第Ⅵ－3:102条(过失)不再适用。

示例6

在财产法中,也存在很多旨在排除非合同责任法的规定。例如,存在善意取得所有权的规则。根据财产法的规定,因为无权处分人的处分而善意取得所有权者,在真正所有人在理论上仍可能享有基于过失侵犯(损毁)财产权的请求权时,不应被前一所有人起诉要求赔偿。那会削弱关于善意取得的规定的宗旨——特别是在应考虑实物赔偿请求权的情况下。在一些国内法中,这可能是一种真正的冲突情形,尽管正确的回答已经足够清楚,但根据《共同参考框架草案》的归责,这种情形不会出现,因为善意取得动产所必需的注意和谨慎的标准(参见第Ⅷ－3:101条(经由无权移转所有权者的善意取得))类似于不存在过失所必需的标准。在两种情形,基本的检验标准都是能够合理期待的标准。在《共同参考框架草案》下存在的冲突情形可能是长期占有(30年)之后即使恶意也能取得动产的规则和本卷中的规则的冲突。不过,在这里,第8卷中的一项规则解决了任何疑问,该规则经过精心措辞后明确赋予了财产法规则以优先性(参见第Ⅷ－4:302条(根据不当得利法和非合同损害责任法消灭权利))。一般的观点也可以有妨害法来描述:关于妨害法的基本规则可以在关于侵害财产权的规定中找到,但是细节问题通常出现在调整和转让相邻权的法律中。

还应该注意的是,财产法中还存有规定,明确承认相关的财产法规则并非旨在排除对损害的非合同责任法。例如,第八卷有关生产、附合和混合(production, combination and commingling)规则的情形即是如此。参见第Ⅷ-5:101条(当事人自治及与其他条文的关系)第(3)款。

非合同责任法和合同法。不过,正如已经指出的,本条适用的主要领域涉及和合同法的关系。一开始就应该认识到,并非每个对合同债务的不履行都构成非合同责任,每个涉及对缔约方之损害的非合同责任也并不必然构成对合同债务的不履行(一则不重要的例子是正好发生在受害人自己的雇主身上的情形,在一个星期天下午,该雇主因为漫不经心地驾驶而造成损害)。第二个关注点应是,这些规则不仅仅和适用于合同以及非合同权利的时效规则相当近似,而且不断接近于不履行合同债务和非合同责任的法律后果。特别是,第Ⅲ-3:701条(损害赔偿权)规定了对源自不履行合同债务的非经济损失和经济损失的损害赔偿。这些发展有效地降低了诉讼竞合难题的实际意义。在合同法和非合同责任法事实上重合时,它们仅在边缘地带才存在分歧。

在冲突的情形合同法优先。如果合同法和非合同责任法的价值冲突在特殊案件中出现,此时合同法否认了根据非合同责任法本会存在的责任时,合同法的规则可主张优先适用,只要根据这些合同法规则的目的应主张优先适用的。如果适用与相应的合同法规定平行的非合同责任法会剥夺后者的效力时,也是如此。在合同法规则实际提出要求时,它享有优先权。在合同法未如此要求非合同责任法的附属性时,(c)项不应适用,此时由诉讼自由竞合原则来调整。

示例7

第Ⅲ-3:703条(可预见性)规定:"产生于合同或其他法律行为之债务的债务人仅对其预见的或可以合理预期其在债务发生时能够预见的作为不履行行为的可能结果产生的损失承担责任,除非该不履行是基于故意、轻率或重大过失而为之。"在对该条的评论中,给出了下述的示例2:"S公司将一种动物饲料的混合物卖给了B来喂猪。B并未告知A何种猪需要该饲料。S过失地提供了一批包含会给猪造成不适但非严重伤害的温和毒素的混合物。不过,B的猪是一种罕见的品种,对该毒素非常敏感,在喂给该混合物后,许多猪死亡了。S对该损失并不负责,因为它不能合理预见到该损失。"如果对财产损害的非合同责任的规定可以适用于这些事实并得出矛盾的结果,则这一合同条款的责任限制的功能便被废止。而且,非合同责任是否以过失为前提并无不同。

示例8

出卖人S向买受人B出售了一台混凝土搅拌机。因为底座存在缺陷,鼓(drum)在第一次使用时脱锚(anchoring)。鼓和周边的结构均发生变形。B没有利用权利在合理的时间内解除合同关系(比较第3卷第3:508条(解除权的丧失))。B基于存在第Ⅵ-2:206条(侵犯他人财产或合法占有所造成的损失)承认的对财产权的侵犯,请求赔偿给机器造成的损害。我们假设,B因为第Ⅲ-3:107条(没有通知不符合约定的情况),不能基于合同法对不符合约定的情况获得损害赔偿。而且,应当考虑下述事实,即欧盟《产品责任指令》第9条(b)项仅包括对缺陷产品自身之外的其他物的损害。该条仅涉及对消费者的责任,但它得出的结论是,欧盟立法者通常想将这一类的案件留给合同法来处理。合同的优先性也在下述观点中得到支持,即产品在所有权转移之后发生自毁的损害时,没有可行的标准来划定合同和非合同责任的边界,因而法律制度应冒险将单纯的不符合质量标准(因而属于买卖法的核心部分)描述为非合同责任法事项的风险。根据这些规则的体系,可以认为,该问题不再获得太多的关注。不过,对一般合同法的规则、买卖法规则以及《产品责任指令》第 9 条(b)项合并考虑,证实了下述结论,即非合同责任不应适用于买受人基于取得的产品的自发损害而对出卖人提起的损害赔偿请求。

示例 9

医生由于在治疗病人时存在差错,病人死亡了。对致命的人身伤害的情形亲属遭受的具有法律相关性的损害,第Ⅲ卷并无特别的相关条文。不过,第三卷对此的沉默并非是"有说服力的沉默"(eloquent silence),后者在下述意义上具有重要性,即,因为该案件属于不履行合同债务,这些请求权就被排除了。对给他人造成之损害的非合同责任法的相应条款(第Ⅵ－2:202 条(因他人的人身伤害或死亡而由第三人遭受的损失))仍可适用。在非合同责任诉请中,仍应关注第Ⅵ－6:203 条第(2)款(货币化与量化)、第Ⅵ－7:105 条(已获得补偿的人的责任的减轻或排除),甚至根据具体情况下医院的组织形式,要关注第Ⅵ－7:103 条(公法职能和法院程序)。

E. (d)项

非合同责任法并未排除其他请求权基础。(d)项涉及相反的情形:根据非合同责任法的条文,不存在可以主张的有效请求权,例如,因为不存在具有法律相关性的损害或过失,或因为对他人责任的条件未得到满足。在这类情形,请求人可以寻求其他更有利的请求权基础。这一规则的适用不存在例外并扩展至可用的法律救济。

示例 10

出卖人 S 将受到石油残留物污染的土地卖给了 B。B 的财产权没有遭到侵犯,因为土地在所有权移转时已经遭到污染。因而,仅在 S 故意欺诈 B 的情形下(通过不让事实为人知悉的不作为),B 对 S 根据非合同责任法享有的损害赔偿请求权才可想象(第Ⅵ－2:201 条(欺诈性不实陈述所致的损失))。这当然并不排除 B 基于 S 不履行合同债务而利用合同的救济——特别是合同上的损害赔偿请求权。

示例 11

D 以合理的速度驶过高楼林立的地区,此时一名 3 岁的女孩突然走进他前面的道路。他本来无法预见到该女孩因为看到母亲在街的对面而松开了其阿姨的手。D 尽力避免撞到女孩而与一株树相撞。如果他根据非合同责任法不享有请求权,他仍可以对该女孩和/或其父母根据无因管理提出请求(参见第Ⅴ－3:103 条(赔偿权))。

示例12

A就某种工业用机器登记了一项专利,但既未建造该机器也未采取其他努力使得该发明商业化。B在知道A该项受保护的专利的情况下,建造了两台这种类型的机器并将之出售。A并未遭受实际损失,因而未遭受具有法律相关性的(经济)损害。不过,这仅排除了对非合同责任的请求,而并不妨碍以不当得利提出请求。

对债法没有限制。(d)项绝对未被限于和债法其他领域的关系上。相反,该款澄清道,非合同责任法基本上并不排除任何基于其他法律理由的请求权。特别是在和财产法的关系,这有着实际意义,在和调整预防性的法律保护请求权的法律的关系上也是如此。因为财产法承认禁止性的或强制性的预防(迫近的或持续的)损害的请求权,且该请求权无关过错,这一请求权可以独立于第Ⅵ-1:102条(预防)的要件而得以主张。对保护贸易的规则提供的预防性法律保护也是如此,如根据《欧盟商标条例》(the Community Trade Mark Regulation)第98条第(1)款。

和第六卷第Ⅵ-1:103条(d)项相关的特别制度。后面的文本在三处突出了和第1:103条(d)项相关的特殊制度,即第Ⅵ-2:203条(诽谤)第(2)款、第Ⅵ-2:208条(因不正当竞争给消费者造成的损失)*第(2)款和第Ⅵ-3:207条(其他对造成具有法律相关性损害的归责)。前两条涉及的例外情形是,在这些规则条款明确规定情形之外,且由国内法来决定是否存在具有法律相关性的损害的情形。相比之下,第Ⅵ-3:207条提及国内法规定的其他严格责任的情形。参见对这些条文的评论。

注　释

Ⅰ.侵权法和合同法:诉讼竞合理论

1. 诉讼竞合产生的难题涉及检验私法的不同领域是如何相互关联的,这些难题是每个欧盟成员国都要面对的困难。在这一领域,焦点主要集中于合同法和侵权法的关系上(一般论述参见*von Bar and Drobnig*, The Interaction of Contract and Tort, nos. 280~315)。奥地利、德国和希腊的法律理论在可能的法律诉讼事由发生竞合的情形区分了下述种类:如果一项规范排除了另一项规范的适用,则应参考法条竞合说(*Gesetzeskonkurrenz* (*concurrence of laws*))。*请求权聚合*(*Anspruchshäufung*)这一术语描述了同一行为可能引发平行诉因累积的现象,如赔偿损失的损害赔偿请求权已经发生,而一项禁令救济的请求权则指向避免迫近的新的损害。诉讼聚合的难题特别存在于第Ⅵ-6:301条第(1)款(一般预防)**所处理的规则中。*择一的请求权聚合*(*alternative Anspruchshäufung*)这一术语被用于描述请求人必须在不同的诉因中进行选择的情形。源自这些规则的例子可以在第Ⅵ-6:101条(赔偿的目的和形式)第(4)款中发现。不过,如

---

* 现条文标题为"非法妨害营业所致损失"。——译者注

** 新的名称为"预防权"。——译者注

果同一损害引发数个请求权，而其中一个请求权并不排除另一个请求权继续存在的，这一情形就被归类为*请求权竞合*(Anspruchskonkurrenz, concurrence of claims)或*请求权规范竞合*(*Anspruchsnormenkonkurrenz*, *competing bases of a claim*)。前者设想的是，请求权人可以求助于数个平行的请求权。这些请求权相互之间并不影响。请求权人甚至不必依赖的是这些诉因中的哪一个(受到冲突的国内程序规则的限制)；不过，不言自明的是，不可能因为请求权人因违约遭受损失并属于侵权行为的受害人而获得双倍的赔偿或甚至是判给的损害赔偿范围的增加。在*请求权规范竞合*的情形，最终得到公认的是，从最初开始，只存在一项请求权，尽管可以将该请求权置于大量的责任基础之上(*Koziol*, Haftpflichtrecht I[3], nos. 17/1 ff; MünchKomm(-*Kramer*)[4], § 241, nos. 25 ff; *Medicus*, Schuldrecht I[13], § 32; *Vaz Serra*, BolMinJus 85 (1959) 230; *Almeida Costa*, Obrigações[9], 499-506; Georgiades and Stathopoulos (-*Georgiades*), art. 247, no. 29; *Georgiades*, Diki 6/1975, 43; *Deliyannis and Kornilakis*, Eidiko Enochiko Dikaio III, 110)。在上述讨论过的术语的意义上，本文本规定了请求权竞合的原则(不过，它并未采用这一原则和请求权规范竞合之间细微的差别)，并在(d)项澄清，侵权法并不具有抑制合同法的效力。(c)项引入了一项规则，该规则采用了相反的进路(合同法和其他私法领域优先于侵权法)，正如上述评论之前所暗示过的，导致了*法条竞合*原则的适用。

2. "法条竞合"原则是比利时、法国和卢森堡法律定义合同法和侵权法关系的出发点，它源自下述事实，即在这些法律体系中，人的损害赔偿责任不能同时既是合同的又是侵权的。在重合和冲突的情形，合同法优先(关于法国，参见 *Mazeaud and Chabas*, Leçons de droit civil II(1)[9], no. 404 pp. 402-403；关于比利时，参见 *Vandenberghe/Van Quickenborne/Wynant/Debaene*, TPR 2000, no. 176；关于卢森堡，参见 Cour 16 June 1982, Pas. luxemb. 25, 344)。不过，法院对*责任非竞合*原则创设了诸多例外。这些例外主要集中于刑事法庭的判例法上。*最高法院刑事庭*(*Chambre criminelle of the Cour de Cassation*)的判例经常重申，刑事法庭并不享有适用调整合同责任的法律的权力。如果在诉请附加于刑事程序的损害赔偿的过程中，刑事庭被要求决定置于民法中的赔偿请求权的实质依据时，法庭通常适用非合同责任法，即使实施的行为也构成违反合同(*Viney*, Introduction á la responsabilité[2], no. 223 p. 412)。比利时的判例法允许合同(违反该合同也构成犯罪行为)的受害人在合同请求权和侵权请求权之间进行选择。此外，如果合同的一方当事人的*过错*不仅仅是违反了特定的合同，而且表明违反了一般的注意义务，并且源自该违约的损害和合同项下的落空的期待并无关联时(Cass. 4 June 1971, RW 1971~72, 371; Cass. 7 December 1973, RW 1973-74, 1597)，侵权法的一般原则也可以适用于合同当事人之间。

3. 由于判例法和法律文献中的冲突意见，西班牙法的趋势有点不明朗。学术文献中的主流观点避免严格适用非竞合原则(不同的观点如 Paz-Ares/Díez-Picazo/Bercovitz/Salvador(-*Pantaleón Prieto*), Código Civil II[2], 1979，根据*最高法院*裁决的暗示，如 TS 16 May 1985, RAJ 1985 (2) no. 2396 p. 2028，其观点确实得到了支持)。在大多数情况下，判例法倾向于将合同责任限定在"严格的协议范围内"(*rigurosa órbita de lo pactado*)(TS 16 May 1985, RAJ 1985 (2) no. 2396 p. 2028)。不过，和之前一样，决定后者的确切细节似乎是成问题的，这不仅是因为最高法院(Tribunal Supremo)将一般的根据善意观念行为的义务视为属于"合同的范围"(详见 *Díez-Picazo*, Derecho de daños, 265)。*最高法院*也授权受害人可以提起两项请求，或者以择一的方式，或者将其中之一作为辅助请求权。甚至得到公认的是，法院可以在请求人并未提出请求的情况下，利用更有利于请求人的责任制度(TS 15 February 1993, RAJ 1993 (1) p. 987 no. 771)。

4. 在意大利,公认的是合同责任通常不具有取代平行的侵权责任的效力。如果违反合同同时构成侵害侵权法保护的利益,那么受害人可以选择是根据合同法还是侵权法来提出请求。请求权竞合原则得到适用(Alpa and Bessone (–*Rossello*), La responsabilitá civile I[2], 316–317 and 321–326; *Rossello*, Aggiornamento loc. cit. 1988–1996, I, 139–140; *Monateri*, Manuale della responsabilità civile, 19–30; *Bianca*, Diritto civile V, 551–555)。这一原则首先在客运领域获得实际意义(违反合同导致人身伤害)(Alpa and Bessone (–*Lopez de Gonzalo*), La responsabilità civile IV[2], 32–37; Cass. 20 April 1989, no. 1855, Foro it. 1990, I, 1970; Cass. 28 January 1972, no. 226, Giur. it. 1972, I, 1, 1797;另比较 Cass. 19 January 1977, no. 261, Giur. it. 1978, I, 1, 1791)。而且,判例法中的多数共同意见承认,与买卖法上损害买受人的其他利益(其健康或财产)的责任(民法典第1474条第(2)款)平行的责任可以借由民法典第2043条(侵权)产生(就相关判例法的引用,参见 *Monateri*, Cumulo di responsabilitá contrattuale e extracontrattuale, 176)。在这方面,请求权竞合原则构成出发点(Cass. 5 February 1998, no. 1158, Rep. Giur. it. 1998, voce Vendita no. 45; Cass. 28 July 1986, no. 4833, Rep. Giur. it. 1986, voce Vendita nos. 77~78; Cass. 13 March 1980, no. 1696, Giur. it. 1980, I, 1, 1460; 不同者,Cass. 9 February 1965, no. 205, Rep. Foro it. 1965, voce Vendita, no. 68)。自然,就同一损害获得双重赔偿的可能性总是被排除。就完整的概述详见 *Castronovo*, Europa e dir. priv. 2004, 69。

5. 目前,《匈牙利民法典》第318条第(1)款对合同责任和侵权责任规定了统一的制度:"有关损害的非合同责任规则应适用于违反合同的责任并用于决定赔偿的范围。除非法律另有规定,否则不允许减少判给的损害赔偿额。"相反,《波兰民法典》第443条明确规定了合同责任和侵权责任的自由竞合。不过,公认的是,违反合同债务仅在同时侵害了有普遍约束力的法律规则或共同体生活的原则(*zasady wspótz · ycia spotecznego*)时,方可构成侵权。在该情形下,请求人可以选择看起来更为有利的请求权。请求人提出并明证确立该请求权的事实即为已足,因为法院有义务根据案件的具体情形选择更有利于请求人的责任的法律依据(SN 14 February 2003, LEX no. 78273;*Safjan*, Kodeks cywilny I[4], 1268~1271; *Radwański and Olejniczak*, Zobowiözania–cze̜öö ogólna[5], 353–354)。

6. 根据德国法,违反合同债务不能既构成违反民法典第823条第(1)款的(绝对)法又构成违反第823条第(2)款的保护性法律。不过,如果已经违反合同,而第823条第(1)款列举的权利也受到侵还(特别是侵害了所有权或造成了人身伤害),则侵权法和合同法竞合的原则被视为当然(在大量的法律文献中得到重申,参见 BGH 28 April 1953, BGHZ 9, 301, 302; BGH 24 May 1976, BGHZ 66, 315, 319; BGH 17 March 1987, BGHZ 100, 190, 201; Erman (–*Schiemann*), BGB I[10], Pref. to § 823, no. 25; Staudinger (–*Hager*), BGB[13], Pref. to § § 823 ff, no. 38)。这一原则的一个例外是适用侵权法会违背合同法规范目的的情形,例如,因为这一规范规定了一定的免责特权或较短的时效期间。该原理认为,如果适用侵权法,这一规范将被削弱并被剥夺实际效果。判例法更为宽泛:例如,关于民法典第521条,参见 BGH 20 November 1984, BGHZ 93, 23; 关于民法典第599条和第690条,参见 BGH 23 March 1966, BGHZ 46, 140, 145; 关于民法典第708条,参见 BGH 20 December 1966, BGHZ 46, 313, 316 [所有的案件都要求严格的过错(qualified fault)]; 关于民法典第548条[相当于旧民法典第558条],参见 BGH 31 January 1967, BGHZ 47, 53, 55; BGH 24 May 1976, BGHZ 66, 315, 320; BGH 8 January 1986, NJW 1986, 1608; BGH 23 May 2006, NJW 2006, 2399;关于民法典第606条,参见 BGH 31 January 1967,

BGHZ 47, 53, 55［较短的合同法时效期间］。重要的是，应注意，德国债法改革，特别是通过民法典第280条第(1)款第2句(就合同责任中的过错采用举证责任倒置)和第253条(在合同责任的情形引入非经济损失)使得之前在和竞合难题相关的讨论中起着重要作用的许多问题都过时了。

7. 类似地，在奥地利，通常适用的是侵权法和合同法诉讼竞合或*请求权规范竞合*的原则。和德国的主流法律立场不同，合同法规定的较短的时效期间和侵权法规定的损害赔偿请求权没有关系(详见 *Koziol*, Haftpflichtrecht I[3], nos. 17/8; Rummel (–*Reischauer*) ABGB II[2] § 1295 no. 25)。特别是，商法典第3章列举的特别时效期间并不适用于侵权法的损害赔偿请求权(商法典第414、423条和第439条)，除非当事人另有协议。即使在发货人是遗失或毁损的货物的所有人的情形也是如此。该原理认为，侵权行为人不应仅仅因为他和受害人存在合同关系就受到不恰当的优待(*Huber*, JBl 1986, 227; OGH 9 September 1986, JBl 1986, 793; OGH 16 November 1989, JBl 1990, 528 = RS 0 062408)。

8. 在希腊，非常类似的问题也成为了讨论的主题。法院认为，如果在合同不存在的情形加害行为也构成不法，违反合同同时构成民法典第914条规定的侵权(A. P. 967/1973 NoB 1974, 505; A. P. 1058/1977 NoB 1978, 929; CA Athens 10288/1986 EllDik 1987, 886)。在这些情形，法院采用了诉讼竞合的路径：合同请求权和侵权请求权可以根据调整两个法律领域的规则分别提起(A. P. 171/1978 NoB 1979, 238; A. P. 967/1973 NoB 1974, 505; CA Athens 10288/1987 EllDik 1987, 886; CA Athens 5653/1987 EllDik 1989, 775)。在这一当口，必须附加一项但书，即如果合同法的特别规定(如那些就责任的施加规定了较民法典第811条和第823条的情形略微宽松的标准的规定)会变得实际上无意义，则诉讼竞合原则的例外就得以确立(CA Athens 951/1967 NoB 1968, 279; *Balis*, Genikai Archai[8], 372)。而且，就时效期间而言，合同责任和侵权责任通常遵循各自的规则(A. P. 47/1996 NoB 1998, 206; A. P. 1993 NoB 1993, 1069; A. P. 967/1973 NoB 1974, 505)。出租人和承租人法(第602条)暗示了一项例外情形，即出租人的侵权法上的请求权受到较短的合同时效期间的限制(CA Athens 6595/1994 EllDik 1995, 1288; CA Dodoni 261/1997 EllDik 1998, 185)。学术文献支持将服务合同法对后继损害规定的较短时效期间(民法典第693条)扩展至侵权法上的请求权(Georgiades and Stathopoulos (–*Kardaras*), arts. 688–690, no. 30)，而买卖法对后继损害规定的较短时效期间不应包括侵权法上的请求权(Georgiades and Stathopoulos (–*Doris*), arts. 554–558, no. 18; 持不同观点者，*Deliyannis and Kornilakis*, Eidiko Enochiko Dikaio I, 260)。

9. 1966年在准备《葡萄牙民法典》实施的基础工作时，就合同法和侵权法的关系是否采用明确的制定法规则存在讨论(*Vaz Serra*, BolMinJus 85 (1959) 238)，但是这一规定从来未见天日。大多数法律意见承认，诉讼竞合原则居主导，而请求人可以自由选择看起来似乎更有利的责任制度(*特别是*参见 *Antunes Varela*, Obrigações em geral I[10], 637 and STJ 22 October 1987, BolMinJus 370 (1987) 529)。不过，也有人提出了反对意见：即源自*不竞合制度(sistema do não cúmulo)*的*吸收原则*(*princípio da consunção*)应被赋予优先性(*Almeida Costa*, Obrigações[9], 501; STJ 9 February 1995, CJ(ST) III (1995–1) 75)。合同责任和侵权责任在诸多领域存在区别(*特别是*时效期间、对过错的证明责任)；不过两种制度中的损害赔偿法是统一的并由民法典第562～572条来调整。通常，可以认为，合同法赔偿源自不履行或不良履行的损失，在民法典第798～800条中可以找到一般的原则。因而，缔约人对建筑开发商或对买受人就源自缺陷建筑的损失所承担的责任由合同法规则来调整(民法典第1225条),建筑的所有人或占有人对第三人承担的责任应根据侵权法规则来解决(民法典第492条)(*Pires de Lima and Antunes Varela*, Código Civil Anotado II[3], 827, note 5 to art. 1225)。

10. 根据荷兰法,原则上可以想象,违反合同可能意味着侵害了民法典第6:162条第(1)款意义上的权利。不过,从事实中可以得出,鉴于民法典第6:74条以下存在单独的调整违反合同债务的规定,它们经常获得优先于民法典第6:162条的地位(Asser(-*Hartkamp*)Verbintenissenrecht III[10], nos. 8-9 pp. 9-10)。只有在例外的情形,合同项下的不履行才同时构成民法典第6:162条规定的侵权。如果不法性源自(单纯的)违约之外的行为,这一事态就会出现。例子包括债务人基于合同关系持有了债权人所有的物并将之毁损,或者雇主违反了对雇员负有的健康和安全义务。在这些情形,就发生了侵权请求权和合同请求权的竞合(详见Asser(-*Hartkamp*)Verbintenissenrecht III[10], nos. 8-11 pp. 9-12; *Jansen*, Onrechtmatige daad: algemene bepalingen[2], no. 15 pp. 23-24; Nieuwenhuis/Stolker/Valk(-*Lindenbergh*), T & C Vermogensrecht[4], art. 6:162 BW no. 5; HR 9 December 1955, NedJur 1956 no. 157 p. 353; HR 6 April 1990, NedJur 1991 no. 689 p. 2961; HR 6 December 1996, NedJur 1997 no. 398 p. 2176)。

11.《爱沙尼亚债法》第1044条是为数不多的几个明确处理合同法和侵权法关系的条文之一。这一条文和第六卷第1:103条(c)和(d)非常类似,它规定:"(1)本章(=关于'不法造成损害')的规定并不排除或限制受害人基于非本章提供的法律基础主张损害赔偿或提出其他请求的权利,除非法律另有规定。(2)对源自违反合同之债务的损害的赔偿不应基于本章提供的基础来主张,除非法律另有规定。如果被违反的合同债务的目的并非是防止对之提请赔偿的损害,则对源自违反合同债务之损害的赔偿可以基于本章提供的基础来主张。如果死亡、人身伤害或对健康的损害是因为违反了合同债务而引起的,侵权人应基于本章提供的基础对该损害承担责任。"以定义条款表达的类似的规定可以在《立陶宛民法典》第6.245条第2~4款中发现("2.民事责任包括两种:合同责任和非合同(侵权)责任。3.合同责任是源自不履行合同或瑕疵履行的金钱债务,此时债务的一方当事人享有损害赔偿请求权或要求支付罚金的权利(违约金、利息),另一方当事人则应不履行合同或瑕疵履行造成的损害予以赔偿或支付罚金(违约金、利息)4.非合同(侵权)责任是一项和合同关系无关的金钱债务,处分法律规定,侵权责任也可以源自和合同关系相关的损害")。

12. 在北欧国家,瑞典和芬兰损害赔偿责任法第1章第1条规定,合同责任和侵权责任原则上同样受到诉讼自由竞合的规制(比较第1:103条(c)项和(d)项),但是,如果侵权责任原则上允许提供较之相竞争的合同责任更为广泛的法律救济,并且从对合同责任的解释中可以得出它们旨在取代侵权责任的,原则上就不能主张侵权责任。可能的情形如,合同请求权已经罹于时效(*Lindskog*, Preskription[2], 555-556),或合同请求权并未纳入全部损害(Swedish HD 25 May 1949, NJA 1949, 289; Swedish HD 28 September 1951, NJA 1951, 656; *Hellner and Johansson*, Skadeståndsrätt[6], 90)。如果侵权人占有物品,他和受害人之间既存的合同关系可以转移举证责任,例如,在保险箱合同(safe-deposit contracts)的情形(*Hellner and Johansson* loc. cit. 87)。另一方面,如果合同法比侵权法更有利于受害人,他就可以无须费力地依赖于合同法。例如,在消费者法中可以发现这一情形的例子。特别是,《瑞典消费者买卖法》第31条和(并非完全相同的)《芬兰消费者保护法》(*Konsumentskyddslag*)第5章第20条和第21条可能比移植的欧盟产品责任指令更有利于消费者。瑞典法院采用的路径的一个富有启发性的例子可以见HD 28

February1996, NJA 1996, 104。原告为一间猫狗舍的主人,被那里的一条狗伤害,这条狗猛力地拖动皮带以致原告跌倒并摔折一根骨头。法院认为对狗所负严格的非合同责任不应适用,并认为仅可考虑合同责任,而该责任基于缺乏过错而遭到否定(*Hellner and Johansson* loc. cit. 181)。在丹麦,原则上合同责任和侵权责任可以适用诉讼自由竞合原则(比较第1:103条(c)项和(d)项),但是从对调整实际合同的规则的解释来看,在某些情形,可以认为,它们旨在取代侵权责任(*Vinding Kruse*, Erstatningsretten[5], 26-27; *Gomard*, Forholdet mellem erstatningsregler i og uden for kontraktsforhold, 64)。

13. 合同法和侵权法的区分在普通法传统中有着极大的重要性,一般论述参见 *McMahon and Binchy*, Torts[3], 32-36。在英格兰和威尔士,被告和原告之间存在合同并不妨碍存在注意义务这一想法,相反,"如果请求事项……在合同中可获赔,它在侵权中不能获赔的事实并不妨碍它在合同中获赔"(*Hamilton Jones v. David &Snape* (a firm) [2003] EWHC 3147 (Ch), [2004] 1 WLR 924)。因而,对一则案件可以基于违反合同或违反侵权法上的注意义务而采用聚合或竞合的方式提出答辩,这样可以获得针对起诉的和时效相关的利益(*Henderson v. Merrett Syndicates Ltd.* (No. 1) [1995] 2 AC 145, 182 *per* Lord *Goff of Chieveley*)。这样,合同可以被视为是一个授权的行为人(an enabling actor),它可以决定受影响的事项的范围。合同不可能受到忽视——侵权法中的互负义务(mutual obligations)不可能比合同中明确地或通过必要的暗示发现的互负义务更重要(Lord *Scarman* in *Tai Hing Cotton Mill Ltd. v. Liu Chong Hing Bank Ltd.* (*No.* 1) [1986] AC 80, 107)根据具体情况,合同的背景可以成为支持承认下述情形的因素,即侵权法上的注意义务可以从中产生的情形。不过,对缺陷财产的后续买受人不存在注意义务(*Bellefield Computer Services Ltd. v. E Turner &Sons* [2002] EWCA Civ 1823, [2002] Build LR (N. S.) 97),英格兰法院仅在一则判例中认为和第三人之间存在的合同可以表明注意义务能在过失侵权中产生,也即 *Junior Books Ltd. v. Veitchi Co. Ltd.* [1983] 1 AC 520一案,因此,就建筑物中的劣质地板,次缔约人被认为存在侵权法上的过失,尽管它和受害人之间缺乏直接的合同关系。但这一判例并未被遵循。在英格兰和威尔士,更常见的情况是,和第三人之间存在的合同将被视为是强烈倾向于否认产生侵权法上注意义务的因素(*Norwich City Council v. Harvey* [1989] 1 WLR 828, 834 per *May* LJ)。在苏格兰,*Junior Books* 一案确立的倾向偶尔得到采用(参见 *Norwich Union Life Insurance Society v. Covell Matthew Partnership* 1987 SLT 452, 459 per Lord*McCluskey*)。但是后来的 *Strathford East Kilbride Ltd. v. HLM Design Ltd.* 1999 SLT 121, 127 per Lord *Maclean* 一案认为,在建筑师与建筑所有人缔约的情形,对将来的承租人不能产生注意义务。在爱尔兰,法院中存在的一般趋势是裁定,当事人之间存在合同并不意味着不能产生侵权责任(例如 *Finlay v. Murtagh* [1979] IR 249, 256 per *Henchy* J.)。尽管如此,现代法院倾向于不赞同尝试以能为自己所用的更有利的方式起诉的原告(*Madden v. Irish Turf Club* [1997] 2 IR 184; *Sweeney v. Duggan* [1997] 2 ILRM 211)。因此,或许可以说,爱尔兰的法院不赞同为了获得最大的利益而"挑拣"合同请求权或侵权请求权。不过,在雇主对工人负有义务以及职业人士对客户负有义务的情形,法院不会将受害人限定于侵权救济或合同救济——二者皆可利用(*McMahon and Binchy*, Torts[3], 35)。有关概述可参见 *von Bar and Drobnig*, The Interaction of Contract and Tort, 203-206。

Ⅱ. 特别问题:有关瑕疵产品和建筑中的自含损害的责任

14. 与合同和侵权责任关系相关并且引发诸多讨论的特别疑难的问题是,在涉及产品"自毁"的情形,应适用哪个相关的制度。这一术语被用于描述下述情形,即某物已被交付或制造,在取得所有权的时候,瑕疵限于该物的一部分,后来暗中扩散至该物的其他部分或占据全部。例如,一个附有缺陷(在过热情形应自动导致机器自动关闭的操纵开关)复杂结构(如大型机械)被交付,但是机器整体处于正常运转状态。之后,该机器因为其最初存在的缺陷而完全毁损(断电失败,机器着火被完全毁损)。在类似的判例中,德国法院确认,存在侵权法的诉因,无论该物体的剩余部分是否不存在瑕疵(没有缺陷开关的机器),因而,法院尽管适用了竞合请求权的规则,仍赋予了一项侵权法的请求权,使得请求人因而可以绕开合同的障碍(如限定于合同责任的时效期间、免责条款)(BGH 24 November 1976, BGHZ 67, 359)。相反,在主张的损害赔偿相当于"缺乏价值"(lack of value)(因为瑕疵它自始就内在于物之中)时,不能求助于财产损害赔偿请求权(因而,它仅应由合同责任领域来处理)(BGH 18 January 1983, BGHZ 86, 256; BGH 12 February 1992, BGHZ 117, 183)。在哪里划界的确切细节继续游移不定。在 BGH 12 December 2000, NJW 2001, 1346 这则裁决中认为,购买者在填满了不稳固的矿渣的土地上建造,建筑物后来因为矿渣扩延而受损,此时不存在对建筑物的有形损害(因而不适用侵权法)。请求人任何时候都未拥有过不存在瑕疵的建筑。

15. 希腊密切关注着德国出现的发展(*Pouliadis*, FS Vavouskos II, 498)。*Deliyannis and Kornilakis*, Eidiko Enochiko Dikaio III, 348 认为,某物的不可分的部分存在瑕疵,并因为该瑕疵,损害扩展至整个物品时,可以认为有关产品责任的规定应加以适用。*Pouliadis* (loc. cit. 501) 支持利用产品责任的规定,只要对产品的损害可归因于瑕疵的效应。

16. 就产品中的潜在瑕疵造成的损害,葡萄牙法律规定了买卖法下的责任(民法典第913~922条)和服务合同下的责任(民法典第1218~1226条)。如果相关损害超过了产品的实际瑕疵,责任就是侵权性质的(*Romano Martinez*, Direito das obrigações, 130 and 441 ff)。在一则最高法院的裁决中,一件储气罐在交付给买受人之后发生爆炸,法院就给储气罐造成的损害赋予了一项合同请求权,并因此可以适用民法典第309条规定的20年一般时效期间(STJ 22 April 1986, BolMinJus 356 (1986) 349)。不过,同时,它遵守了先前的一则裁决 STJ 29 October 1974, BolMinJus 240 (1974) 209,认为由三年的时效期间调整(民法典第498条)的民法典第509条第(1)款所规定的侵权法上之请求权也应纳入考虑。

17. 类似地,在瑞典,似乎自从 HD 2 April 1918, NJA 1918 156 这一裁决之后,"隐伏的蔓延损害"(insidious spreading damage)主要通过求助于侵权法来解决(*Hellner and Johansson*, Skadeståndsrätt[6], 311)。不过,应注意的是,瑞典和芬兰的消费者保护法提供了合同的规则,它比根据侵权法来主张更有利于消费者。

18. 不过,欧洲法律圈的主流观点是,合同法应独立调整对"暗中扩散的损害"的责任。欧盟产品责任指令(第9条(b)项)从其适用范围中排除了对缺陷产品自身造成的损害。这一规则仅涉及指令规定的严格责任;过失责任制度并未被纳入到指令中,合同责任制度同样如此(第13条)。消费者保护指令并未直接考虑该问题。不过,后者并不影响国内的侵权法秩序(指令第8条)。

19. 在比利时、法国和卢森堡,出卖人就购买的产品中的潜在瑕疵(*vices cachés*)对买受人负有的责任,基于*责任非竞合*原则(*non-cumul des responsabilités*),由合同法来调整(如 Cass. civ. 13 November 1984, Bull. civ. 1984 I, no. 303 p. 258)。在民法典第1641条以下可以发现相关的规则。民法典第1645条规定的损害赔偿请求权扩展至对产品自身的损害以及和买受人其他受法律保护的利益相关的损害(就这一点,法国可参见 *Malaurie/Aynès/Gautier*, Contrats spéciaux

Ⅷ[14], no. 411 p. 293,比利时可参见 CA Bruxelles 22 November 1991, RGAR 1993, 12237)。如果第三人遭受可归因于缺陷的损失,该损失就限于侵权法的救济(关于这点,法国可参见 *Malaurie/Aynès/Gautier* loc. cit. no. 421 p. 299,比利时可参见 *Herbots/Pauwels/Degroote*, TPR 1997, no. 111 p. 735)。民法典第1645条规定的合同责任的前提条件就是出卖人知悉该缺陷。不过,法国的法学理论确立了一项不可推翻的推定,即专业出卖人是恶意进行行为。另一方面,在比利时,存在一项可推翻的推定,即出卖人本可以确认缺陷(就这方面,法国可参见 FRANCE Cass. civ. 19 January 1965, Bull. civ. 1965, I, no. 52 p. 59,比利时可参见 *Herbots* loc. cit. no. 103 p. 729)。自1985年后,《卢森堡民法典》第1645条明确将专业出卖人归类至恶意行为者。在三个法律体系中,请求都必须在很短的时间内(*短期*,*bref délai*)提起(民法典第1648条)。

20. 类似地,在西班牙,在该类案件中的请求人被限于主张合同的救济。尽管德国的路径(侵权责任)在学术文献中确实得到讨论(*Cavanillas Múgica and Tapia Fernández*, La concurrencia de responsabilidad contractual y extracontractual, 13),有关这一主题却没有相应的判例法。根据民法典的结构,第1486条第(2)款和第1591条构成了出发点(买卖和服务法规定的对产品潜在瑕疵的责任)。买卖法规定的时效期间是6个月,从货物交付时起算(民法典第1490条)。不过,西班牙法院认为,在这一诉因和基于不履行的一般损害赔偿请求权之间存在请求权的竞合(民法典第1101条以下)。法律的这一观念的效果是将时效期间扩展至15年(TS 3 February 1986, RAJ 1986 (1) no. 409 p. 360, 6. recital)。民法典第1591条以及《建设法》(*Ley* 38/1999, *de Ordenación de la Edificación*)第17、18条调整源自建筑物建造缺陷的损害责任。类似于买卖法中的立场,可以推断出,民法典第1101条以下仍可适用于服务法的这一部分(TS 9 February 1990, RAJ 1990 (1) no. 674 p. 782, 4. recital)。

21.《意大利民法典》第1494条区分了瑕疵产品直接引起的损失(第(1)款:价值减少、修复费用、所失利润等)和产品对买受人其他受法律保护的利益的间接损害(第(2)款:人身伤害、财产等)。产品因为其内在缺陷而被损毁的情形被解释为属于民法典的1494条第(1)款规定的情形(就判例法引用,参见 *Buonocore and Luminoso*, Codice della vendita[2], art. 1494 § 6)。民法典第1494条第(1)款相应于民法典调整服务合同的第1668条。不过,尚无权威判例决定订约人对承揽和服务合同的标的物遭受毁坏的责任或者在该标的物证明有重大缺陷时的责任是合同性质还是侵权性质。无论任何,法院认为这一应由非合同责任的规则来调整,因为这一规定涉及促进共同利益(Cass. 26 May 2000, no. 6997, Rep. Giur. it. 2000, voce Appalto private no. 84; Cass. 7 January 2000, no. 81, Giur. it. 2000, I, 1, 977)。如果民法典第1669条的要件未得到满足,根据个案的情况,可能产生侵权法上的责任(民法典第2043条)(Cass. 23 March 1977, no. 1136, Giur. it. 1978, I, 316; Cass. 7 April 1999 no. 3338, Rep. Giur. it. 2000, voce Appalto privato no. 85)。

22. 在奥地利,*继续侵蚀性损害*(*Weiterfresserschäden*)由产品责任法来调整。根据《产品责任法》第1条,如果受害人购买瑕疵零件作为独立的产品,该零件的生产者仅赔偿给最终产品造成的损害。是否属该种情形是根据适当谨慎义务的概念来判断的。最高法院(OGH)明确未遵循的德国判例法。在德国判例法中由侵权法来处理的事实在奥地利完全由合同法来处理(OGH 3 February 1992, SZ 67/22 and OGH 3 February 1994, SZ 67/22 [就给买受人的汽车引擎造成的损害,输水软管的生产者不承担责任])。

23.《匈牙利产品责任法》第1条第(4)款仅涉及给其他物品造成的损失。合同和侵权责任的一般规则仍停留在原来的位置(同上法,第 12 条)。除了产品责任外,民法典第 310 条代表了基于瑕疵的损害赔偿请求权的出发点。合同请求权随之产生,对此侵权法规则可以适用。因而,人们不会面临适格与否的难题(a problem of qualification)(更详尽的分析参见 *Fuglinszky*, Mangelfolgeschäden im deutschen und ungarischen Recht, passim)。另一方面,在波兰,在适用合同责任和侵权责任自由竞合的原则时采用的观点是,将有缺陷的产品投入流通构成不法行为,它可以成为损害赔偿责任的基础,即使是对被毁损物自身的损害(SN 6 February 1963, OSNC 1964, poz. 95; SN 19 November 1973, OSNCP 1974, poz. 169; *Radwański and Panowicz – Lipska*, Zobowiözania – częöö szczegótowa[5], 43)。

24. 如果动产或不动产不符合买卖合同,买受人就享有了《荷兰民法典》第 7:21 条规定的所有法律救济。第 7:22 条规定,买受人有权使用这些救济,无关它可能享有的其他请求权。此外,买受人可以求助于合同上的对不履行的损害赔偿请求权(民法典第 6:74 条)以及主张侵权法上的请求权(Asser(– *Hijma*), Bijzondere overeenkomsten I6, no. 380 p. 339)。有关后者,对产品自身的损害是否包括在这些规定的范围内的问题就出现了(*Hijma* loc. cit. no. 475 p. 407 and no. 448 p. 389)。就诉讼竞合法(the law of concurrence of actions),已经决定的是,在特殊情形放弃合同法的优先性;因而民法典第 6:162 条以下不能适用,请求人必须完全依赖民法典第 6:74 条以下。民法典第 6:162 条以下仅在一方当事人与违约无关的行为相当于侵权时才具有相关性(*Hijma* loc. cit. no. 442 pp. 384 – 385)。在消费者买卖的框架内,对瑕疵产品自身的损害由民法典第 7:24 条来调整。后者的第(1)款提及有关损害赔偿请求权的不履行的一般规则。产品责任的后继损失并未被纳入本条中(详见 *Hijma* loc. cit. no. 443 p. 385; Nieuwenhuis/Stolker/Valk(– *Castermans*), T & C Vermogensrecht4, art. 7:24 BW nos. 1 – 3)。

25. 有观点认为,在"复杂结构"(complex structure)被创造(*D. & F. Estates v. Church Commissioners for England* [1989] AC 177 per Lord *Bridge* at 206),而被告在创造该结构的一个方面时存在过失,因而对之产生影响时,就给其他部分造成不利影响的过失方面,可能会产生一项注意义务,但英格兰拒绝了这一观点(*Murphy v. Brentwood District Council* [1991] 1 AC 398 per Lord *Bridge* at 479)。

26. 在苏格兰,有关对瑕疵产品自身的损害存在侵权责任这一主张,权威判例存在冲突。较宽泛的路径(有可能是)在两种情形得到适用(*Mcleod v. Scottish Special Housing Association* 1990 SLT 749 per Lord *Coulsfield* at 751 – 752; *Parkhead Housing Association Ltd. v. Phoenix Preservation Ltd.* 1990 SLT 812 per Lord Prosser at 817)。不过,近期的一则判例(*Hughes v. Barratt Urban Construction (Scotland) Ltd.* [2002] Scot CS 87 per Lord *Carloway*)拒绝了它,因为它和上议院有关英格兰的判例的后来的发展不一致,这些判例阐述在这类案件中应采用的一般方法。近来的英格兰的裁决可以被认为构成法律。这些判例将对产品自身损害的侵权责任的理念限制在更为狭窄的领域内,它仅包括下述情形,即在过失方对整个财产的创造不负责任的情况下,他要对已经存在的财产的显著部分中的物的创造或对该财产的更大部分的创造负责的情形。例如,有观点认为,尽管"接近边界",但在一家二氧化碳的制造商因过失使之受到苯的污染并将之提供给了另一家制造商,后者将之与水和从一家供应商处获得的浓缩物的混合体混在一起用于制造一种酒精饮料这一情形,侵权责任仍无法适用。注意义务被认为不能产生于侵权,因为该请求与"最终产品"、价值的减少及需要从市场召回它所产生的后继损失相关。被污染的二氧化碳可以被视为是损害了与之混合的浓缩物这一观点被拒绝了(*Bacardi – Martini Beverages Ltd. v.*

Thomas Hardy Packaging Ltd. [2002] EWCA Civ 549, [2002] 2 Lloyd's Rep 379 per *Mance LJ* at [18])。

Ⅲ. 侵权法和其他私法领域

27. 限定了侵权法和其他私法领域的边界的有关诉讼竞合的规则是复杂的和费解的。相关规则的构成并非是一成不变的，根据所涉的法律领域存在着分歧。下述分析集中于侵权法和其他债法领域以及和财产法的重要方面的关系。

28. 在比利时、法国和卢森堡，不当得利请求权(司法创设的)从属于侵权法上的请求权。在可适用侵权法时，它就排除了基于*不当得利(enrichissement sans cause)*的请求(关于法国，参见*Mazeaud and Chabas*, Leçons de droit civil Ⅱ(1)[9], nos. 706－709，关于比利时，参见*de Page*, Traité élémentaire de droit civil belge Ⅲ[3], nos. 33－34 pp. 41－45)。相反，在允许主张侵权法上的请求权时，民法典第1376～1381条调整的*不当得利返还之诉*(an action *en repetition de l'indu* (*condictio indebiti*))也得以主张(无论如何，对法国来说是这样，Cass. civ. 19 October 1983, Bull. civ. 1983, I, no. 242 p. 216)。就民法典第1372～1375条调整的事务管理(*gestion d'affaires*)而言，后者和侵权法诉因的确切边界尚未得到完全的确定。几乎得到普遍接受的是，这一请求在和侵权法的关系上并非单纯处于从属地位(无论如何，有关比利时的法律立场，参见*Fagnart*, JT 1969, 255；*Vael*持不同观点，TPR 1999, 104, no. 28, there fn. 67)。涉及准合同法的两个一般报告(Rép. Dr. Civ. (－*le Tourneau*) Ⅸ, no. 28和JClCiv (－*Jacquet*), arts. 1370～1371, v° Quasi－contrats, no. 77)更倾向于下述观点，即根据法国法，所有的准合同，包括在这一描述中的*事务管理*，都是具有从属性的法律概念。对这一分析的司法确认仍悬而未决。有关不当得利返还法(*répétition de l'indu*, loc. cit.)，最高法院明确拒绝了这一路径。

29. 相反，在西班牙，自从最高法院在20世纪50年代做出的裁决(TS 12 April 1955, RAJ 1955 (2) no. 1125 p. 602)之后，基于侵权和基于不当得利的请求权就可以累积主张。在根据非合同责任提起的请求的一年的短期时效期间经过后，这有着特别的意义。基于不当得利的请求权的时效期间是15年。特别的制定法条款可以规定，损害赔偿请求权应根据不法行为人得利的范围来评估(例如，1996年4月12日的《版权法》、1982年5月5日的《对荣誉权、私生活权和个人肖像权的民事保护法1/1982》)。

30. 根据意大利法，就侵权法和不当得利返还之诉(condictio indebiti)的关系而言，应主要区分两种情形，一种是受领人善意的情形，另一种是受领人应受谴责的情形。善意受领人仅对诉讼之时尚存的得利负责；根据侵权法对物的毁损或灭失享有的请求权被排除(*Moscati*, Pagamento dell'indebito, 492－506)。不过，如果受领人恶意行为，就允许主张侵权法上的请求权(*Moscati* loc. cit. 510 fn. 9 and 515－526)。不当得利请求权是侵权法上的请求权的辅助物；它不能和侵权请求权一并提起(*De Cupis*, Il danno Ⅱ[3], 234－236)。物上请求权(claims in rem)和侵权法上的请求权聚合可能性的可用性存有争议。如果财产的所有人对财产的享有遭到滋扰，或被妨害，或者所有人被剥夺财产，仍可能求助于侵权法上的请求权。在这些情形，损害赔偿请求权可以和返还财产的请求权(民法典第948条)或停止侵害的请求权(民法典第949条)一并提起(Cass. 26 February 1986, no. 1214, Rep. Giur. it. 1986, voce Servitù no. 4 [考虑地役权持有人的权利])。如果根据相关的财产法规则，妨害财产权仅赋予某人以金钱赔偿的权利，则侵权责任被排除。那么，请求人必须根据指向获得金钱赔偿的条款来设计对财产权侵害的请求权(*Gambaro*, Il diritto di proprietà, 894－896)；该请求权的确切边界和细节仍属于讨论的主题(比较 Cass. 23 May

1985, no. 3110, Rep. Giur. it. 1985, voce Servitù no. 4[关于并未损害地役权行使的妨害行为,同时采用了侵权责任和对占有权的保护];Cass. 11 August 2000, no. 10733, Giur. it. 2001, 898[用益物权,usufruct]和Cass. 16 March 1988, no. 2472, Giur. it. 1989, I, 1, 510[损害地役权的侵权责任],持不同观点的有*Castronovo*, La nuova responsabilitá civile[3], 614-623[强调了侵权责任和基于侵害财产权的诉讼之间的区分])。近来在判例中出现一种趋势,它针对的是决定侵权法和家庭法的关系。Cass. 7 June 2000, no. 7713, Giur. it. 2000, 1352就父亲违反抚养义务根据侵权法判给儿子以损害赔偿。Cass. 10 May 2005, no. 9801, Giust. civ. Mass. 2005, fasc. 5就丈夫没有在婚前没有告知妻子他性无能根据侵权法判给妻子以损害赔偿。家庭法并非是可以主张这些请求权的唯一媒介。

31. 在波兰,诉讼自由竞合原则也可以适用于侵权责任和不当得利责任(民法典第414条)。不过,源自侵权的损害赔偿请求权和源自所谓的所有人—占有人关系的损害赔偿请求权之间的竞合更为复杂。主流观点倾向于在其适用范围内赋予后者以优先性(民法典第224条和第225条)而排除侵权法的适用(SN 25 March 1986, OSNCP 1987, poz. 44; Radwański and Dybowski (-*Gniewek*), System prawa prywatnego III, 505; *Wójcik*, System prawa cywilnego II, 509)。《匈牙利民法典》第118条确定了(善意取得的)前提条件,根据该条件,善意支付对价的买受人可以从无法定权利或未经授权处分财产之人处获得财产。从该规定中得出的结论就是,善意支付对价的买受人对真正的所有人不负责任。因为对取得的物品进行了支付,前者并未"得利"。

32. 德国法的一般原则是,就侵权法和合同法的关系,适用诉讼竞合原则。(RGRK (-*Steffen*), BGB[12], Pref. to § 823, no. 35; Palandt (-*Heinrichs*), BGB[65], § 194 no. 8)。仅在例外情形,侵权法必须让位于其他法律领域,调整所有人—占有人关系的的条款(民法典第989条以下)即为一例。这些规则是排他适用的特殊规则(民法典第993条第(1)款结尾)。补充这些规则的请求权(该请求权根据侵权法主张对财产权的妨害)仅可以在民法典第992条列举的情形中或在公认的案例类型(BGH 23 March 1966, BGHZ 46 140, 146)中提起的例外情形中产生。这有助于保护善意但对物实施不法占有的占有人,例如保护取得盗赃物(因而物的所有权未被转移)的善意买受人;在这些情形甚至对普通过失也施加侵权责任将违背民法典第989条以下条款的精神(BGH 29 October 1959, BGHZ 31, 129, 134; BGH 31 March 1971, BGHZ 56, 73, 77; BGH 21 January 1980, NJW 1980, 2353, 2354)。就民法典第932条,同样的考虑也很流行,该条规定,从非财产所有人之处善意取得财产并不构成对所有权的妨害,根据民法典第823条第(1)款,妨害所有权这一事态如果至少伴有普通过失,将强制要求返还财产或产生损害赔偿请求权(BGH 25 April 1967, NJW 1967, 1660, 1662; BGH 23 May 1956, JZ 1956, 490)。描述了对侵权法的排除的另一个例子来自通过婚姻和依据家庭法赋予的权利。根据判例法,违背婚姻施加的受信义务(a fiduciary duty)自身并不引发侵权责任;该违背义务之行为的后果完全由家庭法的规定来调整(进一步的细节可见RGRK (-*Steffen*), BGB[12], Pref. to § 823, no. 51, § 823, nos. 65 ff)。不当得利请求权和无因管理请求权可以独立于侵权法上的责任产生(*Steffen* loc. cit. Pref. to § 823, no. 49; BGH 2 July 1971, BGHZ 56, 317, 319; CA Hamm 25 September 2000, r+s 2001, 320[在救助人伤害到自己的情形,基于无因管理的损害赔偿请求权])。就民法典第823条以下规定的侵权法请求权而言,第852条第1句(=旧民法典第852条第(3)款)似乎也赋予下述主张以可信度,即不当得利请求权独立于侵权法产生。根据后者,因实施侵权行为从他人处获得财产而给另者造成损害之人负有赔偿义务,即使损害赔偿请求罹于时效,该人仍应根据不当得利的条款返还财产(详见 BGH 2 July 1971, BGHZ 56, 317, 319)。

33. 在奥地利,诉讼择一竞合的原则适用于损害赔偿请求权和返还财产请求权(*rei vindicatio*)的关系上(*Koziol*, Haftpflichtrecht I[3], 532),请求权规范竞合适用于损害赔偿请求权和不当得利返还请求权的关系上(*Koziol* loc. cit. 534)。OGH 17 May 2000, ZVR 2001, 44 认为,就可获赔的损害,错误地没有主张损害赔偿请求权并不构成不当得利法中的得利,因而在此期间已经经过的侵权法的时效期间并不相关。

34. 希腊法院迄今为止坚持了不当得利请求权属于辅助性请求权(subsidiary claim)的原则(A. P. 1567/1983, NoB 32/1984, 1354; A. P. 890/1982, NoB 31/1983, 1156; A. P. 8/1968, NoB 16/1968, 385),但是在当代法学文献中,几乎得到全体认可的观点是反对这一立场(Georgiades and Stathopoulos (–*Stathopoulos*), Pref. to arts. 904–913, no. 28; *Stathopoulos*, Axiosis adikaiologitou ploutismou, 236; *Deliyannis and Kornilakis*, Eidiko Enochiko Dikaio III, 16)并贬低和侵权法的关系。侵权法上的请求权并不影响对基于不当得利的请求权的适用的排除(A. P. 72/1966, NoB 14/1966, 801; A. P. 7401/1976, NoB 25/1977, 752; CFI Patras 608/1968, NoB 16/1968, 1083; CA Athens 10119/1988, EllDik 30/1989, 1182; Georgiades and Stathopoulos (–*Stathopoulos*), Pref. arts. 904–913, no. 36; *Deliyannis and Kornilakis*, Eidiko Enochiko Dikaio III, 18)。通常适用下述原则:在和表见的无因管理(apparent *negotiorum gestio*)相关的请求权的要素实现时,侵权法上的请求权总是和这一请求权一并产生。因而损害赔偿请求权既可以基于侵权法也可以基于民法典第739条(Georgiades and Stathopoulos (–*Papanikolaou*), art. 739 no. 12)。就无权管理事务而获得的利益,仅可根据无因管理的条款提出请求(*Papanikolaou* loc. cit.)。侵权法和调整所有人/占有人关系的条款之间的关系的边界尚未得到解决(民法典第1096条以下)。就这一问题可以发现两种不同的解决路径。有人认为,民法典第1096条以下排除了侵权法整体的适用(*Toussis*, Empragmaton Dikaion[4], 478, there fn. 10a)。也有人提出了相反的主张,即两种制度涉及诉讼竞合,二者平行适用(Georgiades and Stathopoulos (–*Georgiades*), Introd. arts. 914–938, no. 50; *Georgiades*, Empragmato dikaio I, § 60, nos. 32 f)。

35. 在葡萄牙,在决定与缺乏相关授权而提供服务者相关的证明责任时,确定侵权法和无因管理法的关系的界线有着特殊的重要性。STJ 22 April 1986, RLJ 121 (1988) 59 (*Baptista Machado* 进行了评论)根据民法典第487条第(1)款将证明责任置于了受害人处;因而,应适用侵权法规则。应注意的是,才学术文献汇总采用了不同的路径,也即可以观察到一种强烈的趋势,它主张适用落脚于民法典第799条第(1)款(举证责任倒置)中的合同法条文(*Menezes Leitão*, Responsabilidade do gestor, 291 ff)。根据民法典第474条,不当得利返还请求权,也即基于非债清偿(重复清偿)的请求权附属于侵权法上的请求权。前者仅在穷尽其他救济时才可以主张。不过,从政策角度看,这一条文是有争议的(持批评意见的特别是 *Vieira Gomes*, Conceito de enriquecimento, 415 ff 和 *Menezes Leitão*, Enriquecimento sem causa, 700 ff)。法院也在妨害他人权利但未造成经济损失(损害)的情形承认了返还得利的请求权(STJ 22 April 1999, CJ(ST) Ⅶ (1999–2) 58; STJ 23 March 1999, BolMinJus 485 (1999) 396 ff)。大体上,基于德国模式(旧民法典第852条)的民法典第498条第(4)款澄清了,"只要满足了必要的条件,罹于损害赔偿请求权的时效期间并不影响返还财产的物上请求权的时效期间,也不影响返还得利的时效期间。"

36. 在荷兰,如果侵权请求权和基于其他私法基础的请求权冲突,通常的出发点是诉因可以累积主张这一原则。这不仅适用于和合同法的关系也适用于和民法典中的不当付款规定(民法典第Ⅵ-6:203条以下)以及和不当得利(民法典第Ⅵ-6:212条)的关系上。在适用这一基本原则将导致内部的体系失衡,如对其适用将违背条文的精神,或者无法实行或不合逻辑而导致无法接受的结果时,对这一原则就产生了例外。在这种情况下,有权提出请求者通常享有选择权(择一诉因原则):偶尔导致请求权基础排除提起另一请求权(所谓的排他性原则)的结果。更深入的分析,参见 *Boukema*, *Samenloop*, nos. 5-7 pp. 11-14; Asser (-*Hartkamp*), Verbintenissenrecht III[10], nos. 122-123 pp. 135~136; *Jansen*, Onrechtmatige daad: algemene bepalingen[2], no. 12 pp. 19-21。不同的诉讼竞合的问题偶然会成为制定法条文的主体,如民法典第Ⅵ-3:121条(就恶意占有的情形,可以累积提起与返还财产和孳息相关的诉因以及损害赔偿请求权),第3:125条第(3)款(被剥夺占有的占有人要求返还财产的请求权和民法典第6:162条规定的侵权法上的损害赔偿请求权的竞合)和第6:193条(严格产品责任并不影响其他请求权的有效性)。在其他情形下,可以通过浏览议会的辩论找出答案,如 Parlementaire Geschiedenis III, 212 ff(涉及源自民法典第3:44条第(2)款或第(4)款的请求权[基于胁迫撤销法律行为]和第6:162条规定的请求权之间的关系); Parlementaire Geschiedenis III, 216 ff(涉及民法典第3:45条以下[Actio Pauliana; 法律行为无效]和第6:162条之间的关系); Parlementaire Geschiedenis VI, 830(涉及源自不当得利的请求权和侵权法上的损害赔偿请求权之间的关系;拒绝了不当得利请求权附属于侵权法上的请求权的观点)以及 Parlementaire Geschiedenis VI, 816(基于不当付款的请求权[民法典第6:203条]和基于侵权法的请求权是择一的诉因)。如果对议会辩论的研究没有得出对立法机关的意志的可信的暗示,则应评价法律条文的目的(Asser (-*Hartkamp*), Verbintenissenrecht III[10], no. 123 p. 136)。

37. 在北欧国家,无因管理和不当得利法的轮廓并未得到清晰的标注;划界难题很少出现。在一物二卖的情形下,得到承认的是第一个买受人享有物权请求权(a claim in rem),可以要求返还该物,这与对恶意的第二个买受人享有的侵权法请求权正好相反(*Karlgren*, Skadeståndsrätt[5], 194, 206)。

38. 在普通法中,与其说是普通法中的私法规则不如说是关于执行制定法义务的(公法)规则致力于限制侵权法的范围,后者的通常功能可能在其他方面与特殊的制定法制度存在冲突:比较 *Dobson v. Thames Water Utilities Ltd.* [2007] EWHC 2021 (TCC); [2008] 2 All ER 362(不过,该案认为,有关一家污水处理厂产生的气味和蚊子,妥当的基于过失的侵扰请求和过失请求并不涉及有关污水管倾倒的《1991年水工业法》规定的义务之执行的制定法程序的冲突)。

39. 苏格兰的学者指出,较之和合同法以及法律明确施加的义务,不当得利和侵权法有着更多的共同之处(*Stewart*, Delict[4], 2)。不当得利和侵权法的主要不同在于,在前者,被告无须为不法行为即可产生支付的义务(*Exchange Telegraph Co. Ltd. v. Giulianotti* 1959 SC 19)。不过,在苏格兰,有关不同的债法之间可能存在的重合进行了有重要意义的讨论(*Hogg*, Obligations, 26-31)。责任竞合得到普遍适用并为判例法所接受(*Junior Books Ltd. v. Veitchi Co. Ltd.* [1983] 1 AC 520)。

Ⅵ. 法人

40. 只有在比利时、法国和卢森堡,侵权法的基本规范民法典第1382条("造成……损害的人的任何行为","Tout fait quelconque de *l' homme*, qui cause ... un dommage")专指自然人。不过,对这一表述并未赋予实际的重要性。法人也受到《拿破仑民法典》中的侵权法规则的调整(就法国,参见 Cass. civ. 17 July 1967, Bull. civ. 1967, II, no. 261 p. 182,就比利时,参见 *Vandeputte*,

Het aquiliaans foutbegrip, 86-88)。在其民法典第1902条中,西班牙的立法机关选择了一种预防性的纠正机制来避免犯和法国的范例同样的编辑错误,并有意扩展了该条的适用范围以包括法人(*García Cantero*, Exégesis comparativa del Art. 1.902 CC, 879;参见一系列的裁决,*尤其是*TS 29 September 1964, RAJ 1964 no. 4097 p. 2522)。而且,欧洲的其他民法典在其基本规范中利用的术语("无论谁违反"、为某行为"者"、造成损害"者"等)有助于明确表达出法人也可以成为侵权行为的行为人和受害人(《捷克民法典》和《斯洛伐克债法》第420条;《荷兰民法典》第6:162条;《爱沙尼亚债法》第1043条;《德国民法典》第823条第(1)款;《希腊民法典》第914条;《匈牙利民法典》第339条第(1)款;《意大利民法典》第2043条;《拉脱维亚民法典》第1635条;《立陶宛民法典》第6.263条;《马耳他民法典》第1031条;《波兰民法典》第415条;《葡萄牙民法典》第483条第(1)款和第165条;《斯洛文尼亚债法》第131条第(1)款)。在奥地利,民法典第26条明确规定,自然人和法人被置于同样的地位(详见*Koziol*, Haftpflichtrecht II[2], 375)。北欧国家适用同样的原则("无论谁……造成损害",比较,例如,关于瑞典HD 18 December 1972, NJA 1972, 589和HD 3 November 1983, NJA 1983, 701;关于芬兰,HD 26 August 1982, HD's årsbok 1982 II 123;关于丹麦HD 12 October 1949, UfR 1950 p. 21)。

41. 在不列颠群岛,有关法人的情况可能在法人组织、非法人组织、合伙和工会之间有略微的变动(就一般的论述,关于英格兰和威尔士,可参见Street(-*Brazier and Murphy*) on Torts[10], 584-588; Winfield and Jolowicz(-*Rogers*), Tort[16], 715-719; *Salmond and Heuston* on the Law of Torts[21], 421-423;关于爱尔兰,参见*McMahon and Binchy*, Torts[3], 1035-1043;关于苏格兰,参见*Stewart*, Delict[3], 175-179)。从中世纪开始,公司就可以受到起诉(*Case of Sutton's Hospital* (1613) 10 Co Rep 1a, 77 ER 937, 960 (10 Co. Rep.))。侵权责任通常是对雇员行为的替代责任——人们认为,法律实体不能具有自己的意图。不过,替代责任的一般规则甚至在雇员的恶意能被适用于公司的情形得以适用(the general rules of vicarious liability will apply with even the malice of the servant capable of being applied to the corporation)(*Darling* J. in *Cornford v. Carlton Bank Ltd.* [1899] 1 QB 392, 395)。在公司自身的某些行为为公司的股东授权时,这些行为也是侵权性的(Lord *Haldane* in *Lennard's Carrying Co. Ltd. v. Asiatic Petroleum Co. Ltd.* [1915] AC 705, 713,"指导性头脑"的观念(the "directing mind" idea))。非法人法律实体不能对*越权*行为承担责任的观念是争论的话题。关于这一问题没有确定的判例法。*McMahon and Binchy*, Torts[3], 1038似乎支持爱尔兰否定这一区分。这将和英格兰保持一致,英格兰《1989年公司法》第108条第(1)款并未质疑基于能力的行为的有效性。学者认为这将结束*越权*和*权限内*行为(*ultra* and *intra vires* actions)的区分(*Rogers* loc. cit. 716)。在苏格兰,公司法人可以对越权行为承担责任(*Houldworth v. City of Glasgow Bank* (1880) 7 R 53, as quoted in *Stewart*, Delict[3], 178)。合伙可以起诉和被诉。不过,俱乐部成员不能起诉俱乐部;这是基于共同利益的观念,起诉俱乐部相当于起诉自己(*Murphy v. Roche* (No. 2) [1987] IR 656 (*Gannon* J.), as quoted in *McMahon and Binchy* loc. cit. 1039)。在苏格兰,非法人组织不能以侵权为由起诉,除非其财产利益受到损害(*Highland Dancing Board v. Alloa Printing Co.* 1971 SLT (Sh. Ct.) 50, 52)。公会可以以自己的名义起诉或被诉(*Taff Vale Railway Co. v. Amalgamated Society of Railway Servants* [1901] AC 426; *R.* (*IUDWC*) *v. Rathmines UDC* [1928] IR 260, 300 per *Murnaghan* J.)。不过,工会通常不负侵权责任(《英格兰1906年贸易争议法》第4条;《爱尔兰1990年工业关系法》第13条第(1)款)。传统上的王室诉讼豁免权被《1947年王权诉讼法》所废除,根据该法,王室也是

雇主或占有人(参见《1960年占有人责任法(苏格兰)》第2条第(1)款)。在英格兰和爱尔兰,某些普通法上的侵权不能赋予法人以一项侵权诉权,如侵犯人身或殴打(尽管这些侵权当然能够产生一项针对法人的诉权)。

42. 其他特殊问题参见对第Ⅵ-3:102条(过失)和第Ⅵ-3:201条*(雇员和代表人致害的归责)注释。

示例1取自Cass. civ. 15 December 1999, Bull. civ. 1999, I, no. 351 p. 225 =SemJur 2000, I, 241, note *Viney*;示例2受到CFI Piraeus 1914/2003, DEE 10 (2004), 678和BGH 27 May 1971, BGHZ 56, 228的启发;示例11改编自CA Hamm 25 September 2000, r+s 2001, 320;示例12取自STJ 22 April 1999, CJ(ST) Ⅶ (1999-2) 58。

* 原文误标为了3:202。——译者注

第二章　具有法律相关性的损害*

第一节　一 般 规 定

第Ⅵ-2:101 条　具有法律相关性的损害的含义

(1)损失(不论是经济损失还是非经济损失)或者伤害(injury)是具有法律相关性的损害,如果:

(a)本章下面的任一规则如是规定的;

(b)损失或者伤害是因为侵犯法律在前项之外所赋予的权利而产生的;

(c)损失或者伤害是因为侵犯值得法律保护的利益而产生的。

(2)仅在第(1)款(b)项或者(c)项规定范围内的损失或者伤害,只有在根据具体情况依本卷第Ⅵ-1:101 条(基本规则)或者第Ⅵ-1:102 条(预防)的规定赋予请求赔偿的权利或者请求防止损害的权利是公平合理的情况下,方构成具有法律相关性的损害。

(3)在判断赋予请求赔偿的权利或者请求防止损害的权利是否公平合理时,必须权衡的因素包括归责基础、损害或者迫近的损害的性质与实质性原因、遭受或者将会遭受损害的人的合理期待以及对公共政策的考量。

(4)在本卷中:

(a)经济损失包括收入或利润损失、发生的负担以及财产价值的减少;

(b)非经济损失包括痛苦与创伤以及生活品质的降低。

---

* 损害(damage)包括损失(loss)与伤害(injury),损失包括经济损失与非经济损失,经济损失包括积极损失与消极损失(第 2:201 条第(4)款(a)项)。——译者注

评　论

A. 本规则的功能

具有法律相关性的损害的三个支柱。本条和损害一章(第二章)及损害赔偿(第六章)有着实质的联系。正如第(1)款的表述所表明的,本条的功能是基于三个支柱来确立"具有法律相关性损害"的概念。如(a)所设想的,第一个支柱包括下面几条(第二章第二节)作出特别规定的所有的损害的特殊形式。而另两个支柱即为下面几条并未特别提及的损害形式。它们和(1)权利侵害以及(2)对值得非合同责任法律保护的利益的侵害相关。除了第(1)款(a)项外,当(并且仅当)本章的后续条款就相关的法律问题没有特别表述时,本条会适用。

具有法律相关性的损害的表征。第Ⅵ-2:101条的所有三个支柱相当于对具有法律相关性的损害进行的全面定义,它预设了某种不幸,这种不幸在概念上能够被承认为是具有法律相关性的损害。第Ⅵ-2:101条旨在表明在既定情形中,何种形式的损害具有法律相关性,因而可以确立第Ⅵ-1:101条(基本规则)和第Ⅵ-1:102条(预防)中规定的权利。这里必须首先存在某种类型的不利效果(参见定义项中对"损害"的界定——"任何类型的不利效果"),但是无须对所有可能的损害的子集进行界定——损失、人身损害、烦恼、对既存生活方式的骚扰或者其他对福利或未来期望造成的不利影响——这些在概念上可已构成损害。这是因为,关键的是相当于"损害"的不利和"损害"具有法律相关性这一进一步的限定条件相一致。消除无法得到救济的刺激或扰乱的所有必要的工作,可以通过聚焦于下面这一要件而得以实现:损害(如果是这样的话)必须也具有法律相关性。同时,必须清楚的是,作为一项原则问题,损失以及伤害可能相当于损害。关键的是损害具有法律上的相关性,而且,除非特别规定作出另行规定,如果损害符合第Ⅵ-2:101条规定的要件,它就具有法律上的相关性。

具有法律相关性的损害的形式:损失和伤害。具有法律相关性的损害,其形式可能是损失或伤害本身。出发点必须是损害以损失为前提,但是,从下面的条文看,这并不构成一项永恒不变的规则。受害人是否因为权利或利益受侵犯而遭受了损害本身作为一项规则是由下面的条文来详尽说明的(特别参见第Ⅵ-2:201条(人身伤害及后继损失)以及对该条的评论)。就第Ⅵ-2:101条自己的适用范围而言,该条自身并未决定伤害本身是否已足够抑或只有后继损失才相当于损害。因而在例外情形被迫求助于第Ⅵ-2:101条的法官必须单纯基于该规定来决定上述问题。法官仅在很少的情形会面临该种必要性,但是这种可能性不能排除。相关的情形如,一名运动员因错误进行的药检而错误地被剥夺了参加奥运会的资格,他不久将度过最佳的身体状况,永远不再能够有能力在这种水平的国际赛事上参与竞赛了。这一不利益是否被作为伤害看待,是否应给予金钱赔偿,最终仍应由法官通过适用第(2)款和第(3)款来决定。

损失包括非经济损失。损失可能是经济性的或非经济性的,参见第(4)款。作为一项基本规则,两种形式的损失原则上都是可获赔的。不过究竟哪种损失构成非经济损失并不能最终由草案来规定——应遵循大多数国内法律体系的传统。生活呈现的诸多可能性以及必须作为平衡加以衡量的情况的多样性过于庞大和纷繁,因而无法用穷尽的定义来封闭。第(4)款(b)项将自身限定为声明"非经济损失包括痛苦与创伤以及生活品质的降低"。另一方面,本条的文本无疑提出下述主张,即法人(而非自然人)能够遭受非经济损失并基于此而要求赔偿。

不具有市场价值的利益。受损的利益具有市场价值,它可以根据市场的经济规则而得以评估这一事实构成经济损失的特征。性质上并无经济性的损害(如身体痛苦)只能由司法裁决给予金钱上的折算额。对伤害本身同样如此(如肢体丧失的情形)。

损失额。第Ⅵ-2:101条的唯一目的是确立下述情形,即非合同责任法相关的损害可以被认为存在并且可辨识。另外,先暂时撇开第Ⅵ-6:102条中的琐利不计规则,损失额对具有法律相关性的损失是否存在这一问题并无意义。它仅在决定合理的赔偿问题上才是相关的,而不仅是在决定责任人通过金钱赔偿应该支付多少数额时才相关。

B. 规则的弹性

生活的多样性。第二节中并未特别列举的"具有法律相关性的损害"构成了第Ⅵ-2:101条的调整对象的大部分,调整这些损害的剩余的弹性规定是必要的,这不仅仅是因为,在一套规则里就立法者无法预见的事物不采用这种开放式的条款就难以把握生活的多样性。基于另外两个理由,它也是必需的。

宪法问题。第一个就是,还存在一些法律问题,欧洲的法律文本最好将它们的解决和进一步的发展留给法院,特别是涉及单个辖区的宪法特殊性时(另参见第Ⅵ-7:101条(国内宪法))。在父母双方或者至少其一不想要孩子时,他们抚养孩子的义务是否以及在何种情况下构成非合同责任法所承认的损害这一问题就提供了一个范例。另一个范例就是,一名妇科医生忽略了某孩子具有发生某种畸形的倾向,该名孩子能否基于他本可以被流产而要求赔偿。第三个例子是由人格权的死后保护这一问题提供的,在一些法系尚不知道这一问题(例如,在普通法中死后不存在诽谤问题),在其他法系,基于保护人格尊严在宪法上的基本价值这一正当理由,对死者的人格给予保护。第四个例子是法人是否享有源自基本规范的人格权这一问题(也即,是否法人享有"名誉"或"尊严"),如果肯定,对其的保护范围应有多宽。就《欧洲人权公约》在国家与公民的关系上作为一项基本权利而加以承认的利益而言,为了确定非合同责任法意义上的具有法律相关性的损害,该价值判断无论如何必须被直接反映进对第Ⅵ-2:101条的适用中。

尚未达成一致的潜在问题。第二个理由是,欧洲非合同责任法仅能在许多边缘领域逐步为自己铺路。对"主观"权利的侵犯提供了一例,这些权利可以获得保护对抗任何人,因而经常被称为"绝对"权。在对这一权利的侵犯源自过失时,后继发生的损失构成损害,这一结论得到普遍接受;因而欧洲非合同责任法可以系统表述这一规则。相较之下,欧洲非合同责任法自身不可能就这种主观权利是否存在这一潜在的问题(依附之的是侵犯该权利的非合同责任)达成一致。例如,某人此时会想到姓名权:是否存在这一权利最终必须是由相关的人法来决定,只要未达成一致,就侵犯姓名权的非合同责任就不能形成一致的法律。也可能得出的是,有关非合同责任法的统一文本可能仍会在特殊领域导致不同的解决办法。在欧洲法的制定中,这既不可避免,也并非罕有,它也并不完全是非合同责任制度中的损害要素的特殊性。例如,有关通过违反制定法义务而实施的过失行为,也存在一种可比较的现象,因为制定法义务可能有不同的内容,这不仅依国别不同而不同,而且在当今,依地方不同也会有所不同。另一个来自侵犯权利领域的例子是,对某人自己肖像的权利和对自己声音的权利。在这一背景下,很显然需要参考对人格权的宪法保护。

C. 侵害其他法律赋予的权利(第(1)款(b)项)

适用范围。从第(1)款(a)项中可以直接明显看出,并且也正如我们已经解释的(参见前述对第Ⅵ-1:101 条(基本规则)的评论),只有就本章下面几条规定的情形不存在详尽无遗的制度时,才可能适用第(1)款(b)项。

示例 1

A 是一个现职土地测量员协会的成员,这些人被雇来评估土地,此土地与出售谈判以及申请银行贷款相关。从职业角度,A 对协会理事会的批评使之与该理事会发生争议。他的会员资格因而基于一项可疑的借口而被终止,他的名字因而不再出现于会员的公开名单中。A 的职业受聘机会遭受实质性的减少。因为这里不存在第Ⅵ-2:208 条(不法妨害营业的损失)意义上的具有法律相关性的损害,法官必须求助于第Ⅵ-2:101 条第(1)款(b)项来得出以下结论——A 的成员权受到侵犯,因而以这种方式造成的收入损失构成具有法律相关性的损害。即使法官发现,根据可适用的法律,协会的成员资格并不构成一项针对一切人的"权利",但法院仍应基于第(1)款(c)项作出有利于 A 的裁决。这是因为值得法律保护的利益不管怎样都受到了侵犯。

示例 2

W 和 H 离婚了。W 获得了对他们孩子的监护权;H 仅享有探视权。H 不能接受这一结果,因而绑架了孩子。这样做的成本就是构成一项因侵犯权利(可适用的家庭法中描述的监护权或提供父母照顾的权利)而产生的具有法律相关性的损害,对此,下面的规则并未作出特别规定。

示例 3

A 损坏了 B 从 C 那里以所有权保留的方式购买的一辆汽车,购买价的分期付款尚未完全偿付。第Ⅵ-2:206 条(侵犯财产或合法占有的损失)不仅和对 C 承担的责任相关,而且和对 B 承担的责任相关。这里没有理由求助于第Ⅵ-2:101条第(1)款(b)项,因为B就汽车也享有一项财产权,或者表现为对未来所有权的受保护的权利(参见期待权)或基于他合法占有的权利,这取决于可适用的财产法。如果A开车撞进B的房子,而该房子上为了银行的利益而设有抵押。银行的财产权受到损害。不过,从体系的角度看,在这种情况下谁可以要求赔偿、在何种范围内求偿以及向谁要求赔偿的问题,必须属于有关救济的章节(第六章)而非有关损害的章节(第二章)。详细论述参见第Ⅵ-6:104条(多个受害人)。

值得法律保护的权利和利益。本条在第(1)款(b)项和(c)项中区分了侵犯权利和侵犯值得法律保护的利益。就这两个选择而言,第(2)款和第(3)款中包含的限制和详细规定都可以适用。基于此,"权利"和"值得法律保护的利益"之间的区分的实际意义并非很大。因为,正如已经指明的,非合同责任法的法律边缘部分仍未统一,因而欧洲各法律体系可能就何为"权利"、何为"值得法律保护的利益"尚有着完全不同的观念,因而这一区分没有太大意义。因此这里保留这一区分主要是因为,侵犯权利的概念在很多(但绝非是全部)欧洲法域内是一个常见的概念。第二个考虑是,通过这一方式可以达成一定的分层效果:在只有(c)项可能适用的情形,法官在确认具有法律相关性的损害时可能相对会更为谨慎 。而且,重要的是,这里关注的是可以享受针对所有来者(comers)的保护,因而通常会受到任何人侵犯的权利和利益。例如,基于这一理由,对某种履行享有的单纯的合同利益就被排除出第Ⅵ-2:101条的适用范围。

法律规定的其他权利。就(b)项提及的权利,我们所关心的是为了让请求人可以抵御侵害而由法律体系的其他部分授予请求人的权利。在国内法律体系承认"绝对"权概念的情形,该体系所限定的所有权利都构成第(1)款(b)项中"法律在前项之外所赋予的权利"。而且这些权利无须是私法领域内的权利。例如,选举投票权也是第(1)款意义上的"权利":在某人故意妨碍他人在一次公共选举中投票时,它构成该人所负的非合同责任的基础。不能基于性别、民族或种族而受到旅馆经营者、银行和其他公开营业者的歧视的权利也是如此。尽管在后一类情形中,基于第Ⅵ-2:203条(对尊严、自由以及隐私的侵犯),经常存在对人格尊严权的侵犯(另参见第Ⅱ-2:101条(不受歧视的权利)和第Ⅱ-2:104条(救济))。

作为一项规则,纯粹的合同权利被排除在外。另外,纯粹的个人"单方"权利,例如,对合同相对人基于合同的请求权,原则上被排除在外。这一规则的一个例外是第Ⅵ-2:211条(诱使债务不履行所致的损失)。就非合同责任法和合同法的关系,详细的阐述参见第Ⅵ-1:103条(适用范围)和对该条的评论。

D. 侵犯值得法律保护的利益(第(1)款(c)项)

本规定的意义。(c)项表述了之前提及的原则,即非合同责任法在下述意义上并非是法律的一个附属领域,即它只能在请求人于一定法律地位上受到不利影响时才能给予法律保护,这一法律地位值得法律保护已经可以直接为法律体系的其他规定所确认。相反,非合同责任法也自主地决定在这种背景下何种损害有资格构成具有法律相关性的损害。

示例4

一名男子A罹患严重的癌症,并预计在不久的将来会死亡。夫妻两个仍想有个孩子,A提供了精子,精子被低温冷冻,等待之后的体外受精。在存储精子时,实验室的一名技师因搞混测试试管而将之毁损。很难认为这是第Ⅵ－2:201条(人身伤害及后继损失)意义上的人身伤害的情形,该事情也不能毫无说服力地被涵摄进第Ⅵ－2:203条中(对尊严、自由以及隐私的侵犯)。值得法律保护的利益就被侵犯了。

法院发展非合同责任法的职责。第(1)款(c)项表述了一项基本规则,即在一种值得非合同责任法保护的利益被侵犯时,也存在具有法律相关性的损害。考虑到生活所呈现的多种形式,这种"开放式"条款是不可避免的,而且在欧洲大多数法系中都存在。而且,这一规定也有意地为法官进一步发展非合同责任法提供了空间。它也避免了以立法形式对目前尚处于变化中的某些发展和概念加以确定。后者的一个事例即对机会损失的责任。这一难题不仅在责任法体系内的不同问题上得以很好的表述;从当代视角看,也可以认为找到解决办法的任务最好委托给法院。第(2)款和第(3)款仅提供给法院以一定的准则。

E. 第(2)款和第(3)款

适用于值得法律保护的权利和利益。根据第(2)款,具有法律相关性的损害仅存在于侵犯权利或利益的情形,只要赋予请求人以第Ⅵ－1:101条(基本规则)或第Ⅵ－1:102条(预防)规定的赔偿权或预防权是公平合理的。第(2)款和第(3)款在第(1)款(c)项的框架内有其主要的适用范围,但是它们并不限于此。它们也适用于侵犯权利的情形。在这些情形中,利益衡量并不能完全避免。特别是在注意已经提及的侵犯姓名权的情形时非常明显:这种行为仅在它以一定方式做出时才引发责任(如果有的话)。更特别的是,因为具有法律相关性的损害尽管存在,但并不构成"可获赔的"损害时,结果就是仅有预防性的法律保护而非赔偿权进入讨论范围。

示例5

在一张海报上登载有大量极右的政治标语,包括声称对在纳粹的集中营中的百万犹太人的种族灭绝只是一个犹太复国主义的阴谋。一名在奥斯维辛被谋杀者唯一幸存的后裔可以基于其祖先的死者人格权(在可适用的法律体系承认这种权利的情况下)要求摘下该令人厌恶的海报。非经济损失赔偿诉请可能会基于第(2)款为法官驳回。

在确定值得法律保护的利益时的衡量过程。第(2)款和第(3)款的文本为必须决定一项值得非合同责任法保护的利益是否受到侵犯的法官提供了几项暗示。在裁决时的一项实质性要素就是责任方程式的救济一边:寻求的法律保护必须是公平和合理的(第(2)款),在这点上裁决尤其取决于现有的案件是故意造成的损害,还是过失案件或严格责任案件(第(3)款)。因为既定的严格责任的形式和具有法律相关性的损害之间的关联规定于第三章第二节(无故意或过失的归责)的大多数条款中,第(3)款实际上仅对第Ⅵ-3:201条(雇员和代表人致害的归责)规定的替代责任有着实际意义。除了第Ⅵ-3:207条(对具有法律相关性的损害的其他归责),这些条款中没有一项使用了“具有法律相关性的损害”这一术语,在第Ⅵ-3:207条的背景中,该术语留给了国内法来具体化。不过,第Ⅵ-2:101条第(2)款和第(3)款在第Ⅵ-3:103条(未满十八周岁的人)或第Ⅵ-3:104条(儿童或者被监护人致害的归责)的背景中可以发挥作用。

归责基础。某种损害是否构成具有法律相关性的损害这一问题,经常取决于造成损害的行为的性质——特别是受害人是故意还是仅仅处于过失而行为。例如,仅在故意诱使违反合同义务的情形才存在具有法律相关性的损害(参见第Ⅵ-2:211条(诱使债务不履行所致的损失));单纯的过失引诱不履行并不产生责任,因为缺乏相应的不以该种方式妨碍的义务,因而不存在损害。故意允许他人遭受的损害持续,这可能在既定情形中也意味着一种法律意义上的独立损害。一个例子就是,某人传递了关于他人的不正确的信息,他们事后知悉了信息的不确,虽然纠正是可能的,但他们故意为了造成损害而将受到影响的个人“置于不顾”,而非毫无不当迟延地做出合理的纠正。这类损害可能采取更为特殊的形式,此时它相当于侵犯自然人的人格尊严权(第Ⅵ-2:203条(对尊严、自由以及隐私的侵犯))。

示例6

因为过失没有维持其机动车和前面的车辆之间的安全距离,A造成一起交通事故,这又导致了交通堵塞。一名商事代理人(H)陷入交通长流中,错失了一项商业约会,因而遭受收入损失。这里既没有侵犯商事代理人的权利也没有侵犯受法律保护的利益。这种类型的妨碍只是日常生活风险不可或缺的一部分。不过,如果A为了阻拦其竞争者H而造成事故则情况就有所不同了。在该情形中,H遭受了具有法律相关性的损害。

损害的性质。此外,遭受的损害的类型和因果关系中相关的考虑因素也发挥作用。(例如,在示例6中,如果某人认为存在具有法律相关性的损害但A没有造成H的损失,情况仍无不同。)存在着一系列的不利益需要人们接受而无法获得赔偿,即使不能认为它们属于第Ⅵ-6:102条(琐利不计规则)意义上的微不足道。在下面条款中明确考虑的一个例子可以在第Ⅵ-2:201条(人身伤害及后继损失)第(2)款(b)项(人身伤害包括对精神健康的伤害,但仅限于其达到需要医治的程度)中找到。当然,除此之外,遭受的损害的性质也发挥着实质作用。例如,存在某些利益,它们实质上仅是作为整体分配给了大众,因而无法构成和任何特定个人相关的具有法律相关性的损害。一个例子就是使某个地区的居民遭受的生活质量的损失,由于一起工业事故,这些居民不再能够享受特殊的野生生物的景象,无论是动物还是植物,因为它们受到污染的影响(参见第Ⅵ-2:209条(政府因环境损害而遭受的负担))。

在商业竞争中遭受的损害。在已在竞争而繁荣的自由市场中,市场的参与者不单是不被容许试图通过不正当手段来挤压其竞争者的市场份额。和竞争者达成彼此间不竞争(或者,换句话说,互相不给对方造成损害)的协议,构成被禁止的卡特尔。在公平竞争中遭受的损失因而不属于具有法律相关性的损害。这样,法律意义上的损害是否存在可能就完全取决于受害人的内部视角。例如,低于购买价转卖货物之人通常只是做了亏本生意,这仅损害了该人自己的利益;但是为了将竞争者逐出市场而采取同样行为之人就给竞争者造成了具有法律相关性的损害。当然,竞争者并非在非法市场上活动仍是一项前提条件。皮条客或海洛因贩子的"营业活动"并未给作为竞争对手的从事同一卑鄙交易的罪犯造成具有法律相关性的损害。

损害的近因性。具有法律相关性的损害和因果关系的考虑偶尔相互间不可避免地纠缠在一起。它内在于事情的性质之中并影响着整个视角。例如,如果一家税务顾问事务所的合伙人违反了一项有关同伴合伙人的(合同上的或制定法上的)竞争禁令,因而合伙的营业额跌落,但是这是经济循环的一部分而非违反该禁令的结果,因而这里不仅仅缺乏因果关系,也不存在具有法律相关性的损害。如果一名医生做出了一项错误的诊断,但是并未造成不良反应,因为,即使做出正确的诊断,疾病的发展仍无法扭转向好的结果(例如因为治疗本来就是同样的,或者因为提供的治疗并未加重真正的疾病,因为无论如何,在做出错误诊断之时,提供有效治疗已经太晚了),情况也没有什么不同。就这类情形,传统的办法当然就是基于缺乏因果关系而非缺乏违反义务或缺乏损害来拒绝让医生承担责任。不过,这一例子展示了这些因素之间有着多么密切的联系,因为一般不存在帮助无法救助之人的义务,同样地,因这种疾病而死之人也未遭受任何(从责任的角度看)具有法律相关性的损害。

示例7

某人为某歌唱家组织了一场音乐会,一张报纸登载了有关该音乐家私生活的不实信息,因而基于该事件听众较通常情形为少,此时同样不存在具有法律相关性的损害。这是每个活动的组织者都必须遭受的风险;该损害过于遥远,因而不构成责任意义上的具有法律相关性的损害。不过,如果歌唱家的报酬是基于以营业额为基础的方式加以确定时,她本身就遭受了具有法律相关性的损害(第Ⅵ-32:204条(传递关于他人的错误信息所致的损失))。

受害人一方的合理期待。另一个因素是受害人的合理期待。早先提及的机会丧失责任的概念——特别是治愈机会的丧失(尽管并不限于这一点)——展示了这一因素,并与这一考虑相关。同时,它清楚地重申了下述观点,即对损害存在的确定经常是和可用于赔偿这些损害的救济方式密切相关的。在这些"机会丧失"的案件中给予100%的赔偿和完全不给予赔偿都是不公平、不公正的。因而仅仅规定损害会引出赔偿请求是不可能的。相反,应认为具有法律相关性的损害仅是迄今存在的,并且是在法律体系准备向受害人提供法律救济的范围内存在的。

公共政策的考虑。有关公共福利的价值评判和私法体系的内在平衡也在确定某人是否面临着具有法律相关性的损害的案件时发挥作用。单纯的不履行合同义务(迟延履行、交付瑕疵货物、没有转移允诺的债务等)并不构成非合同责任,因为法律体系包含自己对这些案件的更优先的制度;如果某人从相反的原则出发,即每个不履行合同义务的行为同时也构成非合同责任,将会是多余的。不过,其他公共政策的考虑也发挥相当的作用。如果某人因事故而遭受毁容导致配偶无法和他继续生活而离异,那么,最终根据当代的观点,只有对预期婚姻能够"承受"何种紧张和压力这一问题的答案才能够解决下述问题,即离婚在经济上和非经济上的不利后果是否构成事故的直接受害人及其伙伴遭受的具有法律相关性的损害。如果受害人因一起事故而丧失性交的能力(根据第Ⅵ-2:201条(人身伤害及后继损失),该损害本身当然构成具有法律相关性的损害)导致婚姻破裂,亦是同理。另外,如果婚姻保持完好如初,那么未受到伤害的配偶就遭受了具有法律相关性的损害,因为他或她就值得法律保护的利益受到了不利影响。不过,和受害人仅处于较疏远关系之人并未遭受具有法律相关性的损害。在后一情形,仅存在非实质性的反射损害(reflected damage)。公共政策考虑在大量其他案件中也能发挥关键的作用。

示例8

如果对A的事实和法律地位进行哪怕是不彻底的认真检查,他都会接受他对B的法律诉讼不会有现实胜诉希望这一结果。诉讼被驳回并须支付诉讼费用。作为参加法律诉讼的结果,B不得不牺牲时间,他本来可以将这些时间投入他的(因而被部分忽略的)营业事务。B受法律保护的利益并未受到影响。如果情况并非如此,A不受妨碍地接触法院的权利将无法得到确保。

F. 第(4)款

概述。第(4)款旨在澄清"经济损失"这一表述包括"收入或利润损失、发生的负担以及财产价值的减少"以及"非经济损失"这一表述包括"疼痛、痛苦以及生活品质的降低"。(本款也只在避免下面的条文不必要地重复这些观点)。正如适用"包括"这一表述所标明的,这些并非是穷尽性的定义或封闭的列举。仅需提及这些类型的损失可能采取的最重要的形式。本规定对赔偿义务的履行方式或评估金钱赔偿数额的方式没有做出规定。这些问题属于第六章(救济)的领域,部分属于第七章(附则)的领域。

经济损失和非经济损失区分的意义。第(1)款和第(4)款一起将经济损失和非经济损失之间(偶尔不那么直接的)区别的意义最小化了。因而,例如,第Ⅵ-2:206条(侵犯他人财产或合法占有所致的损失)*第(2)款(a)项中所提及的损害形式是种(如果是,在何种程度上)经济损失还是非经济损失只具有学术上的意义。根据一般的方

---

* 原文仍使用了旧的标题"Deprivation of the use of property(剥夺对财产的使用)"。——译者注

法,和其他情形一样,两种类型的损害都是可以得到赔偿的。在欧洲某些法律体系内发现的基本规则并非是这些规则的特征。确实,这些规则中的一些明确地仅适用于非经济损失。相较之下,第Ⅵ-2:209 条(政府因环境损害而遭受的负担)仅提及国家遭受的“负担”。这一表述并未为下述观点留有空间,即在这些情况下,国家仅可主张赔偿非经济损失。

经济损失。经济损失的存在通常并不难以确定。这主要是通过比较请求人现在的经济状况(现状)和诉称的加害事件发生之前不久的经济状况(原状)并确定净损失额而得以确定的。经济损失就是这两个数额之间的差额。这一决定经济损失的方法在受害人财产的价值减少的情形中特别明显。

债务的增加。不过,如果受害人修复了被毁损的财产,或者因为身体或健康受损而进行了治疗,也存在经济损失。这些情形中的经济损失包括债务或开支的增加,它们是受害人因需要向帮助他消除或缓解具有法律相关性的损害的人进行支付而负担的。因而发生了受害人“遭受的负担”。若无生命物遭受严重损害因而修复费用超过它在被毁损之前具有的市场价值时(经济上“报废”),第Ⅵ-6:101 条第(3)款提供了一项特殊的制度。

收入损失。有关仅在未来才产生的权利(也即在造成损害的事件和当事人、保险人或法院进行评估的间歇中尚未产生的权利,它在该时点之后才发生)的损失,单纯的“资产负债表”比较是一种不充分的或不可能的机制。本卷明确规定了(未来)的收入或盈利的丧失构成可获赔的损害。

其他形式的经济损害。不过,如前所述,本文本并未排除对其他形式的经济损失的赔偿。

示例 9

M 是一名妻子并做了母亲,她在一起道路事故中受到严重伤害,因此,在相当长的时期内她不再能够为家庭提供服务。如果 M 雇用了家务女佣,则后者应从 M 处获得的报酬构成了 M 所遭受的经济损失。而且,即使未雇用家务女佣,而家庭决定在没有外来帮助的情况下度过艰难时期,仍存在经济损失。因为 M 就其家庭服务未获得报酬,所以不存在“收入损失”无法否认。但是 M 的家务管理具有经济价值,它的中断构成 M 的损失,对此应给予赔偿。这一结果和第Ⅵ-6:201 条(受害人的选择权)中的规则是相容的,根据该规则,受害人可以选择如何处分应给予的赔偿。第(4)款在(b)项中列举了最重要的非经济损失的形式:疼痛和痛苦以及对生活品质的妨害。不过,这些形式仅仅是示例。何种其他形式的对精神健康的妨害构成可获赔的损失必须由法院来决定。为此,必须特别注意第Ⅵ-6:102 条(琐利不计规则)。消极的精神反应,如烦恼、生气、反感和厌恶,处于普通的日常感受的范围内,因此根据该规则不足以得到赔偿。另外,如果相关人被迫担忧他/她的生活,那么他/她就遭受了非经济损失,对此,如果非合同诉请的所有其他要素已经实现,则遭受了非经济损失,对此可以获得损害赔偿。

疼痛和痛苦。身体疼痛和痛苦构成非经济损失最明显的形式。它们能够相对容易地得到确认和评估。

对生活品质的损害。对人身和健康的伤害当然造成的不仅是直接的痛苦；作为结果，还可能发生被害人生活品质的显著长期降低——例如，受害人的余生被拴在轮椅上因而无法追求自己的嗜好，如足球。不过，这种生活品质的降低可能有其他原因。典型例子就是，侵犯无形的人格权（特别是，侵入隐私领域；诽谤性的陈述，其结果是对相关之人的社会评价造成消极影响）。此外，侵犯自由行动的权利——如囚禁——也构成非经济损失。若夫妻一方自身未受到直接伤害，但一场事故致使其配偶不能够再进行性生活时，亦同。

亲属丧亡之痛（Bereavement）。对生活品质的减损和充分享受生活的现实可能性的客观丧失相关。不过，在大量的情形中，客观上说，这些可能性仍存在，但主观上看，其可行性已经不再能够得到承认。这也可以构成非经济损失。因近亲属死亡而遭受的痛苦——更准确地说，作为遗属的生活突然出现空白的结果而遭受的痛苦——构成非经济损害，即使这并非是对生活品质的减损，也非本条在狭义上表述的疼痛和痛苦。亲属丧亡之痛与意识到出现了对生活品质的减损的后果相关。它是一项因为哀痛而自我限制利用生活机会的事情。例如，尽管一名寡妇在其生活中不需要丈夫就可以参加各种社交活动，但她的哀痛可能随着她变得消沉并切断自己与社会的联系，而导致她放弃这些社交机会。

其他情形。结构上类似的情形是，一名妇女因为遭受性侵犯而丧失了和男性建立亲密关系的情感能力，或者，某人因一起事故招致性无能而使其自尊显著降低。此外，如人们因造成损害的事件而被迫对其已选择的生活模式作出根本性改变，他们也遭受了非经济损失。无论中立的第三人是否将新采取的生活模式视为品质上更优的模式，结论仍是如此。

竞合。在本条的文本中更准确地列举遭受的痛苦和舒适的丧失被认为是不可取的。既然它们是非经济损害，对它们的评估（以及之后以赔偿性的金钱替代物量化）必然是一种涉及大量的可能的价值评判的过程。也存在很多情形，在这些情形中，受害人遭受的既定损害可能被归类为痛苦或舒适的丧失，至少因为持续遭受痛苦自身就是丧失了过无痛苦生活的舒适性。基于这些理由，可能将必要的下属类型的细分留给法院是更好的选择。

注　释

Ⅰ.损害的概念

1. 迄今为止，“具有法律相关性的损害”并非是欧洲任一民法典的特征。不过，认为意大利法相对接近这一概念并不离谱。根据意大利的法律观念——当然，其确切的细节并非毫无争议，在其《民法典》第2043条中包含的损害概念有两个分支。*损害(Danno)*构成了*不法损害(danno*

ingiusto),也即侵害受法律保护的利益(Cass. sez. un. 22 July 1999, no. 500, Foro it. 1999, I, 2487, 3201);损害(*danno*)也从属于损害赔偿之债的内容(*Castronovo*, La nuova responsabilità civile[3], 12-13)有关可获赔的损害,在财产和非财产损失之间做出了划分。

2. 法国法采用了一种类似的宽泛的损害概念。任何对人的经济或非经济利益的侵犯都构成损害;这也包括了身体完整性本身(*Mazeaud and Chabas*, Leçons de droit civil II(1)[9], no. 409 p. 413)。在比利时,损害概念也有类似的含义;它被解读为代表了经济或非经济利益的损失(*van Gerven*, Verbintenissenrecht II[7], 344)。法国法院要求损害必须是直接的和确定的(direct et certain),这里的"确定"包括了现实性(actualité)的要素,之前它是被单独检验的对象(*Flour/Aubert/Savaux*, Droit civil II[9], no. 136 pp. 124-125)。而且如果存在令人信服的理由表明损害会发生,未来损害也是确定的(参见 Cass. req. 1 June 1932, S. 1933, I, 49, note *H. Mazeaud*)。在理论教学中,"直接性"要件被视为因果关系规则的一个要素(*Flour/Aubert/Savaux* loc. cit.; *Malaurie and Aynès*, Responsabilité délictuelle[11], no. 241 p. 138)。鉴于不可预见的损害也可以获得赔偿,因此采用了一种与合同法中主流的方法截然不同的路径(*Malaurie and Aynès* loc. cit.)。大量法律评论者依据《法国民事诉讼法典》第31条,补充要求损害应展示出*合法的特征*(*a caractère légitime*)(*Terré/Simler/Lequette*, Les obligations[8], nos. 704-706 pp. 684-686),但是这一要件似乎被剥夺了实际的重要性(Viney and Jourdain, Les conditions de la responsabilité[2], nos. 271-273 pp. 59-62)。*Dommage* 和 *préjudice* 这两个概念通常被视为同义词(*Pradel*, Le préjudice dans le droit civil de la responsabilité, no. 15 pp. 10-12)。

3. 类似地,在比利时,损害必须是"确定的",但是再一次,未来损害也满足这一确定性要件。损害仅在请求人自己遭受损害以及对获得利益的机会的丧失具有合法利益时才能获得赔偿(*van Gerven*, Verbintenissenrecht II[7], 344-350; Ronse (-*de Wilde/Claeys/Mallems*), Schade en schadeloosstelling I[2], no. 225 pp. 169-170)。法律界的主流观点是,如果损害在既定情形中可预见,违反*一般的谨慎义务*(*obligation générale de prudence*)仅相当于过错(*Dalcq and Schamps*, RCJB 1995, no. 6 pp. 536-537)。在两个国家,从属于*过错*责任的损害和在确立*对物的行为*的责任(liability *du fait du chose*)或*对他人行为*的责任(liability *du fait d' autrui*)中使用的损害概念之间并无区别(*Viney and Jourdain* loc. cit. no. 246 p. 1)。

4. 类似地,在西班牙,*损害(daño)*的概念并没有制定法上的基础。学术文献根据经济或非经济损害对之做出了定义,它是指某人在他人应负责的事件的过程中遭受的损害。就损失并非是由具有侵权相关性的行为引起时,是否相当于损害这一问题,存在持续的争论(比较 *Santos Briz*, La responsabilidad civil I[7], 146 和 *Roca i Trias*, Derecho de daños[3], 67)。在民法典中经常突然出现 *daños* 和 *perjuicios* 两种名称(如《民法典》第1101、1106、1107、1108条),但是这些概念在侵权法的领域内"并未相提并论"(《民法典》第1902条以下)。在学术作品中存在将 *daños* 等同于直接损害,而将 *perjuicios* 等同于间接损害的趋势,所谓间接损害是指并非在被损之物上出现,但是后来在受害人的财产上表现出来的损害。永久损害也被纳入这一成规(*Santos Briz* loc. cit. 150)。

5. 根据匈牙利法,损害被认为包括因他人的行为而遭受的每个人身伤害和所有的财产损害。经济损失的三种类型(财产损害、所失利润及与修复损害相关的费用)得与损害的第四种表现形式,即非经济损失,相区分(Petrik (-*Köles*), Polgári jog II[2], 630; Gellért (-*Kemenes*), A Polgári Törvénykönyv Magyarázata I[6], 1228-1229; Gellért (-*Benedek*), A Polgári Törvénykönyv Magyarázata I[6], 1327-1328; Ujváriné, Felelősségtan[7], 59-60)。根据《斯洛文尼亚债法》第132

条,“损害包括财产的减损(普通损害),对财产增值的妨碍(所失利润),给他人造成身体或精神痛苦或恐惧以及对法人名誉的侵害。”在波兰,*损害*(*szkoda*)通常被界定为是他人的受法律保护的利益所遭受的不利益(Radwański (– *Dybowski*), System prawa cywilnego III(1), 214 – 215; *Czachórski*, Zobowiązania[9], 99; Radwański and Olejniczak, Zobowiązaniaczęść ogólna[5], 88 – 89)。法院和大多数学者都采纳了下述观点,即损害概念包括了经济上的和非经济上的不利益(*Dybowski* loc. cit. 223 – 224; *Czachórski* loc. cit. 100; *Radwański and Olejniczak* loc. cit. 89 ~ 90)。非经济损害部分受到特殊规则的调整,并在这些规则的范围内被称为 *krzywda*(《民法典》第 445 条第(1)款、第 448 条)。民法典的一些条款区分了人身伤害和财产损害(第 4172、435、444 条和第 4497 条第(1)款)。前者是指因侵害人格权非经济损失以及经济损失(如谋生能力的丧失),后者则是指因侵害财产权而导致的经济损失(*Czachórski* loc. cit. 100; *Radwański and Olejniczak* loc. cit. 90)。

6.《德国民法典》第 823 条第(1)款区分了对权利或值得法律保护利益的侵害和“因此而产生的损害”(the damage arising therefrom)。根据这一规定,损害源自对权利的侵害,或者在适用《德国民法典》第 823 条第(2)款的情形,源自对受法律保护的利益的侵害。损害这一概念经常在《德国民法典》中突然出现,但对这一概念并未有界定。通常认为损害是指任何对能够以经济术语评价的利益的非自愿妨害以及对纯粹非经济利益的妨害(比较《德国民法典》第 253 条)(MünchKomm (– *Oetker*), BGB[4], § 249, no. 16)。不过,细节问题仍然是漫无边际的。决定经济损害的范围的出发点是差额说(*Differenzhypothese*)(一种算术的损害概念,“通过计算差额”)(比较《德国民法典》第 249 条),这一学说归功于 *Mommsen*。这一理论提出,可获赔的经济损害相当于受害人现在的经济状况和产生损害赔偿债务的损害事件若未发生时其假设的经济状况之间的差额(Bamberger and Roth (– *Grüneberg*), BGB, Pref. to § 249, no. 9; Palandt (– *Heinrichs*), BGB[64], Pref. to § 249, nos. 8 f; BGH 31 May 1994, NJW 1994, 2357, 2359; BGH 10 December 1986, BGHZ 99, 182, 196)。差额说的一个特殊形式可以在禁止得利原则中看到(根据 BGH 4 June 1992, BGHZ 118, 312, 338 这一判决,这一原则被认为构成德国公*共秩序* *(ordre public)*的一部分)。它的目标是防止受害人可能会被置于一种较损害发生前实存更优的地位这种可能(MünchKomm (– *Oetker*), BGB[4], § 249, no. 20)。不过,在大量案件类型中,侵权之后的地位和假设的“无侵权时的”地位之间的差异会在规范的层级进行调整(商业化思想(*Kommerzialisierungsgedanke*),规范的损害概念),这反映了使用物品的愉悦或方便具有独立的价值,因此使用该物的愉悦或方便构成经济损害(*Heinrichs* loc. cit. nos. 14, 10, 13)。偶尔,会在“直接”和“间接”损害之间做出额外的语言上的区分。直接损害包括对物品或人身有直接不利影响的损害,而间接损害涉及作为损害事件发生的其他损失,特别是利润损失(《民法典》第 252 条),而且就物品而言,它涉及对使用丧失(the loss of use)的责任(*Heinrichs* loc. cit. no. 15)。

7. 根据《奥地利普通民法典》第 1293 条第 1 句,损害抑制给他人财产、权利或人身造成的任何损害。这一对损害的宽泛界定既包括了“现实”损害也包括了“可计算的”损害。根据学术评论,现实损害意指对财产、权利和受害人的人身的实际改变(*Koziol*, Haftpflichtrecht I[3], no. 2/2)。现实损害概念主要是在不法行为人负有回复原状的义务时有意义(*Koziol and Welser*, Bürgerliches Recht II[12], 285)。“对权利的损害”(《奥地利普通民法典》第 1293 条第 1 句)是否被赋予独立的意义并不清楚(*Koziol* loc. cit. no. 2/3; *Kramer*, ÖJZ 1972, 90, 92)。根据《民法典》第 1293 条第 2 句,在“现实损害”和利润丧失之间存在区别,后者应是事件的通常过程的产物。

利润丧失仅在过错程度为实质性的情况下才能得到赔偿(《奥地利普通民法典》第1324条)。奥地利民法典中的损害概念包括了可被认为是法律损害的情形。每个资产的减少和每项无法抵销的责任的增加都代表了一种损失(OGH 11 March 1993, SZ 66/31)。

8. 在希腊,区分了"广义"和"狭义"的损害概念。在学术文献中,广义的损害被认为包括每种对人的经济或非金钱物品的妨害,也即对这些物品的不利变动(Georgiades and Stathopoulos (-*Stathopoulos*), arts. 297～298, no. 9; *Balis*, Enochikon Dikaion Geniko meros[3], 86; *Georgiades*, Enochiko Dikaio I, 120)。狭义的损害被视为仅包括经济损害,也即所有对受害人有经济影响的损害(*Stathopoulos* loc. cit. art. 299, no. 1)。此外,在教学中,还区分了直接损害和间接损害。直接损害实质作为伤害的结果发生在值得法律保护的利益之上的损害。这一直接损害经常影响了受害人的整个财产(例如,因人身伤害而发生的收入损失)。间接损害则为这一系列情形所假定(*Stathopoulos* loc. cit. arts. 297-298, no. 44)。

9. 类似地,《葡萄牙民法典》并没有对损害概念进行界定。《民法典》第483条第(1)款区分了侵犯权利或违反旨在保护第三人利益的法律规定和"源自侵犯的损害"。只有若非伤害诉请人本不会遭受的损失才能获得赔偿(《民法典》第563条)。学术评论认为,任何给受法律保护之利益带来的物质性的、精神性的或道德上的损失都相当于损害(*Almeida Costa*, Obrigações[9], 542; *Antunes Varela*, Obrigações em geral I[10], 598);其他评论者则用"*frustração de uma utilidade que era objecto de tutela juridical*"(受法律保护的"功用"的"落空":*Menezes Leitão*, Obrigações I[3], 334)这一表述来解释损害。在大多数情况下,都会区分经济损失(*dano patrimonial*)和非经济损失(*dano não-patrimonial*),偶尔,会区分*实际损失*(*the dano real*)和*经济损失*或*计算的损失*(*dano de cálculo*)。实际损失和*恢复原状*(*restitution in integrum*)的原则相关(《民法典》第562条:恢复原状(restoration of status quo ante))。根据《民法典》第564条第(1)款,*所受损害*(*积极损害*,*danos emergentes*)和利润损失(*benefícios* 或 *lucros cessantes*)都是可以获赔的损害项目。根据《民法典》第564条第(2)款,损害包括现有损失和未来预期的损失。根据这一制定法规定,允许法院在评估金钱赔偿的给付时考虑未来的损失,只要这一损害根据可预见性标准可以得到确定;如果不是这种情况,对损失的估计必须在之后的阶段得到解决,另比较《民事诉讼法典》第661条第(2)款。

10. 根据荷兰法,"损害"被理解为包括任何有违约行为或侵权行为造成的实际不利;而且,法律文献中的主流观点认为,在《民法典》第Ⅵ-6:74条和第Ⅵ-6:162条的框架内,损害的概念不应被赋予和惯常用法不同的含义(Asser (-*Hartkamp*), Verbintenissenrecht I[12], no. 409 p. 327)。一辆汽车的油漆的划痕仅仅代表了(实际的)损伤(*beschadiging*);因为划痕而使汽车遭受的价值贬损标志着损害(*Hartkamp* loc. cit.)。在荷兰的法律文献中已经大量地尝试对损害做出一项一般的定义。大量的尝试都使用了规范的增补(normative additions)(例如 *Polak*, Aanspraak en aansprakelijkheid uit onrechtmatige daad, 17 和 *Hoekema*, NJB 1980, 977, 987),*特别是*它们推论认为损害概念仅在和责任法相关联来看待时才获得意义(*Spier*, Schade en loss occurrence-verzekeringen, 5; 相反的观点,*Hartkamp* loc. cit. 328-329)。

11.《立陶宛民法典》第6.249条第(1)款宣称,"损害包括某人遭受的财产损失或损害的数额和所支出的费用(直接损害)以及他被剥夺的收入,也即如果不进行不法行为,他将获得的收入。以金钱形式表述的损害构成损害赔偿。但是在人不能精确证明损害赔偿额时,将由法院加以评估。"而且,《民法典》第6:250条第(1)款规定:"非经济损害被视为某人的痛苦、情感经历、不适、精神震吓、精神沮丧、蒙羞、名誉贬损、与其他人联系的可能性的减少等，它们由法院用金钱形式加以评价。"《立陶宛民法典》第1770条将"损失"界定为"是指可以以金钱方式评估的剥夺"。下述规定区分了不同的"损失"形态：已经发生的损失，预期未来发生的损失（《民法典》第1771条）；所失利润被视为为现有损失所包括（《民法典》第1772条）。而且，在直接和后继损害以及可责损失和"意外"损失之间也作出区分（《民法典》第1773条和第1774条）。

12. 在瑞典，"损害"一度被定义为"对财产的使用或某种利益的某种不利影响"（*Karlgren*, Skadeståndsrätt[5], 194）。不过，重点并未被置于这种一般性的定义上，因为在缺乏制定法上具体的规范依据的情况下，这种一般性的定义意义不大（*Andersson*, Skyddsändamål och adekvans, 297），因此对之不必太过强调。在"现实的"或实际的损害和必需用于赔偿损害的数额——有时也被称为"抽象的"或计算的经济损害之间需要作出区分。在大多数情况下，它仅被描述为损失（*Karlgren* loc. cit.）。损害（*Schaden*）和损失（*Verlust*）因而构成二分（*Andersson* loc. cit. 298）。损害由瑞典和芬兰的责任法第2章来调整，而损失由第5章来调整。两部制定法都主要处理的是"现实"损害，也即引发经济损失的对人身的伤害或对财产的损害。根据这些规定，有关大量非经济类型损害的规范被纳入：受伤害的感情、疼痛、体弱以及永久伤残和显著的损伤。而且，判例法引入了生态损害这一类型（Swedish HD 19 April 1995, NJA 1995, 249 and 21 December 1993, NJA 1993, 753 [涉及公共文化纪念碑]）。

13. 丹麦的路径认为，侵犯受法律保护的利益（*retsbeskyttet gode*）是损害存在的前提条件；"实际损害"可以被界定为"实际妨害了受法律保护的利益"（*Vinding Kruse*, Erstatningsretten[5], 338）。物质性实益（该术语并未限定于物，因为这一表述也包括了身体，如果谋生能力后来受到减损的话）以及非物质性实益（如受害人的名誉）都可以为这一概念所包括。有关经济损失，责任与"损失"（*tabet*）相关；就非经济损害而言，人们会谈及修复（*godtgørelse*）（《损害责任法》第3、4、6条；*Vinding Kruse* loc. cit. 345；*Andersson* loc. cit. 298）。

14. 在普通法里，很少感到有需要去发展对"损害"的定义。法律关于确定特殊的损害项目，就给定的侵权，这些损害可以获得赔偿。"一般"和"特殊"损害含义的多样性（有关这一内容，参见 *McGregor*, Damages[17], paras. 1-031-1-034）。反映了普通法从语境中使用其侵权法概念并在这方面避免使用明确界定的分类法或清晰的概念框架的倾向。而且，并非每种损伤形式都被认为可获得赔偿：就过失造成精神痛苦、担忧或焦虑而受害人并未遭受身体伤害以及其健康状况并未构成精神疾病的场合，并不会给予损害赔偿（*Nicholls v. Rushton* (1992) Times, 19th June，汽车司机遭受的"严重的震惊和不安"）。与身体伤害或对财产的损害或财产损失的情形相比，法院对无形的人身伤害（精神疾病或所谓的"精神震吓"）和纯粹经济损失采取了一种通常予以限制的进路：Charlesworth and Percy（-*Walton*），Negligence[11], paras. 2-95。什么可以获赔的问题也被吸纳入损害的远隔性的问题，正如是否负有注意义务的问题一样。

Ⅱ. 伤害作为损害

15. 在所有正在讨论的法系中，造成损害通常是法律上的（或者，按照《欧洲共同参考框架草案》的术语，具有法律相关性的）损害存在的前提条件。如果采用不同的进路，侵权法的赔偿功能将会归于无效；换句话说，惩罚或阻遏功能将代之而归属于侵权法（*Viney*, Introduction à la responsabilité[2], no. 67 p. 111）。

16. 例外地，证明违反了规定有特殊行为标准的规则或侵犯权利已足以构成损害。例如，根据法国有关不正当广告活动的法律，如果证明存在*商业上的过错*（*faute commerciale*），就推定存在损害。为了避免原告提起的*不正当竞争之诉*(action *en concurrence déloyale*)因为缺乏证据而败诉,法院表现出满足于损失已经发生这一单纯的主张(详见 *Viney and Jourdain*, Les conditions de la responsabilité[2], no. 247 p. 4)。进而,还得到公认的是特殊的反竞争行为必然造成精神损害(Cass. com. 9 February 1993, Bull. civ. 1993, IV, no. 53 p. 34; JCP éd. E 1994, II, 545, note *Danglehant*)。而且,侵犯知识产权可以*单独*(*par elle - même*)构成损害(Cass. civ. 11 October 1983, Bull. civ. 1983, I, no. 225 p. 201)。此外,1934 年的一则法院裁决认定,侵犯所有人的*占有权*(*droit de possession*)足以使得给予损害赔偿正当化,即使所有人并未遭受任何经济损失(Cass. req. 6 March 1934, D. P. 1937, I, 17, note *Blaevoet*)。不过,这一系列发展在比利时法中并未扎根。侵犯权利并非是存在损害的必要的或充分的前提条件(*Simoens*, Beginselen van Belgisch privaatrecht XI(2), 18)。

17. 根据西班牙法,仅在请求人遭受经济损失或非经济损失时才会给予赔偿,这是一项一般规则。这一一般规则的例外是侵犯受宪法保护的人格权。首要的是,侵犯身体的完整性(*daño a la salud*, 比较 *de Ángel Yágüez*, Tratado de responsabilidad civil[3], 698),侵犯隐私权、名誉权和肖像权自身即可诉。这些权利明确源自《对荣誉权、私生活权及个人肖像权的民事保护法》第 9 条第(3)款。

18. 意大利主流的观点将侵害受法律保护的利益作为《民法典》第 2043 条规定的不法损害的构成要件,因而可使得施加责任得以正当化。有关损害赔偿的细节问题由多种规定来调整,这取决于是涉及经济损害还是非经济损失。违反旨在保护个人健康权的《宪法》第 32 条就属于一项特殊制度的主题。有关侵犯人的精神—身体的完整性,也即*生物损害*(*danno biologico*),在这一领域内适用的与事件相关的损害(*danno evento*, event related damage)这一概念是司法提炼的产物。判例法中的主流观点是,*生物损害*不仅应被视为确立责任之时间的后果,而且自身也应被视为造成健康侵害的*事件*(*evento*)。内在于导致侵害精神—身体完整性的行为中的不公正本身发现了对自身可诉的生物损害的补偿债务。这一债务并不取决于损害的可能表征的进一步自然增加,这无论如何都需要单独证明。因而,*生物损害*和经济和非经济损害(*danni conseguenza*)一起间或被视为的额外的不相关联的损害项目(Corte Cost. 14 July 1986, no. 184, Giur. it. 1987, I, 1, 392)。近来,尽管确实法院在某种程度上从生物损害这一概念上退却(最初是从 Corte Cost. 27 October 1994, no. 372, Foro it. 1994, I, 3297 这一判决开始的),但它们仍倾向于仅在边缘地带矫正其实际结果。根据最近的判例法,*生物损害*被认为确实意味着非经济损失,因而被视为表征了*非经济损害*。这些发展对下述事实并无影响,即一旦对健康造成伤害,后继损害就被视为本身是可诉的(Cass. 31 May 2003, nos. 8827 and 8828, Giur. it. 2004, I, 1, 29; Corte Cost. 11 July 2003, no. 233; Resp. civ. e prev. 2003, 1036; Cass. sez. pen. 25 November 2003 and 22 January 2004, Foro it. 2004, II, 138; Cass. 12 December 2003, no. 19057, Danno e resp. 2004, 762; Cass. 20 February 2004, no. 3399, Foro it. 2004, I, 1059)。换句话说,妨害人的精神—身体完整性(健康)的证据现在是在伤害健康的结果的意义上被理解的,它使得生物损害和受害人的经济和非经济损失诉请一起(并作为其补充)成为可获赔的损害(详见 *Castronovo*, Danno e resp. 2004, 237 - 247 和 *Gozzi*, Der Anspruch iure proprio auf Ersatz des Nichtvermögensschadens, 61)。

19. 尽管《奥地利普通民法典》第 1293 条确实规定,单纯的侵犯权利就能表征损害,但这一声明并未获得实际意义(*Koziol*, Haftpflichtrecht I[3], no. 2/3; *Kramer*, ÖJZ 1972, 90, 92; *Ehrenzweig and Ehrenzweig*, System II(1)[3], 252)。对损失的证明是必需的,否则《民事诉讼法

典》第 273 条规定的有关遭受损害之范围的减轻证明责任的规则将无法实行（*Koziol*, Haftpflichtrecht II[2], 302）。竞争法并未规定例外（*Koppensteiner*, Wettbewerbsrecht[3], § 34 no. 53）。不过，通常认为，非经济损失总是源自对自由权的侵害，因而对之无须加以证明或证实（OGH 24 June 1987, SZ 60/117）。就侵犯版权而言，如果无法举证遭受实际经济损失，会裁定给予统一的损害赔偿额（OGH 26 May 1998, SZ 71/92）。在波兰，侵犯人格权，特别是伤害身体或健康，自身是否构成损害这一问题仍是争议话题（支持者：Radwański（-*Dybowski*），System prawa cywilnego III（1），224-226；反对者：仅在存在疼痛或谋生能力丧失时才有损害，*Radwański and Olejniczak*, Zobowiązania - część ogólna[5], 90）。无疑，即使受害人实际上不会遭受任何疼痛，他仍享有获得赔偿的权利（*Szpunar* loc. cit. nos. 91, 164）。制定法在大量特殊的情形（无辜的诽谤；侵犯版权）规定了不依赖于损失的强制性赔偿。

20. 根据英格兰法，大量的侵权行为无须证明实际损害即可诉，并被认为自身即可诉；因此，在这些情形，侵犯请求人权利的行为相当于损害自身。这与其说是慎思后的法律政策，赋予一定的无形利益以内在的价值，不如说是宽泛意义上的在类推之诉（在损害构成不法行为的实质时）和侵入之诉（在损害并不构成不法行为的实质时）之间的（现在为历史上的）程序划分的表现：参见 Clerk and Lindsell（-*Dugdale*），Torts[19]，1-44。因而，对人身的侵害和对财产（动产或土地）的侵害自身即可诉（或许除了侵害建立在过失之上的情形），侵扰中的某些行为也是如此。书面诽谤亦如此，但未证明存在特殊损害的口头诽谤只有在下列情形下才可诉：该诽谤将应受监禁惩罚的罪行或某种传染性的疾病或将不贞或通奸归咎于一名妇女（《1891 年口头诽谤妇女法》第 1 条），或就请求人的职位、职业、行业、业务或营业对之进行贬低（包括在《1952 年诽谤法》第 2 条规定的间接意义上）。在 *Watkins v. Secretary of State for the Home Department* [2004] EWCA Civ 966；[2005] 2 WLR 1538 案中，一名监狱管理人员违反监狱规章并恶意拆封了一名犯人的邮件，一般认为，在公务人员妨害请求人的宪法权利时，公职上的不当行为也属于可诉的侵权行为之列，而无须证明特殊损害。不过，在上诉时，上议院认为（[2006] UKHL 17，[2006] 2 AC 395），这一主张是基于对 *Ashby v. White*（1703）1 Ld Raym 938, 92 ER 126 案（在该案中，一名返回的官员拒绝接受原告的投票，因而产生诉讼，这被正确地视为特权抗辩（a defence of franchise），该特权属财产性权利而非宪法性权利）的误读。因而，它维持了下述规则，即必须证明特殊损害来确立公职上的不当行为这一侵权。

21. 相比之下，损害自身的概念在德国、希腊、葡萄牙和荷兰（Schadevergoeding II（-*Lindenbergh*），art. 6:106，no. 23；Schadevergoeding II（-*Bolt*），art. 6:107，nos. 9-25）以及在北欧国家并不为人所知。不过，在德国和葡萄牙的法院，与其他国家的主流判例一致，它们也承认请求人可以就非经济损失获赔，只要，在发生事故后，请求人遭受了严重伤害并导致对感知功能的永久性损伤（BGH 13 October 1992，BGHZ 120，1；STJ 5 March 1969，BolMinJus 185（1969）171，178）。在匈牙利，一些法律评论者认为，侵犯人格权自身构成给予赔偿的充分基础（关于这些讨论，详尽的分析参见 *Boytha*, Polgári jogi kodifikáció, 2003, 3-6；*Petrik*, Polgári jogi kodifikáció 2003, 6-8），但是法院迄今仍倾向于遵循这一进路（Gellért（-*Benedek*），A Polgári Törvénykönyv Magyarázata[6]，1322 ff 中的引证）。新的民法典草案引入了慰抚金的法律概念，以之代替和人相关的法律中的非经济损失。前者并非是一个损害赔偿的概念，而是一项法律制度，它属于和个人相关的法律。人格权遭受侵犯者因而可以无须证明其遭受进一步的损失或损伤即可主张对疼痛和痛苦的损害赔偿。草案包含了一项不可推翻的推定，即任何对人格权的侵犯都相当于对遭受伤害者的损伤。对疼痛和痛苦裁定的损害赔偿的范围应由法院加以评估(http://www.parlament.hu/irom38/05949/05949.pdf; Vékás (– *Székely*), SzakértöI Javaslat az új Polgári Törvénykönyv tervezetéhez [专家就匈牙利民法典草案提交的意见], Budapest 2008, pp. 174 – 175)。

Ⅲ. 经济损失

22. 没有泛欧的统一标准来帮助确定合适遭受了经济损失,整个欧洲采用了不同的方法。根据法国的原则,物质损害意指可以直接用金钱衡量的损害。它包括了对财产的有形损害(*atteinte aux biens*)以及因人身伤害而遭受的经济损失(*atteinte à la personne physique*),利润损失也被纳入这一项目之下(*Flour/Aubert/Savaux*, Droit civil II[9], no. 135 p. 124)。存在一种强烈的趋势将有形损害(*dommage corporel*)与物质损害(*dommage matériel*)和精神损害一起作为一项独立的损害赔偿项目(*Terré/Simler/Lequette*, Les obligations[8], no. 708 p. 687; *Mazeaud and Chabas*, Leçons de droit civil II(1)[9], no. 409 p. 413)。类似地,根据比利时的观点,经济损害意指可以用金钱衡量的损害(*Dirix*, Het begrip schade, no. 85 p. 61)。它包括了对财产的有形损害,以及因为侵犯他人的身体完整性而产生的收入损失(*van Gerven*, Verbintenissenrecht II[7], 352)。经济损害的范围通常被描述为裁判之日的经济状况和若侵权未发生假定的相关经济状况之间的差额(Dirix, Het begrip schade, no. 85 p. 61)。在两个国家,利润损失代表了根据侵权法可以获赔的损害(*lucrum cessans*,所失利益)(*Viney and Jourdain*, Les conditions de la responsabilité[2], no. 251 p. 19; Dirix loc. cit. no. 53 p. 46)。一个例子就是,因为燃气管道受损,产量出现不足(Cass. civ. 8 May 1970, Bull. civ. 1970, II, no. 160 p. 122);另一个例子涉及永久丧失能力时对谋生能力损失的证明(*Viney and Jourdain*, Les effets de la responsabilité[2], no. 113 p. 214; *van Gerven* loc. cit.)。

23. 根据西班牙法,损害包括遭受的金钱损失(*daño emergente*)以及利润损失(*lucro cesante*)。尽管基于本条的立场(它明确提及这两种损害赔偿的项目),《民法典》第 1106 条仅涉及合同责任这一点是确实的,但本条仍被视为可适用于侵权法(在其他权威判例中,参见 TS 23 March 1954, RAJ 1954 no. 1299 p. 839; TS 31 May 1983, RAJ 1983 (2) no. 2956 p. 2285; TS 3 October 1991, RAJ 1991 (5) no. 6902 p. 9381)。*金钱损失*包括物的价值减损。利润损失仅在被告的行为和遭受的损失之间存在充分的因果联系这一点可得到证明,并且通过客观标准衡量,有证据表明主张所失利润可能会实现时才能获赔(TS 20 March 1978, RAJ 1978 (1) no. 850 p. 747; TS 1 October 1986, RAJ 1986 (3) no. 5230 p. 5119; TS 19 July 1989, RAJ 1989 (5) no. 5725 p. 6651)。另外的要件就是,所失利润的来源不能是非法活动。因身体伤害或健康受损而导致的谋生能力的减损或永久丧失被纳入这一损害项目。对损害的计算通常基于差额理论(the*teoría de la diferencia*):也即,受害人在损害事件发生后的财产的范围和若损害事件未发生对受害人资产的假定评估之间的差额(TS 10 January 1979, RAJ 1979 (1) no. 18 p. 26; TS 14 February 1980, RAJ 1980 (1) no. 516 p. 396; TS 2 April 1997, RAJ 1997 (2) no. 2727 p. 4133)。

24. 类似地,根据意大利的观念,金钱损失包括侵权法对受害人祖传财产的不利影响。金钱损失的范围是根据事故发生后判定的财产的实际状况和若未遭受损失财产本会处于的状况的假设考虑之间的差额来计算的(详见 Cendon (– *Gaudino*), Commentario al codice civile IV(2), arts. 1655 – 2059, art. 2043, § 10)。关于对这一损害项目的计算的细节内容,《民法典》第 2056 条提及第 1223、1226、1227 条,因而提及了调整合同损害赔偿的规则,这些规则也承认了对所失利润的诉请。此外,《民法典》第 2056 条明确规定,对所失利润的损害赔偿诉请应当根据对案件的特殊情形的公平衡量来评估。可获赔的损害要求的是作为伤害的立即和直接的结果出现的损害,无论它是否可预见。

25. 捷克和斯洛伐克民法典第442条以下包括了有关金钱损失概念化的综合规定。它包括了"实际的"损害和有关所失利润的损害两项(《民法典》第442条第(1)款)。就给财产造成的有形损害裁定给予的赔偿额是根据损害发生时财产的价值来确定的(《民法典》第443条)。调整作为人身伤害结果的收入损失之赔偿的计算规则有很多(《民法典》第445-447a条)。《匈牙利民法典》第355条第(1)款明确区分了金钱损失和非金钱损失。第355条第(5)款规定"对受害人财产价值的贬损和因为损害失去的经济利益,以及减轻或消除受害人遭受的经济和非经济损失必需的补偿或费用,都应给予赔偿",从而补充了第(1)款的规定。《斯洛文尼亚债法》第132条提出了下述的损害定义:"损害包括财产的减少(普通损害)、对财产增值的妨碍(所失利润)、给他人造成身体或精神上的痛苦以及对法人名誉的侵害。"在波兰,经济损失被认为是对经济价值可确定的财产的损害(Radwański (-*Dybowski*), System prawa cywilnego III(1), 221)。《民法典》第361条第(1)款和第(2)款明确规定,对损害的赔偿包括损失(*straty*)和所失利润(*utracone korzyści*)。损失和所失利润都是根据所谓的差额法来确定的,即确定资产的实际状况和事件未发生时资产假定所处的状况之间的差额(*Dybowski* loc. cit. 214-215; *Czachórski*, Zobowiązania[9], 101; *Radwański and Olejniczak*, Zobowiązania-część ogólna[5], 91)。

26. 参见注释Ⅰ、Ⅵ,它考察了德国法下的金钱损失的概念。

27. 在奥地利,金钱损失被认为包括了具有金钱价值的动产招致的任何不利。这一概念包括了实际损害(现有财产的毁损或减少;对通常过失施加的责任)和利润损失(仅在被告具有重大过失时才产生责任)。如果出现边界难题,法院倾向于假定存在实际损失(*Koziol and Welser*, Bürgerliches Recht II[12], 286)。例如,剥夺一名商人对其机动车的使用相当于实际损失(OGH 23 May 1956, SZ 29/43),同理,实际损害项目也包括了未来的利润,如果公众观点将制造机会的利润视为具有独立经济价值(OGH 14 December 1979, SZ 52/187)或者如损害未发生,它们肯定会实现的话(OGH 17 October 1995, SZ 68/189)。而且,收入损失通常也被理解为实际损失(OGH 18 March 1960, ZVR 1960/234, p. 161)。金钱损失也包括遭受的费用或有偿债务(OGH 6 June 1987, ZVR 1987/128, p. 376; OGH 24 November 1964, SZ 37/168;*Koziol*, Haftpflichtrecht I[3], no. 2/36)。奥地利法律也使用了差额法:这涉及比较损害事件产生的实际状况和损害行为未发生时本会存在的假定状况之间的比较。负数的差额(negative difference)代表了请求人遭受的损害(OGH 27 August 1980, SZ 53/107; *Koziol* loc. cit., no. 2/19)。

28. 在希腊,采用了完全相同的方法;经济损失是基于对损害事件未发生时财产的假定状况和财产的实际状况之间的差额的评估来计算的(*Georgiades*, Enochiko Dikaio I, 120)。法院将其限定于评估损害事件对受影响的资产的影响效果,这是不够的,它们有必要考虑损害事件对受害人整个财产的影响(Georgiades and Stathopoulos (-*Stathopoulos*), arts. 297-298 no. 10)。

29. 以类似的方式,《葡萄牙民法典》并未对财产损害作出法定的定义,同样没有区分损害(*dano*)和损失(*prejuízo*)(*Almeida Costa*, Obrigações[9], 541, fn. 3)。财产损害(*Dano patrimonial*)在理论教学中被认为是"对财产性资产或由经济利益构成的受法律保护的利益的伤害,它涉及对受害人财产的不利影响"(*Almeida Costa* loc. cit. 542-543)。对有形财产的物质损害或使用丧失都属于经济损失的项目下,正如人身伤害后产生的对谋生能力的损害。经济损害,也被定义为"对受害人经济状况遭受的实际损害(*dano real*)的反映,它原则上是通过比较受害人的实际情况和伤害若未发生他会出的境况之间的差额来衡量”(*Antunes Varela*, Obrigações em geral I[10],598-599)。

30.《荷兰民法典》第6:95条区分了“经济损害”和“其他不利益”;对后者的赔偿诉请仅在法律明确规定的情形才能主张。在经济损失的标题之下,进一步区分了 *zaakschade*(财产损失)、*persoonsschade*(人身伤害)和 *zuivere vermogensschade*(纯粹经济损失)。这一二次区分首先是在《民法典》第6:107条和第6:108条的框架内有意义。*Zaakschade* 意指源自损害、毁损或失去有形财产的损失。*Persoonsschade* 包括源自人身伤害的可获赔的经济损失项目(如医疗费、收入损失),*zuivere vermogensschade* 包括未为人身伤害或有形损害所包括的经济损失。在荷兰的法律文献中承认,对三种损害的分界线的决定会遇到一些困难,而这种区分对保险法来说有着特别的意义(Asser(-*Hartkamp*), Verbintenissenrecht I[12], no. 413 p. 335,提供了更多的参考文献)。

31. 北欧国家,特别是在瑞典和芬兰,区分了纯粹经济损失和一般经济损失。纯粹经济损失被界定为其产生与人身伤害或财产损害无关的经济损失(《瑞典损害赔偿责任法》第1章和第2章)。间接损失(如因为主要受害人的死亡而丧失经济支持)构成一项具体的类型;这一损害赔偿项目(与纯粹经济损失得到类似处理)仅在例外情形才能获赔,并且通常限于法律规定的情形。对损害的计算得到详尽无遗的调整。作为一项一般规则,侵权法的功能就是将受害人置于损害事件若未发生他会处于的境地。

32. 普通法也区分了作为人身伤害或对财产的有形损害之结果或作为妨害请求人人身或财产之结果的经济损失和“纯粹”经济损失。后者仅在有限的情形能够得到赔偿,包括欺诈和假冒(此时被告损害请求人经济利益的行为是故意的或轻率的)。在损害是因过失引起时,赔偿仅在特殊关系的范围内得到允许,它基于被告承担了保护请求人免受此种损失的职责(*Hedley Byrne & Co. Ltd. v. Heller & Partners Ltd.* [1964] AC 465)。但并不存在一项单独的检验方法或因素可以被确定为能决定当事人间的特殊关系,从而使得施加一项采取措施防止经济损失的义务是公平、公正和合理的:*Customs & Excise Commissioners v. Barclays Bank* [2006] UKHL 28, [2007] 1 AC 181。在缺乏这种关系时,纯粹经济损失不能获得赔偿,尽管可以预见被告人的过失行为会给请求人造成该种损失。在后一情形下,因为疏忽,一家银行指示其顾客从账户转移了钱款,尽管它已经收到对冻结账户的禁令的通知。法院认为,银行不能被认为对其行为自愿承担了职责以致可以产生注意义务;其遵守禁令的义务是基于,如果它故意拒绝遵循,将面临蔑视法院的制裁;银行唯一的义务是针对法院的。而且,鉴于后来的判例法施加的限制(*Caparo Industries plc. v. Dickman* [1990] 2 AC 605:参见对第Ⅵ-2:207条(信赖错误建议或信息所致的损失)的注释12),即使能够肯定存在对职责的承担,作为规则,也只有白费的支出(即信赖利益)可以获赔。对丧失的收益(利润损失)的赔偿仅可在非常例外的情形才能作为纯粹经济损失获赔,如 *White v. Jones* [1995] 2 AC 207 一案的情形(一名事务律师在准备客户的遗嘱时因过失对客户意图的受益人承担了责任),此时可以认为向请求人承担了一项保护期待利益的义务。

33. 在苏格兰,在遵循英格兰权威判例的地方(例如参见 *Martin v. Bell-Ingram* 1986 SLT 575),当事人之间存在的特殊关系旨在滤除责任得到正当化的案件:比较 *Stewart*, Delict[3], para. 5.6。

Ⅳ. 规范的经济损失

34. 不过,尽管缺乏通过差额法来衡量的纯粹的(现在的或将来的)净损失,欧洲法系仍经常允许经济损失得到赔偿(详述参见 *von Bar*, Essays in Honour of Lord Goff of Chieveley, 23-

43)。“规范”损害的概念在这些情形得以适用。它以多种形式得以呈现,例如,就爱尔兰,参见 *Hogan v. Steel & Co. Ltd.* [1999] IEHC 175, [2000] 1 ILRM 330(因事故丧失谋生能力而导致的经济损失被裁判为可以得到赔偿,尽管雇主仍自愿继续支付工资),关于奥地利,参见 Schwimann (-*Harrer*), ABGB Ⅶ2, § 1293 nos. 8-9(对抽象年金(abstract annuity)的责任,也即,对遭受永久伤害的当事人在和健康之人竞争时可能遭受的未来不利益的赔偿)。在瑞典,差额法仅被理解为一种代表通常案件的技术(*Andersson*, Skyddsändamål och adekvans, 301 fn. 43,有更多的参考文献)。在涉及对损害赔偿的计算时,法院被赋予了宽泛的裁量权(《司法程序法》第35章第5条(Code of Judicial Procedure [Rättegångsbalk] chap. 35 § 5)),参见 HD 20 December 1973, NJA 1973, 717(根据对司法裁量权的行使,未经证明实际损失而基于对请求人的姓名的未经授权的使用给予了损害赔偿);HD 15 October 1981, NJA 1981, 933 and HD 27 June 2000, NJA 2000, 325(就非法的私人复制而造成的纯粹经济损失范围的估计),以及 *Radetzki*, Skadeståndsberäkning vid sakskada, 199)。芬兰(《司法程序法》第17章第6条(Code of Judicial Procedure [Rättegångsbalk] chap. 17 § 6),有关这一点,参见 HD 15 May 1998, HD 1998:53 和 HD 31 August 1998, HD 1998:97)和丹麦(*Vinding Kruse*, Erstatningsretten[5], 352; *von Eyben and Isager*, Lærebog ierstatningsret[5], 250;另参见 HD 31 October 1973, UfR 1973, 950 和 HD 8 August 1994, UfR 1994, 785)也是如此。

35. 进言之,普遍承认有体财产“被减少的商业价值”,特别是汽车,相当于可获赔的金钱损害。在汽车被妥善修复时(例如,因事故受损的汽车),这一损害项目赔偿的是价值的贬低。即使有体财产的所有人决定不出售它,而使得损失未发生,这一贬值也可以得到赔偿,(例如,就奥地利,参见 *Harrer* loc. cit.;就丹麦,参见 ϕLD 22 June 1981, UfR 1981, 919; VLD 19 January 1994, UfR 1994, 304 和 VLD 23 April 1997, UfR 1997, 969;就芬兰,参见《损害赔偿责任法》第5章第5条(Damages Liability Act chap. 5 § 5);就德国,参见 BGH 3 October 1961, BGHZ 35, 396;就希腊,参见 *Stathopoulos*, Geniko Enochiko Dikaio A(1)[2], 540; Georgiades and Stathopoulos (-*Stathopoulos*), arts. 297~298, no. 115 及 CA Athens 737/1971, EEN 1972 75;就波兰,参见 SN 12 October 2001, OSNC 2002, poz. 57,以及就瑞典,参见《损害赔偿责任法》第5章第7条第(1)项(Damages Liability Act chap. 5 § 7 no. 1))。意大利法院有时认为,商业贬值(*deprezzamento commerciale*)即使缺乏对实际损失的证明也可以得到赔偿(Cass. 23 June 1972, no. 2109, Rep. Giur. it. 1972, voce Circolazione stradale, no. 363; CFI Palermo 9 October 1984, Riv. giur. circ. trasp. 1985, 394)。类似地,比利时法学将有体财产的市场价值的减少视为构成可获赔的损失。不过,也有学者指出,法院在允许赔偿诉请时也有犹豫,因为,大多数法院认为损害应“确定”这一条件未得到满足(*Simoens*, Beginselen van Belgisch privaatrecht XI(2), no. 169 pp. 322~323)。西班牙法院很少详细列举作为给予赔偿之基础的损害赔偿项目;因而不能肯定地认为“市场价值的减少”作为损害赔偿特殊项目是存在的;不过,不能低估将其一般性地纳入基于公平评估的损害赔偿金(在上诉时是无可置疑的)的可能性(例如,参见 CA Guipúzcoa 25 October 1999, BDA AC 1999/7264 和 CA Pontevedra 10 October 1995, BDA AC 1995/1949)。

36. 再者,欧洲法院经常认为,在家中提供无偿服务的家庭成员,典型者如家庭主妇,有权就其因人身伤害而遭受的家事料理能力的丧失请求损害赔偿(就奥地利,参见 *Harrer* loc. cit.;就波兰,参见 Pietrzykowski (-*Safjan*), Kodeks cywilny I[4], 1279;就比利时,参见 Cass. 15 June 1959, Pas. belge 1959, 1050;就法国,参见 CA Colmar 15 May 1956, D. 1956 Jur. 653;就德国,参见 BGH 9 July 1968, BGHZ 50, 304;就意大利,参见 Cass. 11 December 2000, no. 15580, Danno e resp. 2001, 587(就和生物损害相关的金钱损失的赔偿能力)以及 Cass. 6 November 1997, no. 10923, Giust. civ. Mass. 1997, 2093, Danno e resp. 1998, 230(损害赔偿的给予扩展至下述情形,即家庭主妇确实雇用了家事助手,但这种帮助必须完全集中于组织家庭生活));就西班牙,参见 TS (3. Senat) 20 October 1998, RAJ 1998 (5) no. 8844 p. 13069 以及《机动车交通责任和保险法》(Liability and Insurance for Motor Vehicle Traffic Act *(Texto Refundido de la Ley sobre Responsabilidad Civil y Seguro en la Circulación de Vehículos de Motor*, Damages Table IV, Note 11),就普通法,参见 *Daly v. General Steam Navigation Ltd.* [1981] 1 WLR 120。在瑞典(《损害赔偿责任法》第5章第1条第(2)项以及第1条第(3)项第2句和丹麦(《损害赔偿责任法》第1条第3项,家庭主妇就料理家事能力的丧失获得赔偿的权利是明确的制定法规范的主题。

Ⅴ.非经济损失

37. 在欧洲司法辖区,尽管近期采取了趋于融合的步骤,但允许赔偿非经济损害的基础条件仍存在极大的分歧。作为一项一般规则,我们会碰到两种基本模式。大量的欧洲法系认为每种损失都可获赔。余者则采用了一种截然不同的方式,它们支持下述原则,即非经济损害通常仅在法律有规定的情形才能获赔。在核心领域之外,直至今日,就受伤的情感的损害是否可以获赔这一问题仍未达成一致。另外,在过错责任和严格责任之间很少进行区分;就后者而言,在此期间,整个欧洲的通例是允许赔偿非经济损失。

38. 比利时、法国和卢森堡的法律的处理方式是基于,可归责于侵权人的不法行为的经济和非经济损失都是可获赔的损害项目(例如,法国早期的判例 Cass. civ. 13 February 1923, D. 1923, I, 52;卢森堡的判例 Cass. 10 May 1990, Pas. luxemb. 1990 – 92, 37)。比利时的法院认为,非经济损害赔偿的功能是舒缓疼痛、悲伤或其他非经济性的痛苦(Cass. 3 February 1987, Pas. Belge 1987, I, 644)。根据这三个法律体系,对非经济损失额赔偿并不取决于在过错责任和监护人的严格责任之间作出区分(《民法典》第1384条第(1)款)(*Viney and Jourdain*, Les conditions de la responsabilité[2], no. 246 p. 1)。在法国的学术圈,公认的是,对精神损害给予赔偿与赔偿无关,而应以视为对不可获赔的损害的补偿(*Terré/Simler/Lequette*, Les obligations[8], no. 712 p. 691)。因而,精神损害被界定为,它并非意指对受害人的财产的损害(*Flour/Aubert/Savaux*, Droit civil II[9], no. 139 p. 128; *Dirix*, Het begrip schade, no. 86 p. 62)。单纯地对他人造成伤害的意图,换句话说,滥用权利,并不足以给予一项在个案中获赔精神损害的法定权利(例如,CA Lyon 9 March 2006, JCP 2006, IV, 2661:拒绝签发一份宗教条令要求的离婚文件)。

39.《西班牙民法典》第1902条仅宣称(对《拿破仑法典》第1382~1383条的移植),给他人造成的"损害"可以获赔。并未区分经济损害和非经济损害。最初,也即1912年12月12日最高法院(*the Tribunal Supremo*)做出的一则裁决(尤其为 *Santos Briz*, La responsabilidad civil I[7], 165所引用)之前,仅经济损失(*daño material*)才可以获赔。上引裁判根本改变了之前的损害概念。沿袭该裁判,西班牙的判例一直宣称,非经济损失是可获赔的(如 TS 26 January 1972, RAJ 1972 (1) no. 120 p. 119; TS 19 December 1986, RAJ 1986 (5) no. 7682 p. 7462)。而且《刑法典》第110条第(3)款明确规定,仅在因为实施犯罪而需施加民事责任时,非经济损害才可获赔。进而,对非经济损失的赔偿也为《对荣誉权、私生活权及个人肖像权的民事保护法》第9条第(3)款明确规定。西班牙的法律文献并未过多关注经济和非经济损失的区分。确定精神损害(*daño moral*)的要素仍是一个持续多年的难题。通常主张的是,精神损害包括所有对个人的财富并无影响的损害(*Lete del Río*, Derecho de obligaciones II[3], 193),进而,所有对人格权的伤害都是可赔的。后者的可赔性与对受害人财产的影响的考虑无关(*Díez-Picazo and Gullón*, Instituciones I, 828)。西班牙的法律文献区分了狭义的非财产损害(纯粹非经济损害:*daños propiamente morales*, *daños morales propios*)和间接的财产损害(*daños patrimoniales indirectos*, *daños morales impropios*)。第一类包括导致对信仰、感情、尊严、名誉或身体或精神健康造成伤害的损害,它们对受害方的财产并无直接影响;后一分类涉及特别源自对非经济利益的侵害而产生的经济损失。

40. 相反地,意大利的主流原则规定,(《民法典》第2059条将之奉为神圣)非经济损失通常不可以获赔,除非法律有明确规定。这一原则使得下述情形成为必要,即侵权行为也相当于犯罪的情形构成这一领域的先驱(《刑法典》第185条第(2)款)。进一步的例子由补充性的制定法来规定,如《对司法差错造成的损害的赔偿法》第2条,该条规定,在非经济损害源自司法错误导致的自由剥夺时,可以对该损害提出赔偿请求;《个人数据保护法典》第15条;以及《禁止歧视命令》第44条第(70)款。《民法典》第2043条和第2059条(它们永远被视为符合宪法:Corte Cost. 26 July 1979, no. 87, Foro it. 1979, I, 2543; Corte Cost. 14 July 1986, no. 184, Foro it. 1986, I, 2053; Corte Cost. 27 October 1994, no. 372, Foro it. 1994, I, 3297; Corte Cost. 22 July 1996, no. 293, Resp. civ. e prev. 1996, 909)的确切适用范围在相当长的时期内吸引了学者和法院的关注。很快地,对《民法典》第2059条的下述解释占据主导,据此,该规定,尽管有着明确的表述("非金钱损失"),仍被认为仅调整源自精神痛苦的纯粹精神损害(Corte Cost. 14 July 1986, no. 184, Foro it. 1986, I, 2976);《民法典》第2059条提出的限制因而仅属于该种性质的损害。从20世纪80年代中期开始(直接地或通过类推),基于《民法典》第2043条并结合《宪法》第32条,允许了对人的精神—身体完整性的伤害的赔偿。因而通过这种方式,防止保护健康的责任被限定于《民法典》第2059条的狭窄范围成为可能。从体系的角度看,这一"策略"是通过引导*损害事件(danno evento)*原则的发展而促成的,*损害事件*最重要的表现形式就是*生物损害(danno biologico)*。不过,逐渐地,法院再次重新考虑了这一*损害事件*的判例路线并从那里退却,并继续承认了*生物损害*的非金钱性质(Corte Cost. 27 October 1994, no. 372, Foro it. 1994, I, 3297)。但这并未导致赔偿要取决于满足《民法典》第2059条狭隘划定的前提条件。法院重构了这一规定,从而其限制性的条件仅适用于诉请赔偿源自情绪创伤(emotional trauma)的损害,即狭义上的精神损害。相反地,如果对非经济损失的赔偿诉请取决于对受宪法保护之权利的侵犯(例如,防止对健康和身体完整性的妨害以及保护家庭),则《民法典》第2059条的严格限制就不应再适用。通过这种法释,生物损害被保留为可获赔的损害项目,无论赔偿是否为特别法(《民法典》第2059条的要求)或其他规范(Cass. 31 May 2003, nos. 8827 and 8828, Giur. it. 2004, I, 1, 29; Corte Cost. 11 July 2003, no. 233 Resp. civ. e prev. 2003, 1036)所明确规定。在赔偿*生存损害*(*danno esistenziale*)方面,似乎采用了相同的方法。这一损害出现在下述情形,即对某人的日常社会以及和他人的社会交往造成永久的和消极的利益影响的情形。类似地,这一种类也被视为代表了一项具体的可赔的损害赔偿项目,它单独获偿,附随于侵犯受宪法保护的权利产生,并免受《民法典》第2059条潜在的限制(Cass. 31 May 2003, nos. 8827 and 8828, Giur. it. 2004, I, 1, 29; Corte Cost. 11 July 2003, no. 233, Resp. civ. eprev. 2003, 1036; Cass. Pen. 25 November 2003 - 22 January 2004, Foro it. 2004, II, 138; Cass. sez. un. 24 March 2006, no. 6572, Giur. it. 2006, I, 1359)。除此之外,应当注意意大利法承认三种不同非经济损失(*精神损害、生物损害和生存损害*,*danno morale*, *biologico and esistenziale*),它们由不同的规则来调整(Corte Cost. 11 July 2003,

no. 233 loc. cit. ;最高法院的判例表现出一种不断增长的倾向,即将自己与*生存损害*的具体种类相疏离。相反,法院倾向于笼统地注意侵犯受宪法保护的权利的非金钱后果)。根据近期的判例,对损害赔偿裁定额的计算又一次被委托给审判法官来裁量;这也使得下述情况成为必要,即后者无须再遵循先前在计算裁定给予*生物损害*赔偿时所使用的数学公式了(Cass. 31 May 2003, nos. 8827 and 8828 loc. cit.)。这一裁量性评估考虑了伤害的严重程度、痛苦的强度、受害人的敏感性以及当事人各自的经济地位。不过,意大利法中的持久性原则是拒绝在严格责任案件中赔偿非经济损失。这通常使得下述要求成为必要(也即,除非有对抗性的制定法规定),即在赔偿非经济损失之前,侵权人必须有过错。在现案中没有推翻可反驳的制定法对过错的推定即满足这一标准;不过,制定法的责任推定(如《民法典》第 2054 条第(4)款、第 2051 条和第 2052 条)不符合标准。但法院在严格责任领域就侵犯宪法保护的个人价值创设了一项例外。此时,非经济损失被视为可以获赔,即使产生的责任是严格责任(Cass. 27 October 2004, no. 20814, Resp. civ. e prev. 2005, 98; cf. CFI La Spezia 27 October 2005, Danno e resp. 2006, 173; Foro it. 2005, I, 3500:允许赔偿生物损害,不允许赔偿精神损害)。

41.《匈牙利民法典》第 353k 条包含了一项规则,即如果损失导致受害人参与社会交往的能力或组织其事务的能力遭到不可恢复的或严重的损伤,或者法人在其商业交易中遭受歧视,不法行为人有义务赔偿非经济损失,直到 1992 年,宪法法院基于其被认知到的恣意将该条认定为违宪的(宪法法院的裁决[AB határozat] 34/1992. [VI. 1.])。从那时起,现行的法律持续遵循了一般规则,该规则涉及对非经济损害的赔偿(《民法典》第 355 条第(1)款和第(4)款);确切的要素仍由法院来填充。

42. 根据《波兰民法典》第 445 条第(1)款和第(2)款,非经济损害赔偿请求权仅可以在对身体或健康造成伤害,剥夺自由和侵犯性自主权的情形加以主张。《民法典》第 448 条将该规则的范围扩展至包括对人格的无形权利的伤害,进而赋予受害人一项权利来指示对赔偿的裁定额可以直接支付给被选择的慈善组织。不过,主流观点认为,《民法典》第 448 条也适用于人身伤害的情形。根据该观点,仅在《民法典》第 448 条的框架内(而不是在《民法典》第 445 条的框架内),过错才是诉请的前提条件(Pietrzykowski (- *Safjan*), Kodeks cywilny I[4], 1311 - 1314; *Radwański and Olejniczak*, Zobowiązania - część ogólna[5], 243; SN 12 December 2002, OSNC 2004, poz. 53)。捷克和斯洛伐克民法典第 444 条仅在对身体或健康造成伤害的情形,就非经济损失给予损害赔偿(以一次性给付的形式)。损害赔偿旨在赔偿“疼痛和(受害人的)社会自信(social assertion)的恶化”。中东欧的司法辖区之前不愿意允许赔偿非经济损失的态度为《斯洛文尼亚债法》第 132 条所摒弃,从 2002 年开始,该条规定:“损害包括财产的减少(通常的损害),阻碍财产的升值(所失利润),使他人遭受的身体或精神痛苦,对法人名誉的侵害。”其他特殊情形为债法第 178 条和第 179 条所规定(进一步的分析参见 *Trstenjak*, WGO 2002, 90, 106 - 107)。

43. 2002 年 4 月 18 日的“第二部有关修订损害赔偿法规定的法律”(BGBl. 2002 I 2674)于 2002 年 8 月 1 日起施行,它宣告了对德国有关非金钱损失赔偿的法律的改革。出发点仍为《德国民法典》第 253 条第(1)款,根据该款,对非金钱损失的赔偿仅在有法律明确规定的情形才能获得。《德国民法典》第 253 条第(2)款规定:“因侵害身体、健康、自由或者性的自决而须给予赔偿的,也可以就任何非经济损失请求公平的金钱赔偿。”这一规则包括了法典规定的基于过错的责任和严格责任。此外,经过大量的修订,《德国民法典》第 253 条第(2)款还为调整施加严格责任的情形的所有补充性的制定法所援引。结果就是,在上述列举的例子中,在严格责任的情形也可以主张对非经济损失的赔偿。因侵犯人格权而诉请非金钱损失赔偿的权利直接源自保护基本人权的宪法的规定(《基本法》第2条和第1条)(BGH 19 September 1961, BGHZ 35, 363, 368; BGH 15 November 1994, BGHZ 120, 1, 15; BGH 5 April 2000, NJW 2000, 2195, 2197)。

44. 类似地,在奥地利,作为一项一般规则,非经济损失仅可以法律明确规定的情形获得赔偿(*Koziol*, Haftpflichtrecht I[3], no. 11/17; Rummel (－*Reischauer*) ABGB II[2], § 1324 no. 11; OGH 21 March 1951, JBl 1951, 377; OGH 26 April 1989, JBl 1989, 792 = RS 0 022551[关于对度假愉悦之丧失的赔偿])。在法律文献中提出了下述观点,《民法典》第1323条规定了下述规则的一般基础,即非经济损害在遭受的损害在因重大过失而引起时可以获得赔偿(*Bydlinski*, JBl 1965, 237, 247)。至少考虑到已经获得的成果,可以认为,在这一观念和近期最高法院的判例(OGH 16 May 2001, ZVR 2001, 284, note *Karner*; *Fötschl*, VersRAI 2001, 60)趋于一致。在该裁判中,法院就父母遭受的精神痛苦给予了非经济损害赔偿,这一痛苦是因为丧子而引起的。对这一损害项目的诉请仅可以在故意或重大过失的情形提出。尽管法律评论者提出了强烈批评,这一区分仍得以保留并限定,在严格责任的情形,对这一损害项目不能提出诉请(例如,*Schobel*, RdW 2002, 206)。

45. 尽管《希腊民法典》第299条也将基本规则作为其出发点——非经济损失的赔偿仅可以在法律规定的情形才能裁定给予,但在非合同责任法领域它并未以这种方式取得成功。这归因于下述事实,即《民法典》第932条也要通过《民法典》第299条包含的列举情形来理解。前者认为,对侵权行为引起的非经济损害也须给予公平的赔偿。这一请求权独立于经济损失的存在而产生(*Paterakis*, I chrimatiki ikanopoiisi logo ithikis vlavis, 244, 253; Georgiades and Stathopoulos (－*Georgiades*), art. 932, no. 4; *Deliyannis and Kornilakis*, Eidiko Enochiko Dikaio III, 291),而且,该请求权并不取决于责任是否是基于过错产生的(*Kornilakis*, I evthini apo diakindinevsi, 185; *Deliyannis and Kornilakis*, Eidiko Enochiko Dikaio III, 290; *Paterakis*, I chrimatiki ikanopoiisi logo ithikis vlavis, 263; Georgiades and Stathopoulos (－*Georgiades*), art. 932, no. 5; A. P. 444/1964, NoB 12 (1964) 1075; CA Patras 256/1984, NoB 32 (1984) 1567)。《民法典》第57条和第59条规定,侵犯人格权产生的非经济损失可以获得赔偿。第59条规定了非金钱赔偿的其他救济形式,从而超出了第932条的范围。在第932条的范围内,仅允许赔偿源自实施侵权行为的非经济损失。这是因为第932条第2句仅包括适用该规则的指示性示例,并明确规定,本条并未包含一项穷尽性的规则,比较 A. P. 1589/1979, NoB 28 (1980) 1115, 1117 and CA Athens, 658/1975, NoB 23 (1975) 508(源自侵犯所有权的非经济损失);CA Athens 3995/1970, Arm 1971, 410 (杀狗); CA Thessaloniki 1809/1990, Arm 1990 440(父母的责任;女儿毁损了一辆汽车); CAThessaloniki 455/1982, Arm 1983, 212(一起发生在酒吧的争吵,被告对此负有职责;允许作为原告的业主诉请非经济损害);A. P. 175/2005, NoB 53 (2005) 2023(因为另一名游泳者违反了地方性法规,带其狗到海滩,且一起洗海水浴,因而产生了非经济损害)。因为侵权行为被杀者的家庭可以就其精神痛苦提出诉请(《民法典》第933条第3句)。

46.《葡萄牙民法典》第483条第(1)款包括了经济和非经济损害。第483条第(1)款为第496条所补充,根据后者,对非经济损失(*danos não patrimoniais*)的赔偿仅在该损失"基于其严重性值得法律保护"时才能获得赔偿(关于这点,例如 TJ 18 Novembro 1975, BolMinJus 251 (1975) 148,借此单纯的不便利被排除出了非经济损失赔偿的范围)。葡萄牙法律并未包含一项相应于《德国民法典》第253条或《希腊民法典》第299条的规则。回想一下,这些条款规定,非经济损失尽可以在法律规定的情形才能获得赔偿。

47. 不过,《荷兰民法典》第6:95条采用了后一原则,它规定:"在法律赋予一项赔偿权利的范围内,损害包括金钱损失和任何其他的损害";"仅在法律规定了赔偿权的范围内",可以主张后者。《荷兰民法典》第6:95条明确区分了财产损失和其他损害;后者仅在法律明确规定赔偿时才可获赔。"其他损害"一词被认为包括了非经济(无形的或非财产性的)损失(详见Asser(–*Hartkamp*), Verbintenissenrecht I[12], nos. 464 ff, pp. 424 ff)。一旦且仅当满足了《民法典》第6:101条有关(a)故意造成非经济损害、(b)伤害有形的和无形的人格权以及(c)侵犯死者的名誉这几种侵权行为的要件,就可以提出主张。

48.《爱沙尼亚债法》第128条第(1)款区分了金钱和非经济损失。《债法》第128条第(5)款补充规定:"非财产损害主要涉及给受害人造成的身体和精神痛苦。"之后的规定每一项都明确叙述了何种形式的伤害能建立一项损害赔偿请求权:《债法》第130条第(2)款(对身体和健康的伤害),第131条和第134条第(2)款(对自由、荣誉和人格的重大伤害)以及第134条第(4)款(对无形财产的损害或其损失;仅在有限的情形,侵权人才被认为应对非经济损害承担责任)。进一步的分析,参见*Tammiste*, Juridica 2004, 129~141。以类似的方式,《立陶宛民法典》第6.250条第(2)款包含了一项原则,即"非金钱损害仅可在法律规定的情形获得赔偿。"再一次,《民法典》第6.263条第(2)款明确肯定了本原则对侵权法领域的适用。《民法典》第6.250条第(1)款以下列表述定义了非金钱损害:"非金钱损害被认为是某人遭受的痛苦、情感经历、不适、精神震吓、情绪抑郁、耻辱、名誉恶化、和他人交往可能性的减少等,它可以由法院用金钱来加以评估。"

49. 类似地,在北欧国家,区分了经济损失和非经济损失。后者仅在法律特别规定的情形才能获赔。不过,并无明确的制定法条文支持这一基本原则(*Hellner and Johansson*, Skadeståndsrätt[6], 371; *Vinding Kruse*, Erstatningsretten[5], 346)。瑞典法律将其《损害赔偿责任法》(EAL)第5章第1条第(3)款作为出发点。根据这一规定,对人身伤害的损害赔偿包括了对疼痛和痛苦(*sveda och värk*)以及其他持续的损伤(*lyte eller annat stadigvarande men*)的赔偿;两种损害赔偿项目都暗示了对非经济损失的赔偿。对"特殊妨害"的赔偿也是如此,它们也为本条所列举(*Sandstedt*, VersRAI 2002, 10, 11)。丹麦法律里相应的规则是由损害赔偿责任法第1条和第3~4条来列举的,在芬兰法律里,则为损害赔偿责任法第5章第2条和第2c条(不过,并未相应地提及"特殊妨害")。这些可获赔的对非金钱损失的损害赔偿项目进而包括了对侮辱引起的感情伤害的赔偿,也即允许赔偿对自由和荣誉的伤害,以及对侵入他人隐私的特殊表征的赔偿。根据瑞典法,在仅对有形财产造成损害的情形,也可就对某人感情的伤害(如,有关刑事上的"扰乱秩序")裁定给予损害赔偿(*Hellner and Johansson*, Skadeståndsrätt[6], 373)。赔偿受伤的感情的法律基础现在落脚在损害赔偿责任法第2章第3条上(就最近对该法案的修订,参见*Sandstedt* loc. cit.)。根据丹麦法,对受伤的感情的赔偿由《损害赔偿责任法》第26条来调整;根据芬兰法,对"痛苦"的损害赔偿的诉请由《损害赔偿责任法》第5章第6条来调整。而且,在斯堪的纳维亚,对非经济损害的诉请可以针对侵害知识产权以及姓名权/名称权加以主张(*Hellner and Johansson*, Skadeståndsrätt[6], 73, fn. 56 and 57)。最后,《瑞典营销法》(*Marknadsföringslag*)第29条第(2)款规定:"在决定是否给予企业运营者以赔偿时,应关注并非完全属于经济性质的情况。"在丹麦,法院给予制定法的规定达致同样的结论,改革在某种程度上偏离了瑞典的立场(HD 30 August 1989, UfR 1989, 1146)。相反,在芬兰,可以假定,在违反竞争法的情形,并不允许赔偿非经济损失(*Kaulamo*, Probleme des finnischen Wettbewerbs – und Marketingrechts, 401)。

50. 在英格兰和苏格兰法律中,仅在侵权行为(或不法行为)导致有形的身体伤害、死亡、精神伤害、故意侵入某人的个人领域、诽谤,或存在影响不动产环境的侵扰(*Hunter v. Canary Wharf Ltd.*［1996］2 WLR 348)时,才可以给予非金钱损害赔偿。在英国法中,在侵扰的情形,鉴于侵权法旨在保护土地(同上),赔偿应向房主作出。不过,近来,实际上这种请求在针对公共机构的案件中被获得承认可适用于大量受影响的人,尽管他们将请求置于违反人权法之上(*Marcic v. Thames Water Utilities Ltd.*［2002］EWCA Civ 64,［2002］QB 929)。故意和其他责任基础的区分与非金钱损害在英国法中是否可用这一问题是否相关,近来在英格兰法上是有争议的。在司法上表达的观点是,在所有涉及故意的侵权中,就痛苦、不便或不适的情形来说,对非金钱损失的赔偿总是可用的(*Hunter v. Canary Wharf*［1997］AC 655 per Lord *Hoffmann*)。非金钱损害赔偿基于同一基础在严格责任案件中一般也是可用的,正如在过失案件中那样。1987 年《消费者保护法》第 6 条第(1)款(a)项和(c)项确认了这一一般规则。在诽谤法中,责任是严格的,根据这一项目给予的赔偿可能很高。在英格兰和苏格兰,诽谤案件可以由陪审团来听审并做出裁决。欧洲人权法院(*Tolstoy Miloslavsky v. United Kingdom*, ECHR 13 July 1995, App. no. 18139/91)认为,陪审团没有控制的赔偿裁定在这一领域导致了对欧洲人权公约第 10 条(言论自由)的潜在违反,作为对这一观点的回应,现在在上诉层面建立了控制机制,对这些裁定给予了最高额限制。

51. 描述裁定给予非金钱损害赔偿的术语在英格兰和苏格兰的法律中有所不同。在苏格兰,这些赔偿裁定被归类为裁定给予抚慰金,与对"经济损失"的赔偿相对。在英格兰,它们则是在"一般损害赔偿"的标题下做出裁定,这一标题囊括了诉请无法精确评估的所有方面。在有形的身体伤害的情形,英格兰裁定的赔偿被描叙为对"疼痛和痛苦以及生活愉悦的丧失"的裁定赔偿。在两个法域,在诉请人永久丧失意识并被证明无法遭受痛苦的情形,这些裁定赔偿的一般性质仍导致可以做出赔偿(*H. West Ltd. v. Shephard*［1964］AC 326; *Dalgleish v. Glasgow Corp.* 1976 SC 32)。在苏格兰,就人身伤害裁定给予的抚慰金被分拆为包括三个要素(尽管只判给一个数额),也即,痛苦和疼痛、官能和愉悦的丧失以及预期寿命的丧失,这些差不多相当于在英格兰裁定赔偿时要考虑的要素。

Ⅵ. 法人的非经济损失

52. 法人也会遭受非经济损失,也有权就此获得赔偿,这已经得到广泛的承认。这在很多国家都是一个有效的主张,例如,法国(*le Tourneau* and *Cadiet*, Droit de la responsabilité et des contrats (2002/2003), no. 1466 pp. 387～388; 另比较,Cass. ch. mixte 6 September 2002, Bull. ch. mixte 2002, no. 4 p. 9［为了支持消费者保护机构而象征性地给予了一法郎］)和比利时(*Simoens*, Beginselen van Belgisch privaatrecht XI(2), 260)。典型的情形与对名誉的损害相关(*Schuermans/Van Oevelen/Persyn/Ernst/Schuermans*, TPR 1994, no. 4. 2 pp. 932－934)。不过,法国最高法院的刑事庭在一则*民事诉讼*(an *action civile*)(在该诉讼中,有关犯罪行为所导致的损害的侵权诉请是在刑事程序中提起并得到裁决的)中裁决,国家和地方政府不能就非经济损失主张赔偿(Cass. crim. 26 February 1986, GazPal 1986 Som., 339)。此外,根据私法,法人无权就对其自己的肖像或隐私权的侵犯主张损害赔偿(Rép. Dr. Civ. (－*Tallon*) Ⅷ, no. 153);不过,比利时与之不同,保护公司的内部运作被视为是对"私生活"权利的保护的一个方面(*de Page and Masson*, Traité élémentaire de droit civil belge II(1)[4], no. 20 pp. 29－30)。

53. 尽管在法律文献上招致一些批评(例如,*Gómez Pomar*, InDret 1/2005, 4),西班牙法院的方法仍指向给予法人以非经济损失的赔偿(TS 23 March 1987, RAJ 1987 (1) no. 1716 p. 1631;

TS 4 October 1997, RAJ 1997 (4) no. 7641 p. 12103; TS 20 February 2002, RAJ 2002 (2) no. 3501 p. 6117)。在奥地利(OGH 5 December 1989, SZ 62/192; *Koziol*, Haftpflichtrecht I[3], no. 11/2, fn. 5)和意大利,居主导的也是相同的情况。实际例子大多数都与妨害荣誉和名誉(Cass. 10 July 1991, no. 7642, Giur. it. 1992, I, 1, 96)、损害信用(Cass. 3 March 2000, no. 2367, Giust. civ. Mass. 2000, 518; Cass. 5 December 1992, no. 12951, Foro it. 1994, I, 561)以及伤害某法人的名称和形象(就后者,参见 Corte dei Conti, Sez. riun. 23 April 2003, no. 10, Giur. it. 2003, 1710,有关保护地方政府的形象;赔偿生存损害(*danno esistenziale*))相关。甚至可能侵犯法人的私人领域(*Franzoni*, Dei fatti illeciti, arts. 2043~2059, 1204-1205)。下述人士被视为可能的诉请人:私法上的公司(Cass. 3 March 2000 loc. cit.)、地方政府(Cass. 15 April 1998, no. 3807, Resp. civ. e prev. 1998, 992)、外国政府(Cass. 5 December 1992 loc. cit.)和意大利政府(Cass. 10 July 1991 loc. cit.)。

54. 而且,法人遭受的非经济损失在匈牙利(这遵循了先前的《民法典》第354条)、斯洛文尼亚(《债法》第132条"对法律名誉的侵犯")、波兰(*Radwański and Olejniczak*, Zobowiązania-część ogólna[5], 244; SN 15 December 1975, LEX no. 77/80)、荷兰(特别参见 Parlementaire Geschiedenis VI, 380; Schadevergoeding (-*Deurvorst*), art. 106, no. 11; Asser (-*Hartkamp*), Verbintenissenrecht III[10], no. 240 p. 227; *Overeem*, Smartegeld, 54-55; CFI Amsterdam 8 March 2006, LJN AV3959)、希腊(A. P. 479/1968, NoB 17/1969, 597; CA Athens 4105/2004, DEE 12 (2006), 306 [《消费者保护法2251/1994》第10条第(9)款和第13款(现为第10条第15款和第16款(b)项,这为第3587/2007号法令所增加:裁定给予消费者保护机构以非经济损害赔偿;转交给慈善组织])、葡萄牙(*Capelo de Sousa*, O direito geral de personalidade, 599; *Vaz* (3173) Serra, BolMinJus 83 (1959) 70; *Gouveia de Andrade*, Da ofensa do crédito, 73; *Ferreira Dias*, O dano moral, 39; STJ 15 June 1994, BolMinJus [1998] 438; STJ 5 October 2003 and STJ 5 October 2003;不过,就法人的间接财产*损害*(*danos patrimoniais indirectos*)问题,比较 STJ 9 June 2005)和北欧国家(例如,《瑞典营销法》(the Marketing Act)第29条,以及丹麦,*Lynge Andersen*, UfR 1977, 241)也都被视为不可获赔的。

55. 相反,在德国,法人通常不能主张非经济损失。侵权法保护法人的无形人格权这一事实确实是无争议的,但是法院的观点是,提供"抚慰"的功能在法人的情形不能得到实现,因而导致排除对非经济损失的诉请(BGH 8 July 1980, BGHZ 78, 24, 28; CA Munich 28 May 2003, MDR 2003, 1418)。不过,对合法注册的宗教组织(legally incorporated religious organisations)存在例外(BGH 25 September 1980, BGHZ 78, 274, 280)。相比之下,普通法就给企业声誉造成的非经济损害赋予法人以诉请赔偿的权利(*Jameel v. Wall Street Journal Europe SPRL* (*No.* 3) [2006] UKHL 44, [2007] 1 AC 359)。

56. 2000年4月6日,欧洲人权法院在 *Comingersoll S. A. v. Portugal*, ECHR [GC] 6 April 2000, App. no. 35382/97 一案中裁决,上市公司(a public limited company)也可以根据《欧洲人权公约》第41条主张非经济损失赔偿;损失源自对民事诉讼的不当延长,而该民事诉讼与源于汇票的诉请相关(详见 *Ress*, FS Ishikawa, 429)。

Ⅶ. 侵害绝对权

57. 在欧洲,最后争议的问题之一仍是在侵权法的框架内对绝对权应赋予何种意义这一问题。尽管在所有的欧洲司法辖区,源自侵犯绝对权的损害原则上都可以获赔,但就这些权利排序的等级层次仍缺乏一致意见（对这一问题的详尽分析，参见Ⅷ），而且，其次并且是最重要的是，在决定侵犯绝对权对侵权法而言是最重要的还是仅仅具有附带的重要性的问题上，也未达成一致。在后一情形，侵权责任甚至在未侵犯这种权利的场合产生；它的存在仅相当于在具体化确立责任（损害、过错和因果关系）的“内在”要件之内容时，法院使用的诸多参数中的一项评价性参数。应当注意的是，绝对权的概念并非是普通法辖域使用的概念。

58. 根据比利时、法国、马耳他和卢森堡的法律，侵权责任并不取决于侵害受法律保护的绝对权。这些法律体系仅要求损害的发生，但又持单纯的侵犯权利本身并不能使得施加责任得以正当化的观点，因为这一侵犯并不必然要求损害源自侵害（*Viney and Jourdain*, Les conditions de la responsabilité[2], no. 247 p. 3; *Dirix*, Het begrip schade, no. 1 p. 13; *Ravarani*, Laresponsabilité civile, no. 691 p. 487; Cass. 21 June 1990, RW 1990－91, 1199）。这一基本规则的一项例外是从法国*最高法院*的大量裁决中发展出来的，它不仅看到*依法(ipso iure)*源自侵害所有权和知识产权的损害，而且同时察知了侵权上的过错（特别是参见 Cass. civ. 11 October 1983, Bull. civ. 1983, I, no. 225p. 201［侵犯著作权］和 Cass. req. 6 March 1934, D. P. 1937, I, 17, note *Blaevoet*［侵犯所有人的占有权］）。

59. 类似地，从西班牙的视角看，对绝对权的保护并非是侵权法的功能，相反，这一任务被分配给了其他民事诉讼，特别是回复原物之诉（*acción reivindicatoria*）和否认之诉（*acción negatoria*）（Paz－Ares/Díez－Picazo/Bercovitz/Salvador（－*Pantaleón Prieto*）, Código Civil, p. 1972; *Díez－Picazo*, Derecho de daños, 291; *De Ángel Yágüez*, Tratado de responsabilidad civil[3], 260）。这些诉请仅要求侵犯请求人的控制范围，相当于侵害保有人的主观权利；损害和过错都不需要。与此相反，西班牙侵权法的规定并不要求侵害请求人的主观权利（无论绝对权还是相对权）或受法律保护的利益（*Pantaleón Prieto* loc. cit. 1993 ff; *Díez－Picazo* loc. cit. 50）。根据《民法典》第 1902 条，所有的损害都是可赔的，附加的要求就是，如果遭受损害的是不道德的或不法的利益，不允许赔偿。

60. 类似地，《意大利民法典》第 2043 条并未使用侵害绝对权或法律利益这一概念。相反，施加责任的决定性前提条件是（有过错地）造成不法损害（*danno ingiusto*）。而在受法律保护的利益受到侵害时，通常会产生*不法损害*（参见前述注释 I 1）。因侵害绝对权而遭受的不利暗示着受法律保护的利益；因而，无疑的是，侵权责任可以因这些侵害行为而产生（*Franzoni*, Dei fatti illeciti, arts. 2043－2059, p. 194）。当然，这并不排除根据《民法典》第 2043 条就非因这种侵害而产生的损害获得赔偿。

61. 中东欧的法典普遍遵循了罗马法系的进路。没有一个法典的基本规范提及侵害权利是产生侵权责任的前提条件；在这些法典中，决定因素（自身即为充分）即为造成损害（捷克和斯洛伐克民法典第 420 条；《匈牙利民法典》第 339 条第（1）款；《斯洛文尼亚债法》第 131 条）。

62.《德国民法典》第 823 条第（1）款与前述立法形成鲜明对比。根据这一规定，侵权责任仅在以不法和有过错的方式给“生命、身体、健康、自由、所有权或其他权利”造成损害时才产生。仅在例外情形，侵权责任可以不取决侵害这些权利。特别是在与第 823 条第（2）款（违反保护性法律）以及第 826 条（故意以违背善良风俗的方式加害于他人）相关的情形产生侵权责任。《葡萄牙民法典》第 483 条第（1）款在很大程度上相应于《德国民法典》第 823 条第（1）款和第（2）款。

63. 根据《奥地利普通民法典》第 1293 条和第 1295 条，产生侵权责任并不要求侵犯绝对权（类似于《法国民法典》第 1382 条和第 1383 条的立场）。不过，与这一表述不符的是，为了产生侵权责任,法院和学术教学都要求侵害绝对权或违反保护性的制定法。提出的观点就是有必要避免无限的损害赔偿责任的恐惧,这会给经济造成过重的负担(就和诸多人不同的观点,参见Schwimann(-*Harrer*), ABGB Ⅶ², § 1293 no. 2 和 OGH 7 March 1973, SZ 46/31)。对人的"财产"本身并未给予绝对的保护(OGH 12 April 1984, JBl 1985, 38)。

64.《荷兰民法典》第6:162条第(2)款明确将不法行为界定为包含了"侵犯权利"。在《爱沙尼亚债法》第1045条第(1)款中也包含一项类似的,但更为准确的定义。

65."绝对权"概念并非是北欧国家侵权法的一项特征;这些学理分类上的类型和斯堪的纳维亚的法律现实主义是冲突的。类似地,英格兰和爱尔兰的侵权法以及苏格兰的侵权法也无须绝对权这一法律原则就可以运行。

Ⅷ. 某些权利的细节

66.杀人、伤害健康或身体、剥夺自由和损害有形财产都产生损害赔偿请求权,这是一项不证自明的主张。不过侵权法对其他权利的处理也有着多样的方式。尽管并未主张这是一项穷尽的描述,但下述处理仍对大量最具有实际相关性的权利提供了一个概览,位处第2章第2节的本条对这些权利并未加以详述。

(1)精神性的人格权

67.民法法系大多数将保护对姓名的绝对权免受第三人的假冒视为不证自明的。预防性的法律保护以及回复性的法律保护(在损失的情形)共同来反对这样的侵犯。就法国,参见*le Tourneau and Cadiet*, Droit de la responsabilité et des contrats (2002/2003), no. 1608 p. 419(一名甚至并未使用同一姓名的家庭成员也享有*出庭权(locus standi)*: Cass. civ. 5 February 1968, JCP 1968, II, 15670);就比利时(在无形财产权的情形,是否单纯的侵犯权利足以确立一项损害赔偿请求权或者是否必须证明损失是争论的问题),参见*Guldix and Wylleman*, TPR 1999, 1589, 1624-1631 and CA Brussels 8 November 1989, RGAR 1992, 11906;就西班牙,参见1957年7月8日的《民事登记法》(*Ley del Registro Civil*)第53条;就意大利,参见《民法典》第7、8、9条(关于这些条文,参见Cass. 5 October 1994, no. 8081, Giur. it. 1996, I, 1, 842 和 Cass. 7 March 1991, no. 2426, Foro it. 1991, I, 2082;关于*精神损害(danno morale)*赔偿请求权是否存在的争议问题,参见*Cian and Trabucchi*, Commentario breve⁶, sub art. 8, § 3);就匈牙利,参见《民法典》第77条和第84条;就波兰,参见《民法典》第23条;就德国,参见《民法典》第12条(有关该条,参见BGH 26 June 2003, BGHZ 155, 273 和 BGH 5 October 2006, WM2007, 35);就奥地利,参见《民法典》第43条(有关该条,参见OGH 7 November 1962, SZ 35/110; OGH 22 October 1986, SZ 59/182 和 Koziol, Haftpflichtrecht II², 9);就希腊,参见《民法典》第58条;就葡萄牙,参见《民法典》第72条和第74条;就荷兰,参见CFI Rotterdam, 4 February 1994, NedJur 1995, no. 39 p. 149;就爱沙尼亚,参见《债法》第1046条第(1)款,就瑞典,参见《广告中的姓名和肖像法》(*Lag om namn och bild i reklam*)。

68.对反对未经授权使用和利用某人肖像以及在这些情形下诉请损害赔偿的权利也是如此。就法国,参见FRANCE CAVersailles 30 June 1994, D. 1995 jur. 645, note *Ravanas*; TGI Nanterre 6 April 1995, GazPal 1995 jur. 285; 就比利时,参见前一注释中的参考文献;就西班牙,参见《宪法》第18条第(1)款和《对荣誉权、私生活权及个人肖像权的民事保护法》(Civil Protection of the Rights to Honour, to Private Life and to one's own Image Act)第7条第(5)款和第(6)款以及第8条第(2)款,关于此,参见TS 26 January 1990, RAJ 1990 (1) no. 26 p. 60;关于意大利,参见《民法典》第10条

(某人自己的肖像或其父母、配偶、子女的肖像未经允许被复制时产生的责任;详见 Cass. 16 April 1991, no. 4031, Giur. it. 1991, I, 1, 1345 以及 Cass. 10 November 1979, no. 5790, Resp. civ. e prev. 1980, 212——对*精神损害*不予赔偿);就匈牙利,参见《民法典》第 80 条和第 84 条;就罗马尼亚,参见《民法典》第 54 条;就德国,参见《美术和摄影作品版权法》(Copyright on Works of Fine Art and Photography Act (KunstUrhG))第 22 条;就奥地利,参见《版权法》(*UrhG*)第 78 条(详见 OGH 6 December 1994, ZfRV 1995, 158, Rummel (－*Aicher*), ABGB I^3, § 16 no. 19);就葡萄牙,参见《民法典》第 79 条;就荷兰,参见 HR 1 July 1988, NedJur 1988, 1000;就爱沙尼亚,参见《债法》第 1046 条第(1)款;就瑞典,参见前一段中引用的《广告中的姓名和肖像法》;除其他裁决外,就芬兰,参见 HD 21 November 1980, HD 1980 II 123,就丹麦,参见 HD 25 January 1965, UfR 1965, 126。

69. 就侵害对自己声音的权利主张损害赔偿的权利不断得到承认。就法国,参见 CFI Paris 3 December 1975, JCP 1978, II, 19002, note *Bécourt*; Rép. Dr. Civ. (－*Tallon*) Ⅷ, no. 20 and no. 148 (在本案中,暗示损害赔偿请求权仅出现在金钱或非金钱损失的情形);就西班牙,参见 TC 25 April 1994, no. 117/1994, BOE no. 129 of 31 May 1994 和 CA Barcelona 10 September 2003, RAJ (TSJ y AP) 2004 (1) no. 289 p. 375;就意大利,参见 *Bianca*, Diritto civile I^2, 187;就匈牙利,参见《民法典》第 80 条和第 84 条;就波兰,参见 CA Gdańsk 21 June 1991, OSA 1992, no. 8;就奥地利,参见 OGH 29 November 2001, MR－Int 2002, 26 ＝ RIS－Justiz RS 0115837。相反地,对自己声音的权利在荷兰法中是否被视为一项受保护的利益,仍不确定(否认这一张的有 CFI Utrecht 4 December 1996, NedJur 1998, no. 43 p. 237)。

70. 与民法司法辖域不同,普通法传统上不承认诸如对姓名的权利、对复制某人的肖像或声音的权利这些术语意义上的人格权,但它仍发展出方法来保护它们,至少在它们实际上为相关者商业化的情形,而且清楚的是,对它们的保护在判例法中仍在发展。通过允许商业利用其肖像而使用其名誉的名人,可以通过假冒侵权保护自己免遭未经许可而使用其人格的某些方面的行为,这一侵权类型不仅仅保护企业的,还保护任何商人的商誉。基于这些目的,从事专业、艺术或文学等职业者有权就使用其姓名或肖像来错误认可产品或服务(*Irvine v. Talksport Ltd.* [2002] EWHC 367 (Ch); [2002] 1 WLR 2355,就法律问题获得维持(但允许就数额提起上诉)*sub nom. Irvine v. Talksport Ltd.* (Nos. 1 and 2) [2003] EWCA Civ 423; [2003] 2 All ER 881),或错误的(或至少是混淆的)归属(*Clark v. Associated Newspapers Ltd.* [1998] 1 WLR 1558 [日记作者所虚构的杂志上的打油诗,显著地以姓名和肖像为特色])提起诉讼。不过,相关者必须是和非法利用人格权的事项有关的商人:参见 *Kaye v. Robertson* [1991] FSR 62, 69 (在该案中,一名演员遭到事故,但他并非是有关其事故和康复之故事的商人)。保护人格权的进一步的基础存在于诽谤法中,它以其名字或肖像被非法利用的个人被错误地代表认可或同意相关事项为基础:*Tolley v. J. S. Fry & Sons Ltd.* [1931] AC 333(一名成年的板球队员的肖像被用于宣传被告的巧克力,因为该广告暗示该名队员就其认可收到了报酬,而这违背了其作为非职业运动员的身份,因而被认定构成诽谤),该案为 *Kaye v. Robertson*, loc. cit. 所遵循(暗示演员就其事故和康复对报纸上的文章表示同意,从而构成有争议的书面诽谤,但这并非是一起中间禁令(interlocutory injunction)的合适例子)。最后,有关违背信任的不断进化的法律被扩展至保护对隐私的合理期待,它也提供了一种保护人格权的框架:参见 *OBG Ltd. v. Allan* [2007] UKHL, [2008] 1 AC 1(在该案中,一位名人的婚礼的摄影图像并未被公开使用,被视为具有商业价值的私密信息);*Murray v. Express Newspapers plc.* [2008] EWCA Civ 446; [2008] 3 WLR 1360(在该案中,一家杂志公布了一张原告的照片,原告是作家 *J. K. Rowling* 的儿子,他和父母一起在爱丁堡大街散步,至少可争议的是,该名孩子尽管是处于公共场所,但仍对其隐私享有合理的期待,不会招致公众注意,而照片是用长焦镜头悄悄拍摄的)。

(2)死者的人格权保护

71. 就侵权法对人格权的保护是否以及在何种方面可扩展,有不同的方法。我们这里并不关心在死者尚存活时对其人格权进行侵犯并由其权利继承人(successors in title)提出这种诉请的案件。(这些案件实际上应根据继承法来解决,例如,比较 Cass. civ. 14 December 1999, Bull. civ. 1999, I, no. 345 p. 222:私人和家庭生活受尊重的权利在权利人死亡时消灭)。这里考虑的案件涉及死者被"侮辱"的情形。

72. 在法国,认为死者的继承人有权防止其回忆被错误的或扭曲的、恶意出版的或过分滑稽的报道所描绘(CA Paris 3 November 1982, D. 1983, 248, note *Lindon*; 就死者肖像权的保护问题,比较 CA Paris 7 June 1983, GazPal 1984 jur. 528, note*Lamoureux and Pochon* ,以及部分不同的观点,CFI Aix-en-Provence 24 November 1988, JCP éd. G 1989, II, no. 21329, note *Joël Henderycksen*)。在未经授权公布某人遗体和葬礼的照片的情形,死者的遗孀及子女有权基于妨害源自《民法典》第1382条的尊重家庭生活的权利,提起损害赔偿之诉(CA Paris 26 April 1983, D. 1983 jur. 376, note *Lindon*)。根据《出版自由法》第34条第(1)款,刑事犯罪导致侵权法上的损害赔偿之诉,就这一事实赋予了相当的重要性(比较 Cass. civ. 22 June 1994, Bull. civ. 1994, II, no. 165 p. 95)。尊重私人生活的权利在个人死亡时消灭(Cass. 14 December 1999, Bull. civ. 1999, I, no. 345 p. 222)。

73. 同样地,比利时法律上的进路倾向于在权利人死亡后保护其某些人格权。对肖像权来说尤其如此,无论是涉及尸体的照片还是不法地败坏死者人格的对死者生活的描述(详见 *de Page and Masson*, Traité élémentaire de droit civil belge II(1)[4], no. 55 p. 69)。

74. 类似地,在西班牙的法律中,对死者人格权的保护获得了普遍的认可。《对荣誉权、私生活权及个人肖像权的民事保护法》第4条和第5条对有权提出诉请的人的类型做了限定并调整;此外,第9条第(4)款澄清了应向谁给予非金钱损害赔偿的问题。TC 214/1991 of 11 November 1991, BOE no. 301 of 17 December 1991 一案赋予了一名生活在西班牙的犹太妇女一项权利,她可以作为大屠杀的幸存者,为了保护犹太人的集体荣誉免受攻击而提起民事和刑事诉讼。

75. 意大利法原则上保障对死者尊严的保护,它通过赋予死者近亲属以诉权来实现这一保护(*Bianca*, Diritto civile I[2], 154 and 187; CFI Rome 29 June 1998, Resp. civ. e prev. 1999, 477)。特殊的版权规则增强了这一保护(特别参见《版权法》(LA)第23条)。在德国,死者人格权甚至受到宪法的保护(宪法上的判例 BVerfG 24 February 1971, BVerfGE 30, 173, 194;另比较 BVerfG 5 April 2001, NJW 2001, 2957;就综合的观点,参见 Pabst, NJW 2002, 999-1004)。通常并不承认赔偿非经济损失的义务(BGH 6 December 2005, BGHZ 165, 203 and BGH 5 October 2006, WM 2007, 35);不过,在一审中,是否就严重侵害设立这一规则的例外有很多审议(CA Jena 31 March 2005, NJW-RR 2005, 1566)。对肖像的死后保护受到特别的调整(《美术和摄影作品法》(*KunstUrhG*)第22条)。在奥地利,强调的是,人格自由发展的权利仅在该权利死后仍继续,对死者荣誉以及尊重私生活的权利的保护在死后保护这一标题下应获特殊考虑这一点得到承认时,才能得到充分的理解(OGH 23 May 1984, SZ 57/98, Rummel(-*Aicher*), ABGB I[3], no. 28)。《匈牙利民法典》第84条和第85条第(3)款、第(1)款(e)、《罗马尼亚自然人和法人法令》第56

条、《希腊民法典》第 57 条第(1)款、《荷兰民法典》第 6:106 第(1)款(c)项和《葡萄牙民法典》第 71 条第(1)款采用了类似的进路。后一规定在《民法典》第 69 条第(1)款中引入了一条特殊规则,它规定,个体的人格权不能存续到死后。《民法典》第 71 条第(2)款决定了有权就维护个人死后的利益提起诉讼之人的类型(详见 *Leite de Campos*, BFD L (1974), 297 and STJ 11 December 2003)。波兰的法律也允许死者的近亲属获得赔偿,只要其回忆或名誉因错误陈述受到伤害(SN 24 February 2004, OSNC 2005, poz. 48; *Radwański*, Prawo cywilne – część ogólna[8], 167)。

76. 类似地,北欧国家也承认对人格权的死后保护权,但是这一权利仅根据刑法,参见《丹麦刑法典》第 264c、264d 条和第 274 条;《瑞典刑法典》第 5 章第 4 条(有关这点,参见 HD 14 December 1966, NJA 1966, 565)和《芬兰刑法典》第 27 章第 4 条。

77. 英格兰和爱尔兰的普通法排除了对个人名誉伤害的死后保护;它们认为,不可能诽谤死者(Clerk and Lindsell (–*Brazier*), Torts[16], 21–01)。

(3)其他附属于人格的权利

78. 而且,一些司法辖区的法院也日益表现出创设新的绝对权来强化人格权的倾向。例如,其中有葡萄牙的法院(*von Bar*, Common European Law of Torts II, 88; *Hörster*, Parte geral, 259; STJ 2 October 2003; STJ 4 July 1978, BolMinJus, 279 [1978], 124; *休息和安宁权(direito ao repouso e à tranquilidade)*)和西班牙的法院(TS 29 April 2003, RAJ 2003 (2) no. 3041 p. 5721; 参见 *Martín Vida*, VersRAI 2004, 20–23; *Martín Vida*, VersRAI 2005, 57–63 and 2006, 5–8),在这些地方,法院承认了休息和康复的权利,它来自宪法上保护的对私人领域的权利和住宅不受侵犯的权利。在噪声侵扰的情形,因为侵权责任取决于存在对身体或健康的伤害,其他司法辖区的请求人必须依赖有关邻居各自利益的法律。这与德国(《民法典》第 823 条第(1)款)和奥地利(OGH 13 July 1988, JBl 1989, 41)现在的情况是一致的。

79. 后两个国家还承认,社团成员资格应被赋予权利的地位,这样不当排除社团的成员就会导致损害赔偿请求权(BGH 6 February 1984, NJW 1984, 1884; BGH 12 March 1990, NJW 1990, 2877; OGH 10 July 1997, RIS–Justiz RS 0 108196)。罗马尼亚采用了类似的立场(《民法典》第 998 条;CSJ 16 March 2001, *secţia civilă*, decision no. 1609)。在丹麦,从工会中不法排除成员可以获得损害赔偿(HD 16 December 1936, UfR 1936, 672),在西班牙,有关不当取消股东地位也是如此(TS 20 March 1998, RAJ 1998 (1) no. 1712 p. 2649)。

80. 此外,根据西班牙法,必须提及对家庭私密领域(*intimidad familiar*)的保护,它源自《对荣誉权、私生活权及个人肖像权的民事保护法》,该法旨在保护"家庭秘密",也即影响家庭且仅家庭成员可获知的事实(TC 197/1991 of 17 October, BOE no. 274 of 15 November 1991; TC 134/1999 of 15 July, BOE no. 197 of 18 August 1999;另参见 *Igartua Arregui*, La Ley 1990, I, 1066, 1071)。

81. 意大利法院也一直在用权利术语来表述他们将之划为值得保护之权利的利益,包括对家庭安宁的权利(*diritto alla serenità familiare*: CFI Milano 18 February 1988, Resp. civ. e prev. 1988, 454)、对个人财产完整性的权利(*diritto all' integrità del patrimonio*: Cass. sez. un. 26 January 1971, no. 174, Giur. it. 1971, I, 1, 680, note *Visintini*; Foro it. 1971, I, 342, 1284, notes *Jemolo and Busnelli*)。

(4)法人的人格权

82. 就审视法人人格权在不同司法辖区如何得到法律保护的问题,参见注释Ⅵ以下。在允许法人获赔非金钱损失时,必然得出法人也享有人格权。西班牙法院甚至在私法上赋予法人一项其营业场所的一定区域不受侵犯的权利(TC 69/1999 of 26 April 1999, BOE no. 130 of 1 June 1999)。相反,有人认为,根据公法,法人不是人格权的保有人(TC 107/1988 of 8 June 1988, BOE no. 152 of 25 June 1988; TS 24 October 1988, RAJ 1988 (5) no. 7635 p. 7492)。私人公司享有保护其商业名誉的权利是一项不证自明的主张(TC 139/1995 of 26 September, BOE no. 246 of 14 October 1995; TC 193/1995 of 11 December 1995, BOE no. 11 of 12 January 1996; TS 15 April 1992, RAJ 1992 (3) no. 4419 p. 5849; TS 14 March 1996, RAJ 1996 (2) no. 2178 p. 2936; TS 20 February 2002, RAJ 2002 (2) no. 3501 p. 6117, TS 5 October 1989, RAJ 1989 (6) no. 6889 p. 8011);它们甚至可以主张对自己形象的权利(TC 19/1983, of 14 March 1983, BOE no. 87 of 12 April 1983)。类似地,在意大利,与就侵害荣誉和美誉诉请赔偿的权利一起,法人根据侵权法对其个人身份(Cass 3 March 2000, no. 2367, Giust. civ. Mass. 2000, 518; Cass. 5 December 1992, no. 12951, Foro it. 1994, I, 561)、完整性以及对其私人领域的保护(*Franzoni*, Dei fatti illeciti, arts. 2043 - 2059, pp. 1204 - 1205)享有权利这一点得到了承认。匈牙利法律的立场是将有关保护人格的规则适用于法律,除非权利的性质限定只能由自然人加以主张(《民法典》第75条第(2)款和第84条第(1)款(e)项)。波兰的立场相同(《民法典》第43条)。类似地,罗马尼亚计划采用一种沿着这些路线的方法(*Proiectul Noului Cod civil*:民法典草案第196条)。根据奥地利法,尽管确实主流的法律认为只有自然人能够受到侮辱,但这并不排除就法人的公司商誉授予其一项绝对权(OGH 11 January 1996, ecolex 1996, 361)。《斯洛文尼亚债法》第183条规定,只要法院发现情况证明正当,即使没有实质损害,法院仍会就诽谤法人的名誉或美名裁定给予法人以公平的金钱赔偿,它与对经济损害的补偿无关。有关这一规定,详见 Supreme Court 7 May 1993, II Ips 586/92。

83. 类似地,普通法也承认,诽谤法人是可能的。在诽谤影响了请求人的公司名誉时,没有必要为实际的经济损害提出辩护或举证证明;在缺乏这种证据时,也可以给予一般的损害赔偿(*Jameel v. Wall Street Journal Europe SPRL* (*No.* 3) [2006] UKHL 44, [2007] 1 AC 359)。

Ⅸ. 侵害相对权

84. 相对权,特别是合同债权,通常仅能由那些负有履行合同之债务的人侵害。因而,法律上损害这类权利的责任是由调整这些请求权的法律制度的一部来处理的;这特别是与合同法相关。原则上,合同未赋予权利的当事人不能从合同中获得权利,他们也无义务尊重合同产生的权利,因为这些权利完全是相对的。作为一项一般规则,故意诱使他人不履行与第三人订立的合同所约定的债务,是违背公共政策因而受到禁止的;仅在这种情形,侵权诉讼才能依据合同权利而产生,这一诉讼可以针对所有的人(*erga omnes*)来执行(参见对第Ⅵ-2:211条(诱使债务不履行所致的损失)的注释)。当然,有关这一共同出发点的适用,创设了很多例外,这些例外的意义并非微不足道。在这方面,在法国产生的发展特别值得注意。

85.《法国民法典》第1165条明确规定了"协议仅在缔约当事人之间产生效力"这一基本规则。不过(尽管受到有力的学术批评),看起来合同当事人对第三人的抗辩性原则(the principle of *opposabilité du contrat par les parties aux tiers*)仍占据了上风。根据这一诠释,第三人应尊重合同当事人创设的法律情景(深入分析,参见 *von Bar and Drobnig*, The Interaction of Contract Law and Tort and Property Law in Europe, nos. 625 - 664)。相反的情形,即侵害合同确立了侵权过错,被称为第三人对合同当事人的可抗辩的过错(*faute opposabilité du contrat par les tiers aux parties*)(*Terré/Simler/Lequette*, Les obligations[8], no. 490 pp. 482 ~ 483)。最高法院在许多场合支

持了这一新原则的两个方面(例如,Cass. civ. 17 October 2000, JCP éd. G 2001, I, 338, no. 6, note *Viney*[杂志编辑因过错提前公开了将要印行的图书的节录]和 Cass. civ. 18 July 2000 and 13 February 2001, JCP éd. G 2001, I, 338, nos. 8~10, note *Viney*[一个当事人的违约给第三人造成损害,这构成了《民法典》第1382条规定的过错];Cass. 5 April 2005, RTD civ 2005, 602, observant *Jourdain*)。不过,第三人仅可在下述情形以违反合同来确立侵权责任,即这一违反相当于违反了不伤害他人的一般义务。

86. 类似地,比利时法院确认,存在合同这一事实应该是第三人必须考虑的事实。因而,基于过失不去熟悉这些情况而合谋违约可以构成一项侵权性的*过错*(Cass. 22 April 1983, RW 1983-84, 427, note *Dirix*; RCJB 1984, 359, note *Merchiers*)。关于第三人在故意诱使债务人违反合同时是否仅对债权人负责这一问题,西班牙是否也达致同一结果尚不确定(*Yzquierdo Tolsada*, Sistema de responsabilidad civil, 93; *Lacruz Berdejo*, Elementos II(1)[4], 480; *Díez-Picazo*, Fundamentos II[5], 604[他认为,故意是一项必须的前提条件])。

87. 就意大利法下的这一标题,有必要提及下述情形,即债权人因合同债务人受伤或者死亡而遭受损失。这类损失适格成为《民法典》第2043条意义上的不法损害(*danno ingiusto*)(作为标志的 *Meroni* 案:Cass. sez. un. 26 January 1971, no. 174, Giur. it. 1971, I, 1, 680, note *Visintini*; Foro it. 1971, I, 342, 1284, notes*Jemolo* and *Busnelli*[杀害雇员];详见例如 Cass. sez. un. 12 November 1988, no. 6132, Giur. it. 1990, I, 1, 280; Cass. 22 September 1986, no. 5699, Giust. civ. Mass. 1986, fasc. 8-9; Cass. 27 May 1982, no. 3284, Giust. civ. Mass. 1982, fasc. 5; Cass. 1 April 1980, no. 2105, Giust. civ. Mass. 1980, fasc. 4[所有这些案件都造成了雇员的受伤或死亡]以及 Cass. 24 June 1972, no. 2135, Giur. it. 1973, I, 1, 1123[中断供电;可能与侵犯财产权相关]);有关这一点,参见 *Castronovo*, La nuova responsabilità civile[3], 590 和 Trimarchi, Riv. Dir. Civ. 1983, I, 224, 229。在引诱违约(如 Cass. 20 October 1983, no. 6160, Giur. it. 1984, I, 1, 439; Cass. 9 January 1997, no. 99, Giur. civ. comm. 1998, I, 17 和 Cass. 15 June 1988, no. 4090, Foro it. 1989, I, 1568[同一地块被卖了两次;第二个买主对第一个买主的责任])的情形,似乎故意的证据总是可以得到提供(*Bianca*, Diritto civile V, 605-607)。在波兰,学术分析采用了下述立场,即第三人侵犯相对权产生对债权人的侵权责任,只要他不法地通过其过错使得债务履行成为不可能(*Radwański and Olejniczak*, Zobowiązania - część ogólna[5], 17; *Czachórski*, Zobowiązania[9], 58)。

88. 根据德国法,第三人单纯的过失促成违约原则上并不足以使其对债权人承担责任(BGH 24 February 1954, BGHZ 12, 308)。不过,"债权"(entitlement to make a claim)是否属于《德国民法典》第823条第(1)款中的"其他权利"尚悬而未决。这一原则包括了非债权人的第三人接受了善意债务人的履行而使后者被免除了对真正债权人的债务的情形。但是,法院迄今为止并未采用这一意见(对讨论的现状的概述,特别是参见 *Medicus*, Schuldrecht II[13], no. 812)。

89. 相比之下,在奥地利,OGH 30 August 2000, JBl 2002, 182—note *Dullinger and Riedler*,详尽的分析参见 *Fötschl*, VersRAI 2002, 57 and 2003, 9——这一判决认为,"第三人侵犯他人追索债务之权利,在该第三人仅仅是过失干预的情形下,仅在一些特定的情形中才可以对其主张损害赔偿诉请"(银行安排借款人将债务偿还进银行的账户,尽管这些债务之前已经转让给了请求人,银行的责任得到确认),参见 *Pletzer*, Doppelveräußerung und Forderungseingriff, 103。在 OGH 12 December 2002, RdW 2003, no. 255 这一判决中,这些原则得到进一步细化。

90. 在希腊,在第三人仅因过失妨害他人的合同关系的情形产生侵权责任属于例外(例如,*Vavouskos*, I paraleipsis os simiogono gegonos eis ta adikimata tou Astikou Dikaiou, 83 and CA Athens 4393/1976, NoB 25/1977, 1367)。主流的学术观点认为故意是在这种情形施加责任的前提条件(《民法典》第919条)(*Georgiades*, FS Larenz 1983, 175, 186; Georgiades and Stathopoulos(-*Georgiades*), art. 914, no. 46)。不过,在当事人有效收集或转让了第三人的债务时,侵权法基本规范(《民法典》第914条)规定的责任应当产生。此外,CA Athens 3148/1982, NoB 31/1983, 519 裁决认为,第三人引起的中断供电构成对租户要求房东提供对财产之使用相对权的妨害,根据合同,该权利是租赁协议的标的,对之进行妨害足以根据《民法典》第914条施加责任。

91. 以类似的方式,葡萄牙作为试金石的概念仍保留了下述原则,即合同债务仅可由合同当事人来违反(《民法典》第40条第(2)款;参见 *Vaz Serra*, BolMinJus 74 (1958) 334; *Santos Silva*, ERPL 2006, 826, 828-829 和 VersRAI 2007, 24)。因违反债务获益的第三人仅在《民法典》第483条的前提条件得到满足时,也即同时侵害了绝对权或保护性法律时(*Vaz Serra*, BolMinJus 85 (1959) 346; *Almeida Costa*, Obrigações[9], 44),才对债权人承担责任。迄今为止,在涉及保护非合同当事人的第三人的情形,合同相对性原则就被打破了,也即利用了附保护第三人作用的合同这一概念性的技术(*contratos com eficácia de protecção de terceiros*,参见 STJ 14 October 2004; *Sinde Monteiro*, RLJ 131 [1988/89], 49; *Carneiro da Frada*, Teoria da confiança, 109 and 135)。

92. 源自合同的权利并不被视为荷兰《民法典》第6:162第(2)款意义上的"权利"。因而,只有第三人妨害合同关系能被解释为构成同一条文中规定的违反义务,才可以根据侵权法提起诉讼。除了涉及促成违反合同的情形外,这一诉因很少能成功,例如,参见 HR 3 May 1946, NedJur 1946 no. 323 pp. 420-423(供应商的违约行为也导致收货人的客户成本的增加;前者因而承担了侵权责任)和 HR 14 June 2002, RvdW 2002, 104(出卖人出卖了一块受污染的土地,并知悉买受人意图将该块土地出售给第三人;招致对最终买受人的责任)。法院进而承认,利用他人的违约行为给债权人造成不利的,可以构成不法行为(HR 23 December 1955, NedJur 1956, 54)。详见 *du Perron*, Overeenkomsten en derden, nos. 287-292 and 326-352。

93. 就瑞典法,HD 14 September 1998, NJA 1998, 520 一案裁决,银行尽管意识到对存款机制(deposit facility)已经设立了担保权,仍将股票放还给寄存人,它对担保权人负有损害赔偿责任。此外,进来的案件就引诱违约裁定给予损害赔偿(HD 2 September 2005, NJA 2005, 608)。在北欧国家,公认的是,故意促成违约会产生损害赔偿请求权(就丹麦的早期案例,参见 HD 16 September 1947, UfR 1947, 1005,就这一案件,参见 *Gomard*, Obligationsret II, 146,就芬兰,参见 *Saxén*, Skadeståndsrätt, 74 ff,详见 *Hagstrøm and Aarbakke*, Obligasjonsrett[2], 816 ff)。

94. 在普通法中,某人可能会因引诱违约而承担责任:参见对第Ⅵ-2:211条的注释13。在苏格兰,同样地,在明知的情况下引诱某人违反现存的有效合同,如果导致损害,就构成可诉的不法:*British Motor Trade Association v. Gray* 1951 SC 586。苏格兰法要求的知悉合同存在这一门槛被视为较之英国法的要求更为严格:后者根据应当知悉来判断被告,至少是在轻率的意义上(*Stratford &Son Ltd. v. Lindley* [1965] AC 269),而苏格兰的权威判例暗示,只有实际知悉才足够(*Rossleigh Ltd. v. Leader Cars Ltd.* 1987 SLT 355, 360)。不过,考虑到上议院在 *OBG Ltd. v. Allan* [2007] UKHL, [2008] 1 AC 1 议案中的裁决,它认为,有意识地决定不调查事实的存在可能被视为知悉侵权行为的目的,苏格兰法在这一点上现在可能遵循了英格兰的路径。除此之外,英格兰法还发展出了不当妨害合同履行(或者可能是更为宽泛的,营业)的侵权类型(或更为宽泛的侵权);起源于 *Torquay Hotel Co. Ltd. v. Cousins* [1969] 2 Ch 106 (CA) 案(在该案中,被告引诱的违约行为是雇员的违约行为,雇员并未向请求人承担债务,而向原告的实际的或潜在的供应商承担债务)的侵权行为的界限不再确定。在 *OBG Ltd. v. Allan* loc. cit. 一案中,上议院认为,将通过不法途径造成损失视为诱使违约这一侵权类型的扩展这一统一的进路应该被放弃,它支持存在两种独立的侵权类型的观点。就不法妨害经济关系的侵权行为是一个异类,它使得请求人可以就向第三人做出的不法行为造成损失提起诉请,并且其理论基础未受到充分对待这一观点,参见 *Neyers*, (2008) 28 Legal Studies 215－233。最后,*OBG Ltd. v. Allan*, loc. cit. 一案肯定了下述主张,即故意引诱违反保密义务(an obligation of confidence)构成侵权:一对名人夫妇要求参加其婚礼的宾客遵守保密义务,一家媒体付费获得此义务带来的收益,它有权保护其对该利益的权利免受任何第三人的故意破坏。

X. 错误怀孕、错误出生和不当生命

95. 在众多欧洲辖区讨论最热烈并且是最富有争议的侵权法问题涉及与婴儿出生相关的法律问题。这些问题主要落在了第Ⅵ－2:101 条的范围内。根据欧洲司法辖区使用的主流术语,区分了对不当怀孕的责任(一名非父母意愿的健康儿童的出生,因与推荐的避孕措施相关的医疗或其他差错而对父母承担的责任)、不当出生的责任(残疾儿童的出生,如果残疾能及时正确地诊断出来,母亲本会将胎儿流产,它涉及对父母的责任)和不当生命的责任(同样涉及残疾婴儿的出生,但孩子因为未被流产而起诉)。在所有三种类型中,责任既可能是侵权性的,也可能是合同性的。

(1)错误怀孕

96. 如果一名婴儿,尽管出生时是健康的,但其出生并非父母所意愿的,出生可以归因于避孕失败,而这一失败是因第三人的过错而造成的,特别是因为医生提供了错误的信息而造成时,根据法国法,病人有权就其遭受的经济或非经济损失向其合同当事人提起诉请(至少根据 *Castelletta*, Responsabilité médicale[2], no. 71. 54;缺乏本主题的判例法)。这必须与婴儿作为强奸的结果而出生的情形区分开来。在后者,根据以前的判例法,婴儿本身可以对强奸者提起损害赔偿之诉(Cass. crim. 4 February 1998, JCP 1998, I, 185 no. 15, note *Viney*; CA Caen 7 November 2002, JCP éd. G 2002, II, 10001, note Sériaux)。根据 2002 年 3 月 4 日新实行的 no. 2002－303 法令(与病人权利和健康体系的质量相关的(*relative aux droits des malades et à la qualité du système de santé*))(参见下面有关"不当出生"和"不当生命"的评注),法院是否会恪守传统的惯例仍有待观察。

97. 根据比利时法,就医生向父亲或母亲错误地施行绝育手术或提供与之相关的错误信息所承担的责任,通常是由合同规则来调整的。必须证明医生存在过错(*de Kezel*, NjW 2004, p. 546 no. 9)。医生有责任赔偿可归因于非意愿的子女的怀孕、出生和生存的经济和精神损害。需要考虑的因素是那些作为专业医务人员(合同上的)*过错*的结果可公平归因于他们的因素。法院不会考虑孩子的母亲本可以流产或者本可以将孩子交人收养的事实(*de Kezel* loc. cit. no. 20; CFI Kortrijk 1 February 1994, RW 1995－1996, 57; 持不同观点的有,CFI Luik 10 May 2001, T. Gez. 2001－2002, 247)。

98. 根据西班牙法,除了大量的例外外,这种责任通常是得到承认的。责任是基于侵犯了自决权(TS (3. Senat) 3 October 2000, RAJ 2000 (4) no. 7799 p. 12036)。就其大部而言,责任的承担是基于违反了通知与绝育相关的风险之义务(TS 25 April 1994, RAJ 1994 (2) no. 3073 p. 4169; TS 31 January 1996, RAJ 1996 (1) no. 546 p. 719; TS 11 February 1997, RAJ 1997 (1) no. 940 p. 1469; TS 11 May 2001, RAJ 2001 (3) no. 6197 p. 9524),技术上不当地施行手术(TS 10 October 1995, RAJ 1995 (4) no. 7403 p. 9826)或不当地放入绝育工具(TS 24 September 1999, RAJ 1999 (4) no. 7272 p. 11439)。可赔损害的范围仍是一个有争议的话题。众多法院都将抚养孩子的费用视为可赔的经济损失(如 CA Barcelona 20 September 1999, AC 1999 - III, no. 1973 p. 487),其他法院则认为仅源自怀孕的非金钱损失可获赔,怀孕的风险被认为应予以消除;相反,医生并不承担抚养孩子的实际费用(TS 24 September 1999 loc. cit.; CA Alicante 9 July 1999, zitiert nach *Vicente Domingo*, El daño, 250, fn. 187; CA Badajoz, 22 April 1991, La Ley 1991, III, no. 11795 p. 484)。

99. 意大利的判例 Cass. 8 July 1994, no. 6464, Giur. it. 1995, I, 1, 790 拒绝了父母对不成功的流产所招致的经济损失的诉请;只有母亲的生物损害可以获得赔偿。在计划生育方法失败可以归因于医疗差错的情形,一审法院认为,父母的经济损失是可以获得赔偿的,法院并未将流产失败视为与有过失(CFI Venezia, 10 September 2002, Giur. mer. 2003, 468; CFI Milano 10 October 1997, Danno e resp. 1999, 82)。

100. 匈牙利法院拒绝承认源自健康孩子出生的损害赔偿诉请;和抚育非意愿子女相关的抚养费用或精神痛苦也不能获赔(CFI and CAVeszprém [cf. *Köles*, Orvosi mühiba perek, 287 - 291]; BH 2000/207 and BH 2004/143 [= EBH 2003/941])。学者和法官持有同样的观点(*Dósa*, Állam - és Jogtudomány 1 - 2/2000, 143 - 153; *Dósa*, Az orvos kártérítési felelössége, 134 - 154; *Jobbágyi*, Jogtudományi Közlöny 2004, 1 - 9; *Herpai*, Magyar Jog 11/2005, 691 - 701)。波兰法院决定,在怀孕源自强奸而医生违背怀孕妇女的意愿不法地阻止了合法的流产时,就构成对该妇女一般人身自由的侵犯,并导致对经济和非经济损失的责任(SN 21 November 2003, OSNC 2003, poz. 104; SN 22 February 2006, OSNC 2006, poz. 123)。

101. 如果因为医疗差错生产了一名健康但不想要的婴儿,根据德国法,父母根据侵权法和合同法都遭受可诉的损失。作为失败的绝育结果的非意愿的怀孕适格称为身体伤害(BGH 18 March 1980, NJW 1980, 1452, 1453)。这又导致对非经济损失的赔偿诉请。如果在怀孕期间没有发生副作用,这一请求权也会产生(BGH 10 March 1981, NJW 1981, 2002, 2003; BGH 19 June 1984, NJW 1984, 2625)。和医生一起,药剂师如因为就计划生育的方法提供了有过失的建议,也要负过失责任(BGH 27 June 1995, NJW 1995, 2407, 2408)。不过,对父母遭受的有关抚养非意愿的子女的费用这一损失的诉讼仅存在于合同法领域;该损失不能根据侵权法获赔(Staudinger (- *Hager*), BGB[13], § 823, no. B 14; CA Frankfurt 25 June 1992, NJW 1993, 2388, 2389; BGH 18 March 1980 loc. cit.; BGH 10 March 1981 loc. cit.; BGH 2 December 1980, NJW 1981, 630; BGH 19 June 1984 loc. cit.; BGH 27 June 1995, NJW 1995, 2407, 2409)。在父亲基于其损失被视为处于合同的保护范围而提起的诉讼中,这一请求也是可诉的(BGH 18 March 1980 loc. cit.; BGH 19 February 2002, NJW 2002, 1489, 1490; BGH 18 January 1983, BGHZ 86, 240, 249)。

102. 关于奥地利法,OGH 14 September 2006, JBl 2007, 171 这一判例裁决,“健康的、但非意愿的婴儿的出生并非法律意义上的损害”。因而,如果尽管做了输精管切除术,仍发生怀孕并且对这一风险没有给予警告的,医生也不对孩子的抚养负责,且不负责赔偿孩子出生导致的疼痛和痛苦。另参见 OGH 25 May 1999, SZ 72/91。

103. 葡萄牙的学术文献采用了“不当出生”这一总括性的属于来囊括我们称之为“不当怀孕”的情形(*Pinto Monteiro*, RLJ 134 [2001~2002], 378)。通常认为,每次医疗差错导致非计划的怀孕时,父母为了获得赔偿都可以提起诉讼(*Menezes Cordeiro*, Tratado I(3), 282)。这一诉请或给予侵犯了母亲计划生育的自决权(*autodeterminação*)或基于违反了医生根据《民法典》第485条第(2)款负有的给予重要的、可信的和负责的信息的义务。实际上,失败的绝育或流产的案件主要是在法庭终结的。过失履行合同义务被认为有义务赔偿源自此履行行为的损失。不会基于健康子女的出生附随而来的已察知的快乐而削减请求。如果合同是和国家运营的医院订立的,医院也有义务赔偿损失(*Menezes Cordeiro* loc. cit.; Trib. Conf. 19 March 1971 [quoted by *Figueiredo Dias and Sinde Monteiro*, BolMinJus 332 (1984), 22, notes 2 and 3]; Trib. Conf. 5 November 1981, BolMinJus 311 (1981) 195)。父母也可以选择基于侵权来提起诉讼而不将其诉请置于合同之上。这来自与诉讼竞合(concurrence of actions)相关的一般原则(参见对第Ⅵ-1:103条(适用范围)的注释,详见如 STJ 19 June 2001, RLJ 134 [2001~2002] 371)。很可能,子女不会希望将诉讼置于其存在的事实之上,即使其出生归因于诊疗差错。不过,在写作时,关于这一问题尚缺乏判例法。希腊也是如此。希腊的法律文献仅设想了源自《民法典》第690条的对父母的合同责任(*Androulidaki-Dimitriadi*, I ipochreosi enimersosis tou asthenous, 415)。

104. 根据荷兰法,不当怀孕诉请通常可得到认可;它可以基于合同(HR 21 February 1997, NedJur 1999 no. 145 p. 837; HR 9 August 2002, RvdW 2002 no. 132 p. 1195),一般侵权法(《民法典》第6:162条:对父亲的责任)或者,在有过错的避孕产品的情形,诉讼可以依据产品责任的规则(《民法典》第6:185条)。有认为孩子并不代表损害,相反在抚育孩子方面给父母造成的困窘才构成损害。此外,因为母亲必须照顾孩子而丧失的收入构成可赔损失;不过,根据以前的判例法,对父母人生计划的侵犯并不构成非经济损害。对非金钱损失的赔偿仅应给予母亲因怀孕或出生而遭受的疼痛和痛苦,对此的治疗在医学上被认为是必需的。(HR loc. cit.)

105. 早期,丹麦法院允许母亲获赔经济(抚养费用)和非经济损失(HD 19 November 1960, UfR 1961, 239)。在北欧其他国家,该问题尚未解决;瑞典的文献并不支持允许父母会赔偿抚养孩子的费用(*Andersson*, Trepartsrelationer i skadeståndsrätten, 312);母亲自己仅被允许获赔与怀孕期间遭受的疼痛和痛苦相关的非经济损失(*Andersson*, Skyddsändamål och adekvans, 383)。

106. 相反,普通法并未视不当怀孕为可诉(*McFarlane v. Tayside Health Board* [2000] 2 AC 59 (HL)),就爱尔兰,参见 *Byrne v. Ryan* (2007) 26 ILT (N. S.) 276(宪法置于家庭上的价值、尊严和对人类生命的保护通过拒绝赔偿抚养失败的输卵管结扎之后怀上的非意愿的健康子女的费用而得到最好的维护)。不过 *Rees v. Darlington Memorial Hospital NHS Trust* [2003] 3 WLR 1091 (HL) 对 *McFarlane* 案的裁决增加了注解,它认为,健康但非意愿子女的父母如果在生殖医学方面受到不当治疗或建议,有权就生育自决权的丧失和对计划生育权的侵犯诉请15,000英镑的常规损害赔偿。

(2)错误出生

107. 根据《法国病人法》(*Loi Kouchner*)*第1条第(1)款第(3)选项(《家庭法和社会福利法典》第L114-5条),如果父母及时发现孩子有残疾即会引产的,可以就经济和非经济损害提出主

---

* 原文误作了“Loi Koucher”。——译者注

张。当然,这一主张要成功的前提条件就是存在*特征性过错*(*faute caractérisée*)(详见 *Lambert-Faivre*, D. 2002, 1217~1220 和 *Arnold*, VersR 2004, 309~313)。此外,对诉请的范围也做出了限制。父母仅可以就其自己的*经济损失*(*préjudice économique*)主张赔偿,他们不可以主张赔偿与照顾残疾子女有关的费用,这些费用应由*社会保障*(*solidarité nationale*)* 来承担。不过,两种损害赔偿项目的边界线是模糊的,这引起了一些困难。对法案的过渡性安排违反了《欧洲人权公约》保护财产的规定(*Draon v. France*, ECHR [GC] 6 October 2005, App. no. 1513/03 和 *Maurice v. France*, ECHR [GC] 6 October 2005, App. no. 11810/03),该安排的效果是否认了请求人根据已经赋予的损害赔偿请求权获赔的可能性。

108. 在比利时,不当出生的案件和不当怀孕案件不属于同一分析思路。在这方面,鉴于和残疾孩子相关的更高的抚养费用,仅仅关注了第一类的可赔损害要高于第二类的这一事实(*de Kezel*, NjW 2004, p. 546 no. 7)。

109. 西班牙的 TS 6 June 1997, RAJ 1997 (3) no. 4610 p. 7083 一案发现一名妇科医生(以及卫生服务机构的负责人)对一名因检查羊水过程中存在差错而被剥夺了流产选择的母亲负有责任。遭受唐氏综合征的孩子的出生构成*重大损害*(*daño gravísimo*)。在 TS 4 February 1999, RAJ 1999 (1) no. 748 p. 1217 一案中,上述裁决阐明的原则得到确认:不过鉴于医生的行为并未构成医疗差错,诉讼被驳回。根据判例法,可获赔的经济损害包括了和孩子抚养相关的全部基本费用。但学术文献(*De Ángel Yágüez*, Revista de Derecho y Genoma Humano 1996, V, 105, 151)认为,仅因残疾产生的额外费用才可获赔。不过,责任的范围可以基于公平原理而减少(至少根据 CA Cádiz 17 September 2002, AC 2002-III, no. 1929 p. 1117)。

110. 对一名若及时从其医疗职业者那里获悉孩子的残疾就会终止妊娠的母亲,意大利法院就其遭受的*生物损害*和非金钱损失给予了赔偿。而且,父亲的生物损害赔偿请求权也得到承认(Cass. 1 December 1998, no. 12195, Giur. it. 1999, 2038; 另参见 Cass. 24 March 1999, no. 2793, Giur. it. 2000, 43,有关父亲提出诉请的法定权利,参见 Cass. 10 May 2002, no. 6735, Foro it. 2002, I, 3115)。

111. 现今,匈牙利法院承认,在医生或医院过失违反提供信息或产前检查义务的范围内,对"不当出生"的请求是可诉的(BH 2004/10; BH 2004/112; 参见 *Köles*, Orvosi mühiba perek, 203~208, 239~242)。在波兰最高法院 2005 年 10 月 13 日的一则裁决(OSPiKA 2006, no. 71)中,采取的观点是,有关孩子残疾风险的误导的医疗建议以及拒绝做进一步的基因检查而导致父母被剥夺合法堕胎的可能性的,产生对非经济损失和经济损失(怀孕和生产的费用,母亲谋生能力的丧失以及增加的抚养孩子的费用)的责任。

112. 在德国,区分附随于生育控制方法或产前基因缺陷筛查的过失的情形和在终止妊娠方面存在过失的情形。在后一情形,法院主张,在怀孕或出生过程中出现的特殊并发症至多是因医生的过失引起的,而非怀孕本身引起的(BGH 18 January 1983, BGHZ 86, 240, 248; BGH 27 November 1984, NJW 1985, 671, 673)。母亲的精神痛苦仅在构成有病理学意义的疾病时才可获赔(《民法典》第 823 条、第 253 条第(2)款;BGH 18 January 1983 loc. cit.; BGH 30 May 1995, NJW 1995, 2412, 2413)。父母"拥有"了一名残疾孩子这一事实本身是不足以(导致赔偿的)(BGH 18 January 1983 loc. cit.)。增加的抚养费用以及和孩子的残疾有关的额外支出根据合同

---

* 直译为"国民互助",这里取了意译用法。——译者注

法是可诉的(BGH 4 March 1997, NJW 1997, 1638, 1640; BGH 16 November 1993, BGHZ 124, 128, 134; BGH 15 February 2000, BGHZ 143, 389, 393; BGH 4 December 2001, NJW 2002, 886; BGH 18 June 2002, NJW 2002, 2636, 2637)。父母在合同上的损害赔偿请求包括了和抚养残疾孩子有关的全部基本费用。赔偿并不限于和抚养残疾孩子有关的特殊的额外经济支出,因为这被视为和合同的保护范围矛盾的,而且最重要的是,和残疾孩子的人格尊严也是冲突的(BGH 22 November 1983, BGHZ 89, 95, 104; BGH 16 November 1993 loc. cit.)。不过,赔偿义务并未扩及至父母的收入损失,如果他们放弃工作来照顾孩子的话(BGH 2 December 1980, NJW 1981, 630; BGH 4 March 1997 loc. cit.)。

113. 奥地利的 OGH 25 May 1999, SZ 72/91(参见 *Rebhahn*, JBl 2000, 265, 266; *Kopetzki*, RdM 1999, 177)一案裁定给予一名生育了无上肢、畸形足、残缺腿的男婴的妇女及其丈夫以和抚养该残疾儿童相关的额外费用。寻求的救济被限定于赔偿这些特殊费用。不过,与父母在医疗建议联络过程中的有关过失相比,负有提供正确信息之义务的医生方面的轻微过错就淡入了背景中(OGH 23 October 2003, JBl 2004, 311, note *Bernat*)。最高法院仍有意将基本的子女抚养费用是否可获赔这一问题留待。法律文献中表达的观点承认,如果孩子的出生基于经济来源紧张而构成额外负担的,应当赋予相应的法定权利(*Koziol*, Haftpflichtrecht I[3], no. 2/29, *Bernat*, JBl 2004, 316)。自 OGH 11 December 2007, JBl 2008, 521 这一裁决以来,无疑和非意愿的残疾子女相关的整个抚养费用代表了可获赔的损害。有关葡萄牙的法律立场,参见前述注释 103。

114. 就荷兰法,HR 8 September 2000, RvdW 2000, 180C 倾向于支持因为医疗过失在子宫中受伤的婴儿的父母的非金钱损害赔偿请求权。在因为诊断过错孩子未被流产的案件中,HR 22 February 2002, NedJur 2002 no. 240 p. 1704 做出了类似的裁决。两起案件都取决于缺乏需要医治的精神震吓。HR 28 May 1999, NedJur 1999, no. 614 p. 3484 则持不同的观点,它认为,因涉及抚养残疾儿童而产生的额外费用所导致的任何金钱损失都可以在损害赔偿中得到回应。

115. 现在,在北欧国家有关这一问题缺乏判例法。在学术文献中存在不一致的观点(详见 *Andersson*, Trepartsrelationer i skadeståndsrätten, 312, 316)。主流观点是应否认赔偿父母的精神损失赔偿(*Andersson* loc. cit. 310)。

116. 就英格兰和苏格兰法,*Parkinson v. St. James and Seacroft University Hospital NHS Trust* [2002] QB 266 一案认为,因过失实施的绝育手术而怀上的残疾儿童的父母可以主张和抚养残疾儿童相关的额外的特殊抚养费用。根据 *Rees v. Darlington Memorial Hospital NHS Trust* [2003] 3 WLR 1091 (HL)一案,是否该裁决能够继续不受到挑战尚有存疑,参见 *Pedain*, [2004] CLJ, 19-21。

(3)不当生命

117.《病人法》(*Loi Kouchner*)是法国立法机关对 *Perruche* 案裁决(Cass. ass. plen. 17 November 2000, JCP 2000, 2309)的反应(另比较之前的一则裁决,Cass. civ. 26 March 1996, D. 1997 Jur. 35, notes by *Roche-Dahan* and by von *Bar*, ZEuP 2000, 119),在该案中,一名医生因未能正确诊断出胎儿的健康状况而对父母和孩子负有责任。该法拒绝(《病人法》第 1 条第(1)款第(1)项:"任何人均不能仅仅因其出生这一事实而主张遭受损害。(*Nul ne peut se prévaloir d'un préjudice du seul fait de sa naissance*)")。该法并未排除医疗差错引起出生前伤害情形下的诉权(同上,第(2)项)。如果孩子的伤害不能归因于医生的过失,那么这些费用就可由社会保障(*solidarité nationale*)来偿付(*Malinvaud*, Droit des obligations[8], no. 545 p. 391)。

118. 在比利时,这一难题仅是低层法院的裁判事项。CFI Bruxelles 7 June 2002, TBBR 2002, 483 这一裁决基于医疗差错剥夺了父母终止妊娠的选择权而给予了出生即具有先天残疾的孩子以损害赔偿。在西班牙,如果未主张医生一方的过错促成了孩子的畸形,大多数观点倾向于不向医生施加责任(CA Cádiz 17 September 2002, AC 2002, III, no. 1929 p. 1117; *Pantaleón Prieto*, Procreación artificial y responsabilidad civil, 263; *De Ángel Yágüez*, Revista de Derecho y Genoma Humano 1996, V, 151; 其他观点,*Ruiz Larrea*, La Ley 1998, I, 2039, 悬而未决的是,孩子是否可以向父母提起诉请)。

119. 意大利(Cass. 29 July 2004, no. 14488, Foro it. 2004, I, 3327; Resp. civ. e prev. 2004, 1348; Cass. 14 July 2006, no. 16123, Dir. fam. pers. 2007, 137;比较早先的裁决,CA Perugia 24 May 2000, Rass. Giur. Umbra, 2000, 636)、德国(BGH 18 January 1983, BGHZ 86, 240, 251; CA Munich 27 February 1981, NJW 1981, 2012; CA Düsseldorf 14 July 1994, VersR 1995, 1498)和奥地利法律(OGH 25 May 1999, SZ 72/91)拒绝了下述观念,即孩子的损害赔偿诉请可以单独基于下述主张,即如果残疾能正确诊断出来,则孩子不会出生。不存在不出生的权利。近来的荷兰判例法也达成类似结论(CA The Hague 26 March 2003, NedJur 2003, no. 249 p. 1964; 不过,就不一致的观点,参见 CA Amsterdam 4 January 1996, NedJur 1997, no. 213 p. 1169; 就详尽的分析,比较 *Lindenbergh*, AA 52 (2003) no. 5 p. 365)。在希腊,就这一问题缺乏判例法;在希腊法律文献中,已经利用了比较法律资源,基于此,孩子的诉请会被排除(*Androulidaki - Dimitriadi*, I ipochreosi enimersosis tou asthenous, 427)。这似乎也是葡萄牙作者的多数观点。它假定,如果允许孩子基于若其未出生境况将会更好这一观点获得赔偿,将会侵犯人类尊严的观念(*Menezes Cordeiro*, Tratado I, 288;*Álvaro Dias*, Dano Corporal 500; 不同的观点,*de Oliveira*, O direito do diagnóstico pré - natal, 214 and *Pinto Monteiro*, RLJ 134 [2001 - 2002] 384,他设想,孩子可以享有一项源自具有保护第三人效力的合同的请求权)。这符合法院采取的立场。而且,法院也作出澄清,假设的损害赔偿请求仅能由孩子而非其父母主张(STJ 19 June 2001, RLJ 134 [2001 - 2002] 371, 377)。

120. 匈牙利法院进行的第一审判决认为,孩子不能主张损害赔偿,因为生命不能构成损害。因而,请求人不能给予他们本可以被流产而寻求赔偿(Citations in *Dósa*, Az orvos kártérítési felelőssége,137;*Köles*,Orvosi műhiba perek, 239 - 242; CA Pécs, Pf. I. 20. 187/2004/5.)。不过,最高法院(BH 2004/112, BH 2005/394)并未遵循这一判例思考,在 2005 年 11 月,与欧洲的主流观点相反(*Herpai*, Magyar Jog 11/2005, 699; *Lábady*, Családi Jog 3/2006, 15 - 25),它在一则确立了适用于本领域的原则的裁决(EBH 2005/1206 = BH 2005/394)中认为,出生具有先天残疾的孩子可以主张赔偿,只要负有责任的医生因为其差错剥夺了母亲行使其制定法保障的终止妊娠的选择权。不过,这一裁决为第 1/2008 号私法的统一适用所修订(Supreme Court 12 March 2008, Hungarian Gazette no. 2008/50, p. 2462)。这一裁决主要采用了其他司法辖区的法律并对其他法院有约束力(《宪法》第 47 条第(2)款),它拒绝了残疾孩子的诉请——若母亲就孩子的状况及时获得通知,则孩子会被流产。

121. 就北欧国家,*Andersson*, Trepartsrelationer i skadeståndsrätten, 307 赞成孩子无权主张损害赔偿这一观点。

122. 在英格兰,*McKay v. Essex Area Health Authority* [1982] QB 1166 一案裁决,不当生命之诉不能胜诉。上述法院的判决基于下述理由合理地说明了裁决,即不可能评估对"期待死亡的损失”的赔偿，也即活着出生但受到伤害的价值和从未出生的价值之间的差额。

Ⅺ. 值得法律保护的利益

123. 正如“具有法律相关性的损害”这一概念，“值得法律保护的利益”这一概念构成一项语言上的创新，因为这一概念在任何现行有效的民法典或损害赔偿责任法中都未扮演重要角色。不过，这一概念在许多国家的法学中都发挥着重要作用。在法国的法律制度中，就对非法利益的侵犯是否导致损害赔偿请求权问题发生争议，伴随这一争议提到了这一概念。毕竟《法国民事诉讼法典》第 31 条规定，享有起诉资格的人是那些“对胜诉具有合法利益”的人。一项受行政法部分调整的规则即源于此，它规定，只能对*合法损害(dommage licite)*提起诉讼(*Starck/Roland/Boyer*, Obligations I[5], no. 111 p. 64 以及 *Viney and Jourdain*, Les conditions de la responsabilité[2], nos. 271 – 273 p. 59)。近来，似乎出现一种倾向，甚至对实体法也要求证明有关的损害对受法律保护的利益有不利影响(*Terré/Simler/Lequette*, Les obligations[8], nos. 704 – 706 pp. 684 ~ 686; *Malinvaud*, Droit des obligations[8], no. 555 p. 398; *Flour/Aubert/Savaux*, Droit civil II[10], no. 145 p. 138 和 Cass. civ. 24 January 2002, Bull. civ. 2002, II, no. 5 p. 4(源自秘密雇佣的收入丧失不构成损害))。总之，发生的损害是“非法的”这一观点已经失去了实际的重要性(*Viney and Jourdain* loc. cit.)。

124. 此外，在比利时，有一个问题尚未得到解决，即基于侵犯受法律保护的利益的诉请是应被归类为一项关于其在行政法下的可准许性的问题，还是涉及了诉请的实质价值。法律文献中的大多数观点支持前者(*Ronse* (– *de Wilde/Claeys/Mallems*), Schade en schadeloosstelling I[2], no. 33 p. 39; *Simoens*, Beginselen van Belgisch privaatrecht XI(2), no. 21 p. 42)。不过，Cass. 14 May 2003, RGAR 2003, 13767concl. *Spreutels* 一案得出结论认为，它应该根据实体法在资格的意义上得到解释。(在该案中，还裁决兼职工作的收入损失并不构成一项可赔的损失。)

125. 西班牙法院认为，在一名妻子的丈夫因事故而在身体或心理上变得无能力时，受法律保护的利益就受到侵犯，应给予该妻子以损害赔偿(TS 9 February 1988, RAJ 1988 (1) no. 771 p. 752)。意大利法院认为，对合法利益的侵犯(比较《宪法》第 24 条第(1)款)足以导致对*不法损害*的赔偿(《民法典》第 2043 条)，特别涉及和公共行政的关系时(特别是参见 Cass. sez. un. 22 July 1999, no. 500, Foro it. 1999, I, 2487, 3201)。《匈牙利民法典》第 2 条第(1)款明确规定，该法典旨在保护公民的财产和人身权以及“受法律保护的利益”。波兰的原则通常将损害定义为对他人受法律保护的利益的损害。这具有实际意义，例如，在 Radwański (– *Dybowski*), System prawa cywilnego III(1), 217, 235 – 236 中。德国法院在各种论证策略中也求助于“值得法律保护的利益”这一概念，一般生活风险的原理即意指一例，根据该原理，就生活一般风险的实现不能提出损害赔偿的诉请(BGH 6 June 1989, JZ 1989, 1069, note *von Bar*; BGH 17 September 1991, NJW 1991, 3275)，或者，例如，在裁决认为损害的唯一原因存在于让被告受制于法院程序的背景下，这并未基于不受限制地诉诸法院的权利有更重要的意义而暗示一项受法律保护的利益(BGH 25 March 2003, BGHZ 154, 269, 272；奥地利的立场亦同，参见 OGH 1 October 1986, SZ 59/159)。在英格兰，这一概念在有关隐私法的裁判中出现(例如，A v. B plc [2002] 3 WLR 542, 550, Woolf CJ)，在瑞典，这一概念被用于为赔偿特殊的生态损害铺平道路(HD 19 April 1995, NJA 1995, 249 和 HD 21 December 1993, NJA 1993, 753)。就丹麦，另参见最高法院 2005 年 11 月 4 日做出的案例，UfR 2006, 446(在缺乏个人受法律保护的利益时，国家并不因为当局(错误地)给予一名竞争者以周日开门的许可而对超市的经营者负有责任)。

Ⅻ. 特论:机会丧失

126. 在整个欧洲法律体系中,侵犯"值得法律保护的利益"的责任这一概念的一种特殊情形是由机会丧失责任来展现的。在各个司法辖区采用的方法有着显著的不同。从根源上说,问题是是否能获得并不确定的改善机会之丧失(例如错误终止或拒绝给予医疗照顾而丧失的康复机会,或者因为人身伤害,丧失当年参加考试的机会,而考试的成功结果尚不确定)自身是否能适格成为可获赔的损害。

127. 在法国的法律制度下,机会丧失(*perte d' une chance*)的难题是在损害的"确定"特征的背景下讨论的(*Malaurie and Aynès*, Responsabilité délictuelle VI(1)[11], nos. 241 - 242 pp. 138 - 139)(有关卢森堡相关主题的文献,参见 Ravarani, La responsabilité civile, no. 700 p. 490)。如果机会是真实的,丧失的机会是个成为可获赔的损害。损害的范围取决于机会导致期望的结果的可能性;赔偿必然低于未实现的利益的价值(Cass. civ. 16 July 1998, Bull. civ. 1998, I, no. 260 p. 181; CA Lyon 2 February 2006, JCP 2006, IV, 2662; Malaurie and Aynès loc. cit.)。在比利时,机会丧失(*perte d' une chance*)也代表了一种可获赔的损害;损害的范围取决于预期的利益的价值及其实现的可能性。如果必要,应根据公平和良善(ex aequo et bono)来估计(B. H. Verb. (-*Hens*), II-4, no. 1853; *Simoens*, Beginselen van Belgisch privaatrecht XI(2), no. 26 pp. 54 - 55)。在这两个国家,一项必要条件就是"*较大可能性的确定消失*"*(la disparition certaine d 'une éventualité favorable*)(*Flour/Aubert/Savaux*, Droit civil II[9], no. 138 p. 126)。

128. 类似地,根据西班牙法,损害要想可诉,必须是"确定的"(*cierto*)。如果仅是机会的丧失,并未满足确定性的要求(*Lacruz Berdejo*, Elementos II(2)[4], 480)。对这一方法的支持可以在旧的法院裁决中找到(TS 29 September 1986, RAJ 1986 (3) no. 4922 p. 4849 和 TS 20 April 1995, RAJ 1995 (3) no. 3487 p. 4637)。不过,在律师因错过最后期限而承担合同责任的背景下,特别是根据 TS 26 January 1999, RAJ 1999 (1) no. 323 p. 464 和 TS 14 May 1999, RAJ 1999 (2) no. 3106 p. 4817 这两个判例,就胜诉机会的丧失给予了损害赔偿,在侵权法的领域,TS 10 October 1998, RAJ 1998 (5) no. 8371 p. 12306 这一判例也肯定了对成功治愈机会丧失的责任。

129. 意大利也属于机会丧失被作为一种独立的损害项目的法系。机会丧失可以代表一种《民法典》第2043条意义上的*不法损害*(a *danno ingiusto*)(Cass. 19 December 1985, no. 6506, Foro it. 1986, I, 383; 另参见 Cass. 29 April 1993, no. 5026, Giur. it. 1994, I, 1, 234; 反对意见, *Busnelli*, Foro it. 1965, IV, 47, 50)。赔偿的范围是根据衡平原则来评定的,法院会调查机会实质化的可能性(*Gazzoni*, Manuale di diritto privato[10], 697)。治愈机会的丧失被视为意指丧失的机会。在机会丧失的分析中,在*不法损害*的存在和因此而产生的损害后果之间无须总是作出明确的区分。

130. 在德国法(拒绝了它在侵权法中的地位,参见 *Mäsch*, Chance und Schaden. Zur Dienstleisterhaftung bei unaufklärbaren Kausalverläufen, 2004)和荷兰法(详细内容参见 *Brunner*, AA 44 (1995), 935)中,机会丧失本身能否作为损害还是一个争议问题。采取类似立场的有奥地利(从判例法看,特别是 OGH 3 April 1962, SZ 35/42 和 OGH 29 January 1992, SZ 65/13)和波兰(拒绝了这一观念,Radwański (-*Dybowski*), System prawa cywilnego III(1), 280)。荷兰法院首先在涉及医生(HR 24 October 1997, NedJur 1998, no. 257 p. 1359)和类似职业人士(CA Amsterdam 4 January 1996, NedJur 1997, no. 213 p. 1169; CFI Middelburg 11 March 1998, NedJur 1999, no. 41 p. 136; CFI Amsterdam 28 October 1998, NedJur 1999, no. 406 p. 2205)的过失的案

件中根据丧失的机会实质化的可能程度按比例给予了损害赔偿。

131. 瑞典的一则判决（HD 28 November 1964, NJA 1964, 431）认为，在考试前六个月受伤的学生，可以就该年的收入丧失获得赔偿。丹麦的一则判决（ØLD 19 February 1974, UfR 1974, 625）在相似的案件中也得出了同一结论。丹麦同样的判决有 VLD 18 May 2005, UfR 2005, 2590 和 HD 24 May 1991, UfR 1991, 570。

132. 英格兰和苏格兰的法律在以下意义上不承认基于"机会丧失"的诉请的可能性：该诉请以不法行为或侵权行为为基础，损害的发生仅是在统计前景上的恶化。"绝对的机会丧失"（Loss of a chance simpliciter）不能构成诉请的基础（*Gregg v. Scott* [2002] EWCA Civ 1471 per *Latham* LJ at [39]；为 *Gregg v. Scott* [2005] UKHL 2; [2005] 2 WLR 268 所肯定）。学术著述（特别是 *Stapleton*, (1988) 104 LQR 213 and 389）强调了承认这种诉请可能产生的危险，这已经为上诉法院明确赞同。不过，有认为诉请人在欺诈的情形可以就机会丧失获得赔偿，只要它是由欺诈直接引起的：4 *Eng Ltd. v. Harper* [2008] EWHC 915 (Ch) at [44], [2008] 3 WLR 892 (*Richards* J)（原告有80%的机会收购另一家公司，基于对这种可能性的衡量，原告可以并且会实施这项收购，但现在失去了这项机会，原告要求赔偿利润损失——本可以获得的利润以及实施收购的假设日与推定的处分日［最晚为审判之日］之间公司资本价值的增加）。

133. 有关合同法中和机会丧失相关的问题，参见第Ⅲ－3:701条（先前的《欧洲合同法原则》第9:501条）以及 *von Bar and Drobnig*, Interaction of Contract Law and Tort and Property Law in Europe, nos. 113－119。

示例1取自 BGH 12 March 1990, NJW 1990, 2877；示例2取自 BGH 24 April 1990, BGHZ 111, 168；示例3取自 Trib. Superiore della Acque 16 January 1995, no. 3, Cons. Stato, 1995, II, 122 和 Cass. 30 May 1981, no. 3541, Giust. civ. Mass. 1981, fasc. 5；示例4取自 BGH 9 November 1993, BGHZ 124, 52；示例5取自 BGH 18 September 1979, NJW 1980, 45, note *Deutsch*；示例8取自 OGH 1 October 1986, SZ 59/159；示例9取自 TS 20 October 1998, RAJ 1998 (5) no. 8844 p. 13069。

第二节　具有法律相关性的损害例示

第Ⅵ－2:201条　人身伤害及后继损失（consequential loss）

（1）因为对自然人的身体或者健康的伤害而产生的损失以及该伤害本身构成具有法律相关性的损害。

（2）在本卷中：

（a）前款所说的损失包括医疗费用，其中包括与受害人关系密切的人为照顾受害人而合理遭致的费用；

（b）人身伤害包括对精神健康的伤害，但仅限于其达到需要医治（medical condition）的程度。

评　论

A. 未调整的事项

错误怀孕、不当出生和不当生命。这一条处理的是调整人身和健康损害责任的法律最重要的方面。正如早先指出的(参见对第Ⅵ-2:101条(具有法律相关性损害的含义)的评论B),有意未予调整的情形是父母(或其中之一)并不想要的孩子出生这一背景所产生的特别疑难的问题,无论父母不想要孩子是基于计划生育的理由,还是因为若痛苦被及时发现,胎儿将被流产(错误怀孕、不当出生和不当生命,参见第Ⅵ-2:101条(具有法律相关性损害的含义)的注释95~122)。不过,孩儿可能在子宫里受到伤害这一观点是毫无疑问的。在实施造成伤害的行为之时是否预想到孩子的存在并非实质问题(如一名妇女在被输入感染了病原体的血液之后怀孕)。只要孩子取得了法律能力,他就对造成损害之人享有了诉权,不过这受到基本规范的其他条件的限制。不过,若孩子在子宫中受到了严重伤害而导致流产或死产,伤害就是针对母亲身体的完整性,相应地也是母亲享有请求损害赔偿的权利。

对生活质量造成不利影响造成人身伤害。第Ⅵ-2:201条仅涉及对身体或健康的损害。并非源自这些伤害的对生活质量的不利干扰仅可以基于本章中的其他规则才能作为具有法律相关性的损害而得以主张——特别是基于第Ⅵ-2:203条(对尊严、自由以及隐私的侵犯),部分可基于第Ⅵ-2:204条(传递关于他人的错误信息所致的损失)。

机会丧失。正如已经提及的(参见对第Ⅵ-2:101条(具有法律相关性损害的含义)的评论Ⅳ和Ⅴ),对机会丧失并未专门给予讨论,特别是治愈机会的丧失。目前这里还不能规定任何特殊的规则。因而这一领域留给了法官以求未来的发展(参见对第Ⅵ-2:101条(具有法律相关性损害的含义)的注释126~132)。不过,基于非合同责任法的目的(而非仅仅是基于合同法的目的:比较第Ⅲ-3:701条(损害赔偿权)),有关具有法律相关性损害的一般规则为将机会丧失标识为一种独立的损害形式留有了余地;也就是说,这一规则允许偏离严格的“全有全无”的原则。

损害赔偿额。有关损害赔偿额的问题是第六章的主题。对调整人身伤害的法律而言,它并不特殊,这里也无须特别提及。不过,应该注意的是,这些规则并不决定人身损害和非经济损失的赔偿的计算方式(例如,有关确定的伤害的损害赔偿诉请的确切数额,或每日的住院费的数额,等等)。参见第Ⅵ-6:203条(货币化和量化)第(2)款。

赔偿的类型和模式。同样地,有关赔偿的类型和模式的特殊问题(如一次性赔偿还是分期给付)是由第六章规定的。相较之下,调整对意外损失——特别是未来的或假定的收入的损失——的必要评估的基本原则源自相关的国内(程序)法。

B. 对人的身体或健康的损害

身体和健康的区分。第Ⅵ-2:201条调整的是,假定对自然人的身体或健康事实上造成伤害时,损害的确定问题。对身体的伤害和对健康的损害二者的区别并无很重要的意义。在存在身体伤害时,除了例外情形(如剪发或剃发),也会涉及对健康的损害。还应注意的是,对健康的损害涉及对身体的内在过程的干扰,而对身体的伤害通常指向对外部身体完整性的妨害。骚扰(如性骚扰或通过主动的摄影来骚扰)并不属于第Ⅵ-2:201条的范畴;相反,它属于第Ⅵ-2:203条的范畴(对尊严、自由以及隐私的侵犯)。相较之下,强奸当然构成人身伤害。

对人身的伤害。尽管有着第(2)款(b)项(精神健康)这一例外,这些条款并未对特定情形中对身体或健康的损害何时存在这一问题明确答案。一般来说,身体伤害的存在可以毫无困难地加以确定。对人的身体完整性的任何侵犯都必须赔偿。不过,在这一背景下,也必须关注第Ⅵ-6:102条(琐利不计规则)(例如,在进行肌肉注射时,因为护士的笨拙,出现了小的无害的血肿,但是并未发生更为严重的事情)。如果一位孕妇受到伤害导致她的孩子流产,这就构成了对母亲身体的伤害(仅是对她的身体伤害;比较,上述评论A)。

治疗;运动伤害。人体是否受到伤害这一问题并不取决于对身体完整性的妨害的母体。手术和治疗是对身体完整性的侵犯,即使它们是出于有益的目的(参见第Ⅵ-5:101条(同意和自甘冒险))。对体育伤害而言,也是如此——特别是在参与竞技体育(如足球、橄榄球)尤其是拳击和武术的过程中受到的伤害,只要这些涉及风险的实现,而这些风险仅仅是基于参与相关活动才被接受的。

对健康的损害。相较之下,在健康损害概念的背景下,可能会出现并不完全直接的划界问题。例如,人们可能会想到导致短期头疼的噪声侵扰以及大量的其他背离健康的扩散的情形。此时,对特殊情形的裁决必须留给法官。对健康的损害并不必然是陈腐的性质。另外,对健康的严重伤害可能在受害人对健康的主观感受尚未受到不利影响时就已经存在了。

示例1

某人患上普通的感冒,并在日常生活中到处走动将之传染给了他人,但他并未给他人健康造成伤害。

示例2

另一方面,艾滋病感染从感染艾滋病病毒时起就构成对健康的损害;受害人无须等到疾病自身发作。对于需经过一段时间才能表现出症状的其他疾病而言,也是一样的。当然,无可否认的是,必要条件是至少能够诊断出某种形式的疾病。例如,石棉沉着病有很长的潜伏期,偶尔地,经过许多年还无法查明。在这些情况下,只有在合格的受过医疗训练的人能诊断出疾病之时,对身体的伤害才会及时得到承认——不只是因为和提供证据相关的实际理由。

值得法律保护的相关利益。在其他情形,必须承认的是,否认对(身体和)健康的伤害绝非必然暗示着,对受到影响的当事人不会给予调整责任的法律所提供的保护。在这一背景下,应该回忆一下因事故而丧失性生活能力的配偶的例子。另一方配偶并未遭受健康损害,但是就值得法律保护的利益而言,他们仍然受到了不利影响:参见前述对第Ⅵ-2:101条(具有法律相关性损害的含义)的评论Ⅴ。第Ⅵ-2:101条的其他例子如,未经授权从死者身上摘取器官(侵犯死者的人格权),或者不当使用从活人身上提取的身体物质(血液、为了人工受精而提取的精子),它们并非是财产,因而不是第Ⅳ-2:206条(侵犯财产或或合法占有的损失)意义上的财产法的客体。

精神健康。第(2)款(b)项规定了一项一般的基本规则来处理以给精神健康造成损害之形式呈现出的健康损害问题。它是在和基本规则相关的方面,通过例外的方式涵括了一项明确("仅")定义的规定之一。精神震吓案件这一难题仅是有意地部分得到表述。进一步的细节留给了法院,它必须基于一般的因果规则澄清这些细节。并非每个对精神和心理健康的扰乱都构成具有法律相关性的损害。相反,伤害必须,即根据医学规则,它能够被诊断为疾病,因而需要治疗(无论根据现有的医学状况,治疗事实上是否可能)。换句话说,对健康造成的心理伤害必须相当于医学上可确认的伤害或可辨识的状况。这种疾病实际上是如何造成的通常不起作用。如果第Ⅵ-4:101条([因果关系]一般规则)的要件得到满足,在第(2)款的含义内,具有法律相关性的损害可能采取精神或心理健康损害的形式,其根由在于(有充分根据地)怀疑已经遭受身体的伤害。

伤害自身构成具有法律相关性的损害。第(1)款将伤害自身视为一项独立的具有法律相关性损害的项目。这考虑到了以下事实,即*生物损害*(*danno biologico*)概念的实际结果已经日益得到普遍接受,尽管是以不同的方式并且接受的程度也不同。身体伤害凭借自身应被理解为是损害,从而有权在经济或非经济损害之外获得金钱赔偿,并可根据情况不再考虑这些损害。根据文本的概念,"伤害自身"既非经济损害也非非经济损害(后两者是伤害之后发生的"损失"),而是属于一种属于自身的独立类型。不过,在量化某些生物损害的金钱赔偿时,有必要与其他相关的损害项目相平衡并一并衡量这些损害。有关这一点,另请参见第Ⅵ-6:204条(对伤害本身的赔偿),根据这一条,"对伤害本身的赔偿应独立于对经济或非经济损失的赔偿"。

示例3

在一次事故后受害人遭受大脑损伤,这一损失很严重以致他永久丧失了感知能力和意识。他有权基于伤害本身而就其人格的贬损提出赔偿请求,而不管他并未遭受痛苦这一事实。

C. 损失

经济损失和非经济损失。第(1)款扩展至伤害本身和所有的后继损失。“损失”一词在第Ⅵ－2:101 条第(4)款(a)项(具有法律相关性损害的含义)中进行了界定,它包括了经济损失和非经济损失。最重要的经济损失的形式在第Ⅵ－2:101 条第(4)款(a)项中进行了列举;最重要的非经济损失的形式在第Ⅵ－2:101 条第(4)款(b)项中进行了列举。显然,对健康的进一步伤害源自对身体或健康的最初的相当有限的伤害,也是一种后继损害。而且,除了收入损失外,可能还有其他后继经济损失,因为受害人无法处理他的事务。这一行为未被列举的事实表明,不存在不可赔偿的收入损失,但是这并不意味着也不存在不可赔偿的经济损失。后继损失包括了大量的其他经济损失——例如,受害人因受伤害被迫以低价出卖他的营业或不能工作因而不得不依赖更为昂贵的外部劳力而遭受的损失。

康复费用。在身体或健康伤害的背景下,特别重要的是第(2)款(a)项明确提及的“康复费用”。它包括基本需要的增加(如需要使用轮椅)。伴随而来的扶助日常生活的必需品的增加(如系于轮椅之人为了重建住所而必须支出的费用)也属于这一种类。

收入损失。此外,收入损失(第Ⅵ－2:101 条第(4)款(a)项(具有法律相关性损害的含义))既包括实际收入的损失,也包括未来收入的损失。谋生能力的丧失——不只是那些在伤害时实际上尚未从事有报酬职业之人的谋生能力,而且包括今后的适当时候非常可能从事有报酬工作之人(如儿童或年轻人)的谋生能力——也属于后一类型。在解释“后继损失”和“收入损失”概念时,法官被授予了进一步的自由裁量空间。在处理这些问题时,法官也必须考虑文本承认了以“伤害自身”表现出来的一种更为不同的损害类型这一事实。

D. 给受害人造成的损害和给第三人造成的损害

人身伤害。就人身伤害而言,文本并未在第一受害人和第二受害人之间做出根本的区分。这一区分是无益的。因为决定性的问题总是请求人是否身体或健康遭受损害这一问题。在第一种情形,请求人是受害人;在第二种情形则否。在本条的框架内,其他事情则是非实质性的。

示例 4

A 在一起事故中遭受严重伤害,暂时失去了意识。因而她无法安排他人替她向一名卧床不起的妇人 L 提供她应负担的护理义务,L 的健康状况因而恶化。L 是否享有诉权是由可归责性和因果关系的规则决定的;相较之下,她遭受了第Ⅵ－2:201 条意义上的具有法律相关性的损害是毫无疑问的。

第三人的经济或非经济损失。不过,内在于事物性质的情况是,因某人受伤,他人也遭受了不同性质的损害。他们的损害无须是健康损害(如上一示例那样),而是可以呈现为其他形式(如,对财产的损害,第Ⅵ-2:206条(侵犯财产或合法占有所致的损失)可以适用于这一情形),特别是呈现为丧失扶养的形式或呈现为精神痛苦而又非第(2)款(b)项意义上的身体状况的形式。如果是这种情况,出现的难题就是第Ⅵ-2:202条(第三人因他人的身体伤害或死亡而遭受的损失)而非第Ⅵ-2:201条所要表述的。这是因为第Ⅵ-2:201条仅涉及受害人遭受的损害,这点之前已经表明过。此时很难说哪些损失是第三人遭受的损害,哪些是第三人遭受的。有关这一实践中很重要的难题,第(2)款(a)项("包括与受害人关系密切的人为照顾受害人而发生的合理开支")提供了答案。这一规定调整处于转移的损失(第三人损害清算)边界处的情形,这并不容易解释为是法律问题。这一解决办法包括将关系人的支出作为受害人遭受的损害。就受害人与关系人而言,受害人转而从无因管理或不当得利的角度对关系人负有责任。

合理的看护费用。看护人的"费用"并不必然包括为了照顾受害人而放弃工作的成本(如放弃的薪水)。例外的情形是,看护人因为其职业(如作为护士)而提供看护的情形,在这一情形,放弃有报酬的工作而造成的损失通常等于向提供同样看护之人支付的报酬。在其他情形,赔偿则取决于看护人收入的损失是少于还是超过订约看护的成本。作为受害人遭受的损失的一部分,这些费用可以得到赔偿,在后一情形,超过护理费的赔偿则被禁止,因为受害人可能可以获得更为便宜的护理。应当注意的是,只可能在受害人有意识因而能够获得相关的精神利益时,才能谈及探访的亲属的护理所提供的"照顾",这些照顾帮助受害人的精神恢复健康或者为之纾解痛苦。支出的数量必须是"合理的"。这一限制对于保护责任人(以及相关的责任人的保险人)是必要的。例如,受害人过于频繁地去一所偏远的特殊诊所进行治疗的行程就不是合理的。

与受害人关系密切之人。受害人仅可就"与其关系密切之人"的费用进行主张。这里起决定作用的并非是形式上的或法律上的家庭关系,而是在看护人和受害人之间存在的精神上的和特殊的关系。石蕊检验应该是,相关之人是否属于下述人群,即其在受害人床边的出现对于受害人康复的加快或对其状况的稳定是必需的。这一类人并不必然相当于第Ⅵ-2:202条(因他人的人身伤害或死亡而由第三人遭受的损失)第(1)款中可以诉请赔偿其因反应而遭受非经济损失之人。后一人群的范围更为有限;"与受害人有特别密切的人身关系"在这里是前提条件。例如,如果某人单独生活因而无人落入第Ⅵ-2:202条第(1)款的范围,就很可能是唯一生存的兄弟或姐妹被叫到受害人的床边。他们去往医院的旅行费用是可以得到赔偿的,但是,如果病人死亡,相关的兄弟姐妹就不能够主张赔偿非经济损失。

注　释

Ⅰ.概论

1.不言自明的是,各国的侵权法都保护身体和健康。在非合同责任的基本法律规范(如《德国民法典》第823条第(1)款和《爱沙尼亚债法》(ESTONIAN LOA)第1045条第(1)款(ii)项)里很少明确提及这些权利的事实没有实际意义。根据《荷兰民法典》第6:162条和《葡萄牙民法典》第483条第(1)款,人的身体和健康相当于"权利",根据《希腊民法典》第914条,侵害这些权利也被认为是不法行为的表征。顺便提及的是,对身体和健康的伤害无疑构成民法所有相关基本规范意义上的"具有法律相关性的损害"。甚至《法国民法典》第一卷第一编被插入一个新章节——第二章"尊重人的身体"(*Du respect du corps humain*,第16条~第16-9条)(经由1994年7月29日第94-653号法令)。人身不可侵犯的原则(*principed' inviolabilité du corps humain*)因而得以规定下来。根据债法的规则,不尊重这一原则的第三人会被提起损害赔偿之诉(Rép. Dr. Civ. (-*Penneau*) IV, no. 4)。在西班牙,民法典第1902条和某些特定的制定法(如《消费者保护法》第3条*以下*[消费者保护法第11条以下为1984年7月19日的*Ley* 26/1984, *General para la Defensa de los Consumidores y Usuarios* 所代替])之外对人的健康的具体保护直接源自宪法(第15条和第43条)。《匈牙利民法典》第76条明确将身体和健康的不可侵犯性列为人格权。罗马尼亚也在考虑将类似的规则落实进民法典中(民法典草案第45条和第193条)。

2. 根据北欧的赔偿法,对身体和健康的伤害是最终的或是"人身损害",而根据英国和爱尔兰法律,它们是无数的侵权类型——特别是对人身的侵害、过失(特别是职业过失)、占有人责任和产品责任——的保护对象。

Ⅱ. 对身体和健康的伤害

3. 在德国(《民法典》第823条第(1)款)、爱沙尼亚(《债法》第1045条第(1)款(ii)项))、匈牙利(《民法典》第76条)、波兰(《民法典》第444~447条)和斯洛文尼亚(《债法》第174条),区分对身体的伤害和对健康的伤害是一种惯例。对身体的伤害通常被理解为一种对身体完整性的(外在的表面)侵害。另一方面,对身体的伤害这一术语包括"诱使身体的正常功能变化(不利的方式上)的任何一种情况;疼痛的状况或是某人已有的倾向发生急剧改变无须考虑"。(BGH 14 June 2005, VersR 2005, 1238)。不过,身体伤害和健康受损之间的区分并无实际后果。

4. 不过,这一区分在其他法系并不常见,例如比利时、法国、意大利、卢森堡和马耳他。在法国的法律原则里,身体损害(*dommage corporel*)这一表述将自身确立为对身体或健康造成的伤害所引起的所有经济和非物质损害的总括概念。比利时的法律理论也主要谈及 *menselijke schade or persoonsschade*(人身损害)。进一步的细类是是否以及如何可能并确实令人满意是有争议的(*Simoens*, Beginselen van Belgisch privaatrecht XI(2), no. 65 p. 122 - 125)。西班牙法律中的 *daño corporal*(人身损害)被定义为"非财产的和人身损害",也即,作为侵害身体或精神完整性的结果(Vicente Domingo, El daño, 230)。不过,在这一领域使用的术语是不统一的。*daño personal* 或 *daño en la persona* 也经常代替 *daño corporal* 来使用;近来,对 *daño a la salud*(健康损害)的使用也逐渐增多(*De Ángel Yágüez*, Tratado de Responsabilidad Civil, 698; *Vicente Domingo* loc. cit. 138)。《荷兰民法典》并未区分身体伤害和健康损害,而仅仅区分了非财产损害、人身损害和致命损害(fatal damage (*overlijdensschade*))(*Lindenbergh* loc. cit. no. 27. 2 pp. 196 ~205)。

5. 北欧国家的赔偿法使用人身伤害这一术语来运作(《瑞典损害赔偿责任法》第2章第1条,第3章第1~2条,第5章第1~2条,第6章第1条;《芬兰损害赔偿责任法》第5章第1条[相反,第5章第2条谈及"身体伤害或其他人身伤害"];《丹麦损害赔偿责任法》第1、18条)。根据瑞典和芬兰的立场,人身伤害包括了对身体以及精神的不利影响,而且确实与是否能追溯至使用武力的表面效果这一问题无关(*Bengtsson and Strömbäck*, Skadeståndslagen, 134)。在丹麦,情况是类似的。不过精神损害原则上仅在遭受(实际的或迫近的)经济损害时才能获得赔偿(*Hertz*, UfR 2004, 180; *Vinding Kruse*, Erstatningsretten[5], 293; *Øe and Røn*, J 2004, 85, 89)。

6. 在对孕妇作出错误的咨询建议而导致非意愿的出生的情形,参见上述第Ⅵ-2:101条(具有法律相关性的损害的含义)的注释X、95以下。有关非意愿的怀孕,自然意义上的父亲对母亲的侵权责任仅在强奸的情形才开始起作用(就比利时,参见CA Bruxelles 8 May 1985, JT 1986, 252, note *Van Gysel*)。

7. 公认的是,出生前的伤害损害了婴儿的健康和/或身体,只要他出生为活体(也即并非作为胎儿死亡;在这种情形,伤害的是母亲,在一些法域[例如,在西班牙:TS 31 July 2002, RAJ 2002 (5) no. 7741 p. 14090]),父亲也享有有效的诉因),例如,关于法国,比较*Viney and Jourdain*, Les conditions de la responsabilité[2], no. 249-3 p. 13;关于比利时,参见*Dirix*, Het begrip schade, no. 209 p. 132; 关于意大利,参见Cass. 22 November 1993, no. 11503, Giur. it. 1995, I, 1, 318(合同责任)和Cass. 9 May 2000, no. 5881, Giust. civ. Mass. 2000, 967(侵权责任);关于波兰,参见民法典第446条;关于西班牙,参见TS 23 November 2004, RAJ 2004 (5) no. 7384 p. 14992; TS 27 May 2002, RAJ 2002 (4) no. 7159 p. 12951;TS 14 May 2001, RAJ 2001 (3) no. 6204 p. 9535; TS 10 December 1997, RAJ 1997 (5) no. 8775 p. 14041和TS 13 October 1992, RAJ 1992 (4) no. 7547 p. 9915;关于葡萄牙,参见*Álvaro Dias*, *Dano corporal*, 485; Capelo de Sousa, O direito geral de personalidade, 158); 关于瑞典,参见*Andersson*, Trepartsrelationer i skadeståndsrätten, 306;有关英格兰和苏格兰的法律立场,参见*Thomson*, SLT 2005, 121。损害的出现也可能是在孩子出生之前(例如BGH 20 December 1952, BGHZ 8, 243[母亲因输入被感染的血液而被感染])。相比之下,在新孕母亲通过轻率的行为(滥用酒精、药物或尼古丁)伤害孩子的情形,法律立场整体上未臻明确。

Ⅲ. 对精神健康的伤害

8. 在民法法域的制定法或法典中,很少明确规定对精神健康的严重不利影响——即使不构成对某人或其他人的身体伤害的唯一结果(详细阐述参见第Ⅵ-2:202条(因他人的人身伤害或死亡而由第三人遭受的损失))——能构成可赔偿损害(有关例外参见《斯洛文尼亚债法》第132条和第179条,二者规定"损害包括……给他人造成身体或精神痛苦或恐惧")。不过,这可能被认为是得到普遍接受的。因而,对受害人感官的不利影响所造成的使之痛苦在法国法上被作为了可导致赔偿的*精神损害(dommage moral)*(Rép. Dr. Civ. (-*Lapoyade Deschamps*) V, nos. 217-218)。在比利时的法律体系中也是如此,受害人丧失的健康构成债法背景下的具有法律相关性的损害(*Peeters*, De indicatieve tabel, no. 22 p. 34)。西班牙法律将对人的精神健康造成的严重伤害列为*人身损害(daño corporal)*或*健康损害(daño a la salud)*(即TS 31 October 1973, RAJ 1973 (2) no. 4060 p. 3200 and TS 31 May 2003, RAJ 2003 (3) no. 4391 p. 8309)[尽管这些裁决部分与事故所遭受的伤害所导致的后继损失相关,部分与亲属所遭受的损害相关]。

9. 在德国法里,规定的是,如果精神疾病从医学上可以确诊并超出了一般的日常生活所能承受的程度((BGH 11 November 1997, BGHZ 137, 142, 145; BGH 30 April 1996, BGHZ 132, 341, 343; BGH 25 February 1997, NJW 1997, 1640, 1641),它仅构成对健康的损害。因目击近亲属遭受致命事故而导致的"精神震吓"受到更严格的规范,因为对人的健康造成的伤害必须明显地超出亲人们因为受害人受到伤害通常会遭受损失的性质和严重程度——就他们在此种事故中作为间接关系人的能力而言。这是根据经验来估算的(BGH 11 May 1971, NJW 1971, 1883;

BGH 4 April 1989, NJW 1989, 2317)。不过,作为一般规则,受害人一方特殊的精神不宁并不会使不法行为人免责(BGH 29 February 1956, NJW 1956, 1108; BGH 30 April 1996 loc. cit.)。随着未婚妻和同居者被家庭法归为近亲属(BGH 31 January 1984, NJW 1984, 1405),她们也有权诉请赔偿(CFI Frankfurt/M. 28 March 1969, NJW 1969, 2286)。根据奥地利法,对某人施加的任何精神损伤如果是可辨识的疾病,因而要求医治的(如厌食症或严重的抑郁),都构成民法典第1325条意义上的可赔偿的损害(*Karner*, Der Ersatz ideeller Schäden bei Körperverletzung, 94)。如果精神损伤要求医治,或者至少在医疗上可诊断因而在医疗上也可以理解,则构成可辨识的疾病(OGH 14 October 2003, ZVR 2004/49, 164; OGH 30 October 2003, ZVR 2004/6, 19)。在"某实质上并且过早地衰老的女性遭受最严重的精神震吓而使得面部手术成为必要时",其费用是可获赔的(OGH 20 January 2005, ZVR 2005/47, 166)。

10. 匈牙利法将其自身限制为如下立场,即对精神危机、心理痛苦和精神变态负有责任原则上会导致对非经济损害的责任(*Petrik*, Kártérítési jog, 74~75; Petrik (-*Petrik*), Polgári jog I[2], 202/3, 204)。如果基于其他理由,已经存在人格问题,那么对受害人的身体的或精神的生活品质造成的任何实际性的不利变化都建立一项相关的赔偿诉请(详见 BH 2001/12)。不过,对非经济损失赋予赔偿总数与司法裁量事项(Gellért (-*Bendedek*), A Polgári Törvénykönyv Magyarázata[6], 1328-1334)。在波兰,对健康的损伤包括了对精神健康的损伤(Pietrzykowski (-*Safjan*), Kodeks cywilny I[4], 1273, 1284)。在一些较早的裁决中,存在着伤害必须显著的暗示(SN 23 January 1947, OSN 1948, no. 7)。如果导致死亡,在严重的情形,失去亲人的亲属也享有痛苦赔偿请求权(*Szpunar*, Odszkodowanie za szkodę majątkową, 140-141; Pietrzykowski (-*Safjan*), Kodeks cywilny I[4], 1273)。在罗马尼亚,公认的是,无论如何,造成精神创伤能引起对非经济损失的赔偿诉请(*Adam*, Drept civil, 259-263,提及了详尽的判例法)。

11. 希腊法将需要治疗的对人的身体、精神或心理机能的任何实质性损伤都视为对健康的伤害(比较 Georgiades and Stathopoulos (-*Georgiades*), art. 929, no. 5;类似地,*Filios*, Enochiko Dikaio II(2)[3], 110)。对精神健康的伤害在需要治疗时就被作为了对健康的伤害。因近亲属死亡或受伤而产生的神经崩溃或其他严重的精神震吓也属于这一种类(*Georgiades* loc. cit. no. 6; *Filios* loc. cit. 111; *Kornilakis*, Eidiko Enochiko Dikaio I, 625 以及 CFI Athens 7246/1986, EllDik 29/1988, p. 134)。

12. 在葡萄牙,损伤某人的"精神"(*danos biológicos de natureza psíquica*)是否被归为一种独立的具有法律相关性的损害是一项争论的问题(一方面,参见*Álvaro Dias*, Dano corporal, 142; 另一方面,参见 *Costa Basto*, Personal injury compensation in Portugal, 410)。不过,这一争论似乎并无实际效果。对精神健康的可赔偿的损害包括影响精神安宁的精神病理学上的紊乱(*Álvaro Dias* loc. cit. 151 note 331)。在主要涉及交通事故诉讼的判例法中,下述例子被认为可赔偿,并且已经通过给予非经济损害赔偿而得到了赔偿:因为碰撞剧烈而焦虑和担心自己的健康(STJ 22 September 2005),因多重的表皮擦伤和治疗而易怒和情绪变化(STJ 17 November 2005),因涂石膏带来的拘禁和固定而产生的悲痛和人格变化(grief and personality changes in virtue of internments and immobilisation with plastering)(STJ 23 October 2003),受伤后产生的精神病(STJ 17 January 2002),癫痫症(STJ 20 November 2003), 自我攻击和异性攻击行为(behaviour of auto and hetero-aggression),智力迟钝和精神错乱(STJ 27 April 2004)。而且,最高法院基于《葡萄牙劳动法典》第24条第(1)款而承认了雇员因受其雇主的就非经济损害赔偿提起的诉请。因生态事故对健康造成的潜在风险而产生的担忧也构成可赔偿的非经济损失(*Costa Basto*, Personal injury compensation in Portugal, 410)。

13. 根据《荷兰民法典》第6:106条第(1)款(b)项(第三选项),对精神健康的损害构成可赔偿的损害。在制定该规定时,设想的是源自"侵犯人身"的伤害(Parlementaire Geschiedenis VI, 371; MvA II, Parlementaire Geschiedenis VI, 372),如绑架,不法拘禁和强奸。不过,严重妨害隐私也被归入这一标题(Schadevergoeding II (-*Lindenbergh*), art. 106, no. 27.6)。在对亲属造成具有法律相关性的损害的背景下,若受害人遭受精神病学上可确定的疾病,荷兰最高法院(*Hoge Raad*)仅承认人身伤害的存在(HR 22 February 2002, NedJur 2002, no. 240 p. 1704, referring to *Bouma*, VR 1995, 207, 209; *Holzhauer*, RMThemis 1986, 4, 28; *Verheij*, NTBR 1998, 324, 329)。而且,也必须提及民法典第7:658条。根据本条,在雇员因过高强度的工作压力或过于困难的工作而遭受心理损害时,雇主要承担责任(*Vegter*, NJB 2002, 1935-1942)。判例法中的例子与因焦虑而产生的损害(CFI Middelburg, 30 May 2001, JAR 2001, 232),创伤后压力的损害(damage for post-traumatic stress)(CFI The Hague 2 August 2001, TAR 2001, 118)以及因性骚扰而产生的心理损害(CFI Rotterdam 30 September 1999, JAR 1999, 230)相关。

14. 类似地,瑞典和芬兰将对精神健康的损害等同于人身伤害。该损害是在先的身体伤害的结果并非是前提条件(Swedish HD 30 March 1971, NJA 1971, 78; *Hellner and Johansson*, Skadeståndsrätt[6], 398; *Bengtsson and Strömbäck*, Skadeståndslagen, 134; Finnish HD 27 January 1982, HD 1982 II-6; HD 12 December 1980, HD 1980 II-133 and HD 25 June 1998, HD 1998: 80)。另外,作为原则问题,丹麦法仅在这些损失与人身伤害相关或者作为痛苦情形的结果出现时才对之予以赔偿(*Hertz*, UfR 2004, 180; *Vinding Kruse*, Erstatningsretten[5], 293; *Øe and Røn* , J 2004, 85, 89)。

15. 英格兰的法律立场类似于爱尔兰的(注释16)。例如,就1969年雇主责任(缺陷装备)法的目的而言,"人身伤害"被界定为包括了生命丧失、对身体或精神状况的妨害及疾病。雇主对雇员因为担忧疾病爆发而遭受的无法预见的精神伤害不负责任,即使实际染上该疾病的风险可以预见并且也可以归咎于雇主的过失(*Rothwell v. Chemical & Insulating Co. Ltd.* [2006] EWCA Civ 27, [2006] 4 All ER 1161)。苏格兰法律委员会在2004年8月准备了一份详尽的"关于对精神伤害的损害赔偿报告(Scot. Law Com. no. 196)"并附上了一份"精神损害赔偿(苏格兰)法案"的草案。该草案第3条第(1)款规定:"如果可以合理期待处于受害人地位之人无须寻求赔偿而能承受精神损害,无论该损害是故意还是以其他方式造成的,行为人都无须承担责任。"第4条第(1)款(a)项规定,仅在(符合其他要件时)"伤害相当于医疗上可辨识的精神紊乱"时,受害人才对非故意的行为享有损害赔偿请求权。根据现行法,与对人身伤害或其他损失的损害赔偿一起,对精神痛苦、焦虑或享乐丧失的损害赔偿可以根据普通法规则获得赔偿(*Reid v. Ski Independence* 1999 SLT (Sh. Ct.) 62)。因而,就人身伤害提起诉讼之人有权就因伤害而导致的精神痛苦等获得赔偿(*Anderson v. Secretary of State for Scotland* 1999 SLT 515)。成功诉请单纯的精神伤害要求原告证明,他们遭受的超出了对事故通常的情绪反应,如悲痛、痛苦或恐惧(*Simpson v. Imperial Chemical Industries Ltd.* 1983 SLT 601, 605; *McLoughlin v. O' Brian* [1983] 1 AC 410, 431; *Rorrison v. West Lothian Council* 2000 SCLR 245, 250)。仅在伤害是由震惊引起的或者在持续过程中突发危险时,赔偿才是可能的。间接受害人仅在精神伤害源自被告负有责任的事故并且满足 *Oliver* 勋爵在 *Alcock v. Chief Constable of South Yorkshire Police* [1992] 1 AC 310 at 411 一案中提出的三个标准时，才能对该损害诉请赔偿，这三个标准是：(1)在间接受害人和受害人之间必须存在情感上的密切联系；(2)间接受害人必须在事故或其后果的现场；(3)间接受害人的精神伤害必须是由对事故或其即时后果的直接感知(也即通过他自己独立的感受)引起的。

16. 在爱尔兰，精神伤害被划分为“痛苦和悲伤”(对此不给予损害赔偿)及“精神震吓(也即创伤后的精神紊乱)和精神疾病”(对此无须证明有直接影响或存在对自身造成直接人身伤害的担忧)(*Kelly*，[1998] 16 ILT，10，11)。因实际或即将发生的人身伤害而遭受的精神震吓存在一项损害赔偿请求权，这不仅适用于原告，同样适用于原告之外的其他人(*Kelly* loc. cit. 39，42)。在受到人身伤害的原告遭受无法预见的精神反应或者较可合理预见的为重的精神反应时，“蛋壳脑袋”规则(*McSweeney v. Cork Corporation* (DPIJ：Hilary & Easter Terms 1994，p. 37)确保报告必须在该反应的全部范围内予以赔偿(*McMahon and Binchy*，Torts[3]，para. 44. 176)。在 *Kelly v. Hennessy* [1995] 3 IR 253 一案中，首席法官 *Hamilton* 就成功的精神震吓诉请提出了五项要件：(1)可辨识的精神疾病，(2)这一疾病是“诱致的震惊”，(3)为被搞得作为或不作为所引起，(4)“由于给原告或原告之外的他人造成实际或可能发生的身体伤害”而产生，(5)对注意义务的违反并未以精神震吓的形式给原告造成可以合理预见的伤害。在 *Cuddy v. Mays & Ors* [2003] IEHC 103 案中，*Kearns* 法官将 *Kelly v. Hennessy* 案视为是决定了对原告遭受的创伤后应激障碍的损害赔偿问题，在该案中，原告是一名医院搬运工，在救护车将大量交通事故的受害人运往医院时，他正在那里工作，受害人包括其一名已死亡的兄弟和一名受到严重伤害的姐妹，以及其堂/表兄弟姐妹和终生的朋友。*Kearns* 法官运用了“密切接近检验”(close proximity test)(而非可预见性检验，他明确不倾向于此)来限定原告和其兄弟姐妹之间的密切家庭关系。意识到或应当意识到雇员是在某种压力下工作以致其精神健康可能崩溃的雇主，负有采取合理的措施来解决该难题的义务(*McMahon and Binchy* loc. cit. 18. 60)。同样地，雇主疏忽大意没有意识到雇员的创伤后应激障碍并采取措施的，可能会导致责任(*McHugh v. Minister for Defence* [1999] IEHC 91，[2001] 1 IR 424)。保护雇员精神健康的义务规定在《1989 年工作安全、健康和福利法》(Safety，Health and Welfare at Work Act 1989)第 12 条中。该法第 2 条将伤害界定为“疾病和对人的身体或精神条件的损伤”。*Fletcher v. Commissioners of Public Works* [2003] IESC 13，[2003] 1 IR 465 案涉及的原告是一名雇员，他并未因为长期暴露于石棉粉尘中遭受身体伤害，而是因为他担忧罹患间皮瘤而遭受获得承认的精神疾病，尽管医疗建议证实这一担忧是非理性的。该诉请被驳回了。该案表明，并未伴有身体伤害的精神损害，仅在精神震吓案件或在亲属于致命伤害案件中遭受精神压力的情形中才被允许(另参见 *Rafter v. A - G& Ors* [2004] IEHC 28)。不过，对过失造成的精神伤害的损害赔偿在大量其他起因于类似情况而被告未能证明精神痛苦的不合理性的案件中也获得允许。例如，参见 *Commissioners for Public Works v. Swaine* [2003] IESC 30，[2003] 1 IR 521 和 *Commissioners of PublicWorks v. Brewer* [2003] IESC 51，[2003] 3 IR 539。就工作场所的压力和欺凌的场合，雇主对雇员的注意义务的范围，详见 *McGrath v. Trintech Technologies Ltd.* [2004] IEHC 342；*Quigley v. Complex Tooling & Moulding* [2005] IEHC 71 和 *Maher v. Jabil Global Services Ltd.* [2005] IEHC 130。

Ⅳ. 伤害自身和“生物损害”(danno biologico)

17. 对于意大利法中的“生物损害”的基础，参见上文第Ⅵ-2:101 条注释 18 和 40。在西班牙，因为 1978 年宪法的影响(特别是第 10、15、43 条)，现在同样承认身体健康或一般健康的损害(*daño corporal* respectively*daño a la salud*)相当于损害自身，也即独立于它对财产或非财产权利的影响(*Vicente Domingo*, El daño, 231)。

18. 和"身体伤害"一词同义,近来,对*生物损害*(*dano biológico*)这一术语的使用在葡萄牙也已成为习惯(例如,STJ 29 November 2005 and *Álvaro Dias*, Dano corporal, 99)。根据民法典,身体伤害自身似乎被视为非经济损失(Sousa Dinis, CJ(ST) Ⅸ (2001-1), 5, 11)。不过,判例法过去将人身伤害视为是非经济损害的一项产物(CA Porto 7 April 1997, CJ XXII [1997-2] 205; STJ 8 March 1979, BolMinJus 285 [1979] 290 and STJ 9 January 1979, BolMinJus 283 [1979], 266),近来他已经将之视为是经济损害(STJ 17 November 2005; STJ 22 September 2005)。对个人或其生活方式造成的严重的人身伤害被视为要求独立赔偿的损失形式,无论是否存在财产损失或身体痛苦(Álvaro Dias loc. cit. 137; *Sinde Monteiro*, Estudos sobre a responsabilidade civil, 248; STJ 27 April 2004; STJ 17 November 2005; see also STJ 6 May 1999 and STJ 19 December2001)。范例包括跛行(STJ 10 October 2002),义肢和缺乏长久站立的能力(STJ 14 October 2004)、悲痛、依赖于 T 型拐杖的夹板固定和脱臼(immobilisation and displacement depending upon calliper-crutches)(STJ 29 April 2004)、创伤、骨折、劳动能力的丧失和毁容(STJ 6 May 2003),永久地依赖他人来满足基本需求(STJ 22 September 2005),视觉和嗅觉的丧失(STJ 16 January 2003)以及性功能障碍(STJ 27 April 2004:睾丸丧失)。在这方面,葡萄牙的判例法非常有意识地倾向于意大利判例法,后者长期以来将生物损害作为了损害事件(danno evento)(它的基础已经在 STJ 5 February 1987, BolMinJus 364 [1987] 819 和 STJ 17 May 1994, CJ(ST) II (1994-II), 101 中得以表明;进一步论述参见*Álvaro Dias*, Dano corporal, 123 以及*Álvaro Dias*, FS Almeida Costa, 754)。另参见对第Ⅵ-6:204 条(对伤害本身的赔偿)的注释。

19. 在奥地利,就受害人遭受痛苦这一事实并非是对身体伤害造成的经济损害进行赔偿的前提条件而言,类似方案的雏形已经明显。例如,就违背相关当事人的意愿剪发可以给予"对疼痛和痛苦的损害赔偿"(Rummel (-*Reischauer*) ABGB II[2], § 1325 no. 1)。更为重要的是,即使是并未因事故遭受痛苦的受害人也可借助"对疼痛和痛苦的损害赔偿"享有损害赔偿请求权(OGH 26 July 2006, ecolex 2007, 4;*Karner*, Der Ersatz ideeller Schäden bei Körperverletzung, 125)。这被称为损害自身(*Karner* loc. cit. 127)。奥地利最高法院(OGH)表示,对疼痛和痛苦的损害赔偿也可以提供给下述的任何人,即"因对其整体人格造成诱致责任的不利效果而丧失能力,经历被视为对其健康和满足有不利影响的疼痛和痛苦,因而被剥夺了最基本的人类感情的"人(OGH 14 January 1993, ZVR 1993/150, p. 339)。

20. 其他国家的立场在上述对第Ⅵ-2:101 条(具有法律相关性损害的含义)的注释 15~21 中已经表明。

Ⅴ. 可获赔的后继性经济损害

21. 在源自*身体损害*(*dommage corporel*)的后继性经济损失的背景下,法国的评论者建议区分"功能性"损害(*préjudice fonctionnel*)和经济损害(*préjudice économique*)(*le Tourneau and Cadiet*, Droit de la responsabilité et des contrats (2004/2005), no. 1533)。"功能性损害"是指导致某人机能运转能力恶化的对人的精神或身体健康的不利妨害。这一"功能性缺陷"是根据百分比来表述的(残疾,the *taux d' invalidité*)。不过,在以金钱评估这一损失时,明确将其裁决建立在这一有良好基础的损害赔偿表之上并不属于法院的管辖权范围(*Bourrié-Quenillet*, JCP éd. G 2004, I no. 136, 24)。"经济损害"包括了医疗费用,这包含必要的交通费。事故后第三人的护理费以及和某人的房屋整修相关的费用也属于这一类损害赔偿的范围。收入丧失亦同。在终身残废的情形,收入的损失是可以估计的(*le Tourneau and Cadiet* loc. cit. no. 1534)。

22. 根据比利时法,受害方应被置于损害事件若未发生他本来会处于的状况。因而,他可以就事故造成的收入损失享有赔偿请求权。而且,履行通常义务所付出的额外负重,对某人维持家庭的能力的限制,来自第三人的援助费用,医疗护理的提供以及对某人住宅或汽车的必要改造都应获得赔偿(*Lindenbergh* , TPR 2002 no. 10 p. 1427)。根据《马耳他民法典》第1045条第(1)款,除了受害人因为损害而被迫支出的费用、实际工资或其他收入的损失以及因为永久的部分或全部残疾而遭受的未来收入的损失外,实际的和直接的损失都可以得到赔偿。

23. 根据西班牙法,除了医疗费用外,收入的损失也被认为是可获得赔偿的经济损失。在康复阶段,丧失的工资以及自由职业者丧失的收入都同样可以获得赔偿(*Yzquierdo Tolsada*, Sistema de responsabilidad civil, 156, 还涉及通过提交税收申报单作为证据的无关紧要性)。尽管,作为原则问题,就所失收益必须提供证据(TS 26 September 2000, RAJ 2000 (4) no. 7529 p. 11578),但这并未排除对"主妇损失"的赔偿(TS (3rd Senate) 20 October 1998, RAJ 1998 (5) no. 8844 p. 13069)或对未成年人损失的赔偿,如未成年人因其受伤必须上更长时间的学或者要在艰难的情形下上学(TS 11 March 2000, RAJ 2000 (1) no. 1520 p. 2368; *Vicente Domingo*, El daño, 233; CFI Granada 14 June 1985, La Ley 1985, IV, no. 5784 p. 462;这不同于高中生(a third level student)的情形:Audiencia Nacional (Senate for Administrative Litigation Proceedings) 20 November 2002, RAJ (TSJ y AP) 2003 (1) no. 51 p. 1244)。《机动车交通第三人责任和保险法》在其附录的第四个损害赔偿表(永久性身体伤害赔偿的修正系数)中明确规定,任何处于可受雇年龄的受害人,即使他不能证明有任何收入,仍可以诉请该表中提供的最低档次的赔偿。未成年人也可从中获益(Catalonian TSJ 20 February 2003, RAJ (TSJ y AP) 2003 (2) no. 304 p. 1296)。作为一项一般规则,根据公法,救护车、住院、家庭护理、药物治疗和理疗的费用都由社会保险机构承担,它仅在不法行为人有过错(故意或过失)的情形才能就这些卫生保健费用享有追偿权(《社会保险法》第127条第(3)款;另见TS 21 October 1981, RAJ 1981 (2) no. 3948 p. 3175)。相较之下,改造住宅使得残障人可用、康复以及心理治疗的费用就直接由责任人承担了(*Yzquierdo Tolsada*, Sistema de responsabilidad civil, 156)。他也必须承担受害人或其家庭因为住私人医院而支出的——根据公法未为社会保险所覆盖但根据具体情形仍为合理——费用(TS 19 November 1981, RAJ 1981 (2) no. 4536 p. 3627; TS 4 May 1984, RAJ 1984 (2) no. 2396 p. 1792; TS 13 September 1985, RAJ 1985 (2) no. 4259 p. 3591)。负有确定事实之义务的法院在评估其他损害赔偿的数额时享有较为宽泛的裁量权,例如因给模特、演员或工作需要与顾客面对面接触的人造成毁容性的身体伤害而引起的对财产权利的侵犯方面(TS 20 November 2000, RAJ 2000 (5) no. 9310 p. 14424)。

24. 根据意大利法,"医疗费用"(医护、药物治疗等)被认为是可获得赔偿的金钱损失,也即精神—身体完整性的恢复所必需的支出,包括日常家庭护理的费用(Cass. 8 April 2003, no. 5504, Giust. civ. Mass. 2003, fasc. 4)和其他卫生保健的费用(Cass. 1 December 1999, no. 13358, Giust. civ. Mass. 1999, 2413)。谋取特定营生的能力的丧失(capacità lavorativa specifica)也构成金钱损失。请求人必须对这一损害加以证明。参照点就是请求人现有的或可能的将来职业(Cass. 12 September 2000, no. 12022, Danno e resp. 2001, 949; Cass. 29 October 2001, no. 13409, Giust. civ. Mass. 2001, 1814; Cass. 18 April 2003, no. 6291, Giust. civ. Mass. 2003, fasc. 4)。丧失的机会也可作为将来的金钱损失获得赔偿(Cass. 27 October 2001, no. 10291, Giust. civ. Mass. 2001,

1489)。

25. 在匈牙利,治疗费用和所失收益(典型情形为工资损失)也属于可赔偿的初步金钱损失的类型(*Eörsi*, Kártérítés jogellenes magatartásért, 54～55)。在治疗和住院费用的情形,损害赔偿是强制性的,例如,除了增加的洗涤、清洁、电、热、电话和交通支出以及改造住宅以便残障人士可用的费用外,药物治疗、物理治疗、心理治疗、救护车、家庭保健、第三人扶助以及特殊的餐饮的费用也可获赔(Petrik(-*Köles*), Polgári jog II2, 632; Gellért(-*Benedek*), A Polgári Törvénykönyv Magyarázata[6], 1358-1363;*Ujváriné*, Feleloösségtan[7], 188; *Petrik*, Kártérítési jog, 230-236)。民法典第356条和第357条也详尽地调整了对收入损失的赔偿。

26. 捷克和斯洛伐克民法典第445～447条也以对源自事故的收入损失的赔偿作出一系列详尽的规制为特色。民法典第449条补充规定,"赔偿还应包括对和医疗相关的有目的的费用的赔偿"。《波兰民法典》第444条第(1)款规定,源自对人身和健康伤害的损害赔偿"应包括所有招致的费用"。它们包括治疗、特殊护理和康复的费用(药物治疗、医疗咨询和手术、交通、康复设备、轮椅),治疗和恢复期内的所失收入(Pietrzykowski(-*Safjan*), Kodeks cywilny I[4], 1274～1275)。如果受害人要求,不法行为人有义务进行预付。对于再教育的必要费用也是如此。谋生能力的部分或全部丧失以及额外的基本需求的费用也为后续的支付所包括(loc. cit. § 2)。《斯洛文尼亚债法》第174条第(1)款列举了"与治疗相关的费用,其他与此相关的必要费用以及因为治疗期间无能力工作而丧失的收入"。而且,赔偿也适用于部分或全部谋生能力的丧失、增加的基本需求的费用以及职业成就预期的损失或对其损害。

27. 在人身伤害的背景下,根据《德国民法典》第249条,主要是治疗费用可以得到赔偿(Palandt(-*Heinrichs*), BGB[65], § 249, no. 8)。在社会保险运营者或私人保险公司承担了这些费用时,法律将相关的请求权赋予保险人(《社会保障法》[SGB]第5部第116条;《保险合同法》[VVG]第67条)。尽管这些费用的承担是基于理性人的花费来计算的(GH 23 September 1969, NJW 1969, 2281),受害人仍可以选择其通常的服务标准(BGH 18 October 1988, NJW-RR 1989, 670)。就国家健康保险投保病人(panel patients)而言,在法定医疗保险提供的服务对于消除伤害是不充分的,以及其他合理的替代治疗不可用(BGH 6 July 2004, BGHZ 160, 126)或者遭受的伤害特别严重(CA Munich 29 July 2004, DAR 2004, 651)时,获得未经保险的私人医疗服务才能得以正当化。没有充分理由的昂贵的美容手术费用是不能获得赔偿的(BGH 3 December 1974, NJW 1975, 640)。相较之下,治疗和护理的费用可以获得赔偿(RG 11 June 1936, RGZ 151, 298; BGH 8 November 1977, VersR 1978, 149),职业康复费用,特别是再教育费用亦同(BGH 4 May 1982, NJW 1982, 1638; BGH 26 February 1991, NJW-RR 1991, 854)。在伤害导致基本需求增加时,需要作出区分:在必需的是一次性措施(例如,获得辅助性的医疗设备,翻修机动车使之可为残障人使用或改造住宅使得轮椅可进入)时,根据民法典第249条第(2)款可以提供全部的特殊费用(BGH 19 May 1981, NJW 1982, 757; BGH 20 January 2004, NJW-RR 2004, 671)。不过,如果产生持续的特殊需求,不法行为人仅对民法典第843条中包括的特殊规范规定的措施产生的损害赔偿承担责任(Palandt(-*Heinrichs*), BGB[65], § 249, no. 10)。所失利润也属于"回复原状"的类型[不法行为人必须赔偿受害人以回复不法事件若未发生其应处的状况](民法典第249条以及第252条第1句中的澄清;BGH 9 July 1986, BGHZ 98, 212, 219)。

28. 根据《奥地利普通民法典》第1325条,侵权法必须赔偿恢复的费用以及现在和将来所失的收入。恢复费用包括因身体伤害而产生的所有合理的费用,只要它们旨在消除或缓和事故的医疗后遗症(OGH 18 November 1982, ZVR 1983/281, p. 312; OGH 20 February 1963, ZVR 1963/144, p. 154)。这并不取决于实际的成功的恢复(OGH 18 May 1971, ZVR 1972/56, p. 86)。属于恢复费用的包括如医疗的费用、住院或在休养地居住的费用、交通费、手术费、药物治疗费用和其他恢复辅助手段的费用,甚至包括对护理人员支付的消费(*Koziol and Welser*, Bürgerliches Recht II12, 321; Rummel (- *Reischauer*) ABGB II2, § 1325 no. 14)。私人医生的治疗费用或在特殊种类的医院支付的费用都可以获得赔偿,只要它们从医疗观点来看是必需的,或者它们有助于期待从治疗中获得更有利的结果(OGH 24 May 1962, JBl 1963, 40),或者它们符合受害人的特殊的生活方式(OGH 5 February 1970, SZ 43/32; OGH 24 April 2003, ZVR 2004/38, p. 131)。如果恢复治疗已经停止得到证明(不存在"拟制的治疗费用":联邦最高法院巩固了 senate 23 October 1997, SZ 70/220 这一判例)。和实际的治疗费用一起,基本需求的增加费用也是可以赔偿的(OGH 10 December 1964, ZVR 1965/225, p. 243)。属于这一种类的如轮椅、护理服务、适于残疾人的交通工具的费用或为了使住宅适于残疾人进入进行改造的费用(Schwimann (- *Harrer*), ABGB VII2, § 1325 no. 8)。民法典第1325条意义上的所失收入是受害人因为其谋生能力——也即处于与其教育、资格以及因此而从事的职业相应的地位的谋生能力(*Koziol*, Haftpflichtrecht II2, 134)——的恶化而丧失的全部事物。职业提升机会的丧失也是可以获得赔偿的(*Koziol and Welser*, Bürgerliches Recht II[12], 322)。与所失收入——它被归为"积极损害"——相比,对所失利润的赔偿尽在故意或重大过失的情形才能实现(*Koziol* loc. cit. 132)。在某人未从事获薪雇佣时,直到他可能进入工作领域之时他才能享有对所失收入的赔偿请求权(Rummel (- *Reischauer*), ABGB II[2], § 1325 no. 23);不过,因为迟延进入获薪雇佣而产生的损失也是可以获得赔偿的(OGH 24 April 1969, EvBl 1969/374, p. 374)。在存在永久损害的情形,如果涉及谋生能力未来可能的减少,可以给予所谓的"抽象的养老金"(abstract pension, OGH 30 September 1965, SZ 38/153; OGH 12 November 2003, ZVR 2004/18, p. 67)。属于这类种类的损害主要是雇佣前景的减少,以及婚娶或社会交往机会的丧失(OGH 11 January 1983, ZVR 1984/90, p. 84)。

29.《希腊民法典》第929条明确规定,损害赔偿包括所受损害和"医疗条件的费用",以及受害人今后必需的或因为基本需求的增加而必须支出的费用;这一规定补充了民法典第297条和第914条,但是并未代替之(Georgiades and Stathopoulos (- *Georgiades*), art. 929, no. 2; *Deliyannis and Kornilakis*, Eidiko Enochiko Dikaio I, 625)。医疗条件的费用包括受害人康复必须的所有费用(治疗、药物治疗和交通),而且,在治疗期间所失收入也可以获赔(*Georgiades* loc. cit. no. 19),对履行家务活动能力的损害亦同(即使没有为了照顾家务活动而雇用家务助理:CA Athens 5163/1996, EllDik/38/1997, p. 650; CA Athens 2043/1986, EllDik 27/1986, p. 678)。首先,源自谋生能力减少的金钱损失属于赔偿受害人必需费用的责任这一类型,而诸如特殊餐饮或雇用家庭护工的费用属于赔偿必须的额外支出的责任的类型(*Georgiades* loc. cit. nos. 22 and 28)。根据民法典第931条,受害人的致残或毁容在评估损害赔偿时也有重要影响(更详尽的叙述,参见 A. P. 739/1996, EllDik 38/1997, p. 72 and A. P. 477/2001 [未公布,这里援引自 *Kornilakis*, Eidiko Enochiko Dikaio I, 634)。

30. 葡萄牙法遵循了同样的原则。损害赔偿义务和现有的经济上的不利益(*danos emergentes*:《民法典》第564条第(1)款)以及失去的经济上的利益同样相关,只要事故若未发生时它们的实现足以可能(《民法典》第564条第(1)款,参见 *Costa Basto*, Personal injury

compensation in Portugal, 400)。特别是,责任包括所有类型的治疗的费用(STJ 21 December 2005)、交通费、实际的收入损失和丧失的薪酬增长(在永久丧失谋生能力的情形,参见 STJ 7 April 2005)以及必要的雇人帮助的费用(STJ 8 March 2005; *Álvaro Dias* , Dano corporal, 210 and 228)。与劳动法相比,交通事故法并不承认任何固定的损害赔偿数额(STJ 8 March 1979, BolMinJus 285 [1979] 290)。因而,在永久丧失谋生能力的情形,假定将根据受害人至其死亡可能获得的未来收入向其一次性作出支付(STJ 6 July 2000, CJ Ⅷ [2000-2] 144; STJ 9 January 1979, BolMinJus 283 [1979] 260; *Costa Basto*, Personal injury compensation in Portugal, 405)。就这些计算方法的具体化,发展出了更准确的数学方法(STJ 5 May 1994, CJ II [1994-1] 86; STJ 7 February 2002),这反过来又可以经过调整以容纳每个个案的事实(STJ 8 March 1979, BolMinJus 285 [1979] 290; STJ 6 July 2005)。经济损失赔偿的诉请并不要求受害人实际取得收入(参见 STJ 3 June 2004 and STJ 13 November 2001:家庭主妇的诉请;就领养老金者的诉请,详见 TJ 13 November 2003)。一名模特因为外形毁容不再能够从事自己的职业,他/她不仅遭受了非经济损害,而且遭受了纯粹经济损失(STJ 26 July 1968, BolMinJus 179 [1968] 165)。

31. 根据《荷兰民法典》第6:96条,遭受的损失、所失的利润和对损害的预防和减轻来说显得合理的所有费用都被认为是可以获赔的经济损失,参见 HR 2 November 1962, NedJur 1963, no. 61 p. 193。就身体伤害,民法典第6:107条明确规定,特别是医疗和护理,无论后者是由职业人士还是家庭成员,如父母(HR 28 May 1999, NedJur 1999, no. 564 p. 3109)来提供,都可以获赔。就为详细规定的额外费用可以施加特定的固定数额的责任(现在是每天23欧元)。而且,药物治疗的费用、交通费、日常和康复的费用都可以获赔(关于这一问题以及后续问题的进一步阐述,参见 *Lindenbergh* 的评论, Schadevergoeding II, art. 6:107, nos. 9-17)。只要赔偿仍可期待,原则上对所失收入的赔偿可以延续到某人65岁结束,在一定情形下,甚至可以延续到此日期后(CFI Assen 15 January 1963, VR 1967, 61)。就永久损害,在假定可获的收入和实际获得的收入之间的差额可以获得赔偿(HR 15 May 1998, NedJur 1998, no. 624 p. 3562; CFI Leeuwarden 26. April 1973, VR 1974, 21)。对雇员而言,出发点总是纯收入,可能属于此的有费用和薪酬(CA's-Hertogenbosch 25 March 1970, VR 1973, 23)。在估计这一数字时,无能力谋生的程度提供了一种指数。在涉及非法工作时,它取决于受害人在纳税后留存的净收入。在自雇的情形,法院被授予一项更为宽泛的管辖权来评估这一数字。源自永久残疾的费用(轮椅和其他辅助工具、医护和护理、交通费、家务用工费用以及更高的健康保险费用)通常都可以获赔。就增加的衣服和鞋子的磨损(CFI Amsterdam 17 March and 15 December 1993, VR 1994, 206),或受害人度假必须寻找旅馆而不能像以前那样过较为便宜的露营生活的事实(CFI Amsterdam 20 November 1985, VR 1987, 48)等,会给予一次性赔偿。就不再能够自己从事更轻松的零工和修理工作的情形亦同(CA's-Hertogensbosch 10 September 1968, VR 1970, 10)。就结婚机会的减少不会给予赔偿(CFI Amsterdam 27 January 1961, VR 1964, 60)。

32.《爱沙尼亚债法》第130条第(1)款规定:"因给他人的身体或一般健康造成伤害而产生损害赔偿义务的情形,义务人应赔偿受害人因该种损害或伤害而产生的费用,包括受害人需求增加而产生的费用,丧失全部或部分工作能力产生的损害,包括受害人的收入减少或未来经济前景恶化而产生的损害"。

33. 根据《瑞典损害赔偿责任法》第5章第1条第(1)项,"恢复的费用和其他费用,包括受害人亲人的合理津贴"都可获赔;因此根据前述法条第(2)项,收入损失,根据第(3)项,"疼痛、痛苦或其他持续的残疾以及特殊的(以前是:“其他的”:*Sandstedt*, VersRAI 2002, 9, 11)源自伤害的副作用”都可以获赔。《丹麦损害赔偿责任法》第1条第(1)项列举了同样的损害赔偿项目(收入损失、恢复费用和其他损失);不过,亲人的合理酬劳并未被明确纳入进来(更详尽的介绍,参见*von Eyben and Isager*, Lærebog i erstatningsret[5], 257; *Møller and Wiisbye*, Erstatningsansvarsloven[6], 22)。《芬兰损害赔偿责任法》第5章第2条第(1)~(4)项与相当的瑞典规则是一致的。《瑞典损害赔偿责任法》第5章第1条第(2)项和第(3)项调整可赔偿的收入损失的确立,包括商人和维持家计者的损害赔偿。尤其前述条文第(1)项的客体是卫生保健费用。它们必须是合理的和必需的。仅有一般保险未覆保的费用才能列入这里(另参见同法第5章第3条,与此关联的论述有*Bengtsson and Strömbäck*, Skadeståndslagen, 141)。丹麦的情况亦同(*von Eyben and Isager* loc. cit. 257)。在公立医院过于拥挤时,在私人医院的治疗也是可以获赔的(Swedish HD 27 November 1967, NJA 1967, 497)。在私人家庭中进行医疗上必要的护理亦同(HD 9 January 1968, NJA 1968, 23; HD 23 March 1976, NJA 1976, 103)。《瑞典损害赔偿责任法》第5章第1条第(1)项中的“其他费用”一词包括了未被纳入的其他费用,如除了增加的上下班的费用以及额外的必须雇人来维护私人财产的费用(它源自伤害)(*Bengtsson and Strömbäck*, Skadeståndslagen, 145; HD 16 November 1992, NJA 1992, 642)外,和病后治疗相关的交通和旅行费用或促进职业康复的训练费用。在丹麦,因为伤害而产生的搬家费用也是可获赔的(ϕLD 15 August 2000, UfR 2000, 2357; HD 3 July 2002, UfR 2002, 2407)。为残疾人改造住宅以及满足其他基本需求的费用都可获赔(*von Eyben and Isager* loc. cit. 258; *Møller and Wiisbye* loc. cit. 35)。在瑞典,收入损失的赔偿计算是根据其《损害赔偿责任法》第5章第4条来进行的。《芬兰损害赔偿责任法》的同等条文可以在第5章第2a条和第2b条中找到。《丹麦损害赔偿责任法》在第2条(收入损失)和第5~9条(谋生能力的减少)包含了相应的规定。

34. 根据苏格兰法,后继的经济损害包括:受害人丧失的工资(*Doonan v. Scottish Motor Traction Co. Ltd.* 1950 SC 136);资本的丧失(*Fox v. Caulfield & Co. Ltd.* 1975 SLT (Notes) 71);谋生能力的丧失(*Whyte v. University of Dundee* 1990 SLT 545);受雇能力的丧失(*Robertson's Curator Bonis v. Anderson* 1996 SC 217);受害人丧失的养老金权利(*Mitchell v. Glenrothes Development Corp.* 1991 SLT 284);所有合理引致的医疗费用(*Rubens v. Walker* 1946 SC 215)和其他必要的支出,如义肢、看护、特殊服装和改造房屋的费用(*White and Fletcher*, Delictual Damages, 15; *Tuttle v. Edinburgh University* 1984 SLT 172)。未来的收入损害和对未来照顾受害人的费用的损害赔偿通常是通过估算年度损失(被乘数)来加以计算的,该损失通常会乘以与当事人年龄以及其他相关情形相应的乘数。这产生一笔一次性支付,该数额在被给予后,应当提供一笔与损失相当的年度收入(*McNulty v. Marshall's Food Group Ltd.* 1999 SC 195)。根据《1982年司法管理法》第9条,诉请人可以就其因为伤害而无法再向亲属提供的个人服务寻求“合理数额”的赔偿(*Brown v. Ferguson* 1990 SLT 274; *Ingham v. John G. Russell (Transport) Ltd.* 1991 SC 201; *Lynch v. W. Alexander & Sons (Midlands) Ltd.* 1987 SCLR 780)。根据第10条(c)项和(iii)项,在评估可支付的有关人身伤害的损害赔偿数额时,必须扣减在裁定给予损害赔偿之日前的时期里,为了确保受害人最低程度的生存从公共基金可获得的收益。

35. 根据爱尔兰的法律,收入的损失也是一项主要的损害项目。在评估未来谋生能力损失时,“相关的不仅是原告先前的谋生能力,还有他现在的身体状况、未来的身体状况、劳动市场的状态、他拥有的特殊的手艺或技能以及未来”(*Walsh J. in Long v. O'Brien & Cronin Ltd.*, SC 24

March 1972, unreported)。在 *Reddy v. Bates* [1983] IR 141 一案中,最高法院认为,"在损害需要根据数个项目来评估,在陪审团加总了裁定的不同数额并达成一个损害赔偿总额时,为了确定,根据案件的情形,裁定的总额是否是对原告遭受的伤害的公平赔偿或者它和该情形是否完全不成比例,他们之后应考虑这一总额,就像本法院在上诉时会做的那样。"预期寿命减少的时间段也应被考虑进去(*Walsh J. in Doherty v. Bowaters Irish Wallboard Mills Ltd.* [1968] IR 277 at 285)。在将来可能出现或产生某种残疾或疾病时,裁定的损害赔偿"应该和可能性或概率的程度相称并成比例"(*Dunlop v. Kenny*, SC 29 July 1969, unreported, per *Ó Dálaigh* C. J. at p. 11)。原告也有权就"若其未受伤本向其开放的受雇范围的减少"获得赔偿(*Feeney v. John Sisk & Sons Ltd.*, DPIJ: Hilary and Easter Terms 1993, p. 254 at p. 258 [HC])。受伤的原告有权就其在医护方面合理遭受(或将遭受)的所有费用,包括住院费用,获得赔偿(*McMahon and Binchy*, Torts[3], para. 44. 107)。有资格根据《1970 年卫生法》获得自由治疗和看护的原告没有义务利用自由服务,(如果其有义务的话)违反该义务将被认为没有采取合理的措施来减轻损害而受罚(《1961 年民事责任法》第 34 条第(2)款(b)项)。配偶、父母或其他近亲属或朋友持续承担了照顾受伤的原告的任务时,这也构成原告可获赔的损失(*Doherty v. Bowaters Irish Wallboard Mills Ltd.* [1968] IR 277, 286)。在 *Curley v. Dublin Corporation* [2003] IEHC 28 一案中,Gilligan 法官在裁定损害赔偿时考虑了"失业、裁员、疾病、事故或类似事情的风险"。在 *O' Sullivan v. Kiernan* [2004] IEHC 78 一案中,因为原告的职业选择范围显著减少,*O' Neill* 法官裁定给予了一般的损害赔偿(尽管原告没有遭受实际的谋生能力的损失)。

Ⅵ. 近亲属的费用

36. 根据法国法,探望无法行动的受害人的近亲属可以就探视(旅行和住宿)的合理费用,作为他们自己的损害赔偿——所谓的*连锁的经济损害*(*préjudice économique par ricochet*),提起诉讼(Cass. civ. 20 December 1960, s. 1961 jur. 178)。相比之下,对受害人提供帮助的第三人(*assistance d' une tierce personne*)(无论是陌生人还是亲属:Cass. 3215 civ. 14 November 2002, Bull. civ. 2002, II, no. 260 p. 205)支出的费用都适格作为受害人的经济损失(*Viney and Jourdain*, Les effets de la responsabilité[2], no. 110-2 p. 208; CA Paris 10 November 1983, D. 1984 jur. 214, note*Chartier*)。

37. 在比利时,近亲属对合理的探视费用也享有自己的赔偿请求权,而第三人就实际提供的帮助支付的费用迄今还被视为受害人(可获赔的)损害,甚至在无偿帮助的情形也是如此(Cass. 30 November 1977, Pas. belge 1978, I, 351)。不过,从现在开始,Cass. 6 November 2001, Pas. belge 2001, 1790, concl. *du Jardin*,赋予提供帮助者对不法行为人的独自请求权;由此导致的受害人的请求权和提供帮助者的请求权之间的关系问题似乎仍未得到澄清(详见 *Lindenbergh*, TPR 2002, no. 27 pp. 1437-1438)。

38. 西班牙最高法院(*Tribunal Supremo*)在大量场合都确定了近亲属就其自己源自第一受害人所受损害的经济和非物质损失享有赔偿请求权。根据迄今为止报告的判例,近亲属不仅能自己诉请赔偿这些损害(例如,参见 TS 23 April 1992, RAJ 1992 (2) no. 3323 p. 4388 和 TS 9 February 1988, RAJ 1988 (1) no. 771 p. 752),而且主要的受害人(以其自己名义)也可以诉请(例如,参见 TS (5th Senate) 23 February 1988, RAJ 1988 (1) no. 1451 p. 1389)。父母经常可以以自己的名义也可以以其受伤子女的名义成功提起诉请(例如 TS (3rd Senate) 25 April 1989, RAJ 1989 (3) no. 3471 p. 3921 和 TS 15 October 1996, RAJ 1996 (4) no. 7110 p. 9586)。在某人

持续照顾受到严重伤害的亲属因而必须放弃工作时，他就其遭受的收入损害享有请求权（TS（5th Senate）23 February 1988 loc. cit.）。

39. 意大利判例法在不同方面也允许亲属对受害人的照顾。因为不可能以经济术语估计损失，对照顾头脑受损子女的父母的赔偿——例如就改造住宅和卫生设施，就子女特殊的餐饮以及其日常护理和监督等费用——就根据公平原则来给予（Cass. 31 May 2003, no. 8827, Giust. civ. Mass., fasc. 5）。为了照顾其受到严重伤害的丈夫而放弃工作的妻子也被承认享有一项自己的损害赔偿请求权。这被视为妻子遭受的以收入丧失形式体现的经济损失（Cass. 2 February 2001, no. 1516, Resp. civ. e prev. 2001, 881）。亲属们自己还可以基于民法典第 2059 条就对其家庭关系的伤害主张非物质损害赔偿（Cass. 31 May 2003, no. 8827, Giust. civ. Mass. 2003, fasc. 5）。

40. 根据匈牙利法，看护受害人的家庭成员可以就其遭受的收入损失以及因提供的照料而产生的费用享有请求权。在其丈夫遭受事故之前并未从事有收入的受雇工作的妻子提供的照顾也可以获得赔偿（*Eörsi*, Kártérítés jogellenes magatartásért, 177 f）。没有人应当承担额外的无偿工作来免除受害人的债务（Gellért（-*Benedek*）, A Polgári Törvénykönyv Magyarázata[6], 1358 f; Petrik（-*Köles*）, Polgári jog II[2], 631）。家庭成员的履行和探访费用同样可以获得赔偿，不过朋友不可以主张这些费用的赔偿。带到医院的礼物的费用也不可以获赔（Gellért（-*Benedek*）loc. cit. 1362 f）。BH 2001/15 对一起车祸中受到非常严重伤害的受害人给予治疗（特别是物理疗法、按摩疗法和语言矫正）费用、所失薪酬和交通费用（包括必要的国外治疗的费用）以及车辆费用、增加的基本需求的费用（如电视机、图书）、增加的维持家庭供养的费用和护理费用的赔偿。照顾儿子的父母也可就所失薪酬、花园维护的恶化、旅行和探望费用、在其离开期间监督其他子女的费用以及为了使住宅适于残疾人进入加以改造的费用获得赔偿。

41. 根据德国法，近亲属的探访费用被计入受害人可以获配的费用（BGH 22 November 1988, BGHZ 106, 28, 29; BGH 21 May 1985, NJW 1985, 2757; BGH 19 February 1991, NJW 1991, 2340）。可赔性取决于探访在医疗上对恢复过程是否有益和必须以及费用是否不可避免。因而，仅诸如最经济的交通模式的费用、无法弥补的工作时间的薪酬损失、自营职业者在直接归因于探访时间并且无法通过其他途径获得的所失利润等可以获得赔偿（BGH 19 February 1991, NJW 1991, 2340, 2341）。在此处判例法的背景下，“近亲属”被认为也包括同居者（CFI Münster 12 June 1997, NJW 1998, 1801）。近亲属自身对加害方没有请求权，而仅可向受害人主张赔偿（BGH 21 December 1978, NJW 1979, 598）。

42. 在《奥地利普通民法典》第 1325 条的意义范围内，近亲属的探望费用被视为可以获得赔偿，因为他们的探访通常有助于恢复（Rummel（-*Reischauer*）, ABGB II[2], § 1325 no. 16; OGH 11 November 2004, ÖJZ 2005, 390）。承担这些探望费用者有权诉请赔偿（OGH 30 March 1967, ZVR 1968/83, p. 189）。因而，近亲属自己有权提起诉请（OGH 20 June 1989, SZ 62/116：受害人的成年子女；OGH 20 June 2002, ÖJZ 2002/190, p. 725：同居者）。尽管单纯时间的支出不可赔（OGH 1 March 1984, EFSlg 46.093），但父母为了照顾其住院的未成年子女请假而未获报酬的，或者他们不得不承担其他特殊的额外负担的（CA Innsbruck 20 September 2000, ZVR 2001/100, p. 363），仍享有损害赔偿请求权。在亲属照顾受害人时，他个人可以对侵权提起诉请，就跟受害人不得不进入疗养院的情形一样。不法行为人对应向专业护理员支付的费用要承担责任（OGH 26 May 1999, ZVR 1999/109, p. 375 和 OGH 20 June 2002, ZVR 2003/47, p. 166; different approach OGH 10 September 1998, SZ 71/146）。

43. 在希腊法中,有观点认为,民法典第 929 条中的"治疗费用"一词也包括近亲属为了看望受害人而支出的费用,对此存在争议。这和所涉的亲属在与受害人一起度过的时间内支出的通信费、交通费、遭受的收入损失,或在经营中雇用第三人的费用等相关(*Filios*, Enochiko Dikaio II (2)[3], 186)。其他人将这视为一种不符合法律文本的解释,但承认基于衡平的考虑,妥适的进一步的法律发展是可以得到正当化的(Georgiades and Stathopoulos (– *Georgiades*), art. 929, no. 15)。

44.《葡萄牙民法典》第 495 条承认了下述原则的一些例外,该原则为,侵权请求权仅向那些权利受到侵害的人开放(*Antunes Varela*, Obrigações em geral I[10], 620)。根据这一规定,与医院和医生一起,特别是那些向受害人提供帮助者,对加害人享有自己的损害赔偿请求权(更详尽的描述,参见 *Abrantes Geraldes*, Temas da responsabilidade civil I[2], 14)。尽管因为向受害人提供帮助而遭受薪水损失的家庭成员未被明确提及,他们仍被认为可以根据判例法享有法定的赔偿权利(STJ 16 December 1993, CJ(ST) I (1993 – 3) 182; CA Porto 4 April 1991),因此交通事故受害人的母亲为了照顾其女儿而放弃工作时仍可获益(STJ 8 March 2005)。自然,事故的主要受害人的伤害和亲属的经济损害之间的因果联系是必需的(STJ 26 February 2004)。

45.《荷兰民法典》第 6:107 条赋予为了受害人的利益支付费用的第三人对不法行为人的损害赔偿请求权(保险公司除外),只要受害人在遇到不法行为人时有权就这些费用诉请损害赔偿。治疗、护理、康复和药疗的费用,以及探视的合理费用在这一背景下都可以主张(Parlementaire Geschiedenis Inv., 1283; Schadevergoeding II (– *Lindenbergh*), art. 107, no. 45)。暂时放弃工作看护受害人的近亲属的工资损失也可以获赔,数额相当于雇佣必要的职业护理人员所支出的费用。在未受伤的亲密家庭成员雇佣家庭帮手时,他们对这些费用也享有请求权(Asser (– *Hartkamp*), Verbintenissenrecht I[12], no. 474);不过,如果家庭成员自己帮忙而无法证明实际损失的,损害赔偿请求权不会产生(*Lindenbergh* loc. cit. no. 47)。

46.《瑞典损害赔偿责任法》第 5 章第 1 条要求赔偿"康复费用和其他费用,包括对受害人的亲人的合理赔偿"。这与照顾和探视的费用相关。在情况允许时,看护受害人的亲属甚至可以就超出职业护工的(假设)费用的收入损失获得赔偿(*Sandstedt*, VersRAI 2002, 9, 10; HD 5 November 1996, NJA 1996, 639)。不太明确的是,究竟谁可以主张损害赔偿。HD 23 March 1976, NJA 1976, 103 和 HD 10 November 1982, NJA 1982, 668 赋予亲属以自身的请求权。不过,这一有关前述第 5 章第 1 条的新近制定之规定的解释性评注表明,它属于受害人的请求权(Prop 2000/01:68 [*Ersättning för ideell skada*] 68)。照顾受害人的未成年人的亲属遭受的收入损失和交通费属于《丹麦损害赔偿责任法》第 1 条第(1)款中的"其他损失"的含义范围(ØLD 14 September 1995, FED 1995. 1020 和 HD 10 October 2000, UfR 2001, 28)。不过,必要的一点是,亲属采取的措施对受害人的恢复是必需的(HD 3 July 2002, UfR 2002, 2407)。谁享有这一请求权(受害人或亲属)似乎并未得到最终的澄清。在芬兰,在一定情形下,除了就帮助康复的其他措施可以获赔偿外(损害赔偿责任法第 5 章第 2d 条第 2 句),近亲属还可以就其进行照顾而遭受的收入损失和必要的费用主张赔偿(第 1 句),但不能超过损害消失的时间点(第 3 句)。

47.《英国 1982 年司法管理法》(The English Administration of Justice Act 1982)第 7 ~ 10 条规定,近亲属向受害人提供的服务可以构成一项允许赔偿"合理酬劳"和偿还合理费用的损失项目,除非明确约定无须支付任何数额。在苏格兰,根据第 8 条(向受害人提供的服务),大量的"必需的服务"都可以获得赔偿:扶助丈夫清洗和着装的妻子(*Gripper v. British Railways Board* 1991

SLT 659)；帮丈夫遛狗和驾车的妻子(*Millar v. Fife Regional Council* 1990 SLT 651)；承担家务的丈夫(*Smith v. Chief Constable*, *Central Scotland Police* 1991 SLT 634)；“有效履行了看护助手之服务”同居者(*Lynch v. W. Alexander &Sons* (*Midlands*) *Ltd.* 1987 SCLR 780)。第 8 条意义上的“亲属”由 1982 年法令的第 13 条第(1)项加以界定——它被限定于配偶、尊亲属、卑亲属、兄弟姐妹、叔伯舅舅和婶婶姨母等。离异配偶、“普通法上的配偶”、被视为家庭子女者、非婚生子女以及继子女都被纳入进来，而且因为“同父异母或同母异父的关系都被视为全血亲关系”，以及“姻亲关系都被视为是血亲关系”(同上第 13 条(a)项)，一系列宽泛的关系就得以规定，如异父异母同胞、因婚姻而产生的叔伯姨婶(uncles and aunts by marriage)，甚至“外祖父母”以及这些种类的混合体。在有义务对遭受损失之人负责的受害人提出的诉请中，可以就这些损失获赔。

48. 根据爱尔兰法，侵权行为受害人的配偶或父母可以根据具体情形就关爱丧失(*McKinley v. The Minister for Defence* (*No.* 2) [1997] IEHC 93, [1997] 2 IR 176)或服务丧失诉请赔偿，尤其是涉及他们支出的与受害人有关的医疗费用(*McMahon and Binchy*, Torts[3], para. 44. 109)。在配偶、父母或其他近亲属或朋友持续承担了照顾受伤原告的任务时，近些年一些法官(例如 *Smith v. Ireland*, HC 16 August 1996, 未被报告[*Flood* J.])也乐意直接作出有利于承担照顾任务的配偶(或其他进行照顾的亲属或朋友)的裁定赔偿，而非求助于具有回复法(H*ughes v. O' Flaherty*, HC 19 January 1996, 未被报告)性质的信托(如英格兰所做的那样)。

Ⅶ. 可赔偿的后续性非经济损害

49. 法国法律制度承认了大量可赔偿的非经济损害(详见 *le Tourneau and Cadiet*, Droit de la responsabilité et des contrats (2004/2005), nos. 1582 et seq. ; *Chartier*, La réparation du préjudice dans la responsabilité civile, 221 et seq.)。这一损害通常被划分为四种类型：(1)精神和身体痛苦(*souffrances morales ou physiques*)；(2)对容貌的损害(*préjudice esthétique*)；(3)对性生活和生育能力的损害(*préjudice sexuel*)；(4)对休闲的损害(*préjudice d' agrément*)。即使是那些发现自己处于植物人状态因而无意识的受害人也可以得到完全赔偿；他们的损害是以“抽象的方式”来评估的(*Bourrié－Quenillet*, JCP éd. G 2004, I no. 136, 20)。

50. 在比利时，参照点亦同。谋生能力的暂时或全部丧失也可以作为非经济损害获得赔偿——或者作为*肉体痛苦*(pretium doloris)或者作为*对休闲的损害(préjudice d 'agrément)*(*Simoens*, Beginselen van Belgisch privaatrecht XI(2)v, nos. 142－150 pp. 271－296)。

51. 类似于法国，西班牙的法律原则区分了 *pretium* (or*pecunia*) *doloris* (疼痛和痛苦的实际损害, actual damages for pain and suffering), *perjuicio estético* (毁容的身体损害, disfiguring physical damage), *pérdida de agrado* (愉悦或生活乐趣的丧失, loss of the pleasures or amenities of life) 和 *perjuicio sexual*(对性能力的损害)；不过，它也承认了例如 *perjuicio juvenil*(尚未工作的未成年人谋生能力的“抽象”损失)(*de Ángel Yágüez*, Tratado de responsabilidad civil[3], 693; *Vicente Domingo*, Los daños corporales, 130)这样的损害。当然，将一系列情形准确地分类为这些分别的损害项目中的某类的问题并未获得统一的回答(例如，参见 *Vicente Domingo*, El daño, 238 with *Yzquierdo Tolsada*, Sistema de responsabilidad civil, 161)。有根据的毁容的身体损害(这很容易得到证明(TS 26 January 1988, RAJ 1988 (1) no. 477 p. 487))的可赔性既不取决于身体的相关部位，也不取决于受害人的年龄、性别或职业；对于赔偿数额的评估而言却非如此(TS 15 November 1990, RAJ 1990 (7) no. 8919 p. 11365)，因为法官对此享有完全的裁量权(TS 2 December 1989, RAJ 1989 (7) no. 9671 p. 11248)。纳入《机动车交通责任和保险法》(*Texto*

Refundido de la Ley sobre Responsabilidad Civil y Seguro en la Circulación de Vehículos de Motor, 由 2004 年 10 月 29 日的 *Real Decreto Legislativo* no. 8/2004 使之生效)的附录中损害赔偿表的第六表明确规定了对毁容的身体伤害的赔偿。愉悦或生活乐趣的丧失与诸如购物、散步、梳妆打扮等日常事件及生活的热情和精力相关(TS 7 May 1987, RAJ 1987 (2) no. 3022 p. 2814)。

52. 在经过一段长期的和反复无常的历史后(参见第Ⅵ－2:101 条(具有法律相关性损害)的注释 18～40),在意大利法中,*生物损害(danno biologico)*现在也位于身体伤害的后续非经济损失之列了(民法典第 2059 条)(Cass. 12 December 2003, no. 19057, Danno e resp. 2004, 762; Cass. 10 August 2004, no. 15434, Giust. civ. Mass. 2004, fasc. 7－8)。这并未改变如下事实——和以前一样,引起*生物损害*的已到期的损害赔偿,旨在赔偿对人的精神—身体完整性所造成的损害(Cass. 20 February 2004, no. 3399, Giust. civ. Mass. 2004, fasc. 2; Cass. 27 April 2004, no. 7980, Giust. civ. Mass. 2004, fasc. 4)。不过,这里新鲜的是,源自侵害与人身密切相关的宪法上的相关利益的损害可以得到赔偿,而无须遵循民法典第 2059 条的限制性要件(违反刑法规定或存在明确宣布*精神损害(danno morale)*可赔的另一项规定)。对狭义上的*精神损害*(如针对精神痛苦)(Cass. 6 August 2004, no. 15179, Giust. civ. Mass. 2004, fasc. 7－8)以及(所谓的,至少迄今为止)*生存损害*(*danno esistenziale*,也即对值得保护的人的发展的必要要素的伤害(Cass. 31 May 2003, nos. 8828 and 8827, Giur. it. 2004, 1129; Cass. 19 August 2003, no. 12124, Giur. it. 2004, 1129; Cass. 27 April 2004, no. 7980, Danno eresp. 2004, 962, note *Ponzanelli*; Cass. 15 January 2005, no. 729, Giust. civ. Mass. 2005, fasc. 1; Cass. 18 March 2005, no. 5677, Dir. e Giust. 2005, fasc. 19, 38)也是如此。赔偿*精神损害*的请求仅受到民法典第 2059 条的限制,如果它与侵害与人身密切相关的宪法上的相关权利无关的话。

53. 根据匈牙利法,法院在给予非物质损害赔偿方面享有宽泛的个案裁量权(详见 *Lábady*, A nem vagyoni kártérítés újabb bírói gyakorlata, 51)。非物质损害赔偿仅在相当显著地妨碍某人的身体或精神健康的情形才被给予。伤害自身并不足以确立赔偿请求权;非经济损害必须得到证明(BH 2002/24; BH 2001/110; BH 2001/12; BH 1997/435),除非它很明显(BH 2002/186), Gellért (－*Benedek*), A Polgári Törvénykönyv Magyarázata[6], 1328－1330)。例如,对孩子的康复的单纯担忧并不充分(Petrik (－*Petrik*), Polgári jog I[2], 202)。相较之下,因为医生的差错失去孩子而精神不适的母亲可以获得赔偿(BH 2005/105)。给予非物质损害赔偿并不必然要求责任人有过错(BH 2000/100 and BH 2005/250:对丙肝感染的客观责任)。即使受害人处于昏厥,基于其他理由没有感知疼痛或丧失了理解能力,仍享有对其非物质损失的赔偿请求权(*Petrik* loc. cit. I2, 165－166, 202/8－203; Gellért (－*Benedek*), A Polgári Törvénykönyv Magyarázata[6], 1326－1327, 1346; *Petrik*, Kártérítési jog, 261～262)。除了人身损害(截肢、整体健康的恶化、羞辱、精神痛苦以及精神变态)外,对社会环境的不利影响以及在规划某人的生活目标时丧失特定的选择也被视为可赔偿的非经济损害。

54. 捷克和斯洛伐克民法典规定,在对身体或精神健康造成伤害的情形,"受害人的疼痛和其社会自信的恶化(aggravation of social assertion)将可以得到一次性的赔偿。"《波兰民法典》第 445 条第(2)款达成同一结论。《斯洛文尼亚债法》第 179 条规定了对"遭受的身体痛苦、因为生命活动的减少而遭受的精神痛苦"以及"毁容"的合理的金钱赔偿。罗马尼亚区分了身体痛苦(*durerea fizică*)、对容貌的损害(*prejudiciu estetic*)、生理损害(*prejudiciu fiziologic*)以及对休闲的损害(*prejudiciu de agrement*),也即源自受害人无法追求运动、艺术或其他活动这一事实的损害

(*Adam*, Drept civil, 277)。

55. 在对身体或一般性健康造成损害的背景下,《德国民法典》第253条第(2)款明确规定了对非物质损害的赔偿。根据判例法,"对疼痛和痛苦的损害赔偿"提供两项功能。它们旨在赔偿遭受的疼痛和痛苦并向受害人提供一种制裁不法行为人的补偿感(BGH [Grand Senate For Civil Matters] 6 July 1955, BGHZ 18, 149, 154; BGH 29 November 1994, BGHZ 128, 117, 120)(不过,这种对疼痛和痛苦的损害赔偿的补偿功能是争议的主题,尤其详见MünchKomm (-*Oetker*), BGB[4], § 253 no. 11)。赔偿功能关涉将受害人置于他可以利用缓和和便利措施(measures of alleviation and convenience)的地位(Palandt(-*Heinrichs*), BGB[65], § 253 no. 11)。对赔偿的评估是根据公平原理来进行的,根据《德国民事诉讼法》第287条,这属于法院的完全裁量权。每个特殊案件的所有相关的情况都应加以考虑,特别是遭受的伤害的形式、强度和期限。而且,法院也强调,可赔伤害应当尽可能地导致接近同样的赔偿。实践中,"对疼痛和痛苦的损害赔偿表"——它基于对大量已决案件的分析——以及法院自己的判例,都被赋予重要的意义。

56.《奥地利普通民法典》第1325条调整的"对疼痛和痛苦的损害赔偿"应当是对受害人的感官范围经受的所有损伤的赔偿。它们应当赔偿整个痛苦以及由此产生的倦怠感的复合体,并使受害人处于能够就其遭受的痛苦和生活愉悦的丧失获得金钱赔偿的地位(OGH 22 November 1988, ZVR 1989/90, p. 147)。这些对疼痛和痛苦的损害赔偿请求权可以转让并能够遗赠(*Koziol and Welser*, Bürgerliches Recht II[12], 323)。对疼痛和痛苦的损害赔偿也被给予那些因为事故处于无感知状态的人。"对毁容的赔偿"(民法典第1326条)作为对经济损失的赔偿的特例由判例法加以限定(见注释Ⅳ19)。

57.《希腊民法典》第932条允许对身体或一般健康损害给予非物质损害赔偿。非经济损害是某人因为侵犯其道德上的、精神上的、或身体上的完整性而遭受的损害(Georgiades and Stathopoulos (-*Vossinakis*), art. 932, no. 1)。受害人可以就所遭受的悲伤、疼痛、不舒服或沮丧获得赔偿(*Kornilakis*, Eidiko Enochiko Dikaio I, 647)。非经济损害是否也归因于受害人——他们丧失了感知能力——是争议话题。在文献中,这一问题得到的大多数回答是肯定的(例如,*Paterakis*, I chrimatiki ikanopoiisi gia ithiki vlavi, 277和*Kritikos*, Aposimiosi apo trochaia avtokinitika atiximata, no. 891);相较之下,CA Athens 2461/1991这一判决(未公布,这里引自上述*Kritikos*所引书,308, fn. 13)通过给予相当低的赔偿额,基本做出了否定回答。它承认,性生活的丧失相当于可赔偿的非经济损失(CA Athens 6055/1989 ArchN 41/1990, 776)。"对毁容的赔偿"(民法典第931条)是规定了对经济还是非经济损害的赔偿尚未获得一致的回答。A. P. 739/1996, EllDik 38/1997, 72认为,民法典第931条和第932条试图规定对非经济损害的赔偿。因而,对二者给予了统一的数额。

58. 在葡萄牙作为非经济损害主要列举的有,痛苦、审美损害、生活愉悦的丧失、对一般健康和寿命的损害以及"青春的损失"(loss of youth)(STJ 17 June 2004)。肉体痛苦(*Pretium doloris*)包括在疾病和暂时伤害过程中遭受的身体和精神上的痛苦(STJ 17 June 2004)。对毁容的赔偿无关于受害人是否必须估计到其他具体的不利益(*Álvaro Dias*, FS Almeida Costa, 764)。除了其他因素外,它的数额受到受害人的工作、伤害的强度和地点、它的静态的或动态的特征以及受害人的年龄和性别的影响。生活愉悦的损失(*dano de afirmação pessoal*或*dano à vida de relação*)包括对社交能力的伤害、对过一种享受身体、社会和家庭愉悦时刻的生活的可能性的损害。和朋友一起踢足球(STJ 22 September 2005),或砍掉葡萄藤并喂牛(STJ 9 December 2004)的能力丧失以及在住院期间和家庭的隔绝(STJ 9 December 2004)都是值得赔偿的非经济损失。这一种类也包括性享受的损失(*dano sexual*),它暗示着对性功能的限制或抑制以及其他障碍,如某人自我形象的恶化以及魅力的丧失。而且,在道路交通事故后变得性无能的男子的妻子的离弃也使受害人对其遭受的非经济损害享有一项诉因(STJ 27 January 2005)。一般健康和寿命的丧失涉及对受害人健康和幸福的不可逆转的损害以及预期寿命的减少(STJ 17 June 2004)。最后,青春的损害(*pretium juventutis*)涉及对度过年青时代的能力的损害(STJ 29 May 2003)。

59.《荷兰民法典》第6:106条(1)(a-c)列举了当事人享有非经济损害的请求权的情形。这一名录包括——在对一般健康和身体造成伤害和损害的情形——身体和心理痛苦、精神痛苦、失眠症、恼怒、焦虑、自卑感、身体毁容和预期寿命缩短(Schadevergoeding II(-*Lindenbergh*), art. 6:106, no. 5)。不能理解其状况(例如,因为他们处于昏迷状态,或者因为其他原因无法理解)的受害人是否也想有一项对疼痛和痛苦的请求权仍是争议的话题(详见 *Lindenbergh* loc. cit. no. 10 和 *Stolker*, RMSection Themis 1998, 3~29)。HR 20 September 2002, NedJur 2002, no. 112 p. 871 这一判例拒绝给予未能从其无意识状态中苏醒过来的受害人以一项非经济损害赔偿的诉因;另一方面,在伤害和死亡之间的短暂的有意识阶段足以发现一项诉因,而长期处于昏迷中的受害人,之后重获知觉,其赔偿可追溯至重获知觉之时起算(HR 20 September 2002 loc. cit.; Vranken, NedJur 2004, no. 112 p. 891)。

60.《爱沙尼亚债法》第130条第(2)款避免对个人的非经济损害赔偿的确切分类:"因伤害他人的身体或一般健康而造成损害,因而负赔偿义务的情形,债务人应当赔偿受害人合理数额的金钱,作为对此种损害或伤害给他人造成的非物质损害的赔偿。"《立陶宛民法典》第6.250条第(2)款在给他人的身体或一般健康造成伤害的情形保障了非金钱损害的可赔性。民法典第6.250条第(1)款明确规定:"非金钱损害被认为是某人的痛苦、情感经历、不便、精神震吓、精神压抑、蒙羞、名誉贬损、与他人交往可能的减少等等,它由法院以金钱形式加以评估。"

61.根据《瑞典损害赔偿责任法》第5章第1条第(3)项,就(暂时的)疼痛和痛苦(*sveda och värk*)、永久的残疾(*lyte eller annat stadigvarande men*)以及作为例外,对其他特殊的非金钱性质的损害(*särskilda olägenheter*)存在一项诉因(*Sandstedt*, VersRAI 2002, 9, 11)。《丹麦损害赔偿责任法》第3条规定了对疾病(*svie og smerte*)情形下的疼痛和痛苦的赔偿,第4条规定了对永久残疾(*varigt mén*)的非经济赔偿。《芬兰损害赔偿责任法》第5章第2条第(3)~(4)项及第5章第2c条也关涉了对疼痛和痛苦以及永久残疾的赔偿(详见 *Sisula-Tulokas*, JFT 2000, 634~651)。

62.在苏格兰,受害人可以获得慰抚金赔偿(首席法官 Clyde 在 *Duffy v. Kinneil Cannel & Coking Co. Ltd.* 1930 SC 596, 597一案中将之描述为"对某人因遭受侵权行为而经受的痛苦和疼痛的有合理意义的赔偿")。慰抚金可以被划分为三种主要的损害:(1)疼痛和痛苦;(2)官能和愉悦的丧失;(3)缩短的预期寿命(*Dalgleish v. Glasgow Corp.* 1976 SC 32, 53; Scottish Law Commission Report on the Effect of Death on Damages (Scot. Law Com. no. 134)(Cm 1848 [1992] para. 2.3)。处于昏迷或持续植物人状态者推定为遭受痛苦;因此无须根据本项目给予赔偿就是妥当的(*Dalgleish v. Glasgow Corporation* loc. cit.)。1976年(苏格兰)损害赔偿法第9A条允许在给予*慰抚*金时考虑预期寿命的损失。请求人就缩短的预期寿命以慰抚金形式获得损害赔偿的权利取决于他是否意识到预期寿命被减少了(*Gloag and Henderson*, The Law of Scotland[11], para. 34.15)。法院通常对量的问题采取一种粗略的方法(*Stewart*, Delict[3], para. 12.15)。法院也得到在明显类似的案件中的赔付的帮助，但很明显，每个案件都有其特殊性（*Barker v. Murdoch* 1979 SLT 145；*Bowers v. Strathclyde Regional Council* 1981 SLT 122）。陪审团案件变得更为常见，这不可避免导致赔偿给付的增加。

63. 在爱尔兰，有两种主要的非金钱损失的项目：（1）疼痛和痛苦；以及（2）预期寿命的损失。原告不仅可以就作为伤害直接结果遭受的（未来的以及现在的和过去的）损害获得赔偿，而且可以就伴随合理的必要手术或作为其结果而遭受的疼痛和痛苦获得赔偿（*McMahon and Binchy*, Torts[3], para. 44. 144）。在 *Lee v. Joyce*, SC 3 December 1964 一案中（未纳入报告中），*Lavery* 法官得出结论认为，"基于任何逻辑或数学基础"对将痛苦转化为金钱术语进行解释是不可能的——法官或陪审团仅能就何为公平的赔偿表达个人（因而是主观的）观点。在 *Sinnott v. Quinnsworth Ltd.* [1984] ILRM 523 一案中，最高法院就对痛苦和疼痛的损害赔偿引入一项粗略的价目表。首席法官 *O' Higgins* 着重提道，"除非有特殊的情况提出其他的建议，否则一般的损害赔偿……不应超过该地区当下标准和金钱价值的总额。"在其他裁决中，法院将这一分支下的损害赔偿视为另一块更宽广的七巧板，它代表了基于对何为对原告的公平和适当的赔偿的直"觉"而应当给予原告的赔偿数额（*Reddy v. Bates* [1983] IR 141, Burke v. Blanch, HC 28 July 1989, unreported; *Kealy v. Minister for Health*, *HC* 19 April 1999, unreported [Morris P]）。为了维持与现状的可比性（*Connolly v. Bus Éireann*, HC 29 January 1996, unreported (Barr J.); *Coppinger v. Waterford County Council*, DPIJ: Hilary & Easter Terms 1996, p. 1; *Kealy v. Minister for Health*, HC 19 April 1999, unreported [Morris P]; *McEneaney v. Monaghan County Council* [2001] IEHC 114），在 *Sinnott* 案中对损害赔偿作出的 15 万爱尔兰镑（195 千欧元）的明显限额从此之后被超越了。在原告能很好地适应环境的情况下，他会将损害赔偿予以减少（*Prendergast v. Joe Malone Self Drive Ltd.*, SC 21 June 1967, unreported; *O' Toole v. Kearns*, SC 31 July 1957, unreported）。法院倾向于认为致命的伤害对女人比对男人更为重要（*Prendergast v. Joe Malone Self Drive Ltd.*, SC 21 June 1967, unreported; *Foley v. Thermocement Products Ltd.* (1954) 90 ILTR 92 at 94 [SC]; *Ronayne v. Ronayne* [1970] IR 15 at 22 [SC]）。原告的社会地位也被认为是相关的（*Ronayne v. Ronayne* [1970] IR 15 at 22 [SC]）。在 *Cooke v. Walsh* [1984] ILRM 208 [SC]一案中，最高法院的大多数法官都同意，考虑到原告缺乏对其状况的意识或评估，就一般损害赔偿应给予的数额应当是"适中的"，因为原告"避免了在知悉或评估其生命的实际减少后会产生的相当大的精神痛苦"。另参见 *Dunne v. National Maternity Hospital* [1989] IR 91。在为了死者的遗产而遗存的诉因的情形，为了遗产的利益而可获得的赔偿不应包括"对预期寿命或愉悦的丧失或减少"的损害赔偿（《1961 年民事责任法》第 7 条第（2）款）。因而，赔偿被限定于受害人仍生存但其预期寿命被减少的情形。似乎今天的立场就是根据这一名目可以获得损害赔偿，但是它们应当是适中的（*McMahon and Binchy* loc. cit. para. 44. 197）。

64. 对于法院就非经济损害给予的赔偿数额之间存在的广泛的差异所做的分析，请参见 *von Bar*, FS Deutsch (1999), 27－43。

示例 2 取自 BGH 14 June 2005, BGHZ 163, 209；示例 3 取自 STJ 5 March 1969, Bol Min Jus 185 (1969) 171。

第Ⅵ-2:202条　第三人因他人的人身伤害或死亡而遭受的损失

(1)在伤害发生时,与受害人有特别密切人身关系的自然人因为受害人的人身伤害或者死亡而遭受的非经济损失构成具有法律相关性的损害。

(2)受害人遭受致命伤害的:

(a)受害人因为死亡之前的伤害所遭受的具有法律相关性的损害转变为死者继承人的具有法律相关性的损害;

(b)合理的丧葬费用对负担了该费用的人构成具有法律相关性的损害;

(c)对死者生前扶养的自然人,若死亡未发生根据制定法的规定死者将扶养的自然人,或者死者对其提供了照顾以及经济支持的自然人,扶养的丧失构成具有法律相关性的损害。

评　论

A. 概述

概览。本条涉及下述问题的一部分,即第三人因他人受伤或死亡而遭受的哪些损失对其而言构成具有法律相关性的损害。本条涉及近亲属及其他与受害人,或者根据具体案情,与死者有着特殊密切关系的人。

不包括在内的人。和死者有关系的人(如雇主或雇员、合伙的合伙人等)都可能受到受害人死亡的不利影响,并同样遭受后继损害。在既定情形下,这些人对加害人是否享有请求权取决于第Ⅵ-2:101条(具有法律相关性的损害的含义)第(1)款(b)项和(c)项规定的损害的剩余规则的适用。不过,从本条的文本中推论可以得出,和受害人仅有营业意义上而非人身意义上之关系的人仅在非常例外的情形下才会遭受具有法律相关性的损害。可以设想,在以给第三人造成损失为目的而故意杀害的情形,才会赋予他们以请求权。雇主对负有提供劳务或服务之债务的被杀者享有的劳务或服务的请求权并不相当于第Ⅵ-2:101条第(1)款(b)项的意义上的"权利"。因而,它取决于第Ⅵ-2:101条第(1)款(c)项中列举的情形。

示例1

A,一名双人职业花样滑冰运动员,在一起因C的过失造成的道路事故中受伤。因为伤势严重,A一段时间不能再滑冰,因而其滑冰搭档B也不能继续其职业,根据第(1)款,B不能诉请赔偿非经济损失,除非她基于特别密切的个人关系(作为其配偶或同居伙伴)而不仅仅是基于职业身份和A* 发生关联。尽管A和B共同从事第Ⅵ－2:208条(非法妨害营业所致的损失)意义上的一项职业或业务可以得到承认,但故意妨害职业或业务是找不到的。因而,具有法律相关性的损害仅可以在第Ⅵ－2:101条(具有法律相关性的损害的含义)的范围内来理解。不过,考虑到所有的情况,对该条在该意义上的适用必须被拒绝。

非经济损失。从第Ⅵ－2:201条第(1)款中最终可以得出,该款中未提到的第三人对可能的非经济损失并不享有赔偿请求权。他们获得赔偿的机会限于经济损失(如果有的话)。

本条中的规则的结构和组织。第(1)款和被扶养人因密切关系人受伤或死亡而遭受的非经济损失相关。从体系的观点来看,这是第Ⅵ－2:201条(人身伤害及后继损失)第(2)款(b)项的例外:第(1)款实际上规定了,在其未予表述的情形中,没有什么取决于受影响者事实上并未遭受"相当于病状"的对其心理健康的损害这一事实。相反,第(2)款仅和某人被杀的情形有关。本条澄清了:(1)死者遭受的具有法律相关性的损害在其死亡后继续构成应给予的赔偿,赔偿的法定权利已转给其继承人或遗产管理人;(2)丧葬的合理费用是可以获得赔偿的损害;(3)死者的遗属就其扶养人的死亡而丧失的扶养享有赔偿请求权。第(1)款涉及非经济损失;第(2)款(a)项涉及经济损失和非经济损失两者;第(2)款(b)项和(c)项仅涉及经济损失。

B. 在人身伤害和死亡(第(1)款)情形的关系密切者的非经济损失

与第2:201条第(2)款(b)项(人身伤害及后继损失)的关系。如之前已经阐述的,第(1)款为与受害人或死者有着特殊密切关系者提供了一项对其非经济损害的赔偿请求权。即使第Ⅵ－2:201条第(2)款(b)项(人身伤害及后继损失)的条件未得到满足,这一请求权仍存在:和受到严重或致命伤害的受害人有着特殊密切关系的人也可以就其精神痛苦获得赔偿,即使他们的痛苦并不相当于病状。

政策考虑。第(1)款有意地超越了某些欧洲司法辖区现有的法律状况。如果第(1)款所描述之意义上的损害不适格成为具有法律相关性的损害,那么这种价值判断如今将不再能被接受。在终身伴侣、孩子或父母被杀或受到严重伤害时某人感受到的空虚不应被徒然承受而毫无赔偿,尽管相关的当事人并未遭受健康上的伤害。如果他们事实上遭受了这种损害,那么他们就可以享有两种请求权的基础。法官必须用一个数额来表述整个损害——作为一项规则的一次性给付(详见第Ⅵ－6:203条(货币化和量化)第(1)款)。第(1)款中的规则反映了绝大多数成员国迄今为止的法律立场。不过,如果这一规则被解释(并被批评)为"死亡的商业化"就是被误解了。它当然不是那种情况。理由就是,该规则并不涉及使近亲属获利,而是承认对他人生活之乐享造成之最严重的侵害情形是应予赔偿的。

* 原文将A误写作了B。——译者注

受影响之人的范围。被纳入者是(与受害人)有着特殊密切的人身关系的人,这种关系可以是法律上的正式关系(配偶、子女、父母),或者事实上的关系(同居者、继父母)。另外,单纯的朋友关系或密切的职业或业务关系并不充分。这些人可能在例外情形对其经济损失才能享有赔偿请求权,如果满足第Ⅵ－2:101 条(具有法律相关性的损害的含义)的条件的话,但是对其非经济损失,他们并无赔偿请求权。

在发生死亡的情形第三人仅就扶养费损失提起的诉请。和受害人死亡时适用的规则(比较第Ⅵ－2:202 条第(2)款(c)项)相比,在受害人受伤前由其扶养者,就受害人生存期间作为结果发生的扶养费损失,对加害人不享有请求权。比如,因为没有能力工作而剥夺了受害人谋生的途径,从该收入中,受害人本应向第三人支付扶养费,第三人遭受扶养费的损失。不过,受害人死亡之前,这一期待损失对第三人并不构成具有法律相关性的损害。根据第Ⅵ－2:101 条(具有法律相关性的损害的含义)第(4)款(a)项,受害人享有对收入丧失(或一般的后继损失)的请求权,因此,即使受害人今后一段时间没钱可用,他仍对收入享有法定权利,从中可以支付扶养费。该权利可以为了第三人的利益通过强制执行或以其他方式进行部分处分来替代扶养费。受害人生存期间的抚养费损失因而可归属于受害人的决定。这一结果直接源自对有关身体或健康伤害的不同规定和在他人死亡时可适用的不同规定之间的比较,它不得也不能通过借助第Ⅵ－2:101 条(具有法律相关性的损害的含义)的帮助来规避。

C. 因他人死亡遭受的损失(第(2)款)

死亡本身非具有法律相关性的损害。第(2)款引入了一项额外的规则,它针对下述情形,即人身伤害导致受害人死亡(无论是即时的还是经过一段时间)的情形。第Ⅵ－2:201 条(人身伤害及后继损失)以及可能时第Ⅵ－2:201 条(具有法律相关性的损害)第(1)款(b)项和(c)项规定的规则仍可适用。这一规定源于死亡本身并不构成非合同责任法意义上的具有法律相关性的损害这一原则。死者不享有基于死亡本身而加以主张的请求权,生命的丧失不具有可以金钱来量化的价值,只有这种价值才可以通过私法的制度转移给继承人或继任者。

D. 死者的继承人的请求权(第(2)款(a)项)

对死者尚存的赔偿请求权的继承。第(2)款(a)项澄清了下面的问题,即死者的继承人(应被理解为是指继承人或遗产代理人(personal representatives),取决于继承法如何决定)继承死者在存活时本能行使的所有权利(但仅限于这些权利)。对经济损害的赔偿权和对非经济损害的赔偿权一样属于这一类权利。而且,对非经济损害或对组织损害(anatomical damage)的赔偿一般也能够在死亡时发生转移(非合同责任法中必须回答的一个问题),它也与死者在生存期间是否在法庭上或法庭外主张过这些请求无关。不过,如果死者曾明示不会提起针对非经济损害赔偿之诉,那么死者在该情形下就被认为放弃了该请求权。因而,该请求权不会作为遗产的一部分加以移转。在经济损失的情形亦同。

对该请求权的限制。不过,(a)项包含了其他的限制。仅那些死者在生存期间取得的权利才转移给继承人。如果死亡是同时发生的(未经疼痛的中间期),则对非经济损害的赔偿请求权和对组织损害的赔偿请求权都不存在。对财产损失亦同。

示例2

如果受害人在存活时就将来的收入损失获得全部的赔偿(一次性偿付),这一数额就构成遗产的一部分(如果在死者生存期间,达成了一次性偿付的协议但是未被偿付,或者未作出裁决,情况也是一样的)。相反,如果该请求权基于在死者生存期间每月进行赔付而得到解决,它在死者死亡那个月结束时就终止了。

示例3

如果死者将某种秘密带入坟墓(如仅为其知道的计算机程序的密码字),继承人就不能获得赔偿。唯一的例外就是根据第Ⅵ－2:101条第(1)款(b)项～(c)项的规则,结果会有所不同——特别是在故意杀害的情形。

E. 丧葬费(第(2)款(b)项)

丧葬费构成具有法律相关性的损害。在一些国家,就丧葬费能否获得赔偿存在法律理论上的争议(因为它们终将在某个时候发生),但是今天的法律立场是毫不含糊的:丧葬费在哪里都应得到赔偿。(b)项坚持了这一原则,唯一的难题是决定赔偿的数额以及有权诉请的人。

合理的丧葬费。有关其数额,文本仅规定,该费用必须"合理";对死者生活标准的明确提及似乎并不妥适。"丧葬费"的表述比"埋葬费"(burial costs)更宽泛。例如,前者包括将尸体从死亡地运至埋葬地的费用。不过,看护坟墓的费用并不属于丧葬费的范围。

有权诉请丧葬费的人。(b)项仅规定如果某人支付了丧葬费,则他有权获得赔偿。基于大量的理由,更详尽的规制被排除了。其中一项理由即为内国的继承法并不统一,因而无法认定出于非合同责任法的目的,根据这些法律谁有义务来安排葬礼。当然,另外,根据继承法或其他法律规定负有组织葬礼义务者支出了"合理的丧葬费"。甚至可能,根据某国的特殊情况,组织葬礼的道德义务已经足够。不过,"*事实上*"(*in natura*)照管葬礼的保险人不能基于本条提出请求。最终,是"合理性"标准决定了谁可以主张对丧葬费的赔偿。

F. 扶养费损失(第(2)款(c)项)

负担家计者的损失。和受害人未因受伤而死亡(或尚未死亡)的情形不同,第Ⅵ－2:202条第(2)款(c)项赋予了遭受间接的扶养费损失的人对加害人的直接请求权。

正如评论B中已经解释的那样,如果受害人未亡,这一请求权是不适当的。而且,即使受害人后来死亡,对其因伤而丧失能力和其嗣后死亡这一期间中丧失的扶养费,其先前扶养的第三人也不会取得请求权。受害人对收入丧失的赔偿权(如果损害赔偿得到赔偿,可以从中支付扶养费)并不消灭并会转移给继承人。不过,就*死后*丧失的扶养而言,受伤者的死亡并未造成其与受扶养的债权人在法律地位上的实质不同。死者的继承人对死者在死亡之后可能获得的收入的损失不享有请求权。因而,无人有权就受害人死亡之后应支付的扶养费的收入对加害人享有权利。一定的受影响者遭受的扶养费的损失因此成为具有法律相关性的损害。

有权获得赔偿的人。有权获得赔偿的人主要是那些根据(家庭法中的)法律规则死者对其负有支付扶养费义务的人。此外,本建议文本将赔偿权扩展至那些依赖死者来*供养*的人。例如,在德国和瑞士的法律话语中,*Versorger*(供养者)这一表述很容易理解。*供养者*的一个例子就是为处于稳定关系中的生活伴侣提供供养的负担家计者,但是这一术语也包括在家庭中和继子女有关系的继父。英语中的委婉说法——"提供照顾和经济扶持"即旨在表述这种人身供养者关系的要求。

"制定法的规定"。这些规则并未决定什么可列入"制定法的规定"这一概念中。相反,这一问题必须基于可适用的相关的国内法来决定。参见第Ⅵ-7:102条(制定法的规定)。

时间限制。对丧失的扶养的赔偿权并非不受时间限制。它被限定于事实上由加害人造成的扶养损失。因而,相关的时间段即为死者本可以扶养生存的请求人的时间段。该时间段应当基于若未发生致命事故死者可能的预期寿命来估计,就儿童而言,要考虑他们对死者享有的受抚养权的期间。

注　释

Ⅰ.对死亡本身不存在民事责任

1. 人们不能对其自身的生命丧失提起一项个人的诉因。尽管《德国民法典》第823条第(1)款和《爱沙尼亚债法》第1045条第(1)款(i)项似乎做出了其他规定,但它们不能改变在"生命权"被侵害后就归于消失这一事实(详见 *von Bar*, FS Sturm, 1151～1163)。这一结果影响了第三人,而不是权利享有人本人。

2. 就大多数情况而言,人自身的死亡并不会相应地引起一项支付损害赔偿的债务。在这方面,就死者而言,死亡本身并不构成具有法律相关性的损害(就比利时,参见 *Simoens*, Beginselen van Belgisch privaatrecht XI(2), no. 107 p. 205,就匈牙利,参见 Petrik (–*Petrik*), Polgári jog I², 178, 204, 213)。在意大利法的背景下,死亡本身也并不构成*生物损害*(Cass. 23 May 2003, no. 8204, Giust. civ. Mass. 2003, fasc. 5)。与健康不同,一个人的生命是一种值得法律保护的独立利益,但仅由刑法来保护(Cass. sez. pen. 30 January 2003, no. 7632, Riv. it. med. leg. 2003, 694; Cass. 16 May 2003, no. 7632, Foro it. 2003, I, 2681)。在这方面,奥地利也规定,源自其

民法典第1327条(丧失的扶养)的请求权构成生存者的原始的和个人的请求权,而非死者的(OGH 17 October 1963, SZ 36/133)。除了丧葬费外,*在现行法上*,对无义务扶养他人者的死亡不产生责任(Schwimann(-*Harrer*), ABGB VII², § 1327 no. 1)。荷兰(Schadevergoeding II(-*Lindenberg*), art. 108, no. 17)和西班牙也采用了同样的观点。尽管受到学者的批评——这些批评并未被完全忽视(*Yzquierdo Tolsada*, Sistema de responsabilidad civil, 377; *Lacruz Berdejo*, Elementos II(2)⁴, 485; *Vicente Domingo*, Los daños corporales, 241),但在这一司法辖区(西班牙)同样否认了生命丧失构成受害人的损害,它可能产生一项*死亡时*可移转的并可为遗属通过*继承*而起诉的请求权(a claim transferable *mortis causa* and actionable *iuris hereditatis* by the survivors)(TS 20 December 1930, RAJ 1930-31(1) no. 1365 p. 538; TS 25 February 1963, RAJ 1963(1) no. 1187 p. 734; TS 9 June 1969, RAJ 1969(2) no. 3353 p. 2275; TS 24 November 1970, RAJ 1970(2) no. 4889 p. 3345; TS 1 July 1981, RAJ 1981(2) no. 3037 p. 2495; TS 18 May 1999, RAJ 1999(2) no. 4112 p. 6346并且经常重现)。*最高法院*的刑事庭最初采用了不同的观点(TS 30 November 1932, RAJ 1932-33(2) no. 2178 p. 857; TS 12 November 1957, RAJ 1957 no. 2969 p. 1987),但现在已经有一段时间在遵循了民事庭的判例法了(如TS 20 October 1986, RAJ 1986(4) no. 5702 p. 5579)。在英格兰,普通法也规定了死亡并非可诉的伤害这一规则(Baker v. Bolton(1808) 1 Camp 493, 170 ER 1033)。

3. 不过,在葡萄牙,判例法认为,生命自身的丧失相当于可以获得金钱评价的损害,应向遗属赔偿。这一请求权被视为死者对疼痛和痛苦的请求权,它根据继承法转移并纳入生存一方的个人经济和非经济的请求权中(CA Oporto 13 April 1989, CJ XIV(1989-2) 221)。生命损失最近被评估为大约40,000欧元(STJ 16 June 2005;计算损害赔偿的旧方法可见CA Lisbon 25 January 1994, CJ XIX(1994-1) 151)。不过,葡萄牙申诉专员(Portuguese Ombudsman)建议,赔偿应当总是为(大约50,000欧元)(Critérios apresentados pelo Provedor de Justiça para indemnização dos danos causados pela derrocada da ponte de Entre-os-Rios, http://www.provedor-jus.pt/restrito/rec_ficheiros/Ponte_Entre-Rios.pdf, p. 14),受害人遭受的非经济损害也应纳入这一数额。如果胎儿*在孕中*被害,母亲对她自己的损失享有请求权;但胎儿生命的损失不能得到赔偿,因为对他尚未提供属于人(human person)的法定权利(STJ 23 May 1985, BolMinJus 347(1985) 398)。

Ⅱ. 在主要受害人死亡或受伤的情形下亲属遭受的非经济损害的可获偿性

4. 在某人受到严重伤害或被杀时,其亲属是否以及在何种情况下有权就*其*非经济损失获赔的问题在欧洲的不同法系获得了非常不同的答案(对于最新的比较,另参见*Janssen*, ZRP 2003, 156-159和*Wagner*, JZ 2004, 319-331)。在Resolution(75)7 of 14 March 1975中,欧洲议会表达了下述观点,即在给身体造成伤害的情形,对亲属遭受的疼痛和痛苦的损害赔偿仅应考虑父母或配偶,甚至只有"在痛苦有着异常的性质时"才可(no. 2.10)。似乎更慷慨的赔偿实践——即使是为了未婚夫(妻)的利益——在死亡的情形获得了支持;不过,仅在相关的生存者"在受害者死亡时与其维系着密切的感情纽带"时才会给予损害赔偿(no. 3.6)。

5. 法国法承认,因为受害人受伤,与其有着密切关系者可能在可获赔的非经济损害的范围内遭受了自己的*精神损害*(*préjudice moral*)。唯一的前提条件就是遭受了个人的、近因的和确定的损害(开创性的裁决是Cass. civ. 23 May 1977, Bull. civ. 1977, II, no. 139 p. 96)。主要受害人遭受特别严重的伤害并非必要(Cass. civ. 23 May 1977 loc. cit.);它也不取决于对特殊的家庭关系的证明——仅"痛苦的真实性起作用"(*Bourrié - Quenillet*, JCP éd. G 1998, I, no. 186, 14)。就谁有权根据这一标准诉请的决定是由负责证明事实的法院来做出的。个案中可能不仅会涉及尚存的配偶、非婚生活伴侣(non - marital life partners)、父母、子女、祖父母和兄弟姐妹,还可能涉及岳父母、侄子/外甥、侄女/外甥女、叔/伯/舅/姑/姨夫和姑/伯/婶/舅/姨母等,如后者抚养大了被杀害的孩子,或者与主要的受害人存在其他重要的感情关系。根据统计数据,在身体伤害的情形,平均有2.6名近亲属获得赔偿,在死亡的情形,甚至达到5名(*Bourrié - Quenillet*, JCP éd. G 2004, I, no. 136, 35)。而且,在父母抚养一名因怀孕期间的事故而出生残疾的孩子时,他们遭受的非经济损害也得到了承认(*Viney and Jourdain*, Les conditions de la responsabilité², no. 249 - 3 p. 13)。

6. 根据比利时法律,因为看到爱人的痛苦或因为担忧其状况恶化而遭受的损失也可以获赔。不过,判例法较法国更为保守,通常仅在主要受害人遭受严重的和永久的伤害时才赋予请求权(*Schuermans/Van Oevelen/Persyn/Ernst/Schuermans*, TPR 1994, 851 - 1430 [no. 35])。对主要受害人和受伤的第三者之间存在强烈的相互感情的证明是决定性。在死亡发生时,与死者并未共同生活的人有权就其非经济损害提起诉请;不过,其诉请的水准通常低于和主要受害人在同一家庭生活的人(如 Indicatieve Tabel 1 May 2004, NjW 2004, annex to issue no. 72, no. 53: J 7500:在父母和死去的孩子一起生活时是7500欧元,在其他情形则是3750欧元)。在发生死亡的情形,《马耳他民法典》第1046条对死者的继承人的非经济损失的赔偿赋予法院以裁量权。

7. 西班牙的判例法承认,在主要受害人死亡或遭受严重伤害的情形,亲属的非经济损害可以获赔,主要亲属的损失是确定的并且能得到证明。未婚夫/妻(TS 12 February 2003, RAJ 2003 (2) no. 2491 p. 4590 [未婚妻目睹了其未婚夫因意外事故而死亡,遭受了创伤后的应激障碍(post - traumatic stress disorder)])或死者的同性伴侣(CA Sevilla (Criminal Division) 6 September 2004, RAJ (TSJ y AP) 2004 (3) no. 480 p. 776)都适格成为该意义上的"亲属"。请求权的基础是《民法典》第1902条,在刑事犯罪的情形,是《刑法》第113条("对经济和非经济损害的赔偿不仅包括受害人遭受的损害,而且包括对其家庭成员或第三者造成的损害")。关键是遗属自己的个人请求权,它并非是死者经传递而留给他们的权利(TS 20 December 1930, RAJ 1930 - 31 no. 1365 p. 538; TS 1 July 1981, RAJ 1981 (2) no. 3037 p. 2495; TS 4 May 1983, RAJ 1983 (2) no. 2622 p. 1975; TS 19 December 1986, RAJ 1986 (5) no. 7682 p. 7462; TS 31 December 1986, RAJ 1986 (5) no. 7881 p. 7682; TS 14 December 1996, RAJ 1996 (5) no. 8970 p. 12478; TS 24 November 1998, RAJ 1998 (5) no. 9694 p. 14172)。

就其自身而言,遗属的请求权可以继承(TS 19 June 2003, RAJ 2003 (3) no. 4244 p. 7941)。《机动车交通责任和保险法》的损害赔偿表I和II明确规定了对交通事故的死者或受害人的近亲属遭受的后继损害的赔偿。同样,*最高法院*在诸多场合确认,这一请求权在主要受害人的身体和健康遭受严重伤害的情形也会产生,例如有利于其父母(TS 23 February 1988, RAJ 1988 (1) no. 1451 p. 1389; TS 25 April 1989, RAJ 1989 (3) no. 3471 p. 3921; TS 23 April 1992, RAJ 1992 (2) no. 3323 p. 4388; TS 15 October 1996, RAJ 1996 (4) no. 7110 p. 9586)或其配偶(TS 9 February 1988, RAJ 1988 (1) no. 771 p. 752)。不过,CA Ciudad Real 14 September 2000 (cited under *Vicente Domingo*, El daño, 258)表明,完全源自主要受害人之伤害第三人的间接损害必须特别严重,并超出所爱之人受伤时通常能承受的限度。

8. Cass. 31 May 2003, no. 8828, Foro it. 2003, I, 2272 澄清了意大利法的立场,它认为,死

者的近亲属有权根据《民法典》第 2059 条就其非经济损失诉请赔偿,即使《刑法典》第 185 条(刑事犯罪)的要件未得到满足。根据《宪法》解释《民法典》第 2059 条,亲属有权就其生物损害(参见前述 Corte Cost. 27 October 1994, no. 372, Foro it. 1994, I, 3297; Cass. 25 February 2000, no. 2134, Riv. it. med. leg. 2001, 1135; Cass. 25 January 2002, no. 881, Danno e resp. 2002, 747 and Cass. 13 February 2002, no. 2082, Giust. civ. Mass. 2002, 235)、精神损害以及伤害亲子关系造成的损害(*danno da lesione del rapporto parentale*),即因对其家庭关系造成伤害而产生的损害请求赔偿。判例 Cass. 31 May 2003, no. 8827, Foro it. 2003, I, 2273 扩展了这一原则来支持一位分娩因为医疗差错而遭受严重损伤的孩子的母亲。Corte Cost. 11 July 2003, no. 233, Giur. it. 2004, 1129 这一判例在附带意见(*obiter dictum*)中支持了上一裁决。似乎已经有大量判例法支持赔偿近亲属遭受的非经济损失,在死亡的情形肯定能获赔(Cass. 19 August 2003, no. 12124, Giur. it. 2004, 1129),在生育严重残疾的婴儿时亦同(Cass. 22 July 2004, no. 13634, Giust. civ. Mass. 2004, 7－8)。在主要受害人因伤死亡,但在受伤后短暂存活(几小时已足:Cass. 2 April 2001, no. 4783, Danno e resp. 2001, 820; Cass. 16 June 2003, no. 9620, Giust. civ. Mass. 2003, fasc. 6)时,他对生物损害的赔偿权可以由其继承人通过继承(*iure hereditatis*)来主张。

9. 根据匈牙利法,对非经济损害的赔偿请求权并不限于主要受害人(BH 2006/15; 更详细的介绍,参见 *Lábady*, A nem vagyoni kártérítés újabb bírói gyakorlata, 68－70, 213, 247)。因而,例如,在儿子遭受严重伤害的情形,BH 2001/15 就父母的非经济损失给予其损害赔偿,它基于父母为了照顾儿子而不得不放弃通常的生活和工作这一理由得以正当化。在主要受害人死亡时,有所区别。单单某人成为寡妇、鳏夫、孤儿或丧失近亲属的事实还不能被接受成为非经济损害赔偿的充分理由;痛苦和疼痛自身并不足够(Gellért (－*Benedek*), A Polgári Törvénykönyv Magyarázata[6], 1330; Petrik (－*Petrik*), Polgári jog I[2], 207－208; Petrik, Kártérítési jog, 260－265)。事实上,对次受害人的生活的实际的不利后果以及恶化的证明才是必需的。例如,在一名寡妇因其丈夫意外死亡而遭受精神疾病需要医治(Gellért (－*Benedek*) loc. cit. 1336－1338)或者一名父母被害的孩子(BH 1992/529)通过其他方式遭受特殊的不利益时,即是如此。法院将疼痛或痛苦的强度作为实际遭受的不利益。有时,对家庭生活的权利也能够成为值得相关法律保护的受侵害的利益,例如,如果案件涉及不能感受丧失父母之痛的婴儿,这一利益就有着更高的重要性(详见 *Petrik* loc. cit. 208/1～208/5)。

10. 就涉及死亡的案件,《波兰民法典》第 446 条第(3)款仅规定,如果死亡导致死者家庭中的关系最近的成员的生活水平显著恶化,法院可以对其给予适当的赔偿。传统上,对这一规定的解释非常狭隘;它被视为一般规则的例外,即间接受害的当事人无权诉请赔偿(Supreme Court 17 April 2001, Orzecznictwo Södu Najwyöszego, Izba Cywilna 2001, no 11 p. 161)。捷克和斯洛伐克民法典并未规定对亲属的非经济损害的赔偿。相反,《斯洛文尼亚债法》第 179 条和第 180 条的详尽规则遵循了现代欧洲的趋势。夫妻、子女和父母对其因家庭成员的死亡或受到严重的伤害而遭受的精神痛苦享有赔偿请求权(《斯洛文尼亚债法》第 180 条第(1)款和第(2)款)。此外,长期非婚同居关系的伴侣也有权诉请(《斯洛文尼亚债法》第 180 条第(3)款)。罗马尼亚法律承认了近亲属就其痛苦的赔偿请求权(*Lupan*, Răspunderea civilă, 262～263; *Adam*, Drept civil, 260; *Dogaru and Drăghici*, Drept civil, 213)。民法典建议草案第 1131 条意图将这一方法法典化(*Proiectul Noului Cod civil*, 222)。

11. 德国法明显有着更多的限制。仅在亲属获悉与之关系密切者死亡或严重受伤而自身遭受健康损害时,对相关当事人的疼痛和痛苦的损害赔偿才会产生(民法典第253条第(2)款,第823条第(1)款;参见 Palandt(-*Heinrichs*), BGB[65], § 253, no. 12; Staudinger (-*Schiemann*), BGB [2005], § 249, no. 44)。例如,对母亲在其面前被害的孩子(CA Nürnberg 27 February 1998, NJW 1998, 2293)、母亲因为医疗差错而死亡的孩子(CA Frankfurt/M. 15 December 1998, FamRZ 1999, 1064)、在公共泳池溺亡的婴儿的父母及兄弟姐妹(CA Koblenz 22 November 2000, NJW-RR 2001, 318)以及因为其女儿的死亡而遭受严重精神震吓的父亲(CA Oldenburg 1 December 1998, NJW-RR 1999, 820),可以给予赔偿。CA Naumburg 7 March 2005, NJW-RR 2005, 900 这一判例因而认为,一位母亲在看到了其受到残酷虐待儿子的严重伤害后——其子36小时后在医院里死亡,对这些伤害陷入无助并且精神上尚未接受其子无意义的被害时,对其疼痛和痛苦的损害赔偿诉请就是不充分的。此外,考虑到其原因,震吓必须是可以理解的。这适用于死亡和严重伤害,只要亲属尚未亲身目击事件而"只是"获悉(BGH 5 February 1985, NJW 1985, 1390)。根据亲属法界定的近亲属(BGH 31 January 1984, NJW 1984, 1405),未婚夫(妻)和同居者也得到保护(CFI Frankfurt/M. 28 March 1969, NJW 1969, 2286; MünchKomm (-*Oetker*), BGB[4], § 249, no. 147)。

12. 根据最近的奥地利判例法,在作为主要受害人死亡或遭受严重伤害的后果,近亲属遭受医疗上可诊断的不利的精神后果时,会"对给亲属造成的疼痛和痛苦" 给予"损害赔偿"(《民法典》第1325条,对此参见 OGH 16 June 1994, ZVR 1995/46; OGH 29 August 2002, JBl 2003, 118 = ZVR 2002, 388, note *Karner*; OGH 12 June 2003, JBl 2004, 111)。如果"仅"涉及精神痛苦——它并不相当于医疗上可诊断的疾病,自 OGH 16 May 2001, SZ 74/90 这一裁判始,给付非金钱损害赔偿就需要满足三个条件:(1)主要受害人的伤害必须是因被告的重大过错引起的(故意或重大过失,参见 *Schobel*, RdW 2002, 206~209);(2)受影响者必须是主要受害人的近亲属;并且(3)相关当事人间存在着密切的人身关系。在父母和子女、配偶和伴侣的情形,这些关系是被不可反驳地推定的,但是在所有其他的情形下,它们必须获得证明(OGH 1 July 2004, ZVR 2004, 294; OGH 21 April 2005, ZVR 2005/73)。一名7个月的婴儿的祖父死亡,对该婴儿遭受的丧亲痛苦的损害赔偿被否定了(OGH 12 May 2005, ZVR 2005/88)。相反,对于与受害人有着特别密切的感情纽带的兄弟姐妹给予了这种损害赔偿(OGH 21 April 2005 loc. cit.; OGH 23 May 2005, ZVR 2005/89)。此外,即使主要受害人未亡而是给其身体或健康造成特别严重的伤害时,也可以对给其亲属造成的疼痛和痛苦予以损害赔偿(OGH 12 June 2006, ZVR 2006/178 p. 458 [不过,在该案中,诉请被驳回]; Rummel (-*Reischauer*), ABGB II(2b)[3] § 1324 no. 1/5b)。新的损害赔偿法草案也采用了类似的进路(民法典草案第1316条第(3)款;*Griss*, JBl 2005, 273, 282)。

13. 根据《希腊民法典》第932条第3句,在死亡(而非单纯的身体伤害)的情形,当事人的"家庭成员"可以就其遭受的不利精神后果请求赔偿。"家庭"一词在希腊判例法中得到宽泛的解释。非金钱损害赔偿给予了父母(A. P. 404/1964, NoB 12 [1964] 1000)、岳父母(CA Athens 4287/1988, EllDik 30 [1988] 1464)以及分居的配偶(CA Athens 5805/1991, EllDik 33 [1992] 1495)。根据最近的判例法,家庭主要扩展至父母、子女、兄弟姐妹和同父异母/同母异父的兄弟姐妹、配偶、直系亲属、岳父母和女婿、儿媳(A. P. 795/2004, NoB 53 [2005] 1414; A. P. 924/2004, EEN 2005, 34),但是不包括未婚的同居伴侣(A. P. 434/2005, EEN 2005, 676)。对这一问题的更细致的介绍,参见 *Karakostas*, ZEuP 2005, 107。

14. 葡萄牙区分了因死亡和因身体伤害给亲属造成的非经济损害。《民法典》第496条第(2)款对给死者的生存的配偶、子女及其后代、父母及其后代、兄弟姐妹以及侄儿/女、外甥/外甥女造成的非经济损害给予了赔偿,而优先受益人(preferential beneficiaries)排除了那些亲等较低的人(*Abrantes Geraldes*, Temas da responsabilidade civil II, 22)。在父亲死亡时尚未出生的子女也享有请求权;他们对给予死亡自身(*dano - morte*;参见前述注释 I 3)的损害赔偿同样享有份额(3235)。非婚同居者是否被纳入有权提起赔偿的请求人之列尚存争议(CA Coimbra 21 February 2003 和 TC 19 June 2002, Diário Rep. II Serie de 24 July 2002 这两则判例予以了肯定,但后者限定仅在死亡是故意造成的情形,而 STJ 4 November 2003, CJ(ST) XI (1993) 133 则予以了否定)。损害赔偿额由法院根据公平原则来加以评估(*Abrantes Geraldes* loc. cit. 23)。在判例法和学者的法律文献中(更详尽的讨论,尤其可参见 *Abrantes Geraldes* loc. cit. 36 and 50; *Antunes Varela*, Obrigações em geral I[10], 621),在大多数情形,请求权的存在原则上被否认。在主要受害人"仅"受到伤害而未遇害时,民法典并未提供清楚的解决方案。不过,机动车事故受害人的遗孀(STJ 27 April 2004)以及儿子(STJ 27 February 2003)就对其精神健康造成的伤害获得了非金钱损害赔偿。法院甚至走得更远,它们承认了对儿子因遭受疼痛和痛苦所引发的非经济损失的赔偿,这种疼痛和痛苦是他因为不得不目睹其母亲的抑郁而造成的(STJ 13 May 2004)。而且,对配偶也给予了损害赔偿,因为主要受害人因为事故不再能够进行性行为(STJ 8 March 2005; CA Porto 23 March 2006; 但在 STJ 26 February 2004 这一判决中,做出了其他裁决)。更新的判例法发展的方向似乎是将次要受害人的请求权建立在侵犯保护家庭之权利的基础上(STJ 3 June 2004)。结果就是过度侵蚀了《民法典》第496条第(2)款,因为这一条款规定,仅在主要受害人死亡时才对其亲属的疼痛和痛苦给予损害赔偿(CA Porto 23 March 2006)。

15. 根据荷兰法, HR 22 February 2002, NedJur 2002 no. 240 p. 1704 (= ERPL 2003, 412 with comparative notes by *Zinnen*, *Pretto*, *Janssen*, *Meilhac - Redon*, *Pasa*, *Ebers*, *Arroyo i Amayuelas* and*Michalowska*) 这一判例裁决,尽管医学上可诊断出的给一位母亲造成的精神健康损害(这是因其孩子死亡而遭受的)可以获赔,但对纯粹的感情创伤则不给予损害赔偿。判例法非常严格。它要求次受害人:(1)是事故或其结果的目睹者;(2)和主要受害人有着密切的情感关系;(3)事故可归咎于被告的不法行为;(4)事故是次受害人遭受了精神病学承认的疾病模式(*van Dam*, Smartengeld voor affectieschade en shockschade; VR, 2003, 8~12)。此外,对给亲属造成的疼痛和痛苦的损害赔偿迄今仅在主要受害人死亡的情形才被给予。如果对感情的伤害是故意造成的,无论是否存在对精神健康的伤害,都可获赔(民法典第6:106条第(1)款(a)项; HR 26 October 2001, NedJur 2002 no. 216 p. 1500:因报复母亲招致孩子死亡)。鉴于现在对改革的讨论,这一对精神伤害的可赔性所持的(整体上保守的)态度是否仍得到维持尚无定论(参见下面取自议会辩论的材料, Kamerstukken II, 2002-2003, 28 781, no. 3 [Memorie van Toelichting]和 Tweede Kamer, vergaderjaar 2003-2004, 28 781, no. 6)。

16.《爱沙尼亚债法》第134条第(3)款规定,"在存在赔偿因某人死亡而产生的损害或给某人造成的严重的身体伤害或健康损害之义务的情形,与死者或受侵害人关系密切者也可以请求对非经济损害的赔偿,只要特殊的情势可以将对该赔偿的支付正当化。"为了"未成年人、配偶、无法工作的父母或其他无法工作的实际受养人"的利益,《立陶宛民法典》第6.284条第(1)款第2句包含了一项类似的规则。相较之下,《拉脱维亚民法典》没有类似的规定。

17. 从2002年1月1日起,《瑞典损害赔偿责任法》第5章第2条第(3)项规定,对请求人与之有特别密切关系者死亡所产生的人身伤害,也应给予损害赔偿(就该规定意义上的"近亲属"一次的讨论,参见HD 21 April 2005, NJA 2005, 237; 另参见HD 29 December 2006, NJA 2006, 738和*Sandstedt*, VersRAI 2002, 11)。在判例法中,这种"对给亲属造成的疼痛和痛苦的损害赔偿"根据个案的情形来给予,即使主要受害人尚未被害(HD 5 April 2006, NJA 2006, 181; 对下级法院的较旧的判例法,参见*Sandstedt*, VersRAI 2003, 43 and 2004, 23)。这一制定法上的修订的主要意义可能存在于下述事实中,即对给亲属造成的疼痛和痛苦的损害赔偿不再取决于行为有故意(如在HD 24 February 1993, NJA 1993, 41 I and II中)或重大过失(如在HD 13 June 1996, NJA 1996, 377中单纯的过失并不足够:HD 18 October 1999, NJA 1999, 632, note *Sandstedt*, VersRAI 2002, 11, 14)的侵权人。根据新法,甚至严格责任即为已足(*Sandstedt* loc. cit.)。不过,在故意造成死亡或伤害的情形,较之过失或绝对责任的情形,会给予更高的赔偿额(HD 4 February 2004, NJA 2004, 26; *Sandstedt*, VersRAI 2004, 28, 29)。HD 17 October 2000, NJA 2000, 521表达了一项推定,即推定给亲属造成的非经济损害的存在(批评意见,参见*Andersson*, JT 2000-01, 897, 902),这明确支持了立法机关修订制定法的动机(Prop 2000/01:68 [Ersättning för ideell skada], 35)。

18. 芬兰法院不愿意对给亲属造成的疼痛和痛苦进行损害赔偿,但事先没有明确的制定法基础(HD 21 October 1991, 1991:146; 更详尽的介绍,请参见*Sisula-Tulokas*, JFT 2000, 634, 641),这一基础现在为《损害赔偿责任法》第5章第4a条来提供。不过,这一规定要求存在故意或重大过失(与其瑞典的对应物形成对比)而且它也不满足于对非经济损害的推定,而要求证明亲属的实际痛苦。《丹麦损害赔偿法》为2003年1月21日关于第26a条的第35号法律所补充。在该法中,故意和重大过失被提升到作为请求权的前提条件的地位(同上,第(1)款);不过,可赔偿的痛苦是被推定的(第(2)款;详见*Øe and Røn*, J 2004, 85)。该规则的目的就是赔偿亲属因早逝而遭受的悲痛,而非赔偿其人身伤害(*Øe and Røn* loc. cit. 88)。

19. 英格兰法非常严格。在精神伤害的情形,若请求基于过失而采取下述的形式,即主张它是因为意识到给第三人造成的或即将造成的伤害而产生的,则完全不存在责任,除非考虑到遭受精神伤害者与受害人的关系,事件在空间上和时间上的接近性,以及事件的一般性质,看来存在近因关系,以致产生一项注意义务是公平而且合理的(*Alcock v. Chief Constable of South Yorkshire Police* [1992] 1 AC 310)。这一规则可能也适用于基于存在严格责任的事物而产生精神伤害的情形,如在产品责任的情形(该问题从未得到考虑,但是它可以有争议地从1987年《消费者保护法》第2条第(1)款使用的"造成"一词的含义中产生)。在苏格兰,1976年《损害赔偿法(苏格兰)》基于已确立的普通法原则(参见*Mackintosh v. Morrice's Exrs* [2005] CSOH 167 at [9], 2006 SLT 580 at 583),做出下述规定,即因人身伤害而死亡的情形,死者的直系亲属之一对造成死亡的责任人享有制定法上的损害赔偿请求权,可以要求赔偿(1)预计到死者在死亡前的痛苦而遭受的痛苦和焦虑;(2)死亡造成的悲痛;(3)如果死者未死,预计亲属从死者的社交和引导中能得到的非经济利益的损失:参见第1条第(1)款以及第1条第(4)款(为1993年《损害赔偿法(苏格兰)》第1条第(1)款修订)。1976年《损害赔偿法(苏格兰)》因而抛弃了传统的一般术语*抚慰金*(*solatium*)而支持了"社交和引导的丧失"这一项目(同上,第1条第(4)款),但是除了数额变得略大外,对应考虑到的因素并未做出实质的改变。尽管非经济损失的特殊类型在该法案中得到列举,该制定法仍指出,在决定法院认为何种损害额经由金钱赔偿而为公平时,并不要求法院特别将赔偿额中某部分归属于这些特殊项目下(参见第1条第(4)款),因而能够对非经济损失给出一个总体的数额。就该法案的目的,死者的直系亲属成员被界定为(1)配偶、同性伴侣、作为丈夫或妻子与死者生活的人或与死者处于具有同性伴侣关系之特征的关系中的人;(2)死者的父母或子女;(3)死者接纳其作为家庭之子女的人或接纳死者作为其家庭之子女的人;(4)死者的兄弟姐妹或与死者为同一家庭抚养的人和被接纳为死者作为子女的家庭之子女的人;(5)死者的祖父母/外祖父母和孙子女/外孙子女:第10条第(2)款和表一(为2006年《家庭法(苏格兰)》所修订),第35条第(4)款、第(5)款及表二,第2段。不过,继子女、继父母、继兄弟姐妹、这些继亲属的长辈和晚辈以及其他与死者仅"因姻亲关系而有关联"者被排除在外:第1条(4A)-(4B),它为2006年《家庭法(苏格兰)》第35条第(3)款所增订。在英格兰,在1976年《致命事故法》(为1982年的《司法管理法》以及近期的2004年的《同性伴侣法》所修订)中,规定了同等的赔偿额。为了配偶或同性伴侣的利益,对丧亲之痛的损害赔偿被限于(适度的和专断的)11,800英镑,如果死者死亡时还是未婚的并且没有同性伴侣的未成年人,则损害赔偿在死者的父母间分配:参见第1A条和2007年《丧亲之痛的损害赔偿(数额变动)命令(英格兰和威尔士)》第2条。

Ⅲ.死者请求权的存续

20. 死者在其生存期间遭受的经济损害的赔偿请求权在所有成员国都可以继承(例如,就法国,参见Rép. Dr. Civ(-*Lapoyade Deschamps*)V, no. 224;就比利时,参见*Dirix*, Het begrip schade, no. 138 p. 94;就匈牙利,参见Gellért(-*Söthné*), A Polgári Törvénykönyv Magyarúzata[6], 2134-2135;就葡萄牙,参见*Antunes Varela*, Obrigações em geral I[10], 622 note 3;就北欧国家,参见*Bengtsson and Strömbäck*, Skadeståndslagen, 329以及*von Eyben and Isager*, Lærebog i erstatningsret[5], 382)。在西班牙,得到确立的是,在受害人的死亡并未立即发生,并且死者(在伤害和死亡之间)在尝试拯救其生命时个人承担了费用,死者的继承人于侵权法便获得了相关的损害赔偿请求权。相反地,在主要受害人个人已经对伤害提起赔偿诉请时,继承人在受害人死亡后有权获得裁定给予的数额,只要他们继续进行了诉讼(*De Ángel Yágüez*, Tratado de responsabilidad civil3, 896; TS 20 November 1990, RAJ 1990(7)no. 9174 p. 11680; TS 24 June 1997, RAJ 1997(3)no. 5208 p. 7978; TS 3 December 1999, RAJ 1999(5)no. 8532 p. 13363)。

21. 欧洲主流的法律观点也支持非金钱损害赔偿请求权的存续。它们的存续如今在法国(在下述开创性的判决中,Cass. ch. mixte 30 April 1976, Bull. ch. mixte 1976 p. 1 no. 2和Cass. ch. mixte 30 April 1976, Bull. ch. mixte 1976 p. 2 no. 3)、比利时(在下述开创性的判决中, Cass. 30 June 1930, Pas. belge 1930, I, 281;不过,在受害人立刻陷入无意识状态且未再恢复意识而死亡的情形,就其自身而言,可能不存在可以转移给其继承人的非金钱损害赔偿: Indicatieve Tabel 1 May 2004, NjW 2004, bijlage bij no. 72, no. 51 p. 9)、德国(《民法典》第847条(旧版本)2002年被废止)、奥地利(《民法典》第1325条中使用的"经请求"("auf Verlangen")这一表述不再具有独立的意义:*Koziol and Welser*, Bürgerliches Recht II[12], 323; OGH 30 September 1996, SZ 69/217; OGH 11 July 2002, ZVR 2004/26, p. 95)、巴尔干国家以及丹麦(statutory amendment by Law no. 35 of 21 January 2003;详见*von Eyben and Isager*, Lærebog i erstatningsret[5], 382;*Øe and Røn*, J 2004, 85, 91)都得到了承认。

22. 在意大利,死者的损害赔偿请求权在死亡时并未消灭。它们被转移给了遗属,无论涉及的是经济损失还是非经济损失(在许多判例中都表明了这一情况,参见Cass. 7 March 2003, no.

3414, Giust. civ. Mass. 2003, 485)。这也适用于对所受的*生物损害*的赔偿请求权。在这一方面,唯一的前提条件就是死者在一段(尽管短暂的)"认知"期存活过了伤害(Cass. sez. pen. 30 January 2003, no. 7632, Riv. it. med. leg. 2003, 694; Cass. 16 May 2003, no. 7632, Foro it. 2003, I, 2681);对这一期间长度和赔偿额的图解式的检验是应当避免的(Cass. 14 July 2003, no. 11003, Resp. civ. e prev. 2003, 1049)。

23. 今天,对非金钱请求权的存续的一般规则仍存在显著的例外。根据《希腊民法典》第 933 条,这一请求权仅在合同中得到承认或在法庭上得以主张时才可转移并仅可转移给遗属。波兰的情况也是如此(《民法典》第 449 条)。匈牙利也遵循了较旧的思想派系,根据这一派系对非经济损害的赔偿具有高度的人身属性,因而不能转移给死者的遗属。仅在死者于存活期间在法庭上提起诉请时,这一情况才得以改变;在这一情形,遗属被允许加入诉讼。如果造成损害的当事人未经诉讼而承认了赔偿义务,亦同(Gellért (- *Benedek*), A Polgári Törvénykönyv Magyarázata[6], 1332, 1340~1341)。《斯洛文尼亚债法》第 176 条甚至还排除了非经济损害赔偿请求权在生存者之间的移转。

24. 迄今为止,在西班牙,还总是认为,非金钱损害赔偿仅可为遭受损害者主张这一点是从该损害的性质中得出的(*Gómez Calle*, Los sujetos de la responsabilidad civil, 395, 404; *Roca i Trias*, Derecho de daños[3], 175)。仅在受害人个人于死亡前提起诉讼,遗属才能继续承担该诉讼(不过,TS 20 November 1990, RAJ 1990 (7) no. 9174 p. 11680; TS 24 June 1997, RAJ 1997 (3) no. 5208 p. 7978; TS 3 December 1999, RAJ 1999 (5) no. 8532 p. 13363). TS 19 June 2003, RAJ 2003 (3) no. 4244 p. 7941 这一裁判已经承认了在某人被害时第三人遭受的所有损害之赔偿请求权的存续。在该裁判中,法院并未区分经济损害和非经济损害。这是否标志着判例法的变化尚无法得到肯定的说明。

25.《葡萄牙民法典》第 496 条第(2)款包括了一项特殊的规则,其内容为"在受害人死亡时,……司法上未分居(也即人身和资产的分开)的配偶和孩子或其他后代都享有非经济损害赔偿请求权"(参见前述的注释Ⅱ14)。根据继承顺位,死者的父母、祖父母/外祖父母、兄弟姐妹,以及在上述亲属不存在时,其侄儿和侄女/外甥和外甥女在所有其他的情形都享有请求权。这些亲属也有权对死者在受伤到死亡期间所遭受的非经济损失获得赔偿(*Menezes Cordeiro*, Tratado III, 139)。对疼痛和痛苦的损害赔偿请求权因而得以聚合。从体系的观点看,民法典第 496 条第(2)款是一项针对非经济请求权的特殊的继承法规则(*Leite de Campos*, BFD L (1974), 247, 270)。它们自身的存续并无争议(STJ 16 June 2005; *Pires de Lima and Antunes Varela*, Código Civil Anotado I[4], 500)。根据民法典第 496 条第(2)款,在杀害行为发生时尚未出生的孩子也享有请求权;不过,该孩子对其个人的非经济损失无权获得赔偿(*Abrantes Geraldes*, Temas da responsabilidade civil II, 24)。

26. 根据荷兰法,尽管非金钱损害赔偿请求权原则上可移转,《民法典》第 6:106 条第(2)款仍限制了其存续。对非经济损害的赔偿请求权是一项具有人身属性的权利。人们也认为,一方面阻止遗属个人就其个人的非经济损害获得赔偿(民法典第 6:107 条和第 6:108 条,参见上述注释Ⅱ、XV),另外通过继承法以迂回的方式对他们加以赔偿,在整体上违反了法律体系。因而,在荷兰,非经济损害赔偿请求权在其已经向主要受害人加以承认或者已经在法庭上加以主张时,仅构成死者法定遗产的一部分。合同上的承认产生一项根据财产法的请求权,和其他财产法中的请求权一样,它是可继承的。根据《爱沙尼亚继承法》第 2 条,遗产并不包括死者享有的依法或依其性质与其人身不可分离的权利和义务。死者对非经济损失的赔偿请求权向其继承人的移转就产生问题。在这一点上似乎还没有判例法。

27.《瑞典损害赔偿责任法》第6章第3条和《芬兰损害赔偿责任法》第7章第3条也规定,只要受害人在活着的时候未向加害人、保险人主张对疼痛和痛苦、对特殊的副作用以及悲痛的损害赔偿请求权,那么该请求权在受害人死亡时即行消灭。为了确保这些请求权存续,对其进行司法决定不再是必需的,参见 *Sandstedt*, VersRAI 2002, 9, 11。也无须死者明确声明他希望主张对非经济损害的赔偿请求权(Prop 2000/01:68 [Ersättning för ideell skada] 77)。

28. 在英格兰和爱尔兰,先前的由拉丁谚语 *actio personalis moritur cum persona*(人的诉权随着人的死亡而消灭)概括的普通法规则主要为制定法所改变。根据1934年《法律改革(杂项规定)法》第1条第(1)款(英格兰)和1961年《民事责任法》第7条第(1)款(爱尔兰),一般规则是,所有的赋予死者的诉因都为了遗产的利益而存续。不过,在两个司法辖区,都排除了诽谤之诉(分别见,前法,第1条第(1)款,但书;前法,第6条(a)项)。根据英格兰的法案,对亲属丧亡之痛的损害赔偿权利也在死者死亡时失效(前法,第1条第1A款)。遗产也不能就未来收入的损失(即就死亡后的一段时间)而获得损害赔偿(前法,第1条第(2)款(a)(ii))。在爱尔兰,对疼痛或痛苦或人身伤害,或者预期寿命或愉悦的丧失或减少的损害赔偿也被排除:前法,第7条第(2)款)。在任何代表遗产提起的诉讼中可以获赔的损害必须加以评估,无论是原告死亡之后发生的何种损失(如财产上的终生利益(life interest)的终止)或收益(如保险单)。认为 *Gammell v. Wilson* [1982] AC 27 一案中表达的立场将会为爱尔兰所遵循,因而允许就"丧失的年份"向遗产做出损害赔偿也显得很合理(参见 *McMahon v. Burke and Midwestern health Board* [1991] ILRM 59 [HC](尽管是关于一个更为狭隘的问题)和 *White*, Irish Law of Damages for Personal Injuries and Death, paras. 14.3.03~14.3.04)。在苏格兰,诉权在受伤的当事人死亡时已转给其执行人(*Gloag and Henderson*, The Law of Scotland[11], para. 34.12; *Smith v. Duncan Stewart & Co. Ltd.* (*No.* 2) 1961 SC 91; *Russell's Executix v. British Railways Board* 1965 SC 422),后者可以以代理的身份起诉,因而并不排除亲属(如直系亲属就扶养的丧失提起的诉请)源自同一事件的诉请(*White and Fletcher*, Delictual Damages, 52 and 55;援引 *Dick v. Burgh of Falkirk* 1976 SC (HL) 1 和1976年《(苏格兰)损害赔偿法》第4条)。1976年的法律(取代了之前的普通法规则)现在调整执行人提出请求的法定权利。因而,根据该法第2条,"有关人身伤害的损害赔偿的类似权利……如在死者死亡之前即已赋予死者的",则转移给了执行人。这包括了对慰抚金的权利(对仅维持数分钟痛苦的损害赔偿的判决将是适当的:*Beggs v. Motherwell Bridge Fabricators Ltd.* 1998 SLT 1215);但是通过慰抚金或通过对可归属于死者死后任何期间可继承损失的赔偿而发生的损害被排除了(1976年法律的第2条第1~3款,后来为《1993年损害赔偿法(苏格兰)》取代)。这一法案将已经得到确立的普通法原则成文化并取代之,该原则内容为,遗嘱执行人仅可就死者在生存期间遭受的损失获得赔偿:参见 *Mackintosh v. Morrice's Exrs* [2005] CSOH 167 at [9]-[10], 2006 SLT 580 at 583 (Lord *Carloway*) 以及类似的上诉案[2006] CSIH 43 at [11], 2007 SC 6(在该案中,遗嘱执行人就对遗产税的增加责任的赔偿诉请败诉了,因为税务责任是提早死亡的结果,在死者的生存期间并不产生)。死者是否在生存期间提起诉讼这一事实对遗嘱执行人的诉请名义并无影响(同上,第2A条,为《1993年损害赔偿法(苏格兰)》补入)。不过,就"诽谤、其他口头伤害或对名誉的伤害",第2条第(4)项规定,这一原则并不适用于非可继承的请求权(non-patrimonial claims)(所有的慰抚金请求权,它们均非"真正的"人身伤害请求权);这些请求权可为遗嘱执行人*继续*,而非由其发起(*White and Fletcher* loc. cit. 55)。死者对他人死亡的损害赔偿权利(如社交损失请求权,loss of society claims)将转移给遗嘱执行人,但在评估损害赔偿时,法院仅会关注亲属死亡前立即结束的期间(同上,第1A条,为《1993年损害赔偿法(苏格兰)》补入,它也废止了1976年的法律的第3条)。

Ⅳ. 丧葬费

29. 今天,丧葬费也为各国承认为可获赔的经济损失。不同的欧洲法系仅在边缘问题上存在区别,它们主要和请求权人以及请求的数量有关。

30. 法国法赋予实际支付了丧葬费的尚在世的家庭成员一项赔偿请求权(Cass. soc. 8 January 1981, Bull. civ. 1981, V, no. 22 p. 16; *Viney and Jourdain*, Les conditions de la responsabilité[2], no. 110-2 p. 209)。比利时的原则也暗示,丧葬费构成实际负担该费用的人可获赔的损害,无论该人是否是继承人。不过,在父母死亡的情形,年青一代终有一天要支付长者的丧葬费这一观点支持对丧葬费做出显著的减少;杀害仅造成了这一因葬礼的不合时宜而发生的损害。在合理的范围内,作为一项一般规则,仅长辈(父母)中的某人对其晚辈(子女)中的某人的葬礼所支付的丧葬费能得到完全赔偿(*Simoens*, Beginselen van Belgisch privaatrecht XI (2), no. 132 pp. 250~252)。

31. 在西班牙,丧葬费构成死者法定遗产的一部分(《民法典》第902条第(1)款和第903条)。在其实际上被否认构成遗产的一部分时,继承人享有对侵权人的相关的损害赔偿请求权(TS 17 February 1956, RAJ 1956 (1) no. 1103 p. 691)。如果葬礼花费从遗产中支出,而是由亲属个人(如遗孀)负担时,该亲属可以*根据自己的权利*对侵权人提起一项诉讼(action *iure proprio*)(*Vicente Domingo*, Los daños corporales, 232, fn. 735)。在其附录的第1条第(6)项中,《机动车交通责任和保险法》确认了在具有致命后果的交通事故中的丧葬费的可赔性。在存在与有过失时,请求额相应地减少(同上,第(7)项)。有关请求的标准,它规定可获赔的是"平均的丧葬费";被视为奢侈或异常者将由遗属自己来偿付(*Gázquez Serrano*, La indemnización por causa de muerte, 100)。根据TS 10 March 1973, RAJ 1973 (1) no. 1235 p. 984,从外国空运尸体的费用也被视为合理的费用。

32. 根据意大利法,继承人有权诉请赔偿丧葬费(Cass. 12 May 1993, no. 5416, Giust. civ. Mass. 1993, 850)。在匈牙利,丧葬费被判赔给死者的尊卑亲属、配偶和兄弟姐妹。仅实际发生的费用,甚至仅在经济上可接受的范围内,可以获得赔偿。墓碑、花圈、教堂服务、尸体运送的费用,甚至哀悼的相当费用都被列入(Gellért (-*Benedek*), A Polgári Törvénykönyv Magyarázata6, 1360~1361; *Eörsi*, Kártérítés jogellenes magatartásért, 169-170; Petrik (-*Köles*), Polgári jog II, 634)。这与罗马尼亚的法律状况是一致的(*Lupan*, Răspunderea civilă, 256; *Adam*, Drept civil, 279)。

33. 捷克和斯洛伐克民法典第449条第(2)款规定,"在死亡的情形,赔偿也包括和葬礼有关的充分费用的赔偿。"当然,如果这些费用为医疗保险所覆保,在此范围内,就不适用这一规定。顺便提一下,该法第(3)款补充规定,损害赔偿请求权应归属于实际上负担该费用者。这与波兰的立场是一致的(民法典第446条第(1)款)。

34. 另一方面,根据《德国民法典》第844条第(1)款,"在死亡的情形……负有损害赔偿责任者应赔偿负担有义务承担丧葬费者支出的费用"。通常负有该义务的人是继承人(民法典第1968条)。因而,无法律义务而事实上承担了丧葬费者不享有侵权请求权(BGH 5 February 1962,

NJW 1962, 791, 792; CA Oldenburg 27 July 1979, VersR 1979, 1135);但在该情形下,可以依据不当管理对侵权人提出请求(CA Berlin 12 February 1979, VersR 1979, 379)。从死者的社会和经济地位看合理的丧葬费可以得到赔偿。运送尸体的费用也属于民法典第844条第(1)款的适用范围(CA Berlin 10 November 1997, VersR 1999, 504, 508)。

35. 奥地利的立场在所有的实质方面相应于德国法的立场。丧葬费构成可以获赔的经济损失(如 OGH 18 December 1957, ZVR 1958/144, p. 153; OGH 26 November 1998, ZVR 1999/126, p. 417)。它包括符合当地传统、死者的地位和经济状况的所有费用(OGH 4 November 1971, SZ 44/168; 详见 Rummel (-*Reischauer*), ABGB II², § 1327 no. 7)。《奥地利普通民法典》并未明确提及谁确实可以主张这些费用(*Koziol*, Haftpflichtrecht II², 147)。推论是根据法律应负担这些费用者可以提出诉请。通常为获得占有的继承人(Schwimann (-*Harrer*), ABGB VII², § 1327 no. 4)。

36.《希腊民法典》第28条明确规定了丧葬费的可赔性。符合死者经济地位的丧葬费在合理的范围内可以获赔;不过,看护坟墓的费用不可获赔(Georgiades and Stathopoulos (-*Georgiades*), art. 928 no. 17)。根据法律的操作,应当安排葬礼者享有赔偿请求权。不过,争议点是该人是应支付死者扶养费的人(*Kornilakis* 的观点, Eidiko Enochiko Dikaio I, 614-615)还是继承人(*Filios* 的观点, Enochiko Dikaio II(2)³, 105)。不负有该义务的第三人承担了丧葬费的,对加害人也享有直接的请求权(无论如何,参见 *Georgiades* loc. cit. no. 15)。

37.《葡萄牙民法典》第495条第(1)款也明确要求对侵权负责者应赔偿丧葬费。帮助死者的人有权提起诉请,也即(相应地,组织葬礼者)医院、医生或其他对治疗作出贡献的人和机构(民法典第495条第(2)款)。而且,从死者那里获得扶养者也享有请求权(民法典第495条第(3)款)。丧葬费必须合理,尤其要根据死者的生活标准来决定。它们包括从国外将死者的尸体运送回家的费用(STJ 5 May 2005)、邀请殡仪馆以及牧师举行葬礼弥撒的费用(STJ 11 December 2003),以及墓碑和挖墓者的费用(STJ 11 December 2003; *Abrantes Geraldes*, Temas da responsabilidade civil I, 15)。

38. 根据《荷兰民法典》第6:108条第(2)款,对丧葬费的赔偿应支付给实际上承担该费用者;如,他可能是雇主。它取决于死者的社会地位和经济状况(Schadevergoeding II (-*Lindenbergh*), art. 108, no. 18)。

39.《爱沙尼亚债法》第129条第(1)款和第(2)款将赔偿限于"合理的"丧葬费用。原则上,任何*在法律上*应负担丧葬费者都可以提出请求。不过,"如果丧葬费是由他人承担的,对该费用的赔偿应向该人支付"。《立陶宛民法典》第6.291条要求对死亡负责的人"应赔偿支出丧葬费者所支出的费用。仅符合合理性标准的丧葬费才能获得赔偿。"《拉脱维亚民法典》第2350条要求对他人死亡有过错者赔偿死者继承人支出的丧葬费。这和北欧国家的立场有着关联,后者将损害赔偿的水准限定为"合理的"费用(《瑞典损害赔偿法》第5章第2条第(1)项和 *Bengtsson and Strömbäck*, Skadeståndslagen, 215;《瑞典损害赔偿法》第5章第3条;《丹麦损害赔偿法》第12条)。

40. 在英格兰,在死者的请求权于死亡时移转后,丧葬费可以作为给予死者遗产的损害赔偿的一部分获得赔偿:1934年《法律改革(杂项规定)法》第1条第(2)款(c)项,就爱尔兰,类似的规定参见1961年《民事责任法》第7条第(3)款。另一种方案是,丧葬费也可以由死者的被扶养人根据1976年的《致命事故法》第3条第(5)项获得赔偿,只要他们支出了这些费用。1961年

《爱尔兰民事责任法》第49条第(2)款规定了对死者的被扶养人实际遭受的丧葬费和其他费用的赔偿。丧葬费包括普通的墓碑和防腐的费用,但不包括精制的纪念碑的费用(*O' Brien v. Higgins*, SC 13 March 1967, unreported)。丧葬费也可能包括和葬礼操持(或和火葬)相关的费用,以及与为了死者举行的宗教仪式相关的费用(*McMahon and Binchy*, Torts[3], para. 42.20)。除了必须是合理必需的之外,可以在这里诉请的"其他费用"还必须和葬礼,或者或许还需要和不法行为引起的医疗费用直接相关(*Byrne v. Houlihan &De Courcy* [1966] IR 274)。除了这些费用外,被扶养人在死者死亡前探视和参加葬礼的交通费,以及向吊慰者寄送致谢卡、守灵和丧服的费用也包括在其中(*McMahon and Binchy* loc. cit.)。这一短语并不包括鳏夫因为额外的佣人或孩子的学费而遭受的费用(*Byrne v. Houlihan &De Courcy* [1966] IR 274)。在苏格兰,在致命事故的情形,1976年《损害赔偿法(苏格兰)》第1条第(1)项和第(3)项允许诉请该法案中界定的"亲属"遭受的和死者的葬礼相关的费用。这一诉请是代表他们自己的,而非代表死者。该法案并未赋予处于同一地位的遗嘱执行人以同样的请求权,他们在普通法上也没有该种请求权:参见 *Mackintosh v. Morrice' s Exrs* [2005] CSOH 167 at [18], 2006 SLT 580 at 585(*Carloway*法官:由作为亲属而非女遗嘱执行人的原告合理提起的有关丧葬费的诉讼)。对亲属的定义见上文,它和"扶养丧失"情形是一样的,见注释Ⅴ53。该法案第1条第(3)项将丧葬费限定在"任何合理的费用"上。在这一领域缺乏判例法,在这一小部分的裁决中,主要的关注点是墓石是否是丧葬费;在(苏格兰最高民事法院的)内庭(Inner House),在 *Prentice v. Chalmers* 1985 SLT 168 at 171一案中,*Hunter*法官注意到,"考虑到死者及其家庭的地位"墓石的费用"在数量上是不合理的"。因而,"合理性"会根据具体情形而变动。

Ⅴ.扶养费

41.以特殊方式起到抚养经济上依赖死者之人的作用的侵权债务在欧洲有着共同的基础。不过,不同法系的差异在准确决定谁有权获得损害赔偿时,偶尔在损害赔偿请求的数额以及法律解释上会遇到。

42.根据法国法,死者提供扶养之人原则上有权提起请求;它不取决于*当事人间*既存的法律关系(Cass. ch. mixte 27 February 1970, Bull. ch. mixte 1970 no. 1; RTD civ 1970, 353, note *Durry*; D. 1970 jur. 201, note *Combaldieu*; JCP 1970 II 16305, concl. Lindon, note *Parlange*; 另见 Beysen, VersRAI 2004, 41, 44)。因而,不仅家庭成员和非婚同居者有权诉请,而且其他由受害人扶养的人也有权诉请,但仅在该利益的中断是主要受害人死亡之确定结果的情形(*le Tourneau and Cadiet*, Droit de la responsabilité et des contrats, no. 145)。这也反映了比利时的立场(如 Cass. 24 March 1969, Pas. belge 1969, I, 655:修道院社区诉请赔偿一名逝去的修女向社区基金支付的金钱)。

43.根据西班牙法,任何在经济上依赖死者之人有权请求损害赔偿,只要扶养的丧失能够得到证明。法律并未规定这一请求水准之计算的确切标准。不过,在道路交通事故的情形,法院适用了《机动车辆交通责任和保险法》附录中的损害赔偿表。对损害赔偿的评估是负责证实事实的法院的职责;*最高法院*在撤销原判的诉讼(cassation proceedings)中并不对之加以审查(例如,参见 TS 26 March 1997, RAJ 1997 (1) no. 1864 p. 2856)。通常,对所有损害赔偿给予一个涵括一切的数额,而不再区分不同立场的细节。

44.《意大利民法典》也未明确调整对死亡后丧失的扶养的责任。旧的判例法考虑了此受害人是否对死者享有制定法上的扶养请求权(《民法典》第433条)。不过,目前的一段时间内,其他人的经济上的不利益在其能证明自身持续受到死者扶养的范围内可以得到赔偿(Cass. 10 April 1979, no. 2076, Giust. civ. Mass. 1979, fasc. 4; Cass. 1 August 1987, no. 6672, Riv. giur. circ. trasp. 1988, 102)。甚至尚未受到死者扶养但未来会受到扶养的人也有权提起诉请,即使对他们并未赋予法定的扶养请求权(Cass. 12 October 1998, no. 10085, Resp. civ. e prev. 1999, 752; Cass. 10 October 1992, no. 11097, Giust. civ. Mass. 1992, 10)。唯一的前提条件就是根据事件的通常过程,他们会得到扶养(Cass 14 February 2000, no. 1637, Resp. civ. e prev. 2000, 609)。在有收入的母亲死亡后,有关给孩子们造成的丧失扶养以及其他经济损失的请求权的数额,参见 Cass. 12 September 2005, no. 18092, Danno e resp. 2006, 753 的详尽判决。

45.《匈牙利民法典》第358条第(1)款规定,"事故中死者的被扶养人有权请求补充扶养和确保满足其需求的年金(annuity),该需求根据事故发生前他们习惯于的生活标准来确定(考虑他们实际的或预期的收入)"。在计算养老金(pension)时,要考虑在世的被扶养人对有义务提供扶养的另一当事人享有的请求权,该义务使得该方当事人要在和死者同等的程度上负有责任(民法典第358条第(3)款)。根据判例法,仅对死者享有制定法上的扶养请求权者有权提起诉请。出于慷慨提供的扶养和超出制定法要求的水准提供的扶养一样很少获得考虑。因而,非婚同居者并不属于可能的请求权人的范围(Gellért (- *Benedek*), A Polgári Törvénykönyv Magyarúzata[6], 1374 - 1375; Petrik (- *Köles*), Polgári jog II[2], 641 - 643; *Petrik*, Kártérítési jog, 251 - 255; *Ujváriné*, Felelösségtan[7], 200 - 204)。

46. 就那些尚在世的对死者享有制定法上的扶养请求权的人,《波兰民法典》第446条第(2)款向其提供了一项请求权。不过,"其他和死者有关系的人也可以主张同样的养老金,如果从具体情形可以得出这是共同生活原则所必要的话"。同样,捷克和斯洛伐克民法典第448条第(1)款认为,不仅享有法定扶养请求权的人,而且实际上由死者提供扶养的人也享有请求权。不过,在给予相关当事人的数额来自(社会)保险的范围内,不存在请求权。《斯洛文尼亚债法》第173条第(1)款以同样的方式认为,"扶养或定期扶助死者"的人和对死者享有制定法上的请求权者一样都享有请求权。这也是罗马尼亚的立场(*Lupan*, Răspunderea civilă, 258 - 262; *Adam*, Drept civil, 279 - 281)。民法典草案第1133条提供了明确的制定法规定。

47.《德国民法典》第844条第(2)款仅为死者根据制定法应当(或可能会)向其提供扶养的人提供了一项请求权,范围限于死者在其可能的生命期内本应提供扶养的数额和期间。死者的与有过错导致对请求额的扣减(民法典第846条)。奥地利采同样的立场(民法典1327条);损害赔偿仅给予根据制定法有权获得扶养之人(OGH 14 November 1934, SZ 16/223);合同上的扶养请求权并不足够(OGH 26 April 1991, JBl 1992, 44)。就死者以实物提供的扶养,也可以给予金钱赔偿(OGH 30 August 1988, ZVR 1989/106, p. 178)。在事实上提供的抚养超过*法定*义务时——并未不成比例,也可以获得完全赔偿。另外,应支付的是制定法规定的扶养水准,即使死者先前提供的抚养未达到该水准(OGH 2 September 1999, SZ 72/135)。在奥地利,死者一方的与有过失也应得到考虑(OGH 19 November 1957, JBl 1957, 645)。

48.《希腊民法典》第928条(第2句)向死者依据制定法上的义务提供扶养或服务的人(仅此而已)提供了一项损害赔偿请求权;单纯的提供扶养和服务的合同债务并不足够。准确决定享有权利之请求人的名单需要从相关的家庭法规定中获得线索(Georgiades and Stathopoulos (- *Georgiades*), art. 928, no. 26)。实施侵权行为的时间点而非死亡的时间是这里的关键。因而,嫁给已经受伤之人的寡妇不享有请求权(*Georgiades* loc. cit. no. 9)。如果抚养义务转移给死者的遗属而他们反之能够在经济上满足扶养的请求，在此范围内，不存在损害赔偿（*Kornilakis*, Eidiko Enochiko Dikaio I, 615）。另一方面，死者本负有在不远的将来向请求人提供扶养的义务即已足够（A. P. 359/1957, NoB 5/1957, 1012：一名15岁的男孩死亡，他本来可以在一年内完成其作为钟表匠的学徒期，并可以挣得足够的钱来抚养其母亲）。配偶通常也有义务互相扶助并抚养其子女；先前法律所规定的妻子提供服务的义务已经被废除（民法典第1389条和第1390条）。因而，鳏夫或寡妇同样被民法典第928条赋予一项请求权（*Kornilakis*, Eidiko Enochiko Dikaio I, 621; *Kounougeri - Manoledaki*, FS Vavouskos II, 221）。实质因素是死者根据家庭法的规定有义务为扶养家庭而做出的贡献的经济价值（A. P. 84/2005, NoB 53［2005］1418）。有疑问的是，这是否也适用于死者一方在配偶的合营企业（joint enterprise）中丧失的服务（做出否定回答的有CA Athens 7212/1984, NoB 32/1984, 1561；在有关这一裁决的评论中，*Doris* 做了肯定的回答（loc. cit. 1562））。

49.《葡萄牙民法典》第495条第(3)款也给予了那些可以向受害人主张扶养费（根据《民法典》第2009条）的人或者后者根据"自然债务"（详见 *Antunes Varela*, Obrigações em geral I[10], 622; *Abrantes Geraldes*, Temas da responsabilidade civil I, 16～17）向其提供了扶养之人以一项获得赔偿的权利。《民法典》第495条第(3)款对这一一般原则提出一项例外，仅那些直接受害人才享有赔偿请求权（*Almeida Costa*, Obrigações[8], 546～547）。根据判例法，非婚生活伴侣也享有请求权（CA Lisbon 20 February 1974, BolMinJus 234［1974］336），在死亡时已经怀上但尚未出生的孩子亦同（*Vaz Serra*, BolMinJus 86［1959］103, 123）。这一请求权要求实际的扶养损失。相比之下，死者履行制定法的义务提供扶养并非总是必需的；根据道德义务提供扶养即已足够。受害的第三人在扶养法的意义上"贫困"这一证据尚非必需（STJ 16 April 1974, RLJ 108［1975－76］no. 3549 p. 182）。

50. 荷兰法中的类似规则可以在《民法典》第6:108条第(1)款中找到。丧失的扶养不仅包括金钱支持，而且扩展至对身体照顾、饮食、膳宿、衣物和其他事物供养的提供。主要是配偶、登记伴侣和子女有权诉请。他们至少有权请求制定法上的供养水准；不过，在死者超出必需的范围提供供养时，也可以获得赔偿（lit. (a) loc. cit.；就这一问题及后续问题，特别参见 Schadevergoeding II (-*Lindenbergh*), art. 108, nos. 19 et seq.）。其他亲属或姻亲仅在死者于死亡时对其供养做有贡献或者本来会为法院的命令强制这么做时才享有损害赔偿请求权（lit. (b)）。而且，属于有权获赔的请求权范围的——根据 lit. (c) loc. cit.——还有作为家庭单位的成员和死者一起生活的人，只要死者实际上负担了其供养并且可以推断出若无死亡，该供养本会继续，以及相关当事人不能合理地供养自己。最后，作为死者管理家务的家庭单位的成员和死者一起生活的人也有权请求；他们实际上就家政服务的费用享有赔偿请求权（lit. (d)）。在所有的情形，死者一方的与有过失都会导致请求额的相应减少（民法典第6:108条第(3)款）。

51.《爱沙尼亚债法》第129条第3～6款包含了同样详尽的一项规定：对死者享有制定法上的供养请求权的人可以就实际遭受的供养丧失额提出请求（第(3)款）。对死者根据制定法本来负有供养义务者亦同（第(4)款）。这特别适用于在死者死亡时事实上已怀上但尚未出生的孩子（第(5)款）。最后，作为家庭单位的成员和死者长期居住的人或者基于道德义务本来由死者供养的人也有权获得损害赔偿，只要他们依赖于该供养，无法通过其他途径获得供养而且死者在将来本来也会向其提供供养（第(6)款）。《立陶宛民法典》第6.284条第(1)款列举了"未成年人、配偶、不能工作的父母或其他不能工作的事实上的受养人"有权提起诉请。《拉脱维亚民法典》第

2351 条规定了同样内容。不过，该规定仅使得那些死者有义务提供供养的人受益。死亡必须是因为过错造成的。只要受益人能供养自己，提供供养的义务就终止了。

52. 北欧国家的损害赔偿法和示范规则一致，即对丧失的供养的赔偿仅在死亡时才发挥作用（《丹麦损害赔偿法》第 12 条至第 14a 条；《芬兰损害赔偿责任法》第 5 章第 4 条［2006 年 1 月 1 日起生效］；《瑞典损害赔偿法》第 5 章第 2 条第（2）项）。对死者享有或者本来不久就能获得制定法上的供养请求权者有权根据瑞典的规定获得赔偿；这也被扩展至依赖于死者的任何人。这主要涉及家庭成员和非婚同居者（*Hellner and Johansson*, Skadeståndsrätt[6], 413－414）。在评估损害赔偿水准时，生存的家庭成员的经济状况应予考虑，并考虑可能的保险受益（《瑞典损害赔偿法》第 5 章第 3 条）。《丹麦损害赔偿法》第 12 条规定，损害赔偿应给予那些失去养家糊口者的人。第 13 条至第 14a 条规定了赔偿水平的细节。根据《芬兰损害赔偿法》第 5 章第 4 条第（1）款，对死者享有供养请求权的或*事实上*从死者那里获得供养者有权提出请求。居家工作仅在特殊情形才相当于供养（第 5 章第 4 条第（3）款）。

53. 在英格兰，根据 1976 年《致死事故法》（为 1982 年《司法管理法》和 2004 年《民事伴侣法》所修订），对丧失的金钱收益的诉请可以为了受死者扶养之人的利益由死者的遗产代理人提起：第 1 条第 1、2 款和第 2 条第（1）款。被扶养人包括配偶或同性伴侣（civil partner）、原配偶或原同性伴侣、作为配偶或同性伴侣在死者死亡前与其一起生活至少两年者、父母和祖父母、外祖父母、子女和孙子女、外孙子女、外甥、外甥女、侄儿、侄女和堂/表兄弟姐妹：第 1 条第（3）款。尽管该定义很宽泛，但为了使该法案未纳入的个人不致遭受困苦，法律委员会推荐，应补充剩余的受供养者和本来仍会受供养者的类型：Claims for Wrongful Death（《不当死亡诉请》）［1999］Law Com 263, para. 7.7。受养人的请求是损害赔偿（而非丧亲之痛），它与因死亡而对受养人造成的伤害成比例（第 3 条第（1）款）；金钱赔偿针对的是对经济利益的损失——所谓的受养丧失（loss of dependency）。损害赔偿因而被判决以赔偿可合理地从死者那里期待获得的经济利益的丧失。根据苏格兰法，在人身伤害导致死亡的情形，亲属可向对造成死亡负有责任者享有制定法上的损害赔偿请求权，来赔偿丧失的扶养，这是请求人作为结果遭受的或可能遭受的：1976 年《损害赔偿法（苏格兰）》第 1 条第（1）款、第（3）款。在普通法上，供养的法定义务是必需的；法案废除了亲属证明死者负有或本来可能负有提供或资助供养之义务，但是如果能证明该事实，在决定死者是否以及在多大范围内可能提供或资助这些供养时，就可以考虑该事实：第 1 条第（6）款。供养是事实问题，它必须得到证明（*White and Fletcher*, Delictual Damages, 34）。根据前法第 1 条第（6）款，在这种请求中，死者负有法定的扶养义务是非必要的，但是如果死者负有该义务，在确立扶养请求权时就应将之纳入考虑。对扶养丧失的请求建立在通常收到的实际扶养额的基础上（*Hatherley v. Smith* 1989 SLT 316）。在死者挣钱供养家庭时，基本的方法就是确认可能合理地被用于家庭供养的净收入的比例，并乘以死亡和供养可能终止的时间（如在供养配偶的情形，为退休时，在供养子女的情形，为其教育完成，子女开始供养自己之时）之间的年数使之翻倍：*Mackintosh v. Morrice's Exrs*［2005］CSOH 167 at［15］, 2006 SLT 580 at 584－585（Lord *Carloway*）。考虑接下来的供养的可能增长是合理的（*Smith v. Comrie's Executrix* 1944 SC 499）而非猜测事务（*Daniell v. Aviemore Station Hotel Co. Ltd.* 1951 SLT（Notes）75）。不过，供养损失不须等同于死者收入的一部分而可能包括死者从资产中支付或从第三人处获得的数额：*Mackintosh v. Morrice's Exrs*［2005］CSOH 167 at［16］, 2006 SLT 580 at 585（Lord *Carloway*）（不过，在该案中并未主张为了及时避免遗产税死者将来本可能贡献更大的数额）。既然供养丧失的问题是一个有关亲属本可以获得之事物的事实问题,请求就不限于可能被视为满足生活必需品的金钱:*Mackintosh v. Morrice's Exrs* [2005] CSOH 167 at [16], 2006 SLT 580 at 585 (Lord *Carloway*)。另外,供养损失并不包括在死者死亡后本会移转的数额(也即,死者的遗嘱指定的遗产),因而也不扩展至死者的遗产因遗产税的发生而减额或因死者早死而产生的遗产税的增额:参见 *Mackintosh v. Morrice's Exrs* [2005] CSOH 167 at [15], 2006 SLT 580 at 585。在评估供养损失时,法院不会考虑再婚的可能性(《1971年法律改革法(杂项规定)》第4条),法院也不会扣减支付的社会保障收益或从死者遗产中产生的金钱,如保险单(*Stewart*, Delict[3], para. 11.29)。就本请求的目的,亲属被穷尽地限定为死者的直系亲属的成员(关于此,参见对第(1)款的评注),死者的其他长辈和晚辈(即除[孙/外孙]子女和[祖/外祖]父母外),死者的兄弟姐妹、叔伯舅父和婶母/舅母/姑姑/姨母的子女、原配偶或同性伴侣:第10条第(1)款和表一(为《2006年家庭法(苏格兰)》第35条第(5)款所修订)和表二第2段。

54. 在爱尔兰,若无被告的不法行为,本来可以合理期待的经济收益的丧失代表了受养人(《1961年民事责任法》第四部分)依据该法案的致命伤害条款可以主张损害赔偿的主要项目。为了确定供养的价值,受养人的年均损失首先应予计算,然后乘以损失可能持续的年数并加以折扣以给出受供养的现有价值。最后,为了得出可赔偿的数额,要扣减死亡所产生的收益(*McMahon and Binchy*, Torts[3], para. 42.26)。法院要考虑死者的实际收入和工作或职业的提升前景,他有权获得的额外福利(如公司的汽车、免费的供暖和照明、奖金、养老金的权利等)以及针对受养人的收入的比例(*McMahon and Binchy* loc. cit. para. 42.27)。除了死者直接提供的并且若非死亡本可继续的经济贡献外,服务的丧失或可归结为经济术语的也可以获赔;这包括了在必须雇用一名家庭教师来替代死者分担的教育孩子的工作,聘用一名园丁来管理家庭花园,或雇用一名木匠或油漆工来做死者做过的家庭日常维修工作等情形,对发生的费用的赔偿(*O'Sullivan v. Córas Iompair Éireann* [1978] IR 407; *Waters v. Cruikshank* [1967] IR 378; *Berry v. Humm & Co.* [1915] 1 KB 627)。主要受害人的受养人尽可以就可合理期待死者未来提供的经济收益获得损害赔偿;因而,在未成年的子女死亡的情形,如果可以合理期待未来的经济收益,就应给予受养人以损害赔偿(*Hamilton v. O'Reilly* [1951] IR 200; *Malynn v. Farrell* (1956) 90 ILTR 137)。为了使法院能够合理地推断出本可以获得的收益,从受养人的请求中得出的推论必须得到事实的证实;否则他们的请求将会因为基于单纯的猜测来断定而归于失败(*Horgan v. Buckley* [1938] IR 115; *Good v. Callaghan*, Supreme Court, 25 April 1967)。法院在评估损失的期间时会考虑死者的预期工作寿命以及相关的受养人的预期寿命。在未成年人受养人的情形,孩子的教育程度以及孩子是否可能在开始受雇后搬走都是相关的因素。(死者收入)的税收、通货膨胀以及死者收入的可能增长——只要他继续挣钱,都会在评估请求的价值时发挥作用(*McMahon and Binchy* loc. cit. 42.32)。作为一般规则,死者受养人的经济收益也应被纳入考虑(*Byrne v. Houlihan & De Courcy* [1966] IR 274; *Murphy v. Cronin* [1966] IR 699, 708)。这包括了遗产增值的性质(accelerated nature)(*Tubridy v. White*, *High Court*, 31 January 1974; *O'Sullivan v. Córas Iompair Éireann* [1978] IR 407)。若死者存活,在其生存期间中本会积攒的储蓄的可能增长也是相关的(*Murphy v. Cronin* [1966] IR 699 at 710; *v. Córas Iompair Éireann* loc. cit.)。应考虑收益的这一一般规则存在两项例外:(1)鳏居的请求人在死者的生存期间中共用的财产(*v. Córas Iompair Éireann* loc. cit.; *Murphy v. Cronin* loc. cit.)并非评估时的相关因素;以及(2)《1961年民事责任法》第50条规定,在致命伤害之诉中,不应考虑(a)根据保险合同在死者死亡时应支付的数额或(b)根据制定法或其他依据因死者死亡而应支付的养老金、退休补贴或其他类似的收益。同法第49条第(5)款规定,同居三年者对死者的经济供养不享有可执行的权利,在此情形下,法院在决定应给予的损害赔偿额时应考虑该事实,以及任何其他相关的事情。不过,应注意的是,只有法定请求权的缺失才应为法院考虑,它对损害赔偿的分配不具有进一步的指示作用。

Ⅵ. 其他受害的第三人的金钱和非金钱请求权

55. 某人的死亡或伤害也可给其他第三人造成损害,例如雇主或商业合伙人,或给他们造成不利,但并未落入抚养丧失的框架内。在不同的欧洲法系,并不存在统一的标准来衡量这些损害是否能够获得赔偿(以及如果能获赔,由谁得到赔偿)。不过,一般来说,占上风的是极不愿意承认这些后继损害的可赔性。在大多数法系,损害赔偿诉请仅在损害是故意给第三人造成的情形才得到肯定。

56. 在第三人因主要受害人死亡或受伤而利益受到侵害或连累但他们仅根据债法存在关联时,法国法院通常否认第三人的损害赔偿诉请(*Viney and Jourdain*, Les conditions de la responsabilité[2], no. 312 pp. 135～136)。但是确实存在例外(如CA Colmar 20 April 1955, D. 1966 jur. 723, note *Savatier*:一家足球俱乐部因其球员的事故死亡而遭受的损害可以获赔),它们和最高法院推理的主要路线并不相符(特别是参见Cass. civ. 14 November 1958, GazPal 1959, I, 31:一起事故的肇事者使得一名歌唱家无法演出,剧院对该肇事者不享有请求权)。

57. 这也是比利时处理的该问题的方式。至多在主要受害人和请求人之间存在的合同关系具有受害人承诺的履行仅可排他地由其亲自履行而不能由他人履行的性质时,才会产生请求权(*Dirix*, Het begrip schade, no. 225 pp. 140～141)。

58. 西班牙最高法院也仅在第三人和死者有特别密切的私人关系时才明显考虑对第三人的赔偿。TS 17 May 1973, RAJ 1973 (1) no. 2087 p. 1664提供了一个事例(一名用其生命的主要时间来照顾死者的"奶妈"没有工作了,并且没有希望得到另一份或通过其他途径来获得收入)。在一则于一定程度上受到学术评论者尖锐批评(*Yzquierdo Tolsada*, Sistema de responsabilidad civil, 381)的裁决中,最高法院赋予了运营疗养院的一群修女以请求权,死者曾在该疗养院居住(TS 31 May 1972, RAJ 1972 (1) no. 2787 p. 2121),在TS 30 June 1965, RAJ 1965 (2) no. 3425 p. 2080这一案例中,它甚至暗示教堂有权就其主教或神父的死亡获得损害赔偿。另外,它否认了一家宗教团体就其成员的死亡提起的损害赔偿诉请(TS 12 June 1970, RAJ 1970 (2) no. 3500 p. 2388)。相反,因故意伤害国民警卫队(*Guardia Civil*)的成员而给国家造成的金钱损害,国家可以获得赔偿(TS 24 April 1979, RAJ 1979 (1) no. 1430, p. 1178; for similar cases see also TS 13 December 1983, RAJ 1983 (3) no. 6522 p. 5022; TS 20 September 1982, RAJ 1982 (2) no. 4948 p. 3215; TS 12 June 1989, RAJ 1989 (4) no. 5094 p. 5892 and TS 11 December 1989, RAJ 1989 (7) no. 9527 p. 11090)。不过判例法并不同意,因为在大量与此事实相同的判例中,金钱赔偿被拒绝了(TS 14 February 1980, RAJ 1980 (1) no. 516 p. 396; TS 14 April 1981, RAJ 1981 (1) no. 1539 p. 1282 and TS 29 December 1986, RAJ 1986 (3) no. 4922 p. 4849;参见*Santos Briz*, La responsabilidad civil I[7], 238)。

59. 在一定的情形下,意大利判例法也将对相对请求权的保护扩展至扶养债权人之外的他人。在所谓的*Meroni*案中(Cass. sez. un. 26 January 1971, no. 174, Giur. it. 1971, I, 1, 680, note *Visintini* = Foro it. 1971, I, 342, notes*Jemolo* and*Busnelli* 1284),法院对债权人给予了损害赔偿,他因为债务人的死亡而丧失了要求后者提供不可委托的服务的债权。类似地,在其雇员受到第三人的伤害而仍得继续向其支付工资的雇主可以获得救济(既定的判例法,参见 Cass. 12 November 1988, no. 6132, Giur. it. 1990, I, 1, 280)。作为原则问题,匈牙利法对第三人未判给损害赔偿,因而也不赔偿如朋友、邻居或照顾者所遭受的非经济损失(Petrik(-*Petrik*), Polgári jog I, 208/2; *Petrik*, Kártérítési jog, 260~261)。

60. 原则上,德国法绝不给予间接受害者(除了故意伤害的情形:《民法典》第826条)以损害赔偿请求权,对其遭受的经济损失更不给予赔偿。根据 BGH 21 November 2000, NJW 2001, 971,甚至在受益人(在本案中是农用财产的最初所有者)于年老时对死者(成年儿子和农场的继承人)的养老金收益请求权已经通过登入土地登记簿而获得证实时,也适用这一原则。此外,在一对知名的成功的花样滑冰二人组中的一人因交通事故受到伤害时,BGH 10 December 2002, NJW 2003, 1040 裁决,其女伴不能就其因搭档暂时因事故缺席而遭受的损失向加害人请求损害赔偿。不过,如果雇员受伤而雇主仍需继续支付工资的,雇员对第三方加害人的请求权经由制定法就转移给了雇主(《有关公共假日和疾病情形的薪酬的支付法》[EntgFG]第6条)。

61. 在奥地利,尽管《民法典》第1295条第(1)款的宽泛表述原则上第三人的纯粹经济损失仍不能获赔(Schwimann(-*Harrer*), ABGB Ⅶ², §1295 no. 3)。《民法典》第1327条(扶养丧失)被解释为一项穷尽的例外;除了该处列举的情形外,如果不存在故意,绝不会考虑诉请(OGH 19 November 1956, ZVR 1957/37, p. 51; OGH 5 April 1979, ZVR 1980/240, p. 226; OGH 8 July 1993, ZVR 1994/129, p. 311)。不过,在其工人生病期间仍继续支付工资的雇主通过制定法的运作而获得了对加害的第三人的损害赔偿请求权(《一般社会保险法》[ASVG]第332条第(1)款)。

62. 希腊也对因他人的死亡或受伤而遭受经济损失之人不给予赔偿,但是《民法典》第928条和第929条(扶养的丧失)中并未提及。这里仅涉及"间接受害人"(*Kornilakis*, Eidiko Enochiko Dikaio I, 596; *Georgiades*, Enochiko Dikaio, Geniko meros, 608; Georgiades and Stathopoulos(-*Georgiades*), art. 914, no. 70, and art. 928, no. 1)。这些评论者提供的示例包括一家失去了一名著名的球员的足球俱乐部,一间因一名著名的歌唱家无法演出(而遭受损失的)剧院,因为伤害而无法适时履行合同义务的建筑承包商的债权人。

63. 葡萄牙的立场亦同。仅仅受到"间接"伤害而未为民法典第495条提及的第三人不享有自身的个人请求权(*Sinde Monteiro*, Responsabilidade por conselhos, 190)。这一基本规则的例外要求特殊的制定法基础。其中有1999年6月15日第218/99号法令(Decree-Law no. 218/99 of 15 June 1999),就犯罪行为、道路交通事故和工伤事故造成的住院费用,该法赋予了国民健康服务机构以补偿权(*Abrantes Geraldes*, Temas da responsabilidade civil II, 14; 参见 STJ 13 February 2003)。类似地,《社会保障法》第70条赋予社保机构以权利,它们可以在民事或刑事程序中就受害人的个人伤害或死亡引起的费用获得补偿(*Abrantes Geraldes* loc. cit. 19)。就可归责于第三人的工伤事故,类似的制度的运行有利于雇主和保险人(Act no. 100/97 of 13 September 1997, art. 31;现在参见《劳动法典》第294条),也有利于国家(通过对受害的公务员的请求权的代位,参见 *acórdão uniformizador de jurisprudência* no. 5/97 Diário Rep. no. 73, Series I-A, 27 March 1997)。

64. 在荷兰法中,第三人遭受的纯粹经济损失原则上也不能获赔。不过,根据《民法典》第6:107条第(1)款,雇主有权——通过直接被赋予的权利(而不仅仅是通过被转让的权利)——就为了雇员的利益而遭受的医疗费用和其他治疗费用获得损害赔偿。对在生病期间持续支付的工资的赔偿请求权源自民法典第6:107a 条。这并不包括雇用替代者的费用或可归责于运营崩溃的损害。公司因为对其成员的伤害而遭受的损害也不可获赔;仅该成员的个人损失是可获赔的(CA Amsterdam 9 July 1998, VR 1999, 64)。

65. 在瑞典,第三人的请求同样被拒绝(*Hellner*, SvJT 1969, 332;*Hellner and Johansson*, Skadeståndsrätt[6], 364, 411;*Kleineman*, Ren förmögenhetsskada, 180;*Andersson*, Skyddsändamål och adekvans, 560;*Andersson*, Trepartsrelationer i skadeståndsrätten, 38;*Radetzki*, Skadeståndsberäkning vid sakskada, 56)。而且,HD 5 May 1995, NJA 1995, 269 也不代表这一规则(父亲诱拐了孩子并将之带到突尼斯,给母亲造成损害)的例外。

66. 在普通法中,一般的原则是"在B不能履行合同时,源自伤害的A的损失是不可诉的":*Admiralty Commissioners v. Owners of Steamship Amerika* [1917] AC 38, 45 per Lord *Parker*。因而,公司或合伙在公司董事或雇员或企业合伙人受伤时就服务的丧失不享有请求权,同样地,如果对雇主的伤害终止了雇佣关系,雇员也不享有请求权:*Inland Revenue Commissioners v. Hambrook* [1956] 2 QB 641, 660 (*Denning* LJ)。在英格兰,在《1982年司法管理法》(Administration of Justice Act 1982)第2条(c)项就仆人在雇主的家里提供的家居服务的丧失废除了不恰当的普通法诉讼——*丧失服务之诉*(*per quod servitium amisit*)(*Inland Revenue Commissioners v. Hambrook* [1956] 2 QB 641, 666 [*Denning* LJ])。这一诉讼受到司法的怀疑。因为在爱尔兰,这一领域内缺乏制定法的改革,这一反常的诉讼存活至今天。它建立在现在已经过时的观念的基础上,即仆人属于主人的所有权的范围。类似于英格兰在废止该诉之前的立场,爱尔兰法院今天对这一观念并无多少同情,他们倾向于将这一诉讼视为是反常的,并尽可能地限制其范围(*McMahon and Binchy*, Torts[3], para. 32.03)。这一诉讼并不取决于任何服务合同(*A-G for New SouthWales v. Perpetual Trustee Co.* (*Ltd*) [1955] AC 457 at 483 [PC])而是取决于服务的事实(甚至是权利)。作为对 *Inland Revenue Commissioners v. Hambrook* (loc. cit.) 中的上诉法院立场的反映,在 *A-G v. Ryan's Car Hire Ltd.* [1965] IR 642)一案中,爱尔兰最高法院(在强调这一反常现象的受限范围时)推论认为,公务员(如武装部队中的警察或文职人员)并不属于这一例外的范围。在爱尔兰,尚不清楚的还有,诉讼是否应被限于否认除了那些"家仆"(如作为主人家庭的一分子生活)的主人之外的所有其他主人的诉权。在 *Ryan v. Ireland* [1989] IR 177 一案中,*Finlay* CJ(尽管只是附带地)表达了下述观点,即诉讼事实上应被以这种方式加以限制。必须证明存在某种损害来确立该诉讼(*Hall v. Hollander* (1825) 4 B & C 660, 107 ER 1206)。因为服务丧失或因仆人受伤而必然遭受的其他费用,允许赔偿实际的经济损失(*Chapman v. McDonald* [1969] IR 188)。因而,主人可以就获得并培训仆人的替代者的额外费用或对现有职员支付加班费而获得赔偿(*McMahon and Binchy*, loc. cit., para. 32.11)。适用于过失诉讼的可预见性限制是否适用于丧失服务之诉(actions*per quod servitium amisit*)尚未得到决定(不过,可参见 *Jones v. Fabbi* (1973) 37 DLR (3d) 27)。

67. 在苏格兰,通过伤害他人或使他人致死而给与其有合同关系之人造成间接经济损失并非是一项可诉的不法行为(*Walker*, Delict[2], 916)。以这种方式,雇主在雇员被第三人过错伤害或杀害时,不享有请求权(*Allan v. Barclay* (1864) 2 M 873;*Reavis v. Clan Line Steamers*, 1925 SC 725),商业合伙人在另一合伙人受伤或被杀时(*Gibson v. Glasgow Corp.* 1963 SLT (Notes) 16),公司对其董事服务的丧失(比较 *Young v. Ormiston*, 1936 SLT 79,尽管这一判例的权威在 *Vaughan v. Greater Glasgow Passenger Transport Executive* 1984 SC 32 一案中受到质疑),企业所

有人对经理的死亡(*Quin v. Greenock & Port-Glasgow Tramways Co.* 1926 SC 544)以及职业舞者对其舞伴的死亡(不过因为他们已经结婚,他可以以其他损害赔偿的项目作为丧偶的鳏夫以自己名义请求损害赔偿)(*Burgess v. Florence Nightingale Hospital* [1955] 1 QB 349)都是如此。该原则被阐述为,对可归责于不法行为的伤害结果的预见并不能扩展至包括了受害人的合同关系(*Walker*, loc. cit. 917)。

示例1取自BGH 10 December 2002, NJW 2003, 1040。

第Ⅵ-2:203条 对尊严、自由以及隐私的侵犯

(1)对自然人诸如自由和隐私等人格尊严的侵犯所造成的损失,以及该损害本身,是具有法律相关性的损害。

(2)依国内法的规定,对名誉的侵害所造成的损失以及该损害本身,也是具有法律相关性的损害。

评　论

A. 概述

本条的目的。本条的目的在于表明对人格尊严的侵犯所造成的损失和伤害是具有法律相关性的损害,根据非合同责任的基本规则产生一项赔偿义务。人格尊严的一个重要方面是对自由的保护;另外一个方面是对私人领域的保护。当然,后继损失也构成和非合同责任法相关的损害,包括经济损失和非经济损失。

人权的水平效力(horizontal effects)。第Ⅰ-1:102条(解释和发展)第(2)款规定,本示范规则"应当根据保障人权和基本自由的可适用的工具(applicable instruments)来解释"。本规定所处的位置表明其为一般条款,其意义远远超出了非合同责任法。它对于合同法,比如信贷担保法也十分必要。不过,似乎可以确定的是,这样一个关于人权和基本自由的"水平效力"的一般条款不会使得对人格权的、特别的非合同责任法的保护变得多余。进一步说,不言自明的是,私法中的权利的持有人对他人所负的义务不同于政府在与公民进行交易时所负的义务。不过,较之从事私人生活的个人,向公众提供货物或服务而受私法约束的人,必须遵守更为严苛的规则。

示例1

比如,向公众开放的企业(如银行、饭馆或者旅店)基于某人的肤色或者信仰而拒绝其进入,便构成对人格尊严的侵犯。相反,私人在决定何时让某人进入自己家门时,通常会采用完全独断的标准。

B. 侵犯人格尊严(第(1)款)

侵犯。从技术上来说,即使加害人能够援引第五章规定的抗辩事由,如第Ⅵ-5:203条(对公共利益的保护),但在这些规则的意义范围内,仍可能存在第Ⅵ-2:203条规定的对无形人格权的"侵犯"。这一区别十分重要,因为对举证责任的分配取决于它。

伤害与损失。对人格尊严的侵犯,如同对身体或健康的损害,*本身*便构成损害。不过,具有法律相关性的损害还可由源自侵犯的损失所构成。对人格尊严的侵犯包括经济损害和非经济损害。

轻微伤害。在任何情形,伤害都不能仅仅是轻微的(第Ⅵ-6:102条(微额损害不赔规则))。在确定一个案件是否是轻微损害案件时,侵权人是故意为之还是仅仅出于疏忽大意为之十分重要,而且,是对隐私的侵犯还是对自由的侵犯也与之相关。对仅仅出于过失而侵犯人格权或者妨害私人领域而言,有时不存在损害赔偿请求权的机会。不过,就对自由权的侵犯,立场通常就不相同了。假设情况是这样的,即对自由权的侵犯相当于对人格尊严的侵犯,过失通常即为已足。所有的事情都取决于对个案情节的评估。因此对相应细节的调整必须留给法院决定。此外,第六章可普遍适用的规则,即损害赔偿应以最符合所受损害的方式来判给(第Ⅵ-6:101条第(2)款(赔偿的目标和形式))——这必然需要考虑对赔偿与损害的衡量,在这里可能有着特殊的意义。例如,在对人格尊严的尊重权的侵犯为轻微时,不应给予赔偿。

示例2
一个八卦新闻收集者强行进入一间旅店的房间以便捕捉到一位名人的"性生活"(in flagranti)。防止此类行为明显要求承担金钱赔偿的责任。但是,当一个酒店的顾客因错误进错房间,通常并不存在对其他相关顾客的私生活的严重侵犯,因而不会产生赔偿请求权。不过,该顾客当然负有立即离开房屋的义务(也就是说,存在对抗继续侵入的权利),在顽固地拒绝离开时,对私人领域的侵入就不再是微不足道的了。

案例群。此外,现今还存在着整个系列的、得到牢固确立的案例群,在这些案例群中,非合同责任法确认了对人格尊严的侵犯,或者像人们经常说的,对人格权的侵犯时。特别应提及的是贬低和边缘化某人的社会形象,非法曝光于公众,以及对与家庭相关的人格权的侵犯。然而,这些案例群并没有在本条的文本中特殊强调,这是为了避免妨碍其将来的发展和对个案的适用。在以下的示例中将会发现非法暴露于公众的例子。

示例3
一个著名的演员进行了重大的颅脑手术正在医院恢复时,被一个八卦新闻记者非法地追踪到病房,并在那里被采访和拍照。这是在这个演员既不能理智地回答问题,甚至也不能对这个"采访"表示同意的情况下发生的。这构成对其保护他人格尊严的权利的侵犯。

性骚扰;共同体法;第Ⅱ-2:101条(不受歧视的权利)。性骚扰当然也构成对人格尊严的侵犯。欧共体法于2004年12月13日在获得和提供货物的过程中实施男女同等待遇原则的理事会第2004/113号指令(OJ EC L 373/37 of 21 December 2004)第2条(c)项中,将"骚扰"界定为,"与人的性别相关的非自愿的行为……其目的或者结果是侵犯了人格尊严,和营造了一个有威胁的、敌意的、有辱人格的或者令人反感的环境。"该指令第8条第(2)款规定:"成员国应当在其国内法体系中引入必要的措施,以劝阻的以及与所受损害相当的方式……就因遭受本指令意义上的歧视而由受害人遭受的损失和损害,确保真正的有效的金钱赔偿或补偿。先前确定的最高限额不得限制这种金钱赔偿或补偿。"第Ⅵ-2:203条不仅仅规定了对性骚扰的防范。它也确保,在受第Ⅱ-2:101条调整的情况中非合同责任法规定的适当的救济方式是可用的:参见第Ⅱ-2:104条(救济)。

对未成年人的保护。在性侵害方面,未成年人需要得到特殊的保护。

示例4

父亲F以不从就将其杀害作为威胁强迫其未成年女儿与自己进行性行为。这构成了对儿童人格权的侵犯;此外,根据案件的具体情况,也构成对母亲和妻子人格权的侵犯。

示例5

通过不作为侵犯他人的性领域也是可以想象得到的,例如,对有智力障碍的未成年人之家的管理没有防止年轻的女孩进行性行为,而对于这些行为,她们在情感和社交关系上都还没有准备好。在处理电子媒体领域的特殊难题方面,理事会关于在视听和信息服务中保护未成年人和人格尊严的建议自1998年9月24日起已经就位,并被迅速地纳入了许多国家的法律体系中(Evaluation Report, COM(2001) 106 final)。

自由权。第Ⅵ-2:203条并没有尝试列出所有与非合同责任法相关的侵犯人格尊严的各种表现形式。由于生活的多面性,这是不可能的事情。不过,特别提到的有对个人隐私或私人领域的侵犯和对他人自由的侵犯。对"自由",本文本将之理解为身体行动的自由,也就是说,离开现在所处的某地的权利和不被强迫前往某地的权利。另外,被阻止进入一个特定的场所或者仅仅是某行为决定的自由受到不利影响,并不构成对自由的侵犯。

示例6

一家协会在没有很好的理由的情况下禁止自己的一个会员进入协会俱乐部的房间。这里并不存在给该协会会员造成损害的对自由的侵犯。

示例7

如果某人停车阻碍了另一辆停放的汽车，使得该车的主人购物回来后不能开车离开，立场也是一样的。从侵犯财产权的角度看，这种情况可能也是相关的。不过，它并不涉及对自由权的侵犯，理由很简单，因为车的主人可以在任何时候通过其他方法离开停车场。

示例8

在另一方面，如果某人被锁在屋里，则构成对自由的侵犯——尽管房屋占有人断了腿躺在里面而不可能冒险从现场离开。关键的是权利受到了侵犯的事实，而不是权利能否实际行使。

对无辜者的逮捕和监禁。无辜者被逮捕和监禁情形的国家责任问题不是第Ⅵ－2:203条的适用范围。这可以从第Ⅵ－7:103条（公法职能与法院程序）中得出。

隐私权。本条也明确提及了保护私人领域的权利，该权利被视为保护人格尊严权利的一种表现。保护私人领域的权利确保每个人都享有一个他人无法接触的私人生活空间，对此，每个人都必须尊重。侵犯私人领域的方式自身是如此之多，以致无法用详尽无遗的案例群来涵盖所有类型。例如，它们包括骚扰，较远的，如故意监视他人的私生活。另外，未经授权对私人房地产拍照却并不构成对私人领域的侵犯。不过，这类行为可能构成对财产权或法律所保护的利益的侵犯。

当代名人。必须要强调的是，每个人都享有对私人领域的权利，名人也不例外。"私人领域"不能被理解为仅仅是私人住所（公寓、住宅等）意义上的空间。如某人希望在餐馆里独自一人或和朋友一起吃饭，也存在私人领域，私人领域的存在完全不取决于该人现在是否声名狼藉。

示例9

一位世界闻名的公主在一家健身房作了停留，在其于一间独立的房间内锻炼时，某人在其不知情的情况下用隐蔽的摄像头对她进行了偷拍，或者在她与私人伙伴于咖啡馆聊天时对她进行了偷拍，都侵犯了他人在私人领域的权利。

保护公共利益。保护公共利益的抗辩（参见第Ⅵ－5:203条（对公共利益的保护））基本上并不是用于防止对人格尊严的侵犯，因为保护人格尊严本身也是为了公共利益。然而，这并不能排除在决定是否实际上构成对人格尊严的侵犯时，需要考虑个案中的所有因素。为了公共利益而行为的抗辩在第Ⅵ－2:204条（传递有关他人的错误信息所致的损失）的背景中也有意义，此时，诽谤采取了散布关于他人的虚假信息的形式，给他人造成伤害。

C. 法人

关于具有法律相关性的损害的一般条款的适用。本文本仅特别规定了对自然人的无形人格权(*Persönlichkeitsrechte*)的侵犯。法人是否也被赋予了"人格权"的特殊问题在本条中没有明确规定。因此该问题应根据第Ⅵ-2:101条(具有法律相关性损害的含义)第(2)款(b)项通过司法考虑来解决。参见对第Ⅵ-1:103条(适用范围)的评论。根据既定国家现有的关于基本权利的规则,可以想象,这一问题会导致不同的解决方案(参见对第Ⅵ-2:101条的注释Ⅷ82)。另一方面,法人能够侵犯人格权是没有疑问的。换句话说,在第Ⅵ-2:203条的框架内,并没考虑法人作为请求人和受害人的情形,但是它们肯定能作为被请求人和加害人。对于媒体业中的企业亦同。在可以要求这些企业进行赔偿的意义上,*它们对其存在并不享有宪法上的保护,即使请求额可能如此巨大,危及了企业的经济基础。

D. 对死者人格权的保护

对人格的死后保护和对自身权利的保护。如前文所提到的(参见上述对第Ⅵ-2:101条(具有法律相关性损害的含义)的评论B),对死者人格权的保护问题也同样没有明文规定。在这里,仍应主要参考相关国家的基本权利的概念(参见对第Ⅵ-2:101条的注释71~77)。因而法院必须基于第Ⅵ-2:101条第(1)款(b)项来解决死者人格权的保护问题。问题常常仅是围绕着死者近亲属提出的禁止令请求,他们就对死者生活的特定描述提出了异议。在这些情形中,损害赔偿请求权很少受到考虑,但是在它涉及经济损失时——如为了广告目的不正当地使用了死者的姓名或肖像,不会被排除。不过,并非罕见的情形是近亲属基于自己的权利受到侵犯而提起诉讼,因为他们自己的人格尊严也受到了影响。如果死者人格权得到承认,毫无疑问,这样一个权利不会永久得到保护。一个得到接受的解决方案是,通过类推适用欧盟协调版权保护期限的第93/98/EEC号指令的第1条第(1)款,采用死后最长70年的期限。

E. 诽谤(第(2)款)

第二章第二节并未特别规定诽谤。第二章第二节并没有关于诽谤的特别规定。这是因为很难在非合同责任法上就"荣誉"保护的复杂问题,以政治上可接受的方式来加以规范。法律制度对个人的荣誉、名誉、社会中的良好名声或者身份,或者类似品质应给予的保护程度是一个在欧洲不同司法辖区间有争议的问题,这不仅仅因为这种保护必然要求对表达自由进行相应的限制。所以,并无以一般方式对这些个人品质直接加以保护的尝试。本文本将自己限定于下述规定,如果可适用的国内法有规定,则对名誉的侵害构成具有法律相关性的损害。不过,即便国内法不施加责任,如果牵涉到传递虚假信息而责任人可归责的,则该诉请仍然可以胜诉:参见第Ⅵ-2:204条(传递

---

* 疑此处原文有误("在不能要求这些企业赔偿的意义上"),妥当的理解应是"在可以要求这些企业赔偿的意义上"。原文为:That holds true also for businesses in the media. Such undertakings enjoy no constitutional protection of their existence in the sense that they cannot be called on to make reparation, even though the quantum of the claim may be such as to endanger the financial basis of the undertaking. ——译者注

关于他人的错误信息所致的损失)。

刑事诽谤。将规则建立在最低程度的主张之上,即至少在请求人成为刑事诽谤的受害者时,会存在具有法律相关性的损害,也显得不太可能。这个方法可能会导致多样的法律结果(因为刑法并不统一)。例如,仅向被诽谤的个人传递的诽谤性言论只有在一些刑事辖区才构成刑事诽谤(如德国、英格兰和威尔士,但是在奥地利和西班牙则不构成)。无可否认的是,可适用刑法的这种多样性并非这一领域的特性。同样的固有的多样性也适用于违反法定义务的责任(因为这些义务在不同地方表现不同),甚至适用于过失责任,因为对这一概念的具体化的方式取决于并仍将取决于地方的特殊性。尽管如此,多样性的问题在这里尤其尖锐。在一些国家的法律制度中(如普通法),一些刑事诽谤并不导致私法上的责任。刑法上这一难题对私法目的而言显得过度,而有必要进行明确的限制。针对私法上的责任,只有那些用来保护个人的荣誉和好的名声的罪行才应被考虑;而那些企图保护公共利益的罪行(如阻止妨害治安或者阻止斗殴)以及做出*真实*的诽谤声明而入罪的,则不应被考虑。不过,这种限制的必要性只是用于表明下述基本问题,即个人在何时才有权就诽谤获得补偿而不应诉诸刑法来解决。因为,尽管根据定义,罪行的存在表明,相对于社会来说,个人超越了表达自由的边界,但这并没有自动解决进一步的问题,即*相对于请求权人来说*,该行为是否保证了私法中的赔偿权。相反地,也存在一些情形,对此,私法上的责任得到肯定,而刑法并不认为构成犯罪。这对于英格兰法是特别成问题的,在那里,书面诽谤而不是口头诽谤才可以构成犯罪,以及在基于国家进行惩罚所需的有争议的严重性要件排除了许多非轻微案件的情形,非合同责任却得到了承认。苏格兰的立场甚至更为鲜明,它们不再承认诽谤这一犯罪行为。就苏格兰法而言,在该方面,有关刑事诽谤的非合同责任的规定将一事无成。考虑到这些困难和复杂性,在欧洲的层面将诽谤的非合同责任与对一国刑法的违反行为相连接的尝试被放弃了。

表达自由。显然所有的欧洲社会都尊重表达自由并为之培育了空间,而不考虑保护做出声明的公共利益,否则该声明会被认为超过了表达自由的边界。不过,在既定情形,例如,对个人社会身份的攻击,可能在方式或深度上过于肆意或者苛刻,以致可以合理地认为构成了尊重人格尊严的权利的侵犯。或许并不存在对社会中的特定地位的权利(因为社会会就某人性格的优点和成就会作出自己的评价);但是个人的尊重人格尊严的权利包括不必容忍恶意且不正当地诋毁名誉之行为的权利。

F. 与第二章第2条其他条款的关系

竞合。可以想象到的是,第Ⅵ－2:203条的适用范围在几种情况下会与其他条款的适用范围发生竞合,但这并不说明会存在问题。被害人在这种情况下可能享有两种或两种以上的诉讼基础,但是自然只能享有一项获得赔偿或者其他救济的请求权。不过,可能存在的情况是,在一则单一的事件中,会出现累积的一系列不法行为,在确定和赔偿已造成的损害时,对这一系列的不法行为应分别进行处理。一则例子就是,右翼暴徒因为作为受害人的一名外国人的不同外貌而对其造成人身伤害。

注　释

Ⅰ.对自由的侵犯

1. 对自由的侵犯在法国(《新刑法典》(Nouveau Code Pénal, NCP)第224-1条)和比利时(《刑法典》第434条)是可以受到刑事处罚的。在这两个国家,违反刑法的行为根据事实(*ipso facto*)会构成侵权性的*民事过错*(*faute civile*)(*Carbonnier*, Droit civil IV[21], no. 231 p. 398);身体行动的自由因此是非合同责任法保护的独立利益。西班牙(《刑法典》第163条以下并用第109条)和意大利的立场完全相同。经济损失和非经济损失同样都可以获得赔偿;在这一点上,《民法典》第2059条的限制不再是可依赖的根据,遭受不当监禁也是如此(Cass. pén. 25 November 2003-22 January 2004, no. 2050, Giur. civ. comm. 2004, I, 56)。

2. 在所有其他欧盟成员国,对身体行动自由权的侵犯当然也属于受侵权法的保护的独立利益,例如,参见《德国民法典》第823条第(1)款并用第253条第(2)款;《葡萄牙民法典》第483条;《希腊民法典》第914条以及第932条;《匈牙利宪法》第55条第(1)款和《民法典》第76条以及第84条第(1)款(e)项;《波兰民法典》第445条第(2)款;《斯洛文尼亚债法》第134条和第179条;《奥地利普通民法典》第1329条;《荷兰民法典》第6:106条第(1)款(b)项("对他人人格权的侵犯";Asser(-*Hartkamp*), Verbintenissenrecht I[12], nos. 465~467 pp. 425~430);《瑞典损害赔偿责任法》第2章第3条(通过犯罪行为对自由的侵犯);《芬兰损害赔偿责任法》第5章第6条第(1)款(与瑞典相同);《丹麦损害赔偿责任法》第26条第(1)款和《爱沙尼亚债法》第1045条第(3)款。其中的一些条文将自己局限于澄清,在侵犯自由的情况,也存在赔偿非金钱损失的诉因。在瑞典,这些损害被称为"对愤慨(indignation)的补偿"(reparation for indignation);在芬兰,会谈及对因愤慨而遭受的痛苦的补偿。在被错误地推定为罪犯者受到不当监禁的情形,几乎到处都存在特殊的规则来调整国家的损害赔偿责任。

3. 在普通法中赔偿侵犯自由的损害后果的侵权中,错误监禁侵权是最为显著的例子。"错误监禁"在 *Dullaghan v. Hillen* [1957] Ir Jur 10, 15 这一爱尔兰的判例中被定义为"以拘禁或者强制去往特定地方的方式,非法地完全限制他人的人身自由"。监视(surveillance)不被认为是错误监禁(*Finlay CJ in Kane v. Governor of Mountjoy Prison* [1988] ILRM 724, 735)。不过,错误监禁也可能是心理上的(*Phillips v. G. N. Railway Co. Ltd.* (1903) 4 NIJR 154)。

4. 在一些法律体系,侵权法上保护自由的观念超出了对人身行动自由的保护。例如,根据希腊法,如果某人被拒绝以未经授权的方式进入特定的房间(CA Athens 807/1956, NoB 4 [1956] 624)或者供一般使用的地方(如海滩,比较 A. P. 244/1959, NoB 8 [1960] 162),则遭受了对自由的侵犯。在意大利,公认的是,某些受到宪法特殊保护的自由权(如宪法第16条[迁徙自由和选择住所的自由])甚至在私法和法人之间也产生第三人效力(*Bianca*, Diritto civile I[2], 146)。在西班牙,人格的自由发展权(*libre desarollo de la personalidad*)是基于保护自由的观念,例如,在过度的噪声污染的情形下,它已经得到实现(TS 29 April 2003, RAJ 2003 (3) no. 3041 p. 5721)。除此之外,手术前没有充分告知病人相关信息的责任也是*特别*基于侵犯个人自由的观念(TS 12 January 2001, RAJ 2001 (1) no. 3 p. 18),这同样适用于*错误怀孕*情形中的医生的责任

(对个人成为父母的决定自由的侵犯:TS 3 October 2000, RAJ 2000 (4) no. 7799 p. 12036)。

Ⅱ.对无形人格权的保护

5.在今天已经得到公认的是,不仅个人的身体完整性和身体移动自由受到侵权法的保护,无形人格权也同样受到侵权法的保护。但是这一侵权法保护的范围和作为其基础的法律依据还不存在普遍的一致意见。法律体系,如普通法,从个别的和非常特殊的请求入手;此外,另外一些法律体系发展了数目较多的"特别"人格权;还有一些法律体系,因为仅承认少数的"特别"人格权,在此之外,发展出了包括一切的"一般人格权"。当然,"特别的"无形人格权最终仅在相关法律已经对之进行了详尽规定的程度上区别于"一般"人格权,而"一般"人格权不管是从解释制定法而来,还是仅是司法发展法律的结果,都采取了一般条款的形式。

6.法国法属于确保对大量的特定无形人格权提供必要的侵权法保护的法律制度的类型。最为宽泛的条文是与保护私人领域的权利相关的(《民法典》第9条)。而且,对限制使用某人姓名的权利(Cass. civ. 5 February 1968, JCP 1968, II, 15670)、限制复制某人肖像的权利(CA Versailles 30 June 1994, D. 1995 jur. 645, note *Ravanas*)和限制复制某人声音的权利(CFI Paris 3 December 1975, JCP 1978, II, 19002, note *Bécourt*)(对其的侵犯也构成对《民法典》第9条的违反)等也提供了侵权法的保护。但是,在后面的情形,是否需要证明实际损失或者侵犯自身已经使得请求权得到正当化,似乎还不完全明确;而非经济损害在任何情形下都是充分的(Rép. Dr. Civ. (-*Tallon*) Ⅷ, no. 148;另外参见CFI Nanterre 6 April 1995, GazPal 1995 jur. 285)。比利时和卢森堡的出发点也是一样的,唯一背离的是缺少保护私人领域的特别制定法规范(就更详尽的阐述,参见*Guldix and Wylleman*, TPR 1999, pp. 1624-1631 nos. 21~23)。在这里,主流的观点认为,对人格权的侵犯*本身*还不足以证明存在过错和损害(例如,参见CA Brussels 8 November 1989, RGAR 1992, 11906),当然,有其他人认为,对现今的判例法应作出相反的解释(*Guldix and Wylleman* loc. cit. pp. 1632-1639 nos. 25~26)。

7.西班牙法也没有承认一项"一般"人格权。但是它确实保护了大量的"特殊"无形人格权,而且主要求助于相关的基本宪法权利。被引用的如禁止歧视(《宪法》第14条)、对生命、身体完整性和道德完整性的权利(《宪法》第15条),荣誉权、对个人和家庭私密领域的权利以及控制复制个人肖像的权利(《宪法》第18条第(1)款;在《对荣誉权、私生活权及个人肖像权的民事保护法》中基于私法目的特别制定和规范了这些权利),住宅不可侵的权利(宪法第18条第(2)款)以及保障通信秘密的权利(《宪法》第18条第(3)款)。其他无形人格权如控制使用个人姓名的权利(《民事登记法》[第53条:"针对所有人"的对控制使用个人姓和名的权利的保护])。

8.在意大利的学说中,就是否单独存在"特别的"人格权,还是这些"特别"人格权是综合的"一般"人格权的集合表现,而"一般"人格权是"特别"人格权的基础,是有争议的(参考文献可见*Cendon*, Commentario al codice civile IV(2), art. 2043, no. 11.2. p. 1993)。《意大利民法典》仅明确承认了"特别"人格权(如《民法典》第6~10条:姓名和肖像)。不过判例一度偏离这一目录而承认了其他主观人格权的存在(例如,尊重个人隐私的权利[Cass. 25 March 2003, no. 4366, Giust. civ. 2004, I, 2417; Cass. 10 May 2001, no. 6507, Giur. civ. comm. 2002, I, 529]和对自己身份的权利[Cass. 7 February 1996, no. 978, Foro it. 1996, I, 1253(涉及法人团体(a body corporate)); CFI Modena 23 October 1996, Riv. dir. ind. 1997, II, 177; CFI Rome 10 February 1993, Foro it. 1994, I, 1237; CFI Rome 27 March 1984, Foro it. 1984, I, 1687])。由于无形人格权受到宪法的保护,早期非财产损害可赔性的难题,近来随着对《民法典》第2059条解释的发

展,已经得到解决;这些损失现在也可获赔(Cass. 18 March 2005, no. 5677, Dir. e Giust. 2005, fasc. 19, 38:因冒犯尊严或者荣誉而造成的非财产损害也可以获得赔偿,尽管并未实行刑法上的冒犯行为;在涉及宪法层次的人格权时,《民法典》第2059条的限制并非决定性的)。

9. 匈牙利属于同时承认经典的特别人格权概念(姓名、肖像、声音、荣誉、声望和名誉、通信秘密、对个人智力创作的保护等)和一般人格权概念的国家之一(《民法典》第75条和第85条; Gellért (- *Benedek*), A Polgári Törvénykönyv Magyarázata[6],1343; Gellért (- *Zoltán*), A Polgári Törvénykönyv Magyarázata[6], 267 ~ 272; Petrik (- *Petrik*), Polgári jog I[2], 160/26 ~ 171; AB határozat 8/1990 (Ⅳ. 23))。特别是,对人格尊严和信仰自由的侵犯,被认为是对一般人格权的侵犯(《民法典》第76条)。受教育的人格权也是存在的,对其侵害(例如,大学未及时提及已订立的培训合同无效: BH 2004/235),判例法也提供了对非经济损害的赔偿。《斯洛文尼亚债法》第181条以"侵犯尊严"为标题,为那些性自决权受到侵害或者尊严受到犯罪行为冒犯的受害人所遭受的非经济损害提供了一项赔偿请求权。《波兰民法典》第23条和第24条通过大量的法律救济(禁止令、撤回声明和损害赔偿)来保护人格权。该条明确规定,人格权包括"自由、尊严、(和)信仰自由"。

10. 希腊(《民法典》第57条)和葡萄牙(《民法典》第70条第(1)款)属于甚至是在民法典中都要求构建"一般人格权"的法律体系。两国的民法典都额外勾勒了"特别"人格权的范围。例如《葡萄牙民法典》提及死者人格权(第71条),控制他人使用自己名字的权利(第72条和第73条),控制他人使用自己笔名的权利(第74条),对秘密的邮政通信的权利(第75条和第76条),对家庭回忆录和其他秘密手稿的权利(第77条),对非机密的邮政通信的权利(第78条),控制他人复制自己肖像的权利(第79条)以及保护个人私生活隐私的权利(第80条)。

11. 德国和奥地利也使用一般人格权的概念。在德国,一般人格权完全是通过判例法发展出来的,它直接基于宪法中有关保护人格尊严(《宪法》第1条)和人格自由发展权(《宪法》第2条第(1)款)的条款(精子案,BGH 25 May 1954, BGHZ 13, 334, 338;*特别是*,可进一步参见BGH 2 April 1957, BGHZ 24, 72, 76; BGH 20 March 1968, BGHZ 50, 133, 143; BGH 5 December 1995, NJW 1996, 984; BGH 1 December 1999, NJW 2000, 2195, 2197)。对严重侵犯一般人格权判给的非经济损失的损害赔偿具有惩戒或威慑的特征,它主要是针对大众传播媒体,反过来,这又成为了相对较高的赔偿额的理由(BGH 15 November 1994, BGHZ 128, 1, 15; BGH 5 December 1995, NJW 1996, 984)。对非经济损害的诉求直接基于宪法第2条第(1)款以及第1条的规定(BVerfG 8 March 2000, NJW 2000, 2187, 2188; MünchKomm (- *Oetker*), BGB[4], § 253, no. 14)。

12. 在奥地利,最早是依靠《民法典》第16条来规范(也即,在《民法典》第1328a条[保护私人领域的权利]于2004年1月1日生效之前)。现在,*尤其是*身体健康权、荣誉权、保护商业信誉的权利、控制他人复制自己肖像的权利、尊重个人的私人领域的权利、限制电话、磁带和图片记录的权利以及人格权的死后保护也由这一条款来调整(特别是参见OGH 27 February 1990, SZ 63/32,根据该判例,《民法典》第16条实质上保护人格尊严,以及OGH 18 December 1992, SZ 65/166,它表明宪法中保障的基本权利的一般道德概念通过《民法典》第16条渗入私法体系中)。除了这些具体情形外,是否还存在"一般"人格权,尚未得到最终的澄清(对不同方法的概览,参见Rummel (- *Aicher*), ABGB I[3], § 16 nos. 12 et seq.)。

13.《荷兰民法典》第6:162条第(2)款保护任何一种"权利"。《民法典》第6:106条第(1)款

(b)项赋予了一项请求赔偿非经济损失的权利:"受害人受到身体伤害,其荣誉或者好的名声受到玷污或者其人格状态通过其他方式受到伤害"。其中最近得到命名的加害行为有对个人私人领域的侵犯(HR 9 January 1987, NedJur 1987 no. 928 p. 3139);对尊严的侵犯(对某人自我价值感以及作为媒体侵权结果对某人在第三方眼中的评价的损害)在冒犯荣誉和名誉的背景中得到起诉(Schadevergoeding II(–*Lindenbergh*), art. 6:106, no. 27.1 pp. 195~204)。所以说,无形人格权典型来源于是宪法和(在第93条中提及的)关于人权的保护的国际条约。而这样的人格权能否被理解为位于民法典的四角外围的一般的和未被列举的基本规范的附带结果,以至于完全不必要再依赖《民法典》第6:162条第(2)款中列出的具体权利,并且人们实际上应该依赖对《民法典》第6:162条第(3)款提到的"社会交往中的不成文规范"的违反,则是有争议的。以上两种路径都为判例法所采用,但是事实上对结果没有产生实际的影响(更多的细节描述及参考文献,参见 *Jansen*, Onrechtmatige Daad: algemene bepalingen[2], art. 6:162(2) nos. 7~8, pp. 75~95 and no. 32 p. 262)。

14.《爱沙尼亚债法》第1046条规定,"除法律另有规定外,对他人的诽谤,*尤其是*通过传递不当的判断、不当使用他人的姓名或肖像或者违反他人的私生活或者其他人格权的不可侵性而做出的诽谤行为,是违法的。"

15. 在北欧国家,"人格权"这一术语在很大程度上不为人知,并且在任何情况下都是不寻常的。无论是在宪法领域还是私法领域,一般隐私权或一般人格权的范围都被认为很难界定(*Strömholm*, SvJT 1971, 695; *Strömholm*, Right to Privacy and Rights of Personality, 59; *Stenvik*, TfR 2003, 601)。因此,对隐私和人格的保护是基于一系列的特别法;《欧洲人权公约》第8条的水平效力被否认(Swedish HD 29 October 2007, NJA 2007, 747)。国内的损害赔偿法主要运用了赔偿"冒犯行为"(affronts)这一概念,赔偿有时需要犯罪行为的存在(《瑞典损害赔偿责任法》第2章第3条)。一些特别起草的制定法规则补充了这些一般法,例如,关于瑞典,参见《禁止歧视法》第16条和第21条(举证责任倒置——关于此,可参见 HD 28 March 2006, NJA 2006, 170[一对女同性恋因为在餐馆接吻被驱逐出去,对其受伤的情感判给了损害赔偿]);《信用信息法》(*Kreditupplysningslag*)第21条;《个人资料法》(*Personuppgiftslag*)第48条;进而有基于《广告中的名称和图片法》(Lag om namn och bild i reklam)规定的责任制度,以及基于《新闻自由法》(*Tryckfrihetsförordningen*)以及《关于表达自由的基本法》(*Yttrandefrihetsgrundlag*)的受到明确的、完全独立调整的新闻媒体责任制度(丹麦同样也有一部媒体法可用,但是它将新闻媒体的责任归属于一般侵权法,即使是在未经授权公布相关者的私生活的照片的情形,例如,比较 Eastern CA 16 April 1985, UfR 1986, 405 和 Eastern CA 23 October 1990, UfR 1991, 194)。在芬兰的判例法中值得特别注意的是 1 April 1982, HD 1982, II, 36 案(在一份旅游宣传册中印制了一名军官的照片;责任得到了确认,因为没有得到他人的许可不得在这样一个宣传册展现他人,但是不能仅仅从该军官未经驻军命令(Garnisonsordre)的完全许可而穿着制服这一事实中得出对隐私的侵犯)和 15 October 1986, HD 1986, II, 131 案(在电视中广告一家报纸;仅仅基于报纸中合法展现的名人没有同意报纸的广告这一事实,不能得出对其权利的侵犯)。

16. 不过,《芬兰损害赔偿责任法》第5章第6条第(1)款第(2)~(4)项同时已经向一般人格保护的概念发展了。根据下述条文,"2)通过可受刑事处罚的罪行而受到歧视者,3)个人尊严因故意或重大过失受到严重冒犯者,4)人格优点(human merit)因故意或重大过失并以类似于第(1)~(3)项的方式受到冒犯者"可以请求损害赔偿。类似的条款实际上也可以在瑞典和丹麦找到，但是它们表达的内容更为狭窄。

17. 英格兰法没有承认"一般人格权"；甚至也没有承认一项"全面的、包罗一切的'侵犯隐私'的诉因"（Lord *Nicholls of Birkenhead* in *Campbell v. Mirror Group Newspapers* [2004] UKHL 22; [2004] 2 AC 457; [2004] 2 WLR 1232, 1236 at 11）。不过，无形人格权保护的主要方面属于对违反保密义务的侵权行为的新解释的范围（更多细节，参见以下注释Ⅲ28）。

18. 在爱尔兰，当个人的宪法权利受到妨害（"宪法性侵权"）时，主流的观念承认了存在民事违法行为，参见 *Meskell v. Córas Iompair Éireann* [1973] IR 121, 133 (*Walsh* J)。对明确列举的基本权利的保护是从《宪法》第 40～44 条中得出的（如人身自由，住宅不受侵犯，表达自由与信仰、自由职业和宗教活动自由）。而且某些未列举的权利源自《宪法》第 40.3.1 条，其存在首先由 *Kenny* 法官在 *Ryan v. A－G* [1965] IR 294 一案中予以承认，该法官扩展了对未指明的"个人权利"的承认，这些权利建立在"基督教和国家的民主本质"之上。有些权利没有在宪法中明确提及但已经被司法机关视为应予保护，属于该权利名单的，*特别有*身体完整权和（婚姻）隐私权。然而，在私法的背景下，古老的普通法实践，即必须在已经确认侵权的特定情形中将获取诉因（参见注释Ⅱ5），导致主流观点认为，在私法发挥作用的情形，没有必要存在一个得到清晰界定的"一般"无形人格权的概念，因而无须提及特殊人*格权*这一概念。对这种固守先前承认的侵权行为，而不探究宪法领域以便在私法背景下建立一项诉因（因此妨碍了"宪法上侵权行为"的发展）的司法偏爱的展示，始于 *Henchy* 法官在 *Hanrahan v. Merck, Sharpe & Dohme (Ireland) Ltd.* [1988] ILRM 629 一案中的陈述："人们当然可以在不存在普通法或制定法的诉因的场合，直接提起侵害宪法权利的诉讼……但是当他能够将其诉讼建立在既有的侵权行为之上时，通常他就被限定在该侵权的限度内。"在 *W. v. Ireland (No. 2)* [1997] IEHC 212, [1997] 2 IR 141 案中，*Costello* 院长顺带提到，宪法上保障的权利可以划分为两类：一种是受宪法之外的其他法律（普通法和制定法）调整和保护的权利，另一种是不受其他法律调整和保护的权利。*Costello* 院长得出结论认为（依从 *Meskell* 和 *Hanrahan*），对于后一类权利，宪法应被解释为就侵犯宪法权利的损害赔偿提供了一项单独的诉因，这一点已经得到牢固确立。*Barrington* 法官在 *McDonnell v. Ireland* [1998] 1 IR 134, 148 案中认为，"如果一般的法律为维护宪法权利提供了的充分的诉因，那么在我看来，受害人一方不得要求法院设计出一个新的不同的诉因"。在评论中确实曾简要地提到，法院已经确立了下述原则，即政府或者个人对宪法权利的侵犯，可以获得损害赔偿或者禁止令的救济，但在用新的宪法救济制度来代替先前存在的制定法和普通法上的救济这一前景上它们逡巡不前，不过它们并未否认这一原则。相反，它们依赖先前存在的法律，以之作为媒介在大部分的案件中导入宪法的救济，从而试图缓和这一原则的实践效果（*McMahon and Binchy*, Torts[3], para. 1.60）。在私法的背景下，对于良好名声的权利（《宪法》第 40.3.1 条）传统上是通过诽谤侵权来保护的，而不直接求助于宪法。但是，这一对先已存在的侵权的偏好在下述情形看得最为生动，即尽管隐私权被认为属于未明确列举的宪法权利，其私法中的存在仍可通过一系列不同的侵权行为（根据权利受侵害的不同情况来加以调整）来满足需要，从而导致现在并不令人满意的状态以致对这一领域的改革已经正在被提出，而且确实公布了一份隐私法案（参见下文注释Ⅲ29）。不过可能存在争议的是，在 *Norris v. A－G* [1984] IR 36, 71 案中，（持有异议的）*Henchy* 法官认为，"在基本的人身权中，有一组权利，它们在性质、目的和范围上不同（在宪法秩序下，每一个都必然是公民个性之核心的一个方面），并常常被简称为隐私权"，从而承认了这种一般人格权（尽管在语言上称其为隐私权）的存在，并且将隐私作为所有人格权的关键内容。不过，尽管这一附带意见之后得到其他法院的援引(参见 *A Ward of Court*, *Re* [1996] 2 IR 73),但这并没有带来以下契机,即利用这个陈述作为概念上的基础来安置这一组权利,并因此发展 *Henchy* 法官的解释来构造一个"一般"的包罗万象的人格权或者从中衍生出其他特殊的人格权。使用个人真实姓名的权利(通过假冒侵权行为来解决)是从商业上的尤其是从财产意义上来看待的,这和下述思想很难调和,即这一该权利为人格的固有特征,与人格尊严有着不可分割的联系,这一事实应属于需要保护的无形人格权的项下。对违反保密义务这一衡平法领域在概念上的理解也和这一财产观念相关(Lord*Denning* MR* 和 *Winn* LJ 在 *Seager v. Copydex Ltd.* (*No.* 2) [1969] 1 WLR 809 案中的附论(*dicta*)支持类推适用对财产利益的侵占之诉这一观点)。正如已经指出的,尽管商业类的秘密信息可能会被视为财产,但是大多数个人私密信息却很少是这种情况(*McMahon and Binchy*, loc. cit. para. 37.22)。对宪法上的侵犯是否构成未造成损害的侵权行为(*injuria sine damno*)这一问题,也就是说,在这些行为自身是否是可诉的问题上,尽管在 *Kearney v. Minister for Justice*, *Ireland and the A-G* [1986] IR 116 案中,*Costello* 法官认为对犯人通信的宪法权利的侵犯,即便没有证明损害存在,也仍然是可诉的,不过,并不能得出结论认为在所有的情形都是如此(*McMahon and Binchy*, loc. cit. para. 1.63)。

19. 在苏格兰,《1998年人权法》于2000年10月2日生效(为了"进一步实施"《欧洲人权公约》)。这一法案的水平效力在判例法中尚未得到最终的澄清(*MacQueen*, (2003) 78 TulLRev 363),实践中使用的也是侵权法上已经得到确立的受保护的法律利益,而非发展出或实际认可无形人格权这种事物。苏格兰的立场与大陆法系司法辖区在该问题上的立场略为接近,看一下妨害权利之诉(*actio injuriarum*)责任的一般背景即可看出这一点。对此,有认为,违法行为(*injuria*)(被称为"侮辱或者冒犯人格")和伤害意图(*animus injuriandi*)得到证明,不用证明遭受实际损失或财产损失,该不法行为就是可诉的,至少就抚慰金而言是如此(*Walker*, Delict[2], 40)。自尊和荣誉得免于不当攻击,公共名誉和他人眼中好的名声亦同(*Walker*, loc. cit. 729;参见下述注释Ⅳ42)。公布纯粹关于个人的私人事务是对人格的侵犯,这是由"一组责任"(pockets of liability)加以保护的,而非通过一般权利来保护(*MacQueen*, (2004) 8 Edinburgh LRev 248, 251)。传统上对隐私权的承认这一问题出现的情形包括:发表未经许可偷拍的照片(*Pollard v. Photographic Co.* (1889) 40 Ch. D 345, *arguendo*),未经许可在广告中使用他人姓名或称号或照片或以其他方式提及或展现他人(比较 *Tolley v. J. S. Fry & Sons Ltd.* [1931] AC 333),未经授权在广告中公布的伪造的证明信中使用他人的姓名(比较 *Mazatti v. Acme Products Ltd.* [1930] 4 DLR 601),未经某名人的同意、知悉或共同合作并违反其意愿发表其传记(*Walker* loc. cit.)。从上面这个名单中可以看出,在这里隐私权被视为不同的人格权的更宽泛的来源,包括控制他人使用自己姓名和肖像的权利,尽管在最近的判决中,实际上是违反保密义务的观点得到扩张,并适用于更宽泛的人格权领域(参见 *Campbell v. Mirror Group Newspapers* [2004] UKHL 22; [2004] 2 AC 457; *Douglas v. Hello! Ltd.* (No. 3) [2003] EWHC 786 (Ch), 3 All ER 996 (*Lindsay* J); and*A v. B plc.* [2002] EWCA Civ 337, [2003] QB 195)。

Ⅲ. 隐私权

20. 隐私权在某些司法辖区得到了特别的区分。因此,《法国民法典》第9条规定,"每个人都

* MR 指 Master of the Rolls,英国上诉法院民事庭庭长;下面的 LJ 指 Lord Justice of Appeal,英国上诉法院法官。——译者注

享有其私人生活受尊重的权利"，当该权利受到侵犯时，法院为法律敞开了大量可能的救济。制定法并没有界定私人生活(*vie privée*)这一术语的准确含义。进一步的发展留给了法院。其含义主要包括家庭和个人生活、日常的家事、健康状态、爱情生活和感情生活、友谊和假期、工作生活中的私人方面以及墓地的位置及形状等(*Cornu*, Droit civil[10], no. 516 pp. 234～235)。与其他人格权的重叠情形也是可以想象的(例如Cass. civ. 10 June 1987, Bull. civ. 1987, I, no. 191 p. 141:在一个演员乘坐轮椅离开医院时，违反其意思为其拍照构成了对其私人生活和肖像权(*droit à l' image*)的侵犯)。《民法典》第9条甚至被用作承认手术后性别变更的基础(Cass. ass. plén. 11 December 1992, Bull. civ. [ass. plén.] 1992 no. 13 p. 27)。不过，他人的合法利益并不受《民法典》第9条的影响(例如，Cass. civ. 6 May 1999, Bull. civ. 1999, II, no. 85 p. 63:在离婚诉讼中将日记记载作为不忠的证据是被允许的)。违反《民法典》第9条会产生损害赔偿请求权，即使不能证明实际损失或*过错*(Cass. civ. 5 November 1996, Bull. civ. 1996, I, no. 378 p. 265)。

21. 在比利时法中，在这个领域内的债法的出发点是宪法第22条，该条保障了每个人对私人生活和家庭生活的权利。截至目前，对这些术语的普遍接受的定义还不存在。通常它指的是个人生活发展的自由和对私人生活空间的私密性的保护(*de Theux*, Ann. Louv. 2002, 287, 293～297)。损害赔偿请求由《民法典》第1382条和第1383条的一般前提条件来调整(例如CA Gent 12 June 2001, TBBR 2003, 305, note *Sottiaux*:有关真实地报道了一个乐队成员的同性恋倾向的报纸的责任)。

22. 依据西班牙的法律，隐私权的基础是《宪法》第18条以及《对荣誉权、私生活权及个人肖像权的民事保护法》。西班牙的判例将隐私权的范围扩展得十分广泛。例如，它包括对安宁和消遣的权利(TS 29 April 2003, RAJ 2003 (3) no. 3041 p. 5721;另外参见*Martín Vida*, VersRAI 2004, 20－23; *Martín Vida*, VersRAI 2005, 57－63 and 2006, 5－8)(然而在违反夫妻忠实义务时不存在损害赔偿请求权或禁令请求权害:TS 22 July 1999, RAJ 1999 (3) no. 5721 p. 8928和TS 30 July 1999, RAJ 1999 (3) no. 5726 p. 8933)。隐私权包含对个人信息的权利;不允许任何人侵犯有关他人私生活的秘密文件(*Balaguer Callejón*, Los derechos fundamentals al honor, 102)。《对荣誉权、私生活权及个人肖像权的民事保护法》第7条列举了不被允许的侵犯行为，尤其是，安装窃听设备和摄影器材，以及刺探私人通信的方法和公布涉及个人的秘密信息。此外，法律明确表明了对私人家庭生活的保护(*intimidad familiar*)。

23. 意大利的判例也承认了隐私权。它旨在保护个人和家庭的事务和信息的私密性免受他人好奇的侵犯;侵犯这些权利构成《民法典》第2043条意义上的*非法损害(danno ingiusto)*(Cass. 25 March 2003, no. 4366, Giust. civ. Mass. 2003, 594)。在隐私权的发展过程中，最初诉讼请求是基于对有关某些"特殊的"人格权的规则(控制他人复制个人肖像的权利[《民法典》第10条]，对通信的权利[right to correspondence，《著作权法》第93～97条]，限制手稿发表的权利[《著作权法》第21～24条]等)、《欧洲人权公约》第8条和《宪法》第2条(在一项包罗万象的"一般"人格权得到承认后)。之后，针对个人资料保护的第675/96号法律明确在制定法上承认了隐私权，但仅限于特定领域。对隐私权的限制则是通过以个案为基础的利益衡量来构建的(*Cian and Trabucchi*, Commentario breve[6], arts. 1－10, § IV, nos. 1～3)。

24. 匈牙利宪法法院(AB határozat 8/1990 [Ⅳ. 23])强调一般人格权是一项辅助性的基本权利，仅在请求缺少更为具体的基础时，法院可以引用该权利。对隐私的侵犯往往属于这一类型(Gellért (－*Zoltán*), A Polgári Törvénykönyv Magyarázata[6], 274～279)，除非有特别法规范的情形,如对私人秘密的侵犯或对私人住宅的侵犯。对私人领域提供的保护的基础对人格尊严的保护(AB határozat 46/1991 [IX. 10])。例如,新闻媒体对私人性行为的真实报道(BH 2004/103),获悉自己血统的权利和外人不得否认亲属间既存的关系的权利(AB határozat 57/1991 [XI. 8];Petrik (- *Petrik*), Polgári jog I², 168~171)。《斯洛文尼亚债法》第134条就"侵犯他人人身、个人和家庭生活或者任何其他人格权的情况",为法院提供了广泛的救济措施。

25. 在德国,隐私权是由法院发展出来的一般人格权的一部分(例如 BVerfG 19 December 1995, BVerfGE 101, 361, 382 和 BGH 15 December 1999, BGHZ 131, 332, 338)。正如所说的,"如果在一审中,个人的隐私领域在空间意义上包括了一个人房子四周墙壁之间的内部区域……它就不会在前门终结。如果一个人将自己放在一个僻静的区域,客观上很明显,这里存在着自己独处的意愿……那么值得保护的隐私同样存在于住宅外面"(BGH 9 December 2003, JZ 2004, 622, note *v. Gerlach*)。因此,如果某人"克服现有的障碍或借助于合适的辅助工具(例如长焦镜头、梯子或飞机)监视他人的生活空间"就构成了对他人隐私的侵扰。

26. 相反,在奥地利(《民法典》第1328a条;2004年1月1日起生效)和葡萄牙(《民法典》第80条),隐私权又成为明确的制定法规定的主题。根据《奥地利普通民法典》第1328a条,对他人隐私的非法的有过错的侵犯以及揭露或利用他人私人事务的行为,产生对金钱损害的赔偿责任,在严重侵犯的情形,还产生对非金钱损害的赔偿责任(参见 *Helmich*, ecolex 2003, 888)。根据《葡萄牙民法典》第80条,每个人必须"尊重他人私密的私生活。这一保护的范围取决于个案的事实和当事人的生活状况"。《希腊民法典》第57条中也能找到类似的保护措施。在荷兰法中,对隐私的侵犯由《民法典》第6:106条第(1)款(b)项来调整,并且可以正当化对非金钱损害的赔偿请求(Memorie van Antwoord II, Parlementaire Geschiedenis VI, 380; HR 30 October 1987, NedJur 1988 no. 277 pp. 1097-1107; HR 1 November 1991, NedJur 1992 no. 58 pp. 177~180; Asser (- *Hartkamp*) Verbintenissenrecht I¹², nos. 465 and 467, pp. 425~430)。《爱沙尼亚债法》第1046条第(1)款明确将侵犯"私人生活或其他人格权的不可侵性"归类为非法行为。就这一点,参见 Supreme Court 3-2-1-161-06, RT III 2006, 23, 209。

27. 在北欧诸国,就个人的隐私方面的保护存在大量的制定法工具,其中也包括禁止未经授权公布他人肖像的权利;参见上文注释Ⅱ15~16。顺便提及的是,对愤慨获得赔偿的权利(the right to compensation for indignation)在这里起到了必要的作用(同上)。此处自然的出发点是《损害赔偿责任法》第2章第3条("通过不法行为侵犯他人者,包括对他人人身、自由、安宁生活的能力或者荣誉的侵犯,应当对受害人遭受的损害进行赔偿")。对他人*安宁生活能力*的保护包括保持安宁因而不得被强迫将自己的私生活提供给他人的权利(*Sandstedt*, VersRAI 2002, 9, 10)。《丹麦损害赔偿责任法》第26条的相关表述也是如此(*特别是*参见 Eastern CA 24 September 2004, UfR 2005, 123)。《芬兰损害赔偿责任法》第5章第6条第(1)款第(1)项明确规定,隐私受到侵权法的保护(更多细节论述参见 Supreme Court 19 December 2005, HD 2005 no. 136; Supreme Court 25 August 2000, HD 2000 no. 83 和 *Sisula-Tulokas*, JFT 2000, 634)。

28. 在英格兰,一再得到强调的是,不存在侵犯隐私这种侵权行为:*Campbell v. Mirror Group Newspapers Ltd* [2004] UKHL 22; [2004] 2 AC 457, 464 (Lord *Nicholls*); *Wainwright v. Home Office* [2003] UKHL 53 at [28]-[35]; [2004] 2 AC 406 (Lord *Hoffmann*)。侵犯隐私的侵权行为的缺失导致,在1998年的《人权法》制定之前,司法在一定程度上创造性地(存在争议)填补了侵权法中已意识到的漏洞,1998年的《人权法》将《欧洲人权公约》中对"公约权利"提供的保护

神圣地载入了国内法。为此,在1998年的法律之前,违反保密义务甚至"被硬塞入"来发挥作用(*Douglas v. Hello! Ltd.* (*No.* 3) [2005] EWCA Civ 595 [at 53]; [2006] QB 125),因为,如果通过诸如媒体的侵入而收集的信息是秘密的和禁止披露的,侵入的诱因就被减少了:例如,参见 *Hellewell v. Chief Constable of Derbyshire* [1995] 1 WLR 804, 807(Laws 法官:某人使用长焦镜头在远处拍照私人行为,如披露该照片,可能会构成违反保密义务)。现在已经很清楚,被《欧洲人权公约》第8条和第10条奉为神圣的价值渗透进了违反保密义务的诉因中(参见对第Ⅵ-2:205条(违反保密义务所致的损失)的注释11)。不过,其他侵权行为也可以用来保护隐私权,如仅涉及对文件的处理时可以援用侵害动产(trespass to goods):*Inland Revenue Commissioners v. Rossminster Ltd.* [1980] AC 952, 1011 (Lord *Diplock*)。

29. 尽管爱尔兰的法律已经慢慢承认了一般"隐私权",对其侵犯构成了侵权,但自1987年开始,该权利就被承认为是一项宪法权利(*Kennedy &Arnold v. Ireland* [1987] 1 IR 587 案,该案涉及电话窃听)。法院并没有深入探索侵权法,而是基于宪法第40.3.1条发展了这一权利(另参见,与夫妇获取避孕用具有关的,*McGee v. A-G* [1974] IR 284)。然而,隐私利益还是受到侵权之诉的调整(更多细节参见 *McMahon and Binchy*, Torts[3], 994),特别是:(1)侵入土地(如 *Whelan v. Madigan* [1978] ILRM 136 (HC);不过,参见 the *Law Reform Commission*' *s* Consultation Paper on Privacy: Surveillance and the Interception of Communications (1996)(法律改革委员会关于隐私的咨询文件:对通信的监听和截取(1996)), para. 4.4:对财产边界之外的活动的监视并不构成侵权);(2)影响对动产之利益的侵权,如侵害动产(*The People* (*D. P. P.*) *v. Morgan* (1980) 114 ILTR 60, 62[拿走他人的日记并阅读]);(3)侵犯人身(它要求身体接触或受到类似行为的威胁);(4)故意造成他人的精神痛苦(不当的调查技术;以恐吓方式讨债;房东对租户的骚扰);(5)私人妨害(对他人在家中安宁生活的能力的侵扰);(6)伤害性的谎言(参见 *Law Reform Commission* loc. cit. paras. 4.22~4.24);(7)过失(*McMahon and Binchy* loc. cit. 997)以及(8)违反法定义务(为国家机构(semi-state agencies)披露秘密信息,参见 *House of Spring Gardens Ltd. v. Point Blank Ltd.* [1984] IR 611 (Sup. Ct.);*Private Research Ltd. v. Brosnan* [1996] 1 ILRM 27, 31 (HC)和 *Cogley v. Radio Telifis Éireann* [2005] IEHC 180, [2005] 4 IR 79)。为了适应爱尔兰和欧洲地区在隐私方面的法院判决,对基于隐私工作组推荐的新的隐私法案(2006年《隐私法案》,Privacy Bill 2006)的公布近来已经得到政府的批准。这一法案的主要目的是为了引入一个现代的制定法框架,以保护所有的公民免受对其隐私的侵犯。这一法案对侵犯个人隐私创设了一种特别的侵权,对这一侵权不用证明特殊损害也可以提起诉讼。在确定是否发生侵犯隐私以及在评估被告对该侵犯应承担的损害赔偿责任的范围时,法院可以考虑下述因素,例如,个人对他人监视的范围,使用的方法,以及个人骚扰他人或侵犯他人财产的程度。

30. 在苏格兰,尽管《1998年人权法》在2000年10月2日生效,学说仍认为该法还"没有完全承认个人享有的下述利益,即其私人和个人事务不受不当探听并向外人披露"(*Walker*, Delict[2], 703)。在寻求对隐私的定义时,有学者指出,"获取、注意和信息(access, attention, and information)是隐私所有必要的组成部分"(*Hogg*, (1992) SLT 349)。有意见认为妨害权利之诉(*actio injuriarum*)的原则是苏格兰法院向不当侵犯隐私行为提供救济的正当基础(*Walker* loc. cit. 704; *Hogg*, loc. cit. 351)。Calcutt 报告提及隐私权可能在苏格兰得到发展,它承认,"相比刻画较为狭窄的英格兰的侵权行为……苏格兰存在一个更为一般的过错概念,这样,普通法上的隐私权可能在苏格兰得到发展"(*Committee on Privacy and Related Matters*, Cm 1102, July 1992,

para. 12.2)。然而,在 *Martin v. Mcguiness* 2003 SLT 1424 案,原告律师提出基于妨害权利之诉的观点,实际上主张法院有义务发展现在的法律使之符合《欧洲人权公约》的规定,而且苏格兰法律中的*妨害权利之诉*为保护隐私提供了基础。*Bonomy* 勋爵仅提及有关这一点提出的建议,而根据其他理由对该案作出了裁决,"对以这种特殊方式发展法律几乎没有给予支持"(*MacQueen*, (2004) 8 Edinburgh L Rev 249, 253)。任何尝试发展普通法来创设一项尊重个人隐私的一般义务的困难在于下述事实,即"隐私是如此地多面,以致依靠法官从具体案件中将之一般化是危险的,而且,如果创设一般权利是必要的或值得做的,该责任也应当由立法机关来承担"。代之以没有明确的隐私权,"隐私和其他利益,是以一组责任的形式而以一般形式受到保护"(*MacQueen* loc. cit., 251)。主张隐私权的请求被附带地移植到其他诉因上的情形主要包括诽谤诉因(*Monson v. Tussaud* [1894] 1 QB 671; *Tolley v. J. S. Fry &Sons Ltd.* [1931] AC 333),侵犯著作权的诉因(*Williams v. Settle* [1960] 1 WLR 1072)和违反保密义务的诉因(*Pollard v. Photographic Co.* (1889) 40 Ch. D 345)。不法行为的实质包括未经原告许可或缺乏法律的正当依据,将与原告的姓名、特征、外表或有关的事实公布于众(*Walker* loc. cit. 706)。监听电话和截取通通讯信息也构成对隐私的侵犯(*Walker* loc. cit. 706)。如果某人被控犯罪并且获得保释,那么未征得其同意不得对其拍照和收集指纹,此类行为是违法的和可诉的(*Adamson v. Martin* 1916 SC 319)。在这种情况下,也不能对其搜查或者收集其指纹或指甲中的碎屑(*McGovern v. H. M. Advocate* 1950 JC 33)。如果一个人仅仅是被指控,那么未征得其同意不得对其进行医学检查,但可以对之进行医学观察(*Reid v. Nixon* 1948 JC 68;*Forrester v. H. M. Advocate* 1952 JC 28; *Farrell v. Concannon* 1957 JC 12; *McKie v. H. M. Advocate* 1958 JC 24)。侵犯隐私的最清楚的情形是错误地或者无根据地搜查原告的住所,这些事实被认为是不法的(*Walker* loc. cit. 707)。在一起民事诉讼中,*Jauncey* 勋爵将警察在拘留所要求一个妇女移去乳罩的行为认定为是"法律上不正当的行为"并"侵犯了隐私"和自由(*Henderson v. Chief Constable of Fife Police* 1988 SLT 361)。基于这个判决,在学术著作中,有学者认为这一判例支持对侵犯隐私的行为判给损害赔偿(*Hogg* loc. cit. 351)。在考虑侵犯隐私的请求时,应当衡量对抗性的社会利益(言论和出版自由、个人对社区中著名人物的生活和行为的合理利益以及对政府和司法的公共利益)的平衡(*Walker* loc. cit. 708)。尽管公共利益的观念(作为对个人隐私的平衡因素)通常是从表达和出版自由(民主社会必不可少的元素)的进步观点来看待的,但是在判例法中,还应注意,"个人对其自身隐私的利益本身便是公共利益"(*Parks v. Tayside Regional Council* 1989 SC 38, 42)。尽管缺乏一般隐私权,仍有人认为,过去二十多年来,保护秘密法通过不断的发展填补了制定法上缺少隐私法的漏洞(*Mackenzie*, (2002) SLT 98, 99)。鉴于不断地调整对违反保密义务的解释以迎合这个领域的需要,*Campbell v. Mirror Group Newspapers* [2004] UKHL 22; [2004] 2 AC 457 案否认一般隐私权的实际效果并不像乍看起来那样严重了。

Ⅳ. 诽谤

31. 根据调整冒犯荣誉之责任的法律,又出现了一些并非微不足道的差别,尤其是在英美法系与大陆法系之间;在这一法律部门,甚至在大陆法系国家,也发展出了一些非常不同的规范技术。法国法院的既决判例法决定,对他人荣誉的冒犯(*atteinte à l' honneur et à la considération*)构成了一种侵权*过错行为*(参见 CA Paris 8 October 1985, D. 1986 I. R. 190, note *Lindon*);另外,冒犯荣誉通常也会受到刑事起诉。《民法典》第 9-1 条为尚未定罪因而可以依赖无罪推定(尊重它是所有人的权利)的被告人提供了不得将其姓名公布的保护。在比利时,就对荣誉的保护应被理解为是独立侵权法的类型还是被包括在对私人领域的保护的适用范围内这一问题,存在不同的立场(详见 *de Theux*, Ann. Louv. 2002, 287, 300);但是不存在争论的是,冒犯荣誉属于《民法典》第 1382、1383 条规定的通常要件,可以主张损害赔偿(例如,CA Gent 28 March 2002, RW 2003~2004, 507)。

32.《西班牙对荣誉权、私生活权及个人肖像权的民事保护法》(Civil Protection of the Rights to Honour, to Private Life and to one's own Image Act)将*诽谤(difamación)*界定一种事实陈述或价值判断,通过它,借由伤害他人的好名声和名誉或损害其自尊心而侵犯了他人的人格尊严;这在很大程度上与《刑法典》第 208 条中的*侮辱*(*injuria*)概念重合(*Yzquierdo Tolsada*, Sistema de responsabilidad civil, 51)("诽谤/冒犯是一种通过伤害他人名声或损害他人的自尊心而侵犯了他人人格尊严的行为或表达。只有那些(根据其形式、结果和环境的不同)被公众舆论视为严重的冒犯才构成一项刑事犯罪。在归咎刑事犯罪中隐含的冒犯不被视为严重的,除非该归罪是在明知其为虚假或者轻率地忽视其真实性的情况下进行的。")

33. 意大利法区分了荣誉(*onore*)、礼节(*decoro*)和名誉(*reputazione*)。荣誉与一个人总体的道德素质有关,礼节与其他素质有关,名誉与其在社会中的评价有关,相应地个人名誉与职业名誉又有所不同。法律实体、政党和宗教团体可以基于名誉受到伤害而提起诉讼。民法对荣誉和名誉的保护要远远超过刑法(《刑法典》第 594 条及以下)。这是因为下述事实,即对民事责任而言,过失即为已足(Cass. 13 May 1958, no. 1563, Rep. Giur. it. 1959, Resp. uso mezzi diffusione, no. 9; Cass. 18 October 1984, no. 5259, Giur. it. 1985, I, 1, 1100; *Visintini*, I fatti illeciti I^2, 334);而且,即使在向单独的第三方作出诽谤性陈述的情形,民事保护也会介入(Cass. 13 October 1972, no. 3045, Giur. it. 1973, I, 1, 36)。另外,即便真实性抗辩(*exceptio veritatis*)这一完全的刑法上的抗辩不能为被告所用,对正当地迎合公众对重要信息之利益的行为,仍会排除责任(Cass. 12 December 1955, Giur. it. 1956, I, 326; Cass. 24 April 1962, no. 816, Foro it. 1962, I, 1722; Cass. 28 March 1974, no. 868, Foro it. 1974, I, 1358; Cass. 24 May 2002, no. 7628, Foro it. 2002, I, 2322)。

34.《匈牙利民法典》第 76 条将"荣誉"和人格尊严一起界定为应受侵权法保护的利益;另外,《民法典》第 78 条还额外列举了个人的好的名誉或名声。正如所说的,荣誉涉及社会中对某人形成的价值判断(法人团体是否会遭受对其"荣誉"的伤害是有争议的)。不合理和不正当的伤害性的、贬低的或侮辱性的言论或行为,尽管其核心事实主张是真实的,仍会产生冒犯荣誉的责任;在个案中,这总是取决于对伤害与自由表达个人观点的基本权利这两者的平衡结果(Petrik (-*Petrik*), Polgári jog I^2, 178/2)。

35. 在"贬低荣誉"的情形,《奥地利普通民法典》第 1330 条第(1)款并第 1295 条,为财产损害和所失利益提供了一项请求权,但是不包括非经济损害。非经济损害只有在法律有明文规定的情形才可以获赔(《民法典》第 1340 条),而《民法典》第 1330 条第(1)款恰恰不是这种情况(*Koziol and Welser*, Bürgerliches Recht II^{12}, 327; *Bydlinski*, JBl 1965, 237, 252; OGH 26 September 1951, EvBl 1951/487 p 618)。相反,《德国民法典》第 823 条第(1)款在受该款保护的绝对权中没有列举荣誉。根据该法的最初精神,冒犯荣誉的民事责任在所涉情形应当取决于刑事犯罪的存在(《民法典》第 823 条第(2)款)。不过,现今冒犯荣誉的责任则属于《民法典》第 823 条第(1)款规范的"一般人格权"的范畴了(例如,BGH 5 March 1963, BGHZ 39, 124, 129)。

36. 在希腊,毫无疑问"荣誉"属于《民法典》第 57 条以下所保护的利益;有过错地冒犯荣誉会导致民法典第 914 条规定的责任,而不要求证明存在刑事犯罪(更多细节,可参见 Georgiades and Stathopoulos(- *Karakatsanes*), art. 57, no. 6; Georgiades and Stathopoulos(- *Georgiades*), art. 914, no. 35 and *Karakostas*, Prosopikotita kai tipos, 55)。所有的人,甚至儿童以及心智不健全的人,都享受这一值得法律保护的利益(*Karakatsanes*, loc. cit. no. 6)。在新闻出版物背景下,事实陈述和价值判断是有区别的;为了考虑到出版自由,出版物对相关当事人的影响、其流通范围、原因以及作者的动机(普遍关心的信息;蓄意伤害)在全盘考虑中都应加以利用(*Karakostas*, loc. cit. 656 et seq.;CA Athens, 9975/1986, EllDik 27/1987, 299)。正如《大众媒体法》(第 2323/1995 号)第 4 条第(10)款一样,有关新闻界之民事责任的第 1178/1981 号法律第 1 条为非金钱损失赔偿提供了一个最低的门槛额(*比较*CFI Thessaloniki 26488/2001, Arm 2003, 931: 最低责任设置在 10,000,000 德拉马克)。这一条款并不违反《希腊宪法》(A. P. 1043/2001, NoB 50/2002, 1108)。

37. 尽管普遍承认《葡萄牙民法典》第 8 条并没有明确列举"荣誉"为值得法律保护的利益,一方面,它仍然属于该条文所保护的"权利",另一方面,它也是本条所指意义上的保护性法律的客体,也即《刑法典》第 180 条,它规范冒犯荣誉的犯罪行为。可以想象的是,关于一个人的错误信息会造成冒犯与该人关系密切之第三人的荣誉,例如,参见 STJ 26 February 2004(一家全国性的报纸在一则主要的事件揭露中报道了一位已婚妇女据称的轻浮举止和通奸行为;这当然也冒犯了其丈夫的荣誉)。不过,在最近的判例法中,明显地从向冒犯荣誉提供的法律保护上撤退;有称之为对荣誉保护的"侵蚀"(*Faria Costa and da Silva*, Direito Penal Especial, 104),*比较*,尤其是 CA Guimarães 27 April 2006(在某人被当作笑料时,这仅构成恶行,而不构成侵权); CA Porto 7 December 2005(如果称呼某人为 *maluco*——疯狂的,并不构成冒犯); CA Porto 19 April 2006(对牧师说"他不是牧师,他什么都不是"不构成冒犯)以及 CA Porto 11 January 2006(*杀手*(*assassino*),动物的"谋杀犯";不构成冒犯)。

38.《荷兰民法典》第 6:106 条第(1)款(b)项在侵权人应承担非财产损失责任的侵权行为中列举了对荣誉的伤害。《民法典》第 6:106 条第(1)款(c)项对诋毁死者回忆的非财产损害赔偿规定了一项特殊的规则。《爱沙尼亚债法》第 1046 条第(1)款将"对一个人的诽谤"列为侵权行为的一种。相反,立陶宛和拉脱维亚缺乏相应的规定。

39.《瑞典损害赔偿责任法》第 2 章第 3 条规定,"因犯罪行为粗暴地冒犯他人"者应当承担损害赔偿责任,"这些犯罪行为包括对他人人身、自由、安宁生活的能力或荣誉的攻击"。这与《芬兰损害赔偿责任法》(自 2006 年 1 月 1 日起生效)第 5 章第 6 条第(1)款的规定相符;刑事犯罪和冒犯在这里也都是必需的。相反,《丹麦损害赔偿责任法》第 26 条第(1)款在确立民事责任时,略去了对荣誉的*刑事*冒犯行为这一要件。

40. 英格兰的情形颇为复杂。普通法传统上区分了书面诽谤(*libel*)和言辞诽谤(*slander*)。书面诽谤是以固定形式(典型的是,但并不必须是书面方式)冒犯荣誉,而言辞诽谤是以一时地,典型的是口头的方式冒犯荣誉。在两种情形中,诽谤请求权的必备要件都通过下述行为得到满足,即能被视为使相关当事人遭到公众的厌恶、轻蔑或者嘲讽的行为(*Parmiter v. Coupland* (1840) 6 M & W 105; 151 ER 340),例如,参见 *R. v. Adams* (1888) 22 QBD 66(写信给一个年轻的具有谦逊美德的姑娘,邀请她为其交出童贞报价)。今天门槛问题仍然存在:"言论是否会倾向于降低原告在有理智的社会成员中的评价……或者是否导致其被他人躲避或避开?"(*Sim v. Stretch* 1936) 52 TLR 669, per Lord *Atkin*)。书面诽谤同时还构成犯罪,言辞诽谤则仅仅是一种侵权行为。然而,刑法上和私法上的诽谤概念并非完全一样。例如,在刑法上,如果被告不能证明公布是为了公共利益,那么即便该消息是真实的,仍会构成普通法上的犯罪行为(《1843 年书面诽谤法》(Libel Act 1843)第 6 条),然而,在侵权法上,诽谤的正当理由会提供一项完全的抗辩。在侵权法上不可能诽谤不确定的某类人,而在刑法上同样的诽谤行为可能构成犯罪,只要可以预计它会激起该类人群中的成员扰乱治安。在侵权法上诽谤一家公营公司的责任也比在刑法中受到更多的限制:参见 *Derbyshire CC v. Times Newspapers Ltd.* [1993] AC 534。刑事诽谤法的保护还进一步扩展至死者被诽谤的情形,只要该诽谤可能倾向于激怒活着的人,如死者的家庭成员,而同样的诽谤不会导致侵权责任。

41. 在爱尔兰,尽管一个人对好名声的权利明确受到宪法第 40.3.2 条的保护,而且诽谤也受到《1961 年诽谤法》的调整,对诽谤的规范仍采用了同英格兰一样的方法(在区分书面诽谤和言辞诽谤以及对"诽谤"这一概念的界定上)。诽谤是通过不法公布有关他人的虚假言论来实施的(也就是说,公布给第三人,参见 *M' Laughlin v. Doey* (1893) 32 IrLR 518 (Ex. D)),这倾向于降低该人在有理智的社会成员眼中的地位,或者导致其遭受他人厌恶、嘲讽或者轻蔑,或者导致其为有理智的社会成员躲避或避开(*Quigley v. Creation Ltd.* [1971] *IR* 269; *Berry v. Irish Times Ltd.* [1973] IR 368)。一旦某言论的诽谤性质被证明,也就推定了其虚假性。粗俗的辱骂并不构成诽谤——该诉讼的要旨是伤害名誉,如果评论是以滥用的方式或者是在愤怒的状态下做出的以至于它们仅伤害原告的自尊心而非其名誉,则不存在普通法上的诉讼(*McMahon and Binchy*, Torts[3], para. 34.85)。书面诽谤本身便是可诉的,而言辞诽谤则要求证明特殊(实际)损害的存在,除非属于以下四种类型。这四种言辞诽谤是:(1)将不贞或通奸归咎于任何妇女或女孩的言辞诽谤(《1961 年诽谤法》第 16 条);(2)影响他人官方的、专业的或生意上的名誉的言辞诽谤(《1961 年诽谤法》第 19 条);(3)归咎应判有期徒刑的犯罪行为的言辞诽谤(参见 *Ruckley v. Kiernan* (1857) 7 ICLR 75; *McCabe v. Foot* (1866) 11 Ir. Jurist (ns) 287; *Dempsey v. Wall & Co. Ltd.* (1943) 78 ILTR 73; *Coleman v. Keanes Ltd.* [1946] Ir Jur 5; *Corcoran v. W. &R. Jacob &Co. Ltd.* [1945] IR 446);(4)归咎倾向于将受害人从社会中排除出去的传染病的言辞诽谤(*Bloodworth v. Gray* (1844) 7 Man &G 334, 135 ER 140; *Milner v. Reeves* (1617) 1 Roll Abr 43 pl. 3; *Taylor v. Perkins* (1607) Cro Jac 144, 79 ER 126; *Villers v. Monsley* (1769) 2 Wils KB 403, 95 ER 886)。随着《2006 年诽谤法案》(Defamation Bill 2006)的公布,爱尔兰对诽谤的改革也即将来临。该法案的主要建议包括:(1)现有的书面诽谤和言辞诽谤侵权行为不再像这样描述,并从此之后被统称为诽谤侵权(the tort of defamation)(第 5 条);(2)致歉并不能被解释为对责任的承认(第 23 条);(3)规定了新的救济措施,即法院可以在损害赔偿之外给予这些救济;(4)设想了一种更正命令(a correction order)(第 28 条);(5)创设了对公共重要事务的公正合理的发布(*fair and reasonable publication on a matter of public importance*)这一抗辩(第 24 条);(6)为普通法中诽谤材料的散发者的责任提供了一项制定法上的基础(第 25 条);(7)允许法人团体提出诽谤之诉,而不论是否发生经济损失(第 11 条);(8)除非在司法的利益(interests of justice)要求时法院另有指示,否则提起诽谤诉讼适用一年的时效期间(第 37 条);(9)尽管没有条文规定可以以去世的原告的名义提起诽谤诉讼,但《诽谤法案》(Defamation Bill)规定,在诽谤诉讼在法院待决时,为了在实际听审/决定相关事项前去世者的遗产的利益,诉因继续存续。

42. 在苏格兰,个人对保护自己的自尊与荣誉免受不正当攻击享有一项法律所承认的利益,而且这一法律利益已经扩展至包括对自己的公共名誉及在他人眼中的好名声的利益(*Walker*,

Delict[2], chap. 23）。因而，当他人不法侵犯个人的荣誉和自尊时，可以请求*慰抚金*，它具有妨害权利之诉（*actio injuriarum*）的性质，当公共名誉也受损时，可以另外主张财产损害赔偿（*Walker* loc. cit. 749）。尽管在著作和判例中，该不法行为被称为言辞伤害、恶意中伤（*convicium*）、诽谤、言辞诽谤和书面诽谤等不同的概念，但已经出现认为言辞伤害和恶意中伤（如果这两者确实存在区别的话，参见下文对第Ⅵ－2:206条（传递关于他人的错误信息所致的损失）的注释Ⅰ14中的讨论）实际上独立于诽谤的立场。不同于英格兰（以及现在的爱尔兰）的立场，根据苏格兰法，书面诽谤和言辞诽谤常常互换使用，并且也和诽谤互换使用，并没有区分书面传递和口头传递。诽谤指"当一个人以文字或示意动作对他人的特征或名誉进行了伤害性的和错误的归咎时实施的不法行为或侵权行为"（*Cooper*, Defamation and Verbal Injury[2], 1）。有三项要件需要加以证明：（1）必须作出关于原告的错误陈述；（2）该陈述具有诽谤的性质（或者是文字诽谤的或者是口头诽谤的）；（3）被告在作出该陈述或传递该陈述时必须存在恶意（*Walker* loc. cit. 742）。以暗讽或其他非明示的传递方式进行诽谤也是可能的（*Cooper* loc. cit. 29）。传递（communication）这一事实必须得到证明，但并不需要将陈述传递给了第三方，也即除了原告自身之外的任何人（*Gloag and Henderson*, The Law of Scotland[11], para. 35.04），只要它同样能够深深地伤害原告的情感即可。这一要素强调了该请求权的性质是对受伤的情感的*慰抚金*的请求权而非赔偿请求权。诽谤性的陈述包括针对他人道德品质、交易、营业、职业、专业或职位，以及外观性格（public character）的陈述；以及将精神错乱或令人厌恶的身体缺陷归属于某人的陈述以及言辞伤害（*Cooper* loc. cit. 33）。宣称某些性行为，例如宣称某人与一位知名的妓女往来（*Dwek v. MacMillan Publishers Ltd.* [2000] EMLR 284）或许是诽谤性的，但是宣称同性恋现在可能不是诽谤性的（*Quilty v. Windsor* 1999 SLT 346）。个人和公众人物之间存在重要的区别，基于公共利益，针对后者的评论者被给予了广泛的自由度（*Gloag and Henderson* loc. cit. para. 35.05）；不过，个人作为公共人物的身份，并不是对诽谤指控的抗辩（*Bennett v. Guardian Newspapers Ltd.* (*No.* 1) [1997] EMLR 625）。尽管在现行的诽谤规则中，陈述的诽谤性质是第二项要件（位于陈述的虚假性之后），但实际上这是首要的和核心的要件，因为一旦陈述被证明是诽谤性的，便推定它是恶意的（*Norrie*, (1984) JuridRev 163, 168））和虚假的，虽然被告可以主张基于*指控的真实性可以免责*（*veritas convicii excusat*）这一格言的抗辩。被告也可以主张以下九个抗辩（参见*Gloag and Henderson* loc. cit. 35.07）：（1）被告没有使用据以确立责任的言辞；（2）陈述没有提及，也不可能被合理地解释为提及原告；（3）使用的言辞不具有归属于它们的所谓的诽谤性含义；（4）口头诽谤是无意的，并提出了更正（根据《1996年诽谤法》）；（5）原告明示或暗示同意作出该言论（*Friend v. Civil Aviation Authority* (*No.* 1) [1998] IRLR 253）；（6）绝对的特权；（7）有限特权；（8）公平反驳；（9）公正评论（更多细节参见对第Ⅵ－2:204条（传递有关他人的错误信息所致的损失）注释25）。

示例1取自Bavarian Supreme Court 7 March 1983, NJW 1983, 2040案；示例3取自*Kaye v. Robertson* [1991] FSR 62案；示例4取自CA Amsterdam 22 October 1975, NedJur 1977 no. 282 p. 973；示例5取自Cass. civ. 24 January 1996, Bull. civ. 1996, II, no. 16 p. 11; D. 1996 I. R. 63；示例6取自CA Athens 807/1956, NoB 4 (1956) 624；示例8取自*Grainger v. Hill* (1838) 4 Bing NC 212, 132 ER 769；示例9取自BGH 15 November 1994, BGHZ 128, 1。

第Ⅵ-2:204条 传递关于他人的错误信息所致的损失

某人知道或者可以合理地期待其知道有关他人的信息是错误的仍加以传递，因传递该信息而给他人造成的损失构成具有法律相关性的损害。

评 论

A. 概述

对错误信息的责任而非对荣誉的保护。本示范规则是基于这样一种观念，尽管“伤害名誉”的责任很容易打开无尽争议的来源，并由说客施加影响（例如通过新闻媒体），但仍很难反对对错误信息的责任。因此，荣誉或者名誉这些概念仅在它们也可作为内国法的一部分加以适用的范围内，在这些规则的体系内发挥作用：参见第Ⅵ-2:203条第(2)款（对尊严、自由和隐私的侵犯）及对该条的评论。此外，在一个开放的社会，简单地把对名誉的伤害视为具有法律相关性的损害之规则显得过于模糊。主张某人归属于某个政党或者赞同某一特定学派并非是对丑行的指责。同时，如果这些主张是错误的，它们将对此人生活上的发展造成实质性的损害。这同样适用于“某天主教的神父支持堕胎”的主张。就错误主张某运动员服用兴奋剂是否会对该运动员的荣誉造成伤害这一问题，在解决时，这条理由也不是那么有效。所有这些情形都取决于信息是错误的这一点。

对媒体的保护。从媒体的角度来看，当公布的信息存在错误时，很难认为和新闻自由之间存在基本的难题。作为一般原则，错误言论并不属于新闻自由的保护范围。不过，如果错误言论使相关人员所处的境况比他们实际有权处于的境况更有利，那么，一般来说，并没有产生损害。

个人荣誉无须受到影响。因此，从这里选择的方法可以得出，错误信息无须影响受害人的个人荣誉。例如，错误信息导致了对受害者信贷资质的怀疑，这就足够了。但是，如果错误信息也对受害人的职业或贸易活动产生了负面影响——很可能是这种情况，例如，向消费者或者供应商传达了错误信息，第Ⅵ-2:208条（非法妨害营业所致的损失）的要件也得到了满足。

人。本文本未区分自然人和法人。本条意义上中的“人”包括（依据一般规则，参见第Ⅵ-1:103条(b)项（适用范围））自然人和法人。不过，本条有意遗漏了对死者人格权的保护。参见第Ⅵ-2:101条（具有法律相关性损害的含义）及第Ⅵ-2:203条（对尊严、自由及隐私的侵犯）。

抗辩事由。第五章中的一般抗辩事由适用于第Ⅵ-2:204条,就像它们适用于其他具有法律相关性的损害的情形那样。不过,第Ⅵ-5:203条(对公共利益的保护)在这里有着特殊的意义。而且,还应关注第Ⅵ-6:102条(微额损害不赔规则)的规定,特别是有关非经济损失的法律相关性时。(参见这些条文的评论。)此外,第Ⅵ-2:204条(或本章下的其他条款)产生的责任在和内国法规定的言论自由等宪法权利冲突时,会被排除:参见第Ⅵ-7:101条(内国宪法)。例如,内国宪法可能会在保护公民的婚姻和家庭生活的基本权利中发挥作用,因此,在配偶之间传递的私密信息从来不会导致责任,特别是在配偶一方向另一方传递已知是错误的有关第三人的信息时。

B. 传递

传递与传播(dissenmination)的区别。无论是在向某特定的或不特定的人群传递,还是在向大量的人进行一系列的或重复的传递的意义上(多人参加的同步或者连续传递),传递信息的要件都不需要"传播"。"一对一"的交流可以适用本条文,同样在一个单独场合的交流也可适用本条文。传递无须采取将信息向广大公众广泛公布的形式。是否满足该条款的适用条件取决于环境,例如通过电话向一个人传递该信息同样适用此条件。此条款同样适用于在商人甚至普通人间的传递错误信息的情形。(例如,作者与出版社之间,雇主与雇员之间,或者学校中的个人联络)不过根据可归责性的一般规则,在上述情况中,行为人负有不同的注意义务。

网络交流。同样适用于关于另一个人的错误信息发布于网页中的情况。基于通过网络传播的考虑,所以有必要准确查明谁是应当知道信息是错误的人。因为与媒介性的服务提供者相关,这个问题被特别强调,最终根据2000年6月8日通过的欧盟议会及理事会第2000/31/EC号指令得以解决,该指令对内部市场的信息社会服务,特别是电子商务的一些法律问题做出了规定(《电子商务指令》,Directive on electronic commerce, OJ EC L 178 of 17 July 2000, pp. 1-16),第四节("中介服务提供商的责任"),第12~15条。

对错误信息的重复。传递错误信息的人并不一定为制造或者炮制出该信息的人。从他人处获得错误信息并加以传递的人即为传递者,第Ⅵ-2:204条中并无主体必须为"第一个传递者"的要求。不过,在传递错误信息的背景下,应当注意可归责性的要件。如果公布者出于善意重复其从可合理信任的来源处获取的信息(如就公共机构的活动范围从其处获得的信息),并且期待公布者不经重复而自己深入查验事情是不合理时(因为,表面上来看,该信息有着无辜的特征),就不存在具有法律相关性的损害。

说谎。在另外一方面,第Ⅵ-2:204条并不意味着一个人本身仅因说了一个谎而负有法律责任。一个人并不仅因做出一个错误陈述而被追究法律责任,甚至不会仅因一个故意的错误陈述而被追究法律责任。只有具备其他附加要件时,才依据本条文而产生救济。错误陈述必须是"关于他人"的,而且必须干扰了某人生活或者对其造成了经济损失而一般的损失并不适用该条文(第Ⅵ-6:102条(微额损害不赔原则))。错误陈述并导致对他人的偏见这一后果,而并不是错误陈述这一事实依据本条款产生的索赔要求。

C. 错误信息

事实与价值判断的区分。第Ⅵ-2:204条意义上的信息是对事实的陈述,并未扩展至单纯的观点表达或者价值判断。这两个基本类型间的界限并不总是容易划定,但是因为单纯的对事实的陈述很容易受到真实性证明(proof of veracity)的影响,二者的边界在概念上还是清晰的。当信息与事实不符时,它就是错误的。道听途说的信息自身必须得到披露,以便符合事实:以该种方式传递信息并声明并不知道被报道的信息是否正确者通常并未传递错误信息,除非这一解释仅是作为逃避责任的借口(例如,因为信息是虚假的,对其的传递不仅仅是为了报道他人已经提出了这种主张,而且是为了暗示该主张是正确的)。若传递的信息所包含的暗示为,"仅依据有限的调查做出主张",同样如此。

示例1

在离婚诉讼的过程中,为了进一步证明他的立场,丈夫主张他的妻子与另一个男子通奸,"不忠于"他。这是对事实的主张。

示例2

一个戏剧评论家批评一个歌手兼演员的唱功和演技极为糟糕,并不适合这个职业,而更适合自助餐厅的收银工作。这是一个价值判断。

关于人的信息。第Ⅵ-2:204条涉及了关于个人的错误信息;并不包括关于物品或服务的错误信息。

示例3

电子琴完全不适宜在教堂中使用的主张并不适用第Ⅵ2:204条。因此,电子琴制造商并不能依据此条款,提出诉讼请求,要求补偿相关损失。即便这种表述中有具体但虚假的事实主张加以佐证、强调,这种情况下仍不能适用该条款:因为这些表述并不属于关于制造商本人的信息。

证明责任。这一规定的对象为"错误"信息。从原告必须证明所有用于支持诉因的必要要件这一主张出发,本条的效果是使原告负担证明所传递的信息是"错误的"责任。不过,与上述证明原则(这是该规则的实质方面)相比,必要的证明标准仍是不受这些规则调整的程序问题。对调整证明标准的规则的改变是否被认为是适当的从而可以间接地减轻受害者负担的证明责任这一问题,也是如此。

D. 责任人的精神状态

与错误相关的过失。关于加害人的精神状态,过失总是充分的。它与传递或公布行为(由第Ⅵ－3:102条(过失)来调整)以及与加害人本应知信息是错误的事实(由本条来调整)有着同样的关联。若加害人在调查缺乏合理的彻底性或准确性的情况下传递了错误的信息,本条规定了相应的责任。这将赋予原告以任何适当的救济,包括金钱赔偿。相反,当基于良好的理由(经过谨慎的调查)可以假定信息正确并对之进行传递时,因为发布信息不存在过失,就不存在责任,即使发布错误信息可能造成不利影响。

E. 与其他条款的关系

第Ⅵ－2:203条(对尊严、自由和隐私的侵犯)。不过,不存在第Ⅵ－2:204条规定的责任(因而也不存在本条规定的要求纠正错误以作为对损害的补偿的权利)的事实并不意味着无辜的受害者完全不能获得救济。特别是因为信息的发布者通过行为伤害他人(尽管不承担责任),在特定情况下,信息的发布者负有发布修正公告的义务,以消除或减轻由此错误产生的损害。这种积极的纠正义务可能产生于第Ⅵ－2:203条(对尊严自由隐私的侵犯)暗示的不侵犯个人尊严受尊重之权利的义务。若某人通过自己的(无辜)行为严重污蔑或损害他人,对该受影响者挽救其名誉的请求不予回应,在某些情形就相当于没有以社会同伴应获得的最起码的尊重来对待他人,从而侵犯了个人尊严权。这种属于第Ⅵ－2:203条范围的特定损害使得无须求助于第Ⅵ－2:101条(具有法律相关性的损害的含义)中有关损害的一般剩余原则(the general residual rule)规定的有着同样内容的更为宽泛的观点,无论如何,在这里受到不利影响的人是自然人。

报道嫌疑。第Ⅵ－2:203条(对尊严、自由和隐私的侵犯)可能与报道嫌疑有着特别的关联。如果一则报道声称某人可能实施了不法行为,或详尽描述了具体情形以暗示某人是某违法行为的貌似嫌疑人,原则上,并无产生第Ⅵ－2:204条规定的责任的机会。原因十分简单:被报道的消息就其本身而言是正确的(也即,只是存在怀疑,没有正当的理由认为这种怀疑是错误的或者是凭空的,并且具体情形正如叙述的那样。)

示例4

一家报纸报道了一封信,其中A告知B,他怀疑第三人C犯有选举舞弊行为,并且实施了应向警方报告的犯罪行为。因为这家报纸准确地复制了这封信的内容,并没有将该内容作为自己的,并且对该消息的披露涉及公共利益,这一报道并未招致第Ⅵ－2:203条(对尊严、自由或隐私的侵犯)或第Ⅵ－2:204条(传递关于他人的错误信息所致的损失)意义上的具有法律相关性的损害,即使C后来被免予指控。

表达自由和尊严受尊重的权利。不过,根据案件的具体情况,可以想象,以这种方式报道怀疑,尽管传递了正确的信息,仍会受到个人的人格尊严受尊重的相竞争的权利的约束。因为(真实地)报道一个被怀疑者,致使某人被他人消极地关注,在某些情况下,等同于将此人置于一个审判之中,在这场审判中此人面临着或多或少的明确控诉,却无权抗辩。这可能轻易地逾越了个人受到平等对待的界限,否定了公民人格受到尊重的权利。因为这一问题——表达自由与受尊重的权利之间不可避免的利益冲突——将会成为法庭详尽论述的问题之一,在此我们并不能给出明确的指引。不过,即使对嫌疑人的报道确侵犯了个人尊严,这也是处于对公众利益的保护,这也是公布这种怀疑的合理性基础。(进一步分析参见第Ⅵ-5:203)对公众利益的保护)例如,一家报纸正式地公布了恶性犯罪犯罪嫌疑人的描述文字或其照片,就属于这种情况。此外,这种侵犯很可能并不严重,以至于不足以支持补偿请求,这就与要求公布进一步的细节,以消除因报道嫌疑人而生侮辱或偏见的做法相反。在每一个案件当中,救济必须与所受到的损害相当:参见第Ⅵ-6:101条第(2)款。(补偿的目标与形式)

第Ⅵ-2:205条(违反信任造成的损失)和第Ⅵ-2:207条(信赖错误建议或信息造成的损失)。因第Ⅵ-2:204条(传递信息给他人造成损害的责任),因第Ⅵ-2:205条(违反信任所致损失)和第Ⅵ-2:207条(因错误建议或信息而产生的损失)(在商业活动中,传递错误信息,且接受该信息的人信赖此信息做出决策,进而遭受损失的情况)规则而被置于一旁。

第Ⅵ-2:208条(非法妨害营业所致的损失)。在一些案件当中,例如,传递关于竞争对手的错误信息,以消灭对手的行为,本条的适用范围可能与第Ⅵ-2:208条(非法妨害营业所致的损失)的适用范围相重合。

注　释

Ⅰ.对错误信息所负有的责任

1. 所有欧洲的法律体系都承认这一基本规则:传递关于事实的错误主张,会产生对后续损失的责任。不过,在各个法律体系内,这一规则所处的位置各不相同。在比利时、法国和卢森堡,这一规则属于《民法典》第1382条和第1383条这一一般侵权法的一部分。已得到确定的判例法为,传播关于他人的谎言构成*过错*,当该过错造成了经济或非经济损失时,会产生损害赔偿请求权(*le Tourneau and Cadiet*, Droit de la responsabilité et des contrats, no. 1645; CFI Brussels 5 December 2000, AM 2001, 409)。在此需特别指出,在法国,防止不正当竞争的权利同样植根于《民法典》第1382条和第1383条。因此,本条款也适用于诋毁竞争者及其产品的情形(JClCiv(-*Courtieu*), arts. 1382 à 1386, fasc. 132-1 (1998) no. 43)。

2. 在西班牙,至少就新闻出版物而言,传播错误信息的责任基础主要是从宪法中直接取得的(第18条第(1)款和第20条第(4)款),并通过《对荣誉权、私生活权及个人肖像权的民事保护法》转化为民法规范。记者负有准确调查的义务。不过,错误信息不可能在任何情形都得到避免,因此,新闻报刊并不承担保证(所传播的信息完全)真实的义务。当然,出版自由既不保护纯粹的谣言的传播,也不保护完全的捏造或者恶意的影射。但是,它保护对谨慎收集的信息的传播,即便这种信息后来被证明是错误的(TC 21 January 1988, BOE no. 31 of 5 February 1988. 另见 TS 5July 1999, RAJ 1999 (3) no. 5898 p. 9197; TS 20 November 1999, RAJ 1999 (5) no. 8293 p. 13010 and TC 31 January 2000, BOE no. 54 of 3 March 2000)。仅在信息以有失尊严的方式呈现(TS 17April 2000, RAJ 2000 (2) no. 2567 p. 3985)或者以其他方式侵犯了保护个人隐私领域的权利(TC 10 May 2000, BOE no. 136 of 7 June 2000)时,结果才有所不同。向消费者提供的关于竞争对手的错误信息由反不正当竞争法来处理(TS 11 July 2006, BDA RAJ 2006 no. 4977)。

3. 意大利让发布错误的事实主张的责任取决于对侵权法保护的利益偶然造成的侵犯(*Bianca*, Diritto civile V, 614)。当然这里无须讨论绝对权受到侵犯。甚至在电话簿中错误地复制一个律师的名字,以致这名律师在搬迁办公室后流失了部分客户即为已足(Cass. 6 December 1994, no. 10457, Foro it. 1995, I, 3258),电视新闻记者发布错误的信息,主张在某种食物中含有有害物质亦同(Cass. 4 February 1992, no. 1147, Foro it. 1992, I, 2127)。

4. 匈牙利法使用了一整套的法律工具来处理关于事实的错误主张。其中包括对人格权的保护,根据《民法典》第78条第(1)款的规定,对人格权的保护延伸到对于美名和名誉的保护。《民法典》第78条第(2)款补充规定,对名誉的损害特别是可以从下述情况中推断出来,即"某人暗示或者传播了关于他人的伤害性的错误言论,或者允许披露真实的情况但以错误的方式呈现的"。只有使他人的心里对所涉的当事人产生消极偏见的不实陈述才构成"伤害性的陈述"(对此及接下来的问题的更为详尽的分析,请参见 Gellért (– *Zoltán*), A Polgári Törvénykönyv Magyarázata[6], 286 – 291)。对事实的错误主张原则上并不属于意见自由(freedom of opinion)的保护范围(Petrik (– *Petrik*), Polgári jog I[2], 182/5 – 182/8),与此不同,消极的价值判断如果是毫无根据地伤害性地贬低当事人,则仅导致对人格的公开侮辱。根据《民法典》第79条第(1)款,就媒体对事实的错误主张,可以用在"八天内(或在下一期)发布据推测确立这一主张的文本"的请求权来对抗。《民法典》第83条第(3)款额外授予了一项特别的权利,如在登记簿上修正登记条目。

5.《斯洛文尼亚债法》第177条以下述方式统合了非常类似的原则:"(1)任何诋毁他人者,或者在明知或应知陈述是不真实的情况下,仍主张或散布关于他人过去的经历、知识水平或个人能力的不实言论,致使他人遭受物质损害者,必须赔偿该损害。(2)不过,不知其内容虚假而报道关于他人不真实情况者,如果这么做对其或受领报道者有真正利益的,对所肇致的损害不承担赔偿责任。"

6. 在《德国民法典》中,有关发布错误的事实主张的明确的责任规则仅体现为第824条。它涉及了"危害信用"的基本事实情况。根据《民法典》第824条第(1)款,"主张或散布与真相相反的事实,使他人的信用遭受危险或对其消费能力或发展造成其他损害者",应承担责任。如果传递者不知所传递的信息不真实,"在其或信息的受领人对之具有合法利益时",可不承担责任(《民法典》第824条第(2)款)。《民法典》第839a条对于被法庭传唤的专家证人有一项特殊的规定。顺便提及的是,对错误的事实主张的非合同责任原则上要求侵害了《民法典》第823条第(1)款列举的权利、违反了保护性的法律(《民法典》第823条第(2)款)或者违背了公共道德(《民法典》第826条)。另参见 BGH 24 January 2006, BGHZ 166, 84, 108。

7. 奥地利民法典(第1330条第(2)款)中的明确规定也仅限于危及信用的基本事实情况。传播危及他人的信用、消费能力或事业发展的错误事实者，只要被主张的事实的传递者意识到或应当意识到信息的非真实性，就应对经济损失承担责任。并不需要对实际损害加以证明；通过与事实相悖的主张对经济上具有重要意义的关系造成损害即为已足（OGH 14 November 1963, SZ 37/146）。

8. 在葡萄牙也可以找到对信用造成不利影响的基本事实情况（*ofensa do crédito ou dobom nome*）（《民法典》第484条）。不过，一些评论者认为这是多余的，因为此条文保护的利益——美名以及名誉——已经被纳入了《宪法》第26条第（1）款和《民法典》第70条第（1）款的保护范围之中了（*Capelo de Sousa*, O direito geral de personalidade, 305; Gouveia de Andrade, Da ofensa do crédito, 28）。《民法典》第484条规定的请求权既可为自然人所用，也可为法人所用（STJ 15 June 1994, BolMinJus 438［1994］383; STJ 24 February 1960, BolMinJus 94［1960］107; *Almeida Costa*, Obrigações[9], 517）。与此相反，关于 *exceptio veritatis*（真实性抗辩，defence of truth）的可采性这点引起了非常大的争议（支持者的观点，可参见 *Almeida Costa Obrigações*, 517 和 *Menezes Leitão*, Obrigações I[4], 285，反对者的观点，可参见 *Antunes Varela*, Obrigações em geral I[10], 548 和 STJ 3 October 1995, BolMinJus 450［1995］424）。对于言论自由权与名誉保护之间普遍存在的冲突，有人建议做一个*具有实用价值的索引*（apractical concordance）（*Cardoso da Costa*, BolMinJus 396 (1990), 5, 16; STJ 14 May 2002; STJ2 March 1995）。不过，在有疑问的情形，观点自由被赋予优先地位（*Pires de Lima and Antunes Varela*, Código Civil Anotado I[4], 226; STJ 26 February 2004; STJ 5 December 2002）。

9. 爱沙尼亚在其债法第1047条第（1）款中，同样规定了危害信用的概念。债法第1047条第（2）款和第（3）款调整不法传递信息的情形*；第（4）款规定了法律救济。参见 Supreme Court 3-2-1-161-06, RT III 2006, 23, 209。根据《希腊民法典》第920条，"明知或因过失而不知主张或散布不真实的信息，致使他人的信用、职业或事业发展受到威胁者"，同样要负损害赔偿责任。

10. 在荷兰法中，第Ⅵ-2:204条所表述的情形相应于其《民法典》第Ⅵ-6:162条第（2）款，因为这一规定的精神涉及了对权利的侵犯或对义务的违反（通过违反不成文的社会交往规范的行为）。就后一个方面而言，当指控不可证明为真实时，无论如何都具有更为严重的不法性（Onrechtmatige Daad IV（-*Schuijt*）, chap. Ⅶ, note 37, pp. 442 et seq.）。例如，一名股票经纪人被指控介绍了一个不值得信赖的人给其熟人，但是并不能证明该股票经纪人知道该人不可信赖，如果该熟人遭受损失，即可确立责任（CFI Amsterdam 17 December 1974, reproduced in HR 30 January 1976, Ned Jur 1977 no. 106 p. 397）。一项主张本身的错误并不总是能够确立其违法性，例如，讨论的是错误或者不甚重要的不符，或者所涉的陈述并非是轻率做出的情形（*Schuijt* loc. cit. 477-478）。

11. 在北欧国家，就传播错误信息所产生的损害责任，也不存在综合的规范条款。因此，就须利用一般规范：在瑞典，即为《损害赔偿责任法》第2章第2条。不过，单个的特别法偶尔也提供了澄清和准确内容。在瑞典，特别是《信用信息法》[*Kreditupplysningslag*]第21条规定了管理商业信用信息者（同上法，第1条第（1）款）对经济损失及非经济损失的责任（更多的细节，请参见

---

* 原文为"传递信息并非不法"的情形，核查《爱沙尼亚债法》的英文译本，应为"不法传递信息"的情形，相关英文译本可见 http://www.legaltext.ee/text/en/X30085K3.htm。——译者注

Kleineman, Renförmögenhetsskada, 501,就以前的立场,参见 HD 26 January 1962, NJA1962, 31)。过失是以可推翻的方式加以推定的。《芬兰个人数据法》(*Personuppgiftslag*)第 9 条第(2)款第 1 句要求登记人员(因而也包括商业信贷机构)仅使用最新的正确信息;第 29 条第(1)款禁止分程传递错误数据,并要求错误信息的制造者重新登记。违反该法将会产生对经济或非经济损害的请求权(同上法,第 47 条)。这与《丹麦个人数据法》(*Lov om behandling av personoplysninger*)第 5 条第(4)款、第 24 条和第 69 条相吻合。这里也涉及可推翻的过错推定。另一个受到特别规制的领域是新闻报刊和其他媒体散布错误信息,比较《瑞典新闻自由法》(*Tryckfrihetsförordningen*)第 7 章第 4 条第(14)项和第(15)项和第 11 章(基于刑事犯罪的责任)以及《关于表达自由的基本法》(*Yttrandefrihetsgrundlag*, cf. RH 1994: 14)的相关条款;《丹麦媒体责任法》(*Lovbekendtgørelse af medieansvarsloven*)第 29～33 条(与通过各种大众媒体实施的犯罪行为的存在要素相关);《芬兰大众传媒的表达自由法》(*Lag om yttrandefriheti masskommunikation*)第 14 条(依据损害责任法的规则产生的责任)。

12. 在英格兰,对给他人的名誉造成损害的错误信息的责任由有关书面和口头诽谤的法律来调整。这些责任都是严格责任,不过《1996 年的诽谤法》第 1 条第(1)款向该陈述的作者、编辑者或者(商业)出版者以外的人员提供了一项抗辩,只要他们就陈述的发表尽到了合理的注意义务,并且不知道,也没有理由相信"他们的行为导致或有助于诽谤性陈述的发表"。因此这一法律条文向(实质上,而并非是形式上的)对诽谤仅负"次要"责任的人提供了一种"无过失"的抗辩。

13. 在爱尔兰,这一问题同样被纳入了名誉侵权的领域之中(参见上述对第Ⅵ－2:203 条(对尊严、自由和隐私的侵犯)的注释Ⅳ41)。伤害性的谎言——这个由 *Salmond* 创造的词汇(Torts[1], 149)优先于"对权利的口头诽谤"(slander of title)、"对货物的诽谤"(slander of goods)、"恶意的谎言"(malicious falsehood)获得使用,并包含了计划用于伤害他人贸易的错误陈述,或者更为宽泛地,甚至包括非商业性质的伤害性谎言(例如,*Sheperd v. Wakeman* (1662) 1 Sid 79, 82 ER 982——婚姻的丧失;比较 *Irish Transport & General Workers Union v. The Transport & General Workers Union* [1936] IR 471)。这一侵权行为的本质是,这种谎言就原告的情况欺骗了他人(*Schulke & Mayr U. K. Ltd. v. Alkapharm U. K. Ltd.* [1999] FSR 161)从而给原告造成损失(*McMahon and Binchy*, Torts[3], para. 35.26)。它包括了向第三人公布或传递有关原告或原告财产或营业的错误陈述,从而造成财产损失。这一侵权行为不同于诽谤,因为谎言可能把原告表现得很完美,但仍然造成损失(*Jones v. McGovern I*R 1 CL 100 at103－104, 比较 *Irish Toys & Utilities Ltd. v. "The Irish Times" Ltd.* [1937] IR 298);不过,正如评论中所提及的(*McMahon and Binchy* loc. cit. para. 35.26),两种侵权的区别有时很细微。因此,伤害性谎言并不要求名誉减损或使当事人遭受冷嘲热讽,受到憎恨或蔑视,而是关注于反映了有体物或服务的伤害性陈述(有关两者之差异的更多细节,请参见 *McDonald*, Irish Law of Defamation[2], 23～26)。对伤害性的谎言的请求权的要件由 *Davey* 法官在 *Royal Baking Powder Co. v. Wright Crossley* (1901) 18 RPC 95 at 99 (1901)一案中提出,他认为,"为了支持这一诉讼,原告须证明(1)被指控的陈述是不真实的,(2)它们是恶意做出的——没有正当理由或借口,(3)原告因此遭受了特定的损害。"因此,和陈述的错误相关的证明责任由原告承担(不同于证明陈述是诽谤性的情形),而且,依据普通法,必须证明特别损害的存在(与书面诽谤和口头诽谤*自身*可诉的情形不同,参见对第Ⅵ－2:203 条(对尊严、自由和隐私的侵犯)的注释Ⅳ41)。对"恶意"并没有统一的观点,一些法院采纳了 *Davey* 法官"没有正当理由或借口"的解释,其他法院则要求证明存在间接的、不诚实的或不当的动机（*London Ferro - Concrete Co. v. Justicz*（1951）68 RPC 261；*Serville v. Constance*［1954］1 WLR 487）。清楚的是，诚实地相信缺乏事实依据的主张不会让被告承担责任（*Loudon v. Ryder*（*No* 2）［1953］Ch 423；*Spring v. Guardian Assurance plc.*［1995］2 AC 296；*Greers Ltd. v. Pearman & Corder Ltd.*（1922）39 RPC 406；*Cooke v. McGuigan*（1927）61 ILTR 45；*Malone v. McQuaid*［1998］IEHC 86）。疏忽在这里也并不足以产生一项请求权，尽管在这一情形，原告可能以过失的不实陈述的形势提出请求；不过，重大过失意义上的轻率也可以为伤害性的谎言责任提供一项基础（*Malone v. McQuaid* loc. cit.；比较 *Sherriff v. McMullen*［1952］IR 236）。依据普通法，必须证明存在实际损失，还应注意的是，只有金钱性质的损失才是可诉的，非经济损害，例如受伤的感情并不能获得赔偿（*McMahon and Binchy* loc. cit. para. 35.29）。不过，《1961 年反诽谤法》第 20 条第（1）款在某种程度上改变了普通法的立场，它规定，在下述情形，不必主张或证明特殊损害的存在：（1）诉讼所依据的言辞意图对原告造成经济损失，并以书面或其他永久性的形式发表（包括电台和电视广播，同上法，第 20 条第（2）款），或者（2）在发表时，言辞意图就原告的职务、职业、行业、贸易或从事的业务给其造成经济损失。

14. 在苏格兰，可以基于诽谤、言辞伤害或者作为 *Hedley Byrne & Co. Ltd. v. Heller & Partners Ltd.*［1964］AC 465 案之变体的真正的过失不实陈述提出请求（参见第Ⅵ-2:203 条（对尊严、自由和隐私的侵犯）的注释Ⅳ42）。言辞伤害（有时被称为伤害性的谎言，参见 *Trapp v. Mackie* 1977 SLT 194，*Trapp v. Mackie* 1979 SLT 126）被视为诽谤的一种替代物（这与 *Walker*，Delict[2]，730-732 的观点恰恰相反，后者认为言辞伤害是整个伤害类型的兜底条款），一些评论者认为言辞伤害应仅限于和针对侮辱的*抚慰金*相关的不法行为（例如，参见 *Smith*，Short Comment，726-727）。言辞伤害作为独立的请求首先在 *Paterson v. Welch*（1893）20 R 744 一案中得到承认，在该案中，首席法官（Lord President）*Robertson* 作出决定认为，某些可归属于原告的不受欢迎的陈述，尽管并非是诽谤性的，仍导致损害赔偿请求权，只要能够证明：（1）被告所做的陈述是虚假的，（2）作出陈述是为了蓄意造成伤害，（3）它确实造成了实际伤害。因此，（言辞伤害）与诽谤的区分就在于陈述缺乏诽谤或中伤的性质。如果言辞是诽谤性的，那么恶意和虚假就得到了推定，而如果言辞*本身*不是诽谤性的，那么就不会推定（言辞的）恶意和虚假，它们必须得到证明（*North of Scotland Banking Co. v. Duncan*（1857）19 D 881；参见 *Deas* 法官的异议判决）。在普通法中，在恶意的谎言（malicious falsehood）或其他言辞伤害的情形，损害总是应予以主张并得到证实（*Norrie*，Defamation and Related Actions in Scots Law，35）。不过，这一情况被《1952 年的诽谤防止法》第 3 条所改变（通过第 14 条适用于苏格兰），该条规定，在言辞伤害之诉中，没有必要主张并证明产生特殊的损害，只要所依据的言辞预期给原告造成金钱损害即可。正如诽谤一样，陈述仅传递给了其主体即为已足（此时，可以对所遭受的冒犯或侮辱给予*慰抚金*）：责任并不局限于向第三方公布信息的情形（此时，给原告造成的经济损失也可得到赔偿）。第Ⅵ-2:204 条被限定于关于人的信息，而不包括关于产品或服务的信息（参见上述评论 C），对权利、财产或营业的口头诽谤则要比第Ⅵ-2:204 条更为宽泛，它在某人恶意地、以旨在给原告造成并实际造成了损失（总是经济损失）的方式（*Norrie* loc. cit. 44）向第三人传播关于原告的财产（参见*Hamilton v. Arbuthnot*（1750）Mor 13923，*Bruce v. J. M. Smith*（1898）1 F 327 和 *Argyllshire Weavers v. A Macaulay*（Tweeds）*Ltd.*（*No.* 3）1965 SLT 21）、对财产的权利（*Philip v. Morton*（1816）Hume 865）或者营业（*Parlane v. Templeton*（1896）4 SLT 153；*Lamond v. Daily Record*（*Glasgow*）*Ltd.* 1923 SLT 512）的谎言时即得到了实施。根据"对第三人的口头诽谤”(third party slander)之诉,法律甚至将救济扩大到以第三人为传播对象的情形(参见*Deas* 法官在 *North of Scotland Banking Company v. Duncan* loc. cit. 887 一案中的判决,在该案中,*特别*给出了一个对信用造成伤害的例子,原告由于一个“广泛流传”的陈述——他的代理人欺骗了他并携款潜逃——而遭受信用损害)。如果对他人的攻击能够被合理地解读为是对原告的攻击,原告就可以以诽谤为由提起诉讼(*Bradbury v. Outram &Co.* (1903) 11 SLT 71),如果能够证明,被告意图通过攻击他人使原告遭受损失并实际上这么做了,也可以以言辞伤害来起诉(*Cooper*, Defamation and Verbal Injury[2], 1)。不过,在苏格兰的法律报告中,这种诉讼尚未被被成功提起过,而某些附带意见似乎排除了以此为基础的可诉性(*Norrie* loc. cit. 58)。任何人,无论自然人还是法人,能够遭受此种被指控的损失的,都有权对诽谤或言辞伤害提起诉讼,并且在实际遭受损失时,也会有兴趣这么做;例如,尽管很清楚的是,对受伤的感情的慰抚金不可能由法人提起,因为这一实体不具有法律承认的能够受到伤害的感情(*Norrie* loc. cit. 63)。如果不能克服诽谤和言辞伤害的障碍,例如可以有效援用受限特权抗辩(the defence of qualified privilege)的情形,就会反过来要求证明存在恶意(并且这是不存在的),那么过失不实陈述的请求权就可为原告所用(参见 *Spring v. Guardian Assurance plc.* [1995] 2 AC 296,在这一案件中,被告[原告的前雇主]将过失做出的不确切的证明信给予第三人,造成了经济损失,因此要承担赔偿责任;上议院大多数人采纳了由 *Wilberforce* 法官在 *Anns v. Merton London Borough Council* [1978] AC 728 一案中提出的“两阶段”的检验标准[邻近性和政策])。

Ⅱ.事实主张和价值判断的区别

15. 在大多数法律体系中,事实主张和价值判断之间的区分都得到了依赖,且大部分也是根据同一标准来执行的。在法国,它发挥作用主要是因为,公认的是,传播“关键”信息的人就其内容负有*谨慎义务*(an *obligation de prudence*),以保证被散布的事实与现实相符。散布原则上正确的信息仅在例外情况才构成*过错*。它发生的主要例子源于反不正当竞争法。根据与实施行为相伴的具体情形,甚至告知竞争对手的消费者以真实的信息也构成不正当竞争(a *concurrence déloyale*)(Cass. civ. 12 October 1966, Bull. civ. 1966, III, no. 393 p. 345)。

16. 根据西班牙宪法法院(TC 104/1986 of 17 July 1986, BOE no. 193 of 13 August 1986; TC 160/2003 of 15 September 2003, BOE no. 242 of 9 Oktober 2003)和最高法院的判例法(例如,TS 11 December 2003, RAJ 2003 (5) no. 8653 p. 16209),表达自由的对象包括思想、观点和意见,也即,任何一种价值判断。出版自由的对象是传播相关事实。一方面人们非常重视思想、观点和意见之间的区别,另一方面也很重视对事实的传播。与事实不同,观点或价值判断不能被证实是准确的;不过,两者经常混杂在一起(TC 160/2003 of 15 September 2003 loc. cit.; 持批评意见的有,*Balaguer Callejón*, Los derechos fundamentales al honor, 111)。在这些情况下,考虑每个概念强调的焦点十分有利。表达自由仅受到“公开侮辱”概念的限制,而人们通过真实性的标准来约束出版自由(TC 240/1992 of 21December 1992, BOE no. 17 of 20 January 1993; TS 14 November 2001, RAJ 2001(5) no. 9303 p. 14707)。在需要平衡受影响者与传播者的利益时,民事法庭也采纳了这些标准(例如,TS 8 March 2002, RAJ 2002 (1) no. 1882 p. 3129; TS 10 July 2003, RAJ 2003 (3) no. 4624 p. 8851)。

17. 意大利的出发点是类似的。这是因为,事实主张与价值判断的区别在评价对人格权的侵害时发挥着重要的作用。反过来,在这一框架内,它也发挥着平衡相关利益的作用。因此,新闻报刊的责任取决于超越了自由报道的权利,其边界的划定不仅需要借助于 *pertinenza*(新闻作品的社会相关性)和 *continenza*(在形式上正确、非冒犯性的描述意义上的适度),而且需要借助于 *verità del fatto*(所主张事实的真实性)。在此,信息的内容及其自身的存在(在仅仅是进行传递的情形)尚待证实是真实的(Cass. 26 July 2002, no. 11060, Giust. civ. Mass. 2002, 1365)。重要的是要认真地调查事实,并进行充分的描述(Cass. 13 February 2002, no. 2066, Giust. civ. 2002, I, 1880)。主张在官方文件中发现的事实可以被假定是正确的(Cass. 24 May 2002, no. 7628, Foro it. 2002, I, 2322)。防止诽谤的侵权法保护要求传播对事实的主张,也即向第三人进行的传递(*Cappellari*, Resp. civ. e prev. 2000, 1061)。

18. 匈牙利的法律同样对事实主张与价值判断加以了区分,参见上述注释 I 4。对观点、价值判断或评论的表达仅仅导致确立《民法典》第76条意义上的对荣誉或尊严的冒犯,在这种情形下,表达根据其性质具有不合理的伤害性、冒犯性或贬损性。一个负面的价值判断本身并不侵犯人格权,即使其背后存在着错误的、不适宜的或不恰当的观点(BH 2001/468)。只有对事实的错误主张而非对观点的错误表达才能确立作出反对声明的权利(a right to a counterstatement)(BH 1999/357; Gellért(-*Zoltán*)A Polgári Törvénykönyv Magyarázata[6], 294, 298; Petrik(-*Petrik*), Polgári jog I[2], 182/8~183,186)。

19. 在德国法中,因为《民法典》第824条中包含的决定性的规则只适用于传播虚假的事实,而在传播的事实和价值判断为真实的情况下,可以求助于《民法典》第823条第(1)款(BGH 24 January 2006, ZIP 2006, 317),因此,对事实主张与价值判断的区分就非常重要。而且,作出反对声明的权利由联邦新闻法来调整,它仅关涉对事实的主张。"对事实的主张是通过评论和现实之间的客观关系来表征的,而传递者和其声明内容之间的主观联系是价值判断和观点表达的特征。因而,为了被列为事实主张,重要的是声明是否可能借助查证而经受准确性的检验。这排除了价值判断和观点表达,因为它们是通过意见的要素和观点来表示的,因此不容易被证实为是真实的还是虚假的"(BGH 24 January 2006 loc. cit. 323)。

20. 根据奥地利的法律,价值判断是以某人自己的想法为基础的评价并传达传播者的纯粹主观的意见;因而它们逃脱了客观性检验。相反,事实是具备可识别内容的情况、事件或属性,这些内容可为第三人认知,并且其准确性能够由第三人借助确定的或可确定的标准加以检验。评论是对事实的主张,其准确性能够得到证实,即能够被判断为真假;否则,涉及的就是价值判断的问题了(OGH 18 December 1991, SZ 64/182)。事实主张这一词被宽泛地进行解释;只要它们的客观准确性能够得到检验,评价性的判断就等同于对事实的主张(Rummel(-*Reischauer*), ABGB II[2], 1330 no. 8)。实际上,适格成为价值判断的例子包括:将连环漫画描述为低级的阅读材料,因为这些漫画使青年堕落并煽动他们进行犯罪活动(OGH 14 November 1962, SZ 35/113),评论某政党永远也不能成为一个自由的政党(OGH 30 November 1987, SZ 60/225),或者主张"只有骆驼才会为了香烟走几公里"(OGH 13 September 1988, SZ 61/193)。相反地,主张一个企业受到组织缺陷、错误的产品组合政策和高发的个人资金挪用行为的困扰被视为事实主张(OGH 31 August 1977, SZ 50/111),宣称某人就"像树上的猩猩"一样行使职权(OGH 29 October 1979, JBl 1980, 48 1:这一主张包含了非法砍伐树木的指控),宣称某政党只是由酒吧政治家组成的(OGH 30 November 1987, JBl 1988, 174),声称一家报纸上的某篇报道是一种"耻辱"(OGH 9 Jan 1990, SZ 63/2),将某个学院派的画家描述为一个"业余画家"(OGH 19 March 1975, SZ 48/28)以及将某旅店老板描述为"妓女"(OGH 13 November 1957, JBl1958, 233)等亦同。

21. 在希腊也有事实主张与价值判断之分,特别是涉及新闻出版物对公开侮辱人格行为的责任时。不过,常常需要立即补充的是,这一区分是成问题的,因为在很多情况下事实主张与价值判断是纠缠在一起的(*Karakostas*, Prosopikotitakai tipos, 57)。对具有事实特征的不真实的、冒犯性的主张可以提起特定的纠正命令之诉。消极的价值判断仅在超出合理批评的界限并冒犯了相关者的尊严时,才相当于对人格的公开侮辱(*Karakostas* loc. cit. 58)。事实主张与价值判断的区别在《民法典》第920条(危及信用)的背景下发挥了更多的作用,因为价值判断并非这一条款意义上的“新闻”。不过,《民法典》第920条也适用于传播伴有价值判断的虚假新闻的情形(Georgiades and Stathopoulos (-*Vosinakis*), art. 920 no. 3)。

22. 在葡萄牙,事实主张与价值判断的区分在《宪法》第37条的背景下甚至被赋予了宪法的意义(更多的细节,请参见 *Carvalho Rebelo*, A responsabilidade civil pela televisão, 36;在判例法中,两者的区别并不像在评论中那样明显,例如,*比较*CA Lisbon 20 June 1994, CJ XIX [1994-4] 117 和 CA Coimbra 3 July 1993, CJ XⅧ [1993-4] 71)。可以认为,事实主张——与观点的表达不同——是可以查证的(*Carvalho Rebelo* loc. cit. 38)。《民法典》第484条所规定的“危及信用”的基本事实情况同样被调整得与事实主张相适应。这一条款保护“自然人及法人的信用或美名及名誉”。基于错误的事实主张而做出的观点表达也包含在内(更多的细节请参见 *Gouveia de Andrade*, Da ofensa do crédito, 70-72)。事实传播的方式是无形的。这也可能涉及在关于罪犯的报道中公布其相片的情形(*比较*TJ 27 June 1995, BolMinJus 448 [1995] 378; *Vasconcelos Abreu*, FS Magalhães Collaço II, 472),特别是报纸的发行者通过官方消息来源已知道受影响者已被排除犯罪嫌疑的情形(STJ 24 February 1999, CJ(ST) Ⅶ [1999-1] 118)。

23. 荷兰法在刑法和民法中都区分了通过具有事实特征的主张对名誉和荣誉的伤害与通过因贬低性的价值判断而造成的冒犯。分界线再一次借助证明标准而得以划定;这里可以依赖欧洲人权法院(ECHR)的判例法(ECHR 8 July 1986, NedJur 1987 no. 901 p. 2992; ECHR 24 February 1997, NedJur 1998 no. 360 p. 2026)。在特定的案件中,它取决于评论是否建立在事实要点的基础之上(例如,比较作为一方的 Gemeenschappelijk Hof Nederlandse Antillen en Aruba 4 May 1999, NedJur 1999 no. 545 p. 2971 和作为另外一方的 CA Amsterdam 19 October 2000, www.rechtspraak.nl, LJN-no. AA 7654:将一位医生描述为“庸医”(kwakzalver)即包括了对事实的主张)。

24. 在瑞典,事实主张与价值判断的区分在《损害赔偿责任法》第2章第2条中有着重要意义,对这一条文是根据所援引的责任规范提及的相应刑法规范来加以解释的。属于这些刑法规范的特别有刑法典第5章第1条(诽谤)。不过,根据这一条款,在特殊情况下,真实的陈述也构成诽谤。这反过来又会导致与《欧洲人权公约》第10条的协调问题,比较 ECHR 19 January 2006, *Albert-Engelmann-GesellschaftmbH v. Österreich*, ECHR 19 January 2006, App. no. 46389/99。

25. 在苏格兰,评论(观点的陈述)和事实主张的区别主要在诽谤的领域有相关性,在这一领域,在陈述的诽谤性得到确认后,被告希望提起公正评论这一抗辩;这一抗辩同样适用于言辞伤害(尽管对其援用是不可能的)并且可能以过失不实陈述的不同形式表现出来。就事实主张,抗辩并不是完全开放的,对其责任只能通过真实性(*veritatis*)、特权或者其他多种抗辩得以避免。有学者指出,从言论自由派生出的“评论的权利是人人平等享有的权利,而且出版者或者广播业者不享有比个人更大或更高的评论权利”(*Norrie*, Defamation and Related Actions in Scots Law, 135)。对抗辩的权威性的评价源于 *Archer v. Ritchie & Co.* (1891) 18 R 719 一案,在该案中,*McLaren* 法官阐明,“对有关事实状况提出的意见表达是不可诉的,即使该观点是以辱骂性的或者有争议的语言来表达的。”(*Archer v. Ritchie & Co.* loc. cit. 727)。为了成功援引公正评价这一抗辩,被告必须证明:(1)所指控的陈述是对事实的评论或者即为事实;(2)评论所依据的事实得到真实的陈述;(3)事实涉及公共利益事项(*Norrie* loc. cit. 139)。法官的任务在于判断陈述是否能被理解为既包含事实又包含评价。如果得出的结论是无疑仅存在事实或仅存在评论,就不能向陪审团提出该抗辩(*London Artists v. Littler* [1969] 2 QB 375, 394 per *Edmund-Davies* LJ; *Waddell v. BBC* 1973 SLT246, 249 per Sherriff Principal *Walker*; *Fairbairn v. Scottish National Party* 1979 SC 393,397 per Lord *Ross*)。如果该陈述被合理地认为构成评价,那么就应当由陪审团来确定它是否是对事实的评论(*London Artists v. Littler* loc. cit. 199 per Lord *Denning* MR; *Telnikoff v. Matusevitch* [1992] 2 AC 343, 351 per Lord *Keith of Kinkel*)。如果陪审团裁定这一陈述既包含事实也包含评价,那么必须进一步考虑这一评论是否公允,是否涉及公共利益(*Norrie* loc. cit. 141)。一旦被告证明所指控的陈述仅为对事实的评价,则应当由原告证明这一评价缺乏公正性(在与被评论的事实无关或未获得事实的确保的意义上)。评论的真实性本身是无关紧要的(Wheatley v. Anderson & Miller 1927 SC 133, 147 per Lord *Anderson*; *Broadway Approvals v. Odhams Press Ltd.* [1965] 1 WLR 805, 817 per *Sellers* LJ)。

26. 在爱尔兰,事实主张与价值判断的区别在诽谤这一标题下有重要意义,因为此时被告可以利用*对有关公共利益的事项做出公正评论*的抗辩(这里使用了“评论”一词,尽管它和“价值判断”一样,意指意见的表达)。为了确立这一抗辩,被告必须证明:(1)评论是就公共利益问题作出的;(2)它是不同于事实的评论;(3)该评论在诚实的意义上来说是公正的(*McMahon and Binchy*, Torts[3], para. 34.201)。这一区分在这里是重要的,因为事实必须被证明是真实的(或者享有特权),而评价只需要被证明是公平且诚实的。不过,评价必须以(被证明得到)真实陈述的事实为基础(*McMahon and Binchy* loc. Cit. para. 34.205)。如果欲以事实支持评论,那么必须经证明给定的事实或可使用的事实是真实的。如果评价所基于的事实并非是给予大众的并可为大众接触的,那么公正评论的辩护就不能成立,被告必须证明这一评论是正当的或者证明这种情形享有特权(*McMahon and Binchy* loc. cit. para. 34.207)。并不存在区分事实与评论的固定标准(*McDonald*, Irish Law of Defamation[2], 212)。现在法院依据多种多样的情况来区分二者,例如所使用的语言及其结构安排,作出陈述的人,以及该人进行案件的方式(参见 *Campbell v. Irish Press Ltd.* (1955) 90 ILTR 105 和 *London Artists v. Littler* [1969] 2 QB 375)。已经出现的唯一原则是,“如果旨在成为评论者以事实的形式表现出来,并且无法证明其依据,那么就应将之视为事实主张,而不是[评论]”(*Crawford v. Albu* [1917] 1 AD 102 at 105)。在诽谤的领域,从受害者的角度看,两者区分的整体意义为下述事实所消解,即诽谤性的陈述既可能采取事实上并不真实的主张的形式,也可能实际采取间接的、贬损性的语言这一形式。这种贬损性语言的对象或许发现自己被避开了,但是那些为避开行为者可能并不清楚对受侮辱者究竟主张了何种事实(*McMahon and Binchy* loc. Cit. para. 34.209)。在评论中,人们或许会发现,事实主张与价值判断之间的传统区分是建立在公认的观念之上的,即事实主张可以得到确认并被驳斥,因此可以标记为真或假,而价值判断的表达不能被确认或辩驳(*McMahon and Binchy* loc. Cit. 34.210);不过,关于这一点,爱尔兰并没有相关判例。根据第一个原则,这一得到承认的区分回避了下述问题:在下述情形评论*自身*这一抗辩(也即,没有“关于对公众有重要性的事项”这一限定条件)为何没有受到争论,即从理论的角度看,除了表达自由的问题外(它本来倾向于支持这一观点),这一简单的观点应该免除被告的责任,因为纯粹的评论(作为意见的表达)自身不能被证实是真还是假，因此在涉及诽谤时从逻辑上破坏了其为虚假的推定，并且在原告尝试满足 *Davey* 法官就伤害性谎言的请求提出的第一项要件时，阻碍了原告对虚假的主张（参见上述注释 I 13）。不过，从前述的公正评论的要求看，似乎答案存在于下属的现实中，即一个评价（或者观点的表达）就其大部分而言仅在它以被证明为真实的事实为基础时，才具有法律上的关联性（一个无依据的、缺乏事实支撑的陈述并不被认为是一种评论）。在试图提炼二者间的*实际*区分时，这也把事情搞得更为混乱了。由于这层笼罩在这事实与价值判断之上的迷雾，被告律师运用了普通法系中的一种答辩方式——“真实与公正的答辩”（rolled - up plea），这种答辩实际上既坚持了事实主张的真实性，也坚持了评论的公正性。2006 年的新的诽谤防治法建议引入*诚实观点（honest opinion）*（第 18 条，取代了*公正评论（fair comment）*）和*就具有公共重要性的问题进行公平合理的公布（fair and reasonable publication on a matter of public importance*，第 24 条）这两项抗辩。根据第 19 条的规定，在区分由事实主张构成的陈述与由观点构成的陈述时，法院要适当考虑道：“（a）该陈述能够被证实到何种程度，（b）该陈述在何种程度上是在下述情形中做出的，即在该情形中，它可能被合理地理解为是观点的表达而非由事实主张构成的陈述，（c）该陈述所使用的措辞及该陈述在何种程度上受到限定条件、免责条款的约束或伴有警示词汇。”

Ⅲ. 报道怀疑

27. 根据法国法，是否允许就单纯的怀疑进行报道，取决于报道的对象以及报道的方式。例如，在有针对性地将关于竞争对手存在的怀疑告知竞争对手的客户时，就可能存在不正当竞争行为。顺带提及的是，《民法典》第 9 - 1 条应得到关注，根据该规定，“每个人都有获得无罪推定的权利。在做出任何宣判之前，根据询问或初步调查就公开表明某人对某事实犯有罪过的，法庭甚至可以通过临时命令并在不损害对所受伤害的赔偿的情况下，为了终止对无罪推定的侵犯，由对该侵犯负有责任的自然人或法人承担费用，指定任何措施——例如插入更正或散发公告。”不过，只有在这一出版物包含了记者的偏见，认为所涉者有罪时，才能满足这一条款的必要条件（Cass. civ. 12 July 2001, Bull. civ. 2001, I, no. 222 p. 139）。原则上允许公布成年被告的名字（Cass. civ. 20 June 2002, Bull. civ. 2002, II, no. 142 p. 113）。是否违反了无罪推定的规定，不再取决于《民法典》第 1382 条；《民法典》第 9 - 1 条得到排他的适用（Cass. civ. 8 March 2001, Bull. civ. 2001, II, no. 46 p. 31）。比利时的判例法已经指出，记者实际上可以自由地传播信息。不过这种信息必须是准确、透彻且客观的。新闻记者在收集、传播信息时必须尽到最大的谨慎；在信息有分歧时，只能依据已经得到公平调查的信息。无罪推定对客观性和公正性提出了更高的要求（CFI Brussels16 February 1999, AM 1999, 282）。

28. 西班牙宪法法院认为，传播单纯的谣言不受到出版自由的保护（TC 158/2003 of 15 September 2003, BOEno. 242 of 9 October 2003）。公布嫌疑并不自动导致对荣誉的公然侮辱。例如，TS 7 June 2001, RAJ 2001 (3) no. 5535 p. 8476 一案拒绝了让一家报纸承担责任，在该案中，一家报纸真实地报道了一封信，在此信中，原告被第三方指控实施了犯罪行为。TS 31May 2001, RAJ 2001 (3) no. 5529 p. 8465 一案澄清，向警方报案或对之的报道都不构成对荣誉*自身*的侵犯。相反，它取决于每个个案的具体情形。例如，处于公众视线下的人物应当比处于类似情况下的普通人要更多地承受对其立场的提及（TC 297/2000 of 11 December, BOE no. 14 of 16 January 2001）。

29. 依据匈牙利法律，对刑事程序可以如实地报道，也即某人在一审中受到正当的怀疑、指控或被判罪。不过，事后隐瞒被告人被判无罪或判决尚不具有法律效力的行为是违法的（Petrik

(- *Petrik*), Polgári jogI[2], 178/2, 182/6, 182/8, 186; Gellért (- *Zoltán*), A PolgáriTörvénykönyv Magyarázata[6],300-301)。《民法典》第80条第(3)款补充规定,经当局批准后基于令人信服的公共利益的理由或特别的可察知的私人利益,可以自由使用被指控犯有严重罪行者的图片和录音。

30.《德国民法典》第824条保护个人和企业的商业信用("商誉")免受有关他们的不真实事实的主张或传播所带来的不利影响(Palandt (- *Sprau*), BGB[65], § 824 no. 1)。在无偏见的信息受领人获得这是一个(甚至是隐藏的)事实主张的印象的(BGH 26 January 1951, NJW 1951, 352),表达怀疑可以属于本条的范围(BGH 20 June 1978, NJW 1978, 2151)。在报道的思路仅得出构成不法行为的结论时,《民法典》第824条的实际先决条件就得到了满足(BGH 12 May 1987, NJW 1987, 2225; 另参见 BGH 8 July 1980, BGHZ 78, 9, 14 和 BGH 20 May 1986, NJW 1987, 1398, 1399)。不过,当推论出这些隐藏的主张时,考虑到观点自由,有建议对此要有特别的限制。必须确定作者是在做出结论,还是将之完全留给读者判断(BGH 8 July 1980, loc. cit. 15)。侵犯一般人格权的责任(《民法典》第823条第(1)款)并不受此影响,相反地,侵犯营业权的责任处于从属于《民法典》第824条的次要地位(Erman (- *Schiemann*), BGB II[11], § 824 no. 1)。报道犯罪嫌疑的情形仍受到人格权的保护。它要求最低限度地可用于作证的事实,这些事实包含了信息的真实内容从而赋予其"公共价值"(CA Dresden 27 November 2003, NJW 2004, 1181, 1182; BGH 7December1999, BGHZ 143, 199, 203; BGH 26 November 1996, NJW 1997, 1148, 1149)。对所涉者的评价被缩减得越严重越持久,对媒体的谨慎度的要求就越高。描述不应包含任何的预先判断,并必须考虑为被告辩护提供的事实和理由。决定性的因素是,大众对信息的迫切需要可以使公布正当化(BGH 7 December 1999 loc. cit.; Palandt(- *Sprau*), BGB[65], § 823 no. 103)。只有在严重的罪行或特别刺激公众的刑事犯罪的情形,才允许说出被告人的名称(BGH 7 December1999 loc. cit. 207; *Sprau* loc. cit.)。

31.《奥地利媒体法》(BGBl 1981/314, of 12 June 1981)第7b条第(1)款在下述情形为非经济损害赔偿提供了一项请求权,即某人被怀疑犯罪但尚未以完全生效的形式被宣告有罪,而媒体将之描述为已经犯罪或被发现有罪,或将之描述为该罪行的实施者而不仅仅是犯罪嫌疑人。责任的数额限于14,535欧元。*特别是*对一审刑事法院的裁判的真实报道得到允许,只要报道明确表示该判决尚不具备法律效力(《媒体法》第7b条第(2)款)。

32.希腊的评论指出,在报道涉嫌刑事犯罪的人时,必须在公众对信息的利益与嫌疑人不在媒体中出现的利益之间进行平衡。甚至有人讨论,在被逮捕之前,不公布犯罪嫌疑人的名称或图片的规则。人格保护与无罪推定甚至可以对抗被捕者自动成为名人的推论,这就意味着关于该人的每个报道都必须具有克制的性质,并只能出于信息的目的做出。只要该案件进入审理,就可以公布嫌疑人的名称和照片,至少就严重的犯罪而言如此,因为在此对信息的公共利益优先(关于整个问题的更多细节,请参见 *Paparigopoulou - Skorrini*, NoB 25 (1977), 278))。

33.根据《葡萄牙刑法典》第180条,通过散布虚假的事实主张或错误的怀疑而侮辱他人者应受到刑事惩罚。违反这一规则也导致民事责任。为了使竞争对手丧失信誉而散布使竞争对手受到怀疑的信息亦同(《工业产权法典》(Industrial Property Code)第317条(b)项)。记者负有以合理方式检验其所传播的信息的真实内容的一般义务。他们不能炮制新闻,散布纯粹的谣言,或在其文章中辱骂他人(*Carvalho Rebelo*, A responsabilidade civil pela televisão, 39)。在这种背景下,葡萄牙法院也极为重视对人格权的保护(*Vasconcelos Abreu*, FS Magalhães Collaço II, 472; 例如,参见 CA Lisbon 18 May 1988, CJ XIII [1988－3] 180; CA Lisbon 14 May 1998, CJ XXIII [1998－3] 101; STJ 14 February 2002)。例如,电视台不允许在缺乏充足证据的情况下声称一家国际公司已经在一家执法机构安装了窃听设备,以便能够窃听正在进行的调查(STJ 17 October 2000, CJ(ST) Ⅷ [2000－3] 78)。在一次新闻发布会上,一名足球经理人重复了他先前的说过的但未经证实的怀疑,即他的一名同事是威胁破坏俱乐部即将到来的联赛的匿名作者,他也造成了对人格的严重侮辱,这使得赔偿得以正当化(STJ 27 June 1995, BolMinJus 448 [1995] 378)。证明主张的真实性或者至少做出此主张的人确信其真实性,因此善意传播此信息,可作为一项抗辩(《刑法典》第180条第(2)款; STJ 8 April 1999)。

34. 荷兰判例法强调,只能公布以事实为基础的怀疑(HR 27 January 1984, NedJur 1984 no. 802 p. 2859)。任何传播信息但又不愿泄露该信息的来源者(例如,因为受到保守秘密义务的约束),要承担下述风险,即不能通过其他途径证明告发准确性的可能原因(President CFI Groningen 26 June 1996, KG 1996 no. 238; Onrechtmatige Daad IV (－*Schuijt*), Chapter Ⅶ, note 39, pp. 501－502)。

35. 在苏格兰,就重复诽谤性信息的行为,可以对最初的诽谤者之外的、对重复诽谤、公布诽谤或以其他方式散布诽谤负有责任的人提起诉讼(*Hayford v. Forrester－Paton* 1927 SC 740)。不过,发布者、传播者与这一诽谤观念的原始筹划者相比,没有那么可责,甚至真的是完全无辜的(*Morrison v. Ritchie& Co.* (1902) 4 F 645)。无辜传播这一抗辩(参见下文注释Ⅳ44)通常被认为应限于散布者不知所散布的材料的诽谤性内容的情形。报纸或广播业者不能抗辩说它所发布的新闻报道仅仅是谣言或者是他人宣称的,因为"诽谤性报道的存在,或其普遍的流传并非是重复它的正当事由。每一次重复都是对被诽谤者的又一次伤害。"(*Marshall v. Renwick* (1835) 13 S 1127, 1129 per Lord President *Hope*)。"无论是作者本人确认报道的真实性,还是作者称某个律师或者其他人确认了报道的真实性,其对原告的伤害都是完全相同的。"(*Pope v. Outram* 1909 SC 230, 235 per Lord *McLaren*; *Fairbairn v. Scottish National Party* 1979 SC393, 397 per Lord *Ross*)一家报纸或杂志报道某一谣言是普遍盛行的,但同时声称这一谣言是虚假的,在这一谣言是诽谤性的情形,上述行为被认为并不能保护被告(*Norrie*, Defamation and Related Actions in Scots Law, 30)。尽管这种免责声明并没有否定这种信息的诽谤性,但是这能够减少判给的损害赔偿(*Macculloch v. Litt* (1851) 13 D 960; *Morrison v. Ritchie & Co.* loc. cit. 652 per Lord *Moncrieff*)。尽管一般规则是,重复或重新发表诽谤性言论的人与最初的发表者负有同样的侵权责任,但在一些情形中,对议会或司法程序的新闻报道受到有限特权的保护(在原告证明存在恶意的伤害意图时,这一抗辩归于失效)。在 *Richardson v. Wilson* (1879) 7 R237, 241 一案中,首席法官 *Inglis* 认为,"报纸公布法庭在庭审案件时发生的事情无疑是合法的;只要以公正和可靠的方式报道,公布者就不负有责任,即使该报道包含了影响当事人一方或其他人员的性格的陈述或证据细节。"在 *the Outer House Cunningham v. The Scotsman Publications Ltd.* 1987 SC 107, 116 一案中,*Clyde* 法官确认了得到公认的主张,即"苏格兰的判例揭示了这样一个一般原则,对于法庭庭审的真实和准确的报道可以受到有限特权的保护。"对报道的评论则不享有这种特权(*Drew v. Mackenzie & Co.* (1862) 24 D 649),尽管它可以利用独立的公正评论的抗辩(参见上文,注释Ⅱ25)报道必须作为一个整体来看待,并且如果题目给人误导性的印象,那么这篇文章作为整体就不会被认为是公正和准确的(*Clive/Watt/McKain*, Scots Law for Journalists[5], 186, *Carter－Ruck/Walker/Starte*, Libel and Slander[4], 141)。

36. 在爱尔兰法学学术文献中，学者提及了诽谤法中的一般政策——拒绝可疑的和不合理的意见（*McDonald*, Irish Law of Defamation[2], 248 f）。再一次，在诽谤的背景下，以正当性抗辩为标题，如果被告人陈述认为，在犯罪侦查中，“X 正在协助警方进行调查”，而且该语境支持 X 受到怀疑这一暗示，那么为了成功提起正当性的抗辩，被告人不仅需要准备好证明证明警方和 X 进行了面谈，而且需要证明警方也怀疑 X（*McMahon and Binchy*, Torts[3], para. 34.131）。以“据传闻”或者“据怀疑”来排除诽谤性言论并不能保护仅能证明这一谣言或怀疑存在的被告；法律在允许提起抗辩前还要求被告证明该谣言的内容（*McMahon and Binchy* loc. cit. para. 34.133）。在诽谤领域，涉及本身可诉的口头诽谤情形（参见对第Ⅵ－2:203 条（对尊严、自由和隐私的侵犯）注释Ⅵ41）时，特别是涉及归咎应受死刑或监禁惩罚的刑事犯罪的口头诽谤的情形，法律改革委员会在其咨询文件中指出，“归咎内容必须是原告实际进行了犯罪，而不是仅仅他被怀疑犯了该罪”（Consultation Paper on the Civil Law of Defamation, 1991, http://www.lawreform.ie/publications/data/volume8/lrc_61.html, para. 2），尽管从前述内容可以合理地推论出，当能够证明发生特定损害（或者确实是存在书面诽谤）时，后者可以确立一项较低程度的口头诽谤请求权。陈述某人曾经被宣判有罪并服了有期徒刑本身就被认为是可诉的（*Gainsford v. Tuke* (1620) Cro Jac 536, 79 ER 460），与此类似的情形是，某人被赦免或起诉罹于时效（*McDonald* loc. cit. 84 f）。在某人于一定情形下因自卫而做出诽谤性陈述但获免责时，这一主题和有限特权也是相关的。评论中也提及，这种陈述不应仅仅基于谣言，或担忧涉嫌不法行为而产生，这种担忧的产生是因为某人是某团体的一员，该团体中的一人或者全体都被怀疑实施了不法行为（*McDonald* loc. cit. 146）。根据普通法，无论如何发布以及无论是否与司法程序同时发布，只要是对司法程序进行了公平而准确的报道，就可以援用有限特权的抗辩（它可以通过证明恶意而被驳回）。不过，根据法律改革委员会的观点，“法院始终拒绝承认新闻界向公众报道关涉公共利益之问题的利益或义务足以构成享有特权的情形。因此，不存在所谓的媒体的有限特权。”（loc. cit. para. 111）依据《1961 年反诽谤法》第 24 条，某些报道享有特权。第二个明细表详尽地列出了对其报道可以享有有限特权的事项的清单。这一清单展示了媒体有权进行公平准确的报道的主题的范围，但其中不包括与司法程序开始之前提出的怀疑或指控相关的陈述，因此指向的结论是，在此期间所报道的任何事情都不享有特权，只能够通过怀疑可以证实这一正当性抗辩来获得免责。

Ⅳ. 网络服务提供者的责任

37. 正如上述所阐述的（评论 B），网络服务接入商（使用户接入网络的运营者）以及更为重要的服务器提供者（host providers）（为网络用户提供存储空间者，例如，为建立一个主页提供空间）的责任成为了欧洲议会及理事会 2000 年 6 月 8 日的《关于内部市场的信息社会服务，特别是电子商务的法律问题的指令》（2000/31/EC）（Directive on electronic commerce, OJ EC L 178 of 17 July 2000, pp. 1－16）的主题。法国通过《数字经济法》（the Digital Economy Act, *Loi no. 575 du21/6 /2004 pour la confiance dans l'économie numérique*）实施了此项指令，比利时也通过了《电子商务法》（*Loi du* 11 *mars* 2003 *sur certains aspects juridiques des services de la société de l'information*）实施了该指令，因而同样取代了之前适用的《民法典》第 1382 条和第 1383 条中的责任制度（关于此，参见 *de Groote*, De onrechtmatige daad op het internet, 657, 677）。西班牙的实施法是《信息公司服务和电子商务法》（*Ley* 34/2002, *de* 11 *de julio*, *de servicios de la sociedad de la información y de comercio electrónico*）。通常，当服务器提供者不知信息的违法性、在采取必要的措施移除信息或使接触信息不可能的问题上缺乏可责的犹豫时，不产生责任（同上法，第 16 条

和第17条)。

38. 在意大利,指令是通过《欧盟指令实施法》(*Legge Delega no.* 39/2002)来加以实施的,对之已经制定了进一步的实施细则。这一责任体系大体上遵循了《民法典》第2043条的一般侵权法的精神(更多细节请参见 *Cassano and Cimino*, Giur. it. 2004, 671 - 675)。《匈牙利电子商务法》主要是逐字逐句地采纳了该项指令,并通过规定指令范围之外的事项对该指令作出了补充(例如,有关搜索引擎的促进者被免责的方式)。关于德国法,BGH 23 September 2003, MDR 2004, 92 这一判例裁定,服务器提供者侵犯一般人格权的责任(《民法典》第823条第(1)款)仅在1997年7月22日的《电信服务法》(TDG, BGBl I 1870)第5条第(2)款规定的要件也得到满足时,才成为关注焦点。

39. 奥地利在其《电子商务法》(ECG)第13~19条规范了网络接入服务者和网站服务提供者的责任。不过这一法案,并未依据侵权法的一般规则,而是建立了一个崭新且独立的责任体系,并且补充了个人对外部资料及内容存储的责任上限(loc. cit. 16, 比较 OGH 6 July 2004, RIS - Justiz RS 0 118525)。产生于《民法典》第1330条第(2)款,意在禁止的命令(无过错责任)并未受到影响(OGH 19 February 2004, RdW 2004, 536)。

40. 葡萄牙同样区分了互联网的提供者。内容的提供者显然要对它们放在网上的材料的不法性承担责任(*Vasconcelos Casimiro*, A responsabilidade civil pelo conteúdo da informação, 53; 自2005年11月24日生效的《刑法典》第183条第(1)款,甚至规定了这种行为的刑事可诉性的细节)。引起特别争论的问题是,与具有不法内容的页面建立链接者是否要对他引用的文本承担责任(如 *Vasconcelos Casimiro* loc. cit. 55),或者这种责任是否仅在引用者确认自身和此文本有联系时才能得到肯定(根据 *Menezes Leitão*, Responsabilidade civil na Internet, 147, 163; 类似的有, *Vasconcelos Casimiro* loc. cit. 58)。在内容的提供者向网络上传了违法内容时,他可能要对网络接入的提供者负合同责任(*Vasconcelos Casimiro* loc. cit. 62)。不过,除非网络提供者知悉该非法内容,且没有依据指令的第12条第(3)款及时封锁该内容,否则它不对第三方承担责任(*Vasconcelos Casimiro* loc. cit. 24; *Menezes Leitão* loc. cit. 159)。电视服务的提供者与负责播放先前录制的电视节目的人共同承担责任。

41. 希腊通过总统令第131/2003号(Presidential Regulation 131/2003)来实施第2000/31/EC号指令。总统令(第11条以下)规定的责任规则与指令的规定(第12条以下)几乎一字不差。与内容的提供者相比,仅提供与外部信息的链接,而对其内容不产生影响者被置于了改善的环境中;其行为由一般侵权法来调整(*Alexandridou*, To dikaio tou ilektronikou emporiou, 101)。

42. 同样地,荷兰法并没有引入严格责任,而是将网络提供者的责任留给了民事不法行为法的开放体系(Onrechtmatige Daad I (- *Jansen*), art. 162, note 7 p. 73)。在服务器的用户利用服务器提供的存储空间侵害了第三人的权利时,服务器的提供者是否因为侵害版权而承担责任的问题由 CA The Hague 4 September 2003, NedJur 2003 no. 664 p. 5102 这一判例给予了否定的回答。某网页被发现载有如何以最佳方式阴谋破坏德国铁路(Deutsche Bahn, 德国铁路的运营者)的铁路系统的内容, CA Amsterdam 7 November 2002, NedJur 2003 no. 54 p. 374 这一判例要求服务器提供者封锁与该网页的链接。实物赔偿的规定也引起注意。就删除域名,也存在类似的判例法(CFI Arnhem 3 December 2002, KG 2003, 20)。

43.《瑞典电子留言板责任法》(The SWEDISH Liability for Electronic Message Boards Act, *Lag [1998:112] om ansvar för elektroniska anslagstavlor*)涉及所有的电子信息传递服务,但官方

机构的信息、电子邮件和通过大众媒体传播的出版物属于例外,它们受到言论自由的保护(同上法,第1条和第2条)。责任主要集中于信息服务的提供者(同上法,第4条和第5条);它遵从了刑事责任(同上法,第6~7条,并用《损害赔偿责任法》第2章第2条)。第2000/31/EC号指令的责任制度在瑞典是通过《电子商务法》(E-commerce Act, *Lag* [2002:562] *om elektronisk handel och andra informationssamhällets tjänster* 16~18)来实施的,在芬兰是通过《信息社会服务提供法》(*Lag om tillhandahållande av informationssamhällets tjänster of* 5 *June* 2002, no. 458, 13-15)来实施的,在丹麦则是通过《信息社会服务(附有关于电子交易的特别条款)法》(*Lov om tjenester iinformationssamfundet*, *herunder visse aspekter af elektronisk handel* of 22 April 2002, no. 227, 第14~16条)以及一般的过错规则(D-Karnov 2005 IV(-*Latrup-Pedersen*), nos. 70 and 83)来实施的。

44. 在英格兰,*Bunt v. Tilley* [2006] EWHC 407 (QB), [2007] 1 WLR 1243 (*Eady* J)一案决定,依据诽谤法的目的,仅在便利网络发帖上发挥了消极作用的网络服务的提供者,不应当被视为普通法上的发布者(publisher),其地位也不似传播者(distributor,根据普通法,其无须对过失进行反驳)。不过,当知悉的程度可证明或者承担了一般职责而依据普通法该职责对言论发布施加了法律责任时,责任会随之产生:比较 *Godfrey v. Demon Internet Ltd.* [2001] QB 201(在该案中,受害人告知网络服务提供者存在诽谤性陈述,但是帖子未被删除,而是留待自动期满消灭。)(和联合王国的其他地区一样)在苏格兰,《2002年的电子商务(欧盟指令)规章》通过S. I. 2002 No. 2013自2002年8月21日起生效。第17~19条实际上逐字遵循了2000/31/EC号指令第12~14条的措辞,分别就"单纯的"信息"传递"、"缓存"信息或为信息"提供主机"的行为,免除了网络服务提供者的"损害赔偿或采取其他金钱救济措施"的责任,在此情况下,网络服务提供者在转递或存储信息中仅扮演了一个消极的角色,否则它将要承担责任。在这些规范之前,根据苏格兰的普通法,*Anderson* 法官认为,"纯粹的信使"或者公布口头诽谤的机器设备以无辜作为抗辩(*Gibson v. National Citizens' Council* (1921) 1 SLT 241)。对包含诽谤内容的材料的形式或内容不负有责任的被告方对诽谤承担*初步(prima facie)*责任,但是如果他们能够证明自己并不知道该材料包含有书面诽谤的内容,并且这种不知并非因为其过失,则享有抗辩。无法期待图书馆检查它拥有的每本书,因而也不可能认为其知悉所有书的内容(*Weldon v. "The Times" Book Co. Ltd.* (1911) 28 TLR 143)。不过,传播者没有借口说其营业的规模排除了其检查传播的材料的义务(Weldon v. "The Times" Book Co. Ltd. (1911) 28 TLR 143)(*Sun Life Assurance Co. of Canada v. W. H. Smith & Son Ltd.* (1933) 150 LT211)。*Morrison v. Ritchie & Co.* (1902) 4 F 645一案的最终结果听起来并不利于由第三方提供的信息的最初发布者或传播者。在该案中,无罪发表这一抗辩并不适用,因为这家报纸(作为最初的发布者)被认为要对其专栏中出现的任何内容负责,因此可以期待其会小心地确保它没有刊发任何诽谤性的内容。

45. 在爱尔兰,欧盟(2000/31/EC号指令)2003年条例通过S. I. No. 68 of 2003自2003年2月24日起生效。"这些条例为中介服务提供者(其业务包括将个人与网络进行链接)在一定的环境下实施特定活动创设了一项免责。"(Explanatory Note to S. I. No. 68 of 2003,参见 http://www.irishstatutebook.ie/ZZSI68Y2003.html)。S. I. no. 68 of 2003第16-18条遵循了和指令第12~14条几乎一样的形式和措辞,根据这些条文,纯粹消极的且匿名的中间服务提供者,即传输、存储信息并为之提供主机者,被免除对错误信息的责任。在普通法中,处于书面诽谤最后之散布阶段者,如报纸的零售者、书商或者其他人,都可以利用下述规则的例外,即每次在他人意识到诽谤性陈述时，就存在一次可诉的公布行为（无辜的传播）。如果他们正确地从事了营业，既不知道也不应知道报纸或书籍中包含有书面诽谤的内容，他们就不被视为公布者（*Fitzgibbon v. Eason & Son Ltd.* (1910) 45 ILTR 91; Ross v. Eason & Son Ltd. [1911] 2 IR 459; *O' Brien v. Eason & Son* (1913) 47 ILTR 266; McDermott v. Eason & Son (1913) 48 ILTR 1; *Vizetelly v. Mudie's Select Library Ltd.* [1900] 2 QB 170; *Bottomley v. F. W. Woolworth & Co. Ltd* (1932) 48 TLR 521)。被告应证明其是无辜并属于这一例外的适用范围（*Ross v. Eason & Son Ltd.* loc. cit.; *McDermott v. Eason & Son* loc. cit.）。

46. 请另参见对第Ⅵ-2:208条（非法妨害营业所致的损失）的注释。

示例1取自CA Oporto 20 October 1988, CJ XIII (1988-4) 201；示例2取自OGH 18 May 1995, SZ 68/97；示例3取自BGH 2 July 1963, NJW 1963, 1871；示例4取自TS 7 June 2001, RAJ 2001 (3) no. 5535 p. 8476。

第Ⅵ-2:205条　违反保密义务所致的损失

根据信息的性质或获取信息的特定情形，知道或者应当知道该信息属于他人的保密信息而仍加以传递给受害人造成的损失构成具有法律相关性的损害。

评　论

A. 概述

灵感的来源。本条来自普通法中违反保密义务责任的规则。因违反保密义务而遭受的损失相当于非合同责任法所规定的损害。但是，只有满足第Ⅵ-1:101条（基本规则）规定的所有要件（也即因果关系及可归责性）时责任才会产生。

与其他规则的关系。在少数情况下，本条所描述的损害可能会与其他条文所规定的构成具有法律相关性的损害的伤害或损失发生重合。根据一般规则，请求人享有多种诉因，不过，当然全部损害只能得到一次满足。第Ⅵ-2:204条（传递有关他人的错误信息所致的损失）与错误信息相关，相反，本条则涉及正确的（但秘密的）信息，因此两条规则的适用范围被明显分开。不过，我们很容易想象，违反保密义务很可能造成第Ⅵ-2:201条（人身伤害及其后继损失）意义上的对精神健康的损害——例如医生违反了医患之间的保密义务，进而导致心理上已经十分脆弱的病人极度沮丧。此外，绝对保密的情形可以由隐私权来表达，一旦侵犯隐私权则构成对尊重他人人格的权利的侵犯（第Ⅵ-2:203条（对尊严、自由以及隐私的侵犯））。不过，尽管这些条款的内容有所重叠，但我们不能认为第Ⅵ-2:205条的规定是多余的。首先，第Ⅵ-2:203条限于保护自然人的人格尊严权，而第Ⅵ-2:205条则可以为法人的秘密信息提供保护。

其次,秘密信息不一定是"私人的",也就是说,具有人身性质:个人敏感的商业信息也主要由本条来保护,而非作为隐私的一个方面。

第Ⅱ－3:302条(违反保密义务)。第Ⅱ－3:302条调整*缔约过失*的特殊情形。该条要求在合同谈判过程中从缔约伙伴那里获得的秘密信息的当事人不得将该信息进行传递,也不得为了自己的目的而使用该信息。如果违反了这一义务,相关法律还规定了对所受损害的赔偿及对所获利益的返还。因此,第Ⅵ－2:205条及第Ⅱ－3:302条部分涵盖了同类的情形。二者间的关系由第Ⅵ－1:103条(适用范围)(c)项及(d)项中提出的适用于冲突规定情形的一般规则来决定。根据第Ⅵ－6:101条(赔偿的目标和形式)第(4)款,可以想象第Ⅱ－3:302条规定的责任的范围要比一般非合同责任法的责任的范围为广。在这种情况下,根据第Ⅵ－1:103条(d)项的规定,针对*缔约过失*的合同责任将优先适用。相反,如果当事人之间既没有签订合同也没有进行任何合同谈判,那么第Ⅵ－2:205条将作为请求权的基础。

示例1

A将一个有关新型地毯夹的创意告知B,并明确提及这一信息的保密性。虽然B没有蓄意剽窃,但他仍然进一步改进了这一创意并将其用于商业目的。尽管A与B之间没有签订合同,但B依然要对A所遭受的损害承担责任。

与第三章第一节的关系。第Ⅵ－2:205条的主题是确立了尊重信息秘密性之义务的所有情形。除了加害人实际知悉信息的秘密性的情形外,这一规定还扩展至加害人在判断具体情形时存在疏忽而对保密性不知情的情形。不过,所有与这一违反义务的模式相关的问题都属于第三章第一节的主题。散布他人秘密信息即构成对本条规定的违反。为了确立责任,传递信息的行为必须具备第Ⅵ－3:101条(故意)或第Ⅵ－3:102条(过失)意义上的故意或过失。

B. 传递秘密信息

传递。与援引了同一"传递"信息这一概念的第Ⅵ－2:204条(传递关于他人的错误信息所致的损失)一样,本条文也预设了将信息传递给第三人。至于何种行为得以构成"传递"则必须根据个案情况来确定,并与该概念在前条范围内的发展保持一致。信息的真实并不能作为抗辩事由,但是促进公共利益(参见第Ⅵ－5:203条(对公共利益的保护))在这里则可作为抗辩事由发挥作用。

信息。第Ⅵ－2:205条背景下的"信息"这一表述与其在第Ⅵ－2:204条的背景下有着相同的含义。它包含对事实的陈述,而不仅仅是价值判断。不过,第Ⅵ－2:205条的主题包含对事实的正确陈述(因为只有对事实的正确陈述才能具有保密性),而且,与第Ⅵ－2:204条相反,这一信息并不必然与受害人相关。它可能包含与第三人或其他情形相关的信息,例如商业交易或经营理念(如示例1所示)。

第三人。基于第Ⅵ－2:205 条产生的责任仅影响传递秘密信息的人。在信息被委托给他人时,为自己的目的而利用该人违反保密义务之行为的第三人不受本条的调整。但是,可以想象,就利用受害者这一受保护的“资产”所获得的利益,该第三人应根据不当得利的规则承担责任。

绝对的及相对的保密。本条不仅适用于信息的接受方在获得信息时作出保密承诺的情形,还适用于信息是由他人转述,但接受方知道或应当该信息具有保密性,而且不应当进一步传递该信息的情形。加害人无须积极地知道这里涉及保密信息;只要信息的保密性本应得到承认并且仅仅出于过失传递该信息的,即已足够。因此,受法律保护的秘密信息在性质上可以是“相对保密的”也可以是“绝对保密的”。前者涉及的信息仅是在传递方式上具有保密性(典型情况是,明确说明应当将该信息作为一项保密事项来对待)。当然,这不仅适用于受影响者以明确的保密要求直接透露信息的情形,还适用于直接接受信息的情形,只要接受方从信息的传递方式上应当知道这一信息对除了传播人之外的人具有保密性(例如,因为传播人重复了保密的明确要求)或者“偷听”了最初传递的信息,并以该种方式获知信息接受方必须将该信息视为是保密的。在后一情形下,加害人以其他方式获得信息,而且是信息自身明显的敏感性而非其获得方式,表明了或应表明该信息的保密性。典型例子是发现他人的医疗记录或私人日记。

示例 2

某卫生部门的一名雇员向一名记者披露了一项信息,一旦该信息得以公布将足以则可以确认两名患有艾滋病的医生的身份。这两名医生可以(根据第Ⅵ－1:102 条(预防))请求获得一项命令以限制对该信息的公布。

C. 法律后果

损害赔偿及预防。只要满足第Ⅵ－1:101 条(基本规则)规定的其他前提条件,尤其是因果关系及故意(或过失),那么就会产生通常的法律后果。因而可能需要对非经济损失和经济损失进行赔偿(第Ⅵ－2:101 条(具有法律相关性的损害的含义)第(1)款)。在涉及第Ⅵ－2:205 条的情形中,预防性法律保护(第Ⅵ－1:102 条(预防)以及下文第三章第六节)以及第Ⅵ－6:101 条(赔偿的目标和方式)第(4)款中的规则就具有了特别重要的意义。后一规定允许根据加害人所获利益的数额来评估损害。

注　释

1. 不同的欧洲侵权法制度在不同的体系背景下对未经授权披露他人的秘密信息所造成的损害进行了处理。但获得的结果之间仅在边缘地带才有所区别。法国和比利时法律比较侧重于对泄露职业秘密的行为进行规制,对这些行为,《法国刑法典》第226-13条及《比利时刑法典》第485条规定了刑事责任,同时民法第1382条及第1383条也规定了民事责任。但是行为构成犯罪并不是民事责任的前提条件。因违反职业的保密义务或审慎义务而导致的非金钱损害与该行为所导致的金钱损害一样可以获赔(CFI Brussels 25 February 2000, TBH 2001, 860, note *Buyle and Delierneux*:过失泄露银行业务的秘密;由于信息接受方没有利用该信息,因此只有非金钱损害发生)。在某些情形下,泄露秘密也有可能构成对他人的私人或家庭生活受尊重的权利的侵犯(《法国民法典》第9条;《比利时宪法》第22条)(JClCiv(-*Ravanas*), art. 9, fasc. 10 no. 30; *de Theux*, Ann. Louv. 2002, 296)。在法国的学说中,也有人提出,在缔约过程中一方当事人向对方披露保密信息的,对方当事人负有审慎的义务(a duty of discretion),即使当事人之间对保密没有达成明确的合意,也是如此(*le Tourneau and Cadiet*, Droit de la responsabilité et des contrats (2004/2005), no. 3710-1)。

2. 在西班牙,有关秘密监视和泄露秘密的刑事规范(《刑法典》第197条及以下;《刑法典》第200条已将其保护目的扩展至法人)与根据《对荣誉权、私生活权及个人肖像权的民事保护法》(1982年第1号法令)第7条确立责任的事项在很大程度上是重合的。在1982年第1号法律的适用范围内,刑事犯罪行为的民法由该法的规则单独调整而非由《刑法典》调整(前法第1条第(2)款)。其中,明确列举了未经授权公布他人信件、回忆录或其他私人作品等方面(前法第7条第(3)款)。相关的刑事及民事法律的规范都被解释为源自保护通信秘密的基本权利(TS 23 October 2000, RAJ 2000 (5) no. 8791 p. 13632),这是保护个人隐私领域的基本权利的一部分(TS 14 May 2001, RAJ 2001 (2) no. 2719 p. 4370)。在这种背景下,TS 7 December 1995, RAJ 1995 (5) no. 9268 p. 12329这一判例赋予一对著名夫妇所收养的孩子以非金钱损失的赔偿,因为一家报纸公布了这些孩子生物上的血缘关系;根据第1/1982号法律的第9条,新闻报纸的预计利润也被纳入损害赔偿额中。在这一判决及类似裁决的背景下,有关暴露"家庭秘密"的责任的法律提供的保护最终是存在争议的,所谓"家庭秘密"是指与家庭成员相关的且只能由家庭成员知悉的秘密事实(TC 231/1988 of 2 December 1988, BOE no. 307 of 23 December 1988; TC 197/1991 of 17 October 1991, BOE no. 274 of 15 November 1991; TC 134/1999 of 15 July 1999, BOE no. 197 of 18 August 1999)。泄露职业秘密同样与民法(同上法第7条第(4)款)和刑法(《刑法典》第199条)相关。职业秘密这一术语得到宽泛的解释(*Yzquierdo Tolsada*, Daños a los derechos de la personalidad, 1113)。即使在一对著名夫妇家里工作过的保姆也负有保密义务(TC 115/2000 of 10 May 2000, BOE no. 136 of 7 June 2000)。此外,在这述情形,责任也得以确立,即一名医生在其于公立医院工作期间发现有位病人曾堕胎两次,她将这一事实告诉其母亲,其母亲转而告诉了该病人的同乡亲戚(TS 4 April 2001, RAJ 2001 (2) no. 2016 p. 3292)。就个人私密数据的保护(《数据保护法》第10条和第19条)和防止在专利注册中过早公布秘密信息(刑法典第277条),存在其他特殊责任规则。

3. 在意大利,首要问题是是否违反了特定保密义务。典型情形为未经授权披露职业秘密(刑法典第622条)和违反源自雇佣关系的忠实义务(《民法典》第2105条;参见Cass. sez. lav. 9 May 1996, no. 4328, Giust. civ. Mass. 1996, 696)。泄露秘密可能导致刑法、雇佣法和行政法上的后果,并且在招致不法损害(*danno ingiusto*),也即伤害主观的法律地位的情形下,还成立民事责任(Cass. sez. pen. 13 January 1999, no. 2183, Riv. giur. pol. 1999, 480)。当然,在任何情况下,私法上的唯一关键点在于《民法典》第2043条规定的先决条件是否得到满足,很容易想象,在将个案的所有情况纳入考虑并确认*不法损害(danno ingiusto)*的存在之后,即便没有违反特定的保密义务也可能会宣布责任成立。迄今为止,有关这一点的判例法似乎还不存在。

4. 正如所有的大陆法系国家一样,欧洲中部和南部的国家尚缺乏独立的“泄露秘密”的责任类型。不过,每一个制度中都能找到功能上的等同物。根据《匈牙利民法典》第81条第(1)款,任何人所为的干涉他人通信秘密,获得私人或商业秘密并未经授权公布这些秘密或以其他方式滥用这些秘密等行为都侵害了他人的人格权。在2003年,对“商业秘密”这一术语的更为精确的定义通过《民法典》第81条第2~4款被纳入法律。相反,对“私人秘密”这一术语则不存在相应的法律上的定义。有观点认为,私人秘密是只被几个人知悉的事实,受影响的人有正当理由要求这些事实不被披露,因为如果这些事实被公众知悉,其人格将受到伤害(Petrik(-*Petrik*),Polgári jog I[2], 190/3)。因而受影响的当事人应付出一定的努力来保护秘密。私人秘密可能同时也是“职业秘密”;其中最为显著的例子包括医生和病人以及律师和当事人之间的保密义务(Gellert(-*Zoltán*), A Polgári Törvénykönyv Magyarázata[6],313;关于判例法,比较BH1999/156[除医生外,医院的其他职工对病人的医疗信息负有审慎义务,即使在治疗已经结束之后]及BH 1995/87[当医院拒绝向病人提供与其治疗和手术相关的文档时,病人的人格权受到了侵犯]。《民法典》第80条对滥用他人肖像或言论的行为提供了另外的请求权,《民法典》第86条和第87条保证了对智力成果的保护,如特定的商业知识(“专有技术”)也在保护之列。大量的刑法规范补充了私法的基础;如果行为人违反这些刑法规定并造成损害,通常还将承担民事责任。在这些被列出刑法规定中,包括有《刑法典》第177条第(1)款(泄露私人秘密);《刑法典》第177/A条第(1)款(个人数据的保护);《刑法典》178/A条第(1)款(泄露通信秘密)以及《刑法典》第178/A条第(1)款(通过非法侵入财产或运用技术装置监测私人秘密)。

5. 在德国,一般人格权(《民法典》第823条第(1)款)也保障值得保护的个人隐私不被披露(MünchKomm(-*Rixecker*), BGB[4], appendix to § 12, no. 107)。德国法区分了个人的个性(individuality)、隐私(privacy)与私密(intimacy)(更多细节请参见Palandt(-*Sprau*), BGB[65], § 823, no. 87; BVerfG 15 December 1999, NJW 2000, 1021; BVerfG 7 May 1997, NJW 1997, 26)。侵害一般人格权可以表现为偷拍(BGH 10 May 1957, BGHZ 24, 200),报刊详细报道某人的性生活(BGH 24 November 1987, NJW 1988, 1984),以及将某人只同意公开在生物书籍的裸照在电视上播放(BGH 22 January 1985, NJW 1985, 1617)。其他泄露秘密的形式由刑法来规定(特别是《刑法典》第201条及以下:通过拍照违反口头保密义务并侵犯高度个人化的生活空间;泄露通信秘密;窥探数据资料以及公司秘密或商业秘密;违反医生、律师、行政机关等的保密义务),这些刑法规定构成《民法典》第823条第(2)款意义上的保护性法律。此外,《联邦数据保护法》也被视为保护性法律(Staudinger(-*Hager*), BGB[13], § 823, no. C 172)。甚至有人主张,只要符合其他特定要件,公司机密也属于《民法典》第823条第(1)款所规定的“其他”绝对权(BGH 25 January 1955, BGHZ 16, 172, 175; Soergel(-*Zeuner*), BGB[12], § 823, no. 145);不过,这可能并不是主流观点(详见Erman(-*Schiemann*), BGB II[11], § 823, no. 40; MünchKomm(-*Wagner*), BGB[4], § 823, no. 158; BGH 18 March 1955, BGHZ 17, 41, 51; BGH 9 March 1989, BGHZ 107, 117, 122)。

6. 奥地利法同样没有对泄露秘密的责任作出单独规定。在体系上它包括了通过其他方式引发社会冲突的相应的可能性。特别值得注意的是对荣誉权的侵犯(《民法典》第1330条第(1)款)以及对人格权的侵犯。例如忽视个人的秘密领域受尊重的权利即可构成对人格权的侵犯。

它为不愿为公众所知悉的个人隐私和个人言论提供了保护(Rummel(-*Aicher*), ABGB I[3], § 16 no. 24,更详尽地提及了特别法对该原则的具体化)。个人隐私领域受尊重的权利包括防止个人的秘密领域受到侵入,以及防止依法获得的秘密被公开(OGH 24 October 1978, SZ 51/146)。泄露职业秘密也典型地符合违反保护性法律的要件。

7. 在希腊,私生活受尊重的权利被解释为一般人格权的一个方面(*Karakostas*, Prosopikotita kai tipos, 62)。将他人的私人生活的细节公之于众即构成对他人一般人格权的侵犯,即便相关陈述是真实的也是如此(*Karakostas* loc. cit. 64 and 76)。例如不为人知的身体缺陷被强行暴露于公众视野中,那么受害人的"隐私权"便遭到了侵犯。《民法典》第57条为个人私生活的私密空间提供了非常广泛的保护(*Kapsalis*, Persönlichkeitsrechtund Persönlichkeitsschutz, 106)。对通信秘密(《刑法典》第370条)及职业秘密(《刑法典》第371条;如医生)的侵犯需要承担刑事责任;在这些情况,民事责任可来自《民法典》第914条(*Alexiades*, Eisagogi sto Iatriko Dikaio, 28)。

8. 在葡萄牙,为秘密提供侵权法保护的基础是《民法典》第70条第(2)款(侵犯人格)。该条规定,所有为个人刻意隐藏并因而表明他们不愿公开的想法、意见、感觉、事件、作为、不作为或个性均属于值得法律保护的人格利益,只要受影响的人对保守各项秘密享有法律上的及为社会所承认的利益(*Capelo de Sousa*, O direito geral de personalidade, 335)。根据《民法典》第75条第(1)款及第7条,特别是行为人为自己的收益而公开他人的私人信件、私密日记和回忆录时,就构成了民事不法行为;当然,如果受影响的当事人个人让这些或其他个人数据可为公众接触,情况就不一样了(*Carvalho Rebelo*, A responsabilidade civil pela televisão, 80)。《民法典》第79条第(2)款对当代名人做出了特别的限定。但是这并未赋予新闻媒体以无限制的授权。例如,新闻媒体不能对著名足球明星的家庭情况进行详细报道(STJ 14 June 2005)。对于数据保护,特别是关于受影响者的宗教信仰、政党的成员资格、健康状况及性生活等信息,葡萄牙还发展出了特殊规则(1999年和2001/2003年有关*国家数据保护委员会*(*Comissão Nacional de Protecção de Dados*)活动的报告, http://www.cnpd.pt/bin/relatorios/anos/relat99.htm)。

9. 荷兰法首先在隐私权保护的背景下表述了"泄露秘密"的问题(比较《宪法》第10条),其中包括亲自决定个人数据是否可被收集、保存及审查的权利。这进而包括了亲自决定传播这些信息的权利(*Verheij*, Vergoeding van immateriële schade, 192; Onrechtmatige Daad IV (-*Schuijt*), chap. Ⅶ, note 101 pp. 1387 -1410)。泄露秘密是否构成民事违法行为取决于行为人是否违反了保护性法律(特别是刑法典关于保守秘密的职业义务的规定),或者在不存在这种犯罪行为时,取决于泄露秘密的行为是否违反了"基于不成文法的商业交易的行为准则"(《民法典》第6:162条第(2)款(第三选项))。在这一评价的框架内需要考虑的方面是多样的(侵害的严重性、信息的类型和私密程度、负面影响的持续时间、信息内容的含义、侵害的时间有多长、受影响者个人的生活状况、公布的理由和情形、公布媒体的特性及为了获得他人的个人信息所需支出的费用:Onrechtmatige Daad IV (-*Schuijt*) loc. cit. note 104, pp. 1412 -1414)。泄露职业秘密的责任还受各项合同制度的约束。职业自身制定的内部规则,甚至各个职业团体做出的纪律处分决定在评价责任时都可纳入考虑,但对结果并不具有决定意义(Onrechtmatige Daad IV (-*Huijgen*) chap. VI. 2, note 18 pp. 24 -25; note 31 p. 47 and notes 118 -119 pp. 240 -241)。《爱沙尼亚债法》没有与第Ⅵ-2:205条类似的规定。但是如果依据某些法律规定(如医疗服务提供者的保密义务(《债法》第768条))以及当事人在缔约协商过程中的保密义务(《债法》第14条第(4)款)能够确定行为的违法性,那么行为人披露他人的秘密也会产生损害赔偿义务。

10. 在瑞典,除了《损害赔偿责任法》第 2 章第 2 条以外,刑法规定(例如《刑法典》第 4 章第 8 条～第 9c 条[通信和数据秘密]以及第 20 章第 3 条[职业秘密])也经常提供民事责任的框框,只要侵犯行为的后果属于各个规范的保护范围(*Bengtsson and Strömbäck*, Skadeståndslagen[2], 86)。如果泄露秘密的行为导致受害人人格受损,那么行为人还需对侮辱承担额外的赔偿责任(《损害赔偿责任法》第 2 章第 3 条; *Bengtsson and Strömbäck* loc. cit. 62);它也可能涉及健康损害(*Conradi*, Brottsskadelagen, 27:医院的雇员随意讨论一名妇女的堕胎致使她"精神失常")。一些专业法律有自己的刑法规范,偶尔还有自己的责任体系,例如《商业秘密保护法》(*Lag* [1990:409] *om skydd för företagshemligheter*)第 5 条至第 10 条;《银行及金融行业效率法》(*Lag om bank－och finansieringsrörelse*)第 1 章第 10 条第(1)款及第(3)款(关于该法律对民事责任的意义,可进一步参见 Prop 2002/03:139 pp. 472,477)以及《电子通讯法》(*Lag om elektronisk kommunikation*)第 7 章第 15 条第(1)款。《芬兰刑法典》(*Strafflag*)第 38 章列举了泄露秘密领域的一系列犯罪行为,实施这些犯罪行为同时会引发民事责任(《损害赔偿责任法》第 5 章第 1 条)。在这一背景下的犯罪行为的更多的基本要件还可以在下述规定中找到,如《刑法典》第 24 章第 8 条(散布侵犯他人隐私的信息)、第 24 章第 5 条(未经授权的窃听)以及第 24 章第 6 条(未经授权的监视)。此外,《反不当商业行为法》同样可以适用于公司秘密的保护(*Lag om otillbörligt förfarande I näringsverksamhet*)第 4 条和第 10 条,比较 Supreme Court 15 March 1984, HD 1984, II, 43。《信贷机构法》(*Kreditinstitutslag*)第 94 条对信贷机构的审慎义务做出了规定。《丹麦刑法典》(*Bekendtgørelse af straffeloven*)第 152 条(文职部门的审慎义务)、第 263 条、第 264 条(通信秘密、通话秘密及其他秘密)、第 264c 条第(2)款(商业秘密)在一般过错规则的背景下可适用于民事案件。关于公司秘密信息的保护可另参见《营销法》(Marketing Act *(Lov om markedsføring*))第 19 条及第 117 条(银行的保密义务)。其他侵犯人格权的行为则受一般侵权法规范,例如,比较 Eastern CA 23 October 1990, UfR 1991, 194(医生公布了一名申请人刚抽完脂的手术照片,从照片中依然可以将申请人的面部辨认出来;根据《损害赔偿责任法》第 26 条,该医生需承担责任)。

11. 在英格兰,保密义务可能来自合同中的明示或默示条款,也有可能与合同无关:*Seager v. Copydex* (*No.* 1) [1967] 1 WLR 923; *Argyll v. Argyll* [1967] Ch 302, 322。该义务来自衡平法,违反这一义务的行为会受到衡平法上的禁令救济的约束;另一项救济方式是代替禁令的损害赔偿,但一旦秘密材料被(非法地)披露致使禁令的颁布丧失依据,这一分析在正当化法院判给损害赔偿的管辖权时并非毫无问题;因而,泄露秘密至少可以被视为普通法中的侵权行为。如果秘密信息被透露时,密友知道或应当合理地知道需对此承担保密义务,那么保密关系便会产生:*A－G v. Guardian Newspapers Ltd.* (*No.* 2) [1988] 3 All ER 545, 658 (Lord *Goff*); *Campbell v. Mirror Group Newspapers Ltd.* [2004] UKHL 22; [2004] 2 AC 457。在透露者于信息传递时明确表明信息具有保密性,且密友(基于合同或无偿地)承诺不会泄露信息的(比较 *Stephens v. Avery* [1988] Ch 449 一案,在该案中,为了诉讼的目的而假定,某人将过去的一段女同关系透露给朋友前说过该信息是基于信赖而透露的),或者信息根据其性质明显具有保密性的(例如一本记载着个人的意见和想法的日记或日志(*A－G v. Guardian Newspapers Ltd* (*No.* 2) loc. cit., 659 (Lord *Goff*); *HRH Prince of Wales v. Associated Newspapers Ltd.* [2006] EWCA Civ 1776, [2008] Ch 57),或与个人的私人生活、事务和行为有关的秘密被透露给配偶或伴侣时,这一要件都得到了满足[*Argyll v. Argyll*, loc. cit.];至于后者,早期适用的假定是,未婚的性伴侣不负有保密义务[比较 *Stephens v. Avery* [1988] Ch 449, 454(*Browne-Wilkinson* VC 假定了这一命题,但是基于其他原因,保密义务仍然得到了承认]但这一假定已经为新的更为宽泛的泄露秘密的进路所超越(*McKennitt v. Ash* [2006] EWCA Civ 1714, [2008] QB 73; *Lord Browne of Madingley v. Associated Newspapers Ltd.* [2007] EWCA Civ 295, [2008] QB 103]。如果信息是通过偷偷摸摸的或其他应受谴责的手段获得的,那么保密义务同样得到确立:比较 *F. Gurry*, Breach of Confidence in: Essays in Equity, ed. by *P. D. Finn*, (London: Sweet & Maxwell, 1985), 116; *Ashburton v. Pape* [1913] 2 Ch 469, 475(客户被其出庭律师的书记员欺骗,交出了法律上享受特权的信函); *Francome v. Mirror Group Newspapers Ltd* [1984] 1 WLR 892(非法截听电话); *Hellewell v. Chief Constable of Derbyshire* [1995] 1 WLR 804, 807(*Laws* J:盗取他人日记者受保密关系约束)。受保护的信息必须具有机密性。这首先意味着,该信息必须具有必要程度的保密性或隐私性;如果一份材料已经基本上处于公共领域,那么它就不具有保密性,参见*A-G v. Guardian Newspapers Ltd* (*No.* 2), loc. cit.(由于书籍已在国外出版,最终的禁令被拒绝了)。其次,信息必须具备一定的敏感性;琐碎的或无用的信息不受保护:*A-G v. Guardian Newspapers Ltd* (*No.* 2), loc. cit., 659 and 643(例如因为疾病而接受治疗这一事实);*Stephens v. Avery*, loc. cit.(个人性生活的详细情况并非琐碎的);*A-G v. Jonathan Cape Ltd* [1976] QB 752(在政治日记中记录的具有保密性的内阁讨论经过10年即不再受保密法的保护,因为其政治敏感性已经丧失,也就失去了保护的必要)。在这一意义上,与个人相关的信息可能是敏感的并具有保密性,即使信息的公布是有利的而非轻率的事情(*Prince Albert v. Strange* (1849) 2 De G. & Sm 652, 697; 64 ER 293, 312 [*Knight Bruce* VC]; *A-G v. Guardian Newspapers Ltd.* (*No.* 2), loc. cit., 640 [Lord *Keith*],给出一例,即为高尚的事业进行捐赠,但赠与人希望保持匿名)。在这些情况下,请求人原则上并未遭受损害因而至多只能获得象征性的损害赔偿,不过正因为在这种情况下赔偿不够充分,因此,可以适用禁令救济。在1998年的《人权法》制定后,下述观点得到确立,即在发展和适用有关泄露秘密的原则时,法院必须对《欧洲人权公约》第8条(个人和家庭生活、住所及通信受尊重的权利)和第10条(表达自由权)(其价值现在被铭记在该诉因中)之间做出权衡,*Campbell v. Mirror Group Newspapers Ltd.* [2004] UKHL 22; [2004] 2 AC 457(尽管该案的法官对案件的审理结果存在不同意见,但对于这一原则的适用,法官们的意见是一致的)。在公约的背景下,为了在并不涉及泄露秘密的情形保护第8条中的权利,法院将保密法的适用范围进行了扩展,用以防止侵犯隐私(即防止滥用私人信息)*:比较 *Douglas v. Hello! Ltd.* (*No.* 1) [2001] QB 967, 1001 (*Sedley* LJ); *Campbell v. Mirror Group Newspapers Ltd.* [2004] UKHL 22 at [14] and [51]; [2004] 2 AC 457 (Lords *Nicholls and Hoffmann*); *A v. B plc.* [2002] EWCA Civ 337, [2003] QB 195)(*Woolf* 首席法官认为:"如果在当事人可以合理期待其隐私受到尊重的情形发生入侵,除非入侵人能够为其行为作出合理的辩护,否则该入侵行为将在泄露秘密之诉中导致责任的产生");*HRH Prince of Wales v. Associated Newspapers Ltd.* [2006]

* 原文为"Against the background of the Convention the courts have extended the law of confidentiality so as to protect article 8 rights in circumstances which do not involve a breach of a confidential relationship to fashion protection against infringement of privacy (i. e. to prevent misuse of private information)",但后一个不定式 to fashion protection against infringement of privacy 在位置上不易理解,似乎与第一个不定式 to protect article 8 rights 应是同义指代关系。——译者注

EWCA Civ 1776 at [26]; [2008] Ch 57 (Lord *Phillips* CJ)。因此,问题就在于,一方面是否存在对隐私的合理期待,另一方面,公布行为是否是出于合法目的以及所获得的利益与侵犯他人隐私可能造成的损害是否成比例:*Campbell v. Mirror Group Newspapers Ltd.* [2004] UKHL 22 at [113]; [2004] 2 AC 457 (Lord *Hope*)。尽管侵权的界限仍未得到确定,但是在此基础上,能够主张保护的情形和披露行为能得到正当化的例外情形的种类看起来都得到了扩大。

12. 在爱尔兰,由于在关于这一主题首要判例中合同法、衡平法、财产法、侵权发及宪法的因素都很明显,因此很难确定对滥用他人秘密信息提供保护的确切法律基础(*McMahon and Binchy*, Torts[3], para. 37.21)。有时候认为,法院"会被请求执行实际上是道德义务的内容"(*House of Spring Gardens Ltd. v. Point Blank Ltd.* [1984] IR 611, 663 (SC) [*Costello* J. in the High Court, *O' Higgins* C. J. in the Supreme Court]; *Oblique Financial Services Ltd. v. The Promise Production Co. Ltd.* [1994] 1 ILRM 74, 77 [*Keane* J.])。这一在 *Seager v. Copydex Ltd.* (*No.* 2) [1969] 1 WLR 809 一案中得到上诉法院民事庭庭长 *Denning* 法官和 *Winn* 法官支持的观点,即它与侵占他人财产利益的侵权相似,在评论中受到了批评,因为大多数私人秘密的财产性质是受到质疑的(*McMahon and Binchy* loc. cit. para. 37.22; *Lavery*, Commercial Secrets, chap. 2)。在 *Coco v. AN Clark* (*Engineers*) *Ltd.* [1969] FSR 415; [1969] RPC 41 一案中,*Magerry* 法官指出了泄露秘密的三个要件:"首先,信息本身……必须具备秘密的必要性质。其次,信息必须是在意味着有保密义务存在的场合下被告知的。最后,必须有未经授权使用该信息并且给传递信息的一方造成不利的行为"(loc. cit. 419-420)。为了满足第一个要件,信息"绝对不能属于公共财产或者已为公众所知悉"(Lord *Greene* MR in *Saltman Engineering Co. Ltd. v. Campbell Engineering Co. Ltd.* [1978] 65 RPC 203, 215)。第二个要件中提到的义务可以是合同中的明示或默示条款,也可以是"法律施加的"(*Gurry*, Breach of Confidence, para. 2-24); (3311)其中包括雇主与雇员(*Lavery* loc. cit. chap. 7),医生与病人(*Tomkin and Hanafin*, Irish Medical Law, chap. 4; *Mason and McCall Smith*, Law and Medical Ethics[7], chap. 8),会计师(*Parry-Jones v. Law Society* [1969] 1 Ch 1)、律师(*Gurry* loc. cit. chap. 18)、银行家(*Donnelly*, The Law of Banks and Credit Institutions, 147-166; *Tournier v. National Provincial & Union Bank of England* [1924] 1 KB 461)与客户之间的关系,私人间的亲密关系(参见前一注释)以及为了特定的有限目的信息的私密性受到信赖的其他情形。*Megarry* 法官在 *Coco v. AN Clark* (*Engineers*) *Ltd.* [1969] FSR 415; [1969] RPC 41, 48 一案中提出了这一义务的一般检验标准,即如果在当时的情况下,任何处于信息接收人地位的理性人本能够基于合理的理由意识到,信息是在需要保密的情况下告知他的,这就足以让他承担衡平法上的保密义务。对泄露秘密行为的救济方式包括禁令,*Anton Piller*——或"搜寻扣押"——命令(*House of Spring Gardens Ltd. v. Point Blank Ltd.* [1984] IR 611; *Toulson and Phipps*, Confidentiality[2], para. 10-15),交出或损毁的命令(*Franklin v. Giddins* [1978] Qd R 72; *Robb v. Green* [1895] 2 QB 315; *Peter Pan Manufacturing Corp. v. Corsets Silhouette Ltd.* [1964] 1 WLR 96),说明利润(*House of Spring Gardens Ltd. v. Point Blank Ltd.* loc. cit.; *Peter Pan Manufacturing Corporation v. Corsets Silhouette Ltd.* loc. cit.; *A-G v. Guardian Newspapers Ltd.* (*No.* 2) [1990] 1 AC 109),回复性的(*Lavery* loc. cit. 253-254; *Toulson and Phipps* loc. cit. paras 10.06-10.08)或者宣告性的(*Malone v. Metropolitan Police Commissioner* (*No.* 2) [1979] Ch 344)救济以及——最富争议性的——损害赔偿(*Lavery* loc. cit. 244-252; *Toulson and Phipps* loc. cit. paras. 2.06-2.11, 10.

09-10.13)。还必须注意的是,爱尔兰并未注意到在联合王国出现的明显趋势,即将泄露秘密扩展作为解决侵犯隐私权这类诉讼的万灵药(Report of the Working Group on Privacy, 31 March 2006, para. 2.44, *http://www.justice.ie/en/JELR/WkgGrpPrivacy.pdf/Files/WkgGrpPrivacy.pdf*)。学术著述将这一缺乏扩展的原因归结为一般性隐私权在1987年得到了承认(*Kennedy & Arnold v. Ireland* [1987] 1 IR 587),以及1992年高等法院发表的声明,即对隐私的宪法权利和普通法上对秘密的权利是具有相同的范围(*Desmond & Dedeir v. Glackin* (*Minister for Industry and Commerce, Ireland*) *& A-G* (*No.* 2) [1993] 3 IR 67:从中央银行获得的秘密信息)。

13. 苏格兰同样承认因违反保密义务、违背默示的不作为的承诺或义务而披露他人信息的不法行为,*Megarry* 法官在 *Coco v. AN Clark* (*Engineers*) *Ltd.* [1969] FSR 415; [1969] RPC 41 一案中(参见上文,注释12)提出的三个要件也适用于之后的案件(尽管 *Francome v. Mirror Group Newspapers Ltd.* [1984] 1 WLR 892; *Stephens v. Avery* [1988] Ch 449; *Barrymore v. News Group Newspapers Ltd.* [1997] FSR 600; *A-G v. Guardian Newspapers Ltd.* (*No.* 2) [1990] 1 AC 109; *Shelley Films Ltd. v. Rex Features Ltd.* [1994] EMLR 134 和 *Hellewell v. Chief Constable of Derbyshire* [1995] 1 WLR 804 等判例削弱了预先存在保密义务这一要件)。传统诉讼往往围绕具体情形是否要求被告对被披露的信息承担保密义务*这一问题。即使没有关于禁止披露秘密的明确约定,原告的请求也不会受到严重的影响(*Printers & Finishers Ltd. v. Holloway* (*No.* 2) [1965] 1 WLR 1),这对于具有"职业地位"的人而言属于默示条款(*Walker* loc. cit.)。即使不存在雇佣合同,这一义务也存在,例如一个教民在忏悔或寻求建议的时候可能会将信息透漏给牧师(*Broad v. Pitt* (1828) 3 C & P 518, 172 ER 528)。这意义上的保密义务也可能存在于任何情形,如某人在传递信息时要求对方不进一步公开,如果对方并不反对接收信息,那么对此的合意就是合同性的(Walker loc. cit. 710)。判例法(*Douglas v. Hello! Ltd.* (*No.* 1) [2001] QB 967; *Venables and Thompson v. News Group Newspapers Ltd.* [2001] Fam 430; *Theakston v. Mirror Group Newspapers Ltd.* [2002] EWHC 137 (QB), [2002] EMLR 22; *A v. B plc.* [2002] EWCA Civ 337, [2003] QB 195; *Campbell v. Mirror Group Newspapers Ltd.* [2002] EWHC 499 (QB), [2002] EMLR 30; reversed [2003] QB 633 (CA); *Douglas v. Hello! Ltd.* (*No.* 3) [2003] EWHC 786 (Ch), 3 All ER 996 (Lindsay J.); *X, A Woman formerly known as Mary Bell v. O'Brien* [2003] EWHC (QB) 1101; [2003] EMLR 37)似乎已经在近期将联合王国的泄露秘密与《欧洲人权公约》的第8条及第10条相糅合。这就导致了一项包罗万象的诉因,因而网不仅撒得超出了单纯的泄露秘密的情形,还广泛地拉入了侵犯隐私的情形,因此,通过它对隐私的保护,使得对独立的隐私权的表面上(需要)的承认实际上实质化了。泄露秘密法的连个主要的扩张可总结如下:"(1)被承认为秘密的信息的范围得到了扩大,对其评估包括建议的公开的方式的影响,检验的方法是披露是否会对一个具有普通敏感度的理性人构成高度的冒犯并震惊其良心……以及(2)尽管信息不是在保密关系中告知的,仍可能存在保密义务"(*MacQueen*, (2004) 8 Edinburgh L Rev, 249)。第二种扩张特别关涉(泄露秘密)同侵害隐私之间的合并,而且明显偏离了下述声明,即"保密法得以存在基础是吐露秘密者(confider)和密友(confidant)之间存在的保密义务"(*Bonnington*, (1992) SLT 289, 290)。在现有的形式下,泄露秘密的"基础"

---

* 原文同时使用了 keep confidence 和 maintain secrecy 两个词来表达保密的含义,这里没有做具体区分。——译者注

已经不必再去发现;这是因为,在上文提到的涉及偷拍他人照片的情形,信息并非是自愿或主动地以需要保密的方式透露的,相反,该信息是被被告夺取或者占有的,从而导致实际上根本未曾存在过信赖或信任的情形。这就意味着行为人因为暗中"搜集"私人信息而承担了保密义务,而非(像传统上那样)是由于下述义务而承担了保密义务,该义务是基于原告向被告吐露了秘密信息因而具有信任和信赖的实质要素,因而,被告的良心约束他不向这一信任关系之外的人传达该信息。

14. 进一步参见 2004 年 4 月 29 日《欧洲议会和理事会关于实施知识产权的第 2004/48/EC 号指令》,第 7 条。

示例 1 取自 *Seager v. Copydex Ltd.* (*No.* 1) [1967] 1 WLR 923 一案,示例 2 取自 *X Health Authority v. Y* [1988] 2 All ER 648 (QBD)一案。

第Ⅵ－2:206 条　侵犯他人财产或合法占有所致的损失

(1)因侵犯他人的财产权或者他人对某一动产或不动产的合法占有而造成的损失属于具有法律相关性的损害。

(2)在本条中:

(a)损失包括对财产使用权的剥夺;

(b)侵犯财产权包括对权利标的的毁坏或有形的损害(财产损害),对权利的处分,对权利行使的干涉以及其他妨害权利行使的行为。

评　论

A. 概述

条文综述概览。本示范规则以侵犯他人财产权或合法占有所导致的损失为对象(第(1)款)。第(2)款解释了"损失"及对财产的"侵犯"的含义。第Ⅵ－2:101 条(具有法律相关性损害的含义)给"损失"所下的定义并未受此影响;第Ⅵ－2:206 条第(2)款(a)项则是对该一般定义的扩张而非限制。

可归责性。根据这些规则,对某项财产权的侵犯以及因此造成具有法律相关性的损害并不必然导致责任的产生。与第二章所有条款一致,第Ⅵ－2:206 条仅涉及什么构成具有法律相关性的损害这一问题。是否有人需要对此承担责任由下面的章节来决定:加害人必须故意或过失造成损害或对损害的发生具有其他归责原因且无法提出有效的抗辩。

作为具有法律相关性损害的损失。第Ⅵ－2:026 条第(1)款表明对某项财产权的侵犯并非损害本身(伤害本身)。在一定程度上,具有法律相关性的损害存在与否取决于是否存在经济上或非经济上的损失。

示例1

N没有获得L的允许或其他授权而在L的土地上进行耕种。宜人的装饰效果以及作物的投资明显增加了土地的价值。N使用L的土地使土地改变了其原有的风貌,就土地而言,N侵犯了L的财产权利,而且根据第Ⅵ-1:102条(预防)的规定,L有权阻止其继续进行耕种、侵犯其财产权利,不过N的干涉行为并不必然给L造成了具有法律相关性的损害。事实上,N的行为非但没有给L带来经济损失,如果(根据不当得利法)L无须对土地改良所具有的全部价值对N承担相应的责任,其行为还给L带来了一笔可观的收益。除非L能够证明对土地的使用干涉了他的(L的)计划(例如为了给某一建筑开辟道路,L现在需要支出一笔经费以清除土地上的树林及灌木)或者由于财产权遭受侵犯而需要承担其他损失,否则L并未遭受任何具有法律相关性的损害。

示例2

一艘船损坏了一个废弃的且不具任何价值的码头。从侵犯所有权这一意义上说可能构成对财产的损害,但却不构成具有法律相关性的损害。后者要求码头所有人须遭受了经济上的损失。

与其他制度的关系。有一个事实必须予以考虑,即在涉及对物的财产权(title)时,有些特殊的法律制度可能会得以适用,并且在其目的要求时还优先于第Ⅵ-2:206条得到适用(参见第Ⅵ-1:103条(c)项(适用范围))。特别是在所谓的所有人——占有人关系中涉及对财产权利的侵犯时,这将会尤为重要(参见下文评论B)。

救济。对第Ⅵ-2:206条的解读须与第六章中关于救济的条文相结合。在这一背景下,尤其需要注意的是第Ⅵ-6:101条(赔偿的目的及形式)第(3)款,第Ⅵ-6:104条(多个受害人)以及第Ⅵ-6:201条(受害人的选择权)的规定。其中第Ⅵ-6:101条第(3)款涉及的是对物的维修费用超过物品价值的情形。第Ⅵ-6:104条的主旨表述了下述问题,即在对某一给定之物的数个财产权利的持有人中,谁有权要求偿还因维修所支出的费用。最后,考虑是某一财产权利的持有人还是另一财产权利的持有人还是只有二者一起才能被授权决定赔偿所得是用于将财产恢复到原有的状况还是将其用作其他目的,属于第Ⅵ-6:201条(受害人的选择权)的框架内。

B. 财产权及财产法所产生的问题

术语的难题。迄今为止,整个欧盟的私法制度都未曾给"所有权"或"合法占有"下一个统一的定义。因此,为了与最近的发展相一致,在对欧洲私法的进一步研究的过程中将有必要对第Ⅵ-2:206条中的表述做出调整。另一方面,仅因为尚存在和这两个概念相关的表面上的术语和概念的难题而不对"具有法律相关性的损害的特殊情形"中因侵犯所有权或合法占有而导致的损失做出明确的评价似乎是站不住脚的。财产法术语上的不一致并不会质疑作为非合同责任法基础之价值的一般核心内容。

财产权。明显地，第Ⅵ－2:206 条仅涉及对动产和不动产的财产权。不过，本条并不限于任何特定类型的财产权。通常来说，任何财产性的权利都可以。受影响的请求人并不必然是财产上一切利益的拥有者。在本条意义上的"对财产的侵犯"也可能由公认的并非是财产所有人的所有权利的持有者，但拥有构成所有权的某些权利（例如单纯的质押）的人遭受。在欧洲法律发展的现有阶段上，何种权利事实上是"财产权"只能通过浏览各个准据的国内法时才能得到回答。出卖方保留所有权时，取得标的物的一方是否可以被视为财产权（也即期待权（*Anwartschaftsrecht*））的持有人这一问题就是一个例子。对该问题的回答可能结果是不同的，因此不会使第Ⅵ－2:206 条试图表达的原则受到质疑。

妨害。为了确定是否存在第Ⅵ－2:206 条规定的损害——它取决于对财产权的侵害，需要查看财产法来确定任何权利的边界：加害人的行为必须对他人的财产权构成侵犯。如前所述，本卷中的法律与财产法（关于其的欧洲规则尚待发展）之间的相互联系对妨害这一问题具有特殊的意义。尽管本卷中出现的诉因是因为遭受了第Ⅵ－2:206 条含义范围内的损害，但为了确定加害人的行为侵犯了受害人作为土地所有人所享有的权利还需证明加害人对土地的使用超出了财产法确定的享用的范围。例如，邻居制造的噪声在何种程度上须为土地所有人容忍，而何种情况下所有人可对此提出抗议，这将作为邻人之间的财产权范围的分界线的重要组成部分。这些无形界限与不同土地财产上的有形分界线一样也是财产法的组成部分。对动产财产权也可以适用类似的观点。这些权利也有可能受到社会习俗（social *mores*）及公认的惯例的约束，以至于在特定情形下，除了伤害是否轻微到足以排除给予赔偿这一问题外，可能作为一项财产法问题，并不存在对财产权的侵犯，因而也就没有本条规定下的损害发生。对这类问题的解决还必须以国内财产法为依据。

所有人—占有人关系。不过，这并没有穷尽财产法的维度。特别是，重要的是要承认，在不同的司法辖区调整所谓的所有人——占有人关系的特殊规则（迄今仍经常被归为民法典中的一个自治的部分）可能取代第Ⅵ－2:206 条而适用。许多（但绝非全部）司法辖区在取得人对出卖人的所有权仅存在"一般"（而非重大）过失而取得所有权时，允许其成功主张从转让人那里善意取得，从这一事实会引发两个难题。因此，例如，从一个提供了有错误记载的行车日志的人手中购买汽车的买受人可以从未经授权的出让方那里善意取得汽车的所有权，即使更加细致地审查该行车日志后本能确定存在伪造的也是如此。财产法中的这一主张的第一层含义是，在纯属过失的情形下，受让方可以获得财产。这就意味着，如果没有其他的规定，关于侵犯财产权的非合同责任法的条文将得以适用，那么则可以假定，受让人在这种情况下获得所有权将因过失给所有权人造成损害，因为所有人的所有权因（过失的）善意取得而消灭。不过，这样一个非合同责任规则当然起不到任何作用，因为，尽管财产法可确保善意取得人取得所有权，但是非合同责任法可能会给其施加一项赔偿义务从而使所有权重新回到原所有权人手中。要求新所有权人承担这样一项义务将在很大程度上使财产法规则的目标落空。因此,应该认为这里暗示着,这些情形不会导致非合同责任的产生。第Ⅵ-1:103条(适用范围)(c)项中的规则对此做出了总结,当本卷的规则与其他私法规则的宗旨相矛盾时,第Ⅵ-1:103条(适用范围)(c)项将排除本卷条文的适用。值得注意的是,由于对动产善意取得的判断标准类似于不存在过失的判断标准,因此根据《共同参考框架草案》(DCFR)的规则,该特殊问题将不太可能产生。参见对第Ⅵ-1:103条(适用范围)的评论D中的示例6。

盗赃物。在某些法律体系中,若不具有重大过失则有可能适用善意取得会产生第二个难题,即有时存在的例外,它完全排除了善意取得对盗赃物或其他遗失物的适用。如果不对非合同责任法的条文做出调整,人们可能会基于这种财产法得出相矛盾的观念,即仅因过失而未能发现出让人并不享有所有权,但既不知道也不应当知道该财产是从所有人处取得的人要对毁坏或损坏财产的行为承担责任,反之,如果财产没有被盗,该人将会成为财产所有人,因而也就无须对之后的毁损财产的行为承担责任,因为他毁损的实际上是他自己的财产。这两种情况的不同处理结果完全取决于财产是否被盗(关于存在何种事态时取得人并不具有重大过失)。假设在这两种情形中取得人的主观状态是相同的,那么从非合同责任法的角度上看则有必要对这两种情形做出同样的处理。在有的法律体系中,这涉及将财产法仅赋予了"仅具"过失的非盗窃财产的善意取得人的保护扩展至非合同责任法目的上的对被盗财产的损害上。由于《共同参考框架草案》(DCFR)的规则并未采用不具重大过失的衡量标准,因此根据该草案关于通过善意占有而善意取得有形动产的规则,情况会完全不同。参见对第Ⅵ-1:103条(适用范围)的评论D中的示例6,此外,关于损害财产一方的心理要件,请参见对第Ⅵ-3:101条(故意)的评论B中的示例2。不过,尽管目前政策矛盾的难题依会出现,但第Ⅵ-1:103条(适用范围)(c)项的规定能够确保在非合同责任和财产法之间不会产生冲突。

对有体物的财产权。第Ⅵ-2:206条既适用于不动产又适用于动产。地块、房屋及有形动产都属于本条一样上的"物"。不过,本条并不适用于无形财产。知识产权(著作权、专利权等)在所有的欧盟成员国都由特殊的法律制度来调整,且不受这些规则的影响。对证券中体现的权利也是如此。对债券所"享有"的权利属于第Ⅵ-2:206条意义上的所有权;而"来自"债券的权利则非如此。

单纯的合同权利或其他相对权被排除。单纯的合同权利或其他相对权不受本条的调整。不过,这并不意味着这些权利无法受到非合同责任法提供的保护。相反,它只是指,在没有特殊制度(例如第Ⅵ-2:211条(诱使债务不履行所致的损失))的情况下,一方是否遭受具有法律相关性的损害必须根据第Ⅵ-2:101条(具有法律相关性的损害定义)第(1)款(c)项来决定。另外,这一判断特别取决于加害人是具有故意还是仅具过失。实际处理结果与下述观念差别不大,即根据加害人是具有故意还是过失而对侵犯财产权做出不同的评定。

示例 3

A 在一栋房屋里开了一家美发沙龙,但该房屋被 T 开卡车撞毁。美发沙龙被迫必须休业一段时间。A 雇用的两名理发师就其工资损失提起诉讼。他们既没有遭受对其任何“财产权”的侵犯,也没有就对美发沙龙的合法占有受到侵犯,还没有因为有人诱使其雇主不履行对雇员的债务而成为受害者。不过,如果 T 故意造成损失——例如,通过恶意毁坏,则雇员也有可能遭受具有法律相关性的损害,尽管其法律依据为第Ⅵ-2:101 条(具有法律相关性损害的含义),而非本条或第Ⅵ-2:211 条(诱使债务不履行所致的损失)。

示例 4

正在进行道路施工的建筑公司过失切断一条地下电缆。作为电缆所有者的电力公司遭受了具有法律相关性的损害,但其总部的业务因此暂时中断的企业却并未遭受这种损害。该过失虽然影响了其与电力公司之间的合同关系,但这并不构成具有法律相关性的损害。但是如果停电导致财产受损或被毁,例如加热了的金属冷却或者(在私人住所中)冰箱里储存的东西变质,情况就不同了。

C. 合法占有

占有。从第Ⅵ-2:206 条的目的上看,“财产权”并不包括对有体物的合法占有。基于这一原因,第(1)款对合法占有作出了单独规定。占有本身只是一种事实状态而非权利,因而不是财产权。但是如果占有由某项占有权利而得到强化,那么根据第(1)款,它同样构成本规则要保护的利益。

持有被包含在内。迄今为止,欧洲还没有共同的所有权的概念,反映这一现状,迄今欧洲也没有统一的合法占有的概念。在大量的法律体系中,占有这一概念仅包括所谓的“以所有权人名义的占有”(proprietary possession)(或,有关不动产,为“以业主名义的占有”(owner occupation)),*因此只适用于某人“像自己所有一样”来占有。因而,在这些体系中,即使承租人也不是占有人,而仅仅是所谓的持有人(detentor)。相反,在其他法律体系中,持有这一种类完全不为人所知。它们还将“占有人”这一概念适用于“替他人”占有某物的人。因此,在这些法律体系中,主导的是完全相反的情况:承租人被视为典型的占有人。第Ⅵ-2:206 条并未试图对财产法的这一不同的观点表明其立场;如前所述,后面应当及时对该条文做出调整以吸收最新的发展。在此仅需要澄清第Ⅵ-2:206 条中使用的占有这一概念应被理解为包括持有。这很容易从本规则的保护目的中得出:自主占有人(也即对占有和持有做出区分的法律体系中的“占有人”)要么有权作为所有权人提起诉讼,要么完全不属于该规则的适用范围,因为占有人可能是一名小偷而不享有合法占有。

---

* 似乎这里的所有人的占有或业主的占有指的就是我们常说的“自主占有”,这里暂按字面翻译。——译者注

合法占有。第Ⅵ-2:206条与占有本身无关,而涉及的是占有权。盗窃者并不属于本条的保护范围。对承租人非法转租后的占有人也是如此;在任何此种情况下,次承租人不享有可对抗所有权人的占有权。

数个占有人。同一物品的数个占有人(或持有人)在其相互间的关系上应享有的法律保护须基于准据的国内财产法来决定。

财产法对占有的保护未受影响。从第Ⅵ-1:103条(适用范围)(d)项可以得出,第Ⅵ-2:206条并不影响其他法律基础提供的救济。因此,在财产法也提供了对占有的法律保护并且根据这一制度,受害人获得了更有利的诉因*的范围内,并行的非合同责任法的条款不会对之造成影响。当然,根据案件的具体情况,这同样适用于财产法为所有权提供的保护。

因侵犯合法占有造成的损失。第Ⅵ-2:206条意义上的具有法律相关性的损害仅指侵犯对物的占有权而造成的损失。尽管它通常包括使用丧失,但并不包括因对物的成分造成的损害所导致的损失。

示例5

如果一名商业旅行者租用的汽车被盗,那么他可以要求盗窃者赔偿因租用另一辆汽车而导致的损害。不过,与之相反,如果他人损害了车辆但没有对其性能造成不利影响,那么该商业旅行者并未遭受任何具有法律相关性的损害。只有所有人才有权就财产损害获得赔偿。

示例6

A未经授权对B的公寓进行翻新,尽管B完全不同意该行为。因此B将房屋恢复到原来的状态。因恢复而产生的费用属于可赔损害。

D. 侵害

定义。第(1)款引用了一个宽泛的侵害他人财产权的概念。如果某人仅以适合于财产权之持有人的方式来使用财产,那么他人的财产权就受到了侵犯。侵犯财产权的最重要的情形在第(2)款(b)项中有所列举。不过本条中所列的情形并非毫无遗漏("包括")。

示例7

A应B的请求在其返程途中将B于伦敦购买的一幅画带至二者的共同居住地——慕尼黑。A出于疏忽将画放置于机场无人看管而导致画被盗。尽管A并未损毁或处分该画,也没有干涉B对画的使用或干扰B行使其他权利,但A依然侵犯了B的财产权(不作为)。

* 原文为"course of action",疑为"cause of action"之误,译法依后者而定。——译者注

抗辩。对侵害这一概念的使用独立于抗辩的存在。从这一范围内,它依据的是一个"事实"概念。被他人的狗攻击之后出于自卫而将狗打伤者"侵犯"了狗主人的财产权,但行为人无须对狗主人承担责任(第Ⅵ-5:202条第(1)款)(自卫、无因管理和紧急避险))。保险诈骗人经过汽车所有人同意后,驾驶该汽车以制造事故的情形也是如此:第Ⅵ-5:101条(同意和自甘冒险)并不能改变这里涉及财产损害这一事实。

E. 侵害他人财产权的最为重要的模式(第(2)款(b)项)

对财产的损害。侵犯财产权的典型行为包括与财产权相关的客体的毁坏或损害。因此,本文本为此目的使用(且仅为此目的)使用了"财产损害"这一表述,后面的条文也提及这一表述。与之有特殊关联的有第Ⅵ-3:202条(不动产的不安全状态所致损害的归责)与第Ⅵ-3:206条(危险物质或排放物致害的归责),从中可以得出,这两条规定的"严格责任"并不是为所有类型的侵犯财产权的行为量身定做的,而仅适用于以损害财产的形式侵犯财产权的行为。

无效产品。财产损害也可能是无效的保护措施,尤其是无效产品的结果。

示例8

A为了在水果种植园中使用而获得了一种杀真菌剂,它可以预防苹果被自然真菌感染。不过并未像包装罐上说的那样奏效。苹果长得更加糟糕且不适于销售。这也属于财产损害所造成的损失。

瑕疵产品及建筑物自身包含的损害。尽管本条的文本中未暗示,但不受本条调整的一种财产损害的情形是,由于产品本身的瑕疵而导致整个产品受损或损害蔓延到产品的其他部分。关于严格责任,该问题完全由欧盟关于产品责任的指令来调整,指令排除了严格责任的适用(参见第Ⅵ-3:204条第(1)款(对瑕疵产品所致损害的归责))。关于过失责任,该问题完全属于合同法的范畴。这可以从第Ⅵ-1:103条(适用范围)(c)项中得出:参见对该条的评论D以及注释14~26。如果非合同责任法的规定与其他私法规则相冲突,那么不适用非合同责任法的规定。关于产品自伤,就是这种情况,因为适用第Ⅵ-2:206条将取代或侵蚀合同法上的责任规则。因此,只有当瑕疵产品造成的财产损害属于对瑕疵产品之外的财产造成的损害时,才会适用第Ⅵ-2:206条。

出售土地。土地出售也会产生类似的难题。这涉及同样的有关合同法和非合同责任法的诉讼竞合的一般难题,因此,它们同样必须根据第Ⅵ-1:103条(适用范围)(c)项来得到解决。

对权利的处分。物品本身未遭受损害也有可能造成财产权的侵犯。这类情形中的一个重要例子是处分他人财产。这是因为,如果第三人善意取得所有人,将会导致所有权的丧失,从经济的角度看,对财产的处分就相当于对财产的损害。在加害人对财产进行处分后,第三人因此对所有人的财产获得一项限制*物权*时,立场也是类似的。

示例9

A依所有权保留而取得B的货物。B不允许A将货物转售或者只有在特定情形下才同意转售,例如在A将他对次购买人的付款请求权转让给B的情况下。A没有遵守这一要求;他的次购买人善意取得货物的所有权。除了不履行合同债务外,还造成了与非合同责任法相关的损害。因此,(在一定情形)B也可以直接对法人A的常务董事C主张非合同的(而非合同上的)损害赔偿。

示例10

A租用B的物品,后将其典当给了X并进行了交付。出于对A的所有权的善意的假定,X取得了由该财产负担的一项可对抗B的担保权利。A侵犯了B的所有权。

不当得利法。不当得利法中的竞合责任并不受本卷中的非合同损害责任的影响:参见第Ⅵ-1:103条(适用范围)(d)项。这在处分人*既非故意行为又非过失忽视所有人的权利的情形具有特殊的重要意义。

干涉使用。干涉所有人对财产的使用也构成对财产权的侵犯。对不动产来说尤为明显(参见上文评论B),但它也经常发生在动产的场合。

示例11

毁坏档案、仓库、集邮册或办公文件的有序体系并不构成财产损害,因为个人物品并未遭受任何损害,而且根据大多数法律体系,无论如何,对存档(等)本身都不存在财产权。不过,对财产权的侵犯行为可以表现为有害地干涉使用之形式。

不过,对日常生活中总是发生的使用方式进行短暂的干涉并不构成对财产权的侵犯。参见第Ⅵ-6:102条(琐利不计规则)。

示例12

某人将机动车辆暂停在市内,以致另一辆车被堵住了,这并不构成对财产权的侵犯。不过,如果汽车被连续堵塞数天或者由于对防洪堤的安全维护有过失且不充分导致其坍塌致使一艘(进港卸货的)船舶半年内无法驶离港口,则情况就不同了。

剥夺使用:区分侵犯和损失。第(2)款(b)项规定干涉使用相当于对财产权的侵犯;相反地,第(2)款(a)项谈及了源自侵犯财产权的使用丧失。需要区分这两个方面。第(2)款(a)项要求存在侵犯财产权的行为,而无论此种侵犯属于何种类型。财产损害为典型的例子。与之相反,第(2)款(b)项则明确规定,干涉使用本身也构成对他人财

---

* 原文用词"disponer"应为"disposer"的误用。——译者注

产权的侵犯。请参见下文评论 E。

其他妨害权利行使的行为。其他未采取财产损害、权利丧失或者干涉使用的形式但仍构成对财产权的侵害的妨害行使财产权利的行为同样很多。常见的例子包括盗窃、挪用(misappropriation)以及侵入(trespass)。

示例 13

A 是一座历史古堡的庭园的所有权人,她禁止游客在古堡内部拍照,因为她想通过出售明信片或其他类似商品来获得一笔小的额外收益。该笔收益将被用于对古堡进行维修。一名商业摄影师违反该禁令并向游客出售其自己制作的明信片。对房屋进行拍摄的行为构成对财产权的侵犯。

F. 损失

概述。第Ⅵ－2:206 条第(1)款明确规定,因侵犯财产权所造成的损失构成具有法律相关性的损害。这类损害典型地表现为维修费、财产权利的标的遭受有形损害以及由于请求人被剥夺了商业利用财产的机会而损失的利润。第Ⅵ－2:101 条(具有法律相关性的损害的含义)第(1)款以及第(4)款(a)项中的一般规则已经包括了这些损失,它也适用于财产价值的减少。(只有在以下例子中情况有所不同,例如受影响的建筑已经空置而且预定要拆除,儿童扔掷石块打碎了窗户玻璃而造成损害,参见上述评论 A)

适销价值(merchantable value)的减少。一种并非罕见的情况是,对财产的全面的维修或修复实际上并未消除已发生的整个价值的损失。在这种情形,除了维修费用外,必须赔偿价值的剩余损失。

示例 14

A 的机动车在一起交通事故中受损。尽管这辆车可以完全修复,但在二手汽车交易市场中,"在事故中受损的汽车"相比其他同样的、没有发生过交通事故的汽车会卖得更便宜,因而它的价值仍被减少了。这种"适销价值的减少"属于可获赔的损害,除了赔付维修费外,它也应当获赔。

非经济损失。至于非经济损失,同样可以从第Ⅵ－2:101 条(具有法律相关性的损害的含义)第(1)款中包含的一般规则中得出,只要满足第Ⅵ－1:101 条(基本规则)中的其他责任要件,它们原则上也可以获得赔偿。如果行为人故意侵犯财产权,且该行为纯粹被策划用于给财产所有人造成精神痛苦,那么肯定侵犯财产权以非经济损失的形式造成了具有法律相关性的损害就是不言自明的了。一个例子是,行为人故意射杀他人的宠物,从而使宠物所有人感到痛苦。当然,第Ⅵ－2:206 条并不仅限于此种情形。加害人希望给财产所有人造成精神上的痛苦并非必要条件。相反,在发生故意侵犯财产权的行为时,通常应考虑对非经济损失的责任。加害人是否意图给他人造成精神痛苦并不影响责任的产生,只要加害人意图侵犯请求人的财产(毁损行为)且其后果构成损害,也即意欲给所有权人造成财产上的损害。一个示例就是,一名窃贼闯入住宅毁坏财物,这一对房屋所有人的权利的侵犯造成了痛苦:该窃贼意图寻找并偷走其发现的任何贵重物品,当他弄乱所有权人的物品时即意欲侵犯所有权人的财产权;他无须具有造成痛苦的故意,痛苦是其故意侵害行为的结果即为已足。相反,在纯粹过失侵犯他人财产权的情形,为了确定声称的非经济损失是否实际发生需要进行精确的评定。这些情形并不排除这种责任,但需要更精确地分析侵犯财产权的后果。一起普通交通事故给一辆标准的机动车造成有形的损害,这不能被视为非经济损失的原因(参见第Ⅵ-4:101 条([因果关系的]一般规则))。

剥夺使用(第(2)款(a)项)。不过,除前文已提及的几种情形之外还存在其他形式的损失。其中有一种形式在第(2)款(a)项中被明确提及,即剥夺他人使用或能够使用财产的收益。这构成了损失,因而是具有法律相关性的损害。换句话说,扣留他人的财产或阻止他人使用其财产既构成"侵犯"((b)项),又构成"损失"((a)项)。

示例 15

考虑一下下述情形,财产(尤其是机动车辆)受损,在维修期间无法使用。在这种情况下,损害并不只存在于受影响者必须获取替代物且因使用公共交通而必须支出费用的情形。相反,潜在使用的损失——财产权无法以其他方式来确保的利润损失——本身也属于具有法律相关性的损害。使用机动车只是为了娱乐而非商业用途无关紧要。这就避免了对财产所有权人未以营利的方式来使用的财产进行区别对待。如果一辆出租车被损坏,车辆所有人当然有权就维修期间放弃的利润或者为购买一辆新车所支出的费用请求获得赔偿;个人也因为丧失在想要时使用汽车的机会而应享有相应的请求权,这当然趋向于两种损害计算方法中的后者。考虑到没有实际的利润的经济损失,第(2)款(a)项提及的损失的计算标准通常是租用替代车辆(即使没有这么做)的费用的主要部分,因为这一费用与受害人被剥夺的使用的价值大体相当。不过,有一个要件就是,请求人希望利用财产权或者至少能够这么做。

示例 16

一群年轻人占用了大学城的一处空房。他们侵犯了房屋所有权人的财产权(第(2)款(b)项)并就房屋预计的租赁价值使房屋所有人遭受损失;即使房屋所有人不能证明,在这些年轻人占用房屋的期间,愿意支付租金的承租人被劝阻租用,他们也需承担责任。

电缆案件。换句话说,(a)项涉及的情形是,仅依第Ⅵ-2:101 条(具有法律相关性的损害的含义)第(4)款(b)项不能认定为具有法律相关性的损害的情形。另外,第Ⅵ-2:206 条第(2)款(b)项却未对损失这一概念作出任何说明。相反,第Ⅵ-2:206 条第(2)款(b)项描述了侵犯财产权的几种形式,并且(十分明显地)表明剥夺使用位列其中。

示例 17

“电缆案件”(参见上述示例 4)既不涉及第(2)款(b)项所规定的对财产权的侵犯(无可否认,机器的所有人被断电,但这并不妨碍其使用机器,也不妨碍其行使权利),也不涉及第(2)款(a)项意义上的损失(比如说,如果因中断供电造成财产损害,则需要对损失进行评估)。损失表现为维修费、价值的减少及所失利润,而使用丧失本身并非损失。

注　释

Ⅰ. 侵权法对财产权的保护

1. 法国、比利时及卢森堡私法意义上的“所有权”是对有体物(material objects)享有的绝对的、排他的以及永久性的权利(《民法典》第 544 条; *Cornu*, Droit civil[11], 440);不过,依据传统的(Cass. req. 25 July 1887, S. 1888, I, 17, note Lyon - Caen),但现在已不再是毫无争议的观点(进一步参见 *Carbonnier*, Droit Civil Ⅲ19, nos. 250 - 251 pp. 388 - 391 and no. 254 pp. 392 - 394,以及 *van Neste*, Eigendom, toch meer dan een zakelijk recht, 511 - 537),“知识产权”并不属于民法意义上的财产。由于其独占地位,所有权人有权阻止第三人相当于对财产权之一(即使用权 *jus utendi*、收益权 *jus fructuendi* 以及处分权 *jus abutendi*)提出主张的行为,而且不取决于他人的干涉行为是否造成了实际损失(*Bergel/Bruschi/Cimamonti*, Les biens, no. 95 p. 99; *Hansenne*, Les biens I(1), no. 632 pp. 585 - 586)。除了请求返还原物和划分界限之诉(*actions en révindication and en bornage*)外,一般的侵权法的诉讼也可为财产所有人利用。关于后者,法国的规定有点特殊,即一旦源自财产权的占有权(*droit de possession*)受到侵犯,损害赔偿请求就已经成立;在这种情形下,不要求有实际损失(Cass. req. 6 March 1934, D. P. 1937, I, 17, note *Blaevoet*)。不过,比利时法律并未跟着这么做。根据比利时的观点,对某项权利的侵犯既不是证明损害的必要条件,也不是充分条件(*Simoens* , Beginselen van Belgisch privaatrecht XI(2), 18)。需要注意的是,就这两个国家,侵犯财产权暗示了对《民法典》第 544 条的违反,而且这种对法律的违反将会被依法(*ipso iure*)评价为过错(a *faute*);损害财产也*构成违法的过错*(*atteintes à la propriété* constitute*fautes contre la légalité*)(正如所述,在法国,从中可以额外推论出,它们自身会导致损害(*dommages et interest*),而无须证明损害:*le Tourneau and Cadiet*, Droit de la responsabilité et des contracts (2006/2007), no. 6746)。甚至为了销售对他人的历史建筑(Caas. civ. 10 March 1993, Bull. civ. 1993, I, no. 87 p. 58; D. 1999jur. 319, concl. *Sainte - Rose*, note *Agostini*)或船只(Cass. Civ. 25 january 2000, Bull. civ. 2000, I, no. 24 p. 16; D. 2000 I. R. 61; JCP éd. G 2001, Ⅱ, 10554, note *Tenenbaum*)的照片而对之进行使用也偶尔被作为对财产权的侵犯,并可以确立责任(至于其界限,请参见 Cass. civ. 2 May 2001, Bull. civ 2001, I, no. 114 p. 74; D. 2001, 1973, note *Gridel*:某州在旅游宣传活动中对一座私人岛屿的描述并不构成对财产权的侵犯)。最高法院(the court of cassation)的*全体会议*(*Assemblée Plénière*)在下述范围内纠正了这一判例法,即,在这种情形下,请求法院禁令或者请求损害赔偿要求存在严重的干涉行为,即*异常的麻烦*(a *trouble anormal*)(Cass. ass. plén. 7 May 2004, Bull. ass. plén. 2004 no. 10 p. 21)。基于所有权人暂时无法出售或处分某项财产这一事实而产生的损害属于可赔损害(Cass. civ. 23 June 1993, Bull. civ. 1993, Ⅲ, no. 102 p. 66);因相邻土地上一块垂悬的巨石随时可能

崩塌而使该块土地贬值的情形也是如此(Cass. civ. 17 May 1995, Bull. civ. 1995, Ⅱ, no. 142 p. 81)。完全不言自明的是,盗窃和接收盗赃物也相当于与私法相关的侵权行为(例如 Cass. 13 October 2004, Pas. Belge 2004, no. 476 p. 1558)。

2. 西班牙法的出发点是《民法典》第348条,根据该条,"所有权……[是]在不损害后续的法定限制的情况下处分和享有某物的权利"。和法国一样,对所有权的保护首先是通过所有权返还之诉(the action to vindicate title),它由所有权确认之诉(an action to establish title)加以补充(TS 12 June 1967, RAJ 1967 (1) no. 2699 p. 2003)。侵权法上的损害赔偿之诉实际上并非是保护绝对权的诉讼;不过,正如其他受害人,在损害发生时所有权人也有权利用它。因而,人们通常可以说,在西班牙,一旦侵犯他人财产权,那么行为人将对所有权人因此而遭受的损害承担赔偿责任,而且确实是依据《民法典》第1902条及以下或者依据刑法典(CP)第109~112条(*Díez-Picazo*, Sistema Ⅱ9, 546)。在公共停车场造成机动车损害适用(2002年)11月14日的第40/2002号法律(*Ley* 40/2002, *reguladora del contrato de aparcamiento de vehículos*)的特殊规则。这些规则涉及停车场管理人员的不可转让的义务,即以和停放时同样的状态返还存放在那里的机动车辆(前法第3条第(1)款(c)项和第5条第(1)款)。这涉及严格责任;唯一有争议的问题是*不可抗力(vis major)*或意外事件能否作为免责事由(进一步参见 *Carrasco Perera*, AJA 2002 (557), 2 以及 *Álvarez Lata*, In Dret 2/2003,12)。无论如何,盗窃(CA Madrid 28 November 2000, BDA JUR 2001/73233; CA Asturias 26 July 2002, BDA JUR2002/253857)以及停车场中机动车辆"不明原因的消失"(CA Barcelona 22 April 2002, AC 2002, no. 1137)都能导致责任的产生。显然,任何毁坏或损害他人财产的行为都构成对财产权的侵犯,并对该人产生损害赔偿责任。这也适用于未经土地所有权人的同意随意拓宽地面之上的电线杆和电路的带宽,并以这种方式对超出其权利范围的土地提出请求的情形(CA Girona 6 February 2006, AC 2006 (5) no. 341 p. 750 [不过,电力公司的机动车辆使用原告的私人道路并不产生损害赔偿,因为使用道路的价值不能用数字来表示])。导致损害赔偿责任产生的侵犯财产权的情形还有,如迟延归还财产(CA Huesca 8 March 2006, AC 2006 (5) no. 374 p. 836)。TS 5 November 1998, RAJ 1998 (5) no. 8404 p. 12363 一案实际上让受到影响的电信公司就"电缆案件"中的维修费获得了赔偿,但由于公司有能力(至少可暂时)修复电缆,因而无须对所失利润进行赔偿。

3. 根据意大利法,所有权是一项绝对权并受到侵权法的保护。这已为大量的判例所证实,特别是在起诉公共管理部门的背景下(例如,Cass. 5 May 2005, no. 9361, Giust. civ. Mass. 2005, fasc. 5; Cass. 3 May 2005, no. 9173, Giust. civ. Mass. 2005, fasc. 5; Cass. sez. un. 20 April 2005, no. 8209, Giust. civ. Mass. 2005, fasc. 4; Cass. 4 March 2005, no. 4797, Giust. civ. Mass. 2005, fasc. 4; Cass. sez. un. 7 December 2004, no. 22891, Giust. civ. Mass. 2004, fasc. 12; Cass. sez. un. 29 November 2004, no. 22490, Giust. civ. Mass. 2004, fasc. 11。进一步参见 ECHR 12 January 2006, *Sciarrotta and others v. Italy*, ECHR12 January 2006, App. no. 14793/02, Resp. civ. e prev. 2006, 834 以及 the Presidential Decree thereupon enacted [DPR] 327/2001 of 8 June 2001, no. 327 [《为了公共目的的强制购买的统一法》第43条(Consolidating Act on Compulsory Purchase for Public Purpose)])。不过,提出的难题是,一般侵权法的损害赔偿之诉与《民法典》第948~949条规定的损害赔偿之诉之间的关系如何决定,后者建立在所有权返还之诉和财产法上的法院禁令之诉的基础上(进一步参见 *Gambaro*, Il diritto di proprietà, 894)。对整个建筑物造成损害的共有人需对其他共有人承担损害赔偿责任(《民法典》第2043条)(Cass. 18 May 2001,

no. 6849, Giust. civ. Mass. 2001, 1007)，因草率地对建筑项目施工而给相邻土地造成损害的，亦同(Giust. civ. Mass. 2001, 568)。

4. 匈牙利同样将所有权解释为一项绝对的经济导向的权利，它赋予持有人以宽泛的权力(Petrik (-*Sárközy*), Polgári jog I[2], 231)；相反，"知识产权"并不是民法意义上的财产(详见Gellért (-*Petrik*), A Polgári Törvénykönyv Magyarázata[6], 348，该文献还提及了不同观点)。所有权包含占有(《民法典》第98条)、使用和取得资产的收益(《民法典》第99条)、处分(《民法典》第112条第(1)款)等权利。未经授权处分他人财产构成侵权。当受让人根据财产法的相关规定获得财产所有权时，原所有人可以要求未经授权的处分行为人进行损害赔偿(*Lenkovics*, Dologi jog, 132-134)。

5. 捷克和斯洛伐克《民法典》第455条明确将侵犯他人财产列为对由此导致的损失的责任基础。《斯洛文尼亚债法》第131、132条，《波兰民法典》第415条避开了对财产权的侵犯的明确提及；当然，由此产生的损失仍属于具有法律相关性的损害。

6.《德国民法典》第823条第(1)款保护物的所有权(《民法典》第903条)。当然，经济损害(毁坏、损害、损伤外观)也被纳入。剥夺和干涉他人使用其财产的可能性也构成对财产权的侵犯(Palandt (-*Sprau*), BGB65, § 823, no. 7; Erman (-*Schiemann*), BGB Ⅱ11, § 823, no. 25)。因此，将他人财产转让给*善意的*受让人将产生支付损害赔偿的侵权法义务(BGH 12 March 1996, NJW 1996, 1535, 1537)(显然，善意转让人——即使有过失——无须承担责任：BGH 14 February 1967, WM 1967, 562, 564)。此外，对财产权侵犯并不仅仅在短期(BGH 18 November 2003, NJW 2004, 356, 358)干涉对财产的指定用途这类案件中得到确认(BGH 21 December 1970, BGHZ 55, 153, 159; BGH 2 July 1959, BGHZ 30, 241)。当系统顺序或物品排列(集邮册、图书馆、档案)被毁坏时也可以推论出对财产权的侵犯(BGH 26 February 1980, BGHZ 76, 216)。因能源供应中止而导致生产停止并不构成对财产权的侵犯(BGH 9 December 1958, BGHZ 29, 65)，除非财产损害同时发生(BGH 4 February 1964, BGHZ 41, 123)。

7.《奥地利普通民法典》第1331～1332a条涉及对人格的损害赔偿，所有的财产权利也属于其中。尽管这些条文仅适用于损害人格的法律后果，但无可争议的是，所有权以及所有限制物权(restricted rights *in rem*)也受侵权法保护(*Schilcher and Kleewein*, in: *von Bar* (ed.), Deliktsrecht in Europa, 35)。"任何属于某人的有体物及无体物都被称为其财产"(《民法典》第353条)。根据《民法典》第285条，除了有体"物"以外，物还包括能源、权利，尤其是知识产权，以及未来物——只要它们受到法律或法律行为的调整(例如期待权，《民法典》第1276条)。* 根据《民法典》第354条，主观意义上的财产所有权是指对客体为任意控制和使用并排除他人控制和使用的权力。动物属于财产，但不是物(《民法典》第285a条)。除了财产法中的确认所有权、返还财产、禁止性的和强制性法院回复命令等诉讼外(《民法典》第372、366、523、364条)，侵权损害赔偿请求权也同时产生(《民法典》第1295条以下；关于这些请求权彼此之间的关系，请参见OGH 20 June 1962, JBl 1963, 320)。任何有责的对他人所有权及占有进行干涉，同时造成了属于《民法典》第1294条含义范围内的损害的行为都可以确立责任(OGH 10 January 1968, SZ 41/2; OGH 13 December 1988, SZ 61/270; *Koziol and Welser*, Bürgerliches Recht Ⅱ[12], 293)。《民法典》第1331～1132a条损害义务的范围作出了更详细的规定。使他人财产暴露于损害中受到禁止

* 原文此处脱漏谓语成分。——译者注

(OGH 18 September 1975, ZVR 1976/229)。侵犯财产权不仅体现为损坏和剥夺物品的形式。散发有错误标记的行踪地图导致徒步旅行者非法侵入他人财产(OGH 29 August 1995, SZ 68/145)以及反对发电厂的抗议者"占据"建筑工地(OGH 25 May 1994, SZ 67/92; 另见 OGH 25 March 1999, ZVR 1999/56)也构成确立责任的行为模式。相反,因损害并未为受害人所有的电缆而"间接"导致受害人生产中断无法得到赔偿(OGH 8 July 1976, SZ 49/96; OGH 4 March 1982, RZ 1982/68),即使菌株因此受到损害(OGH 18 June 1975, JB, 1976, 210)或者供电设备受损也是如此(OGH 1December1977, RZ 1978/31; OGH 20 August2005, 1Ob 117/05w)。《民法典》第367条第(2)款规定善意取得所有权并不导致损害赔偿责任的产生。

8. 希腊同样规定所有权及限制物权作为绝对权受到侵权法的保护(Georgiades and Stathopoulos(–*Georgiades*), art. 914, no. 36; *Georgiades Ap.*, Enochiko Dikaio, Geniko Mero, 597; *Kornilakis*, Eidiko Enochiko Dikaio Ⅰ 484; A. P. 1110/1996, EllDik 38[1997]1045)。干涉财产权并非仅表现为财产受损(A. P. 1110/1996 loc. cit.)或被毁(A. P. 38/1996, EllDik 38[1997] 41),非法处分他人财产也是侵犯所有权的表现(例如, CFI Trikala 201/1962, NoB 11[1963] 1154:未经授权而取消对抵押物的回赎权;对不属于债务人的财产进行拍卖)。由于未能总是足够明确地区分纯粹经济损失和因干涉财产权所致的经济损失,判例法不时会受到学术著述的批评(*Georgiades* loc. cit. no. 37; 同时参见 *Georgiades*, Enochiko Dikaio, geniko mero, 597)。

9. 在葡萄牙,从《宪法》第62条可以得出,侵权私法也必须为财产权提供合理的保护(*Miranda*, Manual de Direito Consitucional IV[3], 467)。因而,《民法典》第483条对所有可责的侵权行为规定了损害赔偿责任;侵犯财产权也包括在内(*Almeida Costa*, Obrigações[8], 505)。侵权法中的请求权伴随着财产法上的所有权确认请求权、返还财产请求权和法院禁令请求权(《民法典》第1311条及第1314条; STJ 4 April 2006)而发生。毁坏或损害财产并非侵权财产权的唯一表现形式。例如,因相邻人建筑施工而导致土地所有人无法进入其土地(STJ 3 February 2005)(承租人修建围墙以防止外人入侵的情况则有所不同: STJ 24 February 20005)或者将垃圾留在他人土地上都构成对财产权的侵权(STJ 23 September 2004 and 18 March 2004)。当所有人的使用利益与邻居的健康权益发生冲突时,后者被赋予优先地位(STJ 6 May 1998, CJ(ST) 1998–Ⅱ, 76; STJ 9 January 2006)。

10. 一般认为《荷兰民法典》第6:162条第(2)款(第一选项)规定了干涉他人权利的民事不法行为。财产所有权显然是这种"权利"。除了民事不法行为的一般要件外,请求人还必须证明其对财产的所有权以及发生了"干涉"行为;不过,《民法典》第3:119条规定了一项有利于自主持有财产者的所有权推定(更多细节请参见 Onrechtmatige Daad I(–*Jansen*), art. 6:162(2), nos. 44, 45, 108, pp. 452–453, 1159–1203)。根据《民法典》第5:1条第(2)款,"只要其使用不侵犯他人权利,并且遵守了制定法条文和不成文法规则设定的限制,所有权人[有权]自由使用财产并排除所有其他人的干涉"。这一对私人财产权的限制可能对侵权法有着重要的影响,例如,比较 CFI Middelburg 1 October 1980, NedJur 1981 no. 374 p. 1243(一个骚乱地区的空房被临时"占据";干涉财产权被确认,不过民事不法行为被否定)、HR 12 January 1923, NedJur 1923 p. 307(未经土地所有权人同意在土地上建筑堤坝;没有侵犯所有权)、《民法典》第5:37条以下(关于邻人各自利益的法律设定的限制)以及第3:13条(权利的滥用)。干涉所有权的行为主要体现为他人实施专属于所有人的行为或妨碍所有权人行使其权利(*Jansen* loc. cit. nos. 52–53 pp.

479－501)。“干涉”他人权利典型地指称直接、即刻侵犯的情形。沿着因果关系链条进一步发生的作为及不作为通常不被视为“干涉”,但会从其他角度对其进行分析,特别是被诉方是否违反了制定法上的义务或者其行为违反了“不成文的社会交往准则”(也即一般的注意准则)的要求(*Jansen* loc. cit. nos. 56－57 pp. 528－559)。买受人从出卖人处获得在所有权转移时已经被污染的土地并不构成对所有权的侵犯(HR 4 March 2005, JOL 2005, 142; RvdW 2005 no. 36 p. 331)。

11.《爱沙尼亚债法》第1045条第(1)款(v)*特别*(*inter alia*)规定了,当“损害是由于侵犯受害人的所有权、类似权利或者占有权造成时”,此种造成损害的行为违法。不过,有关损害赔偿的细节规定在《民法典》第128条第(3)款和第(4)款中。《立陶宛民法典》第6.263条第(2)款同样将对所有权的侵犯列为可以确立责任的民事违法行为。

12.《瑞典损害赔偿责任法》第2章第1条对人身损害及经济损害作了区分;第5章第7条规定了对经济损害赔偿的计算。无须明确规定,所有权人首先有权获得赔偿;其他间接受害人仅在例外情形才能作为请求人(更多的细节,请参见HD 27 October 2004, NJA 2004, 609; *Sandstedt*, VersRAI, 2005, 38; *Andersson* 2004－12－20)。在任何情况下,只要对有形物品,如动产或不动产造成的实质性损害都视为财产损害。不过,美观上的改变(aesthetic changes)以及物的功能的取消或减少和物的丧失(例如盗窃)都可被解释为财产损害(*Hellner and Johansson*, Skadeståndsrätt[6], 98; *Bengtsson and Strimback*, Skadestandslagen[2], 43 and 319; Radetzki; Skadeståndsberäkning vid sakskada 11 fn. 1)。进一步的情形是对使用的害损(*Hellner and Johansson* loc. cit. 98 and 429; *Hellner*, Obehörig vinst, 229; *Bengtsson and Strömbäck* loc. Cit. 319; *Agell*, Skadeståndsansvaret vid obehöriga förfoganden över annans agendum, 205 and 211)。HD 28 February 1990, NJA 1990, 80 曾经认为用杂种狗与纯种狗交配,使后者受孕也构成财产损害,HD 20 February 1996, NJA 1996, 68 在瑕疵产品的购买者将该产品焊接到另外一件新产品的情形也确认了财产损害;该行为最终使新产品的功能受到不利影响,而非给其造成物理上的改变。对芬兰关于财产损害的规则(《损害赔偿责任法》第2章第1节)应做与其瑞典对应规则类似的解释,尽管二者在措辞上不完全一致。在丹麦,财产损害(*tingsskade*)这一术语不仅指有体物遭受的物理损害,还包括后继损失(例如,包括了生产中断:*von Eyben and Isager*, Larebog i erstatningsret[5],9)。在请求人调查的过程中,对财产法和债法规定的法定权利进行区分在日程上并不是首要的;这一工作由“处分权”(*rådighedsretssynspunkte*)来承担。在电缆被切断的案件中,Danish Supreme Court 22 June 2004, UfR 2004, 2389一案否认了有利于企业的损害赔偿;由此所造成的不利并不存在于财产损害中,而仅仅存在于工作的中断中,因此不构成具有法律相关性的损害。

13.在英国,动产财产权主要由侵占财产这一严格责任来保护,该责任以故意以和所有人的财产权利不相符的方式来处理财产为前提。如果请求人实际占有财产或享有直接占有的权利,那么他将有权起诉。传统原则(源自于作为动产侵占之诉(action in trover)这一历史形式之基础的拟制,即原告丢失了动产而该动产为被告发现)是该侵权仅适用于占有动产(choses in possession)(*Douglas*, LMCLQ 2008, 129),在*OBG Ltd. v. Allan* [2007] UKHL, [2008] 1 AC 1一案中,上议院以多数意见确认了,该侵权不能扩张适用于权利动产(chose in action),因为这可能导致善意行为者对纯粹经济损失承担严格责任。这一诉因是基于被告在未经授权或无权利的情况下,对原告的动产明确地行使所有权:*Beaman v. ARTS Ltd.* [1948] 2 All ER 89, 92

(*Denning* J)(基于其他理由被推翻[1949]1 KB 550)。由于其持续的不确定性及对其实施方式缺乏界定,这一侵权已经受到批评:*Douglas*, LMCLQ 2008, 129; *Kuwait Airways Corp. v. Iraq Airways Co.* (*Nos.* 4 *and* 5)[2002] UKHL 19,[2002] 2 AC 883, 1084 (Lord*Nicholls*)。这样侵权可能持续地进行——可能存在一系列的侵占行为(例如,持续否认所有人的权利),但原告只能获得一次损害赔偿,它体现了动产的全部价值,获得损害赔偿之后,原告的财产权利(title to property)将归于消灭。该侵权的构成要件有:(1)有实施某一行为的故意,该行为所主张的权利与所有人的权利相冲突或者是对所有权人的权利予以否定。这一行为必须是故意(而不仅仅是过失)实施的。和同类的承担严格责任的侵入侵权(trespass)一样,此种故意必须与行为相关,但是无须是专门要驱逐真正所有人的故意,即使被告意图从事的行为实际上驱逐了所有人。因此,被告可能并不知道请求权人所有权的存在,从而错误地实施了行为。如果被告(无论如何,如果是受寄托人)故意实施某一可能导致请求人被驱逐(如丧失财产)的行为,主观要件就得到了满足:*Moorgate Mercantile Co. Ltd. V. Finch*[1962] 1 QB 701(次受寄托人将一辆以分期付款方式购得的汽车(hire-purchase car)用于走私手表;根据制定法的规定汽车被没收;由于行为人有意将汽车用于实施可能给请求人带来不利的高风险行为,因此构成侵占)。(2)必须有侵占行为,也即明确行使所有权的行为(例如取得、交易或处分动产),这些行为与所有权人的权利相冲突,因为某些干涉财产的行为并不构成对财产进行支配(dominion):*Beaman v. ARTS Ltd.*, loc. cit., 92。在所有人请求返还动产之后,依然非法持有该物品的即构成侵占(loc. cit.),只要被告进行调查的合理期限已经经过(Clayton v. Le Roy [1911] 2 KB 1031)。法律采用了一种无情的(unforgiving)观点,如果被告根据陌生人的处分取得财产,但并未转移所有权的,那么通常接受(receipt)本身即被视为侵占(*Ingram v. Little* [1961] 1 QB 31)。另外,如果仅仅否认所有权,但并未物理上干涉或实施其他有害的行为,则不构成侵占:《1977年侵权(干涉动产)法》(Torts (Interference with Goods) Act 1977)第11条第(3)款(推翻了普通法上的规则:参见 *Oakley v. Lyster* [1931] 1 KB 148)。

14. 与其他普通法的司法辖区一样,在爱尔兰,侵权行为的发展围绕着占有这一概念而非排他的或绝对的所有权的概念。由于侵占、动产返还之诉(detinue)以及(涉及知识产权的)假冒(passing off)这些侵权行为为防止财产权(所有权)受侵犯提供了更强大的引力,它们由本专题来处理(至于侵犯与占有有更紧密联系的其他财产权,参见下文注释Ⅱ27)。侵占包括任何有关他人的动产并且无正当根据地否认他人的动产所有权的行为,或非法主张对动产之支配的行为(*McMahon and Binchy*, Torts[3], para, 30.01)。侵占可能通过非法占有该动产的行为来实施,只要被告以和真正所有权人的权利相矛盾的方式处理动产,滥用已取得的占有(典当他人的动产:*Parker v. Godin* (1728) 2 Strange 813, 93 ER 866;出售或交付动产:*Hollins v. Fowler* (1874-75) LR 7 HL 757; *Haggan v. Pasley* (1878) 2 IrLR 573; *Magee v. D'Arcy* (1879) 4 IrLR 312;动产被恶意损毁:参见 *Heald v. Carey* (1852) 11 CB 977, 138 ER 762);或者以其他方式否认他人对动产的所有权,无论是否已经取得占有(*McMahon and Binchy* loc. cit.)。个人可以侵占任何的有体动产(*Allen v. Sharp* (1848) 2 Ex. 352, 154 ER 529),包括流通票据和所有权契据(*McMahon and Binchy* loc. cit. para. 30.19)。和有价证券(*Alsager v. Close* (1842) 10 M & W 576, 152 ER 600; *Liston v. Munster Leinster Bank Ltd.* [1940] IR 77)、所有权契据(*Plant v. Cotterill* (1860) 5 H & N 430, 157 ER 1249; Curry v. Rea [1937] NI 1 (CA))以及分割后的不动产(*Mills v. Brooker* [1919] 1 KB 555; Quinn v. Pratt [1908] 2 IR 69)一样,金钱也可以被侵占

(*Dillon v. O'Brien* (1887) 16 Cox CC 245);*Fitzpatrick v. Dunphy* (1851) 1 ICLR 366; *Shield life Insurance Co. Ltd. v. Ulster Bank Ltd.* [1995] 3 IR 225; 比较 *Hennerty v. Bank of Ireland*, HC 15 July 1988, 未经报道)。动物及鸟类也可以被侵占(*比较Wymes v. Tehan* [1988] IR 717; *Toome Eeel Fishery (Northern Ireland) Ltd. v. Cardwell* [1966] NI 1)。如果在被告实施行为时,原告(1)对动产享有所有权并占有;或者(2)占有动产;或者(3)只是享有立即占有动产的权利,他就可以维持诉讼,除非被告能够证明动产的所有权属于他人(*McMahon and Binchy* loc. cit. para. 30.20)。侵占损害赔偿的计算标准为物品被侵占之时的价值(*Allibert SA v. O'Connor* [1982]ILRM 40)。如果被侵占的物品被用于受益使用——如用于出租——这一使用的丧失也可以获赔(*Fleming*, Law of Torts[9],77-78)。在这一背景下,《2000年著作权及相关权利法》(Copyright and Related Rights Act 2000)第9章的相关条款规定了对侵犯著作权的救济。其中包括损害赔偿之诉(第128条)以及交出命令之诉(orders for delivery up)(第131条)。著作权人还有权没收侵权复制品、物品和设备(infringing copies, articles or devices)(第133条)。动产返还之诉(英格兰通过《1977年侵权(干涉动产)法》第2条第(1)款将之废除)的本质在于,当原告请求交出动产以后,被告依然非法拒绝向原告交出该动产;除非被告的占有对原告权利有害或无视原告的权利,否则其扣留行为不属于非法(*Spackman v. Foster* (1882-83)11 QBD 99; *King v. Walsh* [1932] IR 178; *Treasure Island Ltd. v. Zebedee Enterprises Ltd.*, HC 29 May 1987,未经报道;另见例如,*Webbv. Ireland* [1987] IESC 2, [1988] IR 353 和 *McKenna v. Commissioner of an Garda Siochana* [1993] 3 IR 543)。即使被告已经不再占有动产,仍然可以提起诉讼(*Morgan v. Maurer &Son* [1964] Ir Jur 31)。动产返还之诉较之侵占之诉所具有的一个优势在于原告可获得的救济的范围(关于这一背景下的回复性救济(restitutionary remedies)的作用,请参见 *Kinlen* 法官在 *Hanley v. ICC Finance Ltd.* [1995] IEHC5, [1996] 1 ILRM 463 一案中的附带意见,它引用了 *Denning* 法官在 *Strand Electric &Engineering Co. Ltd. v. Brisford Entertainments Ltd.* [1952] 2 QB 246, 255 一案中的意见,对该主题的综合分析,请参见 *O'Dell*, Submission to the Law Reform Commission on Damages in the Restitution Measure for Tort and Breach of Contract (1999))。存在三种可能的判决形式:(1)对返还动产的评估价值及扣留给予损害赔偿;*(2)返还动产或对其评估价值给予损害赔偿;(3)返还动产并对扣留给以损害赔偿(*McMahon and Binchy* loc. cit. para. 29.10)。尽管对商标(1996年商标法(Trade Mark Act 1996))、著作权(《2000年著作权及相关权利法》(Copyright and Related Rights Act 2000))及工业设计(《1927年工业和商业财产(保护)法》(Industrial and Commercial Property(Protection) Act 1927))等存在制定法的规范,假冒侵权仍为原告对其商誉的财产权益提供了一种普通法的保护途径(*McMahon and Binchy* loc. cit. para. 31.03)。尽管根植于欺诈这一概念(*Clark and Smith*, Intellectual Property Law in Ireland, Chap. 24),但欺诈意图已不再是必要条件(*McMahon and Binchy* loc. cit. para. 31.02)。这一侵权的本质在于,商人将其产品或服务呈现为他人的产品或服务(因此"冒充"是他人的产品或服务),以致可能误导公众,同时还涉及有损于原告的可察知的风险(P*olycell Products Ltd. v. O'Carroll & others* [1959] Ir Jur 34; *Player & Wills (Ireland) Ltd. v. Gallagher (Dublin) Ltd.*, HC 26

---

* 第(1)项的表述是"for the value of the chattel as assessed and damages for its detention",看不出动产的评估价值是否是采取赔偿的形式,但第(2)项使用了"for the return of the chattel or its value as assessed in damages",因此第(1)项暂译作了赔偿返还动产的评估价值。——译者注

September 1983,未经报道)。

15. 在苏格兰,就某人对可继承的财产享有的利益进行不正当的干涉或侵犯,存在禁令(interdict)之诉或损害赔偿之诉(*Walker*, Delict[2],936)。有体动产(它包括了大量的物——这些物都有物质的、有形的实体,能够被实际占有,以及存在于这些物上的利益,即所有或占有)可能被多种不同形式所侵犯,如从合法所有人或占有人手中夺走,扣留或不返还,误售,或故意或粗心大意地损毁他人的动产等(*Walker* loc. cit. 1002)。无体动产包括仅存在于法定权利或请求权中的所有类型的财产权,它们并未赋予对任何有体动产的实际占有或控制的权利(*Walker* loc. cit. 1023),无体动产在本背景下中同样受到保护。在上述利益中,*特别*是在符合以下任何一项时,财产所有权将受到保护:(1)对世袭遗产享有所有权;(2)侵入——在未经所有权人同意的情况下暂时入侵他人的财产,例如在所有人的土地上踢足球或抄捷径从所有人的花园中穿过(*Thomson*, Delictual Liability[3], 19-20);(3)撤走或妨碍某种支撑——在未对此达成协议的情况下,在自己的土地上不法进行经营以致妨碍了对相邻的或上覆的土地或建筑物的支撑(*Bell*, Principles of the Law of Scotland[10], §965);(4)取水(*Walker* loc. cit. 951);(5)干涉地役权(servitudes)(*Walker* loc. cit. 954);(6)恶意损毁土地或建筑物;(7)滥用租赁的土地;(8)无形的可继承的权利(incorporeal heritable rights)(*London Midland & Scottish Railway v. McDonald* 1924 SC 835:授予禁令来限制对渡轮的侵害);(9)伤害动物;(10)船舶给其他船舶造成损害;(11)侵害无体动产上的利益(包括债权、损害赔偿请求权、公司持股、对公共基金所持的股份、人寿保险单、流通票据、商誉、专利、商标、对文学作品的著作权、对工业设计的著作权以及植物培育者所享有的权利,参见 *Walker* loc. cit. 1023)。

Ⅱ. 对其他物权以及合法占有或扣留的侵害

16. 法国、比利时及卢森堡的一般出发点是任何个人遭受"确实的"损害之人都可以提起侵权诉讼。对所涉事物的合法使用受到损害的任何人都属于上述类型。不过,使用权的确切依据无足轻重:它可能是所有权、受限*物*权或者仅是债法规定的法定权利,例如租赁关系。即使是单纯的*善意的*自然占有也可以作为其依据(*Simoens*, Beginselen van Belgisch privaatrecht XI(2), no. 152 p. 301)。若偷盗者从借用人手中将所借之物偷走,该借用人也有权主张损害赔偿(JClCiv(-*Maistre du Chambon*), arts. 1382 à 1386, fasc. 220, no. 9)。财产法(非侵权法)对占有和扣留(detention)作出了区分。占有和扣留都受到其他可能的特定之诉(占有之诉)的额外保护(《民法典》第2255、2279条;《法国民事诉讼法》第1265条和第1266条)。不过,二者与实体侵权法的关系,尤其是在法国,特别难以确定。比利时仅允许为了保护不动产提起占有保护之诉(《司法法典》(*Gerechtelijk wetboek/Code judiciaire*)第1370~1371条)。

17. 在西班牙,同样毫无疑问的是,如果物品,例如说被毁坏或损坏,即使遭受这些损害的并非是所有人而是其他*物*权的持有人,那么也和侵权法相关(*Díez-Picazo*, Derecho de daños, 307)。除此之外,最高法院的几项裁决确认,如果建筑物被毁坏或损坏,那么其承租人对第三人享有自己的请求权(TS 13 March 1976, RAJ 1976 (1) no. 1324 p. 966; TS 28 February 1983, RAJ 1983 (1) no. 1079 p. 815; TS 16 December 1988, RAJ 1988 (6) no. 9471 p. 9311)。

18. 根据意大利法,只要符合一般构成要件,那么侵犯限制*物*权也能导致损害赔偿责任的产生(地役权的情形,请参见23 May 1985, no. 3110, Giust. Civ. Mass. 1985, fasc. 5, 受益使用的情形,请参见 Cass. 11 August 2000, no. 10733, Giur. it. 2001, 898, note *Tommasi*)。此外,根据侵权法的规定,被剥夺占有的善意占有人也可以主张损害赔偿(Cass. 6 February 1984, no. 889,

Giust. Civ. Mass. 1984, fasc. 2; Cass. 21 July 1980, no. 4776, Giust. Civ. Mass. 1980, fasc. 7; Cass. 28 February 1989, no. 1093, Giust. civ. Mass. 1989, fasc. 2)。因暂时剥夺使用造成的损害和与侵犯占有有因果关系的的其他损失也可以获赔。独立的侵权法诉讼和归还占有之诉(《民法典》第1168条)及占有保持之诉(《民法典》第1170条)(Cass. 16 March 1988, no. 2472, Giust. it. 1989, I, 1, 510)是一致的。因此,即使标的物被损毁或转让仍然可能给予损害赔偿(进一步参见*Gambaro*, Il diritto di proprietà, 895)。侵权法的保护还扩展至合法的扣留人(detentor)(Cass. 30 October 1986, no. 6394, Giust. civ. Mass. 1986, fasc. 10; *Monateri*, Manuale responsabilità civile, 167)。原则上,占有人仅能对可能的使用的丧失造成的损害获得赔偿,对物的价值则不能获得赔偿(例外情形请参见 Cass. 12 May 1987, no. 4367, Giust. civ. Mass. 1987, fasc. 5)。

19. 根据匈牙利法,当限制物权人以及合法占有的持有人被视为受害人以及他们遭受的不利被视为与侵权法相关的损害时,可以根据一般侵权法的规则请求损害赔偿。如果租赁物被损毁,那么租赁关系将归于消灭(《民法典》第430条第(2)款)。在这种情形,承租人也可以对其损害请求赔偿(进一步参见 *Besenyei*, A bérleti szerzödés, 49-50)。当被损毁的物中存在某种受益的利益(beneficial interest)时,情况亦同,比较《民法典》第163条。至于所有权人及限制物权的持有人之间的关系,损害赔偿的问题由各个财产法制度来调整。

20.《德国民法典》第823条第(1)款仅规定了"绝对权"——也即应为所有人遵从的权利(与权利动产(*choses in action*)相反)——属于"其他权利"。属于这一种类的还有限制物权,对财产的期待权(rights of expectancy in property)(RG 1 July, RGZ 170, 1, 6; BGH 11 November 1970, BGHZ 55, 20; BGH 5 April 199, BGHZ 114, 161),公共地役权(狩猎权以及渔业权: BGH 30 October 2003, NJW-RR 2004, 100; CFI Trier 21 June 2005, NJW-RR 2006, 894; BGH 3 January 1968, BGHZ 49, 231; BGH 5 April 1968, BGHZ 50, 73; BGH 21 July 1969, VersR 1969, 928)以及合法占有(RG 25 October 1917, RGZ 91, 60, 65; 26 March 1974, BGHZ 62, 243, 248)。不过,对占有提供的保护是一个备受争议的问题(进一步参见 Soergel (-*Zeuner*), BGB[12], § 823, no. 58; MünchKomm (-*Wagner*), BGB, § 823, no. 151)。

21. 在奥地利,同样不存在争议的是,所有限制物权都与所有权一样享受侵权法的保护(*Schilcher and Kleewein*, in: *von Bar* (ed.), Deliktsrecht in Europa, 35)。其中包含对财产的期待权(prospective entitlements to property)(例如所有权保留情况下买方所享有的期待权:Koziol, Haftpflichtrecht II[2], 31, 34)。占有人及财产扣留人(例如承租人(renter or leaseholder))都受《民法典》第372条的绝对保护(Rummel (-*Spielbüchler*), ABGB I[3], § 372 no. 5);因此,当出现财产损害时,他们可以执行自己对侵权人的请求权(*Koziol and Welser*, Bürgerliches Recht I[11], 246; 20 June 1990, JBl 1991, 247, note *Rummel*)。这也适用于在与所有权人的关系上承担了维修费用的承租人(OGH 24 May 1995, JBl 1996, 114 note *Lukas*, OGH 29 April 1997, SZ 70/85, 627)。相反,不存在承担损害费用内部规则,而与所有人仅仅存在债法规定的关系者不享有个人的损害赔偿请求权(*Koziol and Welser*, Bürgerliches Recht II[12], 298, 探讨了电缆案件)。因此,借用汽车者在由于他人过错导致的事故而不得不租赁一辆替代汽车时,并未遭受任何可赔的损失(CA Innsbruck 2 December 1992, ZVR 1994, 28)。

22. 在所有重要方面,奥地利的情况都反映了希腊的情况。除了所有权和限制物权外,占有和受保护的扣留都属于值得侵权法保护的利益的范围(Georgiades and Stathopoulos (-*Georgiades*), art. 914, no. 38; *Filios*, Enochiko dikaio II(2)[3], 29)。因此,在财产损害情形中,占有人有权主张损害赔偿。该请求权独立于所有人的请求权,其赔偿范围包括使用的丧失以及承租人需要承担的费用。与之相反,对价值减少和(在物件损毁的情形)经济损害的赔偿则只能属于所有人(A. P. 983/1986, NoB 36[1988]339)。所有权保留情况下买受人的期待权也受侵权法保护。由于侵犯扣留,所有权保留买主也享有损害赔偿请求权。此外,当标的物被损毁时,作为权利持有人的买受人也可以主张经济损害赔偿,这是由 CA Athens 1554/1996, EllDik 39 (1998) 602 一案赋予的。相反,在学术著述中,主流观点是,在这种情形,所有权保留买主和卖主(vendor)都有权请求损害赔偿,不过,仅能采取双方共同主张赔付的形式。这一该观点通过类推《民法典》第495条,第11条第2句,第1180条第1句以及第1253条得到支持(*Kritikos*, note under CA Athens loc. cit.)。

23. 葡萄牙法为物的合法占有人提供了一项法律保护,以防止即将发生的或正在发生的干涉使用的行为(《民法典》第336、337、1276~1286条以及第1277条;比较 CA Oporto 3 April 1984, CJ[1984-2]225; CA Lisbon 2 April 1973, BolMinJus 226[1973]262; STJ 15 May 2006; STJ 3 November 2005; STJ 8 May 2001, CJ(ST) 2001-2, 57)。在一些情形下,制定法也根据公平原理(equitable grounds)将这一保护扩展至单纯的扣押人(《民法典》第1037条第(2)项、第1125条第(2)项、第1133条第(2)项和第1188条第(2)项; CA Evora 29 July 1987, CJ[1987-4]289)。根据侵权法(《民法典》第483条),如果乡镇在没有强制购买令且未经农业用地承租人授权的情况下在租赁地上修建道路,那么土地承租人(leaseholder)可以就其利润损失请求损害赔偿(STJ 20 January 2005)。另外,承租人(renter)无须对租赁物的正常损耗承担责任(STJ 27 April 2005; CA Oporto 30 June 2005)。

24. 尽管有所保留,不过,根据《荷兰民法典》第3:107条第(1)款以及第3:125条,除了限制物权(例如地役权[《民法典》第5:70条]),永久租佃地产(fee farm)[《民法典》第5:85条],用益权[《民法典》第3:201条],居住物业[《民法典》第5:106条]以及居住权[《民法典》第3:226条]属于《民法典》第162条第(2)款意义上的"权利"以外,合法占有(与扣留不同)也属于其中(Onrechtmatige Daad I (-*Jansen*), art. 6:162(2), no. 15 pp. 142-143)。因此,限制物权的持有人可以执行他们自己的损害赔偿请求权,在第三人造成财产损害的情形尤其如此(CA Amsterdam 27 October 1938, NedJur 1939 no. 242 p. 380; *Jansen* loc. cit. no. 21 pp. 168-188)。《爱沙尼亚债法》第1045条第(1)款(V)的法律立场是相同的。

25. 尽管在瑞典,财产损害赔偿的诉权首先属于所有权人,但公认的是,其他人也可能对受损财产享有值得保护的利益。因此,与保险法的规定类似,特别是担保物权(real securities)及可继承的建筑物权利的持有人可以就财产价值(而非后继损失)获得损害赔偿,进而承担了财产损毁风险的人也可以获得赔偿(*Sandstedt*, VersRAI 2005, 38, 43; *Andersson*, Trepartsrelationer i skadeståndsrätten, 137; 在丹麦,类似的有 *Vinding Kruse*, Erstatningsretten[5], 295 以及[包括了详细的案例类型汇编的]*von Eyben and Isager*, Lærebog i erstatningsret[5], 251;在芬兰,参见《保险合同法》[*Lag om försäkingsavtal*]第62条、第65条第(2)款和第66条)。不过,根据基本规则,只有直接受害人才有权请求侵权损害赔偿。间接受害人必须证明其对标的物享有"具体的和密切的利益"(*Andersson*, loc. cit. 20, 179 and 184; SWEDISH HD 4 April 1966, NJA 1966, 210; 比较 HD 27 October 2004, NJA 2004, 609)。根据 HD 18 December 1972, NJA 1972, 598 一案,如果第三人过失损毁属于所有人的电缆致使关在鸡舍里的鸡被冻死,鸡舍承租人有权获得损害赔偿。HD 7 March 1988, NJA 1988, 62 拒绝对因电力中断导致的生产停顿给予损害赔偿,但对被损毁的材料以及将要进行处分给予了损害赔偿,尽管这也涉及对第三人的损害(电缆并非受害人所有)。Finnish Supreme Court 12 December 2003 HD 2003:124 这一判例在一起故意枪击供电线路的案件中拒绝对生产中断给予损害赔偿。进一步比较 Finnish Supreme Court 6 October 1994 HD 1994:94。Danish Supreme Court 5 July 1988, UfR 1988, 878 这一判例认为一家运动垂钓俱乐部有权对因水体污染导致的鱼群死亡获得赔偿,尽管该俱乐部并没有真正的渔业权。由于桥梁受损而导致当事人需支付更高的船只保养费用,对于该费用的赔偿诉讼被驳回(HD 16 November 1939, UfR 1940, 117);与之相反,在类似的案件中,对立交桥享有物权的铁路经营者则获得了赔偿(HD 7 April 1960, UfR 1960, 932)。

26. 在英格兰,保护对土地和动产的占有的主要侵权行为是侵害(trespass),它防止的是直接的故意的非法干涉行为,如将财产从一间屋子转移至另外一间屋子(*Kirk v. Gregory* (1875-76) 1 Ex. D 55),或者射杀他人的动物(*Hamps v. Darby* [1948] 2 KB 311),抑或只是处理财产(*IRC v. Rossminster Ltd* [1980] AC 952, 1011 (Lord *Diplock*)。请求人必须对动产实际占有或者(就被告在 *Wilson v. Lombank* [1963] 1 WLR 1294 一案中享有的那种特许权(concession)是合理的范围内)享有一项能够立即占有财产的权利,除非他们作为受托人或者遗产代理人(personal representative)属于有受托人身份的所有人(参见 *Barker v. Furlong* [1891] 2 Ch 172 一案,在该案中受益人实际占有标的物)。如果被告未经授权故意实施直接干涉他人动产的行为,就构成对动产的侵害。尽管并不一定造成干涉,但该行为必须是故意实施的,这种故意是在意图接触动产的意义上而言的;如果该行为不是出于故意(例如被告被第三人推向原告的动产),则不构成侵害(*Bridge*, PersonalnProperty Law, 41),如干涉行为是在不知情的情况下实施的,亦同(*National Coal Board v. J. E. Evans & Co. (Cardiff) Ltd.* [1951] 2 KB 861:被告在挖掘沟渠时损坏了原告(非法)掩埋的供电电缆,被告并不知道也没有理由知道该电缆的存在,因此不构成侵害)。间接干涉行为,如围绕动产设置障碍从而导致他人无法接触和使用,或者将有毒食品置于室外让动物食用,都不构成侵害,尽管可以存在基于其他基础的侵权责任:比较 *Bridge*, loc. cit., 40,另见 *Conversion and Detinue*, Law Reform Committee, 18th Report (London: HMSO, 1971) Cmnd. 4774, para. 20,出于所建议的不法干涉动产的新型侵权的目的,建议取消干涉行为必须是直接的这一要件。

27. 在爱尔兰,侵入土地和侵害动产的侵权行为保护占有权,而妨害(nuisance)则防止"任何干涉他人使用及享用土地的行为"(*Redfont Ltd. v. Custom House Dock Management Ltd.* [1998] IEHC 206, per *Shanley* J.)。在 *Farrell v. Minister for Agriculture and Food*, *HC* 11 *October* 1995 一案中(未经报道),*Carroll* 法官认为,侵害动产的行为"包括非法地和直接地干涉他人对动产的占有"。由于爱尔兰缺乏清晰的相关判例,这一侵权的诸多方面都还不确定(*McMahon and Binchy*, Torts, para. 28. 03)。干涉行为可能还包括使动产脱离他人的占有(*Brewer v. Dew* (1843) 11 M & W 625, 152 ER 955; *Gahan v. Maingay* (1793) Ridg L & S 20; *Conway v. Archdall* (1826) 1 Batt 182; *Wilson v. Lombank Ltd.* [1963] 1 WLR 1294),将某物从一个地点转移至另外一个地点(*Kirk v. Gregory* (1875-76) 1 Ex. D 55),或者给动产造成损害(*Fouldes v. Willoughby* (1841) 8 M & W 540, 151 ER 1153, 1157; *Deering v. Mahon* (1851) 2 ICLR 25; *M'Cormick v. Ballantine* (1861) 10 ICLR 305)。干涉必须是直接行为(*McDonagh v. West of Ireland Fisheries Ltd. v. Leydon*[1931]AC 90, 106 [Lord Blannesburgh])。在评论中,一致认为,对动产的侵害本身即是可诉的(*McDonagh and Binchy* loc. cit. para. 28. 07),不过司法判例在相关问题上则并不那么让人信服(*Leitch & Co. Ltd. v. Leydon* [1931] AC 90, 106 [Lord *Blanesburgh*])。

（正如侵入土地一样，侵害动产也是“基于占有”（*Ward v. Macauley* 91791）4 T. R. 489，100 ER 1135）而非基于所有权。可诉的侵害行为必须出于故意或过失（*M' Cormick v. Ballantine* loc. cit.）。不过即使未意识到干涉是非法的，被告也有可能需要承担责任（*Farrell v. Minister for Agriculture and Food* loc. cit.；*M' Mullan v. Bradshaw*（1961）50 ILTR 205）。因此，即使行为人误认为是自己的财产而故意进行使用也有构成侵害（*Wilson v. Lombank Ltd.*［1963］1 WLR 1294）。在有的情况下，由于行为人得到了合法授权，因此本应构成侵犯动产的行为可能不再构成侵权（*McMahon and Binchy* loc. cit. para. 28. 14）。*Shanley* 法官在 *Royal Dublin Sociaty v. Yates*［1997］IEHC 144 一案中对侵入土地作出了界定，即“行为人不正当地入侵他人占有的土地”，他还提及，“此种入侵可能是出于故意或者过失：在任一情形，没有‘合法依据’的行为都是可诉的”。行为人合法进入他人土地，但如果他们在停留权终止后依然留在那里，同样构成侵入（*Wood v. Leadbitter*（1845）13 M & W 838，153 ER 351；*Duffield v. Police*［1971］NZLR381；*Carson v. Jeffers*［1961］IR 44；*Irish Shell & B. P. Ltd. v. John Costello Ltd.*［1984］IR 511）。将动产（包括动物）置于他人土地之上或者导致任何物体或物质越过他人土地的边界或者甚至只是到达边界都构成侵害（*McMahon and Binchy* loc. Cit. para. 23. 29）。若原告证明实际上存在一项侵入行为，那么被告就有责任证明并不存在故意或过失（*Electricity Supply Board v. Hastings & Co. Ltd.*［1965］Ir Jur 51；*Royal Dublin Society v. Yates* loc. cit.）。当入侵行为发生时脱离占有的人通常无法利用这一侵权（*McMahon and Binchy* loc. cit. para. 23. 41）。妨害行为可以进一步区分为公共妨害以及私人妨害（*O' Higgins* C. J. *in Connolly v. South of Ireland Asphalt Co. Ltd.*［1977］IR 99）。公共妨害是一种犯罪行为，其实质要件是对公众或公众的一部分享有的合理的舒适和便利造成损害（*Re Article* 26 *and the Employment Equality Bill* 1996［1997］2 IR 321［SC］和 *Truloc Ltd. v. District Judge McMenamin & Donegal County Council*［1994］1 ILRM 151）。只有其他公众成员所遭受的损害之外还遭受了“特定”或“特殊”损失之人才有权提起民事诉讼（*Coppinger v. Sheehan*［1906］1 IR 519，522－523）。评述中认为，私人妨害“实际是侵权责任的一个区域，而非单一类型的侵权行为：赋予其统一性的特征在于被侵犯的利益——也即对土地的使用及享受”（*Salmond and Heuston* on the Law or Torts[21]，53）。在 *Hanrahan v. Merck, Sharpe & Dohme (Ireland) Ltd.*［1988］ILRM 629 一案中，*Henchy* 法官认为，“从有关妨害法的判例中可以明确得出，土地占有人有权对抗其邻人的是，在所有特定情形其要求是客观合理的普通人所能期待程度的对土地的舒适和合理的使用”（loc. cit. 634）。除了三个值得注意的例外外，私人妨害本身通常并不可诉，并且必须证明实际损害的存在；该损害可能包括（1）对土地的物理损害，（2）对土地享用的实质性干涉，或者（3）对地役权的干涉，在这些情形下，妨害行为构成对原告权利的实质性干涉（*McMahon and Binchy* loc. cit. chap. 24）。

28. 在苏格兰，占有受不同类型的不法行为的保护，其中包括：（1）驱逐（ejection）以及入侵（intrusion）；（2）妨碍土地占有（molestation）；（3）侵占（encroachment）；（4）妨害；（5）*以对邻居怀有恶意的方式*（*aemulationem vicini*）使用土地；（6）*非法攫取财产*（*spuilzie*）。驱逐即进入某块土地并将他人排斥在外或者在权利终止以后依然停留在土地上（*Stewart*, Delict, para. 2. 10）。入侵是指在占有人*通过意志*（*animo, by will*）而非*亲自*（*corpore, in person*）持有的情况下，偷偷接近对象：“［驱逐与入侵］二者间的区别即在于这点：入侵是在没有相关当事人的同意或法律命令的情况下，对暂时无人占有的土地取得占有，……而驱逐……则不仅仅是没有正当理由地进入他人土地，还通过暴力方式将当时的占有人赶走”（*Stair*, Institutions I[5]，25）。对这些被指名的不法行为的救济方式是:(1)立即驱逐(summary ejection);(2)暴力利润(violent profits),即原告若占有可能获得的最大的利润;以及(3)实际损害赔偿(*Stewart* loc. cit.)。妨碍土地占有是一项占有之诉(possessory action),现在已经不再使用,它用于确定"争议部分与两个相邻住宅中的哪个相关,* 从而防止原告对所主张的土地的占有遭受进一步的妨碍或干扰;如今的救济方式是通过确认之诉(declarator)或请求颁发禁令"(*Walker*, Delict[2], 938)。侵占是指某人永久占据他人土地的一部分,从而剥夺了他人将来对土地的自由使用(*Walker* loc. cit. 944)。侵占的情形包括在他人的财产之上规划建筑物(*Bell*, Principles of the Law of Scotland10, § § 941, 967; *Graham v. Greig* (1838) 1 D 171; *M' Intosh v. Scott* &Co. (1859) 21 D 363; *Leonard v. Lindsay &Benzie* (1886) 13 R 958)或在邻居财产之上铺设管道(*Galbreath v. Armour* (1845) 4 Bell 374)或者种植的树木延伸至邻居的花园内(*Wedderburen v. Halkerston* (1781) Mor. 10495),或者树根长到土地边界之外(*McCombe v. Read* [1995] 2 QB 429; *Davey v. Harrow Corp.* [1958] 1 QB 60)。妨害这一术语的适用比较宽松,包括了任何给邻居造成麻烦或烦扰的使用财产额情形(*Walker* loc. cit. 955)。与英格兰及爱尔兰不同的是,苏格兰并未区分公共妨害和私人妨害,苏格兰法律采用了自己的三分法,区分了普通法妨害、制定法妨害以及习惯法妨害(*Walker* loc. cit.)。根据苏格兰法,如果所涉使用的主要动机是为了给邻居造成损害、满足恶意(gratification of spite)或者是不光明正大的动机(the oblique motive),本来的对土地的合法使用也有可能作为不法行为被诉:这被称为"以对邻居怀有恶意的方式使用土地"(use of the land *in aemulationem vicini*)(*Walker* loc. cit. 993-995)。*非法攫取财产*(*Spuilzie*)描述了:(1)干涉财产的行为,也即掠夺行为(spoliation);以及(2)有关此类行为已为苏格兰法所知的救济(*Stewart* loc. cit. para. 2.21)。在未经占有人同意或无法律命令的情况下拿走他人的动产构成此类侵权——只要原告具有占有或保管财产的权利,他甚至无需证明对财产享有所有权(*Stair*, Institutions I, 16)。对损毁财产、拿走他人的财产、未经允许使用财产以及扣押财产的行为都存在责任(*Stewart* loc. cit. para. 2.22)。

Ⅲ. 损失,尤其是非经济损失及使用丧失的可赔性

29. 根据比利时、法国及卢森堡的法律,因物品损毁、丢失、损坏或价值减少而产生的任何损失都构成侵权法中可赔的损害,原则上对这些不同的损害赔偿项目上并进行实际的区分(*Viney and Jourdain*, Les Conditions de la responsabilité[2], no. 251-1 p. 19)。如果一辆新车被损毁,根据法国的学说(这一情形在比利时仍有待明确的澄清),不仅维修费用,而且偶然受损的汽车的市场价值的减少也可获得赔付(Cass. Civ. 6 October 1966, D. 1967, jur. 5)。在两种法律体系中,使用丧失(暂时无法使用某物)都构成可赔损害(*Viney and Jourdain* loc. cit. 20; *Schryvers and Ulrichts*, Schaderegeling in België[5], 34-37);即使是动物受伤也可以给予赔偿(例如一匹骑乘马,CFI Nijvel 3 February 2003, RGAR 2004, no. 13927)。在新车交付前,已报废汽车的所有人有权请求他人赔偿合理租车的费用,而且在丧失对旧车进行免费维修的利益时,也可以请求获得赔偿(CFI Charleroi 7 May 2001, RGAR 2002, no. 13575)。如果能够证明*对财产的损害*(*atteinte au bien*)造成了*精神损害*(*dommage moral*),那么该精神损害也可以获得赔偿(JClCiv (-*Bertolaso*), art. 1382 à 1386, fasc. 110, no. 18; *Simoens*, Beginselen van Belgisch Privaatrecht XI

---

* 原文为 for determining "to which of two coterminous tenements some disputed part or pertinent pertains",其中 or pertinent 疑为赘文。——译者注

(2), no. 175 pp. 327-328)。通常适用客观的和完全的赔偿这一原则:恢复到损害时间若未发生受害人将处的状况(*Simoen* loc. cit. no. 152 p. 300)。

30. 在西班牙的学术文献中,对所有权人因物品被损毁而遭受的非经济损失是否也可以获得赔偿这一问题存在争议(赞成的观点,请参见如 Albaladejo(-*Santos Briz*), Comentarios al Código Civil y compilaciones forales, XXIV, art. 1902, 217;反对的观点,请参见 *Díez-Picazo*, Derecho de daños, 328)。一栋房屋的前门被作为被告的一家公司毁损,导致房屋所有人在一段时间内无法关门,这意味着她会生活在时刻担心房屋会被他人闯入的状态中,CA Álava 18 June 1999, AC 2000 (1) no. 118. p. 204 这一判例给予了房屋所有人非经济损失的赔偿。关于纯因使用丧失而导致的损害在侵权法上的可赔性这一问题,也即对物品进行使用这一抽象可能性是否等同于经济价值本身,尚未得到解决。该问题在很多地方都得到了确认,例如,参见 Albaladejo(-*Santos Briz*) loc. cit. art. 1902, 231; CA Ciudad Real 12 February 1998, BDA AC 1998/3435(赔偿额被评估为公共交通费用的20%);CA Pontevedra 10 October 1995, BDA AC 1995/1949(认可了对使用丧失的损害赔偿,但是仅适用于在维修店为实际维修的期间);CA Soria 15 February 2000, BDA JUR 2000/113208(同上);CA Zamora 1 February 2001, BDA JUR 2001/123000(确认了对公寓无法使用的损害赔偿,尽管房屋所有人并不经常居住);CA Barcelona 24 November 2000, BDA JUR 2001/63518(在将汽车用于职业目的的情形,对法定节假日这段时间不进行赔偿)。同样《加泰罗尼亚民法典》第546-14条也对损害赔偿做出了类似的规定(法典编撰之前的立场,进一步参见 *Martín Vida*, VersRAI 2006, 5-8)。以同样的方式,上诉法院的大部分裁决(最高法院尚未作出澄清)经常要求有实际损失的发生,因而对使用丧失而产生的抽象损害不给予赔偿。例如,参见 CA Guadalajara 22 March 2006, BDA JUR 2006/140758(对单纯的潜在使用的丧失未给予赔偿);CA Baleares 13 February 2006, BDA JUR 2006/84138(邻居造成房屋漏水,由于房屋属于备用住所并未被指明用于出租,因此维修期间无法使用房屋所造成的损失不能获赔);CA Caceres 6 May 1998, BDA AC 1998/5721(因为原告无法证明损失的存在,维修期间对汽车使用的剥夺无法得到赔偿);CA Zamora 1 February 2001, BDA AC 2001/229(由于酒店房间未被全部预定因此不存在相关损害,两间客房因维修而无法使用无法获得赔偿);以及 CA Barcelona 15 January 1999, BDA AC 1999/2906(由于没有承租人,因此对公寓使用的剥夺不能得到赔偿)。

31. 在意大利,因财产受损或被毁而造成的非经济损失不能获赔(《民法典》第2059条;对这一传统观点的修正,请参见 *Conti*, Danno e resp. 2006, 237)。相反,对使用丧失所致的损害赔偿,意大利的情况尚不完全明朗。如果他人土地被非法占有,那么对赔偿金的评估将依据其租用价值(Cass. 4 November 1995, no. 11524, Giust. civ. Mass. 1995, fasc. 11)。由于*所有人(dominus)*的处分权能会受到影响且无法再获得*收益*(*utilitas* = 民法上的孳息,也即租金),因此损害*无须证明*(the damage is *in re ipsa*)(Cass. 11 March 1995, no. 2859, Guist. civ. Mass. 1995, 583)。受害人有权获得一个估计的数额,即 a *danno figurativo*。几年前,汽车在事故中受到的损害无法获得赔偿;所有权人至少必须证明如果汽车无需进行维修,那么他将会实际使用该汽车,以及他不再能够工作或不得不使用公共交通(*使用丧失的损害*,*danno da fermo tecnico*,特别参见判例法:Cass. 19 November 1999, no. 12820, Giust. civ. cit. Mass. 1999, 2295)不过,最近几项裁决声明,根据审判法官的自由裁量,无须特别证明损害,使用丧失的损害(*danno da fermo tecnico*)就应得到赔偿,以便落空的费用(汽车的一般运营成本)及价值的减少能得到赔偿(Cass. 13 July

2004, no. 12908, Giust. civ. Mass. 2004, face. 7-8; Cass. 14 December 2002, no. 17963, Giust. civ. Mass. 2002, 2202)。

32. 根据《匈牙利民法典》第355条第(4)款的规定,给受害人的资产造成的价值减少(BH 1996/196)和无法实现的财产利益(BH 1984/401;不过,由于事实上的原因,本案的诉讼请求被驳回)应当得到赔偿;而且,减少或消除受害人的经济或者非经济损失所支出的所有必要费用也应或的赔偿。如果公寓遭到水淹,那么维修费用将获得赔偿;此外,公寓使用受到限制——作为所失利润——也应获得赔偿。相反,家庭聚会无法在所涉公寓中举行并不被视为足够严重以致可以继续请求非经济损害赔偿(BH 2002/482)。如果受害人由于他人过错造成的交通事故而错过了商业会晤,由此造成的合同未能签订而产生的损失也可获赔(BH 2001/273);冰激凌店被毁而导致的利润损失同样能够获得赔偿(BH 1997/332)。因干涉占有而产生的后继费用也可以获赔(BH 1999/202:因未经授权对公寓进行维修而导致的将房屋恢复原状的修建工作)。如果某人巧妙地亲自修复了某一物品,那么他可以就这一修复的市场价格提出请求(BH 1996/313)。此外,汽车维修期间为租用替代车辆所支付的租金也可以获得赔偿(BH 1984/499:与机车相关)。相反,损害财产造成的非经济损失的可赔性则被否定,参见 *Vékás*, FS Boytha György, 332。BH 2002/482 遵循了仅在人格权受侵害的情形才可以请求非经济损害赔偿的观点。另见 BH 1996/358(财产权不属于人格权,因此当事人无法对法官超出法定期限继续没收财产的行为提起非经济损害赔偿)。新民法典的建议计划也倾向于同一方向(*Herpai*, VersRIA, 2005, 46)。

33. 根据德国法,因侵犯财产权利造成的非经济损害不可以获赔(《民法典》第253条第(2)款)。这时常提出了何种不利益适格成为经济损害,何种不利益适格成为非经济损害这一问题。BGH 9 July 1986(Grand Senate for Civil Matters), BGHZ 98, 212)这一判例推论认为,如果物品被用于企业经营方面,那么丧失的使用可能性应被认定为所失收益。如果讨论的是私人使用,仅对满足基本需求的商品才出现赔偿问题;不过,损害赔偿法规定的对差额计算的"规范性补充"在这里也是必要的。对基本必需品(汽车、住所、必备的装置)的使用丧失都属于经济损害,而对奢侈物品(私人泳池、毛皮大衣、私人飞机)的使用丧失则属于非经济损失(进一步参见 Palandt (-*Heinrichs*), BGB[65], preliminary observations to § 249, nos. 20, 25 和 MünchKomm (-*Oetker*), BGB[4], § 249. no. 58)。

34. 对于财产损害,实物赔偿(维修)是首要的,这也适用于奥地利。在因轻微过失而导致物件被毁的情形,与财产修复价值等额的价值赔偿能够得到支持(《民法典》第1332条),而在重大过失的情形,所失收益也可以另外获赔(《民法典》第1331条第(1)款),对于恶意,还可以产生非经济损害赔偿(《民法典》第1331条第2句:"特定的情感价值";"情感利益")。此外,市场价值的减少也可获得赔偿(Schwimann (-*Harrer*), ABGB VII[2], § 1323 no. 20),而仅仅丧失使用则非如此(因此"理论上的汽车租赁费"不能获赔:3 March 1969, SZ 42/33,*Koziol*, Haftpflichtrecht I[3], no. 2/108)。不过,当事人可以就维修期间的落空费用(frustrated expenses)(税款、保险费、车库租金)请求赔偿(*Koziol and Welser*, Bürgerliches Recht I[11], 287)。另外,如果请求人已租赁一艘船用于度假,由于事故的发生致使其不能乘坐,由此产生的取消费不能获得赔偿;事实上,这类落空的费用(frustrated expenses)与非经济损失相关(CFI Salzburg 10 April 2004, 22R34/04k)。单纯的丧失对某物的使用可能性也无法获赔(OGH 9 October 1986, SZ 59/165; OGH 17 June 1993, JBl 1994, 121; OGH 4 June 1987, SZ 60/102),这也就是为什么"理论上的租赁费"(前述示例 I 5)属于无法获赔的非经济损失(*Koziol and Welser*, Bürgerliches Recht II[12], 287)。如果剥夺使用导致资产的实际损失,情况就不同了(OGH 14 August 1996, EFSlg 81. 472; OGH 16 December 1992, ecolex 1993, 379)。

35. 类似于奥地利,但与德国不同,在希腊,流行"抽象的使用丧失"非可赔损害这一观点;它缺少计算损害赔偿的方法意义上的资产损失,根据这一方法,损害事件发生前后的资产价值的差额被认为应予救济*(*Stathopoulos*, Geniko Enochiko Dikaio A(1)^2, 540; *Sourlas*, NoB 33 (1985), 728, 743)。而额外支出的时间、受害人所遭受的不便以及为此付出的努力在《民法典》第 932 条的背景下可以作为非经济损害获得赔偿(*Stathopoulos* loc. cit. 541)。在维修受损的汽车的期间产生的落空的费用(frustrated expenses)也能另外得到赔偿(*Stathopoulos* loc. cit.; CFI Athens 3053/1978, NoB 27 [1979] 106; 持批评意见的,*Sourlas* loc. cit. 736);在这范围内,情况与奥地利是一致的。

36. 关于使用丧失所导致的损害的可赔性问题,葡萄牙法迄今尚未作出答复(*Abrantes Geraldes*, Indemnização do dano, 6 对此有详细讨论)。似乎,以前就机动车辆,主流意见对这一问题做出了肯定的回答(*Mesquita*, RLJ 125 [1992/1993], 159; *Menezes Leitão*, Obrigações I, 297; STJ 6 June 2006; STJ 9 May 1995, BolMinJus 457 [1995] 325);不过,近来大多数倾向于对该问题做出否定的回答(STJ 8 June 2006; STJ 12 January 2006; STJ 4 December 2003; CA Oporto 8 July 1997, BolMinJus 469 [1997] 663; 另见 CA Coimbra 4 October 1994, BolMinJus 440 [1994] 554)。但擅自占用土地能够确立责任,即使所有权人不能证明该土地在此期间会被出租(CA Lisbon 11 March 2003, CJ 2003 - II, 70)。因此,对实际损失的证明在这里并不是必需的(STJ 29 June 2004)。不言而喻,在自己的汽车被维修的期间因必须租用另外一辆汽车的费用可以获得赔偿(*Abrantes Geraldes* loc. cit., 33; STJ 5 March 2002)。在使用丧失的背景下,甚至给予了非经济损失赔偿(STJ 23 January 2001; CA Evora 26 March 1980, CJ 1980 - II, 96),但这种做法尚未成为一项规则(如 STJ 4 December 2003 以及 CA Coimbra 4 October 1994 loc. cit. 对该问题予以了否定)。

37. 在荷兰法中,侵权责任人自动陷入迟延(《民法典》第 6:83 条(b))因而必须自侵权行为发生时起对损害赔偿责任的数额支付法定利息,这一规则也被转用于扣留他人之物的情形。*Bedrijfsschade*(*业务中断*)以及 *gebruiksderving*(*使用丧失*)这里都有所提及。对使用丧失的赔偿应具体计算;可信的是实际丧失的使用的价值,而非单纯的抽象的使用可能性(更多的细节和有关不同观点的参考文献,请参见 *Salomon*, Schadevergoeding, no. 21 pp. 45 - 50)。只有当侵权责任人有造成非经济损失的故意时,对其损害赔偿请求权才会产生(《民法典》第 6:106 条第(1)款(a)项)。这一规定预见了为了给所有权人造成精神痛苦而故意损毁或损坏某物,因而损害了"情感利益"的情形(Parlementaire Geschiedenis VI, 370 - 380)。故意还必须包含上述目的;"仅仅"与财产损害相关并不足以产生责任(Schadevergoeding II (- *Lindenbergh*), art. 6:106, nos. 20 - 21, pp. 134 - 145)。

38.《爱沙尼亚债法》第 134 条第(4)款遵循了类似的方法,如果不是完全相同一样的话("考虑到例外情形,在损毁或丧失某物的案件中,如果受害人由于个人原因而对损毁或丧失之物享有特殊利益,那么无论该物是否具有使用价值,受害人都有权在财产损害之外对非财产损害提起适当的赔偿请求")。关于非财产损害的赔偿义务,债法第 132 条作出了详细的规定。在物件被损

---

* 原文中的"is sought to be remedied"疑为"is thought to be remedied"之误。——译者注

毁的情形,出发点是价值赔偿的本金(principal)(第1、2款);在财产损害的情形,维修费用将获得赔偿(第(3)款)。使用丧失是第132条第(4)款中的规则的主题:“如果被损物为受害人的必需品或对受害人有用,尤其是对受害人的经济或职业活动抑或是工作有用,那么损害赔偿的范围应当包括在被损物的维修期间或获得新物的期间使用同等价值的物所支出的费用。如果受害人未使用同等价值的物,他可以就维修被损物的期间或购买新物的期间本能获得的使用利益的丧失请求赔偿”。关于此项规定,请参见 Supreme Court 3－2－1－137－05, RT III 2006, 3, 26。

39.《瑞典损害赔偿责任法》第5章第7条规定:“财产损害赔偿的范围包括:(1)物的价值或者维修费用以及财产价值的减少,(2)因损害产生的其他费用,(3)所失收入或干涉商业活动所造成的损失*。”此项规定与《芬兰损害赔偿责任法》第5章第5条在很大程度上是一致的。《丹麦损害赔偿责任法》并未提及财产损害这一问题。对这三种不同的法律制度,另参见对第Ⅵ－6:101条(赔偿的目的和形式)的注释。在一则案例中,行为人伐倒邻居土地上的六棵古树,芬兰最高法院在12 September 1994, FED 1994.995V这则判例中明确赔偿了非金钱损害。《瑞典损害赔偿责任法》第5章第7条中列举的“其他费用”则指的是完全不同的项目。尤其是它指的是对被损毁之物的运输费、检查费(但受到HD 5June 1989, NJA 1989, 251这一判例的限制)、专家评估费以及为减少损害支出的费用。此外,“停滞赔偿”(在机动车的情形,指纯粹的使用丧失)以及为保存备用物所支出的费用也得到了承认(运输公司提前预备替代车辆以防发生交通事故;按比例支付赔偿费用)(HD 6 February 1932以及14 October 1939,NJA 1939, 481; HD 4 June 1945, NJA 1945, 295; HD 27 September 1950, NJA 1950,409; *比较*HD 8 February 1993, NJA 1993, 13)。甚至在假期无法使用被损坏的游艇也可获得赔偿(HD 5 October 1945, NJA 1945, 440),因汽车和大篷卡车受损而失去的三天假期(HD 10 April 1992, NJA 1992, 213)以及物品遭窃以后保险公司的理赔金额(HD 6 May 1994, NJA 1994, 283)都可以获赔。根据丹麦判例法,因财产受损而增加的维护费用(Supreme Court 12 April 1960, UfR 1960, 932)以及在维修期间和重新购买前的等待期间所遭受的使用丧失都可获得赔偿(*von Eyben and Isager*, Lærebog i erstatningsret[5], 251)。

40. 在英格兰,对受损汽车的使用丧失的赔偿标准为维修期间或更换期间的合理租车费用。在驾驶人寻求一辆替代汽车时,事故汽车租赁公司或信用租赁公司(accident car hire companies or credit hire companies)并不要求顾客用借记卡或信用卡“预先”支付(这与通常的先从顾客的卡扣费的做法完全相悖,损害最终由顾客从被告那里获赔),但它们倾向于评估驾驶人的案件的价值。如果满意于该请求无可置辩,公司会提供一辆汽车,然后继续行使驾驶人对作为被告的保险人的请求权,并且在普通汽车租赁的“即期费用”(spot rate)之外收取额外的费用(*Thomson*, Delictual Liability[3], 253)。在*Dimond v. Lovell*［2002］1 AC 384一案中,上议院认为,对受损汽车的使用丧失的赔偿范围应限于从一般租赁公司而非事故或信用租赁公司租用一辆汽车的即期费用,也即事故或信用租赁公司收取的额外费用请求不能获赔。不过,在*Lagden v. O' Connor*［2003］UKHL 64,［2004］1 AC 1067一案中,上议院则认为,如果驾驶人没有经济能力支付从汽车公司或信用租赁公司租用一辆替代汽车的费用,那么他的损失将在考虑事故或信用租赁公司的费用*包括*额外费用的情况下加以评估。大部分观点认为,应当将请求人的贫困状况考虑在内,结果就是*Wright*大法官在*Dredger Liesbosch v. Steamship Edison*［1993］AC 449一案中的意见(他认为

---

* 原文此处仅用了“lost income or interference with commercial activity”,疑转译中有脱漏。——译者注

在评估损失时不应当将原告缺钱这一因素考虑在内)不再被遵循。

41. 显然,在爱尔兰,由于缺乏关于这一主题的相关判例,除了与交通事故损害有关的裁决外,几乎只能依赖英格兰的规则(关于交通事故损害的情形,请参见 *Hayes v. Callanan* [2000] 1 IR 321 一案:该案涉及一起道路交通事故,案件首先由地区法院审理,原告就其汽车的使用丧失、价值的减少以及由此支出的交通费提起的赔偿请求都得到了法院认可;后来的诉讼是针对人身损害提起的,在这一被报道的判例中,人身损害的可赔性*特别*构成了提交到高等法院的案件的主题)。就其对爱尔兰的重要性而言,英格兰有关对使用丧失的损害赔偿的被报道的判例法和评论似乎被限于原告从使用中能够获得直接的商业收益的情形(更容易转换为金钱数额),在侵占的背景下,这点在上文已经提及(注释Ⅰ14):当被侵占的物品可用于营利使用——如被出租——时,对这一使用的丧失也能得到赔偿(*Fleming*, Law of Torts[9], 77-78)。在请求返还动产之诉(an action for detinue)中,赔偿范围更为广泛(参见上文注释Ⅰ14),除了因扣留动产所造成的损害可以获赔以外,动产的出租费用(*General & Finance Facilities Ltd. v. Cooks Cars (Romford)* [1963] 1 WLR 644,在 *Webb v. Ireland* [1987] IESC 2, [1988] IR 353 一案中被 *Blayney* 法官以赞同的意见加以援引)以及从被告拒绝(向原告)返还动产到实际返还这段期间内动产价值的减少都可获得赔偿(*Rosenthal v. Alderton & Sons Ltd.* [1946] KB 374, 378, per *Evershed* J.;另见 *Hymas v. Ogden* [1905] 1 KB 246 一案,在该案中,被告需对非法扣留原告走失的狗进行赔偿)。在 *General & Finance Facilities Ltd. v. Cooks Cars (Romford)* loc. cit. 一案中,上诉法院的法官 *Diplock* 将侵占下判给的损害赔偿界定为“一单笔数额,其衡量标准通常是财产在遭受侵占时具有的价值以及因侵占产生的任何后继损害,并且它在法律上并非如此遥远以致无法获赔”(loc. cit. 649)。在 *Egan & Sons Ltd. v. Sisk & Sons Ltd.* [1986] ILRM 283 一案中(第一个被指名的被告的过失行为导致原告仓库被淹,在那里存储的在其邮购业务中使用的手册也被损毁),原告就预期销售的利润损失获得赔偿,*Carroll* 法官认为:“如果被告因过失给仓库里的财产造成损害,那么他必须对损坏那里的任何货物承担责任……由于仓库是商业世界的一部分,因此(仓库受损)会造成经济损失以及可能的利润损失也可以预见。如果货物能够按成本来替代,对被告来说更好不过;如果货物不能被替代,那么经济损失,包括利润损失,都是可预见的。”

42. 在苏格兰,如果一辆汽车在交通事故中被损,那么所有权人可以就受损汽车在维修期间或更换期间的使用丧失获得赔偿(*Thomson*, Delictual Liability[2], 253)。在驱逐与入侵的背景下,被出租人排除占有的所有权人可以对出租人没有搬离房屋以及不法保持占有招致的损失请求损害赔偿,而且还有可能就暴力利润(violent profits)获得赔偿,这种损害赔偿是一种惩罚性损害赔偿,它被用作为反对无视法律之人的特殊威慑物(*Walker*, Delict[3], 937)。在侵占(encroachment)的情形,侵犯原告对财产的排他性权利足以成为一项诉讼的正当理由,且无须证明损害或损失的存在(*Colquhoun's Trustees v. Orr Ewing & Co.* (1877) 4 R 344)。在非法攫取财产(spuilzie)的情形,“对违法行为人提起诉讼并不只是为了将物品返还给原占有人或恢复其价值,而且要赔偿若物品未被非法攫取占有人可能从中获得的利润。该利润损失将根据请求权人自己的誓词来计算……并且被命名为暴力利润,因为它们仅在暴力或不法的情形才能获得赔偿”(*Erskine*, An Institute of the Law of Scotland II[8], 7, 16)。

示例 2 取自 HR 20 September 1985, NedJur 1986 no. 211 p. 775;示例 4 取自Ⅰ Danish Supreme Court 22 June 2004, UfR 2004, 2389; Swedish HD 7 March 1988, NJA 1988, 62; illustration 6 from BH 1992/202 与之类似;示例 6 出自 BH 1992/202;示例 8 出自 BGH 17 March

1981, BGHZ 80, 186 and 199；示例 9 出自 CFI Piraeus, DEE 10（2004）, 678；示例 1.1 出自 Finnish HD 27 May 1994, NDS 1995, 264；示例 1.2 出自 BGH 21 December 1970, BGHZ 55, 153 以及 BGH 18 November 2003, NJW 2004, 356, 358；示例 1.3 出自 Cass. ass. plén. 2004 no. 10 p. 21；BH 2005/143 相类似；示例 1.4 出自 Payton v. Brooks [1974] 1 Lloyd's Rep 241；以及 OGH 23 February 1995, ZVR 1995, 304；示例 1.5 取自 CA Pontevedra 10 October 1995, BDA AC 1995/1949；示例 1.6 取自 Cass. 4 November 1995, no. 11524, Giust. civ. Mass. 1995, fasc. 11 and Cass. 11 March 1995, no. 2859, Giust. civ. Mass. 1995, 583。

第Ⅵ－2：207 条　信赖错误建议或信息所致的损失

如果满足以下条件，那么基于对错误建议或信息的合理信赖而作出决定使当事人遭受的损失属于具有法律相关性的损害：

（a）建议或信息是由职业人士提供的，或者是在交易过程中提供的；而且

（b）提供人知道或可以预期其知道接受方会在做出所做类型的决定时信赖该建议或信息。

评　论

A. 概述

政策考虑。作为一项一般原则，对建议、推荐和信息不会产生责任。任何此种责任都走得太远了以致对日常生活来说行不通，并且会使每个人际交流承担无法承受的责任风险。只有信息的接受方有特殊原因信赖信息的正确性并且信息提供人知道或应当知道信息的接受方被置于这一特殊境地时，情况才有所不同。典型的情形涉及银行提供的信誉证明、错误的评价或证明。其他情形则涉及生产商为指导最终的消费者而在产品中封装的使用说明的情形，或者认证机构发布电子签名的情形。不过，本条同样适用于医生和其他职业的法律责任的领域。

欧盟法。关于网络服务提供者的特殊规则请参见第Ⅵ－2：204 条（传递关于他人的错误信息所致的损失）的注释 37～45。与关于电子商务的指令不同（第 2003/31/EC 号），第 2003/71/EC 号关于公开发行证券或证券获准交易的招股说明书的指令（OJ EC L 345 of 31 December 2003）并不影响招股说明书的发行人的民事责任（前法第 6 条）。

与合同责任的关系。和本卷中所有规则一样，第Ⅵ－2：207 条也与非合同责任有关。在第Ⅵ－2：207 条调整的部分情形中也会出现合同责任。进一步参见第四卷第三编（服务）。合同法可能会经历进一步的发展，其效果将在并非微不足道的程度上为第

Ⅵ－2：207条提供支撑或与之重叠。那时，在特定案件中是否应当排除平行的非合同责任则取决于合同法的规定（第Ⅵ－1：103条（适用范围）（c））。不过，本文本的基础是，在类似于 *Hedley Byrne & Co. Ltd. v. Heller & Partners Ltd.* ［1964］AC 465案（本案涉及的是，在第三人向银行查询其顾客是否有经济能力清偿一项将来交易下的债务时，银行作为回应提供的资信证明）的情形，仅包括银行在信息错误时应承担之责任的合同不会出现。这是因为不存在单方允诺（unilateral promise）。

与第Ⅵ－2：204条（传递关于他人的错误信息所致的损失）的关系。第Ⅵ－2：204条（传递关于他人的错误信息所致的损失）调整向第三人传递错误信息的情形下具有法律相关性的损害，而第Ⅵ－2：207条调整向接受方传递错误信息情形下的损害。因此，第Ⅵ－2：207条涉及的问题是，错误建议或信息的接受方如果因信赖错误信息而遭受损失，则他在何时遭受具有法律相关性的损害。本条并不涉及将有关请求人的错误信息传递给第三人的情形。

示例1

如果在决定做出一项（不利的）享受税收优惠的资本投资时，一名牙医信赖了会计师及税务顾问通过口头、信件或在手册中提供的错误信息，由此造成的损失属于第Ⅵ－2：207条意义上的具有法律相关性的损害。如果据报道牙医有逃税行为，该问题则属于第Ⅵ－2：204条（传递关于他人错误信息造成的损失）的调整范围。

B. 受保护的信息接受方的范围

专业建议或信息。并非每个提供有瑕疵的且为接受方信赖却不利于其建议及信息的行为都能导致本条规定的责任。损害必须是“在从事职业或者在交易过程中”提供信息造成的。“路沿石”建议并不属于这些规定的范围，因为由专业人士提供并不足够；所需要的是，在从事职业的过程中提供有瑕疵的信息或建议。在通常的情形中，这意味着在商业活动的背景中，而不考虑是否获得报酬，或者提供人与接收人之间是否预先存在合同关系。

“特定的”接受方，而非“某一”接受方。信息接收人可能为个人或者从事某一商业、贸易或职业的人，可能是自然人或者法人。不过，本条并不适用于下述情形，某个偶然的信息接受人碰巧信赖了引起他注意的信息。问题并不取决于传递信息者是否知道或本应知道至少某人会对这一信息产生信赖。相反，重要的是传递信息者应当对确定圈子的人有清楚的认识（（b）项）。当然，提供信息或建议的人无须知道实际的接受人。匿名接受人即为已足。也不要求接受人必须从提供人那里直接获得有瑕疵的信息或建议。通过中间的第三人间接获得信息的接受人同样享有请求权。不过，在这两种情形，请求人都必须属于提供人知道或应当知道在作出重大决定时会对信息的正确性产生依赖的潜在信息接受人中的一员。因对交通堵塞情况的错误报道而未赴商业会晤者并未遭受具有法律相关性的损害。

C. 信赖

合理的信赖。非合同责任法目的上的相关损害的存在主要来自合法信赖的落空。信息的接受人实际信赖该信息的正确性是不够的。这还必须伴有下述要件，即在具体情形并涉及做出决定时，接受人必须对该信息产生合理的信赖。如果某人相信算命者、占星师或类似的江湖郎中的言辞，就不存在对信息或建议的正确性的合理信赖。如果接受人知道或应当知道信息的提供人并不打算对该信息的正确性做出保证，那么接受人就不应当对这一信息产生信赖。

示例 2

如果信息提供者明确表示他们不会也不能对信息的正确性承担责任(例如使用"不负义务"的条款或类似的表述)，则正当信赖的要件就缺失了。

合理信赖的可预见性。信息提供人本应预见他人会对该信息产生合理信赖((b)项)这一要件也被用于暗中限制能够产生与第Ⅵ－2:207 条相关的损害的决定类型。原告必须证明提供人本应预见(1)受害人可能会做出其实际已经做出的决定，(2)该决定的作出是基于对所提供的信息或建议的信赖。内在于这种对信息或建议的(合理)信赖的可预见性中的是，所做类型的决定是一项重要的决定。决定越严肃，接受方就越需要专家视角，相应地，由于当事人之间的信息不对称，就越有可能依赖他人的专家意见。相反，决定越微不足道，那么假定接受人依赖所提供的信息的理由就越少，就更有理由假定接受人不会受到信息的强烈影响。信息提供人可以安全地期待他人根据自己判断来做出琐细的决定而非寄生性地根据他人的指导来行动。

示例 3

工商就业协会(*Association pour l Emploi dans l'Industrie et le Commerce*)的一家地区代理的代表人在原告雇主的房屋内召开了有关提前退休养老金条款的信息发布会。原告对该信息产生信赖；由于对其未来养老金的过于慷慨的陈述而离开工作岗位造成的损失属于具有法律相关性的损害。如果过失可归咎于其代表人，那么协会也应当承担责任。原告一方的与有过失将导致赔偿金额的减少。

D. 错误的建议或信息

无法分离的组合术语。第Ⅵ－2:207 条的对象是可归因于"错误的建议或信息"的决定造成的损失。该术语并未表示两个独立的事件(*要么是*建议，*要么是*信息)，相反，它仅表示一项单一的活动，在该活动中，对事实的主张和基于它作出决定的建议融合在一起。自愿采纳的单纯的建议("乘火车而非汽车旅行")不能像单纯的价值判断一样，被定性为"对"或"错"。建议应该以核心事实为依据。另外，纯粹的事实主张同样不是将决定的做出归因于该主张的充足基础。相反,需要两项因素的结合,例如,(错误)声明对一块土地的必需的规划许可已获得批准,并至少伴有暗示让他人获取该块土地的建议。单纯的猜测并非事实主张。

因果关系。第Ⅵ-2:207条适用两个分支(two-pronged)的因果关系要件。错误的建议或信息必须是受影响的一方作出相关决定的原因,而后者又依次被视为是损失的原因。在每种情形下,"精神上的因果关系"(psychological causation)都属于争议问题,并可以归咎于责任方的不作为。

示例4

一家会计师事务所在审计一家公司的收支结余时出于过失而漏看了相当大的账面亏损。基于对该报告的信任,私人主体对受审计的公司进行了投资,但该公司之后很快陷入破产清算。该会计师事务所应当对投资者购买股份支付的价格进行赔偿。

可归责性。第Ⅵ-2:207条仅涉及确定具有法律相关性的损害所需的必要条件这一问题。与本节中所有示范规则一样,本条并不构成一项完全的责任规范。尤需予以查明的是,信息提供人的行为是否具有过失以及信息接受人是否因未对信息进行核实而具有过失。

注 释

1. 在提供错误信息给缔约方造成损害的情形,法国和比利时合同法首先根据应提供信息的人需要承担的是手段债务(*obligation de moyens*)还是*结果债务*(*obligation de resultat*)进行了区分(*le Tourneau and Cadiet*, Droit de la responsabilité et des contrats 2004/2005, nos. 5379~5381; CA Antwerp 2 May 1995, RW 1996-1997, 302 [银行依客户的请求提供了交易信息;只有在违反义务的情况下才需对信息的不正确承担责任])。以合同外的关系或先合同关系为背景,在两种法律制度中,责任都取决于是否存在造成损害的过错(Cass. soc. 5 November 1999, Bull. civ. 1999, V, no. 430 p. 318; CFI Bergen 26 September 1994, TBH 1995, 1035)。任何宣称愿意为他人提供信息的人都有义务事先获得充分的信息(Cass. civ. 19 October 1994, Bull. civ. 1994, II, no. 200 p. 115; Raad van State/Conseil d'État 28 March 1996, RW 1996-1997, 435, note *Lambrechts* [自治城镇就有管辖权的上诉法院(court of review)提供了错误信息;它需对原告支付的诉讼费用承担责任])。

2. 同样,《西班牙民法典》也未对提供错误信息或建议所致损害的责任做出一般规定;迄今为止,似乎还缺乏有关这一问题领域的合同外方面的判例。在学术著述中,引用了英国法的建议(特别是 *Frades de la Fuente*, La responsabilitidad professional; 另见 *Del Olmo García*, ADC, 2001, 257-368)。Moreno Martínez (-*De Ángel Yágüez*), Perfiles de la responsabilidad civil en el nuevo milenio, 171, 188 认为,对错误信息的合同外责任原则上不会因单纯的过失而产生。这种观点与 CA Barcelona 31 July 2000, BDA JUR 2000/306843 当然并不完全一致(因为一份错误的

审计报告遗漏了相当大的账面损失,相关的会计师事务所不仅要对客户和合同伙伴承担责任,还要对因被审计的公司破产而丧失投资的后续投资方承担责任)。

3. 意大利的情况与第Ⅵ－2:207条的规则一致。只有在和经济相关的决定程序中参与人之间进入有限接触的阶段,判例法才允许当对错误信息提起侵权之诉。请求获得信息的一方必须对提供信息一方的专业技能和知识产生信赖(Cass. 9 June 1998, no. 5659, Foro it. 1999, I,660以及Cass. 10 October 1998, no. 10067, Resp. civ. e prev. 1999, 404;就公共机构提供的信息,另比较Cass. 9 January 2004, no. 2424, Resp. civ. e prev. 2004, 731［因为缺乏过失而否认了*这种情况下的*责任(liability*in casu*)］)。大多数判例都涉及银行因提供有关其客户的经济状况的错误信息而承担的责任(Cass. 9 June 1998 loc. cit.［强调在已被告知的决策中应当受到法律保护的权益］;Cass. 10 October 1998 loc. cit.; Cass. 1 August 2001, no. 10492, Giust. civ. Mass. 2001, 1517)以及政府职位(government posts)对私人的责任的情形(除Cass. 9 January 2004 loc. cit.外,另参见Cass. sez. lav. 9 April 2001, no. 5247, Giust. civ. Mass. 2001, 751［有关已支付的社会保险的分担额的夸张的细节］;Cass. sez. lav. 18 November 2000, no. 14953, Giust. civ. Mass. 2000, 2373［案件事实相似,不过请求受到合同的限制］;Cass. sez. lav. 31 January2003, no. 1104, Giust. civ. Mass. 2003, 173［有关明显已经获得的养老金的错误信息;对剩余的待偿付款的责任］)。在学术评论中,界对这类案件涉及的是侵权责任还是合同责任存在争议,比较以*Busnelli*, Contr. Impr. 1991, 561为一方(侵权法;损害的*不法性*(*ingiustizia*)在于信息接收人对信息产生了依赖并得到他方当事人的认可),以*Castronovo*, la nuova responsabilità civile[3], 492和*Scognamiglio*, Giur. it. 1995, IV, 356为另一方(合同法;对违反注意义务的责任,这一义务源自接受人对另一方当事人的专业资格产生信赖的这一事实)。

4. 匈牙利法的出发点是《民法典》第339条第(1)款第2句中的对过错的一般推定。可以期待在相关区域受薪受雇的人提供正确的信息(BH 1996/471)。原则上,在匈牙利,单纯的建议并不会导致责任产生;接受方可以决定是否采纳这些建议(BH 1993/425)。不过,如果善意的一方基于令人信服理由使自己在他人的引导之下做出了某种行为并因此无辜地遭受损害,根据《民法典》第6条,是否给予损害赔偿由法官自由裁量。由于当事人提供建议或予以鼓励的行为并不违法,因此此处存在争议的是既非侵权性质又非合同性质的责任规则(Gellért (－*Vékás*), A Polgári Törvénykönyv Magyarázata[6], 56－63; *Bíró and Lenkovics*, Magyar*Polgári* Jog, 194－199。实际来讲,由于通常可以推断出受影响的当事人一方有过错,因此《民法典》第6条仅发挥了很小的作用。还应期待企业家根据正常的市场惯例不应在不加鉴别并作出自己个人的评价的情况下信赖谈判伙伴的陈述(BH 1990/64)。此外,还应将《民法典》第6条与缔约过失(*culpa in contrahendo*)责任相区别,(3350)后者在任何情况下都由一般侵权法来调整,此时谈判的伙伴之间尚未订立合同(Gellért (－*Benedek*), A Polgári Törvénykönyv Magyarázata[6], 766－767)。如果股票和债券的发行是基于错误信息,那么合同归于无效;赔偿责任由关于资本市场的第No. CXX/2001号法律(EBH 2001/544)的第29条第(1)款来调整。除此之外,可以想象的是,错误信息被视为对人格权的冒犯(BH 2004/235:导致受影响一方的职业事业中断的定期服务合同无效)。最终,还须提及《民法典》第210条第(2)款,根据该规定,当出现法律上的错误,而该错误又是实质性的,可归因于一名法律专家向双方当事人提供的错误信息时,合同可因之归于无效。

5. 在德国法上,对因错误信息导致的纯粹经济损失的责任主要借助合同法的概念来解决。在侵权法的背景下,实际上只有《民法典》第826条可用。该条意义上的"背俗"是指传递者明知信息不正确仍提供信息(RG 18 October 1917, RGZ 91, 80, 81; RG 9 March 1938, RGZ 157, 228, 229; BGH 22 June 1992, NJW 1992, 3167, 3174),或者尽管信息的内容对接收人具有可辨识的重要性并且传递者预料到可能会给接收人造成损害,传递者仍轻率地将"胡乱猜测"(shot in the dark)作为信息加以了提供(BGH 22 June 1992 loc. cit.)。此规定在下述情形具有重要的现实意义,例如,银行为其客户的缔约方提供可有关其客户偿债能力和信誉的信息,而在客户破产时对缔约方提出的请求则不予履行(BGH 20 February 1979, NJW 1979, 1599; BGH 6 December 1983, NJW 1984, 921, 922)。不过,判例法更经常地求助于下述推论,即尽管《民法典》第675条第(2)款有规定,但在信息请求方和提供者之间仍默示订立了一份信息合同,在有过失的情况下,违反该合同会产生损害赔偿责任。必要条件仅为:(1)信息对接受人有重要的商业价值,(2)接收人希望利用该信息作为其重要决定的依据,以及(3)信息提供人具有特定的专业知识或者对信息的提供具有个人的商业利益(BGH 29 October 1952, BGHZ 7, 371, 374; BGH 22 March 1979, BGHZ 74, 103, 106; BGH 17 October 1989, NJW 1990, 513; BGH 16 October 1990, NJW 1991, 352; BGH 7 July 1998, WM 1998, 1771)。即使是帝国最高法院也这么认为(RG 27 October 1902, RGZ 52, 365, 366; RG 3 June 1913, RGZ 82, 337, 339)。在信用机构对一方的经济状况提供了错误的证明,而该证明又根据与第三人的协议被提交时,若第三方因信赖该证明的正确性而作出商业安排,则银行需对由此产生的损害承担责任。以默示订立的信息合同为幌子的情形亦同(BGH 7 July 1998, WM 1998, 1771)。只有未满足上述必要条件之一时,才有现实的需要去求助于第826条。会计师、评估员以及专家的责任也出现了类似的发展(更多的细节,请参见MünchKomm (-*Wagner*), BGB[4], § 826, no. 54; Erman (-*Schiemann*), BGB II[11], § 826, no. 38)。

6. 根据《奥地利普通民法典》第1300条(第1句)的规定,"专家"至少在具有轻过失的情形(《民法典》第1299条)应当对"获取报酬"而提供的建议或信息所造成的损害承担责任。任何非出于"纯粹的施惠"和"无私"而为的行为都属于"获得报酬"的行为(OGH 11 July 1990, JBl 1991, 249; OGH 27 March 1995, SZ 68/60; Schwimann (-*Harrer*), ABGB VI[3], § 1300 no. 2)。如果建议是在准备有偿交易的过程中提供的,则不存在"无私"的情况(*Harrer* loc. cit.)。即使工会和利益集团也不是在为无私行为(OGH 27 March 1995, SZ 68/60:根据有关请求权的诉讼时效的法律,一项请求权即将罹于时效,医疗协会忘了对该请求权提供建议,应承担责任);但免费提供资信信息的银行则并非如此(OGH 28 March 2002, OBA 2002, 937, note *Koziol*)。即使是在这些情形,信息合同也会默示地产生(OGH 17 November 1970, SZ 43/208)。对建议和信息的责任也可基于公法上的义务关系(OGH 27 May 1980, SZ 53/83; OGH 14 November 1984, SZ 57/172)。如果政府部门或法院提供了错误信息,那么也可以确立(政府的)责任(*Harrer* loc. cit. no. 36)。如果信息的提供确实是为了这一宽泛意义上的"酬劳"却仍是无偿的,那么减轻责任的个人因素将会得到考虑(进一步参见*Welser*, Die Haftung für Rat, Auskunft und Gutachten, 36)。原则上,除非争论的是保护受害的第三人利益的合同(a contract for the protective benefit of the injured third party),否则只有建议的接受方才有权提出请求。如果信息以可辨识的方式指向第三人以便其能够信赖它并以之作为决定的基础,则可推断存在保护受害的第三人利益的合同(Koziol/Bydlinski/Bollenberger (-*Karner*), ABGB, § 1300 no. 3; OGH 20 November 1996, SZ 69/258 [向银行提供的对土地的估价])。相反,如果信息提供人只是理论上会预计到信息会被传给第三人,则不构成上述情形(OGH 15 June 1994, SZ 57/122)。如果当事人之间缺乏特殊的密切关系,那么只有当信息提供人的行为有造成损害的故意并知悉信息或建议的错误时,责任才会出现(《民法典》第 1300 条第 2 句);*间接故意(dolus eventualis)*即为已足(OGH 15 June 1978, MietSlg 30.246; OGH 14 November 2000, öBA 2001, 819)。《民法典》第 1300 条第 2 句涉及任何人,而不仅仅是"官方认可的专家"。由于侵犯绝对权和值得法律保护的利益的情形仍受一般规则的调整,因而本条实际上具有确立对纯粹经济损失之责任的功能(OGH 13 July 1964, SZ 37/105:劝说他人进行登山旅行并不真实地声明这绝对安全)。在这一领域也可能存在不作为责任(OGH 4 November 1959, SZ 32/144),但在清楚地知道其不真实的情况下否认能够生育不产生责任(OGH 27 January 1994, SZ 67/17)。

7. 在希腊,第Ⅵ－2:207 条所涉及的情形,尤其是银行对第三人的责任,被归入侵权法而非合同法(*Kotsiris*, Arm 38/1984, 601, 615; *Deliyannis and Kornilakis*, Eidiko Enochiko Dikaio III, 144)。不过,尽管侵权法的保护原则上不扩及至一般财产,但在存在特殊的注意义务的背景下,也存在例外(*Eleftheriadou*, Die Haftung aus Verkehrspflichtverletzung im deutschen und griechischen Deliktsrecht, 124)。《民法典》第 729 条没有改变这种情况;基于信息或建议对接受方具有可辨识的重要性且基于提供人的职业,在信息和建议不再取决于日常事务时,侵权法的适用就是必需的(*Truli*, Dienstleistungshaftung, 200; 再次参见 ErmAK(－*Kapodistrias*), art. 729 nos. 21, 28)。由于报社在发布度假岛屿的航运信息上存在错误,CA Athens 4486/1989, ArchN 1991, 206 一案确认了报社的责任。如今,除了《民法典》第 914 条之外,第 2251/1994 号法律第 8 条(由第 3587/2007 号法律修订)也被视为责任的依据(*Truli* loc. cit, 201 and 203:银行及经官方认可的专家)。

8.《葡萄牙民法典》第 485 条第(1)款——与《德国民法典》第 675 条第(2)款、《希腊民法典》第 729 条一样——将建议、推荐与信息与法律责任无关作为其出发点。不过根据《民法典》第 485 条第(2)款,如果(行为人表示)承担损害责任,并且存在提供建议、意见或信息的合同义务或法定义务,则在有过错的情形会产生损害赔偿的义务(更多的细节请参见 *Carneiro da Frada*, Uma Terceira via, 66 and STJ 4 April 2006)。如果提供信息的合同或法定义务被违反,原则上,责任只对有权获得该信息的接受人产生(*Pires de Lima and Antunes Varela*, Código Civil Anotado I[4], 487; CA Lisbon 22 May, CJ 1993－III, 188)。不过,信息传递者(mediator)也有可能对信息传递合同(mediation contract)当事人之外的人承担责任(CA Oporto 29 May 2003)。另外,见习司机课程的参与者收到了有关自谋职业的法律条件的错误信息,一旦他们有理由相信信息的正确性,则有权就其经济损失或非经济损害获得赔偿(STJ 28 February 2002)。与之相反,一名法院书记员的助理违背一方诉讼当事人的律师给予的明确指示向该当事人提供了错误的信息,他不承担责任(STA 3 November 1988, BolMinJus 381 [1988] 358)。

9. 荷兰法的出发点是《民法典》第 6:162 条第(2)款中的第三项选择,根据该规定,一旦行为"违反了不成文的社会交往规范"即可认为它构成不法行为(进一步参见 Asser(－*Hartkamp*), Verbintenissenrecht III[12], nos. 32－33 p.42)。属于这些"不成文规范"的有,为了防止造成纯经济损失而尽到必要注意的一般规范;通常这会涉及管理他人财产的职业中的注意要求(*Hartkamp* loc. cit. nos. 45 and 51, pp. 59 and 69; Onrechtmatige Daad I(－*Jansen*), art. 6:162 paragraph 2, no 86.2 pp. 884－885)。具体的细节留给了判例,它通常承认了专家官员的信息责任,只要接受方对该信息的正确性产生了信赖(就一审法院的案例,参见 CFI Assen 24 March 1992, Prg 1997, 4771 and CFI Leeuwarden 20 August 1987, NedJur 1992 no. 803 p. 3456)。HR 11 April

1997, NedJur 1998 no. 236 pp. 1231-1245 推论认为,对土地所有人采取执行措施的银行可以信赖通过其顾问获得的信息而无须再次直接联系所有人。相反,当银行向其一名客户的缔约方提供关于该客户的信用记录的信息时,它要对该信息的错误或不充分承担责任(HR 10 December 1993, NedJur 1994 no. 667 p. 3192; HR 22 December 1993, NedJur 1994 no 668 p. 3206)。HR 19 May 1967, NedJur 1967 no. 261 p. 705 在下述情形接受了一项免责条款,即,银行基于其自己的动机善意建议他人购买某家公司的特殊股份,而该股份之后很快就丧失其价值。

10.《爱沙尼亚债法》第1048条的规定很大程度上与第Ⅵ-2:207条一致。该条规定:"如果专家就经济事务向他人提供了错误的信息或意见,或者无视已获得有关该事务的新知识而不对已提供的建议或意见进行修正,并且该专家基于执业活动获得特殊的信任,而被提供信息或意见的人可以期待依赖这种信任的,该专家的行为被视为违法。"债法第1048条因此明确规定,如果意见或信息的提供人意识到新情况的出现但未对错误信息进行修正的,该不作为也会导致责任的产生。进一步参见 *Tammiste*, Juridica 2005, 385-395。

11. 瑞典法仅在非常严格的条件下才对纯粹经济损失提供赔偿;这也适用于对错误信息的非合同责任(关于这一背景下的合同责任,请参见 HD 14 April 1992, NJA 1992, 243)。这类责任仅出现在"准合同"关系中(*Hellner and Johansson*, Skadeståndsrätt[6], 76; *Kleineman*, Ren förmögenhetsskada, 439-469)。和德国一样,偶尔也会采用一种拟制的合同责任(如 HD 14 July 1980, NJA 1980, 383:一名权威的代表提供了有关诉讼一方当事人的财务数据的错误信息)。后来,责任(首先出现在错误的专家鉴定的背景中)也基于受害的第三人的正当信赖也可作为归责依据(HD 14 July 1987, NJA 1987, 692, HD 19 December 2001, NJA 2001, 878, 比较 *Kleineman*, JT 2001-02, 625, 632)。《对消费者的财务建议法》(Financial Advice to Consumers Act (*Lag om finansiell rådgivning till konsumenter*))第1条规定的责任也介于侵权法与合同法之间,它同样取决于正当信赖(*Swahn and Wendleby*, Lagen om finansiell rådgivning till konsumenter, 31)。在丹麦,据说就关于专业信息的法律责任,无法清楚地划分合同法与侵权法(*Ulfbeck*, Erstatningsretlige grænseområder, 7)。在任何情况下,对第三人而不仅仅是对合同相对人实施的过错行为都是责任的必要条件(*Samuelsson and Søgaard*, Rådgiveransvaret, 88)。特殊法律可以要求单个的职业团体对第三人承担这种义务;偶尔,这些义务也会通过判例来发展(*Ulfbeck* loc. cit. 36, 46, 60),例如会计师责任(Supreme Court 9 April 2002, UfR 2002, 1444 and 25 June 2002, UfR 2002, 2032 [一名会计师就向提供信贷的银行提供错误信息的责任])。Finnish Supreme Court 4 March 1999, HD 1999:32 一案在下述情形中基于不正确信息确认了一项支付赔偿的义务,该情形为,一名公务员就某船舶建造者的造船厂(它部分属于芬兰国家所有)的经济状况向一名潜在的客户做了过于乐观的描述,从而使其支付了预付款,随后该造船厂破产导致该预付款无法得到返还。另见 HD 1999:33。

12. 在英格兰,确立了现代法中的过失不实陈述责任外形的标志性判例是 *Hedley Byrne & Co., Ltd. v. Heller & Partners Ltd.* [1964] AC 465 一案,在该案中,原告客户所在银行的高级职员就该客户的信用做了不实陈述。尽管原告的赔偿请求最终被驳回,理由是存在一项免责声明,明确对提供的信息"不承担责任",但对纯粹经济损失之责任的基础得到了明确的说明:尽管不存在避免过失不实陈述或避免造成纯粹经济损失的一般注意义务,即使它可以预见,但不管是否存在合同,只要当事人之间存在某种特殊关系,这种注意义务就会产生。即使当事人之间不存在信托关系(fiduciary relationship),只要被告是在知道或应当知道确定的原告会对回答或建议产生信赖的情况下自愿回答问题或提供建议，这种注意义务也会产生。被告通过介入原告的事务而自愿承担了就该问题采取行动的职责或通过选择发言而承担了对该建议或信息的职责时，就产生了这种特殊关系。首要的问题还是，在没有合同义务或信托义务的情况下，是否具体案情会导致原被告之间形成特殊关系并足以要求在作出陈述时尽到注意义务：*White v. Jones* [1995] 2 AC 207，272（Lord *Browne－Wilkinson*）。因此，尽管准备公司账目的会计师对现有股东（公司成员）负有一项侵权性的义务，但他无需对公司股份的可能购买人承担义务：*Caparo Industries plc. v. Dickman* [1990] 2 AC 605。关于苏格兰，请参见类似的判例 *Martin v. Bell－Ingram* 1986 SC 208，该判例将 *Hedley Byrne* 案的原则适用于确立抵押贷款人聘用的财产调查员对购买者的责任，在该案中，一份书面的免责声明是在购买者对错误信息产生信赖后到达的。

示例 2 取自 *Hedley Byrne & Co，Ltd. v. Heller & Partners Ltd.* [1964] AC 465；示例 3 取自 Cass. civ. 19 October 1994，Bull. civ. 1994，II，no. 200 p. 115；示例 4 取自 CA Barcelona 31 July 2000，BDA JUR 2000/306843。

第Ⅵ－2:208 条 非法妨害营业所致的损失

（1）对他人的职业或者营业活动的不法侵害造成的损失构成具有法律相关性的损害。

（2）如果欧盟法或者内国法有规定，则因不正当竞争给消费者造成的损失亦构成具有法律相关性的损害。

评 论

A. 目的与范围

目的。本条的目的在于阐明，不法妨害他人的营业或职业造成的损失构成了非合同责任法的目的所承认的损害。它涉及受禁止的妨害竞争者进入市场的行为造成的损失。因此，消费者是否以及在何种情况下也可以向通过不正当竞争行为给他造成损失的企业请求赔偿（第（2）款），就不属于本条文的范围了。该问题域是许多（如果不是全部的）欧洲法律制度的自足的法律分支的主题；如今，仅在例外情形它才处于非合同责任的一般法中。

预防。在本示范规则调整的情形中，不仅仅是损失赔偿起着作用。预防性的法律保护在这里同样有着重大的实际意义。基于这一理由，应赋予第Ⅵ－1:102 条（预防）和第Ⅵ－6:301 条（一般预防）以特别的关注。

适用范围。本文部分借用在德国非合同责任法中发展出来的"设立并经营公司的权利"（或"营业权"）这一概念，但在各个方面都与其适用范围不一致。特别是，由于第Ⅵ-2:208条对未经授权的劳动争议形式(unauthorised forms of labour disputes)所导致的法律责任未做规定,其适用范围更为狭隘:参见第Ⅵ-7:104条(雇员、雇主、工会和雇主协会的责任)。因为第Ⅵ-7:104条,所有对同伴雇员(fellow-employee)进行"骚扰"的情形仍不受第Ⅵ-2:208条的影响。在许多法律体系中得到承认的对"信用的危害"为第Ⅵ-2:204条(传递关于他人的错误信息所致的损失)所涵盖。第Ⅵ-2:211条(诱使违约所致的损失)为由于诱使不履行债务造成的具有法律相关性的损害提供了另一项特别的规则。另外,由于第Ⅵ-2:208条也赋予了"由于竞争者的任何未经许可的竞争行为给市场参与者造成的损失均为具有法律相关性的损害"这一一般主张以法律效力,它明显超越了上文提及的"设立并经营公司的权利"这一概念。

涉及的案例群。因此,可能由第Ⅵ-2:208条第1条调整的情形涉及营业间谍活动、联合抵制和(其)他违反竞争法(包括反卡特尔或反滥用支配地位的法律和反不正当营业行为(如不当宣传)法律)的活动。如果对竞争者的真实主张与竞争者的实体营业活动没有内在关系且只是为了吓走潜在的或现有的顾客,也可能由第Ⅵ-2:208条来规制。值得进一步注意的是,产品剽窃和非法警告的案件,后者指向对手或对手的顾客错误声称对手公司的产品侵犯了警告者的工业产权。

示例1

X公司主张,由Y公司生产的卫生设备侵害了其三维商标,并请求禁止Y公司销售该设备的法院判决。在随后的商标法抗辩中,X公司的商标已被商标登记部门以不具有显著性为由注销且该注销行为具有溯及效力。Y公司因多次暂时停止销售其卫生设备而遭受的损失构成具有法律相关性的损害,如X公司为此行为是基于故意或过失,则必须承担赔偿责任。

违反欧盟竞争法的行为。根据第Ⅵ-2:208条,因竞争者违反欧盟竞争法给企业造成的损失也构成具有法律相关性的损害。根据欧洲法院(ECJ)的判例法,成员国必须提供这一赔偿请求权。即使某人是反竞争协议的当事人也可以请求欧盟法的保护,除非这一行为将使其因自己的非法行为而获益(如 *Courage Ltd. v. Bernard Crehan* and *Bernard Crehan v. Courage Ltd. and Others*, ECJ 20 September 2001, C-453/99, ECR 2001, I-6297)。关于这一损害赔偿请求权是应取决于过错还是独立于过错的法律讨论已经开始(如欧盟委员会发布的《关于违反欧盟反垄断法规则的损害赔偿诉讼的绿皮书》(Green Paper - Damages actions for breach of the EC antitrust rules),COM(2005) 672 final)。根据这些规则,按照一般条款(第Ⅵ-3:102条(过失)以及第Ⅵ-1:101条(基本规则)),过失为最低的要求。

B. 不法妨害职业或营业行为

职业或营业行为。损害的原因是对他人的职业或营业行为的不法妨害。"职业或营业行为"这一术语确保了不仅贸易公司(无论其法律形式为何),而且其他工作人员,不管其是否从事贸易活动,都属于本条的保护范畴。

示例 2

某公司在不具备必要的政府许可的情况下提供了医疗服务。该公司将其营业称为“Polyklinik”(综合医院),并且在某国际旅游经营者的目录中使用了类似于红十字的标志以及“不分地域的医疗救助,不分日夜的第一线人道帮助”的标语进行广告宣传。该广告违反了该公司业务覆盖的全部所在国的立法。在“Polyklinik”(综合医院)附近工作的医生可想寻求禁止该营业和广告的法院命令。该广告材料必须被撤回。

从事职业。为了明确该规定所保护的不仅包括现有的职业活动,还包括尚未开始职业活动但已受到非法妨碍的人,我们选择了“从事”职业这一术语。

示例 3

为了应聘某职位,某医生声称其对一由他人进行的科学研究享有荣誉,进而使一名竞争的应聘者出局。(在这种情况下,)该竞争者遭受了具有法律相关性的损害。该竞争者的非经济损失同样可获赔。

妨害。“妨害”他人的职业或营业行为即已足够,因为讨论的正好是对营业的非法损害;对营业的完全毁损或妨碍并非必要条件。

示例 4

数艘拖船的职员被煽动拒绝将原告挂有方便旗的货轮拖运出港口。原告的营业因此受到了不法妨害。

不法妨害。妨害必须为非法。例如,与制定法规定或已确立的惯例相违背,后者包括法院发展出来的正确行为的规则。“非法”这一概念将欧盟法律和成员国中相关的单个司法辖区的标准纳入草案。针对原告的营业或职业活动的妨害是必需的。它必须涉及对市场进入权或者根据对消费者公平的条件在市场上竞争的权利的妨害。根据其性质,并非针对他人营业自由的行为所造成的纯粹意外结果(即使可能十分严重)并不足够。

示例 5

在“电缆案”(参见第Ⅵ－2:206 条(侵害财产或合法占有所致的损失)中的示例 4)中,即使在生产于一段时间内处于完全停滞的情况下,也不存在对他人营业的非法妨害。

对竞争者造成损害的不正当竞争属于本条的适用范围。第(1)款意义对他人营业的非法妨害这一概念在给竞争者造成损害的不正当竞争的情形也存在。应当考虑到目前在欧洲范围内对“不正当竞争”尚未达成共同概念这一事实。此外,由于缺少特殊制度,一些法律体系在这一领域适用的是关于非合同责任的一般法,而其他体系则或完全或部分通过特别规定对此领域进行规制。因此,将有关企业对企业之关系的反不正当竞争法排除在外的做法看起来并不适宜。不过,在特别规则旨在为反不正当竞争法提供一种排他的制度时,它们在适用上就优先于第Ⅵ-2:208条第(1)款。这可以从第Ⅵ-1:103条(适用范围)(c)项中推得。

对消费者造成损害的不正当竞争不属于本条的适用范围。第(2)款遵循了第Ⅵ-2:203条(对个人尊严、自由和隐私的侵害)第(2)款。企业的不正当竞争给消费者造成的损失仅在欧盟法或内国法对之作出规定时——换句话说,如果消费者(而不仅仅是竞争企业)也属于反不正当竞争法的保护范围时,才构成具有法律相关性的损害。因此,对消费者或消费者协会能否基于某企业的非法的反竞争行为提出主张的问题,本条款并未进行规定。该问题留待内国的(实体的或程序的)法律来解决。

注　释

1. 法国法中的*不正当竞争行为*(*action en concurrence déloyale*)只不过是《民法典》第1382条和第1383条中的一般侵权法条款适用的特殊情形(Cass. com. 29 May 1967, Bull. civ. 1967, III, no. 209 p. 200)。它提供了一项针对希望在市场中获取不正当优势的其他营业竞争者的请求权。它与所涉的竞争者是否为*商人(commerçants)*并不相关;唯一重要的是双方均追求一种职业活动(*activité professionnelle*, *le Tourneau and Cadiet*, Droit de la responsabilité et des contrats 2004/2005, no. 7014),并且与对方构成直接竞争关系。在缺少这样一种*竞争的情况(situation de concurrence)*下,不正当行为——如"寄生行为"(*agissement parasitaire*)行为——可能仍与侵权法相关。许多人试图进一步区分不正当竞争行为(*concurrence déloyale*)与*被禁止的竞争行为(concurrence interdite)*(指特定的竞争性活动自身被禁止,而不仅是所用的手段),然而另一些人,尤其是大部分的判例,认为任何一种对制定法的违反都自动构成"不正当"(*déloyale*)(详见*le Tourneau* loc. cit. no. 7020 or 7012和Rép. Dr. Com. (-*Serra*), no. 41)。对于不正当竞争行为(*action en concurrence déloyale*),仍需证明过错、损害、过错与损害之间的因果关系(*Reinhard and Chazal*, Droit commercial[6], no. 226 p. 174)。*商业过错*(*faute commerciale*)存在于对制定法要求的违反和对交易惯例的违反中(*Ripert/Roblot/Vogel*, Traité de droit commercial, I(1)[18], no. 729 p. 595);过失已然充分。对损害的证明要求不高(如Cass. com. 9 February 1993, Bull. civ. 1993, IV, no. 53 p. 34);另外,不正当竞争行为附属于合同法和物权法,包括知识产权法(Cass. com. 3 October 1978, Bull. civ. 1978, IV, no. 208 p. 176;*le Tourneau*, Le parasitisme, no. 250-254 pp. 195-199)。

2. 比利时已经在20世纪70年代初的一部特殊的法律——《商业惯例和消费者保护法》(*Loi sur les pratiques du commerce* [*LPC*])中,整合了反对"不光彩的交易惯例"的规则。该法在1991年被《商业惯例与消费者信息和保护法》(*Loi sur les pratiques du commerce et sur l' information et la protection du consommateur of* 14 *July* 1991 [*ConsProtA*])所替代。该法对消费者信息、来源标志(indications of sources)、广告、销售策略和禁止在销售商品和提供服务合同中禁止违法条款等问题进行了规制。因而,在禁止已造成或可能造成竞争者和消费者损害的不光彩交易惯例方面,《商业惯例与消费者信息和保护法》(ConsProtA)第93条至第94条提供了两项一般条款(进一步介绍可参见 *Verougstraete*,*Praktijken strijdig met de eerlijke gebruiken* ,129－147)。

3.《反不正当竞争法》(*Ley de Competencia Desleal*, *LCD*)使西班牙在本领域也拥有一项特别立法。其第5条规定:"任何行为,如果客观上被证实违反了诚实信用的要求,即为不正当的。"此后,该一般规定被一系列特殊规定所具体化。对诋毁(denigration,第9条;关于这一复杂问题,请参见前文引用的 TS 31 March 1930, RAJ 1930－31[1] no. 816 p. 303)和诱使违约的规定同样归属于本条款的适用范围。一切都取决于与市场相关行为的关联;当事人之间的竞争关系不是必要的(第2条和第3条第(2)款)。损害赔偿请求要求过错(故意或过失),不过,在民事不法行为客观存在的情况下,过错常以可推翻的形态被推定(TS 10 July 1985, RAJ 1985 [2] no. 3965 p. 3338; *Wirth*, Das neue Recht des unlauteren Wettbewerbs in Spanien, 180)。《反不正当竞争法》(LCD)与《反托拉斯法》(*Ley* 15/2007, *de Defensa de la Competencia*, LDC)中的有关规定之间构成自由竞合的关系。二者都追求同一目标。因此,毫无疑问得到公认的是,在其他国家中通过反卡特尔法而非反不正当竞争行为法规制的问题,在《西班牙反不正当竞争法》中也进行了相关规定,如第16条(禁止歧视)和第17条(低价倾销)。

4. 意大利法通过《民法典》第2598～2601条对不正当竞争行为进行了规制。与之配套的是1990年10月的《反托拉斯法》(*Legge Antitrust* of 10 October 1990, no. 287, Gazz. Uff. 13 October 1990, no. 240)有关保护竞争和市场的规定。《民法典》第2598条对不正当竞争的构成要件进行了规定,该法第2599条至第2600条规定了法律后果。损害赔偿要求过错;但过失以可推翻的方式被推定(《民法典》第2600条第(3)款)。对源自《民法典》第2600条第(1)款和第2043条(侵权法的基本规范)的损害赔偿请求权之间的关系存在争议。判例仍然将《民法典》第2043条看作辅助适用的条款(Cass. 11 April 2001, no. 5375, Danno e resp. 2002, 288; Giur. it. 2002, I, 1, 1010:在竞争关系缺失的情况下,可求助于《民法典》第2043条),当然,是在一般侵权法所保护的利益受损害的情况下(Cass. sez. un. 15 March 1985, no. 2018, Foro it. 1985, I, 1663)。相比之下,评论中希望见到以一项代替《民法典》第2600条第(1)款的特别规定的意见日益强烈(*Cian und Trabucchi*, Commentario breve[6], art. 2043, no. 42)。对商业信誉的损害——多表现为以不法提出抗议的行为(如 Cass. 3 April 2001, no. 4881, Giur. it. 2001, 1657)和对同伴雇员的"欺压"("bullying" of fellow employees)(*Frati/Montanari Vergallo/Di Luca*, Riv. it. med. leg. 2003, 533)都由一般侵权法来规制。

5. 在匈牙利,由于特别法并未介入,由第2:208条处理的难题同样属于由一般侵权法的规定来调整。寻求职业或交易不受妨碍的权利是一项人身权(a personal right);因此,对之不法妨害"无疑"构成不法行为。在严重侵权的情况下,对非经济损害的赔偿请求权也成为焦点(CA Baranya1. Pf. 20 574/2001/3:在对某化学家蓄意中断供水超过两个月一案中的经济和非经济损害赔偿)。顺带提一句,《竞争法》第2条对禁止不正当竞争提供了一项一般条款;这同样有利于判给非经济损害赔偿(BH 2004/479)。《竞争法》第3条不仅禁止主张或传播虚假事实,而且禁止主张或传播以"错误方式"呈现的真实事实。随后还有大量对该一般条款的进一步具体化的示例,尤其有关煽动联合抵制(第5条)、假冒行为(第6条)、公开招标(public tenders, 第7条;比较 BH2005/364)、卡特尔合同(第11条到第17条)和违反滥用市场优势地位禁令的行为(第21条)的规则。从损害赔偿法得出的违反竞争法的后果通常受一般侵权法的调整;不过,在不受该法第

2条到第7条调整的情形,对违反竞争必须首先由商业竞争办公室进行认定(BH 2004/151)。违反竞争法造成损害及无法证明免责事由是责任承担的要件。

6. 根据德国的已决的判例法,"设立并经营企业的权利"(或简称为"营业权")属于《民法典》第823条第(1)款中的"其他权利"。这种建构填补了法律保护的空白,尤其是在对权利的商业保护的领域中(BGH 21 June 1966, BGHZ 45, 296, 307; BGH 10 December 2002, NJW 2003, 1040, 1041)。在发展初期,存在对违反商标法的行为的无根据的通知(vexatious notice),无论是通过竞争法的途径还是《民法典》第824条和第826条都无法对之提供足够的救济(RG 27 February 1904, RGZ 58, 24, 29; RG 19 December 1918, RGZ 94, 248;详见RGRK(-*Steffen*), BGB[12], § 823, no. 36)。对违反商标法的行为的无根据的通知直到今日仍是一个有意义的适用领域(BGH 17 April 1997, NJW-RR 1998, 331, 332; BGH 19 January 1979, NJW 1979, 916; BGH 15 July 2005 [Grand Civil Senate], BGHZ 164, 1)。其他案例群长期以来也取得了自己的位置:封锁营业(BGH 30 May 1972, BGHZ 59, 30, 34; BGH 4 November 1997, BGHZ 137, 89, 97)、非法罢工(BAG 4 May 1955, BAGE 2, 75; BAG 20 December 1963, BAGE 15, 174)、煽动无竞争目的的联合抵制(BVerfG 26 February 1969, BVerfGE 25, 256, 266)、传播损害营业的真实事实(如寄送不履行义务者的"黑名单",[BGH 28 November 1952, BGHZ 8, 142, 145; 另比较CA Rostock 21 March 2001, ZIP 2001, 793])、无竞争目的的但并不必然是冒犯性的损害营业的价值判断(BGH 21 June 1966, BGHZ 45, 296, 310; BGH 9 December 1975, BGHZ 65, 325, 333)和发布未经充分验证的产品测试(BGH 2 July 1963, NJW 1963, 1871, 1872; BGH 20 March 1986, NJW 1987, 1082, 1083)。通常情况是,只有当关于事实情况的现有制定法不敷使用时,这种填补法律漏洞的行为才会被考虑(RG 21 April 1931, RGZ132, 311, 316; BGH 16 June 1977, BGHZ 69, 128, 138; BGH 21 June 1977, NJW 1977,2264, 2265; BGH 23 October 1979, NJW 1980, 881; BGH 10 December 2002, NJW 2003, 1040, 1041)。而且,"和营业相关的"妨害是必需条件,因而,直接妨害了企业自身(BGH 15 November 1982, BGHZ 86,152, 156)或其所有者的商业决定自由(BGH 10 December 2002, NJW 2003, 1040; BGH 18 November 2003, NJW 2004, 356; BGH 11 January 2005, NJW-RR 2005, 673)。单纯的不便或社会上常见的妨碍并不足够(BGH 21 April 1998, BGHZ 138, 311, 317; BGH 29 January 1985, NJW 1985, 1620)。妨害的不法性是通过在个案中平衡法律保护的各项权利和利益而得到确立的(BGH 21 April 1998, BGHZ 138, 311, 318)。当违反德国和欧盟的反托拉斯法时,除《民法典》第823条第(1)款和第(2)款外,《限制竞争法》(GWB)第33条第(3)款本身也赋予了一项损害赔偿请求权。

7. 根据奥地利《1984年反不正当竞争的联邦法》(GWB)第7条第(1)款,在有关企业、企业所有人或经理人,或其商品或服务的事实主张被证明是不真实时,通过该事实主张在竞争中"诋毁营业"是被禁止的。所谓"诋毁"是指很可能对企业的经营或其所有者的信誉造成伤害。受害人有权就损害主张严格责任(OGH 31 August 1983, SZ 56/124),或者进而请求法院做出禁止性命令,要求对方撤回其言论,或者公布撤回声明;其他情况(如根据《民法典》第1330条第(2)款第3句中的规定)仅适用于私密传递且传递者因此获得既得利益的情形。损害赔偿涵盖了所失收入(第16条第(1)款)和对所遭受的任何疾病或其他人身损害的合理的赔偿额(同上法第(3)款)。与之平行,《民法典》第1330条第(2)款也可适用,根据该款,在任何人知道或应当知道其散布的事实虚假仍为散布行为,使他人的信誉、购买力或发展受到危害时,应承担损害赔偿责任。在实践中,如果这种陈述不是"为了竞争性目的"而做出的因而没有给反不正当行为法留下适用的空间(OGH 19 May 1987, RS 0 031715, 4 Ob 391/86),或者源自反不正当行为法的请求权已经罹于时效的(同上法,第 20 条第(1)款:(消灭时效)自知道之日起六个月,最长不得超过三年),则一般民法(不利于请求人)也发挥着作用。当其被充分证实时,比较性广告也是允许的(同上法,第 2 条第(2)款)。在没有充分理由并只能以故意冒犯或伤害受影响者来解释的情况下,对真实情况的散布就构成民事不法行为(OGH 26 April 2001, RIS - Justiz, 6 Ob 69/01t; OGH 23 October 1990, RS 0 031783, 4 Ob 143/90)。通过秘密查知来获取商业和交易秘密是被禁止的(《反不正当竞争法》第 11 条)并导致责任(第 13 条);同理适用于雇员泄露此类秘密(第 12 条第(1)款)和雇员被接收者利用(第 12 条第(2)款)的情形。违反《联邦反卡特尔和其他限制竞争行为的法律》(BGBl 2005 I no. 61/2005)之行为的损害赔偿受《民法典》第 1311 条的规制(违反保护性法律,进一步可参考 *Stillfried and Stockenhuber*, WBl 1995, 301 和 OGH 16 December 2002, RS 0 117115, 16 Ok 10/02)。如果其专利保护归于无效者因过错误判断了其创意中缺乏的创造性价值,有关其所主张的专利保护的无根据的通知(参见上文示例 1)也会导致责任(OGH 21 September 1982, SZ 55/131)。

8. 前面曾提及的德国的"营业权"仅被希腊的少数评论者接受(如 *Filios*, Enochiko Dikaio II [2][3], 28)。主要是,这种建构被视为多余的,因为在任何情况下对商业活动的妨害均由《民法典》第 914 条来规制(进一步可参考 *Eleftheriadou*, *Die Haftung aus Verkehrspflichtverletzung im deutschen und griechischen Deliktsrecht*, 125)。根据该条的规定,如果邻居用场地围墙阻碍了人行道,则某书报摊所有者享有损害赔偿请求权(CA Athens 217/1967, NoB 16 [1968] 859; 类似的还有 CFI Athens 6541/1961, NoB 10 [1962] 920)。附带提及的是,有关不正当竞争的第 146/1914 号法律创设了一项特定的侵权法制度,使得消费利益集团,但不包括个体消费者,连同竞争者都受到了保护(进一步可参见 Georgiades and Stathopoulos (- *Georgiades*), preface 52 to arts. 914 - 938)。

9. 葡萄牙同样有一项适用广泛的特别立法——《限制竞争和公平交易命令法》(Act no. 18/2003 of 11 June 2003 and DL no. 370/93 of 29 October 1993 as amended)。实际案例与下述情况相关:例如,未经授权的法律建议(CA Oporto 16 March 2006; CA Lisbon 14 April 2005);进口走私商品(CA Oporto 29 March 2006 and 7 January 2004),软件剽窃(CA Oporto 16 June 2004)以及公共电话服务商违法提高费用(STJ 7 October 2003))。由一般侵权法(《民法典》第 483 条)可推知,对营业的非法妨害,至少在极其严重的情况下,可以确立一项损害赔偿请求权(*Vaz Serra*, BolMinJus 93 (1960) 11; *Almeida Costa*, Obrigações[9], 83; STJ 19 March 2002, CJ (ST) X (2002 - I) 139),尤其涉及*权利滥用*(*abuso de direito*)时(*Carneiro da Frada*, Uma terceira via, 50)。不过,早已成为德国法内容的一部分的"设立并经营企业的权利"(参见 *Sinde Monteiro*, Responsabilidade por conselhos, 206, fn. 102)并未受到葡萄牙的普遍认同(*dos Santos Silva*, ERPL 2006, 836)。然而,宪法法院在一个场合曾声明宪法同样保障设立企业的权利,因此企业的权利(*direito à empresa*)作为基本权利受到保护(TC 1990 年 7 月 12 日)。

10. 荷兰的反不正当竞争法(*ongeoorloofde mededinging*, 以前为 *oneerlijke mededinging*)基本是由《民法典》第 6:162 条中的一般侵权法规范(特别条款可见民事诉讼法第 328 条之二和《民法典》第 6:194 ~ 6:196 条——针对虚假广告)来支持的。与竞争者之间的行为相关的,贸易和营业的自由是可适用的出发点(HR 1 November 1991, NedJur 1992, no. 423 p. 1697 and HR 1 November 1991, NedJur 1992, no. 424 p. 1707; Onrechtmatige Daad I (- *Jansen*), art. 162[2],

no. 38 pp. 337-379)。因此责任要求违反义务或侵害权利。此类义务同样也是由公法组织(即所谓的PBOs)为具体职业领域制定统一标准的结果(*van Nispen*, Onrechtmatige Daad IV, nos. 22~26, pp. 1-13)。在违反法定义务的情况下,应评估原告是否属于该制定法所试图保护的主体的范围;若非如此,则需检验原告能否依赖违反"不成文的社会交往规则"提出主张(Onrechtmatige Daad II (-*van Maanen*), art. 6:163, no. 10 pp. 71~93)。在对损害赔偿请求权的所需的进一步的过错进行评估时,一项非常严格的标准已经就位(CFI's-Hertogenbosch 1982年2月15日, NedJur 1984, no. 603 p. 2096; CA's-Hertogenbosch 11 November 1986, NedJur 1987, no. 841 p. 2778)。

11. 爱沙尼亚法与第2:208条在全部的要点上都吻合。根据其债法第1045条第(1)款第(6)项,"……如果损害是因……妨害他人的经济或职业活动造成的,则此种造成损害的行为是违法的。"债法第1049条明确规定,"通过非法威胁或禁止性的联合抵制、示威或罢工,抑或以特别旨在造成他人经济或职业活动停滞的其他手段,造成他人经济或职业活动在一段时间内全部或部分停滞的行为,视为非法。"不难想象,债法第1049条比第Ⅵ-2:208条规范的范围更为狭窄,因为前者要求相关者的营业活动出现"停滞"。根据《竞争法》第50条第(2)款,不正当竞争行为是被禁止的。当消费者因不正当竞争行为而遭受损失时,消费者可依据民法典的相关规定要求损害赔偿。在违反《竞争法》的相关规定时,可依赖其构成对债法第1045条第(1)款第(7)项意义上的对源自法律之义务的违反,进而成立违法性。有关立陶宛的竞争法,请参见*Eisfeld*, WiRO 2006, 225-230。

12. 虽然《瑞典损害赔偿责任法》第5章第7节第3条确实明确规定,对"财产损害"的赔偿同样包括对"收入损失或妨害经济活动的损失"的赔偿,但对此规定的解释仍然仅有少量的描述性资料。首先也是着重被考虑的显然是完整性损害的后继损失(integral injury, 如因船舶完全报废失去的收益:HD 4 March 1955, NJA 1955, 119),而非对经济活动自身的妨害。而且,该规定并未使得对第三人损害赔偿进行限制的规定归于无效(参见对第Ⅵ-2:206条(因侵犯财产或合法占有所致的损失)的注释):当某机器被毁损时,因此损失了薪水中与绩效相关之部分的雇员无权主张损害赔偿。但是,《竞争法》(*Konkurrenslag*)第33节(确立了因对竞争进行特定限制而产生之损害的赔偿义务),《营销法》(*Marknadsföringslag*)第29节(预见了主要针对消费者的不正当竞争行为而生的损害赔偿义务;进一步参考*Sandstedt*, VersRAI 2007, 44)和《保护商业秘密法》(*Lag om skydd för företagshemligheter*)第5条至第10条(有关这一问题,请参见上文,对第Ⅵ-2:205条的注释10)却发挥着并非不重要的作用。芬兰的《不当商业行为法》(*Lag om otillbörligt förfarande i näringsverksamhet*)通过一项一般条款来调整(第1节第1条),它与《损害赔偿责任法》第5章第1节一起确立了一项损害赔偿请求权。同法第4条保障商业秘密;第2条至第3条针对的是个别的不当销售策略。最高法院2005年9月29日的判决HD 2005:105认为因向竞争对手的购买者就假定存在的版权发出无确实依据的通知而给该竞争者造成损害的构成侵权。《限制竞争法》(*Lag om konkurrensbegränsningar*)和《消费者保护法》(*Konsumentskyddslag*)都同样包含了有关损害赔偿的非独立的规则,但同时并未排除《损害赔偿责任法》的适用。丹麦的《营销法》(*Lov om markedsføring*)第1条和第20条第2款援引了丹麦法的"一般规则",包括了损害赔偿的义务(D-Karnov 2005 IV (-Skovbo), no. 156)。最高法院1994年8月8日的判决的UfR 1994, 785认为,在某人唯一的捕鱼伙伴的船只受损从而其拖网渔船无法出航的情形,不存在对他人的商业活动自由的妨害。

示例1 取自 BGH (Great Senat in Civil Matters)2005 年7 月15 日,BGHZ164,1;OGH 1982 年9 月21 日 SZ 55/131 和芬兰最高法院 2005 年 9 月 29 日的判决 HD 2005:105;示例 2 取自 CFI Rethymnon 149/2004, NoB 53 (2005) 1657;示例 3 取自 Cass. 11 December 1995, no. 1540, Riv. Dir. Civ. 1997, 91;示例 4 取自 *Merkur Island Shipping Corp. v. Laughton* [1983] 2 AC 570。

第Ⅵ-2:209 条　政府因环境损害而遭受的负担

政府或指定的主管机构为恢复遭受严重破坏的构成环境的自然要素,诸如空气、水、土壤、动植物等,而遭受的负担属于给政府或相关主管机构造成的具有法律相关性的损害。

评　论

A. 纯粹生态损害

第 2004/35/EC 号关于环境责任的指令。第Ⅵ-2:209 条的规定既抓住了部分成员国的自主立法,同时也将理事会和欧洲议会于 2004 年 4 月 21 日颁布的第 2004/35/EC 号关于预防和救济环境损害的环境责任指令(OJ EC L 143, 30 April 2004,pp. 56-75)中的两个关键信息放入了这些示范规则的结构和语言中:(1)生态损害属于具有法律相关性的损害。然而,(2)这并不构成任何公民都可以就其主张赔偿之意义上的对个人的具有法律相关性的损害。根据相关观点,环境损害或许也侵犯了个人对环境所享有的权利,然而作为赔偿法的问题,它们只有当作为对受法律保护的利益(所有公民享有的这一利益是不可分割的)的损害时,才具有可赔偿性。因此,只有公共机构才能对这类损害进行索赔(根据第Ⅵ-1:101 条(基本规则)的一般要件)。这符合注释 14 对该指令的引用,也即"该指令并不适用于造成人身损害、对私有财产的损害或任何经济损失的情形,同时也不对有关这些类型损害的任何一项权利产生影响。"合并这一内容后,第 2004/35/EC 号指令第 3 条第(3)款明确说明:"在不损害国内立法的情况下,本指令并不因环境损害或这类损害的发生迫在眉睫而赋予私人主体以赔偿权。"因此,第 2004/35/EC 号指令第 8 条仅赋予了"主管机构"对费用的请求权,而非赋予私人当事人这一权利。这一表述在第Ⅵ-2:209 条中也有体现。根据第 2004/35/EC 号指令第 19 条的规定,各成员国需在 2007 年 4 月 30 日之前实施该指令。

公法与私法。这一示范规则的性质介于公法与私法之间。由于纯粹的环境损害仅从公共主体——政府或相应的主管机构——的视角来看才具有法律上的相关性(因而只有政府可以请求损害赔偿),基于这一要素,该条被描述为公法的产物。另外,该规则规定,私法主体通常不因源自纯粹环境损害的不利而遭受任何具有法律相关性的损害(例如,可以想到的有生活质量的降低,也包括旅馆或加油站缺少游客),从而具有了正好相反的功能。该条的第(2)项声明却明显属于私法。不过,最终来说,本条的定性问题仍应保持开放。这不仅是因为迄今为止,整个欧洲尚无公认的标准能在理论上"正确"区分公法和私法,还有一个原因是,在本例中,该问题并不相关。相反,问题的关键点在于对救济环境损害所支出的费用进行索赔遵循的是民事责任的类型,而非公共秩序的类型。换句话说,对该条款的表述更像是和非合同责任法中的普通私法请求相关。不仅请求的前提条件表明了这一点,而且抗辩(例如不可抗力,参见第Ⅵ-5:302条(不可控制的时间)或者欧洲议会和理事会第2004/35/EC号指令第4条)及对因果关系和赔偿规则的适用也表明了这一点。

B. 具有法律相关性的损害及责任

对个人的损害及对整个社会的损害。正如上文所勾勒的,本条的目的在于规定,"纯粹生态损害"构成具有法律相关性的损害。这一损害的受害者为社会大众而非特定的个人。然而,本条并不涉及自然人及根据私法组成的法人因环境损害而可能遭受的损害。只有满足本章前面条款的条件时,这种损害形式才构成具有法律相关性的损害。从个人观点上看,人身伤害或财产损害是由普通事故造成的,例如车祸,还是由环境灾害造成的并无关紧要。对财产权的侵犯及人身伤害均构成个人的具有法律相关性的损害,而无论它们是怎么造成的。相反地,纯粹环境损害属于集体损害;本条仅仅涉及后者。

环保组织。本条明确了它所包括的集体损害对依私法成立的环保组织或其他组织而言不构成不利于它的具有法律相关性的损害。尽管环保组织致力于环境保护,但是它们自己受法律保护的利益并未受到影响。这并不排除国内的安排,根据这些安排,当局至少将部分有关环境利益的事务让渡给了这些组织(比较第2004/35EC号指令第11条第(3)款和第12条第(1)款)。另外,这一可能性也表明在整个母体中划分公法与私法是多么困难。

与第Ⅵ-3:206条(危险物质或排放物致害的归责)的关系。至于损害的归责,第Ⅵ-3:206条(危险物质或排放物致害的归责)作出了特殊规定。第Ⅵ-2:209条仅明确规定为消除纯粹的环境损害所支出的费用属于具有法律相关性的损害,与之相反,第Ⅵ-3:206条则涉及第Ⅵ-2:209条意义上的个人和集体形式的损害的归责及因果关系。自然,根据第Ⅵ-1:101条(基本规则)及第Ⅵ-3:206条的规定,政府还可以以个人权利的持有者的身份(例如作为森林的所有权人)提出请求;在这些情形,它遭受的具有法律相关性的损害来自第Ⅵ-3:206条及第Ⅵ-2:206条(侵犯他人财产或合法占有所致的损失)而非第Ⅵ-3:206条及第Ⅵ-2:209条。

第Ⅵ-3:207条(对具有法律相关性的损害的其他可归责性)。有关归责问题(独立于具有法律相关性的损害),还必须提及第Ⅵ-3:207条(对具有法律相关性的损害的其他可归责性）(b)项：只要所有成员国均实施了第2004/35/EC号指令，归责将首先适用实施该指令的国内法。

C. 其他问题

个人支出的费用。对于为了减少环境损害而支出一定费用的个人（或者依据私法成立的法人，如一个非政府组织）是否有权要求对环境损害负责的人进行赔偿这一问题，本条未作出相应的规定。从非合同责任法的角度对这一问题的回答是否定的，无论是因为缺乏具有法律相关性的损害，还是因为受影响者故意将自己暴露于损失或伤害的风险中从而否认了因果关系的存在。因此，答案可以从无因管理法中寻找。例如，这涉及在负责的公共机构或专业机构能够介入之前由环境损害引起的清理费用。这种解决方案的优势在于，对费用的偿还请求权以这种方式和无因管理法的一般要件关联起来了。反过来，这也就意味着在鲁莽的或不合理的过度干涉的情形，排除了补偿权。

环境损害。第2004/35/EC号指令第2条第(1)款对什么是环境损害下了定义。关于这一定义，第Ⅵ－2:209条仅用和这些规则相适应的语言总结了这一定义的关键要素。

政府或指定的主管机构。借助指令，本文本还规定，第Ⅵ－2:209条中描述的损害对“政府或指定的主管机构”而言属于具有法律相关性的损害。然而，与指令的规定相同，仅仅依赖“主管机构”似乎不够准确，因为在大多数情况下遭受损失的不是主管机构而是作为代表的地方行政机构。

承受的负担及预防损害造成的损失。“负担”指的是为了救济环境损害所支出的费用。因此，采取恢复措施所支出的费用是讨论的对象。另外，在损害事件发生前支出的并因该损害事件而白白浪费的费用原则上是不可获赔的损害。相关的例子有，为了使种群已再次被灭绝的特定动物物种回归自然（renaturalization）而支出的高额费用。不过，徒费的支出却可以在评估恢复费用的数额时作为指标（在本例中为：动物的重新安置所支出的费用）。为了防止环境会进一步发生的环境损害而支出的费用则受第Ⅵ－6:302条（对防止损害所生损失的责任）调整。

注　释

Ⅰ. 指令的贯彻实施

1. 到目前为止（2008年8月）第2004/35/EC号指令在以下成员国得到了施行：法国（Law no. 2008－757 of 1 August 2008, *relative à la responsabilité environnementale et à diverses dispositions d' adaptation au droit communautaire dans le domain de l' environnnement*（关于环境责任和采纳环境领域的共同体法的若干规定）），这部法律将合并到《*环境法典*》(*Code de l' environnement*)中；西班牙（《2007年环境责任法》[*Ley de responsabilidad medioambiental*]）；意大

利(《环境领域的规则》(*Norme in material ambientale*),尤其是第300、306、318条);波兰(《预防和恢复环境损害法》(*Ustawa o zapobieganiu szkodom w srodowisku i ichnaprawie*),特别是第23条,该条文规定了政府机构诉因的基础);德国(《环境损害法》(*Umweltschadensgesetz - USchadG*));瑞典(《环保法修正案》(*Lag om ändring av miljöbal - ken*));比利时(《环境责任实施法》(*Arrêté royal concernantla prévention et la réparation des dommages environnementaux lors de la mise sur le marchéd' organismes génétiquement modifiés ou de produits en contenant*));捷克共和国(《行政程序法》(*Zákon č. 500/2004 Sb., správní řád*));爱沙尼亚(《环境责任法》(*Keskkonnavastutuse seadus*));匈牙利(《关于环境责任问题的修正案》(*2007. évi XXIX. törvény egyes környezetvédelmi tárgyú törvények környezeti feleloösséggel összefügg ő módosításáról*));罗马尼亚(《关于环境责任的紧急政令》(*Ordonanta de urgenta privind raspundereaöööde mediu cu referire la prevenirea, i repararea prejudiciului asupra mediului*))以及斯洛伐克(《预防与恢复环境损害法》(*Z. z. o prevencii a náprave environmentálnych škôd a o zmene a doplnení niektor ých zákonov*))。

2. 在丹麦(2006-07 - L 175 [*forslag til lov om ændring af miljøbeskyttelsesloven og forskellige andre love og*] and 2006-07 - L176 [*forslag til lov om undersøgelse, forebyggelse og afhjælpning af miljøskader* (*miljøskadelo - ven*)])和芬兰(*Regeringens proposition om verkställighet av Europaparlamentets ochrådets direktiv 2004/35/EG om miljöansvar för att förebygga och avhjälpa miljöskador*)还存在了预备性的政府草案。此外,卢森堡也存在一部法律草案。关于对指令的评注,特别是可顺带参见,*Garcia - Bragado Manen*, [2006] 14 ILT, 220-224; *Hager and Leonhard*, FS Stoll, 167~184; *Hager*, ZEuP 2006, 21~44; *Wagner*, VersR 2005, 177-189。

Ⅱ. 其他国内法中与环境相关的集体损害

3. 由于在环境损害的情形——它影响的是普通公众——个人通常缺乏采取行动的兴趣(*an intérêt personnel pour agir*),法国《环境法典》(*Code de l' Environnement*)第L 142-1条及第L 142-2条授予了官方认可的环保组织在行政法院或法庭提起特定诉讼的权利。如果满足了环境刑法规定的犯罪的要件,这些组织还被配备了以民法中的共同原告的身份在刑事诉讼中出现的权利,以及以自己的名义请求损害赔偿的权利(赔偿应被用于促进该组织被登记的目的,即保护环境)。《环境法典》就单个环境损害的形式规定了其他特殊规则,例如第L571-1条至第L 571-26条*特别*赋予了"有管辖权的机构"对不法的噪声污染采取措施的权利。就比利时而言,有人抱怨至今为止依然没有关于"生态损害"(*ecologische schade*)的明确定义(*Deloddere*, NJW 2004, 38)。有人尝试区分对服务于公共利益的无主物造成的损害和对属于私人财产范围的物造成的损害。仅对第一类物造成的损害属于生态损害(*Deloddere* loc. cit. no. 4)。因环境损害对属于私人所有的物造成的损害受私法的一般规则的调整,尤其是在被告存在*过错*的情形,这一损害可以获赔(例如CA Antwerpen 2 December 2002, NJW 2004, 56:污水管的建造者应对邻居土地因地下水位的降低而遭受的损害承担赔偿责任*)。还存在特殊的制定法规则——通常容易发生变化——用以规范不同形式的环境污染。《环境污染法令》(*Décret relatif au Livre II du Code de*

---

* 原文表述为"the liability in damages of the constructor of a sewer for damage flowing from the loering of the ground water level on his neighbour' s land",loering疑为lowering的错拼,且flowing修饰damage似乎也不常见。——译者注

l' Environnement constituant le Code de l' Eau)第410条规定,为了恢复被破坏的自然资源,刑事检控专员办公室(the office of Director of Public Prosecutions)可申请对污染环境的行为人进行审判。

4.《西班牙宪法》第45条明确授权公共机构可以向环境的污染者就损害或采取预防措施支出的费用提出请求(进一步参见*Yzquierdo Tolsada*, Sistema de responsabilidad civil, 314)。通过大量的单个制定法规范,对生态集体损害进行赔偿的义务被规定得更为详尽;一般标准法层次上的包罗万象的规范尚不存在。这些特殊的规范有《水法》(*Real Decreto Legislativo* 1/2001 *of* 20 *July, por el que se aprueba el texto refundido de la Ley de Aguas*)第118条;《海岸法》(*Ley* 22/1988, *de Costas*)第95条第(1)款及第100条;《综合预防及控制污染物法》(*Ley* 16/2002, *de prevención y control integrados de la contaminación*)第36条;《自然保护区及植物群和动物群法》(*Ley* 42/2007, *del Patrimonio Natural y Biodiversidad, of* 13 *December* 2007)第37条;《废弃物法》(*Ley* 10/1998, *de Residuos*)第36条;以及《转基因生物法》(*Ley* 9/2003, *por la que se establece el régimen jurídico de la utilización confinada, liberación voluntaria y comercialización de organismos modificados genéticamente*)第38条。反之,对个人造成的损害则由民事责任的一般规则来调整(《民法典》第1902条及第1908条)。

5. 意大利《成立环境部和有关环境损害的规定的法律》(*Istutuzione del Ministero dell' ambiente e norme in materia di danno ambientale*, no. 349/86)第18条对以下行为规定了一项义务:"任何故意或过失违反法律或依法制定的规章,致使环境遭受损害、发生改变、破坏、部分或全部损毁的行为……这使得行为的肇始者应当向政府承担损害赔偿责任"。过错责任是这里存在争议的问题;本条并未对政府的证明责任加以改善(*Comai*, Il danno ambientale, 101－102)。此外,还需证明行为人违反了制定法规定或基于制定法规定制定的规章(Cass. 3 February 1998, no. 1087, Foro it. 1998, I, 1142)。这遵循了《民法典》第2043条中的基本侵权法的规范。第349/86号法律第18条第(6)款规定,当确切的指标不可能时,法官有权评估损害赔偿的数额。有人甚至在这里看到了一种非经济损害赔偿的形式(*Castronovo*, La nuova responsabilità civile², 741)。无论如何,这里涉及的是对环境的损害本身(*Comai* loc. cit. 95),而非对其组成部分的损害总额(Cass. 1 September 1995, no. 9211, Giur. it. 1996, I, 1, 950)。诉讼应当向(民事)法院提起(Cass. sez. un. 25 January 1989, no. 440, Foro it. 1990, I, 232);意大利政府及相关的地方的法定机关(statutory corporations)组成了积极合法的原告。法官可以裁定政府自己安排恢复原状,而由加害人支付费用(前法,第18条第(8)款)。一个考虑因素就是下述事实,即根据前法第18条的规定,亲自损坏自己所有的不动产的所有人依然需要对政府承担责任(*Castronovo* loc. cit. 750, 756))。在对集体环境损害的责任的一般基础,法院还通常引用《宪法》(第2、3、9、41、42条),并用以证实存在对赋予公众的非经济利益的不法损害(*danno ingiusto*)(例如Cass. 19 June 1996, no. 5650, Foro it. 1996, I, 3062)。因而Cass. 1 September 1995, no. 9211, Giur. it. 1996, I, 1, 950一案强调第349/86号法律的第18条只适用于环境损害本身;对个人受保护的利益造成的损害仍然属《民法典》第2043条中的普通民事责任的范围。

6. 匈牙利法律也将侵权法的一般规则(尤其是《民法典》第345条第(1)款:危害环境的企业对给个人造成的损害的严格责任)与有关纯粹生态损害责任的规则相结合。《环境保护法》第103条第(1)款援引了《民法典》第345条及第346条(对危害环境行为的严格责任)。签发第4条将以下内容作为环境的要素:土壤、空气、水、生物圈、人造环境及其各个组成部分;这些"环境要素”及其系统、程序和结构构成了“环境”。前法第103条第(2)款进一步规定,在所有受害人不希望执行对损害肇始者的请求时,环境部长——根据受害人相应的声明——可根据“对环境保护基金的分配限制”一章为了国库的利益而提出请求。根据第109条第(2)款的规定,对于危害环境的行为(并不一定会受到刑事惩罚),州检察官(state attorney)也有正当理由提起损害赔偿之诉。《自然保护法》第3条第(2)款援引了《环境保护法》中列出的条文,但在第60条第(2)款还额外包含了自己的规定,该规定有关州检察官在执行赔偿请求权时的作用,第81条第(2)款还对损害下了定义。此外,*尤其*还应得到赔偿的有,因损害自然环境及其自然特征造成的非经济损害以及因社会、团组或其个人成员的生活条件恶化造成的非经济损害。为了国家环境保护基金的利益,对因社会、团组或其个人成员的生活条件恶化造成的集体非经济损害的请求可以由州检察官办公室来执行(第81条第(2)款及第60条第(2)款)。

7. 根据自治的德国民法,加害人的赔偿义务取决于对个人权利或第三人的受法律保护的利益的侵犯。《环境保护法》第1条规定也不例外;它要求有人身或财产损害的发生。对集体环境利益进行保护只是这一责任规则的副作用。它通过消除与受损财产直接相关的生态损害而得以实现(《民法典》第251条第(1)款;Staudinger(-*Hager*), BGB[13], § 823, no. B 186)。在《民法典》第823条第(1)款的背景下,偶然提出的承认(补充性的)“环境权”的请求并未得到普遍适用。不过,与赔偿个人损害的义务相关,《环境责任法》(UmweltHG)第16条规定,在对物的损害使自然或乡村遭到破坏的情形,不会仅仅基于恢复原状的费用超过物的价值这一事实而把这一费用视为第251条第(2)款意义上的不成比例的费用。此外,类似的规则还可在《基因工程法》第32条第(7)款中找到。

8. 早在1994年,奥地利经已经尝试制定一部详尽的环境损害责任法,尽管这一计划在当时受挫。应适用的法律将这一问题主要交由有关自然保护的联邦刑法(《刑法典》第169条以下)及州法进行调整。因此,例如《维也纳自然保护法》第17条除了明确禁止破坏环境外,还规定弥补造成的环境损害的义务。其他联邦州也有类似规则可供使用。联邦法律熟悉的是以有关个人环境资源保护的特殊规定的形式出现的类似规定(《水法》;《矿产资源法》(MinroG))。私法规定了一项防止排放物的一般诉讼(《民法典》第364条第(2)款,第364a条),一些评论者倾向于将其视为“源自环境损害的私人请求权”的法律基础(尽管有缺陷)(Koziol/Bydlinski/Bollenberger(-*Eccher*), ABGB, § 364, no. 1)。奥地利近来讨论的新的损害赔偿法草案仅对个人遭受损害情形的民事赔偿请求权做出了规定(第1334条及以下条款)。政府及主管的地方机关对纯粹生态损害的赔偿请求权仍被排除;期待指令的实施也并不可取(Griss/Kathrein/Koziol(-*Hinter-egger*), Entwurf eines neuen österreichischen Schadenersatzrechts XV, 122)。此外,这些请求权也被认为属于公法(Schwimann(-*Harrer*), ABGB[3], Pref. to § § 1293 etseq., no. 42)。

9. 在希腊,区分了“对环境损害的责任”和对给环境造成损害行为的民事责任(*Tzimapiti*, Prolipsi kai apokatastasi tis perivallontikis simias, http://www.nomosphysis.org)。一般的“对环境损害的责任”涉及(尚未实施的)指令中的事项,即纯粹生态损害。而对给环境造成损害行为的民事责任则谈论的是因损害环境而给个人的健康、财产及其他利益造成的损害。依据《民法典》第914条或《环境保护法》第29条(“任何造成环境污染或通过其他方式破坏环境的自然人及法人应承担损害赔偿责任,除非他可以证明损害是由不可抗力或故意行为的第三人的可责行为造成的”),个人遭受的这类损害应获赔偿(关于这一点,可进一步参见 *Karakostas*, Perivallon kai

Astiko Dikaio, 104),而恢复“环境”只是民事责任的简介结果。相反,就纯生态损害对政府负有的责任迄今尚不存在。不过,法律学说和判例的着手是基于,污染用于公共用途的事物(例如海滩)的行为也如侵犯了个体公民的人格,只要他对物的使用权受到影响。除了传统的财产损害赔偿请求外,在这些情形中主张非经济损害赔偿也成为焦点(*Karakostas*, loc. cit., 71)。

10. 在公民对健康的和生态平衡的社会生活环境的权利受到间接威胁或损害时,《葡萄牙基本环境法》(*Lei de Bases do Ambiente*)第40条第(4)款赋予了所有这些公民以“一般法律”规定的权利,他们可以寻求禁令或主张损害赔偿。对可能给环境造成巨大损害的“特别危险活动”,第41条规定了严格的损害赔偿责任。第48条明确规定,应当停止损害环境的损害并尽可能地将环境恢复原状。另外,《水质法令》(*Lei da qualidade das águas*)第73条规定,任何故意或过失以破坏水质的方式损害环境的行为人均需对“政府”承担损害赔偿责任。后一有利于政府的损害赔偿请求权(参见STJ 14 January 1999, cited in *Cunhal Sendim*, Responsabilidade civil por danos ecológicos, 12)在今天被视为一项例外。这是因为,原则上,每个公民均有正当理由就给其个人以及给集体造成的环境损害主张赔偿,后者采用了公益诉讼的形式(actio popularis, *acção popular*,参见《宪法》第52条第(3)款、《公益诉讼法令》第12条及《基本环境法》第41条第(6)款)。提起公益诉讼的权利也由环境保护机构享有。有人认为,葡萄牙法律体系因而是以“环境民主”的视角为基础。人们并不认为“环境属于公共物品,对环境的损害就是对政府社区(State－community)的损害”。这里并不涉及对政府权利的侵犯,而是对私人的环境权的侵犯(*Cunhal Sendim* loc. cit. 55; *Sousa Antunes*, FS Almeida Costa, 643, 659)。实际上,这意味着,在一起损害赔偿诉讼中,私法主体(包括环保组织)不仅仅诉请他们自己的(经济和非经济的)损失,而且在同一诉讼程序中还额外地为了地方当局和政府的利益主张损害赔偿(CA Guimarães 17 November 2004[关于:土地所有人的诉请])。当然,迄今为止,仍然缺乏有关这些问题的判例。

11. 根据荷兰法,除了《民法典》第3:299条(禁止性命令)规定的法律救济外,对政府还配备了对源自民事不法行为的损害主张赔偿的权利(《民法典》第6:162条)。尽管《民法典》第3:303条明确要求,为了能在法院执行,需要存在“充分的利益”,但这并不意味着政府应追求自己的私法利益;对环境具有相关利益即为已足(Nieuwenhuis/Stolker/Valk(－*Stolker*), T & C Vermogensrecht[3], art. 3:303 no. 1 p. 1368)。在以《民法典》第6:162条为基础的环境损害责任法的范围内,对费用的赔偿仅在环境的污染者本应预料到政府会采取恢复措施时,才会受到注意(HR 9 Februar 1990, NedJur 1991 no. 462 pp. 1973－1990)。此外,当政府利用私法救济时,法院会评判政府是否以不可接受的方式逾越了现有的公法规则。这就是*否定干预*理论(*onaanvaardbare doorkruising*)。当公法未给政府以合理的机会追求其利益时,它才能利用私法(HR 26 January 1990, NedJur 1991 no. 393 p. 1657)。环保组织也有权在其注册的宗旨的框架之内获得损害赔偿(CFI Rotterdam 15 March 1991, NedJur 1992 no. 91 p. 304:有利于候鸟保护协会对源自油污的损害的赔偿)。损害赔偿的范围根据《民法典》第6:95～6:110条以及第6:184条(有关预防措施)来确定。如果不能恢复到发生环境损害前的状态,就需要权衡不同的计算损害赔偿水平的方法(进一步参见*Kottenhagen－Edzes*, Onrechtmatige daad en milieu, 79)。不过,关于这一问题的判例依然缺乏。

12. 根据《爱沙尼亚债法》第133条第(1)款,如果损害是由对环境有危害的行为造成的,那么与环境质量恶化相关的赔偿也应当得到履行。有关防止损害增加的费用,为减轻损害的后果而采取合理的措施产生的费用,以及采用这些措施导致的损害都属于赔偿范围。《芬兰环境损害赔偿法》(*Lag om ersättning för miljöskador*)第6条第(1)款(ii)项规定,对为了防止迫近的环境损害或为了将受损的环境恢复至原有状态而采取的合理的和成比例的措施所支付的费用,政府当局有权获得赔偿。《环境保护法》(*Miljöskyddslag*)第66、67条对保护内陆水域和河道也作出了类似的规定。如果赔偿责任人不具备赔偿的经济能力或者环境损害的肇事者无法确定的,环境损害保险将会介入(《环境损害保险法》[*Lag om miljöskadeförsäkring*])第1条第(1)款(i-ii);对环境的石油污染在这一范围内由特殊的制度来调整(《石油损害基金法》[*Lagen om oljeskyddsfonden*])。尽管瑞典并未就纯粹生态损害的赔偿规定一项有利于政府的明确诉因,但它迂回地在《环境法典》(*Miljöbalk*)第26章第17条第(1)款和第18条第(1)款及第9条第(1)款和第10章中规定了(公法上的)费用赔偿的规则,从而达到了实际上相同的目的。前法第10章对(除了第2章第8条以外)环境法规定的职责和私法中的损害赔偿责任等关键问题做出了规定。"后治理的费用"(Costs of after-treatment)也包含在这一范围内。至于政府的请求权,根据将损害赔偿置于第10章第3条的有记录的理由(Prop 1997/98:45 p. 757),可以看出,其涉及的是"调整"土地所有人对"公众"承担的职责。因而,第26章("监督","Surveillance")第17、18条*特别*引用了第26章第9条至第13条。反过来,第26章第9条第(1)款为了实现法律的目标,授权主管的政府当局颁布法令(ordinances)和禁令(prohibitions)。民法规则规定的由责任方付费的救济措施也可供利用(*比较*Prop 1997/98:45 p. 909)。如果责任方无经济实力履行这一债务,或者无法确认的,保险将会介入(第33章第1条和第3条)。

13. 对赔偿个人损害的责任,参见对第Ⅵ-3:206条(危险物或排放物致害的归责)的注释。

第Ⅵ-2:210条　欺诈性不实陈述所致的损失

(1)无损于本节的其他规定,因他人不论是通过言辞还是行为作出的欺诈性不实陈述而造成的损失都构成具有法律相关性的损害。

(2)明知或者确信陈述错误并有意使接受方陷入错误的,该不实陈述具有欺诈性。

评　论

A. 具有法律相关性的损害

概述。这一示范规则包含的观点是,因他人欺诈性不实陈述所造成的损失构成具有法律相关性的损害,这对所有非合同责任法律制度而言实质上是不证自明的。然而,在实践中,针对欺诈性不实陈述(*actio de dolo*)的损害赔偿请求在大多数司法辖区并不常见。这是因为,在许多情形下,欺诈人不具备履行赔偿义务的经济能力,而个人责任保险在故意实施的违法行为的场合也不提供承保。

与第Ⅵ-2:204条(传递有关他人的错误信息所致的损失)的关系。本条的适用

“无损于本节的其他规定”,因此第Ⅵ－2:204条(传递有关他人的错误信息所致的损失)以及第Ⅵ－2:207条(信赖不正确的建议或者信息所致的损失)不受任何影响。第Ⅵ－2:204条表述了向第三人传递与受害人相关的错误信息所造成的损失。该本条与本条的规定不太可能重合。然而,为了维护不同受害人的利益,这两条可以在同一个案件中适用。

示例1

为了阻止竞争者B与共有的客户C“继续从事交易”,A告诉B,C卷入了一起受贿的丑闻中。于是B没有按原有计划与C签订合同。B所遭受的损失属于本条意义上的具有法律相关性的损害,而C所遭受的损失则属于第Ⅵ－2:204条(传递有关他人的错误信息所致的损失)意义上的具有法律相关性的损害。

第Ⅵ－2:207条(信赖不正确的建议或者信息所致的损失)。本条与第Ⅵ－2:207条(信赖不正确的建议或者信息所致的损失)的主要区别点在于,本条涉及的与专业或商业活动无关的错误信息造成的损失。在私人生活中,错误的建议或信息原则上并不会导致法律责任。唯有实质的欺诈行为才可能引发法律责任。后者自然也适用于工作生活。因此,可能出现的情况是,同一损失同时构成这两个法律条文意义上的具有法律相关性的损害。当然,正如此类案件中总是出现的一样,这并未改变受害人只能使损害获得一次满足的事实。

损失。本条所指的具有法律相关性的损害通常采取“纯粹经济损失”的形式,也即独立于人身损害、财产损害并同样独立于对某种其他权利之侵犯的损失。因受欺诈性不实陈述的引诱而签订不利合同者遭受的就是这一意义上的纯粹经济损失。有关这种欺诈行为的赔偿后果的规则可以在第Ⅱ－7:214条(对损失的赔偿)中找到,但这一事实与非合同责任法的同时适用并不矛盾:欺诈人不能通过坚持采用可能更有利于他的合同法规则而主张保护:参见第Ⅵ－1:103条(适用范围)(c)项。

非经济损失。不过,本条并不限于特定形式的损失;因此,特别是非经济性损失也构成本条意义上的具有法律相关性的损害。它不仅涉及给受害人造成痛苦的欺诈情形,还涉及所有为了诱使受影响的一方犯错而通过欺诈性的虚假信息故意造成损害的情形。

示例2

X有一种特殊的“幽默”感,有一天他敲开邻居N家的门,并告知N其丈夫遭遇了一起严重的车祸正在医院的加护病房里。N万分焦急地赶至医院并得知其丈夫并不在医院。她丈夫没有遭遇任何事情;正如X所说的,他只是冒昧地开了个“玩笑”。N不仅因支付交通费而遭受了经济损失,更重要的是还遭受了由于焦虑而产生的非经济损失,而这类损失可以获赔,即便第Ⅵ－2:201条(人身伤害及其后继损失)第(2)款(b)项的要件未得到满足(也即N没有产生精神疾病以至于需要进行医疗救治)也是如此。

损害与可归责性。本条在具有法律相关性的损害和归责基础之间制造了一种可感知的密切性。这存在于天性中,因而是不可避免的。不过,我们还是需要区分这两个方面。在因为雇员欺诈受害人而向雇主提出请求的所有案件中,这一点尤为明显(参见第Ⅵ-3:201条(对雇员和代表人所致损害的归责))。在造成损害的一方及被诉的一方是同一人时,具有法律相关性的损害与责任基础二者间的区分也同样重要。这是因为欺诈行为人并不一定具有给受欺诈方造成损失的故意。尽管根据本条的条件,可能很少不是这种情况,但偏离案例的结构当然也是可以想象的。

示例3

一家银行(B)根据其一名客户X提供的已经向买方实际交货的证据为X提供了一项信贷保证。根据X的请求,其一名客户Y在明知货物尚未交付的情况下签署了收据。Y只是希望加快B获得信贷的程序,并无理由假设X会出现资金紧缺,因而也无理由猜测讨论的并非是X与B之间的日常交易。B向X提出的还贷请求被证明毫无价值。尽管Y欺诈性地欺骗了B,并给B造成了损失,但是Y给B造成损失的行为是出于过失。过失造成损失同样满足责任的要件(第Ⅵ-1:101条(基本规则)及第Ⅵ-3:102条(过失))。

B. 欺诈性不实陈述

不实陈述。本条规范的是通过不实陈述给他人造成损失的行为。其构成与第Ⅱ-7:205条(欺诈)相似。两个文本都有意识地避开了特定的国内法律体系中的专业术语,特别是刑法中的术语(例如*诈骗(Betrug)*或"通过诈骗获得某物")。不过,不实陈述可以通过任何一种可以想象得到的形式发生,因此(本条规定)"通过语言或行为"。关于后一方面,如果存在提供信息的义务,那么通过不作为进行欺诈性的不实陈述也是可以想象的。

示例4

A在结婚前未告知B其性无能。B有权就其遭受的非经济损失向A主张赔偿。家庭法中的后果(离婚,婚后扶养)与判给赔偿并不冲突。

"欺诈性"不实陈述。根据第Ⅵ-2:210条第(2)款,如果满足以下两项(累积的)条件,那么不实陈述便具有"欺诈性":(1)应当是在知悉或确信陈述是错误的情况下做出的;(2)行为人意图诱使接收方犯错。根据"确信其陈述是错误的"这一表述,这些情形在下述情况下就得到了表达,即陈述人并不确信信息是错误的,但却在希望并假设这一陈述是错误的情况下做出了陈述。如果信息实际上是真实的,我们所具有的只不过是一种企图,与私法无关;那么,就不存在第一款意义上的"不实陈述"。

诱使接收方犯错的故意。欺诈性不实陈述的第二个要件是具有诱使接收方犯错的故意;此外,接收方在事实上也必须犯了错误,否则不实陈述就不可能成为损失的原因。对"故意"一词,在其与造成损失有关的范围内,第Ⅵ-3:101条(故意)对之下了定义。第Ⅵ-2:210条第(2)款讨论的也是诱使他人犯错的故意。并非所有考虑不周的陈述都可以诱使他人犯错误并使责任正当化。本背景下所要求的恰恰是,欺诈行为人的心思指向的是使受害者犯错。不实陈述的目标应当在于诱使错误发生;如果不实陈述人只是恶意地预料到受欺诈方会犯错则不能满足本条的要求。

示例5

一家公司的董事会成员B故意错误地通知经纪人,在勘探开采后,公司没有发现任何石油储备。B这么做是想保护公司的利益。但是B并不关心诱使公司股东从中推论出,其所持的股份可能会变得无价值,因而应尽快出售。B并未欺诈股东。

注　释

1. 根据法国和比利时的法律,任何在明知的情况下欺骗他人者要承担侵权法上的责任(Cass. civ. 28 June 1995, D. 1996 jur. 180, note *Mouralis*)。然而,过失和非故意地误导他人者可能也实施了与侵权法相关的*过错行为*(Cass. civ. 19 October 1994, Bull. civ. 1994, II, no. 200 p. 115; Arbitragehof Gent 27 December 1999, RW 2000-01, 168)。同属于这一类型的还有下述法国的判例,在该判例中,一家银行在未进行充分核查的情况下为一名新顾客开设了账户,由于该名新客户对账户的不当使用,例如,开具不能兑现的支票,给第三人造成了损害,银行要对该第三人承担损害赔偿责任(进一步参见JClCiv (-*Grua*), arts. 1382 à 1386, fasc. 335-10 [2001], nos. 80-85)。

2. 尽管《西班牙刑法典》第248条对刑事诈骗做出了界定(其特殊表现形式可以在《刑法典》第251条中找到;包括隐瞒第三人对物的权利而对物进行处分),《民法典》第1269条仍对民法中的对应概念做出了界定:欺诈。在"合同一方当事人用欺诈性的语言或卑劣的交易引导对方当事人订立了他本不会签订的合同"时,即存在欺诈。欺诈的意图(the mala fides, intentional malice, the *dolo civil*)无处推定;即使是在纯粹侵权法的背景中(《民法典》第1902条),也总是应充分证明它的存在(TS 21 May 1982, RAJ 1982 [1] no. 2586 p. 1775)。*民事欺诈*(the *dolo civil*)由恶意及外在行为构成。后一客观要件属于事实问题,而主观要件则属于法律问题。正如所言,*欺诈*往往伴有"狡诈和欺骗性的谋划"(TS 28 February 1969, RAJ 1969 [1] no. 1034 p. 759);偷偷摸摸、恶意隐瞒和利用他人的天真是*存在欺诈*的其他指示物(TS 15 June 1995, RAJ 1995 [3] no. 5296 p. 7097)。民事欺诈及刑事诈骗之间没有明显的分界线(*Yzquierdo Tolsada*, Sistema de responsabilidad civil, 40)。如果不法行为人利用以下手段误导受害人,则被判例视为是刑事诈骗的基础:欺骗、谎言、哄骗、狡诈、诈取钱财及撒谎(TS 5 October 1988, RAJ 1988 [5] no. 7669 p. 7526)。至于违约行为何时会满足欺诈的要件,可参见TS 16 June 1992, RAJ 1992 (3) no. 5397 p. 7070。

3. 根据意大利法,欺诈本身构成不法行为(*Alpa*, Trattato di diritto civile IV, 235;*Bianca*,

Diritto civile V, 574–575)。在一些其他情形中,*欺诈(dolo)*是(民事)侵权法意义上的不法行为存在必要前提条件。滥诉(《民事诉讼法》第96条第(1)款)以及"以允诺结婚来诱骗"(由《民法典》第2043条调整)等提供了适例(Cass. 8 July 1993, no. 7493, Giust. civ. Mass. 1993, 1135)(将故意作为责任的必要条件的其他判例在*Visintini*, Fatti illeciti II[2], 382中有所引用)。欺诈意义上的*dolo*经常被视为确定合同商议过程中侵权性的不法行为的必要前提条件(*Alpa* loc. cit. 236–239)。Cass. 9 February 1980, no. 921, Giust. civ. Mass. 1980, fasc. 2一案判决一名意大利的卖主承担全部的侵权损害赔偿责任(赔偿商品的贬值和所失利润),在该案中,这名意大利商人哄骗买主认为不动产的销售价格低于市场价值,并且可以通过出租获得高额回报。Cass. 9 February 1980, no. 921, Giust. civ. Mass. 1980, fasc. 2一案判决第三人承担损害赔偿责任,因为该第三人就其对寄托人的债务以及其占有的寄托人的物对受托人进行恶意的欺骗。

4. 在匈牙利法中,欺诈性的不实陈述同样受一般侵权法规范调整(《民法典》第339条第(1)款)。当加害人的行为具有该条意义上的恶意的意图时,其行为也总是"遭人厌恶的"。该条也包括对纯粹经济损失的赔偿请求权(只要该损失和其他所有经济损失一样满足《民法典》第355条第(4)款对损害的界定)。《民法典》第6条中的一般规定涉及"煽动所致的损害",它也和这里的侵权责任相关。根据这一规定,如果行为人的故意行为有令人信服的理由诱使善意的第三人在自身没有过错的情况下从事给自己造成损害的行为,法院就会要求他承担部分或全部的赔偿。不过,基于以下两个事实,《民法典》第6条并非一项侵权法的规范:(1)本条并不认为此种行为是不法行为;(2)损害赔偿的判给由法院自由裁量(Gellért(–*Vékás*), A Polgári Törvénykönyv Magyarázata[6], 56–63; *Bíró and Lenkovics*, Magyar Polgári Jog, 194–199);如果"煽动"是为了故意造成损害,则不属《民法典》第6条规范的情形,而是《民法典》第339条规定的侵权行为(*Vékás* loc. cit. 56, 58, 60~61; *Légrádi*, Polgári Jogi Kodifikáció 2003–4, 20–27)。顺便提一句,欺诈性的不实陈述当然构成合同无效的理由(《民法典》第210条第(1)款和第(4)款),并可构成诈骗——一种犯罪行为(《刑法典》第318条第(1)款)。同时对诈骗的形式定罪在民事诉讼中提供了存在欺诈的证据(BH 1996/200; BH 1996/253)。

5. 捷克和斯洛伐克在《民法典》第424条中规定了通过欺诈性的不实陈述造成伤害的情形,根据该条,"通过故意的违背善良道德的行为造成损害者应当对该损害承担责任"。《爱沙尼亚债法》第1045条第(1)款(viii)及《拉脱维亚民法典》第1641条(它规定,"任何故意造成的伤害都被认为具有不法意图")也以同样的方式处理了这些问题。

6. 在德国法中,对通过刑事诈骗(《刑法典》第263条)造成所谓的纯粹经济损失之行为的责任源自《民法典》第823条第(2)款(例如BGH 14 October 1971, BGHZ 57, 137:欺诈他人购买二手车;BGH 5 March 2002, NJW 2002, 1643:在出售自由保有的公寓的合同中有错误的细节;BGH 17 September 2001, NJW 2001, 3622:补助金欺诈)。此外,在明知的情况下为了让他人与其签订合同而欺骗他人者,会承担《民法典》第826条对故意和违反道德造成损害之行为规定的责任(在这些情形,相应的撤销权来自第123条)。这一规定尤其适用于有关作为合同必要内容之标的的不真实信息。即便是隐瞒这类细节(例如有关个人破产的)也可构成欺诈性不实陈述(更多的细节,可参见Palandt(–*Sprau*), BGB[65], § 826, no. 20)。普遍认为,如果合同一方当事人采用欺诈手段阻拦相对人采用必要的法律行为的形式,以便之后能够利用形式瑕疵,受欺骗一方同时享有履行合同的请求权,但该请求权并非来自合同,而是出自侵权法(《民法典》第826条; Palandt(–*Heinrichs*), BGB[65], § 125, no. 22)。

7. 奥地利合同法及侵权法也对欺诈性不实陈述做出了规定。受欺诈方有权撤销其对合同的意思表示(《民法典》第870条),并可以就纯粹经济损失主张赔偿(《民法典》第874条)。刑事诈骗行为不是必要条件。任何不法的、故意的不实陈述都足以构成《民法典》第870条意义上的"欺诈"("列表");故意无须扩展至损害的产生(Koziol/Bydlinski/Bollenberger (– *Bollenberger*), ABGB, § 870, no. 1)。顺便提一句,即使是*间接故意(dolus eventualis)*也为已足。有义务揭露事实的行为人故意隐瞒该事实也能构成欺诈性不实陈述(*Bollenberger* loc. cit. no. 1)。提供明知是错误的信息、建议或推荐同样会导致侵权责任的产生,因为这一行为属于《民法典》第1295条第(2)款意义上的不道德行为。不过,在此处,故意的内容还必须包括造成损害。

8. 在所有刑事诈骗的情形,根据《希腊民法典》第914条的规定,也会产生民事责任(Georgiades and Stathopoulos (– *Georgiades*), art. 914, no. 53)。欺诈性不实陈述还可以确立《民法典》第919条规定的责任,因为它以不道德的故意造成伤害的行为作为核心(*Eleftheriadou*, Die Haftung aus Verkehrspflichtverletzung im deutschen und griechischen Deliktsrecht, 65)。为了自身利益而故意给他人提供错误信息(CA Athens 4172/1982, NoB 31 [1983] 822; *Georgiades* loc. cit. art. 919, no. 5)以及因欺诈性不实陈述而订立合同都提供了相关的示例(*Georgiades* loc. cit. art. 919, no. 25)。此外,《民法典》第919条还规定,故意诱使他人作出形式上无效的法律行为并利用这一无效事由的行为人应当承担损害赔偿责任(CA Athens 414/1972, Arm 26 [1972] 519; CA Crete 138/1965, EEN 33 [1966] 366)。

9. 与*Vaz Serra*, BolMinJus 85 (1959) 243 and 335 – 342的观点相反,《葡萄牙民法典》并未对*欺诈之诉*(*actio de dolo*)做出单独的规定(*von Bar*, Common European Law of Torts I, 52)。只在少数例外情形,可以求助于《民法典》第334条(权利滥用,*abuso de direito*);根据主流观点,这一规定甚至不构成《民法典》第483条意义上的保护性法律(*Santos Silva*, ERPL 2006, 834; CA Coimbra 14 December 1993, CJ XVIII [1993 – 5] 48)。因此,在合同交易领域之外的对欺诈性不实陈述的侵权责任的背景下(在这一情形,可以适用缔约过失责任的概念[《民法典》第217条]: *von Bar* loc. cit. 36; *Carneiro da Frada*, Uma Terceira via, 96; *Almeida Costa*, Responsabilidade civil pela ruptura, 98),(《民法典》第483条第(1)款)通常要求行为人实施了刑事诈骗行为(《刑法典》第217条)。而诈骗又要求*astúcia*,即欺骗行为,没有这一要件,则仅仅涉及无关的*真意保留(reserva mental)*(《民法典》第244条)(CA Oporto 3 May 2000, CJ XXV [2000 – 3] 223)。如果行为人在指示银行拒绝对作为对待给付而签发的支票进行付款后仍安排接受股权转移的,就实施了诈骗(STJ 20 March 2003);另外,如果某人在收到货物后拒绝支付价款,在不存在某些情况时,不承担刑事责任(STJ 3 February 2005)。

10. 为了合同无效法的目的,《荷兰民法典》第3:44条第(1)款*以下述方式对欺诈(*bedrog*)作出了定义:"当某人以以下方式诱使他人为某特定法律行为时,即构成欺诈:向他人提供已知为虚假的信息并有造成这一结果的故意;有告知义务者为了自身利益故意隐瞒事实真相;其他欺骗行为。用通用语言作出的指示,即使不真实,从自身来看也不构成欺诈。"本条意义上的欺诈同时也构成《民法典》第6:162条中的民事不法行为(*Boukema*, Samenloop, no. 30, p. 65)。受害人除了可以行使《民法典》第3:44条规定的撤销权(right of avoidance)外,还可以执行相应的损害赔偿请求权(HR 2 April 1993, NedJur 1995, no. 94 p. 385; *Boukema* loc. cit. no. 9, pp. 17 –

---

* 查王卫国主译的《荷兰民法典》,应为第3:44条第(3)款。——译者注

18)。由于侵权法上的诉讼时效较长且合同无效依然未消除损害,因此这一点尤为重要(Onrechtmatige Daad III (- *van der Wiel*),S. Ⅱ.3, no. 72 pp. 64 - 71; Asser (- *Hartkamp*), Verbintenissenrecht II[12], no. 204 p. 200)。

11. 根据《爱沙尼亚债法》第1048条及第1045条第(1)款(viii)的规定,欺诈造成的损害可以得到赔偿。此外,对不实陈述所造成的损害也可以根据《债法》第14条第(1)款(第2句)要求赔偿。如果欺诈的目的是为了诱使他人进行交易,受害人还可以根据《民法典总则编(GPCCA)》第101条第(1)款中的规定请求赔偿。《瑞典损害赔偿责任法》第2章第2条及《刑法典》第9章第1条规定了刑事诈骗的民事责任(它要求不法行为人从中获利);它也包括含纯粹经济损失。根据《亲属法典》(Parental Code)第9章第7条第(2)款(第1句),未成年人在与他人签订合同(该行为对未成年无效)时实施欺诈的,由其父母承担责任。《丹麦监护法》(*Værgemålslov*)第45条第(2)、(3)款以及《芬兰监护人职责法》(*Lag om förmyndarverksamhet*)第28条第(3)款中也有类似的规定。其他有关欺诈性不实陈述之责任的规定可参见《斯堪的纳维亚合同法》第30条(进一步参见 *Grönfors and Dotevall*, Av - talslagen[3], 187 - 190 和 *Gomard*, Obligationsret I[4], 143),关于错误起诉(*falsus procurator*)责任的特殊情形,参见第25条。

12. 欺诈属于普通法中的"恶意侵权"(*Hedley Byrne & Co. Ltd. v. Heller & Partners Ltd.* [1964] AC 465)。要使欺诈行为成立,原告需证明以下要件:不实陈述(被告或代表被告向原告做出了错误的表示),明知(scienter,被告陈述时明知其陈述的不真实,因此陈述的做出具有欺诈性),意图(intent,被告意图让原告根据错误的表示为某种行为),信赖(诱导行为导致原告因对错误陈述的有害信赖而遭受损害或实施行为)和损害:最近的观点可参见 *Petromec Inc. v. Petroleo Brasiliero SA Petrobras* [2006] EWHC 1443 (Comm) at [89], [2007] 1 Lloyd's Rep 629 (Gloster J) (adopting Clerk and Lindsell (- *Tettenborn*), Torts[19], para. 18 - 01,以及 4 *Eng Ltd. v. Harper* [2007] EWHC 1568 (Ch) at [18], [2008] 3 WLR 892 (*Briggs* J)中列举的类似要件(有细微的差别)。原告信赖的陈述必须是有关现在或过去的事实;其中包括关于一方当事人现在的意图、信念或希望的陈述:*Petromec Inc. v. Petroleo Brasiliero SA Petrobras*, loc. cit. at [91]。对观点的陈述可能暗示着声明发表者知道能证明观点成立的事实:*Smith v. Land & House Property Corp.* (1884) 28 Ch. D 7, 15。陈述的内容应根据其背景并从一个处于接收方地位的理性人的角度来确定:*Petromec Inc. v. Petroleo Brasiliero SA Petrobras* loc. cit. at [92]。除了需要对雇员在雇佣期间做出的欺诈性不实陈述行为承担替代责任外,当行为人根据公司的授权代表公司发表虚假陈述,但不知道陈述不真实的,公司也要承担欺诈的责任;在这一情形,授权作出陈述者知道该陈述虚假即为已足:*Man Nutzfahrzeuge AG v. Freightliner Ltd.* [2005] EWHC 2347 (Comm) at [156] (*Moore - Bick* J)。对陈述不真实的知悉扩展至所谓的"视而不见"的知悉("blind eye" knowledge)——也即意识到陈述不可能是真实的,但故意决定不告诉自己:*Manifest Shipping Co. Ltd. v. Uni - Polaris Insurance Co. Ltd.* [2001] UKHL 1, [2003] 1 AC 469。然而,过失做出错误陈述(即粗心地假设陈述是正确的,或者在核实陈述的正确性上缺乏合理的注意)不足以构成欺诈责任:*Derry v. Peek* (1889) 14 App Cas 337, 374 (Lord *Herschell*)。至于可获赔的损害,被告应当对所有直接从不实陈述所诱致的交易中产生的损害进行赔偿,即使它是不可预见的:*Smith New Court Securities Ltd. v. Scrimgeour Vickers Ltd.* [1997] AC 254, 266 (Lord *Browne - Wilkinson*)。如果欺诈性不实陈述及原告对之的信赖导致替代购买机会的丧失,则对其损害赔偿包括在后继损失中:*East v. Maurer* [1991] 1 WLR 461 (CA)(基于盖然性权衡,如果原告未被引诱购买被告的企业,则原告本可会购买另一家替代的(假设的)美容企业,对由此获得的利润的丧失应给予损害赔偿)。至于对侵权行为的证明,主张越严重,则对用于确立侵权的盖然性程度的要求越高:*Hornal v. Neuberger Products Ltd.* [1957] 1 QB 247, 258; *Re H* (*Minors*) (*Sexual Abuse*: *Standard of Proof* [1996] AC 563, 586 - 587, endorsed in *Petromec Inc. v. Petroleo Brasiliero SA Petrobras* loc. cit. at [90]。如果不实陈述被证明是重要的,法院可以(在没有其他证据的情况下)推断信息接收人对不实陈述产生了信赖:4 *Eng Ltd. v. Harper* loc. cit. at [43] (*Briggs* J)。如果陈述涉及他人的信誉,根据《1828年欺诈法修订案》第6条,该侵权的实际范围将受到明显的限制,该条规定:"为了帮助他人获得贷款、资金或商品[……]而做出或给予涉及或关于该人的性格、举止、信誉、能力、职业或交易的陈述,不能基于或因为该陈述对任何人提起诉讼[……]进行指控,除非该陈述或保证是以书面形式作出的且被指控人在上面签了字"。尽管上述条款措辞宽泛,但其并不影响对*过失*不实陈述提起侵权诉请(*Banbury v. Bank of Montreal* [1918] AC 626, applied in *W. B. Anderson & Sons Ltd. v. Rhodes* (*Liverpool*) *Ltd.* [1967] 2 All ER 850)——此种解释受到*Dias*, [1967] CLJ 155 的批评。

示例2取自 *Wilkinson v. Downton* [1897] 2 QB 57 一案;示例3取自 *Shinhan Bank Ltd. v. Sea Containers Ltd.* [2000] 2 Lloyd's Rep 406 一案;示例4取自 Cass. 10 May 2005, no. 9801, Giur. it. 2006, IV, 691, Danno e resp. 2006, 37 一案;示例5取自 *Tackey v. McBain* [1912] AC 186 一案。

第Ⅵ-2:211条　诱使债务不履行所致的损失

无损于本节其他规定,诱使第三人不履行债务而给他人造成的损失仅在满足下列要件时方构成具有法律相关性的损害:

(a)该债务应向遭受损失者负担;并且

(b)诱使债务不履行的人:

(i)意图使第三人不履行债务;并且

(ii)不是出于合法地保护自己的利益而行事。

评　论

A. 本条概览

诱使债务人不履行债务。在整个欧盟地区,诱使他人不履行合同义务均可能导致非合同责任的产生。在古罗马法中,它归属于公认的*欺诈之诉*(*actio de dolo*)的案例群中的一类,即使在今天它——经常作为"以有悖良好道德的方式故意造成损害"——仍在诸多民法典中占据重要的地位。在缺乏这一特定的请求权基础时,诱使债务人不履行合同债务或者涵摄在基本的非合同责任法规范中(如在普通法中),或者自身构成独立的非合同责任的基础。

必须存在故意。诱使他人不履行合同债务或其他债务须具有故意。如果第三人只是对他人不履行债务的行为加以利用或者因过失造成损害,那么他未给合同造成具有法律相关性的损害。因此,本条与第Ⅵ－2:101 条(具有法律相关性的损害的含义)第(1)款(b)项以及(c)项有着内在的直接联系。这些条款表达了下述一般(并且本质上是不证自明的)规则,即"相对"权原则上只能由对权利持有人负有相应的提供相关履行之义务的人加以侵犯。若非如此,这一权利在性质上将不再具有"相对性"。不过,如果某人被故意诱使不履行对第三人的合同债务或其他义务,那么因此遭受损失的第三人可以向诱使他人不履行债务的人主张赔偿。

示例 1

A 与 B 签订了一份电影制作合同。A 投资了约 25% 的制作费用,作为回报,A 将获得预期净利润中的一份。剩余费用中的相当大的部分由 B 以借款的方式来提供,其中包括从 X 公司获得的借款。为了对债务进行担保,在明知 A 与 B(根据合伙法)签署了协议的情况下,X 要求 B 把其对之后电影分成的所有权利转让给它。X 诱使 B 违反了其与 A 签订的合同。

示例 2

一名歌剧制作的组织者 A 说服一名著名的女歌剧演唱家 S 不履行其与相竞争的歌剧制作者 B 之间的合同而为其演唱。A 需对此造成的损害向 B 承担赔偿责任。不过,如果 A 只是带 S 去滑雪,期间 S 摔断了腿,因而不能为 B 演出,A 无须对此承担责任;即使 A 明知 S 与 B 所签订的协议禁止 S 在其与 B 的合同雇佣期内参加此类娱乐活动,A 也无须承担责任。

损害及可归责性。本条中的具有法律相关性的损害和可归责性的关系与其在第Ⅵ－2:210 条(欺诈性不实陈述所致的损害)中的关系并无不同。因此,故意诱使他人不履行合同债务或其他债务的行为就是本条的全部要求(第Ⅵ－2:211 条(b)(i))。相反,本条并不要求不履行所致的损失也是故意造成的或者至少是乐意预料到的(第Ⅵ－1:101 条(基本规则)第(2)款)。不过,在本条的背景下,这两个方面在大多数情况下很难相互区分。这是因为,任何诱使他人不履行义务的人也总是会意识到其行为会给债权人造成损害。在本条的背景下,还应认为,雇主可能会因其雇员诱使不履行债务而承担责任。

损失。正如第Ⅵ－2:210 条(欺诈性不实陈述所致的损失)一样,"纯粹经济损失"是本条主要讨论的问题,但本条所规定的损失并不仅限于纯粹经济损失。非经济损失也可获赔。对于其他类型的损害,可能会与本章前面的条款发生重叠,例如,服务提供商因受贿而毁坏了需修复的事物。第Ⅵ－2:208 条(非法妨害营业所致的损失)延展至本条的适用范围之外。这是因为,相互之间具有竞争关系的企业根据竞争法承担的尊重他人的合同关系的义务可能要比根据本条中的一般规则承担的义务更为严格。

享有法定权利的原告。根据本条(a)项的规定，只有其法定权利(在债法的范围内)遭受侵犯的当事人才遭受了具有法律相关性的损害。相反，被他人诱使而不履行债务者被期待应经得住诱惑，在没能做到时，必须(对债权人)承担债务不履行的后果。债务人不能援引本条规定而将对债务不履行支付赔偿的后果性责任转移给诱使不履行的人。关于第三人，在诱使他人不履行债务者与不履行者之间也不存在连带责任(这实质上会给诱使人提供一项对不履行人的求偿权)。在被诱使者遭受身体或精神上的压力时，他根据第Ⅵ-1:102条(预防)及第Ⅵ-2:201条(具有法律相关性的损害的含义)的规定享有预防性的救济。

示例3

X原为一个宗教上活跃的教派S的一名成员，之后受雇于某教会企业。雇佣合同禁止X成为S这类组织的成员。不过，S威胁X，如果他不继续向该教派缴纳会费并为教派利益服务，则会给他带来相当大的不利益。教派坚持认为，教派成员的身份是终身的。X可以就防止压力向S提出请求。

B. 不履行债务

合同债务和其他债务。本条并不限于诱使不履行合同债务的行为。实际上，这可能是最重要的案型，但原则上，没有理由对合同权利和履行其他债务的权利进行不同的对待。因此，本条还纳入了有关非合同债务的请求权，包括抚养义务。此外，如果债务源自合同，合同可能无效的事实并不会对非合同责任法规定的赔偿权造成妨碍。

示例4

M是一家汉堡店的店主，他希望扩大营业并停止使用迄今为止使用的店址而赞成在附近找一处更大的餐厅店面。他和P公司开始协商，由于P向他保证会在原店址经营一家艺术画廊，因而不计划与M构成竞争，M将原店面让给了P。事实上，在他们协商期间，X对P产生了绝定性的影响(通过暗地里取得股票)。如开始就计划的那样，X指示P在M原有的店址上开了一家汉堡店。不久以后，P陷入资金困难。尽管M可以基于欺诈性不实陈述使他与P订立的合同归于无效，但M还可以直接对引诱P违反与其之间的协议的X请求赔偿。

对"遭受损害方"负有的债务。如上文已经提到的，这里谈论的债务总是必须向因债务人被诱使不履行债务而受害的人承担((a)项)。债务是对他人所负的不能满足本条的要求。相反，本条并不要求欺诈行为人已知受害的债权人的身份。

违反夫妻义务。根据本条的措辞，干涉他人婚姻，尤其是指诱使通奸同样受本条的约束。不过，在这一背景下，我们还应考虑第Ⅵ-1:103条(适用范围)(c)项中的规定，因而，有关婚姻的准据法是否致力于最终解决这些案件这一问题就出现了。通奸通常就是这种情况：比较上文第Ⅵ-1:103条的示例5。如果根据非合同责任法的规定,通奸的配偶没有责任,那么与其通奸的第三者也无须承担责任。否则,第三者作为连带债务人在其内部关系上会对作为共同的加害人的配偶享有求偿权,因而规避了家庭法规定的规则。

不履行。具有法律相关性的损害仅出现在各个损失是原告的债务人不履行债务的后果的情形。因此,作为示例,如果猎头向一名雇主的雇员提供更高的工资而将其挖走,那么只要后者终止了既存的雇佣关系并予以变更,那么诱使不履行合同债务的行为就不再是被讨论的问题。在竞争者接触另一企业的客户,旨在将来与之进行交易时,情况也是同样的。在这类和其他类的案件中,如果使用了不公平的手段,则可能属于受第Ⅵ-2:208条(非法妨害营业所致的损失)调整的情形。相反,第Ⅵ-2:211条的典型情形包括,在被诱使违约的一方与受害的第三人之间存在的合同中包含有竞业禁止的约定,诱使债务人违反了该义务,及以不法手段诱使他人终止合同关系。

示例5

在业主大会上,一栋多层建筑物的某些公寓业主以虚假的事实作为借口,煽动解雇公寓被假定为不称职的管理员,在此之前,他们还从将来作为替代者的管理员那里获得了付款,作为其在取得新工作中"充当工具"的报酬。根据第Ⅵ-2:204条(传递有关他人的错误信息所致的损失)、第Ⅵ-2:208条(非法妨害营业所致的损失)及本条的规定,被解雇的管理员遭受了具有法律相关性的损害。

C.诱使的故意

诱使的故意。根据(i)款的规定,诱使债务不履行者必须"意图"让第三人不履行债务。和第Ⅵ-2:210条(欺诈性不实陈述所致的损失)一样,"故意"这一要件因而与损失并不相关,而是和不履行发生关联。因此,这里的"故意"这一概念又一次与第Ⅵ-3:101条(故意)中的故意不一样,后者关联的是损害的发生。而本条的背景所要求的是,诱使人的心思指向了不履行。不履行本身必须是意图的;仅出于乐意进行行为的诱使人预计到损失只是一种伴随效果,或者利用了已经发生的债务不履行行为,并不能满足这一要件。正如上文所述,只有侵害行为给竞争者造成损害的情形,因为适用竞争法的标准,情况才有所不同。该情形属于第Ⅵ-2:208条(非法妨害营业所致的损失)的适用范围。

缺乏合法利益。如果诱使人的行为是为了"合法保护"其自身的利益,那么根据第Ⅵ-2:211条(b)(ii)项也不存在本条意义上的具有法律相关性的损害。任何人都不会因为抓住一个偶然的法律机会可能会给第三人造成损害,而有义务让这一机会被浪费掉。

示例6

临死前,L女士相继将同一块土地赠与两个不同的受赠人。第二个受赠人X在土地登记簿上办理了登记，并以这种方式根据准据的土地法而取得了所有权，因为第一个受赠人Y未办理登记。在L向她提出订立赠与合同时，X并不知道L与Y签订合同的事，但是X在于土地登记簿上办理登记前发现了此事。X只是追求了自己的合法利益。她并未诱使L违反与Y签订的合同；因而，X无须对Y承担非合同责任。

注　释

1. 法国法超越了第2:211条选择的原则。这是因为下述现实，即它和既决的判例法一致，根据这些判例法，在明知的情况下协助他人违反合同义务任何人都对受违约影响的当事人实施了一项侵权性的过错行为。此处适用的是合同对第三人的可对抗性这一原则(*principe d'opposabilité des conventions aux tiers*)(Cass. civ. 17 October 2000, Bull. civ. 2000, I, no. 246 p. 161)。不仅教唆，即使是帮助他人违约也能构成*过错*。只要第三人(非合同双方当事人)知道合同的存在即为已足。对商人，还经常要求其提供下述信息，即他们的商业伙伴是否与第三人有合同关系，如果是，该合同关系采用了何种形式(*le Tourneau and Cadiet*, *Droit de la responsabilité et des contrats* (2004/ 2005), no. 977)。这符合法国判例利用一般侵权法在来处理不当竞争问题的现实(参见对第Ⅵ-2:208条(非法妨害营业所致的损失)的注释1)。关于劳动法的特殊规定则可见《劳动法典》(*Code du travail*)第L 1237-3条中的规定。在雇员违法解除雇佣合同给老雇主造成损害时，只要能证明新雇主参与其中，他就要和雇员要承担连带赔偿责任。与此并行，还可适用一般的侵权法诉讼，例如，雇员签订了有利于前雇主的竞业禁止条款(a clause*de non-concurrence*)而故意违反之(Cass. com. 5 February 1991, Bull. civ. 1991, IV, no. 51 p. 34)。

2. 在比利时的判例法中，也承认，如果行为人知道或应当知道他在帮助他人违反合同，那么他就实施了侵权性的*过错*行为(参见开创性的判例 Cass. 22 April 1983, Pas. belge 1983, 944)。不过，必要条件是，第三人知道所涉合同的存在，并且知道或者应当知道他对违约起到了一定的作用，即参与其中(进一步参见 *Stijns*, Les contrats et les tiers, pp. 189, 214-221, nos. 41-50)。

3. 根据《西班牙反不正当竞争法》(*Ley* 3/1991, *de Competencia Desleal*, LCD)第14条第(1)款，"诱使雇员、供应商、顾客及其他债权人违反对竞争对手所负的重要合同义务"是不正当的。相反，根据第14条第(2)款，只有在涉及泄露或非法利用工业或商业秘密，或存在欺诈、故意排挤他人或其他阴谋时，"诱使他人按惯例终止合同或为了自身或第三人的利益而利用违反外部合同(an extrinsic contract)的行为"才是不正当的(进一步参见 *Berg*, Spanisches Gesetz gegen den unlaubteren Wettbewerb, 279)。只要未出现特殊情况，非法利用他人违反外部合同的行为、挖走顾客或以提供更好的待遇诱使员工离开等都与竞争法无关(CA Málaga 23 October 1995, RGD 1996, 4753)。这归因于下述事实，即根据西班牙的学说，合同仅仅对缔约人才有约束力(CA Sevilla 21 June 1993, AC 1993-II no. 1270)。在存在疑问时，如果某一行为足够严重以至于赋予受害方以合同终止权为正当时，就"违反了合同的主要义务"(《反不正当竞争法》第14条第(1)款)((CA Madrid 1 July 1996, AC 1996-III no. 1942 p. 394)。行为人如果有下列行为，例如提供过高的奖励或表示愿意替违约的当事人承担可能的损害赔偿义务，就构成了"诱使"违约。总体来说，西班牙的判例在确认诱使违约要承担责任的问题上有些犹豫，例如，参见 Tribunal de Defensa de la Competencia 6 February 1995, AC 1995-I, no. 889 p. 1498 and 7 July 1995, AC

1995-II no.1500 p. 962。一方配偶因对方通奸而遭受的非经济损害不能获赔(TS 22 July 1999, RAJ 1999 [3] no. 5721 p. 8929 and TS 30 July 1999, RAJ 1999 [3] no. 5726 p. 8933)。不过,如果向某人隐瞒四个孩子中年龄较小的三个实际上是和别人生的这一事实,则构成侵权性的不法行为(CAValencia 2 November 2004, AC 2004-XXI no. 1994 p. 1069)。

4. 根据意大利法,"引诱他人不履行合同"(*induzione all' inadempimento*)中的受害方可以向第三方请求侵权损害赔偿(*Bianca*, Diritto civile V, 605-607)。因此,例如,如果不动产交易中的第二个买受人计划给第一个买受人造成损害(通过登记自己的所有权使第一个买受人丧失所有权)并且参与出卖人的违约行为,那么,根据《民法典》第2043条的规定,第二个买受人应当对第一个买受人承担责任(在一长串的判例中,特别参见 Cass. 9 January 1997, no. 99, Giur. civ. comm. 1998, I, 17; Cass. 18August 1990, no. 8403, Foro it. 1991, I, 2473; Cass. 17 December 1991, no. 13573, Giust. civ. Mass. 1991, fasc. 12; Cass. 15 June 1988, no. 4090, Foro it. 1989, I, 1568; Cass. 20 October 1983, no. 6160, Giur. it. 1984, I, 1, 439; Cass. 8 January 1982, no. 76, Riv. Dir. Civ. 1983, II, 678; CFI Ivrea 16May 2003, Giur. it. 2004, 778; CFI Verona 4March 1991, Giur. mer. 1992, 569)。不过,争议的焦点是,仅知悉和第一个买受人之间签订了一份合同是否足以构成侵权(*Castronovo*, La nuova responsabilità civile[2], 113 拒绝了这一观点)。Cass. 25 October 2004, no. 20721, Giur. it. 2006, I, 1, 486 一案也拒绝了这一观点,在该案中,一份礼物被同时赠与两个人,由于缺乏伤害的故意,因此法院驳回了诉讼。有关怂恿一物二卖之责任的原则同样适用于仅涉及两份预备性合同(preliminary contracts)的情形(Cass. 20 October 1983, no. 6160, Giur. it. 1984, I, 1, 439)。此外,该原则还适用于土地买受人与卖方串通侵犯前一所有人回购土地的权利(Cass. 9 January 1997, no. 99, Giur. it. 1998, 928)以及受让人通过事实行为阻止第三人根据《民法典》第2901条行使*撤销权(azione revocatoria)*(Cass. 13 January 1996, no. 251, Giur. civ. comm. 1998, 104)等情形。因"双重买卖"而受损的前一买受人遭受的是纯粹经济损失而不是因所有权遭受侵犯的产生的后继损失(*Castronovo* loc. cit. 109)。与竞争法的目的相关的行为可能还需根据《民法典》第2598条第(3)款来评价,因而适用更严格的要求。

5. 匈牙利通过其一般侵权法条款(《民法典》第339条第(1)款)将诱使他人违反合同的行为纳入民法中:诱使他人违反合同可能属于本条意义上的"令人反感的行为"。诱惑方及被诱惑方对受害的债权人承担连带责任(《民法典》第344条)。这样规定的原因在于,根据匈牙利的法律,甚至在共同促成结果的原因(contributory causes)之间相互独立,并且从时间的角度来看是接连发生的情形,连带责任也会产生(进一步参见 *Eörsi*, Kártérítés jogellenes magatartásért, 64-65; Gellért (-*Kemenes*), A Polgári Törvénykönyv Magyarázata[6], 1238-1240; Petrik (-*Harmathy*), Polgári jog II[2], 581-582; *Ujváriné*, Felelösségtan[7], 75~80)。在竞争法中,诱惑违约受《竞争法》第5条的调整,该条禁止怂恿他人以不正当的方式终止其与第三人签订的合同,或者避免进行新的商业接触。《竞争法》第5条并不要求号召联合抵制的行为来自竞争对手。当然,通过提供更为优越的条件来做广告争取新的潜在顾客并非不正当的。

6.《波兰民法典》将欺诈之诉规定在一般侵权法条款中(《民法典》第415条)。《民法典》第422条增加了一项一般条款,即"不仅直接造成损害的行为人应当承担责任,诱使或帮助他人造成损害,包括有意识地从给他人造成的损害中获得利益者也应当承担责任"。另外,捷克和斯洛伐克《民法典》第424条通过规范故意和不道德地造成损害的行为的一般条款来处理诱使违约的行为。爱沙尼亚也是同样的情况(《债法》第1045条第(1)款(viii))。

7. 原则上,《德国民法典》第823条第(1)款排除了第三人对干涉他人合同关系之行为的侵权责任:合同并不产生一项绝对权,而仅产生一项相对权,因此不能对抗第三人(例如,*Medicus*, Bürgerliches Recht[20], no. 610; id., Schuldrecht II[12], no. 842)。不过,根据《民法典》第826条,特别是,如果纯粹经济损失是通过故意的背俗行为造成的,就会产生对它的责任,根据德国的理解,该损失并非是侵犯绝对权的结果。推断背俗行为需要特定的情景。例如,在双重买卖的情形,第二个购买人仅仅知道出卖人违反了合同尚不足以构成侵权(*Medicus*, Schuldrecht II[12], no. 842)。背俗行为仅在积极诱使他人违约的情形才出现。如果诱使行为人表现出特殊程度的轻率,或者换句话说,以和法律意义上的诚信的基本要求不相符的方式行为,那么诱使违约行为就是不道德的(BGH 24 February 1954, BGHZ 12, 308, 317; BGH 23 April 1999, NJW-RR 1999, 1186和BGH 19 October 1993, NJW 1994, 128)。例如,第二个买受人承诺他会使出卖人免遭第一个买受人的所有诉请就是如此(BGH 2 June 1981, NJW 1981, 2184,2185; 类似地,BGH 19 October 1993, NJW 1994, 128, 129)。从第三人通过欺诈、不法胁迫造成违约(或者不履行其他债务:BGH 1 April 1992, NJW 1992, 2152, 2153)或从和出卖人串通的事实中也可以发现不道德的行为(Palandt(-*Sprau*), BGB[65], § 826, no. 23)。例如,在一名银行职员与贷款人串通合作,履行了一份伪造的转移指令,但未损害对银行的任何请求权的情形,被借记账户的持有人还可以根据《民法典》第826条规定对贷款的接收人请求损害赔偿(BGH 31 May 1994, NJW 1994,2357)。为了与竞争有关的目的而诱使违约总是构成背俗行为(*Sprau* loc. cit. no. 24)。此外,有意识地非法利用他人的代表权或者合同一方和合同另一方的代表人进行欺诈性的合作行为也属于这一意义上的不道德行为(BGH 26 March 1962, NJW 1962, 1099)。本质上,挖走职员和"盗取"顾客的行为本身并非不道德的。不过,借助伴随的情况,*尤其*是在接受合同违约金的情况下,通过行动计划,或者通过非法利用或损害雇主或供应商的行为,也能确立不道德行为(Erman(-*Schiemann*),BGB II[11], § 826, no. 29)。

8. 类似地,奥地利法律也将诱使违约的行为视为不道德地造成损害的行为的一个子集(《民法典》第1295条第(2)款; OGH 9 November 1982, 4 Ob 562/82)。当第三人诱使受害人的合同相对人违反合同时,判例甚至不要求提供能证明行为人具有损害故意的特殊证据(根据《民法典》第1295条第(2)款,这一证据本身是必要的)(OGH 28 April 1998, 1 Ob 186/97b)。在已被报道的并不众多的判决中,大部分都与诱使他人一物二卖的行为相关。受害人可以要求进行实物赔偿,也即返还原物,来代替金钱赔偿(OGH 29 May 2001, 5 Ob 259/00z)。在另一起案件中,诱使他人向冻结账户中缴纳会员费得到讨论(OGH 12 December 2002, 6 Ob 62/02i, RdW 2003, 314)。特别是与经济相关的案例群——挖走雇员以及为了给竞争对手造成损害而诱使违约——是根据竞争法而非一般私法来决定的(OGH 18 February 2003, 4 Ob290/02d, SZ 2003/12)。如果某人为了自身利益而利用违反外部合同(即他非当事人的合同)的行为,并不承担责任(相关的案例汇编见RIS-Justiz RS 0 107766)。

9. 通过诱使第三方违反合同债务造成损害就满足《希腊民法典》第919条中的必要要件(A.P. 2169/1958, NoB 7 [1959] 195 [=上述示例5]; Georgiades and Stathopoulos(-*Georgiades*), art. 919, no. 5 [所举例子为,对已经售出但尚未移转的物提出更高的价格从而诱使他人二重买卖])。

10. 葡萄牙法关于这一问题的出发点体现为《民法典》第406条第(2)款,根据该规定,"合同仅在法律有特殊规定的情形和条件下才对第三人发生效力影响"。根据《民法典》第490条,尽管除了不法行为人以外,诱使人及帮助人也负有责任,但仅在主要不法行为人实施了侵权性的(而不仅是合同性的)不法行为的情形中才是如此。因此,有人认为,在诱使违约的情形,原则上只有被诱使人需要承担责任,而诱使人无须担责(*Antunes Varela*, Obrigações em Geral I[10], 179);受害人只有可能利用被诱使人的权利来对抗诱使人(《民法典》第794条)。判例偶尔会利用其他技术来使责任正当化(例如,STJ 18 December 2003:银行对在它那里开设的一个账户的借方做了记入,但它明知这一行为还需要有第二个经理的签字却没有获得,银行由于侵犯了该经理的好名声而需对其承担责任)。根据一些评论者的意见,合同义务的相对性这一原则存在例外(相关意见可见*Almeida Costa*, Obrigações[9], 82 and 83;*Antunes Varela* loc. cit. 175)。这一观点的支持者尤其希望达成下述立场,即承认诱使违约是一种侵权行为(*Galvão Telles*, Obrigações[7], 20和*Menezes Cordeiro*, Obrigações, 251)。不过,迄今为止,主流观点(如*Vaz Serra*, BolMinJus 85 (1959) 345; *Antunes Varela* loc. cit. 176; Almeida Costa loc. cit. 81),更重要的是判例法(CA Coimbra 20 January 2004; STJ 19 March 2002, CJ(ST)[2002-1] 139; CA Lisbon 21 February 1991, CJ XVI [1991-1] 165; see also STJ 25 October 1993, BolMinJus 430 [1993] 455)都没有采纳这一观点。根据《民法典》第406条第(2)款以及第1306条第(1)款,诱使违约行为的责任依据其他法律基础才能发挥作用,特别是依据竞争法的标题(*Antunes Varela* loc. cit. 177; *Alarcão*, Obrigações, 84)(有关这种情形的示例,参见STJ 29 September 1995, BolMin-Jus 449 [1995] 374)。

11. 根据荷兰法,故意诱使他人违反对第三人承担的债务构成民事不法行为,只要很明显第三人将因此遭受损害且诱使行为缺乏辩护理由((Onrechtmatige Daad III (- *van der Wiel*), S. Ⅱ.3, no. 122; Onrechtmatige Daad IV (- *van Nispen*), nos. 209 and 230)。HR 18 June 1971, NedJur 1971 no. 408 p. 1226一案涉及侵犯承租人的优先购买权而将土地进行出售并且转让的行为;土地购买人也要对承租人承担责任。顺便提一句,即使不法地协助他人违约也构成民事不法行为。再者,不法地干涉他人的请求权也会发生在其他情形,例如,滥用信任和信赖关系(relationship of trust and confidence)(HR 3 January 1964, NedJur 1965 no. 16 p. 65:购买已经出售给第三人的不动产)。在诱使他人违约的情形,赔偿还可以采取返还原物的形式,例如,第二个买受人将标的物所有权转让给第一个买受人。在这一情形,产生的是*调整性的赔偿(aangepaste veroordeling)*,一种"定制的裁量"(a customised award)(HR 28 June 1974, NedJur 1974 no. 400 p. 1105;*Verkade* , FS van der Grinten, 561-576)。《爱沙尼亚债法》并没有类似于第Ⅵ-2:211条的规定。

12. 在北欧各国,原则上纯粹经济损失须符合严格的条件才能得到赔偿。最重要的情形违反了刑法。不过,也存在一系列例外。其中就有诱使违约所致损害的可赔性——在这一阶段原则上任何地方都承认这一问题(关于瑞典,参见HD 12 September 2005, NJA 2005, 608 [上述示例4;参见*Bernitz*, JT 2005-06, 620和*Sandstedt*, VersRAI 2007, 44];关于丹麦,参见HD 16 September 1947, UfR 1947, 1005 [关于这一问题,参见*Gomard*, Obligationsret II, 146];关于芬兰,*Saxén*, Skadeståndsrätt, 74;关于挪威,参见*Hagstrøm and Aarbakke*, Obligasjonsrett[2], 816)。当第二个购买者诱使出卖人将已经出售给他人的物品再次出售时,根据北欧的法律,由于他的恶意,无法适用善意取得的原则(瑞典:《动产的善意取得法》[Lag om godtrosförvärv av lösöre] 第2条第(1)款;《土地法》[Jordabalk - JB] 第17章第1~2条;丹麦:*Elmer and Skovby*, Ejendomsretten I[4], 193;芬兰:《商法典》第1章第5条;《不动产法典》[Jordabalk] 第13条第(3)

款)。在这些情形中的责任问题到目前为止尚未出现。

13. 在英格兰,诱使违约的侵权行为近期在英国上议院的 *OBG Ltd. v. Allan* [2007] UKHL, [2008] 1 AC 1 一案中受到权威的审查。该案决定,故意造成违约是责任的充要条件,而且,尽管为了实施侵权行为,行为人应知道他在诱使违约且意图这么做(知道其后果),但行为人在明知的情况下诱使他人违约作为实现目的的手段,就具备了必需的意图(intent),即使他并未受到恶意的驱动:具有给原告造成伤害的意图(intent)不是必需的,因此,即便被告的动机只是为了确保个人的经济利益,他也实施了该种侵权。不过,仅仅预见到被告的行为可能导致他人违约不足以导致责任的产生。责任现在在性质上已经被视为是次要问题,因此,除非实际发生了合同当事人的违约行为,否则行为人对诱使他人违约不承担责任(从中还可以得出,用不法手段进行干涉的侵权行为应被视为一种独立的承担主要责任的侵权行为)。相应地,如果合同可撤销,那么诱使有权撤销合同的一方当事人行使撤销合同的权利不构成侵权,因为这并非违约行为:*Proform Sports Management Ltd. v. Proactive Sports Management Ltd.* [2006] EWHC 2812 (Ch), [2007] 1 All ER 542。

示例1取自BGH 24 February 1954, BGHZ 12, 308;示例2取自 *Lumley v. Gye* (1853) 2 E & B 216, 118 ER 749;示例3取自 *Boulting v. Association of Cinematograph, Television and Allied Technicians* [1963] 2 QB 606;示例4取自 Swedish HD 12 September 2005, NJA 2005, 608;示例5取自 A. P. 2169/1958, NoB 7 [1959] 195;示例6取自 Cass. 25 October 2004, no. 20721, Giur. it. 2006, I, 1, 486。

第三章　归　　责

第一节　故意与过失

第Ⅵ－3:101 条　故意

下列情形得认为系故意造成具有法律相关性的损害：
(a)意在造成此种损害；或者
(b)明知此种损害或者同类损害将会或者几乎必然会发生而仍为一定行为。

评　论

A.概述

故意作为归责基础。和过失一样，故意属于归责基础（第1:101条（基本规则））。对故意和过失的概念的理解由本节进行定义。源自故意行为的责任和源自过失的责任部分遵循不同的规则：例如参见第Ⅵ－2:101条第(3)款（具有法律相关性的损害的含义）、第Ⅵ－5:103条（犯罪人对其他共犯造成的损害）、第Ⅵ－5:401条（对责任的约定免除或限制）。而且，这一区分在有关依据与有过失减轻索赔的规则上也发挥着作用：参见第Ⅵ－5:102条（有过错与责任承担）。不过，在其他背景下，例如，在因果关系的领域内，损害的原因是故意还是过失引起的这一问题也是很关键的。

示例1

一名十岁的儿童从一座桥上向高速公路上扔了一块石头，结果造成了一辆大巴上的乘客死亡。除了别的事项外，乘客的遗属基于负责管理高速公路的企业没有采用必要的安全措施因而行为有过失（在具体情形中得到了很好的证明），对其提起诉请。该过失和损害之间的因果联系仅在该名儿童故意造成乘客死亡时才中断。假定该名儿童并非旨在杀死他人（第Ⅵ－3:101条(a)项），则事情取决于——根据该名儿童个人的发展阶段——他是否知道因扔石头非常可能导致死亡。如果是一名十岁的儿童，若对该问题有疑问，答案就是否定的。

自然人和法人。本条的规定并不限于自然人;可以适用一般的解释规则,“人”被理解为既包括法人也包括自然人(参见术语列表)。法人也能像自然人那样故意(或过失,根据具体情况)造成损害。法人的故意可以通过证明作为其管理机关行为的自然人的主观状态而得以确立(参见第Ⅵ－1:103 条(适用范围)(b)项和对该条的评论)。

B. 故意

界定的必要。本条通过与损害发生相联系而对故意作了定义。基于种种原因,这一定义是不可少的。首先,欧洲私法现在缺乏对故意的统一界定。其次,根据这些规则,故意的存在(或缺失)在大量案件中发挥着作用。最后,作为一项规则,对故意造成损害承担的责任是不可获保的。基于该理由,这一责任以直接的并且可能是毁灭性的方式影响着责任人。因而私法的倾向应指向提出一个略微狭隘的故意概念。

行为的意图是必要的,但并不充分。本条并未采用英国侵入法中援用的“故意”概念,在该概念中,在证明了行为妨害了他人的权利后,只需存在进行行为的单纯意图即已足够。在本条的意义上,某人只有(1)如其意图行为,并且(2)旨在造成具有法律相关性的损害((a)项)或认识到几乎可以确信这种损害是该行为的结果仍未停止该行为((b)项)时,才能构成本条意义上的故意行为。因而,就现有目的,故意的参考点总是造成具有法律相关性的损害。

示例 2

A 相信他人的财产属于自己而进行了毁损。A 如果本应合理地知悉那非它自己的财产,他的行为就有过失,但并非故意造成具有法律相关性的损害。这是因为他破坏自己的财产并不构成具有法律相关性的损害。

行为。另外,某人如果不知道他在做什么(例如,医院的病人在睡眠中或受到药物治疗的影响而无意识地猛击),或者,尽管他意识到了,但无法做出不同行为(例如,因为受到胁迫,或者因为某些大脑功能突发障碍而暂时剥夺某人控制行为的能力),其行为就不构成故意。

C. (a)项

故意造成具有法律相关性的损害。在故意造成具有法律相关性的损害时,某人就是故意行为。具有法律相关性的损害的概念由第二章来确立。对此负责的人必须知悉应适用的损害概念的要素并意图造成这些损害。当然,行为人认识到将要造成的损害在法律上具有“法律相关性”这一点并非实质性的要求。另外,该人必须意识到是在为不法行为;换句话说,行为人必须预计到需要应对民事上的法律后果。在行为人对具体情形或行为的不法性质发生错误时,归责基础(如果有的话)将是过失而非故意。

违反制定法上的行为规则。同样地,明知并有意地侵犯既定的制定法上的行为规则(例如,以超过交通规章允许的速度驾驶),但绝非意图通过这样做来造成事故者,不构成故意行为。

不作为。同理适用于不作为的情形。有义务介入并意识到这一点,但未采取措施避免即将发生的损害者,仅在他确实为了使损害发生而保持消极时才构成故意行为。故意总是和损害的发生相关,违反行为规范并不构成损害自身(仅为过失自身)。在一名妇女知道她清晨有义务清理其家门前的人行道上的积雪和黑冰,仍决定留在被窝,其邻居因而滑倒,造成下肢骨折的,该邻居的伤害是因过失而非故意造成的。

示例3

相比之下,一名酒醉的汽车司机为了惊吓两名行人突然将车转向二人,并因而碾过二人,如果他知道行人之一受到特别严重的伤害,并且不可能在夜里那个时间得到第三人的帮助,仍继续开车前行而使行人流血致死,则他就构成以不作为的方式故意造成死亡。

因果关系。另外,目睹了他们无义务介入之情形并且能够介入而未介入者,因为以将临的损害为乐,构成了故意行为,但他们并未故意造成具有法律相关性的损害。

示例4

A看到其一直厌恶的一个邻居拥有的房屋开始着火。她并未通知消防部门,因为她希望整栋楼都被毁损。A有故意行为,但是她未造成房屋的损失。如果A对其邻居(而非对一般大众)负有介入义务,则她是通过不作为来造成损害的。

“造成的损害类型”。为了确立故意,某人旨在造成事实上已造成的损害类型即已足够。如果对将损害确定为具有法律相关性不具有实质意义的情形,某人发生错误,该行为仍由故意造成损害的责任制度来调整。

示例5

A意欲损害B的汽车并破坏了以前属于B的一辆车。A并不知道B最近已将该车转让给了C。C遭受的财产损害是故意造成的。A知道他在给他人的财产造成损害,并意图这么做。该情形和教科书中所举的情形一样,即A意图射杀B,但在黑暗中错误射中了C。

D. (b)项

概述。(b)项涉及有关故意和过失之界限的情形。某人在蓄意行为,同时知道这么做会造成具有法律相关性的损害时,就构成故意造成具有法律相关性的损害(而不仅仅是过失)。本条(通常符合这些规则)并未采用前《欧洲合同法原则》第1:301条的表述,根据该条,“故意行为包括轻率而为的行为”。本条也未使用“轻率”的概念(在定义目录中界定如下:“如果某人知道以某种方式行动具有明显并且严重的风险,但仍然自愿行动而不关心风险是否实现,他就构成‘轻率’”)。这一概念对合同的目的而言是有帮助的(例如,参见第Ⅲ－3:501 条(范围和定义)以及第Ⅲ－3:703 条(可预见性))但是对于非合同损害责任法的目的而言则非如此。对后者而言重要的是,可归责性的简单构成得以维持,因而仅需区分故意和过失,而无须区分故意、过失和轻率。不过,首要的是,对非合同责任的目的而言,决定性的问题不是无论相关损害是否源自该行为,某人是否不能放松注意,而是该人是否知道损害将会是该行为的非常确定的结果。孤注一掷地希望损害不会发生但知道该希望在具体情形完全不现实的人就构成故意造成该损害。

示例 6

A 在道路上围绕一个急弯的外车道高速驾驶。路旁的房屋隐藏了一辆迎面驶来的汽车的头灯光。结果发生了迎面碰撞。损害并非故意造成的。不过,如果 A 在准备超车时看到迎面而来的车,而且如果他不撤回内侧车道,事故就极有可能发生并且不可避免这一点对他来说是显而易见的话,通过在外侧车道继续前行造成的损害就是故意造成的。在这种情形,故意并不会仅仅因为行为人当时希望“万事大吉”而被排除。

间接故意。(b)项因而在很大程度上但并非完全等同于传统的间接故意的概念,在某些法律体系中,对这一概念的界定跟定义名录中界定的“轻率”完全相同。不过,(b)项从过失概念中排除了有意识的疏忽大意。而且,在某人只是因重大过失造成损害时,无论他是否意识到存在疏忽大意,都不构成故意行为。

示例 7

一个建筑公司在他人土地上承担了挖掘工作并且意识到那里铺设有电缆,如果它没有对电缆的位置进行调查,并且知道,鉴于它使用的机器的个头较大而地块较小,机器不碰及电缆是几乎不可能的,在它切断电缆时,就是故意造成损害。另外,因过失甚至没有预计到在地下铺设有电缆的人仅仅构成过失行为。

重大过失。重大过失是不合理地或异常地缺乏注意(参见定义列表:“如果某人极度没有尽到具体情形不言自明需要尽到的注意而犯错,就存在‘重大过失’。”),因而它并不构成故意。另参见第Ⅵ－5:102 条第(2)款(c)(与有过错和与有责任)。

“通过该人意图从事的行为。”某人仅在他意图以其实际所为的方式行为时才构成故意造成具有法律相关性的损害。因而它从故意概念中不仅仅排除了受胁迫的行为,而且排除了非意欲的不正确反应。一名客人将点着的烟从手头掉落并损坏了主人寓所的地毯,他并非故意造成该损害。尽管他想要吸烟,但并不打算将烟掉落。

“……知道……损害……几乎确定会发生。”不过,对故意和过失的界限关键的问题是,行为人是否知道具有法律相关性的损害会因该行为而产生。(b)项将确信该损害会产生置于和下述情形同样的基础上,即行为人知悉具有法律相关性的损害"几乎肯定"会发生。为了在每个个案的情形达致公平,这给予法官一定的裁量权。在损害发生的高度可能性对每个人都是显而易见,并且不存在特殊的情形可使得下述推论——相关之人没有意识到这一高度确定的可能性——正当化时,即足以推论出故意伤害,即使是在不作为的情形。再次强调的是,不法行为人应当预见到确切的因果链条以及产生的具体损害这一点并非必需。预见性仅需与该类损害相关。

示例8

A作为所有人对一栋荒废的旧建筑负有责任。它已经被清空并应被拆毁以为新建筑让位。穿运动短裤的孩子们在建筑里踢球。A看到这一幕并意识到,鉴于到处散落的无数玻璃碎片,如果他不立即介入,不可能会产生"好结果"。假定A有义务采取预防性措施防范孩子们面临的危险并假设A意识到了这一义务,就孩子们后来遭受的伤害,A构成故意行为,尽管他不做的主要理由可能是为了省钱。

示例9

某人在几米开外朝一辆吉普车开枪,并且知道汽车中的乘客可能会被射杀,即使其主要动机是为了满足报复的欲望而伤害受害人,他仍构成故意杀人。

注　释

1.《法国民法典》第1382条和第1383条区分了故意的过错(*faute intentionnelle*)和非故意的过错(*faute non intentionnelle*)。现在,很少再争论故意责任和过失责任之间是否存在实质差别了;就大多数而言,对并不涉及实质区分(*summa divisio*)这一点达成了普遍的一致(*Mazeaud and Chabas*, Leçons de droit civil II(1)[9], no. 444 p. 451,详见 *Brun*, Responsabilité civile extracontractuelle, no. 363 pp. 187-188和 *Lévy and Castaldo*, Histoire du droit civil, no. 640 p. 917)。故意的过错是基于不法行为人造成具有法律相关性的损害的意图(*Brun*, loc. cit. no. 364 p. 188)。它规定,不法行为人必须故意作为或不作为,并旨在不法地造成损害。相较之下,重大过错(*faute lourde*)和不可宽恕的过错(*faute inexcusable*)并不要求造成损害的意图(*Flour/Aubert/Savaux*, Droit civil II[11], no. 110 pp. 109-110)。尽管存在清楚的标准,但对其进行区分有时仍感困难,特别是在不法行为人定然已经知悉行为会给他人造成损害时(参见 *Terré/Simler/Lequette*, Les obligations[9], no. 727 p. 711)。在故意的过错的意义上,不能区分正误者不会做出故意行为(*Brun* loc. cit.; *Flour/Aubert/Savaux* loc. cit. no. 101 p. 103)。故意的过错和非故意的过错之间的区分首先在保险法中获得实际意义,因为个人责任保险在故意造成损害的情形中并不提供保险金(《保险法典》第L 113-1条第(2)款)。故意预设"造成损害的意志"(*la volonté de causer le dommage*),也即,单纯地造成损害情形的意图并不充分(Cass. civ. 10 April 1996, Bull. civ. 1996, I, no. 172 p. 120)。而且,不仅法院似乎愿意在这些情形给予更高的赔偿额(*Carbonnier*, Droit civil IV[21], no. 226 p. 389; *Flour/Aubert/Savaux* loc. cit. no. 111 p. 111),它

们也勉强接受在因果关系上适用略为宽松的证明标准（*Carbonnier* loc. cit.）。

2. 在当代比利时的学说中，故意的过错偶尔被界定为是对法定规则或一般注意标准的蓄意违反；违反特殊行为标准的意图是决定性的。最初，欺诈的过错（*faute dolosive*）还额外要求给他人造成损害的故意（*Cornelis*, Responsabilité extra - contractuelle, nos. 96 - 97 pp. 178 - 180）。不过，在比利时，故意的过错（《民法典》第1382条）和非故意的过错（《民法典》第1383条）之间的区分仅在例外情形才起决定作用，因为过错的程度对法律后果没有影响（*Vandeputte*, Het aquiliaans foutbegrip, nos. 16 - 17 p. 22）。这种特殊情形之一是由试图限制责任的合同条款不能排除对故意的过错的责任这一规则所建构的（*Kruithof*, TPR 1984, 233, 269 - 272 [no. 31]）。其他评论者继续认为这一（不成文的）规则仅适用于欺诈的过错的情形（*Cornelis* loc. cit.）。

3.《西班牙民法典》对故意造成损害的问题未予置喙，因而并未纳入对故意的定义（*Yzquierdo Tolsada*, Sistema de responsabilidad civil, 236）。这一对故意的明确提及的排除传统上被解释为是因为故意和过失之间的区别对于非合同责任法而言是无意义的；过错或过失（*culpa o negligencia*）这些概念被解释为也包括故意（*dolo*）（《民法典》第1902条）（*Lacruz Berdejo and Rivero Hernández*, Elementos II(2)[4], 471 - 472；*Díez - Picazo*, Derecho de daños, 351；*Roca i Trias*, Derecho de daños[3], 60）。不过，源自故意行为的责任和源自过失的责任之间的区分在保险法领域发挥着重要作用。源自故意行为的责任被排除出责任保险（《保险合同法》第19条）。（如果请求人是在直接诉讼中对保险人提起请求，保险人是否可以依赖此来对抗请求人尚不清楚；参见上法第76条，以及《机动车交通责任和保险法》第7条。）故意和过失造成损害之间的区分在家庭法中也发挥作用；至少，看起来法院为了确保对关系密切的家庭成员之间的损失或损害的赔偿，不会允许它们仅满足于证明仅存在过失（*Salvador/Ramos/Luna*, InDret 3/2000, p. 9；*Ferrer i Riba*, InDret 4/2001, p. 12；另参见 TS 22 July 1999, RAJ 1999 (3) no. 5721 p. 8928 [在通奸的情形，若该行为的实行并非意图造成损害，则不存在损害赔偿的权利] 和 CAValencia 2 November 2004, AC 2004 (21) no. 1994 p. 1069）。

4.《意大利民法典》第2043条明确规定，每一个故意或过失的行为（*fatto doloso o colposo*）都确立了一项对损害加以赔偿的债务；它因而囊括了过错责任的两个支柱，而实际上并未对之作出定义（有关仅证明故意才足以确立责任的大量的例外规定，参见 Alpa and Mariconda（- *Alpa*）Codice civile commentato IV, sub art. 2043 § 14）。如今，故意这一概念在整个法律体系中并未以同样的方式得到界定。在私法领域，故意行为以有意志的行为（willed action）、造成损害的意图、知悉损害的不法性、不存在抗辩事由以及不法行为人有实施过错的能力为前提。不过，行为的目的并不必然和造成损害同义；间接故意（*dolo eventuale*）在这方面已然足够（*Franzoni*, Dei fatti illeciti, arts. 2043 - 2059, 110）。如果损害可预见，但并非为行为人所意欲，而是不注意、疏忽或失礼（所谓的普通过错，*colpa generica*）的结果，或是违反了制定法上的行为规则（通常被称为特殊过错，*colpa specifica*）时，过失就为《民事诉讼法》第43条第(1)款所肯认。被告是以故意的方式还是单纯的过失方式行为可能仅在证明请求人是否遭受可获赔的损害时才相关——例如，在促成违反合同的情形，在联合抵制的情形以及在诽谤的情形（Cass. pen. 5 November 2004, no. 46311, Giur. it. 2005, I, 1, 2385）。

5. 匈牙利侵权法的基本规范（《民法典》第339条第(1)款）有意没有提及"故意和过失"的概念；因而学界很少关注这些概念。相反，它们为匈牙利民法中的"应受责难性"（blameworthiness）的概念所替代（*Gellért*（- *Kemenes*）, A Polgári Törvénykönyv Magyarázata[6], 1231 - 1232；

Lábady, A magyar magánjog (polgári jog) általános része, 308－309; *Bíró*, A kötelmi jog és a szerzödéstan közös szabályai[6], 466),这一概念是被客观评估的,并且通过其单独的层级而与过错相区分(*Petrik*, Kártérítési jog, 48－51)。它被用于向法人归咎责任(*Kemenes* loc. cit. 1226－1227)。不过,在一些特殊规定中也会出现故意和过失。《民法典》第6条(参见前述第2:207条(信赖错误建议或信息所致的损失)注释4)、第342条第(1)款(限制或排除故意或重大过失责任之合同条款的无效)、第360条第(4)款(恶意造成损害的时效期间)、第581条(赠与人的责任),特别是在保险法中都使用了故意的概念。就财产保险,《民法典》第556条第(1)款规定,保险人在证明损害是由被保险人(或由一定的关系人)故意或重大过失造成时,免负赔付义务。在责任保险情形,对被保险人故意或重大过失的证明并不免除保险人对受害人的赔付义务,但是在这些情形,保险人有权向被保险人追偿(《民法典》第559条第(3)款)。波兰侵权法采用了类似的立场。其《民法典》第415条的基本规则中并未明确出现故意的概念,但是公认的是,那里使用的"过错"一词包括了故意的过错和非故意的过错(过失)(*Czachórski*, Zobowiözania[9], 212)。源自故意的过错和非故意的过错的责任的差别是极其重要的,因为诸多民法典的条文都被限定于故意造成损害的情形:例如《民法典》第473条第(2)款(免除故意给债权人造成损害之责任的合同条款无效)、第757条(无因管理人对其尽力挽救他人财产而造成的损害所负的责任限于故意或重大过失的情形)、第827条第(1)款(在被保险人故意造成损害的情形,保险人免负责任)。民法典避免界定故意的过错(*wina umy ślna*)。在学理和判例法中,它被理解为包括了旨在造成损害的不法行为的情形(*dolus directus*,直接故意)以及侵权人并未意图造成损害,但知道该损害会发生的情形(*dolus eventualis*,间接故意)(*Radwański and Olejniczak*, Zobowią zania－czę ść ogólna[7], 197)。在保加利亚侵权法中,与过失不同,故意不能被推定(《债法》第45条第(2)款);对此必须加以举证(*Konov*, Osnovanie na grajdanskata otgovornost, 131; *Kalaydjiev*, Obligazionno pravo, Obshta chast, 373)。在故意的过错之情形,较之简单过失之情形,通常会对非经济损害给予更高的赔偿额(*Takoff*, Obzor na deliktnoto pravo na Bulgaria, no. 61 p. 8)。雇员仅在故意行为的情形才对给其雇主造成的损害承担无限的金钱赔偿责任(《劳动法典》第203条第(2)款);在所有其他的情形下,经济责任的范围被限定为不超过的三倍(《劳动法典》,第206条第(1)项)。其他特别法(如《商法》第631a条:对错误申请破产的责任)要求归责时存在故意或过失。

6. 德国法中的"过错"包括故意和过失(《民法典》第276条)。不过,制定法上并未对故意的要素做出界定。通常认为,故意暗示着知悉并意欲造成非法结果(BGH 5 July 2008, VersR 2008, 1407[一名小学生有意扔雪球——但在与因此导致的同学遭受的眼伤的关系上并无故意])。在刑法中区分的直接故意(*dolus directus*)和未必故意(*dolus eventualis*)在侵权法中没有意义(*Medicus*, Schuldrecht I[16], no. 306);在侵权法中,未必故意已足。在某人接受不法的结果为其作为或不作为的可能结果时,即被视为具有以间接故意(conditional intent)为行为。在行为人信赖损害不会发生时存在注意的过失或有认识的过失(advertent or conscious negligence)(Palandt(－*Heinrichs*), BGB[65], § 276, no. 10; Erman(－*Westermann*), BGB I[11], § 276, no. 7)。故意仅需要和对他人的权利的侵犯相关;而不需要与因侵犯这些权利而导致的经济或非经济损失(德国法下的"损害")相关;《民法典》第826条规定了这一规则的例外(*Heinrichs* loc. cit.)。民法中的故意以意识到行为的不法性为前提。因而法律错误(mistake of law)以及事实错误(factual error)排除了故意的存在(*Heinrichs* loc. cit. no. 11)。不过,在责任基于违反保护性的刑法规范的情形,适用特殊的标准(《民法典》第823条第(2)款);此时,和犯罪故意相关的法律也适用于私法的目的(BGH 26 February 1962, NJW 1962, 910; BGH 10 July 1984, NJW 1985, 134, 135)。此外,为了确立《民法典》第826条规定的责任,被告知悉行为在道德上可责难并非必要条件;从法律的角度看知悉使得行为在道德上可责难的事实情况即为已足(BGH 26 March 1962, NJW 1962, 1099, 1100; BGH 13 September 2004, NJW 2004, 3706, 3710)。在《民法典》第823条第(2)款的框架内,疑难的问题是,如果某人希望违反保护性法律,但并未意图造成后来出现的伤害,他是否构成故意。主流的观点认为,仅故意违反保护性的法律是相关的(Palandt (-*Sprau*), BGB[66], § 823, no. 60; BGH 20 March 1961, BGHZ 34, 375, 381)。

7.《奥地利普通民法典》第1294条区分了"恶意"(malicious intent)造成的损害和"疏忽"(oversight)造成的损害。在解释这些概念时,法院严格遵循了《刑法典》第5条第(1)款和第6条第(1)款对"故意"和"过失"的定义。因而,在某人希望造成一定的事态,而该事态符合侵权诉因的要件时,他就构成故意行为。在此情形,不法行为人认真考虑了这一事态的实现是可能的,并认可这一结果即为已足。根据《民法典》第1294条,若损害是在明知的情况下有意造成的,就存在恶意的目的(故意)。"知悉必须与不法性以及损害结果的发生可能性相关,而恶意仅需与后者相关"(*Koziol*, Haftpflichtrecht I[3], no. 5/25)。至于《民法典》第1295条第(2)款(对被认为是违反了公共道德之故意造成损害之行为的责任),不法行为人预见到结果的发生并赞同之即为已足(未必故意,*dolus eventualis*)(Schwimann (-*Harrer*), ABGB VI[3], § 1295, no. 146; OGH 20 May 1992, SZ 65/76)。希望损害结果不会发生者构成故意行为(Koziol loc. cit. no. 5/27)。OGH 1 January 1951 SZ 24/5这一裁判有关违反保护性法律,自此裁判以来,过错仅需与违反规范相关而无须关联损害结果。关于违反公共道德(public morals),不法行为人知悉必然导致违反公共道德的情形即被视为已足(*Bydlinski*, JBl 1986, 631)。相较之下,根据OGH 31 August 2005, 9 ObA 16/05a这一裁判,故意违反社会保障法中的职业健康和安全规定并不足以通过将之归类为故意损害而剥夺雇主在责任方面享有的特权地位;反之,损害结果是所意图则为必需。认为存在故意的其他情形还有,一名汽车交易商就机动车的制造年份向买家和为买家的购买提供贷款的银行撒了谎,被认为在与银行的关系上有故意行为,因而《民法典》第1489条第(2)款规定的较长时效期间适用于银行就源自拖欠贷款的损害提起的诉请(OGH 30 June 1987, WBl 1987, 273)。

8.《希腊民法典》将故意视为是过错的一个支柱,但是并未对其做出界定。长期以来,在学术处理上,两种竞争的学说得到支持,根据一种主张,故意是否存在的问题应取决于不法行为人是否预见到不法结果并且仍继续行为。另一种观点则将不法行为人是希望还是计划被禁止的结果这一问题视为是具有决定性的。现在的主流观点是,如果不法行为人预见到不法的结果,并将其纳入自己的意志,则存在故意;他是否追求不法的结果并非必要(Georgiades and Stathopoulos (-*Stathopoulos*), art. 330, nos. 13-14)。特别是,希腊法区分了下述不同的故意形式。在不法行为人承认不法结果为行为的必然结果时,就存在直接故意;另一方面,在不法行为人将不法结果的发生仅视为是可能的并愿意接受它,则存在未必故意(*dolus eventualis*)。在个案中对确定故意而言重要的是,不法行为人知道其作为或不作为受到禁止仍为行为(*Stathopoulos* loc. cit. no. 21;*Deliyannis and Kornilakis*, Eidiko Enochiko Dikaio Ⅲ, 158):事实错误以及对行为受禁止性质的错误的存在则排除了故意的存在(ErmAK(-*Michaelides-Nouaros*), art. 330, no. 18)。

9.《葡萄牙民法典》第483条第(1)款也区分了故意的侵权行为和单纯的过失的侵权行为(*meramente culposos*)。前者以造成损害的意图为特征(*Almeida Costa*, Obrigações[9], 506-507)。

故意是重大过错(*culpa grave*)的表征。在民法中,它在诸多背景下起作用,特别是和赔偿额相关时(《民法典》第494条、第497条第(2)款、第506条第(2)款、第507条第(2)款和第570条第(1)款;参见*Almeida Costa* loc. cit. 496-497, 507-508, 534-535;*Antunes Varela*, Obrigações em geral I[10], 568-569; *Pessoa Jorge*, Ensaio sobre os pressupostos da responsabilidade civil, 361, 364)。"故意和过失侵权行为确立了一项损害赔偿的权利"这一基本原则的例外可以在《民法典》第814条第(1)款、第815条第(1)款以及第1681条第(1)款中找到。不过,这些规定涉及合同法和家庭法的问题,并不涉及侵权法。意识到某人是以不法的方式行为是故意的前提条件(*Almeida Costa* loc. cit. 533),因而错误地相信存在紧急情况或某一其他的行为的正当事由排除了故意的存在。在葡萄牙也区分了直接故意(*dolo directo*)、间接故意(*dolo indirecto*)和未必故意(*dolo eventual*);比较《刑法典》第14条第1~3款;*Almeida Costa* loc. cit. 533; *Antunes Varela* loc. cit.; *Pessoa Jorge* loc. cit. 322。如在某人将界石从一块土地上移走因而主张该边界的设立不正当时(STJ 18 April 2006),直接故意就得到确认。葡萄牙对间接故意的理解大部分符合立足于第3:101条(b)项的规则;对未必故意(*dolo eventual*)的理解更接近《共同参考框架草案》对轻率(recklessness)的界定(参见上述评论四以及CA Evora 18 June 2002)。

10. 荷兰法将故意(*opzet*)和过失(*onachtzaamheid*)视为是相互排斥的两极。特别是,其民法区分了过错的大量层级(深入的思考,参见*Haak and Koot*, Bewuste roekeloosheid in het privaatrecht):*opzet*(故意)、重大过错(重大过失)或轻率("不注意"意义上的"轻率")、未必故意(*dolus eventualis*)和轻过错。刑法背景下的故意并不必然和私法中的主流观点有着同样的含义(*Haak and Koot* loc. cit. 1-11)。在私法的何种领域内才实际上需要故意这一问题并不清楚并且是争论的话题。甚至有人认为,《民法典》第6:162条中发现的不同种类的不法行为也在归责的层面依循不同的要件,如"侵犯权利"仅在故意行为的情形才总是出现。因为在过失行为的情形,责任是根据《民法典》第6:162条第(3)款中的另一个标题"根据公认的标准"来归咎的(Onrechtmatige Daad Ⅱ(- *van Maanen*), 210-213; 相反观点, Asser (- *Hartkamp*), Verbintenissenrecht III[12], nos. 69-73 pp. 92-95),这一观点可以得到支持。当然,故意和单纯的过失之间的区分并不是在这一标题下(此处问题实际上是学术性的)才具有实际的重要性,相反,在调查因果关系的阶段(《民法典》第6:98条;参见第4:101条(一般规则)下跟本主题相关的注释),在依据与有过失的理由来削减诉请的框架内(《民法典》第6:101条),对非经济损害的责任(《民法典》第6:106条)以及在社会保险机构追偿的领域(《民法典》第6:108条和第6:109条),它才具有重要性。

11.《爱沙尼亚债法》第104条第(5)款规定:"故意是对创设、履行或消灭债务造成不法后果的意愿。"有人认为,这一定义仅仅涉及直接故意;间接故意有意未被定义,因为所采用的策略是将对概念的解释留给学术和判例法(*Lahe*, Fault in the Law of Delict, passim; Lahe. Juridica 2002, 30-36)。《立陶宛民法典》第1641条规定:"每个故意的伤害都应被理解为具有不法的意图。"

12. 在北欧国家,就有关责任的规定,故意和过失原则上有着同样的地位。随着对侵权法传统边界的扩展,较之决定过失造成损害的要件,现在更容易决定故意造成损害的要件。例如,在瑞典判例法中,存在有关赔偿近亲属的疼痛和痛苦(参见前述第2:202条(因他人的人身伤害或死亡而由第三人遭受的损失)的注释17)以及有关引诱违约的责任(参见前述第2:211条(诱使债务不履行造成的损失)的注释12的裁决。更重要的是,根据《丹麦损害赔偿责任法》第19条第(2)款,仅在存在故意或重大过失时,个人才对给被保险物造成的损害承担责任。刑法和民法的故意概念在内容上应被视为是同样的(无论如何,根据瑞典的文献:*Hellner and Johansson*, Skadeståndsrätt[6], 124; *Bengtsson and Strömbäck*, Skadeståndslagen[2], 46 and 58; 另参见 HD 12 September 2005, NJA 2005, 608)。直接和间接故意的概念和第 3:101 条(a)和(b)中包含的界定是一致的;有关(b)项中的第二项选择("明知该损害……几乎确定会产生"),谈及的是基于漠视的故意,这一概念得到支持来代替未必故意(*dolus eventualis*)(S - Karnov 2005/06 (- *Rekke*), no. 2 p. 2502)。除了直接和间接故意外,丹麦法还承认"给予可能性的故意"(这取决于不法行为人将何者视为具有占优的可能性)以及基于风险的故意,它类似于未必故意(*dolus eventualis*)(D - Karnov 2004 IV (- *Elmer*), no. 86 p. 4952; *Vinding Kruse*, Erstatningsretten[5], 52)。

13. 在英格兰,过失侵权(以及作为其要素的违反注意义务)所扮演的支配性的角色与故意行为从中占有一席之地的这种性质迥异的侵权一起,表明了在侵权法中寻求一个统一的故意概念并非是法律分析的传统的关注点。长期以来得到公认的是,该术语含义不明确,因而它可能指称有计划的一方(the intending party)实施作为其目标或主要目的之行为的意图,或者意指当事人仅仅预见到的行为,对其结果,当事人漠不关心(*Jeffries v. Alexander* (1860) 7 HLC 594; 11 ER 562, 576)。在现代侵权法中,确认故意是和损害关联还是和行为关联是有帮助的,在后一情形,必要的预期行为取决于该侵权行为试图保护的特定利益,法律表现出愿意基于轻率来对故意加以归咎:参见 Clerk and Lindsell (- *Dugdale and Jones*), Torts[19], 1 - 50 - 1 - 55。例如,就侵入土地而言,被告故意(或过失)从事行为的要件仅相当于侵犯请求人权利的行为是自愿的这一要件: *Basely v. Clarkson* (1682) 3 Lev. 37, 83 ER 565(在该案中,被告想在自己土地上割草,法院认为他应对在原告的土地上割草并将之拿走的行为承担责任)。相反,在造成损害的故意是侵权的要素时,如在 *Wilkinson v. Downton* [1897] 2 QB 57 一案中,就故意伤害他人之责任,法院详述了故意的含义,但是对该概念确切的边界的解决方法与关于相关侵权行为之范围的(冲突的)观点有着密切的关联,它与其他没有同样宽泛范围的侵权行为的关系也必然出现:例如,和 *Wilkinson v. Downton* 有关的,可参见 *Wong v. Parkside Health NHS Trust* [2001] EWCA Civ 1721 at [12]; [2003] All ER 932 (*Hale* LJ:通过将因被告的行为而造成的正在遭受的身体伤害或精神疾病的可能性与被告有意从事该行为相结合,可以认为被告意欲造成该身体伤害或精神疾病); *Wainwright v. Home Office* [2001] EWCA Civ 2081 at [49]; [2002] QB 1334 at 1349 (Lord *Woolf* CJ: 必须存在造成损害的故意或者对是否造成损害存在轻率); 比较 [79](*Buxton* LJ: 必要的主观上的轻率,或者,如果该观点不正确,在被告的行为非常可能导致已发生的结果,以致产生该结果的故意应被归责时,至少是客观上的轻率),所有这些必须通过 Hoffmann 勋爵的观点加以注解,即根据 *Wilkinson v. Downton* 一案排除并不构成精神疾病的损害之责任,附随着过失侵权的后来发展,使得该侵权在现代侵权法中不具有主导作用([2003] UKHL 53 at [41]; [2004] 2 AC 406, 425)。

示例 1 取自 TS 27 January 2006, RAJ 2006 (1) no. 615 p. 1486;示例 2 取自 *Wilson v. Lombank Ltd.* [1963] 1 WLR 1294;示例 3 取自 STJ 27 September 1995;示例 6 是基于 STJ 30 October 2002;示例 7 是基于 CAValencia 18 May 2004, BDA JUR 2005/13603;示例 8 基于 *Smith (or Maloco) v. Littlewoods Organisation Ltd.* [1987] AC 241;示例 9 取自 CA Evora 18 June 2002。

第Ⅵ－3:102条　过失

当行为人通过下述行为造成损害时,得认为系过失造成了具有法律相关性的损害:

(a)该行为未达到旨在保护受害人免遭该种损害的制定法条文所规定的特定注意标准;或者

(b)在其他情形,该行为未尽到在个案情形下对具有合理谨慎之人可以期待的注意。

评　论

A.概述

范围。基于本卷的目的,本条将过失界定为一项归责基础。它并非是创设一种独立的"过失侵权"的问题,而是使第Ⅵ－1:101条(基本规则)中提及的过失概念更为丰满。本条仅涉及过失或疏忽行为。因而,它并未表述源自违反制定法义务(该义务并非以尽到注意之要求为主要内容)之责任的情形。当责任排他性地植基于制定法所要求的安全水平未能达致的事实(例如,视具体情况,有关某些涉及职场事故的制定法)时,就离开了过失的领域,而涉及特定的无(故意或)过失的责任形式,参见第Ⅵ－3:207条(对具有法律相关性的损害的其他归责)。

"通过行为"。过失要求行为受到意志的控制。无意识的行为,如睡梦中、处于麻醉状体或受到突发的中风发作影响的动作,都非第Ⅵ－3:101条(故意)或本条意义上的"行为"(conduct)。同理也适用于下述情形的不作为,即受到影响者尽到全部的适当注意仍无法辨识或消除危险的情形。

示例1

在一个有雾的冬夜,一艘船在湖上倾覆。占有人寻求帮助但雾太浓了,他的喊叫无法被听到。不能说沿湖边散步的一名妇女未采取救援促使而"不作为"——她并未听到喊叫因而无法行动;事实上,就她与被淹的人的关系而言,并不存在"行为"。

示例2

不过,下述情形就有所不同了:一名有点耳聋的老人在人行道上铲雪,他未听到一名从后面接近他的行人的警告叫声,而用铁锹击中了该行人的脸。他的听力差并不能改变使用铁锹构成与危险相关的行为并受到意志控制这一事实。因为该人意识到其糟糕的听力这一事实,他的行为甚至有过失:他本应意识到该危险并在挥动铁锹时往身后看看。

谨慎行为义务的来源。这一规则反映了在每个成员国产生与非合同损害责任法保护的他人利益相关的谨慎行为义务的两个来源:制定法规定((a)项)和一般的不加害他人的箴言(*neminem laedere*,(b)项)。这里暗示的是一般的注意义务。先人是通过提及期待善良家父(*bonus pater familias*)或理性人(*reasonable man*)应为的行为来表述它的。

积极作为和不作为。本条——在两项中——同等涉及不作为和积极作为。从其对"行为"一词的使用上可以得出这一点(参见定义列表——行为包括"不为")。不作为者如果没有采取根据制定法的规定为了受害人的利益应采取的预防性措施,或没有为合理谨慎者在案件情形会采取的保护受害人的措施,其行为就有过失。在积极作为和不作为之间无法划出一条清晰界定的边界。因而草案以基本相同的方式来处理两种行为方式。

未满18周岁者。有关本条(b)项对青少年和儿童施加的谨慎注意的要求,在第Ⅵ－3:103条(未满18周岁的人)第(1)款中可以找到特殊规则。尽管尚未满7周岁的儿童确实也可以做出过失行为,但根据第Ⅵ－3:103条第(2)款,这种行为的后果不会归咎于他们。

精神障碍者。在涉及精神上有障碍者(因为其残障,无法区分正误)的情形,有不同的出发点。这些人可能很容易偏离注意标准,根据第Ⅵ－3:104条(对儿童或者被监护人造成的损害的归责),这些标准原则上应为所有人所遵守。唯一的要求就是,该"行为"应受意志控制。根据第Ⅵ－5:301条(精神障碍)规定的情形(对这些情形被诉的当事人应承担证明责任),精神障碍是一项抗辩,根据案件的具体情形,它可以导致减轻或排除责任。本规则主要和精神障碍的成年人相关,但对精神障碍的青少年(他们达不到同年龄群体的行为标准)也有益处。当然,免除责任仅涉及故意或过失构成可归责性来源的情形,而不包括基本规则第三章第二节调整的特殊情形之一中的可能的责任基础。

示例3

在驾车时,X突然不可预见地遭遇脑溢血。尽管他仍保持清醒并意识到他在将车驶入车道中央,但因为脑溢血,他不再能够做任何事情来阻止这一行为。X的行为在第Ⅵ－3:102条的意义上就是有过失的,因为他完全认识到他的行为是不当的。相反地,如果他是被弄成无意识的,根据第3:205条(机动车辆致害的归责),若他仅仅是驾驶者,而非车辆的所有者,他将仅对后来发生的事故负责。

身体残疾者。身体残疾者和身体完好者适用同一谨慎注意的要求,只要他们意识到自己的身体残疾并且对其行为可以做出相应的调整,参见上述示例2。因为慢性循环系统失调(a chronic circulatory disorder)而应当预计到突然但短暂的视觉丧失者,不应再驾驶汽车。

B. 制定法要求的注意义务((a)项)

制定法的规定。在既定情形未依照制定法的规定行事,从而危险实现,而对该危险的防范又是保护受害人之法律的目的时,行为人就有过失。这些规则并未阐明第Ⅵ-3:102 条中的"制定法"的含义。和第 7:102 条(制定法条款)一起理解,本条中的"制定法"一词具有在相关的可适用的法律中赋予它的含义。不过,应该强调的是,"制定法"不仅包括主要立法,也包括中央和地方政府(规章等)和地方当局(如地方性法规)制定的次级立法。另一方面,社会保险机构发布的预防事故的指南,作为规则,并非是"制定法的"规定。

刑法的规定。如果制定法是刑法的一部分,责任人客观上没有以制定法的规范所要求的方式行为即已足够。并不要求该人事实上也应对其犯行受到惩罚。例如,可能在特定的司法辖区,刑事责任仅在 16 岁才开始,或者刑事起诉取决于与民事中的损害赔偿无关的情形。

仅提及以合理注意行为的义务。从过失法的角度看,必须区分四种不同类型的制定法规定。首先的是,仅涉及一般的采取注意不侵害他人的身体完整性、权利或利益的要求。这一类型的规定对于(b)项的目的来说是不相关的,因为它们至多不过说了(b)项中已经发现的东西。换句话说,这一类型的制定法规定并未提出"特殊的"注意标准。例如,仅规定"过失的身体伤害"应受到刑罚惩处的条款就属于这一类型。

降低注意标准的规定。其次,存在一些规定,其内容是,在一定情形,或针对一定的人(例如父母和子女或配偶在其相互关系中),遵守较低的注意标准而非一般的标准即已足够。典型地,这种条款规定的是仅在重大过失(当然包括故意)情形造成损害的责任。通过建立新的制度,它们优先于一般的注意要求。在第 1:103 条(适用范围)(c)项中对此做出了处理。就雇员根据可适用的法律仅在重大过错,特别是在他们仅被指责具有重大过失的情形,才对第三人承担个人责任时,第 7:104 条(雇员、雇主、工会和雇主协会的责任)也应被纳入考虑范围。

要求更高注意标准的规定。第三类制定法规定是要求从事规定活动者遵守较一般标准更高之注意标准。没有达到规定的更高标准的,相当于存在过失。当然,这些规定必须将确立注意义务作为其主题;它们不能向其受众施加一项确保特定事态(特定结果)的义务。这是因为后一类型的规定完全未提及注意的概念。因而正如前面提及的,它们被从本条中排除出去,由第 3:207 条(对具有法律相关性的损害的其他归责)。例如,这包括有关由工人操作的机器的安全装置的规定。本条(a)项和第 3:207 条(对具有法律相关性的损害的其他归责)包含的保护性法律之间的界限并不总是容易划定,无论是从理论上,还是从实践上,这确实是正确的。这是因为,可能有能够同时归摄入两项规定的制定法规则。例如,一项制定法规则可能规定,就某些手术,在手术室应当配备另一台人工心肺机。这种行为义务有双重功能,因为它们确实明确说明了和受保护的利益相关的一项特殊的注意标准，同时也要求某种事态。因而，在这种情形，受害人可以援用两个归责基础。不过，这并不会极大地影响实际结果。这归因于第5:302条（不可控制的事件）也适用于第3:207条（对具有法律相关性的损害的其他归责）。

详述了一般注意义务的规定。第四，大量的制定法条文将详述或具体化规定情形的一般注意义务作为其功能。它们是第3:102条中的规则的中心。典型例子是由下述规定提供的，如建筑和规划法以及商法的规定、从事职业的规章、有关健康保护的规定和道路交通规章。符合这些规定并不自动就排除过失责任。不过，这类规定并非是在既定情形过失行为的无限授权（*carte blanche*）。在于具体情形中一般人必然认识到遵守特定的制定法上的安全要求在既定情形并不充分以及制定法留有了相应的行动裁量权时，在该情形下的人必须像处于案件情形中的合理谨慎的人会做的那样来行使裁量权。

示例4

有关保护森林的规章要求秋天在其田地里焚烧庄稼残茬的农民在焚烧时要距离最近的森林至少300米远。B遵守了这一要求。不过，在上述的日子，刮了一阵特别强劲的风，B本应意识到制定法中规定的最小距离在这种天气条件下并不足够。森林着火了。根据（b）项，B的行为有过失。遵守制定法的规定并不能免除B遵守一般注意标准的需要。

示例5

在制定法实际上禁止采取可靠的安全措施时，情况就不同了。例如，考虑一下保护具有历史意义的建筑和天然纪念物，如中世纪的正义之树（medieval tree of justice），尽管这可能是唯一可采取的保护路人的安全措施，也不能砍伐了它。

禁止性规范和注意规范。在制定法仅规定了禁令而未明确表达特殊的注意义务时，过失问题就要根据（b）项加以判断，这当然不排除考虑一般注意规范背景下的禁止性规范的价值。

示例6

一个道路交通标志指示为单行道，因而禁止从出口进入街道，但这一标志被一辆停泊的卡车遮住了。A并不熟悉这一区域，也没有其他标示让她可以认识到该条道路是单行道（如果有指示性的路标或在她那一侧的道路上的汽车都是背着她行进的方向停泊的），因而，她转入该道路并导致事故，但她的行为并没有过失。不过，这并不排除下述观点，即辨认交通标志所必需的注意应当很高。

制定法的目的。被违反的制定法上注意规范的目的必须旨在保护受害人免受实际上已经遭受之具有法律相关性的损害。因而，制定法的目的不能仅仅是确保一般的保护或者主要是保护公共利益,或保护受害人免受实际已经发生的损害之外的其他损害。

示例 7

A、B 和 C 是一起事故的目击者,在该起事故中,X 受到严重伤害。他们向 X 提供急救并通知应急服务部门(emergency services)本来是件容易的事。他们因疏忽未做。A、B 和 C 根据这些规则并不承担责任,因为,尽管违反了在事故发生地提供急救的义务构成了犯罪,但施以救援的义务仅是为了公共利益而存在的。这是大多数成员国的实践。

示例 8

存在一项制定法上的义务,要将在轮船甲板上运输的动物关在笼子里。这一制定法的目的是防止在动物中传播疾病。其目的并非是防止动物从船上掉下,尽管它具有这一附属的效果。因而,至少就该制定法规定,在没有将动物关入笼中使得动物从船上掉下而导致损失时,是不存在过失的。这当然并不排除承认除了制定法外还违反(b)项规定的一般注意义务的可能性。

C. 一般的注意义务((b)项)

客观标准。(b)项涉及第二种过失形式。在行为未满足根据案件的具体情形合理谨慎的人应尽的注意时,就构成过失。该标准是一项客观标准。它并不取决于行为人的个人能力,而是基于可合理期待该人应具备的能力:一名牙医不能通过主张他是一名学习迟缓的新手并很容易健忘而逃避责任。开始其职业生涯者必须同样满足胜任的职业人士的标准(同样,新获资格的司机必须达到更有经验者的标准),尽管通过最有能力者的标准来衡量他们是错误的。

决定性因素的最终清单为不可能。在个案情形下合理谨慎的行为意指为何的问题受到数项因素的影响,这些因素无法穷尽列举。一方面,保持关注是必需的,因为这有助于意识到危险。任何人对可预见的行为的消极后果视而不见的,只能通过单纯的运气来避免损害他人。

示例 9

一家建筑公司铺设地下饮用水管道,它不仅应从其他公共事业公司获得了有关其管线确切位置的计划,事实上,它还必须检查总计划的说明是否准确。

实际上应当做什么最终取决于对预防成本和收益的衡量。迫近的损害的类型和程度可用于指明预防它所需的措施的类型和范围。在某些情形,通知公众或简单地指示特殊的危险源即已足够,在其他情形,必然会遭遇危险源本身。相关的还有,行为人和受害人之间是否存在特殊的密切关系或者信任关系,因为信托义务和类似因素可能提升必要的注意程度。其他相关的因素有,是否涉及私人或商业生活风险,一般预想的究竟是儿童还是仅成年人会接近危险源,相关的风险是已知的还是第一次出现等。

想得到的情况是无限的。因而在特殊情形对过失的评估应当留给法院,它们对既定事实下什么构成谨慎的行为或未尽到谨慎注意的行为的评估可以随着时间做出非常恰当的改变。通常,应记住的是,必需的谨慎这一要求不能任意提高。这不仅会消除与“严格”责任之间的区别,也会明显地阻碍人类的活动;人们将难以自由行动,因为常常会担心可能遭遇责任。

示例10

在排球比赛前的热身活动中,球因人的疏忽而击入观众席,它严重地击中了一名游客的眼睛以致后者失明。俱乐部对观众区设定的间隔和安排符合建筑安全措施;比赛选手或负责组织的俱乐部都不会预见到采取进一步措施的必要。不存在过失的身体伤害。

组织缺陷。在有时被称为组织缺陷的概念中可以看到一种特殊的过失形式。它不仅是与这里涉及的集体参与的事件相关的特定安全风险。在这里,特别强调了所有大型组织以下述方式来安排其工作程序的义务,以便第三人不会受到内部沟通、权力位阶或决策等难题的威胁。实践中,特别是法人承担了这种组织义务。它们承担的该义务独立于代表其行为的自然人应负的组织义务。

注　释

Ⅰ.过失概念概述

1. 根据法国法的过失概念,如果被告犯了一名谨慎的人在同样情形下不会犯的错,就可以确立存在疏忽大意的过错或过失(*faute d' imprudence ou de négligence*)(《民法典》第1383条):即使在最轻微的过错(*culpa levissima*)的情形,也存在过错(*Terré/Simler/Lequette*, Les obligations[9], no. 728 p. 711)。尽管注意标准确实是抽象的,因为被告的行为是根据善良家父(*bon père de famille*)的标准来判断的,但在适当的时候,也会考虑,如果善良家父有着和被告同样的职业或者处于同一年龄并发现其处于同样的境地,他会怎么做(*le Tourneau and Cadiet*, Droit de la responsabilité et des contrats (2004/2005), no. 6707)。不过,并不能基于能力欠缺而免除责任(《民法典》第498－2条)。在这方面,没有区分成年人和未成年人,也没有区分在精神障碍的影响下从事行为之人(a person acting *sous l' empire d' un trouble mental*)(*Terré/Simler/Lequette* loc. cit. no. 733 pp. 715－716),无论该障碍仅是暂时的还是永久的。针对这类个体之责任的前提条件仍保留了对过错的确认(Cass. civ. 24 June 1987, Bull. civ. 1987, Ⅱ, no. 137 p. 78)。民法中的疏忽大意的过错或过失(*faute d' imprudence ou de négligence*)比刑法中的非故意的过错(*the faute non－intentionnelle*)的变动范围更宽:尽管刑事法官明确拒绝了后者,但民法法官仍可自由依赖前者(Cass. civ. 30 January 2001, Bull. civ. 2001, Ⅰ, no. 19; JCP 2001, Ⅰ, 338, obs. *Viney*)。而且,《刑法典》第121－3条第(4)款明显修正了之前的主流学说,即过错概念在民法和刑法中是统一的。

2. 在比利时用来确立过失的检验方法围绕着对下述情况的评估,即某人的行为方式是否违背了期待与被告处于同一境地的、行为经过深思熟虑的、普通谨慎之人的行为方式(善良家父, the *bonus paterfamilias*)(*van Gerven*, Verbintenissenrecht II[7], 298)。更特殊的是,区分了外部和内部因素。不过,只有外部情形才被纳入考虑。例如,它们包括事件发生的时间和地点、主要的天气情况和被告的社会地位和教育背景。内部因素包括年龄、性别、智力、性格和性情(*van Gerven* loc. cit. 300)。过错仅能由有能力实施侵权并且就其作为或不作为可归咎侵权责任者而为。这被认为是过错的主观要素(*Vandenberghe/Van Quickenborne/Wynant/Debaene*, TPR 2000, 1688)。儿童的能力根据个案来决定;就遭受精神障碍的成年人,《民法典》第1386*bis*条规定了一项公平且合理情形下的赔偿义务。

3. 根据《马尔他民法典》第1032条第(1)款,"如果某人在自己的行为中,没有使用尽到善良家父的谨慎、勤勉和注意,他就被视为有过错。"

4. 在西班牙,参考《民法典》第1104条中界定的概念,过错或过失(《民法典》第1902条)被定义为违反了注意义务(TS 9 April 1963, RAJ 1963 (1) no. 1964 p. 1217; Reglero Campos, Responsabilidad civil[3], 235; *Peña López*, La culpabilidad en la responsabilidad civil extracontractual, 443)。借助于《民法典》第1104条第(2)款,应适用的注意标准也为判例法和法学理论以相应的方式加以界定,该款规定,行为人的行为方式应当和善良家父(*buen padre de familia*)在个案情形下的行为方式一致。注意标准根据客观标准来抽象地确定(Paz-Ares/Díez-Picazo/Bercovitz/Salvador (-*Badosa Coll*), Código Civil II[2], 41; *Díez-Picazo*, Derecho de daños, 360)。不过,法官在诸多场合提高了必要的注意标准(参见TS 8 April 1992, RAJ 1992 [2] no. 3187 p. 4202和Albaladejo (-*Santos Briz*), Comentarios al Código Civil y compilaciones forales XXIV, 433)。这实际上是通过三个步骤来实现的:通过判例法切断了在《民法典》第1903条(对他人的责任)规定的制度中通过证明不存在选任过错或教育过错(*culpa in eligendo* or*culpa in educando*)而逃脱责任的可能性(如TS 26 January 1990, RAJ 1990 (1) no. 69 p. 115),通过判例法在升高的危险的情形仅允许通过证明"穷尽注意"(exhaustion of carefulness)来免责,以至于甚至在《民法典》第1902条的背景下,最终也仅有不可抗力还能保持抗辩事由的地位(例如TS 20 May 2005, RAJ 2005 (5) no. 6693 p. 14224; 参见*von Bar*, Common European Law of Torts II, nos. 360-363),以及通过判例法明显地扩张《民法典》第1908条超出其字面含义,同时将之解释为涉及"严格责任"(TS 14 March 2005, RAJ 2005 (2) no. 2226 p. 4747)。以这种方式,经典过错(*culpa clásica*)的适用范围受到显著的限缩(不过,一个重要的使用领域仍得以保留,它与源自体育和闲暇时间的伤害有关,例如,参见TS 9 March 2006, RAJ 2006 (2) no. 1882 p. 4474 and CA Pontevedra 11 May 2006, BDA JUR 2006/158510)。在一则判例中(TS 22 September 2004, RAJ 2004 (4) no. 5681 p. 11634),一场火灾导致了工作丧失,最高法院对雇员因此受到的非经济损失依据"一种严格责任"确立了责任,它甚至强调"过错的概念已被扩展至包括了谨慎和合法为之的(自愿)行为,但它要求存在损害结果,该结果导致了对整个行为的贬低"。有关职业或商业活动的风险,善良家父(*bonus paterfamiliasis*)的标准并非是决定性的;相反,(判例)施加了更高的注意标准,它是根据各个情形中的相关专家群体之成员的行为来衡量的。

5. 在过失的标题下,意大利法(《刑法典》第43条第(1)款)区分了*colpa generica*(普通过错,因为不慎、疏忽或失礼而造成损害)和*colpa specifica*(特殊过错,违反制定法的行为规则而造成损害)。普通过错要求可预见导致的损害以及避免损害的可能性,二者都是决定性的。对可预见性的检验是基于一般公民的知悉以及被告超出前者的特别的知悉。有时也认为,可以允许在个案中低于一般的知悉或能力(*Alpa*, Trattato di diritto civile IV, 246; *Bussani*, La colpa soggettiva, 1-25)。从理论观点看,这一主张和主流的对过失的客观界定并不容易协调,法学界同样倾向于支持后者(*Bianca*, Diritto civile V, 576; *Alpa*, loc. cit. 240)。

6.《匈牙利民法典》第4条第(4)款中的一项基本原则是这样规定的,它要求,在私法的背景下,除非制定法施加了更严格的要求,个人必须以既定情形下通常期待的方式行为。没有人可从其自身应受责的行为中获益;但是这一行为自身并不排除对以可责的方式行为的他人提起损害赔偿之诉。一种独立的过失理论尚未发展出来。甚至在学术评论中,过失的概念也很少得到界定(如 *Lábady*, A magyar magánjog (polgári jog) általános része, 309)。其中的理由是,匈牙利侵权法利用客观评价的"可责性"概念代替了故意和过失。被告必须证明不存在可责性(《民法典》第339条第(1)款)。不过,仍有认为,《民法典》第4条第(4)款体现了匈牙利法中和善良谨慎的家父或理性人相当的概念,后者是欧洲法律体系的特色(*Lábady* loc. cit. 144-145; *Bíró and Lenkovics*, Általános tanok, 98-101),因而,为了解释《民法典》第339条第(1)款,应当利用这一规定(*Lábady* loc. cit.)。根据波兰法,过失(*wina nieumyślna*, *niedbalstwo*)和谨慎注意这一概念相关。一些评论者认为,如果某行为不符合注意标准,并且在案件的具体情形是应受责备的,则该行为有过失。尽管遵循必要的注意标准是参考谨慎之人(谨慎的驾驶者、谨慎的医生等)的客观或抽象的检验标准来判断的而不顾严格的个人特征,可责性仍取决于这些个人特征,如精神状态(*Radwański and Olejniczak*, Zobowiązania - część ogólna[7], 197-198)。其他作者只是将过失等同于案件的特定情形下缺乏谨慎的注意,并保留了过错的一般要求,如年龄或心智的健全(*Czachórski*, Zobowiązania[10], 238-240)。《民法典》第355条第(1)款提出了必要的注意标准,根据该标准,债务人有义务采取该情形下通常需要的注意;《民法典》第355条第(2)款提高了注意标准,它规定,从事营业活动的债务人的谨慎注意应当根据该活动的职业特征来决定。尽管使用了"债务人"这一术语,但大多数评论者以及判例都将该规则视为也可适用于侵权责任(*Radwański and Olejniczak* loc. cit. 197; Pietrzykowski (-*Safjan*), Kodeks cywilny I[4], art. 355 p. 847)。《斯洛文尼亚债法》第6条表现出同样的倾向。中东欧的其他法典也避免对过失做出成文规定,并放弃对必要的注意义务作出界定。不过,根据客观标准界定过失仍属常见(详尽的阐述,如关于保加利亚,参见 *Konov*, Osnovanie na grajdanskata otgovornost, 133)。

7. 根据《德国民法典》第276条第(2)款,如果某人忽视了具体情形期待的谨慎注意的标准,其行为就具有过失。决定性的标准并非典型的注意;相反,得到强调的是,必须尽到谨慎的注意。与刑法相反,这里采用了抽象的客观标准(BGH 21 May 1963, BGHZ 39, 281, 283; BGH 17 March 1981, BGHZ 80, 186, 193; BGH 26 January 1989, BGHZ 106, 323, 330; BGH 20 October 1987, NJW 1988, 909; BGH 11 April 2000, NJW 2000, 2812; BGH 13 February 2001, NJW 2001, 1786)。因而,原则上,它并不取决于个体的被告应当尽到的注意(*Medicus*, Schuldrecht I[16], no. 309)。被告特殊的知识或技能将必需的注意标准提到一个更高的水准。而且,从事特殊的职业、属于特殊的年龄群体以及教育水平在决定谨慎注意的标准时都是重要的因素,法律规定(如道路交通立法)、有关防止事故的规章、技术规范,甚至体育规则亦同,如果后者有助于具体化过失的概念的话(Palandt (-*Heinrichs*), BGB[66], § 276, no. 15)。检验过失的重要因素是不法结果的可预见性和可避免性(Erman (-*Westermann*), BGB I[11], § 276, no. 13)。可预见性关联于伤害,而非损害结果(*Heinrichs* loc. cit. no. 20)。有关法律的禁止性质的错误同样可以确立过失责任。在重大、单纯和轻过失之间有着分级的区分。重大过失指称的是在异常高的程度上偏离了必要的注意标准,也即,忽视了对处于同样状况的任何人都很清楚的情况(BGH 11 May 1953, BGHZ 10, 14, 16)。此外,《民法典》第277条承认了"被告在处理自己事务时通常应尽的注意"(*the diligentia quam in suis rebus adhiberi solet*)。

8. 奥地利法也承认,故意和过失是过错的组成物(《民法典》第1294条);在谨慎注意的客观标准被不法行为人主观上轻视时,过失就得以确立(OGH 1 March 1988, ZVR 1989/64, RS 0 022399)。比较而言,判例法中发展的注意的要求是宽松的(如OGH 10 April 1997, ZVR 1998/92, RS 0 107618和OGH 26 March 1987, ZVR 1989/28, RS 0 023787)。就大量的需要特殊技能的不相关联的职业,更严格的注意标准得以施加(《民法典》第1299条)——例如,针对律师(OGH 11 November 1971, EvBl 1972/124, RS 0 038663)以及医学顾问(OGH 4 February 1959, JBl 1960, 188, RS 0 026598:不能用一般执业者的技能和知识来衡量顾问的技能和知识)。

9.《希腊民法典》第330条和《德国民法典》第276条第(2)款是一致的。忽视谨慎注意标准之人具有过失。适用的是客观的注意标准(Georgiades and Stathopoulos (- *Stathopoulos*), art. 330, no. 30)。应采取的注意是职业或一般公民中的普通成员在具体情形中应尽的注意(*Stathopoulos* loc. cit. no. 33; *Deliyannis and Kornilakis*, Eidiko Enochiko Dikaio III, 160)。

10. 葡萄牙法也将过失界定为忽视了适当注意的标准(*Almeida Costa*, Obrigações9, 533; Antunes Varela, Obrigações em geral I10, 573; STJ 2 February 2006)。它区分了有认识的过失(*culpa consciente*)和无认识的过失(*culpa inconsciente*)。在个人知道他以不当的方式行为,但因为疏忽或过于自信而没有修正行为,则确立"有意识的"过失。相反,在某人因为疏忽或不注意没有意识到他可能因其行为给他人造成损害,则存在"无意识的"过失(*Antunes Varela* loc. cit. 573; *Pessoa Jorge*, Ensaio sobre os pressupostos da responsabilidade civil, 331)。必要的注意标准的范围源自《民法典》第487条第(2)款和第799条第(2)款;决定性因素是,如果善良家父发现其处于和侵权人同样的处境,是否为(特定)行为的问题(STJ 19 September 2006)。轻度过失即为已足(STJ 27 May 1997, BolMinJus 467 [1997] 565)。通常的注意并非是决定因素;相关的问题是在具体情形为避免造成损害所必需的措施(Antunes Varela loc. cit. 574; Pires de Lima and Antunes Varela, Código Civil Anotado I4, art. 487(2) no. 2; STJ 23 September 1998, CJ(ST) VI [1998-3] 32; STJ 12 February 2004 and STJ 30 October 2002)。不过,尽管对特殊职业有着特殊的注意要求,但如果医生依据外科手术实践的通常要求行为,而行为的结果对病人有害,仍不构成医疗过失(CA Lisbon 27 October 1998, CJ XXIII [1998-4] 130)。有关律师的注意标准,参见STJ 10 May 2001。

11. 在荷兰法中,尽管故意和过失的区分并非是侵权法基本规范的一个方面(《民法典》第6:162条),但归责的两个基础之间的差异在一系列的其他规章中仍发挥着决定性的作用,如在《民法典》第6:98条(对产生赔偿责任的损害性质的界定)、第6:101条(因为与有过失减少损害赔偿)、第6:106条(对非金钱损失的责任)、第6:108条(社会保险人发起分摊之诉的权利)、第6:109条(在轻过失的情形减轻责任)的背景下。法典仅在公司法(《民法典》第2:9条、第2:138条以及第2:48条)中使用了"过失"(*nalatigheid*)一词,而未在侵权法中使用。这一概念在公司法中也未得到界定。

12.《爱沙尼亚债法》第104条第(3)款("疏忽指没有尽到必要的注意")和《民法典》第104条第(4)款("重大过失是指在实质程度上没有尽到必要的注意")采用了不同的立场。如果某人没有像合理谨慎之人在既定情形应为的那样行为,则具有过失。《债法》第1050条第(2)款补充规定,责任不能归咎于缺乏辨识其行为不法性的个体,除非他们因过错将其置于该状态。法律学说源自下述前提,即过失概念是主观的,因而,应认为应当考虑行为人个人的特征(*Lahe*, Fault in the Law of Delict, *passim*; *Lahe*, Juridica International 2004, 108; *Lahe*, Juridica 2002, 30; *Lahe*, Juridica International 2001, 125)。《拉脱维亚民法典》第1644条第(1)款规定:"如果某人没有不法意图给他人造成损害,如果该人对该不法行为有过错,则他的行为有过失。"重大和普通过失之间做出了区分(《民法典》第1644条第(2)款、第1645条和第1646条)。普通过失对于施加侵权责任已然足够(《民法典》第1649条第(1)款)。"普通注意应被认为是指缺乏任何合理谨慎和认真之人应遵守的注意和适当谨慎"(《民法典》第1646条)。《立陶宛民法典》第6.246条第(1)款和第3:102条一样区分了制定法对过失的详尽规定和"一般的注意义务"。

13. 在北欧国家,对过失没有制定法上的定义。不过,达成共识的是,过失应当客观界定,因而原则上不考虑不法行为人的个人特征和能力(*Bengtsson and Strömbäck*, Skadeståndslagen[2], 45; *von Eyben and Isager*, Lærebog i erstatningsret[5], 61; *Vinding Kruse*, Erstatningsretten[5], 55)。就简单的活动(straightforward activities),瑞典的判例法似乎做出一个例外(Swedish HD 14 August 1948, NJA 1948, 489 [上述示例2:过失被否认;更详尽地,如 *Hellner and Johansson*, Skadeståndsrätt[6], 138 和 *Vinding Kruse* loc. cit. 128] 以及 DANISHWestern CA 16 October 1967, UfR 1968, 133)。除此之外,它在抽象意义上取决于理性人在同样处境会如何行为。为了澄清过失的概念,也须求助于制定法的规定、公共政策、习惯和在先的判例法(*Bengtsson and Strömbäck* loc. cit. 46)。如果不法行为人知悉事故在早先的一个场合已经发生,可以预期他在行为时采取特殊的注意(FINNISH Supreme Court 17 June 1981, HD 1981 II 84)。在整体的衡量中,应考虑损害的可能性、可能的损害的类型和程度、损害的可避免性以及不法行为人和受害人对各自危险的认识(*Hellner and Johansson* loc. cit. 130; SWEDISH HD 4 June 1981, NJA 1981, 683; HD 9 March 1967, NJA 1967, 164 and HD 14 April 1987, NJA 1987, 222)。对社会有益之行为的境遇要比反社会的行为宽松(Swedish HD 25 June 1958, NJA 1958, 461; *von Eyben and Isager* loc. cit. 44; *Vinding Kruse* loc. cit. 52)。

14. 在英格兰,违反注意义务意义上的过失问题最突出体现为过失侵权自身——*Donoghue v. Stevenson* [1932] AC 562 一案的裁决赋予过失以现代形式以及类似的基于违反注意义务的侵权行为中(如占有人责任)。在过失侵权中,如果被告的行为低于法律要求的标准,即合理谨慎的人的标准,他就被视为违反了注意义务:Clerk and Lindsell (-*Dugdale and Jones*), Torts[19], 8-119。尽管在判例法中存在不同观点,这一客观标准通常并不因考虑被告个人的弱点或无经验而得到缓和:*Wilsher v. Essex Area Health Authority* [1987] QB 730 (CA); [1988] AC 1074 (HL)(在特殊护理单元的实习医生应遵循该专业工作所需的特殊注意); *Nettleship v. Weston* [1971] 2 QB 691 (CA)(实习驾驶员的"不适格的最大努力"(incompetent best)并不足够:"他必须像有技巧、经验和谨慎的驾驶者一样来驾驶,后者心智和四肢健全,不会做出错误判断,具有良好的视力和听力,并且没有任何疾病。"*Pace* Lord Denning MR 也认为,这一高标准基于更好的[被保险的]风险分配的政策理由而迈向了无过错责任)。在被告身体上无能力提供必需的注意时也是如此:*Barnet v. Chelsea and Kensington Hospital Management Committee* [1969] 1 QB 428(医生尽管疲劳并有疾病,仍有过失)。不过,在无能力突然发生并且被告无理由意识到它时,情况就不同了:*Mansfield v. Weetabix Ltd* [1998] 1 WLR 1263(遭受低血糖的司机)。不过,尽管通常是无关的,但在损害源自与提供公共服务有关的公共机构而该公共机构又有义务提供该公共服务时,被告缺乏资源可能就是实质性的。在决定被告是否违反了注意义务时,应考虑源自该作为或不作为的损害的可能性——在造成损害的事故发生时评估、这种损害的潜在严重性、采取预防措施的成本以及采取预防措施可能牺牲的社会效用:参见 Clerk and Lindsell (– *Dugdale and Jones*), Torts[19], 8 – 131 et seq.。偏离有关安全预防措施的惯例被视为是对过失的强有力的指示性证据(indicative evidence)(但并非是决定性的);相反,遵循惯例是采取了适当注意的证据,如果该惯例没有创造不合理的风险的话:loc. cit., 8 – 144。如在和职业标准有关的情形,存在两种学派时,遵循一种公认的惯例即为已足(*Bolam v. Friern Hospital Management Committee* [1957] 1 WLR 582; *Maynard v. West Midlands Regional Health Authority* [1984] 1 WLR 634),除非该惯例涉及不合理的风险。

15. 爱尔兰法也区分了作为过错支柱的过失(或疏忽)和过失侵权本身,它实际上采用了和英格兰同样的方法:一般介绍参见 *McMahon and Binchy*, Torts[3], Ch. 7。因而,根据客观的理性人标准,一名驾驶者在突发癫痫时和另一辆机动车相撞,如果他事先已经出现症状而未反应则具有过失:*O' Brien v. Parker* [1997] 2 ILRM 170。

16. 苏格兰法下的过失责任也源自 *Donoghue v. Stevenson*(前述注释14),被引述为 *M' Allister v. Stevenson*。在苏格兰法中,合理性的检验也被视为消除了对被告个人特质的考虑:*Glasgow Corporation v. Muir* [1943] AC 448, 457 (Lord *Macmillan*)。不过,不可避免之事故的抗辩仍得到保留,比较:*Waugh v. James K. Allan Ltd.* 1964 SLT 173 (遭受冠状动脉血栓症的驾驶者)。

Ⅱ. 过失的不作为

17. 在所有的成员国的法律体系中,现今,过失行为也包括不作为而不仅仅指称积极的作为,这一点是不言而喻的。这一自明之理仅明确地扎根于大量的民法典中(如《奥地利普通民法典》第1294条、《马耳他民法典》第1033条、《西班牙民法典》第1902条、《葡萄牙民法典》第486条以及《立陶宛民法典》第6.246条第(1)款)。其他的则留给了特别条文,它们规定了在大量的既定情形监督一定的个体或物的义务。因而,最初,过失不作为的责任根据侵权法的基本规范逐渐开创了自己的位置。如法国、比利时和卢森堡《民法典》第1382条和第1383条即是如此,它们谈及过错、轻率和过失。给予这些规定的表述,不能确定地主张,这些概念完全限于积极的作为。不过,现在的指导原则,也即侵权责任可以源自不作为以及作为,长期以来就是有争议的。仅在"二战"后它才得到牢固的确立(就法国,参见 Cass. civ. 27 February 1951, D. 1951, 329, 就比利时,参见 *Dalcq*, Responsabilité civile I[2], nos. 356 – 366,就卢森堡,参见 Cour 23 December 1971, Pas. luxemb. 22 [1972] 93)。

18. 相较之下,考虑到"因过错或过失通过作为或不作为给他人造成损害者有义务赔偿所造成的损害",《西班牙民法典》第1902条的文本并未留下质疑的空间。当然,这并未排除对不作为的不相关的不同类型之间的区分,并使之受到不同规则的调整。无论如何,一些评论者看到了先行积极行为导致的不作为和"纯正的"或"简单的"不作为之间的基本区别(*de Ángel Yágüez*, Tratado de responsabilidad civil[3], 257; *Lacruz Berdejo and Rivero Hernández*, Elementos II(2)[4], 466)。TS 9 March 2000, RAJ 2000 (1) no. 1183 p. 1861 是第一类的一个例子(没有调查其病人是否对最终使用的药物过敏的医生的责任)。在这种情形,并不需要适用特殊的要求。不过,就"纯正的不作为",故意是前提条件(*de Ángel* loc. cit.)。这一原则绝非无争议的,并且可能并非是主流的法律学术观点(*Lacruz Berdejo and Rivero Hernández* loc. cit.; *Yzquierdo Tolsada*,

Sistema de responsabilidad civil, 110)。其他观点认为,它取决于被告是否受到所发生的结果之前的特殊作为义务的约束(Albaladejo(- *Santos Briz*), Comentarios al Código Civil y compilaciones forales XXIV, 103)。如果这一义务缺失,不作为必须或者源自造成损害的故意或者在其他方面与案件情形通常能要求被告的不相符合(*Lete del Río*, Derecho de obligaciones II[3], 187; *Lacruz Berdejo and Rivero Hernández* loc. cit. 466; *de Ángel Yágüez* loc. cit. 257)。

19. 不法行为可以作为积极作为或不作为的结果得到确立这一原则也是为意大利法所采用的方法。(意大利法)区分了 *omissione propria*(违反明确的有关积极作为的制定法义务)和 *omissione impropria*(违反一般的注意义务),这和《刑法典》第40条第(2)款是关联的,而在某人有法律义务防止结果却没有这么做时,因果关系就得到确立(*Castronovo*, La nuova responsabilità civile[3], 319)。法官在一审中检验制定法上避免损害结果的义务是否存在。违反该义务将可适用《民法典》第2043条。不过,法官也将违反基于法律行为的积极作为的义务或者被告没有遵守案件的既定情形下强制性的保护义务视为足够(Cass. 29 July 2004, no. 14484, Giust. civ. Mass. 2004, 7-8; Cass. 1 December 2004, no. 22588, Giust. civ. Mass. 2005, fasc. 1; Cass. 23 May 2006, no. 12111, Danno e resp. 2007, 163; *Alpa*, Trattato di diritto civile IV, 265-267)。

20. 在匈牙利,有学者主张原则上不作为仅在存在于制定法上之合同上的作为义务时才是不法的(Gellért(- *Kemenes*), A Polgári Törvénykönyv Magyarázata[6], 1227 and 1230)。当然,在这一背景下,不作为对于发生的损害具有因果关系(*Eörsi*, Kártérítés jogellenes magatartásért, 65; *Marton* loc. cit.; *Ujváriné*, Feleloösségtan[7], 51-52, 63; *Bárdos*, Kárfeleloösség a Polgári Törvénykönyv rendszerében, 52-53; *Szalma*, Okozatosság és polgári jogi feleloösség, 76)。积极作为的义务无须是特殊的制定法规定的主题,相反,这一义务也可源自一般的尊重他人利益的公理,参见有关这一主题的大量的判例法,如 BH 2003/152; BH 2002/435; BH 2002/266; BH 2002/227; BH 2002/185; BH 2000/445; BH 2000/198; BH 1998/131; BH 1996/530 (in casu action denied) and BH 1994/596。在波兰,无疑,不法的不作为也可以导致侵权责任。如果不作为违反了制定法上的义务(SN 19 February 2003, LEX no. 121742),就是不法的。不法性是否也可源自违反来自共同生活(community life, *zasady współöycia spotecznego*)原则的行为义务是有争议的(支持者见 *Czachórski and Ignatowicz*, System prawa cywilnego III, 1, 534; 反对者如 Pietrzykowski(- *Banaszczyk*), Kodeks cywilny I4, art. 415 p. 1092,认为该原则并不够精确)。

21. 在德国,侵权行为的实际要件也可以通过积极的作为或不作为而得到满足(Erman(- *Schiemann*), BGB I[10], § 823, no. 13)。不过,不作为仅在不法行为人违反了作为的法律义务时才是不法的(Palandt(- *Thomas*), BGB[66], § 823, no. 35)。作为义务可以源自:制定法、合同、在先行为——该行为增加了危险的风险、家庭法意义上的紧密关系、启动合同的磋商,或者,最重要的是,源自每个人在其职责范围内创设了一项危险源或者允许其持续者必须采取案件具体情形必要的任何措施来防止危险的实现这一一般原则。通过这一违反交往安全义务(*Verkehrspflicht*,在不同的社会交往汇总应遵循的义务)之责任的概念——这是判例法的创造物,《民法典》第823条第(2)款和第831~838条规定的制定法上的作为义务——它们自身受到狭隘的限定——得到极大的扩展。实际上,仅剩的问题就是一般注意义务(《民法典》第276条)是否要求积极的作为(*von Bar*, Verkehrspflichten, *passim*; 关于这一主题的大量的判例法,参见:如 BGH 8 November 2005, NJW 2006, 610(有关剧院所有者在演出中为演员朝空中发射的一枪所负的交往安全义务)。交通安全义务(*Verkehrssicherungspflichten*)是在不同的社会交往中应遵守的义务的特殊例子,它包括了采取合理的措施来确保公众可通行的财产上的安全。

22.《奥地利普通民法典》第1294条明确规定,损害可以由作为或不作为引起。不过,有关不作为后果的责任仅在被告负有防止损害的法定义务时才产生(*von Zeiller*, Commentar zum ABGB III, 702 [no. 2 under CC § 1294];参见OGH 13 December 1966, SZ 39/170以及OGH 15 January 1986, SZ 59/7, RS 0 022458)。积极的义务可以源自制定法(《民法典》第1311条;有关这一点,参见OGH 16 September 1999, JBl 2000, 113, RS 0 112533, note *Fötschl*, VersRAI 2001, 24)、合同或加重风险的在先行为(*Ingerenz*)(Rummel (-*Reischauer*) ABGB II[2], § 1294 no. 4)。

23. 在希腊,法律学说和法官都同意,不作为也可构成《民法典》第914条意义上的侵权法规定的相关行为;该规定对这一问题保持沉默的事实无关紧要。积极的法律义务还是源自制定法、合同或在先行为原则(Georgiades and Stathopoulos (-*Georgiades*), art. 914, nos. 27-30)。而且,在希腊,适用下述原则,即每个创造危险情况或允许其持续者有义务采取所有必要的措施来确保他人不受伤害(如A. P. 250/1956, ArchN 7 [1957] 451; A. P. 343/1968, NoB 16 [1968] 943; A. P. 854/1974, NoB 23 [1975] 479; CA Athens 1773/1982, Arm 37 [1983] 215; CA Athens 46/1985, EllDik 26 [1985] 511)。此外,公认的是,积极的作为义务也可以源自诚信原则以及主流的公认的社会标准的原则(参见A. P. 510/1959, NoB 8 [1960] 251; A. P. 343/1968, NoB 116 [1968] 943和A. P. 854/1974, NoB 23 [1975] 479;较近的判例,如CA Athens 12263/1990, NoB 39 [1991] 583; CFI Athens 9286/1985, Arm 40 [1986] 501和A. P. 81/1991, EllDik 32 [1991] 1215)。在这两种情形,类似于德国的立场,它表明只想在不同的社会接触场合应遵守的义务以及确保第三人安全的义务(*Filios*, Enochiko Dikaio II(2)[4], 35; *Eleftheriadou*, Die Haftung aus Verkehrspflichtverletzung im deutschen und griechischen Deliktsrecht, *passim*)。

24.《葡萄牙民法典》第486条规定,独立于其他的制定法上的前提要件,"单纯的不作为"仅在从制定法或法律行为中产生积极的作为义务时才能导致责任。根据侵权法,一项积极的作为义务特别是可以根据附随的合同债务产生,如确保参加足球比赛的球迷的安全的义务(CA Lisbon 17 October 2002, CJ XXVII [2002-4] 97),或医院确保潜逃的精神有障碍的病人被带回住院病人治疗中心的义务(STJ 25 July 1985, BolMinJus 349 [1985] 516;另参见STJ 22 September 2005)。《荷兰民法典》第6:162条第(2)款也明确区分了作为和不作为,但是,实质上,它将两种行为形式原则上同等对待。"除了正当性基础,下述行为被视为是不法的,即侵犯权利、违反制定法义务的作为或不作为或与社会中适当的行为标准相悖的行为"。这在所有的基本点上都相应于《立陶宛民法典》第6.246条第(1)款。

25. 北欧的法律体系是从下述前提出发的,即不作为并不能确立责任,因而对这一规则规定了大量的例外。首先,积极的作为义务可以源自制定法(*Hellner and Johansson*, Skadeståndsrätt[6], 106)。例如,这些制定法上的作为义务可以在《瑞典刑法典》(过失杀人,是一项不作为的结果,HD 26 May 2005, NJA 2005, 372)、《公共道路法》[*Väglagen*]第26条、《空气污染防治法》[*Renhållningslagen*]第18条和第19条以及《亲子法》[*Föräldrabalk*]第6章第2条第(2)款(iii)中找到。而且,作为义务也可以是合同性的(如HD 9 September 1932, NJA 1932, 457 [房东没有将冰从租户的水龙头上除去]以及HD 19 December 1995, NJA 1995, 720 [没有履行铺设水管的承诺,给邻居造成损害;参见*Bengtsson and Strömbäck*, Skadeståndslagen[2], 47])。最后,公认的是,作为义务可以通过在先的加重风险的行为而产生:不法行为人有义务采取合理的措施来消除已经出现的危险(HD 14 December 1935, NJA 1935, 636)。丹麦(*Vinding Kruse*, Erstatningsretten[5], 111, 117; *von Eyben and Isager*, Lærebog erstatningsret[5], 69 and HD 9 April 1975, UfR 1975, 504[事件组织者的责任])和芬兰(Supreme Court 10 October 1991, HD 1991:138[道路维护;没有标示地坑的存在]; Supreme Court 6 October 1997, HD 1997:151[冰沿着破裂的水管在街上积累,没有展示警示标志或在道路上撒盐]以及 Supreme Court 4 October 1996, HD 1996:117[一名13岁的女孩没有防止她的玩伴过失对一栋建筑放火,并且没有警告该财产的所有者,因而被认定负有过失责任])也是如此。

26. 在英格兰,普通法的基本原则是,对"单纯的不作为"不施加责任:*Smith v. Littlewoods Organisation Ltd* [1987] 2 AC 241, 247 (Lord *Goff*),在法官附带意见中的例子,可参见 *Home Office v. Dorset Yacht Co Ltd* [1970] AC 1004 at 1027 (Viscount *Dilhorne*) and 1060 (Lord *Diplock*)。不过,若某人创设一项危险,即使其自身没过错,该人仍负有防止源自该危险的伤害发生的义务:如制造商发现已经投入流通的一种产品包含了某种可能致伤的缺陷或特征时,必须采取合理的措施来警告顾客(*E. Hobbs (Farms) Ltd. v. Baxenden Chemical Co. Ltd.* [1992] 1 Lloyd's Rep 54, 65)。例外地,采取积极行为的义务可以通过一项特殊的理由得以正当化。这可能基于当事人之间关系的保护性质:因而赋予了积极义务,例如,土地的占有人对其访客,监禁机关对被拘留者,父母和学校对孩子(Clerk and Lindsell (-*Dugdale and Jones*), Torts[19], 8-48中做了勾勒)。积极的作为义务也可以产生于(明确地或暗示地)自愿的职责承担;没有作为将使得被告对请求人因为信赖被告行为的承诺而遭受的损失承担责任:*Bromley London Borough Council v. Ellis* [1971] 1 Lloyd's Rep 97 (无偿行为的保险经纪人没有警告取消请求人的保险单),另考虑 *Mercer v. South Eastern & Chatham Railways Companies' Management Committee* [1922] 2 KB 549(关闭沿着机动车平交道口的行人大门的惯例,尽管制定法上不存在这么做的义务,但它是由公众的期待所创设的,这种期待的内容是,在大门未锁闭时,能安全地通过道口*)。最后,防止第三人给他人造成损害的义务也可以因被告对第三人享有控制力(如 *Carmarthenshire County Council v. Lewis* [1955] AC 549[一名蹒跚学步的小孩在地方机构的托儿所的允许下溜出学校,汽车驾驶者为了避开该小孩而转向并受到伤害])或被告对其知悉的第三人可能利用的危险负有职责而产生(*Haynes v. Harwood* [1935] 1 KB 146[马拉的运货车被留在街上无人看管;在一名孩子朝马扔石头时,马脱缰跑了]; *P. Perl (Exporters) Ltd v. Camden London Borough Council* [1984] QB 342, 359 *per Goff* LJ(3418):允许酒醉者驾驶被告的汽车;但对没有确保财产的安全防止侵入者进入并毁损第三人财产,不存在责任)。

27. 爱尔兰有关过失不作为责任的法律在所有实质问题上都和英格兰的法律是一样的:一般的论述可参见 *McMahon and Binchy*, Torts[3], Ch. 8。因而侵权法中的积极的作为义务可以来自雇主—雇员关系;就这一点,例如,在 *Quigley v. Complex Tooling & Moulding* [2005] IEHC 71 一案中考虑的防止雇员被同事欺侮的义务。

28. 和英格兰一样,在苏格兰也广泛适用同样的路径:对单纯的不作为不存在责任,而仅存在对违反了法定的作为义务的不作为的责任,防止损害的注意义务源自被告自己的疏忽行为:*Walker*, Delict[2], 33, 35-36; *Thomson*, Delictual Liability[3], 71-72。不过,存在争议的是,苏格兰法更倾向于对财产所有人施加一项防止其财产为第三人使用而给他人造成损害的义务:详见

---

* 原文的意思正好相反。——译者注

Stewart, Delict[3], 5.40-5.43。

Ⅲ. 违反制定法上的义务

29. 根据比利时、法国和卢森堡的法律,违反制定法上的行为标准自身就确立了过错的存在,如果被告在意志自由并且明知的状态下从事了违反行为(the breach *librement et consciemment*)(Cass. 3 October 1994, Pas. belge 1994, I, no. 412 p. 788; *Viney and Jourdain*, Les conditions de la responsabilité[2], no. 448 pp. 327-330)。主流的法律观点拒绝了*规范目的*(*relativité aquilienne*)理论*,根据该理论,违反制定法上的行为标准仅确立了因果上的过错(a causal *faute*),如果受害人是该规定意图保护的群体之成员的话(详见 *Viney and Jourdain*, Les conditions de la responsabilité, 157 and 318 以及 *Cornelis*, Responsabilité extra-contractuelle, 65; cf. also Cass. civ. 27 October 1975, GazPal 1976, I, 169, note *Plancqueel*)。它甚至被认为是民法典第1382条的一项特殊特征,因为该规定确立了一项一般性的保护规范,它针对因为他人没有遵守法律而遭受损害的每个人,无论应适用的制定法是旨在保护受害人还是其他(*Ravarani*, La responsabilité civile[2], 711)。

30. 相较之下,西班牙的法律立场与第3:102条(a)款相一致:也即违反制定法规范所规定的特殊的注意标准仅确立对过失的指控,如果该被违反之规定的目的是保护受害人免受所受损害的话(*Díez-Picazo*, Derecho de daños, 360; TS 27 April 1992, RAJ 1992 [2] no. 3414 p. 4519)。另一方面,遵守限定的制定法的具体规定并不自动意味着总是可以当然地认为遵守了一般的注意义务。相反,最高法院(the *Tribunal Supremo*)在大量的裁决中声明,《民法典》第1902条不仅要求特定的制定法所规定的注意和谨慎,而且总是要求要采取善良家父在个案情势下会采取的措施(TS 3 May 1997, RAJ 1997 [2] no. 3668 p. 5546; TS 24 December 1992, RAJ 1992 [5] no. 10656 p. 13899; TS 19 December 1992, RAJ 1992 [5] no. 10703 p. 13990)。

31. 意大利民法有意避免界定过失,因而,作为出发点,需要求助于《刑法典》第43条第(3)款。根据该规定,在结果并非为不法行为人所意欲,而是不注意、疏忽、失礼的结果或源自违反法律、规章、制定法上的命令或规则时,就以过失的方式从事了刑事犯罪。即使不法行为人可能已经预见到结果,这一观点也是适用的。首先确立普通过错,其次(违反制定法等)确立特殊过错。应强调的是,特殊过错仅根据其目的是为了避免某种损害的规定才能产生。只有满足这些条件,才能说存在和责任相关的违反法律的过错(a *colpa per inosservanza di leggi*)(*Visintini*, I fatti illeciti II[2], 62; *Franzoni*, Dei fatti illeciti, 127)。如果这些前提条件得以确立,那么过失本身(negligence *in re ipsa*)就得到了确立(Cass. 9 June 1995, no. 6542, Giur. it. 1996, I, 1, 191; Cass. 13 May 1997, no. 4186, Giust. civ. Mass. 1997, 722 [每个案件都涉及不法的行政行为]; Cass. sez. un. 29 July 1995, no. 8300, Giur. it. 1996, I, 1, 328, note Musy [违反了《民法典》第844条])。违反制定法本身构成过失,因为立法者已经通过制定法澄清了可预见性的以及必需的注意标准。不过,规范违反和所受损害之间存在的因果关系需要得到检验(Franzoni loc. cit. 127; Cass. 4 September 1981, no. 5051, Giust. civ. Mass. 1981, fasc. 9; Cass. 20 March 1998, no. 2980, Giust. civ. Mass. 1998, 626; Cass. 26 January 1990, no. 480, Giust. civ. Mass. 1990,

---

* 对应的英文表达是"Aquilian relativity",可直译为"阿奎利亚法的相对性",也有学者将之译为"Schutznorm doctine",该理论和德国侵权法上有关因果关系的"法规目的说"、"规范保护目的理论"或"规范目的说"(Normschutzzweck, Nomzweck)类似。——译者注

fasc. 1)。为了确立所涉的因果关系,必须询问被违反的制定法规定的目的是否在于保护受害人免遭所受的损害(*Visintini* loc. cit. 63)。

32. 匈牙利侵权法的出发点是,法律禁止造成损害,因而每个造成损害的行为都是不法的,处分法律另有规定。可以想象,这一原则将为新民法典明确采用(http://www.parlament.hu/irom38/05949/05949.pdf)。依循第3:102条(a)项之路线的规定因而是不必要的。而且,保护目的规则理论(根据该理论,仅只有被违反的制定法旨在阻止的损害才能获赔)并未得到确立。原则上,有关所受损害的因果关联足以确立责任。当然,相关问题可以在分析因果关系中隐含地出现,并且首先涉及被告能够通过反驳缺乏可责性而免责的问题(Petrik(–*Harmathy*), Polgári jog II[2], 570; *Petrik*, Kártérítési jog, 49)。《波兰民法典》第415条的一般规范中没有相应于第3:102条(a)的内容。一些学者认为,原则上每种对制定法规则的违反都是不法的(除了诸如自卫之类的例外),无论受害人或所受损害是否属于该规则的保护范围(*Czachórski*, System prawa cywilnego III, 1, 533–534; *Safjan*, FS Maksymilian Pazdan, 1329; SN 22 February 2006, OSNC 2006, poz. 123)。如果另一方当事人有过错(如对制定法规则的违反源自过错)并且侵犯和损害存在因果关系,则产生责任。另一方面,大量的评论坚持了"相对"不法性的概念,根据这一概念,一项作为或不作为仅在受害人属于制定规则所保护的群体时才对其构成不法(这也适用于造成损害的类型,参见*Kasprzyk*, Stud. Prawn. 1988, 149, 150–151, 165, 171; SN 27 April 2001, OSNC 2001, poz. 161)。

33.《德国民法典》第823条第(2)款第1项规定,违反旨在保护他人之法律属于不法行为的一种类型。因而,违反制定法者仅在该制定法旨在保护受害人免受所受之损害时才根据该规定承担责任。例如,有关邻近施工现场的畅行道的法律规定并非旨在保护建筑的承包商免受收入损失(BGH 18 November 2003, MDR 2004, 274)。另一方面,《民法典》中的大量规定被认为属于保护性法律(*Schutzgesetze*)(例如,《民法典》第226、618、858、906~909条以及第1004条)。保护性法律的其他典型例子可以在《刑法典》(例如《刑法典》第123条(侵入财产)、第185条(诽谤)、第263条(诈骗)、266条(背信)以及第306条(纵火))、《道路交通法》(例如有关最高速度的限制、机动车后保持最小距离、禁止超车等的规定)中找到(详见MünchKomm(–*Wagner*), BGB[4], § 823, no. 357)。《民法典》第823条第(2)款并未将违反保护性法律视为是过失的表征;相反,它被认为是不法性的表征。因而《民法典》第823条第(2)款第2句规定的责任取决于对制定法的违反是否是过失或故意的结果。

34. 根据《奥地利普通民法典》第1311条第2句,因过错违反旨在防止"附带伤害"(incidental injuries)之法律者应承担责任(OGH 26 April 1977, ZVR 1978/42; OGH 6 July 1978, SZ 51/109)。不过,不法行为人的过错在违反保护性法律的情形是被推定的。这一推定可以反驳(OGH 6 July 1978 loc. cit.; OGH 31. 8. 1984, SZ 57/134; OGH 14. 1. 2004, 7 Ob 276, 03v)。实践中,尽管在理论上是可能的,但提出免责证据几乎从未成功过(Schwimann(–*Harrer*), ABGB VI[3], § 1311 no. 36)。保护性法律的概念被赋予非常宽泛的解释。它并未被专门限定于议会的立法而是包括了所有类型的法律规范。甚至行政行为(如通知)也属于其范围(参见OGH 25 February 1982, ZVR 1983/35)。决定性的问题是,根据其内容,应适用的法律规定是否追求一项保护私人利益的目的(OGH 17 April 1969, ZVR 1969/330; OGH 15 October 1978, ZVR 1979/283)。作为实体问题,保护性法律包括对具有抽象危险性的行为的禁令,这些禁令的目的在于保护某些个人或某类人防止对其法律利益的侵犯(*Harrer* loc. cit. no. 9; OGH 22 August 1996, SZ

69/188)。责任被限定于保护性规范旨在避免的损害。《民法典》中的具体规定自身也可以构成保护性法律(例如,《民法典》第 154 条第(3)款)。其他例子,参见 OGH 15 February 1983, JBl 1983, 373; OGH 21 October 1987, 8 Ob 29/87; OGH 20 September 1978, ZVR 1979/203 and OGH 21 December 1982, ZVR 1984/46。

35. 在希腊,违反制定法义务同样可以构成一类不法行为。不过,公认的是,为了确立责任,仅违反制定法规定并不充分;该规定必须确立一项绝对的主观权利或者它必须保护一项具有法律相关性的利益(*Georgiades*, FS Larenz 1983, 175, 184; Georgiades and Stathopoulos (-*Georgiades*), art. 914, no. 32; *Kornilakis*, Eidiko Enochiko Dikaio I, 484, 487)。关键的是受影响的利益是否属于被违反的规定的保护范围。并非每个包含有作为义务或不作为义务的规定都必然是保护性法律(*Georgiades* loc. cit. no. 50)。被违反的规定是否(至少)应保护一项私人利益这一问题通过解释该规定而得以确定(*Kornilakis* loc. cit. 487)。就《刑法典》规定的有关诈骗、贪污、销赃、伪证和错误的刑事指控的罪行,这一问题得到肯定的答案(*Georgiades* loc. cit. no. 53)。《民法典》第 281 条(禁止权利滥用)根据这些思路也构成保护性法律(*Georgiades* loc. cit. no. 56; contra *Filios*, Enochiko Dikaio II(2)[4], 33)。相反,例如有关间谍和叛国的罪行就仅仅涉及更为宽泛的公共利益(*Georgiades* loc. cit. no. 54)。

36.《葡萄牙民法典》第 483 条也源自为上述勾勒的类似的考虑所支持的出发点。如果受害人能证明被告违反了旨在保护受害人利益的法律规定,那么就(不可推翻地)推定被告方有过失(STJ 10 March 1998, BolMinJus 475 [1998] 635; STJ 13 December 1990, BolMinJus 402 [1990] 558)。相反,例如在道路交通事故的场合,如果不能成功地证明违反了《道路交通条例》,必须积极提出对过失的证明(STJ 13 December 1990, BolMinJus 402 [1990] 537)。在许多场合,法院都认为,违反法律规定自身足以证明存在过失(例如 STJ 16 February 1993, BolMinJus 424 [1993] 635 [涉及在铁路平交道口上的行为])。就特别危险的地点,根据制定法的规定要求更高程度的注意(例如,CA Coimbra 26 October 2000, CJ XXV [2000-4]) 132:医院走廊的安全)。

37. 根据《荷兰民法典》第 6:162 条第(2)款,违反制定法上的义务(无论是在作为还是不作为的情形)被归入不法行为一类。违反制定法上的义务产生赔偿之债,但是仅在侵权法的其他前提条件得到满足的情形。因而,该损害必需为被违反的规则的保护目的所包括,并且必须源自违反了该制定法,而该违反行为又可归责于不法行为人。《荷兰民法典》第 6:162 条第(2)款意义上的"制定法上的义务"在《民法典》自身以及特殊的民法或公法制定法中都可以找到。不过,有关后者,必须确切检验该制定法是否仅在于保护公共利益(TM, Parlementaire Geschiedenis VI, 675; Onrechtmatige Daad I (-*Jansen*) art. 6:162(2) nos. 67-71 pp. 600-635; 另参见 HR 20 November 1924, NedJur 1925, 89)。如果违反制定法得到确认,就不可推翻地推定被告有过错。不过,与违反制定法相比,过错要素仍为一项需单独确定的问题(*Jansen* loc. cit. para. (3) no. 7.3 pp. 48-68 and no. 57 pp. 910-911)。

38. 北欧国家的法律立场大多数与被第 3:102 条(a)所包括的立场一致。例如,在丹麦,在决定过错时,大量的制定法规定都有直接的意义。过错的一般原则并不被允许用于否定制定法规定的特殊目的,如《道路交通条例》或有关劳工健康和安全的规章(*von Eyben and Isager*, Lærebog i erstatningsret[5], 62; HD 26 June 1950, UfR 1950, 746)。此外,违反一项行政命令也适格为一项确立过错的相关因素(*Eastern* CA 8 December 1988, UfR 1989, 353)。类似地,在瑞典,许多制定法规定被裁定为和侵权法相关,如果所受损害为该规则的保护性目的所包括的话。行为的方向被规范得越准确，为根据一般的过错原则来单独决定过错所留下的裁量权就越小（*Hellner and Johansson*, Skadeståndsrätt[6], 125; HD 11 June 1976, NJA 1976, 379［在有路标的自行车道上的行人］）。不过，反之，盲目地遵循一定的制定法或行政标准并不充分；一般的注意义务还额外要求对风险的评估（HD 20 December 1977, NJA 1977, 788 and HD 5 November 1991, NJA 1991, 580）。

39. 在英格兰，不遵守制定法的要求或者可以发现一项具体的违反制定法义务之诉（也即区别于过失侵权责任），或者可以确立违反注意义务（因而确立过失侵权的一项要件）。实践中（如在雇员对雇主提起的诉讼中），两项诉因可能混合在一起。公认的是，根据其性质，制定法的规定或者具体化一项过失标准，或者仅仅提供过失的表见证据，或者施加严格责任：Clerk and Lindsell（-*Jones*），Torts[19]，9-53 - 9-55）。这一规定的合理特征取决于其表述。尽管采取一定措施或达成一定事态的义务可以被视为是绝对的，但该义务仅"在（合理）可行的范围内"适用或仅适用于使得设备或地点安全这一限定涉及预防和风险或危险的可预见性之间的比例性，因而转化为过失：Clerk and Lindsell（-*Dugdale and Jones*），Torts[19]，paras. 13-25 - 13-26（不过，在某些情形，制定法的规定并不被视为取代了注意义务或将之特定化，因而遵守它并不排除过失责任：*Bux v. Slough Metals*［1973］1 WLR 1358［未充分准备制定法要求的护目镜；注意义务要求劝说雇员使用它们］）。违反制定法义务自身是否导致损害赔偿之诉取决于对该制定法的解释，该事项的结果通常很难预料，尤其是因为法院早期在课之以民事责任时采用的自由化方法已经为更细致地查明议会意图的努力所取代：loc. cit.，9-02 and 9-12。法律委员会的建议规定了一项一般的制定法上的推定，即违反义务是可诉的（［1969］Law Com 21, *The Interpretation of Statutes*, para. 38），但该建议并未被执行，而《1974年的工作等场合的健康和安全法》第47条第（2）款规定，根据该法，违反健康和安全条例施加的义务是可诉的，除非这些条例另有规定。为了发现一项针对违反制定法义务之诉，该制定法义务保护限定类型的公众并赋予其一项私法上的诉权必须是议会的意图：*X*（*minors*）*v. Bedfordshire County Council*［1995］2 AC 633, 671。请求人遭受的损害必须属于该制定法的范围，这是在下述意义上说的，即该立法旨在防止请求人所属类型之人所遭受的该种类型的损害：loc. cit.，9-04。立法者的意图是否赋予一项诉权取决于诸如针对违反义务是否存在其他救济，如果是，其充分性以及替代措施的此类事项：loc. cit.，9-06 and 9-17 et seq。许多工业安全立法已经被认为会产生违反制定法义务之诉，但是相反地，通过福利服务保护"遭受风险"的儿童的行政制度不会产生诉讼（*X*（*minors*）*v. Bedfordshire County Council*, loc. cit.）。

示例1类似于MvA II Inv., Parlementaire Geschiedenis VI, 1350-1351；示例2取自Swedish HD 14 August 1948, NJA 1948 no. 99 p. 489；示例3取自Roberts v. Ramsbottom［1980］1 WLR 823；示例4取自BGH 3 December 1952, LM no. 1 zu WaldschutzVO；示例8取自*Gorris v. Scott*（1873-74）LR 9 Ex. 125；示例9取自CA Valencia 18 May 2004, BDA JUR 2005/13603；示例10取自Finnish Supreme Court 17 June 1981, HD 1981 II 84。

第Ⅵ-3:103条 未满18周岁的人

(1)未满18周岁的人仅在没有尽到一个合理谨慎的同龄人在个案情形下可以被期待的注意时,方得根据本卷第3:102条(过失)(b)项的规定就其造成的损害承担责任。

(2)未满7周岁的儿童不论就故意还是过失造成的损害都不承担责任。

(3)但第(1)款与第(2)款的规定在下列范围内不适用:

(a)受害人不能根据本卷的规定从他人处获得赔偿;并且

(b)考虑到当事人的经济能力以及所有个案情况,令其承担赔偿责任是公平的。

评 论

A. 本条概览

涵盖事项。本条处理的是不满18周岁的人的故意和过失的问题。因而本规定并不影响第三章第二节(无故意或过失的归责)中的所有归责基础。这些归责基础并不取决于故意或过失。在该节中可归责性的客观标准更为关键;就大部分而言,它取决于责任人作为物或动物的保有人的能力。

目的。第(1)款的目的是详述第3:102条(过失)(b)项中适用于7周岁到17周岁的儿童和少年的一般注意标准。本规定涉及儿童对第三人的个人责任。父母对其子女的不当行为的责任是第3:104条(儿童或者被监护人致害的归责)的主题。第(2)款澄清了,尚未满7周岁的儿童原则上不对故意或过失承担责任。就第(1)款和第(2)款对不满18周岁的人提供的救济会导致不公正的结果,特别是考虑到相关当事人的经济情况时,第(3)款规定了一项反例外。

不满18周岁的人。本条并未使用"未成年人"这一表述,而是用了不满18周岁的人这一称谓。理由在于,尽管在欧盟各处,达到18周岁的人确实已经成年,但这一主张并不能反过来说。例如,在该年龄前结婚的人就获得了成年人的地位。他们也会从第(1)款中获益。

B. 故意;违反制定法的行为规范

故意。第(1)款澄清了本规定仅涉及对和未成年人相关的一般注意义务的具体化。因而,以违反制定法的行为规范的形式出现的过失责任以及故意责任都不受影响。除了第(2)款外,对后者并无特殊规则。第3:101条(故意)对故意的界定常常是参考“主观”因素来加以确定的。基于此,特别涉及不满18周岁的人时,该定义似乎也同样适合。“故意”取决于行为人想做已经做了的,而非他清楚其行为几乎确定会给他人造成具有法律相关性的损害,这一点是决定性的。在儿童早期的教育期,他们身上常常缺乏这点。对成人而言很容易被界定为故意的行为,对年轻人来说,可能仅仅构成过失,无论是因为他们由于缺乏经验不能清楚地预计危险,还是因为他们的玩心将所有其他的关注都放到次要地位。

示例1

为了惊吓其讨厌的邻居,几个10岁的小孩在清楚地知道消息虚假的情况下告知她,其丈夫在一起车祸中受到严重伤害并躺在医院。这个年龄的孩子通常都不会意识到(其行为)有造成严重的精神伤害的危险。因此,他们并未故意给其邻居的精神健康造成损害。

示例2

两名儿童,一名7周岁,一名10岁,从高速公路桥上朝行进的机动车辆扔石头。这些孩子并不能理解他们在做什么;一名司机因为挡风玻璃被一块石头打碎而离奇死亡,这并不是孩子们故意造成的。相反,在一名成年人朝行进的车辆扔石头时,就司机的死亡通常存在未必故意(*dolus eventualis*)。

第3:102条(过失)(a)项。本条也未规定一项有关第3:102条(过失)(a)项(未满足制定法的注意标准)的特殊规则。这是因为不需要这样的规则。如果一项制定法就某个生活领域规定了一项特殊的注意义务(例如,就道路交通),每个人都必须满足该标准——包括未成年人。制定法规定的大多数注意标准无论如何都不会针对年轻人从事的活动。事实上,它们典型的是和工作、营业和职业生活相关,因而与通常未成年人不可接触的事务相关。

C. 对未满18周岁以下的人的一般注意标准(第(1)款)

依群体特定化的注意标准。第(1)款的目标是评估7周岁到17周岁的儿童和少年的行为,它使用的注意标准仅考虑了这些人尚年轻,因而与成年人相比经验有所不足。一名12岁的女孩仅需像和她处于同环境的同年龄的女孩那样行为,一名15岁的男孩,也仅需像和其同龄的男孩子那样行为。孩子年龄越大,期待他们应尽的注意就越接近对成年人的要求。

示例3

一名在大山里长大的16岁男孩,和一群其他的未成年人选择了一条危险的路线进行短足旅行,在履行过程中,团队的一员因为崎岖地形受到严重伤害。16岁男孩的年龄和经验使得他可以理解和预见他会使其他人面临的危险。因而,该路线规划是有过失的。

示例4

在度假营地逗留期间,5名12~16岁之间的年轻人在营地商店买了两瓶腐蚀性的酸剂和一卷烹饪用的箔纸以便用一瓶可乐进行一项试验,旨在造成爆炸。试验完毕,他们将装有化学物品的瓶子中的一个藏在了营地边界的一间小屋子里,后来该瓶子为几个不满10岁的小孩子发现。其中一个孩子将瓶子扔到房子的墙上,并把它打碎。一些液体溅到了相关的一名小孩子的眼中,造成失明。参与了该试验的两名12岁的孩子既不会预计到他们行为的危险性,也经不住这群孩子中更年长者的影响。不过几个年长的孩子应该考虑到其行为会威胁营地年幼的孩子。他们和违反了监督义务的父母一起承担了连带责任。在和其他承担连带责任人的内部关系中,几个16岁的孩子的责任因为其很轻的过失而减至零。

D. 不满7周岁的儿童(第(2)款)

原则上不对故意或过失造成的损害承担责任。第(2)款规定了一项年龄界限,即不满7周岁的儿童对故意或过失造成的损害不负责任。这一规定采取了一种规范的立场,即就第1:101条(基本规则)的目的而言,不满7周岁的儿童不会故意或过失造成损害(尽管,从纯粹的事实观点来看,肯定应支持相反的观念)。因而,它既不包含对无能力实施过错行为的推定(这是原告可能要反驳的),也不包含允许儿童证明他们尚无能力区分对错的规则。本规定删去了所有这种类型的问题。这似乎是保护儿童使之免予过早承担责任的最为有效的方法。为了防止未成年人今后背负着债务进入成年阶段,这种保护是绝对必要的,因为债务负担会使得将来要考虑的生活选择成为不可能。7周岁的年龄限制似乎比较现实,因为建立适用于不足这一年龄之儿童的真实的注意标准几乎是不可能的。这一年龄限制并未造成责任的鸿沟,因为在小孩子造成损害的情形,通常(如果不是的话)是父母承担责任;参见第Ⅵ-3:104条(对儿童或者被监护人造成的损害的归责)。

严格责任不受影响。依据第三章第二节(无故意或过失的归责)提出的事实情形之一,儿童的责任不受第3:103条第(2)款的影响。当然,这一低龄的儿童很少成为危险动物或物的保有人。不过他们可能成为造成损害之物的所有人,如建筑物。

E. 根据衡平原则的责任(第(3)款)

规则的目的。在儿童造成损害时,第(2)款中的规则的主要目的就是保护儿童免受对该损害的责任带来的过早的经济负担。不过,在特殊的、相当罕见的个别情形,这一目的可能因为纯粹事实上的理由而落空。在例外情形,结果可能是儿童(例如,因为提早继承)毫无困难地有经济能力对已发生的损害进行赔偿,而受害人可能经济困难,无法单独承担损害的负担。在这种情形,衡平和公正就要求合理的赔偿损害。第(3)款采用了在许多(但绝非全部)欧洲法律制度中能找到的法律观念。

涵盖的情形。根据衡平和公正原理产生的责任代表着对前两款中的规则的平衡力。在必要的情况下,它不仅矫正了第(2)款(不满 7 周岁的儿童)的效果,而且矫正了第(1)款(依年龄确定的注意标准)的效果。因而,在青少年满足了其年龄群的注意标准,但未如该情形下期待成年人那样来行为,根据衡平和公正的原理,仍有责任的空间。实际上,第二组情形甚至比第一组更重要。

依据衡平和公正原理之责任的从属性((a)项)。根据衡平和公正的原理,在受害人能通过其他途径获得损害赔偿时,就不存在让小孩子承担个人责任的空间了。典型者如,负有监护儿童义务的父母或其他人不能证明他们尽到了合理的监护义务的情形,参见第 3:104 条(对儿童或者被监护人造成的损害的归责)第(4)款。还存在其他可想象得到的情形,如,一名 6 岁的儿童和一名 10 岁的儿童合伙朝窗户扔石头,根据责任法,10 岁的儿童很容易地要负责任。第三人支付赔偿的能力当然也必须总是和法律职责一并考虑;在支付能力欠缺时,受害人只是不能从其他人处“获得赔偿”。第三人必然最终要“根据本卷”来承担责任。既存的保险保障对依据衡平和公正原理产生的责任有何影响的问题并非是关于其从属性的问题,而是有关其其他要件的问题。

补偿责任必须是公平的((b)项)。有关系的是对个案的所有情况进行整体的评估,其中当事人(孩子和受害人,受害人常常也是孩子)的经济状况特别重要,尽管并不必然是唯一起决定作用的。存在的是“内在”无害的幼稚行为还是故意的伤害也有关系。另一个相关的因素是,受害人一方是否存在与有过失,这通常会排除依据衡平和公正原理产生的请求权。当事人相关的保险保障在评估其经济状况时也是一项因素。在受害人通过人身保险获得充分的保障时,衡平和公正并不使得起诉孩子得以正当化;如果父母的家庭补偿保险也包括了其子女——在这种情形,根据衡平和公平原理,是对父母责任的补偿,孩子对受害人也不负有责任。最终,衡平和公平原理还必须正当化对实际诉请的损害的赔偿。例如,在涉及身体伤害或健康损害的情形,另主张对非经济损失的赔偿时,这一正当性可能是缺乏的。

第 5:301 条(精神障碍)。不能把儿童和精神障碍者放到同样的水准。因而,第 5:301条(精神障碍)通常和婴儿没有关联。不过,可以想象,遭受精神障碍的青少年可以依赖这一规定。这样的青少年和同样的成年患者享有同样可用的抗辩。

注　释

Ⅰ. 不满 18 周岁的人的个人的归责

1. 为了保护受害人,法国将未成年人置于一个较第 3:103 条规定的责任更为严厉的责任制度上。自从 Cass. ass. plén. 9 May 1984, JCP 1984, II, no. 20256 之后(由 *Jourdain* 对两个裁判做出了一个评论),未成年人的侵权责任并不取决于它们理解其行为不法性的能力。这一能力通常不是侵权责任的前提条件。在确定过错时起决定作用的相关的注意标准仍和以前一样被降低以考虑侵权人的年龄(*le Tourneau and Cadiet*, Droit de la responsabilité et des contrats (2004/2005), no. 6707)。后一规则至少与最高法院裁判中展示的政策导向发生冲突。不过,这一规则为同一法院在 Cass. civ. 7 March 1989, JCP éd. G 1990, II, no. 21403, note*Dejean de la Bâtie* 一案中确认（参见示例3）。而且，应当考虑近期的法国判例法，它发展出一种父母对其子女造成的损害应承担严格责任的理论——结果就是，仅在很少的场合里子女的个人责任才是决定性的（比较第3:104条下的注释）。

2. 相较之下，在比利时，能力是《民法典》第1382条和第1383条规定的过错责任的前提条件。仅在孩子达到一定年龄，能够区分善恶时，即达到辨别的年龄（*jaren des onderscheids*）时，他们才被视为具有实施过错的能力。一名儿童必须意识到他在做什么并且预见到其行为的后果。儿童是否达到"识别年龄"并不取决于他是否达到了法定最低年龄。这是在个案中应当决定的事实，它取决于对单个儿童的评估以及案件的具体情况（*Vandenberghe/Van Quickenborne/Wynant/Debaene*, TPR 2000, 1551, 1688, no. 36）。

3.《西班牙民法典》没有提及未成年人将要对侵权行为负个人责任的特殊的年龄。因而，下述观点亦被采纳，在每个个案中可适用的衡量标准就是决定未成年人是否能被认为应对其行为负责（*Gómez Calle*, Los sujetos de la responsabilidad civil[3], 479）。用更为具体的话来说，这需要未成年人必须能区分善恶并意识到给他人造成损害意味着什么（*Pantaleón Prieto*, CCJC 1983, 452; TS 27 January 2006, BDA RAJ 2006 no. 615）。特别是，重要的是注意到，未成年人的责任不能为父母的责任所取代（但是大量的学术评论者提出了另一种观点，如 *Yzquierdo Tolsada*, Sistema de responsabilidad civil, 230 和 *Díez-Picazo and Gullón*, Sistema I[10], 229）。最高法院在许多场合确认了这一主张（如 TS 22 September 1992, RAJ 1992 [4] no. 7014 p. 9220; TS 30 December 1992, RAJ 1992 [5] no. 10565 p. 13807; TS 9 July 1998, RAJ 1998 [3] no. 5547 p. 8208 和 TS 8 March 2002, RAJ 2002 [1] no. 1912 p. 3178）。根据《未成年人行为的刑事责任法》第1条第(1)款和第61条第(3)款，年满14周岁的未成年人应承担刑事责任，因而根据民法也应具备能力。有关不满14周岁的儿童，责任仍应根据《民法典》（Act 5/2000 art. 3）的规则来判断。

4.《意大利民法典》也没有包括调整儿童个人责任的条文。对造成损害的行为进行归责时，检验的出发点首先是能力问题（《民法典》第2046条）。如果被告缺乏能力，法院将继续检验负有监督职责者是否有责任（《民法典》第2047条）。另一方面，如果查明未成年人具备能力，必须对每个孩子进行具体的评定；责任仅受限于《民法典》第2043条的一般规定。法院尤其会考虑孩子的身体和精神的成熟程度以及所有和其行为相关的情况（如 Cass. 19 November 1990, no. 11163, Giust. civ. Mass. 1990, fasc. 11）。存在责任竞合的情形，也即未成年人的个人责任和父母、监管人、教师以及导师的责任之间的竞合（《民法典》第2048条；Cass. 3 March 1995, no. 2463, Giust. civ. Mass. 1995, 513; Cass. 13 September 1996, no. 8263, Giust. civ. Mass. 1996, 1278）。前者是独立的而非仅仅是从属性的责任（Cass. 1 August 1995, no. 8384, Giust. civ. Mass. 1995, 1455）。

5.《匈牙利民法典》没有包含对未成年人的个人归责的特殊规定（《民法典》第12条对未成年人作了界定），它也没有包含对其父母责任的特殊规定。因而，他们归《民法典》第347条调整，该条规定，缺乏能力的个体不负赔偿责任。根据《民法典》第347条第(1)款第1句，某人在不能意识到其行为的不法性或仅能在有限的程度上意识时，就缺乏能力（详见 Petrik (-*Wellmann*), Polgári jog II, 598, 603; *Ujváriné*, Felelősségtan[7], 124）。这一概念同样适用于具有精神障碍者和小孩子。法定最低的责任年龄仅在刑法中才存在，民法中不存在。不过，达到刑事责任年龄者也可被认为应根据民法承担责任。事实上,就正常发育的孩子,法院似乎主要采纳了12岁这个年龄界限。不过,重要的是要注意到并未制定确定的规则;在两个方向上可以发现和规则的偏离(Gellért(-*Benedek*), A Polgári Törvénykönyv Magyarázata[6], 1284)。如果未成年人能够理解其行为的不法性,那么,在理论上,就没有必要继续根据年龄和过错的类型来加以区分。不过,似乎在检验过错或能力时,这些因素已经得到考虑。例如,如果一名9岁的男孩故意打碎了其邻居的窗玻璃,他就应该对其行为负责,但是他在踢足球时非故意地造成同一损害,并不应承担责任(*Benedek* loc. cit. 1282)。根据《波兰民法典》第426条,不满13岁的未成年人对造成的损害不负责任。未成年人仅根据公平原理承担责任(《民法典》第428条)。年满13岁的未成年人的可责性是存在争议的。在损害为13~18周岁之间的未成年人造成时,法院和一些评论者认为,请求人必须证明该未成年人已经达到智识上的成熟而应对其过失受到谴责(SN 11 January 2001, OSPiKA 2002, poz. 2; *Czachórski*, Zobowiözania[10], 240)其他人则倾向于在这些情形,于事实上推定足够成熟,但这一推定可以被未成年人推翻(*Radwański and Olejniczak*, Zobowiözania - cze̜ööogólna[7], 196)。

6.《斯洛文尼亚债法》第137条第(1)款类似于第3:103条第(2)款。根据《斯洛文尼亚债法》第137条第(2)款,"7周岁以上不满14周岁的未成年人不负损害赔偿责任,除非证明在损害发生时,他们能够对其行为负责。"年满14周岁时,未成年人就受到侵权法的一般规定的调整(《债法》第137条第(3)款)。《罗马尼亚民法典》改革的建议草案公开展示了类似的政策考虑,但它并未规定7周岁这一固定的最低年限(《民法典草案》第1105条)。反之,《捷克和斯洛伐克民法典》第422条第(1)款又放弃了未成年人根据侵权法负责的固定的最低年限。决定性的因素仅仅是他是否"能够调整其行为并考虑行为的后果"。

7. 根据《德国民法典》第828条第(1)款,不满7周岁的儿童对他们造成的损害不承担责任。而且,该年龄之前,他们的行为都不构成与有过失,在分配损害赔偿时,后者可以使得减少赔偿得以正当化(Palandt(-*Sprau*), BGB[66], § 828, no. 2)。就年满7周岁不满18周岁的未成年人,有必要检验他们是否具备辨识应对其行为负责的能力(《民法典》第828条第(3)款)。在这一情形,对故意和过失的检验必须严格分离开来(《民法典》第276条)(BGH 14 November 1978, NJW 1979, 864, 865)。对侵权责任的确定取决于特定的未成年人辨识其行为危险性的能力以及意识到要对这些行为负责。不过,根据判例法,个人的自我控制的能力,也即根据他对其行为危险性的辨识并在意识到他要对其行为负责时进行行为的能力,是不相关的(BGH 30 November 2004, NJW 2005, 354, 355)。未成年人负有提出证据并证明其不能辨识其行为不法性的责任(Erman(-*Schiemann*), BGB II[11], § 828, no. 6)。对过失的检验——与侵权能力的问题相比——并不取决于特定的未成年人预见其行为的危险性并为避免危险而采取措施的能力;相反,决定性的因素是同年龄的和正常发育的孩子的能力(*Sprau* loc. Cit no. 7)。不满10岁的孩子可以基于《民法典》第828条第(2)款对过失造成的机动车或铁路事故免责。作为一项一般规则,尚不满该年龄的孩子不能辨识道路上的机动车或铁路交通的特定危险,因而不能相应地采取措施(*Sprau* loc. cit. no. 3)。这一规定在实践中的主要意义是,其效果是,不满该年龄的未成年人对与有过失不负责任。根据《民法典》第828条第(2)款第2项,在故意行为的情形,责任仍由第828条第(3)款的规定来调整。

8. 根据《奥地利普通民法典》第1308条,"未成年人",即未满14周岁的人(《民法典》第21条第(2)款)通常不对他们造成的损失承担责任。他们仅基于衡平原则依据与责任相关的规则来承担责任(《民法典》第1310条)。根据《希腊民法典》第915条,儿童一旦达到10岁,就要负侵权责任。仅在达到10岁时,它们才被视为拥有了理解其行为意义所必要之心智上的成熟度(Georgiades and Stathopoulos (- *Georgiades*), art. 916, no. 1)。已满10岁不满14周岁的青少年根据一般的侵权法规定承担责任,除非在例外的情形他们缺乏辨识其行为不法性的能力(民法典第917条)。为了承担损害赔偿责任,是否还应知悉辨识行为不法性的能力这一点存在争议(予以否定的有,*Georgiades* loc. cit. art. 917, no. 4;肯定者如 *Filios*, Enochiko Dikaio II(2)[4], 48; CA Athens 2494/1978, NoB 26 [1978] 387)。辨识行为不法性的既有能力以及依此而行为之能力的缺乏不应排除侵权责任,但可排除过失的存在(*Georgiades* loc. cit. no. 5)。

9.《葡萄牙民法典》第488条第(1)款免除了缺乏辨识其行为不法性的个体以及在为不法行为时缺乏控制能力者的责任(详见 *Antunes Varela*, Obrigações em geral I10, 563; *Vaz Serra*, BolMinJus 68 (1957) 89)。就尚未达到7周岁的孩子(《民法典》第350条第(2)款)而言,存在一项可推翻的推定,即他们对其侵权行为不负责任(《民法典》第488条第(2)款),一旦他们达到该年龄,该推定便反转,证明责任归由孩子来承担(*Antunes Varela* loc. cit.; *Pessoa Jorge*, Ensaio sobre os pressupostos da responsabilidade civil, 332; *Neto*, Código Civil Anotado[14], 540)。

10.根据《荷兰民法典》第6:174条,一旦年满14周岁,未成年人就要对不法行为负责。这一规则在政策基础上是站得住脚的,因为它为下述规则所补充,即父母要对未满14周岁的子女的侵权行为承担严格责任(《民法典》第6:169条第(1)款)。另一个导致确定14周岁这一年龄的因素是儿童给第三人造成的损害风险的可保性(Parlementaire Geschiedenis VI, 645, 652, 678; Asser (- *Hartkamp*), Verbintenissenrecht III[11], no. 84 p. 93)。年满14周岁的孩子受到《民法典》第6:162条第(3)款中包含的一般规定的约束。原则上,精神障碍或身体残疾并非抗辩事由(《民法典》第6:165条)。不过,必要的注意标准是参考年龄来确定的。在责任取决于对特定情形的知悉时,如果这种知悉不能从一名青少年得到期待时,不法性就会因为被告的年幼而无法确立。《民法典》第6:164条并不免除儿童的严格责任;儿童仍须根据《民法典》第6:169-184条对其所造成的一定的危险源承担责任,也即在儿童占有造成损害的动产(《民法典》第6:173条)、建筑物或其他构筑物(《民法典》第6:174条)或动物(《民法典》第6:179条)时,不能排除责任。该结论源自《民法典》第6:183条第(1)款。不过《民法典》第6:183条第(2)款即时补充规定,不满14周岁的孩子的父母或监护人要替代儿童对物或动物造成的损害承担责任(《民法典》第6:173条和第6:179条),除非它们是在经营过程中加以使用的(详见 *Hartkamp* loc. cit. no. 85 p. 94)。

11.爱沙尼亚的主流法律观点与荷兰的一致。根据与责任相关的法律,在年满14周岁时才能因不法行为被课以责任:《债法》第1052条第(1)款。在立陶宛也是类似的情况居主导(《民法典》第6.275条和第6.276条)。对于年满14周岁的未成年人而言,在确定必要的注意标准时,应考虑不法行为人的年龄(《债法》第1050条第(2)款)。

12.《瑞典损害赔偿法》第2章第4条规定,在年满18周岁之前,给他人或物造成损害或造成纯粹经济损失或疼痛和痛苦的人仅在合理的范围内支付损害赔偿。合理性的标准是通过检验一系列的因素来决定的。这些因素包括未成年人的年龄和成熟度、行为的性质以及对个体经济情况的考虑,特别是要考虑个体是否受到责任保险的保障。通常或根据现有的保单,不存在固定的最低年龄限制(*Hellner and Johansson*, Skadeståndsrätt[6], 265)。不过,HD 3 February 1977, NJA 1977, 186 拒绝了一项对3岁2个月的孩子提起的诉请,因为对该年龄的孩子而言,尚谈不上过错。尚缺乏有关未成年人个人责任的最新的判例法。似乎该问题主要是通过与父母责任和保险保障相关的规则来加以处理的。《芬兰损害赔偿责任法》第 2 章第 2 条和瑞典的规定大多数相吻合,但是它并未提及既存的责任保险。在最高法院 12 February 1991, HD 1991:73 这一判决中,要求一名 15 岁的女孩给予损害赔偿,她怂恿其同年龄的男友纵火烧一个垃圾桶,导致一栋建筑着火。《丹麦损害赔偿责任法》(EAL)第 24a 条允许法院基于公平原理减少损害赔偿而有利于尚未年满 15 岁的未成年人。保险保障的存在是一项与评估是否存在减少损害赔偿的公平要求相关的因素。《损害赔偿责任法》(EAL)第 24a 条仅涉及过错责任,与严格责任无关(*Møller and Wiisbye*, Erstatningsansvarsloven[6], 486),该法第 24 条规定损害赔偿在严格责任的情形可以减少(*Møller and Wiisbye* loc. cit. 502, 517)。对于其余情形,适用不满 18 周岁不免除个体责任的原则;不过,在个案情形评估必要的注意标准时,年龄应予考虑(von Eyben and Isager, Lærebog i erstatningsret[5], 89)。法院在诸多场合要求 4 岁和 5 岁的未成年人给予损害赔偿(就其来源参见 *von Eyben and Isager* loc. cit. 93)。《保险合同法》(Forsikringsaftaleloven)在这方面有着实质的重要意义。根据该法第 19 条第(1)款,责任保险也对不满 18 周岁的孩子故意造成的损害提供担保(详见 *Møller and Wiisbye* loc. cit. 515)。瑞典和芬兰就不满 12 岁的孩子有着同样的规定(《瑞典保险合同法》第 4 章第 9 条和《芬兰保险合同法》第 36 条)。

13. 原则上,在英格兰,儿童(也即不满 18 周岁的人:参见《1969 年家庭改革法》第 1 条第(1)款;《1989 年儿童法》第 105 条第(1)款)在和成人一样的范围内承担侵权责任,并且不享有未成年的抗辩:*Gorely v. Codd* [1967] 1 WLR 19(一名 16 岁的男孩过失使用了一把气枪),另参见 *Jennings v. Rundall* (1799) 8 TR 335; 101 ER 1419(婴儿对攻击或口头诽谤应承担责任)一案中的法官的附带意见。不过,在过失侵权中,对孩子不应持和通常谨慎和合理的成年人同样的标准;孩子仅在同年龄的通常谨慎的孩子能够辨识伤害的风险时才承担责任:*Mullin v. Richards* [1998] 1 WLR 1304(上诉法院认为一名 15 岁的女学生对其给同班同学造成的伤害不负责任,她在用塑料尺子进行嬉闹性的击剑时,一把尺子断了,一块塑料片进入同学的眼中)。同样地,在被告的心理状况对责任是必要因素时(也即侵权要求故意或恶意时),孩子的年龄在侵权中也是实质性的。而且,如果是间接执行对儿童无约束力的合同时,对儿童的侵权之诉不会胜诉:*Jenningsv. Rundall* (1799) 8 TR 335; 101 ER 1419(在该案中,一名未成年人在租马时违反了注意义务);*Burnard v. Haggis* (1863) 14 CB (N. S.) 45; 143 ER 360, 364 per *Byles* J; *R. Leslie Ltd. v. Shiell* [1914] 3 KB 607(一个孩子因欺骗而获得一项贷款,对该欺诈他不负责任)。这并不妨碍在受侵害的权利或被违反的义务并不基于合同的情形下,对未成年人提起侵权之诉(也即,在合同仅提供了实施侵权的机会的场合):*Burnard v. Haggis* (1863) 14 CB NS 45, 143 ER 360(根据禁止骑马跳跃的条款租赁了一匹马;未成年人对跳跃造成的伤害承担侵害(trespass)责任,因为他不被允许为该目的而使用马,在这一方面,他和合同之外的未经允许带走马的第三人没什么差别)。

14. 在爱尔兰,未成年人的侵权责任是基于和英格兰一样的结构。未成年不构成抗辩:Law Reform Commission(法律改革委员会),*Report on the Liability in Tort of Minors and the Liability of Parents for Damage Caused by Minors* (LRC 17－1985), 1－2(有关未成年人侵权责任以及父母对未成年人造成的损害承担的责任的报告)。一个儿童——即使不满 7 周岁(参见 *McMahon and Binchy*, Torts[3], 40. 04)一般要以和成年人同样的方式承担侵权责任:*O' Brien v. McNamee* [1953] IR 86 (*Davitt* P)(一个 7 周岁的孩子要对烧毁谷仓承担侵害责任,他将一张点燃的纸带入谷仓,火苗蔓延而烧着了干草)。相反,一名未成年人在侵权要求故意要件而其不能形成该种意图时,可以基于未成年而免予承担责任:*McMahon and Binchy*, Torts[3], 40.03。最恰当的观点似乎是,在决定作为被告的孩子是否实施了过失侵权时,爱尔兰法院适用的标准和决定作为原告孩子是否与有过失的标准应属同一(LRC 17-1985, 13; *McMahon and Binchy*, Torts[3], 40.27),它考虑了未成年的情况,但留下了是主观还是客观方法居主导的相当高的不确定性,也即被告的行为是应考虑该孩子实际的精神发育,根据其自己的潜力这一标准,还是应根据期待同年龄的孩子所为行为的标准来判断。

15. 在苏格兰,儿童也可能负侵权责任:*Walker*, Delict[2], 86-87; *Thomson*, Delictual Liability[3], 238(暗示责任与其说是法律实践的问题,不如说是理论上的问题)。特定的儿童是否具备必要的知悉其行为性质和质量并辨识其行为具有伤害性和法律上的不法性的精神能力,是个事实问题:*Walker*, Delict[2], 86-87。在未成年人的情形,可以做出有利于这种精神能力的推定,在未成年人接近成年的年龄时,这一推定特别有力:*ibid*, 86-87。相反,判例法处理年幼(不满5岁)的孩子的共同过失时,他们不能合理地被认为应对侵权负责,因为他们尚未足够成熟来辨识内在于其行为中的风险:*ibid*, 87-88。孩子的侵权责任不受以从事交易为目的的法律能力的年龄减小(从18周岁减到16岁)的影响:参见《(苏格兰)1991年法律能力年龄法》(Age of Legal Capacity (Scotland) Act 1991)第1条第(3)款(c)项。

16. 根据《塞浦路斯民事不法行为法》第9条,"在某人不满12岁时,对其做出的民事不法行为不能提起诉讼"。《民事不法行为法》第8条实施了这一源自 *Jennings v. Rundall* (1799) 8 TR 335, 101 ER 1419案的规则(参见前述Ⅰ、13),根据第9条,不满8岁的人可以被提起民事不法行为之诉,但是在该不法行为直接或间接源自该未成年人订立的合同时,不能提起诉讼。根据《马耳他民法典》第1035条,不满9岁的未成年人仅在他们"以恶意的裁量行为"时,才依据侵权对其行为负责。

Ⅱ. 基于衡平原则的责任

17. 法国、西班牙和卢森堡并不承认基于衡平原则的责任。《比利时民法典》第1386bis条仅对精神障碍者规定了这种责任(无关年龄),对正常发育的儿童或年轻人则未规定。相反,《马耳他民法典》第1036条在所有实质要点上都类似于第3:103条第(3)款设想的情况。

18.《意大利民法典》第2047条第(2)款规定,法院可以在考虑到受害人经济状况的情形下,判决因为年龄尚无法承担责任的孩子给予在具体情形下合理的损害赔偿。不过,为了施加赔偿,绝不能从负有监护该孩子之义务的人那里获得赔偿。最终,它以和第3:103条第(3)款同样的方式设计一项从属性的责任。在这一框架内,法院不仅应决定是否应判给赔偿,而且必须根据衡平的裁量权来决定赔偿的标准(CFI Macerata 20 May 1986, Foro it. 1986, I, 2594)。

19. 这与《匈牙利民法典》第347条第(2)款的法律立场是一致的。通常认为不对侵权行为负责的不法行为人仅在例外情形才依据司法裁量承担全部的或部分的责任,只要根据案件的具体情况并考虑到相关当事人的经济状况,承担责任显属必要时。此时,还必须证明不法行为人没有监护人或者负有监督义务者对所生损害的责任不能得到确立。根据《波兰民法典》第428条,在某人因其未成年,或者因精神或身体状况对其造成的损害不负责,而且不存在负有监督该人之义务者或该人不能补偿损害时,受害人可以从造成损害者那里请求全部或部分的赔偿,只要根据案件的具体情况,特别是考虑到当事人的经济状况,这是公平的。

20.《德国民法典》第829条、《奥地利普通民法典》第1310条、《葡萄牙民法典》第489条、

《爱沙尼亚债法》第 1052 条第(3)款和《希腊民法典》第 918 条在所有实质要点上都类似于第 3:103 条第(3)款。在希腊,依据衡平原理的儿童责任是基于缺乏其他赔偿遭受损失的当事人的途径。在评估是否存在其他赔偿请求权的方法时,应考虑保险单(Georgiades and Stathopoulos (- *Georgiades*), art. 918, no. 11)。在评估是否存在公平的理由判给赔偿时,当事人的经济状况不是唯一的焦点:伤害的严重性和持久性、受害人的与有过失以及不法行为人的智力发育都应纳入考虑(*Georgiades* loc. cit. no. 16)。法院可以判令不法行为人给予全部或部分的赔偿;而且,它可以判令不需负责的请求人进行赔偿(*Georgiades* loc. cit. 918 no. 16)。

21. 在北欧国家,如前述注释 12 中勾勒的减少损害赔偿的规定满足了比较的功能。英格兰和爱尔兰的普通法以及苏格兰法并不承认基于衡平原则的侵权责任。

22. 一般性的论述参见 *von Bar*, FS Egon Lorenz, 73-93。

示例 1 是基于 *Wilkinson v. Downton* [1897] 2 QB 57;示例 2 取自 TS 27 January 2006, BDA RAJ 2006 no. 615(有关成年人,另比较 *R. v. Hancock & Shankland* [1986] AC 455);示例 3 受到 Cass. civ. 7 March 1989, JCP éd. G 1990, II, no. 21403, note *Dejean de la Bâtie* 的启发;示例 4 取自 TS 8 March 2006, RAJ 2006 (1) no. 1076 p. 2795。

第Ⅵ-3:104 条　对儿童或者被监护人造成的损害的归责

(1)如果未满 14 周岁的人的行为系由成年人所为将构成故意或者过失的,父母或者其他根据法律对其负有父母之照护义务的人应就其造成的具有法律相关性的损害承担责任。

(2)如果具备下列要件,负有监督义务的机构或其他团体应就第三人遭受的具有法律相关性的损害承担责任:

(a)该损害系人身伤害、本卷第 2:202 条(第三人因他人的人身财产伤害或死亡而遭受的损失)所规定的损失,或者财产损害;

(b)机构或其他组织对其负有监督义务的人系故意或者过失造成该损害,如果其未满 18 周岁,在其行为若由成年人所为将构成故意或者过失的情况下;并且

(c)机构或其他组织对其负有监督义务的人属于有可能造成该类损害的人。

(3)监护人证明其对造成损害者的监督无瑕疵的,对所造成的损害不承担本条所规定的责任。

评　论

A. 概述

第 3:104 条中的规则的主题。尽管第 3:103 条(未满 18 周岁的人)与未成年人的个人责任相关,本条的主题是依法有义务提供父母的照顾的人(自然人或法人)的责任。它不仅涉及对不满18周岁的人造成的损害的责任,在第(2)款,还调整对某些成年人造成的损害的责任。第(1)款调整父母(以及其他负有提供父母的照顾义务者)对尚未满14周岁的孩子造成的损害的责任(本条并未包括对年长点的孩子造成的损害的特别规定;因而,这一损害仍保留在第3:102条(过失)的一般规则的范围内)。本条第(2)款提供了一项对机构责任的规则,该机构里住有在未受到监护的情形可能给第三人造成人身伤害或财产损害的人(不满或超过18周岁)。精神障碍者的个人责任问题由第5:301条(精神障碍)特别规定。

责任制度。根据本条第(1)款,依法负有对不满14周岁的孩子提供父母的照顾者对孩子造成的损害承担责任,如果孩子在损害发生时满18周岁,本应由他承担该责任。第(2)款就需要监护者给第三人造成具有法律相关性的损害的情形提供了一项类似的规则,对该损害,需要监护者根据一般规则负有职责,或者,在涉及年青人的情形,如果根据成年人的注意标准进行评估,他们本来会负有职责。第(3)款澄清了,在前两种情形,责任基础是不充分的监护。因而,具有监督义务者有机会提供证据证明就造成损害的人,已经进行了合理的监护。

非严格责任。从本条以及本章第一节(故意和过失)第3:104条的定位来看,可以得出,这些规则并未建议向父母施加严格责任:有孩子并不构成责任的充分基础。根据基本权利对家庭的保护一方面禁止将孩子带来的利益社会化,另一方面禁止将孩子带来的不利个人化。父母责任的基础在于该最主要的权利和由此导致的照顾和监护孩子的义务。在孩子给第三人造成伤害的情形,会推定没有尽到监督义务。因而父母在这种情形有义务提供并证明,尽管发生损害,他们仍满足了监督义务。

B. 未满14周岁儿童的责任(第(1)款)

责任涵盖的风险。父母责任的关键是他们承担了因孩子不能做到成年人的成熟度和注意而出现的风险(但仅承担该风险)。因而,这一责任以孩子一方的行为为先决条件,根据谨慎的成年人的标准,该行为相当于过失。孩子个人事实上是否有能力辨别其行为的无害性或至少是危险性不起作用。相反,孩子给第三人造成具有法律相关性的损害也不足够。如果一名处于孩子处境的成年人会做出孩子做的事情,并且不会向他施加责任的话,那么孩子的行为就不会引发父母的责任。

示例1

孩子们在沙坑里玩。一个男孩将沙子扔向玩伴的脸上。这一行为导致了眼睛受伤。这个男孩可能完全未意识到其行为的危险性,但是仍然导致父母的责任。这是因为以和孩子同样的方式行为的成年人当然会负责。

示例2

一个度假胜地在一个指定的儿童游泳池组织了一场儿童的水球比赛。一名母亲走到泳池边照相。一名游戏选手发的球打中相机,使之跌入水中。在泳池打水球是允许的;尽到合理注意的成年人和泳池中的孩子们的行为并不会有所不同。因而,不会产生父母的责任。进而母亲一方的与有过失不再成为问题。

不同的年龄段。本条第(1)款和不满14周岁的儿童造成的伤害有关。第3:103条(未满18周岁的人)第(2)款(达到7周岁)中的年龄段在这里不起作用。就第(1)款的目的而言,损害是由能够理解其行为后果的孩子所造成还是由不能作出该种理解的人所造成,并不相干。事实上,一贯关键的问题仅是,用成年人的标准来衡量,孩子是过失或故意造成损害。未成年人可能承担的严格责任并不引发父母的责任。对于达到14周岁的孩子来说,受害人还须提供违反监督义务的证据。反过来,父母在这一人生阶段是否应承担监督义务,就大多数人而言取决于可适用的家庭法。根据一般规则,对尚与他们一起生活的成年子女,父母还要承担监督义务。

责任人。第(1)款规定的责任影响的是"父母或依法有义务提供父母般照顾的其他人"。因而,就只有为父母有权进行照顾的情形,孩子是生活在父母共居的家庭还是和父母一方成长生活,或者被诉请的父母一方是负有照顾家庭的职责还是从事赚钱的职业,并无区别。在破裂家庭或未婚父母的情形,父母的照顾以及与之相伴的监督义务由谁承担是由相关的可适用的家庭法来决定的。"其他依法负有提供父母之照顾的义务者"的例子有监护人和养父母。另一方面,在根据可适用的家庭法不会产生不同结果时,继父母也属于第3:102条(过失)的范围。依据合同照顾孩子的代人临时照看小孩的人、保姆或儿童护理员不属于第3:104条第(1)款的范围。当然,偶尔的临时帮忙(邻居的帮忙、祖父母等)"依法"不负有"提供父母之照顾"的义务。和第3:103条(未满18周岁的人)的关系。原则上,本条规定的责任独立于第3:103条(未满18周岁的人)规定的孩子的责任。在两条规定的责任要件都得到满足时,孩子和父母原则上承担连带责任(第6:105条(连带责任))。就其相互间的关系,当然,责任通常仅由父母承担。

作为受害人的儿童。如果孩子为第三人所伤,他们必须容忍,根据第5:102条(与有过错与责任承担)规定的标准,其诉请因其个人的与有过错而减少,但不能因其父母造成的监护失职而被扣减。这来自于第5:102条(与有过错与责任承担)第(3)款*相反的(e contrario)*观点,这一款仅提及第3:201条(雇员或代表人致损的归责),而未提及第3:104条。

在孩子因其父母或其他负有监督义务者未尽到监护职责而受到伤害时,赔偿请求遵循一般规则,或者在对他们更为有利的情形,遵循可适用的家庭法或合同法。如果孩子是第三人行为及其父母义务违反行为的受害人,那么第三人和父母要对孩子承担连带责任。

C. 机构的责任(第(2)款)

政策考虑。第(2)款规定了机构和其他团体的责任,它们负有监督对第三人有危险之人的义务。该规定反映了在成员国的法律体系中以相同的或者至少是类似的方式可以发现的法律状况。被监护人不满还是超过一定年龄并无根本区别。更为关键的是该机构在一个领域集中需要特殊控制的人。这一提升的潜在危险性使得在损害情形可反驳地推定存在瑕疵监护得以正当化(参见第(3)款)。不过,将责任限于有形损害,也即,人身伤害和财产损害(第(2)款)似乎是妥当的。

监督义务。这里包括的监督义务可以在有关不作为责任的一般规则中找到其法律基础。因而它也可以源自特殊的制定法规则,以合同为基础,或仅来自机构通过其聚集有一定问题的人而创设了一项特殊的危险源(根据第3:102条(过失),这一危险源应受到控制)这一事实。

机构或团体。这些规则并"不调整某人或机构因履行或不履行公法职责"(第7:103条(公法职权和法院诉讼程序))而承担的责任。因而,如犯人逃跑时,监狱的责任就不属于第(2)款调整;对照顾那些若非精神障碍本会被判决有罪之人的国立医院或类似机构也是如此。由从公共机构逃走的青少年犯("borstal boys",青少年犯教养院男孩)造成的损害因为第7:103条的效力(公法职权和法院诉讼程序)也不属于第(2)款的范围。私人幼儿园和私立学校以及寄宿学校、有关精神错乱的被收容者的疗养院和精神诊所提供了适用第(2)款的示例。

可能造成人身伤害或财产损害的人。被认为若不受监护有可能伤害他人或造成财产损害之人无须具有任何种类的犯罪倾向。前一款给出的示例表明该问题的出现可能和有疾病的人或者在群体中会失去控制而伤害他人的儿童和年轻人相关。

示例 3

一名抑郁的医院病人为了自杀从高层窗户跳了出来。他将一名路人也带入了坟墓。医院对路人的遗属负有责任,除非它能证明它对该名病人进行了妥适的监护。

示例 4

一名男子为一家针对精神残疾者的机构接纳,他趁在白天的自由时间未受监督时将一对夫妇(C)的森林点燃了。该机构要根据第3:104条第(2)款对该火灾损害承担责任。

对直接加害人个人的要求。和第(1)款一样,在第(2)款的框架内,相关的行为必须达到如下标准,即若其为心智健全的成年人的行为,可以构成故意或过失。直接引起损害者可能不理解其行为的性质在这一程度上是无关的(参见第5:301条(精神障碍))。事实上,这种人需要非常特殊的监护。

D. 有瑕疵的监护(第(3)款)

概述。与第(1)款和第(2)款相关,潜在的责任人可以证明第三人遭受的损害并非是对造成损害者的瑕疵监护的结果。这里提出的"瑕疵监护"的概念使用了《产品责任指令》提出的"瑕疵"的概念(参见第Ⅵ-3:204条(瑕疵产品致害归责)第(1)款和第

(7)款),因而将客观化的以及(与第3:102条(过失)相比)更高的标准作为了自己的基础。它取决于作为损害直接原因的人未受到充分监督这一事实。它并不取决于这一不充分的监护是否违反了义务或者本可以为处于该情形的合理谨慎的人所避免。在父母或教师的注意为和其他孩子有关的更急迫的难题所吸引时,对竟然从父母住所或幼儿园走失的孩子的监护就是有瑕疵的。

示例5

一名婴儿基于后来无法解释的原因成功离开了幼儿园的场地。她走到马路上,此时,一名司机设法避免了撞到他,但自己遭受了严重的伤害,因为他为了救孩子将汽车驶入了路边的沟渠。该幼儿园对司机负有责任。相反,孩子的父母不承担第3:104条第(1)款规定的责任,因为他们并未违反监督义务,即使使用客观的标准来衡量。对父母,仅与第Ⅴ-3:103条(赔偿权)规定的请求权有关联。

对孩子的监护。就对孩子的监护,基于同一理由,父母哪方在具体案件中对瑕疵监护负责并无不同。在这一范围内,它仅取决于结果——对孩子不充分的监护。如果父亲带孩子一起去动物园,待在家里的母亲同样应承担责任,在相反的情形,如母亲未尽到充分监护孩子的义务而父亲坐在办公室时,亦同。不过,有权监护的双方实际上不可能监护时(如因为孩子生活在很远的寄宿学校),第(3)款向二者提供了免除责任的可能性。它不能归结为父母未尽职。

对高风险群体的监护。相应地,就监护处于永久或临时收容的高风险群体的情形,需要处理一些事情。受害人无义务选择单个的雇员或澄清导致事故的情形。需要监护者在应受到监护时未受到监护并造成损害即已足够。

注　释

Ⅰ. 应当尽到父母看护职责的个人的责任

1. 根据《法国民法典》第1384条第(4)款(2002年3月4日的法律对之做了略微的修改)和第(7)款,长期以来的主流观点是,就父母对未成年人造成的损害承担的责任,存在两层的过错推定(*présomption de faute*),但这些推定可以被推翻;被推定的是,孩子或者受到不良的养育或者在监管上存在不当(*Flour/Aubert/Savaux*, Droit civil II[11], no. 193 p. 195)。从Bertrand这一判决(Cass. civ. 19 February 1997, Bull. civ. 1997, II, no. 56 p. 32)开始,现在得到承认的是,父母仅在证明存在不可抗力或受害人的过错(*faute de la victime*)时才能免责。实际上,要肯定父母的责任,还需满足四项要件,即(1)亲权的存在(*autorité parentale*);(2)孩子尚未成年;(3)孩子和父或母共同生活(同居)以及(4)存在损害行为(*fait causal*),也即,孩子造成了损害。同居的概念被赋予了非常宽泛的解释,例如,参见Cass. crim. 8 February 2005, JCP 2005, II, no. 10049(一名13岁的孩子从1岁起就和其祖父母一起生活;这仍被视为是和其父母共同生活)。从Cass. ass.

plén. 13 December 2002, Bull. ass. plén. 2002, no. 4 p. 7(两个裁判)一案起,还得到公认的是,父母的责任并非基于孩子的过错。得出的这一结论是,损害是由孩子直接引起的这一事实已然足够,即使孩子一方并未发生错误(持类似观点的有 Cass. civ. 10 May 2001, Bull. civ. 2001, II, no. 96 p. 64)。父母的责任附属于孩子个人的责任;而未取代后者(*Flour/Aubert/Savaux* loc. cit. no. 198 p. 203)。考虑到适用于父母之责任的非常严格的制度,最高法院在其 2002 年的年度报告的结尾建议,为了避免父母未享有责任保险,立法者应当使得父母强制保险或者建立一项担保基金。在写作本文时,立法者尚未对这些呼吁做出反应。

2. 根据比利时法,适用的是一项略为宽松的责任制度。根据《民法典》第 1384 条第(2)款产生的责任是基于一项可推翻的推定(《民法典》第 1384 条第(2)款第 5 项),即未履行父母职责或监督义务(Cass. 28 September 1989, Pas. belge 1990, I, no. 63 p. 117)。父母必须提出证据从两个方面来免除他们的责任(Cass. 23 February 1989, Pas. belge 1989, I, no. 356 p. 649),即使孩子是处于他人或机构的监护中,如处于学校中(Cass. 23 February 1989 loc. cit.; for a different view Cass. 22 September 1978, Pas. belge 1979, I, 108)。Cass. 20 October 1999, Pas. Belge 1999, no. 549 p. 1360 将《民法典》第 1384 条第(2)款不仅仅视为是过错推定(*présomption de faute*),而且将之称为责任推定(*présomption de responsabilité*)。这就使得存在一项可推翻的推定成为必要,即损害是因父母的过错造成的(Tilleman and Claeys (– *Fagnart*), Buitencontractuele aansprakelijkheid, 172, 200)。即使未成年人无过错能力,他也必须从事了一项客观不法的行为(*un acte objectivement illicite*)。这意味着未成年人必须做了对一个心智健全的成年人来说构成过错的事情(*Fagnart* loc. cit. 199)。父母的责任是未成年人个人责任的补充(比较具有精神障碍的未成年人的情形以及和《民法典》第 1386*bis* 条的关系,Cass. 18 October 1990, Pas. belge 1991, I, no. 90 p. 171)。

3. 在西班牙,区分了民法典的制度和规定于刑法典以及有关刑法的更为特殊的制定法(特别是《未成年人的刑事责任法》[*Ley Orgánica* 5/2000, *Reguladora de la Responsabilidad Penal de los Menores*])中的损害赔偿的规则。对未成年人的非犯罪行为所造成之损害的责任是根据《民法典》第 1093 条规定的有关父母和监护人之责任的法律来处理的。根据这一规定,该责任的基础是对未尽职履行父母的职责或监督义务的推定(*a culpa in vigilando or educando*),例如,参见 TS 24 March 1979, RAJ 1979 (1) no. 919 p. 741; TS 11 March 2000, RAJ 2000 (1) no. 1520 p. 2368; TS 8 March 2002, RAJ 2002 (1) no. 1912 p. 3178 和 TS 13 September 2002, RAJ 2002 (5) no. 8828 p. 16172。根据主流的法律观点,《民法典》第 1903 条并非是一项严格责任的规定,这是基于父母可以通过证明他们已经尽到了所有应尽的注意来避免孩子造成损害而免除责任这一事实(*Díaz Alabart*, ADC 1987, 803, 819; *Gómez Calle*, Responsabilidad de padres y centros docentes[3]. 1234, 1237)。实际上,考虑到法院已经解释该法典,不再接受这种免责证明,并声称《民法典》第 1903 条涉及一项准严格责任(TS 17 June 1980, RAJ 1980 (1) no. 2409 p. 1874; TS 10 March 1983, RAJ 1983 (1) no. 1469 p. 1128; TS 22 September 1984, RAJ 1984 (2) no. 4332 p. 3326),这显然只是一种纯粹理论上的可能性。近期,最高法院公开将《民法典》第 1903 条划为基于风险的责任的情形(TS 22 January 1991, RAJ 1991 (1) no. 304 p. 333; TS 7 January 1992, RAJ 1992 (1) no. 149 p. 174; TS 30 June 1996, RAJ 1996 (3) no. 5272 p. 7064; TS 28 July 1997, RAJ 1997 (3) no. 5810 p. 8942; TS 11 March 2000, RAJ 2000 (1) no. 1520 p. 2368; 批评观点,参见 *Gómez* Calle loc. cit. 1236)。父母的责任已经——偶尔——被作为未成年人个

人责任的附属物（为 TS 24 May 1947, RAJ 1947 nos. 631 and 631bis p. 407 所肯定；另参见 TS 22 January 1991, RAJ 1991 (1) no. 304 p. 333）。不过，这一观点与现在的理解不符（*Gómez Calle* loc. cit. 1049, 1238; *Díaz Alabart* loc. cit. 876; *Roca i Trias*, Derecho de daños[3], 94）；父母和孩子承担连带责任（TS 14 April 1977, RAJ 1977 (1) no. 1654 p. 1230; TS 30 December 1992, RAJ 1992 (5) no. 10565 p. 13807; TS 28 July 1997, RAJ 1997 (3) no. 5810 p. 8942; TS 8 March 2002, RAJ 2002 (1) no. 1912 p. 3178）。通常，如第 3:104 条，父母的责任取决于以下述方式行为的孩子，即如成年人被发现以该种方式行为，则至少构成过失（*Gómez Calle* loc. cit. 1239; 另参见 TS 10 June 1983, RAJ 1983 (2) no. 3517 p. 2738 and TS 4 May 1984, RAJ 1984 (2) no. 2396 p. 1792）。被告还必须享有父母的权威，但是他们必须和孩子共同生活（*Gómez Calle* loc. cit. 1242）。

4. 在未成年人实施的行为相当于犯罪行为时，就需要借助于《西班牙刑法典》和《未成年人刑事责任法》。尚未满 14 周岁的未成年人不承担刑事责任。相反，根据《民法典》第 1903 条，他们受到有关父母责任的规则的约束。对年满 14 周岁的未成年人，《未成年人刑事责任法》第 61 条第(2)款规定，他们（按照下列顺序）“和父母、监护人、养父母或负有法定监护职责的人或者事实上将未成年人纳入其监护照顾之人”对犯罪行为导致的损害“承担连带责任”。如果被指定的个人并未故意或以重大过失的方式促成未成年人的行为，法院可以决定“减少其责任”。该责任是严格责任（同上，第 61 条第(3)款）。因而，它的产生与看护或教育过错（*culpa in vigilando or educando*）无关（*Gómez Calle* loc. cit. 1266; Durany Pich, FS Díez－Picazo II, 1749, 1762; CA Asturias 19 June 2003, BDA JUR 2003/184176; CA Asturias 6 May 2004, BDA JUR 2004/259497, CA Asturias 24 February 2005, BDA JUR 2005/90985; CA Asturias 4 March 2005, BDA JUR 2005/90490; CA Lleida 11 March 2002, BDA JUR 2002/118814; CA Jaén 28 November 2002, BDA JUR 2003/14953; CA Sevilla 3 June 2004, BDA JUR 2004/216620; CA Badajoz 25 January 2005, BDA AC 2005/333）。受害人也可以在有听审刑事事务之管辖权的未成年人法院的法官面前对父母提起民事诉讼。

5.《意大利民法典》第 2048 条确立了父母和其他负有监督孩子职责者的直接责任，如果他们没有证明他们原本无法阻止孩子造成损害事件的行为的话（《民法典》第 2048 条第(3)款）。责任基础通常被宣称为是与父母和/或监督义务相关的推定过错（Cass. 29 May 2001, no. 7270, Giur. civ. comm. 2002, II, 326; Cass. 10 July 1998, no. 6741, Giust. civ. 1998, I, 1809; *de Cupis*, Il danno II[3], 134－137; *Alpa*, Trattato di diritto civile IV, 672－673），对此，标尺就是教养，作为一项一般规则，它使得个人在与他人进行社会交往时能够正确行为（Cass. 11 August 1997, no. 7459, Danno e resp. 1998, 251; Alpa loc. cit. 672）。为了确立责任，必须证明孩子的行为如果由成年人来实施将会满足确立责任的所有必要条件（Cass. 26 June 2001, no. 8740, Foro it. 2001, I, 3098）。

6.《匈牙利民法典》第 347 条使用了非常宽泛的“监护人”的概念，该术语包括了父母以及其他受托监护孩子的个人。监护人责任的施加替代了不能辨识其行为不法性之人的责任（《民法典》第 347 条第(1)款第 2 项），而监护人和因具备足够能力辨识其行为不法性而承担责任的未成年人承担连带责任（《民法典》第 347 条第(4)款）。在前一情形，责任是基于对过错的可推翻的推定，而在后一情形，对瑕疵监护的过错要求提供积极的证明（BH 1995/214）。瑕疵监护可以通过没有充分监护得以证明，并可归咎于不充分的抚养（Gellért (－*Benedek*), A Polgári

Törvénykönyv Magyarázata[6], 1286－1287, 1290; Petrik (－*Wellmann*), Polgári jog II2, 600; BH 1980/129)。监护人被界定为事实上监护个人并处于控制和引导其行为的地位的人或者是根据案件的具体情形有义务控制和指导其行为的人。通常，与孩子共同生活的父母是监护人。如果父母未居住在一起，监护人是孩子事实上与之居住者或监护孩子的人。而且，监护人还包括孩子的监护人和所有仅是临时和事实上承担了监护孩子职责的人（亲属、朋友）或机构（幼儿园、学校和医院）。根据具体情形，这可能对父母作为监护人的资格没有影响。例如，在孩子于学校造成损害而原因在于缺乏监督或者父母没有确保妥当教养时，学校和父母承担连带责任。作为其受雇条件的一部分而负有监督儿童义务的自然人，如教师、护士、家庭教师、社会福利工作者和受过训练的教育人士并非监护人。此时，监护人是雇主（*Benedek* loc. cit. 1285－1287; *Wellmann* loc. cit. 599）。

7. 根据《捷克和斯洛伐克民法典》第422条，负有监督义务者承担责任；这一责任是基于对过错的可推翻的推定。如果孩子被判定负有个人责任，则该责任属于连带责任。根据《波兰民法典》第427条，负有监护他人（因为其年龄或精神、身体状况，不会受到过错的责难）的法定义务（如父母、教师或精神病治疗机构的医生）或合同债务者（如临时保姆）对该他人造成的损害应负责任，除非他被免除了监督义务或者即使尽到适当监督，损害仍会发生。这一规则也适用于没有法定或合同义务而事实上长期对这些人进行监护之人（如亲属或邻居）。这实际上引入了对监督过错（*culpa in custodiendo*）以及对不当监督和损害之间存在因果关系的可推翻的推定。现在得到广泛承认的是，监督过错必须由特定的作为或不作为构成，而不能仅仅从孩子一般性的社会适应不良（social maladjustment）中以一般的教育疏忽的形式推断出来（*Radwański and Olejniczak* loc. cit.）（*Czachórski* loc. cit.; Pietrzykowski (－*Safjan*), Kodeks cywilny I[4], art. 427 p. 1208）。如果未成年人（或精神障碍者）的行为并非客观上不法，则《民法典》第427条的适用被排除（*Radwański and Olejniczak* loc. cit. 204; *Safjan* loc. cit. 1206）。而且，在损害是由可以基于过错被归责的受监护人造成时，这一规则也不适用。在该情形，适用《民法典》第415条的基本规则，因而不当监督者如果有过错的可能承担连带责任（*Radwański and Olejniczak* loc. cit. 202）。不过，应由受害人证明请求权的所有要件（*Safjan* loc. cit. 1205）。《斯洛文尼亚债法》第142条第（1）款对尚未年满7周岁的孩子的父母设计了严格责任。如果"在孩子被委托给他人而发生损害并且该人应对此负责的"，就不会施加这一严格责任（loc. cit. para.（3））。此外，《债法》第145条第（1）款引入了一项"特殊的父母责任"，依此父母需因没有适当教育其子女承担责任，如果此一失职在孩子处于他人监护的时候得到实现的话。父母是单独承担责任，进行监护者可以逃脱责任（loc. cit. para.（2））。

8. 对不满成年年龄或精神或身体障碍者负有法定或约定监督义务者的责任由《德国民法典》第832条来调整。这和基于过错推定的责任是相关的。可获赔的损失是由被监护人给第三人造成的损失。监督义务是由法律施加给那些负有照顾、监护和抚养未成年人职责的人，依据一般规则，这些人是父母（《民法典》第1626、1671、1757条和第1765条），也包括监护人和照管者（第1793、1797、1800、1909 f条和第1915条）。责任的另一要件就是受监护者给他人造成不法损害。必须实施了不法行为（《民法典》第823～826条）。根据应适用的法律规定的表述，过错在这方面是无关的。负有法定监督义务者有可能证明该义务未被违反。也可以证明，如即使存在对义务的违反，这一对义务的疏忽并未造成所遭受的损害。推翻这一推定变得越来越难（*Bernau*, FamRZ 2007, 92）。

9.《奥地利普通民法典》第 1309 条调整对未成年人和精神障碍者的行为的责任。该责任对负有监督义务者产生影响；它也包括处于监护的个人给自己造成损害的情形（CA Innsbruck 11 March 1985, ZVR 1986/114 p. 274）。尽管《民法典》第 1309 条提及的是“未成年人”（根据《民法典》第 21 条第（2）款，指不满 14 周岁的人），责任仍扩展至年满 14 周岁及以上的较大的未成年人（OGH 27 January 1971, SZ 44/8; OGH 29 November 2006, FamZ 2007/35）。责任的基础是故意或过失违反监督义务；证明责任由请求人承担（OGH 6 October 1961, SZ 34/137）。监督义务可以根据制定法或合同产生（OGH 24 April 1968, EvBl 1968/379）。在前一情形，监督义务归属于父母（《民法典》第 144、146 条），其次为祖父母/外祖父母（《民法典》第 145 条第（1）款）和养父母（OGH 14 October 1970, EvBl 1971/74）。监督义务的要求相对适中（详见 Schwimann（-*Harrer*）, ABGB VI³, § 1309 no. 1）。决定性的问题是合理谨慎的父母在案件的具体情形下为了防止引起子女的行为给第三人造成的损害会采取的措施（OGH 26 August 2004, 3 Ob 128/04a）。父母的状况也应被纳入考虑（*Harrer* loc. cit. no. 11）。肯定责任的典型情形是，允许年幼的孩子玩耍危险的玩具并听任他们自便（OGH 24 January 1968, EvBl 1968/379; OGH 22 November 1938, SZ 20/241; OGH 11 January 1967, JBl 1967, 431）。

10.《希腊民法典》第 923 条区分了负有法定监督义务的人（第（1）款）和依合同负有监督义务的人（第（2）款）。在两种情形，都产生一项可推翻的推定，即负有监督义务者或者因故意或者过失违反了其义务，而这一义务违反造成了损害（*Kornilakis*, Eidiko Enochiko Dikaio I, 549; Georgiades and Stathopoulos（-*Georgiades*）, art. 923, no. 1; CA Athens 6492/1998, EllDik 39 [1998] 1645; A. P. 1173/1994, EllDik 37 [1996] 79）。《民法典》第 923 条仅适于保护第三人，而非需要监督之人，后者就其遭受的损失可能享有的请求权仍需根基于可适用的家庭法规定或合同法规定（如《民法典》第 335 条以下，第 380 条以下）（*Kornilakis* loc. cit.）。用于决定监督义务的标准特别包括未成年人的年龄、成熟度和发展程度。而且，造成损害的行为的可预见性和危险性也是重要因素（*Kornilakis* loc. cit. 550; *Georgiades* loc. cit. no. 6; A. P. 1173/1994, EllDik 37 [1996] 79）。负有监督义务者的任务就是指引需要监督者从事可为社会接受的行为并向其指出特别物品和行为的危险性（*Deliyannis and Kornilakis*, Eidiko Enochiko Dikaio III, 195）。未成年人是需要监督之人（《民法典》第 127 条）。进行父母之照顾的双亲负有监督义务。《民法典》第 923 条规定的责任的前提条件是未成年人的行为客观上满足的侵权的要件。未成年人一方是否需要有过错仍属争议问题（详见 *Georgiades* loc. cit. no. 13）。根据《民法典》第 923 条第（2）款，负有合同上的监督义务者也负有责任。在未成年人与亲属居住较长时期后，将产生默示的对合同上的监督义务的承担。不过，如果居留时间较短或者个人是为了帮助父母而照顾孩子，该义务就被否认（*Georgiades* loc. cit. no. 10）。

11.《葡萄牙民法典》第 491 条以类似的方式规定，责任可归咎于对无过错能力者负有法定义务或合同义务者。后一概念并非排他地属于未成年人（*Vaz Serra*, BolMinJus 101 (1960) 15, 124）。父母的法定监督义务来自《民法典》第 1878 条第（1）款，监护人（家庭教师）的义务则来源于《民法典》第 1935 条（*Sottomayor*, BFD LXXI (1995), 403, 405）。一旦年满 16 岁，未成年人就要负刑事责任。自这一时间点后，鉴于不可能将对其行为负有刑事责任者视为《民法典》第 491 条措辞上的“自然无能力者”，该条就不再适用（CA Lisbon 15 October 2002; 在一则裁决中采取了另一种观点，但自 STJ 20 March 1991, BolMinJus 445 (1991) 220 之后，该则裁决不再被遵循）。在争论的是受害儿童的请求权时，《民法典》第 491 条也不适用（*Pires de Lima and Antunes*

Varela, Código Civil Anotado I[4], 493; *Sottomayor* loc. cit. 411; STJ 17 January 1980, BolMinJus 293［1980］308;观点不同者如 CA Oporto 10 October 1996)。责任基础是监督过错(culpa in *vigilando*)(*Antunes Varela*, Obrigações em geral I[10], 590; *Pires de Lima and Antunes Varela* loc. cit. 492; *Sottomayor* loc. cit. 411, 456 and 466; STJ 3 June 2004; CA Oporto 6 June 2001)。监督存在瑕疵是一项可推翻的推定(《民法典》第491条第(2)款;参见 *Antunes Varela* loc. cit. 491)。在提出免除父母责任的证据的背景下,有必要证明遵守了善良家父标准(STJ 13 February 1979, BolMinJus 284［1979］190; STJ 15 October 2002)(3445)该要求似乎在近期变得更为严格(如 STJ 17 January 1980, BolMinJus 293［1980］308)。法院也要求证明存在教育过失(culpa in *educando*),但这一要求中超出了制定法表述的范围(*Sottomayor* loc. cit. 424; STJ 18 May 1999; STJ 20 March 1991, BolMinJus 405［1991］220; CA Lisbon 17 March 1987, BolMinJus 366［1987］550)。如果父母那时分居,那么原则上,履行父母照顾职责者承担监督义务。在子女拜访时,监督义务仅施加给父母另一方(*Sottomayor* loc. cit. 443)。不过监督义务应由继父承担,这是鉴于其作为家庭之主的地位(*Sottomayor* loc. cit. 406, note 7)。

12.《荷兰民法典》第6:169条第(1)款规定,"未满14周岁的孩子的父母或监护人就第三人因孩子的行为而遭受的损害负有责任,只要在孩子的年龄并不阻却归责的情形下,这些行为本应作为一项可诉的侵权行为归咎于孩子"。根据这一规定,父母承担替代责任。就已满14周岁未满16岁的孩子,根据《民法典》第6:169条第(2)款,存在一项可推翻的推定,即父母基于孩子未受到充分的监督而负责。年龄界限是基于各自风险的可保性来确定的(Asser(-*Hartkamp*), Verbintenissenrecht III[11], no. 84 p. 93; Parlementaire Geschiedenis VI, 645, 652, 678)。在两种情形下,被告或者必须行使亲权(parental authority),或者成为孩子的监护人;孩子以故意或过失的方式行为并非必需。如果孩子可以提起抗辩或提出可排除过错的事由,这一抗辩基础或正当性基础就和年龄无关了,父母也可以依赖这一抗辩或正当事由(Onrechtmatige Daad II(-*Oldenhuis*), art. 6:169, no. 4 p. 66, no.14 p. 197, no. 18 p. 241)。父母双方都对行使父母的权威负有职责(《民法典》第1:125条第(1)款);因而父母双方要承担连带责任,即使孩子仅与一方生活。裁判分居(judicial separation, Hof 's-Hertogenbosch 25 February 1997, NedJur 1997 no. 659 p. 3595)和离婚原则上并不影响进行父母照顾的持续性;他们仅在法院宣布这一事情时才被免除其义务(《民法典》第1:266条和第1:269条)。即使在一名孩子的福利机构被任命为该孩子的监护人(*voogdij-instelling*)时,父母仍应负责(*Oldenhuis* loc. cit. nos 5-6, p. 66)。对孩子的行为必须相当于作为这一规则的使用旨在指明,如果其子女没有警告他人迫近的危险或者以其他方式没有采取措施来保护第三人的,父母不负责任(*Oldenhuis* loc. cit. no. 12, pp. 156-197)。

13.《爱沙尼亚债法》第1053条第(1)款类似于第3:104条第(1)款。一旦孩子年满14周岁,父母对监督缺陷的责任就基于过错而产生。在孩子年满19岁时,就不再施加责任(《债法》第1053条第(2)款)。

14. 在瑞典,父母的责任尽管落脚于一般的过错规则,但仍为《亲子法典》(该法1993年实施(*Föräldrabalk*))第6章第2条第(2)款(第3句)所扩展。根据这一规定,"对孩子实施照顾和监护者应确保为了防止该孩子给他人造成损害,对其进行了监督或采用了其他合理的措施"。这一规定明显地收紧了父母的责任(*Hellner and Johansson*, Skadeståndsrätt[6], 270; *Bengtsson and Strömbäck*, Skadeståndslagen[2], 54;比较较早的裁决,HD 8 November 1949, NJA 1949, 617和HD 29 October 1954, NJA 1954, 450)根据芬兰法,父母的责任仍通过参考《损害赔偿责任法》第2章

第1条规定的过错责任来决定，比较 Supreme Court 16 January 1976, HD 1976 II 1（对一名喝醉了的12岁的孩子故意造成的损害，不课予责任）、Supreme Court 7 October 1981, HD 1981 II 124（对一名6岁孩子在未受监督的情形下向第三人所有的物品射击的行为，减轻责任）和 Supreme Court 12 April 1983, HD 1983 II 41（一名7周岁的孩子朝一名5岁的孩子扔飞镖，对父母课予了责任）。类似地，丹麦法没有有关父母和其他人（监护人、代人照管孩子者、幼儿园、学校、假日野营地）责任的特殊规定。关于监督缺陷，要求助于一般的基于过错的责任（*Vinding Kruse*, Erstatningsretten[5], 123; *von Eyben and Isager*, Lærebog i erstatningsret[5], 100）。

15. 根据英格兰法（撇开父母和孩子之间存在雇主雇员关系的例外情形），父母对其子女所为的侵权不负替代责任：*Donaldson v. McNiven* [1952] 2 All ER 691（在该案中，一名13岁的孩子在胡同里用气枪发射了一粒小子弹，伤害了一名婴儿）。而且，父母不负有防止其子女给第三人造成损害的一般义务：Clerk and Lindsell（-*Dugdale*）, Torts[19], 8-173。不过，父母可能根据过失侵权的通常规则承担责任，但是这要求特殊情形的存在来产生义务，并导致对子女行为的责任，如授权或允许未经训练而使用危险物品：*Newton v. Edgerley* [1959] 1 WLR 1031（一位父亲在其12岁的儿子扳起扳机的猎枪非因故意而为原告引发时，要对其子给另一名孩子造成的伤害承担责任，因为父亲允许其子买枪，但未培训他如何安全使用）。依据源自危险源的明显风险的程度、孩子的成熟度、智力、在先行为和脾性，在其对父母而言相当明显时，对第三人的注意义务就可以通过向孩子给予适当的警告、指示或禁令而免除：比较 *Donaldson v. McNiven* [1952] 2 All ER 691（孩子仅被告知在屋里使用枪支，其并未特别不服从，而仅在地下室使用了它，对此父亲不负责任），并对比 *Beebee v. Sales* (1916) 32 TLR 412（父亲对其15岁的儿子使用气枪造成的眼睛伤害要承担责任，因为其邻居窗户为枪支发射的小子弹打破，而该邻居之前将其子的危险行为警告过父亲）。

16. 在爱尔兰，父母也不因其地位而对其子女的侵权行为承担责任：*Curley v. Mannion* [1965] IR 543, 546; *McMahon and Binchy*, Torts[3], 16.02，另参见 *Sullivan v. Creed* [1904] 2 IR 317, 340（*FitzGibbon* LJ："责任的基础[……]并非是该男孩是被告的儿子。"）父母责任是基于过失。这可能以在可预见对他人造成伤害的情形下允许其子女接触危险物的形式出现：*Sullivan v. Creed*, loc. cit.（一个农场主将一支枪扳起扳机靠在篱笆上；其15岁的儿子并未意识到枪支装有弹药而瞄准枪支玩耍，误射原告）。同样地，父母在可以合理预见其子女会给他人造成伤害的情形没有妥当地控制其子女时，也存在过失：*Curley v. Mannion* [1965] IR 543（一名司机的13岁的女儿打开客车车门进入自行车道）。法律改革委员会在其1985年审查这一法律领域时，拒绝了基于替代责任、严格责任或对父母过失的推定的改革方案，而推荐不改变既有法律：法律改革委员会，《关于未成年人侵权的责任和父母对未成年人造成的损害承担的责任的报告》（*Report on the Liability in Tort of Minors and the Liability of Parents for Damage Caused by Minors* LRC 17-1985）。

17. 类似地，在苏格兰，除非父母授权、唆使或批准孩子的不法行为，否则他们同样不对孩子的侵权行为承担替代责任：*Walker*, Delict[2], 86 and 88; *Stewart*, Delict[3], 180; *Thomson*, Delictual Liability[3], 238。不过他们可能因为违反自己的注意义务而负责：*Walker*, Delict[2], 86 and 88（例如，如果父母将一件危险物品交给孩子而未给予正确的指示）; *Thomson*, Delictual Liability[3], 238。

Ⅱ.其他人和机构对他人造成的损害承担的责任

18. 根据《法国民法典》第1384条第(6)款,教师和技工要对其学生或学徒在其监督之下给第三人造成的损害承担责任。《民法典》第1384条第(8)款规定,请求人负有证明教师(*instituteur*)以过失的方式行为的责任,因而取代了直到1937年仍居主导地位的过错推定(*le Tourneau and Cadiet*, Droit de la responsabilité et des contrats (2004/2005), no. 7472)。公立学校的教师的责任为国家责任所取代(《教育法典》第L 911-4条)。这些教师仅在其和国家的内部关系上承担责任。有关技工(*artisans*)对第三人的责任存在一项可推翻的过错推定(《民法典》第1384条第(6)款和第(7)款),但现在这一责任不再有多少实际意义了。这是因为学徒与其师傅一起生活不再成为惯例(*Brun*, Responsabilité civile extracontractuelle, no. 561 p. 289)。拿破仑民法典并未明确承认一项有关对他人之责任的一般规则(他人的行为,*fait d' autrui*)(比较Cass. civ. 15 February 1956, JCP 1956, II, 9564, note *Rodière*)。不过,Cass. ass. plén. 29 March 1991, Bull. ass. plén. 1991, no.1 p. 1 (*Blieck*案)引入了一项方向上的基本的变化。这奠基于最高法院确认,负责照顾精神障碍者的机构对第三人遭受的损害(由处于该机构照顾下的精神障碍者造成的纵火的结果)应承担责任。责任基础是《民法典》第1384条第(1)款,也即,责任基于一般的严格的监护人责任。法院是否因此创设了一项新的对他人行为的责任的一般原则(*principe général de responsabilité du fait d' autrui*)或仅仅是创设了一项特殊的替代责任(一方面可参见*Malinvaud*, Droit des obligations[9], no. 584 p. 370和*Flour/Aubert/Savaux*, Droit civil II[11], no. 223 p. 239,另一方面可参见*Brun* loc. cit. no. 566 p. 292)。根据现行的判例法,《民法典》第1384条第(1)款适用于下列情形:(1)一个自然人或法人对他人存在监护(*garde*),或(2)一个机构行使了对他人行为的控制。如果一名自然人或法人对需要监护者享有对其生活方式的组织、指示和控制的权力(*le pouvoir d' organisation, de direction et de contrôle du mode de vie*),就确立了Blieck案意义上的对他人的监护(*garde d' autrui*)。第二种类型可以追溯到Cass. civ. 22 May 1995, Bull. civ. 1995, II, no. 155 p. 88(两个裁决),在该案中,为了组织、管理和控制其成员在体育赛事中的活动之目的而建立的体育俱乐部,对其成员在此期间造成的损害应根据《民法典》第1384条第(1)款承担责任。两个裁决都确认了一家橄榄球俱乐部对给对手造成的伤害应承担责任,因为造成伤害的球员无法识别。责任的基础就是对他人活动的控制(*contrôle de l' activité d' autrui*)(*Flour/Aubert/Savaux* loc. cit. no. 227 p. 245)。在后一裁决中,这被用作将责任扩展至其他俱乐部的基础(如Cass. civ. 12 December 2002, Bull. civ. 2002, II, no. 289 p. 230)。责任在范围上是否能扩展至包括了其他法人和机构在内尚属未定(*Flour/Aubert/Savaux* loc. cit. no. 227 p. 247)。而且,为了确立责任,是否有必要在最低限度上要求直接造成损害的人存在(客观)过错也不清楚。

19. 根据《比利时民法典》第1384条第(4)款,存在一项可推翻的推定,即教师和技工对当时处于其监督下的学生或学徒故意或过失(第1384条第(5)款)给第三人造成的损害承担责任。“教师”一词被宽泛解释(Cass. 1 December 1986, JT 1987, 196)。一旦技工训练的学徒处于训练合同中,技工就受到《民法典》第1384条第(4)款的约束。同时,有关的技工也是《民法典》第1384条第(3)款意义上的雇主,但是《民法典》第1384条第(4)款作为一项特殊规范优先适用(*Vandenberghe/Van Quickenborne/Wynant/Debaene*, TPR 2000, 1827, no. 118)。学生或学徒从事了过错行为或者在不能辨识行为违法性的青少年的情形,实施了一项客观违法(*an acte objectivement illicite*)的行为(Tilleman and Claeys (-*Fagnart*), Buitencontractuele

aansprakelijkheid, 172, 204, nos. 80-82)是前提条件。根据《雇佣合同法》亦属雇员的教师可以依据该法的第18条,该条规定,有关责任,雇员享有特权地位。对他人行为(*fait d' autrui*)的一般责任并非是比利时法的一项特征(Cass. 19 June 1997, Pas. belge 1997, I, no. 284 p. 700, concl. Piret)。

20.《西班牙民法典》第1903条第(5)款确立,学校的管理机构对未成年人处于该机构教职人员监督之下所造成的损害承担责任。在它能够证明它为了防止损害发生已经尽到了善良家父的注意时可免除责任。管理机构只可以向有故意或重大过失的教师追偿(《民法典》第1904条)。实践中,这一追偿权很少得到行使(*Roca i Trias*, ADC 1998, 7)。最高法院更愿意免除学校的责任而非免除父母的责任(这在今天几乎不可能实现;参见前述注释Ⅰ、3),例如,参见TS 8 March 1999, RAJ 1999 (2) no. 2249 p. 3575 和 TS 27 September 2001, RAJ 2001 (4) no. 8155 p. 12833。第1903条第(5)款仅适用于私立学校;并未扩展至国有学校,因为后者受到行政法上的特殊制度的规制(*Gómez Calle*, Responsabilidad de padres y centros docentes[1], 1098),该制度就公务员和其他提供公共服务的雇员造成的损害规定了严格责任。另一方面,在学生实施的侵权也构成犯罪行为时,私立学校也会根据《民法典》第1903条第(5)款承担责任(详见 *Gómez Calle* loc. cit. 1315; Vaquer Aloy, La Ley 2001, I, 1635; cf. CA Álava 27 May 2005, BDA AC 2005/1062)。《民法典》第1903条第(3)款也确立了监护人(*tutores*)责任。《民法典》第1903条规定的责任是否能被扩展至其他并未为本条特别提及的人或机构存在争议。法学理论上的主流观点是,该规定包含了一个限额名单(a *numerus clausus* list),该名单不能被扩展或类推适用(*Lacruz Berdejo and Rivero Hernández*, Elementos II (2)[4], 524; *de Ángel Yágüez*, Tratado de responsabilidad civil[3], 329; *Roca i Trias*, Derecho de daños, 95; TS 16 October 2003, RAJ 2003 (5) no. 7392 p. 13834)。其他评论者(3449)愿意将《民法典》第1903条第(3)款扩展至包括"事实上的照顾者"在内,如将该规定相应地适用于精神病诊所或假日营地(*Gómez Calle* loc. cit. 519)。没有争议的是,这些机构可以根据《民法典》第1902条的一般条款来承担责任(*Miquel González*, ADC 1983, 1505)。

21.《意大利民法典》第2048条第(2)款规定,负责教育孩子者和负责训练技工学徒或特殊行业培训者对其学生或学徒处于其监督下的不法行为造成的损害应承担责任。负责教育者和培训监督者可以通过证明他们不能防止不法行为而免责(《民法典》第3048条第(3)款)。负责教育未成年人者是借助其公职地位或借助私人的合同义务受聘从事定期教学的教师。这确立了监督义务(Cass. 18 July 2003, no. 11241, Giust. civ. Mass. 2003, fasc. 7-8; *Visintini*, Trattato breve della responsabilità civile, 745; *Bianca*, Diritto civile V, 699; *Monateri*, Manuale della responsabilità civile, 315)。公立学校的责任受到特殊的公法制度的调整,后者实际要求这些教师不对第三人承担责任而仅在他们的行为有故意或重大过失时对国家承担责任(有关该规定的合宪性,参见Corte Cost. 24 February 1992, no. 64, Giur. it. 1992, I, 1, 1618)。根据《民法典》第2048条第(2)款,基于私人关系从事体育训练的个人和机构也要承担责任(Cass. 22 October 1965, no. 2202, Giur. it. 1966, I, 1, 1281; CFI Monza 13 September 1988, Resp. civ. e prev. 1989, 1200),负有监督未成年人的教育机构(Cass. 7 December 1968, no. 3933, Giur. it. 1969, I, 1, 2187)、假日夏令营的组织者(CA Genova 11 July 1962, Arch. resp. civ. 1962, 192),甚至学校的照管者(Cass. sez. un. 3 February 1972, no. 260, Giur. it. 1972, I, 1, 1310)亦同。相较之下,负有训练行业学徒或实习技工职责的人的责任因为变化的社会观念不再具有实际意义。雇主对雇员的替代责任取而代之(*Visintini* loc. cit. 748)。监督义务的内容与未成年人的年龄相称,也即未成年人越成熟,对教师一方进行惯常监督的需求就越少(Cass. 23 June 1993, no. 6937, Giust. civ. Mass. 1993, 1065)。有关免责证据的提出(《民法典》第2048条第(3)款),决定性因素是损害是否可预见;因为仅可预见的才可避免(Cass. 2 December 1996, no. 10723, Stud. Iuris 1997, 314)。而且,对教育孩子负有责任者也可以通过证明,为了排除伤害发生,已经采取了必要的预防性措施而免责(Cass. 3 February 1999, no. 916, Giust. civ. Mass. 1999, 244)。

22.《匈牙利公共教育法》(Statute no. LXXIX of 1993)第77条原则上使学生受到民法典中规定的责任规则的约束。不过,责任的范围(根据故意和过失而递减)被限定为能判给的损害赔偿额。同法第77条第(3)款规定了幼儿园、寄宿学校和"实际学校教育的管理者"的严格责任。仅在作为被告的机构能证明损害是因其活动范围外的不可避免的事件造成时,它才可能被免除责任(BH 2003/62; BH 1996/310; BH 1996/148)。而且,有关父母责任的规定(前述注释Ⅰ、6)也可适用于其他机构和团体的责任,如果根据该制定法的含义,它们属于"监护人"的。疗养院或任何其他承担了实际监督义务的机构都可能被视为是监护人。因其作为雇员的地位而负有监督义务者并非监护人(Gellért (- *Benedek*), A Polgári Törvénykönyv Magyarázata[6], 1286; Petrik (- *Wellmann*), Polgári jog II[2], 599)。在《捷克和斯洛伐克民法典》第422条第(3)款中个也能发现同样的规则(机构而非雇员的责任)。就波兰,参见上述注释Ⅰ、7。《斯洛文尼亚债法》第144条规定:"(1)监护人、学校或其他机构应对处于其监督下的未成年人造成的损害承担责任,除非它们能证明已经尽到合理的注意来履行该监督或即使进行了谨慎的监督损害仍会发生。(2)如果未成年人也要对损害负责,则他们承担连带责任。"

23. 根据《德国民法典》第832条,监督被委托照顾者的义务(特别是源自合同的)可以施加给个人和机构,尽管他们并未实施父母的照顾和监督,如在学校、幼儿园、教育机构和疗养院以及医院(Palandt (- *Sprau*), BGB[66], § 832, no. 5)。不过,前述规定仅涉及私人机构。有关公立机构的文职雇员,《民法典》第832条为关于公务员之不法行为的国家责任的公法规则所取代(《基本法》第34条及《民法典》第839条)。《民法典》第832条规定的监督义务不再施加给主人和其他职业培训机构(《德国联邦教育法》(Bundesbildungsgesetz [BBiG])第6条);旧的判例法(如BGH 24 June 1958, VersR 1958, 549, 550)因而为新近实施的制定法废止。负有培训职责者仍可能根据《民法典》第831条作为雇主承担责任(Soergel (- *Krause*), BGB[13], § 832, no. 11)。监护人(《民法典》第1896条)仅负有监督其(成年的)受监护人的义务,如果其监督范围包括制定法上的照顾和扶养被看护人的义务或他们特别被委任监督被看护人的话。

24. 根据《奥地利普通民法典》第1309条,他人和机构对未成年人和精神障碍的成年人造成的损害的责任遵循父母责任的规则。监督义务可以通过合同(幼儿园:OGH 11 February 1997, 10 Ob 2441/96k, RS 0107494;互裨姑娘(au pair):OGH 26 June 1901, GlUNF 1483)以及制定法的规定得到确立。在危险的精神病人从精神病诊所潜逃的情形,责任也受到了肯定(OGH 24 November 1998, JBl 1999, 325)。

25. 在希腊的法律文献中,假定的是《民法典》第923条应当类推适用于自然人或法人承担了监督个人的合同义务的情形,此人因为身心状况或精神障碍需要监护。可以想象,该义务应当施加给诸如精神病诊所的负责人或作为自由职业者的护士这样的人(*Kornilakis*, Eidiko Enochiko Dikaio I, 551)。公立学校和学校聘用的老师的责任由国家责任这一特殊制度来规制(*Kornilakis* loc. cit.; Georgiades and Stathopoulos (- *Georgiades*), art. 923, no. 9)。

26.《葡萄牙民法典》第491条实质上遵循了《德国民法典》第832条的模式。不过,应当注意的是,这两条规定并不相同。《民法典》第491条使"依法或依法律行为负有监督天生无能力者之义务"的每个人都受到基于可推翻之推定的责任的约束,推定的内容是监督存在缺陷。合同上的监督义务可以施加给很多个人,特别是所有类型的教育机构的教师和经营者(*Antunes Varela*, Obrigações em geral I[10], 590)。对在非住所地的和开放式的营地度假的孩子的监督由制定法做出了特别规制(DL no. 304/2003, DR 283/2003 I－A(由DL no. 109/2005 of 8 July 2005, DR 130/2005 I－A进行了修订),第10条)。如果监督义务施加给一个人以上(父母、教师),那么他们之间承担连带责任(*Pires de Lima and Antunes Varela*, Código Civil Anotado I[4], 492)。"自然无能力"(Natural incapacity)在含义上并不等同于不能理解和控制自己的行为。因而,可能出现需要监督者以及负有监督义务者承担连带责任的情形(《民法典》第497条;*Sottomayor*, BFD LXXI(1995), 403,409)。如果一名7个月的婴儿在幼儿园有片刻未被监护而在此期间遭受伤害,幼儿园的管理者就应根据一般的责任规则对该婴儿承担责任(STJ 25 November 1998, BolMinJus 441[1998]470; 另比较CA Lisbon 16 February 1995)。在另一则案件中,采用了不同的路径。在该案中,一名儿童从其父亲那里偷了炸药并把它们给了其玩伴。尽管在事故发生时,这名儿童处于夏令营的监督之下,其父亲仍被认为负有责任(CA Oporto 23 March 2006)。如果诸如祖父母承担了抚养孩子的义务,则可以暗示他们依合同承担了监督义务(STJ 15 October 2002; CA Oporto 14 February 2002, CJ XXVII[2002－1]14; CA Oporto 28 February 2002)。仅是为了给孩子父母帮忙而监督孩子则不足以产生责任(*Vaz Serra*, BolMinJus 85(1959)381, 409; *Sottomayor* loc. cit. 409; STJ 14 December 1994)。进而,最高法院肯定了里斯本上诉法院的一项裁决(2003年1月28日,CJ XXVIII[2003－1]79),在该裁决中,一名患有精神病的住院患者在夜间严重伤害了另一名病人,法院认为这家诊所违反了监护该精神病患者的合同义务(STJ 22 September 2005)。

27. 根据荷兰法,对履行监督义务但并非父母(*toezichthouder*)者,依据《民法典》第6:162条课以责任。在监护是以职业能力来履行时,施加的要求更为严格(HR 12 May 1995, NedJur 1996, no. 118 p. 561)。《民法典》第6:162条也适用于教师的责任(CA Amsterdam 17 July 1997, VR 1998, no. 187 p. 378)。此时责任的前提条件是,从客观角度判断,孩子实施了不法行为,也即孩子违反了社会行为规范。学校对教师监督义务之违反承担的责任根据有关雇主责任的一般规则产生(《民法典》第6:170条)。而且,学校还可能根据《民法典》第6:162条承担缺陷组织的责任(Onrechtmatige Daad II(－*Oldenhuis*)art. 6:169, nos. 58A－58C, pp. 447－469)。

28. 爱沙尼亚法律没有明确的沿着第3:104条第(2)款方向的制定法规则,但是主流的法律观点在大部分内容上是一致的(参见*Tampuu*, Juridica 2003, 464－474)。

29. 在瑞典,监护孩子但非尽到父母控制的机构不受到有关《父母法典》第6章第2条第(2)款(第3句)中规定的父母责任的特殊规则的约束(前述Ⅰ、14)。它们仅受到一般的过错责任的约束(*Hellner and Johansson*, Skadeståndsrätt[6], 272; HD 9 November 1984, NJA 1984, 764[一家由地方政府运营的娱乐设施的责任])。(3452)对丹麦(*Møller and Wiisbye*, Erstatningsansvarsloven[6], 516; *Vinding Kruse*, Erstatningsretten[5], 122)和芬兰(Supreme Court 10 January 1994, HD 1994:1[一个地方政府被认为要对一名小学生在学校体育活动中受的伤害负责。课予责任的基础是,一名教师未能限制一项过于剧烈的游戏;但是因为受害人参与了这项游戏而减少了对其的损害赔偿])而言亦同。基于瑕疵监护的损害赔偿责任也可以施加给那些受托照顾精神障碍者的人;尽管这一责任主要影响的是国立机构(*Bengtsson and Strömbäck*, Skadeståndslagen2, 54; HD 20 October 1939, NJA 1939, 501 并比较 *Andersson*, Skyddsändamål och adekvans, 422)。在瑞典存在一项特殊的公法制度,也即《监狱处遇法》(Prison Treatment Act)来处理犯人造成的伤害(*Lag om kriminalvårdi anstalt*)。

30. 对英格兰而言,正如履行父母职责者那样,其他照管孩子的人对孩子造成的损害承担的责任仍停留于过失,它建立在对受害人负有的防止这种损害的义务之上。因而,比如可以期待一家幼儿园在与其照管的孩子的关系上应尽到和"谨慎的父母"同样的注意:参见 *Carmarthenshire County Council v. Lewis* [1955] AC 549(示例5)。对监护他人的机构同样如此;责任取决于对注意义务的违反。作为防止第三人给他人造成损害的义务这一规则的例外,监护机构对受害人义务的存在取决于监护人控制第三人的能力以及没有尽到适当的控制,第三人会造成伤害或损害的可预见性:*Home Office v. Dorset Yacht* [1970] AC 1004(在该案中,一家少年犯监狱中的年轻犯人在一座岛上受训,他们能够逃脱并给一艘游艇造成损害)。当事人之间的密切程度确定了对其负有义务者的范围,在决定责任的范围是关键性的:考虑上述的 *Home Office v. Dorset Yacht* 一案,在该案中,法院认为,义务是向那些可能在逃跑过程中受到损害者承担的,但是 *Morris* 法官想将该义务针对的对象扩展至逃跑地区的居民);*Palmer v. Tees Health Authority* [1999] Lloyd's Rep Med 351(一名精神病人被过失地从监护中释放,并对受害人进行了致命攻击,监护机关对该受害人不负有义务,因为该机关不可能知道去警告谁,预计的受害人无法得到确定)。

示例3取自 TS 12 March 1975, RAJ 1975 (1) no. 1798 p. 1355;示例4取自 Cass. ass. plén. 29 March 1991, D. 1991 jur. 324, note*Larroumet*;示例5取自 *Carmarthenshire County Council v. Lewis* [1955] AC 549。

第二节　无故意或过失的归责

第Ⅵ-3:201条　雇员或代表人致损的归责

(1)雇佣或以类似方式使用他人者就下列情形下第三人遭受的具有法律相关性的损害承担责任:

(a)受雇人或者被使用人在雇佣或者使用的过程中造成损害;并且

(b)系故意或者过失地造成损害,或者因其他事由对损害负有责任。

(2)法人的代表人在以代表人身份行为时给他人造成损害的,第(1)款的规定适用于该法人。本款所说的代表人是指法人章程授权其代表法人为法律行为之人。

评　论

A. 本条概览

对他人行为的严格责任的例子。本条列举了对他人行为负有严格责任的例子。本条规定的责任属于严格责任性质;它不取决于责任人的故意或过失。第(1)款涉及雇员和被置于与之同等地位的辅助者的责任;第(2)款则规定了法人对其代表人的责任,其结构上同第(1)款非常类似。雇主对其员工的责任应独立于雇主的过错目前代表了大多数成员国的法律理念。即使各国法典的文本坚持了雇主一方未履行监督义务这一要件,但法院仍经常对免除证明设置极高的要求,以致根据这些条款,逃避责任虽然在理论上可能,但实际上形同虚设。

法人对其代表人的责任。法人只能通过其董事会成员来行为,又因为法人无法对其自身实施监管,因而基于"技术"理由抛弃了法人对其代表人的过失监管责任。换言之,本条第(2)款的规则遵循了动物的本性。它表达了几乎全部一致的欧洲的价值判断。对于法人责任无须其他规则。这是因为第1:103条(适用范围)(b)项已明确规定,原则上本卷的所有条款以同样的方式适用于自然人和法人。因而,根据一般规则,法人应对其自己实施的民事不法行为承担责任;参见对第1:103条(适用范围)、第3:101条(故意)及第3:102条(过失)的评论。法人,和自然人一样,根据本条第(1)款对其日常使用的雇员的行为承担责任。

公共部门。本条适用于所有雇主及法人,包括国家机构和公共部门。但在涉及履行公法职责的情形,本卷不予适用,参见第7:103条(公法职权与法院诉讼程序)。

"具有法律相关性的损害……"本条涵盖了对所有类型的具有法律相关性的损害的责任。因而,虽然本条属于严格责任,但不局限于人身伤害和财产损失,而适用于第二章的目录中列出的所有具有法律相关性的损害。这样的规定符合欧盟所有成员国的法律适用情形。对人身伤害和财产损失的责任限制适用于一定形式的无故意或过失的责任(见本节后续条文),但不适用于雇主责任的情形。另一方面,本条仍要求受到人身伤害的受害者遭受了某种形式的本卷第二章意义上的具有法律相关性的损害。因而,特别是对"普通的"合同债务不履行的责任不在本条的适用范围之内。相反地,涉及不履行合同债务和非合同的损害责任的情形仍为第1:103条(c)项和(d)项中一般冲突规则的主题。

"……由第三人遭受。"本条的两款规定仅关涉"第三人"遭受的损失。雇主或法人对其雇员或代表人造成的损害不在其中,反之,即雇员或代表人对雇主或法人造成的损害,亦同。同样的结论在很大程度上也可以从第7:104条(雇员、雇主、工会和雇主协会的责任)中得出,但仅第7:104条(而不是第3:201条)明确规定,在同一家公司中一名雇员对另一名雇员的伤害不在本卷的范围之内(而且该条也并没有就雇员对第三人的个人责任的建构提出建议。)

抗辩。第五章规定的所有抗辩事由均可适用于本条规定的责任。若某抗辩事由并不适用于雇主(或法人)本人,但适用于雇员或代表人,则该抗辩也同样使雇主或法人免予责任。这源自下述事实,即单纯地雇佣某人并非责任的依据。本条规定的责任的依据在于某人让他人来履行义务这一事实。因而,责任人必须确实接受若亲自履行义务本应提交的任何结果,但仅限于此。若雇主为了或(未为)正好是雇员所为(或未为)的行为而责任并不会产生,那么义务的委托对责任法就不发生效力;因而,不存在雇主责任的空间。

B. 雇主的责任(第(1)款)

雇员。本条首先着重规定了对雇员行为的责任。雇员是与雇主存在通常的雇佣关系的人。不过,为了与大多数成员国的法律体系保持一致,本条并没有规定独立承揽人(或分包人)及其职员的责任。对他人行为的责任的要件总是通过有约束力的指示对他人实施控制和监督的最低程度的抽象可能性。独立的分包商并非这种情形。当然,第3:102条(过失)规定的责任不受此的影响。

示例1

一名飞行教官及两名飞行学员在一起飞行事故中丧生。其中一名学员当时正在驾驶飞机,而飞行教官并没有很好地履行其指导和检查的义务。虽然该教官并不是运营飞行指导中心的公司的雇员,并且实际上为飞行课程出具了个人收据,但该公司仍应对飞行教官的差错承担责任。这是因为该教官持续在指导中心的框架下工作,并且受到学校经营者的指示。另外,该公司也负有很高要求的义务,即应谨慎地选择和监督在学校工作的教官。

示例2

一家保加利亚公司对其意大利的债务人获得了一项仲裁裁决,该裁决是由保加利亚工业和贸易部建立的仲裁庭做出的。但该案仲裁庭在仲裁程序上存在严重缺陷,使得保加利亚公司在意大利无法获得执行名义。工业和贸易部并非是仲裁庭的雇主;它公布了当事人可选择作为仲裁员之人的名单这一事实无关紧要。

示例3

一家航海俱乐部为将其会员的船运至陆地,租用了一台吊车。吊车公司还配备了操作人员。由于操作人员的过失,吊绳断裂,船因而受损。该专业吊车公司应对该损害负责,而非航海俱乐部。

"以类似方式被雇佣。"不过,本条款并未局限于雇主责任。即使责任人与其行为正被讨论者之间并未通过技术意义上的雇佣关系而得以关联,本条的要件仍可得到满足。唯一的决定因素在于是否存在指导性的依赖(或上下级)关系,使得责任人一方有权得以对相关的行为人的行为进行控制。因此,本条也适用于未发现的雇佣关系无效的情形,或者在伤害发生之时雇佣关系回溯无效的情形。服务合同(如与律师签订的)在一定标准下也可满足本条的适用条件,也即,一名律师被聘来以确切指定的方式完成一项具体的任务,而完全没有个人自由裁量的余地的情形。本条的适用也并不要求行为人为责任人工作是有偿的。

示例4

一名女士在站在滑雪坡道上时被一位急救工作人员驾驶的平底雪橇撞倒。尽管运行该滑雪道的公司并未基于雇佣合同来使用该救援人员,仍应对该事故承担责任。当地法律详尽规定了滑雪道运营商必须为伤者安排运送服务。这足以推论出,有问题的急救服务是在滑雪道运营者的有组织的商业活动范围之内使用的。该救援人员属于无偿志愿服务的事实并不影响这一结论。医院应对其主任医师的过错承担责任,只要它有权决定医生的活动范围并对其工作时间存在影响。当主任医师属于董事会成员时,医院的责任可从第(2)款中得出。

示例5

由于一名妇科医生的过失,导致一名新生儿失明。在私立医院与医生之间存在指导上的联系和依赖关系时,私人医院应对此承担责任;责任的承担不取决于双方是否存在雇佣合同。

在劳务派遣的情形,原则上应由派出或提供工人的公司承担责任。但若该被派遣工人在接收公司工作了较长时间且在外部得到证实(例如穿着接收单位的统一工作服),那么该被派遣的工人即是本条所称的以“类似方式”(在本条的意义上)被接收单位雇为自己的员工。

示例6

一家石油公司因自身能力限制,额外需要一辆卡车及一名司机为其在数月内运输石油。该公司与一家运输公司为此签订了合同,并对该运输公司的司机进行了培训。该司机在运油途中由于过失对第三人造成损害。由于该司机从事的任务同石油公司自己的司机相同,不属于运输公司的工作范围而是石油公司的工作范围;且该司机被纳入石油公司的一般组织中,石油公司同时也是其监督和指导者。虽然司机受雇于运输公司并获得报酬,但石油公司熟悉并在事实上监督指导司机的工作,因而对风险更为熟悉,该司机应被视为是石油公司的自然组成人员。

示例7

在挖掘工程的施工现场,一名旁观者因为飞溅的碎屑入眼导致一眼失明。虽然从专业法律角度而言,导致事故的挖掘机司机属于第三方的雇员,但其受指导于建设公司。虽然双方的关系并非永久性的,但该建设公司应对挖掘机司机的过错承担责任。这是因为建筑公司应对司机的工作予以保障且对其享有指导权。

临时帮工(temporary relief workers)。本条的适用与雇佣关系的持续时间无关。本条同样适用于照看小孩几个小时的临时工。但责任人与相关行为人间的合同或准合同关系必然总是存在争议的。日常生活中的自发帮助行为并不足够。

示例8

女主人招待时请一位客人将一盘热汤从厨房端到餐桌，但却不慎将汤倒在了另一位客人的裤子上。该女主人依第3:201条不应对造成的损害负赔偿责任。

在雇佣或者使用的过程中（第（1）款（a）项）。责任仅产生于受雇人在“雇佣或者使用的过程中”造成损害的情况。对之的界定取决于行为人是在雇主影响范围内行为还是完全为了追求个人目的。

示例9

一名医生在其离家假期途中救助了一位同行的度假者，但在该过程中由于过失对其造成了伤害。这一行为并未确立该医生的雇主一方的责任。

对第三人造成伤害的风险必须基于雇佣关系，因此，雇员故意造成的损害原则上是包含在责任范围内的，这可以明确从（b）项中得出。只有当雇员偶然完全是为了追求个人利益时，造成的损害才处于可归责性的背景之外（意即，损害不是在雇佣或使用过程中发生的）。

示例10

一名法律实习生根据一份民事合同被指派给了一位律师。该实习生为一名希望起草遗嘱的晚期病人提供了建议。但实习生就形式的有效性要件提供的信息是错误的；遗嘱归于无效。律师应根据第3:201条以及第2:101条（具有法律相关性损害的含义）对无法获得遗产的“继承人”承担损害赔偿责任。对遗嘱事项提供建议并非是由律师分配给实习生的义务的一部分，因此后者有意识地违背了律师的指示这一事实并未改变根据调整责任的法律所产生的结果。

示例11

一家夜总会的门卫被几位客人痛殴，他设法逃离，跑回他在附近的公寓并拿了一把刀，匆忙赶回夜总会后追着其中一位客人并使其严重受伤，客人现在已经逃离。该行为发生在“雇佣过程中”，这是因为当时雇佣门卫是出于赶走闹事客人的目的，门卫在必要时可使用武力。

被排除于服务活动之外的雇员。若在发生伤害时，雇员已被排除在了服务活动之外，则雇主并不根据第3:201条的规定承担责任；在特殊的情形，只有第3:102条（过失）规定的责任才是可能的，例如，因为第三人本应得到警告却未给予警告。

示例12

一家披萨店的经理被其原店员射中并严重受伤，该披萨店是一家大型连锁店的加盟分店；这名店员曾被该经理解雇。依据本条或第3:102条（过失），该加盟店对射伤不承担责任。解雇程序中可能存在的过错本不是损害的原因；店员的故意行为中断了因果关系链。

行为人的个人要件(第(1)款(b)项)。当雇员故意、过失造成具有法律相关性的损害或者因其他事由对损害负有责任时,雇主责任就产生了。雇主责任与雇员的个人责任并未纠缠在一起,相反,后者为了第3:101条(故意)及第3:102条(过失)意义上故意或过失行为,或者其依据第三章第二节(无故意或过失情形的归责)列举的事由之一应对损害承担责任。二者并不等同。这是因为根据可适用的条款雇员通常仅在特定条件下才负有个人责任,例如仅在他们有限定过错(qualified fault)的情形(故意、重大过失),参见第7:104条(雇员、雇主、工会和雇主协会的责任)(a)项。而在这种情况下,雇主责任在雇员仅具有一般过失时便已产生。对有精神障碍的雇员也是如此。依据第5:301条(精神障碍)中的标准,精神障碍免除了雇员的个人责任,但并不免除雇主的责任。

"……因其他事由对损害负有责任。"本条规定的责任不仅在雇员故意或过失伤害第三人时产生,也在雇员基于客观归责事由应对产生的损害负责时产生。这特别是在雇员个人作为保有人的职责存在争议时有着实际意义,例如作为动物保有人(第3:203条(对动物致害的归责))或者作为机动车的保有人(第3:205条(机动车辆致害的归责))的情况。在雇员为了雇主的利益作为专业人士使用动物或机动车时,对于谁是保有人常常存有疑问。本条第(1)款(b)项免除了受害人对与保有人认定相关的内部运作环境进行详细解释的必要。即使在个案中雇主不是造成损失的物件的保有人,他也应承担责任。

连带责任。依据其基本制度,本条规定的责任并未取代雇员的个人责任;相反,是对其的补充。因此,在依据本卷的规则或可适用的法律(第7:104条(雇员、雇主、工会和雇主协会的责任)(a)项,见上)雇员及雇主均应承担责任的情况下,便产生连带责任(第6:105条第(1)款(连带责任))。相反,雇员与雇主的内部关系通常依据劳动法的特殊制度来决定,根据第7:104条(a)项,它取代了第6:105条(连带责任)第(2)款中的一般规则。*

C. 法人对其代表人的责任(第(2)款)

规则的目的。第(2)款规定了法人对其代表人造成的损害应承担的责任。这条规定的必要性在于,代表人并不总是雇员。附带提一句,第3:201条两款规定的要件是相同的。因而,本条的适用并不因"简单的"雇员和代表人之间偶尔存有疑问的区分而变得紧张。只要确定行为人要么是作为雇员,要么是作为代表人,法人对行为人的加害行为承担责任就是确定的。

代表人。第(2)款第2句将代表人定义为章程授权代表法人从事法律行为的人。谁是法人的代表人应根据章程(特许状、备忘录和社团章程等)的条款来决定。章程当

---

* 在2009年的版本中,第6:105条中不再存在第(2)款。——译者注

然也应符合法人存续所依赖的法律制度中的制定法规则。第(2)款同样适用于代表人为法人的情形。

注 释

Ⅰ.雇主责任和对独立承揽人的责任

1.《法国民法典》第1384条第(5)款规定,主人(*maîtres*)和雇主(*commettants*)应对其下属(*domestiques*)及雇员(préposés)在从事雇佣职责的过程中造成的损害承担责任。"雇主"(*commettant*)一词包含了"主人"(*maître*)的尊称含义,同样"雇员"(*préposé*)也涵盖了"下属"(*domestique*)的概念,因而这里足以谈及雇主对雇员的责任(*Flour/Aubert/Savaux*, Droit civil II[11], no. 203 p. 209)。最初雇员的个人责任是与雇主责任"并存的",但自Cass. ass. plén. 25 February 2000, Bull. ass. plén. 2000, no. 2 p. 3一案后,雇员的个人责任仅在雇员超出雇主分配义务的范围时才是相关的。《民法典》第1384条第(5)款要求雇主与雇员间存在一种从属关系(a *rapport de préposition*),这种关系建立在权力关系(a relation *d'autorité*)的基础之上,即有给予指示的权力。该项权力无须法律基础。该权力源自个案中实际存在的主要事态即为已足(*Flour/Aubert/Savaux* loc. cit. no. 211 p. 217)。在大多数情形中,雇佣合同提供了权力关系的基础(*Brun*, Responsabilité civile extracontractuelle, nos. 535–536 pp. 270–271)。而且,从《民法典》第1384条第(5)款中可以得出,唯一的附加条件就是损害是由雇员造成的。至少,根据主流规则,在这一背景下,不应考虑雇员作为物的管领人(*gardien*)造成的损害(《民法典》第1384条第(1)款),因为不能同时既是雇员又是管领人(*Flour/Aubert/Savaux* loc. cit. no. 214 pp. 221–222)。雇主被视为是雇员在雇佣过程中使用之物的管领人。这一事态必然得出如下结论,即雇主应依据《民法典》第1384条第(1)款直接承担责任。但这一问题仍是争议话题。大量有影响的意见认为,第1384条第(5)款规定的责任不应仅基于雇员的过错,并认为严格责任即足以引发雇主责任——它通常被认为是不取决于过错的责任(*Viney and Jourdain*, Les conditions de la responsabilité[3], no. 807 p. 1010)。最后一个要件是,损害必须是在雇员职责的范围内造成的。划定界限并不总是那么容易的。不过,毋庸置疑的是,当雇员做出与其义务和职责的履行无关的过错行为时,雇主不承担责任(Cass. civ. 23 November 1961, D. 1962 Som. 85)。边界上的案件通常在"滥用职权"(abus de fonction)的标题下进行讨论。对于这一点,Cass. ass. plén. 19 May 1988, Bull. ass. plén. 1988, no. 5 p. 7澄清了,雇主满足以下三项条件的,可免予承担责任,即其雇员的行为超出了职责范围、未经授权以及被用于与其职责不相关的目的。独立承揽人需对第三人遭受的损害承担个人责任,而且在其依据委托人指示履行义务的过程中发生不法行为时,也要承担责任(《民法典》第1992条; Cass. civ. 20 April 1977, Bull. civ. 1977, I, no. 181)。

2.《比利时民法典》第1384条第(3)款与《法国民法典》第1384条第(5)款的规定一致:主人与雇主应对下属和雇员在履行雇佣职责时造成的损害承担责任。因此,在比利时,也必须存在委任/从属关系,这种关系大多源自雇佣合同。但它也可基于实际的事态(*van Gerven*, Verbintenissenrecht II[7], 320–321)。所需的前提是,某人有能力对自己的事务单独行使控制或指示的权利(Tilleman and Claeys (–*Fagnart*), Buitencontractuele aansprakelijkheid, 172, 186, no.

38)。此外,使雇员承担责任应具有一定理由,即存在过错或者因其他引发责任的因素(*Fagnart* loc. cit. no. 42 pp. 187-188)。雇员缺乏必要的侵权能力与雇主责任无关(*van Gerven* loc. cit. 323)。最后,雇员应是在履行雇佣职责时造成的损害。法院以支持原告的方式(a pro-claimant manner)对以上标准进行了解释。行为在相应期间内符合与其相适应的职责即为已足,即使是间接地、偶然地,或与上述职责相关的。因而,雇主只能通过证明雇员的行为超越其职责范围、没有授权,以及被用于与其权限不相关的目的才能免责(Cass. 26 October 1989, Pas. belge 1990, I, no. 123 p. 241)。在比利时,《民法典》第1384条第(3)款规定的责任也是严格责任;雇主不能通过证明其在选任和监督雇员中不存在过错,或者雇员的行为不可预见或不避免而逃脱责任(*Vandenberghe/Van Quickenborne/Wynant/Debaene*, TPR 2000, 1551, 1867, no. 138)。依据《劳动合同法》第18条,如果雇员的行为有故意或重大过失,则须对其在受雇过程中给第三人造成的损害承担责任。若其行为只是常规事件,则雇员仅负一般过失的责任(a *faute légère*)。就独立承揽人,比利时和法国的法律规则是一样的(《民法典》第1992条)。不过,若签约代理人对第三人犯有缔约过失,且该行为并未同时构成侵权的,委托人也要承担责任(Cass. 20 June2005, no. JC056K5_2, no. de rôle C030105F; Cass. 16 February 2000, no. JC012G2_2, no. de rôle C990477Nt)。

3.《西班牙民法典》第1903条规定:(1)损害赔偿责任不仅基于"个人的作为或不作为"而产生,而且也针对应由被告负责着的行为产生。(4)对雇员在受雇部门提供服务时造成的损害或基于其义务而造成的损害,公司或机构的所有人或管理人应承担责任。若本条提及的主体能够证明其已尽到所有善良家父的勤勉来防止损害的发生时,本条规定的责任终止。《民法典》第1904条允许根据1903条规定承担责任者对雇员行使不受限制的追索权(针对教师,对雇员的追索权限于教师的行为有故意或重大过失的情形)。第1903条规定的责任的构成要件包括:(1)直接造成损害的人与承担责任者之间存在从属或依赖关系。(2)委托人存在过错(这意味着存在可推翻的过错推定,但这一观点在最高法院很少能成功导致免责,例如,参见TS 9 June 1998, RAJ 1998 (2) no. 3717 p. 5368; TS 10 March 1997, RAJ 1997 (2) no. 2483 p. 3786; TS 29 March 1996, RAJ 1996 (2) no. 2203 p. 2993)。(3)雇员存有过错。在这一标题下,法院也倾向可推翻的过错推定责任(a *iuris tantum* presumption of fault),除非雇员属于特殊的职业,就这一职业,特别是医生,举证责任倒置例外不发生(*Rodríguez y Rowinski*, Die Haftung für Hilfspersonen im spanischen Recht, 79)。实际上雇主仅可依据以下方法获得免责,即证明雇员的行为超出了受雇的义务的范围(TS 18 March 1986, RAJ 1986 (1) no. 1268 p. 1238; TS 2 July 1990, RAJ 1990 (5) no. 5766 p. 7471),雇员是故意造成损害的,或违反了收到的命令和指示(TS 13 April 1981, RAJ 1981 (1) no. 1637 p. 1337; TS 29 November 1982, RAJ 1982 (3) no. 7217 p. 4769)。根据第1903条的表述,企业和公司的所有人和管理人也可能承担责任(*dueños o directores de un establecimiento o empresa*)。依据《劳动合同法》第2条(Real Decreto Legislativo 1/1995 por el que se aprueba el texto refundido de la Ley del Estatuto de los Trabajadores),"管理人"包括所有高管人员(*altos cargos*)(总裁、首席执行官或董事会执行董事、首席运营官、行政领导)。但这一概念并不包括中间管理层,它们被划为"从属者"(dependientes)。在个人受到公司的控制、领导和监督时就存在了对公司的从属关系(*Barceló Domenech*, Responsabilidad extracontractual del empresario, 216)。对于独立承揽人,则不产生《民法典》第1903条规定的责任(*Pantaleón Prieto*, Responsabilidad por hecho ajeno, 5957; *Salvador Coderch and Gómez Ligüerre*, InDret 3/2002, 15; TS 14 May

2001, RAJ 2001 (3) no. 6204 p. 9535; TS 18 June 1979, RAJ 1979 (2) no. 2895 p. 2353; TS 4 January 1982, RAJ 1982 (1) no. 178 p. 117; TS 9 July 1984, RAJ 1984 (2) no. 3801 p. 2902)。但另一方面,若主承包人保留了对分包人的人员的监督、控制或指导的权力,仍可能产生责任。对于委托建设工程的一方是否依据《民法典》第1903条第(4)款对建筑公司及其雇员的不法行为承担责任,以及依据何种理由来承担责任,目前尚未得到全面的澄清(关于这一问题,比较TS 26 May 1989, RAJ 1989 (3) no. 3890 p. 4420; TS 12 November 1986, RAJ 1986 (4) no. 6386 p. 6231; TS 31 October 1984, RAJ 1984 (3) no. 5159 p. 4054; TS 5 July 1979, RAJ 1979 (2) no. 2931 p. 2390; TS 18 June 1979, RAJ 1979 (2) no. 2895 p. 2353)。一般原则认为,在雇员的行为给第三人造成损害时,雇主仅在能证明肇致的损害与分配给雇员的义务之间不存在关联时才能逃脱责任(TS 19 November 1991, RAJ 1991 (6) no. 8412 p. 11517; TS 26 November 1984, RAJ 1984 (3) no. 5992 p. 4715)。与《刑法典》第120条第4、5项不同,《民法典》第1903条规定的委托人的责任并不从属于雇员的个人责任(TS 16 March 1987, RAJ 1988 (6) no. 10213 p. 10001; TS 8 February 1989, RAJ 1989 (1) no. 756 p. 785);相反,产生的是连带责任(TS 14 February 1964, RAJ 1964 (1) no. 749 p. 453; TS 7 February 1986, RAJ 1986 (1) no. 446 p. 409; TS 2 February 1987, RAJ 1987 (1) no. 673 p. 580)。有关刑法典调整的雇主的损害赔偿责任的要件,参见*Rodríguez y Rowinski* loc. cit. 105。

4. 根据《意大利民法典》第2094条,主人和雇主承担直接的严格责任(*Alpa*, Trattato di diritto civile IV, 673);法院认为承担责任的基础在于被告的"运营风险"(Cass. 18 July 2003, no. 11241, Giust. civ. Mass. 2003, fasc. 7-8)。《民法典》第2049条要求不法行为与分配给雇员的义务之间具备使用关系(a *rapporto di preposizione*)和必然发生的可能性这两个要件(a *rapporto di occasionalità necessaria*)。从属关系的实际持续时间并不相关。具有决定性的问题是,行为人是否事实上受到他人的控制并为其利益而做出行为(Cass. 24 May 1988, no. 3616, Giur. it. 1989, I, 1, 99)。"实际控制"的标准会导致下述结果,即劳动法意义上的雇主并不承担《民法典》第2049条规定的责任,相反,责任是由负有监督和分配任务的日常职责的人来承担(Cass. 19 December 2003, no. 19553, Giust. civ. Mass. 2003, fasc. 12)。当分配的任务促成了不法行为的实施或使其实现更为容易的,(不法行为)和所履行的义务之间的必要关联就存在了。雇员未遵守雇主给予的指示是不相关的(Cass. 10 December 1998, no. 12471, Giur. it. 1999, 2031; Cass. 20 March 1999, no. 2574, Danno e resp. 1999, 1021; Cass. 9 June 1995, no. 6506, Giust. civ. Mass. 1995, fasc. 6)。当下属满足了实施侵权的要件时,主人就应承担责任。不过,主人对缺乏侵权能力的下属(的行为)(Cass. 12 November 1979, no. 5851, Giust. civ. Mass. 1979, fasc. 11)以及紧急情况下所为的侵权行为(Cass. 24 July 1951, no. 2095; *Monateri*, Manuale della responsabilità civile, 353)也要承担责任。《民法典》第2049条还被认为适用于雇佣未成年人的雇主(Cass. 10 May 2000, no. 5957, Giust. civ. Mass. 2000, 980)以及国家机关对公务员行为的责任(Cass. 9 February 2004, no. 2423, Giust. civ. Mass. 2004, fasc. 2)。雇主和雇员负共同连带责任(《民法典》第2055条;参见Cass. 9 November 2005, no. 21685, Foro it. 2006, I, 1454)。

5.《匈牙利民法典》第348条第(1)款规定了对雇员(及合作社成员)的严格责任。若雇员在从事雇佣活动中对第三人造成损害,在不与成文法规定相悖的情况下,雇主要对受害人的损害承担责任。但若受害人并非第三人,而是同一雇主的另一雇员的,不适用第348条第(1)款(BH

2008/59)。雇主只有在雇员得以免责的情况下才可免责。不过,雇主谨慎选任和监督雇员的证明并不足以使其免责(Petrik(－*Wellmann*), Polgári jog II[2], 606/1; *Ujváriné*, Felelösségtan[7], 137)。直接造成损害的雇员的行为必须满足《民法典》第 339 条规定的要件,且其发生须与雇佣活动有关(BH 1988/239)。雇主的交通工具引发的事故应适用《民法典》第 345 条关于保有人责任的规定,而不包括在第 348 条的范围内。若交通工具属于雇员所有,但是由雇主出资购买作为工作装备的,雇主仍为该交通工具的保有人(BH1991/148)。《民法典》第 348 条也适用于实习生和学徒(Gellért(－*Benedek*), A Polgári Törvénykönyv Magyarázata[6], 1293－1294)。与雇佣关系的联系并不必然因雇员未遵从指令而中断(BH 2001/526; BH 1986/230; BH 1983/443)。雇主对雇员的追偿请求权规定于《劳动法典》中(《民法典》第 350 条第(5)款),它根据该请求权的价值和数额对之进行了限制(《劳动法典》,Labour Code, Law no. XXII/1992, § § 166－168)。针对"被借用的"工人,责任应由双方"雇主"承担(《劳动法典》第 193/C 条)。同样公务员的责任也由特别规则进行调整(《民法典》第 349 条第(1)款)。《民法典》第 350 条第(1)款规定了委托人对合同授权的代表人和"代理人"的责任,该责任是基于可推翻的过错推定。但这一条款并不适用于从事危险活动的自然人。对永久代理或本人及代理人均为公司的情形,法院还可适用《民法典》第 348 条(《民法典》第 350 条第(2)款)。在内部关系上,本人与其代理人各自承担责任。《民法典》第 350 条第(1)款仅调整本人—代理人的关系,对服务合同或运输合同并不发生影响(*Benedek* loc. cit. 1308)。若代理人可获得免责,则本人同样可以获得免责(*Benedek* loc. cit.; *Petrik*, Kártérítési jog, 164)。对某人从事他人委托的活动造成损害的情形,《波兰民法典》的规定并不统一。《民法典》中区别了两种情况,一种是(基于合同或事实)委托给独立行为人的活动(《民法典》第 429 条),另一种是对仍受委托人指挥并接受其指示的非独立行为人委托的活动(《民法典》第 430 条)。在第一种情形,雇主对选任过失(*culpa in eligendo*)承担过错推定责任,并可通过证明其在选任雇员时没有过错,或活动委托给了专业从事该活动的人士而获得免责。雇员是否有过失是无关的;不过,当且仅当行为为非法时,责任才产生(Pietrzykowski(－*Safjan*), Kodeks cywilny I[4], art. 429 p. 1213)。第二种情况是无过错责任的情形;雇主仅在雇员因过错导致损害时才对该损害承担责任。《民法典》第 430 条通常适用于其对第三人的个人责任为《劳动法典》第 120 条排除的雇员所造成的损害。不过,该条同样适用于其他情况,包括负有遵守委托人指示的法定义务(如在军队中)、合同义务或事实上的义务(如在家庭关系)的人造成损害的情形(*Radwański and Olejniczak*, Zobowiązania － część ogólna[7], 207; Czachórski, Zobowiözania[10], 257)。根据现行法,委托人和被委托人间的依存关系获得了非常广泛的解释。组织上的依存即为已足,如运营医院者和在那里工作的医生之间即是这种情况,虽然医生在医疗领域实际上是独立的(*Radwański and Olejniczak* loc. cit.; *Czachórski* loc. cit.; *Safjan* loc. cit. art. 430 p. 1217)。

6. 根据《德国民法典》第 831 条第(1)款(第 1 句)的规定,雇佣他人者应对雇员在工作中不法给第三人造成的损害承担赔偿责任。根据第 831 条第(1)款(第 2 句)的表述,雇主或主人可能获得免责。根据这一规定,若雇主在选任雇员/下属时尽到了必要的注意,并且在提供设备或监督工作中尽到了必要的注意,或者即使尽到必要的注意,损害仍然会发生的,不产生赔偿的责任。当某人从另一个人处分得任务时,即受雇为后者工作,并融入该人的影响范围,且会在一定程度上依赖于后者(BGH 12 June 1997, NJW－RR 1998, 250, 251)。雇主/主人能够随时限制行为人的义务或免除其义务,或可以划定这些义务的持续期间和范围即为已足(BGH 30 June 1966, BGHZ 45, 311, 313)。因此,独立承揽人不属于雇员/下属(Palandt(－*Sprau*), BGB[66], § 831

no. 5)。当雇员在雇佣过程中执行任务时给第三人造成损害的,若加害行为与被分配的义务的功能之间存在直接的内在联系,该损害就可以获得赔偿(BGH 6 October 1970, NJW 1971, 31; BGH 14 February 1989, NJW-RR 1989, 723, 725);雇员的行为不应超出义务的范围(BGH 13 July 1977, WM 1977, 1169)。当雇员/下属的行为客观满足了《民法典》第823条以下各条中的任何一条的要件,且不存在正当事由时,其行为即为"不法"。雇员/下属的过错应是无关的(*Sprau* loc. cit. no. 8)。就足以使雇主免责的证明设立了极高的障碍,因而对这一救济的主张很少能够成功。更有甚者,法院为了规避这一要求,已隐秘地求助于准合同的解释。法院还从《民法典》第823条第(1)款中发展出了非常严格的一般监督义务。后者的实际意义体现在下述事实中,即独立承揽人因此可被纳入到其适用范围中(*Medicus*, Schuldrecht II[13], no. 859)。

7. 奥地利法的出发点是《民法典》第1315条"自身"。该条规定的责任的前提条件是,雇主(在明知某人危险的情况下)仍委任该危险之人或不适格者履行受委任的职责。这一条款的严格性被认为是不令人满意的,因而法院及学界日益求助于试图规避该条适用的方法。其中一种规避的策略就是扩张《民法典》第1313a条的适用,按照该条最初的表现形式,它是被设想用于合同责任的(委托人要对受雇履行义务者的不当行为承担严格责任),并包含所有种类的法律义务。对缔约过失这一概念及有关附保护第三人作用之合同的规则的利用更加强了这一规避策略。从体系的观点看,第1313a条暗示了第1313条中的一般规则的例外,根据这一规定,人们通常不对他人的不法行为承担责任。对于损害事件发生前即存在的依据债法产生的关系,任命受雇人履行债务不应使债权人受损(《民法典》第1313a条; OGH 30 May 1994, SZ 67/101)。受任人(辅助人)使用了其他辅助人的情形亦同(OGH 2 March1955, SZ 28/61; OGH 24 May 1972, JBl 1973, 151)。责任的要件包括受任人存在过错(过失或故意:参见OGH 26 April 2000, ZVR 2000/102 p. 423; OGH 25 November 1959, SZ 32/153; OGH 7 Ob 400/97t, RdW 1998, 459),且其在履行义务时,是在雇主分配的任务的范围内行事的(OGH 26 April 2000 loc. cit.)。在决定行为是故意还是过失时,决定性因素是,行为的履行是否是雇主命令的(OGH 7 September 1988, JBl 1989, 175; OGH 24 April 1991, JBl 1992, 31; OGH 6 October 2000, SZ 73/151)。至少,在雇主和致损者之间不存在类似合同的特殊法律关系时,债权人仅存的救济可能就是《民法典》第1315条规定的诉因了。在这一背景下,决定性因素是在选任雇员/下属过程中存在过错。根据判例法,瑕疵监督即为已足。"辅助人"这一概念被赋予了宽泛的解释;这一术语也包括了承揽人,只要在管理和组织领域发生了必要的融入(OGH 28 February 1968, JBl 1968, 473; OGH 25 April 1995, SZ 68/79);决定性的因素是承揽人是否需要遵守给予的指示(OGH 28 October 1975, SZ 48/110)。不过,也存在很多远超出第1315条范围的特别条款,它们规定了严格责任(如《铁路和机动车责任法》(EKHG)第19条第(2)款;《核责任法》(AtomHG)第17条;《森林法》(ForstG)第56条第(2)款)。在这一背景下,法院发展出了下述原则,即危险物的保有人要对其任命来履行义务之人的重大过失承担责任(OGH 2 April 1958, JBl 1958, 550; OGH 20 October 1981, JBl 1982, 150)。此外,法人不仅对其机关造成的损害负责:责任还被扩展至包括了所有类型的代表人(OGH 17 July 1997, SZ 70/150; OGH28 February 2000, ZVR 2000/90 p. 376; OGH 20 December 2000, JBl 2001, 525)。在过渡阶段,"对代表人的责任"也被使用过,且被用于损害自然人(OGH 20 May 1998, JBl 1998, 713 [建筑公司对处于执行地位的工程师(的行为)承担的责任]; OGH 12 September 2002, ZVR 2003/108 p. 394)。

8.《希腊民法典》第922条以守旧的方式提及了"主人"和"下属",但该条的现行含义却已超出了与这一表述相关的问题。该规定就处于从属地位的雇员给第三人造成的损害施加了一项真正的客观责任(Georgiades and Stathopoulos (- *Stathopoulos*), art. 922, nos. 3, 11, 38; *Kornilakis* , Eidiko Enochiko Dikaio I, 533)。根据该条的规定,下属的不法行为足以引起责任,而无须其存在过错。不过,主流的法律观点认为,这一事态是受到德国法影响的立法失误。因而,在雇员违反的法律规定摒弃了对过错的要求时,法律学者仅放弃了对雇员的最低限度过失的要求(*Stathopoulos* loc. cit. no. 23; A. P. 156/1953, NoB 1 [1953] 192; A. P. 1125/1977, NoB 26 [1978] 934; CA Thessaloniki 522/1990, EllDik 31 [1990] 1331; otherwise *Michaelides – Nouaros*, EllDik 29 (1988), 1641)。《民法典》第922条规定的责任的前提条件是主人和受任履行义务者之间存在从属关系(ErmAK (- *Michaelides – Nouaros*), art. 334, no. 17; A. P. 651/2001, Arm 45 [2001] 1475; A. P. 248/1992, EllDik 34 [1993] 1312; Areopag 385/1988, NoB 37 [1989] 258)。寻求具体的分界线被证明是很困难的(*Georgiades*, FS Larenz 1983, pp. 175, 185, 192)。法院就从属关系采取了一种逐渐放宽的方式。在一起发生于一家公司和独立承揽人之间的案件中,公司保留了指示和监督的权利,从属关系得到了确认(A. P. 942/1976, NoB 25 [1977]359; Areopag 300/1980, NoB 28 [1980] 1723, 1724)。若雇员的行为与被分配的任务之间有着内在的联系,那么损害就是在雇员“履行义务的过程中”发生的(*Stathopoulos* loc. cit. no. 33)。损害仅在义务的场合发生这一事实并不打破这一联系(A. P. 380/1979, NoB 27[1979] 1437)。有人建议,在雇员未遵守被给予的指示的情形,应区分典型的和异常的危险。雇员的盗窃或复仇行为不能确立雇主的责任,除非这类侵权发生的风险因雇员受雇而得以增加。

9.《葡萄牙民法典》第500条以类似的方式确立了雇主的替代责任。本条规定的责任要件有:(1)被委任履行义务的人(*comissário*)负有侵权责任;(2)行为是在履行雇主分配的义务的过程中实施的,甚至造成损害的行为是因为雇员未遵守雇主(*comitente*)的指示而故意实施或发生的。雇主与雇员对第三人承担共同连带责任(《民法典》第497条第(2)款和第500条第(3)款);就其内部的关系,若雇主无过错,他有权向雇员进行追偿(《民法典》第500条第(3)款,参见 *AntunesVarela*, Obrigações em geral I[10], 639)。为了产生雇主责任,雇员的行为必须存在故意或过失(《民法典》第500条第(1)款最后,STJ 26 October 1978);不能反驳的推定过错即为已足(《民法典》第503条第(3)款和第506条第(1)款),但仅雇员一方的单纯的客观责任并不充分(《民法典》第503条第(1)款和第(3)款,参见 *Antunes Varela* loc. cit. 644;*Pires de Lima and Antunes Varela* , Código Civil Anotado I[4], 513; 另见 *Almeida Costa*, Obrigações[9], 569)。雇主仅对受托人履行受托的职责时造成的损害负责(《民法典》第500条第(2)款;*Almeida Costa* loc. cit. 567)。《民法典》第500条第(1)款中的“代表”关系包括从事事实行为或法律行为,它们是委托给受托人之外的其他人的义务或职责的一部分(*Pessoa Jorge*, Ensaio sobre os pressupostos da responsabilidade civil, 148),与被分配的任务仅有暂时的或空间上的联系并不充分(*Antunes Varela* loc. cit. 642; STJ 14 October 1987, BolMinJus 370 [1987] 519)。在这方面,负责清扫的承揽人无须根据《民法典》第500条为职员盗窃信用卡的行为负责(STJ 2 March 2006),(2467)足球俱乐部同样也不应对球员打倒裁判的行为承担责任(CA Coimbra 13 December 2000)。另一方面,煤矿的经营者要对雇员处理爆炸物时的错误承担责任(STJ 26 October 1978)。

10.《荷兰民法典》第6:170条第(1)款是一项将雇主的风险责任置于制定法基础之上的立法措施。根据该条规定,雇主应对其下属给第三人造成的损害承担责任。责任的前提要件如下:

(1)行为人有不当行为;(2)上级/从属关系;(3)分配给下属的分配任务与不法行为间存在职务上的关联。因而该规定要求雇员一方负有责任,这使得雇主有权依赖雇员有权主张的各种可用抗辩和正当事由(Nieuwenhuis/Stolker/Valk(-*Lankhorst*), T & C Burgerlijk Wetboek, art. 6:170 no. 2 p. 2350)。如果雇员的行为构成积极作为,其受身体或精神上的缺陷的影响肇致的损害不能归属于雇主(相反的:关于不作为,见《民法典》第6:165条)(Onrechtmatige Daad II(-*Oldenhuis*), art. 6:170, no 35 p. 126)。"下属"(*ondergeschikte*)这一概念被赋予了宽泛的解释。在法律上的权力关系(a juridical relationship of authority)的存在中可以找到核心观念。雇佣合同的存在在这里并非决定性因素,相反,决定性因素是某人或者发出指示并享有控制权,或者接受指示并必须遵守之(*Oldenhuis* loc. cit. no. 8 p. 41; HR 28 May 1999, NedJur 1999 no. 564 p. 3109[地方政府和一名小学教师的关系]; HR 2 March 2001, NedJur 2001 no. 649 p. 4809[医院的医生])。关于雇员的行为与雇佣之间的职务上的关联,基本原则是,若雇佣关系增加了错误实现的可能性,则雇主总是要承担责任。这一要求相对容易证明(如 CFI Utrecht 25 September 2002, NedJur 2002 no. 592 p. 4373 and HR 12 April 2002, NedJur 2003 no. 138 p. 920)。此外,法院还审查雇主是否有权禁止所涉的行为。即使证明了雇主事实上已禁止了该有问题的行为,而雇员对该禁令置之不理继续违反指示做出行为,也不能免除雇主的责任(HR 1 February 1957, NedJur 1957 no. 175 p. 311; CA The Hague 19 April 1963, NedJur 1964 no. 407 p. 975; CA Amsterdam 2 February 1961, NedJur 1961 no. 190 p. 398; *Oldenhuis* loc. Cit. nos. 38-39 pp. 137-153)。若雇员实施了犯罪行为,而该行为与雇主分配的义务无关,则雇主不承担责任。划界问题可以通过衡量所有相关的考虑来解决,即考虑损害的种类、致损行为发生的时间和地点以及实施行为所需的资源(*Lankhorst* loc. cit. no. 2c p. 2350)。关于在雇主的业务或职业领域之外工作之人造成的损害(如管家或保姆),《民法典》第6:170条第(2)款减轻了雇主的责任;总之,仅在致损时间和分配给雇员履行的义务之间存在密切关联时,雇主才承担责任(Parlementaire Geschiedenis VI, 715)。相较之下,在商事领域,《民法典》第6:171条引入了委托人对独立承揽人实施的侵权行为的责任,其内容为:"如果非下属的一方根据他人的指示为该他人的营业履行义务,并且该受托人在履行过程中实施了侵权行为的,委托人也要对第三人遭受的损害承担责任。"这一规定所基于的理由是,受害人能够将被告的经营所产生的所有活动视为是不可分的(Parlementaire Geschiedenis VI, 712, 728-729;*Oldenhuis* loc. cit. art. 6:171 no. 3 p. 13)。当独立承揽人仅负严格责任,且该侵权行为不涉及替代责任的问题时,第6:171条不予适用。

11.《爱沙尼亚债法》第1054条第(1)款确立了雇佣他人代表其"定期"从事经济或职业活动的个人的严格责任。《债法》第1054条第2、3款也是严格责任条款,前者调整使用他人的服务来履行义务者的责任,后者则调整要求他人为其提供服务的个人所负的责任。责任仅在提供服务者的行为有故意或过失,且实施了不法行为时才产生(Supreme Court 3-2-1-53-06, RT III 2006, 33, 283; *Tampuu*, Juridica 2003, 464-474)。

12.《瑞典损害赔偿责任法》第3章第1条规定,在其事业中雇佣雇员者应对雇员在雇佣过程中造成的损害承担责任。雇主应对以下损害承担责任:(1)雇员因"不法或过失"造成的人身伤害和财产损害;(2)雇员实施犯罪造成的纯粹经济损失;(3)雇员因"不法或过失"对无形的人格权(第2章第3条对之做出了定义)造成的损害。雇主的替代责任通常被称为"*principalansvar*"。归责的特殊要件,包括故意和过失的作为、不作为——"不法或过失"的要件——旨在使评价更为客观,这样雇主便无法因与个体雇员相关的特殊情况(如缺乏经验)而获得免责。不过,判例法却并没有做出特别的区分(HD 20 December 1979, NJA 1979, 773[一台发掘机操作员造成了损害,但因其年轻且缺乏经验而未发现其有过失,相反,雇主却因选任该操作员存在过失而承担了责任,即选任过失];另见 HD 26 September 1974, NJA 1974, 476)。无须确定特定的雇员是否有过失。将过失归咎于雇主的全体劳动力(所谓"匿名的累积的过失"(anonymous and cumulated negligence),参见 *Bengtsson and Strömbäck*, Skadeståndslagen[2], 80-82)即为已足。损害必须是在雇员受雇佣的过程中造成的,这要求作为或不作为与受雇者在雇主的企业中所负的义务之间有着充分的联系。在雇员的空闲时间、在办公室外或者是因为私人性质的行为而造成的损害一般被排除在外。不过,并不要求致害行为明确属于雇员对雇主所负的义务的一部分,或是为雇主的利益而为。在 HD 15 November 1977, NJA 1977, 639 一案中,一组工人被指派清理某电线下的区域上的树木,他们还应附近业主的要求将邻近的树砍掉了,该行为仍被视作是在工人的雇佣过程中做出的。对纯粹经济损失的责任要求与雇主的事业有着密切的关联,且与后者防止犯罪行为的可能性有关(HD 13 July 2000, NJA 2000, 380; HD 4 December 2000, NJA 2000, 639; Kleineman, JT 2000-01, 924)。在任何情形,和监督工人的雇主之间存在从属关系都被视为是某人是雇员的表征。不过,负有监督或控制职责的人也可能被视为是雇员(《损害赔偿责任法》第6章第5条)。甚至不存在正式雇佣关系的人,如仅是偶尔帮忙管理房产的房屋看管人或非营利的体育协会的一名官员,也会被视作雇员(*Hellner and Radetzki*, Skadeståndsrätt[7], 157)。不过,某人通常不对其他独立分包人或其工作人员负责(*Bengtsson and Strömbeck* loc. cit. 79)。但一些法定义务不能通过雇佣独立承揽人实现转移("不可转托的义务"(non-delegable duties),如为了公共安全清理自家屋顶的义务:*Hellner and Radetzki* loc. cit. 166),且若某类事业受到严格责任制度的调整,它通常也会包含对分包人或租赁服务的责任。特别法(*Leges speciales*)也可能扩展替代责任的范围,比如《海商法》规定了船东对领航员的责任,《环境法典》第32章规定了雇佣独立分包人从事挖掘和对环境有害活动的人所负的替代责任。一些情形涉及确定谁是承担责任的雇主的难题,特别是在某人从独立分包人处雇佣工人的情形中。这需要以个案为基础来解决,此时,谁在对专业人士进行控制、指示和监管这一问题就是决定性的(HD 20 December 1979, NJA 1979, 773; HD 8 January 1992, NJA 1992, 21)。以瑞典的相关规定为基础,《芬兰损害赔偿责任法》第3章第1条规定了雇主对雇员或类似雇员的人因"非法或过失"的行为造成的损害所承担的责任。而且,它还规定,这一责任也包括独立承揽人,只要根据其雇佣期限、工作性质及其他具体案件情况,他们"可被视为是雇员"。与瑞典一样,可归责性这一概念——"不法或过失"使得,即使过失不能追溯到单个雇员,仍可能确立责任(Finnish Supreme Court 24 August 1982, HD 1982 II 120)。这一规定将"不可转托的义务"择一原则法典化了,根据该规定,即使法律规定的活动由独立承揽人来完成,有关这些活动的责任仍是替代责任(例如,参见 Finnish Supreme Court 20 October 1992, HD 1992:142)。在丹麦,雇主替代责任的基础来源于古代《丹麦法典》第3-19-2条,它规定,家长要对其仆人的行为负责(*von Eyben and Isager*, Lærebog i erstatningsret[5], 105-120, *Trolle*, Risiko & Skyld2, 222-257)。这一替代责任不仅涉及参与企业活动的人,而且涉及有着类似关系的人,如父母和保姆、房东和自营职业的园丁,其理由在于,接受指示、监督和控制而行事者应被包含在内(*von Eyben and Isager* loc. cit. 107; Eastern CA 15 February 1958, UfR 1958, 628)。是否具有正式雇佣关系(包括合同、一定期限,甚至是工资)并不具有决定性(HD 29 June 1937, UfR 1937, 785)。必须证明雇员存在过失或故意。但正如瑞典和芬兰一样,过错或过失可以是"匿名的"或"累积的"（*von Eyben and Isager* loc. cit. 110）。另外，与雇佣存在一定关联是雇主责任的要件；雇主不对异常行为负责，如性骚扰（Western CA 6 December 1993，UfR 1994，215）或在工作休息时间打架（HD 30 November 1951，UfR 1952，73）。相较之下，在一名码头工人将烟头放在他卸载的货物上时，责任就得到了确立（SH 5 August 1965，UfR 1967，664）。同瑞典法一样，原则上独立承揽人对其自身负责（*von Eyben and Isager* loc. cit. 107）。当涉及多个雇主，特别是一家公司临时从另一家公司雇佣员工时，典型的是某人租赁设备时连同操作员一起租用的情形，难题就出现了。一般的观点认为，不应太关注工作是为了谁的利益而从事的这一问题，更应关注的是，是谁在对工人进行指示和监督（*von Eyben and Isager* loc. cit. 112；*Trolle* loc. cit. 256；*Selvig*，Såkalte husbondsansvar，168；SH 2 August 1983，UfR 1983，1065；HD 13 December 1990，UfR 1991，106）。不过，还存在雇佣人对独立分包人承担责任的情形（例如，参见 Western CA 10 March 1981，UfR 1981，564：土地所有人雇佣了一名独立承揽人为土地喷洒农药，但造成邻近的庄稼受损；该土地权人被判承担责任，因为给土地喷洒农药属于对土地的一般维护；详见 *von Eyben and Isager* loc. cit. 134－148）。在丹麦，若雇员仅负严格责任，则责任不转移给雇主（Eastern CA 29 September 1970，UfR 1970，940）。相应地，在瑞典，严格责任也不转移（*Bengtsson and Strömbeck* loc. cit. 80），芬兰亦同（Supreme Court 21 September 1993，HD 1993:114）。

13. 在英格兰和威尔士，关于雇主替代责任的传统规则是，雇主除应对授权雇员所为的不法行为承担责任外，还应对以违法和越权的方式为授权行为承担责任（*Salmond*，The Law of Torts[9]，95）。不过，根据现今更为宽泛的标准，若雇员的侵权行为与雇佣活动有着如此密切的关系以致判定雇主承担责任是"公平合理"的，则雇主应对雇员侵权行为承担替代责任（至少就侵入这一行为是如此）（*Lister v. Hesley Hall Ltd* [2002] 1 AC 215）。关于这一规则的适用可参见 *Mattis v. Pollock* [2003] EWCA Civ 887；[2003] 1 WLR 2158 一案，在该案中，一家夜总会的门卫受到攻击，他逃回附近的公寓，拿起一把刀，跑回了夜总会，追上一名逃离的顾客，使其遭受严重伤害；这一活动被认为属于替代责任的范围，因为可以预期门卫在履行其雇佣职责使用暴力。有人批评该检验是一种回避问题实质的表述（a question－begging formula），与其说其解释了判决，不如说其只是对判决予以了确认（参见 *Yap*，（2008）28 Legal Studies，197）。替代责任并不限于普通法上的诉请；雇主对违反施加给雇员的制定法义务的行为也会承担替代责任，只要所涉的制定法并未排除这种责任（*Majrowski v. Guy's &St. Thomas' NHS Trust* [2005] EWCA Civ 251，[2005] QB 848：赞成经理对雇员违反《1997 年防骚扰法》的骚扰行为承担替代责任）。现代的法律已摒弃了采用单一的普遍标准来确认雇主和雇员的关系的观念，而采用了一种"多因素的"方法，它基于以下事项：具体情形的经济现状、控制程度、所使用的设备的所有权、对辅助人的使用以及获利机会和受损风险等（Clerk and Lindsell（－*Murphy*），Torts[19]，6－10 － 6－11）。在雇员由雇主临时"借用"给另一雇主的情形，雇员仍是替代责任意义上的一般雇主的雇员，还是被视为是服务租赁者的临时雇员这一问题被认为是取决于个案事实的事项，需要负担很重的证明责任来证明一般雇主所负责任已经转移给了临时雇主，问题就是防止雇员的行为是谁的义务；临时雇主是否获得了控制雇员工作方式的权利是其中一个因素（*Mersey Docks and Harbour Board v. Coggins and Griffiths（Liverpool）Ltd* [1947] AC 1（HL）；*Hawley v. Luminar Leisure Limited* [2006] EWCA Civ 18 at [28]，[2006] P. I. Q. R. P17，220，一家夜总会的所有人要对一家保安公司提供的门卫的殴打行为承担替代责任，该门卫在事故发生前已在夜总会工作了两年）。在这些情形，似乎可以想象双重的替代责任(*Viasystems* (*Tyneside*) *Ltd.* *v.* *Thermal Transfer* (*Northern*) *Ltd.* [2005] EWCA Civ 1151, [2006] Q. B. 510)。根据无偿的雇佣(它并不附属于雇佣关系也缺乏主人—下属的关系)以未授权的方式来履行任务的行为原则上并不足以产生雇主责任,即便行为人是受他人指示而行为的(参见 *Watkins v. Birmingham City Council* (1975) Times, 1st August (CA),在该案中,一名10岁的男学生遵照老师的指示分发牛奶,他将三轮车移到门口,一名员工被车绊倒并受伤,学校对该男生的行为并不承担替代责任:该男孩的行为可归因于老师—学生的关系,因此不存在推论出有主人—下属关系存在的机会)。在这些情形,若受雇者在行为中造成损害,雇佣人仍可能因违反注意义务而承担过失责任,比如,其雇佣了不合适于该工作的人,未为履行任务提供合理安全的安排,或者未尽监督受雇者的义务(Clerk and Lindsell (-*Murphy*), Torts[19], 6-02,并比较(与下属相关的)*Williams v. Curzon Syndicate Ltd.* (1919) 35 TLR 475(CA):一家夜总会未对被雇为夜间服务生之人的品性予以彻底的调查,该值班人员盗窃了会员的财产)。对于独立承揽人,法律的一般规则是,雇主不对其在从事雇佣活动中所为的违法行为承担替代责任,除非雇主有教唆或批准行为,但雇主可能对其自身过失承担责任,比如雇佣了不适格的人,或雇佣了不足的人手来完成工,或者对工作进行了干预(Clerk and Lindsell (-*Murphy*), Torts[19], 6-52)。除此之外,雇主还可能违反不可转托的制定法上的或普通法上的义务,因此即便可合理地认为受雇的承揽人能胜任,也不会像履行日常的注意义务的情形那样,使雇主获得免责。特别是,若一方指示独立承揽人从事极为危险的活动——也即,该活动若未安全地进行,将包含有明显的造成重大损害的严重危险,他要在损害发生时承担责任:*Dalton v. Angus* (1881) 6 App Cas 740(不过,也可以基于供役住宅的所有人承担了确保需役住宅获得支撑的不可转托的义务这一更狭隘的基础得到解释);*Honeywill & Stein v. Larkin Brothers Ltd.* [1934] 1 KB 191。最近的案件都遵循了这一方法,但仍对原则的合理性并非没有保留,且强调了通过对危险的限定来加以限制,不过,这一做法被认为是一项难以适用的标准(参见 *Bottomley v. Todmorden Cricket Club* [2003] EWCA Civ 1575 和 *BiffaWaste Services Ltd. v. Maschinenfibric Ernst Hese GmbH* [2008] EWCA Civ 1257)。

14. *Lister v. Hesley Hall Ltd* [2002] 1 AC 215 一案引入英格兰法的"密切联系"检验是否会被爱尔兰采用,以取代传统的普通法上的方法,尚未得到确定。在 *O'Keeffe v. Hickey* [2008] IESC 72 一案中(该案涉及对小学生的性虐待行为的责任),有人表达了反对的意见(*Hardiman* 法官持批评意见, *Fennelly* 法官持赞同意见),但对这一点进行裁决是不必要的,因为第二被告(教育科学部)对学校校长不能够充分的控制,因此不适格作为替代责任法意义上的雇主。

15. 在苏格兰,雇主除了要对自身的故意或过失行为承担责任外,还对雇员造成的损害承担侵权法上的替代责任。被代理人是否像雇主对雇员的侵权行为那样基于同一基础对代理人的侵权行为承担替代责任,仍有待最后的确定:比较 *M. v. Hendron* [2007] CSIH 27 at [131], 2007 SLT 467 at 497(*Osborne* 法官对该问题持保留意见)。不过,似乎 *Lister v. Hesley Hall Ltd* [2002] 1 AC 215 一案的判决理由至少不适用于本人对代理人的不法行为的替代责任(*M. v. Hendron* [2007] CSIH 27 at [132], 2007 SLT 467 at 497-498, Lord*Osborne*)。和英格兰一样,原则上某人不对独立承揽人过失造成的损害承担替代责任(*Stewart*, Delict[3], para. 10.17. Lord Justice *Clerk*, *Moncrieff* at page 540; *Crolla v. Hussain* 2008 SLT (Sh. Ct.) 145)。这一基于"固有的危险活动"的例外是否适用于苏格兰法律或者适用范围是否相同尚不明确。传统上认为苏格兰接受了英格兰的原则。因此,在 *Crolla v. Hussain* 2008 SLT (Sh. Ct.) 145 一案中,一人在其土地上进行耕作，该行为可能会对邻居的土地造成损害，因此施加了一项采取措施防止该损害发生的义务，并且这一义务不能通过委托给承揽人而得以避免。这并不是对独立承揽人的不法行为的替代责任，而是基于违反了雇主自身的不可委托的义务产生的过错责任。不过，*Stewart v. Malik* [2009] CSIH 5 at [22]一案并未就传统观点的正确性做出决定，该案也涉及在对一栋经济公寓的一部分施工时给公寓另一部分的结构造成的损害。在后一案件中，经济公寓法受到了信赖，该法让供役财产的所有人在从事可能影响支撑的工程时负担了一项避免危及需役财产的积极义务，从而在更为狭窄的基础上找到了一项谨慎施工的个人义务，该义务不能通过雇佣独立承揽人而得以避免。

Ⅱ．法人对其代表人的责任

16. 依据法国的判例法，代表法人做出决策的机构的过错视为是法人自己的过错（Cass. civ. 15 January 1872, D. P. 1872, 1, 165）。决策机构即为法人的法定代表人（Cass. com. 8 December 1981, Rev. soc. 1981, 351, note *Bouloc*）。单个自然人或一类自然人均可构成有权机构（*le Tourneau and Cadiet*, Droit de la responsabilité et des contrats (2006/2007), no. 1373）。决策机构和法人负连带责任（*Ghestin*, Les conditions de la responsabilité[3], no. 855）。比利时持相同的法律立场。若决策机构存在过错，而该过错不能构成侵权时，法院有权诉诸《民法典》第1992条（Cass. 20 June 2005, no. JC056K5_1, no. de rôle C030105F）。

17. 在西班牙，法人对代表其的决策机构的不法行为承担的责任适用位于基本规范（《民法典》第1902条）中的一般规则。该责任的归属并非基于《民法典》第1903条中有关雇主责任的规定。决策机构与法人被视作一个单一的实体。相应地，在学界，明显趋于区分决策机构造成的损害与单纯的代表人造成的损害，仅在后一情形，责任才由《民法典》第1903条第(4)款来调整（Albaladejo and Díaz Alabart (– Capilla Roncero), Comentarios al Código Civil y Compilaciones Forales I(3)2, 865; Díez – Picazo and Gullón, Sistema II9, 556 – 557）。法院通常也采用了这种分歧点（TS 29 September 1964. RAJ 1964 (2) no. 4097 p. 2522; TS 3 July 1968, RAJ 1968 (2) no. 3610 p. 2426; TS 23 January 1986, RAJ 1986 (1) no. 113 p. 124; TS 19 February 1985, RAJ 1985 (1) no. 561 p. 464; TS 25 October 2000, RAJ 2000 (5) no. 9588 p. 14895; TS 27 May 2003, RAJ 2003 (3) no. 3930 p. 7257 [每一次，第1902条规定的法人的直接责任都得到确认]）。不过，并非罕见的事情是，目前仍缺少关于代表人和其过错的更具体的细节，即便是在曾引用了一次第1903条之规定的例外情形，法人仍被视作是直接造成了损害（如TS 29 June 1984, RAJ 1984 (2) no. 3443 p. 2619）。未被赋予法人人格的非法人组织和公司的侵权责任也得到承认，如非正式的合资企业（TS 29 April 1988, RAJ 1988 (3) no. 3326 p. 3299）。

18. 类似的，在意大利，可以依赖其《民法典》第2043条的规定，将对自然人之行为的责任归属于法人。自然人的侵权可直接依据决策机构和法人之间的关系（*Alpa*, Trattato di diritto civile IV, 199）。法人和相关的董事会成员负连带责任（*Bianca*, Diritto civile V, 631）。就非法人组织（unincorporated associations），以组织名义并为其利益行为的自然人负（个人的）连带责任（《民法典》第38条）。同样地，慈善委员会的成员也负（个人的）连带责任（《民法典》第41条）。调查谁实际代表委员会行为是不必要的（Cass. 12 January 1982, no. 134, Foro it. 1982, I, 385）。“简单合伙”（*società semplice*）自身要承担责任，并且和代表其行为的合伙人负连带责任（详细的规定见《民法典》第2267条）。股份公司依据《民法典》第2043条直接承担责任；董事对公司责任则适用《民法典》第2392条以下的规定。

19. 在匈牙利,法人对公司董事会成员给第三人造成的伤害所承担的责任适用《民法典》第350条以及第29条第(2)款、第219条和第220条中包括的代理规则;如果代表人同时是公司雇员,还须考虑第348条和第349条。《商事公司法》第30条第(1)款也规定,处于执行地位的代表人在行使权力的过程中对第三人造成的损害由公司负责。同法第16条第(3)款及第(4)款也就设立前的立公司做出了进一步的澄清,清算阶段则由同法第50条第1、2款来处理。在波兰的判例中,法人的法定代表人造成的损害既不适用《民法典》第429条,也不适用第430条(Pietrzykowski(–*Safjan*), Kodeks cywilny I[4], art. 430 pp. 1215, 1218)。决策机构的过错被视为是法人自身的过错。在这些情形,适用《民法典》第416条,根据该条,法人有义务赔偿决策机构因过错造成的损害。法人与作为其权力机构的自然人负连带责任(Pietrzykowski(–*Banaszczyk*), Kodeks cywilny I[4], art. 416 p. 1097)。若决策机构由数人组成,参与损害行为(通常是做出决策)的成员之一的过错即为已足(*Banaszczyk* loc. cit.)。在法人责任的背景下,判例法和法律文献经常提及"匿名过错"(anonymous fault)的概念,根据这一概念,在与法人结构内部必需的注意标准存在客观冲突的情况下,无须再证明是究竟是决策机构中哪个成员有过错(SN 11 May 2005, LEX no. 151668; *Radwański and Olejniczak*, Zobowiązania – część ogólna[7], 201)。《民法典》第416条的适用范围被明确限定于法人责任。该规则是否调整不具有法人人格的组织的责任仍存在争议(反对其适用的,参见*Banaszczyk* loc. cit.)。

20.《德国民法典》第31条规定:法人对其决策主体在行使授权职责时对第三人造成的损害应承担责任。该规定将责任归于法人,而决策主体则依据其他条款自身承担责任(BGH 13 January 1987, BGHZ 99, 298, 302)。因此,存在争论的是,违反的义务是否应仅属于法人,或还是必须也同样属于决策主体这一问题。法院试图通过为法人,包括内部任命履行义务的授权代表人的责任设立条件来规避前述问题(BGH 5 December 1989, BGHZ 109, 297)。《民法典》第31条被判予适用于所有类型的法人,而非仅适用于公法(第89条)规定中包含的组织和法人(MünchKomm(–*Reuter*), BGB[4], § 31, no. 11)。为克服第831条相关的各种难题,法院将第31条扩展适用于代理人责任。法院在适用中超出规定的表意范围,规定了严格意义上并不属于公司组成机构的人员的责任。因为这些人员"通过一般运营和管理规则授权,享有自主从事与法人有关的重大、核心的事项,且对这些事项负有独立责任,因而其在法律交易中是作为法人代表出现的"(BGH 5 March 1998, NJW 1998, 1854, 1856; BGH 30 October 1967, BGHZ 49, 19, 21)。另外,法人对其组织结构上存在的缺陷也应承担责任。从这一角度,当第31条规定的处理重大事项(非董事会管理事项)的章程授权的代表人不存在时,法人应对此负责。通常认为,第31条规定的公司决策者或代表人应对公司每一重要业务进行负责,进而公司有义务将各业务予以组织。若公司未尽该义务,则会被视作决策者的雇员或依章程授权行事的人。此时,法人便不能依据第831条取得免责,且这种情况是为缺陷组织的法律拟制责任(更多见BGH 10 May 1957, BGHZ 24, 200, 213; BGH 5 March 1963, BGHZ 39, 124, 129; BGH 8 July 1980, NJW 1980, 2810, 2811; BGH 5 March 1998, NJW 1998, 1854, 1857)。

21.《奥地利普通民法典》第26条规定,在对第三人的问题上,一般将自然人与法人置于同一地位(*Koziol*, Haftpflichtrecht II[2], 375)。但法人并不被认为是对自身过错承担责任。实际上,公司是对其执行者和做出决策的代表人的侵权行为负责,因为这些主体被授权在自主范围内享有影响力(如:OGH 25 January 1995, SZ 68/14 = RS 0 009102,该案中与监事会成员合作,负有审计职责的一方对一名雇员做出指认其盗窃的错误陈述应承担责任)。可以预见的是,相关案件中,应只有对法人的义务的违背,即仅由法人作为责任主体。仅在做出决策的代表人对侵权行为负有过错时,自然人才与法人同时承担责任(OGH 15 October 1985, JBl 1986, 184; OGH 28 March 2000, RS 0 009105)。

22.《希腊民法典》第71条规定了决策者(第65条、第67~69条、第74条规定)对第三人造成损失由法人承担责任,该损害应是在其负责授权的事项过程中发生的,且该行为产生了损害赔偿责任。明显的是我们在此讨论的解释与《德国民法典》第31条相同(*Arxaniotakis*, I astiki evthini tou nomikou prosopou idiotikou dikaiou, 106)。在第71条规定范围外,当自然人的职责属于公司章程规定的项目,则法人对该自然人的行为负责,即便该自然人未得到授权作为法人代表(*Papantoniou*, Genikes Arches tou Astikou dikaiou, 151)。目前有法律学者建议,应参考德国法的发展,决策者这一概念应包含所有能自主从事法人有关的重大、核心事项的人,其权利是经一般经营规则和管理结构授予的,且对负责的事项独立承担责任(*Arxaniotakis* loc. cit. 204; *Filios*, Enochiko Dikaio II(2)[3],73)。法人的责任不因其挑选代表人不当而发生转移(Papantoniou loc. cit. 152)。第71条不限于适用损害赔偿请求,也同样适用于不当得利请求(第904条)和强制救济(第57、59条)(*Papantoniou* loc. cit. ; *Arxaniotakis* loc. cit. 189)。

23.依据《葡萄牙民法典》第165条,法人对其代表人(*representantes*)、代理人(*agentes*)及受托人(*mandatários*)的作为和不作为承担民事法律责任,且其责任条件与雇主依《民法典》第500条(见上文注释一、9)对雇员的行为承担责任的条件相同。对合伙和从事私法活动的国家或其他公法上的法人,比如国有公司经营铁路的情形(CA Lisbon 21 May 2005; previously Procuradoria - Geral da República 19 June 1975, BolMinJus 252 [1976] 69),可以在《民法典》中找到相应的规定(第998条和第501条)(详见 *Hörster*, Parte geral, 391)。代表人可以包括临时为法人从事活动的个人(*Antunes Varela*, Obrigações em geral I[10], 640; STJ 12 July 2001, CJ(ST) IX [2001 - 2] 27; CA Lisbon 18 May 2004)。

24.《荷兰民法典》第6:162条并未区分自然人和法人,后者也可能实施不法行为(Asser (-*Hartkamp*), Verbintenissenrecht III[10], no. 155 p. 153),因而,在这一方面,责任的施加并不取决于是否是为法人服务的自然人做出了不法行为(President CFI Zwolle 2 September 1992, KG 1992 no. 327; Onrechtmatige Daad II (-*Oldenhuis*), art. 6:170 no. 4A p. 23)。当法人的决策机构基于雇佣合同行为时,法人要依据《民法典》第6:170条对其行为承担责任(见上文注释Ⅰ、10)。不过(见上文注释Ⅰ、10),权力机构(a competent body)的行为一般被视为是法人自身的行为,而不取决于雇佣合同。因而,要适用《民法典》第6:162条。涉及大型组织时,就有必要将决策主体的不同代表人的行为进行集中,以形成法人的不法行为。在人事变动使得无法发现负责行为的自然人的身份时,仍不影响向法人施加责任(HR 8 January 1982, NedJur 1982 no. 614 p. 2138; *Oldenhuis* loc. cit. art. 6:170 no. 30 p. 119)。

25.《爱沙尼亚民法典总则编》(GPCCA)第31条第(5)款表达了下述基本原则,即法律实体的决策机构的行为可归责于法人,就如同它们是法人自己实施的一样,因而对代表人(行为)的责任并不等于是雇主的替代责任。不过,如果决策机构的代表人实施了侵权行为,则其与法人负连带责任(比较 *Saare*, Juridica 2003, 673 - 683 和 *Saare*, Juridica 2000, 203 - 211)。

26.在瑞典,公认的是,可以根据《损害赔偿责任法》中适用于自然人的同一基本条款让法人自身承担责任。因此,在代表人为法定机构(legal body)行为时进行了某种作为或不作为,而损害是其造成时,包含了该机构的法人负有直接责任。这包括了有限责任公司、社团、死者遗产的代表人,及作为法人决策机构的其他法人(*Hellner and Radetzki*, Skadeståndsrätt[7], 142, 151)。在芬兰法人同样要对董事会成员与其他代表人(的行为)承担责任(Supreme Court 21 May 1992, 1992:66; Supreme Court 9 August 2001, 2001:70; *Kurkela*, JFT 2003, 40-56)。在丹麦,不存在瑞典的法人对其机构的责任这一概念。不过,丹麦对雇员和代表人(的行为承担)的责任的规则得到宽泛的界定并且是非形式主义的,因而也包括了对诸如有限责任公司董事会(之行为)的责任(*Vinding Kruse*, Erstatningsreten[5], 188)。但正式的法定代表人,如清算人,则不属这一范围(*von Eyben and Isager*, Lærebog i erstatningsret[5], 107, fn. 7)。

27. 在英格兰和威尔士,法人(如股份有限公司)可以承担侵权责任,即便该侵权行为的要件要求某种特定的心理状态(如故意),这种心理状态可以根据适用于公司的普通的责任归属规则归咎于该法人(比较 *Meretz Investments N. V. v. ACP Ltd.* [2006] EWHC 74(Ch) at [366]; [2007] Ch 197)。另外,委托人(无论是自然人还是法人)可能要对法人授权(教唆或促成)或批准的他人的侵权行为承担替代责任(Clerk and Lindsell (-*Murphy*), Torts[19], 6-01 and 6-76)。但若法人成员在法人权力范围内(非代理人)以其行为能力做出行为,则行为归属于法人,法人自身要承担责任(*Mill v. Hawker* (1874) LR 9 Ex 309, 321(*Kelly* CB 持反对意见,但尚不至于影响这一点:"对法人在其能力范围内所为的行为,不能起诉法人的个体成员,该行为是被指控的个人恶意所为,并且法人的名称仅被用做该恶意行为的单纯外观,或者除非该行为越权,且根据法律的意旨,它不是也不能被当做法人的行为")。因此,若侵权行为是由公司董事会明确批准的,则公司应对其自己的侵权行为负责,而非承担替代责任(Clerk and Lindsell (-*Murphy*), Torts[19], 5-72)。此外,尽管依据章程,法人无从事被指控行为的能力,其仍应承担侵权责任(*Campbell v. Paddington Corporation* [1911] 1 KB 869, 875, 另见《2006年公司法》第39条第(1)款(它规定,公司行为的有效性不能因公司章程中的规定而以缺乏能力为由受到质疑)。若董事会成员的行为有恶意,则他要承担个人责任,并要作为共同侵权人(前述 *Mill v. Hawker*)。

28. 一般论述参见 Hartkamp/Hesselink/Hondius/Joustra/du Perron (-*von Bar*), Towards a European Civil Code[2], 431-447 和 *Renner*, Die deliktische Haftung für Hilfspersonen in Europa。

示例1取自 TS 19 June 2000, RAJ 2000 (3) no. 5291 p. 8152;示例2取自保加利亚高等法院 19 January 2000, judgment no. 8470, case no. 1095/1999;示例3选自 Danish SH 2 August 1983, UfR 1983, 1065;示例4取自 Cass. 9 November 2005, no. 21685, Foro it. 2006, I, 1454;示例5取自 TS 24 March 2001, RAJ 2001 (2) no. 3986 p. 6032:示例6选自 Danish HD 13 December 1990, UfR 1991, 106;示例7取自 Cass. 9 October 1998, no. 10034, Giust. civ. Mass. 1998, 2055;示例9取自 BH 1996/89;示例10选自 BH 2001/56;示例11取自 *Mattis v. Pollock* (*trading as Flamingos Nightclub*) [2003] EWCA Civ 887; [2003] 1 WLR 2158;示例12取自 TS 26 June 2006, BDA RAJ 2006 no. 4612。

第Ⅵ－3:202 条　不动产的不安全状态所致损害的归责

(1)考虑到如下情况,不动产的状态无法确保在不动产之内或附近的人有权期待的安全性的,不动产的独立控制人对因此产生的人身伤害及其后果性损失、本卷第2:202条(因受害人的人身伤害或死亡而造成的第三人损失)所规定的损失、因财产损害造成的损失(对不动产本身造成的损害除外)承担责任;

(a)不动产的性质;

(b)接近或者进入不动产的机会或者权利;以及

(c)避免不动产处于此种状态的成本。

(2)根据某人对不动产的控制情形,从而课其以义务令其避免本条所规定的具有法律相关性的损害的发生是合理的,该人即为不动产的独立控制人。

(3)不动产所有人被视为不动产的独立控制人,除非其能证明另有他人就不动产为独立控制。

评　论

A. 法律政策

对不动产不安全状况的责任。本条规定,由不动产的不安全状态所造成的人身伤害和财产损失的责任是严格责任。这并不局限于因建筑物和其他构筑物建造或维护不善造成的损害,亦不局限于这些建筑物的部分脱落、分解或完全坍塌造成的损害。事实上,本条涉及不动产上所有类型的危险。此外,它还涉及在土地上或在建筑本身中遭受的损害以及除上述情况之外在相关不动产附近的人或财产遭受的损害。责任归属于任何独立对财产进行控制而不受指示的人;在有疑问时,即为所有权人(第(3)款)。

责任系属严格责任。责任之所谓“严格”,其含义与在产品责任指令中的意义相同:根据第(1)款中提出的标准,受害人只需证明不动产是不安全的(产品责任中所谓“有缺陷的”)。考虑一下占有人从他人手中取得建造有缺陷的建筑物的情形即可非常清楚地表明这一点。决定性的问题并非是占有人是否本应安排得更为安全。相反,决定性的问题仅是是否已确保必要的安全预防措施已经实际到位。在一家超市的蔬菜部门中,如果菜叶掉落到地板上并产生了使顾客滑倒的危险,但经营者并未将菜叶清扫干净,由此造成人身伤害的结果,则应认定经营者应对该损害的产生负责。地板应在任何时候都保持安全,而不仅仅是每隔一定时间才是安全的(若求助于一般注意标准,即为这种情况)。当然,一切都取决于个案的确切情势:野生森林的所有人对游客并不负有确保通过森林的小径处于安全状态的义务。然而以商业目的经营自然保护区的人则有义务确保游客们的安全。

政策考虑。本条与多个欧盟成员国当前的法律状况相一致,但在许多方面也超越了彼处法律发展的现状。在这种情形下,考虑到不动产的所有人应在任何情况下均有合理的保险保障,而且在许多情形中并无足够的理由区分缺陷产品造成的损害和不安全不动产造成的损害,本责任的正当性依据就是对受害者的保护:一位超市的顾客在捡起一瓶矿泉水瓶时因瓶子爆炸而受到伤害,假如在这种情况下他享有获得损害赔偿的权利,那么在其踩到超市饮料区内的碎玻璃而受伤时,亦应享有获得损害赔偿的权利。支持本条选择的方案的其他观点是,即便是在那些至少是在理论上保留与过错相联系的不动产责任的法律体系中,过错责任与无过错责任之间的边界不再能够得到权威的界定;撇开其他事实,众多的举证责任倒置的情况也使得对"过错原则"的坚持逐渐变得口惠而实不至。本条中的解决方案进一步得到下述考虑的支持,即被害人除了进入他人之不动产外往往别无选择,也就无法理智地处理该不动产上隐藏的危险。与此相反,通常会期待不动产的负责人应意识到这些潜在的危险并以合理的方式对之加以处置。第(1)款的表述方式考虑了这一观点并不适用于开放的乡间未经开发的土地这一事实。最后,将"建筑物"(人造结构)与不动产上"自然"的危险(倒下的树木、通往前门路上的黑冰[black ice])进行原则性区分也有悖于当今的法律理念(understanding);这就像为了责任法的目的非要区分摔倒和地面不平整或有挖开的坑两者一样无力。

具有法律相关性的损害。与第三章第二节的所有规定相一致(无故意或者过失的归责),本条的责任限于造成死亡、人身伤害与财产损失(第2:206条第(2)款(b)项[基于侵害财产与合法占有的损失]对之有界定)的情形。只有这种损害才属于不动产上潜在危险实现之责任的保护目的。有关所有其他类型损害的责任,故意或过失仍属必需。

公共道路被排除在外。在政府及其机构尽到或未尽到事关公共道路之公法义务的范围内,其责任被排除出本条的适用范围。这一除外来自于第7:103条(公法职责与法院程序)。

与第3:206条(危险物质或排放物致害的归责)的关系。本条涉及对于土地或房屋的危险状态负有职责者的责任。而第3:206条(危险物质或排放物致害的归责)涉及对危险物质或对释放或排放对环境造成危险的物质或排放物的设施负有职责者的责任。第3:206条(危险物质或排放物致害的归责)实质上涉及源自企业或事业的危险,而本条涉及的是"内在于"不动产的"静态"(static)的危险。可以想象在例外情形中这两条规定所需的要件(requirement)同时得到满足(在这种案件中原告可以依赖任何一个对其更为有利的规定),不过这两条规定在宗旨(tenet)上仍然是截然不同的。本条仅适用于不动产的不安全状态(这一状态包括不动产的状况及其特征)。此外,本条直接针对于“置身于不动产中或在其附近”者的风险,这并不是第3:206条(危险物质或排放物致害的归责)的情形(该条也涵盖可移动的设施)。

示例1

如果某人被从房顶上掉落的屋顶木瓦砸伤,如果一名进入保险柜的银行顾客因其身后的门猛地关闭将其反锁,且保险柜内并未安装任何紧急呼叫设施而受到惊吓,对这些情形只有本条才是相关的[而非第3:206条(危险物质或排放物致害的归责)]。另一方面,如果所涉及的危险并非源于土地或建筑物的状态,而是源自对建筑物的特殊使用方法,那么只有第3:206条(而非本条)是相关的。一座建筑并不仅仅因为存放有烟花就不安全,一家酒店并不因为经营着一个迪斯科舞厅就不安全。

与合同法的关系。本条规定的责任与合同法上的责任之间的关系属于第1:103条(适用范围)中的一般规则的调整。例如,承租人可以援用本条规定,除非规范租赁关系的相关法律包含有若适用非合同责任的规则则其失去效力的条款。基于同样的原因,则无论是非合同的过失责任(non-contractual liability for negligence)的一般条款,还是更有利于承租人的合同的请求权基础,本条中的规则对其都无影响。

示例2

X租了Y的房子从事裁缝生意。贮藏室发生火灾,X的货物以及属于X之客户C的几件成衣被焚毁。这场火灾的原因追溯至烟囱内积累的煤灰,它们燃烧发生爆炸,并在墙上炸出了一个洞。X与C得根据第3:202条就各自财产所受的损害向Y求偿;这一建筑毫无疑问处于一种不安全的状态。Y不能通过举证自己与一个烟囱清洁工订约来对烟囱定期清扫而免除责任。X也可以依据合同法(第1:103条(d)[适用范围])主张损害赔偿。这可能对其更为有利,因为(1)合同法可以赔偿因暂时的停业失去的利润,并且(2)火灾并不可归因于不可抗力(参见第3卷第3:104条[因障碍而免责(Excuse due to an impediment)])。另外,关于X能否因他必须依据应适用的合同法为C更换被烧毁的成衣而遭受的损失(这里可以假设)向Y追偿的问题,X依据合同法主张损害赔偿可能会更为有利。这是因为,根据非合同的损害责任法,这一要件仅在Y的行为有过失时才构成具有法律相关性的损害(第2:101条[具有法律相关性的损害的含义])。然而这一要件在此却是缺失的。

抗辩。本卷第五章中的抗辩同样适用于依据本条提出的请求。尤其具有现实意义的是第5:302条(不可控制的事件(Event beyond control)),它可以排除因极端天气条件不动产上的危险实现所致的责任。

B. 责任包括的风险

基础。第3:202条规定的责任关涉因不动产未达到置身其中或其附近的人可以合理期待的安全标准而产生的人身伤害和财产损害。风险的类型则不起作用。本条可以覆盖以下情形:建筑物或构筑物(structure)的部分脱离;公墓中的墓碑翻倒;房屋地板因过度抛光而打滑,却又缺少对公众的相应的警告;树木倒下;结冰的小路未撒沙也未设相应的警示牌;坑边未采取安全措施;或是游泳池内的抽水系统功率被设置得过高导致在其中潜水的儿童被吸入其中无法挣脱等。

示例 3

一区域内频发倾盆降雨且排水系统效果不佳,以致该区域内倾斜的房屋(premises)* 不太安全,因此邻居财产上位处该房屋之下的墙壁在泥流的压力下遭到破坏。

不动产。不动产被一连串诸如"土地及附着于土地上且不能被寻常人类行为移动的任何东西"这种定义所界定。这明确包括了建筑、永久性桥梁及类似的构筑物(structure)。不动产这一术语并未为了本条的目的而得到进一步的界定。这既无可能亦无必要,因为本条并不取决于技术性的问题。实际上对本条中使用的不动产这一属于等同于寻常意义上的"房屋及其基地"(premises)即已足够。一个用作竞技体育的足球场上的球门甚至在轻微的碰触下都会倒塌,则无论该球门是否构成体育场的核心部分,对于使用者来说都是不安全的。

除对不动产自身之外。在财产损害的情况下,本条中的责任被限制在对不动产(premises)之外的其他财产的损害上。对这一限制的表述遵循了《产品责任指令》中的相应规则(参见第 3:204 条第(1)款(瑕疵产品致害的归责)。为了不扰乱业主租客法(landlord and tenant law)和住宅物业法(residential property law)中大量的特殊制度,这一限制似乎是有必要的。

示例 4

一个高耸于公寓楼群屋顶的烟囱崩塌;石块砸穿了一间位于下方公寓的屋顶。该公寓的业主不能让其他公寓的业主按照第 3:202 条承担责任。

"在不动产中或在其附近"。根据第 3:202 条,损害发生在不动产之上、之中或是之外的附近处对于第 3:202 条规定的责任而言并无差别;所有人对其建筑物的部分脱落或树木倒地造成的损害负有责任,无论受害人究竟是在不动产附近,还是在属于别人的小路上亦或是在公共停车场里被砸。

"人们……有权期待的安全性"。对责任具有决定性影响的检验标准是,不动产是否缺乏受害人在该环境下能合理期待的安全性。这一检验标准是客观的,是从处于不

* premises 的词典意思是指(包括附属建筑、土地等在内的)房屋或其他建筑物,含义与不动产 immovable 大体相当,但欧洲各国有关不动产致害责任的适用范围各不相同,有的甚至包括了动产在内,因此很难统一翻译。在对本条的翻译中,译者根据具体情形将 premises 分别译为了"房屋"、"房屋及其基地"或"不动产"。——译者注

动产中或其附近之受害人的角度来使用的。究竟什么是“安全”取决于具体的情况。此概念基于产品责任指令中采用的何谓“缺陷”的观念。

示例5

儿童游乐园可能会涉及一些风险,否则的话这就不是儿童游乐园了。

示例6

与此相反,一座滑雪台有一个集成的开门机(liftmast),该开门机的锋利的边缘未以稻草或其他方式加以衬垫,那么这个滑雪场就是不安全的。

不动产的性质(第(1)款(a)项)。就事情的本质而言,对不动产所期待的安全性取决于具体案件中的所有情势。这些具体情势包括相关的土地或房屋的种类以及所呈现出的危险的种类。在向公众开放的私人花园里散步的人期待的安全与在深山老林里采蘑菇的人所期待的安全截然不同,那个采蘑菇的人最多可能料想到在特别危险的地点会有警示牌,而这仅是在靠近都市生活的娱乐区域。*

进入不动产。在案件涉及土地或不动产时,确认人们是受到不动产权利人的邀请而进入其中,还是违背权利人的意志不请自来,也很重要。在后一种情形,公众能够期待的安全标准较之于前者要低得多。处在自己本无权进入之危险地域的人所期待的安全性自然较低(涉及儿童的时候,情况可能会有不同),一个小偷或者暴力侵犯住宅之神圣性的人,则基本不可能期待任何安全性。

成本。最终能期待的安全标准仅是在具体情形中可以以合理成本达成的安全。因此,对特定危险做出警示经常即已充分;当然,在这一范围内,这任何事情还都取决于个案的具体情形。在建设工程期间挖坑的地方必须设立栅栏,并且这些栅栏在夜间必须被照亮;在此一个简单的警示标志当然不够充分。此外,费用的数额必须与风险的类型成合理的比例。保护生命与身体的措施必须要比保护财产的措施更为周详。

示例7

在高速公路的外侧车道发生事故后,机动车的乘客试图跳越防撞护栏以避开高速车流,寻求安全。在这一防撞护栏和对面车道的防撞护栏之间有一个达20米的危险落差。一名女乘客纵身跃下而身亡。两行车道间的落差在黑夜中无法识别。高架高速公路的结构在这一点上即属不安全。高速公路的运营人应根据第3:202条承担责任。不过造成交通事故的人对此并不承担责任,因为那致命性的一跃已经不再是交通事故的结果了,参见第4:101条([关于因果关系的]一般规则)。

---

* 原文为“A person who strolls around private gardens open to the public can expect a different type of safety to someone collecting mushrooms in the forest, who can at most reckon with warning signs in particularly dangerous spots and this only in a recreational area close to urban life.”疑最后半句内容有缺漏。——译者注

C. 责任人

政策考量。关于责任应由谁承担的问题，不同的欧洲法律体系对此并未达成一致。基本上所有人、自主占有者(the person possessing for himself or herself)(与单纯的持有人(a mere *detentor*)不同)或者占有人(occupier)成为焦点。在此背景下，起草小组提出了一项妥协方案。第 3:202 条规定的基本规则是"独立实施控制"的人承担责任。然而对于受害者而言，不动产的所有人推定(该推定可推翻)为独立实施控制的人(第(3)款)。为了避免仅仅因不同司法辖区对与不动产相关的"所有权(ownership)"的概念不一致而导致对不动产责任问题的圆满的解决方案陷入崩溃(姑且这样说)，不动产所有人究竟是什么意思这个问题就留给了国内法去解决。在存在土地登记簿可供使用的国家中，在大多数情况下，这并不成问题；在这里不动产的所有人正是受害人最容易确认的人，从而可以最小化程序风险。这一事实也能证明第(3)款背后的政策决定。

第(2)款。第(2)款针对因实行独立控制而可能承担责任的人提供了一项附加的澄清。第(2)款的灵感的首要来源是《1995 年爱尔兰占有人责任法》(Irish Occupiers' Liability Act 1995)第 1 条第(1)款中对"占有人"的界定。尽管存在局部循环(partial circularity)，该定义还是表述出了全部本质要素。在任何既定的情形，这一标准的结果取决于所有的情势。在大型住宅物业的情形，可能出现不同人作为住宅之不同部分的占有人的情况。一套公寓的承租人可能成为其承租区域的占有人。在建筑物施工阶段，建筑公司则对工地和建在其上的脚手架的安全性负有责任。

占有人和保有人。对独立实施控制者("占有人")的定义只限于不动产，这是因为谁将负担不动产不安全状态致人损害之责任的政策问题不能像在机动车、动物和物资保有人的情况下决定谁应负无故意或过失的责任一样，在任何情况下均可通过单纯的事实评估(factual assessment)而得到令人满意的表达。不动产的情况与机动车或动物不同，因为不动产(例如大楼)的不同部分可能处在不同人的控制之下。保有人的概念并非针对这种情况来设计。

第(3)款。根据第(3)款，所有人可以证明"他人在独立实施控制"。在这种情况下，责任并不由所有人承担，而是由第三人来承担。出租了一个大型商业地产楼宇(complex)的人并不对楼群内的商业单位负责。出租了一套公寓的人并不对承租人所铺设之地毯的质量负责。一伙年轻人占领了(occupation)一座空房子，而警察害怕因启动疏散房屋的行动而引起骚乱，那么这栋空房子的所有人就不会面临基于疏忽的损害赔偿责任。不过在这种情况下，所有人必须尽一切努力结束那伙年轻人对房子的占领，否则可能存在过失责任。

抛弃。根据第 3:208 条(抛弃)，抛弃了不动产的人应继续对该不动产负责，直到他人对该不动产实施了独立的控制。更多细节参见对该条的评论。

注 释

1. 根据《法国民法典》第1386条,如果建筑物因缺乏维护或因结构性缺陷而坍塌,则所有人则应对损害承担赔偿责任。“建筑物”和“坍塌”的概念已经被法院做了宽泛的解释(更多细节参见 *le Tourneau and Cadiet*, Droit de la responsabilité et des contrats (2004/2005), nos. 8028 and 8030);屋顶上的砖头或者石板脱落这一事实即足以构成“坍塌”。事实上的所有人(*de facto* owner)的过错(*faute*)并非必要。许多年来,《民法典》第1386条被解释为一个特别法(*lex specialis*)的规定,现已取代了一般监管人责任条款(general *gardien* - liability)在《民法典》第1384条第(1)款的牢固位置(Cass. civ. 17 December 1997, Bull. civ. 1997, Ⅱ, no. 323 p. 190)。不过,Cass. civ. 23 March 2000, Bull. civ. 2000, Ⅱ, no. 54 p. 37 这一判例基于第1384条第(1)款允许对非土地所有人的保管人提起诉讼。在2000年的一项报告中同一个法院向立法机关建议《民法典》第1386条应当被废除(Rapport Annuel de la Cour de Cassation 2000, http://www.courdeca ssation. fr/_rapport/rapport. htm)。在2005年度的报告中,最高法院(*Cour de cassation*)更新了自己的建议,主张《民法典》第1384条第(2)款也应当被废除(然而,占有建筑物或动产全部或一部的人(无论其占有基础是什么),就该建筑物或动产上所引发的火灾给第三人造成的损害不负责任,除非能够证明这场火灾归咎于其过错或其对之负有职责之人的过错。《民法典》第1384条第(2)款和第1386条与司法创造的适用于各种物件的监管人责任制度相矛盾(更多细节参见 *DepadtSebag*, D. 2006, 2113)。

2. 与法国立场相似,根据《比利时民法典》第1386条,建筑物所有人对于由该建筑物坍塌(collapse, *ruine*)造成的损害负有责任。同样,与法国法中采用的立场相似,坍塌必须归因于瑕疵养护或由结构缺陷所致。即使所有人不是相关建筑物的监管人(*gardien*),它也要承担责任(*Vandenberghe/Van Quickenborne/Wynant/Debaene*, TPR 2000, 1781, no. 89)。“建筑物(building)”这一术语包括所有附着于土地的建筑结构(building constructions)(房屋、桥梁)或由水覆盖的构筑物(游泳池、码头等)(*van Gerven*, Verbintenissenrecht Ⅱ[7], 341-342)。对“坍塌(collapse)”一词的使用不仅指建筑物必须整体塌陷,其他建筑材料的剥落也可能暗示着“坍塌”(Cass. 18 April 1975, RW 1975-76, 159)。所有人无过错的事实不能成为抗辩事由。《民法典》第1386条确立了一种不利于所有人的不能推翻的推定责任(*Vandenberghe/Van Quickenborne/Wynant/Debaene* loc. cit. 1789-1791, no. 96)。

3. 相似地,根据《西班牙民法典》第1907条,责任亦由所有人承担。学术界占主导地位的观点是,对不当养护(并非瑕疵建造)建筑结构的责任应当被扩展到接受了确保修缮之义务的占有人身上(Albaladejo (-*Santos Briz*), Comentarios al Código Civil y compilaciones forales XXIV, arts. 1907-1909, p. 623; *Roca i Trias*, Derecho de daños[3], 270)。不过,远未明确的是,究竟是占有人的责任排除了所有人的责任(如 Paz-Ares/Díez-Picazo/Bercovitz/Salvador (-*de Ángel Yagüez*), Código Civil Ⅱ[2], arts. 1905, 2040 和 CA Alicante 9 February 2005, BDA JUR 2005/80628),还是二者对第三人共同承担责任(jointly liable visà-vis third parties)(就这方面,参见 *Herbosa Martínez*, La responsabilidad extracontractual por ruina de los edificios, 113,暗示该观点的有,*Santos Briz* loc. cit.)。当建筑物坍塌所致损害并非由于缺乏修缮,而是因为建造过程中的错

误时,则适用《民法典》第1909条——该条赋予受害者向设计者或建造者提出请求的权利(TS 29 March 1983, RAJ 1983 (1) no. 1652 p. 1295; TS 29 November 1990, RAJ 1990 (7) no. 9059 p. 11543)。当建筑物有坍塌之虞时,适用《民法典》第389条,而当建筑物业已发生坍塌时,则适用《民法典》第1907条和第1909条。在未能进行必要的修缮方面,《民法典》第1907条经常被定性为一种可推翻的过错推定责任(*Albadalejo*, Derecho Civil II[12], 966)。然而一些学者认为这是一个严格责任的规定(*Lacruz Berdejo and Rivero Hernández*, Elementos II(2)[4], 535; Puig Ferriol/Gete－Alonso/Gil Rodríguez/Hualde Sánchez (－*Asúa González*), Manual de Derecho Civil II[3], 514),或者这是一个基于风险的责任(liability based on risk)(*Santos Briz*, La responsabilidad civil II[7], 774; *Herbosa Martínez* loc. cit.)。法院的判决遵循了主流法律学说的潮流,认为《民法典》第1907条规定的责任源于过失(TS 25 April 1986, RAJ 1986 (2) no. 1999 p. 1941; TS 9 March 1998, RAJ 1998 (1) no. 1269 p. 2039; TS 29 October 1999, RAJ 1999 (4) no. 7628 p. 12042; TS 22 November 1999, RAJ 1999 (5) no. 8296 p. 13016; TS 8 June 2006, BDA RAJ 2006 no. 3207 [因"被告没有过失行为"而驳回起诉])。《民法典》第1907条意义上的"建筑物"意指一切人造"结构"(construction)(参见《民法典》第389条:"建筑物、墙、支柱或任何其他结构";*de Ángel Yagüez* loc. cit. 2045; *Roca i Trias* loc. cit. 269; TS 25 February 1987, RAJ 1987 (1) no. 736 p. 668: 由'支柱'倒塌造成的损害; TS 9 March 1998, RAJ 1998 (1) no. 1269 p. 2039: 由'支柱'(post)倒塌造成的损害)。《民法典》第1907条不适用于其他与不动产相关的危险或风险,例如对相邻土地的淹没(TS 3 April 1996, RAJ 1996 (2) no. 2880 p. 3822, obiter; 另参见TS 6 April 2001, RAJ 2001 (2) no. 3636 p. 5582; TS 22 July 2003, RAJ 2003 (4) no. 5852 p. 10961)。

4. 根据《意大利民法典》第2053条,建筑物或其他人造构筑物的所有人对因建筑物的坍塌所产生的损害承担责任,除非所有人可以举证证明坍塌不可归因于建造或者养护瑕疵。流行的法律观点认为该条属于严格责任的一种(*Franzoni*, Dei fatti illeciti, 622;*Monateri*, Manuale della responsabilità civile, 414; *de Cupis*, Il danno, 206)。在判例法中偶尔提到了一项法定推定,即财产的所有人承担责任,这实际上达到同样的结果(Cass. 12 March 2004, no. 5127, Giust. civ. Mass. 2004, fasc. 3)。《民法典》第2053条的规定实际是《民法典》第2051条的一个特别法(*Franzoni* loc. cit. 623; Cass. 8 September 1998, no. 8876, Giur. it. 1999, I, 1, 1822)。《民法典》第1669条调整所有人向建筑公司请求赔偿的权利。《民法典》第2053条所谓的"建筑物或构筑物"是指在最低限度上暂时地附着于土地的人造结构(*Monateri* loc. cit. 416)。构筑物(structure)这一术语包括河堤(Cass. sez. un. 14 December 2001, no. 15875, Giust. civ. Mass. 2001, 2165)、河流的内湾(the basin of a river)(CFI Città di Castello 13 November 1964, Foro pad. 1966, I, 120, obiter)、行人天桥(CFI Parma 25 January 1960, Arch. resp. civ. 1961, 218)、阳台上的广告牌(CFI Taranto 15 March 1977, Giur. it. 1978, I, 2, 296)、观众看台(CA Firenze 3 April 1963, Resp. civ. e prev. 1963, 205)、连接入口到建筑工地的栏杆(CA Rome 19 May 1958, Monateri loc. cit. 416, fn. 32)以及窗户(CFI Roma 30 November 1967, Giur. it. 1968, I, 2, 436);(3486)甚至包括瓦砾堆(*Cian and Trabucchi*, Commentario breve[6], sub art. 2053, II)。但是雪、树和砖铺的路面(paving)不在这一范围内(Cass. 31 October 1961, no. 2530, Rep. Giur. it. 1961, voce R. C. no. 27)。"坍塌"这一术语包括建筑物自身组成部分的剥落。除了所有人外,责任可归属于对不动产享有赋予了控制力之权利的个人。使用财产和享有利益之权利的持有人

偶尔也会单独承担责任(*Monateri* loc. cit. 423-424; *Bianca*, Diritto civile V, 762; *Gazzoni*, Manuale di diritto privato[11], 707)。不过通常情况是,该方当事人和所有人一起承担责任(Cass. 7 May 1957, no. 1533, Foro it. 1958, I, 1310; *Franzoni* loc. cit. 628)。任何接受继承的人都对此期间内(*medio tempore*)产生的损害负责,因为这一接受自始发生(*ex tunc*)效果 (Cass. 24 August 1954, no. 2987, Resp. civ. e prev. 1955, 190)。当建筑物为公共管理机构所有时,《民法典》第2053条同样适用(Cass. 11 November 1977, no. 4898, Rep. Giur. it. 1977, voce R. C. nos. 20, 21)。被告在证明事故的发生是由于意外事件(*caso fortuito*)或者不可抗力(*forza maggiore*)时,则可免于承担责任(*Cian and Trabucchi* loc. cit. V)。《民法典》第2051条规定的一般保管责任(the general *custodia*-liability)的界限非常难以划定(比较 Cass. 6 October 2005, no. 19474, Danno e resp. 2006, 642:高速公路建设的副产品——泥石流引发的损害;承包商与委托合同一方的责任根据《民法典》第2051条得到确认)。

5.《匈牙利民法典》第352条第(1)款确立了所有人对高空坠物或其他建筑物缺陷致人损害应承担的责任。不过,所有人可举证其并未违反与建筑物养护与建造相关之现行规定,而且采取了阻止损害发生的必要措施,而免予承担责任。对附着于建筑物之坠物(例如旗帜、广告牌、发光广告牌、附着于建筑物的路灯等)的责任由通过将物体附着于建筑物而获得利益的人承担(《民法典》第352条第(2)款)。从住所或其他不动产中抛出、坠落或倾倒物体致害的,由房屋的承租人或使用人承担责任,且该责任为严格责任;如果承租人能够指出应对损害负责的人,该承租人仍将作为保证人(surety)继续承担责任,除非承租人能够证明造成损害者未经授权而呆在住宅里(《民法典》第353条第(2)款)。根据《民法典》第352条第(1)款,与对致害负有责任的个人存在合同关系者无权根据该条提出请求(Petrik (-*Wellmann*), Polgári jog II[2], 624/3; Gellért (-*Benedek*), A Polgári Törvénykönyv Magyarázata[6], 1316-1317; *Petrik*, Kártérítési jog, 215-216)。"建筑物"一词包括所有类型的建筑结构(《民法典》第686条),例如车库、地下室、教堂、工厂烟囱、观众看台等。典型的建造缺陷包括:有缺陷的屋顶、没有围栏、不安全的地形和台阶或者是破裂的水管。法院解释坠物包括从屋顶上掉落下来的大雪块(BH 1979/236)。这项责任是严格责任,就所有人而言,其不能通过举证错误是先前的所有人所为的而新所有人无法察觉来免除责任。就建造过程中实现的损害而言,由建筑公司而非所有人承担责任(*Wellmann* loc. cit.; *Benedek* loc. cit. 1317-1319)。根据上述规则承担责任的人可以向实际造成损失的人追偿(《民法典》第352条第(3)款、第353条第(4)款)。

6. 根据《波兰民法典》第434条,工程结构*(structure)的直接占有人(*samoistny posiadacz*)对该工程剥落的部分或其坍塌造成的损害负责,除非剥落或者坍塌并非由于对工程结构的养护不当或者建造缺陷所致。尽管占有者的风险被限制在了不当养护和建造缺陷的范围之内,但这仍是一个无过错责任的情形 (Pietrzykowski (-*Safjan*), Kodeks cywilny I[4], art. 434 p. 1226)。即便占有人尽到了必要的注意且不知道建造缺陷的存在(例如财产是最近才继承或者获得的),其仍应承担责任。即使占有人将对工程结构的维护委托给专业人士,而其却未能恰当履行该任务,占有人仍要承担责任(SN 13 September 1988, OSN 1990, poz. 55; *Radwański and Olejniczak*,

---

* 在本条文中的structure有两种含义,其一是指代所有人造的工程,甚至包括了船舶、飞机、火车之类的动产;其二是仅指与建筑物(building)相对应的不能住人的建造物。本文中将前者译为"工程结构"或"结构",后者译为"构筑物",而"工程结构"="构筑物"+"建筑物"。——译者注

Zobowiązania - część ogólna[7], 231)。占有人只有通过证明损害的发生是由不当养护或建造缺陷之外的原因引起的，才能够免予承担责任（一些学者认为该规则引入了一项可推翻的推定：*Radwański and Olejniczak* loc. cit.；*Safjan* loc. cit. 1229)。工程结构的概念被解释得非常宽泛，包括了与土地有哪怕是暂时联系的任何人造工程（construction）（例如建筑物、塔、桥、纪念碑和路灯，*Radwański and Olejniczak* loc. cit. 230；*Safjan* loc. cit. 1228)。工程结构的部分经常是其核心部分（烟囱、阳台、栏杆）。《民法典》第433条单独规范了排放物和投掷物之诉（*actio de effusis vel ejectis*）："不动产的占有人必须对从该不动产中喷出、流出或掉落的任何物体所致的损害承担责任，除非损害的发生由于不可抗力、单独的受害人的过错或者因占有人不对其负责且无法阻止其行为的第三人的过错所致。"这也是一种严格责任的类型。占有人（occupier）是指为了自己的利益对不动产进行事实上的控制的人（*Safjan* loc. cit. art. 433 p. 1224)。如果不动产掉落的物体是供所有居民共同使用的，由建筑物的占有人（possessor）承担责任（*Safjan* loc. cit.）。评注中一个被长期讨论的问题是，公寓楼高层的管道缺陷使得低层被水淹没是否适用《民法典》第433条（支持意见，如 *Radwański and Olejniczak* loc. cit. 229 和 *Safjan* loc. cit.；反对意见，如 SN 5 March 2002, OSPiKA 2003, poz. 5)。《斯洛文尼亚债法》也有两条规定来处理与不动产相关的危险。《债法》第159条确立了不动产保有人（keeper）对坠落物的严格责任，而《债法》第106条在许多方面与《波兰民法典》第434条一致。不过，不动产保有人可以举证"已采取一切措施来避免危险"。

7.《德国民法典》第836条调整不动产所有人的责任。这一规定由《德国民法典》第837条和第838条中有关建筑物占有人和建筑物养护义务人责任的规则进行了补充。在每种情形下，责任的归属都植根于可推翻的过错推定。《民法典》第836条第(1)款涉及建筑物或其他附着于地面的构筑物的坍塌，抑或建筑任何部分的脱落。侵权人对人身伤害和财产损害承担责任。"建筑物"这一术语意指不动产或牢固附着于地面的、人们可进入的通常密闭的结构（Erman (-*Schiemann*), BGB II[11], § 836 no. 2；MünchKomm (-*Wagner*), BGB[4], § 836 no. 8)。建筑物的一部分也可以产生责任，例如阳台（BGH 11 December 1984, NJW 1985, 1076)、屋顶石板（roof slates）(CA Düsseldorf 20 December 2002, NJW-RR 2003, 885）或是屋面的油毡（BGH 23 March 1993, NJW 1993, 1782)。损毁（destruction）或损害并不要求构筑物丧失作为建筑物的资格（categorisation)。因此建筑物废墟和被废弃的或被拆除的建筑物都属于《民法典》第836条的范围（*Wagner* loc. cit.）。其他附着于地面的构筑物包括，比如说，篱笆、脚手架、纪念碑、墓碑等（Palandt (-*Sprau*), BGB[66], § 836 no. 3)。如果用于确保他人的生命、健康和安全不受到威胁的必要措施没有得到满足，那么这栋建筑物就是以有缺陷的方式建造的。养护义务的一个要素是对建筑物的结构和物理状况的检查（*Sprau* loc. cit. no. 8)。原则上，受害人必须证明存在结构缺陷或者构造物未得到充分的养护，同时必须证明所受损害和结构缺陷或养护不充分之间存在因果关系。然而表见证据（prima facie proof）规则经常会有很大的帮助（但是这些规则在极端的自然事件（extraordinary natural occurrences）中不能适用：BGH 23 March 1993 loc. cit. 1783；BGH 27 April 1999, NJW 1999, 2593, 2594)。免责（exculpation）尽管理论上仍有可能，但受到法院确立的严格要求的限制（BGH 23 March 1993 loc. cit. 1783；BGH 27 April 1999 loc. cit.）。责任由所有人—占有人（owner-occupier）承担（《民法典》第836条第(1)款），这一概念由《民法典》第872条进行了界定。责任（在此）并不取决于所有权的结构。在一定条件下，责任可能仅由先前的所有人—占有人承担（《民法典》第836条第(2)款）。继承人在继承时立即成为所有人—

占有人,即便他并不知道继承的事实。不知情或可成为免责(exculpation)问题的一个相关因素(*Wagner loc. cit. no.* 27)。《民法典》第837条规定的所有人—占有人的责任取代了第836条规定的责任(BGH 29 March 1977, NJW 1977, 1392);第838条规定的负有养护建筑物之义务者的责任与第836条、837条规定的责任是相连的(*Sprau* loc. cit. § 838, no. 1)。

8.《奥地利普通民法典》第1319条调整工程结构的部分坍塌或脱落所致损害的责任。住宅占有人的责任由一项单独的法条来规定,即《民法典》第1318条。《民法典》第1319条意义上的工程结构(structure)是指所有位于地面上的人造建筑物、挖掘的洞或其他人造结构(OGH 29 November 2001, JBl 2002, 463; *Koziol and Welser*, Bürgerliches Recht II[12], 342)。《民法典》第1319条被认为可类推适用于树木(OGH 31 March 1970, EvBl 1970/294)甚至于屋顶上滑落的大块积雪(*Koziol and Welser* loc. cit. 343; Schwimann (-*Harrer*), ABGB VI[3], § 1319 no. 16; Koziol/ Bydlinski/ Bollenberger(-*Danzl*), ABGB, § 1319 no. 2)。损害必须归因于建筑物的缺陷状况;损害是由与人造结构相关的典型危险(typical dangers)造成的即可(OGH 12 February 1998, JBl 1998, 715 note *Koziol*);责任人可以通过证明其已尽合理注意以阻止危险之发生,例如采取了合理的预防措施,而获得免责(OGH 20 March 1951, SZ 24/78; OGH 8 July 1986, SZ 59/121)。因此就责任而言,《民法典》第1319条规定的究竟是一个可推翻的过错推定责任(仍持此观点的有OGH 30 July 1963, SZ 36/103),还是一个严格责任(根据近期的观点: OGH 25 June 2002, ZVR 2003/37, p. 130; *Koziol*, Haftpflichtrecht II[2], 400),尚不明确。根据第1319条的措辞,责任应由建筑物或构筑物的"持有人(holder)"承担。根据判例法,这与财产法中的占有人(possessor)概念并不相同。第1319条意义上的持有(holding)要求与建筑物或构筑物存在一种联系,它使得"能够采取恰当的预防措施以避免危险发生"(OGH 17 February 1954, SZ 27/37)。这一解释在很多方面与现代法中对保有人(keeper)的解释相似(OGH 8 April 1997, ZVR 1997/124 p. 356)。因此这一解释路径使得承租人也能够成为第1319条下的持有人(holder)(OGH 7 February 1968, EvBl 1968/192)。

9.《希腊民法典》第925条规定,"所有人或占有人"对第三方因建筑物坍塌造成的损失承担责任。所有人或占有人可以证明坍塌不可归因于建造缺陷及养护不充分而免责。尽管如此,根据主流的法律观点,本条引发了客观责任(objective liability),所有人或占有人一方存在过错这一点并非必须(Georgiades and Stathopoulos (-*Vosinakis*), art. 925 no. 1; *Balis*, Genikai Archai8, 453;*Kornilakis* , Eidiko Enochiko Dikaio I, 565; 只有*Zepos*将该责任定性为一项基于可推翻之过错推定的责任, *Enochikon* Dikaion II (2), 802)。"建筑物(building)"这一术语意味着任何附着于土地的人造工程,甚至于未完成的或者废弃的建筑都包括在内。"其他构筑物"包括墙、栅栏、脚手架以及用于电力与燃气的生产、中继和使用的设施(*Vosinakis* loc. cit. no. 5)。植物与石块不包括在此范围内(*Kornilakis* loc. cit. 566)。此处推定坍塌是建造缺陷或者养护不当的结果;这一推定可被推翻。只有因与坍塌典型相关的风险的实现而产生的损害才是可获赔的。因此,被建筑物上的碎石绊倒的过路人所受的损害即是不可获赔的(*Kornilakis* loc. cit. 567)。根据该制定法条文的措辞,所有人或者占有人都可能对损害承担责任。这被理解为所有人同时是占有人时,仅所有人承担责任。除此之外,则由占有人承担责任(*Kornilakis* loc. cit. 568; *Vosinakis* loc. cit. no. 9)。至于责任,承租人可在合同法(《民法典》第575条以下)或侵权法之间进行选择。侵权请求权可能更加有利,因为在侵权法下,《民法典》第579条以下并不适用(*Kornilakis* loc. cit. 568; CFI Athens 30/1980, Arm 35 [1981] 471)。

10.《葡萄牙民法典》第492条第(1)款类似地规定了,建筑物(building)或其他构筑物(construction)的所有人或占有人对建筑物的部分或全部坍塌所造成的损害承担责任,只要坍塌是由建筑物的养护不足或结构缺陷所引起的。不过,责任人可以通过证明其已尽合理之注意或即便尽合理注意仍不能阻止损害结果之发生而获得免责(STJ 17 March 1977, BolMinJus 265［1977］223)。在涉及建筑物养护不足的情形中,依据法律规定或者合同约定负有养护义务的人取代所有人或占有人来承担责任(《民法典》第492条第(2)款)。每种情况下的责任都是基于可推翻的过错推定;该责任并非是严格责任。用以引发过错推定的先决条件是证明坍塌是由建造缺陷或者养护不够导致的(*Antunes Varela*, Obrigações em geral I[10], 592; STJ 6 February 1996, BolMinJus 454［1996］697; CA Lisbon 6 June 1995, CJ XX［1995－3］127; STJ 28 April 1977, BolMinJus 266［1977］161)。《民法典》第492条也适用于与土地相连或附着于建筑物的构筑物(construction)(例如桥梁、支柱、井、水管等(STJ 6 February 1996, CJ(ST)(1996－1)77),但并不适用于没有此种联系的动产(例如窗台上的花瓶),也不适用于与土地相关的自然产物(树木等)(*Pires de Lima and Antunes Varela*, Código Civil Anotado I[4], 493, note 3 to art. 492; *Antunes Varela* loc. cit. 592)。所谓"坍塌"可以是全部也可以是部分(掉落的瓦片)(*Pires de Lima and Antunes Varela* loc. cit.)。责任附着于所有权或占有。一套公寓中的水管破裂,则该公寓的所有人对楼下公寓的所有人承担责任(CA Oporto 18 March 1999; CA Lisbon 9 March 2002)。在建设工程(execution works)中,由工程的承包方(master－of－works, *empreiteiro**)而非建筑物或构筑物的所有人承担责任,因为前者能够对工程实施有效的管理(STJ 14 April 2005; STJ 26 April 1988, BolMinJus 376［1988］587)。

11. 根据《荷兰民法典》第6:174条第(1)款,责任的基础是工程结构(structure)"与已确立的标准不一致",从而"产生对人身或物的危险"。责任之承担以建筑物的不安全状态为基础。但该责任并非基于结构缺陷,那是第3:202条规定的情形。例如,在用于操控电梯的软件工作不正常时,前一责任就得到了确立。在建筑物为国家所有的情况下,其不安全状态较之私人所有的情形更容易得到确认(Nieuwenhuis/Stolker/Valk(－*Lankhorst*), T&C Burgerlijk Wetboek4, art. 6:174, no. 4a p. 2361; Onrechtmatige Daad II(－*Oldenhuis*), art. 6:174, no. 6 p. 69 and nos. 73－74 p. 216)。责任的产生并不取决于所有人/占有人是否意识到缺陷的存在(Nieuwenhuis/Stolker/Valk(－*Lankhorst*), T&C Burgerlijk Wetboek[4], art. 6:174, no. 4a p. 2361; Onrechtmatige Daad II(－*Oldenhuis*), art. 6:174, no. 6 p. 69 and nos. 73－74 p. 216)。"工程结构"(structure)是指建筑物或其他永久性地附着于土地的构筑物;这种对土地的附着可以是直接的,也可以是经由连接其他建筑物或构筑物而间接地附着(《民法典》第6:174条第(4)款)。因此,屋顶覆层的砂石(CFI The Hague 16 November 1977, BR 1978 no. 89)、过于光滑的油毡地面(linoleum flooring)(CA's－Hertogenbosch 5 February 2002, VR 2003, no. 139 p. 310)、门、电梯以及建造中的房屋,都属于《民法典》第6:174条的范围;相似的还有在建筑物中发现的电缆(《民法典》第6:174条第(2)款)。不过由建筑公司设置的临时性建筑并不属于《民法典》第6:174条的范围(HR 6 December 1963, NedJur 1965 no. 9 p. 33)。"构筑物"的概念尤其是包括栅栏(CFI Rotterdam 8 January 1917, NedJur 1917, 754)、墙(CA Amsterdam 21 June 1956, NedJur

* 英文文本中 master－of－works 一词似乎并无承包商的含义,此处根据后缀的葡萄牙文单词 empreiteiro 译出。——译者注

1957 no. 261 p. 462)、桥梁(CFI Amsterdam 27 March 1956, NedJur 1956 no. 281 p. 641)、体育场上的设施、舟桥(boat bridges)、油罐(oil tankers)、纪念碑和建筑物上的天线(*Oldenhuis* loc. cit. nos. 42-43 pp. 143-167)。特别规则调整了地下构筑物(《民法典》第6:174条第(3)款)。原则上讲,《民法典》第6:174条第(1)款将责任课予所有人/占有人(《民法典》第3:109条对此做了界定)承担。《民法典》第6:174条第(5)款补充了这一规定,该条推定任何在不动产登记簿上登记为所有人者都是《民法典》第6:174条*的所有人—占有人(owner-occupier)。共同占有人承担共同连带责任。在建筑物(construction)被用于商业用途时,由经营者单独负责(《民法典》第6:181条)。在每种情形,只有发生人身伤害或者物遭受有形损害时才有责任之承担(关于前一法律,从比较的目的可参见HR 13 June 1975, NedJur 1975 no. 509 p.1619)。

12. 根据《爱沙尼亚债法》第1059条,土地所有人对附着于土地上的工程结构(structures)负责。如果该工程结构是由对土地行使物权的人修筑的,那么该权利的持有人应承担责任(比较Supreme Court 3-2-1-64-06, RT III 2006, 26, 241)。责任仅附着于财产或所有权**,而不取决于实施事实控制的问题。在两种情形,责任都是严格责任,只有在证明存在不可抗力或者"受害人的行为"时才能排除责任的承担。此外,所有人对"危险的工程结构或危险物(thing)"的责任由《债法》第1058条规定。此条文关涉能源或有害物质在工程结构中的制造、储存或运输。此外,《债法》第1056条第(1)款确立了"主要危险源"的经营者(operator)的责任。

13. 除了少量例外之外,北欧国家对建筑的不安全状况的责任是以过失不作为责任的一般原则(general principles of liability for negligent omissions)为前提的;一般来说,例外情况与下述法律相关:规范邻人(neighbours)与相邻财产所有人之利益间的关系的法律(瑞典:《土地法》第3条与*Hellner and Radetzki*, Skadeståndsrätt[7], 329;丹麦:*Vinding Kruse*, Erstatningsretten[5], 135, 248-258;芬兰:*Hakulinen*, Obligationsrätt, 312),以及基于"邻人法(neighbor law)"来建构同时在一定范围内取代之的环境责任法(《瑞典环境法典》第32章[更多细节参见下面的第3:206条])。出发点是下述基本规则,根据这一规则,不作为责任(liability for omissions)成为例外(*Hellner and Radetzki* loc. cit. 111; *Karlgren*, Skadeståndsrätt[5], 31; *Vinding Kruse* loc. cit. 111-124; *Saxén*, Skadeståndsrätt, 41)。因此,对不动产不安全状态的责任的承担必须基于下述原则,即一个人有避免为增加危险之在先行为的义务,或者源自下述事实,即个人违反了特定的制定法上的或者约定的作为义务(*Vinding Kruse* loc. cit. 117, Danish HD 7 December 1976, UfR 1977, 75; *Hakulinen* loc. cit. 256)。在例外情况中,单纯的不作为也被法院视为可确立责任,但严格责任已经被法院拒绝。为了确立过失,一般规则得到很好的遵循;也就是说,损害的可预见性、可能性和可避免性是指导标准(Swedish HD 16 October 1996, NJA 1996, 564; Swedish HD 24 June 1975, NJA 1975, 319; Swedish HD 9 September 1969, NJA 1969, 375; *Hellner and Radetzki* loc. cit. 134; *Andersson*, Skyddsändamål och adekvans, 268; Danish HD 15 April 1953, UfR 1953, 519; Finnish Supreme Court 26 August 1982, HD 1982 II 123; *Saxén* loc. cit. 10)。不过,偶尔需要一种极其严格的注意标准(例如,关于瑞典,参见HD 17 April 1934, NJA 1934, 227; HD 26

---

* 原文为CC art. 6:6174。察荷兰《民法典》第6编并无六千余条,显属错误,根据上下文改为CC art. 6:174。——译者注

** 原文使用的表述为"the property or to the ownership of the right",含义非常模糊,难以准确翻译。——译者注

June 1973, NJA 1973, 365 I and II; 关于丹麦,参见 *von Eyben and Isager*, Lærebog i erstatningsret[5], 72)。与特定装置相关的特定目的和风险可能会导致一种更为严格的评价(assessment)。如果一同类的事件先前曾经发生过但未造成损害,那么就事件的原因没有采取恰当的补救措施,即可确认存在过失(Swedish HD 3 April 1985, NJA 1985, 269; Danish Eastern CA 2 December 1974, UfR 1975, 463; Danish HD 24 November 1982, UfR 1983, 55)。对于旨在让公众进入的财产,课予了类似的高的注意标准(尽管并不现实: Swedish HD 8 April 1976, NJA 1976, 196)(Swedish HD 22 February 1979, NJA 1979, 129; Swedish HD 6 April 1973, NJA 1973, 141; Danish HD 30 January 1980, UfR 1980, 205; Finnish Supreme Court 10 October 1991, HD 1991:138)。不动产的现占有人要对不动产的不安全状态承担责任,即便该不安全状态是由前占有者的行为造成的(*Hellner and Radetzki* loc. cit. 168)。根据个案的具体情况,作为义务由财产的所有人或占有人来承担(*Hellner and Radetzki* loc. cit. 113)。与此相反,至少是在丹麦法律中,就业主—承租人(lan dlord - tenant)的关系而言,责任实际上是严格责任(HD 25 October 1984, UfR 1984, 1098; *Trolle*, Risiko & Skyld[2], 78)。在 Finnish Supreme Court 6 October 1997, HD 1997:151 一案中,水从被告所有的一栋建筑物中流到街上,原告夜间路过该建筑物时因水结冰后而滑倒,在此法院令被告承担业已采取足够预防措施的证明责任。在上述三个国家中,进入危险区域之侵入者(trespassers)的责任取决于个案的具体情况 (*Karlgren* loc. cit. 36)。

14. 在普通法上,在英格兰,占有人的责任是基于过失,尽管存在着一套特别的制度,根据这套制度,占有人义务的范围取决于进入不动产的人究竟是一个侵入者、一个受邀请者、一个被特许者(a licensee),还是根据合同有权进入其中的人(且在后一种情况中,对不动产的使用究竟是合同的主要目的还是辅助性目的):Clerk and Lindsell (- *Tettenborn*), Torts[19], para. 12 - 01。这些规则根据《1957年占有人责任法》(5 &6 Eliz. 2, c. 31)被制定法上的"普通注意义务"的规定(第1条第(1)款)所取代,它打破了不同类别合法访客的固定意义并且使得责任更符合一般过失法,但并未强制实行一套严格责任的制度,甚至连过失的推定也未实行。该法案的规则规定了不动产的占有人就不动产的状态或者在其上做过的或未做的事情造成的危险对来访者负有的义务(第1条第(1)款),并且规定了对财产损害与人身伤害的责任(第1条第(3)款)。尽管该法案的宽泛表述内在有这种可能性,但法案似乎保留了占有义务(occupancy duties)(因不动产的状况而生之危险产生的义务)和行为义务(activity duties)(地面活动所生之危险产生的义务,例如射击或驾驶机动车)的区分,同时局限于前者,后者由一般过失法来调整:Clerk and Lindsell (- *Tettenborn*), Torts[19], para. 12 - 03。尽管不动产(premises)这一术语(在法案中没有界定)可能被理解为意指土地(及上面的建筑),但法案的适用范围被拓展至规范"占有或控制任何固定的或移动的结构(structure),包括任何船舶、机动车、飞行器"之人的义务:第1条第(3)款(a)项。谁是占有人这一观念仍由普通法来规范:第1条第(2)款。同样地,普通法继续确定占有人对之负有注意义务的人(同上),因此,占有人应对以下几类人负有注意义务:占有人明示或暗示允许进入不动产的人,或是除了例外情况外(见第1条第(4)款),为行使权利而进入到不动产中的任何人。普通的注意义务是这样一种义务,即尽到在案件的所有情况下合理的注意,以确保来访者就其为占有人邀请或允许其处于不动产之上的目的,在使用不动产时处于合理的安全状态:第2条第(2)款。第2条第(3)款规定了相关的情形,即对这种来访者通常期盼的注意的程度以及欠缺注意的程度。特别是,占有人必须防备儿童不如成人那么谨慎(第2条第(3)款a项),并且在回应特殊的召唤时(in the exercise of particular calling),人们会意识到并保护自己免遭任何通常相伴发生的特殊风险,只要占有人让其自由从事这些行为(第2条第(3)款(b)项)。警告(a warning)并不算是履行了注意义务(如此占有人就能免责),除非在具体情形足以使来访者处于合理的安全状况:第2条第(4)款。对侵入者的人身伤害的责任由《1984年占有人责任法》来调整,该法案规定了尽到"在案件的所有情况下合理的注意,以确保侵入者不会在不动产上遭受伤害"的义务(第1条第(4)款)。该义务的承担仅针对占有人意识到的或有合理理由相信其存在的危险;进一步的限制是,占有人必须知道或有合理理由相信侵入者处于或可能进入了危险的周边,且风险是可以合理期待占有人提供一些保护加以防范的风险(第1条第(3)款)。最后,《1972年缺陷不动产法》向并非1957年法案目的上之占有人的业主施加了一定的义务。所以,根据租赁负有养护或修理不动产义务的业主对所有可能受到不动产缺陷状态影响的人负有了注意义务,只要他们知道或应当知道缺陷的存在:第4条第(1)款。这一义务就是,尽到在所有的情况下都合理的注意,以确保他们可以合理地免遭相关缺陷造成的人身伤害或财产损失:同上。

15. 在爱尔兰,立法也用一项不动产占有人对来访者的制定法上的"普通注意义务"替代了普通法上的注意义务:《1995年占有人责任法》第2条第(1)款与第3条第(1)款。该法案规定了对人身伤害和财产损害的责任,这里的财产包括处于进入者(entrant)占有或控制之下的他人的财产;损害被特别界定为,除了财产损失外,还包括对动物的伤害,伤害被界定为包括生命丧失,任何疾病以及任何对身体或精神状况的损伤(第1条第(1)款)。与不列颠王国的立场相似,不动产被界定为包括土地、水源及任何固定的或移动的结构(structures)(包括船舶、汽车、火车、航空器及其他运输手段)。由于本法规定的义务只涉及"由不动产状态所造成的危险":第1条第(1)款("危险"的定义),故而其明确保留了占有义务(occupancy duties)和行为义务(activity duties)的区分。至于侵入者和"娱乐用户"(recreational users)(亦即,依据第1条第(1)款的定义,在免费的情况下以从事娱乐活动为目的出现在不动产上的个人),只有在占有人故意伤害其人身或损害其财产,或上述伤害与损害乃是由占有人的"罔顾(reckless disregard)"所造成时,占有人方才承担责任:第4条第(1)款。该法案列出了一系列在判断占有人的行为是否存在罔顾时需要考量的事项,其中包括占有人是否知道或有合理理由知道不动产上存在的危险,或是知道或有合理理由知道被害人的人身或财产位于或可能位于不动产上并处于危险的周边:第4条第(2)款。在*Weir Rodgers v. The S. F. Trust Ltd.* [2005] IESC 2一案中,法院使用了一项客观标准(并未就这一点作出决定),但这被认为是脱离了法律改革委员会(Law Reform Commission)的建议(Report on Occupiers' Liability, LRC 46-1994, paras. 2.18 and 3.14)。这一术语可能被理解为比重大过失还要严重的过错。爱尔兰法案明确了英格兰立法中采用的几个要点,即作为占有人的地位是指这样的人,他"对不动产的状况实施控制,以至于就不动产上的特定风险要求其对进入者(entrant)承担义务是合理的",而且在同一不动产上可能有一个以上的占有人,每个占有人都依据各自的控制程度负有尽到注意的义务,且每个人均对受伤的来访者承担责任(存在分担的可能性):第1条第(1)款("占有人"的定义)。旅店的所有者也对客人负有对其人身尽合理注意的法定义务,并确保不动产能够达到在合理的注意与维护下所能达到的安全程度:《1963年旅店所有人法》(Hotel Proprietors Act 1963)第4条第(1)款。不过,这在那时的普通法义务之外还会施加何种额外的义务,尚不明确:*Duggan v. Armstrong* [1992] 2 IR 161, 165 (*McCarthy* J)。

16. 苏格兰的立场十分接近于英格兰的。《1960年占有人责任(苏格兰)法》中的规则同样取代了苏格兰普通法中有关不动产占有人的规则(第1条第(1)款),它们规定了占有或控制固定的或可移动的结构者的责任(第1条第(3)款(a)项)。该法案既调整对财产损害的责任也调整对人身伤害的责任(第1条第(3)款)。占有人应尽到在案件的所有情形下为合理的注意,以确保进入不动产的人不会因不动产的状态或在不动产上已做或未做的事情所产生的危险而遭受伤害或损失,对该危险占有人须在法律上负有职责*:第2条第(1)款。与英格兰的制定法相同,占有人的概念仍由普通法来调整:第1条第(2)款。

示例2取自Polish Supreme Court 1988年9月13日,OSNC 1990/12/155;示例3取自Catalan Supreme Court 2006年2月27日,BDA RAJ 2006 no. 5155;示例4借鉴了CA Burgos 24 January 2001, BDA JUR 2001/82707;示例5取自BGH 25 April 1978, NJW 1978, 1626;示例6取自BGH 23 October 1984, NJW 1985, 620;示例7取自Cass. 7 December 2005, no. 26997, Resp. civ. e prev. 2006, 862。

第Ⅵ-3:203条　动物致害的归责

动物的保有人就动物造成的人身伤害及其后继损失、本卷第2:202条(因他人的人身伤害或死亡而由第三人遭受的损失)规定的损失以及因财产损害造成的损失承担责任。

评　论

A. 概述

对所有类型的动物的严格责任。本条规定的严格责任适用于所有类型的动物,至于该动物是家养宠物还是用于商业目的,是家养还是野生,是本国品种还是外国品种,概不区分。该条因而遵循着成员国之法律体系的主流进路。甚至于那些将个别种类的动物原则上排除在严格责任之外的特殊规则,今天频繁地受到相当多的政治批判。动物固有危险的实现所产生的责任应由保有人承担,而与其个人过失(或者是他们雇工的过失)相互独立。这在今天的欧洲已被广泛承认并且代表了可适用的法律。

野生动物被排除。不过,只对"家养"的动物才会产生责任。因而生活在野外的野生动物并不在此规则的调整范围之内。由狩猎比赛所造成的损害通常由其自己的制度来规范。其特性并不包括在本条之内,参见第3:207条(a)(对具有法律相关性的损害的其他归责)。

具有法律相关性的损害;与合同法的关系。和第三章第二节的所有情形(无故意或过失的归责)一样,第3:203条规定的责任只与死亡、人身伤害、健康损害(例如感染

---

* 原文为"The occupier owes a duty to take such case",疑为"The occupier owes a duty to take such care"之误。——译者注

疾病）以及财产损害有关。另一方面，保护的范围也包括对动物施以暂时性控制而非其保有人的情形，例如一个人带着另一个人的狗散步或者骑着别人的马。若受害者与保有人之间缔结了一项内容为照顾动物的合同，那么其责任取决于合同法的制度是否要优先适用（第1:103条（适用范围）（c）项）。

示例1

经营着一个猫狗之家的K，带着一条临时寄养在这里的牧羊犬出去散步。这条狗发现了一个能够自由奔跑的地方，便剧烈地拉扯皮带，导致K跌倒，手腕骨折，给其造成了长期的痛苦和不便。可适用的合同法规定，付费让他人临时照管动物的人只有在存在过失的情况才需要承担责任。这种解释缘起于下述情况，即合同法的规定旨在提供一项决定性的规则，即由于动物所有者并没有明显的过失，因此K无权请求损害赔偿。

抗辩。第五章中的抗辩也适用于动物保有人的责任。因此在马术运动领域，骑手对马的保有人的损害赔偿诉请经常遇到第5:101条（同意和自担风险的行为冒险）第（2）款的障碍。若动物对他人造成损害，需特别注意第5:102条（与有过错与责任承担）第（4）款。

示例2

属于Carlos但由其姐姐Esther占有并保有的一条狗进入受害者的养兔场，造成73只母兔死亡，其他12只母兔流产，数只幼兔死亡。应由Esther而非Carlos对此损害承担责任。因为农场所有者将养兔区域的大门打开，若该门被合理地关闭，则损害完全不会出现，因此损害被减少至约80%。不过，因为对兔子也要适用严格责任而进一步减少赔偿不会起作用，因为兔子本身并不存在固有危险。

示例3

K的狗未被拴着，同（B保有的）另一条狗打架，该狗同样未被拴着。K试图把它们分开，但是在此过程中遭到B的狗的永久性的伤害。K不会仅仅因放任其未拴的狗到处游荡而承受被伤害的风险。不过，她必须面临求偿额的减少，因为她的狗积极参与了此事故的发生。

B. 由动物引起

动物。此处的动物的概念并无必要在严格的生物学的意义上使用。相反，它是传统的日常语言的概念，这构成了动物保有人责任的所有规则的基础。因此，细菌（以及在任何情况下的病毒）并不是第3:203条意义上的动物。这一建议也来自下述事实，即第3:206条（危险物质或排放物致害的归责）第（2）款为微生物拟定了一项特殊的制度。实际的结果是，第3:203条意义上最小的动物是昆虫。

由动物引起。与绝大多数的现行制定法规则相同，第3:203条并未（1）选出造成损害的特定模式或者(2)将责任限于为动物特有之危险的实现。第4:101条(一般规则)中的因果关系的准则具有足够的灵活性来阻止不合理的结果出现(例如,如果一只猫是被人抛出而使受害人受到伤害,这只猫就未造成损害)。但是这项规则的适用植基于动物(对于物品也是这样)能够"造成"损害。本草案中的原因的概念并不仅限于人的行为。进一步参见第1:101条(基本规则)。

保有人的概念。保有人的概念在非合同责任方面对于整个法律具有普遍意义。它不仅在动物责任的框架下,同时也在第3:205条(机动车辆致害的归责)和第3:206条(危险物质或排放物致害的归责)规定的制度中被援引。其含义总是相同的:关于动物(机动车或物质)的保有人是指为了自身利益,可以对之进行受益的使用或者物理控制以及对之行使控制或使用权的人。请参阅定义列表。本规则刻意避免援引"占有"的概念:"占有"是一项财产法上的概念,在不同司法辖区有或可能有不同的含义。

示例。为了在马房骑乘而租用马匹的人并非其保有人。保有人短期出借给另一个人使用并不意味着现有的保有人将丧失其地位。相反,若马房参与赛马锦标赛,并为参加赛事而租用马匹两年的,在此期间内就是保有人。照顾雇主动物的雇员(非自营职业的牧羊人;马戏团工作人员等)并非动物的保有者。那些不被(人们)想要的动物甚至不会"被保有"(跳蚤并未"被保有"——除非在跳蚤杂技团里——因为受此折磨的人是非自愿的携带者)。同样不具有动物保有人特征的是动物保护协会,它们会暂时地照顾在路上被撞倒的狗和猫,以使它们在受照顾后被还给主人。

示例4

V被一条比特斗牛梗(a pit bull terrier)咬伤。X的成年女儿是这条狗的所有人。两年来女儿都住在一栋公寓楼的第三层(third floor)。为了避免每天带着狗上上下下那么多楼梯,这条狗与X住在一楼,由X对它进行喂养、看护,并为它交纳税款和保险费。X便是猎犬的保有人,并且以此身份对狗咬造成的损害负责。

所有权。动物的所有权是表明控制权存在并享有受益使用(beneficial use)的一项重要指标,但这最终并非是决定性的。在很多情况下所有人之外的人是动物的保有人,此处的例子包括通过所有权保留而取得动物,或租借动物,或一匹很贵重的马根据一项长期的安排被出借。此外,在很多情况下,尽管存在所有人,但却没有占有人:例如,野生动物可能属于国家或其他公共机构,但除非将它们圈养或投入笼中,否则国家也没有"保有"它们。

儿童。儿童通常并非他们所有之物的保有人。不如说是儿童的家长通常是保有人,因为他们享有实施控制的权利。

数个保有人。对于一只动物来说很可能会有多个保有人。在这种情况下他们将作为连带债务人(solidary debtors)承担责任。不同保有人的不同动物偶然地造成同一损害或者无法证明哪一只动物造成了损害的情形亦同。参见第4:103条(选择性原因)。

示例5

在一个养蜂集会上,几个养蜂人蜂箱中的蜜蜂受惊,攻击性地到处飞。X被许多蜜蜂严重蛰伤。在X附近飞舞的蜜蜂当中有属于Y的蜜蜂,但无法确定X是否确实为Y的蜜蜂蛰伤。Y根据第3:203条和4:103条(选择性原因)承担责任。

示例6

X因倒车撞进了在公路上放牧的羊群中,其车受到损害。羊群中的羊有不同的主人。由于它们均构成危险的来源(第4:101条(一般规则)),因此并不仅仅是恰好走在羊群后面的羊的主人应当承担责任(第6:105条第(1)款(连带责任))。

示例7

一个受害人被一条狗严重地咬伤。该狗属于一个合伙;其保有人就是均为合伙人的三兄弟。三兄弟应当对损害承担连带责任(第6:105条第(1)款(连带责任))。

小偷。通常一个小偷也可能是保有人。不过,不能笼统地说先前保有人的地位是否因盗窃而终止。无论如何,若前一保有人未采取合理的预防措施来阻止盗窃的发生,他仍可能基于过失而对动物造成的损害承担责任:参见第3:102条(过失)(a)项。

注　释

1. 根据法国、比利时和卢森堡《民法典》第1385条,动物的所有人或使用人,或者在损害发生时使用它的人,对动物造成的损害承担责任。责任的发生与动物在彼时是否处于责任人的监管(custody)之下无关,与其是走失还是逃跑也无关。责任的承担仅针对存在所有人的动物。狩猎造成的损害不适用《民法典》第1385条(Cass. civ. 4 June1997, Bull. civ. 1997, II, no. 166 p. 99)。责任由动物的监管人(*gardien*)承担,即行使管理、控制与使用权力(*pouvoirs de direction, de contrôle et d' usage*)的人(*le Tourneau and Cadiet*, Droit de la responsabilité et des contrats (2004/2005), no. 7958)。* 如果动物存在监管人,但其并不享有对该动物的所有权,则他仅在《民法典》第1382~1383条所列举的要件得到满足时,方才承担责任;不过,与所有人不同,监管人并不能通过证明没有过错而免责。

2. 比利时的法律立场在所有重要事项上均与法国的主流立场相同。《民法典》第1385条确立了一项客观责任(objective liability),其以动物的"行为"以及由该行为导致的损害为前提。比利时法中的责任不取决于监管人的过错(*Weyts*, RW 1998/99, 932, no. 7)。顺便说一句,责任也可能由所涉动物的监管人来承担。如果在损害发生时一名非所有人控制着动物,其中包括管理、监督及与所有人同样的使用权力,但不被所有人干涉,那么他就是(动物的)监管人(A non-

---

* 这里感觉原文前后衔接不够一致,前面谈及有所有人或使用人承担责任,与监管无关,后面又直接提及由监管人承担责任,而监管人与所有人并非一致,究竟谁承担第一位的责任,文意并不清楚。——译者注

owner is *gardien*, if, at the time of the damaging occurrence, he or she had *la maîtrise de l' animal, comportant un pouvoir de direction et de surveillance, sans intervention du propriétaire, et un pouvoir d' usage égal à celui de ce dernier*)。监管人行使这一权力无须是为了自己的利益(Cass. 18 November 1993, Pas. belge 1993, I, no. 472 p. 970)。类似地,在比利时,野外狩猎也不属于有关动物保有人(keeper)责任之规定的适用范围(*van Gerven*, Verbintenissenrecht II[7], 338)。

3.《西班牙民法典》第 1905 条规定,"动物的占有人或使用人对动物造成的损害承担责任,即便该动物业已逃跑或走失,亦同。这一责任只有在发生不可抗力或者受害人有过错的时候方被阻却"。这一规定是严格责任的一种;缺少过失并不能成为抗辩理由(*Roca i Trias*, Derecho de daños[3], 225; *Yzquierdo Tolsada*, Sistema de responsabilidad civil, 308; TS 3 April 1957, RAJ 1957 (1) no. 1944 p. 1284; TS 26 January 1972, RAJ 1972 (1) no. 120 p. 119; TS 15 March 1982, RAJ 1982 (1) no. 1379 p. 1380; TS 31 December 1992, RAJ 1992 (5) no. 10662 p. 13907; TS 10 July 1995, RAJ 1995 (3) no. 5556 p. 7492; TS 21 November 1998, RAJ 1998 (5) no. 8751 p. 12913; TS 12 April 2000, RAJ 2000 (2) no. 2972 p. 4630; TS 10 October 2002, RAJ 2002 (6) no. 9978 p. 18515; TS 29 May 2003, RAJ 2003 (3) no. 5216 p. 9730; TS 24 November 2004, RAJ 2004 (5) no. 7248 p. 14697)。家养与野生的动物之间并未被加以区分;决定性的因素是动物是占有的客体(例如,一群蜜蜂: CA Guadalajara 10 December 2004, BDA JUR 2005/29458),因为责任附着于占有而非所有权(*Díez - Picazo and Gullón*, Sistema I10, 570; Roca i Trias loc. cit. 225)。尽管如此,根据判例法,如果所有人未能证明其并非动物的占有人或者并未对其进行受益的使用(beneficial use),则其仍然需要承担责任(TS 12 April 2000, RAJ 2000 (2) no. 2972 p. 4630)。法律学说与法院都认为占有者的要件不包括 *servidor de la posesión*,亦即以他人名义占有的人(《民法典》第 431 条)(例如雇员: TS 2 November 2004, RAJ 2004 (5) no. 6864 p. 13956)。不同的人对同一动物进行了受益使用的情况下,他们承担共同责任(TS 29 May 2003, RAJ 2003 (3) no. 5216 p. 9730)。未成年人被认为有能力占有动物(《民法典》第 443 条),因此也应依据《民法典》第 1905 条承担责任(*Gómez Calle*, La responsabilidad civil de los padres, 193)。

4.《意大利民法典》第 2052 条规定,动物的所有人或使用人对动物所造成的损害负责(后者的责任限于使用期间),相关时段内动物不在其监管(custody)之下,是走失的或者逃跑的,在所不问。所有人可以举证证明发生意外事件(*acaso fortuito*)。因此作为本条基础的责任属于客观责任(Cass. 4 December 1998, no. 12307, Foro it. 1999, I, 1938; Cass. 9 January 2002, no. 200, Resp. civ. e prev. 2002, 1390; *Monateri*, Manuale della responsabilità civile, 405)。如果第三方被赋予了使用动物的权利并且这一权利包括了受益使用的权能(authority),则所有人的责任便被排除(Cass. 4 December 1998 loc. cit.; Cass. 17 October 2002, no. 14743, Foro it. 2003, I, 1175)。《民法典》第 2052 条意义上的"动物"是指所有类型的动物,包括蜜蜂(CFI Torino 4 December 1956, Giur. it. 1957, I, 2, 1001),但不包括微生物(*Monateri* loc. cit. 407)。在野外有自然栖息地的动物也包括在《民法典》第 2053 条的范围之内,而不必考虑其属于国家的事实。因此,过错是责任的前提(《民法典》第 2043 条; Cass. 14 February 2000, no. 1638, Danno e resp. 2000, 398; Cass. 24 June 2003, no. 10008, Giust. civ. Mass. 2003, fasc. 6)。一般来说,原告有义务证明所受损害与动物的"行为(*fatto*)"之间的因果关系(Cass. 29 October 2003, no. 16226, Danno e resp. 2004, 612; Cass. 9 January 2002, no. 200, Resp. civ. e prev. 2002, 1390)。动物

必须在造成损害的事件中扮演积极的角色(一名商场的顾客被一只睡着的狗绊倒了,此时《民法典》第2052条的责任被否认了:CFI Milan 25 March 1965, Temi 1965, 264;持不同观点的有,*Alpa*, Trattato di diritto civile IV, 702)。至于感染动物传染的疾病,尚未解决的问题是其究竟适用《民法典》第2052条还是第2043条(so Cass. 10 April 1970, no. 1004, Rep. Giur. it. 1970, voce R. C. 143)。意外事件(*acaso fortuito*)(对其的证明可以免除被告的责任)意味着异常的、不可预见且无法避免的事件(Cass. 30 March 2001, no. 4742, Giur. civ. comm. 2002, I, 412)。受害人一方的重大过错(grave fault)会导致责任被排除(Alpa loc. cit. 703; CFI Pordenone 10 April 1989, Foro it. 1989, I, 2950; Cass. 23 February 1983, no. 1400, Resp. civ. e prev. 1983, 632; Cass. 26 June 1981, no. 4160, Giust. civ. Mass. 1981, fasc. 6; CFI Rome 27 March 1997, Resp. civ. e prev. 1997, 1215)。对属于极具侵略性之品种的狗而言,存在着为其购买责任保险的义务。这一义务源自2006年12月12日卫生部(Department of Health)颁布的条例(*ordinanza*)(Gazz. Uff. 31 January 2007)。

5.《匈牙利民法典》第351条第(1)款规定,动物的保有人"根据一般规定,对动物给他人造成的损害"承担责任。与此相反,对野生动物保有人(keeper)之责任的规范采用了和从事具有重大危害之活动者的责任同样的方式(《民法典》第351条第(2)款)。狩猎(game)是由《狩猎法》第75条第1~3款这些特殊规定来规范。动物的保有人(keeper)是对动物进行占有与控制的人。除所有人之外,动物的保有人尤其是基于法律关系对动物实施控制的人(代理、租用动物);在这种情况下本人(principal)与代理人(agent)承担连带责任(solidarily liable)(《民法典》第350条第(1)款、第344条)。小偷与走失动物的拾得者均可成为动物的保有人,雇主对动物看管人(minders)(的行为)负责(《民法典》第348条第(1)款)。第351条第(1)款规定的动物致害的责任并未被认为是一种严格责任;《民法典》第339条第(1)款的基本规范仍然适用。只有援引了《民法典》第345~346条的第351条第(2)款才导出了严格责任。"野生动物"这一概念与猎物(game)的含义并不相同:很多动物园或马戏团的动物,以及诸如被养在家里的蛇和蝎子,都被认为是"野生动物"。不过,野兔和鹿并不属于野生动物这一术语的范围。《民法典》第351条第(1)款提到的是本性无常的动物,因而表现为一种对人身及财产的危险。特殊规定将特定种类的(攻击型)犬定性为具有危险性,因此它们在民法中也被列为"野生"动物。

6.根据《波兰民法典》第431条第(1)款,"动物的保有人或使用人有义务赔偿(redress)动物造成的损害,无论该动物是处于其照管之下还是走失的或是逃跑的,除非他或对其负有责任的人并无过错"。该责任乃是基于监管过错(*culpa in custodiendo*)(*Radwański and Olejniczak*, Zobowiązania - część ogólna[7], 228)。该规则通过引入损害源自保有人的过错这一可推翻的推定,强化了受害人的法律地位(Pietrzykowski (- *Safjan*), Kodeks cywilny I[4], art. 431 p. 1221)。保有人是指为自己的目的(可能是非金钱的),在具有或没有法定权利(legal title)的情况下,长时间照管动物,为其提供圈舍和食物的人(*Radwański and Olejniczak* loc. cit. 226)。另一方面,对动物的暂时性使用也可能足以引起责任。当动物主动造成损害的时候才适用此规则;如果(动物造成的)损害是由人所引导的(例如狗被唆使攻击他人),则适用《民法典》第415条的一般规则。《民法典》第431条不适用于野生动物造成的损害;这种情况部分是特殊法规范的对象(例如根据《狩猎法》第50条,国家对在捕猎中使用的受到长达一年的保护的动物造成的损害承担责任)。《民法典》第431条第(2)款规定,在保有人免予承担责任,但当事人的财力使得对造成的损害给予全部或部分赔偿得以正当化的,可依据公平原则(equitable grounds)判给赔偿。《斯洛文尼亚债法》第158条区分了“危险动物”和“家畜”，前者适用严格责任（第（1）款），后者适用可推翻的过错推定责任（第（2）款）。

7.《德国民法典》第833条规定了动物保有人责任的两个分支，这一区分乃是基于当事人究竟是“奢侈性动物”（luxury animals）的保有人（第1句），还是家畜的保有人（第2句），对前者适用基于风险的责任，对后者，责任则基于可推翻的过错推定。原则上，“动物”这一术语包括所有生物，并不区分所谓驯养的、野生的、天性凶猛的或性情温顺的动物（Palandt（-*Sprau*），BGB[66]，§ 833 no. 4）。昆虫也属于这一类别（classification）（RG 19 November 1938，RGZ 158，388；BGH 24 January 1992，BGHZ 117，110）；根据主流的却不无争议的观点，微生物不包含在这一术语中（MünchKomm（-*Wagner*），BGB[4]，§ 833，no. 5）。《民法典》第833条第2句只提及用于特定目的家畜。与“野生”动物不同（《民法典》第960条），家畜是天生被驯化（tame by nature）的动物。马、牛、猪、狗和猫被认为是家畜。实际上，它们必须被作为家畜来使用（也就是说，它们不能被用来进行科学上的动物测试实验）。此外，家畜必须被意图服务于主人的职业、营业或生计。根据主流的法律观点，损害须源自内在于动物的典型危险。损害必须由与动物相关的内在的、不可预料的和自发的行为所引起（BGH 20 December 2005，NJW-RR 2006，813，814）。与此相反，如果动物是遵从了指导者（instructor）的命令，那么相关的人就是所受损害的唯一原因，对此并不适用《民法典》第833条（就界限问题，参见BGH 20 December 2005 loc. cit.）。此外，动物造成的影响（impact）必须是违法的：（在某些情况下）违法性的要件可能并未得到满足，例如，邻居保有的蜜蜂对花进行授粉（BGH 24 January 1992 loc. cit.）。在每种情形，都由保有人承担责任。占有和所有权是将个人归类为保有人的指标，但并非必要条件。决定性的因素是辨明谁有实施控制的权力，谁来负担饲养动物的花费，谁使用动物并受益，谁承受失去动物的风险。对动物的占有或控制的暂时性丧失（例如动物逃跑）并不影响被归类为保有人。除《民法典》第833条规定的动物保有人责任外，尚有《民法典》第834条规定的动物照管人（minder）责任。这一责任被认为是可推翻的过错推定责任，并且并未区分野生动物和家畜。

8.《奥地利普通民法典》第1320条（第1句）对所有类型动物的不同形式的不当行为，规定了传统的基于过错的责任（OGH 4 July 1983，ZVR 1985/45 p. 86）。动物的保有人需承担责任，但可以通过举证其已尽到注意来安排对动物的照管（custody）与监督（supervision）而免责（同法第2句）。根据当下主流的法律观点，这一规定既非严格责任亦非基于过错的责任，而是对不法的不作为（omission）施加的责任（OGH 10 July 1996，SZ 69/162）。这一规定被认为需要进行改革（Schwimann（-*Harrer*）ABGB VI[3]，§ 1320 no. 32）。保有人是对动物实施事实上的控制并能够决定应如何饲养与监管动物的人（OGH 12 March 1964，ZVR 1964/ 201 p. 241；OGH 15 March 1953，SZ 26/121）；所有权并非决定性的标准（OGH 15 January 1986，EvBl 1986/111；OGH 22 June 1972，ZVR 1973/157 p. 216）。如果有不止一个保有人，他们之间承担连带责任（OGH 11 April 1962，SZ 35/45；OGH 29 April 1982，SZ 55/62）。动物是否以恰当方式被保养取决于个案情形（OGH 10 July 1996，JBl 1997，99；OGH 27 March 2003，2 Ob 40/03a）。委托一个可靠的人对动物进行看管，可以认为动物的保有人履行了其义务；在这种情况下，保有人仅根据《民法典》第1315条规定的先决条件对该受托人负责（OGH 2 April 1962，ZVR 1964/200 p. 240）。

9.《希腊民法典》第924条同样区分了家畜保有人的责任（第（2）款）和其他动物保有人的责任（第（1）款）。后者属于严格责任，并不取决于证明在对动物的监管过程中有过错（*Kornilakis*，Eidiko Enochiko Dikaio I，556）。根据《民法典》第924条第（2）款的规定，在涉及家畜时,情况则有所不同;不过保有人仍有免责的可能性。这一规定因政策原因受到批评。依当今流行的经济与社会标准来看,这一规定已嫌过时(*Kornilakis* loc. cit.; Georgiades and Stathopoulos (– *Vosinakis*), art. 924 no. 3)。本条意义上的"动物"意味着人类可能对其实施控制,因为若非如此动物就不可能有保有人(*Kornilakis* loc. cit. 557 [他也将实验室内培养的微生物也算在内]; *Vosinakis* loc. cit. no. 4)。类似地,根据希腊法律,为了能使保有人对动物造成的损害负责,动物自身内在的特定危险得以实现,也即,动物的自发行为,就十分必要了(*Kornilakis* loc. cit. 558)。《民法典》第924条意义上的"保有人"概念指的是非短期地为自己的目的使用动物的自然人或法人。典型的使用动物的人在决定由谁来照管动物以及决定动物的寿命的意义上,对动物进行了事实上的控制。如果对动物的控制和受益使用被分离开来,那么从动物获益(受益使用)的人便是保有人。所有权和占有仅在表面上指示某人是保有人(*Kornilakis* loc. cit. 561)。

10. 在葡萄牙,区分了动物保有人(keeper)的严格责任(《民法典》第502条)和动物照管人(minder)的责任;后者的责任乃是基于一个可推翻的过错推定(《民法典》第493条第(1)款)(参见 *Almeida Costa*, Obrigações[9], 573; *Pires de Lima and Antunes Varela*, Código Civil Anotado I[4], 511, art. 502 no. 1)。再一次地,造成的损害必须有关动物内在的特定危险的实现。例如,在600只羊组成的庞大羊群突破了羊圈围栏冲上铁道的情形,这一要件就得到了确认;保有人(keeper)对此应承担责任,并且必须赔偿火车遭受的损害(STJ 17 June 2003)。另一方面,如果损害归因于人类与动物相关的行为,那么动物的内在风险并未实现,例如,一群公牛在夜间被驱赶上街,却没有适当的照明(*Almeida Costa* loc. cit. 574; *Antunes Varela*, Obrigações em geral I[10], 593; *Pires de Lima and Antunes Varela* loc. cit. art. 493 no. 5; *Vaz Serra*, BolMinJus 86 (1959) 41; CA Coimbra 13 January 2004)。《民法典》第493条第(1)款涉及对动物实施控制的人(受托人、牧人、牧牛人以及基于"销售或退货"的合同而拥有动物的人等:*Antunes Varela* loc. cit. 653, fn. 3; CA Oporto 7 July 1997);相反,《民法典》第502条仅涉及为自己的利益使用动物的人(STJ 17 June 2003; STJ 9 March 1978, BolMinJus 275 [1978] 191)。《民法典》第493条和第502条规定的两项责任可能偶尔会在同一个案件中出现(*Almeida Costa* loc. cit. 574 – 575),例如在事涉租用动物的情形(CA Oporto 3 February 1997)。

11.《荷兰民法典》第6:173条第(3)款明确规定动物保有人的(严格)责任并非依据《民法典》第6:173条(对动产的责任)而来,而是源于第6:179条。原则上讲,动物造成的任何种类的损害均满足条件(例如动物过街引发的事故: Onrechtmatige Daad II (– *Oldenhuis*), art. 6:179, no. 6 p. 70)。不过,并非由动物行为所导致的感染造成的损害,不属于本条的范围(HR 24 January 1984, NedJur 1984, no. 415 p. 1518: 一个农民把一头逃跑的病猪误认为是自家的猪而将其赶到自家草坪上;该病猪的保有人对其他动物受感染产生的后果不承担责任)。例如,在一起叮咬造成感染的情形,该感染可被归因于动物的行为及其不可预测性(HR 24 January 1984 loc. cit.),就采用了一种截然不同的路径。野生动物和家畜均包括在第6:179条的范围内,但是狩猎(game)并不受本条调整(而受狩猎法规定的调整)。微生物也被排除在第6:179条的范围之外(Parlementaire Geschiedenis VI, 763)。它们由《民法典》第6:175条来规范(危险物质)。在一定条件下,它们可能由第6:186条来处理(缺陷产品: *Oldenhuis* loc. cit. art. 6:179, no. 32 pp. 142 – 143)。第6:179条规定的责任由所有人—占有人(owner – possessor, *bezitter*)来承担。如果该动物用于职业目的,(3503)那么企业的所有人(proprietor of the business)就要承担责任(《民法典》第6:181条第(1)款)。如果对动物的收益来自于将动物以商业目的出租给其他企业,那么责任则由后者承担(同法第(2)款)。在“所有人—占有人”概念的界定上,必须求助于《民法典》3:107-109条中包含的一般规则。因此,例如,动物寄养设施与动物之家的非依据指示行为的常务董事、承运人、照管人和经营者(a managing director not acting upon instruction, carriers, custodians and operators of boarding facilities for animals and animal homes)不承担《民法典》第6:179条规定的责任。未满14周岁的孩子的父母要代替他们承担责任,除非情形事关在商业经营过程中使用的动物(《民法典》第6:183条第(2)款)。在所有情况下,责任均属严格责任。责任人只能通过举证即便动物受到控制损害依然会发生而免责——例如,在自卫行为中,被告让狗去咬攻击者。

12.《爱沙尼亚债法》第1060条明确规定:“动物的保有人须为动物造成的损害负责。”因而,根据这一规定,责任同样是严格责任。唯有债法第1056条第(1)款所规定的损害可以获得赔偿。这一规定与第3:203条中的规范相符。根据《立陶宛民法典》中的对应的规定第6.267条第(1)款,对所有动物的保有责任都是严格责任;不过狩猎是个例外,它是特别制度规范的对象(第(2)款)。

13.在瑞典,有许多制定法规定了保有动物的责任。《对狗与猫的监管法》第6条(现在为第19条)为狗的所有人引入了严格责任,并在他人使用或保有动物的情形,引入了连带责任(例如,参见HD 10 December 1947, NJA 1947, 594和HD 28 February 1990, NJA 1990, 80)。所有人只有在存在过错的情况下才向保有人承担责任(HD 28 February 1996, NJA 1996, 104)。猫(狗亦同)必须处于所有人的监管之下,以免他们造成损害(前法第(1)款)。《财产乐享法》(The Peaceful Enjoyment of Property Act)第47条规定,动物的所有人及保有人要对牛给他人庄稼造成的损害承担严格责任。《古代土地法典》(The Ancient Land Code, *Byggningabalken*)第22章第7条确立了牛对其他人的牛造成损害的严格责任;前述法律第8条规定了狩猎造成损害的责任。丹麦也不承认保有动物的一般责任(*von Eyben and Isager*, Lærebog i erstatningsret[5], 179)。《狗法》(*Hundloven*)第8条规定了狗的占有人的严格责任;它包括了所有类型的损害(参见Western CA 21 January 1931, UfR 1931, 356和*Vinding Kruse*, Erstatningsretten[5], 201-203)。《土地道路乐享法》(The Peaceful Enjoyment of Land and Roads Act, *Mark- og vejfredsloven*)第3条规定了家畜的占有人对给他人的动物、农作物或其他农业财产造成的损害的严格责任;其他损害仍属于一般过错规则的范畴(*von Eyben and Isager* loc. cit. 180)。《古代丹麦人法典》(Ancient Danish Code, *Danske Lov*)第6-10-2条规定了占有人对处于其直接控制之外的牛的严格责任(Western CA 19 April 1994, UfR 1994, 573;另见Western CA 15 December 1997, UfR 1998, 502 and HD 19 June 1974, UfR 1974, 692)。人身伤害也可以在这一标题下获得赔偿(Western CA 19 April 1994 loc. cit.)。前述法律第6-10-4条和第6-10-5条也对给他人的牛造成的损害和野生动物造成的损害规定了严格责任。关于《狗法》第8条中的“占有人”的要件,参见Eastern CA 31 January 2007, UfR 2007, 1169。根据《芬兰狩猎法》(*Jaktlagen*)第87条,由野生动物、家畜和牛造成的损害可向政府寻求赔偿。《古代土地法典》(*Byggningabalken*)第22章第8条规定了非驯养的危险动物所有人的严格责任(更多细节参见*Hakulinen*, Obligationsrätt, 311)。对于其他类型的动物,适用一般过错规则(Supreme Court, HD 1951 II 154)。动物对他人农作物造成的损害也由过失规则来规范(*Hakulinen* loc. cit. 312)。

14.在英格兰和威尔士,制定法在特定的已划界的案型中对动物造成的损害规定了保有人的严格责任,但司法解释倾向于基于保有人的选择给这些规定以较宽泛的适用范围,保有人可以选择是冒着保有动物的不可避免的风险,还是对其进行投保:比较 *Mirvahedy v. Henley* [2003] UKHL 16, [2003] 2 AC 491 (Lord *Walker*), approved in *Welsh v. Stokes* [2007] EWCA Civ 796 at [47], [2008] 1 WLR 1224 at 1239 (*Dyson* LJ)。1971 年《动物法》第 2 条第(1)款规定,如若动物属于"危险品种",该动物的保有人则应对该动物造成的损害承担严格责任,第 6 条第(2)款将"危险品种"定义为那些在不列颠群岛上通常尚未被驯化的品种,且如果不加管束,该品种的成年动物可能会造成严重损害,或者在发生损害时(如果发生的话),可能会造成严重的损害。如果动物属于危险品种,那么该特定的动物是危险的还是驯良的,保有人是否知悉该品种是危险的,都无关紧要:Clerk and Lindsell (- *Dugdale and Jones*), Torts[19], 22-03。对于非危险品种的动物造成的损害而言,保有人在满足下列三个要件后才承担责任:(1)损害是动物在不受管束的情况下极有可能造成的,或者一旦造成后果非常严重;(2)损害发生的可能性归因于在同种类动物中并不常见的特性(characteristics)(例如动物具有异常的攻击性),或者只在特定的时间或特定的环境下才出现的特性(例如对农场机械有特殊恐惧的马:*Flack v. Hudson* [2001] QB 698);(3)这些特性已为保有人、事故发生时负责照管动物之保有人的雇员(servant)知悉,或者对户主来说,该家庭中的另一名不满 16 岁的保有人已知悉(第 2 条第(2)款)。动物有造成伤害的倾向即可,无须证明动物具有任何恶性倾向:Clerk and Lindsell (- *Dugdale and Jones*), Torts19, 22-05。使得(严重的)损害在特定环境下可能发生的动物的特性也无须对该品种的动物而言是异常的,尽管这一解释会使责任的第二个要件在绝大部分情况下成为多余,并为非危险品种的动物的正常行为创设了严格责任:*Curtis v. Betts* [1990] 1 WLR 459; *Cummings v. Granger* [1977] QB 397(在该案中,一条阿尔萨斯护卫犬攻击了一个侵入者,但这属于此犬种的正常行为),这种观点为下一判例所赞同:*Mirvahedy v. Henley* [2003] UKHL 16 at [43], [2003] 2 AC 491(和一匹受惊脱缰的马相撞——马在受惊后产生恐慌很正常)。引起危险的特性可能是自然的,但非寻常的(unusual)特性(*Welsh v. Stokes* [2007] EWCA Civ 796 at [47], [2008] 1 WLR 1224 at 1239 (一匹马受惊后,并未转向逃走,而是后腿站立,攻击骑手)。不过,这样的特性必须是一种只在特定环境下的动物身上出现的特性:前述 *Mirvahedy v. Henley* 案(Nicholls 法官举了一个例子:一头体型健硕的牛跌倒并砸在了一个人的身上——这种危险属于在任何情况下通常都会在牛的身上发现的特性,也即它们的体型和重量)。损害"可能性"所需的精确程度尚无定论:比较 *Smith v. Ainger* (1990) Times, 5th June("重大风险"(material risk)即为已足)与 *Mirvahedy v. Henley* [2003] UKHL 16, [2003] 2 AC 491(损害无须"可能",但必须是"可以合理预期的",超出了单纯的可能性)。对动物倾向的实际知悉似乎是必需的;保有人(保有人的雇员或未成年人)仅仅本应知悉这一事实并不足够:Clerk and Lindsell (- *Dugdale and Jones*), Torts[19], 22-08。不过,在动物的正常行为造成损害的情况下,证明动物保有人知悉所涉种类的动物的正常行为便足以确认保有人知悉所涉动物的特性:*Welsh v. Stokes* [2007] EWCA Civ 796 at [71], [2008] 1 WLR 1224 at 1244 (*Dylon* LJ)。可获赔的损害明确包括人身伤害(包括致命性的人身伤害)(第 11 条),但是第 2 条第(1)款不受限制的措辞("任何损害")暗示着赔偿显然并不仅仅局限于特定的损害类型,还可能会扩展至财产损害:Clerk and Lindsell (- *Dugdale and Jones*), Torts[19], 1279 nos. 15 and 17。损害并不需要非常严重:Clerk and Lindsell (- *Dugdale and Jones*), Torts[19], 1279 no. 17。似乎可赔偿的损失只需要存在因果关系而无须能够被合理预见:*Behrens v. Bertram Mills Circus Ltd.* [1957] 2 QB 1, 17 (*Devlin* J)。损害也无须直接源于使得动物变得危险的特性;当一个人在逃离危险时受到伤害,例如摔倒或心脏病突发,便存在着充分的因果关系:*Behrens v. Bertram Mills Circus Ltd.* [1957] 2 QB 1, 17 (*Devlin* J); *Chauhan v. Paul* [1998] CLY 3990。在狗通过杀死或伤害牲畜(livestock)造成损害时,《1971 年动物法》同样规定了保有人的严格责任(第 3 条),除非该牲畜走失进入他人土地,而土地占有人允许狗在该土地上出现(第 5 条第(4)款)。动物的所有人或对其进行占有的人是保有人:第 6 条第(3)款(a)项。但是如果某人仅仅为了防止动物造成损害或为了将其归还给所有人而将其纳入占有并保持占有,他便不是保有人:第 6 条第(4)款。如果动物为一个不满 16 岁的家庭成员所有或占有,那么该人和户主都是保有人:第 6 条第(3)款(b)项。此外,根据第 4 条,若牲畜走失入为他人所有或占有的土地,并对土地或土地上的财产造成损害,牲畜的占有人要对该损害负严格责任,除非它在高速公路上的出现是合法的且从那里走失。其他对动物所致损害的责任取决于对违反普通法过失侵权中的注意义务的证明:*Draper v. Hodder* [1972] 2 QB 556(被告因未采取合理的预防措施防止一群猎犬袭击小孩这一可预见的风险而负有责任);*Smith v. Prendergast* (1984) Times, 18 October(一条走失的阿尔萨斯犬因攻击造成了损害,该犬从三周前开始住在了被告的废品堆放场,但被告由于过失而未能对该犬实施有效的控制或检查该犬是否具有攻击性,被告因此而负有责任);*Hole v. Ross-Skinner* [2003] EWCA Civ 774(因未知的第三方割开了围栏或打开了围栏门而使被告的马匹逃跑并走失到高速公路上,因与其碰撞而使一高速公路的使用人受伤,对此(马的主人)并不承担责任)。作为替换,也可能违反了 1957 年《占有人法》规定的义务。责任也可能基于侵入(例如驱赶动物到他人的土地上)或妨害,无论是公共妨害(例如动物阻塞了高速公路)还是私人妨害(例如耕畜的恶臭):Clerk and Lindsell (-*Dugdale and Jones*), Torts[19], 22-19。在这些情况下,需要证明存在必需的过错(requisite fault),例如,参见 *League against Cruel Sports Ltd. v. Scott* [1986] QB 240, 251-252(*Park* J:猎犬的主人仅在证明他意图让猎犬进入土地或因过失而未能阻止它们进入土地的情况下,才承担侵入的负责)。

15. 爱尔兰有关动物导致人身伤害或财产损害的责任的法律依赖于严格责任的特殊规则(与英国不同,这还大部分是普通法的事情),又为侵权法中的一般规则所补充:*McMahon and Binchy*, Torts[3], 27.01。根据故意原则(*scienter* principle),若动物有造成已肇致类型之损害的恶性倾向(vicious propensity)而动物所有人明知的,那么对其造成的损害,动物所有人应负严格责任:loc. cit., 27.15。对于属于危险品种的动物而言,其恶性倾向和所有人的知悉被不可推翻地推定,如此则保有野生动物的所有人对该动物造成的损害承担严格责任;只有对驯养的动物才需要证明动物的凶险倾向和所有人的知悉:*Binchy* loc. cit., 27.15。对于其他动物来说,之前发生过攻击行为的证据便足以证明该动物的凶险倾向,无须证明先前造成过实际损害:*Duggan v. Armstrong* [1992] 2 IR 161, 164-165 (*McCarthy* J)(一只狗狂吠着冲向小孩,但迄今为止尚未咬过任何人)。所有人的知悉这一要件可通过证明另一家庭成员的知悉而得以确立:*Duggan v. Armstrong* [1992] 2 IR 161, 165 (*McCarthy* J)(在该案中,小孩的知悉可归咎于家长)。就一般规则而言,责任可基于非法侵入(trespass)(*Binchy* loc. cit, 27.07)、妨害(nuisance)(*Binchy* loc. cit, 27.05-27.06)、过失(negligence)(*Binchy* loc. cit, 27.03-27.04)或 *Rylands v. Fletcher* 法则(*Binchy* loc. cit, 27.08)。基于后者的责任在实践中很少见,因为该责任预设了"危险物"的逃跑和土地的"非自然"使用者(例如保有不合理数量的动物):*Binchy* loc. cit.。《1995 年占有人责任法》规定的责任,在将动物的出现视为"可归因于不动产状态的危险"的情况下,可能存在争议(在第 1 条第(1)款的意义上):*Binchy* loc. cit, 27.09-27.14,并比较 *Duggan v. Armstrong*

[1992] 2 IR 161(明知一条大型的混血阿尔萨斯犬有攻击儿童的恶性倾向,而任其在聚集了大群客人——包括儿童——的建筑物内毫无拘束地奔跑,违反了普通法上的注意义务[被该法律所取代])。同样,旅店的经营者也可能违反1963年《旅店经营者法》第4条规定的注意义务:*Duggan v. Armstrong* [1992] 2 IR 161。

16. 苏格兰有关动物导致人身伤害和财产损害的法律与英格兰和威尔士的相似,都以特殊的制定法规则规定了一定情形下的严格责任(尽管在表述上不同于关系密切的司法辖区早先制定的那些法律),余下的类型则适用一般的(基于过错的)侵权责任原则,从而对前者进行了补充:一般性的论述参见 *Stair*, The Laws of Scotland II, para. 161。根据1987年《动物法(苏格兰)》(Animals (Scotland) Act 1987)第1条,动物保有人对动物造成的人身伤害与财产损害负责,只要该动物属于那种依其物理属性或习性可能(除非受到控制或管束)对其他人或动物造成伤害或对财产造成重大损害的品种。伤害或损害必须直接与动物的物理属性或习性相关,这一物理属性或习性使其可能造成人身伤害或财产损害:第1条第(1)款(c)项。狗和某些有特定危险的野生动物被不可推翻地推定很可能通过撕咬或以其他方式凶猛地攻击、袭击、骚扰等方式造成严重伤害(第3条(a)项*),并且(其中的)牛、马、绵羊、猪、山羊和鹿等在觅食的过程中可能会对土地及其出产物造成重大破坏(第3条(b)项**)。不过,如果对疾病的传播是通过不可能造成疾病之外的严重伤害的方式进行的,对疾病的责任被排除:第1条第(4)款。除了严格责任外,动物的所有人或占有人如果违反注意义务造成实际损害可能会根据过失规则承担责任:*Stair*, The Laws of Scotland II, para. 163(阐述了不同的在司法上承认的注意义务)。基于过错的责任也可能根据1960年《占有人法(苏格兰)》产生:*Hill v. Lovett* 1992 SLT 994(占有人因其好斗的狗袭击了清洁窗户的清洁工而负有责任)。同样,故意造成损害也可能承担责任,例如放狗咬人(*Stair*, The Laws of Scotland II, paras. 160 and 164),或是根据与妨害有关的规则来承担责任(loc. cit., para. 162)。

示例1取自 Swedish HD 28 February 1996, NJA 1996, 104;示例2取自 CA Navarra 30 November 2004, BDA JUR 2005/87935;示例3源于 HR 24 January 1992, NedJur 1992, no. 302 p. 1187;示例4来自于 CFI Amsterdam 11 April 1995, VR 1995, no. 192 p. 351;示例5源于 CA Guadalajara 10 December 2004, BDA JUR 2005/ 29458;示例6来自 CFI Assen 16 January 1962, NedJur 1963, no. 301 p. 742;示例7来自 TS 29 May 2003, RAJ 2003 (3) no. 5216 p. 9730。

---

* 此处原文有误,核实相应条文,应为第1条第(3)款(a)项。——译者注

** 此处原文有误,核实相应条文,应为第1条第(3)款(b)项。——译者注

第Ⅵ－3:204条　瑕疵产品致害的归责

(1)产品生产者(producer)就因产品瑕疵造成的人身伤害及其后果性损失、本卷第2:202条(因受害人的人身伤害或死亡而造成的第三人损失)所规定的损失;以及因财产损害给消费者造成的损失(产品本身的损害除外)承担责任。

(2)在其营业活动中,为了出售、短租、长租或者分销而将产品进口到欧洲经济区的人,负与前款同样的责任。

(3)在下列情形,产品供应人亦负同样责任:

(a)生产者无法确定的;或者

(b)在产品进口情形,产品未标明进口人身份(不论是否标明制造者)的,除非供应人在合理期间内告知受害人生产者或者其前手供应人的身份。

(4)能证明以下情形的人,不承担本条规定的责任:

(a)未将产品投入流通的;

(b)造成损害的瑕疵在产品投入流通时很可能不存在的;

(c)产品的制造非为经济目的而出售或分销,也未在营业过程中制造或分销;

(d)瑕疵是由于为使产品符合公共机构发布的强制规定而引起的;

(e)产品投入流通时的科学技术知识水平不足以发现该瑕疵的;或者

(f)就零部件的制造者而言,瑕疵归咎于:

(i)零部件所匹配的产品的设计;或者

(ii)产品制造者的指示。

(5)"生产者"指:

(a)成品或零部件的制造者;

(b)原材料的提炼人或开采人;以及

(c)将自己的姓名、商标或者其他识别性标志标注于产品上从而被看作生产者的人。

(6)"产品"指动产(即使它被并合进其他动产或不动产)或者电力。

(7)考虑到以下因素,产品不具备人们有权期待的安全性能的,即为有瑕疵:

(a)产品的介绍说明;

(b)可以合理地被期待的产品用途;以及

(c)产品被投入流通的时间,

但是不能仅仅因为此后有更好的产品投入流通而认为先前产品存在瑕疵。

评　论

A. 概述

理事会第85/374/EEC号指令。本条复制了1985年7月25日关于缺陷产品责任的第85/374/EEC号理事会指令(经1999/34/EC号指令第1条修正)。由于产品责任指令规定的责任制度毫无疑问构成欧洲损害赔偿责任的基石,在该条文中简单地引用该指令似乎还不够。相反,有必要在这些规则中展现该指令的影响。

无须详尽的评论。由于本条在一定程度上与该指令不谋而合,因此可以免去更多详细的评论。为此可以参考各成员国致力于该主题的汗牛充栋的文献。

限于消费者保护。为了与指令采用的基本法律政策相符合,第3:204条仅限于消费者保护事项。基于这个原因,该条故意不将严格责任扩展到“企业与企业之间”。这样的措施可能会背离指令保护消费者的目的,并且将会大范围地干预合同自由——这在相当程度上背离了下述事实,即时至今日在商业领域尚无要求建立相应责任制度的呼声。而完全相反的领域则正好是这种情况。欧盟委员会在其1999年7月28日的绿皮书中提出了是否应当将产品责任扩张至营业财产的问题(COM (1999) 396 final, p. 31),在其2001年1月31日有关产品责任指令实施的报告中(COM (2000) 893 final, p. 25)它又声明,回应的要旨“大体上是否定的”,并且“基于可用的数据,就这一问题修改指令似乎并不合适”。

和对营业财产的损害相关的证明责任。基于这一背景,第3:204条同样没有像少数法律制度所采用的那样,不仅在“企业和消费者”情形,而且在“企业和企业”的情形规定不利于生产者的举证责任倒置的规定。这些规则的效果是,如果产品给他人的营业财产造成损害,则做出不利于生产者的过失推定。在现行有效的法律中可以找到这些规定,其实际效果与严格责任很难区分。

不得约定免除或限制责任。第3:204条必须和第5:401条(对责任的约定免除或限制)第(3)款联系起来理解。基于后一条款,在损害发生之前,对第3:204条规定的责任既不得限制也不能免除。这也与产品责任指令的规定(第12条)相符。免责条款的无效涉及人身损害与对消费者财产的损害。

无惩罚性的或加重的损害赔偿。本草案没有规定一般的惩罚性损害赔偿,产品责任法也不例外。由于第3:204条涉及的是严格责任,不要求过错要素,在这一背景下完全无须考虑引入惩罚性损害赔偿。

初级农产品和猎物。自1999/34/EC号指令第1条第(2)款生效后,85/374/EEC号指令不再允许成员国在是否将初级农产品和猎物纳入严格责任的问题上享有决策权。第3:204条体现了法律的发展。这类产品也被纳入本条的适用范围。

对发展风险的责任。在“发展风险”责任的问题上，本草案也采用了指令的方法。根据第3:204条第(4)款(e)项，如果生产者证明产品投入流通时的科学技术知识水平不足以发现该瑕疵的，不产生严格责任。然而，这一规定必须要结合第3:207条(对具有法律相关性的损害的其他归责)(c)项来理解，后者与85/374/EEC号指令第15条第(1)款(b)项的规定类似，将不在国内法中引入这一抗辩事由的选择权留给成员国。不过，对可以认为已经实现的风险仅仅是“发展风险”的条件，不同的司法辖区并未采用完全一致的做法。欧洲法院在其1997年5月29日做出的裁决 *Commission of the European Communities v. United Kingdom*, ECJ 29 May 1997, C－300/95, ECR 1997, I－2649 at para. 29中，对如何理解指令中使用的这一概念作出了如下的界定：“生产者必须证明，在所涉产品投入流通时的科学技术知识水平的客观状态，包括该知识的最先进的水平，不足以发现该瑕疵的存在。另外，为了使生产者能够成功地提出相关科学技术知识的抗辩，该知识在产品投入流通时必须能够为人利用。”因此法院实际上采纳了王室首席法律顾问 *Tesauro* 的观点。

政策考虑。在许多成员国，产品责任是否还包括对发展风险的责任的问题，一直是并且仍将是法律政策层面存在争议的问题。根据罗塞利基金会(*Fondazione Rosselli*)2003年为欧盟理事会编写的一项研究报告，认为相关风险构成发展风险的观点很少能够成功。迄今为止，将其作为抗辩提出的情形主要是在涉及血液制品及其衍生品、药物和疫苗、食品和化学制品的诉讼中(更多信息参见 http://europa.eu.int/comm/enterprise/regulation/goods/liability_de.htm)。该研究的结论是，支持保留发展风险抗辩。其提出的理由之一就是，在保险市场中很难就该风险找到合理的承保范围，欧盟委员会在本评论第三段提到的报告中也强调了这一方面。另外，还应提及值得关注的是，不保留该抗辩可能会造成创新倾向和工业产品范围遭到缩减。

进一步的考虑。这些规则——它们符合前述提到的研究——认为，指令中现有制度是一种衡平的规定。这似乎并未造成实践中的困难，或造成不易填补的责任漏洞。有充分理由将保留或废止发展风险抗辩的决定权留给国内的法律制度。它们(i)享有以它们看来合适的方式来界定这一概念的自由，并且(ii)保留了仅对某些有危害可能的产品(血液制品、药品、转基因产品)废止该抗辩并构建必要的保险框架的自由。

一般规定的适用。根据理事会第85/374/EEC号指令第13条的规定，第3:204并不影响其他诉因。基于过失的非合同责任法和合同的产品责任(参见第1:103条(适用范围)(d)项)仍然适用。特别是在涉及对企业或职业人士的财产的损害时，这有着实际意义。如果受害人能够证明造成损害者的行为有故意或过失的，就一个企业(因缺陷产品)给其他企业造成的财产损害的赔偿仅能根据非合同责任法来获得。

警告发展风险的义务。排除对发展风险的严格责任并不意味着对过失责任的排除。在这一背景下，如果发展风险在产品投入公开市场后才变得明显的，并且监控其产品的生产者应以合理的注意让消费者知悉该风险的，在生产者就该风险的实现违反了警告义务时，则同样产生过失责任。

偏离指令;留给成员国裁量的选择。第3:204条与指令有一点不同(没有针对遭受财产损害的消费者的多余条款),而且第3:204条也建议,就非经济损失和对责任引入限额的问题,指令留给成员国的选择可以为与符合这些规则的一般路径的解决方案所取代。

B. 对消费者财产的损害

与指令的不同之处。与现行有效的欧盟法(《产品责任指令》第9条(b)项)不同,第3:204条将有利于消费者的生产者的严格责任扩展至对不少于500欧元的财产的损害(指令最早规定是超过500个欧洲货币单位,1997年6月17日关于引入欧元的有关规定的理事会条例EC/1103/97(Council Regulation EC/1103/97)第2条将该数额转换为500欧元)。原因可能是,这种小额的损害可以在司法体系之外找到解决途径。上述评论的第三段提到的欧洲委员会的报告提到了这一议题,但没有详细的说明。

政策考虑。就消费者的财产损害的超额规定,给出的一种主要的解释是,就微小的额度,不应让生产者、保险公司和法院负担诉讼,而且这种限制也减少了交易成本。不过,由于该规则构成了欧盟法的单独的"异体",而且在大多数的成员国的法律体系中,因为合同法和非合同责任法都在证据法上发展出了相应的机制,在实际结果上阻断了生产者没有过错的抗辩,使得其实际上成为空壳,这些事实都倾向于反对这一规则。另外,在所有超过最低限额的财产损害的情形,该规则对消费者进行诉讼中带来了无法得到正当化的困难;在这些情形,请求必须基于不同的诉因。这一规则也会给欧洲产品责任造成新的法律差异,一部分是因为该规则作为一般超额条款的特征可能不会受到尊重,而且因为指令最早是使用欧洲货币单位来表述该超额的,欧元当时尚未被引入到所有的成员国中。因而货币价值的浮动会造成超额在国与国之间引人注意的变动。最后,对公正的需求内在于超额之中:仅在一种严格责任制度中取消对少于500欧元的财产的损害,而允许该种损害在其他情况下得到赔偿(一项财产损害,假定是450欧元,肯定不属于第6:102条(微额损害不赔规则)意义上的"琐细损害"的概念范围内),似乎是反常的。对于价值上超过500欧元的财产的损害亦同。从法律政策的角度看,如果发生一项损害,例如是20,000欧元,而损害赔偿仅相当于19,500欧元,人们或许会推测,在损害额取决于估计的裁判中(经常是这种情况),在损害赔偿的水平确定之前,超额部分已经"被计入"了,这种说法很难令人信服。

C. 对非经济损失的责任;没有责任的最高限额

对非经济损失和伤害本身的责任。指令中对损害的定义"不妨碍国内法有关非物质损害的规定的"(第9条第2句)。由于本卷通常并不区分经济和非经济损失,因此"损失"这一术语包括了非经济性质的损失(参见第2:101条第(1)款(具有法律相关性损害的含义),第3:204条也为该种损失的赔偿请求权提供了平台。这同样适用于对伤害自身的赔偿请求权。在严格责任中非经济损失的可赔性符合大多数欧盟国家法律制度的现有立场。

没有责任的最高限额。第3:204条同样符合大多数欧盟成员国家的法律制度,没有建议责任的最高限额(比较理事会第85/374 /EEC号指令,第16条)。这一限制并非是严格责任(包括产品责任在内的)结构问题的合理工具。

注　释

Ⅰ.指令的施行

1.《产品责任指令》(85/374 /EEC)(后来为第1999/34 /EC号指令修订)已经在所有成员国施行。参见《法国缺陷产品责任法》(相当于《民法典》第1386-1至第1386-13条);《比利时产品责任法》;《卢森堡产品责任法》;《马耳他消费者事务法》第7部分;《西班牙消费者保护法和相关法律》(*Real Decreto Legislativo* 1/ 2007, *of* 16 *November*, *que aprueba el texto refundido de la Ley General para la Defensa de los consumidores y usuarios y otras leyes complementarias*)第3卷第1章和第2章;《意大利消费者法典》(第114~127条);《匈牙利产品责任法》;《波兰产品责任法》(相当于《民法典》第3卷,第7章);《捷克共和国产品责任法》;《斯洛伐克共和国产品责任法》;《1998年斯洛文尼亚消费者保护法》(Official Journal 20/1998, amended by the statutes 23/1999, 110/2002, 51/2004);《保加利亚消费者保护法》(2005年12月9日颁布,2006年6月10日生效,DV no. 99),该法废除了1999年4月2日的《消费者保护和交易规则法》(DV no. 30);《罗马尼亚产品责任法》;《德国产品责任法》(1989年12月15日,BGBl I 1989, 2198,并经过修订(BGBl I 2002, 2674));《奥地利产品责任法》(1988年1月21日,并于1993年及之后进行了修订(BGBl I 1988/99, 1993/95, 1999/185, 2001/98));《希腊消费者保护法》(no. 2251/1994,由第3587/2007号法案修正);《葡萄牙产品责任法令》(Products Liability Decree Law);《荷兰民法典》第6:185-193条;《爱沙尼亚债法》第1061条;《立陶宛民法典》第6.292-6.300条;《拉脱维亚缺陷产品和瑕疵服务责任法》(2000年7月5日);《丹麦产品责任法》(1989年6月7日第371号, *Lov om produktansvar*);《芬兰产品责任法》(1990年8月17日第694号, *Produktansvarslag*);《瑞典产品责任法》(1992年1月23日, *Produktansvarslag*);《英国1987年消费者保护法》,第一部分(英格兰、威尔士和苏格兰)和《1987年消费者保护命令(北爱尔兰)》第二部分(北爱尔兰);《爱尔兰1991年缺陷产品法》;《塞浦路斯产品责任法》(1995~2002年)。

2.法国针对欧洲法院2006年3月14日(JCP éd. G 2006)的谴责作出了回应,并在确保遵循指令的要求的催促下,制定了2006年4月5日的第2006-406号法律,并相应地重修了《民法典》第1386-7条第(1)款。欧洲法院在其2006年1月第10号判决(C-402/03, *Skov Æg v. Bilka Lavprisvar-ehus A / S*, ECJ 10 January 2006, C-402/03, ECR 2006, I-199)中澄清道,对指令应当作如下解释:(1)"除了指令第3条第(3)款详细列举的……让生产者承担无过错责任的情形之外,排除了让供应商承担无过错责任的国内规则;并且(2)没有排除下述国内规则,即,根据该规则,在不对生产者的过错责任造成限制的情况下,供应商应承担责任。"

Ⅱ.对财产损害的责任

(1)对旨在供私人使用的物的损害

3.对消费者的财产损害赔偿请求,欧盟法强制规定了通常被称为较低的门槛的事物(ECJ 25 April 2002, *Commission of the European Communities v. French Republic*, ECJ 25 April 2002, C-418/00 and C-419/00, ECR 2002, I-3969,*Commission of the European Communities v. Hellenic Republic*, ECJ 25 April 2002, C-154/00, ECR 2002, I-3879)。尽管如此,实施其转换的条文自2005年年初起才在所有成员国的法律体系中找到。甚至今天(写作时间是2008年1月)国内法的门槛额度也有相当差异;此外,许多问题都还悬而未决,也即,超过规定额度的损害应如何调整。基于此以及许多其他的政策基础,这一门槛受到了强烈批评。

4.法国没有转化指令设计的门槛额度,因此受到了欧洲法院的指责(参见前面注释)。法国立法机关因此通过2004年12月9日的第2004-1343号法案修订了《民法典》第1382-2条,根据该条的规定,有关产品责任的标题仅适用于人身伤害(第(1)款)及超过法令确定的特定数额的财产损害(第(2)款)。这一数额被确定为500欧元(*Décret* no. 2005-113 of 11 February 2005)。比利时在早期阶段以可扣减的免赔额的形式转化了这一门槛额度(《产品责任法》第11条:500欧元);也存在有关该条的判例法(例如CFI Brugge 30 October 2000, RW 2001-2002, 1182:过高的电压给电器造成的损害),但自始至终得到强调的是,关于这些"微额"损害,一般的(以及一定程度上基于严格责任基础来运作的规则)合同责任和非合同责任的规则仍可适用(参见CFI Brugge 30 October 2000; CFI Hasselt 8 November 1999, RW 2001-2002, 100, note *De Boeck*; Verlinden, Twintig jaar productaansprakelijkheid, 31-32)。卢森堡也将门槛设定在500欧元(《产品责任法》第2条第(2)款)。

5.马耳他将最低门槛额设定在200里拉(Liri)(大约500欧元),但同时,主管部长被授予了在必要时调整该数额的权力(《消费者事务法》(Consumer Affairs Act)第61条(b)项)。截至本文撰写之时,这一授权尚未被行使过。

6.《西班牙消费者保护法》第141条(a)项(先前的《产品责任法》(LRCP)第10条第(1)款(a)项)规定了一个较低的门槛(可扣减的)即390.66欧元。对用于私人目的之物的损害不能得到完全的赔偿,而只能在对该固定额度扣减后得到赔偿(*Lasarte Álvarez*, Manual de protección, 295-296)。同样,在西班牙,这一法律规定在政策基础上引起高度争议(*de la Vega García*, Responsabilidad civil derivada del producto defectuoso, 63;其他参见*Salvador Coderch*, Green Paper—Civil Liability for Defective Products(绿皮书——缺陷产品的民事责任),第21页,文中指出如果取消最低门槛限制,将会面临集体诉讼的危险)。此外,法律上也承认,如果低于较低的门槛额的财产损害可以根据合同和侵权的一般规则获得赔偿;实践中,这导致在大多数情况下该条款不发生什么效力(*Instituto Nacional de Consumo*, Green Paper, 59)。截至目前,只有在两个已报道的判决中扣除了该额度。这两个案例都涉及更为重大的损害(CA Burgos 13 February 2003, BDA JUR 2003 no. 122404 and CA Jaén 22 October 2002, BDA JUR 2003 no. 118952)。

7.《意大利消费者法典》(上文注释1)在第123条第(2)款规定,财产损害只有在超过387欧元时才可以得到赔偿。该法明确规定了一个限额;因此"第一个"387欧元是得不到赔偿的。意大利的消费者组织已经十分尖锐地批评了这一规定(例如,*Associazione Italiana Difesa Consumatori e Ambiente*, http://europa.eu.int/comm/enterprise/regulation/goods/docs/liability/1999-greenpaper-replies/002.pdf)和*Comitato Consumatori Altroconsumo (CCA) Milano*, www.

altroconsumo. it）。

8. 匈牙利在加入欧盟之前，仅规定了一个较低的门槛额，即 10,000 福林（Forint）（大约 40 欧元），之后它不情愿地制定了《产品责任法》（第 1 条第（4）款（b）项），规定了以损害发生之日的官方兑换率兑换的以福林计算的数额，相当于 500 欧元。在斯洛文尼亚，类似的发展已经发生。尽管处于一个相对较低的生活标准，较低的门槛限额在 2004 年也增加到了 100,000 托拉尔（Tolar）（大约 418 欧元）（《消费者保护法》第 2 条第（4）款，2004 年 5 月 3 日的法案修订）。保加利亚采用了一个较低的门槛限额，即 500 列弗（Lewa）（255 欧元）（《消费者保护法》第 131 条第（1）款第 2 项）。《波兰民法典》第 4497 条规定，因缺陷产品导致的损害，如果财产损害（产品本身的损害之外）不超过 500 欧元，则不能获赔。学术著述认为，如果损害超过了 500 欧元，则应当全部赔偿（也即，500 欧元的数额不用减去：Pietrzykowski（-*Banaszczyk*），Kodeks cywilny I[4]，art. 4497 p. 1343）。低于这一限额的损害可以通过一般规则来获赔（*Radwań ski and Olejniczak*，Zobowiązania - część ogólna[7]，275）。

9. 根据《德国产品责任法》第 11a 条，消费者必须“在财产遭受损害的情形……承受最多 500 欧元的损失”。因此，除非达到该限额，否则制造者不承担严格的产品责任，而且就超过该数额的财产损害，制造者只对剩余数额进行赔偿（BT-Drucks. 11/5520，16）。在实践中，这一条款被视为在多数情形下是缺乏效果的，因为，按照主流的法律观点，该制度与基于《民法典》第 823 条第（1）款的侵权法中的一般责任并无关联。为了避免这种情况，法院将对生产者过失的证明责任进行了倒置。在实际运用中，这种方法并不劣于“真正”的严格责任，或者至多仅在边缘领域才处于劣势（Erman（-*Schiemann*），BGB II[11]，§ 11 ProdHG，no. 1；MünchKomm（-*Wagner*），BGB[4]，§ 11 ProdHG，no. 2）。

10. 最初，1988 年《奥地利产品责任法》第 3 条第 2 项规定的限额为 5000 先令（Schilling）（大约 363 欧元），不过，这一额度在加入欧洲经济共同体之后增加到了 7900 先令（大约 749 欧元），在 2002 年 1 月又重新减少到 500 欧元。低于这一限额的财产损害属于一般侵权法制度或者涉及第三方权利的合同法规则调整的范畴（*Koziol and Welser*，Bürgerliches Recht II[12]，355；*Welser and Rabl*，Produkthaftungsgesetz[2]，§ 2 no. 11）；《产品责任法》第 14 条明确表明一般民事法不受有关门槛额度的规则的影响。

11.《希腊消费者保护法》（no. 2251/1994）最初并未规定门槛数额。由于欧洲法院在一个与不当转换指令有关的判决中对希腊进行了谴责（更多细节，参见上述注释 3），在 2002 年，希腊通过立法进入了 500 欧元这一门槛数额（Act no. 2251/1994 第 6 条第（6）款，经修订；关于此，参见 *Karakostas*，Dikaio prostasias tou katanaloti，231；*Rokas*，Evthini gia ta proionta，260；*Alexandridou*，Dikaio prostasias tou katanaloti，no. 168）。

12.《葡萄牙产品责任法》第 8 条第（2）款最初规定：“对财产的损害仅在超过 70,000 埃斯库多（escudos）时，才能获赔。”这一条文被《产品责任法令》（no. 131/2001）废止，并为该法第 9 条所替代，该条将限额增加到 500 欧元。该条文也明确规定对旨在供私人使用的物品的损害，“仅在超过 500 欧元”时，才可以得到赔偿。同样地，这一措辞也导致了解释上的困难。*Calvão da Silva*，Responsabilidade civil do produtor，701 认为，第 9 条应当理解为对规定数额的一般性扣除。不过，这一方法并不意味着“第一个”500 欧元只能在受害人证明制造者有过错的情况下，基于《民法典》第 483 条规定的一般责任制度才能获赔，因为消费者可以将其诉讼基于 1996 年 7 月 31 日的《消费者保护法 24/96》第 12 条第（5）款中的严格责任制度。

13.《荷兰民法典》第6:190条第(1)款(b)项规定,对任何对旨在供私人使用的物的损害的责任,“在适用500欧元的免赔额(*franchise*)”后,才产生。立法机关认为,指令的文本允许一项“门槛”(*drempel*),如果遭受的财产损害超过了该限额以及“可扣减的免赔额”(*aftrek*),则允许获得全部赔偿。在此背景下,荷兰选择了“门槛”方案(Onrechtmatige daad III(-*Stolker*),art. 6:190, no. 11 p. 14;对该方案的批评见*Snijders*, Produktenrecht, 83-84)。因此,在荷兰,这必然要求对例如750欧元的损害要完全赔偿,而不能代之以250欧元(参见MvA, Kamerstukken II 1987/88, 19636, no. 6 pp. 27-28)。就少于500欧元门槛的小额损害来说,在任何情况下,消费者都可以基于《民法典》第7:24条第(2)款(c)规定的严格责任向销售者提出请求(Nieuwenhuis/Stolker/Valk(-*Lankhorst*), T& C BurgerlijkWetboek[4], art. 6:190 no. 3 p. 1943; *Jongeneel*, Koop en consumentenkoop[3], 65)。产品责任指令对责任设定的限制因而在实践上被阻止了。从而,法律评论者叫嚷着废除该门槛(相反的观点参见*Dommering-van Rongen*, Produktenaansprakelijkheid, 141)。即便是将损害责任的范围限制到旨在供私人使用的物品也受到了强烈的批评(例如,*Knottenbelt*, Hoofdstukken produktenaansprakelijkheid, 74-75)。

14.《爱沙尼亚债法》第1061条第(2)款(iii)确保,对仅仅旨在供私人使用的财产的损害,“在损害程度超过相当于500欧元的数额时”,会产生损害赔偿责任。这一表述暗示超过限额的损害可以得到全部的赔偿这一事实。对由于缺陷给产品自身造成的损害通常并不施加责任(《债法》第1061条第(3)款,另外参见*Tampuu*, Juridica 2003, no. 3, 161-168)。

15.类似地,在北欧国家,门槛额的规则也并不统一。丹麦选择了4000克郎(dkr)的数额(《产品责任法》第8条,大约527欧元),芬兰选择了2350马克(Mark)(《产品责任法》第8条,大约395欧元),瑞典则选择了3500克郎(Kronen)(《产品责任法》第9条,大约375欧元)。《丹麦产品责任法》第8条和《瑞典产品责任法》第9条明确规定,在确定对财产的损害赔偿时,要减去该相关的数额。相反,《芬兰产品责任法》第8条第(2)款规定,当对财产损害的评估低于2350马克时,“不再适用”赔偿义务。超过该数额的损害则应当全部赔偿。

16.在联合王国,1987年《消费者保护法》第5条第(4)款以及采用同样措辞的《1987年消费者保护(北爱尔兰)法》第8条第(4)款规定,有关财产损失或损害,除了利息,如果应判给的总额没有超过275英镑(大约403欧元),则不再判给损害赔偿。对低于该门槛的数额的请求仍可以基于过失提起(*Nelson-Jones and Stewart*, Product Liability, 56; Clerk and Lindsell(-*Tettenborn*), Torts[18], para. 9-63)。该条文被视为仅仅设定了一项门槛,因此超过门槛的请求仍然可以得到完全的赔偿,也即,不进行扣减(*Clark*, Product Liability, 129[暗示]; *Geddes*, Product and Service Liability, 28)。基于指令的第9条(b)项要求第一个500欧元总是得不到赔偿,这一看法被某些学者认为至少是对指令的不正确施行(*Clark*, loc. cit.)。因为制定法规定的排除与实际判给的赔偿数额相关,如果索赔额超过了门槛,但由于原告自身的与有过失这一抗辩的效果,索赔额被减少至低于该门槛时,原告就违背了该条文,不能得到任何赔偿(*Nelson-Jones and Stewart* loc. cit. 56;*Tettenborn* loc. cit. para. 9-63 no. 54)。有文献承认这一规则的目的是为了阻碍小额诉讼(*Nelson-Jones and Stewart* loc. cit.),但是批评了它仅产生偶然结果的倾向(*Clark* loc. cit.)。

17.类似地,在爱尔兰,也有讨论指令规定的是一个门槛还是一个可扣减的免赔额(*McMahon and Binchy*, Torts[3], 280)。爱尔兰的立法机关全力支持第二种选择。《缺陷产品责任法》(Liability for Defective Products Act)第3条第(1)款规定:“除了本条外,有关对缺陷产品之外的财产造成的任何损失、损害或毁损,不超过 500 欧元的损害赔偿应根据本法来判给时,将不给予损害赔偿,除了本条外,超过该数额的损害赔偿应判给的,只有超过的数额可以判给损害赔偿。”爱尔兰采用了双管齐下的办法——损失必须超过 500 欧元而且 500 欧元应从判给的损害赔偿中扣除。

(2)对营业财产的损害

18. 对营业过程中使用的财产的损害的责任不属于指令的调整范围。结果就是,成员国的不同法律体系在这方面没有显著的差异。

19.《法国民法典》第 1386-1 条最初规定,如果生产者(*producteur*)与受害人之间有合同关系,生产者还应根据有关非合同责任的后续规定承担责任;因此责任非竞合(*non-cumul des responsabilités*)原则在这里并不适用(*le Tourneau and Cadiet*, Droit de la responsabilité et des contrats (2006/2007), 8404-8405)。关于产品责任的法律被认为是风险理论(*théorie de la risque*)的典型情况(*Flour/Aubert/Savaux*, Droit civil II[11], no. 300 p. 303)。因此,尽管将指令转换为国内法之后,在法国法中仍然区分了对旨在供私人使用的物的损害与对营业财产的损害(*le Tourneau and Cadiet* loc. cit. 8406;Rép. Dr. Civ. (-*Caillé*) IX[2], no. 30)。修订后的《民法典》第 1386-2 条第(2)款并未做出改变。不过,《民法典》第 1386-15 条允许企业在其相互间的交易中通过合同约定排除对财产损害的责任。

20. 与法国相比,在比利时,对营业财产的损害只能通过一般责任规则(合同的或非合同的)来获赔(Act of 25 February 1991(上述注释 1),第 11 条)。这些条款决定了这一责任是否是严格责任以及在何种情况下是严格责任,或者责任的承担是否取决于过错的存在。在卢森堡盛行的也是类似的情况(《产品责任法》第 2 条第(1)款第 4 项)。

21. 类似地,根据《西班牙消费者保护法》第 129 条第(1)款(先前的《产品责任法》第 10 条第(1)款),涉及财产损害的严格责任制度的唯一受益者是消费者(CA Toledo 16 March 2000, AC 2000/959[因为供电的中断,不能要求餐馆老板承担责任];类似的有 CA Alicante 8 January 2002, BDA JUR 2002/48487;此外,比较 CA Burgos 13 February 2003, BDA JUR 2003/122404[因为设备的技术缺陷导致理发店遭受火灾损害,不能根据(先前的)产品责任法施加责任;严格责任仅适用于顾客和店员私人财产所受的损害])。因此,对营业财产的损害的产品责任由民法典中的一般合同法或侵权法制度来调整(例如 CA Navarra 22 September 2003, BDA JUR 2004/112848:在取得缺陷财产时不得类推适用(先前的)产品责任法;对购买人的利润损失不能要求生产者承担严格责任;另外,一般侵权法的规则下也不存在风险责任)。

22.《意大利消费者法典》第 123 条第(1)款(b)项规定,本法典不适用于对旨在营业过程中使用的或为专业目的使用的财产造成的损害。因此,例如,因生产中断造成的损害或者将缺陷产品卖给那些在别处从事经营的顾客而造成的损害,只能通过合同法或侵权法的一般规则来获赔(《意大利消费者法典》第 127 条第(1)款;另外参见 *Franzoni*, Dei fatti illeciti, sub art. 2056, p. 846)。与《民法典》第 2043 条中包含的侵权法的一般过失责任一起,首先必须关注《民法典》第 2049 条和第 2050 条这两项严格责任的规定。另外,因车辆的制造缺陷造成的损害也由《民法典》第 2054 条第(4)款规定的严格责任制度来调整(Alpa and Mariconda (-*Alpa*), Codice civile commentato IV, art. 2054, VI, no. 11)。

23.《匈牙利产品责任法》第 1 条第(4)款(b)项以类似的方式承认了一项仅有利于消费者的对财产损害的严格产品责任。根据《波兰民法典》第 449[2] 条的规定,对旨在供个人使用的财产造成的损害,只有该财产实际上主要用于私人目的时,危险产品的生产者才对之承担责任。对"营业"财产的损害只能通过一般规则来获赔。

24. 尽管《德国产品责任法》第1条第(1)款第2句也仅规定了有利于消费者的对财产损害的严格责任,但是根据侵权法的一般条款(《民法典》第823条第(1)款),必须注意到一种特殊情况,也即,在商业经营(business undertakings)遭受损害的情形,存在一项可推翻的推定,即推定缺陷产品的制造者行为不法且有过错(奠基性的判例为 BGH 26 November 1968, BGHZ 51, 91)。然而,这种现状与指令声称的作为规定完全协调的缺陷产品责任的规则的目标是否相统一,尚存争议(Langenbucher (-*Riehm*), Europarechtliche Bezüge des Privatrechts, 202-203)。

25.《奥地利产品责任法》第2条(旧版)最初也将对经营财产的损害包含在针对财产损害的保护性的严格责任的制度内。不过这一法律立场在1993年准备加入欧盟时已经改变了(第2条第(2)款,新版)。联邦最高法院之后不断确认,有关对财产的损害,只有消费者属于该条文的保护范围,并非"每个人"都可以利用该条提供的保护(OGH 26 November 2002, ecolex 2003, 161; OGH 22 February 2005, RS 0117224)。关于对营业财产的损害,只能根据民法典中有关过错的一般条款来确定责任。

26. 在希腊,只有旨在供私人使用或消费的物品才属于《消费者保护法》的调整范围(第6条第(6)款;此处使用的术语,即"财产"(items of property)的含义应等同于"物"(thing)的含义: *Karakostas*, I evthini tou paragogou gia elattomatika proionta, 82)。在 Act no. 3587/2007 修改了消费者保护法之后,"财产"这一概念包括了使用环境"物品"的权利。严格责任制度不适用于为了在营业过程中使用而获取的物,即使在具体情形中,它们实际上被用于非商业目的(*Karakostas*, Dikaio prostasias tou katanaloti, 228;关于不同的观点,参见 *Baltoudis*, I evthini apo ta elattomatika prioionta, 310)。不过,企业经营者就其遭受的财产损害,可以依赖司法创制的有关举证责任倒置的规则(*Karakostas* loc. cit. 82)。

27. 同样地,《葡萄牙产品责任法》第8条第(1)款将对财产损害的严格责任限定在旨在供私人使用的物上。企业经营者唯一的求助对象就是民法典中基于过错的一般规则(STJ 27 April 2004, Proc. 04B44057, Relator *Ferreira de Almeida*;CA Lisbon 9 July 2003, Proc. 3635/2003-6, Relator*Lúcia de Sousa*)。这和下述法律中的主流情况也是一致的,即《荷兰民法典》第6:190条第(1)款(b)项;《丹麦产品责任法》第2条;《芬兰产品责任法》第1条第(1)款;《瑞典产品责任法》第1条第(2)款;或者在合适的情况下,根据共同的斯堪的纳维亚侵权法中的过错规则。

28. 最后,英国(1987年《消费者保护法》第5条第(3)款;《1987年消费者保护命令(北爱尔兰)》第8条第(3)款)和爱尔兰(《1991年缺陷产品责任法》第1条第(1)款)的情形也是一样的。对财产造成的损失或损害,只有在该财产通常旨在供私人使用或消费时,才属于责任的范围——因此,商业使用被排除在外。在后一情形,责任只能基于侵权行为或不法行为的一般规则。

Ⅲ. 对非经济损失的责任

29. 产品责任指令留给成员国来决定它们是否希望规定非经济损失在严格责任制度中也可以得到赔偿。大多数成员国对该问题做出了肯定的回答。

30. 根据法国、比利时、卢森堡和西班牙的法律(比较《西班牙消费者保护法》第129条第(1)款[先前的《产品责任法》第10条第(2)款]),毫无疑问,非经济损害可以根据严格的产品责任制度得到赔偿。这一主张是不言自明的。在意大利,这类损害在很长一段时间内是不能得到赔偿的(例如,CFI Milan 31 January 2003, Resp. civ. e prev. 2003, 115),但现在,在高级法院有关非经济损失的可赔性的判决中发生了方法的改变之后(例如 CFI Rome 4 December 2003, Danno e resp. 2004, 52; CFI Rome 3 November 2003, Danno e resp. 2004, 529 和 CFI Brescia 31 March 2003, Danno e resp. 2004, 666),赔偿已经得到了确保。

31. 此外,以下国家也确保了对非经济损失的赔偿:葡萄牙(《产品责任法》第8条第(1)款;参见 *Calvão da Silva*, Responsabilidade civil do produto, 678;它额外提及,根据《民法典》第496条,责任也针对"旁观者");匈牙利(《产品责任法》第1条第(4)款(a)项);波兰(《民法典》第449[1]条和第445条第(1)款);罗马尼亚(《产品责任法》第2条第(3)款);德国(《产品责任法》第8条第2句);保加利亚(《消费者保护法》第131条第(2)款);爱尔兰(《1991年缺陷产品责任法》,第1条第(1)款,它界定"人身伤害"包括了"疾病或对个人身体或精神状态的损害")以及联合王国的法律(*Geddes*, Product and Service Liability, 25-26; Clerk and Lindsell (-*Tettenborn*), Torts[18], para. 9-63; *Clark*, Product Liability, 130-131; *Nelson-Jones and Stewart*, Product Liability, 53)。在北欧诸国,同样承认了非经济损失可以获得赔偿。在瑞典,根据位处《损害赔偿责任法》第5章第1条第(3)款中的一般规则的基本原理,也即,产品责任制度并非旨在限制受害人的法定权利而是要将之扩展,对此类损害的赔偿得到允许(*Hellner and Radetzki*, Skadeståndsrätt[7], 317)。《丹麦产品责任法》第6章第13条规定,该法没有限制原告基于合同或侵权的一般规则获得赔偿的可能性。《芬兰产品责任法》第11条中也有相同的规定。

32. 相比之下,非金钱损害此前被认为不能根据希腊的严格产品责任制度获得赔偿。就此类损害,《消费者保护法》(2251/1994)援引了一般侵权法的规则。主流的法律观点解释此种交叉引用是意指,对非金钱损害的赔偿请求只能在制造者有过错的情况下才能加以主张(*Karakostas*, I evthini tou paragogou gia elattomatika proionta, 196; CA Thessaloniki 3141/2002, ChrID 2003, 135; CA Athens 5298/2001, DEE 8 (2002), 1137; 尚不明确的是, CA Piräus 301/2001, DEE 7 (2001), 1147, note*Karakostas*;相反的观点参见 *Eleftheriadou*, PHI 1999, 102, 107 和 *Baltoudis*, I evthini apo ta elattomatika prioionta, 312)。不过, Act 2251/1994(《消费者保护法》)第7条经 Act no. 3587/2007 修订后,已经规定了非经济损失的可赔性。

Ⅳ. 对发展风险的责任

33. 制造者能否通过主张发展风险的抗辩(导致了超出了其控制范围的发展风险的实现)来逃脱责任的问题,尽管其重要性不大,仍是欧洲产品责任制度中最具争议性的政策问题之一。在这方面,不仅有必要评估两个相反阵营的观点,而且在各自的阵营中,就细节也存在不同程度的差异。

34. 根据《法国民法典》第1386-11条第(1)款第4项,除非制造者能够证明根据受影响的产品投入流通时存在的科学技术知识水平尚不能发现该缺陷的,否则应当承担责任。因而,原则上,发展风险实现的风险是由消费者来承担的。《民法典》第1386-12条第(2)款通过以下规定弱化了这一出发点:"在产品投入流通10年后,面对已经显露的缺陷,制造者没有采取适当的措施来避免其损害后果的,不能援引第1386-11条第(1)款第4项和第5项规定的免责情形。"如果在产品投入流通后的10年内,有关发展风险出现新的发现,根据具体情况,制造者负有警告或者召回产品的义务(详见 *le Tourneau and Cadiet*, Droit de la responsabilité et des contrats (2006/2007), 8425)。尽管这一条款被欧洲法院视为违反了共同体法(ECJ 25 April 2002, 参见上文注释3),法国立法机关尚不认为为该条款引入一项修正案是合适的。

35.《比利时产品责任法》第8条(e)项仍忠实于指令的表述。一项议会的动议提议删除发展风险抗辩但未获成功(*Parl. St. Kamer*, Zittingsperiode 1999 - 2000, 0480/001 和 *Parl. St. Kamer*, Zittingsperiode 2000 - 2001, 0966/003, p. 6)。不过,在学术文献中已经提出对该抗辩事由要采用一种限制的方法(*Van de Gehuchte*, De aansprakelijkheid voor producten, 84; *Verlinden*, Twintig jaar productaansprakelijkheid, no. 24 p. 44)。同样地,马耳他允许在发展风险实现时免除责任(《消费者事务法》第62条(e)项)。与此相反,根据卢森堡的法律,生产者应承担发展风险(*Ravarani*, Pas. luxemb. (31) 2000, 393, no. 511)。

36.《西班牙消费者保护法》第140条第(1)款(e)项(先前的《产品责任法》第6条第(1)款(e)项)原则上允许制造者举证证明"产品投入流通时的科学技术知识水平尚不能发现缺陷的存在",但是《消费者保护法》第140条第(3)款(先前的《产品责任法》第6条第(3)款)规定,这一免责事由在供人类消费的药品、食物和食物制品的情况下不能适用。另外,在国家作为被告的情形,特别法从基本规则中引入额外的免责事由(《公共管理的一般制度法》(General Regime of Public Administrations Act [LRJ - PAC])第141条第(1)款)。在针对这一领域的特殊的特定规则被引入之后,尚未出现能够成功引用发展风险免责的其他案例。

37. 根据《意大利消费者法典》第118条(e)项的规定,如果产品投入流通时的科学技术知识水平尚不能确定缺陷存在的,制造者可以免责。截止到目前,似乎在意大利尚无诉讼因为主张该抗辩而败诉。

38.《斯洛文尼亚消费者保护法》第10条第5项实际上承认了发展风险的实现可以相当于一项导致免责的抗辩。不过,该法的措施与指令有所不同,它明确规定,必须证明产品投入流通时,"世界范围内"的科学技术知识水平尚不能发现该缺陷。但也有学者认为,这种表述内容上是明智的,并不偏离指令(*Siegel*, Produkthaftung im polnischen, tschechischen und slowenischen Recht, 127)。《匈牙利产品责任法》第7条第(1)款(d)项和《保加利亚消费者保护法》第137条第(1)款第5项遵循了指令的文本。另外,发展风险的抗辩也为《罗马尼亚产品责任法》第7条(e)项和《波兰民法典》第4493条第(2)款第2句所支持。

39. 发展风险抗辩也为《德国产品责任法》第1条第(2)款第5项所承认;不过,这一抗辩并不适用于药品责任(《药品法》[AMG]第84条)以及包含转基因生物或者由这种生物组成的产品(《基因技术法》[GenTG] 第37条第(2)款第2句)。根据判例法,《产品责任法》第1条第(2)款第5项的规定只适用于设计缺陷,而不适用于制造缺陷(BGH 9 May 1995, BGHZ 129, 353, 358)。

40.《奥地利产品责任法》第8条第2项以类似的方式排除了对发展风险的责任。发展风险被界定为源自产品性质的风险,该危险根据产品投入流通时通行的科学技术知识水平尚不能被发现(OGH 8 April 1997, SZ 70/61; OGH 24 October 2001, RS 0 107608)。对缺陷的可发现性这一要件,有极其严苛的标准。只有在证明不可能将产品的某个属性视为缺陷时,才可以免责;在无法确定一个脱线产品的缺陷时,该抗辩也不能适用(在德语中字面上是"脱线物",例如材料上的缺陷)(OGH 22 October 2002, ecolex 2003, 46)。还没出现生产者因为发展风险的存在而免责的案例(例如,比较 OGH 6 September 2000, ZVR 2001/36 p. 127[一辆缆车*的法兰轮断了,断裂处可以通过X射线检测出来];OGH 8 April 1997, SZ 70/61[矿泉水瓶的瓶盖由于过高的压力爆炸了]以及 OGH 28 June 1995, JBl 1996, 188[因为液压油的污染导致液压起重机崩溃])。

---

* 原文中为"cable care",疑为"cable car"之误。——译者注

41.《希腊消费者保护法》第6条第(9)款(e)项和《葡萄牙产品责任法》第5条的法律立场在所有重要事项上都与现今奥地利的主流法律立场一致。在法律评论中,这些条款在某种程度上受到了尖锐的批评(*Alexandridou*, Dikaio prostasias tou katanaloti, nos. 219-221; *Rokas*, Evthinigia ta proionta, 224-225; *Alves*, A responsabilidade do produtor: soluções actuais e perspectivas futuras, 44)。荷兰也是如此(《民法典》第6:185条第(1)款);同样,在这一司法辖区(就目前所能确定的),就成功援引发展风险抗辩的情形,尚无既决的判例法。

42.《芬兰产品责任法》第7条并不承认发展风险抗辩。因而,芬兰的法律立场与丹麦(《产品责任法》第7条第(4)项)和瑞典(《产品责任法》第8条第4项)的主流法律立场有所不同。首先在丹麦,注意焦点似乎集中在选择了一项为其他大多数成员国采用的规则(*Bloth*, Produkthaftung, 48)。在瑞典,这一规则成为了热烈的政治争论的主题。成为最后的决定因素的问题是确保瑞典的工业不被置于一个不利的竞争地位的愿望(*Bloth* loc. cit. 49)。

43.并不奇怪的是(因为在联合王国接受指令前,已经坚持将这一抗辩纳入进来),发展风险抗辩在联合王国得到采用(1987年《消费者保护法》第4条第(1)款(e)项;1987年《消费者保护命令(北爱尔兰)》第7条第(1)款(e)项),尽管它采用的条款较之指令对制造者更为慷慨(*Nelson-Jones and Stewart*, Product Liability, 69)。该抗辩被认为原则上适用于先进技术(航空航天、医药、化工),但一些评论者认为这一抗辩在缺陷产品的严格责任的网络中留下了一个明显的缺口(*Nelson-Jones and Stewart* loc. cit. 68)。"反应停性质"(导致指令和施行法的主要动因之一)的案件中的原告可能持续未获得赔偿,被认为是保护产业创新和技术发展的代价,否则它们将会受到阻碍(*Nelson-Jones and Stewart* loc. cit.)。另外一个主要原因是为了降低保险费用。不过,一些评论者怀疑对这一抗辩的需求及其正确性(即使像指令中规定的那样)(*Clark*, Product Liability, 183-184)。

44.类似地,在爱尔兰,伴随发展风险抗辩的困难已经带来了热烈的政策讨论(*Pelly*, [2002] 20 ILT, 9, 12; *McMahon and Binchy*, Torts[3], 290)。最后,决定严格遵照指令的措辞(《1991年缺陷产品责任法》,第6条(e)项)。在本文写作的时候,就有关发展风险抗辩的条文,似乎还没有相关的判决。

V.对责任的经济限额

45.成员国对其是否愿意对责任设定经济限额的问题反应不同。以下成员国决定避免采用这样一项规定:《法国民法典》,《比利时产品责任法》,《卢森堡产品责任法》,《马耳他消费者事务法》,《意大利产品责任法》,《斯洛文尼亚消费者保护法》,《匈牙利产品责任法》(参见第13条第(2)款),《波兰民法典》,《保加利亚消费者保护法》,《罗马尼亚产品责任法》(参见第3条),《奥地利产品责任法》,《希腊消费者保护法》(2251/1994)(废除了之前的责任限额),《葡萄牙产品责任法》(自2001年的改革之后),《爱沙尼亚债法》,《立陶宛民法典》,《拉脱维亚缺陷产品和瑕疵服务责任法》,《荷兰民法典》,所有北欧诸国的产品责任法,联合王国的1987年《消费者保护法》和1987年《消费者保护命令(北爱尔兰)》,1991年《爱尔兰缺陷产品责任法》以及《塞浦路斯缺陷产品(民事责任)法》。

46.相反,西班牙和德国的法律引入了责任的经济限额。《西班牙消费者保护法》第141条(e)项(先前的《产品责任法》第11条)将对人身伤害的金钱赔偿额限制在6,310,627,096欧元。相反,它在财产损害责任上没有设置经济限额。在许多场合,都建议废除该经济限额(它尚未获得实际意义)(*Instituto Nacional de Consumo*, Green Paper, 62)。《产品责任法》第11条仅涉及由

"具有同一缺陷的相同产品"导致人身伤害的情形。这一规定带来了大量的解释问题(*de la Vega García*, Responsabilidad civil derivada del producto defectuoso, 129)。此外,民法典规定的责任制度仍然有适用余地,因此,在最终效果上,可以通过求助于民法典的规定而规避责任的经济限额(*de la Vega García* loc. cit.)。

47.《德国产品责任法》第10条第(1)款实质上与西班牙的规定相似。不过,德国的责任限额是8500万欧元。该限额只包括源自人身伤害的损害,不适用于对财产造成的损害。主要是德国坚持认为,指令应当允许成员国引入对损害的限额(MünchKomm(-*Wagner*), BGB[4], § 10 ProdHG, no. 1; *Taschner*, NJW 1986, 612)。不过,《产品责任法》第10条第(1)款源自指令中包含的授权,因为经济限额也适用于单一产品造成的重大损害(如通过飞机或火车)。类似地,《产品责任法》第10条第(2)款规定,在超过最高限额的情况下,应向多个受害人给付的损害赔偿应按比例来减少,这并非是指令的特征。

第Ⅵ-3:205条 机动车辆致害的归责

(1)机动车辆的保有人对因使用车辆造成的交通事故中发生的人身伤害及其后继损失、本卷第2:202条(因受害人的人身伤害或死亡而造成的第三人损失)所规定的损失以及因财产损害造成的损失(对车辆及其运输的货物造成的损害除外)承担责任;

(2)"机动车辆"是指以机械动力驱动的用于陆上行驶的任何车辆,但不包括轨道交通工具,以及不论是否连接起来的任何拖车。

评 论

A. 本规则的概念

原则的阐述;无详细的规则。在许多成员国中,机动车损害责任都是一部精致而详细的特殊立法制度的主题,就这些立法来说,其外围已经邻接了过多的保险法——特别是损失赔偿保险——的规则。作为本立法主题的广泛的法律问题不适合在本示范规则的背景下进行详细描述。另一方面,如果示范规则在规范交通事故的法律上保持沉默,就会造成重大疏漏:通常来说,交通仍然是造成损害的最重要原因之一。因此,本条阐述了对责任法至关重要的两条原则,但也仅限于此。这些原则是:机动车造成的人身伤害和财产损害的责任(1)是严格责任,并且(2)由机动车的保有人承担。机动车保有人的严格责任,在当今欧洲几乎是一个共同特征。在没有这种规定的少数国家里,有保险的解决途径或者提高了注意的标准,这在实践中或多或少达到了相同的结果。

第Ⅵ-3:207条(a)项(对具有法律相关性的损害的其他归责)。本条必须与第

Ⅵ-3:207条(对具有法律相关性的损害的其他归责)(a)项联系起来理解。这是因为在本条中,只有机动车辆的责任,而没有对其他危险机器(如起重机、混凝土搅拌机、将树枝切成木屑的切碎机)的责任。这些规则本身没有建议对此类机器适用严格责任,对诸如自行车之类的非机动车辆也同样如此。成员国之间的观点是如此不同,以至于无法对所有这些领域设计出一项可接受的共同建议。因此,这些规则并不包含下述建议——再次放弃在以上列举的领域中已经存在的责任制度;通过第Ⅵ-3:207条(对具有法律相关性的损害的其他归责),本小组实际上澄清了,在这些议题上不可能达成统一的立场。

保险。当保险解决途径限制了保有人(或者对造成的损害负有责任的任何其他人)的责任时,那些规则将借由第Ⅵ-7:105条(对受害人责任的减轻或免除)的适用而获得优先性。保险人或保险基金的直接责任问题不属于本卷的主题。此类问题属于保险法,而不属于关于非合同损害责任的一般法。这实际上可以从第Ⅵ-1:101条(基本原则)中得出。保险提供的解决途径的运作独立于保有人或者损害最初造成者的个人责任(包括交由受害人自己对保险人或加害人主张权利的保险救济),其同样不受影响。对基金的请求适用同样的规则,特别是在那些因驾驶人逃离事故现场而无法确定造成损害之人的情形中。二者都可以从第Ⅵ-1:103条(适用范围)(d)项中得出。

具有法律相关性的损害。和第三章第二节中的所有严格责任的情形一样,本条仅与人身伤害和财产损害有关。和机动车保有人责任有重要关系的特定风险仅仅表现为人身伤害和财产损害。对所有的其他损害,只有在行为人具有故意或者过失时,才是具有法律相关性的损害,因此才可得到赔偿;这里并不涉及保有人本身(the keeper *qua* keeper)。

示例1

一时冲动之下,一位沮丧的恋人将他的女朋友——她想要与他分手——锁在了一位熟人的机动车的后备箱里。这位熟人并不仅仅因为是机动车的保有人,而对非法拘禁承担责任。

财产损害。因使用机动车造成的损害,必须是给机动车或者其货物之外的物所造成的。对机动车自身的损害而言,机动车的保有人对机动车的所有人不承担严格责任。保有人责任的目的是保护第三人,而不是保护对机动车拥有权利之人(如,在付清全部价款前仍保留机动车所有权的出卖人)的财产利益。任何通过机动车运输的商业货物,同样被排除在机动车保有人责任之外。货物损害适用运输法的特别制度。然而,对乘客遭受的财产损害的责任包含在内,例如,对乘客携带的衣服或者手机的损害。

人身伤害。相反,对于人身伤害,可主张赔偿的权利人的范围没有受到限制。特别是,个人并不因为他们是机动车的乘客或者当时在开车,而不受本条的保护。在机动车运行中发挥作用的人,就其人身伤害也可以向保有人主张损害赔偿。

抗辩。第五章中的一般抗辩同样适用于第Ⅵ-3:205条规定的保有人责任。然而,第Ⅵ-5:102条(与有过错与责任承担)第(2)款(c)项值得特别提及,因为根据此项,在道路交通的情形中,只有受害人一方的重大的与有过错(重大过失)才会被考虑。此规定明显只与人身和健康伤害有关。

B. 细节

机动车辆和拖车。本条规定了不利于机动车保有人的严格责任。第(2)款定义了"机动车"的含义。该定义取自第72/166/EEC号指令(关于机动车使用的民事责任保险的[第一]指令)。因此,第Ⅵ-3:205条第(1)款规定的严格责任仅涉及所有类型的机动车辆,包括慢速行驶的车辆(如拖拉机、带有附属发动机的自行车和坐式割草机,根据建造方式,它们的速度可能无法超过20公里/时)。根据指令,拖车也是"机动车辆",即使在事故发生时拖车并没有连接上牵引车辆。铁路车辆(包括有轨电车和地铁)、飞机和船舶被排除在外;它们向来受特别的责任制度的规范,而不受本规则(第Ⅵ-3:207条(对具有法律相关性损害的其他归责))(a)项的影响。

保有人。本条语境下的保有人这个术语也来自一般规则(参见上述对第Ⅵ-3:203条(动物致害的归责)的评论)。盗窃人和其他违背保有人意志而使用机动车辆的人,自己使自己成为了保有人。然而,"真正的"保有人的过失责任在下述情形中仍可能适用:当保有人违反义务,未采取合理的措施确保机动车免受未经授权的使用时,责任就会产生。

无针对驾驶人的特殊责任。本条将责任引向保有人(或者保有人的保险人)。相反,驾驶人同时并非保有人时,其责任适用一般规则。在专业驾驶人的情形,国内法律体系甚至可能规定了特别的免责,参见第Ⅵ-7:104条(雇员、雇主、工会和雇主协会的责任)(a)项。在此背景下,让私人驾驶人承担特别的加强责任(以严格责任或者推定的不当行为的责任的形式)似乎并不合理。保有人的严格责任,与强制保险和对保险人的直接请求权一起,充分满足了受害人保护的要求。

因使用机动车辆造成交通事故。责任被限定在下述情形中,即"因使用机动车辆而造成的交通事故"引起了损害。因此,只有当机动车被停放在道路上,或停放在向交通或公众开放的区域内时,与该停放着的车辆相关的损害才受本条规范。换句话说,本条仅与下述情形有关,即车辆在公共道路上或者在公众可以进入的道路上使用,并且在此过程中,突发事件意义上的"事故"发生了,尤以碰撞为典型。

示例2

X是一辆拖拉机的承租人和保有人,他开车拉着装满大捆干草的拖车从田地里回家。他没有注意到干草着了火,因而给邻地造成了火灾,邻地当时同样正在收割。X因过失侵犯财产权而应承担责任,而不是因他作为拖拉机和拖车保有人的身份。这里并不涉及交通事故的问题。

示例3

某人违规停车造成交通堵塞。这并不涉及交通事故。

因果关系。因果关系方面适用第四章中的一般规则。因此，必须可能认为，相关的人身伤害和财产损害应被看作是使用相关机动车的结果，参见第Ⅵ－4:101条（一般规定）。如果某人因疏忽或醉酒而撞上一辆妥当地停放在路边的车辆，这辆车就不被看作是造成伤害的原因。这同样适用于下述情形中位于队首的车辆，即队列中的第三人将第二辆车推向队首的车。对队首车辆的使用并没有给第二辆和第三辆车造成损害。车辆（停放着的汽车或者第一辆车）仅仅"牵涉"进事故是不够的；事实上，是否是对车辆的使用引起了第Ⅵ－4:101条（一般规定）意义上的相关事故，才具有决定性意义。

示例4

两辆车发生碰撞，被停留在路上，结果是一辆后来的车辆来不及刹车而撞上它们。在这种情形下，造成第一次事故的人也造成了第二次事故。

注　释

1. 在法国，调整交通事故责任的法律落脚在《改善交通事故的受害人的状况与加速赔偿程序法》(*Loi tendant à l'amélioration de la situation des victims d'accidents de la circulation et à l'accélération des procédures d'indemnisation* － *Loi Badinter*)中；甚至有学者主张这些规则是公共秩序(*d' ordre public*)(*Flour/Aubert/Savaux*, Droit civil II[11], no. 320 p. 337)。根据上法第1条，该法旨在赔偿"牵涉"(*impliqué*)入陆上机动车辆的交通事故的受害者。所有类型的拖车都为该法所包括；然而，需要轨道的机动车（火车、有轨电车等）被排除在本法的适用范围之外。受害人是在机动车之内还是之外，或者受害人是基于合同还是基于其他原因而被运输，都无关紧要。"事故"这个术语是指导致损害发生的任何事件(*Flour/Aubert/Savaux* loc. cit. no. 324 p. 341)。"陆上"机动车辆这一概念也被赋予了广义的解释（例如，Cass. civ. 24 June 2004, Bull. civ. 2004, II, no. 308：由牵引力驱动的割草机）。当作为事实问题，一辆车"被牵连进"一起事故时，它就被"牵涉"进了一起事故（例如，Cass. civ. 29 April 1998, JCP éd. G 1998, IV, 2342［一辆机动车牵涉进了一起碰撞，就牵涉进了一起事故，无论何时也与它是正在被驾驶还是处于静止状态无关］和Cass. civ. 24 June 1998, Bull. civ. 1998, II, no. 205 p. 121［在一个涉及许多车辆的碰撞中，每辆车都牵涉进了事故，与它在导致碰撞发生中发挥的作用这一问题无关］)。牵涉(involvement, *implication*)这一要件并不表示一项因果关系标准，事件的单纯巧合(*coincidence*)即为已足(*Favre Rochex*, GazPal 1998, doctr., 355)。只有当受影响的车辆在事故中没有发挥任何作用时，才能说这辆车没有牵涉进这个事故（详细论述见*Lambert－Faivre*, Droit du dommage corporel[5], no. 473 p. 632和*Fabre－Magnan*, Les obligations, no. 299 p. 804)。"交通事故"这一概念需要有关的车辆在交通事故发生时参与到交通之中。并不要求车辆在运行，像涉及停放着或静止的车辆的事故——作为一条规则——也是交通事故(例如,Cass. civ. 22 November 1995, JCP 1996, II, 22656, note*Mouly* :当一辆停放着的车辆起火并蔓延至建筑物和其他车辆时,交通事故得到确认)。然而,如果损害是故意造成的,就不构成事故(Cass. civ. 12 Dezember 2002, D. 2003, I. R., 468)。本制定法规定,诉讼可以对牵涉进事故的驾驶人或车辆的监管人(*gardiens*)提起。如果事故发生在机动车和行人或骑自行车的人之间,后者的责任(如,对机动车的损害)继续受普通法(*droit commun*)的规范(Cass. civ. 19 January 1994, Bull. civ. 1994, II, no. 28 p. 15)。*Badinter* 法(*Loi Badinter*)的第2条将责任人定义为牵涉进事故的机动车的驾驶人(*conducteur*)和保有人;这一规定的结果就是可以决定"适当的"保险(*Terré/Simler/Lequette*, Les obligations9, no. 960 p. 931)。驾驶人和监管人(*gardien*)不可以对受害人援用不可抗力或第三人行为;如果驾驶人是受害人,这条规则对保管人同样适用。非驾驶人的受害人可对人身伤害获得赔偿(同上法,第3条第(1)款);如果事故的唯一原因是受害人不可原谅的过错(faute inexcusable),这些损害不能获得赔偿。在以下情形中——受害人不满16岁或超过70岁或遭受的伤害至少降低了其80%的谋生能力,这种抗辩事由不能适用(同上法,第3条第(2)款)。事实上,只有在自杀或者试图自杀的情形下,他们的赔偿请求才会被排除(同上法,第3条第(3)款)。如果机动车的驾驶人是受害人,他的赔偿请求会在考虑到与有过失之后得到减少(同上法,第(4)款)。在财产损害方面,遭受伤害之人的与有过失可能会导致责任被限制或者甚至被排除(同上法,第5条第(1)款)。在这一标题之下,对医学规定的项目和设备存在例外;它们由那些适用于人身伤害的规则来调整。对机动车自身的损害,当驾驶人不是所有人时,所有人对车辆监管人及后者的保险提出的请求,可能会受到驾驶人过错的抗辩;然而,在这种情形下,所有人对驾驶人享有直接的追偿权(同上法,第5条第(2)款)。

2. 根据《比利时机动车保险责任法》(*Loi relative à l' assurance obligatoire de la responsabilité en matière de véhicules automoteurs* - WAM)第29*bis*条第(1)款第1项,对牵涉进交通事故的车辆,就所有人的责任提供承保的保险人、驾驶人或者车辆持有人(*détenteurs*),对赔偿因事故造成的人身伤害(死亡、身体伤害)承担共同连带债务。当交通工具的驾驶人故意造成损害时,这一规则也适用。所有类型的财产损害(例外:假体和其他类似的辅助物[轮椅、导盲犬、儿童座椅:*Simoens*, RW 2000-01, 1577, 1584, no. 27])、对受害方衣服的损害以及牵涉进事故的交通工具驾驶人遭受的人身伤害,均被明确排除在本规定的适用范围之外;此外,14周岁以上并故意造成事故的受害人遭受的人身伤害,也被排除(同上法,第29*bis*条第(1)款第6项)。"机动车"(motor vehicle)这个术语指所有的受机械动力推动并用于地上行驶,且没有与任何铁路轨道相连的车辆(*véhicules destinés à circuler sur le sol et qui peuvent être actionnés par une force mécanique sans être liés à une voie ferrée*)(同上法,第1条)。电动车(Motorised vehicles)和拖车被置于同一分类中,只要它们满足了适当的皇室法令(royal decree)的标准并被用来运输人或物。电动轮椅不包含在电动车这一术语中(同上法,第29*bis*条第(3)款)。根据第29*bis*条第(1)款第2项,轨道交通工具(track bound vehicles)的所有人也要承担责任。在碰撞发生的所有情形中,相关的交通工具都"涉及"进一起事故。如果受害人没有接触另一方的交通工具,必须证明这辆车在引起事故发生方面发挥了某种作用(*Simoens* loc. cit. 1580, no. 15)。只有发生在公共道路上或者发生在对公众或一定数量的个人自由开放的区域内的交通事故,才属于本法的适用范围(同上法,第2条第(1)款并用第29*bis*条第(1)款第1项)。除驾驶人之外,所有的受害人和其晚辈血亲都可主张赔偿(同上法,第29*bis*条第(2)款;对"驾驶人"概念的分析,另见 *Simoens* loc. cit.

no. 21 p. 1582);只有满足以下两个条件,驾驶人才可以得到赔偿:一是他们是受害人的后代;二是他们没有故意造成损害。如果造成的损害不适用本制定法的规定,则可以根据一般的民法规定获得赔偿(同上法,第29*bis*条第(2)款);这特别涉及驾驶人的财产损害和人身伤害请求。

3.《西班牙机动车辆交通责任和保险法》第1条第(1)款规定,"由于驾驶人驾驶产生的风险,机动车驾驶人应对在交通过程中造成的人身或者财产损害承担责任"。就人身伤害和死亡而言,对与使用机动车有关的风险的实现所承担的责任是严格责任(*Díez - Picazo and Gullón*, Sistema II[9], 574);相反,财产损害仍受《民法典》第1902条这一一般制度规范(《机动车辆交通责任和保险法》第1条第(1)款和第(2)款)。《机动车辆交通责任和保险法》的适用范围由"交通事件"(hecho de la circulación)和"机动车"(*vehículo a motor*)这两个概念来调整。《道路交通责任规章》(*Real Decreto* 1507/2008)第2条规定,交通事件是指作为机动车行驶创造的风险的结果而发生的任何事实,包括那些发生在车库和停车场的事实,而不管它们是发生在公共道路上还是私人道路上。以下情形不属于此种事件(*hechos*):(1)在体育竞赛即专门为此种用途而设计或改造的环线(circuits)上发生的事故;(2)在工业或农业活动过程中发生的事故,除非它们发生在道路上;(3)将机动车作为从事故意的犯罪行为的工具使用。《道路交通责任规章》第1条对"机动车"的定义,是以第72/166/EEC号指令为基础的。农场机器暴露后发生的损害并不意味着是一场交通事故(TS 10 February 1998, RAJ 1998 (1) no. 752 p. 1178; TS 7 May 1998, RAJ 1998 (2) no. 3238 p.4723),儿童在车库里因一氧化碳中毒也不是交通事故(TS 4 July 2002, RAJ 2002 (4) no. 5900 p. 10483)。根据《机动车辆交通责任和保险法》第1条第(1)款,责任由驾驶人承担。不过,该法第5条第(1)款(i)项规定,如果《刑法典》第120条第(5)款意义上的驾驶人是机动车所有人的雇员,并实施了犯罪行为,那么机动车所有人要和驾驶人一起承担严格责任(进一步参见*Gómez Calle*, Los sujetos de la responsabilidad civil[3], 524)。如果雇员实施的造成损害的行为尚不构成犯罪行为,所有人则以《民法典》第1903条为基础承担责任(*Díez - Picazo*, Derecho de daños, 130; *Roca i Trias*, Derecho de daños[3], 247)。《机动车辆交通责任和保险法》第5条第(1)款(i)最后*规定,如果所有人证明他像善良家父(*buen padre de familia*)一样采取了措施来阻止损害,则不承担责任。这一条款与《民法典》第1903条一致,但与《刑法典》不同,后者规定了附属性的严格责任。此时,这种紧张是如何被化解的,还不能得出最终的结论(详见*Yzquierdo Tolsada*, Sistema de responsabilidad civil, 294和*Gómez Calle* loc. cit. 525 - 527)。关于监管人的责任尚无制定法的规则;这种事态(state of affairs)经常受到批评(*Reglero Campos*, Responsabilidad civil, 913)。TS 30 December 1992, RAJ 1992 (5) no. 10565 p. 13807一案拒绝认定公司负有责任,在该案中,公司将公司的一辆车交由一名雇员来处理。雇员自己允许他的儿子使用这辆车(未经公司允许);儿子造成了一起交通事故;公司不承担责任,因为它对这辆车的使用没有任何控制力。《机动车辆交通责任和保险法》规定的责任可以因为不可抗力和受害人过错而减轻(第1条第(1)款ii项);意外事件(*caso fortuito*)不被认可为一种抗辩(TS 22 December 1992, RAJ 1992 (5) no. 10639 p. 13873; TS 17 November 1989, RAJ 1989 (6) no. 7889 p. 9187; TS 8 February 1992, RAJ 1992 (1) no. 1198 p. 1516)。如果受害人方面的与有过失是事故发生的唯一原因,则会导致责任被排除;在其他情形,它会导致适当减少赔偿的数额(同上法,

---

* 原文art. 5 (1)后有(i in fine)的字样,查西班牙文的原法,第5条第(1)款仅有一段,并未分为若干项,因此此处的(i)及(i in fine)不知确指为何,望方家有以教之。——译者注

第1条第(1)款(iv)项)。

4. 根据《意大利民法典》第2054条第(1)款,“非轨道车辆的驾驶人……将车辆投入交通行驶的,应赔偿由此给人身和财产造成的损失,除非他可以证明做了其权力范围内的一切事情去避免该损害”。车辆内的乘客也可以主张损害赔偿,无论其是因为什么原因出现在车辆里。至于有偿运输,合同请求权(《民法典》第1681条)与非合同责任发生竞合。“车辆”指在公共道路或类似场所里行驶的、能够用来运输人或财产的一切机器。它可以是由机器驱动的,也可以是由动物和人力驱动的。因此,所有类型的自行车和无轨电车都是“车辆”(Cass. 7 January 1991, no. 57, Giust. civ. Mass. 1991, fasc. 1);然而,这个术语不包括电动轮椅和滑雪板(Cass. 30 July 1987, no. 6603, Arch. Giur. circolaz. 1988, 863)。“行驶”(circulation)这个术语是指驾驶(在交通中和在停车场中静止的)(Cass. 5 July 2004, no. 12284, Giust. civ. Mass. 2004, fasc. 7; Cass. 28 November 1990, no. 11467, Giust. civ. Mass. 1990, fasc. 11; Cass. 24 July 1987, no. 6445, Riv. giur. circ. trasp. 1988, 100; *Franzoni*, Dei fatti illeciti, 647-648)旨在供公共交通使用的区域内的车辆,即使这些区域为私人所有(Cass. 3 February 1987, no. 965, Giust. civ. Mass. 1987, fasc. 2)。《民法典》第2054条第(1)款规定的责任是以过错推定为基础(根据*Monateri*, Manuale della responsabilità civile, 433-438; 另比较*de Cupis*, Il danno I, 208)还是必须被解释为是严格责任(*Franzoni* loc. cit. 668-669; Visintini, Trattato breve della responsabilità civile, 681),在理论上仍是有争论的。法院依据引起事故的事件的不可避免性,为责任免除提供了一项基础(Cass. 7 August 2000, no. 10352, Giust. civ. Mass. 2000, 1732)。根据《民法典》第2054条第(2)款,在两辆车相撞的案件中,除非另有证明,推定每个司机在同等程度上对单个车辆造成了损害。根据Corte Cost. 29 December 1972, no. 205, Giur. it. 1973, I, 1, 708; Foro it. 1973, I, 1,如果牵涉进事故中的一辆车自身没有受到损害,该条规定仍然适用。实践中,《民法典》第2054条第(2)款在大多数时候产生这种结果——每个相关的驾驶人都必须承担另一方造成的损害的一半(*Monateri* loc. cit. 441)。《民法典》第2054条第(3)款规定,车辆的所有人或用益权人或者分期付款人(hire purchaser)与驾驶人承担连带责任,除非他们能够证明对车辆的使用是违背其意志的。这条规定的确切法律性质是有争论的(详见*Visintini* loc. cit. 684)。提出免责证据的能力受严格标准的限制(Cass. 21 June 2004, no. 11471, Giust. civ. Mass. 2004, fasc. 6: 仅有盗窃的证据是不够的)。将车交由公司看管的人被免除责任(Cass. 27 January 1995, no. 981, Giust. civ. Mass. 1995, 198; Cass. 29 August 1987, no. 7118, Giust. civ. Mass. 1987, fasc. 8-9)。最后,如果事故是由车辆的制造缺陷或保养(maintenance)缺陷造成的,《民法典》第2054条第(4)款对驾驶人、所有人和《民法典》第2054条第(3)款中列举的其他人施加了严格责任。只有证明缺陷和事故之间没有因果关系,才会排除责任的归属(Cass. 9 March 2004, no. 4755, Giust. civ. Mass. 2004, fasc. 3; Visintini loc. cit. 686)。

5. 在匈牙利,对机动车造成的损害的责任,是由极为广泛的危险活动的严格责任制度来处理的(《民法典》第345条第(1)款);只有证明损害是由与危险活动无关的、无法避免的原因引起的时,责任才会被减轻或免除(例如,自然现象;动物引起的无法避免的损害)。受害人的与有过失会被考虑,并会导致赔偿请求额的削减(第(2)款),合同的免责约款(a contractual disclaim of liability)原则上不被理会(第(3)款)。例如,无法预见到的轮胎缺陷或者驾驶人突然的不舒服,被认为与危险活动有关系(Gellért (-*Benedek*), A Polgári Törvénykönyv Magyarázata[6], 1263-1268; Petrik (-*Wellmann*), Polgári jog II[2], 590-592),第三人将一颗炸弹放在被告的公共汽车上并引爆，炸弹的爆炸也不再被认为是无关的（BH 2000/200）。一辆停放着的车辆没有参与进交通，因此并不意味着是一项危险活动；按照时刻表停在公交站台等人的公共汽车也是如此。然而，在车辆停在交通指示灯处的情形，结论正好相反，即使发动机已经熄火（*Benedek* loc. cit. 1245-1246; *Wellmann* loc. cit. 586-587）。保有人被认为从事了危险活动；驾驶人仅根据一般的民法规定承担责任。所有权和登记仅仅表明存在监管关系。存在两个以上的保有人是可能的（例如，使用同一辆车的已婚夫妇）；允许暂时使用这辆车并不会改变监管关系（*Benedek* loc. cit. 1250-1253, 1255; *Wellmann* loc. cit. 587-590）。关于"危险活动"的汇聚问题，典型的是多辆车相撞，根据规范责任的一般规则，适用以过错推定为基础的责任，而不适用严格责任（《民法典》第346条第（1）款）。若双方都没有过错，如果确定其中某辆车"违规"，则仅对这辆车的保有人施加责任（《民法典》第346条第（2）款）。这一标题下的例子包括驾驶人突然不舒服、无法预见到的爆胎、扔出石头砸中另一辆车（EBH 1999/99; BH 2000/348）以及为避免撞到牵涉进事故的某车中的动物而突然转向（BH 2003/500）。如果这种违规可归责于双方或者不可归责于双方，并且各方都有辩解理由，则各方都对其自己的损失负责（《民法典》第346条第（3）款）。对于涉及乘客的事故，即使事故是因为违反合同债务而发生的，在实践中也适用非合同责任下的严格责任制度，除非需要适用特殊的规定（*Benedek* loc. cit. 1280-1281）。根据提议的新匈牙利民法典，可以设想在可预见的未来，与危险物质有关的责任制度将基本维持不变（http://www.parlament.hu/irom38/05949/05949.pdf）。

6.《波兰民法典》第436条调整"机械化运输方式"的运动引起损害的责任。责任是严格责任，并主要施加给独立的占有人（independent possessor）；如果运输方式被转移给了依附性的占有人（dependent possessor），由其承担责任（《民法典》第436条第（1）款第2句）。在使用运输方式和产生的损害之间存在因果关系，是所有的必要的条件（《民法典》第361条；参见 Supreme Court 28 December 1981, IV CR 465/81, OSNCP 1982, nos. 5-6, poz. 88; Pietrzykowski (-*Safjan*), Kodeks cywilny I[4], art. 436, no. 12）。根据主流的法律观点，这条规则适用于上车和下车以及路上停靠（Supreme Court 14 April 1975, II CR 114/75, SNCP 1976, no. 2, poz. 37）。在车辆事故中被撞的车在法律意义上就是运动着的，只要它仍在公共道路上（SN 7 April 2005, LEX no. 151656; Radwański and Olejniczak, Zobowiözania - cześöö ogólna[7], 236）。"运输方式"这个术语包括所有用发动机驱动的车辆；因此，这个术语不仅指汽车，也包括飞机、汽艇、道路有轨电车和摩托车等（*Radwański and Olejniczak* loc. cit. 234）。有证据证明存在不可抗力以及仅受害人或者第三人有过错的，可以排除承担责任，但车辆的占有人须对第三方负责的除外（《民法典》第435条第（1）款并用《民法典》第436条第（1）款）。在两种情形下，责任体制又回到了以过错为基础的责任：一是在机械化的运输方式之间碰撞的情形；二是在出于礼貌而搭载他人的情形（《民法典》第436条第（2）款）。不过，撞上一辆静止的车并不意味着是法律规定的"碰撞"（Supreme Court 4 March 1958, 1 CR 154/56, OSPiKA 1959, no. 10, poz. 257; *Safjan* loc. cit. art. 436, no. 24）。占有人对给车辆驾驶人造成的损害也要负责（*Czachórski*, Zobowiözania[10], 288）。与责任保险有关的细节规定在《强制保险、保证基金和波兰交通保险局法》中（Dz. U. no. 124 poz. 1152 as amended）。

7.《斯洛文尼亚债法》第150条对所有类型的危险物的保有人规定了严格责任；对它们致害的可能性，存在一种可以推翻的推定（《债法》第149条）。盗窃危险物（例如，汽车）的个人，取代保有人承担责任，只要保有人对盗窃不存在过错（《债法》第151条）。涉及车辆碰撞的案件是一条单独规定的主题(《债法》第154条)。它引入了以过错为基础的责任,并与涉及的保有人的人数成比例;如果没有过错,那么各方原则上都要对总损失的一半承担责任。根据保加利亚法,机动车的驾驶人如果因过错引起事故,须承担责任(《债法》第45条第(1)款)。如果驾驶人受雇于运输公司或是一名私人司机,雇主也要承担责任(《债法》第49条;*Burov*, Grajdanska otgovornost za vredi, prichineni pri avtomobilna zlopoluka, 35)。如果因机动车的隐蔽缺陷造成损害(不可预见的刹车失灵),并且这不可归责于驾驶人的过错,则机动车的所有人和保有人对损害承担连带责任(《债法》第50条)。这两种责任制度的区别当然很微小,因为《债法》第45条第(1)款的责任被解释为以过错推定为基础(《债法》第45条第(2)款);在存在区别时,它们也只有在车辆为驾驶人所有时才是相关的。如果驾驶人自己是所有人,并且事故可以归因于驾驶人一方的过错,那么如果对同一辆车有一个以上的所有人,他们不对后续损失承担责任。如果事故可以归因于不可抗力、受害人单独的过错或者第三方的干预(例如,盗窃),则所有人权不承担责任(Decree no. 7 of the Supreme Court of 30 December 1959, Plenum, no. 10)。

8.《德国道路交通法》(*Straβenverkehrsgesetz*, StVG)第7条,以给登记的车辆使用人施加严格责任的形式,对机动车的运行造成的损害建立了责任。责任的基础是,每辆车都存在固有的特殊危险,它们在机械化交通中呈现给其他使用人,这与个案中的情况无关(*Greger*, Haftungsrecht des Straβenverkehrs[3], § 7, no. 2)。如果拖车旨在由机动车一起拖行,则其保有人也承担责任。根据《道路交通法》第1条第(2)款的规定,"机动车"是指所有以发动机动力驱动的陆上机械化车辆,行驶在轨道上的车辆除外。车辆必须能够达到最低时速2公里/时(《道路交通法》第8条)。对车辆"使用人"的评定并不仅仅通过法律途径进行,还要根据事实和经济情况来进行。使用人是指为其自己的目的而使用机动车或拖车的人,此外,还包括那些实施与机动车使用有关的事实控制的人(BGH 3 December 1991, NJW 1992, 900, 902)。所有权是监管关系的指示因素,但并非是必要因素(Geigel *(-Rixecker)*, Der Haftpflichtprozess[24], chap. 25, no. 36 p. 863; Hentschel *(-Hentschel)*, Straβenverkehrsrecht[37], § 7, no. 14)。如果一位父亲将一辆时速可达40公里/时的卡丁车送给孩子,尽管所有权变动了,但如果父亲继续单独拥有处分的权利、承担所有与卡丁车运行有关的运行费用,并决定何时可以使用卡丁车,那么父亲仍是卡丁车的保有人(CA Koblenz 26 April 2004, NJW-RR 2004, 822)。在车辆运行的过程中,如果发生人员死亡、人身伤害、健康损害或者因此发生财产损害,那么就会引发责任(《道路交通法》第7条第(1)款)。当机动车是在公共交通区域内使用时,机动车就是"在运行中"。当发动机发动时,"运行"开始,一旦发动机在公共交通之外的区域熄火,"运行"结束(*Hentschel* loc. cit. no. 5)。机动车的运行必须因此造成了损失。如果损害因不可抗力产生,就会排除责任(《道路交通法》第7条第(2)款)。"不可抗力"指由意外的自然事件或者第三人的行为(外部的)引起的极端的外部事件,并且根据人类的观念和经验,构成了无法避免的事件。对这种事件,既不能通过实施当时条件下最大的注意并采取经济上可能的途径而将其排除,也无法在发生频率的基础上预见(*Hentschel* loc. cit. no. 32)。如果第三人使用车辆未经保有人了解和允许,保有人的责任被排除。未经授权使用车辆的人取代保有人承担责任。如果是保有人的过错使得未经授权的人可以使用车辆,则保有人与未经授权的使用人共同承担责任(《道路交通法》第7条第(3)款)。然而,如果车辆使用人是一名雇员,或者保有人将车辆交给使用人,那么保有人仍承担责任。保有人的责任有数额限制(《道路交通法》第12条、第12a条和第12b条),但是包括非金钱损失(《道路交通法》第11条第2句)。

9. 因机动车运行导致的损害由《奥地利交通责任法》(EKHG)第5条来调整,它对保有人规定了严格责任。这一责任还包括那些发生在上车和下车过程中、来自危险的停车或者由于漏油引起的损害。对那些未经保有人允许而使用机动车的人,保有人不承担责任(同上法,第6条),对受雇运行机动车的个人也不存在责任(同上法,第3条第(1)款)。"保有人"是指,在事故发生时,为其自己的利益使用机动车并有能力避免危险的人。所有权仅仅是监管关系的指示因素;然而并不是一个先决条件(特别是,分期付款人是保有人)。保有人的保险人与保有人承担共同连带责任(《机动车责任保险法》第26条);遭受损失之人可以直接对保险人主张权利。"机动车"这个概念指所有下述车辆——由发动机驱动、时速可达10公里以上(因此,诸如铲雪车(snow groomer)等不被包含在此概念中:*Barta*, Zivilrecht II^2, 639)并可以被看作是道路车辆(由于这些原因,例如,割草机并不受严格责任制度的调整:OGH 19 December 1996, ZVR 1998/18 p. 47)。如果事故是因无法避免的事件引起的,例如,遭受损害之人自己的行为(实施自杀之人)或事故是由第三人或动物引起时(同上法,第9条第(2)款),责任就被排除(《奥地利交通责任法》第9条第(1)款)。驾驶人必须根据案件的具体情况尽到所有应有的注意。当驾驶人自己的错误是由诸如昆虫叮到眼睛等缘故引起时,《奥地利交通责任法》第9条的先决条件就未获满足(OGH 30 September 1965, ZVR 1966/87 p. 104)。此外,驾驶人突然丧失意识并不导致责任免除,因为无法避免的事件这一分类必须是由外部影响引起的(OGH 30 March 1978, SZ 49/20)。具有法律相关性的损害的范围与第Ⅵ－3:205条包含的规则一致。免责声明没有法律效力。然而,对应判予的赔偿是有限制的(同上法,第15和第16条);超出这些限制的损失可以根据民法典的一般责任制度得到赔偿(《奥地利交通责任法》第19条)。

10.《希腊道路交通责任法》(1911年12月关于机动车辆刑事和民事责任的第4/5号法律)在早期阶段就对机动车辆引起的损害规定了严格责任制度(*Georgiades*, Enochiko Dikaio I, 688; *Kornilakis*, Eidiko Enochiko Dikaio I, 674)。责任由驾驶人、所有人(如果所有人不是保有人,但这种情况下仅以机动车的价值范围为限:同上法,第4条)和保有人承担。"保有人"这个术语是指,在事故发生之时是车辆所有人或基于合同持有车辆并以其自己名义使用的人。此外,这个术语包括所有未经允许取得机动车的占有并以某种方式使用的人(同上法,第2条第(2)款)。为商业目的将机动车出租的人,是或仍然是那辆车的保有人(*Georgiades*, Enochiko Dikaio I, 690; A. P. 3/1987, NoB 36 [1988] 71);物权法上的占有概念在此没有决定意义(A. P. 558/1990, EllDik 1990, 1000)。在雇佣过程中使用车辆的雇员,不是机动车的保有人(A. P. 682/1983, NoB 32 [1984] 276)。根据《道路交通责任法》第2条第(1)款包含的定义,"机动车"还指摩托车、摩托自行车(mopeds)和轨道车辆(*Georgiades* loc. cit. 689)。本法不适用于军事或应急响应车辆。只有"第三人"有权主张赔偿,例如,不在车辆之中的人(*Georgiades* loc. cit. 689);公共汽车的乘客是个例外(Act 48441/1930 art. 45)。当发动机熄火而"车辆仍在运行中"时,仍可引起损害。一旦有证据证明存在"不可抗力"(对此概念的分析参见 *Georgiades* loc. cit. 693 和 CA Thessaloniki 274/1980, Arm 34 [1981] 462)和第三人过错时,可以免除责任(《道路交通责任法》第5条)。就受害人的与有过失而言,现今只有《民法典》第300条仍是参照物,并可以减轻责任范围。然而,受害人与有过失的事实并不会导致责任的自动排除(这是《道路交通责任法》最初设想的)(*Kornilakis*, I evthini apo diakindinevsi, 174; *Livanis*, I efarmogi tou arthrou 300 is to pedion tis antikimenikis evthinis, 140; *Georgiades* loc. cit. 693)。然而,如果驾驶人——与受害方不同——遵守了《道路交通责任法》的规则,就会推定遭受伤害之人存在部分过错(《道路交通责任法》第50条);如果受害方依据《民法典》第914条主张权利,不适用此种推定(A. P. 1618/1987, EllDik 1988,1375)。驾驶人可以通过证明事故是因驾驶人无法发现的机动车的缺陷引起的,而免除责任(《道路交通责任法》第5条第(2)款)。判予的赔偿范围被限定在"合理的赔偿数额"之内。在衡量给付的赔偿数额时,对过错的衡量是首要的考虑因素(同上法,第9条;详见 *Georgiades* loc. cit. 691)。根据这些原则,非金钱损失也可以得到赔偿(CA Patras 257/ 1984, NoB 32 [1984] 1567; A. P. 516/1967, NoB 16 [1968] 94; A. P. 997/1983, NoB 32 [1984] 649)。因车辆碰撞引起的损害不能获赔;在这种情况下,依据过错责任的一般规定来处理驾驶人双方的权利主张(同上法,第10条)。此时,所有人和保有人的客观责任并不受此影响(CA Athens 1019/1988, EllDik 1990, 360; CA Athens 11768/1986, EllDik 1987, 1338; A. P. 683/1983, NoB 32 [1984] 276)。

11. 根据《葡萄牙民法典》第503条第(1)款,"陆上车辆"造成的损害适用严格责任,由对车辆实施有效控制(*direcção efectiva*)并为其自己利益使用车辆之人承担责任,即使此人仅仅是一名雇员(*commissário*)。责任也可能由车辆的保有人承担(*Antunes Varela*, Obrigações em geral I[10],656; *Pires de Lima and Antunes Varela*, Código Civil Anotado I[4], 513; *Almeida Costa*, Obrigações[9], 578; STJ 12 May 2005),而并不一定由所有人承担(STJ 9 July 1998)。《民法典》第503条第(1)款适用于所有类型的陆上车辆,也适用于轨道车辆(STJ 18 May 2006; STJ 27 June 2002; STJ 5 February 1971, BolMinJus 204 [1971] 138)和不带发动机的车辆,例如自行车(*Vaz Serra*, BolMinJus 90 (1959) 102)。只有"产生于车辆内在危险——即使车辆没有进入交通——"的损害(经济的和非经济的: CA Oporto 14 September 2006; STJ 17March 2005; CA Lisbon 17 November 2005),才能获赔。事故是发生在公共区域还是私人区域是不相关的(*Antunes Varela* loc. cit. 667; *Pires de Lima and Antunes Varela* loc. cit. 514; CA Oporto 11 April 2005; STJ 26 April 1974, BolMinJus 236 [1974] 147)。

12. 根据《荷兰道路交通法》(*Wegenverkeerswet*,1994年修订)第185条,非常相似地,严格责任首先由保有人承担;只有在没有机动车的保有人时,所有人才承担责任。责任附着于"在公共道路上行驶的机动车辆"。可获赔的损害须产生于这种交通事故,即此交通事故损害了非在车辆自身中运输的人或财产。根据《道路交通法》第1条,机动车被定义为"任何以在轨道以外的地方移动为目的,全部或部分由车辆内部或外部的机械动力驱动,或者由别的地方提供动力的电牵引力驱动的车辆"。因此,被拖去修理的损坏的车辆和摩托自行车都包含在这个术语之内(HR 14 December 1965,NedJur 1966 no. 360 p. 966);然而,自行车被排除在适用范围之外,已经熄火的不运行的车辆也被排除在外(Asser *(-Hartkamp)*, Verbintenissenrecht III12, no. 215 p. 235)。"交通事故"不再要求发生碰撞(在早先的法律中有这一要求,就相关者进行比较的,参见 HR 4 February 1937, NedJur 1937 no. 489 p. 659);例如,车辆着火或者车辆转错方向因而撞倒一位骑自行车的人,就满足了要求(详见 *van Dam*, VR 2005, 301)。对车内乘客造成的伤害只能根据一般规则进行填补,也即,根据《民法典》第6:162、6:170条和合同法的规定;出于礼仪而运送乘客的问题,对责任的进一步的限制已经受到讨论,并且认为采纳此种限制是非常紧要的(详见 Onrechtmatige Daad III *(-Bouman)*, no. 221 p. 46; HR 3De ember 1971, NedJur 1972 no. 144 p. 433; HR 11 April 1975, NedJur 1975 no. 373 p. 1131);有人建议应适用《民法典》第6:109条(基于公平和衡平原则而减少责任: Asser *(-Hartkamp)*, Verbintenissenrecht I12 no. 429 p. 358)。对"偷渡者"不存在责任(HR 27 January 1984 no. 536 p. 1855)。在不可抗力的情形下,责任被排除。CA Arnhem 4 April 2006, VR 2006 no. 107 p. 253 在下述情形确立了不可抗力的存在:一辆侧卧自行车的驾驶人无视道路行驶权的规则,直接撞上了被告车辆的前部。

13. 类似地,爱沙尼亚也沿着严格责任的方向建立了机动车致害责任。根据《债法》第 1057 条,责任由车辆的"直接占有人"承担。然而,也可以依据《债法》第 1056 条对机动车引起的损害施加严格责任,该条适用于所有包含有"主要危险源"的物(Supreme Court 3－2－1－48－06, RT III 2006, 25, 228)。可获赔的损害的范围依据第Ⅵ－3:205 条(《债法》第 1056 条第(1)款)的规定来确定。《爱沙尼亚交通法》第 12 条定义了"机动车"的概念,根据该定义,机动车是由发动机驱动的车辆。发动机辅助驱动的自行车、摩托自行车和动力驱动的轨道车辆(power－driven rail－borne vehicles)不被认为是动力驱动的车辆。

14. 在北欧国家,无论是自然人还是法人对事故负责,强制保险计划都提供了赔偿。如果存在这种责任,尽管受害人也可以直接向对造成损失负有责任之人提起诉讼,但提起诉讼的这种方式不是强制性的。因此,实践中很少有人主张后一种权利。《瑞典交通损害赔偿法》*(Trafikskadelag)*以一种与所有同源的北欧法案相似的方式,允许遭受损害之人直接向另一方的保险人就其人身伤害和财产损害主张交通保险赔偿,这种主张独立于任何的责任调查(详见 *Hellner and Radetzki*, Skadeståndsrätt[7], 279－282)。如果造成损害之人在引起事故时至少是有过失的,那么保险人在赔偿交通事故受害人后,有权向造成损害之人追偿。在交通保险制度之下可以得到的赔偿数额,是根据有关责任的一般法的思路确立的,也即,根据《损害赔偿责任法》的条款。主张交通保险赔偿的先决条件是,损害"发生在涉及机动车的交通过程中"。"在交通过程中"被给予了宽泛的解释;即使是发生在修车店里的事故(CA for Skåne och Blekinge 4 May 1961, NJA 1962, 172)、驾驶人匆忙地砰然关闭汽车前车门给前排乘客造成的人身伤害(HD 29 April 1988, NJA 1988, 221)、下车时失去平衡(HD 15 November 1974, NJA 1974, 616),都被包含在这一术语之中(更多的例子参见 *Nordenson*, Trafikskadeersättning, 579)。驾驶人、乘客、行人和骑自行车的人都有权在人身伤害案件中主张损害赔偿,即使在这些案件中他们是有过失的;只有在与有重大过失(故意、重大过失)的情形,这一请求赔偿额才可被减少(《交通损害赔偿法》第 10～12 条)。只有引起损害的车辆的驾驶人的行为有过失,才能依据交通保险对他人的车辆和运载的货物的损害给予赔偿(同上法,第 10～11 条)。交通保险不赔偿对被保险人的车辆的损害。相反,对其他相关个人(例如,骑自行车的人)的财产损害是可获赔的,无论驾驶人是否具有过错;如果遭受损害之人对损害的发生与有过失,赔偿会相应地减少(同上法,第 12 条)。《丹麦交通法》*(Færdselslov)*第 101 条对机动车因交通事故、爆炸或起火造成的人身伤害、抚养费(maintenance)损失及因财产损害引起的损失规定了严格责任。责任由所有人*(ejer)*或者,如果所有人证明是他人使用了机动车,则由使用人承担(同上法,第 104 条)(更多细节参见 *von Eyben and Isager*, Lærebog i erstatningsret[5], 163)。不过,《交通法》第 105 条规定了强制保险,依据该规定,受害人可直接从保险人处寻求赔偿(同上法,第 108 条),无论引起损害之人是否支付了保险金(*von Eyben and Isager* loc. cit. 155)。保单持有人自己受到的人身伤害和其他损害被排除在保险范围之外(HD 1 September 1998, UfR 1998, 1626; HD 15 November 2003, UfR 2003, 339),除非损害是因与另一辆机动车碰撞引起的。在后一情形中,所有人、使用人或驾驶人遭受的任何损害,都可以依据《交通法》第 101 条的基本规则获得赔偿,该条要求损害须源于对机动车的"使用"(对这一概念,参见 HD 9 August 2002, UfR 2002, 2432)。此外,根据《交通法》第 101 条,损害必须发生在供公共使用的道路上,并且必须是交通事故、爆炸或者火灾的结果。"交通事故"这一概念是一个非常宽泛的概念。例如,它包括车辆里掉出东西砸到后边跟着的其他道路使用者而造成的损害(*von Eyben and Isager* loc. cit. 161)。如果《交通法》第101条的先决条件未得到满足,那么对车辆负责之人的责任由一般的过错规则来调整(同上法,第102条)。"对车辆负责之人"是所有人或使用人;驾驶人的责任不受此影响,并且同样由一般过错规则来调整(同上法,第104条)。《芬兰交通保险法》(*Trafikförsäkringslag*)第1条规定,在交通中使用机动车的过程中遭受的人身伤害或者源自财产损害的损害,可从车辆的交通保险中获得赔偿。车辆的所有人或永久使用人有义务对车辆进行投保(同上法,第15条)。赔偿按照《损害赔偿责任法》的规则来判给(同上法,第6条)。因此不管另一方的责任如何,遭受损失或人身伤害之人都可以直接向保险公司请求赔偿(同上法,第4条和第11条)。即使没有有效的保险合同,也应判给赔偿,但所有人或驾驶人给自己造成的损失或伤害除外(同上法,第10条)。如果保险公司拒绝赔偿,仍可依据一般的过错规则,向造成损害的所有人、驾驶人或乘客主张赔偿(同上法,第12条)。保单持有人给自己造成的人身伤害可以通过强制保险得到赔偿,但财产损害除外(同上法,第5条;参见Supreme Court, HD 1976 II 10)。在与有重大过失的情形,人身伤害赔偿会得到调整,在非法使用车辆或者在酒精或毒品的严重影响下开车的情形,可以排除人身伤害赔偿。事故发生时,车辆不需要在运行中(Supreme Court 1990:159),但必须是在公共道路上(Supreme Court 1991:169;*Hakulinen*, Obligationsrätt, 309)。车辆修理期间造成的损害被排除(同上法,第2条)。

15. 在英格兰,对机动车辆在交通事故中造成的伤害或损害的责任,由过失侵权的一般规则来调整,因此,它主要取决于证明违反了对其他道路使用人的注意义务:概述可参见Charlesworth and Percy(*-Cooper*), Negligence[11], para. 9-186 et. seq。未遵守道路交通规章设定的规则而造成损害,可以作为有过失的证据,但这几乎总是不能确立一项违反法定义务之诉,因为根据规章所负的义务是公共义务,是由道路交通立法自身规定的罚款或者其他惩罚措施来执行的,不能由单个道路使用人通过民事救济来执行:*Phillips v. Britannia Hygienic Laundry Co. Ltd* [1923] 2 KB 832; *Clarke v. Brims* [1947] KB 497; *Coote v. Stone* [1971] 1 WLR 279。

示例1取自CA The Hague 11 April 1984, VR 1990 no. 44 p. 74;示例2取自BH 2000/349;示例3取自CFI Mechelen 10 May 2006, RW 2006-2007, 732, note *Vandeplas*;示例4取自STJ 11 October 2005。

第Ⅵ-3:206条 危险物质或排放物致害的归责

(1)物质保有人或者设施运营者应对该物质或者该设施的排放物所造成的人身伤害及其后继损失、第Ⅵ-2:202条(因他人的人身伤害或死亡而由第三人遭受的损失)规定的损失、因财产损害造成的损失,以及第Ⅵ-2:209条(政府因环境损害而遭受的负担)规定的负担承担责任,如果:

(a)考虑到在排放时,或者在未排放的情况下,在接触该物质时,该物质或排放物的数量及属性,若非有足够的控制,它们极易造成此种损害;

(b)损害因此种危险的实现而发生。

(2)"物质"包括化学物质(不论其为固体、液体抑或气体)。微生物被视为物质。

(3)“排放物”包括：

(a)物质的排放或溢出；

(b)电力的传导；

(c)热、光及其他辐射；

(d)噪声及其他振动；以及

(e)对环境的其他无形影响。

(4)“设施”包括可移动设施以及在建设施或者未使用的设施。

(5)不过，如果某人满足下列条件之一，那么他对损害的发生不承担本条规定的责任：

(a)非因与其贸易、营业或职业相关的目的而保有该物质或者操作该设施；或者

(b)证明了并非未遵守制定法所规定的物质控制或者设施管理标准。

评　论

A. 严格的环境责任制度

制度的结构。本示范规则涉及的是危险物质或排放物致害的责任。本条确立了企业的严格环境责任（第(5)款第(a)项）。第(1)款和第(5)款澄清了归责基础，第(2)~(4)款对第(1)款提出的一些概念进行了澄清：物质、排放物和设施。

与第2:209条（政府因环境损害而遭受的负担）的关系。第2:209条（政府因环境损害而遭受的负担）仅规范这一问题——在该条设定的情形，什么构成（政府的）具有法律相关性的损害。它对责任基础或者可归责性没有规定。后一方面，甚至与第2:209条详细规定的“纯粹生态损害”有关，也仅依本条进行处理。

示例1

在提取金的过程中使用的氰化物从一座金矿里流出。一条主要的河流被污染；整个地区遭受生态损害。有关政府可以依据第3:206条向运营该金矿的企业要求赔偿，如果能证明违反了安全和维护规则，也可依据第2:209条（政府因环境损害而遭受的负担）与第3:102条（过失）要求赔偿。

具有法律相关性的损害。在本条规定的严格责任的语境下，除了这种“纯粹生态损害”之外，只有个人遭受的身体或者健康伤害、该人亲属遭受的损害和财产损害导致的损失，才具有法律相关性。其他所有的损害形式，只有基于故意或过失责任或者在国内法的背景下，才具有法律相关性（第Ⅵ-3:207条（对具有法律相关性的损害的其他归责）(b)项）。排放物对土地的污染相当于所有人遭受的财产损害。

示例2

加工铝土时使用的氟从一家铝厂里泄漏。这种有毒物质污染了周围的农业土地,因为该排放物的缘故,这些土地失去了90%的收入潜力。无论农场主们是否能够证明运营这家工厂的公司在控制化学物方面存在过失,该公司都要对此损害向农场主们承担责任。

示例3

成片深色的有恶臭的颗粒物从工厂里排放出来,落在当地房屋的屋顶上。这构成财产损害,对此,适用第Ⅵ－3:206条规定的严格责任。

政策考虑。本条是基于下述观察:到目前为止,欧盟成员国的大多数国家用严格责任这一术语在其私法内形成了环境责任的核心——对生态系统损害产生的健康伤害和财产损害的责任。不过,国内法律体系之间在细节上仍存在实质性的差别,以致用最大程度的协调一致的提案这种方式来表述规则,显得既不合理而且实际上也不可能。因此,本条限于表述,根据对成员国法律的比较法律考察的评估,已被证明是欧盟法律体系中占据优势数量的"公分母"的内容。因此,那些不在这一交会点的边缘部分,留待援用可以适用的国内法来处理(第Ⅵ－3:207条(对具有法律相关性的损害的其他归责)(b)项)。

示例4

在一家化学工厂发生了一场重大事故,事故造成含有二噁英(dioxins)的蒸气被释放进空气中。当地的全体居民必须关上门窗,在36小时内不能离开家门。依据这些规则,如果能够证明化工厂的运营者有过失时,或者可适用的法律对侵害的行为规定了严格责任时,因空气污染而造成的对受影响个人行动自由的限制,才是具有法律相关性的损害(第Ⅵ－2:203条(对尊严、自由以及隐私的侵犯)第(1)款)。

示例5

一家企业的仓库发生火灾后,含有油的物质与用来灭火的水混合,流进附近的河流里。下游几公里外一家经营露天游泳和洗浴的公司X,被迫关门数日。X遭受了收入损失,但没有财产损害。此种"纯粹经济损失"是否在严格的环境责任制度的保护范围内这一问题,完全由国内法来决定(第Ⅵ－3:207条(对具有法律相关性的损害的其他归责));依据这些规则,X并未遭受第Ⅵ－3:206条所设想的严格责任调整的具有法律相关性的损害。

B. 责任人

物质的保有人和设施的运营者。第Ⅵ－3:206条规定的责任,由对物质或者设施实施独立控制之人承担,例如,物质的"保有人"和设施的"运营者"。物质的"保有人"对物质造成的损害承担责任;设施的"运营者"对排放物承担责任。"保有人"这个概念遵循一般规则。"运营者"(*Betreiber*)这个术语指设施属于其企业资产的那个人(通常是法人)。

排除私人使用(第(5)款(a)项)。如果相关人保有物质或者运营设施不是出于与贸易、营业或者职业相关的目的,那么并不产生第(1)款规定的责任(第(5)款(a)项)。所有权人—运营者的一个私人油罐构成一种“设施”,但第3:206条规定的严格责任并不施加给所有权人—运营人。根据药丸和其他药物的特性,它们可能是第(1)款意义上的危险物质,用于家庭清洁或者控制杂草的化学物品可能也同样如此。在这些案件中,一般的严格责任似乎并不合适;只有对这些或者相似的化学品进行工业生产或者商业储存时,才应当产生严格责任,这不仅仅是因为在这些情形涉及完全不同的数量。不过,如果个人占有或运营本条提及种类的物质或者设施时,他们负有一种特别的注意义务。而且,物质越危险,就越有可能禁止私人占有,或者至少存在一些公法规则来确保对这些物质的安全储存。违反这些规则本身就构成第Ⅵ－3:102条(过失)(a)项意义上的过失。这同样适用于运营对环境有潜在影响的设施。

其他请求权的法律基础不受影响。第(5)款(a)项没有为关于下述事实的疑问留下空间,即它仅是“依据本条”产生的责任,并不适用于个人。因而,所有其他的请求权基础都不受影响。这不仅适用于刚才提到的以故意或过失为基础的请求,也适用于基于其他法律理由的请求,例如相邻土地的所有权人之间的财产法上的请求(第Ⅵ－1:103条(适用范围)(d)项)和以消除对公共安全之危险的公法义务为基础的请求。

C. 在严格责任范围内的风险

危险物质和排放物造成损害(第(1)款(a)项)。第(1)款(a)项和(b)项解释了本条试图涵盖的潜在危险。严格责任并不是为所有种类的物质或排放物设计的,而仅仅针对那些抽象地看来对环境(第Ⅵ－2:209条(政府因环境损害而遭受的负担))、人身和财产施加了固有的高度危险的物质或排放物。需要检验的问题是,如果没有以适当的方式照看储存的物质或者排放的物质,它们是否“很有可能”对健康、财产或者环境造成损害。在个案中是否在事实上进行了适当照管,并不具有决定性;起决定性的仅仅是,物质或者材料的危险特性使得有必要采取特殊的预防措施这一事实。这是一种客观的检验;这一问题并不取决于关注保有人或者运营者实际的或推断的知悉。

危险的数量。对相关物质固有的风险,必须通过考察其数量和特殊的属性而予以确定。例如,就水自身而言,它完全没有危害性。不过,当大量储存时,它就对人身和财产构成显著的危险,除非保证它不泄漏到地上或者地下:堤坝可能会崩塌,水库的底部可能渗透。甚至数量巨大的谷物或者奶粉也是有危险的,因为它们有自燃的风险。纯酒精易于燃烧,如果以较大数量储存也可能是危险的物质。另一方面,如果仅是用它来给伤口消毒,基于几项原因可以排除本条规定的责任。

示例6

手术前,医生用含有酒精的化学品给一位病人消毒。同时他们使用了一种电动手术刀,该手术刀产生火星,点燃了化学品里的酒精。结果,病人被严重烧伤。医院的责任(第3:201条

（雇员或代表人致损的归责））取决于医生的过失，而非本条。在伤害发生时，医院并非化学物质的保有人；也不能认为那少量的化学物质"如果没有被适当地控制"就"很有可能"造成那类损害。电动手术刀也不是本条意义上的"设施"。

和第Ⅵ-3:202条（不动产的不安全状态所致损害的归责）的关系。本条和第Ⅵ-3:302条（不动产的不安全状态所致损害的归责）之间的关系已在对第Ⅵ-3:302条的评论里解释过了。例如，该条规范因水管爆裂产生的损害。另一方面，如果通过有缺陷的水管输送腐蚀性物质，可以基于这两条规定获得损害赔偿，因为该情形涉及了危险物质。

危险的属性。因其特殊的属性而给人身和财产造成特殊危险的物质，是诸如易燃、易爆或易生锈的物质，以及各种有毒和辐射性的材料和腐蚀性的化学品。例如，对环境的危险（尽管并不一定是对个人健康造成危险）与基因实验育种有关，但同样也与储存在一家大型农业企业的液罐里的单纯的液体肥料有关。事实上危险物质的数量如此巨大，以致无法在此穷尽列举。对物质的危险性的一个很好的标志是在道路上运输此类物质时使用危险标记的义务。此外，欧洲的许多法律体系中有特殊的制度，根据这些制度，特殊的物质被描述为对人身、财产或者环境具有危险性。本条含蓄地提及了这些规定。

危险的实现确立责任（第（1）款（b）项）。只有当损害源自与物质或者排放物有特别联系的危险的实现时，才会产生对危险物质和排放物的严格责任。在水库里储存大量水需承担严格责任的理由是其危险性，但这种危险性不是指在水库里游泳的某人可能会溺水，而是指堤坝可能溃决，因而可能造成人员或者动物的伤亡，或可能对相邻的房屋造成损害。

示例7

一块地产的所有权人在他的土地上建造了一个蓄水池。受托承担此项工作的承包方没有注意到蓄水池下有隧道穿过的事实，这条隧道将土地与一座煤矿相连，其煤层随后积满了水。煤矿的所有权人有权依据本条要求地产的所有权人赔偿。

因果关系。损害必须是危险物质或者排放物造成的。对因果关系的检验依据第四章的一般规则进行。证据法的议题以及证明责任减轻的问题（诸如表面证据规则）留待证据法和程序法解决。

示例8

一家渔业公司失去了它相当一部分库存。物质随X的工厂排放的污水进入地里，此后传到河里，河水将毒素输送进渔业公司的养殖鱼塘里，鱼中毒了。鱼的死亡是由于来自X的工厂的物质造成的。河水的自然流动对损害的发生发挥了作用，但这并不减损因果关系。

物质（第（2）款）。"物质"的概念并不预先设定任何特殊的物理状态。它在形式上可以是固体、液体或者气体。损害可以是由通过风传送的颗粒、污水的处理或者蒸气引起的。微生物和化学品也是物质。不过,前者不是第3:203条(动物致害的归责)意义上的动物。

排放物(第(3)款)。从第(2)款和第(3)款中可以得出,排放物的概念要比物质的概念更广泛。尽管物质(任何形式的)也能够被散发出来,但排放物的概念同样包括对电力、热、光和其他辐射能的传导、噪声和其他振动以及其他不可归因于物质的对环境的无形影响。排放物的概念总是意味着对环境的负面影响。为了确定第(3)款(e)项中的"对环境的影响"的含义,可以参考第Ⅵ-2:209条(政府因环境损害而遭受的负担)。

设施(第(4)款)。第(4)款将设施运营者的责任扩展至了设施的建设阶段。该款也明确了,仅仅关闭设施不会排除责任。与"工厂"不同,"设施"也包括可移动的设施。

没有遵守制定法的标准。第(5)款(b)项使得潜在的责任者可能通过证明对物质的控制没有缺陷,或者根据具体情况对设施不存在不当管理而免于责任。这并没有减损该规则的严格责任的特性,因为正如产品责任的情形那样,争论的只是客观上有缺陷的控制或者管理。不过,这样一种规定是有必要的,例如,为了使设施的运营者能够证明未超出制定法规定的排放水平。规定被允许的排放物的范围的这种制定法规则,可以在共同体法或者国内的法律规定中找到。

其他抗辩。第五章中的抗辩在本条的背景下也可以适用。特别是第Ⅵ-5:302条(不可控制的事件)不受影响。不过,在适用本规定时,总是有必要评估一下是否真是外部风险得以实现,或者,尽管受到诸如恶劣环境状况的影响,它是否实际上只是本条设计的严格责任所针对的风险。

示例9

在一家农业企业中,油菜籽上喷洒了农药。由于暴雨的缘故,农药的残留物被传输到了邻近土地,造成一个池塘里的鱼死亡。雨并未中断因果链条。这不是第Ⅵ-5:302条(不可控制的事件)意义上的无法控制的事件,以致使农民免予责任。它并不免除责任,因为它是一种农民依据本条必须承担责任的风险的实现。

注　释

1. 与环境责任有关的法国法是以许多支柱为基础的,即对周围不正常干扰的理论(*théorie des troubles anormaux de voisinage*)、过错责任(《民法典》第1382~1383条)、大量处理某些有害物质的特殊制度以及《民法典》第1384条规定的物之行为引起的责任(liability *du fait des choses*)。后者的一个必要条件是被告监管(*garde*)的物(thing)造成了相关的损害。物具有固有的危险性这一点并不是一个必要条件(*le Tourneau and Cadiet*, Droit de la responsabilité et des contrats (2004/2005) nos. 7729-7731)。物的概念被给予了广义的解释(例如, Cass. civ. 10 February 1967, Bull. civ. 1967, Ⅱ, no. 66 p. 47:凝结的水蒸气结冰后造成了街道上的黑冰)。

为了构成物之行为(*fait de la chose*),并不要求物和受害人之间有直接的接触,也不要求物在运动。只需要物发挥了积极作用(*a rôle actif*),其结果是它成为了一种损害工具(an instrument *du dommage*)。如果某人对物行使了使用、管理或控制的权力(a *pouvoir d' usage, de direction et de contrôle*),他就被视为监管了该物(Cass. ch. réun. 2 December 1941, D. C. 1942 jur., p. 25, note *Ripert*);监管(*garde*)这个术语指对物的实际控制(即使仅仅是暂时性的)(*pouvoir de fait*)。只需证明存在不可归责于监管人的外部原因(*cause étrangère*),就可以免予责任(*Flour/Aubert/Savaux*, Droit civil II[11], no. 269 p. 290)。对一系列的危险物质,并不存在特殊的制定法的规定。有关《公共卫生法典》(*Code de la Santé Publique*, CSP)第L 1142-1条第(1)款第2项规定的院内感染(*infections nosocomiales*),对医院施加的严格责任包含在这一类别中(不过,私人医生的执业行为被排除在外:*Mistretta*, JCP éd. G 2003, I no. 57, 165)。在这方面,法律关心的是对与医院有典型联系的微生物引起的疾病的责任(*Lambert-Faivre*, D. 2003, 361, 362)。责任由制定法规定的强制责任保险进行了补充(《公共卫生法典》第L 1142-1条)。在永久性地减损25%以上的谋生能力的情形,政府计划就会介入(《公共卫生法典》第L 1142-1-1条),在(患者)有重大过失的情形,医院可以求助于该计划。另一个特殊的法定制度的例子可以在《矿业法典》(*Code minier*)第75-1条以下找到,它涉及采矿运营者对采矿运营造成的损害的责任。对不正常干扰周围之行为(*troubles anormaux du voisinage*)的严格责任和诸如水污染的情形有着关联(Cass. civ. 2 March 1966, Bull. civ. 1966, II, no. 279; Cass. civ. 12 February 1974, JCP éd. G 1975, II, 18016, note *Despax*; Cass. civ. 15 February 1989, JCP éd. G 1989, IV, 142)。排放物被界定为正常还是异常,是初审法院的裁量问题(*le Tourneau and Cadiet*, Droit de la responsabilité et des contrats (2006/2007), nos. 7180 and 7184)。

2. 类似地,在比利时,出发点通常是《民法典》第1384条第(1)款。在比利时,只有当产生的损害是由于物的缺陷造成时,才能适用该规则(例如,参见Tilleman and Claeys (*-Baudoncq and Debaene*), Buitencontractuele aansprakelijkheid, 83, 88; *van Gerven*, Verbintenissenrecht II[7], 329)。监管人(*Gardien*)的定义在很大程度上与法国的定义相同(例如,Cass. 24 January 1991, Pas. Belge 1991, I, no. 276 p. 500);不过,与法国的现行法律不同,在比利时,必须可能将具有法律相关性的行为归咎于被告。如果一个物表现出异常的特性,使得它在案件的具体情况中很容易对第三人造成伤害,物就是有缺陷的;缺陷可以是暂时的,而且,也无须缺陷是物的固有属性(Cass. 3 September 1992, Pas. belge 1992, I, no. 585 p. 985)。

3. 西班牙关于环境损害责任的法律由许多迥然不同的制度构成。《民法典》第1908条第(1)款包含的规则就位居其列。根据该条,对"没有以适当的注意予以维护的机器的爆炸"和"未放在安全和适当场所的易爆物品的燃烧"造成的损害,所有权人要承担责任。主流的法律意见认为此规定是过错责任的一种特殊情形。对《民法典》第1908条第(4)款,也承认了同样的观点,根据该款,对"未采取对其所处地方而言合理的预防措施而建造的污染性物质的下水道或储存室的排放物"造成的损害,所有权人要承担责任(*Díez-Picazo and Gullón*, Sistema II[9],572)。因而,落入这两项制定法条款之适用范围的损失,通常被法院视为落入了《民法典》第1902条的适用范围,这就可以适用该规范所设计的与责任有关的风险理论以及准客观过错(*culpa cuasi-objetiva*)的原理(参见上文对第3:102条(过失)的注释14)(例如TS 18 November 1998, RAJ 1998 (5) no. 8814 p. 13018; TS 20 May2005, RAJ 2005 (5) no. 6693 p. 14224; TS 28 January 2004, RAJ 2004 (1) no. 153 p. 305)。与此相反,当损害包含在《民法典》第1908条第(2)款的适用范围之内时,法院就没有必要采取这种"迂回路线"。这是因为,该条已经规定了严格责任(*Díez – Picazo and Gullón* loc. cit. ; *Álvarez Lata* , La responsabilidad civil por daños al medio ambiente[3], 1917; TS 15 March 1993, RAJ 1993 (2) no. 2284 p. 2958; TS 24 May 1993, RAJ 1993 (2) no. 3727 p. 4743; TS 14 March 2005, RAJ 2005 (2) no. 2236 p. 4747)。"对人身和财产有害的有毒烟雾"造成的损害,所有权人要承担责任。有争议的问题是,这种责任是否可以被扩张至任何种类的排放物,或者它是否必须被限定于"有毒烟雾"。一般来讲,法院会毫不犹豫地将该规定类推适用于其他排放物(例如 TS 29 April 2003, RAJ 2003 (2) no. 3041 p. 5720; CA Valencia 26 March 2004, A. C. 2004 (2) no. 890 p. 248 [两者都与噪声有关]; CA Alicante 15 March 2002, BDA JUR 2002/140080 [电磁辐射]; CA Baleares 21 February 2005, BDA JUR 2005/118262 [湿气])。相反,在法学评论中意见有所分歧(支持类推适用的,如 *Cabanillas Sánchez*, ADC 1993, 1969 – 1974; Moreno Martínez (– *Algarra Prats*), Perfiles de la responsabilidad civil en el nuevo milenio, 639; *Martín Vida*, InDret 2/2005, p. 3; 反对的,如 *Santos Morón*, FS Díez – Picazo II, 3022)。在民法典之外与责任有关的规则中,被赋予一定重要性的尤其(*inter alia*)是《对名誉、私人生活和个人肖像权的民事保护法》。这是因为,许多法院为了确立对过度噪声的责任,求助于了该法有关人格权保护的规定(TS 29 April 2003, RAJ 2003 (2) no. 3041 p. 5720)。此外,在《核能法》*(Ley 25/1964 , de 29 de abril , reguladora de la energía nuclear)*中也能发现一种特定的责任制度。此外,必须注意到《加泰罗尼亚民法典》(CATALAN Civil Code)第546-13条和第546-14条,它规定了对不法排放物造成的损害的责任。一般来讲,西班牙的制定法中没有正式使用"危险物的保有人"这一概念;而是试图将这种责任与所有权或者占有联系起来。不过,TS 20 May 2005, RAJ 2005 (5) no. 6693 p. 14224 一案适用了《民法典》第1902条来规避《民法典》第1908条的措辞,对危险物质燃烧造成的损害,让承租人承担了严格责任。根据最高法院的判例法,在危险物质或者排放物造成的损害所产生的责任的领域,遵守制定法规定的义务不构成抗辩(TS 24 May 1993, RAJ 1993 (2) no. 3727 p. 4743; TS 14 March 2005, RAJ 2005 (2) no. 2236 p. 4747)。

4. 意大利法关于环境损害责任的出发点,是1986年7月8日第349号《成立环境部和有关环境损害的规定的法律》*(Istituzione del Ministero dell 'ambiente e norme in materia di danno ambientale)*第18条中包含的立法计划(参见上述第2:209条(政府因环境损害而遭受的负担)的注释Ⅱ、5)。该条文规范违反制定法规定的义务而对环境造成损害的责任;侵权人必须向政府提供补偿。对个人所负的侵权责任不受该法影响;换句话说,该法第18条仅规范"纯粹生态损害"(进一步参见 *Castronovo*, La nuova responsabilità civile[3], 747)。当对特定的受法律保护的个人利益和环境造成损害时,两种责任制度可以累加适用(Cass. sez. un. 21 February 2002, no. 2515, Resp. civ. e prev. 2002, 385; 726; Cass. 3 February 1998, no. 1087, Danno e resp. 1998, 495)。除了《民法典》第2043条外,《民法典》第2050条可以为施加环境损害责任提供另外的基础。根据该规定,"任何人因为从事具有内在危险性的活动,或者通过从事该活动所使用的工具而给他人造成伤害的,有义务赔偿损害,除非他能够证明他已采取了所有必要措施来避免损害的发生"。《民法典》第2050条中"危险活动"的概念是指,从事活动所采用的方式必须是连续的且是有组织的;不过,它并不意指商法意义上的企业组织(Cass. 24 February 1983, no. 1425, Giust. civ. Mass. 1983, fasc. 1)。和平的核活动造成伤害的责任由1962年12月31日第1860号的《和平使用核能法》(1965年12月30日,第1704号;1969年12月19日第1008号以及大量补充性的总统令)来调整。

5.《匈牙利民法典》第345条第(1)款(第3句)明确规定,该条规定的严格责任(对危险活动的责任)也适用于"通过危害人类环境的活动给他人造成损害的个人"。控制有害物质或者运营危险排放物可能从中逃逸的设施,是该条规定的危险活动的例子(进一步参见 Petrik *(- Wellmann)*, Polgári jog II[2], 596/2)。核能领域的损害责任由1996年第CXVI号《核能法》来调整。对采矿运营中产生的损失的责任由1993年第XLVIII号《采矿法》来调整。《民法典》第345条第(1)款中的"危险运营"或者"活动",尤其(*inter alia*)包括发电站、构筑物(structures)、矿山、水厂、煤气厂、电力站、供电设施、处理爆炸、放射性物质和有毒物质(除非涉及的只是少量的、仅用于家庭目的);在田地里喷洒农药被看作是一种危险活动——特别是通过飞机来进行这种喷洒时,当然构成危险活动:BH 1983/203 and BH 1987/437; Petrik (- *Wellmann*), Polgári jog II[2], 585-586; Gellért (- *Benedek*), A Polgári Törvénykönyv Magyarázata I[6], 1246-1250, 1256-1257; *Petrik*, Kártérítési jog, 109-111。不过,医学上的放射性治疗适用与责任有关的一般规则(*Wellmann* loc. cit. 585)。适用明火本身并不意味着危险活动(BH 988/183),使用烟火装置在所有情形都是危险活动(BH 2000/349; BH 1991/314)。此外,通过超市传播腐蚀性物质是危险的(BH 1993/678);直升机的保有人对噪声须承担责任(BH 1984/114);从大量关于这一主题的判例法中出现的进一步的情形,包括对振动设施(BH 1981/15)、危险农药(BH 1981/413)和过多的灰尘颗粒(BH 1973/71)施加的责任。

6. 根据《波兰民法典》第435条第(1)款,为自己的利益运营自然力(蒸汽、天然气、电力、液体燃料等)驱动的设施之人,对由于设施的运行而给任何人造成的人身伤害或财产损害,须承担责任,但损害是由不可抗力、仅由于受害人或非由运营企业之人负责的第三人引起的除外。同样的规则适用于生产或使用炸药的设施。这是一种严格责任(Pietrzykowski *(- Safjan)*, Kodeks cywilny I[4], art. 435 p. 1231),通常由诸如电厂的运营者和运输或者建筑公司之类的运营大设施的法人(并不一定是所有权人,例如,承租人,*Safjan* loc. cit. 1233)来承担。设施的运行被做了广义的解释;其中包括空气污染、下水道里排放污物(甚至低于标准——参见 SN 7 April 1970, OSPiKA 1971, poz. 169; *Radwański and Olejniczak*, Zobowiözania - częöö ogólna[7], 235)和噪声污染。《民法典》第435条的适用被扩及至采矿设施(做了一些修订,参见《地质和采矿法》第93条以下),以及由于累积的危险物质的数量或性质而产生严重的工业故障之危险的设施(即使该设施不是由自然力驱动,即使其活动是在行政决定的基础上和范围内实施的:《环境保护法》第324条和第325条)。如果损害是由后一种类型的设施引起的,受害人(在对作为一种公共物品(a common good)的环境造成损害的情形:国家、地方政府或者生态组织)还可以特别要求责任人采取预防措施;如果这些措施是不可能的或者过度困难,受害人可以要求停止危险活动(前法第323条)。对核损害的责任由《核能法》第100条以下单独规制。对创造产生环境损害之风险的活动造成的环境损害的预防和恢复,《环境损害预防和恢复法》第1条以下规定了一项特殊制度。《保加利亚环境保护法》第170条包含了一项一般原则,即国家、地方政府或者个人(自然人或法人)过错造成的环境损害,必须得到赔偿。根据对《环境保护法》的补充规定的第1条第5项和第6项,可获赔的损害包括作为物理、化学或者生物过程的结果出现的损害。尽管遵守了制定法的规则仍然产生的损害,也包含在本条之中。"环境损害"这一概念指对地区生态平衡的改变,它导致了生活水平受损,生物多样性变差或者对自然生态系统造成持续的不利影响。损害赔偿请求还由(强制性的和禁止性的)禁令救济加以了补充(《环境保护法》第171条)。

7. 与环境损害责任有关的德国法主要由一系列具体的严格责任法规来调整(《环境责任法》[UmweltHG]第1条以下、《水资源法》[WHG]第22条、《责任法》[HaftPflG]第2条、《基因工程法》[GenTG] 第32条以下、《矿业法》[BBergG] 第114条以下、《核能法》[AtomG] 第25条以下)、关于相邻方各自利益的法律规定(《民法典》第906条第(2)款第2句)、《污染控制法》[BImSchG]第14条第2句)以及一般侵权法中的故意和过失责任(《民法典》第823条)。《环境责任法》第1条就该法列举的技术工作、工厂或者设施的排放物对环境产生的影响规定了严格责任。此外,就环境影响给他人造成的死亡、身体伤害、健康损害和经济损失规定了严格责任。损失必须归因于物质、振动、噪声、压力、辐射、燃气、蒸气、水汽、热或者其他类似现象对土壤、空气或者水的环境影响(《环境责任法》第3条第(1)款)。一旦满足了特定的前提条件,就推定存在因果关系(前法第6条和第7条)。该法设置了最高额,限制了可以获得的损害赔偿额(前法第15条),在不可抗力的情形则免除责任(前法第4条)。对尚未完成安装的设施或者不再运行的设施,其责任由前法第2条第(1)款和第(2)款的要件来调整。《水资源法》第22条对向水资源中引入或者排放物质(第(1)款)和运营对水资源保护造成危险的工厂(第(2)款)等行为,规定了严格责任。因而这种责任超出了《环境责任法》调整的责任范围,这主要是因为该法对可能获得的损害赔偿数额没有设定最高限额。此外,《水资源法》中的责任被限定在侵害特定的法律利益之情形;特别是该法允许赔偿非金钱损失(BGH 23 December 1966, BGHZ 47, 1, 13; BGH 21 January 1988, BGHZ 103,129, 140; BGH 6 May 1999, NJW 1999, 3203)。《责任法》第2条调整电缆、水管、燃气管道、油管等的保有人的责任。《基因工程法》第22条以下调整转基因生物致害的责任;《矿业法》第114条之下规范采矿活动或者采矿业务致害的责任。当核设施的占有人(《核能法》第31条第(1)款)和核动力船的占有人(《核能法》第25条第(1)款)承担严格责任时,对赔偿的数额没有设置最高限额。根据《民法典》第906条第(2)款第2句,如果排放物不合理地影响了位于该处的土地的正常使用或者影响了所有权人可能从财产中得到的收入,那么必须忍受相邻财产散发的排放物的土地所有权人,可能就有权向该相邻财产的使用人要求损害赔偿。根据《污染控制法》第14条第2句,在不利影响来自于相邻财产上的设施,且运营许可已经届期的情况下,如果满足了许多额外的条件,财产的所有权人可以要求损害赔偿。在《民法典》第823条第(1)款规定的诉因的背景下,法院试图通过放宽证明责任分配方面的要求来迎合原告的利益。这种对证据规则的放宽对因果关系问题也有重要意义;例如,在一个被告(污染者)超过排放限额排放*的判决中,它就具有重大意义(重要判例有 BGH 18 September 1984, BGHZ 92, 143, 147)。

8. 在20世纪90年代中期,曾提出提案主张制定奥地利环境责任法,但这些建议并没有促成具体的立法行为。因此,奥地利的法律状况是仍然由民法典的规定和大量额外的特别法来调整。根据《民法典》第346条第(2)款,如果相邻财产排放了超出当地习惯数量的排放物,并且显著地损害了依当地习惯对该土地的使用,那么财产的所有权人可以禁止相邻财产排放排放物(液体废水、烟、热、气味、噪声、振动和其他有相似影响的排放物)。《民法典》第364a条作了补充规定,在已经授予了排放许可的情况下,原告仅有权要求损害赔偿。以此为基础,可以得出如下推论:依据《民法典》第364条,原告有权请求禁止性命令的救济及损害赔偿,并且不管是否存在过错,这

---

* 原文表述为"the defendant polluter exceeded the emission and emission limits",疑有误,前一个 emission 似可删去。——译者注

一请求都是可诉的(*Jabornegg*, ÖJZ 1983, 365 和 *Gimpel - Hinteregger*, ÖJZ 1991, 145)。一系列与特别危险活动责任有关的特别法,以及旨在保护特别重要的环境利益的法律,完善了这一制度(例如,《核责任法》第11条、《森林法》第54条、《矿业法》第185条、《水法》第26条以及《航空法》第148条)。反过来,这些特别法被认为容易受到类推适用;相应地,它们被视为可以适用于损害由相似的危险活动引起的情形(重要判例有 OGH 28 March 1973, SZ 46/36;进一步参见 OGH 25 July 2000, SZ 73/118)。如果为了集体利益允许运营者实施运营,但如果仅考虑处于运营风险之下的人的法律利益则会禁止运营,那么该运营就是"危险的"(OGH 24 October 1985, JBl 1986, 525),例如,点燃烟花(OGH 28 March 1973 loc. cit.)、经营军火工厂或者高压设备(OGH 2 April 1954, SZ 25/84),以及经营生产有害气体和物质的工厂和设施(OGH 20 February 1958, SZ 31/26 [菱镁矿工厂]; OGH 16 July 1998, SZ 71/126 [[氯烃厂])。不过,需要注意的是,并非每个工业或制造业运营自身都是"危险的"(OGH 25 July 2000, SZ 73/118 [旅馆])。

9. 根据希腊第1650/1986号法律第29条:"任何污染或者以其他方式损害环境的自然人或者法人都须承担赔偿责任,除非他能够证明损害可归因于不可抗力或者是由第三人故意的可责的(culpable)行为引起的。"此规定是一种严格责任(*Deliyannis and Kornilakis* , Eidiko Enochiko Diakio III, 365;*Dimopoulou* , Evthini apo diakindinevsi, 240;*Karakostas* , Perivallon kai Astiko Dikaio, 334)。"污染"和"环境损害"的概念在前引法律第(2)款中有界定。根据希腊主流的学术观点,损害必须能够归因于某种危险源,这种危险源对环境造成一种特别高的风险。在该制定法条文的措辞之外还有另一项要件,即损害源自下述危险,该危险与占有或运营一种潜在的污染源或损害源有典型联系(*Dimopoulou* loc. cit. 242;*Georgiades*, Enochiko Dikaio I, 702)。任何遭受人身伤害或财产损害之人都有权主张赔偿。政府就与补救环境损害有关的花费也可主张权利(*Dimopoulou* loc. cit. 241;*Georgiades* loc. cit.)。此外,《民法典》第57条(对人格权的保护)和侵权法的重要基本规范(《民法典》第914条),以及与相邻者的各自利益有关的法律(《民法典》第1003条),都与此有相当的关联。就海洋石油污染而言,船舶的所有权人依据《海上油污法》[Law 314/1976]承担严格责任。类似地,和平利用核能造成的损害由一种特殊的责任制度来调整,该制度的运用对相关的核设施的运营者不利(Legislative Decree 336/1969, amended by Law 1758/1988; 关于此点,参见 *Dimopoulou* loc. cit. 252)。

10.《葡萄牙民法典》第493条第(2)款确立了危险活动致害的责任;责任是以可推翻的过错推定为基础的。"危险活动"涵盖了以下情形:诸如制造炸药、用短波或X射线治疗或检查病人、运输石油或汽油(*Antunes Varela*, Obrigações em geral I[10], 595; CA Oporto 9 February 2006; STJ 12 February 2004)、通过陆上电缆输送高压能源(STJ 25 March 2004; CA Oporto 3 February 2004; STJ 10 July 2003)以及燃放烟花(STJ 17 June 2004)。保有人(*detentor*)可以通过证明在案件当时的情况下尽到了所有适当的谨慎以防止损害发生而免予责任(*Antunes Varela* loc. cit.)。相反,《民法典》第509条第(1)款不允许调查过错,并规定,"对旨在输导或传送电能或燃气的设施可以进行有效的管理,并为其自己利益而使用该设施之人,对输导或传送电力或燃气而可能产生的损害,以及对设施自身产生的损害承担责任,除非在事故发生时该设施符合有约束力的技术标准并处于完美的维护状态"。这一规定并不仅仅与供应能源或燃气所致的损害有关(关于此点,参见 *Vaz Serra*, BolMinJus 92 [1960] 139; STJ 25 March 2004; CA Lisbon 22 October 1973, BolMinJus 230 [1973] 155),它也调整因生产或储存电力或燃气而发生的损害(*Almeida Costa*, Obrigações[9], 599; CA Lisbon 8 January 1975, BolMinJus 243 [1975] 318; 不过,参见 CA Coimbra

15 January 1991, CJ XVI [1991-1] 47)。设施的运营者承担责任(*Almeida Costa* loc. cit.),但可依据与第3:206条第(5)款(b)项详细阐述的同样的前提条件免予责任(进一步参见 *Pires de Lima and Antunes Varela*, Código Civil Anotado I[4], 525, note 1 under art. 509; *Vaz Serra* loc. cit.; STJ 18 April 1996, CJ(ST) IV [1996-2] 26; 另见 STJ 25 March 2004 [不过,这里的责任是因违反法定的安全规章而得以确定的])。另一项为责任承担提供抗辩的额外事由是不可抗力(《民法典》第509条第(2)款):一个例子是,因为非常罕见的暴雨状况,一座电缆塔被连根拔起(*Almeida Costa* loc. cit. 600; *Pires de Lima and Antunes Varela* loc. cit. note 2;参见 STJ 5 June 1985, BolMinJus 348 [1985] 397)。《民法典》第509条规定的责任不会施加给为个人使用而建造电力设施的消费者;这符合第3:206条第(5)款(a)项的规定(进一步参见 *Pires de Lima and Antun es Varela* loc. cit. note 3 under art. 509; *Antunes Varela* loc. cit. 713)。严格责任(不过,仅严格责任)有最高额限制(《民法典》第510条和第508条第(1)款)。《民法典》第1346条就相邻关系有一项特殊的规定。该规定调整持续了一段时间且达到特定强度的排放物(*Mesquita*, Direitos Reais, 143-145; STJ 3 December 1992; STJ 7 April 2005)。

11.《荷兰民法典》第6:175条对物质保有人施加了严格责任(进一步参见 Asser (-*Hartkamp*) Verbintenissenrecht III[12], no. 192a, p. 206)。责任法中的"物质"的概念被扩展至超出财产法中对"物"的法律定义(Memorie van Toelichting, Tweede Kamer 1988-1989, Kamerstukken no. 21202, p. 13; Onrechtmatige Daad II (-*Oldenhuis*), art. 6:173, no. 28 p. 95)。除固体物质外,该规定还调整气体和液体。物质可以是基本元素、辅助物质(adjuvant substance)、原油、成品或者废弃材料。放射物和电力不被看作是物质(后者包含在产品的概念中:*Oldenhuis* loc. cit. art. 6:174 no. 25 p. 117)。类似地,血浆、安瓿和静脉注射液体由产品责任调整,不适用调整关于危险物质责任的规则(《民法典》第173条第(2)款);细菌和病毒培养菌则由后者调整。"危险物质"是指下述物质,众所周知它具有能对人或物造成一种严重的特别危险的属性。《环境管理法》(Stb. 2005, 282)提供了指导(第9.2.3.1条第(3)款);《民法典》第6:175条第(1)款提到了易爆的、易氧化的、易燃的和有毒的物质。如果某种物质被法定地归类为危险物,则在任何情况下这种物质都被"公知"为展现了危险的属性(《民法典》第6:175条第(6)款)。通过管道运输的物质适用一种独立的制度(《民法典》第6:174条;关于这点,参见 CFI Utrecht 30 January 1998, NedJur (kort) 1999, no. 29)。对责任的抗辩(不可抗力和类似情形,包括强制性的制定法规则)规定在《民法典》第6:178条中。

12. 根据爱沙尼亚的法律,对环境损害的严格责任主要是基于《民法典》第1058条以及第1056条。不过,前一条规定没有坚持采用将责任施加给占有人或运营者的这一路径。相反,《民法典》第1058条将严格责任施加给危险构造物(structure)或者物的所有人。此外,这一责任没有区分私人使用和商业使用。相反,《民法典》第1058条第(1)款与第3:206条第(2)款和第(3)款中细节规定在很大程度上是相似的。《民法典》第1058条第(4)款在很大程度上与第3:206条第(5)款(b)项一致。

13. 不可能忽略斯堪的纳维亚国家中与环境责任有关的法律规定。在瑞典,《环境法典》第32章对(第3条)水域污染、地下水污染、地下水水位改变、空气污染、土地污染、噪声、振动或诸如热、强光、细菌、昆虫之类的其他类似干扰造成的人身伤害、因财产损害而生的损失和纯粹经济损失(第1条)规定了责任。有人认为,在建造工程期内因被限制进入企业而遭受的纯粹经济损失是一种可获赔的损害(HD 1 November 1996, NJA 1996, 634)。在另一起案件中,在大雨天实施挖掘工作以把洪水从财产上移走时,造成另一个财产被淹没,损害得到了赔偿(Environmental Appellate Court 22 December 2006, MÖB M 1785/06)。《环境法典》第32章第4~5条规定,对爆破或挖掘工作造成的损失或伤害可以要求损害赔偿。前法第10章就环境清理,包括政府承担的费用,对运营者规定了严格责任,财产所有权人承担次要责任(subsidiarily)。对因电流而遭受的损失或伤害的损害赔偿由《电力法》(1997:857)第10章来调整,它对电力最终来自的电力设施的运营者规定了严格责任。《核责任法》(1968:45)第5条对核设施的运营者规定了严格责任。《环境法典》第32章规定的责任要求,不动产上的活动(关于这一概念,参见诸如 Environmental Appellate Court 11 January 2007, MÖB M 9741/05)给它周围造成了损失或伤害(前法第1条),因此排除了诸如承租人亲自对所有权人造成的损害(HD 3 October 2003, NJA 2003, 384)。排放物的来源必须与不动产有关(在郊区上空低空飞行的飞机发出的噪声不属于第32章的范围;不过它包括来自附近机场的噪声:Environmental Appellate Court 8 November 2002, MÖD 2002 DM 92; *Hellner and Radetzki*, Skadeståndsrätt[7], 330)。当《环境法典》不适用时,其他制度会填补空缺,例如《对航空过程中造成的损害的责任法》(1922:382)(参见 HD 11 May 1945, NJA 1945, 210:飞机发出噪声给动物造成损害的严格责任;《交通损害赔偿法》(1975:1410)(例如,卡车溢出的石油造成损害)和《海商法典》(石油污染:第10章)。如果没有这样的特别制度可以适用,可以依据一般的过错规则或者依据更一般的有关"危险活动"的严格责任的规则寻求损害赔偿(*Hellner*, JT 1991/92, 646-650; *Hellner and Radetzki* loc. cit. 181; *Bengtsson and Strömbäck*, Skadeståndslagen[2], 36)。除非损失或伤害是因故意或过失造成的,否则所有的损害赔偿请求都要经过如下检验:考虑到当地状况或者在类似条件下排放物的一般存在情况,原告是否应当忍受这种排放物(《环境法典)第32章第1条第3项;参见 HD 20 March 1975, NJA 1975, 155; HD 30 June 1977, NJA 1977, 424; HD 26 July 1988, NJA 1988, 376 和 HD 14 June 1999, NJA 1999, 385)。不适用这项检验的涉及故意或过失的情形尤其可能包括:未经授权的活动、不遵守对活动的授权、通过相对不算昂贵的措施本可以防止的排放物、被告已注意到排放物——尽管被告知道排放物这一单纯的事实本身并不暗示着存在过失(*Hellner and Radetzki* loc. cit. 333)。特定的规则便利了对因果关系的证明(前法第3条),根据这一规则,如果考虑到干扰的性质和其有害影响、其他可能的原因以及任何其他的环境,盖然性权衡(balance of probability)表明这种干扰是原因,那么损害就被认为是由这种干扰造成的(参见 HD 29 December 1992, NJA 1992, 896)。如果存在第32章规定的责任,但是该责任无法被执行时,例如,因为被告破产或者无法确认的,依据《环境法》第33章存在一项保险计划。

14.《丹麦环境损害赔偿责任法》(*Lov om erstatning for miljøskader*)第1条规定,对水、大气、土壤或者地下物质的污染以及来自干扰(disturbance)、振动或者类似排放物的妨害(interference)所造成的人身伤害、财产损害所生的损失、纯粹经济损失以及预防损害或恢复环境的费用,须承担严格责任(*Pagh*, Miljøansvar, 34, 145)。损害必须发生在某种特定类型中的商业或公共活动的过程中(该法列举了11种类型)。其目的是为了对给环境带来高度风险的活动创设一种透明的严格责任制度(*von Eyben and Isager*, Lærebog i erstatningsret[5], 193)。考虑到在相似环境中可以正常或合理期待的忍受程度之后,排放物不能是微不足道的(*von Eyben and Isagr* loc. cit. 196)。如果损害是由依照公共当局发布的强制性规定而实施的活动造成的,被告就享有一种抗辩(前法第3条第(2)款);仅仅允许一种某类活动本身尚不足以构成这种抗辩。对因果关系的证明遵循一般原则。责任由运营者承担。并没有制定一项保险计划。最近的判例法主要处理污染者和财产所有权人对公共当局承担的环境清理费用的非法定责任,对此严格责任持续遭到拒绝(HD UfR 1991, 674; UfR 1995, 505; UfR 1998, 549; UfR 2001,1709)。不过,现行的《环境保护法》(*Lov om miljøbeskyttelse*)也就公共当局的清理费用引入了严格责任(第69~70条)。《土壤污染法》(*Lov om forurenet jord*)第41条对公共当局承担的费用也规定了严格责任。它针对所有的商事和公共活动,而不管其性质,它也针对其他人,只要其他制定法规定的过失或更严格的归责可以归咎于他。这些规定与基于禁令和对当局费用的偿还的公共执法(public enforcement)有关。因此,《环境损害责任法》仅涉及对私人的损害或伤害。其他制定法也可能提供一种(具体的)严格责任制度,如《海商法》(*Søloven*) 第191条、《交通法》(*Faerdselloven*)第101条、《航空交通法》(*Luftfartsloven*)、《核责任法》(*Atomskadeloven*)和《电力法》(*Lov om elektriske stærkstrømsanlæg og elektrisk materiel*)。相邻关系法规定的严格责任也会发挥作用(如HD 8 February 1996, UfR 1996, 661; HD 1 December 1998, UfR 1999, 360; HD 14 February 2005, UfR 2005, 1551)。对一些具体的活动,特别是挖掘工作和类似的活动(HD 10 January 1968, UfR 1968, 84, HD 24 June 1983, UfR 1983, 714; *Gjerulff*, UfR 1968 B, 333; *Pontoppidan*, UfR 1984 B, 50)以及因主要的水管、燃气管和污水管破裂而造成的损害(HD 18 August 1983, UfR 1983, 866; HD 2 September 1983, UfR 1983, 895; HD 23 May 2000, UfR 2000, 1779; *Gomard*, Moderne Erstatningsret, 74,*Hellner* , JT 1991-92, 646-650),也已经建立了非制定法的严格责任;不同的是,在HD 13 November 1987, UfR 1988, 19一案中,一个私人凉亭里的一个小的燃气设施引起了燃气爆炸,该案拒绝了严格责任。不过,非制定法的严格责任的适用范围是受限制的;不存在对"危险活动"的严格责任的一般原则(*Gomard* loc. cit. 83)。

15.《芬兰环境损害赔偿法》(737/1994)第5条对水、空气或者土壤污染、噪声、振动、辐射、光、热或气味或者任何类似的干扰造成的人身伤害、因财产损害造成的损失、纯粹经济损失(如果不是微不足道的)以及其他环境损害规定了严格责任。公共当局或者其他组织的预防和清理费用也可以得到赔偿(前法第6条)。排放物的概念包括,比如,喷砂作业中的灰尘给一辆停放的车辆造成的损害以及给车的司机造成的人身伤害(Supreme Court 13 December 1999, HD 1999:124)。排放物必须与特定区域内的活动有关,给其周围的环境造成了损害(前法第1条),这隐含着与不动产有联系,虽然活动并不一定具有持久的性质(*Wetterstein*, SvJT 1993, 737)。其他活动可能会依据其他法律触发严格责任,比如:《海商法》(1994/674)第10章(*Wetterstein*, JFT 2007, 119)、《交通保险法》(1959/279)、《航空交通法》(1995/281)和《水法》第11章第2条(对因缺陷设施而致害之活动的严格责任)。《相邻方的各自利益法》(1920/26)(the Certain Respective Interests of Neighbours Act)虽然附属于《环境损害赔偿法》,但它涵盖了一些不那么重要的环境干扰的情形。《电力安全法》(1996/410)第7章和《核责任法》(1972/484)构成了特别法(*leges specialis*)。污水管和水管破裂造成的事故,在芬兰也会产生非法定的严格责任,对此不可抗力构成一种抗辩(Supreme Court 21 February 1980, HD 1980:20; *Saxén*, Skadeståndsrätt, 238)。只有认为忍受干扰是不合理时,才会依据《环境损害赔偿法》判给损害赔偿,但故意或犯罪行为肇致损害的除外;相对的例外(counter-exception)是并非微不足道的人身伤害和财产损害(第4条;参见Supreme Court 20 September 2004, HD 2004:87)。《环境损害赔偿法》第3条为因果关系证明提供了便利。在责任人破产或无法确定时,《环境损害保险法》(81/1998)担保了环境损害能得到完全赔偿。

16. 在英格兰,就危险物质逃逸到邻近土地的严格责任形式——被一些评论家看作至少是一条起源不确定的规则,不过法院自己至少从事后的角度将其仅仅看作是从已有的妨害法作出的推论(参见 Birks (*-Davies*), English Private Law II, paras. 14.256-14.257)——是从具有里程碑意义判例 *Rylands v. Fletcher* (1868) LR 3 HL 330 中发展起来的。在该案中,被告通过一个承包方在其自己的土地上建造蓄水池,在给蓄水池注水时,一个水坝决口,导致水涌进一座废弃的矿井并淹没了邻近的煤矿。被告被认为须承担责任,而不论其有无过错,责任基础是,"任何人为其自己的目的将某物带到他的土地上并进行聚集和保存,而该物逃逸后可能会造成危害,那么他就必须自担风险对之进行保管,如果他没有这样做,就要初步(prima facie)对作为该物逃逸的自然后果的所有损害负责":*Rylands v. Fletcher* (1865-66) LR 1 Ex. 265, 279 (*Blackburn* J)。责任被限定为危险必须来自对土地的非自然使用者:*Rylands v. Fletcher* (1868) LR 3 HL 330, 339 (Lord *Cairns* LC)。*Rickards v. Lothian* [1913] AC 263, 280 (Lord *Moulton*)案对此进行了解释:"给他人带来增高的危险的某种特殊的使用,而[……]不仅仅是[……]对土地的通常使用或者对一般性的社区利益是适当的使用",这一概念被后来的判例法认为缺乏精确性,并且容易得到更丰富的重新解释:*Cambridge Water Co. Ltd. v. Eastern Counties Leather plc.* [1994] 2 AC 264, 308-309 (Lord *Goff*: 在工业场所里储存大量化学品是非自然的使用者)。依照前引 *Cambridge Water Co. Ltd. v. Eastern Counties Leather plc.* (HL)一案,妨害和依据 *Rylands v. Fletcher* 的侵权之范围都被显著地缩小了,责任被限制在可以合理预见的损害上。不过,它们仍是严格责任侵权(在被告尽管尽到了所有适当的注意仍然会被判决承担责任的意义上:前引 *CambridgeWater Co. Ltd. v. Eastern Counties Leather plc.*),并未被吸收进过失侵权之中。另一方面,正如其母法妨害侵权一样,这种侵权主要被看作是一种损害相邻土地的侵权,因此依据这一诉因可获赔的人身伤害的赔偿范围尚存有疑问:比较 *Read v. J. Lyons & Co. Ltd.* [1947] AC 156, 170-171 (Lord *Macmillan*)。制定法规定,不动产的所有权人或占有人对"偶然"发生的火灾(被告或者其雇员没有故意或过失)、非由于危险物的逃逸而发生的火灾(依据 *Rylands v. Fletcher* 案的规则)以及非因违反减轻火灾之义务的过失而延续的火灾,不承担严格责任:1774年《火灾预防(都市)法》第86条。相反,制定法在没有限制 *Rylands v. Fletcher* 案的规则的情况下就特定危险规定了严格责任。因此,依据1990年《环境保护法》第73条第(6)款,除符合授权放置的环境许可外,违反该法第33条,将受控制的废弃物放置在土地里或土地上,或者在明知的情况下造成或允许废弃物被放置,对该废弃物造成的损害承担责任。该规定目的上的"损害"被扩及至死亡或伤害(包括任何疾病和对身体或精神状况的损害):前法第73条第(8)款。对该责任的抗辩有:损害完全是由于受害人的过错引起的,或者受害人自愿地接受了损害的风险:前法第73条第(6)款。与有过失的抗辩也可适用:前法第73条第(9)款(b)项。被告也可以通过证明"他已经采取了所有合理的预防措施并尽到了所有适当的勤勉"来抗辩:前法第33条第(7)款和第73条第(7)款。对来自船舶的石油污染的责任由1995年《商事航运法》第六部分第3章来调整。依据《1982年民用航空法》第76条第(2)款,当航空器在飞行、起飞或着陆时,航空器或者航空器内的人员或者从航空器上掉落下来的物品、动物或人员给任何陆上或水上的人或财产造成的损失或损害,无须证明过失或故意,此损害即可得到赔偿。对责任可以主张与有过失的抗辩:前引法律。此外,如果其他人就损害负有法律责任,航空器的所有权人有权追偿:前法,第76条第(3)款。1965年《核设施法》第12条对违反该法规定的义务造成的伤害或损害的赔偿,以及对与此损害不可合理分离的其他伤害或损害的赔偿,规定了严格责任制度。

示例1取自 Metropolitan Court Budapest 4. P. 23. 771/2001/137, 8 May 2006;示例2取自 TS

14 March 2005, RAJ 2005 (2) no. 2236 p. 4747;另可参见 STJ 3 December 1992;示例3 取自 CA Oporto 3 January 2003;示例4 是以 CFI Milan 11 July 1991, Arch. civ. 1991, 1277 为基础的;示例5 取自 BGH 31 December 1972,根据 *Wüsthoff and Kumpf*, Handbuch des deutschen Wasserrechts, R 1219 引用;示例6 取自 BH 2005/251;示例7 取自 *Rylands v. Fletcher* (1868) LR 3 HL 330;示例8 取自 Cass. civ. 23 September 2004, Bull. civ. 2004, II, no. 432 p. 366;示例9 取自 BH 1981/413。

第Ⅵ－3:207 条　对具有法律相关性的损害的其他归责

在下列情形,如果国内法规定亦应对具有法律相关性的损害负责的,从其规定:

(a)涉及本卷第Ⅵ－3:104 条(对儿童或者被监护人造成的损害的归责)到第Ⅵ－3:205 条(机动车辆致害的归责)之外的危险源的情形;

(b)涉及物质或者排放物的情形;

(c)不适用本卷第Ⅵ－3:204 条(瑕疵产品致害的归责)第(4)款(e)项的情形。

评　论

A. 政策考量

有关严格责任的宽泛的国内法;国际条约。就何种事项应成为无故意或过失的归责的对象这一问题,成员国的非合同损害赔偿责任法采取不同的立场。因此,迄今已讨论过的第三章第二节(无故意或过失的归责)的条文仅就根据欧洲主流的法律观点应属于严格责任制度的事项制定了规则。除此之外的事项留给了国内的法律制度。对于已成为统一法律的国际条约之对象的责任问题,也是如此。它们无数的细节无法在诸如这里的示范规则中加以复制。这些规则不能表达也并不期望表达那些已为国际条约所统一的责任法的事项。支持这一保留的更进一步考虑是,对某些事项,也即环境责任法的事项(例如,在海上油污的领域),保险和责任联系得如此紧密,以致就这些事项制定一项单独的责任规则显得不太合理。在其他被国际条约统一的补偿法的领域,它们是否实际构成是非合同损害赔偿责任法的一部分这一问题也可能会被问及。旅店主对带至旅馆的物品所承担的责任的法律就是其中一个例证。在本规则中,这一问题由与保管合同有关的第四卷第三编来解决(参见第Ⅳ.C－5:110 条(旅店经营者的责任))。

概览。本条表述的一项基本原则就是,如果根据成员国可适用的国内法,某人应承担严格责任,则其也要根据本规则,承担无故意或过失的责任。“也”字清楚地表明,这里涉及的是并不存在第Ⅵ－3:201 条至第Ⅵ－3:206 条规定的严格责任的情形下所致的损害。根据法院地的国际私法规则,当然要适用相关的内国的非合同责任法。这似乎是不言自明的,因此没有必要明确提及。另一方面,有必要明确的是,DCFR本身就无故意或过失的归责确立的规则对它们表述的事项来说基本上应是结论性的。没有这一限制,将这些规则扩展到严格责任的将是毫无意义的。因此,本条限制了对国内法的援引。它仅在三类情形中有效:(1)尚未被第Ⅵ-3:104条(儿童或被监护人造成的损害的归责)至第Ⅵ-3:205条(对机动车辆所致损害的归责)所涵盖的处于危急关头的危险源实现的情形;(2)涉及环境责任法的问题;以及(3)内国产品责任法对于发展风险承认严格责任的情形。

具有法律相关性的损害;国内法。第二章的条文决定了何为本条的背景下的具有法律相关性的损害。对"内国"法的参照包括了对约束批准国的国际统一责任法的国内施行法的参照。国内对欧盟指令的施行法也是"国内法"。

B.细节

(a)项。第Ⅵ-3:104条中的规则(对儿童或被监护人造成的损害的归责)也被认为就其适用领域来说是全面的。换句话说,这些规则采取了父母不负严格责任的立场(第Ⅵ-3:104条第(3)款)。它们并没有将人们拥有孩子这一事实视为是承担责任的充分理由。例如,援引第Ⅵ-3:201条(雇员或代表人致损的归责)所具有的效果是,不可能超出该条所暗示的主张,即就非"在雇佣过程中"造成损害者的行为,排除了严格责任。援引第Ⅵ-3:202条到第3:205条可以得出,它们所规定的严格责任不能扩展至仅在故意或过失的情形才具有法律相关性的损害。

示例。例如,(a)项提及的条文中没有写明的危险包括,2004年12月13日在货物入关及供应上实施男女平等对待原则的第2004/113/号理事会指令(OJ EC L 373/37 of 21 December 2004)所设想的危险。就与人的性别相关的以侵犯人的尊严为目的或具有该效果的不应有的行为,这一指令做出了规定(第2条(c))。第Ⅵ-3:207条(a)项也包含了下述情形,即责任人(从纯粹客观的角度看)违反了要求遵守一定的安全标准的制定法(如有关工厂的机器的安全),而这与缺乏注意的考量无关,并且事故的责任仅取决于必要的安全措施没有到位这一事实。在这一特定意义上的"违反制定法上的义务"并不构成过失,而是严格责任的一种形式。第Ⅵ-3:201条(雇员或代表人所致损害的归责)所讨论的危险源是负责人控制下的劳动。因此,根据本条(a)项,对于独立承包商或分包商以及单纯的临时帮工(causal helper)还存在适用严格责任的机会。类似地,第Ⅵ-3:205条(对机动车辆所致损害的归责)仅涉及源自机动车辆的危险,而对其他危险车辆和机器(如起重机、搅拌机或从树枝制作木屑的切碎机)保持沉默。本条第(2)款明确将铁路、飞机和船舶排除在适用范围之外。因此,本条为可适用的国内法在这些领域规定严格责任提供了机会。它甚至可适用于不能被描述为"机器"的动产(例如,所有种类的武器),也可适用于那些不具有内在危险性的动产(例如,自行车、桌子或体育器材)。

（b）项。国内法也有很大的机会借助（b）项来补充规定严格责任。这一条款表达了下述主张，即第Ⅵ－3:206条（危险物或排放物致害的归责）在环境责任上仅涉及了规则的核心部分。除此之外，它既未介入特殊制度（核的民事责任、海上油污等），也无意在无故意或过失的归责的背景下就具有相关性的损害发展出一套全面的规则。

（c）项。最后，（c）项将第85/374 /EEC号理事会指令第15条第（1）款（b）项中的原则转化为了这些规则的表述：参见对第Ⅵ－3:204条（瑕疵产品致害的归责）的评论。

注 释

1. 关于危险物质或排放物在非故意或过失情形下的归责，国内法律体系采取了不同的立场，对这些立场的考虑，参见对前一条的比较性的法律注释；有关法国法上的监管人责任，另参见第Ⅵ－3:104条注释Ⅱ、18以及对前一条文的注释1。考虑到先前的分析，接下来的注释只涉及大量的附属性问题。

2. 就西班牙，除第Ⅵ－3:102条（过失）中注释4和第Ⅵ－3:103至第Ⅵ－3:206条的注释中的说明外，还必须注意到一系列额外的严格责任条文。对家里掉落或扔掷之物所造成的损害，《民法典》第1910条让一家之主来承担责任。被告的过失并不是必要条件（TS 14 April 1984, RAJ 1984 (1) no. 1958p. 1490; TS 20 April 1993, RAJ 1993 (2) no. 3103 p. 3975; TS 26 June 1993, RAJ 1993(3) no. 5383 p. 6869）。"一家之主"这一表述得到宽泛的解释：例如，如果一家夜总会的一名顾客因不明袭击者扔出去的物品而失去一只眼睛，则该夜总会的所有者/占有者根据《民法典》第1910条也要承担责任（TS 21 May 2001, RAJ 2001 (4) no. 6464 p. 10039）。《民法典》第1908条第（3）款让坐落在走廊区域的一颗树的主人承担了严格责任，例如，参见TS 17 March1998, RAJ 1998 (1) no. 1122 p. 1783。《狩猎法》（Ley 1/1970 of 4 April 1970, BOE no. 82 of 6 April 1970）第33条第（5）款规定猎人要承担严格责任，参见CA Palencia 1996年10月9日，AC 1996 (3) no. 1838 p. 246（"准严格责任"）。《消费者保护法》第148条引进了一种额外的严格责任制度（先前的《1984年消费者保护法》第28条）。即使遵循了产品责任法的转化，这个条文依然具有重要意义，特别是对专门的医疗服务（更多信息参见1984年《消费者保护法》的规定，*Asua González*, Responsabilidad civil médica, 1219 – 1226）和运输法（*Álvarez Lata*, La responsabilidad civil por daños al medio ambiente, 1961, 1978 – 1980）而言。最后，还应提及的是《核能法》规定的核责任这一具体制度（Ley 25/1964 of 29 April reguladora de la energía nuclear, BOE no. 107 of 4May 1964）。

3.《意大利侵权法》将从事危险活动之责任的个别基础法典化了，即意大利《民法典》第2050条。根据这一条款，在从事自身被认为危险的或因使用的方法而被认为危险的活动时给他人造成损害者应承担责任，除非他能证明已采取了所有必要的措施来避免损害的发生。例如，组织一场超级足球联赛就意味着这是一个危险的活动，对此，应预期到有狂暴的球迷和扔烟幕弹的行为（CFI Torino 11 November 2004, Danno e resp. 2006, 767），销售香烟亦同（CA Rome 7 March 2005, anno e resp. 2005, 641）。《民法典》第2051条进一步规定，物品的监管人要对该物造成的损害承担责任，除非他们能证明该损害源自意外事件。事实上控制物品者就被视为是这一物品的监管人(Cass. 18 February 2000, no. 1859, Danno e resp. 2000, 390; Cass. sez. un. 11 November 1991, no. 12019, Giur. it. 1992, I, 1, 2218)。根据《民法典》第2051条,潜在的被告的范围包括有铁路运营商,他对恶劣天气造成的月台或人行桥的危险负有责任(Cass. 10 July 2005, no. 14091, Giur. it. 2006, I, 1, 1378)。

4. 匈牙利的严格责任法也以类似的方式规定了对危险作业和危险活动的责任(《民法典》第345条)。因此,在匈牙利,更多的活动适用不依赖于故意或过失(可责性)存在的责任制度;由于《民法典》第345条宽泛的表述,它类似于一般条款,因此不能完全列举这些活动(Gellért (- *Benedek*), A Polgári Törvénykönyv Magyarázata[6], 1242; Petrik (- *Wellmann*), Polgári jog II[2], 584 - 586; *Eörsi*, Kártérítés jogellenes magatartásért[7], 102 - 104; *Marton*, A polgári jogi felelösség, 196 - 197; *Ujváriné*, Felelösségtan[7], 106 - 110;判例法参见 BH 2002/306 and BH 2005/251)。例如,所有类型的电动器具和整个系列的工具(除了家用器具和医疗设备:*Benedek* loc. cit. 1242 and 1246; BH 1996/199)都适用严格责任制度,此外,操作武器和炸药、铺设屋顶、砍伐树木以及兴建楼宇和土木工程也同样适用严格责任(*Benedek* loc. cit. 1249 - 1250;*Petrik*, Kártérítési jog, 112)。一系列的特别法补充了民法典的规定,如《核能法》、与猎物保护相关的法律、《猎物管理和狩猎法》以及《公共教育法》。

5. 根据《波兰民法典》第433条,房屋的占有人对物品从房屋排放或坠落造成的损害承担责任。另见第Ⅵ－3:206条,注释6。超出这些规则的设想,《斯洛文尼亚债法》第156条规定,如果某人因恐怖主义的行为或者在公共示威游行的过程中遭受人身伤害,国家或那些本应阻止损害发生的人应当承担严格责任;就后一情形而言,组织者也负有法律责任(详见 Juhart and Plavšak (- *Pensa*), Obligacijski zakonik I, no. 1 under art. 156, p. 903)。所有形式的群体性事件的组织者,对"意外发生"造成有关的人身损害,都应承担严格责任(例如,恐慌爆发;突现一群观众攀爬并未经检查跨越足球场地上的观众围栏:Pravno mnenje oböne seje VS RS, 21, 22 December 1987, Poroöilo VS RS 2/87, 13)(《债法》第157条)。在罗马尼亚,已经制定了大量的环境责任法,它们适用《环境责任应急条例68/2007》规定的客观责任制度。《核能责任法》(Act no. 703/2001)第4条第(1)款也是规定了客观责任的条文的一个范例。此外,《刑事诉讼法典》第504～507条与违法行政行为的责任有关;它所施加的法律责任也是客观责任,参见对第Ⅵ－7:103条的注释)。

6. 在德国,如果致命的伤害、人身伤害或财产损害源自对铁路或高架铁路的运营,那么其运营商就要承担严格责任(《责任法》第1条);同样,飞行器的保有人也承担严格责任(《航空运输法》(LuftVG)第33条)。根据《药品法》第84条,如果对在市场流通的产品的使用造成他人的死亡或给其造成重大的人身伤害,制药企业要承担严格责任。有关狩猎的进一步的特殊制度包括在《狩猎法》第29条中。

7. 有关奥地利的主要法律,参见先前第Ⅵ－3:206条注释8中的讨论。依循流出物或投掷物致害之诉(the *actio de effusis vel ejectis*),在放置的危险物品从住处坠落(示例包括广告牌、花盆等)的情形,《民法典》第1318条施加了严格责任。《民法典》第1318条相应地适用于水造成的损害(有缺陷的洗碗机或者洗衣机、破裂的鱼缸)。特别法中的大量重要的条款将针对某些活动领域的严格责任置于制定法的基础之上,它们在《核责任法》第11条、《森林法》第54条、《矿业法》第185条、《水法》第26条、《航空法》第148条以及《气体与液体管道法》第10条中可以找到。奥地利的联邦法律中也很常见这样的特别法,关于狩猎的规定就是一例。

8. 希腊法在航空运输法领域规定了更多的严格责任的形式。《航空法典》[Law 1815/1988]第 106 条规定航空承运人对国内航班上的乘客给他人造成的人身伤害所承担的责任（参见 *Dimopoulou*, I evthiniapo diakindinevsi, 121）；同法第 117 条也对地面上的人规定了相应的请求权（参见 *Georgiades*, Enochiko Dikaio I, 696）。雇主对雇员与工作相关的事故所承担的责任也是严格责任的一种情形，它被规定在 551/1915 号法案中（*Dimopoulou* loc. cit. 136）；不过，一项社会保障计划得以实施来覆盖这一责任领域（*Georgiades* loc. cit. 698）。有关海上油污的《海上油污法》（[Law 314/1976]）、核能法（*Dimopoulou* loc. cit. 251）以及《空间物体致害责任法》[Law 563/1977]（*Dimopoulou* loc. cit. 257）是特别的严格责任条款的进一步的示例。

9. 类似地，在葡萄牙法中，仍有大量的严格责任条款需要考虑（也即，补充在对第 3:201 条至第 3:206 条的注释中已经得到审视的那些条文）。在某种程度上，这些条款已经被纳入民法典中，但是可以在不同的特别法中找到。《民法典》第 1347 条第(3)款规定，建筑物、设施或存储腐蚀性物质的仓库的所有人对这些物质造成的损害，应承担无过错责任。需要注意的重要一点是，《民法典》第 493 条第(2)款（有关危险活动的责任，参见第 3:206 条的注释 10）被赋予了宽泛的适用范围。例如，这一条款被认为适用于大型体育赛事的组织者（STJ 17 November 2005）。进一步的严格责任制度会在大量尚未纳入民法典的特别法中见到，特别是《劳动法典》第 120g、239、281 条，《狩猎法》第 33 条第(1)款（参见 STJ 10 October 2002）以及《超轻型（非机动）飞机法令》第 14 条第(1)款。《荷兰民法典》第 6:176 条和第 6:177 条是分散的条款，根据这些条款，严格责任附着于经营垃圾场和钻孔作业。此外，根据《民法典》第 7:658 条第(1)款，由于不安全的工作环境造成损害时，雇主应当承担严格责任（进一步参见 HR 10 December 1999, NedJur 2000 no. 211 p. 1376; HR 17 November 2000, NedJur 2001, no. 596 p. 4376; HR 26 January 2001, NedJur 2001, no. 597 p. 4393; HR 15December 2000, NedJur 2001, no. 198 p. 1306; HR 4 May 2001, NedJur 2001, no. 377p. 2814 and HR 29 June 2001, NedJur 2001, no. 476 p. 3556）。

10. 同样，在北欧国家可以找到其他额外的有关严格责任的阐述。它们包括与飞机、铁路及船舶运输造成的损害相关的规定（关于瑞典，参见《航空运输损害赔偿责任法》[1922:382]、《铁路交通法》[1985:192]第 5 章第 1 条以及《海商法典》第 7 章和第 10 章；关于丹麦，参见《航空运输法》（*Luft－fartsloven*）、《铁路法》（*Jernbaneloven*）第 7 章以及《海商法》（*Søloven*）第 191 条；关于芬兰，参见《航空运输法》[1995/281]、《铁路运输责任法》[1999/113]以及《海商法》[1994/674]第 7 章和第 10 章）。在瑞典和芬兰，对源自环境损害的个人损失的责任的一般要旨可能比这些示范规则有着更为广泛的触及范围，特别是涉及纯粹经济损失时（如 Swedish Supreme Court 1 November 1996, NJA 1996, 634）。还需要注意的是，在大量情形中，《芬兰环境损害赔偿法》第 7 条允许向法人控制的自然人施加责任。这必然要求，在相关设施形式上由法人运营时，由自然人承担责任（Finnish Supreme Court 22 March 2001, HD 2001:61）。另外，三位一体的北欧国家对源自挖掘及类似建筑作业的损害，发展出了严格责任的规则。对源自断裂的水管和污水管道的损害，也存在特殊的制度。

11. 在联合王国，也存在很多制定法，它们在超出之前的条文列出的事项范围之外的受到严格限定情形，规定了某种形式的无过失责任，尽管这些情形通常存在于现有法律关系的背景之中或者可以被视为处于救济的边缘。额外责任的一个示例就是《1969 年雇主责任（缺陷设备）法》，它规定，为了雇主的生意，雇员在雇佣过程中因为雇主提供的缺陷设备而遭受人身伤害，且缺陷是因为第三方的过错造成时，这一伤害被视为可归咎于雇主的过失：第 1 条第(1)款。本法明确保留了让第三方分担的权利:同上述条文。就这些目的,过错意味着过失、违反制定法上的义务及其他导致侵权责任的作为或不作为(英格兰法)或者不法的导致损害赔偿责任的作为或不作为(苏格兰法):第1条第(3)款。至于后者,公法或私法可能包括了《1847年港口、船坞和码头条款法》,该法第56条规定,港口主人可以就移走船的残骸和阻塞物的费用向其所有人请求赔偿。所有人的责任无关于过失:*Great Western Railway Co. v. Owners of the SS Mostyn* (*The Mostyn*) [1928] AC 57;至于"所有人"的含义,参见 *Arrow Shipping Co. v. Tyne Improvement Commissioners* (*The "Crystal"*) [1894] AC 508。也有人认为,当动产租赁给他人使用时,对于使用者的过失给他人造成的伤害,动产的所有人要承担替代责任(至少对于汽车或船舶来说),但是仅在被告保留了控制使用的权利,并且被告对使用有其自己的某种目的时,被告才承担责任,在这种情形下,责任或许可以基于传统的有关主仆关系的原则得到解释:参见 Clerk and Lindsell (-*Murphy*), Torts[19], para. 6-70 et seq。

第Ⅵ-3:208条　抛弃

就本节的适用而言,抛弃不动产、车辆、物质或者设施之人,在他人对被抛弃物进行独立控制或者成为其保有人或经营人之前,仍应对被抛弃物造成的损害承担责任。前句规定在合理范围内亦适用于动物保有人。

评　论

A. 第1句

规则目的。这一条针对第Ⅵ-3:302条(不动产的不安全状态所致损害的归责)、第Ⅵ-3:203条(动物致害的归责)、第Ⅵ-3:205条(机动车辆致害的归责)以及第Ⅵ-3:206条(危险物质或排放物致害的归责)的目的补充了一项说明。所有人、保有人或占有人地位具有实质意义的时点,实质上就是造成损害的事件发生的时刻。本条规定了基础规则的一项例外。没有人能够通过抛弃而避免作为所有人、保有人或占有人的职责。

抛弃。"抛弃"预先假定存在一项指向放弃对物之控制的故意的和自愿的行为。对物的非预期的丧失不构成抛弃。当他人的财产被恰当返还时也不构成抛弃,例如,临时保有人在得到车辆所有人同意的情况下将机动车停放在了指定的停车场,以便所有人之后能够从那里将车开走。同样地,对物或物质的正确处置也不构成抛弃,因为在这种情况下,物或物质被无间隙地转移到另一人的控制之中。相反地,如果一个人只是将一辆旧的但仍功能完善的车辆停在路边,或者不采取保护措施使设施或工厂成为弃置物,或者将危险物质倾倒在垃圾堆上、在乡下的某处将其掩埋,或者将其沉入池塘,即使在这个时间点上他不再是这些物质的保有人,但是仍然对该物负责。

B. 第2句

动物。同样的出发点也适用于动物,但是要求以合理性检验来加以限制。例如,这必然需要考虑被笼养但旨在让其重返自然环境的野生动物,以及已经逃跑而无法再捕获的动物。

注　释

1. 根据法国法,抛弃物(*res derelictae*)是指没有所有人或保有人的东西,因此,对随之发生的损害,无人会承担责任(*le Tourneau and Cadiet*, Droit de la responsabilité et des contrats (2006/2007) no. 7695)。放弃所有权的可行性源自对《民法典》第656、699、917条和第2172条的类推适用,最终达成免除和所有权相连的义务(*Zenati and Revet*, Les biens^2, no. 202 p. 242)。这一前提实质上也适用于《民法典》第1385条规定的对动物的责任。一般来说,无主物的所有权归属于国家(《民法典》第539条和第713条;Code général de la propriété despersonnespubliques art. L. 1122－1 and 1123－1)。有关抛弃物的责任,很少有判例法。Cass. civ. 18 June 1997, Bull. civ. 1997, II, no. 197 p.116 这一判例涉及在一家8年未被经营的采石场中被抛弃的一个弹头。原告把它捡了起来,并"成功"地将之引爆,导致严重的伤害。法院认为,尽管采石场属市镇所有,但不能说它就是监管人;相反,受害者本人才是监管者。相同地,根据比利时的一般观点,抛弃物就是无主物(Dalcq, Responsabilitécivile I2, no. 2090),因此,由于抛弃物的引发责任在民法典中(第1384条第(1)款)被排除(Dalcq loc. cit. no. 2042)。

2. 在西班牙,基本规则规定,合法抛弃某物并声明放弃财产权的人不再承担所有权所必需的或涉及的注意义务(*Albaladejo*, Derecho Civil, III(1)^8, 231－232)。这就意味着,例如,一个动物的所有人或占有人,一旦抛弃了它,就不再根据《民法典》第1905条对它造成的损害承担责任了(Albaladejo (－*Pantaleón Prieto*), Comentarios al Código Civil y compilacionesforales Ⅷ(1), art. 610 p. 187)。但是,根据非合同责任的一般规则,抛弃物造成的损害仍可能被归属于前所有者或占有人的行为(《民法典》第1902条, 参见 *Albadalejo* loc. cit. 232, fn. 5; Paz－Ares/Díez－Picazo/ Bercovitz/Salvador (－*Miquel González*), Código Civil II^2, 1232)。关于废物,地区自治立法中的一些条款设立了一种特殊的责任制度(例如,《废物管理(马德里)法》[*Ley Comunidad de Madrid* 5/2003 of 20 May *de residuos de la Comunidad de Madrid*, BOE of 29 May 2003]第25条第(6)款[废弃物质的生产者,只要仍占有这些物质,就要对其造成的损害承担责任] 和《城市固体废物管理法》[*Ley Parlamento de Galicia* 10/1997 of 22 August *de residuos sólidos urbanos*]第10条[所有城市的废弃物都必须有保有者])。不过,必须要强调的是,在决定责任承担时,对物质的抛弃行为似乎并没有起到重要作用(例如,参见 TS 8 March 2006, RAJ 2006 (1) no. 1076 p. 2795: 父母根据《民法典》第1903条第(2)款的规定要对可能为其孩子抛弃的瓶子中的危险物质承担责任)。当然,必须区分动产与不动产。如果不动产的所有人声明放弃所有权,根据法律规定,所有权归国家(《公共资产管理法》[*Ley* 33/2003 of 3 November *de patrimonio de las*

Administraciones públicas, BOE of 4 November 2003]第17条)。因此,有权的公共管理部门要对被抛弃的不动产造成的损害承担严格责任(同上法,第139条)。

3.类似地,在意大利,区分了动产和不动产。从《民法典》第923条第(2)款中可以演绎出,动产所有权可以通过抛弃行为(*derelictio*)而被放弃,因而动产获得无主物(*res nullius*)的地位。单单这一情形并不能改变下述事实,即,在个案中,抛弃可能同时构成一种侵权行为,它要求对所有权的放弃归于无效。例如,垃圾未得到正确地处理或者被不法卖掉(*Gambaro*, Diritto di proprietà, 862-863)即是这种情形。物之监管人一旦放弃了对物的控制,其责任就终结了。关于不动产,意大利法承认通常被称作免除义务的抛弃(*abbandono liberatorio*)这一原则(《民法典》第888、1070、2858条)。这一原则允许所有者在许多特定的情形下免于特殊的负担或义务。自然,财产没有变成无主物,而所有权立即归属于新的所有者(例如,供役地的所有人声明放弃了有利于需役地所有人的所有权)。在简易抛弃(*abbandono semplice*)的情形,可以从《民法典》第827条推断出,所有权会立即归属于国家(*Gambaro*, *loc. cit.* 867-868)。

4.类似地,匈牙利法承认了抛弃(*derelictio*)。不过,在登记土地的情形排除了它的适用(《民法典》第112条第(2)款)。顺带提一下,匈牙利民法典中没有与第3:208条相对应的条款。《环境保护法》(Law no. LIII/1995)第102条第(4)款以及第104条就公司法定继承者的环境损害责任制定了具体的规定。《波兰民法典》第340条规定,占有的暂时丧失不会中断占有的持续,这对所有与物的占有相关的严格责任条款产生了影响(《民法典》第434条、第436条第(1)款)。存在占有持续这种推定。占有人不能通过主张企业的运营已分派给他人而逃脱侵权责任(《民法典》第429条)。《民法典》第431条第(1)款的适用将保有人责任扩展至走失的动物。抛弃仅就动产(《民法典》第180条)才是可能的,它采取了放弃(abandonment)的形式(要求放弃的故意),需要丧失占有,从而对基于物之占有的所有严格责任条款产生影响(《民法典》第434条、第436条第(1)款)。公认的是,在《罗马尼亚民法典》第1000条第(1)款有关保有人责任之规定的框架内,所有人直到另一方获得对物的实际控制以及相称的控制权时才能通过抛弃来终止保有人的身份(*Lupan*, Răspunderea civilă, 187)。这些条文与根据《民法典》第1001条来处理对动物之责任的条文是一致的(*Lupan* loc. cit. 221)。

5.根据德国法,土地的所有权(《民法典》第928条)以及动产所有权(《民法典》第959条)能够被声明放弃;财产变成无主物。作为一般规则,自愿放弃物品与保有人身份的放弃是相关的。不过,有观点提出,根据《道路交通法》第7条第(1)款,之前的所有人仍然负有责任,因为机动车辆不允许在无保有人的情形下操作(*Greger*, Haftungsrecht des Straβenverkehrs[4], § 3, no. 274)。《环境责任法》第2条第(2)款规定,关于设施对环境造成的危险,之前的经营者应当承担责任,只要对环境的影响来自于某种危险源,并且设施造成的危险的基础在经营停止之前已经产生。

6.在奥地利,动产所有权可以通过自愿放弃占有的方式被抛弃(《民法典》第349条);放弃不动产所有权需要涂销土地登记簿上的登记(《民法典》第350条)。放弃所有权并未使得任何先前承担的支付损害赔偿的债务或消除有害后果的义务归于无效(OGH 31 October 1968, JBl 1968, 568; Ertl, JBl 1974, 281, 342),也不会免除被告履行对一般公众所负的特殊保护性义务的债务(Rummel(-*Spielbüchler*), ABGB I[3], § 387 no. 2)。例如,土地所有者维护和保持财产处于良好状况的义务,即是如此。特别法,特别是环境法,澄清了,最后的保有人或所有人仍然负有责任,因此,不能简单地通过自愿放弃占有的方式放弃职责(例如,《废物管理法》第18条)。

7. 在抛弃物(*derelictio*)的框架内,葡萄牙法对动产和不动产作了类似的区分。被所有人抛弃的动物及其他动产,能够通过占有获得所有权(《民法典》第1316条、第1317条(d)项、第1318条以及第1323条第(2)款);如果不动产被声明放弃,所有权依法归属于国家(《宪法》第89条;*Menezes Cordeiro*, Direitos Reais, 484 – 485)。抛弃车辆的人就失去了对车辆的"有效指挥"(《民法典》第503条第(1)款),因此不再承担严格责任。就危险物质而言,这也适用于《民法典》第509条第(1)款的出发点。不过,没有妥当地处理这些物质可能相当于《民法典》第493条第(2)款意义上的危险活动。当建筑工作完成后,存在将相关的废弃物和其他遗留物从这一区域移除的义务(《都市化与建筑法令》第86条;《公共合同法典》第177条第(2)款)。市镇所有的一座宫殿着火,但市镇因没有移除一建筑物因该场火灾烧毁的部分而给周围的财产造成损害,根据侵权法的一般原则,市镇应承担责任(CA Oporto 6 January 2003; STJ 8 July 2003)。如果野生或流浪的动物因没有关紧喂养它们的围栏而走失到高速公路上,且不能确定其保有人,新近的判例法认为,被许可运营高速公路者应对以此种方式造成的事故承担责任(STJ 22 June 2004; CA Lisbon 15May 2007; CA Evora 25 January 2007)。根据荷兰法,第3:208条中包含的规则的适用范围与其《民法典》第6:176条第(1)款的适用范围一致,垃圾场的经营者也要对空气、水或地面污染造成的损害承担责任,即使它是在垃圾场关闭之后产生的。无主财产的所有权归属于国家(《民法典》第5:24条)。

8. 在北欧国家,第3:208条提出的问题很少被讨论。首先,不作为责任被认为可以为抛弃物的法律责任提供一项基础。这源自下述事实,即物品的抛弃可能需要有一个在先的积极行为,它增加了危险发生的风险,根据一般侵权法的规则,这确立了一项积极主动地排除即将随之发生的危险的义务(进一步参见 *Hellner and Radetzki*, Skadeståndsrätt[7], 114; *Vinding Kruse*, Erstatningsretten[5], 111; *Saxén*, Skadeståndsrätt, 41)。例如,Swedish HD 14 December 1935, NJA 1935, 636这一判例认为,一个人把水倒入水桶,之后将一块生石灰扔进去,从而发生爆炸伤害了几个过路的儿童,该人有责任支付损害赔偿。DANISH Eastern CA 12 February 1931, UfR 1931, 598这一判例确认了一名租客的法律责任,他从公寓里搬走后留下了一块蓄电池,这块蓄电池之后开始泄漏酸性物质,对租住在下层公寓的租客造成了损害。此外,某人希望在他人的土地上焚烧来处置一些化学废物,结果给后者的动物造成损害,Finnish HD 1954 II 66这一判例肯定了该人的责任。在瑞典,环境法典的预备成果确认,在他人土地上秘密地处理物质者,对这些物质所造成的损害应承担责任(NJA 1986 II, 141)。同时,有必要注意的一个事实是,在概念上,《环境法典》第32章对危害环境的设施或活动采用了非常宽泛的含义(例如,取得土地所有权的人对给环境造成危险的物质负有法律责任,尽管该危险物质是由设施的先前经营者在不知道新主人的情况下留在土地上的:HD 3 September 1983, NJA 1984, 602; Supreme Administrative Court 16 January1997, RÅ 1997, 12 I; S – Karnov 2006/07 (– *Karlsson*), Miljöbalk, no. 347 p. 2385)。尚不确定的是,此观点是否是丹麦和芬兰的主流观点;不过,实际知悉和推定知悉危险物质会使得新的所有人承担法律责任(Danish Western CA 24 May 1994, FED 1994, 537; *von Eyben and Isager*, Lærebog i erstatningsret[5], 190;《芬兰环境损害赔偿法》第7条第1~3项)。

9. 就英格兰法而言,《1971年动物法》第6条第(3)款规定,如果动物不再被人拥有或占有,在他人成为保有人之前,前一个保有人仍作为动物的保有人。这被扩展至逃脱的和被抛弃的动物;有人质疑,除非其他人成为保有人,否则该责任在时间上不受限制,对所有逃脱圈养重回野生环境的本地的野生动物来说,这一责任是否合理:参见 Clerk and Lindsell(-*Dugdale and Jones*), Torts[19], para. 22-09, no. 37(比较对狐狸和老虎的责任)。若无人实体控制房屋,根据普通法规则,享有法定权利的人被视为《1957 年占有人责任法》规定的责任目的上的占有人:参见 *Harris v. Birkenhead Corp.* [1976] 1 WLR 279(为了拆除而被强制购买的一间空的贫民房屋的购买者,在财产让与时就成为了占有人,即使尚未取得占有)。

第四章 因果关系

第Ⅵ-4:101条 一般规则

(1)若损害被认为是下列事项的结果,则某人对他人造成具有法律相关性的损害:

(a)该人的行为;或者

(b)由该人负责的危险源。

(2)在人身伤害或者死亡的情形下,不需考虑受害人的易患病体质对其所遭受伤害的类型或程度的影响。

评 论

A. 概述

范围。第(1)款的内容是关于因果关系的一般规则。本款涉及由当事人行为所造成损害之因果关系和非由当事人行为而是由当事人所负责之危险源造成损害之因果关系。在后一种情形中,具有法律相关性的损害必须是该危险源造成的。本条连同第Ⅵ-1:101条(基本规则)第(1)款所规定的具有法律相关性之损害和可归责性共同构成本卷所定责任的不可或缺的三大支柱。本条第(2)款规定的是关于遭受人身伤害或死亡之人,在意外发生前已体弱或生病并因而加重人身伤害的情形。

政策考量。尽管诸多问题与因果关系的概念相关,但毋庸置疑的是,具有法律相关性的损害须由负有责任之人或由此人负责之他人或危险源"造成",这一点才是整个欧洲法律责任体系——包括欧洲共同体法——的基石。虽然因果关系本身不足以构成责任(除某些交通事故法规中的地区性例外规定外),但是没有因果关系,损害的民事责任也无从谈起。这一部门法不会仅基于道德或一般政治原因而强加损害责任。这并非将责任强加于"不履行职务者"、"有钱人"或"被保险人",而是将其施加于可由所发生的事故追溯到的有控制能力之人。当某人可能面临刑法或保险法上的责任或可能遭受其他制裁时,如果缺乏证明这一因果联系的足够证据,那么根据本部门法无须承担责任。在当代欧洲所有国家,仅有损害之意图均不再构成民事损害责任的基础。但是,对于极易引起损害的错误行为,虽尚未发生,亦可以事先限制禁令之方式预防(第Ⅵ-1:102条(预防))。

示例1

如果A的不诚信竞争行为并非造成竞争者B随后利润损失的原因,因为B之利润损失应归因于经济衰退引发的滞销,那么损害赔偿请求不成立。但是,如果A方继续从事不诚信的反竞争行为使B方利润有进一步减少之虞,那么B可获得保护免受该行为之损害。

术语因果关系。"因果关系"这一术语运用于整个欧洲的法律责任体系中,但是均未予以界定。规定如何判定因果关系的条款间偶有冲突。由本条和第Ⅵ-1:101条(基本规则)可见,本卷将因果关系视为(1)负有责任之人或对危险源负责之人的故意或过失行为和(2)具有法律相关性的损害之间的必要联系。所涉之损害,必得视为有责任之人的行为或该人负责之危险源引致的结果。本条以第2章和第3章之规定为基础,明确规定因果关系可依归责原因和具有法律相关性的损害不同而遵循存在细微差别的不同规则。

行为中的因果关系。第(1)款第(1)项规定了由某人自己的行为造成相关损害的情形。"行为"与第Ⅵ-3:102(过失)语境下的"行为"的含义相同。详见该条之评论。

不作为中的因果关系。本条并未区分积极行为与消极行为或不作为。作为规则中规定的法律问题,具有法律相关性的损害原因很可能是不作为。这符合过失语境中设定的模式,而在草案中也回避了对积极行为和不作为的区分(详见第Ⅵ-3:102(过失)的评论)。但是,这与对因果关系适用不同标准的模式相矛盾。确切区分积极行为与不作为的唯一可能性大概在于考查某人是否实际实施某种行为。但是这一标准在法律上不具有可行性。例如,司机未能在红灯前停车,结果撞伤路人这一情形,将会被视为因不作为(因为不作为而未将脚从加速踏板挪到制动踏板),而不是积极地从事了某种本不应为的行为。这与通常的责任基础观念不符。当(1)某人有机会阻止并有义务利用这一机会阻止,而且(2)损害应被视为未加阻止的行为后果时,该人的不作为是造成损害的原因。

示例2

医生未将病人有自杀的高风险告知所在医院。但是,医院已经意识到了这一危险。因此不作为(未报告)并非病人死亡的原因。

示例3

两个熟人一起去钓鱼。由于他们使用电力,而且之前他们已经用过这种方法,由一人(A)将电通过绝缘电缆从公共电线输入河中,另一人(B)在河岸边拖拽一根置于水中的挂有电网的木质长钓杆。突然,B坠入河中。A开始救B出水,但他感觉水中有电时便放弃了。首先,他花了很长时间将电缆与供电线断开。之后,B的尸体被打捞上岸。结果显示当B落水时就已经死亡。B的死因不是A的不施救造成的,而是死于(由于钓鱼时双腿分开站立引起的张力导致的)血液循环衰竭。相反,如果A与B共同的钓鱼行为确实导致B的死亡,后者自担参与此类危险活动的风险(第Ⅵ-5:101条第(2)款(同意与自担风险))。

危险源的因果关系。第三章第二节(没有故意或过失的责任)列出在几种情形下,尽管某人的行为完全正当且其行为未导致任何危险,但仍应承担责任。在上述情形下承担责任仍需因果关系,不过损害并非由该承担责任之人造成。更准确地说,在大多数此类情形下,仅造成特定类型的损害才导致责任之承担。换言之,在此类可归责的原因类型中,仅有某些类型的损害具有法律相关性。需要区分两种基本情形。

替代责任。在第一组案例中——通常被不准确地界定为"替代责任"——损害已由某人造成,而对该人行为承担责任之人应对此损害负责。案例主要见于第Ⅵ-3:201条(雇员或代表人致损的)。例如,损害实际上是由雇员而非雇主造成。仅有雇佣雇员行为本身不足以成为损害的原因,因为雇佣行为是合法的,甚至是可期许的(雇员受雇从事明显超出能力范围之工作的情形有所不同;这种情形下雇主违反其义务)。相反,在父母责任(第Ⅵ-3:104条(儿童或者被监护人致害的归责))的情形中,必须对因果关系进行双重审视,因为孩子的过错行为和父母未尽监管职责共同构成损害的原因。

由动物或物造成的损害。在第二组案例中,损害由承担责任之人负责的危险源引发的危险造成。因此,本书并未采纳仅有自然人得为损害之"原因"的观点。相反,具有法律相关性的原因也可能是动物、土地或房屋的状况、机动车、产品、物质等。上述情形亦得适用第Ⅵ-4:103条(选择性原因)之规定。

具有法律相关性的损害、可归责的原因和因果关系之间的关系。本条第(1)款阐明了具有法律相关性的损害和可归责的原因(故意、过失、危险源)之间——责任法上必要的——的联系纽带。该规定特意保留灵活性("应视为……之后果")以确保在因果关系的语境下,可归责的个别原因与具有法律相关性的损害之间的差异得以考虑。在法律设计中,不存在"以一概全"的因果关系一般审查标准。相反,基于不同的责任基础和具有法律相关性的损害类型,因果关系的考量因素也有所差别。如果造成损害之人存有故意,那么较之于判断失误或轻微疏忽,更有可能将具有法律相关性的损害归为该故意行为的后果。类似地,在人身伤害形式的损害情形下,较之于财产损失或纯粹经济损失的损害情形,人身伤害的因果关系更容易确定。对于无故意或过失责任的情形,第三章第2条亦包含了审查因果关系的重要专门规定。这是因为其基本特征是责任取决于判定在已经发生的损害中,是否遭受了应适用严格责任的风险。

特殊规则。有些特殊规则是作为对本条第(1)款一般规定的补充。第(2)款表达出为加害人"对受害人情况的认识,以其所见者为准",因此排除了实际上伤害应归因于受害人已存在的状况或已遭受的痛苦,而非归于加害人之行为的观点。第Ⅵ-4:102条(通谋)得被视为阐明适用"心理上的"因果关系理论的特定情形的规则。第Ⅵ-4:103条(选择性原因)规定所谓的"择一"因果关系的特殊情形。相反,第Ⅵ-6:

103条(利益均衡)规定的基础是利益均衡问题并非因果关系问题,而是作为有待规定的补正范围问题。但是,本卷中没有任何规定使团体成员(如意欲诉诸暴力的游行示威参与者)仅因其参与该团体活动而承担责任。此外,上述规定亦应视为归责规范(对他人遭受的具有法律相关性的损害承担责任),而非因果关系规范。机会丧失的责任问题是涉及是否具有法律相关性的问题,而非涉及因果关系的问题;当然对此问题的不同看法说明责任的两大要素(具有法律相关性的损害和因果关系)时有交叉。

B. 特殊情形

对于事实上的原因与法律上的原因并未予以区分。诸多法学家倾向于将因果关系问题上升为基础的哲学问题加以解决。本条第(1)款的作用并非将该款严格对应于前述观点的广泛辐射领域内业已明确的理论见解。这一问题的广度和复杂性决定了不宜对因果关系进行精确规定。因此,第(1)款仅建立了对因果关系进行各种法理学考量的基本原则:如果损害应被视为某种行为或危险源的后果,那么该行为或危险源造成了具有法律相关性的损害。合乎逻辑的推论是:该条款无意区分事实上的原因和法律上的原因。相反,该条将这个问题——这种区分在理论上是否成立以及在多大程度上成立并且反过来将其付诸实践——留待进一步探讨。

未简化为"必要条件"准则。这也是第(1)款之所以未将因果关系审查简化为"若无——则不"或"必要条件"审查的原因。这本来也仅仅是将"事实上的"或"科学上的"因果关系概念通过文字表达出来。即使如此,由于无法真实预见这一问题各方面情形,将有必要就此设置许多例外和扩展。同样重要的一点是,仅通过"若无——则不"审查无法将相关责任范围内的后果与该范围外并未引发责任的后果相区分。基于价值判断,这两种责任的区分过程几乎不可避免地替代了对因果关系的所谓"法律"或"规范"审查。同样,在这些规则的情境中,决定性因素并非某一随机事件是否为另一随机事件的原因,而是在故意或过失行为或危险源方面与具有法律相关性的损害方面之间是否存在原因与结果的联系。法学家不会考虑这样的问题:如某人早上提前5分钟起床,因此提早出现在事故现场,这一事实是否为事故的唯一原因,因为其中缺少关键的义务违反因素。这一问题正如某人被殴致伤的原因是否仅仅为此人出现在事故现场一样毫无意义。

示例4

在一条直路上发生了一起事故。A一不留神撞到了B的车,而B完全依照交通规则规定在道路一侧行驶。B车的损害事实与A车的损害事实均非B方过失行为的后果;也均非B驾车行为的后果。

评判要素。在确定具有法律相关性的特定损害可否被视为特定不法行为或特定危险源的后果(即使并非唯一的后果)时,既无法确定无误地列明需要考量的要素,也无法确定各要素的相对权重。每一个案都可以制定新的衡量标准。需要考量的不仅有可能性和可预见性，也包括可归责原因的类型和损害类型。同样相关的还有遭受侵害的社会行为规范的保护目标和（有时还有）一般政策考量要素。在欧洲法律理论中就此议题有无数设想——例如由此造成的损害必须是违反义务之行为的“充分”后果，不能“过于远距”（too remote）或者其已经造成个别特定风险。本条既未对这些原理性的方法予以肯定亦未予以质疑。

因果关系链的断裂。只有通过对所述因素的审慎评价衡量，方能找到对此类问题的解决方案，比如所发生的损害应否被视为特定人之行为的后果或是否应全部或部分归因于外来第三方的行为甚或受害人的行为。当第三方的故意介入确实打破了因果关系链或责任链时，应视每一个案的具体情形来确定损害应否被视为特定人之行为的后果。

示例 5

休息时，猎人（A）违反管理规定将上了膛的猎枪斜靠在树上。B 拿起枪；枪里射出一枚子弹，C 中弹而亡。如果 B 持枪时子弹意外射出，或者如果 B 确实有意开枪射击却失手射中 C，那么 A 违反义务的行为与 C 死亡之间均有因果关系。但是，如果 B 为杀 C 而举枪，则 C 的死亡不能再被视为 A 未将枪退膛的后果，除非 A 预设此场景以便该行为的实施。

示例 6

A 对一起交通事故负有责任。事故现场本应保留一段时间。性急的司机绕过事故现场行驶因而损坏了相邻车道和人行道。这一损害事实就不再是 A 这一引发了交通事故的违法行为的后果。

示例 7

离开 C 的迪斯科舞厅时，A 与其终身伴侣 B 被 D 和 E 搭讪。在 C 与 D 的一番口角之后，B 被打倒。A 试图求救时被 E 殴打，受伤严重。C（仅因其经济宽裕而被 A 起诉）亦应对 A 承担其损害赔偿责任。E 的介入不会打破因果关系链，因为根据生活经验，当一个团体中的某人挑起事端时，很容易导致事态失控。

受害人的自我伤害；与有过失。当介入人后来变成受害人时，必须将两个问题分别探讨。第一个问题是：被指控应负责任之人是否（同受害人一起）引发了受害人的行为和随后的损害。如果受害人的作为或不作为是由此人的违法行为所激发的，比如多数情况下受害人都会如此反应，那么对第一个问题的回答通常都是肯定的。仅当此回答为肯定时，才能进一步引发另一问题：遭受侵害之人根据第Ⅵ－5:102 条（与有过错与责任承担）规定享有的赔偿请求权是否因与有过失而应予减少。

示例 8

A 在交通事故中头部受伤，进而产生袭击妇女的倾向。他被判应对该妇女造成的损害承担责任,然后 A 要求对交通事故负责之 B 进行赔偿。但是这一损害赔偿责任不应被视为该事故的后果;而应为 A 自身犯罪行为的后果。

示例 9

在手术过程中,A 的女儿唯一的肾不幸被割除;A 的母亲因而决定将自己的一个肾捐出。本案所涉问题是一个容易理解且显而易见的决定;相应地,该医生应对该母亲承担责任。

示例 10

继数辆车被盗并找回后,保险公司向其寻得者支付赏金。盗车贼须向保险公司赔偿赏金,因为略过被保险人的保险请求权不提,被保险人自己本应向寻得者支付赏金。而赏金之支付为盗窃之后果。

示例 11

有轨电车的乘客被检票员拦住并被要求支付罚金。电车到站,乘客跳起来冲出开着的车门。检票员紧随其后跳出,摔断一条腿。这仍被视为电车乘客行为的后果,除非该乘客不知道检票员追赶并且没有理由推断出该行为之发生。

具有法律相关性的损害中的因果关系。本条涉及的是在具有法律相关性的损害中的因果关系。第二章详述了具有法律相关性的损害如何构成。这种损害可能仅以伤害形式构成,但同样也可能由特定损失构成。在后一种情形中,严格论之,大多数情况下都有两个因果关系问题。例如,在第Ⅵ－2:206 条(侵犯他人财产或合法占有所致的损失)所涉的情形中,行为必须已经造成特定物的有形损害并进而导致损失。但是,在两种情形下对因果关系法律问题的考虑因素大致相同。第二章中针对由特定伤害、侵权或有形损害引发的“作为结果的”损失的相关规定,适同此理。

证明责任。在这一情境中,决定性因素是确定所遭受的具有法律相关性的损害应被视为某人行为的后果或某人应承担责任之危险源引发的后果。因此,根据第(1)款规定没有专门规定证明责任的余地,尤其是没有在特定情形下将证明责任倒置的余地。在对个别案例中的所有相关情形进行权衡之后,最终在法律评价的基础上,得出损害应被视为相关行为或危险源的后果这一结论。如果诉诸法院,法官可以且必须行使一定程度的裁量权。原告应依照一般规定(视所适用的证据法而定,可能包括事实自证规则,*res ipsa loquitur rule*)就进行判决的事实基础举证。是否可以从中推断出违法行为与损害之间存在原因—结果关系,并不是按照证明责任分配可以解决的问题。特别是在环境污染责任法上,因原因和结果关系往往异常复杂,各方为此争执不休,因果关系评价不应受到可能性评价的干扰。例如,如果某种辐射容易引发相关类型的癌变,受害人住在放射物附近且属于高危群体,那么此癌变并非辐射之后果这一推断缺乏合理基础。

“蛋壳头骨”(第(2)款)。根据第(2)款规定,在人身伤害或死亡的情形中,与所遭受伤害类型或程度有关的受害人的易染病体质应予忽略。原则上,任何侵害他人之人不能因为受害人的健康状况原本不佳或因为受害人曾遭受身体上或精神上的创伤而免除责任。结合第(1)款的规定,在第(2)款所述的情形中,对身体或健康的伤害以及死亡应被视为相关行为的后果。对身体羸弱的受害人造成伤害之人不能要求按照如受害人身体健康本将发生的情形同样处理;同样,在精神损害的情形中,尽管受害人存在特定的脆弱性,但是原则上可将损害归因于实施伤害行为的人。但是,视每一案例的不同状况而定,仍有可能将某些先存的损害与减少应赔偿数额相关联。

示例 12

在一场由 X 承担责任的事故后,受害人的脑部恶性肿瘤组织破裂,三周后死亡。本来无论如何她都会死于尚且未知的癌症。但是,事故加速了她的死亡;因此,死亡是事故的后果。被告为扶养损失(见第 2:202(第三人因他人的人身财产伤害或死亡而遭受的损失)第(2)款第(3)项)所承担的赔偿仅限于受害人在未遭事故情况下原本可以生存的时间期限。在计算第三人因受害人死亡而遭受的非经济损失时,先存的不治之症亦应考虑在内。

示例 13

作为父母双方遭受严重人身伤害的结果,孩子也遭受精神创伤,需要医疗。孩子之前已有疾病甚至遗传性疾病的事实,都不会改变这一因果关系。

注　释

Ⅰ.因果关系的一般理论

1. 要求存在因果关系是所有欧洲侵权法制度的共同特征。但是,通常无法确凿地从制定法中辨明其精确的构成部分。《法国民法典》即是如此。唯一无争议的是:必须在损害行为(*fait générateur*)与其造成的损害结果之间存在因果联系(*Cass. civ.* 27*October*1975, *GazPal*1976, *I*, 169, *note Plancqueel*),方能产生侵权责任。两大主流因果关系理论,即条件同等理论(*l' équivalence des conditions*)与充分因果关系理论(*théorie de la causalité adéquate*)之间存在学术上的分歧。同等条件理论提出每一对损害的发生产生作用的情形均应视为整个损害的原因;每一个必要条件(*conditio sine qua non*)都构成原因(*le Tourneau and Cadiet*, *Droit de la responsabilité et des contrats* (2006/2007), *no.* 1715)。相反,充分因果关系理论认为,仅在依客观和经验(*a posteriori*)判断某一行为通常会引发损害(*le Tourneau and Cadiet loc. cit. no.* 1716)的情形下,该行为构成原因。两种理论均在法学中得以运用;比较关于充分性理论的案例 *Cass. civ.* 24 *February* 2005, *Bull. civ.* 2005, *II*, *no.* 53(由于孩子们的父亲在他们出生前很久就在事故中受伤,因而孩子们基于精神损害(*préjudice moral*)起诉被告,其理由为他们无法与其父亲建立一种正常的情感联系;法院认为事故与孩子们遭受的损失之间并无因果关系(*lien de causalité*))和关于相当性理论的案例 *Cass. ass. plén.* 24 *June* 2005, *Bull. ass. plén.* 2005, *no.* 7 *p.* 16(职业事故;即使存在其他对损害的发生产生作用的过错(*fautes*),但雇主不可原谅的过错(*faute inexcusable*)为事故的必要原因(*cause nécessaire*)即为充分),但无从断言一种理论压倒了另一理论。

2. 相反,比利时的大多数法院倾向于运用传统审查方式即通常所说的等价条件理论("若无——则不"审查)(*Vandenberghe/VanQuickenborne/Wynant/Debaene*, TPR2000, 1551, 1876, no. 144 *; Dalcq and Schamps* , RCJB1995, 663 ,696 no. 126);而且往往非常严格地加以适用。需要满足的条件是,若无被告的该行为,损害原本不会以实际发生的这种方式发生(Cass. 13 October 2004, Pas. belge 2004, I, no. 476 p. 1558)。如果不发生某一条件或事件,则具体损害亦不会以其所发生的方式发生,那么此条件或事件可谓造成损害的原因之一(Cass. 23 February 1994, Pas. belge 1994, I, no. 90 p. 196; Cass. ch. réun. 1 April 2004, JT 2005, 357, note *Estienne*)。庭审法官可以假设性地重建导致损害的事件链:假如被告并未实施侵权行为,而无论如何损害都将发生,仅在这一情形下,应否认因果关系的存在(*Bocken*, TBBR1988, 273, no. 8)。但是毋庸讳言,最高法院并非总是严格遵守这些准则。在多个判决中,法院曾援引"正当的选择行为"理论(the doctrine of "rightful alternative behaviour")(这一理论的问题是:在即使被告依法行事、损害依然会发生的情形下,仍将损害归因于被告的违法行为)(Cass. 25 September 1979, Pas. belge 1980, I, 111; Cass. 8 September 1983, RW1983 -84, 2033; Cass. 19 November 1987, RW 1987 -88, 1125)。这一观点并未受到学术界的广泛认同(*Vandenberghe/VanQuickenborne/Geelen/ De Coster*, *TPR* 1987, 1522 ,*no*. 164),而案件 Cass. *(audience plénière*)25 March 1997, Pas. belge 1997, I, no. 161 p. 405 的判决也未清楚表明法院是否将继续探究这一学理动向。无论如何,更多迹象表明最高法院已经背离同等理论的严格适用,并进而在某些领域内适用充分理论(Cass. 14 June 1996 and Cass. 5 November 1996, Pas. belge 1996, I, nos. 413 -414p 1070, 见前述示例4; Cass. 10 May 1994, Pas. belge 1994, I, no. 228p. 455; *Beysen*, VersRAI 2004, 10)。

3. 通常,西班牙法院很少探究因果关系问题。但是,只要最高法院频繁适用"充分因果关系"标准(TS 15 March 1993, RAJ 1993 (2) no. 2284 p. 2958; TS 9 October 1999, RAJ 1999 (4) no. 7245 p. 11381; TS 16 January 2002, RAJ 2002 (1) no. 8 p. 24; TS 5 December 2002, RAJ 2002 (6) no. 10427 p. 19300; TS 27 June 2005, RAJ 2005 (3) no. 4438 p. 9337; TS 9 March 2006, RAJ 2006 (2) no. 1882 p. 4474),就可以肯定其已执意采用与现行法相背离的观点。但是,判例 TS 24 May 1993, RAJ 1993 (2) no. 3727 p. 4743 中适用了"优势证据标准"(preponderance evidence criterion);由于损害几乎不可能不是被告的排放行为造成,故而确认存在因果联系。判例 TS 10 February 2006, RAJ 2006 (1) no. 675 p. 1617 u (at FJ3)中,明确区分了事实上的因果关系和法律上的因果关系;该案中,事实上的损害由被告造成,但法律上的损害是由受害人自己造成。早前的判决仅基于常识(*buen sentido*,"common sense")裁判(例如 TS 18 April 1985, RAJ 1985 (1) no. 1770 p. 1511 and TS 4 March 1988, RAJ 1988 (1) no. 1553 p. 1497),直至晚近,"有效原因"理论(*causa eficiente*)才频频适用(TS 11 February 1993, RAJ 1993 (1) no. 1459 p. 1836; TS 3 December 2002, RAJ 2002 (6) no. 10414 p. 19277)。近期,最高法院第一审判庭适用"生活中的一般危险"准则,以便排除园艺公司对行人因被人行道上的软管绊倒而遭受的损失承担责任(TS 2 March 2006, BDA RAJ 2006 no. 5508)或者排除屋主因为房屋倒塌而对租户造成的损失承担责任(TS 5 January 2006, RAJ 2006 (1) no. 131 p. 320)。此外还排除了旅店主人对旅店厨房失火后由于店内第三人寄存的爆炸物而使火势迅速蔓延造成的损失承担责任(TS 11 March 1988, RAJ 1988 (2) no. 1961 p. 1925)。但是,如果介入的第三人的行为并非出于故意或重大过

失(TS 27 January 2006, RAJ 2006 (1) no.615 p.1486),那么因果关系链并不因此而断裂。为了建立因果关系,法院有时援引信赖原则,即当受害人本可以信赖不存在特定风险(TS 9 March 2006, RAJ 2006 (2) no.1882 p.4474);相反,当过错方无从获知危险源时,因果关系不成立(TS 23 February 2001, RAJ 2001 (2) no.2549 p.4071)。此外,如果对是否违反法定条款存有争议,则法院应探求这一规定的保护目的(TS 8 October 1998, RAJ 1998 (4) no.7559 p.11113)。

4. 意大利民事法院适用与刑法(《刑法典》第40条和第41条)规定中的因果关系相同的原则,即"确立责任的因果关系"(causation which founds liability),如在构成违反义务的作为或不作为与所遭受的原发损害之间存在联系。这些规定被视为关于一般法律原则的表述。意大利法院大多遵循必要条件规则(*conditio sine qua non* formula),但如果随之产生的损害偏离事态正常发展的预测范围(因果规律,*regolarità causale*),则该行为不再被认为是造成损害的原因(*Franzoni*, Dei fatti illeciti, sub art.2043, p.95;例如,比较Cass. 7 December 2005, no. 26997, Resp. civ. e prev. 2006, 862:夜间发生在高速公路左侧车道的汽车事故;车内乘客试图跳过中间的防护隔离带求救,但坠入黑暗中无法看见的深洞中死亡;高速公路运营商承担责任;基于因果关系理由,引发事故之人无须就此承担责任)。

5.《匈牙利民法典》在多个条款(如第339条第(1)款、第345条第(1)款和第347条第(4)款)中述及因果关系要求。通常适用的审查是损害必须由被告之违法和应予处罚的或应予谴责的行为(*Petrik* (-*Harmathy*), PolgárijogII[2], 568;*Petrik*, Kártérítési jog, 64;*Bárdos*, Kárfelelösség a Polgári Törvénykönyv rendszerében, 50;*Szalma*, Okozatosság és polgári jogi feleloösség, 52)所造成或者源自被告从事极易导致危险的行为这一事实(Gellért (-*Benedek*), A Polgári Törvénykönyv Magyarázata[6], 1241, 1259;*Szalma* loc. cit. 50, 70);如果不存在因果关系,那么就不会产生责任(BH 2005/364; BH 2004/409; BH 2002/186; BH 1996/255; BH 1993/355; BH 1992/637)。因果关系在确定损害的范围和确定赔偿数额时也有重要意义,根据匈牙利法,仅当所遭受的损失与导致的损害之间有因果关系时才对损失予以赔偿(*Marton*, A polgári jogi felelösség, 122;*Ujváriné*, Feleloösségtan[7], 60)。最后,被告行为的非法性问题应根据因果关系一章的规定予以考虑,因为一旦造成损失,则构成非法(*Eörsi*, Kártérítés jogellenes magatartásért, 56)。若无被告的行为、损害本不会发生,而该行为可归于被告且后者的行为可能受到处罚的威胁,对行为与损害之间的因果关系应予肯定(*Ujváriné*, Felelösségtan[7], 62-63;Gellért (-*Kemenes*), A Polgári Törvénykönyv Magyarázata[6], 1230)。间接因果关系的责任问题在为他人和物承担责任的范围内尤为重要(参见*Marton* loc. cit. 129-130;*Bárdos*, loc. cit. 53-54);法院将损害的可预见性和被告方过错的程度一并考虑在内(*Marton* loc. cit. 178-179;*Petrik* loc. cit. 66-69)。

6. 根据《波兰民法典》第361条第(1)款的规定,负有赔偿义务之人仅就作为或不作为所造成损害的"正常后果"承担责任。"正常后果"的衡量标准也决定了应予赔偿的损失(包括利润损失)的范围(《波兰民法典》第361条第(2)款)。基于此,成文法和判例法均认为因果关系实现了两大功能:成为责任承担的必要条件,并且决定了赔偿的数额(Radwan'ski (-*Dybowski*), System prawa cywilnego III(1), 247;*Radwański and Olejniczak*, Zobowiözaniaczeֽöögólna[7], 86)。对"正常"的后果进行评价分为两个步骤:一是进行必要条件的审查,确定作为或不作为与损害之间是否存在因果关系。如果回答是肯定的,那么其次审查该后果是否正常,如此类作为或不作为是否通常(特别是在统计上)会促发此类后果(*Dybowski* loc. cit. 251, 257;*Radwański and Olejniczak*

loc. cit. 87-88)。主流法学观点认为,客观联系是决定性的;侵权行为人是否明知或应知这一联系都无关紧要(*Radwański and Olejniczak* loc. cit.; *Dybowski* loc. cit. 247)。如果有作为的义务、作为是可能的和尤其是作为本可阻止损害发生,那么应认定不作为导致了损害发生(*Dybowski* loc. cit. 269)。《保加利亚债法》第51条第(1)款第1句规定,"对于损害行为所造成的所有直接或间接损失应承担赔偿义务"。根据保加利亚对于充分理论(the adequacy theory)的解释,如果损失为构成责任的事件的典型或通常结果(*Kalaydjiev*, Obligazionno pravo, Obshta chast, 360),那么该损失为直接或间接的损失(这些表述均为同义词,并非指损害的分类:*Staneva*, Otgovornost za vredi, prichineni ot deza i nesposobni, 115)。"相应的"或间接的损害包括这种观念的损害,即不期发生并与侵权行为之间没有必然因果联系的损害;这一损害是某独立事件的典型和通常结果(*Kojucharov*, Obligazionno pravo I, 278)。根据罗马尼亚《民法典》第1086条规定(但是,这一规定仅直接涉及合同法),要求损害为所发生的伤害的直接和必然的后果。两种共存的因果关系准则是,"必要原因"(*sistemul cauzalită ii necesare*)和所有原因和条件为不可分的整体理论(*sistemul unităötii indivizibile dintre cauză i condi ii*);传统上,法院更倾向于后者(*Adam*, Dreptcivil, 296; *Dogaru and Drăghici*, Dreptcivil, 242-245;*Lupan*, Raöspunderea civilaö, 94-95)。但是,第三人的介入或者原告方主动自愿介入的行为将打破这一因果关系链。因此,在交通事故中盗窃车内财物的行为不能归因于造成事故之人。同样,事故受害人在康复期间患上肝炎这一事实也不能归因于造成事故的被告(相关判例参见 *Lupan* loc. cit. 363-364)。

7. 德国侵权法教义认为,原告为在损害赔偿之诉中获胜,就必须证明损害可归咎于被告。在责任成立的因果关系(*haftungsbegründene Kausalität*)和责任范围的因果关系(*haftungsausfüllende Kausalität*)之间存在区别。在"责任成立的因果关系"中,一般要求说明在行为(作为或不作为)和违法之间存在充分的因果联系;其次要求进一步审查因而产生的损害是否属于所违反之规则的保护范围(Palandt (*-Sprau*), BGB[66], § 823, no. 2a)。确定责任范围的因果关系涉及责任基础(违法)和所产生的损害(*Palandt* (*-Heinrichs*), BGB[66], Pref. to § 249, no. 56)之间的因果联系。相当性理论(theory of equivalence)规定了关于责任成立(*Haftungsbegründung*)和确定责任范围(*Haftungsausfüllung*)时运用必要条件(*conditio-sine-qua-non*)规则的起码要求。相应地,如果"假定不发生"造成损害的事件,那么就不会产生具体的损害。必要条件方法附加充分理论(adequacy theory)的运用,可以缩减责任范围。据此阐释,如果某事件通常会造成随后发生的损害,那么此事件为损害的充分原因。如果仅在特定的罕见情形下才造成诉争损害,而如果事件正常发展原本完全可以忽略不计,那么此事件非为损害的充分原因。充分理论建立在对可能性的评估上,并由"规则范围"理论予以补充。该理论提出仅在这一情况下产生赔偿义务:根据诉争损害的类型和起因判断,这一损害属于所违反的规范预防的危险范围(更多判例阐释见:*Heinrichs* loc. cit. no. 57)。

8. 类似地,《奥地利普通民法典》也未能特别指出因果关系概念的精确构成。对于加害方何时"造成"或"施加"损害这一问题,必须从法学教义和判例法中寻求答案。在所采用的传统方法中存有一个共识,即抽象的因果关系和法律的因果关系有所不同,而后者是决定性的。因此,论者提出应采用"损害的可归因性"这一概念,而非运用"因果关系"概念(例如,*Barta*, Zivilrecht II[2], 590)。所谓的因果关系学说或损害的可归因性学说的差异体现为相当性理论或"若无——则不"审查与充分原因理论的区别。依据充分理论,基于《民法典》第1311条规定,第一步为假定审查被告的行为不发生,是否就不会出现同样的结果。此后,通过进一步的责任可归因性的控制机制,缩减已认定的损害原因,其中充分原因至为重要。如果侵权行为人的行为(积极作为或不作为)通常易于造成所发生的结果,那么该行为应视为损害的充分原因。这一方法具有排除反常因果效应的效果。如果损害无法加以适当控制,就不能将损害归因于某人(*Koziol*, Haftpflichtrecht I[3], nos. 8/2 and 8/3)。相对于过失侵权,故意侵权的案例中采用了更为扩张性的解释方法(*Koziol* loc. cit. no. 8/16)。例如,在留下上膛的武器无人看管与未经授权擅用武器造成损害之间被认定存在充分的因果联系(OGH 16 January 1952, SZ 25/14);类似地,孩子处于危险中与因急于救孩子而受伤的施救者所遭受的伤害之间(OGH 23 June 1967, ZVR 1968/87 p. 193);在遭受严重的永久性伤害与绝望中试图自杀之间(OGH 12 June 1991, JBl 1992, 255;更多类似案例可参见 OGH 30 January 2003, ZVR 2004/37 p. 128)以及随后的吸毒成瘾之间(OGH 28 October 1993, ZVR 1995/73 p. 181)也被认定存在充分的因果关系。OGH 27 March 2001, JBl 2001, 656 断言,"第三方的自愿行为并不一定排除损害为适当后果这一裁判"。此时,关键是确定第三方行为是否处于所有可能性之外。仅当第三方"完全不可预见地"介入时,将产生打破充分因果关系链的效果。如果违反法律而该法的立法目的为预防此类损害的发生,那么作为限制可归责性的手段,充分性标准毫无作用。这一范围中包括远距的或可能性很小的损害(如《民法典》第460、996、979条和第1311条所规定的情形);这是因为,在这些情形中,唯一可援引的是所违反规则的目的保护理论(*Koziol* loc. cit. no. 8/18)。

9. 类似地,根据希腊法律,这一假设也是不证自明的:因果关系为责任之先决条件(*Stathopoulos*, Geniko Enochiko Dikaio, 468; *Georgiades*, Enochiko Dikaio, Genikomeros, 139)。在《民法典》第914条的框架内,通过审查确定在不法行为与随之发生的损害之间是否存在因果关系(*Stathopoulos* loc. cit. 469; Georgiades and Stathopoulos (-*Stathopoulos*), arts. 297-298, no. 41)。此即相当性理论和充分原因理论运用之目的。"合法的替代行为"理论范围中显示出否认存在因果关系的倾向;不法行为并非损害的原因(*Stathopoulos* loc. cit. no. 49; *Georgiades* loc. cit. 141)。"规则之目的"在理论学界评论和判例法中备受推崇(*Stathopoulos* loc. cit. no. 60;关于充分原因理论与规则目的理论之间的关系的深度分析,参见:*Stathopoulos*, Geniko Enochiko DikaioA (1)[2], 491 和 *Georgiades* loc. cit. 144)。

10.《葡萄牙民法典》也参照因果关系理论界定了责任基础(《民法典》第483条第(1)款)和范围(《民法典》第563条)。判例法中所适用的方法是将因果关系要求区分为事实部分和法律部分(STJ 27 January 2005; STJ 12 October 1999)。根据充分原因理论的原则评判一原因是否为法律上可归咎的原因(*Menezes Cordeiro*, Obrigações II, 335; *Pires de Lima and Antunes Varela*, Código Civil Anotado I[4], 578; *Galvão Telles*, Obrigações[7], 404, 409; CA Lisbon 17 June 2006; STJ 7 April 2005)。但是,基于因果联系"不充分",这一理论仅能过滤相对较少的情形(参见 CA Oporto 10 February 2000, CJXXV [2000-1] 215; CA Oporto 4 October 2006 and STJ 11 October 2005[对于高速公路上的多车追尾,第一起事故应被视为造成随后事故的原因])。教科书上关于不存在充分原因的范例是:房东试图向拒交房费的佃户收取租金,却遭遇旋风侵袭(*Galvão Telles* loc. cit. 404)。可以肯定的是,不作为,如未予警告,可构成原因(CA Oporto 31 October 2006; STJ 12 December 2002; RL 9 May 2002, CJ XXVII [2002-3] 69 and 70)。如果一个充分原因为另一充分原因所覆盖,那么因果关系链断裂(CA Oporto 4 October 2006; *Pereira Coelho*, O problema da causa virtual, 38, 109; *Galvão Telles* loc. cit. 413);因果关系链断裂也可能是由于第三方的自愿行为(also on the part of the State: STJ 25 March 2003),还可能是由于受害方自己的

行为(如 CA Lisbon 17 June 2006 和 CA Coimbra 4 April 1995, CJ XX [1995-2] 31)。

11.《荷兰民法典》第6:98条规定,仅当"涉及引发债务人责任的事件,且考虑到所涉的责任和损害的性质,作为事件结果的损害可归咎于债务人"时,损害为可补偿的。荷兰法已放弃了先前主流的充分原则(*adequatie* doctrine),采用可归因性审查,因此,除通常的可预见性之外,其他问题也发挥着决定性作用(Schadevergoeding I (*-Boonekamp*), art. 98, no. 26 p. 79)。损害的类型和错误的可归因程度都具有决定性意义;错误越严重,损害越可能归咎(Asser (*-Hartkamp*), Verbintenissenrecht I[12], no. 434 p. 367;另见 *Boonekamp* loc. cit. no. 29.4 p. 94)。只要行为是随后的损害的必要条件,那么故意违法之人就应对其意图范围内涵盖的所有损害承担责任。相对于《民法典》第6:98条规定,《民法典》第6:162条规定的必要条件审查(*conditio-sine-qua-non*-test)对此论点已有所发展(*Boonekamp* loc. cit. no. 26 p. 79)。

12.《爱沙尼亚债法》第127条第(4)款对因果关系的界定非常类似于本卷第4:101条第(1)款:"仅当特定人基于特定情形承担责任且所造成的损害为特定情形的后果时,此人应为此损害承担赔偿责任"。

13. 在北欧各国,因果关系的共同核心问题通常是必要条件审查和充分性审查(*Dufwa*, *Flera* skadeståndsskyldiga, 2401; *Schultz*, Kausalitet, 375; *Karlgren*, Skadeståndsrätt[5], 37)。除了对因果联系证明责任的某些放宽规定,没有关于因果关系的一般法定规则。在瑞典,判例法和法律理论将必要条件审查作为探讨因果关系的起点(*Hellner and Radetzki*, Skadeståndsrätt[7], 197; *Andersson*, Skyddsändamål och adekvans, 290; *Agell*, in Festskrift Ekelöf, 1; *Hellner*, 40 Scandinavian Studies in Law 2000, 119)。此外还要求被告的行为是所遭受损害的充分原因。基于此理论,HD 21 October 1987, NJA 1987, 710 肯定了将房屋租给乐队之人,因为错误地向乐队保证此处装有警报系统,而应为未知第三方盗窃乐器的行为承担责任。相反,HD 23 September 1983, NJA 1983, 606 认定猎狗的看护人无须对麋鹿与汽车之间的事故承担责任,因为无法证明狗对麋鹿的行为产生了决定性的影响。HD 29 December 1998, NJA 1998, 893 清楚地阐明了充分原因审查,"就了解相关情况之人看来,损害应为可预见的且在一定程度上为损害行为的典型后果"。

14. 在丹麦和芬兰,双极评价——自然因果关系(事实上的原因)和充分因果关系——同样适用。DANISH HD 22 November 1995, UfR 1996, 245 认定,因为客户无论如何将败诉,因此未及时提起赔偿之诉的律师无须承担责任。在芬兰最高法院 23 January 1991, KKO 1991:13 一案中,拒绝认定审计员就其作出的审计报告向受审计公司的债权人承担责任。法院的理由为,无论如何债权人都不可能读到此报告;芬兰最高法院 18 November 1992, KKO 1992:167 案和瑞典最高法院 HD 13 January 1983, NJA 1983, 3 案中均持类似观点。近期的学术研究中提出了大量选择性的因果关系理论。*Peczenik* (Causes and Damages, *passim*)提出的四步审查理论和 *Schultz* 的经验理论(*Schultz loc. cit.*)均可列入其中。涉及多种因果关系或"冲突原因"的案例引起了广泛的关注(参见 *Hellner and Radetzki* loc. cit. 213; *Peczenik* loc. cit. 100; *von Eyben and Isager*, Lærebog i erstatningsret[5], 237 和 *Saxén*, Skadeståndsrätt, 330)。如果损害可归于多种并存的原因要素中,那么有责任的各方应承担个别并连带责任(*Dufwa* loc. cit. 2498; *Saxén* loc. cit. 342);但是,如果损害可归因于非侵权原因,那么结果就是不确定的;广泛认同的观点是:对导致责任产生的事件负责之人应承担个别并连带责任,基于各自对随之产生的损害的影响大小,每一被告均应支付一定比例的损害赔偿额(*Hellner and Radetzki*, loc. cit. 215; *von Eyben and Isager* loc. cit.

239; *Vinding Kruse*, Erstatningsretten[5], 145; *Iversen*, Erstatningsber - egning i kontraktsforhold, 813;*Saxén* loc. cit. 340)。如果两个连续的原因要素造成了损害,且导致原初损害之人的行为增加了其后损害发生的风险,那么此人应为全部损害承担责任(参见 Swedish HD 15 February 1957, NJA 1957, 139:第一次事故是受害人被碾压两次的原因)。瑞典 HD 19 December 1950, NJA 1950, 650 一案涉及原告在交通事故遭受人身伤害,但是其后又患上胃溃疡,由此两个独立的充分条件之间发生冲突。就此产生了三种不同意见,但是主导性的理论观点基于胃溃疡在当时为无工作能力的充分条件,故判定无损害发生。某些丹麦判例法支持了这一观点(Eastern CA 18 June 1925, UfR 1925, 769)。丹麦 HD 18 May 1961, UfR 1961, 574 在由于水坝垮塌引发损害案中减少了应承担的损害赔偿额。法院推断即使水坝不垮塌,土地也会很快发生水灾。其他案例涉及两个独立的条件,两个条件开始虽然发生于不同的时间段,但是造成的损害却不可分割。涉及先存的疾病促使损害产生的案例也引起了特别关注。在瑞典 HD 31 July 1961, NJA 1961, 425 一案中,原告被袭,头部受伤,数年后,在与另一被告的交通事故中头部再次受伤。可以认为,由于无法区分每一情形在多大程度上对最终的伤害发生作用,两名被告均应为最终的损害共同承担责任(类似的案例为:HD 25 November 1992, NJA 1992, 740 I and II)。在丹麦和芬兰的类似案例中,法院反复斟酌的是:是否应当植入公平和公正的理念以缩减应承担的责任范围(如 Danish HD 6 December 2001, UfR 2002, 519 and 15 August2002, UfR 2002, 2458; Finnish Supreme Court 13 July 1995, KKO 1995:129)。

15. 在英国案例 *Corr v. IBC Vehicles Ltd.* [2008] UKHL 13, [2008] 1 AC 884 中,受害人遭受(头部重伤一类的)人身伤害与其后的死亡之间的因果关系链不会因受害人创伤后应激障碍导致其绝望自杀而断裂。而如果其死亡是由于其自身故意并有意识的行为造成,同时因损害而生的抑郁症破坏了其对未来进行理性和明智判断的能力,则仍应视为抑郁病症的直接后果;相应地,被告应对其后果承担责任的因果关系链并不因受害人的自杀行为作为新行为介入(*novus actus interveniens*)而断裂。关于远距损害——这并非违反注意义务的预期后果问题(参见 *Quinn v. Leathem* [1901] AC495, 537(*Lindley* 勋爵))——审查标准(*test*)曾一度认为被告应对其过失引发的所有直接后果承担责任:参见 *Re Polemis and Furness, Withy & Co. Ltd.* [1921] 3 KB 560,但也可参见 *SS* "*Baron Vernon*" *v. SS* "*Meta gama*" 1928 SC (HL) 21, 25(*Haldane* 子爵)(某苏格兰机构,但同样采用英国法)的判决,这些判决表明:如果损害为"过失行为自然合理的结果","此后果在事物随情势正常发展的过程中"产生,而这一结果可以理解为假定 *Re Polemis* 审查标准将额外准则适用于确定可请求赔偿的损害中,那么对于可赔偿的损害的审查结果会稍有不同。这种法律混乱状态的阴云被 *The Wagon Mound* (*No.* 1) (*Overseas Tankship* (*UK*) *Ltd v. Morts Dock Engineering Co Ltd* [1961] AC 388)一案的判决所驱散,这一判决确立了侵权行为人应对理性人在实施过失行为时本应预见的损害类型承担责任。

16. 在苏格兰,如果无法确定违反注意义务造成伤害或对伤害造成实质影响,那么这种注意义务的违反也不会引发责任:比较 *Clegg v. Rogerson* [2007] CSIH 87, 2008 SLT 345(案中铁路网运营商没有安装与司机使用的车载控制网相连通的用户操作层指令,但司机无论如何不会注意到此指令是否安装,她只是简单地遵循乘客的指令)。在 *McTear v. Imperial Tobacco Ltd.* [2005] CSOH 69, 2005 2 SC 1 中,由于吸烟者未能提交支持吸烟与肺癌间因果联系的专家证明,导致吸烟者在其诉香烟制造商一案中败诉。

Ⅱ. 责任成立和责任范围(限制)的确定

17. 责任基础与责任范围的确定之间的区分以及在这两大议题下因果关系的处理都在法律体系中独具特色,即将侵害权利或受法律保护的利益置于侵权法体系的核心地位。职是之故,作为责任之源的因果关系(行为与主要损害之间存在的因果联系)与确定责任范围的因果关系(原初的损害与间接损失之间存在的因果联系)的区分在法国和比利时侵权法体系中尚不明晰。

18. 有时,西班牙法律评论者支持采用这种区分(例如,*Albaladejo* (– *SantosBriz*), Comentarios al Código Civil y compilaciones forales, XXIV, art. 1902, 263);但总体上,到目前为止大都认为西班牙法律规定并未对责任成立基础的因果关系与确定责任范围的因果关系予以区分(最近,再次提及这一观点的是 *Luna Yerga*, La prueba de la responsabilidad civil medicosanitaria, 406)。之前,法院曾强调行为与损害均为事实问题,而非法律问题。因此,根据《民事诉讼法典》第477条的规定,不能基于这些概念而撤销原判(TS 26 November 1990, RAJ 1990 (7) no. 9047 p. 11522)。但是,必须注意的是,最高法院判例的最新动向清楚地区分了事实上的因果关系与法律上的因果关系;因此,可以基于(法律上的)因果关系撤销原判(*尤其*参见 TS 24 May 2004, RAJ 2004 (3) no. 4033 p. 8321;TS 27 January 2006, RAJ 2006 (1) no. 615 p. 1486)。

19. 相反,意大利法中将因果关系要求的双重目标规定为:将侵权行为归因于违法之人和确定应予赔偿的范围(Cass. sez. un. 26 January 1971, no. 174, Giur. it. 1971, I, 1, 680)。因此,行为人之行为与非法事件之间的因果联系以及非法结果与该非法结果造成的后果之间的因果联系均为审查的对象(Franzoni, Dei fatti illeciti, arts. 2043 – 2059, p. 89)。第一阶段包括依照《刑法典》第40~41条规定的原则进行审查:必要条件和因果规律(*regolarità causale*)(造成损害的事件依循正常的发展过程: Alpa and Bessone *(– Carbone)*, La responsabilità civile I, 64 – 65)。根据《民法典》第2056条和第2057条的规定,第二阶段涉及对所造成的直接或原初损害进行评估。《民法典》第1225条仅适用于合同法范围内,与侵权法无关。此规定将损失赔偿义务限制于合同订立时可预见的范围内。

20. 匈牙利法律理论强调因果关系的要求实现了两个功能。一方面,侵权行为或违法行为与损害之间应存有因果联系(*Petrik* (– *Harmathy*), Polgári jog II[2], 568; Petrik, Kártérítési jog, 64; *Bárdos*, Kárfelelösség a Polgári Törvénykönyv rendszerében, 50; *Szalma*, Okozatosság és polgári jogi felelösség, 52;Gellért *(– Kemenes)*, A Polgári Törvénykönyv Magyarázata[6], 1220, 1230);另一方面,由于应负责任之人仅应就可归因于侵权行为的损失承担责任,所以因果关系在确定损害的范围和由此产生的损害赔偿时非常重要(*Marton*, A polgári jogi feleloösség, 122; *Ujváriné*, Felelösségtan[7], 60; *Fuglinszky*, Mangelfolgeschäden im deutschen und ungarischen Recht, 17 and 260)。波兰法并未对此加以区分。作为或不作为的非法性存在于违反法定或道德规则的情形;权利或利益之侵害并非必要。仅涉及可归咎于某人的事件与受害方所遭受的损害之间的关系时,一贯坚持的立场是:要求存在充分因果联系(*Radwański and Olejniczak*, Zobowiaözania – czeös'c' ogólna[7], 86; Radwański *(– Dy bowski)*, System prawa cywilnego III (1), 247)。保加利亚侵权法并不以泾渭分明地区分因果关系的要求为基础;而仅探讨被告是否造成了损失。通过两步评估以确定因果关系的主张时有发展。根据这一方法,要求第一步对行为与结果之间的联系进行评估,第二步审查结果与损害之间的联系(*Konov*, Osnovanie na grajdanskata otgovornost[2], 60)。责任成立(*Haftungsbegründung*)和确定责任范围(*Haftungsausfüllung*)的区分也不同于罗马尼亚法。因果关系用以审查违法行为与损害之间的联系。

21. 德国法一贯坚持区分方法,尤其体现在德国《民法典》第823条第(1)款中。该条款规定的基础为侵权行为人负有对造成的损害予以赔偿的义务。“责任基础”要求为德国侵权法体系(德国《民法典》第823条以下)的体系特征,其中义务的一般规定中确立了“责任范围确定”的要件(《德国民法典》第249条以下)。葡萄牙法(《民法典》第483条以下和第562条以下)中亦有类似规定。奥地利法的情形则相反,一般认为此类区分与现行法毫无关系(*Koziol*, Haftpflichtrecht I[3], no. 3/12)。

22. 希腊法律教义提出,德国法中对责任成立基础的因果关系与确定责任范围的因果关系加以区分是《德国民法典》第823条第(1)款构造方式的必然结果,并认为此类区分对希腊法而言纯属画蛇添足(*Stathopoulos*, Geniko Enochiko Dikaio A(1)[2], 473-474;*Georgiades*, Enochiko Dikaio, Geniko meros, 139; *anders aber Filios*, Enochiko Dikaio II(2)[4], 52)。

23. 类似地,荷兰法也对责任本身(《民法典》第6:162条以下)与责任范围进行区分;后种概念用以确定损害范围(《民法典》第6:95条以下)。因果关系根据这两大议题加以审查。法院首先审查是否存在涉及原初损害(人身伤害、财产损失)的因果联系。然后评价实际损失与随之发生的经济损失之间是否存在因果联系(有时称之为原初因果关系和次生因果关系:Schadevergoeding I *(-Boonekamp)*, art. 6:98, no. 4)。普遍认同的观点是:必要条件联系(*conditio sine qua non* link)足以满足原初因果关系的审查标准(Nieuwenhuis/Stolker/Valk *(-Lindenbergh)*, T & C Burgerlijk Wetboek[6], art. 6:162(1), no. 1;下同)。损害赔偿义务范围的评估有赖于可归责性审查(《民法典》第6:98条)。在损害赔偿义务范围内,责任类型和行为所违反的法则目的尤为重要(详见 *Lindenberg* loc. cit.;Nieuwenhuis/Stolker/Valk *(-Oosterveen)*, T&C Burgerlijk Wetboek[6], art. 6:98, nos. 1-10; *Boonekamp* loc. cit.)。偶有观点认为《民法典》第6:98条亦应涉及评估是否存有原初因果关系(支持者包括 Asser *(-Hartkamp)*, Verbintenissenrecht I[12], no. 432 p. 363 and no. 437 pp. 380-381 as well as *van Schellen*, Toerekening naar redelijkheid, 15, 32-33);但此观点与主流学术观点相左(参见 *Schut*, Onrechtmatige Daad[4], 83-91; *Hijma and Olthof*, Compendium van het Nederlands Vermogensrecht[3], no. 396 p. 268 and *Lindenbergh* loc. cit.)。

24. 在北欧法律体系中,至少因为大量法律规定得基于公平和公正之理由而缩减补偿额度,这一区分具有意义:对此可参见第6:202条(责任的减轻)的注释。通常情况下,这一区分并无重大意义。

25. 英格兰法中,因果关系的类型和特征的区分(相对于事实上的因果关系和法律上的因果关系的区分)至少并不常用作概念工具。但是,在过失侵权中,间接损害的规则主要从作为被告过失作为或不作为可合理预见之后果的损害类型,而非损害范围予以规定:参见 Charlesworth and Percy *(-Cooper)*, Negligence[11], para. 4.13。

26. 在爱尔兰同样的概念区分也引发了对责任议题的探讨,但是并无特别的术语架构。普遍认为在探讨被告为何承担责任的问题前,应首先确立责任探讨的起点问题:参见 *McMahon and Binchy*, Torts[3], para. 3.04。

Ⅲ. 证明责任

27. 侵权法的基本原则支持由原告承担证明侵权行为与随之发生的损害之间的因果联系的责任。在法国也是如此(*Flour/Aubert/Savaux*, Droit civil II[11], no. 164 p. 162)。没有对可以采信的证据进行限制,亦可采用证据推定(Cass. civ. 24 May 1978, Bull. civ. 1978, II, no. 139 p.

111),包括通过排除被告过错之外所有可能的原因要素而形成的“否定性”推定(Cass. civ. 10 June 2004, Bull. civ. 2004, II, no. 293 p. 247:一股冲击波将原告的丈夫推入大海,这股冲击波只可能来自被告的船只,其前提为无法证明当时还有其他船只在事发海域)。

28. 类似地,比利时法一般规则认为证明因果关系的义务由原告承担(Cass. ch. réun. 1 April 2004, JT 2005, 357, note *Estienne*; see also *Fagnart*, RGAR 2006, 14080 no. 29)。仅有初审法官查明在过错与随之发生的损害之间具有高度可能性的因果联系仍嫌不足。该因果联系必须是法律上确定的(Cass. 17 September 1981, Pas. Belge 1982, I, 90; compare also Cass. 19 June 1998, Pas. belge 1998, I, no. 324 p. 763)。不能通过援引机会丧失(*perte d' une chance*)理论消除与确定因果关系成立相关的疑义(Cass. ch. réun. 1 April 2004 loc. cit. 356);因为这一分析仅与损害的量化相关(CA Mons 10 October 2005, JT 2005, 717)。

29. 较之于其关于过失的法律规定,西班牙法律并不认同在因果关系规则中适用证明责任倒置;根据一般规则,原告有义务证明被告的行为与造成的损害之间存有因果联系(《民事诉讼法典》[*Ley de Enjuiciamiento Civil 1/2000*] art. 217)。最高法院坚定地追随这一分析(例如 TS 25 September 1999, RAJ 1999 [4] no. 7275 p. 11445; TS 30 June 2000, RAJ 2000 [3] no. 5918 p. 9083; TS 8 February 2000, RAJ 2000 [1] no. 1235 p. 1946)。根据《民事诉讼法典》第 217 条第(6)款规定,在某些情形下,基于可得性和简便性原则,原告应被免予承担证明责任(例如,一方持有证据且便于提供证据时则应予以提供)。当各方对于构建因果联系有关的情形认知不平衡以及适用证据要求将使原告承受非同一般的经济负担时,例如在医疗过失案件中,尤为相关(TS 10 June 2004, RAJ 2004 [3] no. 3605 p. 7445; TS 29 November 2002, RAJ 2002 [6] no. 10404 p. 19265)。在医疗过失赔偿以及诸多其他领域内,法院援引了证据推定规则。“不相称的或不同寻常的结果”(*resultado desproporcionado*)理论尤为重要。这一推定包括可以推定在缺乏相反证据时,一个疗程治疗的极为糟糕的结果应被视为最初的手术所造成(TS 18 March 2004, RAJ 2004 [2] no. 1823 p. 3435; TS 2 April 2004, RAJ 2004 [2] no. 2607 p. 5215; TS 7 October 2004, RAJ 2004 [5] no. 6692 p. 13644; TS 17 November 2004, RAJ 2004 [5] no. 7238 p. 14674)。

30. 在意大利、匈牙利和波兰,受害方负有证明宣称的损害原因与损害之间存在因果联系的义务(Cass. 11 January 1982, no. 103, Giur. it. Mass. 1982, fasc. 1; Petrik *(- Harmathy)*, PolgárijogII[2], 568; Gellért *(- Kemenes)*, A Polgári Törvénykönyv Magyarázata[6], 1230 - 1231; *Ujváriné*, Felelősségtan[7], 68; *Czachórski*, Zobowiözania[10], 251,例外规定见前述第Ⅵ. - 3:104 条注释 I 7)。罗马尼亚法亦有相同规定(《民法典》第 1169 条)。

31. 较之于欧洲其他法律体系,《斯洛文尼亚债法》第 149 条极大地背离了证明责任分配的规范。在规定危险物品和行为的责任的规则框架内,此条款概括地规定了因果关系的证明责任倒置:“除非有相反证明,否则与危险物或危险行为相关的损害应视为源自危险物或危险行为。”

32. 根据《德国民法典》第 823 条规定,一般由受害方承担证明因果关系审查的两个方面内容的义务。但是原告能够运用表面证据规则,在特殊情境下,他或她亦能因责任成立的因果关系证明责任倒置而免除证明责任,这一规定在被告违反保护性法律或法定注意义务的情形下尤为重要。作为经许可的某运营商,被告的设施构成环境危害,超出行政法规和国家机关规定的辐射值(BGH 17 June 1997, NJW 1997, 2748),即为适例。其他情形多为违反以预防事故为目标的法规。在严重的治疗不当情形中,即在卫生保健专业人员(医生、助产士)违反义务的情形中,证明责任转移(BGH 27 March 2007, NJW 2007, 2767, 2769; BGH 27 April 2004, BGHZ 159,48,53;

BGH 16 May 2000, NJW 2000, 2737)。如果确定违反保护性法律(《民法典》第 823 条第(2)款),而且诉争法律的目的是避免特定风险的发生,而且保护性法律所防范的损害类型已经随着违法行为的发生而发生,那么证明表面上证据确凿的案件中违法行为导致损害,即已足够(BGH 4 October 1983, NJW 1984, 432, 433; BGH 19 April 1991, NJW 1991, 2021, 2022; Palandt (*－Sprau*), BGB[67], § 823, no. 80)。涉及因果关系的证明责任倒置的规则在法规中亦有些许规定(尤可参见《环境责任法》[*Umwelthaftungsgesetz*] 第 6 条和第 7 条)。

33. 在奥地利,原告的证明责任在于证明被告的行为导致了随之发生的损害(《民法典》第 1296 条;比较 *Koziol*, Haftpflichtrecht I[3], no. 16/11)。此一般原则在合同法和侵权法领域均有体现。但是,这仅仅是一般侵权法律的主要原则。这一基本前提的例外情形体现在大量特别法中。这些特殊规则在涉及因果关系(例如,《基因工程法》第 79a 条、《原子能责任法》第 12(1)条)或是赋予原告请求提供对涉嫌过错方不利之信息的权利时,采用不可推翻的推定。法官可通过援引损失评估规则(《民事诉讼法典》第 273 条)解决可赔偿的损害范围评估中的难题。

34. 根据《希腊民事诉讼法典》第 338 条的规定,因果关系的举证义务由原告负担。在法律评论中,特别是在医疗过失案件中提及免除证明责任的难点问题,但是这一问题的解决方案依然有待立法规定(*Foundedaki*, EllDik 35 (1994), 1230)。*Liapis*, DEE 9 (2003), 147 主张,对于计划书中疏忽的失实陈述,仅需"具有因果关系的特征"即可满足。原告不需要证明其了解已发布的原始计划书。计划书的发布为诉争金融产品创造了良好的销售氛围即为已足。

35. 荷兰法院试图通过在因果关系领域引入证明责任要求,从而调和原告的各项利益。保存记录义务在职业的过失责任情形中发挥了重要的作用。如果被告无法以其记录具体证实辩护意见,那么被告就此提出的抗辩将很可能不会为法院所采信(HR 20 November 1987, NedJur 1988 no. 500 p. 1852; HR 13 January 1995, NedJur 1997 no. 175 p. 881; HR 10 January 1997, NedJur 1999 no. 286 p. 1521)。法院甚至已经在大量分散的独立领域采用证明责任倒置。这一变化特别明显地表现于违反具体行为规则或特定(健康和)安全规范的情形中,并且随之发生的损害属于所违反之规范的保护范围(HR 16 November 1990, NedJur 1991 no. 55 p. 228; HR 23 June 1995, NedJur 1995 no. 730 p. 3718; HR 21 October 1994, NedJur 1995 no. 95 p. 396)。法院在处理违反标准操作规范的案例中也适用证明责任倒置(HR 26 January 1996, NedJur 1996 no. 607 p. 3388; HR 19 January 2001, NedJur 2001 no. 524 p. 3805; HR 16 June 2000, NedJur 2000 no. 584 p. 4079)。被告有义务提交证据证明:即使没有发生违反义务的行为,无论如何损害本来都会发生(Asser (*－Hartkamp*), Verbintenissenrecht I[12], no. 434a p. 367; *Sieburgh*, WPNR 2001, no. 6450 p. 588)。由《民法典》第 7:658 条第(2)款中可以看出,此种一般原则规定特别明显地适用于由于雇主违反《健康与安全条例》而导致的对雇员的人身伤害。如果损害风险是因违法行为而产生,而且此类损害为实质性的,那么可以假定违反《健康与安全条例》与所造成的损害之间存在因果联系(HR 17 November 2000, NedJur 2001 no. 596 p. 4376)。

36. 瑞典的一般规则为原告负有证明因果关系的义务。但是,当存有两种或更多种可能的损害原因时,如果原告的因果关系解释较之其他任何解释"显然更可能",而且原告的解释本身极为可能,那么大多数情况下原告胜诉(HD 13 April 1977, NJA 1977, 176; HD 29 April 1981, NJA 1981, 622; HD 21 July 1982, NJA 1982, 421; HD 28 December 1993, NJA1993, 764; HD 31 October 2001, NJA 2001, 657)。虽然对于这一规则适用于哪些情形仍有些许疑虑(详见 *Bengtsson and Strömbäck*, Skadeståndslagen[2], 37),但是在要求可能性超过 51% 这一点上却是毫无疑义的（*Dufwa*, *Flera skadeståndsskyldiga*, 2658; *Nygaard*, Placing the Burden of Proof of a Hypothetical Cause, 421）。证明责任倒置则鲜有适用。HD 4 May 1988, NJA 1988, 226 属于例外的情形，案中证明责任由占有已损毁的失窃财物之人（非窃贼）承担，损害发生的时间引发了争议。最后假定被告占有该物时，损害已然发生（详见 *Peczenik*, Causes and Damages, 316）。同样，在丹麦一般规定亦由原告承担所有证明责任；可能性审查（根据该标准，证明可能性超过51%即足够）尚未被认可（*von Eyben and Isager*, Lærebog I erstatningsret[5], 221; *Vinding Kruse*, Erstatningsretten[5], 143）。无论如何，因故意或重大过失造成的身体损害的几种情形呈现出简便因果关系证明的趋势（例如 HD 16 April 2002, UfR 2002, 1496;*von Eyben and Isager* loc. cit. 222; *Gomard*, J 2003, 132）。在一起涉及严重职业过失的侵权案例中，因果关系甚至得以通过反证推定（HD 14 June 2002, UfR 2002, 2000）。在 HD 14 August 2002, UfR 2002, 2443 一案中，由于无法证明因果关系的存在，所以未能确立仓库通道处于不安全状态的严格责任。如瑞典一般，在芬兰，如原告得以证明：较之其他任何可能的解释，他或她关于因果联系的解释更具可能性，即为已足；证明责任随之移至被告（*Saxén*, Skadestånd vid avtalsbrott, 133; Supreme Court 8 June 1993, HD 1993:80; Supreme Court 2 April 1990, KKO 1990:42）。*Saxén*, Skadeståndsrätt, 58 则关注在不作为情形中存在的因果关系证明困难问题，主张不作为相当于不遵守法定条例，应得推定存在因果关系。有的法律明确规定可通过证明至少存在51%的可能性来证明因果关系的存在（例如《瑞典环境法典》[*Miljöbalken*（SFS 1998:808）]第32章第3条第（3）款、《芬兰环境损害赔偿法》[*Lag om ersättning för miljöskador* of 19 August 1994/737]第3条[其中甚至规定仅仅“非常可能”即可满足条件]、《瑞典患者人身伤害法》[*Patientskadelag*（1996:799）]第6条、《芬兰患者人身伤害法》[*Patientskadelag* of 25 July 1986/585]第2条、《丹麦患者保险法》[*Lovbekendtgørelse* of 24 March 1997 no. 228 *om patientforsikring*]第2条）。

37. 在英国法中，证明因果关系的责任几乎总为原告所负担，即原告必须证明很可能是由被告的错误行为导致所发生的损害：Clerk and Lindsell（*– Jones*），Torts[16], para. 2-06。原告必须出示直接或间接证据证明，基于可能性权衡，由于被告或被告应负替代责任之人的过失或违反法定义务造成损害或伤害：Charlesworth and Percy（*– Walton*），Negligence[11], para. 5-15。如果业已证明被告的过失行为是原告所遭受损害的首要和实质原因，那么应由被告承担证明与此进一步损失相关的因果关系链已被打破的责任：*SS* “*BaronVernon*” *v.* *SS* “*Metagama*” 1928 SC（HL）21, 26（*Haldane* 子爵），但相反的是31（*Phillimore* 勋爵，未作定论）。

38. 较之于英国法，苏格兰侵权法通过推定被告的行为是原告遭受损害的原因，以移转举证义务：参见 *Stewart*, Delict[3], para. 12.3。

Ⅳ. “蛋壳头骨”规则

39. 依据法国法的规定，特定的受害人易染病体质（*prédisposition de la victime*）并不产生中断因果关系链的效果。一般前提是倘若没有发生导致责任产生的行为，易受伤的原告仍能保持其原有状态，那么此行为也造成了该损失（*Flour / Aubert / Savaux*, Droit civil II[11], no. 179 p. 179）。但是，可以想见受害方的易染病体质将对应予赔偿的损害评估产生一定影响（Cass. civ. 28 November1974, Bull. civ. 1974, II, no. 317 p. 261: accident ruptured malignant tumour tissue）；如果多种原因造成伤害，而原告的易染病体质为原因之一时，亦是如此（CA Rouen 13 March 1986, GazPal 1987 Som. 136: 妻子死于一场事故后，丈夫因抑郁而自杀）。对于在事故前已存在残障的受害人而言，仅得基于对先前状态加重的部分提出损害赔偿（Cass. ass. plén. 27

November 1970, Bull. ass. plén. 1970, no.6 p.9)。但是,仅当在打猎事故中致使原告唯余的正常眼睛失明时,被告应对原告丧失工作能力承担全部责任(Cass. civ. 19 July 1966, D. 1966, 598)。

40. 类似地,比利时现行法律规定受害人的易染病体质不会打破因果关系链:赔偿义务扩大到可以预见的损害和实际发生的损失(Ronse *(-De Wilde, Claeys and Mallems)*, Schade en Schadeloosstelling I[2], p.191 no. 255; Cass. 14 June 1995, Pas. belge 1995, I, no. 298 p.630)。当无论如何易染病体质本将导致的伤害与被告的违法行为造成的伤害相同时,则属例外情形。于此情形下,对受害人的损害赔偿应予减少。法学学者认为,对于教学中运用的经典案例,即独臂人因事故而丧失另一只胳膊的情形,无须赔偿失去工作能力的全部损失(van Gerven *(-Stijns)*, Verbintenissenrecht II[8], 334)。法国法的立场则相反。根据CFI Turnhout 8 November 1994, Turn. Rechtsl. 1994-95, 40一案,法院似乎并未采取与比利时相同的处理方式。

41. 第4:101条第(2)款中所包含的规则看似亦为西班牙所接受(参见CA Madrid 4 April 2005, BDA JUR 2005/106828,另可见于CA Baleares 19 September 2001, BDA JUR 2001/322667)。意大利也持相同立场。作为一般规则,受害人在事故前先存的疾病被认为是无足轻重的。事件本身的状态得被视为导致随之发生的损害的、多个并存的不充分原因之一(Cass. sez. pen. 1 March 1989, Cass. Pen. 1990, I,838; Cass. sez. pen. 24 March 1986, Cass. Pen. 1986, 1924 = Riv. it. med. leg. 1988, 612)。此外,在以下情形下,法官不得减少损害赔偿数额。其前提是证明:造成了完全不适当的后果(*Busnelli*, Il danno biologico, 202; *Bona*, Danno e resp. 2005, 353),同时存在可排除不公平责任负担的不可抗力(*forza maggiore*),或者被告有义务赔偿全部损害(Cass. 2 February 1991, no. 981, Giur. civ. comm. 1991, I, 797; Cass. 9 April 2003, no. 5539, Resp. civ. eprev. 2003, 1074; Cass. 4 November 2003, no. 16525, Giur. it. Mass. 2003, fasc. 11)。

42. 起草时,第4:101条第(2)款这一规则成为了匈牙利热议一时的主题。某些人似乎对此持怀疑态度。仅当损失在正常情形下得以预见时,方可予以赔偿。因此,例如,如果某人之前接受脑外科手术,在被轻轻扇一耳光后死亡,那么就无须对行为人强加责任(*Bárdos*, Polgári Jogi Kodifikáció 5-6/2004, p.5)。换言之,如果过错方无法察觉受害人极端的身体状况,就无须承担损害赔偿的责任。但是,较之于将损失归因于过失行为,法院更热衷于假定故意行为具有可预见性(*Petrik*, Kártérítésijog, 69-70)。

43. 波兰法律文本和判例法均未对此议题予以特别关注。某些学者认为,如果由于受害人非正常的易染病体质导致某一行为造成人身损害,尽管损害是不可避免的,但不应被视为该行为的适当后果(Radwan'ski *(-Dybowski)*, System prawa cywilnego III(1), 259)。这一立场看似同样为判例法所采。在SN 22 June 1972, OSNCP 1973, poz. 46中,法院拒绝认定雇主为被解雇之雇员的精神疾病承担责任,因为这一疾病是源于其特殊的精神易染病体质。SN 21 June 1976, OSPiKA 1977, poz. 106亦采类似立场。法院认定,女生的自杀为其咨询医生的正常后果,因为在咨询过程中,医生表示怀疑该女生已患性病,除非受害人因精神失常而自杀。迄今为止,罗马尼亚最高法院已经确立如果原告的先存疾病由于在事故中遭受强烈的精神刺激而恶化,则被告应对此疾病之恶化承担责任(*Tribunalul Suprem*, decision no. 1589/1974, cited by *Adam*, Drept civil, 290)。

44. 类似地,在德国法上也不会因为受害人本身的内在因素使其更易受伤并诱发或者扩大所造成的实际损害,而预先阻却责任归因(Palandt *(-Heinrichs)*, BGB[66], Pref. to § 249, no. 67; MünchKomm *(-Oetker)*, BGB[4], § 249, no. 133; Erman *(-Kuckuk)*, BGB I[11], Pref. to § 249, no. 51; Staudinger *(Schiemann)*, BGB [2005], § 249, no. 35)。在考虑责任评估时,不能

如同其所伤害的是健康之人一样对待伤害健康状况不佳或身体虚弱之人(BGH 29 February 1956, BGHZ20, 137, 139; BGH 30 April 1996, BGHZ 132, 341, 345; BGH 19 April 2005, NJW-RR 2005, 897, 898)。责任归因不会因为除了引发赔偿义务的事件外还可能存在其他影响所发生的损害的因素而得以排除(*Heinrichs* loc. cit. no. 66; BGH 10 May 1990, NJW 1990, 2882, 2883)。如果事件的发展不可预期地情势急转,则另当别论(BGH 3 February 1976, NJW 1976, 1143[小口角导致脑部大出血]; BGH 6 June 1989, NJW 1989, 2616[因争辩谁应承担交通事故责任而引发中风])。在受害人由于之前遭遇的事故而易受伤或者在随后发生的事故中再次受伤,如果先前的事故导致受害人易受伤害或至少增加了原告的过敏性,那么对之前事故负有责任之人应对受害人其后遭受的损失承担责任(BGH 20 November 2001, NJW 2002, 504; cf. also BGH 16 March 2004, NJW 2004, 1945)。总而言之,同样的推理适用于处理先存的心理状况(CA Hamm 2 April 2001, NJW-RR 2001, 1676)。但是,在"补偿性神经官能症"的情形下存有例外,其中损害可得补偿的预期阻却了补偿(BGH 29 February 1956, BGHZ 20, 137, 142; BGH 8 May 1979, NJW 1979, 1935, 1936)。

45. 奥地利法的基本原则之一为侵权行为人必须"视受害人如初见时之状况"。伤害可能对健康状况不同的人引发不同程度的后果,(3591)这一风险应由过错方承担(OGH 19 June 1973, 8 Ob 110/72; OGH 12 June 2003, JBl 2004, 111, 112)。此外,即使所产生的伤害的程度可归因于原告的易染病体质,但在法律条款中伤害仍然完全归咎于过错方的行为(OGH 7 February 1974, 2 Ob 6/74)。受害人的易患病性仅在涉及所谓的超越因果关系(*superseding causation*)时具有相关性。这就要求过错方能够证明:即使过错方没有实施任何行为,损害无论如何也会发生(OGH 15 December 1992, JBl 1993, 663)。在这些情形中,不会要求过错方承担全部损害的责任,而仅仅要求其为损害的增加部分承担责任(OGH 25 March 1999, SZ 72/55; OGH 22 May 2002, 7 Ob 86/02a)。

46. 作为一般规则,希腊法院并不认同受害人的易患病性可打破因果关系链这一观点(CA Athens 9835/1984, Arm 39 (1985) 118; ErmAK (-*Litzeropoulos*), Pref. to arts. 297-298, no. 60; *Foundedaki*, ElIDik 35 (1994), 1230; *Stathopoulos*, *Geniko Enochiko Dikaio A*(1)[2], 507[在规则的保护性目的情境中,将进一步审查此问题])。

47. 在葡萄牙,除了关于职业性伤害的法律规定外,第4:101条第(2)款中的原则鲜有探讨。某些法学家认为,由侵权行为人单方面承担伤害身体或心理上异常之人的风险是不公平的。对于后者,依照《民法典》第570条第(1)款(与有过失)(*Brandão Proença*, A conduta do lesado, 192 and 199)规定,参与他人行为,必须谨慎对待。此外,遵循充分因果关系的一般理论,侵权行为人不应对由微小伤害引发的非同寻常的严重后果承担责任(*Galvão Telles*, Obrigações[7], 404; *Almeida Costa*, Obrigações[10], 764; *Antunes Varela*, Obrigações em geral I[8], 629)。在医疗过失案件中,受害人的易染病体质可致损害赔偿减少。致受害人之独眼失明这一经典案例即运用于教学中(*Esperança Pina*, A responsabilidade dos médicos[3], 125)。《劳动法》第287条第(1)款和第(2)款则表现出与一般原则的背离(STJ 4 June 2003, Proc. 02S3 304),此两款规定"事故受害人的病理性易染病体质并不排除其要求全部赔偿的权利,除非其刻意隐瞒此易染病体质。若事故造成的伤害或疾病由于先前存在的伤害或疾病而恶化,或者先前存在的伤害或疾病因事故而恶化,则其能力之丧失应视为完全由事故所致,除非受害人已就先前存在的伤害或疾病获得赔偿"。CA Coimbra 1 June 2006, Proc. 478/06 适用的是第287条第(1)款所规定的例外情形,该款不利于因糖尿病休克而为机器所伤的雇员。

48. 与事件的正常发展相反，在荷兰，由于受害人生理或心理上的某种易染病体质导致损害扩大的案例，主要包括受害人遭受创伤后的应激障碍，且未完全康复。HogeRaad在判决中指出，过错方必须对因人身伤害造成的所有后果承担责任。除了某些异常的形势变化，由于受害方的先存状况部分地引发损害这一事实无足轻重。但是，易染病体质对损害赔偿额的考量有所影响，并可据以限制损害赔偿的数额(HR 8 February 1985, NedJur 1986 nos. 136 and 137 pp. 497-514)。与其他欧洲国家的立场类似，荷兰的现有原则认为过错方必须视受害人如初见时之状况，并且受害人的易染病体质不会产生打破因果关系链的效果(*van Wassenaer*, Eigen Schuld, 213)。

49. 爱沙尼亚的现行法尚未规定对应于第4:101条第(2)款中的规则。但是，法学界热衷于此规则。截至此书写作时，尚无此问题的已决判例法(*Lahe and Tampuu*, Training Guide for Judges 2006)。

50. 在北欧国家，"蛋壳头骨"规则被广泛认可，有时亦被称为"视原告如所见"(*Hellner and Radetzki*, Skadeståndsrätt[7], 208; *von Eyben and Isager*, Lærebog I erstatningsret[5], 243; *Saxén*, Skadeståndsrätt, 143; Danish HD 20 August 1996, UfR 1996, 1334; Swedish HD 25 No vember 1992, NJA 1992, 740 I and II; Finnish Supreme Court, HD 1950 II 240)。

51. 在普通法中，被告必须"视受害人如初见之状况"这一准则存在已久，因此如果可合理预见其行为将对原告(如为正常人)造成某些(轻微)伤害，那么被告应对所产生全部伤害承担责任，即使此严重程度是由于原告的异常易受感染性造成的：Clerk and Lindsell *(-Jones)*, Torts[16], para. 2-132。因此，当雇主们因没有为其雇员配备防护设施而存在过错，使得雇员被熔融金属的溅液所灼伤，由于雇员的易感染体质(若非灼伤，该症可能不会被激发)，使其因灼伤而发展成致命的癌症，则雇主应对其雇员承担责任：*Smith v. Leech Brain & Co. Ltd.* [1962] 2 QB 405。当涉及贫穷原告的行为合理性时，近来"蛋壳头骨"原则已延伸至原告的经济敏感度和身体敏感性，因此也与义务之减轻相关(同样根据因果关系加以阐释)。由于原告缺乏资金，应当允许其采取较之于富有的诉讼当事人更为昂贵的措施，而不减损其请求赔偿的权利：*cf. Lagden v. O' Connor* [2003] UKHL 64; [2004] 1 AC 1067(通过事故租赁计划租用了一项替代的汽车)；*contra Dredger Liesbosch v. Steamship Edison* [1933] AC 449 (HL)。

示例1选自BH 2005/364；示例2选自Cass. civ. 11 December 1984, D. 1985 I. R. 367；示例3选自Polish Supreme Court 3 March 1956, OSPiKA 1959, nos. 7-8, poz. 197；示例4选自Cass. 14 June 1996和Cass. 5 November 1996, Pas. belge1996, I, nos. 413-414 p. 1070；示例5选自OGH 16 January 1952, SZ 25/14；示例6选自BGH 16 February 1972, BGHZ 58, 162；示例7选自OGH 28 January 1997, SZ 70/11；示例8选自*Meah v. McCreamer* (*No.* 2) [1986] 1 All ER 943；示例9选自BGH 30 June 1987, BGHZ 101, 215；示例10选自Swedish HD6 May 1994, NJA 1994, 283；示例11选自BGH 13 July 1971, BGHZ 57, 25；示例12选自Cass. civ. 28 November 1974, Bull. civ. 1974, II, no. 317 p. 261；示例13选自OGH 12 June 2003, JBl 2004, 111。

第Ⅵ-4:102条 通谋

参与、教唆或者对他人提供实质性帮助造成具有法律相关性的损害的人，被视为造成了该损害。

评　论

目的。本条规定共同导致具有法律相关性的损害之人应被视为造成了该损害。通常来说,本条的争议之处在于主要行为人及共同行为人的故意责任。在既无故意亦无过失的责任情形中,共同侵权是不可能的。这是因为在这些情形中,负有责任之人无须实施任何行为。在教唆或协助情形中,各方的行为均为故意。当涉及共谋时,作为先前故意的违法行为的后果,可能仅发生过失性损害,对此所有共同侵权人承担连带责任,即使其并非主动参与。几个窃贼也可能成为失窃车辆的共同占有人;根据第3:205条(机动车辆致害的归责)规定均应承担责任。

示例1

A、B和C盗窃一车并想将其开至安全地点。A坐在驾驶座上,B坐在副驾驶座,而C则坐后排。由于急于逃窜而驾驶不当,A造成车辆或属于第三方的财产损坏。B和C也须对此负责,因为盗窃和逃窜是基于共同决议和共同计划。这一责任源自本条。根据第Ⅵ-3:205条(机动车辆致害的归责)规定的车辆占有人的责任保持不变。

范围。本条涉及参与者、教唆者、辅助者或协助者造成损害的因果关系。所涉情形应属"心理上的因果关系"之一。这是因为此处涉及直接导致当事人作出决定或激发此人相关行为的责任问题。既然三类人得同等视之,则无须对其加以精确区分。因此本规则的遣词刻意避免使用刑法中的术语。

与第Ⅵ-4:103条(选择性原因)的关系。本条要求损害的因果关系中的参与人之间有自觉的、故意的同谋。若如此,则每个行为人均造成了损害。相反,第4:103条(选择性原因)规定的情形是多个事件为可能造成损害的可选择的原因——换言之,这一情形为无法确定某人或他人是否造成损害,但可以确定的是非此人即彼人造成该损害。当某情形属于第Ⅵ-4:102条规定的情形,则不再有适用第Ⅵ-4:103条的余地;这是因为根据前一条款,每个共同侵权人均被视为造成了损害。此外,第Ⅵ-4:103条也可能适用于严格责任的情形,而第Ⅵ-4:102条则以某些不当行为的责任为先决条件。

与第Ⅵ-6:105条(连带责任)的关系。第Ⅵ-4:102条须结合第Ⅵ-6:105条(连带责任)理解。参与者、教唆者和协助者均须与(主要)过错方一起承担连带责任。

示例2

在公开会议中,某人宣读了其父起草的讲话稿,涉嫌严重诋毁他人的个人名誉和专业声望。媒体报道了此事及讲话稿中的诋毁论断。该父子均被视为造成了第三人损害;他们应共同承担连带责任。

示例3

A、B、C和D共同拟定了通过散布莫须有的X侵犯著作权的错误信息，以此挖取X的客户的计划。A起草并（单独）签署了相关信函。B、C和D也共同造成了X的损害（见第Ⅵ－2:208条（非法妨害营业所致的损失））。

共同侵权。第Ⅵ－4:102条仅涉及数人共同造成一个相同损害的情形。这一情形适用于窃贼和赃物接收者。相反，如果不属于共同侵权，则属同时发生的不法行为。这些单独行为之人或分别对不同危险源负责之人，均依照第Ⅵ－6:105条（连带责任）规定承担连带责任，此时同一损害可归因于任一人，例如，损害由一方的积极作为和另一方的不作为或者雇员因其故意侵害行为造成损害而应承担责任，其雇主应为同一损害承担严格责任。

团体之成员。在筹备此书期间，围绕是否应在本条之外就此再制定一条规定进行了激烈的讨论。根据这一未决规则，当团体中一成员故意对第三人造成具有法律相关性的损害时，只要此类故意损害的风险是可预见的且其他成员本应避免参与该团体，则该团体的其他成员应为此损害负责。此外争议的内容还涉及是否仅应由出现在违法现场的成员承担责任，是否其责任仅应为附带性的。但是，这一提议由于难以实现而遭反对。主要的反对意见是：此类规则超前于共同侵权的要求，而且仅基于团体的“成员身份”构建，无法与自由证明的要求和谐一致。

参与者。本条意义上的“参与者”为在执行全盘计划（某人破门而入意图偷窃，另一人守在门口把风或者在逃离用车上等候）时发挥作用的人，或者确实未曾亲自参与实际的违法行为，但是却“在幕后”操纵或参与指挥事件过程。行为实施者超过原计划的伤害行为亦将作为其参与该行为的结果而归因于参与者，除非出现极为特殊的情形。

教唆者。教唆者不得以实施者希望实施此行为或者故意实施此行为作为借口。相反，本条阐明了教唆行为与具有法律相关性的损害之间的原因—结果关系链不因此而打破。关键之处在于教唆者为实施者提供了采取行动的额外理由。至于教唆者为第一个将此想法灌输给实施者之人，则非必要条件。

示例4

学生们占据了一所空房屋，其目的是吸引大家关注在他们看来当地房屋经销商不可告人的阴谋：经销商们看上去将通过减少房屋供应量来提高房屋价格。警察试图清空房屋，并与一楼的学生爆发冲突。上面楼层的其他学生热火朝天地声援楼下的同学。即使没有得到其他人暴力抵抗的呼吁，楼下的学生原本也会爆发冲突，但上面楼层的学生已经对警察造成损害。另一方面，如果因为楼下学生在喧闹中无法听到上面楼层的学生的鼓动声，那么楼上的学生与冲突并无因果联系。

协助者。在行为人实施行为过程中直接支持行为人的是协助者或帮助者，但是对行为是否实际发生不产生影响。所要求的是:帮助者了解主要行为的大致计划,并且希望从旁协助。不存在过失协助;同样没有基于过失行为的协助。

注 释

1.《法国民法典》第1202条对此有不同规定。在该条中,没有规定连带责任(*solidarité*)。但是,迄今为止,在Cass. civ. 11 July 1892, D. 1894, I, 561 note*Levillain* 中认定在由于多个过错方的过错造成受害方损失的情形下,如果在每一过错和所致损害之间存在直接的因果联系,那么对原告所遭受的全部损失予以赔偿的责任分别归于每一债务人。在此情形下,即为连带责任。这一类型的责任假定同一损害由多个侵害行为(*faits générateurs*)造成。现在,没有对监管人(*gardien*)责任与源于过错的责任(*Terré / Simler / Lequette*, Les obligations[9], no. 864 p. 839)进行区分。如果多个行为人(*coauteurs*)造成了不同损害,那就不会产生连带责任,得基于损害的不同原因单独分摊责任(Cass. civ. 19 April 1956, JCP éd. G 1956, 9381)。数个侵害行为无须同时发生(*le Tourneau and Cadiet*, Droit de la responsabilité et des contrats (2006/2007), no. 1741)。支付全部赔偿的侵权行为人,有权要求其他侵权行为人(《民法典》第1251条第(3)款)依其所造成的损失比例承担责任。如果保险公司赔偿损失(对于后者(Code des Assurances art. L121-12.)),亦适用同一原则。如果原告放弃对其中一个侵权行为人追究责任,那么其他的侵权行为人,可以依照《民法典》第1251条规定对如果被诉时本应承担责任的共同债务人追偿(Cass. civ. 7 June 1977, Bull. civ. 1977, I, no. 266 p. 210)。

2.《比利时民法典》第1202条的出发点与法国现行法一致。类似地,最高法院(*Cour de Cassation*)所采的一贯立场是:但凡数个债务人共同存在的错误造成损害,那么每个人均应为全部损害承担连带责任(Cass. 26 April 1996, Pas. belge 1996, I, no. 138 p. 392)。但是,法院表现出一种倾向性,即如果同时存在故意的过错和过失的过错,则忽略后者(*Vandenberghe/VanQuick-enborne/Wynant/Debaene*, TPR 2000, p. 1917 no. 166)。对于共同存在的刑事违法行为,依据《刑法典》第50条,发生连带责任。与法国相反,比利时法的规定具有非常重要的意义,因为这一规定确定了即时情境下侵权行为精确的构成要素。原则上,第三方的过错不会排除管理人对缺陷物的强制责任(CA Gent 8 June 1994, RW 1996-97, 1063),但是在动物管理人责任的情境下(《民法典》第1385条),如果第三方应对动物的行为(*fait de l' animal*)(Cass. 19 January 1996, Pas. belge 1996, I, no. 41 p. 85)承担责任,那么第三方过错可能打破因果关系链。有时,管辖其他并存过错方的过错行为的规定与法国法的发展轨迹重合(《民法典》第1251条第(3)款;Cass. 9 March 1992, Pas. belge 1992, I, 607)。

3. 西班牙侵权法中,如果数人基于同一约定以造成损害为目的实施行为,那么他们应共同承担责任,即使显然仅有其中一人的行为造成实质性的损害(Paz-Ares/Díez-Picazo/ Bercovitz/ Salvador (-*Pantaleón*), Código Civil II[2], 1983; *Rocai Trias*, Derecho de daños[3], 143; TS 20 February 1981, RAJ 1981 [1] no. 756 p. 610)。如果由于犯罪行为造成损害,则同样适用此规则(《刑法典》第11条第(2)款)。此规则的理论基础在于侵权行为人共同制订计划这一行为本身使得每个人均应为所造成的全部损害承担责任(TS 11 July 2006, BDA RAJ 2006 no. 4977; *Pantaleón* loc. cit.; *Gómez Calle*, Los sujetos de la responsabilidad civil[3], 499)。

4.《意大利民法典》并无对应于第4:102条(《民法典》第2055条对应于第6:105(连带责任);参见本规则之注释)的规定,但是只要过错方促使损害风险产生,那么共同参与侵权行为使得每个过错方应共同承担连带责任(*Bianca*, Diritto civile V, 648;*De Cupis*, Il danno, 273-275)。在判例法和法律评论中,《刑法典》第113条(过失犯罪中的共谋的刑事责任)中的规则亦应适用于私法领域这一观点受到广泛认可(*De Cupis* loc. cit. 275;*Monateri*, Manuale della responsabilità civile, 141; Cass. 18 October 1982, no. 5425, Giur. it. Mass. 1982, fasc. 9)。而且,似乎不要求各方意识到其各自的行为聚合起来将构成一个单独的共同行为(*Visintini*, I fatti illeciti III, 52; Cass. 15 January 1996, no. 268, Danno e resp. 1996, 521)。CFI Rome 3 February 2003, Giur. rom. 2003, 291认为事件的组织者应承担作为"教唆者"的责任,有义务赔偿由愤怒的民众造成的损失。该案中,由于所售门票超过实际座位激起群众的怒火。

5.《匈牙利民法典》第344条规定了两个或多个被告"共同"造成损害的连带责任。"共同造成损害"这一概念可从广义解释。数个被告思想上存有共同目的并非先决条件。客观来看,他们一致行动的事实足以使其承担连带责任(Petrik *(-Harmathy)*, Polgári jog II[2], 581-582; Gellért *(-Kemenes)*, A Polgári Törvénykönyv Magyarázata I[6], 1238-1240; *Ujváriné*, Felelősségtan[7], 75-80; *Petrik*, Kártérítési jog, 93-95; *Bárdos*, Kárfeleloösség a Polgári Törvénykönyv rendszerében, 54-55)。而对于施加心理影响应视为(无因果关系的)单纯的建议或是(构成原因的)教唆实施[侵权]行为,这一问题应由法院基于对个案情形的审查决定(*Eörsi*, Kártérítés jogellenes magatartásért, 64-65)。在私法情境中,在共同实施、煽动、协助与教唆犯罪/侵权之间并无明显区分。三个范畴都包含各方"共同"就所造成的损害承担责任,可与BH1980/471相比较。窃贼和赃物的接收者应共同对受害人承担连带分担责任(BH2004/145);此外,过失地为故意违法行为团体提供便利之人应与即时侵权行为人一起承担连带责任(BH 2008/118, BH 2000/198;比较EBH 2000/199)。这与保加利亚现行法的立场一致。根据《债法》第53条规定,汽车盗窃案件中涉及的所有共同主犯应为驾车者直接造成的财产损害承担连带责任(Supreme Court 10 May 1978, decision 1207 in civil matters no. 116/1978, first chamber)。在罗马尼亚,法院通过援引因果关系的一般理论也得出了相同的结论(*Tribunalul Suprem*, decision no. 1769/1982 in criminal matters, cited by Adam, Drept civil, 296);根据《民法典》草案建议,这一规则将被纳入《民法典》第1107条(*Proiectul Noului Cod civil*, 217)。斯洛文尼亚《债法》第186(2)条中规定的各项基本要素与第4:102条相符。第4:102条也与波兰《民法典》第422条规定一致,其中规定损害赔偿责任不仅应由直接造成损害之人承担,而且亦应由诱发或者协助他人造成这一结果之人或者有意利用这一结果之人承担。一般认为这一规则基于行为与损害之间的规范关系而制订;于此情形下,其中是否存在充分的因果联系这一问题则是无关紧要的(*Radwański and Olejniczak*, Zobowiözania - częöö ogólna[7], 89; Radwański *(-Dybowski)*, System prawa cywilnego III(1), 271)。

6.《德国民法典》规定了应为一个侵权行为造成的损害承担责任的多人之间的连带责任。《民法典》第830条规定了三种独立的参与情形,即共同实施侵权行为(第1段第1句)、教唆他人实施侵权行为和辅助及帮助他人实施共同侵权行为(第1段第2句)。每种情形的法律后果相同。所有侵权行为人均应为全部损害共同承担责任。而且,证明被告直接造成损害并非先决条件(BGH 7 November 1978, BGHZ 72, 355, 358)。数人共同造成同一损害的共同行为、教唆、辅助和帮助均为源自刑法的概念,在《刑法典》第25~27条中这些术语的含义已经转换并赋予民法内涵。因此,共同行为意指参与者为达致特定结果故意实施的共同行为(BGH 11 May 1971, NJW 1972, 40, 41)。根据这一架构,参与其中的相关各方均为侵权行为人(BGH 24 January 1984, NJW 1984, 1226, 1228; BGH 4 November 1997, NJW 1998, 377, 381f)。只要涉及次要参与(教唆、辅助和帮助),那么先决条件即为侵权行为人故意在第三方实施的故意行为中提供帮助。"教唆"意指侵权行为人诱使主要侵权行为人实施共同侵权行为造成损害。"辅助和帮助"意指故意实施的所有帮助,例如鼓动主要过错方实施侵权行为,强化其实施该行为的决心,为其实施该共同行为提供便利。为此目的,仅有心理上的鼓动即为已足(详见 Palandt *(- Sprau)*, BGB[66], § 830, no. 3; MünchKomm *(- Wagner)*, BGB[4], § 830, nos. 9 and 19)。

7.《奥地利普通民法典》第1301条也涉及共同参与实施的侵权行为之人,教唆人和辅助人(*Koziol*, Haftpflichtrecht I[3], no. 14/5)。《民法典》第1301条规定的"共同"侵权行为不要求侵权行为人具有造成损害的共同约定。侵权行为人共同约定达致特定目的而且在实施行为时,损害由第三方过失造成亦可满足(OGH 12 February 1998, SZ 71/22; OGH 21 October 1999, SZ 72/156)——例如,在公开表述中即持此观点(OGH 25 March 1999, SZ 72/55)。对于故意造成的损害,各方承担连带责任。相反,对于过失造成的损害,仅在无法确定个人造成损害的份额时(《民法典》第1302条)适用连带责任。在奥地利最高法院(OGH)的下列判决中认定三个过错方均应对原告所遭受的损害承担连带责任,案中原告试图为其被两个过错方虐待的同伴寻求帮助,却被第三人袭击并受伤(OGH ZVR 1998/6)。应承担责任的共同侵权人也可要求共同债务人承担责任。内部关系中其他方责任份额应依其所造成损害的范围和各自过错的程度而定(OGH 23 February 1999, SZ 72/35)。在存疑的情形中,内部关系的各方应承担均等赔偿份额(*Koziol and Welser*, II[13], 327)。

8. 依照《希腊民法典》第926条规定,由多方协作行为造成的损害应承担连带责任。参与他人可视为造成损害之原因的不法行为的情形即属之(Georgiades and Stathopoulos *(- Georgiades)*, art. 926 no. 5; *Kornilakis*, Eidiko Enochiko Dikaio I, 572; *Filios*, Enochiko Dikaio II(2)[4], 92 采用较狭义的解释)。故意并非先决条件。例如相互独立的两个人由于疏忽未采取必要的安全预防措施,亦属之。共同行为、教唆、辅助和帮助理所当然构成《民法典》第926条的一部分。此外还涉及所谓的直接的共生因果关系(当损害主要由两个行为集合造成时;即仅一方的行为尚不足够)和"双重因果关系"(单一行为即足以造成全部损害)(*Georgiades* loc. cit. no. 10; *Kornilakis* loc. cit. 573)。有人提议《民法典》第926条甚至应适用于造成损害延续的系列行为(例如:赃物被第三方藏匿:*Georgiades* loc. cit. no. 12;*Kornilakis* loc. cit. 574)。

9.《葡萄牙民法典》第490条与第4:102条规定的基本要素一致。侵权行为团体的所有参与者应承担连带责任(《民法典》第497条)。对于窃贼和接收赃物之人(STJ 29 March 1989, BolMinJus 385 [1989] 379),或者对于诽谤文书的作者和宣之于众的人(CA Oporto 10 March 2005)皆然。《民法典》第490条甚至未将故意的合谋作为先决条件。故过失共同参与者亦可适用(STJ 11 March 1999; *Vaz Serra* BolMinJus 101 (160) 121)。

10. 依《荷兰民法典》第6:166条,团伙参与者(*deelnemer*)不能通过主张参与者与团伙的共同侵权行为之间并无因果关系而免责。危险"团伙"的成员基于其已经参加该组织的事实即应承担责任(TM Parlementaire Geschiedenis VI, 662; Asser *(- Hartkamp)* Verbintenissenrecht III[12], nos. 93 - 94 pp. 114 - 116; Nieuwenhuis/Stolker/Valk *(- Lindenbergh)*, T & C Burgerlijk Wetboek, art. 6:166, no. 1 p. 2340):不再依赖于个人对所造成损害的影响,因为参与本不应参与

的团伙活动首先就满足了承担责任的要求。先决条件是存在有意且愿意的聚合行为,但不要求存在造成损害的共同目的(*Hartkamp* loc. cit.)。此外,必须能够依照侵权法一般规则对参与进行归咎,而且对直接造成的损害负责之人必须实施了《民法典》第 6:162 条意义上的侵权行为(*Lindenbergh* loc. cit.; *Hartkamp* loc. cit. no. 93 p. 115)。从《民法典》第 6:102 条可推断出,团伙成员应承担连带责任。

11.《爱沙尼亚债务法》第 1045(4)条与本书第 4:102 条内容相同。

12. 同样在北欧国家,如果多人共同造成损害或伤害,通常认定该多人对所造成的损害共同承担责任(*Hellner and Radetzki*, Skadeståndsrätt[7], 216; *Vinding Kruse*, Erstatningsretten[5], 149, 307;*Saxén*, Skadeståndsrätt, 342)。"心理上的因果关系"概念允许忽略哪一个共同行为人实际开启了因果关系链这一问题(*Vinding Kruse* loc. cit. 150)。在瑞典 HD 15 December 1980, NJA 1980, 670 中,小学生(A)将订书针带到学校并分给大家。小学生们燃烧用橡皮筋捆绑的纸张是很常见的行为,但是使用订书针时,其行为升级了。同学(B)伤了另一位同学(C)。A 和 B 应对 C 遭受的损害承担连带责任。

13. 就英国法而言,多个侵权行为人共同造成损害(例如作为合营项目的一部分)或者一个侵权行为人教唆另一人实施侵权,双方构成共同侵权行为人,其中任一人均应对全部损害承担责任并可单独成为被告:*Clark v. Newsam* (1847) 1 Ex. 131, 154 ER 55。但是,仅为侵权行为提供便利(但未教唆或鼓动)之人是否构成共同侵权行为人,则不无疑问:参见 Clerk and Lindsell (*-Murphy*), Torts[19], para. 5-77。

示例 1 选自 Bulgarian Supreme Court, decision no. 1207, case no. 116/1978 in civil matters of 10 May 1978 and from BH 1980/471;示例 2 选自 CA Oporto 10 March 2005;示例 3 选自 TS 11 July 2006, BDA RAJ 2006 no. 4977。

第Ⅵ-4:103 条　选择性原因

如果具有法律相关性的损害是由许多事件中的某一个或多个所引起且由不同的人对其负有责任,虽然可以确定损害系由其中之一所引起但无法确定是哪一个,则得推定对其中任一事件的发生负有责任的人造成了该损害,但该推定得举证推翻。

评　论

构建因果链的要求之松动。本条的目的在于构建具有法律相关性损害与违反义务的行为或源自危险源的事件之间的因果联系链,即使在某些情形下,依照第Ⅵ-4:101 条(一般规则)第(1)款或第Ⅵ-4:102 条(通谋)的规定,此类联系应予否认。根据第 4:101 条第(1)款的规定,具有法律相关性的损害应被视为 A 之违法行为或者 B(或 C 等)之违法行为的后果,但是无法断下结论认为是 A 之行为的后果或 B 之行为的后果,本条的效果是应推定损害为A之行为以及B之行为(和C的行为等)的后果。每个人都可以根据第Ⅵ-4:101条第(1)款规定收集事实证据证明其违反义务的行为并非因果关系链的一部分。

政策考量。此类特别规定要求正当理由。正当理由应从公正的角度进行一般考量。若某人违反对遭受侵害之人所负的义务或者增加此人的风险,则不能仅因另一人同样违反对遭受侵害之人的义务而且无法推断谁违反义务的行为造成损害而免责。无法确定责任的相应风险应由违反义务之人而非遭受侵害之人承担。

示例1

在两家煤矿中,遭受侵害之人在不合理的高度健康风险的条件下作业,应由两家煤矿的经营者承担连带责任;即使无法确定此人在两个工作地点中的哪一个患病。如果职业事故的社会保险机制针对此类情形规定了不同的解决方案,则可有不同处理(第Ⅵ-1:103条(适用范围)和第Ⅵ-7:104条(雇员、雇主、工会和雇主协会的责任)。

一般要求。本条的目的在于解除对受害人证明事实的不适当要求,即法院得据此事实依据第Ⅵ-4:101条(一般规则)第(1)款得出结论,认为受害人遭受的具有法律相关性的损害应得视为特定人故意或过失行为(或此人负责之危险源)的后果。其目的仅限于此。因此,受害人必须如之前一样证明存在具有法律相关性的损害,并且如果他人之行为与受害人所遭受的损害存在因果关系,则该他人应为此承担责任。受害人也必须证明该他人属于肯定造成损害的数人中的一个。另一方面,本条无意规定受害人得对其他人提起诉讼。如果很明显特定人应对此损害承担全部责任,但此人经济上无法负担全部赔偿,那么也没有理由使受害人享有起诉他人以获得意外之财。两个人显然分别造成了不同损害的情形,亦同。

示例2

在一起应由T承担责任的交通事故中,O从自行车上被甩到沥青碎石路面上。T停车,但是未能阻止后面车辆(F驾驶)撞向O。无法确定在第二次碰撞之前,O所遭受的伤害情形。T应对损害承担全部责任,因为T的行为是随后的事故及其造成的伤害的原因。F无须为此全部损害承担责任;而至多对基于民事程序规则评估的损害承担部分责任。(如果无法进行此类评估,F就完全无须承担责任)。如果T未能停车且现场情形无法识别时情况亦同。对于F应承担的责任部分,T和F应为连带债务人。本案不适用第Ⅵ-4:103条。

示例3

雇员A患上了肺病。不清楚此病是由最近一次接触特定化学品还是多次类似接触所引发。A的后续雇主均违反义务,未能给予A防护以使其免受此化学品的危害。因此无法确定是仅由其中一次(若为一次,则须确定哪次)或是两位雇主的此类违反义务的行为造成A的损害。此时应假定每一违反义务的行为均存在因果关系;第Ⅵ-4:103条免除了A的举证困难。

示例4

两个猎人同时向同一方向射击。第三人被击中受伤,一处伤在左腿,另一处伤在右腿。弹道学专家可辨识每一子弹从哪把枪中射出。每个猎人仅为其射击的后果承担责任;此案不属于第Ⅵ-4:103条的情形。如果受害人仅被击中一枪,而且无法确定子弹由哪把枪中射出时,结果有所不同。

可归咎于不同人。对于原告具有法律相关性的损害,本条要求不同人满足第1:101条(基本规则)(除因果关系外)的责任要件,并至少证明损害为其中一人故意或过失行为的后果或为其中一人负责的危险源引致的后果。因此,假定每种情形中的因果关系时,不需要这些人已实施应予惩罚的行为或者由同一可归责的原因产生责任。

示例5

来自两个不同牛群的母牛在同一处草场,继而一起攻击某人并造成致命伤害。后来不可能确定是否只有一头母牛造成了致命伤害或者是否不止一头母牛造成致命伤并且无法确定这两头牛分别属于哪个牛群。牲畜的管理人应承担连带责任。并非牲畜管理人而有看管义务之人,在当时情形下过失未能履行看管必要义务的,亦应承担连带责任(第Ⅵ-3:102条(过失))。

损害必须是由两个或多个事件中的某个造成。但是必须“证明该损害是由多个事件中的一个所造成”。若完全无法确定是否多个事件中的一个引发了损害时,则不属于此情形。第4:103条并未特别提出市场份额责任,因此不能根据产品所属制造商的市场份额,将制造商不确定的产品损害归为比例责任。

示例6

多位原告的母亲均在孕期服药,而这些化学配方相同的药物是由多家竞争企业以不同品名投放市场。多年后,这些药物导致原告们患上了子宫癌。但是,他们无法确定其母亲当时购买的是哪一品牌的药物,甚至无法确定药物是否产自其试图追究责任的公司;药物可能产自现已不复存在的公司。第Ⅵ-4:103条未能帮助原告解决其中任一难题。欠缺第Ⅵ-4:103条中含义的“事件”。这是因为即使所有公司目前依然活跃在市场上,原告也无法证明某公司曾对其母亲施加危险。换言之,甚至无法确定任何一位母亲服用过不同公司的药物。所涉母亲甚至无法回想起谁造成了损害。这种情形不符合第Ⅵ-4:103条的要求。

抗辩。应对其中一个事件负责的任何人不仅得证明由于事实原因而对损害没有责任,亦可证明第五章所规定的其他抗辩,包括受害人可能的与有过错。

示例7

几个小孩向受害人方向扔石头。无法确定哪个小孩用石头击中了受害人的眼睛。但是,其中一个扔石头的小孩的父母若能证明,当时恰好在现场有目击者看到,他们的孩子所扔的那块石头是飞向不同方向的。那么,仅由其他父母承担责任。

示例 8

受害人 X 接连被多个雇主所雇并在充满石棉粉尘的环境中工作。X 所患肺病可能是由于一次吸入某些石棉粒子所引发。因此无法确定 X 是在为雇主 A 或是为雇主 B 工作时患病;但是能确定仅这两个雇主存在过失。A 与 B 承担连带责任。如果 X 存在没有穿上必要的防护服这样的与有过错,那么 X 要求的赔偿应相应减少,无论在为雇主 A 或 B 工作期间是否存在这种与有过错皆然。相反,如果 X 有时自雇从事相同工作,因此患病的原因也可能是因为在同一时期自雇而暴露于粉尘中,则不再适用第Ⅵ-4:103 条。在此类情形下,甚至无法确定 A 或 B 造成了损害。

注　释

1. 之前大量的法国判决拒绝在第 4:103 条所列的一系列情形中施加责任。这一拒绝根植于必要条件审查的严格适用(例如在案例 Cass. civ. 4 January 1957, D. 1957 jur. 264 中:两个人同时朝一位猎人的方向开枪,导致其手部和面部受伤;但法院否定了受害人的请求,因为无法确定哪把枪击中了他)。但是,紧接着最高法院转向对原告更为友善的立场,并认定可能造成损害的被告应承担连带责任,这是基于参与危险行为得构成共同过错这一假设(so Cass. civ. 6 March 1968, Bull. civ. 1968, II, no. 76 p. 52:7 个年轻人朝其他几个青少年扔石头,一人被击中但无法确定真正的加害人;7 个年轻人因共同参与危险行为而被判承担连带责任),或者是基于所有参与者均为造成损害之客体的监管人(*gardiens*)这一假设(参见 Cass. civ. 13 May 1975, Bull. civ. 1975, II, no. 88 p. 73:两个猎人同时向同一方向开枪,发射的一串子弹击伤了第三个猎人;基于两个猎人同为"一串子弹"的共同管理人这一确定的基本理论,应负连带责任)。

2. 如果确定损害的原因可以归因于至少一个团体成员,但是无法查明实际加害人的身份,那么比利时法中也类似地规定,如果团体成员已经达成共识认为他们可能共同造成危险情形发生,那么团体成员应被视为共同实施了具有原因性的过错行为。在这种情形下,证明损害的直接危险是源自该团体某一成员的证据无法开脱其他成员的责任。相反,如果多人的过错完全是由于巧合,且无法查明具体应该由谁对损害承担责任,那么根据主流法律学说,应驳回原告之诉(*Bocken and Boone*, TPR 2002, 1625, 1665, nos. 41-43)。

3. 在《西班牙狩猎法》(*Ley* 1/1970 *of* 4 *April*) 第 33 条第(5)款(ii))(当无法确定损害肇事者时,由狩猎派对的参与者对在狩猎时发生的损害承担严格责任)的特别例外规定中,在西班牙侵权法范围内,没有关于选择性原因的一般规定。大多数法学家认为该团体的所有成员应承担连带责任,除非他们能够证明自己未造成损害(*de Ángel Yágüez*, Tratado de responsabilidad civil[3], 877-888; *Roca i Trias*, Derecho de daños[3], 143; *Díez-Picazo*, Derecho de daños, 167-168; *contra* Paz-Ares / Díez-Picazo / Bercovitz / Salvador (*-Pantaleón*), Código Civil II[2], 1984)。最高法院遵循主流理论观点,见 TS 8 February 1983, RAJ 1983 (1) no. 867 p. 602(多个孩子玩扔不同东西的游戏,其中一个东西伤及另一个孩子,扔东西的所有孩子父母承担连带责任);TS 13 September 1985, RAJ 1985 (1) no. 4259 p. 3591; TS 11 April 2000, RAJ 2000 (2) no. 2148 p. 3316; TS 2 November 2004, RAJ 2004 (5) no. 6864 p. 13956(见上述示例 5)。但是,也有大量判

决基于因果关系的证据尚未成立而拒绝依循第 4:103 条，见 TS 2 April 1996, RAJ 1996 (2) no. 2984 p. 4005 以及 TS 26 November 2003, RAJ 2003 (5) no. 8354 p. 15639。

4. 类似地，《意大利民法典》并未规定与第 4:103 条对应的条款，此条款的缺失虽曾在宪法法院招致非议，而最终未予规定（Corte Cost. 4 March 1992, no. 79, Foro it. 1992, I, 1347, note Ponzanelli）。法律文件中建议如果所发生的损害源于团体共同行为，例如，一伙狂欢人群闯入有营业执照的企业并砸坏有形动产，如果无法确定肇事者，那么团体成员无论如何不应免予连带责任。否则，当然有必要确定造成损害的教唆者；仅仅证明被告是团体的一员尚不足够，在该团体范围内，存在多个造成损害的可能人选（*Bianca*, Diritto civile V, 648）。前提是，如果多方均对所发生的损害产生影响，那么仅应由这几方承担连带责任（Cass. 13 May 1989, no. 2204, Giur. it. Mass. 1989, fasc. 5; Cass. 4 June 1977, no. 2294, Arch. Giur. circolaz. 1977, 261）。

5. 在匈牙利的法律理论中，鲜少对可选择的因果关系进行探讨；制定法对此亦未规定。但是，判例法的结论在实践上与第 4:103 条一致，参见 BH 1995/214（一群小学生扔出一些木螺丝钉；即使无法确定谁实际造成受伤小学生的伤害，法院仍要求所有扔螺丝钉的人共同承担连带责任）和 BH 1991/314（乐团成员燃放的爆竹造成损害；确定由所有成员承担责任；调查的第一步并不涉及扔爆竹的人是谁）。

6.《斯洛文尼亚债法》第 186 条第(3)款体现了与第 4:103 条相同的规则。波兰法中没有对应于第 4:103 条的规定。大部分学者主张如果有两个或多个危险事件可能引起损害，而且确定损害是由其中一起事件引发，但不确定是由哪起事件引起的，那么所有应对这些事件负责的人均应承担连带责任，因为他们所有人造成了危险状态（Radwan'ski *(-Dybowski)*, System prawa cywilnego III(1), 264）。在两个人应为损害承担“严格”责任（一个作为建筑物的所有人（《民法典》第 434 条），另一个作为安装的操作员（《民法典》第 435 条）），而且无人可证明无须承担责任（SN 4 July 1985, LEX no. 8724）的情形下，最高法院认定由两个人承担连带责任。

7. 根据《德国民法典》第 830 条第(1)款第 2 句，在涉及多个“参与者”造成损害的情形下，如果无法认定哪一方的行为实际造成损害，则每一参与者应为所造成的损害承担责任。本条的目的是：在有多方参与但无法确定哪一方应为所造成的损害承担责任，或者每一方在所发生的损害中各自所起到的作用确实能够确定，但是可归于所涉各方的损害的实际份额无法以其作用程度计算时，克服原告面临的证据障碍。这一规定的预设前提是：在多方造成损害的情形下，损害赔偿之诉不应由于无法断然确定“真正的”肇事者这一事实而败诉（BGH 15 December 1970, BGHZ 55, 86, 88）。此类诉讼的先决条件如下：(1)除因果关系外，所涉各方的行为均可能构成侵权责任的基础；(2)所涉各方中至少有一方已经造成损害；和(3)无法认定哪一个参与者应直接对所发生的损害承担责任（BGH 12 July 1996, NJW 1996, 3205, 3207; BGH 23 May 2006, NJW 2006, 2399; BGH 7 November 1978, BGHZ 72, 355, 358）。赔偿之诉并不取决于责任是否以过错、推定的过错或风险的产生（严格责任）为基础（Palandt *(-Sprau)*, BGB[66], § 830, no. 7; Staudinger *(-Belling and Eberl-Borges)*, BGB [2002], § 830, no. 72; BGH 15 December 1970, BGHZ 55, 96, 98; BGH 22 July 1999, NJW 1999, 3633, 3635）。如果各方的行为事实上、时间上和空间上均与损害相关，如构成同类事件（BGH 15 November 1960, BGHZ 33, 286, 291），那么各方均仅仅“涉及其中”。所涉各方可以据其利益得失对因果关系推定进行反驳（*Sprau* loc. cit. no. 11; BGH 23 March 1999, NJW 1999, 2895）。如果可以确定一方为肇事方并因此对所造成的全部损害承担责任，那么仅可能造成损害的另一方不应承担责任（BGH 22 June

1976, BGHZ 67, 14, 20; BGH 18 December 1984, VersR 1985, 268, 269)。即使只有所涉一方得基于抗辩理由免责,这也使得另一方得以免除责任(BGH 17 December 1952, LM no. 2 under § 830 BGB)。如果受害方也是"所涉方",那么其他方也得以免除责任(BGH 8 May 1973, NJW 1973, 1283; BGH 30 January 1973, BGHZ 60, 177)。

8.《希腊民法典》第926条(第2句)在各基本要点上都切合第4:103条。除了狩猎意外之外,典型的案例包括路人成为街头斗殴的受害人或车祸中骑自行车者受伤但无法确切证明确为汽车撞倒(Georgiades and Stathopoulos *(– Georgiades)*, art. 926 no. 17)。对于《民法典》第926条(第2句)得否适用于前示例2所述情形,则不无争议(支持方为 *Kornilakis*, Eidiko Enochiko Dikaio I, 580;反对方为 *Filios*, En*ochiko Dikaio II*(2)[4], 97)。

9. 葡萄牙法院在早先处理模棱两可的可选择的因果关系的案例中,拒绝判决所涉各方承担连带责任。这一结论是在无法确切证明因果关系的基础上作出的(STJ 9 December 1959, BolMinJus 92 [1959] 301)。法院的这一方法一直得到现代法学评论的支持(*Pereira Coelho*, O problema da causa virtual, 24 fn. 5)。在《葡萄牙民法典》立法的材料准备框架中,*Vaz Serra*, BolMinJus 84 (1959) 138 强烈推荐引入与第4:103条同源的规定。但是,《民法典》第493条第(2)款仅引入了一项可以反证推翻的推定,该推定不利于因所实施的危险行为性质或者由于实施该行为所使用的工具而对他人造成损害之人(就此进一步阐述详见 *Antunes Varela*, Obrigações em geral I[10], 617)。因果关系问题并非依照《民法典》第493条第(2)款解决;对此应依据侵权法一般规定处理。

10. 如果随之产生的损害本可能由不同人负责的诸多事件造成,而且如果已经确定损害至少是由其中一人造成,那么根据《荷兰民法典》第6:99条规定,这些人中每一个都应承担责任。在这种情形下,关于因果关系的证明责任得以推翻(Parlementaire Geschiedenis VI, 346)。责任的法律基础与之无关;责任得构建于过错或严格责任之上(Schadevergoeding I *(– Boonekamp)*, art. 6:99, no. 3 p. 11)。近来有许多关于最高法院处理DES药品判例(HR 9 October 1992, NedJur 1994 no. 535 p. 2474)是否符合产品责任指令(这一观点见:Asser *(– Hartkamp)* erbintenissenrecht I[12], nos. 441a – b pp. 388 – 392)的讨论。根据最高法院*(Hoge Raad)*的判决,如果无法确定所涉一方是否造成损害,但是所涉另一方无疑已造成损害时,则无论如何应得适用《民法典》第6:99条(HR 31 January 2003, NedJur 2003 no. 346 p. 2777 [涉及接连发生的两起纵火行为]; 参见 *Boonekamp* loc. cit. no. 4 p. 12; *Hartkamp* loc. cit. no. 441b p. 391; *Akkermans*, WPNR 1992, no. 6043, 249)。

11.《爱沙尼亚债法》第138条第(1)款在各基本要件上均与第4:103条相一致。《债法》第138条第(2)款允许所涉各方通过举证证明其未造成损害而免除责任。根据《债法》第138条第(3)款规定,责任根据所涉各方造成损害结果的可能性程度进行评估。

12. 在瑞典,如第4:101条所示,如果原告的解释本身是极具可能性的,那么原告必须使其因果关系解释较之其他可能解释"明显更为可能"(HD 28 December 1993, NJA 1993, 764; HD 31 October 2001, NJA 2001, 657)。HD 21 July 1982, NJA 1982, 421 涉及在X光检查中使用的药物对人身的伤害。被告制药公司声称损害是由同样在检查中使用的另一家公司的药物造成。每种药物都被视为是可能的原因,但被告的药物并未被视为"明显更为可能"的一种,因此原告之诉被驳回。(但是,此案招致诸多批评,见:*Hellner and Radetzki*, Skadeståndsrätt[7], 201; *Dufwa*, Flera skadeståndsskyldiga, 2659, 3007; *Schultz*, Kausalitet, 494)结果是关于在可选择的侵权行为人时的连带责任的特别规定未获通过(*Dufwa loc. cit.* 3008)。但是,HD 31 July 1961, NJA 1961, 425 事先在一种情形中肯定了连带责任,即当存在两个互有冲突的侵权行为时,无法断言每一侵权造成的损害份额的情形。与瑞典相反,在芬兰(见 Supreme Court 14 June 1990, KKO 1990:78 and Supreme Court 11 April 1990, KKO 1990:47)和丹麦(不同观点见:Eastern CA 15 June 1914, UfR 1914, 897)似乎认可当涉及选择性原因时,除非另有证据证明,否则所涉各方均应承担连带责任(*Vinding Kruse*, Erstatningsretten[5], 151－152; Westen CA 30 December 1948, UfR 1949, 439［两男孩向一女孩发射弹丸击伤女孩;两个男孩共同承担责任］;Western CA 2 July 1894, UfR 1894, 1042［三个猎人朝同一方向开枪;即使无法确定谁应对受害人受伤负直接责任,但三人共同承担连带责任］; *contra von Eyben and Isager*, Lærebog i erstatningsret[5], 239)(HD 22 October 1982, UfR 1982, 1111 涉及瓦斯爆炸致多人死亡,瓦斯泄漏可能归因于 A 或 B。被诉的 A 被认为更有可能造成损害)。

13. 在英格兰提出选择性原因问题,并不是在意外事故案件中,而是在暴露于有害的工业环境的案件中,对于所造成的不可分割的伤害,其责任无法分摊(在其他普通法国家,前者已经成为发展与第4:101 条一致的规则的背景:参见加拿大案例 *Cook v. Lewis*［1951］SCR 830,自两人中一人的枪中射出的一颗子弹伤及第三人)。由于无法将感染特定工业疾病的责任准确归因,疾病产生的原因是无法确切判定的,判例法为此提供一种衡平解决方案,将责任施加于对实质增加风险且后来风险成为现实负有责任的人,即使其他人对风险之增加亦有责任。在 *Fairchild v. Glenhaven Funeral Services Ltd.*［2002］UKHL 22;［2003］1 AC 32(见示例3)中,证明损害产生的因果关系的一般规则有所放松(“若无—则不”被告违反义务则损害本不会发生;每一个违反义务、使其雇员暴露于石棉纤维中的雇主,为雇员患上间皮瘤的唯一可能原因,故应承担责任)。在 *Barker v. Corus UK Ltd.*［2006］UKHL 20,［2006］2 AC 572 案中,确定了责任为按份责任而非连带责任,并将责任归因于被告对风险的相应影响程度,而且根据被告违法地使原告暴露的时间长短和强度判断责任大小。因为科学知识仅能在概率范围内发生作用,使得某人可能因此造成损害,故例外地对其课以责任,此时责任应根据造成损害的概率予以分摊:loc. cit., 43(*Hoffmann* 勋爵)。在 *Barker* 案中,也确定了由于责任仅仅是与对应于对风险产生的影响的比例,*Fairchild* 案的原则亦得适用于存在其他(未知的或自然的)接触(此处指原告自雇时)时,其无法作为条件产生的(可选择的)原因予以排除。但是,引发原告感染间皮瘤风险的被告,仅就他对造成该风险的作用承担按份责任,而非与造成全部损害的其他人承担连带责任,这一原则已为《2006 年损害赔偿法》第 3 条所改变,该法效力扩展至苏格兰。为避免对被告造成困难,该法为下述情形设计了赔偿制度:依本法规定对全部损害承担责任的被告,因其他责任人的保险人无法提供赔偿而无法或不可能从其他人处获得相应追偿:同前引,第 3 条第(7)款。

示例 1 选自 Bulgarian Supreme Court decision no. 2286, case no. 89/1978 in civil matters of 16 August 1978;示例 2 选自 BGH 15 November 1960, BGHZ 33, 286 and BGH 7 November 1978, BGHZ 72, 355;示例 3 选自 *Fairchild v. Glenhaven Funeral Services Ltd.*［2002］UKHL 22,［2003］1 AC 32;示例 4 选自 Cass. civ. 19 April 1956, JCP éd. G 1956, 9381;示例 5 选自 TS 2 November 2004, RAJ 2004 (5) no. 6864 p. 13956;示例 6 选自 HR 9 October 1992, NedJur 1994, no. 535 p. 2474;示例 7 选自 Cass. civ. 6 March 1968, Bull. civ. 1968, II, no. 76 p. 52;示例 8 选自 *Barker v. Corus UK Ltd.*［2006］UKHL 20,［2006］2 AC 572。

第五章 抗　　辩

第一节 受害人的同意或行为

第Ⅵ－5:101 条 同意和自担风险行为

（1）受害人对具有法律相关性的损害表示了有效同意并且认识到或者可以合理地被期待认识到该同意后果的，加害人得以之作为抗辩。

（2）受害人明知所发生的损害类型的风险，仍自愿暴露于该风险并被视为已接受该风险的，前款规定亦得适用。

评　论

A. 第五章概况

抗辩的观念。本章的主要内容是可供因本卷之规定而被提起诉讼的人使用的抗辩。即便在第Ⅵ－1:101 条（基本规则）的要件被满足的情况下，此人的责任也会因存在本章所规定的抗辩而在一定程度上被免除（参见第Ⅵ－1:103 条（适用范围）（a）项）。应该认为，根据一般证据规则，抗辩的事实的前提条件须由主张它的人提出，在遇到反驳时，该人须证明之。抗辩可以使责任消除，但也可能是，根据该抗辩的类型和环境，用于降低损害赔偿的程度。

第五节。本章第五节的构成，并非是根据教条式的分类，而是根据主要的事实方面。特别是，它们不是以"正当的（justificatory）"理由和"免责的（exculpatory）"理由的区分为基础的，而该区分是为某些法律制度所熟悉的。因为从技术上来说，"正当的理由（justificatory grounds）"的类型需要"违法性（unlawfulness）"，而违法性在本示范法中（第Ⅵ－1:101 条（基本规则））并非责任成立的必要条件。第一节包括了来源于受害人的同意或受害人的其他促成行为（contributory conduct）的抗辩，比如说有意识地引起危险或参与犯罪行为。第二节的主要内容是正当地为本人或他人利益服务的情形，第三节处理引起损害的风险不可控制的情形。第四节处理由合同条款排除或限制责任的情形,第五节处理家庭成员遭受损害的特别问题。

进一步的抗辩(further defences)。进一步的抗辩可能来自第三卷(特别是第七章(时效))以及间接地也来自国家法律中的规则,本卷第七章中也提到了它们(配套规则(ancillary rules))。这是因为这些示范规则对其他法律部门(legal quarters)渗透到非合同责任法的问题保持了沉默。所以,进一步的抗辩可能来源于,例如受到基本保护的自由表达意见的权利和新闻自由权,来源于受到宪法保障的对婚姻和家庭的特别保护(参见第Ⅵ-7:101 条(内国的宪法性法律))。法官和律师可能在责任法领域内享受到某些特权(参见第Ⅵ-7:103 条(公法职权和法院诉讼程序)),雇员对在履行雇佣职务时给他人造成的损害通常不承担个人责任,除非某些严苛的条件被满足(参见第Ⅵ-7:104 条(雇员、雇主、工会以及雇主协会的责任))。本卷完全没有涉及这些问题(和相应的抗辩)。除了这些事项,本章所列出的抗辩是终局确定的。除了本章所提到的抗辩,制定小组认为没有其他的充分理由表明需要更多的抗辩规则。

B. 同意(第(1)款)

基本原理。第(1)款所表达的规则在欧洲所有的非合同损害赔偿责任法中都可以找到,虽然它很少被明确编纂为:任何人,因他人的同意而对该他人施加损害(该损害具有法律上的相关性,在第二章的含义内),不构成民事过错。规定由受害人的同意所引起的损害与对方无法律上的相关性是可能的,但是这样就会漏掉这样一个构成要件——造成损害的人必须明确知道(有效的)同意是先决条件。当然,这并不会排除这样一种情况:根据这些规则,受害人先前对特定行为的同意也可能导致具有法律相关性的损害被否定。这样的情况不再与本条第(1)款有关。

示例 1

在获得所有权人同意的情况下拿走他人的财物并不构成盗窃(对财产权的侵害);在获得相关人授权的情况下公开委托信息并不构成违反保密义务。经同意后,它不再是第Ⅵ-2:205 条(违反保密义务)意义上的"秘密"。

受害人。第(1)款包括了各种类型的具有法律相关性的损害。因此,受害人不仅是受到身体伤害的人(对于致命伤害,参见第Ⅵ-5:501 条(对受害人的抗辩扩展至第三人)),而且还包括那些同意其他类型损害的人,比如说财产损害。另一方面,第(1)款假定:在原则上,一个人可以同意对自己身体完整性的侵害,例如手术、纹身、理发、与施加疼痛相关的特定类型的性行为。

非合同责任与合同。同意可以是合同的一部分(例如,与建筑公司签订的建筑物拆除合同或者医疗合同)。它也可能构成对价金或对方给付义务的对待履行(为换取价金,同意开发版权或越界营建)。这些案件中的同意是否能被定性为为缔结合同而对要约的承诺或者被定性为对合同义务的履行,合同法是否能替代非合同责任法,这些问题是由合同法独自回答的问题。在原则上,合同的和非合同的责任在这些规则下自由竞合,参见第Ⅵ-1:103条(适用范围)(c)项。

示例2

X委托Y砍伐并劈碎X的苗圃中的树。但X是否也指令Y的佣工砍伐道路左右的椴树和橡树存在争议。Y有义务证明存在此种指令。这会影响X对Y的损害赔偿请求权,同样也会影响Y根据合同(可能)享有的对X的价金请求权。

同意、自担风险和与有过错。同意和自担风险将会排除损害赔偿请求权。单独的与有过错的情形,请求权也可能在特定情况下被彻底排除;但这并不是一项规则。在存在与有过错的情况下,请求权通常是被部分减损的(第Ⅵ-5:102(1)(与有过错与责任承担))。

示例3

农场主的一名雇员运送在拖拉机拖车上的一名醉醺醺的男子,车上还有大量的木材。在司机开始超速驾驶后,这名乘客被甩出拖车并被车轮碾压,受到了严重的身体伤害。拖拉机司机的雇主对损害有责任,因为乘客没有同意受到损害或自愿将自己暴露在如此的损害风险中。然而,因为50%的与有过错,这个受害人的请求权必须被减损。

同意。受害人先前的同意就是在"同意"一词下所被理解的东西。后来的同意(承认)有豁免损害赔偿的效果,但不会消除行为的非法性。只有在承认可以将一个原本不合法的行为转变成一个合法的善意的对他人事务的干预时,情况才有所不同,参见第Ⅴ-1:101条(为他人利益的干预)第(1)款b分段和第Ⅵ-5:202条(正当防卫、好意介入与紧急避险)第(2)款。同意不需要被明确的给出;它可能根据环境被默示地授予。给出同意的人决定同意的范围;其他人对同意范围的理解错误可能会被排除出过失侵权,但这取决于每个个案的情况。

示例4

停车场的所有权人通过一个明显可见的标志警告未经许可在她的场地存放车辆的人,她将会收取停车费。为了实现这个警告,她放了一个车轮钳在原告的车上。在这个案件中,原告对财产权利的侵害给出了默示的同意。

示例5

A,一个女演员,参与了照片报告文学。这就默示地同意了出版,但并不包括出版任何随意的照片。这是清楚的,因为在A想要检查照片选集,以避免在她看来没有照好的照片流出。

作为对有目的的行为的抗辩的同意。第(1)款规定的同意抗辩需要另一个人的有目的的行为。对注意力不集中的“同意”是被排除的;这样的情形是由第(2)款所规定的对风险的接受来规制的。在后面这种情形,接受风险的人知道存在特定的危险并且接受它,但希望它不会发生。与此相反,在同意的情形中,通常双方设想到了原发性损害将会发生。当然,在这样的情形中,同意也会排除第三章第二节所规定的责任(没有故意或过失的责任)。

示例 6

A 和 B 计划进行一次保险诈骗。A 驾驶自己的无价值的车撞击 B 的已经被损害了的车,因为 B 希望将先前的损害转移给 A 的第三方责任险。对于第 2 个损害,B 既不享有第Ⅵ－3:101 条(故意)项下的请求权,也不享有第Ⅵ－3:205 条(机动车致害的归责)项下的请求权,并且即使不是 A,而是 C 是机动车的保管人,结果也是如此。

有效的同意。只有有效的同意才会排除责任。然而,第(1)款没有指明对“有效”同意的要求。生活多面性以及法律结构要求的复杂性,以至于无法为这个问题提供细致的规则。同意无效的通常理由是:受害人缺乏能力;在同意作出前缺乏充分的信息;以及不合法或不道德。

缺乏能力。有效的同意要求,作出同意的人具有健全的头脑。一个完全醉酒的人,同意一个同样醉酒的同伴驾车送她回家,没有授予有效的同意,也没有有效地接受事故的风险。但是,对于未成年人,却没有一般的规则,因为欧洲没有就这一问题对未成年人作出规定(参见第Ⅰ－1:101 条(适用范围)第(2)款 a 分段)。因此,关于未成年人的同意能力的问题,必须在成员国的关于未成年人的一般法律的基础上发展。在同意以财产处分为内容或结果的情形中,则依赖于相关可适用的合同或财产法中的相应规则。通常有特别规则适用于对医疗手术的同意。然而,在未成年人足够成熟,可以作出不接受手术的决定时,即便有父母的承认,违背未成年人意志的治疗性医疗手术也不再是被允许的。

知情同意。只有在作出同意的人知道对方的将要采取的行为以及在事情变得不利时这样的行为将会或者可能会带来的结果时,或者对上述情况至少有一般性的了解时,同意才是有效的。因此,第(1)款将这个抗辩与作出同意的人“意识到或者可以被合理地期待意识到同意的结果”的先决条件联系起来。该规则从而尝试表达已经被认可的关于要求“知情同意”的规则。它主要的适用领域是关于治疗性医疗手术的法律,对于这些手术——只要它们由合同产生——进一步的阐释可以在第Ⅳ. C－8:108 条(未经同意不得治疗的义务)以下的评注中找到。

不合法。同意也可能是无效的,因为它违反了法律或与法律制度的基本伦理价值不相符。当然,在更具体的层面上,为什么法律甚至在当受害人对特定行为表示同意时还会禁止它(甚至使它成为刑事处罚的对象),就成为了在每一种情况下被提出的更有针对性的问题。在禁令不是对个人的保护,而是对公共利益的保护的情况下,同意进一步排除了民事责任。

对他人事务的善意干预。在有效同意欠缺或被授予的同意没有扩展到实际的具体事项时,对他人事务善意干预的抗辩就特别成为了损害引发者关注的焦点。当然,它的先决条件必须被全部满足。

C. 自担风险(第(2)款)

基本理念。第(2)款表达了对正义的一般考虑。如果一个人自愿暴露于危险,意味着他对损害发生的风险的接受,那么他就不能抱怨这种损害。本规则的主要适用领域是参与武术活动或其他危险的运动,但并不限于此。原则上,它的适用在责任法的所有领域都是可以想象的,比如说,作为对产品责任、机动车责任或者动物责任的抗辩,以及对土地不安全状态的责任的抗辩,在不存在自担风险抗辩时,这些责任将会产生。

体系性考虑。这条规则也有这样的目的,即在整个责任体系中,为自担风险抗辩提供一个自足和独立的位置。原告自由接受风险的情形在若干情况下都会发生作用。通常来说,第一个检验是,在当时的情况下,对方的行为是否疏忽大意。比如,在足球比赛中,身体接触是运动的一部分,比赛的等级越高,身体接触的程度也越高。因此,在日常生活中被禁止的特定行为在足球场上却是被允许的,甚至在犯规的情况下,也不能必然推导出有过失。这是因为,运动规则不仅不能被等同于法律规则,而且它们经常为其他的目的服务,而不是保护运动员。甚至在搏击运动中,也只有对手或队友的行为构成过失的情况下,自担风险的抗辩才能被运用。与此相反,在自担风险被提出时,就没有检验与有过错的余地;接受风险就排除了责任。同样,在一开始就没有检验过失的余地,因为责任的基础是第三章第二节意义上的保管人责任。进一步来说,在对风险的设想和通过合同的形式排除责任之间存在特定的联系。然而,自担风险的抗辩并不必然构成第Ⅵ-5:401条(对责任的约定免除或限制)的限制性先决条件。

知道风险可能引发的损害的类型。第(2)款要求受害人意识到可能由风险引发的损害的类型。损害的大小或幅度并不是关键,重要的是它的类型,比如说,是人身损害、财产损害或者经济损失。

示例7

在帆船比赛期间,发生了碰撞,导致一名水手死亡。这里没有自担风险的适用余地,因为帆船比赛与冒生命危险没有关系。

自愿暴露于并接受风险。关键因素是受害人自愿暴露于风险中,并且使得一个中立的旁观者可以认为受害人确实是接受了这种风险(如果不包括损害)。在这种程度上,所有都取决于个案的情况。一个需要被考虑的因素是单纯的休闲活动与依规则进行的运动之间的差异;只有在后一种情况下,参加人通常才接受了运动所固有的危险,因为只有在这种情况下,才可以认为危险取决于"今天谁被击中"的纯粹概率。损害的原因的形式以及为什么受害人会暴露于风险之中也会被考虑。

示例8

一个足球运动员出于愤怒踢了一名对方球员,导致他严重受伤。在此时,球并不在旁边,因为比赛早已进行下去了。此时并没有对风险的接受。

示例9

一名16岁的女孩与一名女性朋友和两名年轻男子出发去旅行。她的朋友和一名男子中途离开了。为了在当天晚上赶回家(最后一趟公共汽车已经离去),这个女孩坐上了另一名年轻男子的车,虽然她知道他只有临时驾驶执照。为了显示自己的车技,他开得太快,引发了事故。这个女孩并没有自愿接受风险。

注 释

Ⅰ.同意

1. 在法国,虽然法谚"对于自愿的人,损害没有发生"(*volenti non fit iniuria*)确实已经被普遍接受,但是关于人是否能合法地同意身体损害仍然是争议的对象。对于这个原则,存在一些例外。特别是在涉及被认为有医疗必要性的手术方面(《民法典》第16-3条;进一步请参见 *Flour/Aubert/Savaux*, Droit civil II[10], no. 131 pp. 60-61;关于整容手术,请参见 Cass. 22 November 2007, JCP éd. G 2007 no. 51)。如果对对方特定行为的明示同意导致一项合同(经常是同意做手术,对比利时的情况,参见 *Vansweevelt*, De civielrechtelijke aansprakelijkheid van de geneesheer en het ziekenhuis, 48),那么规制合同责任的法律就取代侵权法;适用责任非竞合原则(the principle of *non-cumul des responsabilités*)。没有将与手术相关的医疗风险完全披露(CA Mons 27 September 2005, Rev. gén. Ass. Resp. 2007 no. 14323),且如果没有尽到通知义务与损害有因果关系将导致责任承担(这种意见在 CA Liège 25 September 2006, Rev. gén. Ass. Resp. 2007 no. 14324 一案中被拒绝了)。

2. 与此相似,在西班牙,基于是否涉及金钱利益的区分是被要求做出的。金钱货物的所有权人的同意是有法律效力的(进一步参见 *Yzquierdo Tolsada*, Sistema de responsabilidadcivil, 353)。关于非金钱利益的法律状况就更复杂,也即在涉及人格权利时,因为它们被视为不能被让与的权利。鉴于存在一个规定同意的有效性的明确法律机制(《对名誉权、私生活权利、肖像权的民事保护法(Civil Protection of the Rights to Honour, to Private Life and to one's own Image Act)》[Ley 1/1982]第2条第(2)项),对于名誉权、隐私保护权以及控制肖像复制的权利的侵害的同意,可以被作出;该同意可以在任何时间被撤销(同前引,第2条第(3)项)。此外,最高法院(*Tribunal Supremo*)将对名誉权的侵害的同意视为具有法律约束力(TS 7 March 1990, RAJ 1990 [2] no. 1677 p. 2228; TS 1 July 1992, RAJ 1992 [4] no. 6499 p. 8488; TS 30 November 1992, RAJ 1992 [5] no. 9458 p. 12411; TS 19 July 2000, RAJ 2000 [4] no. 6753 p. 10329)。与此相反,对死亡的同意和对身体完整性侵害的同意通常被视为是无效的(前引 *Yzquierdo Tolsada* 书,第351页)。

对医疗程序的同意是这个规则的例外(进一步参见《患者法(Patients Act)》[*Ley* 41/2002 *básica reguladora de la autonomía del paciente y de derechos y obligaciones en materia de información y documentación clínica*]第2~5条以及第8~11条)。

3. 在意大利,私法上的同意抗辩主要由刑法来规制,特别是依据《刑法典》第50条(Cass. 24 February 1997, no. 1682, Giust. civ. Mass. 1997, 303)。抗辩也会涉及对身体完整性侵害的同意,这种情况由《民法典》第5条来规制,特别是在医疗程序中(Cass. 15 November 1999, no. 12621, Foro it. 2000, I, 3588; Cass. 8 November 1994, no. 9261, Giust. civ. Mass. 1994, fasc. 11)。关于法律行为能力的规则规制对身体权利侵害的同意。对收集和保存个人信息数据的同意也是如此(《个人信息数据保护法典(Personal Data Protection Code)》(*Decreto legislativo* 30 June 2003, no. 196, *Codice in materia di protezione dei dati personali*)。对于其他情况,则取决于受害人是否可以合法地处分该权利。对生命权的合法处分是不可能的(《刑法典》第579条)。《民法典》第5条禁止合法处分对身体完整性的权利,如果处分会造成永久性的身体损害或者如果基于其他理由该处分可能会与法律制度的基本价值或习俗相冲突(Cass. Pen. 11 July 2002, no. 26446, Foro amm. CDS 2003, 2902)。至于医疗手术,就存在对具有医疗必要性的手术和美容手术之间的区别。在涉及具有医疗必要性的手术时,《民法典》第5条并非不受约束的适用;在某些情况下,法院会拒绝在这个领域适用抗辩(Cass. 15 January 1997, no. 364, Riv. it. med. leg. 1998, 345)。患者必须被告知手术的意义和风险。如果患者无法做出同意,患者的亲属可以代笔他同意(Cass. 8 November 1994, no. 9261, Giust. civ. Mass. 1994, fasc. 11)。如果近亲不能到达,手术可能会基于其他理由而具有正当性(在紧急情况下;法律允许的活动的实施)。使纯粹的美容程序具有正当性则较为困难(进一步参见例如 *Cian and Trabucchi*, Commentario breve[6], sub CC art. 5)。器官移植或部分器官移植受到一系列制定法中的特殊法规调整(肾脏:*Legge* 26 June 1967, no. 458 [Gazz. Uff. 27 June, no. 160, edizione straordinaria]*Trapianto del rene tra persone viventi*;角膜:*Legge* 12 August 1993, no. 301 [Gazz. Uff. 17 August, no. 192] *Norme in materia di prelievi ed innesti di cornea*;肝脏:*Legge* 16 December 1999, no. 483 [Gazz. Uff. 20 December, no. 297]*Norme per consentire il trapianto parziale di fegato*;骨髓:*Legge* 6 March 2001, no. 52 [Gazz. Uff. 15 March, no. 62] *Riconoscimento del Registro nazionale italiano dei donatori di midollo osseo*;输血和摘除特定细胞:*Legge* 4 May 1990, no. 107 [Gazz. Uff. 11 May, no. 108]*Disciplina per le attività trasfusionali relative al sangue umano ed ai suoi componenti e per la produzione di plasmaderivati*)。

4. 匈牙利的《民法典》第342条第(2)项清楚地规定,如果损害是由受害方的同意所引起的,并且引起的损害没有使任何社会(公共)利益处于危险状态或对任何社会(公共)利益造成损害,就不能获得损害赔偿。对社会利益造成损害的情况,例如同意毁损具有公共重要性的物体,例如一幅珍贵的画,一座建筑物;这一类型还包括生产谷物的土地(*Eörsi*, Kártérítés jogellenes magatartásért, 53)。如果同意的结果会导致第三方的利益陷于危险,例如同意点燃可能造成危险的火堆(*Petrik*, Kártérítési jog, 35),那么该同意是无效的。而且,《民法典》第75条第(3)项规定,如果权利人同意被侵害,只要该同意不意味着社会利益被侵害或使之处于危险中,那么对身体完整性、健康和生命的权利就不会被视为已经受到了侵害。因此,对医疗手术的同意是有效的,只要采取了适当的步骤,告知患者将要进行的手术的性质、风险及后果(*Szalma*, Okozatosság és polgári jogi felelsség, 91, 151; Gellért (–*Kemenes*), A Polgári Törvénykönyv Magyarázata[6],

1238；BH 2000/536）。即便对于绝症的患者，安乐死也是不被允许的；同意有意识的终止自己的生命是不可能的（前引*Kemenes*书，第1237页；前引*Petrik*书，第35~36页）。而且，罗马尼亚承认同意是抗辩的理由。这个抗辩是当事人之间的协议，法律行为能力以及对相关权利的处分权是合意的前提条件。特别是，这包括了对身体权利的侵害的同意；对于因参加运动和医疗手术所造成的身体伤害，同意抗辩也可以被援用（参见《民法典》第998条；进一步参见*Adam*, Drept civil, 288; *Dogaru and Drăghici*, Drept civil, 238；*Romo an* , Vinovă ia, 85）。新民法典草案在推定侵权之前的第1136条和第1137条中规定了关于同意的有效性和责任豁免的详尽规则（Proiectul Noului Cod civil, 223）。

5.《斯洛文尼亚债法（SLOVENIAN LOA）》第140条第（1）项中规定，“任何允许他人对自己造成损害的人不能要求该他人就由此造成的损害进行赔偿。”然而，对非法行为的同意却是无效的（《债法》第140条第（2）项结合第14条和第86条）。同意是一个单方的法律行为，适用关于意思表示的规则（Juhart and Plavšak（-*Pensa*）, Obligacijski zakonik I, 817-818）。在波兰，个人的同意可以使推定侵权人的行为合法（Supreme Court 11 April 2006, I CSK 191/05, OSNC 2007, no. 1, poz. 18, p. 111）。同意的抗辩并没有由民法典明确规定（*Radwański and Olejniczak*, Zobowiązania - część ogólna5, 183; Pietrzykowski（-*Banaszczyk*）, Kodeks cywilny I[4], art. 415 no. 27），但是，关于调整特别情形的许多规则却可以在其他地方被找到（比如说，《刑法典》第27 § 2条［对参加实验的同意］；《刑法典》第192条［没有获得同意的医疗措施］；《精神健康法（Mental Health Act）》［Official Journal 1994.111.535］第21、22、26条和第28条［对精神病治疗的同意］）。证明受害人对法益有处分权总是必要的（*Przybylska*, MoP 2003/16/740, LEX no. 38745; Bieniek（-*Bieniek*）III（1）[5], art. 415 no. 5）。耶和华的见证人（Jehovah's witnesses）有权拒绝手术之前的输血，即便这个决定可能会危及他的生命（Supreme Court 27 October 2005, III CK 155/05, OSNC 2006, nos. 7-8, poz. 137）。同意被部分归类为单方法律行为，由意思表示的一般规则进行调整（前引 Supreme Court 27 October 2005），部分归类为具有法律行为意义的行为，但在某种程度上拥有不同的地位（进一步参见，前引*Radwański and Olejniczak*书；前引*Banaszczyk*书，no. 30）。类似地，在保加利亚的法律原则中，同意能够消灭侵权人的违法行为也是被普遍接受的（*Kalaydjiev*, Obligazionno pravo, Obshta chast, 347）。但是，在私法中，如果同意的行为违反法律或与风俗相悖（contra bonos mores），该同意是否能发生效力，尚待澄清（*Takoff*, Obzor na deliktnoto pravo na Bulgaria）。

6.类似地，根据德国法中的一般规定，被有效作出的同意，能够使对法益的侵害变得合法（Palandt（-*Sprau*）, BGB[66], § 823, no. 38）。同意不能被等同于法律行为（*Medicus*, Schuldrecht II13, no. 765; Erman（-*Schiemann*）, BGB II[11], § 823, no. 147; MünchKomm（-*Wagner*）, BGB[4], § 823, no. 666; Soergel（-*Spickhoff*）, BGB[13], § 823, no. 119）；但是，为澄清同意的范围，关于对意思表示进行解释的一般规则也可以被适用（BGH 18 March 1980, NJW 1980, 1903; BGH 3 December 1991, NJW 1992, 1558, 1559）。因强力、胁迫、压力或欺诈而作出的同意是有瑕疵的（BGH 2 December 1963, NJW 1964, 1177, 1178）。而且，对违法行为的同意或对违反善良风俗的行为（*contra bonos mores*）的同意是并非有效的同意（*Sprau* loc. cit. no. 39）。法律行为能力并非先决条件；但是，作出同意的个人必须理解被侵害的重要性（the import of the encroachment）（BGH 5 December 1958, BGHZ 29, 33, 36）。治疗性的医疗程序也要求获得患者的同意（BGH 14 March 2006, NJW 2006, 2108; BGH 9 December 1958, BGHZ 29,

46)。患者必须至少知道医疗程序的性质和主要风险,这就意味着医生有义务以目前科学知识为诊断基准,告知患者相关信息(BGH 23 September 1980, NJW 1981, 633; BGH 25 March 2003, NJW 2003, 2012, 2013)。对患者作出决定具有决定性、重要性的事实必须被披露;如果治疗可能导致严重后果,那么特别全面的信息披露就是被要求的(BGH 17 December 1991, BGHZ 116, 379:通过输血感染肝炎或艾滋病毒),这对美容手术(BGH 6 November 1990, NJW 1991, 2349)和无偿献血(BGH 14 March 2006, NJW 2006, 2108)也是适用的。在手术无法延期,但近亲或失去意识的患者的代理人无法作出同意的情况下,默示的同意也可能构成正当理由(BGH 10 March 1987, NJW 1987, 2291, 2293; BGH 25 March 1988, NJW 1988, 2310; BGH 16 January 1959, BGHZ 29, 176, 182, 185)。关于获得同意的证明责任由加害人负担;这也同样适用于修理合同的情形:在双方就履行义务的性质和范围存在争议时,原告可以以侵害财产为由提起侵权之诉(BGH 19 October 2004, VersR 2005, 282)。

7. 在奥地利,出发点也是相同的:如果受害人具有被损害的法益的处分权,那么受害人的同意能够使原本的非法行为具有正当性(*Koziol*, Haftpflichtrecht I[3], no. 4/90)。这对财产权(《民法典》第354条)和身体完整权都是适用的。对后者的处分不能与善良风俗相悖(《刑法典》第90条第(1)项),这是通过对相关利益的权衡来判断的(OGH 26 January 1978, JBl 1978, 385)。在严重身体伤害的情况下,只有该伤害对促进受害人或第三人的被认可的利益具有必要性时,同意才发挥效力(前引 *Koziol* 书,no. 4/92)。与此相反,同意并不能使杀人行为被允许(《刑法典》第77条),但对具有风险的医疗程序,例如器官移植,同意是可以作出的。而且,同意必须以对可能的风险的知悉为前提(前引 OGH 26 January 1978)。医务人员被要求在治疗开始前,告知患者医疗程序的性质和后果,选择不接受该医疗程序的后果以及替代性方案。否则,即便治疗行为在所有方面都正确的,责任仍然会产生(OGH 23 January 1986, SZ 59/18 p. 71; OGH 7 February 1989, SZ 62/18)。2006年《预先医疗指示法》(The Advance Health Care Directives Act 2006 (PatVG))规制预先医疗指示的有效性,预先医疗指示是行为人为避免自己因紧急状况和疾病而丧失判断能力或表示同意的能力而提前作出的表示。在受害人事实上作出了同意,但该同意不能合法地发生效力的情况下,同意也是具有意义的,因为这可能导致损害赔偿数额的减少(《民法典》第1304条)。

8. 在希腊法中,同意是使侵害行为正当化的理由是被接受的;对于自愿的人,损害没有发生(*volenti non fit iniuria*)(*Stathopoulos*, Geniko Enochiko Dikaio A(1)[2], 819;*Kornilakis*, Eidiko Enochiko Dikaio I, 505)。关于法律行为的条款相应地也规制同意表示(前引 *Stathopoulos* 书;前引 *Kornilakis* 书)。因此,如果同意违背法律或悖于善良风俗(*contra bonos mores*),该同意是无效的(《民法典》第174条和第178条;前引 *Stathopoulos* 书;*Georgiades*, Enochiko Dikaio, Geniko meros, 603)。对侵害财产权的同意一般来说是没有问题的;与此相反,对侵害人格权的同意通常被认为是悖于善良风俗的,只要该侵害是严重的(前引 *Stathopoulos* 书)。不同的评价仅限于这样的情况,即该侵害对保护高位阶的法益而言是必要的(基于此,被认为具有医疗必要性的手术是被允许的,但纯粹的美容手术则否,前引 *Kornilakis* 书,即便同意已经做出,它仍然被认为是非法的;但是,参见 *Foundedaki*, Astiki iatriki evthini, 256:只有对于危险的美容手术,同意才不构成正当理由)。如果涉及珍贵的图画,那么对财产损害或毁灭的同意是无效的。对精神病治疗的同意,只有在患者被充分告知与治疗有关的风险和益处时,才是有效的(前引 *Fountedaki* 书,第174页;*Agalopoulou - Zervogiani*, FS Litzeropoulos I, 27)。无法使侵害行为合法化的同意仍然可能构成与有过失(前引 *Stathopoulos* 书,第819~820页)。

9.《葡萄牙民法典》第340条第(1)项规定,如果权利人同意侵害行为,那么对权利的侵害并非非法;类似地,在这一点上,法谚"对于自愿的人,损害没有发生"(*volenti non fit iniuria*)是适用的(*Almeida Costa*, Obrigações[9], 528; *Antunes Varela*, Obrigações em geral I[10], 560)。法院似乎赞成严格适用该法谚(STJ 23 September 2004:对在后院中存放建筑材料的同意将排除损害赔偿请求权,即便化学物质或其他残留物被留下)。同意的有效性系根据意思表示的一般规则来判断的。医疗法领域存在特殊规则(*Dias Pereira*, O consentimento informado, 214)。同意被要求自愿作出,并且以知情同意书(informed consent)的形式作出(《宪法》第1、25条和第26条;《刑法典》第156条和第157条;《民法典》第70条;*Vaz Rodrigues*, O consentimento informado para o acto médico *passim*)。如果医疗程序本着患者的利益并与他或她的推定意愿相符,那么同意并非总是必要的(《民法典》第340条第(3)项)。适用本规则的重要例子就是那些涉及无意识的患者的案例;在本质上,这与善意干预他人事务相关(进一步参见前引 *Almeida Costa* 书)。从医疗角度来看,不具有必要性的医疗程序(例如,美容手术、实验、对器官摘除的同意)需要明确表示的同意;在此处,默示的同意不构成一项抗辩(前引 *Dias Pereira* 书,第478页和第626页;《人用药物临床实验法(Clinical Trials on Medicinal Products for Human Use Act)》第6条第(1)项(d)以及之前的《人类临床实验法令(Clinical Trials on Human Beings Decree Law)》第10条第(1)项)。对违法行为或对违背"良好惯习(good practice)"的行为的同意是无效的(《民法典》第340条第(2)项)。一个职业足球运动员将控制其肖像复制的权利全部转让给了他的俱乐部的案例可以作为一个例子(CA Evora 24 February 2005; 也可参见 STJ 8 November 2001, CJ(ST) IX [2001-3], 113),一名16岁的少年同意与一名男子进行事实上的同居,也可以作为一个例子(STJ 21 November 1985, BolMinJus 351 [1985] 429)。

10. 以下原则来自《荷兰民法典》第6:162条第(2)项,一个非法的行为可以被转化为合法行为,只要侵权人可以援引一个正当理由。同意可以构成一个正当理由,比如说,对实施手术的同意(Asser (-*Hartkamp*), Verbintenissenrecht I[12], no. 455 p. 414)。《爱沙尼亚债法(ESTONIAN LOA)》第1045条第(2)项对此持同样的理解。受害人的同意能够使加害行为变得合法,只要该同意是有效的。受害人必须意识到同意的后果,即他或她知道或者可以被合理地期待知道后果。此外,同意不能是非法的或者不能违反善良风俗。

11. 相似地,在北欧国家,同意抗辩有时是和不法性理论(rättsstridighetsläran)联系在一起的,一个有效的同意能够使加害行为变得合法(*Ussing*, Retstridighed, *passim*; *Karlgren*, Skadeståndsrätt[5], 67)。但是,在瑞典(*Hellner and Radetzki*, Skadeståndsrätt[7], 62; *Agell*, Samtycke och risktagande, 67; *Conradi*, SvJT 1989, 225-234)和芬兰(*Taxell*, JFT 1944, 367-387; *Hakulinen*, Obligationsrätt, 237),现在也在丹麦(*Vinding Kruse*, Erstatningsretten[5], 30; *von Eyben and Isager*, Lærebog i erstatningsret[5], 44),现在几乎没有不法性理论的支持者了。这并没有对以下事实造成影响,即只有明示或默示的同意才能构成一项对责任的抗辩;一项推定的同意在通常情况下是不够的(前引 *Hellner and Radetzki* 书,第124页;前引 *von Eyben and Isager* 书,第51页; *Taipale*, Accept af risiko, 385)。对特定类型的损害的同意也是不充分的,如果实际发生的损害比之前所设想的要严重(前引 *Hellner and Radetzki* 书;前引 *von Eyben and Isager* 书,第52页; *Saxén*, Skadeståndsrätt, 112; 前引 *Hakulinen* 书,第265页)。

12. 在英格兰法中,"如果某人对某一风险表示同意,那么就此风险所派生的损害,他不能主张权利,这是侵权法的一般原则":*Meretz Investments v. ACP* [2006] EWHC 74 (Ch) at [383]; [2006] 3 All ER 1029, 1118 (*Lewison* J),这一原则不仅被适用于故意侵权,也被适用于经济侵权。一种观点认为,同意并非作为侵权行为(the tort of trespass)的抗辩而发挥作用;与此相反,缺乏同意是侵权行为的必要构成要件,因此,在对人侵权之诉(trespass to the person)中,原告须承担证明缺乏同意的证明责任(*Freeman v. Home Office* (No. 2) [1984] QB 524, 539)。但是,传统观点反映在法官的附带意见中,同意作为抗辩而发生作用,需要由被告加以证明:参见,例如 Re F. (精神病人:消毒) [1990] 2 AC 1, 29。抗辩,通常与故意侵权相关,要求同意是自愿作出的,并且与被告的特定行为相关——特别是,同意不是因被告的胁迫(强力或威胁使用暴力)或者涉及行为性质的欺诈(Clerk and Lindsell (- *Jones*), Torts[19], para. 15-100)以及被告所采取的任何暴力而作出的(前引, 第 15-99 段)。对医疗行为的同意可以构成关于身体接触的侵权之诉的抗辩,但在因治疗中的不当行为而导致的过失侵权之诉中,或者在同意作出前没有获得关于医疗程序的合理建议,该同意就不能作为抗辩:前引,第 3-75 段。通过明示授权他人进行某行为(例如,进入土地或实施手术),侵权责任可以被否定,而如果没有被允许,该行为就将构成对权利的侵害:前引,第 3-73 段。同意也可能包括默示的授权,例如同意参加某项运动,身体接触是该运动的合法组成部分(例如,比赛规则所允许的擒抱)(参见 *Blake v. Galloway* [2004] EWCA Civ 814, [2004] 1 WLR 2844(因在嬉戏中抛掷树枝和树皮而受伤;法院认为,在这样的运动和游戏中,身体接触的风险是不可避免的,参与人已经默示地同意了在活动过程中可以被合理期待出现的身体接触,并且也设想到了这样的接触可能导致的伤害的风险)。类似的规则也对比赛观众适用,他们被认为已经同意因疏忽可能造成的伤害风险,比如说,被击打的球或者冰球掉进人群中:Clerk and Lindsell (- *Jones*), Torts[19], para. 3-102。在这些案件中,同意抗辩变成了以原告已预料到侵权损害风险为理由的抗辩,这样损害来自过失侵权,它与这些规则并不相符。因此,"对于自愿的人,损害没有发生"(*volenti non fit iniuria*)的规则(尽管它的字面如此,这个规则可以被恰当地视为对后一个抗辩的维持)也在同意抗辩的语境下适用,这并不令人感到奇怪:出处同上。

13. 在苏格兰也是如此,同意是对侵害他人权利的行为的抗辩,只要该行为没有超出同意的范围并且该同意非因胁迫而作出:*Stewart*, Delict[3], 206, 关于后一点参见 *Adamson v. Martin* 1916 SC 319(在父母不在场的情况下,警察"请求"对一名 17 岁的少年拍照并提取指纹,"从表面上看是符合规则要求的")。

Ⅱ. 自担风险

14. 与自担风险这个争议性的原则相关的问题给国内法和欧盟法带来不可小视的体系性困难。结合 1983 年 12 月 30 日的《第二理事会指令(Second Council Directive)》(84/5/EEC)第 2 条第 1 项关于成员国的民事责任保险的规定和 1990 年 5 月 14 日的《第三理事会指令(Third Council Directive)》(90/232/EWG)第 1 条关于成员国机动车使用方面的民事责任保险的规定,欧盟法院在 2005 年 6 月 30 日作出一个判决(C-537/03, *Candolin v. Vahinkovakuutusosakeyhtiö Pohjola*, EuZW 2005, 593)中认为,以受害人已经知悉驾驶人的醉酒状态为理由,排除作为机动车所有人的乘客要求驾驶人的第三方责任险保险人进行赔偿的权利,是违背欧盟法的。

15. 在法国,关于接受风险(*acceptation des risques*)的法律后果,在过错责任(liability for *faute*)和客观责任(objective liability)之间存在区别。在第一类中,即因自己的行为引起的责任(*responsabilité du fait personnel*),受害人自愿接受风险的事实不会有减轻或消灭侵权人责任的效果(*Flour/Aubert/Savaux*, Droit civil II[10], no. 180 p. 172),除非对风险的估计构成了与有过失(Cass. ch. mixte 28 January 1972, Bull. ch. mixte 1972, no. 1[乘客受害;在本案中,请求权被减损25%,因为受害人知道司机喝醉了]),在没有潜在过错的情况下,对风险的接受可能会涉及加害人的行为是否具有当罚性(*fautivement*):在遵守规则的情况下,一个人在搏击运动中伤害另一个人,该行为对受害人来说并非过错行为(Cass. civ. 5 December 1990, Bull. civ. 1990, II, no. 258 p. 133[Boxing] and Cass. civ. 23 September 2004, Bull. civ. 2004, II, no. 435 p. 369)。在第二类中(客观责任),一般来说,关于接受风险的合意并不意味着参与体育活动的受害人不能主张《民法典》1384条第1项的看管人责任(gardien - liability)。这个结论如何在教义学基础上合理化是争论的焦点。一些法学著作的作者争辩说,这可以被视为受害人的过错(*faute de la victime*)(*le Tourneau and Cadiet*, Droit de la responsabilité et des contrats (2004/2005), no. 1894);其他评论者则认为,对风险的接受构成了互相免除责任的协议(前引 *Flour/Aubert/Savaux* 书,no. 262 p. 267, particularly fn. 5)。关于风险接受(*acceptation des risques*)的理论只在竞技性体育运动中得到适用;在非竞技性的或即兴的运动会(Cass. civ. 28 March 2002, Bull. civ. 2002, II, no. 67 p. 54)中,在青年运动训练中,该理论并不适用(Cass. civ. 4 July 2002, D. 2003, 519, note*Cordelier*)。

16. 在比利时,接受风险原则(the doctrine of *risicoaanvaarding* or *acceptation des risques*)的一个典型案例是乘坐醉酒司机驾驶的机动车(*Vandenberghe/Van Quickenborne/Wynant/Debaene*, TPR 2000, 1551, 1673, no. 30)。事实上,接受风险本身并不能等同于导致侵权责任免除的正当理由,(*Cornelis and Claeys*, TBBR 2003, 586, 595 no. 46),但它可以被视为导致责任分摊的与有过失(CA Gent 21 March 1995, RGAR 1996, no. 12557)。换句话说,受害人须违反了注意义务(CA Gent 22 January 1999, RGAR 2000, no. 13.200)。因此,只有在受害人没有违反任何法律规范(例如关于系安全带的规定)的情况下,关于风险接受的理论才是相关的(前引 *Vandenberghe/Van Quickenborne/Wynant/Debaene* 书, no. 31)。

17. 西班牙最高法院在很多场合都确认了风险接受理论(进一步请参见 *Orti Vallejo*, Responsabilidad en la explotación, 1357; 关于该理论的重要阐述,请参见 *Solé Feliu*, FS Díez - Picazo II, 3097 - 3123),请参见 TS 10 February 2006, RAJ 2006 (1) no. 675 p. 1617(对于参加斗牛节的人,责任是不存在的;原告接受了这种风险)和 TS 31 May 2006, RAJ 2006 (3) no. 3494 p. 8007(自行车赛选手之间发生的事故;但是,比赛组织者须对赛车道的安全性欠缺负责)。风险接受原则对高尔夫球课程的组织者不能适用,如果一名参加课程的人在寻找高尔夫球的过程中被其他人击打的球击中;组织高尔夫球课程并不构成一项危险活动,这种危险活动是科加严格责任的前提条件(CA Pontevedra 11 May 2006, BDA JUR 2006/158510; 也可参见 TS 9 March 2006, RAJ 2006 (2) no. 1882 p. 4474)。与此相似,对于所有搏击运动,基本的认识是,在这些运动中经常出现的伤害必须被容忍,这样的伤害必须被考虑到,请参见 TS 22 October 1992, RAJ 1992 (5) no. 8399, p. 11045; TS 20 March 1996, RAJ 1996 (2) no. 2244 p. 3058; TS 16 October 1998, RAJ 1998 (4) no. 8070 p. 11793。只有在过错被证明的情况下,组织者才需要对参加者负责(CAValladolid 21 September 1994, AC 1994 (2) no. 1397 p. 1030; CAVizcaya 15 March 1999, AC 1999 (2) no. 881 p. 83; TS 14 April 1999, RAJ 1999 (2), no. 3140, p. 481; TS 29 December 1997, RAJ 1997 (5) no. 9602 p. 15314[没有尽到安全保障义务]; TS 30 October 1992, RAJ 1992 (4) no. 8186 p. 10736[组织疏忽]);不同意见的判决(TS 17 September

1998, RAJ 1998 (4) no. 7282 p. 10711)仍然是明显有效的(一场斗牛活动的组织者被课加责任,仅仅因为他增加了活动的风险)。风险接受的理论甚至对发生在公共娱乐项目中的风险也是适用的(比如大观览车)(CA Guadalajara 27Juli 1994, AC 1994 (2) no. 1190 p. 715; CA Segovia 14 February 1997, AC 1997 (1) no. 254 p. 447; CA Córdoba 16 December 1997, AC 1997 (3) no. 2417 p. 1200; 不同意见,请参见,CA Granada 3 February 1998, AC 1998 (3) no. 1696 p. 63; CAGranada 11 May 1999, AC 1999 (1) no. 470 p. 665; CA León 9 April 1999, AC 1999 (2) no. 1387 p. 820),但是它并不适用于在公共游泳池中发生的风险(TS 23 November 1982, RAJ 1982 (3) no. 6558 p. 4358; TS 14 June 1984, RAJ 1984 (2) no. 3242 p. 2471; TS 10 April 1988, RAJ 1988 (2) no. 3116 p. 2956; TS 2 April 1993, RAJ 1993 (2) no. 2986 p. 3820)。虽然不是很明确,但在判例法中,在过失、与有过错和风险接受之间还是存在区分的。

18. 与上述情况相似,意大利法院也将以下规则适用于竞技性体育活动,即因为自愿接受风险(the *accettazione del rischio*),参与者放弃了彼此之间的损害赔偿请求权,只要损害在与运动性质相关的典型风险之内,损害与违反规则无关,并非故意,并非由不当的暴力造成(Cass. 27 October 2005, no. 20908, Giust. civ. Mass. 2005, fasc. 10; Cass. 20 February 1997, no. 1564, Resp. civ. e prev. 1997, 669; Cass. 8 August 2002, no. 12012, Danno e resp. 2003, 529 = Foro it. 2003, I, 1,168)。

19. 在匈牙利,运动导致的伤害被认为是受《民法典》第342条第(2)项调整的,因此在这种情形下,同意被认为是存在的(Petrik (-*Harmathy*), Polgári jog II[2], 580),除非运动规则被公然违反或者组织者没有尽到健康和安全保障义务(Petrik (-*Petrik*), Polgári jog I[2], 178/1; Gellért (-*Kemenes*), A Polgári Törvénykönyv Magyarázata[6], 1327)。只有对于那些在相关运动中可以被理解的伤害,才存在默示的同意;因此,对于故意引起的伤害,默示同意并不构成同意。普通的犯规行为被认为是在该特定运动的风险之内,只要该犯规行为不是故意的(*Petrik*, Kártérítési jog, 35 et seq.; *Eörsi*, Kártérítés jogellenes magatartásért, 52)。斯洛文尼亚的法律状况在几乎所有方面都与匈牙利的相似(*Cigoj*, Teorija obligacij, splošni del obligacijskega prava, 179)。但是,伤害必须是在遵守规则的情况下发生的(南斯拉夫最高法院21 November 1984, Poro čilo VS RS 2/84, 20)。如果在尝试救人的情况下受伤,这种行为并不构成自担风险(前引*Cigoj*书)。在罗马尼亚的民法中,同意和自担风险似乎没有区别。

20. 在波兰的法律中,自担风险的理论被认为能使那些本来是非法的行为转变为合法行为。通常地,同样的实质性的考量也适用于与有过失、因果关系以及关于默示同意的规则框架(进一步请参见Pietrzykowski (-*Banaszczyk*),Kodeks cywilny I4, art. 415 no. 32; Bieniek (-*Bieniek*) III(1)[5], art. 415 no. 5)。在运动领域,存在一些回旋余地,因为竞技性体育运动员有责任保障他们自己免受事故伤害(《资格体育法(Qualified Sports Act)》[Dz. U. 2005. 155. 1298],第29条第(1)项)。与此相似,保加利亚的法律对风险接受的概念也是熟悉的(*Goleva*, Pravna misul 1985 [4] 46-56)。它主要在危险运动(足球、拳击)的情形中适用,对于乘坐醉酒驾驶人的机动车的情形或者乘坐危险车辆,并且事故是由这些危险导致的情形,风险接受的理论也是适用的(前引*Goleva*书,第48页)。自愿接受风险的原则对因尝试救人而受伤的情形是不适用的(最高法院19 August 1972, decision no. 2031, case no. 967/72 in civil matters, first chamber)。

21. 在德国,对于大多数情况,只有在明显危险的运动(拳击、赛车)中,同意才能使责任免除正当化(BGH 14 March 1961, BGHZ 34, 355, 363; BGH 5 November 1974, BGHZ 63, 140, 144;

BGH 5 March 1963, BGHZ 39, 156, 161; 但是,也可参见 BGH 1 April 2003, NJW 2003, 2018, 2019)。在其他的竞技性体育运动中,即使完全遵守规则或仅有细微的犯规,也会存在伤害双方的可能风险,因此推定每一个运动参加人都已经接受依据运动的本质无法避免的损害后果,甚至在损害很严重的情况下也是如此。如果对加害人提起诉讼,这就构成前后行为矛盾(前后行为矛盾 *venire contra factum proprium*),因此,这样的诉讼应该被排除。此处不考虑同意,是因为,例如,所有的足球运动员都不希望他们会受伤(BGH 5 November 1974, BGHZ 63, 140, 144; BGH 1 April 2003, BGHZ 154, 316)。在不受硬性规定约束的运动中,调整风险接受的规则并不适用(BGH 7 February 2006, NJW-RR 2006, 672, 674)。在某些情形中,风险接受被重新诠释为默示同意(CA Karlsruhe 19 March 2004, NJW-RR 2004, 1257: *Segelregatta*)。

22. 在奥地利,在规则被完全遵守或者伤害是常见犯规的结果时,对于因参加体育活动而受到的伤害,可以认为存在默示同意(OGH 24 September 1981, SZ 54/133 p. 660; OGH 22 September 1987, SZ 60/176 p. 219);对于在竞技性运动中受到的身体伤害,通常由不同的规则来规制(前引 OGH 24 September 1981)。如果犯规超出了通常的情形,那么由侵权法的一般原则规定的责任就会产生(OGH 22 September 1994, EvBl 1995/74)。例如,一个足球运动员伸腿踢对方球员的腿,故意使他摔倒在地(前引 OGH 22 September 1994)。在一个赛车手在比赛中违反规则超车并导致一名赛道服务员死亡的情况下,损害赔偿责任也是存在的。为竞技性体育活动而发展起来的规则对于那些涉及身体接触和至少要求遵守最低限度规则或习惯的游戏也是有效的(OGH 22 March 1983, ZVR 1984/92 p. 89; OGH 25 November 2004, JBl 2005, 380)。这些规则对于因实施救援行动而受到的伤害并不适用(OGH 17 March 2005, ÖJZ 2005, 713)。

23. 在希腊,如果受害方被认为已经接受了与特定活动有关的损害风险,那么不法性就被抵消了。适用这个规则的最重要的案件类型是竞技性体育运动。这个抗辩的一个要件是遵守该运动的规则。进一步的要求是,引起的损害被视为与这种类型的运动相关的典型的风险。(*Kornilakis*, Eidiko Enochiko Dikaio I, 506; Georgiades and Stathopoulos (-*Georgiades*) 认为,这样的案件应该通过同意机制来解决, art. 914, no. 59)。

24. 相似地,在葡萄牙,风险接受原则(*assunção do risco*)也构成一种抗辩理由(深入了解,请参见 *Brandão Proença*, A conduta do lesado, 615; *Ribeiro de Faria*, Direito das Obrigações, 525; *Calvão da Silva*, Responsabilidade civil do produtor, 735)。这种抗辩在关于交通责任的法律中很少被援引(前引 *Brandão Proença* 书,第626页:搭便车的乘客)。它的主要作用是在体育法中决定责任是否存在。在这里,考虑到竞技体育运动员对他们所从事的运动的相关风险的认识,这种风险接受可以被视为同意(前引 *Brandão Proença* 书,第613页,第631页以及第632页;*Antunes Varela*, Obrigações em geral I10, 562; *Hörster*, Parte geral, 269)。如果伤害是因故意或严重犯规行为引起的,对身体接触的默示同意就被排除了。

25. 在荷兰法中,关于如何在民法制度中规制风险接受(*risicoaanvaarding*),并没有达成一般的共识。关于风险接受的法律后果,也没有达成共识。关于同意、默示免除责任、与有过失和过失的法律都在讨论中发挥了重要作用(Asser (-*Hartkamp*), Verbintenissenrecht I[12], no. 454 p. 413);在任何情况下,风险接受都不能等同于一项自在的正当理由(HR 28 Juni 1992, NedJur 1992 no. 662 p. 2546; Nieuwenhuis/Stolker/Valk (-*Lindenbergh*), T & C Vermogensrecht[4], art. 6: 162 p. 1861; 前引 *Hartkamp* 书)。无偿乘坐运输工具并不意味着默示地放弃了对可能发生的损害的赔偿请求权;对于乘坐醉酒司机的机动车的情况,必须考虑损害赔偿数额的减少,因为这构成了与有过失(HR 28 September 1990, NedJur 1992 no. 619 p. 2530; HR 20 October 1990, NedJur 1992 no. 620 p. 2535)。以风险接受为基础的责任减轻也可以在其他例子中通过适用《民法典》第 6:109 条来达到(前引 *Hartkamp* 书,nos. 456 - 456a p. 416)。

26. 相似的是,在爱沙尼亚也没有与第Ⅵ-5:101 条第(2)项相当的明确规则。如果自担风险不能被视为同意,那么可以考虑的资源就只能是关于与有过失的规则(《债法》第 139 条)(*Lahe*, Juridica 2003, 83 - 91)。

27. 在北欧的法律文书中,这已经是一个普遍的共识:自担风险并不会导致完全的责任免除,它被归为与有过失(参见例如 SWEDEN HD 6 April 1973, NJA 1973, 141; HD 22 February 1979, NJA 1979, 129 and HD 6 April 2000, NJA 2000, 150),只会导致责任在一定程度上被减免(*Hellner and Radetzki*, Skadeståndsrätt[7], 124; *von Eyben and Isager*, Lærebog i erstatningsret[5], 53; *Saxén* , Skadeståndsrätt, 112; *Bengtsson*, Skadestånd vid sport, lek och sällskapsliv, 62; *Agell*, Samtycke och risktagande, 12 and 176; *Vinding Kruse*, Erstatningsretten[5], 45; *Hahto*, JFT 2005, 250, 265)。进一步的分析可以揭示在人身伤害和财产损害之间存在的区别。在人身伤害的情况下,根据《瑞典损害赔偿责任法(Swedish Damages Liability Act)第 6 章第 1 条和《瑞典交通损害赔偿法》(Swedish Traffic Damages)第 12 条,在责任减轻实现之前,必须克服相当大的障碍;即使在受害人存在重大过失时,该障碍也不是总能被克服(前引 *Hellner and Radetzki* 书)。因此,自担风险仍然是争议的对象,只有在毫无疑虑以及抗辩不证自明的情况下,自担风险才能适用。这在运动法领域是特别重要的(前引 *Hellner and Radetzki* 书;*Bengtsson*, SvJT 1976, 613;*Bengtsson and Strömbäck*, Skadeståndslagen[2], 50)。目前,风险接受在丹麦被归为与有过失(因此,它不再被视为自担风险来排除责任承担),例如,一个人同意他(她)自己被一名处于公认醉酒状态的司机运送(《交通法》(Traffic Act)第 101 条第(2)项)。一般规则是,损害赔偿请求权被减少 1/3(Jensen, UfR 1988 B, 383 - 389; HD 15 November 2003, UfR 2003, 339; Western CA 15 May 2007, UfR 2007, 2275)。在芬兰最高法院 1980 年 11 月 28 日(KKO 1980:126)作出的一个判决中:帆船上的一名乘客在帮助帆船离开浅滩的过程中受伤:他并不被认为是自担风险,并获得了充分的赔偿。在最高法院 1980 年 9 月 5 日(KKO1980 II 89)作出的一个判决中:行人在一个黑暗的住宅院子中穿行,掉进了一个洞里;他们的行为被认为构成了与有过失。在最高法院 1979 年(KKO1979:99)的一个判决中:一个人从不熟悉的甲板上潜水,被一个从甲板上看不到的,浮在水面中的伐子撞伤了头部;他的行为被认为构成了自担风险。与此类似,出于与有过失的理由,与公认醉酒的司机同车的乘客,其损害赔偿请求权必须减少(Supreme Court 6 March 1996, KKO 1996:24);如果他们还鼓励司机进行特定的危险驾驶行为,他们的损害赔偿请求权就不存在了(Supreme Court 6 September 1999, KKO 1999:93)。在财产损害的情况下,自担风险更有可能被作为成功主张的抗辩(前引 Hellner and Radetzki 书,第 125 页;*Taipale*, Accept af risiko, 385)。关于这一点的判决是非常少见的(参见,例如 SWEDISH HD 8 April 1993, NJA 1993, 149: 一个高尔夫球手的球击中了一辆停在高尔夫球场停车场的车;车主并没有接受这样的风险)。在丹麦 DANISH HD 22 January 1959, UfR 1959, 160,一架在公路上被运输的飞机,被另一辆卡车过失地损害;因为这种特殊的运输形式,它的价值和它的脆弱性,损害赔偿被减少了。

28. 在英国法中,原告对侵权行为发生的风险的接受构成一项抗辩,因为"对于自愿的人,损害没有发生"(*volenti non fit iniuria*)。这种抗辩在普通法中就存在,但在 1971 年的《动物法》(Animals Act)第 5 节(2)所规定的动物侵权严格责任,1957 年《占有人责任法》第(the

Occupiers' Liability Act)第2节(5)所规定的占有人对访客的责任和1984年《居住人责任法》(the Occupiers' Liability Act)第1节(6)所规定的占有人对侵入者的责任中,该抗辩拥有了制定法上的效果。另一方面,在涉及机动车使用者对乘客的责任(该责任被强制责任保险所涵盖)的情况下,该抗辩被1988年的《道路交通法》(the Road Traffic Act)第149节(3)排除了。尽管存在相反的意见,该抗辩似乎能够适用于因违反法定义务而产生的责任,虽然也许只是在狭小的范围内:Clerk and Lindsell (-*Jones*), Torts[19], paras. 3-97-3-99。该抗辩适用于这样的情形:原告已经完全了解了风险的性质和程度,自愿同意免除被告因侵权行为而产生的法律责任:*Letang v. Ottawa Electric Railway Co.* [1926] AC 725, 731。如果原告的同意是因为被告的强迫而作出的或者原告的行为是出于社会或道德责任(例如原告是拯救他人生命或使他人免受人身伤害的施救者:*Haynes v. Harwood* [1935] 1 KB 146 [在阻止奔马的过程中受伤]),该抗辩不能成立。对于雇主对雇员的责任(Clerk and Lindsell (-*Jones*), Torts[19], paras. 3-84,还可以参见,例如,1971年《动物法》(Animals Act)第6节(5)规定,动物饲养人的雇员并不能被视为自愿接受该雇佣行为附带的风险),该抗辩在很大程度上是不能适用的。如果原告欠缺必要的精神能力,该抗辩也不能适用。该抗辩的适用范围被1977年的《不公平合同条款法》(the Unfair Contract Terms Act)第2节(3)进一步限制,只要它与"经营责任(business liability)"(例如,因违反经营活动所引致的义务而承担的责任或者因违反用于经营目的的不动产占有所产生的义务而承担的责任)有关。关于违反普通法或1957年《居住者责任法案》(Occupiers' Liability Act)上的注意义务而产生的责任,该条文规定,对一个合同条款的同意或者对声称是排除或限制责任的通知的注意,其本身并不意味着是对任何风险的自愿接受。此外,原告必须充分意识到危险:可以认为,此处适用主观认知标准:*Morris v. Murray* [1991] 2 QB 6 (原告同意在轻型飞机上和一个朋友打斗,他知道这位朋友喝了很多酒并且该朋友已经喝醉以至不能尽到注意义务;原告同样也喝了很多酒,但他还没有醉到不能合理判断风险的程度)。这个抗辩只能适用于违反义务的风险;在因为没有违反义务而导致责任被否定的情况下,该抗辩不能适用,虽然这个结论也可能是基于将风险分配给原告的理由而作出的:参见 *Tomlinson v. Congleton Borough Council* [2003] UKHL 47; [2004] 1 AC 46 (尽管存在禁止游泳的禁令和危险警告通知,原告仍然在浅湖中潜水并且在池底撞伤了头部,地方政府对原告的损害无须负责;对于作为占有人的被告来说,要求他们采取进一步措施防范个人自主活动的固有风险,是不合理的);*Blake v. Galloway* [2004] EWCA Civ 814, [2004] 1 WLR 2844 (因恶作剧而产生的伤害,在该恶作剧中,树枝和树皮被投掷;法院认为,参与人互相负有不造成损害的合理注意义务,只有在行为构成冒失或很高程度的疏忽时,参与人才违反该义务)。在缺乏同意的情况下,如果原告知道风险还不合理地冒险,与有过失可以作为替代性的抗辩来适用:Clerk and Lindsell (-*Jones*), Torts[19], paras. 3-82。后一种抗辩所具有的弹性(它并没有阻碍一个请求权,只是减轻责任)在实践中确实具有排斥"全有全无"(all or nothing)的"对于自愿的人,损害没有发生"(*volenti non fit iniuria*)的原则的适用。

29. 关于这个抗辩,在苏格兰也存在与英国普通法同样的规则(和困难):参见 *Stewart*, Delict[3], 11.19 制定法上的自愿接受风险的抗辩可以在1987年《动物(苏格兰)法(Animals (Scotland) Act)》第2节(1)中找到,在该法第1节中,饲养人对动物导致的损害的严格责任被免除。

示例2来源于BGH 19 October 2004, VersR 2005, 282;示例3来源于STJ23 November 2005;示例4来源于 *Arthur v. Anker* [1997] QB 564;示例5来源于Cass. 10 June 1997, no. 5175, Foro it. 1997, I, 2920, note *Chiarolla*;示例6与BGH 13 December 1977, BGHZ 71, 339相当;示例7来源于Cass. civ. 8 March 1995, Bull. civ. 1995, II, no. 83;示例8来源于HR 28 June 1991, NedJur 1991 no. 622 p. 2546;示例9来源于 *Weir v. Wyper* 1992 SLT 579。

第Ⅵ-5:102条　与有过错与责任承担

(1)受害人的过错促成了具有法律相关性的损害的发生或扩大的,应根据其过错程度减轻加害人的赔偿责任。

(2)但下列情形不予考虑:

(a)受害人非实质性的过错;

(b)过错或者责任对损害发生的促成作用是非实质性的;或者

(c)在交通事故中由机动车辆造成的损害而受害人的疏于注意亦为促成原因的,但因重大疏忽未尽到客观情况显然要求的注意义务的除外。

(3)受害人在本卷第3:201条(雇员或代表人致损的归责)的规定范围内对其负有责任的人的过错促成了损害的发生或扩大的,第(1)款与第(2)的规定亦得适用。

(4)受害人根据第三章(归责)的规定对其负有责任的任何其他危险源促成了损害的发生或扩大的,在其所促成的范围内,赔偿责任同样地应予减轻。

评　论

A. 概况

与有过错,辅助人的与有过错和与有风险源。严格来说,本条主要包括了三种抗辩。第(1)项和第(2)款涉及受害人个人的与有过错。第(3)款对这样的事实进行了澄清,即对于那些受害人负责的雇员或代表的与有过错,也会被归咎于受害人。第(4)款与这样的情况相关,在这种情况下,由于受害人自己对与有危险源负有责任,损害赔偿应该被减少。加害人方面的责任的法律基础并不重要;本条涉及的情形包括基于故意或过失的责任也包括严格责任的情形。

赔偿。这一条款适用于所有形式的损害赔偿,不仅限于金钱赔偿(以货币给付的方式进行的赔偿:第Ⅵ-6:101条(赔偿的目标与形式)第(2)款)。诚然,在实践中,这样的情形很少见,但是它是可以设想的,例如,以提供工作的形式给付的损害赔偿,这可以被限定在必要的修理上。

对损害发生或扩大的促成。本条涉及受害人对损害发生和损害程度扩大的与有过错责任。这与第Ⅲ-3:704条(可归因于债权人的损失)相对应,为了非合同责任法的目的,本条对第Ⅲ-3:704 条进行了具体化并且做了(部分)修正。在两种情况都存在时(对于损害发生的与有过错责任和对损害扩大的与有过错责任),它们需要被一起考虑。

损害的类型。具有法律相关性的损害并没有根本性的区别。但是第(2)款(c)为由交通事故导致的身体伤害规定了一项特别规则。

镜像原则(the mirror principle)。在本质上(除了下面将要提到的一些例外),本条是建立在被称为“镜像原则”的理论之上的:在角色反转,受害人的行为或危险源被审查时,可能——导致一方对具有法律相关性的损害的承担责任的——任何事由都可以(全部或部分地)减轻责任。这种进路不会导致争议。法律制度不能“一只眼失明”:在责任法中被视为对受害人有利的任何东西,也会在相反的情形中发挥对受害人不利的作用。受害人的请求权确实在原则上被保留(如果没有被其他抗辩排除),但它的数额被减少。这个请求权只有在这种情况下才会被完全排除(被减为零),在这种情况中,受害人的与有过错超过了加害人的责任以至于后者没有承担责任的空间。当然,在这种情况下,使责任成立的加害人的过失或者风险的实现通常不存在。

例外。但是,镜像原则只是本条形成的起点。从理论上和政策上看,它并非没有限制。在涉及受害人时,第Ⅵ-3:101 条(故意)意义上的故意和第Ⅵ-3:102 条(过失)意义上的过失的通常含义都不能适用,简言之,政策问题总是对被害人的保护在何种程度上被认为是合理和必要的;最后,本条第(2)款提供了一些妥协。

过错。与有过错并不取决于过失,这是共识。这是因为,使他(她)自己受到伤害的任何人(或者与他人共同造成自己的伤害),并没实施被禁止的行为,因此也没有引起具有法律相关性的损害。问题并不是受害人通过加害人的行为对受害人造成了伤害,而是受害人必须接受对自己的权利和财产的疏忽的后果。请求权被减少的原因是,受害人通过相关行为表现出,被保护的个人利益事实上不是那么重要。因此,“与有过失”不是一个成功的表述。更好的说法是“与有过错”,不仅是因为受害人没有对其他人造成任何损害,还因为它更好地反映了为什么请求权被减少,即对自己利益的个人疏忽。因此,与责任承担相反,只有在受害人存在真正“过错”的情况下,第(1)款(和第(3)款,只要涉及雇员)才能发挥作用,这就是说,受害人的行为是不恰当的或者应受谴责的或者至少在道德或伦理意义上是可能被批判的。

儿童和智障人士。对于那些没有过错能力的人(例如儿童和智障人士),他们的请求权因此不能被减少。对于较为年长的儿童,他们的不成熟和未完全发展的理性思考能力被纳入考量范围。就本条的目的来说,儿童的父母或者监管人的与有过错并不能归咎于儿童。这是因为儿童对他们的父母不负责任,相反,在疏于监管的情形下,通常他们不仅享有针对引发损害的第三人的请求权,还享有针对他们父母的并存请求权(但是,关于后一个请求权的细节可能会由家庭法来特别调整;本卷并不影响这些规则,参见第Ⅰ-1:101 条(适用范围)第(2)款(c)和第Ⅵ-1:103 条(c)(适用范围))。在父母存在主要过错的情况下,造成伤害的第三人因此一定会将父母拉入连带赔偿机制。但是,可以设想这样的情形,照顾儿童的人(不管是父母还是其他人)的不法行为严重影响了平衡,以至于使得应由第三人负责的、归因于第三人的原因和危险源退居次要的位置。

示例1

一名15个月大的婴儿死亡了。他的祖母给他服用了除厕所水垢的化学用品,而不是缓解呼吸困难的药物。药物和该化学用品并排放在壁橱里。的确,该化学产品没有被正确地包装和标签,但是,在这样的情况下,仅仅如此并不足以使生产商对该儿童的死亡负责。父母和祖母的行为具有重大过失以至于使得该儿童的死亡不能被认为是由包装和标签瑕疵引起的。

第(2)款。为了保护受害人,第(2)款(a)项和(b)项规定,非实质性的与有过错和对损害发生的微不足道的贡献将不被考虑。与处理他人利益相比,在处理个人利益时,注意程度往往较低;一个偷车贼不能以自行车没有锁为由对抗受害人。在由过失造成损害的"正常"情况下,责任是否被保险涵盖或是否可投保也被考虑,虽然对与有过错的经济后果,这种考虑是相当少的。第(2)款(c)项考虑到了道路交通的特别危险并且采取了欧洲一般责任法中的广泛趋势,即对交通事故的受害者提供比其他生活领域中(例如,进行运动或在业余时间)的受害者更充分的保护。

B. 与有过错(第(1)款)

对损害实现的与有过错。第(1)款包括了与有过错的基本规则:如果某人的过错是损害发生的促成原因,他必须根据过错的程度接受损害赔偿数额的减少。"过错"的意思是对自己利益的故意或过失的损害。在受害人故意引发事故时,责任通常就被减为零。如果某人跳到汽车前自杀,那么他的家眷对司机甚至没有请求权,参见第Ⅵ-5:101条(同意和自担风险行为)和第Ⅵ-5:501条(对受害人的抗辩扩展至第三人)。因受害人故意的与有过错造成请求权减少的情况大都出现在受害人故意地或不合理地拒绝减少已经发生的损害的情形中。甚至在重大过失促成损害实现的情况下,请求权被减为零的情况也绝不少见;这种类型的案件经常涉及不可避免事件抗辩(defence of an inescapable event)(第Ⅵ-5:302条(不可控制的事件))。

示例2

原告被X的狗咬伤了,但是他忽视了写着"当心恶犬"的明显标牌。原告必须接受损害赔偿数额的减少。

示例3

旨在保护赌博者免予赌博成瘾危险和赌博对生活的有害影响的法律,要求赌场不允许某些特定的赌博者入场。违反此义务的赌场不能以——原告不遵守禁令,构成与有过错——为抗辩理由。

示例 4

一个精神病诊所的病人跳出窗外自杀。诊所的工作人员已经意识到了病人自杀的风险,但没有采取措施。病人的家庭成员(参见第Ⅵ－2:202 条(因受害人的人身伤害或死亡而造成的第三人损失))的请求权不会被减少(参见第Ⅵ－5:501 条(对受害人的抗辩扩展至第三人))。

责任的减轻。请求权根据受害人与有过错的程度被减少。在大多数情况下,结果是责任的分担;比例取决于具体情况——例如 1/3 到 2/3 或 1/5～4/5。在与有过错具有压倒性的情形,请求权的减少甚至意味着损害赔偿被完全否定。

对损害扩大的共同责任。在受害人的与有过错与损害的发生没有关系,但与损害的程度和数量有关系时,它仍然与请求权的减少相关。在原则上,减少损害的要求与发生的损害的类型无关。在第(1)款中,它也与减少身体伤害的后续结果(patrimonial consequences)相关。但是,受害人只被要求采取或允许合理的措施;并没有被要求承担新的风险。

示例 5

一家地方报纸错误地报道,原告在婚宴中与另一名男子发生性关系并被捉住。随后,一家全国性媒体也报道了这个事件。在婚礼的第二天,原告的律师应他们的要求,给她举行了大型新闻发布会,"完全公开"了这个事件。这使得损害更严重;原告的对媒体的损害赔偿请求权因此被减少了大约 1/3。

示例 6

一个女人和她的女儿在一场事故中被严重伤害。这个女人因此必须在数年之内关闭她的肉店。当她的身体重新适合工作时,机器已经过时了,她也失去了她的顾客;生意已经变得没有意义了。事实上,在养病期间,这个女人有机会聘用雇工继续经营生意,但她却不想这么做。她因生意损失而提起的损害赔偿请求权被大比例减少了。

C. 例外(第(2)款)

非实质性的过错和因果关系。第(2)款(a)项包括了一个与第(1)款有关的解释:非常小的与有过错将不被考虑。这意味着它全部被排除出考虑范围。因仅仅名义上的(与有过错)比例而导致的请求权减少不会被采纳;最小阈值通常被设定为 10%。这与广泛的司法实践相符,减轻了司法系统的工作,也与支持与有过错的考量相符,并且反映在了第Ⅵ－6:102 条(琐利不计规则)的责任规则中。第(2)款(b)项包含了对以下这类案件的适用规则,即受害人对因果关系的贡献低得几乎可以忽略不计,不管它是涉及过错的因果贡献还是由受害人负责的危险源的因果贡献。但是,受害人的与有过错是无关紧要的还是实质性的,与请求权的理由之间存在着一个内在联系。

示例 7

一个邮政工人 P,偷走了银行寄出的信中的信用卡。用这些卡,P 可以在自动柜员机上从受害人的账户中取钱。P 扮作银行工作人员调查信用卡的下落,从而从银行顾客处获取了密码。按照 P 精心设计的犯罪计划,这里所涉及的仅仅是顾客微不足道的疏忽;他们对 P 以及 P 的雇主的请求权不会被减少。

交通事故。第(2)款(c)项包括了对交通事故的特别规则。在因交通事故导致身体伤害的案件中,只有在与有过错构成对自身安全的重大漠视时,才能成为减少损害赔偿的理由。这个规则反映了欧洲责任制度的一种广泛趋势——对交通事故的受害人提供特别保护。遭遇交通事故构成了一种不可减轻的高风险。对交通规则的轻微的违反每天都在发生,是生活中的现实。损害的引起者通常都是有责任保险的;与此相反,受影响的行人或骑自行车的人,在履行雇佣事务之外,很少能够将与有过错的金钱损害后果转嫁给保险公司。这种平衡的缺乏至少被第(2)款(c)项部分救济了。这条规定涉及损害发生中的与有过错,而非减少损害中的失误。它只会影响第Ⅵ-3:205条(机动车辆致害的归责)适用范围内的损害赔偿。在一个结冰的冬日,行人穿着鞋底平滑的皮鞋走在没有沙砾覆盖的人行道上,适用第(1)款规定的请求权减少;只有对于由机动车造成的交通事故,才有第(2)款(c)项适用的余地。

政策考量。由于存在对——交通事故受害人与有过错的形式——的不同概念(与它减少请求权的能力有关),需要考虑谁是享受法律特别保护的"弱势人"(weaker candidate),哪种类型的损害被这种保护涵盖,第(2)款(c)项提供了一个中间立场:在涉及身体伤害时,每个人都被一种特别方式所影响,任由交通事故的危险摆布。因此,进一步区分不同类型的人似乎是不明智的。在另一方面,涉及财产损害时,对个人财物的通常注意义务在交通领域也是被要求的;在涉及与有过错的情形,让对方的责任保险承担几乎整个赔偿负担是不合理的。

重大过失。涉及身体伤害的情形,在受害人的行为存在重大过失时,第(2)款(c)项中特别规则的限制就被达到了。基于责任的理由,在这样的情形中,请求权被减少或者甚至被排除了。重大过失是没有尽到客观环境显然要求的注意的重大失败。标准的例子包括没有系安全带、醉驾或者驾驶车辆闯红灯。

D. 镜像原则在严格责任法领域的延伸(第(3)款和第(4)款)

雇员的与有过错。第(3)款涉及的情形是,雇主因雇员的与有过错必须接受损害赔偿请求权的减少。

示例 8

年幼的儿童聚集在 X 的公司汽车周围;用一把螺丝刀,他们想看看他们是否能成功地在汽车的漆面上制造一条划痕。公司的雇员发现了这个举动,但却没有干预。父母对公司的责任没有产生,因为公司的雇员自愿地同意了该损害的发生。

对危险源的贡献。在考虑受害人的贡献时,不仅仅指——根据镜像原则,故意或过失伤害自己利益——意义上的与有过错;事实上,另一个因素也需要被考虑:在个别案件中,一个危险源——对该危险源,受害人根据第三章第二节(没有故意或过失的责任)需要负责——促成了事故或其后果,那么该受害人就扮演了加害人的角色。这就是第(4)款的内容。在双方的严格责任发生冲突时,本条具有特别重要的意义,但在加害方因过失必须被认为对事故与有责任并且受害人却因客观原因对事故也与有责任时,本条也有意义;这两种情形存在一个这样的限制,即从受害人的角度来看,加害人的干预行为不构成一项不可避免的事件(第Ⅵ－5:302 条(不可控制的事件)的反射适用)。值得注意的是,在第(4)款的语境中,第(2)款(b)项仍然适用:对因果关系要素的非实质性贡献并不能减少请求权。如果有必要,在两种严格责任冲突的情形,裁判结果可根据第Ⅵ－6:202 条(责任的减轻)的规定进行修正。

示例 9

两辆汽车在马路中间发生了事故,该马路由两条相向的车道组成。没有办法确定哪辆车越过了马路上的中间线。A 的汽车,更大更贵,受到了 20,000 欧元的损失;B 的汽车,是价格低廉的"学生车",受到了 2000 欧元的损失。每一个所有人都承担每辆车的一半损失;A 对 B 拥有 10,000 欧元的请求权,但其中的 1000 欧元会在计算过程中被扣除。

示例 10

A 驾车撞上了 B 的车,B 的车在交通过程中处于正确的位置上。B 的车对于事故发生的贡献很微小,因此 B 对 A 的请求权不会被减少。

示例 11

信鸽在一架飞机降落时,被飞机的喷气口卷住了,因为与飞鸟的相撞,飞机严重受损。信鸽的主人仍然可以确定。这里的基本规则仍然是涉案的每一个所有人(假设飞机所有人的责任也是严格责任,参见第Ⅵ－3:207 条(对具有法律相关性的损害的其他归责))承担对方和己方损失的一半。但是,在第Ⅵ－6:202 条(责任的减轻)的语境下,这样的事实也应该被考虑:飞机远比信鸽危险,并且可以期待飞机所有人从保险中获得赔偿。对于一个私人信鸽饲养人,出于对公平和公正的考量,他的责任甚至可以被减为零。

注　释

Ⅰ.引发损害的与有过错

1. 在法国法中,基于过错(*faute*)和严格责任的责任都受到不可抗力(*force majeure*)的制约(参见第Ⅵ－5:302 条(不可控制的事件)的注释)。如果受害人对损害存在故意而引起损害的人仅仅是过失行为,那么就不存在责任(Cass. civ. 16 October 1984, Bull. civ. 1984, I, no. 266 p. 225)。受害方的典型过错如果对损害的发生有贡献,通常导致责任的减轻,即便损害赔偿请求权的依据是《民法典》第1384条(Cass. ass. plén. 6 April 1987, JCP 1987, II, 20828, with a note by *Chabas*)。为取得责任的减轻,对他们的子女行为负责的父母可能会援引受害方的过失(Cass. civ. 29 April 2004, D. 2005, 188, note *Denis Mazeaud*)。责任减轻与过错的相对比重成比例(*Flour/Aubert/Savaux*, Droit civil II[10], no. 176 p. 168)。在比利时,相似的法律从这样的信条出发,即受害方自己的过错导致责任的减轻,如果在过错和损害之间存在因果关系;这个原则同样适用于过错责任和《民法典》第1384条之下的严格责任(*Vandenberghe/Van Quickenborne/Wynant/Debaene*, TPR 2000, 1551, 1907, no. 158)。责任减少的比例由过错的比重决定(Cass. 29 November 1995, Pas. belge 1995, I, no. 517 p. 1087)。受害人的过错越严重,加害人行为与损害之间的因果关系的假定就在越大的范围内被打破(前引 *Vandenberghe/Van Quickenborne/Wynant/ Debaene* 书,1913-1915 no. 163)。

2. 在西班牙,由自己过错导致的不利并不是法律意义上的损害,这是不证自明的:一个人由于自身的过失而对自己造成损害的,与法律无关(*quod quis ex culpa sua damnum sentit, non intelligitur damnum sentire*)(*Medina Alcoz*, La culpa de la víctima, 158)。但是,关于这种抗辩理由的制定法基础,仍然存在争议。除了可以诉诸特定法的例外的情况,适合作为该抗辩的制定法基础的候选条文是《民法典》第1105条(根据本条,没有人需要对不能预见和不能避免的事件负责)和第1103条(本条调整过失责任)。关于与有过错的特别法条款还可以在其他制定法中被找到:《机动车交通责任和保险法(Liability and Insurance for Motor Vehicle Traffic Act)》第1条第(1)项(ii)和(iv);《原子能法案》(Atomic Energy Act)第45条第(2)项;《消费者保护法》(Consumer Protection Act)(ConsProtA)第145条和《刑法典》第114条。最高法院在许多涉及《民法典》第1105条的场合都确认,在损害完全是由受害人的过错引起的情况下,严格责任(*responsabilidad objetiva*)(或者风险责任(*responsabilidad por riesgo*)不适用;这样的过错打破了因果关系(causal nexus)(例如 TS 14 October 1957, RAJ 1957 no. 2865 p. 1921; TS 26 May 1969, RAJ 1969 (1) no. 2864 p. 1978; TS 1 October 1985, RAJ 1985 (3) no. 4566 p. 3818; TS 1 February1989, RAJ 1989 (1) no. 650 p. 703; TS 29 May 1999, RAJ 1999 (3) no. 4382 p. 6739; TS 21 November 1985, RAJ 1985 (3) no. 5624 p. 4783 and TS 11 July 1990, RAJ 1990 (5) no. 5852 p. 7579)。损害全部归因于受害人的其他要件还有,引起损害的人的行为必须正当并且受害方必须精神健全(TS 31 December 1997, RAJ 1997 (5) no. 9195 p. 14688);但是,受害人故意伤害自己不是必要要件,过失就足够了(进一步参见 *Reglero Campos*, El nexo causal[3], 431; *Medina Alcoz*, La culpa de la víctima, 144)。对于引起损害的人同样存在过错的情形,术语并没有统一(TS 16 January 1991, RAJ 1991 (1) no. 297 p. 320 否认了"赔偿责任(*compensación de culpas*)"这种广泛传播的表达,理由是没有"对过错的赔偿",只有责任的减轻;进一步参见 *Yzquierdo Tolsada*, Sistema de responsabilidad civil, 207 [连带原因竞合(*concurrencia de concausas*)是适合的表达]; *Reglero Campos*, El nexo causal[3], 443 和 *Roca i Trias*, Derecho de daños[3], 144 [责任竞合(*concurrencia de culpas*)] 以及 *Martín Casals*, FS Díez-Picazo II, 2472 [受害人过错竞合(*concurrencia de culpa de la víctima*)])。尽管如此,在基于《民法典》第1103条的判例法的范围内,法律状况还是明确的,即根据与有过错的程度减少责任量(例如 TS 22 February 1985, RAJ 1985 (1) no. 739 p. 585; TS 5 February 1991, RAJ 1991 (1) no. 992 p.

1190; TS 20 April 1993, RAJ 1993 (2) no. 3103 p. 3975; TS 3 February 1995, RAJ 1995 (1) no. 737 p. 971; TS 12 September 1996, RAJ 1996 (4) no. 6561 p. 8801; TS 15 December 1999, RAJ 1999 (5) no. 9200 p. 14491)。但是,也有人提出,同样的结果也可以基于《民法典》第1902条达到,因为责任减轻不仅仅是公平问题,更是责任承担问题(例如*Pantaleón*, ADC 1991, 1042; *Díaz Alabart*, ADC 1988, 1168－1169; *Montés Penadés*, FS Díez－Picazo II, 2591, 2627; TS 14 June 2007 (BDA RAJ 2007/5120, TS 29 December 1998, RAJ 1998 (5) no. 9980 p. 14596; 前引*Medina Alcoz*书,224)。在引起损害的人的过错是实质性的并且受害人的过错同样如此的情况下,不存在责任的减轻(TS 18 January 1936, RAJ 1936 no. 86 p. 41; TS 10 July 1943, RAJ 1943 no. 856 p. 481; TS 8 July 1999, RAJ 1999 (3) no. 4766 p. 7360);通常来说,如果引发损害的人是故意为之(TS 8 June 1995, RAJ 1995 (3) no. 4563 p. 6101)或者受害人的与有过错份额少于10%(*Solé Feliu*, ADC 1997, 874, 896),那么受害人的请求权也不会被减少。法院会自动考虑与有过错;被告不必主动提出该抗辩(TS 22 April 1987, RAJ 1987 (2) no. 2723 p. 2546; TS 7 June 1991, RAJ 1991 (4) no. 4431 p. 6072)。至于对儿童的伤害,父母的与有过错只有在这样的情况下才会被考虑,即父母自己对儿童造成的损害是关键的(TS 1 February 1989, RAJ 1989 (1) no. 650 p. 703)。在多大程度上儿童自己造成的损害也被纳入考量,仍在争议中,这个问题还没有被判例法解决(Paz－Ares/Díez－Picazo/Bercovitz/Salvador (－*Pantaleón*), Código Civil II[2], art. 1902 p. 1998; 前引*Solé Feliu*书,879)。

3.《意大利民法典》第1227条第(1)项明确将适用范围扩展到非合同责任法领域(《民法典》第2056条)。如果引起损害的事件在因果关系上可归咎于受害人,那么赔偿请求权应当依据"过错的严重程度"以及"由此产生的后果的程度"被减轻。如果受害人没有过错能力或者受害人一方只因客观(严格)理由才能承担责任,那么需要考虑的就是受害人对损害的因果贡献而非过错(Cass. 10 February 2005, no. 2704, Giur. it. Mass. 2005, fasc. 2; *Franzoni*, Dei fatti illeciti, sub art. 2056, 776－777; Cass. 20 July 2002, no. 10641, Danno e resp. 2002, 1201)。基于《民法典》第1227条第(1)项,请求权也会因严格责任的原因被减轻(例如,基于《民法典》第2051条,参见Cass. 20 July 2002, no. 10641, Danno e resp. 2002, 1201 and CFI Bologna 25 September 1988, Danno e resp. 1999, 560:顾客向出口方向跑得太快,因此撞上了店前的一扇不安全的玻璃窗)。

4.《匈牙利民法典》在第340条第(1)项中规定了"损害的分摊",关于危险活动的严格责任,则规定在了《民法典》第345条第(2)项中。《民法典》第340条第(1)项规定,如果在当时的环境下,防止或减轻损害是一般可期待的,那么受害方就有防止或减轻损害的义务。在没有尽到这样的义务的情况下,对方没有义务赔偿由此产生的损害。受害人还须对由他(她)负责的人的履行瑕疵负责(《民法典》第340条第(2)项)——例如,一个雇员或一个不能为其行为负责的人(Gellért (－*Kemenes*), A Polgári Törvénykönyv Magyarázata[6], 1235)。因此,引起损害的人无须对由受害人或者受害人的雇员或其他辅助人的过失行为所引起的那部分损害负责。根据《民法典》第339条第(2)项,在特定情况下,赔偿的请求权也可以在《民法典》第340条之外获得减轻,这会使得法院在特定情况下能够部分减轻损害责任人的责任。根据《民法典》第345条第(2)项,由危险活动引起的损害(通常是机动车)不需要赔偿,只要该损害是由受害人的可责难的行为导致的。因此,如果受害人对他们的行为没有责任能力,那么《民法典》第345条第(2)项就不适用;父母的过错并不会构成导致儿童请求权减少的与有过错(最高法院民庭意见PK 39; BH 1980/90; Gellért (－*Benedek*), A Polgári Törvénykönyv Magyarázata[6], 1270 f; Petrik

（-*Wellmann*），Polgári jog II[2]，592；*Petrik*，Kártérítési jog，124 ff，；参见BH 1998/381［动物饲养人责任］）。责任的分摊属于法庭自由裁量权事项，它取决于可责性的相对程度或者对损害的因果贡献（例如在BH 1995/27案中60%/40%的责任分摊或者在BH 1992/242案中20%/80%的责任分摊，因为受害旅客严重影响了司机或者在BH 2008/61案20%（受害旅客）80%（司机）的责任分摊，因为没有系安全带）。

5. 根据《波兰民法典》第362条，在原告的行为对损害的发生或者加重有贡献时，斟酌环境因素和特定情况下双方的过错程度，可赔偿的损害就会被减少。该条款对合同和非合同损害赔偿请求权均适用（最高法院23 June 1999，I CKN 57/98，OSNC 2000，no. 1，poz. 13；Bieniek（-*Wis'niewski*）III(1)[5]，art. 362，no. 3；Pietrzykowski（-*Banaszczyk*），Kodeks cywilny I[4]，art. 362 no. 2）。但如何理解损害的"受害方的贡献"，则存在困难。一些评论者将它解释为意味着充分的因果贡献。其他一些作者还要求客观的不当行为。一些人认为主观过错是必需的。第四种观点区别不同责任的原因：只有在加害人被认为因过错而负责任的情况下，才能相似地认为受害人有过错地对损害的发生有贡献；在另一方面，如果加害人基于严格责任负责，那么只有受害人的客观不当行为才能导致可赔偿的损害的减少（进一步请参见*Radwański and Olejniczak*，Zobowią zania - czę ścógólna5，96 no. 250；Radwański（-*Dybowski*），System prawa cywilnego III(1)，298；前引Wi śniewski书，nos. 5 and 7）。最高法院赞成哪一种观点并没有确定的答案。受害人的恐惧反应并不会构成与有过失，甚至在这种反应是客观错误的情况下也是如此（最高法院16 August 1956，NP no. 11-12/1956，p. 181；前引Wi śniewski书，11，前引*Radwański and Olejniczak*书，97 no. 254）。与有过错，在它会减轻加害人责任的程度的情况下，并不会使之无效（前引*Banaszczyk*书，no. 13）。缺乏侵权能力的人的客观不当行为也会导致责任减轻（最高法院20 September 1975，III CZP 8/75，OSN 1976，nos. 7-8，poz. 151；前引*Banaszczyk*书，no. 18）。而且，他或她的辅助人（《民法典》第417、427、430、474条）的与有过失会归咎于受害方（前引*Banaszczyk*书，no. 24；前引*Wi śniewski*书，no. 10）。

6. 相似地，根据《保加利亚债法》（BULGARIAN LOA）第51条第(1)项，如果损害不仅归因于加害人的侵权行为还归因于受害人的与有过失，那么损害赔偿的数额可以被减少；只有受害人的排他过错可以构成完整的抗辩。只有在受害人故意引起工作事故或疾病时，雇主的赔偿责任才能被彻底免除（《劳工法典》（Labour Code）第201条第(1)项）。如果受害人被认为没有过错能力，那么侵权人可以诉诸受害人的监管人的过失，特别是在父母没有充分监管儿童时（解释性的判决no. 88 des Obersten Gerichtshofs of 12 September 1962，full civil chamber）。根据《斯洛文尼亚债法》（SLOVENIAN LOA）第171条第(1)项，与有过错会导致可减少的损害赔偿，如果受害方对引发损害的事件有贡献或者对该损害的加重有贡献。受害人必须没有尽到头脑清醒的人应该尽到的注意。一个未成年人的行为是否构成与有过失，须考虑年龄、经验和智力发育来决定（Juhart and Plavšak（-*Plavšak*），Obligacijski zakonik I，art. 171 p. 964；VS RS II 28 June 2001，Ips 190/2000）。与有过错也会导致基于严格责任的请求权的减少（《债法》（LOA）第153条第(2)项）。《罗马尼亚民法典》（ROMANIAN Civil Code）缺乏调整与有过错的明确规则。尽管如此，法院和学术界对这个问题提供了统一的意见。受害人的与有过错在评估损害分摊时是要考虑的相关因素（*Adam*，Drept civil，301，310-311；*Dogaru and Drăghici*，Drept civil，250；CSJ 26 March 1992，sec ia penală，decision no. 818；CSJ 2 June 1993，sec ia penală，decision no. 937；both in Culegere de practică judiciară pe anul 2003［2004］）。新罗马尼亚民法典的草案在第1109

条和第1125条第(3)项中设想了一系列改革措施,这些条款绝大部分与第Ⅵ-5:102条相一致(参见 Proiectul Noului Cod civil, 221)。

7.《德国民法典》第254条第(1)项减轻了侵权人的损害赔偿责任,如果受害人的过错对损害的发生有贡献。对合理保护自身利益的义务的可责的违反,“对自己所犯的过错”是有意的(BGH 18 April 1997, NJW 1997, 2234, 2235; MünchKomm (-*Oetker*), BGB[5], § 254, no. 3)。《民法典》第254条对于那些产生于严格责任的请求权也适用(前引 *Oetker* 书,no. 7; Palandt (-*Heinrichs*), BGB[66], § 254, no. 2)。《民法典》第827~829条被认为可以类推适用于那些被认为没有过错能力的人。受害人的与有过错必须构成随后发生的损害的充分原因;而且,关于规则的保护范围的原则与此也是直接相关的。给予病人错误治疗的医生不能以病人有过错地要求治疗作为抗辩理由(BGH 21 September 1971, NJW 1972, 334, 335)。损害赔偿被减免的程度取决于案件的特定情况;一个特别重要的因素是,各方的过错的程度。这样的评价通常会导致,损害的分摊与可归因于每方的过错成比例。这样的评价也可能例外地导致损害赔偿责任被免除或者可能根本没有被减少(前引 *Heinrichs* 书,nos. 59 and 66)。

8. 相似地,在奥地利,在检验是否存在与有过错时,也涉及被违反的规范的保护范围。最高法院(OGH)在21 December 2004, ecolex 2005, 204的判决中认为,禁止病态的赌博者进入赌场的条款是保护性法律,它的目的是保护(病态的)赌博者免受可能危及他们生存的赌博的诱惑。因此,赌博者继续参与赌博并且没有主动要求被阻止参加赌博的事实在判断与有过错时并不具有决定性的重要性。还可参见在 OGH 17 February 2005, 8 Ob 134/04w, RS 0117007 T1 and T2案中关于责任范围的判决。

9. 如果受害人“自己的过错”对损害的发生有贡献,那么根据《希腊民法典》(GREEK Civil Code),损害赔偿请求权可能被减少或者甚至被否定。“自己的过错”意味着受害方没有充分保护自己的利益(Georgiades and Stathopoulos (-*Stathopoulos*), art. 300, no. 5)。确实可以说,受害方的过错必须对损害有贡献,从时间顺序来说,这样的行为可以发生在加害方的行为之前或之后(前引 *Stathopoulos* 书,no. 9; ErmAK (-*Litzeropoulos*), art. 300, no. 5)。请求权减少的程度取决于每个个案的情况;特别是,重点在于确定哪一方是损害的主要原因(前引 *Stathopoulos* 书,no. 12)。

10. 根据《葡萄牙民法典》(PORTUGUESE CC)第570条第(1)项,在受害方对损害的发生或加重有贡献时,法庭将决定其后果;鉴于双方都存在过失这个事实;与有过错可能导致责任的减轻或免除,或者在另一方面,所有的损害也可能被全部赔偿。《民法典》第570条第(2)项补充规定,在加害人的过错是一种纯粹推定过错的所有情形中,受害人的与有过错将会使责任被否定。由此也可以认为,受害人的与有过错一定也可以排除基于严格责任规定产生的请求权(*Menezes Leitão*, Obrigações I[3], 332;*Antunes Varela*, Obrigações em geral, I[10], 677)。根据《民法典》第571条,雇员或法定代理人(legal representative)的与有过错也归因于受害方;这对未成年人的父母也同样适用(*Pires de Lima and Antunes Varela*, Código Civil Anotado I[4], art. 571 no. 1)。对受害人与有过错的举证责任由加害人承担;但是,主张该项抗辩并不需要明确援引之(《民法典》第572条)。

11. 根据荷兰法,受害人“自己的过错”意味着,在该案的环境下,受害人没有小心地照顾他或她自己的利益(Asser (-*Hartkamp*), Verbintenissenrecht I[12], no. 448 pp. 399, 409; Parlementaire Geschiedenis VI, 351)。在受害人的与有过错具有压倒性的绝对优势时,那么根据

《民法典》第6:98条,被告的行为与损害的必要因果关系就可能不存在了。根据《民法典》第6:101条,如果损害是由可归因于受害人的事件引起的,那么就可能存在责任的减少。只有在《民法典》第6:98条规定的要件被满足的情况下,《民法典》第6:101条才能被适用(HR 1 Juli 1977, NedJur 1978 no. 118 p. 371)。自从HR 4 February 1916, NedJur 1916, 450判决以来,受害人的过错导致损害赔偿请求权的减少已经成为了根深蒂固的司法原则。《民法典》第6:101条有将这个司法原则法典化的效果。这一条款的重要特征是,损害是由受害人自己引起的(前引*Hartkamp*书,no. 450 p. 402)。根据《民法典》第6:162条第(1)项和第(3)项以及第6:163条的一般规定,不能获得赔偿的那部分损害归咎于原告;因此,原告必须有过错,或者根据法律或社会习惯,损害的原因必须被视为由原告承担的风险(Asser(-*Hartkamp*), Verbintenissenrecht III[11], no. 69 p. 81)。

12.《爱沙尼亚债法》(ESTONIAN LOA)第139条第(1)项和第(2)项在所有要点上与第Ⅵ－5:102条第(1)项一致。上述列举的条款并没有涉及与有过错,而是在一般规定中提到了应由受害方负责的对风险的贡献。参见最高法院3－2－1－38－06, RT III 2005 (18) 187。一个与第Ⅵ－5:102条第(3)款相似的条款在《债法》中并没有起主要作用。

13.相似地,在北欧国家中,原告的与有过错被视为对方责任的镜像,虽然强调与有过错不构成义务的违反(*Vinding Kruse*, Erstatningsretten[5], 320, 323; *von Eyben and Isager*, Lærebog i erstatningsret[5], 319; *Saxén*, Skadeståndsrätt, 108; *Hellner and Radetzki*, Skadeståndsrätt[7], 222, 228)。就进一步的细节,不同的国家采取了明显不同的进路。《瑞典损害赔偿责任法》(SWEDISH Damages Liability Act)第6章第1条区分了身体损害和其他类型的损害;只有受害人的重大过失和故意才会因与有过失导致损害赔偿减少。《芬兰损害赔偿责任法》(FINNISH Damages Liablity Act)第Ⅵ－1条只包含了一条一般规定,根据这条规定,损害赔偿可以在合理的范围内被减少。在另一方面,《丹麦损害责任法》(DANISH Damages Liablity Act(EAL))并没有包含任何关于与有过失的规定。尽管如此,与有过错导致损害赔偿减少的信条还是被普遍认可的;这个公理可以间接地由EAL第24条衍生出来。与有过失只能减少因交通事故导致的身体伤害的赔偿请求权,如果受害方有最低限度的重大过失。这一领域的其他普遍主张还包括,与有过错会导致相应比例的责任减轻以及受害方的微小过错将不被考虑;作为一般规则,损害赔偿请求权被减少的份额很少会少于1/3(*Karlgren*, Skadeståndsrätt[5], 219; 前引*Vinding Kruse*书,318; 前引*Saxén*书,125)。在瑞典和丹麦,减轻赔偿请求权的考量因素主要包括与有过错的程度,在某些情形中,各方行为的危险性、各方根据保险方案的风险分配也会被考虑,在例外情况中,各方的经济状况也会被考虑(*Bengtsson and Strömbäck*, Skadeståndslagen[2], 340; 前引*von Eyben and Isager*书,319; 也可参见EAL第24条)。与此相反,芬兰采取的态度是只考虑受害方的与有过错;无论如何,其他因素是否被允许进入公平衡量仍然存在争议(Hahto, JFT 2005, 267; 前引Saxén,124)。根据《瑞典损害赔偿责任法》第6章第1条,对身体伤害的赔偿请求权可以被减少,如果受害人有重大过失。相对来说,这一条款很少被用到。除其他外,例子可以在HD 22 February 1979, NJA 1979, 129(在浅水的公共游泳池中头向下的潜水;损害赔偿请求权被减少50%),HD 1 December 1995, NJA 1995, 661(强盗被抢劫受害者用枪射伤;请求权被减少2/3)和HD 6 April 1973, NJA 1973, 141(一个男人在夜里闯进建筑工地,摔进了一个不安全的检修洞中;请求权被减少1/3)案中找到。与此相反,在涉及身体伤害的案件中减少赔偿请求权在芬兰是常见的(*Saxén*, Skadeståndsrätt, Tillägg till Skadeståndsrätt, 407; *Hahto*, JFT 2005, 267－268; 参见例如最高法院判决 25 June 1980, KKO 1980 II 72; 最高法院判决 20 August 2003, KKO 2003:70; 最高法院判决 13 August 2003, KKO 2003:67 和最高法院判决 31 August 1994, KKO 1994:74)。在丹麦,对于减少身体伤害的责任,法庭似乎要求更严重的与有过错(不仅在交通事故案件中);参见例如 HD 4 October 1979, UfR 1979, 964; HD 24 November1981; UfR 1982, 50; HD 25 October 1984, UfR 1984, 1098; Western CA 30 August 2002, UfR 2002, 2546 and HD 6 December 2002, UfR 2002, 519。尝试自杀的行为不会自动导致责任的免除(SWEDISH HD 11 July 1983, NJA 1983, 522 II; FINNISH Supreme Court 5 March, KKO 1985 II 30; 前引 *Bengtsson and Strömbäck* 书,333; DANISH Western CA 7 June 1993, UfR 1993, 785)。在这三个北欧国家中的每一个,儿童和精神障碍的成年人的与有过错由司法创制的特别监管制度调整(前引 *Bengtsson and Strömbäck* 书,346; *Saxén*, Skadeståndsrätt, 120; 前引 *von Eyben and Isager* 书,322)。在瑞典,关于财产损害和纯经济损害的"正常"规则是,一般的(不是重大的)过失就足以支撑损害赔偿责任减轻的请求(《损害赔偿责任法》第 6 章第 1 条第(2)项; 更多的细节,参见前引 *Bengtsson and Strömbäck* 书,340)。雇主或国家没有为他们的财产投保构成与有过错(《损害赔偿责任法》第 3 章第 6 条);法院不愿意将这一规定扩展适用到其他相似的案件(例如 HD 29 October 1991, NJA 1991, 567; 参见 *Bengtsson*, Om jämkning av skadestånd, 103)。特别是,丹麦法庭倾向于将——财产所有人对特别珍贵的财物疏于采取保护措施或者对易损坏的财物疏于采取保护措施,以致其处于损害风险中——的情况视为与有过错(*Trolle*, Risiko och Skyld[2], 445; 前引 *von Eyben and Isager* 书, 332; HD 28 January 1941, UfR 1941, 291; HD 10 November 1952, UfR 1953, 12; Eastern CA 18 March 1955, UfR 1955, 607; HD 6 June 1956, UfR 1956, 742; Eastern CA 10 December 1969, UfR 1970, 407; HD 15 April 1981, UfR 1981, 415 and Western CA 19 January 1994, UfR 1994, 304)。

14. 在英格兰,被告的与有过失在普通法上构成了对过失之诉的完整抗辩,虽然该规则的不公正性已经因扩展适用以下原则——有最后机会防止损害发生的一方被认为应该独立负责——而被减轻了(*Davies v. Mann* (1842) 10 M & W 546, 152 ER 588)。原告的注意标准是客观的,并且与被告相当:*The Genua* (1936) 55 Lloyd' s L. Rep 139, 147(*Langton* 法官:"一般的航海技能")。仅仅是错误的判断并不被视为与有过失:*SS* "*Baron Vernon*" *v. SS* "*Metagama*" 1928 SC (HL) 21, 27 (Viscount *Dunedin*) and 32 (Lord *Phillimore*) (但是,这两位法官认为,原告的"仰卧无为"构成了过失)。对原告与有过失的证明责任由被告承担:*SS* "*Baron Vernon*" *v. SS* "*Metagama*" 1928 SC (HL) 21, 25-26 (Viscount *Haldane*) and 29 (Lord *Shaw*), explained in 前引 *The Genua* 案,144 (*Langton* J)。但是,如果与有过失已经被证明,那么与有过失在多大程度上加剧或没有加剧原告的损害就应该由原告来证明:前引 *SS* "*Baron Vernon*" *v. SS* "*Metagama*" 案, 27 (Viscount *Dunedin*), but contrast 33 (Lord *Blanesburgh*: 过失行为本身是没有用的,除非能够表明在一般情况下,损害能从中产生)。该抗辩的"全有或全无(all or nothing)"的本性和最后机会原则(the doctrine of last opportunity)被 1945 年的《法律改革(与有过失)法》(Law Reform (Contributory Negligence) Act)排除了,该法案也正在苏格兰适用(前引,第 5 节)。这个制定法使得法庭可以考虑原告对损害的责任份额来减少损害赔偿,只要法院认为是公正和公平的:前引,第 1 节(1)。关于该法案的适用,参见,例如 *Badger v. Ministry of Defence* [2005] EWHC 2941 (QB); [2006] 3 All ER 173 (一名寡妇提起诉讼,因为她死去的丈夫被暴露于石棉之中,并因此染上了肺癌,该寡妇的请求权因其丈夫的与有过失被减少 20%,因为他在意识到吸烟会提高患肺癌的风险的情况下,仍然继续吸烟)。该抗辩适用于过失侵权,违反制定法上的义务和其他侵权:参见这个制定法第4节中对"过错"的定义。对于基于1971年《动物法》(Animals Act)所规定的严格责任而产生的请求权,该制定法第10节明确规定了本抗辩的适用;在苏格兰,对于基于1987年《动物(苏格兰)法》(Animals (Scotland) Act)产生的责任,该制定法第1节(6)中也有同样的规定。根据1987年《消费者保护法》(Consumer Protection Act),本抗辩对于严格责任(关于缺陷产品)也是明确可以适用的:参见该制定法第6节(4)。对原告在尝试避免或减少损失或伤害的过程中受到的损害,赔偿请求权同样也受制于与有过失抗辩:*Sayers v. Harlow Urban District Council* [1958] 1 WLR 623 (原告因为被告的过失被锁在了厕所间里,她尝试爬出来。在尝试爬出来的过程中,她危险地踩在厕所卷纸筒上,在意识到不可能爬出时,她放弃了尝试。因为这种危险行为导致的伤害,她要承担25%的责任)。该抗辩在雇员因雇主的过失(替代责任)——雇主在安装设备时存在过失,该设备因为第三方的过错而存在缺陷——而对雇主提起的诉讼的情形也是有保障的:参见1969年《雇主责任(缺陷设备)法》(Employers' Liability (Defective Equipment) Act)第1节(1)中的但书条款。原告的过错包括故意自伤:*Reeves v. Commissioner of Police of the Metropolis* [2000] 1 AC 360。在另一方面,该抗辩对欺诈侵权(*Alliance&Leicester Building Society v. Edgestop Ltd.* [1993] 1 WLR 1462(认为在这一点上,普通法的原则不受制定法的影响)),或者故意非法占有财物侵权(1997年《侵权(干涉财物)法》(Torts (Interference with Goods) Act,第11节(1))不适用,虽然关于该抗辩在其他故意侵权中是否可以被援引仍然存在争议(参见 *Murphy v. Culhane* [1977] QB 94(殴打))。原告的与有过失继续基于案件环境的合理情势被客观地判断;这种作为规则的进路与规制被告过失的进路相一致:*A. C. Billings &Sons Ltd. v. Riden* [1958] AC 240。但是,雇员对雇主尽到符合健康与安全的制定法义务的标准可能没有一般法律所要求的严格,同时儿童和智障人士也没有被期待达到一个谨慎成年人的标准:对于细节,参见 Clerk and Lindsell (*-Jones*), Torts[19], 3-51 - 3-56。证明责任继续由被告承担:*Widdowson v. Newgate Meat Corp.* [1998] PIQR P138, 143 (*Nourse* LJ)。

15. 爱尔兰也是如此,制定法已经使法院拥有了基于双方的相对过错分配责任的权力,取代了普通法上"全有或全无(all or nothing)"的抗辩:参见1961年《民事责任法案》(Civil Liability Act),第34节(1)。

Ⅱ. 减少损害的义务

16. 法国主要在两个判决 Cass. civ. 19 June 2003, Bull. civ. 2003, II, no. 203, cases nos. 930 and 931 中拒绝了受害人根据侵权法有减轻他或她的损害的义务的观点;受害者不需要为不减少自己利益损害的情况负责任(*la victime n' est pas tenue de limiter son préjudice dans l' intérêt du responsible*)。在此之前,Cass. civ. 19 March 1997, Bull. civ. 1997, II, no. 86 p. 48 的判决已经确切阐述了这样一个特殊原则——受害人有权拒绝医疗治疗,这种拒绝因此不构成一项过错(*faute*)。许多法学著述者指出,这些判决并不能被解释为侵权人有义务赔偿那些受害人本可轻易避免但却因重大过失而造成的间接损害(consequential damage)。而且,不存在任何障碍将加剧已发生的损害的行为认定为受害人的过错。如果是这种情况,责任通常会被分摊(*Jourdain*, RTD civ 2003, 716)。与此相反,在比利时,传统观点——每一个侵权受害人都有义务减少损害——仍然被坚持。但是,受害人并没有被要求采取任何超出合理措施(*mesures raisonnables*)的行动(Cass. 14 May 1992, Pas. belge 1992, I, no. 478 p. 798)。采用的标准是,一个理智和谨慎的人(un homme raisonnable et prudent)在系争案件是否有可能采取适当的措施。学术界认为,减轻或减少损害的义务产生于一般侵权法中的注意义务(Ronse(－De Wilde/Claeys/Mallems),Schade en schadeloosstelling I[2], p. 325 no. 464)。

17. 在西班牙,对这样的原则——受害人被要求采取所有适合的措施去减少损害——存在普遍的共识。减轻损害的义务(*deber de mitigar los daños*)在诚实信用的一般原则中找到了理由(《民法典》第7条第(1)项;TS 29 November 1995, RAJ 1995(5)no. 8361 p. 11143)。它并不意味着不合比例的牺牲或要求受害人面对新的风险(*Díez－Picazo*, Derecho de daños, 322)。在另一方面,作为疏于减轻损害的后果的责任减轻并不仅仅局限于身体伤害或财产损害,还可以发生在与无形人格权伤害相关的情形中(参见TS 23 April 1999, RAJ 1999(3)no. 4248 p. 6542:地方媒体的一则报道声称,原告在婚宴上与一名并非其丈夫的男子发生了性行为。正因为原告在第二天召开的新闻发布会上谈及此事,这一事件成为了全国范围的新闻。损害赔偿请求权被减少大约1/3)。

18. 根据《意大利民法典》第2056条,《民法典》第1227条对于侵权法上的请求权也适用。《民法典》第1227条第(2)项引入了适用于以下情形的损害赔偿请求权减轻规则——在损害事件发生后,受害人没有以足够谨慎的方式行事来限制损害的影响(Cass. 13 March 1987, no. 2655, Foro it. Mass. 1987, 2655)。如果后续损害不能被视为由侵权人启动的因果链条的正常结果,损害赔偿请求权就会被减少(*Franzoni*, Dei fatti illeciti, sub art. 2056, 785－786)。例如,在事故受害人要求不合比例高的修理费用时(参见CFI Genova 8 April 1983, Arch. Giur. circolaz. 1983, 775; CFI Forlì 9 March 1994, Arch. Giur. circolaz. 1994, 1073; CA Genova 6 May 1985, Giust. civ. 1986, I, 2257),或者受害人不必要地在私人诊所而非国营医院中寻求医疗治疗(CFI Trieste 14 January 1988, Dir. Economia assicur. 1988, 539),《民法典》第1227条第(2)项可以被适用。《民法典》第1227条的进一步适用在以下这个判决中也可以被寻见,在这个判决中,一个店主疏于将受洪水威胁的货物移入安全的仓库(Cass. 9 February 2004, no. 2422, Giur. it. Mass. 2002, fasc. 2)。《民法典》第1227条的适用在以下这个案件中也出现了,在这个案件中,一个雇员被不公平的开除,随后又恢复原职,他在失业期间没有努力寻找另一个职位(Cass. sez. lav. 21 September 2000, no. 10859, Stud. Iuris 2001, 217)。

19. 为了补充注释14中关于匈牙利的分析,此处还有必要提及这三个案件,BH 1996/38(对于因受害人疏于减轻损害而产生的进一步的费用,侵权人的保险公司并没有被要求赔偿这些附加费用),BH 1987/450(减轻损害的义务并不能给受害人课加不合理的负担;它的目的不是使侵权人免予责任)和BH 1984/197(侵权人只被要求赔偿那些在受害人以适合的方式充分履行减轻损害义务后仍会发生的损害)。相似地,在《保加利亚债法(BULGARIAN LOA)》第83条第(2)项中,债务人对于一个诚实的债权人可以避免的损害也不需要负责。但是,原告不能被期待采取那些将会产生比阻止损害更高成本的措施,另外,他也不能被要求采取违法或违反善良风俗的措施,也不能被期待采取那些会伤害他或她的良好名誉的措施(*Kalaydjiev*, Obligazionno pravo, Obshta chast, 389)。根据《斯洛文尼亚债法(SLOVENIAN LOA)》第171条第(1)项,违反减轻损害的义务将导致对金钱损失或非金钱损失的损害赔偿请求权的减少(《债法》第185条)(VS RS II 25 January 1996, Ips 423/94:拒绝同意接受全身麻醉的手术)。受害人不需要采取特别措施也不需要像牺牲品一样行事(VS RS II 14 March 1996, Ips 652/94)。罗马尼亚制定法目前没有承认任何减轻损害的义务;但是,这项义务在民法典建议稿(民法典草案第1109条第(1)项;

Proiectul Noului Cod civil, 217)中,应该会获得制定法的承认。

20.《德国民法典》第254条第(2)项事实上在第254条第(1)项之后进一步明确,即受害方的与有过错也可能因疏于指出可能导致重大损害的特别风险而产生,或者也可能因疏于阻止损害的发生或疏于采取措施减少损害的影响而产生。这三个义务被课加给受害人,即警告义务,避免损害的义务和采取合理措施减轻损害的义务。受害人构成与有过错,如果他或她违反诚信行事的义务,疏于采取一个谨慎和理性的人在当时的情势下为保护他或她自己的利益都会采取的措施(BGH 13 December 1951, NJW 1952, 299, 300)。寻求医疗治疗和遵循医嘱是一个遭受严重伤害的人应当承担的义务(*Medicus*, Schuldrecht I[16], no. 675);一个受害人甚至有义务同意手术,如果手术可以被认为是安全的常规医疗程序,术后恢复不会特别痛苦,恢复的前景很好或者手术可以提供相当大的改善(BGH 15 March 1994, NJW 1994, 1592, 1593)。受害方在合理的范围内也有义务利用他或她剩余的工作能力避免或减少收入损失,如果有必要,也有义务参加这方面的培训(BGH 13 May 1953, NJW 1953, 1098; BGH 9 October 1990, NJW 1991, 1412, 1413)。对于受害人因履行上述义务而产生的费用,侵权人必须赔偿(BGH 1 April 1993, NJW 1993, 2685, 2687)。只有在受害方可能认识到损害具有高度可能性或者他或她已经认识到这个风险时,警告义务才存在(Palandt (- *Heinrichs*), BGB[66], § 254, no. 38; Erman (- *Kuckuk*), BGBI[11], § 254, no. 56; BGH 1 February 1965, VersR 1965, 484, 487)。在侵权人和受害人对风险的知悉处于相似位置的情况下,警告就不被要求(Staudinger (- *Schiemann*), BGB [Neubearbeitung 2005], § 254, no. 75)。如果侵权人在任何情况下都不会注意到做出的警告,那么与有过错的存在与损害之间的因果关系就不能建立(BGH 26 May 1988, NJW 1989, 290, 292; 也可参见 BGH 19 September 1995, VersR 1996, 380, 381)。但是,对于侵权人来说,如果警告被作出,他就会采取合理的措施,那么与有过错与损害之间的因果关系就足以建立,甚至在该种措施是否会阻止后续损害还不确定的情形中也是如此(BGH 1 December 2005, NJW 2006, 1426, 1428; BGH 1 December 2005, NJW - RR 2006, 1108, 1110)。不寻常的重大损害的风险在一个判决中获得了支持,在这个案件中,一个价值14,400欧元的打印机被损害之后,导致每天11,500欧元的损害的累积(CA Hamm 17 June 1996, NJW - RR 1998, 380);翻译错误导致的损失,它相当于被收取的费用的40倍(CA Hamm 28 February 1989, NJW 1989, 2066)以及关于一项特别有利的金融投资的失败的风险(RG 29 October 1910, JW 1911, 35; 但是, BGH 18 February 2002, NJW 2002, 2553, 2554 对本案判决持批评态度)。

21. 在奥地利法中,如果受害方有过错地(OGH 30 May 1974, SZ 47/69 p. 301)疏于像正常人一样防止或减轻后续损害,那么他或她就违反了减轻损害的义务(OGH 28 March 2000, 1 Ob 9/00 f)。受害方被期待采取的措施取决于个案情况(前引 OGH 30 May 1974; OGH 26 February 2002, 1 Ob 24/02i),同时也取决于采取这种保护性措施是否属于一般常识(OGH 10 October 1983, ZVR 1984/122 p. 116; OGH 7 July 2005, 2 Ob 135/04y:自行车手没有带头盔;这不构成与有过错)。拒绝接受医疗治疗或拒绝接受手术可能构成与有过错(OGH 12 March 1963, SZ 36/37 p. 104; 前引 OGH 30 May 1974; OGH12 February 1981, ZVR 1982/113 p. 86),没有从事可期待的职业(OGH 25 June 1998, ZVR 1999/25 p. 91; OGH 7 December 2000, ZVR 2002/5 p. 13)或者不同意修理的进行也可能构成与有过错(*Koziol*, Haftpflichtrecht I[3], no. 12/104)。一名耶和华的见证人(Jehovah's witness)不会被要求接受输血(OGH 25 June 1998, ZVR 1999/25 p. 91)。一般规则是,一个人不能被合理期待同意严重或者甚至可能威胁生命的外科手术(前引 OGH 30

May 1974）。证明受害人违反减少损失义务的举证责任由侵权人承担（OGH 8 November 1984, ZVR 1985/114 p. 212; OGH 26 November 1992, JBl 1994, 331）。

22.《希腊民法典》第300条第（1）项第2句明确规定，受害人疏于指出发生不常见的重大损害的风险或者疏于防止损害或者疏于采取措施减少损害，那么就构成了与有过错。它取决于受害方是否违反了诚信行事的义务或者违反社会习俗而消极不作为（Georgiades and Stathopoulos（－*Stathopoulos*），art. 300, no. 10）。教科书上的例子有：因为预料到纵火者会赔偿而没有采取救火措施以及拒绝同意接受没有问题的常规医疗或手术（前引 *Stathopoulos*, no. 11）。

23.《葡萄牙民法典》第570条第（1）项赋予法庭减少损害赔偿的自由裁量权，如果受害方有过错地疏于阻止损害的加剧，参见前面的注释I10；*Pires de Lima and Antunes Varela*, Código Civil Anotado I[4], 588, note 2 under art. 570 and *Brandão Proença*, A conduta do lesado, 101。如果事故受害人拒绝适合的医疗治疗，而对这种医疗治疗的同意一般是可期待的，本条规定的法律后果就会发生。

24.在相似的情况中，《荷兰民法典》第6:101条第（1）项要求受害人采取措施将损害限制在合理的范围内（Parlementaire Geschiedenis VI, 351; Schadevergoeding I（－*Lindenbergh*）art. 6:96, note 172 p. 768; HR 24 January 1997, Ned Jur 1999 no. 56 p. 224）。该规定被《民法典》第6:96条第（2）项所补充，根据该条，受害方对他或她在尝试防止或减少损害时产生的合理费用有请求权。法庭判断合理性时，会考虑迫近的损害和限制这个损害的成本的关系，也会考虑受害方采取这些限制措施可能引起的风险（Parlementaire Geschiedenis VI, 335）。

25.在北欧国家中，减少损害的义务被普遍承认（*Bengtsson and Strömbäck*, Skadeståndslagen[2], 338; *von Eyben and Isager*, Lærebog ierstatningsret[5], 245; *Saxén*, Skadeståndsrätt, 122）。与此同时，虽然该义务确实被承认与有过错原则有关，但该义务通常只会在充分因果关系（adequate causation）的标题下被提到（*Andersson*, Skyddsändamål och adekvans, 479; *Radetzki*, Skadeståndsberäkning vid sakskada, 158; *Peczenik*, Causes and Damages, 246）。我们在此处只关注损害的程度，只要部分损害已经发生，而与有过失则关系到损害事件本身的发生。损害赔偿的对象限于那些受害方采取合适措施后仍不能避免的损失（*Vinding Kruse*, Erstatningsretten[5], 334；前引 *Andersson* 书，480; *Hellner and Radetzki*, Skadeståndsrätt[7], 417；前引 *Saxén* 书，117, 122）。"适当性（Appropriateness）"需要根据个案的特殊情况来判断；除此之外，法庭也会顾及责任的基础以及承受的损失的性质（前引 *Andersson* 书，482；前引 *Radetzki* 书，159）。如果伤害或疾病是明显的，受害方被要求寻求医疗治疗（Swedish HD 19 July 1909, NJA 1909, 369 and HD 15 December 1939, NJA 1939, 601）；受害方也被要求接受——那些他或她被合理期待会同意的——手术（那些没有特别风险并且没有其他理由可以使拒绝同意正当化的手术；*Jørgensen*, Erstatning for personskade og tab af forsørger[3], 467; Danish HD 23 June 1969, UfR 1969, 682）。在恢复劳动力方面，则进一步要求采取积极措施（《瑞典损害赔偿责任法》（Swedish Damages Liability Act）第5章第1条，《芬兰损害赔偿责任法》（Finnish Damages Liability Act）第5章第2a条，《丹麦损害赔偿责任法（Danish EAL）》第1章第5条第（2）项；也可参见 Swedish HD 4 December 1991, NJA 1991 662）。一般来说，有形损害、财产损害和纯经济损失被与身体伤害同等对待。例如，如果发生火灾，原告必须尝试拯救家畜（Danish Western CA 25 February 1942, UfR 1942, 560），机动车必须被及时修理，以限制因无法使用而导致的收入损失或损害（Swedish HD 20 April 1938, NJA 1938, 147; HD 31 May 1965, NJA 1965, 165; HD 12 April 1978, NJA

1978, 207)。当然,要求兽医采取超出动物本身价值的救助措施本身并不是不恰当的(Swedish HD 22 February 2001, NJA 2001, 65 I–II; Danish Eastern CA 14 September 1981, UfR 1981, 1074; 前引 *Vinding Kruse* 书, 334; 前引 *Andersson* 书, 484; 前引 Hellner and Radetzki 书, 416; 前引 *Saxén* 书, 122, 280)。至于纯经济损失,例如,一次行动失败,可能在特殊情况下使裁员(HD 11 November 1959, NJA 1959, 552)或者向银行借债使生产重新恢复(前引 *von Eyben and Isager* 书, 245)成为必要;也有可能要求重组成本高昂的工作规程(Danish SH 7 April 1960, UfR 1960, 932; Danish HD 24 June 1983, UfR 1983, 714)。

26. 在英格兰和苏格兰,减轻损害的义务是普遍接受的:参见 *SS* "*Baron Vernon*" *v. SS* "*Metagama*" 1928 SC (HL) 21, 26 (Viscount*Haldane*), 27 (Viscount *Dunedin*)(一名苏格兰的学术权威同样表达了对英格兰法的赞同)。原告对于那些他或她可以合理避免的损失不能要求赔偿:*Darbishire v. Warran* [1963] 1 WLR 1067 (CA)(在购车费用低于修理原告受损车辆的费用时,原告只被允许获得在公开市场上购买相似价值的车辆所需的费用)。这一义务被视为以下命题的重述:原告可合理避免的部分损害并非直接产生于被告的行为:前引 *SS* "*Baron Vernon*" *v. SS* "*Metagama*", 27。被告有义务证明原告疏于减轻损害,这决定了法院在什么样的合理范围内努力保障被告不因为满足过分的要求而负担过重:*London and South of England Building Society v. Stone* [1983] 1 WLR 1242 (CA), 法院拒绝了贷款人(他的有价证券的价值因疏忽而被高估,并遭受损失(suffered from subsidence))针对借款人执行个人契约的请求,这仅仅只有在投机的机会中才会获利。为保障原告安排生活选择的自由不会被剥夺,制定法对合理可避免的损害的观念也作出了限制。所以,对于人身伤害的损害赔偿诉讼,在判断合理性时(1948 年《法律改革(人身伤害)法》(Law Reform (Personal Injuries) Act)第 2 节(4),利用公立医疗服务避免或减少费用的可能性并不被考虑,因此使得原告可以选择私立医疗服务。

27. 在爱尔兰,因过失疏于减轻损害被认为——就实际发生的损害超出如果采取减轻损害的措施本应发生的损害的数额——存在与有过失:1961 年《民事责任法》(Civil Liability Act)第 34 节(2)(b)。这样的改革意味着,对于原告受到伤害或损失后有轻微过失的情形,其结果是损害分摊,而非绝对地否定损害赔偿请求权。原告故意不减少损害的情形被认为,在该制定法的调整范围以外,构成新介入因素(*novus actus interveniens*)并导致损害赔偿请求权的排除:*McMahon and Binchy*, Torts[3], para. 20.28。

Ⅲ. 交通事故中的与有过错

28. 在法国,对交通事故的损害赔偿由 1985 年 7 月 5 日颁布的《巴丹泰法》(*Loi Badinter*)调整。在这些规则的适用范围内,它们优先于调整赔偿责任的一般规则(*Bénabent*, Obligations[9], no. 647 p. 428);后者只在《巴丹泰法》不适用的情形才能被适用(Cass. civ. 4 March 1999, Bull. civ. 1999, II, no. 36 p. 27:行人对于摩托车骑手的责任)。交通事故的受害人对司机或车辆管理人有赔偿请求权,这样的请求并不需要证明过错。司机和管理人不能以不可抗力(*force majeure*)或声称事故是第三人行为(*fait d' un tiers*)导致的(前引制定法第 2 条)。在受害人与有过错时,存在对身体伤害和财产损害的区分。不可原谅过错的抗辩只能针对非驾驶人的受害人主张,并且只有在事故原因唯一归因于受害人(前引制定法第 3 条第(1)项),且受害人低于 16 岁,高于 70 岁,或者遭受终身残疾或丧失至少 80% 的工作能力时(前引制定法第 3 条第(2)项)才能主张。在自杀或尝试自杀的情况下,被告将不会被课加责任(前引制定法第 3 条第(3)项)。如果司机遭受损害,那么他或她的与有过失通常将减轻机动车管理人 50% 的责任;在严重的情况下,责任可能被减至100%(前引制定法第4条);司机对事故发生的贡献(在酒精的影响下、驾驶速度过快)总是责任减轻的前提条件(Cass. ass. plén. 6 April 2007, Bull. civ. 2007, no. 5 p. 11; Cass. ass. plén. 6 April 2007, Bull. civ. 2007, no. 6 p. 12)。第4条调整财产损害,同样也涉及非机动车驾驶人的受害方(前引制定法第5条第(1)项)。

29. 在比利时,对交通事故受害人的损害赔偿由1989年11月21日通过的《机动车保险责任法》(Motor Insurance Liability Act)调整。前引制定法第29条bis § 1(1)调整涉及导致驾驶人以外的人死亡或身体伤害事故的机动车的所有人、驾驶人和保管人的保险人的责任。超过14岁的人或者那些故意引起事故发生和故意引起它的结果的,不能依赖本条款。西班牙的《机动车交通责任和保险法》(Liability and Insurance for Motor Vehicle Traffic Act)第1(1)4条规定,在驾驶人有过错的情况下,受害人的请求权将会按照他或她对损害发生的贡献的比例减少。本条适用于身体伤害和经济损失(前引制定法第4条第(3)项)。该制定法条款的措辞已经遭到了批评,但法律评论者还是对——澄清与有过错的规则也适用于交通事故——表示广泛的认可(*Reglero Campos*, Responsabilidad civil y seguro en la circulación de vehículos de motor[3], 933-934)。前引制定法第1条第(2)项规定,一般不具有过错能力的人的与有过错与其他每一个交通事故受害人的过错应该被同等对待(参见 CA Ciudad Real 25 February 2002, BDA JUR 2002/117158; 对政策理由的批评,参见 *Medina Alcoz*, La culpa de la víctima, 297)。

30.《意大利民法典》第1227条也适用于交通事故。不系安全带是一个典型例子;如果一个前排乘客没有系安全带,那么驾驶人也可能根据个案情况对特定比例的损害负责(compare Cass. 11 March 2004, no. 4993, Foro it. 2004, I, 2108 and 3129: 这里,没有系安全带对事故发生的贡献比例是50%,30%的责任由受害方承担,20%由司机承担)。而且,根据《民法典》第2054条,行人也必须考虑到他们的损害赔偿请求权的减少,如果他们被认为以危险的方式行事并显示出缺乏注意(Cass. 10 August 2000, no. 10352, Giur. it. Mass. 2000, 1732; Cass. 16 September 1996, no. 8281, Danno e resp. 1997, 252)。在两辆车相撞的情况下,根据《民法典》第2054条第(2)项,"除非有相反的证据",否则则推定,每个司机对每辆车遭受的损害贡献相同。

31. 在保加利亚,关于与有过错的一般规则也调整交通事故。如果一名乘客在一辆高速行驶的汽车拐弯时被从窗户中甩出并受到致命伤害,那么这名乘客被认为对该事故的发生没有贡献(Supreme Court 22 September 1983, decision no. 590 in criminal matters, case no. 599/83)。在另一方面,一名乘客在他过斑马线的时候没有注意过往交通,因此被认为构成与有过错(它具有减轻责任的效果)(Supreme Court 19 August 1980, decision no. 846 in criminal matters, case no. 756/1980)。根据判例法,不具有侵权能力的人(例如,未成年人)被要求知道交通规则或者在所有时候被要求陪同(Supreme Court 16 October 1979, decision no. 1082 in criminal matters, case no. 956/79)。与有过错必须被证明;通过类推适用《债法》第45条第(2)项推定与有过错,是不可能的(*Burov*, Grajdanska otgovornost za vredi, prichineni pri avtomobilna zlopoluka, 158)。

32.《波兰民法典》第436 § 1条规定的机动车保管人的严格责任不能被课加,如果事故由受害方或者由不由受害方负责的第三方独自引起(Bieniek (-*Bieniek*) III(1)[5], art. 436 nos. 17 and 21; Pietrzykowski (-*Safjan*), Kodeks cywilny I[4], art. 436 no. 14)。"独自过错"(exlusive fault)必须是事故的唯一原因(Radwań ski (-*Olejniczak*), Zobowiązania - część ogólna[5], p. 226 no. 576; 前引*Bieniek*书, art. 435 no. 33; 前引*Safjan*书, art. 435 no. 21; Supreme Court 18 December 1961, 4 CR 328/61, NP no. 11/1962, p. 1523: 尽管有被告的警告,原告仍然在此时踩

上了正在运行的割草机)。如果受害方的行为不构成"独自过错",而是"共同"(common)过错,那么他或她的请求权将会根据《民法典》第362条的一般规定所包含的标准被减少(前引 *Bieniek* 书, art. 436, no. 19; Bieniek (–*Wiśniewski*) III(1)5, art. 362 no. 6; 前引 *Safjan* 书, art. 435 no. 25 and art. 436 no. 14; Supreme Court 2 December 1985, IV CR 412/85, OSPiKA 1986, no. 4, poz. 87; Supreme Court 6 June 1997, II CKN 213/97, OSNC 1998, no. 1, poz. 5:在一起饮酒后乘坐醉酒司机驾驶的车辆)。

33. 一项对事故受害人不利的调整损害赔偿减少的规则可以从《德国民法典》第254条第(1)项中推导出来。如果受害人不遵守交通规则或者对危险驾驶车辆有责任,那么这个规则就会发挥作用(BGH 9 January 1959, BGHZ 29, 163, 171; BGH 30 January 1979, NJW 1979, 980)。《民法典》第254条只影响了相对较少数量的交通事故损失案件,这确实是事实。如果损害由超过一辆车引起或者如果机动车的管理人遭受了他人引起的损失,《道路交通法(Road Traffic Act)》第17条第(1)项就是可适用的;但是,这一规则完全与《民法典》第254条第(1)项一致(Erman (–*Kuckuk*), BGB I[11], § 254, no. 35)。《道路交通法》没有影响到《民法典》第254条第(2)项规定的减轻损害的义务(MünchKomm (–*Oetker*), BGB[5], § 254, no. 13)。已满10岁的儿童对在交通事故中非故意给他人造成的损害不负责(《民法典》第828条第(2)项);因此,他们并不需要考虑减少损害赔偿。

34.《奥地利民法典》第1304条也调整道路交通事故。它也适用于受害方对应付严格责任的被告提起损害赔偿请求权的情形(《铁路和机动车赔偿责任法(EKHG)第7条)。只有在违反系安全带的义务或者不带头盔乘骑摩托车时,才适用特别规则(参见前面的注释18)。例如,在一个人同意乘坐明显醉酒的司机驾驶的车辆时,他或她就被认为构成了与有过错(OGH 10 December 1970, SZ 43/231 p. 813)。在以相应的方式适用《民法典》第1310条时,法庭确认了一名儿童的与有过错,这名儿童具有区分对错的能力,他突然从后面停放的车辆中跳出并在道路上奔跑(进一步参见 Koziol/Bydlinski/Bollenberger (–*Karner*), ABGB[2] § 1310 no. 7)。

35.《希腊民法典》第300条(前面的注释19)也适用于道路交通事故(*Kritikos*, Aposimiosi apo trochaia avtokinitika atichimata, 34 and 460)。对于年满10岁的未成年人,根据《民法典》第915条,他们的请求权是否能根据与有过错被减少,仍然存在疑问。法律评论中的多数意见是,以适当的方式适用《民法典》第915条能解决上述问题:它取决于,根据公平责任规则,未成年人是否被认为应该承担责任,如果未成年人没有遭受损害但却给第三方造成了损害(ErmAK (–*Litzeropoulos*), art. 300, no. 22; 前引 *Kritikos* 书, 36; Georgiades and Stathopoulos (–*Stathopoulos*), art. 300, no. 8; *Dimopoulou*, Evthini apo diakindinevsi, 39)。《道路交通法(Road Traffic Liability Act)》第6条的确包含了这样的条款,根据这一条款,受害方的责任被完全排除了,但是这一条款因后来《民法典》第300条的颁布而变得过时了(*Kornilakis*, I evthini apo diakindinevsi, 174; *Livanis*, I efarmogi tou arthrou 300 is to pedion tis antikimenikis evthinis, 140; 也可参见 *Georgiades*, Enochiko Dikaio, Geniko meros, 694)。

36.《葡萄牙民法典》第505条明确规定,基于与有过错(《民法典》第570条)而减少责任的规则,在保管人被认为应该承担第503条第(1)项规定的严格责任的情况下,也是有效的。只有在受害人独立引起事故或第三人引起事故时,或者监管人援引与机动车驾驶无关的不可抗力(*force majeure*)时,责任才能被排除(进一步参见 *Antunes Varela*, Obrigações em geral I[10], 676)。对于《民法典》第505条规定的情形,被《民法典》第503条课加的严格责任的风险的实现应该不存在。司机和受害方都对事故的发生有贡献的情形仍然由《民法典》第 570 条调整（参见例如，CA Evora 17 April 1997, BolMinJus 466 [1997] 610 and STJ 6 July 1971, BolMinJus 209 [1971] 102）。只要事故可以被归因于没有过错能力的人的不当行为，那么司机就被免除责任。在两辆或更多车辆相撞的情形，需要作出以下区分。如果双方都有过错，《民法典》第 570 条可以适用。如果没有一方的司机是有过错的，则取决于各自车辆的固有驾驶风险对事故发生的贡献程度（《民法典》第 506 条第(1)项）。在缺少相反证据的情况下，两辆车的固有驾驶风险被认为是相同的，如果确定双方都有过错，那么责任是被平等分摊的（《民法典》第 506 条第(2)项）。

37. 作为一般规则，《荷兰民法典》第 6:101 条（参见前面的注释 I11）也适用于道路交通事故。但是，责任减轻必须符合公平要求的前提条件在这个领域中被认为具有特别意义。可以注意到，法院倾向于保护道路交通中的弱势使用者的利益，甚至在违反交通安全规则的情况下也是如此，在这种情况下，法院限制《民法典》第 6:101 条的适用（进一步参见 Onrechtmatige daad III（–*Bouman*）, nos. 253–254 pp. 97–118; Schadevergoeding I（–*Boonekamp*）, art. 6:101, no. 12.1, p. 38）。在涉及对已满 14 岁的儿童的伤害时，从引起危险情况的人处获得全部损害赔偿是被接受的。只有在儿童的行为被证明缺乏应有的注意，规则才会有所不同，这还要求有明确的正当理由（HR 8 Dezember 1989, NedJur 1990 no. 778 p. 3248）。而且，骑自行车的人和步行者享受特别的保护；只要他们的行为不构成故意或过失，这样的原告被赋予了从机动车保管人处获得至少 50% 的损害赔偿的权利（HR 28 Februar 1992, NedJur 1993 no. 566 p. 2117）。

38.《爱沙尼亚债法（ESTONIAN LOA）》第 139 条第(1)项赋予了法官忽略受害方微不足道的过错的自由裁量权。第Ⅵ-5:102 条第(2)项(b)与《债法》第 139 条第(3)项相似，但后者并不限于调整交通事故。它对所有类型的人身伤害都有影响。

39. 为详细了解北欧国家的普遍情形，请参见 IV 之下的注释。《瑞典交通损害赔偿法》（SWEDISH Traffic Damages Act）第 12 条与调整一般侵权责任的一般规则一致（参见前面的注释 13），根据该规则，只有受害人的行为构成故意或重大过失，人身伤害责任才能被减轻。相同的情况也在《丹麦交通法案（DANISH Traffic Act）》第 101 条第(2)项和《芬兰交通保险法案（FINNISH Traffic Insurance Act）》第 2 章第 7 条中普遍存在。此外，瑞典的制定法还规定了这样的可能性，即在醉酒驾驶的司机过失地对他或她自己的损害的发生有贡献的情况下，责任可能会对其不利地被减少（参见 HD 6 April 2000, NJA 2000, 150）。这样的情况在丹麦（HD 15 November 2002, UfR 2003, 339）和芬兰（前引）都是相似的。同意乘坐明显醉酒的司机驾驶的车辆的人具有重大过失。受害人的一般（不重大）与有过错足以在财产损害的案件中减轻责任（《瑞典交通损害法案》第 12 条第(2)项；《丹麦交通法案》第 101 条第(3)项；《芬兰交通保险法案》第 2 章第 7 条第(2)项）。在机动车碰撞的案件中，各自的过错程度以及其他的决定性因素（例如对事故发生有贡献的其他风险的存在）在衡量案件的所有情势时，将被法院考虑（*Hellner and Radetzki*, Skadeståndsrätt[7], 228, 235; *von Eyben and Isager*, Lærebog i erstatningsret[5], 167; *Lyngsø*, Færdselsansvar[3], 73; *Saxén*, Skadeståndsrätt, 256）。

40. 在英格兰，交通事故中的与有过失由与有过失的一般规则调整，因此在原告的过失对事故有贡献时，其损害赔偿将被减少，每一个个案都将基于其自身的情势被评价，而不是依赖于——将特定行为在所有情势中都认定为过失的——固定“法律规则（rules of law）”：参见 Clerk and Lindsell（–*Jones*）, Torts[19], 3–57 and for details Charlesworth and Percy（–*Cooper*）, Negligence[11], Chap. 9。

Ⅳ. 在受害方的“严格责任”对事故发生有贡献的情形中的责任减轻

41. 责任可以因受害方的客观过错而被减轻的观念在法国法和比利时法中没有得到承认。每一方都必须对另一方全部赔偿，除非受害方对损害的发生有贡献(Cass. civ. 11 February 1976, D. 1976 Jur. 609, note Larroumet)。

42. 在西班牙，与有过错的抗辩在严格责任和过错责任的案件中同样发挥作用(例如 *Reglero Campos*, El nexo causal[3], 446; 同样参见《机动车交通责任与保险法(Liability and Insurance for Motor Vehicle Traffic Act)》第1.1条第(4)项)。早先，在涉及机动车相撞的案件中，最高法院(*Tribunal Supremo*)认为严格责任制度不适用与有过错，责任是根据各自的过错来分摊的(TS 6 March 1992, RAJ 1992 [2] no 2397 p. 3245; TS 15 April 1992, RAJ 1992 [2] no. 3306 p. 4368; TS 29 April 1994, RAJ 1994 [2] no. 2983 p. 4029)。但是，作出第一个判例的法庭判决，每一方都必须赔偿对方50%的损失，该案的事实与第Ⅵ-5:102条之下的示例9的事实相似，只要各自的过错程度和对事故发生的贡献不能被明确地确定(CA Islas Baleares 12 September 2006, BDA JUR 2006/279403; CA Islas Baleares 2 February 2006, BDA JUR 2006/155482)。CA Barcelona 19 January 2006, JUR 2006/112784 的判决在没有确定每一方司机的具体过错时，减少了每一方一半的请求权。在小汽车和摩托车相碰撞的情形中，CA Barcelona 2 March 2006, JUR 2006/232076 的判决减少了汽车驾驶人75%的请求权(因为他忽视了交通标识)，摩托车驾驶人的请求权被减少了25%。与第Ⅵ-5:102条第(2)项(a)和(b)的规定一致，法庭似乎忽略了非实质性的与有过错或责任承担(CA Barcelona 23 October 2006, BDA JUR 2007/149; CA Madrid 28 September 2006, JUR 2006/268555; CFI Barcelona 16 May 2007, La Ley 18 July 2007 no. 6758)。在两个危险源共同促成了损害发生或扩大的情况下，通行的法律原则也支持减少损害赔偿(前引 *Reglero Campos* 书, 447)。不言而喻，雇员的与有过错应该归咎于他或她的雇主，并且能减轻责任(TS 9 March 1995, RAJ 1995 [1] no 1847 p. 2431)。

43. 《意大利民法典》第1227条第(1)项的理论基础被解释为，意味着受害方必须承担他或她促成的全部损害的份额。因此，这一条款，在一方或双方承担严格责任或者过错被推定时，也适用(*Franzoni*, Dei fatti illeciti, supplement to arts. 2043, 2056–2059, sub art. 2043, pp. 41, 46)。例如，在涉及机动车和动物的案件中，相关责任(《民法典》第2052条和《民法典》第2054条第(1)项)的程度应该参照个案的情势来决定(Cass. 9 December 1992, no. 13016, Giust. civ. Mass. 1992, fasc. 12; Cass. 27 June 1997, no. 5783, Giust. civ. Mass. 1997, 1077)。如果动物造成机动车驾驶人遭受损失，并且没有积极的证据证明后者已经采取了所有可能的措施来避免损失，(《民法典》第2054条第(1)项)，这就会导致《民法典》第1227条第(1)项的适用，减少损害赔偿请求权(Cass. 9 June 2002, no. 200, Resp. civ. e prev. 2002, 1390)。在“机动车相撞”的情形中，那么根据《民法典》第2054条第(2)项“除非相反的证据被提出，否则就推定机动车驾驶人对损害的发生承担连带(jointly and severally)责任”。因此，每一方要承担他或她遭受的损害的50%并且要赔偿对方50%的损失。这与第Ⅵ-5:102条确定的规则是一致的。

44. 如果两个相当危险的东西(例如，两辆机动车)相撞，那么根据《匈牙利民法典》第346条第(1)项，首先，与过错责任相关的“传统”规则将调整它们之间的关系。如果不存在过错，并且损害的发生可以被归因于其中一辆涉事机动车的内在“不正常(irregularity)”，那么该方则应被科加责任(《民法典》第346条第(2)项)。但是，如果每辆车都显示出这样的不正常，或者不能确定哪一辆车如此，并且都不存在过错，那么每一方要承担他或她自己的损失(《民法典》第346条第(3)项);在这种情况下,要求任何一方赔偿其他人损失的解决方案被认为是“荒唐的”:*Eörsi*, Kártérítés jogellenes magatartásért, 118 ff。如果一项危险的活动与一项没有危险的活动同时进行,并且损害是由危险的活动导致的,那么该方的请求权将——根据该危险活动的内在风险对损害发生的贡献的程度——被减少(Opinion of the Civil College of the Supreme Court PK 38 Gellért (-*Benedek*), A Polgári Törvénykönyv Magyarázata I[6], 1271 f; Petrik (-*Wellmann*), Polgári jog II, 593 f)。与此相似,《民法典》第346条在交通事故是由打猎游戏引发的情况下也是适用的。这种发生在高速公路上的游戏不被认为是“不正常”,但是拥有打猎许可的人应该对——在高速公路上冒险进行的这种游戏以及那些不能被期待在高速公路上进行的游戏——负责(前引*Benedek*书, 1278; BH 2003/237; BH 2000/401; 也可参见前引*Wellmann*书, 596; BH 2000/402)。相似地,在罗马尼亚,法院和主流法律意见都认可这种观念——相互冲突的责任互相抵消,因此这些案件应该系统化地由过错责任的一般规则调整(*Romoşan*, Vinovă i, 177-178)。保加利亚法律并不认可,因受害方的严格责任对事故的发生有贡献而减轻责任。法院简单地宣布,在事故的发生可以被排他地归因于受害方的过错的案件中,对动物和财产的客观责任可以被免除(Supreme Court 26 November 1960, decision no. 799 in civil matters, case no. 6940/60, fourth chamber)。根据《斯洛文尼亚债法》(SLOVENIAN LOA)第154条第(3)项,作为一项一般规则,双方都需要对并非由其中任何一方导致交通事故负责,除非为达到公平的结果必须实施不同的责任分摊。最重要的是,在进行公平衡量时,需要考虑各自车辆的危险状态(进一步请参见Juhart and Plavšak (-*Pensa*), Obligacijski zakonik I, art. 154 p. 882)。

45. 在受害方没有事实上的与有过错,但他的严格责任对损害发生有贡献的案件中,对他的损害赔偿请求权的范围进行限制的问题,在波兰是激烈讨论的主题(进一步的分析参见例如*Szpunar*, Rejent no. 2001 (6) 13; *Granecki*, PiP 2003 (1), 68; Radwański (-*Olejniczak*), Zobowiązania - część ogólna[5], 96, no. 249; Radwański (-Dybowski), System prawa cywilnego III(1), 298; Pietrzykowski (-*Banaszczyk*) Kodeks cywilny I[4], art. 362 no. 5)。教学和法学中的多数意见倾向于支持这样的进路,即取决于被告的被科加的责任的性质:如果被告承担的是过错责任,那么只有受害方的与有过错才能减轻他或她的损害赔偿请求权;相反,如果被告承担的是严格责任,那么只有受害方的严格责任才能减轻请求权(前引*Olejniczak*书, no. 250; 前引*Dybowski*书, 298; Bieniek (-*Wiśniewski*) III(1)[5], art. 362 nos. 5 and 7; Supreme Court 7 October 1977, I CR 366/77, OSNC 1978, no. 7, poz. 118; Supreme Court 13 October 1998, II UKN 259/98, OSNP 1999, no. 21, poz. 698; Supreme Court 6 October 2000, II UKN 27/00, OSNP 2002, no. 10, poz. 249)。在机动车相撞的案件中,根据《民法典》第436条第2项,关于过错责任的一般规则优先于严格责任规则,其结果是,如果不存在过错,那么,最后的结果是每一方承担他或她自己的损失(对碰撞的概念的解释,参见Supreme Court 4 March 1958, 1 CR 154/56, OSP 1959, no. 10, poz. 257; Supreme Court 2 January 1976, III CZP 79/75, OSNCP 1976, nos. 7-8, poz. 155)。当然,严格责任(和连带责任(solidary liability))对第三方仍然存在(Supreme Court 19 May 1970, II CR 137/70, OSPiKA 1971, no. 5, poz. 90)。

46. 根据德国法,受害方的有形财产的操作风险或固有危险对损害的发生有贡献的,具有减少他或她的请求权的效果,至于加害方是根据合同还是根据侵权法承担责任在所不问(BGH 9 June 1952, NJW 1952, 1015; BGH 30 May 1972, NJW 1972, 1415)。根据判例法,在评估非金钱损失的损害赔偿时,受害保管人的机动车的内在操作风险应该被考量(BGH 13 April 1956, NJW

1956, 1067; BGH 18 November 1957, NJW 1958, 341; 参见《民法典》第 253 条第(2))。但是,这个因素,在涉及保管人对驾驶人的请求权时,不被考虑(BGH 30 May 1972, NJW 1972, 1415)。这一原则——对损害发生有贡献的事物的固有风险或固有的操作风险能减轻损害赔偿请求权——在涉及动物管理人责任(BGH 6 July 1976, NJW 1976, 2130)、航空器致害责任(BGH 18 November 1999, NJW－RR 2000, 549)甚至在某些环境责任法领域(BGH 13 December 1994, NJW 1995, 1150, 1151)时并不适用。

47. 镜像原则(在奥地利被称为平等对待原则(principle of equal treatment))在奥地利也是有效的。因此,在受害方的机动车的固有操作风险(*Koziol*, Haftpflichtrecht I[3], no. 12/1)或基于其他原因被课加的严格责任(例如,《产品责任法(Product Liabiity Act)》第 11 条规定的严格责任)对损害的发生有贡献时,责任将被减轻。

48. 希腊法的态度在本质上也是一样的。在事物的固有风险或操作风险或基于其他原因被课加的严格责任对损失的发生有贡献的,《民法典》第 300 条也可以适用(*Dimopoulou*, Evthini apo diakindinevsi, 33)。因此,例如,如果狗在交通事故中死亡,狗主人的请求权会被不利地减少(对此,严格责任根据《民法典》第 924 条被课加;进一步的分析,请参见前引 *Dimopoulou* 书,36)。

49.《葡萄牙民法典》第 506 条第(1)项对不因任何一方的过错而导致的机动车碰撞事故的案件作出了区分:只有其中一辆机动车被认为是损害发生的原因(例如,该车的刹车失灵),或者双方机动车都被认为是损害发生的原因(例如,两辆车都在一片不易察觉的油污上打滑),参见 *Antunes Varela*, Obrigações em geral I[10], 683, *Pires de Lima and Antunes Varela*, Código Civil Anotado I[4], art. 506 no. 1 p. 519。在第一种类型的案件中,引发事故的机动车的保管人应该承担责任,在第二种类型的案件中,它取决于双方车辆对事故发生的过错的风险的比重程度;如果存在疑问,一般认为,双方的过错是相同的(《民法典》第 506 条第(2)项)。例如,在一辆货车与一辆摩托车相撞的案件中,小货车的保管人分摊 75% 的责任,摩托车驾驶人则对全部损害的 25% 负责(CA Oporto 28 February 2005, Proc. 0550692)。但是,此外,包含在《民法典》第 570 条第(1)项中的关于与有过错的一般规则是否能类推适用于受害方的严格责任对事故的发生有贡献的案件,仍然存在争论。学术界大多赞成这种解决方案(*Brandão Proença*, A conduta do lesado, 170, 174－175; Vaz Serra, RLJ 111 [1978/1979] 281 and *Almeida Costa*, Obrigações[10], 641)。STJ 9 March 1978, RLJ 111 [1978/1978] 276 的判决拒绝类推适用关于动物保管人责任的《民法典》第 506 条第(2)项。

50. 主流法律意见认为,《荷兰民法典》第 6:101 条(如果损害也是可以归因于受害方的因素的结果,那么损害赔偿将被减少)不仅适用于受害方与有过错的案件,也适用于属于受害方范围内的风险对事故的发生有贡献的案件。对事故的发生有贡献的——由制定法或基于社会习惯课加的——风险责任,也会被法庭考虑(Asser(－*Hartkamp*) Verbintenissenrecht I[12], no. 450 p. 402; Schadevergoeding I(－*Boonekamp*), art. 6:101, no. 5 pp. 14－20; HR 27 April 2001, NedJur 2002, no. 54 p. 383; HR 2 December 2005, NedJur 2006, no. 444 p. 4241)。

51. 第Ⅵ－5:101 条第(4)项很大程度上与《爱沙尼亚债法》第 139 条第(1)项一致;相似地,根据该条款,如果损害部分地由应由受害方负责的风险的引起,那么损害赔偿的范围将被减少(*Lahe*, Juridica 2003, 83)。

52. 在瑞典,在直接的身体伤害和健康伤害的案件中,只有受害方具有故意或重大过失,损害赔偿请求权才能被减少;因此,对事故的发生有贡献的受害方的严格责任并不会影响损害赔偿请求权(《损害赔偿责任法》(Damages Liability Act)第 6 章第 1 条第(1)项;《交通损害赔偿法》(Traffic Damages Act)第 12 条第(1)项)。对于有形财产损害,法律上的解决方案并没有确定。《损害赔偿责任法》第 6 章第 1 条第(1)项只是明确将与有过错作为减轻责任的理由;但是,本条款的制定者曾经考虑过制定一条侵权法上的基本原则,根据这个原则,在受害方需付严格责任时,其损害赔偿请求权将被减少(Prop. 1975/76:15, 84)。在接下来的日子里,这个原则被大多数的法律评注者(*Dufwa*, SvJT 1979, 401; ibid., JT 1990 - 91, 456; *Andersson*, Skyddsändamål och adekvans, 579;*Bengtsson* , Om jämkning av skadestånd, 111; *Agell*, FS Grönfors, 9 - 28; 也可参见 *Dufwa*, Flera skadeståndsskyldiga II, 4440; 持批评意见,最重要的是,*Hellner*, JT 1991 - 92, 252)和法院接受(HD 11 April 1985, NJA 1985, 309 and HD 1 October 1990, NJA1990, 569 [汽车与自行车相撞;只有骑自行车的人存在过失;尽管如此,汽车司机的请求权被减少了一半]; HD 10 November 1987, NJA 1987, 749 [一辆汽车与施工车辆相撞;只有后者存在过失;汽车司机的请求权被减少了 1/4]; HD 14 October 1988, NJA 1988, 495 [一只猎犬攻击一只山羊并被山羊的主人射杀;狗主人的请求权被减少了 1/3,原因在于,他的严格责任对事故的发生有贡献])。与此同时,《交通损害赔偿法》第 18 条第(2)项被修改了,它现在规定,如果受损车辆的内在操作风险对道路交通事故的发生有贡献,其损害赔偿可能被减少;因此,"自动的"减轻不再会发生。而且,该修正案的注释有意不决定镜像原则(mirror principle)是否能被视为侵权法的一般原则(NJA II 1999, 393, 395 - 396)。在写作时,并不清楚它是否能继续有效(*Hellner and Radetzki*, Skadeståndsrätt[7], 114; *Bengtsson and Strömbäck*, Skadeståndslagen[2], 52)。在一些特别制定法条款中,则采取了以下的进路(例如,在涉及机动车的案件中):在双方对碰撞需共同负责时,该碰撞"本身"通常受严格责任规则支配,这样的案件再一次由一般的侵权法制度调整(《交通损害赔偿法》第 10 条第(2)项和第 12 条第(2)项;《铁路交通法》(Railway Traffic Act)第 5 章第 3 条第(3)项;《海事法典》(Maritime Code)第 8 章第 1 条[补充规定中写道,如果没有任何一方的过失可以被确定,那么每一方都必须承担全部损害的 50%]以及《航空法》(Aviation Act)[1922:382]第 2 条第(2)项中规定的损害责任)。如果由受害方负责的第三方的与有过错对事故的发生有贡献,那么就会产生这样的问题:与主动行为(an aktiv)相结合,被动的确认(passiv identifikation)是否也会发生。反过来,根据侵权法的一般原则,在涉及人身伤害时,这样的主张一般被拒绝,尽管它在对财产的有形损害的场合被认可(进一步的细节参见前引 *Hellner and Radetzki* 书, 229; 前引 *Bengtsson* 书,157; *Dufwa*, Flera skadeståndsskyldiga, no. 4066; HD 26 February 1955, NJA 1955, 102 (Judge *Walin*); HD 24 May 1984, NJA 1984, 420)。

53. 在丹麦,关于受害人的严格责任的一般镜像原则在著作中获得了支持(*Ussing*, Erstatningsret, 191; *von Eyben and Isager*, Lærebog i erstatningsret[5], 329; 参见 *Trolle*, Risiko og Skyld[2], 424)。这一原则还没有被法院认可(*Vinding Kruse*, Erstatningsretten[5], 327)。在乘客和司机遭受人身伤害时,只有在事故可以被归因于司机的过失,并且被告不是机动车驾驶人的情况下,请求权才可能被减少(preparatory works *Betænkning* no. 1036/1985, 47)。与此相反,在涉及财产的有形损害时,镜像原则仍然是可适用的(前引 *Vinding Kruse* 书, 213),除非加害方的行为构成了重大过失(Eastern CA 2 February 1987, UfR 1987, 587:醉酒的行人在街上奔跑)(如果加害方的行为只构成一般过失,并且受害方已经投保,那么私人就完全不会承担责任:《损害赔偿责任法(Damages Liability Act)》第 19 条)。如果一条狗的死亡是由狗与汽车的撞击导致的,那么狗主人的严格责任将会减少他或她的请求权(HD 13 January 1961, UfR 1961, 170);在两只狗互相攻击造成双方受伤和损害的案件中,除了有使偏离本规则得以正当化的特殊情势外,每一方的保管人被要求承担对方一半的损失(前引 *von Eyben and Isager* 书, 184; Eastern CA 18 December 1941, UfR 1942, 412)。在两辆机动车相撞的案件中,对人身损害的赔偿请求权只有在存在故意或重大过失的情况下才会被减少(《交通法》(Traffic Act)第103条和第101条第(2)项))。如果没有一方有过失行为,那么双方分摊损害的成本(前引 *Vinding Kruse* 书, 327)。在财产的价值和涉及的风险不相称的情况下(例如,Eastern CA 17 June 1938, UfR 1938, 972:狗跑进了飞机的螺旋桨,这架飞机刚刚发动了引擎),那么裁判结果可能被《损害赔偿责任法》第24条修正。相似地,在芬兰,在涉及受害方的严格责任时,损害赔偿被减少是被提倡的(*Saxén*, Skadeståndsrätt, 110)。这种可能性在人身伤害和有形财产损害的情况下都是存在的(《损害赔偿责任法(Damages Liability Act)第6章第1条;*Saxén*, Tillägg till Skadeståndsrätt, 407)。在道路交通事故造成的人身伤害的案件中,损害赔偿的减少并不仅仅限于受害人的行为构成故意或重大过失的情形(《交通保险法(Traffic Insurance Act)》第7条)。出于公平的考虑,例外的情形也可能导致责任的减轻(《损害赔偿责任法》第2章第1条第(2)项)。

示例1来自 STJ 6 May 2003;示例2来自 BH 1982/119;示例3来自 OGH 21 December 2004, ecolex 2005, 204;示例4来自 TS 3 April 2001, La Ley 2001 (3) no. 3371 p. 608;示例5来自 TS 23 April 1999, RAJ 1999 (3) no. 4248 p. 6542;示例6来自 Cass. civ. 19 June 2003, Bull. Civ. 2003, II, no. 203, case no. 930(但是,却得出了相反的结论);示例7来自 TS 8 June 1995, RAJ 1995 (3) no. 4563 p. 6101;以及示例11来自 CA Hamm 11 February 2004, NJW 2004, 2246, note Pfab, VersR 2006, 894。

第Ⅵ-5:103条 犯罪人对其他共犯造成的损害

在犯罪行为中,对其他参与或以其他方式协助犯罪的人非因故意所造成的具有法律相关性的损害,如果赋予受害人请求赔偿的权利有违公共政策的,则不得赋予。

评 论

不能就非法的诉因成立诉讼(*Ex turpi causa non oritur actio*)。法谚“不能就非法的诉因成立诉讼”被许多但不是全部的欧洲法域所熟知。它有时被限制在不当得利法当中,但在某些法域中则是非合同责任法的被广泛接受的组成部分。本条采后一种模式。这个抗辩不仅部分与有过错抗辩和自担风险抗辩重合,而且对行为人是否构成过失的问题也增加了新的维度。但是,这个观念——受害人可能因特定的不名誉行为而失去损害赔偿请求权——的真实特性在这三个系统分类中的任何一个中都不能得到绝对的表达。

示例1

两个年轻人偷了一辆车;A开车,B坐在乘客的座位上。A过失地造成了事故,在事故中B受伤了。B对A没有损害赔偿请求权。对此的理由并非A对B没有注意义务,也不是B构成与有过错,也不是他自担风险。责任排除的理由是受害人参与了盗窃和逃跑。

示例2

在除汽车之外的其他东西被盗的情形,以及在因醉酒而采取犯罪行为的过程中或者在随后的逃跑过程中发生事故,法律的态度也是一样的。坐在后座的受害人既没有针对司机的请求权,也没有针对坐在前座的汽车所有人的请求权。

违法性。支持本条规则的进一步论据是,这样的情形不可能出现:在不当得利因为违法性而不能被保留的情况下(参见第Ⅶ-6:103条(违法性)),损害赔偿请求权却能成立(参见第Ⅵ-6:101条(赔偿的目标与形式)第(4)款)。

证明责任。从技术上讲,在抗辩中还涉及证明,因为企图摆脱责任的人必须证明规则的构成要件在事实上被满足了。确实,这里并非完全不存在问题,因为公共目的在法谚"不能就非法的诉因成立诉讼"中也在发挥作用;但是,在民事诉讼法中,这是不可避免的。

损害必须是非故意造成的。承认法谚"不能就非法的诉因成立诉讼"并不意味着受害人被剥夺了所有权利。这里并非是否认对受害人的所有法律保护,而是要避免这样的荒唐情况:法律为犯罪行为在犯罪人之间发展出注意标准。本条款只排除这种情形中的损害赔偿请求权,即一名犯罪参与人非故意地对同案的另一名参与人造成损害。

共犯。本条只调整犯罪行为中的一名参与人对另一名参与人的损害。共犯(collaborator)或共同侵权(collaboration)的术语具有相同的含义,正如在第Ⅵ-4:102条(共同侵权)中的规定。

示例3

在逃离犯罪现场的过程中,一名年轻的少年罪犯被过分积极的保安击毙,而这名保安的工作仅仅是在盗窃发生时报警。依据本条,受害人的父母并没有丧失他们的请求权。

示例4

一名盗贼偷了毒贩的钱,这笔钱是毒贩通过非法交易挣得的。对于毒贩以侵犯金钱财产权而提出的请求权,这个盗贼并不享有本条规定的抗辩:这名盗贼并不是毒贩非法活动中的共犯。

损害赔偿必须不悖于公共政策。参与犯罪行为并不会使针对其他参与人的损害赔偿权利自动失效。鉴于日常生活的多样性,更可取的似乎是再次诉诸正义和公平的测试结果。本条包含了这样一个控制机制,即对损害赔偿的权利,只有在赋予它会悖于公共政策时,才会被排除。最后,这个决定取决于每个个案的情势,特别是受害人受害的方式是否与参与犯罪行为直接相关。

示例5

A和B卷入了一场斗殴,因而可以受到刑事处罚。两人中较年轻的A受到了B的挑衅,A充分了解自己在体力方面的优势,他对B进行了猛烈打击以至于B的头骨骨折。即便可以推断出A不是故意加害于B,第Ⅵ-5:103条也不会阻碍B的请求权。

注　释

1. 欧洲的法域在是否承认非法原因(*ex turpi causa*)构成侵权法上的一项一般抗辩这个问题上存在分歧。大多数法域对此持消极态度;但是,这并不排除它背后的法律政策通过另一个法律教义体现出来的可能性。这种抗辩理由在法国(Cass. civ. 22 June 2004, D. 2005, 189, note *Denis Mazeaud*; *Roland and Boyer*, Adages du droit français[4], 487)、意大利、罗马尼亚、德国、希腊、尼德兰或西班牙(CA Las Palmas 1 March 2002, BDA JUR 2002/126749 和 CA Jaén 1 September 2003, BDA JUR 2003/242232 确实提到了"不能就非法的诉因成立诉讼"的原则,但从中并没有推导出具体的法律结果)都不被承认。匈牙利的BH 1980/471一案,认为一名作为乘客的车祸事故的醉酒受害人构成了与有过错,理由是她与另一名同样醉酒的司机一起偷了这辆车。在奥地利,甚至认为,对犯罪行为的实施有贡献的受害人会基于与有过错被否认获得救济的权利(OGH 19 May 1994, ZVR 1995/41 p. 108[前面提到的示例1])。其他的法域也可以诉诸对滥用法律程序的一般禁止(《葡萄牙民法典》第334条;《波兰民法典》第5条)或者基于公平理由减轻责任的一般规则(例如,《捷克民法典》和《斯洛伐克民法典》第450条)。这些条款对侵权法同样有效。《马耳他民法典》第1051A条第(5)项包含了规制贪腐的特别规则。对于瑞典的情况,参见前面的示例4。

2. 与此相反,非法原因抗辩在拉脱维亚(《民法典》第1642条)和普通法法域被明确承认了,虽然它的法理基础和适用范围是一个有争议的问题。这个抗辩可以在原告和被告在合办企业中卷入非法行为的情况下适用:Birks(-*Davies*), English Private Law I, para. 14.225("一名窃贼不能因另一名窃贼在打开保险柜时没有尽到合理的注意义务而起诉他")。但是,在涉及犯罪行为的是原告的独立行为的情况下,这个抗辩也能适用:*Clunis v. Camden and Islington Health Authority*[1998] QB 978(本案中,一名精神病人从被告地方政府负责的机构中获释,这名精神病人攻击并杀害了一个人,被判过失杀人罪;在他对当局的诉讼中,他声称犯罪是由被告对他的过失治疗导致的。基于他的犯罪行为,他在诉讼中失败了)。遭受人身伤害的窃贼不能就收入损失主张赔偿,对此不存在什么疑问:参见 *Burns v. Edman*[1970] 2 QB 541(在本案中,一个罪犯在交通事故中死亡,他的被抚养人依据《致命事故法》(Fata Accidents Act)以他们失去生活来源为由提起诉讼,他们的诉求被非法原因抗辩所阻碍,因为他的遗孀知道,他所有的收入都来源于抢劫和其他犯罪)。但是,很清楚的是,原告对某些制定法禁令的违反并不会阻碍请求权:参见 *National Coal Board v. England*[1954] AC 403(雇员自己违反安全条例并不会阻碍他基于雇主违反制定法义务提起的诉讼,理由是原告违反制定法义务被与有过失抗辩吸收了,在 1945 年的《法律改革(与有过失)法(Law Reform(Contributory Negligence)Act)》第 4 节中,"过错"的定义包括了违反制定法义务。其他的判例法并不容易调和:丹宁勋爵在 *Lane v. Holloway* [1968] 1 QB 379 (原告对被告先发制人的攻击并不会阻碍他对被告的损害赔偿请求权,被告的还击是不合比例的)和 *Murphy v. Culhane* [1977] QB 94(除了与有过失抗辩和同意抗辩,非法原因抗辩也能适用)两案中的意见相冲突。这些案件的原则,只要它们可以被调和,已经被表述为原告是否必须依赖他或她自己的非法行为:前引 *Clunis v. Camden and Islington Health Authority*。最后,它已经被司法判决表述为,这个抗辩并不仅仅适用于原告的行为构成犯罪的情形;它还扩张适用于其他的应受谴责的或重大不道德的行为,在这些情形中给予原告损害或伤害的救济是不合适的,虽然先例已经被确定了:*Kirkham v. Chief Constable of Greater Manchester Police* [1990] 2 QB 283, 296 (*Farquharson* LJ)。

示例 1 来源于 OGH 19 May 1994, ZVR 1995/41 (p. 108);示例 2 来源于 *Ashton v. Turner* [1981] 1 QB 137;示例 3 来源于 TS 22 November 1993, RAJ 1993 no. 8654 p. 11139;示例 4 来源于 Swedish HD 2 September 2008, NJA 2008, 861;以及示例 5 来源于 Lane v. Holloway [1968] 1 QB 379。

第二节　责任人或第三人利益

第Ⅵ－5:201 条　法律授权

如果具有法律相关性的损害是基于法律授权造成的,加害人得以之作为抗辩。

评　论

概述。行使法律授予的权力并且没有超越授权的范围,这并不会引起非合同责任,即便这样的行为造成了损害。本条将这个普遍接受的原则规定为一种抗辩。这是因为,诉诸本规则的人必须承担本规则适用的先决条件已经被满足的证明责任。

只适用于私人。本条只涉及私人,并不涉及公共机关或其他行使公法权力的人,例如警务官员。这来源于第Ⅰ－1:101 条(适用范围)第(2)款和第Ⅵ－7:103 条(公法上的职权与法院诉讼程序)。因履行公法上的职责而产生的责任被全部排除出本示范规则。

与其他抗辩的关系。本条提供的抗辩是一种残余的抗辩(residual defence),它帮助本章恰当地融入整个法律体系。它涉及了在一个不同的、独立的领域中的(在本卷之外)公法授予加害人的权力。虽然确实可以认为本卷规定的抗辩授予了伤害他人的法律权力,但体系性地考量是,这些抗辩并不是此处的关键或者——这会导致同样的结果——是优先于本条作为特别规则(*leges specials*)。第Ⅵ－5:502 条(正当防卫、好意介入与紧急避险)规定的抗辩是本组中的杰出成员。而且,本条聚焦于加害人的立场而非受害人的困境,这也是使其正当化的理由。

范围。本条包含了广泛的情形。它包含了不同类型的案件,例如私人在警察到来之前对罪犯的合法逮捕,依据特别的法定或监管许可对环境的损害,向警察报告犯罪活动嫌疑人的权力,在打猎时进入他人土地的权力,从河流中取水的权力,甚至还包括根据相对"无害"的调整相邻权的规则,所有权人砍伐从相邻土地深入自己土地的植物。

示例

一名被性犯罪者骚扰的妇女开着她的车跟着他。为了阻止他逃跑并使他被警察(她已经报警)逮捕,她用自己的车拦截他的逃跑的车。这个女人不需要——因她的故意或她作为引起事故的车辆的管理人——而对逃跑车辆的损害负责。

权力。本条意义上的"权力"只被那些获得法律授权去干扰他人权利或给他人造成损害的人享有。因此,与此密切相关,在调整环境损害责任的法律中存在这样的准确检验,允许特定行为的许可是否会使第三人的权利不受影响或者是否只会减少他们某些特定的法律救济(例如,要求这些行动被限制的权利,要求主张损害赔偿的权利不受影响),或者许可的内容是否确实是损害他人或环境并不需要负责的权力。赋予这种类型的许可相对来说比较罕见。

由法律授予。本条只涉及由法律授予的"权力"。因此,它并不适用于基于合同或基于与受影响的人签署的协议而产生的权力(在好意介入可以归因于与受影响的人签署的协议的情形中,分类自然会更困难,但正是因为如此,这些情形也被特别调整)。相反,本条与直接来自于法律的权力相关。当然,由"法律"授予并不必然意味着由"制定法授予"。只要法律规范允许这种干预就足够了。这同样也适用于由公共机关的个别决定授予个人的权力,它也是基于法律规范。

限制。虽然本条提供的抗辩可以对抗各种形式的责任(因此,也能对抗第三章第二节(没有故意或过失的责任)中的责任),但它并不允许权利滥用。没有必要在示范规则的条文中单独规定这一点,因为它是"由法律授予的权力"的内在组成部分:没有法律制度会授予滥用法律的权力。

注　释

1. 法律秩序和法律权威的命令(*Ordre de la loi and commandement de l' autorité légale*)作为一个抗辩理由(*faits justificatifs*)由法国刑法(《刑法典》第 122－4 条)明确规定。它们在侵权法领域仍然有效(*le Tourneau and Cadiet*, Droit de la responsabilité et des contrats (2004/2005), no.

1969);任何法律的命令或授权都构成不负责任(*d' irresponsabilité*)的原因(*Malaurie/Aynès/Stoffel-Munck*, Les obligations, no. 120 p. 51)。以一个真实判决为例,一名男子对一名妇女性骚扰,在她尝试制服他的过程中,她成功地对他造成了伤害,这种损害在本抗辩的适用范围之内(C. proc. pén. art. 73; Cass. civ. 10 June 1970, D. 1970 jur. 691)。但是,需要注意的是,在涉及他人的合法利益时,获得法律权力并不免除行使该权力时须履行的注意义务(前引 *le Tourneau and Cadiet* 书, no. 1970)。前面的分析也代表了比利时的法律现状(Tilleman and Claeys(-*Claeys*), Buitencontractuele aansprakelijkheid, pp. 1, 38-39 nos. 61-63)。

2. 相似地,根据西班牙法律,如果对他人造成损害是为了行使主观权利并且尊重了相关法律界限,那么就存在正当理由(*qui suo iure utitur næminem lædit*: *Yzquierdo Tolsada*, Sistema de responsabilidad civil, 115; *Díez-Picazo*, Derecho de daños, 303)。对滥用权利的禁止(《民法典》第7条; TS 14 February 1944, RAJ 1944 no. 293 p. 160; TS 25 November 1960, RAJ 1960 no. 3766 p. 2431; TS 10 June 1963, RAJ 1963 (2) no. 3596 p. 2298; TS 12 February 1964, RAJ 1964 (1) no. 688 p. 418; TS 5 January 1977, RAJ 1977 (1) no. 6 p. 13; TS 14 February 1986, RAJ 1986 (1) no. 674 p. 651)是权利行使限制的一个例子。例如,在明确意识到请求权不能成立的情况下仍然对他人起诉,就构成了滥用权利(*De Ángel Yágüez*, Tratado de responsabilidad civil[3], 264; 前引 *Yzquierdo Tolsada* 书, 118)。在这样的案件中,不存在任何有正当原因的诉讼(*iusta causa litigandi*),提起诉讼的人需要承担赔偿责任(TS 4 April 1932, RAJ 1932-33 (1) no. 991 p. 430; TS 20 April 1933, RAJ 1932-33 (1) no. 1633 p. 668; 前引 TS 5 January 1977; TS 15 December 1992, RAJ 1992 (5) no. 10496 p. 13708; TS 4 December 1996, RAJ 1996 (5) no. 8810 p. 12171; TS 20 May 1998, RAJ 1998 (2) no. 3379 p. 4915)。由法律授予的引起损害的权力可以在一系列的制定法条款中被找到。在这方面需要特别注意的是《关于名誉、私生活以及个人肖像的权利的民事保护法(Civil Protection of the Rights to Honour, to Private Life and to one's own Image Act)》(*Ley Orgánica* 1/1982, of 5 May, *de protección civil del derecho al honor, a la intimidad personal y familiar y a la propia imagen*)第2条第(2)项结合《民法典》第184条(关于公开失踪人员的照片的权力;参见 *Medrano*, El derecho fundamental a la propia imagen, 164);《加泰罗尼亚民法典(Catalan CC)》第546-14条(该条调整被允许的排放量(*immissions legítimes*)"permitted emissions");《版权法(Copyright Act) *Texto Refundido de la Ley de Propiedad Intelectual* of 1996》第31条第(2)项,第31条第(2)项和第32条允许为了私人使用或者为了残疾人士的利益制作受版权保护的材料的复制件;允许为了科学研究目的的引用。

3. 规定在《意大利刑法典(ITALIAN CP)》第51条中的正当法律理由(授权进行犯罪行为,如果它是行使权利),也可以以下方式在民法领域中适用,即在考虑所有相关情势后,造成的损害被视为正当的(*secundum ius*)(*Franzoni*, Dei fatti illeciti, sub. art. 2043, p. 192; Cass. 16 October 2001, no. 12617, Danno e resp. 2002, 321)。一些制定法已经规定了有害的合法行为(*atto lecito dannoso*),例如《民法典》第843、924、925条。不言而喻,行使权利的正当法律理由对于政府当局具有特殊意义(例如,Cass. 16 May 1996, no. 4561, Danno e resp. 1997, 119),但它对为公共利益而行事的私人也有益(举报犯罪: CFI Naples 11 December 1997, Dir. fam. pers. 2000, 1096; Cass. 13 January 2005, no. 560, Giur. it. Mass. 2005, fasc. 1)。而且,它在环境责任法领域(Cass. sez. un. 18 November 1992, no. 12316, Giur. it. Mass. 1992, fasc. 11)和狩猎中(Cass. 28 July 2004, no. 14241, Giur. it. Mass. 2004, fasc. 7-8)扮演了特别重要的角色。

4. 匈牙利也认可包含在第Ⅵ-5:201条中的正当法律理由;虽然这个抗辩在《民法典》中并没有被明确提到。根据匈牙利法律,除非法律允许,否则损害就是非法的(参见*Ujváriné*, Felelsségtan[7], 49)。如果损害是因依法行使权利而造成的,那么这个损害就是被允许的。这类情况包括,例如行使使用权(rights of use)和相邻权(rights*vis-à-vis* neighbours)(*Eörsi*, Kártérítés jogellenes magatartásért, 53; 前引*Ujváriné*书, 58)。根据《民法典》第100条,土地所有人有义务不对邻人进行不必要的打扰或者不危及他们的权利行使(进一步请参见BH 2006/184, EBH 2001/408, and BH 1993/161)。如果权利的行使没有依据法律,那么就构成了权利滥用(《民法典》第2条第(2)项和第5条)。相似地,在斯洛文尼亚和罗马尼亚的法律中,如果一个人基于有关当局颁布的许可有权侵害他人的合法利益,那么他不需要承担责任(*Cigoj*, Teorija obligacij, 179; CSJ 17 July 2001, sec ia comercială, decision no. 4718)。

5. 相似地,根据保加利亚法律,进行"法律规定的活动"通常不会导致责任课加。可以援引——损害行为是由法律授权的——的正当理由,例如,私人在当局到达之前扣留犯罪嫌疑人,并实施强力阻止反抗(《刑法典》第12a条)。如果损害是由竞争者的诚实和合法的广告行为造成的,损害赔偿责任可以被免除(*Takoff*, Obzor na deliktnoto pravo na Bulgaria, 23)。根据《农业企业保护法(Agricultural Enterprises' Protection Act)》第30条第(1)项,可能偏离无责任原则:即使污染者遵守了所有相关标准,他也有义务就空气、土壤或水污染给农业企业造成的损害赔偿土地所有人;但是,鉴于加害人的行为符合法规,因此存在对损害赔偿数额的减少。

6. 相似地,根据德国法,有一系列的条款授权私人侵害他人的权利或合法利益。如果获得授权的人在授权范围内行事,那么根据德国法,该行为是正当的,他或她并不需要担心侵权法上的后果会发生。《民法典》第229条(自助行为)、《民法典》第859条和第860条(占有人的自助行为)和《民法典》第910条(所有权人的自助权利)就是例证。《刑法典》第193条(关于在遭遇侵权时保护合法利益的表述和评论对侵权法领域也相当重要,进一步参见Erman(-*Schiemann*), BGB II[11], § 823, no. 148)。《刑事诉讼法》第127条第(1)项赋予了每个公民临时扣押当场或在追捕过程中被抓住的人的权利,即便没有司法命令,如果有理由怀疑这个人可能逃跑或者他或她的身份不能马上被确定。父母体罚儿童的权利早已失效(《民法典》第1631条第(2)项)。相反,在法庭上或其他官方程序中出于善意提起不真实的诉求的人,如果他或她不是故意或过失这样做,即使这些诉求是不正当的并对直接诉讼以外的人的造成不利(Palandt(-*Sprau*), BGB[66], § 823, no. 37)这不是不被允许的。

7. 在奥地利,自助抗辩被理解为一种例外的合法(非合同)权利,为了保障或带来符合法律的情势,该权利被允许行使(《民法典》第19、344条和第422条)。成功援引这个抗辩的前提条件是,不能及时获得来自官方的帮助并且该抗辩的限制没有被超越;同样的限制也适用于正当防卫。但是,自助可以适用于——那些正当防卫所不能适用——的利益,如果在衡量所有涉及的利益后,具体行为是合法的(OGH 11 July 1989, SZ 62/132 p. 22)。在官方的帮助迟迟不能到达时,公民被允许追捕刑事罪犯,如果该抗辩的限制没有被超越(OGH 19 September 1996, SZ 69/214 p. 426; OGH 9 October 1991, SZ 64/137 p. 230)。

8. 相似地,根据希腊法,在原告被赋予了纠正危害行为的权力时,那么这就构成了排除责任的正当理由(*Stathopoulos*, Geniko Enochiko Dikaio A(1)[2], 818; *Kornilakis*, Eidiko Enochiko Dikaio I, 507)。《民法典》第282条的构成要件是,一项可诉的私法上的权利处于危险中并且不能及时获得实现此项权利的官方帮助(*Karakostas*, AK, art. 282, no. 1811; Georgiades and

Stathopoulos(-*Tabakis*), art. 282, no. 7)。为实施自助而采取的措施不能超越为保护自己免遭迫近的危害(《民法典》第283条)。关于合法自助的特别情形规定在《民法典》第985、986条(占有保护)以及《民法典》第1008、1079条(相邻权(Rights *vis-à-vis* neighbours);蜜蜂飞行);刑法中的自助,规定在《刑法典》第367条中,也与民法相关(前引*Kornilakis*书)。

9. 在葡萄牙,行使权利也构成了一项正当理由,并且可以免除推定侵权人的责任,参见《宪法》第271条第(2)项和第(3)项以及《刑法典》第31条第(2)项(b)。学术教学例子包括,为行使狩猎权,无许可进入他人土地或者地势高的土地的所有权人取水,给地势低的土地的所有权人造成了不利(*Antunes Varela*, Obrigações em geral I[10], 552)。还必须注意《民法典》第335条和禁止权利滥用原则(*Almeida Costa*, Obrigações[9], 568; STJ 15 May 2003)。

10.《荷兰刑法典》第42条规定,如果一个行为是履行制定法义务或行使法律赋予的权力,那么该行为不具有刑法上的可罚性。这在私法上同样构成一项有效的正当理由(例如,参见Asser(-*Hartkamp*), Verbintenissenrecht III[11], no. 63 p. 77, Onrechtmatige daad I(-*Jansen*), art. 6:162 lid 2 no. 152.1 p. 1661)。在现实中要把这两种可能的情形区分开确实存在困难。但是,结果并不依赖于清晰的区分。例如,关于正确选择车道的制定法条款既可以被视为义务,也可以被视为授予制定法上的权力(HR 8 November 1957, NedJur 1958, no. 1 p. 5)。遵守行政命令(*ambtelijk bevel*)行事就是在履行制定法义务(前引*Jansen*书, no. 152.2 p. 1662)。成功主张——行为是履行法定义务或行政命令——的前提条件取决于被援引用以支持此主张的相关制定法的有效性(HR 22 March 1946, NedJur 1946, no. 206 p. 289-292; HR 20 April 1990, NedJur 1991, no. 53 p. 214);另外,行为的具体表现必须处于该制定法的适用范围内。

11.《爱沙尼亚债法》第1045条第(2)项与第Ⅵ-5:201条一致。损害的出现并非不法,如果造成如此损害的权力来源于法律。

12. 在北欧国家,合法行使权利不被认为是非法的(*Vinding Kruse*, Erstatningsretten[5], 50)。传统的抗辩是同意(和自担风险)、正当防卫、紧急避险(*Notstand*)和履行公务。但是,还存在其他的抗辩(参见,例如,Swedish HD 20 October 1915, NJA 1915, 511[采用强力将打扰教会礼拜仪式的人赶走,不会导致责任]; HD 21 December 1960, NJA 1960, 670[钢琴家在他的公寓里弹琴打扰了其他租客,不会导致责任]; HD 1 March 1990, NJA 1990, 71[被告有权修剪树篱,因此不会产生责任])。《瑞典宪法》第2章第18条第(3)项和《芬兰刑法典》第28章第14条特别明确授予了享受自然景观的权利,在某种程度上即使是在他人的私人财产上也是如此(参见Swedish HD 27 September 1996, NJA 1996, 495)。法律授予的权力不会允许欺诈;欺诈本身就是一项侵权(参见,例如《芬兰相邻关系法(Finnish Neighbour Relations Act)》[Lag angående vissa grannelagsförhållande of 13 February 1920] § 13; *Hakulinen*, Obligationsrätt, 259; *Karlgren*, Skadeståndsrätt[5], 86; *Hellner and Radetzki*, Skadeståndsrätt[7], 71, 128; *Kleineman*, Ren förmögenhetsskada, 245; *Ussing*, Erstatningsret, 62)。

13. 在英国,1967年《刑法(Criminal Law Act)》第3节(1)构成了对公民授予法定权力的例子,如果不是这项授权,行为就会构成侵权。它规定,"公民可以在阻止犯罪,或者对犯罪人或犯罪嫌疑人或非法潜逃的人实施逮捕或帮助实施逮捕时,使用在情势下合理的暴力"。根据具体情况,这个抗辩可能与正当防卫和紧急避险(necessity)重叠,虽然后一个抗辩的适用情形(像本条款一样)并不局限于免遭犯罪行为的伤害。另一个合法权力的例子是,根据1992年的《进入邻地法(Access to Neighbouring Land Act)》,由法院授予进入命令,这个命令可以使一块土地的所有权人通过进入邻地来进行修复工作,如果该制定法上规定的条件被满足。普通法上的自助权利也可以提供本条意义上的权力,例如在受害人自己的土地上进行某些行为来减少非法妨害(参见,例如 *Lemmon v. Webb* [1895] AC 1(砍伐伸入被告土地的树枝)),或者在加害人的土地上实施某些行为来减少非法损害,如果这可以被和平地实施(进入没有遭到抵抗)并且如果向法院提出申请,法院不会拒绝发布强制令(mandatory injunction):参见 Clerk and Lindsell (-*Burrows*), Torts19, 31-25。

示例来源于 Cass. civ. 10 June 1970, D. 1970 jur. 691。

第Ⅵ-5:202条　正当防卫、好意介入与紧急避险

(1)为了合理保护自己或者第三人的权利或者值得法律保护的利益而造成具有法律相关性的损害,而受害人对该权利或者利益受到危及负有责任的,加害人得以之作为抗辩。就本条的适用而言,本卷第3:103条(未满18周岁的人)的规定不予考虑。

(2)好意介入人在没有违反介入人义务的情况下对本人造成具有法律相关性的损害的,前款规定亦得适用。

(3)为了保全自己或者第三人的生命、身体、健康或者自由免受紧急危险而对他人资产(patrimony)造成具有法律相关性的损害的,若非有该损害危险不能除去,则造成该损害的人在合理补偿之外不负赔偿责任。

评　论

A. 抗辩的三个理由

概况。本条规定了两个抗辩的"传统"(classic)理由,即正当防卫(第(1)款)和紧急避险(第(3)款),并且,在第(2)款中,规定了基于正当的好意介入他人事务的抗辩。第(1)款第2句包含了对儿童实施正当防卫的情况的澄清。第(1)款和第(2)款导致一项完整的抗辩。第(3)款的主要效果是将责任减轻为相应情势下的合理补偿。

B. 正当防卫(第(1)款)

保护自己和他人的人身权利和利益。法律不能屈从于不正义。因此,每一个成员国的法律制度都认可正当防卫的权利。准确地说,它被分为两种类型:严格意义上的自我正当防卫和对他人的保护,即保护他人的权利和利益免遭来自第三方的危险。相反,针对正当防卫的正当防卫是不可能的:如此的保护性措施是不合理的(按照本条第(1)款的规定)。

示例1

A被B用钝器袭击。A为了保护自己,尝试破坏该武器。B反过来保护他的财产。后者没有正当的理由,只要B的攻击持续,A就可以通过武力制服他。

危害。正当防卫抗辩要求,首先,事实上存在对权利或受到法律保护的利益的危害(参见第Ⅵ-2:101条(具有法律相关性的损害的含义))。危害可能来源于人、物件或动物。第(1)款并不限于遭到人类攻击的情形。

示例2

A遭到狗的攻击,狗的管理人和所有权人是B。A只能用一根板条打狗来保护自己,这根板条是他从C的木栅栏上折下来的。对于与B的关系,A的行为是正当防卫;只有在B是狗的所有权人,但不是管理人时,情况才会有所不同(在这种情况下,第(3)款将适用于与B的关系)。对于与C的关系,则适用第(3)款。根据本卷关于非合同责任的一般规定,A对C没有责任,尽管如此,他也要对C进行合理地补偿。在另一方面,C不能对抗A符合第(1)款的干预。这是因为,根据本卷,A对财产损害无须负责,即便C尝试通过强力阻止A并且失败了,A也不需要负责。反过来,根据第Ⅵ-3:203条(动物造成损害的责任承担)结合第Ⅵ-4:101条([关于因果关系的]一般规定)B对栅栏的损害明确是要负责的;A的行为导致因果关系中断,是被否认的。

合理的保护。援引本抗辩的人必须表明,如果有必要的话还必须证明,行为是出于防卫的意图。而且,行为人必须采取在当时的情势下合理的防卫措施。也就是说,为达到目的,只能选择适当和必要的措施。而且,正当防卫行为与受到威胁的利益之间不能不成比例,甚至没有其他防卫的可能性。

示例3

儿童偷樱桃,在受到樱桃树的主人的抗议后仍然不让步,即便如此主人也不能枪击偷樱桃的孩子——甚至所有权人坐在轮椅上并且没有其他方法来保护财产。

对儿童的正当防卫。第(1)款的第2句澄清,作为原则的正当防卫也能对儿童实施(如果正当防卫行为是合理的)。关于智障人士的相应规则是不必要的,因为在原则上,对于责任的理由,精神上的无行为能力是无须考虑的。它只有作为独立的抗辩才能成为焦点(参见第Ⅵ-5:301条(精神障碍));因此,对于来自智障人士或醉酒加害人的攻击,正当防卫也是可能的。

假想防卫和防卫过当。在误判形势和错误地相信存在攻击时,第(1)款不能适用(所谓的假想防卫),在的确存在攻击,但防卫人诉诸不合理的防卫方法时,第(1)款也不能适用(所谓的防卫过当)。在这两种情形中,责任问题单独由第Ⅵ-3:102条(过失)决定。在错误可避免的情况下,过失是存在的;在它不可避免时,责任不存在。

示例4

B对A采取威胁行为，并声称他的包里有武器，A打了B。事实上B的包里没有任何武器，A的行为不是正当防卫；但是，他不需要负责，因为他推断本案的情况需要正当防卫，这并没有过失。

示例5

保安公司的雇员被侵入者攻击，该人威胁要杀了他。随后发生了打斗，在这个过程中，这个保安枪击了侵入者，并导致了侵入者的死亡。在这样的情势下，对腿部的非致命射击就足以保护自己。侵入者没有请求权，因为面对生命威胁，保安不能因为他过失地过度反应而被责怪。

C.好意介入他人事务（第(2)款）

在非合同责任法框架中的作为抗辩的好意介入。根据第Ⅴ－1:101条（利益他人的意图）和第Ⅴ－1:102条（履行他人义务的介入行为）的前提条件，干预他人的事务是被允许的，也是可欲求的。如果本人受到了损害，介入人在本卷的规则中获得了一个抗辩，参见第Ⅴ－1:101条（利益他人的意图）以下的评注以及示例3。这就是本条第(2)款的目的。

不违反介入者的义务。但是，只有在介入行为符合相关情势下的所有注意义务时，好意介入才构成了一项抗辩理由。在介入人违反对本人权利和利益的注意义务时，介入人仍然要根据第Ⅴ－2:102条（违反义务的损害赔偿）设定的条件承担责任。

D.紧急避险（第(3)款）

包括的情形。第(3)款缩小了调整正当防卫的法律的差距。它处理的情形是，对生命、身体或自由的威胁的防卫，只有通过使用他人的财产才是可能的。考虑到此处涉及的受法律保护的利益的明显差距，财产的所有权人必须忍受，并且不能通过保护财产来阻止正当防卫行为。在合法的正当防卫中使用他人财产不构成法律上的过错。但是，只要所有权人对危险的产生没有责任并且“不关他的事”，所有权人有权要求合理的补偿。因此，第(3)款遵循法谚“先忍受，再求偿”。这种“命令式的忍受”是关于非合同责任的法律的一部分，对于损害，赋予对合理补偿的权利不是严格意义上的。事实上，本规则的双方当事人不可避免地牵连在一起；他们互相依赖。

被防卫的利益优位于受法律保护的利益。第(3)款只包括这样一种情形，即在冲突的利益之间存在明显的法律上的差距。这不是经济比较的问题，而是道德价值的权衡。本规则假定在那些情形中，财产权、占有和金钱要向生命、身体和自由让步。对于两个组别内部的冲突，一般性地判断难以作出。这样的情况必须由关于故意或过失责任的一般规则来解决。在某些情况下也可能诉诸第Ⅵ－6:202条（责任减轻）。

示例6

为了索取赎金,绑架的受害人被绑匪锁在一辆偷来的汽车中或者被扣押在银行的房间中。为了逃跑,被绑架的人可以损害这辆车或银行的窗户。在第三人拯救受害人时也是如此。

示例7

A女士外出,穿着一件昂贵的名牌裙子;B女士穿着牛仔裤和T恤衫。在天突然开始下雨后,服装价值的差距并不会赋予A女士抢夺B女士的雨伞的权利。

即将发生的危险。干预他人财产的特别权力只有在生命、身体或者自由存在即将发生的危险的情况下才会产生。此处所考虑的只是那些不能被合理准备和不能被估计到的危险。如果是其他情况,则可能不引起损害地处理危险。

示例8

在无家可归的人在寒冷的冬季无法被及时安置住处时,第(3)款也没有赋予他们破门而入的权利,即使这些房子是空的。

责任。根据关于非合同损害责任的法律,责任自然由过失或故意引起危险情况的人或者根据客观标准必须对危险源负责的人承担。但是,并不总是由这样的人承担责任(例如,如果危险情况可以归因于自然事件),并且即便是这样,也会存在这样的问题——谁来承担以下风险:责任人可能无力赔偿损害或者责任人可能无法被查明。对于这个问题,第(3)款的决定有利于所有权人,不利于诉诸正当防卫的人:后者必须承担不能从主要责任人处获得损害赔偿的风险,因为是诉诸正当防卫的人,而不是所有权人,是积极行动的一方。

合理补偿。同样地,想出一个充分照顾到双方利益的损害补偿方案也是个问题。在一方面,第(3)款规定了在紧急情况下采取正当防卫的人的严格责任,但却根据其程度将其限制为合理补偿。本规则赋予了法院在评估补偿额时的自由裁量权。没有必要赔偿全部损害;事实上,更为适当的是进行价值衡量。可赔偿数额取决于时间和被损害的财物的市场价值;相反,一般的损害是无法获得补偿的,例如,对利润损失和非金钱损失的赔偿。

注　释

Ⅰ. 正当防卫

1. 正当防卫(*légitime défense*)的细节由《法国刑法典》第122－5条和第122－6条调整;这些条款,通过适当的调整,也可以在私法领域适用(*Viney and Jourdain*, Les conditions de la responsabilité[2], no. 563 p. 503)。只有在被攻击直接针对时,正当防卫才可以被合法地实施,攻击使得具有立即效果的行动成为必要。成功主张抗辩的前提条件是存在对行为人或他人或他们受法律保护的财产的现实危险。正当防卫只能被允许针对非法攻击，并且进一步的前提是，正当防卫的行为不能与当时的情势不成比例（前引 *Viney and Jourdain* 书，nos. 563－1－564－1 pp. 503－506）。成功援引正当防卫也会排除责任，甚至是与过错无关而存在于行为人一方的客观责任（Cass. civ. 22 April 1992, Bull. civ. 1992, II, no. 127 p. 62）。前面的分析与比利时的法律状况一致。但是，在该法域，强调的是，如果反应造成的损失在当时的情势下是不合比例的，那么合法的正当防卫只能构成一项抗辩理由（*fait justificatif*）：问题是一个谨慎和理智的人（*un homme normalement prudent et raisonnable*）在该案的情势下是否会采取同样方式行事（*Cornelis*, Responsabilité extra－contractuelle, no. 20 p. 34）。

2. 虽然《西班牙民法典（SPANISH *Código Civil*）》既没有提到正当防卫（*legítima defensa*），也没有提到紧急避险（*estado de necesidad*），但是这也是广泛的共识——正当防卫构成了排除责任的正当理由（*de Ángel Yágüez*, Tratado de responsabilidad civil[3], 284; *Yzquierdo Tolsada*, Sistema de responsabilidad civil, 113; *Díez－Picazo and Gullón*, Sistema II[9], 554; *Santos Briz*, La responsabilidad civil I[7], 36）。这是被明确设想的，关于正当防卫的民事责任规则，其根源在关于犯罪行为的《刑法典》第 118 条结合第 20 条第（4）项。以下的前提条件被列出，即，（i）非法攻击，（ii）具有采取符合比例的正当防卫行动的必要性，（iii）采取正当防卫的人没有严重的挑衅行为。根据刑法的无罪判决对民事法庭没有拘束力；如果法院判定采取正当防卫的人具有过失，那么法庭可以要求他或她赔偿损失，即便加害人已经根据刑法被宣判无罪了（TS 28 June 1996, RAJ 1996 [3] no. 4905 p. 6421；但是，在事实上责任被否认了）。

3.《意大利民法典》第 2044 条规定，行为人就“自我防卫或保护他人而引发的损害”不负责任。《民法典》第 2044 条被《刑法典》第 52 条所补充。根据这一条款，采取必要的行动保护他或她自己的权利或他人的权利免遭非法攻击的迫近威胁，行为人将不会被惩罚，只要正当防卫所采取的手段与攻击成比例（进一步参见 Alpa and Mariconda（－*Marvasi*）, Codice civile commentato IV, art. 2044, II, no. 6; Cass. 24 February 2000, no. 2091, Danno e resp. 2000, 877）。这一条款被 *Legge* 13 February 2006, no. 59 *modifica all' articolo* 52 *del codice penale in materia di diritto all' autotutela in un privato domicilio* (Gazz. Uff. 2 March 2006 no. 51）所修改，它在《刑法典》第 52 条中增加了两个条款，规定在特定情形下，正当防卫行为的合比例性是推定的。正当防卫（*Legittima difesa*）排除了损害的不公正（*ingiustizia*）（*Franzoni*, Dei fatti illeciti, sub. art. 2044, p. 289）。对无行为能力的人以及由他人负严格责任的物件、动物，也可能实施正当防卫。遭到攻击的人的反应必须是必要的、不可避免的和合比例的（前引 *Franzoni* 书，291；前引 *Marvasi* 书，sub art. 2044, III, nos. 16－17）。如果受到攻击的人故意制造风险，那么这个人不能援引正当防卫抗辩。在假想防卫的情况下，遭到攻击的人不能被认为有过错。在这样的案件中，根据主流法律意见，应该根据公平原则在当事方之间分摊损害，要么适当转用《民法典》第 1227 条第（1）项（关于与有过失的条款，参见前引 *Franzoni* 书，294），要么适用《民法典》第 2045 条（关于紧急避险的条款，参见 Cass. 6 April 1995, no. 4029, Giur. civ. comm. 1995, I, 1137 and Cass. 12 August 1991, no. 8772, Giur. it. 1992, I, 1, 734）。

4. 根据《匈牙利民法典》第 343 条，为阻止非法攻击或——进行迫近的非法攻击的——威胁而造成的损害不需要赔偿，只要正当防卫的行为人没有采取过分的措施来避免攻击。正当防卫否定了引起的损害的非法性（Petrik（－*Harmathy*）, Polgári jog II2, 580 f; *Eörsi*, Kártérítés

jogellenes magatartásért, 50 f)。过当的防卫或假想的防卫仍然是非法的(*Marton*, A polgári jogi felelsség, 138);它是否存在是依据《民法典》第339条第(1)款来判断的(BH 2001/574)。鉴于超出正当防卫的限制并不必然导致刑法上的责任,在当时的情势下是否课加民法上的责任属于法院的自由裁量范围(*Petrik*, Kártérítési jog, 38; Gellért (-*Kemenes*), A Polgári Törvénykönyv Magyarázata[6], 1238; BH 1980/128)。但是,受害人的与有过失通常导致责任的减轻(前引*Marton*书)。正当防卫也可以对那些——依据民法被认为不需要对他们的行为负责的——人进行。如果实施正当防卫的人伤害了并非加害人的其他人,不清楚受害人是否仅对加害人有请求权,或者适当转用《民法典》第107条(紧急避险),他或她是否也对实施正当防卫的人有请求权(进一步参见前引*Petrik*书,39)。

5. 根据《保加利亚债法(BULGARIAN LOA)》第46条第(1)项,正当防卫意味着排除责任课加的正当理由。有效援引本抗辩的前提条件是行为人没有采取超出被认为足以击退攻击的措施(Plenum of the Supreme Court, ordinance no. 12 of 29 November 1973, case no. 11/1973 in criminal matters)。在防卫过当的情况下,即便行为人被恐惧或惊吓所影响,因此被免除了刑事责任,民事责任也会产生(前引Supreme Court判决)。《波兰民法典》第423条规定,"为排除针对自己或他人的利益的直接非法攻击,采取必要的防卫而对加害人造成损害的,行为人不需要对该损害负责"。前面的分析也与《罗马尼亚刑法典》第44条第(2)项的规定一致,它也与民法相关。过当的防卫并不构成排除责任的正当理由,但是它能减轻行为人的责任,理由是行为人的行为不构成过失(*Adam*, Drept civil, 285)。根据《斯洛文尼亚债法(SLOVENIA LOA)》第138条第(1)项,采取正当防卫的人对因正当防卫而给加害人造成的损害不负责任,除非防卫的限制被过失地超越了。该抗辩的构成要件来源于《刑法典》第11条第(2)项,它也与民法有关。必须存在非法和迫近的攻击;此外,所采取的阻止攻击的措施必须与攻击本身成比例(Juhart and Plavšak (-*Pensa*), Obligacijski zakonik I, art. 138 p. 809)。用身体暴力回应口头攻击并不构成正当防卫(VS RS II Ips 718/94)。

6. 相似地,根据《德国民法典》第227条第(1)项,为保护自己而采取的行为并非是非法的。正当防卫是一种为避开非法迫近的攻击而采取的防卫(《民法典》第227条第(2)条;进一步参见《刑法典》第32条)。也就是说,法律不要求向非法行为屈服(Palandt (-*Heinrichs*), BGB[66], § 227, no. 1)。"攻击"的观念只意味着来自人的攻击(不包括那些来自于动物或物件的攻击),该攻击是对受法律保护的利益的迫近威胁;它并不在任何程度上取决于加害人的过错。攻击必须是非法和迫近的:如果攻击行为已经完成,那么这个要求就没有被满足。正当防卫必须伴随着主观因素,即保护自己的必要意图。在避免攻击时,行为人被要求采取危险性最小的手段或者采取造成最小损害的手段;但是,法律并不要求实施正当防卫的人承担正当防卫不能有效阻止攻击的风险(BGH 23 September 1975, NJW 1976, 41, 42; BGH 5 October 1990, NJW 1991, 503, 504)。来源于《民法典》第242条的禁止滥用权利的原则要求,正当防卫不能针对儿童或者智障人士实施,或者正当防卫必须以适当的限制方式实施。如果在保护的法益和损害的法益之间存在明显的差距,那么就可能存在权利滥用(前引BGH 23 September 1975)。如果受到攻击的人自己挑衅引致了需要正当防卫的情况,那么他无权进行正当防卫(BGH 7 June 1983, NJW 1983, 2267; 也可参见BGH 14 June 1972, NJW 1972, 1821, 1822; BGH 15 May 1975, NJW 1975, 1423, 1424)。防卫过当和假想防卫的情形取决于行为人是否存在过失(前引BGH 23 September 1975)。

7. 根据《奥地利民法典》第19条,如果加害人的行为是正当防卫,那么该行为并非不法。根据《刑法典》第3条,如果行为对——阻止对自己或他人的生命、健康、身体完整性、自由或财产的真实攻击或迫近的非法攻击威胁——是必要的,那么就构成了正当防卫。这一定义也可以适用于私法领域(OGH 29 June 1989, JBl 1990, 104)。只有在受害人的行为使实施正当防卫的人相信他或她将要被攻击并因此采取了相应的行为,假想的防卫才能排除责任。过失的误判形势不会对责任的存在产生影响(OGH 19 January 1972, EvBl 1972/219, 433)。相同的规则也适用于防卫过当的情形(OGH 17 September 1964, SZ 37/121 p. 348)。

8. 相似地,根据《希腊民法典》第284条,正当防卫的行为消除不法性;正当防卫的概念在刑法和民法中是一致的(*Karakostas*, AK, art. 284, no. 1823; ErmAK (-*Gafos*), art. 284, no. 3; Georgiades and Stathopoulos (-*Tabakis*), art. 284, no. 1)。采取了与德国法相同的观念。在希腊,成功主张正当防卫也取决于存在来自人的攻击;来源于动物攻击的威胁并不是本条款意指的攻击(前引*Karakostas*书, no. 1827; 前引*Tabakis*书, no. 7)。禁止权利滥用(《民法典》第281条)也与正当防卫相关。例如,为阻止对低价值的财产的攻击而采取有力的防卫行为,并且这样的攻击来自未成年人或依据侵权法不需要对其行为负责的人,那么实施防卫行为的人可能构成权力滥用(前引*Karakostas*书, no. 1834)。

9. 根据《葡萄牙民法典》第337条第(1)项,为阻止目前的(进一步请参见STJ 6 January 1993, BolMinJus 423 (1993) 342)非法攻击而采取的正当防卫行为构成了一项正当理由,如果不能通过"正常手段"避开攻击,并且如果正当防卫引起的损失不会明显高于攻击所造成的损失。根据《民法典》第337条第(2)项,由"当时情势下行为人的混乱或恐惧而非过失"导致的防卫过当也是正当的。用斧头击打言语挑衅者的头部,在这种情况下不存在基于正当防卫的正当理由(STJ 4 January 2006; 也可参见2 July 2003)。与此相反,为了保护自己的通行权,一名男子威胁要伤害正要破坏通行权的人,在这种情况下,正当防卫能够被成功地主张(CA Porto 14 June 2006)。并不存在对加害人有过错的要求(*Pessoa Jorge*, Ensaio sobre os pressupostos da responsabilidade civil, 234)。如果实施了假想防卫,那么采取暴力的人须承担赔偿责任,"如果这个错误不能被原谅",《民法典》第338条。例如,如果一个人击倒了一名假想的攻击者,因为后者用藏在他大衣下的武器假装威胁他或她,那么这个人就是可被原谅的(STJ 1 February 1996)。一名公开有限公司(Public Limited Company)的总裁的行为不构成正当防卫,如果为了回应来自第三方的损害公司信誉的陈述,他在公开场合做了关于另一方的诽谤性陈述。根据比例原则,答辩权和对名誉的保护并不会使一项新的诽谤具有正当性(STJ 14 October 2003)。

10.《荷兰刑法典》第41条第(1)项排除了刑事责任的课加,如果行为是在正当防卫(*noodweer*)中实施的。根据这个条款,为了能够被合法地主张,正当防卫包含了五个构成要件。必须存在(i)目前的和(ii)非法的攻击。攻击必须直接(iii)指向被攻击者或第三者的身体或财产。正当防卫行为必须是(iv)必要的,并且(v)与阻止攻击适当且成比例(Onrechtmatige Daad I (-*Jansen*), art. 6:162(2), no. 167 p. 1737; HR 10 December 1999, NedJur 2000, no. 9 p. 82; Asser (-*Hartkamp*) Verbintenissenrecht III[11], no. 62 p. 76)。如果正当防卫行为过当,那么行为人仍然要承担责任,即如果合法的正当防卫行为的限制被超越了,参见《刑法典》第41条第(2)项。于是,责任可能不会产生,因为攻击者的与有过失明显超过了采取正当防卫行为的人的罪责(《民法典》第6:101条; 前引*Jansen*书, no. 170 p. 1780)。

11.《爱沙尼亚债法(ESTONIAN LOA)》第1045条第(2)项简洁地规定,实施正当防卫并非不法。《立陶宛民法典》第6.269条第(1)项具有同样的效果。《民法典》第6.269条第(2)项补充规定,“受到侵害的人可以向防卫所针对的实施非法行为的人,即向加害人,请求赔偿引起的损害”。

12. 在北欧国家,私法上的正当防卫由刑法中的相同规则调整(《瑞典刑法典》第24章第1条;《丹麦刑法典》第13条和《芬兰刑法典》第4章第4条)。在刑事责任被排除时,民事责任也被排除了。但是,在涉及防卫过当和假想防卫时,行为人仍然要承担责任(*Hellner and Radetzki*, Skadeståndsrätt[7], 120)。来自于动物或财产的攻击并不包含在此抗辩中,而是由紧急避险法调整,紧急避险比正当防卫要求了更严格的前提条件(参见HD 14 October 1988, NJA 1988, 495:羊群的管理人用枪射击一只正在攻击羊群的昂贵猎犬,他要对此负责任;也可参见*Vinding Kruse*, Erstatningsretten[5], 38)。如果第三方因正当防卫行为受到伤害或遭受损失,责任被归咎于原加害人(前引*Hellner and Radetzki*书,120;*von Eyben and Isager*, Lærebog i erstatningsret[5], 49; *Saxén*, Skadeståndsrätt, 172; HD 13 December 1947, NJA 1947, 626[一群人在殴打一个人,这个人在正当防卫中开枪射击,击中了一名路人,他为后者的人身伤害要承担连带责任])。

13. 在苏格兰,根据1987年《动物(苏格兰)法(Animals(Scotland)Act)》第4节(1)(a),如果杀死或伤害一只动物的行为是为了保护自己或他人,那么行为人就拥有了一项抗辩。此外,为保护家畜而杀死或伤害动物的人也拥有一项抗辩,如果他是(a)家畜的保管人,(b)家畜目前所在的土地的所有权人或占有人,或者(c)由保管人或土地所有权人或土地占有人授权采取保护行为:第4节(1)(a)(iii)以及(3)。这些抗辩中的每一个都要求,动物攻击或正要攻击引起损害的人或受到保护的人或家畜(或者已经攻击了人或家畜并且仍然在附近),还要求,有合理的理由相信没有其他可实施的手段来结束或阻止攻击(或进一步的攻击):第4节(4)。每一个抗辩都要服从这样的附款,即杀死或伤害须在48小时之内向警察报告(第4节(1)(b))并且如果损害是由实施犯罪行为所引起的或者为了这个目的出现在现场或附近,那么抗辩也被排除(第4节(2))。一个非常相似的抗辩在英格兰已经在1971年的《动物法(Animals Act)》第9节中得到了规定,但却仅限于保护家畜。这是一个关于正当防卫抗辩的有限的制定法规定——根据第3节,如果狗杀死或伤害了家畜,那么狗的保管人对此须负严格责任——这在普通法中也是如此:*Cresswell v. Sirl* [1948] 1 KB 241(被告为阻止狗撕咬羊群中的母羊而将其射杀)。因此,被告可以合理地行事,保护他自己或其他人的人身或财产,只要不适用超出合理范围的暴力,这是获得公认的;暴力的合理性是客观地被判断的,但要基于被告对当时情势的真实想法,并且还要注意到在关键时刻的痛苦中作出判断的困难:*Cross v. Kirkby* (2000) Times, 5th April (CA)。

Ⅱ.好意介入

14. 关于合法但疏忽大意实施的好意介入的责任,参见第Ⅶ-2:103条(自愿的同意或履行)以下的注释。合法并且谨慎地好意介入他人的事务,在承认这个法律制度的所有法域中,都不会导致责任产生,即便介入导致身体伤害、财产损害或对本人不利的权利丧失也是如此。这样的结果或者基于——缺乏过错(*faute* or fault)——而合理化,或者基于——好意介入构成了一项正当的抗辩——而合理化。

15. 参见,例如,西班牙的情况,CA Jaén 2 July 1999, AC 1999 (3) no. 1950 p. 452 and CA Alicante 7 March 2005, BDA JUR 2005/132762;意大利的情况,*Cian and Trabucchi*, Commentario breve[6], sub art. 2028, no. 4;匈牙利的情况,《民法典》第485条第(1)项(依据该条,可以推知,没有获得授权而适当地介入他人事务,依据第339条并不构成有过错的行为);德国的情况,*Medicus*, Schuldrecht II[13], no. 760; Palandt (-*Sprau*), BGB[66], Pref. to § 677, nos. 5, 11;

Larenz and Canaris，Schuldrecht II(1)[13]，§ 57Ib and Staudinger（－*Bergmann*），BGB，Pref. to §§ 677 ff，no. 243；不同意见，可参见 MünchKomm（－*Seiler*），BGB[4]，Pref. to § 677，no. 16；葡萄牙的情况，《民法典》第340条第(3)项(对于合法的好意介入他人事务，法律拟制已经获得了本人的同意，参见 *Vaz Serra*，BolMinJus 85［1959］13，108－109 and *Menezes Leitão*，Responsabilidade do gestor，248)；希腊的情况，*Kornilakis*，Eidiko Enochiko Dikaio I，506；*Georgiades*，Enochiko Dikaio，Geniko meros，604（正当理由）；for the NETHERLANDS Parlementaire Geschiedenis VI，617 and Onrechtmatige Daad I（－*Jansen*），art. 6:162(2)，no. 233 p. 6100 和罗马尼亚的情况，*Adam*，Drept civil，182 as well as *Dogaru and Drăghici*，Drept civil，358。

16. 无论如何，在奥地利，为阻止紧急情况而介入他人事务(《民法典》第1036条)构成了一项正当理由(《民法典》第1311条和第1312条；Koziol/Bydlinski/Bollenberger（－*Koziol*），ABGB[2]，§ 1036 no. 7)。仅仅"好意"介入他人事务也构成正当理由的观点(《民法典》第1037条)，已经被最近的法律评注所否认(前引 *Koziol* 书，§ 1037 no. 1；*Meissel*，GoA，119，135)。无论如何，这个问题并不具有重大的实践重要性，对于后面一种情况，存在过错才能引发责任。根据《爱沙尼亚债法》第1022条第(1)项和第(2)项，介入人责任取决于过错的存在。在保加利亚，合法地好意介入他人事务可以排除责任，似乎还没有被讨论过。

17. 在北欧国家，在丹麦，无因管理(*negotiorum gestio*)明确被作为一项独立的抗辩，借此介入人获得了一项抗辩，如果本人受到损害(*Vinding Kruse*，Erstatningsretten[5]，41；*von Eyben and Isager*，Lærebog i erstatningsret[5]，51)。但是，关于介入人对本人或其他人造成损害的情形在瑞典(*Håstad*，Tjänster utan uppdrag，139)和芬兰(*Saxén*，Skadeståndsrätt，173)已经被讨论过了。更多细节请参见 PEL/*von Bar*，Ben. Int.，Introduction I53－57。

18. 在英国，罗马法上的无因管理(*negotiorum gestio*)从没有被法律接受，与好意介入他人事务最接近的相当法律制度以"紧急情况代理"(agency of necessity)的形式存在，援引的是紧急避险抗辩，例如为不能作出有效同意的人的利益而实施医疗治疗时，可援引此抗辩。如果实施的治疗是为了病人的最佳利益，那么该抗辩在普通法上成立(Re F(精神病人:消毒)［1990］2 AC 1)并且现在(除非有关于拒绝治疗的提前决定)由制定法规定(2005年的《行为能力法(Mental Capacity Act)》，第5节［通过明示排除因过失治疗而导致的损失或损害的侵权责任］)。

Ⅲ. 紧急避险

19. 根据《法国刑法典》第122－7条，"在面对对自己、他人或财产的现实的和迫近的危险时，采取必要的措施确保人身或财产的安全，不需要承担刑事责任，除非采取的手段与威胁的严重性不成比例"。行为人处于紧急状态(*état de nécessité*)之中，这样的情形能够使实施的加害行为正当化，如果行为人被上述危险威胁并采取了合比例的措施来阻止它。被侵害的利益，在冲突利益的位阶中，必须总是低于被保护的利益；例如，为保护自己的财产而牺牲另一人的财产而非生命是被允许的。因紧急避险行为而遭受财产损害的人可以以不当得利(*enrichissement sans cause*)为由，要求被救的人赔偿(*le Tourneau and Cadiet*，Droit de la responsabilité et des contrats（2004/2005），nos. 1973－1976)。比利时的主流法律意见与此相似。也就是说，如果行为人或第三方处于危险状态中，这样的危险如此具体，以至于它迫使行为人采取特定反应，那么就存在可以使行为正当化的紧急状态。受到威胁的利益和被侵害的利益必须至少要具有同等价值。此外，对于引起紧急情况的行为人，本抗辩并不适用(Tilleman and Claeys（－*Claeys*），Buitencontractuele

aansprakelijkheid, 1, 34-37, nos. 55-59)。

20. 在西班牙,紧急避险排除刑事责任;但是,它不能排除由犯罪行为引起的民事责任(《刑法典》第118条第(3)项和第20条第(5)项)。这会影响从紧急避险中受益的人(即便紧急避险行为是不成功的),也会影响没有亲自实施防卫的人。受保护利益和受损利益的相对价值作为评估损害的基础;如果这样的进路不可行,那么法官就拥有衡平的裁量权。根据《刑法典》的条款,紧急避险成立的条件是(i)引起的损害不超过受到威胁的损害;(ii)产生紧急避险的情势不是由行为人故意激起的;并且(iii)并不要求受益人因自己的职业或职位作出牺牲。同样的标准也适用于民事责任(*Díez-Picazo and Gullón*, Sistema II[9], 554)。根据目前的法律理论,《刑法典》第118条第(3)项涉及对合法引起的损害的补偿,换句话说,它与真正的侵权责任不同。被提出的观点是,法律仅仅试图排除因防卫行为获益的人的不当得利(*Yzquierdo Tolsada*, Sistema de responsabilidad civil, 115; de *Ángel Yágüez*, Tratado de responsabilidad civil[3], 285; 前引 *Díez-Picazo and Gullón* 书)。与好意介入他人事务有关的法律也与决定受益人的赔偿义务的基础相关(《民法典》第1893条第(2)项)(Paz-Ares/Díez-Picazo/Bercovitz/Salvador (-*Pantaleón*), Código Civil II[2], art. 1902 p. 1986; 不同意见,例如 *Busto Lago*, La antijuridicidad del daño, 412)。《加泰罗尼亚民法典》第546-12条澄清了紧急避险抗辩的适用范围,即在危险情况下,被利用的财产的所有权人必须容忍这样的干涉。但是,所有权人可以要求合理补偿抵消引起的损害。

21.《意大利民法典》第2045条规定:"如果行为人造成了损害并且这样的行为是迫于紧急情况,为了保护自己或他人免于遭受严重人身伤害的即刻危险,并且这样的危险并非是由实施紧急避险的人故意造成的,而且也不存在其他避免危险的手段,那么受害人有权获得补偿,其范围由法庭衡平决定。"就绝大多数情形来说,至少就紧急避险的前提条件来说,《民法典》第2045条与《刑法典》第54条第(1)项一致。"严重的人身伤害"的威胁必须现实存在,这一直是一个前提条件。根据《宪法》第2条,这个概念不仅被解释为人的身体的完整性,还包括了无形人格权(*Franzoni*, Dei fatti illeciti, sub art. 2045, p. 296)。觉察到危险和对其作出的反应行为之间,以及反应行为和造成的损害之间必须总是符合比例关系(前引 *Franzoni* 书, 303-305; Cass. 21 December 2004, no. 23696, Giur. it. Mass. 2005, fasc. 1)。补偿义务由——行为人知道并且故意坚决实施行为——的事实决定(Cass. 3 April 1980, no. 2206, Arch. Giur. circolaz 1980, 743)。法院被赋予了决定补偿数额的自由裁量权。它可以使行为人或紧急避险行为的受益人承担补偿义务(前引 *Franzoni* 书, 314)。

22.《匈牙利民法典》第107条对财产所有权人课加了容忍财产被干涉的义务,如果他人的生命或者身体完整性或财产处于即刻的危险中,且这种危险不能通过其他方式避免。但是,如果仅仅是他人的财产受到威胁,那么只有在可预见的损害超过了进行紧急避险可能造成的损害时,所有权人才必须容忍他或她的财产被干涉。但是,所有权人可以从受到威胁的人处获得补偿;如果行为人为消除紧急状态所采取的措施造成了不合理的巨大损害,那么所有权人可以要求他进行损害赔偿。如果超过一个人被紧急状态所影响,那么他们引起的责任要与紧急状态对他们的影响程度成比例。迄今为止,这个抗辩被限制在财产法领域,新民法典草案也提到了紧急状态作为消除非法性的事由(http://www.parlament.hu/irom38/05949/05949.pdf)。在罗马尼亚,《刑法典》第45条第(2)项中关于紧急避险的条款也适用于民法领域。为消除紧急状态保护自己的合法利益而使用他人财产,紧急避险人因此对财产所有权人的赔偿义务部分来源于关于好意介入他人事务的条款,部分则由不当得利法规制(*Adam*, Drept civil, 286; *Dogaru and Drăghici*, Drept civil, 236)。

23. 相似地,《保加利亚债法》第46条第(2)项规定,如果他人的财产被用来避开紧急状态,并且因此给财产造成了损害,那么就存在对此损害的赔偿义务,但是这一条款并没有明确表明谁有损害赔偿义务。最高法院已经选择了"级联责任"(cascade liability),即引起紧急状态的人要承担主要责任。如果紧急状态是由动物或物件造成的,那么它的所有权人或保管人承担责任。最后,紧急避险的受益人要承担补充责任(Supreme Court, ordinance no. 4 of 30 October 1975, Plenum)。根据《斯洛文尼亚债法》第138条第(2)项,受害方可以对引起危险状态负有责任的人提起赔偿诉讼,也可以对法律利益受到威胁的人提起赔偿诉讼,"但是对后者要求的损害赔偿不能超过他由此获得的利益"。根据《债法》第138条第(3)项,在他人避免损害风险时,遭受损害的人有权要求该他人赔偿合理损失。

24.《德国民法典》区分了防御性紧急避险(《民法典》第228条)和进攻性紧急避险(《民法典》第904条);两种都有正当理由。《民法典》第228条允许他人的财产被损害,如果这是避免危险的必要手段且该危险来源于这个财产;《民法典》第904条授予了干涉他人财产的权利,如果为保护自己,有必要利用该财产。这两个条款都基于这样的观念,即在紧急状态中,为保护更高位阶的利益,受到法律较少保护的利益可以被牺牲。而且,《刑法典》第34条也与私法有关,它(在某种程度上,其构成要件比《民法典》第228条更严格)允许干涉个人的法律利益,例如干涉健康和自由。根据《民法典》第228条,由其他人拥有的物件必须对行为人(紧急避险)或他人(紧急情况下的帮助)的权利或法益呈现出一种即刻的危险。该物件可以被破坏或毁灭,只要引起的损害对于受到危险来说并非不合比例的回应。如果行为人引起了危险的情况,那么他或她必须赔偿所造成的损失。如果为了避开危险,有必要干涉无关的第三方的财产,并且面对的危险不合比例的高于干涉对所有权人造成的损害,那么根据《民法典》第904条,所有权人必须容忍该干涉。但是,所有权人可以要求造成损害的人进行赔偿,这个请求权并不取决于后者在主观上是否有过错。

25.《奥地利民法典》第1306a条将这种情况视为紧急状态,如果只能通过干涉他人的受法律保护的利益,才能使自己摆脱并非由非法攻击直接导致的险境。帮助陷入险境的他人(其他人的利益受到威胁)的紧急避险行为也被同样对待(OGH 10 May 1979, ZVR 1980/277, 280)。紧急避险和帮助陷入险境的他人构成了正当理由,如果相关行为是直接为了保护受法律保护的利益,并且在考虑所有情势后,这样的行为被认为是合比例的且限于造成最小的损害(OGH 13 December 1988, SZ 61/270 p. 509)。尽管如此,行为人有义务根据公平原则赔偿受害方的损失(进一步请参见 Koziol/Bydlinski/Bollenberger(-*Karner*), ABGB[2], § 1306a no. 4)。

26. 根据《希腊民法典》第285条,因紧急避险而实施的行为是正当的(*Kornilakis*, Eidiko Enochiko Dikaio I, 507; *Georgiades*, Enochiko Dikaio, Geniko meros, 603)。在存在利益冲突的情况下,法律眼中价值较低的法益必须向高位阶的法益让步(Georgiades and Stathopoulos (-*Tabakis*), art. 285, no. 1)。《民法典》第285条只调整干涉他人的财产,它并不调整(像《刑法典》第25条那样)侵犯他人人格权的情形。但是,大多数法律评论者认为,《刑法典》第25条也适用于民法领域(进一步请参见前引 *Tabakis* 书, no. 5)。并不要求《民法典》第285条设想的危险来源于被用来避开攻击的物件(*Karakostas*, AK, art. 285, no. 1841; 前引 *Tabakis* 书, no. 6)。在紧急情况下帮助他人是可能的(前引 *Karakostas* 书, no. 1842; 前引 *Tabakis* 书, no. 9)。避免的损害必须不合比例地高于行为所造成的损害。行为人须负赔偿义务,如果他或她有过错地造成了紧急状态,即危险(《民法典》第286条(第1句);进一步请参见前引 *Tabakis* 书, art. 286, no. 2)。在所有的其他情况下,要求实施紧急避险的人给付合理数额的损害赔偿金的裁量权被授予法院(《民法典》第286条(第2句);进一步请参见前引 *Karakostas* 书, no. 1850)。

27.《葡萄牙民法典》第339条第(1)项包含了调整"进攻性"紧急避险的规则(*Almeida Costa*, Obrigações[9], 527)。根据这一条款,允许为了避免对自己或他人的严重损害的即刻威胁而损坏或毁灭他人的财产。该危险可以来自任何源头,并且威胁到了行为人或第三方的人身或法益(CA Lisbon 12 May 2005)。造成财产损害或毁灭的人对所有权人负损害赔偿责任,如果该人有过错地引起了危险(进一步参见 CA Porto 25 September 1997);在所有的其他情形,法院被赋予了公平的自由裁量权决定赔偿责任的负担,(根据法院的自由裁量权)是由行为人或者紧急避险行为的受益人,还是由双方共同来承担赔偿所有权人损失的责任(进一步请参见 *Pessoa Jorge*, Ensaio sobre os pressupostos da responsabilidade civil, 260)。例如机动车司机为了避免事故发生急转弯,进而造成损害(STJ 17 June 1999);如果是因为司机不遵守交通规则而引起这个危险,那么司机要独自承担赔偿责任(STJ 19 April 1988, BolMinJus 376 [1988] 602; STJ 3 March 1990, BolMinJus 395 [1990] 534; 不同意见,可参见 CA Coimbra 20 March 2001)。

28. 根据荷兰法,紧急情况(*noodtoestand*)被概念化为不可抗力(*overmacht*(*"force majeure"*))的特定表现。它涉及义务的竞合:不实施非法行为的法律义务必须向高位阶的利益让步。被法律教科书采用来说明这个法谚的例子是为救人破门而入。再者,地方当局拒绝将危及健康的肉交给它的所有权人也是符合法律的行为(HR 3 May 1934, NedJur 1934, 1549;也可参见 CFI Arnhem 22 June 1950, NedJur 1951, no. 290 p. 558 and Asser (- *Hartkamp*), Verbintenissenrecht III[11], no. 60 p. 76)。这个抗辩总是涉及这样的情形,即即刻的行为是必要的(Onrechtmatige Daad I (-*Jansen*), art. 6:162(2), no. 176.2, p. 1875)。紧急情况不能来源于可归因于紧急避险行为人的情势(HR 19. March 1943, NedJur 1943, no. 312 p. 417 and HR 20 June 1986, NedJur 1987, no. 35 p. 152 [码头工人罢工])。为避免现实危险的行为是合法的,因此不会导致根据《民法典》第6:162条的责任课加。但是,在适用不当得利法的情形,合理的赔偿可能被要求(Parlementaire Geschiedenis VI, 617; 前引 *Hartkamp* 书, no. 359 p. 362)。

29. 根据《爱沙尼亚债法》第1045条第(2)项和第(3)项,在紧急避险中造成的损害并非不法。紧急避险的定义在《民法典总则(GPCCA)》第141条第(1)项中。但是,使行为正当化的事实并不能免除合理补偿的义务。该义务由行为人(《民法典总则》第141条第(2)项)和紧急避险受益人(前引第141条第(3)项)承担。《立陶宛民法典》第6.274条赋予法院决定赔偿义务的自由裁量权。它可以要求紧急避险行为的受益人赔偿全部或部分损害。

30. 在北欧国家,紧急避险的观念意味着为拯救处于迫近危险中的人、财产或其他受法律保护的合法利益,牺牲他人的财产。该抗辩在刑法中被法典化(《瑞典刑法典》第24章第4条,《丹麦刑法典》第14条以及《芬兰刑法典》第4章第5条),并且在民事责任法中得到反映。但是,在后者当中,为拯救他或她自己的财产而损害他人财产的人须承担责任(HD 19 October 1929, NJA 1929, 542 因为大雨,大坝的所有权人必须打开泄洪闸,因此对他人的财产造成了损害)。主要责任由引起危险的侵权人承担,如果有这样一个人。否则,受到威胁的人必须对拯救措施的后果负责。如果第三人为他人的利益采取行动,那么责任由后者承担(*Saxén*, Skadeståndsrätt, 171; *Hellner and Radetzki*, Skadeståndsrätt[7], 122; *von Eyben and Isager*, Lærebog i erstatningsret[5], 50)。紧急避险要求存在迫近的危险。保护性措施必须是合法的,财产的价值可以作为当然的参考因素,但是也必须考虑危险的严重性(HD 14 October 1988, NJA 1988, 495)。但是,如果利用价值较低的物件来拯救一个价值更高的物件,不能排除前者的所有权人要求赔偿的权利(*Vinding*

Kruse, Erstatningsretten[5], 40)。

31. 这在英格兰也是被承认的,在紧急避险行为是为了避免真实和迫近的危险而合理实施的情况下,紧急避险可以在侵占他人财产或造成他人财产损害的诉讼中构成一项抗辩:*Cope v. Sharpe* (No. 2) [1912] 1 KB 496 (为保护雇主的财产,被告在大火到来之前,放火焚烧原告土地上的石南);*Esso Petroleum Co. Ltd. v. Southport Corp.* [1956] AC 218, 235 (为阻止油轮破裂,保护船员的安全,油轮的主人抛弃了作为货物的原油;潮水将浮油带到海滩上,造成了损害)。根据 *Rylands v. Fletcher* (1868) LR 3 HL 330 中的规则,在故意逃离危险物的特殊情况下(只要本规则适用于直接损害),基于同样的基础,本抗辩也适用于严格责任诉讼:*Rigby v. Chief Constable of Northamptonshire* [1985] 1 WLR 1242 (Taylor J)(为了将一位危险的精神病人赶走,警察将催泪瓦斯罐射入军械工厂:瓦斯罐中的烟火装置使工厂着火)。在另一方面,如果紧急避险行为的需要是由被告的过失导致的,那么本抗辩就不能适用:前引 *Rigby v. Chief Constable of Northamptonshire*, 1253。

示例4来源于 STJ 1 February 1996; 示例5 TS 28 June 1996, RAJ 1996 (3) no. 4905 p. 6421; 以及示例8来源于丹宁勋爵在 *Southwark London Borough Council v. Williams* [1971] Ch. 734, 744 一案的判决书中举的例子。

第Ⅵ-5:203条　公共利益保护

为对民主社会的基本价值进行必要保护而对他人造成具有法律相关性的损害的,特别是在损害系由通过媒体所进行的信息传播造成的情形,加害人得以之作为抗辩。

评　论

本规则的目的。如果损害是为了对民主社会的基本价值进行必要保护而造成的,那么本条赋予损害的引起人一项抗辩。它使一个原则具有法律效力,该原则在成员国的成文法(black-letter law)很少清晰可见,但是它在关于非合同责任的法学理论中几乎随处可见。本条款减少了对第Ⅵ-7:101条(内国宪法)的依赖。后面这个条款不能被期待成为解决所有疑难案件的灵丹妙药。

对公共利益的保护。本规则的主要意义在于,在新闻报道的主角依据第Ⅵ-2:203条(对人格尊严、自由及隐私的侵犯)、第Ⅵ-2:204条(散布有关他人的虚假信息造成的损失)和第Ⅵ-2:205条(泄露他人的秘密信息造成的损失)所设定的标准,受到了具有法律相关性的损害时,本规则给予了新闻界和其他形式的媒体一项抗辩。此人必须忍受这些损害,如果第Ⅵ-5:203条的构成要件被满足了。通常对名人或政治生活中领袖人物的报道存在特定的公共利益。关于与政治人物的正直人格有关的私生活的新闻报道对选民决定是否将选票投给他们是有关联的,因此这个抗辩对政治人物的这类新闻也适用。而且,特定信息中的公共利益使特别迅速的报道成为必要,在这种情况下,在新闻传播过程中的完全准确不能总是被保证。也不能期待在这样的情势下,出版者或新闻机构可以权威性地评估所有相关法律问题。当然,本条款并不保护编造的故事,也不保护对不实信息或纯粹谣言的鲁莽出版。但是,在当时的情势下实施了被认为具有合理强度的记者调查之后,公布后来被证明是部分虚假的信息是被允许的。在知悉真实情况后就改正了报道,没有责任会产生。为了准确起见,当然一切都取决于每个个案的情况;对所涉及的利益的衡量必须被交给法院来完成。

民主社会的基本。如果本条款要适用,仅仅存在任何武断的公共利益是不够的。相反,必须涉及民主社会的基本价值,并且采取保护性的措施是必要的。包括在民主社会的基本价值中的特别是表达自由和集会自由。因此,本条款对于游行示威自由是重要的。例如,大型游行示威活动的参与者不需要对这样的事实——私人不能在特定时段使用它们的汽车或者运货的卡车不能到达位于游行示威通过的地区的工厂——负责。同样,仅仅参与游行示威本身并不是承担责任的理由,在这样的情况下,可以预料到会有相当暴力的人参与到游行示威中来。当然,本条款并没有赋予在计划和组织这样的游行中不负责任的疏忽的全权,而是试图确保基本权利的行使不会因民事责任的结果而变得事实上不可能。

注 释

1. 法国法院力图在新闻自由和尊重私人和家庭生活的权利(《民法典》第9条)之间实现平衡。读者为获取信息不要求知道的、包含夸张内容的出版物不能通过援引——新闻媒体的功能是信息传播——的理由而正当化(Cass. civ. 23 April 2003, Bull. civ. 2003, I, no. 98 and D. 2003, 1854, note *Bigot*; JCP 2003, II, 10085, note *Ravanas* and GazPal 2003, IV, 2403, note *Amson*[在同一天作出的两个判决])。在针对某人的刑事诉讼已经开始后,在法院的判决正式宣布以前,该人在媒体中不能被描述为有罪(Conseil d'Etat 14 March 2005, AJDA 2005, 576; Cass. civ. 6 March 1996, Bull. civ. 1996, I, no. 123; D. 1997, Somm. Comm. 72, obs. Dupeux; Cass. civ. 29 April 1998, Bull. civ. 1998, II, no. 141)。无罪推定在位阶上高于新闻媒体的报道新闻的自由(CFI Nanterre, 22 June 1996, GazPal 1996, II, 559)。与此相反,已经公开的报道仅仅提到死亡的受害者已经结婚并且是两个孩子的父亲,并且正确地描述了尸体被发现的现场环境,那么这样的报道必须被容忍(Cass. civ. 20 November 2003, Bull. civ. 2003, II, no. 354; GazPal 2005, II, 1224, note *Guerder*)。而且,如果涉及高位阶的法益,例如艺术自由,那么对个人肖像权的侵犯可以被正当化(CFI Paris 9 May 2007, D. 2008, 57; CFI Paris 25 June 2007, D. 2008, 58)。关于滥用新闻自由的诉讼可能只能基于《民法典》第9条;《民法典》第1382条在这个问题上不再适用(Cass. civ. 27 September 2005, Bull. civ. 2005, I, no. 348; *Dreyer*, D. 2006, Chron. 1337)。甚至是依据1881年7月29日颁布的《新闻自由法案(Freedom of Press Act)》——它明确提到了《民法典》的上述两个条款——情况仍然如此。

2. 比利时最高上诉法院(*Cour de Cassation*)(Cass. 14 January 2005, no. JC051E4_1, no. de role C030622N)允许对新闻自由进行限制,但是却附加了但书,即这些限制对于满足民主社会中的令人信服的社会目的而言是必要的。而且,为了使限制正当化,在采取的手段和意图的目的之间必须存在比例关系,对于限制必须存在令人信服和满意的理由。当新闻自由和尊重私生活的权利发生冲突时,法院试图在竞争的价值之间达到一个平衡。通过考量个案的所有情势,法院检验对新闻自由的干涉是否超过了维护受影响的人的权利的必要(CA Brussels 5 February 1999, no. JB40966_1, no. de rôle 98/AR/425)。允许采取预防性的法律措施检查即将面世的新闻出版物是可能的(Cass. 25 September 1969, Pas. belge 1969, I, 89)。

3.《西班牙宪法》第18条第(1)项结合第20条第(4)项也可以直接适用于私法领域;这些条款构成了言论自由权和新闻自由权的基础和限制。根据宪法法院的说理,记者确实有义务核实所主张的事实的正确性;但是,并不要求主张的每一个方面都被证实。如果信息被小心收集并传播,法律制度就会提供保护,但是在粗心大意无视实情,传播谣言、捏造故事或恶意暗示的情况下,法律就不会提供保护(TC 21 January 1988, no. 6/1988, BOE 1988 no. 31 of 5 February; 也可参见 TS 5 July 1999, RAJ 1999 (3) no. 5898 p. 9197; TS 20 November 1999, RAJ 1999 (5) no. 8293 p. 13010 and TC 31 January 2000, no. 21/2000, BOE 2000 no. 54 of 3 March)。此外,对事实的虚假陈述不会导致侵害他人名誉的责任,如果在报道之前,涉事记者已经采取了合理的措施核实陈述的实情并且报道不具有侮辱性,也没有采用无礼的措辞(TS 17 April 2000, RAJ 2000 (2) no. 2567 p. 3985)。当然,在文章不服务于公共利益的情况下,侵犯保护家庭生活的权利和对私密领域的权利就可能会导致责任承担,这是可以被想见的(TC 10 May 2000, no. 115/2000, BOE 2000 no. 136 of 7 June)。根据西班牙宪法法院的意见(TC 17 July 1986, no. 104/1986, BOE 1986 no. 193 of 13 August; TC 15 September 2003, no. 160/2003, BOE 2003 no. 242 of 9 October; TS 11December 2003, RAJ 2003 (5) no. 8653 p. 16209),虽然主意和意见被包括在言论自由权的范围内,但是新闻自由的主要内容是传播相关事实。因此,最为重要的是,根据民法,这个区别获得了在关于事实主张的正确性的举证责任方面的意义,因为提出那些主张的人通常应该证明它们的准确性(进一步参见关于这个问题的许多案件,这些案件混合了言论自由和关于事实的论断 TC 21 December 1992, no. 240/1992, BOE 1993 no. 17 of 20 January; TS 14 November 2001, RAJ 2001 (5) no. 9303 p. 14707)。《关于对名誉、私生活和个人肖像的权利的民事保护法(The Civil Protection of the Rights to Honour, to Private Life and to one's own Image Act)》第2条第(2)项也与保护公共利益的首要地位有关。根据这一条款,侵犯法律保护的权利不会被视为非法,如果历史的、科学的或文化的利益优越于它。

4. 意大利法院已经发展出了一系列的准则来解决受宪法保护的权利的冲突(例如,信息自由权或言论自由权与人格权之间的冲突)。损害的非正义(*ingiustizia*)是作决定时要考虑的一个因素。媒体被允许公布新闻报道,这些报道代表了他们享有的合法传播新闻的权利(*diritto di cronaca*)。在这里,报道必须是真实的,必须存在获取相关信息(*pertinenza*)的合法公共利益,并且报道必须以合适的形式(*continenza*)出现。在具有新闻价值的事件和后续报道之间必须存在"紧密的关系"。为了满足——报道服务于公共利益——的要求,这是必要的(《宪法》第21条)(Cass. 4 February 2005, no. 2271, Giur. it. Mass. 2005, fasc. 2; Cass. 13 January 2005, no. 559, Giur. it. Mass. 2005, fasc. 1; Cass. 15 December 2004, no. 23366, Giur. it. Mass. 2004, fasc. 1)。批评权(*diritto di critica*)的主要内容是公开主观意见(这与传播新闻的权利相反),并非是对有新闻价值的事件的报道。批评权的位阶在合适的形式(*continenza*)之下。它的正当化程度只能是为了公共利益而行使。而且,影响名誉或荣誉的消极的价值判断也必须被合理地考虑(Cass. 11 January 2005, no. 379, Giur. it. Mass. 2005, fasc. 1)。对消极的价值判断和批评的公开必须基于这样的情势,即对这些内容的了解事关公众的利益(前引Cass. 11 January 2005)。

5. 相似地,在匈牙利,言论自由、新闻自由以及信息自由权(《宪法》第61条)和相关人的人格权保护(《宪法》第54条和第59条)之间的冲突通过个案中的利益平衡来解决(参见Petrik(-*Petrik*),Polgári jog I2, 178/2)。《印刷媒体法(Print Media Act)》第3条清楚规定,新闻自由是被限制的,媒体不能实施犯罪行为,不能煽动犯罪行为或者违背公共道德或侵犯人格权。第4条对政府当局课加了义务,它必须向媒体披露对一般大众具有重要性的信息。《民法典》第76~78、80~83和第85条第(3)项和第(4)项对无形人格权提供了加强的保护,它们同样受到包含在《民法典》第75条第(1)项中的一般条款的保护;参见第Ⅵ-2:203条(对人格尊严、自由及隐私的侵犯)和第Ⅵ-2:204条(散布有关他人的虚假信息造成的损失)以下的注释。根据民法,在存在权利冲突的情形,企图在那些权利之间实现平衡的法院可以依赖《民法典》第2条第(2)项(根据这一条款,法律保证所有的人"能依据这些权利的社会目的,自由行使被赋予的权利")和《民法典》第5条第(1)项和第(2)项。《民法典》第5条第(1)项禁止滥用权利;《民法典》第5条第(2)项规定,行使权利的目的如果与该权利的社会目的不相容,就可能被视为滥用权利,特别是如果它危害了国民经济,导致他人被骚扰,或者导致他人的权利或法益被损害,或者导致不正当的优势的获取。根据罗马尼亚最高法院的持续见解,法律绝对保护无形人格权免遭不真实的主张和有害的陈述(CSJ 24 September 2003, secţia civilă, decision no. 3623; CSJ 30 September 2003, secţia civilă, decision no. 3733)。公职人员必须接受,公开信息中存在同量的公共利益(CSJ 28 November 2001, secţia civilă, decision no. 5435)。

6.《斯洛文尼亚债法》第177条第(2)项为传播关于他人的信息而又不知其虚假性的人提供了一项抗辩理由,只要前提条件——加害人或信息接收方对公开该信息有正当的利益——被满足。加害方有义务证明这个标准已经被满足(Juhart and Plavšak (-*Pensa*), Obligacijski zakonik I, art. 177 p. 1018)。波兰最高法院在14 May 2003, OSPiKA 2004, no. 2 p. 87的判决中体现了第Ⅵ-5:203条的规定。这个判决是关于一家媒体的文章,即总统曾在1997年秘密地与前克格勃(KGB)的特工见面。原告要求道歉,并要将J 600,000的非金钱损害赔偿支付给波兰红十字会。最高法院指出,仅仅是陈述不实的事实不会使媒体承担责任。关于人格权权利侵犯的责任取决于侵害的非法性。虽然根据《民法典》第24条,这样的侵犯被推定具有违法性,但是这个推定是可以被推翻的,尤其是通过证明侵害的目的是保护合法的社会(或公共)利益。最高法院在18 February 2005, OSNC 2005 nos. 7-8 p. 1的判决也具有同样效果:"记者证明在收集和利用新闻材料时,他是在为保护合法的公共利益行事并且尽了所有的注意和勤勉义务,那么就可以排除他的行为的非法性。但是,如果主张被证明为非法,那么该记者就有义务撤回它。"根据《保加利亚宪法》第41条,公民可以传播信息,只要它不侵害其他公民的权利或名誉,并且它不会危及国家安全,违反公共秩序,损害公共健康或违背公共道德。上诉法院(Court of Cassation)在no. 891 of 7 June 2002, civil matters 183/2002的判决中,认为文章必须包含实情,并且必须传递具有公共利益的信息。而且,如果因为信息的不完整性给接受者造成了错误的印象,那么该信息就被视为虚假,因而不能享受宪法上的保护。

7. 参见第Ⅵ-5:201条(法律授权)的注释6中关于德国法上保护合法利益的正当理由的著

作。个人利益以及广泛的公共利益都被认为与此相关(BGH 22 December 1959, BGHZ 31, 308, 312)。这是被普遍承认的(同样也基于《宪法》第5条第(1)项第2句),新闻媒体被授权保护社会利益。当然,这个权力并非没有界限。媒体有义务小心检查他们想要公布的信息;没有尽到合理的注意义务,关于个人的虚假主张不能被公布。此外,媒体必须尝试在相关利益之间达到恭敬的平衡:它必须检验,公开信息带来的实质的和正当的公共利益是否会超过对相关当事方造成的不利影响(进一步请参见 Soergel (-*Spickhoff*), BGB[13], § 823, no. 131)。为调整文章发表而发展出的标准也适用于关于图片的发表(BGH 6 March 2007, BGHZ 171, 275)。此外,非法的行为可以通过援引集会自由的基本权利而变为合法(《宪法》第8条)。游行示威造成的非故意和不可避免的副作用(例如,对交通和进出的阻碍)必须被容忍(前引 *Spickhoff* 书, no. 133)。

8. 与第Ⅵ-5:203条相当的规则可以在《奥地利媒体法(Media Act)》(BGBl 1981/314)中找到,它提供了一项正当理由。根据这一条款,对情感伤害的损害赔偿不能被主张,如果报道涉及对第三方作出的陈述的准确引用,并且存在知悉此项陈述的普遍公共利益(进一步请参见 Schwimann (-*Harrer*), ABGB VI[3], § 1330 no. 49)。政治陈述可以基于《欧洲人权公约(ECHR)》第10条而正当化(OGH 14 December 2000, SZ 73/198 p. 546; 前引 *Harrer* 书, no. 48)。与此相反,在涉及干涉第三方权利时,集会自由权并不构成一项正当理由。当行使这项权利导致干涉第三方权利时,这项权利的界限就达到了;针对他人或物件实施暴力,即便在集会时,也是非法的(OGH 25 May 1994, SZ 67/92 p. 531; OGH 25 March 1999, SZ 72/55 p. 337; 前引 *Harrer* 书, § 1301 no. 60)。

9.《希腊媒体民事责任法(Civil Press Liabity Act)》(Law no. 1178/1981)规定,在报道侵害了个人的人格权时,报纸的所有权人将会被课加严格责任;就损害赔偿而言,最低赔偿额的确定取决于报纸的发行量,这些数额被 Law no. 2243/1994 再一次提高。Law no. 1178/1981 也适用于其他类型的大众媒体(《大众媒体法(Mass Media Act)》(no. 2328/1995)第4条第(10)项);这一法案规定的最低赔偿额在电视和广播电台领域也适用。但是,法院判决给予的损害赔偿经常相当大幅度地超过这些数额(例如 CFI Thessaloniki 26488/2001, Arm 2003, 931; A. P. 788/2000, EllDik 42/2001, 162; CFI Athens 6472/2003, ChrID 4/2004, 120)。在希腊,由于设定最低赔偿额,在媒体侵犯名誉权时,关于言论自由、新闻自由与相关人的人格权保护之间的冲突作为一个特别明显的问题就出现了。CA Athens 9975/1986, EllDik 28/1987, 299 判决强调,在这种情况中,媒体对于严厉批评公众人物有合法的利益。如果客观评判,系争文章在本案中是不真实的。但是,它是获得实情的唯一可用的方法。A. P. 167/2000 EllDik 41/2000, 772 判决倾向于同样的观点。但是,之前的判例法显示,法院并不总是试图在涉及的所有利益之间达到小心平衡;因此,近年来,希腊已经因为这个问题被诉至欧洲人权法院。

10. 葡萄牙法院一般通过适用其他欧洲法院适用的相同规则解决言论自由、新闻自由(《宪法》第37条和第38条)和对好名声(good name)、名誉的权利、保护私生活的秘密(《宪法》第25条和第26条)之间的冲突。言论自由和新闻自由对保护列举的无形人格权的个人利益具有优先性,如果涉及公共利益,并且披露信息没有超越保护公共利益的必要性(CA Evora 8 February 2001, CJ 2001-1 [XXVI] 267; STJ 29 October 1996, BolMinJus 460 [1996] 686; STJ 5 March 1996, CJ(ST) IV [1996-1] 122)。一个人是为公共利益行事,例如,如果他或她将公立健康中心经理消极工作的情况告知相关当局,该经理的工作是为建立新的健康护理机构进行特定程序,而这样的程序已经持续了超过一年(STJ 3 March 2005)。这对一篇关于——一家国立医院账簿中的财政不端行为以及随后对卫生部长(Minister for Health)提出指责——的文章也同样如此;当然,这样的信息被要求以客观的方式进行报道并且不能包含导致侵犯个人名誉的带刺的话(STJ 18 April 2002; CA Lisbon 27 April 1978, BolMinJus 276 [1978] 170)。文章报道一名妇女的婚前性生活,此处就不存在公共利益,如果她不是一名公众人物的话(前引 CA Evora 8 February 2001)。相似地,看一张——一名世界著名的足球运动员和他的妻子在他们未来家居房屋的建设工地上——的照片,就不存在公共利益(STJ 14 June 2005)。

11. 根据荷兰法,在紧急情况(*noodtoestand*)(参见前面第Ⅵ-5:202 条下的注释 28)的范围内,行为人可以援引公共利益(*algemene belang*)的保护。对此的正当理由是,共同体的福利比与之竞争的私人利益更值得保护。法人为了使他们的行为正当化而根据民法成功援引公共利益抗辩,他们的行为必须发挥直接保护公共利益的社会功能。新闻媒体的功能在此处是相关的,正如消费者组织就特定产品的质量提醒他们的会员(进一步请参见 Onrechtmatige Daad I (-*Jansen*), art. 6:162(2), no. 178 pp. 1900-1926; HR 24 June 1983, NedJur 1984, no. 801 p. 2849; HR 27 January 1984, NedJur 1984, no. 802 p. 2859; HR 27 January 1984, NedJur 1984, no. 803 p. 2870; HR 19 April 1968, NedJur 1968, no. 263 p. 865 [一个消费者组织被允许就特定压力锅的市场营销手段警告公众])。保护公共利益的正当理由在媒体实施侵权行为时具有特定的相关性。此外,《民法典》第 6:168 条允许以下的救济路径,即法院可以判决给予原告损害赔偿,但驳回关于禁止被告行为的禁令,理由是存在意义重大的公共利益反对授予该禁令(进一步参见 Onrechtmatige Daad II (-*van Nispen*), art. 6:168, no. 1 p. 2)。适用本条款的一个例子是环保组织的仓促的断言。

12.《爱沙尼亚债法》并没有包含与第Ⅵ-5:203 条相似的条款。但是,在涉及侵犯无形人格权的案件时,公共利益也被考虑(《债法》第 1046 条第(2)项)。公共利益也与《债法》第 1045 条第(2)项(i)相关。

13. 在瑞典,导向编辑的相关媒体责任被两部制定法调整,它们被认为具有宪法性的地位,即《新闻自由法(Freedom of the Press Act)》(*Tryckfrihetsförordningen* [1949:105], chap. 11)和《言论自由基本法(Fundamental Law on Freedom of Expression)》(*Yttrandefrihetsgrundlag* [1991:1469], chap. 8),媒体责任还取决于特定的刑法条款是否被违反。陪审团发誓在刑事诉讼程序中审判被告。如果信息交流是正当的并且如果信息是正确的或者存在推定信息正确的合理基础,那诽谤责任(《新闻自由法》第 7 章第 4 条第(14)项)就被排除,证明责任由编辑承担。"正当性"的问题将由法院决定,它努力在公众的知情需要和保护私人领域之间达至平衡(HD 15 April1987, NJA 1987, 285; HD 5 December 2003, NJA 2003, 567; HD 16 November 1994, NJA 1994, 637; Svea CA 21 February 2002, RH 2002:39 [进一步可参见 ECHR 19 September 2006, White v. Sweden, ECHR 19 September 2006, App. no. 42435/02])。在特定的情势下,传播非真实和无根据的信息也是正当的(HD 14 December 1966, NJA 1966, 656, 关于一个已经被传播的不正确信息的报道)。为使信息公开,秘密向媒体提供信息的人有权保持匿名;披露这种来源构成犯罪(《新闻自由法》第 1 章第 1 条第(3)项和第 3 章;《言论自由基本法》第 1 章第 2 条)。《丹麦媒体责任法(Media Liability Act)》(*Medieansvarslov*)确定了根据民法和刑法应当承担责任的人;但是,民事责任建立在一般原则上。根据《损害赔偿责任法(Damages Liability Act)》第 26 条,后者并不取决于犯罪行为的存在。如果信息是真实的或者该信息的传播是真诚地为了重大公共利益,诽谤责任就被排除。在这种情况下,必须特别注意到《欧洲人权公约(ECHR)》第 10 条(HD 28

October 1998, UfR 1999, 122; HD 6 January 1999, UfR 1999, 560; HD 2 July 2002, UfR 2002, 2398; HD 18 December 2002, UfR 2003, 624; Eastern CA 24 September 2004, UfR 2005, 123; Werlauff, J 2002, 1)。《芬兰损害赔偿责任法(Damages Liability Act)》第5章第6条(2006年被修订)与瑞典的规则相似。相似地,编辑或负责人被认为有责任(《大众传媒言论自由法(Freedom of Expression in Mass Communication Act)》[*Lag om yttrandefrihet i masskommunikation* 460/2003]第14条)并且民事责任的课加取决于刑事犯罪行为。如果批评直接针对某人的政治、商业或类似的"公共"服务行为,并且没有超过正当的范围,那么《刑法典》第24章第9条就排除了诽谤责任(Supreme Court 22 August 1980, KKO 1980 II 86; Supreme Court 28 March 2000, KKO 2000:45; Supreme Court 7 January 2005, KKO 2005:1)。根据《刑法典》第24章第8条,传播侵犯私生活的信息构成犯罪,因而也构成侵权行为,但如果涉及公众人物,只要信息是关于该人的公共职务或事关公共利益,那么就存在一项抗辩(参见 Supreme Court 26 September 2001, KKO 2001:96; Supreme Court 25 August 2000, KKO 2000:83; Supreme Court 11 June 1997, KKO 1997:80; Supreme Court 25 June 2002, KKO 2002:55; 参见 *Sisula-Tulokas*, JFT 2000, 634)。

14. 在英格兰,披露关于公共利益的事件,作为披露的一个正当原因,是违反保密义务诉讼的一项抗辩,但它的适用范围在1998年《人权法(Human Rights Act)》颁布之后仍然在继续发展,这一制定法涉及《欧洲人权公约(ECHR)》中规定的权利,并使之具有崇高地位。在这样的案件中,法官被要求在《欧洲人权公约(ECHR)》第8条(尊重私生活的权利)和第10条(言论自由的权利)之间达到平衡:进一步参见 *HRH Prince of Wales v. Associated Newspapers Ltd.* [2006] EWCA Civ 1776, [2008] Ch 57。在传统上,原告有义务证明存在披露秘密信息的正当理由(*A-G v. Guardian Newspapers Ltd.* (No. 2) [1990] 1 AC 109),以前,为公共利益披露信息的正当理由可能表现为披露侵害国家安全的行为,或者违反法律的行为,包括制定法上的义务、欺诈或者对国家和人民具有破坏性的事件,包括对公众具有医学上危险性的事件;以及其他具有同等重要性的违法行为 *Beloff v. Pressdram Ltd* [1973] 1 All ER 241, 260 (*Ungoed-Thomas* J),拟定的检验标准部分建立在这样的基础上,即如果秘密只为邪恶的目的服务,那么保守秘密的受托人义务就不具有约束力。这个检验标准现在是一个合比例性问题,在特定的情势下,对言论自由权利的约束在一个民主社会中是否是必要的,考虑到坚持保密义务的重要性;这个问题不是信息是否事关公共利益,而是在所有的情势下,是否可以为了公共利益违反保密义务(或者反过来,信息的所有人试图将信息保密的行为是否合法):*HRH Prince of Wales v. Associated Newspapers Ltd.* [2006] EWCA Civ 1776 at [67]-[68], [2008] Ch 57。对于满足更严格检验标准的案件,参见例如 *Lion Laboratories v. Evans* [1985] QB 526 (雇员向报纸披露关于已经被警方采用的醉酒测试仪的可靠性的信息);*Initial Services Ltd v. Putterill* [1968] 1 QB 396 (原告给消费者分发的传单中暗示近期涨价是因为间接税的课加,但是事实上他们是用新税的课加作为借口掩饰他们利润率的提高;公共利益抗辩并没有被排除)。而且,毫无疑问,新进路没有影响这个原则,即媒体的披露并不总是因这个抗辩而被视为被允许的,鉴于这个抗辩必须与保守秘密的竞争利益相权衡,只有对特定的有法定资格的政府当局的披露才是对补偿公共利益的充分促进:*Francome v. Mirror Group Newspapers Ltd.* [1984] 1 WLR 892(关于违反赛马会规则的信息中的公共利益可以因向赛马会和警察披露信息而得到最好的促进);*X* (*Health Authority*) *v. Y* [1988] 2 All ER 648(在一家报纸上公布两名仍然在执业的医生的艾滋病诊断结果不具有正当基础)。再者,一个关于法院、仲裁庭或其他行使裁判权的国家机构的公开诉讼程序的"公正和准确的"同期报道(在允许公开报道后,在切实可行的情况下马上公开报道)根据诽谤法(law of defamation)享有绝对的特权:1996年《诽谤法(Defamation Act)》第14节(1)和(2)。此外,关于公共利益的媒体报道可以享有有条件的特权,即作出陈述的人拥有一项抗辩,除非陈述人的恶意被证实了。这个抗辩的根据是报纸或广播电台的观念上的"道德义务"(moral duty)和公众的合法利益,它作为与公共生活相关的民主构造的组成部分,被人们热烈讨论,并且取决于相关记者负责地行事:参见 *Reynolds v. Times Newspapers Ltd.* [2001] 2 AC 127,在本案中,Nicholls勋爵设定了判断公众是否有权知情的十个标准并且指出(1)主张的严肃性,(2)信息的性质和它作为公众关心事务的程度,(3)信息的来源,(4)核实信息所采取的步骤,(5)信息的状态,例如为了要求尊重已经被调查过了,(6)事件的紧迫性,(7)原告是否因评论被影响,(8)是否包含了原告的事件的要点,(9)文章的语调和(10)公开信息的时机和其他环境。相似地,对政府官员的抱怨同样也享有有条件的特权,如果它是向有能力纠正这一事件或有能力采取针对该官员的措施的人提出的:参见 *Harrison v. Bush* (1855) 5 El & Bl 344, 119 ER 509; *Truth (N. Z.) Ltd. v. Holloway* [1960] 1 WLR 997 (PC)(要求对进口许可进行公共调查,包括对负责的部长的诋毁性陈述,在报纸上重复出现时并没有被赋予特权)。有条件的特权也被授予关于——任何立法机构或法院或任何实施公共调查的人或任何国际组织或会议的公开程序以及被任何政府或立法机构或国际组织或会议公布的公正和准确的复制件或摘录——的报道:1996年《诽谤法》第15节(1)和目录(Schedule)1第1部分(Part)。这样的特权也扩展至任何立法机构、政府或政府部门或国际组织或会议发布的公开信息的公正和准确的复制件或摘录,同样也扩展至关于地方当局的会议、委员会(commissions)、地方调查、公开会议、公开公司(public companies)的股东大会、慈善组织以及其他类似组织的报道(前引目录1第2部分),但如果被告不同意原告要求以相当的方式发表合理的文字或陈述进行解释或反驳,那么就会失去该特权,前引第15节(2)。与有条件的特权抗辩类似,但在观念上与它相区分的是对公共利益事件进行公正评论的抗辩。只有在评论是基于——已经在出版物中被明示地或默示地指出并被证实——的事实(虽然并不是所有的关于事实的主张都必须被证实,如果被证实的部分已经足以支持这个评论:参见1952年《诽谤法》第6节),并且评论是(以一种客观的方式,但意识较为薄弱)公正的,即一个诚实的人会赞成它(*Branson v. Bower* (No. 2) [2002] QB 737 (Eady J),遵循了 *TseWai Chun Paul v. Cheng* [2001] EMLR 31(香港特别行政区终审法院)一案中具有说服力的理由),这个抗辩才能适用。

第三节　无法控制的因素

第Ⅵ-5:301条　精神障碍

(1)加害人在实施造成具有法律相关性的损害的行为时存在精神障碍的,仅在考虑到加害人的经济能力以及个案所有的其他客观情况被认为是公平的情形下才令其承担赔偿责任。此种责任限于合理补偿。

(2)加害人对其行为性质缺乏足够理解能力的被视为存在精神障碍,理解能力的缺乏系其不当行为的暂时性后果的情况除外。

评　论

A. 政策考量和概述

选择。在欧洲,责任法如何处理由精神障碍人士(mentally disabled persons)(通常是指精神障碍的成年人,但不必然如此)造成的损害,并没有达成一致。结果是,存在数种选择。规则可能是(i)精神障碍或者在任何方面都不被考虑或者就任何事件在过失责任的领域都不被考虑。规则也可能是以完全相反的方式被规定,即(ii)在不存在例外的情况下,精神障碍的人原则上对造成的损害不负责任,或者(iii)可能采取两者之间的中间立场。这就是本条款的选择。

更好的选择。本条款将考虑加害人利益和受害人利益的平衡作为出发点。法律既不能忽视对受害人的保护,也不能忘记对自身状况不能负责的人的不利情势。因为精神疾病而不能区分对错的人(参见第(2)款),不能"故意"(第Ⅵ-3:101条(故意)意义上的"故意")地行事;这是因为此人不能区分任意的(arbitrary)或具有法律相关性的损害。在另一方面,在本卷第三章第二节所涵盖的案件中的精神障碍人士的责任仅仅取决于——在这种情势下——他或她是否可以被认定为"生产者"、"保管人"或"占有人"。在标准案件中通常会得到否定回答。但是,在精神病突然发作的案件中,例外是可以被设想的(参见第Ⅵ-3:102条(过失)以下的示例3)。因此,真实的问题是过失责任。根据第Ⅵ-3:102条(过失),只要偏离了在个案情势中可以被期待的一个合理的谨慎的人的注意标准,就足以构成过失了。由疾病导致的行为可以构成这样一种偏离;精神障碍人士的一般"注意"是不存在的。作为结果,在本示范规则的术语中,根据与具有健全心智的人相同的前提条件,具有精神障碍的人对过失引起的具有法律相关性的损害是"可归责的"(accountable)。但是,目前的这个条款在三个方面限制了这个责任的正常效果。责任(i)只在于从可及的财产中给付一定数额的金钱;因为这种情况的性质,通过修理实现损害赔偿在一开始就被排除了。责任(ii)不在于赔偿全部的金钱损害("金钱赔偿"(compensation)),而仅限于合理的补偿("补偿"(recompense))。因此,第Ⅵ-5:301条利用了已经出现在——调整使正当防卫成为必要的紧急情况中的损失赔偿的——第Ⅵ-5:202条(正当防卫、好意介入与紧急避险)第(3)款中的概念。这两种案件展示出了相似性。但是,甚至对根据第Ⅵ-5:301条成立的合理金钱补偿的责任,(iii)也只在它符合公平和公正,责任人因为有利的经济能力,能够轻松承担责任的情况下,才是正当的。在这一点上,第Ⅵ-5:301条中的责任模式与数个(但并不是全部)欧洲的法域是一致的。此处的考量与第Ⅵ-3:103条(未满18岁的人)第(3)款关于儿童的个人责任中的考量是相似的。当然,儿童的责任是补充性的(第Ⅵ-3:103条第(3)款(a));精神障碍的成年人的责任则不是这样。

B. 精神障碍

缺乏理解能力。根据第(2)款的定义,如果一个自然人不能领会他或她的行为(作为或不作为)的性质,既不能预见它可能的后果,也不能明白社会通常对它的评价,那么该人存在"精神障碍"。通常的情况是当事人处于不能区分对错的状态中。对于那些有这种能力,但却不能相应地使其行为符合要求的人,不是第Ⅵ－5:301条意义上的精神障碍,参见第Ⅵ－3:201条(雇员或代表人致损的归责)以下的示例3。对于其他的不影响精神能力的身体残疾,也不属于第Ⅵ－5:301条的适用范围。它们只能在第Ⅵ－3:102条(过失)的语境下被考虑,这取决于每个个案的情势(参见该条之下的评论)。

暂时缺乏理解能力。缺乏判断能力可以是暂时的,也可以是永久的。但是,在缺乏充分理解能力只是暂时的情况下,为判断暂时缺乏理解能力是否可以提供一项抗辩,必须考虑当事人的相关行为。必须考虑的是,该人做了什么造成了这种状况,他的行为是否构成不当行为。因此,大脑受损的酒精中毒者遭受永久的理解能力欠缺,属于第Ⅵ－5:301条的适用范围;反之,精神健全和健康的人因为饮酒使自己无法自控,对于因醉酒行为造成的损害,他不享有本条款所规定的抗辩。

本能的反射动作。第Ⅵ－5:301条并不扩及在无意识状态下的身体活动,也不扩及精神健全的人的纯粹本能反射动作。这样的反射行为不构成本卷意义上的"行为",参见第Ⅵ－3:102条以下的评论。在这样的案件中,不存在任何责任。只有在加害人本可以预见到身体问题将导致这样的事件或反射动作,因此本应该提前克制该活动的情况下,才有所不同。

示例1

一位舞者摔倒了,为了保持自己的平衡,她抓住另外一名舞者,后者因此被拉倒并受伤。这不是"行为"。

示例2

在手术过程中,一名医生失去了意识。如果失去意识可以归因于突然和不可预见的血压下降,那么该医生对因此给病人造成的伤害不负责任;相反,如果这名医生本来可以预见到存在失去意识的风险,那么他自始就不应同意实施手术。

C. 根据公平和公正的补偿

类似的评论。根据第Ⅵ－5:301条第(1)款第2句,引起损害的人对合理的金钱补偿负有责任,但这受制于公平和公正的但书。受到公平和公正限制的责任的概念已经在第Ⅵ－3:103条(未满18岁的人)第(3)款以下的评论中得到了解释,合理金钱补偿责任的概念也在第Ⅵ－5:202条(正当防卫、善意介入和紧急避险)以下的评论中得到了解释。因此,可以参见上述两处。

示例3

A患有精神分裂症。他注意到有人将他房间中的灯关了。他拿起枪向站在电表旁的两个电工射击。两个人都被杀害了。A来自一个富有的家庭并拥有巨额的个人财富。电工的被扶养人拥有合理金钱补偿的请求权。但是,A必须拥有维持自己和他母亲的生活的必要手段,他的母亲在经济上依赖于他。

注 释

1. 根据法国法院确定的和经常出现的观点,加害人的罪责(culpability)并不是决定侵权法中的过错(*faute*)的前提条件(*Flour/Aubert/Savaux*, Droit civil II[10], nos. 99-101 pp. 96-99)。这一前提来源于1968年的一个民法典修正案,根据这个修正案,《民法典》中插入了第489-2条,它规定:"受到精神失常影响的人对他人造成损害,尽管如此,他仍然要承担赔偿责任。"丧失识别能力(不具有区分对和错的能力)不构成一项抗辩。

2. 比利时采取的进路是,过错(*faute*)包括了主观因素和客观因素,前者考虑侵权人的自身特性(罪责或归责(*culpabilité* or *imputabilité*)),后者是指行为(违法行为或不法行为(*onrechtmatigheid* or *illicéité*))。结果是,侵权能力作为必要条件的原则被稳固地坚持(Tilleman and Claeys(-*Claeys*), Buitencontractuele aansprakelijkheid, pp. 1, 7, no. 7; Cass. 3 October 1994, Pas. belge 1994, I, no. 412 p. 788)。对于来源于《民法典》第1384条第(1)项的监护人责任也是如此;只有能完全控制他或她的心智的人才能成为监护人(前引Tilleman and Claeys(-*Baudoncq and Debeane*)书, pp. 83, 89 no. 8)。根据《民法典》第1386条,精神障碍人士可能基于公平被课加责任。本条款针对列举的人,授予法院决定是否给予损害赔偿的自由裁量权,赔偿可以是全部或者部分,要考虑双方的经济状况(CA Bruxelles 21 April 2006, Rev. gén. Ass. Resp. 2007, no. 14313)。本条对其他类型的人的类推适用,特别是对(正常发育的)幼小儿童的适用,却被排除了(Cass. 24 April 1980, Pas. belge 1980, I, p. 1055, concl. *Dumon*)。如果某人不能意识到他或她的行为的性质并且也不能因自愿导致失去自控能力的状况而被苛责,那么该人就缺乏侵权能力。在实施侵权时,他或她不能区分对和错,那么该人也缺乏侵权能力(van Gerven(-*Covemaeker*), Verbintenissenrecht II[7], 302)。

3.《西班牙民法典》第1902条要求过错(*culpa*)或过失(*negligencia*)。这些术语,根据许多评注者的意见,意味着民事法律责任能力(civil legal responsibility)是责任课加的前提条件(*Gómez Calle*, Los sujetos de la responsabilidad civil[3], 461, 479)。法律责任能力(legal responsibility)意味着个人理解他或她的行为的含义,能够预见可能的后果并且基于此行事(*Gómez Calle*, Los sujetos de la responsabilidad civil[1], 406)。但是,除了——缺乏法律责任能力使推定的侵权人免除责任(例如,*Albaladejo*, Derecho Civil II(2)[10], 490)——的观点,也有观点认为,为保护受害人的利益,缺乏侵权能力的侵权人至少应该承担第二位的责任(secondarily liable),如果没有负有监管义务的人或者该人处于破产状态或者该人援引《民法典》第1903条中的理由免除责任。这种观点获得了比较法研究的支持，尤其是从《民法典》第 3 条第(2)项中推演得来(*Yzquierdo Tolsada*, Sistema de responsabilidad civil, 230；也可参见 *de Ángel Yágüez*, Tratado de responsabilidad civil[3], 308)。原先包含在《刑法典》(旧)第 20 条中的规则与此相关。但是，相似地，《刑法典》第 118 条第(1)项包含了一项特别规则，这一规则适用于这样的情形，即犯罪行为由达到法定年龄的人实施，但依据刑法，该人不被认为应对其行为负责。相应地，父母、法定监护人或者有义务监管的人，“也”可能基于公平理由负责，如果他们可以被认为应该对他们的过失负责。这种责任，与——直接造成损害并且应负民事责任(如果不是刑事责任)的人的——责任一同产生(前引 *Yzquierdo Tolsada* 书, 259)；更多的特定情形仍然处于争议中(参见 *Gómez Calle*, Responsabilidad de padres y centros docentes[3], 1234, 1251－1252 中的讨论)。如果侵权是由——达到法定年龄，但仍然处于他或她的父母或法定监护人的照顾之下的——人实施的，并且尽管如此，该人仍应该负刑事责任，那么根据《刑法典》第 120 条第(1)项，与侵权人一同生活的父母或监护人要承担第二位的责任，如果损害可以被归咎于他们的过失并且成年的侵权人不具有清偿能力(TS 22 April 2004, RAJ 2004 (3) no. 3992 p. 8236)。总而言之，一个饱受批评的双重制度调整第一位侵权人(primary tortfeasor)的责任：如果这种行为不构成犯罪行为，那么根据《民法典》第 1902 条，民事责任被排除；与之相反，如果涉及刑事犯罪，那么犯罪人将根据《刑法典》第 118 条第(1)项负责。法院拥有减轻责任的公平裁量权(前引 *Gómez Calle* 书, 1286)。

4. 根据《意大利民法典》第 2046 条，如果在加害行为实施时，行为人缺乏侵权能力，那么他对加害行为的后果不负责任，除非缺乏侵权能力可以被归因于他的过错。《民法典》第 2047 条规定，在这样的情形中，负有监管义务的人有责任给付损害赔偿，除非不可能预先阻止缺乏能力的侵权人的行为。如果受害方不能从负有监管义务的人处获得损害赔偿，那么法院可以授予针对损害的引发者(instigator)的公平损害赔偿，对此要考虑双方的经济情况。根据判例法，在履行监管义务的人不在的情况下，也是如此(Cass. 28 January 1953, no. 216, Giur. it. 1953, I, 1, 496)。侵权能力根据个人的状况确定；《民法典》并没有提供任何测量侵权能力的标准(*Franzoni*, Dei fatti illeciti, sub art. 2045, p. 317；*Visintini*, I fatti illeciti II[2], 1 ff；Cass. 18 July 1975, no. 2425, Giur. it. 1976, I, 1, 1587)。识别能力(*capacità di intendere e di volere*)立足于预见行为结果并且依据这种预见行事的能力(Cass. 27 March 1984, no. 2027, Giur. it. Mass. 1984, fasc. 3－4)。过错的概念是否包含侵权能力或者侵权能力是否从过错概念中分离出来了，仍然是争议的对象(进一步请参见 *Salvi*, La responsabilità civile[2], 106；*Bianca*, Diritto civile V, 656)。就未成年人而言，自我决定的能力，对行为对第三方的影响的认识，精神和身体的发育以及性格，都是影响判定是否存在侵权能力的因素(Cass. 26 June 2001, no. 8740, Giur. it. Mass. 2001, 1270)。

5. 根据《匈牙利民法典》第 347 条第(1)项(i)，不具有区分对错的能力将排除责任的课加。例外的情况是，基于公平理由，可以课加责任，这个例外规定在《民法典》第 347 条第(2)项。在损害赔偿不能从负有监管义务的人处获得的范围内，并且基于个案的情势和各当事方的经济状况，法院可以判决缺乏侵权能力的侵权人支付(全部或部分)损害赔偿。根据主流的法律意见，每一个自然人都被赋予了侵权能力，如果该人可以预见他或她的行为的可能的后果并且可以理解社会通常会谴责这种行为(*Ujváriné*, Felel□sségtan[7], 66)。因此，法院应该检验加害方是否能够理解他或她的行为的错误并且是否能够预见该行为的不利后果(Gellért (－*Benedek*), A Polgári Törvénykönyv Magyarázata6, 1282；Petrik (－*Wellmann*), Polgári jog II[2], 598；*Petrik*, Kártérítési

jog, 139)。当然,侵权人不能援引缺乏侵权能力作为抗辩,如果缺乏侵权能力是自己导致的(self-induced)(《民法典》第 347 条第(3)项)并且没有免除责任的理由(进一步的分析请参见前引 *Ujváriné* 书, 124-126)。《波兰民法典》第 425 条和第 428 条以及《斯洛文尼亚债法》第 136 条和第 146 条在所有实质方面都是相似的。与之相反,《捷克民法典》第 422 条和第 423 条并不认可基于公平理由课加的责任。

6.《保加利亚债法》第 47 条第(1)项一般排除不具有实施侵权行为能力的人承担责任,除非这种状况是该人自己导致的(self-induced)。一个被刑事法院认定不具有识别他或她的行为的错误的人,也被认为不具有实施侵权行为的能力(Supreme Court 9 October 1964, decision no. 1046, criminal case no. 924/1964)。相反地,拥有侵权能力的人,虽然在实施行为时处于法院指定的监护人或监管人的控制之下,也在事实上可以实施侵权行为(Supreme Court 8 October 1973, decision no. 2469, civil case no. 1410/73)。而且,如果某人在识别他或她的行为的错误的能力方面存在欠缺,并且因此导致加害行为,那么该人拥有侵权能力(Supreme Court 28 June 1995, decision no. 190, criminal case no. 48/1995)。根据罗马尼亚法律,一般规则是,只有行为人拥有认识行为的错误的能力,才能承担责任;但是,只有在刑法中(《刑法典》第 48 条),这一信条才成为了正式制定法的规定。存在一个这样的推定,即达到 14 岁的人拥有辨别他们的行为的错误的能力;对于这个年龄以下的人,则必须积极地查明是否具有此种能力。但是,根据判例法,不拥有侵权能力的人(成年人和未成年人)可以基于公平理由被要求承担责任(相关判例法中的标准,参见 *Adam*, Drept civil, 306; *Lupan*, Răspunderea civilă, 376)。在民法典草案中存在这样的提议,该提议设想,基于公平考量的责任可以作为特别的制定法条款的对象(第 1106 条)。

7. 根据《德国民法典》第 827 条第 1 句,行为人对在无意识状态或病态精神障碍状态下——这种状态排除了自由意志——造成的损害不负责任。如果这种排除自由意志的状态是暂时的并且是自己引致的,那么《民法典》第 827 条第 2 句规定,责任将会被课加,犹如行为人在实施行为时存在过失;结果是,侵权人有义务赔偿损失,如果课加责任的其他构成要件被满足了。《民法典》第 829 条规定,即使在行为人因包含在《民法典》第 827 条中的理由而不需要对损害负责时,他也需要承担赔偿责任,如果基于个案的情势,公平要求他给付损害赔偿。要特别考虑所涉各方的经济状况;侵权人不能被剥夺维持自己生活或履行其他法定扶养义务的经济资源。本赔偿义务是对负有监管义务的人的责任的补充(《民法典》第 832 条)。因此,依据《民法典》第 829 条的责任——只有在不存在对侵权人的监管义务或者因事实上或法律上的原因,不能从监管人处获得损害赔偿时——才会出现。

8. 相似地,根据《奥地利民法典》第 1306 条,由无意识的行为导致的损害,通常不会获得损害赔偿。在另一方面,损害赔偿义务仍然会存在,如果加害方自愿地使自己处于无意识状态(《民法典》第 1307 条)。但是,如果被害人因自己的(与有)过错导致了精神障碍人士的行为,那么后者同样被免除责任(《民法典》第 1308 条)。除了这些特别例子,受害人也可以向有过错地违反了自己的监管义务的人主张损害赔偿(《民法典》第 1309 条)。根据《民法典》第 1310 条,不具有过错能力的人可能被课加补充性的公平责任。法院也可能判决给予部分损害赔偿。在决定是否存在给予损害赔偿的公平理由时,法院要考虑个案的所有情势,包括可用的保险赔偿范围(Koziol/Bydlinski/Bollenberger(-*Karner*), ABGB², § 1310 no. 8)。

9.《希腊民法典》第 914 条将过错作为课加侵权责任的前提条件。只有可以实施过错行为的人才具有侵权能力(《民法典》第 915 条)。因此,行为人必须智力成熟,并且不能精神健康受损。

这些条件对于行为人理解行为的意义及其影响是不可或缺的(Georgiades and Stathopoulos (-*Georgiades*), art. 915, no. 1)。这样的能力是一般存在的;例外情形规定在《民法典》第 915 条中(《民法典》第 915 条第(1)项已经被 Law no. 2447/1996 修改了)。根据这一条款,如果行为人在行为时处于无意识状态,或者处于严重限制判断能力和自由意志的精神失常状态,那么该人不承担责任。例外的情形是,侵权人(例如,通过醉酒)过错地和自愿地引起这种精神能力受损状态(《民法典》第 915 条第(2)项)。《民法典》第 915 条第(1)项被——规定在《民法典》第 918 条,基于公平和公正理由而课加的——补充责任所补充。

10. 根据《葡萄牙民法典》第 488 条第(1)项,如果行为人,不管因为什么原因,不能"理解或欲求"行为的损害后果,那么该人对该后果不负责任,除非这样的状况是自己引致的(STJ 25 July 1978, Bol MinJus 279 [1978] 160)并且在性质上只是暂时性的。以下内容是可被推翻的推定,即 7 岁以下的未成年人和因精神疾病受到法院保护的人,不具有实施侵权行为的能力(《民法典》第 488 条第(2)项;*Hörster*, Parte geral, 351)。侵权能力由两方面构成,即智力要件和意志要件(*Antunes Varela*, Obrigações em geral I[10], 384; STJ 13 January 1998, Bol MinJus 473 [1998] 78)。而且,对于那些不能依据自己的知识和经验控制自己的人,也被认为不具有实施侵权行为的能力。但是,根据《民法典》第 489 条,被认为不具有侵权能力的人,也会承担损害赔偿义务(全部或部分),如果公平的要求如此。相应地,这种由公平理由导致的责任,构成了一项补充责任;这意味着,只有在不存在违反监管义务的责任或者该责任无法实现的情况下,才能够主张这项补充责任。除了存在实施侵权行为的能力,《民法典》第 489 条所列举的所有(其他)的课加侵权责任的前提条件都必须存在。在葡萄牙,基于个案情势的判断要考虑各方的经济状况(前引 *Antunes Varela* 书, 565)。根据《民法典》第 489 条,例如,一名患有妄想症的男子在从相关机构被释放后,试图杀害三个人,包括他的妻子,他对造成的损害要负责(前引 STJ 13 January 1998)。对于一名患有精神分裂症的男子射杀了他的父亲和一名在他公寓里的电工,他对此也要负责。侵权人来自非常富裕的家庭:在电工去世后,电工的家庭处于经济非常困难的境地(STJ 31 January 1996, BolMinJus 453 [1996] 205)。

11. 根据《荷兰民法典》第 6:162 条第(3)项明确规定,非法行为可以在不存在过错的情况下归咎于侵权人,如果根据法律,引起该行为的原因属于侵权人的风险负担范围。《民法典》第 6:165 条正是适用该条款的恰当例证。它规定,过错行为(但是,不包括不作为)可以被归咎于 14 岁的人或者年纪更大的人,甚至在该行为受到了精神能力欠缺的影响的情况下,也是如此。精神损害既不会改变该行为的非法性,也不会影响民事责任的存在(Parlementaire Geschiedenis VI, 661; Onrechtmatige Daad II (-*Jansen*), art. 6:165, nos. 3-5 pp. 2-24; CA's-Hertogenbosch 3 February 1998, VR 1999, no. 63 p. 114)。但是,损害赔偿的数额可以基于公平理由被减少(《民法典》第 6:109 条; Parlementaire Geschiedenis VI, 449; Asser (-*Hartkamp*) Verbintenissenrecht III[12], nos. 86-89 pp. 105-108)。"精神欠缺"(mental deficiency)的概念被给出了广义的解释。它不仅包含了疾病、中毒,也包含了梦游症和无意识状态导致的自我伤害(CFI Zwolle 13 November 1991, VR 1992, no. 111p. 253 [医生在手术过程中陷入了无意识状态;责任成立]; 前引 *Jansen* 书, no. 6 pp. 24-44)。

12.《爱沙尼亚债法》第 1052 条在所有实质内容上与第Ⅵ-5:301 条第(1)项相似。但是,这个规则,并没有提到"精神障碍"(mental incompetence)的观念,而是使用了——行为人不具有理解行为意义的能力或控制行为的能力——的术语。根据《债法》第 1052 条第(3)项,基于公平和公正的责任并不限于合理的补偿;基于目前个案的情势判断给予充分的补偿是否公平,这是必要的。行为人有过错地引起——使自己处于不具有实施侵权行为的能力的——状态,仍然要承担责任(《债法》第1052条第(2)项;参见*Lahe*, Juridica 2002, 391-400)。

13. 在北欧国家,法律能力(legal capacity)并不是成立过失或过错的必要前提条件。原则上,并不考虑行为人的心理的或其他"内在的"(internal)性格特征(*Hellner and Radetzki*, Skadeståndsrätt[7], 108, 140; *von Eyben and Isager*, Lærebog i erstatningsret[6], 66; *Saxén*, Skadeståndsrätt, 104; *Rodhe*, Obligationsrätt, 310)。相反地,身体病弱(physical infirmity)则被考虑,参见SWEDISH HD 14 August 1948, NJA 1948, 489(听力困难); DANISHWestern CA 16 October 1967, UfR 1968, 133(盲人踩到了地上的吉他;所有权人的与有过失是主要原因)以及Western CA 11 January 1995, FED 1995, 108(行为人因为不可预见的癫痫病发作撞到了另外一个人;没有"行为",没有责任)。但是,根据瑞典《损害赔偿责任法(Damages Liability Act)》第2章第5条,精神障碍人士的责任可以基于公平理由被减少。一名患有精神疾病或智力发育受损的行为人,造成了人身伤害或有形财产损害,他有义务进行损害赔偿,但"只限于这样的程度,即考虑到行为人的精神状态,行为的性质,是否有责任保险,当事方的经济状态以及系争个案的其他相关情势,损害赔偿的程度是公平的"。对于行为人,在——非自愿导致的,非暂时性的——精神受损的状态下,造成的损害,也是如此。《丹麦损害赔偿责任法案(EAL)》第24b条和《芬兰损害赔偿责任法案》第2章第3条中存在相似的规则。因此,一般规则是,精神障碍人士对他们引起的损害应当负责任;但是,如果存在减轻责任的公平理由,那么这个责任可以被减轻(Swedish HD 15 April 1992, NJA 1992, 541; Swedish HD 24 September 1979, NJA 1979, 581; Swedish HD 17 June 1999, NJA 1999, 441; Danish HD 26 March 1926, UfR 1926, 380; Danish Western CA 4 February 2004, FED2004, 177; Danish HD 20 January 2005, UfR 2005, 1259; FINNISH Supreme Court 19 June 1980, KKO 1980 II 67)。重要的是,保险人不能援引被保险人的精神失常作为抗辩(《瑞典保险合同法案(Swedish Insurance Contracts Act)》、《丹麦保险合同法案(Danish Insurance Contracts Act)》第19条、《芬兰保险合同法案(Finnish Insurance Contract Act)》第4章第36条)。依据调整侵权责任的规则,醉酒或服用其他有毒物质并不构成"精神失常"(mental disorder)。

14. 在英国侵权法中,精神障碍人士的法律地位因判例法的缺乏而不甚清楚。因为侵权责任(例如,非法侵入(trespass))取决于自愿行为,但他们通常处于不知道自己所作所为的状态中,因而他们可能在很多情况下被免除责任。相反地,如果精神病人知道了他或她的行为的性质,那么在不要求特定意图或主观状态(例如恶意)的情况下,疾病阻碍知悉行为错误的事实将不构成侵权之诉的抗辩:*Morriss v. Marsden* [1952] 1 All ER 925(暴力的精神分裂症患者对殴打行为负责)。关于过失,适用于儿童的原则也同样适用于精神障碍人士,即在判断是否违反义务时,精神障碍人士将以——处于相当精神状态的理智和谨慎的人——的标准被衡量(Clerk and Lindsell (-*Murphy*), Torts[19], 5-59; *Mansfield v. Weetabix Ltd.* [1998] 1 WLR 1263 [被雇佣的卡车司机没有察觉到他患了恶性胰岛素瘤,这导致他处于低血糖状态,他的大脑能量不足以至于无法正常运行;在40英里的旅程后,他冲进了原告的商店;法院认为,该司机正常驾驶的能力被低血糖所损害并且他不知道,也不能合理地认识到他的身体处于虚弱状态])。如果精神障碍人士知道或应当知道,由于身体虚弱,他们不能尽到一般要求的注意义务,那么案件的结果就会不同:参见前引以及*Roberts v. Ramsbottom* [1980] 1 WLR 823(被曼斯菲尔德认为是错误判决,但是基于这样的事实也是可以理解的,即被告本应该注意到他不适合继续驾驶车辆,但却继续这样做)。

示例 1 来源于 CA Celle 27 March 2002, NdsRpflege 2002, 263；示例 2 来源于 CFI Zwolle 13 November 1991, VR 1992 no. 111 p. 253；以及示例 3 来源于 STJ 31 January 1996, BolMinJus 453 (1996) 205。

第Ⅵ－5:302 条　不可控制的事件

具有法律相关性的损害系由无法以合理措施避免的异常事件造成且该损害不能被视为应由加害人所承担的风险的，加害人得以之作为抗辩。

评　论

A. 概述

在严格责任框架下作为抗辩的不可控制的事件。本条款处理不可控制事件抗辩。根据这一示范规则，这只对关于无过错责任的法律有意义。这是因为，在由不可控的事件引发损害的情况下，那么很清楚的是，在这个程度上，责任人不可能过失行事。但是，在不可控的自然事件是可预见的，并且通过采取预先措施，其结果可以并且应当被避免的情况下，那么根据第Ⅵ－3:102 条（过失）中设定的标准，则存在过失，这里没有第Ⅵ－5:302 条的适用空间；这两个条款相互排斥。

无过错责任。这条在雇主责任（第Ⅵ－3:201 条（雇员或代表人致损的归责））领域也很重要——但是，只有在雇员责任不取决于过失的情况下才是如此。

示例 1

在拆卸他的货摊时，一名商人离开了他未出售的货物（衣物），这些货物被包装在塑料垃圾袋中，放在货摊后面，无人看管。不认识他的第三方将这些袋子放到了路边。按照日常工作惯例，垃圾收集人将这些塑料袋带走了；这些衣物在垃圾车中与生活垃圾混在一起，被不可修复地损害了。这名垃圾收集人并没有过失（第Ⅵ－3:201 条第（1）款（b）（雇员或代表人致损的归责））。他们的雇主也没有责任，甚至在他们中的一人是垃圾车的所有权人的情况下也是如此：第Ⅵ－5:302 条中的抗辩，不仅有利于垃圾收集人，也有利于雇主。

B. 不可控制的事件

观念。不可控制的事件是非正常的事件，它不能因任何合理的措施而避免并且也不能被视为依据第三章第二节（没有故意或过失的责任）应当由某人负责的风险的实现。在尽可能合理地符合关于非合同责任的法律的目的的情况下，它的定义遵循《联合国国际货物销售合同公约(CISG)》第79条第(1)项和本示范规则关于合同法的第Ⅲ-3:104条(因障碍而免责)中的相应规则。

两个要素。不可控制的事件因此有两个要素作为特征——事实要素和规范要素。在事实层面上,不可控制的事件是指,即使尽到了在特定情势下可期待的所有注意义务,损害的发生还是不能被发现或排除。在规范层面上,损害并非是由——严格责任意图规制的——风险的实现所导致的。本条并没有提到“不可抗力”(*force majeure*)和“不可避免事件”(inescapable event)。这一区分在许多成员国的私法制度中并不普遍,即便有这样的区分,不可抗力和不可避免事件之间的界限通常根据不同的标准来划定。本条规定的抗辩并非基于损害的事实原因是自然事件还是(第三人或受害人的)人类行为,而是基于这样的事实——即便尽到了特别的注意和谨慎,损害还是不能被预见,或者虽然可预见,但还是不能被避免。

反常事件。不可控制事件的抗辩,只有在反常事件是损害的原因的情况下,才能发挥作用。由持续运行的设备所造成的损害,很少会构成这样的反常事件。低空飞行的飞机的规律噪音对健康的伤害也不是反常事件。日常事件不适合被称为不可控制事件。

示例2

反常事件可以是因闪电造成的突然停电,并造成电线断裂和房屋着火。与此相反,如果飞鸟栖息在输电线上,暂时地将该条输电线与另一条输电线连接,形成了短路,因此造成的停电和后续的电线断裂不构成上述反常事件。

“不被视为加害人所承担的风险”。适用本抗辩的主要领域自然是严格责任。但是,本条的目的并非“通过后门”将管理人、占有人、所有权人、生产者或运营者的严格责任减轻为过失责任。它唯一的目的是使严格责任局限于它意图规制的风险的界限之内。

示例3

游客引爆被装在大客车上的炸弹,这并不属于正常存在于机动车上的危险。从大客车司机的观点来看,这属于能够免除他或她的责任的不可控制事件。

示例4

在夜间,貂鼠咬断了停在城镇里的一辆汽车的刹车线。貂鼠的行为“超出了任何控制”,但是,作为这一事件的结果的汽车刹车失灵的风险必须由汽车的保管人承担。

示例5

特别大的强风将一棵树刮倒,压在了电线上,并导致电线断裂,因此导致火车站发生火灾。根据第Ⅵ-3:202条(不动产的不安全状态所致损害的归责)或第Ⅵ-3:207条(对具有法律相关性的损害的其他归责），铁路运营者并不需要负责。

与有过错的关系。与有过错抗辩相反，不可控制事件抗辩总是导致责任的完全排除，并不仅仅导致损害的分摊。但是，在受害人的与有过错占据完全主导地位的情况下，结果可以是相同的，因为通过适用第Ⅵ－5:102条（与有过错和责任承担），也会出现将责任减为“零”的结果。

示例6

事实与示例1相同，唯一的不同是，不是第三方将装着货物的垃圾袋放在街道旁，而是商人他自己。他的与有过错的程度如此高，以至于使得案件结果与不可控制事件没有区别。

注　释

1. 在法国，不可抗力（*force majeure*）取决于三个累积的标准，即外在的（*extériorité*）、不可预见的（*imprévisibilité*）、不可抗拒的（*irrésistibilité*）的有害事件（*Malaurie/Aynès/Stoffel－Munck*, Les obligations, no. 195 p. 96；*le Tourneau and Cadiet* , Droit de la responsabilité et des contrats（2004/2005）, nos. 1807－1824）。最重要的因素是不可抗拒，既不可能避免该事件发生，也不能采取措施阻止它的发生（前引 *Malaurie/Aynès/Stoffel－Munck* 书）。事件的不可抗拒性被抽象评估；只有处于被告位置上的一般人不能避免该事件的发生，才能被认为是不可抗力（前引 *le Tourneau* 书, no. 1808）。不可预见的准确内涵在一段时内是模棱两可的。然而最高法院第二庭（Second Chamber of the Cour de cassation）坚持这样的意见，即本标准的出现是不可或缺的，但其他的民事审判庭倾向于认为，满足不可抗拒就足以将一个事件认定为不可抗力（进一步请参见前引 *le Tourneau* 书, no. 1813）。但是，Cass. ass. plén. 14 April 2006, JCP éd. G 2006, no. 194 p. 835 的判决清楚地表明，民事第二庭的进路必须被遵守，即必须满足不可抗拒和不可预见，才能将一个事件认定为不可抗力。外在性的标准（参见关于合同法的《民法典》第1147条）表示，相关事件并不处于援引不可抗力抗辩的人的控制范围内（前引 *le Tourneau and Cadiet* 书, no. 1816）。下面这个案件可以说明这个要件：一家依据合同义务提供供水服务的公司不能就供应的饮用水中的硝酸盐和农药残留援引不可抗力抗辩（Cass. civ. 30 May 2006, D. 2006, 1705）。如果确定损害是由于不可抗力造成的，那么推定侵权人的责任将被完全否定（前引 *le Tourneau and Cadiet* 书, no. 1803）。本规则在雇主责任（liability for *fait personnel*）、替代责任和物件责任（liability for *fait d' autrui* and for *fait des choses*）领域均有效（*Flour/Aubert/Savaux*, Droit civil II[10], no. 168 p. 160 and no. 228 p. 233）。如果受害人的过错是损害的原因，并显示了不可抗力的属性，那么根据《民法典》第1384～1386条成立的过错责任或严格责任也会被免除（Cass. civ. 25 June 1998, Bull. civ. 1998, II, no. 238 p. 141; Cass. civ. 11 July 2002, Bull. civ. 2002, II, no. 174 p. 138; CA Poitiers 18 May 2005, JCP 2006, IV 2302; Cass. ass. plén. 14 April 2006, D. 2006, 1577, note *Jourdain*［自杀；铁路公司的不可抗力］）。但是，对于道路交通事故的责任，“巴丹泰法案”（*Loi Badinter*）第2条规定，司机或机动车保管人不能援引不可抗力抗辩或第三方行为（*fait d' un*

tiers)对抗受害人(参见前面第Ⅵ-3:205 条(机动车辆致害的归责)以下的注释)。

2. 在比利时,不可抗力(*force majeure/overmacht*)在大多数情况下被定义为独立于人的意志的,不可预见和不可避免的事件。与法国相反,事件的外在性并不被认为是不可抗力成立的前提条件。相似地,在比利时,焦点集中在事件的不可避免性上。可预见但不可避免的事件可能构成不可抗力。当然,成功的主张这个抗辩取决于是否是侵权人自己引起了不可抗力(Tilleman and Claeys(-*Claeys*), Buitencontractuele aansprakelijkheid, 1, 16-17, nos. 21-22)。不可抗力将导致过错责任被全部免除,在严格责任领域也是如此(前引 *Claeys* 书, p. 24 no. 38)。

3. 根据《西班牙民法典》第 1105 条,对于不可预见的事件或可以预见但不可避免的事件,不需要负责。只有法律或合同另有规定,情况才有所不同。《民法典》第 1105 条在非合同责任领域也适用(TS 16 February 1988, RAJ 1988 (2) no. 1994 p. 1966; TS 5 February 1991, RAJ 1991 (1) no. 991 p. 1188; TS 4 April 2000, RAJ 2000 (2) no. 2506 p. 3887)。结果是,导致的损害不是故意造成的,非可预见的或可避免的(TS 31 May 1995, RAJ 1995 (2) no. 4106 p. 5467; TS 20 July 1995, RAJ 1995 (3) no. 5717 p. 7654)。证明责任由引起损害的人承担(TS 2 February 1989, RAJ 1989 (1) no. 657 p. 713)。但是,《民法典》中采用的术语并不固定。某些领域使用了不可预见(*caso fortuito*)的概念(《民法典》第 1096 条第(3)项、第 1891 条),另一些领域则使用了不可抗力(*fuerza mayor*)(《民法典》第 1784、1905 条和第 1908 条第(3)项)。其他条款或者使用了两个概念,或者在各处使用了完全不同的表达(例如,《民法典》第 484 条:不幸或特殊事件(*siniestro o caso extraordinario*);《民法典》第 499 条:罕见的事件(*acontecimiento no común*)和《民法典》第 1561 条:不可避免的原因(*causa inevitable*))。一般来说,以下内容是真实的:债务人被认为对"绝对不可避免的"事件不负责,即在最有利的情况下,该事件只能通过"过度的"和不合理的努力(*prestación exorbitante*)才能被抗拒(TS 9 November 1949, RAJ 1949 no. 1245 p. 750; TS 7 April 1965, RAJ 1965 (1) no. 2118 p. 1295)。判例法倾向于认为,不可抗力(*fuerza mayor*)必须构成一项不可预见的事件,这一事件要完全在债务人的活动之外,反之,不可预见(*caso fortuito*)意味着不可避免的事件,这一事件与债务人的活动相关(TS 15 February 1968, RAJ 1968 (1) no. 1082 p. 733; TS 30 September 1983, RAJ 1983 (2) no. 4688 p. 3594 and TS 3 March 1999, RAJ 1999 (1) no. 1400 p. 2235)。不可预见和不可抗力之间的区分,主要关系到(严格的)国家责任领域,因为国家只被允许提出不可抗力作为抗辩。不可预见的出现不会导致责任的免除(进一步请参见 TS 31 May 1999, RAJ 1999 (4) no. 6154 p. 9656; 前引 TS 15 February 1968 and TS 28 July 1986, RAJ 1986 no. 4451 p. 4279)。但是,前引 TS 30 September 1983 的判决强调,在《民法典》第 1784 条(监护人责任)和第 1905 条(动物饲养人责任)的领域,不可抗力和不可预见的区分必须被划出,因为在这两种案件中,只有不可抗力才会发挥免除推定侵权人责任的作用。此外,大部分的课加严格责任的法律或者只提到了不可抗力(例如《打猎法(Hunting Act)》[*Ley* 1/1970, of 4 April, *de Caza*]第 33 条第(5)项;《机动车交通责任和保险法(Liability and Insurance for Motor Vehicle Traffic Act)》第 1 条第(1)项(i);《社会保险法(Social Insurance Act)》[*Real Decreto Legislativo* 1/1994, of 20 June, *por el que se aprueba el texto refundido de la Ley General de la Seguridad Social*]第 115 条第(4)项(a))或者明确列出了构成不可抗力的事件(例如《原子能法(Nuclear Energy Act)》[*Ley* 25/1964, of 29 April, *sobre Energía Nuclear*]第 45 条第(3)项)。《航空法(Air Navigation Act)》(*Ley* 48/1960, of 21 July, *sobre Navegación Aérea*)第 120 条明确规定,不可预见不构成免责事由;必须存在不可抗力才能免责。

不可抗力或不可预见在以下的案件中获得了确认,因为风暴(92 km/h),树木倒在了输电线上,因此引起了火车站的火灾;供电公司不需要对损害负责(TS 12 September 2002, RAJ 2002 (5) no. 8555 p. 15592)。同样的结果在以下的案件中也出现了,未成年人因掉下的电线而丧生,这个事故是由极端的天气状况造成的(TS 15 December 1996, RAJ 1996 (5) no. 8979 p. 12495)。

4. 意大利法学也将包含在《民法典》第1218条中对合同进行规制的规则类推适用于侵权法领域。这一条款涉及来源于——不可克服的和不可预见的自然现象或不可避免的和不可预见的第三方行为的——损害事件(Cass. 5 December 1967, no. 2897, Rep. Giur. it., voce Resp. civ. 165; Cass. 7 September 1966, no. 2333, Rep. Giur. it. 1966, voce Resp. civ. 232; Cass. 22 Mai 1998, no. 5133, Danno e resp. 1998, 945)。在侵权法中(与刑法相反)并不存在对不可预见(*caso fortuito*)和不可抗力(*forza maggiore*)的区分;事实上,法院经常交替使用这些术语(*Franzoni*, Dei fatti illeciti, subart. 2051, p. 575)。最后,这些案件被视为意味着,在损害和侵权人的行为或由其负责的危险源之间不存在因果关系(Cass. 13 April 1989, no. 1774, Giur. it. Mass. 1989, fasc. 4; Cass. 8 January 1981, no. 170, Giur. it. Mass. 1981, fasc. 1)。不可预见是在严格责任领域——例如在《民法典》第2051条的框架中——通常被援引的抗辩。

5.《匈牙利民法典》第339条第(1)项将侵权法立基于这样的机制上,其中举证责任一般由加害方承担,他要证明"他以在特定情形下一般可期待的方式行事"。在一些特别条款中(例如,《民法典》第352条第(1)项[建筑物责任]),同样的规则被重复规定。在严格责任(《民法典》第345~346条)中,则适用更严格的基准。根据《民法典》第345条第(1)项,实施某项充满相当风险的活动的人,只有在他或她能够证明损害是不可避免的事件所导致的,并且这个事件与实施这项风险活动没有关系,才能被免除责任。这在所有的实质内容方面与第Ⅵ-5:302条相一致。根据《民法典》第345条第(1)项,不可抗力(*vis maior*)可以构成一项如此的不可避免事由;但是,也可以设想,受害方或第三方可能引起不可避免的事由。例如,第三方在公共汽车上安装炸弹并随后引爆,这就可以认为存在一项不可避免的事由,该事由能够使公共汽车运营者被免除责任(BH 2000/200)。只有通过客观的审视,加害方不可能阻止损害发生,不可避免的标准才能被满足(前引 *Wellmann* 书;*Eörsi*, Kártérítés jogellenes magatartásért, 106-107)。以下的事件并不在侵权人的责任范围之外:不可预见的爆胎,有瑕疵的刹车或司机的突发疾病(Gellért (-*Benedek*), A Polgári Törvénykönyv Magyarázata[6], 1263-1268; Petrik (-*Wellmann*), Polgári jog II2, 590-592)。在罗马尼亚民法中,存在不可抗力(*for a majoră*)和不可预见(*cazul fortuit*)的区分。不可抗力是责任的完全抗辩。不可抗力意味着特别的外在事件,这样的事件既不能被预见,也不能被避免(《民法典》第1082条和第1083条;CSJ 27 January 2000, sec ia comercială, decision no. 414)。冬天的浓雾当然不能构成不可抗力(CSJ 4 February 1999, sec ia comercială, decision no. 403)。与此相反,特别的自然事件可以构成不可抗力,战争和骚乱也可以构成不可抗力。一个"意外事件"可能被视为由内在因素产生,例如隐藏的瑕疵或动物受惊;存在意外事件,就不存在过错。相似地,意外事件一般排除责任的课加;但是,在某些领域,它是被明确认为不可适用的(核事故、航空器造成的损害等)。而且,根据《民法典》第1000条第(1)项、第1001条和第1002条,严格责任的唯一抗辩是不可抗力(*Romo an*, Vinovă ia, 99; *Lupan*, Răspunderea civilă, 368中有来自判例法的标准)。

6. 保加利亚的判例法坚持不可预见(*casus fortuitis*)和不可抗力(*force majeure*)之间的区分(Overview in *Kalaydjiev*, Obligazionno pravo, Obshta chast, 274)。不可预见(*casus fortuitis*)是不

可预见的和无可责难的事件;不可抗力(*force majeure*)意味着,即便事件的结果可以被预见,它们也不能被排除;典型的例子是自然灾害(前引 Kalaydjiev 书,276)。(只)在过错责任的框架内,不可预见可以免除责任;不可抗力独自构成了严格责任的抗辩(*Tassev*, Nepozvoleno uvrejdane, 172)。因此,由于不可感的爆裂,岩石破裂导致了不可预见的落石,因而造成了人员伤亡,矿井的运营者仍然要承担责任(Supreme Court 10 December 1960, decision no. 868, case no. 7466/60 in civil matters)。根据《劳工法典》第200条第(2)项,即便在不可抗力事件中,雇主也要对雇员的工伤事故负责(关于对这条的批判,参见前引 Tassev 书,173,他认为这一结果应该被司法解释所修正)。《波兰民法典》第435条第(1)项通过不可抗力抗辩,限制了为自己的利益通过使用自然力(蒸汽、煤气、电力、液体燃料等)经营事业或商业活动的人的严格责任。相似地,《斯洛文尼亚债法(Slovenian Law of Obligations Act)》并没有包含关于不可控制事件的一般抗辩。但是,《债法(LOA)》第153条第(1)项免除了危险物保管人的责任,"如果损害来源于外在于该物的原因,并且该原因的后果不能被预见、避免或防止"。

7. 在大多数情况下,根据德国法,只有不可抗力(*höhere Gewalt*),参见例如《道路交通法(Road Traffic Act)》第7条第(2)项、《赔偿责任法(*Haftpflichtgesetz*)》第1条第(2)项和第2条第(3)项(iii)、《环境责任法(*Umwelthaftungsgesetz*)》第4条、《水资源法(*Wasserhaushaltsgesetz*)》第22条第(2)项(ii),才能构成严格责任的抗辩。在零星的情况中,不可预见事件(*caso fortuito*, *unabwendbare Ereignis*)(《道路交通法》第17条第(3)项、《赔偿责任法》第13条第(3)项)可以构成一项抗辩,但是这个规则通常只会在负有连带责任的保管人之间的内在关系的框架内适用。在机动车保管人责任的领域内,不可抗力意味着由自然力或第三人的行为引发的特别的、外在的事件,并且从一般人的经验和知识审视,诉诸在特定情势下可期待的合理经济措施或注意(甚至是极端的注意)都无法阻止(Hentschel (- *König*), Straβenverkehrsrecht[39], § 7 StVG, no. 32)。典型的案件涉及不可预见的自然事件(突发的水灾、闪电、地震、山体滑坡、雪崩、风暴)。相反地,严重违反法规并不属于不可抗力(违反关于通行权的规则、儿童的不当行为,进一步参见前引 *König* 书, no. 34),不可避免的事件意味着即便采取了极端的注意,仍然不能避免。在实践中将不可避免区别于不可抗力,主要是基于这样的事实,即道路交通使用者可以信任其他的使用者不会严重违反交通规则(前引 *König* 书, nos. 22 and 31)。

8. 根据《奥地利铁路和机动车赔偿责任法(EKHG)》第9条,机动车保管人的损害赔偿责任被免除,如果事故是因为不可避免的事件造成的,即即便采取所有可想象的预防措施和注意,事故都不能被避免(*Koziol*, Haftpflichtrecht II[2], 546)。以下案件可以作为例子。在机动车意外地将路上的石头弹起后,机动车保管人对石头引起的损害不负责任(OGH 21 January 1959, SZ 32/10)。特别是,根据《铁路和机动车赔偿责任法》第9条第(2)项,如果事件可以归因于受害方的行为、不运营机动车的第三人或动物,并且保管人或司机尽了在特定情势下必要的注意义务,那么这一事件可以被认为是不可避免的。相反地,如果与运营机动车有关风险(如果也是特别的风险)被实现了,那么责任就会随之产生(例如 OGH 30 September 1965, SZ 38/152: 昆虫叮咬司机的眼睛)。《森林法(Forestry Act)》第53条第(4)项与《铁路和机动车赔偿责任法》第9条的规定一致。在零星的案件中,不可抗力可以作为责任的抗辩(《核事故责任法(Nuclear Liability Act)》第9条、《煤气和液体管道法(Conduit of Gas and Liquids Act)》第12条;进一步的细节请参见前引 *Koziol* 书, 430 and 578)。

9. 在传统上,在希腊,不可抗力(*force majeure*)也构成了一项责任抗辩。但是,不可抗力的细节特征仍然是一些争论和一系列理论的焦点(in - depth *Kornilakis*, I evthini apo diakindinevsi, 175 ff)。较好的观点是,这个概念的含义在不同的条款中有细小的变化(前引 *Kornilakis* 书, 176)。不可抗力抗辩在 1911 年关于交通责任的法案的第 5 条中被特别提到(进一步的例子可参见 *Dimopoulou*, Evthini apo diakindinevsi, 62)。只有在尽了最大程度的注意义务后,仍然不可预见和不可避免的事件——并且这些事件不是与运营机动车有关的典型风险——才属于不可抗力抗辩的范围(*Georgiades*, Enochiko Dikaio, Geniko meros, 693; CA Thessaloniki 274/1980, Arm 34/1980, 462)。在机动车道路上特别危险的光滑处不构成不可抗力(前引 CA Thessaloniki),即便它是由漏油造成的(CFI Drama, EsingD 1992, 96)。

10. 相似地,葡萄牙法律也采用了不可抗力(*caso de força maior*)和偶然事件(*caso fortuito*)这两个术语。它们都表示不可预见和不可避免的事件(*Prata*, Dicionário jurídico[4], 184; *Melo Franco and Antunes Martins*, Dicionário de conceitos, 151)。不同的观点认为,不可抗力的特点是不可预见因素,反之偶然事件的特点则是不可避免因素(*Almeida Costa*, Obrigações[10], 586; 前引 *Prata* 书)。当然,不可抗力只在无过错责任领域才适用。例如,《民法典》第 505 条排除了《民法典》第 503 条规定的责任(关于机动车事故的严格责任),如果事故的原因可以被归因于受害方或第三方或者事故的原因可以被归因于与机动车运营无关的不可抗力。关于机动车不可避免的失控(因机动车道上的漏油或暗冰)是否构成不可抗力,已经是不同司法判决的谈论对象(赞成意见例如 STJ 11 December 1970, Bol MinJus 202 [1970] 190;反对意见例如 CA Oporto 2 June 2005 and STJ 9 January 2003;相似地 *Pires de Lima and Antunes Varela*, Código Civil Anotado I[4], art. 505 note 4, p. 519 and 前引 *Almeida Costa* 书)。争议性的话题还包括,司机突然失去知觉是否可以被视为不可抗力(关于这个观点 *Antunes Varela*, Obrigações em geral I[10], 668 and 前引 *Almeida Costa* 书, 645;对立的观点 STJ 10 February 2005 and STJ 27 July 1971, BolMinJus 209 [1971] 120)。根据《民法典》第 509 条第(2)项,由电线和煤气管道引起的损害责任将被排除,如果损害是由不可抗力导致的,其中"不可抗力意味着与运营或使用该物无关的所有外在原因"。在这个语境下,闪电导致的放电造成高压线断裂,引发火灾(STJ 3 October 2000, CJ(ST) X (2002 - 3) 77),不可抗力是存在的。与此相反,如果因为鸟类的栖息造成电线短路、脱落和人员死亡,则并不构成不可抗力(CA Coimbra 15 January 1991, CJ (1991 - 1) XVI 47)。最后,《劳工法典(Labour Code)》第 291 条第(1)项排除了雇主的责任,如果工作事故是由不可抗力造成的。根据这一条款,不可抗力只包括"由不可避免的自然力导致的,独立于人类干预的,不构成工作环境造成的风险的,也不发生在——在具有明显危险的情况下——履行雇主的明确命令的过程中的"事件。

11. 在爱沙尼亚,不可控制的事件(《债法(LOA)》第 103 条第(2)项)主要被理解为,它具有打破原因链的效果。如果在特别情况中,它没有打破原因链条,那么作为一般规则,过错责任仍然被排除(进一步参见 *Lahe*, Juridica 2003, 236 - 242)。根据《立陶宛民法典》第 6.270 条第(1)项,对危险活动(例如,运营机动车、机器、使用电力或核能以及使用爆炸性或有毒物质)课加的严格责任被但书条款——损害不是由不可抗力造成的——所限制。被告承担举证责任。

12. 虽然《荷兰民法典》第 6:162 条第(2)项确实规定,非法行为的前提条件是不存在正当理由,该条款并没有规定正当理由的细节,因为它的组成部分可以参照刑法确定,也适用于民法领域。《刑法典》第 40 条规定("根据刑法,行为人不需要对行为负责,如果该行为是由不可抗力[*overmacht*]迫使导致的")被类推适用。这包括了所有不可能核实的强迫情形(Onrechtmatige

Daad I (-*Jansen*), art. 6:162(2), nos. 171-172 pp. 1782-1783; *Schrage*, Van delict tot onrechtmatige daad, 71; 参见第Ⅵ-5:202条以下关于紧急避险的注释Ⅲ28)。不可抗力意味着发生了突然的特别情况,不能被预见,也使得系争行为不可避免(前引*Jansen*书, no. 173 pp. 1786-1826)。如果机动车处于抛锚状态,这就被视为不可抗力的情形。当然,抛锚状态因此不会排除对后续事故的责任的课加,因为司机没有以适当的方式保护事故发生地。只有在被告不能被期待可以估计到其他道路使用者的行为的情况下,责任才会被排除,这种主张很少会成功(*Spier/Hartlief/Van Maanen/ Vriesendorp*, Verbintenissen uit de wet en Schadevergoeding (-*Hartlief*)[2], no. 157 p. 142; 前引*Jansen*书, no. 175 pp. 1830-1850)。

13. 在北欧国家,不可抗力通常不被认为是严格责任领域的抗辩,它只在界定严格责任的范围方面发挥较小的作用(*Hellner and Radetzki*, Skadeståndsrätt[7], 177; *Hellner*, in: In memoriam Jean Limpens, 53, 59; 参见*Rodhe*, Obligationsrätt, 540; *von Eyben and Isager*, Lærebog i erstatningsret[6], 149; *Saxén*, Skadeståndsrätt, 215; *Sandvik*, JFT 1998, 544, 550)。只有在来源于国家条约(例如关于核设施、海事和铁路交通的严格责任)的立法中,不可抗力才被明确规定。相反地,不能期待法院在环境责任领域接受不可抗力作为抗辩(前引*von Eyben and Isager*书; 前引*Hellner and Radetzki*书, 339, 342; 前引*Sandvik*书)。一般的问题在于,充分因果关系的概念是否以及以何种方式在严格责任领域适用;棘手的问题是,它并不取决于(或在本质上不取决于)相关损害的可能性和可预见性(*Andersson*, Skyddsändamål och adekvans, 105)。无论如何,要求——严格责任条款直接包含的——风险实现(前引*Hellner and Radetzki*书, 176; 前引*Andersson*书, 396; 前引*Saxén*书, 216)。至于基于判例法的(不在制定法中)严格责任,法院倾向于将特殊情况的出现作为排除责任的理由(例如Swedish HD 16 October 1997, NJA 1997, 684 [特大暴雨后,洪水将大坝冲破]; Swedish HD 10 March 1983, NJA 1983, 209 [不可抗力在准合同领域被明确接受]; Danish HD 18 August 1983, UfR 1983, 866 and 2 September 1983, UfR 1983, 895 [水管破裂;对于"不可预见的"损害不存在严格责任]; Danish HD 12 February 1987, UfR 1987, 258 [特大暴雨造成污水处理厂的污水泛滥;管道系统并不存在建筑瑕疵]);进一步请参见*Hornslet*, UfR 1987 B, 288-291; 前引*von Eyben and Isager*书, 160 and 前引*Sandvik*书, 556。

14. 根据英国法,证明损害是"不可避免的事故"(没有——一个理性的人可以被期待采取的——预防措施能阻止的事故)的结果只能排除过错,因此它不能作为严格责任的抗辩(在不存在过错的情况下,也不存在抗辩):Clerk and Lindsell (-*Jones*), Torts[19], paras. 3-138。关于过失(必须存在违反注意义务的情况)责任,抗辩仅仅构成"责任不成立"(no case)的初步(*prima facie*)陈述,或者如果因事实自证(*res ipsa loquitur*)的结果导致举证责任被倒置,那么该抗辩就构成了真正的抗辩:*Ng Chun Pui v. Lee Chuen Tat* [1988] RTR 298 (PC)。它在关于非法侵入的法律中也是如此,非法侵入(在它的现代形式中)的确要求故意或过失,但一旦损害的因果关系成立,被告就需要承担证明不存在过错的举证责任。对违反制定法义务的责任的抗辩的适用取决于,根据系争的特定制定法条款,该侵权在实质上是过错侵权还是无过错侵权。相反,上帝的行为(act of God)的抗辩原则上可以适用于严格责任侵权,虽然根据*Rylands v. Fletcher*(遵循了*Cambridge Water Co. v. Eastern Counties Leather plc.* [1994] 2 AC 264一案的判决)一案,要求将损害的可预见性作为责任成立的要件,这使得这个抗辩变得多余:同上。但是,根据1971年的《动物法(Animal Act)》,不存在针对严格责任的上帝行为抗辩:Clerk and Lindsell (-*Dugdale*

and Jones), Torts[19], paras. 22-10 and 22-15。上帝行为抗辩是否适用于违反制定法义务的情形,取决于制定法条款规定的义务的绝对性的程度,因此这又转向了制定法的措辞:参见 *GreatWestern Railway Co. v. Owners of the SS Mostyn* (*The Mostyn*) [1928] AC 57。

示例2来源于 STJ 3 October 2000, CJ(ST) X (2002-3) 77 和 CA Coimbra 15 January 1991, CJ 1991-1 (XVI) 47; 示例3来源于 BH 2000/200; 示例5来源于 TS 12 September 2002, RAJ 2002 (5) no. 8555 p. 15592;以及示例6来源于 CA Poitiers18 May 2005, JCP 2006, IV, 2302。

第四节　对责任的约定免除或限制

第Ⅵ-5:401条　对责任的约定免除或限制

(1)因故意造成具有法律相关性的损害而产生的责任,不得被免除或者限制。

(2)在下列情形,因重大疏忽未尽到客观情况显然要求的注意义务造成具有法律相关性的损害而产生的责任,不得被免除或者限制;

(a)在涉及人身伤害(包括致命伤害)的情形;或者

(b)在其他情形,对责任的免除或者限制是非法的或者违背诚实信用与公平交易原则的。

(3)根据本卷第3:204条(瑕疵产品致害的归责)的规定对损害的发生负有赔偿责任的人,其责任不得被免除或者限制。

(4)除制定法有不同规定外,本卷所规定的其他责任可以被免除或者限制。

评　论

A. 对责任的免除或限制

提前免除责任。本条款专门规定提前免除或限制责任的效力。它不涉及在引起损害的事件发生后就责任达成的协议。一旦责任产生,任何就责任达成的协议解决方案都是对既存的债务的处理。那就不会存在对责任的“免除”。对责任的事后协议因此不受制于任何限制;没有人有义务行使权利(除了作为监护人应当为被监护人的利益主张权利的这种情形)。

对责任的免除或限制。本条包括了关于完全免除可能的随后责任的协议和关于将责任的实现取决于某些客观情况(例如,在轻微过失的情况下不存在责任)或限制其程度的协议。包括所有的将受害人置于——比如果不存在关于非合同责任的规则——更劣地位的协议。

默示的责任免除。关于责任的免除或减轻并不必要明示。关于这种效果的合同可以以默示的形式存在。

示例1

出于礼貌救助一辆陷入路中的卡车,因周围的环境和可用的救助手段,救助存在风险,在这种情况中,存在免除轻微过失责任的默示协议。

约定免除。关于责任的协议要求在加害人和受害人之间存在有效的合同。这个合同要受到关于合同的一般法规的调整,特别是关于合同签订、援引标准合同条款和关于他们的效力的法规。在一些案件中,关于限制责任的合同条款已经因为第Ⅱ-9:411条(在经营者与消费者订立的合同中的不公平条款推定)第(1)款(a)项而受阻。这些合同法的法规不受第Ⅵ-5:401条的影响,参见第Ⅵ-1:103条(适用范围)第(c)项。

单方传递的信息。单方传递的信息不构成本条意义上的限制或免除责任的协议。它们对于责任法的意义存在于其他领域。所以,例如,信息提供者对于提供的信息的准确性"不承担任何责任"的标注语可以导致信息接受者没有任何合理的理由依赖第Ⅵ-2:207条(因信赖不正确的建议或信息而遭受的损失)第(1)款意义上的交流的准确性;参见该条款以下的示例2。通常情况下,单方提供的信息并不包含关于责任的陈述,而只是引起对特定危险源的注意("在下雪和结冰的天气,这条道路没有被清理",或者"当心恶犬")。那么,基于这些客观情况,必须要判断信息是否使以下推论正当化,即不存在过失,或者这片土地不处于不安全状态,或者压倒性的与有过错可以归因于受害人,因为受害人在没有理由的情况下仍然继续进入已知的危险境地。

合同自由。本条款来源于合同自由原则。这允许当事人就将来可能在他们之间产生的非合同责任作出预先规定。第(4)款反映了这一原则。

基础。合同自由原则扩展到非合同责任背后的理论基础并非是不证自明的。根据这些示范规则,它主要遵循了规定在第Ⅵ-1:103条(适用范围)中的合同请求权和非合同请求权自由竞合原则("竞合责任原则"(*cumul des responsabilités*))。甚至在规制责任免除或限制的法律的层面上,这一原则也要求两个制度的更大程度的同步,反对合同责任和非合同责任互相排除的原则("非竞合责任原则"(*non-cumul des responsabilités*))。

示例2

某人将外套留在洗衣店,但返还时衣物却被损害了,(在清洗时存在过失)此处不仅存在因不履行合同义务而成立的损害赔偿请求权,也存在基于非合同责任法成立的损害赔偿请求权。在这样的案件中,将合同责任限制在提前约定的清洗价款的若干倍是可能的,那么对根据本卷成立的平行责任作相应的约定也必然是可能的;否则,关于限制责任的约定将变得毫无意义。

例外。但是,没有任何一个成员国的法律制度(共同体的法律也是如此)在处理免除和限制非合同责任时不包含大量的合同自由原则的例外。在长期和充满争议的讨论后,第Ⅵ－5:401 条努力达到了一个中间立场,它(关于无过错责任的法律,在上文;参见第Ⅵ－3:207 条(对具有法律相关性的损害的其他归责))部分参引了各自可适用的国内法。这一原则如下。(i)如果涉及故意引起的任何类型的具有法律相关性的损害,那么关于非合同责任的免除或限制一般不被允许。(ii)责任的免除或限制同样不被允许,如果它涉及重大过失引起的具有法律相关性损害,以及如果涉及人身伤害或涉及其他类型的具有法律相关性的损害,免除责任是非法或不道德的。(iii)第Ⅵ－3:204 条(瑕疵产品致害的归责)规定的由瑕疵产品引起的生产者的责任不能被免除或限制。(iv)虽然在所有其他案件中,合同自由的一般原则依然是主流,但它仍然受制于可适用的国内制定法的限制。第(4)款为某些区域性的或精确限定领域的责任法提供了"单独解决方案"的空间。相反地,第(2)款(b)包含了只可适用于由重大过失导致的损害的特别规则,并且在这种程度上,赋予了合同法优先于非合同责任法适用的权限。

B. 不能免除故意造成的损害的责任(第(1)款)

政策考量。第(1)款包括了被广泛视为公理的规则:免除将来故意造成的损害的责任的协议必然是不道德合同的原型,这使得某人完全无法防御他人。有这种内容的协议是无效的,不管涉及哪种类型的损害。

雇主责任。第(1)款并不排除这样的情形,即雇主免除或限制因雇员可能的故意错误行为而产生的责任,例如盗窃。但是,如果这样的条款包含在标准格式条款中,在涉及由第Ⅱ－9:411 条第(1)款(a)(在经营者和消费者之间订立的不公平条款的推定)调整的身体伤害时,根据公平标准,对责任的免除或限制将会失败。

与同意和自担风险的分界线。不可能通过合同排除后来因故意造成的损害的责任并不影响同意抗辩和自担风险抗辩(参见第Ⅵ－5:101 条(同意和自担风险行为))。区别在于,同意与具体的事件相关,自担风险与本质上可预见的事件相关,但是免除故意造成的损害的责任所包括的行为不仅仅局限于加害人和受害人提前约定的内容。

C. 免除重大过失的责任(第(2)款)

人身伤害(第(a)项)。与绝大多数欧洲法律制度所采取的态度一致,并且遵循保护身体和健康的高位阶价值的政策,第(2)款(a)排除了重大过失导致的损害的责任免除。在任何情况下,本规则只对单独协商的协议有意义;对于经营者与消费者签订的标准格式条款,合同中的每一条款都被推定为不公平,如果它"免除或限制经营者——通过该经营者的作为或不作为,对消费者造成的死亡或人身伤害——的责任",参见第Ⅱ－9:411 条(在经营者和消费者之间订立的不公平条款的推定)。两个条款都保证,被扶养人和(在致命伤害的情况下)幸存的被扶养人的权利不受约定免除责任的影响。

"重大过失"。第(2)款没有明确援引"重大过失"的概念。相反,它给出了直接的定义:重大过失是指没有尽到客观情势所明显要求的注意义务的重大失败。

其他类型的具有法律相关性的损害(第(b)项)。在存在其他类型的损害的情况下(例如,财产损害),如果免除因重大过失导致的损害违反法律或与诚实信用相悖,那么该责任免除是无效的。因此,第(2)款(b)与第Ⅱ-7:301 条和第Ⅱ-7:302 条(违反基本原则和强制性规范的合同)中的规则相联系,并且也涉及可适用的合同法规则。在可适用的国内法禁止的情况下,免除重大过失造成的财产损害责任因此是不可能的,例如因为规制责任免除的法律原则上将故意和重大过失同等对待。除此之外,第Ⅵ-5:401 条(b)还立基于,根据个案的客观情势,重大过失的加害人援引约定的责任免除是否被认为违反诚实信用原则。在重大过失的案件中,默示的责任免除被毫无例外地否认了。甚至在加害人就——重大过失造成的损害的责任的——风险合理地投保的情况下,约定的责任免除在任何情况下都是与诚实信用相悖的。

D. 产品责任(第(3)款)

无约定免除责任。第(3)款采取了《产品责任指令(Product Liability Driective)》(Directive 85/374/EEC, 第 12 条)中的相应规则。约定过失导致的商业财产损害的责任免除仍然是可能的。这在第Ⅵ-3:204 条第(1)款(瑕疵产品造成的损害的责任承担)中并没有提到。

E. 第(4)款

免除普通过失导致的责任。第(4)款规定了——预先免除或限制责任在所有剩余的情况中是可能的——的原则。此处涉及的是,免除普通过失所导致的责任以及免除或限制无过错责任。相应地,第Ⅱ-9:411 条(在经营者和消费者之间订立的不公平条款的推定)在这里必须被遵守。因轻微过失导致的对身体和健康的伤害的责任也可以在标准格式条款中被约定免除。当然,这不会同样适用于无过错责任。这是因为,第Ⅱ-9:411 条要求经营者的"作为或不作为",这在第三章第二节(没有故意或过失的责任)所包含的情形中是不存在的。在某人没有"做错事"却要承担责任的情况下,该人既不是为积极行为负责,也不是为不作为负责;该人负责任与行为毫无关系。

除非违反制定法。根据第(4)款,在约定违背了可适用的国内法的情况下,免除或限制责任是无效的。因此,这些示范法为调整个别领域活动的区域性制定法规则留下了空间,例如,禁止约定免除或限制机动车所有权人的责任或者禁止约定免除或限制某些专业群体的责任,这些专业群体有参加损害赔偿保险的义务,并且也做了保险安排。在成员国中,存在大范围的针对特定活动的"独立解决方案",各种各样的保险实践和义务是它们的存在基础,这使得将它们概括为一般具体原则显得不可能。第(4)款的一个例子可以在欧盟理事会指令(Council Directive 2004/113/EC of 13 December 2004)第 8 条第(2)项中找到,该指令在商品的获取和提供方面贯彻男女平等对待原则

(OJ EC L 373/37 of 21 December 2004),该指令第 8 条第(2)项规定:"对于本指令意义上的歧视给受害人造成的损失或损害,成员国应该以具有惩戒性并且与遭受的损害合比例的方式,将保障真实和有效赔偿的必要措施纳入国内法中。提前设定的上限不能限制损害赔偿。"

注　释

1. 法国法学将意图免除未来发生的侵权责任的约定视为无效。对于那些不影响责任的基础,仅仅影响责任范围的约定,也是如此(自 Cass. civ. 17 February 1955, JCP 1955, II, 8951, note *Rodière* 以来,法学界始终遵循的路线)。非合同责任构成了公共秩序(*d' ordre public*)。相反地,在损害发生后,影响缔约方各自的权利和义务的约定则是有效的(*le Tourneau and Cadiet*, Droit de la responsabilité et des contrats (2004/2005), nos. 1054-1058)。

2. 与法国相反,在比利时,受害方在损害发生前后能够约定免除(可能的)加害方的责任的观念是被接受的。这个结果可能是因为这样的事实,即侵权责任既不是强制的,也不构成公共秩序(*d' ordre public*)(Cass. 4 January 1993, Pas. belge 1993, I, no. 1 p. 1; Cass. 15 February 1993, Pas. belge 1993, I, no. 92 p. 171)。一般来说,约定免除责任因此是有效的。只有在故意引起损害以及法律明确规定免除责任无效的情况下,才存在例外(*Vandenberghe/Van Quickenborne/Wynant/Debaene*, TPR 2000, 1551, 1702, no. 45)。(在稍后阶段的)受害方被要求,至少默示地同意免除责任(CA Antwerp 16 January 1996, RW 1995-1996, 1417)。

3. 在西班牙,未来的侵权责任能否通过约定被预先免除或限制是一个持续被讨论的问题。主流的学术意见拒绝了这个观点(*Lacruz Berdejo and Rivero Hernández*, Elementos II(2)[4], 515; *Cavanillas Múgica and Tapia Fernández*, La concurrencia de responsabilidad contractual y extracontractual, 56-57; *Santos Briz*, La responsabilidad civil I[7], 37-38; *Álvarez Lata* , Cláusulas restrictivas de responsabilidad civil, 108)。*Yzquierdo Tolsada*, Sistema de responsabilidad civil, 370,目前采纳了相反的观点,并使之正当化,尤其通过援引《民法典》第 1255 条——在法律和公共道德的界限内,该条保障契约自由。相似地,但是,*Tolsada* 认为对基本权利的宪法保护也属于《民法典》第 1255 条的法律界限,并且从这种观点出发,可以推断,例如,医院不能通过合同手段限制或免除因医疗过失而应承担的责任(前引 *Yzquierdo Tolsada* 书, 346)。根据法律,故意行为导致的责任不能被预先限制(《民法典》第 1102 条)。有时,故意被等同于重大过失(TS 2 July 1992, RAJ 1992 (4) no. 6502 p. 8492),有时又不是这样(TS 25 April 1984, RAJ 1984 (1) no. 1969 p. 1501)。《消费者保护法(ConsProtA)》第 86 条第(2)款将旨在免除或限制专业人士对人身伤害的责任的条款归为滥用法律。这样的合同条款是无效的(《消费者保护法》第 83 条第(1)项)。就我们所知,最高法院只在两个案件中处理过约定免除非合同责任。TS 4 July 1953, RAJ 1953 (1) no. 2017 p. 1305 一案的判决认为,免除铁路公司对乘客死亡的合同条款与公共政策相悖,因此是无效的。相反地,TS 5 March 1992, RAJ 1992 (2) no. 2390 p. 3232 一案的判决认为,银行和雇员之间的协议安排是有效的,该雇员盗用了银行的钱,而该协议以补偿方法作为核心内容。

4. 根据《意大利民法典》第1229条第(1)项,旨在提前限制或免除债务人的故意或重大过失责任的合同是无效的。根据CFI Rome 11 July 1979, Giur. it. 1980, I, 2, 611,这也涉及免除侵权责任。对"正常"或普通过失的责任是否可以被合同调整则是存在争议的。这个观点在大多数情况是基于这样的理由被否定的,即非合同责任属于公共秩序(*ordre public*)领域(*Alpa*, Trattato di diritto civile IV, 346-348; Visintini and Cabella-Pisu, L'inadempimento delle obbligazioni IX (1)[2], 289-290);当然,在著作和(旧的)法学中,有强烈支持——如此的协议安排的效力的——观点(*Bianca*, Diritto civile V, 66; Cass. 3 July 1968, no. 2240, Giust. civ. 1968, I, 1121)。*Ponzanelli*, Le clausole di esonero della responsabilità civile, 204将否认财产损害责任的条款视为可能,但在人身伤害领域则不接受。当然,违反制定法条款明确规定的免责声明是无效的。产品责任领域的案件则是一个例子。

5.《匈牙利民法典》第342条第(1)项规定,企图限制或免除由故意或重大过失造成的损害的侵权责任的合同是无效的。同样规定适用于引起死亡、身体伤害、伤害致死的行为以及犯罪行为的结果。《民法典》第314条第(1)项事实上以同样的方式调整合同法领域。在关于改革的讨论中,有建议提出要废除《民法典》第342条第(1)项,理由是这一条款在体系上所处的位置不当,也是可以被删除的(*Ujváriné*, Felelsségtan[7], 82-85),但这一建议在目前的草案中没有被采纳。

6. 相似地,根据《保加利亚债法(LOA)》第94条第(1)项,对于并非故意或重大过失引起的损害责任,通过约定排除是可能的;但是,这个规则是否同时调整侵权责任和合同责任,还存在持续的争议(反驳这个观点的,例如*Kalaydjiev*, Obligazionno pravo, Obshta chast, 343 and *Kojucharov*, Obligazionno pravo I, 261;采取不同的支持观点的*Mousseva*, Suvremenno pravo, H. 6/2003 and Supreme Court 16 January 1970, decision no. 47, case no. 780/69 in criminal matters)。认为《债法》第94条第(1)项一般包括对侵权责任的免除的观点可以通过参照《消费者保护法(Consumer Protection Act)》第139条获得支持,该条规定不能通过约定免除产品责任。否则,《消费者保护法》第139条将成为多余的条款。同样的结论也可以从《波兰民法典》第437条中推导出来,该条规定,根据第435条和第436条(关于危险活动)产生的责任不能被提前免除或限制。

7. 在德国,约定免除或限制侵权责任一般是被允许的(BGH 28 April 1953, BGHZ 9, 301, 306; Staudinger (-*Hager*), BGB[13], Pref. to §§ 823 ff, no. 41; Soergel (-*Spickhoff*), BGB[13], Pref. to § 823, no. 99)。但是,故意行为的责任不能被提前限制(《民法典》第276条第(3)项)。许多严格责任条款不能成为免责声明的对象(例如,《产品责任法(Product Liability Act)第14条)、《责任法(Liability Act)》第7条、《道路交通法(Road Traffic Act)》第8a条、《航空法(Aviation Act)》第49c条);此外,免责条款不能违背公共政策或悖于诚实信用(例如,RG 24 April 1908, RGZ 68, 358, 367; CA Stuttgart 7 December 1977, NJW 1979, 2355, 2356; BGH 25 September 1952, BGHZ 7, 198, 207)。根据《民法典》第309条no. 7,标准条款和条件中旨在免除或限制由过错造成的死亡、人身伤害或伤害致死的责任的规定,以及旨在免除由重大过失行为造成的所有类型的损害的条款是无效的。如果一般的免责声明被认为是有效的,那么企图限制损害赔偿数额的条款(Palandt (-*Heinrichs*), BGB[67], § 276, no. 35)和缩短诉讼时效的规定(《民法典》第202条第(1)项)也是有效的。对于故意或重大过失的责任的默示限制也是可能的。但是,必须存在充分的线索证明存在有效的默示责任限制(Staudinger (-*Löwisch*), BGB,

§ 276, no. 118；前引 Heinrichs 书, no. 37；CA Koblenz 11 October 2004, NJW－RR 2005, 1048)。CA Dresden 27 June 1996, VersR 1998, 1027 判决认为,参与对陷入路中的卡车的具有风险的无偿援助,存在对普通过失责任的默示免责声明。

8. 奥地利判例法表现出了这样的趋势,即认为通过标准合同条款免除身体伤害责任对合同相对人非常不利,因此是无效的,甚至仅仅是免除轻微过失责任也是如此(OGH 24 March 1998, SZ 71/58 p. 336)。在另一方面,对于任何存在轻微过失的情况,财产损害责任可以通过标准条款被排除,并且在礼貌关系中签订的个别协议中,甚至重大过失造成的财产损害也能被免除,参见 *Koziol*, Haftpflichtrecht I[3], no. 18/35 p. 558。对于剩下的情形,被普遍接受的是,没有人可以通过单方声明免除法律责任。单方声明可能破坏信赖基础,但该信赖在个别案件中可能是责任的基础,例如对信息的信赖或者公众被允许进入某幢建筑,该建筑的危险已经被指出了(也可参见《民法典》第 1319a 条,该条款将对道路的不安全状态的责任限制在存在重大过错的情形)。

9. 在希腊,对责任的限制或免除原则上是被允许的(*Stathopoulos*, Geniko Enochiko Dikaio A (1)[2], 343)。但是,对于故意或重大过失的责任不能被提前免除(《民法典》第 332 条)。自从 2002 年《民法典》第 332 条被修改后,如果受害方是债务人的雇员或者责任产生于基于相关政府当局颁布的特许权而实施的经营活动,那么所有约定免责都是无效的(甚至在轻微过失的情形中也是如此)。如果约定免责被包含在标准格式条款中,那么就不能发生效力,而且,在个别谈判的协议中,如果免责声明被企图用来限制或免除侵害有形人格权和无形人格权的责任,那么它也是无效的。特别制定法还规定,根据产品责任法或与服务提供者责任有关的法律,责任免除条款是无效的(进一步请参见前引 *Stathopoulos* 书, 335)。至于免责条款是针对合同责任还是侵权责任,则是解释问题;如果存在疑问,则免除合同以外的责任也在免责条款的意图范围内(前引 *Stathopoulos* 书, 343；*Georgiades*, Enochiko Dikaio, Geniko meros, 255)。

10. 在葡萄牙,合同的当事方可以提前就损害赔偿的数额或其最高额限制进行约定(*Pinto Monteiro*, Cláusulas limitativas e de exclusão de responsabilidade civil, 91；STJ 25 March 2004；STJ 13 February 2001；也可以参见第Ⅵ－6:202 条以下的注释)。一些法律作品将《民法典》第 809 条解释为仅仅调整故意或重大过失的责任免除的效力(*Pessoa Jorge*, BolMinJus 1978 [281] 5, 9 and 18；前引 *Pinto Monteiro* 书, 237；unclear STJ 9 July 1991, BolMinJus 409 [1991] 759)。关于《民法典》第 809 条是否能适用于非合同责任,仍然是争议的对象。前引 Pessoa Jorge 书,认为该条能适用于非合同责任,但也有限制,即导致人身伤害的责任以及实施犯罪行为造成的损害的责任不能被免除;这样的合同是悖于公共政策的。辅助人责任一般可以被免除,除非这些人违反了公共秩序(public order)课加的义务(《民法典》第 808 条第(2)项)。相应地,甚至可以免除因辅助人的故意行为造成的责任(*Vaz Serra*, BolMinJus 72 (1958) 287－289；前引 *Pessoa Jorge* 书, 31；*Pires de Lima and Antunes Varela* , Código Civil Anotado II[3], note to art. 800；对这一点的批评参见前引 *Pinto Monteiro* 书, 245, 264)。相似地,不可能免除瑕疵产品的责任(《产品责任法令(Products Liability Decree Law 383/1989)》第 10 条)。这样的条款被认为"没有被起草过"。

11. 相似地,作为出发点,荷兰法一般承认通过合同手段免除责任的可能性,但通过一系列的强制性制定法条款对它进行限制(例如,《民法典》第 6:192 条[产品责任],第 7:24 条和第 7:6 条[消费者购买],第 7:463 条[医疗帮助],第 7:658 条第(3)项[雇主责任]以及第 7:762 条[建筑公司的责任])。但是,《民法典》第 7:463 条并没有排除根据《民法典》第 6:109 条的责任免除(Onrechtmatige Daad IV (－*Slabbers*) chapter VI. 3, note 18 p. 261；*Stolker*, AA 1995, 13；*de*

Vries, AA 1995, 186-192)。根据《民法典》第7:508条,旅行社经营者不能免除或限制造成他们的顾客死亡或人身伤害的责任。对于故意或重大过失造成的财产损害,也不能免除或限制责任(《民法典》第7:509条)。但是,排除对下属人员的故意或重大过失行为所负的责任,是可能的(《民法典》第6:170条)(HR 26 March 1920, NedJur 1920, 476 and HR 3 June 1938, NedJur 1938 no. 920 p.1290;此次法律改革并没有影响上述事件的状态)。只有在涉及标准格式条款的情况下,责任才不能被排除(《民法典》第6:233条、第6:237条(f))。公司董事的行为被认为是法人本身的行为(HR 20 February 1976, NedJur 1976 no. 486 p. 1418; HR 31 December 1993, NedJur 1995 no. 389 p.1719 and HR 12 December 1997, NedJur 1998 no. 208 p.1086),其结果是,关于下属人员的规则不能被适用。强制性的侵权法也可以在特别制定法中找到,例如,在《油轮(第三方责任)法(Oil Tankers (Third Party Liability) Act)》第10条中。免责声明必须符合一般合同条款的前提条件:因此,一方不被允许使相对方处于极度的不利状态中,并且免责声明必须不能悖于公共政策。如果企图免除故意或重大过失责任,则构成了后一种情形(进一步参见 *Hartkamp*, Compendium Vermogensrecht volgens het nieuwe BW[5], note 274a pp. 266-267)。

12.《爱沙尼亚债法(ESTONIAN LOA)》与第Ⅵ-5:401条第(1)款一致。虽然没有与第Ⅵ-5:401条第(2)款相当的条款,但通过诉诸——使违反法律或公共政策的合同无效的——合同法规范,也能得到相同的结果。第Ⅵ-5:401条第(3)款与《债法》第1067条一致。第Ⅵ-5:401条第(4)款的规定可以从合同自由的一般原则中推导出来。

13.《瑞典损害赔偿责任法(Damages Liability Act)》第1章第1条和《芬兰损害赔偿责任法(Damages Liaility Act)》第1章第1条明确规定,只有在不存在合同约定的情况下,法案的以下条款才适用。另一方面,《丹麦损害赔偿责任法(EAL)》第27条规定,当事方一般不被允许偏离本制定法;因此针对损害赔偿情形作出的合同安排一般是无效的。但是,依据这个法规,通过合同免除责任一般是不被禁止的,因为这个制定法只调整责任的结果而不调整责任的成立基础(*Møller and Wiisbye*, Erstatningsansvarsloven[6], 585)。北欧国家一般坚持请求权自由竞合原则。但是,合同对责任的限制也在非合同责任领域发生作用,除非它们被设计为仅仅针对合同责任(那么非合同责任则不受影响,这在职业责任领域具有特别重要的意义 *Hellner and Radetzki*, Skadeståndsrätt[7], 95; *Gomard*, Forholdet mellem erstatningsregler i og uden for kontraktsforhold, 40; *ibid.* Obligationsret II, 143; *Ulfbeck*, Kontrakters relativitet, 94; *Langsted*, Rådgivning I, 153; *Hakulinen*, Obligationsrätt, 230)。除了《消费者保护法(Consumer Protection Law)》,合同责任和侵权责任的免除是平行的:依据合同法可以被有效免除的责任,也可以依据侵权法被免除(*Kleineman*, JT 2001-02, 625, 634)。在涉及人身伤害时,在任何情况下都不能免除故意或重大过失责任(前引 *Hellner and Radetzki* 书, 91; Danish Eastern CA 22 November 2002, UfR 2003, 500; 前引 *Hakulinen* 书, 231)。而且,排除雇主责任是不可能的,如果这会导致雇员的个人责任的扩张(《丹麦损害赔偿责任法》第27条;《芬兰损害赔偿责任法》第7章第1条;《瑞典合同法案》第36条);因此,雇主责任可以被视为不能被免除未来责任的类型。另一方面,对产品知识产权的损害责任可以有效地被排除或限制(*Ulfbeck*, Professionsansvar og produktansvar, 171, 198)。免责声明的一个重要领域是由不正确的建议或不正确的信息导致的纯经济损失(HD 14 October 1987, NJA 1987, 692; HD 19 December 2001, NJA 2001, 878; 前引 *Kleineman* 书, 625-635)。

14. 在制定法改变之前,英国法中的侵权责任可以通过(i)合同约定,或(只要该责任还处于争议中)(ii)通知,原告在进入被告占有的土地时同意免除被告的占有人责任或者(iii)对于向原告提供的信息或建议不承担责任的免责声明:Clerk and Lindsell (-*Jones*), Torts[19], para. 3-104。但是,1977年《不公平合同条款法(Unfair Contract Terms Act)》第2节(1)(结合第1节(1)和第(3))规定,在涉及"经营者责任"(business liability)(例如,在经营活动中违反注意义务导致的责任或者为营业目的占有的建筑导致的责任)时,对因违反普通法上的注意义务或《占有人责任法(Occupiers' Liability Act)》而导致的死亡或人身伤害的责任,不能通过合同或通知排除或限制。只有在合同条款或通知满足合理性的要求时,对其他损失或损害的责任的排除或限制才是有效的:前引第2节(2)。这个法案在第11节中详细陈述了合理性的要求,并且清单(Schedule)2中详细陈述了标准。而且,在限制或排除责任的合同条款或通知会被推翻的情况下,法案也会推翻——企图首先排除注意义务的——通知:第13节(1),在 *Smith v. Eric S. Bush* [1990] 1 AC 831一案中得到了解释。还存在一些其他的制定法条款,这些条款特别限制——当事方排除人身伤害的侵权责任的——自由。至于根据英格兰和苏格兰法律,雇员遭受的人身伤害,1948年的《法律改革(人身伤害)法(Law Reform(Personal Injuries))》,第1节(3)特别规定,服务合同、学徒合同或者抵押合同的条款是无效的,如果它排除或限制雇主——对在一般雇佣活动中因人的过失给雇员或学徒造成的人身伤害的——责任。相似地,在雇主被认为对安装——因第三方过错而存在瑕疵的——设备存在过失时(替代责任(vicarious liability)),排除或限制雇主对雇员的责任也被制定法认定为无效:参见1969年《雇主责任(瑕疵设备)法(Employers's Liability (Defective Equipment))》,第1节(2)。也可参见1974年《工作健康和安全法(Health and Safety at Work etc. Act)》第47条第(5)项,该条款规定,意图排除或限制本法案第47节(2)中的规定(本法案规定的违反健康和安全法规造成的损害是可诉的,除非法规另有规定)或者依据本规定产生的任何责任的协议条款,是无效的,除非健康和安全法规另有规定。与此相反,1989年《电力法(Electricity Act)》,第21节为电力供应作出了明确规定,即根据客观情势,因过失导致的经济损失的供应者责任可以被限制在合理的范围内。1967年《虚假陈述法(Misrepresentation Act)》第3节(被1977年《不公平合同条款法(Unfair Contract Terms Act)》第8节(1)所取代)禁止通过合同手段排除或限制虚假陈述责任或对虚假陈述的任何可用的救济,除非它满足合理性的要求。在这个法案的要求中没有言明的是,通过合同协议排除责任是可以的;但仅仅是不承担虚假陈述责任的单方声明则是无效的:IFE *Fund SA v. Goldman Sachs International* [2006] EWHC 2887 (Comm) at [65], [2007] 1 Lloyd's Rep 264 (Toulson J)。

示例1来源于CA Dresden 27 June 1996, VersR 1998, 1027。

第五节 第Ⅵ-2:202条所规定的损失(因受害人的人身伤害或死亡而造成的第三人损失)

第Ⅵ-5:501条 对受害人的抗辩扩展至第三人

就请求对人身伤害进行赔偿的权利所得主张的或者在死亡未发生时本得主张的抗辩,亦得对遭受了本卷第2:202条(因受害人的人身伤害或死亡而造成的第三人损失)所规定的损失的第三人主张。

评　论

目的。本条款包含了这样的规则,即加害人可以针对直接受害人主张的每一个抗辩,也可针对后者的被扶养人(dependants)或遗属(surviving dependants)主张(第Ⅵ-2:202条(因受害人的人身伤害或死亡而造成的第三人损失))。这与一种在欧洲获得广泛承认的正义考量相一致:在受害人自己不能主张损害赔偿,或者在任何情况下必须承受赔偿程度的减轻时,这样的不利同样也及于——其损害赔偿权来源于直接受害人的人身伤害或死亡的——人。

例子。本条涉及本章中的所有抗辩。例如,在受害人有效地同意医疗治疗或参加团体性运动并接受了风险的情况下,第三方的请求权就被排除了。如果直接受到影响的人在需要正当防卫的紧急状态中被杀死或伤害或者他有效地同意通过约定免除责任,那么第三方的请求权也同样被排除了。甚至与有过错也不例外。在事故的一半过错被归因于受害人的情况下,家庭成员或遗属的请求权将被减少为——若非如此将被赋予的——损害赔偿数额的50%。

注　释

1. 根据法国法,如果受害人的过错对损害的发生有贡献,那么加害人将被部分地免除责任。在直接受害人(primary victim)主张损害赔偿以及间接受害人(secondary victim)因他人的死亡或人身伤害受到损害并主张自己的损害赔偿请求权时,上述观点同样有效。间接受害人的请求权的内容与直接受害人的不同(甚至在间接受害人是直接受害人的权利继承人的情况下也是如此);但是,两个请求权都基于同样的事实产生(Cass. ass. plén. 19 June 1981, D. 1981. I, 641, note *Larroumet*; D. 1982, Jur. 85, concl.*Cabannes* , note *Chabas*; JCP 1982, II, 19712, rapport *Ponsard*; GazPal 1981, II, 529, note *Boré*; RTD civ 1981, 857, obs. *Durry*)。同样的规则也在比利时(在监护人责任的领域中也是如此:Cass. 30 September 2004, Pas. belge 2004, I, no. 444 p. 1437)和西班牙(Paz-Ares/Díez-Picazo/Bercovitz/Salvador (-*Pantaleón Prieto*), Código Civil II², art. 1902 p. 1998; TS 18 July 2006, BDA RAJ 2006/4952; TS 8 July 2005, RAJ 2005 (7) no. 9577 p. 20268 [赋予寡妇的损害赔偿数额被减少,因为死者对斗牛节上发生的事故存在与有过错])被适用。在受伤或死亡的直接受害人的与有过错完全掩盖了被告的过错的情况下,被扶养人的损害赔偿请求权因而被完全排除了(TS 26 May 2006, RAJ 2006 (3) no. 3786 p. 8795)。

2. 如果受害人被杀害或遭到人身伤害而行为人拥有正当理由,那么针对间接受害人主张的请求权,行为不法性(*antigiuridicità*)也被排除了;因此,相似地,根据意大利法,间接受害人也无权主张损害赔偿(*Navarretta*, Diritti inviolabili e risarcimento del danno, 210; *Gozzi*, Der Anspruch iure proprio auf Ersatz des Nichtvermögensschadens, 134-135)。在涉及死者(de cuius)的与有过

失时，也是如此。它将导致近亲属的请求权范围被减少（《民法典》第2056条和第1227条；Cass. 25 July 1957, no. 3143, Rep. Foro it. 1957, voce Resp. civ. no. 308; Cass. 20 March 1959, no. 849, Giur. it. 1959, I, 966）。最高上诉法院（Corte di Cassazione）认为，如果被扶养人主张自己的请求权（*claim iure proprio*），那么直接受害人的与有过失将对被扶养人造成不利。请求权的减少是直接受害人的行为的结果（Cass. 18 February 1971, no. 430, Rep. Giur. it. 1971, voce Resp. civ. no. 117 and no. 311; Cass. 29 September 1995, no. 10271, Giust. civ. Mass. 1995, 1689; Cass. 6 October 1999, no. 11137, Giust. civ. Mass. 1999, 2079; 前引Gozzi书, 153-154）。

3. 匈牙利并没有与第Ⅵ-5:401条一致的明确的制定法条款。就我们所知，后者所包含的内容并没有被进一步考虑。但是，关于抗辩的法律效果的一般规范允许从中推导出这样的结论，即一般的法律状态不会偏离第Ⅵ-5:401条中的规定。在保加利亚，针对直接受害人的抗辩理由也可以针对间接受害人，这是被认可的。根据责任分配的规则，对于受害人的请求权被转让给保险人的情况，针对直接受害人的抗辩也同样适用（Decree no. 7 of the Supreme Court of 4 October 1978）。这与罗马尼亚目前的法律状况相一致（*Adam*, Drept civil, 260; *Lupan*, Răspunderea civilă, 88）。

4. 在原告根据《民法典》第844条和第845条主张——因他人死亡而造成的损失的——自己的损害赔偿请求权时，根据《德国民法典》第846条，死者的与有过错将减少原告的损害赔偿请求权。在操作风险（operational risk）对损害的发生有贡献的情况下，也是同样如此（对《民法典》第254条适用的适当调整）。相似地，在受到惊吓（nervous shock）的情况下，直接受害人的与有过错将会被归咎于受到精神损害（psychiatric injury）的间接受害人。这可以从《民法典》第242条中被推导出来（Palandt（-*Heinrichs*），BGB[67]，§ 254, no. 57; Erman（-*Kuckuk*），BGB I[11]，§ 254, no. 82; BGH 11 May 1971, NJW 1971, 1883, 1885）。前面所提到的内容与奥地利的法律状况相一致（扶养丧失：EKHG § 7(2); *Koziol*, JBl 1997, 207; 就悲伤和惊吓主张的损害赔偿：OGH 23 September 2004, ecolex 2005, 112）。

5. 在葡萄牙，虽然关于这个问题没有明确的制定法条款，但判例法提出，针对损害赔偿权利人主张的抗辩也可以针对——因他人的人身伤害或死亡而遭受损失的——第三人主张。如果直接受害人的与有过错占优势，那么，相应地，间接受害人无权主张损害赔偿请求权（STJ 19 October 2004），即便在直接受害人是儿童的情况下也同样如此（STJ 28 January 1992, BolMinJus 413 [1992] 554; STJ 21 June 1994; CA Oporto 5 April 2001）。当然，直接受害人的错误行为至少必须对事故的发生有贡献；如果这个前提条件没有满足，那么请求权的减少就不会发生（STJ 17 October 2006; STJ 11 January 2007）。

6.《荷兰民法典》第6:107条第(2)项清楚规定，侵权人在诉讼中可以针对间接受害人主张——在直接受害人提起的关于人身伤害的诉讼中，本可以主张的同样的——抗辩。针对导致死亡的事故，《民法典》第6:108条第(3)项包含了同样的规则。就——为避免或减轻损害而采取的措施的——损害赔偿，《民法典》第6:184条第(2)项重复了这些原则。爱沙尼亚法律对此并没有明确的规定，但从有效的责任法的内在逻辑中可以推导出一项默示的规则。因此，对直接受害人没有采取非法行为的人，在间接受害人提起的诉讼中，必须也可以主张同样的正当理由。

7. 根据《瑞典损害赔偿责任法（Damages Liability Act）》第6章第1条，如果受害方故意地或重大过失地对自己的伤害有贡献，那么作为与有过错的结果，人身伤害的损害赔偿请求权将被减少；这一抗辩理由不能对第三方主张（*Hellner and Radetzki*, Skadeståndsrätt[7], 227）。只有在自杀的情况下,才存在不同的进路,但需要注意的是,即使是这个例外也受到公平理由的限制(HD 14 October 1981, NJA 1981, 920; 参见 *Dufwa*, Flera skadeståndsskyldiga, nos. 4354-4355; and 前引 *Hellner and Radetzki* 书, 226)。虽然为了保护受害人,瑞典一般拒绝接受"同一原则"(principle of identification),但丹麦的法律却与第Ⅵ-5:501条所表达的规则相一致(*von Eyben and Isager*, Lærebog i erstatningsret[6], 376; HD 6 October 1958, UfR 1958, 1119),对于调整交通事故的法律,也同样如此(《交通法(Traffic Act)》第101条第(2)项,参见HD 15 November 2002, UfR 2003, 339[在事故中死亡的母亲具有重大的与有过错,依据如果她还活着,她的请求权将要被减少的程度,她的孩子的请求权也将在相应的程度上被减少]; Western CA 9 June 1993, UfR 1993, 785 and HD 29 October 1999, UfR 2000, 197)。在芬兰的法律著作中,存在对同一原则进行限制的呼吁(*Saxén*, Tillägg till Skadeståndsrätt, 407)。但是,这种主张在法律中没有基础,并且法院基于——死者对事故的发生具有主要贡献的——理由,毫不犹豫地减少了遗属的请求权(Supreme Court 25 June 1980, KKO 1980 II 72; Supreme Court 23 April 1998, KKO 1998:46)。

8. 在英格兰,根据1976年的《致命事故法(Fata Accidents Act)》,请求权的前提条件是,如果死亡没有发生,那么死者本该有权主张损害赔偿(第1节(1)),因此,如果受害人自己的行为导致了完全的抗辩,那么这也将会排除根据本法的提出的请求权;参见 *Burns v. Edman* [1970] 2 QB 541(一名犯罪分子在交通事故中死亡,他的被扶养人因失去扶养而提起的请求权将被非法原因抗辩(defence of *ex turpi causa*)所阻碍,因为这名寡妇知道,他所有的收入都来自于抢劫和其他犯罪)。而且,第5节规定,在针对死者可以主张与有过失抗辩时,损害赔偿数额将按比例减少。根据苏格兰法律,根据1976年《损害赔偿(苏格兰)法(Damages (Scotland) Act)》第1节,作为一般规则,对死亡负有责任的人不需要对死者的亲属负责,如果对死者(或者死者的遗嘱执行人(deceased's executor))的责任已经被死者在死亡前(包括先前的协议)排除或者免除了:前引第1节(2)。例外的情形是,死者的近亲属成员依据本法第1节(4)就非财产损失主张损害赔偿。尽管死者在死亡前免除了责任,亲属的请求权仍然存在,如果(a)导致死者死亡的人身伤害是间皮瘤(mesothelioma)并且(b)免除责任和死亡都发生在2006年12月20日当日或之后:前引1976年制定法第1节(2A)—(2B),由2007年《亲属损害赔偿权利(间皮瘤)(苏格兰)法(Rights of Relatives to Damages (Mesothelioma) (Scotland) Act)》第1节插入。这个例外的目的(在苏格兰行政院(Scottish Executive)对本制定法的解释性注释的第3段中得到了解释)是为了排除——间皮瘤患者为了他们的亲属的利益,在活着的时候不主张损害赔偿请求权——的动机:根据第1节(2)中的一般规则,如果对受害人的责任在受害人活着的时候被免除了,那么亲属的请求权就被阻止了;因此在受害人活着的时候的安排(这种安排会在受害人去世前,给他提供一些物质安慰)会发生对受害人的亲属的不利作用。在——对死者的人身伤害负责的人——对死者的责任被预先的约定或法规限制时,对死者的遗嘱执行人和死者的亲属的责任总额(aggregate liability)不能超过已经确定的损害赔偿数额,这些请求权将被按比例(*pro rata*)减少:《损害赔偿(苏格兰)法(Damages (Scotland) Act)》,第6节(1)。

第六章　救　　济

第一节　损害赔偿的一般规定

第Ⅵ－6:101条　赔偿的目标与形式

（1）损害赔偿旨在使遭受了具有法律相关性的损害的人恢复到假若损害未发生其本应处于的状态。

（2）考虑到所遭受损害的类型和程度以及个案的所有其他客观情况，损害赔偿得采取金钱（赔偿金）或者其他最为恰当的形式。

（3）有体物遭受损害的，如果修理费用不合理地超出价值的减损，则赔偿金额应等同于该物价值的减损而非其修理费用。考虑到保有动物的目的，前句规定仅在适当的情形下适用于动物。

（4）仅在合理的情形下，方得作为对第（1）款规定的恢复原状的替代，请求对具有法律相关性的损害的发生负有责任的人赔偿因损害的发生所获得的任何利益。

评　论

A. 第六章概述

补偿、赔偿和预防。本章涉及非合同责任的法律后果。第一节规定的是各种补偿形式的规则。第二节规定了对损害的金钱补偿（“赔偿金”）规则。第三节是关于损害预防问题。在预防即将发生的损害时发生的费用的请求亦应依照本条规定。第一节原则上（尽可能适当考虑事物本质）适用于所有救济方式，第二节仅适用于金钱损害，第三节仅适用于对权利的预防性保护。

补偿与预防的重叠。在某些特殊案件中，可能存在补偿与预防的重叠。此时受害人得选择任一救济方式请求赔偿。

示例1

某人性侵一个未成年人达两年。然后他将小男孩的画像纹在自己胸部。男孩请求移除纹身,因该纹身一直侮辱着其个人尊严。此请求即为与第1:102条(预防)和第6:301条(预防损害的权利)所规定的请求同样的损害请求(第6:101条第(1)款和第(2)款)。

与第二章的关系。本章仅适用于原告已遭受具有法律相关性的损害或者此类损害即将发生时。第二章规定了什么是具有法律相关性的损害。本章主要涉及应负责任之人为造成此类损害给予赔偿的义务。因此要回答"损失"是什么,这一问题无法在本章中找到答案,而应在第二章中(见第2:101条(具有法律相关性的损害的含义)第(4)款,第2:201条(人身伤害及后继损失)第(1)款和第(2)款和第2:202条(第三人因他人的人身伤害或死亡而遭受的损失))寻找答案。

实体法,非程序法。本章专门规定实体法问题。主要涉及程序或执行的事项均不属于这些示范规则(第Ⅰ-1:101条(预期的适用范围)第(2)款(h)项)的适用范围。基于此目的,损害评估规则应视为具有程序性质,即上诉法院是否以及在什么范围内得重新审查初审法院依据所确认的事实而作出的判决这一类的问题。

B. 本条概述

补偿的目的和形式。本条涉及补偿的目的和形式。第(1)款提出一般原则,即负有补偿义务之人必须将状况恢复到假若引发责任的事件未发生其本应处于的状态。此一般原则适用于补偿的这一类型和范围。第(2)款回答了损害如何得以补偿这一问题,并提出补偿必须采用在该个案的情形中最适合损害的类型和程度的方式。第(3)款规定了物体遭受损害和动物受到伤害时应支付的赔偿金的数额。最后,第(4)款提供了得请求返还因错误行为而获得的利益以代替回复先前状态的可能。

C. 恢复先前状态(第(1)款)

损害赔偿原则。损害结果应通过给付赔偿金的义务尽可能回复到"损害未发生"时的状态。因此,原则上加害人必须恢复到若损害未发生而本应处于的状态。此即补偿原则。如何恢复原初状态则是另一个问题,可通过多种方式实现。加害人可以进行必要的工作或委托第三人从事此工作,或亲自或转而通过受托第三人向受害人支付赔偿金,以消除对后者的损害。如果受害人自行或使他人移除损害,则损害赔偿之请求应为请求支付所发生的费用。

实物赔偿和全面补偿。实物赔偿是指恢复到若损害事件未发生而本应处于的状态,但并不需要由加害人亲自或委托第三人实施恢复工作。以支付金钱(赔偿金)的方式进行补偿亦为实物赔偿或其实现方式。在此情形下,补偿原则兼有促使应付的补偿金数额确定化的任务。依照全面补偿原则:在支付补偿金的情形下,为完全消除损害而必须支付的补偿数额应属正当——不能少,但也不能多。

示例2

A有一批专门用于销售的服装。B弄脏了正在售卖的服装。脏了的商品可以清洗;但是在清洗过后就不再适合作为新品出售。仅支付清洗费用不足以构成对损害的全部补偿;实际上应对全部价值损失进行赔偿。

示例3

房屋中的木地板受损。但不可能仅进行部分修复;而必须重新铺设所有的地板。所有者必须负担"以旧换新"的差额;若非如此,则铺设全新地板将使受害人不当得利,因为重新铺设将超出完全补偿的数额。

非惩罚性赔偿。对违法者的惩罚是刑法问题,而非私法问题。根据示范规则,不能进行惩罚性赔偿。其不符合补偿原则。

D. 以金钱或其他方式进行损害赔偿(第(2)款)

概述。第(2)款涉及如何进行补偿的问题。答案是:一般应以金钱("赔偿金")方式赔偿,除非依损害的性质和程度,其他形式的补偿("实物赔偿")为更适合的方式。第(2)款并未规定金钱赔偿优先于其他形式的补偿,据统计,损害赔偿金的规定仍然是最为合理的补偿形式。在损害身体和健康的情形中——除了日常生活中常见的轻微伤——其他任何类型的补偿实际上毫无例外地均不可适用,而在财产损毁和其他类型(例如由于虚假信息所致)的财产损失中,亦是如此。

非金钱补偿。当然也存在只有请求实物赔偿(非金钱补偿)方能实现第(1)款所定的基本原则的情形。例如,对窃贼的损害赔偿请求权首要的是物之返还;若非如此,则依照损害赔偿的法律规定,实际结果可能是强制性帮助和协助出售财产。适用实物赔偿的主要领域无疑是侵犯无形人格权的法律。收回对他人的言论为常见的情形,但并非仅此一种。此外,此类收回言论通常不足以弥补损害。因此第(2)款也可用以证明请求以加害人发布涉案言论同样的方式发布纠正性的司法判决这一权利的合理性。

并非互斥的补偿形式。损害赔偿并不必然须以支付金钱的形式或以实物赔偿的形式实施;也可能所遭受的损害须通过支付赔偿金和某种事实行为方能完全消除。

示例4

某建筑公司对原告的房屋造成损害并自行安排人员消除了损害。这并不能改变其有义务支付原告在修理工作完成前必须搬入所租赁的房屋而引发的租赁过渡性房屋的成本。

E. 总经济损失(第(3)款)

第(1)款的例外。依照第(1)款的规定应就全部损害予以赔偿;亦即所适用的是完全补偿原则。当某物遭受损害且必要的修理费用超出其价值时,在此情形下便产生了一个问题,即什么是“完全补偿”。根据第(1)款的规定,补偿额并非取决于该物本身的价值而是修理费用的数额,这是值得商榷的。因为财产权利的保护也意味着保护具体财产的完整性,并且财产权的恢复仅能通过(尽管花费甚巨)修理受损物才能实现。但是在许多情形下,这种修复将使得应负责任之人承受不合理的负担。因此,与大多数成员国的法律制度相一致,第(3)款限制了补偿的范围。如果修理费用不合理地超出该物价值的减损,则应将赔偿金限于价值损失。对维修费用不合理地超出价值减损的情形,无法设定一个简单的答案。在通常情形下,特别是车辆损毁的情形下,30%的比例可作为指导基准,但是也仅仅是一个大致比例。由于可理解的原因,当该物对其所有者兼具非经济价值和经济价值时,增加维修费用也是合理的。

动物。第(3)款第2句规定了虑及保有动物的目的而就动物规定的例外情形。当诉争的是一般的生产性动物(如农民的奶牛)时,适当的补偿应限于其市场价值(视情况另加少许额外的兽医治疗费用);当诉诸的是家庭饲养的家畜时,此类限制则不符合所有者受法律保护的利益。

F. 利益的返还而非损失的补偿(第(4)款)

利益的获取。第(4)款不再涉及实物赔偿,而是规定了较之于第(1)款的另一种例外情形。该段在损害赔偿法中注入了另一原则,即违法者不应从其民事过错行为中获利。

体系问题。第(4)款阐述了两个体系问题。利益的返还非由无因管理他人事务的规则管辖,亦非由不当得利的规则管辖。在本示范规则中无因管理的规则仅限于真正合理介入和实施他人事务的行为(见第Ⅴ-1:101条(适用范围))。

与不当得利规则的关系。第(4)款规定了非常类似于本卷有关不当得利的第Ⅶ-4:101条(归因的情形)(c)项所涉的情形。该规则属于因妨害他人权利和利益而得利,亦即通过一般构成民事过错的行为获益。第Ⅶ-4:101条(c)项否认善意之人可使用他人之物或利益,并认为即使有权方本人无意使用该物或利益而未遭受损失(或损害)时,此人亦应交还所获利益,在此方面该规定确实超出了非合同责任的范围。尽管如此,第(4)款仍是不可或缺的,因为虽然其具有不当得利规定的“外表”,但其主要涉及对他人造成损害的非合同责任规定的如下内在逻辑,即告诫潜在的违法者:不得从民事过错行为中获利。此外,第(4)款有意减轻法院的负担,以免其于本法规定之外还进行其他单独的不当得利审查。在许多情形中,不当得利规定和非合同责任规定通过各自独立的推理手段均可达致相同或至少相似的结果。这是因为其所涉情形通常均为恶意当事人,该当事人虽然应依照不当得利规定就使用他人权益所获利益承担责任,但有时也得主张未得利之抗辩(第Ⅶ-6:101条(得利减损)第(2)款(b)项)。当违法者符合本条第(4)款规定的请求时,根据不当得利规定产生的竞合责任消灭(第Ⅶ-7:102条(竞合的债务)第(1)款(b)项)。

商标权利和版权。在对侵犯受法律保护的个人无形利益的适用规定中,第(4)款具有特别意义。根据商标权和版权责任规定,返还利益的请求由一系列特别规定构成(见2004年4月29日颁布的《关于行使知识产权的第2004/48/EC号指令》第13条第(1)款(a)项);以及反不公平竞争法律。这些规定不受第6:101条第(4)款的影响;只要其确定无疑地适用于此事项,则可优先于非合同责任的一般规定而适用(第1:103条(适用范围)(d)项和(c)项)。

选择权。第(4)款规定受害人有权从请求补偿所发生的损失或请求返还加害人所获得的利益两者中择一,后者为确定请求补偿所遭受损害数额的另一种方法。请求返还加害人的利益时,应假设受害方本可以相同方式利用相关权利,并获得与加害人数额大致相当的经济利益。仅当此假设在该个案中完全不适当时,法院方得以滥用为由拒绝选择权的行使。

注　释

Ⅰ. 赔偿的性质和范围

1. 根据法国法的规定,请求补偿因民事过错行为造成的损害这一权利受宪法保护(Conseil constitutionnel 22 October 1982, D. 1983 jur. 189, note*Luchaire* ; *le Tourneau and Cadiet* , Droit de la responsabilité et des contrats (2006/2007), no. 2438)。民事责任(*responsabilité civile*)旨在使受害人尽可能回复到假若损害事件未发生其本会处于的状态(Cass. civ. 7 December 1978, Bull. civ. 1978, II, no. 269 p. 207)。受害人既不应获得利益亦不应承受损失(Cass. civ. 23 January 2003, Bull. civ. 2003, II, no. 20 p. 16: *ni perte ni profit*)。补偿可采用实物赔偿(*réparation en nature*)(自Cass. req. 6 December 1869, D. 1871, I, 56后,法律理论上从未动摇)或同等补偿(*réparation par équivalent*)的形式。通过实物赔偿,可恢复原状;通过支付一笔赔偿金可实现同等补偿。在对财产造成物理损害的情形中,实物赔偿尤为重要;相反,后一原则不适用于人身伤害的情形,仅例外地适用于精神损害(*dommage morale*)的情形(*Flour/Aubert/Savaux*, Droit civil II11, no. 385 p. 411)。考虑到受害人因试图弥补所造成的损害而需发生的费用,对加害人施加的义务应被视为实物赔偿的特定表现形式(Cass. civ. 19 November 1975, RTD civ 1976, 550, note*Durry* ; see further *le Tourneau and Cadiet* loc. cit. no. 2447)。作为一般规则,实物赔偿不仅适用于过错方个人实施必要的工作时,也适用于他或她为他人之行为支付或将需支付费用时(Cass. civ. 9 July 1981, GazPal 1982, jur., 109, note *Chabas*)。通常,由初审法院自行决定应基于实物赔偿抑或同等补偿判决(Cass. com. 5 December 1989, Bull. civ. 1989, IV, no. 307 p. 207)。但是,上诉法院可在以下方面对裁量权的行使进行监督,以确保受损物的维修成本并未超过替换成本(Cass. civ. 7 December 1978, Bull. civ. 1978, II, no. 269 p. 207)。仅当不可能进行替换时,则毫无悬念地,维修成本可以大大超过受损物的价值(CFI Créteil 26 May 1981, JCP éd. G 1982, 19745, note *Chabas*)。

2. 类似地,在比利时,主流观点认为补偿的目的是使受害方回复到若损害未发生时其本应处于的状况(Cass. 13 April 1995, Pas. belge 1995, I, no. 201, p. 423)。受害方有权请求补偿全部损害,不多也不少(*van Gerven* (– *Covemaeker*), Verbintenissenrecht II[2], 456)。类似于法国所采的立场,比利时也区分实物赔偿(*herstel*) /实物赔偿和赔偿损失(*vergoeding*)/同等补偿,亦即区分实际实物赔偿与赔偿等额金钱(*Simoens*,Beginselen van Belgisch privaatrecht XI(2), no. 33 p. 64)。如果可行且补偿要求不构成滥用法律(Cass. 26 June 1980, Pas. belge 1980, I, 1341),受害方可要求实物赔偿。常见的范例是盗赃物的返还(Cass. 8 May 1952, Pas. Belge 1952, I, 570)。补偿给受害方的受损物的维修费用不得超过该物的市场价值(Cass. 23 October 1986, RW1986 – 87, 54)。如果实物赔偿不可能,则通常适用同等补偿;由法院确定补偿数额并依据诉争个案的具体情形裁判,如有必要,可依公平正义原则裁判(*ex aequo et bono*)(*Covemaeker* loc. cit. 457 – 458)。若受害方有法律或合同义务必须救济该损害,则因果关系链基于该义务而打破(相同观点见Cass. 28 April 1978, RW 1978 – 79, 1695, note Dumon [安特卫普城不能请求造成各船相撞之人赔偿救援船沉没的费用,因为该城法律规定其有义务进行救援] 和 Cass. 26 September 1979, Pas. belge 1981, I, 119),或者不存在具有法律相关性的损害这一假设被证实(新近法理否认国家应向受伤的公务员继续支付工资和社会保障金:Cass. 19 February 2001, Pas. belge 2001, I, no. 97 p. 322, no. 98 p. 327, no. 99 p. 329 and no. 100 p. 332 as well as Cass. 20 February 2001, Pas. belge 2001, I, no. 101 p. 334),而不能请求补偿。最后,实物赔偿也是卢森堡法的特征(CFI Luxembourg 27 March 1954, Pas. luxemb. 16 [1954 – 1956] 181)。

3. 同样地,根据西班牙法律,在金钱赔偿(*indemnización*)与实物赔偿(*reparation in kind*)之间亦有区分;后者在以下术语中均有述及,如返还(*restitución*)、损害赔偿(*resarcimiento*)或具体赔偿(*indemnización en forma específica*),有时亦被称为实物赔偿(*reparación en especie*)或者实物返还(*reparación in natura*) (*Yzquierdo Tolsada*, Sistema de responsabilidad civil, 477; *Díez – Picazo and Gullón*, Sistema II[9], 559; *Roca i Trias*, Derecho de daños[3], 181; *Carrasco Perera*, Aranzadi Civil 1996, II, 51 – 68)。实物赔偿也是基本规则;赔偿金(*indemnización*)为规则之例外,于实物赔偿不可能的情形下适用(Albaladejo *(– Santos Briz)*, Comentarios al Código Civil y compilaciones forales XXIV, art. 1902, p. 188;*Lete del Río*, Derecho de obligaciones II[3], 211; *Lacruz Berdejo and Rivero Hernández*, Elementos II (2)[4], 512; *Díez – Picazo and Gullón*, Instituciones I, 837)。这一结论可从《民法典》第1096条和《刑法典》第110条规定推断得出。但《刑法典》第110条规定了三种补偿方式:(1)返还;(2)实物赔偿;(3)赔偿经济和非经济损失。实物赔偿也在无形的人格权保护中发挥着重要作用,见《对荣誉权、私生活权及个人肖像权的民事保护法》第9条第(2)款(其中列举将发布判决作为一种可能的赔偿方式)和《更正法(*Retraction Act*)》(*Ley Orgánica* 2/1984 *reguladora del derecho de rectificación*)(允许自然人或法人获得对不准确和可能有害的信息予以更正的信息)。但是赔偿金请求并不因其他补偿方式而排除(Salvador Coderch *(– Martín Casals)*, El mercado de las ideas, 383 – 384)。相较其他术语,西班牙法院经常指令通过发布判决的方式来救济(如 TS 25 January 2002, RAJ 2002 (1) no. 31 p. 51)。法院可在不同补偿方式中选择(TS 22 October 1932, RAJ 1932 – 33 (1) no. 1245 p. 526; TS 24 March 1952, RAJ 1952 no. 1209 p. 862; TS 3 March 1978, RAJ 1978 (1) no. 954 p. 829; *Lacruz Berdejo and Rivero Hernández* loc. cit. 513; *Díez – Picazo and Gullón*, Sistema II[8], 181)。在财产的物理损害情形中,补偿(由受害方执行或支付)或等价补偿(*resarcimiento por equivalente*)(对受损价值的赔偿)均得适用。如果不可能实物赔偿或花费不合理地过高,则后者为补偿的唯一方式(*Lacruz Berdejo and Rivero Hernández* loc. cit. 553; *Lasarte*, Principios de

Derecho Civil II(2), 432;*Yzquierdo Tolsada loc. cit. 478*;*Roca i Trias loc. cit. 181*)。财产所有人没有义务选择对加害人毫无影响的方式(*Albaladejo*(- *Carrasco Perera*), Comentarios al Código Civil y compilaciones forales XV(1), art. 1106, p. 669)。在没有相反适用规定的情形下,法院更热衷于实物赔偿(*Luna Yerga*, InDret 2/2002; CA Badajoz 2 March 1998, AC 1998 (1) no. 406 p. 584; CA Álava 12 September 1996, AC 1996 (3) no. 2482 p. 1326;CA Badajoz 3 September 1996, AC 1996 (2) no. 1512 p. 1083)。这也与《刑法典》第111条第(1)款(i)项的规定相符。车辆目前的市场价格是否构成所能支付维修成本的上限仍有争议(这一观点见TS 30 October 1997, RAJ 1997 (5) no. 8563 p. 13711 and CA Pontevedra 21 July 2006, BDA JUR 2006/216508; 反对观点见TS 3 March 1978, RAJ 1978 (1) no. 759 p. 671; TS 9 July 1987, RAJ 1987 (3) no. 5213 p. 4973; CA Cantabria 5 November 1993, BDA AC 1993/2307; CA Baleares 10 October 2006, BDA JUR 2006/278350以及其他许多见解)。许多法院并未将目前的市场价值作为基准,而是关注汽车使用价值(valor de uso oder valor de reposición),一般约为汽车发生车祸前的当前市场价值的20%～30%(CA Huesca 11 January 1994, BDA AC 1994/39; CA Asturias 1 December 1994, BDA AC 1994/2129)(even 50% CA Cuenca 18 September 1997, BDA AC 1997/1794; CA Cáceres 31 March 1997, BDA AC 1997/502; CA Badajoz 25 February 1998, AC 1998 (1) no. 142, p. 216)。通常,要减去"以旧换新"(*deducción nuevo por viejo*)的差额(*CA Asturias 9 January 1998, BDA AC 1998/2967*;*CA Cantabria 1 March 1999, AC 1999 (1) no. 656 p. 917*)。

4. 在意大利,赔偿(*risarcimento del danno*)可通过支付一定数额的金钱(*risarcimento per equivalente*)或实物赔偿(*riparazione oder risar - cimento in forma specifica*; *reintegrazione in forma specifica*; *risarcimento in natura*)实现。如果可能且在其可能的范围内,受害方可要求恢复到若引发责任的事件不发生其本应处于的状态(《民法典》第2058条)。但如果实物赔偿对债务人而言是不合理的负担,则法院可指令通过金钱的方式赔偿。实物赔偿(*Risarcimento in forma specifica*)可采用恢复到债权人先前所处状态的方式或由债务人支付恢复先前状态所需的一定数额金钱的方式(*di Majo*, La tutela civile dei diritti III[4], 269; *de Cupis*, Il danno II[2], 307)。尽管如此,债权人亦无义务将此数额的金钱用于恢复至先前状态(*de Cupis* loc. cit. 337)。根据法院判决,实物赔偿和等价补偿(*risarcimento per equivalente*)的区别在于,第一种情形中的补偿范围是基于实物赔偿的成本,而第二种情形是基于所遭受的价值损失补偿(Cass. 3 July 1997, no. 5993, Giust. civ. Mass. 1997, fasc. 1128; Cass. 4 March 1998, no. 2402, Giur. it. 1999, 255; 关于这一点的批评意见,见*Castronovo*, La nuova responsabilità civile[3], 824)。颇有争议之处是:维修成本是否可超过受损财产的市场价值。依据众多评论家的观点,市场价值总是代表可追究的损害赔偿的上限(如*Castronovo* loc. cit. 828; *Salvi*, Il danno extracontrattuale, 40; *Franzoni*, Dei fatti illeciti, 1126)。如果维修具有增加财产价值的作用,则应减去"以旧换新"差额(Cass. 4 March 1983, no. 1636, Giust. civ. Mass. 1983, fasc. 3)。一般而言,受害方可选择实物赔偿(*risarcimento in forma specifica*)或金钱补偿(*risarcimento per equivalente*)(Cass. 25 July 1997, no. 6985, Giust. civ. Mass. 1997, 1280)。如果未提出适用特定方式,则将适用等价(*per equivalente*)赔偿。当然,实物赔偿的判定并不排除在受损物无法使用期间的同等赔偿请求(*compensation per equivalente*)。在永久性的人身伤害中,法院可判定养老金赔偿(《民法典》第2057条)。

5. 匈牙利《民法典》第355条第(1)款规定应对造成损失承担责任之人必须实物赔偿。仅当不可能或受害方不愿时,基于令人信服的原因,将对经济和非经济损失进行赔偿。应对受害方财产的价值减少、丧失的经济利益和减少或消除所遭受的经济和非经济损失所必要的费用进行赔偿(《民法典》第355条第(4)款)。而罗马尼亚民法则以完全补偿原则(*principle of integral reparation*)为出发点(《民法典》第998、1073、1084条)。源自损害的全部损失均可追偿。补偿可采支付一笔金钱的形式或履行某一行为,比如发布或作出公开道歉或两者兼有。赔偿的首要形式是实物赔偿。以返还丧失之物和维修受损之物为例,如果无法确定该物是否仍然存在,则法院可在其价值范围内判定损害赔偿金(*Adam*, Drept civil, 273-275; *Lupan*, Răspunderea civilă, 247-248)。相反,在人身伤害的情形中,实物赔偿是不可能的。此时应适用金钱赔偿。

6. 保加利亚法中,通常也对实物赔偿与金钱赔偿两者进行区分(*Kojucharov*, Obligazionno pravo I, 286)。虽然事实上应使受害方回复至若损害事件未发生其本应处于的状态这一基本原则仅在《债法》第79条第(2)款合同法律规范中规定,而据某些法学家的观点,这一原则同样可以类推适用于侵权法的情形中(*Antonov*, Nepozvoleno uvrejdane, 193;*Kojucharov* loc. cit. 287)。类似地,根据侵权法,实物赔偿亦优先于金钱赔偿;在实物赔偿可能的范围内,则加害人没有进行金钱赔偿的义务。*Kalaydjiev*, Obligazionno pravo, Obshta chast, 392和最高法院1955年9月27日第1787号判决,第5611/55号民事案件(Supreme Court 27 September 1955, decision no. 1787, civil case no. 5611/55)均拒绝将《债法》第79条第(2)款类推适用于侵权法的领域。*Kalaydjiev*认为在非合同责任框架下不能适用实物赔偿。最高法院认为加害人无须承担费心竭力获得与受损物品的型号和质量相同的物品这一义务,也没有义务对其进行修复。以下方式不应视为一种赔偿方式——当加害人在事故后为满足受害方的需要,如将后者的随身财物由事故现场送至医院或受害人的住所(Supreme Court 25 March 1972, decision no. 786, civil case no. 5/72)。根据《斯洛文尼亚债法》第164条第(1)款,即使实物赔偿原则普遍接受,而债权人也可寻求金钱赔偿,除非出于某种重要原因为取得不同结果有必要适用实物赔偿(《债法》第164条第(4)款)。此外,如果实物赔偿(*reparation in natura*)是不可能的或者法院认为是不公平的(《债法》第164条第(3)款),则仅能请求金钱赔偿。大多数情况下,在非金钱损失的情形中实物赔偿是不可能的(见《债法》第178条)。而纠正媒体中的虚假描述为此一般原则的例外(《媒体法》第26条)。有时实物赔偿被认为是不公平的,例如维修费用超出受损车辆的目前市场价值(Juhart and Plavšak (-*Plavšak*), Obligacijski zakonik I, art. 164 p. 926)。

7. 类似地,德国法也对实物赔偿和赔偿金进行区分。实物赔偿方式的规定见《民法典》第249条。第1句规定应回复到若引发责任的事件未发生而本应处于的状况。在人身伤害或财产损害的情形中,第2句授予债权人请求"金钱赔偿以代替实物赔偿"的权利。《民法典》第251条适用于赔偿;侧重于保护原告的财产价值(*Medicus*, Schuldrecht I[17], no. 589)。通常实物赔偿优先(《民法典》第251条第(1)款):如果实物赔偿不可能或在其不可能的范围内或被认为不足以赔偿债权人,则有补偿义务之人仅有支付赔偿金的义务。此外,如果实物赔偿仅能通过不适当的费用支出方能实现,则《民法典》第251条第(2)款(i)项允许债权人支付金钱赔偿(对于动物,《民法典》第251条第(2)款(ii)项规定为一般规定之例外,与第6:101条第(3)款(ii)项的规定一致)。费用的"不适当"通常是通过比较回复至原状——有时适用"以旧换新"差额(BGH 8 December 1987, NJW 1988, 1835)——的费用和根据《民法典》第251条规定的应付赔偿金来评判。在汽车损害的情形中,法院发展出以下规则,即维修费用不得超过更换汽车价值的30%(BGH 15 October 1991, NJW 1992, 305; BGH 17 March 1992, NJW 1992, 1618; BGH 15

February 2005, NJW 2005, 1108, 1109)。在其他物品的情形中,适用其他最高限额(Palandt *(-Heinrichs)*, BGB[67], § 251, no. 7)。结合维修成本,以相同价值的物品替换受损物品也是实物赔偿的方式之一(BT-Drucks. 14/7752, 13, 23; BGH 23 March 1976, BGHZ 66, 239, 247; BGH 15 October 1991, BGHZ 115, 364, 368; BGH 15 October 1991, BGHZ 115, 375, 378; BGH 20 June 1972, NJW 1972, 1800, 1801; BGH 4 March 1976, NJW 1976, 1202, 1203; BGH 6 April 1993, NJW 1993, 1849, 1850; BGH 7 June 2005, NJW 2005, 2541, 2542)。加害人获准选择对其最有利的补偿方式(BGH 7 June 2005, NJW 2005, 2541, 2542)。决定自行维修的受害方可在不超过更换价值的费用范围内,请求高于专家评估的维修费用的赔偿金(BGH 29 April 2004, JR 2004, 23)。

8. 根据奥地利《民法典》第 1323 条(第 1 句)规定,加害人有义务"在其权力范围内尽其所能实物赔偿,或者如果不可能,则其有义务补偿受损物的预估价值"。因此,实物赔偿具有优先性:金钱赔偿为补充性请求权(*Koziol*, Haftpflichtrecht I[3], no. 9/1)。通常而言,对于规定在《民法典》之外的其他法律中的其他支付赔偿金义务而言,也是如此。但是,许多法律(包括具有重要实践意义的保险合同法)明确排除了实物赔偿。实物赔偿意指回复至类似于或者等同于损害事件发生前的状况(OGH 26 February 2002, 1 Ob 15/02s; OGH 14 October 2003, SZ 2003/119 p. 293)。金钱赔偿(*Reparation in natura*)意指不仅由加害人补偿,而且指可向有能力实物赔偿的第三方支付相应数额的金钱。在财产损害的情形中,提供与受损物价值相对或等值之物构成实物赔偿(Koziol/Bydlinski/Bollenberger *(-Danzl)* ABGB[2], § 1323 no. 4)。与金钱赔偿不同,在支付金钱的情形中,计算维修所需的必要费用的基础并非由于损害对财产造成的价值贬损。如果"一个不得不自行负担损害赔偿费用的有经济头脑的人也会产生此类费用",则可请求实物赔偿(OGH 18 April 2003, JBl 2004, 657)。如果维修成本略微超过该物的市场价值,则从经济的角度来看,维修该物应得视为正当(OGH 9 July 1974, ZVR 1975/79 p. 116; *Danzl* loc. cit. 7)。通常并无固定百分比的规定;相反,应视诉争个案的具体情形而定(*Koziol* loc. cit. no. 9/19)。尽管如此,仍可发现一般将百分比确定在损耗市场价值 10% 左右(*Danzl* loc. cit. no. 7, Schwimann *(-Harrer)*, ABGB VI[3], § 1323 no. 43)。如果只能以实物赔偿方式对部分损害进行补偿,则可以金钱方式对剩余的损害进行赔偿;实物赔偿和金钱赔偿可同时进行(*Koziol* loc. cit. no. 9/1)。如果实物赔偿为实际不可能或经济上不可行的,则赔偿人有义务支付赔偿金(OGH 25 November 2004, 6 Ob 139/04s; OGH 25 January 1978, SZ 51/7 p. 24)。由于维修费用远远超过市场价值,此时典型的做法是赔偿全部损失(*Danzl* loc. cit. no. 7)。在这种情形下,受损财产的市场价值与其未受损状态下的预期价值间的差额为应赔偿的部分(*Danzl* loc. cit.)。作为一般规则,如果加害人以其履行义务的行为默认以实物赔偿(*reparation in natura*)方式补偿,则受害方可请求支付赔偿金(OGH 18 November 1964, SZ 37/165 p. 471)。《民法典》第 1323a 条适用于关于动物的损害赔偿情形。根据此规定,如果治疗动物所发生的实际费用超过动物的成本,则这些费用也是可请求赔偿的,因为理性的动物饲养人也会产生这些费用。根据奥地利法律,不承认惩罚性赔偿(*Harrer* loc. cit. Pref. to § § 1293 ff, no. 4)。

9. 希腊区分实物赔偿和金钱赔偿(*Georgiades*, Enochiko Dikaio, Geniko meros, 158)。金钱赔偿是基本规则(《民法典》第 297 条第 1 句;见 ErmAK *(-Litzeropoulos)*, art. 297, no. 2; *Georgiades* loc. cit.);法院仅在特定情形下,即实物赔偿更为正当的情形下,判定实物赔偿(《民法典》第 297 条第 2 句)。对此,法典称之为"原状的恢复"(*restoration of the status quo ante*)。为

满足此要求,能够恢复到大致相当的状况即可,如通过维修或提供类似种类物或直接向医院支付医疗费用等方式实现(*Balis*, Enochikon Dikaion, Geniko meros[3], 124; *Stathopoulos*, Geniko Enochiko Dikaio A(1)[2], 77)。实物赔偿意指加害人的行为须产生实际效果(*Stathopoulos* loc. cit.)。CA Athens 97/1965, NoB 13 (1965) 502 认为请求支付维修费用为实物赔偿的一种形式(因此,并不等同于赔偿金),理由是所支付的金钱数额为实现该实际效果所支付的数额。如果维修受损财产将导致不合理的过高费用,则受害方仅有义务在替换受损物所需费用的范围内赔偿(*Filios*, Enochiko Dikaio I[2], 267)。

10. 根据《葡萄牙民法典》第562条第(1)款规定,加害人有义务恢复至若损害事件未发生其本应处于的(假定)状况(*Antunes Varela*, Obrigações em geral I[10], 905; STJ 23 October 2003; STJ 18 September 2003),因此,其中包含了恢复原状原则(*the princípio da reposição or princípio da reconstituição natural*)(*Antunes Varela* loc. cit. 904; STJ 9 December 2004, CJ(ST) XII (2004-3) 137)。与恢复原状(*reconstituição natural*)一起,规定的补偿形式包括(《民法典》第566条中的)金钱赔偿或(《民法典》第567条中的)以年金形式赔偿。实物赔偿优先(《民法典》第562条);如果无法进行实物赔偿或无法完全弥补所遭受的损害或者将导致债权人承受不合理负担,则通常适用金钱赔偿(《民法典》第566条第(1)款)。当事人没有选择补偿方式的权利;补偿方式由法院确定。在财产毁损、丧失或损坏的情形下,得要求加害人提供相同品质(或基本特征类似)的财产(或基本特征类似的财产:CA Oporto 16 December 1997, BolMinJus 472 [1998] 564),或自行出资维修;在人身伤害的情形中,加害人有义务支付必要的医疗费用和护理费用(*Antunes Varela* loc. cit.),在侵犯名誉权的情形中,可要求发布判决(*Vasconcelos Abreu*, FS Magalhães Collaço II, 472)。通常,实物赔偿并不能满足完全补偿所遭受损害,例如,可能仅需补偿维修车辆的费用而无须弥补无法使用的损失,或者仅能补偿医疗费用但无法补偿所遭受的痛苦(*Antunes Varela* loc. cit. 905; *Abrantes Geraldes*, Temas da responsabilidade civil I[2], 95113 [关于丧失使用权的案例总结])。赔偿的评估主要补偿的是利益损失,即事物的现状与引发责任的事件发生前的一般状况之间的差额(《民法典》第562条第(2)款;*Antunes Varela* loc. cit. 907);其中包括赔偿由于通胀引发的损失(CA Évora 19 February 1987, CJ XII (1987-1) 308; CA Lisbon 21 February 1985, CJ X (1985-1) 69)。此差额是根据更换价值的原则进行评估,倘若实物赔偿对于债权人为"过度负担"(《民法典》第566条第(1)款;STJ 7 July 1999, CJ(ST) VII (1999-3) 16)。关于必要费用范围的典型案例是维修老旧汽车的情形。CA Évora 12 February 1987, CJ XII (1987-1) 300 中拒绝判定支付维修旧车的费用,该车在车祸后实际上已经一文不值,因此,判令支付两倍于车祸前汽车价值的维修费用,从经济的角度来看是非常荒唐的。但是,这并不表明法院从不判令支付维修旧车的费用;因为对所丧失价值的少许赔偿可包含受害方无法再负担起适合的交通方式的损失(STJ 7 July 1999, CJ(ST) VII (1999-3) 16; STJ 29 April 2003, CJ (ST) XXVIII (2003-2) 28)。对受害方而言实物赔偿是否属于"过度负担",取决于对个案情形的评估。同样也需指出,在宠物受伤的情形下,即使治疗动物的兽医费用远远超过该动物本身的价值,加害人也必须支付治疗该动物的此项费用(*Pessoa Jorge*, Ensaio sobre os pressupostos da responsabilidade civil, 422)。

11.《荷兰民法典》第6:103条的源头实为其一般原则,即赔偿的概念意指支付一定数额的金钱,但是此规定的特别提示要求基于受害方的申请,法院方可判令其他形式的补偿;如果该判决未及时执行,则受害方可再获得请求金钱赔偿的权利。以不同于支付金钱的方式赔偿判定包括命令实际履行和命令实施某法律行为(详见 Asser (-*Hartkamp*), Verbintenissenrecht I12, no. 411 p. 331; *Spier*, Schade-vergoeding: algemeen, deel III, no. 22 pp. 44-45)。《爱沙尼亚债法》第127条第(1)款与第6:101条第(1)款规定一致。该基本规则规定赔偿采取支付金钱的方式并且特别规定一次付清(《债法》第136条第(1)款)。其他补偿形式亦未明确排除(《债法》第136条第(5)款)。没有关于动物的特别规定。

12. 瑞典的制定法几乎专门致力于规定金钱赔偿(例如《损害赔偿责任法》第5章第7条第(1)款:财产损害中的补偿)。对更换费用和维修费用进行区分;加害人通常依每一情形下的最低数额承担责任。但是,在伤害家养动物和损害具有特殊性质的物品(如稀有的汽车)的情形下,法院将考虑授予受害方选择权(*Andersson*, Skyddsändamål och adekvans, 488);无论如何,对判例法的分析表明:在涉及宠物的案件中,法院认为亦得请求超过动物市场价值的治疗费用(HD 22 February 2001, NJA 2001, 65 I-II; 类似地,在丹麦,参见 Eastern CA 14 September 1981, UfR 1981, 1074)。判定以其他不同于支付金钱的方式赔偿发挥着相对的辅助作用。这类赔偿方式适用于,如财产法中实物赔偿请求权(*Karlgren*, Skadeståndsrätt[5], 194, 206)和名誉权保护领域。对此情形,最重要的范例是判定支付在一家或多家报刊发布判决的费用(《损害赔偿责任法》第5章第6条)。此外,芬兰《损害赔偿责任法》第5章明确指出金钱赔偿为一般规则。此规则的例外适用见《刑法典》第27章第7条,其中规定如果某人侵犯名誉权,且这一侵权构成刑事犯罪,可判令发布判决。这也与丹麦的立场一致(*Vinding Kruse*, Erstatningsretten[5], 348 resp. CP § 273 (2))。在全部损失的情形中,金钱赔偿的数额通常指将受损物替换为损害事件发生前那一刻的状态所需的费用(*Bengtsson and Strömbäck*, Skadeståndslagen[2], 321; *Hellner and Johansson*, Skadeståndsrätt[6], 420; Swedish HD 7 May 1991, NJA1991, 269;*von Eyben and Isager*, Lærebog i erstatningsret[5], 247; 也可参见《瑞典保险合同法》第6章第1-2条和丹麦《保险合同法》第37条)。如果无法替换,则评估价格取决于该物的市场价值。在部分损坏的情形中,两种方法均得适用。如果造成相当大的损害,则可运用现实净值方法,此时应付的赔偿金为受损物的市场价值和现存剩余价值之间的差额(*Hellner and Johansson* loc. cit. 423; Swedish HD 7 April 1971, NJA 1971, 126; *Bengtsson and Strömbäck* loc. cit. 324; *von Eyben and Isager* loc. cit. 249)。相反,如果损害较小,且较之可实现净值方法以实际维修费用为基础进行计算对加害人较为有利,则适用此方法(Danish Eastern CA 14 September 1981 loc. cit.);受害方仍得请求赔偿车祸中受损车辆减损的市场价值(*Hellner and Johansson* loc. cit.; Danish Western CA 9 May 1972, UfR 1972, 809 and 23 April 1997, UfR 1997, 969)。对于土地价值损失亦同,如邻居因错误而将六棵大树种植于该土地上(Danish Western CA 12 September 1994, FED 1994, 995)。相反,在具有增加该物价值作用的维修情形中,应扣减"以旧换新"的差额(Swedish HD 16 March 1955, NJA 1955, 89 II; *von Eyben and Isager* loc. cit. 249;*Vinding Kruse* loc. cit. 350)。

13. 在英国法中一般规则也是侵权损害应通过损害赔偿金赔偿。这就意味着赔偿以金钱衡量:*Leeds Industrial Co-operativeSociety Ltd. v. Slack* [1924] AC 851, 868 and 874(*Sumner* 勋爵和 *Carson* 勋爵同样参照看似更广义的概念"通过法律程序补偿")。特定救济,亦即其他法律体系中所指的实物赔偿,可例外适用,而不同于其他涉及普通法事项的权利,一旦侵权成立,损害赔偿就取决于司法自由裁量权的行使。损害赔偿包括具有衡平法救济性质的强制令(命令被告实物赔偿,例如通过拆除所建的侵害原告权利的非法建筑)和运用根据《2002年侵权(妨害动产)法》第3条第(2)款(a)项规定的法定权力命令被告交付其错误扣留的货物。对于诽谤,侵权行为人得根据《1996年诽谤法》第2条规定表示更正,亦即发布适当的更正诽谤的声明和以当时情形下合理可行的方式进行充分道歉,并支付赔偿金;原告拒绝接受该表示可构成抗辩的基础:同前法第4条第(2)款。如果原告证明被告明知或有理由相信针对原告或很可能被理解为针对原告的陈述为虚假的和诽谤性的,则被告不能以此抗辩,见第4条第(3)款。此类救济的存在,发挥着和可能发挥着使无辜的被告(其为诽谤承担严格责任)免予承担金钱赔偿责任的功能。对于损害赔偿,用于补偿的金钱数额应尽可能接近于使受害人恢复至若未遭受损害其本应处于的状况:*Livingstone v. Rawyards Coal Co.* (1879-80) 5 App. Cas. 25, 39 (*Blackburn* 勋爵); *London and South of England Building Society v. Stone* [1983] 1 WLR 1242, 1250 (*O' Connor* LJ)。作为规则,即使在欺诈情形下(*in deceit*),损害赔偿应基于构成侵权的违反义务行为发生之日的数据估算,这样所获得的财物亦可以交易之日为基础评估价值(如果其真实反映如果财物适销原告应获得的价值):*Smith New Court Securities Ltd. v. Scrimgeour Vickers Ltd.* [1997] AC 254, 266 (*Browne-Wilkinson* 勋爵)。在下述情形中,将偏离上述规则:为确保对特殊事实中所遭受的不法行为进行全部赔偿所必需的情形。此类特殊事实的例子有:欺诈持续影响着原告交易后的行为,使得原告保留财产,或使原告陷入持续保留所获得财产的境况:*Smith New Court Securities Ltd. v. Scrimgeour Vickers Ltd.* loc. cit。但是同样应考量随后的事件,否则回复原状(*restitutio in integrum*)原则可能被视为带来意外之财:*cf. Hibbert Pownall & Newton v. Whitehead* [2008] EWCA Civ 285; (2008) Times, 14th May(一位母亲的律师因过失未能就该母亲对某健康机构积极主张因错误出生造成的未来损失的损害赔偿请求权;该母亲在初审判决确定之前自杀;如果在其死亡前胜诉,则应由当地机构支付的损害赔偿(未来照看费用)就不会因其死亡而减少;应认定其母亲的代表人不能请求其律师对所损失的未来照看费用承担损害赔偿责任)。也可判定在一般损害赔偿外增加赔偿所谓聚合的损害赔偿,此时被告以增加对原告情感的伤害的方式行事,尤其是伤害其尊严和自尊(或自我尊重),通常(但不仅仅)出现于诽谤案例中:*Rookes v. Barnard* [1964] AC 1129, 1221。但此类损害赔偿金并未被认为不得超过赔偿金;它构成对受伤情感的补偿,这一补偿受到严格限制,仅仅反映下述立场:情感伤害并非一种规则、并非一种已被承认的损害之名目,比较1998年民事程序规则词汇表中的定义("附加赔偿,即法院可判定作为被告应予反对的行为之补偿的赔偿金")。相反地,判定惩罚性(或惩戒性)损害赔偿具有预防其他人效仿被告的过错行为以及惩罚被告或其他惩戒性的作用。此类判定不具有补偿特征(相较于1998年民事程序规则词汇表中的["超过对实际损失的补偿,且表明法院不赞同被告行为而判定的损害赔偿"]这一定义),但属于一种例外。在普通法中,惩罚性损害赔偿判定仅适用于(实际上)返还利益(见注释26以下)或"政府公务员的不公、恣意或违宪行为"时(*Rookes v. Barnard* [1964] AC 1129)。亦可依照特定法定权限判定惩罚性损害赔偿,如1951年的《后备队与辅助部队法》(《民事权益保护法》)第13条第(2)款(关于侵占)。惩罚性损害赔偿的请求因原告死亡而消灭:1934年《法律改革(杂项规定)法》第13条第(2)款(经《1982年司法管理法》第4条第(2)款修改)。

14. 在爱尔兰,普通法对于补偿性损害赔偿的方法基本上与英格兰一致,但未明确规定惩罚性损害赔偿的认定限制在什么范围内适用于 *Rookes v. Barnard* [1964] AC 1129 中提及的特定案例类型:*McMahon and Binchy*, Torts[3], 44.16 et seq。但明确的是英国案例中形成的限制并不适用于侵犯宪法性权利案件:*Conway v. Irish National Teachers Organisation* [1991] 2 IR 305。在其关于惩罚性损害赔偿的报告中,法律改革委员会提出法律的发展在于法院:《关于严重的、惩罚性的和回复性损害赔偿的报告》(LRC 60－2000),第 1.64 段。

Ⅱ.以加害人的收益作为补救的依据

15. 原则上,法国或比利时责任法不承认“获利清除”(*profit－erasing*)。当法院评估对遭受金钱损失的受害人有权获得的赔偿金范围时,应考虑违法者通过非法手段已经获取的利润,例如,比较 CA Paris of 4 January 1988, D. 1989 Somm. Comm. 92, note*Amson*(非法出版一妇女的私人裸照,使其广为人知)。有些人认为正在向引入惩罚性损害赔偿概念的方向发展(*Carval*, La responsabilité civile dans sa fonction de peine privée, no. 29 p. 31)。

16. 西班牙有许多特别法律明确规定,基于原告的申请,赔偿金的衡量可以加害人从违法行为中获得的利益为基础评估(其中包括《版权法》第 140 条;《商标法》第 43 条;《专利和实用新型法》(*Patents and Utility Models Act*))第 66 条;《对荣誉权、私生活权及个人肖像权的民事保护法》第 9 条第(3)款和第(4)款)。此外,应予重点指出的是,西班牙关于侵权法与不当得利法之间关系的规定不同于法国。如果依照《民法典》第 1902 条规定的请求权已经过时效期间,则这一区别具有重大意义;因为根据不当得利规定的请求权时效期间为 15 年(TS 5 October 1985, RAJ 1985 (3) no. 4840 p. 4085)。如果侵权行为人通过实施侵权获得的利益大于受害人遭受的损失,则这一区分也是相关的。在此情形下,可能受害人依据不当得利规定请求清除侵权行为人的利益会对其更有利(*Álvarez－Caperochipi*, El enriquecimiento sin causa[3], 119)。数年来,最高法院再三确认两种请求权(基于侵权的请求权和基于不当得利的请求权)相互独立存在。相对于有效的不当得利请求权仅要求无法律上的原因且原告遭受经济损失而被告财产增加这一要件而言,基于侵权法的请求权要求存在可归责的不法行为(TS 12 April 1955, RAJ 1955 (2) no. 1125 p. 602; TS 5 May 1964, RAJ 1964 no. 2208 p. 1380 no. 2208 p. 1380)。结合前述情况,受到德国法律理论影响的西班牙法学家提出侵害型不当得利(*Eingriffskondiktion* 或者 *condictio por intromisión*)(*Camara Alvarez and Díez－Picazo*, Dos estudios sobre el enriquecimiento sin causa, 116)。侵权行为人不仅有义务赔偿所造成的损害,亦有义务就其资产价值增加的部分向权利人作出赔偿,尤其是在涉及使用他人财产和利用他人知识产权的情形。对于涉及利用他人名誉的情形和所有涉及侵犯他人人格权的情形,《对荣誉权、私生活权及个人肖像权的民事保护法》第 9 条第(4)款中规定了假定损害存在的推定。因此,仅需证明存在对这些权利的不法侵害。此外,在计算损害赔偿金时,法院也要考虑侵权人通过实施侵权行为(同前法第 9 条第(3)款)而获利。这样,非惩罚性损害赔偿请求和恢复请求在一个单独的请求权变量中结合起来,不可分割。此外,西班牙法律赋予初审法院在具有重要实践意义的赔偿金评估领域中极为宽广的裁量空间(*Basozabal Arrue*, Enriquecimiento injustificado por intromisión en derecho ajeno, 173; *Carrasco Perera*, ADC 1988, II, 149)。有时亦试图构建一套一般侵权法理论以利润丧失的双边化理论(the theory of the bilateralisation of lost profits, *bilateralización de lucro cesante*)为基础消除获利,由此表明侵权行为人实际获得的利益即为受害方丧失的利益(Bercovitz(－*Carrasco Perera*), Comentarios a Ley de propiedad intelectual, 1796)。类似地,TS 11 July 2006, BDA RAJ 2006/4977 这一判例亦可以此为基础解释。

17. 依据《意大利民法典》第 2042 条,不当得利请求权是作为对侵权行为请求权的补充,通常此规定并未对解决侵权诉讼和不当得利诉讼竞合的问题明确给出适当的方案。至少,法理和法学教育倾向于允许受害人提出消除侵权行为人已获得的不法利益的请求(*Sacco*, L'arricchimento ottenuto mediante fatto ingiusto, *passim*)。这一理论主要适用于处分他人财产,此时得有效对抗权利所有人（*Trimarchi*, L'arricchimento senza causa, 55; *Sacco* loc. cit. 99; *Gallo*, Arricchimento senza causa e quasi contratti 44;*Cian and Trabucchi*, Commentario breve[8], note X under art. 1153），侵犯他人无形人格权（CFI Monza 26 March 1990, Foro it. 1991, I, 2862）以及侵犯知识产权（《知识产权法典》第125条）等情形。在此理论框架下，计算应付的补偿时，应考量个案的所有情形，包括加害人已获得的利益。此外，利益损失的补偿额为所认定总额的主要方面，不得低于侵权人本应为使用该权利支付的金钱数额（同前法第125条第(2)款）。当然，对于请求补偿加害人从其不法行为所获得的利益这一权利，其一般的民法基础仍有争议；有些评论家主张此请求权并非基于侵权法的请求权而应属于不当得利请求权，因为侵权法并不承认此类请求权，所以并不与辅助性原则（*principle of subsidiarity*）相冲突（详见 *de Cupis*, Il danno II[3], 16; *Franzoni*, Dei fatti illeciti, 665-666; *Castronovo*, La nuova responsabilità civile[3], 648-654）。

18. 匈牙利侵权法并未规定类似于第6:101条第(4)款的规则。但是，大量适用于知识产权和版权保护的法律授予权利所有人请求加害人返还其通过实施侵权行为所获得利益的权利（《专利法 no. XXXIII/1995》第35条第(2)款(e)项；《商标法 no. XI/1997》第27条第(2)款(e)项；《版权法 no. LXXVI/1999》第94条第(1)款(e)项）。在使用他人财产获得经济利益的情形中，亦应考虑以返还利益为目的的不当得利请求权（BH 2005/143：未经授权发布了一所屋顶独具匠心的房屋照片；因为滥用所有权人的使用权和收益权，根据《民法典》第361条第(1)款规定应予纠正，但应基于版权法关于保护屋顶设计的规定判决）。在无形人格权侵权的情形中，法院根据衡平准则裁量确定非金钱损失的赔偿范围；无法断言在评估赔偿金时已考虑侵权行为人所获得的利益。此外，在判决中并未对在广告中非法使用他人名誉的问题明确发表意见（BH 2002/261; BH 1995/509）。关于《匈牙利民法典》改革的法律评论认为，将非法所得的利益问题决定留待不当得利法解决，否则无法将惩罚性赔偿这一概念从侵权法中移除（*Vékás*, FS Boytha György, 351-355; Vékás *(-Vékás)*, *S* zakértöi Javaslat az új Polgári Törvénykönyv tervezetéhez, 1144）。

19. 保加利亚侵权法也没有承认返还侵权行为人所获利益的请求权。赔偿请求权仅包含赔偿受害方损失的利益。此亦适用于专利法（《专利和实用设计登记法》第28条第(1)款(no. 2)）；但是在此情形下，利益损失是基于所丧失的许可费计算（Supreme Court 18 November 2004, decision no. 669, civil case no. 1907/2003）。根据版权法，加害人所获得的利益亦构成评估赔偿金的相关基础（《版权法》第94条第(3)款）。考虑加害人所获利益以计算损害赔偿金的方法，亦可见于《罗马尼亚版权法》第139条第(4)款。

20. 《德国民法典》第252条（第2句）确实规定允许受害方请求返还所丧失的利益，但该条款未规定如何从通过不法行为获得利益的加害人处取回利益；法定的损害赔偿规定也对此未置一词（MünchKomm *(-Oetker)*, BGB[5], §252, no. 52）。在涉及反不公平竞争法所保护的知识产权或其他权利的情形中，法院授予受害人"选择权"。受害人得选择请求返还能够明确证明的利益损失或请求支付合理的许可费（无须证明实际的利益损失）或返还侵权行为人实际获得的利益（BGH 2 November 2000, BGHZ 145, 366, 375; BGH 6 October 2005, NJW-RR 2006, 834, 835; BGH 27 February 2007, MittDtPatAnw 2007, 317; BGH 21 September 2007, WRP 2007, 533）。在版权法领域，后一种请求权明确规定在《版权法》第97条第(1)款(ii)项中。在剽窃模仿产品和不法利用商业秘密（详见 *Oetker* loc. cit. no. 53）的情形中，亦得授予选择权。在计算对无形人格权侵害的非金钱补偿时，亦应考虑加害人的不法获益。一般规则为：请求赔偿非法所得的利益仅能基于对无因管理法律规定的特殊解释，此为请求权获得支持的先决条件（《民法典》

第 687 条第(2)款)。

21. 在奥地利,侵权行为人不能从其不法行为中获利这一原则已获承认,受害方相应的请求权被划为由不当得利法律管辖且不属于侵权法上的请求权;根据侵权法规定的诉因与基于不当得利规定的诉因竞合(Koziol/Bydlinski/Bollenberger *(－Koziol)* ABGB, § 1041 no. 4)。如果受害人的损失和加害人的获益数量相等,则可请求损害赔偿;但如果没有利益损失,则只能根据不当得利规定提出请求。因此,每次利用或滥用受害人被侵夺且移转至加害人的[财产],均被视为"获益"(OGH 13 July 1953, ÖBl 1953, 52;OGH15 September 2005, SZ 2005/130 p. 181)。适用于返还加害人由不法行为所得利益的请求权的特别规定见于《反不公平竞争法》第 9 条(UWG § 9)和知识产权法(《专利法》第 150 条;《商标法》第 55 条;《版权法》第 87 条),而其他的"获利清除"则规定于《民法典》第 1041 条。尽管根据分类应属于不当得利请求权,但应注意的是,根据竞争法和知识产权法规定,"利益返还"请求权要求被告方存在过错(*Schönherr and Kucsko*, GRUR Int 1980, 282, 284)且损害的严重性应与法律制裁一致。目前的法律主张并无分歧;立法论上(*de lege ferenda*)的主张,即受害方获得利益应被视为责任的一般原则(*Koziol*, FS Bydlinski, 175, 194)。

22. 因不法行为而非法获得利益的请求权亦非葡萄牙侵权法的特征。

23. 依照《荷兰民法典》第 6:104 条规定,经受害方请求,法官可计算损害赔偿额,以包含加害人不法获得的全部或部分利益。HR 24 December 1993, NedJur 1995 no. 421 p. 1942 中提出,此请求权并不构成利益返还请求权,而是称之为行使"法院的裁量权"。《民法典》第 6:104 条规定应解释为计算损失的抽象方法。加害人的获利应被视为衡量实际遭受的损失的适当基准。该规定的适用范围限于合同法和侵权法;不得适用于不当得利规定的情形。对于通过媒体侵害人格权的情形,所获利益已在确定衡量非金钱损害赔偿额时涵盖(Memorie van Antwoord II Inv. Parlementaire Geschiedenis, 1267; HR 4 March 1988, NedJur 1989 no. 361 p. 1236; Schadevergoeding II *(－Deurvorst)*, art. 6:104, no. 5 p. 11 and no. 7 p. 14)。明确规定利益返还请求权的特别规定主要见于知识产权法(详见 *Deurvorst* loc. cit. no. 6 p. 12 and HR 14 April 2000, NedJur 2000 no. 489 p. 3267)。

24. 类似地,爱沙尼亚侵权法亦无类似于第 6:101 条第(4)款的规定。受害方得依不当得利法规定向加害人主张请求权(专门规定于《债法》第 1037 条第(1)款)(详见诉讼的两种原因之间的关系 RKTKo 3－2－1－70－06 － RT III 2006, 32, 274)。作为一般规则,一种请求权应排除另一请求权。

25. 第 6:101 条第(4)款中所规定的原则并未为北欧法律所承认。但是,涉及未经授权而使用他人财产情形得纳入不当得利原则的规定适用,而判定赔偿额则无须考虑原告证明存在损失或过失(*Hellner*, Obehörig vinst, 232; *Hellner and Radetzki*, Skadeståndsrätt[7], 421; *Agell*, Skadeståndsansvaret vid obehöriga förfoganden över annans egendom, 197－239; HD 2 July 2007, NJA 2007, 519; *Vinding Kruse*, Restitutioner, 363; *Vinding Kruse*, Erstatningsretten[5], 264; *Hakulinen*, Obligationsrätt, 368)。此外,在涉及某人未经授权出售他人财产的情形中,可不考虑实际价值而判定相当于实际销售价格的赔偿额(*Hellner* loc. cit. 241; *Hellner and Radetzki* loc. cit. 414)。对于侵害无形财产权利的赔偿(如商号[公司]、商标、专利和版权)具有类似的获利特征;即使是善意的侵权亦应支付合理的赔偿额(*Hellner and Radetzki* loc. cit. 421; *Monsen*, Berikelsekrav, 330)。但是,根据侵权行为人所获利益来评估损害赔偿这一观念,在北欧国家实

为罕见(*Koktedgaard and Levin*, Immaterialrätt[7], 454;*Skovbo*, Erstatning for uphavsretliga krænkelser, 238)。在执行第2004/48/EC号指令时,在瑞典和丹麦的相关法律中明确规定,将侵权行为人的利益作为评估损害赔偿的考量条件(瑞典的建议,Ds 2007:18 Civilrättsliga sanktioner på immaterialrättenS områDe - genomförande av direktiv 2004/48 /EG;《丹麦版权法》第83条)(《芬兰第RP 26/2006号政府法案》认为无须在相关法律修正案中明确规定获利问题)。瑞典HD 16 November 1994, NJA 1994, 637案涉及一个照片合成的情形。一本情色杂志将众多名人的头像粘贴于杂志中一些动作不雅的人头上。当对损害赔偿进行评估时,原告为公众人物且"经济考量"为发行的原因都使得赔偿金异常高昂(详见*Axberger*, JT 1994-95, 716, 726)。在丹麦(Eastern CA 20 December 2004, UfR 2005, 1131)和芬兰(Supreme Court 12 April 2000, HD 2000:54; Supreme Court 24 November 1997, HD 1997:185; see *Sisula-Tulokas*, JFT2000, 634, 637; *ibid.*, Contract and tort law: twenty cases from the Finnish Supreme Court, 121),也可能找到非常类似的判决。

26. 在英格兰,至少在涉及妨害财产的情形中,可判定以被告返还不法获利的恢复性损害赔偿代替补偿性损害赔偿:例如*Ministry of Defence v. Ashman* (1993) 66 P & CR 195(由于一租户没有理会要求其搬出空军住所的通知而造成损害,应依据若非空军遭受损失该租户本应花费的租住费用评估)。此外,作为对损害赔偿的替代方式,对于知识产权侵权,可准许对利益的衡平(且因此裁量的)救济(1988年《版权、设计和专利法》第96条第(2)款(版权);1977年《专利法》第61条第(1)款(d)项(专利权);在1994年《商标法》第31条第(6)款中对于商标的可利用性原因未予明言)。此类案件中的原告得依程序申请选择损害赔偿和利益返还,但无法兼得,进入审判后则丧失选择权:*Island Records Ltd. v. Tring International plc.* [1996] 1 WLR 1256, 1258。此外,也可参照*Rookes v. Barnard* [1964] AC 1129, 1226,其中"被告已经计算过其行为将带来的利益远超过应付的赔偿数额",通过判定惩罚性损害赔偿这种简单的方式取回非法获得的利益。此类损害赔偿的目的业已得到阐明,目的之一为告知侵权行为人侵权无利可图(loc. cit., 1227),但更好的主张可能是认为此类判决是为预防不当得利(*McGregor*, Damages[17], para. 11-027)。此外,在不当得利法范围内(根据名声不佳的"侵权弃权"理论(waiver of tort)),依据获取的金钱之诉对涉及妨害财产的侵权行为的恢复原状救济是可行的:*cf. United Australia Ltd v. Barclays Bank Ltd.* [1941] AC 1。确实,认为恢复性损害赔偿应被视为返还法而非损害赔偿法的救济这一观点亦有其拥趸者:如*McGregor*, Damages[17], para. 12-003。

27. 在苏格兰,评论家认为,时至今日对不法行为的恢复(Restitution for wrongs)仍为尚未厘清的范畴。尽管如此,判决旨在将侵权行为人已经获得的利益回复至请求人,而非补偿所造成的损失,这一观点为苏格兰法律通过在非法攫取财产(*spuilzie*)、驱逐和干涉的案例中判定暴利的形式认可:*Stewart*, Delict[3], para. 13.21,详见*Blackie*, Enrichment and Wrongs in Scots Law, Acta Juridica (1992), 23。

28. 2004年4月29日《关于知识产权实施的第2004/48/EC号指令》第13条第(1)款规定成员国有义务确保法院根据该指令对应予处罚的侵权计算损害赔偿时,须考虑加害人由不法行为获得的利益。成员国亦应允许规定不取决于加害人因过错而行事的法律制裁(同前引第13条第(2)款)。欧盟法院判决:"共同体法不阻止内国法院采取措施确保受到共同体法保护的权利受到保护而不构成享受权利之人的不当得利"。判例法:*Ireks-Arkady GmbH v. European Economic Community*, ECJ 1 July 1981, C-238/78, ECR 1981, 1723, paragraph 14; *Hans Just I/*

S v. Danish Ministry for Fiscal Affairs, ECJ 27 February 1980, C-68/79, ECR 1980, 501, paragraph 26; *Joined Cases Kapniki Michaïlidis AE v. Idryma Koinonikon Asfaliseon (IKA)*, ECJ 21 September 2000, C-441/98 and C-442/98, ECR 2000, I-7145, paragraph 31; *Courage Ltd. v. Bernard Crehan and Bernard Crehan v. Courage Ltd. And Others*, ECJ 20 September 2001, C-453/99, ECR 2001, I-6297, paragraph 30。

示例1选自CFI Groningen 31 May 2002, LJN AE3727, note*van der Hoek*, NJB 2006 no. 29 p. 1618;示例2选自CA Jaén 29 January 1998, BDA AC 1998/3150;示例3选自Cass. 4 March 1983, no. 1636, Giust. civ. Mass. 1983, fasc. 3;示例4选自CA Murcia 25 January 1999, BDA AC 1999/3056。

第Ⅵ-6:102条　琐利不计规则

微不足道的损害不予考虑。

评　论

政策考量。本条规定微不足道的损害不产生赔偿请求权或预防性法律保护请求权。在高度文明的社会,微不足道的损害应作为社会可接受的侵扰,不足以成为补偿的理由;如果损害赔偿诉讼并非主要涉及弥补损失,而是通过使相对方承担诉讼费用的目的损害对方利益,则此类诉讼应予制止。不对微不足道的损害赋予相应的赔偿请求权这一规则亦能防止集团诉讼或其他群体诉讼,在这类诉讼中仅律师或受让赔偿请求权的组织获利。即使同时遭受多次微小损害,则微小损害依然是微不足道的。

微不足道的损害。对于损害是否微不足道的问题,经济上的考量并非决定性的,具有决定性的是其中所涉及的法律保护的利益,归责依据的类型和损害的因果关系的其他条件。一个孩子的老旧且几乎没有经济价值的玩偶被毁损或夺走,这不是微不足道的;一位独居老太太的狗被杀,这也不是微不足道的;即使此类情形中赔偿数额均为最低水平,也不因此而属于本条规定的微不足道的损害。故意造成的损害难以界定为微不足道。但是,抱怨经体检通知和正确进行的注射,仅仅因为其事后方知粗心的护士没有事先说明情况,这是微不足道的。由于注射而导致并发症的情形,则当然有所不同:微小的个人损害引发严重后果,均非微不足道。日常的细微不便也是可以接受的,因而是微不足道的:在拥挤的机场巴士上感染常见病毒(感冒),不构成对同车乘客提起损害赔偿请求的依据,误入以为是自己客房的房间,并不构成承担侵害他人私生活权的损害赔偿的依据。

产品责任。以现行共同体法(《产品责任指令》第9条(b)项)为起点,第3:204条(瑕疵产品致害的归责)提出扩大生产者的严格责任,有利于消费者获得对数额低于

500 欧元的财产损害赔偿。这一提议并未与第 6:102 条的趋势冲突。此外,数百欧元的损失无论如何均非微小,第 6:102 条绝不可能据此量化。

注　释

1. 根据法国责任法,法院倾向于不理微小损害(*Roland and Boyer*, Adages du droit français[4], 151)。例如 Cass. civ. 4 April 1991, Bull. civ. 1991, I, no. 127 p. 85 确认上诉法院可从所引发的微小的事(*caractère insignificant du fait invoqué*)中得出不存在可赔偿的损害。但是,并不排斥在并非微小的非经济损失的特定案件中判决象征性的损害赔偿(就比利时,例如比较 CFI Brugge 7 February 2005, NJW 2005, 316, note*Boone* :判决 1 欧元的损害赔偿作为赔偿其狗被杀的老太太所受非经济损失)。

2. 在西班牙,微小损害规则主要适用于侵害无形人格权的情形。在例外的情形中,许多法院仅判定象征性的损害赔偿(如 TS 23 February 1989, RAJ 1989 [1] no. 1250 p. 1334 [教会的牧师诋毁一名倡导堕胎的医生:判决赔偿 1 比塞塔]; TS 31 December 1993, RAJ 1993 no. 9918 p. 12834; CA Barcelona 12 December 2000, BDA JUR 2001/130964;CA Granada 20 December 2004, AC 2005 [1] no. 63 p. 150 [财产共有人的会议;一位共有人被指控未免除其义务;对此损害赔偿 1 欧元为"微小的"])。这一法理主张受到尖锐批评;原因是判决象征性的损害赔偿并非西班牙法律的显著特征(*Martín Casals*, Notas sobre la indemnificazión del daño moral en las acciones por difamación de la LO 1/1982, 1231, 1263; Salvador Coderch (*- Salvador Coderch*), El mercado de las ideas, 183 [赞成在《诽谤法》中适用"法官不理琐事"(*de minimis non curat iudex*)原则])。TS 14 December 1993, RAJ 1993 no. 9886 p. 12784 重申这一批评并否认存在具有法律相关性的损害,在此情形下原告通常仅能提起象征性的损害赔偿之诉;TS 18 November 2002, RAJ 2002 (6) no. 10261 p. 19070 and TS 28 April 2003, RAJ 2003 (2) no. 3548 p. 6541 亦支持这一主张。自然,诉讼过程备受诟病(尤其是 *Carrasco Perera*, ccJC 1993, 1105 - 1117)。微小损害规则不仅仅涉及适用于侵害无形人格权的法律,也涉及环境责任法领域。在后一种情形中,只有重大损害才是可赔偿的(*Álvarez Lata* , La responsabilidad civil por daños al medio ambiente3, 1912 - 1913; 又见 CFI Bilbao 11 October 2005, AC 2006 [1], no. 60 p. 124 [在邻近房间里弹钢琴])。

3. 在意大利,每个个案中,取决于相关方是否遭受不法损害(*danno ingiusto*)。损害是否仍然存在取决于利益相关人的冲突利益(Cass. sez. un. 22 July 1999, no. 500, Foro it. 2000, III, 481; Cass. 17 May 2004, no. 9345, Giust. civ. Mass. 2004, fasc. 5)。有时也源自特别损害不构成不应有损害的法律规定(见 Cass. 28 July 2004, no. 14241, Giust. civ. Mass. 2004, fasc. 7 - 8 [关于野生动物引起的对农场的损害];《民法典》第 924 条 [蜂群]; 更多范例见规范邮政服务的法律规定)。除了法律规定的情形,琐利不计规则(*de minimis non curat praetor*)尚未引入其他领域,但应注意《民法典》第 2059 条亦可依此理解。即使现在,非金钱损失的补偿亦未在法律中明确规定,仅因违反宪法保护的权利而造成损害或在未严格限定于微不足道的损害时方可补偿(Zivic, Resp. civ. e prev. 2007, 517, 526)。

4. 匈牙利法并未规定适用于微小损害的规则。如果仅为微小损害相关利益,则法院将驳回返还非经济损害的请求(例如 BH 2002/482:住所的水损;无须为被迫取消的家庭庆祝活动的非金钱损失进行赔偿)。

5. 类似地,保加利亚民法并未承认微小损害不可赔偿这一一般原则。但是可从涉及非经济损害的案例法中推断,在微小损害的情形中,允许赔偿被视为不公平的(详见 Supreme Court 9 April 1981, decision no. 1102, civil case no. 623/81)。

6. 类似地,如果损害是微小的,且受害方的健康仅仅是暂时地且不显著地受到影响,则德国法院将驳回赔偿非经济损害的请求(BGH 14 January 1992, NJW 1992, 1043;BGH 27 May 1993, NJW 1993, 2173, 2175);例外为故意损害的情形(Palandt *(-Heinrichs)*, BGB[67], § 253, no. 15)。立法已经批准由司法创设的法不干预琐事之限定(*de minimis ceiling*),但不应认为必须通过法不干预琐事的门槛明确限制对痛苦和折磨的赔偿请求权(BT-Drucks. 14/8780, 21)。根据产品责任法规定(《产品责任法》第11条),法律规范排除赔偿微小损害的特殊情形,在财产损害中是不利于消费者的门槛。此外,广受认可的是必须容忍社会普遍接受的干扰。这一原则源自《民法典》第906条的类推适用,如由过度拥挤的交通所造成的不适。甚至小男孩在家中受割礼也是为社会所承认的,当然这一准则在某些情形下不获承认,如与母亲同住的11岁小男孩拜访其父亲时,未经其母亲同意被迫受割礼的情形(CA Frankfurt/Main 21 August 2007, FamRZ 2008, 785)。

7. 奥地利的出发点也是如此:法律或法院均不承认排除赔偿微小损害的一般原则。但是大量的具体的制定法规定所造成的侵害必须为"实质性的"。《民法典》第364a条第(2)款第1句进行了明确阐释,规定由于辐射导致的细微干扰必须予以容忍。这一规则是源于法不干预琐事原则(OGH 3 February 2005, 2 Ob 11/05i)。"微小"的界定为,如在阻碍原告使用财产导致合计不超过2欧元的损害;此情形不能证明判定禁止令的正当性(OGH 23 March 1983, 1 Ob 6/83)。但是,应注意到这一涉及相邻关系的法理主张并未导致统辖整个责任法的一般主流原则的创设。因此,通常微小损害构成赔偿请求权的基础。但是,被告提出法律欺诈的抗辩的阻却此请求权的有效主张。如果原告的诉讼目的主要是使相对方遭受损失(如使其承担法律费用),则得根据《民法典》第1295条第2选项(second alt.)提起侵权之诉。在轻微损伤身体的情形下,如轻微的皮肤擦伤、瘀伤或暂时的不适,均得排除对损害和折磨的损害赔偿(Schwimann *(-Harrer)*, *A* BGB VI[3], § 1325 no. 83)。事故中所涉汽车商业价值减损时的微小损害亦可不予考虑(OGH 26 January 1977, ZVR 1977/298 p. 370; OGH 2 September 1982, ZVR 1983/280 p. 311)。

8. 在葡萄牙,据说支付赔偿金的义务不仅要求存在特定损失且由损害所导致,而且要求损失足够重大(*Prata*, Dicionário jurídico, 311)。由于债务人稍微背离合同条款的事实并不构成违约,因此得由此推断出微小损失不值赔偿这一原则(*Pessoa Jorge*, Ensaio sobre os pressupostos da responsabilidade civil, 387 通过损害一秆玉米或对一辆旧车造成轻微擦痕的案例说明这一原则)。这一原则源于诚信原则和《民法典》第398条第(2)款的规定,根据后者,赔偿"应与债权人值得法律保护的利益相称"(*Pessoa Jorge* loc. cit.)。仅用以满足债权人多变的要求的付款并不意味着属于受法律保护的利益(*Pereira Coelho*, Obrigações, 8;关于《民法典》第398条第(2)款,另比较 *Antunes Varela*, Obrigações em geral I[10], 73)。此外,《民法典》第496条第(1)款明确规定,造成非经济损失的损害仅能在该损失足够重大、值得法律保护时方可赔偿。损害的严重程度应足以证明赋予金钱赔偿的正当性(*Antunes Varela* loc. cit. 605-606; *Neto*, Código Civil Anotado[14], 498)。仅仅是由于异常的敏感导致的不适或不安和痛苦或悲伤通常并不能证明对非经济损失的赔偿为正当的。由裁员引发的悲伤和忧虑亦然(STJ 14 March 2007; STJ 22 March 2006)。关于法不干预琐事之限定的实际构成要素仍有争议,例如,这一争议存在于一家餐馆错误指控一位妇女试图使用假币结账的案例中(STJ 19 September 2006)。此外,法不干预琐事门槛在重复但非重大的侵权中得以突破(*Pessoa Jorge* loc. cit. 388)。此外,同时见于实体法和程序法中(《民事诉讼法典》第822条(c)项)。

9. 根据荷兰法规定,CFI Arnhem 21 September 2005, LJN no. AU5454案中基于所遭受的损害为微小的这一理由,驳回了对侵犯版权的损害赔偿请求权;判决对所遭受的非显著损失予以赔偿是不适当的。但是,法不干预琐事规则类似于《民法典》第3:303条规定的规则,其中规定如果"某人缺乏足够的利益诉求",则没有诉权。并非所有的微小损害都基于此类利益。但是,立法者和法院假定原告诉求的是充分的利益;被告有义务以相反证据反驳(Parlementaire Geschiedenis III, 915-916; HR 17 September 1993, NJ 1994, no. 118 p. 462; HR 9 October 1998, NedJur 1998, no. 853 p. 4904; Nieuwenhuis/Stolker/Valk *(-Stolker)*, T & C Vermogensrecht[4], art. 3:303, pp. 1468-1469)。在爱沙尼亚法中无类似于第6:102条的规定。

10. 在北欧国家,并无基于损害表面上或实质上微不足道这一性质而阻却请求权的规定。但是,也体现出类似的顾虑。根据《瑞典环境法》第32章(类似的还有《芬兰环境损害赔偿法》),规定了严格责任中相对宽泛的辐射含义,纯粹经济损失的损害赔偿不以存在刑事不法行为为要件(如损害责任法总则所规定的);但是仅当损害具有一定重要性时方可予以认定(详见*Bengtsson*, 21 uppsatser, 53, 65)。对于其他类型的损害或损失,则无此类要求。但是,根据一般规则进行的赔偿,要求在冲突的利益之间保持合理的平衡,例如必须容忍对于当地条件和相关类型的辐射的一般存在。这也同样适用于相邻纠纷(《瑞典土地法》第3章第1条)。HD 1 March 1990, NJA 1990, 71涉及对砍断原告树篱的邻居提起的100克朗(10欧元)的损害赔偿请求,该诉讼被驳回,其理由为原告未能履行合理考虑其邻居的义务;亦可参见1981年2月10日芬兰最高法院KKO 1981 II 10号判决。此外,根据瑞典《损害责任法》第2章第3条规定,在侵害无形人格权的情形中,损害赔偿的先决条件是存在"很大的痛苦"。因此,任何人不得因微小侵权而获得损害赔偿(*Bengtsson and Strömbäck*, Skadeståndslagen[2], 62; HD 21 September 2007, NJA 2007, 584)。此外,根据《芬兰损害责任法》第5章第6条规定,非金钱损失的损害赔偿判定的先决条件是"严重"侵害个人人格或尊严。严格限制对微不足道的人格权利的诉讼也有助于解释为什么瑞典法律通常要求在此情形下存在刑事违法行为(Government Reports [Ds] 2007:10, Skadeståndsfrågor vid kränkning, 36)。

11. 英国法律并未以正式条款将此类原则确定下来,无疑是因为侵权法(尤其是在权利侵害方面)发挥着界定权利的宣示作用,如果由于伤害微小而排除其赔偿请求权,则将危及这些权利。重点是减少微小损害时的可获得的赔偿。因此,当发生无须证明特殊损害的存在即为可诉的侵权行为时,即使原告没有遭受实际损失也有权请求损害赔偿,而此赔偿将为象征性的损害赔偿:*cf. Twyman v. Knowles* (1853) 13 CB 222, 138 ER 1183(关于对临时租赁权的侵害)。损害微不足道这一事实可能构成法院拒绝发布禁止令以防进一步的过错行为的原因:见*Shelfer v. City of London Electric Lighting Co.* [1895] 1 Ch 287。或许也应该注意到,并非所有对人身体造成的物理改变都应视为人身伤害。使身体更健康或对健康或能力没有可觉察的损害性影响的物理条件改变,均非损害(例如,关于胸膜斑(pleural plaques),参见*Rothwell v. Chemical & Insulating Co. Ltd.* [2006] EWCA Civ 27, [2006] 4 All ER1161, noted with approval in *Turton*, (2008) 71

MLR 1009－1014)。1982 年《民航法》第 76 条第(1)款规定,考虑到风、天气和各种情形,对于仅因飞机飞行在一定高度而造成的侵害或妨害,不得提起诉讼,即规定了微小财产侵权责任不予保护的一种形式,这是合理的。

第Ⅵ－6:103 条　利益的均衡

(1)遭受了具有法律相关性的损害的人因为该损害的发生而取得的利益,仅在公平合理的情形下方得被考虑。

(2)在判断对这种利益的考虑是否公平合理时,应加以权衡的因素包括损害的类型、造成损害的人所负责任的性质,以及在第三人授予利益的情形其授予该利益的目的。

评　论

概述。本条规定了"利益的均衡"(损益相抵,*compensatio lucri cum danno*)问题。侵权行为人的行为不仅对受害人造成损害,也同时带来某些(大多是)经济利益,特别是因为第三方由于行为人所致损害向受害人支付了或负责承担此费用。因此问题通常是此类利益是否可能有违应负责任之人支付损害赔偿的义务或是否应拒绝承认此类责任的减轻,结果受害人(如果侵权行为人同意满足诉讼请求)可能有权基于所遭受的损害请求数倍赔偿。该问题的答案是,原则上后一种情形被认可,如果根据当时的情形(第(1)款)为公平合理的,则可以减轻责任。第(2)款列举了判定公平与否的重要标准。

政策考量。由于依据保险公司或提供类似服务的一方取得受害人在实际履行的费用范围内向加害人追偿的权利这一范式构建的保险制度和关于病假工资规定具有多样性,基本规则(不相抵)看似实质上为强制性的。如果损害赔偿权利应予减少,则不可能获得上述权利。自然,仅有现存权利得被让与。换言之,保险法要求并确认了基本规则。但是,在法律的现有规定中也规定了基于公平角度的考量。原则上,第三人使受害人获益的行为,并不关注应负责任之人;他人照顾受害人的事实,不会使应负责任之人免予承担个人责任。

因果关系。利益均衡的总的先决条件一般前提是在损害事件和其后所获利益之间存在因果联系。此联系越紧密,利益的均衡问题就越突出;此联系越松散,利益的均衡问题就越容易排除。

示例 1

由于银行提供的关于 T 之客户(C)的偿付能力信息错误,商人 T 的请求权落空。C 无清偿能力。仅当银行能够证明这笔款项仅为转售尚未完成付款的货物的收益,使C能够偿付对T的另一积压债务时,T对银行的请求权可相应减少。

第7:105(对受害人责任的减轻或免除)。第7:105仍然未受本条影响。第7:105中的规定并不涉及利益均衡问题,而是涉及内国法的规定,将法律上的(*de jure*)责任加诸保险人、基金或其他组织,其后果为损害的始作俑者甚至完全无须"直面"责任。但是,至少从经济结果来看非常接近于利益均衡,这一点上是正确的。

多个责任人。在本卷所涉多人应为同一损害向受害人承担责任的情形中,应依照本条所规定的不同情形严格区分。在前一种类型中,双倍损害赔偿已被毫无例外地予以排除;此将构成不当得利。因此,该规则仅适用于加害人进行损害赔偿而受害人基于不同法律依据而获得额外利益的情形。

不同情形。准确地说,应区分两种不同基本事实情形。在第一种(且较少见的)情形中,利益为引发责任的事件的直接后果;而在第二种情形中,损害赔偿支付或其他经济利益是受害人从第三方获得。

损害类型。在两种情形中,首先,所遭受的损害类型非常关键。这是因为较之身体伤害和死亡的情形,在只有经济损害的情形中和在财产损害的情形中,与经济损失相联系的利益均衡更为常见。这是因为在前一种情形中,因失去亲近之人而获得金钱利益多少有些见利忘义,更谈不上"公平合理"。此外,此类利益通常应视为继承法和家庭法某些规定的结果,而非侵权行为人的行为后果。

范例。教科书中的范例为应例外地将利益均衡视为公平合理的情形,即对房屋的破坏导致发现房屋所有人土地里的珍宝。以下的例子更为贴近生活:

示例2

一位卡车司机将车开进原告的房子,造成房屋严重毁损,几近完全毁坏。与此同时,土地的价值急剧上涨;新的城市开发计划开出经济上非常优厚的开发条件。屋主利用这次升值以非常可观的条件拍卖了这块土地。在考虑经济损失时,根据价值升值的程度计算,原告的损失可能甚至为零。但是,原告的非经济损失却不因此改变;原告并非自愿腾空房屋,而仅仅是很好地利用了此机会。

示例3

如果车辆必须维修较长时间,而且因此在此期间可以节省车辆的损耗支出,因此也存在利益均衡问题。

示例4

一小孩遇害。父母对所遭受的非经济损害的赔偿请求不因其在抚养孩子的过程中也会花费心力这一主张而减少。

示例 5

经济上支持其孩子教育的父亲在一次事故中死亡。其儿女对所丧失的教育支持的赔偿请求不因其父早亡将使其可更早继承遗产这一原因而减少。但只要此事故非因故意或明显的过失而造成,则在计算因失去教育支持而遭受的损失时,将因为提前继承财产而获得可观的利息视为减少赔偿请求就是公平的。

所负责任的性质。在评估所产生的利益是否应与责任相抵时,责任的依据具有重要作用。特别是当负有责任之人故意造成损害时,不应减轻责任。

第三方的履行。大多数涉及可能的利益平衡的问题都是由第三方向受害人基于损害赔偿利益的情形提出的。根据第(2)款的规定,结果取决于这些利益的目的,即取决于是否以减轻加害人的责任为目标。在通常情形下都无此目的,这也再次确认了本规则(不相抵(*no setting off*))。在特殊情形下,甚至会发生第三方的支出不仅没有减轻有责任之人支付损害赔偿的义务,反而使其增加的情形:见第2:201条第(2)款(a)项(人身伤害及后继损失)。

举例。如前所述,向受害人支付保险和雇主连续(向受伤害且因此缺勤的工人)支付工资,是最重要的例子。其他范例是第三方(并非损害因果关系的当事人)捐赠和由于遭受损害而必须改变职业并因而增加收入。此类利益均非减少赔偿时通常要予以考虑的。如果法律规定受害人的赔偿请求权不得转让,受害方实际上可以接受两次赔偿。仅在第三方的捐助目的为使加害人受益时,有所不同。在涉及第三方利益,尤其是侵权行为人故意时,应适用公平的另一标准,侵权行为人无权要求减轻责任。

示例 6

在一个大型足球赛事中,东道国的警官被来自参赛国的流氓袭击并身负重伤。大量媒体报道了此事。来自该流氓所在国的人们为其同胞的行为感到羞愧,并向该警官捐赠了大量的钱款。此事不会减轻此流氓的责任。

注 释

1. 法国法的出发点是受害方应回复至若损害事件不发生则其本应处于的状况这一原则;受害方不应遭受损失或获得利益(Cass. civ. 23 January 2003, Bull. civ. 2003, II, no. 20 p. 16)。因此,排除对损害的重合部分加重赔偿是一般规则(*le Tourneau and Cadiet*, Droit de la responsabilité et des contrats (2006/2007), no. 2546)。仅在利益的其他来源不含赔偿的意思的情形下,得适用不同的方法(Cass. crim. 17 December 1970, D. 1971 Somm. Comm., 41 [判定向农夫之寡妻进行赔偿;没有考虑该寡妇依《民法典》第1383条规定享有的法律权利份额]; Cass. crim. 1 June 1999, JCPéd. G 2000, I, 197, no. 7, note *Viney* [考虑到其对父亲财产的固有继承权利,不予减少孩子对于因父亲在事故中死亡而遭受经济支持上的损失的赔偿请求])。

2. 根据比利时法律理论,在此情形下,必须区分不同情形(on the following, see *Simoens*, Beginselen van Belgisch privaatrecht XI(2), no. 48 p. 92)。(1)在评估损害赔偿时考虑直接由引发责任的事件产生的多种利益(教科书案例:房屋的毁损导致财宝的出土)。(2)但是,不考虑非自愿的(非意愿的)节省开支(教科书案例:丧失孩子的父母节省抚养孩子的经济成本)。(3)此外,对于因补救无法避免的损害而产生的利益不能抵销(教科书案例:受损车辆维修时使用新配件)。(4)可归于受害方采取行动获得的利益仅在诉争行为可合理期待时得抵消。如果在确定可能的损失时,受害人请求高于所需要的赔偿并由此获得利益,则对于该利益的损害不考虑相应抵消(Cass. 7 September 1982, Pas. belge 1983, I, p. 19)。(5)在此领域中最普遍的难点是由第三方支付赔偿金的情形。一般规则认为,在此情形下,如果第三方支付的额外补助金的法律依据和目的与侵权行为人的赔偿义务不相同,则可以加重赔偿(Cass. 28 April 1992, Pas. belge 1992, I, no. 452 p. 761[在侵权损害赔偿请求中不抵销失业保险金])。专业法律讨论的焦点是第三方能否试图扣除侵权行为人支付的赔偿这一问题。如果可以,则结果是第三人的支付也是基于与侵权行为人赔偿义务相同的法律依据和相同目的(*van Gerven* (*Covemaeker*), Verbintenissenrecht[2], 480)。

3. 西班牙 TS 15 December 1981, RAJ 1981 (2) no. 5157 p. 4131 这一判例认为,结合获益赔偿(*compensación de beneficios*)(或者损益相抵(*compensatio lucri cum damno*))理论,作为事件的结果,侵权受害人取得由所造成的损害产生的利益,则在计算损害赔偿时也必须对此予以考虑(一辆载有重型货物的车辆开进一建筑,结果房屋倒塌。但是,由于所在土地重新规划,拆迁使得该财产急剧升值;对此的批评见 Paz - Ares/Díez - Picazo/Bercovitz/Salvador *(- Pantaleón Prieto)*, Código Civil II[2], art. 1902, pp. 1989 - 1990)。但是,对于根据保险合同规定进行支付的案例属于例外(TS 27 November 1965, RAJ 1965 (2) no. 5534 p. 3387);在此情形下,无论如何,损失首先通常由保险人支付,如果受害方向侵权行为人请求赔偿,前者有义务根据不当得利原则向保险人承担责任(1980年《保险合同法》第26条)。法律评论提出,应在损害赔偿中抵消并存利益的模式,仅应适用于所收到的利益为损害事件的直接后果,而且是源自相同原因的情形(*Díez - Picazo*, Derecho de daños, 320; *Roca i Trias*, FS Albala - dejo, 4255; see also *Yzquierdo Tolsada*, Sistema de responsabilidad civil, 498)。如果损害是由恐怖袭击所造成,国家有义务赔偿遭受此类袭击的受害人;此时国家代替侵权行为人承担受害人的赔偿请求(Solidarity with the Victims of Terrorism Act *[Ley 32/1999, de solidaridad con las víctimas del terrorismo]*);在规定犯罪受害人赔偿的法律中(Allowances and Assistance to the Victims of Violent Crimes and Crimes against Sexual Liberty Act *[Ley 35/1995]*)和在规定HIV感染病人的损害赔偿的区域性法规中也有相同规则。在"*colza oil* 案"中,国家授予的并存利益已在国家所负的侵权赔偿中相抵。两笔补助金都是基于同一灾难发放(TS 24 May 2001, RAJ 2001 [3] no. 5442 p. 8342)。之前,根据职业伤害保险计划和侵权损害赔偿(TS 27 November 1993, RAJ 1993 no. 9143 p. 11794; TS 19 February 1998, RAJ 1998 [1] no. 986 p. 1564),可以加重补偿。但是,最高法院社会庭的最近判例法提出这一趋势日渐衰退,而且此类利益在计算损害赔偿时必须予以考虑(见 TS 10 December 1998, RAJ 1998 [5] no. 10501 p. 15488)。这一方法现已为民事庭批准(TS 21 July 2000, RAJ 2000 [3] no. 5500 p. 8397; TS 8 October 2001, RAJ 2001 [4] no. 7551 p. 11863)。

4. 意大利没有明确规定损益相抵(*compensatio lucri cum damno*)的法律依据,原则上予以认同(*Salvi*, La responsabilità civile[2], 251)。这表明不允许受害方从不法行为中获益。以利益抵消损害赔偿的先决条件是利益和损害均为同一事件的即时和直接后果(见 Cass. 22 June 2005, no. 13401, Giust. civ. Mass. 2005, fasc. 6:对盐厂造成损害;该厂装配新的且价值更高的机器;40%的费用由受害方承担;cf. also Corte dei Conti reg. Basilicata, Sez. giur., 2 February 2005, no. 14, Riv. Corte dei Conti 2005, fasc. 1, 234:雇员通过提交伪造的资格证书的方式骗得其职位;由不要求专业资格的工作部分带来的利益亦予考虑)。

5. 此外,在匈牙利,可行的假设是损害赔偿不应导致受害方获益。因此,原告即时自损害事件所获得的利益在计算损害赔偿时应予考虑,以在判决中酌减。"以旧换新"的扣减发生在汽车使用新配件维修的情形(详见 Gellért (-*Benedek*), A Polgári Törvénykönyv Magyarázata[6], 1363)。在保险利益中,区分"赔偿金"保险(比如责任保险)和固定金额保险(比如人寿保险或事故保险)。源自赔偿性保险的利益均从赔偿中扣除;受害人对侵权行为人的相应请求权由保险人获得。相反,对于根据固定数额保险单和给予的赔偿金取得的并存利益,获得的利益可以增加(*Benedek* loc. cit. 1364-1367; Petrik (-*Köles*), Polgári jog II, 632 et seq.; *Petrik*, Kártérítési jog, 235 et seq.; *Eörsi*, Kártérítés jogellenes magatartásért, 157 et seq.)。在涉及个人死亡的案例中,死者家属管理遗产所发生的费用不能作为可补偿的损害,但同样由继承获得的利益也不能用来减少损害赔偿的判定;侵权法和继承法相互严格区分(*Köles* loc. cit.)。

6. 类似地,在保加利亚,损益相抵原则未见法律明文规定。尽管如此,在大量情形中均被视为适当的原则(详见 *Tzachev*, Zakon za zaduljeniyata i dogovorite I[2], 201; *Kojucharov*, Obligazionno pravo I, 271)。仅在并存利益与不法行为直接存在因果联系时,侵权行为人的责任得因该利益而减少(*Kojucharov* loc. cit.)。这一准则不得适用于诸如第三方捐赠的情形或事故后发生的援助中。人寿保险或事故保险向受害方支出的费用不能用于减少侵权行为人的责任(见《保险法》第 238 条第(2)款)。根据最高法院(以前的)法学观点,对残障生活津贴亦应同等对待(Supreme Court 23 December 1968, Decree no. 4);但是,现已采用区分不同等级残障的复杂的模式。通常,所付款项为财产保险支出,保险人取得受害人的权利而对加害人提出请求(《保险法》第 213 条第(1)款)。受损之物在经济上可变现的剩余价值应从损害赔偿中扣除,即,例如被杀动物之毛皮(*Kojucharov* loc. cit.)。在罗马尼亚,社会保障利益取代了根据侵权法规定的受害方的补偿;但是,该请求权由支付损失的保险人取得。由第三方处获得的利益,其目的并非补偿所造成的损害,而仅仅是作为支助手段,不能用以减少损害请求权的范围(*Adam*, Drept civil, 268-272; *Lupan*, Răspunderea civilă, 78-82, 342)。

7.《德国民法典》的起草者明确表示将抵消问题留给法院和法律教学来解决(Mot. II 19)。但是起草者确实考虑过将其适用于多种情形,并且明确规定在多个独立条款中适用抵消(如在《民法典》第 642 条第(2)款[劳动和服务合同;下发工作指令之人违约,承包人节省的费用])或者阻碍抵消权利行使(如《民法典》第 843 条第(4)款[第三方提供的维护款项不得用于抵消受害方的损害赔偿请求权])。规定法定让与(*cessio legis*)的条款具有重要的实践意义,亦即将受害人的权利自动移转至已经向被保险人支付的保险人(特别是《社会保障法》[*SGB*] *X* 第 116 条和《保险合同法》[*VVG*]第 86 条)。这些条款要求不承认抵销权,否则保险人无法代替被保险人行使对侵权行为人的权利。此外,也没有统一的一般规定;结果取决于诉争个案的具体情形而评估(详见 Palandt (-*Heinrichs*), BGB[67], Pref. to § 249, nos. 122 and 125; Staudinger (-*Schiemann*), BGB, § 249, nos. 140 and 145)。公认的原则是在维修受损物时适用"以旧换新"的扣除,(*Schiemann* loc. cit. no. 175; *Medicus*, Schuldrecht I[17], no. 607)。此外,人们还必须遵循一个通行规则,其规定(1)在损害事件和由此产生的利益之间必须存在充分的因果联系(BGH 15 November 1967, NJW 1968, 491, 492; BGH 13 July 1981, NJW 1982, 32, 33; BGH 16 January 1990, NJW 1990, 1360);(2)不能通过抵消使受害人承担不合理的负担,不合理地获得并存利益的侵权行为人也是不可接受的(BGH 15 January 1953, NJW 1953, 618, 619; BGH 17 May 1984, NJW 1984, 2457, 2458; BGH 6 June 1997, NJW 1997, 2378; BGH 17 November 2005, NJW 2006, 499)。

8. 接下来,在奥地利则认为,应尽可能使受害方回复至若产生责任的事件没有发生,其本应处于的状态,但是损害赔偿金的判定不应表现为原告的获利。所有获得的利益均应在损害赔偿中抵消这一原则由此产生(*Koziol*, Haftpflichtrecht I[3], no. 10/33; Rummel *(-Reischauer)*, ABGB II[3], § 1312 no. 2)。可扣除的利益包括节省的费用,人工成本,收入和第三方的赠与(*Reischauer* loc. cit. no. 5)。但是,扣减利益的先决条件是在损害事件和随之产生的利益之间存在因果联系。此外,损害和随之产生的利益之间具有暂时的客观一致性(OGH 2 April 2003, 7 Ob 298/02b, RIS-Justiz 0114259; OGH 28 September 2000, ÖJZ 2001, 268)。受害人由于在事故中遭受的伤害而不得不再次进行职业教育,从而获得更高的工资这一情形(OGH 28 September 2000 loc. cit.),或者由于受害人躺在医院病床上因而"节省"了日常开支(OGH 23 November 1971, ZVR 1972/154 p. 299; cf. also OGH 27 September 1978, ZVR 1979/277 p. 334)的情形,均不符合此标准。如果受害人有义务抚养或扶养其作为受害人财产继承人的家属,而且如果继承人在受害人自然死亡的情形下也可以继承,则不符合有效抵消所要求的因果联系(*Koziol* loc. cit. no. 10/48);因此,损失赔偿请求权仅能扣减因提前继承而获得的利益(OGH 5 November 1965, SZ 38/186 p. 567; OGH 5 December 1968, SZ 41/169 p. 532)。目前由继承获得的收入减少了对生存者的损害赔偿。死亡和随之而产生的、无论如何本应由权利继承人负担的丧葬费用之间,没有因果联系(《民法典》第569条)。一般而言,由于提前收到遗产,需要扣除赔偿请求权增加产生的利益(*Koziol* loc. cit. no. 10/51)。如果损害方不应获得第三方支付的利益,则第三方支付的利益不应从中扣减(*Reischauer* loc. cit. no. 3a; *Koziol and Welser*, Bürgerliches Recht II[13], 331)。这取决于第三方的法定义务内容,该法定义务内容可通过审查构建该规范的制定法目的来确定;根据支付者的意图可能确定其为自发支付(*Koziol* loc. cit. no. 10/38)。在存疑的情形下,可假定这一赠与的目的并非是为减轻加害人的窘境(*Reischauer* loc. cit. no. 4a)。可得适用的情形有,强制性的保险支付和维修支付(OGH 18 December 1969, ZVR 1970/150 p. 205)、社会福利的紧急支付(OGH 29 April 2004, 6 Ob 260/03h)、慈善捐赠(OGH 15 April 1980, SZ 53/58 p. 265)和所有其他为支助受害人而为的赠与(OGH 4 February 1965, ZVR 1965/283 p. 335; CA Wien 1 December 1993, ZVR 1994/130 p. 314)。但是,在许多情形下,抵消问题是通过代位请求权来解决的(例如《社会保险法》[*ASVG*]第332条;《保险合同法》[*VVG*]第67条)。"免除的"痛苦是否能从实际遭受的痛苦中抵消,仍有疑问,而且无论如何这一问题都只能在满足了非常严苛的前提条件的情况下方可揭晓(详见 OGH 13 January 2004, ZVR 2005/28, p. 95)。

9. 在希腊,基本的原则是受害方应受到完全补偿,但不应因该损失而获益,因此对于适用《民法典》第930条第(3)款的大多数情形,专业的法律意见倾向于从损害赔偿判决中扣减获益部分(Georgiades and Stathopoulos *(-Stathopoulos)*, arts. 297-298, no. 89; *Stathopoulos*, Geniko Enochiko Dikaio A(1)[2], 546)。充分因果联系准则是在试图避免不公平指控的情形下提出来的。在损害事件和随之产生的利益之间必须存在充分因果联系;仅在这种情形下,该获益得以扣减。

但是,此外法院有时也仅依据善意原则判定不得扣减获益(《民法典》第288条;见 *Georgiades*, Enochiko Dikaio, Geniko meros, 154 and A. P. 523/1995, NoB 45 [1997] 966, note *Stathopoulos*)。第三方为使受益人获益且无意减轻加害人义务而为的主动支付不应被扣减(*Stathopoulos*, Geniko Enochiko Dikaio A(1)², 556)。相反,"以旧换新"差额的扣减发生于维修的情形中(Georgiades and Stathopoulos (- *Stathopoulos*), arts. 297-298, nos. 97, 114)。

10. 在葡萄牙,损益相抵(*compensação de lucros com dano* 或 *compensação de vantagens*)的适当性可从《民法典》第568条推断,该条规定,根据特定情形,负有支付损害赔偿金义务之人可以要求受害方让与他对第三方的权利;此外,亦可参照《民法典》第803条第(2)款和《民法典》第566条第(2)款的相关规定,其中损害赔偿的评估取决于受害方当前的经济状况和如果事故没有发生其本应处于的经济状况之间的差异(*Pessoa Jorge*, Ensaio sobre os pressupostos da responsabilidade civil, 379, 413, 416)。在损害与随之产生的获益之间必须存在因果联系;仅仅为巧合是不足以满足这一要求的(*Pires de Lima and Antunes Varela*, Código Civil Anotado I⁴, note 2 under art. 568, p. 586)。例如,尽管培训学校向某人保证,即使他没有达到很多法定要求,但是他参加驾驶教练考试的申请仍会通过,结果此人未能被许可参加该考试,而此人已从培训学习的课程中获益良多,而且在法律进行必要的修改后,也确实帮助他通过考试,因此该获益不能从其损失赔偿的判定中扣减(STJ 28 February 2002)。相反,在以一位经理人失去在慈善机构的工作为诉由的案件中,该慈善机构的功能已由国家承担,此人作为另一国家机构的雇员而获得的薪水应从损害赔偿中扣除(CA Lisbon 12 May 2005)。损益相抵理论看似主要根据先合同义务的违反而建立,亦即原告因未订立该合同而节省成本的情形(*Prata*, Notas sobre a responsabilidade civil pré-contratual, 180; STJ 11 January 2007)。

11. 如果同一损害事件造成受害人在遭受损失的同时获得利益,则根据《荷兰民法典》第6:100条规定,这一利益应从损害赔偿中扣减,但仅限于"扣减为合理的情形"。该"获益"可为减轻所遭受的损害程度的任何东西(费用的节省;资产的增加;虽未工作而继续领取报酬;养老金的支付;税款的节省)。非经济利益仅在计算非金钱损失时相关(HR 21 February 1997, NedJur 1999, no. 145 p. 837:错误出生)。损益相抵不适用于源于损失赔偿保险的支付;受害人对侵权行为人的赔偿请求由保险人代位行使。根据固定数额保险单(如人寿保险)进行的支付,仍然属于被保险人死亡的支付数额应从受抚养人对丧失抚养支持的损失赔偿请求中抵消的情形(《民法典》第6:108条),如果这些支付是作为抚养受抚养人的手段(HR 19 June 1970, NedJur 1970, no. 380 p. 1066; HR 4 February 2000, NedJur 2000, no. 600 p. 4155)。在久病期间仍然领取薪水(《民法典》第6:107a条)和许多其他情形均依特别法规定。无论如何,如果在损害事件和获益之间没有充分的因果联系,则根据《民法典》第6:100条规定,抵消均非"合理的"(Parlementaire Geschiedenis VI, 348; Schadevergoeding I (- *Lindenbergh*), art. 6:100, no. 4 p. 10, nos. 7-8 pp. 13-24; *Salomons*, Schadevergoeding, no. 19 p. 34)。

12.《爱沙尼亚债法》第127条第(5)款源于下列原则:由损害事件获得的所有利益,均应用于减少损害赔偿数额。但是,应注意若违背损害赔偿金判定的目的,则不应予以抵消。

13. 损益相抵这一原则在北欧各国得到广泛的承认。但是,仅在有限的情形中得以适用。对于与损害事件直接存在明确因果联系的明显的利益,应适用利益均衡(*Hellner and Radetzki*, Skadeståndsrätt⁷, 368; *Rodhe*, Obligationsrätt, 476; *cf. Hellner*, Obehörig vinst, 163)。其他则适用一般的合理性准则(*Bengtsson*, Ersättning vid offentliga ingrepp II, 234; *Saxén*, Skadeståndsrätt,

269)。大量的评论家指出审查赔偿的保护范围的公式(*Andersson*, Skyddsändamål och adekvans, 459)。其他评论家则援引充分性的概念(*Radetzki*, Skadeståndsberäkning vid sakskada, 184;而其批评意见可见于 *Rodhe* loc. cit. 476 and *Iversen*, Erstatningsberegning i kontraktsforhold, 734)。丹麦则将重点放在损害赔偿金的判定不应用以使受害人获益这一准则(*von Eyben and Isager*, Lærebog i erstatningsret[6], 285; *Vinding Kruse*, Erstatningsretten[5], 342)。因此,在住院期间节约的生活成本应从赔偿请求中扣除(HD 13 March 1959, NJA 1959, 181),然而由事故所引发的第三人进行的捐赠应予排除(HD 4 December 1947, NJA 1947, 586; Andersson loc. cit. 459; 芬兰亦然,*Saxén* loc. cit. 320;*cf. Møller and Wiisbye*, Erstatningsansvarsloven[6], 371)。在瑞典 HD 3 December 1990, NJA 1990, 705 案中,市政府建议一所房屋的主人安装一个专门的供热系统,因为市政府错误地声称由于氡含量过高,导致即将发生问题。市政府应承担安装供热系统的费用而且不得减轻,因为如市政府已提出的,考虑到事实上若不是被市政府的建议误导,原告本不会安装该系统。被告未能证明原告由此获得经济利益,比如节省成本或获得财产价值的增加。在 HD 21 December 1993, NJA 1993, 753 案中,从事挖掘工作之人过失损毁了受法律保护的古代遗迹,被告应承担进行必要考古检测所需的费用。被告主张损益相抵,因为国家文化遗产管理机构通过该检测获得了知识上的利益。法院驳回了被告的请求,因为该利益并无任何商业价值,而且该机构应有能力自由决定检测哪处地址。一般而言,在北欧各国不允许加重(双倍)损害赔偿。但是,大多数的扣减并非基于损益相抵原则,而是遵循评估损害赔偿的原则和规则(*Hellner and Radetzki* loc. cit. 418;*von Eyben and Isager* loc. cit. 291)。《瑞典损害责任法》第5章第3条规定,在评估由失去收入和扶养产生的请求权而引发的损害赔偿时,对强制性社会保障保险、工业伤害保险和其他由雇主支付的利益产生的获益,应予扣减。不发生受害人请求权由相关保险人代位。相反,因私人购买的保险而获得的收益,并不导致损害赔偿的减少(*Hellner and Radetzki* loc. cit. 388;*Bengtsson and Strömbäck*, Skadeståndslagen[2], 248)。类似地,根据《丹麦损害赔偿责任法》第2条和第7条,源于社会保障保险和工业伤害的赔偿保险应从损害赔偿请求中扣减。这也包括根据个人健康保险进行的支付。(雇主的)代位权仅是为雇员生病时雇主依然继续支付报酬以及为雇员的其他利益而设定的(*von Eyben and Isager* loc. cit. 331; *Møller and Wiisbye* loc. cit. 370 and 597)。关于对被保险财产造成的损害赔偿没有(保险人的)代位权;仅仅因过失而造成此类损害的个人也不承担责任(《损害赔偿责任法》第19条和第22条)。在芬兰,根据社会保障赔偿(疾病补偿)规定的支付和工业伤害保险赔偿,通常都从受害人的损害赔偿请求权中扣减(*lag om sjukföräkring*, 21 December 2004, chap. 12 § 2;*lag om olycksfallsför-säkring*, 20 August 1948/608, § 61),但是保险人有权从侵权行为人处获得赔偿。另有关于由刑事违法行为造成的损害赔偿的专门规定(例如 *lag om sjukföräkring chap.* 12 § 7)。有时,对于所有北欧国家而言,根据固定数额保险(*summaförsäkring*)进行的支付均非可扣减的;因此损害赔偿请求权和保险支付可加重补偿,受害人的权利也不能由保险人代位行使。

14. 在英国,1997年《社会保障(利益补偿)法》确立了详细的架构,规定对原告造成人身伤害的侵权行为人应为国家在结案前最长5年期间向原告支付的特定形式的社会保障利益补偿国家。此类利益应相应地从向原告的应付赔偿金中扣减等额赔偿金(前法第8条),这形成了一种限制,使侵权行为人无法扣减特定利益,但须对国家承担赔偿责任。5年期限之外的利益并非前述利益的范畴,并相应地不应从损害赔偿中扣减:第17条规定,在评估关于事故、伤害或疾病的损害赔偿时,已付或可能将付的所列举利益的数额,不应予以考虑。除上述制定法规定外,利益的扣减由判例法确定。为与原告不应从损失中获益这一原则保持一致,出发点就是当原告接受并存利益时被告的责任应予减轻,因为仅应对净损失予以补偿(*Hussain v. New Taplow Paper Mills Ltd.* [1988] AC 514, 527),但是扣减取决于利益与伤害之间因果联系的考量、利益的来源与利益的性质和目的:Clerk and Lindsell (*– Burrows*), Torts[19], para. 29 – 42 – 29 – 44。同时承认,原告由事故赔偿取得的获利和第三方的无偿捐助均无须扣减:*Hunt v. Severs* [1994] 1 AC 350, 358。职业病伤残抚恤金应与事故保险金等同视之:*Parry v. Cleaver* [1970] AC 1;*Smoker v. London Fire and Civil Defence Authority* [1991] 2 AC 502(即使由侵权行为人支付,也仍然是原告自己承担费用的结果)。侵权行为人支付的无偿捐赠也可扣减:*Gaca v. Pirelli General plc* [2004] EWCA Civ 373; [2004] 1 WLR 2683。对于就业福利、病假工资或工资的继续支付均必须予以扣除:*Hussain v. New Taplow Paper Mills Ltd.*, loc. cit.。例外地,如果第三人提供了并发利益就能要求同等补偿,如果第三方可以从侵权行为人处获得补偿,则亦应将此利益扣除(1997年《社会保障法》即以此政策为基础制订)。并且如果原告有义务补偿第三方,则此利益就不应扣除(如在应向原告的雇主偿还病假工资的情形下):Clerk and Lindsell (*– Burrows*), Torts[19], para. 29 – 51。对于根据1976年《致命事故法》规定的请求权,由于被继承人死亡而使继承人从死者遗产中获得的利益,不应予以考虑:1976年《重大事故法》第4条。通常来说,这些利益包括原告在交易中获得的财产的市场价值:同前引法条。在苏格兰法中,对于死者家属因死者的重大人身伤害而丧失扶养,提出的损害赔偿请求,1976年《损害赔偿(苏格兰)法》规定,下列利益不予考虑:(1)死者亲属或他人通过继承或和解所获得的财产利益或收益,(2)所有保险金(包括本金的返还),根据社会保障法律获得的利益,由友好的社会或贸易组织为救济或扶助其成员的家属而资助的金钱,养老金(包括分次返还和一次付清),或由于死者之死亡而支付的补助金:同前引法,第1条第5、6款。但是,为了防止实质达到双倍补偿的数额,必须考虑补偿未来财产利益而判定给死者的临时损害赔偿,只要该判定是为弥补死者在死亡后一段时间的损失:同前法,第1条第5A款,1993年《(苏格兰)损害赔偿法》第1条第(3)款新增。在英国关于欺诈的法律中,原告有权获得其因遭受欺诈而在交易中被诱导支付的全部价款作为损害赔偿金,但必须承认该利益是通过该交易所获得:*Smith New Court Securities Ltd. v. Scrimgeour Vickers Ltd.* [1997] AC 254, 266 (Lord *Browne – Wilkinson*)。

15. 1964年《爱尔兰民事责任(修正)法》第2条规定:"在损害赔偿的诉讼中,对过错行为(包括犯罪行为)导致的未致死亡的人身伤害评估损害赔偿金时,不应考虑:(1)根据合同或保险支付的损害赔偿数额,(2)根据法律或因该损害引起的任何可支付的养老金、补助金或其他类似利益"。通过运用这一条规定,原告可收到相当于该损失数额双倍的赔偿。1993年《社会福利(合并)法》第75条第(1)款规定,虽有1964年法第2条规定,在人身伤害诉讼中,判定损害赔偿金时应考量随之产生的由于损害对受害人已经造成或可能造成的收入损失或利润损失、对受害人已经造成或可能造成的任何有关伤害利益的权利价值的损失(因工作时遭受的事故或职业病导致某人不适合从事工作的情形下,遭受的每周可得利益的损失)或者自诉因发生时起5年内的伤残利益(某人由于在就业保险期间因职业病或遭受身体或精神创伤而应获得的利益)。1993年法的第237条第(1)款规定,虽有1964年法第2条规定,在涉及使用机动车辆的未致人死亡的人身伤害责任的所有诉讼中,判定损害赔偿时,应考虑"受害人根据[该法]第Ⅱ部分规定享有的自诉由发生时起5年内的残障利益[……]或伤残养老金,由此类已发生或可能发生的伤害所引发的所有权利的价值"。对这一立法政策,司法部门表达了不同看法(*O' Loughlin v. Teeling*

[1988] ILRM 617 [HC] per *McKenzie* J)。在1964年的《民事责任(修正)法》第2条的报告:从损害赔偿判定中扣减并存利益(LRC 68-2002)中,法律改革委员会提出了对并存利益进行根本性改变的建议。委员会提议对于长期失能保险的双倍赔偿应予排除[第1.49段]。如果原告已经按照人身伤害保险保单规定直接或间接以自己的名义获得全部保险金,委员会建议此原告应可获得双倍补偿(第1.56段)。总而言之,建议为慈善性的利益不应从损害赔偿判定中扣减(第2.05段),并且职业养老金亦不应予以扣减。同样也提议,病假工资应从侵权行为人支付的损害赔偿判定中扣减,"只是不应考虑导致法律上的可强制履行债务的病假工资或该病假工资为慈善债务或病假工资为慈善性捐赠的情形"(第4.36段)。委员会也建议将扣减原则适用于社会福利支付的广泛领域(第5.016段)。1993年的《社会福利(合并)法》第75条和第237条,对关于扣减的一般规则规定了两种不予扣减的法定例外情形,委员会建议这两种法定例外情形应同样适用于所有类型的事故。另外还提出(第5.054段),因伤害而产生的社会福利金和因收入或利润损失而产生的损害赔偿金,仅应从对收入或利润损失的损害赔偿中扣减。最后,委员会建议(第5.110段),社会和家庭事务部应考虑构建一个补偿制度,规定赔偿金判定中减少的数额,由于社会福利保险的支付包括健康津贴,因此应由被告向该部或保健董事会中适当的机构支付补偿。在*O' Neill v. Electricity Supply Board* (unreported, High Court, July 31, 2002)案中,*Finnegan* P.没有依据*Reddy v. Bates*案的规则进行扣减,原告在1999年发生事故时为52岁,自1965年即为被告所雇。对于原告的就业保障,*Finnegan* P.表示他认为进行扣减是不适当的。相反,在*Boyne v. Bus Átha Cliath* (unreported, High Court, 11 April 2002)案中,*Finnegan* P.基于*Reddy v. Bates*案判定了10%的扣减,案中原告在事故发生前有相当长的两段时间处于失业状态。*Reddy v. Bates*案明确了对长久以来的就业市场的一般考虑,无须在原告在事故前的就业情况中寻找依据,但是此类情况无疑增强了在特定情形下适用此规则的说服力(*Byrne and Binchy*, Annual Review of Irish Law 2002, 523)。在*Hogan v. Steele & Co. Ltd.* [2000] 1 ILRM 330 (HC)案中,高等法院认为不可能从雇员对造成事故之人提出的损害赔偿请求中扣减自愿持续支付的报酬;但是该损害赔偿必须返还给雇主。

示例1选自BGH 23 June 1992, NJW-RR 1992, 1397;示例2选自TS 15 December 1981, RAJ 1981 (2) no. 5157, p. 4131);示例5选自Cass. crim. 1 June 1999, JCP éd. G 2000, I, 197, no. 7, note *Viney*。

第Ⅵ-6:104条 多个受害人

多个受害人遭受具有法律相关性的损害,而对一个受害人的赔偿同时构成对其他受害人的赔偿的,他们请求损害赔偿的权利准用第三卷第四章第二节(复数债权人)的规定。

评 论

对一个受害人的赔偿也构成对其他受害人的赔偿。本条涉及非合同责任法律规定中出现相对较为频繁的一个问题。这一问题是在加害人已经对数人造成具有法律相关性的损害,并且对一个受害人的赔偿同时构成对其他受害人的赔偿的情形下,谁得请求损害赔偿(或者在有些情形下请求部分损害赔偿);这反过来也意味着加害人必须一次全部清偿。实务中最常见的情形是损害多人拥有财产权利之物。该物之维修或必要维修费用的赔偿构成对多个具有法律相关性损害的独立后果的救济。

示例 1

B 已经从 S 处购买某物,而 S 保留所有权。T 由于过失损害该物。尽管同时存在对 S 的所有权和 B 的财产权的具有法律相关性的损害(如果根据现行法存在此类财产权,如期待权(*Anwartschaftsrecht*)),但就维修费用而言,T 无论如何不会承担超过该费用 100% 的责任(如果在维修期间 B 还有额外的收入损失,则会出现不同情形)。

损害赔偿。在这些案例中,最重要的是,首先应区分确定对既定利益方造成的具有法律相关性的损害确实存在以及对应于此请求权的适当救济。第 2:206 条(侵犯财产或合法占有造成的损失)主要涉及的是对于具有法律相关性损害的确定。相反,赔偿性法律救济的(1)方式、(2)数量和(3)适当的接受人等相关问题,被认为属于救济法的范畴。本条处理的是其中的第三点。但是本规定并不适用于同一行为已经造成多个具有法律相关性的独立损害的情形,他们相互独立且单独适用。

示例 2

A 在一所房子里经营一个理发店,但该房屋被 T 的卡车撞坏。因此,A 不得不歇业一段时间。O 是该房屋的主人,与 A 均遭受损失,O 是由于其财产权被侵犯而遭受损失,而 A 是由于其对理发店的合法占有权被侵犯而遭受损失。O 有权请求赔偿维修费用;A 有独立的请求权,得请求赔偿其在无法营业期间所遭受的营业损失。案例中没有第 6:104 条所要求的事实要件。

参引第三卷。本条涉及第三卷第四章第二节(复数债权人)规定的相关问题。在这些规定中,第Ⅲ－4:202 条(连带债权、可分债权以及共同债权)区分了不同类型的债权;第Ⅲ－4:203 条(不同类型债权的产生)第(1)款规定判定请求履行的权利是否为连带债权、可分债权或共同债权取决于规范该权利的条款,同一条第(2)款规定的规则是连带债权人的债权为可分债权。

本卷规则的意义。这些基本规则也同样适用于非合同责任法中可能产生的各种情形。由于可能存在各种不同的情形,因此不可能设定更为精确的规则。但是出发点可以确定,即原则上损害赔偿必须归于因财产损害遭受实际损失之人。因为根据第二章的规则,此损失是此人遭受具有法律相关性损害这一事实的先决条件。仅仅侵犯这一权利不足以构成损害,除非在特定情形下,侵犯本身明显构成具有法律相关性的损害。

示例3

T由于车速过快使货车在一条弯道上失控并撞坏了O的房屋。该房屋所在的土地负担有B银行的担保权。O和B都遭受了财产权利的侵害。但是在每一情形中的损失数额取决于特定案件的具体情形。考虑到O的信誉度,担保的范围(是否及于O请求赔偿的权利及其收益)和(其他)担保的内容,银行可能仅遭受了有限的损失,或可能毫无损失。在后一种情形下,尽管存在对其财产权的侵犯,B也没有遭受具有法律相关性的损害。

示例4

事实部分与示例1相同。如果B根据其与S签订的合同履行义务,并如约继续支付分期付款,违约的情形并未发生。S没有损失;B有权独自请求损害赔偿。但是如果B已经停止履行买卖合同规定的义务,则情形有所不同。在存疑的情况下,B均衡享有部分损害赔偿请求权,该请求权依已经支付的价款比例而定,而S对剩余部分享有请求权。无论如何,在车辆全损的情形下也是如此。相反,损害较轻时,亦即能通过维修合理消除损害时,受害的双方均有权作为债权人共同请求赔偿维修费用、使用损失和目前受损车辆的价值损失;当担保权益到期时亦是如此。受害双方之间的利益均衡问题,不应对事故所致损害之诉形成负担。因此,每一债权人仅能以集体方式请求履行(见第Ⅲ-4:202条(连带债权、可分债权以及共同债权)第(3)款)。

注 释

1. 在法国侵权法中,这一问题很少涉及;显然,支付维修费用之人有权请求赔偿。无论如何,相关损害必须是即时、确定且为本人的(*Cass. civ.* 23 *May* 1997, *GazPal* 1977, *II*, 677)。损害赔偿请求权仅能由实际遭受损害之人主张(*Mazeaud/Mazeaud/Tunc*, Traité théorique et pratique de la responsabilité civile délictuelle et contractuelle[6], no. 272 p. 359)。如果多人因同一行为而受到影响,则他们不可能遭受相同损害。例如,若一人遇害,则责任范围基本上取决于有多少家庭成员依靠死者扶养(*Savatier*, Traité de la responsabilité civil II[2], no. 559 p. 125)。相关家庭成员均可主张自己的请求权,每个人都享有对其遭受的损害予以赔偿的请求权。这一赔偿金由一审法院自由裁量(*Viney and Jourdain*, Les conditions de la responsabilité[3], no. 291 p. 120)。相应地,商业公司的合伙人由于另一合伙人的死亡遭受经济损失也可就因商业价值减少而导致的个人损失提起诉讼(Cass. crim. 16 May 1979, JCP 1979, IV, 237)。

2. 就比利时来说,必须指出,一贯的情形是如果有多人对同一受损物(或对物之权利)拥有财产权,一个财产权利人行使赔偿请求权将限制其他人的请求权。无论如何,财产所有人和遭受损害的房屋的租赁人不能要求总计高于若房屋未出租时本应付给房东的金额(*Simoens*, Beginselen van Belgisch privaatrecht XI(2), no. 152 p. 301)。

3. 在西班牙,共同权利的每一权利人均可独立地以其自己的名义代表该共有权利的其他权利人提起诉讼;一般而言,对此诉讼的正式宣告的判决也对其他权利人有效(TS 31 January 1973, RAJ 1973 [1] no. 100 p. 74; Paz-Ares/Díez-Picazo/Bercovitz/Salvador *(-Miquel)*, Código Civil II[2], 1077)。尤其是,在《专利和实用新型法》中有专门规定(*Ley* 11/1986, *de patentes de invención y modelos de utilidad*)。第72条规定:"(1)如果专利申请或已经被授予专利不分份额地由多人共有,则由此产生的所有权应由各方通过协议约定,或者没有协议的情况下适用本条规定,或者最终适用关于共有所有权的一般法律规定。(2)但是任何一方单独可以[……](d)向以任何方式损害该共同申请或专利所赋予的权利的第三方提出民事或刑事诉讼。行使此类诉权的一方应有义务告知其他方提起诉讼一事,以便他们共同参与。"类似的规定见于《商标法》(*Ley* 17/2001, *de marcas*)第46条第(1)款。根据法律理论,商标或专利权的共有人应被视为由侵犯该权利的行为所引发的义务的连带债权人,因此,负有损害赔偿义务的债务人(权利侵害人)有权向任一连带债权人进行赔偿;但是如果仅有一位债权人提起侵权之诉,则债务人有义务向该债权人支付赔偿金(《民法典》第1142条;*Reglero Campos*, Responsabilidad civil por daños a la propiedad industrial[3], 2207,关于专利权,参见TS 13 May 1996, RAJ 1996 [2] no. 3903 p. 5054)。赔偿金数额的评估取决于所有权的份额。但是在涉及权利人和知识产权被许可人之间的关系范围内,损害赔偿金的评估更为困难。通常承认,如果该许可为排他的,尽管权利人和被许可人均有权请求(《专利和实用新型法》第62条和第124条第(1)款),但通常是被许可人遭受损害,所以获得赔偿的权利归于被许可人。因此,如果原告并非有权获得赔偿金的人,则此人应在内部关系中将此赔偿金返还给有权获得赔偿的其他人(*Portellano Díez*, La defensa del derecho de patente, 112)。如果权利人也因侵权而遭受损害(例如,专利发明的声誉损失:《专利和实用新型法》第68条),则也应在内部关系中判定谁是有权获得赔偿的人(*Portellano Díez* loc. cit.)。

4. 根据意大利法,所有权保留交易中,只有保留物之所有权的出卖人(而非买受人)有权对造成该物损害之人主张赔偿请求权。此规定的理论基础是仅当买受人单独使用该物时会遭受损害(Cass. 30 May 1981, no. 3541, Giur. it. Mass. 1981, fasc. 5; Tribunale Superiore delle Acque 16 January 1995, no. 3, Cons. Stato, 1995, II, 122)。买受人仅得向出卖人主张权利(*Carpino*, Obbligazionie contratti III, 319)。类似的情形见于货物租赁合同的框架中。赔偿的权利移转至承租人,因为所发生的损害在承租人的权利范围内(*Bianca*, Diritto civile V, 597)。如果被损坏或毁损之物上负有担保物权,则法律地位就不再泾渭分明。部分因为担保权也构成担保物权人的赔偿请求权的一部分(《民法典》第2742条第(1)款),因此被担保的债权人并未遭受具有法律相关性的损害(*Bianca* loc. cit.),所以对该财产享有担保权之人的请求权不被认可。此外,《民法典》第2743条也授予债权人在原抵押财产遭到破坏或者丧失价值时,要求债务人提供他物作为担保的权利。相反的观点认为,此类物权必须受到侵权法的保护,因为基于《民法典》第2743条规定产生的请求权在某些情形下可能毫无价值(详见 *de Cupis*, *Il danno II*, 61-62)。在法学著作中主流观点认为主张占有(*iure proprio*)请求权这一权利是基于担保物权人对物的现实管领而授予的(Cendon (-*Realmonte*), Commentario al codice civile VI, sub art. 2789 p. 333)。如果所有权与占有分离,则权利人均有权对其所遭受的损害主张赔偿请求权(*Sacco*, Il possesso, 309; Cendon (-*Gaudino*) loc. cit. IV(2), sub art. 2043, § 20.1 p. 2016)。对于所有权人和保有人(*detentor*)之间的关系亦同(Cass. 10 June 1977, no. 2420, Rep. Giur. it. 1977, voce Resp. civ. 185; Cass. 22 July 1971, no. 2410, Foro it. 1971, I, 2482; Cass. 23 October 1976, no. 3815, Foro it. 1977, I, 2763)。因此,承租人可以对其使用承租物的损失主张损害赔偿,所有权人亦可基于该物减少之价值主张损害赔偿(Cass. 27 July 1998, no. 7337, Giur. it. 1999, I, 1, 1601; Cass. sez. un. 30 March 1972, no. 1008, Foro it. 1972, I, 880; Cass. 24 February 1981, no. 1131, Giur. it. 1981, I, 1, 1586)。

5. 在匈牙利,进行以下区分。如果同一物有多个共有人,他们均为补偿请求权的共同债权人

(《民法典》第139条第(1)款)。在共有人的内部关系中,损害赔偿依据他们在所有权中的份额分配(《民法典》第141条)。如果数人对同一物有不同的物权,则一般而言,涉及财产损害时,所有人被视为与加害人相对应的受害方(《民法典》第99条),而且对一人之补偿亦为对其他人之补偿(cf. *Marton*, A polgári jogi felelösség, 136)。根据财产法规定,他/她就必须与该财产的担保权人争夺补偿(如《民法典》第159条第(3)款和第163条[用益权]以及第260条[担保物权])。类似的情形也出现在租赁中:当所有权人被视为受害方时,则根据物的租赁法律规定必须与租赁人争夺补偿(《民法典》第424条第(1)款、第430条第(2)款)。如果所有权保留之物被损坏或毁损,根据对《民法典》第368条第(3)款不动产风险转移规定的类推解释,应由买受人主张补偿请求权(对这一类推的进一步分析,见 *Kisfaludi*, Az adásvételi szerz ődés, 183-185; *Bíró*, Szerz ődési Alaptípusok, 51-53)。

6. 比利时法律著述并未对此问题提出任何建议。如果出卖人保留所有权,则在该物遭致损失或损害时,风险移转至买受人(《债法》第205条第(1)款)。赔偿请求权(在例外情形下)得否由买受人直接主张或买受人是否不得不与出卖人协商这一问题,仍未最终解决。

7. 在德国法中,谁有权主张请求权是一个有争议的问题。RG 1 July 1942, RGZ 170, 1, 7 这一判决直至今日仍为不少法学家推崇(如 *Müller-Laube*, JuS 1993, 534),该判决判定,所有权保留交易中的买受人有权单独主张损害赔偿请求权;其为一项财产权利(期待权 *Anwartschaftsrecht*)的持有人。但是,BGH 11 November1970, BGHZ 55, 20, 31 案采用了不同的方法,将赔偿金依据所有权人和买受人各自所占的价值比例进行分割。买受人的损害赔偿金不会纳入该物的全部价值(加上对使用损失的赔偿)中;因为该物的剩余部分未付款项应从此数额中扣减。剩余部分必须由所有权人主张。另一方法主张,根据所有权保留条款规定,仅仅出卖人有权主张损害赔偿请求权,但其仅能要求买受人接受实际履行(*Flume*, Allgemeiner Teil des Bürgerlichen Rechts II[3], 741)。基于《民法典》第851条和第1281条,第四种观点提出,准用规定不可分给付的多数债权人的规则(《民法典》第432条)(*Baur and Stürner*, Sachenrecht[17], 761; *Larenz and Canaris*, Schuldrecht II(2)[13], 393; MünchKomm *(-Wagner)*, BGB[4], § 823, no. 146; Staudinger *(-Hager)*, BGB[13], § 823, no. B 155)。类似的问题同样存在于所有权人和拥有担保物权的债权人或财产占有人之间的关系中。为避免加害人遭受双重赔偿请求权的夹击,大多数法律从业人员均认为建议类推适用《民法典》第1281条。这就使得加害人仅有义务向所有权人和其他被授权的人一并履行,确实,或许只能如此。其他评论家更倾向于源自《民法典》第428条(不可分给付的共同债权人)的解决方案或借助于实物赔偿概念(详见 *Wagner* loc. cit. no. 144 *和Medicus*, Bürgerliches Recht[20], no. 609)。

8. 根据《奥地利普通民法典》第1295条规定,遭受他人侵害之人有权就该损害请求赔偿。其中所指的是直接受害之人,即其权利遭受侵害的任何人。其他享有物权之人和所有权人(或共有人)亦属该条款所涵盖的范围。在内部关系中,共有人的补偿请求权和损害赔偿金的分配,适用关于共有或合伙的法律规定。相反,如果不仅造成所有权人的损害,同时与遭受损害的所有权人处于同一合同关系中的人的经济地位也受到损害事件的不利影响,则亦得适用关于对第三方遭受的损害进行赔偿的规定。这也可用于处理其他存疑的情形,如主要的受害人并未遭受损害或至少只遭受了很小的损害,因为经济损失的风险已经通过合同移转至第三方(Rummel *(-Reischauer)*, ABGB I[3], § 1295 no. 27)。但是,后者仅遭受(就一般规则而言,不可获赔)纯粹经济损失。这是不恰当的(OGH 22 No-vember 1978, SZ 51/164 p. 725; OGH 26 June 1991,

JBl 2003, 379)。因此,加害人不能提出第三方仅为次要受害人这一理由作为抗辩。所以,此种情况下的所有权人可以要求其接受与所有权人本有权获得的赔偿金相同数额的赔偿金如同风险并未转移(*Koziol*, Haftpflichtrecht I[3], no. 13/24)。适用这一法则最重要的情形是出售之物在风险转移后毁损;但是,除此之外,亦得在以佣金为基础的交易和连续支付工资的情形中适用(*Bollenberger*, JBl 1997, 284)。关于第三方遭受损害有关赔偿的补偿规则同样影响了其他法律领域(OGH 18 February 1986, JBl 1986, 468),例如,如果租赁的营业场所遭受破坏并应归责,结果,仅享有合同权利的承租人遭受损害(*Koziol* loc. cit. no. 13/5; *Harrer*, Schadenersatzrecht, 67)。

9. 关于希腊法律地位的分析,见前述第 2:206 条(侵犯他人财产或合法占有所致的损失)中的注释 22。根据《葡萄牙民法典》第 1405 条规定,作为一般规则,共有人可以代表自己针对第三方提出请求(所有权返还请求权(*rei vindicatio*)除外)(*Neto*, Código Civil Anotado[14], 1156, note 4 under art. 1405),因此,损害赔偿请求权与其在共有中的份额比例相当(CA Oporto 4 June 1981, CJ [1981 - 3], 143)。根据程序法规定,我们的处理方式是自愿合并审理(*litisconsórcio voluntário*)。权利人可选择单独主张请求权或与其他共有人一起主张请求权。如果他们选择第二种途径,则法院仅将判定他们根据其所有权份额获得一笔赔偿金,只要此种按比例赔偿为请求权的性质所允许(《民事诉讼法典》第 27 条;参见STJ 27 June 1995, BolMinJus 448 [1995] 309 - 313; *Neto* loc. cit. 1157, note 15 under art. 1405)。

10.《荷兰民法典》第 6:15 条第(1)款规定,对两个以上债权人负有给付义务的履行行为,如果无法从法律、习惯或法律行为中推导出其他结果,则每个债权人均得请求相同份额。相反,如果涉及不可分给付或连带债权,则债权人共有单一的请求权。在共有中,《民法典》第 3:170 条第(2)款规定共有人仅能对第三方提出共同的损害赔偿请求权(详见 Nieuwenhuis/Stolker/Valk *(- Valk)*, T & C Vermogensrecht[4], art. 6:15, pp. 2133 - 2134; Verbintenissenrecht I *(- Busch)* art. 6:15, nos. 3 - 8 pp. 2 - 12)。《爱沙尼亚债法》第 73 ~ 75 条包括适用于多个债权人的许多一般规则。

11. 在北欧国家,对于受损财产价值的纯粹损失的损害赔偿可判定给所有权人或其他财产权人,或者两者兼得,但侵权行为人的总责任必须保持不变(*Hellner and Radetzki*, Skadeståndsrätt[7], 362)。这也可以从瑞典《保险合同法》(第 9 章第 1 条)、《芬兰保险合同法》(第 62 条)和《丹麦保险合同法》(第 54 条)得出结论,其中规定通过财产价值保险向第三人(比如用益权人、担保权人或承担与所有权移转有关的风险之人)赔偿。在类似的方式中,这些规定并未专门规定哪些份额得补偿给每个原告;仅有不止一名原告这一事实,并不导致所判定的损害赔偿增加,这一点毋庸置疑(*Radetzki*, Skadeståndsberäkning vid sakskada, 60; *von Eyben andIsager*, Lærebog i erstatningsret[6], 293)。以下规则具有一般的适用性,亦即在合同缔结之后(已经缔结或有待缔结)承担损失风险之人也可向加害人主张损害赔偿请求权(*Radetzki* loc. cit. 62;*Andersson*, Trepartsrelationer i skadeståndsrätten, 148 - 151)。控制财产且享有有限财产权(定限物权等)人可在某些情形下(目前尚无非常明确的规定)享有自行请求损害赔偿的权利(*Vinding Kruse*, Erstatningsretten[5], 298; *Andersson* loc. cit. 137)。

12. 在普通法中,"侵占"这一侵权行为中的原告对侵扰其实际占有的行为,有权请求对该物无权益的侵权行为人赔偿与所有权人基于相对的所有权能获得的损害赔偿相同的赔偿,即侵权行为人不能通过主张第三者的权利(*jus tertii*)而否定原告的所有权:*The Winkfield* [1902] p. 42。

当为所有权人的利益或作为一个信托的受托人而使用所收到的金钱时,受寄托人负有向所有权人说明超出其自身利益的价值的使用的义务,普通法上的实物赔偿义务防止了受寄托人的过度赔偿:*Tomlinson (Hauliers) Ltd. v. Hepburn* [1966] AC 451。由于1977年《侵权(妨害动产)法》的规定废除了针对主张第三者权利(*jus tertii*)和允许其他可能的原告联合诉讼的规定,受寄托人的过度赔偿仅在真正的所有权人无法确定且无法参与诉讼(例如受托人为发现人)的情形下产生。对于此类情形,法律保留了对过度赔偿进行说明的义务并将其置于法定依据:前法第7条第(3)款。相反,共有人或抵押人或对物拥有有限财产权的其他人得仅在其有限的利益范围内请求损害赔偿:Clerk and Lindsell(- *Tettenborn*), Torts[19], 17 - 110 and 17 - 113。

第Ⅵ-6:105条　连带责任

数人对于同一具有法律相关性的损害负有责任的,他们的责任是连带的。

评　论

A. 多个负有责任之人的连带责任

欧洲共同法。本条规定的是作为每一成员国法律制度的一部分的条款,亦规定于共同体法中(主要是1985年7月25日的第85/374/EEC号关于缺陷产品责任的理事会指令的第5条(*Council Directive of 25th July 1985 on liability for defective products art. 5*)):如果因造成对受害人之同一损害而负有责任的为数人,他们应承担连带责任。法律权威资料表明,这一规则也常常适用(在细节上有些许差异)于原本显然应适用另一解决方案(按份责任)的情形。

政策考量。本条中设定的原则符合一系列的政策考量。每一个负有责任之人均造成了全部损害,因此应就全部损害对受害人承担赔偿责任。就经济结果而言,另一个人也造成了同一损害结果不应成为对抗受害人的"抗辩"。也不能要求被害人确定责任人各自的责任份额;这一问题必须由责任人自行解决。要求受害人逐一起诉全部责任人并逐一与其交涉也是不公平的,而要求受害人承担其中一个责任人的个人破产风险尤为不公平。事实上受害人应得从中选择能够最快最便捷最可能获得补偿之人。基于经济原因(无力支付),法律和策略考虑也发挥着重要作用。有的请求权可能较之其他请求权更难实现;有时原告可能不欲对特定人提起诉讼,以便能够使此人充当证人(例如负有责任的雇主的雇员)。

术语。本条援引第Ⅲ-4:102条(连带债务、可分债务以及共同债务)的术语,其中规定:"连带债务是指每个债务人都必须履行全部债务而债权人得要求任一债务人履行直到全部债务履行完毕为止的债务。"为第Ⅲ-4:103条(不同债务类型的产生)第

(1)款之目的,本条规定对其中一种情形的解答,同时确立了在非合同责任的法律中多个责任人的连带责任的原则。此外,本条也确认了第Ⅲ-4:103条(不同债务类型的产生)第(2)款第2句中的一般规则,据此,有疑义时,多人对同一损害的责任为连带责任。

适用范围。本条涵盖根据本卷规则至少两人应对同一损害承担责任的所有情形。"同一损害"可能仅涉及受害人遭受的全部损失中的一部分。本条也适用于这一部分。个别责任人承担责任的依据与受害人无关。根据连带责任,协从者与同谋者的责任相同,与根据第4:103条(选择性原因)假定构成因果关系链一环之人和无法推翻这一假设的人的责任相同。本条亦得适用于由于积极行为产生的责任和由于不作为而产生的责任;对于过错责任和严格责任(例如在雇主和雇员的责任情形)亦得适用,同样,也可能出现严格责任具有两个责任依据并构成连带责任的情形。

示例

早上5点30分,不同主人的马站立于黑漆漆的路上。马匹冲破了围栏。一人骑摩托车冲进马群并遭受致命伤害。尽管在摩托车上发现了一匹母马和一匹阉割过的马的毛囊,但是法医可以辨别两匹马的主人。两匹马的主人应对受害人的遗属承担连带责任。

B. 责任的内部分配

第Ⅲ-4:106条(连带债务人之间的分担)。第6:105条没有规定连带责任人之间的内部责任的分担。依据第Ⅲ-4:106条已经足以解决此问题。该条第(2)款列出了基本规则,即在其内部关系中,每个共同债务人都对债务负有相同份额的责任。但是,加诸这一基本规则之上的是合理性审查标准。背离按人分担的责任份额可能基于多种原因而为正当,但是这些原因难以全面列举。从非合同责任法来看,最重要的因素是参与人的过错程度和危险的现实程度,对此本卷第三章第二节规定了严格责任。但是,债务人之间的分担也可能受到与非合同责任法无关的事项影响,尤其是那些源自共同债务人直接的合同关系的事项。例如,可能某人与所有权人协商一致并约定确保后者的建筑安全。于此情形下,在与所有权人的问题上承包人应单独承担责任。对于雇主和雇员共同向第三方承担连带责任的情形中,对于双方责任的分担,亦得适用第7:104条(雇员、雇主、工会和雇主协会的责任)。本卷不涉及雇佣法的问题。

注　释

1.《法国民法典》第1202条规定了不得推定为连带责任的原则。但是早期的 Cass. civ. 11 July 1892, D. 1894, I, 561, note*Levillain* 认为,如果损害由于两个或多个人的过错造成,则每个人都有义务对全部损害进行赔偿。这一原则被称为连带责任。现在,所保留的唯一先决条件是多个致害事件(*faits générateur*)造成同一损害;在基于过错的责任和监管人(*gardien*)责任之间没有进行区分(*Terré/Simler/Lequette*, Les obligations[9], no. 864 p. 839)。相反,如果多个行为人(*coauteurs*)造成了不同的损害和所造成的特定损害仅能归因于某个特定行为人,则仅他或她承担责任(Cass. civ. 19 April 1956, JCPéd. G 1956, II, 9381)。如果多个事件同时发生,则事件的状态也不会阻碍连带责任(*le Tourneau and Cadiet*, Droit de la responsabilité et des contrats (2006/2007), no. 1741;亦可见于Cass. civ. 25 January 2007, JCP éd. G 2007, no. 10 p. 29, note*Radé* [在输血服务和加害人为感染AIDS承担连带责任的情形中])。如果侵权行为人应承担连带责任,则进行全部赔偿的行为人就能基于各自的责任份额要求内部关系中的其他连带责任侵权行为人承担相应份额的赔偿(《民法典》第1251条第(3)款)。基于法院的裁量权分配责任份额(Cass. civ. 11 January 1979, Bull. civ. 1979, II, no. 19 p. 14)。首先,法院审查每一相关方的过错程度(Cass. civ. 3 April 1973, GazPal 1973 jur. 559; *Flour/Aubert/Savaux*, Droit civil II[11], no. 173 p. 172)。如果其中一个行为人的保险人支付了所欠的赔偿金,则保险人得代位取得被保险人请求其余侵权行为人承担相应份额赔偿的权利(《保险法》第L121-12条)。如果受害方决定在诉讼请求中不对某一个行为人提起请求,则后者依然在内部关系中对其他行为人负有责任(Cass. civ. 7 June 1977, Bull. civ. 1977, I, no. 266 p. 210)。

2. 类似地,尽管有《民法典》第1202条规定,但比利时法院仍假定造成同一损害的数人承担连带责任(Cass. 2 April 1936, Pas. belge 1936, I, 209; Cass. 10 July 1952, Pas. belge 1952, I, 738)。在此,并未就基于过错的责任与严格责任进行区分。如果法院可以确定各方在事件中对造成损害发生的不同作用及其对该损害应承担的责任份额,则甚至可以判定承担连带责任(*van Gerven and Covemaeker*, Verbintenissenrecht[2], 556)。如果侵权行为人故意实施该行为,则根据《民法典》第1200条及其以下诸规定,将产生真正的连带责任(Cass. 3 May 1996, Pas. belge 1996, I, 410)。已经向原告支付全部赔偿的连带债务人向其他侵权行为人追偿应承担的赔偿这一权利,主要源于《民法典》第1251条第(3)款(Cass. 17 June 1982, Pas. belge 1982, I, 1221);但是有时,这一情形适用关于不当得利(*enrichissement sans cause*)的规定(Cass. 21 October1965, Pas. belge 1966, I, 240)或《民法典》第1382条规定(Cass. 17 June 1982, Pas. Belge 1982, I, 1221)。根据赔偿请求权可得赔偿的数额,基本上取决于各自过错的程度和每一个独立侵权行为造成损害的程度(*van Gerven and Covemaeker* loc. cit. 434-435)。

3.《西班牙民法典》第1137条也以类似的方式将按份责任原则而非连带责任作为出发点。但是,判例法使例外在许多法律领域成为一般规则,除此以外还宣告在所有合同法案件中"连带责任为一般规则"(TS 11 July 2006, BDA RAJ 2006/4977 at FJ 7; see also TS 31 October 2005, RAJ 2005 (5) no. 7351 p. 15730)。在《民法典》的侵权法规范中没有关于多数债务人的专门规则。但是,几个特别法规定了一系列的连带责任(例如《航空法》第123条、《原子能法》第52条、《消费者保护法》第132条、《建筑法》第17条、《出版和印刷法》第65条[对此详见TS 17 March 2004, RAJ 2004 (2) no. 1927 p. 3697]),并且,对刑事违法行为人课以关于民事责任的规则也是从假定适用连带责任开始的(《刑法典》第116条)。根据从业人员的主流观点,连带责任原则的适用可从上述规定中推导。如果能够精准确定每个侵权行为人所造成的损害比例,则就不会产生连带责任问题(*Díez-Picazo and Gullón*, Sistema II[9], 557-558; *Roca i Trias*, Derecho de daños[3], 174; Paz-Ares/Díez-Picazo/Bercovitz/Salvador (*-Pantaleón*), Código Civil II[2], art. 1902, p. 2001;对于在侵权法背景下《民法典》第1137条的可适用性可参见Paz-Ares/Díez-

Picazo/Bercovitz/Salvador *(-Caffar-ena)*, Código Civil II[2], art. 1137, p. 120)。长期以来,法院都判决造成同一损害的多个侵权行为人承担连带责任(TS 3 December 1998, RAJ 1998 (5) no. 9703 p. 14187; TS 15 July 2000, RAJ 2000 (4) no. 6885 p. 10573; TS 13 February 2001, RAJ 2001 (4) no. 853 p. 10573; TS 10 March 1994, RAJ 1994 (1) no. 1736 p. 2323; TS 15 December 1999, RAJ 1999? (5) no. 8908 p. 13978)。在此,唯一的先决条件是无法精准确定被告所造成的损害程度(TS 27 June 2001,RAJ 2001 (3) no. 5087 p. 7758; TS 31 October 2003, RAJ 2003 (5) no. 7978 p. 14953)。当有可能准确确定每个侵权行为人的责任时,最高法院不会判定连带责任(TS 3 April 1987, RAJ 1987 (2) no. 2485 p. 2327; 23 January 2004, RAJ 2004 (1) no. 1 p. 17)。连带责任原则有效性的法理基础为保护受害人的理念。在这一关系中,最高法院通常参照不真正连带责任(*solidaridad impropia*)('*improper or sui generis solidarity*'),亦即因为在这一情形下,连带责任并非源于合同或法律规定(TS 7 November 2000, RAJ 2000 (5) no. 9911 p. 15406; TS 29 May 2003, RAJ 2003 (3) no. 5216 p. 9730)。其最重要的法律后果是使得受害方可针对并存的侵权行为人中的任何人提起诉讼(TS 1 July 1986, RAJ 1986 (3) no. 4559 p. 4416; TS 22 January 2004, RAJ 2004 (1) no. 207 p. 384)。对于时效是否发生有利于其他侵权行为人的中断,并未明确确定(*in favour inter alia*, TS 17 December 1979, RAJ 1979 (2) no. 4363 p. 3532 and TS 14 April 2001, RAJ 2001 (2) no. 3640 p. 5587; against TS 21 October 2002, RAJ 2002 (5) no. 8770 p. 16021 and TS 14 March 2003, RAJ 2003 (3) no. 3645 p. 6729)。由《民法典》第1145条第(2)款可推导出,已经支付全部赔偿金的共同侵权行为人可向其余侵权行为人主张其应负担的赔偿份额。有疑义时,共同侵权行为人应对所造成的损害承担相同份额的责任(《民法典》第1138条)。

4.《意大利民法典》第2055条主要运用于侵权法语境中,该条规定如果多个侵权行为人对同一损害承担责任,则他们承担连带责任。每个共同侵权行为人须为共同造成损害(Cass. 4 February 1992, no. 1147, Foro it. 1992, I, 2127),并且每个人须为侵害同一利益(Cass. 18 July 2002, no. 10403, Giust. civ. 2003, I, 2876)。如果在具体案件中一个侵权行为人有过错,而另一个虽无过错但应承担严格责任,《民法典》第2055条也适用于严格责任的情形(*Alpa*, Trattato di diritto civile IV, 330; *Salvi*, La responsabilità civile[2], 235)。每个受害人都可向任何一个共同侵权行为人请求支付全部赔偿金;在共同侵权行为人中,请求其他人承担相应份额的权利不受影响(Cass. 17 November 2003, no. 17372, Giust. civ. 2004, I, 637)。一般而言,请求权是通过审查侵权行为人对事故的过错程度和范围而确定的;有疑义时,推定每个人的过错程度相当(《民法典》第2055条)。如果共同侵权行为人负有严格责任,广为接受的见解认为,对所致损害的影响范围的审查,取代对过错的审查(*Salvi* loc. cit.)。

5.《匈牙利民法典》第344条规定与第6:105条一致。如果多人造成同一损害,则他们承担连带责任;他们各自承担责任的范围根据其可归咎程度相应确定。在此,法院可考虑其中一个侵权行为人已经从侵权行为中取得特定利益这一事实(*Petrik*, Kártérítési jog, 95-99; Petrik *(-Harmathy)*, Polgári jog II[2], 582)。如果对于可归咎程度有疑义,则责任可以相同比例由共同侵权行为人承担。但是,根据《民法典》第344条第(3)款的规定,如果(1)判定连带责任将危及或明显延误赔偿的认定;或者如果(2)受害人也共同造成了损害结果或者在主张请求权时懈怠延误而且没有任何令人信服的理由来解释这一延误,则法院有权不予判定连带责任,而是按照侵权行为人的行为造成损害的比例判定相应责任。这一规定仍有待改进。有时,即使侵权行为人基于不同法律原因而应承担责任,也可能产生连带责任(*Ujváriné*, Felelősségtan[7], 79; Gellért (–*Kemenes*), A Polgári Törvénykönyv Magyarázata[6], 1238–1240)。

6. 类似地,根据《保加利亚债法》第53条规定,当多人造成同一损害时,产生连带责任。但是这一原则也存在一些例外情形,这些例外规定在特别法中。这些例外主要涉及船舶毁损后的装船和运输的损害赔偿责任(《商业船运法》第314条第(1)款(第1句):在按份责任的情形中,应根据过错程度分摊责任)。但是,在这一例外情形中,如果造成了人身伤害,则连带责任仍予适用(同上第314条第(2)款)。如果共同侵权行为人被刑事法院认定为犯罪行为中的共同主犯,则民事法院对应承担的连带责任进行分配时,应受制于刑事法院的判决(《民事诉讼法典》第300条)。《罗马尼亚民法典》第1003条明确规定在"侵权行为或准侵权行为可归咎于多人时",发生连带责任。实务中最常见的案例就是雇员和雇主对第三方的连带责任(《民法典》第1000条第(3)款; *Lupan*, Răspunderea civilă, 358–359)。共同造成损害之人也应根据《斯洛文尼亚债法》第186条第(1)款规定承担连带责任。对于教唆者、协从者和试图掩盖加害人身份之人,也应适用连带责任(《债法》第186条第(2)款)。类似地,尽管侵权行为人各自单独行事,但是除非能分别准确确定其各自行为造成的损害结果,否则亦应承担连带责任(《债法》第186条第(3)款)。订立建筑合同的各方应为在建造该建筑物时造成的损害向第三方承担连带责任(《民法典》第187条)。

7. 根据《德国民法典》第840条第(1)款规定,如果多人应为实施一侵权行为造成的损害承担责任,则这些人承担连带责任。《德国民法典》第840条第(1)款并未指出明确的独立诉由(*B*GH 7 November 1978, BGHZ 72, 355, 358),而是作为构建侵权行为人对受害人责任的依据和侵权行为人内部法律关系的依据。"不法行为"这一概念被赋予广义解释,涵盖所有类型的非合同责任。尤其是也扩张至严格责任(在各种特别法中也是特别规定的对象,详见 Palandt (–*Sprau*), BGB[67], § 840, no. 1; Erman (–*Schiemann*), BGB II[11], § 840, no. 2)。每一连带侵权行为人应就全部损害赔偿原告,但原告仅有权获得一次补偿。除非另外确定份额(《民法典》第426条第(1)款(第1句)),否则侵权行为人之间承担相等份额的责任。制定法得"另外确定份额"(如《民法典》第840条第(2)款和第(3)款),如根据侵权行为人之间先存的法律关系确定;或仅根据当时的情形确定(*Sprau* loc. cit. no. 7)。

8. 在奥地利,在多个侵权行为人共同造成同一损害,且这一损害得归咎于他们,或者一个侵权性的赔偿请求权与基于另一法律原因的请求权(如不当得利请求权)竞合,则发生连带责任。当然,在这两种情形下,受害方均不得获得两次赔偿。对于第一种情形(多数侵权行为人),《民法典》第1301条和第1302条至为明确地规定了将发生连带责任;这些规定的适用也突破了过错责任的限制,除非相关特别法有相反的专门规定(*Koziol*, Haftpflichtrecht I[3], no. 14/7)。尽管两种规定的法条如此表述,但是对于《民法典》第1301条和第1302条的主流解释为,侵权行为人之间共同计划的存在,并非发生连带责任的先决条件。相反,如果多人分别独立造成同一损害亦得发生连带责任(*Koziol* loc. cit.)。但是,《民法典》第1302条规定,如果(1)各方单独造成损害的程度得以确定,且(2)损害是由于过失造成(《民法典》第1302条第2句),则将发生按份责任。相反,每个侵权行为人无论如何应就全部损害承担责任,而不应仅仅因为其他共同被告亦应承担全部赔偿责任就从中获益(*Koziol* loc. cit. no. 14/11)。由于通常受害方不知道导致侵权行为实施的事件全过程,也不知道各个侵权行为人造成损害的行为原因力大小,应认为其可仅基于可能的侵权行为人可能造成损害这一事实获得请求权保护(Koziol/Bydlinski/Bollenberger (–*Karner*)

ABGB[2], § 1302 no. 3)。在不可能辨别侵权行为人造成损害的各自单独份额或者损害是由于故意而造成的情形下(《民法典》第1302条第2句),也发生连带责任。共同实施禁止性行为,本身就足以构成连带责任(详见 *Karner* loc. cit. § 1301 no. 3)。如果造成损害的各自份额得以确定,则共同侵权行为人甚至得根据《民法典》第1302条规定承担连带责任(OGH 14 April 1957, SZ 27/103; OGH 2 September 1970, SZ 43/141; against *Koziol* loc. cit. no. 14/10)。在内部关系上,为分担损失而确定行为对损害的原因力这一权利,由《民法典》第896条规定。

9.《希腊民法典》第926条第1句规定了损害为多人共同行为之结果这一情形下的连带责任。"共同行为"这一概念应作广义解释;多人共同实施侵权行为造成损害结果,即为已足(Georgiades and Stathopoulos (*-Georgiades*), art. 926, no. 5; *Kornilakis*, Eidiko Enochiko Dikaio I, 572)。雇主和雇员或监管者和被监管者均为连带责任;类似地,报刊的所有者、编辑和媒体法中所列的其他所有人均为诽谤性的出版事件承担连带责任(A. P. 635/2001, EllDik 42 [2001] 1639)。每个共同侵权行为人均应就原告请求的全部数额承担赔偿责任;但是,原告不得获得双倍赔偿(A. P. 119/1999, NoB 48 [2000] 478)。共同侵权行为人之间的责任基本上取决于各自的过错程度(《民法典》第927条);在存疑时,他们平均分摊责任。对于各自的过错大小,在分摊责任时应考虑各自的行为对损害产生的原因力大小(*Georgiades* loc. cit. art. 927, no. 10),如果侵权行为人实施两个独立的应承担严格责任的侵权行为并造成同一损害,则相应地应适用《民法典》第927条规定(*Georgiades* loc. cit. no. 15)。

10.《葡萄牙民法典》第497条第(1)款明确规定,多个侵权行为人应承担连带责任。连带责任在规范交通事故的法律中也具有重要作用(《民法典》第507条第(1)款)。共同侵权行为人向其共同实施侵权行为的同伴追偿的权利,应根据各自过错的大小确定;在存疑时,共同侵权行为人以同等比例分担责任(《民法典》第497条第(2)款)。连带责任的一般规则(《民法典》第512条以下)亦得适用。《民法典》第497条规定了各种类型的侵权责任,因此包括教唆者和帮助者(《民法典》第490条;STJ 13 September 2006; STJ 29 March 1989, BolMinJus 385 [1989]379; *Vaz Serra*, BolMinJus 85 (1959 139), 本人/雇主(*principals / employers*,《民法典》第500条; STJ 14 September 2006; CA Oporto 22 April 1972, BolMinJus 216 [1972] 199; STJ 12 January 1984, BolMinJus 333 [1984] 413),监管者(《民法典》第491条;STJ 21 September 2006),建筑物的所有者与占有者(STJ 12 June 2003)和国家(《民法典》第501条;《宪法》第22条; STJ 14 September 2006; STJ 20 January 2005)等主体。《民法典》第497条第(1)款并不涉及受害人承担的原因部分;这一问题涉及与有过失(《民法典》第570条;STJ 2 November 1971, BolMin-Jus 211 [1971] 276; *Neto*, Código Civil Anotado[14], 515)。适用于特定人和案件的大量特别法也规定了连带责任;相反,非公司合营企业的成员仅依照按份责任制度承担责任(*Contract of Consortium Participation Decree Law no.* 231/81 *art.* 19(3); see *Almeida Costa*, Obrigações[9], 607, note 2)。在共同侵权行为人的内部关系中,如果一个侵权行为人具有过错,另一个人承担严格责任而无过错,则前者承担全部损失(*Pires de Lima and Antunes Varela*, Código Civil Anotado I[4], note 1 under art. 497, p. 502; *Almeida Costa* loc. cit.; *Antunes Varela*, Obrigações em geral I[10], 697;亦可参见《民法典》第507条第(2)款和第497条第(2)款)。如果两个侵权行为人均承担严格责任,则责任的分摊取决于各自行为造成伤害的原因力大小。在汽车责任的情形下,将取决于每一方从使用汽车中获得的利益多少(《民法典》第507条第(2)款);*Pires de Lima and Antunes Varela* loc. cit. note 2 under art. 507。如果一个共有人仅在一年间使用汽车两个月,而另一个共有人则使用了十个月,则责任将根据他们各自使用的时间来分摊(详见*Antunes Varela* loc. cit. 698; see also STJ 18 May 2006)。这也同样适用于多辆汽车造成同一损害的情形(*Antunes Varela* loc. cit. 697)。如果多个独立行为累加共同造成聚合的损害,则不会产生连带责任(RL 17 November 1983, CJ Ⅷ(1983-5) 118:船运公司由于走私而被罚款,走私行为是由同一艘船上的不同船组实施的;该公司各船组独立承担责任,各组内自然人对该组应负的损害赔偿应承担连带责任)。

11.《荷兰民法典》第6:102条第(1)款规定:"两个或多个负有赔偿同一损害义务之人应承担连带责任。根据第10条规定,为了确定他们之间的责任比例,应相应地适用(第6卷)第101条规定在责任人之间分摊损害,除非法律或法律行为要求不同的分摊。"如果债务人责任为混合责任(例如,一个债务人承担的是侵权责任,而另一个债务人承担的是合同义务不履行的责任,另有一人承担的是无因管理的责任,还有一人承担的是严格责任:Parlementaire Geschiedenis VI, 354),则也发生连带责任。唯一的决定性标准是他们对造成同一损害承担责任(Asser *(-Hartkamp)*, Verbintenissenrecht I[12], nos. 458-460, pp. 419-421)。连带责任的法律后果适用《民法典》第6:6条以下条文;受害方可就全部损害请求任一共同侵权行为人予以赔偿。对于共同侵权行为人之间责任分配,《民法典》第6:102条的衡平规定具有相当重要的作用。《民法典》第6:165条第(2)款补充了这一规定。第6:165条第(2)款规定,负有监护义务之人,如果未能适当照看未成年人,则应在与其他加害人的内部关系中承担全部责任。通过适用《民法典》第6:109条(基于衡平理由的减少赔偿)规定,当法院评定对未成年人的赔偿范围时,亦应考虑前述结果(*Hartkamp* loc. cit. no. 21 pp. 25-27 and no. 90, pp. 98-99)。

12.《爱沙尼亚债法》第137条第(1)款与第6:105条一致。共同侵权行为人是否基于同一诉由承担责任或实施独立的侵权行为,在所不问(RKTKo 3-2-1-48-06 - RT III 2006, 25, 228)。分担责任的权利规定于《债法》第137条第(2)款。

13.北欧国家也实行连带责任原则。只有(《瑞典损害赔偿责任法》第6章第4条)和(《芬兰损害赔偿责任法》第6章第2条)通过制定法明文规定这一效果;在《丹麦损害赔偿责任法》第25条中,丹麦立法者规定了在共同侵权行为人之间分摊损失的规则。连带责任的施加并不要求施加这些责任的原因都相同(例如过失责任和严格责任,见*Hellner and Radetzki*, Skadeståndsrätt[7], 238; *von Eyben and Isager*, Lærebog i erstatningsret[6], 387; *Saxén*, Skadeståndsrätt, 323),相反,责任取决于共同侵权行为人是否造成"同一损害"(在丹麦,"首要原因"原则有时使得这一原则成为出发点:*von Eyben and Isager* loc. cit.)。类似地,原则上雇主和雇员承担连带责任;但是雇员在其对受害人的责任中享有特权(*Bengtsson and Strömbäck*, Skadeståndslagen[2], 361; *Hellner and Radetzki* loc. cit. 271; D-Karnov 2006 IV *(-von Eyben)*, no. 113 p. 5645)。(《芬兰损害赔偿责任法》第6章第2条第(2)款甚至规定雇员可仅就无法成功获得雇主赔偿的部分承担责任)。根据《瑞典损害赔偿责任法》第6章第4条规定,如果基于衡平原因,根据诸多调整条款规定应减轻某人的责任,则连带责任受到限制。在发生此类减轻责任的情形时,连带责任限定于赔偿的减少部分;超出部分为不能享受调整条款规定之利益的侵权行为人的单独责任(HD 16 December 1993, NJA 1993, 727;《芬兰损害赔偿责任法》第6章第2条第(2)款; *von Eyben and Isager* loc. cit. 388)。此外,当涉及调整与有过失的连带责任规则时,则出现了难题。在这一情形下,争议产生,亦即受害人的与有过失的比例,是与所有共同侵权行为人这个整体相比较,还是应与每个侵权行为人分别进行比较(*Dufwa*, Flera skadeståndsskyldiga, 4031; *Hellner and Radetzki* loc. cit. 240;*Vinding Kruse*, Erstatningsretten[5], 310; *Bengtsson and Strömbäck* loc cit 362)。对于共同侵权行为人内部关系,只有《芬兰损害赔偿责任法》第6章第3条和《丹麦损害赔偿责任法》第25条以制定法形式设有规定。损失如何在内部关系中分摊取决于对个案的所有情形的评定,包括对过错大小的评定和各自对造成损害的影响程度。此外,《丹麦损害赔偿责任法》第25条第(2)款还规定,责任保险的存在亦应予以考虑;没有责任保险的共同侵权行为人和非故意或重大过失的侵权行为人不对其他共同侵权行为人承担责任。对于公共机构、商业经营者和制定法规定适用严格责任的情形,这一规则的适用存有例外。在瑞典,一般认为,承担严格责任之人对造成同一损害存有过失的多个侵权行为人享有分摊赔偿额的权利(对此的批评意见可见 *Hellner and Radetzki* loc. cit. 247)。

14. 在英国法中,当多个侵权行为人共同造成损害时(如作为合营企业的一部分),或者在一个侵权行为人教唆他人实施侵权,或者当一个侵权行为人为他人的侵权行为承担替代责任,各方为共同侵权行为人,每个人均应为全部损害承担责任,且得被单独起诉:Clerk and Lindsell (*-Jones*), Torts[16], 4-02 and 4-04。如果各侵权行为人的独立过错行为造成同一损害,则对于多个侵权行为人适用同一法律后果:同上。在他们之间,共同侵权行为人或多个侵权行为人可根据1978年《民事责任(分担)法》第1条规定分摊责任。考虑到被告的损害赔偿责任范围(第2条第(1)款和在适当情形中被告得被免除或被要求给予完全赔偿(第2条第(2)款)的责任),原告可请求补偿的分摊比例为"如法院所公正衡平判定"的,但不得超过考虑到对受害人的与有过失之类事由时被告本应向受害人承担的损害赔偿(见第2条第(3)款)。

本示例选自 CA Saarbrücken 17 January 2006, NJW-RR 2006, 893。

第Ⅵ-6:106条　赔偿请求权的让与

遭受损害之人得让与请求赔偿的权利,包括请求赔偿非经济损失的权利。

评　论

概述。本条规定请求赔偿的非合同权利得自由让与(因此,依据得适用的继承法,亦可基于死亡而遗留给其继承人或权利义务承受人)。对于请求赔偿非经济损失的权利,不设例外。从非合同《损害赔偿责任法》的角度看,不需要该权利经过法院诉讼或者在受害人死亡前经由应负责任之人认可;甚至不需要受害人处于相应地位时明确表示主张请求权。相反,有效放弃损害赔偿请求权将使得该权利消灭;没有现存权利时,自无让与或继承之余地。

政策考量。让与(和遗赠)请求赔偿经济损失的权利之能力,在大多数情况下都不成问题。更为热烈的政策辩论持续聚焦于让与或遗赠请求赔偿非经济损失的权利之能力。本条所采立场为,不应将此类权利与请求赔偿经济损失的权利区别对待。这原则上对应于同等对待经济和非经济损害,在第2:101条(具有法律相关性的损害的含义)亦有明确规定,此与大多数法律制度和最近立法趋势一致。

道德保留已过时。早期反对这一规则的道德保留现在已经过时。如果幸存受害人无法自行决定实现权利的方式,道德保留将不合理地削弱幸存受害人的法律地位。相反,对非经济损失的损害赔偿请求权的遗赠,原则上确实是继承法的问题,而非本示范规则的议项(第Ⅰ-1:101条(预期的适用范围)第(2)款(b)项)。但是,适用继承法是建立于下述原则之上的:仅在其有生之年能够转让的权利,始得遗赠(因此这些权利不具有高度人身性质,且不因权利人死亡而消灭),第6:106条对继承法亦有间接影响。这是符合预期的。法律不应允许第三方(尤其是继承人)因遭受被继承人之死亡而"得利",这一论断几乎没有说服力。唯一的问题是,相关当事人在生前无法实现的利益在其死后如何实现:至少应当让将死之人知道,法律不会对他在与生活的斗争中遭受的痛苦熟视无睹。

在特定情形下的可让与性。本条赋予受害人自行决定如何实现损害赔偿请求权;请求权无须由其本人行使,而是可转让或赠与他人行使。本条适用于各种类型的损害赔偿请求权,甚至可以针对因本身不可让与的权利被侵害而发生的损害赔偿请求权。这种情形是可能的,例如在第2:202条(因受害人的人身伤害或死亡而造成的第三人损失)第(2)款(c)项所列的情形中:根据准据法规定,诉争的扶养请求权不得让与这一事实,并不意味着请求赔偿损失的权利不得让与。这也可以通过另一事实得以正当化,即补偿本身通常采取一次结清赔偿款项的方式,而相应的权利较之已经支付的一次清结应更为灵活自由。

注 释

1. 根据法国法(《民法典》第1689条以下),一般规则为,所有类型的债权均得让与;唯一的例外情形是扶养请求权(*créances alimentaires*)和特定社会利益请求权(详见 *Terré/Simler/Lequette*, Les obligations[9], no. 1278 p. 1217)。法学界提出这一观点,精神损害赔偿之诉(*action en réparation d'un préjudice moral*)必然涉及不能让与的权利。据此,该权利应为专属于受害人自身的权利:仅在物质损害(*préjudice matériel*)(*Mazeaud and Chabas*, Leçons de droit civil II (1)[9], no. 608 pp. 705-706)的情形下方得让与赔偿请求权。但是,这一分析并未受到法院判决的支持。相反,其接受的观点为,如果受害人死亡,精神损害(préjudice moral)赔偿请求权得由受害人之遗属主张(Cass. ch. mixte 30 April 1976, D. 1977 jur. 185, note*Contamine-Raynaud*),而且也确实包含了基于失去近亲的权利(Cass. ch. mixte 30 April 1976 loc. cit. note*Contamine-Raynaud* [2ème espèce]; RTD civ 1976, 556, obs. Durry; GazPal 1976 jur. 459 [例如,基于其子在事故中丧生而产生的对于遭受的痛苦和随后损害的赔偿请求权,死者在生前本可主张的赔偿请求权,亦得归于其遗属]; 另见 Cass. civ. 11 March 1981, GazPal 1981 Pan. 240, note *Chabas*, and Cass. crim. 9 October 1985, D. 1987 jur. 93, note *Breton*)。即使事故的受害人在死亡之前的短暂时间里并未感到任何痛苦,非金钱损失的赔偿请求权亦得归于其遗属(Cass. crim. 28

October 1992, D. 1993 Som. 203, note *Pradel*)。在比利时,一般原则是所有债权均得自由让与,除非该让与为法律所禁止或者与该权利的人身性相冲突(*de Page*, Traitéélémentaire de droit civil belge III[3], no. 382 p. 368; *van Gerven and Covemaeker*, Verbintenissenrecht[2], 565)。据我们所知,对于非合同的赔偿请求权让与的限制这一问题,尚未提上议事日程。

2. 在西班牙,仅有少数法律学者主要通过引用道德保留来反对非合同赔偿请求权的让与(*Martín Villa and Blanco López*, RDP 1992, 663)。对此,主流的法学观点认为此类权利得让与(*Roca i Trias*, Derecho de daños[3], 173; *Yzquierdo Tolsada*, Sistema de respon - sabilidad civil, 389; *Gómez Calle*, Los sujetos de la responsabilidad civil[3], 461, 478),并在关于核损害风险的法规第29条中找到了法律上的支持(*Decreto* 2177/1967, *reglamento sobre cobertura del riesgo de daños nucleares*, of 22 July 1967),该规定主要涉及特殊的情形。《民法典》中关于应收款转让(*cesión de créditos*)的一般原则并未明确规定此问题;《民法典》第1112条仅仅规定"如果可通过义务而取得权利,则该权利根据法律规范得让与,除非法律另有规定"。权利不可让与的三个原因都源于此规定:(1)法律上的禁止;(2)合同不得转让(*pactum de non cedendo*);(3)权利的性质表明其不可让与(*Pantaleón Prieto*, ADC 1988, 1096)。非合同的赔偿请求权不属于上述任何一类;而是属于受害人的财产权(*patrimonio*)(*Roca i Trias loc. cit.*)。对于非经济损失赔偿请求权的让与,则是有争议的。这些权利有时具有高度人身性(*personalísima*)的特征(*Gómez Calle* loc. cit.; also apparently *Roca Trias* loc. cit. 174)。但难以为此假设寻求理论基础(比较 *Yzquierdo Tolsada* loc. cit. 390),尤其是因为《恐怖主义受害人援助法》(*Solidarity with the Victims of Terrorism Act*)(*Ley* 32/1999, *de solidaridad con las víctimas del terrorismo*)第8条(亦可参见该法第6条和附则I)明确规定受害人有权将其对侵权行为人的非经济损失赔偿请求权让与国家。

3. 根据《意大利民法典》第1260条第(1)款规定,所有债权都是可让与的。该规则的适用例外是具有高度人身性特征的权利或若法律规定不得让与的权利。赔偿请求权并不属于上述任一范畴(Cass. 21 April 1986, no. 2812, Giust. civ. Mass. 1986, fasc. 4 [该案虽仅涉及合同法,但所表明的立场具有普遍适用性])。

4.《匈牙利民法典》第360条第(3)款涉及《民法典》第328~331条规定的各项权利让与的一般规则;相应地也适用于这些权利的赔偿请求权的让与。根据《民法典》第328条第(2)款规定,在所有权利中,具有人身性质的权利不得让与。根据BH 1998/379和BH 2000/197(涉及相同情形时),受害方针对因其遭受不法刑事诉讼所致人身权利损害和所遭受的其他损害的赔偿请求权,属于例外情形。

5. 根据《波兰民法典》第445条第(3)款和第448条(第2句)规定,因身体和非身体的人身权利受侵害而产生的非金钱损失的赔偿请求权,在受害人生前属于受害人,如受害人已起诉主张请求权或加害人书面承认了该请求权,则可在受害人死后归于其遗属。这与《斯洛文尼亚债法》第184条第(2)款规定所采的法律立场一致。《罗马尼亚民法典》没有类似规定;但是,应注意的是根据现行法(*de lege lata*),"精神"损害的赔偿请求权得否成为生前(*inter vivos*)让与的对象,这一问题仍有待解决。新的《民法典》草案提议此类权利仅当其以书面形式被认可或者已经确定时方得让与;此类权利的可继承性在《波兰民法典》第445条和第448条中均以类似方式予以规定(Proiectul Noului Cod civil, 223: arts. 1131(3) and (4))。根据保加利亚法律规定,如果权利让与根据法律、合同或权利性质应予排除,则不得让与(《债法》第99条第(1)款)。非金钱损失的赔偿请求权似属于第三范畴(*Kalaydjiev*, Obligazionno pravo, Obshta chast, 433);应当说它们属于具有高度人身性质的权利,因此,如果立遗嘱之人在其有生之年通过诉讼程序强制执行其请求权,则这些权利也构成遗产的一部分(Supreme Court 5 August 1969, decision no. 829, criminal case no. 730/1969)。

6.《德国民法典》第847条第(1)款(ii)(旧版本)涉及权利让与和权利继承的特别规定,于2002年损害赔偿法改革时废止,结果是:现在未对损害赔偿请求权的可让与性进行任何限制(Palandt *(-Heinrichs)*, BGB[67], § 253, no. 23)。

7.类似地,根据奥地利《民法典》第1393条规定,一般规则是损害赔偿请求权均得让与。受害人甚至负有让与此类权利的法定义务(OGH 27 May 1992, SZ 65/83 [租赁])。许多特别法为已经履行的第三方(例如保险人、雇主)利益而规定了代位权。唯一的问题是,本质上属于人身性权利(《民法典》第1393条),涉及扶养丧失的赔偿请求权(《民法典》第1327条)和对遭受的痛苦和折磨的赔偿请求权得否让与。最后,法学界的主流见解和法院就此达成一致,认为这些权利亦得让与(扶养丧失的赔偿请求权:OGH 15 March 1989, SZ 62/44; OGH 25 November 1992, EvBl 1993/106; Schwimann *(-Heidinger)*, ABGB VI[3], §1393, no. 6;慰抚金(*Schmerzensgeld*): *Heidinger* loc. cit. no. 13 with further citations)。尽管《民法典》第1325条如此表述,新近的司法判决认为对于遭受的痛苦和折磨的赔偿请求权亦得因受害人死亡而让与,转让这些权利的能力并不取决于受害人是否在其有生之年已强制执行这些权利(OGH 30 September 1996, SZ 69/217; Schwimann *(-Harrer)*, ABGB VI[3], § 1325 no. 91;*Koziol and Welser*, Bürgerliches Recht II[12], 323)。

8.根据《希腊民法典》第933条规定,对于遭受的痛苦和折磨的损害赔偿请求权(《民法典》第932条)不得让与,受害人死亡后亦不得由其遗属继承,除非该权利为合同性的权利或者死者已通过诉讼程序强制执行。

9.葡萄牙法律规定了如果第三方(如保险人或国家)已经对受害人进行赔偿,则第三方得代位行使他人法定的赔偿请求权的诸多情形。只要不为法律或合同所排除或不与权利的高度人身性相冲突,均可通过合同让与权利。例如,扶养权利(《民法典》第2008条第(1)款不得让与;参见 *Ribeiro de Faria*, Direito das Obrigações II, 512),也不得成为"可诉的权利"(《民法典》第579条第(3)款)。没有排除赔偿请求权让与的规定;人们认识到,对于遭受的痛苦和折磨的损害赔偿请求权亦得让与。

10.根据《荷兰民法典》第3:83条规定,所有债权均得让与,除非该权利之让与为法律所禁止。非金钱损失的赔偿请求权不得让与或用以担保,除非该权利经合同确认或通过诉讼程序强制执行。为了确保权利得移转至死者的遗属,应满足的条件是死者在生前已经通知被告他希望强制执行该权利(《民法典》第6:106条第(2)款;详见 Goederenrecht *(-Snijders)*, no. 309 p. 278, no. 311 p. 280; Nieuwenhuis/Stolker/Valk *(-Oosterveen)*, T & C Ver-mogensrecht[4], art. 6:106, no. 9 p. 2240)。这与《爱沙尼亚债法》第164条第(1)款和第166条第(1)款规定相当一致。

11.《瑞典损害赔偿责任法》第6章第3条和《芬兰损害赔偿责任法》第7章第3条的规定源于这一假定,即如果受害人未曾试图强制执行该权利,则非经济损失的赔偿请求权因受害人死亡而消灭。强制执行可由死者生前亲自提起或由他人(如保险公司)代表死者提起;并不要求在这一阶段确定赔偿数额。相反,经济损失的赔偿请求权得自由让与(*Bengtsson and Strömbäck*, Skadeståndslagen[2], 359;*Karlgren*, Skadeståndsrätt[5], 231)。《丹麦损害赔偿责任法》第18条第(1)

款规定人身伤害和扶养损失的赔偿请求权不得让与,除非法院已经确定该权利及其数额,收入损失除外。但是,人身损害赔偿请求权(包括非经济损失)可得继承;无须死者在生前已经寻求该权利的强制执行。因对财产权行使的妨害而产生的损害赔偿请求权,得自由让与(*von Eyben and Isager*, Lærebog i erstatningsret[6], 434)。

12. 根据英国法,通过阻止包揽诉讼政策(以取得全部或部分诉讼收益为回报支持没有正当理由进行的诉讼)的适用(此种适用被认为是错误的,对此存在争议),侵权诉权最初不得让与:*Defries v. Milne* [1913] 1 Ch 98。但是,受害人可预先同意让与侵权赔偿请求权的收益(由此发生衡平法上的让与,此种让与于取得收益时生效):*Glegg v. Bromley* [1912] 3 KB 474, 484 and 489, approved in *Trendtex Trading Corp. v. Credit Suisse* [1980] QB 629, 656 and 670; [1982] AC 679, 702。此外,由于所谓纯粹的诉权不得让与,因此可能还需要附带让与侵权行为的赔偿请求权——若该权利是为赔偿对财产的损害,则诉权得与该财产权一同转让——因为在此情形下该权利附于财产利益:cf. *Williams v. Protheroe* (1829) 5 Bing 309, 130 ER 1080; 3 Y & J 129, 148 ER 1122 (Court of Exchequer Chamber)(对承租人造成的破损的损害赔偿请求权得被视为合同性质的);*Dawson v. Great Northern & City Railway Co.* [1905] 1 KB 260, 271 *(Stirling* LJ *)*(该权利为法定的而非侵权性的);*Sparham - Souter v. Town and Country Developments (Essex) Ltd.* [1976] QB 858, 868(丹宁勋爵如此假定);下述案件默示认为此点:*Trendtex Trading Corp. v. Credit Suisse* [1980] QB 629, 654 - 655(*丹宁勋爵*)。对于已经赔偿遭受损害之人的保险人进行的让与,亦未排除,此时如果未为让与,保险人本可以被保险人之名义,根据代位理论提起诉讼:*King v. Victoria Insurance Co. Ltd.* [1896] AC 250, 256 (*Hobhouse* 勋爵); *Compania Colombiana de Seguros v. Pacific Steam Navigation Co.* [1965] 1 QB 101(相应地,承销人补偿了保险人);*Trendtex Trading Corp. v. Credit Suisse* [1980] QB 629, 655 - 656 and 671。现代的(和更为自由的)基本原则是,赔偿请求权可以让与,只要受让人对所让与的权利的执行具有"真实的商业利益":*Trendtex Trading Corp. v. Credit Suisse* [1982] AC 679, 703 (*Roskill* 勋爵); *Tettenborn*, [2007] LMCLQ 392。这也扩展至侵权损害赔偿请求权:参见 *Browntown Ltd. v. Edward Moore Inbucon Ltd.* [1985] 3 All ER 499, 509 *(Lloyd* 法官*); 24 Seven Utility Services Ltd. v. Rosekey Ltd.* [2003] EWHC 3415 (QB)(过失损害财产); *Massai Aviation Services Ltd. v. A - G for the Bahamas* [2007] UKPC 12 (侵入),另见 *Empire Resolution Ltd. v. MPW Brokers Ltd.* [1999] BPIR 486 *(Thornton QC* 法官)(判决 *Hedley Byrne* 的过失损害赔偿请求权可以让与);contra English Private Law *(- Treitel)* I, para. 8.344("侵权诉权一般不得让与")。破产受托人或清算人为债权人的利益进行的让与,不要求真实的商业利益,这是根据 1986 年《破产法》规定行使法定权力处置破产或清算中的公司财产:见 *Circuit Systems Ltd. v. Zuken - Redac (UK) Ltd.* [1996] 1 WLR 721, 734 - 735(*Brown* 法官)。为保理之目的,基于侵权的权利让与仍然无效:*Tettenborn*, [2007] *LMCLQ* 392, 397 - 398。此外,本质上具有人身性(相对于财产性)的基于侵权的权利,如对于威胁、诽谤或人身伤害——与"人身侵权行为相关的诉权"——依然不得让与:见 *Glegg v. Bromley* [1912] 3 KB 474, 488; *Trendtex Trading Corp. v. Credit Suisse* [1980] QB 629, 656 and 670 - 671; [1982] AC 679, 702; *24 Seven Utility Services Ltd. v. Rosekey Ltd.* [2003] EWHC 3415 (QB), [25]*;* Chitty *(- Burrows),* Contracts I[29], para. 19050。但是,这也仅仅因为在此类情形下,受让人不大可能证明必要的合法利益:*Smith*, Assignment, para. 12.105。学界提出批评,反对对侵权诉权让与的广泛禁止(*Smith*, *Assignment*, *para.* 12.103),而青

睐于将限制限定于适用特定政策考量的权利让与的范围内(*Tettenborn*,[2007] *LMCLQ* 392)。通过立法规定,接收分期性的损害赔偿金支付的权利未经法院批准不得让与或被诉(除非属于2000年《金融服务和市场法》规定的向投资计划管理人所为的让与):1996年《损害赔偿法》第2条第(6)款,作为2003年《法院法》第100条第(1)款增加的规定。

13. 爱尔兰法以英国法为基础,与其普通法的姐妹法域的法律具有相同效果:见 *McDermott*, Contract, para. 18.120 - 18.122。特别是,根据爱尔兰法,纯粹的人身权利(如关于诽谤或威胁的权利)均不得让与:*McDermott*, Contract, para. 18.122。

14. 根据苏格兰法律,因侵权行为发生的权利——包括关于人身伤害的权利和财产损失赔偿请求权(例如医疗费用和收入损失)——均可让与:*Walker*, Delict[2], p.410; *McBryde*, The Law of Contract in Scotland[2], para. 17-35。

第二节 金钱赔偿

第Ⅵ-6:201条 受害人的选择权

受害人得选择是否以金钱赔偿恢复被损害的利益。

评 论

概述。本章第2条仅涉及金钱赔偿("赔偿",见第6:101条(赔偿的目标与形式)第(2)款)。该条开宗明义:损害赔偿旨在恢复到假若损害未发生受害人本会处的状态(见第6:101条(赔偿的目标与形式)第(1)款),但不得由此推断受害人所接受的那笔损害赔偿金必须实际用于使其恢复至先前状态。

财产损害。本条主要涉及财产损害。受害人得请求赔偿维修成本,即使其无意修复受损之物或已将其修复。受害人有权自由地以其他方式使用所接受的损害赔偿金。但是,如果不进行维修,则也不会产生增值税;而进行实物赔偿时本应支付的增值税的赔偿也相应地不再需要。

其他情形。因此,在其他情形下,法院和负有责任之人均不得强行要求受害人如何使用赔偿金。此外,赔偿金的判定不得附有以特定方式使用的条件。基于可适用的程序法,经原告申请,法院命令直接向第三方支付(例如,在侵害一位知名政治家的个人尊严的案例中,此人要求负有责任之人将对非经济损失的赔偿金直接支付给指定的慈善机构);但是,此类判决不得违背原告的意愿。

注　释

1. 根据法国法,“赔偿债权人”有权自由处分所接受的赔偿金。法院不能指令债权人将所判定的赔偿金向第三人进行支付(例如向受害人被迫居住的护理中心支付)(Cass. crim. 22 February 1995, JCP éd. G 1995, I, 3893, no. 22, note *Viney*),也不能对受害人处分所判定的赔偿金附加额外条件(Cass. civ. 8 July 2004, Bull. civ. 2004, II, no. 391 p. 329 [例如,财产损害的赔偿金判定不能视所呈交的维修费用收据而定;受害人有权获得包括增值税在内的全额赔偿金];亦可参见 Cass. civ. 21 October 1987, Bull. civ. 1987, II, no. 207 p. 116)。

2. 第 6:201 条的指导原则在西班牙为 TS(刑事审判庭)确认 28 April 1989, RAJ 1989 (3) no. 3567 p. 4025(对一名 12 岁女孩造成严重后果的交通事故;判定 6000 万比塞塔的损害赔偿金,并明确规定此次判定并非基于“对其生前或死后使用和处置赔偿金的任何限制”而作出)。财产损害赔偿金的计算通常是基于维修成本;但是并不要求实际进行维修(某些批评意见详见 *Carrasco Perera*, Aranzadi Civil 1996, II, 55)。相反,有待讨论的一点是,如果有权获得赔偿金之人自身并未遭受任何损失,因对死者名誉的损害而判定的赔偿金是否必须根据恢复其(死后)的良好名誉所需的金额来衡量(对这一观点的支持;Salvador Coderch (– *Salvador Coderch*), El mercado de las ideas, 202)。

3. 第 6:201 条的规定与意大利(*de Cupis*, *Il danno II*, 337)、比利时(Supreme Court 1 September 1989, decision no. 447, civil case no. 420/89 [在赔偿金中添补雇佣护理人员所需的费用,在该案的情形中雇佣护理人员为客观上必需的,即使由此产生的雇佣费用并未计入])、罗马尼亚(此时,法院显然可以对所判定的赔偿金如何使用进行限制,实物赔偿优先)和匈牙利(*Eörsi*, Kártérítés jogellenes magatartásért, 152)的法律相同;但是,如果财产损害赔偿的支付并非用于更换机器,则应注意与有过失问题可能连同利润损失请求权一并发生(*BH* 1997/332)。

4. 德国法院已将《民法典》第 249 条第(2)款作为概括(或“拟制”)计算损害赔偿金的依据。本条款意义上的“必需的金钱总额”是由专家证人计算的总额,即为维修之目的而应付给汽车修理店的费用总额。甚至如果受害人没有维修受损物(通常而言,如汽车),或者如果该项工作在“黑市维修”或受害人自行维修,则受害方可以请求支付该笔维修费用(BGH 19 June 1973, NJW 1973, 1647; BGH 29 October 1974, NJW 1975, 160, 161; BGH 23 March 1976, NJW 1976, 1396; BGH 30 January 1985, NJW 1985, 1222; BGH 29 April 2003, NJW 2003, 2085)。如果实际上由汽车修理店进行维修且发票上的数额远远低于专家证人的预估,则甚至可以采用这一“理论上的”损害赔偿估价(BGH 20 June 1989, NJW 1989, 3009)。反之(实际产生的费用低于预估的价格),而原告并未无可挽回地选择了“推断的”损害赔偿计算,则受害方可请求法院依“实际的”损害赔偿来计算(BGH 17 October 2006, NJW 2007, 67)。但是,仅当实际产生费用时才赔偿销售税(《民法典》第 249 条第(2)款(第 2 句))。

5. 根据奥地利法,受害方一般可以选择实物赔偿和金钱赔偿(OGH 29 May 2001, 4 Ob 118/01h),除非这一选择害及加害人的某项合法利益(OGH 12 October 2004, 1 Ob 264/03k)。但是在受害人并未将所判定的赔偿金用于恢复受损利益的情形下,其能否行使这一选择权,仍存争议。确实,法院的出发点为假定他们都得基于恢复受损利益所需金钱数额来自由计算赔偿金,即使受害方无意将此赔偿金用于此目的。诸多法律评论家都主张,在对经济损失的赔偿中,如果实物赔偿可能且实际进行实物赔偿,受害方仅有权请求就所发生的费用进行赔偿(*Koziol*, Haftpflichtrecht I[3], no. 10/13)。如果受害方的经济能力不允许其实物赔偿,则受害人可请求先行支付或要求被告承担所发生的费用(*Koziol* loc. cit. no. 9/11)。"推断的"生产成本不能赔偿(*Koziol* loc. cit. no. 10/19; *Apathy*, ZVR 1981, 261)。诸多评论家持相反观点,认为受害人有权依其选择花费所判定的赔偿金(如 Koziol/Bydlinski/Bollenberger *(-Danzl)*, ABGB[2], § 1323 no. 10)。近期,最高法院在诸多案件中判定了"理论上的"维修费用,但将判定的赔偿金限定于受损物价值的减少部分(OGH 28 October 1987, JBl 1988, 249; OGH 29 March 1989, JBl 1990, 718; OGH 23 March 1990, SZ 63/46; OGH 29 May 1995, SZ 68/101; concurring *Danzl* loc. cit. no. 11)。如果未进行任何维修工作,则就只能将请求赔偿的范围限定于受害方财产的贬损。同时,由此也可推断,仅当受害方实际支付了销售税时,方可请求赔偿销售税(OGH 7 June 1978, SZ 51/7; OGH 23 March 1990 loc. cit.;不同观点见 OGH 10 July 1975, JBl 1976, 44)。而有争议的是,如果从客观立场看,支付医疗费用是适当的,而医疗费用并未实际发生,则得否请求赔偿医疗费用。起初,这些费用的赔偿均为可赔偿的,例如,如果受害方并未购买所需的药品(OGH 12 January 1955, JBl 1955, 305)或者并未同意进行美容手术,而在该案中这是合理的(OGH 19 October 1977, ZVR 1978/179 p. 215; critical on this point *Apathy*, Aufwendungen zur Schadensbeseitigung, 82 and Rummel *(-Reischauer)* ABGB II[2], § 1325 no. 18)。但是,根据奥地利法院最近在财产损害案件中关于"拟制的"维修费用赔偿问题所适用的法理,OGH 23 October 1987, SZ 70/220 判决(详见 OGH 21 January 1993, ZVR 1994/22 p. 52)完成了对理论上的医疗费用赔偿的理论转变。如果可以确定受害方并未进行医疗,则就无须对其支付赔偿(Schwimann *(-Harrer)*, ABGB VI[3], § 1325 nos. 12-13)。相反,现在仍有可能对"法理上的"护理费用提出主张。如果家属对受害方进行护理,则护理人可以请求赔偿其实际开支和如果雇佣专业护理人员本应产生的费用(OGH 25 November 1992, 2 Ob 60/92; OGH 26 May 1999, ZVR 1999/109 p. 375; OGH 10 December 1999, ecolex 2000, 120; OGH 27 April 2006, 2 Ob 176/05d; critical*Harrer* loc. cit. no. 15; different approach OGH 10 September 1998, SZ 71/146)。

6. 在葡萄牙法中似乎并未论及此问题。可以发现,受害方可随意将判定的赔偿金用于使生活更舒适或便捷的任何方面(如 *Antunes Varela*, Obrigações em geral[10], 602; *Almeida Costa*, Obrigações[10], 599; *Ribeiro de Faria*, Direito das Obrigações I, 488)。

7. 根据《荷兰民法典》第6:103条规定,如果原告请求,法官可以判定支付金钱之外的赔偿。如果这一判决未在合理时间内得到执行,则受害方得再次请求支付金钱赔偿。相反,如果(赔偿金)债权人拒绝加害人提出的实物赔偿的要约或补偿维修费用的要约,则该债权人可能被认定存在与有过错(Schadevergoeding II *(-Deurvorst)*, art. 6:103, nos. 7-11 pp. 25-35; Asser *(-Hartkamp)*, Verbintenissenrecht I[12], nos. 410-411 pp. 330-332)。根据爱沙尼亚法律,受害人无须将赔偿金用于恢复受损利益。

8. 在北欧国家,尽管对损害赔偿金的使用并无明确要求,但评估财产损害的方法选择以维修成本(而非更换成本)为基础,主要适用于财产的非重大损害并以受害方保有财产为条件。应予注意的是,受害方不能选择最有利于自身的损害赔偿计算方法;而应由法院考量每种计算方法的合理性后进行选择(*Hellner and Radetzki*, Skadeståndsrätt[7], 415; *von Eyben and Isager*, Lærebog i erstatningsret[6], 287; *Saxén*, Skadeståndsrätt, 276)。同时关系到损害赔偿的量化原则和受害方选择权的问题,是适用于财产损害赔偿的价值赔偿方法(见第第 6:101 条注释)。在此种情形中,受害方出售该财产的意图不予考虑(例如 HD 7 May 1991, NJA 1991, 269)。受害方的选择权概念在某种程度上也与是否判定一次性支付或者分期支付的问题有关,因为后一种判定将限制受害人使用赔偿金的实际自由。

9. 由于英国法规定的损害赔偿意味着金钱赔偿而非实物赔偿,选择权问题很少发生:原告没有选择权而只能接受金钱赔偿,并因而得以自行决定是否将此赔偿金用于受损财产的维修或更换。在判定对货物的损害赔偿金时,英国法以维修成本(亦可构成确定货物价值减损的衡量标准:*The London Corporation* [1935] P 70)为基础判定,而维修成本以原告对该物进行维修的合理时间为基点进行评估:*Dodd Properties* (*Kent*) *Ltd. v. Canterbury City Council* [1980] 1 WLR 433。这一方法不受审判时业已经进行维修这一事实的影响:*The Kingsway* [1918] P 344。即使在此期间受损物已经遗失,因此完全不可能再进行维修,也不会对此类损害赔偿诉讼产生影响:*The York* [1929] P 178, 184 - 185; *The London Corporation*, loc. cit.。

第Ⅵ-6:202 条　责任的减轻

损害非因故意造成且令加害人为全部赔偿与对加害人的可归责性、损害程度或防止损害发生的手段不相称的,在公平合理的情形下,得全部或部分免除其赔偿责任。

评　论

根据政策论争制定的规则。本条所规定的减轻规则在各成员国间引起了激烈争议。不同观点如下。减轻规则这一理论获得的支持与反对同样多。反对意见认为损害赔偿的范围仅应依据所遭受的损害程度确定;而支持意见认为如果责任依据理论在这些个案的特定情形中为公平合理的,则该理论在赔偿评估中也能发挥作用。本条遵循后一种意见制定。

故意侵害造成损害者,不得减轻责任。如果损害为故意侵害造成,则应排除适用本条规定的责任减轻。这一规定与所有成员国法律制度的一般理念相符。

责任减轻的理由和要件。在所有其他情形中,最终需要在两种决策中选择一种。选择的决定性根据就是本条的规定。责任依据和损害赔偿的范围之间出现如此反常的矛盾,使得责任人承担全部损害赔偿看来难以容忍。因此,应有对违背公平正义的一般观念的决定进行最后审查的机制。这一点的主要意义体现于以下情形:轻微疏忽或仅为技术上的过失但道德上无可厚非的行为导致损害,受害人可能获得其他的赔偿,而对其进行赔偿将对加害人形成不相称的负担。这一规则在特定的需要自卫的紧急情形下发挥作用,也可能是在第三章第二节规定的情形下达到合理结果的唯一途径(没有故意或过失的归责)。

示例1

8岁和9岁的小孩子在农场的谷仓里玩耍。他们点燃了“篝火”;当附近储存的干草着火后,小孩子陷入恐慌,整栋房屋燃烧起来。受让农场主损害赔偿请求权的保险人起诉了这两个孩子,以便(若干年后)他们一开始获得劳动报酬就能够执行判决。其父母的赔偿保险金无须介入,只要直到步入中年这两个孩子仍不可能通过个人积极工作挣得多于为其设定的限额,则不受保险人所限定的任何执行方式的影响。他们的生活可能在开始之前已经毁掉。减少其赔偿责任范围是公平合理的。

示例2

A所住公寓内的水管爆裂。结果,B所住公寓(在A的公寓正下方)内非常有价值的档案文件受损。B专门为其档案和房屋购买了保险。A的责任应予减轻,以便平衡责任依据(A无法发现这一过错,并因此仅因根据第3:202条(不动产的不安全状态致害的归责)承担责任)和损害的特别风险之间的差距。

本示范规则整体制度中的减轻条款。本条也有助于减少合同责任和非合同责任之间的差异。第Ⅲ-3:703条(可预见性)将不履行合同义务的损害赔偿范围限定于相对方可预见的损失。关于非合同责任的法律并无相应的规则。但是两者的差别经由第6:202条而缩小,因此合同双方的某种行为是否同时构成引发非合同责任的民事过错行为,已无足轻重。在无因管理的规则中也有减轻条款(见第Ⅴ-2:103条第(2)款(管理结束后的义务)和第Ⅴ-3:104条(管理人权利的限制或排除)),它减少了第7:105条(对受害人责任的减轻或免除)的重要性,除此之外,该条涉及规定只要受害人已获保险人赔偿,则加害人不再对因过失造成的财产损害承担责任的法律制度。

范围。本条涵盖了所有非故意造成的损害。因此不仅适用于过失责任的情形,而且适用于严格责任。在后一情形中,如果要获得合理的解决方案,则此类责任减轻机制的可用性尤为重要。

示例3

当飞机着陆时,X的信鸽被卷进了飞机推进器的通风管中。飞机所有人要求信鸽的主人X对此损害支付高达数十万欧元的赔偿。如果让X(这个未就此类情形进行保险之人)承担无限责任,是不公平的;即使是为适用第5:102条(与有过错与责任承担)第(4)款后的剩余部分赔偿承担无限责任,也是如此。只要X无过失,X的责任就应减至零。

责任减轻的范围。示例3表明不仅在例外的情形下可能根据本条规定将责任减轻至零,“全责”的构成也可能指“在适当的范围内补偿”。换言之,即使责任已经基于其他原因(比如与有过错)而减轻,亦可根据本条规定再行减轻。

注　释

1. 在法国,确定损害赔偿义务范围的唯一依据是所遭受的损害;法院在评估赔偿时不得将加害人的经济能力纳入考量(Cass. civ. 21 July 1982, Bull. civ. 1982, II, no. 109 p. 80)。此外,过错的大小和受害方的个人情况,也不得纳入考量 *Tourneau and Cadiet*, Droit de la responsabilité et des contrats (2006/2007), no. 2522)。比利时也适用同一原则。《侵权责任法》在《民法典》中的概念甚至使轻微过失(*culpa levissima*)亦得用于构建全额赔偿的义务(Ronse *(- de Wilde/Claeys/Mallems),* Schade en schadeloosstelling I[2], nos. 267 - 269 pp. 200 - 269)。但是,《民法典》第 1386*bis* 条含有例外,如果案件的衡平和具体情形如此要求,则法院可据此减轻精神障碍之人的损害赔偿义务。

2. 类似地,据说西班牙法律不允许法院基于衡平理由而减轻损害赔偿责任(Paz - Ares/Díez - Picazo/Bercovitz/Salvador *(- Pantaleón),* Código Civil II[2], art. 1902, pp. 1971, 1998 - 1999)。但是,《未成年人刑事责任法(*Ley Orgánica* 5/2000, *de responsabilidad penal de los menores*)》第 61 条第(3)款规定负有监护义务并因而与未成年人一起负有连带责任之人,“如果对未成年人的行为没有故意或重大过失,法院应得依案件情形减轻其责任”。减轻责任的可能性具有重大实践意义;责任通常可减轻 50%(例如 *CA Asturias* 4 *March* 2005, BDA JUR 2005/90490; CA Badajoz 25 January 2005, Aranzadi Civil 2005 (1) no. 333 p. 741; CA Córdoba 20 February 2004, BDA JUR 2004/105382[涉及一位母亲因为其子吸食毒品而辞去工作并不断竭力帮助他])。尤为重要的是,最高法院已承认《民法典》第 1103 条(该条允许在因过失违约而引发责任的情形下调整损害赔偿)允许在非合同责任领域减轻责任(例如 TS 13 October 1981, RAJ 1981 (2) no. 3734 p. 3018 and TS 20 June 1989, RAJ 1989 (4) no. p. 5438)。公平(*Equidad*)被视为类推适用《民法典》第 1103 条的理论基础。但是,这一结论也是法律评论中的争议焦点(*Díaz Alabart*, ADC 1988, 1133, 1222; *Yzquierdo Tolsada*, Sistema de responsabilidad civil, 234; TS 29 September 2005, RAJ 2005 (5) no. 7155 p. 15272)。TS 20 April 1993, RAJ 1993 (2) no. 3103 p. 3975 涉及爆裂的水管,此时损坏了楼下寓所中非常有价值的档案文件。档案的主人收到了支付的房屋保险;保险人对楼上对损害负有赔偿责任的承租人的赔偿请求权,被判决减半。

3. 在意大利,至多在法院确定损害赔偿范围的裁量中,也可以看到功能上等同于第 6:202 条的做法(例如在《民法典》第 2056 条连同第 1226 ~ 1227 条的框架中)。但是应注意《私人保险法(*Codice delle Assicurazioni private*)》第 140 条第(1)款,据此,如果多个受害方对汽车保险人的请求权超过被保险的数额,则该请求权应基于按比例分配原则减少。

4. 匈牙利侵权法规则以全部赔偿为起点,但是《民法典》第 339 条第(2)款允许法院在例外情形下减轻责任。这一规定仅限于侵权法:并不适用于合同法(《民法典》第 318 条第(1)款)。根据《民法典》第 339 条第(2)款规定,在特殊情形下,法院可基于衡平理由部分减轻对损害负责之人的“责任”。根据主流法律观点,损害赔偿的范围应得减轻(*Ujváriné*, Felelösségtan[7], 73 et seq.)。法典未能将允许减轻责任的确切理由特定化,而是留待法官自由裁量。法院可考虑侵权行为人的经济能力、过错程度和其他相关的个人因素((*Petrik*, Kártérítési jog, 83 et seq.)。但是不可能将责任减轻至零(Gellért *(- Kemenes),* A Polgári Törvénykönyv Magyarázata[6], 1223;*Petrik*

loc. cit. 84);如果不法行为是故意实施的,则不得减轻责任(*Eörsi*, Kártérítés jogellenes magatartásért, 168 et seq.; cf. also *Petrik* loc. cit. 85)。但是,在实践中,《民法典》第339条第(2)款鲜少被引用(Petrik (*-Harmathy*), Polgári jog II², 575)。反而是法院适用关于与有过错之规定,以此取得相同结果(*Ujváriné* loc. cit. 74 et seq.)。通常,《民法典》第340条第(1)款和第339条第(2)款可结合适用(*Ujváriné* loc. cit.)。根据对匈牙利《民法典》改革的建议,提议对此损害赔偿调整规定进行修改后予以保留(http://www.parlament.hu/irom 38/05949/05949.pdf)。类似地,《斯洛文尼亚债法》第170条允许基于衡平理由对全部赔偿原则设定例外。尤其是如果加害人仅有单纯过失并仅有少量资金(《债法》第170条第(1)款)或者如果加害人实际上希望为受害方的利益而行事并且在行为时尽了与处理自己事务相当的注意义务(*diligentia quam in suis*),而且没有重大过失(《债法》第170条第(2)款),尤其此时得适用这一例外。

5. 保加利亚法律并未规定允许调整责任的独立条款。因此,可能基于衡平和公平理由减轻责任的做法,仅存在于以下情形,即在根据《债法》第52条规定赔偿非经济损失时,法院基于衡平理由确定损害赔偿。例如,根据这一规定,自某人在车祸中身亡之时起,其妻和他不再有任何婚姻关系或情感联系,因而其妻无法获得非金钱损失的损害赔偿(Supreme Court 15 November 1979, decision no. 1235, criminal case no. 1125/79)。罗马尼亚法律没有相当于第6:202条的规定。相关当事人的经济能力对损害赔偿的考虑并无影响(*Lupan*, Răspunderea civilă, 242, 341, 347)。

6. 类似地,根据德国法,适用的是全部赔偿原则;即使在最小程度的过失情形下,加害人亦有全部赔偿义务。该原则亦得适用于加害人负有明显超过其经济能力的赔偿义务的情形(Palandt (*-Heinrichs*) BGB[67], Pref. to § 249, no. 5)。根据《民法典》第828条规定,在涉及汽车或火车事故的情形中,仅有10岁以下的孩子得免于承担责任(例外的情形是:故意)。本质上,唯有与有过错规则,得用于减轻全部赔偿中所蕴含的“全部责任或毫无责任”这一假设的影响(《民法典》第254条);判决中有意识地不适用允许调整损害赔偿的规则(*Medicus*, Schuldrecht I[17], no. 585)。一般而言,根据严格责任规定可获得的赔偿,固定于制定法之中(例如《产品责任法》第10条、《道路交通法》第12条、《环境责任法》第15条)。

7. 在奥地利,责任范围取决于过错程度。尽管在单纯过失的情形中,仅“积极损害”(实际发生的经济损失)可得补偿,在故意和重大过失的情形中,加害人也必须赔偿利益损失。此外,在过错程度轻微或非常微小的情形中,应注意规定责任减轻的补充性制定法的规定(如《服务使用者责任法》(*DHG*)第2条、《森林法》(*ForstG*)第176条、《资本市场法》(*KMG*)第11条)。由此,从反面看,在奥地利法律中没有一般的损害赔偿调整规定(critical on this point *Koziol*, Haftpflichtrecht I³, no. 6/24)。尽管如此,第2:202条的评论中提及的例子是特殊规则的对象,例如根据《民法典》第1306a条规定(紧急情况;得免除责任)和根据《民法典》第1307条规定(关于未成年人的责任)。未满14岁的孩子的责任,仍然适用以根据《民法典》第1310条规定的衡平和公平原则为依据的补充责任(详见 OGH 1 December 1927, SZ 9/257; CA Vienna 3 December 1996, ZVR 1998, 68 p. 166; OGH 9 July 1996, SZ 69/156 and OGH 30 March 1999, SZ 72/59[肯定了在基于衡平和公平原则确定责任时得考虑责任保险单的存在])。衡平考量也可以在评估损害程度时适用(《民法典》第1325条;*Koziol* loc. cit. no. 11/24)。基于对加害人经济能力的考量以减轻责任这一理念,是某些严格责任规定的法理基础,此类规定将责任限定于预设金额(例如《帝国责任法》(*RHG*)第7条,《铁路和机动车辆责任法》(*EKHG*)第15、16条,《核能责任法》

*(AtomHG)*第 15、29 条)。这一体系被视为不够灵活而应予改革;关于改革的建议,设想对《民法典》第 1317 条予以扩展,以涵盖减轻责任规则。

8. 希腊坚持全部赔偿原则;加害人有义务全部赔偿,而不管其过错程度(*Georgiades*, Enochiko Dikaio, Geniko meros, 151; A. P. 698/1992, EllDik 35 [1994] 1503)。“全部责任或毫无责任”原则亦得适用(*Stathopoulos*, Geniko Enochiko Dikaio A(1)², 515)。《希腊民法典》没有适用允许法官根据案件具体情况,尤其是考虑过错程度评估损害赔偿数额或减轻应赔偿数额的规则(*Stathopoulos loc. cit.*)。全部赔偿规则的例外情形仅适用于关于严格责任的特殊规定,其中将责任范围限定于预设的金额,且在这些条款中规定了应支付“衡平的”赔偿金额(例如《民法典》第 286 条[在紧急情况下造成损害]和《民法典》第 918 条[不具有侵权行为能力之人的衡平责任])。

9. 根据《葡萄牙民法典》第 494 条规定,损害赔偿的义务可基于衡平理由减少至低于对所造成的损害进行全部赔偿所必要的额度。前述内容构成对基于《民法典》第 566 条规定的损害赔偿法中差异理论(*teoria da diferença*)的例外(*Almeida Costa*, Obrigações[10], 779; STJ 19 February 2004; STJ 17 January 2007)。责任仅在过失(*negligência or. mera culpa*)而非故意(critical, on these grounds CA Evora 13 March 1986, BolMinJus 357 [1986] 512)的情形下始得减轻;过失程度越轻,责任的减轻就越有可能(*Pires de Lima and Antunes Varela*, Código Civil Anotado I[4], note 2 to art. 494, p. 497; STJ 19 November 2002)。与衡平评价相关的因素特意未在法律中列出(*Galvão Telles*, Obrigações[7], 211, fn. 1)。法学著作和法院认为,首先,受害方和加害人的经济能力与过错程度都是相关的因素(*Pires de Lima and Antunes Varela* loc. cit.; *Antunes Varela*, Obrigações em geral I10, 913; STJ 5 July 2007; STJ 8 March 2007)。CA Lisbon 6 May 1999, CJ XXIV [1999-3] 88 将个人船舶(“*JetSki*”)的驾驶者和所有者的责任减轻一半,因为他们均为未成年人和没有个人收入的学生。根据现代主流法学观念,《民法典》第 494 条亦得在风险责任(*responsabilidade pelo risco*)的框架内适用(*Almeida Costa* loc. cit. 780; *Pires de Lima and Antunes Varela* loc. cit.; *Antunes Varela* loc. cit. 914; STJ 4 April 2002; STJ 21 March 2000, CJ (ST) Ⅷ [2000-1] 138;在 CA Lisbon 16 February 1979, CJ IV [1979-1] 163)案之前,法院持不同见解。

10.《荷兰民法典》第 6:109 条第(1)款规定,依情形判定承担全部责任将导致不可接受的结果,则法官得减轻支付赔偿金的责任。除此之外,考量因素包括责任的性质、各方之间存在的法律关系和各自支付赔偿金的能力。这一金额的减少不得少于债务人保险所覆盖或应当覆盖的数额(《民法典》第 6:109 条第(2)款)。通常而言,故意或重大过失的存在排除适用允许减少责任范围这一条款(Parlementaire Geschiedenis VI, 404 and 452; Asser *(-Hartkamp)* Verbintenissenrecht I[12], no. 498 p. 459)。所造成的损害类型也具有相关性:《民法典》第 6:109 条第(1)款在身体伤害情形中的适用,远远少于在财产损害中的适用(Parlementaire Geschiedenis VI, 450; *Hartkamp* loc. cit. no. 499 p. 460)。《爱沙尼亚债法》第 140 条第(1)款有类似的规定。

11. 在北欧国家,存在关于责任减轻的特定规则。这一规则是基于全部责任中的衡平、责任形成和受害方利益来考量。但是,适用这些规则要求特定情形;不能过高估计其在实践中的相关性。在所有北欧国家,未成年人和精神障碍者的责任范围是根据《损害赔偿责任法》(见第 3:103 条(未满 18 周岁的人)和第 5:301 条(精神障碍)的注释)评估的。《瑞典损害赔偿责任法》第 6 章第 2 条规定的责任减轻的一般规则要求,考虑到侵权行为人的经济状况,这一责任为不合理的负担;但是,受害方接受损害赔偿的需求和其他因素亦应予以考虑(*Hellner and Radetzki*, Skadeståndsrätt[7], 425;*Bengtsson*, Om jämkning av skadestånd, 231)。如果责任由责任保险负担,则通常不会发生责任的减轻。这一情形同样适用于侵权行为人没有申请可获得的责任保险,但这一规定仅适用于法人。受害方的"财力雄厚"本身不会影响减轻责任的考量。另一方面,受害方的经济窘迫却可能限制责任的减轻,即使此责任对于侵权行为人而言是难以负担的。另一可予考量的因素是侵权行为人过错的程度。故意造成的损害仅在例外的情形下得以减少(例如 HD 3 April 1986, NJA 1986, 193 and HD 16 December 1993, NJA 1993, 727 [年轻的违法者]; HD 21 April 1987, NJA 1987, 376; HD 25 November 1992, NJA 1992, 660; see generally *Kleineman*, JT 1993-94, 789)。亦有人主张,将严格责任的保护性目的作为规则来防止责任的减轻,但是减轻仍得在例外的情形下发生(*Hellner and Radetzki* loc. cit. 426;*Bengtsson* loc. cit. 285)。类似地,《丹麦损害赔偿责任法》第 24 条关注负有责任一方当事人的经济能力,也包含对是否存在责任保险的考量。应予考量的因素包括过错的严重性,损害的范围和受害方在取得赔偿金时的利益。法院将仅在衡平要求时减轻责任(*von Eyben and Isager*, Lærebog i erstatningsret[6], 415)。如果损害是故意造成,甚至通过刑事犯罪行为造成,则出于人道主义和社会关怀的考量,在例外情形下亦可减轻责任(HD 2 April 1996, UfR 1996, 862)。法人很少获得责任减轻(Western CA 9 September 2004, FED 2004, 1804; HD 16 August 2005, UfR 2005, 3151)。《芬兰损害赔偿责任法》第 2 章第 1 条坚持相同原则(*Saxén*, Skadestånd vid avtalsbrott, 245; *ibid.*, Skadeståndsrätt, 162)。在故意行为的情形下明确规定,责任减轻仅当在为取得衡平原则所需要的结果时方得适用;因此,此类请求权通常为法院所拒绝(例如 Supreme Court 19 June 1985, KKO 1985 II 101 and Supreme Court 18 March 1999, KKO 1999:41)。

12. 英格兰法没有规定法院基于衡平理由减轻责任的任何一般权力。此类权力得被视为趋向于削弱损害赔偿判定的可预测性,这一试图强化司法对用于评估非金钱损失的事实上(*de facto*)"税费"制度的坚持:cf. Clerk and Lindsell (*-Burrows*), Torts[19], 29-06。普通法的方法在某种程度上推翻了以下做法:特定因素(比如侵权中的故意性质)可能增加赔偿金的数额。这种做法可见于加重损害赔偿的判定(用以赔偿精神损害),在这种情形中,被告实施侵权行为的方式或动机,或被告随后的行为均为伤害原告的尊严和自尊:详见 Law Commission, Aggravated, Exemplary and Restitutionary Damages (1997) Law Com Rep 247, Part II。这一点当然同样适用于判定惩戒性(或惩罚性)损害赔偿的情形。

示例 1 类似于 BGH 28 February 1984, NJW 1984, 1958;示例 2 选自 TS 20 April 1993, RAJ 1993 (2) no. 3103 p. 3975;示例 3 选自 CA Hamm 11 February 2004, NJW 2004, 2246, note Pfab, VersR 2006, 894。

第Ⅵ-6:203 条　货币化与量化

(1)金钱赔偿应一次性支付,但有正当理由要求分期支付的除外。

(2)对人身伤害以及非经济损失进行金钱赔偿的,其量化方法由内国法决定。

评　论

本条概述。本条涉及两个不同的问题。第(1)款规定原则上损害赔偿应一次性支付。以分期形式支付的为例外情形,需要特别的理由。第(2)款表明本卷不涉及对于人身伤害和非经济损失进行金钱损害赔偿的实际量化:量化问题留待内国法决定。

第(1)款。金钱损害赔偿都是以恢复至造成损害的事件没有发生时本应处于的状态为目的。在通常情况下,据统计,这一目的最好是通过一次性支付损害赔偿金的方式实现。这一方式的正面影响是,在加害人和受害人之间没有延长的法律关系,否则,在延长期间可能因新矛盾产生和再次提起诉讼而发生新的困难。在财产损害和对其他资产造成损害的情形下,实际上没有可以替代一次性支付损害赔偿金方式的其他支付方式。对于利润损失的损害赔偿或被误导的投资和营业额减少造成的损失,也是一样。

正当的理由。在死亡或人身伤害案件中,情形有所不同。对于此类情形,欧洲每一个法律体系中均有命令负有责任之人连续分期支付的可能性;多数法律体系甚至倾向于在此类案件中以分期支付作为一般规则,因此对于命令一次性支付则需要正当的理由。除了税收方面有时候会产生影响,倾向于判定分期支付的主要考量还是在于在死亡或人身伤害的情形下,应当(尽可能)确保维持事故发生前的生活水平。这是因为一次性支付通常无法预防未来入不敷出的危险;金钱价值是变化无常的,且总是存在通货膨胀的风险。此外,损害赔偿通常是用于弥补定期的规律性收入损失,因此这一损失应根据第6:101条(赔偿的目标和形式)第(1)款规定予以准确赔偿。这一点在诉争损害赔偿是针对某人之死亡或残障性伤害且此人对原告进行扶养的情形中尤为明显,见第2:202条(第三人因他人的人身财产伤害或死亡而遭受的损失)第(2)款第(c)项。对于命令侵权行为人进行分期支付是否存在正当理由这一问题,由法院决定;在此情形下,无须取决于双方的协议。当然,当事人得自主通过合同商定损害赔偿的数额和支付的方式。

损害赔偿项。分期支付可能不仅适用于对经济损失的赔偿。在严重人身伤害的情形下,这一赔偿模式亦得适用于连续性的非经济损失赔偿。两种损害赔偿方式相结合是可能的,例如以一次性支付为基础,附带分期支付。分期支付的周期根据所遭受损害的程度调整;支付频率(通常按月支付)由法院确定。相反,在侵害无形财产权时,则很少存在不适用一次性支付的正当理由。

程序问题。本条并不涉及程序性问题。尤其是不涉及下列问题:损害赔偿的非合同请求权是否必须在一次诉讼中解决,还是为了使诉讼风险最小化,原告得仅就全部损害赔偿中的一小部分数额提起诉讼,当胜诉时再就剩余部分提起诉讼。

第(2)款。本卷也未就下列问题表明立场:就在人身伤害情形中,是否应就人身伤害赔偿(例如为某人失去右臂)或不便(例如每天伤者都只能在医院度过)设定固定数额的赔偿金,或在这些情形下是否应对金钱损害赔偿进行个别量化。本卷同样没有涉及,是否应就非经济的人身权利遭受侵害情形设定非经济损失的最低额度金钱损害赔偿(但是,可见第6:204条(对伤害本身的赔偿)评论)。同样,本卷也避免对非经济损失的非常多变的高额赔偿判定方法提出建议。看来,对生物损害赔偿(以表格形式)的精确量化建议是不可能的(见第6:204条(对伤害本身的赔偿))。对是否需要此类损害赔偿表格这一问题,完全未予探讨。许多国家已确立此类实践做法,在某些国家甚至以法律规定;相反,在其他国家严予拒绝。即使对于某些问题,确实基于此类表格能够达成一致,数字化的确定仍是不可能的。本条第(2)款也涵盖对非经济损失中的丧亲之痛的赔偿。本卷不规定惩罚性损害赔偿这一基本抉择,在本条中仍未触及。

注 释

1. 根据法国法,损害赔偿可以一次性支出(*capital*)或采用连续性的分期支付(*rente*)形式。一审法院对此有自由裁量权,而无须受制于遵从原告的请求(Cass. crim. 19 June 1996, GazPal 1996, Chron. de droit criminel, 190[终身年金,尽管原告诉请以一次性支付的方式结清部分赔偿金])。赔偿金的衡量并不受支付方式的影响。分期支付不得超过一次性支付时原告将会获得的数额(Cass. civ. 3 February 1960, Bull. civ. 1960, II, no. 89 p. 58);此外赔偿金的衡量不得因判定一次性支付赔偿金而减少(Cass. civ. 20 December 1966, D. 1967, 669, note *Le Roy*)。因身体伤害而造成非经济损失的损害赔偿的量化,被赋予重要意义。这是因为社会保障机构和其他纳税人(*tiers payeurs*)无法就此赔偿部分行使追索权;无论社会保险公司可能支付多少赔偿金,受害人都有权获得精神损害赔偿金(*dommages moraux*)(*Viney and Jourdain*, Les effets de la responsabilité[2], no. 142 p. 259)。为了确定赔偿水平,法院通常求助于持续特别出版的表格,尽管法院并未明确提及此种做法(以《民法典》第5条为理由)。当然,法院并不受制于这些表格(详见 *le Tourneau and Cadiet*, Droit de la responsabilité et des contrats (2006/2007), no. 2516)。为了量化功能损害赔偿数额(*préjudice d' agrément*)(定义可在 Cass. ass. plén. 19 December 2003, Bull. ass. plén. 2003, no. 8 p. 21 中找到),法院通常将特定金额对应于以百分比表示的不同程度的永久丧失能力,相应地这一百分比是源自对案件有管辖权的法院的说理或多个法院的判例(*Le Roy*, L' évaluation du préjudice corporel[17], nos. 136-1-142 pp. 52-54)。此类百分比所分配的金钱价值可根据受害人的年龄及其丧失能力的严重程度而不同;受害人年龄越小,丧失的能力越多,则分配给这一百分比价值金钱数额就越高(*Le Roy loc. cit.* 67 *with actual examples of quantification of damages*)。对于身体痛苦和精神折磨(*souffrances physiques et morales*)的分类,大多数人都依照 *Thierry* 描述的损害赔偿七种等级(从非常轻微到非常严重)的表格(cf. *Viney and Jourdain* loc. cit. no. 148 pp. 273-275)。没有损害等级对应的损害赔偿范围,在不同法院的差别非常大(*Le Roy* loc. cit. no. 148 p. 60)。在对毁容(*préjudice esthétique*)损害赔偿的评估中,结合诽谤的严重程度,法院考量受害人的性别、年龄、婚姻状况和职业因素。损害赔偿金可从500欧元到数万欧元不等(*Le Roy* loc. cit. nos. 149-151 p. 61)。这一差距悬殊被称为司法彩票(*loterie judiciaire*),备受法学界的严厉批评(*Viney and Jourdain* loc. cit. no. 152 p. 279)。

2. 类似地,在比利时,法院得自由决定以一次性支付还是分期支付形式进行支付;法院不受原告诉讼的请求的约束:法院也可决定将赔偿金分为两部分,亦即一部分一次性支付,一部分分期支付(Ronse *(- de Wilde/Claeys/Mallems)*, Schade en schadeloosstelling I^2, no. 313 p. 225)。作为一般规则,适用一次性支付(*Simoens*, Beginselen van Belgisch privaatrecht XI(2), no. 97 p. 184)。1995年治安审理所治安法官和初审法院法官(*nationale des magistrats de première instance and the Union royale des juges de paix et de police*)工作组首次发布了指示表格。自此,他们定期发布并更新该表格。这些表格包含损害赔偿评估的指导原则和基准数额。除了包括财产损害赔偿的不同数据,这些表格也主要涉及由于身体伤害引发的经济损害赔偿和非经济损害赔偿(包括受害人所遭受的损失)。尽管遭受了(非常猛烈的)学界批评,这些表格在司法实务与司法外实务中处理损害赔偿时,具有重要意义(见 *Van den Bossche*, NjW 2004, 615 no. 2)。据称,保险公司依据这些表格处理90%没有诉至法院的损害赔偿案件(*Van den Bossche* loc. cit. 621 no. 25)。

3. 西班牙法律也认可以法官自由裁量判决损害赔偿的性质和范围作为指导原则(属于《汽车道路交通责任和保险法》的案例[*Texto Refundido de la Ley sobre Responsabilidad Civil y Seguro en la Circulación de Vehículos de Motor*])(如TS 22 April 1983, RAJ 1983 (1) no. 2118 p. 1613; TS 10 July 1987, RAJ 1987 (3) no. 5318 p. 5079)。尽管西班牙法院通常判定一次性支付(*indemnización a tanto alzado or capital*),但分期支付(*rentas periódicas*),尤其在终身人身伤害的情形下,亦为法院所经常适用。终身年金(*renta vitalicia*)被视为特定情形下有效的补偿方式(*Pintos Ager*, Baremos, seguros y derecho de daños, 193),并因此取代一次性支付而得适用(TS 5 June 1997, RAJ 1997 (4) no. 5945 p. 9184; *Medina Crespo*, La valoración civil del daño corporal III(1), 283)。即使法院起初只是勉强判定适用分期支付(见 TS 2 February 1980, RAJ (1) 1980 no. 743 p. 579; TS 13 June 1984, RAJ1984 (2) no. 4374 p. 3365; TS 28 April 1989, RAJ 1989 (3) no. 3567 p. 4025),但是现在这一支付方式已经逐步为法院所接受,并在下列情形中明确予以认可:(1)在适用公法的法人应承担的责任范围内(《公共行政一般制度法》[*Ley de Régimen Jurídico de las Administraciones Públicas y Procedimiento Administrativo Común*]第141条第(4)款;(2)交通责任引发的损害赔偿范围(《汽车道路交通责任和保险法》[*Ley de responsabilidad civil y seguro en la circulación de vehículos a motor*]附则第8条)。法院甚至可能对请求一次性支付的原告判定获得终身年金(TS 5 June 1997 loc. cit.; TS 17 March 1998, RAJ 1998 (1) no. 1122 p. 1773; contra CA Castelló 1 March 2005, BDA JUR 2005/131696 and CA Castelló 8 February 2005, BDA JUR 2005/118706)。

4. 根据《意大利民法典》第2056条和第1226条规定,损害赔偿的范围无法明确规定,而是由法院基于衡平原则予以确定。根据《民法典》第2057条规定,在永久性身体伤害的损害赔偿情形中,法院考虑到各方当事人的条件和伤害的性质,可以判定支付终身年金。对于人身伤害的损害赔偿数额,尤其是生物损害(*danno biologico*),完全留待法官自由裁量,但是实践中法院倾向于诉诸指示表格,以帮助法官量化损害赔偿的程度。这些表格中所包含的价值是基于平均赔偿金总额来确定的,这些数额在法院先前对涉及伤害的典型后果的案例中判决了相关价值。但是法院并不受这些表格的约束。源自交通事故的人身伤害赔偿请求权适用《私人保险法典》(*Codice delle assicurazioni private*),其中规定应就此领域制定专门的表格。

5. 类似地,匈牙利也采用一次性支付或连续性分期支付赔偿金的方式。特别是,在涉及扶养损失的请求权或额外补助的请求权(《民法典》第355条第(3)款)和死亡、身体伤害和健康损害(*Ujváriné*, *Felelösségtan*[7], 190 et seq.; *Petrik*, Kártérítési jog, 238 et seq.)的案例时,可判定年金支付方式。为了赔偿受害人的永久性特殊需要,法院也可判定年金赔偿(*Petrik* loc. cit. 236 f; Gellért *(-Benedek)*, A Polgári Törvénykönyv Magyarázata[6], 1355)。法院并不受受害人所提出的请求约束;对于赔偿方式的判定,留待法院自行裁量。为赔偿受害人因事故造成的工作能力受损应支付年金,这一规定见于《民法典》第356~357条,主要是为了赔偿收入损失。《民法典》第358条规定的是家庭的扶养人在事故中死亡,受扶养人的年金支付请求权。此外,非金钱损失的赔偿亦得以年金形式支付(判例法概述可见 *Lábady*, A nem vagyoni kártérítés újabb bírói gyakorlata, 201-212, 229-234)。所涉案例主要为涉及受害人非常年轻或者未来的医疗费用预期无法确定。现今,也可以将一次性支付与分期支付相结合而适用(*Lábady* loc. cit. 67 et seq.; *Ujváriné* loc. cit. 218 et seq.; *Benedek* loc. cit. 1334 et seq., 1356)。赡养费、终身年金和事故赔偿金必须先行支付(《民法典》第280条第(3)款)。法典未规定非金钱损失的损害赔偿的量化;《民法典》第355条第(1)、(4)款仅仅确定了原则上应对此类损失予以赔偿。赔偿金的衡量确定,留待法院的自由裁量(见 *Herpai*, VersRAI 2005, 43, 45-46)(*Bárdos*, Kárfelel ősség a Polgári Törvénykönyv rendszerében, 43 et seq.; Petrik *(-Köles)*, Polgári jog II[2], 634/2;*Benedek* loc. cit. 1333)。通常来说,法院不得采信保险精算表格。法律实务人员可查看先前法院案例的裁量,尤其是依赖于最高法院处理的案件。尽管如此,金额的判定差异很大;概而观之,判定的数额不断增加,已与日益繁荣的社会保持一致(*Lábady* loc. cit. 63 et seq., only with citations up to 1992)。

6.《保加利亚债法》第51条第(1)款(第2句)明确规定,赔偿金应采用一次性支付或者分期支付的形式。年金一般适用于作为家庭主要经济支柱的扶养义务人死亡或失去工作能力的情形(*Kojucharov*, Obligazionno pravo I, 292)。法院可考虑医疗发展和失去工作能力的其他影响,并调整适用下一阶段的数额;先前判决的法律效力并不会阻碍调整适用的处理方式(《债法》第51条第(3)款)。罗马尼亚的所有基本条款,也都大致相同(*Lupan*, Răspunderea civilă, 263-264, 346 with citations from case law)。如果加害人有可能离开本法域或逃避支付义务,就应判令一次性支付;由于通货膨胀的风险,也可能不适合适用年金(*Lupan* loc. cit. 265)。

7.《德国民法典》第249条以下的出发点是,一般适用一次性赔偿的形式;年金支付仅适用于例外情形(RG 27 May 1908, RGZ 68, 429, 431; Erman *(-Schiemann)*, BGB II[12], § 843 no. 1; Soergel *(-Beater)*, BGB[13], § 843 no. 1; Staudinger *(-Vieweg)*, BGB[13] [2007], § 843 no. 2)。《民法典》第843条第(1)款认可了此种例外情形:因身体伤害或健康损害导致损害赔偿,工作能力遭受损害或增加额外需要的,则必须以年金方式支付,除非有其他令人信服的理由证明一次性支付更为适当(《民法典》第843条第(3)款)。《民法典》第843条涉及永久性伤害的情形;一次性花费,尤其是医疗费用,均适用《民法典》第249条及以下条款规定的一般规则(*Beater* loc. cit.; *Vieweg* loc. cit. nos. 4 and 9)。但是,在专门适用于永久性伤害的框架内,应在永久性、持续增加的需求(《民法典》第843条)和一次性费用(《民法典》第249、251条)之间作更为准确的区分(BGH 12 July 2005, NJW 2006, 1271, 1273)。判定年金支付的法理基础在于,减轻受害方举证证明所发生的费用为必要费用这一负担;此外,理由还在于原告不应自掏腰包预支必要的费用(RG 11 June 1936, RGZ 151, 298, 302;*Beater* loc. cit.)。一系列的补充性制定法含有与此相当的规则,或参引《民法典》第843条、(《责任法》(*HaftPflG*)第8条、《产品责任法》(*ProdHG*)

第 9 条、《道路交通法》(*StVG*)第 13 条、《环境责任法》(*UmweltHG*)第 14 条)。

8.《奥地利普通民法典》未规定赔偿模式。以年金方式进行赔偿支付已获认可,但仅限于例外情形,而且可能对受害人产生不利的税收影响(Schwimann(-*Harrer*), ABGB VI[3], § 1325 no. 94)。对于痛苦和折磨的损害赔偿主要是以一次性方式支付,用以赔偿所遭受的全部非经济损失(OGH 20 January 1977, ZVR 1977/169 p. 210; OGH 27 February 1979, ZVR 1980/159 p. 159; *Harrer* loc. cit. no. 87)。仅当有令人信服的理由证明分期支付更为适当时,例如在重大人身伤害,具有严重(或非微不足道)的永久性后果的情形下(OGH 21 November 1968, SZ 41/159; OGH 20 January 1977 and 27 February 1979 loc. cit.; OGH 10 September 1985, ZVR 1986/50 p. 141; OGH 11 June 1987, ZVR 1988/66 p. 142; OGH 8 August 2002, ZVR 2002/95p. 385),或在可以预见受害方将终身遭受相当大的身体上的痛苦或精神上的创伤的情形下(OGH 13 March 1976, JBl 1976, 539; OGH 8 August 2002 loc. cit.),则适用分期支付方式赔偿非经济损失。此外,年金支付适用于毁容(《民法典》第 1326 条)和为了赔偿收入损失(《民法典》第 1325 条;见 OGH 21 November 1974, ZVR 1975/198 p. 277)的情形;如果在此类情形下,有正当理由证明一次性支付更为适当(OGH 26 January 1988, ZVR 1989/107 p. 179:为了重建农业企业而判定一次性支付),并且考虑到其经济状况,要求侵权行为人一次性支付更为合理(OGH 26 April 1973, SZ 46/45),则仅在这些情形下亦得适用一次性支付。如果事实上尚未发生收入的减少,但是很可能以后将实质性地减少,则可据此判令“抽象年金”以使受害方有可能将资金储蓄起来用以缓解未来的就业损失(OGH 21 November 1968 loc. cit.; OGH 5 June 2002, JBl 2003, 242)。类似地,由于作为家庭经济支柱的扶养人死亡导致受扶养人所遭受的扶养损失的赔偿,原则上应适用年金支付的形式(《民法典》第 1327 条;例外情形见 CA Linz 11 January 2002, ZVR 2002/68 p. 274)。

9. 在希腊,非金钱损失的损害赔偿在制定法上规定为,至少是众多补充性制定法中规定的数额(涉及非法邮寄宣传品的案例,见 *CFI Piräus* 2061/2005, *NoB* 53 [2005] 1469 *on Act* 2472/1997 *art.* 23: *Minimum liability to the extent of* 2 *Mio Drachma*)。

10. 类似地,在葡萄牙,损害赔偿通常为一次性支付。但是,根据《民法典》第 567 条第(1)款规定,如果经原告请求,法院可选择判令分期支付,既可全部分期支付,也可一部分一次性支付与另一部分分期支付相结合,以赔偿永久性的身体伤害和受害方相应的更高需求;此时,法院必须进行必要安排以保证支付。年金的范围由法院自由裁量;这不会改变终身年金支付通常依将通货膨胀考虑在内的精算表格计算这一事实(CA Lisbon 5 July 2001, CJ XXVI [2001-4] 76 and 77; STJ 12 September 2006; STJ 3 June 2003; STJ 8 March 2005; STJ 20 June 2006)。《民法典》第 567 条第(1)款规定包括利润损失在内的即时的和未来的损害(CA Lisbon 5 July 2001 loc. cit.);在个别情形下,也可能结合年金支付和一次性支付两种形式(*Pires de Lima and Antunes Varela*, Código Civil Anotado I[4], note to art. 567, p. 585)。类似地,受抚养人所遭受的损失也可通过判定年金支付来赔偿:尤其是需要考虑未成年人的利益时适用(STJ 20 June 2006)。如果经原告请求判令年金赔偿,则仅应以年金赔偿;法院对此没有自由裁量权(STJ 6 July 1971, BolMinJus 209 [1971] 102; critical *Vaz Serra*, RLJ 105 [1972] 154)。因此,如果任一方的情况发生重大变化(《民法典》第 567 条第(2)款),则任一方均可请求法院调整赔偿方式;这一可能性在请求非经济损失的赔偿中排除适用(CA Lisbon 5 July 2001 loc. cit.)。

11. 根据《荷兰民法典》第 6:97 条规定,法官以最符合其性质的方式评估损害;如果损害的承担无法精确确定,则应对其进行预估。法院也就此进行裁量,除非对损害赔偿金额的判定存在上限(例如《民法典》第6:110条)或存在相关参数的规定。没有关于损害赔偿资本化的规定;由法院决定(Schadevergoeding I *(-Lindenbergh)*, art. 6:97, nos. 19-20 pp. 99-144, no. 2728 pp. 147-158; Spier/Hartlief/Van Maanen/Vriesendorp, Verbintenissen uit de wet en Schadevergoeding *(-Hartlief)*[2], nos. 206-211 pp. 195-201)。相反,《爱沙尼亚债法》第136条第(1)款中存在相当于第6:203条第(1)款的规定。分期支付损害赔偿金由第136条第2~4款来规定。身体伤害的损害赔偿金由《债法》第130条和第134条第(3)款规定。非经济损失的损害赔偿金的特殊条件,在《债法》第134条中列出。

12. 每年,丹麦都修改对非金钱损失的赔偿标准(《损害赔偿责任法》第3条和第15条)。对于造成永久性丧失行为能力、丧失工作能力进行赔偿和对生存的受抚养人所遭受的损失的赔偿,同样如此(《损害赔偿责任法》第4、7、13~15条;详见 *Møller and Wiisbye*, Erstatningsansvarsloven[6], 333)。在瑞典,对于痛苦和折磨的损害赔偿数额确定了固定数额;最高法院批准采用交通事故赔偿委员会(*trafikskadenämnden*)发布的表格作为指南(*HD* 3 *March* 1972, *NJA* 1972, 81)。但是在特殊情形下和这些类型的案例中,也可能偏离这些表格,法院对确定赔偿水平享有裁量权(HD 14 June 2000, NJA 2000, 278; HD 4 April 1990, NJA 1990, 186; *Bengtsson and Strömbäck*, Skadeståndslagen[2], 185)。交通事故赔偿委员会发布的表格也与评估对永久丧失能力的损害赔偿相关(*lyte eller annat stadigvarande men*)。这些表格中所列的参数都是变化的;病残的百分比是根据相应的金额分配;受害人的残障程度越高,年龄越小,获得的损害赔偿金水平就越高(详见 *Bengtsson and Strömbäck* loc. cit. 197)。在芬兰,对非金钱损失的损害赔偿是基于个案评估的;尤为重视伤害的严重性和侵权行为人的过错程度(Supreme Court 5 July 1994, HD 1994:62; Supreme Court 10 October 1980, HD 1980 II 98)。就损害赔偿支付的形式而言(一次性支付或年金支付),已经确定一次性支付为首选方案,因为受害方此时可以完全自由地以其认为适当的方式使用赔偿金,并可确保即使侵权行为人未来破产也不会影响受害方的利益;此外,另一大好处就是一次性支付产生的管理成本较少。年金支付的优点在于能够确保受害方获得定期收入。《瑞典损害赔偿责任法》第5章第4条授予法院广泛的裁量权:"对于未来收入损失或者扶养损失的赔偿,可采用终身年金支付或一次性支付或两者结合的方式支付。如果赔偿对受害方的持续扶养具有重要意义,则应判定支付终身年金,除非特定情形表明应当采取其他支付形式。如果终身年金转换为其他形式存在令人信服的理由,则终身年金可以转换为全部或部分一次性支付。"但是,各方亦得自由就此问题达成协议(*Hellner and Radetzki*, Skadeståndsrätt[7], 386; *Bengtsson and Strömbäck*, Skadeståndslagen[2], 262)。基本上,《芬兰损害赔偿责任法》第5章第7条遵循了这些规则。但是在丹麦,损害赔偿通常适用一次性支付。年金支付被认为过于复杂和不确定。受害方可以通过谨慎投资保持一次性支付赔偿金的经济价值;在这一方面,受害方无须依赖于加害人(*von Eyben and Isager*, Lærebog i erstatningsret[6], 423)。

13. 在英格兰,通常都以一次性支付的形式进行损害赔偿,不适用这一原则的情形是,对人身伤害(基于庭外"结构性和解"(*structured settlements*)的经验进行的)诉讼判定(可复审的)分期支付的(扩展的)制度(由1996年《损害赔偿法》第2条引入,但经2003年《法院法》第100条修改并扩充)。法院判定对未来的金钱损失的损害赔偿可全部或部分以分期支付方式支付,并应当对发布的此类命令加以考量:见1996年《损害赔偿法》第2条第(1)款,已由2003年《法院法》第100条第(1)款替代。如果法院发布此类命令,且双方当事人同意,则对于人身伤害的其他损害赔偿可以分期支付的方式进行:见1996年《损害赔偿法》第2条第(2)款,已由2003年《法院法》

第100条第(1)款替代。除非法院确信支付的连续性能够得到法律所规定的合理保障,否则不会发布此类分期支付命令:1996年《损害赔偿法》第2条第(3)款,已由2003年《法院法》第100条第(1)款替代。关于分期支付的裁定或和解可规定法院以后有权进行复审:《1996年损害赔偿法》第2条第(5)款和第2B条,亦在2003年《法院法》第100条第(1)款中加入。此外,如经请求,且有证据证明或者认定,未来某个时间受害人在身体上或者精神状态上可能会因为引发诉讼的作为或不作为而发展出某些严重疾病或遭受某种严重恶化,法院可判定对人身伤害进行临时性的损害赔偿:见1981年《最高法院法》第32A条(在1982年《司法管理法》第6条第(1)款中加入)、1984年《地方法院法》第51条和《民事程序规则》第41部分。如果事实上风险已经渐露端倪,则损害赔偿可基于将要产生的疾病或恶化进行评估,对未来损害赔偿的判定可于今后作出。对于原告因该疾病或恶化情形的发生而死亡的情形,可见1996年《损害赔偿法》第3条规定。关于损害赔偿的量化,法官可基于其对该情形下的公平、正义和合理的认识评判能力损失和生活福利损失的损害赔偿。为了使得裁定更为确定并因此更具有可预见性(以促进鼓励当事人庭外和解这一公共政策),应基于先前对不同情形的司法评判,依照惯例,对不同类型的损害裁定赔偿额。这些数据已经由实务工作者整理(比如*Kemp and Kemp*, The Quantum of Damages),由司法研究理事会发布《人身伤害案件中的一般损害赔偿评估指南》,考虑通货膨胀因素后予以更新(关于此问题的重要性可见*Heil v. Rankin* [2001] QB 272),并对特殊情形下的适用进行调整。

第Ⅵ－6:204条　对伤害本身的赔偿

对伤害本身的赔偿独立于对经济损失或者非经济损失的赔偿。

评　论

伤害本身。本条为第2:201条(人身伤害及后继损失)第(1)款和第2:203条(对尊严、自由以及隐私的侵犯)第(1)款的直接推论。在前述法条(某些情形下还包括第2:101条(具有法律相关性的损害的含义))中,特定损害均为适当的具有法律相关性的损害,即使这种损害并未造成任何经济或非经济损失。对身体完整性或侵犯他人健康权利或无形人格权利的侵害均为此类法律相关性的损害;而不仅仅是(如其他情形下)只有这种侵害造成的损失可算作具有法律相关性的损害。这些规则仅与本条相结合适用时有效。"伤害本身"不仅仅得在没有遭受任何经济或非经济损失的情况下予以赔偿,也在受害人遭受了此类损失时予以赔偿。在后一种情形下,对伤害本身的赔偿将独立于且附加于对此类损失的赔偿。

新的概念。这一形式的规则并未规定于任何国家的《民法典》或其他内国法。它本身基本上是由意大利引进,但是在多个成员国获得承认,且日益为其他国家所认可。通常,即使没有明确的制定法依据,但法院仍根据这一理念行事。在某些法律体系中法律设定的最低责任门槛,也发挥着同样的功能,至少在无形人格权遭受侵害的领域确实如此。

注　释

1. 见前文第2:101条(具有法律相关性的损害的含义)注释15～21和40以及第2:201条(人身伤害及后继损失)注释17～20。

2.《西班牙汽车道路交通责任和保险法》(*Ley de responsabilidad civil y seguro en la circulación de vehículos a motor*)附录第1条第(7)款明确规定,在人身伤害的情形中(在意大利亦是如此),所遭受的心理损害(*daños psicofísicos*)意味着独立的赔偿请求权。此外,最高法院在诸多情形下都区分生物损害(*daño biológico*)、精神损害(*daño moral*)和经济损失(TS 21 January 1998, RAJ 1998 (1) no. 350 p. 568; TS 21 April 1998, RAJ 1998 (2) no. 4045 p. 5903; TS 27 July 2006, BDA RAJ 2006/6548);由一审法院的判例法可以看出,长期以来对daño biologico通常处理方式都是将其作为独立的损害赔偿事项(例如CA Madrid 10 July 2006, BDA JUR 2007/16767; CA Sevilla 18 May 2006, BDA JUR 2007/28095; CA Madrid 4 May 2006, BDA JUR 2006/192847; CA Madrid 7 July 2005, BDA JUR 2006/12356; CA Madrid 6 September 2005, BDA JUR 2006/70043; CA Madrid 20 June 2006, BDA JUR 2007/41433)。在侵犯无形人格权利的情形中,"不论非法侵扰行为何时得以证明,均应推定存在伤害"(《对荣誉权、私生活权及个人肖像权的民事保护法》第9条第(3)款)。这一推定仅存在于非经济损失的情形中(Casas Vallés, RJC 1989, 49; Salvador Coderch (*-Martín Casals*), El mercado de las ideas, 382, 385)。根据判例法,这一推定为iuris et de iure推定,亦即不可推翻的推定(TS 9 March 2006, RAJ 2006 (4) no. 5413 p. 11866; TS 7 March 2003, RAJ 2003 (2) no. 2900 p. 5410)(相反的观点,虽不多见,亦可见于法学著作中:*Díez-Picazo and Gullón*, Sistema I[11], 355; *Yzquierdo Tolsada*, Daños a los derechos de la personalidad[3], 1333, 1393)。

3. 根据意大利法律,关于生物损害(*danno biologico*)损害赔偿的量化,是根据表格中的参数确定的,其中包括Cass. 11 August 2000, no. 10725, Giust. civ. Mass. 2000, 1782; Cass. 22 May 2000, no. 6616, Giust. civ. Mass. 2000, 1078; Cass. 20 October 1998, no. 10405, Giust. civ. Mass. 1998, 2130; Cass. 16 September 1996, no. 8286, Giust. civ. Mass. 1996, 1283; Cass. 8 October 1996, no. 8784, Giust. Civ. Mass. 1996, 1386 and *Gozzi*, Der Anspruch iure proprio auf Ersatz des Nichtvermögensschadens, 208 et seq.。因交通事故造成的永久性的各种轻微伤害由2001年3月5日发布的《市场开放与监管处理条例》第57号(*Disposizioni in materia di apertura e regolazione dei mercati*)第5条第2～6款的规定。在该法中,生理损害被界定为"侵害心理或身体完整性"且"可参照医疗标准确定的","其损害赔偿不应与其对受害方工作能力的影响相联系"。最初,对各种情形下损害赔偿的评估,是基于以法律规定的、与赔偿金钱数额和受害人年龄相对应的不定的伤残等级(*punto variabile*)确定的(且通常根据通货膨胀而调整)。自2006年1月1日以来,《私人保险法典》(*Codice delle assicurazioni private*)第138条和第139条引入的新规则生效。它仅规定了由于陆地交通事故或海上交通事故所造成的损害,在这种情形下,区分严重伤害(*macropermanenti*)和轻微伤害(*micropermanenti*)。类似地,表格也用以计算损害赔偿,其目标是就

重大伤害建立统一的全国通用的损害赔偿评估制度。仍有争议的是，新规定可能与宪法规定不符（详见 *Chindemi*, Resp. civ. e prev. 2006, 549-569; Zivic, Resp. civ. e prev. 2006, 641-646）。

4. 目前在匈牙利，仅仅侵害权利尚不足以构成损害赔偿请求权的依据；还必须存在额外的经济或非经济损失（Petrik *(-Petrik)*, Polgári jog I[2], 201-203; Petrik *(-Köles)*, Polgári jog II[2], 634/2; Gellért *(-Benedek)*, A Polgári Törvénykönyv Magyarázata[6], 1325, 1328, 1344; *Petrik*, Kártérítési jog, 74, 258 et seq.; *Ujváriné*, *Felelösségtan*[7], 216 et seq.; *Vékás*, FS Boytha György, 331, 332; BH 2002/24; BH 2001/110; BH 2001/12 and BH 1997/435）。受害方是否遭受非经济损失这一问题，由法院自由裁量决定（*Lábady*, A nem vagyoni kártérítés újabb bírói gyakorlata, 51 et seq.），尽管如此，仍需就判定存在非经济损失给出特定的正当理由。甚至肾脏损伤本身似乎不足以构成非金钱损失的损害赔偿请求权的依据。在这种情形下，决定性的是，原告被迫改变其生活方式并以不危及其剩余肾脏的方式生活。这一情形较为类似于面部烧伤的情形，在该情形下，非金钱损失在于该伤害使得原告的生活更为艰难这一事实（详见对于判例法引用 Petrik *(-Petrik)* loc. cit. 204）。相反，在剥夺自由的情形下（BH 2002/186），无须证明特定非金钱损失的存在；非法监禁本身就产生非经济损失。相反，如果受害人面部伤害完全修复，则没有遭受非经济损害（*Benedek* loc. cit. 1330）。在一妇女被逼跪下、被踩着背、被迫剪去头发的情形下，应拒绝其对非经济损失的损害赔偿请求（*Lábady* loc. cit. 54）。在围绕《民法典》改革的争论中，这一极其严苛的方法，即所谓的“责任法理论”看似已经向“人格权理论”这一基础让步。后者的法理基础认为，侵犯主体权利本身足以产生赔偿请求（详见 *Boytha*, Polgári Jogi Kodifikáció 2003, 3-6 and *Petrik*, Polgári Jogi Kodifikáció 2003, 6-8）。也有建议提出，在引入以精神痛苦损害赔偿形式保障人格权的请求权之后，废除对非经济损失的赔偿请求权。也有人提议，引入一种不可推翻的推定：对人格权的任何侵犯均推定为造成非经济损失（http://www.parlament.hu/irom38/05949/05949.pdf）。

5. 在罗马尼亚法学著作中可以看到，每种人身伤害都将构成损害（*Lupan*, Răspunderea civilă, 73），但对于创设可诉的损害赔偿项，无法由此主张推导出任何肯定结论。

6. 基于《民法典》第 1293 条规定，根据奥地利法律，区分“现实的”和可估算的损害（Koziol/Bydlinski/Bollenberger *(-Karner)*, ABGB[2], § 1293, no. 1）。现实的损害意指对法律承认的利益产生的负面影响；可计算的损害对应于该损害的金钱量化。赔偿仅在没有任何可估算的损害（至少尚未）实质化（如收入能力减少的情形下形成“抽象年金”）时可例外地予以赔偿。此年金意在赔偿对就业市场前景的减少。在此情形下，无须证明已经既成事实（OGH 22 September 1983, ZVR 1984/325 p. 347; OGH 20 January 2002, JBl 2003, 242；对这一请求权参数的探讨可见 OGH 15 July 1987, SZ 41/157）。这一观点已在法律评论中表明，即这一请求权是对非金钱损失的赔偿（*Apathy and Riedler*, Bürgerliches Recht III[3], no. 14/9）。此外，一种对“伤害本身”的赔偿，也成为在涉及“对痛苦和没有痛感的折磨进行赔偿”热烈讨论中的焦点（如 OGH 26 July 2006, ZVR 2006/202 p. 498：一位坐轮椅的截瘫妇女，右膝受伤却感受不到痛苦）。与先前的判决相反，现在的赔偿都在以下情形中适用，不仅仅适用于由于所遭受的伤害而无法感受疼痛的情形，也适用于在遭受伤害之前痛感已丧失的情形。法院的这一立场饱受非议（Schwimann *(Harrer)*, ABGB VI[3], § 1325, no. 80; *Huber*, ZVR 2000, 221）。此外，亦应注意“假想的”护理成本的赔偿。在受害人的亲属自愿照看受害人的情形下，受害人可请求支付专业护理本来所需的费用（OGH 26 February 1998, ZVR 1998/128 p. 373; OGH 21 June 2001, 2 Ob 148/01 f）。对于其他赔偿,对痛苦和折磨的赔偿金通常一次性支付而不应以天计算(CA Linz 11 January 2002, ZVR 2002/68 p. 275; *Kossak*,ZVR 2001, 227)。法律实务工作者将案例比较著作作为指南("慰抚金"(*Schmerzensgeld*)表格),但法院并不受这些表格的约束,它们仅仅是充当评估指南。对于可适用于非经济损失的损害赔偿,没有固定的上限(OGH 20 February 1975, RZ 1975/68)。

7. 在葡萄牙,身体损害(*dano corporal*)、机能损害(*dano funcional*)和生物损害(*dano biológico*)均作为同义语使用,被界定为某人身体和心理上的价值减损(CA Oporto 3 May 2007; CA Oporto 29 June 2006; STJ 29 November 2005; Álvaro Dias, Dano corporal, 99)。许多作者都倾向于接纳这一观点,即此类损害意味着非经济损失(*Antunes Varela*, Obrigações em geral I[10], 601;*Sousa Dinis*, RPDCXIII [2004 - 14] 9)。其他作者认为,这一损害是第三类损害(*tertium genus*);既不能归于金钱损害也不能归于非金钱损害的两栖类型(*Álvaro Dias*,RPDC X [2001 - 11] 47; *ibid.*, RPDC IX [2000 - 10] 86)。法院似乎在将此类损害归类于非经济损害(so CA Lisbon 12 June 2006; CA Coimbra 26 April 2005; CA Oporto 7 April 1997, CJ XXII [1997 -2] 205; STJ 8 March 1979, BolMinJus 285 [1979] 290)和将其认定为未来金钱损失(SO STJ 5 July 2007; STJ 17 November 2005; STJ 22 September 2005; STJ 6 May 1999)之间摇摆不定。无论如何,可以明确的一点是,严重的人身伤害本身独立于任何经济损失或痛苦,构成赔偿请求权的基础(*Álvaro Dias*,RPDC X [2001 - 11] 47, 53; STJ 17 November 2005; STJ 10 October 2002; STJ 14 October 2004; STJ 29 April 2004; STJ 6 May 2003; STJ 22 September 2005; STJ 16 January 2003)。

8. 在希腊的法律中,亦有关于无形人格权损害赔偿金最低门槛的制定法规则(见第5:203条注释9和第6:203条注释9)。

9. 在北欧各国,虽然"伤害本身"这一概念不明确,但至少部分内容与对严重侵害受害方人格权的赔偿观念和概念相似。《芬兰损害赔偿责任法》第5章第6节规定,对他人造成极大痛苦和诽谤他人,构成损害赔偿请求权的基础。此类损害赔偿并不属于对痛苦和折磨的损害赔偿,而是损害赔偿的单独赔偿项。即使损害赔偿本质上侵犯受害人的身体完整权,也依然属于上述情形。类似地,瑞典关于侵犯人格尊严的相应规定是基于对损害赔偿的客观评估(见 HD 6 July 2007, NJA 2007, 540 [性侵害睡梦中的儿童])。冒犯人格尊严即为已足;诉由并不取决于主观上的痛苦或折磨(*Hellner and Radetzki*, Skadeståndsrätt[7], 392)。类似地,《丹麦损害赔偿责任法》第26条规定,非法剥夺自由情形下的严重侵害、侵害名誉权或侵害人身为单独的损害赔偿项。

10. 英格兰法承认,在人身伤害的情形下,对伤害本身应予赔偿。看上去,原告确实可以就该伤害获得赔偿,即使这一伤害对原告的生活并无重大影响:*Forster v. Pugh* [1955] CLY 741(脾脏损伤)。假定非金钱损失的损害赔偿存在障碍,尽管实质上损害赔偿通常需要满足两个要件方能适用,这种"官能损伤"(*Andrews v. Freeborough* [1967] 1 QB 1, 18)在概念上不同于对受害人生活方式和幸福(如生活便利损失)(*cf. H. West &Son Ltd. v. Shephard* [1964] AC 326, 355)造成的后果。类似地,在裁定对非法侵入他人不动产的损害赔偿时,尤其是为了维护原告的法定权利——即使没有造成身体或金钱损害,法院也可以裁定对这一无礼行为本身予以实质性的损害赔偿:(*cf. Simmons v. Polak* [1986] CLY 974(在非法将原告锁于车内5分钟的情形下裁定赔偿250英镑))。但是,对于诽谤行为(除了本身不可诉的造谣中伤行为),长久以来都承认,仅因存在名誉权的伤害极有可能造成损害性结果,所以原告有权获得一般损害赔偿(Clerk and Lindsell (*-Doudu and Price*), Torts[19], 23 -235),实质上就是对于后果的推定(名誉损失的损害赔偿)因此可以说,并不归类为对伤害本身的损害赔偿。

第三节　预　　防

第Ⅵ－6:301 条　预防损害的权利

(1)请求防止损害的权利仅存在于下列情形:

(a)损害赔偿不能提供充分救济的;以及

(b)令将对损害承担责任的人防止该损害发生是合理的。

(2)危险源是有体物或者动物而令面临危险的人避免该危险并非合理可能的,请求防止损害的权利包括请求移除危险源的权利。

评　论

预防胜于救济。本条为第1:102条(预防)的直接推论和具体化。这两条需结合起来理解。其潜在的理念是,面临迫近的危险之人必须能够根据非合同责任法(而非仅在满足其他部门法如财产法的要件时)采取积极行动预防损害的发生。预防胜于救济。此外,直接任由损害发生而在事后请求损害赔偿之人,可能被指存在与有过错,并因而被减少损害赔偿金。

预防的形式。损害预防可采取各种不同形式。遭受威胁之人可先自助,然后努力从对威胁负有责任之人处获得赔偿(见第6:302条(对因防免损害所致损失的责任))。或者,遭受威胁之人可要求对威胁负有责任之人移除或消除危险源。后一种形式的请求权为本条规范的对象(关于与第5:202条(正当防卫、善意介入与紧急避险)的关系,见第1:102条(预防)的评论)。

第(1)款。强迫他人实施积极行为以保护原告的利益,仅能在特定的狭小范围内适用;否则,将可能导致对人身自由的难以容忍的限制。这就需要对潜在受害方的利益保障进行权衡,存疑时前者优先于后者。因此,不仅需要存在(在第1:102条(预防)中)原告面临迫近的危险这一威胁,而且需要明确原告有权请求实施积极行为以预防损害的发生,但仅适用于事后的损害赔偿请求权不足以救济和使得他人负担移除危险源这一责任为合理的情形。自行积极预防损害,并请求赔偿因他人引发的费用这一权利,不受本条的影响。其要件由第6:302条(对因防免损害所致损失的责任)规定。

非充分救济的赔偿。赔偿(尤其是金钱赔偿)是否为充分的救济方式,取决于每一个案的具体情形。首要的是,取决于可通过其他方式补偿的损害是否即将发生、即将发生的损害的类型和程度、从事实和法律角度来看其实际发生的可能性有多大,以及他人是否有经济能力予以赔偿。

示例1

邻居X在其土地上建了一个游泳池。注满水后,游泳池开始渗水;渗出的水对邻居Y的花园造成损害。除了金钱赔偿,后者还要求采取补偿措施以使此类事件不再发生。但是,在该案的情形中,发生另一处漏水的风险相当小。请求实施具体补偿措施的请求权未获支持。

示例2

政治家P请求出版商A停止印刷内含损害P名誉的信息的出版物。由于时间短暂,不可能非常精确地检查A是否就其行为具有抗辩;尤其是无法确定第5:203条(公共利益保护)的要件是否满足。P没有根据第1:102条(预防)规定的请求权。

示例3

事实部分与第6:101条(赔偿的目标与形式)示例1相同。被侵犯的男孩可以要求性侵者在移除其纹身之前不得在公共场所裸露身体。此时,金钱赔偿并非充分的救济。

第(2)款。第(2)款确保可能引发损害之人的行为自由。请求通过积极行为消除危险源的权利,仅适用于不会给潜在加害人造成不合理负担的情形。板球俱乐部仅得为保护邻居免遭"飞球"袭击的目的,被要求在其运动场地添加围栏,并确保该围栏稳固,即使在暴风雨中也不会倒塌,同时也不会给俱乐部的经济造成不合理负担;除此以外的其他要求,均为对板球比赛的彻底禁止。剩余的其他风险必须由其邻居自行承担。某一产品的终端客户不得强迫其生产商对该产品进行某种改进以减轻损害风险;生产商应得自行决定是否采取适当的改进措施。这一规定甚至适用于原告基于个人或职业原因而需要购买该产品的情形。相反地,请求房屋主人加固其屋顶上松动的瓦片,以防其掉落到邻居的土地上,是合理的。这一措施很简单,没有其他合理的选择,旨在保护明确界定的一部分人,他们对应注意的损害的忧虑是有正当理由的(因此,如果每一个街上的路人都可以因路过某临街房屋时可能遭受危险而纠缠屋主,则是不合理的)。

注 释

1. 法国和比利时侵权法业已承认终止持续骚扰的行为:因此受害方可主张阻却不法行为(*suppression de l' illicite*)(le *Tourneau and Cadiet*, *Droit de la responsabilité et des contrats*, *nos.* 2441-2446; Ronse (*-de Wilde/Claeys/Mallems*), Schade en schadeloosstelling I², nos. 302-303 pp. 223-224)的请求权。此外《法国民法典》第9条第(2)款包含了一项一般的预防性救

济,以预防任何侵犯隐私的行为(*atteinte à l' intimité de la vie privée*)。此外,相关人士也可仅根据民事程序法关于紧急程序(*procédures de référé*)(《民事诉讼法典》第809条第(1)款、第849条第(1)款)规定的方法,请求发布临时禁令,以预防迫近的损害威胁。另外,在比利时,一旦符合紧迫性的要求,法院就可针对迫近的损害规定相应的措施(*Dirix*, Het begrip schade, no. 62 p. 51)。

2. 西班牙侵权法上,公认的观点是侵权法的作用并非预防性或惩罚性的;而仅仅是补偿性的(Paz-Ares/Díez-Picazo/Bercovitz/Salvador (*-Pantaleón*), Código Civil II[2], art. 1902 pp. 1971-1972)。近期法学界指出,无论是从功效的角度还是从个人保护的角度看来,现代侵权法都不能再无视与预防不法行为发生相配套的救济的适当性(*Llamas Pombo*, FS Díez Picazo II, 2203, 2211)。《民事诉讼法典》第721条以下规定的是审慎监管预防制度(*tutela inhibitoria cautelar*)。该制度赋予原告从法院获得临时裁定之权利,以迫使被告实施积极或消极行为以预防损害的发生。但是,这一救济方式被认为是不充分的救济,因为其本身无法产生请求禁止性命令救济这种一般的独立请求权(*Llamas Pombo* loc. cit. 2219)。而且,侵权法也不会允许此类请求权的存在。在大量的具体案件中,预防损害的保护(*tutela inhibitoria del daño*)受到法律的严格限制,即占有保护;对邻地存在威胁的预防性法律保护(《民法典》第389条结合《民事诉讼法典》第250条第(6)款;为获得"拆除破坏性的和存在对原告造成损害的威胁的建筑物、房屋、树木或圆形石柱及类似物体"的判决的预审程序;见CA Huelva 23 September 2005, BDA JUR 2006/30245 and Paz-Ares/Díez-Picazo/Bercovitz/Salvador (*-Pantaleón Prieto*), Código Civil I[2], art. 389 p. 1064)和根据环境法规定(*alvador and Santidumenge*, *PJ* 1988, *no.* 10, 117; *TS* 3 *December* 1987, *RAJ* 1987 (5) *no.* 9176 *p.* 8507;《加泰罗尼亚民法典》第546-14条)承认的排除妨害之诉(*acción negatoria*)。禁止性命令的请求权也可根据《民法典》第7条第(2)款(权利的滥用)规定、1982年1月颁布的《对荣誉权、私生活权及个人肖像权的民事保护法》第9条第(2)款和《知识产权法》(《版权法》第139条、《专利和实用新型法》第63条、《商标法》第41条)的规定提出主张。在众多场合下,最高法院都已经声明,预防迫近危险发生的禁止性命令的请求权为损害赔偿请求权在"逻辑上和法律上"的直接推论,这一法理基础为禁令性救济请求权提供了基础(如TS 16 January 1989, RAJ 1989 (1) no. 101 p. 102 and TS 15 March 1993, RAJ 1993 (2) no. 2284 p. 2958)。CA Murcia 13 July 2006, BDA JUR 2006/258763案涉及邻人之间就渗漏的游泳池发生的争议。其中的请求权旨在要求游泳池所有人进行修补,但被否定,其否定理由是以侵权法为依据,并认为不能证明存在未来损害的可能性。

3. 类似地,根据意大利法律,预防性保护措施(*tutela inibitoria preventiva*)的适用受到严格限制,仅适用于维护大量受法律保护的利益,尤其是财产利益(《民法典》第949条)、占有(《民法典》第1170条)、役权(《民法典》第1079条、确认之诉(*actio confessoria*))和涉及个人姓名和肖像的权利(《民法典》第7条和第10条)。根据《民法典》第844条规定,法院得颁发命令,旨在基于对当地条件的审查,停止超过合理限度的排放行为(详见Cass. sez. un. 15 October 1998, no. 10186, Giust. civ. Mass. 1998, 2086)。此外,根据《民法典》第1172条规定,邻居可要求屋主采取预防性措施以防建筑物坍塌。其他禁止性命令救济的请求权可见于与下列事项相关的法规:知识产权保护(《知识产权法典(*Codice della proprietà industrial*)》第124条)、不公平合同条款情形中的消费者权益保护(《民法典》第1469条sexies)、针对竞争者不公平竞争行为的营业保护和针对雇主的工会保护(*Statuto dei Lavoratori* [*Act of* 20 *May* 1970, *no.* 300, *Gazz. Uff.* 27 *May* 1970, *no.* 131] *art.* 28)。这些允许禁止性命令的单行规定,通过类推方式为预防保护(*tutela*

inibitoria)的一般请求权(或"非典型"请求权)铺平了道路,虽然并非无可争议,但现在似乎已经成为主流的法学观点(*Di Majo*, La tutela civile dei diritti III[4], 142-143; Cass. 25 July 1986, no. 4755, Giust. civ. Mass. 1986, fasc. 7)。

4. 旨在预防损害发生的救济已为匈牙利侵权法所承认,即《民法典》第341条。但是这一规定仅赋予权利遭受威胁之人寻求法院救济的权利。法院可命令终止危险行为或命令负有责任之人采取适当措施消除威胁,并且如必要,还应提供担保。《民法典》第341条是基于与责任法一致的预防性功能构建的。这一请求权并不取决于违法性;唯一要件是,损害即将发生且处于危险境地的人要求获得保护。这一请求权的典型适用领域包括环境法和竞争法(《民法典》第341条第(2)款)。但是,缺少以《民法典》第341条为依据的判例法(*Gellért* (- *Kemenes*), A Polgári Törvénykönyv Magyarázata[6], 1236; Petrik (- *Harmathy*), Polgári jog II[2], 579;*Petrik*, Kártérítési jog, 86-88)。BH 1990/424表明《民法典》第341条第(1)款仅可由受到即将发生的危险威胁之人主张;BH 1990/424主张《民法典》第341条第(1)款的请求权也可在合同法案例中主张。相应地,特殊类型的禁止性命令也可见于财产法和占有法的规定(《民法典》第115条第(2)款、第190条第(1)款)以及特定财产权规定(如《民法典》第161(2)条第(3)款[用益权])。不少其他规定要求已经遭受损害;于此,禁止性救济的请求权是基于对未来损害的预防而配套规定的(如《民法典》第84(1)b条[人格权]、《竞争法》no. LVII/1996第86(2)b条、《专利法》[Act no. XXXIII/1995]第35条、《商标法》[Act no. XI/1997]第27条、《版权法》[Act no. LXXVI/1999]第94条)。中间禁令是行政法上的特色,并由《民事诉讼法典》第156条规定。在匈牙利民法典改革中并未触及《民法典》第341条第(1)款;但是改革中有提议主张废除《民法典》第341条第(2)款的(http://www.parlament.hu/irom38/05949/05949.pdf)。

5. 保加利亚法没有承认通过禁令救济的一般侵权请求权。但是,禁止性命令旨在终止在大量补充性制定法所规范的不法行为(如《竞争保护法》第7条第(1)款(viii)项、《版权法》第95条第(1)款(ii)项、《专利和实用设计注册法》第28条第(1)款(iii)项)。为防止侵害财产权(也包括临时性的),可提起所有权侵权之诉。这与罗马尼亚的法律立场极为吻合(*Lupan*, Răspunderea civilă, 70)。《民事诉讼法典》第581条规定了根据行政法规定授予法院院长的特定管辖权,即可对未决的诉讼裁定中间禁令。

6.《德国民法典》第908条允许在邻近建筑物即将倒塌或邻近建筑物的一部分存在脱落危险的情形下,发布禁令以迫使当事人采取必要的保护措施。没有必要等待损害发生;仅有危险的威胁就足以使原告获得禁令的救济(详见Soergel (- *Baur*), BGB[13], § 908, no. 6; Erma*n* (- *Lorenz*), BGB II[12], § 908 no. 5; BGH 8 February 1972, NJW 1972, 724)。根据《民法典》第1004条第(1)款(ii)项规定,所有权人有权就被告停止对其财产的妨碍行为主张禁止性命令请求权。这一规定有下列含义:被告必须确保侵权威胁不会成为现实(Staudinger (- *Gursky*), BGB[13], § 1004 no. 211),这也意味着,如果只能通过某人采取措施才能预防损害,则此人也必须采取积极的措施(BGH 12 December 2003, NJW 2004, 1035, 1037)。相对于该规定的明确措辞,当代法学界和法院都认为,根据《民法典》第1004条第(1)款规定,仅当出现损害威胁时,所有权人即享有禁令救济的一般请求权,因此此请求权不仅限定于存在损害可能再次发生之风险的情形(*Gursky* loc. cit. no. 213)。除《民法典》之外的补充性制定法也规定了其他禁止性命令请求权,例如防止不公平竞争行为的规定和防止侵害知识产权的规定。《民法典》规定了在保护个人姓名权(《民法典》第12条)、占有和一系列定限物权情形下的禁止性命令请求权。对于《民法典》第 823 条第(1)款所列举的每一种绝对权之保护,存在一项一般性的禁止性命令救济请求权。

7. 根据奥地利法律,必须区分三种法律救济:禁止性命令、排除妨碍(请求移除或消除妨碍干扰源)和作为终极手段的自助行为(《民法典》第 19、344、1101 条和第 1321 条)。对绝对权的威胁构成强制性禁令救济请求权的基础(OGH 13 April 1983, SZ 56/63; OGH 28 March 2000, SZ 73/57)。如果侵害已经发生,则仅需要存在再次发生侵害的危险和需要予以法律保护。在涉及侵害绝对权的情形,应推定存在再次发生的危险(OGH 23 June 2005, 6 Ob 84/05d)。没有一般的法律条款规定禁止性命令;可以清楚预见,这一救济方式仅在特定情形下有效(OGH 5 December 1978, SZ 51/171),例如在《民法典》第 43、339、364 条和第 523 条中,《商法典》第 37 条第(2)款和《反不正当竞争法》第 14 条中)。时至今日,是否仍有必要继续区分救济性命令(用于侵害已经发生之情形)和预防性禁止令(用于存在侵害威胁的情形),日益受到质疑(Schwimann *(–Harrer)*, ABGB VI[3], Pref. to § § 1293 no. 39)。禁止性命令请求权的满足是否以被告存在过错为要件,曾在很长的时间内都不甚明确(参见 OGH 23 July 1997, ecolex 1998, 124 and OGH 31 August 1983, SZ 56/124; see further Hirsch, JBl 1998, 541)。现今,大多数情况下,这一问题的答案都是否定的(*Koziol*, Haftpflichtrecht I[3], no. 4/10; *Apathy and Riedler*, Bürgerliches Recht III[3], no. 13/15; OGH 18 October 1991, 8 Ob 612/91; OGH 26 January 2006, 6 Ob 273/05y)。

8.《葡萄牙民法典》第 1350 条规定:"如果建筑物或其他建造物存在部分倒塌或全部倒塌的危险,且该倒塌可能导致对邻近财产的损害,该邻近财产的所有权人有权根据第 492 条规定要求对该损害负有责任之人采取必要措施消除危险。"这一规定是以《德国民法典》第 908 条为基础(见前注释 6)(*Pires de Lima and Antunes Varela*, Código Civil Anotado III[2], note 2 under art. 1350)。除此之外,没有关于预防危险发生的义务的一般规定,但是有一系列专门规范对这一问题有所涉及(STJ 8 July 2003 提及,这些规范主要规定了责任,其中包括《民法典》第 492、493、502、1347～1350 条和第 1352 条)。民事责任的功能不应仅限于赔偿功能(*função reparadora*),这一理念源于环境法,即源于《基本环境法》(*Lei de Bases do Ambiente, no.* 11/87 *of* 7 *April* 1987)第 3 条(a)项规定的预防原则(*princípio da prevenção*)(详见 *Meira Lourenço*, A função punitiva da responsabilidade civil, 323)。该法第 40 条第(4)款授予每个公民下列权利:在其健康和获得良好生态环境的权利直接遭受侵害的情形或存在此类侵害的威胁时,得要求移除损害原因并请求赔偿。在有形或无形的人格权受到侵害威胁时,《民法典》第 70 条规定了多种救济方式,这些救济可依据行政法(*administrative law*)规定通过适用《民事诉讼法典》第 381 条以下规定(通过普通保全程序(*procedimento cautelar comum*))得以实现,参见 CA Lisbon 20 January 2005, CJ XXX (2005－1) 97。

9. 根据《荷兰民法典》第 3:296 条和第 6:168 条第(1)款规定,法官"为补偿公共利益应予忍受某一不法行为"的理由,行使自由裁量权以驳回"禁止此不法行为的请求权";受害方对其遭受的损害保有赔偿请求权(详见 Nieuwenhuis/Stolker/Valk *(–Lindenbergh)*, T & C Vermogensrecht, art. 6:162, note 6 and art. 6:168 notes 1－2)。类似地,《爱沙尼亚债法》第 1055 条没有承认根据侵权法规定的禁止性救济的一般请求权。《债法》第 1055 条第(2)款在很大程度上回应了第 6:301 条第(1)款(a)项;没有与第 6:301 条第(1)款(b)项和第 6:301 条第(2)款内容对应的明确规则。但是,移除危险源的权利可因必要性而发生(《债法》第 1045 条第(2)款和第(3)款)。

10. 北欧法律制度没有承认一般的预防请求权。根据瑞典《司法程序法典》第15章第3条规定,为保护某人的物权和知识产权,可获得禁令性救济(例如 HD 14 October 1982, NJA 1982, 633)。《芬兰司法程序法典》第7章第3条含有类似的规定。类似地,在丹麦,禁令性救济的请求权属于行政法领域。《民事诉讼法典》第641条第(1)款涉及保护原告的每一种"权利"。例如,其中包含出租人—承租人之间的争议和邻人之间的争议(HD 5 December 1980, UfR 1981, 362),劳动法(HD 28 October 1929, UfR 1930, 142)和知识产权法(HD 24 February 1994, UfR 1994, 397),更多细节详见 D - Karnov 2005 III *(- Rothe)*, § 641 no. 2487。根据《民事诉讼法典》第642条和第643条规定,有下列情形之一者,禁令请求权应予驳回:如果一般审判规则和关于损害赔偿请求权的规则提供了足够的保护;如果被告提供了足够的保证;或者如果授予禁令将构成不适当措施。共济会成员的入户仪式,被视为这一组织的"私事"(《刑法典》第264d条);因此,他们可能限制电视台对此事进行报道(HD 3 June 1982, UfR 1982, 750)。

11. 根据英格兰法,自由裁量性质的衡平法禁令救济可用于限制某人在可预见的情形下实施或继续实施侵权行为。禁令通常具有禁止性特征,用于预防某一行为,但是在例外的情形下(如被告已经建筑了一栋房屋从而侵害了原告的权利),则可能需要强制性地实施积极行为,如在此情形下移除该房屋。在法院认为授予禁令是"公正且便捷"的情况下(对于高等法院根据《1981年最高法院法》第37条第(1)款;对于县法院,参见《1984年县法院法》第38条,该条被《1990年法院和法律服务法》第3条规定替代),授予禁令的管辖权依据为,如果侵权实际发生或持续且遭受威胁的损害或伤害,则损害赔偿不足以成为充分的救济。这可能是因为损害是不可量化的,或因为(例如,由于被告即将面临破产)判决将可能无法得到执行。或者,赔偿金不足以赔偿原告损失,因为持续侵害原告权利将需要原告多次就所遭受的损失或伤害在多个时间段提起损害赔偿之诉:cf. *Shelfer v. City of London Electric Lighting Co.* [1895] 1 Ch 287(被告发电车间的噪声和震动造成结构性损害和不适和厌烦,为了相邻公共房屋的租户而授予禁令以防止持续侵扰)。一旦授予禁令的基础成立,则仅得在例外的情形下予以拒绝并判定损害赔偿金,比如对原告法律权利的损害很小,损害能够充分预见并以小额赔偿金补偿,授予禁令将造成不公,原告已经表明其仅希望获得赔偿金,或者原告自己的行为使得判定赔偿金之外的其他救济都是不公平的:参见 *Shelfer v. City of London Electric Lighting Co.*, loc. cit., applied in *Regan v. Paul Properties Ltd.* [2006] EWCA Civ 1319; [2006] 46 EG 210(其中认为不应存在例外情形,因为被告处心积虑实施侵害原告采光权的行为,因此授予禁令并非不公)。此外,如果存在对财产权利的侵害,且侵权行为人有意继续实施该过错行为,则原告应有权获得禁令,即使作为损害赔偿的赔偿金数额为象征性的——以便实际上使原告在商业上对该权利进行利用的谈判中获得优势:*cf. Kelsen v. Imperial Tobacco Ltd.* [1957] 2 QB 334(擅自在他人店面上方设置广告牌,侵害他人空间权)。仍有异议的是,在决定是否授予禁令时应在多大程度上考虑公共利益:*Miller v. Jackson* [1977] *QB* 966案(拒绝发布禁令,保留板球场地的露天场所,尽管使得板球运动对原告财产造成侵扰)的观点与 *Kennaway v. Thompson* [1981] 1 QB 88案的意见(基于噪声过大,对住在湖边的原告造成损害而发布禁令禁止快艇竞赛俱乐部的继续侵扰)甚至 Shelfer 案本身的观点相左。除了例外情形,授予中间禁令的基本原则在 *American Cyanamid Co. v. Ethicon Ltd.* [1975] AC 396案中得以确立,本案原告申请对侵犯专利权的行为授予禁令。法院必须查明原告存在适当的争讼,即原告的案件并非轻率的或意气用事,其对胜诉的期待并非异想天开,存在待决的严肃问题,但并不要求原告能够初步证明案件。第二个且决定性的考虑事项是双方利益的平衡,即损害赔偿是否能在审理前充分赔偿原告因被告之行为而遭受的损失，以及如果原告在主诉中败诉，则由于发布禁令对被告造成的损失是否能通过损害赔偿予以充分救济。仅在一方的力量与相对方明显不平衡时，得考虑各方当事人的相对力量。由于命令所要求的拆毁将造成潜在的浪费，因此，对于发布强制性禁令的申请有着更为严格的规则：*Shepherd Homes Ltd. v. Sandham*［1971］Ch 340。如果不可能进行审判或者中间禁令救济的授予或拒绝将实质上决定争议，亦不得适用 *American Cyanamid* 案的原则；此时也需要一种严格符合的情形：*Cayne v. Global Natural Resources plc.*［1984］1 All ER 225。最后，在保护言论自由的利益中，如果被告有意主张正当事由（*justification*）、援引对公共利益事项进行公证评论以作为抗辩或者援引［免责］特权（*privilege*）作为抗辩，则不得发布中间禁令以支持诽谤之诉，除非显然这种抗辩在审判时不会获得支持；因此，作为一般规则，法院不会事先限制出版、公开：见 *Greene v. Associated Newspapers Ltd.*［2004］EWCA Civ 1462，［2005］QB 972，其中判定1998年《人权法》并未改变 *Bonnard v. Perryman*［1891］2 Ch 269案中的规则。

示例1选自CA Murcia 13 July 2006，BDA JUR 2006/258763；示例2选自 *Greene v. Associated Newspapers Ltd.*［2004］EWCA Civ 1462，［2005］QB 972；示例3选自CFI Groningen 31 May 2002，LJN AE3727，note*van der Hoek*，NJB 2006 no. 29 p. 1618。

第Ⅵ－6:302条　对因防免损害所致损失的责任

就为防止迫近损害的发生或者减轻已发生损害的范围或严重程度而合理支出的费用或者遭受的损失，得请求将为该损害的发生承担责任的人赔偿。

评　论

基本原理。某人以合理方式积极避免迫近的损害或限制损害的范围，属于根据第1:102条（预防）规定行使权利，因此有权请求赔偿所发生的费用。这一基本规则在所有成员国均获肯定。这也是第5:102条（与有过错与责任承担）的间接后果。这是因为第5:102条立足的理念是，未尽足够注意以照料自己事务之人，无权请求获得全部赔偿。相反，如果某人在其物品和利益受到他人威胁时已实际照料其物品或利益，则此人有权请求赔偿因其保存或保护行为所发生的费用。这些费用最终是因他人应承担责任之危险造成的。

体系意义。除了其实质内容之外，本条实际上还具有内在的体系意义。由于本条规定加入本卷内容，使得本条规定作为非合同责任法的特征尤为凸显。本条所涉内容并非属于无因管理法的规则，其结果亦非可通过其他部门法工具实现的。这是因为，为避免或减轻个人损害而支付费用之人，并不是为了或主要为了有益于潜在加害人之目的而行事（见第Ⅴ－1:101条（利于他人的介入））；此人事实上想帮助之人是其自己。第 6:302 条对第 4:101 条(一般规定)的因果联系一般规定亦具有深意:第 6:302 条所规定的介入不会打破潜在加害人的行为与损失(在此情形下损失是为避免发生威胁的损害而发生的费用)之间的因果联系链。本条在体系上不同于第 2:209 条(政府因环境损害而承受的负担)之处在于,根据本条规定,须尚未发生第二章意义上的损害;相反,第 2:209 条(政府因环境遭破坏而承受的负担)明确规定,费用(对此并无精确规定)构成具有法律相关性的损害。

示例 1

P 直接将车停在 G 车库的入口前方,然后下车进了美发店。G 急需使用自己的车。在询问周围邻居都未能获知管领 P 车之人的下落后,G 打电话请修理服务将 P 的车拖至马路对面。此项工作的费用少于 G 乘坐出租车或租车前往 G 要乘坐飞机的机场的费用。G 不能根据无因管理的规则请求赔偿,因为他的行为首先是为其自身利益,亦非为了具有优先性的公共利益。但是,根据第 6:302 条规定,他确实享有损害赔偿请求权。通过其行为,G 避免了由于其财产权遭受侵害而造成损失。P 是否同意 G 所采取的这一措施,在所不问。

合理发生的费用。因所威胁的损害而发生的费用必须合理。因此,所发生的费用限定于假如损害实际发生或者以所担心的方式加剧,将造成的损害数额。但是,赔偿请求权并不取决于所采取的措施是否有效。第 6:302 条有意识地遵循了第Ⅴ-3:101 条(请求补偿或偿还的权利)的明确规定。无论如何,只应考虑理性中立的第三人在此情形下将会如原告一般行为。如果原告在本身明智且合理的反应过程中疏忽大意,则应根据与有过错规定减少原告可得的赔偿金。

示例 2

在上游,负责保持水质干净的公司将大量高达 12 米的水生植物砍断直接扔到水中。这些植物顺流而下,聚集在连接到水力发电站的导水管处,可能造成水管堵塞。水力发电公司移除了这些植物。虽然该公司不能以其善意地介入了水质维护公司的事务(无因管理)为由请求赔偿所发生的费用,但是如果水质维护公司应对过失造成迫近(较大)的损害承担责任,则水力发电公司完全可以根据第 1:102 条(预防)连同本条规定请求赔偿费用。

示例 3

在 X 土地上,一棵异常高大且明显不健康的树倒下,砸到了旁边的供电线。该供电线是为邻地上干燥烟草的设备供电的。为了控制损害的范围,该公司架设了临时供电电缆以使干燥设备运行。除了请求赔偿不可再用的烟草损失和损坏的电缆损失之外,该公司亦有权请求赔偿架设临时电缆的费用。

示例 4

在一个海报中,X 通过一个广告使人们产生了一种印象,即 X 的竞争者将与 X 合作并受 X 指导。事实上,该竞争者很早以前就已经因争端而结束了与 X 的合作,并禁止 X 使用其名称。

在提起诉讼的同时，该竞争者在多份日报上发布广告纠正了 X 的误导性暗示。该竞争者实施这一行为，是由于在一次全国性的广告会议上，其不断受到对于 X 所发布广告的盘问，并且营业额损失即将发生；消费者的反应非常消极，因此很可能订单量马上将下滑。即使该广告没有及时发布并产生预防损害发生的作用，亦能获得所请求的判决。竞争者可以请求 X 赔偿其花费在广告之争中的费用，这些是合理的费用。

注　释

1. 在法国和比利时，对于在预防损害发生的过程中发生的费用负担责任问题几乎未予探讨。对此应解释为，在此情形下，具有法律相关性的损害无论如何均会得到承认。损失是由受害方试图避免迫近的损害发生时实际造成这一事实，仅在受害方在实施此行为时具有过错的情形，方具有相关性：见 CA Brussels June 1998，Tijdschrift voor Aansprakelijkheid en Verzekering in het Wegverkeer 1999，225（面对侵权行为人拙劣驾驶，受害方在采取避让行为时，反应不当以至于导致汽车翻转；赔偿请求减少 50%）。

2. 在西班牙，对预防损害发生所产生的损失的赔偿问题，亦罕有讨论。一般而言，此类费用为《民法典》第 1902 条规定意义上的损害，并属于侵权法规定可赔偿的范围（如 CA Cáceres 6 November 2006，BDA JUR 2007/46155：被告土地上一棵巨大的树倒下造成原告电线严重毁损，并影响烟草的干燥，而原告是将烟草用于商业目的。为了控制损失的程度，原告架设了临时电线；该架设成本应包含于损害赔偿项中）。

3. 在意大利，为避免（更大）损害而花费的成本赔偿，取决于先前损害的存在：《民法典》第 2056 条和第 1227 条。但是，在 Cass. 12 April 1980，no. 2331，Giust. civ. 1980，I，2226 案中，由于对水质造成的严重化学变化，迫使公司选择更为昂贵的造桥方式，该公司有权请求对污染负有责任之人赔偿其额外的开支；假如该工程因此而延缓，本将会造成更大损失。

4. 匈牙利法律对与有过错（《民法典》第 340 条）情形下的赔偿请求减少，设有详细规定，但是并未规定在债权人履行了减损义务的情形下应负担成本的义务。此类规则在此并非必要，因为此类成本在侵权法责任一般规范的意义中得被视为损害。这一观点为《民法典》第 355 条第（4）款所支持，据此，造成损害的一方有义务赔偿为减少或消除受害方的经济和非经济损失所必需的成本。罗马尼亚法律的立场并不明确，因为根据侵权法规定的赔偿请求权可能因为避免损害发生的成本不被视为侵权行为的直接后果而遭到拒绝。另一方面，捷克和斯洛伐克《民法典》第 419 条与第 6:302 条相对应："避免威胁损害发生之人有权请求赔偿所花费的有用成本和因此而遭受的损害；该权利甚至可对其行为所维护之利益行使；赔偿金不得超过所避免发生之损害的程度。"

5. 根据《德国民法典》第 249 条第（2）款（i）的规定，在人身伤害和财产损害的情形下，受害方得主张实现恢复先前状态所必需的金钱数额，而非主张恢复先前状态。其中包括对费用的赔偿（Palandt（*-Heinrichs*），BGB[67]，Pref. to § 249 no. 82）。《民法典》第 249 条第（1）款规定的赔偿义务，也包含受害方在此情形下花费的必要费用（BGH 6 April 1976，BGHZ 66，182，192；BGH 24 April 1990，BGHZ 111，168，175）。赔偿费用的义务扩张至为防止特定迫近的损害或为尽量减少损害而发生的费用，如果所预防或所尽量减少的损害本身是可赔偿的（BGH 30

September 1993, BGHZ 123, 303, 309; MünchKomm *(– Oetker)*, BGB[5], § 249 no. 172; Staudinger *(– Schiemann)*, BGB[13], § 249 no. 57)。为履行《民法典》第254条(与有过错)规定的减轻损害义务而采取措施,由此产生的费用甚至在这些措施非因受害方过错而未发生效果的情形下,亦得请求赔偿(*Oetker* loc. cit. no. 69)。在德国最高法院2003年11月13日的案例BGH Report 2004, 305中,水力发电厂的操作员移除了大量顺流漂至的高达12米的水生植物,这些植物是被上游的被告砍断的。基于无因管理而提出费用赔偿请求权被拒绝;但是,侵权法请求权原则上是可行的,但基于本案的事实而被拒绝。

6. 根据奥地利法律,为防止损害发生而产生的费用在法学界(*Koziol*, Haftpflichtrecht I[3], no. 2/21; Rummel *(– Reischauer)*, ABGB II[2], § 1293 no. 10 and § 1304 no. 45)和法院的一贯理论中(OGH 8 March 1994, SZ 67/35; OGH 16 March 2004, SZ 2004/36)被认为构成所谓的"积极损害",只要这些费用服务于这一目的。即使所采取的预防措施并无效果,仍应对这些费用予以赔偿。其审查标准是在同一情形下理性人会如何行事(OGH 11 January 1927, SZ 9/10 [但是,这一案例的法理基础是基于无因管理]; OGH 10 February 1960, EvBl 1960/161; OGH 30 August 1988, JBl 1989, 46)。应急成本和准备成本的可赔偿性,仍存争议。应急成本保护为预防极有可能的损害而产生的成本(摄影机、店铺侦探)。此类请求权将因缺乏因果联系而败诉(*Koziol and Welser*, Bürgerliches Recht II[13], 310)。例如,妻子请求其粗暴的丈夫(不久成为前夫)赔偿安装报警系统、安全锁和不记载于电话号码簿的号码的费用,被法院驳回,因为未能证明必要的因果关系(OGH 28 April 1998, JBl 1999, 49;批评意见可见于Schwimann *(– Harrer)*, ABGB VI[3], Pref. to §§ 1293 no. 41)。相反,可请求按比例分摊与维护、购买和置换保养相关的费用,闲置备用成本(*Reservehaltungskosten*)(通常为公共交通公司为在其车辆发生事故时为渡过难关而保留闲置车辆所发生的成本)根据无因管理的规定解决(OGH 9 April 1987, JBl 1988, 319; OGH 6 December 2001, 2 Ob 272/01s; *Reischauer* loc. cit. § 1323 no. 11a; Koziol/Bydlinski/Bollenberger (*– Danzl*), ABGB[2], § 1323 no. 18)。

7. 根据希腊法律,为避免迫近的损害而发生的费用得否予以赔偿,应视情况而定,即考虑到与有过错的规定(《民法典》第300条),此类费用是否可视为必要(*Kalavros*, Perivallon kai idiotiko dikaio, http://www.law.uoa.gr/epaek/perivallon_kai_idiotiko_dikaio)。为预防对原告的遗产造成损害而采取预防措施所支付费用得否赔偿,仍存争议。大多数学者认为,此类请求权因缺乏因果联系而无法获得支持(*Kalavros* loc. cit.)。如果在环境损害的情形中为避免发生进一步损害而采取措施,则法院应考虑根据无因管理规则(《民法典》第736条)所产生的责任(*Kalavros* loc. cit.)。

8.《荷兰民法典》第6:96条第(2)款明确规定"考虑到构成责任基础的事件,原本很可能发生损害,为预防或减轻损害所产生的合理费用"为可赔偿的损害项(详见其中包括Asser *(– Hartkamp)*, Verbintenissenrecht I[12], no. 414 p. 335)。《爱沙尼亚债法》没有规定类似的规则。尽管如此,根据侵权法规定,如果证明存在因果联系,则此类费用可予赔偿。

9. 为避免迫近的损害而发生的费用得否赔偿的问题,似乎在瑞典少有探讨。HD 22 February 1947, NJA 1947, 82涉及买牛者发现其牛群中爆发传染病时所发生的费用。此费用涉及采取措施将传染病控制在部分牛群中的有关费用,这些费用是可予赔偿的(see *Håstad*, Tjänster utan uppdrag, 144, 150)。HD 31 December 1946, NJA 1946, 758 I–II案认为,因军事训练造成的噪声导致雌狐杀死其幼崽,然后导致这些雌狐被宰杀所产生的成本,可予赔偿。一般认为,这些雌狐不再适合生育,从而导致这些雌狐被宰杀。法院认为,即使雌狐饲养者所持的观点未经科学证据证实,这些成本也是可予赔偿的(详见 *Andersson*, Skyddsändamål och adekvans, 489)。《芬兰环境损害赔偿法》(*Lag om ersättning för miljöskador*)第6条规定,原告有权请求赔偿采取必要措施防止损害发生而产生的费用。措施包括进行必要的调查。这与丹麦环境损害责任法(*Lov om erstatning for miljøskader*)第2条第4点的所有基本点都相符。

10. 根据英格兰法律,避免根据侵权法他人应承担责任的、迫近的且很可能发生损害的危险的费用,可在该损害发生前获得,此时法院裁定损害赔偿,量化为预防潜在危险的成本,以替代发布禁令预防侵权行为(并进而引发[成本更高的]损害)的发生:见 *Hooper v. Rogers* [1975] Ch 43(被告在斜坡上挖小道,引发水土流失很可能导致原告农舍的支撑倒塌)。事件后,对为了尽量减少未来可能发生的损害而遭受的损失提出赔偿的请求权,通常应归入侵权责任的基本规则中(包括因果关系的要件),并应视为与减轻损失的义务密切相关,尽管极少考虑典型的损失(如医疗费用或租用替代物):cf. Charlesworth and Percy *(-Cooper)*, Negligence[11], para. 4-36; *McGregor*, Damages[17], paras. 2-049-2-050。爱尔兰的方式基本相同:见 McMahon and Binchy, Torts3, 2.47。得根据普通法对在侵权法上对损害负有责任之人提起此类损失的请求权,如果原告的行为对于打破因果关系链和远离损害并非"无关的或者非实质的":Clerk and Lindsell *(-Burrows)*, Torts[19], 29-10;*Mcgregor*, Damages[17], para. 6-061;关于爱尔兰法,参见 *Hogg v. Keane* [1956] IR 155, 158(*Maguire* 首席法官:当被告过失撞上原告停驶的车时,原告在逃离自己的车时受伤,如果原告能证明其恐惧离车是合理的,则能将其受伤与车祸联系起来,由此原告可对被告主张损害赔偿)。原告可因此请求赔偿在预防(进一步)损害时发生的合理费用:例如,*Dee Conservancy Board v. Mcconnell* [1928] 2 KB 159(由于被告的过失使得被告的船沉没,并阻塞了由原告管理的河的航道,被告应赔偿打捞和移走被告的船所产生的费用)。即使最后证明原告所采取的行动只是基于一个错误的判断,原告依然可以获得赔偿;试图避免或减轻损失但实际上却加重了原告所遭受的损害,不能算作新的介入行为(*novus actus interveniens*),只要原告的行为是为避免(进一步)损失而实施的合理行为:Charlesworth and Percy *(-Cooper)*, Negligence[11], para. 4-36; *Burrows*, Remedies[3], p. 127; *McGregor*, Damages[17], para. 6-061; *Sayers v. Harlow Urban District Council* [1958] 1 WLR 623(如果被告过失将原告锁在洗手间内,则原告可以请求赔偿试图翻过洗手间隔间的门时所遭受的伤害);*Lloyds & Scottish Finance Ltd. v. Modern Cars & Caravans (Kingston) Ltd.* [1966] 1 QB 764, 782 per *Edmund Davies* J(在合同责任而非侵权责任的情形中,赞同 *McGregor*《损害赔偿》一书当代版中所列的一般立场)。苏格兰法律对此问题的立场较为类似(见 Walker, Delict2, 217-218)。尤其是在行为人合理但错误的行为加重了损害的情形下,也可能获得赔偿:see *Walker loc. cit.* 217, *and SS"Baron Vernon" v. SS "Metagama"* 1928 SC (HL) 21, 25-26(*Haldane* 子爵:如果在复杂情形下仅存在判断错误,则就没有违反尽量减轻损害的义务)(这一格言在英格兰法中同样具有权威性)。

示例2选自 BGH 13 November 2003, BGHReport 2004, 305;示例3选自 CA Cáceres 6 November 2006, BDA JUR 2007/46155;示例4选自 OGH 8 March 1994, SZ 67/35 = RS 0023516。

第七章　附　　则

第Ⅵ-7:101条　内国的宪法性法律

本章规定应依法院适用的宪法性法律解释和适用。

评　论

第七章概述。第七章规定的是附则,大致阐释了非合同责任领域的某些法律事项非属本示范规则的范畴。由于所述事项有的与非合同责任法的关系过于复杂,有的在政策考量上过于敏感,因而无法在示范法中予以规定。因此,在非合同责任法中,宪法性法律所涉事项——尤其是基本权利——(在第Ⅵ-7:101条中)并未涵盖其中。此外,本章的示范规则本身并未界定"制定法条款"(第Ⅵ-7:102条)(制定法条款)这一术语,也未规定国家责任(第Ⅵ-7:103条)(公法职权和法院诉讼程序),亦未探讨劳动法(第Ⅵ-7:104条)(雇员、雇主、工会和雇主协会的责任),且未规定受到保险法和责任法(第Ⅵ-7:105条)(对受害人责任的减轻或免除)共同影响的事项。目前这些事项并非第Ⅰ-1:101条(适用范围)规定的示范规则适用范围之外,而其他事项则有意未在第七章中列举。最重要的原因是工作组未能从各专业团队责任中找到应将其额外纳入例外规则目录的充分理由。

第Ⅵ-7:101条。为实现本章之目的,本条援引第Ⅰ-1:102条(解释和发展)第(2)款的规定。严格来说,这可能并非必要。但是,在私人责任法中,基本权利的影响甚大,这就是清晰的权利声明和明确的权利表述极为有益的原因。不仅本章规则的解释应依照相关宪法性法律进行,事实上其适用也受到一般限制性条款的约束,这些条款与基本权利的宪法性保护相一致。这不仅是一项宪法性声明,而且是一项非合同责任法的规定。当涉及对媒体侵害人格权的评价时,这一权利尤为明显。因此,现行部门法试图保护基本权利(如新闻自由)而不侵害这些权利是显而易见的事实。

注　释

1. 现在还无法全面描述宪法性规则在民事责任方面的切实影响。大量的数据指标仍有待获取。根据法国法的规定，所有因民事过错行为（*faute civile*）而遭受损害之人均有权获得赔偿这一原则受宪法保护（Conseil constitutionnel 22 October 1982，D. 1983 jur. 189，note Luchaire）。《比利时宪法》第 25 条即为对私法施加强力影响的规定之一，该条规定，在媒体实施侵权行为的情境下，应依照特定的先后顺序要求被告承担侵权责任。在西班牙，自 1978 年《宪法》颁行以来，制定法的解释必须与宪法一致这一原则无疑已经成为《民法典》第 3（1）条的准则（Organic Act on Judicial Power［*Ley Orgánica* 6/1985，*del poder judicial*］art. 5；Paz－Ares/Díez－Picazo/Bercovitz/Salvador（－*Salvador*），Código Civil I[2]，25）。借助于保险统计表格评估确定交通事故受害者的损害赔偿金，这一做法被视为符合《宪法》规定。这一判定方式无碍于有形和无形的人格权损害赔偿请求权受到《宪法》保护（TC 29 June 2000，no. 181，BDA RTC 2000/181）这一事实。宪法保护也适用于因媒体实施侵害隐私权的行为造成的非金钱损失产生的赔偿请求权（TC 17 September 2001，no. 186，BDA RTC 2001/186）。据称，无罪推定原则仍然仅为刑法特征而非私法特征（TC 13 December 1993，no. 367，BDA RTC 1993/367；TS 19 June 1997，RAJ 1997（3）no. 5420 p. 8287；TS 13 February 2003，RAJ 2003（1）no. 1045 p. 1998）。

2. 见第VI－2:101 条（具有法律相关性的损害的含义）注释 18 和 40，涉及依据意大利法在非经济损失责任领域进行宪法性调整。在德国，the BVerfG 18 January 2001，NJW 2001，1639 认为，要求某媒体公司就其发表对经济基础产生冲击效应的文章支付损害赔偿金并不侵犯新闻自由。见第VI－2:101 条（具有法律相关性的损害的含义）注释 75 和第 VI－2:203 条（对尊严、自由以及隐私的侵犯）注释 11。《奥地利民法典》第 1330 条对名誉权遭受诽谤性言论侵害的原告赋予损害赔偿请求权。但是，如果在某种程度上，夸大或挑衅的言辞是正当的，则这一损害赔偿请求权可能因受到表达自由权（《国民一般权利基本法》第 13 条；《欧洲人权公约》第 10 条）的限制而无法主张（OGH 14 March 2000，JBl 2000，664；OGH 18 August 2004，SZ 2004/127；OGH 28 November 1997，ÖJZ 1997，956）。

3. 在瑞典，如同在其他国家一样，国家责任已经延伸至违反《欧洲人权公约》的情形。法院受理基于公约本身的独立诉讼，赋予因国家违反公约造成的非金钱损害赔偿请求权，而不论其内国制定法如何规定（HD 9 June 2005，NJA 2005，462；HD 21 September 2007，NJA 2007，584）。但是，公约并不适用于两个私主体之间。最高法院拒绝受理个人因保险公司使其遭受变相监视而基于《欧洲人权公约》提起的诉讼（HD 29 October 2007，NJA 2007，747）。相反，在处理私人之间涉及侵害私生活尊重这一权利的诉讼时，挪威法院则更倾向于援引《欧洲人权公约》（HD 7 May 2007，Rt 2007，687；HD 10 April 2008，HR－2008－647－A）。

4. 英国没有传统意义上的成文宪法，但英国判例法的确承认“宪法性制定法”或“宪法意义的立法”，这一概念涵盖了（尤其是）扩大或者缩小基本宪法权利范围的立法，其中 1998 年的《人权法》即为适例：Thoburn v. Sunderland City Council［2002］EWHC 195（Admin）at［62］，［2003］QB 151，186（Laws LJ）。法律解释必须尽可能与《欧洲人权公约》规定的权利一致：1998 年《人权法》第 3 条。此外，禁止作为“公共机构”的法院以不符合公约权利（第 6（1），（3）（a）条）

的方式行事这一禁令,要求对侵权法规则进行必要修改以符合《欧洲人权公约》的规定:参见 *Campbell v. Mirror Group Newspapers Ltd.* [2004] UKHL 22, [2004] 2 AC 457; *McKennitt v. Ash* [2005] EWHC 3003 (QB) at [48]-[49], [2006] EMLR 178, 190 (*Eady J*)一案中,要求基于隐私权或违反保密义务提起的诉讼应考虑和兼顾《欧洲人权公约》第8条(私生活的保护)和第10条(言论自由)的规定,考量干预或限制上述条款所规定权利的正当性以及均衡性。

第Ⅵ-7:102条　制定法条款

内国法确定哪些法律规定为制定法条款。

评　论

本章各条在诸多情形下适用"制定法"或"制定法条款"之表述(见第VI-2:202条(第三人因他人的人身财产伤害或死亡而遭受的损失)第(2)(c)款,第VI-3:102条(过失)第(a)款,第VI-3:206条(危险物质或排放物致害的归责)第(5)(b)款和第VI-5:401条(合同对责任的排除或限制)第(4)款)。在所有情形下,实质意义上的制定法均指"法律规定",并不一定指议会制定的法规(见第VI-3:102条(过失)项下评论)。此类具有一般拘束力的规范,其外在形式多种多样。一方面这些规定详尽的分类及其与个别条例的区分和另一方面大量并无规范性特征的规定(常见的是公共保险或维护机构的安全条例),均未在本示范法中规定。澄清这一问题即为本条之目的。

注　释

1. 大多数成员国在各种法、严格意义的法和广义的法(包括公共的一般法和法令、次级立法和承认的习惯法规则 Public General Acts and Measures, secondary legislation and recognised rules of customary law)之区分上各有差异。法国的立场是将广义上的法视为国家制定的法律规范,违反此类规范应受法律制裁(*Carbonnier*, Droit civil I, p. 13 no. 5)。广义的法应为成文法,非为个人诉求,须为公意的表达(1789年《人权宣言》[Déclaration des droits de l' homme et du citoyen],第6条);且为抽象的、一般的和稳定的。严格意义上的法是由议会颁行的法;亦可为全民公投通过的法。严格意义的法并不一定是广义的法(*Ghestin/Goubeaux/Fabre-Magnan*, Introduction generale[4], no. 244; *Chabas*, Lecon de droit civil I(1)[12], no. 66),因为前者可能仅针对特定人。由中央和地方政府制定的条例(règlements)和国际公约仅为广义上的法。条例又可分为自治条例(*règlements autonomes*)(《宪法》第37条)和实施条例(*règlements d' exécution*)或行政条例(*règlements administratifs*)。实施条例由部长制定,而由县长和市长发布的行政命令被称为法令(arrêtés)。在比利时的规范等级(详见*Hansenne*, Introduction au droit privé, no. 34)中,宪法优先于法律;其后为社区和地区议会法令(*décrets of the Conseils des Communautés et des régions*)(在布鲁塞尔(Bruxelles - Capitale)地区称之为命令(*ordonnances*))。法令(*Décrets*)和命令在其所适用的地区具有与严格意义上的法同等的效力。

2.《西班牙民法典》第1(1)条列明其法源位阶如下:(1)法律(*ley*),(2)习惯(*costumbre*)和(3)一般法律原则(*principios generales del Derecho*)。根据时下见解,法律的范畴包括(*Gordillo Cañas*, ADC 1988, 469-515)宪法和宪法法院对宪法之下的制定法的合宪性判决。法律也包括国家议会(*Cortes Generales*)制定的法律和(地区)自治议会(*Parlamentos autonómicos*)制定的法律;此外还包括条例和由中央政府和自治地区制定的符合特定要求的其他法律规范。在私法中,地区法规的意义日益凸显。虽然立法权主要为国家立法机关所独有,传统上拥有各自民法的自治地区也获准"保留、修改和发展"国家私法(《宪法》第149(1)(no. 8a)条)。类似地,意大利《民法典》第1条的特别规定以法律、条例和习惯或惯例作为法源。具有法律效力的政府法令由宪法性法律调整(《民法典》序章第2条)。

3. 在匈牙利,制定法只能由议会制定。调整特定事项的权能源于《宪法》。《民法典》第685条属于《民法典》意义上的为数不多的"制定法条款",此外还涉及法律、政府条例和经法律授权的自治行政机关制定的立法。根据《罗马尼亚宪法》第73(1)条规定,严格意义上的法律指的是宪法性法律、修改和补充宪法的法和一般的制定法(*legi ordinare*),以及仅针对特定情形的议会决议。依照《宪法》第115条,中央政府,若经法律授权,则可发布命令(*ordonan ǎ*);政府亦有权在紧急状况下发布命令(*ordonan ǎ de urgen ǎ*)(《宪法》第115(4)条)。涉及重大技术细节的事项可由政府法令(*Hotărârea Guvernului*)或命令(*Ordin*)调整;例如,对机动车责任保险的立法可采用这一方式。政府体系变更之前发布的众多行政命令和法令依然有效,如《处方法令》(第167/1958号法令)。

4. 根据《德国民法典施行法》第2条规定,为私法之目的,"制定法"应定义为"所有法律规范"。《希腊民法典》第1条规定"法律规范为制定法和习惯法以及惯例所涵盖的规则",从而取得了与德国法同样的效果。类似地,奥地利法区分严格意义的法(议会制定的法)和广义的法。广义的法包括所有一般、抽象的规范,涵盖依照主要立法授权制定的所有规范。广义的法也包括《民法典》第1311条意义上的保护性法律。甚至技术性指南也属于这一范畴,只要严格意义的法或规章(Schwimann(-*Harrer*), ABGB VI^3, § 1311, no. 9)宣告这些规定具有拘束力。依照其《民法典》第1(2)条,《葡萄牙民法典》第483(1)条中的"制定法条款"(*disposição legal*)这一概念包括国家有权机关制定的所有一般规定。这些规定包括议会主要立法、法令和地方法规(《宪法》第111(1)条)。由共和国议会(*Assembleia da República*)制定的法称之为法律(*leis*),政府发布的是条例(*decretos - lei*)。法律和条例具有同等规范效力(《宪法》第112(2)条)。政府被授权在非由议会专属的领域享有独立的立法权(《宪法》第164条)。对于民法领域,明确的权能划分规定于《宪法》第161(c)、(d)条和第198(1)条。

5. 根据《荷兰宪法》第81条规定,制定法是由政府和国会(*Staten - Generaal*)共同发布。如果宪法提及"制定法",则通常意指严格意义上的法。若经《宪法》或严格意义上的法授权,其他职能部门也可制定广义的法;在前述条件下,还可进一步转授权。广义的法尤其包括政府规章(*algemene maatregelen van bestuur*)(以皇家法令形式制定的具有一般拘束力的政府规章[《宪法》第89条]);*部长令(ministeriële regelingen)*(具有一般拘束力的部长令);省级规章

(*provinciale verordeningen*)(具有一般拘束力的省级规章);市级规章(*gemeentelijke verordeningen*)(具有一般拘束力的市级规章)和其他规章(*Regulations of water boards and public bodies*)。

6. 在北欧国家,"制定法"(或"制定法条款")一词意指颁行的所有法律文件,无论其制定机关为议会、政府、自治市或者公共机构。因此,在确定过失责任中注意义务的范围时,可能援引保护相关利益的大量特别法规;同样可能援引习惯法(*Hellner and Radetzki*, Skadeståndsrätt[7], 128; von*Eyben and Isager*, Lærebog i erstatningsret[6], 66; *Saxén*, Skadeståndsrätt, 15; *Hagstrøm*, TfR 1980, 292-366)。

7. 在英国,议会针对不同主体选择了不同术语,因此"制定法条款"这一术语不能脱离特定情境,尽管其中可能包括次级立法和主要立法:如1991年的《水资源(相关规定)法》(Water Consolidation (Consequential Provisions) Act)第1(2)条中"地方制定法条款"的定义,2002年《工业与福利协会法》(Industrial and Provident Societies Act)第2(6)条中"制定法条款"的定义,为实现该法之不同目的,这些术语既包括附属立法又排除附属立法。显然,为规范违反法定义务行为之目的,依照法律制定的规章可包含此类义务,尽管授权制定规章的法律是否赋予行政机关创设私人诉权的权力对于确定次级立法中的义务是否可构成侵权责任基础时至关重要:参见Clerk and Lindsell (-*Jones*), Torts[19], paras. 9-44。1998年的《人权法》第21(1)条为该法之目的界定了主要立法和次级立法。前者包括公共一般法、地方和个人法、私人法、英格兰圣公会总议会(或其前身,长老会)法令和依王权(与法定权力相对)制定的枢密令以及依据此类立法制定的、用于修改此类立法或使其生效的文件。后者包括其他枢密令、苏格兰议会法、威尔士国民代表大会制定法和法令、北爱尔兰议会法(及其前身制定的法和法令)、命令、规则、规章、方案、支付令、地方章程和依照主要立法制定的其他文件(只要不修改主要立法或使其生效)。

第Ⅵ-7:103条 公法职权和法院诉讼程序

本章并不调整个人或团体由于行使或疏于行使公法上的职权或法院诉讼期间因履行职务而引发的责任。

评 论

与第Ⅰ-1:101条第(2)款(适用范围)的关系。本条吸纳了第Ⅰ-1:101条第(2)款的规定,并为非合同责任法之目的使其具体化和扩张适用。本章既不涉及因错误行使主权造成的责任,亦不涉及因法院诉讼程序造成相关损害引发的责任问题。对于主要涉及诉讼程序或执行(第Ⅰ-1:101条第(2)款(h))的事项,亦是如此。

个人或团体行使公法职权。国家及其机构的责任以及公职人员违反义务行使或未行使国家权力的个人责任均应排除于本章的适用范围之外。

示例

X,为一名因实施暴力犯罪入狱的囚犯,多次获得假释,一段时间后,甚至假释期长达 1 年。在此期间,其绑架一名妇女并强迫发生性行为。国家是否应对管理人员的失职疏忽承担责任,以及是否应有人就此承担个人责任,均非本规则的适用范围。

公共权力的行使应准确理解为符合《欧共体条约》第 45(1)条发展出的准则。其他边缘情形必须留待各法院地法(*lex fori*)自行确定;是否可能存在区分公法职权与私法义务的统一标准,尚无定论。

法院诉讼期间履行职务。此外,本章无涉法官或律师和专家证人因其法院诉讼中的行为引发的责任。在其职业行为领域,此三类专业人士均得享有免责的特权,且不受本章规定的影响。"法院"一词包括仲裁庭,参见第 I-1:103 条(定义)第 (1) 款定义表,关键词"法院"。

注　释

1. 在许多成员国,国家、国家机构及其公职人员的责任问题均有特别规定,而且通常授权特定法院审理此类案件。在法国,主要由行政法院享有这一领域的司法裁判权;但是,涉及机动车损害案件的司法裁判权通常赋予民事法院(1957 年 12 月 31 日发布的《法院受理起诉公职人员的交通事故伤害赔偿案的管辖权法》Act on the Jurisdiction of the *Tribunaux Judiciaires* in Proceedings on Compensation for Injury sustained in Traffic against Public Persons)。国家应对其或其公职人员在履行职务过程中实施的过错行为承担责任;国家不仅仅就重大过错承担责任(CE 7 February 2003, no. 223882, *Secrétaire d'Etat au logement v. SNC Empain Graham*)。依照《法官责任法》(Act no. 79-43 of 18 January 1979),国家对法官个人和国家公诉人的个人错误承担责任:于此情形,国家可通过专门程序向最高法院(*Cour de Cassation*)民事法庭提起诉讼,要求公职人员分摊责任(《法官责任法》第 11-1 条;Cass. civ. 5 March 1980, Bull. civ. 1980, I, no. 79, RTD civ 1980, 771, noted by Durry; Cass. civ. 5 May 1982, D. 1983, I. R. 1956, noted by Julien; Cass. civ. 30 January 1996, D. 1997, 83, note *Legrand*)。在刑事领域,警员与法官和公诉人受到同等对待(Cass. civ. 9 March 1999, Bull. civ. 1999, I, no. 84),但非专业法官适用特别规定。有拒绝司法、故意、欺诈之情形的,认定为存在个人过错,此类情形必须以额外费用为要件;在有重大职业过错之情形,亦可认定为存在个人过错(Judicature Act [*Code de l'organisation judiciaire*] art. L. 141-1; CA Versailles 27 July 1989, JCP éd. G 1990, II, 21450, note *Estoup*; Cass. civ. 3 July 1990, JCP éd. G 1990, IV, 336; Cass. civ. 10 May 1995, I. R. 1995, 143)。在涉及监护(《民法典》第 473 条)的案件中发生司法错误时,应适用更为严格的规则。律师应根据一般规则承担责任(《法律职业法》第 26 条;责任保险是强制性的[同前法第 27 条])。

2. 在比利时,对于国家的民事责任,有必要区分政府的三种不同机构。对于行政机关,关于过错的规则适用与任何其他人相同的规则(*Leclercq*, concl. under Cass. 25 October 2004, R. W.

2006-07, 1486)。因此,如果行政机关或其他下属行政机构违反注意义务或制定法条款且无抗辩事由(例如,一个无法避免的错误),则该主体实施了《民法典》第1382条和第1383条规定的过错行为(Cass. 14 January 2000, R. W. 2001-02, 1096, note *Van Oevelen*)。行政机关对法律规范的所有非法解释或非法适用将导致国家向第三方赔偿所造成的损失。自Cass. 19 December 1991, Pas. belge 1992, I, 316以来,当法官或政府官员依职权行事,或者理性人认为其在职权范围内行事时,国家应就所造成的损害按照《民法典》第1382、1383条规定为其过错承担责任。但是,仅在错误判决被其他具有法律效力的判决以违法为由推翻或撤销,而且该错误解释或者错误适用法律构成过错的情形,这一原则才具有意义(Cass. 26 June 1998, www. cass. be)。最后,如果立法权的行使过程中存在过错,那么国家可能承担民事责任(Cass. ass. pl. 1 June 2006, R. W. 2006-07, 213, concl. *De Swaef*, note *Van Oevelen*)。Cass. 28 September 2006, no. de rôle c020570F中,认定国家应承担责任。判决理由为立法机关未能向司法机关提供确保民事诉讼程序及时进行所必需的资金,因而存在过错。(*The ratio of the judgment was that the legislature had committed a faute because it failed to provide the judiciary with the funds which were needed to ensure that civil proceedings could be conducted timeously.*)2003年2月10日的《公共机构责任法》(*Loi relative à la responsabilité des et pour les membres du personnel au service des personnes publiques*)规定了涉及国家责任诸多方面的新规则。尤其需要注意的是第3条引入的新变化,规定:关于雇主责任的一般规则(《民法典》第1384(3)条)现在可适用于国家责任的情形。法官和公诉人仅就妨碍司法公正(参与(prise à partie),《司法法典》第1140~1147条)、欺诈行为和拒绝司法承担个人责任。律师依照民事责任的一般原则承担责任(CFR Brussels 27 February 1986, no. JB00131_1; CA Brussels 3 March 1987, RGDC 1987, 1869)。

3. 依照1988年9月1日发布的卢森堡《国家和其他公共机构民事责任法》第1(1)条规定,在实施行政行为的过程中,国家和其他公共机构应对司法或行政错误造成的所有损害承担责任(详见*Ravarani*, La responsabilité civile², no. 120)。因此,国家责任适用《民法典》规定的过错责任的一般规定(*Ravarani*, La responsabilité civile², p. 414 no. 500)。此外,如果存在特殊情形,无须举证证明不当行为的存在,亦可施加责任(前法第1(2)和(2)条)。一旦满足严格的前提条件,则法官和公诉人应承担个人责任;这一情形也同样适用于国家参与的行为。多数情形下,其法律立场与比利时相同。对于律师的责任亦同(详见*Ravarani* loc. cit. no. 258)。

4. 在西班牙,公共管理机构的合同外责任由《公共机构的一般制度法》(*Ley 30/1992, de régimen jurídico de las Administraciones Públicas y procedimiento administrativo común*, of 26 November 1992［已修改］-LRJ-PAC)第139~146条规定。前法第139(1)条规定,如果损害为"公共服务的正常或非正常运作"的结果,那么"个人有权请求相关公共管理机关侵害其财产和权利造成的所有损失予以赔偿"。这一规则适用于所有公法机构,涵盖各种类型的甚至是私法关系(前法第144条)中的公共管理活动;只有由法院诉讼程序引发的责任制度独树一帜(详见下文)。所有自然人和法人,包括公务人员和行使公法职权的(其他)机构,均受保护。除非造成损害的公务人员或公职人员应承担刑事责任或因故意或重大过失造成损害,否则不得被诉,就此而言,这一责任为直接责任。在前一种情形下,公共管理机构可依前法第145(2)条请求赔偿,而后一种情形下,责任具有从属性(TS 19 November 2001, RAJ 2002 (2) no. 2775 p. 4806; *Busto Lago*, La responsabilidad civil de las administraciones públicas³, 1721)。公务人员的侵权行为必须"发生于行使公共职权过程中或属于公共职权的范畴"(TS 25 June 1997, RAJ 1997 (3) no. 5834

p. 8983）。责任为严格责任（前法第 139～146 条），唯一的抗辩是不可抗力。《宪法》第 121 条规定“由于司法错误或司法行政机关的非正常行使职权造成的损害，［受害人］有权请求国家赔偿”。《司法权组织法［LOPJ］》第 252 条进一步发展了这一规定。诉讼律师并未纳入这一体系，除非其由国家任命。关于宪法法院法官的个人责任，参见 TS 23 January 2004，RAJ 2004（1）no. 1 p. 17。由于议会制定的法造成的损害也可依《公共管理制度法（LRJ－PAC）》第 139～146 条规定请求赔偿。典型的情形是违反欧盟法（如 TS 12 June 2003，RAJ 2003（5）no. 8844 p. 16562）。

5.《意大利宪法》第 28 条规定公职人员应依照刑法、民法和行政法就违反职务的行为承担个人责任。在此情形下，侵权责任及于国家或雇佣相关公务人员的相关公共职能部门。（Alpa and Mariconda（ –*Alpa and Mariconda* ），Codice civile commentato IV，sub art. 2043，XIII，§ 62，p. 2398）。此时，只要与被告的公法地位不相冲突，则可适用民事责任的一般原则（Cass. 7 February 1974，no. 330，Giur. it. 1974，I，1，1158；Cass. 29 November 1973，no. 3245，Giur. it. 1974，I，1，1343）。责任负担的先决条件是可归责的（Cass. sez. un. 22 July 1999，no. 500，Foro it. 1999，I，2478；Cass. 29 March 2004，no. 6199，Giust. civ. Mass. 2004，fasc. 3；Cass. 23 July 2004，no. 13801，Giust. civ. Mass. 2004，fasc. 7－8）、违反公职的非法行为（如 Cass. 10 February 2005，no. 2705，Giust. civ. Mass. 2005，fasc. 2）、因果关系和与国家或公共机构行使公共职能有关的行为（Cass. 17 September 1997，no. 9260，Foro it. 1998，I，1217；Cass. 18 March 2003，no. 3980，Giust. civ. Mass. 2003，538）。在存在故意的情形下，如果在故意行为与授予公务人员的职权之间存在必要机会（nesso di occasionalità necessaria），那么应由国家就此承担责任（Cass. 14 May 1997，no. 4232，Giust. civ. Mass. 1997，732）。当公务人员应同国家一起承担个人责任时，国家可请求前者分摊责任。在需要在国家机构进行培训和实践之大量职业情形，适用特别规定，这些规定在一定程度上内容相左。《错误司法损害赔偿法（*Risarcimento dei danni cagionati nell' esercizio delle funzioni giudiziarie e Responsabilità civile dei Magistrate*）》规定了因行使司法职权造成损害的救济和法官与公诉人的民事责任。在存有故意、重大过失和拒绝司法的情形下，可引发国家责任。仅在剥夺自由的情形下可获得对非金钱损失的赔偿（前法第 2（1）条）。法官和公诉人仅对国家承担责任（通过分摊之诉）（前法第 7 条）；仅在法官和公诉人实施刑事犯罪行为时，后果相异（前法第 13 条）。

6.《匈牙利民法典》第 349（1）条规定公共行政机关造成损害的赔偿责任；相应地，这一规则适用于法官和公诉人造成损害的赔偿责任（《民法典》第 349（3）条）。这一责任规则仅适用于缺乏一般法律救济以避免损害或受害人业已寻求一般法律救济以避免损害的情形。若特定自然人的行为可归于相关职能部门，则该职能部门应承担责任；因此，《民法典》第 349 条的规定仅仅是雇员责任的特殊表现形式（Gellért（ –*Benedek* ），A Polgári Törvénykönyv Magyarázata[6]，1296 ff；Petrik（－*Wellmann* ），Polgári jog II[2]，606/3 ff；*Ujváriné*，*Felelősségtan*[7]，141 ff）。依照一般原则（《民法典》第 339 条），可归责性是责任负担的前提条件。于此情形下，需要审查被告在特定情境下是否以合理期待的方式行事。制定法条款的不正确解释或未能正确审查证据这些条件本身尚显不足；相反，重大且明显的违法是必须的（*Benedek* loc. cit. 1304 ff；*Wellmann* loc. cit. 608 ff；*Petrik*，Kártérítési jog，170 ff）。根据保加利亚法规定，法官和公务人员对故意和重大过失行为应承担责任。

7.《罗马尼亚宪法》第 52 条和关于公务纠纷的第 554/2004 号法案第 1 条，授权因其权利（并非单纯的利益)遭受公共行政机关侵害的个人,就其所遭受的经济或非经济损失主张损害赔偿。责任为严格责任;仅在受害方证实过错的存在时,相关官员承担个人责任(前法第 13(1)条)。对于刑事案件中的司法错误有特别规定(《宪法》第 52(3)条和《刑事诉讼法典(CCrimProc)》第 504~507 条、《波兰民法典》第 417、417[1]、417[2]、418 条规定国家的民事责任,且位于侵权法基本规范(《民法典》第 415 条)之后)。根据第 417(1)条规定,国库、区域自治机构或行使公共权力的其他法人依法就其行使公共权力过程中实施的不法行为及其中止造成的损害承担责任。就立法错误承担的责任为《民法典》第 417[1]条详尽规定的内容。

8.《德国民法典》第 839 条规定公务人员违反职责时应承担的个人责任;其是否从事主权行为或财政行为,则非所问(BGH [Great Senate in Civil Matters] 19 December 1960, BGHZ 34, 99, 104)。在《民法典》的框架内,本条规定排他性地适用于这一法律领域,是所有基于过错原则的其他侵权规则的特别法(*lex specialis*),排除此类其他侵权规则的适用(Soergel (–*Vinke*), BGB[13], § 839, no. 12)。《民法典》第 839 条也规定相关公务员应就金钱损失承担责任,且进一步规定限制责任范围的特别规则(《民法典》第 839(1)(ii)条[从属性],第 839(2)条[司法豁免]和第 839(3)条[寻求法律救济以避免损害的义务])。但是,必须结合《基本法》第 34 条规定解释,据其规定,必须区分公务人员的个人责任与公共机构的责任。后者仅适用于涉及行使公权力的行为,此时应由公共机构承担而非代表该机构的公务人员承担(Palandt (–*Sprau*), BGB[67], § 839, nos. 1, 12)。在《宪法》第 34 条的适用范围内,公务人员仅向国家承担责任而非直接向公民个人负责。仅在故意和重大过失的情形下引发公务人员的责任。因此,《基本法》第 34 条将应依国家责任规定承担责任的人员范围扩大至受公共机构委托实施公务的所有人(详见 Medicus, Schuldrecht II[14], no. 913; BGH 23 November 1995, BGHZ 131, 200, 203);其中隐含公共机构一方的义务这一法定假设和公务人员免于直接向(vis–à–vis)第三方承担责任。

9. 依照《奥地利公务人员责任法(AHG)》第 1 条规定,相关公共机构(联邦政府、州政府和地方机构)的责任由一般民法规则调整,对其代表职能部门执法时造成的人身伤害和财产损害应承担责任。执法行为包括行政和司法行为,但是并未涵盖立法中的非法行为(OGH 15 October 2004, SZ 2004/148)。一般而言,公共机构有支付金钱赔偿(而非恢复原状)的义务;重大过失是提起利润损失之诉的前提条件。在大量特别规定中,过错的存在并非前提条件(如非法剥夺自由,见 OGH 18 June 1975, SZ 48/69)。对于因司法裁判过程中的错误而负担的责任存在诸多限制;不能因最高法院裁判错误导致下级法院不得不审查最高法院的裁判而施加责任(AHG § 2(3); see OGH 25 August 1993, SZ 66/97 and OGH 25 February 1997, SZ 70/32)。对于下级法院的裁判错误无权上诉,为了使国家承担责任,该裁判必须实质偏离明确的法律立场。对于调整父母子女关系的裁判,未监督(supervise)律师足以产生国家责任(OGH 14 July 1992, SZ 65/108)。迄今为止,并无关于非法立法行为的制定法条款,这是源于对共同体法的移植缺失或不当。

10. 根据希腊法,在新近的判例法(A. P. 18/1999, EEN 67/2000, 230 = EllDik 40/1999, 1290 = DEE 11 (1999), 1172)中提出,《希腊消费者保护法 2251/1994(经 Act no. 3587/2007 修改)》规定律师并不属于调整公务人员严格责任的规则适用范围。支持这一新规定的正当性基础是基于对律师作为公职人员特殊地位的考量。因此,律师责任继续适用《民事诉讼法典施行法》第 73 条的规定。

11. 在葡萄牙,《国家责任法(no. 67/2007)》是调整国家责任的综合性规范。对此,亦需兼顾《民法典》第 501 条关于国家和其他法人从事私法活动时应依公法承担的严格责任。根据第 67/

2007号法令第11条规定,国家和其他公共机构应对"由特别危险的行政行为或财产造成的特别和非正常损失"承担责任,除非可援引不可抗力之抗辩或该损害可归因于受害人或第三方的过错。

12. 在荷兰,调整国家不法行为(*onrechtmatige overheidsdaad*)的法律规则通常源自《民法典》第6:162条的一般规定。但是,应注意到,在众多领域均优先适用行政法。民事法院有权审查特定行政行为的合法性并采用诉争行为是否符合"适当行政行为的一般原则"这一准则判定。(HR 27 March 1987, NedJur 1987 no. 727 p. 2454; Asser (–*Hartkamp*) Verbintenissenrecht III[12], nos. 266–271c; Parlementaire Geschiedenis VI, 1347)。爱沙尼亚在《国家责任法》中整合了关于国家责任的规定。

13.《瑞典损害赔偿责任法》第3章第2条规定:对于在行使公共机构的职权过程中,因过失造成的人身伤害、财产损害、纯经济损失的行为和第3章第2条规定的侵害行为(侵犯人格尊严等),承担国家(和自治地区)责任。私法上的一般规则,该法的注意标准为客观标准;公务人员的个体特征与此无关。过失可能是"不知名(之人造成)",因为受害人并无义务证明特定公务人员存在过失;而且也无须证明其知道另一个公务人员的行为。过失行为可基于多个公务人员或机构的多个不同作为或不作为共同构成。在行使公共权力的过程中造成损害这一要件,引发了诸多界定的难题(参见HD 20 July 1987, NJA 1987, 535)。《损害赔偿责任法》第3章第3条将国家责任扩展至因过失提供的信息或建议造成的纯经济损失(详见*Bengtsson*, Det allmännas ansvar enligt skadeståndslagen, passim; *Hellner and Radetzki*, Skadeståndsrätt[7], 443)。违反《欧洲人权公约》的国家责任,仅限于公约本身,其中包括对非经济损失承担责任(HD 9 June 2005, NJA 2005, 462; HD 21 September 2007, NJA 2007, 584; *Crafoord*, ERT 2000, 519–547; *Andersson*, JFT 2007, 377–414)。《芬兰损害赔偿责任法》第3章第3条相当于《瑞典损害赔偿责任法》第3章第2条;但是,并无关于错误信息或建议责任的特别规定。关于丹麦对国家责任的规定可参见Gomard, UfR 2004 B, 383–390。在所有北欧国家,公共机构如同其他雇主一般承担替代责任(von*Eyben and Isager*, Lærebog i erstatningsret[6], 128; Swedish Damages Liability Act chap. 3 § 1; Finnish Damages Liability Act chap. 3 § 1)。

14. 根据英国法,王室在侵权之诉中的豁免权从未扩展至公务人员,公务人员一直可能因其不法行为而被诉:Clerk and Lindsell (–*Murphy*), Torts[16], 5–02。对于公务人员和机构实施的侵权行为、作为雇主的违反义务行为和违反涉及所有权、保有、占有和财产控制的普通法义务以及违反法定义务(只要这些义务为王室所负担)造成的损失,王室免予承担替代责任,这一豁免权本身实质上在1947年的《王室诉讼程序法》第2条中已告废止。关于武装力量的特别规定亦在该法第10条中废止,但是可能基于迫近的国家危险或重大紧急情况或为海外"作战行动"之目的,作为权宜之计在次级立法中重新引入:1987年《王室诉讼程序(武装力量)法》。因为没有单独的侵权公法,在适当的情形下侵权法的一般原则也确实考虑到侵权行为人的公共职权。1688年的《权利法案》第9条(现代拼法)规定"国会内之言论自由、辩论或议事之自由,不应在国会以外之任何法院或任何地方,受到责难或质疑"。该规定为绝对特权的基础,针对的是就议会议事期间的陈述提起的诽谤之诉,但该特权可以放弃(1996年《诽谤法》第13(4)条)。这一特权为1996年《诽谤法》第13(1)、(5)条(本条规定不影响其他法令或法律规定保护个人免予因下列情形承担法律责任:其在议会议事期间、为议会议事之目的或附带提及的言论或所为之事,包括向议会或委员会提供证据或提交文件以及与议会监察专员(Parliamentary Commissioner for

Standards)的通信)所承认。绝对特权也适用于正式照会(公务人员或军事公职人员在其履行职务过程中的通信),无论在其陈述中是否具有恶意:*Dawkins v. Lord Paulet*(1869) LR 5 QB 94(上将向上级告发下级);*Chatterton v. Secretary of State for India*[1895] 2 QB 189(国务大臣与其下级副部长的通信)。特定制定法条款规定对某些官员和机构发出或接收的报告和其他文件的绝对特权:除此之外,还可参见1967年《国会专员法 Parliamentary Commissioner Act》第10(5)条(关于行政机构的国会专员)、1974年的《地方政府法》第32(1)条(关于地方专员)和1990年的《法律服务法》第23(5)条(关于法律服务的监察专员)。依不当履行公共职务之侵权行为的性质,仅公务人员可能实施此类行为。此类侵权要求证明造成损害(可区分为实质损害或特别损害),无论遭受侵害的权利是否属于宪法性权利:*Watkins v. Secretary of State for the Home Department* [2006] UKHL 17, [2006] 2 AC 395。但是,对自由的侵害,即使只受到部分侵害,亦足以视作所称的损害:*Karagozlu v. Metropolitan Police Commissioner*[2006] EWCA Civ 1691 at [45], [2007] 1 WLR 1881。同样地,判定损害赔偿金的自由裁量权或1998年《人权法》第8条规定的针对公共机构提起的其他救济,限于补救具有公共职权之人的行为所致损害,此时法院确信公共机构的行为业已侵害原告依《欧洲人权公约》(见第6条)享有的权利,因而有必要判定公正的补偿。损害赔偿金限于善意实施的司法行为:于此情形下,损害赔偿金的判定仅用于公约第5(5)条规定范围(前法第9(3)条)的赔偿,并且只能针对王室(不得针对法官或其他公务人员)判决(前法第9(4)条)。此外,两种(除法定情形以外)可以判定惩罚性损害赔偿的特别情形,其中之一为存在"政府公职人员欺压性的、恣意的或违宪的行为":*Rookes v. Barnard*[1964] AC 1129, 1226(*Lord Devlin*)。相反地,国家行为的抗辩是特定行政职权的行使。同样地,在适用过失规则时,被告行使公共职权的抗辩可能与否定存在注意义务相关,这是因为:(1)公共机构决策时的自由裁量性质使得该事项不具有可诉性(*X (Minors) v. Bedfordshire County Council*[1995] 2 AC 633);或者,(2)在适用*Caparo Industries plc v. Dickman*[1990] 2 AC 605一案中列明的标准时,在特定公共职务条款中施加注意义务并非公正合理。涉及调查权的行使时,后一种情形对预防"有害的防范思想"尤为重要:*Hill v. Chief Constable of West Yorkshire*[1989] AC 53 (由于未能抓捕杀害原告女儿的连环杀人犯,针对警察和公务人员提起过失之诉两者截然不同) *D v. East Berkshire Community Health NHS Trust* [2005] UKHL 23;[2005] 2 WLR 993(涉嫌虐待儿童的情形下,对被调查的父母不负有义务)。公职人员或公共机构法定义务的存在,排除了对遭受该行为可预见影响之人自愿承担的责任,从而可能否定普通法上过失行为中的注意义务:*Rowley v. Secretary of State for Work and Pensions*[2007] EWCA Civ 598, [2007] 1 WLR 2861(涉及儿童抚养机构在评估和执行一位外国父亲向其子女应付抚养费用时,被指存在延误和错误)。因此,不论使公共机构负担普通法上的注意义务是否公正合理这一考量是否属于问题的一部分,是否具有可诉性,或是否属于另一个完全独立的问题,法院均审查此类义务是否与公共机构应依法行事的规定相悖,制定法是否允许对违反法定义务的行为行使私法诉权:*Rowley v. Secretary of State for Work and Pensions*[2007] EWCA Civ 598 at [49] at [61], [2007] 1 WLR 2861 at 2876B-C and 2879A-B (Dyson LJ)。2000年的《邮政服务法》第90条针对全国邮政服务提供商及其雇员和与该服务条款有关的分包商,规定了特定的不限法定豁免。立法也规定外国和使馆人员的(免诉而非免责)豁免权:参见1978年《国家豁免法》和1964年的《外交特权法》。对于来访的军事人员的规定,见1952年《来访军队法》第9(1)条(规定由公共基金赔偿)。根据1983年的《人民代表法》第63条(由1985年的《人民代表法》第24条和附表4第19项替代),国会或地方选举中的登记员、选举监察人和其他公务人员免予承担由于违反职权引起的普通法责任(*Ashby v. White* (1703) 1 Ld Raym 938, 92 ER 126 一案中所涉的损害赔偿请求权除外,该案中选举监察人拒绝接受原告的选票)。基于排除针对诚实法官的滥诉风险这一公共政策,在记录法庭(这一概念包括某些初级法院和高等法院)中并无针对法官滥用司法权的行为(明显属于法官职权范围内的不诚实的司法行为之诉):*Anderson v. Gorrie*[1895] 1 QB 668。2003 年《法院法》第 31 条(取代 1997 年《治安法官法》第 51 条)授予治安法官和(在行使法官职权的范围内)书记员在其自由裁量权范围内行使职权时享有类似的豁免。对于记录法院以外的其他法院滥用自由裁量权的行为,立场并不明确:Clerk and Lindsell (-*Murphy*), Torts[16], 5-98。对于自由裁量以外的司法行为(仅适用于享有有限自由裁量权的法院)——至少当法官明知其并无自由裁量权时,则无豁免:Clerk and Lindsell (-*Murphy*), Torts[16], 5-100-5-101。对于治安法官,2003 年《法院法》第 32 条(替代 1997 年《治安法官法》第 52 条)明确规定,如果基于善意实施自由裁量权之外的行为,则享有豁免。关于警察局长对警察的侵权行为承担的替代责任,参见 1996 年《警察法》第 88 条,也规定了针对指挥员和(享有警察权的)其他警员的权利请求。此外,当事人、证人、诉讼代理人、法官和陪审团均就其在法院诉讼中的言论享有绝对特权,无论是否存在主观恶意均可用以抗辩诽谤之诉,因此此类言论均不可诉:*Dawkins v. Lord Rokeby* (1875) LR 7 HL 744(证人所作的诽谤性陈述)。这一抗辩可适用于由特别法庭以类似于法院的方式进行的质询:*Dawkins v. Lord Rokeby*,前法(军事调查法庭)。出庭律师从前亦享有豁免(*Rondel v. Worsley* [1969] 1 AC 191),后来豁免范围扩张至声称有出庭律师身份的事务律师(*Saif Ali v. Sydney Mitchell & Co. (a firm)*[1980] AC 198; Courts and Legal Services Act 1990, s. 62)在法院诉讼过程中的过失行为以及与之密切相关的审前工作。这一规则的正当理由在于下列公共政策考量:若施加此类责任,将导致司法裁判所涉事项的并行重审,或危害律师向法院履行职务的能力和对司法程序中的行为给予一般豁免的期待。该豁免已为上议院以多数票废除:*Arthur J. S. Hall & Co. (a firm) v. Simons*[2002] 1 AC 615,更多阐释可参见*Awoyomi v. Radford* [2007] EWHC 1671 (QB);[2008] QB 793,涉及该豁免何时终止。但是,现在法院依然极不愿认定律师行为存在过失(*Moy v. Pettman Smith* [2005] UKHL 7; [2005] 1 WLR 581)。爱尔兰对于这一问题的法律立场仍不明朗;似乎倾向于接受最新的英国法学理论(*McMahon and Binchy*, Torts[3], no. 14.167)。

示例选自 HR 28 May 2004, JOL 2004, 279, RvdW 2004, 78。

第Ⅵ-7:104 条　雇员、雇主、工会和雇主协会的责任

本章不调整以下责任:

(1)在雇佣期间产生的雇员(对其他雇员、雇主或第三人的)责任;

(2)在雇佣期间产生的雇主对雇员的责任;和

(3)在劳资纠纷中产生的工会和雇主协会责任。

评　述

概述。本条为第Ⅰ-1:101 条(适用范围)第(2)款的另一范例。涉及非合同责任法和个人与集体劳动法的边缘问题并非本章的适用范围。这是法律和社会政策中极为敏感的问题,本示范规则尚无法解决这一极为错综复杂的司法问题。

个人劳动法。因此,一方面,所有问题均排除适用这些规则,其中涉及雇员就其在工作过程中造成的损害承担个人责任。这适用于伤害同一公司的同事,以及对雇主或第三人造成损害,无论第三人是否为雇员(第1项)。对同一企业的员工之间的责任不予调整的原因主要在于:现在,在诸多法律体系中对此问题都有职业意外保险这一专门制度,此类规定的适用优先于关于非合同责任的一般法律。涉及与第三方关系的问题亦排除适用,这是因为:关于雇员对第三方的个人责任,(1)从一般政策角度来看极具争议性,而且此类问题(2)无法在不考虑由劳动合同法律规范调整的雇主与雇员内部关系的情形下协调统一发展(consistent development)。因此,当雇员因造成第三人的损害而依法承担个人责任时,雇主和雇员的连带责任问题属于本条排除规则之范围。第2项就相反情形(雇主对雇员的请求权)延续同一思想。相关法律问题应适用非合同责任法或者劳动法,在此并无决定性意义。

集体劳动法。第3项包括涉及劳资纠纷的非合同责任问题。由此,当因工作条件和工资产生纠纷时,该项不仅包括对罢工影响承担的责任,也包括雇主一方对反制措施(包括停工)承担的责任。

注　释

1. 依照最高法院的思想,雇员对第三人的个人责任仅限于《民法典》第1382条规定的情形,即其过错与其职务毫无关系时(Cass. soc. 9 November 2005, pourvoi 04-14419)。对同事造成的伤害也是如此。根据《劳动法典》第L 1234-9条,欺压(工厂的"欺压")被视为犯罪。因此,如果上级反复使其下属从事某种行为,则上级应承担个人责任(Cass. soc. 21 June 2006, Bull. civ. 2006, V, no. 223 p. 212);可以由此推断,同事之间亦是如此。雇员仅于对造成损害存在严重个人过错(重大过错(*faute lourde*))时才承担个人责任(Cass. soc. 11 March 1998, Bull. civ. 1998, V, no. 135 p. 100; Cass. soc. 12 June 2002, pourvoi 00-41954);仅有严重不当行为仍显不足。通常,仅当雇员故意造成损害时,方为重大过错(Cass. soc. 5 December 1996, Bull. civ. 1996, V, no. 424 p. 306)。当雇员在履行职务(而非职务之外的行为;如上所述)时造成第三人损害,雇员无须承担责任,如果雇员超出授权范围,且并非故意实施犯罪行为或其他特定过错行为(*faute d' une particulière gravité*)(Cass. ass. plén. 25 February 2000, Bull. ass. plén. 2000, no. 2 p. 3; SemJur 2000 II 10295, concl. *Kessous*, note *Billiau*; Resp. civ. et assur. 2000, 4, note

Groutel ; Rev. jur. soc. 2002, Chron. 711 - 718, note *Desportes* ; see also *Mouly* , D. 2006, 2756 and *Großerichter and Rageade* , ZEuP 2002, 611 - 628)。相反,雇主对雇员的身体和精神健康负有保障安全的(*de sécurité de résultat*)合同义务(Cass. soc. 21 June 2006, pourvois 05 - 43.914 - 05 - 43.919, no. 1733; Cass. soc. 29 June 2005, D. 2005, 2565, note *Bugada* ; Bull. civ. 2005, V, no. 219),但如果根据 1898 年《劳动事故责任法》第 9 条规定,雇员不能就社会保险提出请求权,雇主的这一义务始具有实际效用。如果雇员提起此类社会保险请求权之诉,那么雇主可免予承担民事责任;雇员的请求权仅在损害基于故意而产生的情形下得以主张;私下雇佣、秘密工厂和通勤中发生的事故均非属这一规则的适用范围(*le Tourneau and Cadiet* , Droit de la responsabilité et des contrats (2006/2007), no. 76)。但是,依照《社会保险法典》第 L 452 - 3(3)条规定,社会保险的承保人享有针对雇主的责任保险承保人的追偿权(详见 Cass. civ. 17 April 2008, pourvois 07 - 13592 and 07 - 13593)。如果可以确定雇主有不可免责的过错(*inexcusable fault*;see for an analysis of this notion, in particular Cass. ass. plén. 24 June 2005, D. 2005, I. R. 1881; JCP éd. E 2005, no. 1201, note Morvan and Cass. soc. 31 October 2002, Bull. civ. 2002, V, no. 336),那么可依照社会保险法规定主张更多的赔偿金;相反,如果雇员存在此类过错,则赔偿金应予减少(*le Tourneau and Cadiet* loc. cit. nos. 3565 - 3566)。仅在重大过错(*faute lourde*)的情形下(Cass. soc. 7 July 1983, pourvois 81 - 40191 and 81 - 40194; CA Reims 23 October 2002, pourvoi 01/00290),由于罢工行为(对此概念,参见 Cass. soc. 2 February 2006, Bull. civ. 2006, V, no. 52 p. 46)引起的损害赔偿责任具有关联性。工会仅对其自身过错承担责任,而不对其成员的过错承担责任(Cass. civ. 26 October 2006, pourvoi 04 - 11665)。停工被认定为非法行为,即非法报复(*rétorsion illicite*)(Cass. soc. 25 September 2001, pourvoi 99 - 43628; 但是,关于工厂的临时停工,可参见 Cass. soc. 4 July 2000, Bull. civ. 2000, V, no. 262 p. 207; Cass. soc. 22 February 2005, pourvoi 02 - 45879)。

2. 1978 年 7 月 3 日颁行的比利时《雇佣合同法》第 18(1)条规定,对于雇员履行合同义务的过程中对其雇主或第三人造成的损害,雇员仅在故意或重大过错的情形下承担责任;一般过失仅在包含习惯性错误的情形下构成责任请求权基础(前法第 18(2)条;详见 Cour de travail Brussels 22 November 2005, JTT 2006, 218)。雇主并不依此规定合法地脱离责任;如果雇员依照前法第 18 条规定无须承担个人责任,则雇主应承担责任(Cass. 18 November 1981, RW 1982 - 83, 859)。此外,尚有特别法规定公务人员和其他公职人员责任。根据 1971 年 4 月 10 日颁行的《劳动事故法》第 46 条规定,仅在满足非常严格的限定条件的情形下,雇主对其雇员承担责任;大体上,所涉情形为重大过失、职业或通勤事故和财产损失。如果在罢工中发生犯罪行为(*voies du fait*),则应承担责任;原则上,允许停工(Cass. 7 May 1984, JTT 1984, 292; RW 1984 - 85, 2194; Pas. belge 1984, I, 1092)。

3. 依照 2006 年 7 月 31 日颁行的《卢森堡劳动法典(*Code du travail*)》第(L 121 - 9)条规定,雇员仅对其存在重大过失造成第三人、其他雇员或其雇主的损害承担责任。在发生职业事故情形下,雇主应就其故意或犯罪行为向雇员承担责任;在其他情形下,由雇员的社会保险支付赔偿金(《社会保险法典[*Code des assurances sociales*]》第 92 条以下,CA Luxembourg 9 November 2004, pourvoi 363/04)。例外的情形是,机动车造成的损害赔偿由责任保险负担。在应由雇主直接向雇员承担责任的情形下,社会保险承保人对雇主享有追偿权(详见 *Ravarani*, La responsabilité civile^2, no. 1215)。

4. 依照《西班牙民法典》第1903(4)条规定,雇主应就雇员对第三人造成的损害承担责任。与此同时,未予提及雇员的个人责任(《民法典》第1902条规定)(*Gómez Calle*, Los sujetos de la responsabilidad civil[3], 461, 497; CA Pontevedra 9 March 2006, BDA JUR 2006/127086)。涉及雇主对雇员责任的案件应由民事法院或者劳动法院管辖仍有争议,尽管《劳动诉讼法》第2(a)条和《司法权力机构法》第9(5)条规定似乎有意将此类案件的排他管辖权赋予劳动法院(支持劳动法院管辖的有TS [4th chamber] 10 December 1998, RAJ 1998 (5) no. 10501 p. 15488;支持民事法院管辖的有TS [1st chamber] 4 March 2002, RAJ 2002 (3) no. 5242 p. 9227; TS 31 December 2003, RAJ 2004 (1) no. 367 p. 661)。这一规定的实际效果主要在于侵权损害赔偿的补偿与由此获得的收益,尤其是抵作损害赔偿金的社会收益相抵消(参见TS 9 March 2006, RAJ 2006 (2) no. 1882 p. 4474;详见第VI-6:103条(利益的均衡)和第VI-7:105条(对受害人责任的减轻或免除)的注释)。劳资纠纷过程中的罢工和停工均为合法(《宪法》第37(2)条)。1985年8月2日颁行的《工会自由组织法》第5条明确规定工会对其所实施的侵权行为承担责任,但不对其成员的不法行为承担责任。《劳动法(罢工)改革法令》(1977年5月4日发布的17/1977号皇家法令)第7条界定了法律许可的罢工。法院似乎不愿使工会就其侵权行为承担责任(TS 14 February 1990, RAJ 1990 (1) no. 1088 p. 1288; TS 30 June 1990, RAJ 1990 (5) no. 5551 p. 7196; TS 6 July 1990, RAJ 1990 (5) no. 6072 p. 7843);《民法典》第1902条无论如何均不适用于合法罢工,除非存在罢工权的滥用情形(TS 3 April 1991, RAJ 1991 (3) no. 3248 p. 4394; TSJ Galicia 26 April 2005, RAJ (TSJ y AP) 2005 (2) no. 1548 p. 2987)。

5. 依照《意大利统一劳动意外和职业病保险法》第10(1)条规定,雇主免于向其雇员承担个人责任;涉及事故的劳动强制保险优先于侵权责任。这一规则的例外情形(大体认定为实施犯罪行为)另有单独规定;于此情形下保险人也应支付保险金,但可要求雇主分摊(前法第11条)。依照《统一劳动意外和职业病保险法》第13(1)、(2)条规定的改革内容,现在,社会保险承保人也应赔偿生物损害,其前提是损害达到一定程度;赔偿的范围在附录中详细列明。

6. 依照《匈牙利民法典》第348条规定,雇主对雇员实施雇佣活动中造成的第三人损失承担责任;依照《民法典》第350(5)条规定,雇主的分摊请求权规定于《劳动法典》(Act no. XXII/1992)中。后法规定,雇员应向其雇主就违反职务的故意或过失行为造成的损害承担责任(前法第166(1)条)。雇主应承担举证责任(前法第166(2)条)。如果雇员仅仅存在过失,则赔偿额限于每月平均工资的一半。集体工资协议或者雇佣协议可作出不同约定(前法第167条)。如果雇员故意造成损害,则应承担无限责任(前法第168条)。对于特殊职业和担当监督角色的雇员,另有特别规定(前法第169~173条、第192/A条)。相反,雇主对于雇员的责任适用严格责任制度(前法第174(1)条),除非雇主证明损害是由于超出雇主控制范围的、不可避免的事件造成的,或者是由于雇主无法阻止的雇员行为造成的(前法第174(2)条)。雇员的与有过失可减轻雇主的责任(前法第174(3)条)。雇员人数超过10人的雇主可通过证明其无过错而免责(前法第175条)。关于罢工的第Ⅶ/1989号法令第1(1)条规定了罢工权和禁止滥用这一权利(前法第1(3)条)。

7.《德国民法典》第276条规定的起点是应对故意和所有过失行为承担责任,但是这一基本规则的重要例外是雇佣关系(Palandt (-*Weidenkaff*), BGB[67], § 611, no. 152)。雇员无须就轻微过失情形向其雇主承担责任;相反,原则上,雇员应就重大过失和故意行为承担全部责任(详见Staudinger (-*Richardi*), BGB [2005], § 611, no. 588)。在"中等程度"过失的情形下,由雇主和雇员依具体情形公平合理地分摊损失(BAG 27 September 1994, NJW 1995, 210;详见 Erman(－Edenfeld), BGB I[12], § 611, no. 340)。纳入考量的因素包括过错的程度、尤其是所实施的行为本身的危险性、所造成损害的程度、被保险人的风险、雇员在公司中的职位及其获得的薪酬(BAG 27 September 1994 loc. cit.; BGH 11 March 1996, NJW 1996, 1532)。如果雇员在履行职务过程中伤害第三人,则依照《民法典》第 823(1)条的一般侵权责任规定处理(BGH 19 September 1989, BGHZ 108, 305; BGH 21 December 1993, NJW 1994, 852;对此问题的批评意见参见 Katzenstein, RdA 2003, 346)。但是,如果雇员无须或在一定程度内无须向雇主就同一损害承担责任(详见 Edenfeld,前法第 344 条),则雇员可向雇主主张免责。对于雇员造成同事的财产损失时,亦是如此(*Weidenkaff*,前法第 154 条)。人身伤害由法定的意外伤害保险承担责任;雇主仅在例外的情形下向其雇员或向社会保险承保人承担责任(《社会保险法典》,第 7 章第 104～105、110～111 条)。

8. 依照奥地利法,雇主和雇员对第三人的责任根据一般民法原则确定。但是,雇员和雇主的内部关系由《雇员责任法(DHG)》第 2 条调整。雇员无须就轻微过失(*culpa levissima*)造成的损害向雇主承担责任。在其他过失造成的损害中,法官可以视具体情况减少损害赔偿金额。相反,雇主对雇员及其家属的责任仅存在于故意行为的情形中(《普通社会保险法(ASVG)》第 333 条)。在其他情形下,社会保险承保人代替雇主承担责任。这种责任免除的正当性在于意外伤害保险是由雇主缴纳;但是,这一特权范围较之后者实际缴纳的部分更多,对此未赋予受害人任何权利(OGH 22 December 2004, ÖJZ LSK 2005/125[对于痛苦和折磨的赔偿;对受赡养人所遭受的痛苦和折磨的赔偿]; OGH 11 November 2004, ÖJZ 2005, 390; OGH 21 May 2005, SZ 2005/58)。

9. 依照希腊法,根据一般民法规则,雇员(连同雇主,参见《民法典》第 922 条规定)对其造成的第三人损害直接承担个人责任。雇主和雇员承担连带责任(*Vrellis*, in: von Bar[ed.], Deliktsrecht in Europa, 19; Georgiades and Stathopoulos(－*Stathopoulos*), art. 922, no. 41)。雇员和雇主的内部关系依照雇佣合同条款调整,此类条款通常赋予预先支付的雇主以请求雇员分摊的权利。如果合同中未规定此项权利,则雇员有权依照《民法典》第 927 条规定提出抗辩(Stathopoulos loc. cit. no. 44)。

10. 作为一般规则,荷兰关于雇主与雇员的相互义务规定于《民法典》第 7:611 条(注意义务),独立的诉由由此产生,其中甚至规定可就非金钱损失提出请求(CFI Utrecht 29 June 1994, JAR 1994 no. 182[雇主诉雇员]; HR 26 Juni 1998, JAR 1998, no. 199[雇员诉雇主])。雇员仅在故意和意识到(注意的)过失(conscious (advertent) negligence)的情形下承担责任。当雇员因侵权行为向第三人承担责任时,亦同。《民法典》第 6:170(3)条补充规定这一责任免除,提出仅在雇员存在故意或意识到过失时,雇主得请求雇员分摊责任。由雇主承担举证责任(CFI Zwolle 8 November 1995, JAR 1996, no. 59; HR 10 May 1996, JAR 1996, no. 131; Asser(－*Hartkamp*) Verbintenissenrecht III[12], no. 139 p. 161; Asser(－*Hartkamp*) Verbintenissenrecht I[12], no. 342 p. 261)。根据《民法典》第 7:658 条规定,雇主依然向其雇员就职业事故承担严格责任;但是,前者可举证证明损害实为雇员过失行为的结果(参见 HR 9 January 1987, NedJur 1987, no. 948 p. 3258)或者其已经尽到"应有的注意"以履行雇佣关系中的义务(HR 24 June 1994, NedJur 1995, no. 137 p. 574)。此外,于此情形下,一般侵权法规定仍可适用(*Hartkamp* III[12] loc. cit.; ibid. I[12], no. 451c p. 407)。依照《欧洲社会宪章》第 6(4)条规定,合法罢工受法律保护。相反,依照内国法,如果这一行为不合法,将可能发生职业侵权责任(HR 19 April 1991, NedJur 1991, no. 690 p. 2967)。

11. 依照瑞典和芬兰的《损害赔偿责任法》第4章第1条规定,雇员仅对其履行雇佣职务过程中因错误(error)或不作为造成的损害,在具有特殊理由使这一责任负担正当化的范围内承担责任。于此情形下,必须考虑行为的性质、造成损害之人的状态、受害人的利益和所有其他相关情况。如果雇主未参保且无清偿能力,而且受害人迫切需要获得赔偿金,应由雇员承担责任(*Hellner and Radetzki*, Skadeståndsrätt[7], 271;*Saxén*, Skadestånd vid avtalsbrott, 159)。在故意(偷盗)或重大过失的情形下,亦应承担责任。《丹麦损害赔偿责任法》第19(3)条规定,雇员无须就所造成的属于受害人或雇主保险范围内的财产损失承担责任,除非存在重大过失或故意。在其他情形下,如果通过对责任、雇员职位和其他情形的考量确为合理,则雇主可向雇员行使追偿权(《损害赔偿责任法》第23(1)条)。作为一般规则,雇员无须对其雇主承担责任。对第三人的责任,可参考《损害赔偿责任法》第23(1)条所列要素,通过司法审判减少责任(《损害赔偿责任法》第23(2)条);此外,一旦符合相同的前提条件,在雇主应向第三人承担损害赔偿责任的情形下,雇员可请求雇主分摊责任。雇主是否也可请求雇员分摊责任,则同样视《损害赔偿责任法》第23(1)条规定的衡平审查结果而定(*Eyben and Isager*, Lærebog i erstatningsret[6], 129)。在所有北欧国家,在工作中遭受人身伤害的雇员均可请求一般公共社会保险制度以及关于工伤的特别社会保险制度的赔偿金。在瑞典和芬兰,雇员可请求侵权法上的损害赔偿金,但是,应扣除由保险制度中获得的赔偿金(*Hellner and Radetzki* loc. cit. 291);仅在《丹麦工伤保险法》中排除适用侵权法责任(*Lovbekendtgørelse* 2006-03-07, no. 154, *om arbejdsskadesikring*)(*von Eybenand Isager* loc. cit. 335)。

12. 在瑞典,工会和雇主协会的责任也规定于劳动法中。传统上,工会集体行动的责任并不实际存在,但是构成犯罪行为的集体行动除外(*Hellner and Radetzki* loc. cit. 71; Kleineman, Ren förmögenhetsskada, 267)。*Gustafsson v. Sweden*, ECHR [GC] 25 April 1996, App. no. 15573/89认定,当雇主的所有业务遭全面封锁且被迫与工会签订集体劳动协议时,对于雇主无法依照国家责任法享受保护措施的情形,瑞典并不违反《欧洲人权公约》第11条规定(*Laval un Partneri Ltd. v. Svenska Byggnadsarbetareförbundet et al*, ECJ 18 December 2007, C-341/05, ECR 2007, I-11767,但是在一个类似案件中,法院判决支持一家构成非法歧视的拉脱维亚公司)。此外,Evaldsson and others v. Sweden, ECHR 13 February 2007, App. no. 75252/01案中,法院认定非属工会成员的大量雇员被迫缴纳工会会费的情形,并未违反退社自由(不得强迫加入工会的权利);收取会费的权利源于雇员与雇主签订的集体劳动协议。但是,应注意的是,这一强行摊派的做法应被视为与财产权保障规定相冲突。丹麦工会实际要求雇主只能雇佣工会成员,这一要求并不与公约抵触(*Sørensen and Rasmussen v. Denmark*, ECHR [GC] 11 January 2006, App. nos. 52562/99 and 52620/99)。芬兰的规定可参见Supreme Court 16 March 1999, KKO 1999:39(因为连锁旅店雇佣的清洁公司拒绝签订集体劳动协议,工会公开要求旅店联合抵制。最高法院认为工会无须承担责任。这一联合抵制既未违法亦未违反公共政策;此外,亦未运用非法手段)。

13. 爱沙尼亚主要在《雇佣合同法》和其他劳动法中规定了涉及劳资关系的事项。

14. 在英国法中,雇员和雇主对雇佣活动中实施的侵权行为应承担的责任并未排除于侵权法的适用范围之外。甚至雇主对雇员的责任构成一般侵权原则的主要适用领域,特别是涉及过失和(基于关于工作场所安全的立法规定,如1974年颁行的《工作健康与安全法》——详见Clerk and Lindsell(-*Dugdale and Jones*), Torts[19], para. 13-29 n. 81)违反制定法义务。除合同的注意义务外,雇主对雇员负有侵权法上的注意义务,非为独立的侵权行为的一部分,而仅仅是作为过失一般法的一方面:*White v. Chief Constable of South Yorkshire Police* [1999] 2 AC 455,506。

基于雇主控制工作的权利，各方间关系特殊，雇主负有预防损害的义务，并因此对其不作为承担责任。义务（通常分为员工安全、设备安全、工作场所安全和工作体系安全四项安全义务）主要是为保护雇员的健康和安全（包括雇员的精神健康(*Barber v. Somerset County Council* [2004] UKHL 13; [2004] 1 WLR 1089 [由于职业压力引发的精神疾病])，而非雇员的财产和经济利益，除非对此也有特定的责任承担（如 *Lennon v. Metropolitan Police Commissioner*[2004] EWCA Civ 130; [2004] 1 WLR 2594 ["类似于雇佣的"非合同关系案，由于建议错误导致住房津贴损失]）。此外，注意义务无法转移：*Wilson and Clyde Coal Co. Ltd. v. English* [1938] AC 57。雇主无须为雇员对同事的侵权行为承担替代责任，其基础为每个雇员均被认为已经接受来自其同事方面的过失风险（共同雇佣法则），这一法则已为1948年的《法律改革（人身伤害）法》第1(1)条所废止。因此，雇主对雇员的替代性责任已经没有特殊规定：Clerk and Lindsell (- *Dugdale and Jones*), Torts[19], para. 13-01。雇主对于雇员过失的替代性责任和雇主对其自身过失的责任在实践中仅仅在程度上有所区别，而后者意味着管理或组织失败而非特定员工的偶然疏忽：出处同上。此外，饱受争议的是，由于雇员的地位，雇员就履行职务时的过失行为对第三人并无注意义务，第三人主要指雇主的客户（Clerk and Lindsell (- *Dugdale*), Torts[19], 8-41），判例法中并未适用这一方法：参见 *Merrett v. Babb*[2001] QB 1174（受雇的检验员），适用 *Phelps v. Hillingdon London Borough Council*[2001] 2 AC 619（地方当局雇佣的教育心理学家也对儿童负有心理评估义务）。此外，由于雇员的侵权行为造成第三人损害，导致雇主承担替代责任而遭受的损失，雇员基于违反雇佣合同的默示条款（但潜在地是根据1978年《民事责任（分摊）法》规定）对雇主负有赔偿义务：*Lister v. Romford Ice and Cold Storage Co. Ltd.* [1957] AC 555。在实践中，这一追偿权极少行使，这是因为雇主的责任保险承保人协议使承保人有权在有证据证明为共谋或故意行为的情形下向雇主的雇员提出索赔：Clerk and Lindsell (- Murphy), Torts[19], 4-33。工会侵权责任的部分豁免由1992年《工会与劳资关系（整合）法》调整。在酝酿或推动贸易纠纷中实施的行为并非可诉侵权行为，即使该行为诱发违约、恐吓、威胁或妨害合同履行（第(1)款）或共谋实施上述侵权行为（第(2)款），但在示威的情形下，仅当依本法规定为合法时（第220条详细规定的和平示威），这一豁免可及于示威（第(3)款）。这一豁免并不及于工会强制雇佣会员或强制承认工会的行为，以回应因工会采取非正式措施或程度稍轻的措施（除示威外）或推动非法罢工（未就罢工进行投票）而导致员工遭解雇的行为（第(4)款和第222-235条）。再次，第22条规定可赔偿金额上限与工会会员人数相关。实际上这些限制仅适用于经济侵权（例如，包括违约和恐吓），因为这些限制均明显不适用于因过失、侵扰（*nuisance*）或违反涉及财产所有权、占有、持有、管理或使用的义务（如占有者的责任）或产品责任引发的人身伤害之诉。最后，对于工会（前法第23条）和雇主协会（前法第130条）而言，损害赔偿金判决的执行存在限制，即不能执行其受托人、管理人员或成员的个人财产。在爱尔兰，1990年的《劳资关系法》第11~13条详细规定了在酝酿或推动贸易纠纷过程中工会侵权行为的豁免。

第Ⅵ-7:105条　对受害人责任的减轻或免除

如果某人有权就其损害获得他方，尤其是来自保险公司、基金或其他机构的全部或部分赔偿，内国法可自行确定是否基于这一权利而限制或排除本章规定的责任。

评 论

责任的连通(Channelling)。本章最终未触及在某些领域以保险制度取代民事责任规范的内国法规则,依照此类规则,受害人丧失了非合同责任法规定的损害赔偿请求权,代之以获得针对保险公司、基金或其他机构的请求权。因此,其中并不涉及赔偿请求权依法让渡于保险公司的情形。这是因为,在此类情形下,权利依然保留,仅仅是权利主体发生变更。纯粹事实上保险公司的责任连通(由此受害人可选择向加害人或保险公司行使请求权)情形并非本条的处理范围。实际上,第 VI-7:105 条仅适用于法律上的责任连通,受害方获得第三人赔偿,尤其是基于保险公司赔偿,可减轻加害人的责任。

示例

对于此类涉及职业意外事故的规定,已经为第 VI-7:104 条(雇员、雇主、工会和雇主协会的责任)所涵盖。但是,此类规定无论如何不可能仅限于这一部门法;事实上,也可能涉及其他事项,例如,卫生部门的责任、道路意外事故的责任或者如果所有权人仅仅就该物之灭失毁损投保,则在投保范围内,过失造成财产损害的个人责任被排除。规则也有可能规定,例如,不能基于严格责任直接向机动车辆的管理人主张请求权,受害人必须从管理人的承保人处获得赔偿,因为直接请求管理人承担个人责任可能被视为滥用法律。第 VI-7:105 条也包含对法人的法律连通责任的规定,例如私立学校教师的责任转由国家承担。

注 释

1. 依照《法国教育法典(Code de l'éducation)》第 L 911-4 条规定,国家责任代替公立和半私立学校教师的个人责任;不得向教师本人行使追偿权(如 Cass. civ. 13 December 2001, Bull. civ. 2001, II, no. 189 p. 133; RTD civ 2002, 312,附 *Jourdain* 的注释)。对于依照《民法典》第473条规定指定监护人(*tutelle*)过程中的错误行为造成的损害,也有类似规定。依照1985年7月5日的法令(《巴丹泰法》)规定,因道路意外事故产生的赔偿,由机动车强制保险负担。判例法反复强调这一法令规定为公共秩序(*d' ordre public*)(Cass. civ. 13 January 1988, Bull. civ. 1988, II, no. 15 p. 8; D. 1988 jur. 293, with a note by *Groutel*; Cass. civ. 20 April 1988, Bull. civ. 1988, II, no. 87 p. 45; D. 1988 jur. 580, with a note by *Lambert-Faivre*; Cass. civ. 5 July 1989, Bull. civ. 1989, II, no. 144 p. 73; Cass. civ. 6 December 1989, Bull. civ. 1989, II, no. 213 p. 111; 参见*Viney*, L'indemnisation des victims d'accidents de la circulation, no. 10),由此可推断机动车管理人的个人责任被排除。对于工作时的意外事故产生的责任,参见前条注释。

2. 在西班牙,某些全国和地区法律规定针对感染 HIV 或患血友病和其他与血液凝固相关的先天性疾病的病人的社会福利。这些法律通常规定,要求事先放弃对公共卫生管理机构及其职员的请求权（例如，该法第3(5)条规定是针对患血友病和其他与血液凝固相关的先天性疾病的病人由于接受公共卫生体系范围内的医疗而患上丙型肝炎[Ley 14/2002 of 5 June 2002]）。德国规定仅涉及对于在工作场所遭受损害的赔偿，由保险公司承担替代责任。同一公司的雇主和雇员同事均不对受害人或其家属以及至亲所遭受的损害承担责任（《社会保障法典》第7章第104、105条）。上述人员的请求权应向承担法定意外事故保险的机构提出，除非该损害基于故意造成。对造成损害之人行使保险基金的追偿权，要求后者的行为是基于故意或重大过失（《社会保障法典》第7章第110、111条）。奥地利的规定有所不同，雇员间完全没有赔偿请求权，这是因为损害赔偿金由受害方的社会保险承担；造成损害之人在仅存在过失的情形下也无须承担社会保险基金的赔偿责任。在依照《民法典》第1310条规定的衡平责任中，考量的是受害人是否可由其他途径获得损害赔偿金。如果可以由其他途径获得，例如，所遭受的损害由火灾险承担，那么不适用前述责任（OGH 30 March 1999, SZ 72/59）。《葡萄牙机动车保险责任法令》第64 (1) lit. a条规定，由道路意外事故产生的请求权，仅在该请求权没有超过强制保险承担的上限时，方能向另一方主张强制责任；如果负有责任之人并未投保，那么根据第62条规定，可向机动车保障基金（*Fundo de Garantia Automóvel*）和承担民事责任之人主张请求权。根据《爱沙尼亚债法》第140(1)条规定，赔偿范围可基于衡平考量而减少，并且作为考量的一部分，保险范围也可纳入考量。

3. 所有北欧国家均在特定领域采用意义深远的保险制度。但是，对于是否允许或排除侵权法上的平行请求权则有不同规定（相关概述可参见von*Eyben*, *ScandStudL* 41 [2001] 193-232; *Hellner*, AJCL 34 [1986] 613-633; Ussing, AJCL 1 [1952] 359-372）。丹麦法主要采用后种方式。《损害赔偿责任法》第19(1)条规定的是其中一种情形。该规定在财产保险或使用损失保险涵盖的损害赔偿范围内，排除财产损害赔偿请求权。但是，如果仅为私人利益，而且财产损害并非因故意或重大过失行为造成的情形下，可排除责任（不得为商业利益或公共机构之利益而排除责任）。相反，在其他两个国家中，基本规则是：尽管个人通常并无依侵权法主张赔偿金以获取保险利益的义务，但其可以选择保险制度并依侵权法主张损害赔偿金。但是，主张侵权法请求权的这一选择通常仅具有限的现实意义：依照相关保险制度行使请求权一般费用更低且更易实现，因为证明该请求权的要求更低。

4. 在英格兰，要求在工伤事故中受伤的雇员选择依照《工人损害赔偿法》赔偿或者依照普通法赔偿的规定，于1948年废止，因为其他社会救济法中的《国家保险（工伤）法》于1946年生效，新的国家保险制度从此取代了旧法制度。工伤救济现在由社会保障法调整，其中规定国家有权依照1997年的《社会保障（利益补偿）法》第6(1)条和第22(1)条规定向雇主和雇员的责任保险承保人追偿。这一立场与爱尔兰相同，依照1934年的《工人损害赔偿法》第60(1)条规定，选择赔偿模式的义务可能已因1966年《社会福利（职业伤害）法》将无过错赔偿制度引入社会保障立法而废止。但是，根据1979年《疫苗损害赔偿支付法》关于1948年7月5日后（第2(1)(a)(ii)条）针对白喉、破伤风、百日咳、骨髓灰质炎、麻疹、风疹、肺结核或（1971年8月1日前的疫苗接种：参见第2(a)(iii)条）天花（第1(2)条）接种疫苗而引发残疾的规定，部分无过错赔偿制度确实仍在英国实施。由于接种该法所列疾病疫苗或依照该法接种疫苗导致严重残疾之人有权请求公共基金支付赔偿：第1(1)条。这一规定同样适用于原告母亲在原告出生前接种疫苗或者接触接种疫苗之人，从而造成原告遭受严重残疾的情形：第1(3)条。如果遭受严重残疾的受害人死亡，受害人的遗产管理人有权请求支付赔偿：第1(1)条和第6(2)条。但是，残疾原告必须超过两岁；如果受害人在两岁前死亡，不得主张请求权：第2(1)(c)条。该法条款中规定的严重残疾意指残疾程度至少达到60%,依照社会保障法对残疾情形评估以确定退休金和抚恤金:第1(4)条,由2002年《监管改革(1979年疫苗损害赔偿支付法)令》第2条(以及第4条和附录)修改。该法包括大量限制性规定。首先,仅涉及在英国或英属曼岛实施的疫苗接种(或例如,依该法规定对海外军事人员实施疫苗接种):第2(1)(a)(i)条和第2(5)条。除针对骨髓灰质炎或风疹进行的疫苗接种外,疫苗接种必须已经在接种之人未满18岁时实施或者在英国或英属曼岛爆发相关疾病时实施:第2(1)(b)条。此外,请求权必须在受害人年满(或者,如果受害人幸存本应满)21岁前主张,并且无论如何均应在疫苗接种之日起6年内主张:第3(1)(c)条。该法还包括关于因果关系的特别规定:如果存在严重残疾,则须为本法之目的,基于盖然性权衡确定严重残疾是否由于列表中疾病的疫苗接种导致:第3(5)条。目前支付给依照本法规定有请求权之人的固定赔偿数额是120,000欧元:第1(1A)条,由1985年的《社会保障法》第23条规定,2007年的《1979年疫苗损害赔偿支付法法定数额令》第2条补充。该法并未阻止权利人基于侵权法原则主张请求权,但依照本法规定的赔偿金应从所获得的损害赔偿金中扣除:第6(4)条。但是,如果受害人虽然有权但并未依照该法请求支付,那么受害人也无义务向公共基金主张请求权,该法也未规定从任何损害赔偿金中扣减法定数额这一司法裁量权。在爱尔兰,1997年的《丙型肝炎赔偿审判法》,于2002年经《丙型肝炎赔偿(修正)审判法》修改,规定由于输血或被感染的血液制品而(直接或间接)感染丙型肝炎或HIV之人(此人之子女或配偶)、遭受经济损失或费用损失的护理人和受感染者死亡时的受扶养人向公共基金行使请求权的程序:第4(1)条。感染者的配偶和与感染者持续生活至少3年之人可就失去伴侣,包括由于传染风险造成的性关系障碍,主张损失赔偿请求权:出处同上。原告必须基于盖然性权衡证明疾病或状况是由输血或血液制品感染造成的或者是由此类人员传染造成的:第4(8)条。依照本法规定,应基于侵权法的损害赔偿金和明显涉及加重的(除非作出临时裁决且随即增加损害赔偿金:第5(6)(c)条)惩罚性赔偿金作出判决:第5(1),(3)条,也可参见第4(13)条。原告可以选择一次性赔偿或者定期赔偿金。该法并不禁止适用普通诉讼程序(1997年法第4(3)条),但适用法院判决或调解将排除依照该法(第4(2)条第(2A)款)规定的请求权,而且接受依照该法规定作出的判决要求原告放弃诉权(第5(10)条,依照2002年法第10条规定)。当依照该法规定作出判决,原告可以选择由赔偿基金支付以代替加重的或惩罚性的损害赔偿金(第11(4)条),该赔偿金比一般特别赔偿金高20%(第11(6)条);获得此类判决的原告不得请求由基金支付(第11(5)条)。

第七卷

不 当 得 利

第一章　一般规定

第Ⅶ-1:101条　基本规则

(1)某人无法律上之原因而获取得利且可归因于他人所蒙受之不利者，负返还得利之义务。*

(2)本规则之适用但以本编以下条款为据。

评　论

A. 概述

总说。

第(1)款所规定者系一非契约债务。其法律效果为，某人因他人蒙受不利而获取得利且无法律上之原因者，在特定情形下负将得利归还、移转或支付货币等价物与后者之义务。第(2)款明确，对这一基本规则的解读，不得孤立于本编以下规定。正是以下规定告诉我们，此种债务于何种情形下产生、得利与不利的含义为何、责任的范围怎样、有哪些抗辩可供援引，以及本规范与其他具有相同或类似法律效果的法律规则具有何等关系。

单一概括性规范。

第(1)款所设立者乃系具有普遍适用性的规则，构成了本编下权利请求(claim)的唯一基础。第六卷就造成他人损害的非契约责任提供的同样是单一责任基础，而没有为形色各异的侵权行为或不法行为设置众多独立的责任名目，就此而言，两卷在结构上正可引为同调。

范围。

第(1)款特树立一囊括性基本规范，将所有产生于自主不当得利法(autonomous

* 若以中文起草，“某人”两字当略去，不过下面正文屡屡将其拈出，故此处亦不得不将其表而出之。

law of unjustified enrichment) * 的责任一并涵盖。至于不当得利权利请求是因为对某失败了的契约性安排的履行而产生(换言之:这时当事人未能缔结有效的、无瑕疵的契约),还是因为诸如未经权利人同意而取得或利用这样的不法行为而产生,却是无关宏旨。不论是就由原告所授予(所谓由原告所授予,即取自原告)的利益,还是就非由原告所授予的利益,基本规则不分厚薄、一体适用。因而,基本规则之表述,系以宽泛措辞为之,以便将在当今欧洲各法律体系下多由一些分立的补充性规则所区处的问题一并收编,因而也就难免时或僭越其他法律领域的疆界。

基本规则之运行,唯应与本编其他规定相协力。

本条第(1)款绝非独立无倚,基本规则如何适用,既为其后诸条款所具体化,亦为其所限制。第(2)款表达得明明白白,若是离了本编他章之规定,基本规则断然无法适用。因而,基本规则之含义,赖嗣后规定加以固定,而其适用方式,唯取决于对接下条款的考虑。就基本规则所采用之不同要件,例如"无法律上之原因"(unjustified)**、"得

---

* 大概指法典中以"不当得利"命名的章或节下相关法律规范。

** 德国作家用英语写作,更偏爱"无法律上之原因而得利"(unjustified enrichment),这是《德国民法典》"不当得利"(Ungerechtfertigte Bereicherung)术语更为贴切的对译,而英美作家则更多使用"不当得利(unjust enrichment)",其德语对应词汇则为"ungerechte Bereicherung"。

英国法律史家戴维·伊贝森(David Ibbetson)认为,这两个版本分别来自彭波尼(Pomponius)被记载于《学说汇纂》不同处的两段脍炙人口的片语。在一处他说道,"依自然公平之理,任何人都不得通过牺牲他人而获得利益"(Natura aequum est, neminem cum alterius detrimento fieri locupletiorem, Dig. 12.6.14);在另一处他写道:"依据自然法,任何人都不得通过牺牲或侵害他人而获得利益"(Iure naturae aequum est neminem cum alterius detrimento et iniuria fieri locupletiorem, Dig. 50.17.206.)。同样的思想,在表述上略有差异,后一句提及得利必须 iniuria(此词伯克斯译为 wrong,伊贝森译为 unjust)。前一个版本构成了德国法上不当得利以及法国法上"欠缺原因得利"(enrichissement sans cause)原则经典表述的底本,温德沙伊德(Windscheid)《潘德克顿教科书》(Lehrbuch des Pandektenrechts)第 421 条注 1 和波蒂埃(Pothier)《论债法》(Traité des Obligations)第 123 节,都优先引用了这一条。参见,David Ibbetson, "Unjust Enrichment in English law", in Eltjo J. H. Schrage ed. Unjust Enrichment and the Law of Contract, Kluwer Law International, 2001, p.46, n. 53。这些表述关注的是得利欠缺法律上之原因这一性质(unjustified nature),而非其不公正(unjust)。如格哈特·丹内曼(Gerhard Dannemann)所说,当一笔财富自一方当事人处转移至另一方当事人处时,"除非有可以保有利益的特定法律上之原因,否则得利就是欠缺法律上之原因的(unjustified, ungerechtfertigt),而不说是得利是不当的"(unjust, ungerecht)。参见,Gerhard Dannemann, "Unjust Enrichment by Transfer: Some Comparative Remarks", Texas Law Review, 2001, Vol. 79, p. 1840。也就是说,去除了附着于这一短语之上的自然法色彩,而以实证法作为判断是否应为返还的依据。

而英美法学之所以会选择"不当得利",其权舆或在美国法律史家詹姆斯·埃姆斯(James Barr Ames)。在 1888 年一篇具有开创性的法制史论文中,他意图以准契约取代此前的默示契约并在文中界定了三种情形的准契约:判定债务,法定或例行义务,以及"任何人不得通过牺牲他人而不正当牟取利益的基本正义原则"。参见,James Ames, "The History of Assumpsit. II. Implied Assumpsit", Harvard Law Review, Vol. 2. No. 2. May 15, 1888, p. 64。这第三种情形在普通法上可是新鲜事物,尽管他并没有原文照录,但显然出自彭波尼的语录,确切地讲,是《学说汇纂》第 50、17、206 条,因为他明确使用了"不正当地"(unjustly)的表述。此后,英美两国法学家以埃姆斯的早期工作为基础,揭示了准契约的拟制本质并以不当得利原则来梳理准契约法的发展,为返还法的独立作好了充分的准备。正是从埃姆斯开始,英美法学一直沿用不当得利术语,"从此走上了与大陆法系思考模式有所不同的道路"(Ibbetson, "Unjust Enrichment in English Law", p. 46.)。

利”(enrichment),“不利”(disadvantage)*以及“归因”(attributable),这些条款或明其界限,或详其内容。如此,基本规则方被用于更为清晰的特定情形[特定化功能(particularising function)],其运行领域亦被控制[约束功能(constraining function)]。

基本规则的要件。

基本规则将为了支持不当得利法上的权利请求所必须加以证明的全部要件一一列出,而将其内容留交以下各章。请求返还不当得利的权利欲依本编成立,必须满足以下条件。第一,必须有身为债务人的“某人”(person)以及充任返还债务之债权人的“他人”(another)(参见下文评论B)。第二,返还债务的可能债务人必须“获取”(obtain)某些得利(参见下文评论C)。第三,得利必须“无法律上之原因”。得利有无法律上之原因,取决于第二章(得利无法律上之原因的情形)的规则。第四,可能债务人所获之利益(benefit)**必须构成“得利”。第五,可能债权人必须蒙受“不利”。这两个问题由第三章(得利与不利)规制。第六,得利必须“可归因于”不利。这最后一个方面由第四章(归因)处理。

债务的内容;抗辩。

如果基本规则的所有要件都得到证明,而抗辩(参见本卷第六章)亦未发挥作用,债务人即对债权人负“返还得利”的义务。这一返还得利的义务应以何种方式履行,责任范围又如何,由第五章(返还得利)的规定调整。最后,第七章(与其他法律规则的关系)部分条款对基本规则的适用范围加以限定。

基本规则如何运作。

不论在何种情形下,考虑是否可能产生不当得利责任,就看基本规范的要件是否

学界对这两个术语的态度并不一致。伊贝森认为,普通法的不当得利虽然“缺乏决定何者构成不当的任何充分的一般性准则,或许并不完美;但这一术语将伯克斯称之为我们法律体系中的道德感召(moral aspiration)有效纳入,同时保留了应付新情况的弹性,就此而言,可能是我们在法律上能够期待的对责任性质最好的归纳”(Ibbetson, “Unjust Enrichment in English Law”, p. 52)。而在巴里·尼古拉斯(Barry Nicholas)看来,“不当”一词所内含的道德色彩极易开启通往个案正义(palm-tree justice)的大门(参见 Peter Birks, Unjust Enrichment, Oxford University Press, 2003, p. 235)。《欧洲私法共同参照框架草案》(DCFR)采纳了“无法律上之原因而得利”术语,和尼古拉斯一样,本书主编克莱夫也认为“不当得利”蕴含了某种颇为含糊的道德标准,而基于税法、破产法以及时效法通过牺牲他人所取得的利益,或可被视为不当,却不能说是无法律上之原因。参见 Eric Clive, “Unjustified Enrichment”, in Arthur Hartkamp ed. Towards a European Civil Code, Kluwer Law International, 2004, pp. 585-586。

正文涉及普通法系时,当然使用“不当得利(unjust enrichment)”术语;而在评述部分以及注释中涉及大陆法系处,皆用“unjustified enrichment”,但凡于揭明两大法系之不同进路有必要,即译作“无法律上之原因[而得利]”,其他泛泛而论处,以及第七卷之标题(unjustified enrichment),为便宜及读者舒适计,仍译为“不当得利”。

* 《民法通则》使用“损失”术语(第92条),但不当得利法中所谓损失与损害赔偿法中的损失,意义不同,故尝试译作“不利”或者“失利”。不当得利法中所谓“不利”(disadvantage)或者“失利”(impoverishment)不过意指:(1)在给付不当得利类型,一方当事人因他方当事人为给付而受利益,他方当事人即蒙受不利;(2)在非给付不当得利类型,得利人所取得之利益在权属上应归他人,他人即蒙受不利。

** 得利所蕴含之经济实益。

得到了满足,是否存在某种抗辩,以及如果不当得利责任并不成立,那么责任的内容是什么。以下示例用以说明,就各种典型案例群而言,基本规则如何尽其职守。

示例 1

买受人 P 的雇员在前一日已通过银行转账将购买价款支付给出卖人 V,但 P 出于认识错误再次转账。就汇入其银行账户的那笔金额,出卖人 V 有权请求其银行 B 支付,故而有所得利[第Ⅶ-3:101 条(得利)第(1)款(a)项](就与银行 B 的关系而言,出卖人 V 系正当得利,但就与买受人 P 的关系而言,出卖人 V 系不当得利,因为就这第二笔出于认识错误而为的给付,V 对 P 不享有任何请求权利,而 P 也无向 V 为赠与的意思。关键在于,就与买受人 P 的关系来说,这里无法律上之原因[第Ⅶ-2:101 条(得利无法律上之原因的情形)第(1)款(a)项及(b)项]。就与银行 B 的关系而言,出卖人 V 之得利(表现为金钱存入账户)虽有法律上之原因,却与事无干。买受人 P 蒙受不利,因为 P 的银行从其账户中(正确地)扣除了相应金额[第Ⅶ-3:102 条(不利)第(1)款(a)项]。出卖人 V 之得利归因于买受人 P 之不利:P 将其部分资产移转给 V[第Ⅶ-4:101 条(归因的情形)(a)项]。理论上讲,买受人 P 当然并未将其针对其银行的请求权利转让给出卖人 V,但为银行转账所设的严格技术性安排却于此无关紧要:自经济的与法律的角度而言,本案中的银行不过起到机械装置的作用,赋予不用现金的给付方式(cashless)* 与现金给付相同的效力。(若买受人 P 于出卖人 V 的银行将现金存入 V 的账户,则为第Ⅶ-4:101 条(d)项的情形)。出卖人 V 之得利标的系可转让之资财:银行账户的账面应得余额得通过银行转账回转。因而,出卖人 V 负有将第二笔给付移转回给买受人 P 的义务[第Ⅶ-5:101 条(可移转之得利)第(1)款]。

示例 2

债务人 D 欲通过电子资金转账清偿其对债权人 C 所负债务。由于错误,D 于触屏系统中误输银行分类代码,结果资金被汇入与 D 全无瓜葛之人 X 的账户:X 在 D 错误进入的代码所代表的银行设有账户,账号正好与 C 在其银行所设账号相同。D 得要求 X 退还款项,论证过程与示例 1 悉同。

示例 3

A 在 B 的土地上为后者建造房屋,A 委托某分包人 C 提供并安装所有电炊具并热水装置。C 依约履行,因 A 此时丧失偿债能力,C 遂要求 B 支付款项。根据相应的财产法,**B 已经成为电气用具的所有人,其因取得财产权利而得利[第Ⅶ-3:101 条(得利)第(1)款(a)项及(b)项]。C 相应地蒙受不利[第Ⅶ-3:102 条(不利)第(1)款(a)项及(b)项]。根据第Ⅶ-2:101 条(得利无法律上之原因的情形)第(1)款(a)项,就与 C 的关系而言,B 得利无法律上之原因,因为 B 根据法律规定而取得所有权不过是产生一支配性权利(right of title,也就是得保有物之权利),而非不必为补偿给付(compensatory payment)即得保有物之权利。但就与 C 的关系(而

* 指转账。

** 指添附规则。

不仅仅是针对 A,参见第Ⅶ－2:101 条第(1)款(a)项),依 * 第Ⅶ－2:102 条(清偿对第三人所负之债务),B 之得利又有法律上之原因。C 在提供契约给付之时就 A 的清偿能力认识错误,但这无碍此间的法律关系:此种类型的错误不会害及法律上之原因[参见第Ⅶ－2:103 条(自由同意或者自愿履行)]。

示例 4

X,依有关提供法律服务的制定法要求,并不具备专业资格,但仍违反法律的禁止性规定向他人提供法律咨询以获取报酬。Y 因咨询而得利;X 则因提供服务而相应蒙受不利[第Ⅶ－3:101 条(得利)第(1)款(b)项及第 3:102 条(不利)第(1)款(b)项]。Y 之得利无法律上之原因[第Ⅶ－2:101 条(得利无法律上之原因的情形)第(2)款]。在契约法上,X 与 Y 就有偿法律咨询所缔结之契约无效[第Ⅱ－7:302 条(违反强制性规范的契约)];** 而在有关好意介入他人事务[无因管理]的法律中,同样找不到法律上之原因(第Ⅶ－2:101 条第(1)款(a)项)。因而,Y 似乎对 X 负有给付约定价款或者这种不具备专业资格法律咨询的客观价值(如果这种客观价值低于约定价款)的义务[第Ⅶ－5:102 条(不可移转之得利)]。但是,法律之所以对有偿提供不具备专业资格的法律咨询严加禁止,目的在于保护那些寻求法律服务的人以及法律咨询市场,将那些未达到法律训练要求的人拒之门外。是以,X 根本就不享有要求获得报酬的权利[第Ⅶ－6:103 条(不法性)]。

示例 5

E 为自己经营的广播电台印制广告材料,一级方程式大奖赛冠军 D 的照片赫然在目,其正倾听便携式收音机,而在收音机上,广播电台的标识清晰可辨。广告的意图昭然若揭,不外令人顿起遐思,D 是 E 广播节目的忠实拥趸并代言人。E 因利用 D 的资财也就是 D 的人格权而得利[第Ⅶ－3:101 条(得利)第(1)款(c)项]。因为 D 有权利防止 E 未经同意而将其照片用于商业目的[第Ⅵ－1:102 条(损害防止)],故其亦得通过收取一定费用而允许以这种方式对其形象及名誉的商业使用;这种权利具有资财特性。D 相应有所失利[第Ⅶ－3:102 条(不利)第(1)款(c)项]。这属于为了自己的商业利益而侵犯他人权利的情形[第Ⅶ－4:101 条(归因的情形)(c)项]。E 得利无法律上之原因,因为,D 因其人格权被他人利用而遭受不种而该不利未经其同意[第Ⅶ－2:101 条(得利无法律上之原因的情形)第(1)款(b)项]。

---

* 原文为“及”(and),似应为“依”(under)。

** 第Ⅱ－7:302 条(违反强制性规范的契约):“(1)依前条并非无效但违反了法律强制性规范的契约,强制性规范就该违反于契约效力的影响有明文的,从明文。(2)强制性规范就该违反于契约效力的影响未有明文的,法院得:(a)宣告契约有效;(b)使契约全部或部分溯及无效;或者(c)变更契约或其效力。(3)据前款所作出决定,考虑到与该违反相关的所有情况,应恰当且相称,这些情况包括:(a)被违反规范的目的;(b)该规范保护的对象类型;(c)根据被违反的规范得施加的制裁;(d)违反的严重程度;(e)违反是否为故意;以及(f)该违反与契约之间关系的密切程度。”

所引本草案条款,参考《欧盟私法:原则、定义和示范规则》,唐超、邹双卫、李来孺、崔欣、潘诗韵译,载梁慧星主编:《民商法论丛》(第 43 卷),法律出版社 2009 年版;《欧洲示范民法典草案:欧洲私法的原则、定义和示范规则》,高圣平译,中国人民大学出版社 2012 年版。下不赘注。

示例6

X在广告中使用了某知名政客Y的照片,Y入阁未久即与首相政见龃龉,其时方辞去阁臣要职。但见Y与其他15位在任阁员雁行鱼贯,其形象被横线划掉。旁书广告词道:"汽车租赁:见习人员,一视同仁"(We also lease cars to staff on probation)。根据保护人格权利的一般规则,对其形象遭如此揶揄,Y负容忍义务。Y并没有什么权利被侵犯;他并没有遭受具有法律相关性的损害[参见第Ⅵ-2:203条(对尊严、自由及隐私的侵犯)]。因而Y并未蒙受不利;他的权利并未被他人利用[参见第Ⅶ-3:102条(不利)第(1)款(c)项]。故Y并不享有依不当得利法请求偿付的权利。

B. 当事人:"某人";"他人"

总说。

基本规则所设想者为双方当事人情形,一方获取得利而无法律上之原因,他方蒙受不利,且得利可归因于不利。基本规则的法律效果为,将双方当事人束缚于一债务法律关系当中,得利人负有返还利益的义务而失利人享有相应的请求返还利益的权利。一方当事人无法律上之原因并通过"牺牲"(at the expense of)* 他人而得利,因之产生返还利益的债务,这就是双方当事人之间唯一的必要联系。

不以在先法律关系为必要。

在获取得利之前,当事人之间或已存在某种契约或其他法律关系,却不必然也不必如此。双方当事人完全可能仅仅因为这笔利益移转联系在一起而别无其他,并因这种利益移转而产生请求返还得利的权利。

示例7

银行D受其顾客X指示,将一笔资金贷入E于别家银行的账户。出于自己的认识错误,D两次为银行转账。E因第二次错误转账而得利,D依本卷规定享有请求E返还利益的权利。D与E之间并无任何在先法律关系一节于此权利无碍。

不以直接移转为必要。

利益系由不当得利请求权利的债权人直接授予债务人(或由债务人直接取自债权人),还是经过了第三人(例如,第三人的行为导致原告的所有权转移给得利人),或是经过交易链条,在该交易链条中,原告对第三人利益的增进与该第三人对最终得利人利益的增进紧密相关,这些同样无关紧要。第Ⅶ-2:102条(清偿对第三人所负之债

---

* 如同《德国民法典》第812条里的"Auf dessen Kosten",可译作"牺牲"、"以什么为代价",有"归因"的意思在里头,但不能译为"由(债权人)负担费用"。参见王泽鉴:《不当得利》,中国政法大学出版社2002年版,第43、398页;梅迪库斯:《德国债法分论》,法律出版社2007年版,杜景林、卢谌译,第520~521页。

务)的评论部分将对三方当事人情形作进一步阐释。

示例 8

D有权获得某位死者的遗产,其中包括针对死者某债务人X的请求权利。谁知E却成功得到一纸继承证书(certificate of inheritance)并据此收取了X的债务清偿。根据继承证书的特殊效力,从法律上讲,X被视为已经清偿了对死者继承人的债务,哪怕E对该笔债务实际上并不享有权利。E因受领了X的清偿而得利[第Ⅶ-3:101条(得利)第(1)款(a)项]。D因丧失了请求X履行的权利(该权利系D自死亡的债权人处继承而得)而蒙受不利[第Ⅶ-3:102条(不利)第(1)款(a)项]。根据第Ⅶ-4:103条(债务人对非债权人的履行;得利的善意移转),E之得利可归因于D之不利,因为X对E的清偿消灭了D请求X履行的权利。根据第Ⅶ-2:101条(得利无法律上之原因的情形)第(1)款,得利无法律上之原因,因为对D来说,E对该给付并不享有权利(只是对X来说,因为继承证书),而且就针对X的权利,D并未同意放弃。

示例 9

A曾在遗嘱中将其妻B列为受益人,但在离婚之后,其亲笔将B更改为C。A与保险公司X订有人寿保险契约,根据相关法律,这次遗嘱更改并使B丧失对保险利益的权利,该权利现为C所享有。但保险公司X没有得到遗嘱更改通知,并将人寿保险下的保险利益一次性支付给B;X在人寿保险契约下的责任因这次给付而消灭。C得以不当得利为据对B提出权利请求。论证过程与示例8同。

自然人与法人。

基本规则并未对术语"人"(person)加以任何限定,因而蒙受不利的权利请求人(法条中的"他人")及得利人(法条中的"某人")既得为自然人,亦得为法人。请参见附录"定义"之"人"条。其后条款中所提及之当事人,不管是"第三人"、"代理人"还是"介入人",亦作如是解。

不具备完全能力之人。

同样地,得利人或失利人术语中所谓"人"(第三人、代理人及介入人,亦然)在任何情况下都不仅指完全行为能力人。前面所设想的典型案例中的得利人与失利人自然亦得为未成年人。因未成年,故不具备完全缔约能力,因而极容易在欠缺具有拘束力的法律债务来提供法律上之原因的情形下增益他人或为他人所增益。就法人所为财产移转的返还来说,亦为如此,因法人亦可能超越其创设文件(founding instrument)所赋予之权力而行为(例如一笔赠与,其目的与发生情形未为创设文件所虑及)。

C. 得利方式:"获取"

同时适用于积极得利与消极得利。

"获取"术语在这里被赋予中性含义,仅用来指称相关利益已经抵达不当得利可能债务人之资产或人处。其当然包括故意侵占情形,但不必然意指积极取得行为。消极受领(passive receipt)、合并(absorption)或者对某笔得利的享用(enjoyment of an enrichment)同样构成本条所谓"获取"。因而利益完全可能是由权利请求人或者第三人在得利人全不知晓的情形下授予的(例如,出于错误,一笔资金被存入他人银行账户,或者动产被置于他人可随意出入的不动产上)。但如果不当得利返还请求的其他要件已经满足,利益取得的方式,尤其是得利人对得利是否表示了同意,对决定得利人的责任范围可以起到重要作用。因为,如果得利无法通过移转而返还,那么,在其他情形下[在恶意情形下——译者注]不得不为不请自来的得利(unsought enrichment)加以偿付的得利人,在善意情形下却应该受到法律保护。第Ⅶ-5:102条(不可移转之得利)处理这一问题。

不以不法得利为要件。

得利是否不法,也不论是得利人自己获取得利的行为还是将利益转给得利人的第三人的介入行为不法,于本条同样无关紧要。"获取"术语并没有任何限定,因而从原则上讲,就取得方式的合法性不作任何区分。但就不当得利返还请求的其他要件,取得行为是否不法却可能发挥重要作用——尤其是在决定以下问题时:在当事人之间,得利是否有法律上之原因;得利是否可归因于不利;得利人是否可以援引某项抗辩。更多内容,请参见第Ⅶ-2:103条(自由同意或自愿履行),第Ⅶ-4:101条(归因的情形)(c)项,第Ⅶ-4:105条(因介入人行为的归因)以及第Ⅶ-6:103条(不法性)。

D. 责任内容:"返还得利之义务"

可移转与不可移转之得利。

基本规则创设了返还利益的债务。至于利益应以何种方式返还,返还范围又如何,则由本卷以下条款决定。基本立场为,若得利可移转(例如,物),则应原物返还(restored in natura),*若得利不可移转,则应通过偿付其客观价值的方式回转。若物已被使用,那么就同一物,可能同时适用两种规则。

示例10

B向A提供一辆机动车,但由于意思表示存在某处潜在不一致,故实际上未能缔结有效契约。B得请求A返还其所受领者,即对机动车的占有或者对机动车的占有及所有权——[到底是返还占有,还是返还占有及所有权,这]取决于相关财产法,尤其是有关权利转移的部分[是如何规定的][第Ⅶ-5:101条(可移转之得利)第(1)款];另外,还要就对机动车的使用加以补偿,此项债务源于第Ⅶ-5:102条(不可移转之得利),适用情形为A并未取得机动车的所有权。但如果A在占有期间同时取得了所有权,则其仅在恶意或者有所节省的情形下,方就使用自己机动车的利益负赔偿义务[第Ⅶ-5:104条(得利的孳息与利用)]。

---

* 以实物(in natura,in specie,in kind)而不是金钱形式返还。

对人性质的及财产性质的请求权利。

基本规则赋予失利人请求返还利益的对人权(personal right)。至于这种请求返还的权利是否应该具有某种准财产权利性质的法律后果(quasi-proprietary effect),从而使得原告相对于得利人的其他债权人具有某种优先地位(例如,在得利人破产的情形),则非属本编职事。但本卷为这种处理方式保留了可能性:参见第Ⅶ-7:101条(私法上其他请求返还的权利)第(2)款。若失利人仍然保有资财的所有权而他人之得利表现为对资产的占有,则失利人得以财产权利为依据请求得利人返还占有。这种可能性见于第Ⅶ-7:101条第(3)款。本卷不对财产法上请求返还原物的权利(rights to vindicate property)*加以任何限制。

注 释

Ⅰ.单一的概括性请求权利,还是多项分立的请求权利

1.欧盟成员国得归入不同法域,对于何谓不当得利法自然有不同的观念,有些内国法律体系赖一概括不当得利返还之诉以运作,而有些则采相反进路,将此类法律素材分散置于形色各异的制定法条款当中,欲得其要,详参PEL/von Bar and Swann, Unj. Enr., Introduction B8-40。就这第二组法域而言,是于不当得利法中设置若干诉因,还是将在本卷下所处理的大量法律素材遣入其他法律领域,这些其他法律领域中又有哪些[与我们的主题]相关,其细枝末节如何,该书导论亦作通盘检视。

2.该书导论部分同样考察了欧盟各法域不当得利诉讼的辅助性质。更多讨论见第Ⅶ-7:101条(私法上其他请求返还的权利),注释部分。

Ⅱ.概括性不当得利诉讼的要件

3.就由《拿破仑民法典》所规划之法律体系而言,有必要区分非债清偿返还之诉(action en

---

* 指物权法上的原物返还请求权。

vindicatio〈拉〉主张:在罗马法中,指物件返还之诉(rei vindicatio),即所有权人借以取回财产的一种诉讼形式;在大陆法中,指主张某物归自己所有、对某物主张权利等。参见薛波主编:《元照英美法词典》,法律出版社2004年版(以下简称"元照"),第1403页。

répétiton de l' indu) * 与所得利益诉(action de in rem verso) ** ,前者由立法规制,旨在返还并不负有债务而为的给付,后者则由司法创设,是用来回转欠缺原因得利(enrichissement sans cause)的概括救济方式。*** 根据法国法及比利时法,后一权利请求的要件为:(1)被告有所得利;(2)原告有所失利(impoverishment) ****;(3)前两者之间存在因果联系;(4)财富的增加欠缺原因[合法事由(legal ground)]。另外,还有(5)欠缺原因得利返还诉讼,如果被视为辅助性质的,则得被排除。所得利益诉被视为准契约性质的法律构造,其源自正义与衡平原则(例如,Bénabent, Les obligations[10], no. 482 p. 331),经最高法院1892年6月25日判决[Cass. req. 15 June 1892, D. P. 1892. 1. 596;S. 1893. 1. 281(note Labbé)]而成为法国法的一部分,在最高法院1909年5月27日判决[Cass. 27 May 1909, Pas. belge 1909, I, 272, concl. Terlinden]后为比利时法所承认。自最高法院1898年10月18日判决[Cass. civ. 18 October 1898, D. 1899, I, 105]之后,法国法并确认,作为所得利益诉要件的并非任何得利,而必须是欠缺合法事由(sans cause légitime)的得利,自最高法院1914年5月12日判决[Cass. civ. 12 May 1914, S. 1918. 1. 41(note Naquet)]后,

---

* 《法国民法典》中仅见非债清偿返还之诉(condictio indebiti, action en répétiton de l' indu),置于第三卷(取得财产的各种方式)第4编(非因约定而发生的债)第1章(准契约)下第1376~1381条。另于判例法上发展起概括不当得利返还之诉。

在罗马法上,"当因错误而实行了不当清偿(即根据某种不存在的或无效的债实行了清偿)时,可提起'错债索回之诉'(condictio indebiti)。为了能够提起这一诉讼,罗马法要求不当清偿人所犯的错误是可原谅的"。参见彼德罗·彭梵得:《罗马法教科书》,黄风译,中国政法大学出版社1992年版,第399页。另外,这一术语还有"非债给付"(费安玲、丁玫、张宓译:《意大利民法典》,中国政法大学出版社2004年版,第476页)、"无因偿付"(王卫国主译:《荷兰民法典》,中国政法大学出版社2006年版,第221页)等译法。罗马法上这一诉因的现代形式,并不必然以给付人的错误为要件;所谓"undue payment",不过是指不负债务,不当(dāng)给付而给付,并无任何不当(dàng)的意思。遂从多数,译作"非债清偿",参见王泽鉴:《不当得利》,中国政法大学出版社2002年版,第7~8页。

** 周枏先生的译法。若家属或奴隶与第三人为法律行为时并未得到家长或家主明示或默示的准许,则第三人仅得在家长、家主因家属、奴隶的行为所得利益的范围内请求偿还。参见周枏:《罗马法原论》(下册),商务印书馆1994年版,第666页。因其含义,这一罗马法上的诉讼形式又被译作主人利得之诉,后来自然法学家将其一般化,发展起针对有益费用(useful expenditures)的一般权利主张,如果以某人的费用为他人作了有益之事,则其有权请求归还货币或者相应的价值。在许多论述欧陆普通法、普鲁士及奥地利法的著作中,这一要求偿还有益费用的一般诉讼请求被认为与返还之诉极为相似;在法国,法律家将欧陆普通法中的主人利得之诉看做请求返还不当得利的一般诉讼请求的基础,而《民法典》里是没有的。参见Konrad Zweigert & Hein Kotz, Introduction to Comparative Law, Clarendon Press, 1998, 3rd edition, p. 540。

*** 与德国及瑞士情形迥异,《法国民法典》就不当得利的返还并未设置一般条款。其肇衅开端则在波蒂埃(Pothier),法典的债法部分系据其作品的精神写就,牺牲了不当得利法中的其他责任形式而全神贯注于非债清偿返还之诉。此外,波蒂埃给了无因管理相当大的篇幅,后来,这一制度在必要时亦适用于当给付目的未能实现而必须将给付回转的情形。这样,涉及不当得利的法律规则固然散布于法典各处,而其中最为重要者,则为事关不应给付而给付(payment of a thing not due, paiement de l' indu)以及无因管理(gestion d' affaires)的规则。起先,法院总是力图以法典为据为解决各种得利案件,但由于法典的规则(尤其是涉及无因管理的规则)被证明不敷所需,奥布里(Aubry)与劳(Rau)在他们影响深远的教科书中建议引入一般得利请求权,终于,在1892年著名的布迪耶(Boudier)案中,最高法院践行了这一主张。参见Konrad Zweigert & Hein Kotz, Introduction to Comparative Law, Clarendon Press, 1998, 3rd edition, pp. 545-546。

**** 若从字典译作"穷困",未免危言耸听。相对于"得利"(enrichment),译作"失利"。在赠与契约的撤销场合,译作"穷困"。

法国法并明确,这一诉因相对其他请求权利处于附属地位[详参,例如,Aubry and Rau(-Ponsard and Dejean de la Bâtie), Droit civil français VI[7], no. 317 p. 477;Flour/Aubert/Savaux, Droit civil II[9], no. 41 p. 36;Marty and Raynaud, Droit Civil II(1)[2], no. 394 p. 410]。根据主流见解,就原告失利与被告得利之间的关系而言,只要存在因果联系(lien de causalité,这证明被告系因原告失利而得利)即为已足[Ponsard and Dejean de la Bâtie loc. cit.;Rép. Dr. Civ.(-Romani)V[2], V° Enrichissement sans cause [2006], nos. 67-69;Starck/Roland/ Boyer, Obligations II[6], no. 2194 p. 770;Delebecque and Pansier, Droit des obligations I[3], no. 475 pp. 244-245;Carbonnier, Droit civil IV[21], no. 307 p. 510]。用“因果关系”术语表达的因果联系不仅包括了双方当事人情形的“直接得利”,亦将发生于三方当事人情形的“间接得利”涵盖进来,在后一种情形,利益在为得利被告人所受领之前,先已经过了一人或多人的资产。但有学术见解认为(Ponsard and Dejean de la Bâtie loc. cit. no. 317 p. 478;Romani loc. cit. no. 70),在这种情形,多半可以在与第三人的关系当中为得利找到一个法律原因(cause légitime)。法律评论中时见倡议,以“联络关系”(lien de connexité)取代“因果关系”来构架此间关系,如此便能明确,只要同一事件同时造成了得利与失利,即为已足(Flour/Aubert/Savaux loc. cit. no. 41 p. 36;Marty and Raynaud loc. cit. no. 400 p. 420;Ponsard and Dejean de la Bâtie loc. cit. no. 317 p. 477;类似的思路见 Cass. civ. 26 January 1972, Bull. civ. 1972, III, no. 65 p. 47,以及,Cass. civ. 12 July 1994, Bull. civ. 1994, I, no. 250 p. 181;D. 1995 jur. 623, note Tchendjou;RTD civ 1995, 373, obs. Mestre;RTD civ 1995, 407, obs. Patarin)。无论如何,在法律实务中,以欠缺原因得利为基础的权利请求纵告失败,亦绝少是因为缺乏因果联系(例如,Cass. civ. 25 May 1992, Bull. civ. 1992, I, no. 165 p. 113;JCP éd. G. 1992, IV, 2129;JCP éd. G. 1992, I, 3608, obs. Billiau;RTD civ 1993, 580, noted. Mestre)。

4. 据西班牙法院的看法,不当得利诉讼的要件为:* (1)被告获有得以金钱衡量之利益(pecuniary advantage),**该利益相当于(2)原告的相关失利,(3)得利与失利之间充分的因果关系,以及(4)得利欠缺法律上之原因[例如,TS 5 December 1980, RAJ 1980(2)no. 4736 p. 3802;TS 28 January 1956, RAJ 1956(1)no. 669 p. 418;TS 15 June 2004, RAJ 2004(3)no. 3847 p. 7922]。***在早期判决中,得利人的恶意亦被视为要件之一(例如,TS 5 July 1948, RAJ 1948 no. 1117 p. 633),但这一标准于1951年终被置之不理(TS 6 June 1951, RAJ 1951 no. 1877 p. 1281)。得利与失利之间必须有因果关系:被告所得之利必须是产生于某种不利或损害。早期判决要求,“得利与失利之间存在完备联系(perfect connection),该联系因财富从原告资产处直接转移至被告资产处而生”(TS 28 January 1956 loc. cit.;TS 27 March 1958, RAJ 1958, no. 1456 p. 940),但最高法院后来认为,“充分联系”(adequate connection)即为已足[TS 30 March 1988, RAJ 1988(3)no. 2570 p. 2472]。于是,正如法国法一样,在“间接”得利情形——有他人资产横亘于原告蒙受不利与被告得利之间,例如,第三人清偿了得利人的债务——因果关系亦有可能得到确认。相

---

* 与法国一样,《西班牙民法典》中亦只见非债清偿返还之诉,一般不当得利法系于判例法上发展起来。这里只是讲一般不当得利之诉的要件。

** 利益得以金钱衡量,而不必为金钱。

*** TS为西班牙最高法院(Tribunal Supremo)略写;RAJ系《阿兰萨迪判例汇编》(Repertorio Aranzadi de Jurisprudencia)略写,阿兰萨迪系指位于西班牙纳瓦拉自治区(Navarra)的阿兰萨迪印务股份有限公司(Editorial Aranzadi Sociedad Anónima),下不赘注。

反,以优惠价格购置的货物,若其市场价值于货物取得之后大幅上涨,则不利与得利之间的因果关系即不复存在[TS 23 September 1953, RAJ 1953(2)no. 2277 p. 1458]。“如果[某人]基于合法契约而有所取得且该契约仍然有效,或者基于合法权利而取得且该权利并未被滥用,或者基于判决而取得,则不能谓其[不当]得利”,若是因法令(enactment)而间接获益,同样不能算是“得利无法律上之原因”(TS 28 January 1956 loc. cit.)。不当得利诉讼的功能在于令债务人将其所受领的利益交出,但返还既不能多过该利益,也不能超出原告所遭受的实际损害的额度;无论在哪种情形下,两者中较低者具有决定性[TS 25 November 1985, RAJ 1985(3)no. 5898 p. 4988;TS 5 October 1985, RAJ 1985(3)no. 4840 p. 4085]。在边界案件中,为弥缝法律漏洞,遂不得不乞援于一些既存法律规则的类推适用,这些规则所区处者为其他交易的回转,尤其是有关非债清偿返还之诉的法律[condictio indebiti,《民法典》第 1895 条以下;更请参见,例如,Albaladejo, Derecho Civil II(2)[10], 917,以及,Puig Brutau, Compendio II[2], 619]。一般来讲,首要的救济形式是返还原物或其同等货币价值。在返还货币价值时,必须虑及财产自受领至判令补偿期间的价值增加[TS 1 December 1980, RAJ 1980(2)no. 4732 p. 3796]。若得利人非止一人,应负连带责任[TS 10 November 1981, RAJ 1981(2)no. 4471 p. 3352]。不当得利请求权利的消灭时效期间为 15 年[《民法典》第 1964 条;TS 5 May 1964, RAJ 1964(1), no. 2208 p. 1380;TS 12 April 1955, RAJ 1955(1)no. 1126 p. 602]。

5. 意大利法上的不当得利诉讼写在《民法典》第 2041 条及第 2042 条。* 根据第 2041 条第(1)款,需要满足以下四项要件:(1)得利(arricchimento);(2)损害(danno);(3)得利与损害之间有因果关系;(4)得利与损害欠缺原因(giusta causa)。另外,在以第 2041 条为基础的诉因之外,如果原告还享有其他诉因(关于此点,参见 Cass. 8 November 2005, no. 21647, Giust. civ. Mass. 2005, 11),不当得利诉讼将被排除(根据源自第 2042 条的规则)。得利与损害必须基于同一事实(fatto generatore)(Cass. 8 November 2005, loc. cit.);只有这时,得利才算第 2041 条所谓“与损害相关”。正如其他内国法域,间接得利(arricchimento indiretto)案件在意大利法上同样棘手,问题一成不变,是否应该对失利人加以束缚,使其仅能对其合同相对方行使请求权利,或者是否可以通过一个直接的返还之诉,使失利人得对金钱上利益的实际受领人提起诉讼[持前说者为数甚多,例如,Astuti and Trabucchi, Arricchimento (azione di), 52, 75;D'Onofrio, Dell'arricchimento senza causa[2], 593;Cass. 18 February 1987, no. 1753, Giust. civ. Mass. 1987, fasc. 2。持后说者亦不乏其人,例如,Trimarchi, L'arricchimento senza causa, 43-44, 79, 107-109;Breccia, L'arricchimento senza causa I[2], 1009;Cass. 10 January 1993, no. 1686, Giur. it. 1994, I, 1, 626 and 1860;Cass. 17 February 1984, no. 1189, Giust. civ. Mass. 1984, fasc. 2;Cass. 22 May 1982, no.

---

* 与法国法、西班牙法一样,意大利法亦区分非债清偿返还之诉与一般不当得利之诉,只不过都写进了法典。《意大利民法典》于第四编(债)之下分置非债清偿(第七章)与一般不当得利(第八章)两章。第八章共两条:

第 2041 条(不当得利的一般诉权):“(1)没有合法原因,有损他人而获得利益的人,应当在其不当得利范围内对该他人财产的减少承担赔偿责任。(2)不当得利的标的是特定物的,如果该物在提出请求时尚存,则获利者应当承担返还实物的义务。”

第 2042 条(诉权的辅助性):“当受害人可以行使其他诉权而获得损失赔偿时,不得行使不当得利的诉权。”

译注所引俱出自《意大利民法典》,费安玲、丁玫、张宓译,中国政法大学出版社 2004 年版,下不赘注。

3137, Giust. civ. Mass. 1982, fasc. 5]。如果得利与损害于量上不等,则原告仅就较低数额享有权利(D' Onofrio loc. cit. 589)。一个争议较多的问题是,应该用何种标准来判断是否欠缺原因(欲对此种讨论有通盘了解,请参见 Cian and Trabucchi, Commentario breve[6], sub art. 2042, V 1)。还有一个问题亦多争议,即对欠缺原因的考察,是否应该虑及财富转移的具体情形,还是仅与[财富转移的]结果相关(持后说者有 D' Onofrio loc. cit. 591;关于此种学说,另见,Breccia, loc. cit. 985)。还有学者认为,[是否欠缺原因]仅取决于一点,即是否欠缺某种值得保护的权益,这种权益得为利益的保有提供正当理由(Bianca, Diritto civile V, 818)。更进一步的看法是,如果财富转移的方式符合法律体系的一般原则,财富转移即具备原因(Nicolussi, Lesione del potere di disposizione e arricchimento, 449-450)。法院的表述更为确切,如果利益源自有效契约,或者源自债法(Cass. 30 March 2001, no. 4722, Giust. civ. Mass. 2001, 634;Cass. 9 November 1992, no. 12076, Giust. civ. Mass. 1992, fasc. 11;Cass. 8 October 1990, no. 9859, Giust. civ. Mass. 1990, fasc. 10)或制定法(Cass. 22 June 2000, no. 8481, Giust. civ. Mass. 2000, fasc. 1372;Cass. 18 December 1981, no. 6714, Giust. civ. Mass. 1981, fasc. 12)下的其他法律关系,则不存在欠缺原因的问题。附带一提,《民法典》第2041条的损害概念,要比置于第2043条侵权法一般条款下的[损害概念]为窄,这是因为在第2041条下,损害总是指称财富的减少(Zaccaria, loc. cit. V 3)。*

6. 类似地,在奥地利法上,同样需要区分各种不同的不当得利请求权。《民法典》(ABGB)第1431条至第1434条所规制者系因错误所为给付之返还,乃奥地利不当得利法之肯綮,除此之外,更多请求返还的权利散落于法典各处[更请参见,Schwimann(-Honsell and Mader), ABGB VII[2], Pref. to §§ 1431 et seq., no. 6]。就此而言,《奥地利民法典》所遵循的,乃是以多种返还之诉分立为特色的罗马法模式。这给我们就这一法律领域作通盘检视带来了很大麻烦,但《民法典》第1437条**极大降低了为形色各异的返还诉因划界的困难:所有的法律效果被一并归拢于这一制定法条款之下。尽管不当得利概念于《奥地利民法典》中无从觅处,但对法院(但有些判例,例如,OGH 18 September 1991, JBl 1992, 594,***却采纳了不同的思路)和法律评论[例如,Schwimann(-Mader), ABGB VI[3], Preface to §§ 1431 et seq.;Rummel(-Rummel), ABGB II (1)[3], introduction to § 1431 no. 1]来说,在一条经过提炼的原则之下来讨论这些各不相同的诉因,却是不言自明之理。各种返还之诉的共性在于,其所指向者皆为,对通过给付所获得的无法律上之原因的利益予以返还或者对通过改良所获得的无法律上之原因的利益加以赔偿,并且不以失利人(der Verkürzte)遭受损害为要件。此外,所有这些案型所以得辐凑于一处,还是因为有

* 这里大概是说,不当得利法上没有精神损害的问题,否则难以解释,参见下文注释9。

** 此处当有误,参见附录。可能意指第1041条。

《奥地利民法典》第1041条:"若某物被用于他人利益,但并非出于事务管理,则物之所有人得请求返还原物,原物返还不能的,返还物被用于他人时之价值。"

该条系有益费用返还请求权的法律基础,是罗马法所得利益诉的现代形式,对所得利益诉的一般化。法国法学家即是将欧陆普通法中的所得利益诉看做请求返还不当得利一般诉讼请求的基础。奥地利法院一贯的态度是,该条仅系补充性规范,仅当在原告与第三人之间不存在用于作出判决的契约或者类似法律关系时,该诉讼方得适用。因此,为承租人所聘用对出租房屋加以改良的建筑承包商,就因其劳务而增加的房屋价值,不得就房东提起诉讼要求其偿付价款。参见 Konrad Zweigert & Hein Kotz, Introduction to Comparative Law, Clarendon Press, 1998, 3rd edition, pp. 540,543。

*** OGH 指最高法院(Oberste Gerichtshof)。

着共同的基础,或是失利人尤其值得法律保护,或是[当事人的]处分不能得到法律秩序的认同[Koziol/Bydlinski/Bollenberger(-Koziol),ABGB,Preface to § 1431 no.1]。前引原则为所有返还之诉所共用,并被认为可以类推适用;因而,法院及学术界将《民法典》第 1431 条以下称为“一般不当得利法”[比方说,OGH 18 September 1991,loc. cit.;Rummel(-Rummel)ABGB I[3],§ 877 no.5]。

7.《葡萄牙民法典》* 第 473 条第(1)款将一切不当得利案型囊括无遗。尽管涵盖了不当得利返还义务(obrigação de restituir por enriquecimento sem causa)的第 473 条第(2)款所提及的情形仅涉及给付型不当得利,但这无改第 473 条第(1)款同时规制非给付型不当得利返还请求权的事实[(STJ** 6 December 2006,CJ[ST]XIV[2006-3]154;Pires de Lima and Antunes Varela,Código Civil Anotado I[4],note 1 under art. 473,p. 435;Almeida Costa,Obrigações[10],490,fn. 1;Menezes Leitão,Enriquecimento sem causa[2],663)]。*** 涉及不当得利返还的不同请求权并没有被视为不当得利法下分立的诉因;同样,非债清偿返还之诉既非一独立请求权,亦不需要特殊要件(STJ 11 May 2000,CJ[ST]VIII[2000-2]54;STJ 18 June 1996,BolMinJus 458[1996]347[参阅《民法典》第 476~478 条])。《民法典》第 473 条明确了不当得利返还之诉(acção de enriquecimento sem causa)的三项要件,即:(1)被告有所得利(enriquecimento),该利益系(2)通过牺牲他人而取得(á custa de outrem),(3)得利欠缺法律原因(sem causa justificativa)。得利系指任何得以金钱衡量之利益(STJ 24 June 2004,Processo 03B3105)。并未以他方当事人遭受损失或者失利为要件(Gomes,Conceito de enriquecimento,383,402,援引了数件最近判决;不同的思路,参见 STJ 14 January 1972,BolMinJus 213[1972]214)。在给付型得利情形,这种失利一如既往地被视为理所当然之事(STJ 2 July 1976,BolMinJus 259[1976]206;CA Oporto 4 March 2002,CJ XXVII[2002-2]176;STJ 22 May 2001,CJ[ST]IX[2001-2]95),但就侵害型得利来说,唯视是否通过“牺牲”原告而有所得利,无关原告是否受有得以金钱衡量之损失(STJ 24 February 2005,Processo 04B460;STJ 24 June 2004,Processo 03B3105)。就原因(causa)概念如何解释,《民法典》第 473 条没有给予任何指点。但很显然,该条涉及的是得利是否具有法律上之原因的问题(详参 STJ 29 May 2007,Processo 07A1302)。在葡萄牙法上,辅助性规则在实务中被赋予极大重要性(《民法典》第 474 条****)。如果根据法律,失利人得通过其他替代诉因来主张赔偿或返还,即不得提起不当得利返还之诉。如果其他诉因[侵权或者不法行为,对他人事务的好意介

---

* 自此以下,除荷兰、斯堪的纳维亚国家及普通法系外,法典中皆置一般不当得利法,非债清偿返还之诉失其独立地位,不能像意大利、荷兰民法典中那样与一般不当得利法分庭抗礼,更不必说如法国、奥地利、西班牙民法典中那样唯我独尊了。

** 高等法院(Superior Tribunal de Justiça)。

*** 《葡萄牙民法典》体例上近于《德国民法典》,于第二卷(债法)第一编(债之通则)第二章(债之渊源)为不当得利设有一节(第四节,第 473~482 条),非债清偿返还之诉没有专门的位置。

第 473 条(一般原则):“一、无合理原因,基于他人受有损失而得利者,有义务返还其不合理取得之利益。二、因不当得利而须负之返还义务之标的主要系不应受领之利益、受领原因已消失之利益或受领之预期效果终未实现之利益。”

译注所引俱出自《葡萄牙民法典》,唐晓晴等译,北京大学出版社 2009 年版,下不赘注。

**** 《葡萄牙民法典》第 474 条(不当得利之债之补充性):“如法律给予受损人其他获得损害赔偿或返还之途径、法律否定返还请求权,又或法律对得利定出其他效果者,不得以不当得利要求返还。”

入,财产法上的请求返还原物,撤销事由(grounds for avoidance)]的要件得被勘定,不当得利法上的请求权利即被排除。这一辅助性原则既为法院在多种情形所肯定(例如,STJ [Assento] 28 March 1995, BolMinJus 445 [1995] 67;STJ 20 September 2007, Processo 07B2156);亦同样频受抨击(例如,STJ 23 March 1999, CJ [ST] VII [1999-1] 172, BolMinJus 485 [1999] 396;就这一问题,参见 Menezes Leitão loc. cit. 992-993)。根据《民事诉讼法》(CCP)第469条,一个同样以不当得利法为依据的替代性权利请求(pedido subsidiário)是允许的。正是在这里,如果主要权利请求(main claim)未被认许,法院将对辅助权利请求(subsidiary claim)加以检视(STJ 18 December 2002, Processo 02B4011;STJ 30 October 2003, Processo 03B2593;STJ 29 May 2007, Processo 07A1302)。

8. 就德国法上概括性不当得利返还之诉的要件,详尽的讨论,参见 PEL/von Bar and Swann, Unj. Enr., Introduction, nos. B21, C52, 72, 89, 108 and 124。

9. 依《希腊民法典》*第904条,概括性不当得利返还之诉的头一项要件即为得利。得利人既得为自然人,亦得为法人,[就自然人而言]既得为已达负完全法律责任年龄之人,亦得为未成年人[Georgiades and Stathopoulos(-Stathopoulos), art. 904, no. 4;Georgiades Ast., Enochiko Dikaio I, 351;Deliyannis and Kornilakis, Eidiko Enochiko Dikaio III, 26]。对被告人资财的任何增进皆构成得利;至于是资财的增加,抑或责任的减少,则无关宏旨(Stathopoulos, loc. cit. no. 5;CA Athens 1101/1996, Arm 50 [1996] 1329;CA Athens 8350/1993, NoB 42 [1994] 86;A. P. 1095/1973, NoB 22 [1974] 777;A. P. 560/1974, NoB 23 [1975] 147)。其次,得利之发生须对他人造成损害。正是"通过或凭借其遭受了损害的资产"(through whose patrimony or by whose patrimony sustaining damage)得利方才发生之人,方得依《民法典》第904条主张权利。在三方当事人情形下,这些选择性标准**措辞顿生问题,因为这时,利益可能是源于受损害人之外的其他人的资产(详参 Stathopoulos loc. cit. no. 19;Deliyannis and Kornilakis, loc. cit.)。因而,损害[这一]标准才是决定性的(Stathopoulos, Axiosis adikaiologitou ploutismou, 194;Mantzoufas, Triprosopoi enochikai sxeseis, 98 and 155)。不当得利法下的"损害"概念在范围上要比侵权法里的损害概念来得宽泛。对[他人]法定权利的侵犯,或者如惯用术语,"抽象"损害,即为已足;无须证明遭受了实际损失(Georgiades and Stathopoulos(-Stathopoulos), art. 904, no. 20; Deliyannis and Kornilakis, loc. cit. 28;CA Athens 2073/1987, NoB 35 [1987] 1067)。第三项要件为,得利与损害之间存在因果关系[Georgiades and Stathopoulos (-Stathopoulos), art. 904, no. 25; Stathopoulos, Axiosis adikaiologitou ploutismou, 205;Litzeropoulos, Stoicheia Enochiku Dikaiu II, 385;Kavkas and Kavkas, Enochikon Dikaion II(2)[7], 636]。再者,得利须无法律基础。制定法得为保有利益的正当性提供法律基础,《民法典》第1041条(占有取得)即为此种法定法律基础的适例。而据主流学说,《民法典》第1036条(自无权利人处的善意取得)未能在此提供这样的法律基础;通常是有其他事由来为利益保有提供正当性(Stathopoulos, Axiosis adikaiologitou ploutismou, 63)。"法律秩序的一般精神"(general spirit of the legal order)也被视为法定基础

---

* 《希腊民法典》形式结构与德国一致,分总则、债法、物权法、家庭法和继承法,内容上也大多仿效《德国民法典》,系德国法系的代表作品,故本书多将希腊紧附于德国之后。详参茨威格特、克茨:《比较法总论》,潘汉典等译,法律出版社2003年版,第233页以下。

** 指前句的"通过或凭借"。

[Georgiades and Stathopoulos(– Stathopoulos), art. 904, no. 61,附有多例]。尤其是,若得以金钱衡量之利益系通过某人的不利益而获得的,其人真实健全的意思得为得利提供法律上之原因[Georgiades and Stathopoulos(– Stathopoulos), art. 904, no. 29;Georgiades Ast. loc. cit. 353]。撤销及解除将使这一法律事由失其效力[Georgiades and Stathopoulos(– Stathopoulos), art. 904, no. 35]。对某种法律上不利益(legal disadvantage)的同意亦构成法律上之原因;作为对约定对待给付的回报,依默示同意而为给付的,默示同意即为同意(例如,Stathopoulos, Axiosis adikaiologitou ploutismou, 101)。如果双方当事人俱依一无效双务契约而给付,但一方当事人不能返还其所受领者,则他方当事人得保留因给付所获之收益;只有在双方当事人俱能返还时,方得将交易予以回转[Georgiades and Stathopoulos (– Stathopoulos), art. 904, nos. 42 and 88]。最后,根据判例法通行的思路,《民法典》第904条的概括性不当得利返还请求权还需要满足"财富转移的直接性"要件。因而,被告人应是"直接"自原告资产处取得利益(Deliyannis and Kornilakis loc. cit. 31)。不论是在多方当事人关系中的得利返还框架下,还是在依无效契约链条而为给付的场合或者类似情形下,俱为如此(A. P. 629/1974, NoB 23 [1975] 175;A. P. 665/1975, NoB 24 [1976] 59;CA Athens 4704/1979, NoB 27 [1979] 1000;CA Athens 5339/1979, Arm 34 [1980] 28;CA Athens 268/1980, NoB 28 [1980] 863;CAThessaloniki 392/1989, Arm 43 [1989] 129;CA Athens 4388/1987, EllDik 31 [1990] 383;CA Thessaloniki 2516/1995, EllDik 38 [1997] 926)。但这一进路在今天的法律评论界招致越来越多的抨击;[毕竟]就资财处分,《民法典》第904条的措辞并未提及直接性标准,其他国家主流的法律立场亦被频繁引用[以为佐证][Filios, Enochiko Dikaio II(2)[3], 173;Deliyannis and Kornilakis, loc. cit. 34;Georgiades and Stathopoulos (– Stathopoulos), art. 904, no. 67; Stathopoulos, Axiosis adikaiologitou ploutismou, 213; Stathopoulos, Geniko Enochiko Dikaio A(1)[2], 286;Georgiades Ast. loc. cit. 352]。

10. 在匈牙利法上,概括性(并辅助性)不当得利返还请求权被置于《匈牙利民法典》第361条第(1)款,其措辞颇类本编第Ⅶ－1:101条(基本规则):"凡无合法事由(legal ground)而获取得以金钱衡量之利益且可归因于他人损害者,负返还义务。"因而,这一请求权的要件为,有得以金钱衡量之利益且无法律上之原因(欠缺合法事由的得利)以及系通过牺牲他人而取得该金钱上利益[Gellért(– Benedek), A Polgári Törvénykönyv Magyarúzata[6], 1387]。学界亦有主张,不当得利请求权应具备四项要件:被告获有金钱上之利益,原告蒙受物质上之不利,利益与不利之间有因果联系,以及欠缺法律原因[Petrik(– Bíró), Polgári jog II[2], 650]。只有已经受领某种得以金钱衡量之利益的,方构成得利。得利得表现为多种形式,例如取得财产占有或者对预期收益的权利,对已经存在权利的强化,费用的节省,债务或者责任的卸除,或者劳务的接受。不利不必一定为资财的减少,亦得表现为预期利润的丧失[Bíró, loc. cit. 651;另见,BH 1997/590(因没有根据的抵消而丧失请求权,因此蒙受不利)*]。一方当事人的得利与他方当事人的损失,不论在性质上抑或程度上,都不必旗鼓相当(Benedek, loc. cit. 1391)。这一请求权(仅仅)指向金钱上利益的返还,至于金钱上利益可能少于债权人的损失,则无关紧要(Bíró, loc. cit.)。如果得利人没有任何合法权利来保有利益,则得利无法律上之原因(Benedek and Bíró, loc. cit.)。

11.《波兰民法典》第405条的行文措辞几与《匈牙利民法典》第361条第(1)款一般无二:"通过牺牲他人而取得物质上之利益且无法律事由者,负返还利益实物之义务,返还不能的,返还

---

* BH系《法院判决》(Bírósági Határozatok)略写,登载终审判决的月刊,最高法院编辑,下不赘注。

其价值。"与本卷第Ⅶ-1:101条(基本规则)的模式相类,依《民法典》第405条,不当得利请求权要件有四:一方当事人得利,他方当事人蒙受不利,得利与不利之间有因果联系,以及得利无法律上之原因[Radwański and Olejniczak, Zobowiązania - część ogólna[2], 218; Pietrzykowski (-Pietrzykowski), Kodeks cywilny I[4], art. 405 no. 4]。但凡得以金钱衡量之利益,皆得为得利。例如,权利的取得、服务的受领,或者从债务中解脱出来,都可能构成得利。同样,对原告来说,资财的减少或者责任的增加皆意味着蒙受不利(Radwański and Olejniczak loc. cit.; Pietrzykowski loc. cit. no. 7)。得利与不利之间的因果联系不必持续存在,只要源于同一事实即为已足[Supreme Court 18 December 1968, I CR 448/68(未经刊载);Radwański and Olejniczak, loc. cit. 219; Pietrzykowski, loc. cit. no. 9, Radwański(-Ohanowicz), System prawa cywilnego III(1), 485]。若无法律行为、行政行为、法院判决或者法律规定来提供合法事由,得利即无法律上之原因[Supreme Court 17 November 1998, III CKN 18/98(未经登载);Bieniek(-Kołakowski), III(1)[5], art. 405 no. 6, Radwański and Olejniczak loc. cit. 219-220]。《民法典》还对不当得利的一种特殊情形作了规定,即对非债给付的受领(《民法典》第410条)。

12. 类似地,在斯洛文尼亚,《债法典》(LOA*)第190条第(1)款亦与本编第Ⅶ-1:101条(基本规则)大抵相当。欠缺法律原因而通过牺牲他人得利者,应以原物形式返还,原物返还不能的,返还其金钱等价物。《民法典》(CC**)第190条第(2)款补充,得利亦得通过给付发生。于是,法典将给付型不当得利之诉(performance condictio)与所得利益诉(action de in rem verso)合并于统一诉因之内。但法学界继续坚持对两种请求权加以区别对待,一个老掉牙的例子被反复用为奥援,即得利非基于行为,而系基于诸如自然现象这样的外部事件。根据《保加利亚债法典》第59条,概括性不当得利返还之诉须具备四项要件:(1)一方当事人通过牺牲他人而得利,(2)原告相应失利,(3)得利欠缺法律原因,以及(4)没有其他诉因可供失利人利用。并不要求得利造成原告失利。如果欠缺保有利益的特定事由,得利即无法律原因。法律行为、行政行为、非契约债务或者其他法定债务俱得提供此种法律原因(Takoff, FS Apostolov, 424)。若原告任由其他诉因罹于时效,即不得再乞援于概括性不当得利返还之诉(Decree no. 1 of the Supreme Court of 28 May 1979, Plenum, P. 9)。

13. 在荷兰法上,***不当得利返还之诉的基本要件亦别无二致,即:得利,损害(damage,或者失利),得利与损害之间的因果联系,以及得利欠缺法律基础[Hondius(-Scheltema), Verbintenissenrecht II, art. 212, no. 3 p. 14-24; van Maanen, Ongerechtvaardigde verrijking, 11-19]。"通过牺牲他人而得利且无法律上之原因者,应在合理范围内,以得利为限赔偿他人因之所受损害"(《民法典》第6:212条)。总是与法律利益交织于一处的经济利益,若不能自法律制

---

* Law of Obligation Act。

** 当系"《债法典》(LOA)"之误,参见附录。

*** 《荷兰民法典》亦如意大利民法,区分非债清偿与一般不当得利,分置于法典第六编(债法总则)第四章(侵权行为及其他非契约债务)第二、三节。不当得利节仅一条,即第6:212条:

"(1)使他人受损而不当获利的人,应当在合理的范围内以其不当得利为限赔偿该他人因此所遭受的损害。(2)因不可归责于不当得利人的原因所致的不当得利的减损不予以计算。(3)在不当得利人并非必能合理地预见到存在损害赔偿义务的期间内发生的不当得利减损,不归责于不当得利人。在确定此种减损时,也应当考虑若非发生不当得利则不会支出的费用。"

译注所引俱出《荷兰民法典》,王卫国主译,中国政法大学出版社2006年版,下不赘注。

度(statutory regime)导出其法律上之原因,则应予返还(Nieskens - Isphording, Het fait accompli in het vermogensrecht, 1991, cited by van Maanen loc. cit. 19)。

14. 在斯堪的纳维亚国家,不当得利法的功能仅在于填补法律漏洞。不要说制定法没有置备基本规则,就是能否基于纯粹的不当得利原则来主张权利亦生疑问(持否定立场的,详参 Hellner, Obehörig vinst, 165, 170, 182;持怀疑态度的:Vinding Kruse, Restitutioner, 145;id., Erstatningsretten[5], 268 以及 Gomard, Forholdet mellem erstatningsregler i og uden for kontraktsforhold, 437;持肯定意见的:Karlgren, Obehörig vinst och värdeersättning, 19;Ussing, Erstatningsret, 229;Ussing, UfR 1950 B, 137 - 159;Hakulinen, Obligationsrätt, 358)。虽然不当得利概念(丹麦法术语:berigelsekrav,瑞典法术语:obehörig vinst)似乎确实构成众多分立诉因的基础(例如,在非债清偿返还之诉构架中以及在涉及不法利用他人财产的情形),但截至目前,尚感受不到构建不当得利法自主领域的迫切需要(Hellner, JFT 1982, 483 - 487;Hult, Condictio indebiti, 59)。造成这种局面的原因所在多有,尤其重要者为,与德国法律立场大异其趣,斯堪的纳维亚国家不承认所谓抽象性原则[Abstraktionsprinzip,权利转移的有效性与基础法律行为的有效性相分离原则(principle of separability)]。另外,规制无效契约拆卷(unwinding)* 的法律需要更为精致细密的工具,而不当得利法被认为难敷此任;特别是,还有一"权变举措"(workaround solution)可解燃眉,即乞援于一般公平权衡**(Grönfors and Dotevall, Avtalslagen[3], 177)。允许对并非契约当事人的第三人提起不当得利返还之诉,与一般契约原则凿枘难合[Hellner/ Hager/ Persson, Speciell avtalsrätt II(2)[4], 127;采相反进路的,参见 Ulfbeck, Kontrakters relativitet, 185]。

15. 若某人将一笔利益授予他人,却并不负有契约或者法律义务,在爱沙尼亚法上,不当得利法的目的即在于消除因此而生的不公正(Supreme Court 13 December 2005, judgment no. 3 - 2 - 1 - 133 - 05 in civil matters)。不当得利法被置于《债法典》第 52 章。《债法典》第 1027 条与本编第Ⅶ-1:101 条(基本规则)大抵相当,但并不构成独立诉因,而不过被视为对一基本原则的表达。接下来的条款区分了不当得利产生的三组不同案型:(1)对并不存在或者已经停止存在的债务的履行,(2)对第三人权利的侵犯,以及(3)对因改良他人财产或者归于得利人的其他增益而生费用的请求权,对他人债务的清偿亦属此类。法典为每一类请求权都设立了一系列要件。给付概念(sooritus)意指对他人资产的任何有目的、有意识的增益(Tampuu, Juridica 2002, 454, 455)。给付不当得利的返还请求权要件写在《债法典》第 1028 条:得利人必须有所取得(acquired "something"),所取得者必须是因履行现在或者将来债务而形成,必须欠缺法律原因。欲就侵害权利型得利寻求救济(《债法典》第 1037 条),必须证明权利(例如所有权)受到侵犯以及通过牺牲权利持有人而得利。《债法典》第 1041 条所规制者为履行第三人债务情形下的不当得利请求权,这一请求权能否成立,端赖债务履行是否欠缺法律上之原因而定。《债法典》第 1042 条就对改良他人资产所生费用的偿还请求权作了详尽规制。特别法中时或可见不当得利规则的特殊情形,尤其是破产法与民事执行法。《立陶宛民法典》第 6.237 ~ 6.242 条就非债清偿(prestations not due)及其他金钱利益的返还救济作了规定。将该章收梢结穴的第 6.242 条第(1)款(不当

---

* 文中常以"拆卷、解绕"(unwind, unravel)形象描述法律行为无效、被撤销、解除等情形下的法律后果。

** 一般公平权衡(general balancing of equities):通过衡量诸如公共政策、便宜性或者当事人的经济状况这样的因素来决定是否提供某种救济。大概如诚实信用之类抽象原则。

得利)表述如次:"通过牺牲他人而恶意增益己身且无任何法律上之原因者,对他人所受损害以其不当得利金额负赔偿责任。"《拉脱维亚民法典》第2369~2392条利用了类似的立法技术。第2391条提供了"一项基于得利的概括性返还权利请求"。该条规定:"(1)任何人不得通过牺牲他人而不当得利。(2)因此遭受损失的当事人,得请求他方当事人返还籍以得利者或者得利金额。"

16. 英国法以不当得利为界定原则(defining principle)。英美法所关注者历来为保有利益有失公平,而非得利欠缺法律原因,故其传统标签乃为不当得利(unjust enrichment),而非欠缺法律上之原因而得利(unjustified enrichment)。参见Clarke v. Shee and Johnson (1774) 1 Cowp 197 at 199-200, 98 ER 1041, 1042[首席法官曼斯菲尔德勋爵(Lord Mansfield CJ),提及被告人保有金钱是否有悖良知*],并请参见Kleinwort Benson Ltd. v. Lincoln City Council [1999] 2 AC 349, 408-409[霍普勋爵(Lord Hope),阐明了民法法系与普通法系的殊异风貌**]。在现代判例法上,这一原则至少被视为许多返还性权利请求的教义学基础[Orakpo v. Manson Investments Ltd.

---

* 在曼斯菲尔德勋爵看来,如果允许被告保有某笔受领的金钱有悖良知,诉讼请求即可成立。这主张见于多件判例:Weston v. Downes (1778) 1 Doug 23, 24;Longchamp v. Kenny (1778) 1 Doug 137;Clarke v. Shee (1774) 1 Cowp 197, 199, Lofft 756, 758。参见David Ibbetson, A Historical Introduction to the Law of Obligations, Oxford University Press, p. 272。

** 霍普勋爵先是论及不当得利原则的基础地位:

"在我看来,就此问题加以检讨的出发点应为,作为返还诉讼请求基础的原则到底是什么,就是不当得利。这一原则的本质在于,就通过牺牲他人所取得之利益,若其并无意使受领人取得这笔利益,而且也没有任何法律原因来为利益之保有提供正当化理由,则受领人保有该笔利益即为不当。不论是在民法法系,还是在混合法系的苏格兰,这一原则都是不当得利法的基础。总的来说,既然普通法系将这一原则视为返还法的基础,则大略而言,我们可以期待普通法也能够像民法法系与苏格兰那样适用这一原则并得到大抵相同的结果。"

我们可以看到,他同时提到了"原告无意给付"(普通法的不当因素进路)与"被告无权受领"(大陆法系的欠缺原因进路),稍后,他继续写道:

"普通法的进路是寻找不当因素,这些因素使得受领人保有利益成为不当:伯克斯《返还法述略》(Peter Birks, An Introduction to the Law of Restitution, Oxford University Press, 1989, 2nd edition)第140页以下阐述甚为精当。正如同在对价落空与强迫案件中一样,是给付人的认识错误导致受领人得利为不当。普通法认为,对受领人而言,其因受领那笔不应给付的价款而得利,但需要给付人来证明此为不当。在民法体系下,对明知不存在给付义务的证明是受领人可以援引的抗辩;但在普通法系,则应由给付人来证明其系因认识错误而给付。我的印象是,普通法一贯倾向于强调证明认识错误的必要性。但不管是哪个体系下,基础性原则都是不当得利。而该原则的目的就在于,在没有法律原因来证明利益保有的正当性时,为当事人提供返还救济。"

霍普勋爵起先还是在强调两种进路的不同,可到了末了又用民法进路来结穴,他就这样在两条进路之间来回跳跃、穿插,考虑到他的苏格兰人背景,倒也可以体谅,但也的确让我们看到,在民法进路与普通法进路的碰撞中,前者似乎占据了更为强势的地位。参见Kleinwort Benson Ltd. v. Lincoln City Council [1999] 2 AC 349, 408-409。

[1978] AC 95, 104 (Lord Diplock) *]。尽管判例法尚未坚定不移地认可不当得利作为独立的诉讼请求基础的地位(Chitty on Contracts I[30], 29-011),但在最近的一些判例中,不当得利表现出发展成为概括诉因的趋势,参见例如,Cressman v. Coys of Kensington (Sales) Ltd. [2004] EWCA Civ 47, [2004] 1 WLR 2775。布朗—威尔金森勋爵(Lord Browne-Wilkinson)曾在伍尔维奇建房互助会诉国税局案(Woolwich Equitable Building Society v. Inland Revenue Commissioners [1993] AC 70, 196)中慎重论说,"在英国法上,就通过牺牲原告而不当得利的被告,并不存在赋予原告请求返还权利的一般规则"(尽管不当得利概念端居于请求返还权利的核心位置)。尤伦案(Uren v. First National Home Finance Ltd. [2005] EWHC 2529 (Ch) at [16])初审判决再次为这一立场背书[曼法官(Mann J)断言,在可以预见的将来,英国法不大可能发展到那一地步]。制定法固然时或用到不当得利原则,却也是零散破碎、不成系统(参见第Ⅶ-1:101 条注释 40)。普通法上返还性质诉讼程式的那一套术语虽早已为 1852 年《普通法程序法》(Common Law Procedure Act)第 3 条所弃置不御,却强项不屈、挥之难去。这些术语有,取得或收到的金钱的返还之诉(action for money had and received to the use of the plaintiff),**已付金钱返还之诉(action for money paid to the defendant's use)***以及对服务和货物的合理报酬的简约之诉[assumpsit claims,前者为合理服务价款返还之诉(quantum meruit),后者为合理货物价款返还之诉(quantum valebat)]****。可以说,这一法律领域正处于从碎片化进路向统一权利请求基础

---

* 迪普洛克勋爵道:"诸位大人,英国法并不承认不当得利的一般规则。英国法只在特定案件中提供特定救济,而这些案件若是放在民法法系的法律体系内,则得被归为不当得利。"参见 Orakpo v. Manson Investments Ltd [1978] AC 95,104。

这段判词在英国判例法上被频繁援引,用为英国法不承认不当得利一般诉因的佐证,是以,作者一定是将霍普勋爵与迪普洛克勋爵的判词摆放颠倒了。

** 全称为"代表原告所取得或收到的金钱"(for money had and received to the plaintiff's use),顾名思义,这一诉讼程式被系于金钱诉讼请求;是这样一组语词(起诉状),包含了原告提出的胜诉主张,目的在于随后举出充分事实加以证实。典型形式如下(除去冗词赘句):"鉴于被告对原告负有 100 英磅的合法债务,因为他代表原告持有或受领了该笔金钱,而且正因为这宗债务的存在,作为对价,被告嗣后向原告允诺(assumpsit),只要原告提出请求,其即支付该笔金钱,然而被告无意兑现允诺,而是意在欺诈原告,被告终未支付并因此使原告蒙受损失。"取得或收到金钱的返还之诉所适用的情形为,被告为原告利益而受领了一笔金钱并在嗣后允诺交付给原告,但这里的允诺完全是拟制的。参见 Peter Birks, An Introduction to the Law of Restitution, Oxford University Press, 1989, 2nd edition, p. 79。

*** 就已付金钱诉因来说,其所适用的情形为,原告为被告利益向第三人支付了金钱而被告因此受领了某种非金钱利益,例如原告向被告的债权人为清偿从而使被告的债务得以免除,或者原告向第三人给付金钱使其向被告提供劳务,故又称"应被告请求所付金钱的返还之诉(action for money laid out at the request of the defend)"。其与取得或收到的金钱诉因的不同在于,后者适用于被告自原告处受领了金钱的情形,而前者表明被告自第三人处受领了某种非金钱利益形式,这是因为原告为了使被告得到该笔利益而向第三人支付了金钱。

**** 这一诉讼程式所适用的典型情形为,原告应被告请求(at request)提供某种服务,作为对价,被告允诺就服务的合理价值支付价款。固然,当事人可能会就价款达成明示合意,但更多的情况是,这种付款允诺是从客观情况中推断出来的。例如,某人将一匹布料交给裁缝铺子,要求做一件大氅,即便没有明示约定,陪审团也不难认为,他同意支付该劳务所值的合理数额,因为通常的交易都是这样,当事人不会连篇累牍地去作出一个允诺。但有时,付款允诺实际出自拟制,而这种做法在 18 世纪中叶已经非常普遍,作为事实问题,当事人已经完全不必证明任何表明契约关系存在的因素。

(unified basis of claim)转型的过渡时期。但不管怎么说,只要这一原则可以作为责任依据,其基本结构便俨然形成(但就其细枝末节,仍是众议喧沸):原告必须证明:(1)被告有所得利(详参,第Ⅶ-3:102条注释22),(2)系通过牺牲原告而得利(参见第Ⅶ-3:102条,注释32)以及(3)得利不当[即,"依法应予归还"(it ought in law to be given up)]:Birks, English Private Law I, no. 15.11。(4)第四个方面涉及抗辩,[就学说,]参见,Birks, loc. cit.; Burrows, The Law of Restitution[2], 15,就司法适用,参见,例如,Banque Financière de la Cité v. Parc (Battersea) Ltd. [1999] 1 AC 221, 227 (Lord Steyn),Portman Building Society v. Hamlyn Taylor Neck (1999) 77 P &CR 66, 69 (Millett LJ),以及,Cressman v. Coys of Kensington (Sales) Ltd. [2004] EWCA Civ 47 at [22], [2004] 1 WLR 2775。所谓得利的"不当"性质被解释为"依法应予归还"(Birks, loc. cit.)。依英国法传统,必须勘定某个可适用的特定"不当因素"(unjust factor),不当要件方告成立,而不是去确认是否欠缺法律上之原因。这些不当因素被归为两类,非自愿给付["non-voluntary",即,不同意给付或者附目的之同意给付(meaningful consent)——后者再分为瑕疵意思(deficient intent)与限制意思(qualified intent)]以及要求返还的政策原因这样的剩余范畴(residual category of policy reasons calling for restitution)*:Birks, loc. cit., no. 15.47。因而,不当因素包括不法取得[wrongful takings,伯克斯称之为"无给付意思"(no intent):Birks, loc. cit., no. 15.49],错误,胁迫,强制,不当影响,目的未达(failure of purpose,包括契约性对待给付或者某些预期情势的未能实现),以及繁若星云的特定类型[例如要求承担共同责任(common liability)之人返还]。

17. 爱尔兰法遵循英国进路:原告必须证明被告有所得利,由于某些不当因素且因为得利系通过牺牲原告所获,故应归还原告,参见Tettenborn, Restitution[3], 1-5。与英国法一样,爱尔兰判例法并未或尚未自普通法的不当因素进路转向大陆法系的欠缺原因进路:Tettenborn, Restitution[3], 1-5。

Ⅲ. 各种特殊返还请求的要件,尤其是非债清偿返还之诉

18. 在《拿破仑民法典》的法律制度下,概括不当得利诉讼受辅助性规则掣肘(详参PEL/von Bar and Swann, Unj. Enr., Introduction B13)。特别是,若能提起非债清偿返还之诉(en répétition de l'indu),即不得提起一般不当得利之诉;另外,在法国法上,作为货物或者金钱授予基础的契约若嗣后被宣布为溯及无效,则应适用规制契约无效的规则加以救济。其法律框架虽然搭建如此,但若确有必要,仍得动用规制非债清偿的法律规则来填补法律漏洞(PEL/von Bar and Swann, Unj. Enr., Introduction C62-63)。在法国法与比利时法上,非债清偿返还之诉的要件大抵相同[对清偿(paiement)概念的考察,参见,PEL/von Bar and Swann, Unj. Enr., Introduction C46]。在这两个国家,以下要件必须满足:(1)须为"清偿",且(2)并不负清偿义务(undue)。在法国法上,就主观非债清偿(indu subjectif)(PEL/von Bar and Swann, Unj. Enr., Introduction C45),还需

* 关于政策推动的返还,参见第Ⅶ-1:201条注释107。

要额外(第三)要件,即,清偿系因错误而为(Flour/Aubert/Savaux, Droit civil II[11], no. 26 p. 25)。* 而在比利时法上,错误并非实质法律要件。在这里,仅当为证明不负有给付义务所需要时,错误要件方才派上用场(Cass. 18 September 1970, Pas. belge 1971, I, 48)。

19. 与之类似,就非欠债务的清偿,西班牙法上亦专有一套特别的法律规整。** 一般的理解是,依《民法典》第1895条所提起的返还诉讼,需要满足三项要件。第一,其必须关涉某笔给付,即,"给付人"(solvens)一定要有清偿债务的明确意图(solvendi causa or solvendi animo)[TS 30 January 1986, RAJ 1986 (1) no. 341 p. 291; Díez - Picazo, Fundamentos II[5], 515; Albaladejo, Derecho Civil II[12], 909]。第二,该给付必须涉及某宗并不存在的债务。法学家(比方说,Gullón, FS Batlle Vázquez, 367, 368 - 371)将三类未欠债(indebitum)***[而给付的]情形加以区分:给付非人(the indebitum ex persona,在这里,确实负有债务,可债务人却将给付提交给了债权人之外的其他人),给付过多(the indebitum ex re,在这种情形,当事人所为给付与所负债务数额不等或不完全吻合****)[TS 21 November 1957, RAJ 1957 (1) no. 3632 p. 2420])以及给付无原因(indebitum ex causa,这里关注的是,给付系基于无效契约而为)。不过,这第三种情形结合《民法典》第1303条,提供了一项独立诉因。***** 最后,给付人必须错误地认为该宗债务存在[TS 10 June 1995, RAJ 1995 (3) no. 4914 p. 6589; Díez - Picazo loc. cit.; Gullón loc. cit. 369 and 372]。至于该错误系事实认识错误还是法律认识错误,则无关紧要(Albaladejo, loc. cit.)。论及返还请求的范围,《民法典》第1896条与第1897条依受领人系善意还是恶意加以区别处理。依第1896条,恶意受领人[不但]须返还其所受领之物或者赔偿物之价值,同时还得将所获孳息或者收益拱手奉还,就物之品质贬损或物质损耗[deterioration or loss,此处仅于特定物有意义,否则即如格言所谓,永续不灭(numquam perit): Gullón, loc. cit. 376]以及给付人进一步的损失,也要加以赔偿。而在第1897条下,善意受领人仅在其仍旧得利的范围内(例如,就财产所受损害,其自第三人处

---

* 《法国民法典》第1235条第(1)款:"任何清偿,均以有债务为前提;不欠债务而已为清偿者,得请求返还。"

第1376条:"因误解或故意受领不当受领之物的人,对给付人负有返还其受领之物的义务。"

第1377条:"(1)因误解而认为自己负有债务并且进行了清偿的人,有权请求债权人偿还。(2)但是,前述情形,如债权人在清偿之后将证书毁弃,进行清偿的人向债权人请求返还的权利即告停止,但对真正的债务人有求偿权。"

依法国最高法院的见解,"由于不存在债务致使所进行的支付没有任何原因的情况下,按照第1376条与第1235条之规定,并不一定要求经法院确认(当事人发生了)误解才能返还不当支付的款项(确认误解并不是进行返还的必要条件)"。《法国民法典》,罗结珍译,法律出版社2005年版,第1069页。译注所引,俱出该译本,下不赘注。

** 第四卷(债务与契约)第十六编(法定之债)第一章(准契约)第二节(非债清偿,collection of things which were not due,第1895~1901条)。

*** 〈拉〉(罗马法)未欠债;欠债未到期。元照,第680页。

**** 原句为"is not equal to or does correspond in full to",疑漏一"not"。

***** 《西班牙民法典》第1303条:"契约被宣告无效的(declared null and void),除以下条款另有规定外,当事人应相互返还契约标的并孳息以及价款并利息。"

译注所引《西班牙民法典》俱出英译本,参见,http://www.wipo.int/wipolex/en/details.jsp? id = 9338(2013年1月1日访问),下不赘注[中译本新近面世,《西班牙民法典》,潘灯、马琴译,中国政法大学出版社2013年版]。

得到了赔偿)就受领物"或者那些属于受领物者"之品质贬损或物质损耗负有责任。就西班牙法下额外的特殊的财产返还请求权利,参见 PEL/von Bar and Swann, Unj. Enr., Introduction B18。

20.《意大利民法典》(如同法国法院及法国学术文献那般)对客观非债给付(indebito oggettivo,《民法典》第2033条)与主观非债给付(indebito soggettivo,《民法典》第2036条)加以区分。* 如果是基于并不存在或者无效的原因(causa)而有所给付,即为客观非债给付,如果给付人错误地认为其系某宗确有原因的债务的债务人,则为主观非债给付。但这两大类别之间的区分也并不总是那么容易维系(比如,可以比较下面两件判例,其一为,Cass. 10 March 1995, no. 2814, Giur. it. 1995, I, 1, 228,其二为,Cass. 20 September 1971, no. 2611, Foro it. 1972, I, 1, 1818)。就《民法典》第2033条(客观非债给付)来说,有了"给付"与欠缺取得的法律原因(causa adquirendi)这两项要件即为已足(Cass. 13 April 1995, no. 4268, Rep. Giur. it. 1995, voce Indebito no. 7; Cass. 4 February 2000, no. 1252, Giust. civ. Mass. 2000, 242; Cass. 1 August 2001, no. 10498, Giust. civ. Mass. 2001, 1519)。给付人的错误非为必要;故而,这一诉讼的命运既不取决于是否存在可以原宥的错误[Cass. 27 February 1998, no. 2209, Rep. Giur. it. 1998, voce Lavoro (Rapporto di) nos. 606, 707],亦无关"给付人"是否至少具备清偿意图(animus solvendi),即是否以清偿债务为目的(Cass. 15 November 1994, no. 9624, Rep. Giur. it. 1994, voce Indebito no. 4; Cass. 14 June 1967, no. 1339, Foro it. 1967, I, 1390 = Giur. it. 1968, I, 1, 576, note Moscati [涉及仅为避免处罚而为的给付])。而在主观非债给付情形,给付的受领人须为真正债权人,而清偿债务之人必须错误地认为自己系债务人(Moscati, Riv. Dir. Civ. 1975, I, 314; Cass. 4 May 1978, no. 2078, Foro pad. 1978, I, 100)。若是债权人出自善意地处置了债务凭证或者放弃了附着于债务的担保权益,则请求返还给付的权利即被阻却(《民法典》第2036条阻却了第2033条下的权利:Levi, Il pagamento dell'indebito, 117－118);但这时,给付人继受债权人的诸项权利(《民法典》第2036条第(2)款)。给付人就其犯下错误负证明责任;请求返还主观非债给付的权利欲要成立,错误乃系不可或缺的要件(Levi loc. cit. 120; Cass. 20 September 1971, no. 2611, Giur. it. 1972, I, 1, 1818)。之所以如此处理,一般的说法是,债权人所受领的,正是他人欠他的,而且对债权人来说,由谁来清偿债务,通常是无关紧要的。再者说,原则上,第三人是可以清偿他人债务的。给付人的错误不得被视为不可原宥。除非是出于重大过失,否则错误总是可以原宥的(de Cupis, Giur. it. 1984, IV, 70)。《民法典》第2037条规制"特定物"(ascertained property, a cosa determinata)的返还。依该条,就恶意受领人来说,若是标的物毁灭,即便无过失,仍须赔偿物之价值;而对善意受领人来说,即便物之损害或者毁灭系因其所致,亦仅在其所持有的利益范围内负赔偿责任。《民法典》第2038条则就对受领物的无权转让作了规定。

21.《奥地利民法典》系于第1431条就非债给付以及错误认为给付存在法律原因的情形加以

---

* 《意大利民法典》第2033条(客观的非债给付):履行了不应当履行的给付的人,有权要求返还其给付。获得孳息的人是恶意的,履行了不应当履行的给付的人有权对自给付之日起的孳息提出主张;获得孳息的人是善意的,履行了不应当履行的给付的人,有权主张自请求之日起的孳息。

第2036条(主观的非债给付):(1)因可原谅的错误而自认为是债务人并履行了他人债务的人,可以要求返还已进行的给付,但是以债权人是善意的或者确实有债权证书或其担保为限。(2)获得非债给付的人,如果是恶意的,则还要返还自给付之日起的孳息;如果是善意的,则返还自提出请求之日起的孳息。(3)当返还不能时,给付者替代债权人获得的诸权利。

规制。第 1432 条则将下列情形的返还请求排除在救济范围之外:作为给付基础的系为制定法所禁止的债务,仅仅因为不符合形式要件而无效的债务,或者单纯的自然债务以及明知不负债务而为的给付(后一种情形乃是第 1431 条顺理成章的结果)。不具备完全行为能力之人则不受以上例外辖制(《民法典》第 1433 条)。并不存在的债务与尚未结算的债务(unliquidated debt)在法律上作同样处理(《民法典》第 1434 条:给付取决于额外条件的满足)。但是,仅仅是在到期日之前所为之给付不得请求返还(《民法典》第 1434 条第 2 句)。第 1435 条下返还之诉所涉之情形为,给付的法律基础嗣后消灭;在这里,错误并非必备要件。该条亦类推适用于给付目的未能实现的情形(例如,给付的服务超出了契约关系范围的情形)。《民法典》第 1431 ~ 1434 条的重要性因第 1435 条而受到限制,后者不以错误为要件。就第 1431 条所适用的情形来说,亦可能是对债权人发生错误(OGH 31 January 1985, SZ 58/19;OGH 27 November 1968, SZ 41/163)。

22. 关于葡萄牙、德国以及希腊的情况,参见前面注释 7 ~ 9。

23. 类似地,* 匈牙利法也并不认可对并不存在债务的清偿构成独立诉因。非债清偿返还之诉不过是不当得利法的主要几股之一。规制契约无效进而规制无效或者被撤销契约之拆卷的规则优先于此种返还请求得到适用[Gellért (– Benedek), A Polgári Törvénykönyv Magyarázata[6], 1388]。这两套法律规整之间的本质区别在于,只有不当得利法,而不是规制契约无效的法律规则,方才承认得利减损抗辩(Weiss, Aszerzödés érvénytelensége a polgári jogban, 113 – 114; Vékás, JbOstR XIX [1978], 249)。故而,必须将基于并不存在的契约所为之给付与基于无效契约所为之给付加以区分,只有前者方受不当得利法辖制[Petrik (– Petrik), Polgári jog II[2], 409; Kisfaludi, Azadásvételi szerzödés[2], 127 – 128;BH 2001/168 and BH 1975/86]。例如,作为给付基础的契约因为欠缺合意而并未成立的情形,即落入前一范畴;而作为给付基础的契约被溯及撤销的情形则属于第二种类型(就无效契约的概念,详参 Kemenes, Jogász Szövetségi Értekezések, 55, 64)。

24.《波兰民法典》以第 410 条规制"非债给付"(undue performances)并视其为不当得利法适用的特殊主题(Serda, Nienalezne świadczenie, 45;Ohanowicz, Niesłuszne wzbogacenie, 248; Radwański and Olejniczak, Zobowiązania – część ogólna[2], no. 658 p. 220);故而,《民法典》第 405 条下一般不当得利诉讼的要件都必须满足。** 依《民法典》第 410 条第(2)款,下列四种情形的给付为非债给付:(1)给付人或者是一般地或者是对受领给付之人并不负给付义务[非债清偿返还之诉(condictio indebiti)],(2)给付的法律原因嗣后不再有效[债因消灭返还之诉(condictio causa finita)],(3)给付目的未能实现[目的未达返还之诉(condictio causa data causa non secuta)],以及(4)使当事人负担上给付义务的法律行为无效且未因嗣后给付而治愈[无因返还之诉

---

* 与正文注释部分 22 诸法域(德国、希腊、葡萄牙)类似。

** 《波兰民法典》第 405 条:通过牺牲他人而取得金钱上之利益且无法律事由者,负返还利益实物之义务,返还不能的,返还其价值。

第 410 条:(1)前列条款之规定,尤其适用于非欠之利益(benefit which is not due);(2)以下情形之利益为非欠之利益:给付人根本没有给付义务或者对受领给付之人没有义务,或者给付利益的事由消灭,或者给付利益的目的未能实现,或者,作为利益基础之法律行为无效,且在给付之后并未转化为有效。

(condictio sine causa) *](Radwański and Olejniczak loc. cit.)。《民法典》第411条规定了返还请求被排除在法律救济之外的四种情形,尤其是第一种情形,给付人明知其并无给付义务。《斯洛文尼亚债法典》第86条规定,违法契约以及违背善良风俗的契约无效。客观给付不能的契约以及不确定的或不能确定的(uncertain or indeterminable)契约亦为无效。无效契约的法律效果则见于与第86条相勾连的第87条第(1)款,依此种契约所为之任何给付皆应以原物形式返还,原物返还不能的,则应赔偿其价值。《债法典》第96条规定,若是作为给付基础的契约因为欺诈、错误或者胁迫而无效或者被撤销,亦发生相同法律效果。在保加利亚法下,非债清偿返还之诉由《债法典》第55条第(1)款(给付欠缺法律原因)以及第56条(清偿第三人的债务)规制(详参 Goleminov, Neosnovatelno obogatyavane, 39)。第55条第(1)款的要件之一为,得利人系基于无效或者被撤销的法律关系而获得非债给付。而第56条所关涉的情形则为,原告所以给付,是错误地认为其系在履行自己所负的债务。该条规定亦适用于给付人错误地认为其负有担保人义务的情形。这里的错误必须可原宥(Vassilev, Obligazionno pravo, 590)。

25. 除了一般不当得利之诉外,《荷兰民法典》第6:203条还特别就"非债给付"作了规定。相应赔偿请求所指向的是,将欠缺客观法律基础所给予的"给付"(payments)(这一概念涵盖了货物、金钱、权利以及服务的供给)拆卷。这里的"给付"不必系因错误而为;该条之适用亦不取决于当事人是否怀有给付意图[Parlementaire Geschiedenis VI, 804-805; Asser (-Hartkamp), Verbintenissenrecht III[12], nos. 321-322 p. 340-342; Scheltema, Onverschuldigde betaling, 11, 31-34]。** 就欠缺行为能力人而言,仅在确实得益于受领的范围内,方负返还[给付]、交出孳息、赔偿他方费用及损害的义务(《民法典》第6:209条)。***

26. 在斯堪的纳维亚国家,非债清偿返还之诉构成了规制错误给付返还的一套独立规整;包括向错误受领人所为的给付、重复给付以及超额给付,皆属其列。非债清偿返还之诉大体上被视为自主法律构造,而不单纯的是一般不当得利返还之诉的具体实例(瑞典的情况,参见 Hult, Condictio indebiti, 52, 丹麦则参见 Vinding Kruse, Restitutioner, 203;芬兰的不同进路,参见, Hakulinen, Obligationsrätt, 365;另见 Serlachius, TfR 1903, 137-174,以及 Roos, JFT 1992, 75)。在瑞典,一般的规则是,错误给付必须返还。但每个案件都是根据个案事实加以评估的,像受领人的善意,给付人可能的过失,以及其他相关因素,都是这里应该加以考虑的。如果明知不负给付义务仍自愿为给付,即不能说给付系出于错误而为。另外,就已为时效所阻却的请求,仍为给付的,则非为非债清偿返还之诉的救济对象(Hult loc. cit. 73; Rodhe, Obligationsrätt, 688)。再

---

* 在罗马法上,比较早发展起来的有非债清偿返还之诉、其他目的未达返还之诉、不法或不道德给付返还之诉。由于社会生活是复杂的,不当得利的原因也是多种多样的,绝非上述几种返还诉可包括,故优帝一世遂创无因返还诉或不当得利诉(condictio sine causa),这是一种概括的诉权,只在旧诉不能适用时,才引用该诉。参见周枏:《罗马法原论》(下册),商务印书馆2005年版,第833页。

** 《荷兰民法典》第203条:(1)无法律依据给予他人财产的人,有权向不当受领人请求返还该财产;(2)无因偿付涉及一定数额金钱的,可以请求返还同等数额的金钱;(3)无法律依据实施上述无因偿付以外的给付的,也有权请求受领人返还该给付。

*** 《荷兰民法典》第209条:本节所规定的义务适用于已受领无因偿付的无行为能力人,但仅以其所受领的给付使其实际受益或已处于其法定代理人控制之下为限。

有,善意的受领人,如果其基于对所受领给付的信赖而有所行为(HD 31 May 2001, NJA 2001, 353 *)或者已对所受领给付加以处分,或有权利保有其所受领的给付。无论如何,只有在给付人将其犯下错误的情况通知受领人之前,这一抗辩方能发挥作用。如果给付与通知间隙很短,则受领人一般不能主张其因给付而使境况有所变更。** 一般原则是,就负有返还义务的受领人来说,相较其受领非债给付之前,不应使其处境变得更糟(HD 30 December 1970, NJA 1970, 539)。就那些返还错误给付的请求来说,雇员与消费者常常能够得到法律的特殊优待(Swedish Labour Court 8 November 2006, AD 2006, no. 105;HD 12 April 1984, NJA 1984, 280)。在就双方当事人的各自处境加以评估时,其他相关的因素包括,受领人是否就给付完全消灭了他/她的权利请求这一事实形成了信赖,还有,就支撑给付的样态(modalities),哪一方当事人理解得更为透彻。如此,对过失的考虑以及应由哪一方当事人来承担错误给付风险的问题就变得重要起来(Karlgren, SvJT 1940, 331, 339;Hult loc. cit. 83;HD 10 February 1933, NJA 1933, 25)。银行就顾客的划款指示发生认识错误,从客户账户转出金钱,在这样的案件中,这一进路亦大有用武之地(参见HD 30 March 1994, NJA 1994, 177;HD 17 September 1999, NJA 1999, 575;Hellner, Obehörig vinst, 205;id., JT 1999-2000, 409-415)。在丹麦法上,迄今为止,尚未发展出非债给付应予返还的一般规则。相反,对相关情势逐案评估的做法导致了与瑞典法相类的结果。尤其是,要决定应由谁来承担错误给付的风险,受领人的善意与给付人的过失乃是实质性的考虑因素(Vinding Kruse loc. cit. 206; Gomard, Obligationsret III, 171; von Eyben/Mortensen/Sørensen, Obligationsret II, 137;Ravnkilde, Betalningskorrektioner, 89;HD 4 May 1982, UfR 1982, 580)。这一诉因[是否成立]并不取决于受领人是否信赖其得保有给付的事实,但给付人的听命(passivity)得被视为受领人善意的指征(Eastern CA 27 February 1975, UfR 1975, 648)。芬兰法院则在不当得利与非债清偿返还之诉之间建立了直接联系(例如,Supreme Court 8 October 1986, KKO 1986 II 126)。不过,不当得利概念用在这里,更多是在对相关规则加以理论阐释的意义上,而非对某诉因诸要素的详尽说明。可以观察到,芬兰法正逐渐驶入瑞典法的进路(Roos, loc. cit.)。无论如何,沿着常识进路(common sense approach),逐案评估做法正壮大为芬兰法之主流。返还给付的责任得受限制。这种限制的理由包括,受领人的善意,当事人的经济与社会状况,给付的目的以及给付人的听命。

27. 依英格兰法传统,就被告[自原告处](直接)受领的金钱,请求返还的,依取得或收到金钱的返还之诉(action for money had and received)主张之,若金钱系被告自第三人(例如,原告的债权人)处受领或收取,则适用已付金钱返还之诉(action for money paid to the use of the defendant)。就服务主张报酬的,依简约之诉请求返还合理服务价款(quantum meruit);就货物价值,则请求返还合理货物价款(quantum valebat)。除了取得或收到金钱的返还之诉,其他几种诉

---

* HD指瑞典最高法院(Högsta Domstolen),NJA(Nytt Juridiskt Arkiv,法律公报)系刊载最高法院判例的非官方出版物。

** 境况变更抗辩,相当于德国法上的得利减损抗辩(《德国民法典》第818条第(3)款)。

讼形式都依赖(想象的)被告的默示要求。* 基于落空了的对价所给付的金钱,得请求返还[对价落空(failure of consideration),参见第Ⅶ-2:101条注释127]。这一权利请求并不限于契约最初有效的情形(例如,Fibrosa Spolka Akcyjna v. Fairbairn Lawson Combe Barbour Ltd. [1943] AC 32 (HL),在该案中,契约落空);看起来,已经扩展及于契约自始无效的案件:Westdeutsche Landesbank Zentrale v. Islington London Borough Council [1996] AC 669, 683 (Lord Goff)。而如果契约有效,一般即无落空之说[Thomas v. Brown (1876) 1 QBD 714],当然,这里同样酝酿着变化(Birks, English Private Law I, 15.100:遭受质疑,但用不着危言耸听)。传统上,落空须为完全落空(即,完全没有对待给付):Yeoman Credit Ltd. v. Apps. [1962] 2 QB 508 (CA)。不过,现在看起来,这一法律原则已给纳入境况变更和逆返还(counter-restitution)抗辩之中,作为[承担]责任的先决条件,非复将责任彻底弃除:参见Goss v. Chilcott [1996] AC 788(契据嗣后因更改而无效,就依契据所贷出之款项,贷款人得请求返还,假设允许部分偿还);** Westdeutsche Landesbank Zentrale v. Islington London Borough Council, loc. cit(在双方皆有给付的范围内);但又请参见Stocznia Gdanska S. A. v. Latvian Shipping Co. [1998] 1 WLR 574,在该案中,当事人关于适用对价完全落空规则的请求为法院采纳,作为审判的前提(但无论如何得到承认的是,考虑到这是不同于销售契约的设计与施工债务,龙骨既造,即为部分给付,不存在对价完全落空)。***

---

* 这些诉讼程式的显著共同特征在于,诉状中包括了"应被告的特殊要求"(at the defendant's special instance and request)这样的措辞。以略微简化的形式,该诉因得如是表述:"鉴于被告对原告负有X英磅债务,而该数额系原告应被告的特殊要求而向被告所支付、支出及花费并供被告之用的,因此,作为对价,被告嗣后允诺付款。"参见Peter Birks, An Introduction to the Law of Restitution, Oxford University Press, 1989, 2nd edition, p.112。正是通过这几种诉讼形式并借助拟制技术,现代返还法的素材遂得暂借契约法安身。用伯克斯的话讲,"普通法[就这样]在默示契约的荒秽之中蹉跎了自己的青春岁月"。参见Peter Birks, Unjust Enrichment, Oxford University Press, 2003, p.40。结束返还法数百年颠沛流离、寄人(契约法)篱下的命运,使其成为独立的一科,正是现代英国返还法发展的第一大主题。

** 在戈斯诉奇考特(Goss v. Chilcott,1996)中,一位公司经理想从任职公司借钱,他说服自己的姻亲兄弟(被告)向公司借贷,并以自己的企业抵押。在支付了两期利息之后,公司进入清算程序,清算人在强制执行贷款协议时发现,公司对抵押契据(mortgage deed)作了更改因而使得抵押无效,遂以对价完全落空为由请求返还。一审法院以最初有效的抵押就是贷款的对价为由驳回起诉。新西兰上诉法院照准了原告的上诉请求,认为抵押契据的无效并不能阻却原告以贷款本身以及在三个月内还款的协议作为依据,协议产生了独立于抵押文书的债务。枢密院(Privy Council)以为这一论据并不坚实,因为最初的口头协议已经成为抵押文书的一部分。对于以对价完全落空为由的返还请求,唯一障碍在于,被告已经分期支付了两期利息,这一因素能否排除返还请求。枢密院的解决办法是将本金与利息分开处理,利息只是使用本金的对价,而非归还本金的对价,故原告得请求返还本金。戈夫勋爵(Lord Goff)以为这仍然不够彻底,"既然本金没有丝毫偿还,那么本金的对价自然完全落空",而利息的支付是为了本金的使用及偿还所付出的代价,所以对其单独考虑"既合乎法律,又合乎情理",但是,"即便已经偿还了部分本金,法律也不会有丝毫犹豫地认为,得以对价落空为由请求返还尚未偿还的贷款,因为至少在那些可以毫无困难地进行比例分割(apportionment)的案件中,法律将会允许以这一理由请求部分返还"。Goss v. Chilcott [1996] AC 788。

*** 在格但斯克造船厂诉拉脱维亚船舶公司案中,双方当事人订立了船舶承揽契约,被告一旦开始造船工作,即被视为提供了对价。正如戈夫勋爵所说:"标准不在于受允诺人是否受领了某种利益,而在于允诺人是否履行了正与付款相系的部分契约义务。"如果这是买卖契约,被告的造船工作本身自然不构成对价,所以关键在于,与利益的移转相系的对价到底是什么,这需要根据契约条款来判断。Stocznia Gdanska SA v. Latvian Shipping Co. [1998] 1 WLR 574, 588。

28. 如同其普通法的姊妹法域,在爱尔兰法上,不当得利的那套责任机制亦呈扩散(diffuse)状态。被告因原告之服务而得利,原告系因错误而为的,得利不当,被告负返还义务[Rogers v. Louth County Council [1981] IR 265;O'Connor v. Listowel Urban District Council (1957) Ir. Jur 43]。被告故意违约,因为经计算,即便支付了违约损害赔偿金,仍有利润,应承担不当得利责任[Hickey & Co. Ltd. v. Roches Stores (Dublin) Ltd. (No. 1) unreported, 14 July 1976 (Finlay P)],参见 Clark, Contract Law[4], 464。

Ⅳ. 术语

29. 迄至今日,欧盟各成员国所用之术语仍高度异质,不论是对法律关系双方当事人的描述,还是用来指称利益与不利以及这两者之间必要联系的术语,皆因国而异。法国、比利时以及卢森堡《民法典》* 第1376~1381条(非债清偿,paiement de l'indu,onverschuldigde betaling)避免用精确法律概念来描述给付的受领人[recipient,例如,《民法典》第1376条:受领之人(celui qui reçoit)]和给付人[payor,例如《民法典》第1377条:支付债务之人(une personne qui a acquitté une dette)]。职是之故,法院与学术界多用给付人(solvens)与受领人(accipiens)这对匹配概念(Bénabent, Les obligations[10], no. 468 p. 318;van Gerven, Verbintenissenrecht II[7], 224);偶尔也会用到更为现代的术语给付人(payeur)与受给付人(payé)(Malaurie/Aynès/Stoffel-Munck, Les obligations[1], no. 1042 p. 540)。在欠缺原因得利(enrichissement sans cause, verrijking zonder oorzaak)制度框架下,当事人称为失利人(l'appauvri, verarmde)与得利人(l'enrichi, verrijkte)。类似地,法院也会用各式概念来描述法律基础的短缺:不负债务(indu, onverschuldigd)以及欠缺原因(sans cause, zonder oorzaak)。在欠缺原因得利框架内,原告所蒙受之不利称为"失利"(impoverishment);在非债清偿情形,失利概念被裹入清偿(paiement)观念:"清偿"指称有利于他人的履行。给付人蒙受不利即为这一概念的题中应有之义。在这点上,法国与比利时没有分歧;依比利时法,给付概念并不仅仅指货币或者动产的移转;还包括像银行错误地从账户中给付、抵消或者无形资产的供给等情形[Roodhooft (-Roodhooft), Bestendig Handboek Verbintenissenrecht V, no. 2207;Leclercq, JT 1976, 105, 106 no. 10]。

30. 前已提及,《西班牙民法典》并未制备自主的不当得利之诉。最早研讨这一诉讼形式的法学家与法院倚重的乃是一部传自中世纪的法律汇编,所谓《七编法》是也,**其间以令人叹羡不已的现代形式对不当得利加以禁止,大意略谓,任何人不得通过牺牲他人而得利[nadie puede enriquecerse sin causa a costa de otro,引自,Núñez Lagos, El enriquecimiento sin causa en el Derecho español, 9;更请参见 TS 28 January 1956, RAJ 1956 (1) no. 669 p. 418,以及,Álvarez-Caperochipi, El enriquecimiento sin causa 3, 18,后者与《七编法》中的引述在字词上略有不合]。今天的法学家用各种不同套语来描述得利无法律上之原因这一要件:无合法事由得利(enriquecimiento injustificado),欠缺原因得利(enriquecimiento sin causa),不当得利

---

* 关于这三个国家民法典的渊源,参见茨威格特、克茨:《比较法总论》,潘汉典等译,法律出版社2003年版,第154~155页。

** 七编法(Siete Partidas, Seven-Part Code),卡斯提王国阿方索十世(Alfonso X of Castile, 1252-1284)编纂的法典,最初称为法律全书(Libro de las Leyes),14世纪取得今天的名字。七编法于拉美国家影响甚巨,通行于法国民法典问世前。尽管关注的是立法事宜,七编法又被称为"人文百科"(humanist encyclopedia),讨论了包括希腊—罗马、犹太—基督教以及伊斯兰各立场的哲学、伦理和神学主题。

(enriquecimiento injusto)(更请参见 Cámara Alvarez and Díez – Picazo, Dos estudios sobre el enriquecimiento sin causa, 36, 43)。照一般的看法,就非债清偿返还之诉,从术语的运用上讲,《民法典》第1895条及第1896条远远谈不上构造精良(Cámara Alvarez and Díez – Picazo loc. cit. 114 – 116)。该节标题为"未欠而收取"(cobro de lo indebido, collection of what is not owed)。《民法典》第1895条遂谓,"对某物并无主张之权利,但出于错误,没有任何理由而被授予该物,进而受领之,返还义务遂生"。压根儿没有提到"给付"(payment)概念。只是在第1896条才隐约露了一面[该处提到"受领非债给付"(who accepts an undue payment)之人]。这矛盾现象昭然可见,一些学者遂据而持论,《民法典》第1895条并未固步自封于传统的非债清偿返还之诉,而是蕴含着一项涵盖更广的返还之诉,包括,例如,非出于信用原因(credendi causa)所为之给付(Cámara Alvarez and Díez – Picazo loc. cit. 115 – 116)。最后,《纳瓦拉民法典》(Compilation of "Foral Civil Law" of Navarra Act Ley)*第508条规定:"欠缺法律原因,取得或保有受自他人之利益者,负返还义务。"

31. 于非债清偿(pagamento dell' indebito)框架之下,意大利法以返还(ripetizione)术语明其效果。未欠债(indebito)概念表达出了得利无法律上之原因的意思。不论是给付人,还是给付的受领人,法典都没有用以指称的专门术语。法律文献一贯使用给付人(solvens)与受领人(accipiens)概念(例如,Alpa and Mariconda, Codice civile commentato IV, sub arts. 2033 et seq.)。在不当得利诉讼章,《民法典》第2041条以"没有合法原因"(senza una giusta causa)措辞凸显出了法律原因之缺位。同条并将原告蒙受的不利描述为"损害"(damage)。资产增加与减少之间的必要联系则体现在失利人"相应的"资产减少("correlativa" diminuzione patrimoniale)这一要件中。

32.《奥地利民法典》并不承认自主的不当得利法;既未置备概括的不当得利之诉规范,亦不靠统一的术语体系来运转。不当得利诉讼的原告随遇而安地被称作所有人(《民法典》第1041条),给予人(《民法典》第1435条),时或甚至简单以"某人"代之(《民法典》第1431条以下)。时下,以《民法典》第934条[重大损失(laesio enormis)]**为据,法院以及学术界称原告作失利人(der Verkürzte),称被告作得利人(der Bereichterte)(例如,Koziol and Welser, Bürgerliches Recht II^{13}, 273; Apathy and Riedler, Bürgerliches Recht III^{2}, no 15/1; OGH 22 August 1951, SZ 24/204)。得利人所得利益与失利人所遭损害之间得有必要联系,但法典不会明白表达出来。就给付型不当得利来说,这一先决条件隐含于"请求返还"(demand the return)的措辞中,而就因财产改良而提出的返还请求来说(《民法典》第1041条),因果关系则深藏于失利人的财产必须"为他人利益"而被使用(used "for the benefit of another")这一要件当中[Koziol and Welser loc. cit.; Koziol/Bydlinski/Bollenberger (– Koziol), ABGB^{2}, § 1041 no. 1]。***

---

* 纳瓦拉:西班牙北部的自治区。前身是独立王国,1515年上纳瓦拉与西班牙合并。1589年,由于国王恩里克三世继承法国王位,成为亨利四世,下纳瓦拉与法国合并。面积1万平方公里,人口60万,首府潘普洛纳(Pamplona),1982年设立自治区。

** laesio enormis〈拉〉(大陆法)重大损失;一半以上的损失;价格不公毁约。(1)指销售某物时,买主的付款低于标的实际价值的一半。这时,卖主可以撤销出售行为,但买主也可以通过支付标的全价以保留该标的物。(2)指一项原则,即当买价不足销售标的真实价值之一半时,卖主可以解除合同。元照,第776页。

*** 参见注释6,译按。

33. 在《葡萄牙民法典》中,第473~482条麇聚于欠缺原因得利(enriquecimento sem causa)的标题之下;而法律评注也会使用不当得利(enriquecimento injusto)或者牺牲他人而得利(locupletamento à custa alheia)这样的概念(例如,Antunes Varela, Obrigações em geral I[10], 471)。得利无法律上之原因(injustamente)这一点被《民法典》第473条拔擢为法律要件。德国法学思想于此间发挥的影响不可小觑;这种影响于得利必须牺牲他人(à custa de outrem)这一片语中即可见一斑(STJ 24 June 2004, Processo 03B3105)。在判例法里头,我们间或就会遭逢转译为葡语的德国法律概念[例如,in STJ 24 June 2004 loc. cit. 权益归属理论(teoria da afectação ou destinação, Zuweisungslehre),财产分配(atribuições patrimoniais, Vermögenszuwendungen),财产移转(deslocações patrimoniais, Vermögensverschiebungen),权益归属内容(conteúdo da destinação, Zuweisungsgehalt)以及权益侵害型不当得利(enriquecimento por intromissão ou usurpação, Eingriffskondiktion)]。法典多称原告为失利人(empobrecido, impoverished party)(例如,《民法典》第474条、第479条第(1)款以及第480条),被告人为得利人(enriquecido, enriched party)(例如,《民法典》第480条(a)项以及第481条第(1)款)。在非债清偿返还之诉场合,还部分保留着独特的术语;《民法典》第476~478条时或用到非债给付的返还(repetição do indevido)以及返还请求权(direito de repetição)。

34. 就德国法使用的术语,详参PEL/von Bar and Swann, Unj. Enr., Introduction B21, C52, 89 and 108。

35.《希腊民法典》为"不当得利"设有专章(第904~913条)。大抵而言,希腊不当得利法系以德国法为蓝本拟就(Schlechtriem, Restitution und Bereicherungsausgleich in Europa I, chap. 1, no. 51)。《民法典》第904条的表述是"财富增加"之人("becomes richer", οποιορ εγιυε πλουσιοτεροр);学术界则多用"得利人"(enriched party)提法[例如,Georgiades and Stathopoulos (-Stathopoulos), art. 904, no. 4],至于原告,多被称作"债权人"(creditor)或者"受害人"(injured party)(Stathopoulos, loc. cit. no. 17)。得利必须获"自他人资产或者损及他人"(from another's patrimony or to their detriment),希腊立法机关袭用了德国《民法典》初稿的措辞(Xelidonis, Arm 2000, 309, 316 with footnote. 23)。《民法典》第905条称"给付受领人"(recipient of the performance),第907条却谓"给予人"(giver),到了第908条,又变成"受领人"。

36.《匈牙利民法典》将一般不当得利之诉安置于第361条第(1)款,其文如下:"没有法律原因,获得金钱上之利益而害及他人者,负返还该利益之义务。"其行文措辞与本编第Ⅶ-1:101条(基本规则)类同。得以金钱衡量之利益与不利之间得有必要联系,而照主流见解,所谓"害及他人"(to the detriment of another),即意味着因果关系不可或缺。《保加利亚债法典》第55条以下,总题为"不当得利"(неоснoват епно обогат яване)。为此前立法所采纳之准契约范畴,如今已被弃置不御(详参Goleminov, Neosnovatelno obogatyavane, 26)。《斯洛文尼亚债法典》第190条则谓"不当取得"(unjust acquisition, neupravi čena pridobitev)或者"得利"(enrichment)。

37. 在波兰,最早使用不当得利(niesłuszne wzbogacenie)概念的乃是1933年《债法典》[详参Radwański (-Ohanowicz), System prawa cywilnego III(1), 474]。自1964年起,《民法典》引入"欠缺法律基础之得利"(an enrichment without legal basis, bezpodstawne wzbogacenie)概念(第三卷第五章),因为欠缺原因(causa)要件被视作不当得利法的枢机所在。《民法典》第405条将得利称作"金钱上之利益"(korzy ść mają tkowa);而就本卷所用之"不利"(disadvantage),则无对等术语。学术界常用"失利"(impoverishment, zubo żenie)或者"失利人"提法(例如,Radwański and

Olejniczak, Zobowiązania – część ogólna.[2], 218)。利益与不利之间的必要联系一般表述为“得、失利关系(związek między wzbogaceniem a zubozeniem, connection between the enrichment and the impoverishment)”[Radwański and Olejniczak, loc. cit. 219; Ohanowicz, loc. cit. 485; Pietrzykowski (– Pietrzykowski), Kodeks cywilny I[4], art. 405 no. 4]。《民法典》并于第410～413条就非债给付(nienalezne świadczenie, undue performance)加以区别。

38. 在非债给付(onverschuldigde betaling)的标题之下,《荷兰民法典》第6:203条讲的是“给予”之人(degene die heeft gegeven)与“受领人”(ontvanger)。而在规制一般不当得利之诉的第6:212条,法典使用的是“得利人”(verrijkte)与“他人”(ander)的表达。还有,用来指称欠缺合法事由的概念也是前后不一:在前为没有法律依据(zonder rechtsgrond),而在后则为无法律上之原因(ongerechtvaardigd)。不当得利诉讼请求欲获成立,原告受有损害(schade)乃为前提。在非债给付法制下,并未给原告受有损害这一要件配置什么独立的属概念。相反,因情境不同,法典使用了各种表达来指称给付:《民法典》第6:203条第(1)款之“物(goed)”,第(2)款之“金钱”(geldsom)以及第(3)款之“其他给付”(prestatie van andere aard);就这些术语的讨论,参见Asser (– Hartkamp), Verbintenissenrecht III[12], no. 317 p. 337; Parlementaire Geschiedenis VI, 803。

39. 在斯堪的纳维亚国家,就不当得利,并没有公认的术语。欧洲大陆的那套术语饱受苛评,尤其是得利概念本身:参见前文注释14。

40. 在英格兰,学术著作向来(尽管并未一统天下)将规制无法律上之原因而得利[unjustified enrichment,更常见的用法是“不当”得利(“unjust” enrichment)]的法制概念化为(庞大的)返还法(即,因之而生请求归还利益的权利):参见Birks, English Private Law I, 15.01, 15.08,就术语上的争论,参见Hedley, (1985) 5 Legal Studies 56。这一传统颇受排挤,因为这意味着,这套法律关注的乃是像赔偿之类的法律效果,而不是诸如契约和侵权这样产生债务的法律事实:*参见Birks, loc. cit. 15.02。另外,契约法与侵权法上也有返还权利,本来不必夯筑于不当得利之上,却也都给“返还法”一并收编:参见,Birks, loc. cit.,但请与下面两段判词加以比较,一段见于BP Exploration Co. (Libya) Ltd. v. Hunt (No. 2) [1979] 1 WLR 783, 799[戈夫法官(Goff J)道:“不当得利原则……乃是英国返还法的基础性原则”],另一段为Portman Building Society v. Hamlyn Taylor Neck (1999) 77 P&CR 66, 69[上诉法院米利特法官(Millett LJ):“当事人之诉求,不论是因不法行为所生之返还(restitution for wrong),还是因减损型不当得利所生之返还(restitution for unjust enrichment by subtraction)……此种诉求之意旨皆在于回转不当得利”]。不过,术语问题乃是任何快速发展法律领域体系化任务的重要部分,与法律领域边界的勘定工作密切相关,激烈的争议实在难免。故而,依一派观点,返还法进路着实不合时宜,因为返还权利既得因协议而生,亦得因不法行为而生,而不当得利法呢,却是夯筑于不法行为与(契约性)合意之外的法律事实之上(Birks, loc. cit. 15.03 – 15.04)。还是有少数人坚持,默示契约概念仍可于返还法中发挥作用[Hedley, (2004) 63 CLJ 435 – 455],但这思路却已给判例法弃置不用了[Lipkin Gorman v. Karpnale Ltd. [1991] 2 AC 548; Sempra Metals (formerly Metallgesellschaft Ltd.) Ltd. v. Inland Revenue Commissioners [2007] UKHL 34 at [31], [2008] 1 AC 561, 586 (Lord Hope)]。那源

---

* 本书甚为倚重的戈夫、琼斯的《返还法》(第7版),第8版已更名为《不当得利法》[Goff & Jones, The Law of Unjust Enrichment (formerly The Law of Restitution), Sweet & Maxwell, 8th Edition, 2011],可见风气之转。

自罗马法的“准契约”标签，在现代法中，只能偶尔露峥嵘了：参见，Birks loc. cit. 15.09。因为普通法上返还性质的诉讼程式那套术语已为1854年《普通法程序法》(Common Law Procedure Act)所废弃：参见第Ⅶ-1:101条注释16和注释27。在债法领域的一部重要制定法，1977年《侵权（侵犯动产）法案》[Torts (Interference with Goods) Act]第7条第(4)款中，立法者欣然援用了不当得利概念，可还是在这部法案中，现代的传统术语（第6条第(2)款、第(3)款：对价落空），* 事实上还有泛泛的返还用语[1987年《未成年人契约法案》(Minors' Contracts Act)第3条（标题）]，** 仍是俯拾皆是，不过也有些法案使用了中性术语，为恰当的体系化工作投注着微光[Law Reform (Frustrated Contracts) Act 1943, s. 1(3)："valuable benefit"]。***

41. 在苏格兰法上，“不当得利”与“无法律上之原因而得利”并用，但后者似乎更受青睐，缘其更能精确传递这一法律原则的精髓。其他术语亦是如此，（由于并无制定法条款，不同法官与学者偏好各异，）不能定于一尊，不过，“得利人”(enriched person)、“他人”(the other person)[或者“失利人”(impoverished person)]以及前者通过“牺牲”后者而得利，这些用法比较普遍。就回转不当得利的一般债务，（虽然仅仅是出于程序考虑，）依失利人请求之标的，有如下区分，偿还货币(repetition)、归还其他财产或其价值(restitution)以及为服务或其他利益付酬(recompense)。不过，就这一层面术语的正确用法，学术争鸣从未止歇。学术文献还是动辄援引罗马法的某些返还之诉，尤其是非债清偿返还之诉与其他目的未达返还之诉，不过，仅仅是用做各种不当得利发生方式典型例证的表征而已。

Ⅴ. 证明责任

42. 在法国法上，就基于非债清偿返还之诉提出的请求，由原告证明各项要件，包括并不负有给付义务的证明(Cass. civ. 16 November 2004, Bull. civ. 2004, I, no. 276 p. 232)。在最高法院1993年12月9日判决中，医疗保险人请求返还已经支付给看护人的差旅费用，保险人必须证明，看护人就此并无权利；相反，如果是看护人请求支付差旅费，就必须证明自己就此享有权利(Cass. soc. 9 December 1993, Bull. civ. 1993, V, no. 311 p. 211)。证据得通过为法律所允许的任何手段提出(Cass. civ. 29 January 1991, Bull. civ. 1991, I, no. 36 p. 22)。就比利时法来说，出发点[与法国法]一般无二(Cass. 12 April 1973, Pas. belge 1973, I, 780)。但就给付的证明来说，学术界的立场有了变动，此处关涉《民法典》第1341条，依其意，就超过375欧元的给付，必须提交书面证据。但就债务(debt)的证明，得以人证为之(Brunet/Servais/Resteau, RPDB XI, v° Quasi-contrat, no. 273 p. 44)。要证明不负债务(undue)，比方说，原告主张，契约已作了有利于其的更新(novated)，大概与第1341条脱不了干系。但如果是辩称并无义务去清偿债务，则原告得以任何形式的证据证明之(Brunet/Servais/Resteau, loc. cit.)。就欠缺原因得利法来说，法国

---

* 仍在使用对价落空(failure of consideration)这样的返还法术语。

** 该条标题即为“返还”(restitution)。

*** 1943年《法律改革（契约落空）法案》第1条第(3)款使用了“有价值的利益”(valuable benefit)表述。该款全文如下：“(3)由于契约他方当事人在契约履行过程中或者以契约履行为目的而为的任何行为，一方当事人在将来履行债务被免除之前已经受领了有价值的利益（不得是金钱利益，否则适用前款规定），在法院考虑到个案所有情势尤其是以下两项情况后认为合理的范围内，他方当事人得请求返还，但不得超出实际受领的价值：(a)在将来履行债务被免除之前，受益方当事人在契约履行过程中或者以契约履行为目的所实际承担费用，包括依照契约向任何其他当事人已付的或应付的数额，以及依照前款保留或者可以请求返还的数额，以及(b)导致契约落空的客观情势就该笔利益所造成的影响。”

法区分所谓实质/积极(material/positive)要件与法律/消极(legal/negative)要件。得利(enrichissement)、他人财富的减少(appauvrissement)以及两者之间的因果关系,是为实质要件。欠缺法律基础(absence de cause)以及所得利益诉(actio de in rem verso)的辅助性质则为不当得利原则适用之法律条件。原告必须提出实质条件的证据(Rép. Dr. Civ. (- Romani) V°, V8 Enrichissement sans cause [2006], no. 29)。而就法律要件的证明责任,学术界没有形成共识。据最高法院判例,应由原告就欠缺法律上之原因负证明责任(Cass. civ. 19 January 1988, Bull. civ. 1988, I, no. 16 p. 11),多数学者认为同此论(Sériaux, Droit des obligations2, no. 90 p. 325)。少数学者则针锋相对,寸步不让(Bénabent, Les obligations 10, no. 485 p. 333)。比利时学界采法国之多数说,证据得以任何为法律所允许的方式提出[B. H. Verb. (- Roodhooft), II (5), no. 2291]。

43.《西班牙民法典》第1900条与第1901条在非债清偿返还之诉框架下处理了证明责任事宜。不论给付(第1900条第(1)款),还是错误(第1900条第(2)款;参见,TS 31 May 2006, BDA RJ 2006/3322),俱由给付人证明。不过,第1901条为错误要件的证明提供了些许方便。如果所付之物本不应付,或者已经提供,推定给付人犯下错误,但此推定得反驳之。若是被告主张其从未有所受领,错误要件便也无须证明了(《民法典》第1900条)。证明责任分配的一般规则写在《民事诉讼法》第217条,适用于一般不当得利之诉[TS 15 June 2004, RAJ 2004 (3) no. 3847 p. 7922]。故而,原告必须证明被告资财增加[TS 8 July 1999, RAJ 1999 (3) no. 4764 p. 7355]而自己的资财减少。不过,就原因要件,证明责任似乎落在了被告身上[Albaladejo, Derecho Civil II (2)10, 917]。

44.依《意大利民法典》第2697条,"凡在诉讼中主张权利者……应就其请求所依据之事实加以证明",而就抗辩之事实要素,则由被告证明。此条同样适用于非债清偿(第2033条以下)领域以及不当得利法(第2041~2042条)。是故,原告必须证明,已向受领人提出给付而且给付欠缺法律上之原因(Cass. 12 July 2005, no. 14597, Giust. civ. Mass. 2005, 6; Cass. sez. lav. 13 November 2003, no. 17146, Giust. civ. Mass. 2003, 11; Cass. 15 July 2003, no. 11073, Nuova giur. civ. comm. 2004, I, 447, note Moscati; Cass. sez. lav. 23 August 2000, no. 11029, Giust. civ. Mass. 2000, 1823; Cass. sez. trib. 21 July 2000, no. 9604, Giust. civ. Mass. 2000, 1592)。若是主张给付系为履行自然债务(第2034条),或者有悖善良风俗(第2035条),则由被告负责证明。在主观非债清偿情形(indebito soggettivo,第2036条),原告还得就其可原宥的错误加以证明(Moscati, Pagamento dell'indebito, sub art. 2036, 423-424; Cass. 30 August 1962, no. 2728, Foro it. Mass. 1962, no. 2728; contra Schlesinger, Riv. Dir. Com. 1957, I, 58, 70)。被告若主张自己处分了债权凭证或者债权担保,自应负证明责任;善意则由法律推定(Alpa and Mariconda, Codice civile commentato IV, sub art. 2036, VII, §§ 16-17, p. 2326)。而据《民法典》第2037条可知,特定物返还不能一节,应由受领人证明,即便给付人请求返还的是同等价值,因而已经假定了原物返还不能,亦无改证明责任之配置(Cass. 14 June 1996, no. 5512, Giur. it. 1997, I, 1, 642)。在第2039条适用领域内,就未成年人或者无完全行为能力人所受领之利益,由给付人证明;受领人则应证明,其欠缺法律能力,而且就此节事实,给付人知道或可以合理期待其知道(Moscati, loc. cit. sub art. 2039, 563)。就《民法典》第2041条的一般不当得利之诉,原告应证明其蒙受了金钱上的不利,而被告正借此而得利(Cass. 28 October 2005, no. 21096, Giust. civ. Mass. 2005, 7-8; Cass. sez. lav. 10 March 1994, no. 2356, Resp. civ. e prev. 1994, 645)。与之相关,原告可能还得证明其

合法权利之基础,比方说,其拥有物之所有权,物之灭失导致损害,或者其就遭剽窃的作品享有版权(Alpa and Mariconda, loc. cit. sub art. 2041, XII, § 65, p. 2351-2352)。若得利人系公共当局,原告必须证明,被告认识到了工作或者给付的效用(Cass. 9 March 2006, no. 5069, Giust. civ. Mass. 2006, 3)。

45. 类似地,在奥地利法上,原告必须证明请求权的所有要件(OGH 23 January 1957, 7Ob13/57),即,被告有所得利,欠缺法律原因(OGH 14 October 2003, ÖBA 2004, 552;CFI* Vienna 28 November 1994, ZVR 1995/145 p. 338),在非债清偿返还之诉的框架内,一般还得证明给付方当事人的错误(OGH 27 November 1968, SZ 41/63)。若清偿的债务客观上并不存在,当事人的错误即得初步推定(prima facie presumed)(OGH 7 July 1987, WBl 1987, 312;OGH 14 October 2003, JBl 2005, 100)。

46. 依《葡萄牙民法典》第 342 条第(1)款,原告必须证明不当得利请求权的所有要件。是以,在给付型不当得利法制下,原告得证明,他方当事人有所得利,[自己]有所失利,两者之间具备因果联系以及得利欠缺法律上之原因(STJ 2 July 1976, BolMinJus 259 [1976] 206)。比方说,原告就得证明,利益之授予绝非出于慷慨(STJ 29 May 2007, Processo 07A1302)。在高等法院的一起存疑案件(case of doubt)**中,作为假定的就是,得利有法律基础,因而原告所蒙受之不利并非欠缺原因(sine causa)(STJ 29 May 2007 loc. cit.;Pires de Lima and Antunes Varela, Código Civil Anotado I[4], note 1b under art. 473, p. 456)。就侵害权益型不当得利,不用证明自己遭受了损害(STJ 29 April 1992, RLJ 125 [1992-1993] 86, note Mesquita loc. cit. 158;STJ 23 March 1999, CJ [ST] VII [1999-1] 172 = BolMinJus 485 [1999] 396;STJ 18 February 2002, Processo 02B4011)。专利持有人即便并未打算实现其发明的商业价值,就被告侵害其专利权所获之利益,仍得请求返还(STJ 22 April 1999, CJ [ST] VII [1999-2]) 58)。

47. 依德国法的证明责任分配规则,不管哪一方当事人,就对其有利的请求权要件,负证明责任。请求(不当得利)返还的当事人,对请求权成立要件负证明责任,债务人则就其抗辩的事实要素负证明责任[BGH 6 December 1994, NJW 1995, 727, 728;BGH 14 December 1994, BGHZ 128, 167, 171;Palandt (-Sprau), BGB[67], § 812, no. 103]。需要注意,就欠缺为保有利益提供正当性的法律基础这一要件(《德国民法典》第 812 条第(1)款第 1 句第 1 选择文句),有些殊异。虽然原则上讲,这一"消极"要件仍应由债权人来证明,但在合理限度内,债务人必须证明,其保有所受领利益的权利来自何处(BGH 18 May 1999, NJW 1999, 2887, 2888;Sprau loc. cit.)。是以,就债务人所主张之特定法律基础,当然得由请求返还之人担起扫除之任(BGH 21 October 1982, NJW 1983, 626; BGH 3 February 1995, NJW-RR 1995, 916, 917; Reuter and Martinek, Ungerechtfertigte Bereicherung, 757)。但是,请求返还之人又不必就所有在理论上可能之法律事由,一一芟夷干净(BGH 20 May 1996, NJWRR 1996, 1211;BGH 27 September 2002, NJW 2003, 1039)。如果不当得利之诉的债权人主张说,给付目的系履行特定债务,嗣后知晓债务并不存在,则其必须证明并不负有债务一节(RG 11 July 1901, RGZ 49, 50;BGH 6 December 1990, NJW-RR 1991, 574, 575)。适才所述,对原因嗣后消灭的返还之诉(condictio ob causam finitam)同样为真,请求返还之人得证明,给付欠缺法律基础。而就其他目的未达返还之诉(condictio ob

* 指初审法院(Court of First Instance)。

** 原告虽为给付,但就自己是否负有债务抱怀疑态度。

rem),必须证明所意图之特定结果没有实现[Erman(-Westermann), BGB II[11], § 812, no. 90; Sprau loc. cit.]。不过,未欠债(indebitum)而给付者,倒不必证明其系为错误所苦(《民法典》第814条)。在非给付型不当得利的情形,请求返还之人得证明,债务人(因第三人行为或其他方式)所获之经济地位,没有法律原因可为后援(Westermann loc. cit.)。债务人则必须证明,利益系通过第三人行为取得,从而对请求返还之人并不负有责任(Sprau loc. cit. no. 106)。

48. 类似地,在希腊法上,债权人必须证明所有的权利成立要件。不但如此,就那些会阻却权利成立的因素,债权人还得证明其不存在。是以,请求返还之人必须证明:(1)被告有所得利,(2)利益系通过牺牲原告而取得,以及(3)没有法律原因来为得利提供支持[Georgiades and Stathopoulos(-Stathopoulos), art. 904, nos. 118 and 120; A. P. 1440/2000, EllDik 42 [2001] 731]。若是利益已经灭失,自应由被告就此负证明责任(A. P. 401/1960, NoB 8 [1960] 1071; A. P. 785/1964, NoB 13 [1965] 706)。与之相类似,在《民法典》第905条的框架内,被告必须证明,原告系自愿给付且明知债务并不存在(Stathopoulos loc. cit. art. 905, no. 2)。

49. 依匈牙利不当得利法[不同于侵权法,在侵权法上,可责这一点是推定的(blameworthiness is presumed)],原告必须证明诉讼理由的所有要素[Petrik(-Bíró), Polgári jog II[2], 650]。包括证明得利欠缺法律原因。一向有建议,应为其他目的未达返还之诉设一例外;得由得利人来证明,给付的目的或目标已经实现。另外,原告提前给付这一点由得利人来证明(Bíró loc. cit. 655)。在波兰法上,这里仍适用一般[证明]规则,就某项事实,谁倚之支持某种法律后果,谁负证明责任(《民法典》第6条)。是以,就不当得利法来说,请求返还之人负证明责任。若说有什么例外,不论是判例法,还是学术著作,似乎都没有过深入讨论。依保加利亚法,原告得证明,利益系源自其资产,被告受领了利益以及得利欠缺法律基础。不过,原告用不着证明其系因错误而给付(Vassilev, Obligazionno pravo, 587);只有原告以《债法典》第56条(错误清偿他人债务)为请求权基础时,方就错误负证明责任。斯洛文尼亚法也差不多,就依《债法典》第190条第(1)款所提起的诉讼,给付人得证明所有事实要素。就侵害权益型不当得利(置于所得利益诉下),失利人还得证明,得利与其声称的利益源出事实之间有因果联系(šinkovec and Tratar, Obligacijski zakonik, art. 190, p. 190)。

50. 依《荷兰民事诉讼法》第150条,各方当事人就其所拟主张之法律措施的事实要件,负证明责任;若是适用了特殊规则或者援引了合理与公平(redelijkheid en billijkheid)这样的法律原则,或会有例外。据此可知,原告必须证明不当得利请求权的所有要件,包括被告有所得利(HR 26 January 2001, NedJur 2002 no. 118 p. 905)。

51. 斯堪的纳维亚国家所适用的亦是大抵类同的一般原则,欲据非债清偿返还之诉或者不当得利寻求返还救济者,必须证明请求权的事实要件(SWEDISH HD 17 September 1999, NJA 1999, 575)。不过,原告并不用将其请求的法律原因阐释得一清二楚(HD 8 February, NJA 1993, 13;另见 Ravnkilde, Betalningskorrektioner, 81, 90; Roos, JFT 1992, 75, 79)。

52. 苏格兰也一样,适用一般规则,原告必须证明其请求为正当的各项事实要件与相关情势。

53. 在英格兰法上,是由寻求救济的当事人来证明其返还权利成立,被告则就抗辩负证明责任,参见 Tettenborn, Restitution[3], 1-5。是以,某人曾据契约向相对方当事人授予利益(设契约有效成立一节并无争议)后,以第三人施加了不当影响且相对方当事人就此理应知晓为由,主张契约可撤销并确实撤销,进而请求返还,其必须证明不当影响确实存在以及契约相对方事实上或者推定的知情:参见 Barclays Bank plc. v. Boulter [1999] 1 WLR 1919, 1926 (Lord Hoffmann),

而依霍夫曼勋爵的阐释,Bainbrigge v. Browne (1881) 18 Ch. D 188, 197 (Fry J) 案中弗赖伊法官以及 C. I. B. C. Mortgages plc. v. Pitt [1994] 1 AC 200, 210 (Lord Browne - Wilkinson) 案中布朗一威尔金森勋爵的附带意见亦同此见。同样,若是所有人因受欺诈而将物出售,购买人继而将物转售,为请求转购人返还,所有人必须证明,转购人知道或者理当知道欺诈一节:Whitehorn Brothers v. Davison [1911] 1 KB 463。不过在某些界定情形(defined instances)下,法律可能会作有利于原告的推定。设妻子诉称,银行明知其夫施加了不当影响,在证明了银行知晓其已婚、与其夫共同生活以及该笔交易从外观看不合乎其经济利益之后,银行即应证明,已经采取了合理措施来确信,原告之同意系通过恰当途径取得:Barclays Bank plc. v. Boulter [1999] 1 WLR 1919, 1926 (Lord Hoffmann)。与之相类似,如果原告已经初步(prima facie)证明了不当得利诉讼请求的所有要件,看上去享有返还权利,则就任何可能为拒绝返还提供正当性的事宜,概应由被告证明:参见霍普勋爵(Lord Hope)在 Morgan Guaranty Trust Co. of New York v. Lothian Regional Council 1995 SC 151, 165 案与 Sempra Metals (formerly Metallgesellschaft Ltd.) Ltd. v. Inland Revenue Commissioners [2007] UKHL 34 at [26], [2008] 1 AC 561, 584 案中的评论。

示例 2 出自 CA Dresden 19 March 2007, WM 2007, 1023。示例 3 出自 BGH 31 October 1963, BGHZ 40, 272。示例 4 出自 BGH 25 June 1962, BGHZ 37, 258。示例 5 出自 Irvine v. Talksport Ltd. [2003] EWCA Civ 423, [2003] 2 All ER 881。示例 6 出自 BGH 26 October 2006, WRP 2007, 83。示例 7 出自 BH 1997/87 (similarly BH 2005/401)。示例 9 出自 TS 23 March 2006, RAJ 2006 (2) no. 1824 p. 4347。

第二章　得利无法律上之原因

第Ⅶ-2:101条　得利无法律上之原因的情形

(1)非有下列情形,得利无法律上之原因:

(a)得利人得以契约或其他法律行为、法庭裁决或者法律规定为据,相对失利人就得利主张权利;或者

(b)失利人就所蒙受之不利已为自愿且无错误之同意表示。*

(2)前款(a)项所谓之契约或其他法律行为、法庭裁决或者法律规则无效或被撤销或者因其他原因而溯及失去效力的,得利人即不得据以就得利主张权利。

(3)仅当法律规则之目的即在令得利人保有得利之价值时,方得据以就得利主张权利。

(4)得利亦无法律上之原因,若:

(a)失利人为给付

(i)所追求之目的未能达成;或者

(ii)所怀抱之期待未能实现;

(b)得利人知道或者可以合理地期待其知道此等目的或期待;且

(c)得利人认同或者可以合理地认为其认同,此时利益应予归还。

评　论

A. 得利因欠缺法律基础或者同意而无法律上之原因:第(1)款

总说。

依本条,除非有两种情况之一,否则得利即无法律上之原因。若得利人得以法律行为(例如契约)、法庭裁决或者法律规定为据就所获利益[针对(vis-à-vis)失利人]主张

---

* 若以中文起草,当做"自愿且真实",但下面正文特别将"无错误"(without error)拈出,故此处亦不得不照此办理。参见评论部分D(a)。

权利的,得利有法律上之原因。若失利人就蒙受不利已为同意表示,设该同意表示自愿且真实,得利亦有法律上之原因。第Ⅶ-2:103条(自由同意或者自愿履行)罗列了同意被视为非出自愿的各种情形,即欠缺行为能力、受欺诈、被胁迫或者危难被乘。

取"欠缺法律基础"(absence of legal basis),弃"不当因素"(unjust factors)。*

依作为本条出发点的观念,除非落入那两类宽泛的例外,否则得利即无法律上之原因。据此,若是既没有某种法律基础,比方说针对失利人的契约性权利,又没有失利人的同意,任何得利都会被视为无法律上之原因。换言之,除非能拿着与失利人订立的契约(或其他法律行为)、法庭裁决、法律规定或者失利人的同意来提供法律上之原因,否则得利即无法律上之原因。是以,我们并没有一纸清单,能够将导致无法律上之原因的各种特殊事项(所谓"不当因素")详尽罗列;不当因素进路的出发点与我们正相反,得利先被认为是正当的,要做的是找到让我们作出不同性质认定的原因。**

两类法律原因。

要构成"无法律上之原因"而得利,第(1)款a、b两项的例外就得统统排除。是以,第(1)款(a)项的措辞虽然宽泛,[却还没能包揽,也就是说,]得利无法律基础的,还得失利人并未自愿授予利益,或者虽曾自愿授予,却是由某些错误(比方说,错误地以为受有效契约拘束)、欺诈、胁迫或者类似的效力败坏因素(vitiating factor)所诱致的,方得谓无法律上之原因。这样就可以确保,自权人(sui juris),***若是授予利益之际对相关情势完全了解,亦未受强制,即不享有本卷规定之权利。

---

* 在普通法上,返还诉讼欲要成立,原告必须证明存在诸如"错误"、"对价落空"这样个别的、积极的"不当因素"(错误与对价落空也是最为重要的两项不当因素),而不是以消极、概括的诉讼原因("无法律上之原因")作为标准;由于传统"不当因素"所关注者多为原告的心理状态,故普通法进路又被称为主观进路。

弗朗西斯·罗斯评价伯克斯的《返还法述略》(Peter Birks, An Introduction to the Law of Restitution, Oxford University Press, 1989, 2nd edition)提道,"这一框架的新颖动人之处非止一端,他使用了诸如不当因素、截取性减损等充满新意而又令人难忘的语言来搭建这一框架"(Francis Rose, "The Evolution of the Species", in Burrows & Rodger eds. Mapping the Law: Essays in Memory of Peter Birks, Oxford University Press, 2006, p. 21)。罗斯似将"不当因素"术语的发明权归于伯克斯。基特·巴克明确说,这一术语为伯克斯于《返还法述略》中所创(Kit Barker, "Responsibility for Gain: Unjust Factor or Absence of Legal Ground? Starting Points in Unjust Enrichment Law", in Charles Rickett & Ross Grantham, eds. Structure and Justification in Private Law: Essays for Peter Birks, Hart Publishing, 2008, p. 47, n. 1),但遍稽该书,只见"返还事由"(ground of restitution),似未见将"不当"与"因素"连用,故其发明人为谁,尚待考证。布赖斯·迪克森在行文中曾有"伯罗斯的不当因素"(Burrows' 'unjust factors')提法[Brice Dickson, "Unjust Enrichment Claims: A Comparative Overview", 54 Cambridge L. J. 100 (1995), p. 125],但亦未注明该术语渊源所自。

** 本条第(1)款措辞("无法律上之原因,除非")以及这一段"立法解释"意味着,就"得利无法律上之原因",应由被告承担证明责任,这很可能是本框架草案第七章极不成功的地方。不要说英国的不当因素进路,就是大陆法系的无法律上之原因进路,也并不如此配置证明责任。另请注意,第(4)款行文又与第(1)款不同。

*** Sui juris〈拉〉(罗马法)自权人:指具有完全人格,享有全部公、私权利,不属于法律上的无行为能力,不受他人权力或监护权控制的人。元照,第1308页。

第(2)款之法律效果。

第(1)款(a)项为得利的正当性提供了法律基础:(1)契约或其他法律行为;(2)法庭裁决;或者(3)法律规则。第(2)款对法律基础概念加以限定。该款明确,只有法律行为、法庭裁决或者法律规则有效,方构成法律基础。法律行为、法庭裁决或者法律规则若是自始无效,或者可撤销且被撤销,或者因某些其他情形而溯及失去效力的,则非为法律基础。事实上,契约无效而一方或者双方当事人已据契约履行了表面上的债务,这正是不当得利法所要适用的典型情境。

第(3)款之法律效果。

以法律规则为据对所获利益享有权利的,这种权利不能仅仅是形式上的,也就是说,法律之意旨正在于令得利人获取得利之实,而不仅仅是得利之名,如此方构成得利法律上之原因。

与第(4)款的关系。

第(4)款将"无法律上之原因"这一概念的所指予以扩张,超出了第(1)款所界定的得利。依第(4)款,若其要件得以充分,利益系为特定目的而授予而目的未能达成,或者本着特定期待而期待未能实现,得利同样无法律上之原因。依第(1)款,如果得利没有法律基础,当然无法律上之原因。第(4)款则扩张了"无法律上之原因"概念,为了后来落空了的目的或者基于后来化作了泡影的期待所授予的利益,即便得利曾有法律基础,亦属"无法律上之原因"。如果第(4)款的限制性条件实现,即便利益系失利人为了履行契约债务而授予得利人的,得利仍"无法律上之原因"。

与第Ⅶ－2:102条(清偿对第三人所负之债务)的关系。

第Ⅶ－2:102条规定,对第三人负有债务而在履行债务的过程中或者因履行债务而授予利益的,得利原则上有法律上之原因。所以可以讲,一般而言,不当得利法上的权利请求,总是针对(无效)债务的他方当事人。原则上,针对利益实际受领人的权利请求得不到支持。失利人应将不当得利诉讼请求的矛头指向契约相对方。

双方当事人给付。

无效契约的双方当事人俱依契约履行了表面债务的,各自的给付皆无法律上之原因,双方分别享有权利,得请求返还因自己的履行带给对方当事人的不当得利。这时,当然会出现抵消的可能性,关键还得看权利请求的性质。以服务之提供或者资财之利用来换取金钱给付(pavement)的,若是返还因受领服务所获之得利,当然只能采取金钱形式,因为得利从性质上讲不可移转[参见第Ⅶ－5:102条(不可移转之得利)],这就有了抵消的可能性。这里的假定是,就不可移转之得利的责任,与所付价额不同,但据适才所提之条的第(3)款(如果契约当事人秉持真意为得利约定了价格,则以该价额为责任之最低额度),并不总是如此。如果契约订立出于真实合意(只是因为技术原因而无效)又完全履行,而且双方当事人的得利皆为金钱或者不可移转之得利,那么当事人可能最终就不会受不当得利法影响了。

B. 契约或者其他法律行为

(a)概述

据法律行为所生之权利。

凭借法律行为,得利人就所获利益得针对失利人主张权利的,依第(1)款(a)项,得利有法律上之原因。第(4)款另当别论。

法律行为。

关涉此处的法律行为,要么就是允许或者要求一方当事人提供某种利益,要么就是授予他方当事人(或者第三人)就该利益的权利。除了契约,还包括让与(acts of assignment)、信托的设立以及遗嘱处分(testamentary dispositions)。但很显然,在这里,最为重要的法律行为类型还是契约,以下就本条的评述,即主要以契约为背景展开。

(b)以基于契约的权利为重点

总说。

设当事人缔结了一份以给付货物或者服务为内容的有效契约,受领人就该给付的责任即受契约内容规制。得利因契约而有法律上之原因,本卷下之责任无由产生。是以,就有效契约的当事人来说,通过主张他方当事人负有不当得利法下的责任(比方说,返还货物或者支付更高的价额)来逃避吃亏的交易,这绝无可能。反之,若当事人尚未预先通过契约安排好他们的事务,就仍有主张得利无法律上之原因的空间。

示例1(更请参见示例46)

D与E同居期间,曾为修缮E之财产而承担费用,现请求返还。两人并未登记为民事伴侣关系,亦未就同居中的经济事宜订立过任何契约;他们事实上的伴侣关系也不能被视为某种合伙契约,因为后者要求当事人具有从事营利性商业事业的意图。虽然E同意修缮,但看不出两人意图订立具有法律拘束力的协议,同居期间的事务经办,都是不分你我的。既然E无从依据任何契约就修缮利益主张权利,那么D,虽曾就蒙受不利表达了自愿且真实的同意,若是能够证明,E之得利依第(4)款无法律上之原因,仍可能依本编主张权利。

有效订立但未特别约定价款的契约。

一方当事人依有效契约向他方当事人提供利益的,得利有法律上之原因,即便当事人并未明确约定货物或服务的价款,亦无改该原则之适用。设当事人已达成充分合意,从而有效契约已经缔结,受领人之责任即受契约法规制,而当事人所遗留之漏洞,亦由契约法填补。若是当事人未就价款达成合意,依契约法之默示规则,自当负支付合理价款之义务:第Ⅱ-9:104条(价款之决定)。仅当并无有效契约存在时,方有不当得利法适用之余地。如此处理,是因为当事人仍然意图就价款达成一致。事实上,更一般的情形是,若就价款没有达成合意的,可能表明当事人仍在磋商。是以,要给契约法与不当得利法划疆定界,一边是订立了的契约,另一边呢,则是欠缺合意,或者合意不充分尚未形成有效契约。如果契约有效,契约的内容到底是由当事人明示的,还是由法律规范或者默示条款填充完成的,则无关紧要。

示例2

E委托工匠D修缮阁楼,双方约定,活儿要作速完工。虽然都知道,专业工作是要付费的,但并未就价款达成明示合意。D修缮了阁楼,就其工作,得以契约法而非本卷为据请求支付合理报酬。因为双方都意在受法律拘束,E将为D的工作付酬,有效契约已经订立。当事人未就价款达成合意的,依契约法之默示规则,应负支付合理价款之义务:第Ⅱ-9:104条(价款之决定)。确定合理价款时,要考虑服务条款的内容,也就是说,D之作速是有"附加价值"(added value)的。

部分无效。

若利益系基于契约权利获得而该权利仅仅部分有效,那么依本条,仅在权利有效的范围内,得利有法律上之原因,同样依本条,在权利无效的范围内,得利无法律上之原因。是以,基于部分无效或者被撤销的契约而提供货物或者服务的,在契约有效部分所支持的范围内,得利有法律上之原因,除此之外则无法律上之原因。

示例3

依房东L与房客T所立之租约,L有提高租金的权利。L屡屡动用这一契约明确授予的权利,T不堪其苦。依租约法,这里的租金调整条款无效。但除此之外,契约的有效性不受影响。是以L所获之利益,就依最早的契约条款原本就应支付的租金数额,有法律上之原因,但就超过这一数额按照提高的租金标准所付的部分,则无法律上之原因。

示例4

D自E处贷得2万欧元,却偿还了3.5万欧元,包括本金、利息及提前付款的罚金。D嗣后赢得诉讼,法院认定利息及提前付款的罚金构成勒索(extortion)并依契约将应付额度降至2.8万欧元。在此范围内,D向E偿还款项,有法律上之原因。但就多出来的7000欧元,E之得利无法律上之原因,因为相应的契约权利溯及地失其效力。

不具有强制执行力的权利。

设法律行为有效,那么在个案特殊情势下,据该法律行为所生的提供利益的债务(或者相应的要求授予利益的权利)是否具有强制执行力,无关紧要。

不可强制执行的权利。

设想这样的情形,权利虽为法律所认可,在法律上有效,但就违约行为,却不能提供法律制裁,换句话说,就债务人的不履行,甚至没有请求赔偿的权利。即便如此,前段所论仍得适用。即便完全不可强制执行的权利——也就是说,因为债务人得拒绝履行,债权人不能强制执行其对利益的权利——但只要从法律的角度看,那生自法律行为的权利乃是法律性质的,而不是纯粹道德性质的,即仍为本条所谓之权利。是以,我们得将下面两种案型区分开来:其一,债务人因法律行为所负的债务在给付之前即已终止或者到期(determined or expired),这里,给付之时并无权利;其二,债权人仅仅是不得诉请给付,这里,给付之时,权利一直存在。

未到期而给付。

因提前履行契约债务所授予的利益,得利人仍得以契约为据对之主张权利。债权人积极受领提前给付或者无权拒绝提前给付的情形即属此类。债权人于债务到期之前不得强令对方给付这一点不影响前面的论断,因为依第(1)款,因履行不具执行力的债务所获之利益,有法律上之原因。在本卷下,因提前给付这一事实而归于债权人的任何利益原则上皆有法律上之原因。当然,这不妨碍法律行为本身就提前给付的法律效果有所规定。

示例5

制造公司D雇用E为代理人,负责搜集各种业务情报。依契约条款,D应于每历月16日前向E提供展开工作所必要的资金。在银行协议(banking arrangements)发生了一次变动后,D于每月1日而非15日给付资金,还如以往一般守信。每月15日之前,给付金钱的义务并未到期,但因为提前受领并不会害及E之利益,E应受领给付[第Ⅲ-2:103条(提前给付)]。是以D之提前付款系对其债务的履行。E因提前付款而得到利益(比如从受领资金到转出资金期间的利息),这一利益系因D清偿(虽然提前,但被受领)法律行为下的债务而生之利益。凭借双方当事人之间的契约,得利有法律上之原因。本卷下之责任不会产生。双方契约中的明示或默示条款当然可以课E以义务,令其就预付资金的利益向D报账,但这完全是契约性质的。因契约规定而生的返还权利不受本编影响:参见第Ⅶ-7:101条(私法上其他请求返还的权利)。

容忍他人坐享权利的义务。

本卷并不区分因积极给付所生之得利与因履行消极债务所生之得利。不论哪种情形,债权人就所得利益皆得主张权利:得利系由债务人所授予,还是由债权人所收取[债务人得忍受债权人的介入(interference)],无关紧要。

示例6

D将公寓租给E,租约允许转租。E利用这一权利将公寓转租。D无从依本卷就E主张权利,因为后者不过是行使D依有效契约授予之权利。实在讲,除了这一法律上之原因外,租赁契约既然准许占有或者转租,那么其在财产法上的法律效果可以理解为,当E转租时,可以认为他是在利用自己的资财,完全谈不上通过牺牲D而得利。

示例7

D将珠宝出质给典当商E。依质押条款,E有权在D偿还本金并利息之前保有珠宝;D于约定期日未能清偿其还款债务的,E有权出售珠宝[并]自销售收入[优先受偿]。* 依质押条款对

---

* 原文当有脱讹。

珠宝加以保有和处分(还有对出售收入相当金额的保有),就这种利益,E得依质押契约对之主张权利。

作为他方当事人责任条件的给付。

以契约为据的权利扩张及于下面这种情形,即本来并无给付义务,所以为给付,是为了使他方当事人负授予某种利益的义务。比方说,一方当事人,仅在另一方当事人为或不为特定行为时方才受契约拘束,但另一方当事人并没有为或不为特定行为的义务(所谓单务契约),即为此种情形。这种交易的重要侧面是,受允诺人(promisee)一旦满足了允诺的条件,将使允诺无条件地具有拘束力,但其并不负有满足允诺的义务。同时,若是经他方当事人允诺的诱致,受允诺人有所行为,应会增益允诺人——比方说,该行为可能无异于提供了服务。这种利益被视为允诺人得据契约对之主张权利的利益,尽管给付人本来并不负给付义务。

示例8

E的宠物犬走失,遂于超级市场张贴海报,发现并归还失犬的,将获特别报酬。D阅读了海报,其后发现失犬并将之归还E。E之获利有法律上之原因。D以其行为就支付报酬的要约表示了承诺,遂得就E主张契约性权利(依单方有拘束力的允诺来分析,结果亦无二致,因为本条提到了"其他法律行为")。

示例9

业主E与房产经纪人D磋商,由D帮助寻找买主。据双方合意,D并不负此种义务,但若果真找到,E应将购买价款之特定比例作为佣金支付给D。D为房产发布了广告,果然有感兴趣的买家上门,并将房产成功售出。D所提供的服务对E来说构成有法律上之原因的利益。D仅得以双方形成合意的条款为据,对E主张契约性权利。

示例8的原理阐释。

至少就不当得利法而言,这种案型在功能上实际是或者可以比作契约债务的履行,并且应该与任何(其他)契约性给付一样处理。有效契约的当事人,自然要受契约条款所设计的报酬(及风险)的束缚,这一政策不但适用于典型双务契约,亦同样适用于这里的允诺。如果受允诺人得了激励,依他方当事人提出的有酬允诺而行为,该允诺因受允诺人从事允诺所要求的活动而具有了拘束力,这时再依不当得利法授予请求返还的权利,既没必要,也不明智。对受允诺人的救济,就是强制执行允诺。受允诺人若是对所要从事工作的难度或者所提出报酬的厚薄判断有误,也没有权利主张更多(例如,所提供服务的真实价值)。受允诺人着手去满足允诺所设定的条件,但是未能充分满足的,也作同样处理:受允诺人既然本其自由意志而决计一赌,自然也得承担失败的风险。欲令单方允诺具有法律拘束力而冒险,但未成功,这时,应该与契约性债务不完全给付场合适用同样的法律原则。

示例10

饮品果品厂商E发布悬赏广告,为其新产品"Slosh"征集广告语,奖金1000欧元,但获胜者得同意E将广告语用做宣传活动。D的设计胜出,E将其用于全球营销并大获成功。尽管D所提供之服务在价值上远逾1000欧元,其也不能超出这一契约价格而更有主张。尽管D并无创作广告语之义务,E仍得据双方当事人订立的契约就其得利主张权利。

(c)权利的范围

仅及于部分得利的法律上之原因。

若所授予的利益远远超出法律行为条款的要求,则法律行为下的权利仅及于利益之一部。相应地,法律上之原因亦仅及于该部分,超出部分无法律上之原因,应予返还,契约有规定的另当别论。

示例11

D对E负有500欧元的契约债务并安排银行转账来清偿债务。由于D的单方错误,指示银行将5000欧元汇入E的账户。因为D仅负500欧元债务,E之得利仅在该范围内有法律上之原因。依本条,其余4500欧元无法律上之原因。

不完全给付。

与前段所论情形相反,若是相对得利,得利人有权主张更多,也不会因此失其对得利的权利。这里的适例就是债的一方当事人的不完全给付。只要得利出自给付而给付又合乎契约要求,即有法律上之原因,即得对之主张权利,尽管尚未完全给付。至于说债务是在给付范围内(pro tanto)已受清偿,还是宗完整不可分债务,非得完全给付方能清偿,则无关紧要。在后一种情形下,一方当事人未能完全清偿债务,但其部分给付已使契约相对方受益,就尚未完成的部分,给付义务不能免除,至于请求对待给付的权利,只有在完全清偿了债务之后方能主张。只要得利人没有以不给付为由解除契约,即不会因得利而负返还义务。这种得利不大可能构成不当得利,因为:(1)对于失利人通常的救济方式乃是,在完全履行了自己所负的契约债务之后,主张约定的价款;(2)若是进一步给付已不再可能而且契约落空的风险非由失利人承担的,依第Ⅲ-3:104条(因障碍而免责)第(4)款(适用于"永久"障碍情形),契约债务自动归于消灭,这时,失利人得依第Ⅲ-3:511条(因给付所获利益的返还)至第Ⅲ-3:515条(在应予返还的时间到来后的责任)的规定请求返还所授予的利益。*

示例12

建筑公司D与地产开发商E缔结了一份豪华公寓楼建筑契约,竣工之日依固定价格付款。

---

* 原文为"第Ⅲ-5:111条(得为让与的权利)至第Ⅲ-5:115条(转移给受让人的权利)",当为手民之误,径改之。第Ⅲ-3:511条至第Ⅲ-3:515条所规制者系作为契约解除法律效果之返还。

D 等打下地基才意识到，严重低估了建筑成本，这契约在经济上大吃亏。由于 E 不肯重议价格，D 遂停了工。尽管打地基的工作并未卸下建造公寓的债务，E 仍得据契约对地基工程主张权利。E 之得利有法律上之原因。

示例 13

某大厦所有人 E 委托国际知名艺术家 D 于一面内墙绘制壁画。依约定，D 得亲自创作，不容他人插手[参见第Ⅲ－2:107 条(第三人履行)第(1)款*]，而且只有依约定设计完成了画作，方才支付约定报酬。创作途中，D 因自己的原因中毒身亡。由于契约履行的障碍出于 D 的自身不幸，而非 D 无从控制的其他情势，未能完成创作不可免责[参见第Ⅲ－3:104 条(因障碍而免责)第(1)款**]。就未完成画作之价值，D 之继承人不得以不当得利法为据请求相应价款，因为 D 系依有效契约而授予利益，E 之得利有法律上之原因。

极端案件中诚实信用的作用。

可能会有这样的极端案件，授予的利益极大，相形之下，未完成的给付实在微不足道。在这种情形下，如果我们同意，一方面受利益，另一方面又拒不履行对待给付义务(因为没有完全给付)的做法有失正当，那么我们也得承认，如果得利人坚持说，就其受领的部分给付，并无提供报酬的契约义务，则将违反应依诚实信用与公平交易原则行事的义务[第Ⅲ－1:103 条(诚实信用与公平交易)]。在这里，若是得利人拒绝重议契约条款，难谓不有悖诚实信用与公平交易原则。正是利用抽象的法律原则，契约法方能对任何极端案件都应对周全。

偏离契约条款。

因为得利的法律上之原因依赖契约下的权利，所以一般来讲，如果得利落于权利范围之外，即无法律上之原因。比方说，(因为对契约要求的根本认识错误，)所提出的契约给付越出了契约四角(four corners)，***是以得利人所受领者并非应受之债务，本条视此得利无法律上之原因。这时，若是规制法律行为的规范就返还权利设有专门规定，或者特别将返还权利排除，则应优先适用这些规范——尤其是下面的情形，一方当事人的债务履行并非全不对头，仅仅是不合标准，当事人只能寻求其他救济(例如，修理)这一事实已经暗示，请求返还的权利被排除了。参见第Ⅶ－7:101 条(私法上其他请求返还的权利)第(3)款。

---

* 第Ⅲ－2:107 条(第三人履行)第(1)款：规制债务的条款并未要求债务人亲自履行的，债权人不得拒绝第三人履行，如果(a)第三人的行为取得了债务人同意；或者(b)第三人就履行具有合法利益而债务人没有履行或者很明显债务人在履行期到来时不会履行。

** 第Ⅲ－3:104 条(因障碍而免责)第(1)款：若债务人之不履行系出于其不可控制的障碍，且不能合理期待其可以避免或者克服该障碍或其后果，则得免责。

*** four corners：四只角。指书面文件的字面所记载的内容，称“在它的四只角以内”。因每项契据仍假设为书写于一张完整的兽皮上，只有四只角，故名。元照，第 576 页。

(d)法律行为的有效性

总说。

得利是否有法律基础(得据法律行为对得利所主张的权利),取决于法律行为是不是有效。法律行为有效,方得据之对得利主张权利并为得利提供法律上之原因。法律行为必须有效这一要件,第(1)款(a)项并未将其明白写出,但可自反面解释而知:契约无效或者被撤销,或者因其他情形溯及失去效力的,则无从对得利主张权利,得利无法律上之原因,参见第(2)款。

有效契约。

因有效契约而得利的,有效契约为得利提供了法律上之原因。是以,一方当事人因恰当履行无可指责的有效契约而授予他方当事人得利的,不当得利法上之返还请求权利无由产生。

原理阐释。

因为这一规则排除了"无法律上之原因"从而否定了不当得利诉讼请求的一项关键要件(自功能角度言,)其效果实为,就有效契约恰当履行的法律后果,排除了不当得利法的适用。这里有不得不如此的政策考量,具有法律拘束力的协议的当事人,就其给付,只得请求契约所定报酬,方为妥当。在销售所得甚少以及约定报酬低于给付之市场价值的情形,这一点尤具意义:这时,当事人不得弃(具有法律拘束力的)交易而逐不当得利法下更为有利可图的诉讼请求。

示例14

D与E订立了一份热能煤销售契约,每吨75美元。到了约定交付期日,市场价涨到了每吨98美元。E靠这笔交易能赚到23,000美元,D则损失惨重。D如约交付;并得请求E支付约定价款。尽管E通过牺牲D而赚得盆满钵满,但D并不享有不当得利法上的权利(既不能请求返还所交付之煤,亦不得请求支付当前的市场价)。E取得煤之所有权,就此得利,E得依销售契约主张权利。

特别讨论:不影响契约有效性的事宜。

尤其是,若得利人得依有效(或者可撤销但未撤销)契约对得利主张权利,则即便有诸如错误、欺诈、胁迫之类的事实,亦无关紧要。但在依规制法律行为的法律(也就是契约法)决定契约或者其他法律行为是否有效进而得利是否有法律上之原因时,这些事宜则关乎紧要。契约系因错误或者欺诈而订立的,若该错误或者欺诈尚不足以令当事人享有撤销契约之权或者当事人并未行使此项权利,则就依契约所授予之得利,亦不得依本卷规定请求返还。虽有某些因素败坏了一方或者多方当事人同意表示的品质,可契约若是仍旧有效的,得利有法律上之原因(第(4)款另当别论),不生本卷之责任。

示例15

地产开发商D与一片闲置土地的所有人E订立契约,购买大幅未开发地块兴建豪华住宅区。E自当地报纸得知，邻近机场已得扩建许可，未来几年，噪声污染当会加剧，而D还懵懂未觉。不过，噪音污染会加剧到何种程度，却难以估量。约定价款倒还不算离谱，仍在一个知晓了此种不确切风险的购买人可以合理期待的价格浮动范围之内。因为E并不知道也不能合理期待其知道D并不晓得这公开的信息，所以契约不可撤销[第Ⅱ－7:201条(错误)第(2)款*]。D不得以其若是知晓了相关信息则不会订立契约或者不会以该价格订立契约为由请求返还已经支付给E的全部或者部分价款。E之得利有法律上之原因。

示例16

D的外甥女E即将大婚，D允诺赠与2万欧元大礼。践行允诺后，D惊觉外甥女婿竟是钱布天下的地产大亨。早知新郎富饶如此，D才不会摆阔。但就目下的讨论来说，我们只能认为，D的赠与允诺具有法律拘束力，这一性质不会因为D就E未婚夫经济状况的错误假定而遭破坏：风险由D承担，谁让他在允诺之前没有调查清楚这对新人的财产情况呢：参见第Ⅱ－7:201条(错误)第(2)款。既然D没有撤销赠与允诺的权利，给付即有法律上之原因，因为E得据法律行为对之主张权利。虽说D打肿脸充胖子全是认识错误给害了，却也无改前句之判断。这里的错误无碍允诺之效力。

特别讨论：赠与。

利益系通过无瑕疵赠与所授予的，得利有法律上之原因，不当得利法上之权利请求无从提起(既不能请求返还所授予之利益，也不得请求支付利益之价值)。当事人纵然深感在交易中吃了亏，却也不能利用不当得利法来扭转那有偿契约的效力，同样，也无从援引不当得利法来拆卷那令其懊悔不迭但却是有效的赠与。

示例17

D将家族公司的大笔股份赠与E，嗣后因E寡才少能而失悔，但不能以错误或者情势变更为由撤销赠与。D不得依本编请求E返还得利。E因赠与而自D处得利，得据法律行为相对于D主张权利，得利有法律上之原因。

示例18

为了规避遗产税，D老决定将大笔投资赠与其子X及儿媳E共有，而不是利用遗嘱来处分。谁知赠与之后，X与E缘份散尽，终致劳燕纷飞。依离婚协议，X持有该笔投资的1/3，E为2/3。就E之得利，D虽叫苦不迭，但这婚变的风险只能由其承担，故不得撤销赠与。只要D未以受赠人婚姻关系的存续作为赠与条件，即不得依本卷对E主张权利。

可撤销但未撤销的契约。

可撤销但未撤销的契约仍有完全法律效力，当事人得据之对他方当事人的给付主

---

* 第Ⅱ－7:201条(错误)第(2)款：当事人不得以错误为由撤销契约，如果(a)在客观情况下，该错误之发生不可避免；或者(b)该错误的风险已由该当事人承担或者在客观情况下应当由该当事人承担。

张权利并为因此授予的利益提供了法律上之原因——契约本可能被撤销一节于此无甚意义[可自第(2)款由反面(e contrario)推知,依该款,法律行为被撤销的,当事人即无权利]。是以,契约可撤销但事实上并未撤销,因他方当事人履行契约债务而得利的,有法律上之原因。比方说,撤销权因依第Ⅱ-7:211条(确认)所为的确认而丧失的,即为此也。* 在法律上,此类契约与任何其他完全有效的契约别无二致。不论在哪方面,契约都是有效的,当事人就其被诱致订立契约一节固然可能获得其他契约性救济,比如第Ⅱ-7:214条(损失赔偿)下的损害赔偿请求权,却与此处无关。关键事实是,契约效力在法律上未遭质疑,仍安之若素。

中止给付的权利。

尽管给付方当事人有(但未行使)中止给付的权利,他方当事人仍得据法律行为对得利主张权利。与[未行使]撤销权的情形一样,负有给付义务的当事人依法律行为授予他方当事人的利益,不因前者有中止给付的权利而无法律上之原因;(当事人并未行使的)中止给付的权利不会剥夺他方当事人契约下的权利。

示例19

D同意将其股权让与E。依契约条款,双方应同时履行。E未于约定期日付款,但保证马上着手。虽然D依第Ⅲ-3:401条(中止履行对待债务的权利)有中止给付的权利,但仍将股权让与了E。D不得依本编请求返还所让与之股权,E之得利有法律上原因:E得据(有效)买卖契约请求让与股权,此种权利不会仅仅因为D有中止给付的权利而丧失。若E仍不付款,D得解除契约并依契约法请求返还股权。

不具执行力(但有效)的契约债务。

我们一直讨论的情形是,受领人得据有效法律行为主张权利是以得利有法律上之原因,本卷下之责任因而被排除;若是法律规定,在特定情形下,契约有效但不具执行力的,也属于这种情形。此时,当事人得履行其协议,但就所授予之利益,不得请求返还。这或会带来倘来之物,但别有立法政策上的考虑:这里所以将请求返还的权利排除,是为了提供激励机制,避免缔结一些会因为强制性规范而不具执行力的契约。

示例20

E的车辆被X过失损坏。修理期间,E租用D的车辆。双方同意,直到E对X提起损害赔偿之诉,支付租赁费用的债务方才到期。依消费信贷(consumer credit)立法,延期支付租赁费用的协议构成了消费信贷之提供,而租赁契约因为不符合法定形式要件而不具执行力。因为使用车辆的契约有效(尽管不可强制执行),D有义务让E得使用车辆(尽管D有权拒绝给付)。故而,就使用车辆这种得利来说,E是得据有效契约(尽管不可强制执行)主张权利的。E之得利

* 第Ⅱ-7:211条(确认):依本节规定有撤销权之当事人,在发出撤销通知的期间开始起算后,明示或者默示地对契约加以确认的,撤销权即被排除。

遂有法律上之原因。E 并不负有不当得利法上的责任去为车辆的使用向 D 支付合理费用。D 固然不得强制执行请求约定的对待给付的契约权利,但这一点并不会令得利无法律上之原因。这是政策问题,源于协议的不可强制执行性质。基于类似的理由,得利亦不会因第(4)款而无法律上之原因:E 是受消费信贷立法保护的,我们不能认为 E 会同意,在这种情形下,得利应依第(4)款(c)项的规定返还。

罹于时效之债的清偿。

中止给付权利的存在(但未行使)并不会影响法律行为(相应地,得利人就得利的权利)的效力,再一个例子就是时效了。依消灭时效法,债权人请求给付的权利因未能在法定期间内主张而失落(参见第三卷第七章)。时效期间经过之法律效果非在消灭债务,而仅在使债务人得拒绝给付[第Ⅲ-7:501 条(一般效力)*]。债权人请求给付之权利虽罹于时效,却不失其存在,缘时效所影响者仅在权利之强制执行力。请求权利虽逾时效期间而债务人仍自愿给付的,债权人因此所得利有法律上之原因。这一规则见于第Ⅲ-7:501 条第(2)款,债务人就其所为之给付,不得仅仅以给付系于时效期间届满之后提出为由请求返还。

示例 21

E 旅店为 D 主办的赛事提供膳宿服务,D 尚未支付费用。时效期间届满后,D 仍应 E 之请求而给付,D 不得请求返还。尽管给付之时,E 之权利已失强制执行力,因 D 得据时效法拒绝给付,但该给付仍系有效契约债务之清偿。

仅面向将来消灭的债务。

利益授予之后,以之为据的法律行为失其效力,但(与契约的撤销不同)并不溯及既往的,这时,得利仍因法律行为下之权利而有法律上之原因。法律行为仅仅是面向将来失去效力。是以,虽然某宗未完成债务的债务人不再负给付义务,但于债务失去效力前已为给付的,仍被视为有效债务之清偿。在法律行为面向将来失去效力之前为履行该法律行为下之义务而授予的利益,依这里的规则,仍被视为有法律上之原因的得利,因为就过去而言,对得利的权利未受分毫动摇。[可自第(2)款反面推知,该款规定,法律行为溯及既往地失去效力的,即无从主张权利]某种法律关系,若其法律后果应于该法律关系的特殊背景下予以拆卷的,此种形势生焉。此时的得利返还权利为何,要看规制该种法律关系的法律规则如何区处。若是没有特殊原因,这些法律规则不会不顾虑法律后果地将法律行为的效力加以生硬切割(过去—有效;将来—无效)。要么会制备特殊规整来处理得利返还事宜,要么出于慎重的政策考量,会将得利留于其所生之处。不管哪种情形,都是由这些规则来决定,此间是否应有返还权利的设计,如果是

---

* 第Ⅲ-7:501 条(一般效力):(1)时效期间届满的,债务人得拒绝给付;(2)债务人为给付所为之支付或移转,不得仅以时效期间业已届满请求返还。

的话，权利的内容又如何。这些返还性质的权利不受本卷妨碍：更请参见第Ⅶ－7:101条（私法上其他请求返还的权利）第（3）款。契约的解除（termination），* 契约或者其他法律行为的撤回（revocation）** 或者任意解除（withdraw）***，皆为此处之适例。

无效法律行为。

下面我们转向法律行为没有效力从而不能依第（1）款就得利主张权利的情形，首当其冲的自然是法律行为自始无效。第（2）款就此有明白规定。除非本卷其他规则（尤其是下条对第三人的保护）别有区处，得利无法律上之原因，当事人负返还义务。这一原则之适用不考虑无效原因何在；协议作为契约因某种原因而无效，即为已足。

契约无效的原因。

欲晓契约无效原因何在，于不当得利法中却是无从觅处。此乃契约法（包括契约法的一般原则以及规制特殊契约类型的特别条款）之职事。一个可能的原因是不符合必要的形式要件要求。虽说本规则 **** 对契约并无一般的形式要件要求［第Ⅱ－1:107条（形式）］，但总有例外，特殊契约法可能会引入此种规则［参见，比方说，第Ⅳ.G－4:104条（形式）*****］。还有，契约也可能因为违法或者当事人欠缺能力而无效。后种

---

* 解除（termination）：就现存的权利、义务或者法律关系，使其面向将来地归于消灭，除非有不同规定（参见本框架草案附录，定义部分）。主要见于第Ⅲ－1:108条至第Ⅲ－1:110条（债的一般规定部分，几种解除形式），第Ⅲ－3:501条以下（因根本违约而解除契约的相关规定），第Ⅲ－5:118条（自始无效、嗣后撤销、撤回、解除的效力），第Ⅳ.A－4:201条（买卖契约中货物不符时消费者的解除权），Ⅳ.D，chapter 6（委托契约非因债务不履行的通知解除）、chapter 7（委托契约其他解除事由），等等。

** 撤回（revocation）：（a）就法律行为而言，指享有相应权力的人将其取消从而使其不再具有法律效力，（b）就被授予或者转让之物而言，指享有相应权力的人将其取消从而使其恢复到原有的状态或者将其返还给授予人或让与人（参见本框架草案附录，定义部分）。主要见于第Ⅱ－4:202条（要约的撤销）（相当于我国《合同法》第18条即要约的撤销，框架草案并无与我国《合同法》第17条即要约的撤回相当的条款）、第Ⅱ－9:303条（利益的拒绝或撤回）、第Ⅳ.D－1:104条（委托的解除）（相当于我国《合同法》第410条，不过框架草案的这一条仅言及本人的解除权。《德国民法典》第671条分别用Widerruf与Kündigung指称本人与受托人单方消灭委托契约之权）、第Ⅳ.H－4:101条至第Ⅳ.H－4:203条（赠与的撤销）（大概相当于我国《合同法》第192条至第195条，《德国民法典》第530条以下所用术语为Widerruf）、第Ⅹ－2:204条（声明的变更或撤销）。中国法上的"撤销"似乎太多了，有意思表示因瑕疵而撤销（avoid，Anfechtung）、要约的撤销、法律行为效力待定情形相对人的撤销、赠与前的撤销、赠与后的撤销，还有债的保全中的撤销，内涵不同的应以不同术语当之，教义学上未臻精致。

*** 消费者的任意解除（withdraw）："任意解除"契约或者其他法律行为的权利，指不需要出具理由并且不需要承担债务不履行的责任而得解除（terminate）基于契约或者其他法律行为而产生的法律关系的权利。任意解除权必须在法定限制期间（在本规则内一般为14天）内行使并给予有权当事人（通常为消费者）额外的考虑期限。因任意解除权的行使产生的返还及其他法律效果适用相关的法律规定（参见本框架草案附录，定义部分）。见于第Ⅱ－5:101条至第Ⅱ－5:202条（消费者的任意解除）及相关条款。《德国民法典》第355条以下所用术语为"Widerruf"。因为第Ⅱ－5:105条明确，withdraw发生解除的效力（经修正），实为消费者享有的特别解除权，故译为［消费者的］任意解除。

**** 指《欧洲私法共同参照框架草案》（DCFR）。

***** 第Ⅳ.G－4:104条（形式）：消费者保证契约必须在耐久媒质上采取书面形式并由保证人签名。不符合前句要求的保证契约无效。

情形不仅涉及像未成年人或者欠缺充分意识能力的人这样的自然人，也与法人有关，超越法人权限的交易会因为法人欠缺能力而无效。

可撤销且被撤销的法律行为。

依第(2)款，若法律行为因撤销而溯及失去效力，则无从据之对得利主张权利。就不当得利法来说，法律行为一旦嗣后溯及失去效力，其最初虽曾有效，亦无关宏旨了。该款意旨写得明明白白，对得利所得主张之权利嗣后溯及失其效力的，不得仅仅因为该权利于得利授予之时有效存在而使得利有法律上之原因。

示例22

特种车型收藏家D欲购E的老爷车，特征询后者，哪些原部件更换过。E言之凿凿，不过轮胎、一些电缆和次要部件。事实上，E隐瞒了真相，汽缸、镶板和轮轴皆已非复旧物。D同意出价3.2万欧元，可若是不受欺蒙，他肯定不肯成交。D嗣后发觉真相，遂向E发出撤销通知并将车辆归还。依本条，E之得利(受领金钱)无法律上之原因。D于增益E之财产时确实负有给付义务，但这不会令得利有法律上之原因，因为请求给付的权利给溯及地消灭了。

撤销契约的事由。

契约撤销事由不见于不当得利法，此亦为契约法职事。契约及其他法律行为的一般撤销事由集中规定于第二卷第七章(效力欠缺的情形)。而各种特别契约，还会设计特别的撤销事由。比方说，债权人违反了通知保证人的先契约义务的，保证人得撤销其保证：第Ⅳ.G－4:103条(债权人的先契约义务)第(3)款。

撤销权的行使与不得撤销的情形。

只有针对得利所得主张之权利确实被撤销，方得依本款谓得利无法律上之原因。如前所论，失利人有撤销债务之权，仅此尚不足以令得利无法律上之原因：单单(过去或现在)有撤销权还不够。权利必须已经行使。撤销权之行使，要求失利人将其撤销意思通知契约相对方(未必是得利人)[第Ⅱ－7:209条(撤销之通知)]，除非当事人先已达成合意，采取更为自由的撤销机制[第Ⅱ－1:102条(意思自治)]。撤销权可能因为时间之经过[第Ⅱ－7:210条(时间)]、契约之确认[第Ⅱ－7:211条(确认)*]或者他方当事人就不给付求助了损害赔偿的替代救济措施(可能相当于默示确认)[由第Ⅱ－7:216条(竞存的救济措施)可推知，这些救济措施不得聚合]而丧失。

法律行为溯及失去效力的其他情形。

撤销并非契约溯及失去效力的唯一方式。溯及失去效力意义上的“无效”(without effect)外延广泛，但凡依法律规定，成立之时本来有效的法律行为回溯至其成立之时而无效的，皆属此类。比如契约当事人约定，若特定条件成就，则协议自始无效，即为此处适例。双方约定的解除条件的回溯效力可能落入第(2)款——其法律效果为，一方

* 原文作“第Ⅱ－7:212条(撤销之法律效果)第(2)款”，当为手民之误，径改之。

当事人之得利相对于授予利益方当事人,无法律上之原因。但很显然,在这种情形,完全有可能,当事人所约定者并非令契约无效,而是设定(契约性质的)得利返还请求权利。如此,则不过是对契约债务的修正(从对待给付到返还),正如契约解除一样:契约照旧有效,但债务条款却改样了。若是如此,则因先前给付所得之利仍有法律上之原因,因为契约并未"无效"。此乃契约法之事宜,不当得利法派不上用场了。

无效的不法契约。

契约效力因不法而遭败坏的,就依其所予之得利,需要格外留意。视个案中不法性的具体情形而定,第Ⅱ-7:301条(违反基本原则的契约)及第Ⅱ-7:302条(违反强制性规范的契约)就契约效力设计了各种可能结果。契约被宣告为不具效力的(no effect)——也就是说,契约被视为自始无效的——适用此前就无效契约所阐释的道理。契约违反了欧盟成员国法律之根本原则的,即为此类:参见第Ⅱ-7:301条。在光谱的另一端,契约被认定为具备完全效力的,则不待蓍龟可知:此乃有效契约,因恰当履行所获之得利有法律上之原因,得据有效法律行为对之主张权利。契约仅被认为应予变更的,不会溯及地失去效力,契约并非"无效"(without effect)。因履行此等契约所获之得利,仍有法律上之原因。此时,任何请求返还得利的权利——比方说,出于公共政策的考虑,将请求对待给付的权利转化为请求返还的权利——完全交由契约法规制。契约具有部分效力的情形也是如此,在这种情形下,虽有债务却无请求给付的相应权利:这不过是不可强制执行债务的特例,这里,债务人有拒绝给付之权。还有一种情形,遭不法性败坏的契约实际上是可撤销的,因为仅有一方当事人(不法性规则的保护对象)会质疑其效力。这时,与因任何其他原因可撤销的契约同样处理。

未成就的停止条件。

法律行为设立时可能附有停止条件——换言之,其效力取决于将来不确定事件的发生与否,是以仅当该事件发生时,权利与义务方才生效:参见,第Ⅲ-1:106条(附条件的权利与义务)第(1)款。当事人或者法律规则一般会设定一段时间,条件必须于该期间内成就,权利与义务方才生效——可能是固定期间,也可能是可确定期间(ascertainable period),若是并没有什么特别设计的确定或者不确定期间,则依条件的性质或者政策考量来定一合理期间。在某个阶段可能会发现,迄未成就的条件不再能成就。不管出于何种原因,条件无从成就(即,当事人得视条件为未成就,参见第Ⅲ-1:106条第(4)款)或者已不可能成就的,附条件的权利即不再具有拘束力。相应的附条件义务,在其尚处停止期间内而又终局性地不具有拘束力之前,通过履行该义务[使他方当事人]所获之得利,依第(2)款,视同依据无效法律行为所获之得利。契约他方当事人所获之得利无法律上之原因。

示例23

E1与E2行将大婚,D派送厚礼。人算不如天算,E2惊觉E1与他人有染,两人分道扬镳,婚礼告吹。D之赠与明示或者默示地系以婚礼既成为停止条件,是以无效。E1与E2因D之赠与而得利,无法律上之原因。D 得请求返还礼物。

(e)针对失利人的权利

仅对第三人得主张权利还不够。

要说得利有法律上之原因,那就要求,对得利所得主张之权利一定得是针对失利人的权利。不能仅仅因为得利人为得利而订立了契约就认定得利有法律上之原因,契约还一定得是和失利人订立的。比方说,资金被错误记入不对头的银行账户,该账户开户人固然得针对开户行就该笔金钱主张权利,但不能仅仅因此就认为,相对金钱之让与人或者存款人,得利有法律上之原因。

对善意与无权第三人为交易者的保护。

得利人为受领的利益善意地向第三人有所给付的,应受保护。此外,财产的商业流转合乎公共利益,若是善意取得人竟至不敢信赖货物或者服务出让人的表见权利(apparent title),此种公共利益将大受摧折。本卷于此节自当有所考虑,途径有二:其一,或得依法律规定对得利主张权利(详参下文*);其二,第Ⅶ－6:102 条(善意与第三人为法律行为)特别规定,**得利人若系善意有偿与第三人从事交易而得利,不当得利责任于此网开一面[参见,示例 25]。最后,即便这一抗辩无从援引的(比方说,得利人并没有为了受领利益而向第三人支付),仍得据善意对责任加以限制,或者依第Ⅶ－6:101 条(得利减损)主张境况变更抗辩,或者,哪怕第三人没有为任何相对给付(countervailing outlay),如果得利仅得以金钱形式返还的,得乞援于第Ⅶ－5:102 条(不可移转之得利)。

示例 24

大厦所有人 D 雇 X 为司阍,X 私下将一套公寓免费租与友人 E。就 X 未得其雇主授权一节,E 并不知晓。现 D 请求 E 支付相应租住期间的租金。就 E 之得利,无从对 D 主张权利,因为 X 虽自称 D 之代表或已得 D 之许可,实仅有看管之责,并无明示、默示或者表见的授权。相对 X,E 之得利有法律上之原因,但对 D 则否。不过,E 对 D 所负之不当得利返还责任的范围如何,还得看第Ⅶ－5:102 条(不可移转之得利)。

示例 25

X 自 D 的超市中盗出猪肉若干,售与屠户 E(不知情)。E 将猪肉灌肠,销给顾客。依相关财产法,猪肉既系脏物,E 不能依买卖契约取得肉之所有权,但又因加工而取得肠之所有权(并因资财增加而得利)。相对 D,E 无从就得利主张权利,得利无法律上之原因。E 与 X 间的猪肉交易并不能为 E 之得利提供法律上之原因,但或使 E 得援引第Ⅶ－6:102 条(善意与第三人为

---

* 评论 C。

** 第Ⅶ－6:102 条(善意与第三人为法律行为):若得利人(a)因换取得利而给予第三人其他利益;且(b)得利人当时为善意,亦不负得利返还义务。

法律行为)的抗辩。

连带债务因部分债务人清偿而消灭。

一人权利之实现,或会使他人因之得利,尽管得利人就此并不享有权利,这种情形的一个具体而微的表现就是连带债务人超出自己的份额为清偿。所以会出现这种局面,是因为相对于债权人来说,所有连带债务人都负全部清偿义务[参见第Ⅲ-4:102条(连带债务、可分债务以及共同债务)第(1)款]。债权人自复数连带债务人中一人处受领清偿的,全部债务消灭。依本条,债权人之得利有法律上之原因,因为其有权请求任一债务人为全部清偿。可是对其他共同债务人的得利来说,就并非如此了:他们对共同债权人所负的债务因某一债务人的清偿而消灭,但并无第(1)款(a)项意义上的权利为此得利提供法律上之原因,因为没有哪一个债务人有权请求其他共同债务人清偿自己的份额;在共同债务人的内部关系中,每个人都对适当份额负有责任。请求分摊(contribution)的权利见于第三卷第四章规制连带债务人内部关系的规范,尤其是第Ⅲ-4:107条(连带债务人间的追偿)。依第Ⅶ-7:101条(私法上其他请求返还的权利),那些规范不受本卷影响。

C. 法庭裁决或者法律规定

(a)概述

以法庭裁决或者法律规定为据的权利。

依第(1)款(a)项,若是相对失利人,得利人得据法庭裁决或者法律规定对得利主张权利的,得利亦有法律上之原因。当然,第(3)款施加了限制,第(4)款也有适用的可能。

法庭裁决。

法庭裁决一般都会执行权利,要么就是依法行使自由裁量权,其效果实为授予权利。以法庭裁决为据的权利为得利提供了法律上之原因,因为一般来讲,赋予了得利人某种利益,总会要求得到补偿,可这样的政策考量在法庭裁决这里不存在,要么就是推动或者授权法庭裁决的法律规则已经把这些问题解决了。但精确勘定法庭裁决的范围和效果仍很重要,因为任何超出其措辞、得不到其支持的财产移转原则上都无法律上之原因。

示例26

一对非婚同居伴侣劳燕分飞,法庭依法裁决,将男方的平房判给女方。可是就从分手到法庭将平房的权利转让给女方期间女方居住房屋的利益,男方仍得据本编请求返还,不受裁决影响。

示例27

保险人依上诉法院裁决向投保人支付了10万欧元,但终审法院推翻了下级法院判决,将应付金额减至5万欧元。保险人得请求返还多付的5万欧元。

法律规定之一般。

法之形式渊源于此无关紧要。应该中立地和不带教条色彩地来理解“法律规定”(rule of law)这一术语,包括初级立法和次级立法,* 以及为司法判决所承认和适用的规则。

非契约债务。

据法律规定所得主张的权利包括请求赔偿、返还得利、交付收益以及依非契约责任法所生的其他救济措施的权利。所谓非契约责任,系指因侵害他人、不当得利、好意介入他人事务[即无因管理]以及其他法定法律关系而生之责任。

重点讨论:好意介入(benevolent intervention)。

从作用上看,本款并将因好意介入得利人事务而授予得利人的利益排除在了不当得利法之外。此种介入得被视作增益本人:本人因介入人的服务或者工作而受益。而对提供了服务或者从事了工作的介入人来说,则蒙受了相应不利。可是,独立于第(1)款(b)项,就增益本人的服务或者工作的价值,好意介入人并不得主张本卷下的请求权,因为本人得据法律规定就此得利主张权利。就其提供的服务,好意介入人获得补偿的唯一权利见于好意介入法,仅在“介入事务合理且发生于介入人营业或者业务过程中”的情形下,方得请求报酬[第Ⅴ-3:102条(获得报酬的权利)]。这一报酬请求权不受本编影响:参见,第Ⅶ-7:101条(私法上其他请求返还的权利)。

好意介入的要件。

要因此将介入人的权利拒于不当得利法门外,先得满足前提,即增益活动必须充分(适法)好意介入的特殊要件[参见,第Ⅴ-1:101条(为本人利益而介入)]。多管闲事的(officious)介入非为好意介入——或者没有充足理由(比方说,明知违背本人意志而介入),或者主要目的不在于增益本人(比方说,主要是为了自己得到好处)。另外,我们要注意,虽无介入之正当理由,但只要本人嗣后毫不迟延(从而不会损及介入人)地对介入行为加以追认的,即无碍好意介入之成立。正因为这种追认的潜在可能,某介入行为便有可能在法律上被溯及地定性为好意介入。

本卷规定的作用。

本卷是要将好意介入人(失利人)束缚于好意介入法授予的权利范围内,以免不当得利法侵蚀为好意介入法所奉若珍贵的价值。

示例28

D隔窗遥见邻居E房内火光灼灼,已呈蔓延之势,遂持灭火器冲入施救。D为E提供了服务,E相应得利。但D不得依本卷向E主张权利,E所获利益系因D好意介入而授予。D对E

---

* 初级立法(primary legislation)系由立法机关制定之法,次级立法(secondary legislation)系指经立法机关授权,由行政机关所立之法。

所得主张之权利,仅受好意介入法规制。

理论阐释。

若是适用不当得利法,介入人得请求本人偿付介入人所提供服务或者工作的价值;而依好意介入法,介入人则未必能就其工作价值主张权利。一般而言,就所提供的服务来讲,(与好意相契,)介入人在本质上被看做是施惠于本人,仅得请求偿付其支出的费用(或者补偿其负担的债务):参见第Ⅴ－3:101 条(获得补偿或请求偿付的权利)。仅当介入发生于介入人之营业或者业务过程中的,介入人方得请求相当于其履行价值的报酬:参见第Ⅴ－3:102 条。* 而在具体案情下(典型情形为,本人并未同意或者授权介入),不当得利请求权会被限制于本人的资产节省范围内:参见第Ⅶ－5:102 条(不可移转之得利)。在介入行为实施恰当但未能实现预期目标的情形,是请求偿付所提供服务的价值还是本人实际的资产节省,把两种权利区分开来十分重要。

追认的重要性。

就好意介入过程中所从事工作的这一区别处理凸显了追认的重要性。介入人的行为一旦得到追认,介入人本来可能主张的任何不当得利请求权随之烟消云散,好意介入法下的请求权利应运而生,介入一变而为好意介入。由不当得利法向好意介入法的这整套规则转换,要说到底是本人还是介入人将最终从中获益,得视具体案情而定。

财产法上的权利。

以法律规定为据的权利,典型形式系以财产法为据,在效力上一般地对抗第三人——当然也就可以对抗失利人,哪怕得利所自完全没有牵扯失利人。

(b)依法律规定对得利所得主张之权利:第(3)款

总说。

即便法律已经赋予得利人对得利的权利,而且该权利可以对抗失利人,仅此本身还不足以为得利提供法律上之原因。法律赋予之权利必须使得利人享有得利下的一切利益,得保有这利益而不必为此补偿些什么,使得利人能豁免于本卷的责任之外。我们得认识到,法律赋予的权利其意义到底为何,要依法律规定的性质及背景来判断。

伴随其他责任的得利。

在这类案型中,有其他私法规则为当事人提供了请求返还或者赔偿的权利。而本卷所赋予的权利呢,最好时也不过是对其他规制的重复,最坏时还会相互抵牾,因而排除适用,而得利也被视为有法律上之原因。在这里,赋予得利合法性的其他法律规则同时设定了责任额度,若是再依本卷加以不同责任标准,抵牾在所难免。这些规则所以赋予对得利下一切利益的权利,是因为这些规则也为这项权利设定了条件。

---

* 原文作"第Ⅴ－3:101 条",当有误。

示例 29

据法令,免费演出戏剧作品的(学校演出除外),可收取合理酬金。* 至于这酬金是纯粹根据市场法则来计算,还是同时将社会目的、公平等因素纳入考虑,乃是法律解释问题。不论如何解释方为恰当,依本条,演出人之得利有法律上之原因,因为法令设计了一套完整机制来补偿版权人。法令意图即在于确定合理的补偿标准,若是依本卷另课责任(可能超出法令的责任标准),则会违背法令目的。

不伴随责任的得利。

在其他案件中,出于政策考虑,赋权得利人的法律规制压根儿就没有提供任何赔偿救济。法律的目的正在于令得利人享有倘来之物——并无债务可用来解释原因的得利。在这种情形下,本条的作用是排除依本卷请求返还的权利(第(4)款除外),进而授予保有得利(虽然没有什么债务可用来解释原因)的绝对权利(positive right)。同样地,得利人被视为依法律规定有权享有得利下的一切利益。

对不当得利请求权的排除不必明示。

对得利的权利也就意味着享有得利下的一切利益,至于法典、其他法律规定或者法庭裁决是否将这一点揭明,却是无关紧要。只要不当得利法下的责任与法律规定或者法庭裁决的目的相抵牾,这种对利益的权利就会随之而生。这种抵牾,只要基于对法典、其他法律规定或者法庭裁决的功能的评估,能够推断出来或者发现其隐含于法律之内,也就足够了。

对得利享有权利,但仍依本卷负有责任。

在光谱的另一端,是这样的案件,虽依法律规定,得对得利主张权利,但能否将得利下的一切利益收入囊中,制定法却三缄其口,而且依本卷课以责任与赋予对得利的权利也并不抵牾。就这样的案件来说,不论是在法律规则中,还是在其背景中,都没有任何蛛丝马迹表明,就因法律规定所授予的得利,作为债法上的事宜,得利人不应负返还责任;法律规则本身并没有否定,得利人就所受利益应有所付出。换言之,法律所以赋予权利,是出于法律确定性或者简单化的考虑,或者是为了保护第三人,而这些考虑并不意味着,得利人也应该得到经济上的利益。

示例 30

M系J的母亲,依社会登记,M有权代表J受领儿童补助,社会保障部门遂据此向M支付。但事实上,M与J父F已离婚,F取得了监护权,相应地,受领补助之权亦在F。M应将所受利益交给F,因为社会登记仅具形式意义,相对于监护权人来说,并不能为保有补助提供任何实质意义上的法律原因。

---

* 大概是指不得向观众收取费用,但组织者应向表演者支付费用。

权利转让规则。

这里特别要讨论规定权利于特定情形下转移给他人的财产法规则，比方说有关从非所有人处善意取得的规则，还有关于混合和添附的规则。这些规则将权利授予得利人：从财产法上讲，得利人乃是所涉资财的权利人，不但得对抗失利人，亦得对抗一切人。但这并不意味着依法取得权利的得利人就必然不会承担不当得利返还责任。要想如此，权利必须能够排除依不当得利法就所获利益解释原因的责任。财产法的特定规则，是仅仅用来移转形式上的权利而无意于解决双方当事人之间的经济平衡问题呢，还是亦以授予真正的利益为目的呢，得视具体规则以及法律所以在特定情形下承认权利转移的理由何在而定。如果取得了他人财产的权利却没有任何牺牲，我们可能就得假定，所取得的不过是名义上的而非实质上的权利，得利人便得为倘来之物解释原因，除非权利移转规则中还隐藏着其他政策考量，正好针对本编下的责任。相反，若是相关财产法规则的目的即在保护购买人或者为得利已经有所牺牲之人，我们就可以认为，得利人得就其中一切利益主张权利。如果财产法规则本身提供了某种机制，在特定条件下（比方说补偿取得人），被剥夺了财产的所有人得向善意取得人要求恢复其权利，*那么，也与前句同样处理。因为这一规则明确假定，［若无补偿，］得利人不必将其获得的利益拱手让出。

示例31

X自D处租得一套音乐设备，嗣后售与E。X虽无处分权，但这并不影响买卖契约的效力：参见第Ⅱ-7:102条（自始不能）。** 依相关财产法，E既系善意有偿购得，故取得设备所有权。相对［无权处分人］X来说，E之得利有法律上之原因，因为E得根据与X的［买卖］契约就利益主张权利。但E与X的［买卖］契约却不能同样赋予E得对抗D的权利，相对D来说，E之得利同样有法律上之原因，依据却是规制善意取得的财产法。这些财产法规则不仅将原先属于D的所有权授予E，而且及于因之而生的［经济上的］利益。

向消费者主动提供的商品或服务。

既得对得利下之利益主张权利同时又排除了不当得利责任的再一种情形是，工商企业未经定购向消费者主动提供商品或者服务的，消费者原则上就此不负任何责任：参见，第Ⅱ-3:401条（不答复不生债务），遵循了欧盟指令97/7号（EC Directive 97/7）的原则。第Ⅱ-3:401条第（1）款（b）项明确规定（前提是，商品或者服务的提供非出于错误或者类似情势），“［不论是］取得、保有、拒绝或者使用［未定购］商品，或者受领［未定购］服务所生利益，皆不生非契约债务”。本卷下的责任因之被排除。

---

* 如同中国《物权法》第107条第2句后半句。

** 第Ⅱ-7:102条（自始不能）：“契约不会仅因其成立时的债务履行不能或者当事人就所涉标的无处分权而全部或者部分无效。”

示例32

工商企业在营业过程中为引诱顾客购买自己的产品,通过邮局主动供货的,就受领的所谓未定购商品(unsolicited goods),消费者不负本编下的返还责任。

破产人债务之免除。

不当得利责任为制定法所明示或者默示排除的再一个例子就是,因破产程序,破产人的未偿债务为法律所免除。

示例33

依破产法,债务人的全部债务都被免除。破产人因责任减轻而得利,债权人针对破产人的权利消灭,资财相应减少,故蒙受不利。破产人之得利因有破产法的规定而有法律上之原因。依破产法的规定,破产人得就得利下的利益主张权利。就因法律规定而被免除的债务,若是债务人要对先前的债权人负新的责任(a fresh liability),则将有违那些法律规定的目的。

取得时效。

本卷下的责任为制定法规则所默示排除的另一种情形为权利的时效取得。依财产法,时效占有人得因时间之经过而取得不可废除的权利(indefeasible title),* 目的在于维护法律确定性并督促权利持有人尽早行使权利。就因时效法而转归新所有人的财产,若是先前的所有人还能依不当得利法主张权利,依债法规定请求返还,时效法将因之大受摧折。这实际上延展了所有权争议的解决期间,与此类争议的法定期间设计目的相舛驰。

为法所许之权利侵犯。

在许多情形下,为了广泛的公共利益目的,立法允许对他人财产权的侵犯。这差不多就等于授权利用他人财产进而获取得利。立法一般会明示或者默示,就这种获有授权的侵犯,获有授权之人就其所获利益不负解释原因之责。

示例34

据某法令,为了从事自己土地上的工作而必须进入邻地但又未得邻人同意的,得请求法院发布命令,授予进入邻地之权。又据该法令,除非申请人的土地为宅基地,否则法院于其发布的命令条款中得要求,申请人应向邻人支付公平且合理的费用,作为获此权利之对价。E获颁命令,得据此进入邻人D的土地修缮自己的房屋。E利用了D的土地,但得利有法律上之原因:依法庭裁决,E有权进入D的土地;而且在本案情形下,申请人不负支付费用的义务,不当得利法下的同类责任当然也应该排除。E有权得到得利下的一切经济实益。

---

* Indefeasible:不能废除的、不能收回的、不能使之无效的,通常用以指某种产权或其他权利。元照,第681页。

更多的例子。

我们讨论的是,对得利所得主张的权利明示或者默示地排除了对失利人的任何返还或者赔偿责任,可是要开列一张完备的清单,将所有情形罗列殆尽,却至为艰难。下面的例子不过用来说明这一规则的涵盖之广。

示例35

依法律规定,为特定教学目的,教师得将受版权法保护的特定类型出版物裒集成册,当然在数量上受有限制。尽管行使此项权利的教师(及其雇主)利用了他人资财(即版权人所享有之版权),但依本条,得利有法律上之原因。立法目的在于,促进优秀作品于教学中的运用,减轻教育机构获得许可使用权的成本(可能非常昂贵)。若是教师(或其雇主)就复制行为应依本编负支付合理费用的义务,则制定法的目的亦将落空。立法意在使此项得利上升为权利,能够无偿取得,并使得利人能享有此间的经济实益。

D. 对蒙受不利的同意:第(1)款(b)项

(a)对蒙受不利的同意

同意的含义。

本条所谓"同意"意指纯粹的同意。对蒙受不利的同意,其品质未为诸如欺诈、胁迫或者危难被乘这样的因素败坏的,换言之,系自愿而为的,方能为得利提供法律上之原因。另外,同意必须"无错误"(without error)。失利人所蒙受之不利,系因得其授权之人的作为或者不作为造成的,亦属同意范畴。

故意增益他人。

同样,失利人明知而授予他人利益或者授权第三人为此的,亦属经同意而蒙受不利。

偶然利益。

依第(1)款(b)项,为得利提供了法律上之原因的乃系对蒙受不利的同意,而非对得利之合意。既然如此,在追求自己利益过程中带给他人偶然利益(incidental benefit)的,原则上,便为有法律上之原因的得利。某人在自己的权利范围内增进自己事务的,便是就不利—得利等式的自己一侧表示了同意。至于他人会因此而得利,而且这一结果既非行为人的意图,亦未为其所料及,则无关紧要。

示例36

土地公司D为自己土地利益计,建造了一套灌溉系统,邻地的灌溉条件亦因之而改善。依本条,邻地所有人E之得利(就D之工程同时惠及D与E而论)有法律上之原因,因为D之工作系自愿而为,因而也就表示了同意。D并不知晓其无意间施惠于E,这并不构成错误。

类似地,擅自占用他人土地之人(squatter),明知土地属于他人(因而就土地的权利状况,并无认识错误),为了自己舒适而改善了土地条件,此间风险理当自担。他就蒙受不利(这给土地所有人带来好处)表示了同意。就占有人因改良财产而请求返还其改良费用的权利,若是财产法作了特殊(不同)规定的,这些特殊的权利也不受影响:参见第Ⅶ-7:101条(私法上其他请求返还的权利)第(3)款。事实上,在这种情形下,第八卷的财产法并未为占有人提供什么更为有利的特殊规则;仍受不当得利法的一般规则辖制(参见第Ⅶ-7:101条第(1)款)。

(b)错误

总说。

依第(1)款(b)项,虽有对不利之同意,但若同意表示系因错误而为的,则不能为得利提供法律上之原因。不论是事实错误,还是法律错误(详参下文),都必须构成蒙受不利之原因,而不能仅仅事出巧合。另外,我们还得注意把就现存事态的认识错误(也就是本条意义上的错误)与对将来可能结果或事件的错误预测区分开来。

事实错误或者法律错误。

失利人的错误,既得为事实错误,亦得为法律错误。这也契合契约法中错误规则的精神,不管是事实错误,还是法律错误,都可能产生契约的撤销权[第Ⅱ-7:201条(错误)第(1)款]。除了为实现有效法律行为下的权利而授予利益的情形之外,区分事实错误与法律错误似乎并无令人信服的理由。

不可原宥的错误。

错误不必可以原宥(既非自我诱致的亦非重大的过失,方谓可以原宥)。若是对得利人来说,错误并非显而易见,就返还请求,当能有所抗辩(尤其是嗣后出自善意地得利减损),这风险只好由失利人承担。原告主张其于授予利益之际犯下错误的,重大过失这一情节当能增强其可信度,但这属法庭认定事实的事宜。诚然,在限制契约撤销权时,错误是否可以原宥这一点是有意义的[参见第Ⅱ-7:201条(错误)第(2)款(a)项*],但这进一步的限制可能着实意义有限。还有,撤销情形的限制不过是当然之理,契约既已缔结,自不能随意拆卷,而且当事人也不该因为自己的疏忽就可以摆脱一笔交易。比较起来,仅当没有契约性权利或者其他权利来为得利提供法律上之原因时,"不可原宥的"错误方与不当得利法挂起钩来;若是存在具有法律拘束力的法律行为,其效力未受错误影响,这错误即无甚干系,而且(除非第(4)款得以适用),得利有法律上之原因。是以,第(1)款(b)项主要涉及的情形为,双方当事人之间不存在具有拘束力的契约关系来规制得利。事实上,通常的情形为,正是失利人(单方疏忽)的错误,得利人受领了倘来之物。在这里[与契约法相较],他方当事人的合理期待要小得多(可以只涉及得利而不是整个法律关系的合法性),而且通过两种途径得到充分保护:一是对责任范围的限制(尤其是得利仅能以金钱形式返还的情形),二是宽泛的抗辩(尤其

---

* 第Ⅱ-7:201条(错误)第(2)款:"当事人不得以错误为由撤销契约,若:(a)在客观情况下,该错误不可原宥;或者(b)错误的风险已由该当事人承担或者在客观情况下应当由其承担。"

是基于对得利有法律上之原因的信赖而发生的境况变更)。

单方错误。

错误不必为双方的,得利人也不必知晓错误。得利人知道(不论是实际知道还是推定知道)其所获利益系因错误而授予,与得利欠缺法律上之原因无干。当然,原则见于第Ⅱ-7:201条(错误)第(1)款(b)项ii小项(错误非由他方当事人造成且他方当事人亦未犯有同样错误的情形),如果他方当事人没有理由知道该错误的,则不得将契约丢弃。这一原则旨在保护无辜当事人,不致因相对方当事人隐藏的(obscure)错误[也就是说,私人的(private)或者不为人知的(secret)错误]而"担惊"(surprised)。可是,这仍是判断契约是否有拘束力时的问题。若利益之授予并无任何契约(不论有效还是无效)背景,这限制便未免来得有些浮皮潦草了。契约领域之外的政策关注更为狭窄,不过是不该将单方错误的后果转移给无辜的当事人而使其遭受损害。因而,同样地,无辜受领人不知晓错误[这一事实]乃是保护得利人的一个原因,比方说[下面这两种情形],如果除了支付金钱,得利无法返还(因为得利就其性质而言不可移转),或者因为得利人善意地相信,其得保有得利而不负解释原因的责任,从而蒙受不利[得利减损]。可如果得利人可以返还得利而无剜肉之痛,那么再以保护无辜受领人作为允许得利人保有倘来之物的理由便不够充分了。因而,这些考量最好是交由规制责任范围和抗辩的规则来处理(而不是打开始就将得利定性为有法律上之原因),本草案将其置于本编稍后的条款:参见第Ⅶ-5:101条(可移转之得利)和第Ⅶ-5:102条(不可移转之得利)。我们还得记住,如果错误是真正原因性的(causative),那么得利人获取得利的唯一原因(reason)便是原告的错误;而得利人从未"真正"(truly)意图获取利益。原则上,这是法律上之原因(justification)的恰当标准。*

原因性错误要件。

得利必须系因错误而授予。不论错误的性质如何[事实错误还是法律错误],必须构成"若非—否则"(but for)意义上的原因性错误,如此,[对蒙受不利之]同意方不致为得利提供法律上之原因。虽然原告于增益他方当事人之际就某些现实或者法律立场犯下错误,但如果即便无此错误,亦无碍得利发生的,这错误便无关紧要。是以,对事态或者法律的单纯不知便非为第(1)款(b)项所谓之错误。还得加上一条,若是早知道真实情况,失利人断不会如此行为,不利亦得避免。

对蒙受不利明知,但就蒙受不利之条件认识错误。

原因性要件并不意味着,仅仅因为原告完全知晓所蒙受之不利,第(1)款(b)项就不得适用。** 在涉及错误的通常情形,失利人确实是愿意接受某些牺牲的。但不利可能是因为对谁将得利或者意向受益人将在多大程度上得利认识错误而发生。

---

* 失利人就蒙受不利错误表示同意的,若错误系原因性错误,得利人得利无法律上之原因;若失利人的错误并非原因性错误,得利人之得利有法律上之原因。

** 这一句意为:"原因性要件并不意味着,仅仅因为原告完全知晓所蒙受之不利,即得认为其对不利表达了无错误的同意,从而被告得依第(1)款(b)项以原告之同意为得利法律上之原因。"

示例 37

D 意欲清偿对 X 所负之债务,因存款凭单填写错误,鬼使神差地将款项汇入 E 的银行账户。E 之得利系因 D 之错误(第(1)款所谓之错误)所致。(假定),如果 D 知道款项将汇入 E 而非 X 的账户,他断不会向银行发出指示。固然,即便指示正确,D 仍将失去这笔金钱(因为要向 X 清偿),但这一事实无关紧要。

错误的类型。

大略言之,错误或者针对得利人[给付指向错误(misdirected performance)],或者针对程度[超额给付(excessive performance)],或者是针对原因。是以,典型的错误得包括以下情形:第一,失利人可能误以为负有将特定利益授予得利人的债务,但事实上这债务纯系子虚乌有。比如,债务人已经清偿了债务,其误以为债务仍旧存在而为第二遍清偿,即为错误。失利人不必一定以为对得利人负有债务,也完全可能是误以为对第三人负有债务,而债务内容是将特定利益授予得利人。第二,原告可能是打算给予第三人利益,以为第三人肯定会履行增益受领人的债务。原告于是错误地假定,通过增益受领人,原告清偿了第三人所负的债务。第三,失利人可能就得利人的身份(例如,在转账时输入了错误的账号资料)或者就授予利益的程度(例如,在转账时输入错误数额)认识错误。

示例 38

E 欲于 D 银行设置的自动柜员机提取 100 欧元现金,由于 D 的雇员在往机器里装填钞票时的错误,机器吐出了 200 欧元。D 因错误而增益 E100 欧元,这多付的款项构成不当得利。另外,E 应该了解,这多付的部分并非 D 有意为之,定是因人为或者机械错误所致,既然没有法律上之原因,当然应该返还给 D。是以,若 E 将那笔钱花掉,则不能依第Ⅶ-6:101 条(得利减损)主张得利减损抗辩,因为其于处分之际非为善意。

和解以及对存疑请求的屈就。

还有一种可能很麻烦的情形,即当事人所以给付,是为了结束或者避免纠纷。若是和解(compromise)构成法律行为(契约),那就没什么问题了。这时,受领人得据和解条款主张权利。我们这里所关注的是给付与受领并不构成法律行为的情形。明示地或者默示地,这所谓的债权人声称失利人负有授予利益的义务(比方说付款)。而这假定的债务人呢,至少对这所谓债权人的请求抱有疑问(比如说债务是否存在,或者数额为多少),甚至可能强烈反驳。但"债务人"终于还是遵从了请求,无条件付了款。嗣后真相大白,那债权人事实上并无权利[若债权人享有部分权利,但没有主张的那么多,在多出范围内(pro tanto)也有同样的问题]。在这种情形下,给付人一般很难证明,给付系因错误而为。失利人所以付款,多半不过是为了避免因针尖对麦芒或者纠纷迁延日久而导致矛盾加剧。可能是基于成本—收益分析,满足对方的要求更为方便,也可能是不愿让旷日持久的争吵给自己添堵,要么就是避免对簿公堂,原因不一而足。这样,失利人在付款或者达成和解时并不认为自己负有债务,也并非因此而为给付,所以并无什么原因性错误,主要还是对方太过强势。对给付人来说,自己是不是确实负有债务可能已经不重要了;关键在于对方的纠缠令人着恼,遂了对方心意,不过是图耳根子清净(并非债务使然,因为是否果真负有债务还可一论)。是以,在这些情况下,给付人是始终坚信自己不负债务,还是首鼠两端、委决不下,抑或最终有些倾向于对方的主张了,这些都无关紧要。在授予利益时,已经不是给付人对自己负有债务的信念在起作用,毋宁说,对方的请求才是决定因素。给付人虽疑心自己并不负有债务但(甭管是出于怠惰还是其他什么原因)拒绝作进一步调查的情形,亦适用同样的原则。在这里,给付人比较肯定地相信自己并不负有债务,但仍有一丝怀疑,而起决定作用的仍然是给付的动机(即消灭对方的请求)。若给付伴有保留条件,自另当别论,因为这时纠纷并没有真正解决,而且表明系以假定债务存在作为给付的基础。

错误预测。

第(1)款*之错误,不论是事实错误还是法律错误,必须是就当前事宜认识错误。对将来结果的单纯预测非属此列。就当前事宜的认识错误包括,比方说,就他方当事人意图的错误[这是对他们当前精神状态(state of mind)的认识错误]。而就他方当事人将会如何行事的错误预期则非为本款之错误。那不过是对未来事情的错误预测。在授予利益时明白或者暗中希望能够诱发或者导致特定结果的,亦非基于对现实的认识错误而授予;这是对将来事态的错误预期,是判断有误的期待。所以,这是单纯的错误预测,并非第(1)款意义上的错误。将错误预测排除出去,这立场已经隐含在第(4)款所附的特殊条件中。如果给付人的错误预测足以令对蒙受不利之同意无效,则得据第(1)款(a)项认为得利无法律上之原因——尽管有支持性的法律基础——这样,在这种情形下(即并无有效法律行为作为背景),就可以绕过[第(4)款(b)项]得利人必须知道那未竟的目的或者落空的期待这严苛的要件。

(c)欠缺同意

欠缺同意得利的类型。

要说得利无法律上之原因最为典型的情形(在第(1)款涵摄范围内),那就是,利益系自失利人处得来,而失利人就其财产的损失或者其权利被使用并未表示过同意。我们可以将这种情形大略分为三类:(1)因不可抗力而导致得利;(2)第三人,比如陌生人或者其他未得授权而管闲事的人,导致价值的转移(也就是说,从失利人处取得利益并将其转移给得利人);以及(3)得利人未经失利人同意而自后者财产取得利益。在后面的情形,陌生人或者得利人的行为可能是恶意,也可能不是恶意,而对原告权利的干预也不必然构成侵权。

---

* 原文作"paragraph (a)",当为笔误,径改之。

示例39

E公司利用国际知名球星D的相片来推广新开发的饮品。E利用D的肖像与名字来为自己的产品代言,却并未取得D的许可。D因人格权利被他人利用而蒙受不利,其并未就此不利表示同意。E之得利依本条无法律上之原因。

示例40

农夫E的羊群冲破篱笆,闯入D的土地啃食牧草。D(不知情地)因自己的土地作了E羊群的牧场而蒙受不利,其并未就此表示同意。E之得利依本条无法律上之原因。

E. 目的未达成;期待未实现:第(4)款

(a)概述

总说。

依第(4)款,失利人为实现特定目的或者完成特定期待而增益他人的,若追求的目的未能达成或者怀抱的期待没有实现,得利无法律上之原因。

与第(1)款的关系。

本条不过是开列得利无法律上之原因的各种情形。这里又扩张了"无法律上之原因"的畛域,并为第(1)款规则之扶壁。依第(1)款无法律上之原因的得利不受本款规则影响(确有可能,得利依两款规定皆无法律上之原因)。而得利依第(1)款有法律上之原因的,却可能依第(4)款无法律上之原因,从而得为不当得利返还请求提供支持(尽管得依法律行为或者法律规定就得利主张权利)。不过这种情形极为有限。如果规制法律行为本身的规则构成了一套完全规整,依法律行为所授予利益的返还亦受其辖制的(比方说,契约解除),那么,该法律行为所意在实现的特定目的或期待,其单纯的期待落空或者目的受挫就不能为本卷下的返还请求提供基础。详参第Ⅶ－7:101条(私法上其他请求返还的权利)。

示例41

D向E付款。从交易相关文件看,付款目的是清偿X欠E的债务,从而施惠于X。但E向D发出通知,不接受该笔付款用作清偿X的债务。X既未事先授权,也未嗣后追认。照一般的看法,D的付款并未清偿X对E所负的债务。依第(4)款,E自D处获取得利无法律上之原因。尽管D并无错误(D知道其不负付款义务),仅仅是错误预测E会接受该笔付款用来清偿X的债务,所以D对蒙受不利表示了自愿同意,结论还是一样。

(b)给付目的未达或者期待未实现:第(4)款(a)项

总说。

基于特定目的或者期待而增益他人的典型情形是想获得某种回报,不管是通过交换形式还是作为结果。不过,本款也并未局限于授予利益就是为了获了对待利益(而对待利益最终未能实现)那种情形。

示例42

E行将大婚,正建造房屋作为婚姻居所。准岳父F为此出了不少力。谁知冤家忽作陌路,就在完婚前分道扬镳。F出力的目的未能实现。F得就其在建筑房屋过程中所出之力的价值请求E偿还。

原因性的目的或者期待。

目的或者期待必须构成增益的基础,换言之,必须为增益原因。失利人无论如何也会给予的利益,无关那受挫的特定目的或者落空的特定期待的,则非为本款涵摄。这时要说得利无法律上之原因,绝非明智之举,因为除非增益取决于特定目的或者期待(即可以讲,“若非”那目的或者期待,失利人断不会给予利益),否则失利人并不需要保护。

谈判失败。

本款与下面这种情形格外相关,即在缔约谈判结束前,失利人已经给予了利益,而其目的则指向依预期契约将有权主张的某种利益。在这里,失利人并无给付义务,所以要增益他方当事人,多半是为了引导契约订立,从而获得对某种利益的权利。

(c)得利人知晓该目的或者期待:第(4)款(b)项

总说。

第(4)款之适用,并不以特定目的或者期待为双方共享为条件(当然,这种情形完全可能);但要求得利人知道或者应该知道失利人于给予利益时所抱之目的或者所怀之期待。这一约束条件确保了将本条框在合乎情理的范围内,目的或者期待要么已经传递给了得利人,要么从客观角度看,于个案情势下极易辨识。是以,谁要是冒着风险去促进自己的利益,既未将此点揭明,又未订立什么契约性协议,一切利钝得失便只好自己承担。这在某种程度上起到了激励作用,在从事增益他人的活动之前,最好先将法律关系梳理清楚。

示例43

一对夫妇离了婚,婚姻居所也给售出,男方搬入前妻居住的公寓。两人试图修好,但未能如愿。男方曾主动清偿前妻对某邮购企业所负之债,现要求前妻返还债款数额。男方慷慨解囊时,固然怀着永结同心的期待,但不当得利返还请求欲获成立,至少前妻得知晓债务清偿之事。只有如此,方能主张说(这是证据法上的问题),她至少可能分享其前夫清偿时怀有的期待。

(d)得利人接受返还立场:第(4)款(c)项

总说。

本条所加的最后限制为,得利人接受或者得被视为接受,如果目的未达或者期待未能实现,所受利益应予返还。失利人显然愿意自担落空风险的,本要件未得充分。

若失利人所以给予利益，乃是在从事显然的纯粹投机性事业，当然与得利人接受了［愿于目的未达时承担］返还得利的债务云云格格不入。既是明摆着的投机，那也就意味着，得利人得“不受任何束缚地”受领得利。

示例44

D靠着在停车场擦车揾食。他不是先得车主允许，而是趁车主不在时动手，待车主返身提车，便上前索酬。车主E瞅见D之作为，早揣知其意图，但未加阻止。E驾车甩手而去；其所受之服务并非不当得利。D擦车固然系谋稻粱，但承担了空手而归的风险。E不得被视作同意D应就其服务获得报酬。

示例45

D是职业的继承人猎头(locator of heirs)，靠着紧盯公开启示和各种钻天入地的手段，将那些有权继承遗产却还茫然不晓的继承人挖掘出来。D探得E对X的遗产有继承权，遂与E取得联系并安排会面。D勾勒了E的权利大要，但只有E肯让出一定比例收益，方才披露全部细节。E以为D索价过高，没有谈拢。但根据D提供的信息，E得自己展开调查并就X的遗产主张权利。就其提供的信息服务，D要求E支付相应价值，其依据为，D给予利益的目的是E能作出契约性允诺，为D提供的全部信息支付报酬，因而E之得利依本条无法律上之原因。D的请求不会得到法律支持，E之得利难谓无法律上之原因。D虽然提供了一些信息，但E完全可能拒绝他的提议，这一风险自当由D承担，是以第(4)款之要件未得充分。E不能被视为已经接受，就磋商过程中所获得的信息必须支付报酬。若E违背诚实信用原则中止磋商的，D或得依第Ⅱ-3:301条(有悖诚实信用与公平交易原则的磋商)第(3)款主张权利。这时的救济措施并非返还，而是损害赔偿。

示例46

事实情形如例1。得利是否依第(4)款无法律上之原因，要看双方当事人能否被视为已经同意，若双方关系破裂，E应返还得利。而这又要看D的投资规模如何了，因为我们可以假定，微薄之力不过是D享受同居欢愉的当然内容。D的开销越大，我们就越难认为，D已经承担了在分手时做冤大头的风险。

注　释

Ⅰ. 为履行有效法律行为下的义务而给予契约相对方的利益

(a)基本原则

1. 在我们所要考察的欧盟各成员国法律体制下，不得收回依有效契约或者其他债务给予契约相对方的利益乃系基本原则。这一原则扩张及于他方当事人源自契约的利润，就法国法的情况，参见Cass. com. 18 January 1994, Bull. civ. IV, no. 27，以及Cass. com. 29 March 1994, Bull. civ. IV, no. 128。基于法律行为而得利有法律上之原因(Cass. civ. 28 May 1986, Bull. civ. III,

no. 83)。在非债清偿返还法的框架内,若有"债务"(debt)存在,即无从提起返还之诉。若是履行了自然债务,亦不得请求返还(《民法典》第1235条第(2)款)。为此目的,依向来的解释,自然债务竟一变而为真正债务(Cass. civ. 14 January 1952, D. 1952. 177, note Leonan; Cass. civ. 14 February 1978, Bull. civ. I, no. 59)。这倒为基本原则提供了进一步的佐证,为实现有效(契约或者其他)债务所为之给付不构成不当得利。这也反映了比利时的普遍法律立场。如果得利(以及原告之失利)源于有效契约,得利即非无法律上之原因(Cass. 20 September 1984, Pas. belge, 1985, I, 97)。

2. 财产因给付而增加的,得有合法且明确的目的作为给付基础,如此,财产之增加方为有效。虽未言明,但西班牙给付型不当得利法实以这一原则为出发点(Cámara Alvarez and Díez - Picazo, Dos estudios sobre el enriquecimiento sin causa, 115 - 116)。所以一般规则就是,资财增加系因履行有效且可强制执行的债务而致的,不生返还义务(Díez - Picazo, Fundamentos I[6], 122);不论采取其他什么不同进路,都将构成对契约神圣原则的侵凌(《民法典》第1091条及第1113条)。下面这件法院判决可为生动例证。最高法院认为,如果不动产买卖契约中规定,若规划当局下发的规划许可照准的可建筑面积比双方最初设想得要大,则买受人应支付更高的价额,那么,一旦规划当局果真作出了这样的决定,出卖人即得对买受人提起契约诉讼,要求相应的更高份额;这一诉讼请求非为依不当得利法提起的补偿请求(TS 1 March 2007, BDA RAJ 2007/1618)。

3. 依《意大利民法典》第1372条第(1)款,契约于当事人间具有法律之效力。据有效契约所为之给付自为当付,返还所为给付的请求一般性地为法律所拒斥。在奥地利法上,虽然照一般的看法,不可能为得利欠缺法律基础的情况下单一定义(Koziol and Welser, Bürgerliches Recht II[13], 273),但契约显然构成了保有得利的法律上之原因。借助不当得利法来修正契约,为法律所不许(OGH 9 July 1992, JBl 1993, 107; OGH 20 January 2000, JBl 2000, 590)。契约固然得为财产之移转提供法律上之原因,但要求契约相对方必须是为移转之人(OGH 19 December 2003, JBl 2004, 382);而后者也只能对其契约相对方提出请求,也就是说,夫(以自己的名义)雇请他人修缮房屋,在这当口又破了产,不得对妻提起所得利益诉(actio de in rem verso)(OGH 10 March 1981, JBl 1982, 429)。一般来说,当事人无意设立法律行为并因而应受法律保护的,只得提起给付返还之诉(performance condictio)(《民法典》第877、1431、1434、1435条)。* 类似地,依《民法典》第1174条,就明知法律行为的目的不能实现而给予的财产(《民法典》第878条)或者侵权行为的佣金(《民法典》第879条),不能诉请返还。

4. 依《葡萄牙民法典》第473条,得利人与失利人之间的契约是相应财产移转最为重要的法律上之原因(causa justificativa)(Almeida Costa, Obrigações[10], 500)。这与第474条精神上正相契合,该条规定,如果法律不许失利人主张不当得利返还或者为得利赋予了其他法律效果,则不当得利返还诉求将被排除(Gomes, Conceito de enriquecimento, 473)。** 为了履行契约债务而给予契约他方当事人利益的,正合乎法律要求,不会生返还义务。以例说明。租约允许转租而房客

---

* 《奥地利民法典》第877条:"欲以欠缺合意为由请求宣告契约无效的,应返还依该契约所受领之利益。"

** 《葡萄牙民法典》第474条:如法律给予受损人其他获得损害赔偿或返还之途径、法律否定返还请求权,又或法律对得利定出其他效果者,不得以不当得利要求返还。

借转租获利,房东为攫取转租利润以转租为由诉请返还不当得利的,不为法律所准(STJ 22 May 2001, CJ [ST] IX [2001-2] 95);在这里,除非转租违反了租约条款,方有提起不当得利诉讼之余地(STJ 30 October 2003, Processo 03B2593)。类似地,在德国法上,不管何种不当得利返还请求权,都得以得利欠缺法律上之原因为前提[Palandt (-Sprau), BGB[67], § 812, no. 68]。在给付型不当得利情形(Leistungskondiktion),诉讼请求能否得到支持,取决于作为给付基础的目的是达成还是完全落空。最为常见的是履行契约债务,这为保有所给予的利益提供了法律上之原因,进而将返还请求权摒除[Erman (-Westermann), BGB II[11], § 812, no. 44; Sprau, loc. cit. no. 69]。依德国法,最为重要的是失利人表达出来的意图,其表现了得利决定性的法律原因。这意图一般写在契约里,依契约,一方当事人负有向他方提供给付的义务。契约必须有原因(causa),即承担债法上义务的理由何在[Georgiades and Stathopoulos (-Stathopoulos), art. 904, no. 37]。

5. 在匈牙利法上,同样的原则见于《民法典》第198条第(1)款(该款规定,提出给付之义务与强制给付之权利源于契约)。* 依《波兰民法典》,仅在得利欠缺法律上之原因的情形,方生返还得利给失利人的义务。若是得利找不到法律行为、制定法、法院判决或者行政行为来提供正当性,即为无法律上之原因[Supreme Court 17 November 1998, III CKN 18/98, unreported; Bieniek (-Kołakowski) I[5], art. 405, no. 6; Pietrzykowski (-Pietrzykowski) Kodeks cywilny I[4], art. 405, no. 10]。是以,就为履行契约债务所给予的利益,有效契约将为保有得利提供必要的法律上之原因。保加利亚的情况亦别无二致。给付之际债务实际上已经消灭,或者给付的数额多过了应付的数额(比方说,可以减少赔偿数额的与有过失因素被忽略了),只有这时,方生不当得利返还诉求(Vassilev, Obligazionno pravo, Otdelni vidove obligazionni otnosheniya, 584)。

6. 依《荷兰民法典》第6:203条,给付没有正当理由的,为欠缺法律上之原因[Parlementaire Geschiedenis VI, 805; Asser (-Hartkamp), Verbintenissenrecht III[12], no. 322 p. 341; Spier/Hartlief/van Maanen/Vriesendorp (-Vriesendorp), Verbintenissen uit de wet en schadevergoeding[2], no. 294]。有效法律行为构成了得据以保有得利的法律上之原因,从而得排除非债给付返还法的适用。不过,如果失利人超额给付的,超额部分自当返还(Hartkamp, loc. cit. no. 324 p. 343)。法律行为可撤销但尚未撤销的,仍构成据以保有得利的法律上之原因。《爱沙尼亚债法典》第1028条第(1)款规定,因履行债务而给予利益的,仅当债务不存在或者不再存在的,给付人方得请求受领人返还。基于有效契约所为之给付不得依不当得利法请求返还,除非超额给付或者错误给付了两次(Tampuu, Lepinguväliste võlasuhete õigus, 61)。经债权人同意的替代给付被看做债务实现(《债法典》第89条),也不得请求返还。经债权人同意的给付被看做是债的清偿(《债法典》第89条),同样不能请求返还。

7. 这一[依有效法律行为所为之给付]不得返还原则(principle of non-recoverability)亦行于斯堪的纳维亚国家。若是契约订立后出现了情势的根本变更,衡平与正义原则可能要求变更契约。根据契约订立当时或者嗣后形成的情势判断,契约包含不合理条件的,有可能依(在斯堪的纳维亚三国都有效的)《契约法》第36条宣告其全部(此为例外)或者部分无效。这一规则意在保护弱势契约当事人,尤其是消费者。一条可相提并论的规则得见于所谓默示假定原则(doctrine of tacit assumptions),其适用情形为,在契约订立之后,一方当事人以契约为据的期待却

---

* 《匈牙利民法典》第198条第(1)款:"因契约而生给付之义务与请求给付之权利。"(参见英译本,http://www.angelfire.com/mn2/reformclub/hunc1.html,2013年1月1日访问)

告落空。照这一原则的设想，在权衡了各方权利或义务后，认为不该由当事人来承担这期待落空风险的，应该允许宣告契约无效。与《契约法》第 36 条适为对照，默示假定原则之适用结果为面向将来地消灭整个契约(Adlercreutz, Avtalsträtt I[11], 291; Gomard, Obligationsret I[4], 159)。类似地，在英格兰与威尔士，若契约有效，原则上不得请求返还，此时，当事人不得［利用不当得利法］逃避交易的固有风险。这一立场不但深孚学术界人心(参见 Birks, English Private Law I, no. 15.74)，亦可见于不胜枚举的判决(当然，由于各种的"不当因素"，未免呈碎片化状态)：参见，例如，Bell v. Lever Brothers Ltd. [1932] AC 161 (HL)(公司为让几位经理赶紧卷铺盖，忍痛支付了大笔遣散费。这钱本不必付，因为这几位经理都严重违约，得依契约立即开除的。公司诉请返还，为法院驳回，因为忽视那种可能性乃是双方协议的固有风险)。像艾肯诉肖特案这样涉及三方当事人情形的[Aiken v. Short (1856) 1 H & N 210, 156 ER 1180]，参见第Ⅶ-2:102 条注释 10。除了契约撤销之外，在契约被废除(rescinded)或解除(即，他方当事人的不给付构成根本违约，给付方当事人得终止契约)或者给付不能(落空)的情形，法律立场则有异。就这两大类型，参见第Ⅶ-7:101 条注释 16。*

8. 就规制契约拆卷［尤其是解除、撤回(revocation)或任意解除(withdrawal)以及减价后的返还］的契约法规则，参见第Ⅶ-7:101 条(私法上其他请求返还的权利)注释部分。

(b)赠与

9. 同样，通过赠与所给予之利益，原则上不得请求返还。只有赠与法特别规定了请求返还赠与标的之权利的，方得背离这一原则。依法国法，赠与乃是生存者之间的(inter vivos)**契约性协议(《民法典》第 894 条)。原则上，赠与只有经受赠人同意方得撤回(Malaurie and Aynès, Les successions, les libéralités[2], no. 430 p. 217)。依《民法典》第 953 条，只有赠与条件未能实现、受赠人负义或者赠与后未预期子女出生的，方得单方撤回赠与契约(《民法典》第 960 ~ 966 条)。撇开若干例外不谈，可以说法国法的立场亦为比利时赠与法所尊奉；不过得注意，《民法典》第 960 ~ 966 条却早为比利时废止。赠与契约遭有效撤回的，受赠人负原物返还义务，原物返还不能的，返还其货币价值[de Page, Traité élémentaire de droit civil belge VIII(1)[2], no. 674 p. 778]。

10. 西班牙法的基本规则也是，一旦赠与，原则上不得索回；至于赠与性质上是否为契约，这样的背景争议皆于法律立场无碍[详参 Albaladejo, Derecho Civil II[12], 573; López/Montés/Roca I Trias (-Roca i Trias), Derecho Civil[4], 413]；有效赠与具有法律拘束力，受赠人得保有赠与标的[TS 21 May 1984, RAJ 1985 (2) no. 2499 p. 1885; Roca i Trias loc. cit. 418; 并请参见《加泰罗尼亚民法典》第 531-8 条]。仅在《民法典》第 644 ~ 653 条的要件得以充分时——受赠人的忘恩负义(《民法典》第 648 ~ 651 条)，子女出生(以赠与人赠与时无子女为前提，《民法典》第 644 ~ 645 条)，不履行赠与所附之条件[《民法典》第 647 条；参见 TS 19 October 1973, RAJ 1973 (2) no. 3800 p. 3022 以及《纳瓦拉民法典》第 162 条]——方生撤回赠与之权。《加泰罗尼亚民法典》第 531-7 条至第 531-22 条与西班牙民法立场无二，不过额外赋予赠与人以穷困为由请求返还

---

* 原文作"第Ⅶ-7:102 条注 16"，该条并无注 16，经查，当为第 7:101 条。

** inter livos〈拉〉生存者之间；活人之间。通过产权转让而转移财产时，该项交易被称为"在生存者之间"，以区别于继承或遗赠的情形，表示该项财产转让是于出让人在世时完成的，并非出让人通过遗嘱或因其考虑到自己即将去世才完成或从事的财产转让。通常一人对另一人的赠与被称为"生存者之间的赠与"，以区别于死因赠与或遗嘱赠与。元照，第 724 页。

赠与之权(《加泰罗尼亚民法典》第 531-15 条)。

11. 在意大利法中,赠与乃为契约(《民法典》第 769 条),原则上,当然具有拘束力(《民法典》第 1372 条)。重大负义与子女出生乃为赠与撤回事由(《民法典》第 800 条);但用以奖励特定行为的报酬性赠与(remunerative donations)或者结婚赠与则不得以负义或者子女出生为由撤回(《民法典》第 805 条)。仅当法院照准了撤回请求(revocazione),受赠人之权利方得不保(仅有对人效果,而无财产法上效果:Torrente, La donazione, 585);但不当得利法仍派不上什么用场,因为赠与法早将撤回之法律效果纳入其全盘规划(《民法典》第 807 条与第 808 条*)。

12. 类似地,在奥地利法上,赠与构成排除不当得利法上返还请求权的法律原因。但与其他契约相较,赠与的撤销[avoid,《民法典》第 901 条:动机错误]或者撤回[revoke,《民法典》第 947 条(穷困),第 948 条(负义),第 1247 条(婚姻赠与而婚姻未成)以及第 709 条(条件未实现)]显然要容易得多。赠与人一旦行使撤销权或者撤回权,原因(causa)消失并得提起返还之诉。除了《民法典》第 1247 条(已订婚的人为婚姻所为之赠与)外,应由受领人负责证明赠与意图(animus donandi)**(OGH 15 January 1958, SZ 31/8;OGH 25 June 1986, SZ 59/222)。而一般的推定是,财产移转并非意在令单方受益(OGH 14 November 1990, JBl 1991, 309, note Apathy)。赠与跟意在实现特定目的或者维持特定状态的给付,两者如何界分,颇为棘手。因为后者受目的未达返还之诉(failure of purpose condiction)的相关规则区处(《民法典》第 1435 条,经适当改造)。在处理濒临解除关系的非婚同居者的财产安排问题时,这一区分尤关紧要(这一问题仅受债法调整,不受家庭法规制:Deixler-Hübner, ÖJZ 1999, 201, 206)。如果处分人并未期待获得对待给付而且可以认为给付是出于慷慨,只有这时,方可推定财产移转意在赠与。就日常开销,这推断来得顺理成章,但就长久获得物(long-term acquisitions,比方说机动车辆:OGH 16 April 1996, SZ 69/89)或者建造房屋(OGH 20 April 1980, SZ 53/71),就得另当别论了。

13.《葡萄牙民法典》第 940 条将赠与定性为契约,而有效赠与则构成不当得利法下的法律原因(《民法典》第 473 条;参见 CA Lisbon 8 February 2000, BolMinJus 494 [2000] 391)。债务承担同样得为赠与之标的。赠与之撤回(revogação das doações)见《民法典》第 969~979 条,这些内容取代了不当得利法上的请求权,其包含有当然的返还义务(restituição)(《民法典》第 978 条***)。尤其是赠与因负义而被撤回时,这种返还义务生焉(《民法典》第 970、974 条)。如果赠与契约无效(比方说,不符合不动产处分契约的形式要件,参见 STJ 5 July 2007, Processo

---

* 《意大利民法典》第 807 条:"(1)因忘恩负义或者因意外出现子女撤销赠与后,受赠财产依然存在的,受赠人应当返还受赠财产和自提起诉讼请求之日起的孳息。(2)受赠人已经转让了受赠财产的,则受赠人应当按提起诉讼请求之日的价值,返还受赠财产的价值和自提起诉讼请求之日起的孳息。"第 808 条:"(1)因忘恩负义或者因意外出现子女而撤销的赠与,不得损害在提起撤销赠与的诉讼请求之日前已取得受赠财产的第三人的利益,诉讼请求登记的效力不在此限。(2)受赠人在赠与人提出撤销赠与的诉讼请求以前在受赠财产上设立了导致受赠财产价值降低的物权的,则受赠人应当对赠与人就受赠财产降低的价值承担补偿责任。"

** animus donandi〈拉〉赠与的意向。明示的赠与目的是构成赠与的必要因素。元照,第 74 页。

*** 《葡萄牙民法典》第 978 条:"(1)废止赠与之效力追溯至提起诉讼之日。(2)赠与行为一经废止,赠与财产即应按其在当时所处之状况返还赠与人或其继承人。(3)如财产已转让他人或基于其他可归责于受赠人之原因而不能将财产原物返还,则受赠人或其继承人须交付该等财产于转让他人时或不能返还时所具之价额,并须将自提起诉讼时起计之法定利息一并交付。"

07A1839),则交易之回转依规制契约无效之法律规则处理(《民法典》第289条第(1)款)。赠与因法律规定而无效的,比方说赠与他人之物(《民法典》第954条*),以及在强制分别财产制下(《民法典》第1720条第(1)款)配偶之间的赠与(《民法典》第1762条),** 亦作如是处理。

14. 德国法也一样,赠与构成了为保有赠与标的提供正当性的法律上之原因[Palandt (–Sprau), BGB[67], § 812, no. 69]。依《民法典》第530条第(1)款,赠与得因受赠人的负义而被撤回,法律上之原因将因之消失,赠与人得依不当得利法请求返还(《民法典》第531条第(2)款)。依《民法典》第528条第(1)款,赠与人于赠与之后陷入穷困的——不能维持自己或者对之负有法定抚养义务之人的生计——得依区处不当得利返还之规则请求受赠人归还赠与物。受赠人得通过支付必要的抚养费用而免去返还义务。在所有本质问题上,《希腊民法典》第496条以下都与德国法立场一致,但得注意,在希腊法上,因受领他人工作而节省了费用的,工作亦得为赠与标的(CFI Thessaloniki 2044/1967, EllDik 9 [1967] 620)。依《民法典》第904条,赠与构成保有利益的法律上之原因[Georgiades and Stathopoulos (–Stathopoulos), art. 904, no. 31]。赠与得撤回,此处亦采德国法进路;撤回权一旦行使,不当得利法即得适用,给付应予回转(《民法典》第509条)。若赠与系为履行自然债务,则不得撤回(《民法典》第512条)。

15. 类似地,在匈牙利法上,依《民法典》第582条,赠与人得以陷入穷困、受赠人负义以及赠与目的未能实现为由撤回赠与。*** 原则上,赠与物仍处受赠人资产范围内的部分,方得请求返还(《民法典》第582条第(4)款)。赠与物仅具"日常价值(everyday proportions)"者,不得请求返还(《民法典》第582条第(5)款)。**** 赠与在波兰法上亦被视为契约(《民法典》第888条第(1)款),依《民法典》第40条,***** 赠与契约之履行构成法律上之原因;是以,不得依不当得利法诉请返还。若是赠与人陷入穷困,受赠人应"于现存利益范围内"支付抚养费用(《民法典》第897条)。受赠人重大负义的,赠与人得撤回赠与(《民法典》第898条第(1)款),此时应"依区处不当得利之规定"负返还义务(《民法典》第898条第(2)款)。《保加利亚债法典》的立场亦大抵类同,第227条第(1)款规定,赠与得因负义撤回;赠与人无力负担法定抚养费用的,亦得撤回。仅具日常价值的赠与以及报酬性赠与不得撤回(《债法典》第227条第(2)款)。受赠人依不当得利法负责任(《债法典》第227条第(5)款并第59条;详参 Decree no. 1 of the Plenary Session of the Supreme Court of 28 May 1979)。《斯洛文尼亚债法典》亦循类似进路。赠与人撤回赠与的(《债法典》第539~541条:穷困、重大负义或者子女出生),在现存利益范围内负返还义务(《债法典》第542条第(1)款),参见 Juhart and Plavšak (–Podgoršek), Obligacijski zakonik III, art. 542, p. 498。

16. 赠与在荷兰法上亦为契约(《荷兰民法典》第7:175~7:188条),依《民法典》第6:203

---

* 查中译本,应为第956条,该条第(1)款规定:"标的为他人财产之赠与属无效,但赠与人不得以该无效对抗善意受赠人。"

** 《葡萄牙民法典》第1720条第(1)款:"以下情况视为采用分别财产制:a)未进行预先公开程序而缔结之婚姻;b)已满60岁之人缔结之婚姻。"第1762条:"被强制适用分产制之夫妻间之赠与无效。"

*** 依次见于该条第(1)、(2)、(3)款(英译本参见 http://www.angelfire.com/mn2/reformclub/hunc1.html,2013年1月1日访问)。

**** 《匈牙利民法典》第582条第(4)款:"负义行为发生时,赠与物或其重置价值已无存的,或者赠与人宽恕了负义行为的,无须返还。赠与人于合理期间内未请求返还又无恰当理由的,视为宽恕。"第582条第(5)款:"赠与物仅具普通价值的,无须返还。"

***** 当有误。

条,为保有所受领之物提供了法律上之原因(Parlementaire Geschiedenis VI, 805)。此亦为爱沙尼亚的通行法律立场。但依《爱沙尼亚债法典》第268条第(1)款,在第267条第(1)~(3)款所开列的几种例外情形下,为履行无偿契约下的债务所为的给付,得依不当得利条款请求返还。赠与契约的撤回事由包括受赠人的重大负义、赠与人陷于穷困以及所附条件未能实现。在司法实务中最为重要的似乎是基于重大负义的撤回(Varul/Kull/Kõve/Käerdi, Võlaõigusseadus II, §§ 208-618, Kommenteeritud väljaanne, 139)。要请求返还赠与物,首先得证明赠与已经完成(Supreme Court 21 May 2005, judgment no. 3-2-1-129-05 in civil matters)。

17. 在斯堪的纳维亚国家,区处无效契约的一般规则仍得适用。就无偿契约之宣告无效(set aside),瑞典法区分给付前之宣告与给付后之宣告。依《赠与法》(Gifts Act)第5条,仅在完成赠与之前,方得以陷入穷困和重大负义为由撤回契约。在所有斯堪的纳维亚国家,《契约法》第36条(显失公平的条件)以及默示假定原则也都适用于赠与及其他无偿契约[Hellner/Hager/Persson, Speciell avtalsrätt II(1)[4], 264;Jensen and Rasmussen, Familie Retten, 18]。

18. 在英格兰与威尔士法上,有所谓衡平法不会强制执行赠与允诺之说[Jefferys v. Jefferys (1841) Cr & Ph 138, 41 ER 443 (Lord Cottenham LC)][或者应该说,因违反赠与允诺而支付了违约金或者赔偿金的,得依普通法请求返还,除非允诺写入契据(deed)*:参见Chitty on Contracts I[30], no. 1-108],而在这命题的另一面则是,除非赠与条款有明示或者默示的不同规定,否则赠与一旦完成,即不得撤销:Lister v. Hodgson (1867) LR 4 Eq 30, 34 (Lord Romilly MR)。在衡平法上,所谓赠与完成,即为了实现财产移转,已为一切在法律上得为之事:Re Rose [1952] Ch 499 (CA: company shares);Mascall v. Mascall (1985) 50 P & CR 119 (CA: land)。重大负义云云,英格兰法向不知晓。不过,若是就交易之法律效果犯下法律或者事实错误的,赠与或者其他无偿给付(比方说,基于信托)倒是可以宣告无效:Gibbon v. Mitchell [1990] 3 All ER 338, 343 (Millett J)。这大概也是赠与财产返还的标准:参见Goff and Jones, The Law of Restitution[7], nos. 4-020-4-022,尤其是对掌卷法官格林(Greene MR)于Morgan v. Ashcroft [1938] 1 KB 49案所出判决附带意见的批评。同样,受领的金钱归入信托财产的,亦不构成不当得利。这里,受领人作为受托人受债务约束,除了循规蹈矩依信托条款行事,别无权力,而这债务的存在即得被定性为得利法律上之原因。当然,判例法也一直别样解释,金钱在衡平法上既然不属于受托人,所以他压根儿没有得利:Portman Building Society v. Hamlyn Taylor Neck (1999) 77 P & CR 66, 69 (Millett LJ);另见,Tettenborn, Restitution[3], no. 6-13。这后一解释路径应被限于受托人为给付人持有信托财产的情形,如果信托基金系为第三人持有而且起决定作用的是受益权,那么该当事人当然得利;这样就没法解释,受托人为何不应负返还法上的责任。就订婚男女之间的赠与,有一些特殊的内容,参见第Ⅶ-2:101条,注释Ⅳ(a)。

(c)期前清偿与部分清偿

19. 为履行契约债务所为之给付不得请求返还,这一基本原则亦适用于期前清偿与部分清偿,此时,给付之提出尚不能生请求对待给付之权利。是以法国法区分了两种情形:一是债务不存在;二是有效存在但未届清偿期的债务(inexigibilité)。期前清偿不得请求返还(《民法典》第1186条)。这也是比利时与西班牙(《民法典》第1126条第(1)款)通行的法律立场。期前清偿

---

* 原句为"an agreed sum or damages will be recoverable at law for breach of such promise unless the promise is contained in a deed",未查得《奇蒂论契约法》,未审所译当否。

系有法律上之原因的清偿,是以不得据非债清偿返还之诉的规则认为此种清偿“不当为(undue)”。这样就能够将期前清偿与清偿附停止条件的契约债务区别开来[Albaladejo(-Montés Penadés), Comentarios al Código Civil y compilaciones forales XV(2), arts. 1126 and 1127, p. 101; Díez-Picazo, Fundamentos II[4], 506]。依《西班牙民法典》第1126条第(2)款,给付人因不知而提前清偿的,得请求债权人偿还提前期间所生之“利息或孳息”。而这一请求权背后的原理即源于不当得利法(Montés Penadés, loc. cit. pp. 107-108)。为了保护房屋购买人,1968年7月27日第57号法案(sobre percepción de cantidades anticipadas en la construcción y venta de viviendas)规定,房地产开发商迟延完工或者迟延交付的,应返还提前支付的价款并6%的利息。就提前支付的赡养费用,死者的权利继承人不负返还义务(《民法典》第148条第(2)款)。依《民法典》第1157条及第1169条第(1)款,债权人得拒绝受领部分清偿;一旦受领,相当于排除了返还请求的默示契约性协议。

20.《意大利民法典》亦于第1185条第(2)款明确说,债务人就期前清偿不得请求返还;债务人不知定有清偿期的,亦同。不过这时,在债权人因期前清偿而得利的范围内,债务人得请求返还;但不得超过所受损失。是以这一返还请求受不当得利请求权的一般原则辖制(Cass. 16 Febraury 1985, no. 1330, Giust. civ. Mass. 1985, fasc. 2)。期前清偿的目的总归在消灭现存的契约责任,正是出于这一考虑,方有不得请求返还的基本规则(Di Majo, Dell'adempimento in generale, sub art. 1185, p. 199);部分清偿不得请求返还,道理也是一样[Moscati, Pagamento dell'indebito, 122 fn. 6(I)(c)]。依《民法典》第1181条,债权人原则上可以拒绝受领部分清偿。还有主张,若是债务人未能及时提出应为的给付或者给付不符合要求的,债权人甚至可以撤除先前[就部分清偿]的同意(Giorgianni, L'inadempimento, 41)。

21. 依《奥地利民法典》第1434条第2句,债务尚未到期即提前清偿的,不得请求返还所为给付;给付非为无法律上之原因,而清偿期亦得因之而确定(OGH 13 June 1990, ecolex 1990, 567)。借贷契约所定之利率过高,就所支付之超额利息,借款人不得请求返还;应被记入下次应付的利息。仅当给付超出了借贷契约下的总金额时,方得请求返还(OGH 26 January 2005, SZ 2005/10)。请求返还因提前清偿所收获之孳息,尤其是临时利息,为法律所不许[Rummel(-Rummel), ABGB II(1)[3], § 1434 no. 4;就此点的批评,参见Koziol/Bydlinski/Bollenberger(-Koziol), ABGB[2], § 1434 no. 2]。分期付款协议受《消费者保护法》第12a条规制,依该条,消费者提前付款的,有权请求降低信贷成本(costs of credit)(利息和成本是由契约存续期间决定的)。依通行的法律立场(并不确定),若是契约规定对方当事人应同时履行对待给付义务的,提前清偿即不得谓为期前清偿,并得请求返还所为给付(OGH 5 March 1987, RdW 1987, 194; OGH 15 September 2000, 7Ob 108/00h)。

22. 在葡萄牙法上也是一样,因提前履行契约债务所为之给付不得请求返还(《民法典》第476条第(3)款)。若系因就清偿时间可以原宥的错误而提前清偿的,则债务人得请求债权人返还因期前清偿所获之利益。这与意大利法的通行立场倒正相吻合(Menezes Leitão, Enriquecimento sem causa[2], 480)。与期前清偿相反,若当事人所以错误给付,是为了清偿某宗附停止条件的债务而条件能否成就尚悬而未定的,则得请求返还所为给付(Pires de Lima and Antunes Varela, Código Civil Anotado I[4], note 8 under art. 476, p. 464)。原则上,[借款人]可以提前归还本金,但必须将计至约定期日的利息一并归还(《民法典》第1147条;另见里斯本上诉法院判决,CA Lisbon 4 July 1991, BolMinJus 409 [1991] 863)。只有债权人同意受领或者为法律或惯例所许的,方得部分清偿(《民法典》第763条第(1)款);而自不得部分履行原则(indivisibilidade da prestação)(STJ 7 January 1993, CJ [ST] I [1993-1] 13)可知,债权人得拒绝受领部分清偿(Menezes Cordeiro, Obrigações II, 441)。部分清偿所以提出,系因债之履行部分不能的,则有特殊规定调处(《民法典》第793、802条)。若履行不能系因过错所致,则就可能部分,仍负履行义务,债权人之对待给付义务亦相应缩减(《民法典》第793条第(1)款)。

23.《德国民法典》第813条第(2)款所规制者,系虽存在但尚未到期、仅部分到期或者不具强制执行力的债务[Palandt (-Sprau), BGB[66], § 813, no.5]。此类债务期前清偿的,不得请求返还,因为这里并无不当为之给付(undue prestation)。另外,也不得请求返还中间利息。我们得注意,第813条第(2)款并不规制附停止条件的债务清偿;清偿债务因不确定事件成就而到期(Sprau, loc. cit.)。部分清偿则受规制不符合要求的给付的法律规则区处(参见《民法典》第280条以下;另见《民法典》第434条第(3)款),排除了不当得利法的适用余地(Sprau, loc. cit. Pref. to § 812, no.12)。《希腊民法典》第905条第2句相当于《德国民法典》第813条第(2)款,但却被认为问题多,因为即便清偿期尚很遥远,也不得请求返还,亦不许对利息主张权利[Georgiades and Stathopoulos (-Stathopoulos), art.905, no.10]。

24.依《波兰民法典》第457条,若是存疑,则为履行法律行为下的债务所确定的期限应被假定为有利于给付方(债务人)。因而,债务人得早于清偿期提出给付;债权人则不得要求债务人提前清偿[Pietrzykowski (-Popiołek), Kodeks cywilny II[4], art.457, no.1]。债务人提前清偿的,不得依不当得利法请求返还(《民法典》第411条,no.4)。依《民法典》第450条,除非受领部分清偿会给债权人为法律所保护的权益造成损害,否则不得拒绝。在匈牙利法上,期前清偿需有双方当事人的合意[《民法典》第282条第(2)款;参见Bíró, A kötelmi jogés a szerződéstan közös szabályai[6], 403;Petrik (-Bíró), Polgári jog II[2], 653]。金钱给付(《民法典》第292条第(2)款)及(其他)可分给付(《民法典》第285条)则为例外;不得请求返还,亦不得就中间利息主张权利。相反的约定概为无效。依《斯洛文尼亚债法典》第190条第(1)款,期前清偿的,若是在提前期间内保有利益的事由嗣后消灭,就该段消灭期间而言,期前清偿"无法律上之原因"——比方说,承租人提前支付了一年租金,但不过5个月后,出租人就通知终止了契约[Juhart and Plavšak (-Polajnar Pavčnik), Obligacijski zakonik II, art.190, 46]。在保加利亚法上,不会因期前清偿而生返还权利,因为此乃应为之清偿(Goleminov, Neosnovatelno obogatavyane, 43;Kojucharov, Obligazionno pravo I, 165)。但得请求返还或者(据案情)扣除中间利息(《债法典》第70条第(3)款)。

25.在荷兰法上,当事人有权拒绝给付(但未行使)而仍为给付的,给付[非为]不当(onverschuldigd)(参见《民法典》第6:248条第(2)款)。* 是以,尽管相对方负有提前给付之义务,而当事人[在相对方给付之前]仍为给付的,给付非为不当(not onverschuldigd)。另,第6:39条第(2)款明确,就期前清偿,不得请求返还。清偿期之设定,系为债务人利益计,非为债权人

---

* 《荷兰民法典》第6:248条:"(1)合同不仅具有当事人约定的法律效力,也具有根据合同的性质,基于法律、习惯或者合理公平准则产生的法律效力。(2)在特定情形下,因合同而约束当事人的规则根据合理公平准则不可接受的,该规则不适用。"似与此处无关,不知欲引何条。揆诸上下文,此句"不当"(onverschuldigd)前似缺"非为"(not),擅自补上。

[《民法典》第6:39条第(1)款;*参见 Asser(-Hartkamp) Verbintenissenrecht III[12], no. 325 p. 343;CFI Amsterdam 3 November 1923, NedJur 1923, 1253]。为履行契约债务所为之给付不得请求返还,这一基本原则亦适用于不引发对待给付请求权的部分履行。债务到期前之给付,不得返还。

26. 就此间议题,爱沙尼亚法并未明白提及,但从一般不当得利原理可以推知,因期前清偿所给予之"得利",不得请求返还。这一立场亦可由《债法典》第76条第(4)款及第84条第(1)款推知,其不许债权人拒绝期前清偿。

27. 在斯堪的纳维亚国家,期前清偿并非错误清偿,不能对之提起非债清偿返还之诉。清偿意旨怀有目的之给付,不包括因错误所为之清偿。清偿以现存债务为基础,此为其题中应有之义。此外,抵制返还别有理由,即清偿所担负之重要功能,其得永久消灭当事人间之法律关系(Hult, Condictio indebiti, 64;HD 10 February 1933, NJA 1933, 25;Ravnkilde, Betalningskorrektioner, 84)。

28. 据英格兰法之传统观念,一方当事人部分给付的,如果契约仍然有效,并未(因违约而)解除或者(因给付不能而)落空,则不得请求返还所为之部分给付。提前给付在事后看来或许不划算,但不得仅仅因此就请求返还,利益之受领人为第三人的情形亦是一样。Steam Saw Mills Co. Ltd. v. Baring Brothers & Co. Ltd. [1922] 1 Ch 244 (CA) 案为我们提供了生动实例,原告系沙皇政府[设于英国]之代理人,但就俄国事务却是不闻不问,其于苏维埃革命前后向沙皇政府某银行账户汇入木材出口许可证的出让金。原告以苏维埃政府违约为由请求返还,但为法院驳回:这里并无对价落空,因为原告已经获得许可证;也不存在为返还提供正当性的认识错误,其虽不知晓革命发生,但这并不能免除其向本人付款的义务。照一般原则,通常讲来,如果契约"不可分"(entire),而且若未完全给付即不得请求对待给付,那么,当事人只为部分给付的(不能或不愿为全部给付),不得请求返还依契约所给予之利益:Bolton v. Mahadeva [1972] 1 WLR 1009 (供热系统是装起来了,但有瑕疵;维修成本占到契约价格的1/3,所以[原告]不愿修;被告就这贬了值的设备,不负付款义务)。在就此议题提交的报告中,法律委员会建议,在此情形,应给违约方获得补偿的权利:参见 Pecuniary Restitution on Breach of Contract [1983] Law Com Rep. 121,另见伯罗斯的讨论[Burrows, (1984) 47 MLR 76]。正如戈夫勋爵(Lord Goff)于 Stocznia Gdanska S. A. v. Latvian Shipping Co. [1998] 1 WLR 574, 587 案中所承认的,这争论尚未止歇。要求偿还的返还权利可能受契约规制并被排除:参见第Ⅶ-7:101条,注释16。

(d)超额给付;向错误受领人给付

29. 若某人给付超过所欠或者向并非债权人之人给付,得请求返还,这在所有欧盟成员国都不成问题。依法国、比利时、卢森堡《民法典》第1377条,误以自己为债务人而清偿债务者,得请求债权人返还;债权人于受偿之后毁弃了债权证书的,返还权利告止。明知不负债务而自愿给付的,非为因错误而给付。是以,依最高法院判例,某公司明知不负债务而向他公司提供经济援助,嗣后不得请求返还(Cass. com. 8 June 1979, Bull. civ. 1979, IV, no. 187);雇主自愿付给雇员的薪酬远远高过雇佣契约所定数额的,亦作如是处理(Cass. soc. 24 June 1971, Bull. civ. 1971, V, no. 481)。在法国法上,就超额给付或者向错误受领人提出的给付,返还非为难事,因为照一般原则,给付人不必证明给付系出于错误(Cass. ass. plén. 2 April 1993, Bull. civ. 1993, I, no. 9 p. 326;D.

* 第39条第(1)款:"(1)债务履行设定了期限的,推定为仅阻止债务被提前要求履行。(2)到期日以前实施偿付的,不视为不当履行。"

1993, 373, note Jéol; Cass. civ. 20 January 1998, Bull. civ. 1998, I, no. 18; Cass. soc. 14 October 1993, Bull. civ. 1993, V, no. 236)。依比利时的进路(Cass. 26 June 1998, Pas. belge 1998, I, 824),非债清偿返还之诉以已为给付以及给付欠缺法律原因为要件;据此可知,就超额给付及向错误受领人所为的给付,得请求返还。此点亦可自《民法典》第1376条得知,依该条,不论明知抑或出于错误而不当受领之人,应将受领之物返还于给付人。但得注意法国银行法上的一条特殊规则:银行因重大过失(négligence fautive)错误地向消费者双重给付的,似不得请求返还(Cass. com. 12 January 1988, Bull. civ. 1988, IV, no. 22)。

30. 在西班牙,颇有学者持论,以为债务人的超额给付非为不当为给付,是以《民法典》第1895条以下的非债清偿返还法不得适用[López/Montés/Roca i Trias(-Capilla Roncero), Derecho Civi[14], 291]。但主流的学说和法院意见[与这些学者的看法]正相反:实际给付额与应付额之间的差额得依《民法典》第1895条以下请求返还[TS 21 November 1957, RAJ 1957 (1) no. 3632 p. 2420; TS 21 May 1980, RAJ 1980 (1) no. 1957 p. 1491; TS 2 October 2000, RAJ 2000 (4) no. 8131 p. 12552; Gullón, FS Batlle Vázquez, 367, 371; Albaladejo, Derecho Civil II[12], 909]。向并非债权人之人给付的,乃系非债清偿返还案件,此条无可争辩。但这一基本原则却有诸多例外情形,给付不得返还(Gullón, loc. cit. 368):比如向表见债权人(acreedor aparente)所为之给付(《民法典》第1164条),尤其是在权利让与的情形(《民法典》第1527条);还有《民法典》第1163条第(2)款,(例外地,)向第三人所为之给付得被视为有益于债权人。*

31. 在意大利法上,非债清偿返还法亦同样适用于超额给付以及向错误受领人所为给付情形(Cass. 29 October 1973, no. 2821, Giur. it. 1975, I, 1, 174; Cass. 12 March 1984, no. 1690, Giur. it. 1985, I, 1, 638; Cass. 21 July 2000, no. 9604, Rep. Giur. it. 2000, voce Indebito, no. 4)。债务人向表见债权人给付的,受例外保护;在债务人所为之给付消灭的债务范围内,表见债权人向真正债权人负返还义务(《民法典》第1189条第(2)款)。鉴于债务人的清偿义务已经消灭,债务人得否直接对表见债权人提起诉讼,便颇多争议(Di Majo, Dell' adempimento in generale, 285; Cannata/Prosperetti/Visintini, L' adempimento delle obbligazioni I[2], 117)。

32. 在奥地利法上,超额给付与错误给付皆为《民法典》第1431条(condictio indebiti)所涵摄:**不负债务而债务人误以为债务存在的,得请求返还所为之给付(Koziol and Welser, Bürgerliches Recht II[13], 277)。因为返还之诉仅及于多付或错付的部分(von Zeiller, Commentar zum ABGB IV, § 1431 no. 4)、双重给付(OGH 15 December 1981, SZ 54/187)、超额给付中多付的部分(OGH 13 January 1981, SZ 54/2: transfer of DM 2944 instead of ÖS 2944)以及不当为之给付(OGH 31 January 1985, SZ 58/19)皆构成第1431条下之非债清偿。给付必须出于错误,因过失而生错误的,亦无不可(OGH 9 October 1980, SZ 53/130)。债务人就债务额度或者债权人身份存疑从而给付"附保留条件(subject to a reservation)"的,视同因错误而给付(Koziol and Welser, loc. cit.)。不得从受领人的角度(OGH 12 July 1995, 7Ob 18/95)视之为债务承认(OGH

---

* 《西班牙民法典》第1164条:"向债权占有人为善意清偿的,债务消灭。"第1527条:"债务人不知债权已让与而向原债权人为清偿的,债务消灭。"第1163条:"(1)向不能管理自己财产之人清偿的,在有益于其的范围内,清偿有效;(2)向第三人清偿的,在于债权人有益的范围内,清偿有效。"

** 《奥地利民法典》第1431条:"因错误,哪怕是就权利的错误看法,不负债务而给付的,就所给付之物,得请求返还,就所为之行为,得请求偿付与所获利益相当之报酬。"

18 May 1971, SZ 44/75)。《民法典》第 1436 条涉及超额给付的特殊类型:债务人得于两者之中选择给付何者,却因错误两者俱为给付的,得任意请求返还其一,除非在前给付已构成了契约债务之清偿(因为这就算行使了选择权)。* 在葡萄牙法上,超额给付或者双重给付得依非债清偿规则请求返还(《民法典》第 476 条第(1)款);参见 Menezes Leitão, Enriquecimento sem causa[2], 472;STJ 14 January 1972, BolMinJus 213 (1972) 214,以及,STJ 8 July 1997, CJ (ST) V (1997-2) 144。依《民法典》第 1214 条第(3)款,若承揽人欲更改现有安排并大幅提高价格,必须获得定作人同意。这时,承揽人仅得请求定作人返还幸存利益。《民法典》第 1214 条明确规定,向第三人所为之给付,得依不当得利法请求返还。** 不过,向第三人所为之给付,必须[不]具有清偿债务之效力,方得请求返还(《民法典》第 476 条第(2)款并第 769、770 条)。***

33. 依德国法的立场,若是债务数额较债务人所清偿者为少,多付部分被视为不当得利,债务人得请求返还(Reuter and Martinek, Ungerechtfertigte Bereicherung, 131)。一般来讲,虽负债务,却是向并非债权人的第三人给付的,不当得利之诉亦得适用。这基本原则自有诸多例外,比方说,权利让与而债务人并不知晓,债务人向让与人清偿的,为保护债务人[,由让与人对受让人负返还义务](《民法典》第 816 条第(2)款)。超额给付还有向第三人的给付,与非债清偿同,概依《民法典》第 812 条第(1)款第 1 句第 1 选择文句返还[Palandt (-Sprau), BGB[66], § 812, no. 71]。希腊法也是一样,债务人多付的部分,构成不当为给付,得依不当得利之诉请求返还[Georgiades and Stathopoulos (-Stathopoulos), art. 905, no. 3]。向错误受领人所为之给付也是如此,但要求给付(例外地)并未实现债务清偿之法律效果(Stathopoulos, loc. cit. no. 78)。

34. 在匈牙利法上,超额给付、双重给付以及向错误受领人所为之给付亦依不当得利法获得救济(参见 PEL/von Bar and Swann, Unj. Enr., Introduction B29 and C54);保加利亚也是一样(《债法典》第 55 条第(1)款第 1 选择文句;参见 Goleminov, Neosnovatelno obogatyavane, 45)。《债法典》第 56 条规制的则是第三人的债务被错误清偿的情形;给付人以为自己对受领人负有债务或者以为自己负有义务去清偿第三人所负债务的,方得依本条请求返还(Vassilev, Obligazionno pravo, 589)。向错误债权人所为之给付属于第一种情形:第二种情形则为,给付人就责任原因发生错误,比如,给付人错误地认为,其有义务补偿他人所受之损害。

35. 下面讨论荷兰,假设处分欠缺法律原因,超额给付、双重给付及向错误受领人所为之给付,皆适用非债清偿返还法(《民法典》第 6:203 条)。不当受领而受领了过多数额这一事实本身即足以触发这一诉因;值得提到的是,双方当事人之间固然有契约关系,但这不妨碍非债清偿返

---

* 《奥地利民法典》第 1436 条:"当事人仅负义务给付两者任一,因错误而两者俱为给付的,得请求返还任一。"

** 所引条款有误。

*** 第 476 条第(2)款:"债务人向第三人作出之给付,在尚未按第 770 条之规定使原债务获得解除时,债务人得请求返还之。"第 769 条:"给付之作出,应对债权人或其代理人为之。"第 770 条:"对第三人作出之给付不消灭债务,但下列情况除外:a)经当事人订定或债权人同意,对第三人作出给付会导致债务消灭者;b)债权人追认该给付;c)受领给付之人其后取得债权;d)债权人因债务之履行获益,且债权人并无合理利益不将给付视为向其本人作出;e)债权人为受领给付之人之继承人,并对该被继承人之债务负责;f)法律规定之其他情况。"

正文原句为,"a debtor can only recover a payment made to a third party if the payment has the effect of discharging the debt",揆诸所引条款,添一"不"字。

还法适用于那多付的部分[Asser (－Hartkamp), Verbintenissenrecht III[12], no. 324 p. 343]。爱沙尼亚的情势一般无二。超出约定债务的数额被看做是对并不存在债务的清偿(《债法典》第 1028 条第(1)款)。《工资法》(Palgaseadus of 1 March 1994, RT I 1994, 11,154;2007, 54, 362)第 37 条规定,因为计算错误而向雇员多发了薪酬的,那多付的部分,只能从接下来三个月的工资中扣除,而且只有双方就多发了工资没有争议的,才能依该条扣除。只有工资是因为雇员的欺诈而多付的,方得请求返还。

36. 在斯堪的纳维亚国家,超额给付以及向并非债权人之人给付构成了非债清偿返还之诉的核心案型(参见第Ⅶ－1:101 条,注释 26)。

37. 在英格兰,错误给付也被看做是不当得利的典型:Birks, English Private Law I, no. 15. 03。不负债务而因事实错误所给付之金钱,得请求受领人返还,这立场在判例法上根深蒂固:Kelly v. Solari (1841) 9 M & W 54, 152 ER 24;Aiken v. Short (1856) 1 H & N 210, 156 ER 1180;Kleinwort, Sons & Co. v. Dunlop Rubber Co. (1907) 97 LT 263。因错误而所付非人的,亦得请求返还:Colonial Bank v. Exchange Bank of Yarmouth, Nova Scotia (1885) 11 App. Cas. 84 (PC)。欲以错误为请求返还之不当因素,必须证明(1)犯下错误,(2)因错误而给付,以及(3)受领人无权受领:Kleinwort Benson Ltd. v. Lincoln City Council [1999] 2 AC 349, 407 (Lord Hope)。如果错误确系给付原因,那么没必要非发生在给付人与受领人之间的法律关系中不可:R. E. Jones Ltd. v. Waring and Gillow Ltd. [1926] AC 670 (HL);Weld－Blundell v. Synott [1940] 2 KB 107。根本错误可能会妨碍财产权的转移:Cundy v. Lindsay (1878) 3 App Cas 459(货物);Barclays Bank Ltd. v. W. J. Simms Son & Cooke (Southern) Ltd. [1980] QB 677, 689 (Goff J)(金钱)。有关错误[这一不当因素]的法律近来一直呈扩张势头,欲将法律错误也纳入其中,参见第Ⅶ－2:101 条,注释 54。是以,因法律错误所诱致之超额给付亦得请求返还:Nurdin & Peacock plc. v. D. B. Ramsden & Co. Ltd. [1999] 1 WLR 1249 (Neuberger J)。另见,Cressman v. Coys of Kensington (Sales) Ltd. [2004] EWCA Civ 47, [2004] 1 WLR 2775 案判决中"过多给付"部分(在该案中,拍卖汽车时,因为错误,个性化车牌号也给一并有效转让了)。但沾染了不法性的超额给付则不得请求返还:Morgan v. Ashcroft [1938] 1 KB 49 (CA)。与超额给付相仿佛,损害或者剥夺了他人财产的加害人,就相同财产赔偿了多位原告的,原告应在不当得利范围内对加害人负偿还义务:1977 年《侵权(侵犯动产)法案》[Torts (Interference with Goods) Act]第 7 条第(4)款。* 若是每个原告(单独地看)都有权就财产的全部价值获得赔偿,而不管财产之上还有其他什么权益,则为例外:参见第Ⅶ－7:102 条,注释 6。是以,这是落实双重赔偿责任带来的难题,既然允许被告** 面对复数的享有同等权利的原告,就得有相应的政策方案;没有谁是"错误的"(wrong)的受领人,"过多给付"不过是事后的(ex post facto)的结果。

Ⅱ. 为履行契约债务所为给付之返还:契约被撤销的情形

38. 现在要讨论的是,依被撤销契约所为给付的返还。法国法的出发点为,若契约从未订立,

---

* 第 7 条第(4)款:"原告因双重责任(double liability)制度设计而不当得利的,应于不当得利范围内对加害人(wrongdoer)负偿还责任。比如,动产之侵占人(converter)先向发现人(finder)继而向真正所有权人(true owner)赔偿的,除非发现人依前款向真正所有权人报账的,否则即为不当得利;一旦报账,所有权人即为不当得利,应对侵占人负偿还责任。"

** 原文作"原告"(claimant)。

撤销权人将处于何种境况，即应将其恢复至何种境况。这里请求返还的权利源自赔偿“信赖利益”（reliance interest）［损失］的义务（Fabre－Magnan，Les obligations，no. 155 p. 405）。相反，比利时进路依赖的则是欠缺原因得利法或者非债清偿返还法。若是在撤销之前，契约条款已得全部或者部分履行，则给付人得视给付之性质，或依欠缺原因得利法，或依非债清偿法请求返还（von Kuegelgen，Réflexions sur le régime des nullités et des inopposabilités，612－613；Cass. 8 December 1966，Pas. belge 1967，I，434）。从技术上讲，依恢复原状原则（remise des choses en leur pristin état），不当得利法并无用武之地。更确切地说，不当得利法的基本价值已经被吸收进了契约法的一般原则中。列日上诉法院认为（CA Liège 26 May 2003，no. de rôle 2000RG919），这牵涉对所谓“消极损害”（dommage négatif）的赔偿。原告为订立契约所付出的种种努力，都得以欠缺原因（sans cause）为由请求赔偿（详参 Wery，RCJB 2003/1，no. 22 p. 110）。返还责任的额度依欠缺原因得利原则算定（Cass. 24 March 1972，Pas. Belge 1972，I，693）。

39. 就此议题，西班牙的法律立场颇有些繁复。一般先得区分法定无效（nulidad de pleno derecho）与可撤销（anulabilidad）。这一区分非法律所设，但反映了学界和法院的通行见解，据这些见解可知，前述事由（aforementioned grounds）* 并非撤销契约的唯一手段（Delgado Echeverría and Parra Lucán，Las nulidades de los contratos，29，34，36－42）。写于《民法典》第 1300～1314 条的撤销权并不要求原告证明自己是受损害的当事人［TS 13 May 1992，RAJ 1992（2）no. 3983 p. 5261］。** 依主流见解，可撤销契约为有效契约，只不过效力有限［Díez－Picazo，Fundamentos I^6，592－595；TS 27 February 1997，RAJ 1997（1）no. 1332 p. 20750；相反的观点，也就是契约自始无效，参见 Delgado Echeverría and Parra Lucán loc. cit. 54－60，以及，Menéndez and Díez－Picazo（－Miquel González），Comentarios a la Ley sobre condiciones generales de la contratación，474－475］。这对返还请求的范围并无影响，因为不管契约是（通过诉讼）撤销还是自始无效，法律后果并无不同（Delgado Echeverría and Parra Lucán loc. cit. 203－204；相对的观点，参见 López Beltrán，La nulidad，46－47）。依《民法典》第 1303 条以下，契约被撤销的，至少来讲，双方当事人可以互相请求返还依契约所为之给付。*** 虽说第 1303 条措辞如此，但照一般的看法，其不但适用于可撤销情形（anulabilidad）（最初的构想是针对这种情况的：Díez－Picazo，La liquidación de las nulidades contractuales，§ 1），亦得适用于法定无效情形（nulidad）［TS 26 July 2000，RAJ 2000（5）no. 9177 p. 14227；TS 30 November 2000，RAJ 2000（5），no. 9319 p. 14441］。**** 是以不管在哪种情形，返还请求的法律基础都并非出自非债清偿返还法或者不当得利法；为了给将第 1303 条适用于法定无效情形（nulidad）提供支持，最高法院曾援引一些不当得利法的基础性概念［TS 22 September 1989，RAJ 1989（5）no. 6351 p. 7343；TS 30 December 1996，RAJ 1997（2）no. 2182 p. 3325；TS 30 November 2000 loc. cit.］，但这并未改变什么。但这主流也确实有了分流，因

---

* 不知是不是指法定无效与可撤销。

** 这里的撤销事由主要有强迫、恐吓、错误、虚伪陈述、虚假原因、未成年、欠缺行为能力等（第 1301 条就这些不同撤销事由的时效期间起算点作了规定）。

*** 《西班牙民法典》第 1303 条：“契约被宣告无效的［declared null and void，相当于正文中的撤销（anulabilidad）］，除以下条款另有规定外，当事人应相互返还契约标的物并孳息以及价款并利息。”

**** 原句为“apply to cases of anulabilidad as well as to cases of nulidad”，但揆诸上下文及法典英译本，应是作者写反了。

为近来《民法典》第1303条下的返还权利与不当得利法下的返还补偿,泾渭正渐失分明。在此背景下,一套新的一般性返还之诉在不当得利法下发展起来,并欲将给付得利返还(condictio de prestación)纳入其中。而给付型得利是被归入契约法区处的(Cámara Alvarez and Díez-Picazo, Dos estudios sobre el enriquecimiento sin causa, 100-104; Miquel González, Enriquecimiento injustificado, 2807; TS 8 January 2007, BDA RAJ 2007/812; TS 23 February 2007, BDA RAJ 2007/1475 [obiter] and CA Ciudad Real 30 March 2004, BDA JUR 2004/128779)。首当其冲的就是在非债清偿的受领人将利益转让给第三人的情形,这一修正进路具有格外的实用意义。从教义学上看,《民法典》第1303条所包含的给付得利返还被认为属于非债清偿返还之诉的一种情形[Delgado Echeverría and Parra Lucán loc. cit. 234-235; Díez-Picazo, La liquidación de las nulidades contractuales, § 2; TS 31 October 1984, RAJ 1984 (3) no. 5158 p. 4053],而非债清偿返还之诉又为《民法典》第1897条(返还经处分所得之利润或者让与对获得给付之人的请求权)的施展铺平了道路(Delgado Echeverría and Parra Lucán loc. cit. 270-271; Díez-Picazo loc. cit. § 2)。另外,非债清偿返还法还被用以填补法律漏洞——就表现为作为或者不作为(in facere or non-facere)的给付,《民法典》第1303条就其拆卷问题未置一言*[Díez-Picazo, Fundamentos I^6, 125; López/Montés/Roca (-Capilla Roncero), Derecho de Obligaciones y Contratos, 293]。(这里,可以类推适用《民法典》第1307条**: Díez-Picazo, La liquidación de las nulidades contractuales, § 3; Delgado Echeverría and Parra Lucán loc. cit. 256-257)。由《民法典》第1303条,衍生出三条基本原则:其一,只有契约当事人方得请求返还,第三人不得主张[TS 27 March 1963, RAJ 1963 (1) no. 2121 p. 1313];仅在第1301条末了及第1322条[配偶之同意;"被绕过的"(bypassed)配偶亦得请求:TS 15 October 1984, RAJ 1984 (3) no. 4866 p. 3783]***适用的情形下,方得另辟路径。其二,《民法典》第1303条下的返还诉讼系对人之诉,仅得对契约相对方当事人提起;并无财产法上的效果(Delgado Echeverría and Parra Lucán loc. cit. 243)。就某些刑事犯罪,这一基本规则设有例外,参见《刑法典》第111条。其三,《民法典》第1303条及第1308条适用于各类契约,****并非仅规制动产买卖契约[TS 22 November 1983, RAJ 1983 (3) no. 6492 p. 4994; Delgado Echeverría and Parra Lucán loc. cit. 254]。依第1303条,物之孳息亦应返还。第451条将这一义务限于恶意占有人。依通行的法律见解,这一规则亦得于第1303条的框架内施展[TS 10 February 1970, RAJ 1970 (1) no. 792 p. 570; TS 26 July 2000 loc. cit.; Delgado Echeverría and Parra Lucán, loc. cit. 258-259]。

40. 在意大利法上,契约之(由法庭)撤销(annullamento)具有溯及效力。是以便得适用区处清偿非欠债务的法律规则。撤销之溯及效力,自诉讼提起之日起,亦及于第三人,除非契约系因

---

* 第1303条只言及标的物,未提到服务或工作。

** 《西班牙民法典》第1307条:"因宣告无效[撤销]而负返还义务者,若物灭失而不能返还的,应返还所收取之任何孳息以及物灭失时之价值,还有从该时起计的利息。"

*** 《西班牙民法典》第1301条第(2)款第(4)项:"未经配偶同意的法律行为或者契约,欲起诉撤销的,若同意乃必备要件,时效期间自解除婚姻财产关系或者婚姻时起计算,除非在此之前已经知晓。"第1322条:"依法律规定,管理或者处分行为应经配偶同意的,未经同意而且未经明示或者默示方式肯定的,得应配偶他方或其继承人之请而被取消。依就共同财产的无偿权利所为之行为,未得配偶同意的,无效。"

**** 《西班牙民法典》第1308条:"一方当事人未返还因契约被撤销所应予返还者,他方当事人亦得不返还。"

欠缺行为能力而撤销(《民法典》第1445条)。* 在规制清偿非欠债务的法律框架下,撤销与无效(nullità)在法律上被一并视之(Cass. 31 January 1966, no. 359, Giust. civ. 1966, I, 869)。明知撤销事由存在而仍为给付的,视为对契约之追认(《民法典》第1444条第(2)款)。依《奥地利民法典》第877条,**(因错误、欺诈或者胁迫而)被撤销契约的双方当事人俱负返还义务。这里课加的返还义务被视作无因返还之诉(condictio sine causa),既得认其为给付得利返还诉讼(enrichment by performance condictio)之子集(Apathy and Riedler, Bürgerliches Recht III[2], no. 15/13),亦可看作是债因消灭返还之诉(condictio causa finita)的特别情形(《民法典》第1435条***)。无论如何,给付人的错误并非第877条之要件。另外,明知自己有撤销权之人仍得请求返还给付(OGH 29 November 1990, ecolex 1991, 238)。

41. 在葡萄牙法上,一般来讲,规制契约无效的法律优先于不当得利法适用。是以,欲请求返还依无效或者被撤销契约所为之给付,则由《民法典》第285~294条区处。不当得利法在这里被认为纯属多余;返还请求乃是无效之直接法律后果(Pires de Lima and Antunes Varela, Código Civil Anotado I[4], note 1 under art. 289, p. 265)。不论是撤销,还是宣告无效,均有溯及效力(《民法典》第289条第(1)款);是以任何给付皆应返还(原物返还不能的,偿还其金钱价值)。可撤销法律行为得经他方当事人之确认而为有效(《民法典》第288条)。欲以诉讼形式申请法院撤销契约的,应遵循特定时效期间的规定(《民法典》第287条)。

42. 德国法之进路则为不同,被撤销契约(具有溯及效力:《民法典》第142条)之拆卷,依不当得利法处理;由于《民法典》第814条(明知不负债务[而给付的],不得请求返还),撤销情形下的返还到底是依非债清偿返还之诉还是债因消灭返还之诉(condictio ob causam finitam)的规则处理,并未取得共识[若是后者恰当,则第814条即不得适用;参见Palandt(-Sprau), BGB[66], § 812, no. 77,以及,BGH 4 April 1990, BGHZ 111, 125, 130]。**** 类似地,在希腊法上,契约被有效撤销之后的拆卷问题,受不当得利法规制(Schlechtriem, Restitution und Bereicherungsausgleich in Europa I, chap. 3 nos. 330 and 542)。在匈牙利法上,撤销被视为无效的一种形式,其法律效果为溯及至契约订立时即自始无效(《民法典》第235条第(1)款)。给付之拆卷依《民法典》第237条处理,而其为契约法条款。《保加利亚债法典》第55条第(1)款也将下面两种情况区分开来,一是没有法律原因所取得的财产利益的返还;二是取得时有法律原因而原因嗣后消灭的财产利益的返还。若给付系于契约被撤销之后提出,则属第一类型;相反,若是在给付提出之后,契约方被撤销,则属第二类型(Vassilev, Obligazionno pravo, 583)。在斯洛文尼亚法上,虽然系由《债法典》第96条就被撤销契约之拆卷加以独立规制,但据主流见解,其效果却不过是援引其他规范。是以该条款并非意在创建一套自主的返还规整(《债法典》第87条也是如此)。相反,倒是为不当得利法的适用铺平了道路[Juhart and Plavšak(-Polajnar Pavčnik), Obligacijski zakonik I,

---

* 《意大利民法典》第1445条:"非因法定无能力而导致的撤销,不损害善意第三人有偿获得的权利,但是撤销申请登记的效力除外。"

** 《奥地利民法典》第877条:"以欠缺同意为由要求撤销契约的,必须返还因契约所受领之一切。"

*** 《奥地利民法典》第1435条:"为履行真正债务所为之给付,保有利益的法律上之原因消灭的,得请求受领人返还。"

**** 依《德国民法典》第142条,被撤销的行为自始无效,给付自始无法律上之原因,故只得依第812条第(1)款第1句第1选择文句提起非债清偿返还之诉,而不得依第(1)款第2句第1选择文句提起债因消灭的返还之诉。参见梅迪库斯:《德国债法分论》,杜景林、卢谌译,法律出版社2007年版,第531、538页。

art. 97, p. 532]。就被撤销契约的拆卷,罗马尼亚法是视情况分别由所得利益诉(actio de in rem verso,规制有财产增益却无法律原因的情形)或者非债清偿返还之诉来区处。后者仅适用于双方当事人都已经履行了双务契约下债务的情形,因为这时,一般不当得利请求的要件被认为未能充分(Dogaru and Drăghici, Drept civil, 196)。

43. 在荷兰法上,依被撤销契约或者自始无效契约所为之给付无法律上之原因。契约之拆卷遂由《民法典》第6:203~6:211条(非债清偿)规制[详参 Parlementaire Geschiedenis VI, 806; Asser (-Hartkamp), Verbintenissenrecht III[12], no. 318 p. 338; HR 20 April 1917, NedJur 1917 p. 600; HR 25 February 1926, NedJur 1926 p. 361]。由于并非所有撤销事由都具有溯及效力,再加上在许多情形,法院被赋予了修正撤销法律后果的自由裁量权,局面因之复杂。还有,许多撤销事由不得不与其他得使契约告止的事由竞争,而其他拆卷契约的规整往往占得先机。契约可撤销而未被撤销的,仍为有效。无论如何,订立契约的意思表示有特定瑕疵的,得撤销契约[《民法典》第3:44条(特定情形的不法胁迫、欺诈、危难被乘:参见例如,HR 29 May 1964, NedJur 1965 no. 104 p. 385),以及第6:228条(错误)]。完全有可能,错误及其他撤销事由可以同时援引;另外,陷入错误的当事人也可以不撤销契约,而是以不给付为由解除契约,比方说,就某些质量问题,出卖人误导了买受人。依买卖法,基于《民法典》第7:17条和第7:23条的事由,买受人一般都可以选择是撤销契约还是寻求给付不合要求时的各种救济方式。作为债的保全手段的撤销之诉(actio Pauliana,牵涉债权人权利受到损害的情形)见于《民法典》第3:45条;法人撤销法律行为的,《民法典》第二编则设有大量特殊规定。当事人订立契约的目的是变更既有法律行为的,《民法典》第6:229条及第6:230条为之设计了特别的撤销规整。在此情形,应一方当事人之请,法官得据个案情势变更契约,而不是拆解契约。* 为了保护那些匆遽订立标准契约的当事人,《民法典》第6:233条和第6:234条还额外设有一套特殊的撤销规整。

44.《爱沙尼亚民法典总则》(GPCCA)**第86~89条枚举了契约无效的一般事由(尤其是不法及违背公共秩序)。依《总则》第90条第(1)款,法律行为若系因错误、欺诈、胁迫或者暴力而为的,得被撤销(具溯及效力);任何法律行为,给付与对待给付显失公平的(gross disparity),亦得撤销。不论基于此种契约所获者为何,都必须依不当得利法返还(《总则》第84条第(1)款)。这也与《债法典》的立场相吻合,依《债法典》第1028条第(1)款,债务不复存在而给付的,构成不当得利。无效之宣告应于特定期间内为之。依《债法典》第1034条第(1)款,就双务契约来说,只有契约系因当事人欠缺行为能力或者动用了胁迫或强制手段而无效的,给付受领人才得援引得利减损抗辩并请求返还给付。

45. 就斯堪的纳维亚国家的法律立场,参见 PEL/von Bar and Swann, Unj. Enr., Introduction C78。被撤销契约之拆卷受契约法规制。

46. 在英格兰法上,依可撤销契约所付之金钱原则上得请求返还,而一般讲来,撤销事由同时亦为不当因素:参见比方说雇佣领域的判例, Sybron Corp. v. Rochem Ltd. [1984] Ch 112(未披露公司同事及下属的罪行而违反如实陈述义务;遣散费得返还;因事实错误所为给付的返还);Bank

---

* 《荷兰民法典》第230条:"(1)根据本编第228条和第229条宣告合同无效的权力在另一方当事人及时提议变更合同效力时丧失,而该变更充分消除了有权宣告无效的当事人由于合同继续存在遭受的损失。(2)法官可以根据一方当事人的请求变更该合同的效力以消除此种损失而不是宣告无效。"

** General Part of the Civil Code Act, 2002年3月27日访问。

of Credit and Commerce International SA (In Liquidation) v. Ali (No. 1) [1999] 2 All ER 1005 (CA)(获取手段不道德)——根据对契约的解释,终审维持原判,[2001] UKHL 8, [2001] 1 AC 251。类似地,就因不法压力(不管是普通法上的胁迫,还是衡平法上的不当影响)所取得的金钱,亦得请求返还:Birks, English Private Law I, nos. 15.05, 15.78。不管哪种情形,能够恢复原状都系撤销之条件:Erlanger v. New Sombrero Phosphate Co. (1878) 3 App. Cas. 1218, 1278 - 1279 (Lord Blackburn),又如,Western Bank of Scotland v. Addie (1867) LR 1 Sc & Div 145(因普通法上的欺诈而撤销);O' Sullivan v. Management Agency and Music Ltd. [1985] QB 428(因衡平法上的不当影响而撤销)。在普通法上,过去这一要件更为严格,也就是说,更容易证明恢复原状不能,比方说因为财产状况恶化——而在衡平法上,可以要求清算利润(account of profits),从而可以通过逆返还(counter - restitution)加以折抵和调整:参见 Goff and Jones, The Law of Restitution[7], no. 9 - 023,以及,Erlanger v. New Sombrero Phosphate Co. loc. cit. (煤矿的折旧价值)。今天,(在普通法和衡平法还是两套体制的框架下,)所及更为广泛的衡平法应能占据主导地位。在 Halpern v. Halpern (Nos. 1 and 2) [2008] QB 195 案中,虽因事实未得证明,从而就普通法上因胁迫而撤销的地位,上诉法院无须作出判决,但卡恩沃斯法官(Carnworth LJ)的意旨显然是反对(人为)区分因胁迫而撤销和因欺诈或者不当影响而撤销,或者说普通法上的撤销和衡平法上的撤销,这也就意味着,原则上讲,为了防止不当得利,逆返还乃为必要。一审判决也主张,就因胁迫而撤销来说,逆返还是必要的:Halpern v. Halpern (No. 2) [2006] EWHC 1728 (Comm) [2007] QB 88。

Ⅲ. 基于契约所为给付的返还:契约因其他原因而无效

(a)基本规则

47. 契约因其他原因而无效,请求返还依契约所为给付的,一般与契约被溯及撤销的情形适用同样的规则,是以我们只用讨论少数特殊案型即可。依《法国民法典》第 1131 条,无原因(sans cause)之债,或者基于错误原因(fausse cause)或不法原因(cause illicite)之债,不生效力。比方说,保险契约标的早已毁于火燹(Cass. civ. 27 Febuary 1990, Bull. civ. 1990, I, no. 52),或者出售不动产以换取终身年金而买受人知道出卖人已是命在旦夕了,在这些情形下,债务无原因。如比利时法院所阐明的,原因为债务的存在提供了正当性(CA Liège 28 June 2002, no. de rôle 1998/RG/14)。必须有原因,当事人方受拘束,否则契约无效。因此,不当得利法的一般规则与《民法典》第 1131 条的规则导致同样结果(CA Liège 26 May 2003, no. de rôle 2000RG919)。就射幸契约(比方说年金契约)来说,如果契约事实上并不依赖某不确定事件之发生(这里是死亡时间),则因缺乏原因而无效。《民法典》第 1974 条和第 1975 条的特殊条件未能满足的,亦是如此(Cass. 20 June 2005, no. de role C040549F)。* 《西班牙民法典》第 1303 条同时适用于法定无效契约和可撤销契约(参见注释 39)。即便无当事人之声请,法院亦得自己动议,拆卷无效契约[TS 24 February 1992, RAJ 1992 (1) no. 1513 p. 1883;TS 11 February 2003, RAJ 2003 (1) no. 1004 p. 1906]。另,《民法典》第 1303 条所要求的,就是证明给付系依无效契约而为(Delgado Echeverría and Parra Lucán, Las nulidades de los contratos, 228)。契约因当事人欠缺行为能力或

---

* 《法国民法典》第 1974 条:“以在订立契约之日已经死亡的人的生命存续期而设立终身定期金的契约,不产生任何效力。”第 1975 条:“以设立终身定期金的契约订立之后 20 天内因患病而死亡的人的生命存续期而设立的终身定期金契约,适用前条之规定 。”

者不法而无效的,《民法典》第 1304 条及第 1305 ~ 1306 条备有特殊规则;契约因抵触刑法而无效的,契约之拆卷亦有特殊规制[《刑法典》第 109 ~ 111 条;参见例如,TS 27 October 2001, RAJ 2001 (5) no. 9348 p. 14784]。在这些情形,请求返还的权利甚至得对第三人主张;这些诉因遂具准财产权的性质(详参 Delgado Echeverría and Parra Lucán, loc. cit. 326)。

48. 在意大利法上,基于无效契约所为给付的返还,适用区处非债给付返还的规则;(与西班牙法的立场适为对照,*)在程序上,应由受损害一方当事人基于这些事由提起诉讼(Cass. 1 August 2001, no. 10498, Giust. civ. Mass. 2001, 1519)。提起诉讼声请法院宣告[法律行为]无效固然无时间限制,但这并不意味着返还诉讼本身也不受时效期间束缚(《民法典》第 1422 条;参见 Cass. 1 August 2001, no. 10498 loc. cit.)。一向有人主张,区处非债清偿返还的规则不该用于这里,因为非债清偿返还之诉应被羁縻于当事人之间无在先法律关系的场合(例如,Barcellona, Riv. trim. dir. proc. civ. 1965, 11, 28;Gazzoni, Riv. Dir. Civ. 1973, I, 287,以及,Argiroffi, Riv. Dir. Civ. 1976, II, 608, 610);在特定物灭失或者损耗的情形,无效契约的存在本身即足以排除《民法典》第 2037 条的适用(Stolfi, Teoria del negozio giuridico[2], 71)。但法院向未循此进路而行(Cass. 12 March 1973, no. 685, Foro it. 1974, I, 2783)。如何协调契约无效规则与《民法典》第 2033 ~ 2040 条(非债清偿),还涉及一个难题,即第三人(其自给付受领人处获得了给付人所为之给付)的法律地位。原则上讲,契约无效亦约束第三人,然而非债给付法律规则仅对给付人与受领人具有拘束力。可今天的法学界还是执着地要将非债给付返还规则用到这里。法律不允许区分各种不同类型的返还之诉;还有,请求返还的权利出自法律,而非契约(Moscati, Pagamento dell' indebito, arts. 2028 - 2042, pp. 136, 141)。

49. 契约因系虚假交易(simulated transaction,故欠缺同意)(OGH 12 February 1970, SZ 43/38)、当事人无行为能力(OGH 18 June 1985, SZ 58/105;OGH 24 June 1982, SZ 60/119)或者某些其他原因而无效的,依其所为给付的返还,亦受《奥地利民法典》第 877 条**(结合《民法典》第 1431 条和第 1435 条)规制,当然,这越出了法条文义。考虑到错误乃系[此间]要件,所以得区分各种不同的无效事由。基于欠缺同意的返还请求的一个要件就是误信债务有效[《民法典》第 1431 条;Koziol/Bydlinski/Bollenberger (- Bollenberger), ABGB[2], § 877 no. 2]。若契约因给付不能而自始无效的,那么依此表面契约而为错误给付之当事人得提起非债清偿返还之诉;而在其他情形,则得乞援于目的未达返还之诉(failure of purpose condictio,《民法典》第 1435 条)。相反地,若契约不法或者违背善良风俗,错误要件即非关大局了;在这里,起决定作用的是禁止性规范的基础目的(Koziol and Welser, Bürgerliches Recht II[13], 280):高利贷款的借款人尽管知道契约违反了强制性规范,仍得请求返还所付利息(Rummel, ÖJZ 1978, 253, 258)。如果贷款系资助法律禁止的赌博,则不得返还(《民法典》第 1174 条第(2)款;详参 OGH 2 June 1986, SZ 59/177;OGH 26 July 1990, SZ 63/139;OGH 6 September 1995, 7Ob 579/95)。就葡萄牙法来说,只需要为前面注释 41 补充一点,不论何人,不论何时,皆可援用契约无效,法庭亦可自己动议宣告契约无效(《民法典》第 286 条)。宣告无效之法律后果系由法律所定(ipso jure),无关当事人之意图;最终让那个契约失去了法律效力的,乃是无效判决[也不过是宣告(确认)判决,而不是形成判决(constitutive)],此点自不待言(Schlechtriem, Restitution und Bereicherungsausgleich in Europa I,

* 大概是指西班牙法院得自己动议。

** 《奥地利民法典》第 877 条:“以欠缺同意为由要求撤销契约的,必须返还因契约所受领之一切。”

chap. 3, no. 165 fn. 488)。最为重要的无效事由次第见于《民法典》第220条(未遵守法定形式),第240条第(2)款(虚伪行为),第244条第(2)款(真意保留),第245样(戏谑表示),第246条(无创设法律关系之意图;胁迫),第280条(标的不能、不确定或者违背公共秩序与善良风俗)以及第294条(违反强制性规范)。契约因之无效的,返还请求受《民法典》第289条规制,而非不当得利法。

50. 依德国法,无效(Nichtigkeit)意旨系争法律行为不会发生当事人所意图的法律效果。无效具溯及力并同样拘束第三人;法律并不要求契约被交付法庭质辩,而且在诉讼中,法庭应依职权(ex officio)对此加以考察[Palandt(-Heinrichs), BGB[66], Pref. to § 104, no. 27]。无效契约的拆卷由不当得利法规制(《民法典》第812条第(1)款第1句第1选择文句)。法院时常动用好意介入法[无因管理法]来解决无效的委托和事务处理契约的拆卷问题(第V-1:101条,注释50);不当得利法遂被排除适用,因为介入人既得授权,依《民法典》第812条遂构成法律上之原因(BGH 30 September 1993, NJW 1993, 3196; BGH 10 April 1969, NJW 1969, 1205, 1207)。而就已经履行的雇佣或者合伙契约来说,大多数的效力败坏因素面向将来发生效力(Heinrichs, loc. cit. no. 36)。希腊法用“无法律约束力的”(invalid)、“无效的”(void)、“不生效力的”(ineffective)、“欠缺法律要件的”(defective)这样一些不同语词来描述无效契约。刻下,“无法律约束力的”(invalid)被用作上位概念(Avgoustianakis, NoB 39 [1991] 1340, 1365)。这一术语包含了所谓“不存在的法律行为”(non-existent transaction)[比方说,当事人未能达成合意(ad idem)],无效和可撤销的法律行为(Papantoniou, Genikes Arches tou Astikoudikaiou, 417; Georgiades, Genikes Arches Astiku dikaiu, 285)。无效法律行为被视为从未存在(《民法典》第180条)。已为给付之返还,由不当得利法规制(Schlechtriem, Restitution und Bereicherungsausgleich in Europa I, chap. 3, no. 38)。

51.《匈牙利民法典》第234条第(1)款所论之无法律效力(invalidity)类型有二,无效(nullity)则为其一。任何人都得提出无效主张;就契约之效力提出质疑时,既不需要特别的程序,亦不受时效期间束缚。契约拆卷之法律后果由《民法典》第237条区处,而该条系规制契约法的条款。与匈牙利不同,《斯洛文尼亚债法典》则是将在这些情形下至关重要的无因返还之诉(condictio sine causa)定性为不当得利法的组成部分。《保加利亚债法典》第55条第(1)款第1选择文句同其立场,依无效法律行为所为之任何给付,获得皆“无法律上之原因”。

52. 借款人拒绝支付约定利息,声称高利率违背善良风俗,这样的案子,爱沙尼亚法院从来没少对付过。据最高法院判决,过高的利率本身并非无效的充分原因;当事人必须证明,利率系显失公平的结果,而且必须是因此宣告法律行为无效(Supreme Court 29 January 2007, judgment no. 3-2-1-137-06 in civil matters,引述颇丰)。契约之宣告无效具有溯及效力;返还请求受不当得利法规制(《债法典》第1028条第(2)款)。无效原因背后自有特定立法目的,若与之抵牾,则不得诉请返还(《债法典》第1028条第(3)款)。

53. 就斯堪的纳维亚国家主流法律立场,参见PEL/von Bar and Swann, Unj. Enr., Introduction C78。无效契约之拆卷由契约法规制。

54. 在英国法上,得依“不当因素”进路返还的案群繁若星辰,可要说依无效契约所为之给付应予返还这样的一般原则,表达得如此明白而又涵盖广泛,却还未进至此地步。不当因素中最常见的大概就是错误:参见Kelly v. Solari (1841) 9 M & W54, 152 ER 24(保险人依人寿保险单支付了保险金,未注意到保险单事实上已经失效)。在今天的[判例]法上,错误已不限于事实错误,法律错误亦为错误:Kleinwort Benson Ltd v Lincoln City Council [1999] 2 AC 349 (HL),在该案中,当事人,即金融机构与地方政府,错误地以为自己有权订立利率互换契约(swap contracts),但在稍后的 Hazell v. Hammersmith & Fulham London Borough Council [1992] 2 AC 1 (HL)案中,法院判决此种契约超越政府权限(ultra vires)故而无效。法律委员会也早就倡议,将错误扩张及于法律错误,但受为上议院所不采之"既定法律[见解]"抗辩("settled law" defence)掣肘:[1994] Law Com., Rep. no. 227, Cm 2731。* 一旦将"回溯性"错误('retrospective' mistakes,即在形成假定时,尚未明确知其为伪)纳入错误范畴,认识错误距错误预测也就更近了一步(但并未完全吸收:参见 Dextra Bank & Trust Co. Ltd. v. Bank of Jamaica [2002] UKPC 50, [2002] 1 All ER (Comm) 193,以及,Goff and Jones, The Law of Restitution[7], no. 4-002),同时也可能意味着向德国法式的欠缺法律基础进路的急进转向**[迈尔与齐默尔曼就是这么认为的,参见 Meier and Zimmermann, (1999) 115 LQR 556-565,但如此急进的转向,自然包蕴着极大风险,就这风险的警告,参见 Burrows, The Law of Restitution[2], 50-51]。若有对价完全落空(参见第Ⅶ-1:101 条,注释 27)之事,得据之请求返还。比方说,当事人都不知道,买卖契约之标的在法律上并不存在,契约因共同错误而无效,得请求返还给付[Strickland v. Turner (1852) 7 Exch 208, 155 ER 919:不知得利人已经死亡而购买年金]。另见,Associated Japanese Bank (International) Ltd. v. Crédit du Nord SA [1989] 1 WLR 255。契约因制定法的规定而无效且未受合法性问题影响的领域,也是一样:Milner v. Staffordshire Congregational Union Inc. [1956] Ch 275。在 South Western Mineral Water Co. Ltd. v. Ashmore [1967] 1 WLR 1110 (Cross J) 案中,依 1948 年《公司法》第 54 条之禁止性规定(相当于 2006 年《公司法》第 678 条第(1)款,不过现在只及于公众公司),公司不得签发交付公司债券为购买自己公司股票的分期付款提供担保。股票销售契约不具强制执行力,出卖人拒不放弃担保要求,买受人则不愿意继续付款,法院只得令恢复原状;所占有之股票必须归还给出卖人,出卖人亦不得继续持有已付之分期款项。代理人未得授权而代表本人订立借贷契约的,本人与贷款人之间的契约无效,但在贷款人之给付令本人得利的范围内,贷款人得请求返还:参见 Reid v. Rigby & Co. [1894] 2 QB 40(承认普通法上的返还请求);Bannatyne v. D. & C. Maciver [1906] 1 KB 103, 109 (CA) [罗默法官(per Romer J):并无普通法上的返还权利,但在本人债务消灭的范围内,存在衡平法上的返还权利];B. Liggett (Liverpool) Ltd. v. Barclays Bank Ltd. [1928] 1 KB 48。也有学派将这些情形视为间接得利,即代理人之得利传递给了本人,参见 Re Cleadon Trust Ltd. [1939] Ch 286 (CA),以及,Birks, English Private Law I, 15.28-15.29。但贷款人之所以愿意贷款,是以为代理人有授权,协议得约束本人,在这个意义上,说贷款人

---

* 《返还法(法律错误)草案》第 2 条(废止法律错误规则):"对于是否构成'基于错误所提起的返还请求(mistake claim)'来说,事实错误与法律错误的区分不具实质意义;不得以当事人所声称的错误系法律错误为由而驳回此类请求。"第 3 条:"(1)就基于既定法律见解所为之行为,不得仅仅因为嗣后法院或者仲裁庭通过裁决对法律所做的改变而被视为构成'错误请求'的基础;(2)某种法律见解,尽管并非毫无异议,或者并未体现在法院或者仲裁庭的先例中,仍得被视为本条所谓既定法律见解。"

** 在本段前面提到的 Kleinwort Benson Ltd v Lincoln City Council [1999] 2 AC 349 (HL)案中,上议院不但将因法律错误所为之给付不得请求返还的束缚尽皆剥除,更进一步认为,当法律发生改变时,过去对法律的理解也算错误。论者以为,如果根据嗣后被推翻的法律见解所为之给付被看做系因错误而为,那么重心就已不再是给付人的心理状态,而在于基础债务的有效性,这样就使得英国法与大陆法系以法律原因推理为基础的模式越行越近了。

是打算与代理人订立契约并向代理人给付,未免背离事实太远。

(b)特殊规则:保护欠缺行为能力人

55. 如果契约系因一方当事人欠缺行为能力而无效,那么,若特定要件得以充分,则请求返还的权利得被阻却或者被加以限制。依《法国民法典》第1241条(与第1312条并读),欠缺行为能力人仅在(于诉讼提起之时)因"给付"而仍然得利的范围内负有返还义务。* 依《民法典》第1310条,未成年人就其因侵权或者准侵权行为所受领之物,负返还义务。该条亦类推适用于其他欠缺行为能力之人(Ghestin/Billiau/Loiseau, Régime des créances et des dettes, no. 841)。比利时亦采同样进路。《比利时民法典》第1241条和第1310条与法国的相当条款一般无二;依《比利时民法典》第1312条之措辞,其亦适用于禁治产人(interdits,《民法典》第489条);该条扩张及于所有欠缺行为能力人(de Page, Traité élémentaire de droit civil belge II[3], no. 823)。

56. 西班牙法将欠缺能力界定为可撤销(anulabilidad)的情形。依《民法典》第1304条,欠缺能力人仅在得利范围内,方负返还物或者金钱的义务。该条与《民法典》第1163条的规则相关,依该条,向欠缺能力人或者未成年人所为的给付,仅当受领人从中得利的,给付方为有效(就这两条的相互作用,参见 Delgado Echeverría and Parra Lucán, Las nulidades de los contratos, 282)。《民法典》第1304条仅适用于契约因给付受领人法律上无能力(legal incapacity)而不生效力的情形;不过,法院亦将其适用于所谓自然无能力(natural incapacity)**的情形,尽管这常被看作是法定无效(nulidad)的例子(TS 9 February 1949, RAJ 1949 no. 99 p. 67;TS 15 February 1952, RAJ 1952 no. 288 p. 203;Delgado Echeverría and Parra Lucán loc. cit. 283-284)。欠缺能力人返还责任的范围如何,依实际资产状况与假设资产状况的差值(modelo diferencial)而定。受领人必须就其资产价值仍有增加的部分负责;费用的节省就算数(Carrasco Perera, ADC 1988, 5, 92-97)。单纯地受领物或者金钱即构成得利(TS 15 February 1952 loc. cit.)。根据判例法,未成年人或者欠缺能力人仍然持有幸存利益这一点由原告负证明责任(TS 9 February 1949 loc. cit.;批评意见,参见 Díez-Picazo, Fundamentos I[6], 601)。

57. 依《意大利民法典》第1443条,欠缺能力人仅在从给付中受益的范围内负返还责任。相应规制得见于非债清偿法(《民法典》第2039条);这种保护亦扩张及于恶意的欠缺能力人。这里包含一项推定,欠缺能力人无法像完全行为能力人那样从所提出的给付中获取同样的利益;当然,这推定可以举证推翻。是以给付人得负责证明,其所面临的个案构成原则之例外。《民法典》第1443条针对的是当事人于契约订立之时欠缺能力的情形,而第2039条则适用于受领之际无能力的案件。*** 《奥地利民法典》第1433条[从另外的角度着手],[作为给付依据的契约系因]欠缺形式要件[而无效的],给付系为履行自然债务的,或者明知不负债务而仍然给付的,若[给付

---

* 《法国民法典》第1241条:"如债权人无能力受领清偿,向其所为之清偿无效;但如债务人能证明清偿之物已使债权人受益,不在此限。"第1312条:"在未成年人或受监护的成年人受准许以此种资格要求向其返还为履行义务所进行的给付时,对在他们未成年期间或受监护期间因此种义务向其已经进行的给付不得要求偿还;但如能证明所进行的给付已转为使未成年人或受监护的成年人本人受益者,不在此限。"

** 自然无能力意旨不能形成意志,这种无能力可能落于任何人头上,可能是暂时的(酒醉、催眠),也可能是长久的,如精神疾患。与法律上无能力不同,自然无能力不能推定,只能证明。

*** 《意大利民法典》第1443条:"契约因一方缔约人的无能力被宣告撤销的,无能力人仅在其取得利益的范围内向他方当事人承担返还的义务。" 第2039条:"接受非债给付的无行为能力人,即使是恶意的,仅在其受领的获利范围内承担责任。"

人]系欠缺行为能力人,则阻于返还请求权之前的篱障即被尽行拆除。* 未成年人不得基于这些事由请求返还的规则源自《民法典》第151条第(3)款(依其规定,就达到特定年龄的未成年人惯常缔结的契约来说,行为能力的欠缺得因给付而治愈);反之,如果案件落入第151条第(2)款的射程,未成年人以其得自由处分之物或者其依劳动赚取的收入加以给付的,复得适用第1433条**[Rummel (– Rummel), ABGB II(1)^3, § 1433 no. 1; Koziol/Bydlinski/Bollenberger (– Koziol), ABGB^2, § 1433 no. 2;相反的立场,Schwimann (– Mader), ABGB VI^3, § 1433 no. 2]。如果得利人欠缺行为能力,则返还责任仅限于幸存利益。若给付曾被用于为其利益服务的,亦负返还责任(OGH 24 June 1987, SZ 60/119;OGH 15 May 1991, JBl 1992, 39);欠缺能力人得援引得利减损抗辩(OGH 12 February 2002, SZ 2002/21)。

58. 在葡萄牙法上,未成年人(《民法典》第123条)及其他欠缺能力人(《民法典》第138条)原则上适用同样的规则(《民法典》第139条)。意思表示不会因为[表意人]欠缺能力而无效,但得被撤销。不过,在《民法典》第289条和第290条的返还规整下,这实在无关紧要。倒是在《民法典》第287条的框架下,这才有些关系,该条规定,法律正是为了其利益方才授予撤销权的,只有该等人方得行使撤销权。依《民法典》第289条第(1)款,买卖契约被有效地撤销了,未成年人方得请求返还购买价款;所以非得先行使撤销权不可(《民法典》第125条)。未成年人不得援引得利减损抗辩,因为契约拆卷所提供之保护非以不当得利法为据。旧《民法典》和《民法典草案》(Draft Civil Code)中的相应规制可能是出于疏忽而未被纳入法律(Schlechtriem, Restitution und Bereicherungsausgleich in Europa I, chap. 3, no. 300 with fn. 899)。未成年人亦得有效设立法律行为,其中尤为重要者为,从儿童的判断能力来看为其生活所必需的契约或者涉及财产不重要处分的契约(《民法典》第127条第(1)款)。

59. 依《德国民法典》第105条第(1)款,无行为能力人所为之意思表示无效;依其所为之给付得依不当得利法返还。欠缺行为能力人已达法律责任年龄的,若其所为之交易为日常生活所必需且价格菲薄,则为有效;这时不得请求返还。特殊规则见于劳动法与合伙法。若欠缺能力人订立了雇佣契约并已依契约提供了给付,那么依《民法典》第242条(诚实信用),尽管契约无效,其仍得请求约定的薪酬。欠缺能力人已经依合伙契约投入了资本和劳务而契约依第105条第(1)款无效的,与雇佣情形一样,无效后果亦受类似限制。不当得利法为欠缺法律能力人提供的保护得见于所谓"差额说"(Saldotheorie)的避席让贤。差额说用于双务契约,也就意味着,面对着对方当事人要求返还所受领利益的请求,当事人不得一方面以最初受领的利益嗣后已经灭失来推

---

* 依《奥地利民法典》第1432条,以上三种情形,不得请求返还。第1433条规定:"给付人仍受监护或者不能自由处分其财产的,前条不得适用。"

** 据最近面世的中译本,第151条:"(1)在没有取得其法定代理人明示或默示的同意的情形,未成年子女既不能实施处分行为,也不能实施负担行为。(2)在子女年满十四周岁以后,就允许其自由处分的财产以及自其自己的职业活动获得的收入,其可以进行处分和使自己负担义务,但以不会使其生活需要的满足受到威胁为限。(3)如果未成年子女实施了一项法律行为,该法律行为属于同年龄的未成年人通常实施的行为,且属于日常生活中的细小事务,则即使本条第(2)款规定的前提条件不存在,通过该子女履行其义务,也使得该法律行为溯及既往地生效。"就返还责任,对第(2)款和第(3)款下的未成年人,给了区别评价。

诿责任;另一方面却又要求对方当事人返还其所提出的给付。* 只要欠缺法律能力人系秉善意行事的,不当得利法不会为其返还请求设置任何障碍[Palandt(-Sprau),BGB[67], § 818, no. 49]。至于说如何判断欠缺能力人系善意行事还是恶意行事,那么首要的就是区分给付型得利与侵害权益型得利。就给付型得利来说,法定代理人(一般是未成年人的父母)的明知具有决定性。而侵害权益型不当得利,善意还是恶意是根据未成年人自己是否明知来认定的。在后种情形,类推适用侵权法上未成年人个人责任的规则(Sprau, loc. cit. § 819, no. 4;BGH 7 January 1971, BGHZ 55, 128)。若所涉并非限制行为能力人(7岁至17岁的孩子),而是完全无行为能力人,则决定因素是法定代理人是否明知(MünchKomm(-Lieb),BGB[4], § 819, no. 7)。依《希腊民法典》第130条,无行为能力人(《民法典》第128条:10岁以下的孩子及受法院监护之人)所为之行为绝对无效。行为时正罹患精神障碍的,行为亦绝对无效(《民法典》第131条)。10岁以上未成年人所为之法律行为,除非给其带来纯粹法律上利益,否则亦绝对无效(A. P. 419/1971, NoB 19 [1971] 1118;CFI Athens 14296/1974, NoB 24 [1976] 332)。针对此类人所提起的不当得利返还诉讼或会因为法律对他们的特殊保护政策而得不到支持(Stathopoulos, Axiosis adikaiologitou ploutismou, 263)。另外,在互为对待给付之后,未成年人不但得援引得利减损抗辩,若是对方当事人明知其欠缺行为能力,还得继续请求返还其所为给付(Georgiades and Stathopoulos (-Stathopulos), art. 904, no. 100)。

60.《匈牙利民法典》第13/B条(限制行为能力及无行为能力的未成年人)和第16/A条(受监护人)规制所谓相对无效,也就是说,只有那些在法律看来应受特别保护之人方得援用无效规制。应值得注意的是,在自己的行为能力问题上误导他方当事人的,不但要负赔偿责任,甚至还要负给付义务。为了体现对无行为能力人的保护,法律赋予无行为能力人选择权,其得决定不援引无效规制;如是,则契约有效。无行为能力人当然也可能援引无效规制,那么就依无效的一般规则拆卷契约。《保加利亚债法典》第58条也对欠缺法律能力人的返还责任加以平抑,仅需就幸存利益负责。若是欠缺法律能力的受领人将给付转售给了第三人而且还没有收到价款,那么给付人仅得对第三人提出一般不当得利返还请求(Vassilev, Obligazionno pravo, 593)。受领人于返还诉讼提起之时欠缺法律能力的,方能(同时也就能)乞援于第58条之庇护(从此说的至少有,Goleminov, Neosnovatelno obogatyavane, 80;持不同立场的,参见Vassilev, loc. cit. 592)。《斯洛文尼亚债法典》的不当得利法并未为欠缺法律能力人提供特殊保护机制。但要提及,依《债法典》第98条,无能力人只有在行为能力问题上欺骗了契约相对方的,方负损害赔偿责任。

61.依《荷兰民法典》第6:209条,受领了非债给付的无行为能力人,仅在实际受益或者已处其法定代理人控制下的利益范围之内负返还给付(或其货币价值)并交出因之所获孳息的义务。这与《民法典》第6:31条(一般的债务履行)的立场一致;是以,不论债务清偿,还是非债清偿,皆

---

* 关于差额理论,可参见梅迪库斯:《德国债法分论》,杜景林、卢谌译,法律出版社2007年版,第561页以下。该处提到,差额说受到的一处批评即在于,其"不考虑导致要因行为无效的法律规范的原因基础。这种忽视最为明显地体现在第104条以下诸条款规定的未成年人保护之中。未成年人保护应当保护未成年人不受其自己意思引致的法律后果的影响,故此,在买卖契约无效时必须支付低于标的物价值的价金这一原则,对未成年人是不适用的,即使其无法返还标的物。此时,因买卖无效引起的风险由出卖人一方承担,出卖人必须想到,在标的物不复存在也无得到其他赔偿的情形下,出卖人也必须返还价金"(第563~564页)。

适用同样规则。* 无行为能力人所为之法律行为,被其法定代理人依《民法典》第3:32条第(2)款撤销从而自始无效的,给付无法律上之原因。法律为无行为能力人所提供之保护,与其是否善意无关。可以想见,无行为能力人或者其父母或监护人,可能负侵权法上的责任。一笔给付,若是被用来支付无行为能力人的生活费用,或者从中得到了某些其他的有形或无形利益,则可以说无行为能力人从给付中受益(详参CFI Zwolle 31 May 2006, LJN AY5733)。在回复依双务契约所为之给付时,得注意《民法典》第6:278条,依该条,给付与对待给付之间最初的相对价值嗣后发生变化的,应追加给付来补偿。要说第6:209条在实务中的价值,着实微不足道。类似地,依《爱沙尼亚债法典》第1034条第(1)款,在返还诉讼中,无行为能力人得援引得利减损抗辩。

62. 在斯堪的纳维亚国家,契约因当事人欠缺能力(未成年人;无行为能力而受监护之成年人)而无效的,其法律效果由单行法规制,如瑞典之《亲权法》(föräldrabalk)第9章第7条,芬兰之《监护人法》(Laki holhoustoimesta),丹麦之《监护人法》(Bekendtgørelse af værgemålsloven)。给付应原物返还,返还不能的,偿还其价值。契约相对方不能以自己的善意为抗辩。无行为能力人以[所受]给付来支付生活费用或者因其他原因[自给付]获得利益的,负归还给付价值的义务。但对给付之使用并无利润的(unprofitable),无行为能力人返还等价金钱的义务得予扣减。课加返还受领物之价值的义务,唯取决于给付目的以及给付之用途,与无行为能力人得利无关(Adlercreutz, Avtalsrätt I[11], 231;Lejman, SvJT 1949, 641, 653)。以上所引皆遵循一总体目标,就任何节省的费用,无行为能力人皆应负责(Vinding Kruse, Restitutioner, 324)。

63. 在英格兰与苏格兰,依1979年《货物销售法》第3条第(2)款,类似地,在爱尔兰,依(旧的)1893年《货物销售法》第2条但书,向未成年人(或因酒醉而无能力的成年人)提供了"生活必需品"的,[无行为能力人]支付合理价款的义务因之而生。在苏格兰与爱尔兰,向有心智障碍的人提供生活必需品的,亦适用同样规则。必需品被界定为"适于满足所涉人等日常生活条件以及销售和交付之时实际生活需要的货物":1979年《货物销售法》第3条第(2)款;1893年《货物销售法》第2条。要照官方公开宣布的编纂制定法的目的,就向未成年人销售货物的事宜,这些条款是要取代普通法(Nash v. Inman [1908] 2 KB 1, 7, 9)。如果这解释没错,那也就意味着,只要生活必需品尚未提供的(executory),即不负提供责任;货物不但在销售之时,而且在交付之时,都得为生活所必需,并于责任产生之际交付:参见Chitty on Contracts I[30], nos. 8-011-8-012。如此说来,前引条款并未创设什么契约责任,因为未成年人不能受必需品提供契约的约束;未成年人不过是在对方确实提供了必需品,也就是说(不当)得利的时候,承担[支付合理价款的]责任。是以,未成年人的责任得被视为返还性质的责任(Nash v. Inman [1908] 2 KB 1, 8;Elkington & Co. Ltd. v. Amery [1936] 2 All ER 86, 88),责任被限于"合理价款"而非任何约定价款这一点更将这一命题夯牢筑实。不过,相反立场的判例与见解所在皆有(参见Goff and Jones, The Law of Restitution[7], no. 25-003),而且立场还很连贯,因为就必需的服务来说,待履行契约(executory contract)对未成年人具有拘束力,此点已为定论;性质显然为契约责任:Chitty on Contracts I[30], no. 8-013。在普通法上,只要契约对未成年人不具强制执行力(就这些契约类型,参见Goff and

---

* 《荷兰民法典》第6:209条:"本节[非债清偿]所规定的义务适用于已受领无因偿付的无行为能力人,但仅以其所受领的给付使其实际受益或已处于其法定代理人控制之下为限。"第6:31条:"对无行为能力的债权人所为的偿付,已经实际地使该无行为能力人受益的,或者已经置于他的法定代理人的控制之下的,债务人的债务归于消灭。"

Jones, The Law of Restitution[7], no. 25-002,概要),未成年人即无返还义务;事实上,很早以来的做法就是,即便未成年人通过篡改年龄来引诱对方订立契约的,其亦不负责任:Johnson v. Pye (1665) 1 Sid 258, 82 ER 1091, sub nom. Johnson v. Pie 1 Keble 913, 83 ER 1317 (Court of King's Bench)(通过谎报年龄而借得 300 英镑;未成年人不就欺诈负责任),另见这一原则的类推适用, Liverpool Adelphi Loan Association v. Fairhurst (1854) 9 Exch 422 at 430, 156 ER 180 at 184 (Pollock CB)。不过,未成年人仍得在契约之外负侵权责任(,供应商遂得就其损失获得赔偿),这时,[供应商]得"放弃"(waive)侵权诉求而就[未成年人]取得或收到的金钱主张权利:* Bristow v. Eastman (1794) Peake 291, 170 ER 160;1 Esp 172, 170 ER 317(在该案中,未成年人向雇主虚报开销,借以中饱私囊)。但在衡平法上,未成年人通过隐瞒年龄获得收益的,向来应负返还责任。不过从功能上看,这责任近于衡平法财产的追踪(tracing),适用于被告保有所受领财产的情形,若是可以对财产收益主张权利(Stocks v. Wilson [1913] 2 KB 235),**财产被不当使用的(dissipate),***应予以赔偿。自 1987 年《未成年人契约法》(Minors' Contracts Act)第 3 条第(1)款实施以来,如果作为给付依据的契约因为他方当事人未成年而不具强制执行力,只要合乎"正义与公平"(just and equitable),法院即得令受领人[未成年人]返还所受领的财产或者代表所受领财产的财产。这里所创设的责任并不要求未成年人有欺诈行为。由于还没有相关判例法来阐释这条款,法院的自由裁量权将会如何施展,尚不得而知。但这制定法的解决办法本身可能会受到批评,因为靠法院自由裁量提供救济恐与请求返还不当得利的权利相抵牾:请比较 Lipkin Gorman v. Karpnale Ltd. [1991] 2 AC 548, 578 案、Kleinwort Benson Ltd v. Lincoln City Council [1999] 2 AC 349, 385 (Lord Goff) 案与 Sempra Metals (formerly Metallgesellschaft Ltd.) Ltd. v. Inland Revenue Commissioners [2007] UKHL 34 at [26], [2008] 1 AC 561, 584 (Lord Hope) 案,这些案件涉及的是在返还案件中能否判给复利(compound interest)。不管怎样,制定法只是补充而不是取代判例法所提供的(有限的)救济手段:参见第Ⅶ-7:102 条,注释 6。相反,未成年人依契约给予他方当事人利益,嗣后又选择将契约撤销,这时的请求返还权利仍依传统进路而行并以对价落空为要件:参见 Steinberg v. Scala (Leeds) Ltd. [1923] 2 Ch 452 [上诉法院(CA):请求返还股票购买价款的请求被驳回,因为股票已经分配并持有多年,并无对价完全落空]。这一进路已饱受抨击:参见 Goff and Jones, The Law of Restitution[7], no. 25-006,认为[只要]未成年人[能够]恢复原状即可。如果未成年人就交易在法律上无效这一点犯下错误,那么就可绕过[对价完全落空要件的]限制,因为这时可以乞援于法律错误规则。就交付(delivery)之外的财产移转来说,更为可取的看法是,当事人的欠缺能力阻却了产权的转移:参见 Chitty on Contracts I[30], no. 8-066。在给付人为欠缺能力成年人的情形,请求返还权利的范围相对来说较窄,因为只要契约相对方并不知晓其欠缺行为能力,那么契约不会因为当事人欠缺能力这一点而无效。是以,如果有行为能力的当事人为衡平法上欺诈行为的,也就是说,昧着良心占了弱势方当事人便宜的,在衡平法上,契约效力不过是可撤销而已:参见 Imperial Loan Co. v. Stone [1892] 1 QB 599,

---

* 就取得或收到金钱的返还之诉,参见第Ⅶ-1:101 条,注释 16。就所谓"放弃侵权之诉"(waiver of tort),参见第Ⅶ-7:101 条,注释 34。

** 被告虚构年龄,从原告处取得家具,后将部分家具出售,售价 30 英镑。应该偿付这 30 英镑。

*** dissipate:浪费、挥霍;驱散;放荡、耽乐。dissipation:浪费;(财产的)不当使用。指以非法的或不符合衡平法要求的目的使用财产,如在即将离婚时,配偶一方为个人利益而使用夫妻共有财产。元照,第 423 页。

601 (Lord Esher MR),为 Hart v. O'Connor [1985] AC 1000 (PC) 案所确认,在该案中,心智不健全的成年人出售土地的契约为法律所支持。在极稀有的案件中,心智不健全的成年人倒是可以撤销契约,那他/她就必须能够恢复原状:Goff and Jones, The Law of Restitution[7], no. 25－001。在英格兰与威尔士,就向欠缺心智能力人提供的必需品,2005年《心智能力法》(Mental Capacity Act)第7条重申了《货物销售法》的原则,不过将其延伸及于服务。就欠缺心智能力的人订立的其他契约的效力,《心智能力法》并未顺带触动(那些比较严厉的规则);虽曾有过修正动议,但终于撤回:参见 Chitty on Contracts I[30], no. 8－075。

(c)特殊规则:不具备形式要件而无效的契约

64. 契约因不符合形式要求而无效或者可撤销的,欲请求返还依此等契约所为之给付,许多法域都会以特殊规则施加限制。法国与比利时并不属于此类法域之列,但我们得注意,在这两个国家,不符合相关形式要求的契约可能是非法的。比方说下面的情形,劳务和服务契约因为承包人未得书面授权而无效,比利时法院会据所谓"申诉自己丑行,不被听许"(Nemo auditur propriam turpitudinem allegans)*和"双方俱有罪愆,概不得诉请返还"(in pari causa turpitudinis cessat repetitio)**的原则驳回返还请求(CA Brussels 9 Juni 2006, no. °JB0669B_1, no. de rôle 2005 AR 632;CA Liège 4 February 2003, no. de rôle 2001RG349)。根据西班牙法的正统理论(当然,争议总会有的),不符合法定形式要求的契约法定无效[Díez－Picazo, Fundamentos I[6], 578; Albaladejo (－Carrasco Perera), Comentarios al Código Civil y compilaciones forales I (1)[2], art. 6 pp. 834－837]。同样有争议的问题是,制定法以保护消费者为目的而要求契约必须采用书面形式的,若不符合该规定,契约是法定无效(nulidad)还是仅仅可撤销(anulabilidad)[详参 Delgado Echeverría and Parra Lucán, Las nulidades de los contratos, 50; López/Montés/Roca i Trias (－Valpuesta Fernánedez), Derecho Civil4, 247]。

65. 与前面几国相似,契约因形式瑕疵而无效的(《意大利民法典》第1325条第(4)项),意大利法亦未置备特殊规则来区处给付的拆卷问题。土地买卖契约的买受人已经支付了契约价款但契约仅以口头形式订立的,得请求返还价款(Cass. 5 August 1947, no. 1445, Foro it. 1948, I, 464)。依据《银行法》第124条的实施规定(与第117条第(1)款并读),分期付款买卖协议必须采取书面形式而且消费者必须握有书面副本。无效规则只是为消费者服务(第127条第(2)款);此即所谓相对无效(nullità relativa)。契约因欠缺形式要件而无效,就依其所为给付的返还,除了适才所引之外,即别无其他特殊规定(Vettori, Materiali e commenti sul nuovo diritto dei contratti,643－644)。正如在任何其他法域一样,在奥地利民法上(《民法典》第883条),原则上讲,契约不必为了有效而不得不拘泥于特定形式要求。仅在当事人就形式有特别约定或者法律有明确规定时,才可另辟路径。但法律一般不大会如此要求,想想看,连买卖土地、买卖公司、租赁或者分期付款协议,法律都没有强加要求。类似地,《民法典》第1432条也未将形式要求看得太重,因为其明确写道,为了清偿仅仅因为形式瑕疵方才无效的债务而已为给付的,不得请求返还。立法者考虑,形式要件的目的是给当事人敲警钟,不可冒失行事,若是当事人已提出给付,此

---

* 英译为"No one alleging his own baseness is to be heard",参见郑玉波:《法谚》(一),法律出版社2007年版,第93页。

** 英译为"Where both parties are guilty, no one may recover"(http://en. wikipedia. org/wiki/Nemo_auditur_propriam_turpitudinem_allegans,2013年1月1日访问)。

种保护自然再无必要[Schwimann(-Mader), ABGB VI³, § 1432 no.7]。当事人没有遵守形式要求而该要求的目的又非在警示的(比方说,是为了知会债务人或者保护第三人),或以为,《民法典》第1432条应作目的论解释[Apathy and Riedler, Bürgerliches Recht III², no.15/7;Rummel(-Rummel), ABGB II(1)³, § 1432 no.5;contra Mader, loc. cit.]。若法定形式要件的目的是防止财富转移,那么返还之诉便可派上用场。比方说,未遵守婚约形式要求的,返还诉讼成立(OGH 16 September 1959, SZ 32/108)。但如果是赠与契约及担保契约,不合乎形式要求,返还之诉无由生焉(OGH 26 February 1996, SZ 69/40)。无论如何,在前种情形,* 形式瑕疵将因给付而"治愈"。当事人约定了特定形式但又没有遵守的,只要接受了给付,也就意味着合意废除此前的形式约定(OGH 19 March 1974, JBl 1975, 161)。在双务契约场合,只有双方当事人都提出了给付的,方得依《民法典》第1432条对返还诉求加以拦阻,除非形式要求旨在保护契约某一方当事人(Mader, loc. cit. no.10)。

66. 依《葡萄牙民法典》第219条,法律行为之设立原则上不以任何形式为要件。法律可能会对法律行为的形式有特别要求(《民法典》第220条),当事人也可能会约定要遵守特别形式(《民法典》第223条;比较,STJ 15 June 1999 BolMinJus 388 [1989] 473)。除非法律别有规定,否则不符合形式要求的契约无效(《民法典》第220条)。在这里,就契约的拆卷来说,核心的关注在借贷契约。依《民法典》第1143条,超过2.5万欧元的借贷契约须经公证证明或者借用人书面签署。** 法院于此向来拒绝适用不当得利法(STJ 18 January 2007, Processo 06B4633;参见更早的判例,STJ 31 March 1993, BolMinJus 425 [1993] 534);契约之拆卷由规制契约无效之法加以区处(《民法典》第289条第(1)款)。据《民法典》第293条的构想,无效契约也可能转换为有效契约。*** 可以想像,比方说,土地买卖契约因形式瑕疵而无效,可能被转换为有效协议(《民法典》第410条)(STJ 15 October 1996, BolMinJus 460 [1996] 727;STJ 18 June 1996, BolMinJus 458 [1996] 281;Hörster, Parte geral, 600)。

67. 德国法也是一样,法律行为原则上不受形式要件束缚;法律另有规定(例如《民法典》第311b条第(1)款,第518条第(1)款,第766条)或者当事人另有约定的则为例外。依《民法典》第125条,法律行为不具备法定形式要件的,则为无效。但在许多情形,依契约提出了给付的,将"治愈"形式瑕疵(例如,《民法典》第311b条第(1)款第2句****,第518条第(2)款,第766条

---

* 这里的前种情形,大概指形式要求仅起警示作用的情形。

** 《葡萄牙民法典》第1143条:"消费借贷合同之价值如高于2万欧元,须以公证书方式订立才为有效;如高于2千欧元,须载于由借用人签署之文件才为有效。"法典中译本与此处正文不合。

*** 第293条:"无效或已撤销之法律事务,如具备另一不同类或不同内容之法律事务之实质及方式要件,得转换为该法律事务,但仅以按各当事人所谋求之目的,可假设当事人如预知有关法律事务非有效,即愿作出该另一法律事务之情况为限。"

**** 原文作"311b(1)(ii)","(ii)"当为"second sentence"。

第3句)。* 就已经履行的合伙契约或者雇佣契约来说,若是以不符合法定形式为由提出的质疑为法院所照准,契约面向将来失其效力[Palandt(-Heinrichs), BGB[66], § 125, no. 10]。在不当得利法的框架里,契约因欠缺形式要件而无效,依该契约所为给付之拆卷,由《民法典》第812条第(1)款第1句第1选择文句规制[Erman(-Westermann), BGB II[11], § 812, no. 46]。若给付所据之契约未以恰当形式书写,但认为形式瑕疵得因给付而立即修补,从而提出给付,那么依不当得利法,应适用其他目的未达返还之诉(《民法典》第812条第(1)款第2句第2选择文句);第814条(明知不负债务而给付的,不得请求返还)遂被排除适用可能[Staudinger(-W. Lorenz), BGB [1999], § 812, no. 110]。这里经常碰到的是涉及土地处分的交易,购买人基于因为不符合形式要求而无效的契约提出给付,希望能够带动出卖人也提出给付,从而将形式瑕疵治愈(RG 12 March 1920, RGZ 98, 237, 240; BGH 26 September 1975, NJW 1976, 237, 238; BGH 26 October 1979, NJW 1980, 451)。依《希腊民法典》第159条,契约不符合法定形式要求(尤其是《民法典》第369条就土地处分契约的规定)或者约定形式的(《民法典》第159条第(2)款),同样无效;依此所为之给付得依不当得利法请求返还(《民法典》第904条)。如果公证书少报了真实的合意价款,那么未经公证人证明的没有公开的价款合意无效;但契约的其他方面不受影响。出卖人不能要求买受人支付两个人实际约定的价款;买受人只支付了公证书上记载的价款,但并非不当得利。如果买受人已经支付了约定价款,那么仅就其所付价款超出土地客观价值的部分,得请求返还(A. P. 1566/2001, NoB 50 [2002] 1662; Georgiades and Stathopoulos(-Stathopoulos), art. 904, no. 44)。

68. 类似地,依《匈牙利民法典》第217条第(1)款,不具备法定或者约定形式要件的契约,除非法令另有规定,否则无效。要求契约采取特定形式的,须有当事人之明示合意;若形式要求仅出于契约(而非出于法律),则形式瑕疵得因全部或部分给付之受领而治愈(《民法典》第217条第(2)款)。依《劳动法》(Act. XXII/1992)第76条第(2)款,雇佣契约必须采取书面形式并且仅由雇主对此负责。是以,只有雇员才得以契约未遵守形式要求为由乞援于无效规则,另外,此种诉求应在工作开始之后30日内提出。《消费信贷及金融企业法》(Act CXII/1996)第213条就消费信贷有专门要求,不符合形式要件的分期付款协议无效,不过只有消费者方得援引这一规则。在保加利亚法上,不符合法定形式要求乃契约无效事由(《债法典》第26条第(1)款),受领依此等契约所为之给付的,构成非债清偿(《债法典》第55条第(1)款第1选择文句),无法律上之原因,应予返还。再来看斯洛文尼亚法,与法定形式要件不合将导致契约无效,但如果无效将抵触形式要求背后的立法目的,则否[《债法典》第55条第(1)款;就此点,参见Juhart and Plavšak(-Polajnar Pavčnik), Obligacijski zakonik I, art. 55, p. 370]。但是,因形式瑕疵而无效之契约,若当事人已提出给付的,除非与形式要求之立法目的相舛驰,否则契约将复转为有效(《债法典》

---

* 《德国民法典》第311b条第(1)款:"使一方负有转让或者取得土地所有权的义务的合同,必须做成公证证书。关于土地所有权转移的合意已经达成,并且已经登记到土地登记簿中的,未遵守这一形式而订立的合同,按其全部内容来说成为有效的。"第518条:"(1)为使以赠与方式约定某项给付的合同有效,必须将该约定做成公证证书。第780、781条所称种类的债务约定或者债务承认以赠与方式做出的,该约定或者承认的意思表示,亦同。(2)形式的瑕疵因履行约定的给付而被补正。"第766条:"为使保证合同有效,必须以书面做出保证的意思表示。不得以电子形式做出保证的意思表示;保证人履行主债务的,形式的瑕疵即被补正。"

第 58 条)。置约定形式要件于不顾的,契约亦将因之而无效(《债法典》第 55 条第(2)款);依无效契约所为给付之拆卷,由不当得利法调整。

69. 荷兰法也是一样,依《民法典》第 3:39 条,除非法律设计了其他法律效果,否则不符合法定形式要件的法律行为无效。凡适用于主契约(main contract)者,亦适用于选择权(options)及其他预备性契约(preliminary contracts)(《民法典》第 6:226 条)。得令契约无效之形式要件亦可见于《民法典》第 7A:1576i 条(租购)、《集体劳动契约法》第 3 条、《民法典》第 7:32 条(房地产买卖)、《民法典》第 7:766 条(房地产建造)以及《民法典》第 7:613、7:653、7:619 条和第 7:667 条(个别雇佣契约)。* 就多数形式瑕疵来说,其法律效果不过是令特定证据不得为法院采信;还有些瑕疵,当事人得据之撤销契约而不是使得契约无效(参见《民法典》第 3:40 条,第 4:108、4:109 条)。而就算是在契约因形式瑕疵而无效的场合(依基本规则),法院也被赋予各种重构契约的特别权力[来挽救契约][Asser(-Hartkamp), Verbintenissenrecht II[12], no. 59 pp. 57-58, nos. 217-219 pp. 214-217]。

70. 同样的基本规则亦见之于《爱沙尼亚民法典总则》第 83 条第(1)款:除非制定法别有规定或者与立法目的相悖,否则违反法定形式要件的契约将为无效。一般说来,只要制定法不作特别规定,形式要件事宜亦受当事人意思自治原则辖制(《债法典》第 11 条第(1)款)。为了保护消费者,制定法会有一些强制性的形式要求;处分不动产权益的契约,还要采取公证形式。契约因形式瑕疵而无效的,其拆卷自依不当得利法处理,并无任何特别规则。

71. 就斯堪的纳维亚国家来说,在因形式瑕疵而无效的契约的拆卷方面,并无特别值得关注之处。不过得注意,至少在瑞典,分期付款协议若是未遵守法定形式要求,只有相关条款有损消费者权益的,一般才会导致契约无效(《消费者信贷法》第 9 条)。

72. 英格兰也是一样,已依契约为给付而契约因不具备形式要件而无效的,不当得利诉求便可能因之而生。出现了瑕疵,要问契约效力如何,起决定作用的是形式要求背后的立法目的,这目的完全凌驾于条款文义之上。依 1989 年《财产法(杂项规定)》[Law of Property (Miscellaneous Provisions) Act]第 2 条,处分土地权益的契约应以书面写就并由当事人签署,不过该条被解释为只适用于待履行契约[Tootal Clothing Ltd. v. Guinea Properties Ltd. (1992) 64 P&CR 455 (CA),不过在该案中,完整协议的一部分被分立出去,成为独立契约,判决的说服力因之大减],若双方都履行完毕的,返还问题即无由生焉。在其他情形,不当得利依衡平法上的财产权而得以纠正,这种衡平法上的财产权系因推定信托(constructive,为《财产法》第 2 条第(5)款所明确保留**)或者财产法上的禁反言(proprietary estoppel)而生。伯克斯(Birks, English Private Law I, 15.40-15.41)曾以赞许态度援引过一件澳大利亚判例,Pavey & Matthews Proprietary Ltd. v. Paul (1986) 162 CLR 221 (HC),在该案中,被告请原告(建筑商)为其大兴土木在前,又试图逃避契约责任在后,借口就是,依新南威尔士 1971 年《建筑商许可证法》(Builders Licensing Act),契约因未形成书面而不具强制执行力。法院以为,这形式要求背后的政策乃是防止建筑商

---

* 这四条都置于雇佣契约节,法条标题分别为雇佣条件的变更、竞业禁止、雇员的查阅权和雇佣契约的终止或解除。参见 http://www.dutchcivillaw.com/legislation/dcctitle771010.htm,2013 年 1 月 1 日访问。

** 1989 年《财产法(杂项规定)》第 2 条标题为"土地销售等契约应经书面签署",第(5)款后半句写道,"本条不妨碍归复信托(resulting)、默示信托(implied)或者推定信托之创设或运转"。参见 http://www.legislation.gov.uk/ukpga/1989/34/section/2,2013 年 1 月 1 日访问。

随意撕毁口头承诺，至于令收受服务之人坐享其成，绝非立法者初衷。是以，就原告依当事人协议已提供劳务的价值，自得请求返还不当得利。1974年《消费者信贷法》第65条第(1)款设有规则，就未被恰当履行的受调整协议(regulated agreement)，* 只有依法庭裁决，方得对债务人或者租用人强制执行。另外，形式瑕疵与不当得利法之间的紧密关系亦可于信托法中觅见。生前土地信托(1925年《财产法》第53条第(1)款：以宣告设立信托之人签署的书面文件证明)和信托遗嘱处分(在形式要件上受1837年《遗嘱法》第9条规制)一样，若非法官善加解释，都有可能令附加了非正式信托(informal trust)**的财产的受领人不当得利。为了剥夺受让人的利益，判例法可以不顾形式瑕疵而承认信托存在(依Rochefoucauld v. Boustead [1897] 1 Ch 196案的原则，承认生前信托)。当然，就秘密信托***的教义学基础[是明示的还是推定的，以及与形式条款"共存"(co-existence)的性质]及其条件(生前信托[如何处理?]是为了让与人利益而返还呢，还是着眼于将来而面向意定受益人)，争议并未止歇。至于依卖据(bill of sale)所为给付而卖据因不合法定形式而无效的，其返还事宜，参见Goff and Jones，The Law of Restitution[7]，no. 21-007。

(d)特殊规则：契约不法或者违反公共秩序

73. 参见第Ⅶ-6:103条(不法性)，注释。

(e)某些有名契约的特殊规则

74. 在许多法律体制下，就特定类型契约，会以特别规则排除或者限制不当得利法的适用，哪怕契约无效或者不生效力[invalidity，亦不肯通融]。尤其是雇佣契约、合伙契约以及其他长期契约。在法国法上，雇佣契约可能因为雇员系未获居住及工作许可的非法移民而无效。这时，尽管(由于雇员没有法律要求的文件，)雇佣关系解除，但雇员仍得就未支付的薪酬、因契约结束应获之赔偿主张权利，可以行使抵消权，并可要求雇主开具推荐信(Cass. soc. 26 January 1983，Bull. civ. 1983，V，no. 33)。雇主不得乞援于不生效力之溯及效力。雇员未握有所要求之大学文凭的案件，亦作类似处理：Cass. soc. 14 Juni 1967，Bull. civ. 1967，V，474。参见前面注释29中有关多付薪酬的特别规则。

75.《西班牙雇佣契约法》第9条第(2)款规定，"如果劳动契约无效，就已为之工作，雇员得请求获得相应报酬，如同契约有效一般"。该款系《民法典》第1303条以下之特别法(TS [Labour Chamber] 5 October 1994，RAJ 1994 (4) no. 7748 p. 10126)，而据学术界及法院的看法，其理论基础正是反对不当得利的原则****(Concheiro del Río，El enriquecimiento injusto en el Derecho laboral，85，259；TS [Administrative Chamber] 28 May 1991，RAJ 1994 (4) no. 4215 p. 5791；TSJ La Rioja 16 March 2004，BDA AS 2004/1295；TSJ Comunitat Valenciana 29 November 2001，BDA JUR 2002/267328)。《雇佣契约法》第9条第(2)款尤其适用于雇员未获居留许可的情形(TS [Administrative Chamber] 28 May 1991 loc. cit.)[今天，雇员未获居留许可非复为契约法定无效

---

* 除了被明确排除的之外，1974《消费者信贷法》下所有的消费者信贷协议(consumer-credit agreement)与消费租用协议(consumer-hire agreement)皆为受调整协议。

** informal：(1)非正式的、非正规的；(2)缺乏法定形式的、缺乏正当形式的；(3)不要式的。元照，第692页。

*** 秘密信托(secret trust)：一种遗嘱信托，指立遗嘱人基于受遗赠人如下明示或默示的允诺而将财产遗赠给后者：受遗赠人将为某第三人的利益而保管财产或将财产全部或一部分用于某项慈善事业。元照，第1234页。

**** 所谓反对不当得利的原则，也就是不当得利应予返还的原则，也就是不当得利原则。

(nulidad)事由,雇员受有工伤损害的,应获充分保护:TS 9 June 2003, RAJ 2003 (3) no. 3936 p. 7268]。撇开雇佣契约,就无约束力或者欠缺法律要件的长期契约的拆卷,必须区分解除、法定无效和可撤销。解除面向将来发生效力,故已为给付之法律原因仍为完璧(TS 1 May 1950, RAJ 1950 no. 728 p. 431;Díez - Picazo, Fundamentos II[4], 724)。而就无效的服务契约来说,主流法律意见似乎仍坚守《民法典》第 1307 条,* 在就已为给付加以补偿时,应客观评估其价值(Delgado Echeverría and Parra Lucán, Las nulidades de los contratos, 256 - 257;Díez - Picazo, La liquidación de las nulidades contractuales, § 3;López Beltrán, La nulidad, 65;CA Ciudad Real 30 March 2004, BDA JUR 2004/128779)。另见下文注释 84。

76. 依《意大利民法典》第 2126 条,雇佣契约之无效及撤销,就已为履行之期间,不生作用,无效系因标的或原因不法而致的,另当别论。** 违反了旨在保护劳动者的规定的,不影响雇员就其劳务获得报酬的权利。第 2126 条仅适用于雇员;不及于独立承揽人***所提供之服务[Cass. 25 March 1995, no. 3496, Rep. Giur. it. 1995, voce Arricchimento senza causa no. 17; Cass. 27 November 1995, no. 12259, Rep. Giur. it. 1995, voce Lavoro (Rapporto) no. 631;Cass. sez. un. 3 April 1989, no. 1613, Foro it. 1989, I, 1420];这时,返还请求被限制在与已受领利益之价值相等的金钱赔偿范围内(Cass. 19 August 1992, no. 9675, Foro it. 1993, I, 428)。雇员于定期契约结束之后继续提供劳务的,也不适用第 2126 条[Cass. 29 April 1968, no. 1330, Rep. Giur. it. 1968, voce Lavoro (Rapporto di) no. 283]。仅在契约侵犯了公共秩序(ordine pubblico)或者为法院所发展起来的"基本伦理原则"(fundamental ethical principles)的情况下,"标的不法"(unlawful object)这一例外方显其意义(Cass. 23 April 1981, no. 2434, Giust. civ. Mass. 1981, fasc. 4;Cass. 22 April 1983, no. 2779, Giust. civ. Mass. 1983, fasc. 4);一般来讲,这样的契约也就意味着不法其实多半就是犯罪行为(Cass. 27 November 1987, no. 8830, Giust. civ. Mass. 1987, fasc. 11)。即便在后种情形,亦未将雇员不当得利法上的权利抹杀,提起非债清偿返还之诉,亦不受任何掣肘(当然,基于此类事由所提起之诉讼,在违反公共道德的案件中,可能会为法所阻却:Cass. 27 November 1987, loc. cit.)。比方说,雇佣非注册药剂师开具只有注册药剂师方得开具之处方药的,"原因不法"(unlawful causa)(Cass. 23 July 1983, no. 5093, Giur. it. 1984, I, 1, 266)。依租赁契约利用了房屋而后契约被认定为无效的,应依不当得利法支付所受领利益之金钱价值(Breccia, Il pagamento dell' indebito, 774;Moscati, Pagamento dell' indebito, arts. 2033 - 2040, 155 - 180;不同的见解,即认为应依非债清偿返还之诉处理的,参见 CFI Bologna 1 December 1964, Giur. it. 1965, I, 2, 826)。最高法院有判例认为(Cass. 3 May 1991, no. 4849, Giur. it. 1991, I, 1, 1314),租赁契约当事人已经利用了争议财产的,不得请求返还所付租金,因为这会导致其不当得利。既然对不动产之利用不得如是返还,出租人遂得保有租金。运输契约因形式瑕

---

* 《西班牙民法典》第 1307 条:"因宣告无效而负返还义务者,若物灭失而不能返还的,应返还所收取之任何孳息以及物灭失时之价值,还有从该时起计的利息。"

** 法典中译本作,"无效的或者被撤销的契约,在履行期间不产生效力,由于内容或原因违法而无效的,不在此限"(第(1)款),是否有误呢?

*** 独立承揽人、独立合同当事人、独立承包人(independent contractors):指虽受雇承担特定工作任务,但可以自由从事该特定工作并自由选择完成任务的方法。与雇员(employee)不同的是,如果独立承揽人等在执行工作任务的过程中从事了不法行为,其雇佣人并不对此承担责任。元照,第 682 页。

疵而无效的，同样的不当得利原则亦派上用场：双方当事人皆得保有其所受领者；并无返还得利一说（CFI Milan 3 July 1997, Riv. giur. circ. trasp. 1998, 519）。

77. 在长期契约尤其是雇佣契约被废弃的场合，奥地利法院发展起了特殊规则来区处此际的返还请求。若是长期契约已经履行完毕，法院倾向于背离一般规则，视已履行之长期契约为面向将来（而非溯及）无效，除非契约系因胁迫或者受欺诈而订立［Rummel (Rummel), ABGB I[3], § 859 no. 27］。另外，就雇佣契约及服务契约来说，《民法典》第1152条的类推适用意味着，* 利益被量化为恰当的货币金额，而不是得利人所得的好处。雇主请求返还多付的薪酬的，适用短期契约时效（而非不当得利法中的长期时效）（OGH 17 May 2000, RdW 2001, 106；另见，OGH 27 January 1988, SZ 61/16［目的未达返还之诉，failure of purpose condiction］）。房屋承租人甚至得请求返还明知不负债务而为的特定给付，比方说多付的租金，还有向前任承租人（previous tenant）的一次性付款：参见 Landlord and Tenant Act § 27(3)。

78. 依《葡萄牙劳动法典》第115条第(1)款，劳动契约被宣告无效或者被撤销的，如同契约在履行期间仍为有效一般对待。雇佣契约仅得面向将来无效；被视为在履行期间有效（Martinez, Código do Trabalho anotado[4], note 3 under art. 115, p. 255；STJ 22 March 2007, Processo 07S 364）。若是契约标的有违法律、扰乱社会平和或者辱没风化，则另当别论。这时，知晓此等践辱情事之当事人，其自雇佣契约所获之一切利益，当尽被褫夺，转交社会保险管理机构（Instituto de Gestão Financeira da Segurança Social，《劳动法典》第117条第(1)款）。雇佣契约无效之法律后果，向来令众多法学家忧心劳神，但在实务中似乎并未激起多大波澜，缘已有一套法律机制（试用期、告知义务，等等）于此间发挥作用（Gomes, Direito do trabalho I, 515）。不过，《劳动法典》第115条第(1)款仅适用于个别雇佣契约；基于无效集体契约所为给付之拆卷，仍受区处无效之一般规则辖制（STJ 23 January 2008, Processo 07S 2186）。

79. 在德国法上，就已经履行的合伙协议和雇佣契约来说，原则上，无效之一般规则仅对将来发生效力［Palandt (-Heinrichs), BGB[66], Pref. to § 104, no. 36；§ 125, no. 10］。类似地，在其他持续性契约关系（比方说租赁、借贷、仓储和保险契约），存续期间可能会产生新的主义务、从义务以及附随保护义务。雇佣契约和合伙协议没什么问题，照普遍的看法，应对契约拆卷加以此类限制，而就其他长期契约尤其是租赁来说，这一点就表现得没有那么鲜明。这里的一个争议问题是，无效事由和可撤销事由是否受同样限制［海因里希以为不得适用这些限制（Heinrichs, loc. cit.）；埃尔曼则持肯定立场，至少就撤销情形是如此，参见 Erman (-Palm), BGB I[11], § 142, no. 10］。依联邦法院判例（BGH 6 August 2008, NZM 2008, 886），房屋租赁协议得因欺诈性陈述而被撤销，承租人并得以特别通知（extraordinary notice）形式终止协议。法律行为因暴利而无效的（《民法典》第138条第(2)款），法律立场有所区分。在借贷协议场合，（法院）不能将重息扣

---

* 《奥地利民法典》第1152条："若某人定购了特定劳务或工作，即得推定，其已同意支付合理报酬。若报酬未经约定或法定的，则由法官酌定之。"

减至合理水平。* 但就住房租赁来说,思路相反,就敲诈性租金,普遍的看法是,可以加以调整(Heinrichs loc. cit. § 138 nos. 75-76;Palm loc. cit. § 138 no. 55)。依《保险契约法》第16条以下,若是就受保风险相关情势认识错误且该错误不可归咎于保险人,保险人得解除契约;《民法典》第119条之撤销权遂为阻却(BGH 22 February 1995, NJW-RR 1995, 725)。** 希腊法也是一样,依无效雇佣契约所给付之薪酬,不得请求返还,是以仅面向将来失效[Georgiades and Stathopoulos (-Poullos), art. 649, nos. 57-58]。就未付的薪酬,法官似乎仅许雇员依不当得利法提起诉讼(A. P. 677/1971, NoB 20 [1972] 283;A. P. 456/1973, NoB 21 [1973] 1329;A. P. 579/1977, NoB 26 [1978] 203)。依学术界向来的倡议,已履行的合伙协议的拆卷,不应溯及既往[Georgiades and Stathopoulos (-Minoudis), art. 741, no. 16]。

80. 匈牙利法学界将所有长期契约(合伙契约、雇佣契约、租赁及其他财产使用契约)和服务契约归入"自始不可逆契约"(ab ovo irreversible contracts)范畴(Weiss, A szerzödés érvénytelensége a polgári jogban, 417)。就这些契约来讲,返还给付要么事实上不可能,要么经济上不划算。是以依《民法典》第237条第(2)款,这里的救济机制仅具有面向将来的效力。法院可能确认无效契约于判决之前仍为有效。法院甚至可以确认高利贷契约有效,前提是过分的利益已经消灭并且未获对待履行之给付可以返还。虽确认有效,已为之不可逆给付的价值仍必须返还:BH 1998/39(科研契约),BH 1990/30 and BH 2002/29(服务契约),BH 2001/168(租赁)。劳动法下的特别规则已经讨论过,见前注释68。依保加利亚《劳动法典》第74条第(1)款,若雇佣契约违反了制定法或者集体协议,法院得确认其无效。雇员于契约订立之时为善意的,无效并无溯及效力;这时,无效确认仅面向将来发生效力(《劳动法典》第75条第(1)款)。而就恶意的雇员来讲,就已经提供的劳务,只能依不当得利法提起诉讼(Supreme Court 8 February 1990, decision no. 23 in civil matters no. 839/89)。

81. 就未成年或者精神上有障碍因而被剥夺了完全行为能力或者行为能力受到削弱之人所订立的雇佣契约,《爱沙尼亚雇佣契约法》(Eesti Vabariigi töölepingu seadus)第129~131条具备特别条款。此种契约可能会被法院或者仲裁庭确认为无效。若雇主欠缺行为能力,雇员必须返

---

* 拉伦茨似乎不这么看,他写道:"法律条文和法律目的都没有要求,高利贷者给予接受高利贷者的贷款完全无效;相反,以下规定可能更有意义些,即把对高利贷者的请求权限制在不当得利偿还请求权范围内。"另外,拉伦茨只讨论了信用暴利,没有涉及租赁暴利。参见拉伦茨:《德国民法通论》(下册),王晓晔等译,法律出版社2003年版,第624~625页。就信用暴利、销售暴利、租赁暴利的全面讨论,参见梅迪库斯:《德国民法总论》,邵建东译,法律出版社2001年版,第538~541页。

** 这里所引仍系1991年旧《保险契约法》,依第16条第(2)款,投保人违反告知义务的,保险人得解除契约。新的《保险契约法》于2008年1月1日生效,依第19条第(2)款,投保人因故意或者重大过失违反告知义务的,保险人得解除契约,非因故意或者重大过失违反告知义务的,保险人不得解除契约,只得在通知投保人之日起1个月内终止契约。另,第22条规定,"保险人以投保人欺诈性不实陈述为由撤销保险合同的权利不受影响"。参见孙宏涛:《德国保险合同法》,中国法制出版社2012年版,第5页。《民法典》第119条系以错误为由撤销契约的规定。依我国《保险法》第16条第(2)款,"投保人故意或者因重大过失未履行前款规定的如实告知义务,足以影响保险人决定是否同意承保或者提高保险费率的,保险人有权解除合同"。我国台湾地区"保险法"第64条第(2)款第1句亦道:"要保人故意隐匿,或因过失遗漏,或为不实之说明,足以变更或减少保险人对于危险之估计者,保险人得解除契约;其危险发生后亦同。"学说上或以为,文句中之"解除",实系"撤销",盖拆卷原因发生于契约成立之时,而非契约成立之后。参见梁宇贤:《保险法新论》,中国人民大学出版社2004年版,第149页。

还依契约所获之一切,但得保留所得报酬;报酬不得低于政府就该行业所设之最低薪资标准。因雇员欠缺能力而确认契约无效的,不妨碍雇员因契约所生之权利。

82. 在斯堪的纳维亚国家,原则上,长期契约(包括劳动契约)之拆卷仅影响当事人将来的关系;此种契约之无效或者不生效力仅面向将来,是以并无给付返还之事[Hellner/Hager/Persson, Speciell avtalsrätt II (2)[4], 56; Karlgren, Obehörig vinst och värdeersättning, 91; Jørgensen, Kontraktsret II, 128]。长期契约之无效或者不生效力以及解除,法律效果类同(Jørgensen, Kontraktsret I, 120;另见,Hellner/Hager/Persson loc. cit. 185)。《瑞典消费者服务法》第29条第(1)款和《芬兰消费者保护法》第8章第9条第(5)款对这一原则加以修正,就关涉动产或者不动产的已为之给付,应以恰当货币金额加以补偿。因此,某地产开发商解除了与服务承包商的契约,就已为之服务,应予合理补偿(详参 Hellner/Hager/Persson loc. cit. 138; Bryde Andersen and Lookofsky, Obligationsret I[2], 238; DANISH HD 9 January 1942, UfR 1942, 252 持相同见解)。

83. 演化中的英格兰返还法似乎还未为长期契约的拆卷置备充足的特别规则。原则上,还是适用一般的返还原则。是以,某位经理,错误地以为自己与公司的契约有效,得请求公司就其所提供的服务加以补偿:Craven – Ellis v. Canons Ltd. [1936] 2 KB 403 (CA); Procter & Gamble Philippine Manufacturing Corp. v. Peter Cremer GmbH (The Manila) [1988] 3 All ER 843, 855;另见,McKendrick, [1989] LMCLQ 378。就雇佣契约来说,雇员违约仅为部分给付的,若雇主* 不予受领,雇员不能请求获得偿还:Miles v. Wakefield Metropolitan District Council [1987] AC 539, 553 (Lord Brightman)。若是受领了,但前提是明确给付不合契约要求,法院向来的意见是应付合理的服务价款(quantum meruit),参见 Miles v. Wakefield Metropolitan District Council [1987] AC 539, 553 (Lord Brightman), 561 (Lord Templeman),但可能更好的办法是,除非当事人终止了契约,否则并无基于那个前提而偿还的余地[loc. cit. 552 (Lord Bridge)],当然还有一条思路可以达到同样的结果,即以[雇员因违约应付的]损害赔偿金抵消掉[相应的]约定薪酬[参看 loc. cit. 553 (Lord Brightman)]。不过,却有那么一些背离通常规则的条款孤悬于特定情境之中。依1925年《财产法》第49条第(2)、(3)款,若是法院拒绝强制执行某土地权益的买卖或互易契约,或者是当事人请求返还依此种契约所付之定金,则法院得令偿还定金。这些条款不得以约定排除并且要求法院决定在客观情势下何为公正,除此之外,仅当出卖人违约的,方负返还定金义务:参见 Chitty on Contracts I[30], no. 26 – 152。

Ⅳ. 解除条件与停止条件

(a)解除条件成就时的返还

84. 在我们所考察的各法域,作为给付依据之契约因解除条件成就而失其效力的,或得请求返还所为给付。依《法国民法典》第1183条,解除条件成就也就意味着契约债务溯及消灭,契约被视为从未存在。所受领之给付当然应予返还。比利时的法律立场亦为如此。依《西班牙民法典》第1113条第(2)款,附解除条件之债当下即有强制执行力。解除条件一旦成就,已获得之权利即告丧失(《民法典》第1114条)。《民法典》第1123条第(1)款明确,此种效果溯及既往:已受领之给付应予返还。如果给付丧失或者损毁,《民法典》第1122条(停止条件)便顶上前来:若得

* 原文作"雇员",当为手民之误,径改之。

利人有过失,赔偿债务生焉;否则可要求其承担债务(otherwise this obligation is exigible)*。法典的办法饱受学界批评,因为其过于简单粗率(Díez - Picazo, Fundamentos II[4], 368)。尤其是,颇有主张,就长期契约关系来说,返还不应具有溯及效力[Díez - Picazo, loc. cit. 367; López/Montés/Roca i Trias (- Verdera Server), Derecho Civil[4], 106]。

85. 依意大利法,附解除条件契约的债权人于条件成就前得行使其权利。契约他方当事人则得采取预防措施卫护其地位(《民法典》第 1356 条第(2)款)。除非当事人有相反约定或者其他什么重要情势,否则解除条件一旦成就,效力溯及至契约订立之时(《民法典》第 1360 条)。相对于第三人来讲,条件之成就总是具有溯及效力,而且这里具有财产法上的效力(更详尽的情况,还有,就善意取得规则对这一基本规则所加限制的思考,参见 Roppo, Il contratto, 626 - 630)。若是有赖持续性给付或者周期性给付的契约附有解除条件,那么,只要没有当事人相反的约定,条件之成就并不会影响依契约已为之给付(《民法典》第 1360 条第(2)款)。权利人于条件成就前所实施的管理行为(public administration),其效力不受条件成就的影响(《民法典》第 1361 条)。仅在条件成就后,方负归还孳息的义务。解除条件成就的法律效力在于导致清偿原因(causa solvendi)消灭,返还诉讼遂应运而生(Moscati, Pagamento dell' indebito, 124 fn. 6; Cass. 16 March 1943, no. 621, Giur. it. 1943, I, 1, 245; Cass. 7 February 1962, no. 234, Foro it. 1962, I, 676)。

86. 在奥地利法上,因解除条件成就而生之返还请求落于债因消灭返还之诉(condictio causa finita)的领域[《民法典》第 1435 条;**参见 Schwimann (- Mader), ABGB VI[3], § 1434 no. 1]。在最高法院一件判例中(OGH 15 January 1987, SZ 60/6),解除条件(土地出卖契约未获许可)于契约订立之后 11 年方才成就,法院认为,既然双方当事人皆已从所为给付之财产收益(fruits)中获得好处,出卖人(vendor)***即不得再就利息主张权利或者因应通货膨胀再作什么调整。虽然学术界众口喧腾,但最高法院不为所动,将这立场反复重申(OGH 22 April 1997, SZ 70/69; OGH 29 September 1998, SZ 71/162)。依《葡萄牙民法典》第 270 条,当事人得合意将法律行为之效力系于将来不确定事件之发生;至于是停止条件(condição suspensiva),还是解除条件(condição resolutive),端赖解释(Pires de Lima and Antunes Varela, Código Civil Anotado I[4], note 2 under art. 270, p. 250)。只要没有相反约定,解除条件之效力溯及既往(《民法典》第 276 条);持续性给付或者周期性给付契约则另当别论(《民法典》第 277 条第(1)款并第 434 条第(2)款)。这里的返还机制与解除权情形(《民法典》第 433 条)一般无二并受区处无效之一般规则辖制(参见《民法典》第 434 条第(2)款)。不当得利法遂被排除在外(STJ 15 March 2005, Processo 05B314)。

---

* 这里的"否则",应该不是指"若得利人无过失",而应该是"如果给付没有丧失或者损毁",后面的"债务"(this obligation)应指返还(前面一句说,"已受领之给付应予返还"),而不是赔偿。

《西班牙民法典》第 1122 条:"当事人以条件延缓债务生效的,若物于条件成就前增值、丧失或者受损,则依下列条款处理:(1)债务人就物之丧失并无过失的,债务消灭;(2)债务人就物之丧失有过失的,就一切损害负赔偿责任。物应被视为在其应灭失、失去商业用途或者无声无息地消灭或无法恢复之前就已丧失;(3)物非因债务人之过失而受损的,损失由债权人承担;(4)物因债务人之过失而丧失的,债权人不管是解除债务,还是继续履行,皆无碍其请求损害赔偿的权利;(5)若物因其性质或者时间经过而增值,增值应归债权人;(6)债务人得承受增值之牺牲,除了用益权(usufructuary),其别无其他权利。"

** 《奥地利民法典》第 1435 条:"为清偿真实债务所为之给付,若保有之法律原因消灭的,得请求受领人返还。"

*** 疑应为"买受人"。

87. 解除条件成就后，此前所为之给付应予返还（《民法典》第158条第（2）款），德国法将此定性为债因消灭返还之诉的情形（《民法典》第812条第（1）款第2句第1选择文句），参见Staudinger（-W. Lorenz），BGB［1999］，§ 812，no. 94。这一界定的理由在于，给付提出之时，是有法律上之原因的，但解除条件之成就令这原因永告消灭。《民法典》第158条下之条件要求当事人将法律行为（或者法律行为的持续法律效力）系于将来客观上不确定事件之发生［Erman（-Armbrüster），BGB I[11]，Pref. to § 158，no. 1］。照通行的见解，解除条件仅面向将来发生效力［Armbrüster loc. cit. § 158，no. 5；Palandt（-Heinrichs），BGB[66]，§ 159，no. 1；BGH 26 September 1996，BGHZ 133，331，334］。当然，在这里适用债因消灭返还之诉的规则，这立场不能说一点异议没有。或以为，当事人既为契约附上条件，也就预见到了契约嗣后失效的可能性，因而，当事人得被视为已经默示同意了返还债务；是以再无适用不当得利法之必要（Medicus，Schuldrecht II[13]，no. 647）*。希腊法的立场与德国学界主流见解同：参见Georgiades and Stathopoulos（-Stathopoulos），art. 904，no. 92。

88. 在匈牙利，条件属于契约效力的持续问题（Bíró，A kötelmi jog és a szerződéstan közös szabályai[6]，309；Weiss，A szerződés érvénytelensége a polgári jogban，168）。解除条件一旦成就，契约即告命终，已为之给付遂失法律上之原因（《民法典》第228条第（2）款）。如何返还，法典未有明言；要照普遍奉行之主流见解，当受不当得利法规制（Kemenes，Jogász Szövetségi Értekezések，55，70）。《民法典》改革建议书已采此进路：参见http://irm.gov.hu/download/otodiktervezet.pdf/otodiktervezet.pdf。依《保加利亚债法典》第55条第（1）款，解除条件成就，非债清偿返还之诉三项事实要件之一即告充分。类似地，在斯洛文尼亚法上，解除条件成就将导致契约终止并具有溯及效力（《债法典》第59条第（3）款；参见Šinkovec and Tratar，Obligacijski zakonik，art. 59，p. 62）。已为之给付得依《债法典》第190条第（3）款请求返还。

89. 依荷兰法，契约因解除条件成就而告止的，不能依非债清偿规则来寻求救济，因为就此种情形下的返还义务，《民法典》第6:24条备有特别规定。** 可这条文中所蕴含之规则却失之简略，还得靠类推适用非债清偿规则来填补漏洞（Nieuwenhuis/Stolker/Valk（-Valk），T & C BurgerlijkWetboek[6]，art. 6:24，no. 1 p. 2141）。依《爱沙尼亚民法典总则》第102条，法律行为因解除条件成就而效力消灭。将因条件成就而获益的当事人恶意促成条件成就的，条件被视为未成就（《总则》第104条）。原则上，条件一旦成就，此前所为之处分即告失效（《总则》第106条）。契约之拆卷受不当得利法规制。第三人的权利不受影响（《总则》第106条第（3）款）。

90. 斯堪的纳维亚国家也是一样，解除条件若是成就，契约必须予以拆卷（Adlercreutz，Avtalsrätt I[11]，105）。《瑞典土地法》第4章第3~4条允许土地出卖契约中纳入停止条件或者解除

---

* 这本书有中译本，梅迪库斯：《德国债法分论》，杜景林、卢谌译，法律出版社2007年版。梅迪库斯在另一处也发表过同样的见解："也许尚为通行的学说认为，此项回复移转所有权的义务产生于第812条。不过我赞成弗卢梅的观点，认为此项回复移转所有权的义务应当以附条件的法律行为本身为发生依据。例如，我们可以认为，双方当事人在约定附解除条件的所有权移转担保协议时，也约定了被担保人有义务在条件成就之后归还担保物；这样，解除条件就'被想到了底'。"梅迪库斯：《德国民法总论》，邵建东译，法律出版社2001年版，第634~635页。

** 《荷兰民法典》第6:24条："（1）解除条件成就后，债权人应返还已履行的给付，但法律行为的内容或应有含义产生不同结果的除外。（2）返还义务涉及归还财产的，条件成就后已分离的天然孳息和可收取的法定孳息归属于债务人；第3编第120条至第124条准用于条件成就后发生的费用和损失的赔偿。"

条件。条件必须以书面形式写成,除非以给付义务之完成为条件,否则条件之有效期间为两年。

91. 在英格兰法上,解除条件(condition subsequent)成就时之返还,乃系"基础落空"(failure of basis)(Birks, English Private Law I, no. 15.99)或者更传统的提法,"对价(完全)落空"的问题。在实务中,附解除条件的协议经常如是表述,即如果相关条件成就,协议将"归于无效"(become void)或者"自动解除"(automatically rescinded):相关判例参见 Chitty on Contracts I[30], no. 2-150 fn. 669。制定法里头格外出挑的是1970年《法律改革(杂项规定)法案》[Law Reform (Miscellaneous Provisions) Act]第3条,这里规制的是未婚夫妇之间所为赠与。依第(1)款,未婚夫妇间所为赠与若是附有(明示或者默示的)条件,一旦婚约破灭,所赠财产应予返还,那么,即便是解除婚约之人,其返还请求权利亦不因此而受妨碍。不过,婚戒被推定为绝对的、不附条件的赠与;当然,得以证据推翻之(第(2)款)。

(b)停止条件不成就时的返还

92. 在我们所考察之诸法域,契约因停止条件未成就而不生效力的,依其所为给付原则上得予返还。依法国、比利时和卢森堡《民法典》第1181条,此时并无债务关系;不过,所为给付之返还,仍依一般规则处理(Cass. ass. plén. 2 April 1993, Bull. civ. 1993, I, no. 9 p. 326)。将因条件成就而负给付义务之人若是妨碍条件成就的,视条件为成就(《民法典》第1178条)。

93. 依《西班牙民法典》第1113条,停止条件成就前,契约不具强制执行力;已为给付之债务人得请求债权人返还(第1121条第(2)款)。这里的返还诉讼被界定为特殊类型的返还之诉,因为不以错误为要件,从而得与非债清偿返还之诉区别开来(Díez-Picazo, Fundamentos II[4], 358);契约附停止条件而当事人已互为对待给付的,是否就意味着当事人已默示同意放弃条件,这得个别考察(Díez-Picazo loc. cit.; Gullón, FS Batlle Vάzquez, 367, 370)。依《民法典》第1120条第(1)款,若债务牵涉货物或者金钱交付,停止条件之成就具有溯及效力。而就服务债务或者不作为债务,则由法院决定是否具有溯及效力(《民法典》第1120条第(2)款)。依双方附抵押的借贷契约,银行于收到地政局所出具之土地上无权利负担的证明文书之后方才发放贷款,但银行因错误而提前放贷,认识到错误后,已收回贷款,不得诉请银行再次支付[TS 27 September 1999, RAJ 1999 (4) no. 7081 p. 11085]。

94. 依《意大利民法典》第1360条,除非当事人另有约定,否则停止条件之成就,效力溯及至契约订立之时。条件成就前,得否请求返还[已为之]给付,向来有争议。那不勒斯上诉法院认为,仅当条件已经确定不得成就时,方生返还义务(CA Naples 13 January 1970, Dir. e Giur. 1970, 240)。学界则立场相反,也就是说,仅当给付人明知其不负给付义务的,返还权利方被排除(Moscati, Pagamento dell' indebito, 123 with fn. 6)。《奥地利民法典》第1434条将附条件债务的清偿与非债清偿等同视之(详参 Koziol and Welser, Bürgerliches Recht II[13], 277);一旦条件无可挽回地落空,返还诉讼因之而生(OGH 12 November 1979, JBl 1981, 148; Apathy and Riedler, Bürgerliches Recht III[2], no. 15/6)。在实务中尤其重要的乃是下面这种情形,即作为给付依据的契约是否具有强制执行力,要看能否从政府当局处取得许可。因为《民法典》第1434条被视为第1431条的特别情形,所以错误要件于此间扮演重要角色:明知尚未取得许可而给付[Rummel (-Rummel), ABGB II(1)[3], § 1434 no. 2]或者给付人本来负有取得许可之义务但疏于为此的(OGH 13 March 1957, SZ 30/15),请求返还之权利遂为阻却。

95. 同样地,依《葡萄牙民法典》第270条,当事人亦得通过停止条件将法律行为之效力系于将来的不确定事件。《民法典》第276条所呵护之返还请求旨在恢复原状。* 条件成就前之给付包含超额给付(pagamento indevido)(Menezes Leitão, Enriquecimento sem causa[2], 472)。是以,条件不成就的,给付之返还由不当得利法规制(STJ 18 June 1996, BolMinJus 458［1996］347)。德国与希腊的法律立场亦如是。停止条件不［得］成就的,悬而未决的状态即告结束;法律行为不生效力,亦无从再生效力。条件不再能够成就的,自然落空,条件本来可望发生的那段期间已经流逝的,亦被视为落空［Erman (-Armbrüster), BGB I[11], § 158, no. 10; Georgiades and Stathopoulos (-Kritikos), art. 201, no. 4］。与条件成就前所为给付一样,若是条件落空,在德国法上,所为给付之返还受《民法典》第812条第(1)款第1句第1选择文句规制。

96. 契约因处停止期间而不生效力且条件未成就的,就依其所为之给付,《匈牙利民法典》第228条第(1)款视为无法律上之原因。依今天的进路,这时的给付返还,由不当得利与不法占有的规则来区处:参见前文,注释88。《保加利亚债法典》第55条第(1)款亦持此立场。若是当事人恶意妨碍条件成就的,自不得请求返还;这时,条件被视为成就(《债法典》第25条第(1)款;详参Vassilev, Obligazionno pravo, 586)。再来看《斯洛文尼亚债法典》第59条第(2)款,依附停止条件的契约所为之给付,即便系于条件成就前所为,亦被视为有法律上之原因。一旦确定,契约所系之事件不会发生的,即得依不当得利法提起返还请求。

97. 依《荷兰民法典》第6:25条,依据附停止条件的契约所为之给付,不论系于条件成就前提出给付,还是条件落空的,给付之返还,由非债清偿相关规则区处［Hondius (-Busch), Verbintenissenrecht I, art. 6:25, nos. 3-5 p. 2］。在爱沙尼亚,返还请求受《债法典》中不当得利法规制。将因条件不成就而获益之当事人恶意妨碍此结果的,停止条件视为成就(《民法典总则》第104条)。除善意第三人所获之权利外,条件成就前所为之处分无效(《总则》第106条)。

98. 就斯堪的纳维亚国家的法律立场,参见前文,注释90。恶意妨碍停止条件成就并因此获益的当事人,对他方当事人负损害赔偿义务(Adlercreutz, Avtalsrätt I[11], 105)。

99. 在英格兰,停止条件(condition precedent)未成就时的返还系属"基础落空"(Birks, English Private Law I, no. 15.99)或者照更传统的提法,"对价(完全)落空"事宜,戈夫和琼斯将其并入契约无效领域,参见Goff and Jones, The Law of Restitution[7], no. 23-008。条件不成就的法律效果,即当事人不再受拘束:参见Chitty on Contracts I[30], no. 2-152。

V. 类推适用于非契约债务

100. 在我们所考察之诸法域,照一般教义,依假定的(putative)**非契约债务所为之给付,得请求返还。比方说,法国法院就一向认为,非婚同居关系中之男方当事人对其伴侣的父母不负赡养债务或者自然债务,是以,所提供的帮助得依《民法典》第1305条请求返还(Cass. civ. 18 July 1995, Petites affices 21 July 1997, note Hauksson-Tresch)。*** 同样,责任保险人所负之债务额度为上诉法院大幅削减的,就在履行下级法院判决时所多付的部分,保险人得依非债清偿返还规则要回来(Cass. civ. 20 January 1998, Bull. civ. 1998, I, no. 18; D. 1999, 500, note Martin)。借由非

* 所引似有误。《葡萄牙民法典》第276条:"条件成就之效力追溯至成立法律事务之日,但因双方当事人之意思或行为之性质而使条件之效力须在另一时间发生者,不在此限。"

** 被(普遍)认指的,公认的;(被)假定的,推定的,一般认定的。元照,第1122页。

*** 所引有误。《法国民法典》第1305条:"未解除亲权的未成年人因订立任何种类的契约显失公平,致使其受到损害,均得利于该未成年人而取消之。"

债清偿返还之诉,多付的税款(Cass. civ. 24 February 2005, no. de pourvoi 03-20040)和社会福利(Cass. civ. 22 November 2005, no. de pourvoi 04-30583)皆得索回。比利时的情况也大抵如此(Cass. 27 March 2006, no. de rôle S 050022F;Cass. 3 January 2005, no. de rôle S 040118F;Cass. 29 September 2003, no. de rôle S 020047F)。

101. 在西班牙,不仅所有出于错误的非债清偿,而且基于并不存在的非契约债务所为的给付,皆为《民法典》第1895~1901条所涵摄。这一领域的典型案例涉及社会保障局向雇员所为之非债给付[例如,TS 9 March 1999, RAJ 1999 (2) no. 2753 p. 4265;TSJ Extremadura 15 March 2002, BDA JUR 2002/151478;参见 Concheiro del Río, El enriquecimiento injusto en el Derecho laboral, 53-65, 264]。消费者为CD、DVD支付了只有商业用户才该承担的费用的,亦得提起非债清偿返还之诉(CA Málaga 19 September 2006, BDA AC 2006/1569)。同样,就《意大利民法典》第2033条来说,非债给付概念同时涵盖了契约债务与非契约债务,这一点素无争议(Cian and Trabucchi, Commentario breve[6], sub art. 2033, II)。比如本不该缴纳的税款,就是判例法为我们提供的适例(例如,Cass. sez. trib. 22 May 2006, no. 11987, Giust. civ. Mass. 2006, 5;Cass. sez. trib. 12 July 2006, no. 15840, Giust. civ. Mass. 2006, 7-8;Cass. sez. un. 13 September 2005, no. 18120, Dir. e Giust. 2005, 39)。

102. 奥地利也是一样,规制给付型得利的规则既适用于契约债务,亦适用于非契约债务。比方说本不该支付而支付了抚养费用,或者清偿了假定的侵权债务,皆为后者之适例。《民法典》第877条(欺诈或胁迫)类推适用于非契约债务(Koziol and Welser, Bürgerliches Recht II[13], 278)。《葡萄牙民法典》第476条第(1)款(repetição do indevido)也同样包括非契约债务的清偿(Menezes Leitão, Enriquecimento sem causa[2], 472)。《民法典》第476条第(1)款的债务概念,也正是第397条的那个债务概念;* 债务(obrigação),指称一方当事人因之应向他方当事人为特定给付的法锁(juridical nexus)(Almeida Costa, Obrigações10, 506;Pires de Lima and Antunes Varela, Código Civil Anotado I[4], note 1 under art. 476, p. 463)。德国与希腊的法律立场亦为如此(Georgiades and Stathopoulos (-Stathopoulos), art. 905, no. 3)。《德国民法典》第812条第(1)款第1句第1选择文句涵盖了依假定的债务所为的各类给付。债务得源于债法、物权法、家事法或者继承法,至于提出给付之当事人是否以为其所负者为契约债务或者法定债务,在所不论(Staudinger (-W. Lorenz), BGB [1999], § 812, no. 81)。

103. 在匈牙利法上,就契约拆卷问题,区分并不存在的契约与无效契约两种情况。就假定的非契约债务(即,假定其存在,但事实上并不存在),亦作如是处理。就假定的非契约债务的清偿,除非其他返还性质的规整被赋予优先适用效力,否则正落入不当得利法的涵摄范围之内,因为这被视为构成非债清偿。不过,依假定的抚养义务所为之非债给付,法律却竭力维持其效力。依《民法典》第362条,为生活所为或者用于生活之给付不得索回,除非法律另外设定了其他法律后果或者给付出于犯罪行为。依《保加利亚债法典》第55条第(1)款,为清偿并不存在的依债法上的法律关系所提出的请求所为之给付,理所当然应予返还。因为未将受害人的过失(《债法典》第51条第(2)款)考虑在内而多付了损害赔偿金,即为此处适例(Vassilev, Obligazionno pravo, 584)。

104. 通过适用规制非债清偿返还的相关规则,荷兰法也为依并不存在的债务所为给付的返

---

* 《葡萄牙民法典》第397条:"债为法律上之拘束,使一人须对他人作出一项给付。"

还大行方便(《民法典》第6:203条以下)[Asser(-Hartkamp), Verbintenissenrecht III[12], no. 326 p. 343; Spier/Hartlief/van Maanen/Vriesendorp(-Vriesendorp), Verbintenissen uit de wet en Schadevergoeding[2], no. 294 p. 277]。为履行判决而为给付但判决嗣后被推翻的,依稍后被解除的临时禁令[interlocutory injunction,略式诉讼(kort geding)]或者被取消的行政机关决定而为给付的,皆属此列。为避免财产被扣押(CFI 's-Hertogenbosch 24 April 1925, NedJur 1925 p. 1351)或者推挡刑事诉讼(HR 19 February 1931, NedJur 1931, p. 1501)而给付金钱的,亦作如是观。详参以下判例:HR 19 February 1999, NedJur 1999, no. 367 p. 1984;HR 19 May 2000, NedJur 2000, no. 603 p. 4192,以及HR 30 January 2004, NedJur 2005, no. 246 p. 2289。

105. 依《爱沙尼亚债法典》第3条,债务得依契约或者任何其他法律原因而生。这概念当然就将非契约债务纳入。《债法典》第52章(不当得利法)正是在此种意义上使用"债务"语词。是以,比方说依《债法典》第1028条,给付人误以为自己负有损害赔偿义务,实际上责任人系第三人,所付赔偿金应予归还。不过,《家事法》第72条第(2)款却为不当付而付的抚养费用提供了特别保护,仅当判给抚养费的司法裁决系因受抚养人之欺诈而出时,方得请求返还。

106. 在斯堪的纳维亚国家,非债清偿返还之诉的规则也一样并未固步自封于依契约所为给付的返还。若是(1)给付人令受领人相信,确有债务应予清偿,(2)给付人虽未明言(tacit),实际上承认并无债务,或者(3)受领人有理由相信,给付人事先已经就确实负有债务一事做过调查,则不得适用非债清偿返还的一般规则。最初的一般规则是,因法律错误所为之给付不予返还(Ussing, Enkelte Kontrakter, 439)。不过,即便不算丹麦(von Eyben/Mortensen/Sørensen, Obligationsret II, 141),至少在瑞典(Hult, Condictio indebiti, 86),学术意见似乎已生天翻地覆之变。因法律错误所为之给付亦得返还,法院是否会被推动着接受这立场尚难逆料[,我们不敢乐观];无论如何,[照今天的司法实践,]法律错误不具溯及效力,从而不得提起非债清偿返还之诉(Danish Eastern CA 13 April 1992, UfR 1992, 763[对质押相关法律的既定理解发生了改变,但不得以法律错误为由请求返还];类似地,Swedish HD 28 February 1942, NJA 1942, 39[推翻前判,就过去的给付,生父(paternity)和推定的父亲(putative father)不得请求返还])。明知法律立场暧昧不明,又不肯等候法院澄清,如果再不为自己保留返还权利,此际的给付便只能算做自担风险(Swedish HD 17 February 1961, NJA 1961, 18[在该案中,银行自付提不出什么坚实抗辩,遂清偿了不当负的侵权债务,返还请求被驳回])。

107. 在英格兰法上,当事人是否应负返还责任或者反过来是否得援引某种抗辩——比方说,为清偿并不存在的债务所为的错误给付是否构成有效对价,或者是否债务的清偿构成有效对价(就后种可能,参见,Goff and Jones, The Law of Restitution[7], Chap. 41)——向来不取决于债务分类;当然,绝大多数案件所涉之债都源于契约。就假定债务的清偿,[不考虑其他不当因素,]应以错误为要件,但是像伍尔维奇建房互助会诉国税局案那样(Woolwich Equitable Building Society v. Inland Revenue Commissioners [1993] AC 70),清偿了并不存在的财政债务(fiscal

obligations),多有主张,非法征缴(unlawful demand)这一不当因素即为已足,是为例外。* 受托人向受益人超额给付的,[返还]是否继续受到特殊限制,目前尚不明了——限制的理由是,受托人就法律关系中的错误负担责任;但更合理的看法是,在返还法的后克莱沃特·本森银行诉林肯市议会案(Kleinwort Benson Ltd. v. Lincoln City Council [1999] 2 AC 349)时代,**任何特例都已不再合乎时宜:参见 Goff and Jones, The Law of Restitution[7], no. 5-011。

Ⅵ. 法庭裁决与法律规定

108. 保有得利的权利得来自法庭裁决或者法律规定,此乃共识。在后种情形,若是已经取得权利并且没有将权利再予回转的义务,通常有必要考察,是否应负金钱偿还义务。比方说,依《法国民法典》第2262条,若是第2229条的要件得以充分,经30年持续占有,即可取得所有权(参见 Cass. civ. 15 June 1976, Bull. civ. 1976, Ⅲ, no. 262)。非债清偿返还之诉遂被排除(Cass. com. 1 March 1994, Bull. civ. 1994, Ⅳ, no. 89)。因善意占有而取得所有权的,时效期间更为短暂(《民法典》第2265条:10年或20年)。时效期间届满之后,非所有权人意图将财产转让给善意受领人,"正当所有权"(just title)将转移(Cass. civ. 30 October 1972: Bull. civ. 1972, Ⅲ, no. 575)。此际并无任何关于金钱补偿的规定。依《消费者信贷法》第L122-3条,就未经定购而主动提供的货物或者服务,若是要求消费者付款,则为非法。消费者于此并不负有债务,甚至得请求返还已

---

* 非法征缴,即伯克斯所谓由政策因素推动的返还。

税务机关依据1986年《所得税(建筑协会)条例》令伍尔维奇按照综合税率(composite rate tax)缴税。伍尔维奇的法律顾问认为该条例无效并决定通过司法审查(judicial review)程序对该条例提出质疑(challenge)。为了避免被视为"纳税钉子户"(recalcitrant taxpayer)而使公共形象受污,伍尔维奇决定仍依条例分三期缴付共计5700万英镑税款,但保留其在条例被判定无效情形下的返还权利。司法审查程序大获全胜。伍尔维奇的主要麻烦在于,其诉讼请求在传统的不当因素体系中简直找不到合适的位置(错误和胁迫在本案中都派不上用场)。伯克斯认为,在越权征缴案件中,真正的返还原因乃是"无议会则不纳税"的原则,该原则可追溯至《权利法案》。伯克斯特别强调,以传统不当因素作为伍尔维奇案返还原因的任何企图都只会蔽亏而不是彰明真正的返还原因。上议院以微弱多数对伯克斯的见解表示了赞许之意。戈夫勋爵写道,"就非法征缴的货币,如果真能赋予当事人以返还权利,那也得全部归功于那条宪法性原则",而"从逻辑上看,这一返还权利既不需要错误,也不需要强制,税款系非法征缴这一单纯事实即足以初步证明当事人的返还权利"。还有一段判词值得一看,戈夫对大陆法系的无法律基础进路表达了倾慕之意,他说,"可能会有许多反对,而头一个就是于19世纪到20世纪初发展起来的返还法的结构。英国法本来有可能发展到承认非债清偿返还之诉(condictio indebiti)——仅以并不负有给付义务作为金钱返还事由的诉讼。但事实并非如此。相反,我们已经看到,如今在普通法上发展起来的金钱返还之诉要求有事实错误或者某种形式的强制。而我们现在所探索的,从某种意义上说,是在特定案型中对传统发展道路来次颠覆;当然,现在才迈出这一步,大概是有些太迟了"([1993] AC 70,172)。索尼娅·迈尔(Sonja Meier)把伍尔维奇案看作英国返还法向德国进路转向的滥觞(Sonja Meier, "Unjust Factors and Legal Grounds", in Johnston/Zimmermann, eds. Unjustified Enrichment: Key Issues in Comparative Perspective, Cambridge University Press, 2004, pp. 62-65)。

** 在林肯案中,作为多数意见方的霍普勋爵(Lord Hope of Craighead)的两段发言,大大降低了证明错误的重要性,而将欠缺法律原因的消极要件推向了舞台中央。参见第Ⅶ-1:101条,注释16下所加译按。伯克斯推论说,当事人既然已经实现了期待,便很难再信誓旦旦地声称自己无意给付或者无意受领,可是法律却仍然勒令当事人返还,因而,其理由便只能是作为给付依据的契约无效,"正是在这些已经履行完毕的无效利率互换交易案件中,普通法发生了转向"(Birks, Unjust Enrichment, Oxford University Press, 2003, p. 96)。当然,英国返还法是否果真投向了德国法系的无法律基础进路,在英国学界和司法界还是有很大争论的,多数意见还是持否定说。

付之金钱并利息。至于消费者是否应依不当得利法负补偿义务,此点迄今未为法院澄清,但从法令的明白措辞看,应不予认可。

109.《比利时民法典》第2262条及第2262条之二(2262bis)却与法国模板有诸多不同。第2262条将财产返还请求的时效期间设定为30年。占有人没有取得任何权利或者有违诚实信用原则的,这一规则仍然适用。第2262条之二所涉为诉讼之消灭时效。与第2262条不同,比利时与法国《民法典》第2229条措辞一样。这些条款结合起来,结果类同。就不必返还的财产,亦无金钱补偿义务。在卢森堡,依初审法院判例[CFI Luxembourg 28 April 1988, Pas. luxemb. 27 (1987-1989) 284],根据嗣后被上诉法院撤销的临时禁制令(interlocutory injunction)支付了抚养费用的,得以无法律上之原因为由请求返还所付金钱。

110.西班牙法也接受,法律可能会明确赋予保有财产利益的权利(Díez-Picazo, Fundamentos I^6, 122;Miquel González, Enriquecimiento injustificado, 2806)。比方说《零售业法》(Retail Trade Act)第42条就规定,消费者受领了未经订购而主动提供的商品的,不负返还义务。提供人系因错误而发送货物的,则为例外。再如,因为据以获得权利的法律行为无效,所以让与人未能将权利转让出去,此际,为保有给付提供正当性的法律上之原因得见于区处时效取得(usucapión)以及自无权利人处的善意取得的法律规定中[《抵押与土地登记法》(Mortgages and Land Register Act)第34条;《民法典》第464条]。《民法典》第1295条第(2)款为契约解除(termination)设有特别规则;第三人的善意本身即足以阻却针对获得物的返还诉讼。* 在时效取得和善意取得场合,第三人不负赔偿义务。不同的路径自然有,比如《民法典》第360条,利用他人材料于自己土地上为建造,取得建造物所有权,但应偿付材料价值,若系恶意,还要赔偿损害:Basozabal Arrue, Enriquecimiento injustificado por intromisión en derecho ajeno, 281。还有《民法典》第361~364条,善意在他人土地上为建造的,土地所有人得留下建造物并偿付其价值,也可要求拆除。《民法典》第383条[加工(on specification)]也差不多。另外,知识产权法中有不少这样的规则,在第三人知识产权受到侵犯的情况下,将赔偿请求明确排除。比方说教科书复制名画(CA Barcelona 31 October 2002, BDA JUR 2004/54771;参见欧盟议会与理事会2001年5月22日《关于协调信息社会中版权与相关权若干方面的指令》**第5条第(3)款(a)项)。法庭裁决亦可构成保有给付的法律上之原因,特别是离婚夫妇之间的抚养费协议,经法院批准方具有法律上的执行力(《民法典》第90条)。如果并无此等协议,法院必须确定抚养费水平,并就过去的婚姻居所如何利用发布命令(《民法典》第96、97条)。

111.依意大利法所持之基本立场,因法律规定所取得之权利被视为有正当理由(giusta causa)。同样,法庭裁决亦得为得利提供法律基础(Alpa and Mariconda, Codice civile commentato

---

* 《西班牙民法典》第1295条:"(1)契约一旦取消(rescission),即应返还标的物并孳息,以及价款及利息;是以,仅当主张取消之人得返还其当返还者,方得取消;(2)标的物在法律上已归善意第三人所有的,亦不得取消;(3)这时,或得要求加害人负赔偿责任。"参见第Ⅶ-2:102条,注释12,第Ⅶ-4:101条,注释1。

** Directive 2001/29/EC of the European Parliament and of the Council of 22 May 2001, on the harmonization of certain aspects of copyright and related rights in the information society。第5条[例外与限制]第(3)款:"就第2条与第3条所赋予之权利,于下列情形,成员国得设置例外或者施加限制:(a)仅系用作教学或者科研之素材,唯须标明包括作者姓名在内之来源,标明来源不可能且不逾非商业目的的正当使用范围的,无须为之。"参见 http://eur-lex.europa.eu/LexUriServ/LexUriServ.do?uri=CELEX:32001L0029:EN:HTML,2013年1月1日访问。

IV, sub art. 2041, V, § 25)。另外,在时效取得和善意取得场合,原则上不会有赔偿义务。不过,利用他人材料于自己不动产上为建造、种植或者施工之人,若材料所有人不坚持分割,或者,非经造成严重损害,所涉材料无法分离的,就材料价值,应负赔偿义务(《民法典》第 935 条第(1)款)。类似地,若第三人以自己的材料完成建造的,意大利法律立场与西班牙通行见解同(《民法典》第 936、937 条)。善意于毗邻地上建造工作物而土地所有人于 3 个月内未加反对的,法院得宣告[善意]"侵入人"(encroacher)为建造物之所有人并赋予其土地占有权(possession);"侵入人"应赔偿土地所有人所占用土地的双倍价值(《民法典》第 938 条)。依关于动产附合、混合和加工的条款,就所有权的损失,应加以赔偿(《民法典》第 939、940 条)。区处未经订购而主动提供的货物或服务的消费者保护规定见《消费者信贷法》第 57 条;详参 CFI Genua 11 November 2002, Contratti I 2003, 437 以及 de Marzo, I contratti a distanza, 46。

112. 在奥地利,财产转移的正当理由同样得来自法庭裁决(OGH 6 April 2006, 2 Ob 256/05v)或者直接来自法律规定。典型的例子,比方说善意取得(OGH 28 July 1998, SZ 71/128),还有取得和消灭时效(OGH 5 June 1970, SZ 43/98)。在依法律规定取得所有权而当事人是善意还是恶意无关轻重的情形(《民法典》第 371、416 条和第 417 条[混合等]),法律不过是规定当有此般之权利变更,但并未为根砥处的财富转移提供正当性*(Koziol and Welser, Bürgerliches Recht II[13], 287)。法庭裁决即便有误,仍得为得利法律上之原因(OGH 14 December 1955, 7 Ob 543/55)。同样,依《葡萄牙民法典》第 473 条第(1)款,法庭裁决构成法律上之原因,得为保有利益提供正当性(STJ 22 November 2007, Processo 07A3835)。"如果法律禁止失利人……提出偿还请求",不当得利法下之责任即被排除(《民法典》第 474 条)。法院令支付临时抚养费用,依令所为之给付,不得请求返还(《民法典》第 2007 条第(2)款);相关债务虽罹于时效,[受领人]仍得保有给付(《民法典》第 304 条第(2)款)。有关所有权取得的条款中包含着诸多得为利益之保有提供正当性的法定权利。比方说取得时效的规则(《民法典》第 1294 条)。善意取得相关条款在许多事实情境下(《民法典》第 1287 条以下)设置了赔偿机制,比如第 1301 条([物之所有人]请求第三人返还物,若物系第三人自商人处善意购得,第三人得要求所有人赔偿物之价值**)。依欧盟(EC)法,消费者受领了未经订购而主动提供的货物或服务的,得保有物而不负付款义务:《消费者保护法》(Lei de Defesa do Consumidor) (Lei 24/96 of 31 July 1996)第 9 条第(4)款;Decreto-Lei no. 143/2001 of 26 April 2001 art. 29(2),欲知其详,参见 Dias Oliveira, Proteção dos consumidores, 140。

113. 德国法将下面两种情形区分开来,一是虽有权利变更但实益所有权(beneficial ownership)并未转移;二是不但有权利变更而且实益所有权也确实转移[Palandt(-Sprau), BGB[67], § 812, no. 96;Staudinger(-S. Lorenz), BGB [2007], § 812, no. 28]。于是就有了依不当得利法加以赔偿的规定,动产之附合、物之混合以及加工处有(《民法典》第 951 条),拾得相关规则处亦有(《民法典》第 977 条》。相比之下,自未经授权之人处有偿善意取得的(《民法

* 是以,虽能取得所有权,但可能要承担赔偿责任。

** 原句为"所有人得要求第三人赔偿物之价值"(the owner having a claim against the third party for compensation equal to its value),当为手民之误,径改之。《葡萄牙民法典》第 1301 条:"权利人向第三人要求取回由该第三人从进行同一或相似各类物之交易之商人善意购入之物时,须向该第三人返还其为购入该物所支付之价金;但该权利人对有过错造成此损失之人享有求偿权。"

典》第 816 条第(1)款第 2 句 *)以及经消灭或者取得时效而取得的,即不受不当得利返还请求权追扰(Lorenz, loc. cit. , Pref. to § § 812 et seq. , nos. 28, 36, 38)。法院判决则不同[除非是设权性质的判决(constitutive pronouncements),改变了法定权利],不过是确认性质的(declaratory),因而不能为得利提供法律上之原因[Erman (– Westermann and Buck – Heeb), BGB II[12], § 812, no. 79]。不过,判决既被赋予既判力,原告遂得保有法院之所判(Sprau, loc. cit. no. 98)。你不能说,这纠纷解决得不对,然后据此提起返还诉求(Lorenz, loc. cit. § 812, no. 91)。可若是在最终口头诉答之后发现了原本应该加以区处的新事实,判决的既判力不适用于这些新证据,返还诉讼遂得生焉(BGH 17 February 1982, BGHZ 83, 278, 280;BGH 11 March 1983, NJW 1984, 126, 127;BGH 2 March 2000, NJW 2000, 2022, 2023)。德国的法律立场也正是希腊法的通行进路。制定法的规定,当且仅当其意在为所有权的变更提供法律上之原因时,方构成得利法律上之原因[欲知大略,参见 Georgiades and Stathopoulos (– Stathopoulos), art. 904, nos. 59 – 60]。《民法典》第 1041 条的取得时效即为适例。可是,第 1036 条(自无处分权人处的善意取得)却不构成法律上之原因,不能为利益的保有提供正当性。依希腊的学说,仅善意且有偿之取得方免返还之诉追扰。这一豁免权并非来自《民法典》第 1036 条;为得利提供了正当性基础的乃是对待给付(Stathopoulos, loc. cit. no. 63)。

114. 就丧失所有权的特定案型,匈牙利法亦安排了诸多平衡机制。比方说区处加工他人之物以及混合的法律后果的规则(《民法典》第 133 ~ 135 条);还有像未经授权而在他人土地上建造施工,利用他人材料在自己土地上建造施工(《民法典》第 136 ~ 138 条)以及因在毗邻地上建造施工而侵入(《民法典》第 109、110 条),规则全面而详尽。类似地,取得时效并不引发赔偿义务。就所有权的善意取得,参见 PEL/von Bar and Swann, Unj. Enr. , Introduction C110。在斯洛文尼亚法上,因[受领人]身体受到伤害、健康受到损害或者死亡而对善意之人[受领人]为处分的,《债法典》第 195 条明确排除不当得利法上的返还请求。善意受领人遂相对于给付人而受到法律保护。给付人得针对加害人提出返还请求(详参 Cigoj, Teorija obligacij, 258)。依《保加利亚债法典》第 59 条第(1)款,将他人财产附合于自己的财产、与自己的财产混合或者加工他人财产从而取得他人财产所有权的,应依不当得利法偿还财产价值(详参 Goleva, Obligazionno pravo[4], 293)。相比之下,动产权利的善意取得即不会生不当得利法下之责任;原所有人仅得对(无权)处分人提起侵权或者不当得利返还之诉(Vassilev, Bulgarsko Veshtno pravo[2], 206)。依嗣后被推翻之法院判决或者被撤销之仲裁庭裁决所为之给付,得依不当得利法请求返还(Vassilev, Obligazionno pravo, 585)。

115. 荷兰法已在前面注释 104 处考察过。就讨论中的财产转移来说,欠缺法律原因意味着什么,《爱沙尼亚债法典》第 1027 条未有明言。不过毫无疑问的是,如果法律不准提起返还诉讼——比方说,依《债法典》第 99 条第(1)款,除非提供人确实犯下错误,否则就未经订购而主动提供的货物或者服务,不得针对消费者提起返还诉讼——大概也就为得利提供了法律上之原因。依《商法典》第 158 条及第 280 条,就多付的股息,某些股份有限公司的股东不负不当得利法上的返还责任,除非这些钱得拿去清偿公司债务。动产系依无效契约而转让的,若受让人善意地、不

---

* 原文作“§ 816(1) (ii)”。第 816 条第(1)款:“对于某一标的,非权利人做出对权利人有效力的处分的,非权利人即有义务向权利人返还因该项处分而取得的一切。处分是无偿地进行的,依据该项处分而直接取得法律上利益的人负有同样的义务。”

间断地占有达5年的,亦不得请求返还(《财产法》第110条);在不动产场合,消灭时效期间为30年。正如规制自无权处分人处善意取得(《财产法》第95条第(1)款)的条款一样,有关拾得的法律也有几处将不当得利返还请求排除(《财产法》第100条)。最后,在爱沙尼亚法上,法庭裁决同样得为利益的保有提供法律上之原因(Supreme Court 9 June 2006, civil matter no. 3-2-1-25-06;Supreme Court 19 October 2004, civil matter no 3-2-1-107-04)。

116. 在斯堪的纳维亚国家,法庭裁决和法律规定得排除原物返还请求权或者其他财产返还权利。以瑞典最高法院判决为例(HD 28 February 1942, NJA 1942, 39)。先有判决确认原告系孩子父亲,原告遂向孩子及其母亲支付抚养费用若干,现这一确认判决被推翻,原告遂诉请返还所付金钱,但未为最高法院照准。[就法律规定来说,]比如,取得时效得构成保有财产的法律上之原因。在瑞典,如果取得人为善意,时效期间为10年,其他情形下为20年(《土地法典》第16章第1、2条)。(在丹麦,取得动产或者不动产的时效期间为20年,以占有人善意为要件[Danske lov § 5-5-1];而在芬兰,财产的取得时效制度已不再获法律认可)基于法律行为自无权利人处的善意取得,在[《瑞典土地法典》第18章;《动产善意取得法》(Good Faith Acquisition of Personal Property Act)]与[《芬兰土地法典》第13章第4条;《商法典》第11章第4条]皆获成文法认可,同时适用于动产与不动产。丹麦法上的相当条款则仅及于不动产(《土地登记法》第1、5条和第7条);至于自无权处分人处的善意取得,则是判例法的产物(欲知其详,参见Mortensen, Tingsretten, 176)。《丹麦特定消费者契约法》(Danish Certain Consumer Contracts Act)第8条明确说,消费者得保有未经订购而提供给其的货物,除非给付出自错误。可到我们写作之时,类似规则尚不见于瑞典和芬兰;在这两个法域,唯一明确的是,此种行为不会导致有拘束力的契约(Adlercreutz, Avtalsrätt I[11], 70)。

117. 在英国法上,受领人同样可能就得利享有某种权利从而得将不当因素挫败;参见Kleinwort Benson Ltd. v. Lincoln City Council [1999] 2 AC 349, 480[霍普勋爵(Lord Hope):若受领人能够证明,其得基于某种法律原因而保有所受金钱,错误即不复构成返还事由]。尤其是在刑事法领域,法律会出于特定目的而为保有他人财产提供法律依据[2001年《刑事审判与警察法》(Criminal Justice and Police Act)第二部分]或者将财产充公[2002年《赃物法》(Proceeds of Crime Act)第二部分]。制定法所提供之法律依据或得告终,此时,财产所有人或者原占有人有权要求返还:Webb v. Chief Constable of Merseyside Police [2000] QB 427 (CA)(从或然性上看,涉案金钱虽然很可能是毒品走私收益,但只要不提起公诉,或者公诉之后未得定罪,或者未获颁没收令,警察即不得再将之作为证据持于手中);Costello v. Chief Constable of Derbyshire Constabulary [2001] EWCA Civ 381, [2001] 1 WLR 1437[类似地,依1984年《警察与刑事证据法》(Police and Criminal Evidence Act)第19条与第22条,合法扣押的赃车,警察不得仅仅因为所有人尚未查明而扣着不交还原告——但请参见2001年《刑事审判与警察法》第57条]。

Ⅶ. 自愿处分以及依自然债务所为之给付

118. 自愿处分(voluntary dispositions)以及依自然债务所为之给付,其返还事宜,参见第Ⅶ-2:103条(自由同意或者自愿履行),注释。

Ⅷ. 目的未达时的返还

119. 那些为罗马法所甚为熟稔的各种返还之诉,《拿破仑法典》并未尽加措置,但传统法律见解一向以为,其皆于法国法上安身立命(Demogue, Traité des obligations en général III, no. 129)。是以,基于将来原因(future cause)给付而原因未能实现的,得依非债清偿返还之诉请求返还。给付人之错误,非为此种诉讼之要件。还有,给付是为了清偿自然债务,还是出于怜悯之情,抑或是受了荣誉或者公正观念的激发,同样无关紧要[Aubry and Rau (- Ponsard and Dejean de la Bâtie), Droit civil français VI[7], nos. 309 - 310 pp. 465 - 466]。《民法典》第 1088 条(属意于婚姻所为之赠与而婚姻未成)可为制定法上的适例。以德莫格(Demogue)为理论援军,比利时学界亦颇有主张(de Page, Traité élémentaire de droit civil belge III[3], no. 4 p. 9),罗马法上的各种返还之诉,不影响契约无效性的,皆已为《民法典》第 1235 条和第 1376 条所收纳。是以,目的未达返还之诉当然亦为比利时法之重要成员(de Page, loc. cit. no. 8 p. 15)。*

120. 在今天西班牙的不当得利法上,除了给付得利与侵害权益得利返还之诉,亦承认费用型不当得利返还之诉(condictio por inversión o desembolso)。其所涉情形为,某人给予他人给付,** 但并不负有契约或者其他法律行为下的债务(Díez - Picazo, Fundamentos I[6], 128; Miquel González, Enriquecimiento injustificado, 2807)。支出费用不当得利返还之诉概念意在构建一科学范畴,收编《民法典》里的各色特殊规则。遵循德国法律术语,西班牙法基本上也是将求偿不当得利返还之诉(condictio de regreso, Rückgriffskondiktion)与支出费用不当得利返还之诉(condictio por impensas, Verwendungskondiktion)区分开来。前者所涉情形为,非债清偿第三人所负债务;《民法典》第 1158 条和第 1210 条就此备有充分规范。支出费用不当得利返还之诉由《民法典》第 453 条和第 454 条[他主占有人所支出之费用(assessment of possession)]***以及《民法典》第 360 条以下(添附)规制。落入这些条款适用范围的诸多案件,[法院]越来越多地运用不当得利法的术语来加以分析[支持这一进路的,Quesada Sánchez, La Ley, 2005 (4) 1719, 1730; 相反的立场,Basozabal Arrue, Enriquecimiento injustificado por intromisión en derecho ajeno, 50; 270]。在最高法院 1958 年 3 月 27 日判例中,原告行将迎娶被告之女,投资修缮被告公寓。后婚约解除,原告诉请被告偿还相关费用。最高法院照准了针对改良价值提出的不当得利返还请求[TS 27 March 1958, RAJ 1958 (1) no. 1456 p. 940]。在巴达霍斯上诉法院判例中,某人于婚前亡故,法院亦同样认为其权利继承人得提起相应的返还请求(CA Badajoz 1 October 2003, BDA JUR 2004/48273)。最高法院 1996 年 7 月 30 日判例亦以不当得利原则为据。[在该案中,]某地方议员曾资助周转不灵的市政府建造两座网球场,其孀妇得请求当局返还[TS 30 July 1996, RAJ 1996 (3) no. 6411 p. 8566]。****

121. 意大利判例法比较频繁地使用假定情势(presupposizione)概念,而法院的这种倾向一向不能免于学界的批评(详参 Belfiore, La presupposizione, passim)。假定情势概念用来描述某种

---

* 《法国民法典》第 1235 条:"(1)任何清偿,均以有债务为前提;不欠债务而已为清偿者,得请求返还。(2)对自然债务已为自愿清偿者,不得请求返还。"第 1376 条:"因误解或故意受领不当受领之物的人,对给付人负有返还其受领之物的义务。"

** "confers a prestation on antoher",并不是非债清偿之诉。

*** 《西班牙民法典》第 453 条:"(1)占有人得请求偿还必要费用;善意占有人于受领必要费用之前,得留置占有物。(2)善意占有人得请求偿还有益费用,亦享有留置权,得要求占有人交付物之人得偿还有益费用或者支付物的增值。"第 454 条:"纯粹的奢侈费用或者单纯的娱乐费用,即便善意占有人亦不得要求偿还;但善意占有人为美化主物所添加的装饰物,如果不会给主物带来损害,或者继任占有人不愿支付相关费用,则得取走。"

**** 在德国的类型学里,目的未达返还之诉仍属给付型得利范畴,而非费用型得利,但就这一段的介绍来看,西班牙法不尽如此。

(事实的或者法律的,现在、过去或者将来的)客观事态,其虽不必明确见于契约条款,却构成当事人所拟订立契约的基础(Cass. 5 January 1995, no. 191, Giust. civ. Mass. 1995, 34)。要为假定情势法律原则找到制定法上的依据,实非易事;而《民法典》第 1467 条则时或被遣充此任(例如,Cass. 24 March 2006, no. 6631, Giust. civ. Mass. 2006, 3) *。若是实质“假定”(given)没有实现(或者打开始就压根儿不存在),将导致契约解除(Cass. 24 March 2006, no. 6631, Giust. civ. Mass. 2006, fasc. 3;Cass. 17 May 2005, no. 10340, Obbligazioni e contratti 2005, 3, 265;Cass. 29 September 2004, no. 19563, Giust. civ. Mass. 2004, 9)。在判例法上,契约会被视为不生效力(invalid)(Cass. 24 March 1998, no. 3083, Giur. it. 1999, I, 1, 511),可撤销(avoidable)(CFI Pavia 24 February 1973,引自 Belfiore loc. cit. 132;CFI Palermo 28 March 1981, Giur. mer. 1981, 885;CFI Palermo 15 January 1981, Giur. it. 1982, I, 2, 539),很容易失效(caducazione)(Cass. 11 March 2006, no. 5390, Giust. civ. 2006, II, 2331)或者(因为欠缺法律原因)无效(nullity)(CATorino 2 December 1987, Riv. Notar. 1990, 201;Cass. 6 December 1988, no. 6617, Giust. civ. Mass. 1988, fasc. 12;Cass. 11 August 1990, no. 8200, Giust. civ. Mass. 1990, fasc. 8 [作为契约基础的事态于契约订立之时并不存在的,契约无效;此种事态消逝的,契约可能被解除],以及类似判例,参见 Cass. 8 August 1995, no. 8689, Giust. civ. Mass. 1995, 1498,还有,Cass. 5 January 1995, no. 191, Giust. civ. Mass. 1995, 34)。有时,假定情势会被视为默示的约定条件(CFI Isernia 18 November 2005, Giur. mer. 2006, 3, 563)。返还请求由针对无效的规则加以区处。

122. 在奥地利法上,为实现特定目的之无拘束力的协议足以充任财产转移的法律上之原因(Koziol and Welser, Bürgerliches Recht II[13], 275)。若目的未能实现,遂生目的未达返还之诉。《民法典》第 1435 条的类推适用构成此种诉讼的基础。此间适例甚多,比如怀着将被任命为权利继承人的预期而为金钱给付(OGH 19 March 1980, 3 Ob 531/79)或者提供劳务(OGH 26 February 1963, SZ 36/30),再如基于行将缔结婚姻(OGH 2 February 1967, SZ 40/15;OGH 23 June 1969, SZ 42/94;OGH 18 January 1989, SZ 62/5)或者维系婚姻(OGH 14 May 1975, SZ 48/59:修造房屋)的期待而为给付。必须将意在实现特定目的的协议与赠与契约区分开来——就未婚夫妇之间的赠与,参见《民法典》第 1247 条。若是给付人明知目的不能实现,返还请求将被阻却(类推适用《民法典》第 1174 条第(1)款),比方说,同居伙伴中的女方排除了结婚的可能性(Deixler-Hübner, ÖJZ 1999, 201, 206)。服务契约的目的未能达成的,若受领人并未获得固定经济实益(permanent economic benefit),得依不当得利法请求赔偿(OGH 2 September 1998, 9 ObA 207/98a;OGH 15 January 1981, JBl 1981, 543;OGH 1 July 1986, 14 Ob 101/86 [离婚后,女方就无偿家务劳动要求获得补偿])。《葡萄牙民法典》第 473 条第(2)款结尾明白述及目的未达返还之诉。是以,为落空了的目的而给予利益的,不当得利法下的责任亦因之而生。给付人于给付之际明知目的不会实现或者恶意阻碍目的实现的(参见 STJ 11 December 2003, Processo 03B34831;STJ 12 September 2006, Processo 06A1999),《民法典》第 475 条将返还责任排除(与

---

* 《意大利民法典》第 1467 条:“(1)在持续、定期或者延期履行的契约中,一方当事人的给付因发生特别的和不可预见的事件而变成了过重负担的,应当履行给付的一方当事人可以根据第 1458 条规定的效力,请求解除契约。(2)突然发生的负担属于契约规定的正常风险的,契约不得被请求解除。(3)接到请求解除契约的一方当事人,可以为避免解除而对契约的条件进行公平性变更。”

《德国民法典》第 815 条第(2)款作同样解释:Menezes Leitão, Enriquecimento sem causa[2], 529)。期待着契约将会订立而未能订立的,就此前所为之给付,则得请求返还。给付目的是为了获得某种不能通过法律诉讼所得之好处的,亦如是处理:比方说得了允诺,将受命为继承人或遗产受让人,或被指定为遗嘱受益人,或者期望受领人不要向警局检举自己的罪行(Schlechtriem, Restitution und Bereicherungsausgleich in Europa I, chap. 2, no. 203 p. 200;Menezes Leitão loc. cit. 512)。

123.《德国民法典》第 812 条第(1)款第 2 句第 2 选择文句明确指向给付目的未能实现的情形。前注中提及的例子主要来自德国判例法:给付目的是为了让他人不要向警方检举自己的罪行但终被告发(BGH 23 February 1990, NJW－RR 1990, 827);以附属目的之实现为条件的赠与,赠与契约的基础目的未能实现(BGH 23 September 1983, NJW 1984, 233);向女婿赠与,资助其买房,以婚姻存续为条件(CA Düsseldorf 30 March 1995, NJW－RR 1996, 517;另见,CA Oldenburg 5 November 2007, FamRZ 2008, 1440)。返还请求权是否成立,要看依法律行为条款,当事人是否以某种特定的将来的法律后果或者事态的出现为构想,这构想当然逾出必然因给付而生的有限目的之外[Palandt(－Sprau), BGB[67], § 812, no. 86]。当事人必须已就将达成之目的形成共识;但不必具有契约性质(BGH 17 June 1992, NJW 1992, 2690;BGH 10 November 2003, NJW 2004, 512, 513)。以目的未能实现为基础的不当得利返还请求权当然也为希腊法所认可[Deliyannis and Kornilakis, Eidiko Enochiko Dikaio III, 40;Georgiades and Stathopoulos(－Stathopoulos), art. 904, no. 92];就订婚礼物来说,正落入《民法典》第 1348 条第(1)款的涵摄范围。若给付人违反诚实信用原则促使目的落空,那么通过类推适用《民法典》第 207 条,目的视为已实现(CAThessaloniki 1426/1984, Arm 39[1985]469)。若给付人于给付之时明知所欲求的目的不能实现,亦不得请求返还(类推适用《民法典》905 条;参见 Deliyannis and Kornilakis loc. cit. 81)。

124.《匈牙利民法典》未设目的未达返还之诉。依并不存在的契约预付了款项的,《民法典》第 361 条第(1)款为返还救济提供了便利。契约因欠缺形式要件而无效,为了治愈形式瑕疵而提出给付的,由规制契约无效的条款来处理。这一领域的任何法律漏洞(lacunae),都通过乞援于区处不当得利的规则加以填补。作为赠与基础的目的未能实现,欲以此为由请求返还的,相关法律要件见于赠与法[《民法典》第 582 条第(3)款;详参 Schlechtriem, Restitution und Bereicherungsausgleich in Europa I, chap. 1, no. 77 p. 48];不当得利法遂被排除。而在保加利亚,目的未达返还之诉落入《债法典》第 55 条第(1)款适用领域;依通说,这一请求系夯筑于反对不当得利的原则之上(Goleminov, Neosnovatelno obogatyavane, 64;Vassilev, Obligazionno pravo, 586)。斯洛文尼亚亦为如此。是以,赠与准新娘的贺仪,若大礼未成的,得请求返还[Juhart and Plavšak(－Polajnar Pavčnik), Obligacijski zakonik II, art. 190, p. 46]。

125. 依《荷兰民法典》第 6:203 条,不负义务而给付,是以欠缺法律上之原因的,得请求返还。错误的寄望于契约将会订立而提前给付的,亦为不当给付。比方说,某建筑承包商预期契约将会订立而开始施工,就给付价值(假设请求权所有要件都具备)得依《民法典》第 6:210 条请求补偿;* 当然,很多时候,合理(redelijkheid)与公平(billijkheid)要件都难得充分。或以为,赠与人给予子女的结婚礼物,若婚姻终未缔结,不得请求返还[Hondius (- Scheltema), Verbintenissenrecht II, art. 6:203, no. 6 p. 28; Asser (- Hartkamp), Verbintenissenrecht III[12], no. 321 p. 340; Parlementaire Geschiedenis VI, 804;参见 CA Amsterdam 24 October 1956, NedJur 1957 no. 368 p. 685,采不同进路]。爱沙尼亚法似乎并不承认目的未达返还之诉:详参 Tampuu, Lepinguväliste võlasuhete õigus, 66。

126. 在瑞典与丹麦法上,与目的未达返还之诉最为接近的,系所谓假定情势原则(doctrine of assumptions)(瑞典法:förutsättningsläran,丹麦法:forudsætningslæren)。不过,这一原则在芬兰法上似乎还未扎根(Kivimäki and Ylöstalo, Lärobok i Finlands civilrätt, 339; Wilhelmsson, SvJT 1989, 451 - 459)。(默示的)假定情势原则[(德国法所谓)"交易基础(Geschäftsgrundlage)"]关涉的是当事人就法律行为所设定的情势,因为嗣后情势变更或者打开始就错托了希望而落空。适用这一原则的法律效果系相关法律行为不生效力或者无效,紧接着,所为给付应予返还。当事人个体的主观假定,或者在手头个案情势下(客观上)多会期待产生的假定,皆得援引之。就假定情势原则,各派见解容或有些许差异(详参 Adlercreutz, Avtalsrätt I[11], 274)。不过,大抵可以提出以下三项要件:其一,若基础性假定并不存在,契约本不会订立;其二,他方当事人知道或者应该知道这一事实;其三,由他方当事人承担假定落空的风险,看起来是合理的。假定情势原则固然主要适用于契约法,但实际上并未受有任何限制。时或也被用来补充契约解释规则,或者在《契约法》第 36 条[条件显失公平(unconscionable conditions)]的场合加以援引[HD 24 June 1996, NJA 1996, 410; Hellner/Hager/Persson, Speciell avtalsrätt II(2)[4], 60; Jørgensen, Kontraktsret I, 170]。假定情势原则似乎并不适用于给付行为本身,因为其并不构成法律行为;至于跟非债清偿返还之诉的关系,仍颇富争议[详参 Vinding Kruse, Restitutioner, 271; Jørgensen, UfR 1963 B, 157 - 176; Lehrberg, Förutsättningsläran, 283, 384;另见,Swedish HD 23 May 1925, NJA 1925, 184,以及 HD 4 March 1926, NJA 1926, 129(伐木权方转移,政府即下了伐木禁令)]。银行错误地认为让与人账户里资金充足,遂为转账,其返还请求被法院驳回,风险由银行自己承担(HD 30 December 1999, NJA 1999, 793)。妻承担夫之债务,夫以珠宝之类为报,后来晓得债务早已消灭,夫得请求经济补偿。法院并未提及反对不当得利的原则(参见类似判例,CA Västra Sverige 9 July 1971, SvJT 1972, 1)。夫于离婚诉讼中提出,愿将人寿保险单的一半价值转让给妻,但此种转让为保险单所不许,妻遂要求获得金钱补偿。法院驳回诉讼,因为依假定情势原则,仅能请求返还已为之给付,不能用来创造新的债务或者为损害赔偿提供理由。不过丹麦法院在这里似乎拥有自由裁量权,得照准此种请求(Lynge Andersen/Madsen/Nørgaard, Aftaler og mellemmænd[2], 263)。

127. 在英格兰,目的未达传统上一向都是从对价落空的角度来考察的——不过今天的学者将其归入"附限制的意思"(qualified intent)情形(比如,Birks, English Private Law I, no. 15.93)。

---

* 《荷兰民法典》第 6:201 条第(2)款:"给付依其性质无法返还的,如果受领人已经因给付得利,或者给付的实施可归责于受领人,或者受领人已经同意实施对待给付,则在合理范围内以补偿受领时给付的价值替代给付的返还。"

在对价落空场合,对价被理解为原因(causa)[就像在因对价落空要求返还财产的诉讼*的表达中](典型形式为对待给付),而非为契约有效不可或缺之交易要素(bargain element)(为对待给付之允诺):Birks, loc. cit., nos. 15.96 - 15.97 and 15.99 [是以,伯克斯倡议使用"基础落空"(failure of basis)术语,以免混淆]。** 目的之实现被视为受领人保有利益的条件[Fibrosa Spolka Akcyjna v. Fairbairn Lawson Combe Barbour Ltd. [1943] AC 32 (HL), 65 (Lord Wright)]。那落空了的基础或者说目的,可能是预期的对待给付(给付未提出),也可能是某条件之发生。只要财产转移系出于明确目的而目的未能实现,即得请求返还:参见 Lister v. Hodgson (1867) LR 4 Eq 30, 33 [掌卷法官罗米利勋爵(Lord Romilly MR):交托于被告的金钱,在信托契据(trust deed)备好并履行完毕之前,性质上类同借贷;得提起取得或收到金钱的返还之诉]。

示例1来自以下判例的组合:Cass. civ. 5 March 2008, pourvoi no. 07 - 13902;Cass. civ. 25 June 2008, pourvoi no. 06 - 19556;Cass. civ. 24 September 2008, pourvoi no. 06 - 11294 and Cass. civ. 24 September 2008, pourvoi no. 07 - 11928。示例2来自CA Fejér, Gf. 40 037/2991/11。示例3取自BGH 20 July 2005, NJW - RR 2005, 1464。示例4出自STJ 22 May 2001, CJ (ST) IX (2001 - 2) 95。示例25来自BGH 11 January 1971, BGHZ 55, 176。示例26来自瑞典最高法院判例,HD 11 April 2006, NJA 2006, 206。示例27出自Cass. civ. 20 January 1998, Bull. civ. 1998, I, no. 18;D. 1999, 500, note Martin, and Cass. civ. 26 April 2007, JCP éd. E no. 25 of 21 June 2007, no. 1800 p. 33。示例28源自保加利亚最高法院判例,Bulgarian Supreme Court no. 1329 of 26 June 1984, judgment in civil matters no. 638/84 (second chamber)。示例35来自CA Barcelona 31 October 2002, BDA JUR 2004/54771。示例42灵感来自CA Frankfurt/Main 13 December 2004, FamRZ 2005, 1833,还有类似地,TS 27 March 1958, RAJ 1958 no. 1456 p. 940。示例43出自CFI Haarlem 9 July 2003, NJF 2003, no 54;LJN no. AI1183。示例45来自Cass. civ. 31 January 1995, Bull. civ. 1995, I, no. 59, OGH 3 October 1996, RdW 1997, 275 and BGH 23 September 1999, NJW 2000, 72。

---

* 即"[其他]目的未达返还之诉"(condictio causa data causa non secuta),元照译为"因对价落空要求返还财产的诉讼"(元照,第278页),是因为这种罗马法上的返还之诉与英国法上的对价落空比较相似。在大陆法系,今天多使用更为简洁的表达,"其他目的未达返还之诉"(condictio ob rem)。所谓"其他[目的]",是指清偿之外的目的,若清偿目的未达的,则适用非债清偿返还之诉。

** 对价(consideration)有两义:其一,狭义的对价,即作为契约订立要件的对价;其二,广义的对价,即作为行为基础的对价。在普通法里初遇"对价"术语,往往都是在甫入学堂研习契约法时。在契约订立过程中,非常基本的一点就是,要想使允诺具有拘束力,必须佐以对价。这实际上意味着,契约必须有着法律上的充分原因,也就是为了换得一个允诺并使该允诺具有拘束力而必须提供的"在法律上看来具有价值者"(something of value in the eye of the law)。就其形态来说,对价既可能表现为允诺,也可能表现为履行,而在信用经济时代,允诺对价则为对价之典型形态。然而在法律史上,当"对价"术语于普通法上初露头角之时,其意旨作为给付原因而"被考虑者"(a thing considered)。允诺的"对价"即指允诺人在作出允诺时所考虑的因素,该因素促使并推动他作出允诺。在这个意义上,对价即做某事的"原因"(reason)、"事由"(ground)或者"基础"(basis)。返还法或者说不当得利法正是在"对价"的原初意义使用这一术语。故不当得利法上所谓"对价落空",并不是说不足以形成一个有拘束力的契约,或者并无有拘束力的契约产生,而是指作为给付的基础或者原因而被考虑的情况没有实现,或者如果已经实现的话,没有能够持续。参见Peter Birks, An Introduction to the Law of Restitution, Oxford University Press, 1989, 2nd edition, p. 223。

第Ⅶ-2:102条　清偿对第三人所负之债务*

因失利人清偿对第三人所负之真实或误信债务而得利的，于下列情形有法律上之原因：
(a)失利人之清偿系自愿而为；或者
(b)得利仅系债务清偿之附带结果。

评　论

A. 概述

总说。

本条为前条辟设例外，从而缩窄了或被视为无法律上之原因进而得依基本规范请求返还的得利情形。此处例外有二。其一，失利人依其对第三人所负之债务而给予利益，当且仅当失利人之清偿出于自由同意，得利有法律上之原因：(a)项。其二，若得利不过系清偿对第三人所负债务之附带结果，虽无给予利益之义务，得利亦有法律上之原因：(b)项。

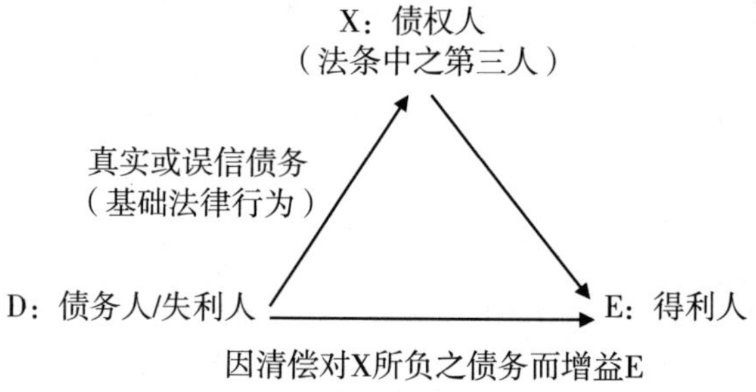

D，不利(disadvantage)之首字母；E，得利(enrichment)之首字母**

与第Ⅶ-2:101条(得利无法律上之原因的情形)之关系。

本条乃系前条之例外，因为就本条所规制之得利，若非本条，即无法律上之原因。是以，依前条而有法律上之原因的得利，即与本条无关。得利依前条第(1)款而有法律上之原因(并且未因该条第(4)款而无法律上之原因)的，遂尽为排除，缘得利人得据契约或其他法律行为，或者法律规定或法庭裁决，对所受利益主张权利。

---

* "Performance of obligation to third person"，此前中译本皆作"向第三人履行债务"，衡诸文意，当为"清偿对第三人所负之债务"。

** 图为译者加。

B. 依对第三人所负之债务而清偿:(a)项

总说。

(a)项道,依对第三人所负之债务,自愿向得利人给付的,得利有法律上之原因。失利人既负给付义务,自然无从请求返还。不论债务有效还是无效(或者被撤销),皆无碍本条之适用。于是,依契约所为之给付,一般只能在契约当事人之间产生责任,哪怕第三人*因之而得利[,亦不例外]。照这里贯行的法律政策,因法律行为无效而需返还不当得利的,原则上仅系设立法律行为之人的事宜。履行了契约债务的当事人,应向交易相对方寻求救济——契约有效的,依契约法,反之则依不当得利法。

示例 1

X 系 E 足球俱乐部的主席,并对俱乐部负有债务。X 指示其服务银行 D 往 E 之账户划拨一定款项,D 银行遂依指示而为。D 银行当时对 X 的信用能力认识错误,若是早知晓 X 财务之真情实况,断不会划拨款项。虽说如此,D 银行亦不能对 E 主张不当得利返还,其请求权唯可指向 X,那个 D 对之负有契约义务之人。若是 X 破产,D 针对 X 的契约法上的债权自然失去意义,但仍无碍前句所得之结论。

示例 2

X 经营电脑配件,其售与 E 的电脑中预装的软件有问题,遂雇请 D 前往 E 宅修理。活儿完成了,X 没等支付报酬就陷入破产程序。D 不能对 E 主张不当得利返还,因为 E 所以得利,系 D 履行对 X 所负契约债务的结果。D 只得对 X 主张契约债权,尽管这债权实际上全无意义。D 与 X 缔约之际,即担负了此种破产风险。

示例 3

X 系 E 之房客,雇请 D 于所租客房内安装新的供暖系统。若是依所得适用之财产法,供暖系统构成房屋组成部分的,E 或因之而得利。假设此间全无诸如欺诈、胁迫或者乘人之危之类情事,即便 D 与 X 所订之契约无效或者被撤销,(这时,D 就其所提供之服务,自然无从依契约主张报酬)D 仍不得请求 E 返还不当得利。E 所以得利,事出 D 清偿其对 X 所负之债务,对 E 这个此宗债务的第三人[非法条中的第三人]来说,得利有法律上之原因,彼债务无效亦无妨。只是对 X 来说,得利无法律上之原因,D 得请求 X 返还。

示例 4

T 以微薄的租金租得 L 的土地,不过依契约条款,T 应对地块上的一栋房屋加以修葺、改建。为此,T 自银行 B 贷出一笔款子,并打算通过把土地转租给第三人来还款。为了担保这笔债,L 在土地上设了抵押。房屋改建完毕,L 意欲出售土地;T 倒也同意,但要求以出售所得收益来清偿贷款。L 又找到了新的担保,X 银行愿意充任保证人,B 银行遂将抵押权利放弃。L 没有依照

---

* 并非法条中的第三人,而是指得利人,因为得利人是失利人所负债务法律关系之外的第三人。

与T的约定清偿贷款。T也拖欠不还。B银行向T主张权利无果,只好将保证人X告上法庭。X清偿了T对B所负的债务,毫无疑问,T将因此而得利(责任消灭或减少),但Y[X的权利受让人(assignee)]仍不得依本卷对T主张权利。X因履行其对L所负之债务,(L曾得X对T所负债务的保证允诺,作为替代担保,)使T受益。既为清偿,X(继而其权利承受人Y)遂得依契约条款对L主张权利,当初也是依该契约,X才为T之债务提供担保的。

清偿对第三人所负之债务。

虽说对第三人所负之债务不必有效,但失利人增益得利人之所作所为一定得落于那宗债务的四角(four corners)之内。失利人之所以不能对那个法律行为之外的第三人[指得利人,而不是法条中的第三人]提起不当得利返还请求权,正因为利益的给予,全是为了履行那债务。若是增益某人之行为根本未为某宗对第三人所负的债务所涵盖,债务无效或者被撤销亦无妨,即非由本条辖制。是以,失利人错误地以为其对第三人负有给付义务的,不能仅仅因为这一点,就说得利依本条而有法律上之原因。比方说,给付人打算清偿债务,也正是基于此意而提出给付,但事实上,其之所为却与契约毫无干系。若得对契约他方当事人直接请求返还,往往很荒唐:因为给付人之所作所为并非应他方当事人之所请。所给予之利益,并不在法律行为条款构思之内的,比方说从根本上背离了条款(例如提供给了错误的当事人),失利人得直接请求受领人返还。

示例5

X指示其银行D向Y付款。由于D的疏忽,将款项给付给了E而不是Y(虽然意在向Y给付)。就因错误向E所为之给付,D得依本卷请求返还。E之得利,非因D清偿其对第三人(X)所负债务所致,依指示,D不应向E给付。

示例6

债务人D允许债权人C公司利用直接借记手段(debiting facility)。* 经由其银行B1,C将特定款项记入D设于B2银行的账户借方。由于C的履行不合标准,D对前面的借记表示反对。直接借记得经批准才作数,B2银行遂应再将相应款项记入D账户贷方,因为B2银行依规制直接借记的条款负有此种义务。不过,依规制直接借记的银行间框架协议,B2银行不得要求B1返还:尽管D在契约(与B2银行的契约)所订期间内对借记提出反对,在框架协议所订期间届满之后,已经返还。B2得依本卷对C直接提出请求。B2增益C的给付并不是履行对D所负的契约债务,因为给付未经授权(D未批准借记)。对B2来说,C之得利无法律上之原因。

基本原理。

本条背后的政策考虑乃是,一般来说,负担了(真正或表见)债务的当事人,只能向

---

* 大概是指直接借记(Direct Debit Facility),客户向其开设账户的银行发出指示,授权他人由其账户中划款,特别是用来支付账单,这种金融服务提供了安全方便快捷的支付手段。

那个其对之负担债务的当事人要求获得救济(,不管是依有效契约请求对待给付的权利,还是请求表见债权人返还得利的权利)。依此间之基本原理,契约当事人已将自己摘出,就任何因为其所订立的契约归于落空而生的返还性质的请求权利,都只应该向契约相对方寻求补偿,因为在通常情形,失利人正是期待从契约相对方(而不是可能直接或者偶然获益的任何其他人)那里得到对待给付。原则上讲,依没有效力的契约履行了债务的当事人,若许其依不当得利法向契约相对方之外的其他人寻求救济,非明智之举。那样也就意味着为给付当事人提供了某种其不曾希冀的权利,而这不啻倘来之物;给付当事人还可以避开契约相对方破产的风险,而这种风险,其在缔约之际可是欣然笑纳的。是以,当事人依无效或者被撤销契约履行了债务的,只能针对契约他方当事人主张不当得利法上的请求权利。

例外。

(基础法律行为之外的第三人[指得利人]借之获益的)基础法律行为无效(或者被撤销),并且是因为失利人欠缺行为能力、受欺诈、受胁迫或者危难被乘,债务效力方受败坏的,构成前述原则仅有的例外。前述主要规则自有其基础假定,即给付当事人已将契约相对方摘出,并且接受了失望风险。可在这里所说的例外情形,这基础假定即遭动摇,因为对那些风险的同意,是巧取豪夺的,而非自愿担当的。[详参下条]

示例7

D向X严肃许诺,向E支付500欧元,并在嗣后践履诺言。如果D欠缺缔约能力,允诺无效。这时,就所为给付,D得对E主张不当得利返还。考虑到D欠缺行为能力,得利无法律上之原因,E虽系法律行为之外的第三人,亦无碍于此。

示例8

X窃得E之车辆,送往D之修理行。D当X是所有人,同意照普通价格为必要修理。车是修好了,没等X提车,真相大白。X逃之夭夭。就所提供之服务,D要求E偿付。尽管D对X负有修理之契约债务,但契约系因受欺诈而订立,故得撤销,D也确实将契约撤销。D得要求E返还不当得利。无可否认,E之任何得利皆出自D向X所为之契约债务履行,但这宗债务已(溯及)失去效力,而且增益系因X欺瞒所致,故为此处之例外,就D来讲,E得利无法律上之原因。

错误非为例外。

这里要区分两类因素:一类即前述之欠缺行为能力、受欺诈、受胁迫和危难被乘,因为这类因素,不论失利人对失利所为之同意表示,还是对债务之履行,皆非自愿;另一类即错误,仅在对失利为同意表示的场合,方有意义[第Ⅶ-2:101条(得利无法律上之原因的情形)第(1)款(b)项]。如果对某宗债务的履行系出于错误(包括令基础法律行为效力受损的错误),得利仍可能有法律上之原因。将错误发挥作用的领域加以束缚,反衬出欠缺行为能力、欺诈、胁迫以及乘人之危这些因素的重要。与错误不同,这些因素被看作关乎根本,不惜为其侵凌前面讲到的原则,即在契约(无效或者被撤销)情形,不当得利返还仅能发生于契约当事人之间,而不能将责任加于契约之外的第三人头上。在欺诈及其他效力败坏因素情形,因失利人履行对他人所负之债务而直接得利之人,其对不当得利诉讼的豁免权遂为褫夺,这样,在适当的案件中(,也就是契约之外的第三人[非法条中的第三人,而是得利人]无偿获得利益,在其他方面也不值得保护),失利人得直接请求利益之受领人返还。这种处理于欺诈情形尤显重要,此际,契约的欺诈一方当事人或许已经逃匿无踪,将不当得利返还请求牢牢摁在契约关系里多少没有意义了,而最终受领人还攥着捡来的便宜在那里逍遥呢。

示例9

M对银行B1负有债务,S同意充任保证人。依保证契约,S授权B1于债务到期情形下得直接于S设于银行B2的账户中借记债务。B1依授权借记。尽管S账户的贷方余额不敷借记金额,B2仍向B1支付;而后S破产。B2不得对B1主张不当得利返还。B2系自愿给付并系履行对S所负之契约债务。虽然B2可能并没有审查S的账户,而且如果知道S账户贷方余额不足,就不会向B1支付,但仅仅是错误,不影响给付系出自愿这一事实。

第三人[指得利人]得请求给付的情形。

在第三人利益契约情形,第三人得据契约要求履行某宗债务的[第二卷第九章第三节(第三人利益条款的效力)],麻烦因之而生。这里的第三人得被视为债之当事人吗?如果答案是肯定的,就可能出现这样的局面,对第三人来说,得利无法律上之原因,给付当事人得要求其返还。如果答案是否定的,那么一般讲来,给付当事人不能直接请求第三人返还,而只能在他方当事人那里寻求补救。既然第三人得要求履行,那么将其视作债之当事人,看起来自然不过,而与利益相关的负担,也就是将第三人(直接对给付当事人)所得主张的利益(直接对给付当事人)交还的责任,由其承受,似乎也是理所应该。如果这样,债的他方当事人和第三人应就不当得利返还负连带责任。不过呢,更为可取的看法还是,单单请求给付的权利,本身还不足以使其成为债之当事人。这种请求给付的权利,受给付方当事人针对债的他方当事人所得主张的抗辩制约[参见第Ⅱ-9:302条(权利、救济与抗辩)(b)项],因而,仅仅是持有请求给付的权利,并不是完整意义上的债之当事人。之所以赋予第三人请求给付的权利,目的在于强化其地位,可是若将其视作债之当事人,会导致看上去很奇怪的结果,第三人因之担起了不当得利法上的责任,而这本来是与他无干的。这真是首尾相攻,也表明后种立场更为有力。换言之,如果第三人仅仅只是受益人,而不给他涂抹上任何给付请求权的色彩,他的处境会好得多。另外,就给付当事人的不当得利返还请求,债的他方当事人或得主张某种抗辩,如果给付当事人得直接要求第三人返还,就可以躲过那抗辩的阻击。

受托人与其他债权人。

如果是向某被指定人提交给付,或者给付当事人得了指示,直接向契约他方当事人的某债权人给付,前段的道理亦适用之。只有在被指定人非为单纯被指定人,并接管了债之当事人权利与义务的情形,局面方为之一变。在被指定人自己非为债之当事人的场合,被代理人可能为债之当事人。

示例10

D与X订立纸张购买契约,由X自厂商Y处进口。X先前已将Y的产品说明书传递给D,上面写得很清楚,纸张适宜印刷。此后,X将其契约债权,也就是请求D支付购买价款的权利,转让给了E,并将让与事宜通知了D。D向E支付了款项,嗣后却发现,与D和X的共同假定相反,纸张质量粗劣,不能用于印刷。D基于此共同错误而将契约撤销。D不得依不当得利法,请求E返还所付价款。E所以得利,系D履行对X所负契约债务的结果,故有法律上之原因。契约纵然失去效力,亦无碍于此。D只得对X主张不当得利返还。

示例11

E向X求购食糖,依契约,X得自D处采购。X行使了此项选择权,令D直接向E交付。D向E给付。即便D与X的契约不具法律上之效力,亦不得对E主张不当得利返还。E之得利依本条有法律上之原因,因为系D履行对X所负契约债务的结果,而E是契约的第三人。D只得对X主张权利。

其他适用。

失利人将利益给予受领人,从而不经意间履行了对第三人所负的债务,即便在此情形,前述原则亦得适用。这种局面得因法律规则(例如保护善意债务人的规则)而生,在特定情势下,因为此等规则,本来不构成履行的履行,竟使债务归于消灭。

示例12

债务人D向债权人E清偿。D并不知晓,E已将对D的权利让与给了X。即已将权利让出,E不得再对D主张什么利益。D错误地以为对E负有债务,实际上权利人却是X。但D不得要求E返还。D虽未向权利人X为清偿,但所负债务仍然消灭:参见第Ⅲ-5:118条(向非债权人履行)第(1)款。D因向前债权人(让与人E)的履行而使对新权利人(受让人X)所负的债务归于消灭。依本条,相对D来说,E之得利有法律上之原因。但E对X负有责任。

C. 因向第三人履行而使得利人获得附带利益:(b)项

总说。

依(b)项,因自愿清偿对第三人所负之债务而使他人附带获益的,这里他人的附带得利有法律上之原因。如同a项,本项之适用,亦不考虑债务是有效还是无效(或被撤销)。在这两项条款所规制的情形,失利人与第三人之间的法律关系(尤其是契约关系)乃是令他人得利的根本原因,而有了这两项协力,大多数时候,这里的他人遂得免遭不当得利追诉之苦。要说这两项在概念上的边界,那么(a)项所关涉的事实情形为,给付之目的即在增益得利人(法律行为之外的第三人[又非前句及标题中的第三人]),若法律行为之外的第三人所以得利,并非给付之目的,不过给付之(附带)结果,则由

(b)项接掌。

示例13

X的汽车因E之过失而遭损坏。修理期间,X自D处租用车辆。双方合意,等X对E提起损害赔偿诉讼,租金债务方才到期。可是,依所得适用之消费信贷立法,这里的延付租金合意构成消费信贷之提供,因欠缺法定形式要件,租赁契约不可强制执行。是以,X得利用车辆,却又不必对D负任何契约或不当得利法上的责任。既然X得利用自D处租来的车辆,又不必为此支付金钱,那么X因自己的汽车受损坏而生的间接损失也就减轻了。一般以为,E就因其过失行为而给X造成的损害,赔偿数额也相应减少。E因责任之缩减而得利。归根结底,是D给了E好处;可是相对D,E之得利有法律上之原因:E所以得利,系D清偿对X所负之有效(尽管不可强制执行)债务的结果。

示例14

X拥有一座废弃的车间,雇请D将其打扫干净,预备他用。谁知X在给D的传真中竟将单元号写错,结果D将E的老房破屋整葺一新。不论相对D,还是相对X,E对这笔得利皆无权利。可D与X的契约是有效的,标的即为翻新传真中所述之房屋[参见尤其是,第Ⅱ-7:201条(错误)],D因此对X负有提供此笔利益的义务。D之增益E,有法律上之原因;得利来自D清偿对X所负的债务。是以,D得对X主张契约法上的请求权,却无从请求E返还不当得利。如果E负有什么不当得利法上的责任,那么全是针对X:X并未对蒙受不利(对D承担契约债务)表示真实同意,因为X对依合意应为之履行的细节犯下错误。

注 释

Ⅰ.债务人为履行对债权人所负之债务而向第三人给付的,不得请求返还

1.债务人(也就是给付人)履行对其债权人所负之债务而给予第三人(受领人)利益的,不得诉请返还,我们所考察之各内国法域,几乎皆持此立场。功能分析表明,本规则确有例外,但皆非属不当得利法之范围。依法国1975年12月31日分包法令(Loi no. 75-1334 relative à la sous-traitance, JO of 3 January 1976, 148)第12条,被代理人或者总承包人破产的,分包商得诉请建设单位(地产开发商)实际履行。这样的直接诉讼(action directe)仅限于分包契约下的未付清金额[,甚至被界定为《民法典》第3条意义上的公共治安法律(loi de police),故亦得凌驾于当事人合意的法律选择之上:Cass. ch. mixte 30 November 2007, D. 2008, 5, note Delpech]。分包商仅得据此规定对地产开发商主张权利;无从请求不当得利返还(Cass. civ. 9 December 1992, pourvoi no. 91-11210, Bull. civ. 1992, III, no. 319 p. 197;Cass. civ. 13 July 1993, pourvoi no. 91-17634;Cass. civ. 25 March 1998, pourvoi no. 96-18641)。所以对不当得利诉讼请求如此坚闭固拒,一是出于为履行现有债务所给予的利益不得返还的基本原则;二是基于为《民法典》第1165条奉若珍宝的契约相对性原则[另外,依《民法典》第1236条,任何利害关系人,例如共同债务人或者担保人,都可以清偿债务。即便是于第三人所负债务的履行并无利害关系之人,若满足特定要件,亦

得清偿(Cass. civ. 31 January 1989, Bull. civ. 1989, I, no. 51 p. 33)。给付非无法律上之原因,故不得对受领人主张返还,参见 Cass. civ. 8 December 1976, Bull. civ. 1976, I, no. 396 and Cass. com. 21 January 2003, pourvoi no. 99－13474]。依《比利时民法典》第 1798 条(依 1990 年修订本),受委托为建筑施工之分包商,在[地产开发商]仍亏欠总承包人的范围内,对地产开发商享有直接请求权利(direct claim)。直接请求权利以总承包人仍得诉请执行其权利为要件,总承包人破产,直接请求权利随之不存(Cass. 27 May 2004, no. de rôle C020435N)。

2. 类似地,在西班牙,债务亦得因向债权人之外的他人给付而清偿。依第三人利益契约(部分地由《民法典》第 1257 条第(2)款规制),向第三人给付的同时,对提出给付方当事人的契约相对方所负的债务亦为之消灭。除此之外,如果受领人得到债权人的授权而债务人向其提出给付,依《民法典》第 1162 条,债务人亦得卸下债务。第 1163 条第(2)款还构想,如果给付对债权人有利,即便没有授权,亦得向第三人给付。在所有这些情形,向受领人所为之给付,导致债权人与给付人之间的法律关系归于消灭;是以,返还请求无由而生。同样,在第 1163 条第(2)款下,非债清偿返还之诉亦受阻却(Díez－Picazo, Fundamentos II4, 496)。是以,依有效契约向第三人履行,导致资财增加的,不得要求返还(参见 Basozabal Arrue, Enriquecimiento injustificado por intromisión en derecho ajeno, 290 and 330,以及,Cámara Alvarez and Díez－Picazo, Dos estudios sobre el enriquecimiento sin causa, 63,表述更谨慎)。由写在《民法典》第 1573 条和第 487 条的契约法规则,亦能间接得到相同结果。故而,承租人于租赁期间[就租赁物]有所改良,就因此所生之利益,出租人不负返还义务。承租人雇请第三人为改良活动的,依通说,自得扩张适用前句规则:不动产出租人对第三人不负法律责任(Martínez de Aguirre Aldaz, CCJC 38 [1995], 613, 628;Álvarez－Caperochipi, El enriquecimiento sin causa[3], 167;相反的看法,参见 Jiménez Horwitz, FS Díez－Picazo II, 2073, 2084)。依《民法典》第 1597 条,分包人得对建设人(地产开发商)提起直接诉讼。这一诉讼上设封顶,即地产开发商对总承包人亏欠的数额。照最高法院判决书上的讲法,此条将"我的债务人的债务人视为我的债务人"[TS 11 October 1994, RAJ 1994 (4) no. 7479 p. 9739;TS 10 March 2005, RAJ 2005 (2) no. 2225 p. 4727]。所以,这一条的目的并不是要订购服务之人(指地产开发商)返还其无法律上之原因而受领的利益[Carrasco Perera/Cordero Lobato/González Carrasco, Derecho de la construcción y la vivienda[5], 351;TS 4 November 2004, RAJ 2004 (4) no. 6484 p. 13143]。相反,其正当性来自衡平考量,旨在为那些需要保护的一小群人提供特别的法律利益(Carrasco Perera/Cordero Lobato/González Carrasco loc. cit.;Bercovitz, Comentarios al Código Civil[2], 1885)。是以,从不当得利一般条款的角度看,与第Ⅶ－2:102 条并无参差抵牾。可是,最高法院 2000 年 7 月 12 日判决却创造出所谓间接得利规则(enriquecimiento indirecto)。在这起案件中,A 将货船售于 B,B 还没等支付全部款项,就委托 C 整修船舶。C 完了工,A 却因为 B 未付款而将契约解除。工程款 C 还没拿到,B 又破了产,C 遂依不当得利法对 A 提起诉讼。与下级法院立场不同,最高法院照准了诉讼请求,因为 B 破产了。这里,是因间接得利而生返还义务[TS 12 July 2000, RAJ 2000 (4) no. 6686 p. 10232]。过去不少学者支持这一判决(Jiménez Horwitz loc. cit., ibid., FS Albaladejo I, 2527－2532)。但这判决并未引起多大反响(对间接得利规则的早期批评倒可见于 Álvarez－Caperochipi loc. cit. 164－167)。拉里奥哈上诉法院倒是遵循了前引最高法院判决(CA La Rioja 20 November 2003, BDA JUR 2004/31327),但与最高法院此前众多判决构成不可调和的明显冲突[例如,TS 14 February 1998, RAJ 1998 (1) no. 984 p. 1560;TS 20 September 1989, RAJ 1989 (5) no. 6323 p. 7318;TS 14 December 1994,

RAJ 1994（5）no. 10111 p. 12935 and TS 4 November 2004, RAJ 2004（4）no. 6484 p. 13143, followed by CA Barcelona 30 December 2002, BDA JUR 2003/165784］,所以很难评估这一判决的确切影响。这样两股脉络,关系如何,又怎样相互影响,全不清晰;唯可断言,所谓间接得利规则,并未为最高法院毫不含糊地采纳。从多数先例看,基本原则似乎仍然堪称牢靠:依有效契约对债权人负有可执行之债务的,就因履行债务而生之利益,不得主张不当得利返还。

3. 依《意大利民法典》第 1188 条第(1)款,给付应向债权人、债权人之代理人、债权人指定之人或者法律或法庭裁决授权受领之人为之。若是向未得授权之人给付,只有债权人加以追认,或者给付于债权人有益的,债务方告消灭(《民法典》第 1188 条第(2)款)。被指定接受清偿之人(adiectus solutionis causa),并无请求给付之权(Cass. 19 October 1955, no. 3307, Giust. civ. 1956, I, 1327);其不过得受领给付,并因此使债务人得从所负之债务中解脱出来(Cass. 18 June 1987, no. 5353, Giust. civ. Mass. 1987, fasc. 6;Cass. 20 January 1983, no. 568, Giust. civ. Mass. 1983, 190)。在这种情形下所为之给付,不得请求返还。债权人之指定令债务人负有向第三人清偿的义务;指定不过相当于授权。在第三人利益契约下(《民法典》第 1411 条),除非有什么相反的合意,第三人对允诺人享有请求权。不管是允诺人与受允诺人之间的关系,还是受允诺人与第三人之间的关系,原因(causa)都不可或缺;如果有原因,即得阻却返还请求。在奥地利法上,契约链条里的中间人所为之给付,这里的给付系直接向中间人的债权人的债权人而为,一般受所涉契约规制。最近的判例法一直拒绝据此为所得利益诉大开方便之门(就所得利益诉,以及就早先判决的讨论,参见 Koziol andWelser, loc. cit.)(OGH 15 July 1999, 6 Ob 2/99h;批评意见,Koziol and Welser, Bürgerliches Recht II1[3], 288)。比方说,某人聘请技工修理其赁得的汽车,租赁人未支付报酬的,技工不得直接请求汽车所有人付酬(批评意见,参见 Wilburg, JBl 1992, 545, 550;还有,Perner/Spitzer/Kodek, Bürgerliches Recht[2], 356,将所得利益诉的事宜看作"开放的")。若是没有给付人的债权人的有效指示,给付人对第三人的直接请求权即未被排除(OGH 15 December 1987, SZ 60/272)。

4. 依葡萄牙法,给付人为履行与其债权人之间的有效契约而向第三人给付的,不得请求返还,因为有效契约本身即构成财富移转的法律原因(STJ 30 May 2006, Processo 06A825)。向第三人所为之给付,使债务归于消灭的,非债清偿返还之诉自然无由而生(《民法典》第 476 条第(2)款并第 770 条)。于何种情形,得向第三人给付,由《民法典》第 767 ~ 769 条以及第 464 条以下定之。若给付人出于慷慨而清偿他人债务,在存疑情形,赠与契约将被推定之:对受领人所负之债务既归于消灭,因之受益之人为受赠人,给付人自然为赠与人。给付人被视为依与第三人(受赠人)之间的契约(赠与)而增益受领人(《民法典》第 940、945 条);即便并非如此,由于《民法典》第 768 条第(2)款(拒绝慷慨),给付人亦不得对受领人提起非债清偿返还之诉(Pires de Lima and Antunes Varela, Código Civil Anotado II[3], note 2 under art. 767, p. 12)。在第三人利益契约的框架下(《民法典》第 443 ~ 451 条),允诺人(promitente)对受允诺人(promissário)承担了向第三人给付的义务。与受允诺人一道,第三人亦享有请求给付之权(《民法典》第 444 条)。是以,此间并无依不当得利法请求返还的余地(尤其参见 Menezes Leitão, Enriquecimento sem causa[2], 569, 586;另见,STJ 24 October 2006, Processo 06A 2496)。若契约一方当事人保留权利,得明确指定某第三人为受益人或者债务人(自然得其认可契约),即所谓为了待指定人的契约(《民法典》第 452 ~ 456 条;contrato para pessoa a nomear)。与第三人利益契约不同,被指定人溯及地承担契约订立人的法律地位。契约亦得附条件(详参 STJ 23 January 1986, BolMinJus 353［1986］

429)。这里并没有什么不当得利法上的特别问题。

5. 重重困难与所谓“指示案件”(instruction cases)相伴而生,成了德国不当得利法里头顶难措手、聚讼纷纭的领域。此类案件的共同主线在于,实际的直接的增益行为,构成了法律意义上的两笔给付:一是指示发布人与利益受领人之间法律关系下的给付(例如,买受人向出卖人付款),这里的法律关系一般称作价值关系(Valutaverhältnis),也就是基础债务关系;二是指示发布人与指示受领人之间法律关系下的给付(例如,买受人指示其银行向出卖人转账),这里的法律关系即所谓抵偿关系(Deckungsverhältnis),也就是表面法律关系(BGH 24 April 2001, NJW 2001, 2880, 2881)。而一般来讲,受指示人[如银行],还有给予关系(Zuwendungsverhältnis)中的受领人[如出卖人],两者之间没有直接法律关系,因此也没有给付关系。受指示人依指示向受领人付款,并未追求什么特定目的,而从受领人的角度看,付款被视为指示发布人的给付。在刚才提到的法律关系中,若是在哪个地方,给付缺了法律上之原因,在该法律关系中,所有事务即交由不当得利法来处理。受指示人对利益受领人提出非给付不当得利返还请求的(claim based on enrichment by non-performance),* 不为法律所照准,因为法律赋予了指示发布人与利益受领人之间的给付关系以优先性。原则上,只有在指示有瑕疵的情况下,受指示人方得直接请求利益受领人返还。在指示发布人取消指示的情形,受指示人得否直接请求受领人返还,端赖受领人是否善意而定。如果受领人知道指示没有效力,即没有理由相信指示发布人意在提出给付;否则,就受指示人的非给付不当得利返还请求,受领人即得以其辅助性质为抗辩(BGH 9 May 1983, BGHZ 87, 246, 249 f.; BGH 16 June 1983, BGHZ 87, 393, 395, 397; BGH 19 January 1984, BGHZ 89, 376, 379; BGH 18 October 1973, BGHZ 61, 289, 293; BGH 31 October 1963, BGHZ 40, 272, 278)。如果打一开始就没有什么有效指示,受指示人得直接请求返还,哪怕受领人善意。这时,受指示人的付款不能归结为指示发布人的给付(BGH 20 March 2001, BGHZ 147, 145, 151; BGH 5 November 2002, BGHZ 152, 307, 311; BGH 3 February 2004, BGHZ 158, 1, 5; BGH 21 June 2005, NJW 2005, 3213, 3214; BGH 11 April 2006, BGHZ 167, 171, 174)。第三人利益契约(《民法典》第 328 条)的拆卷,与依指示而给付的情形,一般由同样的规则调整[详参 MünchKomm (-Lieb), BGB[4], § 812, no. 129]。** 依《希腊民法典》第 417 条,给付得向债权人而为,得向债权人之债权人而为,得向法律或法庭授权之人而为;参见 A. P. 470/1999, EllDik 41 (2000) 53。虽非向债权人给付,若债权人认可或者于债权人有利,亦得使债务归于消灭(《民法典》第 417 条第(2)款;参见 A. P. 1170/1997, EllDik 40 [1999] 602)。给付,凡使债务归于消灭的,即不得主张不当得利返还[Georgiades and Stathopoulos (-Stathopoulos), art. 904, no. 78]。

6. 类似地,在匈牙利,给付人之所以向受领人付款,如果是为了消灭给付人对其债权人所负之债务,则不得请求受领人返还。向第三方受领人所为之给付,被视为如同在“履行地”所为之给付。只有在给付人错误地向“不对的”受领人提交给付的事实情形,方生概念上的难题。返还诉讼视个案案情而定;尤其是,即以手头的情形而论,必须考察受领人是否有所得利,这反过来又取决于受领人对给付人的债权人是否负有对待给付义务或者提出了对待给付(BH 2005/115)。第三人利益契约(《民法典》第 233 条)由一般契约法规则调整。在保加利亚,给付人依照与他人的

---

* 这里的“non-performance”应非指不履行债务。

** 德国法的情况,可参见梅迪库斯:《请求权基础》,陈卫佐等译,法律出版社 2012 年版,第 199~201 页。

契约而履行债务的,直接请求受领人返还的权利是不是被一般性地排除,这问题尚无定论。举个例子,经销商B向农场承租人C交付了种子,C未付款。至少照瓦斯列夫的看法(Vassilev, Obligazionno pravo, 600),农场出租人A通过牺牲B而不当得利,B得直接请求A返还。

7. 依《荷兰民法典》第6:30条,原则上,虽非债务人,亦得清偿债务。如果给付人为了履行对其债权人所负之债务,而向第三人支付的,不适用本条。在直接发运(drop - shipping)以及类似的越过供应链条直接供货的情形(A是B的债务人,B是C的债务人,B指示A直接向C履行),被视为第6:203条下之给付受领人的,* 乃是委托人B(delegans),而不是利益受领人C(delegataris)。给付人向利益受领人支付,法律依据是给付人与委托人之间的契约;换言之,这债务不能说是不当付的(详参 Schoordijk, Onverschuldigde betaling, 23 - 30)。不过,依诸多学者之见,在这些多数当事人的"指示案件"中,构成得利法律上之原因的,乃是所有债务的复合体。是以,若内中某宗债务有瑕疵,给付人得请求给付受领人返还。善意的利益受领人当然也得保护;与委托人的契约为保有利益提供了法律上之原因[Hartkamp, WPNR 2004, no. 6596, pp. 849, 851, 853;Asser (- Hartkamp), Verbintenissenrecht III12, no. 330;Scheltema, RM - Themis 2000, 123, 126 - 132;Schoordijk loc. cit.]。如此这般处理的,还有授予直接请求权的案件,即某当事人对受领人有所亏负,遂授予受领人请求他人履行的权利[《民法典》第6:155条的债务承担,第6:253条第(1)款的第三人利益契约,第7:850条的担保,还有让与(assignment)]。委托人也是利益受领人的债务人。给付人继受委托人的债务,是因为给付人对委托人**负有债务;同时,给付人向利益受领人所为之履行,亦受委托人与利益受领人之间契约关系的效力影响。那契约关系若有什么瑕疵,给付人亦得援引之。

8. 依爱沙尼亚法,依有效契约向第三人所为之履行,不得请求返还。基本规则是,契约之拆卷,仅得于相关法律关系内部为之(Hussar and Kivisild, Juridica IV/2005, 272)。设银行A,经客户B之指示(《债法典》第703条之给付命令),向B之债权人C转账,未留意B之账户存款不足,C之得利有法律上之原因(至于银行与客户之间的法律关系,参见《债法典》第715条第(2)款)。即便客户B与其债权人C之间的契约归于无效,银行亦不得请求C返还(Tampuu, Lepinguväliste võlasuhete õigus, 76)。第三人利益契约(《债法典》第80条)给了第三人保有利益的权利。不过,若是第三人放弃了契约下的权利(《债法典》第80条第(8)款),就所受领的给付,自应负返还义务。提出给付之人,既得请求第三人返还(《债法典》第1028条),亦得对其直接契约相对方主张权利(《债法典》第1030条第(1)款)(Varul/Kull/Kõve/Käerdi, Võlaõigusseadus I, 246)。

9. 斯堪的纳维亚法制之解决路径,与本条正相符契。虽说第三人从契约履行中间接得了好处,若契约出了问题,契约当事人仍不得请求第三人赔付[Hellner/Hager/Persson, Speciell avtalsrätt II (2)[4], 127; Karlgren, Obehörig vinst och värdeersättning, 45; Bryde Andersen and Lookofsky, Obligationsret I2, 427;Hellner, FS Goode, 167 - 190]。第三人利益契约得(但不必)授权第三人依契约条款主张权利(Jørgensen, Kontraktsret I, 86;Adlercreutz, Avtalsrätt I[11], 139;

* 第6:203条:"1. 无法律依据给予他人财产的人,有权向不当受领人请求返还该财产。2. 无因偿付涉及一定数额金钱的,可以请求返还同等数额的金钱。3. 无法律依据实施上述无因偿付以外的给付的,也有权请求受领人返还该给付。"

** 原文作"利益受领人"(delagataris),当为"委托人"(delegans)之误。

Zackariasson, Direktkrav, 183)。照主流法律立场,原则上讲,给付人不得直接请求第三人(受领人)返还(Hellner, Obehörig vinst, 378;Vinding Kruse, Restitutioner, 140;Ussing, UfR 1937 B, 108-115;Hakulinen, Obligationsrätt, 198)。分包人为了清偿分包契约下的债务,直接向总承包人的契约相对方履行的,直接请求返还的权利亦为法所不准(Hellner/Hager/Persson loc. cit. 143;HD 30 October 2007, NJA 2007, 758;Vinding Kruse loc. cit. 160, 181;Ulfbeck, Kontrakters relativitet, 175, 329)。

10. 英格兰与威尔士也是这样,某人与X订立有效契约,为履行契约债务而将利益授予E的,一般来说,不得依不当得利法请求E返还:参见Brown & Davis Ltd. v. Galbraith [1972] 1 WLR 997 (CA)(修车行依与保险公司之间的契约而修理汽车,保险公司破产,修车行不得请求车辆所有人返还)。从法制史上讲,判决的基础在于,无从将偿还条款默示纳入汽车行与车辆所有人之间的什么契约关系;当然,这套理论已是雨打风吹去了。* 如今的判决书则是旗帜鲜明地以不当得利法来区处:Gray's Truck Centre Ltd. v. Olaf L. Johnson Ltd. (1990) unreported, 25th January (CA)(修车行对货车老板的偿债能力颇为狐疑,遂一口咬定是汽车商下的订单,怕什么来什么,偏这看起来财大气粗的汽车商破了产,再依不当得利法请求货车老板偿还修理费用,当然为法院驳回)。如何在教义学上来论证这立场呢?就E来讲,"牺牲"要件不能满足:"牺牲"了原告的,乃是X的利益,而不是E的利益;那E的利益呢,乃是"牺牲"X而得。参见Birks, English Private Law I, no. 15. 14。若是从政策角度来讲,原告既然订立了有效契约,当然得承担X因破产而不能履行债务的风险:Birks loc. cit., nos. 15. 14 and 15. 34。代理人经本人授权向第三人给付的,或者给付经本人追认的,不得请求第三人返还。是以,银行因为就客户还有多少存款认识错误,遂遵从客户指示向其债权人付了款,不能要求金钱受领人返还:Lloyds Bank plc. v. Independent Insurance Co. Ltd. [2000] QB 110 (CA)(银行主张,给付之前先行清算存款,乃是发布指示的前提条件,故而给付未经授权,但未为法院采纳)。艾肯诉肖特案[Aiken v. Short (1856) 1 H & N 210, 156 ER 1180]亦可如是解释(参见Goff and Jones, The Law of Restitution[7], no. 4-044)。C对被告负有债务,原告银行为C清偿了这宗债务。当初C拿遗产来担保,但事实上,因为遗嘱违法,C并未取得遗产,所以银行的付款虽然消灭了C所负债务,赎回来的却是空头抵押。银行本来满以为有抵押权担着,谁知盘算落了空,但不能以错误为由请求被告返还款项。银行所以向被告付款,是因为和C签了协议,要为C提供信用,这是在履行债务。银行与C之间的信用协议若是无效,也还是一样。判例法的论证是,身为付款人的银行已经获得了"有效对价",表现为债务的消灭。这思路饱受学界批评。照伯克斯的看法,被告并非通过牺牲银行而得利,因为给付的乃是客户:既乏存款,又无担保,C的付款指示或可看作贷款申请,而银行的付款举动(客观上)可以理解为接受申请(参见Birks loc. cit., nos. 15. 15, 15. 73)。如果银行错误地以为客户发布了指示,法律局面将为之一变;没有指示,也就谈不上银行对客户的履行。这时,银行得以错误为由直接请求返还:Barclays Bank Ltd. v. W. J. Simms Son & Cooke (Southern) Ltd. [1980] QB 677 (Goff J)(客户取消了付款指令,却为银行忽略,仍照着客户签发的支票付了款)。

Ⅱ. 因履行无效契约而向第三人支付的,得否请求返还?

11. 再一种事实类型是,债务人(给付人)提出给付,是为了履行其与(表见)债权人所订立的

---

* 英国的不当得利法或者说返还法自立门户前,一直寄寓于契约法门下,靠着准契约或者默示契约理论来加以阐释。

无效契约下的债务。与前节相若,照最为通行的规则,一般来讲,给付人只能针对其契约相对方(假定的债权人)请求返还。依法国最高法院的立场(Cass. civ. 17 February 1999, pourvoi no. 96-21875),分包人与总承包人之间的契约无效,分包人也不得对地产开发商提出直接诉讼(参见前文,注释1);要是没有过错,根本谈不上令地产开始发商承担侵权责任,但在这起案件中,只有总承包人有过错。另外,最高法院判决又认为(Cass. civ. 24 September 2002, Bull. civ. 2002, I, no. 218;D. 2003, 369, note Aubert),契约被撤销场合的返还事宜,不受非债清偿返还法规制,而是适用有关契约无效的规则。若无效契约已经履行,应于当事人间恢复原状;不能原物返还的,应偿还履行之价值(Cass. civ. 29 February 1972, Bull. civ. 1972, IV, no. 77 p. 73;Cass. civ. 16 March 1999, Bull. civ. 1999, I, no. 95;Defrénois 1999, 1325, obs. Delebecque)。比利时之法律立场亦一般无二(de Page, Traité élémentaire de droit civil belge II[3], no. 817)。

12. 在西班牙,契约法定无效或者被撤销(nulidad or anulabilidad,《民法典》第1303条),取消或者解除(rescission or termination,《民法典》第1295条和第1124条),因之而生的返还请求乃系对人请求,仅得对契约当事人主张,不得对第三人主张:就法定无效和撤销,参见Delgado Echeverría and Parra Lucán, Las nulidades de los contratos, 242-245, 268,就取消和解除,参见《民法典》第1295条第(2)款(依其规定,若契约标的物为善意第三人合法占有的,契约不得解除),另见,Díez-Picazo, Fundamentos I[6], 614)。基本规则的一个例外得见于《刑法典》第111条,无效契约之订立或履行构成犯罪或者轻微违法的,该条提供了具有财产法效果的返还请求权利。而在"普通"案件中,给付人A向受领人C给付,目的是履行其与B所订立的契约下的债务,后来知道契约无效(但其订立与履行尚不构成犯罪),而受领人(依法律或者契约)取得了给付物的所有权,类推适用财产法规则,同样排除了给付人以受领人侵害其财产权为由提起的不当得利返还请求权利(详参Basozabal Arrue, Enriquecimiento injustificado por intromisión en derecho ajeno, 288)。在添附场合,就《民法典》第360、375、379条第(2)款以及第383条第(1)款的侵害权利型不当得利请求权利来说,A(主要是分包人)仅得对B而不得对C主张权利(Basozabal Arrue loc. cit. 290,该处指出,C与B的之间的契约构成C保有利益的法律原因)。如果C例外地没有取得所有权,推论可知,C同样对给付人A在不当得利法上负有责任,但得向B追偿。其他不论,多以为,不当得利法为C提供的保护,不应多过财产法,唯有如此,方能与所有人—占有人关系法相协调(Basozabal Arrue loc. cit. 290-291)。若应予补偿的是所提供的服务,而非财物的价值,则不能作此类比。这时,分包人不得再依《民法典》第1597条对地产开发商提起直接诉讼(acción directa)。理由与法国法一样,给付人A与其相对方B之间的契约有效,方得提起此种诉讼(Bercovitz, Comentarios al Código Civil[2], 1886)。仅在《民法典》第1307条下,才能请求对所提供的服务加以补偿,此种对人权利针对的乃是契约相对方B,而非服务的实际受领人C。

13. 在意大利法上,出发点是《民法典》第1372条第(2)款,即仅在法律有规定时,契约方对第三人发生效力。是以,一般说来,落空的契约仅能在契约当事人之间加以拆卷。可是,若经详考细究,当会发现,应将两组事实加以区别。[第一组,]就规制服务或者劳动提供的法律来讲,重心在《民法典》第1676条,依其规定,受独立承揽人雇用"从事相关活动以完成工作或服务"的人,在定作人对承揽人负担的债务数额范围内,对定作人享有直接请求权(详参Cass. 10 July 1984, no. 4051, Giur. it. 1985, I, 1, 616)。所以,在此范围内,承揽人与定作人负连带责任(Cass. 27 September 2000, no. 12784, Giust. civ. Mass. 2000, 2008;Cass. 6 March 1985, no. 1857, Giust. civ. Mass. 1985, fasc. 3);定作人得依不当得利法对承揽人追偿(Cian and Trabucchi, Commentario

breve[6], sub art. 1676, I, § 7)。[第二组,]《民法典》第1676条既不适用于分包人,也不适用于向建筑工地提供货物之人(CFI Lodi 18 April 2005, Corriere del merito 2005, 876)。依《民法典》第2126条(雇佣契约无效情形下的雇员保护),应可认为,雇员与独立承揽人之间的契约无效的,雇员得对承揽人直接请求返还不当得利。* 不过就刻下而言,这事宜仍有待法院详加研讨。分包人依与总承包人之间的无效契约而向地产开发商提供了服务的,就服务价值,谁来负不当得利返还责任,这问题还没有解决。缘何不能对服务的实际受领人直接提出请求?看起来,是欠缺《民法典》第2041条所要求的得利与不利之间的因果关系。另外,不当得利请求权利的辅助性质对直接请求权利亦生不利影响(《民法典》第2042条)。得利与不利必须根源于同一法律事实(fatto generativo),而在所谓间接得利(arricchimento indiretto)场合,往往并非如此。比方说,应所有人之外的他人指示,对物加以修理:Cian and Trabucchi loc. cit. sub arts. 2041 - 2041, IV, § 3。是以,一般说来,针对服务的实际受益人的直接请求权利,不为法律所接纳(Cass. 10 February 1993, no. 1686, Giur. it. 1994, I, 1, 626;Cass. 17 February 1984, no. 1189, Giust. civ. Mass. 1984, fasc. 2);服务提供人仅能对假定契约下的相对方主张权利。这规则,学术界讨论过千遍万回,仍是聚讼纷纭(相关文献,参见 Cian and Trabucchi loc. cit. arts. 2041 - 2041, IV, § 3)。类似地,如果分包人直接向客户(例如地产开发商)交付,以清偿与其他承揽人所订立的无效买卖契约下的债务,契约原则上也必须在契约关系里拆卷。要说利用财产法上用来区处所有权因法律规定而丧失情形的补偿机制[《民法典》第936条(第三人使用自己的材料完成工作)、第937条(第三人使用他人材料建造工作物)],请求客户补偿价值,那绝无可能,因为彰明较著,《民法典》第936条旨在规制双方当事人关系。自然,如果交付之人与新所有人之间的契约无效或者被撤销,那不言而喻,当适用第936条(Bianca, Diritto civile VI, 366;Cass. 26 November 1988, no. 6380, Dir. e Giur. Agr. 1989, 87);可如果是交付之人与第三人(也是新所有人的契约当事人)之间的契约不生效力,不生此种法律效果。最后,《民法典》第937条涵摄下面的案型,地产权利人A依(有效)契约使B为建筑工作,B利用了属于C的材料(Cass. 22 January 1998, no. 803, Giust. civ. Mass. 1998, 131);如果地产权利人系善意,就仅在仍然亏欠其契约相对方的范围内,对材料原始所有人负责任(《民法典》第937条第(3)款)。可若是材料所有人将材料安设于地产人的财产内,以履行对他人所负的契约债务,前句规则即不得适用。

14. 依奥地利法的基本规则,契约之拆卷,仅得于给付法律关系内为之,不得于事实上的供给关系内为之,哪怕两者皆有瑕疵;因为照一般的看法,将债务人破产的风险转嫁于第三人头上,实非可欲(Koziol and Welser, Bürgerliches Recht II[13], 282;OGH 24 November 1976, SZ 49/145;OGH 14 December 1983, SZ 56/186;OGH 31 January 1985, SZ 58/19)。仅在下面情形,直接不当得利返还请求权方有存身余地,即给付人是在与受领人的债权法律关系之内提出给付(比方说,担保人向债权人清偿,但主债务无法律拘束力:Koziol and Welser loc. cit. 284)。于其他情形,给付人仅得主张财产法上针对第三人的原物返还请求权,或者就支出的费用,可能请求补偿;给付不当得利请求权无由主张,道理很简单,不存在《民法典》第1431条意义上的给付(批评立场,参

---

* 参见第Ⅶ-2:101条,注释76。依第2126条,劳动契约纵然无效或者被撤销,就劳动关系实际存续的期间,也就是提供了工作的期间,仍然具有法律和契约效力,除非标的或原因不法:这时,雇员得依不当得利法一般原则请求赔偿。劳动之提供,有违雇员保护规定的,雇员无论如何得请求报酬。Tiziano Treu, Labour Law in Italy, Kluwer Law International, p. 70.

见 Spielbüchler, JBl 2001, 38)。反过来,依主流见解(非无争议),债务人出于善意,依无效让与协议而向表见受让人提交给付的,仅得向表见受让人请求返还(Karollus, JBl 1994, 573;contra Markowetz, ÖJZ 2001, 581;distinguishing Holzner, JBl 1995, 401)。依《葡萄牙民法典》第478 条[误为他人清偿(主观非债给付,subjectively non－existent debt)],给付人清偿了他人对第三人所负的债务,误以为是在清偿自己对债务人[前句中之"他人"]所负的债务,不能请求受领人返还;那个所欠债务为给付人所清偿的债务人,只能对之请求返还不当得利。若是利益给予之际,受领人知道给付人犯下错误的,仅在此种情形下,直接不当得利返还请求方为法律所许。[否则,]这里的资产增加无论如何有法律上之原因,缘其基于清偿原因(causa solvendi)(Menezes Leitão, Enriquecimento sem causa[2], 534)。如果给付人与指示发布人之间的契约没有法律效力,契约之拆卷仅得于契约当事人之间为之,依据在《民法典》第 289 条:照葡萄牙进路,返还给付的义务乃是法律行为无效的直接法律效果,并只及于法律行为之当事人(Menezes Leitão loc. cit. 445)。

15. 希腊法院的做法是,债务人依无效契约向第三人提交给付的,若第三人系充任表见债权人的代理人,债务人得请求表见债权人返还不当得利(A. P. 691/1973, NoB 22 [1974] 178;CA Athens 2229/1977, Arm 31 [1977] 642)。还有见解以为,债务人针对表见债权人的返还请求要获得法院支持,得提交给第三人的给付实际上抵达债权人处;否则,债务人只能请求第三人返还[Georgiades and Stathopoulos (－Stathopoulos), art. 904, no. 78]。

16. 匈牙利法上,无效契约的拆卷受契约无效法律规则的辖制(《民法典》第 237 条以下);所有事宜在契约当事人之间解决。如果因为给付人与第三人之间的契约无效,受领人没有取得标的物的所有权,而且也没有其他取得所有权的原因,则给付人得对受领人主张原物返还请求权[Vékás, Magyar Jog 7/2003, 385, 386 f; Gellért (－Petrik), A Polgári Törvénykönyv Magyarázata[6], 428;Pomeisl, Gazdaság és Jog 11/2004, 3]。一般来讲,给付人不得直接请求受领人返还,因为照匈牙利法的看法,受领人并未得利:要么,就所受领的货物,受领人向其契约相对方(也就是第三人)支付了款项;要么,受领人至少负有支付款项的义务。不论哪种情形,利益与损失都抵消掉了。另外,受领人与第三人之间的契约被看作是为保有所受领的给付提供了法律上之原因:参见《民法典》第 361 条第(1)款。即便这契约(也)无效,给付人仍不得对受领人主张不当得利返还,因为此时,后者应将给付交还第三人。照匈牙利法所采纳的资产负债表进路,这反过来又得出结论,在与给付人的关系中,受领人并没有得利。在保加利亚,在第三人利益契约场合,如果给付人与受允诺人(promisee)之间的契约被撤销或者因其他原因失其效力,向第三人所为的给付,例如支付人寿保险单的收益,给付人不得主张不当得利返还。允诺人与受允诺人一旦订立第三人利益契约,第三方受益人得据其享有诉权(maintain an action)(Kalaydjiev, Obligazionno pravo, Obshta chast[4], 157)。依《债法典》第 55 条第(1)款,给付人必须对受允诺人提起诉讼,来拆卷契约(《债法典》第 22 条第(3)款)。

17. 荷兰法的出发点是,给付人 A 依无效契约向第三人 C 给付的,仅得对其契约相对方 B 主张权利,不能对第三人提起诉讼。这规则源于《民法典》第 6:203 条。A、B 间法律关系的瑕疵不会影响 C 的法律地位。无论如何,只要受领人 C 与委托人 B 之间的契约有效,并且受领人系出于善意,其法律地位即安稳无虞。如果因为受领人与委托人之间的契约无效,受领人不得对委托人主张权利,受领人就得不到保护;这时,依《民法典》第 6:203 条,给付人得直接请求受领人返还所付款项或者所交付的货物(Schoordijk, Onverschuldigde betaling, 47)。不过呢,主张这种请求返还的权利,对给付人并无实益。那是因为,相对委托人,给付人得乞援于《民法典》第 6:34 条第

(1)款(法律效果为,如果给付人有合理的理由向受领人支付,给付人对委托人所负之债务因之消灭);或者很简单地就是因为,既然已向受领人付了款或者交了货,给付人 A 就履行了对 B 所负的债务,故应予以保护。是以,从最终效果上讲,针对受领人的不当得利返还请求权利,唯于委托人具有实益:如果给付人秉持善意向受领人提交了给付,委托人对给付人即不得更有所请,是以委托人有所失利(《民法典》第 6:34 条第(1)款),而由于给付人之给予,受领人可认为有所得利。在直接发运或者类似情形(B 自 A 处买受,再转售于 C,B 要求 A 直接向 C 交付),如果两件契约俱无效,依通说,给付人 A 对受领人 C 不唯得主张财产法上的权利,亦得请求不当得利返还[详尽的论述,参见 Schoordijk loc. cit. ;Scheltema, Onverschuldigde betaling, no. 3. 6. 1. 3, p. 104;van Dunné, Verbintenissenrecht II[5], 663;Hondius (– Scheltema), Verbintenissenrecht II, art. 6:203, no. 11. 2, p. 54 and no. 11. 3 pp. 55 – 64;Asser (– Hartkamp), Verbintenissenrecht I[12], no. 192; ibid. , Verbintenissenrecht III[12], no. 330; ibid. , WPNR 2004, no. 6596, pp. 851, 853 and 854; Scheltema, RMThemis 2000, 123, 124 – 128]。依契约向表示同意的善意第三人赋权的,如果与委托人的契约无效,给付人不得请求第三人返还(《民法典》第 3:36 条)。在这种或者其他赋予直接请求权的场合(参见前注 7),给付人(允诺人,担保人,替代债务人等)得主张"情势压迫"(duress of circumstances),也就是说,向受领人所为之给付并非自愿而为(《民法典》第 6:30 条,HR 22 April 1983, NedJur 1984, no. 726 p. 2561)。这时,给付人得以不负给付义务为由请求受领人返还给付[Nieuwenhuis/Stolker/Valk (– Valk), T & C BurgerlijkWetboek[6], art. 6:30, no. 1, p. 2144;Brunner and de Jong, Verbintenissenrecht algemeen, no. 77, p. 60;Parlementaire Geschiedenis VI, 158; van Dunné, Verbintenissenrecht I[5], 641 – 642; see further Cahen, Overeenkomst en derden[2], 46 – 53]。在债务人替代情形,如果债权人对原始债务人并无权利而替代债务人已为给付,替代债务人得据《民法典》第 6:203 条请求债权人返还给付。原始债务人既然意在通过新债务人的替代来消灭对债权人的责任,故亦得主张此种权利。与之不同,如果替换债务人的协议归于无效,新债务人又向善意受领人提交了给付,只能对原始债务人主张权利,或者抵消给付(set – off the payment)。如果两件法律关系俱有瑕疵,新债务人既得对受领人,又得对原始债务人主张权利(Schoordijk loc. cit. 89 – 90;Scheltema, Onverschuldigde betaling, 118 – 119,有些地方见解不同)。类似局面广见于担保法。主债务人与债权人之间的契约归于无效的,担保人得据第 6:203 条请求债权人返还不当得利;担保人亦得对主债务人直接主张契约法上的权利,主债务人则得对受领人主张权利,因为通过担保人的给付,在《民法典》第 6:204 条的意义上,债务人向受领人提交了不当为的给付。如果担保人与主债务人之间的契约没有效力,担保人只能请求主债务人返还不当得利。若是两件法律关系都有瑕疵,担保人既得对主债务人,亦得对债权人主张权利(Schoordijk loc. cit. 92;Scheltema loc. cit. 119 – 123)。

18.《爱沙尼亚债法典》第 1029 条规定,若是依债权人或者被误信的债权人的指示,向第三人(给付人的债权人的债权人)给付的,给付人仅得请求指示发布人返还给付。比方说银行转账有问题的,即适用本条。而依向来的主张,没有付款通知、超出通知数额给付或者伪造付款通知的,银行得直接请求受领人返还(Hussar and Kivisild, Juridica IV/2005, 272)。有这样的案件,就在公司破产前夕,某位董事会成员指示公司向第三人支付款项,算作清偿公司对这位董事所负的债务。最高法院认为,第三人于受领给付之际若是知道或者应该知道,给付可能于破产程序中返还(比方说,债务人清算前所订立的契约,损害了债权人利益的,法院可能将契约撤销),清算人得基于诚实信用原则请求返还(《债法典》第 6 条)(Supreme Court 19 December 2007, civil matters no.

3-2-1-115-072)。第三人利益契约无效的,依其所为的给付,既得要求第三人返还,也得要求契约相对方返还(《债法典》第1030条第(1)款)。若他方当事人或者被认为是契约当事人的人,不知道也没有理由知道,契约或者债务并不存在,则只得要求受领人返还给付(《债法典》第1030条第(2)款)。例外情形下,只能直接向第三人给付,而契约当事人没有给付请求权的,给付人只得请求第三人返还(Tampuu, Lepinguväliste võlasuhete õigus, 77)。受领人之代理人不负返还义务,因为其并非真正受领人(Supreme Court 8 May 2006, civil matters no. 3-2-1-32-06)。

19. 在斯堪的纳维亚国家,为履行无效契约向第三人所为之给付,就其返还事宜,争议寥落。看起来,即便第三人的请求权利具有强制执行力的,照样适用一般规则,只能请求契约相对方返还。在这种情形,第三人不能视为契约当事人;一般而言,只要给付时间还未到来,允诺人和受允诺人即得终止或者修正契约(Arnholm, Sammansatte aftaler, 137; Adlercreutz, Avtalsrätt I[11], 140)。可一旦为履行契约债务而提出了给付,给付人想请求受领人返还给付的,契约没有效力不成其为理由。道理何在呢?大概是类推适用代购(purchase commission)法律规则而来;在这里,出卖人同样不能直接请求本人返还,行纪人虽说是为了本人利益,却系以自己名义行事(Hellner, FS Goode, 167, 183; Zackariasson, Direktkrav, 63)。

20. 英格兰的学术文献在讨论,原则上,是不是被告*一定得直接得利,或者换句话说,是不是一定要求当事人之间的"相互关系"(privity):参见Burrows, The Law of Restitution[2], 31-34[在伯罗斯看来,在因不法而生的返还(restitution for wrongs)**之外,两派论据旗鼓相当,故不妨留作约束机制],以及,Birks, English Private Law I, no. 15.13(伯克斯则痛诋之为早被弃若敝屣的默示契约理论的谬种流传)。至少在某些案型中,失利人因他人之敦促、推压而给予第三人利益,交易之根本原因已遭败坏,而第三人实际上知晓这些事实或者推定其知晓,直接请求第三人返还的权利在这里尚有存身余地:参见Barclays Bank plc. v. Boulter [1999] 1 WLR 1919 (HL) [据妻诉称,因受夫之不当影响(undue influence)诱引,遂在共有房产上为银行设立了抵押权]。可是在这件判例中,即便没有受到效力败坏因素(vitiating factor)***的影响,为交易提供根本原因的协议也并不构成契约,故难为间接得利之确凿范例。(与契约有效或者虽然无效,但却不是因为影响真意的事宜所致的情形不同,)如果契约可予撤销,原告就没有真正担过契约相对方破产的风险,由此思想出发,或许可以提炼出更为一般的进路:****Birks loc. cit., no. 15.15 fn. 17。详参第Ⅶ-2:103条,注释38。

示例1出自A. P. 1239/2005, DEE 11 (2005) 1210;近似BH 2005/115;示例4出自CA Koblenz 21 February 2005, NJW-RR 2005, 1491;示例6来自BGH 11 April 2006, NJW 2006, 1965;示例9来自Polish Supreme Court 11 September 1997, III CKN 162/97, OSNC 1998 (2) 31。

---

* 原文作"原告"。

** 大致相当于德国法上的侵害权益型不当得利。

*** 错误、不当影响、欺诈与不实陈述等。

**** 言下之意,因为影响真意的效力败坏因素,致契约无效的,得请求直接受领人返还。

第Ⅶ-2:103 条　自由同意或者自愿履行

(1)因能力欠缺、受欺诈、受强制、受胁迫或者危难被乘,失利人所为之同意非为自由同意。

(2)因能力欠缺、受欺诈、受强制、受胁迫或者危难被乘,致所履行的债务无效的,失利人所为之履行非为自愿履行。

评　论

非为自由同意:能力欠缺、受欺诈、受胁迫以及危难被乘。

总说。

依本条,若有能力欠缺、欺诈、强制、胁迫或者乘人之危这样的因素从中作梗,当事人对蒙受不利所为之同意即非为自由同意,对效力遭败坏的债务之履行,亦非为自由履行。同意或者履行果然受到如此影响的,此前条款中取决于自由同意或者自由履行的正当事由即不得适用。

事由的重叠。

在特定情形,说蒙受不利之人对失利所为之同意,非为自由同意,可能是出于多种事由;但不必各种事由齐备。能力欠缺、受欺诈、受强制、受胁迫或者危难被乘,不管出现哪种情况,都无从再以自由同意为得利提供法律上之原因。

欺诈、强制、胁迫或者乘人之危的含义。

第Ⅱ-7:205 条(欺诈)到第Ⅱ-7:207 条(乘人之危)(指称攫取极不公平的好处或者过度的利益)所论之欺诈、强制、胁迫和乘人之危概念,皆于此处关系紧要。不过又不能直接适用,因为从形式上看,那些条款所关涉者,仅系契约撤销权。另外,这些术语本身,在第二卷也未经明确界定;从这些条款,可以导出几个概念的特定含义,然后必须转换到没有契约关系的场合。所以,比方说,失利人受他人陈述引导而给予利益,(或者他人未披露相关信息,而依诚实信用和公平交易原则,这些信息是应予披露的,失利人受此蒙蔽引导而给予利益,)陈述人明知信息虚假,并意在诱导失利人犯下错误,即为受欺诈[参见第Ⅱ-7:205 条第(1)、(2)款]。胁迫,则意味着即刻并严重的损害。如果是利用失利人的贫困穷苦或者脆弱无依而获得利益的,就可以说,系因危难被乘而同意或者履行。

欺诈、胁迫或者乘人之危的造衅人。

还得考虑到一点,第二卷第七章第二节的条款,专注的是为欺诈、强制、胁迫和乘人之危这些败坏契约效力的因素划定疆界。以错误来讲吧,[第二卷的]那些限制就不能直接搬到本卷来；因为本卷关心的不是判断允诺的拘束力，而是所予给付的返还效果。比方说，只要［受领人之］得利系有人以欺诈手段而致，一般来讲这就足够了，至于欺诈人是得利人还是第三人，无关紧要。这与第Ⅱ－7:208条（第三人）的诸般限制正相异趣；在该条下，如果契约当事人已依契约行事，只有契约当事人对第三人的行为负责的，或者同意第三人参与契约订立的，或者知道或应该知道相关事实的，才能单拿第三人的欺诈或者胁迫作理由来撤销契约。所以，第Ⅶ－2:103条也就是本条适用的情形是，失利人对蒙受不利所为之同意，或者对债务所为之履行，受到直接针对失利人的欺诈、强制、胁迫或者乘人之危的影响，而不论构成这些效力败坏因素的恶行来自何方。欺诈、强制、胁迫或者乘人之危的造衅人不必为得利人。失利人同意表示中的瑕疵由第三人诱致的，也不要求第三人系代表得利人行事。欺诈、胁迫或者乘人之危的造衅人，完全可能与利益受领人毫无关联。

基本原理。

与第二卷第七章相较，本条之适用，束缚较少，显系出自深思熟虑。与第二卷的规则大相径庭，本条适用于完全不涉及契约或者其他法律行为的情形。既然如此，便没有任何先验理由要拿第二卷的条款来给不当得利返还请求权划定外部边界。考虑到给予利益的债务构成获取该笔得利的法律上之原因［第Ⅶ－2:101条（得利无法律上之原因的情形）第（4）款的情形例外］，遂有充足的理由在广义上理解第Ⅶ－2:103条的概念。

示例1

E冒充X，要求X的债务人D清偿一笔应请求可随时支付的债务。D应请求付了款，以清偿所负债务。照一般的看法，虽然D是E欺诈行为的受害人，D却不受保护，其对X所负债务并未消灭。是以X仍保有请求D清偿债务的权利。E因D的付款而得利。得利依本条无法律上之原因，因为是D受了欺诈所致，而不是对蒙受不利的自由同意，是以依本条第（1）款，无法律上之原因。D得请求E返还不当得利。

适用范围。

这两款是补充性质的。第（1）款应理解为第Ⅶ－2:101条（得利无法律上之原因的情形）第（1）款（b）项的限制。这一款告诉我们，（除失利人的错误外，）在哪些情形下，对蒙受不利所为之同意尚不足以为得利提供法律上之原因。只是在当事人间并未订立有拘束力的契约或者其他有效法律行为的场合，方得讨论本款之适用，因为若是有什么有效法律行为，得利依第Ⅶ－2:101条第（1）款（a）项自然有法律上之原因。本条第（2）款的作用则在于约束第Ⅶ－2:102条（清偿对第三人所负之债务）也就是前条（a）项。这一款要处理的是，因失利人履行对第三人所负之债务而使得利人取得利益的（而且并不是履行纯粹的附带结果），在哪些情形下，得利无法律上之原因。失利人与第三人之间存在有效或者表见法律关系，正是因为这一法律关系而提出给付的，如果这宗债务的效力因为欺诈、胁迫或者其他什么这里所列举的因素而遭到败坏，失利人仍得据本卷直接请求给付之受领人返还不当得利。是以本款仅适于下面的情形,失利人对第三人负有契约或者其他债务(可能是有效的,也可能是无效的),为了履行债务而给予利益。

注　释

Ⅰ.自愿财产转让

1.原则上,即便[因为欠缺赠与意向(animus donandi)而]没有基础性赠与契约,自愿转让的财产,亦不得要求返还。是以,像在法国法上,乙公司财政困难,甲公司为助其渡过难关,明知不负义务,仍向乙公司支付款项,不得(乞援于错误清偿返还之诉)请求返还(Cass. com. 8 June 1979, Bull. civ. 1979, V, no. 187 p. 153)。雇主自愿向雇员付酬(Cass. soc. 24. Juni 1971, Bull. civ. 1971, V, no. 481 p. 404),或者股份有限公司向董事会主席多付了薪水之类(Cass. com. 24 February 1987, D. 1987, 244, note Bénabent),亦如是处理。返还诉讼所以被阻挡,就是因为给付系自愿而为(Bénabent, Les obligations[10], no. 474)。如果给付非出于自由意志,即可畅行无阻地提起返还诉讼(Cass. com. 15 December 1987, Bull. civ. 1987, IV, no. 280 p. 209)。因错误而多付的,也一样处理,比如因为计算差错而多付了遣散费(Cass. soc. 7 December 1993, Bull. civ. 1993, IV, no. 306 p. 208)。依比利时的非债清偿返还法,原告必须证明给付系因错误而为,而且不知道自己犯了错误[并非有意为之(en connaissance de cause)](CA Liège 19 March 2003, no. º JL033J1_1, no. de rôle 1999/RG/16)。

2.从西班牙法中也可以提炼出同样的基本原则,自愿给付得免受不当得利返还诉讼追扰,非自愿给付则否。不遭错误、欺诈或者胁迫的同意,方为真正的同意(Díez-Picazo and Gullón, Sistema I[11], 486)。依《民法典》第1798条,自愿清偿赌债的,仅在欺诈或者能力欠缺场合,方得请求返还(详参Díez-Picazo, Fundamentos II[4], 68-69;Bercovitz, Comentarios al Código Civil[2], 2088)。这里的"欺诈"(dolo)概念要比契约法上作更广义的解释(Bercovitz loc. cit. 2090)。特别是,支撑第1798条的基本原则亦适用于无关赌债的情形:参见例如,CA Pontevedra 13 October 2005, BDA JUR 2006/25151(社会保障部往原告的账户里多存了退休金,就多付的数额,原告自然负返还义务;原告的前妻在离婚前从那个账户中支取了款项,针对这位女士的不当得利诉讼则未为法院所照准,因为账户的资金出入皆经原告同意,而原告的同意表示"未受错误或者欺诈影响")。不过要强调的是,在西班牙法里,这里为资财增加提供正当性的同意不能抽象地理解。故照普遍的见解,遭了败坏(Vices)的同意,也就是非为自由的同意,在债务的履行中起不了丝毫作用。如果债务人受了欺诈或者胁迫,向债权人清偿债务的,清偿有效;债务人得依侵权法请求损害赔偿,但就所为给付,不得诉请返还(Díez-Picazo loc. cit. 474;Bercovitz loc. cit. 1399)。《民法典》第1160条大概算得例外,为清偿债务而交付物的,若能力欠缺,清偿无效(详参Díez-Picazo loc. cit. 479 and Bercovitz loc. cit. 1398)。*

---

* 《西班牙民法典》第1160条:"就交付物的债务,由并无自由处分权利和处分能力之人所为之给付无效。若标的物为金钱或者可替代物,且已为善意债权人花费或者消耗的,不得请求返还。"

3. 在意大利,财产转让是不是出于自愿,资产的增加是不是有法律上之原因,两个问题紧密关联。即便是没有清偿意图(animus solvendi)的给付,亦得不受不当得利诉讼追扰(Breccia, L' arricchimento senza causa I[2], 930, fn. 1;di Majo, Riv. Dir. Civ. 1994, I, 781),但原因(causa)乃是有效资产转移的先决条件(Moscati, Pagamento dell' indebito, sub arts. 2033-2040, 186)。依主流学说,失利乃是出于自愿这样的事实还不足以为得利提供法律上之原因(Alpa and Mariconda, Codice civile commentato IV, sub art. 2041, V, § 29)。但最高法院则采不同进路(Cass. 14 May 2003, no. 7373, Giust. civ. Mass. 2003, fasc. 5;Cass. 21 November 1996, no. 10251, Giust. civ. Mass. 1996, fasc. 1558;Cass. 6 March 1986, no. 1456, Giust. civ. Mass. 1986, fasc. 3),其判例法正与本框架草案第Ⅶ-2:103条同轨合辙。[此点尤关乎出于情谊或者义举(affectionis vel benevolentiae causa)所为之给付。学术文献里向有主张,这只能为节省的费用(saved expenses)提供法律原因,而不适用于得利人资财增加的情形。]《民法典》第230条开发出了大的概括条款来处理家庭企业中的劳务提供事宜(就这一规则,参见Alpa and Mariconda loc. cit.);* 无缔约能力人所提供之给付,受特别规制(《民法典》第428条第(1)款)。**

4. 明知是不当付的债务而仍然清偿的,只要非出于受欺骗或者受胁迫,《奥地利民法典》第1174条第(1)款将不当得利返还请求权明确排除(OGH 4 March 1970, SZ 43/60;OGH 28 September 1988, SZ 61/207);非债清偿返还之诉里头的错误要件,在胁迫和威胁场合不再适用[Rummel(-Rummel), ABGB II(1)[3], § 1431 no. 6]。因外部压力而(超出应付数额)给付的,构成"胁迫",比方说,受威胁执行某宗债务(OGH 4 March 1970, SZ 43/60;OGH 21 March 1979, EvBl 1979, 171),或者受威胁而通知终止租赁(OGH 28 September 1988 loc. cit.)。受强制履行自然债务的,亦生不当得利返还请求权[Koziol/Bydlinski/Bollenberger(-Koziol), ABGB[2], § 1432 no. 1]。再看葡萄牙最高法院的判例[STJ 11 May 2000, CJ(ST)VIII(2000-2)54],原告盘下间餐馆,谁知出让人欠了多少电话费;电话公司通知要停机,原告只好照单支付。后原告诉请返还不当得利,未为法院所照准。由于在契约法上,电话公司有权利发出停机通知,并不构成法律意义上的胁迫,所以只好说,原告明知这是第三人的债务,仍然自愿清偿(《民法典》第403条第(2)款)。《民法典》第476条(适用于没有债务关系而给付的情形,但本案中第三人的债务确实存在)、第477条(适用于将他人债务认作自己债务而给付的情形,但本案中原告知道是在清偿他人的债务),或者第478条(适用于误以为自己必须履行他人债务的情形,但本案中原告知道自己对餐馆出让人并不负有替后者清偿债务的义务),都不得构成返还诉讼的责任基础。依《民法典》第592条,原告代位取得电话公司对餐馆出让人的权利。自愿清偿罹于时效之债的,非债清

---

* 查中译本,第230条1975年删除,增设第230条Ⅱ[家庭企业],第(1)款规定,"除法律另有规定的其他关系外,以不间断的方式为家庭或家庭企业提供劳动的家庭成员享有根据家庭财产状况要求生活费的权利,享有依参与企业活动的先后顺序以及所提供的劳动数量和质量参加家庭企业利润分配、用利润所购置财产的分配以及分享企业增值的权利。有关利润和企业增值的使用、特殊管理行为、生产方针、终止企业的决定,必须以参加企业工作的家庭成员的多数通过。参加企业劳动但没有完全行为能力的家庭成员,由对其享有亲权的人代为表决"。

** 《意大利民法典》第428条第(1)款:"行为人虽然未被宣告为禁治产人,但是其行为将给自己带来严重损害的,如果能证明在完成行为时行为人因各种原因而不具备理解能力或意思能力,即使是暂时无能力的,依行为人本人、行为人的继承人以及享有相关财产请求权或其他权利的人的请求,行为人完成的行为可以被宣告无效。"

偿返还之诉为第304条第(2)款所明确排除;而依第403条第(1)款,自愿清偿自然债务的,亦同样处理:参见下文Ⅱ,清偿自然债务,注释15。最后,依《民法典》第2089条,遗产管理人在下面的情形有权收取应属遗产的资财,一是迟延收取会害及遗产;二是他人自发地(也就是自愿)向遗产管理人给付:是以,自愿构成了法律上之原因,为保有所受领之物提供了正当性。

5. 依《希腊民法典》第905条,《德国民法典》第814条,提出给付之人明知自己不负给付义务的,不得诉请返还给付不当得利(参见下文,注释27)。这规则只关乎自愿履行不当付的债务;受领人就[给付人的]自愿负证明责任[Deliyannis and Kornilakis, Eidiko Enochiko Dikaio II(2)[7], 86;Kavkas and Kavkas, Enochikon Dikaion III, 653;Palandt(-Sprau), BGB[67], § 814, nos. 1, 11;Erman(-Westermann and Buck-Heeb), BGB II[12], § 814, nos. 9, 13]。受了压力或者强迫,为了消除某种威胁施加的不利而给付的,则得诉请返还。参见 Sprau loc. cit. no. 5;Staudinger(-S. Lorenz), BGB [2007], § 814, no. 8;MünchKomm(-Lieb), BGB4, § 814, no. 12;BGH 12 July 1995, NJW 1995, 3052, 3054。

6. 在匈牙利,就自愿的财产转移,不当得利法[本身]倒是未给返还请求设置障碍;法典未设专门规制,只好依基本原则来处理。在劳务契约场合,就超出义务范围的给付,法院向来是在无因管理法中寻找解决办法(XXXII. számú Polgári Elvi Döntés [PED] a vállalkozói díjjal kapcsolatos egyes KérdésekrÖl)。明知不负给付义务而给付的,多给视为赠与或者放弃对待给付。当事人对权利被剥夺溯及表示同意的,也同样处理。放弃权利的,要求单方意思表示有效,而且在这里,那些决定单方意思表示可执行性的实质要件,要经受格外严苛的考察(《民法典》第207条第(4)款;参见 Bíró and Lenkovics, Általános tanok, 192 and BH 2004/236);另外和其他意思表示一样,也要适用有关撤销的法律规则(《民法典》第199条;另见第210条的无偿契约)。略言之,自愿给付不得请求返还的理由,看起来主要得在契约法里头找。试举一例(BH 1997/483),原告向那不动产投了资,依不当得利法诉请补偿,但为法院驳回,因为投资不合乎当事人订立的协议,而不当得利诉讼请求只是契约法上诉讼请求的辅助。

7. 与《匈牙利民法典》不同,明知不负给付义务而给付的,《斯洛文尼亚债法典》第191条明明白白地不准诉请返还。给付时附了保留条件或者系受强制而给付的,阻于返还请求之前的篱障即告拆除。当事人明知债务已消灭,但又无法证明付讫,为免不利法律后果而再次清偿的,亦得请求返还(举个现成的例子,承租人拿现金付了房租,却丢了收据,因为害怕租赁契约被解除,只好付了第二遍:Cigoj, Teorija obligacij, 257)。而在保加利亚法上,仅在明知所负的是自然债务而仍然清偿的情形,《债法典》第55条第(2)款不准诉请返还;受领人负证明责任(Vassilev, Obligazionno pravo, 582)。不过,抚养义务人未尽义务,其他亲人为被抚养人支付了生活费用的,比方说,孩子的父母未尽义务,祖父母抚养孩子的,得要求义务人返还不当得利(Decree no. 1 of the Plenum of the Supreme Court of 28 May 1979)。

8.《荷兰民法典》虽然没有明白地设立一般规则,规定即便不以赠与为给付基础,自愿给付亦不得请求返还,但得自第6:210条第(2)款提炼出来。* 依该款,给付无从原物返还,而受领人又对所提交的给付负有责任或者同意对待给付的,应补偿给付之价值。给付人自愿清偿第三人所

---

* 《荷兰民法典》第6:210条第(2)款:"给付依其性质无法返还的,如果受领人已经因给付得利,或者给付的实施可归责于受领人,或者受领人已经同意实施对待给付,则在合理范围内以补偿受领时给付的价值替代给付的返还。"

负的债务,不得请求受领人返还(第6:203 条或者第6:212 条),因为给付来自受领人与债务人间的契约,受领人保有给付有法律上之原因。至于那个落得无债一身轻的债务人,给付人也不能请求其返还,因为是受领人而不是这位债务人接收了给付。所以一般来讲,自愿清偿了第三人的债务的,不得向债务人追偿[Asser(－Hartkamp), Verbintenissenrecht I12, nos. 192 and 194;Hondius(－Scheltema), Verbintenissenrecht II, art. 6:203, no. 11.3 p. 55;art. 6:210, no. 3 p. 11 and art. 6:212, no. 6.3 p. 34]。看件哈勒姆初审法院判例(CFI Haarlem 9 July 2003, NJF 2003, no. 54),原告与太太离了婚,但俩人又盘桓了阵子,原告还把太太累积拖欠邮政公司的债务给清偿了。原告不得依非债清偿返还之诉请求前妻补偿,因为后者并非给付的受领人[第6:203 条],不当得利诉讼亦为法院驳回,因为原告是积极主动地自愿清偿,"他不喜欢负债"(he didn't like debts)[第6:212 条]。类似地,男女之情既断,以前的那些礼物啊,节日花费或者日常开销啊,诸如此类,还想着依不当得利法请求返还,向来不为法院所准,而得保有利益的法律上之原因在于"亲密关系中当然的慷慨之举"(CFI Zutphen 16 August 2007, LJN BB7229;另见,CA Amsterdam 2 May 2002, NedJur 2005, no. 110 p. 1022),履行"自然债务"(CA Leeuwarden 27 March 2002, NedJur 2002, no. 575 p. 4270;另见,CFI Haarlem loc. cit.),或者当事人一度男婚女嫁的事实(CFI Maastricht 25 February 2002, LJN AE2701)。最后要提到,《民法典》第6:2 条[诚实信用原则;合理与公平原则(redelijkheid and billijkheid)]亦适用于依第6:203 条(非债清偿)提出的请求。受领人遂得据此抗辩,是给付人给受领人造成印象,使受领人误以为自己有权利保有给付。

9.《爱沙尼亚债法典》也没有明白书写相当于第Ⅶ－2:103 条也就是本条这样的规则。明知不负给付义务而自愿给付的,和荷兰一样,诉请返还为诚实信用原则所不许(Tampuu, Lepinguväliste võlasuhete õigus, 75)。这种给付,亦构成有效赠与或者无因管理。在不法无因管理场合,仅当管理人没有过错而相信自己介入他人事务合法的,方得依不当得利法请求返还(《债法典》第1024 条第(4)款)。

10. 在斯堪的纳维亚国家,明知不负债务而自愿给付的,一般不得请求返还(Hult, Condictio indebiti, 73;Ussing, Enkelte Kontrakter, 428)。明知基础契约无效而给付的,原则上一样处理;这里同样可以假定,资财的增加缘于自愿给予(Arnholm, Almindelig avtaleret, 344)。像这样的给付得否定性为法律行为,的确是有争议的(详参 Illum, UfR 1939 B, 47－50;Arnholm, Privatrett I, 200),但看起来普遍接受,如果给付受到能力欠缺、欺诈、强制、胁迫或者乘人之危这些因素的影响,而且给付之前并未订立契约,至少得类推适用契约法中有关无效契约的规则(Hagstrøm and Aarbakke, Obligasjonsrett[2], 673;Adlercreutz, Avtalsrätt I[11], 27)。若放在双方当事人的大背景下,结果就是负有返还所受领物的义务。但如果给付系由受领人之外的他人不法诱致而受领人又出于善意,受领人或受法律保护。强制(《契约法》第29 条)、欺诈(第30 条)、乘人之危(第31 条)情形皆是如此,在胁迫情形,受领人于胁迫结束后马上知晓胁迫事实的,则否(第28 条)。看一件瑞典判例(HD 17 September 1999, NJA 1999, 575),银行受顾客欺诈性不实陈述的蒙蔽,向善意第三人转账;银行诉请受领人返还,为法院驳回,主要依据的是《契约法》第30 条。就确定善意与否的相关时间点,参见《契约法》第39 条。

11. 在英格兰法上,不负债务而自愿给付的,只要没有什么"不当因素"令给付不当,即不得诉请返还,自愿[或者,更不必说"多管闲事"(officiously)]本身构成返还障碍(参见 Chitty on Contracts I[30], no. 29－019)。这一返还诉讼的要素最为经常和明晰地体现在下面的要件中,得予返还的利益,不得为奉赠的利益:参见(虽然没有明确说),Uren v. First National Home Finance

Ltd. [2005] EWHC 2529 (Ch) at [24];Chitty loc. cit., no. 29-019。在埃索石油公司案(Esso Petroleum Co. Ltd. v. Hall Russell & Co. Ltd. [1989] AC 643)中,石油公司承诺赔偿油污染给众多农户造成的损失,但未获得这些农户侵权法上损害赔偿请求权的让与证书,故不能看作清偿了过失侵权人的责任。* 原告请求被告补偿赔款,但为法院驳回,判决结果亦可从自愿给付这方面来解释:参见 Goff and Jones, The Law of Restitution[7], no. 15-002。如果给付人知道不负给付义务,或者意识到自己的看法可能错误,又不去调查,也就不得以原因性错误为由主张返还:Birks, English Private Law I, no. 15.72。同样地,在其他情形,要援引对价落空不当因素,原告必须一直期待,因为给予利益而得到回报。这一立场可以从1979年《货物销售法》第3条中看出来,因为只有货物"售出"(sold)的,未成年人才负责任;**这意味着要求付款的意图,并把显然的赠与排除在外:Chitty loc. cit., no. 8-074。最后,需要指出,英国法承认和解抗辩:Kleinwort Benson Ltd. v. Lincoln City Council [1999] 2 AC 349, 382 (Lord Goff)。*** 在这些抗辩范围内所为之给付,同样有可能是明知不负债务而自愿提出之给付,比方说,给付人为了维护商业信誉而做出妥协。

Ⅱ.履行自然债务

12. 为清偿所谓自然债务所为之自愿给付,不得诉请返还;这一范畴下的给付,多为根据不得诉请执行的权利请求所为之给付。法国、比利时、卢森堡《民法典》第1235条第(2)款明确,对自然债务所为之自愿清偿,不构成非债清偿(参见 Carbonnier, Droit civil IV21, no. 303 p. 504)。****

13. 相比之下,在西班牙,自然债务仅见于《纳瓦拉民法典》第510条,《民法典》则未置一词。学界向来在考察,《民法典》中的若干条款,可否解释为隐而未彰地采纳了自然债务规则;尤其是第1798条(已付之赌债不得请求返还),第1756条[已付之未约定利息不得请求返还;参见,TS 14 April 1999, RAJ 1999 (2), no. 2584 p. 4016(这条规则以承认自然债务为前提)]以及基于罹于时效之债所为之给付不得诉请返还的原则。将这些案型界定为自然债务,学理上仍有疑义[Lacruz Berdejo and Rivero Hernández, Elementos II(1)[4], 21;Díez-Picazo, Fundamentos II[4], 68-72]。最高法院的早期判例则以"道义债务"(moral debt)范畴来排除返还请求[TS 17 October 1932, RAJ 1932-1933 (1), no. 1235 p. 522(原告勾搭上一位16岁的妞儿,定期给花销,后又诉请返还)]。而后,所谓"自然债务"也在《民法典》第1901条的场合提及,与"道义债务"含义相当(Lacruz Berdejo and Rivero Hernández loc. cit. 21-24;Cámara Alvarez and Díez-Picazo, Dos Estudios sobre el enriquecimiento sin causa, 174;Díez-Picazo and Gullón, Sistema II[9], 531)。为了非债清偿返还之诉,第1901条推定给付人犯下错误,实际债务并不存在或者已经清偿;受领人则

---

* 原告的油轮欲驻泊北方离岛某港口,由于被告设计和建造的拖船发生事故,油轮撞击岸边设施,大量原料溢出,损害了众多农户饲养的羊。原告依油轮所有人污染赔付协议(Tanker Owners Voluntary Agreement concerning Liability for Oil Pollution)赔偿了农户损失,并起诉要求被告补偿。

** 第3条第(2)款:"将必需品出售并交付给未成年人、智力残疾或醉酒而不能胜任订立合同之人,买方须支付合理的价格"。

*** 戈夫勋爵说:"返还法必须拥有一些特别抗辩,来维护已完结交易的稳定。境况变更抗辩即为此类;还有妥协抗辩,诚实诉求的和解抗辩(defences of compromise, and settlement of an honest claim)之类。"

**** 《法国民法典》第1235条:"(1)任何清偿,均以有债务为前提;不欠债务而已为清偿者,得请求返还;(2)对自然债务已为自愿清偿,不得请求返还。"

得证明给付有赠与或者"其他"法律上之原因。* 履行道义或者自然债务,亦构成此处之"其他"法律上之原因。最近的判决亦循此进路:参见 CA Pontevedra 13 October 2005, Note 2 above; CA Granada 12 February 2001, BDA JUR 2001/124701[原告是位妇人,照料外甥到辞世,就这些劳务,不得对外甥的遗产主张权利,但就经办丧葬事宜过程中所承担的费用,得依无因管理法请求偿付(《民法典》第1894条)];CA Jaén 12 April 2000, BDA AC 2000/3507(一对老夫妇曾与外甥共同生活,带来不少家电、钱款,关系闹僵后,老夫妇搬出,就此前基于自然债务或者道义关系所放弃者,不得诉请返还);CA Madrid 18 December 2002, BDA JUR 2003/82662[原告早已成功地请求法院更改了扶养令条款,可是离婚后五载,给付扶养费从未中辍;给付非出于错误,纯粹是为了帮助那也曾相濡以沫的妇人,故应适用第1901条,所为之给付被视为清偿自然债务,不得依非债清偿返还之诉主张权利]。有时,自然债务或者道义债务概念也会用在多少有些奇怪因而并不特别恰当的场合。比如最高法院的判决,承租人于租赁期间结束后继续使用租赁物,就继续使用期间支付的租金,返还请求被驳回,法院认为清偿了道义债务[TS 10 October 1963, RAJ 1963 (2) no. 4080 p. 2608];再如塞维利亚上诉法院的判决,某公寓所有人为使用小区附属的公共泳池而按比例付费,许久之后才知道,自己的公寓实际上并不属于小区,支付的费用不能返还,法院认为那是清偿自然债务(CA Sevilla 2 March 2005, BDA JUR 2005/139206)。

14. 为了履行道义或者社会义务自发所为之给付,依《意大利民法典》第2034条,不得诉请返还;只是在提出给付之人欠缺完全行为能力的场合,方别为处理。这里提到的道义或者社会义务,与那些依法典不得诉请执行但可以阻却返还请求的义务,正属同列。道义或者社会义务缘于社会伦理观念(Bianca, Diritto civile IV, 778);依通说,个人道德准则、社交应酬规矩之类不在此列(Alpa and Mariconda, Codice civile commentato IV, sub art. 2034, I, § 3)。虽然不得诉请执行,但一旦履行,却得为保有所受领给付提供法律上之原因,这类义务尤其见于《民法典》第1933条(赌债)和第2940条(清偿罹于时效之债)。若给付受了挟制(比方说武力或者欺诈性不实陈述),或者出于给付人的错误,仍得请求返还,不被第2034条排除(Bianca loc. cit. 786)。在奥地利法上,依向来的主张,自然债务与依民法所负的债务,唯一的区别就在于,前者不得诉请执行;自然债务仍然构成为保有得利提供正当性的法律上之原因(Apathy and Riedler, Bürgerliches Recht III^2, no. 15/6)。是以,为履行自然债务所为之给付,不得请求返还。尤其关乎紧要的是因形式瑕疵而无效的债务或者罹于时效的债务(《民法典》第1432条)。为履行自然债务所为之给付,只有欠缺行为能力人得请求返还(《民法典》第1433条)。

15.《葡萄牙民法典》第476条第(1)款为非债清偿返还规则的适用添加了但书:必须考虑"基于自然债务所为之履行",从而援引《民法典》第402条和第403条。依第402条,纯粹属于道义或者社会义务、不得诉请执行但又鞭策给付人良心的债务,构成道德债务。为清偿此等义务所为之给付,不得请求返还,除非给付人欠缺行为能力(第403条第(1)款)或者给付并非"未受挟制"[第403条第(2)款,也就是说,强制(coacção física,第246条)或者胁迫(coacção moral,第255条)]。在这里,单纯的错误不足以课加返还义务(Gomes, Conceito de enriquecimento, 537)。对道德义务的自愿履行构成不当得利法上的法律原因(causa justificativa)(Menezes Leitão, Enriquecimento sem causa^2, 477);给付人可能知道债务不能强制执行,这点并不相干(Galvão

---

* 《西班牙民法典》第1901条:"不负给付义务而仍为给付或者已为给付而又为给付的,推定给付系因错误而为,但被诉请返还之人得证明给付系为赠与或者系依其他正当原因而为。"

Telles, Obrigações[7], 53)。从第 495 条第(3)款推论可知,扶养费亦有可能是基于自然债务而给付的,若是这[自然债务的]债务人[因受侵害而]伤亡,(自然债务下)扶养费的请求“权利人”得请求[加害人]赔偿扶养费损失。* [不构成自然债务的情形,可参见波尔图上诉法院判例,]患者陷入昏迷状态,兄长为其安排医疗事宜,患者身后,兄长又主持丧葬事宜,就这些开销,若是打开始就指望得到补偿,自然得请求遗产继承人返还(CA Oporto 4 March 2002, CJ XXVII [2002-2] 176)。赌博若属合法的,亦为自然债务之源(《民法典》第 1245 条;参见 Pereira Coelho, Obrigações, 79, fn. 3)。

16. 在德国法上,不得诉请执行但得自愿清偿的债务被称作“不完全债务”(imperfect obligations)、“自然债务”(BGH 25 May 1983, BGHZ 87, 309, 314)、“道德债务”或者“不附责任的债务”(obligations without liability)(详参 Schulze, Die Naturalobligation, 162 et seq.)。这些债务都是有效的取得原因,是以自愿提出之给付不得依《民法典》第 812 条以下请求返还。这并不意味着,不能对清偿自然债务的效力加以限制,而将其用于抵消、让与和债务承认。** 赌债(第 762 条和第 763 条)以及媒妁契约的报酬协议(第 656 条)即为适例。第 814 条又将为履行道德义务或者出于礼仪考虑所为之给付排除出去。罹于时效的债务属于特别范畴,故非为“不完全债务”:在这里,抵消或者权利让与皆有适用余地,如果债务人并不拒绝给付(第 214 条第(1)款),亦得诉请执行。如果债务人为了清偿罹于时效的债务而提出给付,不得请求返还,哪怕债务人并不知晓时效期间已经消逝(第 214 条第(2)款),此为第 813 条第(1)款之例外。前面讨论的这些情形,在希腊法上,亦不得请求返还(《民法典》第 272 条第(2)款,第 845 条第(2)款,第 906 条)。第 906 条涉及的情形是,为了履行道德义务或者出于礼仪考虑而为给付。

17. 同样,在匈牙利法上,自然债务并不意味着不存在债务。此种债务虽然不得诉请执行,不妨碍其为所受领的给付提供法律上之原因(Bíró, Kötelmi jog - közös szabúlyok, szerzoödéstan[8], 72;BH 1998/422;BH 1993/29)。依《民法典》第 204 条第(1)款,这种意义上的自然债务包括:(1)博戏或赌注活动所生之债,国家许可的赌博活动另当别论;(2)为博戏或赌注活动借款;(3)依法不具强制执行力的债务。依《斯洛文尼亚债法典》第 192 条,为履行自然债务或者道德债务所为之给付,不得诉请返还(参见 Supreme Court 7 May 1993, VS II Ips. 586/92)。尤其是因博戏与赌注所生之债(第 272 条第(2)款;参见 Juhart and Plavsšak (-Polajnar Pavčnik), Obligacijski zakonik II, art. 192, p. 52)以及罹于时效之债(无论如何,为履行时效期间经过的债务所为之给付,不会令受领人负返还义务,《债法典》第 335 条)。保加利亚法的立场亦与此相符契。保加利亚法区分自然债务与道德债务,后者不具法律性质。是以,给付人为履行道德义务而提出给付的,若并不知晓其性质,得请求返还(Kalaydjiev, Obligazionno pravo, Obshta chast[4], 45-47)。

18. 在荷兰法上,自愿清偿自然债务的,原则上亦适用自愿财产转让的相关规则

---

* 《葡萄牙民法典》第 495 条:“(1)侵害他人致死时,应负责任之人有义务赔偿为救助受害人所作之开支及其他一切开支,丧葬费亦不例外;(2)在上述情况及其他伤害身体之情况下,救助受害人之人、医疗场所、医生,又或参与治疗或扶助受害人之人或实体,均有权获得损害赔偿;(3)可要求受害人扶养之人,或由受害人因履行自然债务而扶养之人,亦有权获得损害赔偿。”

** 这句意旨,自然债务已得清偿的,得为保有得利的法律上之原因。但自然债务不得用于抵消、不得让与,对自然债务的承认,亦不构成有效债务承认契约。

[Parlementaire Geschiedenis VI, 829－833; Asser(－Hartkamp), Verbintenissenrecht III12, nos. 322 and 362]。自然债务下的给付不视为不当付的(《民法典》第6:3～6:5条),是以不会因此而生返还请求。第六编的规则,只要不涉及债的执行力或者不履行的法律后果的,亦适用于自然债务。清偿自然债务,并不构成赠与(Hartkamp loc. cit. no. 331 p. 348)。

19. 依《爱沙尼亚债法典》第1032条第(2)款(i)项,为履行不完全债务而提交给付的,不得请求返还。所谓不完全债务,系指债务人得自为履行但债权人不得诉请履行的债(《债法典》第4条第(1)款)。下列债务为不完全债务:(1)赌博所生之债,因法律许可的抽彩或者投注所生之债,另当别论;(2)道德债务,清偿此种债务,合乎公序良俗;(3)为担保不完全债务的履行而负担之债;(4)法律明确的不完全债务。

20. 自然债务,也就是不受法律强迫履行的债,在斯堪的纳维亚国家,仅见于学术文献;照普遍的看法,依此种债所受领的利益,不得请求返还(Vinding Kruse, Restitutioner, 263; Gomard, Obligationsret I[4], 7; Hult, Condictio indebiti, 88; Hakulinen, Obligationsrätt, 31)。自然债务概念下,包含了好多种不同的情形,内中有罹于时效之债,因欠缺形式要件而不具约束力的债,还有赌债(Gomard, Obligationsret III, 172, 186)。不过依通说,赌债无效,如同不道德的协议(pactum turpe),* 不得诉请履行。出于同样的理由,已经给付的,法院也不去理会返还诉求(Adlercreutz, Avtalsrätt I[11], 282; Jørgensen, Kontraktsret I, 55; Hakulinen loc. cit. 34)。不过瑞典最高法院倒有件判例(HD 13 December 1989, NJA 1989, 768),扑克牌玩家投了注,警方突击检查打断了游戏,返还投注的请求为法院照准。法院论述说,若是不许返还,游戏组织者将无端得利,组织者并没有以自己的名义受领下注而只是支付给赢家。应该说,这本身不构成赌债。如果是因为受了欺诈之类而清偿了自然债务,契约无效的一般规则仍得适用。

21. 英格兰法的基本原则系由首席法官曼斯菲尔德勋爵(Lord Mansfield CJ)在古老的比齐案中阐发,"普通法不会强使给付,但衡平法与良心却会要求给付的,若果然给付,不得再依取得或收到金钱的返还之诉寻求救济"[Bize v. Dickason (1786) 1 T. R. 285 at 286－287, 99 ER 1097, 1098]。例子还是来自法律(law):依1980年的《时效法》,就罹于时效的债务,只是不为原告提供救济,并不消灭基础权利,所以一旦清偿,不得以诸如对时效抗辩的认识错误之类为由诉请返还——债务人所偿者,确为应偿者[参见 Chitty on Contracts I[30], nos. 28－126－28－127(理论依据即为曼爵于前揭判例中所发表之附带意见)]。就曼爵心中所设想的不具执行力的法律义务(legal obligations)来讲,这立场仍可奉为一般规则,很重要的原因是,契约可能会因为很多"瑕疵"而不具执行力。不管在制定法上,还是普通法上,导致契约不具执行力的主要原因是不法性(参见第Ⅶ-6:103条,注释10)或者形式瑕疵[参见第Ⅶ-2:101条,注释Ⅲ(C)],法律倾向的后果是令契约不具执行力,而不是彻底无效。不具执行力可能是相互的,也可能只影响一方当事人[参见例如,1974年《消费者信贷法》(Consumer Credit Act)第40条第(1)、(A)款,未经许可从事消费信贷或者租赁业务的企业,不得诉请强制执行与债务人或者承租人达成的受调整协议(regulated agreement)**]。从这个角度看,原则上,契约对其不具执行力的一方当事人不得请求

---

* pacta:契约。

turpis:〈拉〉(罗马法)卑劣的,可鄙的,无耻的,不名誉的,不道德的,非法的。既可用于物,也可用于人。元照,第1363页。

** 参见第Ⅶ-2:101条,注释72。

返还给予的利益。这会增益一方当事人,也正是立法意图的体现:参见 Wilson v. First County Trust Ltd. [2003] UKHL 40, [2003] 4 All ER 97; Wilson v. Howard Pawnbrokers [2005] EWCA Civ 147。如果导致债权不具执行力的原因,与不当得利法上的返还请求并不相悖,或仍得请求返还:参见例如,前面的注释。制定法也可能明确规定,像 1977 年《租金法》(Rent Act)第 57 条,一定范围内的租金,地主不得诉请执行,承租人可以请求返还。至于说曼爵的主张可否推而广之,适用于更大的范围,却颇受质疑。当时也曾考虑过将道德债务作为允诺的对价(根据这样的立场,比方说,清偿罹于时效债务的允诺就是可以诉请执行的——但根据 1980 年《时效法》第 29 条第(7)款,时效期间经过后的承认或者清偿,并不会使债务重新生效)。仅就纯粹的道德债务而言,这一发展动向于伊斯特伍德案中折戟沉沙[Eastwood v. Kenyon (1840) 11 Ad & E 438, 113 ER 482:详参 Chitty loc. cit., nos. 3-032-3-033]。这一意义上的"自然"债务定是遭遇同样的命运。在英国法里,与自然债务最为接近的大概就是可反驳的预付推定了(rebuttable presumption of advancement,在现代法里缩了水,参见 Pettit v. Pettit [1970] AC 777),其适用情形为,在特定关系下无偿转让的,比方说代行父母义务者(loco parentis)* 与失怙的未成年人之间,如果给付人没有表现出保有受益权利的意图,即意味着构成赠与。在错误[不当因素]场合,如果当事人是基于负有此种债务而给付,大概也可以推定道德债务:参见 Larner v. London County Council [1949] 2 KB 683 (CA)。**

Ⅲ. 失利人的过错作为保有给付的法律上之原因

22. 在许多法律体制下,受领人得针对特定给付人抗辩说,给付无法律上之原因系由给付人之过错造成,故应由给付人自负其责。这一思想多见于所谓主观非债清偿领域,***但不限于此,比方说,亦得发生于赋予可抵消的损害赔偿请求权的场合,这样受领人就不必偿付已经消失的得利。在法国最高法院的一件判例中(Cass. civ. 17 October 1996, Bull. civ. 1996, V, no. 328 p.

---

* 代行父母义务者:指在他人失去亲生父母的监护时,未经法律正式许可即对其进行照管和约束的人。这种情况往往是暂时的,且不能被作为永久收养看待。元照,第 864 页。

** 伦敦市议会曾通过决议,对那些应征入伍雇员战时薪酬与平时薪酬的差额加以补偿,而公务人员则应将其战时薪酬的变化报告给市议会。原告是应征加入皇家空军的救护司机,由于未善尽报告义务而被多付了薪酬,议会在战后发现这一情况,遂将多付部分在其薪水中扣除,原告以雇佣契约为据要求返还扣减的部分。上诉法院丹宁法官在判决中写道,"原告认为这是自愿给付,目的不在于免除任何法律责任,因而不能要求返还。这种见解正是以布拉姆韦尔男爵在艾肯诉肖特案中的判词为依据;但正如斯科特法官在摩根诉阿什克罗夫特案中所指出的,那段判词不应被视为对法律的穷举阐释。就以本案来说,基于国家政策方面的充分理由,伦敦市议会以决议形式作出了一项他们在道义上对相对方负有履行责任的允诺。基于该允诺所为之给付绝不是纯粹的赠与;议会是将其作为义务来给付的","实际上双方当事人也都是这样看。当议会谈及这笔金钱时,是将其看作相对方当事人应得的,也就是说,相对方当事人可以基于包含在决议中的允诺提出权利请求。如果这时,市议会因为事实错误向某位相对方当事人的给付超过了后者依允诺有权利取得的数额,至少在相对方还没有境况变更时,为什么他可以不负差额返还义务呢?这里完全没有必要考虑,是否存在任何对价以便使允诺能够在法律上具有拘束力。很有可能的是,由于相对方当事人负有奔赴沙场的法律义务,所以并不存在严格意义的对价。但这无关紧要。这里的问题并不是通过诉讼强制执行允诺,而是要求返还误以为应该给付的超额部分的问题。这一超额部分,不在议会对拉纳先生的允诺范围内,而且市议会如果知道真实情况,也不会给付。这里的给付原因是事实错误,拉纳先生有义务返还,除非他因为这笔钱而恶化了自己的境况"(Larner v London County Council [1949]1 KB 687-688)。

*** 参见第Ⅶ-2:102 条,注释 14;第Ⅶ-2:103 条,注释 4。

232),初级医疗保险基金(Caisse primaire d' assurance maladie)诉请客户返还非债给付;被告反请求损害赔偿(dommages - intérêts)。反请求得到法院支持;医疗保险人应赔偿因其过错造成的损害,尽管其过错非为重大(grossière)而损害却令人咋舌。稍早的一件判例,法律事实相似(Cass. soc. 14 June 1979, Bull. civ. 1979, V, no. 546 p. 401)。养老基金给被告多付了退休金,被告早就提醒原告注意,可这错误还是持续了差不多一年。受领人主张,其损失包括将这些钱都用来维持生计,这也正是退休金的目的。上诉法院认为原告的返还请求与被告的损害赔偿请求正可抵消,故驳回原告请求,但判决却为最高法院推翻;无论如何,不管给付人的过错程度如何,也不能鲁莽灭裂地将非债清偿返还之诉整个儿地驳回。下面一件判例(Cass. civ. 18 May 1994, Bull. civ. 1994, I, no. 179 p. 132),某先生曾授权银行从其账户中为太太支款,离婚诉讼期间,他取消了授权并指示银行知会其妻。银行疏于通知,那位太太还是继续从账户提款。银行偿还了开户人后,请求这位太太返还,后者则反请求同样数额的损害赔偿。不管是银行,还是这位太太,俱可提出请求;这位太太当然有权利认为,她是可以从那个账户中支取款项来维持生活开销的。

23. 在比利时最高法院的一件判例中(Cass. 22 May 2006, no. de rôle S 050008F),原告某家庭补偿基金犯下严重错误,使被告夫妇在很多年里误以为自己完全可以增加生活开销。被告所受损害与原告多付的金额相当;返还请求与损害赔偿请求因抵消而消灭。布鲁塞尔上诉法院一件判例(CA Brussels 3 March 2006, no. de rôle 2002 AR 2274),未经充分审核,政府多支出了款项,不过返还请求为法院照准,因为行政机关行为不法,务必结束不法事态。其他的行政法原则,像善意行政原则、法律确定性原则和保护合法期待原则,都不能赋予被告保有政府补贴的权利。在列日劳动法院那慕儿法庭的一件判例中(Cour du travail de Liège, section de Namur, 17 January 2006, no. de rôle 7541 -04),社保部门向某位严重残疾人多付了社会保障金,依瓦隆政府法令(arrêté du Gouvernement wallon),返还诉讼被驳回,因为多付系由行政机关的过失所致。再看布鲁塞尔劳动法院的判例(Cour du travail de Bruxelles 23 June 2005, no. de rôle 40587),原告某扶养费基金因为错误多付了,法院允许其纠正发放决定,不过,仅在抚养金受领人系恶意行事的情况下,纠正决定方有溯及效力。

24. 依《西班牙民法典》第1895条,给付人的错误乃系非债清偿返还之诉的必备要件[TS 10 June 1995, RAJ 1995 (3) no. 4914 p. 6589;TS 26 December 1995, RAJ 1995 (5), no. 9207 p. 12262]。原告明知其契约相对方计算应缴税金的方法,没有提出反对,此后不得以数额有误为由诉请返还多付的部分[TS 31 May 2006, RAJ 2006 (3) no. 3322 p. 7600;另见,TS 13 March 2007, RAJ 2007 (1) no. 692 p. 1803]。他早就知道这些错误。一对夫妇离异,女士带着残疾孩子生活,孩子夭折后有一阵子,先生还是往女士的账户里打入款项,履行赡养义务,这些费用不得请求返还(CA Madrid 12 March 2002, BDA JUR 2002/150868)。不过,很多顶尖的法学家都以为,在西班牙法里,无法律上之原因但又并非出于错误所为之给付,就其返还问题,存在无法回避的漏洞(Cámara Alvarez and Díez - Picazo, Dos estudios sobre el enriquecimiento sin causa, 107);所以也有可能提起返还诉讼,或者是一般的不当得利诉讼[比方说,基于表面上存在的一般无因返还诉讼(condictio sine causa generalis),以《民法典》第1901条为据:* Lacruz Berdejo and Rivero Hernández, Elementos II(2)[4], 427;López/Montés/Roca i Trias, (- Capilla Roncero), Derecho

---

* 《西班牙民法典》第1901条:"不负给付义务而仍为给付或者已为给付而又为给付的,推定给付系因错误而为,但被诉请返还之人得证明给付系为赠与或者系依其他正当原因而为。"

Civil[4], 291],或者是扩张适用非债清偿返还之诉[Cámara Alvarez and Díez - Picazo loc. cit. 115 - 116;Paz - Ares/Díez - Picazo/Bercovitz/Salvador (- Ballarín Hernández), Código Civil II[2], 1957]。最高法院2007年的一件判决在附带意见中采纳了后一立场,并考虑调和两种学说(TS 22 June 2007, BDA RAJ 2007/5427 [FJ 3]);可另一件判决似乎又对此颇表怀疑(TS 14 June 2007, BDA RAJ 2007/5120)。

25. 依《意大利民法典》第2036条,"因可原宥的错误",以为自己是债务人,从而清偿了第三人的债务,只有在这种情形下,才得请求债权人返还给付(所谓主观的非债给付)。给付人尽到了适当注意即可认识到自己并非债务人的,错误不可原宥(Moscati, Pagamento dell' indebito, arts. 2028 - 2042, pp. 421 - 422)。这时,受领人保有给付的利益,重于给付人请求返还的利益。第2036条意味着对后者的制裁(Moscati loc. cit. ;Breccia, L' arricchimento senza causa I[2], 941),所以,如果受领人系恶意,也就是说,知道给付人为可原宥的错误所苦,即不得适用第2036条(Moscati loc. cit. 423)。如果给付人之所以犯下错误,是受了债权人或者真正债务人的欺诈,错误亦可原宥(Moscati loc. cit.)。相比之下,在客观非债给付情形(第2033条),原告的错误即非为返还请求的要件(Albanese, Il pagamento dell' indebito, 199;Cass. 10 March 1995, no. 2814, Giur. it. 1996, I, 1, 228;Cass. 11 March 1987, no. 2525, Giust. civ. 1987, I, 1967;Cass. sez. lav. 6 November 1984, no. 5620, Giust. civ. Mass. 1984, fasc. 11)。不过,照一些学者的意见,且不论其他,返还可能会抵触缘于诚信原则的不得出尔反尔原则(venire contra factum proprium)(欲知大略,参见 Cian and Trabucchi, Commentario breve[7], sub art. 2033, § 5)。如果政府或者什么分设机构在给付其后来请求返还的金额时有过错,行政法院倾向于驳回返还请求,主要考虑的是良好行政原则(proper administration)(TAR Lombardia 4 March 1981, no. 271, Tributi 1981, 503; Cons. Stato 26 July 1978, no. 762;Cons. Stato 1978, I, 1076;Cons. Stato 30 March 1976, no. 1; Cons. Stato 1976, I, 273)。在奥地利,原则上,给付人的过错既非返还请求的要件,本身也不是抗辩。尤其是,非债清偿返还之诉能不能得到法院支持,并不取决于给付人对自己的错误是不是应受责难(OGH 9 October 1980, SZ 53/130)。实质的问题在于,当事人是不是值得受到法律的保护。是以,给付人明知自己不负给付义务(《民法典》第1432条),或者提出给付是为了实现非法目的(第1174条第(1)款第1句),比方说为了资助法律禁止的活动而贷款(第1174条第(2)款),不得诉请返还。就应予赔偿的范围,要区分善意受领人与恶意受领人(《民法典》第1437条,结合第330条)。善意消费掉的利益,不必返还(OGH 23 April 1929, SZ 11/86;OGH 22 April 1997, SZ 70/69;OGH 30 January 2001, JBl 2001, 381:善意受领了多付的工资或者扶养费)。另外,在例外情形,如果蒙受的不利可归咎于失利人的过错,可能需要做些公平的调整,并从其赔偿请求中扣除相应的部分(OGH 25 October 1988, SZ 61/218)。

26. 请求返还客观上不存在的债务,《葡萄牙民法典》第476条第(1)款并不要求以错误为要件(Antunes Varela, Obrigações em geral I[10], 508)。并无清偿意图(animo solvendi),也就是说,明知不负债务的,不在本条涵摄之内,故无出尔反尔的问题(Menezes Leitão, Enriquecimento sem causa[2], 467;STJ 11 May 2000, CJ [ST] VIII [2000 - 2] 54)。而在主观非债清偿情形,请求债权人返还的,依第476条第(3)款及第477条,以可原宥的错误(erro desculpável)为要件;请求债务人返还的,依第478条,以错误的确信(convicção errónea)为要件。《民法典》第476条第(3)款关注的是提前给付。第477条保护善意受领人;受领人并不知道给付人是出于错误而给付,而且丢弃了债权证书或者放弃了担保的,不负返还义务(详参 Gomes, Conceito de enriquecimento, 521,

550)。

27. 在德国法上,由《民法典》第814条可知,给付人明知不负债务而且并非出于错误而给付的证明责任由得利的债务人负担[参见Palandt(-Sprau),BGB[67],§814,no.10]。得利人必须证明,给付人于给付之际确实知道当事人的法律地位。如果只是证明了给付人应该知道,[但确实不知道,]哪怕是因为重大过失而不知道,也还不够(BGH 7 May 1997,NJW 1997,2381,2382)。知道可以援引某抗辩视同知道债务不存在。给付与受领附了明示保留(express reservation),为了回转所为之给付,得请求返还(BGH 17 February 1982,BGHZ 83,278,282)。希腊的立场亦大体如此(A. P. 410/1962,NoB 10[1962]1319)。

28. 匈牙利不当得利法并不将失利人的过错或者错误看作得保有所受领给付的法律上之原因(BH 1992/25:原告公司邀请投标并授权给付,尽管错误地通知被告其投标成功,返还请求仍为法院照准)。不过在某些情形下,给付人的给付是在冒险,是故不得请求返还。比方说,在BH 2002/29案中,为建造木屋主动提供的劳务,不得诉请返还。原告曾允诺建造木屋,以清偿对被告所负的债务,原告冒了险,提供完材料,留下一位熟人负责搭建。被告没有义务赔偿后者的劳务;在不当得利法上,被告的责任限于使地块增值超过原告过错的部分。在例外情况下,失利人通过法律禁止的行为或者违背公序良俗的行为让他人得利,《民法典》第361条第(3)款规定,应检察官申请,法院得判决将得利归公;照法典改革计划的设想,这一款应予废止[Vékás(-Vékás),Szakértöi Javaslat az új Polgári Törvénykönyv tervezetéhez,1145]。依《保加利亚债法典》第56条,以错误清偿他人债务为由请求返还的,不以错误可原宥为要件(详参Vassilev,Obligazionno pravo,590)。

29. 类似地,在荷兰法上,失利人的过错或错误并不构成得保有所受领给付的法律上之原因。不过,根据对个案案情的评估,或得依《民法典》第6:2条(合理与公平原则)驳回返还请求。这与爱沙尼亚的法律立场正相符契;失利人的错误并不会阻却不当得利返还请求。例外得见于《工资法》第37条。雇主只能是由于计算错误多付了工资或者补偿金,并且必须在给付之日起三个月内,才可以请求返还。在其他情形,因错误付给雇员或者存入其银行账户的金额不得诉请返还,除非是因为雇员故意提交了虚假信息或者伪造的单据。

30. 在斯堪的纳维亚国家,非债清偿返还之诉欲要成立,给付人应就债务存在与否犯下错误。返还请求能否得到支持,要根据对所有重要案情事实的评估来定。在何种情形下,给付人的过失得使受领人有权保有给付,这问题争论激烈,尤其是在瑞典(Hult,Condictio indebiti,83;Karlgren,SvJT 1940,331,339;Gorton,JFT 2005,452-470)。这是判断不当得利返还请求是否成立需要考虑的众多因素中的一个。尤其是,对受领人是否有过失的考察融进了整体评价中。注意义务的标准将因个案而异;银行与政府机关负担极高的注意义务(参见例如,HD 3 January 1991,NJA 1991,3 I and II;HD 30 March 1994,NJA 1994,177)。最终来讲,是不是要负非债清偿返还的责任,要看应该由谁来承担错误的风险。在丹麦,这本质上取决于受领人的善意,为此,给付人的过失并不直接相关(Ravnkilde,Betalingskorrektioner,93;von Eyben/Mortensen/Sørensen,Obligationsret II,138)。在芬兰,要决定返还诉讼是否成立,要经过和瑞典相似的评估;给付人的过失,占得分量更轻(Roos,JFT 1992,75)。受领人应负责证明,给付人系自愿给付并且明知不负给付义务,这规则适用于所有斯堪的纳维亚法律体制(Arnholm,Streiftog i obligasjonsretten,185)。只要能够证明,给付人于给付之际,知道当事人的法律地位并不确定,而且没有保留收回给付的权利,这些大概就足够了(Rodhe,Obligationsrätt,83;Vinding Kruse,

Resitutioner, 264; Karlgren loc. cit. 340; von Eyben/Mortensen/Sørensen loc. cit. 141; Roos loc. cit. 79)。如果给付人忽视了,本来可以拿自己的权利请求抵消给付请求,[仍为给付,]则不得请求返还所为给付(Lindskog, Kvittning[2], 579; Swedish HD 16 March 1988, NJA 1988, 94)。但请参见丹麦的判例(SH 10 December 1971, UfR 1972, 283),银行知道可以抵消,但仍向破产公司发放贷款,好支付工资;银行被赋予优先债权人的地位。

31. 英国法传统上从未将无过错作为返还请求的特别要素。一个原因在于,原告无论如何得证明有那么一个"不当因素",而不当因素的边界可能划得很死,以便将弱的权利请求排除:比较,例如,Burrows, The Law of Restitution, 101, 106,作者坚持,错误必须是根本错误(支持判例,另见,Morgan v. Ashcroft [1938] 1 KB 49)——这个限制,其他学者争得面红耳赤。不过可以确定的是,确实没有过争议(Goff and Jones, The Law of Restitution[7], no. 4-028),哪怕原告应独自对错误负责,也不会因此被剥夺请求返还的权利;欠缺注意或者不够勤谨并不会将权利排除:参见Kelly v. Solari (1841) 9M &W54 at 59, 152 ER 24, 26 (Parke B)(保险公司没有注意到保险单事实上已经失效,仍为给付),并请另见,National Westminster Bank Ltd. v. Barclays Bank International Ltd. [1975] QB 654 (Kerr J),银行兑付了伪造的支票,法院认为可以返还因为错误所为的给付,而且,即便银行有过失,在承兑支票上,对收款人也并不负有注意义务。此外,趋势看起来是松弛对返还请求的束缚,同时在必要处,利用境况变更抗辩来加以调节(Birks, English Private Law I, no. 15.58),不过在这里也一样,原告的过错无关紧要,所以不用对当事人的相对过失加以评估。参见Dextra Bank & Trust Co. Ltd. v. Bank of Jamaica [2002] UKPC 50 at [45], [2002] 1 All ER (Comm) 193 (PC)。相应地争论是,在多大程度上需要以受领人的过错作为责任要件:参见Birks loc. cit., no. 15.59(伯克斯主张,责任应该是严格性质的,受领人的过错一般应划归抗辩)。不过在许多这样的案件中,受领人的过错不过是基础交易无效的一个侧面,交易"受损害"(impairment)一个添加的限定条件(参见Birks loc. cit., no. 15.62),所以只能归于权利请求的"不当"因素;而不是对责任的额外限制:参见Hart v. O'Connor [1985] AC 1000 (PC)(虽然土地出让人心智不健全,但交易仍为有效,因为购买人不知道出让人无缔约能力,没有衡平法上的欺诈行为)。也有这样的例子,过错独立于财产转移的有效性,成为不当得利责任的真正要件(当然会有批评),参见第Ⅶ-4:104条,注释8,对"明知而受领"(knowing receipt)的讨论。

Ⅳ. 根据效力有缺的契约意图向第三人给付

32. 给付人A,因受欺诈、受胁迫或受强制,与B订立契约,A依契约向受领人C提出给付,A能否直接请求受领人C返还呢?就所考察的大多数法律体制来说,并没有特别的规则。判例法上也难觅这一问题的踪迹;法律多暧昧不明。A、B间的契约因A无缔约能力而无效的情形也一样,法律立场并不清晰。依《法国民法典》第1111条,给付人受了强迫的,构成撤销事由,给付得请求返还,哪怕是契约相对方之外的其他人强迫的。而欺诈(dol)作为契约撤销事由,要求契约当事人对此有过错(Cass. com. 1 April 1952, D. 1952, 380 and 685, note Cooper-Royer; Cass. com. 22 July 1986, Bull. civ. 1986, IV, no. 163),但这条规则对于直接向第三人(受领人)提出返还诉讼请求到底有何影响,却不清楚。在比利时法上,唯一可以确定的就是,错误给付与为了逃避刑事追诉所为之给付或者受强迫所为之给付,一般处理(Graulich, Théorie générale des obligations, p. 51, no. 240)。三方当事人关系中的特殊规则,同样亦非西班牙法的特色,判例法也一样对此不甚着墨[坎塔布里亚上诉法院判决确证(CA Cantabria 12 January 2006, BDA JUR 2006/90530),A、B间的给付关系得予拆卷,但从这件判决书里的嗣后撤销,无法精确地指出A、B

间契约的撤销理由]。

33. 意大利法院似乎固持契约仅得于给付关系当中拆卷的见解,不得直接诉请第三方的受领人C返还,哪怕给付人无缔约能力(Breccia, Il pagamento dell'indebito, 961-962;Trimarchi, L'arricchimento senza causa, 84)。奥地利法区分下面两种情形:如果给付人依据第三人利益契约直接向第三人提交给付,而契约又被成功撤销的,给付人得直接诉请第三人返还(《民法典》第1431条);与之相比,如果给付人依据与契约相对方订立的契约提交给付,契约又被撤销的,给付人只得主张返还给付不当得利,至于是不是直接向第三人给付或者提供了货物,无关紧要。不过,只有诸般严格要件得到满足,第三人又是善意的,才能取得所有权[类推适用《民法典》第367条,参见Schwimann(-Mader), ABGB VI[3], Pref. to § 1431 no. 31],是以,给付人时常对第三人依财产法请求返还原物,返还不能的,则要求补偿费用[《民法典》第1041条;参见Rummel(Rummel), ABGB II(1)[3], Pref. to § 1431 nos. 14 and 35;Mader loc. cit.]。在葡萄牙,就三方当事人关系中的不当得利返还事宜,向来众口嚣嚣、不可胜听(详参例如,Menezes Leitão, Enriquecimento sem causa[2], 533)。就契约意图的形成有瑕疵(defective formation of contractual intention)这个标题下的案件来说,出发点的规则是,契约一般来讲只能在给付关系之内拆卷(Antunes Varela, Obrigações em geral I[10], 506)。只是在无偿取得的特定情形,法典才明确规定了针对第三人的直接请求权利(《民法典》第289条第(2)款)。另外,学术界还倡导,给付人无缔约能力的,或者受了胁迫或为强力、欺诈所使而给付的,亦得直接请求第三方受领人C返还(Gomes, Conceito de enriquecimento, 463-464;另见,Almeida Costa, Obrigações[10], 505)。

34. 在德国法上,依双方当事人订立的契约,应向第三人提交给付的,多被视为《民法典》第328条意义上的第三人利益契约。第三人享有给付请求权的,允诺人向第三人所为之处分,一般来讲,既构成允诺人向受诺人所为之给付[表面法律关系(covering relationship)],亦为受诺人向第三人所为之给付[基础债务关系(underlying debt relationship)]。* 依不当得利法拆卷契约的,还是由这些给付关系来处理;如果表面法律关系有瑕疵,允诺人只能对受诺人主张不当得利返还,不得适用第334条(得对受诺人主张之抗辩,亦得对第三人主张)。仅在基础债务关系中的给付是无偿的情形,针对第三人的直接不当得利请求权方有可能(依出自第822条的法律原则**)。如果依当事人的安排,请求允诺人履行契约条款的权利排他地赋予了第三人,亦得直接请求第三人返还[详参Palandt(-Sprau), BGB[67], § 812, no. 57;MünchKomm(-Lieb), BGB[4], § 812, nos. 129 ff]。

35. 在匈牙利法上,被撤销契约的拆卷,仅发生于契约当事人之间(《民法典》第237条),哪怕是欺诈或者胁迫情形也一样(第210条第(4)款)。不过,如果A、B间的契约被成功撤销,针对受领人C的非债清偿返还之诉还是可能的,因为在与受领人的法律关系中,不能为A的给付提供法律上之原因。A不能获得双重赔偿,但对B和C,得基于不同的诉因主张权利。如果B通过胁迫、欺诈或者强制等手段使A与C订立契约,如果C是恶意的,A仅得撤销与C订立的契约(《民法典》第210条第(4)款)。这时,在A和C的法律关系当中拆卷契约(第237条)。

36. 依荷兰法,问题的关键在于,能不能在A和B的契约、B和C的契约或者以上两件契约的综合体中,为A向C所为之处分找到法律上之原因;仅在后种情形,A方得直接请求C返还。

---

* 参见第Ⅶ-2:102条,注释5。

** 《德国民法典》第822条:"受益人将取得的利益无偿地给予第三人的,以受益人的不当得利返还义务因此而被排除为限,第三人即负有返还义务,如同其无法律上的原因而从债权人那里取得被给予的利益一样。"

至少,照主流看法,若B、C间的契约有效而C又系善意,A不得直接请求C返还[van Dunné, Verbintenissenrecht II[5], 663;Hondius(－Scheltema), Verbintenissenrecht II, art. 6:203, no. 11. 2 p. 54 and no. 11. 3 p. 55;Asser(－Hartkamp), Verbintenissenrecht I[12], no. 192 and Verbintenissenrecht III[12], no. 330;Schoordijk, Onverschuldigde betaling, 23－30, 47]。而依《斯洛文尼亚债法典》第1030条,给付人依有效契约向第三人提交给付的,既得针对契约相对方主张不当得利返还,亦得直接请求第三人返还;这里并没有对不同的无效事由加以区分。不同的请求在可得之救济(原物返还或者金钱价值返还)和救济范围方面区别开来。契约的欺诈方当事人不得援引得利减损抗辩,所受领金钱之利息以及利润损失,俱应赔付(《债法典》第1035条第(3)款)。如果第三人利益契约的必备要件缺失,给付人一般只能请求其契约相对方返还(第1029条)。如果受领人知道A、B间的契约关系没有法律依据,法院会允许直接针对受领人诉请不当得利返还;这里根据的是诚实信用原则(Supreme Court 21 May 2002 and 19 December 2007, civil matter no 3－2－1－115－07)。

37. 在斯堪的纳维亚国家,像本条所讨论的这些情形,俱受契约法辖制。原则上,失败契约的拆卷,仅发生于契约当事人之间。不过,亦得针对第三方受领人主张自己受了强制、欺诈或者危难被乘(《契约法》第29～31条;Arnholm, Sammansatte aftaler, 142)。根据早期判例(HD 16 October 1975, NJA 1975, 517),给付人因受契约相对方的欺诈直接向第三人提供货物的,也可以请求第三人返还给付,哪怕第三人系善意;参见Hellner, FS Goode, 167, 183。

38. 在英格兰,尤其是在欺诈或者不诚实情形,就因履行无效契约提出之给付,得直接请求受领人返还,但受第三人可得援引之抗辩的掣肘,比方说善意购买人抗辩(bona fide purchaser)。有那么几件判例,至少从结果上讲,指往这个方向,当然,从教义学上看,理由在其他方面,而且每件案子争论都不小。先看R. E. Jones Ltd. v. Waring and Gillow Ltd.[1926] AC 670(HL)案,推翻原判[1925] 2 KB 612(CA)。恶棍博登海姆(Bodenham),欺骗原告说自己是某汽车制造商的代理人,诱使原告开出以被告家具公司为收款人的支票,原告还以为收款人是什么金融机构。博登海姆自被告处租购家具,以支票清偿。骗局穿帮后,家具返还(家具贬了值,在今天,这是可以援引境况变更抗辩的:Goff and Jones, The Law of Restitution[7], no. 4－046)。返还的理由是错误[参见Birks, Unjust Enrichment[2], 145,伯克斯认为,这里恰当的不当因素是欠缺基础(failure of basis)*]。再看一件判例,Butler v. Rice[1910] 2 Ch 277(Warrington J),得利人还是逃不掉财

---

* 伯克斯本是英国返还法不当因素进路的代表人物,英国法不当因素体系的成熟很大程度上得归功于他的《返还法述略》(Peter Birks, An Introduction to the Law of Restitution, Clarendon Press, 1989)。但极富戏剧性的是,伯克斯却在他的《不当得利》中转向了大陆法系的无法律上原因进路,在这部书的序言中,他以圣保罗的改宗换教自况。他写道,"得利是否构成不当,英国法的选择是在克拉彭的公车(Clapham omnibus)上寻找可以理解的特定不当因素,这办法固然有效,也很清晰,但民法法系探询被告的得利是否系以某些公认的解释性基础作为根据,这种远为抽象的办法更加可取。在第5章,我们讨论了大量的无效利率交换案件,在这里,不当因素进路一败涂地,现在我认为,这部分地是因为我为其所作的新辩护并不十分成功。很难说服哪位大法官。我的第一反应是再次为其辩护,但是比较法学的文献,尤其是索尼娅·迈尔博士的作品使我确信,不当因素进路已经无可救药了。这些利率交换案件并不知道自己正在作出历史性的抉择,但是确实已经找到了更好的方法",而他为英国法创造的新术语即为欠缺基础、基础无效(Birks, Unjust Enrichment, Oxford University Press, 2003)。只有时间才能告诉我们,伯克斯是否正确地预告了未来,新地图是否会依着他描述的模样绘制。

产上设定的抵押权。借款人借款的目的是清偿用自己妻子的不动产抵押担保的债权,贷款人被误导了,以为那是借款人的财产;法院认为,贷款人有权代位取得那笔债权以及用来担保的抵押权。相反,如果单纯地因为错误而给付,清偿了对第三人的债务,则不得请求返还,因为第三人得主张“有效对价”(good consideration)抗辩。艾肯诉肖特案[Aiken v. Short (1856) 1 H & N 210, 156 ER 1180]可以从这方面来解释(参见 Goff and Jones loc. cit., no.4-044)。* 原告银行代表C清偿了C对被告所负的债务。这宗债在C的表见遗产上设了担保,事实上因为遗嘱无效,C并没有得到遗产,所以银行的给付虽然消灭了C的债务,但赎回的不过是空头抵押。银行获得有价值担保的期望落了空,但不得以错误为由请求被告返还所为给付。银行是依对C所负的债务而向被告给付:银行给了C信用,并且是在履行和C所订协议中自己所负的义务。即便银行和C之间的信用协议无效,本案的思路同样适用。

* 参见第Ⅶ-2:102条,注释10。

第三章　得利与不利

第Ⅶ-3:101 条　得利

(1)当事人因下列情形而得利:

(a)资财增加或者责任减少;

(b)受领了他人的服务或者他人为其从事了工作;或者

(c)利用了他人资财。

(2)当事人是否得利以及得利范围如何,此项事宜之判断,不考虑为换取得利所蒙受之不利或者得利后所蒙受之不利。

评　论

参见下条评论。

注　释

参见下条注释。

第Ⅶ-3:102 条　不利

(1)当事人因下列情形而蒙受不利:

(a)资财减少或者责任增加;

(b)为他人提供服务或者从事工作;或者

(c)资财为他人所利用。

(2)当事人是否蒙受不利以及蒙受不利的范围如何,此项事宜之判断,不考虑因蒙受不利所换取之得利或者蒙受不利后的得利。

评　论

第Ⅶ - 3:101条和第Ⅶ - 3:102条

A. 概述

匹配条款。

第Ⅶ-3:101条(得利)及其镜像条款第Ⅶ-3:102条(不利)区处的乃是不当得利返还请求权利的第二、三项要件:也就是说,他方当事人有所得利,而原告蒙受不利。虽然原告蒙受之不利与得利人之得利不必为同一类型,但得构成得利或者不利的利益或者不利益从根本上一样,正如这两条的措辞所表现出来的。另外,在简单案件中,利益直接来自失利人,原告蒙受之不利与得利人之得利实不过一枚硬币的两面。是故这两条得拿来并读,并以前条为重心。

总说。

这两条的第(1)款皆以穷举方式下定义:第Ⅶ-3:101条(得利)枚举了得构成得利的各种利益,关乎基本规则之适用,第Ⅶ-3:102条于不利概念如法炮制。此外,这两条(都在第(2)款)确立了重要的原则,可以说,得利以及相应的不利,都是资产负债表上的个别正科目(或者,看情况,负科目);得利或者不利并不是代表结余本身的"账本底线"数目字(所有正负科目合计)。

与第四章(归因)的关系。

这两条的适用,要考虑到第四章(归因)。本章界定了何者得构成得利和不利,第四章关涉的则是何人得利何人失利的问题,因为在特定情形下,第四章的规则会就此产生影响,比方说吧,将得利或者不利从此人处转移至彼人处[参见第Ⅶ-4:102条(间接代理)]。

与其他章的关系。

这两条所要区处的不过是,特定人是否有所得利或者蒙受不利。如果某人并没有在第Ⅶ-3:101条所讲的意义上得利,即不依本编而负义务:没有应予返还的得利,当然也就没有责任。同样地,如果原告并没有在第Ⅶ-3:102条所讲的意义上蒙受不利,也就没有通过牺牲原告而得利的问题,也就不会生本卷下的权利。他人得利而原告蒙受不利,两者纵然齐备,亦不当然意味着得利人依本卷负有责任。即便得利依第二卷可知无法律上之原因,亦然。还必须依照第四章确定,得利人之得利可归因于原告蒙受之不利。另外,如果真要负责,还得依第五、六章的规则来确定责任的范围。

B. 资财增加或者责任减少:第Ⅶ-3:101条第(1)款(a)项

资财或者责任的变动,而非价值的变动。

照第Ⅶ－3:101条第(1)款(a)项,某人"资财增加或者责任减少的",有所得利。本质上讲,资产负债表的任何有利调整,不管是资产侧写入新的正科目,还是负债侧涂掉负科目,都构成得利。不过这定义仅包括实质变动,不延及资财的纯粹价值变动(财产本身未有变动)。必须有标的在量上的增减,而不是对一定的量其市场价值的重新评估。要么是新的资财写入,要么是旧的责任涂去。当然,即便是不牵涉资财或者责任变动的利益,仍可能依本条其他款项而构成得利,尤其是提供服务或者完成工作的情形。

示例1

D的某块地皮毗邻E的花园,花园附属于房产。D利用这块地皮堆放废料,这为法所许。垃圾堆大碍观瞻,连累得E想出脱房产并花园,叫不出好价。却喜D更改了经营计划,清理了场地作商用,赏心悦目之余,E的地产也顺利脱手。据评估师的证言,花园周边景观的提升,让房价涨了大概4000欧元。依本款,E并未得利。E没有获得任何资财。E所得好处不过是现有财产权利的单纯增值(D也没有为E提供什么服务,完成什么工作:参见下文评论C)。

资财的含义。

"资财"(assets)的定义得见于《共同参照框架草案》附录,凡具有经济价值者,包括财产、* 具有金钱价值的权利以及商誉。

标准。

这里没有明白表达出来的标准是,资财必须以某种方式被承认"属于"特定人,如此方能谓某人系通过牺牲他人而获得那项资财。这意味着,资财,不管是有形财产,还是无形财产,上面都得附着一定程度的受保护的排他性。另外,资财必须得作商业利用。也就是说,一般得支付代价才能获得或者使用;必须是权利或者具有潜在经济利益的相当之物。是以,"资财"乃是涵盖了所有受法律保护的此种形式经济状况的伞状术语。

示例。

资财术语当然包括金钱和财产权,内中有知识产权以及任何其他形式的权利,例如契约权利(像应收的书款)、损害赔偿请求权利、信托的受益权,甚至是不当得利法下的权利。至于所涉的财产是有形财产还是无形财产,是动产还是不动产,都无关紧要,还有什么财产权利、准财产权利和纯粹对人权利的区分,同样没有意义。也不必去管,这权利是不是在本质上属于程序性权利或者从属于其他权利:比方说,企业的商誉,或者产权登记的更改权利,都构成资财。另外,秘密的有价值的信息,在其"所有人"有权利限制其利用或者流通的范围内,亦可能构成资财。比方说发明或者设计的大纲,还没有授予专利权,所以只能说是未成熟的知识产权,即属此类。所以,一个必备因素就

---

* 财产(property):"财产"指一切得所有者(can be owned),不论其为动产抑或不动产、有体财产抑或无体财产(框架草案附录:定义)。

是,“资财”的“所有人”是不是有权阻止他人侵害或者干预。

示例2

D利用银行转账付款,由于错误,把款转入了E的账户。E受领了资金,依本款构成得利。E作为账户持有人和银行债权人,其对人权利扩展及于账户余额增加的部分(E可以请求银行支付)。

示例3

E在拍卖会上拍得某位大名人的汽车,还挂着由姓名首字母组成的个性化车牌(TAC 1)。车牌本不在拍品之列,拍卖人因过失未将其摘下,由于没有明示保留权利,根据规制个性化车牌的法令,随着车辆所有权的转移,牌号亦一并归E。E得使用并保有这串个性牌号(这项资财市场价值约为1.5万英镑),是以得利。

示例4

D的女儿与E相好,E打算收购X的农场,D给了X4000欧元的“甜头”(sweetener),让X脱手。X照时价将农场出让给E。再往后,E与D的女儿分道扬镳,D要求E返还4000欧元。返还请求自然不成立,E未因D而得利。D付的那些甜头,并不会让E多出些什么针对X的权利来;只不过让E本来就有的谈判与购买机会更加牢靠些。D并没有增加E的资财。E取得农场所有权,是因为和X订立了契约。

资财增加的方式。

设某笔财产取得构成资财增加,就本条来说,如何取得无足轻重。比方说,取得财产权构成相当于得利的资财增加,不管是通过权利的让与而取得,还是通过其他方式(如添附)。不过,这不妨碍在其他场合讨论资财增加的方式,像得利是否有法律上之原因,是否可以归因于失利,还有得利人责任的标准。在那些场合,取得的合法性至关重要。

示例5

D在E的土地上建造房屋。E依本款有所得利。E的资财增加:房屋因添附于土地而成为E不动产的一部分。就本条来说,D是否曾请求建造,C是否知道土地属于E,* 无关紧要;就本卷其他条来说,这些事宜或者有意义。

责任减少。

第(1)款(a)项还规定了表现为责任减少形式的得利。所负债务被全部或者部分清偿,即为适例。这增加了债务人总体财富的净余额,因此应该和积极增加一样视作得利。至于是受领人的银行账户本来就有余额,只是单纯的余额加添(资财增加),还

---

* 此处正文当有脱讹,C不知何许人也。

是已经透支,债务全部或部分得到清偿(责任减少),并没有什么关系。责任概念越出了契约债务,还包括比方说非契约债务或者其他私法债务。也不以债权人实际上要求清偿债务为要件:负有债务,债务减少,这就够了。如果假定债务纯属虚构,也就无所谓责任减少:必须有某宗债务可供清偿(例如赔偿或者提供补偿)。债权人事前放弃了法律责任的,也一样处理。

示例 6

X 的油轮泄漏少许原油,污染了 N 的土地。地方政府承担了清污工作,认为这实属必要。除第Ⅶ－7:103 条(公法请求权)(因行使公法职能而授予的利益,或不得适用本卷规则)以外,政府依本卷对 X 无从主张权利。如果 X 对 N 负有损害赔偿责任,毋庸置疑,因为政府的救助措施(恢复原状),责任减少了。可是,如果依可得适用之法律,这种情形下的非契约责任以 X 的故意或者过失为要件(也就是说,非为严格责任),而且也没有证明 X 有过失,所谓由原告减少的 X 的责任也就子虚乌有了。这时,X 无从得利。

C. 受领他人的服务或者由他人完成工作:第Ⅶ－3:101 条第(1)款(b)项

总说;基本原理。

第Ⅶ－3:101 条第(1)款(b)项关注的是得利概念下另一种形式的利益,表现为受领他人的服务,或者由他人完成工作。只要市场认为特定类型给付是有价值的,那么这种给付的提供人也就向受领人提交了有价值的东西,价值转移了,是故受领服务应视作得利。当然,如果服务是不请自来的,受领人或许并不会感到"改善"(better off)。这里,不知情的受领人,责任可能减轻或者排除。这些考虑交由后面的规则处理,尤其是第Ⅶ－5:102 条(不可移转之得利)。

总体资产结余的变动,无关紧要。

服务或者工作也可能(但不必然)导致得利人总体资产结余的变动。表现为"纯粹消费"或者享受的服务,也是得利。建造服务(为房屋增加了新结构)、装修服务(仅仅是改善现有房屋的状况)以及运输服务(只是改变人或财产的物理位置),皆为本款意义上的服务。

服务或者工作的合成概念。

"服务"概念的边界相当模糊,难以把握。由于难以精确界定,可能在范围上会过于狭窄,不能将特定利益纳入得利概念。所以要将本项加以扩张,将"由他人完成工作"括入,那些与服务性质相似的利益也就都涵盖了。"服务或者工作"这个概念最好被看作合成的,意在包举一些特定的无形利益。

服务概念。

服务概念一般在契约(或者至少是商业)活动领域有意义。比方说服务契约的界定,多是一方面与雇佣契约比较;另一方面与其他有名契约(例如销售契约)对照。见于专为服务契约起草的条款[第Ⅳ.C－1:101 条(服务的提供)第(1)款]中的提供服务的契约概念,也未对其核心要素"服务"加以界定。那里指的只是特定形式的服务:第(2)款提及建筑、加工、保管、设计、信息或咨询,以及医疗契约,而第IV.C-1:102条(除外条款)将运输、保险、担保以及金融产品或者金融服务排除。可以认为,服务是指一般为了报酬而从事之作为或者不作为[参见EC Treaty art.50(1)]。

依合意提供服务,但不构成有拘束力的契约。

在契约背景下,可以认为,服务是为了给予受领人某种利益。而在当下考察的领域,困难当然在于,不当得利请求权利的双方当事人之间可能并没有契约关系。如果双方当事人都(错误地)以为之间的法律关系为契约关系,也不会有什么麻烦,因为根据当事人自己对所从事经济活动的看法,会将此种活动定性为服务;如果双方当事人都把所提供之给付看作服务,那么算不算服务,有效契约就并不是不可或缺的。在这种情形,至少当事人之间有提供服务的合意,可以勘定其性质为服务。

示例7

律师D答应代表E起诉第三人,约定按条件收费,当且仅当胜诉了,可以得到赔偿金的特定比例。E果然胜诉,第三人也清偿了债务,E却就D的权利提出质疑。依适用于这种特定情形的相关内国法,D、E间的协议为法律所禁止,可双方当事人都没有意识到这一点。双方当事人之间不存在有效服务契约:第Ⅱ-7:302条(违反强制性规范的契约)。(假定内国法把这种协议看作无效契约)。依不当得利法,D为E从事诉讼活动,也就提供了服务,在本条的意义上,E相应有所得利。至于交易的不法对本卷下的责任是不是也有什么影响,依第Ⅶ-6:103条(不法性)而定。

不请自来的服务(unsolicited services)。

因受领服务而得利,不限于"双方当事人议定的有偿工作",亦及于下面的情形,即服务提供人自己意图提供服务,可能是自以为在完成服务请求,也可能确实有真正的请求,但并非出自服务受领人。所以,当事人的错误是双方的,还是单方的,并不影响将所从事的工作定性为服务。

示例8

旅馆客人X临出门前,要求趁着他外出,把衣物拿去清洗熨烫。可旅馆员工错将客人E的相似衣物取去,等送回时,自然是纤尘不染、笔挺有致。依本款,E有所得利。很显然,E是不是应该偿付服务的价值(或者任何少一些的金额)来返还得利,得利一节本身并不具有决定意义。

不知情而提供服务(unwittingly)。

相反的情形,只是得利人自己想要得到服务的利益。换句话说,失利人不知情而向他人提供了利益。如果服务提供人惯常都是有偿向他人提供服务,一般会很清楚,如果服务提供人知道真情实况,肯定会不同行事(比方说,以其行为,不使受领人得到利益)。在这种情形,如果受领人刻意求取利益,应该将这种利益看作本项下的服务和得利。

示例9

E偷乘D公司的航班，从汉堡飞抵慕尼黑。依本项，E有所得利。这里的利益类型(航空旅行)，通常都是航空公司向乘客有偿提供的。E是不是节省了费用，没有什么干系。比方说，如果不能免费，E是根本不会飞这一趟的(E只是捡了安检松弛的空子，找点刺激)，就算这样，E仍然依本项而得利。这时，虽然E并没有什么节省，仍然因为受领了服务而得利。

因追求自身利益而生之附带利益。

给付人并不知道自己给予了利益，而受领人也没有积极地去促成利益，这种情形，不构成本项所谓服务或工作的受领。在某种事态形成后加以利用的，并非受领服务。

示例10

一道溪水先后流经D与E的土地。为了更好地利用水资源，D修造了过滤栅栏，清除水中的沙石。不管对E还是D来说，水资源都改善了。D并没有在第(1)款(b)项的意义上增益E。

示例11

偏远的乡郊，D与E的土地毗邻。D与电缆公司X订立契约，搭设电缆。电缆公司得从主干网拉出支线，穿越田野，抵达D的地块。而后E也委请X公司给自己的地块接上电缆。由于X公司(拥有电缆所有权)将E地块上的电缆直接连上了刚刚铺设的支线，E的费用就比D此前的费用低出一大块。E从D委托X所从事的工作中得了便宜。但D并没有在第(1)款(b)项的意义上增益E。

D. 利用他人资财：第Ⅶ-3:101条第(1)款(c)项

总说。

第Ⅶ-3:101条第(1)款(c)项区处的乃是得利定义中的第三种利益类型，表现为利用他人资财。(c)项中的“资财”术语与(a)项含义相当(参见上文评论B)。要判断本项下谁人有所得利[相应地，第Ⅶ-3:102条第(1)款(c)项下谁人蒙受不利]，勘定谁人资财被利用便至关重要。

示例12

D公司于自己的土地上修筑了一道污水渠，依相关制定法，水渠成为国家财产。而后，E依制定法条款，利用了这道水渠。事实上，E从D花钱完成的成果中获益，D却不得依本卷对E主张不当得利返还。E并未利用D之资财；实在讲，E利用的乃是国家财产。D亦不得对国家主张权利，国家得利有法律上之原因，因为国家依法有权获取此间之利益(因取得水渠而资财增加)——也就是说，如果征收法依其自身机制补偿了D，即无不当得利问题。

得为利用之资财。

本项仅适用于可得利用之资财。原则上涵盖所有可移转的绝对权利,例如包括知识产权在内的财产权利。不过,这里的权利也不必可移转,只要他人得经许可而使用,即为已足。这样也就容纳了相对权利以及不可移转的绝对权利,例如契约权利和人格权利。同样地,利用他人资财也包括使用他人的秘密信息或者尚未但有可能取得知识产权的发明设计。反之,如果基于公共政策的考虑,甚至名义上的商业化利用也不允许,即无所谓本项意义下的资财利用。

示例 13

D 自 X 处租得一辆大篷车,为 E 所占用。E 因利用 D 的资财(也就是 D 针对 X 的支配使用权利)而得利。至于 D、X 间的契约是不是准许 D 转让此项权利,或者 D 的权利是不是构成财产权性质的占有,都无关紧要。

示例 14

发明家 D 与制造商 E 磋商,讨论 D 的地毯夹专利的利用事宜。谈判过程中,D 向 E 勾勒了地毯夹的改进设计思路。后谈判未果,E 却根据 D(尚未申请专利)的新思路生产地毯夹。D 得依本卷主张权利。E 利用了 D 的资财,得利无法律上之原因。D 的新设计,虽非专利法意义上的知识产权,但系私下披露,有权不许 E 利用,故仍受法律保护。对此种信息的控制权利属于 D 的资财。

不考虑权利持有人是否有许可他人使用的资格。

某项权利欲构成这里的资财,性质上必须得为商业利用,但并不要求权利持有人自己必须处在得授权他人利用的位置上。某项权利,在法律上(de jure)得利人不得被授权使用,但事实上(de facto)利用了,仍然构成本项意义下的资财利用。权利持有人并不必定享有让与或者许可他人使用的权能,但关键在于,这里的权利从性质上看,只要授权给权利持有人的条款没有施加限制或者权利持有人有许可他人使用的能力,就可以成为有偿使用许可契约的标的。所以,可作商业利用要件关涉的乃是权利的内在性质,而不是权利持有人是不是有让与或者许可使用的权能或者行为能力。在权利持有人不能转让或者许可他人使用的情形,可作商业利用要件仍有可能得到满足,比方说,权利授予是有价的(也就是说,授予人得为授权有所索取,而被授予人也愿意为此有所付出)。当然,人格权利大概不会被有价授予,但这里关乎肯綮的乃是形成购买价格的抽象可能性,而不是权利持有人实际上是不是必须得到偿付。某项权利,即便是无偿授予的,仍有可能是有价值的。

示例 15

X 自其父 F 处继承取得一间村舍。这村舍,X 向来只是假期居住。F 的老园丁 D,为 F 辛勤服务多年,X 打算为 D 提供一间退休居所,遂以正式地不可撤回的方式同意,D 得于其余生占有这间村舍。D住院很长时间,等回来却发现,E占有了村舍。E享用了D的权利,在第(1)款(c)项的意义下增益己身。D系无偿取得权利,此节无关紧要,因为一位假想的所有人,定会为此有所索取,而一位假想的终身占有人,也定会愿意为得到这项权利而付出合理的价格。

不考虑权利持有人是否有自己利用或者商业化利用的意图。

前已提及,算不算利用他人资财而得利,只是取决于固有的商业化利用的可能性,所以,在判断那个利用了权利的人有没有得利的时候,权利持有人有没有什么具体的愿望,来商业化这种可能的利用,也就无关紧要了。某人擅自占有他人房屋,害得房主有家不能归,房主是不大可能愿意开门揖寇的,但这并不会妨碍我们认定入侵者因为无偿占有他人房产而得利的事实。同样,权利持有人是不是打算自己利用资财,也无须考虑。

示例16

在前例中,D住院期间,E因占有村舍而得利,至于(a),D是不是需要这村舍来居住,以及(b),D是不是有意有偿让他人使用,都不用考虑。

同样,某人未经他人同意,将他人裸体图片发表,尽管这画中人大概无论如何不会许可这种使用,仍然构成行使画中人得予许可的有价值权利。受害人从来没有想到过同意这种行为,这一点无关紧要:价值已经转移(违背了受害人的意志),不当得利请求权正可对付这种讨厌的事情。

不考虑对得利人的效用。

资财之利用构成得利,而不管这种利用是否为得利人带来了什么金钱收益或者节省了费用。在第Ⅶ-5:102条(不可移转的得利)适用的情形,要判断善意得利人的责任范围,这一点或会很重要。而对恶意得利人来说,则以所利用权利的市场价值(而不是从中得到的实际好处)来确定责任范围。比方说发行他人的色情图片,哪怕是免费提供给窥淫癖者,受害人也可以请求发行人支付许可费用。

利用的含义。

利用他人资财,最低限度上意味着行使他人权利或者使用他人财产。而这又意味着,从事构成资财利用的行为是故意的。利用他人资财要件还包含着进一步的内在的限制条件,也就是说,得利人事实上僭取了他人(潜在)的享受。唯其如此,才能讲属于他人的某项权利或者其他资财实际上被利用,而不是仅仅学样。就不当得利法来说,利用他人资财概念还包含着一项要件,权利的行使或者财产的使用必须表现为利用出自资财:侵犯他人资财的行为必须指向由标的中榨取效用。

故意行为。

故意从事构成资财利用的行为,这一要件并不意味着,必须处心积虑地僭取权利人的享受,利用明知属于他人之物。第六卷(造成他人损害的非契约责任)意义上的故意要件并不适用于此处[第Ⅵ-3:101条(故意)(a)项以故意为要件(撇开预见到肯定会发生的结果这样的情形)]。第六卷的过错概念与本编无关。误以为土地是自己的或者无主的从而占有土地,这就行使了土地所有人或者其他什么占有权利人的权利,而且仅仅因为(i)是基于占有的意图而占有,且(ii)土地是不能归其使用的,也就构成了利用他人资财。

僭取他人之利用。

取代他人而利用,可能是全部的,也可能是部分的,既有空间上的,也有时间上的。是以,行使他人权利于一时,与将他人权利行使殆尽,乃是同样的资财利用。如果权利的行使表现为物理上的利用,比如占有不动产或者动产,所谓资财利用不言而喻,因为对物的此种支配一般都排除了他人对物为相应的利用。即便物理性使用是有限的,从而取代是部分的,在构成资财利用方面也不遑多让,比如某人实际上在他人土地上创设了通行权。尽管这种通行权利对土地所有人占有土地的干扰微不足道,所有人对土地的利用在此范围内仍被取代。不过,这又不是对土地所有人支配下整体资财的利用,而只是对某成分权利的利用,即允许通过土地的权利。共同占有的情形,同样关涉对他人财产的利用。

示例17

D企业周末不运营,集市商人E遂每周六都把货车泊于D的楼前场地。E利用了D的资财,在本项意义上有所得利。E事实上并没有妨碍D使用自己的场地,但这一点无关紧要。被货车占据的那点空间,D是有可能利用的,就此而言,E僭取了D的利用。

示例18

D将自己塑造为境遇坎坷、屡遭困厄、人生逼仄、经济无着的薄命红颜形象,令E生出悲天悯人之慨。E遂将自己公寓中的一室无偿交与D居住,其他家庭设备,两人共用。E后来如梦初醒,E乃是专门猎食自己这样天真少年的惯骗老手。D不仅因为排他占有所住房间而得利,共用其他家庭设施,亦构成得利。

无形财产权。

前述原则亦适用于无形财产权。轻微的侵犯(marginal encroachment)即得构成利用他人资财。

示例19

E未经许可,复制版权人D的作品。E在第(1)款(c)项的意义上有所得利:E利用了D的版权。尽管E的行为并不会妨碍D自己复制或者许可他人复制,仍然构成利用他人版权,因为当E擅自复制之时,D已无从就此作出有效决定。

表面上的侵犯。

若侵犯只是表面上的,所谓失利人的权利仍宛然完璧,这时并无得利(,相应地,亦无失利）。

示例20

E冒充D的代理人收债，D的债务人X受了欺诈，向E清偿。尽管X系善意行事，其对D所负债务并不因此消灭。E当然因为X的给付而得利（资财增加）。不过，E并不是在第（1）款（c）项的意义上得利，E没有利用D的资财（D请求X清偿债务的权利）。X对D所负的债务，并不会因为X向E给付而消灭。* D也没有因此给付而受到损害。基于同样的原因，E的得利可归因于X，而不是D：对比第Ⅶ-4.103条（债务人向非债权人履行；所受领利益善意转移），适用于针对债务人的权利丧失的情形。如果D追认了X的错误清偿，则另当别论：详参第Ⅶ-4:104条（对债务人向非债权人履行的追认）。

示例21

E占有D的车辆，转让给X，因不符合关于善意取得的相关制定法，X不能取得车辆所有权。E没有通过利用D对车辆的处分权而得利，因为车辆所有权没有转移：X没有取得所有权。E只是在出脱车辆前，短暂利用了D的占有权。如果D追认了E的无权处分，另当别论：详参第Ⅶ-4:106条（对介入人行为的追认）。

利用模式。

只要满足前述标准，不论具体方式如何，皆为第（1）款（c）项所涵摄。尤其是，如果所涉资财为财产，不管是对物的占有，还是行使任何权能的其他模式，比如对物的处分，都构成利用。某人将他人财产转让给善意购买人，后者因之取得所有权，出让人因利用原始所有人有价值的权利（转让财产权的权利）而得利。出售情形如此，赠与情形亦不遑多让（在相关财产法允许无权利人有效赠与他人财产的范围内），因为在有效赠与他人财产时，赠与人意在窃用财产，正如同为个人使用而窃用一样。

示例22

驴友E，自D果园的果树摘下一枚苹果食用。E因窃用和消耗掉苹果而得利。

示例23

E占有D的车辆，将之转让给X，依善意取得相关制定法，X取得车辆所有权。E因利用D对车辆的处分权利而得利。

示例24

E发电厂自D处购进煤炭，用作发电。嗣后知晓，因不符合管制要求，契约无效。即便就那批煤E没有取得任何财产权利，为了企业目的而烧来发电，E也因此得利，E利用了D在煤炭上的权利。

---

* 除非构成表见代理。

不构成利用的妨碍。

并不是所有对他人财产的妨碍都构成本项意义上的财产利用。先不论其他,得利人的故意行为要件将仅仅是无意造成的财产损失或者人身损害排除在外。另外,所谓利用也就意味着,权利是有目的行使的,是为了攫取经济上可衡量的好处。比方说,荡毁财产的肆意行为,其本身就并不构成这里狭窄意义上的利用他人权利。是以,并非蓄意妨碍他人权利,或者并非算计着窃用权利行使中的经济好处,即非为不当得利法中的利用他人资财。这些事宜乃是非契约责任法的保护区。

示例 25

E 恶意划伤 D 的跑车。E 并未在本项的意义上得利。D 不得依本卷对 E 主张权利。设第Ⅵ-1:101 条(基本规则)的要件得到满足,D 得请求损害赔偿。如果划伤纯属意外,是由 E 的过失所致,或者 E 是为了报复、渲泄无政府主义情绪,或者寻求搞破坏所带来的堕落快感,亦无二致。但是,如果 E 是位画家,在 D 的车身上创作精美的蚀刻艺术,对不当得利法来说,就另当别论了。这里,E 窃用车体作为创作的载体。

示例 26

E 答应 D,在 D 装修房屋期间,替她保管家具。说好了,D 三周后取回家具。E 将约定忘在脑后,外出游赏,过了日子。D 只好租用家具,并要求 E 偿还相应的租金。D 的请求不能得到本卷支持。E 并未在本条意义上有所得利。E 没有使用家具,也没有意图行使权利决定如何利用这些家具。E 只是将家具保存起来,保存过了约定的期间。如果 E 负有责任,那也是非契约责任法和契约法[如果当事人意图缔结有约束力的法律关系:参见第Ⅱ-4:101 条(订立契约的要件)]上的责任。

E. 得利同时或嗣后蒙受之不利,不问:第Ⅶ-3:101 条第(2)款

总说。

第Ⅶ-3:101 条第(1)款的得利定义明确了构成得利的数种利益形式(资财增加,责任减少,受领服务,利用资财)。如此,得利被界定为本身有价值的数种特定细目(items)的增大。得利并没有被界定为实际上令得利人改善的东西;得利被界定为受领或者承继具有内在价值的利益[换句话说,本身能使抽象受领人改善的利益]。第(2)款明确,仅仅因为获得这种利益,即为得利,同时或嗣后,果有所失利,在所不问,从而夯实前款定义。是以可知,本款功能在于加固添厚,预防前款的谨严缜密为其他不适于本卷规则的"得利"概念所稀释冲淡。

得利的净财富增加进路。

与另一种得利模式加以对照,可以最深刻地揭示本条所采进路的作用。得利或得被界定为民事主体净的总体资产状况的改善,反映资产减去负债后盈余的增加或者赤

字的减少。如果把得利定义为“改善”(better off)的程度,那么,在资产正向调整的同时,负债也作相等且相反调整的,即无从得利,因为资产负债表的底线没有净的改善。这条进路在本框架草案下行不通,因为照这个方案,就得在不当得利法里头引入一些特别规则,来处理契约无效或者被撤销而又没有“净”得利情形下的返还事宜。比方说,双方当事人的交易臻于市场里头的理想,都有钱赚,各得其所,等都履行完毕,方才发觉契约无效或者被撤销。草案将每个当事人都置于这样的出发点上,得请求返还所给付者,又得返还所受领者,所以草案所采纳的得利进路,要个别地看资产负债表的每一项调整,而不是看这些调整的合成效果。

得利的细目化进路。

接着上段,这是本草案就得利与失利问题何以要采纳“细目化”(itemised)进路的一个原因。第Ⅶ－3:101 条第(2)款(并相对应的第Ⅶ－3:102 条第(2)款)将得利与失利看作不同事宜,排除了得利概念的总资产余额增加定义,从而贯行了细目化进路。得利即为添加到资产负债表上资产侧的任何细目(第Ⅶ－3:101 条第(1)款),失利即为负债侧的任何细目(第Ⅶ－3:102 条第(1)款),不考虑任何相向的价值运动。这样,就可以把交易状况看作是两套反向运动的得失利的结合,而不是单向的复合交易。

示例 27

服务提供人 S 与购买人 P 依契约互为给付,后来知道契约无效。S 因受领价款而得利(资财增加),同时因提供服务而失利。相应地,P 亦同时得利(受领服务)和失利(资财减少:付款)。双方俱得依不当得利法请求返还。判断当事人是否得利或者失利,是否享有请求返还的权利,服务的价值和价款的数额都不用考虑:双方互为债权人(就移转给他方当事人者)与债务人(就所受领者)。

比较。

依本卷,失败交易的当事人同时为原告与债务人的情形,当然有抵消的余地。可以由一方当事人向他方当事人支付两件给付的价值差额,将纠纷一并解决。在这种情形,不管是依本草案所采纳的得利概念进路,还是依净得利进路,结果相同。不过,净得利模式下的返还却只能服务于经济目标,两套进路在这一点确有差别。在净得利进路下,顺理成章的救济方式即为,依财富净增值返还货币。可在双方当事人以原物形式互为返还所受领利益的场合,这套进路就站不住脚了。给付了物的当事人,出于情感而非经济上的考虑,迫切地要索回原物,此时,净得利进路便心有余而力不足了。纯粹的净得利进路至多按照给付与对待给付经济价值上的差额来确定一方当事人的请求或者他方当事人的返还责任,这个差额就是得利的判断标准。实际上,这是强迫抵消。而依细目化进路,当事人得请求返还所给付之物,这样就有可能保护原告于物的给付当中更为广阔的利益,比方说情感上的割舍不断或者更富远见的商业考虑。

同时或嗣后蒙受之不利。

第(2)款的原则尤其指向的是示例 27 那样互为给付的情形(即得利与失利同时发

生)。不过如条文措辞所示("为换取得利所蒙受之不利或者得利后所蒙受之不利"),并未框束于此。判断是否得利,任何嗣后的失利都不在考虑之列,当然,对第Ⅶ-6:101条(得利减损)的抗辩或许至关重要。因为,这个阶段所关注的乃是确认得利与否,而非勘定责任额度。

示例28

E应D的指示完成工作,D将400欧元放入信封交给E,换取发票。依发票,应付款不过250欧元。显然D多付了,因为她没有把几张黏着的新钞票分开。E打开信封,以为多出来的是E给的小费,立即花200欧元给太太买了件大氅。E取得400欧元,依本条有所得利。E嗣后花掉200欧元,无改得利事实。在250欧元的范围内,得利有法律上之原因,就多出来的150欧元,无法律上之原因:参见第Ⅶ-2:101条(得利无法律上之原因的情形)。至于E是否应对D负返还责任,依第Ⅶ-6:101条(得利减损)区处,要看后来花在大氅上的开销是否充分得利减损抗辩的要件。

示例29

D因为错误,将200欧元汇入E的账户。D曾讲过要送E礼物的话,E便当这笔钱就是礼物。E从账户提取现金,打算买件外套犒赏自己。在购物中心,遇一老友X,正为慈善事业募集资金。与X的义举相较,E深为自己的疯狂消费含羞抱愧,遂捐出50欧元。E得利200欧元。E嗣后捐出50欧元,不影响前句判断。不过,若是E能成功援引得利善意减损抗辩(E有合理理由相信,得利有法律上之原因,并因之蒙受50欧元不利,而这笔开销,本来是不会列入预算的),其对D所负之不当得利返还责任将减至150欧元。

注 释

Ⅰ.得利与失利的证明:资财负债表标准还是细目化进路?

1.依得利的净余额增加进路,得利/不利意旨总体资产状况的改善/恶化(即所涉当事人是否所入大于所出,或者反过来,所失大于所得);而依细目化进路,则为所得或所失之特定给付。各成员国法律体制自有取舍。在法国的欠缺原因得利法上(enrichissement sans cause),最高法院判例遵循前一进路(Cass. civ. 23 January 2001, Bull. civ. 2001, I, no. 9 p. 6;D. 2001 I. R., 746;D. 2001 Somm. Comm. 2940, obs. Vareille)。在该案中,就提供给父母的超过孝心要求的服务,同时包含孩子的损失和父母的得利的,方得提起所得利益诉(actio de in rem verso)。标准没有满足,因为孩子为其提供给父母的服务收获了对待给付。这正合乎根深蒂固的主流观点,判断是否得利,要以受领人的整体资产状况为基础:只有净得利方予考虑(Demogue, Traité des obligations en général III, no. 151 p. 241)。比利时的立场亦大抵如此。某种收益,只有在扣除了相应的损失之后,还能使得利人总体资产的价值有所增加的,方构成得利(de Page, Traité élémentaire de droit civil belge III[3], no. 37 p. 47)。这套"净得利"理论也并非众口一词:参见例如,Filios, L' enrichissement sans cause en droit privé français, 145, 149。

2. 西班牙法区分各种不同返还之诉。照一般规则,判断受领人是否有所得利,其因换取得利或者在得利之后是否蒙受不利,在所不问(Carrasco Perera, ADC 1988, 5, 92 and 96, 主要援引《民法典》第 451 条作为这一进路的基础)。依该条,善意占有人不负返还净得利的义务;责任限于对给付所为利用的价值。在所谓给付型得利(condictio de prestación)的框架下,区分非债清偿返还之诉[condictio indebiti,为清偿原因(solvendi causa)所为给付的返还]与契约无效或者被撤销情形下的返还诉讼。在后种情形,适用《民法典》第 1303 ~ 1308 条的回复原状规则,而不是非债清偿返还之诉的规则(Basozabal Arrue, Enriquecimiento injustificado por intromisión en derecho ajeno, 203 - 204)。双方当事人应返还依无效或者被撤销契约所受领的给付,不管是善意还是恶意,也不管在交易过程中得了什么利益,或蒙受了什么不利。第 1303 条和第 1307 条不准对互为返还原则(mutual restitution)加以克扣或者排除;在这里,引差额说(Saldotheorie)入西班牙法实非可能(Basozabal Arrue loc. cit. 217;Díez - Picazo, Fundamentos I^6, 129 在探索不同进路)。通过和第 1304 条的比较考察,也可以证实这一进路。依第 1304 条,"净得利进路"仅适用于下面的例外:欠缺行为能力人的返还义务限于"自受领物或受领价值所获之利润"。(这样便与第 1163 条的立场相吻合,依该条,向欠缺行为能力人所为之给付,仅在给付为其利益而使用的范围内,方为有效。)主流观点以实际资产状况与假设资产状况的差值(modelo diferencial)为判断是否得利的基础,其依据的是按获利额原则(in quantum factus sit locupletior):* 没有实际的资产增加或者费用节省,即无所谓得利(Carrasco Perera loc. cit. 105, 92 - 97;Delgado Echeverría and Parra Lucán, Las nulidades de los contratos, 286)。是以,单纯受领物或价钱尚不构成得利(TS 15 February 1952, RAJ 1952 no. 288 p. 203;Delgado Echeverría and Parra Lucán loc. cit. 287)。欠缺行为能力人有所得利的证明责任落在契约他方当事人头上(TS 9 February 1949, RAJ 1949 no. 99 p. 67;contra Díez - Picazo loc. cit. 601)。而在非债清偿返还之诉的框架下,由于第 1897 条设计了特别规则,非债清偿的受领人(accipiens indebiti)善意的情形,法律立场暧昧不明。** 依第 1897 条,善意受领人负原物返还义务。不用返还孳息:Díez - Picazo, Fundamentos II4, 519;Paz - Ares/Díez - Picazo/Bercovitz/Salvador (- Ballarín Hernández), Código Civil II2, 1961;contra Basozabal Arrue loc. cit. 212 - 213。原物返还不能的,善意受领人仅需返还原始得利的替代物,并以仍然有所得利为限。这是另一处运用"净"得利进路的例外(Díez - Picazo loc. cit. 520;contra Carrasco Perera loc. cit. 99 and 102)。在非债清偿返还的情形,《民法典》第 1899 条似乎也援用幸存"净值"或者资产负债表方法来确定得利的多寡:A 与 B 没有法律关系,A 因错误向 B 支付若干款项,B 以为这是在清偿 C 对 B 所负之债务(B 为善意),是以未对 C 主张权利,导致 B 对 C 的权利罹于时效,依第 1899 条,A 不得对 B 提起非债清偿返还之诉,但得对 C 主张权利。依主流学说之见,A 对 C 所得主张之权利不得逾 C 的"净得利"(Gullón, FS Batlle Vázquez, 367, 383;Ballarín Hernández loc. cit. 1965)。在侵害权益型不当得利场合(condictio por intromisión en derecho ajeno, Eingriffskondiktion),得利数额依对财产或资财所为利用之市场价值而定:参见《民

---

* 亦写作按获利额(quantum lucratus):在不当得利案件中,一种可能的合理估算赔偿额的标准。元照,第 1129 页。

** 《西班牙民法典》第 1897 条:"善意受领特定给付之人,仅在受益范围内就财产之损失或者增加负责。若受领之特定物已被处分,应返还处分价款或者让与返还之诉。"

法典》第360条,第451条和第455条,Carrasco Perera loc. cit. 100,以及,Basozabal Arrue loc. cit. 264;另见,Cámara Alvarez and Díez-Picazo, Dos estudios sobre el enriquecimiento sin causa, 122; Díez-Picazo, Fundamentos I[6], 130,不过这里有主张,在这些案件中应适用差额说来确定得利。若某人处分他人资财,销售收益大于资财之市场价值,所有人亦有权请求返还盈余额,但反过来,如果销售收益的增加可以单独归功于处分人的技能,所有人亦可能因为处分人支出了费用而对后者负返还责任(第453、454、360条以下)(Carrasco Perera loc. cit. 98;Basozabal Arrue loc. cit. 298)。经过抵消,结果是责任实际上系于资财的客观市场价值。如果脱手价格低于真正的市场价值,失利人得依侵权法据差额请求损害赔偿(Basozabal Arrue loc. cit. 298)。还有其他的返还诉讼,像《民法典》第1158条第(3)款:清偿他人债务后的求偿(condictio de regreso),第453、454、360条以下:在他人财产上支出费用而得请求返还(condictio por impensas),一般以为,"净得利进路"决定是否得利及得利多寡[Carrasco Perera loc. cit. 100,阐释说,"净得利进路"亦规制所有强迫得利(enriquecimiento impuestos)案件]。依《民法典》第458条的一般规则,占有人不必返还已不存在的改良价值[参见例如,TS 6 December 1985, RAJ 1985 (3) no. 6520 p. 5538]。在债务由第三人清偿的情形,只有债务人依第1158条第(3)款反对第三人清偿的,方适用真正的净值进路[TS 12 November 1987, RAJ 1987 (5) no. 8397 p. 7847;CA Pontevedra 2 January 2007, BDA JUR 2007/66713;CA Cantabria 7 November 2006, BDA JUR 2006/284920;Bercovitz, Comentarios al Código Civil[2], 1395]。

3. 依意大利法,在清偿并不存在的债务的法律规则里,给付(pagamento)意旨支付货币、转让种类物或者特定物(Moscati, Pagamento dell' indebito, 156;Cass. 2 April 1982 no. 2029, Giust. civ. Mass. 1982, fasc. 4)。而依一流学者的看法,由具有法律意义的单纯作为或行动(facere or deeds,其本身不表现为法律行为)构成的给付,由不当得利法规制。就后者(《民法典》第2041条)来讲,"得利"表现为多种形式,尤其是资产的增加、费用的节省(D' Onofrio, Dell' arricchimento senza causa[2], 584-586;Barbiera, L' ingiustificato arricchimento, 284;Breccia, L' arricchimento senza causa I[2], 999-1001)、债务的消灭(Breccia loc. cit. 1000)或者财产损失的避免(Gallo, Arricchimento senza causa e quasi contratti, 30-31)。纯粹的"道德利益"不构成得利(D' Onofrio loc. cit. 586)。得利得源自给付、第三人行为或者自然现象(Cian and Trabucchi, Commentario breve, sub art. 2042, II 3)。在得利的判断上,进路的变迁显而易见,所谓物的概念[concezione reale,得利概念关注的是所转让之"物(thing)"]逐渐为所谓资产概念(concezione patrimoniale,为了确定是否得利,要对资产*状况作总体评估)所取代(Breccia loc. cit. 1001)。

4.《葡萄牙民法典》第473条第(2)款和第479条仅提及"所取得之物"(the thing acquired),未给得利概念下定义。依通说,得利即取得某些资产上的利益(Antunes Varela, Obrigações em geral I[10], 481),即资财的增加、责任的减少、因利用或消耗他人资财所获之利益,或者费用的节省(poupança de despesas)。诸多学者以为,得利就是在价值增加的前后,或者价值损失得以避免的前后,资产的差值(Galvão Telles, Obrigações[7], 195)。其他学者提出,资产上的利益是可以客观确定的,并与特定资财的转让有关,也就是物的得利(enriquecimento real),同时也指向资产价值的增加,即资产的得利(enriquecimento patrimonial)(详参 Pereira Coelho, O Enriquecimento e o dano, 36;Antunes Varela loc. cit.;Almeida Costa, Obrigações[10], 491)。这些争论与依照《民法典》

* 草案没有给资产(patrimony, patrimonial)下定义,在这里,应指总体财产状况,即资产负债表进路。

第479条所为的返还计算尤其相关。依第479条第(1)款,得利人应返还通过牺牲失利人所获得之一切。所受领之给付,应原物返还,原物返还不能的,赔偿其价值。依第479条第(2)款,返还责任不得超过特定时间点上"得利的限度"。第479条第(2)款将善意得利人的责任限于资产得利,而在第479条第(1)款下,物的得利即为已足(Gomes, Conceito de enriquecimento, 109; Menezes Leitão, Enriquecimento sem causa², 829)。

5. 依德国主流学说,返还请求权指向的乃是"所取得者",返还诉讼并没有铆在受领人的"得利"(净收益)上[Larenz and Canaris, Schuldrecht II(2)¹³, § 71 I 1; Koppensteiner and Kramer, Ungerechtfertigte Bereicherung², § 12 I a; MünchKomm (-Lieb), BGB⁴, § 812, no. 339; Staudinger (-S. Lorenz), BGB [2007], § 812, no. 65]。这是因为《民法典》第812条第(1)款第1句要求得利人返还无法律上之原因而"取得"的给付;第816条第(1)款第1句也要求返还"所取得者"。类似地,依《奥地利民法典》第1041条,第1431条以下,返还义务的基础在于资产的具体添加(specific addition),而不是得利对资产负债表的总体影响。债务人所取得的任何资产利益都构成得利;不要求债务人享用过这些利益(OGH 4 November 1981, SZ 54/164; OGH 23 November 2005, SZ 2005/168)。依希腊法,资产状况的任何改善都构成得利,可能涉及资财的增加或者责任的缩减(CA Athens 1101/1996, Arm 50 [1996] 1329; CA Athens 8350/1993, NoB 42 [1994] 86; A. P. 1095/1973, NoB 22 [1974] 777; A. P. 560/1974, NoB 23 [1975] 147)。债务或者财产负担的消灭,或者摆脱其强加[Mantzoufas, Enochikon Dikaion³, 497; Deliyannis and Kornilakis, Eidiko Enochiko Dikaio III, 24; Kavkas and Kavkas, Enochikon Dikaion II(2)⁷, 634],或者费用的节省(例如,利用他人受法律保护的权益)亦得构成得利(Stathopoulos, Axiosis adikaiologitou ploutismou, 175; Deliyannis and Kornilakis loc. cit. 25; A. P. 604/1973 NoB 22 [1974] 27)。为了确定得利程度,要以得利事实发生时为界点,比较前此后此被告人的总体资产;差额即为得利[Georgiades and Stathopoulos (-Stathopoulos), art. 904, no. 5; CA Athen 8350/1993 loc. cit.]。

6.《匈牙利民法典》第361条第(1)款使用了资产利益概念,并未提及得利或者受领。法院向来以取得的净资产收益来界定得利:伴随着取得给付而蒙受不利的,资产利益就不存在[BH 1999/172(出让货物而取得汇票,不构成得利);BH 1994/552(银行未先经原告同意,以原告资金清偿了原告所负的债务,从收支差额方面看,法院认为原告并未遭受资产损失);BH 1976/220(原告承运人错误地向被告人交付了过多水泥,但还没有向发货人付酬,依不当得利法,在和受领人的法律关系中,原告并未蒙受不利)]。在保加利亚不当得利法下,应该注意,依《债法典》第59条第(1)款,权利请求限于原告所失之利;反之,就第55条第(1)款来说,不当得利债权人所蒙受之不利于救济程度不生影响(Goleminov, Neosnovatelno obogatyavane, 181)。

7. 罗马尼亚法区分非债清偿返还之诉(ac iunea în repeti iune - condictio indebiti)与一般不当得利诉讼(the actio de in rem verso)。非债清偿返还法关注的是特定给付的返还,不管是原物返还或者偿付其价值。反之,辅助性质的不当得利法旨在令被告人吐退资产上的增添,是以要从资产负债表方面看,受领人是否获得净收益(Adam, Drept civil, 214-218)。

8. 在荷兰,界定得利或者不利的客观和主观方法,俱有拥趸。依客观方法,将不当得利法律事实发生后受领人的资财(fund of patrimonial assets)*与若无该事实发生将处的状况两相比较,

* 很奇怪的表达。

差额即为得利[Hondius(-Scheltema), Verbintenissenrecht II, art. 212, no. 3 pp. 14-24; Spier/Hartlief/van Maanen/Vriesendorp (-Vriesendorp), Verbintenissen uit de wet en Schadevergoeding[2], no. 312 p. 295; Salo mons, WPNR 2001 no. 6467, pp. 993-995]。客观方法与本示范规则采纳的办法相当;客观方法不会仅仅因为对应地负担债务就否认得利[Asser(-Hartkamp), Verbintenissenrecht III[12], no. 355 p. 372]。相反,判断得利的主观方法遵循的则是资产负债表进路(尤请参见 van Maanen, WPNR 2001 no. 6446 p. 490),考察的是资产平衡方面的总体改善。不过,主观方法的倡导者似乎主要用这个方法来判断失利(比方说,某人出让资财而取得具有执行力的请求权利,即难谓失利);同时,他们尽力将第6:212条蕴含的公平标准具体化(Engelhard and van Maanen, NTBR 1998, 309-314)。* 得强调一下,这只是少数说,似乎向来不为法院所喜。

9. 在瑞典和丹麦,不当得利概念向来不受待见(在芬兰,自哈库利宁的作品以后,批评的声音倒有些势微,参见 Hakulinen, Obligationsrätt, 359;详参 Roos, JFT 1992, 75, 80),很重要的原因是重重困难伴随着得利概念而生(Vinding Kruse, Restitutioner, 158, 189,甚至认为不当得利的逻辑乃是循环的,因为这一概念既是课加责任的前提,也是课加责任的理由;Hellner, Obehörig vinst, 148, 194,赫尔纳认为,任何人不得通过牺牲他人而不当得利的一般原则本身就没有意义)。无论如何很清楚的是,无效契约的拆卷关注的不(仅仅)是损害赔偿,还牵涉价值补偿,应依据个案情势限制其适用(例如,《瑞典亲权法》第9章第7条:原物返还不能的,未成年人的责任限于实际享受的利益)。瑞典法院数番努力,试图将得利概念分疏明白。多数判例涉及银行错误电子汇款,实则未受指令或者客户存款不足(例如,HD 30 March 1994, NJA 1994, 177; HD 17 September 1999, NJA 1999, 575; HD 30 December 1999, NJA 1999, 793)。在所有这些案例中,银行请求受领人返还不当得利,受领人都会以并未得利为抗辩,因为受领人对银行客户得主张契约权利,这种权利生于基础债务关系。这一论辩为最高法院所接受。这一脉络的判决受到学术界的批评(Hellner, JT 1999-2000, 409),不过,在得利判断问题上采纳资产负债表进路还是相当明确的。这一立场得到了最高法院判决确定(HD 30 December 1999 loc. cit.),在该案中,因为债务人破产,债权人一直以为不再能收回债款,法院认为被告得利。

10.《爱沙尼亚债法典》第1027条将得利定义为无法律上之原因而自他人处"所受领者"。虽然法典没有明白写出,得利必须系通过"牺牲"他人而获致,法院与学界向来视之为不当得利请求的要件(Tampuu, Lepinguväliste võlasuhete õigus, 59)。他人得对所受领者主张权利的,受领无法律上之原因(Supreme Court 16 May 2007, civil matter no. 3-2-1-46-07)。"所受领者"得为任何得以金钱衡量的财产利益(Tampuu, Juridica 2002, 454)。在最高法院行政法庭一件判例中(17 June 2004, administrative matter no. 3-3-1-17-04),患者所用药物不见于医疗保险基金批准的清单,保险基金于报销之后又诉请返还,但为法院驳回。法院以为,患者服用这种药物而恢复健康,基金因之节省了其他开销,是以受领了实物利益。最高法院民庭判决指出(15 June 2005, no. 3-2-1-67-05),原告以被告未经许可利用其财产为由请求返还,固可得到支持,但被告在原告财产上提供了服务,其价值亦应扣除,因为原告为此节省了费用。某人有充分理由相信自己是所有人,从而对物加以改良,只有改良服务得到补偿的,才负返还义务(《债法典》第

---

* 第6:212条:"使他人受损而不当获利的人,应当在合理的范围内以其不当得利为限赔偿该他人因此所遭受的损害。"

1033 条第(2)款)。契约无效的,双方互负之返还义务应加抵消,受领较他方为多者返还差额(Supreme Court 20 December 2005, civil matter no. 3-2-1-136-05)。

11. 就得利概念,据说英国法表现出了采纳细目化进路而不是资产负债表进路的趋向,但要说这是谁人的功劳,哪部立法、哪位法官或者甚至哪位学者,却难有专美者。戈夫法官于 BP 石油勘探(利比亚)公司诉享特案中[BP Exploration Co. (Libya) Ltd. v. Hunt (No. 2) [1979] 1 WLR 783, 799],对 1943 年《法律改革(契约落空)法案》[Law Reform (Frustrated Contracts) Act]详加分剖(戈夫倾向于认为,法案系以不当得利原则而不是返还净利益为基础),当可视为这一立场的风标。在戈夫看来,法案在两种意义上的"利益"之间立场暧昧不明:一是原告给付的"最终产品(end-product)"(代表了责任封顶);二是通过给付直接得到的利益(服务本身);应根据后者来评定合理的数额,也就是服务的合理价格(quantum meruit):BP Exploration Co. (Libya) Ltd. v. Hunt (No. 2) [1979] 1 WLR 783, 841。这当然会让人想起德国法上对得利与"所获得者"的区分。传统上,英国返还法向来关注的也是特定利益(取得和受领的金钱,服务的合理价格),与整体(资产负债表)主义的得利概念格格不入,正与细目化进路相吻合。另外,在过去,对价完全落空要件(参见第Ⅶ-1:101 条,注释 27)倾向于将这个问题边缘化,因为在这类双方当事人的单向利益案件中,利益与得利往往是一回事。不过更为稳当的说法是,英国不当得利法尚在演化当中,充斥着不确定性,尤其体现在得利概念本身的争论上,是以还不能盖棺定论。隐而不彰地支持资产负债表进路的例子,参见 Uren v. First National Home Finance Ltd. [2005] EWHC 2529 (Ch) at [22],曼法官(Mann J)考虑了银行"在经济状况改善的意义上有所得利"(enriched in the sense of being better off)的说法。

Ⅱ. 得利示例

12. 依法国法的进路,得利包括物的取得或者服务的受领,亦可能表现为否则就得花销的费用的节省(Bénabent, Les obligations[10], no. 488; Malinvaud, Droit des obligations[7], no. 499 p. 331)。任何得以金钱衡量之利益,皆有可能构成得利[Planiol and Ripert (-Esmein), Traité pratique de droit civil VII[2], p. 51 no. 753]。类似地,在比利时,所取得的任何形式的财产利益都被视为得利,得表现为物或权利的取得,或者债务的清偿。还包括物的增值,临时使用他人之物,提供服务(教学也算),避免或者减少损失或者法律责任(de Page, Traité élémentaire de droit civil belge III[3], no. 37)。在这两个法域,服务的返还皆受欠缺原因得利法规制,非债清偿返还法不适用于这一领域。

13. 在西班牙,得利概念被理解为取自他人的任何财产利益(Díez-Picazo, Fundamentos I[6], 118)。与侵权法类似,不当得利法也区分资财未减少[lucrum (or damnum) cessans]与资财增加(lucrum emergens)(Díez-Picazo loc. cit. 119)。* 就前者,参见 TS 6 October 2006, RAJ 2006 (5) no. 6650 p. 14529; TS 9 February 2006, RAJ 2006 (1) no. 546 p. 1303 and TS 25 May 2007 RAJ 2007 (3) no. 3437 p. 7598 [A 从 B 银行赎回 C 的抵押权,以为可取得 C 财产上的所有权,但未克成功,因为财产之上另附抵押权且顺位靠前;A 诉请 B 返还给付,得到法院支持,因为 C 破产了,而 B 的抵押权顺位又靠后,本来只能落得两手空空,因 A 之清偿而扼住损失,是故有所得利

---

* lucrum cessans〈拉〉(罗马法)利益止遏;可得利益损失。字面意义为停止获利,指预期利益的减少或持续性利益的终止。不同于实际利益损失即积极损害(damnum datum; damnum emergens)。元照,第 876 页。

故句中"lucrum (or damnum) cessans"应为"damnum cessans"。

(damnum cessans)]。就后者,参见例如,TS 18 November 2005, RAJ 2005 (6) no. 7733 p. 16863 [取得公寓,被视作资财增加(lucrum emergens),即得利]。得利得表现为资产增加[取得资财或权利甚至是期待权(Álvarez - Caperochipi, El enriquecimiento sin causa[3], 83),占有他人资财(Núñez Lagos, El enriquecimiento sin causa en el Derecho español, 114),或者物之价值的增加]。避免资产减少同样得构成得利,比方说,清偿债务;参见 TS 28 January 1956, RAJ 1956 (1), no. 669, p. 418。另外,利用他人财产或者其他权利,或者给付,亦构成得利。但不变的要件是,得利必须得以金钱价值衡量(Lacruz Berdejo, RCDI 1969, 5851)。还有,获得任何法律上的利益,比如承认债务存在或者不存在,不动产抵押权顺位的提升,也构成得利(Núñez Lagos loc. cit.)。费用的节省,消耗他人的财产,受领应向他人提交之给付,都属于未受损害(damnum cessans)或者消极得利。受领服务亦为得利。判例法和学术文献中的例子聊举两件,在长期的同居生活中,女方提供的家务劳动[TS 17 June 2003, RAJ 2003 (3) no. 4605 p. 8825],没有契约关系,专家提供了服务(Núñez Lagos loc. cit. 121)。

14. 在意大利法上,非债清偿返还的规则(《民法典》第2033条以下)能不能适用于提供的服务[指向作为(facere)的给付],还没有解决。诸多学者以为,这种案件只适用第2041条的不当得利法(D' Onofrio, Dell' arrichimento senza causa[1], 264;Breccia, L' arricchimento senza causa I[2], 929)。其他学者亦附议此见,以为固应返还,但得乞援于一般规则;这派学者(Moscati, Pagamento dell' indebito, 168),尤其是法院(Cass. 2 April 1982, no. 2029, Giust. civ. Mass. 1982, fasc. 4;Cass. 24 November 1981, no. 6245, Giust. civ. Mass. 1981, fasc. 11;Cass. 4 February 2000, no. 1252, Giust. civ. Mass. 2000, 242),认为《民法典》第2033条以下不适用于此类案件。返还救济的额度,视案情或者依服务的客观市场价值而定,或者是合意达成的赔付数额。照这种看法,无论如何,善意受领人只承担较小者(Moscati loc. cit. 175)。就利用他人财产,占有法包含了不少相关条款。依《民法典》第1148条,就纳入诉讼系属之前所收取的孳息,善意占有人皆得保有。就纳入诉讼系属之后所收取的孳息,以及在纳入诉讼系属之后依善良管理人的注意本当收取的孳息,占有人仍负义务。恶意占有人则自始就孳息负返还义务。《民法典》第1148~1152条不适用于持有人(detentor)(Cass. 28 June 2000, no. 8796, Giust. civ. Mass. 2000, 1427; Cass. 27 February 1996 no. 1533, Giust. civ. Mass. 1996, 264)。这些规则类推适用于恶意持有人(Sacco, L' arricchimento ottenuto mediante fatto ingiusto, 43, 64),善意持有人则依不当得利法负责任(Sacco loc. cit. 185;Breccia loc. cit. 1001)。在侵害专利权或者版权的情形,设有专门规整,令加害人吐退利润,支付合理的许可使用费。就这些规则与不当得利法的关系,详参尤其是,Cass. 1 February 1980, no. 773, Giur. it. 1980, I, 1, 1011 and Cass. 1 October 1975, no. 3097, Foro it. 1976, I, 386(以辅助原则为由驳回不当得利请求)。对他人影像为不法商业利用的,由侵权法排他辖制(Cass. 1 December 2004, no. 22513, Giust. civ. Mass. 2004, fasc. 12)。依侵权法,计算赔偿额,可以考虑增加的销量(CFI Monza 26 March 1990, Foro it. 1991, I, 2862)。《民法典》第1775条的目的,也被认为是要避免不当得利;受寄人收取了寄存物孳息的,负返还孳息义务(Cass. 29 November 1994, no. 10209, Giust. civ. Mass. 1994, fasc. 11)。依《民法典》第1526条第(1)款,契约解除后,就物之使用,保留所有权的出卖人有权请求公平补偿。依《民法典》第1591条,承租人迟延归还租赁物的,负赔偿责任,额度依约定租金而定;这看起来与契约权利相当(Cass. 2 March 2000, no. 2328, Giur. it. 2000, 1788;Cass. 10 Febraury 1999, no. 1133, Giur. it. 2000, 56)。权利持有人得请求返还孳息以及未经许可使用的利益的客观价值,这一般原则即源于这些考虑

(Sacco loc. cit. 59 and 64)。在这些情形,费用的节省也要赔偿(Breccia loc. cit. 1000;Trimarchi, L'arricchimento senza causa, 145-147;CA Venice 29 October 1948, Rep. Giur. it. 1949, 1760)。

15. 依《奥地利民法典》第 1431 条,不管什么利益,只要从社会一般视角看,就算占有了金钱价值或者构成了个人好处的,都得构成得利[Rummel(-Rummel), ABGB II(1)[3], Pref. to § 1431 no. 7];甚至是地产经纪人透露出来的紧俏房产信息也一样(OGH 15 February 1956, JBl 1956, 473),是争是退,利害相关(OGH 13 April 1988, WBl 1988, 436)。同样的原则亦适用于《民法典》第 1041 条:参见例如,OGH 24 February 1998, WBl 1998, 273(利用他人名气),OGH 20 March 2003, SZ 2003/24(在电台广告里模仿他人声音)。不待烦言可知,费用的节省亦可能构成得利(OGH 19 November 1974, SZ 47/130;OGH 14 June 1995, SZ 68/115)。葡萄牙法亦对得利概念做宽泛解释。比如,高等法院判决(STJ* 24 June 2004, Processo 03B3105)就认为,得利"主要"就是取得不管什么财产利益。是以,资财增加、责任减少、利用或者消耗他人之物或者行使他人权利,皆得为得利。我们说,所取得的利益必须"主要"得由金钱价值衡量,似乎可以认为,纯粹的道德或者精神利益也有可能构成得利(Menezes Leitão, Enriquecimento sem causa[2], 829,回避此节;Almeida Costa, Obrigações[10], 494,赞同此论)。在给付型得利场合,不用说,特定资财的转让即为最典型的得利,但服务的受领亦不能排除于外(Menezes Leitão loc. cit. 618;Vaz Serra, BolMinJus 82 [1959] 5, 256)。另外,侵害他人权利可生返还义务,亦为公认(Pereira Coelho, O enriquecimento e o dano, passim; Oliveira Ascensão, Direito de autor e direitos conexos, 628; Menezes Leitão loc. cit. 684)。法院向来持论,侵害商标权、专利权的,应负返还义务(STJ 24 February 2005, Processo 04B4601;STJ 22 April 1999, CJ [ST] VII [1999-2] 58-60),但侵害人格权的案件,返还诉讼则给驳回。自然现象不会导致不当得利法下的责任(Menezes Leitão loc. cit. 827);这一原则来自《民法典》第 1327 条,因自然事件之发生而附着于物上者,属于物之所有人。

16.《德国民法典》第 812 条第(1)款的"取得",首先指向有体物,价值不论[Medicus, Schuldrecht II[14], no. 673; MünchKomm(-Lieb), BGB[4], § 812, no. 342; Staudinger(-S. Lorenz), BGB [2007], § 812, no. 65]。不过,"所取得者"亦得涵盖无体物。是以,比方说,取得具有执行力的请求权、物权或者占有(权),受领服务或者工作,消费、使用或者享用为他人所有或持有之资财或权利,皆得厕身其间。债务或者权利负担的卸除,亦一并视之[Palandt(-Sprau), BGB[67], § 818, nos. 16 et seq.]。第 812 条第(2)款更是明白写道,就债务存在或者不存在所为之契约上的承认,亦得为所取得的资财。比方说,持有本票(promissory note)、债券(bond)或者借据(IOU)的债权人,亦取得第 812 条意义上的有经济价值"者"(something)(BGH 22 July 2008, ZIP 2008, 1669)。《希腊民法典》第 904 条所采进路,其要旨在所有本质方面都与德国主流学说相契[例如,Stathopoulos, Axiosis adikaiologitou ploutismou, 176; Georgiades and Stathopolos(-Stathopoulos), art. 904, no. 10]。

17. 同样,《匈牙利民法典》也没有给得利和不利概念下定义。依第 361 条第(1)款,得利或者不利必须关乎资产。比方说,取得占有、取得完全或者不完全的财产权、现有权利的扩大、成本和费用的节省、债务或负担的卸除、利用他人的人力或者资财,皆属之[Petrik(-Bíró), Polgári jog II[2], 650; Gellért(-Benedek), A Polgári Törvénykönyv Magyarázata[6], 1391]。就不当得利法的适

---

* 高等法院(Superior Tribunal de Justiça)。

用,服务或者工作的受领这一块提供了格外富饶的判例法资源,很多基础契约都因为当事人没有约定价款从而依《民法典》第205条第(2)款无效[例如,BH 1998/39(涉及科研契约),BH 1990/30, BH 1992/188 and BH 2002/29(工作和服务契约)]。这一条亦同样适用于其他所有契约:例如,BH 2001/168(关涉商业租赁),BH 1979/214(买卖),BH 1996/163(规划契约),BH 1979/161(行纪人订立的契约)。如果从事的工作并没有带来价值增加,或者如果受领人并没有因为原告的行为而节省费用从而从中得益,工作本身即不构成得利(BH 1997/400 and BH 1983/291)。详参BH 2002/29(建造木屋的材料,其价值得到补偿,但就提供的工作,不能得到补偿),以及,BH 1997/483(当事人违背契约而从事不动产投资;契约给赋予了优先效力,以及土地没有增值,是驳回请求的另外原因)。但利用他人的广告场地或版面得构成得利(CFI Csongrád, 1. Gf. 40 177/2002/3)。不利或者失利的判断,亦适用同样的标准。比方说,雇员从一定时间工资中取得的失业津贴给雇主扣除的,一般认为,雇员在不当得利法的意义上蒙受不利(BH 1997/590)。因为不管是资产的减少,还是剥夺资产增加的机会,都可能导致失利(Bíró loc. cit. 651)。

18. 在保加利亚,向来以为,得利得通过三种不同方式构成,即财富的增加、责任的减少或者费用的节省(Vassilev, Obligazionno pravo, 597)。不过,单纯地取得占有并不构成得利;要构成得利,占有人必须利用了资财或者取得了孳息(Goleminov, Neosnovatelno obogatyavane, 99)。"无法律上之原因而受领"概念(《债法典》第55条第(1)款)涵盖了金钱、为转让财产权而交付的动产或者不动产、股票、股份、投资证券、可流通票据,或者具有执行力的请求权利(Vassilev loc. cit. 581)。对使用权的丧失,排他地由一般不当得利法加以规制(《债法典》第59条)。就责任减少来讲,最为重要的例子是,得利人对第三人所负的债务被清偿。值得注意的例子是支付赡养费(Interpretative judgment no. 12 of the Supreme Court of 22 March 1971, Plenary division)。

19. 罗马尼亚不当得利法是辅助性质的,有两个基础,一是财富的增加;二是责任的减少。不当得利法也用来拆卷作为性质的债务(facere obligations)(Dogaru and Drăghici, Drept civil, 365)。必备的要件是,得利必须得以金钱估价。比方说,承租人花钱改良了被告人共有的财产,共有人得利(Adam, Drept civil, 215)。超出契约义务的范围清偿债务的,如果过多给付对于契约债务的实现是必要的,可能构成得利(Supreme Court 2 December 2004, commercial chamber, decision no. 5197)。另外,未经许可利用他人不动产的,得提起所得利益诉(actio de in rem verso)(Supreme Court 23 March 2006, commercial chamber, decision no. 1179),但如果仅仅是扣住应予返还之物不给,返还请求不能得到支持(Supreme Court 24 January 2007, commercial chamber, decision no. 331:后种情形,唯受侵权法规制)。侵害他人人格权利的,一般由侵权法提供救济,不当得利法不予置喙(Adam loc. cit. 260)。

20. 荷兰法上当然也一样,有所得利是不当得利请求权利的要件(Parlementaire Geschiedenis VI, 829)。依通说,得利概念首先是在经济意义上理解的,而不是在法律意义上理解的。因为针对不当得利请求权利,法律提供的救济形式乃是赔偿,而依《民法典》第6:103条,赔偿的形式为金钱。得利的价值与失利的价值框束了不当得利请求权利的疆界,这一权利还得合乎合理性原则(redelijkheid)。在一件典型判例中,准泰山给了某农场主一笔款子,说服他(以时价)将农场售与自己的准女婿,这位准女婿后来悔婚停娶,准泰山遂诉请返还,法院认为被告人并未得利(CA Amsterdam 24 October 1956, NedJur 1957 no. 368 p. 685;参见前文示例4)。得利(verrijking)得表现为众多形式,故难下一般定义;财富的任何增加都为得利(Parlementaire Geschiedenis VI, 831)。实例甚夥,内中有,避免将要发生的损害(Parlementaire Geschiedenis VI loc. cit. ;HR 10 December

1999, LJN no. AA3841),受领金钱、货物或者服务、贷款(CFI Zutphen 29 April 2004, LJN no. AO8611),因法律规定而取得建筑物的所有权(HR 29 January 1993, NedJur 1994, no. 172 p. 728),婚姻期间无报酬的家务劳动(HR 4 December 1987, NedJur 1988, no. 610 p. 2162),花钱修缮了租住的房间(HR 25 June 2004, RvdW 2004, no. 89 p. 791;HR 30 September 2005, RvdW 2005, no. 106 p. 961)或者写字楼(HR 25 June 2004, RvdW 2004, no. 89 p. 791),土地整理(HR 25 March 2005, RvdW 2005, no. 49 p. 487),费用的节省[HR 14 October 1994, NedJur 1995, no. 720 p. 3629;Asser(-Hartkamp), Verbintenissenrecht III[12], no. 354a p. 371],清偿债务[Spier/Hartlief/van Maanen/Vriesendorp(-Vriesendorp), Verbintenissen uit de wet en Schadevergoeding[2], no. 312, p. 295],利用他人资财[Hondius(-Scheltema), Verbintenissenrecht II, art. 6:212, no. 3],获得商誉或者新的客户群(HR 15 March 1996, NedJur 1997, no. 3 pp. 22-37;但另见,HR 2 February 2001, NedJur 2001, no. 319 p. 2389)。除了判断是否得利,还得考察所予之补偿是否合理(redelijk)。比方说,被告在他人土地上建筑房屋,土地所有人未加利用,将房屋拆除,另行建筑,法院认为课加责任并不合理(HR 30 September 2005, RvdW 2005, no. 106 p. 961)。

21.《爱沙尼亚债法典》第 1032 条第(2)款规定,原物返还不能的,应赔偿价值,由此可以推知,得利应为得以金钱衡量之财产利益。取得金钱、财产或占有、在公司的权利或者股份,皆属之。甚至在土地登记簿上的纯粹登记亦构成得利(Supreme Court 1 December 2005, decision no. 3-2-1-129-05)。其他还有债务的清偿、费用的节省。第 1042 条就改良他人财产加以特别规制,此时,要判断被告人是否有所得利,不论其他,总得考虑从财产所有人的角度来看,改良是否有益(详参 Supreme Court 21 March 2005, decision no. 3-2-1-16-05)。取得借据(IOU)构成得利(Supreme Court 23 January 2006, decision no. 3-2-1-146-05);受领服务,侵害他人权利(第 1037 条第(1)款)以及维持占有(第 1037~1040 条)皆得为得利。

22. 对英格兰来讲,由于不当得利概念仍在变动不居地演化过程中,故不能达成公认的"得利"定义;在学术文献里头,得利概念的边界与其所绘制的整个法律领域的特定模式紧密系在一起。特腾博恩将被告得被视为得利的情形分疏如下:(i)受领金钱;(ii)受领具有金钱价值的财产;(iii)避免了本来会发生的损害或者节省了本来会支出的费用;(iv)财产受改良而增值;(v)受领了服务(Tettenborn, Restitution[3], 6)。金钱几乎总是被斩钉截铁地视作得利:参见 Birks, English Private Law I, nos. 15.36-15.38("得利的真正标准")。(受领之金钱投入信托的,非为得利,参见第Ⅶ-2:101 条,注释 18。)受领财产,或者至少是财产的保有,同样无可争议地构成得引起返还责任的利益:请考察,Weatherby v. Banham (1832) 5 Car &P 228, 172 ER 950;Sumpter v. Hedges [1898] 1 QB 673;William Lacey (Hounslow) Ltd. v. Davis [1957] 1 WLR 932。就实物利益*来讲,强加的或者不请自来的服务引发一些难题,在现代法上是靠主观贬值(subjective devaluation)来处理的(详参第Ⅶ-4:101 条,注释 19)。提供"必需品"或得视作得利:Birks loc. cit. 15.42。除了费用节省之外,原告**的行为还够不上为被告提供服务或工作的,不得被视作得利。一方当事人因信赖契约将会订立从而有所准备的,如果对方当事人并未因这种准备活动而受益,这种准备就不能说是对方的得利:参见 Regalian Properties plc. v. London Docklands

---

* 以实物(in kind):以货物或劳务,而不以货币。元照,第 697 页。

** 原文为"被告",或为手民之误。

Development Corp. [1995] 1 WLR 212 (Rattee J) [当事人磋商期间所为之准备活动,"以契约为准(subject to contract)" *];对比,Marston Construction Co. Ltd. v. Kigass Ltd. (1990) 46 Build LR 109 (被告在缔约过程中从原告的设计、施工图中得到了好处)。是不是所有形式的得利都应适用同样的原则(这原则本身还要取决于得利概念的内容),这问题众口嚣嚣,莫衷一是:参见 Birks loc. cit., no. 15. 40 - 15. 41(支持共同的原则),另见,BP Exploration Co. (Libya) Ltd. v. Hunt (No. 2) [1979] 1 WLR 783, 799,戈夫法官建议,对 1943 年《法律改革(契约落空)法案》善加解释,在受领金钱的返还与其他利益的返还之间达成立场的一致。

Ⅲ. 不利

23. 在法国法上,原告蒙受不利乃是欠缺原因得利(enrichissement sans cause)返还诉讼的必备要件,学说上谓之为失利(appauvrissement)。失利包括了资财的实际减少或者未能实现获利(Bénabent, Les obligations[10], no. 487 p. 333;Terré/Simler/Lequette, Les obligations[9], p. 1022 no. 1067)。提供无报酬的服务,亦构成失利(Malinvaud, Droit des obligations[7], no. 499 p. 331; Malaurie/Aynès/Stoffel - Munck, Les obligations[2], p. 569 no. 1064; Terré/Simler/Lequette loc. cit.),比方说,系谱专家为权利继承人提供的服务(CFI Vannes 11 December 1967, GazPal 1968, 1, 162)或者未订立契约而教授课程[Mazeaud and Chabas, Leçons de droit civil II(1)[6], p. 804 no. 699]。失利概念乃是得利的"镜像"(Malaurie/Aynès/Stoffel - Munck loc. cit.)。比利时的法律立场与法国进路同轨合辙(de Page, Traité élémentaire de droit civil belge III[3], no. 38)。任何价值损失都构成得利,至于这种损失是耗费了时间、提供了劳务还是转移了资金,抑或是承担了债务,都无关紧要(Dekkers, Précis de droit civil belge II, p. 180 no. 314)。

24. 同样,在西班牙法上,原告必须遭受失利(empobrecimiento),并与被告的得利相勾连[Díez - Picazo, Fundamentos I[6], 120;TS 15 June 2004, RAJ 2004 (3) no. 3847 p. 7922]。凡于金钱上蒙受不利,即为失利。诸如交付货物、提供服务或者因错失使用费而放弃利润(Díez - Picazo loc. cit. 121;Núñez Lagos, El enriquecimiento sin causa en el Derecho español, 125)。法院一般将失利分为两类,因积极损害(daño positive)所致之失利,以及因防止获利所致之失利[TS 15 December 2005, BDA RJ 2005/1223;TS 15 June 2004, RAJ 2004 (3) no. 3847 p. 7922]。当事人为自己的利益、以自己的名义从事活动,致他人得利的,不得谓有所失利[TS 22 March 1978, RAJ 1978 (1) no. 1055 p. 920(他人房屋的非法占有人花费金钱对房屋加以修缮)]。如果所蒙受之不利系由原告的不法或者不道德行为所致,不当得利请求权利不能成立(Díez - Picazo and Gullón, Sistema II[9], 578,祖母无视法院判决,就是不肯放弃对孙子的监护权,不得要求那孩子的父母支付教育与扶养费)。

25.《意大利民法典》第 2041 条径将失利称作损害(damage)。失利包括资财的损失或者价值的减少(Breccia, L'arricchimento senza causa I[2], 1004)。利润的损失亦得构成失利[Astuti and Trabucchi, Arricchimento (azione di), 52, 71;Breccia loc. cit. 1005]。同样,为他人利益而提供服务或者个人劳务,其市场价值也被看作失利(Breccia loc. cit.);未经授权而利用他人资财

---

* 一种公式化的表述,其效力在于使先前关于房地产销售的初步协议没有约束力,直至将协议记录在正式或最终的合同中为止。该语虽在英美两国均有使用,但犹多见于英国。如果当事人的承诺「以合同为准」或是有其他类似限制,则该承诺为附条件承诺,构成一项反要约,最初的要约人可凭自己意愿决定接受或拒绝之。元照,第 1300 页。

(Breccia loc. cit. 1006;Trimarchi, L'arricchimento senza causa, 48-49;Astuti and Trabucchi loc. cit. are of a different view),侵害他人权利(伏乞见谅*,请参见 Gallo, Arricchimento senza causa e quasi contratti, 35),亦然。失利与得利必须对应,并有因果关系。两者不一致的,补偿义务以较小者为限(D'Onofrio, Dell'arricchimento senza causa[2], 589)。

26.《葡萄牙民法典》第 473 条以得利必须系通过"牺牲"(à custa de outrem)他人而取得为要件。这一条的措辞并没有特别要求"失利"或者"损害"(详参 Gomes, Conceito de enriquecimento, 402),但被告的得利与原告所遭受的经济牺牲(sacrifício económico)之间必须有因果关系(Almeida Costa, Obrigações[10], 495;Antunes Varela, Obrigações em geral I[10], 488)。损害非为不当得利请求权利的要件,在侵害他人权益型得利的判例法中,这一点尤其重要(STJ 24 Februray 2005, Processo 04B4601;STJ 23 March 1999, CJ [ST] VII [1999-1] 172)。不过,现在学术界(例如,Galvão Telles, Obrigações[7], 198)与判例法(例如,STJ 20 March 2001, CJ [ST] IX [2001-1] 176)也间或提及失利概念。奥地利法也着力强调,损害非为不当得利请求权的要件(OGH 16 June 1972, SZ 44/92;OGH 17 March 1982, SZ 55/37)。在给付型得利场合,虽然债权人肯定是有所失,但在《民法典》第 1041 条的框架下,完全可以设想这样的案型,得利人所谋夺之利益并不会导致债权人的损失。举例来说,未经授权使用某男高音的影像打广告,反使其声誉益隆(OGH 23 October 1990, WBl 1991, 137)。

27. 通过牺牲不当得利债权人而有所获得者,应依《德国民法典》第 812 条第(1)款负返还义务。在给付型得利场合,所谓牺牲云云并未被赋予独立的重要性,因为给付之发生,总得"牺牲"提出给付之人(Fikentscher and Heinemann, Schuldrecht[10], no. 1421;Medicus, Schuldrecht II[14], no. 632;Koppensteiner and Kramer, Ungerechtfertigte Bereicherung[2], § 4 IV 1;BGH 29 May 1967, BGHZ 48, 70, 73;BGH 27 May 1971, BGHZ 56, 228, 239)。而在所谓侵害权益型得利场合,如果债务人[指得利人]僭入债权人为法律制度所划定的权利领域[权益归属内容(Zuweisungsgehalt)],即因"牺牲"他人而得利[所谓"权益归属说"(Zuweisungstheorie):参见,Medicus loc. cit. no. 713;Larenz and Canaris, Schuldrecht II(2)[13], § 69 I 1 b;BGH 24 November 1981, BGHZ 82, 299, 306;BGH 9 March 1989, BGHZ 107, 117, 120]。不当得利请求权的标的,系通过利用原告受法律保护的经济地位而取得,这样的事实即为已足[MünchKomm (-Lieb), BGB[4], § 812, no. 249;Medicus loc. cit.;Koppensteiner and Kramer loc. cit. § 9 I 5]。是以,如果某人商业性开发或利用了他人权利,而权利人本得为此请求许可使用费,即可谓前者通过牺牲后者而得利(Lieb loc. cit. no. 250)。至于不当得利债权人实际上是不是希望利用所涉权利,并无决定意义。有利用或者商业开发的潜在可能性,即为已足[Lieb loc. cit.;Erman (-Westermann and Buck-Heeb), BGB II[12], § 812, no. 68]。再来看希腊法,《民法典》第 904 条要求得利出自他人资产或者他人资产因此遭受损害。这样的措辞今天看来多少令人感到遗憾[Georgiades and Stathopoulos (-Stathopoulos), art. 904, nos. 17, 19;Deliyannis and Kornilakis, Eidiko Enochiko Dikaio III, 2]。在这里,受有损害乃是决定性的(Stathopoulos, Axiosis adikaiologitou ploutismou, 194)。不当得利法里头的"损害"(damage)概念要比侵权法的损害概念来得宽泛。尤其是,侵害法律上的权利,或者如通常所谓"抽象"(abstract)或"假设"(hypothetical)损害,即为已足(CA Athens 2073/1987, NoB 35 [1987] 1067);不必证明受有实际损失[Georgiades and Stathopoulos

---

* pace〈拉〉蒙……准许,请允许我(发言等)。表示不同意见时的礼貌用语。元照,第 1018 页。

(-Stathopoulos), art. 904, no. 20;Deliyannis and Kornilakis loc. cit. 28]。

28. 在匈牙利法上,这里讨论的问题根本上取决于资财的实际减少或者未能实现资产增加[Petrik (-Bíró), Polgári jog II[2], 651]。不过,为他人工作亦得构成不利,至于原告是否有其他赚钱的可能途径,非关紧要[Szladits (-Kálmán), Magyar magánjog IV, 756]。是以,即便没有遭受实际经济损失,得利仍得谓系通过牺牲他人而生。以例言之,某人没有合法理由而利用他人土地,地主没有出租的意思,也不打算自己使用,即为此类(Vékás, JbOstR XIX [1978], 243, 246)。不过,在这种场合,《民法典》第193~195条(不法占有)优先于不当得利法适用(Vékás, FS Boytha, 331, 352)。保加利亚法要求原告有所失利。这一概念应做极宽泛解释,除了资财减少、责任增加以及资财贬值之外,还包括服务的提供(Vassilev, Obligazionno pravo, 598)。罗马尼亚的情况也相去无几。教科书中常举的失利的例子包括,没有支付扶养费用、付款以及工作和劳务的提供、清偿债务、资财贬值以及资财使用权的丧失(Adam, Drept civil, 216;Dogaru and Draăghici, Drept civil, 373)。

29. 在荷兰法上,失利当事人必须遭受"损害"。这是因为不当得利法授予了请求赔偿的权利。同样,资财减少、责任增加或者提供服务,皆为损害。花费时间或金钱,或者放弃利润,亦得为损害。吕伐登上诉法院认为,夫妻分居,妻占有财产,夫于其上施工的,并未受有损害,因为夫不能证明,从事这项工作妨碍了他找寻其他收益(CA Leeuwarden 27 March 2002, NedJur 2002, no. 575 p. 4270)。反之,某人有权利得到无息贷款而未得到的,有所失利(HR 26 February 1986, NedJur 1986, no. 776 p. 2945)。就不当得利法中的损害概念,详参 Asser (-van der Grinten and Kortmann), De Vertegenwoordiging I[8], no. 139 p. 164;Parlementaire Geschiedenis VI, 829;Asser (-Hartkamp), Verbintenissenrecht III[12], no 354 p. 370;HR 22 November 2002, NTBR 2003, 223 and HR 11 April 1986, NedJur 1986 no. 622 p. 2313。

30. 在爱沙尼亚,将得利概念颠倒过来,即为不利概念:失去财产利益,扛上权利负担或者支出费用。要比较两种费用,一是实际支出的费用;二是若无导致失利的事实发生,本该支出的费用,如果后者更多,即无所谓蒙受不利(Supreme Court 17 June 2004, decision no. 3-3-1-17-04 in administrative matters)。

31. 在斯堪的纳维亚国家,没有统一的得利和不利定义,相关理论分析散落于各案例群[参见第Ⅶ-4:101条(归因),注释]。未经授权利用他人资财的,应合理赔偿利用之价值。学术文献不以此为不当得利法之适例,而认为是价值赔偿。价值赔偿这种救济方式,横跨了损害赔偿与不当得利法下的责任(Karlgren, Obehörig vinst och värdeersättning, 55)。就利用他人资财,瑞典法院倒是将赔偿义务锚于"不当得利原则"(HD 8 February 1993, NJA 1993, 13;HD 2 July 2007, NJA 2007, 519)。这些判决亦暗含了为第Ⅶ-3:101条和第Ⅶ-3:10条筑基的得利—不利二分法。在这里,权利持有人是否实际上打算利用其资财,并非斯堪的纳维亚国家的决定标准(Hellner, Obehörig vinst, 229; Hellner and Radetzki, Skadeståndsrätt[7], 420; Vinding Kruse, Erstatningsretten[5], 278;Ussing, Erstatningsret, 174;Roos, JFT 1992, 75, 84)。众口嚣嚣的问题是,像"不利"或者"牺牲他人"这样的概念,到底有无实益;要说起来,甭管什么得利,总得来自他人(赫尔纳以为然:Hellner, Obehörig vinst, 170;克鲁泽不以为然:Vinding Kruse, Restitutioner, 158)。

32. 在英格兰,"失利"(disenrichment)概念被认为已经给吸纳进了通过牺牲原告而得利这一要件当中。依一派主张,"牺牲"限于原告资产的减损,并且[或者说但是——减损型得利

(subtractive enrichment)概念本身并不清楚]不及于通过对原告实施不法行为所获得的利润[除非,根据另外的分析思路,独立于不法行为,仍有不当得利]:Birks, English Private Law I, no. 15.06。* 就减损型得利来讲,这个标题被看作无所不包,取得、发现以及原告的给付,皆给纳入:Birks loc. cit., no. 15.12。得利所牺牲的原告,可能是利益显然从其处所出的人,也可能是订立了契约,希望他人将这笔利益授予自己的人:Birks loc. cit., no. 15.16。** 虽然这些事宜尚待更为权威的解答,但看起来,被告系通过牺牲原告而得利这一要件并不意味着原告必须相应地有所损失(impoverished):*** 林肯案[Kleinwort Benson Ltd. v. Birmingham City Council [1997] QB 380 (CA)],采纳了澳大利亚高等法院进路[Mason v. New South Wales (1959) 102 CLR 108, 146 (Windeyer J);Commissioner of State Revenue v. Royal Insurance Australia Ltd. (1994) 182 CLR 51 (Mason ACJ)];Birks loc. cit., no. 15.17(伯克斯指出,在这个问题上,英国法表现出遵循德国进路的趋向);不同的立场,McInnes, (1998) 57 CLJ 472-480(倾向于加拿大进路,其受法国法影响较深)。详参第Ⅶ-4:101条,注释31。得利与不利不必相等:Burrows, The Law of Restitution², 12-14。爱尔兰也一样,得利必须系牺牲原告而来(参见 Re PMPA Insurance Co. Ltd. [1986] ILRM 524, per Lynch J, 银行打算往甲公司转账,却误向乙公司转账,蒙受不利之人得请求返还)。这里当道的也是截取型减损概念(interceptive subtraction)(O' Dell, Annual Review of Irish Law [1997], 607, 611)。

示例2出自 Cass. civ. 16 May 2006, JCP 2006, IV, 2277;示例3取自 Cressman v. Coys of Kensington (Sales) Ltd. [2004] EWCA Civ 47, [2004] 1 WLR 2775;示例4来自 CA Amsterdam 24 October 1956, NedJur 1957 no. 368 p. 685;示例6本于 HR 25 March 2005, JOL 2005, 180; RvdW 2005, no. 49;示例9受 BGH 7 January 1971, BGHZ 55, 128 启发;示例12来自 BH 1991/278;类似 BH 1992/584;示例14借鉴了 Seager v. Copydex [1967] 1 WLR 923 (CA);示例15受 HR 30 September 2005, RvdW 2005, no. 106 p. 961 启发。

---

* 伯克斯说,"'牺牲'具有双重含义,一方面可指直接减损原告;另一方面可指通过违反对原告的义务而从其他途径间接取得,现代民法法系以为将此二者界分清楚十分必要,甚值学习","[牺牲的]双重含义一为'通过减损原告而不当得利';二为'通过对原告为不法行为而不当得利'",参见 Peter Birks, An Introduction to the Law of Restitution, Clarendon Press, 1989, pp. 25-26。

** 前者为直接减损,后者为截取型减损,被告自第三人处受领了利益,而原告认为这种利益应归自己。

*** 这一段里的"disenrichment"与"impoverished"两个单词的用法与全书不同。在整部书里,前者指称得利减损抗辩,后者指称失利。

第四章　归　　因

第Ⅶ-4:101条　归因的情形

以下情形尤可认为得利归因于他人之不利:

(a)他人将其资财转移给得利人;

(b)他人为得利人提供服务或者从事工作;

(c)得利人利用了他人资财,尤其是侵害失利人的权利或者受法律保护的利益;

(d)得利人之资财为他人所改良;或者

(e)得利人的某项责任为他人所消灭。

评　论

A.概述

总说。

本条及下条区处的乃是不当得利返还请求的另一要件,即得利人之得利归因于原告蒙受之不利。本条于特定(相对直接的)情形,建立起得利与不利之间的必要联系。略言之,本条规制的事实情形是,失利人将利益直接授予得利人,或者得利人直接从失利人处攫取利益。

归因的具体情形。

本条为得失利之间的归因开列了几种具体情形。都是归因的一般要求于特定领域的适用。明确了具体情形下归因的含义,为基本规则的适用提供了更多的结构与内容。主要为效率计,在表述上不得不尽可能抽象些。

非穷尽清单。

本条意旨绝不仅仅是开列一张积极清单,写上几种事实情境,其间特定得利得归因于特定不利。本章未给"归因"(attribution)下定义,本章所书之清单亦非穷举。此点由本条措辞可知,在列举情形,"尤"(in particular)可归因。但很显然,就这里列举的情形,归因得到确认的,这些规则说话算数。清单是强制性的,而非建议性的。

其他事实情境。

除本章所列的情形以外，得利亦可能以其他方式与不利联系在一起。比方说，失利人的资财移转给了得利人，却既非失利人之功，亦非得利人或者第三人之劳，竟系自然力量所为，此即为适例。若是得利与不利互为镜像，原告的权利或者享用竟原封不动地落入得利人囊中，不论这种局面如何造成，得利可归因于不利，无可置疑。是以，本章条款并不介意在个案的基础上，通过司法解释，认定得以归因的剩余事实情境。类比推理当然是这里法律发展的有力源头。不过，此间之解释应加克制，必须考虑到这些规则的道理与目的，方不致令其他事实情境肆意蔓延。某种法律解释，若是竟使得这里列举的某条特别规则中的某项关键要素（将某人之得利与他人之不利联系起来的必备要件）成为多余，那么这样的解释，只会动摇而不是强化这些规则的内在连贯性。职是之故，[其他事实情境，与]这里列举的特别情形[相比]，如果有一项或多项要素失落，那么只能往相反的方向推断（e contrario），不能认为得利可归因于原告蒙受之不利。

多样的归因。

适用本条和本章的其他条款，最好牢记在心，出于同一组事实，尤其是如果这些事实牵扯到三方或更多方当事人，当事人可能会以多种方式得利或者蒙受不利，得利可能归因于其中一人之不利，而不是另一当事人之不利。归因问题就和法律上之原因（justification）问题一样，不能全局地来检视，而只能以特定一对当事人为出发点来考虑。在三方的或者链条式的交易安排中，A 相对于 B 的法律地位可能取决于 A 或 B 相对于 C 的法律地位，这样，两两之间的法律关系可能就得连续地加以考察，这种法律局面的复杂不过是当事人复杂经济网络的体现。

与其他章的关系。

本条关注的只是，某笔得利是否可以归因于某项失利。归因自然是不当得利请求权利的必备要件，但即便于得失利之间确立了因果关系，哪怕得利无法律上之原因，也不必定意味着得利人应负返还得利之义务，而且就责任之多寡，归因亦未置片言。

B. 直接移转：(a)项

失利人的资财。

(a)项适用的情形为，归入得利人名下的资财，乃是失利人的资财。是以，如果得利人所以受有利益，是因为第三人移转了第三人的资财，本条不得适用，除非从交易的实质上看，第三人不过是个符号，起到了传递失利人资财的作用。

示例 1

E1、E2 夫妇收到公共机构寄来的儿童津贴，其实他们的孩子 D 已经成年，这笔钱当然没有用作抚养费。就这笔移转给 D 的金钱，D 不得依本卷请求返还。E1、E2 的得利归因于公共机构的给付，而非 D 的给付。

资财的含义。

“资财”的含义与第三章同。详尽的阐述,参见第Ⅶ-3:101条(得利)与第Ⅶ-3:102条(不利),评论B。不过,(a)项适用的情形为资财移转,故这里的资财限于得为移转的财产和其他权利。

失利人移转。

失利人之所作所为,从效果上看,授予了得利人财产或者其他权利的,构成(a)项所谓资财移转。为实现资财移转,失利人可能使用代理人。代理人的参与不会妨碍(a)项之适用;单纯的传递装置,得不予理会。

C. 提供服务或者从事工作:(b)项

总说;服务和工作的含义。

只要知道是要提供服务,(b)项就不会带来多大适用难题,哪怕只有一方当事人意识到利益的授予。适用于第三章的合成概念“服务和工作”亦适用于此处。更为详尽的阐释,参见,第Ⅶ-3:101条(得利)和第Ⅶ-3:102条(不利),评论C。

D. 利用他人资财:(c)项

资财的含义。

“资财”的含义与第三章同。不过(c)项适用的情形为资财之利用,所以在这里限于得为利用之权利,例如财产权。当然包括得为商业利用的人格权利。

利用的含义。

资财“利用”的含义与第三章同,第Ⅶ-3:101条(得利)和第Ⅶ-3:102条(不利)评论C阐述详尽。

侵害权利和受法律保护的利益。

(c)项措辞以非穷举方式(“尤其”一词揭明此点)写出利用他人资财的典型事实情境,即侵害他人的权利或者受法律保护的利益。比方说,财产的占用或者财产权的(部分)篡夺。得利人也可能利用了他人的商业秘密或者其他秘密信息,但还够不上侵害(知识财产)权利,“受法律保护的利益”正可对付这种情况。在这里,信息的传播可能受到法律保护,这就足以使其成为失利人手中的资财,但利用这种信息,未必构成侵害权利。

示例2

X盗用了A的车辆,A从保险公司I处得到赔付。I依法取得对车辆的权利。X将车辆售与Y,Y又将车辆处分给Z,Z系善意购买。依可得适用之财产法,Z取得车辆所有权。I得依本卷对Y主张不当得利返还。Y将车辆权利转让给Z,消灭了I对车辆的权利,Y利用了I的权利:Y依第Ⅶ-3:101条(得利)第(1)款(c)项有所得利,I相应蒙受不利[第Ⅶ-3:102条(不利)第(1)款(a)项和(c)项],依本条(c)项,得利归因于不利。

示例 3

依与银行 B 的契约,E 将一些珠宝存于银行保险箱。E 与 D 达成合意,D 得利用 E 在银行的设施,D 遂将自己的一些珠宝也存入保险箱。后银行遭劫,保险箱被洗劫一空。银行 B 并不知晓 E、D 间的协议,依箱内物品的全部价值赔偿了 E,所以 D 的损失也算里头了。E 之得利得归因于 D 之不利:E(被动)利用了 D 的资财,因为 E 请求赔偿的额度里包括了 D 的财产的损失,就本条来讲,即为利用了 D 的珠宝权利。

E. 改良他人资财:(d)项

资财的含义。

"资财"的含义与第三章同。不过,(d)项适用的情形为资财改良,所以当然就限于得以扩大或增补的权利,例如财产权。

得利人的资财。

本项得否予以适用又如何适用,需要考察资财改良之际,其归属于谁。是资财所有人得利,而不是后来的受让人(当然,依其他的资财权利继承的规则,资财所有人的不当得利责任也有可能转移给以后的受让人)。

示例 4

老妇 A 依免费居住权(right of habitation)条款,使用其女 B 的房屋,投了大笔钱来装修。B 后来将房屋低价售与其子 S。依本卷,就装修价值,A 无从对 S 主张权利。A 改良的乃是 B 的资财,而非 S 的资财。

F. 消灭他人所负责任:(e)项

责任的含义。

这里"责任"(liability)的含义与第三章同。细致的阐述,参见第Ⅶ－3:101 条(得利)和第Ⅶ－3:102 条(不利),评论 B。责任于得利时不必到期。经请求方应偿还的债务,即便债权人尚未提出偿还请求,亦得为此处被消灭的责任。

示例 5

D 将现金打入 E 设于 X 银行的账户。E 的账户已经透支,这笔现金减少了透支额度。D 因资财减少(失去金钱)而蒙受不利,可归因于 E 之得利即责任的减少(透支额度降低),因为 D 消灭了 E 的一些责任(就透支额,E 对 X 应负的责任)。

注　释

Ⅰ. 资财移转

1. 欧洲各法律体制多是通过案例群来勘定得利与相应不利之间的必要联系。没有法律原因取得的资产,当然应予返还,依法国、比利时、卢森堡《民法典》第 1235 条第(1)款,这种义务主要来自非债清偿返还法,不过,这里的“清偿”(payment)应在资财移转的意义上来理解:参见 PEL/von Bar and Swann, Unj. Enr., Introduction C46。自愿履行(无执行力的)道德义务,不得请求返还(《民法典》第 1235 条第(2)款)。依被撤销或者因其他原因而无效的契约履行的,其返还事宜,受规制[契约]无效的相关法律影响(Bénabent, Les obligations[10], no. 488)。西班牙的各种返还之诉极为复杂,包括了所谓给付得利返还诉讼(condictio de prestación)[详尽的讨论,Cámara Alvarez and Díez - Picazo, Dos estudios sobre el enriquecimiento sin causa, 103; Díez - Picazo, Fundamentos I[6], 124; Miquel González, Enriquecimiento injustificado, 2807; López/Montés/Roca i Trias (- Capilla Roncero), Derecho Civil[4], 293]。在不当得利法里,给付(prestación)概念意旨资财移转(desplazamiento patrimonial),即利用资产来清偿(假定的)债务(Díez - Picazo loc. cit. 124)。最高法院明确赞同这一给付概念(TS 8 January 2007, RAJ 2007 (1) no. 812 p. 2146 [FJ 7])。给付得利返还诉讼包括:(i)非债清偿返还之诉,用来返还出于清偿原因(solvendi causa)但错误提出的给付:《民法典》第 1895 ~ 1901 条;参见 TS 14 June 2007, BDA RJ 2007/5120 [FJ 2],以及,TS 22 February 2007, RAJ 2007 (2) no. 2233 p. 5283 [FJ 4],这些判例都持论,非债清偿返还之诉隶属于给付得利返还诉讼;(ii)契约无效或者被撤销情形的返还:《民法典》第 1303 ~ 1308 条;所以被界定为给付得利返还诉讼的一部分,详参 TS 23 February 2007, RAJ 2007 (1) no. 1475 p. 3172 [FJ 2];(iii)契约解除情形下的返还:《民法典》第 1123、1122 条(解除条件成就时的返还规则;扩张适用于违约解除时的返还事宜);(iv)契约被取消*情形下的返还(《民法典》第 1295 条)。

2. 在意大利法上,规制非债清偿返还事宜的法律见于《民法典》第 2033 条以下,并将客观非债清偿(第 2033 条)与主观非债清偿(第 2036 条)区分开来。应予返还之物灭失或者损毁的,应赔偿物之价值(第 2037 条);对无法律上之原因而获取之物加以处分的,依第 2038 条处理。第 2033 条的“支付(pagamento)”概念意同“给付”(prestation)。《民法典》第 1188 ~ 1190 条,还有第 2034 条和第 2035 条,都为这一术语的宽泛含义提供了支持。第 2035 条更是明确提及给付

---

* 这里原文为“avoidance”,另外,第 1295 条的拆卷事由在本书不同处又被译为 termination(第Ⅶ-2:101 条,注释 110;第Ⅶ-2:102 条,注释 12)、rescission(第Ⅶ-2:102 条,注释 12;第Ⅶ-5:104 条,注释 2;第Ⅶ-7:101 条,注释 9)。中译本统一为取消,与第 1122 ~ 1124 条的解除规整一样处理,往往并举。取消事由见第 1291 条。

第 1291 条:“以下契约得取消:(1)监护人未经司法授权订立契约而被代理人所受损害已逾标的价值1/4 的。(2)代表缺席人订立的契约而缺席人所受损害如前款的。(3)为欺诈债权人而订立契约,债权人舍此无从得到救济的。(4)被告人不知晓标的物涉讼而订立契约,又未经诉讼当事人或者主管官署批准的。(5)法律特别规定的其他情形。”

(prestazione)。

3.《葡萄牙民法典》第 473 条以下的不当得利法,重心在于所提交给付的返还:参见《民法典》第 473 条第(2)款。包括了非债清偿返还之诉、债因消失后的返还之诉(condictio ob causam finitam)以及其他目的未达返还之诉(condictio causa data causa non secuta,condictio ob rem)。非债清偿返还之诉被看作不当得利法的核心内容;第 476～478 条就非债清偿返还作了更为细致的规定。《民法典》第 475、476、477、478 条和第 480 条皆写明适用于给付(prestação)案件;支付(pagamento)概念已难觅其迹。只有第 473 条第(1)款、第 474、479 条和第 482 条不限于给付得利的返还(Menezes Leitão, Enriquecimento sem causa2, 441, fn. 1317)。

4. 在德国法上,请求返还所移转的有价值的资财,系所谓给付型不当得利(Leistungskondiktion)事宜。包括非债清偿返还之诉(《民法典》第 812 条第(1)款第 1 句第 1 选择文句),债因消失后的返还之诉(第 812 条第(1)款第 2 句第 1 选择文句),其他目的未达返还之诉(第 812 条第(1)款第 2 句第 2 选择文句),违法或背俗给付的返还(condictio ob turpem vel iniustam causam,第 817 条第 1 句)以及未主张抗辩为清偿债务所为给付的返还(第 813 条第(1)款)。给付意旨有意识、有目的增益他人财产之行为(BGH 23 October 2003, NJW 2004, 1169; BGH 24 February 1972, BGHZ 58, 184, 188;BGH 31 October 1963, BGHZ 40, 272, 277)。给付概念决定了谁为返还诉讼的当事人,即给付人与受领给付之人;而不是从事实角度看,谁给了谁利益。在希腊法上,得利与不利之间的必要联系乃是因果关系要件使然[Georgiades and Stathopoulos (－Stathopoulos), art. 904, no. 25; id., Axiosis adikaiologitou ploutismou, 205; Litzeropoulos, Stoicheia Enochiku Dikaiu II, 385;Kavkas and Kavkas, Enochikon Dikaion II(2)^{7}, 636]。而照判例法的意见,不当得利返还诉讼原告的给付或者损害与被告的得利之间,应有“直接因果关系”(A. P. 27/1967, NoB 15 [1967] 650,类似地,CA OLG Thessaloniki 2962/2000, DEE 2001, 166)。

5. 匈牙利不当得利法并不区分给付型不当得利与其他类型的不当得利。我们这里当作归因事宜讨论的很多问题,在匈牙利都并未落入不当得利法的适用领域,因为这些都受特别规整的辖制,辅助性质的不当得利法得靠边站。在不当得利法能派上用场的地方,要求相关的资产性质的利益与不利之间有因果关系。法典的表述为,“牺牲”失利人而得利。如果利益与不利各自发生、互不相干,自无因果关系可言。单纯的间接因果关系或为已足[Petrik (－Bíró), Polgári jog II^{2}, 651],但这并不是经过明确定义的划界标准。看件判例(BH 1991/278),* 原告以自己的费用、为自己的利益开凿了一道排污明渠,根据法令,被征收为国家财产。被告取得地方当局许可,将其土地与明渠相连。原告的不当得利返还请求为法院驳回,理由是被告并未通过牺牲原告而增益自己[类似的判例(BH 1992/584),这回不是明渠,而是电网]。欲回转所给付之资财的,以下诉因可用:(i)请求返还原物(vindication),适用情形为财产仍在而契约无效;(ii)其他情形则适用不当得利法,除非有什么特别规整得优先适用[比方说,无效(《民法典》第 237 条)或者被宣告无效(《民法典》第 319～321 条)契约的拆卷]。因错误而给付的,由不当得利法调整。

6. 荷兰法也一样,请求返还移转的资财,有数种不同诉因:非债清偿返还法(《民法典》第 6:203～6:211 条),请求返还原物(第 5:2 条)和不当得利法(第 6:212 条)——后者尤其适用于失

---

* 参见第Ⅶ－3:102 条,示例 12。

利人因财产法的规定而被剥夺所有权的情形。《民法典》第6:203条第(1)款明确规定,不负给付义务("onverschuldigd betaald")而给予资财("goed"),得请求受领人返还;反映了最高法院向来判例法的立场[HR 13 April 1962, NedJur 1964 no. 366 p. 832;HR 23 November 1984, NedJur 1985 no. 816 p. 2665;参见 Asser (-Hartkamp), Verbintenissenrecht III[12], no. 315 p. 336]。返还义务不仅意味着资财物理上的回转,还要将所有权移转回去,并且扩及至附随义务(比如更正登记项目,或者权利让与无效的,通知债务人)。被剥夺了资财使用的,如果与被告的相应得利相当,得据不当得利法主张权利(第6:212条)。返还给付不能的,应依被告得利之数额予以补偿(Hartkamp loc. cit. no. 317 p. 337, no. 334 p. 351, no. 344 p. 358;Parlementaire Geschiedenis VI, 803)。在撤销契约的场合,依《民法典》第3:53条第(1)款返还给付。* 如果债务人对撤销原因不负责任,仅在幸存利益范围内负补偿义务(《民法典》第6:204、205条,并第6:74、6:78条);否则负损害赔偿责任[《民法典》第6:205条;参见 Parlementaire Geschiedenis VI, 811-813;Asser (-Hartkamp), Verbintenissenrecht I[12], no. 351 pp. 371-372,以及,III[12], no. 334, pp. 351-352]。

7. 在斯堪的纳维亚国家,向来有主张,在特定情形下,应于得利与不利之间建立联系(Hellner, Obehörig vinst, 163;Vinding Kruse, Restitutioner, 159)。不过,因无效或被撤销契约的拆卷、因契约解除而生的请求权,还有请求返还原物(re vindication),被认为不属于不当得利法上的请求权,所以"资财移转"这样的范畴无从确立自己的地位。以上提到的请求权利,首先指向的是原物交还,退而求其次,则为价值赔偿(Karlgren, Obehörig vinst och värdeersättning, 29;Grönfors and Dotevall, Avtalslagen[3], 177;Hov, Kontraktsret I[3], 186;参见,Swedish HD 9 February 2004, NJA 2004, 52)。不过,对得利的考虑也可能间接而生,表现为利用了诉争资财或者收取了资财孳息的,应对原告加以赔偿,其他人在资财上投入金钱的,亦应赔偿。另外,非债清偿返还之诉统辖下的案件与本卷第Ⅶ-4:101条(a)项颇为相类。不过,非债清偿返还之诉并不以某笔得利归因于特定不利为特别要件;所要求的只是,给付目的是清偿债务。与这里讨论的资产移转相似的另一种情形是银行转账,虽然确实是银行划拨了款项,却给看作是清偿他人债务(参见第4:101条(e)项)。这类案件频繁见于瑞典法院判决(例如,HD 30 March 1994, NJA 1994, 177;HD 17 September 1999, NJA 1999, 575;HD 30 December 1999, NJA 1999, 793),关注的是通知付款人与金钱受领人之间的权利义务关系,这里无所谓不当得利,因为银行转账已经消灭了金钱受领人针对付款通知人的权利请求。

8. 在英格兰与威尔士,财物已经移转的,采用什么样的救济方式,取决于产权是否让渡——而这反过来又取决于,比方说起作用的不当因素是错误,导致财物移转的错误的性质,因为就受让人身份的错误可以阻却产权让渡。如果产权尚未让渡,则应于侵权法上寻求救济;如果产权让渡完成,原告则得请求返还货物之合理价值(quantum valebat)**(就原物返还,参见第Ⅶ-5:101条,注释10)。最近极引人注目的个性车牌号案[Cressman v. Coys of Kensington (Sales) Ltd.

---

* 《荷兰民法典》第3:53条:"(1)无效宣告的溯及力及于法律行为作出之时;(2)如果该法律行为已经产生难以消除的效果,法官可依当事人的请求全部或部分地拒绝无效宣告的生效。法官可以裁决从上述决定中获得不正当利益的当事人对因上述决定受到损害的当事人进行补偿。"

** 参见第Ⅶ-1:101条,注释16。

［2004］EWCA Civ 47，［2004］1 WLR 2775］* 即涉及资财移转，迫使法院不得不划定“得利”的边界。被告麦克唐纳在拍卖会上竞得一辆车，挂着个性化车牌，是前车主花大价钱弄到的，车牌号并非拍卖标的，拍卖商本该将其摘下却一时忘怀。被告拒绝将牌号变更登记，法院判令其承担责任，一是基于被告的自由受领（麦克唐纳参与了车牌号登记程序，不登记就取得不了权利，他当然知道登记的法律效果，而他本来是可以变更登记回去的）；二是被告有所得利，这一点无可辩驳（因为登记很容易变更回去）。后面一点反映了第五章可移转得利相关条款的进路。

Ⅱ.服务提供中的特殊性

9.没有法律原因提供了服务，与没有法律基础移转了财产，救济体制往往分设。在法国与比利时，请求返还提供的服务，主要适用欠缺原因得利法（enrichissement sans cause），参见第Ⅶ－2:101 条（得利无法律上之原因的情形）和第Ⅶ－3:102 条（不利）的注释部分。与利用他人资财和消灭他人责任的情形一样，为他人提供服务或从事工作，这里的得利表现为费用或成本的节省（参见例如，妻子提供的劳务，Cass. civ. 26 October 1982，Bull. civ. 1982，I，no. 302，同居伴侣提供的劳务，Cass. civ. 19 May 1969，Bull. civ. 1969，I，no. 187）。赔偿水平取决于事实审法官的自由裁量（Cass. civ. 19 May 1969 loc. cit.）。

10.就契约下作为（facere，**提供服务或者从事工作）或者不作为（non facere，所谓消极债务）给付的返还，《西班牙民法典》第 1303～1308 条未置一词。不过依通说，绝不能由此得出结论，说受领人得保有服务而不必赔偿。这时应类推适用《民法典》第 1037 条（依无效契约所移转之财产灭失情形下的返还），对服务的价值予以补偿（Delgado Echeverría and Parra Lucán，Las nulidades de los contratos，256－257；Díez－Picazo，La liquidación de las nulidades contractuales，§ 3；id.，Fundamentos I[6]，580；López Beltrán，La nulidad，65）。这也是一些判例的立场（最高法院，TS 17 May 1973，RAJ 1973（1）no. 2338 p. 1867，雷亚尔上诉法院，CA Ciudad Real 30 March 2004，BDA JUR 2004/128779）。而在最高法院的最近一件判例中（TS 8 January 2007，RAJ 2007（1）no. 812 p. 2146），一户人家依无效契约照顾了邻居，法院适用的是给付得利返还诉讼（condictio de prestación）。这位邻居允诺报答，将此节写入遗嘱并将土地事务的代理权授予这户人家，这家人为私利滥用了代理权。难题在于如何评定服务的价值。法院部分地考虑了双方约定的数额，作为基础，部分地考虑了服务的客观价值（详参 Basozabal Arrue，Enriquecimiento injustificado por intromisión en derecho ajeno，218－219；Delgado Echeverría and Parra Lucán loc. cit. 256；López Beltrán loc. cit. 65）。就劳动契约来说，《雇佣契约法》（Employment Contract Act）第 9.2 条规定，“雇佣契约无效的，就已经提供之工作，雇员得请求报酬，如同契约有效一般”。这一规则必须以《民法典》第 1303 条以下补充之（TS［Labour Chamber］5 October 1994，RAJ 1994（4）no. 7748 p. 10126），其理论基础即在不当得利原则（Concheiro del Río，El enriquecimiento injusto en el Derecho laboral，85，259；TS［Administrative Chamber］28 May 1991，RAJ 1994（4）no. 4215 p.

---

* 麦克唐纳先生自拍卖会上购得一辆 Mercedes 280 SL 跑车，还挂着车牌 TAC 1，其依法对此牌号拥有权利，并登记。谁知这个性化牌号乃是前车主 T A Cressman 花销不匪才弄到手的，市值 1.5 万英镑。拍卖商 Coys of Kensington 本该将个性化车牌摘下，却疏于为此。上诉法院曼斯法官（Mance LJ）认为麦克唐纳应赔偿 1.5 万英镑。

参见第Ⅶ－3:102 条，示例 3。

** facere:〈拉〉干；做；行动；引起。元照，第 524 页。

5791;TSJ La Rioja 16 March 2004, BDA AS 2004/1295;TSJ Comunitat Valenciana 29 November 2001, BDA JUR 2002/267328)。

11. 在意大利法上,客观非债清偿的法律规则,是仅及于"交付"(handing-over)这样的行为,还是亦及于服务或工作(facere acts),仍是聚讼纷纭,莫衷一是。如果回答是否定的,即适用一般不当得利法(《民法典》第2041条)。持此立场的有,例如,Cass. sez. lav. 19 August 1992, no. 9675, Foro it. 1993, I, 428,以及,Cass. 8 November 2005, no. 21647, Giust. civ. Mass. 2005, 11。持相反立场的,即认为非债清偿返还法亦涵盖服务的有,例如,Cass. 2 April 1982, no. 2029, Giust. civ. Mass. 1982, fasc. 4,以及,Cass. 23 May 1987, no. 4681, Giust. civ. Mass. 1987, fasc. 5。

12. 但凡法典允许失利人由其他途径获得赔偿的,依《葡萄牙民法典》第474条的辅助性规则,不当得利法即被排除适用。尤其在无效或者被撤销法律行为拆卷的场合,这一点最为重要(Menezes Leitão, Enriquecimento sem causa[2], 444;Almeida Costa, Obrigações[11], 503)。这时适用《民法典》第285~294条。依第289条第(1)款,无效和被撤销的法律效果溯及既往,凡所给付者,皆应原物返还,原物返还不能的,偿还其价值。服务契约无效的,其拆卷事宜,即属所谓"原物返还不能的,偿还其价值"。不过,在不当得利法下,依《民法典》第479条第(1)款,亦能得致同样结论(赔偿,参见 Antunes Varela, Obrigações em geral I[10], 511-512)。这里所说的服务契约包括委托、寄托及承揽(《民法典》第1155条),但不及于劳动契约(第1152条)。对劳动契约来讲,不能溯及地拆卷,而只能面向将来解绕。依《劳动法》第115条第(1)款,劳动契约无效或者被撤销的,在当事人依其履行的期间内,仍发生如有效一般之法律效果,参见 Martinez, Código do Trabalho anotado[4], note 3 under art. 115, p. 255;STJ 22 March 2007, Processo 07S 3 64。

13. 在希腊和德国,依不当得利法,无法律上原因所提供服务的返还,受给付型不当得利的一般规则调整。依早期学说,得利表现为费用的节省,而照今天的看法,得利直接体现在服务上,至于费用是否节省的问题,只是在考察得利是否逸失的场合才会虑及(《民法典》第818条第(3)款)。不仅是法典的"分类学"(systematics)声援这种立场,《民法典》第819条第(1)款、第818条第(4)款也体现出来,依这两条,恶意当事人的责任不取决于费用是否有所节省。参见 Staudinger (-S. Lorenz), BGB [2007], § 812, no. 72;MünchKomm (-Lieb), BGB[4], § 812, no. 357;Erman (-Westermann and Buck-Heeb), BGB II[12], § 812, no. 9。

14. 在匈牙利,无效契约的拆卷,受契约法里头的特别规则辖制。契约关系里的原状恢复不能的(即如服务契约),依《民法典》第237条第(2)款,法院得宣告于溯及期间内有效,并为那些没有得到对待给付的服务定下报酬[参见 Gellért (-Harmathy), A Polgári Törvénykönyv Magyarázata[6], 881-895;Petrik (-Petrik), Polgári jog II[2], 406/6-414;Kemenes, Polgári Jogi Kodifikáció 2/2002, 7]。契约法规则不敷所需的(例如,对使用[他人财产]的赔偿),不当得利法及非法占有法的规则遂得发挥其辅助作用(Vékás, Magyar Jog 7/2003, 385, 387;Kemenes, Gazdaság és Jog 10/2001, 18, 19;Kemenes, Polgári Jogi Kodifikáció 2002, 7, 19;Pomeisl, Gazdaság és Jog 11/2004, 3, 5-7)。不存在的契约得和无效契约区分开来;就前者来说,所提供服务的返还事宜,由不当得利法处理(Petrik loc. cit. 409;Kisfaludi, Az adásvételi szerzoödés[2], 127)。判例法一直在与各种各样的此类案件纠缠,尤其是在从事工作的场合,并确立了适用一般不当得利法的立场(BH 1979/161, BH 1981/512, BH 1983/208, BH 1987/452, BH 1990/30, BH 1992/188, BH 1996/163, BH 1998/39, BH 2001/168, BH 2002/29)。法院行使自由裁量权,决定责任的大小,应考虑当前的市场状况,比较多地在劳务与服务契约中,还往往听取专家证人意

见（参见 BH 1987/452）。所提供的服务和所完成的工作，是完美无瑕还是有瑕疵，于计算救济数额时亦很重要；倒是所获得的商业利润，作用微不足道。单纯的工作不能得到赔偿，除非导致价值增加或者被告人又从中得到其他利益（BH 1997/400，BH 1983/291）。

15.《保加利亚债法典》第 55 条第（1）款并不区分所提供服务的类型，但区分不同的无效原因。《波兰民法典》第 405 条写道，所受领者不能原物返还的，赔偿其价值。这条亦适用于服务。服务价值是客观的，也就是说，依其市场价值而定（Ohanowicz，Niesłuszne wzbogacenie，365；Serda，Nienalezne świadczenie，214；Łętowska，Bezpodstawne，136）。服务有瑕疵的，就得考虑，尽管有瑕疵，是不是仍然节省了费用，或者是不是客观上增加了受领人的资产（Serda loc. cit. 215；不同见解，参见 Łętowska loc. cit. 137）。

16. 据《荷兰民法典》第 6:203 条第（3）款，无法律上之原因为金钱或财产之外其他形式给付的，得请求受领人返还。这里所谓其他形式的给付，首先指的就是服务。第 6:210 条第（1）款* 再次将第 6:204～6:209 条（交付金钱或者财产的情形，有关善意、恶意、无行为能力的条款）的适用范围扩展及于“其他给付”。不当得利法亦适用于服务（《民法典》第 6:212 条）。不过，在某些情形下，第 6:203 条下的请求权对服务提供人来说更为有利，比方说，运送了偷渡客或者其他故意坐霸王车的无赖，这时，因承运人未受损害，不当得利请求权或不得成立［Parlementaire Geschiedenis VI，804；更详尽的内容，参见 Asser（－Hartkamp），Verbintenissenrecht III12，nos. 320－321 pp. 339－341］。

17. 在爱沙尼亚，没有契约基础提供的服务，在特定情势下，或被视作好意介入他人事务［无因管理］。若果然如此，不当得利法自然不得适用；这里服务的提供非无法律上之原因。在所有其他情形，服务的提供被看作给付（sooritus）；故应适用《债法典》第 1028～1036 条（不当得利法）。《债法典》第 1032 条第（2）款道，所提供之服务不能原样返还的，以返还请求权利产生之时点为准，返还其通常价值。依《民法典总则》（GPCCA）第 65 条，除非法律或者法律行为另有规定，物之通常价值视为物之价值。物之通常价值为当地平均售价（市场价）。

18. 在斯堪的纳维亚国家，没有契约关系而为他人提供服务或者从事工作的，不受非契约责任法的保护，除非服务的提供系受胁迫或者强制而为。只能从其他的赔偿机制那里寻求救济。如果也不能认为当事人订立了默示契约，就该考虑不当得利法了（Hellner，Obehörig vinst，310，附有参考文献）。不过，不被认为构成无因管理而只能适用不当得利法的领域，相当狭窄（Hellner loc. cit. 361）。服务契约已履行完毕而后被宣告无效或者被撤销的，法律效果只面向将来发生，这就意味着，这里不存在返还事宜［Hellner/Hager/Persson，Speciell avtalsrätt II（2）[4]，56；Karlgren，Obehörig vinst och värdeersättning，91；Jørgensen，Kontraktsret II，128］。

19. 一方当事人应他方当事人请求提供服务，或者他方当事人自由受领服务的，在英国法上，构成不当得利非为难事。服务改良了被告人财产的，当然没有什么问题，比方说从事建筑工作：参见澳大利亚判例，Pavey & Matthews Proprietary Ltd. v. Paul（1986）162 CLR 221（HC），得到伯克斯的支持（Birks，English Private Law I，15.40－15.41）；不过即便是纯粹的服务，也就是说，并没有持久增益被告人的资产，大概仍得构成不当得利（相反的立场，参见 Beatson，The Use and Abuse of Unjust Enrichment，39－44）。在普兰谢案中［Planché v. Colburn（1831）8 Bing 14，131 ER 305］，被告预约了服务而后又取消预约，被告主张自己并未得利，法院不予采纳并令其承担返

* 第 210 条第（1）款：“本编第 204 条至第 209 条准用于不包括财产转移的给付的返还。”

还责任。爱尔兰法院亦认为服务得构成得利:Premier Dairies v. Jameson, HC 1 March 1983,(McWilliam J)(未登载判例,见于,O' Dell, Annual Review of Irish Law [1997] 607, 609 - 610)。未经被告请求而提供服务的情形,较少得到支持。在法制史上,就提供的服务请求返还救济的,适用合理价格的简约之诉(assumpsit of quantum meruit), * 以被告人的默示请求为前提,这样就排除了不当得利责任,只有凤毛麟角的例外——尤其是,对他人财产的必要维护(参见第Ⅶ-4:101条,注释42)。现在的进路则是将服务视作得利,不考虑有没有什么经济上的"最终成果",只不过在没有法律原因而将利益强加给被告人的场合,允许被告人援引"主观贬值"(subjectively devalue)抗辩,将利益价值的评估工作从客观市场标准中解放出来(参见 Birks, Unjust Enrichment[2], 54)。如果被告人自由受领了(其本不需要的)服务,也就不能再声称这服务毫无价值,当然被视为因服务而得利。被告提出服务请求的情形当然包括在内;如果被告只是放弃了拒绝或者阻止服务到来的机会,**还算不算进来,则有争议:Birks, English Private Law I, no. 15.43 (赞同宽泛的理解);Burrows, The Law of Restitution, 12 - 14 (如果系非望之服务,仅在被告恶意取得利益的场合,方得认为构成得利)。

Ⅲ. 利用他人资财和权利

20. 在所有法律体制下,未经授权而利用他人资财和权利的(包括资财和权利的处分),当然应负赔偿责任,但亦得置身于完全不同的责任规整之内。在法国法上,依向来的立场,"占用"(occupy)他人房屋的,依欠缺原因得利法,应按照客观租金率计算,向所有人支付占用费(indemnité d' occupation)。未经授权利用他人资财或者权利的,在费用有所节省的意义上构成得利(Bénabent, Les obligations[10], no. 488;de Page, Traité élémentaire de droit civil belge III[3], no. 37)。不过,辅助性原则(principe de subsidiarité)不可轻易动摇,仅在原告没有其他权利基础可资利用的情形下,方得提起所得利益诉(action de in rem verso)(Cass. com. 10 October 2000, Bull. civ. 2000, IV, no. 150 p. 136)。这里所谓其他权利基础,尤其见于工业与知识产权法,其法律手段为,令被告吐退非法赚取的利润(更详尽的讨论,还有和侵权法的关系,参见 Tafforeau, Droit de la propriété intelectuelle, no. 353;就比利时的情况, Puttemans, Droits intellectuels et concurrence déloyale, 294)。依《民法典》第9条,未经授权使用他人的形象或者姓名作广告,构成对私生活受保护权利的侵犯。*** 只要认定侵犯了这种权利,就足以充分请求赔偿的权利(Cass. civ. 5 November 1996, Bull. civ. 1996, I, no. 378)。卢森堡《隐私保护法》(Privacy Protection Act)第1条将《法国民法典》第9条纳入了本国法制。

21. 依所谓侵害他人权利的返还之诉(condictio por intromisión en derecho ajeno),西班牙法构设出数种不当得利返还请求权利,皆源于侵害他人资财。这种返还诉讼基础牢靠;不具辅助性质,并与侵权法上的权利泾渭有别,参见 TS 12 April 1955, RAJ 1955 (1) no. 1126 p. 602 (承认了开采他人煤矿情形下的返还权利);TS 28 January 1956, RAJ 1956 (1) no. 669 p. 418 (盗用他人银行账户;适用不当得利原则);以及, TS 10 March 1958, RAJ 1958 (1) no. 1068 p. 686 (处分他人资财情形下的返还)。现代法律学说(尤其是, Cámara Alvarez and Díez - Picazo, Dos estudios sobre el enriquecimiento sin causa, 116 - 117,以及, Basozabal Arrue, Enriquecimiento injustificado

* 参见第Ⅶ-1:101条,注释16。

** 例如,第Ⅶ-2:101条,示例44。

*** 《法国民法典》第9条第(1)款:"任何人均享有私生活受到尊重的权利。"

por intromisión en derecho ajeno, 262-267, 292-300)区分附合(incorporation)、处分或者消费他人资财情形下的返还权利(《民法典》第 360、375 条、第 379 条第(2)款、第 383 条第(1)款)以及不法利用他人资财情形下的返还(《民法典》第 451、455 条*)。后者自前引最高法院 1958 年 3 月 10 日判决以来发挥了重要作用(TS 10 March 1958 loc. cit. 依判决,单纯的非法增益他人资产的事实本身,即足生返还权利;被告人之善意非为抗辩)。其依据在于一般的不当得利原则,处分他人物的人负返还得利与前所有人的义务。被告人必须归还其受领的价格;后者被看作是售出资财客观价值的指示器[TS 5 May 1964, RAJ 1964 (1) no. 2208 p. 1380]。当然,在以后的判决中,不当得利法与侵权法之别并不总是保持得那般泾渭分明,因为损害赔偿与返还赔偿(返还受领的价格)要么合并入了同一请求[TS 3 July 1981, RAJ 1981 (2) no. 3043 p. 2501],要么通过扩张侵权赔偿水平,将返还收益纳入了其中[例如,TS 8 May 1998, RAJ 1998 (2) no. 3709 p. 5352]。一般来讲,利用他人资财的返还之诉,其返还性质也得到了判例法的认可,参见例如,TS 24 January 1975, RAJ 1975 (1) no. 95 p. 99(租期届满后,继续开采他人煤矿),以及,CA Barcelona 26 November 2004, BDA JUR 2005/15139[因为没有履行分期付款义务,契约被解除,仍然继续使用涉案电脑;侵害返还之诉(condictio por intromisión)]。就侵害受法律保护的知识产权和版权而生的责任,有特别立法规制。这些特别立法一贯是照着损害计算三办法(método triple de cómputo del daño)**来解释的(详参 Basozabal Arrue, ADC 1997, 1287; Fernández-Nóvoa, El enriquecimiento injustificado en el Derecho industrial, 9; Portellano Díez, La defensa del derecho de patente, 55)。依这一计算法则,权利持有人得主张赔偿丧失的利润、请求返还侵权人所获得的利润或者请求偿付丧失的许可使用费。不过,侵害返还之诉适用的事实情形亦见于《反不正当竞争法》(LCD)第 18 条第(6)款,显然不同于侵权法上的损害赔偿责任(第 18 条第(5)款)。遂有主张,后面的两种计算方法实为不当得利法上的权利,径以第 18 条第(6)款为据,不以过错为要件(Fernández-Nóvoa loc. cit. 14 and 17-31; Portellano Díez loc. cit. 76-80),但这种立场与阿里坎特初审法院判决(CFI Alicante 14 July 2006, La Ley 2006 [4] 424 [主张赔偿许可使用费的权利,乃是侵权法上的权利,尽管遵循的是不当得利法的逻辑])以及巴塞罗那上诉法院判决(CA Barcelona 31 May 2007, BDA JUR 2007/294389)的立场显然不同。《反不正当竞争法》第 18 条第(6)款下的请求权利要求侵害的是绝对权[依巴塞罗那上诉法院判决(CA Barcelona 24 February 2005, BDA JUR 2007/38863),尽管就此有特别立法,还是要算上版权]或者相当的法律地位;比方说,排他地许可在特定路线运营班车服务,即与绝对权相当的法律地位[TS 29 December 2006, RAJ 2007 (2) no. 1714 p. 3897]。在此期间,学术界渐次认可,只要蕴含归属内容(contenido de atribución,德国学说上所谓 Zuweisungsgehalt),侵害返还之诉亦得涵盖对非物质性人格权(incorporeal personality rights)的其他侵害(Díez-Picazo, Fundamentos I[6], 126)。这在肖像权上得到肯定,隐私权还待讨论,名誉权则遭否定(Pantaleón, La Ley 1996 [2] 1689, 1694; Basozabal Arrue, Enriquecimiento injustificado por intromission en derecho ajeno, 170-178)。《名

* 《西班牙民法典》第 455 条:"恶意占有人应返还所收取的一切孳息以及合法占有人本得收取的孳息,仅就为维护物所支出的必要费用,方得请求返还。就奢侈和娱乐性质的改良,恶意占有人不得请求费用返还;合法占有人于取得占有之际,不愿意支付奢侈和娱乐性质的改良部分的价值而取得改良部分,而取回改良部分又于物无损的,恶意占有人得取回改良部分。"

** 指原告所受损失、被告所获收益、许可使用费三种计算方法。

誉、隐私、肖像权保护法》(Law 1/1982 on the Protection of Honour, Privacy and the Right over one's own Image)第 9 条第(3)款进一步规定,侵害了本法保护的权利,在评定损害赔偿请求的数额时,要考虑侵害人可能的利润(Basozabal Arrue loc. cit. 173)。而在判例法上,侵害肖像权时的损害赔偿数额,主要是依许可使用费来定(例如,CA Bizkaia 28 November 2000, BDA JUR 2001/254481,以及,CA Madrid 30 March 2006, AC 2006 [2] no. 811 p. 201)。

22. 在意大利法上,未经授权利用他人资财,如果相关行为系出故意或者过失,自然构成侵权。如果没有过错,或者没有经济损失,不当得利法就派上用场了[Breccia, Il pagamento dell'indebito, 1005;Trimarchi, L'arricchimento senza causa, 48;Cass. 23 December 1993, no. 12737, Giust. civ. Mass. 1993, fasc. 12(不法利用他人不动产)]。与侵权责任不同,不当得利法下的责任限于得利额度(《民法典》第 2041 条)。依第 2042 条,相对于所有人—占有人关系法(《民法典》第 1148 条以下),不当得利法仅处辅助地位。侵害受保护的工业产权的法律后果,主要由《工业产权法》(CPI)第 125 条第(1)款规制,评定损害赔偿数额时得考虑侵害人所得之利润。对所失利润的赔偿,至少要包括丧失的许可使用费[loc. cit. art. 125(2)]。

23. 与西班牙一样,葡萄牙也承认侵害型得利概念。涉及的是,将通过侵害(尤其是利用、开发、消费或者处分)他人受法律保护的权益所得到的经济利益,返还给失利人(Menezes Leitão, Enriquecimento sem causa[2], 663)。与其他的不当得利一样,侵害权益型不当得利亦得安于《民法典》第 474 条的辅助性规则,故只有侵权责任的要件有缺失的,其方得适用(Antunes Varela, Obrigações em geral I[10], 502)。这正是最高法院的立场,面对下级法院偏离方向的判决,最高法院得努力维护其权威[例如,STJ 24 February 2005, Processo 04B4601(侵害商标权,准予依不当得利法提出请求)]。未经授权利用他人资财的,只要通过牺牲所有人而得利,哪怕所有人没有遭受损害,一般来讲,都得依不当得利法寻求救济(Pereira Coelho, O Enriquecimento e o dano, 14)。比方说不法占用他人房屋的,即如此;侵害权益型得利(enriquecimento por intervenção)的赔偿请求,适用《民法典》第 473 条的基本规范(STJ 29 April 1992, RLJ 125 [1992-1993] 86;STJ 23 March 1999, BolMinJus 485 [1999] 396;STJ 6 December 2006, CJ [ST] XIV [2006-3] 154)。据侵权法提出权利请求但要件没有满足的,法院得依职权(ex officio)适用不当得利法,并得照准不当得利请求(STJ 6 December 2006 loc. cit)。《民法典》第 472 条下的责任,亦为侵害权益型不当得利责任(不适法的无因管理,gestão imprópria de negócios)。权利持有人得追认之,这样就可以依第 465 条请求返还所得(Menezes Leitão, Responsabilidade do gestor, 232)。未加追认的,适用不当得利法(第 472 条第(1)款)或者(如果有过错)侵权法(第 472 条第(2)款)。处分他人资财的,不当得利责任极少起什么作用。因为,未经授权出售他人财产的,当然无效(《民法典》第 892 条),权利没有让渡(CA Coimbra 8 March 1994, BolMinJus 435 [1994] 918)。只是在例外的法定情形,比方说不动产法上[《土地登记法》(Law on the Land Registry)第 17 条第(2)款],情况方为不同。如果所涉的是《商法典》(Ccom)第 467 条意义上的商业交易,出售他人财产同样有效。

24. 在德国法上,利用他人资财或者侵害他人权利尤其是人格权的,依不当得利法给予赔偿,适用的是侵害权益型不当得利的一般规则[《民法典》第 812 条第(1)款第 1 句第 2 选择文句,参见例如,Palandt(-Sprau), BGB[67], § 812, no. 11]。就服务来讲,依主流学说,"所获得者"不在于费用的节省,而在于无形利益本身[Staudinger(-S. Lorenz), BGB [2007], § 812, no. 72;MünchKomm(-Lieb), BGB[4], § 812, no. 357;Erman(-Westermann and Buck-Heeb), BGB

II[12], § 812, no.9]。不法占有人利用他人财产的,没有特别规则,即所有人—占有人关系法(《民法典》第987条以下),其在法律适用上优先(第993条)。在一般不当得利法上,利用他人财产的,依利用的市场价值赔偿(第818条第(2)款),也就是正当行使权利可以得到的报酬;相反,侵害人得到的利润,只在恶意的情况下方予交还(Sprau loc. cit. § 818, nos.18, 23;S. Lorenz loc. cit. § 818, nos.26, 28;Lieb loc. cit. § 818, nos.18, 44, 50;BGH 24 November 1981, BGHZ 82, 299, 307;BGH 18 December 1986, BGHZ 99, 244, 248)。令被告吐退利润,基础在于不法无因管理(《民法典》第687条第(2)款第1句,第681条第2句,第667条)。未经授权之人所为的处分,相对于权利人有效的,依《民法典》第816条第(1)款返还。在判例法上,整个对待给付(包括任何相关利润)都被看做第816条第(1)款意义上的"通过处分所获得"者(BGH 8 January 1959, BGHZ 29, 157, 159;部分地批评,参见Medicus, Schuldrecht II[14], no.705;Sprau loc. cit. § 816 no.23)。希腊法同样承认,利用他人受法律保护的权益,应负不当得利返还责任,至于权利持有人是否打算自己实现这种利用,在所不论。道理在于,在不当得利法上,"假定"(hypothetical)或者"抽象"(abstract)的损害即为已足(Georgiades and Stathopoulos(-Stathopoulos), art.904, no.20;Filios, Enochiko Dikaio II(1)[4], 197;CA Athens 2073/1987, NoB 35 [1987] 1067)。

25. 在匈牙利法上,并没有可以和德国及西班牙的侵害权益型不当得利相比拟的概念。这类案件里头的难题,主要是通过财产法、人格权法和版权法的条款来解决,当然会进一步参引不当得利法。即便没有此类"中间规范"(intermediary norm),不当得利法也可以适用,比方说,某位女士从丈夫的侵占行为中获益,虽然她自己没有参与不法行为(BH 2000/546)。没有法律原因而占有,以及利用他人资财的法律后果,构成了《民法典》第193~195条财产法规则调整的主要内容;不当得利法在这里只能起到拾遗补阙的作用(Vékás, FS Boytha, 331, 352)。合法占有人与非法占有人之间的关系,受特别规则调整(Vékás, JbOstR XIX [1978], 243, 245;Vékás, Magyar Jog 7/2003, 385, 398;Schlechtriem, Restitution und Bereicherungsausgleich in Europa I, 48)。在判例法上,因未经授权利用他人不动产而请求赔偿的,不仅得以非法占有法为据(例如,BH 2005/359:依《民法典》第195条第(3)款,要求恶意占有人支付使用费),亦得直接乞援于不当得利法(例如,BH 2001/168)。因法律规定而丧失财产,像《民法典》第133~135条的加工和混同,当事人请求赔偿的,同样是财产法条款的内容;如果当事人系出恶意,因而不得援引得利减损抗辩,则进一步参引不当得利法。其他形式的利用他人财产,受不当得利法规制,参见例如,BH 2005/143(未经许可,将一栋独特造型房屋的图片拿来打广告;没有损害,依《民法典》第361条第(1)款给予返还性赔偿救济),以及琼格拉德州初审法院判例,CFI Csongrád, 1. Gf. 40 177/2002/3(没有法律原因,利用了他人的广告版面;用不着证明受有多少损害,依通常的租金率,计算返还性赔偿的数额)。在匈牙利,还有不少的特别立法来保护知识产权,这些特别法明确处理了返还性赔偿事宜。私法里的人格权利受到侵害的,典型的救济方式是非经济损失的赔偿;依《民法典》第84条第(2)款,法院甚至得判令侵害人向非营利组织缴纳罚款。虽然迄今为止,在这个领域,还没有依不当得利法来判决的,但[审议中的]新民法典(第84条)给了明确认可。* 未经授权处分他人资财的,目前可适用的法律里,也没有明确的不当得利规则。原始所有人仅得依债法对处分人主张权利(Lenkovics, Dologi jog[6], 132-134),这种权利当然首先是侵权法上的损害赔偿请求权(BH

---

* 新法典已于2013年2月11日通过,将于2014年3月15日生效施行。

1997/119, BH 1988/70)，然后才是不当得利法上不过附属性质的权利请求(Menyhárd, Polgári Jogi Kodifikáció 2004, 24, 30)。

26. 保加利亚法承认侵害权益型不当得利概念(与德国法上的概念相当，参见注释 24)，但依辅助性原则(《债法典》第 59 条第(2)款)，其适用领域受了极大限制。尽管如此，在侵权行为要件没有得到满足的场合，总是可以适用的；比方说，共有人独自使用财产(Supreme Court 8 December 1994, decision no. 1808, civil matter no. 2027/93)。

27. 在波兰，没有法律原因而利用他人资财的，首先适用的是所有人—占有人关系法(《民法典》第 224～230 条)；将不当得利法挤到了一边(Supreme Court 11 May 1972, III CZP 22/72, OSN 1972, no. 12, poz. 213)。依《民法典》第 224 条第(2)款和第 225 条，所有人得请求恶意占有人支付使用报酬，依通常的市场租金率计算(Supreme Court 23 May 1975, II CR 208/75, LEX no. 7707; Supreme Court 10 July 1984, III CZP 20/84, OSNC 1984, no. 12, poz. 209)。对(物资性和非物资性)人格权的保护见于《民法典》第 23 条和第 24 条；侵害这些权利的，推定不法(第 24 条第(1)款第 1 句)。相关当事人就非经济损失得请求金钱赔偿(仅限于他方当事人有过错的情况：CA Warsaw 13 January 1999, I ACa 1089/98, Wokanda 2000, no. 3, poz. 42; Radwański and Olejniczak, Zobowiązania - część ogólna[7], p. 173 no. 395)，或者直接支付给非营利组织(《民法典》第 24 条第(1)款第 3 句)。在评定赔偿额度的时候，应该会考虑侵害人获得的利润。资财被非法处分的，所有人得依《民法典》第 224 条和第 225 条请求赔偿“损失”(loss)；这里的“损失”术语亦包括权利的丧失[Dybowski, Ochrona własności w polskim prawie cywilnym, 193; Pietrzykowski (- Skowrońska - Bocian), Kodeks cywilny I[4], art. 224, no. 13; Radwański and Dybowski (- Gniewek), System prawa prywatnego III, p. 516, no. 197; contra: Rudnicki, Komentarz do kodeksu cywilnego II[6], art. 224 no. 3]。不过，这些条款下的责任要求被告人的恶意，而且数额被限制于资财的价值(Gniewek loc. cit. 515, no. 192; Dybowski loc. cit. 191)。请求赔偿丧失的利润的，只能乞援于侵权法，而依不当得利法，可以请求返还侵害人所获得的利润(Dybowski loc. cit. 188, 196;《民法典》第 406 条下就所获利润的责任)。

28. 就《荷兰民法典》第 6:203 条，参见前文，注释 16。* 未经授权利用他人资财的，亦受本条规制[Asser (- Hartkamp), Verbintenissenrecht III[12], no. 321, p. 340; Nieskens - Isphording, NTBR 1998, 239; Zwalve, RM - Themis 1998, 206]；“给付”(performance)术语在这里似乎被高度扩张。应该偿付利用的市场价值(《民法典》第 6:210 条第(2)款；参见 Scheltema, Onverschuldigde betaling, 203; Hartkamp loc. cit. no. 333, p. 350)。给付行为不能原样返还的，本来应该偿付相当的金钱价值，但《民法典》第 6:211 条规定，如果不仅给付行为本身，而且为该给付支付金钱都构成侵权，则不负金钱偿付义务。依《民法典》第 6:212 条，购买人因为物的瑕疵而撤销契约的，必须就利用价值负返还性赔偿义务[Parlementaire Geschiedenis VI, 136; 另见，HR 20 September 2002, NedJur 2004, no. 458 p. 3819(没有书面支付请求，因不履行而受追诉之人，不负迟延损害赔偿责任的，不负返还性赔偿责任)]。

29. 依爱沙尼亚法，未经授权利用他人资财的，应负赔偿义务，因为利用即被视作源自资财的

---

* 《荷兰民法典》第 6:203 条：“(1)无法律依据给予他人财产的人，有权向不当受领人请求返还该财产；(2)无因偿付涉及一定数额金钱的，可以请求返还同等数额的金钱；(3)无法律依据实施上述无因偿付以外的给付的，也有权请求受领人返还该给付。”

收益。不过就权利的移转来讲,万万不可将抽象性原则忘怀。契约依债法无效的,并不意味着处分行为的无效(《民法典总则》第 6 条第(4)款)。* 在这种情形,受领人利用的是自己的资财,而非他人的资财。不过,就权利的移转,这里的他人得依不当得利法请求返还,并及于获得的收益(《债法典》第 1028 条和第 1032 条第(1)款)。只是在处分行为本身无效的场合,权利才仍然归属于让渡资财之人;其遂得借助对物之诉(rei vindicatio)请求返还资财[《财产法》(LPA)第 80 条**],并得依《财产法》第 85 条第(1)款及《债法典》第 1037 ~ 1040 条请求交出收益。这涵盖了所有的不法占有人,不考虑是恶意还是善意。"收益"(gains)包括孳息以及所有其他源自资财利用的利益(《民法典总则》第 62 条第(1)款)。某人利用他人资财的,推定其节省了费用(Supreme Court 20 December 2005, judgment in civil matter no. 3 - 2 - 1 - 136 - 05)。所有人得批准无权处分,并于嗣后请求处分人赔偿资财之市场价值(《债法典》第 1037 条第(2)款)。在有关版权和工业产权保护的特别立法里头,数度参引不当得利法;权利持有人得依《债法典》第 1037 条和第 1039 条请求侵害人交出所获收益。在侵害人格权的场合,不当得利请求权亦粉墨登场。依主流进路,人格权利内在蕴含经济价值,这也就意味着,这里适用《债法典》第 1037 条(Tampuu, Lepinguväliste võlasuhete õigus, 82)。

30. 在斯堪的纳维亚国家,就对他人资财的利用,独立于侵权法,向来可以请求合理赔偿。在瑞典,这种合理赔偿请求权利即以不当得利法为基础。尽管并没有特别地拎出什么归因要件,但这种权利被描述为,针对的是阻止了财产权利人利用自己资财的人(HD 2 July 2007, NJA 2007, 519;另见,HD 11 April 2006, NJA 2006, 206)。丹麦学界也认为,这种确保利用价值可以得到合理赔偿的权利请求,与不当得利颇为相似(Vinding Kruse, Erstatningsretten[5], 268)。芬兰则明白无误地将此定性为不当得利权利请求(Roos, JFT 1992, 75, 84)。侵害人为善意的,就收取的孳息不负责任,但就利用本身,要加以合理赔偿[Supreme Court 24 August 1983, KKO 1983 II 104; Supreme Court 29 September 1985, KKO 1985 II 140(利用他人房屋,以合理租金作赔偿)]。即便侵害人为恶意的,不当得利法有时也会插手。就瑞典与丹麦来讲,侵害人恶意(故意/过失)的,就权利持有人遭受的损失负赔偿责任(Agell, Skadeståndsansvaret vid obehöriga förfoganden över annans egendom, 197, 202;Vinding Kruse loc. cit. 264;Gomard, Forholdet mellem erstatningsregler i og uden for kontraktsforhold, 437)。无论如何,在瑞典,这不会排除不当得利法下对资财利用的赔

---

* 1991 年,爱沙尼亚重获独立,土地改革随之而起,成片土地进入市场,爱沙尼亚苏维埃社会主义共和国民法典因未设相应规制而束手无策。作为未来新民法典的第一步,《财产法》于 1993 年颁行,尤其是为了建立强有力的土地登记体制,维护不动产交易的法律确定性,法典采纳了物权移转与债务契约相分离的抽象原则。事实上,从整体来看,爱沙尼亚新民法的起草,固然于德国、瑞士、荷兰、路易斯安那,还有欧盟法都有借鉴,但主要还是以德国法系为基础的。参见 Priidu Pärna, The Law of Property Act - Cornerstone of the Civil Law Reform(http://www.juridicainternational.eu/? id = 12557,2013 年 1 月 1 日访问)。

体现抽象原则的条款,比如,《财产法》第 92 条[因交付而创立动产所有权]:(1)让与人交付物之占有于受领人并达成转让所有权合意的,动产所有权因交付而创立。(2)若动产已由受领人占有的,所有权转让合意即足以创立所有权。

另,查《民法典总则》,第 6 条乃是"私法与公法中的法人",与抽象原则/分离原则无关。

** 《财产法》(Law of Property Act),1993 年颁布施行。

第 80 条[自不法占有人处取回]:(1)没有法律基础而占有他人之物者,所有权人得对之主张权利。(2)所有权人得请求确认其所有权,并自不法占有人处取回占有。

偿(Agell loc. cit. 208;就丹麦,参见 Vinding Kruse, Restitutioner, 293, 378)。至于侵害人是不是要交出整个得利,或者仅限于利用之客观价值,仍有争议。唯一清楚的是,这一权利请求不以权利持有人事实上希望自己利用资财为要件(Hellner, Obehörig vinst, 226;Ussing, Erstatningsret, 174;Karlgren loc. cit. 43;Hellner and Radetzki, Skadeståndsrätt[7], 420;Roos loc. cit.)。《丹麦破产法》第75条规定,违法自破产债务人处受领了给付的,应依其得利加以赔偿,但不得超过破产财团的损失。

31. 在英格兰,因利用他人财产而侵害他人权利的,所有人(往往还有享有稍逊权益的人)就此利用可请求赔偿,这自不在话下,不过这些请求在性质上多少有些迥然不侔。未经授权利用他人财物,例如不法取得或持有他人财物并加利用,应为此支付合理的租用费,至于原告是否打算出租或者是否遭受了其他什么损失,在所不论:参见 Strand Electric & Engineering Co. Ltd. v. Brisford Entertainments Ltd. [1952] 2 QB 246 (CA) [当时适用的是请求返还动产之诉(detinue),这一诉讼形式为1977年《侵权(侵犯动产)法案》第2条第(1)款所废弃,但同样可适用侵害诉讼(trespass)]。是以,原告之损失并非必备要件;利用他人资财的,即便没有造成资财损害,原告亦得请求赔偿,这立场在判例法上行之久远、根深蒂固:参见 Hambly v. Trott (1776) 1 Cowp 371, 98 ER 1136(利用马匹)。未经许可占用他人土地的,如果占用人系承租人,得提起利用和占用之诉,如果系陌生人,得提起中间收益之诉(mesne profits),* 主张相应的占用租金(occupation rent)。不管哪种情形,都得请求利用价值(通常就是租金价值)当作补偿:Swordheath Properties v. Tabet [1979] 1 WLR 285 (CA)。就侵害知识产权的,制定法设有特别规定。是以,就像其他财产权利受到侵害时的情形一样,版权人也可以得到同样的救济——损害赔偿金或者利润[1988年《版权,设计与专利法》(Copyright, Designs and Patents Act)第96条第(2)款],不过,被告人于侵权发生时不知道也没有理由知道所涉作品受版权保护的,不得请求损害赔偿[loc. cit. s. 97(1)]。利用秘密信息的,要承担泄露商业秘密的责任:Peter Pan Manufacturing Corp. v. Corsets Silhouette Ltd. [1964] 1 WLR 96。

Ⅳ. 改良他人资财

32. 因改良他人资财而请求赔偿的,亦得见于众多不同法律领域。依法国法,请求返还之诉(revendication)**不仅指向资财本身,亦及于其附属物(appurtenances)、添附物(accroissements)和孳息(Zenati and Revet, Les biens[2], no. 172)。反过来,依《民法典》第1381条,占有人为维护资财所支出的一切必要费用,所有人皆应予以赔偿,不考虑占有人系善意还是恶意。只有必要费用才予以赔偿。若是对不动产的改良确实有益(导致增值),但并非必不可少,那么,是赔偿所为工作的价值,还是赔偿财产增值,所有人有选择权。财产没有增值的,赔偿义务随之而逝;所有人甚至得要求除去改良成果,并请求损害赔偿[Mazeaud and Chabas, Leçons de droit civil II(2)[8], no. 1605]。所有人就必要改良(即资财的维护费用)承担的赔偿责任,在解释学上与不当得利责任相类(Zenati and Revet loc. cit. no. 173)。比利时[Hansenne, Les biens I(1), no. 267]和卢森堡的法律立场与法国无异。

---

* 中间收益:指两个既定期间的收益,如,侵占他人土地期间的收益,一般可以租金和收益计算。元照,第912页。

** (罗马法)请求返还之诉(revendication):指要求对他人非法持有的财产恢复自身权利和占有的一种诉讼,与普通法的返还原物之诉(replevin)相类似。元照,第1196页。即我们讲的原物返还请求权。

33. 遵循德国学说,现代西班牙不当得利法亦承认支出费用型不当得利(condictio por impensas),并试图将其与《民法典》第453~454条和第361条勾连起来(Cámara Alvarez and Díez-Picazo, Dos Estudios sobre el enriquecimiento sin causa, 131-132;Díez-Picazo, Fundamentos I[6], 128; Miquel González, Enriquecimiento injustificado, 2808; Basozabal Arrue, Enriquecimiento injustificado por intromisión en derecho ajeno, 50)。而法院似乎将改良赔偿直接夯筑在了不当得利概念之上(对此种进路的批评,尤其请参见 Carrasco Perera, ADC 1987, 1055, 1065;支持的立场,参见 Quesada Sánchez, La Ley 2005 [4] 1719, 1730)。最高法院的典型判例,在前有1958年3月27日判决,在后有1996年7月30日判决。在前案中,准新郎出资改良准泰山的房舍,后婚约告吹,法院判令依房屋增值加以赔偿[TS 27 March 1958, RAJ 1958 (1) no. 1456 p. 940]。在后案中,小村居民甲同时为市议会议员,值议会财政困难,甲赞助于小村土地上修建了两块网球场;甲的遗孀提起的不当得利返还请求为法院照准[TS 30 July 1996, RAJ 1996 (3) no. 6411 p. 8566]。*

34. 意大利法也一样,对他人资财的改良,得使他人无法律上之原因而得利。不过,相应的赔偿事宜,主要是由占有规则以及所有人—占有人关系法来区处的。对恶意占有人来说,仅就资财返还之际仍然存在的改良,方得请求赔偿(《民法典》第1150条第(2)款)。所有人或者赔偿改良价值,或者赔偿资财之增值,择其少者而从之。善意占有人则得请求赔偿资财之增值。不过,在改良赔偿问题上的所有人—占有人关系法仅适用于技术意义上的占有人,不及于持有人(detentore)[Cass. 21 December 1993, no. 12627, Rep. Giur. it. 1993, voce Possesso (in materia civile), no. 66, col. 2993];只要没有其他特别规则[比方说,《民法典》第935~937条,用益权法,出租人与承租人法,租赁法,财产所有权法],在这方面,仍然适用一般不当得利法。**

35. 受德国学说的影响,所谓他人负担费用的不当得利[enriquecimento por despesas efectuadas por outrem,相当于德国法上的支出费用型不当得利(Aufwendungskondiktion)]在葡萄牙法上亦已立地生根。其下属范畴为增值他人之物的不当得利[enriquecimento por incremento de valor em coisas alheias,相当于德国法上的费用偿还不当得利请求权(Verwendungskondiktion)]以及清偿他人债务的不当得利[enriquecimento por pagamento de dívidas alheias,相当于德国法上的求偿不当得利请求权(Rückgriffskondiktion)](Menezes Leitão, Enriquecimento sem causa[2], 791-814)。改良赔偿请求权利主要见于财产法,而财产法的条款在某些情形又参引不当得利法(《民法典》第1273条第(2)款,第1334条第(2)款,第1341条,第1538条第(2)款)。依第1273条第(1)款,就必要改良,占有人(不论善意还是恶意)得请求赔偿,如果有可能取回改良部分而且无害于资财,并得请求取回有益改良部分。不害及资财不能取回改良部分的,所有人应依不当得利法赔偿占有人改良价值(第1273条第(2)款)。*** 恶意占有人不能依法定取得的要件通过附合、

---

* 参见第Ⅶ-2:101条,注释120。

** 占有是"以行使所有权或其他物权的形式表现出的对物的控制"(《意大利民法典》第1140条第(1)款),占有人可以直接占有,"也可以通过持有物的他人"占有(第(2)款)。不能证明系单纯持有的,对物为实际控制之人推定为占有人(第1141条第(1)款)。

*** 《葡萄牙民法典》第1273条:"(1)占有人无论属善意或恶意,均有权就其所作之必要改善而收取赔偿,亦有权在不损害占有物之情况下,取回在占有物上所作之有益改善物;(2)如因避免占有物受损害而不取回改善物,则权利人须向占有人支付按不当得利规则而计算之改善物之份额。"这一条属于占有效力章的内容。

混合或类似途径取得权利的,希望保有资财的所有人同样只负不当得利法上的责任(《民法典》第1334条第(2)款,第1341条)。比方说波尔图上诉法院一件判例,某政党不法占有了一栋国有建筑,并于其上加盖亭榭,政府没有拆除加盖物而是加以利用,即此类(CA Oporto 16 April 1991, CJ XVI [1991-2] 263;Menezes Leitão loc. cit. 801, fn. 2166)。继承来的建筑物,其上权利消灭,权利移转于地产所有人的,所有人应依不当得利法负赔偿责任(《民法典》第1538条第(2)款)。* 依第215条第(1)款,就资财之孳息负返还义务者,在孳息价值范围内,得请求赔偿生产及投资的成本;亦被解释为支出费用型不当得利的适例(Menezes Leitão loc. cit. 799)。**

36. 按德国法上的那套术语,"利用"(Verwendungen)意旨在他人资财上有所花费。在不当得利法上,通过所谓费用偿还不当得利请求权[Verwendungskondiktion,改良得利]返还,构成所谓非给付得利(Nichtleistungskondiktion)的特定类型(《民法典》第812条第(1)款第1句第2选择文句)。不过,改良不得构成给付标的。尤其是,改良人不知道是他人资财或者意在为自己利益而改良的(比方说窃贼),改良非为给付。相对于其他特别赔偿机制(尤其是物权法:《民法典》第994条以下),改良得利返还请求权处于辅助地位[参见 Medicus, Schuldrecht II[14], no. 716; Erman (-Westermann and Buck-Heeb), BGB II[12], Pref. to § 812, no. 13; § 812, no. 73]。希腊法的立场类同,参见《民法典》第1096条以下。

37. 在匈牙利法上,有关改良他人资财的法律主要散布于众多有名契约的条款中,尤其是动产租赁(《民法典》第427条)、借贷(《民法典》第584条第(4)款:参引无因管理法,部分进一步参引不当得利法)、住房租赁[《民法典》第434条第(2)款,并《公寓及其他房产租赁及转让法》(Lease of Appartments and Other Premises and their Alienation Act)]。当事人得另作约定,从而排除依不当得利法请求赔偿的权利(BH 2000/70;BH 1994/593)。其他的改良赔偿规则见于财产法,同样经常参引不当得利法。像用益权法(《民法典》第159条第(1)款,第162条第(2)款),还有无权占有法(《民法典》第194条,恶意占有人得请求赔偿必要改良,善意占有人则得请求赔偿有益改良)。与此相伴的还有取回权,不损害资财不能取回改良部分的,得以不当得利法上的权利请求代之(详参 Menyhárd, Dologi jog, 508)。在他人地产上建筑(《民法典》第137条以下),还有超出了自己的地界而建筑(第109条以下),法律设有详尽规则:只有建筑人为恶意的情况下,《民法典》第110条第(1)款(a)项下的赔偿权利才受不当得利法规制。*** 改良人错误地以为是在依有效契约而行事的,还有在所有其他情形下(当然不能属于前面提到的情形),视案情而

---

* 第1538条:"(1)地上权定有期间者,期间一经届满,土地所有人即取得工作物或树木之所有权;(2)除另有订定外,地上权人在上述情况下有权收取按不当得利规则而计得之赔偿;(3)地上权人无权收到任何赔偿时,如有过错,亦须对工作物或种植之毁损负责。"

** 第215条:"(1)法律规定某人必须将已出产之孳息返还时,该人有权获赔偿耕作费、种子费及原料费,以及其他在生产及收获方面之负担,但以该等费用及负担不超过有关孳息之价值为限;(2)如属待收之孳息,则有义务将原物交付之人无权要求任何损害赔偿,但属法律规定之特别情况除外。"这一条写在总则卷物分编下。

*** 《匈牙利民法典》第110条:"(1)如果建筑人系恶意,或者当恢复原状尚不至于给建筑人造成不合理损害之际,邻地权利人已提出反对,除第109条第(1)款给出的选择外,邻地权利人得请求建筑人(a)转让其土地及建筑所有权,同时给予实际增益的合理赔偿,或者(b)拆毁建筑。(2)只要不违背合理管理(reasonable management)的要求,邻地权利人得要求拆毁建筑。拆毁及回复原状的成本,由建筑人承担;拆毁后的材料归建筑人。"

定,得适用不当得利法或者无因管理法(例如,BH 1997/400:原告的农田已经被拍卖掉,仍然在土地上投入了工作;不当得利返还请求被驳回,因为新所有人没有从这种工作中得利)。

38. 善意占有人改良了他人资财的,得依《保加利亚财产法》(Assets, Property and Servitute Act)第 72 条第(1)款请求所有人赔偿因改良而增加的价值:以判决发布之日作为计算的时间点。恶意占有人或得请求赔偿增值,或得请求赔偿支出的费用,择其少者而定[Assets, Property and Servitute Act art. 74(2)]。这里的问题在于,前面提到的条款都将占有人解作怀有占有意图(animus possidendi)的人,不包括仅仅是为他人看护资财的占有人(detentor),但后者理应得到同样的保护(详参 Tzonchev, Podobreniyata, 30;Goleminov, Neosnovatelno obogatyavane, 100)。不过,最高法院驳回了单纯持有人依第 72 条第(1)款提出的请求(2 December 1968, Decision on Interpretation no. 85 of the General Assembly of the Civil Chambers,引自,Tzonchev loc. cit. 42),但准许依《债法典》第 59 条提起不当得利法上的权利请求。* 即便这一权利请求,也只是在原告为单纯持有人的情形,方才抛头露面;在其他情形,仍得适用无因管理法。《斯洛文尼亚债法典》第 194 条要求得利人赔偿必要改良(expensae necessariae)及有益改良(expensae utiles)。改良人系恶意的,所有人仅在资财增值范围内就有益改良负赔偿义务。

39. 在他人土地上建筑或者改良他人资财的,依荷兰法,得利在于资财的增值,而不在于所为改良的绝对价值;不过,后者较前者为少的,不当得利请求限于这一数额[当指后者]。仅当得利人侵权的,才有损害赔偿请求超出得利及/或财产消耗** 的情况[HR 29 January 1993, NedJur 1994 no. 172 p. 728;Asser (-Hartkamp), Verbintenissenrecht III[12], no. 364 p. 383]。依《民法典》第 6:212 条第(2)款,因得利人不可控制的风险导致得利减损的,不予考虑。*** 这一点意义重大,因为原则上讲,得利的价值应以产生时为计算时间点。不过,如果得利遭损毁,又不可归咎于得利人,损毁数额不予考虑。因改良而以吐退不当得利为法律后果的特别规范,得见于永租权法和用益权法(《民法典》第 3:220 条和第 5:96 条)。《民法典》第 7:216 条第(3)款涉及租赁法的规则亦夯筑于不当得利概念之上(HR 25 June 2004, NedJur 2005 no. 338 p. 3078);在住宅租赁场合,这是强行法(ius cogens)(《民法典》第 7:242 条第(2)款)。至于配偶之间的改良赔偿事宜,则深受家庭法上考虑的影响。夫妻一方改良了共同婚姻居所但随后搬出的,视案情而定,得依不当得利法对他方主张权利(HR 11 April 1986, NedJur 1986, no. 622 p. 2312)。夫妻居住的房屋登记在妻子名下,因夫之改良而使房屋增值的,妻亦不能因之不当得利[HR 22 May 1987, NedJur 1988, no. 231 p. 913;HR 12 June 1987, NedJur 1988;no. 150 p. 635;Hondius (-Scheltema), Verbintenissenrecht II, art. 6:212, no. 6.3, p. 42]。

40. 爱沙尼亚法亦允许在资财所有人得利范围内,请求改良赔偿。判断所有人是否得利,要看改良是否于其有益,所有人的意图自然应予考虑。确定的时间点乃是返还资财的时候或者所有人得以其他方式从增值中获得好处的时候(《债法典》第 1042 条第(1)款)。不过,如果资财所

---

* 《保加利亚债法典》第 59 条:“(1)除前述情形外,通过牺牲他人而使财产增值且无法律原因者,应在他人财产减少的范围内,返还藉以增值者;(2)但凡财产减少之人无其他诉因藉以保护自己的,皆得主张此项权利。”(参见 http://archive.bild.net/legislation/docs/4/civil9.html,2013 年 1 月 1 日访问)。

** 财产消耗(depletion):当指失利人所蒙受之不利。

*** 据中译本,“因不可归责于不当得利人的原因所致的不当得利的减损不予以计算”,正文所谓“不予考虑”(beyond consideration)当指仅在幸存利益范围内负责任。

有人要求除去改良部分,而且不会给资财造成损害即可除去的,或者改良人没有及时知会得利人,明其改良意图的,或者得利人反对改良,或者改良活动为契约或法律所制止的,不得请求改良赔偿。《债法典》第1042条要求,资财不得属于改良人。尽管买卖契约无效,改良人还是(依抽象性原则)成为所有权人并且有理由相信自己得永久保有权利的,只有对方当事人对改良活动加以赔偿的,改良人方负资财返还义务(《债法典》第1033条第(2)款)。这里应予赔偿的,也包括请求返还资财之人本来不会支出的任何费用。

41. 在斯堪的纳维亚国家,请求资产改良赔偿的,基本上都是和无效、被撤销或者被解除契约的拆卷事宜纠缠在一起处理,并被视为是负交还资财义务的占有人于所有权返还诉讼中所得主张的对抗性权利(Karlgren, Obehörig vinst och värdeersättning, 29)。在瑞典,这种请求改良赔偿的权利,得见于数种场合。第一,一般的维护费用可以赔偿。第二,区分必要费用(所有人也逃不掉的开销)、有益费用(令资财增值的开销)和奢侈费用(参见《土地法典》第五章第三节;相应地,《芬兰土地法典》第三章第四节)。奢侈费用不予赔偿;有益费用,如果占有人为善意,应予赔偿,但不得超过资财增值[Karlgren loc. cit. 101;另见,Swedish HD 11 December 1987, NJA 1987, 845 Ⅱ,一些特别的破产法规则也具有同样效果,例如,《丹麦破产法》第75条;《瑞典破产法》第四章第15条第(3)款,《芬兰破产法》(Recovery to Bankruptcy Estate Act)第三章第18条]。资财(要归还给所有人的)的购买人和资财(尚未及时归还的)的出售人,就所为之有益改良,得依无因管理法请求赔偿(Håstad, Tjänster utan uppdrag, 80)。必要的维护费用,不考虑是否善意,应予返还(Hellner, Obehörig vinst, 374)。从事的工作得被界定为(必要或者有益)费用(Lennander, Återvinning i konkurs[3], 358)。在丹麦,对这种改良赔偿请求,并不那么热烈支持;不过向来也主张,善意占有人得请求赔偿,并且限于权利持有人之得利,即因改良和可能的节省所带来的增值(Vinding Kruse, Erstatningsretten[5], 272)。

42. 在英国法上,改良得构成得利——不仅是当事人所望之改良,还有以金钱变现之改良(Birks, English Private Law I, no. 15.43),甚至单纯易于以金钱变现之改良[Marston Construction Co. Ltd. v. Kigass Ltd. (1990) 46 Build LR 109 (HC);Goff and Jones, The Law of Restitution[7], 23],当然,也可能会受到一些限制(有待梳理),比方说,不能让地主因为非望之改良而不得不抛售土地(参见,Birks loc. cit., no. 15.43;比较,Goff and Jones loc. cit, no. 6-011,表示怀疑)。某人善意占有他人财物并且真诚地相信自己是所有人,对财物加以维修,当所有人请求返还财物,改良人得请求返还所支出的费用:Greenwood v. Bennett [1973] QB 195 (CA)(赃车的善意购买人修理了汽车),但请参见Goff and Jones loc. cit, no. 6-011,认为照着更为复杂精致的不当得利推理,作为所有人不容否认的利益的数额,要比承担的费用少一些。前句言及的原则在制定法上已经有了相应体现,1977年《侵权(侵犯动产)法案》第6条第(1)款写道,改良人虽然出自错误但真诚地相信自己掌握有效的所有权,因改良所增加的价值应从损害赔偿金中扣除。与对费用的补偿相比,这一条看重的是所有人的持久得利。学界早就指出,法案没有就如何评估价值给出指引,但建议,应以动产经改良后与未经改良的价值差额或者服务的合理价值为准,当是两者中较小者:Goff and Jones loc. cit, no. 6-013。不过,对改良人权益的保护仍然只能算是针对返还请求的不完全抗辩[(partial defence),*法案并将其扩展到了所有权人针对购买人或者购买人针对改良人的诉讼当中:第6条第(2)、(3)款]。[怎么叫不完全呢?]如果所有权人通过法律程序之外

---

* 相对于绝对抗辩(absolute defence),不能消灭责任,但得减轻责任。

的途径重新取得占有，法案没有赋予改良人什么积极的权利。那些未被法案正式取代的现行法，似乎同样无所作为：在前述赃车案中（Greenwood v. Bennett loc. cit），只有掌卷法官丹宁勋爵认为，无辜的购买人享有请求返还的权利，而不仅仅是抗辩。如果改良人是和无权利当事人（比如窃贼）订立了有效契约并依契约从事改良工作，改良人只得请求其契约相对方赔偿：Tappenden（t/a English and American Autos）v. Artus［1964］2 QB 185（CA）。如果改良的是土地，土地所有人予以默认的（acquiescence），应负责任，救济形式为所有人不容反悔（proprietary estoppel）：参见 Chitty on Contracts I[30]，no. 29－161。爱尔兰法也承认，改良被告人的财产，得令被告人得利，不过同样，如果改良活动非为所请，则必须构成必要干预（necessitous intervention）；改良工作虽非被告人所望，亦不妨碍其有所得利，当然抗辩还是可以主张的（Tettenborn，Restitution[3]，199－212）。与英格兰一样，爱尔兰法院对多管闲事的干预人也是小心提防，不情愿为原告提供救济［O' Callaghan v. Ballincollig Holdings Ltd.，31 March 1993，unreported（Blayney J）］。不过还是有几处值得注意的例外，也就是紧急事务的代理（agency of necessity）（Flannery v. Dean［1995］2 ILRM 393）、寄托（bailment）（如英格兰：China Pacific SA v. Food Corp. of India（The Winson）［1982］AC 939）以及为无能力人提供必需品［Re Pike（1889）23 IrLR 9，警方为某女士照管房屋，直到她的三亲六眷来接手，得请求返还支出的费用］。救助概念（salvage）在爱尔兰法上得到显著扩张，救助人在［普通］法上也得请求返还。是以，某人对特定财产享有权益，支出了必要维护费用，同时惠及其他权益人的，得请求其他权益人返还得利。这样的案例放在英格兰法上，属于强制或者胁迫不当因素的范畴，但在爱尔兰，亦适用于自愿行为人的场合［Rathdonnell（Lord）v. Colvin［1952］IR 297］。

V. 消灭他人责任

43. 依法国、比利时、卢森堡《民法典》第 1236 条，任何利害关系人（像保证人或者共同债务人）都可以清偿第三人的债务。对于第三人责任的消灭没有自身利益的，仅得以债务人的名义代表债务人清偿；以自己的名义清偿的，不能代债权人之位。依法国最高法院判决（Cass. civ. 17 June 2003，pourvoi no. 01－00608 and Cass. civ. 12 June 2001，pourvoi no. 99－15646），明知地清偿第三人债务并对第三人提起诉讼的，必须证明，其清偿原因即在令债务人负担补偿所付数额的义务。其他情形下，既是自愿清偿他人债务，即不得主张不当得利返还。当然可以设想，是不是得以默示委托契约或者好意介入他人事务［无因管理］为据来请求赔偿呢，这两者在本质上是一回事儿（Luxemburgian Supreme Court 26 October 1965，Pas. luxemb. 20，39）。

44. 西班牙的学说里也讲清偿他人债务的返还之诉（condictio de regreso，Rückgriffskondiktion）。有关清偿他人债务的条款（《民法典》第 1158、1159、1209、1210 条）区分了利害关系人的清偿和非利害关系人的清偿。只有前者，清偿人方能通过代位继受债权人的地位（《民法典》第 1210 条第（3）款）。清偿人并非利害关系人但系代表债务人而为的，只要不违背债务人明示的意思，得依《民法典》第 1158 条就所为给付对债务人主张权利。依主流学说，第 1158 条提供了两项不同的不当得利返还请求（参见 Bercovitz，Comentarios al Código Civil[2]，1394－1395；不同意见，参见 Del Olmo García，Pago de tercero y subrogación，80－83）：债务人不知道清偿人清偿了其债务的，乃为追偿诉讼（acción de reembolso，第 1158 条第（2）款），清偿人违背债务人的意思而清偿的，乃为不当得利诉讼（第 1158 条第（3）款）。后者构成不当得利诉讼，因为仅关乎债务人之净得利[参见第Ⅶ-3:102 条(不利),注释部分]。*

45. 依《意大利民法典》第 1180 条第(1)款,任何人都得清偿他人债务而无须考虑债权人意思,除非于债权人利益计,要求债务人亲自履行。债务人对债权人提出异议的,债权人得拒绝第三人清偿债务(第 1180 条第(2)款)。如果债务人与第三人之间并没有什么在先义务,而且第三人也并非好意介入[无因管理],第三人得依不当得利法对债务人主张权利。

46.《葡萄牙民法典》第 767 条第(1)款亦准许清偿他人债务。任何第三人皆得清偿债务;不需要特别的正当化理由(Menezes Leitão, Enriquecimento sem causa[2], 804, fn. 2169)。是故法律不得不配备众多的赔偿机制,没有地方接纳(辅助性的)德国法上的求偿不当得利(enriquecimento por pagamento de dívidas,因清偿债务而得利)(Menezes Cordeiro, Obrigações II, 198-199;Menezes Leitão loc. cit. 805)。无论如何,契约法上的赔偿请求[例如《民法典》第 1167 条(c)项(委托契约)]、适法无因管理下的偿付请求(第 468 条第(1)款)、主观非债清偿情形因错误给付而生的返还请求(第 477 条和第 478 条)以及因清偿债务而代位取得的权利请求(例如第 592、589 条和第 590 条),皆得优先适用。一般来讲,违背债务人意思清偿债务的,只有落在前述范畴之内的,方得依其相关规则对债务人主张权利(高等法院的判决也暗示了这一立场,STJ 11 May 2000, CJ [ST] VIII [2000-2] 54)。只在稀见罕闻的场合,才轮得到不当得利法抛头露面(Menezes Cordeiro loc. cit. 199;Menezes Leitão loc. cit. 804)。

47. 第三人向债权人清偿从而使债务消灭的,得依《希腊民法典》第 904 条或者《德国民法典》第 812 条第(1)款第 1 句第 2 选择文句向债务人主张所谓求偿不当得利请求权(Rückgriffskondiktion)。不过,相对于其他赔偿机制,这一请求权是辅助性质的,尤其是利用法定债权转移的技术手段来解决此间事宜的众多条款(例如,《德国民法典》第 268 条第(3)款,第 426 条第(2)款和第 774 条第(1)款),到关于连带债务人赔偿的第 426 条第(1)款,还有依无因管理法请求偿付费用的规则(第 683、670 条),参见 Medicus, Schuldrecht II[14], no. 719 and Staudinger (-S. Lorenz), BGB [2007], § 812, nos. 2, 42。

48. 依匈牙利法,没有法律上的原因,为清偿据称是自己的债务(实际上并不负有债务)而给付的一切,都得请求返还。如果第三人是为了卸除他人责任而有意为之,则适用《民法典》第 286 条。依此条,只要债务人同意,而且债务既不专属于债务人,也不要求第三人不具备的某种知识或技能,债权人即应受领第三人所为之清偿。如果第三人就债务之清偿有法定利益的,不必得债务人同意。在其他情形,第三人向债权人所为之卸除责任的行为不构成清偿;第三人得依不当得利法请求债权人返还[Gellért (-Harmathy), A Polgári Törvénykönyv Magyarázata[6], 1032-1034]。如果第三人卸除责任的行为果然使得债务消灭,就得看第三人是为债务人的利益行事,还是为自己的利益行事。在后种情形,第三人得依法律规定取得债权人对债务人的权利(Harmathy loc. cit.)。尽管法典没有明白写出,但公认《民法典》第 286 条第(2)款应作如是解[Petrik (-Kisfaludi), Polgári jog II[2], 479;Gellért (-Benedek), A Polgári Törvénykönyv Magyarázata[6], 1183;Bíró, Kötelmi jog - közös szabályok, szerzödéstan[8], 164]。第三人系为债务人利益行事的,得构成适法无因管理[Benedek loc. cit. 1186;Szladits (-Kálmán), Magyar

---

* 《西班牙民法典》第 1158 条:"(1)任何人,不论于债务之清偿是否有利害关系,亦不论债务人是否知晓并认可,皆得清偿债务;(2)代表债务人清偿债务者,得就所清偿者对债务人主张权利,除非清偿行为违背了债务人的明示意思;(3)此时,仅在清偿于债务人有益的范围内,得请求偿还。"

magánjog IV, 755]。如果责任的卸除是“适当的”,卸除责任之人被视为债务人之代理人(《民法典》第486条第(2)款;参见BH 1993/111 and BH 1982/480);否则,卸除责任之人只得依不当得利法主张权利(《民法典》第486条第(3)款;参见Bíró, A megbízási szerzödés[2], 108-114)。

49. 依《保加利亚债法典》第73条第(1)款,任何第三人都得清偿债务人之债务,除非债务具有专属性(intuitu personae)。这一款所涉之债务,不拘于给付类型,不限于金钱给付(Kalaydjiev, Obligazionno pravo, Obshta chast[4], 233)。不管是债权人,还是债务人,都不得反对第三人清偿债务(Kalaydjiev loc. cit. 234)。第三人能够证明其于清偿之上有正当利益的,方得代位取得债权人针对债务人的权利(《债法典》第74条)。在所有其他情形,得看第三人是被视作代理人、无因管理人、赠与人还是给付人(solvens)(Apostolov, Obligazionno pravo, Obshto uchenie za obligazionnoto otnoshenie, 178)。

50. 依《荷兰民法典》第6:30条,债务同样得由债务人之外的他人清偿。为此,第三人于清偿之时,必须要有将债务人从债务中解脱出来的目的。如果第三人于清偿之际,错误地认为自己是债务人,清偿行为即不能免除真正债务人的债务,并得以并不负有债务为由请求债权人返还(《民法典》第6:203条)。而就第6:30条来讲,受领人有法律上之原因保有为清偿债务所给付者。给付人不得不盯着债务人,或者是依他们之间订立的契约,或者是基于无因管理的规则(《民法典》第6:198条),或者是依不当得利的规则[《民法典》第6:212条,参见Asser(-Hartkamp), Verbintenissenrecht III[12], no. 330 p. 345; Spier/Hartlief/van Maanen/Vriesendorp(-Vriesendorp), Verbintenissen uit de wet en Schadevergoeding[2], no. 292 p. 275; Hondius(-Scheltema), Verbintenissenrecht II, art. 6:212, no. 6.2 p. 22]。

51.《爱沙尼亚债法典》第78条第(1)款的立场也一样,第三人得部分或全部清偿债务人的债务。如果没有法律上的原因,这样的清偿一般都被视作无因管理(《债法典》第51章)。如果讨论的是不适法无因管理,嗣后也未得债务人(也就是无因管理法里的本人)批准的,则应适用不当得利法(《债法典》第1041条)。不过是有条件的,要求管理人不知道并且也没有理由知道其行为短缺正当基础,也就是说,其系善意管理。否则,也不得依不当得利法主张权利(Supreme Court 1 November 2006, civil matter no. 3-2-1-91-06)。

52. 在瑞典,非应请求、主动清偿他人债务的,一般不得请求债务人赔偿(HD 23 November 1910, NJA 1910, 622;类似地,HD 28 April 1920, NJA 1920, 234 and HD 29 December 1945, NJA 1945, 728)。一向有主张,这种自愿清偿的动机因个案而差异极大,所以一般性地拒绝提供救济可能并不合理[HD 21 May 1973, NJA 1973, 286,赫斯勒法官(R Hessler)的反对意见;另见,Håstad, Tjänster utan uppdrag, 109],但看起来,能不能请求债务人赔偿,还是得取决于有没有关于债权转移的法律规定或者约定(HD 21 May 1973 loc. cit.;Håstad loc. cit. 116;Hellner Obehörig vinst, 378, 387)。在丹麦,对清偿他人债务的评价更不确定,不过,向来有主张提供不当得利返还救济的(Ussing, Erstatningsret, 224;Vinding Kruse, Erstatningsretten[5], 272)。在芬兰,清偿他人债务的,当然得请求返还救济,而且不像瑞典那般严格限制;这种权利不必界定为追偿权,而是不当得利返还请求(Roos, JFT 1992, 75, 94)。

53. 照英格兰法的一般规则,第三人的履行不足以实现清偿效果,除非第三人系经债务人授权的代理人,或者其代理行为得到追认:Simpson v. Eggington (1855) 10 Exch 844 at 847, 156 ER 683, 684 (Parke B)。不过呢,银行未经客户授权而付款的,只要能够证明,款项确实用来清偿了债务人对受领人所负的到期债务,即得记入债务人的账户借方:B. Liggett (Liverpool) Ltd. v.

Barclays Bank Ltd. [1928] 1 KB 48。在法制史上，主动向被告人的债权人清偿的，要想请求返还，需以被告人的默示请求为要件，这极大限制了不当得利法适用领域：* 其背后的法律政策在于，只在例外情形下，方得违背他人意志或者不经他人同意，通过清偿他人债务而成为他人之债权人［Johnson v. Royal Mail Steam Packet Co. (1867) LR 3 CP 38, 43 (Willes J)］。要说这样的例外，以例言之，被告人造成了某种不得不然的紧急情势即是。原告向被告的债权人清偿，目的是保护自己的利益，典型情况如，被告的债权人威胁要对某笔财产采取扣押措施，而原告于该笔财产之上享有所有人权益，得请求被告人返还：Exall v. Partridge (1799) 8 T. R. 308, 101 ER 1405（原告将四轮马车交于被告修理，因被告拖欠房租，房东欲扣押被告财产，威胁要扣下马车，原告替被告清偿了债务）；Johnson v. Royal Mail Steam Packet Co. (1867) LR 3 CP 38（船主拖欠水手工资，水手提起诉讼，要求扣押船舶，船舶抵押权人替船主也就是抵押人清偿了工资，得请求抵押人返还）。共有人之一消灭了共有财产上的权利负担的，对分担事宜，爱尔兰法的立场更为慷慨：特腾博恩如是主张，Tettenborn, Restitution[3], nos. 8－14－8－15，并请参见例如，Ker v. Ker (1869) 4 IrEqR 15（赎回典契）。无论如何，英国法还没有将这条思路推进至保护单纯的期待，至少不能授权财产上的留置权：参见 Re Leslie (1883) 23 Ch. D 552。

示例 1 取材于 CA Naumburg 20 Decmeber 2005, NJW－RR 2006, 1154；示例 2 出自 CA Leeuwarden 10 August 2005, NJF 2005, 393；LJN no. AU0823；示例 3 原型为 CA Barcelona 16 February 2006, BDA JUR 2006/111578；示例 4 来自 HR 30 September 2005, RvdW 2005, no. 106 p. 961。

第Ⅶ－4:102 条　间接代理

代理人代表本人为法律行为但系以自己而非以本人为法律行为当事人的，本人因该法律行为或该法律行为所生债务的清偿而有所得利或蒙受不利的，视为代理人之得利或不利。**

评　论

总说。

代理人代表本人与第三人交易，却是以自己的名义，或者以其他什么方式，总之是不可表明拘束本人的意思，本条即旨在一并解决此种情形下的得利、不利及归因问题。本条的目的在于确保，基本政策于此种情形仍能得到贯彻——交易当事人给予了利益而交易又无效的，得利返还事宜仅仅是交易当事人之间的事宜。贯彻的手段在于，将

* 参见第Ⅶ－1:101 条，注释 27。

** 原文为"on behalf of"，据元照，in behalf of 和 on behalf of 存有区别，前者指"为了谁的利益"，后者意为"作为谁的代表"（第 140 页）。

本人和代理人相对于第三人的法律地位捶打为一,将本人所获取之得利、所蒙受之不利尽归于代理人,因为代理人才是第三人的契约相对方。(参见下图*)

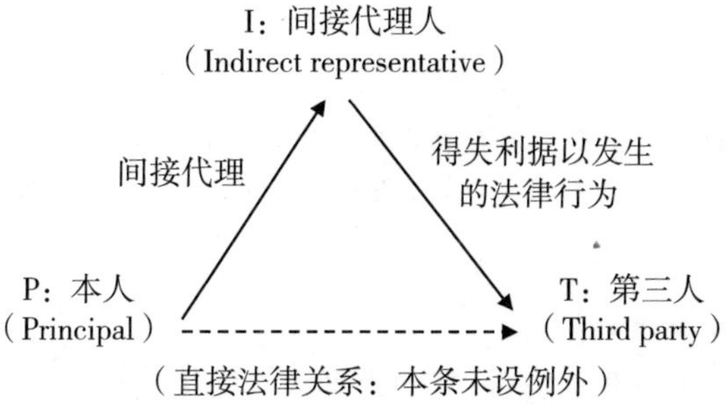

间接代理。

本条仅适用于下面的情形,即代理人代表未披露或未确认身份的本人订立契约(或为其他法律行为),以代理人自己而非本人为法律行为之当事人。代理人应以自己的名义为法律行为,或者以别的什么方式,总归不能表示出影响本人法律地位的意思[参见第Ⅱ-6:106条(以自己名义为代理行为)],或者不能揭明本人的身份[参见第Ⅱ-6:108条(未确定身份的本人)]。若是代理人订立契约的方式使得契约直接对本人产生拘束力[参见第Ⅱ-6:105条(代理人的行为影响本人法律地位的情形)],本条不予适用。

间接代理下的难题。

如果是代理人而不是本人,才是与第三人交易的当事人,这时,本条打算解决的难题也就出现了。比方说,如果代理人得了本人授权,得处分或以其他方式利用本人资财,就出麻烦了。履行和第三人订立的契约(例如出售或者出租本人财物),将使本人蒙受不利,第三人(购买人、租借人之类)有所得利。照基本的政策,依无效契约所得利益应予返还的,应局限于契约当事人之间,所以,第三人应将获得的财物归还给代理人,或者拿获得的价值向代理人结账,因为代理人才是第三人的契约相对方当事人。可是,如果没有本条,蒙受的不利就不是代理人的不利,而是本人。但第三人对之负有返还义务的,应是代理人,而不是本人。相反地,第三人的给付很可能直接令本人得利,但第三人还是无法直接对本人主张权利(因为第三人与本人之间从来没有法律关系)。

示例1

P授权I出售一座雕像。依照与P的协议,I与T订立买卖契约。I未披露自己代理人的身份。契约系由I与T订立,参见第Ⅱ-6:106条(以自己名义为代理行为),正合乎P的指示。双方履行契约完毕,价款已打入P的账户,雕像也交付。嗣后知道契约无效,因为不符合有关文物转让的规定。依本条,得依本卷请求T返还雕像的乃是I,而非P;应依本卷向T返还价款的,也

* 图为译者加。

是I,而非P。P因失去雕像所蒙受之不利,依本条被视作I之不利,而非P之不利;P因获得价款所得之利,依本条被视作I之得利,而非P之得利。

示例2
消费者T与I订立汽车租购契约。T并不知晓,汽车属于P,而I不过依P之指示行事。由于不符合法律强制性的形式要求,租购契约无效。汽车既经使用,P蒙受不利,但得请求返还汽车的乃是I,而非P,因为P之不利被视为I之不利,I才是契约当事人。由于P、I间的代理关系,P的任何请求权利都是对I的背弃。

代理人与本人的内部关系。

本条的立法目的不过在于确保,契约当事人与间接代理人订立的契约失败的,因之而生的返还事宜,应限于这两方当事人之间。是以,本条仅适用于针对或者由第三人所主张之权利。本人与代理人之间的内部关系不受影响,除非其内容取决于针对第三人的权利义务。只有代理人针对契约相对方的权利或义务必然波及内部关系的,才得对内部关系产生影响。比方说,代理人得对第三人主张不当得利,要求其返还本人财产的,代理人对本人应负报账义务。反过来,代理人对第三人负返还本人得利的责任,代理人因之得请求本人补偿。所以说,在和第三人的不当得利法律关系中,代理人既为债务人,亦为债权人;而在内部法律关系当中,既对本人享有相应权利,亦负有义务。

代理人破产或者根本违约。

不当得利只能由契约当事人(代理人)主张,亦只能向契约当事人(代理人)返还,不及于交易中的隐藏参与人(本人),此乃原则,仅在本人与第三人之间发生直接法律关系的个别特殊情形,方许例外。若是依《欧洲契约法原则》(PECL),此种例外得见于其下的第3:302条和第3:303条,中间人破产或者根本违约的,本人或者第三人得接掌中间人之权利。《原则》所设之例外,提出了艰深的政策难题,那些熟习了商业领域中反复出现的代理问题的律师,颇为怀疑《原则》的方案是否恰当,所以我们的框架草案没有将这些例外写入。是以,就本条所阐发之原则,并无例外。

注　释

1. 法国与比利时将代理人和本人间的法律关系(参见 Cass. civ. 1 December 1971, D. 1972 248)与代理人(稻草人)和第三人间的法律关系(Cass. soc. 17 July 1958, Bull. civ. 1958, IV, no. 940)严格区分开来。稻草人是第三人的直接契约伙伴;第三人仅与稻草人发生交易关系(Belgian Cass. 17 May 2002, no. de rôle C010330F)。代理人与第三人间的契约无效的,也还是一样。反之,享有代理权的人为他人受领给付的,给付人必须直接对本人提起非债清偿返还之诉(Cass. com. 18 March 2008, pourvoi no. 06-20930; Cass. soc. 5 February 1981, Bull. civ. 1981, V, no

112;Cass. 8 December 1994, JT 1995, 296)。*

2. 西班牙法一般地认可间接代理概念。有关间接代理的规则得见于委托契约法(《民法典》第1717条)和行纪法(《商法典》第246条);涉及的都是代表未披露或者未确认的本人订立契约的代理人(Díez－Picazo and Gullón, Sistema I[11], 580)。只有中间人得对第三人主张权利,并对第三人负有义务;中间人与本人的法律关系,受相关规则调整。是以,某人将货物出售给行纪人的,只有行纪人(而不包括本人)对出卖人负支付价款的义务[TS 12 July 2006, RAJ 2006(4) no. 4512 p. 10038;TS 4 July 2000, RAJ 2000(4) no. 6678 p. 10221]。不过,据《民法典》第1717条第(2)款结末处说,"所涉财产属于本人的情形"被排除于基本规则之外。此句确切所指,并不完全清楚。或谓,本条不过是在第三人知晓代理事体的情况下,提供给第三人直接针对本人的请求权利(Díez－Picazo and Gullón loc. cit. 581)。** 最高法院2000年7月4日判决至少在下面的范围内同意这一点,给了针对代理人(出售了本人的劣质橄榄油)的契约请求权利,没有同时以针对本人的诉讼为条件(TS 4 July 2000 loc. cit.)。*** 巴塞罗那上诉法院2003年4月24日判决处理了本人与第三人间因契约解除而生的返还权利:P与I达成协议,I在自己的摩托车商店里出售P的摩托车;I得从售价中提成。I将车售与T。后来,因为出售人没有提供必要的许可证,T解除了买卖契约。T将车返还给I,I又返还给P。为了索回支付的价款,T对P提起诉讼,这一直接诉讼请求为法院照准,依据即《民法典》第1717条第(2)款的结末(CA Barcelona 24 April 2003, BDA JUR 2003/254230)。在所有其他情形,无效或者被撤销契约的拆卷事宜仍属《民法典》第1303条基本规则的范围,依该条,只有契约当事人(中间人和第三人),而不是外部的什么人(例如本人),得请求返还依契约所给付者[TS 27 March 1963, RAJ 1963(1) no. 2121 p. 1313;Delgado Echeverría and Parra Lucán, Las nulidades de los contratos, 237]。不过,已经有些学者在推动,通过适用《民法典》第1717条第(2)款,来缓和目前过于严厉的立场(Díez－Picazo/Roca i Trias/Morales, Los Principios del Derecho Europeo de Contratos, 214－217;Fernández Gregoraci, ADC 2002, 1717, 1742－1749)。

3. 在意大利,这里讨论的话题取决于,在法律上,给付系向谁人而为或者从谁人的资产而出,而不是在事实层面上谁人在为给付或者谁人在受领给付。是以,在真正代理场合,给付之返还自然于本人/第三人的法律关系中展开,而就间接代理来说,则为中间人/第三人的法律关系(Breccia, Il pagamento dell' indebito, 944－945;Cass. 27 May 1995, no. 5926, Giust. civ. Mass. 1995, 1094;Cass. 19 July 2004, no. 13357, Giust. civ. Mass. 2004, fasc. 7－8;Cass 23 July 2004, no. 13829, Giust. civ. Mass. 2004, fasc. 7－8)。奥地利学界及司法界同样考虑的是给付的法律关系;这决定了得利赔偿的相关当事人[Rummel(－Rummel), ABGB II(1)[3], § 1431, no. 11]。何种法律关系为给付提供了法律基础,要从受领人的角度来判断(OGH 31 January 1985, SZ 58/

---

* 这一句应是讲直接代理。

** 《西班牙民法典》第1717条:"(1)代理人应以自己名义行事的,本人对代理人之契约相对方不得主张权利,后者亦不得对本人主张权利。此时,代理人与其契约相对方被直接约束于一处,仿佛所处理之事务乃系其个人事务;(2)事务所涉之物属于本人的,是为前款之例外;(3)本条之理解,不得害及本人与代理人之间的法律关系。"(此处据英译本,http://www.wipo.int/wipolex/en/details.jsp? id=9338,2013年1月1日访问,中译本似有误植)。

*** 此句存疑。

19;有争议)。就真正代理来说,被代理人乃是得利当事人(OGH 24 October 1990, SZ 63/189)。以他人名义行事但无权受领给付的无权代理人(falsus procurator),仅依《民法典》第 1041 条负责任(Unger, ÖBA 2002, 606)。代理人为自己的利益、以自己的名义受领给付的,同样处理(OGH 24 September 1995, SZ 68/174)。

4.《葡萄牙民法典》于委托契约法中规制间接代理(以自己的名义但系代表他人订立契约)事宜(第 1180 ~ 1184 条)。这套无代理权之委任(mandato sem representação) * 的规则亦见于寄售契约场合(《商法典》第 267 条;参见,Neto, Código Comercial Anotado[12], note 1 to art. 267, p. 151);在无因管理法中发挥着更大作用(《民法典》第 471 条)。这种类型的代理人(mandatário sem representação)以自己的名义行事,享有所订立契约下的一切权利,当然也负担一切义务(《民法典》第 1180 条),应将所取得者交付本人(《民法典》第 1181 条),本人应予以补偿或者将代理人从债务中解脱出来(第 1182 条)。只有代理人得主张与第三人所订契约下的权利;此种契约无效的,只有代理人而不是本人得主张返还权利(Pires de Lima and Antunes Varela, Código Civil Anotado II[3], note 3 to art. 1180, p. 746)。

5. 某人(比如行纪人)以自己的名义但是代表他人订立契约,契约又无效的,依德国法,本人与行纪人之契约相对方,无从主张得利赔偿。给付的返还发生于给付法律关系中,即行纪人与第三人的法律关系。第三人不得请求本人返还向行纪人所为之给付:Staudinger (- S. Lorenz), BGB [2007], § 812, no. 33;Palandt (- Sprau), BGB[67], § 812, no. 47。如果可以类推适用《民法典》第 822 条的话,也只有这样,直接对本人主张权利还有几分道理,但这思路遭主流学说反对[Erman (- Westermann and Buck - Heeb), BGB II[12], § 812, no. 18, § 822, no. 1;Reuter and Martinek, Ungerechtfertigte Bereicherung, § 13 II;Koppensteiner and Kramer, Ungerechtfertigte Bereicherung[2], § 5 III]。

6. 虽然目前的《匈牙利民法典》设有行纪契约,但没有间接代理的一般规定(未来的新民法典则不然:http://www.parlament.hu/irom38/05949/05949.pdf)。** 今天的立场很明白,只有所谓"间接代理人"(以自己的名义行事,但代表他人)才享有与第三人所订契约下的权利和义务(参见《民法典》第 507 条、第 509 条第(1)款和第 513 条,行纪契约)。同样,行纪人与第三人订立的买卖契约无效的,契约仅于这两方当事人之间拆卷;直接针对本人的请求被排除(BH 2003/248)。依匈牙利的学说,无效契约的拆卷乃属契约法事宜,这也再次证实了前面讲的立场[各派见解多少会有歧义,详尽的介绍,参见 Petrik (- Köles), Polgári jog III[2], 794/5]。保加利亚也一样,行纪人所为法律行为的拆卷,仅限于契约当事人,即行纪人与第三人之间。间接代理人将其取得的权利转移给本人的,本人方得主张这些权利;否则,本人亦无从对第三人提起非债清偿返还之诉。

7. 在真正或者直接代理场合,依荷兰法,法律行为的后果同样仅仅直接影响本人(《民法典》第 3:66 条第(1)款)。是以,就非债清偿返还之诉(onverschuldigde betaling)来说,只有本人才享有请求返还的权利。代理人倒是有可能依不当得利法主张权利(ongerechtvaardigde verrijking),不过也只是在极稀有的情形,即给付之物出自代理人的资产,而且代理人对本人并不享有赔偿请求权。某人声称系依本人命令行事,清偿本人对第三人负担的所谓债务,给付人错误地以为自己

---

* 法典中译本亦如此译,"获授权以委任人名义作出行为"的乃为有代理权之委任(第 1178 - 1179 条),"以自己名义作出行为"的乃为无代理权之委任(第 1180 ~ 1184 条)。

** 新民法典已于 2013 年 2 月 11 日通过,将于 2014 年 3 月 15 日施行。

享有代理权的,得援引该错误并以无权代理人的身份直接请求第三人返还(Schoordijk, Onverschuldigde betaling, 132)。有权代理人以本人名义受领了不该付的给付的,仅本人负返还义务(《民法典》第3:66条,结合第6:203条)。虽说从理论上讲,代理人确有可能依不当得利法负责任,但通常都不会发生,因为得利要件满足不了;第三人仅得通过扣押(derdenbeslag)来维护仍在代理人处资财的安全(Parlementaire Geschiedenis VI, 810)。就间接代理也就是中间人以自己名义行事的代理来说,早些时候,本人直接对第三人提起非债清偿返还之诉的做法是得到支持的。但这种立场却为欺诈行为提供了激励机制(尤其是,HR 11 November 1955, NedJur 1957, no. 605 p. 1185 and HR 10 January 1969, NedJur 1969, no. 190 p. 469)。自1992年民法典改革以来,荷兰法也接受了很多国家的做法,间接代理人提供的给付只能算作其自己的给付,缺乏《民法典》第6:203条意义上相应债务的,也只能由间接代理人自己请求返还。本人至多在下面情形得依不当得利法直接对第三人主张权利,即本人受有损害,并且就中间人依第6:203条有权请求第三人返还者,得对中间人主张权利。毫无疑问,这样的解释在学理上不可能不招来聚讼纷纭,因为其引发了一系列的边界难题,尤其是与第6:30条(第三人履行)的关系[参见Schoordijk loc. cit. 136;Hondius(-Scheltema), Verbintenissenrecht II, art. 203, note 10]。还有这样的讨论,如果中间人破产的,本人得依不当得利法直接对第三人主张权利。中间人与本人订立的是行纪契约的,行纪人对本人负有义务,必须为了本人利益提起非债清偿返还之诉;行纪人不作为的,本人得向行纪人与第三人发出书面通知,代位取得行纪人于《民法典》第6:203条下的权利(Parlementaire Geschiedenis VI, 809;Schoordijk loc. cit.;Scheltema loc. cit.)。间接代理人以自己的名义为本人受领给付的,非债清偿返还之诉就只能对间接代理人提起(HR 10 Januar 1969 loc. cit.)。间接代理人已经将受领的内容转交给本人的,前者应依不当得利法对第三人负责任。

8. 依爱沙尼亚法,请求返还依无效契约所为给付的,只能是契约当事人。《债法典》第1028条第(1)款将此点揭明,请求得利赔偿的,只能是参与到给付法律关系当中的人。所以,关键是看享有代理权的中间人是以他人名义行事,还是虽代表他人但以自己名义行事。在后种情形,只有中间人才有可能依不当得利法主张权利。

9. 在瑞典与丹麦,最为重要的间接代理,也就是行纪,由专门的《行纪法》规制。芬兰没有专门立法,遂类推适用瑞典法。总体来讲,第Ⅶ-4:102条也就是本条背后的法律政策与斯堪的纳维亚国家关于第三人与本人关系的规则相当(详参Tiberg and Dotevall, Mellanmansrätt[9], 102; Jørgensen, Kontraktsret I, 93;Grönfors, ScanStudL VI [1962], 95-128)。代理人与第三人订立的契约,只对这两方当事人有拘束力;不过,在所谓采购行纪场合,所有权直接由第三人处转移给本人(《行纪法》第53条)。如果代理人与第三人订立的契约无效,或者代理人破产,第三人不得对本人主张权利(《行纪法》第56条)。不过,两国的行纪立法时或也会遭受批评,主要是对本人与第三人的待遇不一:虽然第三人不得依第57条直接对本人主张权利,本人则得直接对第三人主张权利(Håstad, Den nya köprätten[5], 323;Zackariasson, Direktkrav, 67;Ulfbeck, Kontrakters relativitet, 255)。断绝了第三人对本人提起诉讼的可能性,也就断绝了对利用或者任何其他得利请求赔偿的权利(Karlgren, Minnesskrift tillägnad 1734 års lag, 631, 651;Hellner, Obehörig vinst, 350)。而本人呢,如果代理人系所谓民事经纪人(civil kommissionär),而不是所谓商事经纪人(handelskommissionär,在自己营业过程中代表本人售货),则得不受限制地直接对第三人主张权利;而在后种情形,如果代理人不向本人报账,如果代理人欺诈本人,或者如果代理人被宣告破产,本人才得直接对第三人主张权利。在代理人破产的情形,本人乃是代理人取得的财产的所有权人,对代理人的破产财团享有取回权(Aussonderungsrecht),而第三人只享有不具优先效力的普通债权。不过,在所有斯堪的纳维亚国家,第三人不得对本人主张权利的原则都有一个例外,也就是代理人充任他人的“出面人”(front man)或者“稻草人”(Strohmann)情形,* 意在隐蔽本人的存在。在进一步的限定情形下,第三人也可能得对本人主张权利,比方说,某法人被“插入(inserted)”两人之间(这一例外的适用领域还不清楚,参见 Hellner loc. cit. 348;Lynge Andersen/Madsen/Nørgaard, Aftaler og mellammænd, 390;Klami, JFT 1990, 116-130)。

10. 英国法倒与本条所奉之进路有异,与第Ⅱ-6:106条(代理人以自己名义行为)不同,在英国法上,虽然代理关系未予披露但代理确系经授权的,第三人与本人间得生法律关系。此际,若契约被撤销,而本人的钱又付给了得利的第三人,得直接请求返还:参见 Duke of Norfolk v. Worthy (1808) 1 Camp 337 at 339, 170 ER 977, 978 [Lord Ellenborough LCJ,还有,Stevenson v. Mortimer (1778) 2 Cowp 805, 98 ER 1372 (Lord Mansfield LCJ), 本人得请求返还多付的款项。不过,亦得由代理人来请求返还:参见赞同的分析,Stevenson v. Mortimer loc. cit.;还有认为,不管是代理人还是本人都得请求:Holt v. Ely (1853) 1 El. & Bl. 795, 118 ER 634(被告通过欺诈手段从以自己名义行事的代理人那里获得金钱)]。相反的情形,也就是第三人主张权利的,最近的司法判决断言,代理人不过是付给本人的金钱的管道;本人没有披露的,代理人只有在能够援引境况变更抗辩的情况下,才得到保护:参见 Portman Building Society v. Hamlyn Taylor Neck (1999) 77 P & CR 66, 70 (Millett LJ)。所以,不管是在代理人向本人报账之前还是之后,(“因为在法律看来,钱是付给本人的”,)本人都可能被起诉,但原告也可能选择起诉代理人,比方说,因为钱还在代理人手里,或者代理人在知道第三人的权利主张后,仍将钱付与(pay over)本人:loc. cit。代理人所得主张的付与抗辩(defence of payment over),**存在很多不确定性,尤其是,付与抗辩仍为独立抗辩呢,还是应被吸收入境况变更抗辩当中(参见 Chitty on Contracts II[30], 40-027 et seq.),或者对判例法的其他什么解释,或者不同返还案型的其他什么规则群(参见 Birks, English Private Law II, no. 9.114)。这里还有一点值得关注(尽管不限于中间人以自己名义为本人谋取利益的情形),就是1943年《法律改革(契约落空)法案》第1条第(6)款的归因规则。*** 为实现契约落空情形下的返还,第(6)款规定,一方当事人依契约负担了债务,作为对价,他方当事人应给予第三人利益的,给予第三人的利益被视为第一方当事人的利益。

---

* 稻草人(man of straw):名义上的当事人,又称“稻草人”。名义上为交易当事人,而实际上是代理人。他可为本人受让不动产,并办理相关手续等,常出于规避法律或掩盖真实买主的身份之目的而为之。元照,第891页。这里大概是强调规避法律的意图,与注释1中的用法不尽相同。

** 付与抗辩最早由戈夫与琼斯于1966年提出,当做境况变更抗辩的特别情形(Goff and Jones, The Law of Restitution, 1st edn, London, 1966, 492-496)。在1991年的利普金案中,戈夫勋爵借机再加阐述,其要件有二:(1)以代理人身份已经受领了利益;(2)在知道让与人的返还请求之前,将利益付与了本人(Lipkin Gorman v. Karpnale [1991] 2 AC 548, 578.)。可知此抗辩乃为代理人所专有,而原文则为“the defence of payment over by a principal to a defendant”,后部似为手民之误。

*** 第1条第(6)款:“如果契约任何一方当事人依契约承担了一定债务,作为任何其他契约当事人将利益授予某人(不论是否为契约当事人)的对价,在考虑到个案所有情势为正当的情况下,为本条第(3)款的目的,法院得将这些授予的利益看作是该承担了债务的当事人所获得的利益。”

第Ⅶ-4:103 条　债务人向非债权人清偿;得利的善意移转

(1)债务人将利益给予得利人,失利人因之丧失了对债务人主张同样或类似利益的权利的,得利亦得归因于不利。

(2)对失利人负不当得利返还义务之人,将得利移转给第三人,并得依第Ⅶ-6:101 条(得利减损)主张债务人之抗辩的,前款尤其适用。

评　论

A. 概述

总说。

本条进一步充实了基本规则的归因要件,在本条所示情形,归因要件亦得满足。本条所关注的情形为,得利人自第三人[法条中的债务人,相对得失利法律关系而言的第三人]处有所得,而这些本是失利人该得的。换言之,第三人的给付给误送或者给截取了,或者本该归还给失利人的,第三人却善意交给了得利人。本条适用的假设条件为,债务人向债权人之外的其他人清偿并(于特定情形下)使债务人所负债务归于消灭。债权人(针对债务人)的权利丧失,蕴藏于权利间的财产收益为受领人获得。(参见下图*)

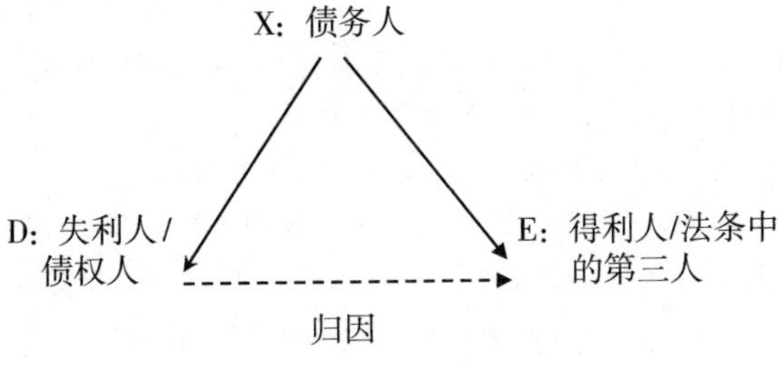

归因的特别情形。

第(1)款的措辞("亦")表明,本条不过添加一种归因情形[就归因概念以及第四章条款非穷举性质的一般论述,参见第Ⅶ-4:101 条(归因的情形),评述 A]。这里特别要指出的是,本条应做反面解释(e contrario),如后面评述揭明的:在相关案件中,本条要件不得满足的,只得认为得利不可归因于不利。

---

* 图为译者加。

B. 失利人丧失对第三人的权利*

总说。

本条仅适用于这样的情形,原告丧失了针对第三人[法条中的债务人]的权利,该权利关乎得利人所获之利益。决定因素在于,失利人针对债务人的权利是否消灭。至于得利人得否被视为利用了失利人[要求债务人清偿]的权利,在所不论。

权利的部分丧失。

所谓丧失权利不必为全部丧失。权利范围上的减少或者缩小构成权利的部分丧失,得依本条与得利挂钩。第三人[债务人]向得利人部分履行,并从对原告所负债务中部分解放出来的,受领人之得利归因于原告蒙受的相应(pro tanto)不利,得有本条之适用。

保护第三人的规则。

针对第三人[债务人]的权利所以丧失,可能是保护第三人的规则使然。债务人善意清偿的,即便提交给了错误的当事人,债务亦已消灭。

示例1

E将其对X的债权让与D。尽管没有向X发出让与通知,权利亦已有效让与D:第Ⅲ-5:114条(让与的时间)第(1)款和第Ⅲ-5:113条(新债权人)。收到让与通知前,X依债的内容已向E清偿。虽然X是向让与人而非受让人清偿,仍使债务消灭,因为X不知道让与事实:第Ⅲ-5:119条(向非债权人清偿)第(1)款。相应地,D丧失对X的权利,并因资财减少而蒙受不利。E因资财增加而得利(从X那里受领金钱)。依本条,E的得利归因于D的不利。

示例2

W将其对X的债权让与D。尽管没有收到让与通知,债权仍有效让与。W继而又将债权让与E。E向X知会了这(第二)次让与。X并不知晓前次让与,遂向E清偿。E优先于D,因为先为通知[第Ⅲ-5:121条(递次受让人之间的权利冲突)第(1)款]。相应地,X因向E清偿而无债一身轻:第Ⅲ-5:121条第(2)款。D请求给付的权利消灭。是以,E之得利(受领X的给付)得归因于D之不利(丧失对X的权利)。不过,得利可归因于不利,这一事实并没有回答得利是否无法律上之原因或者E是否得依第六章主张什么抗辩的问题。

示例3

D持有若干无记名证券,X负见票付款的义务。E持证券请求X付款。X善意向证券持有人付款,其对D所负的债务消灭。E因利用D的资财(证券)而得利。依本款,E之得利归因于D之不利:E从X那里得到金钱(是应该付给D的),D丧失了对X的权利。

---

* 这里的第三人非为法条中的"第三人",而是法条中的"债务人"。

示例4

W去世时将遗产委托给受托人X1和X2,以其已故侄子的孩子为共同受益人。其中两个孩子,E1和E2,受托人是知道的。但受托人认为可能还有自己不知道的受益人,遂发布广告,寻找权利人。未闻回响,受托人只好当就两个受益人,平均分配了遗产。其实那位侄子还有个孩子D,稍晚些时候才知道叔祖父的处分。受托人当然有义务将遗产的1/3拨给D,但依可得适用的信托法律,受托人所采取的措施妥当无误,故针对D的权利主张,享有完全抗辩。受托人对D的份额所为之处分,消灭了D对受托人所得主张的权利。就那1/3份额,E1和E2有所得利,D丧失了对受托人(第三人)的权利故蒙受不利,得利依本款可归因于不利。

示例5

D有权继承一笔遗产,包括死者对X的债权。谁知E不知怎么竟搞到了继承证明,从X那里拿走了清偿款项。由于继承证明在法律上的效力,X在法律上被视为已经清偿了对死者继承人所负的债务,尽管E实非权利人。E之得利(拿到钱)可归因于D之不利(丧失权利)。

第三人[法条中的债务人]履行指示。

本条亦得适用于就资财如何处分发出了指示的情形。这里的基本要素是,原告行使其处分权利而向第三人(其负有贯彻指示的义务)发出了向受领人履行的指示,第三人贯彻了指示,受领人因之而得利。典型情境为,银行依客户指示而转账,或者出卖人依购买人的指示而将货物交付给第三人。不管哪种情形,原告都向第三人发出了有拘束力的指示,要求第三人增益受领人,第三人贯彻了指示,消灭了对原告所负的债务。原告丧失了对利益的权利,利益相应地被受领人获得。

示例6

购买人D与出卖人X达成合意,X应向D或者D指定的人交付。D给X传真,指示其交付给E。其实D是希望交付给Y的,在传真上错写成了E。X依传真指示向E交付,从而消灭了对D所负的契约债务。E因受领交付而得利,可归因于D的不利,D丧失了对X的给付请求权,因为X通过向E给付已经将D的权利消灭。如果犯错的不是D,而是X,情况就不同了,因为这时X没有消灭自己对D所负的(向Y交付的)义务。D没有丧失给付请求权;D的资财没有减少,D没有蒙受不利。

期待落空,非为不利。

就得利,如果原告对第三人[图中的X]不得主张权利,也就无所谓得失利的归因:对利益的期待落空的,无论如何不构成不利,因为期待的落空非为资财的损失。

示例7

X打算给朋友D一份礼物,把信封误塞进了D的邻居E的邮箱。D对E无从主张权利。D没有拿到那笔本来是给他的钱,但E之得利归因于X之不利,而非D之不利。X因资财减少而蒙受不利,因为失去了那笔钱。D并没有丧失什么对X的权利:设X并没有让自己负担上赠与义务,D也就没有请求给付金钱的义务,若X负有赠与义务,则其瑕疵履行也不会消灭D的权利。

示例8

X雇请Y依其特别指示起草遗嘱。X本打算留给老友D一笔遗产,因Y的错误,将此节漏掉。X以为遗嘱全合其意,遂付诸执行,既而溘然长逝。那笔X本打算留给D的款子,如今依遗嘱归了X的表亲E。D对遗产从来没有过什么权利,唯寄望X还会记得自己这位发小并于遗嘱中书写一二,故D未蒙受不利。是以E之得利不可归因于D之不利。如果说D享有什么权利,也一定是在不当得利法之外。D或得依继承法请求更正X的遗嘱,贯彻X的真正意思。若事不得谐,D或得依债法对Y主张权利,因为D落空的期待构成可诉损害。那就得由契约法来决定,就Y的不完全履行给D造成的损失,D得否请求Y赔偿;Y应依X的意思起草遗嘱,Y与X默示地同意,Y对第三人D负履行义务[参见第Ⅱ-9:301条(基本规则),第Ⅱ-9:302条(权利、救济与抗辩)]。也可以由非契约责任法来决定,D是否遭受了具有法律相关性的损害,损害系由于Y未尽到合理注意义务而致[尤其参见第Ⅵ-2:101条(具有法律相关性的损害)第(1)款(c)项,"侵犯值得法律保护的利益"]。

权利仍在,未经追认,本条不得适用。

如果原告享有这样的权利,而权利没有丧失,本条同样不得适用。权利既未丧失,即无所谓不利,也就谈不上归因。不过,原告可以追认,如此便有归因问题:详参第Ⅶ-4:104条(对债务人向非债权人清偿的追认)。

示例9

D的债务人X受了E的欺诈,向E清偿债务,E假装代表D收取债务。E之得利不能归因于D之不利。尽管X系善意行事,其对D所负的债务亦未消灭。D仍得对X主张权利,D未蒙受不利。E之得利应归因于X之不利,X因受欺诈而给付。只有D追认了X对E的履行,情况才有不同:详参第Ⅶ-4:104条(对债务人向非债权人清偿的追认)。

示例10

D在X保险公司投有人寿保险。依契约条款,D得单方指定受益人,若D死亡,X应向受益人支付保单收益,D并得撤销指定。D曾指定E为受益人,后又撤销指定,也没有指定新的受益人;这时,依保险契约,若D死亡,X当然应将收益支付给D的继承人。D不幸辞世,X未留意此前的撤销,仍将保单收益支付给了E。D的继承人不得依不当得利法对E主张权利。X向E给付,此举并不能消灭X依保险契约向D的继承人支付的义务。D的继承人并未丧失任何权利,是以未蒙受不利,E之得利无从往此处归因。只有D的继承人追认X向E的支付,情况才有不同:详参,第Ⅶ-4:104条(对债务人向非债权人清偿的追认)。

示例11

X银行向E设于Y银行的账户转账,并将款项借记于D的账户。天晓得,D从未发出此种指示,X把别的客户当作D了。(如果D确实发出过此种指示,而后又及时撤销,X未曾留意而转账的,或者X因错误而两次转账的,也一样。)D对E无从主张权利。D没有丧失什么权利;D得依储蓄契约要求D纠正账户记载。X对D并不负有此种给付义务,是以,E之得利当归因于X蒙受之不利。

权利贬值,非为不利。

由于第三人[X]增益得利人而使[原告]对第三人的权利贬值的,仅仅这一事实,还不足以援引本条。权利的贬值并不是得利可往归因之不利。此时,原告并未遭受什么资财减少,因为其仍得对第三人主张权利。这正合乎第Ⅶ-3:101条(得利)和第Ⅶ-3:102条(不利)的基本原则,单单是资财价值的变动不构成得利或者不利(参见所引条之评论B)。

示例12

X欠D100万欧元,欠其他债权人200万欧元。X付给E100万欧元,意在令所有债权人都捞不着。紧接着,X被宣告破产。前面的付款加后面的破产,D对X的权利事实上一文不值了。但E之得利不可归因于D之不利。D对X享有请求付款的权利。在X向E慷慨解囊之后,D的权利仍然存在;只不过,X已经不能履行,D的权利因之贬值。D无从依不当得利法对E主张权利。D得乞援于破产法,撤销X向E的给付,将那笔钱收归破产财团,强化D依其债权份额自破产财团获得清偿的权利。

债务人破产的效果。

像上例那样的情形,要说恰当的法律应对,便是将第三人[X]所为之任何不当处分皆打转回去,以惠及一般的债权人。此乃破产法之要务,而非不当得利法之职事。就破产前所为处分的回转,破产法本来设有诸多限制,要是不当得利法竟得于此间用武,定会被债权人拿来规避那些限制[,立法目的难免落空]。

负担债务而非丧失权利。

有种类似的局面,原告并不是丧失对债务人的权利,而是由于第三人[债务人]将利益给予得利人,原告因之对第三人负有义务,遂蒙受不利,此际得适用本条。*

C. 特别考察,善意的继续移转:第(2)款

特别情形,继续移转。

第(2)款所涉之特别情形本在第(1)款文义涵摄之内,但此间的推论并不是那么彰明较著,遂特意将其表而出之。其所涉情形为,某人[X]无法律上之原因而得利,继而将得利处分,并得主张第Ⅶ-6:101条(得利减损)之境况变更抗辩。这里的本质在于,得利人[X](不管于得利,还是于得利之处分,皆)为善意且处分为无偿。精确一些讲,

* 没有设例。

得利的最终受领人[E]获得的是无偿利益,某种意义上,这种利益又不能说是[最初]得利人用来奉送的(因为[最初]得利人依本卷负返还义务),故而最终受领人应负返还责任。要说最初得利人所为处分的效果,一方面消灭了失利人对最初受领人的权利;另一方面又增益了最终受领人:最终受领人的得利归因于失利人丧失对最初得利人的权利。

注　释

Ⅰ.基本情形:向假定债权人清偿而使债务消灭,因此而生的不当得利返还事宜

1. 依《法国民法典》第1690条第(1)款,仅当向债务人发出让与通知的,权利让与方对第三人*发生效力;债务人于公文书中表示接受的,亦然(《民法典》第1690条第(2)款)。既未通知又未接受的,让与仅于让与人与受让人之间发生效力(Cass. civ. 12 June 1985, Bull. civ. 1985, III, no. 95, RTD civ 1986. 350, obs. Mestre)。依《比利时民法典》第1690条(1994年7月6日修订),仅是为了令权利让与亦对债务人发生效力的,才有必要为让与通知;而对其他第三人来说,权利让与当然是有效的,用不着什么让与通知。不过,在接到让与通知之前,债务人已经有效提交给付的,让与不对让与人的债权人发生效力。在这两套法律体制下,让与都表现为契约形式,视案情而定,可能是出售契约、单方受益契约或者实物清偿(dation en paiement,以最初约定之外的其他方式清偿债务)(Bénabent, Les obligations[10], no. 727;de Page, Traité élémentaire de droit civil belge IV[3], no. 372)。依《民法典》第1135条,依债务性质,举凡公平原则、习俗惯例以及制定法赋予相关债务者,俱对当事人有拘束力。继而可以由此推知,债务人已经向让与人给付的,让与人负有将给付转移给受让人的契约债务。真正债权人与表见债权人之间没有契约关系的,就得考虑真正债权人是不是可以请求表见债权人赔偿的问题了。依《民法典》第730-5条,明知继承证书不对头仍据之恶意主张权利的,负赔偿责任。未经授权之人对业经授权之人的责任,以《民法典》第1382条为据。** 最高法院判决在特定场合确认了这一立场(Cass. civ. 13 July 1974, pourvoi no. 73-10393, Bull. civ. 1974, III, no. 280 p. 212),在土地登记处,违反义务错误公布特定地块上的法律关系的,权利持有人得依《民法典》第1382条对未经授权人或者表见债权人主张权利。

2. 在西班牙,权利让与同样表现为债权契约的形式,权利移转乃是契约的法律效果。是以,

---

* 《法国民法典》第1690条:"(1)受让人,仅依其向债务人送达转让通知,始对第三人发生占有权利的效力;(2)但是,受让人亦可依债务人在公证文书中接受转让而占有其受让的权利。"

行文特意区分债务人与第三人,似乎第三人不限于债务人,亦及于一切第三人,但应该主要对债务人有意义。据最高法院第一民事法庭1985年12月4日判决,"按照第1690条的规定,虽然不是转让行为的一方当事人,但有利益仍然以转让人作为其债权人的人,才是该条意义上的第三人"(《法国民法典》,罗结珍译,法律出版社2005年版,第1274页)。

** 《法国民法典》第730-5条:"心怀恶意,故意主张不确实的公证书,依第729条所指的隐匿财产惩处之,且不影响损害赔偿。"

第1382条:"人的任何行为给他人造成损害时,因其过错致该行为发生之人应当赔偿损害。"

相关法律规则主要见于买卖契约法(《民法典》第 1528～1536 条)。至于什么与债权基础相区分的处分行为意义上的真正让与,为西班牙法所不闻(Pantaleón Prieto, ADC 1988, 1033, 1034－1038;Díez－Picazo, Fundamentos II[4], 805－806)。虽然动产转让确实依赖名义加形式的取得制度(titulus and modus),给付请求权的让与所需要的,却不过双方当事人的合意(Pantaleón Prieto loc. cit. 1060)。就此种权利的转让,通知债务人非为要件[TS 26 March 2007, RAJ 2007 (2) no. 2347 p. 5580 at FJ 2];据《民法典》第 1527 条,债务人知道让与前,已向债权人(让与人)清偿的,债务消灭(抵消的情形也一样,参见《民法典》第 1198 条)。向来有主张,未通知债务人的,就债务人来说,让与(相对)无效(参见例如,巴塞罗那上诉法院判决,CA Barcelona, 22 April 1999, BDA AC 1999/889),但这种思路并不合乎实证法的立场(Pantaleón Prieto loc. cit. 1064－1065)。《民法典》第 1527 条超越第 1164 条(见下文)的地方在于,在第 1527 条适用的场合,受让人就债务人的知情负证明责任[TS 30 July 1994, RAJ 1994 (3) no. 6308 p. 8053]。当然,向表见债权人清偿的善意债务人,亦得放弃第 1527 条提供的保护,依非债清偿返还之诉(《民法典》第 1895 条)请求让与人(如今的表见债权人)返还,或者与相关权利主张抵消[TS 26 March 2007 loc. cit.;TS 20 February 1995, RAJ 1995 (1) no. 887 p. 1237]。受让人向让与人主张不当得利返还的形式,并不完全清楚。可能是一般不当得利之诉,也可能是侵害他人资财的返还之诉(尤请参见 Díez－Picazo, Fundamentos I[6], 127;Miquel González, Enriquecimiento injustificado, 127),后者得溯至《民法典》第 360 条。还有建议。通过适用《民法典》第 1186 条,受让人得代位取得债务人对表见债权人的非债清偿返还之诉(Pantaleón Prieto loc. cit. 1068);双重让与(doble cesión,如前面示例 2)场合也一样(Pantaleón Prieto loc. cit. 1084)。依前面提到的《民法典》第 1164 条,债务人向权利持有人善意清偿的,债务消灭。这里所谓"权利持有人"(holder of a claim),乃指得于法律上推定为持有人的人(Bercovitz, Comentarios al Código Civil[2], 1406)。就真正债权人对表见债权人的权利,第 1164 条还是未置一辞。法院似乎是主张援引一般不当得利法(例如,圣克鲁斯－德特内里费上诉法院判决,CA Santa Cruz de Tenerife 23 May 2007, BDA JUR 2007/287536,以及巴利阿多利德上诉法院判决,CA Valladolid 7 July 1998, BDA AC 1998/6217 [obiter])。真正债权人对表见债权人得请求返还不当得利,亦合乎学界主流观点[Bercovitz loc. cit.;Albaladejo (－Bercovitz and Valladares Rascón), Comentarios al Código Civil y compilaciones forales XVI(1)2, 103]。虽然贝德乔和埃尔南德斯确实提出,这里应该适用非债清偿返还之诉(代位取得债务人的权利)[Lacruz Berdejo and Rivero Hernández, Elementos II(1)[4], 139],但这种情形下的代位实在难得找到实证法上的依据(Bercovitz and Valladares loc. cit. 103),甚至是债务人都不能请求返还(与《民法典》第 1527 条不同)。最高法院确有判决以非债清偿和无因管理为真正债权人提供基础[TS 11 March 1964, RAJ 1964 (1) no. 1367 p. 1367],但其学理上的价值如何,却难讲。从西班牙不当得利法的最近动向看,就《民法典》第 1164 条,亦有主张,真正债权人得据侵害资财的返还之诉对表见债权人主张权利。*

3. 据《意大利民法典》第 1264 条,债务人同意的,或者债务人受领了让与通知的,让与对债务人发生效力。债务人于受领让与通知前已向让与人清偿的,推定其为善意,不过只是可反驳的推

---

* 《西班牙民法典》第 1164 条:"向债权占有人为善意清偿的,债务消灭。"

第 1186 条:"债务因物之丧失而消灭,债务人因之对第三人所得主张之权利,债权人概得行使。"

第 1527 条:"债务人不知债权已让与而向原债权人为清偿的,债务消灭。"

定;是以,如果受让人证明,债务人于清偿之际已经知晓了让与事实,债务人即仍为债务所缚(Cass. 21 December 2005, no. 28300, Giust. civ. Mass. 2005, fasc. 12)。让与有特定期日的,方对其他人发生效力(《民法典》第1265条)。* 向债务人的让与通知,既得由让与人,亦得由受让人为之;不过,受让人通知的,债务人负义务核实通知之真实性。能不能讲,尽管实证法倾向于保护债务人,但请求给付的权利还是因为让与本身(而不是仅仅因为让与通知)理所当然地转移给了受让人,还是有争论的(支持这一立场的判例甚多:Cass. 2 February 2001, no. 1510, Giust. civ. 2001, I, 1856;Cass. 21 January 2005, no. 1312, Giust. civ. Mass. 2005, fasc. 1;in opposition to this stance: Cass. 26 April 2004, no. 7919, Giust. civ. Mass. 2004, fasc. 4;Cass. 21 December 2005, no. 28300, Giust. civ. Mass. 2005, fasc. 12;Cass. 16 June 2006, no. 13954, Giust. civ. Mass. 2006, fasc. 6);不过学界更多以为,契约一旦订立,让与即在当事人之间发生效力(详参 Bianca, Diritto civile IV, 583-585)。债务人向让与人善意清偿并因此卸除债务的,受让人得请求让与人赔偿;其依据,部分地在于直接适用非债清偿返还之诉的规则,部分地在于类推适用非债清偿返还之诉的规则(Cian and Trabucchi, Commentario breve[8], sub art. 2033, IV, § 2)。根据案情,受领人承担违约责任或者侵权责任,都不是没有可能[Perlingieri, Della cessione dei crediti, 220;Cendon(-Bianca), Commentario al codice civile IV(1), sub art. 1264, § 5]。

4. 葡萄牙法的情况也差不多,债务人在知晓让与之前已经向让与人清偿的,债务消灭(《民法典》第583条),让与人不当得利(Pires de Lima and Antunes Varela, Código Civil Anotado I[4], note 1 under art. 473, p. 455)。受让人得请求返还不当得利(id., note 4 to art. 476, p. 463;Antunes Varela, Obrigações em geral I[10], 478;STJ 24 June 2004, Processo 03B3105)。由此展开的理论推衍造成一些难题(详参 Menezes Leitão, Enriquecimento sem causa[2], 591)。在一种特别情形,保证人与债务人(不知道保证人清偿了)都向债权人清偿的,依《民法典》第645条,保证人得请求债权人返还不当得利。这并不是非债清偿返还之诉,因为保证人清偿之际是负有债务的(Pires de Lima and Antunes Varela loc. cit. note 2 under art. 645, p. 663)。在已经向让与人清偿的情形,给付型得利与侵害权益型得利都在考虑之列(Menezes Leitão loc. cit. 599, fn. 1652)。附带一提,葡萄牙法并不承认什么向表见债权人的清偿得解脱债务人的一般原则(Menezes Leitão loc. cit. 156, fn. 308)。

5. 依《德国民法典》第816条第(2)款,向非权利人清偿,但对权利人亦生效力的,非权利人应向权利人交付所受领者。这是所谓侵害权益型不当得利的特别情形[Palandt(-Sprau), BGB[67], § 816, no. 20]。所以讲是侵害权利,就在于无权利人受领了给付[Erman(-Westermann and Buck-Heeb), BGB II[12], § 816, no. 14]。这一款适用的条件为,虽然债务人是向错误的债权人清偿,但还是卸除了自己所负的债务。显然,这不会是通常的情况(《民法典》第362条第(1)款)。这一基本规则(指第362条第(1)款)最为重要的例外得见于《民法典》第407条第(1)款:债务人不知道债权让与的,向原债权人所为之清偿对债权受让人亦生效力。更多的例外得见于《民法典》第566c、567b、581条以及第2135条。从根本上看,这里涉及的情形为,债务人[例如,承租人(hiree or lessee)]不知道因为租赁物的让渡而发生了债权人的变动。另外的例子见于《民法典》第851条(物遭受实质损害;负有非契约责任的债务人,误以为物之占有

---

* 《意大利民法典》第1265条[转让对第三人的效力]:"(1)一个债权同时作为数个转让标的被转让给数个人的,最先通知债务人的转让首先产生效力;如果时间是确定的,虽然后发生但被债务人最先接受的转让首先产生效力。(2)该规则适用于以设立用益权或者抵押权为目的的债权。"

人为所有人,遂向其清偿,只要没有重大过失,债务即得消灭)。

6.《匈牙利民法典》里头可没有与《德国民法典》第 816 条第(2)款相应的条款,因为此间的问题至少部分地是由让与法来调整的。依《民法典》第 328 条第(3)款,应向债务人为让与通知。在此之前,债务人得向原债权人清偿;在此之后,如果通知是让与人发出的,债务人就必须向受让人清偿(《民法典》第 328 条第(4)款)。如果通知是受让人发出的,债务人得要求其出示证据(BH 2002/364);否则,债务人可能会清偿非人(BH 2005/16),还不得不依非债清偿返还法请求那个冒牌的受让人返还。在《民法典》第 287 条的情况下,债务人得通过于法院提存的方式来消灭债务,不过仍负合作义务,帮助勘定正确的债权人[BH 2002/364;Petrik(-Bíró),Polgári jog II[2],545]。除非有相反证明,债务人得信赖具"公信力(public authenticity)"的文契与单据。债务人向让与人清偿,从而使其所负债务消灭的,让与人依《民法典》第 330 条第(1)款对受让人负责。这种责任与保证人责任相似,对保证人责任来说,只要债务人不得再被追诉就够了(这一规则的相关改革建议,参见 Vékás(-Gárdos),Szakértöi Javaslat az új Polgári Törvénykönyv tervezetéhez,847,854)。债务人向所谓受让人清偿从而使其所负债务归于消灭,但事实上受让人并没有受领权利的(比方说,受让人伪造了文件而债务人又不能识其真伪),所谓受让人对真正债权人要负侵权法和不当得利法上的责任。

7. 在保加利亚法上,债务人于收到让与声明后仍向让与人清偿的,乃是清偿非人,仍对受让人负清偿义务,仅得依《债法典》第 55 条第(1)款(不当得利)请求让与人返还(Vassilev,Obligazionno pravo,583)。情况相反,如果债务人系善意向让与人清偿(善意是指不知道让与事实,在收到让与通知之前也是可以知道的:Kalaydjiev,Obligazionno pravo,Obshta chast[4],496),其所负债务消灭(《债法典》第 99 条第(4)款)。这时,债务人已得解脱,受让人得对让与人提起非债清偿返还之诉。如果债务人有理由相信某人有权请求给付并因此为之的,亦同样处理(《债法典》第 75 条第(1)款第 1 句),例如,向提货单持有人给付(《铁路运输法》第 92 条)。这里也是,真正的债权人得对给付受领人主张权利(《债法典》第 75 条第(1)款第 2 句;参见 Kalaydjiev loc. cit. 238)。《波兰民法典》的立场亦一般无二,债务人善意向让与人清偿并因此卸除了债务的(第 512 条),受让人得请求让与人返还不当得利(第 405 条)。唯一的争论是,债务人得否放弃《民法典》第 512 条的呵护,并请求让与人返还给付(赞同者:Ohanowicz,Niesłuszne wzbogacenie,202;反对者:Serda,Nienale żne śwadczenie,62)。

8. 依《荷兰民法典》第 6:36 条,真正权利人得向任何受领了给付的无权利人追偿。第 6:34 条即为此也。依第 6:34 条,如果债务人有合理的理由相信,自己是在向权利人清偿,虽然受领人乃是无权利人,债务人对权利人所负债务亦告消灭。要照基本规则,债务人向真正债权人清偿的,债务方告消灭,第 6:34 条自为例外。第 6:34 条的主要意义还是在权利让与法里头,权利让与法区分了沉默的让与(stille cessie,没有通知债务人)和通知债务人的让与。沉默让与不过是 2004 年才利用第 3:94 条第(3)款重新引入荷兰法的。就这类让与来讲,在提出给付之前,只要没有收到让与通知,债务人即受保护(Kamerstukken II,2002/2003,28 878,no. 3,p. 4);在此之前,依第 3:94 条债务人被视为善意(Verhagen and Rongen,WPNR 2003,no. 6546,679,689;Biemans,WPNR 2004,no. 6584,532,536-537),让与人被视为是唯一有权请求履行的。等债务人收到让与通知了,也就是授权受让人可以请求履行了。而在以让与通知为让与生效要件的场合(第 3:94 条第(1)款),通知之前,债权人并未更替,所以债务人甚至都不需要第 6:34 条的保护。不过,受让人同样得依第 6:36 条对让与人追偿;还有,债务人得要求受领人将所受领者交付与权利受让人。如果债务人知晓了权利让与事实,仍向原权利人清偿,原则上,其所负债务并不消灭。只是在下面的情形,第6:34条才出来保护,也就是有复数受让人,债务人基于来自某一新债权人的不准确信息,向某位在前权利持有人清偿的(参见 Biemans loc. cit.)。在权利让与场合之外,第6:34条还主要适用于下面的情形,即债务人向表见债权人清偿,后者因持有公文书(例如,继承证明)而表现出权利外观。这里也是,真正权利人得依第6:36条向表见权利人追偿。继承法的相关条款确认了这些一般原则(《民法典》第4:187条)。

9. 依爱沙尼亚法,通知并非权利让与的生效要件(《债法典》第170条)。债务人善意向让与人清偿的,即得卸除债务,如同向真正债权人清偿一般效果(第169条第(1)款)。但让与人不得保有给付,应将之作为不当得利交付与权利受让人。债务人向让与人所为之给付不能使所负债务归于消灭的,权利受让人得追认之,遂能发生债务消灭的法律效果,受让人得再请求让与人返还(第1037条第(4)款)。

10. 在斯堪的纳维亚国家,通过类推适用《本票法》(Promissory Note Acts)里头不可转让本票的相关规则,给付请求权让与的法律遂得壮大起来。这部法律适用于下面三个国家,其所规制的只是债务人的何种给付得令债务归于消灭的事宜。瑞典、丹麦、芬兰的《本票法》第29条规定,债务人仍善意地相信让与人为债权人而向其给付的,债务消灭;这时,受让人丧失对债务人的权利。所以,这里给付请求权利的让与规则,主要关注的就是保护善意债务人,使其得有效卸除债务。债务人比受让人更值得法律保护,因为后者有义务让债务人及时知晓让与事实(当然,即便没有通知,债务人也可能已经知晓:Walin, Lagen om skuldebrev[2], 196)。至于让与人应对受让人负何种责任,还有些见仁见智。通说以为,受领了给付的让与人,系依契约对受让人负责,让与人故意诱致给付的,并应负侵权责任[Hakulinen, Obligationsrätt, 369; Ussing, Erstatningsret, 166; Rodhe, Handbok i sakrätt, 343(冒充债权人,损害赔偿责任)]。丹麦和芬兰还有学者主张,受让人得对让与人主张不当得利责任(Hakulinen loc. cit. 369; Ussing loc. cit. 166);债务人善意向让与人(原债权人)清偿的,瑞典还有主张,受让人(真正债权人)得依财产法要求让与人交出受领的金钱,即取回权(right to separation):依《基金会计法》(Funds Accounting Act),让与人负结算义务;受领金钱能够勘定的,当事人得取回之(详参 Walin loc. cit. 197; id., Separationsrätt, 104)。

11. 英格兰法上也有这样的案型,债务人因向得利人清偿而卸除债务,债权人得对得利人主张债务收益。这类案型或被视作截取型减损(interceptive subtraction)的典型实例:一般地,可参见 Smith, (1991) 11 Ox JLS 481, 494 f。债务依衡平法转让,债务人于收到让与通知前清偿的,债务消灭:Smith, Assignment, no. 13. 19。让与人以信托形式为受让人持有收益:G. E. Crane Sales Pty Ltd. v. Commissioner of Taxation (1971) 46 ALJR 15 (HC Australia), endorsed in Smith loc. cit., no. 13. 20。普通法上的债务让与,不会有什么麻烦,因为这得遵照1925年《财产法》第136条第(1)款[取代了1873年《最高法院组织法》(Supreme Court of Judicature Act)第25条第(6)款],通知债务人乃为必要。不通知,让与于普通法上不生效力:参见 Bateman v. Hunt [1904] 2 KB 530, 538 (Stirling LJ) (on the 1873 Act),并请参见 Weddell v. J. A. Pearce & Major (a firm) [1988] Ch 26, 33, 38 (Scott J)。实务中重要性略逊一筹的是僭取职位案件,职位被僭取之人,

通过账目清偿(account),* 得要求僭取者交付职位利益;权利请求的基础是取得或收到金钱返还之诉,而非侵权:Arris v. Stukely (1677) 2 Mod 260, 86 ER 1060。职位过去被视为一种财产形式,这规则自然没得说(cast),** 不过对现代法来说,意义也着实有限,倒是可以用作类推适用于其他案群的基础。就刻下的讨论而言,其基本原理当然在于,保护那些善意信赖职位外观的人,职位意味着僭取人主张的表面合法,从而维护职位本身凝聚着的公共利益。第二类案件涉及的是,未经授权而收取租金,例如,Lyell v. Kennedy (No. 4) (1889) 14 App. Cas. 437;这里,不法行为诉讼指向的是中间收益(mesne profits)。类似地,被授予代理权而后代理权又被取消的,也要承担责任。代理权后来被取消,不妨碍相关债务有效卸除:1925 年《遗产管理法》(Administration of Estates Act)第 27 条。这一原则延伸及于任何未经授权而管理某位死者遗产的人[所谓无权遗嘱执行人(executor de son tort),*** 参见 Smith, (1991) 11 Ox JLS 481, 495]或者管理某笔信托财产的人[因侵权而成的拟制受托人(trustee de son tort)****]:这位事实上的管理人、遗嘱执行人或者受托人,其行为或于财产有拘束力。至少就这些案件来讲(Goff and Jones, The Law of Restitution[7], no. 29-002),其实可能还及于其他案件(参见 Goff and Jones loc. cit., no. 29-001,职位僭取人部分),如果干预人系善意行事,管理过程中支出的费用应可扣除。看起来,在所有这些情形,原始债务人所负债务消灭(Smith loc. cit. 以此作为其论证的基础;Goff and Jones loc. cit., no. 29-002 fn. 35,认为这结果大有可能)。不过,同样不是无可争辩的是,就需要借助账目清偿诉讼而言,说这些情形不过是追认事宜[第Ⅶ-4:104 条(对债务人向非债权人清偿的追认)]:如果为了排除请求损害赔偿的权利,账目清偿可以用来宽恕侵害的罪过[参阅,Neilson v. Betts (1871) LR 5 HL 1, 22 (Lord Westbury)(侵害专利权)],那么也可以看作是把干预人当作得了授权,去收取那些应予报账的收益。

Ⅱ. 因无偿处分而得利减损,不碍返还

12. 得利人将受领的利益转移给他人的,失利人得否直接请求后者返还,不管在哪个法域,这问题都没有大张旗鼓地拿出来讨论。看一件西班牙最高法院判例[TS 7 February 1997, RAJ 1997 (1) no. 685 p. 1061],用益权人 B 将 A 的地块售与第三人 C,C 因善意而取得相应财产权利。B 将价款给了女儿 D。A 主张 B 侵权[不过,依今天的标准,处分他人资财的返还之诉似乎更为合理(参见《民法典》第 360 条)],而 D 不当得利,俱获照准。就针对 D 的权利请求来说,不当得利的所有要件都得到满足:得利,损害,资产增加短缺法律基础。最后一点乃是唯一的问题所在,因为在 B 和 D 的法律关系当中,插入了无偿移转。此外,破产欺诈行为的撤销(acción pauliana,《民法典》第 1111 条第 2 句,第 1290 条以下)和代位诉讼(acción subrogatoria,《民法典》第 1111 条第 1 句)也没有什么容身的余地。从这个基本出发点来看,西班牙法和第Ⅶ-4:103 条

---

* 似乎是指英国法上的账目清偿诉讼,不确知。账目清偿诉讼(accounting):指为取得因提供服务而应收取的报酬、出售并已交付的财产的价款、借款、因不履行简单合同而产生的损害赔偿金等提起的诉讼。在通过支付金钱就可使当事人的权利得到充分保护的情况下即可提起此种诉讼。也称 account、action on account、action of book debt。元照,第 14 页。

** 这里的 cast 大概不会作"丢弃"解。

*** executor de son tort〈拉〉无权遗嘱执行人:指某人并未经过合法的许可或授权,而自行介入对他人遗产的管理,从而使自己在某种程度上履行遗嘱执行人的职责。元照,第 509 页。

**** 因侵权而成的拟制受托人:某人对由他保管的财产作出违法行为或越权行为从而被视为受托人,使负受托人之责任。属于拟制受托人(constructive trustee)的一种。元照,第 1361 页。

第(2)款的规则合不合拍,还不那么确定。*

13.《意大利民法典》第2038条与本款的立场基本一致:善意受让人(受领人)将资财无偿转让给第三人的,第三人于其得利范围内对最初的失利人(给付人)负返还义务(《民法典》第2038条第(1)款)。不过学说上以为,如果受领人提出支付资财价值的,失利人即不得请求第三人返还(Trimarchi, L'arricchimento senza causa, 97;Breccia, Il pagamento dell'indebito, 960-961)。恶意受领人将资财无偿转让给第三人的,仅在最初的失利人(给付人)对恶意受领人主张权利未果的情况下,方(于其得利范围内)对失利人负返还义务(《民法典》第2038条第(2)款)。即便第三人还原样持有资财,亦不得直接请求第三人返还(第2041条第(2)款),但给付人得要求恶意受领人支付资财的价值(Trimarchi loc. cit.;Breccia loc. cit.)。换言之,第三人自恶意受领人那里得到资财的,[与自善意受领人那里得到资财的情况相较,]其处境更佳。因为这时,恶意受领人不会因为转让而卸除债务,第三人的义务只是辅助性的。

14. 依《葡萄牙民法典》第481条第(1)款,第三人自得利人处无偿受领资财的,顶替得利人的位置,但仅以其得利为限。第三人为恶意的,遂失前句之保护(《民法典》第481条第(2)款)。受领人与第三人俱为恶意的,依《民法典》第493条对给付人负连带责任(Pires de Lima and Antunes Varela, Código Civil Anotado I[4], note 1 under art. 481, p. 469)。《德国民法典》第822条亦与本款相当。受领人将其所受领者无偿给予第三人,因得利丧失而免除不当得利返还责任的,(以善意为要件:《民法典》第818条和第819条,)第三人负返还义务,"如同无法律上之原因而自债权人处受领给付一样"。照增益行为单一性(unity of the enriching action)原则,(不当得利之债)债权人资产的减少和债务人资产的增加,必须出自同一行为,第822条则为这一基本原则的例外[Palandt(-Sprau), BGB[67], § 822, no. 1; § 812, no. 35;Münch Komm(-Lieb), BGB4, § 822, no. 1; § 812, no. 17]。

15. 在所有根本方面,《希腊民法典》第913条、《波兰民法典》第407条、《爱沙尼亚债法典》第1036条、《立陶宛民法典》第6.239条都与德国立场一般无二。

16.《匈牙利民法典》第361条第(2)款亦承认境况变更抗辩。这一抗辩要求得利不再构成得利人资产的一部分,不管是形态还是形式(购买价款啊、损害赔偿金啊什么的),也不能以有益于得利人的方式加以处分(BH 1993/500:钱用来维持生计;BH 1987/312:钱用来豪购;境况变更抗辩俱为驳回)。反过来,(因无偿处分或者没有赔偿的损失)得利确实灭失,并且得利人于取得和无偿处分之际皆为善意的(《民法典》第361条第(2)款),得利人即不负责任。第三人的不当得利责任问题,法律没有明确规制;得依一般规则来处理。通常来讲,可以请求返还原物,因为善意取得以有偿取得为要件(正是这个要件,这里短缺)。依占有法的规则请求返还,也可以派上用场。占有返还之诉不仅令有权占有人得请求不法占有人返还,甚至亦得请求无占有权的所有人返还(《民法典》第188条第(2)款)。最后,给付人亦得依一般不当得利法直接对第三人主张权利,尤其是所涉乃是金钱的情形。这是因为(与德国法不同),不要求得利与原告所受损害直接勾

---

* 《西班牙民法典》第360条:"土地所有人自己或使他人,以他人的材料,于其土地上从事种植、建造或工作的,负返还材料价值的义务;恶意行事的,并应负损害赔偿责任。材料所有人,仅在不会损害建筑物,或者不会破坏种植、建筑或所实施的工作的情况下,方得请求返还材料。"

第1111条:"债权人为实现权利而追回债务人占有的财产,得为此目的行使债务人所有的权利和救济方式,专属于债务人个人的除外;亦得就债务人欺诈债权人的行为加以盘诘。"

连或者由原告造成[Petrik（-Bíró），Polgári jog II[2]，651]。

17. 受领人既将受领的利益给出，便难以实现给付人的请求返还权利，这是荷兰法的出发点。此种情形的法律效果如何，视受领人系善意还是恶意而定。因为依《民法典》第6:74条第(1)款，债务履行中的任何义务违反，都将使债务人负损害赔偿责任，除非义务违反不可归责于债务人。就第三人的责任，得注意第3:86条第(1)款，动产的善意取得以有偿取得为要件。无偿取得财产的，给付人得对之主张物权请求权(《民法典》第5:2条)，这里，第三人与受领人之间的(无效)行为不影响资财的所有权(参见《民法典》第3:84条)。依第6:212条请求第三人返还不当得利，也是可能的；不过，这里法律教义学上的解释工作还有待权威性地梳理[详参Asser（-Hartkamp），Verbintenissenrecht I[12]，nos. 211-214 p. 157-167；Wammes，WPNR 1991，no. 6004，293，297；Scheltema，Onverschuldigde betaling，88-90]。

18. 在斯堪的纳维亚国家，无偿继续移转的受领人，* 因为善意取得对物权益(interest in rem)而受到保护，这种保护不仅针对得利人，而且针对得利人的其他债权人的，**不得对之主张不当得利返还。在无偿处分场合，只要资财已经交付给了受领人，或者(就无形资财)受领人通过任何其他方式获得了处分权，前面的保护即得适用之[《瑞典赠与法》(Gifts Act)第1条；《芬兰赠与允诺法》(Gift Promises Act)第1条；Rodhe，Handbok i sakrätt，222]。

19. 在英格兰，至少在可以适用财产法分析的范围内(，也就是说，可以说被告人已经取得了原告的财产)，就经由中间得利人传递给最终得利人的利益，失利人得请求最终受领人返还：在利普金案中[Lipkin Gorman v. Karpnale Ltd. [1991] 2 AC 548 (HL)]，律师行的一位合伙人不法从合伙人账户中提取金钱并在赌场上挥霍一空，律师行得请求从赌场的钱里头返还——当然，财产法的分析可能并不适用于这里(详参下文)。*** 是以，金钱系从原告处不法取得，而最终受领人又没有为这种利益善意地付出对价，可以直接请求返还：参见Birks，English Private Law I，no. 15.24。在利普金案中，赌场可谓无辜，但没有付出对价，因为赌博契约无效，故赌场的允诺没有

---

* 这里的受领人不是指得利人，而是得利人将得利继续移转，相对得利人而言的受领人。

** 这里的得利人，原文为“受领人自其处取得资财的人”，为行文便宜，简化了。

*** 卡斯(Cass)是原告律师行的合伙人，他动用合伙人设在劳埃德银行(Lloyds bank)的账户于花花公子俱乐部呼卢喝雉，导致合伙人损失了大约22万英镑，而俱乐部则从这笔赃款中赚得154,695英镑。合伙人对俱乐部所隶属的卡普那尔公司提起“取得或收到金钱的返还之诉”，上议院推翻了上诉法院的判决，判令被告返还150,960英镑，同时就某次因为侵占合伙人银行汇票(banker's draft，那次卡斯未用现金)所造成的损失对合伙人负3735英镑的损害赔偿责任。

这是英国上议院全面承认不当得利应予回转原则的第一起案件，因为各位勋爵大人照无例外地以不当得利原则作为判决基础。戈夫勋爵(Lord Goff)在判词中写道：

“我同意，在本案中，律师行的诉讼请求系以俱乐部的不当得利为依据，而且根据返还法的原则，只有在俱乐部确实通过牺牲律师行而不当得利时，诉讼请求方能成立。正如我以前指出过的，针对取得或收到金钱的诉讼并不以任何不法行为作为基础。但也绝不能说，法院得了空白委托书，得仅仅因为在特定情形下感觉提供救济有失公平而拒绝原告的诉讼请求。自一般规则而言，返还法上的金钱救济绝非任由法院自由裁量之事，在普通法上，其为当事人的权利；这种金钱救济的基础性原则乃系不当得利，如果我们拒绝为当事人提供救济，那也要以这一原则为基础。”([1991]2 AC 578)

正是自此案起，“我们才敢肯定地说，英国法上确实存在着独立的返还法领域，其旨在回转不当得利”(Graham Virgo，“What is the Law of Restitution About?” in Cornish etc. eds. Restitution: Past, Present and Future，1998，p. 306)。

执行力:参见 Birks loc. cit。除了财产法上的请求外,直接诉讼是否可能(,甚至在中间得利人得援引境况抗辩的情况下),学界众口哓哓,莫衷一是。或以为,利普金案在财产法上难得解释,因为正如法院所主张的,那位贼律师自银行取出金钱之际,那笔钱在普通法上就是他的,如果律师的权利在普通法上打一开始就不能说是无效的,那么所谓律师行有权力收回金钱权利的说法也就如空中楼阁般不可听信了。据此,这种立场提出,直接请求的基础在于单纯的因果关系,也就是说,"若非"(but for)通过牺牲了原告的中间不当得利,最终受领人就无法得利,直接请求即得照准:参见 Birks loc. cit., no. 15.27。另外,与立足于财产法的解说不同,照这种立场,"可追踪性"(traceability)本身也不必要;可追踪性不过是用来确认因果关系的手段,为此间的"跳跃式"(leapfrogging)请求提供理论依据:Birks loc. cit., no. 15.32。*

示例1灵感来自 CFI Bilbao 26 July 2004, BDA JUR 2004/263555;示例8受 White v. Jones [1995] 2 WLR 187 启发。

第Ⅶ-4:104条　对债务人向非债权人清偿的追认

(1)债务人以清偿意图向第三人给付的,债权人得追认之。

(2)债权人的追认在给付范围内消灭了其对债务人的权利,第三人之得利归因于债权人对债务人权利的消灭。

(3)在债权人与第三人之间,债权人的追认并不意味着债权人同意消灭其对债务人的权利。

(4)本条同样适用于非金钱债务的履行。

(5)债权人追认之前,针对债务人的破产或相当程序已经启动的,相关程序之规则得排除本条适用。

---

* 戈夫勋爵则一直在讲,原告对该笔赃款拥有"普通法上的财产权",似乎"普通法上的财产权"本身就可以作为返还事由,这遭到了学术界的强烈批评。麦肯德里克提出了四点指控:第一,原告的金钱一旦与他人的金钱混合,即不再享有普通法上的财产权;第二,虽然原告以其仍然享有普通法上的财产权作为诉讼理由,但戈夫强调,本案是对人请求(personal claim),而不是财产请求,如果他真是以普通法上的财产权作为返还事由,这就很容易造成混淆;第三,如果普通法上的财产权可以作为返还事由,那么很多其他返还事由例如错误可能就没有多大用处了;第四,对该笔赃款享有普通法上财产权的是卡斯,而不是原告,原告所享有的是"追踪"(trace)该笔财产直至被告的权力,但普通法上的"追踪"只具有证明功能,也就是确定恰当的被告人,其本身既不是诉讼原因,也不是救济形式。参见 E McKendrick, "Restitution, Misdirected Funds and Change of Position" (1992)55 MLR 377。

评　论

A. 概述

总说。

债务人意在清偿对债权人所负的债务而向第三人清偿的,此间之得利、不利、归因事宜,本条一并解决之。本条是第Ⅶ－4:103条(债务人向非债权人清偿;得利的善意移转)的姊妹条款。那一条关注的情形为,因向非权利人清偿而有效地消灭了债务:其承认,既然受领了本来应该付给原告的东西,自然有可能承担责任。本条关注的却是,向非权利人清偿而不能有效消灭债务的情形。就债务人的意图清偿,本条赋予债权人追认之权。因追认,向第三人之清偿遂为有效,(前)债权人亦有可能请求受领人返还不当得利。

示例1

D的债务人X,受E的欺诈而向E清偿,E假称代表D收取债务。尽管X系善意清偿,其对D所负债务亦不因此消灭。不过,X此举意在清偿对D所负债务,故D得依本条加以追认。如果D追认,X对D所负责任即告消灭。D得请求E返还不当得利。E之得利归因于D之不利:由于对X之误偿行为的追认,D丧失了对X的权利,而E正是得到了该权利的成果。

基本原理。

债务人错误向第三人清偿的,本条赋予债权人针对第三人的直接诉权,来得到债务下的利益。这样就避免了更为迂回曲折的返还方案(受领人向债务人返还,债务人再交付给债权人),债权人与债务人也不必再订立什么契约(债务人将针对受领人的不当得利返还请求让与债权人,以此替代清偿)。

B. 范围

金钱给付与其他清偿。

为简洁计,本条措辞之间强调的是对金钱支付(payment)*的追认,实则正如第(4)款所明示,本条同样适用于非金钱债务。

破产情形,可能排除适用。

第(5)款写明,债权人追认之前,如果有针对债务人的破产程序或者其他什么相当程序启动的,本条或被排除适用。债务人清偿非人继而破产的,若允许债权人依本条

* 直接译为给付了。

追认,不啻赋予其以特权,竟得逍遥于破产法律效果之外。债权人追认之前,债务人对受领人享有不当得利请求权利,此乃破产财团中的资财,而未获清偿的债权人仅得就未偿债务对破产财团主张权利。是以,原告仅得就破产财团主张破产偿金(dividend)。* 追认之后,这失意的债权人得对那错误清偿的受领人直接请求返还不当得利,(假定受领人有偿债能力,)这笔资财可谓货真价实,而破产债务人的其他债权人呢,眼瞅着,却不能从这错误受领人应予返还的金钱中分得一杯羹。债权人于破产程序启动后这种相对地位的改变,要求在法律政策上作出应对,排除本条之适用。正如其姊妹条一样[第Ⅶ-4:103条(债务人向非债权人清偿;得利的善意移转)],不当得利法的运行,不得妨碍破产法政策的落实;破产法优先于本条下的追认规则得以适用。

C. 追认

追认权。

债务人清偿非人的,只有其意在向债权人清偿,方有债权人追认之可能。债务人清偿非人,其所负债务并未消灭,通常而言,其法律效果乃是得依本卷请求受领人返还。赋予债权人针对受领人的直接诉权,乃为例外救济措施。债务人本来打算满足的,正是债权人的权利,怎知误向第三人清偿,只是在这里,本条例外方为合理。若是仅仅因为于债权人有利(,尤其是,因为债务人破产),便准许其僭夺债务人针对受领人的返还请求权利,则为无理。债务人必须有向原告清偿所负债务的意图,而后方谈得上原告之追认。

示例 2

X打算赠送D2点钱(50欧),另外,他还欠D1一笔款子(100欧)。X通过银行转账,却误将50欧打入E的账户。D1没有权利追认X的付款行为。X向E付款,并非意在清偿对D1所负债务,而在意在向D2赠与。(假设)X对D2并不负有赠与义务,D2亦无权追认。E应将得利返还给X。

示例 3

X依保险条款,应付给D一笔款子。结果X付给了E(E确系死者之继承人,但事实上并没有依保险单条款请求付款的权利,因为其与死者甚至素未谋面)。D得追认X向E的付款行为,并请求返还。

追认的法律效果。

追认之法律效果如下。其使债务人意图的债务清偿有效,债务人对债权人所负之责任,债权人对债务人所得主张之权利,俱告消灭。第Ⅶ-4:103条(债务人向非债权

---

* Dividend:破产偿金,清偿金额。指破产清算过程中对普通债权人所做的偿付,有时也包括对优先债务的清偿。元照,第427页。

人清偿;得利的善意移转)(其适用情形为,虽清偿非人,仍为有效清偿)之通常规则遂得适用。受领人的得利(受领了权利下的成果)归因于前债权人的不利(对债务人的权利消灭)。此得见于第(2)款。第(3)款进一步明确,对受领人而言,债权人的追认并不意味着同意放弃权利,如此,得利不因追认而有法律上之原因。

注　释

1. 依法国、比利时和卢森堡《民法典》第1239条第(1)款,债务人清偿,应向债权人为之,或者向得了债权人受领授权之人为之(quelqu' un ayant pouvoir de lui),再或者向法律或法庭裁决准许受领之人为之。向无权利人所为之清偿,若经债权人追认(参见Cass. civ. 18 March 1974, Bull. civ. 1974, III, no. 132 p. 100),或者债权人从中受益,清偿亦为有效(《民法典》第1239条第(2)款);得为追认者,不限于金钱给付。不过在法国法系,一般地讲,买卖契约订立之际,资财所有权即已转让给买受人,所以不用去管什么追认,真正债权人都得援引财产法上的权利,对动产的无权受领人主张返还原物。在向无权受领人清偿的场合,法院将会检视,无权受领人与有权受领人之间是否有什么法律关系,可以为返还诉讼提供依据(例如,Cass. com. 12 July 1993, Bull. civ. 1993, IV, no. 303 p. 216:汇票付给了债权人的经理,后者把钱花在了自己身上)。

2. 向无权利人清偿但有效消灭了债务,向无权利人清偿但不具清偿效果,西班牙法同样也得把这两者区分开来。比方说,依《民法典》第1164条(善意向假定债权人清偿),向无权利人清偿的,即足以消灭债务。如果清偿对债权人"有益",依《民法典》第1163条第(2)款,亦发生同样法律效果。这与《法国民法典》第1239条第(2)款,还有《意大利民法典》第1188条第(2)款相当(而《法国民法典》第1239条第(1)款的对应物,则写在《西班牙民法典》第1162条)。尤其是,债务人向无权利人所为之清偿,无权利人又将其转交给权利人的,亦得谓有益于债权人(CAValencia 10 April 2007, BDA AC 2007/1190)。虽然《西班牙民法典》第1163条第(2)款并没有明确提及对向无权利人所为清偿加以追认的可能性,但学界视之为不言自明的道理[Díez-Picazo, Fundamentos II[4], 496; Bercovitz, Comentarios al Código Civil[2], 1405; Paz-Ares/Díez-Picazo/Bercovitz/Salvador (-Cristóbal Montes), Código Civil II[2], 188]。这倒不是因为,在追认场合,清偿之有益效果得推定之。而是因为第1162条第2句(向经授权之人清偿的消灭效果)默示了追认的可能性[TS 28 December 1994, RAJ 1994 (5) no. 10388 p. 13299, 给了这种立场以司法支持]。* 相形之下,在债权人与无权受领人之间,怎么利用不当得利法来解决问题,却是那么地风平浪静,几乎不见什么讨论。这大概主要源于一般的看法,即应该利用债权人与无权受领人在追认之前的法律关系作为分疏的框架。如果两者之间压根儿没有法律关系,调整真正债权人与表见债权人之间得利事宜的规则即得适用(适用前条注释部分)。这样,就可能援引一般的不

---

* 《西班牙民法典》第1162条:"债务之清偿,应向债务为之而设立之人为之,或者向其他经授权得以自己名义受领之人为之。"

第1163条:"(1)债务之清偿,系向无管理自己财产能力之人为之的,在于其有益的范围内,清偿有效;(2)债务之清偿,系向第三人为之的,在于债权人有益的范围内,清偿亦为有效。"

第1164条:"善意向债权之占有人清偿的,债务人所负之债务消灭。"

当得利诉讼或者侵害他人资财的返还之诉(处分了他人的给付请求权)。很早时候的判例法,牵涉到债务人向"马克思主义委员会"(Marxist Committees)所为的清偿,如今看来已经没有多大价值了。马克思主义委员会将一些公司[债权人]征收并接管,*委员会被解散之后,那些公司收回了自己的企业,追认了向委员会所为的清偿,所以也就丧失了请求债务人给付的权利(例如,TS 20 May 1944, RAJ 1944, no. 940 p. 537,还有,TS 27 April 1945, RAJ 1945 no. 685 p. 417)。如果债务人所为之清偿乃系交付物,那么在多数情况下,真正债权人得对无权受领人依财产法请求返还原物。

3. 意大利也一样,不当得利法下返还的这一侧面,并没有引起广泛讨论。照实证法的立场,债权人可以追认向无权受领人所为的清偿,并因此使债务人所负债务消灭。债权人从此种清偿中受益的,债务人所负债务同样消灭(《民法典》第1188条第(2)款)。追认得为明示,亦得为默示;其效力溯及至给付提出之际(详参 Cian and Trabucchi, Commentario breve[8], sub art. 1188, VII)。** 照葡萄牙法的一般规则,清偿同样必须向债权人或者得其授权之人为之(《民法典》第769条)。向第三人清偿,一般不能卸除债务人所负之债务(《民法典》第770条)。不过,债务人得请求第三人返还不当得利(《民法典》第476条第(2)款:详参 Menezes Leitão, Obrigações II[4], 152)。相反地,如果债权人追认了向第三人的清偿,债务人所负债务将因之消灭(《民法典》第770条(b)项)。追认不受任何形式要件拘束(《民法典》第209条;参见 Antunes Varela, Obrigações em geral II[7], 32)。依通说,追认并不会赋予追认人请求无权受领人返还不当得利的权利。追认使得债务人的责任消灭,在教义学上,法律效果如同债权人资产嗣后增加一般,是以无从提起非债清偿返还之诉(Menezes Leitão, Enriquecimento sem causa[2], 479)。

4. 关于《德国民法典》第816条第(2)款,参见前条注释部分。几乎一致的看法是,如第816条第(2)款所写,权利人通过追认,得使向无权受领人所为之清偿发生效力[Palandt (-Sprau), BGB[67], § 816, no. 21; Erman (-Westermann and Buck-Heeb), BGB II[12], § 816, no. 17; Larenz and Canaris, Schuldrecht II(2)[13], § 69 II 3 d; MünchKomm (-Lieb), BGB[4], § 816, no. 60; BGH 10 November 1982, BGHZ 85, 267, 272; BGH 6 April 1972, NJW 1972, 1197, 1199]。是以,权利人[如果没有追认]可以请求债务人给付(债务人的债务未因清偿而消灭),也可以请求无权领人返还(比如债务人破产了)。如果债权人请求无权受领人返还,可以推知,债权人追认了债务人的误偿(BGH 15 May 1986, NJW 1986, 2430)。从最终的效果上看,通过这种选择权,在债务人破产情形,债权人实际被赋予了优先债权人的地位,这一解决方案也因此受到越来越多的批评[Staudinger (-S. Lorenz), BGB [2007], § 816, no. 32; Koppensteiner and Kramer, Ungerechtfertigte Bereicherung[2], § 9 III 4 b; Reuter and Martinek, Ungerechtfertigte Bereicherung, § 8 III 3]。另外,债务人清偿非人的,债权人一旦追认,债务人即不得请求受领人返还。

5. 对处于自己法律领域内的人所为法律行为加以追认的,《匈牙利民法典》就此不过写有寥寥数条(例如,在代理法部分:《民法典》第221条);未设一般规则。当事人固然可以通过单方意

---

* 大概是西班牙第二共和国(1931~1939年)的左翼政府时期(1936~1939年),经过三年内战,第二共和国被佛朗哥推翻。

** 《意大利民法典》第1188条:"(1)给付款应当交付给债权人或其代理人,或者债权人指定的人,或者法律规定或审理案件的法官指定的人。(2)债务人向没有合法接受资格的人实施了给付行为,而债权人对此予以认可或接受的,债务即履行完毕。"

思表示放弃已经存在的权利,可要通过单方意思表示强加债务于第三人,那就除非法律容许(《民法典》第199条)或者所涉当事人同意。由此可以推知,对向表见债权人所为的清偿加以追认的,不过意味着发出订立契约的要约:契约内容为,给付受领人(表见债权人)应向真正债权人支付。不得以追认为据请求不当得利返还。类似地,在保加利亚,向无权受领人清偿的,一般不能消灭债务人的责任。依《债法典》第75条第(1)款和第(2)款,善意向表见债权人清偿,追认,还有权利人从向非债权人的清偿中受益的(因为后者是前者的债权人),构成基本规则的例外:详参Kalaydjiev, Obligazionno pravo, Obshta chast[4], 236。追认的返还效果,与向表见债权人清偿并使债务消灭的情形一样。*

6. 依《荷兰民法典》第6:32条,向非权利人所为之清偿,经债权人追认的,或者债权人从中受益的,债务人的责任消灭。追认的效力溯及至清偿之时。追认得为明示,亦得为默示;对清偿所为之追认,得为全部,亦得为部分。一经追认,债务人即无从依第6:203条请求无权受领人返还[Scheltema, Onverschuldigde betaling, 89; Asser (-Hartkamp), Verbintenissenrecht I[12], no. 209; Parlementaire Geschiedenis VI, 161],而债权人则得依第6:36条向无权受领人追偿:参见前条注释8。

7.《爱沙尼亚债法典》第1037条第(4)款与第Ⅶ-4:104条同轨合辙。权利人得追认向无权利人所为之清偿。追认的法律效果为,债务人所负之责任消灭,而债权人则得请求无权受领人返还不当得利。

8. 在英格兰法上,有那么一些判决和法官附带意见,至少部分地可以解释为夯筑于第Ⅶ-4:104条所阐发的原则之上;当然,就这些判决和法官意见的意义,学界仍有争论,此亦为寻常之事。在阿吉普(非洲)有限公司案中,原告的银行照伪造的付款指令转了账,被告几位会计师都为诈骗出了力,但也得承认,几位会计师作为受领人过于遥远:Agip (Africa) Ltd. v. Jackson [1990] Ch 265, affirmed [1991] Ch 547 (CA)。** 学界早就指出,判决未能阐明,何以得利系牺牲原告而来,因为银行(没有付款义务)付的是自己的钱,然后也只是含糊其词地声称,原告(作为银行的被代理人)可以援引其代理人的错误:Birks, English Private Law I, no. 15. 31; McKendrick, [1991] LMCLQ 378-390。原告对最终受领人主张权利,如果可以将此视作对银行瑕疵给付的追认,也就是有限制地按照我们第一条来理解,那么法院照准直接诉权的作法就可以得到合理阐释了。卫生部诉辛普森案也承认了债权人对债务人的受领人的直接诉权,当然附了明确限制:Ministry

---

* 《保加利亚债法典》第75条:"(1)债务之清偿,必须向债权人为之,或者是得债权人、法院或法律规定授权之人。否则,除非债权人追认或者从中受益的,清偿方为有效。(2)基于清晰明了的客观情况,某人看起来得到了受领授权,债务人善意向其清偿的,所负债务消灭。真正债权人得对受领人主张权利。向无行为能力的债权人清偿的,若清偿于债权人有利,债务消灭。(3)清偿系通过银行转账而为的,贷记于债权人账户,债务即视为履行。"

** 原告公司的总会计师Zdiri先生,为欺诈目的,更改了预留有原告授权签名的付款委托书,将收款人姓名改为贝克石油(Baker Oil),本案被告即为这家公司的董事与股东。伪造的付款委托书(超过50万美元)提交给突尼斯Banque du Sud银行,银行将其记入原告账户借方,电传指令伦敦的劳埃德银行(Lloyds),记入贝克石油设入该银行的账户贷方。Banque du Sud银行并指令其往来银行纽约花旗还付劳埃德银行同样数目。劳埃德在花旗还付之前,即将款项贷记。贝克石油是专为这次欺诈洗钱而设立的。钱从贝克石油的账户提走后,存入Jackson & Co会计师事务所设在同家银行的账户,继而转往马恩岛的一个账户,再转往Kinz公司的账户,还有别的地方。最后分散给各位欺诈人和他们的合伙。

of Health v. Simpson [1951] AC 251 (HL), Re Diplock [1948] Ch 465 (CA)。在该案中,代理人依死者遗嘱的文义,将金钱处分给了慈善机构,不晓得指令其实无效,这笔钱因此应该付给死者的近亲属。法院认为,就不能从代理人那里拿回来的部分,近亲属有权直接请求慈善机构返还(慈善机构可以援引其时羽翼未丰的境况变更抗辩)。不过,衡平法上立足于债法的返还请求向来以受领人的过错为要件。这就是所谓"明知受领"(knowing receipt)原则,要求受领人实际或推定地知情:Gardner, (1996) 112 LQR 56, 85 - 93;相反地,Re Montagu's Settlement Trusts [1987] Ch 264 [判决隐含的立场为,只有受领人不诚实的,方负责任——学术文献普遍认为,这就和帮助违反债务的从犯责任搞混了,那种责任才以不诚实为要件:Royal Brunei Airlines Sdn. Bhd. v. Tan [1995] 2 AC 378 (PC)]。学术界批评说,从境况变更抗辩的角度看,过错要件乃是不必要的(Nicholls, FS Jones, 231 - 246),而允许[虽然是]无辜的受领人保有不当得利,更是大错特错了(Birks loc. cit., no. 15. 54)。* 诚然,早期的判例法似乎并没有固执这一点(GL Baker Ltd. v. Medway Building & Supplies Ltd. [1959] 1 WLR 492),可现代的判例法却可能倚重这一点,部分地用来替代善意有偿购买抗辩(Birks loc. cit., no. 15. 53 fn. 81)。如果从债务人那里得到了全部救济,就不能同时请求受领人返还,从这个角度讲,[请求受领人返还,]不妨看作是本条意义上追认的实例。就衡平法上立足于财产法的权利请求,参见第Ⅶ-7:101条(私法上的其他返还请求权利),注释24。

示例3参考CA Santa Cruz de Tenerife 23 May 2007, BDA JUR 2007/287536。

第Ⅶ-4:105条　因介入行为而归因

(1)第三人未经授权利用失利人之资财,致失利人丧失资财并增益于得利人的,得利亦归因于不利。

(2)前款尤其适用于因为介入人对失利人动产的干涉或处分,从而依法律行为或法律规定,失利人丧失动产所有权而得利人取得动产所有权的情形。

---

* 伯克斯在他的《不当得利》中写道:"在没有相反的具有说服力的解释的情况下,坚持过错要件,就是错误地拿不当得利法作了不法行为法的附庸。衡平法上的不法行为要求明知而受领。史密斯(L D smith)教授试图为这种不当得利法的错误适用辩护,然而他的论证主要是历史角度的,而历史不能证明其所制造的那些混乱就是正确的。史密斯的努力固然可谓勇敢,但由于与衡平法院的判例相舛忤,固而全无用处。利普金案的诉讼请求没有被错误适用。在卫生部诉辛普森案中,上议院确认,迪普洛克(Caleb Diplock)的近亲属对所有的受益人享有对人与对物的请求,他的剩余遗产被错误分配给了这些受益人,遗产管理人没有发现遗赠无效。有时,这越出了继承法的范围。受益人对于从不诚实的受托人那里取得财产的受赠人,以及公司对于从清算人那里受领了多付款项的人,原则上都可以行使利普金案中那样的诉讼请求。米利特勋爵最近一份有力的法官意见告诉我们,对在明示信托下因为错误指示而不当得利的错误适用必须纠正。尼古拉斯勋爵在一篇学术性质的文章中指出,我们不应该把明知而受领这一不法行为的明知要件除去,然后将其置入不当得利法,而应该在不当得利法中承认一个和不法行为并列的责任。这是更好的办法。现在的混乱状况就是由于试图以一个诉因来做两项工作而引起的。"参见Birks, Unjust Enrichment, Oxford University Press, 2003, pp. 139 - 140。该书有了中译本,参见博克斯:《不当得利》,刘桥译,清华大学出版社2012年版,第179~180页。

评　论

总说。

本条为基本规范中得利归因于原告不利的要件再添一组案型。根本上讲,其所涉情形为,由于第三人的干涉,得利人从第三人处获得本属于失利人的财产。

一般原则与具体适用。

如果因为第三人的干涉,将本来属于失利人的财产移转给了得利人,依第(1)款阐发的一般原则,得利亦可归因于不利。第(2)款则勾勒出第(1)款原则适用的典型情境,让抽象的原则走向具体。这里所谓典型情境即为,失利人的财产权利归于消灭,这些权利却转归得利人名下,这一切皆由第三人干涉造成。

典型情形。

本条适用的典型场合为,不那么常见地,得利人从无权利人处获得了失利人的财产,或者第三人将 A 和 B 的财产加以混合或者附合,而其中一人将成为全部财产的完全所有人。

示例 1

D 系建筑材料供应商,X 从 D 处盗得一批砖块,在朋友 E 的土地上扩建房屋。因砖块添附于土地,E 取得砖块所有权,是以得利,而且得利可归因于 D 之不利(丧失了砖块的所有权),这种不利系由 X 行使了 D 作为所有人的处分权利而造成。

示例 2

X 将属于 D 公司的油料倾注入 E 的储油罐,与 E 的储油混合。如果依可得适用之财产法,E 取得增加油料的所有权,则 E 之得利可归因于 D 因丧失油料所有权所蒙受的不利。

示例 3

X 占有 D 的动产,欲将其处分给 E。根据案情,依可得适用之财产法,善意的 E 取得了动产所有权。依本条,E 之得利归因于 D 表现为丧失所有权的不利。至于 E 的得利是否有法律上之原因,或者可否主张什么抗辩,则由本卷其他条款处理。

归因的特别情形。

第(1)款的“亦”(also)字表明,本条不过在于添加一种归因情形[就归因概念以及第四章条款非穷举性质的一般说明,参见第Ⅶ－4:101 条(归因的情形),评论 A]。我们得强调指出,在这个场合,要做反面解释(e contrario),也就是说,在可比案件中,如果本条要件未得满足,那么必须假定,得利不能归因于不利。

“利用”的含义。

利用资财的概念,如第(2)款所示包括了处分,含义与第Ⅶ－3:101条(得利)和第Ⅶ－3:202条(不利)中所用相同。参见那两条评论C。

未经授权收取他人债务。

某人未经授权,从某债权人的债务人处收取了给付,在效果上得为“处分”债权人的权利。这可能是因为根据给付的相关情势,虽说并不是向真正债权人清偿,债务人也可以得到保护(并因而卸除债务),也可能是因为债权人追认了未经授权的行为。这种情形得被视作“利用他人资财”的实例。不过,由于这一立场并非对所有法律传统都不言自明,这里所提出来的法律难题交由前面的两条分别处理[第Ⅶ－4:103条(债务人向非债权人清偿;得利的善意移转),第Ⅶ－4:104条(对债务人向非债权人清偿的追认)]。

“(致)丧失”与“增益”。

只有失利人丧失了权利,本条方得适用。如果无权利人意图行使失利人的权利,但未实现期待的效果,那么失利人的权利就未被利用,失利人的资财也没有丧失,而得利人也没有得到什么资财。这可能是因为,意图行使失利人权利的人,并没到得到授权,也可能是因为,虽然依某些法律规则,有没有授权不成其为问题,可与无权利人订立契约的当事人也没能从这些规则中获得什么益处(比方说,受领人为恶意或者财产为赃物的情形,有关善意取得的规则)。实在讲,在这里,不当得利请求权可能的原告和可能的债务人事实上并没有得利或者蒙受不利。所以,只有依下条追认的[第Ⅶ－4:106条(对介入人行为的追认)],方生所谓得利、不利和归因问题。

示例4

X打算通过契约向E让与版权,实则版权人为D。当事人之间的契约自然有效,但于D的版权不生效力。X意图行使D作为版权人的处分权利。D对E(或X)不享有不当得利返还请求权。因为D没有丧失版权,而E也没有得到版权,D未蒙受不利,E也未因此得利(X也没有利用D的权利)。

注 释

1. 依法国和比利时《民法典》第2279条,动产之占有人被推定为所有人。动产丢失或者被盗的,得依财产法请求占有人返还原物。此种权利得在三年之内主张。如果占有人系通过商品交易会、市场(但不得为跳蚤市场:CA Lyon 8 November 2001, JCP 2003, IV, 1203)、公开销售或者从事相似商品交易的商人处获得涉案财产,原所有人只有向占有人支付了购买价款,才能请求返还(《民法典》第2280条第(1)款)。就偿付给买受人—占有人的价款,原所有人只能依《民法典》第1382条(侵权法)请求出售人偿还;当然得证明被告有过错(Cass. civ. 11 February 1931, D. P.

1931, 1, 129, note Savatier)。相似的情况在比利时也很多[CFI Bruxelles 13 April 1932, J. C. B. 1932, 453; Hansenne, Les biens I(1), no. 248 p. 257]。第二买受人,明知第一次买卖,抢先于第一买受人将其土地登记并取得所有权的,第一买受人对第二买受人所得主张的权利,法院以为性质为侵权(Cass. civ. 4 March 2004, Bull. civ. 2004, II, no. 82 p. 72)。

2. 未经所有人同意,而使其丧失财产,这样的情况在西班牙法上也不在少。内中就有关于财产权法定取得的制定法条款;尤为重要的就是加工(《民法典》第383条)。某人出自善意,加工他人动产以创造新物的,取得物之所有权,但得向原所有人偿付材料价值,以免不当得利(Díez-Picazo, Fundamentos III[4], 280)。这里权利请求的基础乃是侵害他人权利的返还之诉(condictio por intromisión en derecho ajeno)(Basozabal Arrue, Enriquecimiento injustificado por intromission en derecho ajeno, 277)。如果原材料价值高过新创造物的价值,[原材料]所有人也可以要求偿付加工价值并取回物。如果介入人为恶意,所有人得请求返还财产,或者请求损害赔偿;在这里,用不着偿付加工价值。法典中还有诸多条款规制附合事宜(《民法典》第375~380条;参见TS 13 December 1949, RAJ 1949 no. 1472 p. 875);这里也一样,丧失了权利的人得请求返还不当得利(《民法典》第375条;参见Basozabal Arrue loc. cit.),除非其为恶意(《民法典》第379条第(2)款)。因混合而生讼的(《民法典》第381条和第382条),解决问题的思路亦大抵如是。善意利用他人的材料在自己的土地上建造工作物的,依第360条,应返还材料价值。若所有人系恶意行事,除偿付价值外,还要负赔偿责任。没有人能向他人转让比自己所拥有的权利更多的权利(nemo plus iura ad alium transferre potest quam ipse habet)*[所谓nemo dat原则(nemo dat qui non habet,自己无有,不得予人**),参见Díez-Picazo loc. cit. 805,以及,TS 11 October 2006, RAJ 2006 (5) no. 6693 p. 14649],这一基本原则适用于通过法律行为移转所有权的情形,如此说来,也就用不着一大套规则来规制所谓自非所有人处取得(adquisiciones a non domino)的问题了。不过,学术界一直力图把制定法的例外纳入某些宏大原则(尤其请参见Díez-Picazo loc. cit. 806-807; Díez-Picazo and Gullón, Sistema III[6], 75)。是以,善意从非所有人(non dominus)处取得资财的,必须为有偿取得[从《抵押法》(Ley Hipotecaria)第34条推论而得之要件]。以不动产而论,如果处分人(让与人)在土地登记簿上被记载为权利人、土地系有偿获得、受让人不知晓真实法律状况,并且受让人已登记取得,则得依《抵押与土地登记法》第34条善意取得。以动产而论,据《民法典》第464条,善意取得占有的,等同持有权利。此间的细节问题,理论界固然争的热火朝天,但可以肯定的是,这正是从无权利人处取得(non domino acquisition)的类型(Díez-Picazo and Gullón loc. cit. 76 and 215)。在前面所引的善意取得情形基础上,依《民法典》第360条发展出处分他人资财的返还之诉(Cámara Alvarez and Díez-Picazo, Dos estudios sobre el enriquecimiento sin causa, 126-127; Basozabal Arrue loc. cit 292-300;参见Spanish Notes under Ⅶ-4:101 above)。这一权利请求指向的是返还让与人获得的价款[TS 10 March 1958, RAJ

* 陈卫佐:《拉丁语法律用语和法律格言词典》,法律出版社2009年版,第232页。

** 英译为"No one gives who possesses not",郑玉波:《法谚》(二),法律出版社2007年版,第143页。

1958 (1) no. 1068 p. 686]。* 不过,被告人有过错的,就会出现竞合,亦得依侵权法主张权利。侵权法很有可能会僭夺与之平行的不当得利诉讼的地盘(参见 Díez - Picazo, Fundamentos del Derecho Civil Patrimonial III[4], 469)。

3. 依《意大利民法典》第535条第(2)款,善意占有人出自善意处分了部分遗产的,对继承人负返还价款或者占有人受领的其他对待给付的义务。保管人的继承人出自善意处分了保管财产的,依《民法典》第1776条,亦作同样处理。在婚姻共有财产框架下,配偶一方未经他方同意而处分了婚姻资财的,《民法典》第184条第(3)款课其以恢复原状的义务,恢复原状不能的,负偿还价值之义务。《民法典》第2920条规定,债权人就债务人的资财恶意启动执行程序的,负损害赔偿责任,并要承担所花费用。最后,无权利人善意将他人财产转让的,《民法典》第2038条课之以返还所受领价款的义务;若系恶意行事,则应负原物返还或者偿还价值的义务。学术界从这些零落分布的规则中归纳出了一般原则,在他人法律领域内为一定行为并对权利人发生效力的,因此种侵害所得之利,应予返还(Sacco, L'arricchimento ottenuto mediante fatto ingiusto, 112;类似地,Nicolussi, Lesione del potere di disposizione e arricchimento, 209 - 211)。这一原则主要关注的情形为,因第三人的处分,权利人丧失了权利,而制定法又没有明白提供损害赔偿救济。《民法典》第1153条(通过占有及产权证书而善意取得动产)可谓最典型者。所以也可以换句话说,今天的意大利法已经接受,原来的权利人享有不当得利返还请求权利(Breccia, L'arricchimento senza causa I[2], 992;Sacco loc. cit. 175 - 176)。责任额度限于被转让标的物的价值(Barbiera, L'ingiustificato arricchimento, 140;另见,Trimarchi, L'arricchimento senza causa, 51 - 78)。被告故意或者过失的,亦应负侵权责任。取得了财产权利的人,若于取得之际有欠考虑(injudiciously)或者行事敷衍(perfunctory),应负侵权责任,或者根据案情,与处分人负连带责任(Cass. 16 June 1981, no. 3899, Rep. Giur. it. 1981, voce Responsabilità civile, no. 96, col. 3192)。**

4. 葡萄牙法将介入人取得与经由介入人处分而由第三人取得这两种情形区分开来。前一范畴所涉情形为,财产权因法律规定而取得;可得适用的制定法条款对于在价值增加范围内予以赔偿的义务并没有什么影响(《民法典》第1268、1333条以及第1538条,详参 Pereira Coelho, O enriquecimento e o dano, 36;Menezes Leitão, Enriquecimento sem causa[2], 668 - 671,更请参见第Ⅶ - 4:101条,注释)。后一事实构成相对来说比较少见一些,因为对他人财产的处分一般来讲

---

* 援引有误。

《西班牙民法典》第360条:"土地所有人自己或使他人,以他人的材料,于其土地上从事种植、建造或工作的,负返还材料价值的义务;恶意行事的,并应负损害赔偿责任。材料所有人,仅在不会损害建筑物,或者不会破坏种植、建筑或所实施的工作的情况下,方得请求返还材料。"

第464条:"(1)善意取得动产占有的,占有等同权利。虽然如此,丢失或者被非法剥夺占有的,得请求占有人返还。(2)占有人自公开市场善意取得失物或者赃物的,所有人非经补偿占有人之购买价款,不得请求返还。(3)就合法设立的当铺所收之当物,不论当者为谁,非经补偿抵当之金额并应付之利息,当物所有人不得请求返还。(4)就自交易所、集市或者一贯从事相关商品交易的合法商人处所得之物,适用《商法典》相关条款。"

** 《意大利民法典》第1153条:"(1)因非所有权人转让而取得物品的人,可以通过占有取得所有权,但以实行占有之时具有善意且持有相应的所有权转移证书为限;(2)权利证书未表明所有权上附有其他人的权利且取得权利者具有善意的,占有人无任何负担地取得所有权;(3)用益权、使用权和质权可以同样的方式取得。"

都是有瑕疵的[详参 von Bar (– Seabra and Xavier), Sachenrecht in Europa III, 366, 369]。虽然《民法典》第 892 条(买卖)和第 856 条第(1)款(赠与)规定,处分人不得以无效对抗善意购买人,但这种法律效果仅在债法下有意义;尤其是,真正所有人依财产法请求返还原物的权利完全不受影响(《民法典》第 1311 条*)。买受人得要求出卖人返还价款(《民法典》第 894 条;参见 Menezes Leitão loc. cit. 451; STJ 29 June 2006, Processo 06B2141),而且有可能依《民法典》第 1294 ~ 1300 条,随着相应期间届满,通过[取得]时效制度而取得所有权。** 依继承法,《民法典》第 2076 条第(2)款构成例外。善意自表见继承人处购得遗产的,得取得所有权;表见继承人亦为善意的,依不当得利法对真正继承人负责任。

5. 无权利人所为之处分(尤其是出售与设立权利负担)对权利人有效的,此种情形由《德国民法典》第 816 条第(1)款规制。本质上讲,这一条所关注的即为善意取得案件(《民法典》第 932 条以下,第 1207 条,第 892 条,第 1138 条;《商法典》第 366 条)。若处分为有偿,处分人应向权利人返还因处分所获得者(《民法典》第 816 条第(1)款第 1 句);若处分为无偿,权利人得直接请求自无权处分人处获得资财的第三人返还不当得利(第 816 条第(1)款第 2 句)。既如此,处分人也就不再得利(详参 Medicus, Schuldrecht II[14], no. 702)。"因处分所获得者",其确切含义如何,还不能说是众口一词。诸多学者以为,请求权的范围应限于标的之市场价值,因为只有《民法典》第 687 条第(2)款(不法管理他人事务)的要件得到满足,方有可能请求吐退利润。照这种立场,处分人就不必担心,没有收到对待给付还要承担返还义务了(Medicus loc. cit. no. 705)。*** 不过,法院与通说遵循的则为别样进路,以处分人所受领的整个对待给付作为请求范围的依据,这里头当然包括了任何利润。这派立场的依据一是法典的措辞;二是认为,因为无权处分,权利人通过出售标的物来赚取利润的权利也受到了侵害[RG 28 June 1916, RGZ 88, 351, 359; BGH 8 January 1959, BGHZ 29, 157, 159; BGH 1 October 1975, WM 1975, 1179, 1180; RGRK (– Heimann – Trosien), BGB[12], § 816, no. 12; Palandt (– Sprau), BGB[67], § 816, no. 23; Larenz and Canaris, Schuldrechts II(2)[13], § 72 I 2 观点不同]。希腊法的立场与德国主流学说大同小异、相去无多。真正的权利人请求处分人返还的,是限于物之客观价值,还是延伸及于超出客观价值的售价,同样多少有些争论。据过去的判例[A. P. 479/1962, NoB 11 (1963) 109],承租人未经许可将租赁物转租的,依《民法典》第 904 条,结合第 909、911 条,应将因此所获之租金交付给地主。

6. 依匈牙利法的进路,善意取得人对真正所有人不必负不当得利法上的责任,因为取得有法律原因。自无权利人处善意取得,这样的一般原则是法律所不许的,除非法律另有明确的规定(《民法典》第 117 条第(1)款)。在动产场合,诸多例外得见于《民法典》第 118 条和第 119 条(详

---

* 原文为"第 1331 条",当为手民之误。

《葡萄牙民法典》第 1311 条:"(1)物之所有人,得通过司法途径要求占有或持有属其所有之物之任何人承认其所有权,并向其返还该物;(2)所有权一经承认,则仅在法律规定之情况下,方得拒绝返还所有物。"

第 1331 条则为有关自然添附的规定,与此处无涉。

** 原文误作"消灭时效"(extinctive prescription),当为"取得时效"。

*** 无权处分人将物出售的,依通说,应返还价金,而依梅迪库斯所持的少数说,应返还的乃是物之客观/市场价值。若出让价金高于市场价值,依前说,高出市场价值的部分也要返还;依后说,无权处分人则得保有高出部分。若出让价金低于市场价值,依前说,只用返还价金;而后说也一改口径,"让与取得的收益不足以抵补客观价值的,让与人获得免责"。参见梅迪库斯:《德国债法分论》,杜景林、卢谌译,法律出版社 2007 年版,第 573 ~ 574 页。

参Menyhárd, Dologi jog, 299);而依不动产法,善意购买人基于对土地登记簿记载事项的信赖,有可能有偿取得所有权(详参Zlinszky, Polgári Jogi Kodifikáció 1/2005, 18, 19;Kazay, Gazdaság és Jog 9/2005, 12, 13, 17)。如果出卖人是商人,动产也可以善意有偿取得(《民法典》第118条第(1)款)。赃物的善意取得也没有排除(BH 1996/48)。原所有人得请求窃贼赔偿;如果商人从事了不法行为(BH 1997/119),亦得请求商人赔偿(Lenkovics, Dologi jog[6], 133)。在商事交易之外,也可以从财产的受托人那里善意取得所有权(《民法典》第118条第(2)款)。不过,这一保护不及于赃物(Lenkovics loc. cit.;Menyhárd loc. cit. 305;BH 1978/197)。法典说,原所有人得于一年内买回财产。对于处分人,原所有人只能依侵权法请求损害赔偿。金钱,还有某些见票付款的票据(BH 1999/75),所有权因交付而有效让渡(《民法典》第119条);原所有人只得依债法请求无权让与人赔偿(Lenkovics loc. cit.;Petrik, Tulajdonjogunk ma, 142);法院得判给赔偿金(BH 2005/115:以赃款支付;窃贼负责,但不是受领人,甚至也不是不当得利法上的责任)。未经授权处分他人股份的,负不当得利法上的责任(BH 2003/66)。还有不少特别条款,规制法定取得情形下的赔偿事宜,包括第133条有关加工他人财产的内容。

7. 在保加利亚,某人处分他人财产,而处分行为又可以对抗真正所有人的,后者的权利受一般不当得利法规制(《债法典》第59条第(1)款),参见Vassilev, Obligazionno pravo, 600,还有,Goleva, Obligazionno pravo[4], 292。毫无疑问,这里让与人的得利系"牺牲"原所有人而来。

8. 依《爱沙尼亚债法典》第1037条第(1)款,未经权利人同意或者以其他什么方式,通过处分、利用、消耗、添附、混合或加工,侵犯所有权、其他权利(例如用益权、人格权或者知识产权)或者有权占有的,应赔偿通过侵犯权利所获得者的通常价值。所以,比方说,依有关添附的法律规定而取得偷窃的建筑材料的所有权[《财产法》(LPA)第107条],应向原所有人支付建筑材料之价值。同样,将他人租赁的电脑偷走的,承租人失去了使用电脑的可能性,对这种价值损失,应负赔偿责任(Tampuu, Lepinguväliste võlasuhete õigus, 82)。

9. 英格兰与威尔士法上(严格责任)的侵占侵权(conversion)* 相当富有弹性,不仅是不法出售人,还有财产受领人,都有可能要负责任。所有人既得向中间人,亦得向受领人主张权利(Betts v. Metropolitan Police District Receiver [1932] 2 KB 595),不过不能累积权利而主张返还所失财产的两倍价值。如果购买人(很特殊地)还没有取得动产的所有权,哪怕仅仅是为了行使所有人的权利而接受了交付[Clerk and Lindsell (-Tettenborn), Torts[19], no. 17-09],或者当所有人要取回财产时没有交还[Tettenborn loc. cit., no. 17-22;并请参见1977年《侵权(侵害动产)法案》第6条第(2)款,后一命题隐含于对善意购买人加以补偿的内容中],虽说其一片正心诚意,仍然构成侵权。第三人从介入人的无权处分行为中获利的,针对第三人的返还诉讼一般都表现为请求返还出售收益:请考虑,例如,Marsh v. Keating (1834) 8 Bligh N. S. 651, 5 ER 1084;2 Cl & Fin 250, 6 ER 1149;1 Bing NC 198, 131 ER 1094 (HL),通过伪造授权书,被告事务所的一位合伙人将股票售出,收益贷记入被告账户(然后被伪造人取出)。

示例4改编自TS 19 April 2007, RAJ 2007 (2) no. 2071 p. 4932。

---

* 侵占:用于侵权行为法和刑法中,指非法地将他人的财产当作自己的财产进行占有或处分;或指没有合法根据而侵犯他人动产权利,并导致剥夺了财产权利人对动产之占有和使用的一个或一系列行为。元照,第319页。

第Ⅶ-4:106 条　对介入人行为的追认

（1）对介入人通过与第三人的法律行为对权利人资财所为之处分或其他利用，权利人得追认之。

（2）经追认之行为，与有权代理人所为之法律行为效力相同。在权利人与介入人之间，追认不意味着对介入人利用资产的同意。

评　论

A. 概述

总说。

某人[介入人]与第三人为法律行为，并意图处分或以其他方式利用他人资财，此种情形下的得利、不利及归因事宜，由本条一并处理。本条乃为第Ⅶ-4:105 条（因介入行为而归因）的姊妹条款。该条涉及的情形为，对原告资财的处分或者其他利用是有效的：对于原告资财的受领人，或得请求返还。本条关注的则是无效处分或其他利用。本条赋予资财所有人以追认之权。前面说到的与第三人所为之法律行为，因追认而有效，资财之（前）所有人亦因此得对介入人主张不当得利返还。

示例

E 占有 D 的汽车并将之转让给 X，根据案情，X 未能依有关善意取得的制定法规则取得汽车所有权。E 与第三人 X 为法律行为并意图处分 D 的资财，D 得依本条追认之。若 D 追认了 E 的处分行为，让与即生效力：X 取得汽车所有权，D 丧失汽车所有权。D 因资财减少而蒙受不利。X 因资财增加而得利。E 因利用 D 的资财而得利。依本条，E 之得利归因于 D 之不利。

基本原理。

在本条所涉情形，或者原告诉追最终受领人并非明智之举，也或者要求介入人返还更为值当，本条遂为针对介入人主张权利提供方便。要求介入人返还更为值当怎么讲呢，最终受领人的责任削减[比方说，因为善意地无偿处分了所受领的资财，得援引第Ⅶ-6:101 条（得利减损）之抗辩]，或者得要求介入人支付替代得利（比方说，依非常有利的条件处分了原告的资财，获得丰厚收益），即为此类。介入人打算实现的结果，失利人通过追认表达了同意，是以追认所催生之状态，正是介入人所追求者，介入人通过与第三人为法律行为所表达出来的意图，追认不以为忤，这正是本条的合理性所在。

"利用"的含义。

第(1)款所谓利用资财,也包括了处分,含义与第Ⅶ-3:101条(得利)和第Ⅶ-3:202条(不利)相同。参见,这两条的评述部分。

B. 追认

授权处分或利用。

依第(2)款,追认之效力如下。介入人意图之处分或其他利用,因追认而有效。介入人意图赋予第三人的权利,因追认而赋予:比方说,介入人所为之出售遂为有效出售,如同有权代理人所为之出售一般。相应地,在处分情形,追认人丧失资财,在赋予第三人权利情形,追认人得承受负担。

第三人之得利,有法律上之原因。

就第三方的受领人,追认人不得主张不当得利。介入人既被视作有权代理人,那么依第Ⅶ-4:102条(间接代理),遭受的不利不被视作追认人的不利,而是代理人的不利。相对于代理人,第三人之得利有法律上之原因,即两人间的法律行为:参见,第Ⅶ-2:101条(得利无法律上之原因的情形)第(1)款(a)项。

介入人利用资财,无法律上之原因。

不过相对介入人,追认并不构成对蒙受不利的同意。本条之目的既然在于便利对介入人主张权利,相反的立场自然会妨碍立法目的的实现。介入人因利用失利人的资财而得利(比方说,将失利人的资财处分给第三人)。介入人利用原告资财,归因于原告蒙受的不利[第Ⅶ-4:101条(归因的情形)(c)项]。

非契约责任法。

在介入人与失利人之间,追认不意味着同意蒙受不利,此种立场不仅限于本卷,同样贯彻于非契约责任法中。介入人同时依本卷及第六卷负有责任的,第Ⅶ-7:102条(竞合的债务)第(1)款得适用之。

注 释

1. 各成员国的主流法律立场,已于第Ⅶ-4:104条(对债务人向非债权人履行的追认)注释部分考察。就西班牙法,有必要提及,阿尔瓦雷斯和皮卡索(Cámara Alvarez and Díez-Picazo, Dos estudios sobre el enriquecimiento sin causa, 127)认为,追认一般都是可能的;由此得出结论,真正的所有人(verus dominus)得选择是依财产法请求返还原物,还是提起返还诉讼。佩雷拉(Carrasco Perera, ADC 1988, 5, 100-101)则主张,若是允许所有人就介入人获得的利润主张权利,于法律立场并不协调。不过,照相反的立场,依《民法典》第1897条结尾,给付型不当得利的债务人,若已将资财售与第三人,负交还收益以及针对买受人的价款给付请求权的义务。同时,这一条也表明,非债清偿的受领人(accipiens indebiti)系恶意的,给付人不仅得对第三人依财产法请求返还原物,亦得不行使此项权利,转而提起返还诉讼,要求受领人返还所受价款(Díez-

Picazo, Fundamentos II[4], 520－521)。从本质上讲,这就等于追认。*

2. 依德国法,权利人得追认无权利人的处分。甚至处分物为赃物(《民法典》第935条),或者取得人为恶意,追认亦得有效[Medicus, Schuldrecht II[14], no. 701; Larenz and Canaris, Schuldrecht II(2)[13], § 69 II 1 c; MünchKomm(－Lieb), BGB[4], § 816, no. 25; BGH 6 May 1971, BGHZ 56, 131]。追认之法律效果为,权利人得依《民法典》第816条第(1)款第1句,请求介入人返还不当得利。如果所有人要求介入人交付出售收益,得被视作默示追认(BGH 25 January 1955, LM § 816 BGB no. 6; RG 12 March 1923, RGZ 106, 44, 45; RG 28 October 1926, RGZ 115, 31, 34)。既然追认,即不得对取得人主张物权请求权,但得依侵权法对处分人主张损害赔偿(BGH 6 November 1990, NJW 1991, 695;另见 BGH 29 April 1968, NJW 1968, 1326)。

3. 与德国法[以及爱沙尼亚法,参见,第Ⅶ－4:104条(对债务人向非债权人清偿的追认),注释]不同,能不能追认,追认之法律效果如何,其他法律体制主要是在无权代理法中规制。意大利、葡萄牙、荷兰、保加利亚以及匈牙利(《民法典》第221条)皆采此进路。追认的法律效果为,表面上的代理人(ostensible representative)被视为有权代理人(BH 2005/21; BH 2004/181; BH 1994/501; BH 1994/148; BH 1993/181)。这种局面与第Ⅶ－4:106条的设计无可比拟,因为代理法下的追认带来的是所有人与购买人之间的契约。

4. 在英格兰与威尔士,通过追认,以便向无权处分了原告财产的人请求返还,这种问题一般不会发生。如同第Ⅶ－4:105条注释9所述,英国法上的侵占侵权(conversio)极富弹性(再加上没有善意取得的一般条款),既得据之对介入人主张权利,亦得据之对受领人主张权利。未经授权而处分或者意图处分原告动产的,不管是成功移转了权利(这是例外情况),还是仅仅完成了交付而未能让与权利[参见,Clerk and Lindsell(－Tettenborn), Torts[19], no. 17－21],都要为侵害所有人的权利而负责任:例如,Bowmakers Ltd. v. Barnet Instruments Ltd. [1945] KB 65 (CA)(依无效租购契约而提供的机器,受托人将之出售)。原告得要求赔偿损失,也可以要求吐退出售收益(United Australia Ltd. v. Barclays Bank Ltd. [1941] AC 1),当然,在许多情形下(比如不法出售动产),两者在量上没有区别:详参第Ⅶ－7:101条注释24。就所谓“放弃侵权之诉”(waiver of tort)中责任的性质,参见第Ⅶ－7:101条注释34。

第Ⅶ－4:107 条　类型或价值不一致

得利与不利的类型与价值不一致,不妨碍得利可归因于他人之不利。

评　论

总说。

---

* 《西班牙民法典》第1897条:“善意受领特定给付之人,仅在受益范围内就因此而生的财产损失或者增加负责。若受领之特定物已被处分,应返还处分价款或者让与价款请求权。”

本条无甚高论,不过意在指出,不要想当然地为此间的规范框架添加错误的限制。本条对第Ⅶ-3:101条(得利)和第Ⅶ-3:102条(不利)的第(2)款起到补足作用。那两款明确,得利与不利概念是从个别资产项目的变动来理解的,而不是从总体财富的净值角度来理解的,——换句话说,关注的是账目的具体条目,而不是总体余额。第Ⅶ-4:107条进一步澄清,得利不必为原告所蒙受之不利的镜像。

得利与不利不等价,无关紧要。

虽然从概念层面看,得利与不利正相反,但这并不意味着在具体的案件中,两者必须相等而相反。诚然,在许多情形,两者确实数额相等、方向相反。D向E提供服务,E因受领服务而得利,D因提供服务而蒙受不利。类似地,E利用了D的权利,这构成得利,同时意味着D遭受了不利,因为D有所失。不过,这种精确的对应无论如何也非为基本规范之要件。完全有可能,得利表现为一种形式的资产增加(比方说,原告已经履行,而被告竟得逃脱债务——责任的减少),而原告的不利益却表现为另一种形式(比方说,支出金钱——资财的减少)。将现金打入透支账户,即为典型。在牵扯到第三人的场合,得利与不利就更有可能不一致了:原告因增益第三人而蒙受不利,可能归因于得利人从第三人处受领了利益,但第三人从原告处得到的利益与第三人给予得利人的利益,完全可能迥不相侔。

示例1

互助会(friendly society)Y致力于社会住房(social housing)*建设。互助会主席X,代表互助会委托建筑公司B建造高档别墅,实则是给自己和家人营造安乐窝。B开出的发票系由Y的账户来支付。最初,X还往账户里打款,用于支付。后来,X不再往账户里打款,但发票还是由那个账户来付,一直到事情败露。X因从B处受领服务与资财而得利(别墅的建造,以及用于建造的材料),Y因(向B)付款而蒙受不利。

示例2

由于立法修改,全科医生D失去了独占性质的于社区开办药店的资格,而E因为领有新证,把D过去的顾客都给夺走了。E因取得许可证进而占有D的顾客而得利;D因许可证作废进而失去顾客而蒙受不利。不过,E之得利既非无法律上之原因,也不可归因于D之不利。就许可证来讲,得利与不利并不一致这一点(E取得的不是D的许可证,而是新证)并不具有决定性。D对E主张权利,无论如何不会得到支持,因为得利有法律上之原因。如果说D过去建立的商誉如今都转归了E,那也是市场环境变化的结果,E因之接掌了D过去的"地方垄断"(local monopoly)地位。这与市场竞争中,顾客群从一家企业流往另一家企业,并没有什么不同:E因行使自己的贸易权利而得利,而在公平竞争的商业环境下,给别的商人造成不利影响,也实在是理所当然,非为法律所不许。D因立法变动而失去开办药店的机会,这一点于我们的分析没有影响,因为立法者的意图(不准医生开药店)就在于重组市场,在现有和潜在的企业家之间重新

---

* 社会保障房和廉租房。

分配贸易机会。

注　释

就成员国的法律立场,参见第Ⅶ－3:101条(得利)和第Ⅶ－3:102条(不利),以及第Ⅶ－4:101条(归因的情形)的注释部分。

示例1取自TS 15 June 2004, RAJ 2004 (3) no. 3847 p. 7922;示例2参考HR 15 March 1996, NedJur 1997, no. 3 p. 22。

第五章　得 利 返 还

第Ⅶ-5:101 条　可移转之得利

(1)得利表现为可移转之资财的,通过移转资财给失利人来返还得利。

(2)资财移转会给得利人带来不合理的负担或费用的,得通过支付得利之货币价值给失利人来返还得利,以代替资产移转。

(3)资财移转不可能的,应支付得利之货币价值给失利人来返还得利。

(4)得利人换取得替代物的,于下列情形,应返还替代物:

(a)得利人于处分或丧失得利之际为善意且选择返还替代物;或者

(b)得利人于处分或丧失得利之际非为善意,失利人要求返还替代物且该要求非为不公平。

(5)得利人不知道并且不能合理地期待其知道得利无法律上之原因或很可能变为无法律上之原因的,为善意。

评　论

A. 概述

总说。

本条意在阐明,在得利表现为可移转资财的情形,责任标准和所要求的得利返还模式的特别之处。基本立场为,得利人应将资财移转给失利人(第(1)款)。是以,如果得利表现为可移转之资财,实物移转乃是不当得利法最基本的法律效果。不过,在特定情形下,得利人得选择支付得利之货币价值(第(2)款)。得利可能已遭处分或者丧失,不再能实物返还,本条亦就此种情形加以区处。此时的基本立场为[讨论的前提是,得利虽然丧失或遭处分,但责任不曾消灭:参见第Ⅶ-6:101 条(得利减损)下的抗辩],得利人应支付得利之货币价值(第(3)款)。如果得利人已经将资财用于交易,返还得利的责任也可能转换为返还替代物的责任(替代物代表交易的收益,第(4)款)。责任的转换由当事人选择;选择权人为谁,取决于客观情势。这里的情势包括得利人是否为善意——善意的含义,见第(5)款。

B. 移转:第(1)款

可移转之资财。

本条仅适用于得利表现为"可移转之资财(transferable asset)"的情形。这里的"资财"术语,与第Ⅶ－3:101条(得利)第(1)款(a)项、(c)项以及第Ⅶ－3:102条(不利)第(1)款(a)项、(c)项所用含义相同(参见那两条评论B)。如果某项资财在性质上不可移转、移转不可能或者不法,或者因为其他任何原因而被看做是无讨论移转之余地,即非为第(1)款意义上的可移转。可移转性的问题,得从实用主义的角度来考察。单纯在法律上或理论上可移转还不够:资财可能因为移转而完全丧失价值,或者为了防止资财完全丧失价值,得利人不得不于资财之外移转更多(从而超出得利而蒙受不利)。

示例1

E未经授权而利用了D的砖块,在自己的土地上建造房屋,就取得砖块,E依本卷而对D负有责任。要让E不损害房屋或者砖块本身而返还砖块,实不可行(而损害将造成资源浪费)。在这里,砖块即为不可移转之资财;房屋亦不可移转。虽然依可得适用之不动产法,完全可能将房屋所有权转让给D(对下面土地的权利留给E),可是如果不同时赋予D穿过E的土地而进入房屋的权利,那么房屋这项资财亦毫无用处,而赋予这项进入权(right of access),E的资产减损又将超过得利。(更不用说,这栋房屋代表的远不仅仅是若干砖块,还是E的劳动的结晶。)既然得利不可移转,返还模式与责任标准遂应依第Ⅶ－5:102条(不可移转之得利)而定。

履行地点。

本条不涉及履行地点的问题。这些事宜将决定由谁来负担移转成本,比如支付托收,或者由承运人交付。得利人是否应该于失利人的住所或者营业地交付,或者只需要在自己这里备好资财,由失利人来收取,像这些移转义务于何处履行的问题,将由规制非契约债务履行地点的一般条款来处理:参见第Ⅲ－2:101条(履行地点)。

C. 选择以货币价值替代:第(2)款

选择支付价值。

依第(2)款,虽然资财可移转,但如果移转会给得利人带来不合理的负担或者费用,那么得利人可以选择支付得利的货币价值,以代替资财的移转。可能会有这样的情形,一旦将移转成本纳入考虑,再固执实际履行的理念不放,那什么建设性的或者恰当的目的都无法实现了。这就比方说,请求实际履行契约债务的权利背后的法律政策合拍了,当然,细节上容有不同[参见第Ⅲ－3:302条(非契约债务的实际履行)]。这里的思想基础在于,如果给予等量的价值,让原告在效用方面获得完全的、充分的替代,即可彻底伸张正义,那么法律也就不要死乞白赖地强迫实物返还。在这里,判令给付货币即可,用不着非将债务人的那点自由逼到走投无路。

资财的独特性。

要判断移转成本是否不合理,一项考量因素即为资财的独特性如何。这里不能只盯着所涉资财的物理性质和经济或者说市场特性。如果得利附着有特别的情感价值(比方说,是已逝家庭成员格外珍爱之物),可能就无法替代。显然,有些物的价值完全是情感上的(比如情书),有些在本质上就是独一无二的(比如手稿真迹或者艺术品原件),像这些,就绝不是可以通过其他途径合理获得的利益;只是偿付其经济价值,不足以使失利人得到满意的替代。

示例2

E对D施加了不当影响,D受诱导,竟把19世纪祖上的肖像藏品赠送给了E。D嗣后以不当影响为由撤销了赠与。这里假定移转既为可能、亦为合法,D有权要求E返还肖像。标的物独一无二,并且对D意义重大。从其他途径,D得不到同样的资财。所以这里不能主张,返还肖像,会使E承受不合理的负担或费用。

得利人选择。

如果有选择的余地,决定是否移转的决定权落在得利人手里。资财可移转的,得利人不得坚持要求支付货币。在资财可移转的场合,主要的救济手段还是移转资财,而且如果得利人愿意且能够移转(即便不是强制性的),失利人就必须接受移转,除非另有约定。得利人愿意交还资财的,失利人不得强令其交付现金以替代资财移转,否则,从实际效果上看,就等于把得利人归还资财的义务转换成了强制其购买,害及得利人。

示例3

D夫妇的矮种马对女儿来说太小了,他们拿小马折价,加上现金,换来E的大马。后来知道契约无效。D夫妇只能要回(作为大马的对价)给予E的利益,也就是矮种马和添加的现金。尽管D夫妇对矮种马不感兴趣,也不能要求E支付货币价值来替代。

货币价值。

货币价值的含义,见第Ⅶ-5:103条(得利之货币价值;节省)。

D. 移转不能,支付货币价值的责任:第(3)款

总说。

如果得利人已无资财可移转,也就谈不上通过移转资财来返还得利的问题了。可能是因为资财丧失或者损毁,也可能是因为给了人或者售出。这时,得利人应支付得利之货币价值来替代,用以返还得利。

偿付货币价值责任的修正。

实物返还不能的,应偿付得利之货币价值,这一原则的适用在两种情形下容有修正。第一,得利人有可能善意、无偿地处分了得利(或者虽然有偿,但低于得利之货币价值)。这时,或得援引得利减损抗辩来削减责任:参见第Ⅶ－6:101 条(得利减损)。第二,得利人通过处分得利而交换来某种利益,比方说价金或者依销售契约而请求给付价金的权利,这时,或得选择移交通过处分得利所得到的收益,来代替得利之货币价值。至于选择权在失利人,还是在得利人,取决于得利人系善意处分,还是恶意处分。当事人一旦如是选择,责任形式,可能还有责任标准,即因之改变。参见上文评论 C。

示例 4

税务顾问 X 将其事务所并商誉一并售与同行 Y。转让契约无效。客户一直把事务交给 Y 打理,希望继续咨询 Y 而不是 X。Y 已无从将企业商誉归还给 X。是以,Y 应支付无法回复的商誉的价值给 X。

得利的部分处分、丧失或者损毁。

第(3)款的原则于得利人不能移转资财的范围内适用。如果资财只是部分地遭处分、丧失或者损毁,部分仍可移转,则应移转仍保留的部分,同时偿付不能移转部分的货币价值。

示例 5

V 将一幅地块售与 P。移转登记后,P 将地块分割,又将其中一份出售。后来知道 VP 间的契约无效。P 应将还保留的土地移转给 V[原文误作 P],并偿付售出地块的货币价值。

E. 选择移转替代物;善意:第(4)款、第(5)款

总说。

依第(4)款,得利人将原始得利售出并换得某些利益的,在特定情形,得利人负移转替代物的责任。第(3)款曾谓,移转不能的,应偿付货币价值;第(4)款则背离了第(3)款的原则。在第(4)款适用的情形,得利人再一次负起移转实物的责任——不过这一回,是移转替代物。

选择权。

通过移转替代物来返还得利的规则并不是自动适用的,而是需要当事人的选择。选择权人也可能不动用这样的机会,而是仰仗(前款的)基本规则——原始得利已遭处分的,应偿付其货币价值。另外,哪一方当事人享有选择权,应视情形而定。得利人系善意处分的,得选择返还替代物。其他情形(即得利人于处分之际为恶意的),失利人有选择权。在后种情形,失利人要求返还替代物的,不得造成不公平。

基本原理:第(4)款(a)项。

善意得利人得选择提交替代物,而不是偿付原始得利之货币价值,这样设计是出

于对公平的考虑,保护无辜得利人的处境。这条规则假设,得利人基于得利看上去有法律上之原因,而改变了自己的境况。这里,如果照第(3)款的基本规则(适用于原始得利无从移转的情形),那么从实现效果上看,就等于强迫得利人以原始得利之货币价值购进替代物。这是不公平的,应该允许得利人提交替代物。不能强迫利益的无辜受领人掏钱来保有利益,这一政策也体现在规制得利自始不可移转情形的特别条款中:参见第Ⅶ-5:102条(不可移转之得利)。这和第Ⅶ-6:101条(得利减损)的抗辩不同,这一抗辩仅在无辜得利人交换受领的价值低于原始得利价值的情形下方得适用。

基本原理:第(4)款(b)项。

得利人于得利丧失或者处分之际非为善意的,失利人得要求交付替代物,而不是偿付原始得利之货币价值,这样设计的合理性正好来自与上段相反的考虑,防止明知(或者应知)负有实物返还债务的得利人从债务违反中获得利润。不能允许得利人故意将可移转之得利高于市场价格售出之后,拿货币价值(市场价格)出来顶差而把[售价与市场价的]差额揣进自己腰包。此种伎俩,咎无可逭,迫其将原始得利换来的厚利尽数交出,其亦无可抱怨。得利人既非无辜,再不必束手束脚,可以全心全意地保护失利人——若非失去资财,得利人赚来的那番厚利,怎敢说失利人就赚不到呢。得利人居心不良,将本应归还失利人的资财卖掉,得被视为不法(未经授权)管理他人事务。赋予失利人以选择权,其遂得以"受害人"(victim)身份收取[得利人]"为自己利益"(self - interested)(而非好意)管理的收益。

处分或丧失之际为善意。

得利人于处分得利之际为善意的,方能选择交还替代物:参见第(4)款(a)项。反之,得利人于处分之际非为善意的,选择权即在失利人:参见第(4)款(b)项。是以,判断得利人是否为善意,其时间点乃为处分或者丧失得利之际。由此可知,善意要件也就意味着,[得利人]有充分理由相信得利有法律上之原因,并且这种信念一直持续到得利人据之作出处分行为,或者得利丧失。如果相关事实表明得利无法律上之原因或者让人生出这种想法,而得利人(不管于得利之际或者于得利之后)又知晓了此般事实,即不再为善意;得利此时遭了处分或者丧失的,得利人(a)不得坚持交付处分收益以替代原始得利之货币价值,并且(b)失利人是否要求交付处分收益而不是原始得利之货币价值的风险,由得利人承担。

善意的含义。

善意的含义见第(5)款。得利人如果知道得利无法律上之原因,或者知道极有可能溯及导致得利失去法律上之原因的事实,即非为善意。得利源自他人对某宗契约债务的履行,而得利人又知道此间存在某些撤销事由(不管是错误、欺诈、胁迫,还是其他什么),他人得据之撤销契约的,即属后种情形。就导致得利无法律上之原因的事实(或者极有可能导致得利失去法律上之原因的事实),不必实际知道。得利人应该知道这些事实,即为已足——也就是说,如果得利人如理性人一般行事,应该会知道得利无法律上之原因或者极可能失去法律上之原因,因为根据这些明摆着的事实,详细考察

[到底有没有法律上之原因]实为再合理不过之举。如果所有的事情都指向得利确有法律上之原因,就不能仅仅因为得利人没有认真反顾表面事实或者仔细检视交易的妥当性而认为其系恶意。如果从方方面面看,得利都堪称正确,就不能要求利益受领人必须三疑而后行。虽然有可疑之处,但通过恰当的考察,似乎可以确认得利正确,也不能强求得利人必须上穷碧落下黄泉地去穷究极索。不过,若是有明显的事实令人对得利的妥当性生疑的,得利人也不得佯为不见;也不得全仗着凭虚幻想,就盲目相信某笔得利的妥当性。

对得利人选择权的限制。

第Ⅶ－5:102 条(不可移转之得利)第(3)款阐发的原则,通过类推,构成了得利人行使选择权的附加隐含条件。该款涉及的乃是不可移转之得利,依其构想,如果依合意,善意得利人为得利应该支付特定价格,或者达成了得利具有特定价值的共识,而且(i)价格或者价值合意真实健全,未受各种效力败坏因素影响;(ii)且价格或者价值没有超过得利的货币价值,那么[真要返还的话,]得利人至少应该偿付约定价格或价值。这一规则的基本理由在于,当事人于自愿给付之际为得利设计了特定责任的,只要没有超出实际得利,即应受此设计的拘束,这实在合情合理。如果得利人系依真实合意而善意得利,该合意为得利设定了价格或价值,而得利人嗣后为获得替代物又将得利处分,那么也应该适用前番道理。于处分之际,得利人是假设了将会得到合意价格或价值的。是以,如果得利人从事了经济上亏本的交易,让出了依与失利人的(无效)合意所获得的价值较高之物,得到的却是价值较低之物,那么得利人不得将损失转嫁给他方当事人,因为这只会让得利人捡到倘来之物。如果得利人于受领得利之际,明知要支付特定价格,而且这是由真实合意设定的,那么这个价格就构成了返还得利责任的最低水平。在交易之前,得利人会考虑到,其负有支付(真实合意)价格的义务,所以就所获资财的任何嗣后交易,(在合意价格范围内,)都应该被视为得利人自己应该承担的风险。

替代物的分剖。

[前面讲了,]无法律上之原因而得利之人,[在何种情况下负交付替代物的责任,不过,]仅在替代物确实系原始得利产物的范围内,方负责任——源于其他经济投入的产物,则不在此列(比如源于第三人的款项或者得利人自己的财富或努力)。如果得利人是将所受利益与其他货物或服务一并处分,那么所获利益中,就只有一部分可以视为出自原始得利。所以替代物得分剖为两部分,代表了原始得利的部分,与不代表原始得利的部分。分剖的依据则为,为获得替代物所付出的不同经济投入的比例价值。

分剖的基本原理。

如果替代物不仅仅是原始得利的产物,那么应该依照为得到替代物而投入的不同经济因素来加以分剖,这是公平要求使然。不当得利人自应负返还义务,但不应要求其于得利之外牺牲财富。替代物中代表了来自原始得利之外的其他经济投入的部分,失利人不得对之主张权利。强迫得利人交付所有替代物,不啻意味着对得利人的惩罚,并使失利人捡得倘来之物。

注 释

Ⅰ.请求返还所得资财

1. 依法国、比利时和卢森堡《民法典》第1379条,资财应以实物形式返还。如果因为物的丧失或损毁,实物返还不能的,恶意得利人应偿付其价值,善意得利人仅当就物之丧失或损毁有过错的,方/亦负偿付价值的责任。善意受领人将物售出的,仅就购买价款对给付人负责任(《民法典》第1380条)。

2. 西班牙也一样,给付返还之诉(condictio de prestación)关注的主要是原物返还[《民法典》第1303条,《刑法典》(CP)第111条;参见Díez-Picazo, Fundamentos I[6], 129]。依无效或者被撤销契约所为给付的返还,亦为如此[TS 6 October 1994, RAJ 1994 (4) no. 7459 p. 9703;TS 11 February 2003, RAJ 2003 (1) no. 1004 p. 1906]。得利人提出返还原物的,失利人也不能要求金钱赔偿(CA Bizkaia 1 February 2001, AC 2001 [1] no. 253, p. 391)。这也是非债清偿返还之诉的立场[《民法典》第1895条以下;参见Gullón, FS Batlle Vázquez, 367, 374;Paz-Ares/Díez-Picazo/Bercovitz/Salvador (-Ballarín Hernández), Código Civil II[2], 1957]。原物返还不能的,《民法典》第1307条(物之价值并孳息)适用之——立法者起草这一条的时候,是将无效和被撤销契约放在心里的。从措辞看,第1307条仅提及资财的丧失,但适用于一切法律或者事实上不能的情形[TS 6 October 1994 loc. cit.;TS 6 June 1997, RAJ 1998 (1) no. 376 p. 592;TS 11 February 2003 loc. cit.;Díez-Picazo, La liquidación de las nulidades contractuales, 117;Delgado Echeverría and Parra Lucán, Las nulidades de los contratos, 256]。资财的市场价值起决定作用(TS 6 June 1997 loc. cit.;TS 11 February 2003 loc. cit.;Díez-Picazo, Fundamentos I[6], 129)。

3. 《意大利民法典》第2041条第(2)款明确,得利表现为特定物的,只要诉讼提起之际物仍存在,受领人即应负返还原物的义务。就非债清偿返还之诉,同样的规则见于《民法典》第2037条第(1)款。而依第2037条第(2)款,恶意受领人,即便就物之损毁无过错,或者物之品质恶化,仍应负责任。此时,恶意受领人应偿付物之价值;在品质恶化情形,给付人则得要求返还原物,再加上对价值减少部分的赔偿。而善意受领人的责任,则一直限于幸存得利(《民法典》第2037条第(3)款)。恶意受领人将物出售的,或者返还原物,或者偿付其价值(《民法典》第2038条第(2)款)。价值的计算,以获得物时为准。至于选择何种责任形式,权在债务人,因为只有债务人能弄清楚,物事实上还能不能取回(Nicolussi, Lesione del potere di disposizione e arricchimento, 114-115)。

4. 依《德国民法典》第812条第(1)款,交付请求权被系于所获得"者(etwas)"。具体言之,得看返还诉讼的债务人在受益过程中得到了些什么。不当得利法保护的不仅仅是债权人一般的财产利益;还保护债权人在请求返还特定物(现在掌握在返还诉讼债务人的手里)上的利益:详参MünchKomm (-Lieb), BGB4, § 812, no. 339;Staudinger (-S. Lorenz), BGB [2007], § 812, no. 65。不过,如果因为物的性质或状况而不能交付,或者因为某些其他原因而使得受领人没办法交付,应依《民法典》第818条第(2)款负偿付价值的义务。[所获得者系]服务和利用,物的消耗和处分,即为此类[Palandt (-Sprau), BGB[67], § 818, no. 17]。《葡萄牙民法典》第479条第(1)款的立场亦为如此。只有原物返还(restituição em espécie)不能的,方负偿付价值的义务:参见 Menezes Leitão, Enriquecimento sem causa[2], 884。(例如服务,花在他人财产上的费用,利用,物的消耗或处分,债务的消灭:Antunes Varela, Obrigações em geral I[10], 511。)不过学术文献里头,颇有主张类推适用《民法典》第 566 条的,依该条,恢复原状(reconstituição natural)构成不合理负担的,侵权行为人得对受害人承担金钱赔偿的责任(Gomes, Conceito de enriquecimento, 119, 122)。返还得以同样类型和质量的物为之的(比方说交付种类物的义务),亦得对价值加以金钱赔偿(Menezes Leitão loc. cit. 885)。

5. 依《匈牙利民法典》第 361 条第(1)款,不当得利应予返还。但凡可能,即应返还原物;原物返还不能的,偿付其价值(受得利减损抗辩制约)(《民法典》第 363 条第(2)款)。若资财仍在债务人手里,一般来讲,债权人主张财产法上的请求权和占有请求权会更为有利(《民法典》第 115 条第(3)款,第 193 条第(1)款)。在依契约法请求返还的领域之外,《保加利亚债法典》第 57 条第(1)款就不当得利法下的资财返还作了规定,以原物返还为原则。此种权利与财产法上的请求返还原物自由竞合(《财产法》第 108 条,参见 Goleminov, Neosnovatelno obogatyavane, 75);主张不当得利返还的,不必证明对财产的所有权,在这一点上对原告更为有利。资财丧失或损毁,已遭处分或被消耗,得请求赔偿资财的价值(《债法典》第 57 条第(2)款)。不当得利的债务人为恶意的,应赔偿市场价值,若资财已售出的,赔偿购买价款;债务人为善意的,责任限于得利,债务人得保有孳息。如果第三人没有取得所有权,所有人得针对第三人依财产法请求返还原物,也可以选择请求处分人返还不当得利(详参,Vassilev, Obligazionno pravo, 593)。《斯洛文尼亚债法典》第 190 条第(1)款亦以原物返还为原则。原物返还不能的,债权人方得请求金钱赔偿[Juhart and Plavšak (-Polajnar Pavčnik), Obligacijski zakonik II, art. 190, 46]。恶意受领人当然也要负[孳息]返还义务,或者视案情而定,偿付所获孳息的价值(《债法典》第 193 条)。*

6. 波兰的立场在所有本质方面都没有不同:应原物返还(《民法典》第 405 条),原物返还不能的,偿付其价值[Pietrzykowski (-Pietrzykowski), Kodeks cywilny I[4], art. 405, no. 16; Radwański and Olejniczak, Zobowiązania - część ogólna[2], p. 222, no. 665]。资财遭处分、丧失或者损坏的,应返还因此所得到的一切(《民法典》第 406 条)。可能是金钱,也可能是其他资财(Supreme Court 6 July 1967, III CR 117/67, OSN 1968, no. 4, poz. 67)。得利人得请求返还支出的费用;《民法典》第 408 条为此惨淡经营,根本上就是要区分恶意得利人和善意得利人。如果不当得利的债权人应补偿债务人支出的费用,法院得判令不予原物返还,而是偿付价值,并将应补偿的费用从中扣除(《民法典》第 408 条第(3)款)。《民法典》第 409 条以判决时的资财价值作为确定责任范围的依据;就这一"实际得利原则"(principle of actuality of enrichment)的原理与边界,讨论热闹喧阗。

7.《荷兰民法典》第 6:204-209 条就非债清偿的原物返还(ongedaanmaking)详加规制;原物返还不能的,依第 6:210 条第(2)款偿付价值。如果财产(定义见《民法典》第 3:1 条)系依无效契约而提供,财产权原则上仍归给付人(第 3:84 条第(1)款);所以请求返还的只是交付(《民法典》第 3:89-97 条)。对动产来说,通过移交资财来返还交付,除非有登记的要求(《民法典》第 3:89 条)。债务人亦应负给付债务人的一般附随义务。就种类物(genots)来讲,依关于价值赔偿的规则来返还(《民法典》第 6:210 条第(2)款)(就金钱而言,参见,《民法典》第 6:203 条第(2)款的特别规定);必须返还同样类型、数量和质量的财产。原物返还不能的,返还不能的原因,以

---

* 这一句似不确,参见附录。

及受领人于受领之际是善意还是恶意,[于法律效果]至关重要。依《民法典》第6:204条第(1)款,也就是第6:74条的特别法,如果不能要求受领人(于受领之际)虑及以后的返还不能,那么返还不能就不可归咎于受领人。《民法典》第6:204条第(1)款涉及资财的丧失以及价值的减少。如果有理由将返还不能归咎于受领人,即交由第6:74条的一般赔偿责任来处理。这及于对所获利益的责任(比如通过处分得到的利润)(《民法典》第6:78条)。在价值减少情形下,除了返还资财以外,还要对丧失的价值加以金钱赔偿(《民法典》第6:278条)。在法律上(ex lege),恶意受领人被视为自受领资财之际就履行迟延(《民法典》第6:205条),是以,就迟延造成的损害,还要负责任(《民法典》第6:85条)。不当得利诉讼(第6:212条)形式上是赔偿诉讼,但得以原物赔偿为救济形式(《民法典》第6:103条),这也就意味着,非债清偿返还之诉和不当得利诉讼之间的区别实不足道。

8. 依爱沙尼亚法,得利人应返还其所受领者(原物返还义务)。归还占有,还有土地登记簿上错误登记的涂销(Supreme Court 1 December 2005, civil matter no. 3-2-1-129-05),皆属之。所获取的孳息,亦应返还。资财遭损毁、耗尽或者损坏的,则应交还因之所得到的赔偿;否则,应赔偿返还请求提起之际资财的价值。第Ⅶ-5:101条第(2)款所规定的选择权利,则不见于《爱沙尼亚债法典》。不过,可以从诚实信用的一般原则推导出来;就公权机关来说,《国家赔偿法》(State Liability Act)第22条则有明确规定。

9. 在斯堪的纳维亚国家,可移转财产的原物返还,并不栖身于不当得利原则之下。相反,这种权利请求的依据乃是对物之诉/请求返还原物(rei vindicatio),而在契约场合,原物返还则一般归隶契约拆卷规则(Karlgren, Obehörig vinst och värdeersättning, 47)。原物返还主要是在财产法背景下区处的,一般来讲,这里的问题是,善意取得是否会给原物返还请求造成妨碍,或者在债务人破产情形,是否得优先于其他债权人得到救济。所以,这里讨论很多的是得否主张取回权(right of separation)的问题。依无效或者被撤销契约交付的特定物可以勘定的,现在要求返还,取回权在这里是得到承认的(Håstad, Sakrätt[6], 203;Mortensen, Tingsretten, 330)。如果原物返还不能,而且不能对替代物主张取回权(参见下文注释17),则负价值赔偿责任(Karlgren loc. cit. 55;Vinding Kruse, Erstatningsretten[5], 277)。这种金钱赔偿依据的是资财的"客观"价值,与得利及损害概念俱为不同,既不是以可归因于责任人的得利为基础,也不是以资财所有人遭受的损失为基础(Rodhe, Obligationsrätt, 550)。

10. 在英格兰与威尔士,就非财产权性质的返还请求来说,并不是请求原物返还所受领的利益,而是请求返还所受领利益的货币价值:Birks, English Private Law I, 15.179(对比《德国民法典》第818条第(2)款),15.41(请求偿还金钱,更精确地讲,请求偿付金钱价值)。即便是立足于财产权的要求返还的侵权请求[也就是侵占侵权(conversion)下的责任],一般也不以原物返还为内容。是否判令交付而不是损害赔偿(而不给被告选择支付赔偿金的机会),全由法院裁量:1977年《侵权(侵犯动产)法案》第3条第(2)款(a)项、第(3)款(b)项[法案废弃了请求返还动产之诉(detinue),但为侵占侵权提供了交付/返还(delivery up)的救济形式]。

Ⅱ. 得利的替代物

11. 依法国和比利时《民法典》第1380条,善意得利人将资财售出的,应将购买价款返还给给付人。第三人将他人的资财售出,而处分行为对所有权人无效的,所有权人得要求第三人吐退购买价款(Cass. civ. 16 March 1999, pourvoi no. 96-20877;Cass. 17 November 1983, Pas. belge, 1984, I, 295-297)。在这种情形下,最初是指向交付资财的请求权利转变为金钱请求权;金钱代替了资财

(de Page, Traité élémentaire de droit civil belge III[3], 62)。原物返还不能的,应支付同等价值(par équivalent)(CA Liège 26 May 2003, no. de rôle 2000RG919, decision no. F-20030526-4)。

12. 就西班牙和意大利,参见,注释2~3。在处分他人财产的情形,依西班牙法,让与人应返还所得到的购买价款:参见第Ⅶ-5:102条(不可移转之得利),注释2。不过,并没有得利人应返还得利替代物的一般原则。一般来讲,得利人以受领的金钱所获得的物,已属其所有,可持之无虞[Carrasco Perera, ADC 1988, 5, 70-72;TS 19 October 1973, RAJ 1973 (2), no. 3800, p. 3022(撤销金钱赠与,效力溯及既往,仅得请求返还金钱并利息,不及于利用金钱买得的地块)]。而在相反的情形,受领人将提供给他的资财善意处分的,依《西班牙民法典》第1897条,要么将所得购买价款返还给给付人,要么将价款请求权让与给付人。这到底是针对替代物的权利请求,抑或不过是计算得利价值的方法,众说不一,仍待细究(详参 Basozabal Arrue, Enriquecimiento injustificado por intromisión en derecho ajeno, 296)。依《西班牙民法典》第1186条请求给付替代利益(substitute commodum),倒是指向交付替代物,但并不适用于不当得利法(Díez-Picazo, Fundamentos II[4], 658)。

13. 依《德国民法典》第818条第(1)款,不当得利请求权及于原始得利的替代物(BGH 27 February 2007, NJW 2007, 3127, 3130)。这包括了受领人基于所取得的权利所获得的东西。也就是说,恰当行使权利所获得的东西:没有法律基础而获得权利,基于此而收取金钱;没有合法原因而取得彩票,进而赢利;没有法律原因取得动产担保[Staudinger(-S. Lorenz), BGB [2007], § 818, no. 17;Palandt(-Sprau), BGB[67], § 818, no. 14]或者不动产担保[BGH 29 September 1989, NJW 1990, 392],利用担保取得收益。不过,第818条第(1)款并不及于所谓交易收益(commodum ex negotiatione),即通过法律行为所得之替代物(BGH 11 April 1957, BGHZ 24, 106, 110;BGH 11 October 1979, BGHZ 75, 203, 206;BGH 8 October 1990, BGHZ 112, 288, 294):没有法律基础而获得金钱,买来彩票,仍有权保有彩票奖金(S. Lorenz loc. cit.;Sprau loc. cit.)。类似地,无法律基础而受领金钱(借贷契约无效),购买公寓,不得以公寓所有权代替所受领的金钱(BGH 18 November 1982, NJW 1983, 868, 870)。所受领的资财[原始得利]遭损毁、破坏或者贬值,作为赔偿所取得的资财,属于应予返还的替代物。保险金最为典型。葡萄牙学界亦持此论。尽管《葡萄牙民法典》第479条第(1)款没有像《德国民法典》第818条第(1)款那样的条文,但可从其行文中推衍出同样的结论,其谓,"牺牲失利人所取得的一切(tudo quanto se tenha obtidoà custa do empobrecido)",俱应返还(Antunes Varela, Obrigações em geral I[10], 511;Menezes Leitão, Enriquecimento sem causa2, 883)。所以,葡萄牙法上也一样,物的收益(commodum ex re,孳息、出自物的利益、替代物、保险金等)应予返还,交易收益则否(Menezes Leitão loc. cit.)。

14. 在斯洛文尼亚,照一般的看法,替代物增益得利人的,应予返还。主要的例子就是出售资财所得之购买价款。善意得利人若是将资财赠与他人的,对给付人即不付不当得利返还责任(Cigoj, Teorija obligacij, 260)。在匈牙利,替代物要么是《民法典》第361条第(1)款意义上获得的利益,要么是令债务人无从主张得利减损抗辩的利益(第361条第(2)款)[Petrik(-Bíró), Polgári jog II[2], 654/1, 654/4]。在后种情形,得利只是改换了其他形式,比方说可能是费用的节省,但仍在得利人的资产之内,故无所谓得利减损(BH 1987/312 and BH 1993/500:多付的钱款被用来购买日用品、资助豪华游或者维持生计,无所谓得利减损)。

15. 荷兰法只有不多几条论及替代物(例如,《民法典》第3:167条,第3:213条第(1)款,第

3:229条第(1)款,和第3:283条)。在家庭法和有价证券法中也能找到,但就是不见于不当得利法(就《民法典》第6:90条,参见下文。)所以如此,是为了避免和财产取得的一般规则相冲突(Perrick, WPNR 2008, no.6753, 345-353);另外,在返还种类物的场合,不是什么替代的问题,而是某种价值赔偿的问题(Scheltema, Onverschuldigde betaling, 153-154;Russchen, WPNR 1994, no.6154, 710, 713)。善意受领人将资财出售的,荷兰法也承认其应交付所受领的购买价款。一般以为,其依据不在第6:74条和第6:204条(债务人违反返还债务且应归责情形下的责任),而在第6:78条。受领人违反了返还债务但不可归责的,就获得的利益,依不当得利法负损害赔偿责任;而就易腐烂货物,甚至科以处分义务,以处分收益代替货物:参见《民法典》第6:90条;Parlementaire Geschiedenis VI, 318;Perrick loc. cit.;Asser(-Hartkamp), Verbintenissenrecht III[12], no.333, p.350 and Verbintenissenrecht I[12], no.383 p.304。*

16. 依《爱沙尼亚债法典》第1032条第(1)款,不当得利债务人因资财遭损毁、消耗、损坏或者利用而获得的替代物,皆应返还。包括了保险单下的收益、赔偿请求权和出售收益。不过,若是拿所受领资财换取了其他资财,则不得要求返还后者;这时,只能请求赔偿所处分资财的货币价值(Tampuu, Lepinguväliste võlasuhete õigus, 95 and 107)。

17. 在斯堪的纳维亚国家,请求返还替代物的权利是在财产法下考察的,被看做请求返还原物(rei vindicatio)的延伸,还有债务人破产情形下的取回权;这种权利不是债法上的救济方式。在特定情形,资财所有人享有取回权的,如果资财已遭替代,就可能产生对替代物的权利。这种对替代物的权利,根据某些学者的描述,乃是防止特定债权人通过牺牲所有权人及其债权人来谋取不当得利的法律技术(Walin, Separationsrätt, 163);其他学者则将之定性为请求返还原物规则的延伸和对冲突利益的决定(Karlgren, Obehörig vinst och värdeersättning, 48)。是以,原物返还不能的,就可能产生对替代物的责任,比方说,如果责任人恶意将原始财产转让给他人,就因转让所获得的利润,就可能要负责任(Hellner, Obehörig vinst, 241)。不过,不能强迫合法所有人从占有人那里接受替代物。对替代物可以主张权利,最主要的情形就是可以请求返还原物的场合(Håstad, Sakrätt[6], 73; Illum and Carstensen, Dansk tingsret[3], 504; Vinding Kruse, Erstatningsretten[5], 280;Swedish HD 20 December 1963, NJA 1963, 502)。如果这种对物之诉的标的已遭损毁或破坏,合法所有人得对占有人的保险赔偿请求权主张权利,这也是一种替代。对替代物可以主张权利,再一种情形就是针对破产人的取回权。在这里,为了对抗占有人的债权人,法律对替代物提供保护。这种受保护的取回替代物的权利,主要在瑞典讨论很多,但没有提出什么明确的要件。照一般的意见,原始资财的转化(替代)必须能够追踪,至于替代何以发生,则无关紧要——也就是说,是出于偶然,还是为了对付取回权人,这些无须考虑(Håstad, loc. cit. 166; Walin, Separationsrätt, passim)。

18. 对于可追踪至被告人手中的财产,原告享有普通法或者衡平法上所有人权益的(正如原

---

* 《荷兰民法典》第6:74条:"(1)不履行债务的,债务人应当承担赔偿债权人由此所受损失的责任;但是,债务人的不履行不可归责于债务人的除外;(2)债务并非永久履行不能的,前款仅在符合第2目有关债务人迟延的规定的情形下适用。"

第6:78条:"(1)债务不履行不可归责于债务人,但债务人由此获得在适当履行情形下不能获得的利益的,债权人有权就其损失根据不当得利的规则获得不超过该利益最高额的赔偿;(2)该利益的形式为对第三人的债权的,债务人可以通过转让该债权承担前款规定的责任。"

始财产流入被告之手的情形),就不当得利的收益,英格兰法的进路相当宽松:参见 Chitty on Contracts I[30], no. 29 - 162 et seq。典型的收益就是银行结余(bank balance)。衡平法上的追踪(tracing),因为可以在混合的资金中追寻,故在实务中乃是更为有价值的进路;追踪,在今天是不是还以信托关系的存在为要件,仍不明朗:参见 Chitty on Contracts I[30], no. 29 - 165,还有,Shalson v. Russo [2003] EWHC 1637 (Ch) [2005] Ch 281 (Rimer J)。另外,1987 年的《未成年人契约法案》(Minors' Contracts Act)第 3 条第(1)款似乎也考虑了替代物事宜:法院得判令被告转让"得代表原始受领财产的任何财产(any property representing)"。不过还没看到相关判例法就此加以阐释:Goff and Jones, The Law of Restitution[7], no. 25 - 004。

Ⅲ. 善意的定义

19. 就非债清偿的受领人,法国和比利时《民法典》第 1378 ~ 1380 条明确区分恶意(de mauvaise foi)和善意(de bonne foi)两种情形。除了其他,恶意受领人还要就利息及其他孳息负责。照一般的看法,通过这种设计,法典给了法官基于公平考虑纠正扶偏的工具(Albiges, De l'équité en droit privé, no. 341)。一审法院就这一点享有充分自由裁量权,不受审查。当事人不知道向其提出的给付没有法律原因的,即为善意(Bénabent, Les obligations[9], no. 479 p. 317;Labour Court Mons 3 January 2001, no de rôle 11507)。西班牙也一样,原物返还不能的,责任大小取决于受领人是恶意还是善意(《民法典》第 1896 条、第 1897 条)。受领人如果不知道向其提出的给付是不该付的,自然为善意[Gullón, FS Batlle Vázquez, 367, 374;Paz - Ares/Díez - Picazo/Bercovitz/Salvador (- Ballarín Hernández), Código Civil II[2], 1960]。与所有人—占有人关系法(《民法典》第 433 条)不同,给付不当得利法假定,受领人因为过失未能认识到没有占有权的,被视为恶意(Díez - Picazo and Gullón, Sistema II[9], 532;Gullón loc. cit. 374)。* 当事人受领之际为善意,而后知晓没有法律基础的,自知晓时起,负恶意受领的责任,当然是更为严格的责任[TS 22 January 2001, RAJ 2001 (1) no. 1324 p. 2147]。

20. 依《意大利民法典》第 1147 条第(1)款,占有人不知其占有侵害他人权利的,为善意占有。非债清偿返还法援引了这一善意定义;当然,诸多细节仍有争议。就客观非债清偿来讲,善意指的是不知道不负债务的事实;而在主观非债清偿场合,则指不知道给付人的错误(详参 Breccia, Riv. Dir. Civ. 1974, I, 130)。据《民法典》第 1147 条第(2)款,因重大过失而不知的,非为善意。** 不过,非债清偿的受领人(accipiens indebiti)不得援引第 1147 条第(3)款的原则,即后发之恶意无害(mala fides superveniens non nocet)***:和西班牙一样,当事人不再为善意的,适用更为严格的赔偿规则(Cass. 5 July 1997, no. 6074, Giust. civ. Mass. 1997, 1145)。恶意受领人要偿付给付的

---

* 《西班牙民法典》第 433 条:"(1)当事人不知道可致其权利或者取得方式无效的瑕疵的,被视为善意占有人。(2)反之,被视为恶意占有人。"

大概意指,第 433 条下的恶意仅限于实际知道,不当得利法中的恶意则包括了应知而未知。似与德国法不同,参见下文注释 21。

** 即在意大利法上,恶意包括了实际知道和应知而(因重大过失)不知。同时适用于占有法和非债清偿返还法。

*** 在占有法上,"恶意不受保护,乃法理上所当然。但恶意用作明知之时,则指事件发生当时之明知而言,若事后明知,则无妨碍。因某一事实虽其发生时不知,事后终必知悉,若竟因之而影响其法律效果,亦不甚妥也","不过在不当得利法上,若开始时为善意,而中途变为恶意时,则其后应改负恶意受领人之返还责任,自应注意"。郑玉波:《法谚》(二),法律出版社 2007 年版,第 139 页。

价值并利息；善意受领人则仅就其得利以及诉讼程序启动之后的利息负责（《民法典》第2037条第(2)款；Cass. 20 March 1982, no. 1813, Rep. Giur. it. 1982, voce Indebito no. 8）。就恶意受领人来说，如果由于其过错，致给付返还不能或者不能完璧归还的，亦应负责；除非就算给付标的早到了债权人手里，仍不免丧失或者损毁命运的，受领人方不负责任（《民法典》第1221条第(1)款）。

21. 德国亦然，不当得利债务人是善意还是恶意，影响责任的大小。对短缺法律原因所取得的资财加以处分的，依通说，善意受领人仅就受领资财的价值负责任，不及于因之获得的利润（参见，上文注释13），而依《民法典》第819条第(1)款、第818条第(4)款、第285条，恶意受领人要交付全部出售收益：BGH 11 October 1979, BGHZ 75, 203；Palandt (–Sprau), BGB[67], § 818, no. 52；Staudinger (–S. Lorenz), BGB [2007], § 818, no. 50；详参 Reuter and Martinek, Ungerechtfertigte Bereicherung, § 18 I, p. 631。《民法典》第819条第(1)款的恶意指，实际知道可据之推断得利短缺法律原因的事实，并且知道要负返还义务（BGH 12 July 1996, BGHZ 133, 246, 249；BGH 17 June 1992, BGHZ 118, 383, 392）。纯粹因为受领人的过失才不知道，或者早应该知道，都不构成这里讲的恶意，哪怕是重大过失 [亦然]（对比《民法典》第932条第(2)款的不同立场，自无权利人处的善意取得*）。对于法律原因还在不在，单纯地抱持怀疑，亦不构成恶意。不过，知道法律行为可撤销，构成恶意（《民法典》第142条第(2)款）；若他方当事人果然将法律行为撤销，[受领人]溯及地承担更为严格的责任（第142条第(1)款），从知道法律行为可撤销及撤销的法律后果时开始（Sprau loc. cit. § 819, no. 2；S. Lorenz loc. cit. § 819, no. 5）。

22.《葡萄牙民法典》第119条第(3)款、第243条第(2)款、第1260条第(1)款和第1340条第(4)款皆言及善意（Boa fé），意指知晓这些条款中指涉的事实（Menezes Cordeiro, Da boa fé no Direito Civil I, 23）。是以，依《民法典》第1260条第(1)款，占有人于取得占有之际，不知道这侵害了他人权利的，为善意占有；一旦法律程序启动[《民事诉讼法》(CCP)第481a条]或者知晓了短缺法律原因的事实，即不再为善意（Menezes Leitão, Enriquecimento sem causa[2], 902；Menezes Cordeiro loc. cit. 490；CA Oporto 22 July 1986, CJ XI [1986–4] 221）。受领人为恶意的，其法律效果即为承担更为严厉的返还义务（《民法典》第480条）。对由其过错造成的资财丧失或者贬值，恶意债务人要负责任；对由于其过错而没有收取的孳息，还有法定利息，恶意受领人也要负责任。与大多数的其他法律体制不同，《民法典》第480条以过错为要件，不过依通说，这里的过错是推定的，当然，可以反驳（类推《民法典》第799条，参见，Menezes Leitão loc. cit. 902）。**

23. 斯洛文尼亚法也一样，当事人不知晓得利法律基础有瑕疵的，即为善意。善意是推定的；给付人必须证明受领人的恶意[Juhart and Plavšak (–Polajnar Pavčnik), Obligacijski zakonik II, art. 193, 53]。在保加利亚法上，资财已遭处分、消耗或者丧失的，不当得利债务人只需要交付仍

---

* 《德国民法典》第932条第(2)款："取得人知道物不属于让与人，或者因为重大过失才不知道的，非为善意。"

在这里，与不当得利法不同，恶意不限于实际知道，应知而（因重大过失）不知，亦为恶意。不当得利法中的恶意限于实际知道，与西班牙法和意大利法立场不同，参见上文。

** 《葡萄牙民法典》第480条[义务之加重]："出现以下任一情况后，受益人尚须对因其过错而导致之物之灭失或毁损、因其过错而未收取之孳息及受损人有权获得之款项之法定利息负责：(a)受益人被法院传唤返还；(b)受益人知悉其得利欠缺原因，又或知悉有关给付不产生预期效果。"

第799条[过错之推定及认定]："(1)就债务之不履行或瑕疵履行，须由债务人证明非因其过错所造成；(2)过错之认定适用有关民事责任之规定。"

在其资产中的部分,而不用返还原始得利;善意地放弃了权利单据或者担保的,对不当得利债权人不负责任;后者代位取得债务人的权利(《债法典》第 56 条,参见,Vassilev, Obligazionno pravo, 590)。匈牙利的进路则为,如果当事人既不知道真实的法律状况,即便尽到了合理的注意义务也不应该知道,即为善意[Bíró and Lenkovics, Általános tanok, 201;Lábady, A magyar magánjog (polgári jog) általános része, 308]。恶意得利人不得援引得利减损抗辩(《民法典》第 361 条第(2)款);另外,对从得利中获得的利益,也要负责(第 363 条第(1)款,第 195 条)。

24.《荷兰民法典》第 3:11 条明确,如果理性的受领人应该知道其无权受领给付的,即可认为非为善意。善意还是恶意的问题,既涉及事实层面,也涉及法律层面。当事人虽然并不知晓全部事实,但应该知晓给付没有法律基础的,即非为善意:如果一笔钱存入了账户,账户持有人不知道是谁存入的,就和自己的一笔债权得了两次清偿一样,非为善意。判断依据就是理性的受领人标准[Asser (-Hartkamp), Verbintenissenrecht II[12], no. 302, p. 306;Scheltema, Onverschuldigde betaling, 163]。

25.《爱沙尼亚民法典总则》第 139 条设立了推定善意的一般原则。实际知道自然非为善意,因为过失而不知道相关事实,亦非为善意。当事人知道得利短缺法律原因,或者(在侵害他人权益的返还诉讼场合,)认识到没有什么侵害他人权利的法律事由,即为不当得利法上的恶意。不当得利债务人为恶意的,不得援引得利减损抗辩;另外,如果恶意受领人将资财售出且处分收益高过资财价值的,应就处分收益负责任;对受领的金钱,应偿付利息;如果善加管理得利标的,本可得到的利润,亦应补偿。

26. *在英格兰普通法上,作为针对指向金钱的对人请求的抗辩,善意有偿购买人抗辩处境不妙,**似乎善意只是诚实问题;推定知情(constructive notice)并不构成恶意:参阅,Goff and Jones, The Law of Restitution[7], no. 42-001,并请参见 1882 年《汇票法》(Bills of Exchange Act)第 90 条。而一牵扯到衡平法上的财产权利请求,这被誉为"衡平法的珍爱(equity's darling)"的抗辩,立足点便落到了知情(考虑到被界定为有偿购买人)而不是什么善意或者恶意上面了。知情包括了实际知情、默示知情(imputed notice)和推定知情(参见 1925 年《财产法》第 205 条第(1)款第 xvii 项,知情包括了推定知情)。而作为对人请求的抗辩,知情概念是作如此宽泛的理解,或者还是限于不诚实的含义,仍有待解决:参见第Ⅶ-4:104 条,注释 8,更深入的讨论,参见,Goff and Jones loc. cit, 42-003。一些其他相关规则,没有使用善意概念的,其行文如同本草案第Ⅷ-5:101 条(意思自治以及与其他条款的关系)第(5)款,***以便将两种不同类型的责任区分开来:参见例如,1988 年《版权、设计和专利法案》(Copyright, Designs and Patents Act)第 97 条第(1)款[就"无辜(innocent)"侵害版权的被告人,不得请求损害赔偿]。****

示例 3 取材于 CA Bizkaia 1 February 2001, AC 2001 (1) no. 253 p. 391;示例 4 源于 BGH 5 July 2006, BGHZ 168, 220;示例 5 来自 TS 11 February 2003, RAJ 2003 (1) no. 1004 p. 1906。

---

* 原文为"27",当为手民之误。

** 善意购买人抗辩(bona fide purchaser),更完整的提法为不知情的有偿的善意购买人(bona fide purchaser for value without notice),用于财产法上,指称无辜当事人,其于购买之际,不知道他人对财产享有权利。

*** 第Ⅷ-5:101 条第(5)款:"本章不影响非契约责任编规则的适用。好意介入他人事务编的规则优先于本章得以适用。"

**** 第 97 条第(1)款:"在侵害版权诉讼中,如果证明,于权利遭受侵害之际,被告人并不知道并且也没有理由相信涉案作品受版权保护,原告即不得请求其损害赔偿,但无碍任何其他救济方式的适用。"

第Ⅶ-5:102条　不可移转之得利

(1)得利表现为不可移转之资财的,得利人应以偿付得利之货币价值给失利人的方式返还得利。

(2)下列情形,得利人仅于不逾任何节省的范围内负价值偿付义务:

(a)得利人未就得利表示同意的;或者

(b)得利人为善意的。

(3)依合意而得利且合意为得利设定了价格或价值的,合意若因与价格设定无甚紧要之原因而无效或者被撤销,得利人至少应偿付设定金额。

(4)前款之适用,不得使责任逾于得利之货币价值。

评　论

A. 概述

总说。

在得利表现为不可移转之资财的情形,返还得利的责任标准如何,又有哪些特别之处,由本条规制。这时,应以偿付货币价值的方式返还得利。视具体案情而定,偿付规模有下面几种可能:(i)得利之全部价值(第(1)款),(ii)因得利而节省的价值(第(2)款),或者(iii)为得利而约定的应付金额(第(3)款)。

不可移转之资财。

本条仅适用于得利非为可移转之资财的情形。是以,凡落于前条适用范围之外的案型,悉由本条收纳。[就资财的可移转性,参见第Ⅶ-5:101条(可移转之得利),评论B。]得利表现为资财的增加而资财不可移转的,受本条规制。得利依其性质不可移转的,亦受本条规制:得利表现为资财增加之外的任何其他形式。换句话说,责任的减少、服务或工作的受领,或者利用失利人的资财,即属这后种情形。

B. 基本责任:第(1)款

作为最大责任的货币价值。

得利非为可移转之资财的,基本责任形式乃是偿付得利之货币价值。这一基本责任也代表了本条下的最大责任。第一种替代性的责任标准见于第(2)款,仅在可以减轻责任的范围内适用("不逾")。同样,置于第(3)款的第三种可能的责任标准,亦仅于不逾基本责任标准的范围内适用:第(4)款书写甚为明白。是以,依本条,得利人的责任无论如何不会逾越得利之货币价值。

货币价值。

得利之货币价值,其含义见第Ⅶ－5:103 条(得利之货币价值;节省)。

C. 减轻的责任:第(2)款

减轻的责任。

第(2)款以得利人实际上节省的利益为基础,规定了较低的责任标准。若节省利益逾越得利之货币价值,不得据本款将责任调高到基本标准之上。也就是说,本款只能用来减轻责任。

责任标准:节省。

适用本条,责任即为偿付因得利所节省的价值。得利之含义,见第Ⅶ－5:103 条(得利之货币价值;节省)。

减轻责任的情形。

本款适用于得利人未就得利表示同意的情形。换句话说,得利之发生,既非应得利人所请,亦未有得利人参与。得利人虽就得利表示了同意,但实出善意的,本条亦得适用。第Ⅶ－5:101 条(可移转之得利)第(5)款就善意所作之阐释,亦适用于此处,详参该条评述五。是以,得利人没有理由知道得利短缺法律上之原因的,受本款保护。

基本原理。

本款旨在保护不可移转得利之无辜受领人。就可移转资财之无辜受领人而言,其返还得利(通常)相对简便易行,只要归还得利即可(也就是说,使失利人得拿回去);而对不可移转利益之无辜受领人而言,要归还得利,便只好偿付价值了,从实际效果看,就是被迫为已享有者支付价款。如此,偿付得利货币价值的责任即可能造成不公,因为得利也许是强加给得利人的,或者从受领利益之际的客观情势看,偿付其(全部)价值的责任是不可接受的。为充分彰显意思自治原则之消极侧面,* 遂有必要对责任加以限制:不能未经私法主体同意,强迫其从事交易。在这里,一般应将得利人的责任限制在经济状况实际上有所改善的范围内。这样,得利人就不会因为返还得利而经济状况变糟;不过是将实际增益(如果有的话)剥除而已。

示例

D 弄错了客户住址,清洗了 E 的窗子。E 未请求此项服务,而且当时外出。E 未就得利表示同意,是以,E 承担何种不当得利返还责任,受本条第(2)款规制。E 仅就所节省者负责任。所以,下面的情形,E 即有所节省并应负相当责任:(i)E 惯常雇请人工清洁窗子,这回,可以晚些再清洗了,或者(ii)E 已向其他公司预定了清洗服务,这下可以推掉了,而且不用承担什么违约责任。可是,如果 E 的窗子刚刚清洗过,或者早签过定期服务契约,服务人可不理会 D[原文误作

---

* 原句为"in order to do justice to the negative aspect of the principle of party autonomy",大概意指政治哲学中讲的消极自由理念,即免受他人干涉的自由(freedom from interference by other people)。

C]的额外服务,雷打不动地照样清洗,E即无所节省,自然无所谓责任。

D. 中间责任:第(3)款和第(4)款

第(3)款的责任标准。

原则上讲,善意受领了不可移转利益的债务人,不能要求其在节省范围之外加以偿付,可在马上要讲到的特定情形,如此来减轻责任,就过犹不及了。第(3)款为此设计了中间责任——低于偿付全部货币价值,但高于实际节省。这里的责任标准依据的是当事人合意设定的价格或价值,而债务人也是据此合意而得利的。

中间责任。

这一款给从货币价值到实际节省的责任减轻踩了刹车,将责任停泊在中间的点上。这一款仅适用于构成中间责任标准的情形。如果约定价格或价值高过得利的市场价值(代表了得利的货币价值),得利人不必偿付约定价格,而只用偿付较低的货币价值,因为货币价值构成了责任最大额。这一点在第(4)款写得清清楚楚。是以,如果得利人当初交易吃了亏,约定价款远逾得利之客观价值,第(3)款即不得适用。如果得利人的实际节省要比约定价格高,本款同样不予适用,因为得利人要负的仍然是偿付节省价值的义务。无论如何,实际节省都构成责任最低额(除非实际节省也比得利的货币价值高)。只有得利人依真实合意所设定的价格高于实际节省,又低于得利的市场价值,第(3)款方派上用场。

基本原理。

如果得利人请求对方给予利益,并愿意支付一定价格,此节便不可忽略,因为这表明得利人准备好了为得利有所付出。比方说,得利人可能是订立契约而欲有所获,谁知嗣后知晓,契约无效。显然,契约当事人约定的价格并不自动构成得利人的责任标准,因为否则的话,返还得利就等于是间接强制执行契约了——直接违背了令契约无效并致使得利不当的相关规则的意旨。但是呢,如果得利人于得利之际,是相信自己要为此有所付出的,再假设约定价格没有高过得利的实际价值,而且价格的设定也没有受到契约无效因素的影响,再迫使他为得利支出约定价格就没有什么障碍了。换句话说,在基本责任(得利之货币价值)没有高过得利人于得利之际预期责任的范围内,基本责任得以复位。

依真意设定的价格或价值。

这里为科予中间责任添加了关键限制,如果当事人对得利价值的估测非出真意,亦为意思瑕疵所苦,则不得将得利人绑缚其上。比方说,如果契约是因为受了欺诈而订立的,或者得利人欠缺行为能力,再令其依对得利的估价来承担责任即非为妥当,因为这估价正如那契约一样,也因为欺诈或者欠缺能力而遭败坏。为免此项忧虑,本款特设要件,得利的价格或价值系依真意设定:导致契约无效或者被撤销的原因,与价格设定并无牵扯,亦不会令人对此生疑。如果导致契约无效或者可撤销(并被得利人撤销)的原因,与恰当判断得利价值的能力相关，这项要件即不得满足。如果契约无效只是出于某些技术原因，于合意的内容全无干系，自然就不一样了，因为当事人的判断没有受到影响。

注　释

1. 在法国和比利时，责任范围的问题原则上被看做是事实问题；是以落入一审法官裁量范围，不受审查（例如，Cass. civ. 3 December 2002, pourvoi no. 01－11032 and CA Anvers 8 April 1987, Pas. belge 1987, II, 145）。依通说，服务非属非债清偿返还法中所谓清偿。服务的返还，受欠缺原因得利法规制（enrichissement sans cause）。似乎并没有什么精致的规则来防范强迫得利（enrichissement impose）。在法国法上，核心关注乃在"没有人得从其过错中得利"的原则中；失利人的过错被看做是得利人得保有利益的法律上之原因（Cass. civ. 23 January 1978, JCP 1980, I, 1, 19365, note Thuillier; Wernecke, Abwehr und Ausgleich aufgedrängter Bereicherungen, 279－288）。就不请自来的货物或服务，为消费者提供保护的，见于《消费者保护法》（ConsC）第 L122－3 条。

2. 原物返还不能的，偿付其价值，与第Ⅶ－5:102 条下一样，这也是西班牙法的基本规则（Carrasco Perera, ADC 1988, 5, 97）。《民法典》第 645 条、第 650 条、第 457 条、第 1185 条、第 1147 条、第 1303 条和第 1295 条，都体现了这一原则。如果受领人不能返还所受领的给付，或者受领的乃是服务，即应偿付其价值；契约无效场合的返还，亦同此立场（《民法典》第 1307 条；参见 Díez－Picazo, Fundamentos I[6], 129）。在侵害他人权益型返还诉讼（condictio por intromisión en derecho ajeno）场合，如何决定责任范围，西班牙法遭遇很大困难。照目前的多数看法（Cámara Alvarez and Díez－Picazo, Dos estudios sobre el enriquecimiento sin causa, 121; Basozabal Arrue, Enriquecimiento injustificado por intromisión en derecho ajeno, 221），应适用相应占有法（尤其是《民法典》第 451 条以下，第 353 条以下）。从那些条款，尤其是《民法典》第 455 条及其使用的"所获孳息（frutos percibidos）"概念，可以推知，就侵害权利型得利，恰当的责任标准乃是对资财加以利用的价值（Basozabal Arrue loc. cit. 263）。《民法典》第 1547 条和第 1553 条第（2）款（返还财产，并依租约无效时的约定租金赔偿使用价值），最高法院判例［TS 10 November 1966, RAJ 1966 (2) no. 4881 p. 3106（买卖契约无效，对机器的使用被视为收取孳息）］，还有各种下级法院判决（例如，CA Barcelona 26 November 2004, BDA JUR 2005/15139），都确认了这一立场。就处分他人财产，应吐退出售收益［TS 10 March 1958, RAJ 1958 (1) no. 1068 p. 686; Díez－Picazo, Fundamentos I[6], 126; Basozabal Arrue loc. cit. 296－297］；这同样可以解释为，只要得利人对某一价格表示了同意，即得看做是对利用价值的量化（Basozabal Arrue loc. cit. 296）。为了防范强迫得利（enriquecimientos impuestos），照一般看法，得遵循"资产负债表"或者"净得利"进路：Carrasco Perera loc. cit. 100; ibid., CCJC 1986, 3215, 3223；另见 TS 25 November 1985, RAJ 1985 (3) no. 5898 p. 4987（判断得利的程度，不仅要以得利人所受领者为依据，还要看原告是否确实有所失利）。就费用返还诉讼（condictio por impensas），制定法上的条款不少，对此加以系统化的努力，参见 Basozabal Arrue loc. cit. 321－322。对这些条款作整体考察，可以推导出来，恶意在他人财产上支出费用的，原则上不得依不当得利法请求补偿；持此立场的判例，参见 TS 3 March 2003, RAJ 2003 (2) no. 2536 p. 4695（恶意强加的利益，返还请求被断然驳回）；TS 29 October 2007, BDA RJ 2007/8641; CA Guadalajara 21 February 2007, BDA JUR 2007/132619。最后，当事人约定了价

格的，要确定得利价值，西班牙法院似乎与本条第(3)款立场相同[参见例如，CA Ciudad Real 30 March 2004, BDA JUR 2004/128779(租赁)；CA Barcelona 18 January 2007, BDA JUR 2007/177992；CA Barcelona 26 November 2004 loc. cit]。就不能原物返还的得利来讲，约定价格被看做得利价值有用的指示器(另见，TS 6 June 1951, RAJ 1951 no. 1877 p. 1281)。

3. 在意大利，作为给付(facere prestations)*的返还，是适用非债清偿法，还是不当得利法，素有争议；最近的判例法采后一立场(Cass. 13 November 1991, no. 12093, Giust. civ. Mass. 1991, fasc. 11；Cass. 10 June 1992, no. 7112, Giust. civ. Mass. 1992, fasc. 6；Cass. 19 August 1992, no. 9675, Foro it. 1993, I, 428；CFI Milan 3 July 1997, Riv. giur. circ. trasp. 1998, 519)。判断返还责任的大小，一般都会参照当事人约定的价格，没有约定的，则看给付的市场价值。就雇佣契约，《民法典》第2126条明确规定，无效事由仅在例外情形溯及发生效力；是以，责任额度以约定薪酬为准。就无效租赁的拆卷(本案适用的是非债清偿返还法)，博洛尼亚地方法院认为，应偿付约定租金，而不是土地出租人的净利润(CFI Bologna 1 December 1964, Giur. it. 1965, I, 2, 826)。不过，依最高法院之见，偿还不动产的租金将使承租人不当得利，是以，在这种场合，应视契约无效仅面向将来发生效力(Cass. 3 May 1991, no. 4849, Giur. it. 1991, I, 1, 1314)。米兰地方法院则于无效运输契约的拆卷案件中适用了不当得利法，认为就所提供的给付无所谓返还问题，因为没有失利(CFI Milan 3 July 1997, loc. cit)。有关强迫得利的制定法条款尤其见于《民法典》第936条、第937条，就在他人土地上种植或者建筑，详加规制；至于对强迫得利问题一般性的详细论述，似未曾见。

4. 依《葡萄牙民法典》第479条第(1)款，牺牲失利人所获得的一切，皆应返还。当然包括了对服务价值和资财利用的责任；在这里，并不区分给付型得利与侵害他人权利型得利(Menezes Leitão, Enriquecimento sem causa[2], 811)。葡萄牙法也承认，在费用偿还型返还诉讼中，不能令得利人就强迫得利负责(Menezes Leitão loc. cit)。在《民法典》里，强迫得利(enriquecimento forçado)主要是交给无因管理法和所有人—占有人关系法来处理的，偶尔见于契约法(Gomes, Conceito de enriquecimento, 316, 322；Menezes Leitão loc. cit. 810)。试举一例，依《民法典》第1214条，建筑承包商没有按工程定作人的指示施工，或者未受指示而施工，工程视为有瑕疵；工程定作人(例如，地产开发商)得接受工作物，而且没有义务支付更高的价格或者为得利而作出补偿(《民法典》第1214条第(2)款，还有第(3)款的特别规则)。在他人土地上种植或者建筑则不一样(《民法典》第1333~1343条)，只要[土地]所有人不要求拆除建筑，就要为得利作出补偿，哪怕原告是恶意的(批评意见，Gomes loc. cit. 337)。加工他人资财，而不经损毁或破坏资财，加工部分即无法除去的，亦同样处理(第1273条)，这多少有一些强迫得利的味道(Menezes Leitão loc. cit. 811)。他人未经本人授权，管理本人事务，又与本人利益或意思相悖的，本人亦负不当得利责任(《民法典》第468条第(2)款)。而在高等法院的最近判例中(STJ 22 January 2008, Processo 07A4154)，就有益改良的补偿请求为法院驳回，理由是，因为这些改良措施，所涉不动产以后出租更困难了，而不是更容易了(更请参见 STJ 3 April 1984, BolMinJus 336 [1984] 420；CA Lisbon 30 January 1992, CJ XVII [1992-1] 150)。似乎未见有判决径直夯筑于强迫得利概念之上的。

5. 如果因为所受领者的性质使然，或者因为受领人方面的其他什么原因，原物返还不能的，依《德国民法典》第818条第(2)款，应偿付其价值。这里应偿付的是客观市场价值[详参MünchKomm (-Lieb), BGB[4], § 818, no. 44]，也就是给付基于其实际属性，对任何人来讲的

---

* facere〈拉〉干；做；行动；引起。

价值(BGH 24 November 1981, BGHZ 82, 299, 307)。或者说是第三人在自由市场上愿意支付的价额(BGH 5 July 2006, NJW 2006, 2847, 2852)。作为资产移转基础的(无效)契约,可以作为确定价额的指引。而要确定服务的价值,依据的是通常的或者合理的报酬,不管怎样不得超过约定报酬[Palandt (－Sprau), BGB[67], § 818, nos. 18, 21]。至于强迫得利(aufgedrängte Bereicherung)的问题,主要(但不是排他地)出现在未经他人批准甚至违背他人明示意思而改良他人财产的情形。在这里,若科得利人以补偿义务,从经济效果上看,无异于违背得利人的意思而"订立契约",或者迫使得利人变现资财来清偿债务(Lieb loc. cit. § 812, no. 307)。学者为此出谋献策,不胜枚举(概览,参见 Lieb loc. cit. nos. 311 et seq.)。总的思路倾向于,将第818条第(2)款的价值概念作主观理解,考察债务人是否实际上享受了客观的价值增长,从而以自己的方式,为自己的目的而实现了价值,依此来确定责任。在他人土地上从事建筑的,如果土地所有人要求除去装配在一起的建筑材料,即不负不当得利责任(BGH 21 December 1956, BGHZ 23, 61, 65;BGH 8 December 1971, WM 1972, 389, 391;BGH 12 April 1961, LM § 951 BGB no. 14)。在他人财产上支出了费用而请求返还的,被告人得提起损害赔偿的反请求,表现为请求除去工作物(《民法典》第823、249条),或者(准)物权请求权,要求排除妨害(第1004条)(BGH 17 September 1954, LM § 1004 BGB no. 14;BGH 17 February 1965, NJW 1965, 816;BGH 27 April 1966, WM 1966, 765, 766)。

6.《匈牙利民法典》第363条第(2)款明确,得利不能原物返还的,偿付其价值。法典里头并没有防止强迫得利的一般规则;这个问题到现在好像也没有系统地梳理过。不过,在不少个案判决中,强迫得利的观念倒是浮现而出,尤其是在违背契约条款而过多给付的场合(例如,BH 1997/483,BH 1994/338,以及,BH 1975/465,涉及承租人的投资)。在一起案件中,建筑承包商未经定作人指示而提供了额外工作,但得到默许,不当得利请求为法院照准(BH 1982/58;类似案件,BH 2002/29);如果定作人对额外工作表示反对,自然不得请求不当得利返还(BH 1983/291)。要确定服务的价值,当然得参考当事人约定的价格,除非当事人就契约草稿中写明的价格有争议,而且正因为如此,契约终未订立(BH 1982/300)。《斯洛文尼亚债法典》第191条涉及强迫得利,明知不负债务而给付,要请求返还,除非提出给付之际保留了请求返还的权利。不过,如果债务人之所以提出第二次给付,只是因为丢失了第一次给付的证据的,仍得请求返还[Juhart and Plavšak (－Polajnar Pavčnik), Obligacijski zakonik II, art. 191, 50]。

7.依《荷兰民法典》第6:210条第(2)款,"其他类型"给付(作为、不作为、提供资财供利用)的返还,主要就是价值赔偿。价值赔偿应该合理,并且仅在下面三种情形,方负此种义务:(i)受领人因给付而得利;(ii)受领人对提出给付一事负有责任;(iii)受领人已经表示要提出对待给付。这些规则的目的是要防止将价值赔偿请求权强加到受领人身上(Parlementaire Geschiedenis VI, 816)。受领人承诺了对待给付的,第6:210条第(2)款力图与契约解除法的步调保持一致,依后者,就所提供的服务,总是可以请求价值赔偿的(《民法典》第6:272条)。不过,如果判令返还就意味着债务人不得不实施侵权行为来实现返还效果,返还救济被排除(第6:211条)。* 买受人因为出卖人的瑕疵给付而解除契约的,就其间对资财的利用,应依第6:212条负价值赔偿的义务

---

* 《荷兰民法典》第6:211条[依无效契约所为给付之拆卷]第(1)款:"依无效契约所为给付,依其性质不能返还,亦不合适由法院评估其价值的,若与公平合理原则相悖,不得诉请返还或者偿付其价值。"(http://www.dutchcivillaw.com/civilcodebook066.htm,2013年1月1日访问)。

［Parlementaire Geschiedenis VI，136；Asser（－Hartkamp），Verbintenissenrecht III[12]，no. 320 p. 338；Scheltema，Onverschuldigde betaling，203－207］。

8. 构成得利的资财，因其性质不能返还的（服务、对财产的利用、侵占建筑材料等），依爱沙尼亚法，应偿付其价值；以提起返还请求时的价值为准。除非当事人约定了其他形式，否则应以金钱形式补偿（《债法典》第89条）。没有法律基础而在他人财产上支出了费用的，如果这种活动不可能取得财产所有人的同意或者原告的行为是不得准许的，不得请求补偿（《债法典》第1042条第（2）款第3项、第4项）。* 如果没有法律原因，当事人约定的服务价格原则上没有拘束力，不过可以用作客观价值的指标。

9. 在斯堪的纳维亚国家，对利用他人财产的赔偿是以价值为基础的，所以责任形式表现为支付合理的赔偿金（瑞典：Agell，Skadeståndsansvaret vid obehöriga förfoganden över annans egendom，197；HD 2 July 2007，NJA 2007，519；丹麦：Vinding Kruse，Erstatningsretten[5]，278；Ussing，Erstatningsret，174；芬兰：Roos，JFT 1992，75，84）。这里不会考虑被告人是善意还是恶意；被告没有权利，这是决定性的（Karlgren，Obehörig vinst och värdeersättning，110）。不过，就因此得到的孳息，一般来讲，只有被告人是恶意或者有过错的，才负责任（Hellner，Obehörig vinst，296；Karlgren loc. cit. 110；Ussing loc. cit. 87；Roos loc. cit. 86）。这种情形下的责任基础，得见于侵权法的一般过错原则或者土地法中的个别条款［例如，《瑞典土地法典》（Swedish Land Code）第5条第（1）款；Danske Lov 5－5－4，参见 Illum and Carstensen，Dansk tingsret[3]，508］。为他人提供了服务，没有契约基础，又不构成无因管理的，只在极其例外的情形，方可能请求赔偿（Hellner loc. cit. 310，361；Håstad，Tjänster utan uppdrag，56）。服务契约的拆卷，原则上不具有溯及既往的效力［Hellner/Hager/Persson，Speciell avtalsrätt II（2）[4]，56；Karlgren loc. cit. 91；Jørgensen，Kontraktsret II，128］。非债清偿返还之诉，也就是错误地向他人给付，一般出现的情形为，得利人并没有采取任何行动去获取利益：从得利人的角度看，得利是偶然性的。不过，一些瑞典判例表明，如果受领人的债务人命令或者以其他方式引导他人移转金钱性资财给受领人，受领人应该得到保护：资财的移转消灭了债务，所以受领人没有得利（HD 30 March 1994，NJA 1994，177；HD 17 September 1999，NJA 1999，575；HD 30 December 1999，NJA 1999，793）。不过，斯堪的纳维亚国家并不承认"节省"概念（Karlgren loc. cit. 37）。所以，对不当得利责任，没有［节省］这样的责任限制，哪怕当事人虽说是善意地已经利用了资财（Agell loc. cit. 206）。不当得利之债的当事人约定了价格的，得据之确定以价值为基础的"合理赔偿"（HD 2 July 2007，NJA 2007，519；Vinding Kruse loc. cit. 278）。

10. 依英国法，未经允许利用了他人财产的，按长久以来的惯行做法，有权占有人得请求偿付利用的合理价值：Hambly v. Trott（1776）1 Cowp 371，98 ER 1136。受领人享用了实物利益的，得抗辩说，依其价值观念，其并未得利，而不论市场如何评价（主观贬值）：参见第Ⅶ－4：101条，注释19。主观贬值抗辩不仅适用于强迫得利，被告人因为其他原因不能拒绝利益的，亦得适用，比方说，当事人付不起市面租金，获得公共住房（local authority accommodation）之前，在补贴房（'subsidised' accommodation）住过了期：Ministry of Defence v. Ashman（1993）66 P & CR 195，201（Hoffmann LJ）。而如果被告人受领的乃是必需品，那就无可争辩地被视为有所得利，因为在这里，并没有什么被告人的自由选择利益要保护：参见 Birks，English Private Law I，15.42。就

* 原文为"LOA § 1042（2）and（3）"，当有误，参见附录。

不可移转的利益，英国法律体制中有一处明显漏洞，涉及未成年人的返还责任，虽经制定法改革亦未弥缝。1987 年《未成年人契约法》（Minors' Contracts Act）第 3 条第（1）款就财产返还作了规定（把对服务的赔偿留给了普通法，比方说，如果服务构成"必要"利益，责任生焉），但至少从文义看，如果财产或任何所得之替代物已遭处分，如何处理，未曾明言。*

第Ⅶ－5:103 条　得利之货币价值；节省

（1）得利之货币价值意指，具有达成合意真实意图的提供人和受领人，就得利价格，当会合法约定的货币金额。服务提供人的花费，受领人依合意应予补偿的，视为价格的组成部分。

（2）节省意指，若得利人未曾得利，将承受之资财减少或者责任增加。

评　论

总说。

本条意在界定本卷下得利之货币价值及节省概念。得利不能移转或者不再能够移转，从而只得以金钱赔偿来返还的，即以这两个概念来确定得利人的责任标准。不管在何种情况下，勘定需要估价的得利都至关重要。

示例 1

D 应 E 之请，为其扩建房屋。扩建增加了 E 的地产价值，但扩建成本高过了土地增值。如果 D 提供的服务构成了 E 的不当得利，E 应偿付所受领服务的价值，尽管这低于土地增加物的价值。** E 因受领服务而得利；土地增加物不过是 D 提供服务的结果，是以，虽然其价值较低，***但不能用来限制 E 的责任。

估价的时间点。

对认定得利价值至关重要的时间点，乃在第Ⅶ－1:101 条（基本规则）的要件得以满足之际。这时，返还得利责任发生，从而有必要确定责任数额（就必须以金钱估价的情形来讲）。原则上，这应是（不当）得利受领的时刻，即便短缺法律上之原因可能还得稍迟些才看得清楚。比方说，为了履行后来被撤销的契约而提供了服务（不可移转之

* 第 3 条［返还］(1)若(a)某人（原告）于本法施行之后与他人（被告）订立契约，且(b)因原告于契约订立之际未成年，契约对被告不具执行力（或遭被告否认），为正义与公平计，法院得令被告将其依契约获得的任何财产（或者代表该财产的财产）移转给原告。

(2)本条之适用，不得害及原告可得之任何其他救济方式。

** 这里的"低于"（less than）似应为"高于"（more than），否则读不通。

*** 这里的"其"（its）当指"土地增加物"（addition to land）。此例用来说明，正确勘定得利的重要性。

得利),评估得利价值的时间点就应该是履行之际,而不是后来契约债务被撤销的时候:撤销的法律效果溯及既往,所以得利被视为自授予之际即短缺法律上之原因[参见第Ⅶ-2:101 条(得利无法律上之原因的情形)第(2)款]。

货币价值。

设某销售契约,系秉正心诚意而订立,当事人就标的,当会*合意达成之价格,即为所勘定得利之客观价值,也即第(1)款货币价值定义之基准点。若所涉资财或者服务有其市场,自有合适机制来确定其市场价值,诸如参考价目表或者类似数据,或者交由专家评估。相较失利人与得利人实际约定的价格,货币价值可能高一些,也可能会低一些,因为当事人的议价能力、谈判技巧、一方当事人的特别需要及其他特殊因素,都难免影响实际约定价格。

示例 2

依合意,D 为 E 承担房屋维修工作,但因 D 缺乏相应职业资质,契约无效。当初约定价格,是假设 D 拥有相应资质的。D 当然应偿还受领的价格,但 E 既受领了利益,亦应偿付其价值,D 得主张抵消。评估维修服务的价值,要考虑到 D 缺乏资质的事实,还有工作达不到要求标准的事实;还要充分考虑所完成工作中的瑕疵。

强调:服务的综合价格。

有时,服务提供人完成工作需要承担一定花销,约定由顾客来负担成本,比如要没入建筑物的建筑材料;此际如何评定服务价格,第(1)款第 2 句就此加以澄清。这时,服务的货币价值等于顾客所要付的全部,倒不必考虑其可分为以下名目:(i)所提供服务的报酬;(ii)材料费用,规费或类似项目。就不当得利法来讲,重要的是获取服务的总成本,而不是把这个总成本分摊到服务提供人经济产出各别侧面的具体途径。比方说,银行依指令转账,银行服务的价值即为规费加转账金额,因为转账金额将从发出指令顾客的资金中收回。

节省。

如第(2)款所界定的,正是因为得利,得利人的资产方免减少,这方免减少的数额即为节省。只要(a)得利人受领了服务或者利用了他人资财,(b)若非此得利,得利人也会谋求同样性质的利益,而且(c)为谋求这样的利益,得利人不得不付出金钱或者承担债务,即有节省。如果对得利人来说,所得不过倘来之物,即无所谓节省。既为节省,也就预示着所得利益(至少部分)充当着替代作用,而被替代的利益是得利人在任何情况下都会获取到的。

---

* "当会"(would be),乃是虚拟的,并非涉案契约的实际约定价格。第一款以"当会"(would have)措辞揭明此点。

注　释

1. 法国法将不当得利救济的额度视为事实问题，委由司法裁量（例如，Cass. civ. 3 December 2002, pourvoi no. 01-11032），而在西班牙法上，得利标的不能原物返还的，依其客观市场价值予以赔偿（Díez-Picazo, Fundamentos I[6], 129）。是以，法院惯常仰仗专家评估，例如，TS 5 May 1964, RAJ 1964 (1) no. 2208 p. 1380［被告非法处分煤炭，所处分煤炭的价值并不是第一次销售时的价格（当时还由国家定价，故价格较低）］；CA Jaén 23 November 2007, BDA JUR 2008/93208（以橄榄树替代果树，工作价值）；CA Málaga 25 July 2002, BDA JUR 2002/279327（未经授权使用他人写字楼长达 15 年，使用价值）。就得利的定价，并没有专门的规则，倒也时常参考理性当事人当会约定的价格（参见第Ⅶ-4:101 条，注释 21）；是以，西班牙的法律立场与第Ⅶ-5:103 条本质上一样。这里需要假定的重构（reconstrucción hipotética），即权利持有人与侵害权利人很可能会达成合意的价格［Portellano Díez, La defensa del derecho de patente, 169-172；Fernández-Nóvoa, El enriquecimiento injustificado en el Derecho industrial, 52；CA Barcelona 24 February 2005, BDA AC 2005/1094；CA Barcelona 16 February 2004, BDA AC 2004/892；CA Alicante 18 July 2007, BDA JUR 2007/336503；CA Alicante 9 January 2007, BDA AC 2007/1398（原告有权得到的救济，并不是通常的许可使用费，而是就权利的使用，原告很典型地会索取的费用）］。费用的节省（ahorro de gastos）多被解释为间接得利（enriquecimiento indirecto）。其表现为得利人资产免于减少；若非此种得利，得利人不得不承担相应成本的，节省应予返还［Díez-Picazo loc. cit. 120；TS 13 February 2002, RAJ 2002 (2), no. 3195 p. 5580；CA Madrid 5 February 2008, BDA JUR 2008/113690；CA Málaga 16 November 2004, BDA JUR 2005/147829；CA Alicante 13 October 2004, BDA JUR 2005/23856；CA Málaga 4 November 2002, BDA JUR 2003/71196］。判例法极大扩张了西班牙不当得利法的适用领域，因为借此，* 已经适用于侵害他人权利的得利了（Álvarez-Caperochipi, El enriquecimiento sin causa[3], 177-178）。

2. 意大利法也承认，得利得表现为资产的增加或者费用的节省（D'Onofrio, Dell'arricchimento senza causa[2], 584-586；Barbiera, L'ingiustificato arricchimento, 284；Breccia, L'arricchimento senza causa I[2], 999-1001），从而避免了资产的损失（Gallo, Arricchimento senza causa e quasi contratti, 30-31）。损害（danno）概念相应地理解为包括了实际损失和丧失的利润（Breccia loc. cit. 1005-1006）。特定资财不能返还的，依《民法典》第 2037 条和第 2038 条，应以金钱赔偿替代。替代赔偿意指偿付资财的客观市场价值；如果资财已遭处分，则应返还受领的对待给付（第 2038 条第（1）款）。就没有法律基础所提供的服务来说，判例法通常以当事人约定的价格作为赔偿的参考标准（例如，Cass. 3 May 1991, no. 4849, Giur. it. 1991, I, 1, 1314）。如果有什么收费表（像自由职业），一般视之为"客观市场价值"的反映（Cass. sez. un. 10 February 1996, no. 1025, Foro it. 1996, I, 1245）。

3. 就葡萄牙，参见第Ⅶ-3:101 条（得利）和第Ⅶ-3:102 条（不利）注释部分。同样承认，得

---

* 应指前述有关节省等的判例。

利得表现为费用的节省(poupança de despesas)(STJ 21 September 2006, Processo 06B2035; Antunes Varela, Obrigações em geral I[10], 511)。试看高等法院判例,承包人就其建造的工程,未实施结尾所必要的精修工作,致成果有瑕疵。不当得利返还请求为法院照准,不因其相对于契约法的辅助性质而遭斥落(STJ 18 May 2006, Processo 06A1157)。

4. 在德国法上,原物返还不能的,就其定价事宜,参见前条注释5。未经授权消耗或者利用他人财产和权利,还有无法律上之原因而提供服务,在这些场合,节省的费用是否构成返还诉讼的标的,又或者,《民法典》第812条第(1)款意义上的"所获得者"表现为无体利益本身?这些问题,争而未决。依后说,节省的费用概念最终就只在抗辩事由的领域才有关系了(得利减损:《民法典》第818条第(3)款)[详参 Staudinger(-S. Lorenz), BGB [2007], § 812, no. 72]。最初受领的资财不能返还或者不再能返还的,如果因为利用这些资财,受领人节省了必要的费用,得利依然存在(《民法典》第818条第(3)款;BGH 17 January 2003, NJW 2003, 3271)。不过,若是将受领的资财变了现,去购买奢侈品、改善生活水平或者用在其他少见名目上头,或得主张得利减损[Palandt(-Sprau), BGB[67], § 818, no. 34]。

5. 原物返还不能的,偿付其价值,在匈牙利不当得利法(包括了无效契约拆卷的内容)里头,这条一般原则写在《民法典》第363条第(2)款。判例法以客观市场价值作为判断的基准;而且通常仰仗专家评估(例如,BH 1987/452)。就赔偿额度的确定,未经授权利用他人土地的,参见BH 2001/168;利用公交站点广告牌的,参见 Csongrád Megyei Bíróság 1. Gf. 40 177/2002/3。在BH 2005/143案中,被告为打广告,不法使用了原告造型独特的房屋的照片,法院判令赔偿节省的许可使用费;在BH 1998/39案中,法院依据专家对原告研究成果市场价值的评估,确定赔偿数额,但就成本与工作,不予赔偿。失利人的服务未能节省被告人费用的,则无所谓得利(BH 1997/400, BH 1983/291)。所以讲,节省的费用乃是得利勘定工作的必要内容,而不是在判定得利减损程度时首先加以考虑的问题。就斯洛文尼亚的情况,齐戈伊的债法教科书(Cigoj, Teorija obligacij, 260)论及对节省费用的赔偿义务,举的例子是,如果受领人不得不租用构成得利原始标的的资财,或者如果打算消费而不得不购买,将花费多少。

6.《荷兰民法典》第6:210条(非债清偿)提及三种应予价值赔偿的情形(参见前条注释7),[就价值的评估,]给付的受领时间乃是决定性的;不过,价值赔偿责任应限于"合理的"范围内。给付的价值,原则上依不当得利法的规则来判断。就依无效契约所为的给付来讲,一般以约定价格为责任标准;在其他情形,则为给付在经济活动中通常具有的价值,也即"客观"市场价值。在适用"合理性"条款的场合,对受领人来说(可能较低)的"主观"效用于恰当案件中也会给纳入考量——合理性条款不仅关涉基本权利请求,亦及于额度大小。就不当得利法来讲,《民法典》第6:212第(2)款写明,因得利人风险控制范围之外的情势致得利价值减少的,就减少部分,不予考虑。判断不当得利权利请求的额度,一般来讲,决定性的时间点乃是得利发生之际;不过,如果满足了第6:212第(2)款的要件,嗣后的价值减少亦应予以考虑[就以上内容,详参 Asser(-Hartkamp), Verbintenissenrecht III[12], nos. 343-344, pp. 357-358, nos. 359-363, pp. 383-385; Scheltema, Onverschuldigde betaling, 203-207; Nieuwenhuis/Stolker/Valk(-Hijma), T&C Burgerlijk Wetboek[6], art. 6:212, nos. 4-6, pp. 2456-2457]。

7. 依《爱沙尼亚债法典》第1032条第(2)款,不可移转得利的货币价值乃是请求权成立时的通常价值——是受领之时,而非撤销之时,亦非提起请求之时。就侵害他人权利的得利,得利价值是因侵害所得之物于侵害之际的通常价值(《债法典》第1037条)。《民法典总则》第65条写明,资财之通常价值即视为其价值,除非法律或者契约别有规定。通常价值意指平均的本地销售价格(市场价值)。无法律基础为他人资财支出费用的,于资财所有人得利范围内,得请求赔偿,尤其要考虑此种费用于所有人是否有益以及所有人就资财所持之计划。判断得利程度,以返还之际或者所有人得以任何其他方式利用增值之际为时间点(《债法典》第 1042 条第(1)款)。在最高法院一件判例中(5 December 2007, civil matter no. 3 -2 -1 -107 -07),原告于他人土地上建造,法院认为,工程在被告的规划之内,被告的得利不仅在于土地增值,还包括用于工程的建筑材料的价值。

8. 英格兰法的进路与本条根本上一致。就建筑工程价值的评估,最近几件一审判决论述甚详:Lachhani v. Destination Canada (UK) Ltd. (1997) 13 Const LJ 279 (Reese QC);ERDC Group Ltd. v. Brunel University [2006] EWHC 687 (TCC), [2006] Build LR 255 (Humphrey Lloyd QC)。就服务合理价格的判断,并没有什么硬性规则,但得以市场价值或者当事人的合意为基础,以各种费率或者价格表为参考,来确定服务的客观价值;应他人之请所完成工作的"公平价值",包括了高出实际成本之上的合理或通常的利润率,如果工程拖沓或有瑕疵,得予以必要调整。如果原告提起侵害诉讼(trespass),* 要求被告就其利用了原告不动产负责任,应赔偿利用的公平价值,不必证明原告自己本来会利用该不动产或者会将该不动产出租给他人,这里的公平价值一般即为不动产的出租价值:Swordheath Properties v. Tabet [1979] 1 WLR 285, 288 (Megaw LJ)。不过,市面租金也不是永恒的基准;如果所涉不动产一般不会拿到公开市场去出租,而且侵害人所以占着那不动产,只是因为无处可去,则得以涉案被告另觅替代住所(alternative accommodation)的成本为据,来认定被告利用原告不动产的价值:Ministry of Defence v. Ashman (1993) 66 P &CR 195, 199 (Kennedy LJ)。在前句所引案例中,被告支付了优惠的使用费,大约为市面租金的 1/5;这件判例也可以用来支持下面的观点,即如果通过支付使用费,被告已经接受了得利的价值,至少必须在此范围内负责:loc. cit. 201 [霍夫曼法官(Hoffmann J):如果已经付了市面租金,被告不得再主张,实际价值要比市面租金低]。被告本来应该支付公共住房的成本,这样责任就减轻到了实际节省的范围。不过法院指出,如果原告能够证明,这不动产本来可以重新出租的,得据侵权法请求赔偿市面租金:loc. cit., 202。

示例 1 取材于 Estonian Supreme Court 5 December 2007, civil matter no. 3 -2 -1 - 107 -07;示例 2 来自 Belgian Cass. 11 September 2008, no. C. 06. 0666. F。

第Ⅶ-5:104 条　得利的孳息和利用

(1)得利返还及于得利的孳息和利用,因获取了孳息或利用而节省者价值较低的,返还所节省者。

(2)得利人恶意获取孳息或利用的,即便所节省者较孳息或利用的价值为低,亦应返还孳息和利用。

---

* 侵害、侵犯、侵入:在现代法中,trespass 有三类:侵害他人财物(trespass to goods 或 trespass de bonis asportatis)、侵犯他人人身(trespass to the person)以及侵入他人土地(trespass to land 或 trespass quare clausum fregit)。元照,第 1356 页。

评 论

总说。

本条所设定者乃系附随义务,将返还原始得利的主义务延伸及于因保有或利用原始得利所生之利,从而扩大了第Ⅶ-5:101 条(可移转之得利)(涉及孳息,可以移转)和第Ⅶ-5:102 条(不可移转之得利)(涉及原始得利的利用,不可移转)下的基本责任。与规制原始得利替代物的条款不同,这里的责任乃是(i)附加性质的,而非返还原始得利责任的替代;(ii)自动适用的,而非取决于原告的选择权。

责任标准。

对孳息和利用的责任,标准一样。得利人于受领利益之际为恶意的,应交出孳息,或者偿付利用的货币价值。若得利人于受领利益之际为善意的,责任仅限于任何节省。节省的概念,参见第Ⅶ-5:103 条(得利之货币价值;节省)第(2)款。

恶意。

第Ⅶ-5:101 条(可移转之得利)第(5)款对善意概念的界定亦适用于此处。当事人于获取孳息或利用之际非为善意的,于其时即为恶意。对善意受领与恶意受领加以区别处理,其正当性在于,得利人既然知道或者应该知道不当得利应予返还,也必能领会,就任何间接利益,其亦无权主张,故理所当然应就这些稍远的利益负担责任。反之,得利人系善意获取这些间接利益的,不能意识到也没有理由要求他意识到这些利益应予返还,自然无可指摘。这种对善意得利人的厚待与境况变更抗辩[第Ⅶ-6:101 条(得利减损)]中所引入的类似区别处理适为同调。

孳息。

因保有原始得利所生之利为孳息,既得为自然孳息(如牲畜所产幼崽),亦得为法定孳息(股息、利息、租金收入)。返还孳息的责任受第Ⅶ-5:101 条(可移转之得利)规制,是以,孳息不再可移转的,可能要偿付其货币价值或者交付替代物,与原始得利一样处理。

利用。

资财返还之前经过了一段时间占有或者其他利用的,就利用资财本身,应负附随性质的偿付义务。此种偿付义务针对的是资财的损耗。对得利的利用,本身表现为利用的得利,这两者必须严加判分。比方说,资财售出之后,销售契约被撤销,但依可得适用之财产法,所有权并未重归让与人,即与本条相关。这时的核心责任就是将资财重新移转给让与人。另外,在这两次让与期间,受让人利用了资财,依本条,亦应就此负责。与之相较,如果是通过出租他人财产而得利,即仅依第Ⅶ-5:102 条(不可移转之得利)负责,因为对财产的利用即为得利本身,本条不得适用。

注 释

1. 依法国、比利时和卢森堡《民法典》第 1378 条,非债清偿的恶意受领人对本金及自受领之日起的孳息或利息,负返还义务。而善意受领人,依法国法,仅就权利主张之日起的利息负返还义务。这结论是从《民法典》第 1153 条结合第 1378 条推导出来的(Cass. com. 16 December 1980 [second judgment on this day], D. 1981, 380, note Berr;Cass. civ. 12 February 1985, Bull. civ. 1985, III, no. 30)。受领人起初为善意,而后方为恶意的,仅就恶意阶段的利息负返还义务(Cass. civ. 22 March 2005, Bull. civ. 2005, I, no. 152)。前面的立场亦适用于公权机关;非债清偿返还之诉并不固步自封于私法域内(Cass. com. 16 December 1980 [first judgment], D. 1981, 380, note Berr)。违背欧共体法征收了税费的,政府被视为恶意(Cass. civ. 11 December 1985, Bull. civ. 1985, I, no. 347)。在比利时,《民法典》第 1378 条被解释为,善意受领人就利息不负任何责任(Cass. 18 October 1979, Bull. Ass. 1980, 133;Cass. 10 November 2004, JT 1995, 262),而卢森堡判例法则遵循法国进路(Cour 23 May 2001, Pas. luxemb. 32 [2002] 139)。

2.《西班牙民法典》第 1303 条,依无效契约受领了资财的,不仅对资财,还包括孳息(或利息),俱应负返还义务。就取消(rescisión),第 1295 条第(1)款措辞极为相似。这两条都没有对善意被告人和恶意被告人加以区分。这与所有人—占有人关系法(《民法典》第 541 条第(1)款,第 455 条)和给付返还法(第 1896 条第(1)款)大异其趣。后者要求恶意受领人交还孳息,对因为违反义务而没有收取的孳息,还要负赔偿责任。照一般的理解,这就隐含地指出,依不当得利法负有责任的善意当事人,得保有所获取的孳息。而与所有人—占有人关系法中的条款不同(第 433 条),受领人因过失而未能辨识其缺乏占有权利的,构成给付返还法里讲的恶意:* 参见第Ⅶ-5:101 条,注释 19。目前达成了共识的是,不同返还规整之间的差异,应予消除,不过如何实现这一目标,仍是见仁见智(难能可贵的概述,参见,Berg, Die Rückabwicklung gescheiterter Verträge im spanischen und deutschen Recht, 175)。多有论者提出,将所有人—占有人关系法类推适用于第 1303 条和第 1295 条第(1)款的场合[TS 14 June 1976, RAJ 1976 (1) no. 2752 p. 2042;TS 28 November 1998, RAJ 1998 (5) no. 9698 p. 14178]。不过,可能应被视为通说的乃是正相对立的进路——依严格责任性质的无效契约拆卷法,所获孳息应予返还,不考虑善意或者恶意(Carrasco Perera, ADC 1987, 1055, 1118-1120;Basozabal Arrue, Enriquecimiento injustificado por intromission en derecho ajeno, 214-221;TS 6 July 2005, BDA RJ 2005/9532;TS 23 June 2008, BDA RJ 2008/4266;TS 27 June 2008, BDA RJ 2008/3312)。这个难题只好交给立法机关解决了。

3. 依《意大利民法典》第 2033 条,恶意受领非债给付的,对自受领之日起的利益和孳息,负返还义务;而善意受领人仅就自诉讼提起之日起的孳息负返还义务。第 1148 条第(2)款,自诉讼提起,占有人因未尽勤谨注意义务而没有收取的孳息,对之仍负返还义务,与第 2033 条得并辔适用(Cass. 7 April 1982, no. 2138, Giur. it. 1983, I, 1, 976, note Moscati;Cass. 1 August 1992, no.

---

* 《西班牙民法典》第 433 条:"(1)当事人不知道可致其权利或者取得方式无效的瑕疵的,被视为善意占有人。(2)反之,被视为恶意占有人。"

所有人—占有人关系法里的恶意限于实际知道,不当得利法中的恶意还包括了因过失而不知。

9167, Giur. it. 1993, I, 1, 1268)。反过来,给付人则应依占有法对受领人就费用和改良负担责任(《民法典》第2040条,和第1149、1150、1151、1152条)。恶意受领人并应就因通货膨胀导致的贬值负赔偿责任(Cass. 13 June 1991, no. 6702, Rep. Giur. it. 1991, voce Indebito no. 4;Cass. 15 May 1991, no. 5421, Rep. Giur. it. 1991, voce Previdenza sociale no. 270)。

4. 葡萄牙法同样区分自然孳息和法定孳息:参见《民法典》第212条第(2)款。物之孳息意指,无损物之实质而有规律产出的一切(第212条第(1)款)。善意占有人,对凡于其不再为善意之前产生的所有孳息,皆得主张权利(《民法典》第1270条第(1)款)。第1270条构成了得保有孳息的法律原因,故不依不当得利法负返还孳息的义务(Pereira Coelho, O enriquecimento e o dano, 82-83)。第1270条既为不当得利法一般原则(《民法典》第473条)的例外,因为这一例外规定的地位(第11条*),遂不得类推适用于侵害权利型得利(Pereira Coelho loc. cit)。诚然,就后者来讲,对享用孳息和利用资财的赔偿,才是诉讼请求的核心内容(STJ 24 February 2005, Processo 04B4601)。恶意占有人**不仅就全部享用的孳息负交还或者赔偿义务;而且就因其懈怠而未能收取的孳息,亦负责任(第1271条)。我们在不当得利法中,看到了这一财产法规整的垂饰(pendant):《民法典》第480条。同样地,依该条,不当得利诉讼的恶意被告人对所有获取的孳息,还有因其懈怠而没有收取的孳息,负返还义务,另外,还要依法定利率支付金钱利息(STJ 2 May 1985, BolMinJus 347 [1985] 370;STJ 22 April 1999, CJ [ST] VII [1999-2] 58)。

5.《德国民法典》第818条第(1)款将不当得利债务人的义务扩展及于就获取的利用负返还义务,也就是自然孳息或者法定孳息以及因利用资财带来的其他利益(《民法典》第100条,第99条)。*** 交付义务限于实际获取的利益,故不及于因被告人的过错而没有收取的利益[Palandt (-Sprau), BGB[67], § 818, no. 8;BGH 4 June 1975, BGHZ 64, 322, 323;BGH 8 October 1987, BGHZ 102, 41, 47]。只有恶意受领人或者被纳入诉讼系属的受领人,方就因过错而未收取的利益负返还义务(《民法典》第818条第(4)款,第819条第(1)款,第292条,第987条第(2)款)。比方说,不当得利债务人为善意,亦未被纳入诉讼系属,将无法律基础而受领的金钱存入某不付息的往来账户,[就利息损失]即不负责任。而切实取得的利息,构成利益的组成部分,自然应予交还(BGH 6 March 1998, BGHZ 138, 160, 163;BGH 15 February 2000, NJW 2000, 1637)。无法律上原因受领了金钱,以之归还贷款或者清偿了其他债务的,表现为利息节省的费用节省,亦在返还之列;换句话说,不区分获得的利息和节省的利息(BGH 6 March 1998 loc. cit.;Sprau loc. cit. no. 10;Staudinger (-S. Lorenz), BGB [2007], § 818, no. 11)。买卖或者租赁契约无效,受领人已经利用了得利请求权标的物的,就此利用,亦应负返还义务。因利用所得之利益当然不能原物返还;故应偿付相当之金钱价值(《民法典》第818条第(2)款)。

6. 对利用的赔偿,匈牙利不当得利法于《民法典》第363条第(1)款援引了财产法对无权占有的规整(《民法典》第195条)。后者区分了恶意的不法占有和善意占有[详参 Gellért (-Benedek), A Polgári Törvénykönyv Magyarázata[6], 1398-1400;Petrik (-Bíró), Polgári jog

---

* 《葡萄牙民法典》第11条[例外规定]:"例外规定不得作类推适用,但容许扩张解释。"

** 原文为"善意占有人",当为手民之误。

*** 依德民第818条第(1)款,返还义务及于用益(Nutzungen, emolument),包括孳息(Früchte, fruit)和使用利益[因利用物或权利所带来的利益(benefits that the use of the thing or the right affords)],即区分 emolument 与 use。这里正文中则一概使用 use。

II[2], 654/4-655]。依第 195 条第(1)款,无权占有人仅就现存利益负责任;如果取得物之际为善意,而且付了款或者提出了其他给付,在被纳入诉讼系属或者有权机关要求返还之前,甚至前句之责任,都不必负(《民法典》第 195 条第(2)款;参见 Vékás, JbOstR XIX [1978], 243, 247)。自权利人主张权利之日起,适用第 196~197 条(交付现存利益,赔偿已消费的利益以及因过错而未收取的利益:第 196 条第(3)款)。与恶意不法占有的规则一致(第 195 条第(3)款)。利益赔偿请求权,得被必要费用偿付请求权抵消,虽占有人为恶意,亦无碍抵消(第 363 条第(1)款)。* 《斯洛文尼亚债法典》第 193 条确认,不当得利债务人,自恶意或者纳入诉讼系属时起,负交还孳息和利息的义务。依《财产法》(Stvarnopravni Zakonik)第 59 条第(2)款,善意占有人取得分离孳息所有权,当诉讼提起,财产法上的这些权利取得并不排除不当得利责任[Juhart and Plavšak (-Polajnar Pav čnik), Obligacijski zakonik II, art. 193, 53]。

7. 就提取的孳息和费用的责任,还有损害赔偿的责任,荷兰非债清偿法(《民法典》第 6:206 条)援引了所有人—占有人关系法的相关条款(《民法典》第 3:120 条,第 3:121 条,第 3:123 条和第 3:124 条)。所以如此,是因为给付人通常可以选择是依财产法请求返还原物(第 5:2 条)还是提起非债清偿返还之诉;是以这两套规整提供的救济多少得互相协调。善意受领人得依《民法典》第 3:120 条第(1)款对已分离的天然孳息和应付的法定孳息主张权利(就孳息概念,参见《民法典》第 3:9 条)。而根据第 6:207 条,若非受领非债清偿本来不会发生的运输费用、重要捐税及其他不利益,受领人得请求给付人偿付。至于恶意受领人,则要就刚才提到的孳息负责任,并应依侵权法负损害赔偿义务,还不能主张第 6:207 条下的权利(《民法典》第 3:121 条)。只是就花在财产上的费用,得依不当得利法请求返还(第 6:212 条):《民法典》第 6:121 条第(2)款。参见 Nieuwenhuis/Stolker/Valk (-Hijma), T&C Burgerlijk Wetboek[6], arts. 6:206-208, pp. 2448-2451; Asser (-Hartkamp), Verbintenissenrecht III[12], nos. 338-340, pp. 355-356; Spier/Hartlief/van Maanen/Vriesendorp (-Vriesendorp), Verbintenissen uit de wet en Schadevergoeding[2], no. 298, p. 282)。

8. 依《爱沙尼亚债法典》第 1032 条第(1)款,所受领者,以及从中又取得者,俱应返还。这涵盖了对孳息以及因利用资财所生利益的责任(《民法典总则》第 62 条第(1)款)。凡利用了他人财产的,推定其因此得到利益。这一点尤与不动产相关(Supreme Court 20 December 2005, civil

---

* 《匈牙利民法典》第 195 条。

(1)占有人应将物之现存收益交还给权利人,除非为取得占有付出了对价并且为善意。

(2)在权利人通过市政官员或者法院请求返还占有之前,善意占有人就占有期间的收益和损害不负责任。自请求返还之日起,依一般规定负责任(除非显然变为恶意占有人),就利用和收取收益的权利,适用负责看管的条款。

(3)恶意占有人应偿付所消费或者未收取收益的价值,若由权利人占有则不会发生的损害,亦应负赔偿责任。"

第 196 条[负责看管(responsible custody)]

(1)为他人利益而持有物,但并无特别法律关系赋予权利或者科以义务的,应尽妥善保管义务,直到权利人接管物,费用或风险由权利人承担。在费用得到补偿前,看管人得留置物。

(2)负责看管人于看管期间不得利用物,除非为维护目的而有利用必要。不顾前句而利用的,就因之而生的一切损害,对权利人负赔偿责任。

(3)负责看管人应交还物之现存收益,并偿付所消费或者未收取收益的价值,扣除因看管所生之需要。

matter no. 3 -2 -1 -136 -05)；利用不动产的利益，如果没有其他标准，即以市面租金水平为据。法院得于《民事诉讼法》第 233 条第(2)款的范围内评估利益的价值。不过，给付人的请求受到诚实信用原则的限制，给付人自己通过普通的管理，可以得到多少利益，只能在此范围内主张权利(Supreme Court 15 June 2005, civil matter no. 3 -2 -1 -67 -05)。有法律基础而取得金钱，通过金钱投资而获得孳息，倒不用返还(Supreme Court loc. cit)。* 恶意受领人还要对利息负责；对由于过错而没有收取的利益，还要对给付人负赔偿责任(《债法典》第 1035 条第(3)款)。因侵害他人权利而得利的，得利多少，依因侵害所得之物于侵害之际的通常价值而定(第 1037 条第(1)款、第(3)款)。对利用资财的利益(Supreme Court 30 November 2005, civil matter no. 3 -2 -1 -123 -05)，还有，如果所有人一直占有物，其本来可以得到的利润(《财产法》第 85 条第(2)款)，不法行为人还要负损害赔偿责任。《立陶宛民法典》第 6.240 条第(1)款规定，没有法律原因而取得财产的，负返还义务，自知道或者应该知道受领无原因时起，并应赔偿取得的收益或者应该收取的收益。就无法律上之原因而受领的金钱，依 5% 的年利率支付利息。

9. 在英格兰和威尔士，将他人的金钱拿去投资的，即便不构成不法，亦应交出利润。受托人的资金落到了被告手里，而受托人并不知情，被告人拿金钱投资，受托人得请求返还孳息：Trustee of the Property of F. C. Jones & Sons (a Firm) v. Jones [1997] Ch 159 (CA) (伯克斯将本案阐释为截取性减损的适例，这里的财富在普通法上属于原告，却由被告取得：Birks, English Private Law I, 15.19)。** 而就利用他人财产，法律立场不那么清楚。某人开发自己土地上的洞穴，以招徕游客，洞穴穿过邻人的土地，是以利用了邻居土地，应就此偿付使用费，但在英国法上不明确的是，邻居是否得请求分享观光业带来的利润：参见 Birks loc. cit. 15.06 -15.07, 15.21 [讨论了美国法上的判例，Edwards v. Lee's Administrator (1936) 96 SW 2d 1028, 265 Ky 418 (Kentucky CA)，认为应同样处理，金钱责任延伸及于利润]。法院得判令得利人支付自原告主张权利至给付或法院判决给付期间的利息：就郡法院(County Court)，参见 1984 年《郡法院法》(County Courts Act)第 69 条，就高等法院，参见 1981 年《最高法院法》(Supreme Court Act)，第 35A 条第(1)款，插入 1982 年《司法行政法》(Administration of Justice Act)第 15 条第(1)款(Sch. 1 Pt. I.) [2009 年 10 月 1 日，1981 年《最高法院法》更名为 1981 年《高级法院法》(Senior Courts Act)：参见 2005 年《宪政改革法》(Constitutional Reform Act)，第 59 条第(5)款，Sched. 11, para. 1(1)]。这些条款一体适用于普通法、衡平法和制定法上的请求，是以，比方说，服务合理价格的确定。参见例如，BP Exploration Co. (Libya) Ltd. v. Hunt (No. 2) [1983] AC 352, 374 (Lord Brandon)。甚至延伸及于未算定的返还请求，数额大小交由司法裁量：cf. BP Exploration Co. (Libya) Ltd. v. Hunt (No. 2) [1983] AC 352 (HL) [依落空契约而受领了利益的，自然应予赔偿，根据当时适用的 1934 年《法律改革(杂项规定)法案》第 3 条第(1)款加上利息的，依 1943 年《法律改革(契约落空)法案》，交由司法评估]。法院享有自由裁量权，一般只判给单利。在衡平法上的欺诈案件

---

* 句中的“有法律基础”(with a legal basis)，是否应为“无法律基础”(without a legal basis)呢。

** 琼斯先生从他的土豆种植公司账户中转给琼斯太太 11.7 万英镑。公司破产，账户溯及地归了破产财产管理人。琼斯太太购买土豆期货，赚得 5 万多英镑，存入 Raphael & Sons plc. 公司账户。破产事务官认为，依 1914 年破产法第 37 条、第 38 条，货币应归其所有，琼斯太太则以为是自己的。米利特法官(Millett LJ)认为破产管理人得请求返还。从破产行为始，破产人账户中的所有金钱俱归破产管理人。琼斯先生对转出的金钱没有权利，所以琼斯太太也无从取得权利。

或者针对受托人的案件中,有可能判给复利,比方说受信托人私自捞取利润;如果衡平法支持普通法的权利请求,就只能判给单利。在普通法上,利息构成特定损害的(special damage),得请求赔偿,目前在合适案件中也用作返还性质的救济:参见 Sempra Metals (formerly Metallgesellschaft Ltd.) Ltd. v. Inland Revenue Commissioners [2007] UKHL 34; [2008] 1 AC 561。在该案中判给利息,得被视为利益的返还,这种利益表现为把被告手里的钱存入自己账户的机会:loc. cit. at [33], 586-587 (Lord Hope)。对于判给利息,未来的立法动向如何,参见司法部对法律委员会建议(Pre-Judgment Interest on Debts and Damages [2004] Law Com., Rep. No. 287)的回应(http://www.justice.gov.uk/publications/docs/pre-judgment-interest.pdf)。

第六章　抗　　辩

第Ⅶ-6:101 条　得利减损

(1)得利人因处分得利或者其他原因而蒙受不利的(得利减损),在此范围内不负返还义务,即便不曾得利亦会蒙受同样不利的除外。

(2)得利减损于下列范围不予考虑:

(a)得利人获得替代物;

(b)得利人于减损之际非为善意,除非:

(i)即便得利已经返还,失利人亦会蒙受不利;或者

(ii)得利人于得利之际为善意,得利系于返还债务应履行前减损,且减损系由不可归责于得利人的风险所致;或者

(c)第Ⅶ-5:102 条(不可移转之得利)第(3)款适用之情形。

(3)得利人因将利益处分给第三人从而依本条对失利人主张抗辩的,不影响失利人针对第三人可得主张之权利。

评　论

A. 概述

总说。

本条规定的是基于得利减损的境况变更抗辩。* 界定了得利减损概念,阐发了抗

---

* 得利减损(disenrichment),德国与台湾地区民法上所谓"所受之利益已不存在"(Wegfall der Bereicherung),英国法上称境况变更(chagne of position)。就后者,译为"改变地位"(沈达明编著:《准合同法与返还法》,对外经济贸易大学出版社 1999 年版,第 208 页)或者"身份改变"(邢建东:《衡平法的推定信托研究》,法律出版社 2007 年版,第 294 页)都不对,因为这里无关当事人的地位或者身份,译为"头寸变更"(霍政欣:《不当得利的国际私法问题》,武汉大学出版社 2006 年版,第 125 页)也不妥当,因为被告人所受领的利益形式未必皆为金钱,译为"情势变更"(马克西尼斯:《比较法:法院与书院》,苏彦新等译,清华大学出版社 2008 年版,第 120 页注解)则与契约法中的术语混淆,而且这里所涉及的也不是某种外部情势,而是得利人的经济状况。

辩成立的条件,明确了责任减轻的范围。

证明责任。

抗辩的所有要件,都由得利人负证明责任。尤其是,得利人必须证明,第(2)款所列情形(得利减损不予考虑的情形)并不适用。是以,得利人必须依所要求的证明标准澄清以下几点:(a)得利人蒙受不利。(b)若非得利,此种不利不会发生。(c)得利人并未以此种减损换取某种利益。(d)得利人不知道并且也没有理由知道得利无法律上之原因,或者,在不要求善意的情形,具备两种例外之一。另外,为了抗辩主张不被第(2)款(c)项所阻却,在该种情形,得利人还得证明。(e)得利人并非依合意而得利,或者,虽有合意,但并未出自真意为得利设定价格或价值。

B. 得利减损概念

(a)得利减损的形式和方式

总说。

为适用第(1)款的抗辩,头一项要件就是得证明得利减损。得利人在经济状况方面必须遭受了不利变化。若不是账户借方记入了些什么("debit"),* 面对着不当得利返还请求,真没有什么理由好来保护得利人。只有蒙受了某种不利,再返还得利,将使得利人的经济处境较得利前糟糕,抗辩方有可能成立。

得利减损的形式。

第(1)款写得明明白白,得利减损或者表现为处分得利,或者表现为其他什么不利。原则上,得利减损得表现为任何不利[第Ⅶ-3:102条(不利)意义上讲]。就此而言,那些明确了何者构成不利从而襄赞了不当得利返还请求的规则,于此间同等重要。决定性的事宜在于,基于对得利表面上法律原因进而有权利保有得利的信赖,得利人割舍了财富或者蒙受了某种额外负担(若是未曾得利,即不会有后面的所作所为),若是不欲使得利人经济状况变得糟糕,即应使其保有得利。

处分得利。

境况变更抗辩下,典型的得利减损形式即为得利人对得利的处分,其重要性亦由第(1)款特别将其拈出而可见一斑。可以简单地将之描述为对所得资财的处分。这种得利减损形式意味着,得利依其性质可以移转,或者得以其他方式处分。所以,得利处分构成了资财的减少,进而构成第Ⅶ-3:102条(不利)第(1)款(a)项意义上的不利。只要得利人将对资财的权利转让给了他人,即为此种意义上的得利处分。

示例1

S于银行X设有账户,曾授权其兄B得发布指令并经管这个账户。S后来有效撤销了授权,但B仍从中提取了货币,并交给了S。X发现自己犯了错,又不知道B已将钱款给了S,遂为

* 比喻用法。

工作疏漏向S致歉,并将同样金额记入账户贷方。由于那笔钱已经交给了S,S未受损失,故不得依契约法请求赔偿。X银行得主张B不当得利,请求其偿还贷记金额:那笔款子是出于错误,其不负债务,故无法律上之原因。B将钱款交付给S,得利减损,B若系善意,即不知道授权的撤销,则得依本条主张抗辩。如果B系恶意,无从主张抗辩,X银行得对B和S依本卷主张权利。

其他不利。

由于关乎紧要的是资产负债总"簿记"(bookkeeping)平衡——某种有价值的东西已经与得利的价值折抵——是以,于处分得利本身之外,只要对应得利之"加"(plus),得利人又有所"减"(minus)且表现某种其他减损行为,即得主张本条抗辩。是以,处分得利本身只不过是一般要件的特例。第Ⅶ-3:102条(不利)意义上的任何其他(同样因果相关的)不利都足敷本条抗辩之用。

示例2

E的某位远亲设立了一笔信托,受托人误以E为受益人,向其支付了2.5万欧元。为了将这笔倘来之财用到淋漓尽致,E先花205欧元购买珠宝,赠与友人。又将价值5000欧元的坐驾送给爱女,打算另购豪车。E的一套公寓正空下来,原本是要按月租500欧元出租的,如今手头宽绰,这点租金怎么也从中赚出来了,遂慨然允诺其子白住两个月。E还浑然不晓,那信托受托人是没有权力付这笔款子的,既惊觉错误,遂要求E返还。由于受托人对E不负给付义务,系因错误而为,E之得利无法律上之原因;得利归因于受托人之不利。E负得利返还义务,但鉴于其已将得利部分处分(珠宝支出),加上其他资产损失(赠与汽车),还有允许他人利用其权利(让儿子白住公寓,而没有出租),故得依本条主张抗辩。设其他要件亦得满足,E仅对剩余的18750欧元负返还义务。

特别讨论:资财之其他损失;损失其他资财。

可能的不利还包括,资财的减少,例如消费或者耗尽得利,或者任得利瓦解(在得利性质使然的范围内),或者处分其他财产性利益(比如,其他财产、权利或者金钱)。显然,若得利依其性质不可移转的,处分其他资财即为唯一可能的得利减损形式。而在得利事实上未遭处分的情形(哪怕性质上可以移转),这种减损形式可能同样重要。

示例3

债务人X从D那里偷来一笔钱,清偿了对E所负的债务。D得对X主张不当得利,但不得对E主张不当得利。E因受领金钱而得利,同时因丧失对X的债权(债务因清偿而消灭)而有所减损,而且得利减损系出善意。

示例4

法院判令D支付价金给某人,但D错误地付给了E。无巧不成书,E同时亦获一纸胜诉判决,债务人为X,金额一般无二,E遂以为D是为X清偿债务。E的债权本有X的资产作担保,既然以为权利已告实现,遂将担保权利一笔涂销。D虽得依本卷对E主张权利,却受本条抗辩之掣肘。

特别讨论:承担债务。

得利减损亦可能表现为承担债务(典型形式为金钱债务),从而增加了责任,而不必定是权利的减少,从而压低经济平衡杠杆的那一端。得利人可能认为,得利可以为新的债务提供资金,或者至少可以释放出其他流动资产,为负担债务提供资金。这样,资产损失(进而不利)就可能表现为债务的增加,得利人获得了更多信贷,负担了新债务或者加重的债务。这样,要为负担的债务偿付利息,或得主张本条抗辩(至于归还本金的债务,就此不得主张本条抗辩,因为此种不利为受领了本金本身所抵充。适用第(2)款(a)项)。

特别讨论:允许他人利用权利。

得利减损同样可能表现为允许他人利用自己的权利:某笔财产,得利人本来会自己利用,或者本来会给得利人带来收益,既然使他人(第三人)可得占有或者支配,遂有减损。

得利减损的方式:自愿和非自愿蒙受的不利。

就得利减损的形式来说,原则上,蒙受不利的方式并不限于资产总余额减少的某几种特定模式。就可移转之得利来讲,财产的转让或者权利的让与固然为"处分"得利,而将得利自愿消灭,亦为处分,比如免除债务人所负债务。另外,虽然"处分"概念必然意味着自愿行为,但得利减损(蒙受不利)这一伞状概念却同时涵盖了自愿和非自愿的减损。因为这里重要的仅仅是得利人财富的总差额。除了得利减损与保有得利之间的必要联系外,使得总差额发生变动的具体机制到底如何,却是无关轻重。是以,因不可抗力或者第三人行为导致得利丧失的,正落入本条适用领域。损失或损毁的确切原因,不必计较。

示例 5

D 无行为能力,财产由 X 代管。X 将 D 所持有的某外资公司的股份赠与 E,已经恰当登记。股份后为政府征收。D 恢复行为能力,以 X 无赠与权限为由(E 并不知晓此节),请求 E 偿付股份价值(移转已不可能)。E 得依本条主张完全的抗辩,因为丧失了股份,遭受了与得利等额的不利。

(b)导致得利减损的过错

过错。

下面要讨论的是,在这里的规则框架下,导致得利减损的过错应扮演何种角色。涉及得利减损的过错可能是:(i)蒙受不利的原告的过错;(ii)第三人的过错;或者(iii)得利人的过错。就这三种情形,各有不同考虑。

蒙受不利的原告的过错。

在第一种情形,如果得利人所遭受之减损,主要是由于原告造成的,原告几乎找不到什么理由来反对得利减损抗辩。这时,适用基本规则,不受过错考虑的影响。

第三人的过错:得利人针对第三人的权利。

第二种情形也一样,风险只能在失利人与得利人之间分配:得利人"无辜"受损的,返还请求落空的风险由失利人也就是原告承担。这里的不同之处在于,就所受损失,得利人或得对第三人主张权利(主要是依据非契约责任法,但也可能是无因管理法或者其他私法规则)。构成得利的资财遭损毁,造成损毁或者对损毁负责的第三人对得利人负有责任的,得利人针对第三人的损害赔偿请求权乃是"以遭受减损换取来的"。是以,尽管得利人遭受了减损,同时所得之替代得利(counter - enrichment)* 构成了替代物。在得利人针对第三人的权利范围内,抗辩被排除:参见,第(2)款(a)项。

与第Ⅶ-5:101条(可移转之得利)第(3)款、第(4)款的关系。

依第(2)款(a)项排除了得利减损抗辩的,得利人仍应负得利返还责任。不过第(2)款(a)项并没有告诉我们如何返还,这得回到第Ⅶ - 5:101条第(3)款、第(4)款。资财丧失或者损毁,依其性质无可移转,只好偿付资财之货币价值:第(3)款。资财丧失之际,得利人(仍)为善意的,得选择移转替代物:第(4)款(a)项。如此,"无辜"得利人得将替代物的伴生风险转嫁给失利人(也就是说,针对第三人的权利可能是没有价值的)。如果这还算得上通情达理,那么,依本条第(2)款(a)项将被告人排除于得利减损抗辩之外,影响便就有限,因为选择交付替代物而不是偿付丧失或毁损资财价值的权利恢复了风险分配的平衡。** 反之,若得利人非为善意,就不能把风险强加给失利人;得利人不再为善意的,应承担本应返还的资财丧失或者损毁的风险。这时,选择权为失利人享有(参见第Ⅶ-5:101条第(4)款(b)项),他可能更愿意相信得利人的偿债能力,而不是那个全不确定的对第三人的权利。

第三人的过错:失利人的直接请求权。

如果对所涉资财的权利(可对抗第三人的权利)并没有从失利人处移转给得利人,那么很有可能,失利人将取得针对有过错的第三人的直接权利,同时,这里也没有什么得利减损,因为一开始就没有得利。

示例6

牧犬人D赠给农户E一只牧羊犬。邻居X家12岁的孩子拿着父亲的汽枪耍弄,将牧羊犬射杀。X对E负损害赔偿责任,依第六卷[非契约责任]的规则,赔偿额至少为再买条狗的价值。孰料,D当初给错了狗,现已将赠与契约撤销(假设D得以错误为由撤销赠与),要求E偿付狗的价值。假设狗的所有权因赠与而移转,又因撤销而回转,那么于射杀之际,D为所有权人,[依第Ⅶ-1:101条(基本规则)或者任何可得适用之财产法规则,]E仅负返还占有(这就是E享有的一切)的义务。因为损害了D的财产,依非契约责任法,X对D直接负赔偿责任[本句中的D,原文皆作E]。若依可得适用之财产法,所有权不因撤销而回转(或者至少针对第三人而言),

* counter - 有"副的、替代的"之意,参见,元照,第331页。

** 不许被告援引抗辩,加大了风险,但其有选择交付替代物之权,得将风险转移。

局面将为之不同。这时,E仍为所有权人,E应依不当得利法将对狗的所有权回转给D。X射杀了E的狗,对E负损害赔偿责任。因为狗的死亡,E遭受得利减损(失去了狗),但是获得了替代物,也就是针对X的损害赔偿请求权,在此范围内,不得援引抗辩:参见第(2)款(a)项。

得利人的过错。

虽然这里争议更多,但原则上讲,造成得利减损的过错到底出自何人,本无关宏旨,即便是得利人的过错导致资财丧失或者损毁,又何妨。本条抗辩,不过在于保护这样的得利人,其得合理相信,可以处分得利而用不着向他人说明或者赔偿他人。欲使抗辩成立,处分了得利而又援引本条抗辩之人,必须系依此种心理状态而行事,这也就意味着把得利完全看作属于自己的自由。如果他不是决定赠与他人,而是将得利毁灭,那也是他的天赋特权(prerogative)。得利人受领了奇彭代尔式家具(Chippendale furniture),*竟将之劈作木柴,付之篝火,其或不知晓这是何等的暴殄天物,但这般大煞风景亦不得将本条抗辩排除。本条抗辩仅要求得利人于处分得利之际,完全不晓得负有移转给原告的义务,而不要求得利人对这看起来可以自由处分财产的处分是何等的合理(当然,在特定案情下,其他方面表现极为理性的得利人,竟然举止乖张,悖于常情,很可能意味着他的居心叵测,从而难谓无辜)。同样,因为过失的作为或者不作为,没有爱惜或者毁坏了资财,造成损失,亦得主张得利减损。这可以从本条抗辩背后同样的基本原则推导出来,即善意得利人得自由处分其认为有权保有之物,不能使其陷于日后受到惩罚的风险当中。对于从外观来看属于自己的财产,也就是看上去并不负有什么归还或者价值偿付债务的,即便疏忽或懈怠对之,仍属其自由。

示例7

D将船舶转让给E。尽管转让协议效力有瑕疵,(这里假设)船舶所有权并没有因为D撤销基础契约而回转给D。E没有保持船舶的适航状态,事实上,等D要求返还的时候,船舶已沉没。E因船沉而得利减损,如果E没有理由知道契约得撤销,就D的价值偿付请求,得依本条主张抗辩,E就船舶沉没有过失,于抗辩无碍。不过,如果系因交易而转让,本条第(2)款(c)项[援引第Ⅶ-5:102条(不可移转之得利)第(3)款]将限制抗辩范围。

因改良所致减损。

得利人就应予返还的资财加以改良的,本条未设任何特别规制。看起来也没有必要设什么特别规制,因改良所生的问题,仅依本卷规则,即可得到完满解决。得利人为实现改良所负担的费用(资财减少)或者劳动(服务或工作)乃为不利,得构成本条抗辩要求之得利减损。很显然,如果不是因为已获取的得利,就不会负担上此种不利,因为这种不利即旨在改良得利。是以,第(1)款之但书不得适用。关键的问题是,这里的得利减损是否应依第(2)款的规则而不予考虑或者打上几分折扣。能否据改良而主张本

* 奇彭代尔(Thomas Chippendale,1718~1779),英国细木家具制作大师。

条抗辩,从而依改良费用或改良劳动的价值而对得利人的责任加以相应限制,一般取决于改良活动是否系秉善意而为。也就是说,得利人是否知晓或者应该知晓其负有返还责任。若得利人为恶意,即不得主张抗辩。此外,这时若依本卷提出反请求,也要受到限制。虽说得利人因实施改良而令失利人得利,如果得利人明知其负有返还义务,应归还资财,得利即有法律上之原因。在这样的心理状态下改良资财,构成第Ⅶ－2:101 条(得利无法律上之原因的情形)第(1)款(b)项所谓"就所蒙受之不利已为自愿且无错误之同意表示"。

C. 不得援引本条抗辩之得利减损

总说。

第(1)款和第(2)款梳理了四类案型,于其间,即便得利减损系出善意,亦可能不得援引本条抗辩,或者为本条抗辩之目的,得利减损的效果会受到限制。[第一,]第(1)款要求得利减损与得利之间得有因果关系。[第二,]得利虽遭处分,但有替代得利充作替代物的,依第(2)款(a)项,于替代范围内,得利减损不予考虑*。[第三,]第(2)款(b)项设定了得利系因善意而减损的一般要件,但在两种例外情形,即便是恶意减损,亦得依本条主张抗辩。最后,如果得利系依合意而取得,并依真意为得利设定了价格或者价值,这样得利人打从头就构想到了偿付责任,第(2)款(c)项对本条抗辩加以限制。

(a)得利减损与得利之间没有因果关系

得利减损不依赖得利。

仅有得利人蒙受不利的事实,尚不足以援引境况变更抗辩。(框定了境况变更抗辩适用范围的)基本原理在于,就得利表面上的法律原因,得利人因信赖而受拖累的,应受保护。不利必须与得利返还债务有特别关联,这也就要求,若非得利,即不会蒙受不利。换言之,得利减损与得利的获取或者保有之间必须存在因果关系。第(1)款但书将此要件表而出之。

比较的基础。

即便不曾获取得利,亦会蒙受某种不利的,这种不利即与此处无关。这里比较的是两种状态,一是得利后的现时状态,二是假设得利人未曾得利,对事物的先前状态本来会如何发展的预测。如果得利人蒙受的某种不利根本不依赖于得利,(不管愿意不愿意,)无论如何总会发生,即与得利无因果关系,故得不予置论。不能不考虑得利人蒙受不利的事实,不管不顾地令其交还得利,从而置其于较如果不曾得利更为糟糕的状况。

示例 8

由于从 D 的账户错误转账,E 账户的余额从 100 欧元增加到了 1200 欧元。次日,E 取出 150

---

* 原文作"discounts an enrichment",当为手民之误。

欧元，打算给孙女购买生日礼物。D 嗣后请求 E 返还 200 欧元。如果这存入的 200 欧元不会影响 E 的开销计划，E 即不得主张本条抗辩。这可能是因为(i)E 不曾留意转账一事，比如说，取款之前他从来没有检视过账户，或者(ii)他一贯给孙女买生日礼物，不会考虑自己的经济状况，总是 150 欧元上下，或者(iii)即便取款之际的余额为 1000 欧元，他也会花同样的钱，给孙女买礼物。

不管不利表现为何种形式，是处分了得利还是其他什么，这一基本标准都适用不误。为详加阐述，以下先考虑非自愿蒙受的不利(失窃、损毁)，接下来考察自愿蒙受的不利(处分、花费)。

非自愿丧失得利。

如果不利表现为丧失得利，因果关系要件一般都得满足。所涉资财丧失或损毁，得利人遭受损失，而若不是先获取了那资财，这种损失也不会发生：不言而喻，得利事实乃系得利灭失的前提。至于非自愿丧失的具体方式，是不可抗力还是第三人的不法行为所致，则无关宏旨。

无关的不幸：非自愿丧失其他资产。

如果失窃或损毁的乃是得利人的其他资财，而非构成得利的资财，一般来讲，就得另当别论了。于得利之后或者与得利同时，其他财产的减少可能纯属巧合，与得利的获取或者保有无甚因果关联。所以，得利人正巧遭了灾，与得利铢两悉称，这一般都无关紧要，不能当然主张本条抗辩。此种不幸，既与得利无甚瓜葛，与不当得利返还债务便也扯不上干系，正如其与手头日窘的债务人的还款债务或者债台高筑的不法行为人的损害赔偿债务扯不上干系一样。

示例 9

D 遭悍夫凌辱欺虐，走投无路之下，将首饰当与当铺老板 E。E 既知晓 D 遭夫之无耻勒逼(unfairly exploiting)，典当契约可撤销：参见第Ⅱ－7:207 条(危难被乘)和第Ⅱ－7:208 条(第三人)第(2)款。D 嗣后请求归还珠宝。E 则援引境况变更抗辩，因为有盗贼“破窗而入(smash and grab)”，掠去财宝无数，虽然 D 的首饰安然无恙，但 E 丧失了其他等价的财物。抗辩不成立。E 所遭劫掠与其占有 D 的首饰无甚关联。

非由得利决定的自愿减损。

并不能说，只要得利人故意舍弃得利，因果要件便得满足。此种处分的性质、处分的动机，都得考虑。如果可以证明，即便不曾得利，得利人也会(通过其他资财)转让具有相同价值的其他财富，得利减损即不得考虑。这时，开销是免不了的，至于得利人支配的正好是构成得利的那些资财，而不是其他资财，不过事出巧合，于其返还债务无碍。[抗辩要成立，]开销必须是例外的——常川不会支出的。

债务开销：在先债务。

是以，虽有支出但仍不得援引本条抗辩的一类案型即为，得利人先已负有给付义务(不管是契约还是其他性质的)，即便不能拿得利去当差，也还是得照付不误。即便

(在没有得利的情况下)得利人事实上本来不能履行契约债务的,亦然。从规范的视角看,所蒙受的不利必须被看做是由债务决定的,而不是由得利事实决定的。无论如何,因消灭债务所带来的责任减少,本身即为得利,抵消掉了表现为花费原始得利的不利:这属于排除抗辩的替代物情形(参见第(2)款(a)项)。

示例10

D受了E的胁迫,把E存入D账户的500欧元给了E。在此之前,E的账户已透支,她拿这笔钱降低了透支额。[面对D的返还请求,]E不得以处分了现金从而得利减损为由主张本条抗辩。E对银行负有偿还透支金额的契约债务,即便不曾从D处得利,债务也是得履行的。无论如何,E保有了原始得利的经济实益,表现为对银行所负责任的减少。

得利之后负担的债务。

如果所清偿的债务乃是于得利之后负担的(相较在先债务),局面即为不同。关键问题是,是否因为负担债务而遭受了相关不利。进而提出的问题是,(在没有得利的情况下,)得利人是否本来就会承担这宗债务。还是适用基本规则:如果不曾得利,得利人即不会承担债务的,所承担之债务构成本条下的相关不利。不过,如果负担债务是为了获得某种利益,这些利益可能会启动第(2)款(a)项,那么减轻本卷下责任的效果至少得打些折扣。

示例11

金融公司D每月都多付了雇员* E100欧元,等过了6个月,才发现错误。看到账户里这笔额外收入,E以为是加了薪,遂于银行办理了第二次按揭(second instalment mortgage),借出款来扩建房屋。E每个月都付120欧元来偿还按揭。要不是以为加了薪,E是不会办理这第二次按揭的,因为承担按揭债务,E蒙受不利,这不利满足了本条的因果关系要件。不用说,这不利差不多被贷款本金(第(2)款(a)项所谓替代物)给抵消掉了,所以,只有贷款契约下的利息债务才可以减轻本卷下的责任。

在先债务例外相关。

如果所负债务的内容因收取得利而扩大,局面亦为不同,比方说,债务的内容是处分所有可得资金(或者所有来自特定渠道的资金),延伸至所涉得利。典型的例子就是,允诺转让其后取得的特定类型的财产,一旦允诺人实际取得该种财产,即负转让义务。这时,为履行此种债务而处分了得利的得利人,(认为自己有权处分而且没有在先的返还债务,)显然别无选择,只能支出。因果要件得以满足。

必要开销或者通常开销,例外或者特殊支出。

一般来讲,构成必要开销(得利人无论如何也得开销)的得利不予考虑。得利虽然

---

* 原文为"顾客"(customer)。

给用作必要开销，但得利人仍有所得利，为了某些必要原因而动用了得利，也就在其他资源上节省了相当的价值。是以，常川开支不能开启本条抗辩。民事个体支出的日常生活费用，例如租金、日用杂货的购买、水电瓦斯账单，皆不予考虑。企业的日常管理费用也是一样。另外，这一立场亦延伸及于其他常川开支，哪怕并非基本生活或者企业运营所不可缺少，只要不是得利的额外影响所鼓动。比方说休闲费用或者娱乐开支（戏园子、音乐会、电影院等），下馆子饕餮，周末休息，远足和度假，诸如之类，不过得限于通常生活方式的时或耽乐之举，而不能是得了外财时的孤注一掷。

不相关联的慷慨之举：不受得利影响的赠与。

以上所论，亦及于赠与。平常社交生活中所为之赠与，一般不能启动本条抗辩，因为这些支出事实上乃是得利人无论如何也得担待的。无偿处分，只有可以归结到得利上头去的，才会纳入本条抗辩视野。赠与人只是因为以为那得利不必返还，方才起了赠与之意，或者添了赠与之额，而且得利构成了赠与人所处分财富一部分的，即为适例。

其他例外支出。

无论如何，只要得利人钱花得异于常情，就得衡之以那新得的财富，于个案中判断，得利人是不是夸富炫贵，出手阔绰倍于平昔。必得是对那得利上头的表面权利善加信赖，这才一改作风，方能主张本条抗辩。如果因为新添财富而购买了耐用奢侈品，境况变更抗辩固可一用，其效果却可能为第(2)款(a)项所排除或者受到限制。迥异通情的消费花项，与本条抗辩最为相关。*

得利前的减损（预期信赖）。

前举之例，率因信赖得利表面上的合法权利，而于受领利益之后发生境况变更。若是预期行将得利而有所支出，自应再加讨论。嗣后果然得利之人，若是知道或者应该知道交易因为某种原因而无效或者效力有缺，自然也就知道或者应该知道依交易所得之利无法律上之原因。此时，因信赖对得利享有“权利”而为之预期处分，风险由得利人自己承担：第(2)款(b)项。问题在于，如果信赖为善意，对法律行为的瑕疵，既不实际知情，也不能推定其知情，是否还得主张本条抗辩。

并不一般排除预期信赖。

本条抗辩于论及[减损]与得利的因果关系要件之际，不论措辞，还是原则，皆未强制要求得利必须先于不利。于特定情形，当事人预期将会获取得利而且合理地相信得利会有法律上之原因，从而有所减损，本条抗辩的要件亦得充分。这里得就预期信赖的各种不同事实情境加以区分。下面两种信赖要区分开来：一是对当下即得对某种（过去或者将来）利益主张权利的信赖，一是对将来某行为（如将会有自愿给付）的遥遥信赖，这种行为乃为取得权利所必要（对将来法律事实的预测）。如果后者命运难卜，那可就远不是对权利的预期信赖意义上的境况变更了；那是投机，是赌博，是冒险。不当得利法不理会得利人为冒险所做的准备。冒险的得利人不值得本条抗辩保护；责任

---

* 消费性支出，千金散去不复来，耐用奢侈品，则可充作替代物，两者对举。

不过就是所担风险的实现。

减损:期待自愿增益。

预期信赖的第一种类型,比方说,预期会得到礼物,于是提前支出某些奢侈花销(例如额外的假期)。就像预期会得到遗产而有所支出一样,这是基于纯粹的期待而对将来资本的开支。如果预期的赠与人并不负有给予利益的义务,那么预期受赠人所为之资财处分,就只能看做是,明知对期待的得利并不享有法律权利而遭受的不利,也就不值得保护。如果预期的赠与人并不负有赠与义务,那么预期的财富增长也就全不牢靠,从善心大发到落定坐实,全看预期赠与人对预期受赠人的那番真情实意如何走向了。因为对将来大礼的信赖而大手大脚,其间的风险可都得由预期受赠人自己来承担。是以,嗣后得利之人并不是相信将来得利的牢靠无虞(也就是说,为得利提供法律原因的法律行为的有效性),而不过是一赌明天。这里并没有信赖什么真实的权利,因为压根儿就没有授予过这样的(表面)权利。这就好像赌马的,押了注,笃信能赢,还没开赛,先把奖金花了。

示例12

D前后跟外甥E提过几次,等自己过了世,房子和地产都留给E。D已至弥留,想着舅父不会变卦,又知道大笔财产将落到自己手里,E遂与建筑公司B & Co缔约,修筑泳池。D不久亡故。遗嘱将地产留于E,E遂据此登记为土地所有人。孰料嗣后弄清,遗嘱因不合乎形式要件而无效,依法定继承规则,D妻W继承取得所有遗产。W请求E转让土地。E援引境况变更抗辩,因为其对B & Co公司负契约债务,没有能力履行,肯定要对利润损失负赔偿责任[参见第Ⅲ-3:701条(请求赔偿的权利),第Ⅲ-3:702条(一般赔偿标准)]。抗辩不成立。诚然,如果D不是以为自己会取得土地权利,就不会订立这份契约,但E之不利系于得利之前遭受,D也不负给予利益的义务。是以,E并没有任何对得利的权利可供信赖,其所蒙受之不利,与得利并没有第(1)款意义上的因果关系。

减损:期待表见债务的履行。

[另一种类型,]如果失利人得了保证,这保证可以合理地理解为,构成有拘束力的单方增益承诺(尽管事实上,承诺因某种原因而无效或者可撤销),就另当别论了。与前段事实情境不同,这里可以假定对得利拥有权利(获取有法律上之原因得利的权利)。另外,于减损之际,受允诺人可以合理地认为自己拥有现成的得利——持有具法律拘束力的增益允诺。

交易情形,为自己利益的支出。

[预期信赖]最后的疑难情形为,得利人因为与原告从事交易而承担了费用,但不是为了履行对原告的假定契约债务。而是为了保护得利人自己的商业利益。(反之,如果不利表现为依协议履行了债务,即得依不当得利法提出反请求,不必再纳入境况变更抗辩。)比方说,错误地以为与原告订立的协议有效,得利人投了保或者从事了其他套汇交易,以防“债务”违反,或者就得利的受领,(表面看来,依与原告的协议,原告

对此负有义务,)又与第三人展开洽商。这里要区分两种支出,一种支出是为了预防他方当事人或者得利人自己不能履行契约债务的风险,另一种则纯粹是考虑到将要受领的利益(如财产保险或者预付了仓储费用,这些是不能收回的)。前者是出于契约考虑,其本身并非减损;* 只有后者落入本条抗辩领地。

(b)替代物

替代得利。

如果得利人处分得利是为了获取某些资财,或者因为得利减损已经获得某些其他利益,本条抗辩同样被排除:参见第(2)款(a)项。得利人既然因得利减损而有所获得,也就没有因得利减损而变得更糟,也就用不着本条抗辩慷慨施惠。在某些情形,失利人得就处分收益主张权利:参见第Ⅶ－5:101 条(可移转之得利)第(4)款(b)项。

(c)恶意减损

恶意减损。

原则上,只有善意得利人所蒙受的不利方有意义(第(2)款(b)项)。如果得利人知道或者应该知道得利无法律上之原因,即非为善意减损:参见第Ⅶ－5:101 条(可移转之得利)第(5)款。

实际知道或者推定知道无法律上之原因。

除了但书所示之例外,善意要素为得利减损抗辩所不可或缺。令得利人返还得利,或者虽然不再握有得利,但要偿付其全部价值,或者偿付得利的相当价值,(与"无辜"受领或者获取得利之前的状况相比),会使得利人状况更为糟糕,可若是得利人并不知晓其负有返还得利与原告的义务,而且其不知晓可以原宥,这时再对其境况变更视而不见,便难谓公平。所以这里的关键问题是,于得利减损之际,得利人是否应该认识到其负有交出得利的责任。明明白白地讲,如果得利人合理地假定,得利有法律上之原因从而可以由其处分,得利人便有资格主张境况变更抗辩。另见第Ⅶ－2:101 条(得利无法律上之原因),示例 38。

推定知情。

这里的假定必须是合理的,这也就意味着,对交还得利债务的推定知情,与对此种债务的实际知情一样,亦将善意减损抗辩排除。

示例 13

经过一番巧言令色,E 将 D 的钻戒诈取到手,赠给了自己的未婚妻 X。E 于欺诈取得(当然还有得利减损)之际,知道或者应该知道,得利无法律上之原因。境况变更抗辩以善意为要件,故 E 不能因为赠与而摆脱 D 的不当得利返还请求。E 应该知晓,其负有将钻戒归还受害人的义务;既将钻戒赠与第三人,归还义务无从履行,无可辩解。D 从未动过把钻戒赠与 X 的念头,第(2)款(b)项的例外便不得适用,抗辩不成立。E 应偿付钻戒之价值。

---

* 原文作"enrichment",当为"disenrichement"之误。

对法律上之原因的错误假定。

所以说,得利减损抗辩的善意要件,本质上就是要求得利人(错误但却合理地)假定,得利有法律上之原因。第二章阐明了得利何时有法律上之原因,何时无法律上之原因,这里所有可能的假定都包含在了该章条款中。最典型的,得利人或者假定:(i)相对失利人,对得利享有权利(例如,依有效契约),或者假定;(ii)失利人自由地、没有错误地对失利表示了同意。

示例14

B系C银行雇员,向老天真A虚构故事,谓银行要检验内部审查系统,会把2000欧元存入A的账户,A应即刻提取,并交还给B。如此,B利用A的单纯烂漫,遂行犯罪计划。相对C银行,A不当得利,因为B未经授权而转账。不过可以设想,A或能证明,整个儿过程中,他都是善意的,所以后来把钱交给B,构成本条抗辩所讲的得利减损。

例外:减损不可避免。

虽然得利减损之际的善意乃为一般要求,但在某些情形,得利人之心理状态固非无辜,援引境况变更抗辩的机会亦不定然褫夺。得利人知晓负有返还债务,可如果即便返还了得利,失利人还是会遭受减损,例外地,得利人仍得主张本条抗辩;第(2)款(b)项第一句但书将此点揭明。这一句设想了减损无可避免的情形,即便得利人依照要求返还了得利,将资财归还原告,原告还是会遭受同样的不利。这时,所遭受的不利与未尽返还义务没有什么因果关联。如果这种不利(在这里的技术意义上讲)不可避免,即不能褫夺得利人拒绝返还请求的权利。不过,这里讲的"不可避免性"不能与第(1)款中相关内容相混淆。就第(1)款来讲,得利人必须证明,[其]所遭受的不利依赖于得利:只是因为这番得利,方蒙此不利。而就第(2)款(b)项来讲,得利人必须证明,不利不依赖于得利:不管谁人得利,[原告]都会蒙受这种不利。

例外:得利人没有承担损失风险。

减损之际须为善意的第二项例外,见于第(2)款(b)项第2句但书,所涉情形为,因为不可归责于得利人的风险的实现,导致得利丧失。这里所要保护的得利人,于获取得利之际为善意,但于得利丧失之前,知晓了得利无法律上之原因(从而不再为善意)。得利人知晓了得利无法律上之原因的,应有合理时间来履行返还债务:参见第Ⅲ-2:102条(履行时间)第(1)款。在这段期间内,不能把得利人视作应予返还资财的保险人。如果资财丧失而得利人并无过错,得利人得援引得利减损抗辩,亦不负价值赔偿义务。

示例15

E从供应商D那里订购了一块硬盘,D因错误,寄出两块。打开包裹,E意识到D犯了错,但没有马上寄回,因为她正要出门远足。等回了家,E发现有梁上君子光顾,硬盘丢失。E得主张本条抗辩。E受领得利时为善意。E没有义务马上返还硬盘;返还债务的履行,还没到期。E于出门之际,只要采取了通常的预防措施,关门闭户掩柴扉,就失窃风险,即不应负责任。

(d)依真意设定的价格或者价值

真实合意。

善意减损触发抗辩,这条一般规则,还得再加限制。如果得利人系依合意受领利益,而且为得利设定了价格或者价值,就所设定的价格责任,本条抗辩不得适用:参见第(2)款(c)项,指向第Ⅶ－5:102 条(不可移转之得利)第(3)款。

基本原理。

所以为抗辩设此封顶,是因为在获取得利之际,据得利人的构想,这笔金额总是得付给他方当事人的。得利人接收了利益,也就知道必须付出约定价格。在这个范围内,得利人用不着本条抗辩施惠。得利人于得利之际即知道,在这个范围内,对得利所为的任何处分,风险都得自己担着;依预设,处分之际负有支付约定金额的责任。在有些欧洲法域,这样的结果是通过所谓差额说(Saldotheorie)来达到的。

D. 抗辩的限度

责任减轻的程度。

依第(1)款,得利人的责任在减损范围内予以扣减。本条抗辩提供之保护,乃是最低限度的缩减(minimum reduction),以免得利人因境况变更反而糟糕。得利人仅得在所受不利范围内主张本条抗辩。

基本原理。

照这里的基本原理,对得利人的保护,只是为了防止其比得利前的状况更为糟糕。若是在遭了减损之后,得利人仍有宽绰,那么得利人就还得吐退。是以,如果得利人只处分了得利的一小部分,仍要负剩余责任。

示例 16

E 夫人住在 Midget Gardens 43 号,某日,D 快递公司将一份黑森林蛋糕和一瓶香槟酒送至门前。因为没有附卡片,E 以为多情的丈夫又在耍什么罗曼蒂克的把戏,遂欣然笑纳,与七位十几岁大的女儿,风卷残云一空。其实,D 公司的配送员诵读困难,货本应发至 Magnet Drive 34 号 F 宅的。配送员发现了错误,羞愧地回来要,怎奈蛋糕已被善意消费,E 就此不必负责。不过,香槟还没打开,应该交还。

E. 对后续受领人的权利:第(3)款

总说。

本款或被视作冗余,实起提醒之用,如果得利人无偿、善意地处分了得利(表现为可移转的资财),从而可以主张本条抗辩,这就为失利人针对(新)受领人的请求提供了基础。这里的思路为,(原始)得利人依本卷负返还得利义务,但因为将得利继续转让,责任遂因本条抗辩而消灭,失利人丧失了针对原始得利人的返还请求权,而新受领人的得利可以归因于此:参见第Ⅶ - 4:103 条(债务人向非债权人清偿;得利的善意移转)第(2)款,以及该条评论 C。

注 释

1. 法国法是否承认得利减损抗辩,颇令人生疑。据解释,依通说,有没有得利,要看财富增减相抵(additions - minus - subtractions)后的剩余或者“净值”[参见第Ⅶ-3:102 条(不利),注释]。所以,就所得利益诉(actio de in rem verso)来说,如果受领的利益因丧失而化作乌有,那么一开始就没有得利[Aubry and Rau (- Esmein and Ponsard), Droit civil français VI[7], § 442ter, p. 476]。如果受领的是种类物,则应返还同样类型、质量和数量之物[JClCiv (- Pin), arts. 1370 - 1381, V°Quasi - contrats, Enrichissement sans cause (2007), fasc. 40 no. 17],如果受领的是特定物,又因意外毁灭,得利人不负责任(Pin loc. cit. no. 35),这些都给看做不言自明的道理。就恶意得利人的责任,类推适用《民法典》第 1378 条(非债清偿之诉);得利人仍于原始得利额度内负责任(Terré/Simler/Lequette, Les obligations[9], no. 1074 - 1° p. 1030;Pin loc. cit.)。除了对在欠缺原因得利法里类推适用《民法典》第 1378 条和第 1379 条有些质疑外(de Page loc. cit. no. 50 p. 63),比利时法的立足点与法国一样(de Page, Traité élémentaire de droit civil belge III[3], no. 37 p. 47)。就非债清偿返还法,《民法典》第 1302 条设想,如果特定物毁灭且债务人无过失,或者即便恰当地归还给债权人,也会遭到毁灭,则权利灭失。

2. 与法国相似,《西班牙民法典》亦未就得利减损设置一般规则(比较法视角的研究,参见 Basozabal Arrue, Enriquecimiento injustificado por intromisión en derecho ajeno, 221; Carrasco Perera, ADC 1988, 5, 109)。用来判断是否得利的规则[参见第Ⅶ-3:102 条(不利),注释]也用在这里来确定责任程度。不过,西班牙法上有几处例外,承认了基于得利减损的抗辩。最重要的例子见于非债清偿返还法,《民法典》第 1899 条。善意受领人毁弃了权利证书、任对真正债务人的权利罹于时效或者免除了债务担保的,不再负返还责任。是以,比方说,D 错误地向 E 给付金钱,E 善意地以为,这是在清偿 X 对自己所负的债务,遂未对 X 主张权利,权利罹于时效,或者由于免除了担保,不能强制执行,D 丧失对 E 的非债清偿请求权利[参见,TS 28 December 1999, RAJ 1999 (5) no. 9147 p. 14388]。不过,除了这样的特别规定外,西班牙法并没有将得利减损发展为抗辩事由;西班牙法是靠那些在“净得利进路”(net enrichment approach)基础上判断是否得利的例外条款来达到相似的效果。这包括了《民法典》第 1304 条,这是无效契约返还法的内容,将欠缺行为能力人的责任限于幸存利益。而在求偿返还(condictio de regreso,清偿他人债务的补偿,《民法典》第 1158 条第(3)款)和费用返还(condictio por impensas,改良他人财产,《民法典》第 453 条、第 454 条,第 360 条以下)场合,一般都是“净得利”进路(Carrasco Perera loc. cit. 100)。《民法典》第 458 条设定了一般规则,占有人取得占有之际,改良价值已不存在的,不必负责任。在非债清偿返还法部分,《民法典》第 1897 条规定,特定物遭损坏、毁灭或者丧失,善意受领人仅在幸存利益范围内负有责任。这里也一样,得利减损观念消弭于得利概念的“净得利”进路当中(Díez - Picazo, Fundamentos II[4], 520;Carrasco Perera loc. cit. 99 and 102)。

3. 没有法律原因而取得的财产,在受领人占有期间,遭损毁、变质或者被售出,在意大利,这些同样是立法关注的问题。占有人的责任取决于是善意受领还是恶意受领。并没有明确的得利减损抗辩。不过,若是能够证明,即便所给付者仍由给付人占有,也仍然会遭毁灭,那么虽是恶意受领人,亦不负责任(《民法典》第 1221 条第(1)款)。另外,善意受领人哪怕是造成了返还不能,也不用负责任:责任限于得利(第 2037 条第(3)款)。再者,怎么也不得超过所受领财产的价值(Cass. 12 March 1973, Rep. Giur. it. 1973, voce Indebito nos. 2 -4, no. 7)。货币贬值也得考虑在内[Cass. 19 January 1977, no. 258, Rep. Giur. it. 1977, voce Indebito (pagamento dell') no. 5]。受领人最初为善意,在不再为善意后,将财产处分给第三人的,责任并未消灭;如果第三人还未付款,给付人对第三人享有直接诉权(《民法典》第 2038 条;比较,Cass. 17 April 1993, no. 4553, Foro it. 1994, I, 1752),除非受领人已经表示,愿意偿付财产价值(Breccia, Il pagamento dell' indebito, 799)。学界力倡,双务契约的各方当事人都已经履行的,其返还事宜,应适用差额说,但于实证法上找不到充分依据(Breccia, Riv. Dir. Civ. 1974, I, 190 - 191; Trimarchi, L' arricchimento senza causa, 139 -140)。

4. 得利人以自己不再得利为由,抵挡得利返还请求,这样的一般规则,奥地利民法也不承认。得利一旦归入得利人的资产,嗣后的减损即不得作为减轻得利人责任的理由[自最高法院 1976 年 4 月 6 日判决(OGH 6 April 1976, JBl 1977, 36)以来,即为判例法上的稳定立场;此后确认这一立场的判例还有,OGH 4 November 1981, SZ 54/156,以及,OGH 18 June 1985, SZ 58/105]。得利人没有法律基础而"获得"财产,得利返还请求权仅以这一事实为基础(OGH 20 February 1975, 6 Ob 242/74)。"正如偿付价值的请求权不因最初的利益嗣后归于消灭而受影响一样,得利人将财产售出或赠与的,仍负偿付责任"(OGH 12 February 2002, SZ 2002/21)。照一般的看法,得利人的利用是会带来利润还是带来损失,因利用所生的利益还在不在,这些都无关宏旨(OGH 4 November 1981, SZ 54/164)。换句话说,利益嗣后丧失并不会将最初得利一笔勾销(OGH 4 November 1981, SZ 54/156;OGH 23 November 2005, SZ 2005/168)。

5. 依葡萄牙法,善意得利人得以得利减损(diminuição ou desaparecimento do enriquecimento)为抗辩。责任不逾实际得利(《民法典》第 479 条第(2)款,第 480 条)。这一基本原则的源头还在《德国民法典》第 818 条第(3)款(Schlechtriem, Restitution und Bereicherungsausgleich in Europa I, no. 292 p. 252),体现为对实际净得利(enriquecimento patrimonial)负责的原则。具有决定性的是,得利人的实际状况和如果未曾得利的假想状况之间的差额(Antunes Varela, Obrigações em geral I[10], 513;STJ 15 November 1995, BolMinJus 451 [1995] 387;比较《民法典》第 566 条第(2)款,以及,STJ 25 September 2008, Processo 08P2860)。至于契约无效情形的返还,则受无效规整而不是(辅助性质的)不当得利法的辖制,而在契约无效后的返还制度下,不承认得利减损抗辩(《民法典》第 289 条第(1)款;参见 Menezes Leitão, Enriquecimento sem causa[2], 448)。在这里,凡所受领的,皆应返还(Menezes Leitão loc. cit. 447;Gomes, Conceito de enriquecimento, 110)。这也是两套规则最为重要的区别(Pires de Lima and Antunes Varela, Código Civil Anotado I[4], note 1 under art. 289, p. 265;批评意见,参见 Gomes loc. cit. 609)。另外,恶意得利人的责任与无效契约当事人的责任并无不同(《民法典》第 479 条第(1)款)。对双务契约背景下的返还来讲,差额说被视为蛇足,因为得利减损抗辩从一开始就被排除;如果所获财产丧失,偿还其价值(《民法典》第 289 条第(1)款;参见 Menezes Leitão loc. cit. 451, fn. 1335)。如果销售契约无效,因为出卖人出售的是他人财产,仅在这种情况下,善意买受人可以请求返还购买价款,而不必向出卖人返还(《民法典》第 894 条);也只在这种情况下,契约当事人的责任被限制于幸存得利(Menezes Leitão loc. cit. 451, fn. 1336)。即便契约是与未成年人订立的,返还事宜亦受无效规整辖制;同样,不能援引得利减损抗辩(Schlechtriem loc. cit. no. 300, p. 560)。就得利的计算,判例法的立场殊难分析,因为原则上,这一问题是由强制执行程序料理的(《民事诉讼法》第661条第(2)款);参见例如,STJ 6 December 2006, CJ [ST] XIV [2006-3] 154;STJ 24 February 2005, Processo 04B4601。

6.《德国民法典》第818条第(3)款承认得利减损抗辩。第(3)款不但排除了返还所受领财产的义务,亦排除了偿付价值的义务(除非不当得利诉讼的债务人节省了费用,从而事实上无所减损)。只有善意得利人方受保护(《民法典》第818条第(4)款,第819条)。双务契约(尤其是买卖契约)的各方当事人都已履行,嗣后,所购买的财产在买受人占有期间丧失或者损毁(没有赔偿金),这时,若是只允许买受人请求偿还购买价款,却不许出卖人提出反请求(《民法典》第818条第(3)款),当然不合理。判例法与学说对此点深加体谅,遂提出所谓差额说(Saldotheorie),据此理论,不当得利诉讼的债务人(在给定的例子中,出卖人)得主张其有所减损,即提供给买受人的汽车*的价值,这样,出卖人仅负给付差额(Saldo)的责任,也就是净得利。差额说于以下情形不适用:(a)债务人不值得保护(例如,因为欺诈),(b)债权人欠缺行为能力,因而比债务人更值得保护,或者(c)财产丧失归因于财产瑕疵,债务人[原文作"债权人",译者改]对此瑕疵负有责任。在这些情形,无所谓差额,两件请求权各自考虑[所谓二不当得利请求权对立说(Zweikondiktionentheorie),参见 Palandt (-Sprau), BGB[67], § 818, no. 46]。

7. 照《匈牙利民法典》第361条第(2)款设定的一般规则,得利于返还请求提出前丧失的,不负返还责任。不过,如果得利仍以某种形式存在于得利人的资产中,则无所谓减损。所以,得利人将财产售出的,或者得到了赔偿的,得利未减损。为自己的利益,得利被消费或者耗尽的,不能说得利消灭[BH 1993/500(钱用作了生活费);BH 1987/312(钱用来购买耐用消费品,还有豪华游)]。是以,一般来讲,如果得利人将受领的财产赠与他人,或者失窃,或者因其他原因而丧失或损毁而没有赔偿,只有这些情况,才认为构成得利减损[Petrik (-Bíró), Polgári jog II[2], 654/1; Gellért (-Benedek), A Polgári Törvénykönyv Magyarázata[6], 1393-1395]。另外,只有得利人于减损之际为善意的,还有或者没有理由认为自己负有返还义务,或者对财产的丧失或损毁不负责任的,才可以援引减损抗辩,例如,BH 2003/66(取得股份之际为善意,但售出之际,应该认识到其负有返还义务),比较BH 1992/541。为了应付生活开销而处分的,尤其受《民法典》第361条第(2)款之宠渥优遇。无效契约的返还,由契约法而不是不当得利法调整,前者不承认得利减损抗辩。

8. 保加利亚不当得利法不承认得利减损抗辩。同样,这一抗辩归入了被告是否"实际"得利的问题当中(参见 Neosnovatelno obogatyavane, 185,详尽的比较法分析)。立足于得利减损原则的考虑见于《债法典》第58条(欠缺行为能力人的返还)和第57条第(2)款(善意受领人的后续处分)。比方说,无完全行为能力人将买卖标的处分给第三人的,不当得利诉讼的债权人只能向第三人请求返还(Vassilev, Obligazionno pravo, 593)。依斯洛文尼亚法,已将财产善意处分的,受领人得援以为抗辩;这时的责任限于从第三人处得到的利益,受领人善意将财产赠与他人的,免除责任(Cigoj, Teorija obligacij, 260)。

9. 在荷兰法上,善意受领人已将获得的财产处分的,也就不再能够履行返还财产的债务,但并不对给付人负债务不履行的责任,因为依《民法典》第6:74条第(1)款,受领人得主张其对债务不履行并不负有责任:只要没有理由认为自己负有返还义务,受领人即不必负谨慎债务人应有

---

* 前面未提到汽车。

的注意(《民法典》第6:204条第(1)款)。不过,很典型的,受领人系因受领购买价款而得利,依不当得利法的规则,价款必须交还,作为赔偿(《民法典》第6:78条第(1)款),也就是说,限于受领财产的客观市场价值。不当得利法不要求吐退利润[《民法典》第6:104条,参见Asser(-Hartkamp), Verbintenissenrecht I[12], no. 447, p. 397;Scheltema, Onverschuldigde betaling, 170]。另外,就不当得利法,《民法典》第6:212条第(2)款规定,受领财产价值的减少,如果不可归咎于得利人,不予考虑。第6:212条第(3)款进一步补充说,就价值的减少,如果得利人没有理由认为自己应负赔偿责任,就不能归咎于不当得利诉讼的债务人。如果不是因为得利,债务人就不会支出的费用,若债务人为善意,亦应纳入考虑,减少责任[Asser(-Hartkamp), Verbintenissenrecht III[12], no. 366 p. 385;van Maanen, Ongerechtvaardigde verrijking, 47;Spier/Hartlief/van Maanen/Vriesendorp(-Vriesendorp), Verbintenissen uit de wet en schadevergoeding[2], no. 321 pp. 302-304]。第6:212条第(3)款与第6:204条正相对应,同时也是第6:75条(归责的概念)的具体化。

10.《爱沙尼亚债法典》第1033条、第1035条和第1038条就得利减损详加规制。如果得利标的已经损毁或者耗尽,或者因为其他什么原因已不在债务人的资产中起到得利的作用了,这也就意味着并没有什么表现为费用节省的持久的得利了,债务人遂得免除责任(Supreme Court 17 June 2004, administrative matter no. 3-3-1-17-04)。债务人将财产赠与他人,视具体案情而定,如果可以证明,若是未曾得利,债务人就会赠与他物,那么债务人就节省了费用(Tampuu, Lepinguväliste võlasuhete õigus, 98-99)。无效双务契约的各方当事人都已经履行的,只有得利人欠缺行为能力或者是受了欺诈或胁迫而订立契约的,才可以援引得利减损抗辩。如果在减损之际,得利人知道或者应该知道其负有返还债务,亦被排除于减损抗辩之外。类似地,在不法得利的场合,只有得利人不知道也不应该知道其是在非法处分他人权利的,才可以援引减损抗辩。

11.斯堪的纳维亚国家不接受得利减损概念。依一般规则,就请求返还的当事人来说,应得到资财的全部价值赔偿,除非他方当事人已经取得了资财所有权。资财耗尽的,价值赔偿责任不受影响(Karlgren, Obehörig vinst och värdeersättning, 35;Vinding Kruse, Restitutioner, 378;比较, Hakulinen, Obligationsrätt, 395)。契约系由未成年人或者受监护人订立从而无效的,拆卷事宜受特别规制,未成年人或者受监护人的价值赔偿责任限于受益范围[瑞典亲权法(föräldrabalk)第9章第7条;芬兰监护法(Laki holhoustoimesta);丹麦监护法(Bekendtgørelse af værgemålsloven)]。不过,这些规则不能类推适用于其他案型。相反,照一般规则,应负全部的价值赔偿责任;这一结论得由破产法关于向破产财团的返还规制中推知:参见Lennander, Återvinning i konkurs[3], 345。赫尔纳的不当得利法教科书认为(Hellner, Obehörig vinst, 271),这样的一般方案对于资财占有人来说可能过于严厉,但他同样不主张对得利人所得利益加以限制。占有人只能将特定改良费用扣除[参见第Ⅶ-4:101条(归因的情形),注释]。于特定情形,原告亦得对原始资财的替代物主张权利,比如得利人的保险金请求权利,这也算是对原告略示宽仁之意了[参见第Ⅶ-5:101条(可移转之得利),注释]。另外,资财意外损毁或者丧失的,责任是否应予限制或者免除,尚未有定论。一些力倡限制责任的作者主张,只有资财损毁系由占有人的故意或者过失行为造成的,方负责任(Agell, Skadeståndsansvaret vid obehöriga förfoganden över annans egendom, 197, 208, 221;Ussing, Erstatningsret, 233;Vinding Kruse, Erstatningsretten[5], 280)。

13. *苏格兰法上,可没有得利减损的一般理论,距第Ⅶ-6:101条这样的精雕细琢,相去甚

* 原文缺12。—编者注。

远,但大略观来,亦通过其他手段,达致相似结果。在某些场合(比如,未成年人订立的无效契约),得利被理解为幸存利益;在其他场合,得利减损观念则全被下面这条原则所吞没,即法院仅在合乎公平的范围内判令返还不当得利(虽能交差,但未免失之模糊与宽泛)。

14. 又到了英国,上议院既于利普金案(Lipkin Gorman v. Karpnale Ltd. [1991] 2 AC 548)承认了境况变更抗辩,前面便是一马平川,得就返还法加以彻底检修,并于不当得利原则之上重建(这一立场见,Lloyds Bank plc. v. Independent Insurance Co. Ltd. [2000] QB 110, 113)。* 这一抗辩原则上得适用于所有不当得利请求:Birks, English Private Law I, no. 15.59。其将善意被告人的责任额度减低至收到诉状时的幸存利益范围内:Birks loc. cit., no. 15.44。在利普金案中,那位讼师从其事务所顾客账户中非法提取了金钱用于赌博,就善意支出的赌金,赌场得要求扣除。拾得他人财产又赠送出去的,亦得援引这一抗辩:Birks loc. cit., no. 15.50。境况变更抗辩要求被告人无可归责:参见 Marsh v. Keating (1834) 8 Bligh N. S. 651, 5 ER 1084; 2 Cl. & F 250, 6 ER 1149; 1 Bing NC 198, 131 ER 1094 (HL)(被告所在事务所的某位合伙人将原告的股票非法出售,被告人得到销售收益,被告人本应认识到这是非法出售,若尽合理注意,得阻止那位合伙人的行为)。

示例1借鉴 CA The Hague 20 December 2005, publ. 26 September 2006, LJN no. AY8847;示例3受 BH 2005/115 法官评述启发;示例4改编自 TS 28 December 1999, RAJ 1999 (5) no. 9147 p. 14388,示例14改编自 STJ 10 November 1981, BolMinJus 311 (1981) 353。

第Ⅶ-6:102条　善意与第三人为法律行为

若得利人:

(a)因换取得利而给予第三人其他利益;且

(b)当时为善意。

得利人亦不负得利返还义务。

---

* 利普金案是英国法承认不当得利的第一案,重要的理由即在于,"这也是境况变更抗辩首次在英国法上得到承认,而这一抗辩只有通过不当得利的推理才能得到合理说明"(Burrows, Understanding the Law of Restitution: A Map Through the Thicket, in Andrew S. Burrows, Understanding the Law of Obligations: Essays on Contract, Tort and Restitution, Hart Publishing, 1998, p. 52)。英国法一贯强调对交易安全的保护,途径自然只有两条:一是在责任成立阶段就为原告的返还请求设立各种苛刻的条件;一是把重心转到抗辩阶段,为被告提供一些更为有力的对抗手段,这样在责任成立阶段就可以对原告表现得稍微慷慨些。传统英国法采取第一种方案,利普金案既然一般性地承认了不当得利原则,在责任成立阶段,就可以更为容易地初步(prima facie)认定原告的返还请求,于是理所当然地,就必须在抗辩阶段设置相匹配的机制。戈夫勋爵在判决中写道,如果善意被告人的境况发生了很大改变,令他全部返还会造成某种不公正,而这种不公正相较驳回原告返还请求的不公正来得尤甚,那么就有境况变更抗辩适用的余地。他接着提出了几个限定:被告将金钱花费这一单纯事实不足以构成抗辩,因为这种开销可能是他在通常情形下也会负担的;"如果被告改变其境况之时存在恶意,当然不能援引这一抗辩,例如被告明知使得原告享有返还权利的相关事实,仍然将这笔钱花费;而且一般来说,不法行为人也不能援引这一抗辩。只有根据案情,这些事项值得深入考虑的时候,才能派上用场"([1991]2 AC 580)。

评　论

总说。

若是没有本条这样的条款，那么在不少例外情形，本来并非不当得利因之而生的那笔交易的当事人，却可能担上返还责任。在法律效果方面，与对财产的善意取得人[依第Ⅶ-2:101条（得利无法律上之原因的情形），其得利有法律上之原因]加以保护的基本政策考虑如出一辙。这样的条款所以必要，是因为善意取得的规则适用范围着实有限。在善意取得之外，也就是得利人为换取得利而付出了对价，但并没有取得财产权利的场合，同样应对其加以保护。

示例1

由于X百般施压，D被迫将小舟售与X。嗣后，D撤销了销售契约，依可得适用之财产法，契约的撤销使小舟的所有权重归于D。此前，E从X那里将小舟包下，E因利用D的小舟而得利，D要求E支付使用费。不过，E已经向X付了款，而且交易之时为善意。如果E并没有因善意交易而取得小舟所有权（比方说，因为包租人的权利性质上并非所有权），那么就因为利用小舟而侵犯了D的权利。这种利用利益在法律上找不到原因（因为善意取得的财产法规则不适用）。不过，E为利用小舟而善意地向X付了款，故得据此向本条抗辩告帮。

直接受领人。

本条适用的一种情形为，依对第三人所负的债务，失利人应向得利人履行，而那宗债务是无效的，或者因为欺诈、胁迫或者（比方说第三人的）不公平优势，或者失利人欠缺行为能力，债务被撤销。因为失利人并非自愿履行，尽管得利人乃是基础法律行为的第三人，失利人例外地亦得直接对得利人主张权利。参见第Ⅶ-2:102条（清偿对第三人所负之债务），结合第Ⅶ-2:103条（自由同意或者自愿履行）第（2）款。

示例2

恶棍X两头白面，先是扮做E的代表，一番蒙骗，让D向E付了款。那边又扮做D的代表，E收了款，便向X交了货。E有所得利（金钱），相对D来说，无法律上之原因。不过，E为换取所受领的利益，向X交付了利益（货物），故得援引本条抗辩。

间接受领人。

第二类案型则为，得利之发生，乃是得利请求当事人[应为第三人]中间介入的结果——也就是说，并非直接从失利人处受领或者获取得利。

示例3

X未经D的许可,取走D的砖块,在E的土地上建筑工作物。因为X的介入,E之得利(砖块因附合于土地而成为E地产的一部分)可归因于D之不利(丧失砖块所有权):参见第Ⅶ-4:105条(因介入行为而归因),尤其是第(2)款。不过,如果E已经与X订立了建筑契约并且付了款,再假设E不知道也不应该知道X无权利用那批砖块,E得主张本条抗辩。

示例4

D因为错误向X付款,X转而将钱款赠与E。尽管D得请求X返还不当得利,但因为得利又转让给了E(设X为善意),X遂得第Ⅶ-6:101条(得利减损)抗辩之优渥眷顾。如果(因为刚才说的抗辩)X的继续转让使得X对D的责任归于消灭,E之得利(取得金钱)可归因于D之不利(丧失对X的不当得利请求权):第Ⅶ-4:103条(债务人向非债权人清偿;得利的善意移转)第(2)款。

换取。

只有为换取得利而付出其他利益的,本条抗辩方得适用。这尤其是指,实际所得到的利益,必须是与第三人为交易时所构想的利益。为了换取最终确实从失利人那里所得到的利益,得利人给予了第三人利益的,仅仅是这样的事实,还不足以为得利人提供保护,因为与第三人的交易可能并不能把得利涵盖进去。

示例5

D租赁X的酒店,依租赁契约条款,年租金相当于酒店收入的20%,但不得低于2.8万欧元。X将债权让与银行E,并将让与事项知会了D。D向E清偿租金债务,由于错误,本来只该付2.8万欧元,却付了5.4万欧元。D得请求E返还多付的部分。设X向E谎报,说约定租金为5.4万欧元,诱使E受让债权,替代X对E所负的债务,相对D来说,就多付的租金,E之得利仍无法律上之原因。虽然E给予了X利益(X对E所负债务消灭),就多付的租金,E仍不得主张本条抗辩。经恰当分析,E给予X利益,不是为了换取D实际支付的5.4万,而是为了换取X对D的租金请求权。X谎报了请求权的价值,E所期待的租金比他事实上有权主张的数额要高,这些并不会害及D。

善意。

本条所谓善意与第Ⅶ-5:101条(可移转之得利)第(5)款的善意概念含义相同。

示例6

X系某公共财务机构D的雇员,有权动用某政府账户,凡勾当公事的差旅费,都可以从这个账户的公共基金中报销。X欠了勾栏女子E几笔风月债,遂滥用权限,从账户中支了钱给那女子。E绝没有傻到会相信,政府的钱袋子,能应她的恩客的指令,偿这风月情债。她当然应该知晓,这债务清偿乃系非法。是以,E对D负偿还债务。

抗辩的限度。

与第Ⅶ-6:101条(得利减损)不同,本条抗辩乃是完全抗辩(complete defence)。抗辩若成立,责任彻底排除,而不仅仅是将得利人的不利(得利人给予第三人的利益)扣除。与仅仅是相应(pro tanto)限制得利责任[的减损抗辩]相比,本条抗辩更有助于维护法律的确定性,促进财产的商业流转。既已善意有偿取得利益,应保证受领人不对任何第三人负不当得利返还责任。

注　释

1. 既然罗曼语(Romance)*诸法律体系并没有独立的不当得利法,故对不当得利返还请求,这些法域的立法者也就未制备统一的抗辩体制。本条所涵摄的诸种情形,同样不是从抗辩事由的角度来讨论的,而是置于其他规则,通常是财产法规则的背景下分析。比方说,X与E达成协议,由X在E的土地上建造房屋,X用窃来D的建筑材料施工,E对D是否负返还责任?在西班牙法上,这就得援引《民法典》第365条。如果建筑材料的使用人(X)破产,土地所有人(E)就必须对第三人(D)负价值赔偿责任。如果D请求X返还无果,依第365条,E对D负责任。土地所有人和材料使用人之间有契约关系的,第365条果真意图将其纳入涵摄范围,还是大可质疑的(参见Díez-Picazo, Fundamentos III[4], 264,以及,Basozabal Arrue, Enriquecimiento injustificado por intromisión en derecho ajeno, 290);照这些学者的看法,那契约给了土地所有人保有建筑材料的法律原因。只有E、X间的契约无效的,才另当别论;这时,E对D直接负责,并得向X追偿。

2. 意大利法也一样,只在极少的例外情形,利用代位诉讼(actio surrogatoria),失利人才得对给付的实际得利人主张权利(Trimarchi, L'arricchimento senza causa, 103)。其他情形,得利请求都得循给付链条而行。不过,就刚才提到的利用第三人材料建筑房屋的例子,依《民法典》第937条第(3)款,就建筑材料的价值,材料利用人与恶意的土地所有人负连带责任。至于善意的土地所有人,只是就尚未支付的材料价款,蒙受不利的(原始)材料所有人得就其价值主张赔偿。土地所有人已经支付了材料购买价款的,对材料原始所有人不负责任。这最后一点,在本质上与第Ⅶ-6:102条的方案一致。

3. 和意大利一样,在葡萄牙法上,《民法典》第606条第(2)款和第609条涵摄情形下的失利人,得利用代位诉讼(acção sub-rogatória),对给付的实际受领人直接主张权利(Antunes Varela, Obrigações em geral I[10], 495, fn. 2)。就不动产的(非天然)添附(《民法典》第1339-1343条),财产法包含了复杂的援引规范,其中就包括对不当得利法的明确援引。就利用非属自己的材料在他人土地上施工的,由《民法典》第1342条规制,思路同意大利模式(Pires de Lima and Antunes Varela, Código Civil Anotado III[2], 168, note 1 under art. 1342)。要不是这一例外,财产转移的直接性要件就贯彻始终了(Gomes, Conceito de enriquecimento, 438, fn. 719)。不过,若是有建筑契

* 衍生自拉丁语的相关语族,以罗曼诸语言为母语,最主要的是法语、西班牙语、葡萄牙语、意大利语和罗马尼亚语。罗曼诸语言刚开始是通俗拉丁语的方言,这种通俗拉丁语在罗马占领意大利、伊比利亚半岛、高卢以及巴尔干半岛期间,在这些地区散播开来,并在5~9世纪发展为几种各自独立的语言。

约在先,就不能请求得利返还(STJ 30 May 2006, Processo 06A825),因为仅在《民法典》第481条下(无偿处分),方允许直接诉讼(Menezes Leitão, Enriquecimento sem causa[2], 858, 861)。

4. 依《德国民法典》第818条第(3)款,不当得利受领人所支出的费用或者所遭受的其他不利,依"若非—则否(but for)"的因果标准,系得利(并非高度不可预见的)结果的[所谓相当因果关系(adäquat kausal)],应从不当得利责任中予以扣减[Palandt(-Sprau), BGB[67], § 818, nos. 30 and 40]。而在非给付得利场合[Nichtleistungskondiktion(所有权法定取得时的赔偿;无权处分)],不当得利债务人为了获得财产而向第三人所为的给付,不得扣除[MünchKomm(-Lieb), BGB[4], § 818, no. 81]。这些是得利的原因,而不是得利的结果(BGH 3 June 1954, BGHZ 14, 7, 9)。是以,某人出于善意自窃贼处购得财产,而后通过加工使之成为新物,并因法律规定成为新物所有人的,对赃物的原所有人,负不当得利责任(《民法典》第951条,第812条),就付给窃贼的购买价款,不提主张扣除(BGH 11 January 1971, BGHZ 55, 176)。

5. 保加利亚法不接受得利减损抗辩。就本条例1来讲,D以欺诈为由将契约撤销后,必须依《债法典》第55条第(1)款请求X返还小舟。E虽然向X付了款,却不能主张得利减损;这不能为他提供什么抗辩(Goleminov, Neosnovatelno obogatyavane, 185)。E只能撤销与X的契约,并向X主张救济。在将窃得的材料用于建筑的场合,由于材料已用于地上建筑,原始所有人失去对建筑材料的所有权(《财产法》第92条),或者依侵权法请求处分人赔偿,或者依不当得利法请求土地所有人偿付。土地所有人虽已向使用了建筑材料的施工人付款,似乎也不受保护(Stavrou, Vuprosi na bulgarskoto veshtno pravo, 678-679)。

6. 荷兰法的立场并不太清晰。最高法院1993年1月29日判决(HR 29 January 1993, NedJur 1994, no. 172 p. 728)* 提出了与本草案第Ⅶ-6:102条不同的方案。在这起案件中,儿子雇请承揽人在父亲的土地上建筑谷仓。承揽人对父亲提起诉讼,得到法院支持,父亲知道儿子订立的协议。父亲已经给了儿子建造谷仓的钱,但未被认作抗辩事由;父亲应该认识到,钱一定得付给承揽人。从荷兰法的角度来,这似乎才是决定因素。

7. 依《爱沙尼亚债法典》第1038条,因侵害他人权利而恶意得利的,不得将取得成本从得利中扣除。反之,善意得利人得主张取得成本构成得利减损。

8. 在苏格兰法上,善意"第三方"购买人或者处于类似处境者,基本不可能对失利人负责任,部分理由在于,既已支付对价,即无所谓得利,还有部分原因在于,法院拥有充分自由裁量权,认为返还有失公平的,即得不判令返还。另外,苏格兰法固执地认为,不当得利请求的对象,只能是失利人授予了利益的人,或者从失利人那里取走了利益的人,普遍抵触将矛头他指。

9. 要说对权利的善意取得,英格兰法的进路颇有些严厉,可要论对善意有偿取得人的保护,英格兰法便显得颇为宽仁,这一立场于返还法中打下深深烙印,令间接得利人受益匪浅:参见 Dextra Bank & Trust Co. Ltd. v. Bank of Jamaica [2002] UKPC 50 at [47], [2002] 1 All ER (Comm) 193 (PC)。善意有偿取得货币的,即为货币所有人:Birks, English Private Law I, no. 15.37。所有人受了欺诈将货物售出,购买人继而转售,原所有人对货物已失其所有人权益的,要请求转购人返还货物,就必须证明转购人知道或者应该知道欺诈事实:Whitehorn Brothers v. Davison [1911] 1 KB 463。如果受领人乃是纯粹的"无偿受让人(volunteer)",也就是说,并非购买人,就不要求知悉原告的衡平权益[equity,撤销与受领人所有权前任人(predecessor in title,原

---

* HR 指荷兰最高法院(Hoge Raad)。

始财产所有权人)之间契约的权利]:Bainbrigge v. Browne (1881) 18 Ch. D 188, 197 (Fry J) (不当影响)。类似地,对[衡平法上的]追踪权利请求,支付了对价的善意购买人亦得主张抗辩:参见,第Ⅶ-4:103 条,注释 11。

示例 5 取材于 A. P. 946/2002, ChrID 2 (2002) 689;示例 6 取材于 BGH 21 October 2004, NJW 2005, 60。

第Ⅶ-6:103 条　不法性

据以获取得利的契约或者其他法律行为因违背[第Ⅱ-7:301 条(违背基本原则的契约)意义上的]基本原则或者强制性规范而无效或者被撤销的,若得利返还有悖此等原则或者规范背后的法政策,得利人不负返还义务。

评　论

总说。

本条援引了第二卷第七章第三节(违背基本原则或者强制性规范)。据第三节条款的构思,不法性将对契约效力造成不同影响,具体视不法的精确性质和目的以及其他情势而定。与之桴鼓相应,本条为法官提供了有力的开放工具,鉴于可得适用之强制性规范或者基本原则,得判定失利人不得依本卷请求返还。

不法性和法律上之原因。

得利系依契约获取的,还没到考虑本条抗辩事宜,先得解决的问题是,得利是否有法律上之原因——这问题取决于契约的效力,进而取决于不法性对契约效力的影响。第Ⅱ-7:303 条(无效或者撤销的法律效果)明确指出,契约因不法性而溯及失去效力的,其返还事宜由不当得利法规制。

示例 1

E 雇请 D 从事清洁工作,但(E 知道)D 没有工作许可证。等 D 依约定完了活儿,E 拒绝付款。雇佣契约是否有效,又效力如何,要看第二卷第七章第三节(违背基本原则或者强制性规范)条款适用的结果。只有契约无效或者被撤销,E 因受领服务所得之利方无法律上之原因,也只有这时,针对 D 依本卷提出的返还请求,方生 E 得否告帮本条抗辩的问题。

示例 2

D 经营雷达车速探测器业务,兜售给那些唯恐在车速监视区违章犯规的司机。在高速路上使用这玩意儿,用来勘测是不是进入了监视区,可是触犯了刑律。因为这玩意儿会鼓励司机胆大无忌地放车飞驰,反正进了监视区,就会发出警报,故有可能违背公共政策。如果双方当事人都知道探测器给拿来做这个使，那八九不离十，销售契约就抵触了公共政策。如果依第二卷第七章第三节（违背基本原则或者强制性规范）的规则，契约无效，那么就得根据本条来判断，当事人是否应负返还设备和价款的义务——D（供应商）和E（依无效契约从D处购得设备的受领人）是否得诉请对方当事人返还得利。对双方当事人来说，法律效果一样。

标准。

照本条的构思，就得利返还请求，能否主张（完全或部分的）不法性抗辩，取决于在个案情境下，对认定不法性的法政策，得利返还是抬了轿，还是塌了台。

相关因素。

要判断得利人得否主张不法性抗辩，以下考虑尤关肯綮［在判断基础契约是否有效或者可执行方面，同样重要，参见第Ⅱ-7:302条（契约违背强制性规范）］：(a)各方当事人的可责性；(b)遭违反的原则或者规范，其目的何在；(c)遭违反的原则或者规范，旨在保护何种当事人；(d)遭违反规则可能施加的处罚；(e)违反的严重程度；以及(f)违反与行为之间关系的紧密程度。

例示。

将以上考量因素适用于示例1，一方面，雇员提供了服务，却得不到报酬，生计无着，深值悲悯，另一方面，令此种契约栽了跟头的法律规范，其目的乃在保护合理的劳动力市场，要将这两方面称斤掂两。权衡之下，似应允许雇员就其工作有所主张，不过只能限于实际工作的价值——这是考虑了雇佣非法（即不安全、不稳定）因素后的价值，当然低于合法劳动力市场上此种服务的价值。在示例2中，相关法律规范的目的在于，遏止此种设备的供应和使用。就设备价值提出的请求，自不应照准，如此方能阻扼供应商从事这种业务的念头；若是允许返还设备（同时返还价款），令原状得以恢复，打击公开销售和使用这种设备的法政策也就竹篮打水了。

示例3

D借给E一笔款子，知道E打算拿去摩洛哥买毒品。等毒品到手，D要求返还借款。依第Ⅱ-7:302条（契约违背强制性规范），借款契约无效，因为双方当事人都知道目的非法。就D依本卷提出的本金返还请求，E得告帮本条抗辩——非在保护E（其主张一无是处，但捡得倘来之物），而在阻遏放款人以后资助毒品交易。

注　释

1. 在法国和比利时，契约因不法而无效的，如法谚所谓，申诉自己丑行，不被听许（Nemo auditur propriam turpitudinem allegans），双方俱有罪愆，概不得诉请返还（in pari causa turpitudinis cessat repetitio）（Bénabent, Les obligations[10], no. 233）。任何人都不得援引自己的不法行为来为返还请求张目（nemo auditur）。判断契约是否违背善良风俗，不法性（illicéité）乃是重要考量因素,但不具决定意义。判断契约是否有悖善良风俗,法官拥有宽泛的自由裁量权(Malinvaud, Droit des obligations[9], no. 407)。比方说,当事人缺乏从事相关贸易的资格,契约因之无效而当事人已经履行的,返还救济被排除(CA Brussels 9 June 2006, no. de rôle 2005 AR 632;CA Liège 4 February 2003, no. de rôle 2001RG349)。

2. 就依无效契约所为给付的返还事宜,《西班牙民法典》第1305条、第1306条设置了详尽规则,将依非法诉因(causa torpe, turpis causa) * 所为的给付,排除于返还救济之外。这些给付所据的原因违背了善良风俗,不足以支持契约的成立。是以,与法国和比利时不同,"申诉自己丑行,不被听许",尤其是"双方俱有罪愆,概不得诉请返还",可是明白写入了法典,当然[如《纳瓦拉民法典》(Compilation of Foral Civil Law of Navarra Act Ley)第510条第(2)款],不是在不当得利法或者至少非债清偿返还法部分,而是写在契约法里头(Delgado Echeverría and Parra Lucán, Las nulidades de los contratos, 290)。《民法典》第1305条排除的情形为,契约内容构成犯罪;而在第1306条,非法诉因还不到受处罚的地步。第1305条将双方当事人的行为俱构成犯罪与只有一方当事人的行为构成犯罪这两种情形区分处理。就前者来讲,双方当事人俱不得请求返还;契约标的还可能依《刑法典》充公。至于刑事定罪是不是排除返还救济(而不只是充公)的前提条件,还有争议(支持意见,参见 Díez-Picazo, Fundamentos I[6], 583,反对意见,参见 Delgado Echeverría and Parra Lucán loc. cit. 302-303),民事法庭则多通过适用《民法典》第1306条,而不是第1305条,来回避这难题(例如,CA Girona 13 November 2005, BDA JUR 2006/51579)。只有一方当事人行为构成犯罪的,依第1305条,无辜当事人仍得请求返还。如果双方当事人的行为都不构成犯罪,但契约违背善良风俗,如何依第1306条排除返还权利,主要取决于所涉当事人的过错程度(详参,Delgado Echeverría and Parra Lucán loc. cit. 305)。虽然第1306条的措辞为过错,法院却将其扩张适用于原因或标的不法的所有契约:例如,TS 2 April 2002, RAJ 2002 (2), no. 2485 p. 4295(依第1306条,就经营药房的价值,不予赔偿;药房转让乃虚假行为,是为了规避许可证要求);TS 31 May 2005, RAJ 2005 (3) no. 4251 p. 8862(非法转让许可证;返还售价的请求被驳回)。第1305条和第1306条虽栖身于契约法,但照一般看法,亦可适用于非债清偿返还法和一般不当得利法(Delgado Echeverría and Parra Lucán loc. cit. 306);甚至是财产法上请求返还原物的场合,亦可援引(Carrasco Perera, ADC 1987, 1055, 1067)。但也要注意,《民法典》第1305条和第1306条也可能受其他特别条款的掣肘——尤其是《雇佣契约法》第9.2条,就已经从事的工作,不能仅仅因为雇佣契约无效,就剥夺雇员的工资请求权。第9.2条的一个目的在于保护那些因为居留证问题导致雇佣契约无效的雇员:TS [Administrative Chamber] 28 May 1991, RAJ 1991 (4) no. 4215 p. 5791[不过,没有居留证已经不再为雇佣契约的无效原因:TS 9 June 2003, RAJ 2003 (3) no. 3936 p. 7268]。

3. 依《意大利民法典》第2035条,给付目的违背善良风俗的,不得请求返还所为给付。赌博契约,接受色情服务(CA Trento 16 May 1955, Rep. Giur. it. 1956, voce Indebito no. 8)或者婚姻居间(Cass. 25 March 1966, no. 803, Foro it. 1966, I, 1963),承诺不嫁/娶某人(Cass. 30 May 1953, no. 1633, Foro it. 1954, I, 194),害及第三人的欺诈协议,俱为此间适例。不当得利诉讼亦被排

* Causa torpe, turpis Causa〈拉〉非法的对价或者诉因:在法律上不足以支持合同或者诉讼的成立。元照,第1363页。

除(Moscati, Pagamento dell' indebito, 366)。* 据最高法院的看法,第2035条的目的在于避免"盘诘丑行"(inquiries into scandalous matters)(Cass. 11 April 1949, no. 868, Giur. it. 1950, I, 1, 242)。第2035条涵摄情形下的受领人事实上因之而捡了便宜,法院解释说,那是因为给付人的行为较受领人尤为令人不耻(Cass. 29 April 1961, no. 985, Foro it. 1962, I, 765)。从措辞上看,第2035条仅言及违背善良风俗;单纯的不法或者违反强制性规范不在文义范围之内。另外,第2035条还要求双方当事人都追求令契约违背善良风俗的目的。若只有一方当事人的动机违反善良风俗,契约仍为有效(例外,《民法典》第788条,赠与动机违法)。若是违背善良风俗的动机(例如,借钱资助非法赌博)与良善动机(出于友谊而借贷)同时并举,则据其他情势判断是否得请求返还(照准返还请求的例子,Cass. 20 June 1960, no. 1627, Foro it. 1961, I, 89;驳回返还请求的例子,Cass. 17 June 1950, no. 1555, Rep. Giur. it. 1950, Voce Giochi e Scommesse, no. 4)。代孕契约,向母亲付了款的,依第2035条,亦为违背善良风俗(CFI Monza 27 October 1989, Giur. civ. comm. 1990, I, 335);而为了休戚与共、慷慨奉送(spirito di liberalità)所订立的契约,则为有效(CFI Rome, ord. 14-17 February 2000, Riv. it. med. leg. 2000, 593)。

4.《葡萄牙民法典》并没有设置"申诉自己丑行,不被听许"的规则;违法或者违背善良风俗契约的拆卷事宜,由契约无效的一般规整区处(Schlechtriem, Restitution und Bereicherungsausgleich in Europa I, no. 503, p. 657)。依《民法典》第280条,法律行为履行不能或者违法的,无效;违背公共秩序和善良风俗的,亦然。第280条是对第294条的具体化,依后者,法律行为违背强制性规范的,无效,除非法典对其法律效果另有规定(比如第1306条)。不管哪种情形,都要判断,为了法的目的,是否有必要做无效处理(Hörster, Parte geral, 520; Schlechtriem loc. cit. no. 502, p. 656)。

5. 双方当事人俱为给付,而给付之受领违背了强制性规范或者有悖善良风俗的,《德国民法典》第817条第2句将不当得利返还请求权排除。照普遍看法,不限于文义,这一句亦扩张适用于仅给付一方当事人行为如此不端的情形,另外,亦不限于第817条第1句背俗或违法的返还请求权(condictio ob turpem vel iniustam causam),并得适用于各种给付型不当得利[Palandt (-Sprau), BGB[67], § 817, no. 12; Medicus, Schuldrecht II[14], no. 659]。至于第817条第2句得否类推适用于非不当得利请求权,则众口哓哓,莫衷一是。判例法迄今持拒斥态度,主要理由是,这一句具有例外性质(BGH 31 January 1963, BGHZ 39, 87, 91; BGH 9 October 1991, NJW 1992, 310, 311; BGH 8 January 1975, BGHZ 63, 365, 368);就此立场,学术界或赞或弹,分立两厢[详参例如,MünchKomm (-Lieb), BGB[4], § 817, no. 26 and Erman (-Westermann and Buck-Heeb), BGB II[12], § 817, no. 11]。而旨在限缩第817条第2句的目的解释(teleological interpretation)亦见力倡,比方说,在借贷契约因为高利贷而无效的场合。照一般的理解,在这里,第817条第(2)款并非意指出借人无权请求返还本金,不过是说,在约定期间内,出借人只好允许对方无息利用本金:给付标的不是让与金钱,而是交出一段时间(Medicus loc. cit. no. 661; Sprau loc. cit. nos. 15 and 21)。另外,亦见主张,应根据遭违反规则的保护目的,对第817条第(2)款的适用范围加以限制。这一立场尤于现金雇佣(cash-in-hand employment)**场合显示其意义,目

* 第2035条为非债清偿返还法的内容。

** 不向主管官署上报的雇佣(unreported employment),俗谓秘密(under the table)工作,以现金付酬(cash-in-hand),主要是为了避税或者规避其他法律,是地下经济(underground economy)的主要因素。

的在于确保雇员得到恰当报酬(参见 Westermann and Buck-Heeb loc. cit. no. 15)。

6. 依《匈牙利民法典》第200条第(2)款,契约违背法律或者善良风俗的,原则上无效。此种契约的拆卷事宜,由契约无效法规制。而就应予返还的标的,法院或应公诉机关申请,将之充公(第237条第(4)款)。不过,这一规定在今天几不见适用,行将为民法典改革方案所废弃。不当得利法中的对应条款(《民法典》第361条第(3)款)亦同此命运[Vékás(-Vékás), Szakértöi Javaslat az új Polgári Törvénykönyv tervezetéhez, 1145]。保加利亚则早在1993年就将《债法典》中的相当条款(第34条第2~5款)删刈。与本草案第Ⅶ-6:103条相似的条款,仅见于《商法典》第717d条第(3)款,违法参与破产清算的,不得请求返还提前支付的金钱。《斯洛文尼亚债法典》第87条第(2)款则将"申诉自己丑行,不被听许"的原则再加申叙。如果契约因为内容或者目的违背了基本道德原则而无效,不诚实的当事人要求补偿其向对方当事人所提供的给付的,法院或会全部或者部分地驳回其请求;法院作出裁决,会考虑一方或者所有当事人在多大程度上为善意,还有受威胁利益的重要性。

7.《荷兰民法典》第6:211条时或被称作契约杀手条款(huurmoordenaarsclausule, contract killers' clause)。* 契约内容触犯刑律或者违背善良风俗的,依该条,所为给付不得诉请返还。这种给付不能原物返还,也不得以金钱估价。而只要无悖诚实信用,对待给付一般倒是可以请求返还。所以,比方说,勒索案的受害人就有权请求返还。债法中排除返还权利的规定,一般亦适用于第5:2条请求返还原物的权利(第6:211条第(2)款):在这里,例外地,取得权利的基础无效的,不会令权利的移转亦无效[Parlementaire Geschiedenis VI, 821; Asser(-Hartkamp), Verbintenissenrecht III[12], no. 345, p. 359; van Kooten, NTBR 1995, 99, 101; HR 28 June 1991, NedJur 1992, no. 787 pp. 3395-3405; HR 2 February 1990, NedJur 1991, no. 265 p. 1117; HR 7 September 1990, NedJur 1991, no. 266 p. 1122]。

8. 依《爱沙尼亚民法典总则》第84条第(1)款,无效法律行为自始不生效力。除非法律另有规定,依无效法律行为所受领之物,应依不当得利法返还。违反公序良俗的法律行为无效(《总则》第86条),违反禁止性规范的,如果规范目的即在令行为无效,尤其是不许特定法律效果发生,法律行为亦无效(《总则》第87条)。依《债法典》第1028条第(2)款第3项,法律行为无效的,如果返还有悖无效条款之明文或者其规范目的,让与人不得请求返还受领人所受领者。是以,比方说,销售麻醉剂、禁用武器或者运动兴奋剂的契约,或者贿赂款的支付,当然无效;若得返还,则将抵触《刑法典》的规定。

9. 在苏格兰,此间未有完善规则,但想来结果相去不远。

10. 在英格兰法上,原告依非法契约给付并请求补偿的,则有法律原则谓,"违背道德之对价,不生诉权(ex turpi causa non oritur action)"。** 原告提出的如果是不当得利请求[合理价款(quantum meruit)],而[支持原告的请求]在本质上看起来似乎是在强制执行为法令或法政策所排击的契约,局面亦与前句同:Chitty on Contracts I[30], chap. 16 passim。而如果原告是想从交易中脱身出来,并请求返还交付的金钱或者转让的财产,被告或得基于"同有过失,被告地位较强(in

---

* 买凶杀人(contract killing):为收取酬金而受雇杀人。

** 英译为"Out of base consideration an action does not arise",参见郑玉波:《法谚(二)》,法律出版社2007年版,第306页。

pari delicto potior est condition defendentis)"* 的原则主张抗辩。如果双方当事人是基于平等的基础订立契约,而且都知道契约的不法性质,任何一方都不得请求返还:Chitty on Contracts I[30], no. 16 – 177;Parkinson v. College of Ambulance Ltd.[1925]2 KB 1(购买人已经得到对方让与权利的允诺,但最终没有取得权利,不得请求允诺人返还价款);Shaw v. Shaw[1965]1 WLR 537;Taylor v. Chester(1869)LR 4 QB 309(为妓馆的淫逸侈靡订立酒馔供应契约,交付金钱若干,担保供应服务,返还请求未获照准);Bigos v. Bousted[1951]1 All ER 92。反之,制定法的禁止性规范,或者普通法上的契约不可强制执行规则,如果目的在于当事人不具同等过错(pari delicto),** 则得提起取得或收到金钱的返还之诉:Browning v. Morris(1778)2 Cowp 790 at 793, 98 ER 1364(Lord Mansfield LCJ),*** 另见,Hermann v. Charlesworth[1905]2 KB 123,**** 立意亦在保护弱势当事人,但搁在当今社会,多少显得另类。交易尽管不法,财产权却仍可能于普通法上已经移转,参见 Taylor v. Chester(1869)LR 4 QB 309;鲍梅克案,Bowmakers Ltd. v. Barnet Instruments Ltd.[1945]KB 65(CA),涉及出售前的租用,***** 此点得哈姆森案背书[Hamson,(1949)10 CLJ 249 – 259, 250 – 251];Singh v. Ali[1960]AC 167;Tinsley v. Milligan[1994]1 AC 340, 370(Lord Browne – Wilkinson),但不可据此对抗原告[比如在侵占侵权诉讼中],因为这就等于间接强制执行契约。受益权转移的,衡平法上的立场相似[廷斯利案:Tinsley v. Milligan[1994]1 AC 340, 374(Lord Browne – Wilkinson)],但衡平法上的索赔权于特定情形可能不具强制执行力。以对价完全落空为基础的返还救济被排除,因为这种救济必须援引不法协议(Chitty loc. cit. no. 16 – 179)。为没有提出的给付提供担保而转让了财产权的,一样处理:Chitty loc. cit。是以,依传统的立场,不管普通法,还是衡平法,资产依不法契约落于何处的,便许其置于何处[Muckleston v. Brown(1801)6 Ves Jun 52, 69, 31 ER 934, 942(Lord Eldon)]。不过,如果制定法的效力不仅在于阻挠基础契约的执行力,并要令转让无效,则转让人得据其(保留的)权利请求返还财产:Amar Singh v. Kulubya[1964]AC 142。在这点上,为非法目的授予土地租赁权与彻底转让相似:尽管不法,租赁权仍可能有效地赋予承租人在土地上的有限的所有人权益[Feret v. Hill(1854)15 CB 207, 139 ER 400]。但土地所有人不得据承租人的盖印契约请求支付租金:The Gas Light & Coke Co. v. Turner(1839)5 Bing NC 666, 132 ER 1257(Court of Common Please), affirmed(1840)6 Bing NC 324, 133 ER 127(Court of Exchequer);Alexander v. Rayson

---

* 英译为"In equal fault, the dondition of defendant is the best",同上注,第227页。

** 这句表述不顺,大概意指,双方当事人具有同等过错的,不得诉请返还;反之,过错较轻的一方可以请求返还。

*** 曼爵道,"如果原告向被告行贿,当然不能诉请返还,因为双方当事人都触犯了刑律。但某种契约或者交易,如果制定法严令禁止的目的,是为了保护易受污辱与损害的一类当事人免遭另一类当事人的压榨盘剥,那么双方当事人即没有同等过错;为了促成此等立法目的的实现,受损害的当事人,于交易完成之后,自得奔赴公堂,废除契约"[Browning v. Morris, Cowper, 790, 792(1778)]。

**** 原告恨嫁,付给被告52英镑,央浼给自己找位谦谦君子。媒妁契约无效。4个月后,诉请返还媒金,为法院照准。

***** 原句为"租用之前出售给原告(the sale to the plaintiffs prior to hire)",莫可索解。查案情为:被告依租购协议租用原告的机床,协议不合乎制定法的要求。因被告未依协议支付租金,原告请求返还机床,被告以协议不法抗辩,未获法院首肯。原告主张自己仍然拥有所有权,故不必讲什么协议不法(http://www. e – lawresources. co. uk/Bowmakers – Ltd – v – Barnet – Instruments – Ltd. php,2013年1月1日访问)。

[1936] 1 KB 169, 186-187。土地所有人似乎也不能因为承租人没有交付租金,就剥夺其租赁权,这样看来,就地产的利用,应没有权利请求补偿;土地所有人只好容忍承租人在剩余租赁期间无偿占有土地:参见 Chitty loc. cit. ;但请比较,Hamson loc. cit. 257-258[认为应适用对让与人更为友好的寄托法规则(bailment rules)*]。类似地,不法租赁契约下的寄托赋予了受托人"特别财产权(special property)",如同合法契约一样可以对抗寄托人:Scarfe v. Morgan (1838) 4M&W270, 281, 150 ER 1430, 1435;Taylor v. Chester (1869) LR 4 QB 309;Hamson loc. cit. 251 and 253。是以原则上财产不得返还:Hamson loc. cit. 253;Bigos v. Bousted [1951] 1 All ER 92;Archbolds (Freightage) Ltd. v. S. Spanglett Ltd. [1961] 1 QB 374, 384。就约定的租赁费用,也不能主张,作为对利用财产的补偿:Pearce v. Brooks (1866) LR 1 Ex. 213。不过,如果受托人违反了协议条款,寄托人便可请求返还——表面看来,原告并非依据不法契约主张权利:参见鲍梅克案,Bowmakers Ltd. v. Barnet Instruments Ltd. [1945] KB 65, 71 (CA)[租购协议违反了供应部(Ministry of Supply)的条例,机床在被告处寄管,原告提起侵占侵权诉讼,机床一部分出售给了第三人,还有一部分,也未应原告请求返还],**就转售部分的处理,得到哈姆森案判决赞同(Hamson loc. cit),就没有返还的部分,受到批评,因为这就等于(通过侵权诉讼)间接强制执行了协议;Belvoir Finance Co. Ltd. v. Harold G. Cole & Co. Ltd. [1969] 1 WLR 1877。如果信赖的是权利而不是契约。也就是说,原告不必依据自己的不法性来执行财产权利[Tinsley v. Milligan [1994] 1 AC 340, 370 (Lord Browne-Wilkinson)],那么就可以获得救济,这样的原则,不管普通法,还是衡平法[早期判决则持否定态度,Taylor v. Chester (1869) LR 4 QB 309],都已经采纳为统一规则。如果依不法契约已经取得了财产权(Webb v. Chief Constable of Merseyside Police [2000] QB 427:毒品交易收益)或者通过盗窃取得了占有(Costello v. Chief Constable of Derbyshire Constabulary [2001] EWCA Civ 381, [2001] 1 WLR 1437),即得以此财产权或者占有权为据,对抗那些对财产并不享有更高权利或者制定法上保有权利的人。在廷斯利案中(Tinsley v. Milligan [1994] 1 AC 340),原被告双方[系情侣,]共同出资购买了房产,为了使被告能够诈取社会保障金,他们将房产登记在原告一人名下。后双方关系破裂,原告要求独占房屋,被告提出反请求,主张一半的衡平法权益:此前的不法图谋,并不妨碍被告依归复信托取得衡平权益;***被告只要援引她在归复信托下的权益即可,而不必向那不法性告帮。另外,为非法目的让与财产的,如果让与人撤销了计划(locus poenitentiae),或者仅仅是因为目的无法落实,则可证明其并未意图让与受益权利,参见 Tribe v. Tribe [1996] Ch 107:父亲负了债,为了对付债权人,遂将公司股票让与儿子,由儿子以信托方式持有,待打发了债权人,再予归还——但受到学界批评(Chitty loc. cit. 16-182),认为这只会鼓励不法行为,因为原告无所丧失。值得注意的是,鲍梅

* 寄托:动产所有人,即寄托人(bailor),为特定的目的,如储存、租赁等,按照合同明示或默示的方式将其动产交与他人,即受托人(bailee)保管,待特定目的实现后,受托人将财产交还寄托人或按寄托所规定的方式处置该财产。寄托期间受托人应尽一定的管理寄托财产之责任。寄托不同于买卖或赠与,它只涉及财产占有的改变而未移转所有权。一般而言,寄托不产生信任关系(fiduciary relationship)。寄托可以是有偿的,也可以是无偿的。它包括把货物托付无偿保管、财产委托、托管、为短期使用而进行的货物租赁、为提供担保而进行的货物质押以及财产租赁。受托人一般须承担合理注意义务。元照,第128页。

** 参见上文译注。

*** 归复信托(resulting trust):当财产转让的情形表明让与人并没有使受让人从财产受益的意图时,法律就将其规定为信托。它是一种默示信托(implied trust)。元照,第1193页。

克/廷斯利原则并未为澳大利亚法院遵循[Nelson v. Nelson (1995) 132 ALR 133]——与本条立场一致,基于法的根本目的的政策进路于彼邦更受青睐。另请参见 Kiriri Cotton Co. Ltd. v. Dewani [1960] AC 192。

示例1取材于 BGH 31 May 1990, BGHZ 111, 308;示例2借鉴 BGH 23 February 2005, NJW 2005, 1490;示例3源于 CA Girona 13 November 2005, BDA JUR 2006/51579。

第七章 与其他法律规则的关系

第Ⅶ-7:101 条 私法上其他请求返还的权利

(1)据契约或其他法律行为而得利的,如果其他规则针对任意解除、解除、减价或者其他情形授予或排除了得利返还请求权利,则适用其他规则。

(2)本卷不涉及得利返还请求权利的财产法效果。

(3)据契约或其他私法规则而生之请求返还的权利,不受本卷影响。

评 论

A. 契约法规则的排他性:第(1)款

总说。

就某种返还事宜,若契约法规则意图全面担纲,不管是授权返还权利,还是排除返还权利,本卷都为之止步。这时,由契约法方案出来规制。若是就返还事务,契约法规则保持了沉默,本卷则继续适用。

排除请求返还的权利。

若是依契约法的构思,得利不应返还,相关事务应由契约法上的各种救济手段来解决,不当得利法再要强迫返还得利,便会与契约法规整相冲突。

偏离债务条款。

如果由于带来得利的给付不合乎契约,从而得利人不能据法律行为对得利主张权利[第Ⅶ-2:101 条(得利无法律上之原因的情形)第(1)款],得利无法律上之原因,即与本条相关。如果给付不合乎契约,因之而生的法律后果首先乃属契约法事宜。如果货物或服务的受领人愿意寻求其他救济,例如主张修理或者更换的权利,或者服务提供人有权利坚持修理而不是更换所提供的货物,则依本卷请求返还得利的权利即被排除。同样,若令受领人负担返还得利的债务将抵触给付请求权的逻辑的,亦得给契约法避席让位。契约关系遭解除的,得利返还请求权随之而生,这一事实表明,因不合要求的给付(履行构成不履行)而给予利益,这本身还不足以构成返还请求权发生的法律事实。事情取决于契约解除法的规则或者与其他契约救济方式的相互作用。

示例1

D车行答应给E的车喷涂宝石蓝金属漆,由于混淆,给喷成了银灰色。就D所提供的服务,E没有付款义务。除非契约解除,D倒是负有重新喷涂的义务。

面向将来失去效力的债。

如果契约遭解除,或者一方当事人退出契约,或者其他什么途径,契约不具溯及效力地终止,仅令未了债务和给付请求权归于消灭,那么,就那些在所讲法律事实发生前所得之利,本卷视之为有法律上之原因,因为那些事实对契约债务不具溯及效力;此前对得利已享有的权利,不受影响。参见,第Ⅶ-2:101条(得利无法律上之原因的情形),评论B。这时,就授予他方当事人的利益,由契约解除法或者有关债务面向将来消灭的其他特别规则来决定,当事人得据何种权利(如果有的话)来请求返还。

因不可原宥的不履行而解除契约。

主要的特别情形就是契约解除权的行使。此种权利得由当事人明确约定:参见第Ⅲ-1:108条(协议变更或解除)。在他方当事人不履行的情形,亦得因法律规定而生。解除不会令契约溯及无效;仅仅是免除当事人的将来债务:参见第Ⅲ-3:509条(对契约债务的效力)第(1)款。是以契约仍然有效,于解除前依契约所获取的得利,即非为依溯及无效的契约所获取。由于解除的主要效力限于契约的将来运转,所以只是阻止契约为任何嗣后得利(因解除后的履行而得利)提供法律原因。第Ⅲ-3:510条(因履行所受领利益的返还)及其后条款赋予了任一当事人请求返还解除前依该契约所授予利益的权利。第Ⅶ-7:101条的效力之一即在于明确,这些规则不受本卷影响。契约法既已提供了相应救济,本卷即不必重复制备。

示例2

房地产所有人E与D订立契约,将房地产出租给D。依协议,D应对房地产加以改良。D虽然开了工,但进展太过迟缓,E将契约解除。就因为改良E的财产而给予的利益,D如何主张权利,由契约解除法中的返还规则区处,本卷不予适用。

因可原宥的不履行而解除契约(契约落空)。

契约因可原宥的不履行[即落空(frustrated)]而解除的,契约法将原先当事人合意达成的债务重塑为返还或者价值赔偿的契约债务。重塑方案则为,一方当事人得乞援于解除救济[第Ⅲ-3:101条(可得之救济)],而他方当事人不得再为履行,不履行并因之免责[参见第Ⅲ-3:104条(因障碍而免责)]。因可原宥的不履行而解除契约的,(如同因不可原宥的不履行而解除契约,)就依契约所给予的利益,得依第Ⅲ-3:510条(因履行所受领利益的返还)及其后条款请求返还。同样,在这里,于契约落空前因履行所获取之得利有法律原因(返还请求权因之被排除),因为作为履行依据的契约,虽因不履行而解除,仍为有效:解除,只是免除当事人将来的履行义务。契约并非溯及失去效力。就此而言,是因可原宥的不履行还是不可原宥的不履行而解除,对本卷来讲无关宏旨,因为解除的效果并无区别。

任意解除权的行使。

因当事人行使任意解除权(right of withdrawal)* 而终止契约的,是契约债务只是面对将来失去效力的第二种情形。行使任意解除权的法律效果,并非使契约溯及地无效,而只是自权利行使之际终止契约:据第Ⅱ－5:105条(任意解除的效力),这种权利的行使,将解除契约,契约解除的一般返还规则(经略微修正)遂得适用。是以,因一方当事人履行契约债务所获取之得利,契约嗣后取消的(cancelled[含义同解除]),乃据有效契约有权主张之得利,依第Ⅶ－2:101条(得利有法律上之原因的情形)第(1)款(a)项,有法律上之原因。就任意解除前所予之利益,请求返还的权利,仍属契约法事宜。

附解除条件的债。

契约债务只是面向将来失去效力的再一种情形是,以某不确定事实的发生为条件,事实一旦发生,债务消灭:参见第Ⅲ－1:106条(附条件的权利与义务)第(1)款。除非当事人别有约定,这种解除条件成就,法律效果即为债务结束:第Ⅲ－1:106条第(3)款。对不当得利法来说,这与因为解除权的行使而令契约终止的情形别无二样:债的终止并不会令权利溯及无效。是以,因为履行附解除条件的契约债务所得到的利益,条件嗣后成就的,得利仍有法律上之原因,不受契约债务后来终止的影响。第Ⅲ－1:106条第(5)款写明,返还事宜同样由第Ⅲ－3:510条(因履行而受领利益的返还)到第Ⅲ－3:514条(返还期间届满后的责任)的契约法规则区处。只有给付是在条件成就进而契约债务结束之后提出的,或者依当事人约定,条件成就将使契约溯及无效的,方才另当别论。

虽偏离契约但契约法并不规制的情形。

第(1)款适用的情形只是,规制法律行为的条款亦对返还事宜加以规制或者干脆将返还权利驱逐。是以,如果提出的给付落于契约四角之外(例如,给付人就给付内容犯下根本错误),而且契约法就返还事宜未置一词(既未赋予针对他方当事人的返还请求权,亦未排除此种权利),这时,尽管案件背景中可见有效契约的身影,得利仍无法律上之原因。

示例3

客户X指示银行D向Y支付。由于自己的疏忽,D银行错误地将款子付给了E(而不是

---

* 这一权利基本上是为消费者设计的,主要适用于消费者于营业场所之外缔结的契约(第Ⅱ－5:201条)以及消费者订立的不动产分时使用契约(第Ⅱ－5:202条),另外散见于有名契约编中的一些特别规定(第Ⅱ－5:101条)。其法律效果为解除;但又不像法定解除那样以根本违约为要件,以保护消费者为目的,行使此项权利不需附具理由(第Ⅱ－5:102条)。出于这两点考虑,不若译为任意解除权。

Y),以为那就是指示的内容。E 所以得利,是因为 D 意图清偿对 X 所负的债务,但给付不合乎债的条款,债务并未清偿。就这种给付,契约法规则倒是并未赋予 D 请求返还的权利;当然,也没有排除这种权利。依契约法,虽有付款,实为债务不履行,并未给予 X 什么利益。是以,本卷得以适用,D 得请求 E 返还不当得利。

落空的目的或者破灭的期待。

在契约仍为有效而能否依契约法请求返还取决于契约是否解除的情形,本卷不能为当事人提供返还救济(否则契约法对解除的倚重便会遭到动摇),这是基本的原则,即便失利人给了对方利益而自己又一无所获,也就是说,即便对待给付完全落空,这原则仍畅行无碍。如果契约有效,但失利人的期待破灭,或者得利的目的落空[,而且依第Ⅶ-2:101 条(得利无法律上之原因的情形)第(3)款,得利无法律上之原因,尽管受领人依契约对得利拥有权利],原告固然没有得到契约下期待的回报,但这一事实仍不足以依本卷主张权利。当事人所以得利,还是来自履行存续契约下的债务,所以,因为债务的根本不履行而解除契约的救济形式,只能是契约性质的。

示例 4

依销售契约,购买人 D 向出卖人 E 支付了一笔定金。在交付期日到来前,D 告知 E,其不会受领交付。如果 D 预期违反受领债务,E 有权保有定金。尽管 D 支付定金,只是作为换取货物的给付的一部分,而且没有获得支付定金时所期待的对待给付,还是不能依不当得利法请求返还定金。

B. 返还请求权利在财产法上的效力:第(2)款

财产权性质的请求。

本卷只管规定返还得利的对人请求(personal claim),至于在何种情况下,可以提起财产权性质的请求[不管是请求返还原物,还是财产权追踪(proprietary tracing)性质的请求],并非本卷职事。还有,何种请求返还的权利(包括本卷下的权利)得被视为具有财产法上的效果——从而不当得利债权人优先于得利人的无担保的普通债权人——本卷亦不予置评。

C. 私法上其他请求返还的权利:第(3)款

总说。

在所有私法领域,都可能遭逢请求返还得利的特别权利。内中就有本卷以为得利有法律上之原因而得依契约法主张的权利。得利表现为占有他人财产的,财产法赋予了请求返还原物的权利,并可能与请求返还得利的权利竞合。栖身于债法他处的那些,当然不能不留意,例如非契约责任法下请求损害赔偿的权利[尤其参见第Ⅵ-6:101 条(赔偿的目标与形式)第(4)款,请求侵权人归还获得的收益],本人请求好意介入人交付于介入过程中所获得者的权利[第Ⅴ－2:103条(介入后的义务)第(1)款],还有连带债务人之间的追偿权。

示例5

D将一台动物饲料称重设备售与农业公司E。后来知道,契约无效,而依可得适用之财产法,设备所有权并没有转移。D以自己仍保有所有权为由,诉请E交还设备。D又认为,从移转占有到返还期间,自己被剥夺了使用机会,要求损害赔偿。如果第Ⅵ－1:101条(基本规则)的其他责任要件得到满足(尤其是:就侵害D的财产权利,E的过失),D得援引第Ⅵ－2:206条(侵害财产权或合法占有造成的损失)第(2)款(a)项,要求对方承担非契约损害赔偿责任。另外,D还可以请求不当得利返还:参见第Ⅶ－3:101条(得利)第(1)款(c)项,第Ⅶ－3:102条(不利)第(1)款(c)项,第Ⅶ－4:101条(归因的情形)(c)项。不论本卷(第Ⅶ－7:101条),还是第六卷[参见第Ⅵ－1:103条(适用范围)(d)项],就不当得利返还请求和损害赔偿请求的竞合,都不会横拦竖阻。

示例6

事务所某位合伙人承兑了一张汇票,这是合伙债务。由于其清偿的债务超过了在连带债务中所占份额,故得向其他合伙人追偿:参见第Ⅲ－4:107条(连带债务人间的追偿权)。本卷下的权利无由产生,因为通过付款(从而给予了其他合伙人利益,所负债务亦消灭),这位合伙人消灭了自己所负的责任:参见第Ⅶ－2:102条(清偿对第三人所负之债务)。

注　释

Ⅰ.不当得利责任的辅助性原则

1.法国和比利时的欠缺原因得利法(enrichissement sans cause)受辅助性原则(principe de subsidiarité)掣肘:原告没有其他诉因告帮的,方可提起所得利益诉(action de in rem verso)(例如,Cass. com. 10 October 2000, Bull. civ. 2000, IV, no. 150, p. 136)。非债清偿返还之诉(action en répétition de l' indu)则不然,不受此束缚。但要说辅助性原则的精确内容到底如何,则为公认的难题。照一般的看法,仅在例外情形,方可乞援于所得利益诉;这被视为纯粹的纠错机制(mécanisme correcteur)(Fabre－Magnan, Les obligations, 968)。多有主张(但绝不是众口一词,参见Viney, JCP éd. G 1998, II, 10102),只有为了克服事实障碍(obstacle de fait),而不是法律障碍(obstacle de droit,比如,竞合的请求罹于时效),才能援用所得利益诉(Malaurie/Aynès/Stoffel－Munck, Les obligations[2], no. 1071 p. 574)。得否利用这种诉讼形式绕过其他权利请求摆不脱的证明难题,同样异见杂陈;最高法院的最近判例持肯定态度(Cass. civ. 5 March 2008, pourvoi no. 07－13902)。在2006年4月4日判决中(Cass. civ. 4 April 2006, D. 2006, 1187),两位过去的同居伙伴发生纠纷,因为无法证明所主张的销售允诺(promesse de cession),故提起不当得利诉讼,最高法院认为,上诉法院的驳回判决违背了不当得利原则(principes régissant l' enrichissement sans cause),故予受理。比利时判例法亦接受辅助性原则,当事人规避其他权利请求较短时效期间的做法,不为法院照准(Cass. 25 March 1994, Pas. belge 1994, I, 305)。不过,对第三人提起其他诉讼的可能性倒不会妨碍所得利益诉(CA Liège 16 February 1939, Pas. belge 1939, I, 1637)。*

2. 就一般不当得利诉讼的辅助性质,西班牙法同样未有明文。相关事宜由特别条款处理的,这些请求当然不受辅助性原则掣肘,例如,《不公平竞争法》(Unfair Competition Act)第18条第(6)款,《纳瓦拉民法典》第508条[Rubio Torrano (-Egusquiza Balmaseda), Comentarios al Fuero Nuevo, 1733]。而最高法院过去也反复申明,不接受一般不当得利诉讼的辅助性质,例如,TS 12 April 1955, RAJ 1955 (1) no. 1126 p. 602(侵害他人资财的返还诉讼:不法开采他人煤矿);TS 10 March 1958, RAJ 1958 (1) no. 1068 p. 686(不法处分他人的有刺铁丝网);TS 24 January 1975, RAJ 1975 (1) no. 95 p. 99(超出租赁契约范围开采他人煤矿);TS 14 December 1994, RAJ 1994 (5) no. 10111 p. 12935 [不当得利诉讼不具辅助性质(la acción de enriquecimiento injusto no tiene naturaleza subsidiaria)]。可是受了法国法的影响(Álvarez - Caperochipi, El enriquecimiento sin causa[3], 116;Díez - Picazo, Fundamentos I[6], 122),最高法院也曾屡屡表态赞成辅助性原则(而且不限于早期判例法),[例如,TS 12 January 1943, RAJ 1943 no. 17 p. 19,以及,TS 22 December 1962, RAJ 1962 (2) no. 4966 p. 3386],最近的判例已回归这一立场[TS 19 February 1999, RAJ 1999 (1) no. 1055 p. 1655;TS 22 February 2007, RAJ 2007 (2) no. 2233 p. 5283]。而照学术界的看法,如果动用不当得利法,纯粹是出于公平和社会正义的考量,只有这时,辅助性原则方派用场;其他情形,则可置而不卸了(Álvarez - Caperochipi loc. cit. 116;Díez - Picazo loc. cit. 123)。这派见解似乎已为通说(Lacruz Berdejo, RCDI 1969, 599 - 601;Álvarez - Caperochipi loc. cit. 118 - 120;Díez - Picazo loc. cit. 122;Miquel González, Enriquecimiento injustificado, 2806;Pasquau Liaño, CCJC 1999, 893;Basozabal Arrue, Enriquecimiento injustificado por intromisión en derecho ajeno, 336)。法律立场仍不明确,很重要的原因在于,法院向来在不同的意义上理解所谓"辅助性原则"。在有些地方,说一般不当得利诉讼是辅助性质的,因为其源自一般法律原则而没有在法典中明白写出[TS 30 April 2007, RAJ 2007 (2) no. 2396 p. 5676]。在其他地方,辅助性原则的功能是要防止利用不当得利法规避较短的时效期间(TS 19 February 1999 loc. cit.);有时,辅助性原则用来保证特别制定法条款的优先地位(例如,CAValencia 30 May 2007, BDA JUR 2007/260076;相反立场,CA Ourense 23 November 2001, BDA JUR 2002/22015);还有时,辅助性概念意指,只有主债务人破产的,才能对第三人提起不当得利诉讼[TS 12 July 2000, RAJ 2000 (4) no. 6686 p. 10232,以及,TS 22 October 2002, RAJ 2002 (5) no. 8774 p. 16027]。

3. 在意大利,不当得利诉讼的辅助性原则直接写进了《民法典》。依第2042条,受害人为得到赔偿,可以主张其他诉权的,即不得乞援于不当得利。如果其他权利请求罹于时效或者消灭(Cass. 5 April 2001, no. 5072, Giust. civ. Mass. 2001, 715)、在实际上无法成立或者仅涉及第三人[Cass. 9 May 2002, no. 6647, Giust. civ. Mass. 2002, 795:针对无权代理人(falsus procurator)的诉权排除了针对本人的不当得利诉权],亦不得提起不当得利诉讼。其他责任人破产的,辅助性原则是否适用,法院向来立场不一(详参 Alpa and Mariconda, Codice civile commentato IV, sub art. 2041 I, 1)。《民法典》第2042条的目的在于,防止所涉当事人就同一损害获得重复赔偿。如果

---

* 此句意指,对债权债务关系之外的第三人,可以提起其他诉讼的,不得以辅助性原则为由,排除所得利益诉。所得利益诉,在其源头也就是罗马法上,就是针对第三人的。参见第Ⅶ-1:101条,注释3。

是就不同损害提供补充赔偿,自不受妨碍。是以,就得利人通过侵害他人权利所获得的利润,得请求不当得利返还,哪怕同样的诉求在侵权法上不成立(参见 Albanese, Resp. civ. e prev. 2004, 538)。

4. 匈牙利(判例法的立场很牢靠,参见例如,BH 1983/484, BH 1985/230, BH 1996/93, BH 1997/400, BH 1997/483)和保加利亚(《债法典》第59条第(2)款)都认可一般不当得利诉讼的辅助性质。只要受害人还能主张契约法、侵权法或者无因管理法上的权利,提起给付返还之诉,或者依财产法主张权利,即不得援引不当得利诉因。不过,失利人得对第三人主张权利的,并不会排除《债法典》第59条第(1)款下的权利(Vassilev, Obligazionno pravo, 600)。其他国家也讲辅助性,但在很狭窄的意义上理解——当事人受有效契约或者适法无因管理法律关系拘束的,即不得主张不当得利(比如爱沙尼亚)。照如此理解的辅助性原则,实在难谓是对诉讼竞合的规制,毋宁说,不过是得利"无法律上之原因"要件的回响。

5. 这也是德国的立场。* 在德国法上,不当得利请求权一般并不处在辅助地位,亦不排斥其他请求权。换言之,除非法律另有规定[例如,《民法典》第241a条(未预订的给付)],不当得利请求权与其他请求权独立并存[Palandt(-Sprau), BGB[67], Pref. to § 812, no. 10]。遵循诉讼自由竞合原则(free concurrence of actions):指向同一(或大体同一)法律救济的数种请求权,每种都依其自身要件各自评估[MünchKomm(-Kramer), BGB[5], § 241, no. 24]。可是在不当得利法内部,却贯彻辅助性原则,给付型得利返还诉讼优先于其他返还诉讼(后者是以处于辅助地位)。如果得利人系因他人之给付而得利,不以给付为基础的返还诉讼,不能为请求权打开通路,即便主张返还得利的乃是第三人,亦然(BGH 31 October 1963, BGHZ 40, 272, 278;BGH 27 May 1971, BGHZ 56, 228, 240);不过,诸多细节仍有争论(详参,Sprau loc. cit. nos. 2 and 43)。

6. 就其他法域,参见 PEL/von Bar and Swann, Unj. Enr., Introduction B8-40,详尽的国别报告。

Ⅱ.不当得利法上的责任与契约法上的责任

7. 在法国和比利时,不符合契约订立的法定形式要件的,法律后果为不生效力(invalidity)。《民法典》同时使用了无效(nullité)概念和取消(rescission)概念;两者同义。在今天的学术界,无效(nullité)已经确立了自己不生效力各种不同情形通称的地位;通常,以取消诉讼(action en rescission)指称无效的形式,其为给付与对待给付显失公平(lésion)的法律后果[Rép. Dr. Civ. (-Picod), VII[2], V° Nullité [2004], no. 16](例如,《民法典》第1674条以下:因显失公平而取消买卖)。取消诉讼的特点在于,得利人得提出弥补对方的损失,以此来挽救契约(《民法典》第1681~1682条;参见 Wéry, Vue d'ensemble sur les causes d'extinction des contrats, 5, 23)。除了不生效力,为了解决因契约订立或者履行中的瑕疵所生的问题,法国法和比利时法还设计了一整套的其他手段。就中即有法国的无对抗力[inopposabilité,不具对抗第三人的效力(lack of effects vis-à-vis third parties)];与不生效力一样,无对抗力也出现在缔约之际违反制定法条款的情形。其所违反的规范专以保护第三人为目的。就受影响的第三人来讲,契约无效,但在参与当事人之间,仍为有效(Picod loc. cit. no. 10)。就契约有效订立之后出现的一些情势,则有各种约束/制裁措施,如解除(résolution)、废除(résiliation)、撤除(révocation)、失效(caducité)和减价(réfaction);但在判例法中,这一系列的术语似乎含义并不那么稳定[Mazeaud and Chabas,

* 德国的立场与前述法域似乎不同,这"也"(also)不知从何而来。

Leçons de droit civil II(1)[9], no. 723 p. 846]。无效与解除(résolution)都溯及既往,参见《民法典》第 1183 条第(1)款,其将解除条件(condition résolutoire)界定为,一旦成就,将使事务处于如同债务未发生的状态下,从而产生同一的法律效果(Cass. com. 26 June 1990, Bull. civ. 1990, IV, no. 190 p. 129:双务契约解除,应返还至先前状态)。契约解除,得由法院命令为之(《民法典》第 1184 条),尤其是契约当事人设置为解除条件的不确定事件发生之后,或者一方当事人未履行债务的情形(Picod loc. cit. nos. 14 - 15)。解除的溯及效力不适用于持续性契约(contrats successifs);职事之故,就此种契约,法院一般只会判令废除(résiliation)。废除面向将来发生效力(详参 Bénabent, Les obligations[9], no. 399 p. 265;相反立场,Cass. civ. 7 June 1995, Bull. civ. 1995, I, no. 244 p. 171),而且并非嗣后不履行场合的选项(Cass. civ. 30 April 2003, Bull. civ. 2003, III, no. 87 p. 80)。当事人协议解除已经部分履行的契约,亦援引废除。如果双方当事人尚未据契约履行,则援引撤除(révocation);亦只向将来发生效力(Mazeaud and Chabas loc. cit. no. 723 p. 847),并且不影响第三人的权利(Bénabent loc. cit. no. 310 p. 226)。另外还有单方解除契约的权利(例如,《民法典》第 1780 条第(2)款)。只要不是滥用权利,并且遵守了相关通知期限的规定,所有无固定期限的契约都可以单方解除(Sériaux, Droit des obligations[2], no. 48 p. 192)。与废除密切相关的是失效(caducité);有时甚至是一回事儿(Bénabent loc. cit. no. 341 p. 247)。失效面向将来发生效力,并使有效订立的契约遭解除(Terré/Simler/Lequette, Les obligations[8], no. 82 p. 96)。契约订立之际不可或缺的生效要件,嗣后失其效力的,即为失效(Yester - Ouisse, JCP éd. G. 2001, I, 290, no. 3)。在瑕疵履行场合,法官判令减少对待给付的,即为减价(réfaction)[例如,《民法典》第 1644 条(销售),第 1722 条(租赁)]。在少数情形,虽无制定法依据,法院亦得判令减价(例如,Cass. com. 15 December 1992, Bull. civ. 1992, IV, no. 421 p. 296)。

8. 在比利时,解除(résolution /ontbinding)效力同样溯及既往;与法国上的概念相当(Stijns, De gerechtelijke en de buitengerechtelijke ontbinding van overeenkomsten, no. 15 p. 46)。废除(résiliation)概念在两种意义上使用。既用以指称双方合意解除契约(《民法典》第 1134 条第(2)款),在某些法有明文的情形[例如,《民法典》第 1794 条(劳务契约),第 2004 条(委托契约)],亦指契约单方解除(Wéry, Vue d'ensemble sur les causes d'extinction des contrats, 5, 24)。合意解除(résiliation amiable/wederkerige opzegging)仅对将来发生效力(Stijns loc. cit. no. 18 p. 51)。当事人也可以合意设置契约性质的单方解除权(Stijns loc. cit. no. 18 p. 52)。另外,就所有无固定期限或者持续时间很长的契约,比利时判例法也承认单方解除权(Cass. 9 March 1973, Pas. belge 1973, I, 640)。还有主张,废除亦应用于解除(例外地)不溯及既往的情形(Moreau - Margrève, JT 1968, 241;相反,Stijns loc. cit. no. 20 p. 54 and Wéry loc. cit. no. 25 p. 34),持续供应契约即为适例(Cass. 8 October 1987, RCJB 1990, 379, note Fontaine)。就单务契约,经常使用撤除(révocation/herroeping)概念,而不是解除和废除(van Gerven, Verbintenissenrecht I[6], 196)。最高法院 1980 年 11 月 28 日判决将契约及其他法律行为的失效(caducité/verval)概念引入比利时法(Cass. 28 November 1980, RCJB 1987, 70, note Foriers)。有一段时间,其适用领域与法国相同:参见 Cass. 16 November 1989, RW 1989 - 90, 1259,以及,Cass. 12 December 1991, Pas. Belge 1992, I, 284, concl. Janssens de Bisthoven。但最高法院 2000 年 1 月 21 日判决将失效概念限制于下面这种情形,即由于标的丧失,契约不再能实际履行。失效仅使契约面向将来终止(参见 van Ommeslaghe, RCJB 1988, 33, 44,采纳了更为微妙的进路,Foriers loc. cit.)。最后,与法国一样,也可能基于风险理论(risicoleer /théorie des risques)拆卷契约关系。依最高法院 1946 年 6 月 27

日判决,如果一方当事人的债务因不可抗力而消灭,他方当事人债务亦得免除,如果已经履行,得请求返还所给付者。

9. 今天的西班牙,学术界不再对契约和非契约性质的返还请求严加判分,而是根据各种特别返还之诉来区分不同案型。比方说给付返还诉讼(condictio de prestación)[参见第Ⅶ-4:101条(归因的情形),注释],从教义学上看,被理解为不当得利法的一部分,但却主要由契约法规制(仅非债清偿返还置于准契约法中):参见 Díez-Picazo, Fundamentos I[6], 125。此种诉讼形式尤其适用于无效契约的拆卷(《民法典》第1303~1308条)。所以最高法院判决才会有"《民法典》第1303条的给付返还诉讼"这样的提法[TS 23 February 2007, RAJ 2007 (1) no. 1475 p. 3172]。类似地,因双务契约解除所生的返还请求(《民法典》第1124条),一般是参照第1123条、第1122条(附解除条件的债)处理的,亦给看做给付返还诉讼的情形来讨论(Díez-Picazo loc. cit. 124)。依《纳瓦拉民法典》第508条,甚至构成不当得利法的一部分(TSJ Navarra 11 March 1997, BDA RJ 1997/1851;TSJ Navarra 8 October 1998, BDA RJ 1998/8598)。而零售商和销售代理商因为分销契约解除所提起的赔偿请求,则被定性为出资/费用返还诉讼(condictio de inversión)(TS 15 January 2008, BDA RJ 2008/1393;TS 22 June 2007, BDA RJ 2007/5427;TS 16 May 2007, BDA RJ 2007/4616)。违约解除(resolución por incumplimiento)的后果为溯及无效;履行持续债务的契约和连续供应契约则相反[TS 10 July 1998, RAJ 1998 (4) no. 6600 p. 9830;TS 24 May 1999, RAJ 1999 (2) no. 3927 p. 6087;Díez-Picazo and Gullón, Sistema II[6], 271;不同观点,Lacruz Berdejo and Rivero Hernández, Elementos II(1)[4], no. 128B]。依主流观点,法律关系的拆卷照第1123条第(1)款处理[Díez-Picazo, Fundamentos II[5], 723;Díez-Picazo and Gullón loc. cit. 249;Fernández González-Regueral, Resolución por incumplimiento, 173;TS 28 June 1977, RAJ 1977 (2) no. 3053 p. 2263;TS 7 July 1982, RAJ 1982 (2) no. 4219 p. 2744;TS 6 February 1984, RAJ 1984 (1) no. 576, p. 426]。不过,正如在无效情形一样,在判例法上,恢复原状(restitutio in integrum)仍然经常大行其道:解除(resolución)令当事人负有债务,将事态回复至如果没有订立契约将处的状态[TS 15 June 1995, RAJ 1995 (3) no. 4858 p. 6506;TS 23 October 1995, RAJ 1995 (4) no. 7104 p. 9518;TS 23 January 1999, RAJ 1999 (1) no. 419 p. 646],结果便是,无效和取消*规则(《民法典》第1303条、第1295条)得适用之[TS 11 February 1992, RAJ 1992 (1) no. 1207 p. 1531;TS 17 April 1997, RAJ 1997 (2) no. 2914 p. 4414]。由此看来,法律关系的拆卷,是因为契约订立时的瑕疵还是嗣后的不履行,在实务上已经没有什么区别了。无论如何,因为解除,当事人的履行债务得以免除,就已经受领的给付,则必须原物返还,这些都无可争议[TS 6 February 1984, RAJ 1984 (1) no. 576 p. 426;Fernández González-Regueral loc. cit. 175]。

10. 就因契约解除(risoluzione)而生的返还请求,意大利判例法基本上是适用非债清偿返还的一般规则(例如,Cass. 1 August 2001, no. 10498, Giust. civ. Mass. 2001, 1519;Cass. 4 February 2000, no. 1252, Giust. civ. Mass. 2000, 242;Cass. 13 April 1995, no. 4268, Giust. civ. Mass. 1995, 834;参见 Breccia, Il pagamento dell'indebito, 934 and Moscati, Pagamento dell'indebito, 119)。给付短缺有效法律基础的,各种不同返还形式为数甚夥,遂有建议,通过援引《民法典》第1463条、第1360条第(2)款、第1373条第(2)款和第1458条第(1)款,将之尽可能纳入单一规整(Moscati loc. cit. 145)。不过,在受领人不能原物(idem corpus)返还的情形,要协调契约解除法

* 取消(rescisión):参见第Ⅶ-4:101条,注释1。

和非债清偿返还法，仍非易事(Nicolussi, Lesione del potere di disposizione e arricchimento, 137)。是以，颇有主张，无论如何，非债清偿返还法不应适用于因违约解除(risoluzione per inadempimento)或者履行不能而解除(risoluzione per eccessiva onerosità sopravvenuta)而生的返还请求(详参 Nicolussi loc. cit. 148)。撤除(revoca)和废除(recesso)皆为解除的具体形式。撤除是用以解除其他单方法律行为(例如授权书或者订立契约的要约)或者只为一方当事人利益订立的契约(例如委托)的单方法律行为。废除则指称从任何契约的单方退出(《民法典》第1373条)。撤除令法律行为溯及无效；废除则主要面向将来发生效力(Bianca, Diritto civile III[2], 734)。废除是法典认可的契约解除事由之一(《民法典》第1372条)；分为约定废除(recesso convenzionale，由契约保留的解除权)和法定废除(recesso legale)。约定废除由当事人约定条款支配(《民法典》第1373条第(4)款)，但不适用于具有财产法效果的契约(Cass. 16 November 1973, no. 3071, Rep. Giur. it. 1973, voce Obbligaz. e contr. 95, 110, 111, 222; contentious)。法定解除权典型地见于以持续债务为内容的契约(《民法典》第1569条、第1596条第(2)款、第1616条、第1750条第(2)款、第1771条第(1)款、第1810条、第1833条第(1)款、第1834条、第1845条第(3)款、第1855条、第1899条第(1)款、第2118条)，总是面向将来发生效力，适用情形为他方当事人不履行以及情势根本变更(outlined in Roppo, Il contratto, 552)。在少数情形，这种解除亦溯及发生效力，也就是说，当事人负有恢复原状的义务。

11. 在奥地利，契约遭解除或退出(withdrawal)，依其所为之给付的返还事宜，由不当得利法规制。如果财产移转的法律基础最初有效，嗣后溯及失去效力，给付人得提起债因消灭的返还诉讼(condictio causa finita，《民法典》第1435条)。此间之适例得见于因嗣后履行不能而解除(《民法典》第920条，第1447条)，这里交易的基础消逝；赠与的撤除(第948条)；因不履行而解除(第921条；ConsProtA § 4)，包括了因瑕疵而解除(第932条；参见 OGH 25 October 1994, JBl 1995, 322)；还有，依以持续债务为内容的契约而预先给付，而契约因通知而终止(OGH 28 April 1905, GlUNF 3038)。因货物瑕疵而解除的，原则上亦受《民法典》第1431条以下的不当得利法规则辖制，并须遵照任何特别契约法规则[详参 Rummel (-Rummel), ABGB II(1)[3], Pref. to § 1431 no. 25]。而就以持续债务为内容的契约，则不适用解除规整(Rücktritt)，而适用通知终止规整(Kündigung)，面向将来发生效力(OGH 27 November 1962, SZ 35/120; OGH 26 September 1991, JBl 1992, 186)。这里，只有解除*例外地溯及发生效力的，例如就契约标的数量认识错误，才有可能依不当得利法拆卷契约(参见 OGH 16 November 1971, MietSlg. 23.071; OGH 27 January 1982, MietSlg. 35.089; OGH 15 November 1989, JBl 1990, 321)。

12. 就不履行或者履行迟延可归咎于债务人(《民法典》第798条以下)和不可归咎于债务人(第790条以下)两种情况，葡萄牙法加以区别处理。一方当事人履行不能的，他方当事人亦得免除履行债务，如果已经预先履行的，得依不当得利法请求返还所给付者(《民法典》第795条第(1)款)。这套规整相当于默示约定的解除条件(condição resolutiva tácita)。如果不履行或者迟延可归咎于债务人，债权人得解除契约，并(据案情)得请求返还所给付者；这时不得适用《民法典》第479条第(2)款(得利减损)(《民法典》第801条第(2)款；参见 Pires de Lima and Antunes Varela, Código Civil Anotado II[3], note 2 under art. 795, p. 50)。解除(《民法典》第432～439条：resolução do contrato)单方终止契约；只得基于缔约之后产生的事由为之(Antunes Varela,

---

* 通知终止(ending by notice)亦为解除。

Obrigações em geral II[7], 275)。解除事由既得为法定,亦得由当事人约定(《民法典》第432条第(1)款)。没有不当得利法适用的余地(STJ 20 January 2000, Processo 99B777)。契约拆卷的法律关系参照契约无效规整(《民法典》第289条、第290条;参见Brandão Proença, Resolução do contrato, 205)。不能归还受领之物的,失其解除权利(《民法典》第432条第(2)款)。解除具有追溯效力,但如此将有悖当事人意愿或者制定法目的的,除外(第434条第(1)款)。与解除不同,撤除(revogação,《民法典》第406条第(1)款、第265条第(2)款、第1170条)、通知终止以持续债务为内容的契约(《民法典》第434条第(2)款),还有失效(caducidade,《民法典》第1051条、第1141条、第1174条),仅面向将来发生效力。比如,租赁标的物损毁或被征收,或者承租人死亡,租赁契约失效(《民法典》第1051条)。参见Almeida Costa, Obrigações[11], 321)。

13. 希腊法将解除界定为,依相应的法定或者约定权限,以当事人的单方意思表示,于债务法内拆卷契约[Stathopoulos, Geniko Enochiko Dikaio A(1)[2], 1197;Georgiades, Enochiko Dikaio, Geniko meros, 511]。法定解除和约定解除应予区分。法定解除权得见于诸多条款,例如,《民法典》第382~384条、第386条、第401条,《消费者保护法》第3条、第4条。解除权仅涉及契约债务,不影响财产权交易;要发生财产法效果,需要当事人自己设置解除条件。契约一旦解除,履行债务因之消灭;已为之给付原则上应依不当得利法返还[债因消灭的返还之诉(condictio ob causam finitam)],但《民法典》第391~393条应予优先适用。依通说,解除将使契约关系溯及作废[CA Athens 5183/2001, EllDik 2002, 245;相反的观点,参见Georgiades and Stathopoulos(－Papanikolaou), art. 389, no. 8]。解除就已提供给付的受领具有溯及效力,并应于解除权行使之后予以返还,不能认为在解除权行使之前,受领有法律上之原因(Stathopoulos loc. cit. 1210)。契约解除法对不当得利法的援引,尤其在于《民法典》第908条有关责任范围的内容。原物返还不能的,应负价值赔偿责任。《民法典》第912条(当事人应该预见到返还义务后,负更为严厉的责任)亦适用于契约解除法(Papanikolaou loc. cit. no. 16)。不论其他,标的物损毁或者实质恶化而返还不能,债务人对此又不负责任的,不得解除(《民法典》第391条)。《民法典》第540条以下关于销售契约的特别规则,优先于契约解除法的一般规定。在受特别规制的消费者契约法领域,解除概念与民法术语体系中的用法并不完全一致。

14. 匈牙利法也一样区分约定解除与法定解除。解除使契约溯及至契约订立之际即无效;已受领之给付,应予返还(《民法典》第319条第(3)款,第320条第(1)款)。解除,以向契约他方当事人发出通知的方式为之。解除的功用在于,将局面恢复到若未订立契约应处的状况;是以,解除的效果与契约无效法上的效果范围相同(eo－exteusive)(BH 2004/320)。就当事人约定保留的解除权,设有一些特别规定。尤其是,若解除权人不能返还其所受领的给付,或者所受领给付的价值已显著降低,则不得行使解除权(《民法典》第320条第(3)款)。以持续债务为内容的契约,不得解除,只得以发出通知的方式终止。消费者契约法,却是与契约解除法协作;撤除(revocation)概念,限于撤回订立契约的要约(《民法典》第214条第(2)款)。保加利亚法也一样,解除溯及发生效力;只是以持续债务为内容的契约,才当别论(《债法典》第88条第(1)款)。在术语的使用上,解除与通知终止并没有严加判分。

15. 为了给契约终止法搭建起清晰的框架,并避免任何可能的术语混乱,爱沙尼亚的立法者颇费心裁(Kõve, Juridica IV 2003, 230)。就面对将来的单方终止契约,法典只设计了通知终止[ülesütlemine,《债法典》第195条以下,这套机制旨在终止以持续债务为内容的契约]和撤除

[taganemine,《债法典》第 188 条以下];后者终止的是涉及单一给付交换的契约。* 通知终止和撤除面向将来地消灭当事人的履行债务。但就返还债务的范围,两者有别。就前者来讲,只用返还预先提供的给付。而就后者,倘若当事人返还了自己所受领的,即得请求对方返还全部给付并所获之孳息和收益。就返还的金钱,还要偿付自受领时起的利息。在知晓当事人有权撤除之前,加工了受领物的,仍负不当得利返还义务(《债法典》第 190 条第(2)款)。

16. 当事人承诺向他人归还或者交付得利的,英国法承认,这创造了契约性质的返还权利;这不被看做是不当得利法的内容:Birks, English Private Law I, no. 15.02;Sebel Products LD v. Commissioners of Customs and Excise [1949] Ch 409;Nurdin & Peacock plc. v. D. B. Ramsden & Co. Ltd. [1999] 1 WLR 1249, 1266 - 1269。有了契约性质的返还请求,不当得利法就只好靠边站:Birks loc. cit. 15.02 fn 7;参见 Pan Ocean Shipping Ltd. v. Creditcorp Ltd. [1994] 1 WLR 161 (HL)(原告依契约预付了运费,不能请求债权人的受让人返还,因为契约明确,只有不该得的运费,才应返还)。反之,有效契约因为他方当事人不履行债务(根本违约)而解除的,即所谓对价落空(欠缺对待给付),已经履行的当事人得请求返还:Birks loc. cit., no. 15.33(不当得利诉讼)。制定法上的例子,参见 1977 年《侵权(侵犯动产)法案》第 6 条第(2)款所举第 3 例(赃车购买人得以对价落空为由起诉出卖人)。履行嗣后不能的[落空(frustration)],亦得请求返还。在法布罗萨案中,这是当做普通法事务来解决的,预付了款项而对价完全落空,参见 Fibrosa Spolka Akcyjna v. Fairbairn Lawson Combe Barbour Ltd. [1943] AC 32 (HL)(波兰公司向英国公司支付了机器货款,随后纳粹入侵波兰,履行不能,有权请求返还,因为没有受领也不再能够受领给付),推翻了 Chandler v. Webster [1904] 1 KB 493 (CA)。1943 年《法律改革(契约落空)法案》扩张并修正了返还条件:如果法院认为合乎正义要求,负有返还预付款项义务的当事人,为履行其所负的契约债务而承担了费用的,得在此范围内扣留所受领的金钱(第 1 条第(2)款但书),而给予了非金钱利益(例如服务)的当事人,如果法院认为正当,得请求偿还相当的价值金额(同样得考虑受领人承担的费用)(第 1 条第(3)款)。法院承认,这些条款背后的原则,都是要预防不当得利:参见 BP Exploration Co. (Libya) Ltd. v. Hunt (No. 2) [1979] 1 WLR 783, 799 (Goff J)。

17. 就不当得利法与契约法关系的更多议题,参见第Ⅶ-2:101 条(得利无法律上之原因的情形),注释。

Ⅲ. 不当得利责任与财产法上的请求返还原物

18. 法国法和比利时法强调,首先得弄清楚财产权法的准确适用范围,来确定不当得利法与请求返还原物(vindication)的关系。由法典的结构(而非《民法典》第 544 条的文本**)可知,财产权法限于有体物,参见 de Page and Dekkers, Traité élémentaire de droit civil belge V[2], no. 1134 p. 997;Rép. Dr. Civ. (- Sériaux), VIII[2], v° Propriété [2003], no. 26;另见,Cass. req. 25 July 1887, S. 1888, 1.17, note Lyon - Caen;D. 1888, 1.5, note Sarrut [作者权(droit d'auteur)不是民法典意义上的财产权]。迄至今日,这也还是主流观点[参见 Sériaux loc. cit.; Mazeaud and Chabas, Leçons de droit civil II(2)[8], no. 1351 p. 117]。不过,把财产概念束缚在有体物上,是也非也,几十年来众口嚣嚣、不可胜听。自 1992 年《知识产权法典》(Code de la propriété intellectuelle)颁行

---

* "单一给付交换"(single exchange of performances),可能是相对于前句的持续性债务而言。

** 《法国民法典》第 544 条:"所有权是最绝对地享有和处分物的权利,但法律或条例禁止的使用除外。"

以来,知识产权概念已确立了自己知识性财产权利涵盖性术语的地位,比利时的情况亦无二致(de Page and Dekkers loc. cit.)。这样的发展动态催促回答,知识产权得否纳入《民法典》第544条的财产概念;学术界的立场却未遭动摇,仍予拒斥(Terré and Simler, Les biens[5], no. 35 p. 35; Edelman, D. 1992, Chron. 91; de Page and Dekkers loc. cit.; Malaurie and Aynès, Les biens[5], no. 412 p. 117; Mazeaud and Chabas loc. cit.)。无独有偶,对债权请求得否主张财产权(a propriété des créances)的问题同样激起众议喧腾(赞成者,例如,Zenati, Rev. trim. dr. civ. 1996, 422-425,反对者,例如,Sériaux loc. cit. no. 21; Mazeaud and Chabas loc. cit.; Larroumet, D. 1998 Jur. 92, 93),亦无疾而终。如果法律坚持原来的立场,将《民法典》第544条的财产仍绑缚于有体物之上,那么仅就有体物,(于其无法律原因而给予或受领之后,)方有请求返还原物与不当得利法的返还请求竞合的可能。如果货物是基于无效契约提供的,出卖人仍为所有权人。根据辅助性原则,所得利益诉(action de in rem verso)只得给请求返还原物避席让位。不过,非债清偿返还之诉(action en répétition de l'indu)可不受辅助性原则支配(Cass. civ. 19 October 1983, Bull. civ. 1983, I, no. 242 p. 216)。原物返还之诉(action en revendication)得用来确定财产的所有权,与对人性质的返还诉讼(action personnelle en restitution)不同,亦得对抗第三人[Zenati and Revet, Les biens[2], p. 202, no. 166; Hansenne, Les biens I(1), p. 591, no. 636]。前者要求证明所有权(通常很困难);后者则否。

19. 在西班牙,如今,请求返还原物(《民法典》第348条第(2)款)和返还之诉得自由竞合;两者的关系,不受辅助性原则束缚[TS 12 April 1955, RAJ 1955 (1) no. 1126 p. 602; Basozabal Arrue, Enriquecimiento injustificado por intromisión en derecho ajeno, 336]。不过,相对于请求返还原物,不当得利法上的请求仍可能用为递补——尤其在所有权因法律规定而丧失的场合(比如加工或附合):参见例如,CA Málaga 4 December 2007, BDA JUR 2008/83624(基于所有权,D从前女友E处取回家具,而就镶花地板,则据不当得利法请求偿付)。由于西班牙遵循权利移转的有因规则(causal system of transfer of title),* 亦得据财产法请求返还所给予之物。这不仅要求证明原告的所有权,被告对物的占有或者保管,还要求有可能勘定原物(比如种类物,即无法勘定):参见Álvarez-Caperochipi, El enriquecimiento sin causa[3], 30。而不当得利法上权利请求的优势即在于,能否原物返还,无关宏旨(Álvarez-Caperochipi loc. cit. 67-70)。反之,如果出于某些重要原因(善良风俗,违背强制性规范),制定法于他处规定(例如,规制法律行为无效的条款:《民法典》第1305条、第1306条),尽管权利无效,亦不得请求返还,请求返还原物即被排除(Carrasco Perera, ADC 1987, 1055, 1066)。

20. 奥地利亦遵循权利移转的有因规则,给付短缺法律基础的,得利人原则上不能取得所有权。给付人遂得依《民法典》第366条主张原物返还请求权。物权法上的请求权与不当得利法上的请求权得自由竞合;不管是依《民法典》第366条,还是第1041~1042条,或者依具体案情,第1431~1432条,得利人俱负交付物之义务(OGH 29 February 1984, SZ 57/44; OGH 15 January 1992, SZ 65/5; Apathy and Riedler, Bürgerliches Recht III[2], no. 15/3)。在实务中,当事人极少主张原物返还请求权,因为所有权的证明会带来很大困难。对于账面债务(book debt)的返还,无论如何不得求乞于原物返还之诉,因为这是诉讼财产(choses in action),而且对现金来说,一旦混合,所有权即告丧失[Schwimann (-Honsell and Mader), ABGB VII[2], Pref. to §§ 1431 et seq.

* 应该是相对于德国法上的抽象原则/分离原则而言。

no. 15]。而对给付当事人的不当得利返还请求权来说,对应予返还之物的所有权并不重要[OGH 4 November 1991, SZ 54/156;Apathy and Riedler loc. cit. no. 15/4;Koziol and Welser, Bürgerliches Recht II[12], 269]。另外,对物之诉(rei vindicatio)仅能用于返还物本身,而不能对其价值或者利用加以赔偿。所以,原则上,只在一种情况下,对物之诉要比不当得利请求权对原告来说更为有利,就是得利人于受领给付之后陷于破产。

21. 在葡萄牙,由于不当得利请求权的辅助性原则(《民法典》第474条),其与原物返还请求权的关系向来颇成问题:参见Gomes, Conceito de enriquecimento, 88, 428。最近的判例法似乎倾向于自由竞合(STJ 18 December 2002, Processo 02B4011),学术界却仍然意见不一(比较,例如,Menezes Leitão, Enriquecimento sem causa[2], 464-465,反对辅助性原则,Leite de Campos, A subsidiariedade da obrigação de restituir o enriquecimento, 360,支持辅助性原则)。所有人得借助原物返还之诉(acção de reivindicação,《民法典》第1311条第(1)款),通过法院裁决,对其所有权加以认可,进而请求任何占有或者持有人交付其财产。财产法上所有权人的原物返还请求权不受时效掣肘(第1313条);并经修正后,相应适用于其他财产权。由于葡萄牙亦奉行权利移转的有因规则(第408条第(1)款),所以无效契约不能移转所有权:出卖人仍为所有权人,并得请求原物返还。又由于葡萄牙法不承认自无权处分人处的善意取得,甚至不承认占有近乎所有规则(posse vale título),* 所以在司法实务中,当事人似乎动辄援引原物返还请求权。不过,所有权人必须证明自己的所有权,这任务通常极为繁重(第342条)。是以,对所有权人来说,援引《民法典》第1276~1286条的占有法规则,通常更为有利(Carvalho Fernandes, Lições de Direitos Reais, 93, 250)。

22. 在匈牙利,原告得选择是主张不当得利法上的请求权,还是所有人的原物返还请求权。仅对债法上的其他请求权来说,不当得利请求权方处于辅助地位[Petrik(-Bíró), Polgári jog II[2], 653]。对原物返还请求权来说,不存在消灭时效的问题(《民法典》第115条第(1)款);只受取得时效限制(第121条第(1)款)。与债法上的其他请求权一样,不当得利请求权的诉讼时效期间为五年。在波兰,就不当得利请求权与原物返还请求权的关系,争论热烈。自最高法院1945年9月15日判决以来,判例法普遍接受,相对原物返还请求权,不当得利请求权处于辅助地位(Supreme Court 15 September 1945, C I 116/45, PiP 1946, no. 2, p. 120)。就所寻求的财产赔偿,只有找不到其他的权利请求,或者其他权利请求面临极大困难的,不当得利返还请求方得受理(Supreme Court 27 April 1995, III CZP 46/95, OSNC 1995, no. 78, poz. 114)。

23. 在爱沙尼亚,抽象原则(abstraction)决定了原物返还请求权(《财产法》第80条)和给付返还诉讼(《债法典》第1028~1036条)的关系。如果不仅是基础债权契约,还包括财产权的移转,俱为无效,给付人既得以所有人身份要求交付财产,亦得提起返还之诉(Supreme Court 20 December 2005, civil matter no. 3-2-1-136-05)。而在通常情形,处分行为不受契约无效的影响(《民法典总则》第6条第(4)款);这时,给付人只得乞援于不当得利法。**

24. 大陆法意义上的请求返还原物(旨在恢复所有权人对其财产的占有),并不见于英国法,不过,在特定场合——例如,财产遭警方扣押(police custody):参见1897年《警察(财产)法》

---

* 亦写作possession vaut titre,指根据占有的事实可以初步认定或推定占有人对财物享有所有权。元照,第1068页。

** 参见,第Ⅶ-4:101条,注释29。

［Police（Property）Act］第 1 条——司法权力在有限程度上起到了那种诉讼的作用。即便是普通法上为了收回被他人不法持有的财产而提起的纯粹以财产侵权为基础的请求，也并不能确保原物返还［参见第Ⅶ－5:101 条，注释 10］，与返还之诉比，并无甚优胜。英格兰法上没有真正的物件返还之诉，更使财产权性质的返还请求与非财产权性质的返还请求两者之间的界限模糊不清。仍属原告的金钱可以追踪至被告（可能是发现人）之手，而且仍可辨认的，至少在这种情形，很显然，可以通过返还之诉而不是侵权诉讼（例如侵占侵权）来收回：Moffatt v. Kazana［1969］2 QB 152（所有人乔迁之际将金钱遗失在饼干盒中，得提起取得或收到金钱的返还之诉）。是以，大概所有人必须在相互排斥的请求间作出选择：以所有人身份主张交还那些钞票和硬币的财产权请求，或者偿还同等金额的不当得利诉讼。把这笔金钱当作负债来请求的，也就意味着被告是纯粹的债务人，并且是金钱的所有人；原告也就放弃了所有权（waiver of title）：参见 Birks，English Private Law I，no. 15.37。不过，若是法院裁判照准了侵占损害赔偿请求，同样会导致所有权的丧失［1977 年《侵权（侵犯动产）法案》第 5 条第（1）款］，这更凸显出两种请求的相近。遂有学者提出不同主张，正如侵占侵权的（严格）责任一样，返还责任也不过是保全财产权的手段，是以置身于不当得利法之外：Virgo，Restitution，593－595。依返还请求，原告可对因财物处分所得之可追踪收益主张权利（参见第Ⅶ－5:104 条，注释 9，第Ⅶ－5:101 条，注释 18），而在侵占侵权诉讼中，［与对请求返还动产之诉（detinue）所持的主流观点不同，*］财物的价值一般以侵占之际为准，所以在评估损害额度时，不考虑不法取得后的出售，除非原告能够证明，这种收益乃是可预见的间接损失［Clerk and Lindsell（－Tettenborn），Torts[19]，nos. 17－89－17－90］。基于财产权的返还请求亦得见于衡平法。信托受益人享有衡平财产权的，若受托人将信托财产非法处分（wrongly disposed），不必通知，即得追踪至恶意购买人：参见 Goff and Jones，The Law of Restitution[7]，no. 2－034 et seq。这一原则亦适用于不当处分（improper disposition）。在卫生部诉辛普森案中（遗产代理人将遗产错误处分给了慈善机构，死者近亲属得请求返还），财产权性质的返还请求与对人性质的返还请求俱得成立，参见 Ministry of Health v. Simpson［1951］AC 251（HL），Re Diplock［1948］Ch 465（CA）。** 从教义学的角度看，基于财产权的请求颇成问题：与受托人不同，不管在衡平法上，还是普通法上，遗产代理人都被视为遗产所有人：Commissioner of Stamp Duties（Queensland）v. Livingstone［1965］AC 694（PC）。在偿还了债务和税款之后，还有所支付的，就此，近亲属对遗产代理人所得主张的权利被视为遗产上的准财产权，只是在这个意义上，判决方可谓言之成理。

---

* 请求返还动产之诉（detinue）：原告请求返还属其所有但为被告非法占有的动产的普通法上的格式诉讼。当动产的所有人将其动产交他人占有，而此后后者拒绝将该动产返还给所有人时，所有人可通过提起此种诉讼作为救济。法律上曾一度确认，如果被告对动产是通过非法手段占有的，则原告不能提起这种诉讼。但是从原则上来说，被告当初以何种方式占有动产并不重要，此种诉讼存在的根据是对动产的非法占有，而非最初的取得方式。在诉讼中，原告只对自己对该动产享有所有权及被告占有该动产的事实负有证明责任。元照，第 410 页。

侵占（conversion）：用于侵权行为法和刑法中，指非法地将他人的财产当做自己的财产占有或处分；或指没有合法根据而侵犯他人动产权利，并导致剥夺了财产权利人对动产之占有和使用的一个或一系列行为。元照，第 319 页。

** 参见第Ⅶ－4:104 条，注释 8。

Ⅳ. 其他私法请求

25. 说到其他可能与不当得利请求竞争,而依第Ⅶ-7:101条第(3)款又不受其影响的私法请求,内中有对他人事务的好意介入(无因管理)、侵权(不法行为)以及财产法上发挥着特别作用的赔偿机制。就适法无因管理来讲,不当得利法一般处于辅助地位,因为这种介入构成不当得利法意义上的法律原因:参见PEL/von Bar, Ben. Int., Introduction F47。无因管理法扩张愈广,不当得利法的适用领域即收缩愈窄。在法国和比利时,错将他人财产当做自己财产而加以改良的,依普遍的看法,不得主张无因管理法上的请求[Mazeaud and Chabas, Leçons de droit civil II (1)[9], no. 675 p. 808; de Page, Traité élémentaire de droit civil belge II[3], no. 1074 p. 1137],但同时,在法国,就为自己利益而改良他人财产,又在讨论要不要承认所谓为自己管理(gestion d'affaires intéressée),而判例法已经接受,改良共有从而只有部分是他人的财产,得援引《民法典》第1375条(CA Paris 21 May 1986, RTD civ 1986, 786, note Giverdon;另见CA Paris 14 October 1997, Juris Data 1997-023144)。比利时则一如既往,只承认为他人利益管理(gestion d'affaires désintéressée);管理人不能主要是为了自己的利益而行事(tijns/Van Gerven/Wéry, JT 1996, 689, 697)。不过,设发生交通事故,司机送往医院,某修理站将涉事车辆送往车库的,则不一样;就运输费用和泊车费用,修理站俱得主张权利(CA Brugge 10 June 1985, TBR 1986, 70)。在法国,在给付当事人有过错的情形,侵权法与不当得利法或者非债清偿返还法之间关系格外密切。以最高法院1996年10月17日判决为例,在这起案件中,医疗保险机构不负债务而提出给付,受领人不负返还义务,因为照法院的看法,保险机构于给付有过错(《民法典》第1382条),受领人得以同等金额的损害赔偿请求相抵消(Cass. civ. 17 October 1996, Bull. civ. 1996, V, no. 328 p. 232)。* 在早期案情几乎相同的判例中,亦曾见相似主张,但当时法院认为,在非债清偿返还之诉中,对债权人的补偿请求,不能完全驳回(Cass. soc. 14 June 1979, Bull. civ. 1979, V, no. 546 p. 401)。

26. 不管是无因管理,还是非债清偿,在西班牙法看来,都是因短缺法律基础的给付而发生的准契约法律关系(Pasquau Liaño, La gestión de negocios ajenos, 426)。无因管理一般涉及服务,非债清偿则关乎财产移转。无因管理乃更为特别的规整,故得优先适用(Pasquau Liaño loc. cit. 419)。相比起来,所有人—占有人关系法更具实践与理论意义。《民法典》第360条、第375条、第379条第(2)款、第383条第(1)款,尤其是第451~455条,不仅被用来构建基于添附、处分、消费或利用他人资财的返还之诉[侵害型返还(condictio por intromisión)],同样用来构建基于清偿他人债务以及其他费用的返还之诉[费用或求偿返还(condictio por inversion o desembolso)],参见,Cámara Alvarez and Díez-Picazo, Dos estudios sobre el enriquecimiento sin causa, 121-127, 132; Díez-Picazo, Fundamentos I[6], 126-127, 128; Miquel González, Enriquecimiento injustificado, 2807-2808; CA Barcelona 26 November 2004, BDA JUR 2005/15139。《民法典》第451条以下有关所有人—占有人关系的条款,构成了占有返还的一般规则。这些规则增补了多少有些碎片化的非债清偿返还法——其他不论,涉及请求非债清偿的受领人返还孳息的问题(Carrasco Perera, ADC 1987, 1055, 1106, 1115)。第453条、第454条以及第456条,就必要改良、有益改良及奢侈改良加以区分。必要改良[费用](gastos necesarios)是为了保存物所需要的改良(第455条)。

* 参见第Ⅶ-2:103条,注释22。

费用(gastos)概念揭明,其关注的是对改良人承担的费用加以赔偿,而不是对受领人*资产的增值加以赔偿。即便恶意占有人,亦得请求赔偿必要费用;不过,就此改良而生的留置权,却只有善意占有人得主张之(第 453 条第(1)款)。有益改良虽非必要,但增加了物之价值,例如,赎回抵押。只有善意占有人得就有益改良请求赔偿(第 453 条第(2)款)。增值于返还之际必须还存在(第 458 条)。最后,奢侈改良是对物的变更或美化,但不能增加物的价值[TS 22 April 1983, RAJ 1983 (2) no. 3651 p. 2856]。就奢侈改良,不论占有人为善意(第 454 条),还是恶意(第 455 条第 2 句),皆不必对之负赔偿义务,若改良部分得取除而不会害及物的,占有人得取除之。

27. 在意大利法上,好意介入人得依《民法典》第 2031 条就其支出的费用请求本人偿付,其关注的是管理人的费用,无关当事人的得利或者失利;不当得利诉讼遂既无必要,亦无可能,因为相对无因管理,其处辅助地位(《民法典》第 2042 条):参见 Trimarchi, L' arricchimento senza causa, 41-42。占有人没有法律原因而取得了自然或者法定孳息,从而应将之返还的,就支出费用,亦得请求偿付。这里的费用必须为产生和收取孳息所必要(《民法典》第 1149 条,结合第 821 条第(2)款)。占有人于其负有交付孳息义务的期间,对占有物为普通改良的,亦得请求偿付改良费用(第 1150 条第(4)款)。就特别改良的费用,即便是恶意占有人,亦得请求偿付(第 1150 条第(1)款),**就物的改良,于返还之际尚幸存的,亦得请求偿付(第 1150 条第(2)款)。善意占有人的偿付请求,限于物之增值;恶意占有人的偿付请求,则为物的增值与改良费用中的较低者(第 1150 条第(3)款)。

28. 就不适法的无因管理,葡萄牙法频繁援引不当得利法,例如,《民法典》第 468 条第(2)款和第 472 条第(1)款。真正的、适法的无因管理将不当得利法驱逐出其适用领域,而"错误的"(false)(不适当的)介入与侵害权益返还之诉则得自由竞合(Menezes Leitão, Enriquecimento sem causa[2], 920)。侵权之诉与侵害权益返还之诉亦得自由竞合。侵权之诉的时效期间限制不影响财产法上和不当得利法上的返还请求(《民法典》第 498 条第(4)款;参见 STJ 11 May 2005, Processo 05S 4 753)。***

29. 匈牙利无因管理法亦数番援引不当得利法的条款。未应请求而介入他人事务的,仅得依不当得利法请求偿付相关费用(《民法典》第 486 条第(3)款)。比方说,承揽人超过约定提出给付的,客户仅依不当得利法就此负有责任(Vékás, JbOstR XIX [1978], 243, 251)。当事人故意地将他人事务当做自己事务管理,他方当事人援引无因管理法主张权利的,当事人亦处于类似法

---

* 改良得利"受领人"(recipient),指物之"所有人"。

** 这里的"特别改良"(extraordinary improvement)非指奢侈改良,而是必要改良。

《意大利民法典》第 1005 条[特殊修缮]:(1)特殊修缮的费用,由所有权人承担。(2)特殊修缮系指为确保主壁和的拱顶的坚固性而进行的修缮,以及对房梁、屋顶、平台、楼梯、沟堤、水道、承重墙或者围墙的全部或大部分的更换。(3)在用益权存续期间,用益权人应当就所有权人为特殊修缮支出的费用承担支付利息的义务。

*** 《葡萄牙民法典》第 482 条:"因不当得利而产生之返还请求权,自债权人获悉应已获悉其拥有该请求权及应负责任之人起经过 3 年时效完成,但不影响自受益时起已经过有关期间而完成之一般时效。"

第 498 条第(1)款:"损害赔偿请求权,自受害人获悉或应已获悉其拥有该权利及应负责任之人之日起经过 3 年时效完成,即使受害人不知损害之全部范围亦然;但不影响自损害事实发生时起已经过有关期间而完成之一般时效。"

律地位;这时,得依不当得利法抵消所承担的费用(《民法典》第 487 条)。*

30.《波兰民法典》第 414 条写明,不当得利法的条款不影响赔偿债务的有关规则,就此而言,与第Ⅶ-7:101 条第(3)款立场一致。至于在他人财产上支出费用的,不当得利法与所有人—占有人关系法上的诉讼,其竞合事宜如何处理,就棘手多了。不当得利诉讼的债务人,在受领的利益之上投入了费用并请求偿付的,《民法典》第 408 条论之不厌烦琐。得予偿付的,一般限于必要费用;并非必要只是有益的费用,仅就标的物于返还之际尚幸存的价值增加,方予偿付。不当得利债权人负费用偿付义务的,法院得不令原物返还,而代之以价值偿付,并将债权人应偿付的费用价值从中扣除(第 408 条第(3)款)。另外,《民法典》第 226 条就所有人—占有人关系中的费用偿付事宜作了规定。善意占有人支出的必要费用,其从得利标的物中所获得的利益不足以弥补的,得请求偿付。至于其他费用,于将标的物返还给所有人之际,不超过标的物价值的部分,方得请求偿付。恶意占有人仅得请求偿付必要费用。诚然,窃贼或者其他恶意占有人,仅在所有人得利范围内,得请求偿付必要费用。这样看来,第 226 条下的占有人,其处境可比不上第 408 条下不当得利诉讼的债务人。由此可以得出结论,第 226 条乃系特别法(lex specialis),排除了不当得利规整[Supreme Court 11 May 1972, III CZP 22/72, OSNCP 1972, no. 12, poz. 213; Supreme Court 25 May 1986, IV CR 29/86, OSNCP 1987, nos. 2-3, poz. 44; Bieniek (-Kołakowski) III (1)[5], art. 405, no. 2; Pietrzykowski (-Skowrońska-Bocian) Kodeks cywilny I[4], art. 226 no. 14]。

31. 就不当得利法,《斯洛文尼亚债法典》第 196 条补充道,为第三人利益而利用了自己或者他人财产的,得请求第三人交付标的物,或者视案情而定,偿付其价值。如条文措辞所写明,相对于因适法无因管理所生之请求,本条之请求处于辅助地位[参见 Juhart and Plavšak (-Polajnar Pavčnik), Obligacijski zakonik II, art. 196, 56]。而就所得利益诉(actio de in rem verso)与无因管理请求来讲,则得自由竞合,例如,清偿他人法定义务的情形(Polajnar Pavčnik loc. cit. art. 197, 57)。就侵权法上的诉讼,亦得自由竞合。不过,依《不动产法》(Stvarnopravni zakonik)第 48 条,不动产用于他人利益的,这里的赔偿诉讼被定性为特别法,并排除不当得利法的适用(Juhart/Tratnik/Vernčur, Stvarno pravo, 295)。

32. 在荷兰法上,无因管理(《民法典》第 6:198 条)与不当得利(《民法典》第 6:212 条)下的请求得自由竞合,例如,清偿他人债务同时充分两者要件的情形。无因管理法并不企图将不当得利请求驱逐出境[至少,请参见 Hondius (-Scheltema), Verbintenissenrecht II, art. 212, no. 9, pp. 68-69; art. 198, no. 4, p. 12;相反的立场,van Maanen, Ongerechtvaardigde verrijking, 43,作者认为,无因管理请求权排除了不当得利法意义上的失利或者损害]。依债法交付物的请求亦得见于侵权法[《民法典》第 6:103 条:以原物形式赔偿(reparation in natura)],反之,返还非债给付的请求亦得导致赔偿请求;第 6:203 条下的返还债务履行不能从而构成债务不履行的情形,即为

---

* 《匈牙利民法典》第 486 条:(1)临时介入他人事务的,应及时通知他人;否则,负代理人之义务。(2)临时代理人(impromptu agent)的介入活动妥善恰当的,得享有代理人之权利,而不论介入是否成功。(3)介入活动非为妥善恰当的,临时代理人不得请求赔偿(remuneration);只得依不当得利法请求偿还费用,就若非其介入便不会发生的损害,负赔偿责任。

第 487 条:明知没有权利而介入他人事务的,或得主张临时代理人之权利。如是,提起诉讼之人得依不当得利法将其费用纳入。

如此(第6:74条)。侵权法、不当得利法以及非债清偿返还法下的请求,得自由竞合,但同样的给付不得数次请求,此为当然之理[Scheltema loc. cit. art. 203, no. 15, p. 81 and art. 212 no. 9; Asser (–Hartkamp), Verbintenissenrecht III[11], no. 337, p. 341;HR 13 May 1977, NedJur 1978, no. 154, p. 529;CA The Hague 23 February 1989, NedJur 1990, no. 595, p. 2449]。如果得提起侵权之诉,而且能够完成更重的证明任务,当事人一般会更倾向于此,因为原则上讲,侵权之诉于原告更为有利(Scheltema loc. cit.)。这部分是因为,与侵权法上的赔偿请求(《民法典》第6:162条)相比,依第6:212条提起的赔偿请求,其责任范围受到失利与得利的双重限制。第6:104条下吐退利润的请求,相应地限于侵权法。*

33. 爱沙尼亚无因管理法(《债法典》第51章)将不当得利法挤到一旁。不过在某些特别情形,不当得利法得补充适用,例如,管理人并无过错,但错误地认为其有权介入(《债法典》第1024条第(4)款)。这时,依不当得利相关条款,就因介入而受领者,本人负移转义务。无因管理法的优先地位具有实际意义,因为,就依无效服务契约所提出的给付,是依无因管理法请求返还的,而不是不当得利法(Tampuu, Lepinguväliste võlasuhete õigus, 67)。相较之下,侵权法与不当得利法下的诉讼,原则上,两者得自由竞合(第1044条第(1)款)。如果原告既得请求损害赔偿,又得对侵害其权利之人主张不当得利返还,得于两者中自由选择(Supreme Court 25 September 2006, civil matter no. 3–2–1–70–06)。不当得利法或于原告更为有利,因为既不用证明他方当事人的过错,也不用证明自己所受的损害(参见 Supreme Court 13 December 2006, civil matter no. 3–2–1–124–06)。

34. 在英格兰法上,侵权行为牵涉侵害他人财产权的(例如侵占,详参,第Ⅶ－7:101条,注释24),当事人或得选择救济形式——赔偿损失或者吐退出售利润:参见 United Australia Ltd. v. Barclays Bank Ltd. [1941] AC 1。原告得优先选择返还救济而不是损害赔偿,这一权利传统上称为"放弃侵权之诉"(waiver of tort),但一般认为这是用词不当:原告压根儿没有将侵权人从侵权责任中解缚,不过是为了缴获被告的收益,没有选择损害赔偿而已。在这里,责任还是侵权责任,而不是不当得利责任:Birks, English Private Law I, no. 15. 02。由此看来,不当得利法并没有扩张及于所有基于得利的责任,尤其是不及于通过不法行为得利的案件:Birks loc. cit., nos. 15. 04, 15. 06, 15. 12。不过在许多情形,损害赔偿的额度是通过援引被告的收益而不是原告的损失来计算的:参见 Penarth Dock Engineering Co. Ltd. v. Pounds [1963] 1 Lloyd's Rep 359, 362 (Lord Denning MR)。在这起案件中,原告的船坞给被告的趸船挤占,无法证明自己遭受了多少损失,但可以证明被告节省了多少费用。这番对基于损失的计算方法的背离,激发了司法界的更多回应,以为这在实质上就是返还的标准,是以对不同救济方式的选择为基础的:参见 Ministry of Defence v. Ashman (1993) 66 P & CR 195, 200–201 (Hoffmann LJ);但劳埃德法官(Lloyd LJ)持不同意见,以

---

* 《荷兰民法典》第6:103条:"损害赔偿以金钱支付。但是,因受害人的请求,法官可以判给金钱支付以外的其他形式的给付。此判决在合理期间未被执行的,受害人重新取得要求金钱赔付的权利。"

第6:104条:"因侵权行为或债务不履行而对另一方负有责任的人因该行为获得利益的,法官可以应另一方的请求将该所得利益或者其一部分计入损失额。"

为中间收益(mesne profits)*是对侵害(trespass)的赔偿,放弃侵权之诉不适用(loc. cit. 202)。依后说,** 因为非契约当事人利用了土地,对之主张权利的(中间收益),仅得以侵权法为据,而承租人于租赁期满后逾期占有的(对利用和占用的诉讼),即为返还责任:loc. cit。这派关于放弃侵权之诉不适用于不法占有土地案件的观点,颟顸中,还以为古老的菲利浦斯案[Phillips v. Homfray (No. 2) (1883) 24 Ch. D 439 (CA)]思想仍畅行于今日,殊不知,其植根于墓木已拱的默示契约谬种,早被后来的判决绕行远去了:参见 Goff and Jones, The Law of Restitution[7], nos. 36-002 et seq.,支持巴格利法官(Baggalay LJ)的异议判决[巴格利法官的异议判决于美国颇受称赏,尤其请参见 Edwards v. Lee's Administrator (1936) 96 SW 2d 1028, 265 Ky 418]。

示例2取材于 BH 2006/193;示例5出自 Bulgarian Supreme Court no. 1023 of 17 July 1968, judgment in civil matters no. 4017/58, third chamber;示例6借鉴 STJ 27 January 1988, BolMinJus 473 (1998) 474。

第Ⅶ-7:102条 竞合的债务

(1)若失利人:

(a)得据本卷请求返还不当得利;并

(b)(i)得(对得利人或者第三人)请求损害赔偿;或者

(ii)因前项之不当得利事实,得据其他私法规则请求返还,

则一旦某项权利实现,其他权利于同等数额内为之缩减。

(2)因利用失利人资财而增益他人,依本卷:

(a)利用人就资财之利用对失利人负有责任;同时

(b)受领人就自己的资财增加亦对失利人负有责任的,

亦同。***

评 论

总说。

本条的目的在于防止债务人于下面的情形获得重复救济。第一种情形,失利人既得主张不当得利返还,又得(对同一人或其他人)主张另外的替代性质的私法请求(第(1)款)。这些私法请求或为损害赔偿,或为对损害的其他补偿,与不当得利返还请求

---

* 中间收益:指两个既定期间的收益,如,侵占他人土地期间的收益,一般可以租金和收益计算。元照,第912页。

** 指劳埃德法官的立场。

*** 第(2)款,此前的中译本都误译了,现参酌评论部分改正。

或者别的什么同样是用来回转得利的请求，都是因同一不利事实而发生。第二种情形，就所遭受的同一不利，失利人得对数位得利人请求不当得利返还（第(2)款）。

不同的请求权基础。

就不当得利请求与针对同一不利的其他什么补偿请求，任一请求得以满足的，亦使其他请求得以满足。比方说，E利用了D之资财，就财产被剥夺，D得请求损害赔偿，亦得依不当得利法，请求返还抽象的租赁费用。D不得将两笔金额一并收入囊中，因为，如果D自己利用了资财（损害赔偿诉讼中计算损失的基准点），就不能同时将之出租给他人[不当得利责任额度计算的基准点：参见第Ⅶ－5:102条（不可移转之得利）第(1)款，第Ⅶ－5:103条（得利之货币价值；节省）]。两头得利，首尾相攻。

示例

公交公司D专营O地、P地间的公交线路。竞争者E则专营O地、Q地间更长的公交线路。违背了专营权条款，E的公车亦于P站设置靠泊点，运送O、P间的旅客，这也侵害了D的专营权。依可得适用之竞争法，D得请求E赔偿利润损失。D亦得依本卷，请求返还与E之得利（利用了D的专营权）价值相当的费用，或者E因侵权获得的利润（得看E是不是恶意）。D不得两笔金额都主张，因为其权利请求出自同一不利，但D得自由选择其中数额较高者。

针对不同人的请求。

第(2)款适用的情形为，某人因利用失利人的资财而得利，而因其利用，又使资财归于他人，后者遂因资财增加而相应得利。一般而言，失利人只能对其中之一主张权利。如果受领人为善意，已为得利支付了对价，依财产法上善意取得的规则，得利有法律上之原因，或者，在其他情形，得主张第Ⅶ－6:102条（善意与第三人为法律行为）之抗辩。这时，只有对利用人的请求才对原告有用。所以，本条的适用范围着实有限。依一件请求得到救济的，其他请求相应扣减，因为失利人针对让与人（例如，因利用处分权而得利）的请求与针对受领人（因获得资财而得利）的请求不能同时得到满足。否则，失利人将得到资财的两倍价值。至于让与人与受领人之间的内部关系，其他不论，取决于两人间契约或其他法律行为的内容。

注　释

1. 若不当得利请求与基于其他法律的请求得自由竞合[参见第Ⅶ－7:101条（私法上其他请求返还的权利），注释部分]，虽然得据不同请求权基础主张权利，却不能获得双倍或数倍救济，这是所有法律体制视为当然的道理。参见第Ⅶ－7:101条，注释部分。

2. 在西班牙，不仅是针对恶意介入人的不当得利请求指向吐退利润[参见第Ⅶ－5:104条（得利的孳息与利用），注释部分]；在某些情形，侵权法上的请求亦以此为内容。比方说专利法，为了避免重复赔偿或者赔偿不足，提出了两条基本规则。第一，只有扣除了对侵权造成的损害的赔偿之后,剩余的部分,才能看作侵权人的“真实”得利。[第二,]如果侵权人的利润低于对损失的赔偿,不当得利法上的责任至少得等于实际损失(Portellano Díez, La defensa del derecho de patente, 190)。不过,法院并不总是能够充分认识到重复赔偿的问题。最高法院2006年12月29日判决就认为[TS 29 December 2006, RAJ 2007 (2) no. 1714 p. 3897],侵权法上的请求与不当得利请求性质相异,可以相容(参见本条设例)。结果,[设例中,]E负有义务(i)赔偿D的实际损失和丧失的利润;并且(ii)将通过非法活动所得利润归还给D。[不过,大概判决执行时,依《不公平竞争法》第18条第(5)款(侵权)及第18条第(6)款(不当得利)计算出来的丧失利润已相应扣减,以避免对原告的过度赔偿。]而在最高法院2008年2月5日判决中(TS 5 February 2008, BDA RJ 2008/4029),商标权利人仅依侵权法获得赔偿,依商标许可使用费计算;依《不公平竞争法》第18条第(6)款提出的不当得利请求被驳回,法院明白说,目的就是要避免双倍赔偿。类似地,皮卡索也认为(Díez - Picazo, ADC 2007, 1601, 1610),在侵害他人权利场合,受害人只能或者提出侵权法请求,或者请求返还。

3. 在葡萄牙,依《民事诉讼法典》第469条,原告得据数件诉因主张权利;如果主要权利请求未果,比如对方当事人援引了时效抗辩,法院应考虑辅助权利请求(pedido subsidiário)(STJ 10 November 1981, BolMinJus 311 [1981] 353; STJ 17 October 2006, Processo 06A2741; STJ 16 September 2008, Processo 08B1644)。如果基于契约或者侵权的主要权利请求不成立,而不当得利法上的权利请求得以适用,亦为如此(STJ 18 May 2006, Processo 06A1157)。在德国法上,居支配地位的乃是诉的自由竞合原则(free concurrence of actions)。债权人得援引于己有利的任何诉讼理由;若得满足,其他请求权于此范围内消灭。原则上,各诉讼理由依其请求权基础的要件加以考察,彼此无关[详参MünchKomm (- Kramer), BGB[5], § 241, nos. 24 et seq.; Medicus and Lorenz, Schuldrecht I[18], § 35]。*

4. 在匈牙利,相对于契约和侵权请求,不当得利法居辅助地位[Vékás (- Vékás), Szakértői Javaslat az új Polgári Törvénykönyv tervezetéhez, 1144],尽管都承认,损害赔偿请求与不当得利请求指向不同目标。后者旨在令被告吐退财产增加,而不是赔偿受害人所遭受的损害。相反,损害赔偿请求不考虑加害人是否得利。不过,若在特定情形,不当得利请求与损害赔偿请求同时存在,应主张特别的权利请求,也就是损害赔偿请求。仅当损害之外复有不当得利的,不当得利法方得适用。

5. 爱沙尼亚法也一样,原告既得主张损害赔偿,亦得请求侵害其权利之人返还不当得利。为避免原告得利,这时,判断损害赔偿的数额,必须考虑不当得利请求的数额,反之亦然。

6. 就契约来讲,依英格兰法的传统立场,既然只有对价落空,不当得利请求方受待见,那么,如果契约有效,也就没有什么与契约请求竞合的责任了:参见Whincup v. Hughes (1871) LR 6 CP 78。传统立场也并不是无人非议:参见Smith, (1999) 115 LQR 245。1987年《未成年人契约法》第3条第(2)款明确说,成年人向未成年人提出给付的,向成年人提供的返还救济,不害及任何其他救济,**当然,这里立法所构想的,并不仅限于侵权请求,也包括普通法和衡平法上的权利请求(例如,对提供的“必要”服务):参见Goff and Jones, The Law of Restitution[7], no. 25 - 005。不当得利被看做是要避开因不法行为而生的返还救济(restitutionary remedies for wrongs),如此说来,如果不法行为既牵扯到基于不法的责任(主要是侵权责任),基于替代分析,又关涉(自主

* 详参拉伦茨:《德国民法通论》(上册),王晓晔等译,法律出版社2003年版,第350~355页。

** 参见第Ⅶ-5:102条,注释10;第Ⅶ-2:101条,注释63。

的）不当得利责任，诉的竞合已在不言中了：参阅 Birks, English Private Law I, no. 15.08。不过在许多情形，竞合问题似乎根本不会发生，因为对得利提出的请求得被视做不当得利原则的特别或单纯实例。这句判断尤其适用于各种报账义务，虽然这些义务可能有着共同的政策脉络，但却是以特别法律规定为基础的。是以，比方说，侵占了受寄托物从而应对物之全部价值负赔偿责任的不法行为人，既可能被寄托人起诉，也可能被受托人起诉（尽管受托人只享有"特别财产权"*）：Clerk and Lindsell（－Tettenborn），Torts[19]，nos. 17－53，17－61，重复责任被 1977 年《侵权（侵害动产）法案》第 7 条第（2）款排除。依法案第 7 条第（3）款，在这种情形，原告（不管是寄托人，还是受托人）对其他原告负报账义务，原告对财物只享有部分权益，现在得到了"过多"赔偿，得被看做不当得利。就[衡平法上的]追踪（tracing），很显然，对不当得利的财产法请求和对人请求可以共存：参见第Ⅶ－7:101 条，注释三 24。在返还请求实际上表现为承认信托受益权的情形，对人的不当得利请求与信托之间的关系，还需要法律澄清。照普遍接受的看法，某些因法律规定而产生的信托，尤其是推定信托，**得被视做因不当得利而生的财产法救济：参见 Birks loc. cit.，no. 15.10（并论及关于归复信托教义学基础的学术争议）。如果原告主张对财产享有受益权并得到法院支持，就很难看出竞合的不当得利对人请求的适用余地：受益权既给划走，被告得利减损，或者更准确地说，被视为从开始就没有得利。但就追踪这一财产权性质的救济形式，却没有接受同样的逻辑。即便原告的追踪请求把被告看做仿佛已经履行了其返还债务，也是如此：参见 A－G for Hong Kong v. Reid [1994] 1 AC 324（枢密院承认了对贿赂所得财产的推定信托）。即便除开这些难题，至少在某些法官附带意见中，默认了返还救济和信托权利可以共存：参见 Lister v. Hodgson（1867）LR 4 Eq. 30，33，***掌卷法官罗米利勋爵（Lord Romilly MR）认为，在准备好信托契据并付诸执行前，委托给被告管理的金钱，如让与人所意图的那般，性质为借贷，并得提起取得或收到金钱的返还之诉，但依传统立场，在此种情形，意图的财产授予执行前，归复信托必当设立（参见 Vandervell v. Inland Revenue Commissioners [1967] 2 AC 291）。****

设例出自 TS 29 December 2006，RAJ 2007（2）no. 1714 p. 3897。

---

* 特别财产权（special property）：与完全所有权（full ownership）相对，指不完全的、有限制的财产权，如受托人、留置权人、抵押权人的财产权。元照，第 1278 页。

** 推定信托（constructive trusts）：指法律根据当事人的某些行为以及衡平原则而推定产生的信托关系，以阻止不法行为人从其不法获得的财产上不当得利。如违反他人意愿或滥用其信任，以实际或推定的欺诈、胁迫或各种违法、不公正、阴谋、隐瞒手段获得在公平和诚信情况下本不应该获得并享有的权利。法律推定此类行为违反信托关系。元照，第 305 页。

*** 赠与人意在通过契据赠给原告 300 英镑，但事实上给了被告，随后赠与人死亡。罗米利法官认为，得应原告请求对契据加以纠正。

**** 归复信托（resulting trust）：指当财产转让的情形表明让与人并没有使受让人从财产受益的意图时，法律就将其规定为信托。它是一种默示信托（implied trust）。元照，第 1193 页。

归复，当某物经由部分或无效处分后，将其归还给物主，称为归复。元照，第 1193 页。

第Ⅶ-7:103 条　公法请求

自然人或者机构因行使公法职责而获取或者授予得利的,是否适用本卷,非由本卷决定。

评　论

总说。

在欧盟成员国,某些法域就私法和公法上的不当得利案件,分别设置不同规则,对此传统,本条敢不尊重。本卷规则得否或者得以何种方式扩张适用于公法领域的不当得利请求,或者是否另置完全不同的、特别的公法规整,概由公法决定。本卷规则对公法领域是否适合,在多大程度上适合,非本示范规则所敢言。依本示范规则的基本原则,就公法性质的权利义务关系,不能径予适用或者不经修正或补充地适用[参见第Ⅰ-1:101 条(适用领域)第(2)款],本条对此立场再加申叙并予扩展。

背景。

若有关不当得利法的特别公法原则得予适用,通常都是针对公法案件,对基本的私法规则加以特别修正。不过,对特别类型的公法案件,亦可能设置特别规整,比如,请求公权机关返还多缴的或者根本不应缴纳的税费,或者请求受领人返还多付的或者根本不应支付的社会保障金。这样的规则得就公法领域特有的复杂之处予以慎重考虑——比方说,作为征缴依据的立法依宪法或者行政法被取消,或者缴纳的税款已纳入预算编制。

范围。

依本条构想,可能优先适用的公法不当得利规则涉及,(a)公法机构之间的请求,(b)个人针对公法机构的请求(例如多缴税款),以及(c)公法机构针对个人的请求(例如多付的福利金)。

注　释

1. 在法国和比利时的判例法上,就多付的福利金,公权机构得提起非债清偿返还之诉(action en répétition de l' indu)(Cass. civ. 22 November 2005, pourvoi 04 - 30583;Cass. 27 March 2006, no. de rôle S 050022F;Cass. 3 January 2005, no. de rôle S 040118F;Cass. 29 September 2003, no. de rôle S 020047F)。同样,公民亦得据之与政府对簿,例如,因为被多收了税款(Cass. civ. 24 February 2005, pourvoi 03 - 20040;Cass. 26 June 1998, no. de rôle FF)。

2. 西班牙则不同,就因公法关系所生的返还请求,其法律规整多见于公法规则,与《民法典》或者其他私法规则没有明显联系。所以公法上设置了众多基于不当得利的返还请求。比如,依《预算法》(General Budgetary Act)第77条,就主管官署错误发放的社会福利,受益人负返还义务,《税法》(General Taxation Act)第221条则税收机关以返还多收税款的义务。不过,公法法院依照不当得利的一般原则,已将不当得利返还义务扩张至许多其他领域,例如,超出了协议但依公权机构默示或明示的命令而提供额外工作(例如,TS 25 February, RAJ 1991 (2) no. 1536 p. 2085;TS 28 April 2008, BDA RJ 2008/2486)。如今,公法法院经常援引经最高法院民庭发展起来的(民事)不当得利原则,并适用"禁止不当得利的原则"[例如,TS 2 April 1986, RAJ 1986 (3) no. 4214 p. 4045 and TS 28 April 2008 loc. cit.]。

3. 在意大利,就这一领域私法和行政法的划界事宜,向来难题多多(参见 Cass. sez. un. 25 July 2006, no. 16896, Giust. civ. Mass. 2006, 7-8)。不过,实际上,除非特别法另有规定,政府可以(而且必须)依非债清偿返还法(《民法典》第2033条以下)请求返还超额给付(例如,公务员的薪酬)。受领人的善意非为抗辩;不过,债务人的基本[生活]需要不得受到返还请求的影响(Administrative Court Lazio Roma, 17 November 2006, no. 12593, TAR 2006, 11;Consiglio Stato 22 June 2006, no. 3962, Foro amm. CDS 2006, 6, 1792)。如果私法上的自然人或者法人与公权机构订立的契约无效(由于特别的行政法规定,这种情形在意大利很少见),从而以非债清偿为由要求政府返还的,法院一般会考察,公权机构是否将给付视为有利的(例如,Cass. 28 October 2005, no. 21079, Giust. civ. Mass. 2005, 10;Cass. 21 September 2005, no. 18586, Giust. civ. Mass. 2005, 7/8)。对给付的特别利用即默示承认了给付是有利的,这就足够了。不过,只能在给付提出之后,而且只有相关的决策机构,才能承认(Cass. 16 September 2005, no. 18329, Giust. civ. Mass. 2005, 6)。

4. 在奥地利,如果给付的表面法律基础在于某公法条款,而不是契约或者私法规则,照公认的看法,得类推适用《民法典》第1431条以下(VwGH [enhanced Senate] 30 June 1965, JBl 1966, 436)。但此类事宜由行政法院裁断[Schwimann (-Mader), ABGB VI³, no. 20;参见 OGH 14 June 1989, SZ 62/105](例外:强制购买)。就公权机构对私法上的自然人或者法人提起的返还请求,对不当得利法的类推适用,受特别的公法原则制约——尤其得考虑保护私法主体的程序条款[Rummel (-Rummel), ABGB II(1)³, Pref. to § 1431 no. 28]。就社会保障机构与受保人之间的关系,主要是适用《社会保障法》的特别规定;对《民法典》第1431条以下的类推适用,只起填补漏洞的作用。

5. 葡萄牙有很多实际上关涉不当得利的特别公法规则。依《社会保障法》第60条第(2)款,没有法律原因而给付的福利金,应予返还,《税法》第43条则规定,没有债务而缴纳的税金,得请求返还。这种性质的请求,由特别法规制,民法里头的规则,只起辅助作用[loc. cit. art. 2(d)]。不当得利请求得为行政法上一般诉讼的标的[《行政法院程序法典》(Administrative Tribunals' Procedure Code)第37条第(2)款第1项;参见 STA 14 July 2008, Processo 0386/07(建筑师因超出契约提供给付而请求返还)]。类似地,《德国民法典》第812条以下,一般不适用于公法上的返还请求权[Palandt (-Sprau), BGB⁶⁷, Pref. to § 812, no. 20]。《行政程序法》(Administrative Procedure Act)第49a条即设置了专门的公法偿还请求权,取代了私法上的不当得利请求权。可这一偿还请求权本身,又被众多特别法所代替。比方说,多付了公务员薪水、退休金和社会保障金,还有津贴的,即适用特别规则。至于返还责任的范围,相关特别法时常援引《民法典》第812

条以下。得利减损抗辩,则一般由公法领域特别制定法中的专门条款来处理。政府为不当得利诉讼被告的,不得援引得利减损抗辩(BVerwG 27 October 1998, NJW 1999, 1201, 1203)。

6. 在保加利亚法上,请求返还多缴的或者根本不该缴的税金,还有请求返还不该支付的社会保障金,由《税务及社会保障程序法》(Tax and Social Insurance Procedure Act)里的返还规则来处理(第118条第(1)款)。政府请求返还错付的补贴,亦适用这些规则(第162条第(2)款第vi项)。斯洛文尼亚亦就返还事宜设有公法规整。例如《税务程序法》(Tax Procedure Act)第96条(多缴税金的返还)。

7. 再看爱沙尼亚,依《行政程序法》第69条第(1)款,据行政行为转让了物、金钱及其他利益,行政行为被溯及撤销的,应依私法上的不当得利规则予以返还或者偿付。另外,《国家责任法》第22条第(1)款还规定,在公法关系中,没有法律基础而转让的物或金钱,得请求公权机构返还,除非法律另有规定;如果原物返还不能或者费用过高的,权利人得请求偿付物之价值。就公法中的不当得利,只要《国家责任法》没有其他规定,而且不与公法关系的性质相冲突,私法规则得适用之。就公法关系中没有法律基础而转让的物或金钱,公权机构得依私法程序请求返还(《国家责任法》第22条第(3)款)。不过,最高法院2004年6月17日判决认为,受领人基于预期目的已将得利消费的,公权机构诉请返还,有违良好道德风尚(Supreme Court 17 June 2004, administrative matter no. 3-3-1-17-04)。依《税法》第33 a条,缴纳的税款超过法律规定的,自多缴之日起三年内,得请求税务机关返还,或者抵销。

8. 不管是公法事宜,还是私法事宜,至少从形式的起点看,英格兰返还法不分厚薄地一体适用。特别令人瞩目的地方在于,过去的二十年间,正是一些涉及公权机构的返还请求极大推动了返还法的发展,不管是越权的掉期交易(ultra vires swaps),还是多缴的税款。就前者,参见Kleinwort Benson Ltd v. Lincoln City Council [1999] 2 AC 349 (HL)(因法律错误而请求返还);就后者,参见Woolwich Equitable Building Society v. Inland Revenue Commissioners [1993] AC 70(请求返还不应缴纳的税款并偿付利息);Deutsche Morgan Grenfell Group plc. v. Inland Revenue Commissioners [2006] UKHL 49, [2007] 1 AC 558, discussed in Manner and Mohs, ZEuP 2007, 872-887(将法律错误扩张适用于请求返还不应缴纳的税款);Sempra Metals (formerly Metallgesellschaft Ltd.) Ltd. v. Inland Revenue Commissioners [2007] UKHL 34; [2008] 1 AC 561(就多缴税款的返还,计算复利)。不过,许多制定法就返还事宜设有专门规则,包含特别的程序规则和自己的权利要件,从而将普通法上的返还权利有效排除。比方说,1970年《税务管理法》第33条[错误多缴的收入所得税和资本利得税(capital gains tax)]、第33A条(由合伙人多缴);1984年《遗产税法》第235条和第236条(多缴遗产税的利息)、第241条(多缴);1994年《增值税法》第80条,尤其是第(3)款,如果偿还税款将不当增益原告的,得援为抗辩;请求返还"不应缴付的"消费税的,参见1979年《关税和消费税管理法》第137A条,同样于第(3)款置有不当得利抗辩。相似条款亦得见于各特别税种的专门财政法案中。王国政府可以请求返还没有权限而支付的款项;超越权限(ultra vires)本身,即足以据之主张返还和追踪:Auckland Harbour Board v. R [1924] AC 318, 327。

附录：若干法域不当得利法节译（奥地利、西班牙、希腊、保加利亚、匈牙利、波兰、拉脱维亚、爱沙尼亚、立陶宛、斯洛文尼亚）

一、奥地利

《奥地利民法典》(1811)未设一般不当得利法。非债清偿(Zahlung einer Nichtschuld)节共7条，置于第三编(人法和财产法的共同规定)第三章(权利和义务的消灭)之下。*

第1431条

因错误，哪怕是就权利的错误看法，不负债务而给付的，就所给付之物，得请求返还，就所为之行为，得请求偿付与所获利益相当之报酬。

第1432条

债务罹于时效、仅因形式瑕疵而无效或者不具强制执行力的，不得请求返还，债务人明知不负债务而仍为给付的，亦然。

第1433条

给付人仍受监护或者不能自由处分其财产的，前条不得适用。

第1434条

债务不确定或者取决于附加条件之实现的，亦得请求返还所为之给付；给付期日未到而提前给付的，不得请求返还。

第1435条

为清偿真实债务所为之给付，若保有之法律原因消灭的，得请求受领人返还。

第1436条

当事人仅负义务给付两者任一，因错误而两者俱为给付的，得请求返还任一。

第1437条

非债清偿之受领人，依其是否知道或者应该知道给付人之错误，而被视为善意或

---

* 据英译本，参见 http://books. google. com. hk/books/about/General _ civil _ code. html? id = dkAbAAAAYAAJ(2013年1月1日访问)。同时见中译本面世，可资参考，《奥地利普通民法典》，周友军、杨垠红译，清华大学出版社2013年版。

者恶意占有人。

二、西班牙

《西班牙民法典》(1889)亦未设一般不当得利法。非债清偿返还法,标题直译为"收取非欠之物"(On collection of things which were not due),如《法国民法典》一样,置于准契约章下。*

第1895条

不负义务但出于错误而给付,无收取之权而受领,遂生返还义务。

第1896条

(1)恶意受领非债给付之人,应偿还本金之利息,或者已收取之孳息,或者应该收取到的孳息。

(2)就返还之前,物因任何原因所遭之损坏,以及给付人所受之任何损害,并应负责。就偶然事件对物造成的影响,即便物仍由给付人占有亦会同样发生的,恶意受领人不负责任。

第1897条

善意受领特定给付之人,仅在受益范围内就因此而生的财产损坏或丧失或者财产增加负责。若受领之特定物已被处分,应返还处分价款或者让与价款请求权。

第1898条

受领了非欠之物的,就所为之改良或者支出的费用,适用第二卷第五编(占有)的规定。

第1899条

受领人善意相信,受领的乃是对合法未偿债权的清偿,并因之取消了债权契据、任权利罹于时效、放弃了抵押权或者保证的,不负返还义务。给付人仅得对真正债务人或者仍得受追诉的担保人主张权利。

第1900条

声称已为给付之人,应就给付负证明责任。就据以为给付的错误认识,亦负证明责任,除非被告人否认收到给付。此际,如果原告证明已为给付,即不必负其他证明责任。被告有权利举证,据称由其受领之给付,确系应向其偿还之给付,此项权利不受前句影响。

第1901条

不负给付义务而仍为给付或者已为给付而又为给付的,推定给付系因错误而为,但被诉请返还之人得证明给付系为赠与或者系依其他正当原因而为。

---

* 据英译本,参见 http://www.wipo.int/wipolex/en/details.jsp? id=9338(2013年1月1日访问)。中译本新近面世,《西班牙民法典》,潘灯、马琴译,中国政法大学出版社2013年版,可资参考。

三、希腊

《希腊民法典》(1940)采德国体例,于第二编(债法)第38章安置不当得利(enrichissement sans cause)。*

第904条

无法律上之原因,通过他人财产或者牺牲他人而获利益者,负返还义务。尤其是在不负债务而给付、给付原因未发生或消灭或者不法或不道德给付情形,返还义务生焉。

以契约就债务存在与否所为之承认,与给付同。

第905条

若受领人证明,给付人明知不负债务仍为给付,不得请求返还。

提前清偿债务的,不得请求返还;亦不得请求返还中间利息。

第906条

为履行道德义务或者出于礼仪考虑而为给付者,不得请求返还。

第907条

为不道德原因而给付,不道德原因牵涉给付人的,不得请求返还。

第908条

受领人应返还受领之物或者就该物所受领之对价。孳息以及自物所收取之一切,俱应返还。

第909条

受领人于诉讼提起时已不再得利的,返还义务消灭。

第910条

自纳入诉讼系属时起,受领人依第346~348条的一般规定负责任。

四、保加利亚

《保加利亚债法典》(或称《债与契约法典》)1950年颁布(State Gazette No. 275/22.11.1950),以后迭经修订,英译本显示的最近一次为1996年(Rectified SG No. 83/1996)。分总则与分则两大部分,分则为各种有名契约。总则计七章,依次为一般原则、债的发生原因、债的效力、债的移转、债的消灭、特殊之债和担保。

债的发生原因章下设五节:履行国民经济计划的行为(废止)、契约、单方意思表示、侵权行为、不当得利(Unmerited gain)和无因管理。不当得利节统共五条(第55~59条)。**

---

* 希腊科孚岛爱奥尼亚大学(Ionian University)讲师 Maria Canellopoulou Botti 英译,参见 http://www.ucc.ie/law/restitution/archive/greek/code2.htm(2013年1月1日访问)。

** 据英译本,参见 http://www.lexadin.nl/wlg/legis/nofr/eur/lxwebul.htm(2013年1月1日访问)。

第55条

没有原因、原因未实现或者原因消逝而有所受领者，负返还义务。出于良心而履行道德义务者，不得请求返还。

第56条

因错误而清偿他人债务者，得请求债权人返还；债权人善意丢弃了债务契据或者担保的，除外。后种情形，清偿债务者得代位取得债权人的权利。

第57条

(1)应返还者为动产的，亦应返还自纳入诉讼系属时起的孳息。

(2)应返还的动产自纳入诉讼系属后灭失，或者受领人发现自己无持有原因后将其让渡或者消耗掉的，应返还实际价值与所收到的价格两者中较高者。若动产系于纳入诉讼系属之前灭失、被让渡或者消耗掉的，只需要返还包括孳息在内的收益。

第58条

返还义务人欠缺行为能力的，仅于其有利者，方得请求返还。

第59条

(1)除前款情形外，任何人通过牺牲他人而使自己的资产增加且没有法律原因的，在他人资产减少的范围内负返还增加部分的义务。

(2)资产减少之人无其他诉讼途径保护自己的，方可请求返还。

五、匈牙利

《匈牙利民法典》(1959)分为总则、人法、财产法、契约法(债法)、继承法五编。不当得利(Illicit Gains)(第32章)与侵权法很尴尬地置身于契约法总则与各种有名契约之间，不过4条。*

第361条

(1)通过牺牲他人不正当地(illicitly)获取物质利益者，负返还义务。

(2)受诉追之前丧失得利的，不负返还义务，除非(a)返还的可能性很大而且义务人对得利的丧失负有责任，或者(b)得利系恶意取得。

(3)得对得利主张权利之人通过法所禁止的行为或者不道德的行为创造此种得利的，法院得应公诉机关之请，将之收归国家。

第362条

用来维持生计的补助金不得请求返还，除非法律另有规定或者系通过犯罪行为取得。

第363条

(1)有关无权占有的条款(第195条)适用于具有经济利益的得利的返还；负返还

---

* 据英译本，参见 http://www.angelfire.com/mn2/reformclub/hunc1.html(2013年1月1日访问)。另，新的民法典已于2013年2月11日通过，将于2014年3月15日生效施行。这里译的还是旧法典。

此种利益的义务者,得请求偿付必要的维护费用;

(2)如果原物返还不能,应赔偿其价值。

第 364 条

就其他事宜,有关赔偿的规定适用于不当经济得利。

六、波兰

《波兰民法典》(1964)共四编:总则,所有权及其他财产权,债,继承,合计 1084 条。体例类德国,唯无亲属法。第三编第五章为不当得利,从第 405 条到第 414 条,共 10 条。*

第 405 条

无法律上之原因,通过牺牲他人而获得金钱上之利益者,负原物返还义务,原物返还不能的,偿还其价值。

第 406 条

返还义务不仅及于直接获得的利益,亦及于让渡、丧失或毁损情形所获之一切交换物或赔偿物。

第 407 条

无法律上之原因,通过牺牲他人而获得金钱上之利益者,为第三人而将利益处分的,返还义务由第三人承担。

第 408 条

(1)负返还义务之人,得要求偿还必要费用中尚未为利益之享用所消耗掉的部分。其他费用,仅于利益返还之际仍然增加了利益价值的,方得要求偿还;其亦得除去支出费用所带来的增值,而恢复原状。

(2)于支出费用之际明知利益不属于自己的,仅在费用于返还之际仍然增加了利益价值的,方得要求偿还。

(3)利益之返还请求权人,亦负费用偿还义务的,法庭或仲裁庭得不要求原物返还,而令以金钱形式偿付其价值,并将应予偿还的费用价值从中扣除。

第 409 条

利益已经使用或者丧失,取得利益之人不再得利的,利益返还或者价值偿付义务亦告消灭;让渡或者使用利益之际本应虑及返还义务的,除外。

第 410 条

(1)前揭条款尤其适用于不欠利益的情形。

(2)以下情形为不欠利益:交付利益之人根本不负义务,或者对受领之人不负义务,或者交付利益的原因消灭,或者交付利益的目的未能实现,或者基础法律行为无效,而于利益交付之后亦未变为有效。

---

* 据英译本,参见 Dominik Lasok (editor), Polish Civil Law, Sijhoff – Leiden, 1974。

第 411 条

以下情形,不得请求返还:

(1)交付利益之人明知不负义务的,除非于交付之际附了得予返还的保留条件,或者是为了避免强制而交付,或者是为了履行无效法律行为而交付。

(2)利益之交付,符合社会协作原则(social co - operation)。

(3)利益之交付,是为了履行罹于时效之债,除非债权已因时间之经过而消灭。

(4)期前清偿的。

第 412 条

为实施法所禁止或者不合乎社会协作原则的行为,或者为了履行目的违法或者不合乎社会协作原则的法律行为,而有意识交付的利益,应收归国库。标的物已消耗或丧失的,应罚没其价值。

第 413 条

(1)因博戏或下注所交付之利益,不得请求返还,除非该赌博活动为法所不许或有失诚实。

(2)因博戏或下注所生之权利,不得主张之,除非该赌博活动由主管官厅组织或经其批准。

第 414 条

本章规定不得背离损害赔偿相关规定。

七、拉脱维亚

1918 ~ 1940 年间,拉脱维亚曾获独立,并颁布了民法典(1937 年)。1991 年重获独立后,将这部民法典重新颁行,当然,大量旧的条文作了修正。序言、继承法(第二编)、财产法(第三编)、第四编(债法)于 1992 年发布,家庭法(第一编)则于 1993 年通过,共 2400 条。不当得利置于倒数第二章(基于不同事由的债)下,从第 2369 条到第 2392 条。*

第一节　非债清偿

第 2369 条

为他人利益为一定行为或者允诺为一定行为,没有法律基础并且错误地以为自己负有义务的,得请求返还所为者或者免受允诺拘束。

就错误给付,是自始无法律基础还是嗣后无效,不论。

第 2370 条

作为法律基础的并不存在的债务,于履行之后成立的,不得请求返还。

---

* 据英译本,参见 http://www.ebrd.com/downloads/legal/core/latvia.pdf(2013 年 1 月 1 日访问)。

第 2371 条

确实负有债务,但就债务内容或者债权人或债务人发生错误的,亦得请求返还。

第 2372 条

给付目的是为了换取担保,但错误给付而没有行使此项权利的,亦得请求返还。

第 2373 条

作为给付原因的错误(第 2369 条)应为可原宥之错误。

虽非出于错误而给付,但给付人欠缺行为能力的,亦得请求返还。

因错误而请求返还的,必须受领人亦同样犯有错误。若受领人系恶意的,适用不法取得的规则(第 2355 ~2357 条)。

第 2374 条

就并不存在的债务,保证人加以担保并清偿的,亦得请求返还。

第 2375 条

共同债务人清偿超过自己份额的,就超出部分,亦得请求返还。

第 2376 条

返还请求权之标的,或为不负债务而给付者,或者,给付不存在的,偿还其价值。

第 2377 条

返还之目的在于:(1)作出允诺的,使其免受允诺拘束,出具债务凭证的,交还凭证;(2)出事工作的,赔偿工作之价值;(3)设立或取消了役权的,恢复原状。

第 2378 条

交付可替代物的,返还同种类及同质量之物。

第 2379 条

不可替代物,物之增加及孳息,已收取的以及自纳入诉讼系属后因过失而未收取的,俱应返还;被告人为此所支出的费用,应予偿还。

第 2380 条

善意受领人将物让渡的,仅应返还因之受领的给付;物于占有期间遭毁灭或损坏的,于前者,不负赔偿责任,于后者,于现状下返还。

第 2381 条

原告就给付无法律基础负证明责任。

第 2382 条

作为例外,下列情形,受领人应证明债务确实存在:

(1)受领人(恶意)否认受领了给付的;或者

(2)若是请求返还债务凭证的,应证明其上并未记载债务的法律基础。

第 2383 条

返还请求权有法律基础的,不得预先放弃。

第二节 因预期落空而请求返还

第 2384 条

如果明确表示,因为特定将来事件会发生而给付,或者情势表明此等事件肯定会发生,据此提出给付,若事件不能发生,得请求返还。

至于预期事件根本不会发生,还是虽然发生,但与预期不同,或者预期目的完全没有实现,或者实现方式与预期不同,在所不论。

第 2385 条

就返还标的,第 2376～2380 条适用之。

第 2386 条

若预期事件(第 2384 条)自始不可能发生,而给付人明知此点的,不得请求返还。

给付人妨碍预期事件发生的,丧失返还请求权。

若预期事件因意外而不能发生而受领人无过错的,给付人不得请求返还。

第三节 因背俗或者不法而请求返还

第 2387 条

受领目的背俗或者不法的,若给付人并无背俗或者不法情事,得请求受领人或其继承人返还,此等目的是否实现,在所不论。

第 2388 条

就返还标的,第 2376～2380 条适用之,唯于此种情形,不得请求返还利息。

第四节 因缺乏任何基础而请求返还

第 2389 条

没有任何法律基础而占有他人财产的,他人得请求返还。

是自始没有法律基础,还是基础嗣后消灭的,在所不论。

第 2390 条

就返还请求之标的,第 2376～2380 条适用之。

第五节　因得利而生的一般返还请求

第 2391 条

任何人不得通过损害或者牺牲他人而不当得利。

因此遭受损失的当事人,得请求他方当事人返还籍以得利者或者得利数额。

第 2392 条

得利于返还诉讼提起之际,必须仍然构成被告人财产的组织部分,或为原样,或为被告人善意让渡或者消费后换取之物。返还诉讼提起之前,善意赠与、消费或者得意外丧失的,不得再请求返还。

八、爱沙尼亚

爱沙尼亚于 1939 年制订过一部民法典草案。重获独立后,决定重新起草。1993 年完成《财产法》,1994 年通过《家庭法》与《总则》,1996 年《继承法》告峻,再五年,《债法》颁布(2001),共同构成《民法典》。

《债法典》于 2001 年 9 月 26 日通过,2002 年 7 月 1 日施行。计 11 编 53 章 1068 条。第一编债法总则,以下依次为各种有名契约:移转所有权的契约(第二编)、以用益为内容的契约(第三编)、保险契约(第四编)、扶养契约(第五编)、和解契约(第六编)、合伙契约(第七编)、服务契约(第八编)、担保契约(第九编),第十编为非契约债务,内中设公开允诺(第 49 章)、物之检视(第 50 章)、无因管理(第 51 章)、不当得利(第 52 章)和侵权行为(第 53 章)五章,最后一编为法的施行(第十一编)。不当得利章设四节:一般规定(第 1027 条)、为清偿债务所为给付的返还(第 1028 ~ 1036 条)、侵犯权利的赔偿(第 1037 ~ 1040 条)、为他人利益花费的赔偿(第 1041 ~ 1042 条),表现出鲜明的德国类型化学说的色彩,共 16 条。

第一节　一 般 规 定

第 1027 条　[不当得利的定义]

没有法律基础而自他方当事人处有所受领者,应依本章规定之基础及范围负返还义务。

第二节　请求返还因债务清偿所受领者

第 1028 条　[请求的基础]

（1）因清偿现在或者将来债务，某人（受领人）自他人（给付人）处有所获取的，若债务并不存在，或者没有设立，或者嗣后不再存在的，给付人得请求受领人返还。

（2）下列情形，给付人不得请求返还：

（a）给付人所清偿的债务乃系不完全债务；

（b）于给付之际，请求清偿债务的权利已经期间届满。

（c）请求返还依无效法律行为所受领者，将与相关无效规则或者此等规则之目的相抵触。

第1029条　［请求返还依债务人指令而给付给第三人者］

依债务人或者被误信为债务人之人的指令而向第三人给付的，在第1028条第（1）款所列情形，只得请求债务人或者被误信为债务人之人返还给付。

第1030条　［请求返还为履行第三人利益契约为给付者］

（1）为履行第三人利益契约而向第三人给付的，在第1028条第（1）款所列情形，给付人亦得请求他方当事人或者被误信为当事人之人返还所给付者。

（2）他方当事人或者被误信为当事人之人，不知道并且不应该知道，契约或者因契约所生之债务并不存在的，则只得请求受领人返还所受领者。

第1031条　［放弃权利情形所给付者的返还］

因放弃权利而生新债务，但所放弃之权利原本并不存在、没有设立或者嗣后不存在的，若已向新债务人清偿，给付人得请求放弃权利之人返还所给付者。

第1032条　［请求范围］

（1）在第1028条第（1）款所列情形，给付人得请求受领人返还所受领者并所得收益。给付标的遭毁灭或消耗，或者被损坏或被没收，得请求所获得的赔偿。

（2）因性质或其他原因，所受领者不能返还的，应赔偿返还请求成立之际的通常价值。

第1033条　［没有得利基础情形下的请求范围］

（1）就所受领者，因毁灭、消耗、损坏、没收或者其他原因，受领人没有得利的，在此范围内，不负返还或者价值赔偿义务。

（2）受领人相信取得了永久所有权并因之支出了费用的，只有支出的费用得到了赔偿，就所受领者，方负返还或者价值赔偿义务。

（3）返还或者价值赔偿所需之费用，以及返还所伴随的意外丧失或损坏风险，皆由返还义务人承担。

第1034条　［双务契约无效情形对返还请求的限制］

（1）双务契约无效，针对返还请求，只有契约是因为受领人欠缺行为能力或者给付人胁迫或暴力而无效的，受领人才能援引第1033条第（1）款。

（2）双务契约无效，如果受领标的毁灭或者品质恶化，且系由若契约有效，本应由给付人负责的情形造成，受领人不负返还或者价值赔偿义务。

（3）双务契约无效，双方当事人同时负返还或价值赔偿义务。相应适用第111条。

第 1035 条 [明知无给付基础情形,受领人的责任]

(1)若于给付之际,受领人知道或者应该知道得依本章规定请求返还的相关情势,则第 1033 条不得适用。

(2)若所受领者的毁灭或消费,或所遭损害,发生于受领人知道或者应该知道得依本章规定请求返还的相关情势之后的,第 1033 条亦不得适用。

(3)在前两款所列情形下,受领人应:

(a)返还受领标的所生之收益;

(b)支付法定利息;

(c)对于受领标的,依日常管理(regular management)规则本应收取而没有收取的利润,予以赔偿。

(4)受领标的遭毁灭或损坏,如果受领人知道或者应该知道得依本章规定请求返还的相关情势,并且毁损系由受领人过错造成,应对给付人负损害赔偿责任。

第 1036 条 [针对第三人的返还请求]

受领人将受领标的无偿转让给第三人且受领人就此不负赔偿责任的,第三人应依本章规定返还所受领者。

第三节 侵害权益情形下的返还

第 1037 条 [侵权情形下的价值赔偿要件]

(1)未经权利人同意,处分、利用、消费、添附、混合或加工,或者以其他方式,侵害所有权、其他权利或者有权占有的,就因侵权所获之物,应赔偿其通常价值。

(2)如果对所有权或者其他权利的侵犯构成处分而处分无效,权利人依《民法典总则》第 114 条第(2)款对无权处分加以批准的,得请求赔偿受领标的的通常价值。

(3)第(1)款、第(2)款所谓通常价值应以侵权之际为评估时间标准。在有偿处分情形,约定费用被视作通常价值,除非权利人证明标的价值更高,或者侵权人证明标的价值更低。

(4)向无权受领人履行了债务的,如果给付对有权受领人有效,或者有权受领人依《民法典总则》第 114 条第(2)款加以批准的,有权受领人得请求无权受领人返还给付。

第 1038 条 [对价值赔偿责任的限制]

侵权人不知道或者不应该知道其侵犯行为不合法的,自侵权人知道或者应该知道针对自己的诉讼请求时起,不再从得利中取得收益的,不承担第 1037 条第(1)款、第(4)款的债务。判断得利程度,不考虑为获取得利所支出之费用。

第 1039 条 [恶意侵权人的责任]

侵权人知道或者应该知道其侵犯行为不合法的,除受领物之通常价值外,权利人并得请求侵权人交付因侵权所得之任何收益。侵权人应告知权利人收益性质。

第 1040 条　[因无偿处分所得之物的返还]

因无权利人无偿处分标的物而取得物之有效处分权的,仍应将标的物返还给权利人。第 1038 ~ 1039 条相应适用。

第四节　为他人利益花费的赔偿

第 1041 条　[清偿他人债务]

没有权利亦非应所请而清偿他人债务的,在债务人知道或者应该知道针对自己的偿付请求时起,因为债务消灭而得利的范围内,得请求债务人偿付为清偿债务所承担的费用。

第 1042 条　[赔偿费用的要件]

(1)没有法律基础而为他人之物承担费用的,得在他人因之得利的范围内请求赔偿费用,尤其要考虑这种费用是否于他人有利以及他人对物的意图。判断他人得利程度,乃以返还之际或者他人得开始以任何其他方式利用增值之际为时间标准。

(2)下列情形,不得主张前款之权利:

(a)前款之他人要求除去以该笔费用所为之改良,且不必对改良部分造成损害即得除去的;

(b)支出费用之人,因自身原因,未及时告知对方其支出费用的打算;

(c)前款之他人事前表示反对的;

(d)此种花费为法律或者契约所不许的。

九、立陶宛

立陶宛没有如爱沙尼亚那样分步走,于 2000 年将《民法典》一次性编纂完成并颁布。法典计六卷,依次为总则、人法、家庭法、物权法、继承法和债法。债法卷又分债总、契约法、其他债务及有名契约四编。其他债务编由无因管理、不当得利或者受领非债给付(总第 20 章)、赌债及民事责任四章构成。不当得利或者受领非债给付章共计 6 条。*

第 6.237 条　[返还非债清偿的义务]

(1)故意或过失,或者以无合法事由的任何其他方式,取得不应取得者,应将受领的利益返还给为之取得者,本法另有规定的除外。

(2)取得事由嗣后消灭的,亦负返还义务,第 6.241 条除外。

(3)无合法事由受领之物,应原物返还。物丧失或者损坏的,包括因嗣后贬值造成的损害,应赔偿取得之际的货币价值。受领人知道或者应该知道不当得利或者非债给

* 据英译本,http://www.wipo.int/wipolex/en/text.jsp? file_id = 202088(2013 年 1 月 1 日访问)。

付的,就此后受领物的品质恶化或者短缺,哪怕由意外事件造成,对受害人负责任。而在此之前,则仅就故意或者重大过失行为负责任。

(4)善意受领人以第(1)款所述方式将受领利益售出的,仅就售价负返还义务。

(5)以提供服务而非转移财产为内容的债,请求不法占有人返还,或者因法律行为无效而请求返还,或者损害赔偿,或者债务当事人的偿付,或者相互请求提供服务,凡此种种,本章条款皆得适用。

第6.238条 [假定债务人请求返还不当清偿的债务]

误以自己为债务人而清偿了并不负担的债务的,得请求受领人返还所给付的金额。受领人因受领给付而将债权凭证销毁的,前句权利消灭。此际,假定债务人得请求真正债务人偿还所付金额。

第6.239条 [无偿转让给第三人情形下的返还]

受领了非债给付之人,将得利无偿转让给第三人的,由第三人负担返还义务。

第6.240条 [非债清偿返还之际的费用偿付]

(1)没有合法事由而受领给付之人,不但应返还受领标的物,自其知道或者应该知道无受领原因时起,自标的物所获得或者应该获得的全部收入,亦应一并偿付。就没有理由受领的金钱,并应按5%的年利率付息,自知道或者应该知道受领时起计。

(2)善意受领人因错误而受领的,在第(1)款所述期间内,为维护不当受领之物而支出了费用的,得请求偿付该笔费用。得请求返还之人放弃权利并将标的物委诸受领人的,受领人失其请求偿付费用的权利。

(3)没有合法事由而受领标的物之人,自知道或者应该知道其负有返还义务时起,没有尽到理性的债务人所应尽的维护义务的,就物之价值减少,应负偿付责任。

(4)不当受领之标的,依其性质无法返还的,若受领人因之而得利,或者系应受领人所请而给付,或者受领人曾同意提供对待给付的,应偿付于受领之际的价值。

(5)法律行为无效,而给付不能以金钱估价或者受领标的依其性质不能返还的,出于诚实信用、合理及正义考虑,得不许诉请返还或者偿付。

第6.241条 [不能返还的财产]

(1)以下情形不得视为非债清偿:

(a)于履行期间到来之前为清偿债务而给付,除非债的渊源另有规定;

(b)为清偿时效期间届满的债务而给付;

(c)明知不负清偿债务而给付,或者虽然不负清偿义务但其给付合乎良好道德风尚的;

(d)没有合法事由,为人身伤害或者死亡而给付赔偿金,薪水或工资或者相当性质的给付,还有退休金及抚养费,若受领人并未恶意行事或者并无会计上的计算错误。

(2)对于被指定给无权第三人的金钱,没有合法事由而受领并将之交付给该无权第三人的,若能证明自己不知道并且没有理由知道应负返还金钱的义务,并且不能将之交付给有权利受领的第三人的,则不负返还义务。

第 6.242 条　[不当得利]

(1)没有法律原因,通过牺牲他人而恶意得利者,应予不当得利范围内赔偿后者所受损害。

(2)因不可归责于不当得利人的原因,致得利减少的,返还金额应予相应扣减。

(3)债的当事人中遭受了损失的那一方,由于自己的过错,不能行使权利来避免损害,而且完全是因为其为了自身利益且应由自己负责的行为,致他方当事人得利的,不能谓得利不当,亦不能谓得利人为恶意。

十、斯洛文尼亚

《斯洛文尼亚债法典》2002 年 1 月 1 日生效施行,法典共 1602 条,分总则与分则,分则为各种有名契约,总则计六章,依次为一般原则、债的原因、债的效力、债的消灭、债的类型和当事人变更。债的原因章置五节,契约、侵权、不当得利、无因管理与单方意思表示。不当得利(unjust acquisition)节共 9 条(第 190 ~ 198 条)。*

第一小节　一般规则

第 190 条　[一般规则]

(1)无法律基础,通过使他蒙受不利而得利者,就所受领者,负返还义务,返还不能的,赔偿其价值。

(2)得利亦包括取得服务利益。

(3)受领利益的基础没有实现或者嗣后消逝的,亦负返还或者赔偿义务。

第二小节　返还规则

第 191 条 [不能要求返还]

明知不负债务而仍为给付的,不得请求返还,除非保留了请求返还的权利或者系受胁迫而给付。

第 192 条 [自然债务或者道德义务]

为履行任何自然债务或者道德义务所为者,不得请求返还。

第 193 条 [返还范围]

返还不当受领者,及于其所生孳息,自诉请之日起,或者受领人为恶意的,自受领之日起,并应支付罚息。

第 194 条 [偿还费用]

受领人得请求偿还必要费用和有益费用;恶意受领人,仅就带来价值增加的有益

---

* 据英译本,http://www.wipo.int/wipolex/en/text.jsp? file_id = 180877(2013 年 1 月 1 日访问)。

费用,可以请求返还。

第 195 条[得保有给付]

为人身伤害、健康损害或者死亡而支付的赔偿金,若受领人为善意的,虽无给付基础,亦不得请求返还。

第 196 条[为他人利益而利用物]

使用了某人之物以增益第三人,而又不构成无因管理的,第三人负返还义务,返还不能的,偿付其价值。

第 197 条[为他人花费]

为他人而有所花费或者作为,而该他人依法负有此花费或者作为义务的,得请求返还。

第 198 条[为自己利益利用他人之物]

为自己利益而利用他人之物的,后者得请求偿付因利用所得之利益,至于是否得主张损害赔偿,在所不问。

欧洲私法的原则、定义与示范规则：欧洲示范民法典草案（全译本）总目录

第 1 册

导论

学术贡献者

第 2 册

第 3 册

第七卷　不当得利

第 4 册

第八卷　物的所有权的取得与丧失

第 5 册

第十卷　信托

图书在版编目(CIP)数据

欧洲私法的原则、定义与示范规则:欧洲示范民法典草案:全译本.第5卷、第6卷、第7卷/(英)克莱夫,(德)巴尔主编;王文胜,唐超,李昊译.—北京:法律出版社,2014.5

书名原文:Principles, definitions and model rules of European private law: Draft common frame of reference (full edition)

ISBN 978-7-5118-6258-7

Ⅰ.①欧… Ⅱ.①克…②巴…③王…④唐…⑤李… Ⅲ.①私法—研究—欧洲 Ⅳ.①D950.03

中国版本图书馆CIP数据核字(2014)第062974号

欧洲私法的原则、定义与示范规则:欧洲示范民法典草案(全译本):第5卷、第6卷、第7卷

责任编辑 刘文科 董 飞
装帧设计 乔智炜

开本 787毫米×1092毫米 1/16
印张 73.75 **字数** 1801千
版本 2014年6月第1版
印次 2014年6月第1次印刷
出版 法律出版社
编辑统筹 学术·对外出版分社
总发行 中国法律图书有限公司
经销 新华书店
印刷 北京北苑印刷有限责任公司
责任印制 陶 松

法律出版社/北京市丰台区莲花池西里7号(100073)
电子邮件/info@lawpress.com.cn
销售热线/010-63939792/9779
网址/www.lawpress.com.cn
咨询电话/010-63939796

中国法律图书有限公司/北京市丰台区莲花池西里7号(100073)
全国各地中法图分、子公司电话:
第一法律书店/010-63939781/9782
西安分公司/029-85388843
重庆公司/023-65382816/2908
上海公司/021-62071010/1636
北京分公司/010-62534456
深圳公司/0755-83072995

书号:ISBN 978-7-5118-6258-7
定价:180.00元
(如有缺页或倒装,中国法律图书有限公司负责退换)